法律大辞书

郑競毅　编著

2012·北京

图书在版编目(CIP)数据

法律大辞书/郑競毅编著. —北京:商务印书馆,2012
ISBN 978-7-100-06615-0

I. 法… II. 郑… III. 法律—词典 IV. D9-61

中国版本图书馆 CIP 数据核字(2009)第 038451 号

本书据商务印书馆 1936 年版排印

FǍ LǛ DÀ CÍ SHŪ
法 律 大 辞 书
郑競毅 编著

商 务 印 书 馆 出 版
(北京王府井大街 36 号 邮政编码 100710)
商 务 印 书 馆 发 行
三 河 市 艺 苑 印 刷 厂 印 刷
ISBN 978-7-100-06615-0

2012 年 9 月第 1 版　　开本 880×1230 1/32
2012 年 9 月第 1 次印刷　　印张 68 1/8 插页 24

定价: 248.00 元

谨以本书献给林芳美先生

藉表敬意并申谢忱*

This Volume is Dedicated to F. M. Lin, Esq.

As a Mark of the Respect and Affection of the Author

---

* 扉页题字

*林森(1867—1943),福建闽侯人。1905年加入中国同盟会,1912年任南京临时参议院议长,1916年任北京国会议员,1922年任福建省长,历任国民政府立法院院长、政府主席等。

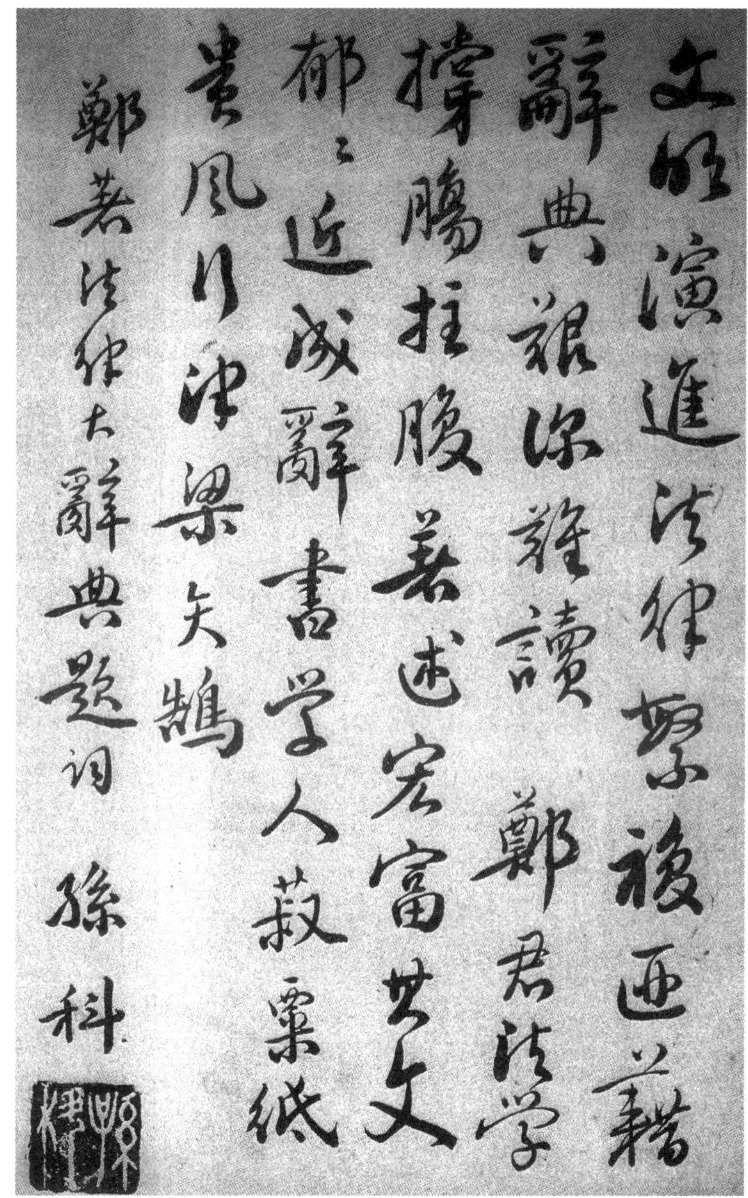

*孙科(1891—1973)，广东香山人。孙中山之子，早年随母徙居夏威夷，先入加利福尼亚大学与哥伦比亚大学，获硕士，1917 年任大元帅府秘书，1926 年当选为国民党第二届中执委，后历任南京国民政府财政部长、铁道部长、行政院院长、立法院院长、考试院副院长等。

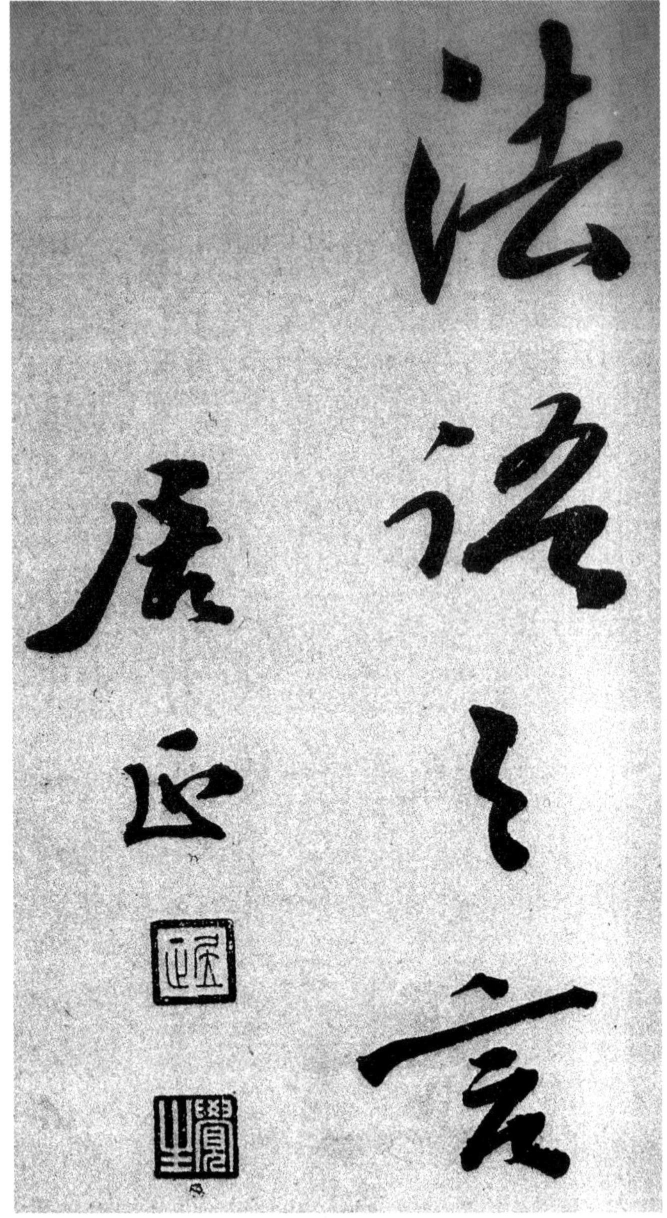

*居正(1876—1951)，湖北广济人。1905年留学日本并加入中国同盟会，1912年任中华民国临时政府内务次长，1927年任国民党中央特别委员会委员，1932年后任司法院院长。

*蔡元培(1868—1940),浙江绍兴人。清朝授翰林院编修,1901 年任南洋公学教习,1905 年加入中国同盟会,1907 年留学德国莱比锡大学,1912 年任南京临时政府教育部长,1917 年任北京大学校长,1927 年后任国民政府大学院院长、中央研究院院长、监察院院长、司法部长等。

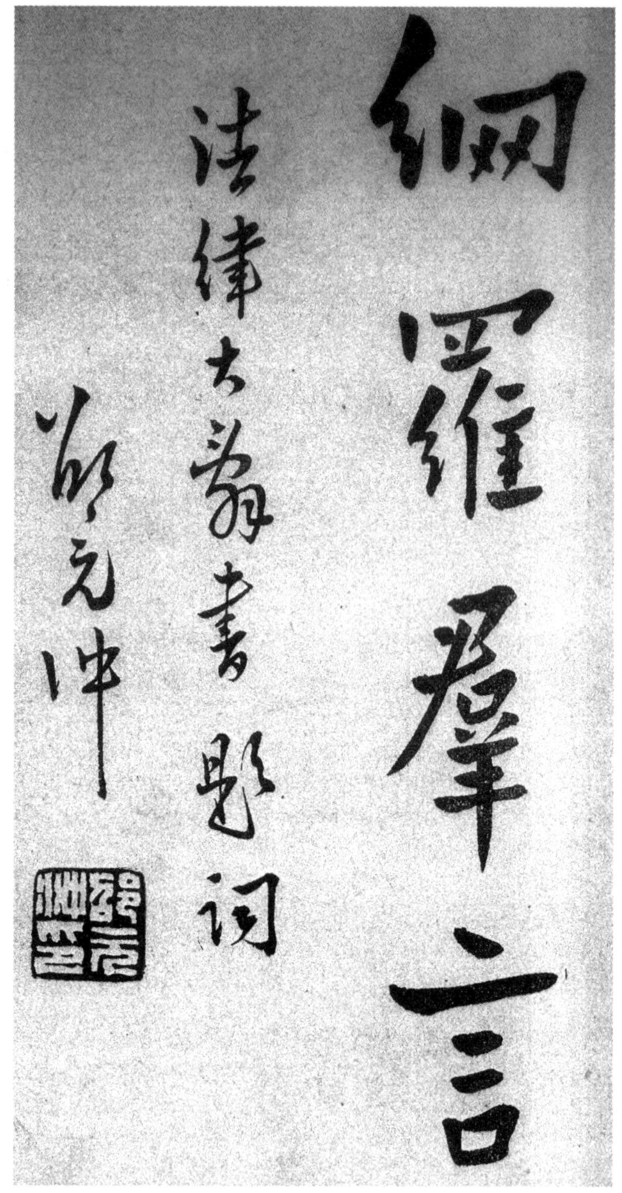

*邵元冲(1890—1936),浙江绍兴人。16岁加入中国同盟会,1910年任江苏省镇江地方审判厅庭长,历任《民国新闻》、《民国》、《民国日报》的总编辑、编辑、社长,1929年当选国民党中央委员,1930年任考试院考选委员会委员长,1931年任国民政府立法院副院长、代理院长。

法學津梁

林翔題

林翔

*林翔(1882—1935),福建闽侯人。留学日本明治大学学习法律,1920 年任广东省检察厅总检察长,兼平政院评事法官,1927 年后任南京国民政府中央法制委员会委员、军事委员会军法处长、监察院监察委员、检察署检察长,1929 年任最高法院院长,1933 年任考试院铨叙部部长。

*茅祖权(1883—1952),江苏海门人。日本法政大学毕业,民国时期任第一届国会国民党籍众议员,1927年任国民党中央特别委员会候补委员,1930年任常委、《约法》起草委员,历任国民党“四大”候补中执委、“五大”与“六大”执委。

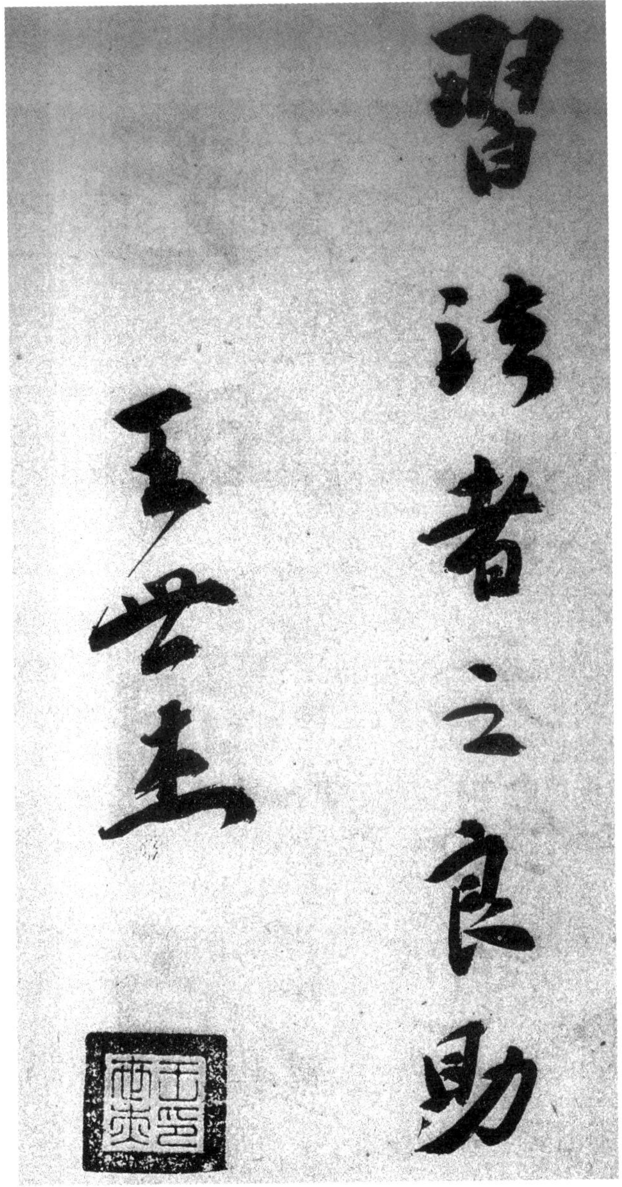

*王世杰(1891—1981),湖北崇阳人。1911 年任湖北都督府秘书,留学英法,在巴黎大学获法学博士,历任国民政府法制局长、教育部长、国民参政会主席团主席、外交部长、出席联合国大会首席中国代表,曾任北京大学、武汉大学教授、校长,中央研究院院长。

*郑天锡(1884—1970)，广东香山人。留学英国，1916 年获伦敦大学法学博士，1932 年任国民政府司法行政部常务次长、法官初试典试委员会委员，1936 年任海牙国际法院常设法庭法官，1945 年后任驻英国大使。

*石志泉(1886—1960),湖北孝感人。毕业于日本东京帝国大学法学部,历任北洋司法部编纂、奉天高等审判厅庭长、大理院推事、修订法律馆总纂等。1922 年任司法部次长,1932 年任司法行政部常务次长,曾任教于北京法政大学、北平大学、北京大学、朝阳大学。

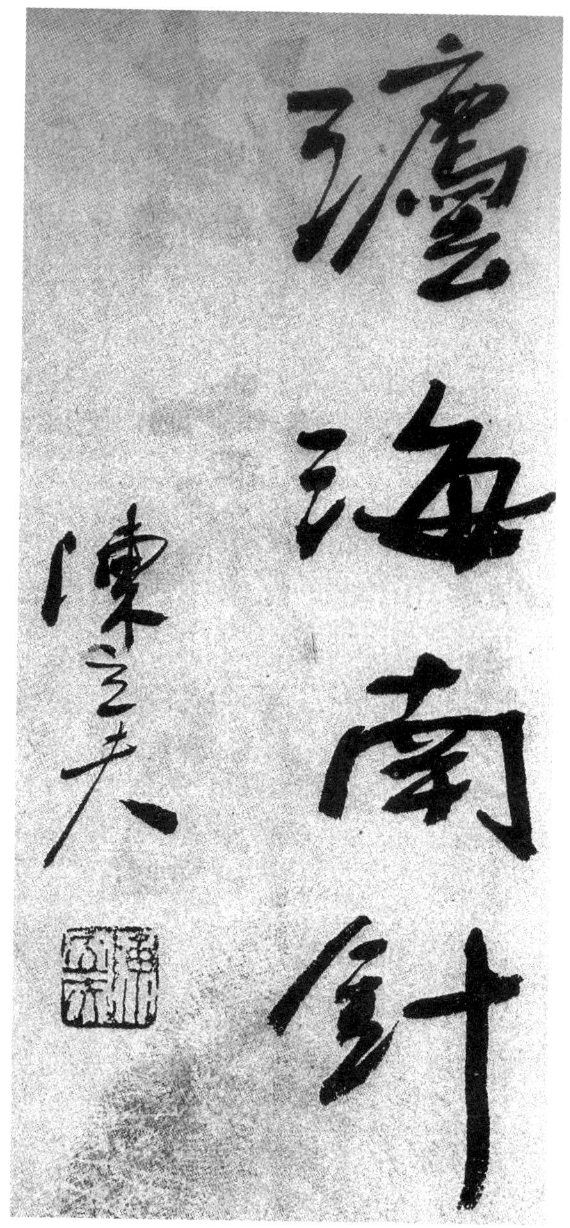

*陈立夫(1900—2001)，浙江吴兴人。1917年入天津北洋大学采矿科，1923年赴美留学获匹兹堡大学矿冶硕士，抗日战争时期任民国政府教育部长，1948年任立法院副院长。

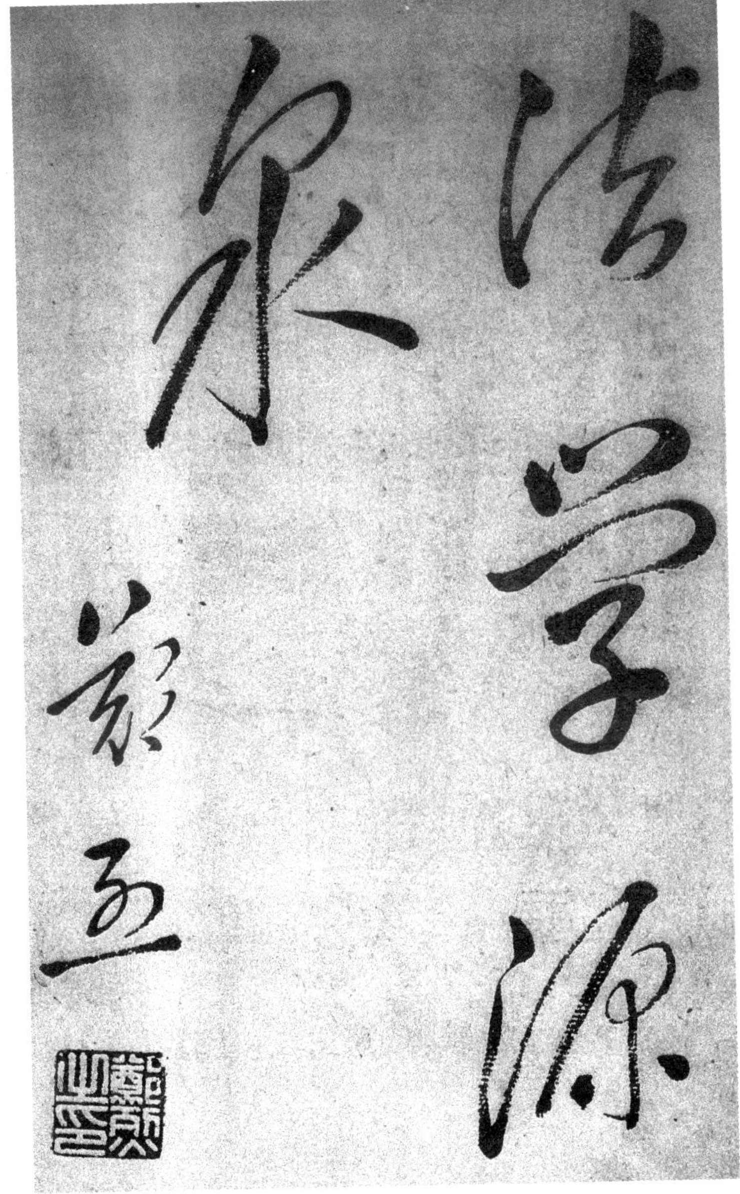

*郑烈(1888—1958),福建闽侯人。1905 年赴日留学加入中国同盟会,1912 年任福建都督府司法部部长,1916 年、1923 年分别任江苏高等审判厅、福建高等审判厅厅长,1921 年被孙中山任命为大理院兼平政院庭长,1928—1948 年任最高法院检察署检察长。

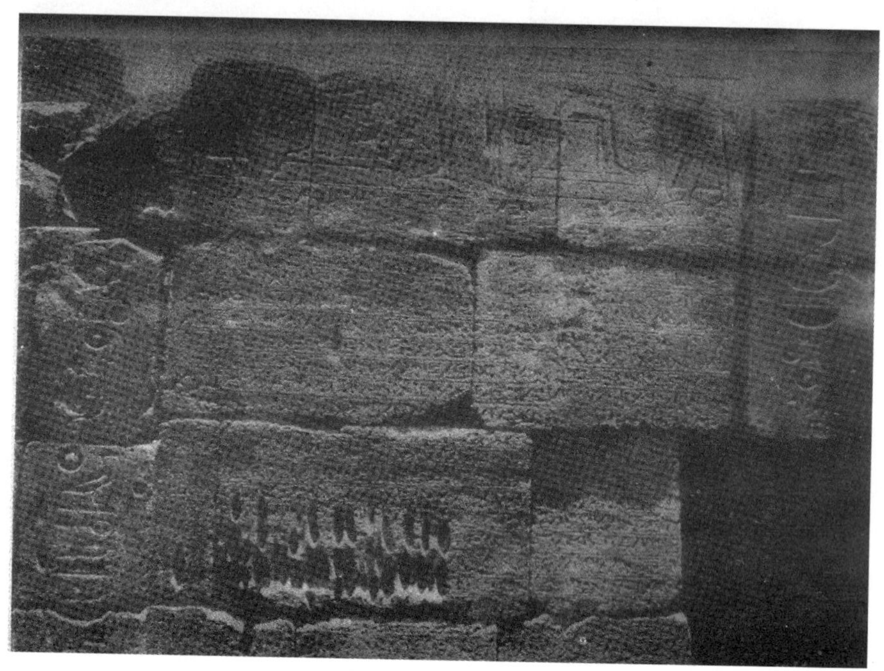

Vol. I Page 21—I 7 Ramses II's Treaty with the Hittites

世界最古之国际条约遗迹图　古时埃及王拉美西斯二世与赫斯族所订立之条约，以象形文字镌于卡纳克墙垣上，此为世界最古国际条约之一，约在公元一千三百年以前。

Vol. I Page 33—*I* 12 *Court-Minute*, *about B. C.* 2500

现存世界最古之法院笔录图　此为埃及古时法院之笔录，为象形文字省略体所书成，图中所示系纸草纸所制书本之残页，约在公元前二千五百年。

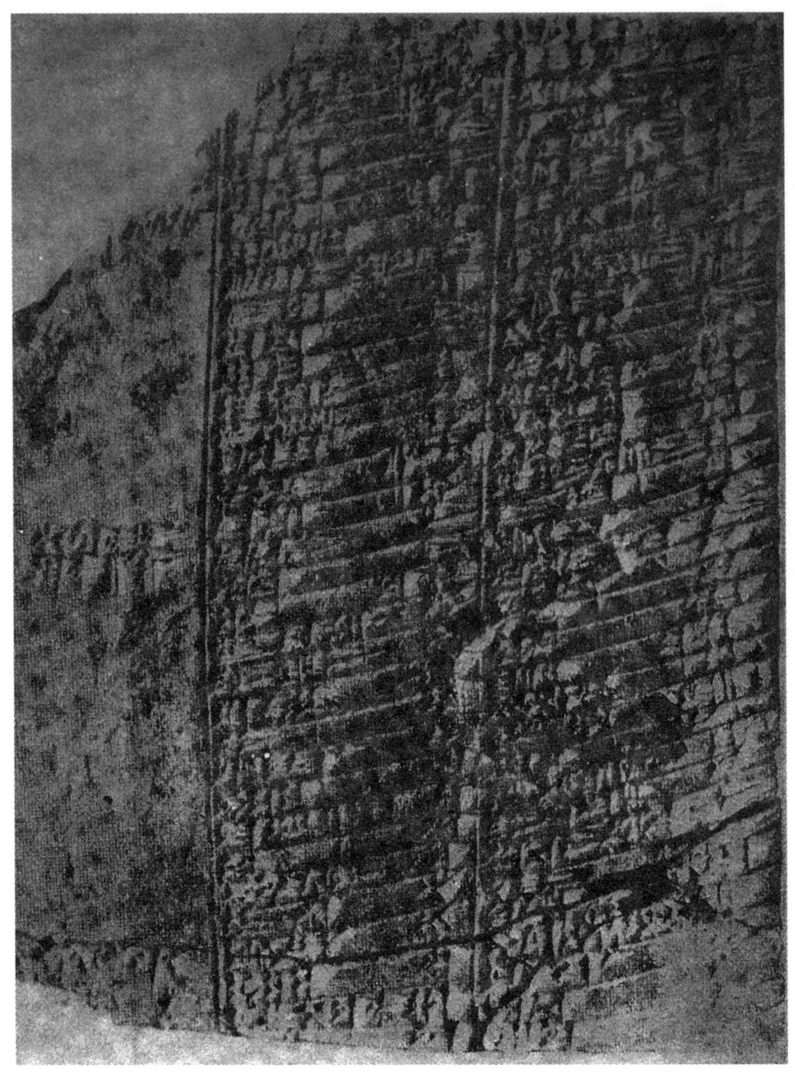

Vol. I Page 85 II 12—Sumerian Code, the Oldest Code Text in the World, yet Discovered.

萨麦法典之残迹图　萨麦族为最初占据巴比伦土地之人民，司法制度已具雏形，法典亦书于泥板之上。数年前某美国学者曾发现其残片，约一英尺半见方。断定为公元前二千四百年之遗物。据云古代法典原文已被发现者当以此为最古。泥板之上，大部为楔形文字，系关于各种法律行为之文书，如不动产之移转、动产买卖、消费、贷借、寄托、租赁、夫妇财产契约、养子等等之规定。

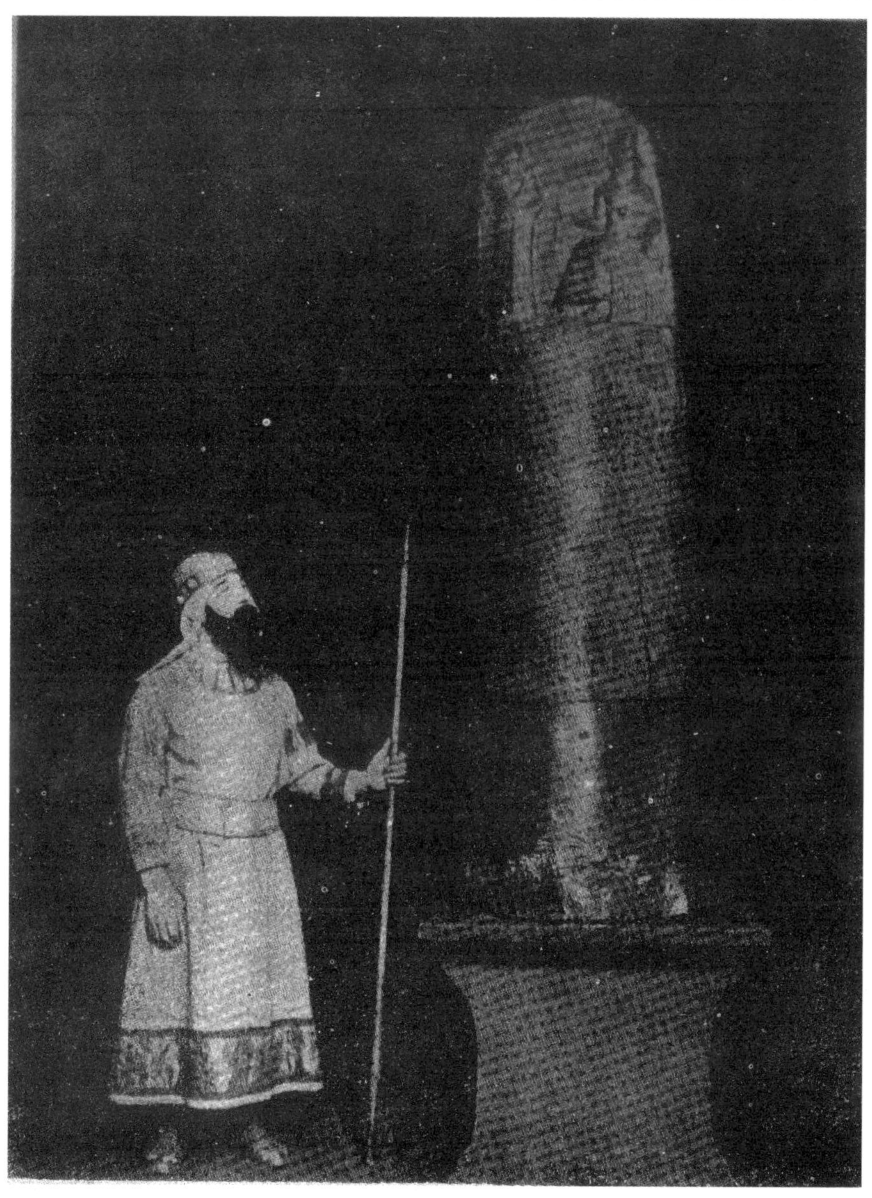

Vol. I Page 87 II 13—Pillar-Code of Hammurabi
巴比伦之罕穆拉比石柱法典图(详罕穆拉比法典条内)。

Vol. I Page 105—*Moses Breaking the Tables of the Law*

摩西怒毁石牌法律图　世传摩西于西乃山得神之授，勒成石牌二，内有条文十，即世所称之十诫是也。摩西于下山时见以色列人民崇拜金牛，大怒，将所携石牌掷碎，其后摩西上山祷于神，复得石牌二，内容与前相同（参希伯来法条内）。

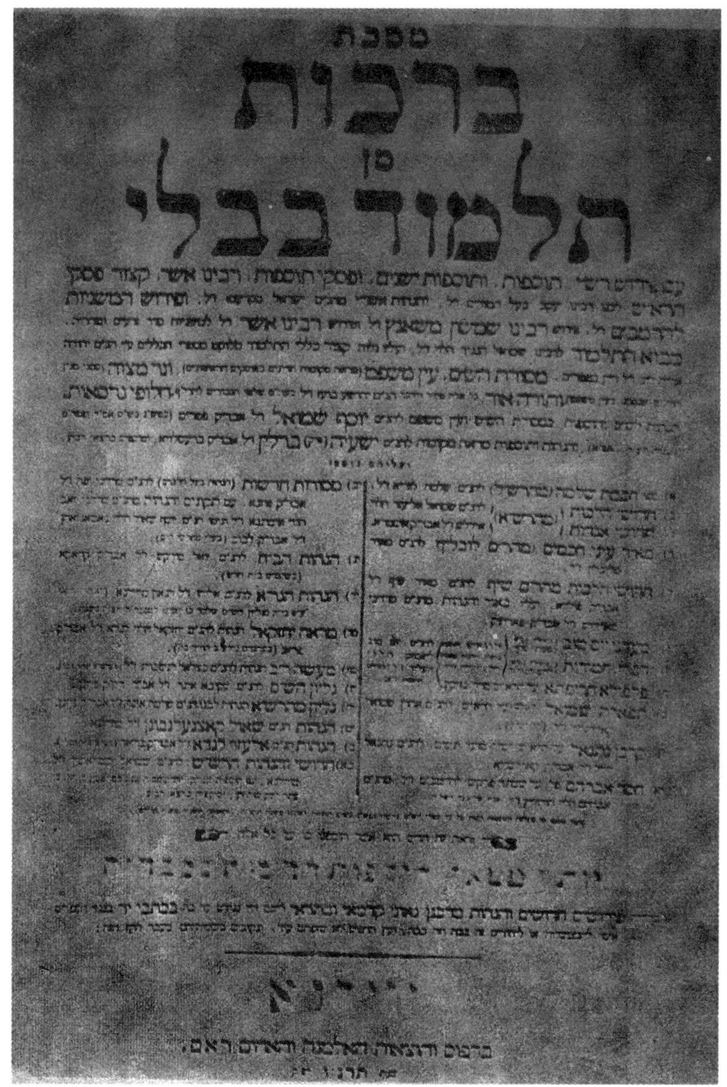
מסכת

ברכות

מן

תלמוד בבלי

ווילנא

Vol. I Page 118 *III* 9—*The Talmud*

希伯来法系中犹太宗教法典之一页图　犹太宗教法典(*Talmud*)又称犹太传经，内分为 *Mishnah* 和 *Gemara* 二部：前者为关于法典原文，以新希伯来文字书成，作于公元后二百年；后者为关于注释方面，以阿拉美阿文字(*Aramaic script*)书成，大概作于公元后三百年至五百年之间。按犹太宗教法典，内容广泛，法律仅为其中之一部分，它如历史、数学、医学、神学、哲学亦皆包括在内。故后世多以犹太传经名之。至于作者类多为当时著名之学者。

Vol. I Page 123—*A Treaties of Maimonides*,
about A. D. 1440

犹太人迈蒙尼提斯氏法学论文之一页图　公元后五百年,犹太人流散各国,犹太法家(*Rabbi*)对于前此法律,多能继续研究,例如论文之撰述,法典之编纂皆是,希伯来法系之不至中堕者以此。此辈法家之最著名者为公元后一千四百四十年在北非洲之迈蒙尼提斯氏。图中所示,即其所著论文之一页。

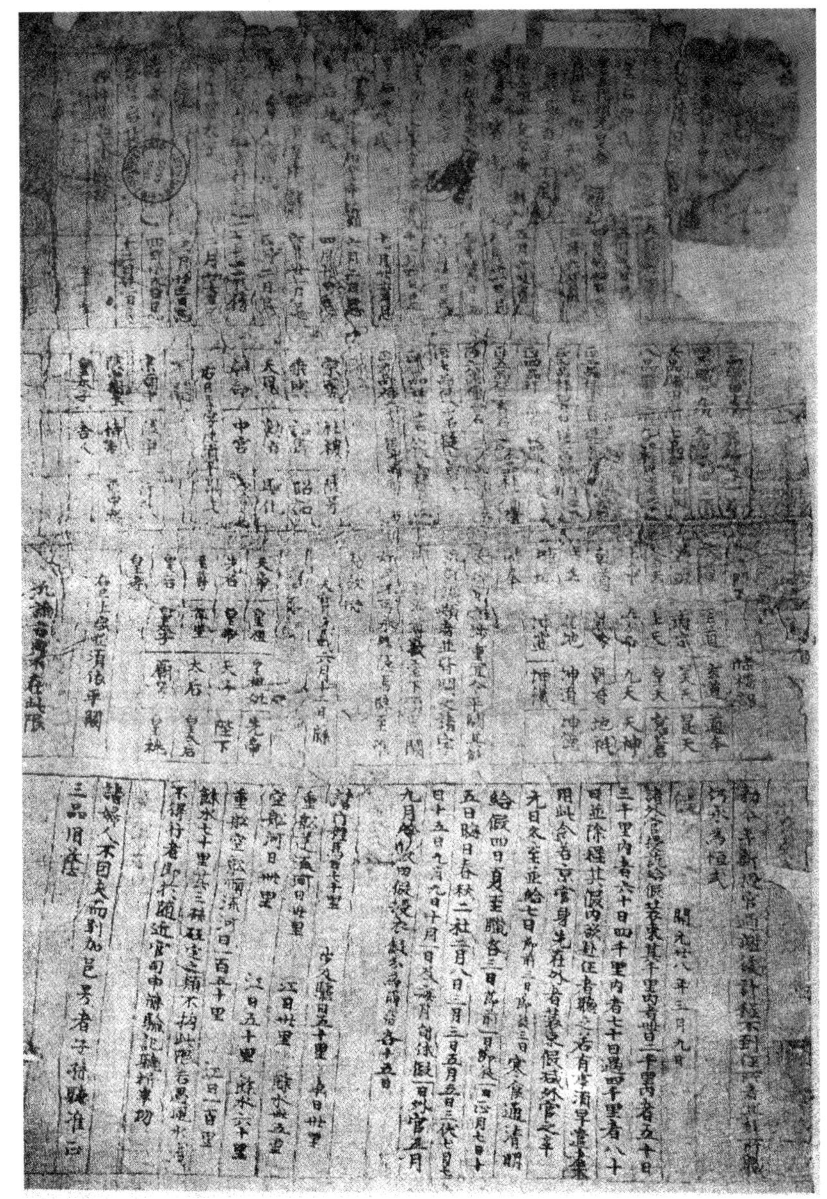

唐令拾遗书第八六页

在甘肃省敦煌所发现之唐职官表残图　唐之法典有律令格式四种。令即行政法典。图中所示为唐令之一，系法国探险家培拉提博士(*Dr. Pélliot*)在我国甘肃省敦煌境内发现者，现收藏于巴黎国民图书馆。

व्यवहारान्दिदृक्षुस्तु ब्राह्मणैः सह पार्थिवः ।
मन्त्रज्ञैर्मन्त्रिभिश्चैव विनीतः प्रविशेत्सभाम् ॥ १ ॥
तत्रासीनः स्थितो वापि पाणिमुद्यम्य दक्षिणम् ।
विनीतवेषाभरणः पश्येत्कार्याणि कार्यिणाम् ॥ २ ॥
प्रत्यहं देशदृष्टैश्च शास्त्रदृष्टैश्च हेतुभिः ।
अष्टादशसु मार्गेषु निबद्धानि पृथक्पृथक् ॥ ३ ॥
तेषामाद्यमृणादानं निक्षेपो ऽस्वामिविक्रयः ।
संभूय च समुत्थानं दत्तस्यानपकर्म च ॥ ४ ॥
वेतनस्यैव चादानं संविदश्च व्यतिक्रमः ।

Vol. *I Page* 243 *V* 14—*Laws of Manu*(*Sanskrit*)
印度之孟奴法典图(以梵文书成,详印度法条内)。

* 今译摩奴法典。

Vol. I Page 339 *VI* 16—*Gortyna Law*(*Enlarge Sample*)

希腊克利特(*Crete*)岛古时哥泰那之市法图　克利特为希腊南方巨岛，地处地中海中。相传古时(公元前一千六百年)有国王名迈诺斯(*Minos*)者由修斯神(*Zeus*)授以法律，后人因此称迈氏为希腊最初之立法家；但其遗迹除宫殿内之宝座外，他无所见。至克利特岛最古之成文法(约在公元前四百年)为五十年前所发现之哥泰那之市法，镌刻于长约三十尺之石壁上，现存者仅为断片而已。图中所示，为放大近影，其读法由左而右，次行由右而左，再次行复由左及右，余类推。该法第一节为奴隶审判方法之规定，其后二十五节至三十九节则为关于财产继承之规定。

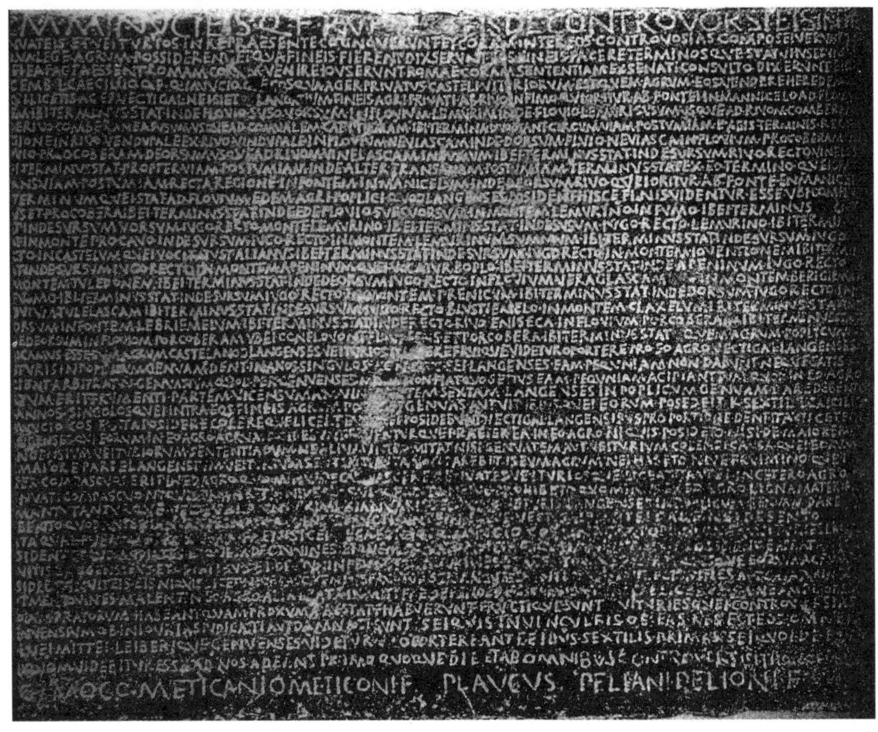

Vol. I Page 385 VII 3—The Judgment at Genoa

现存罗马法系最古之民事判决笔录图　公元前一百一十七年间，罗马法民事审判方式业已大备，图中所示为该项判决笔录之原文，亦为铜板上之镌刻，在热那亚(*Genoa*)发现。内中所记为关于两民族争地界之案件。

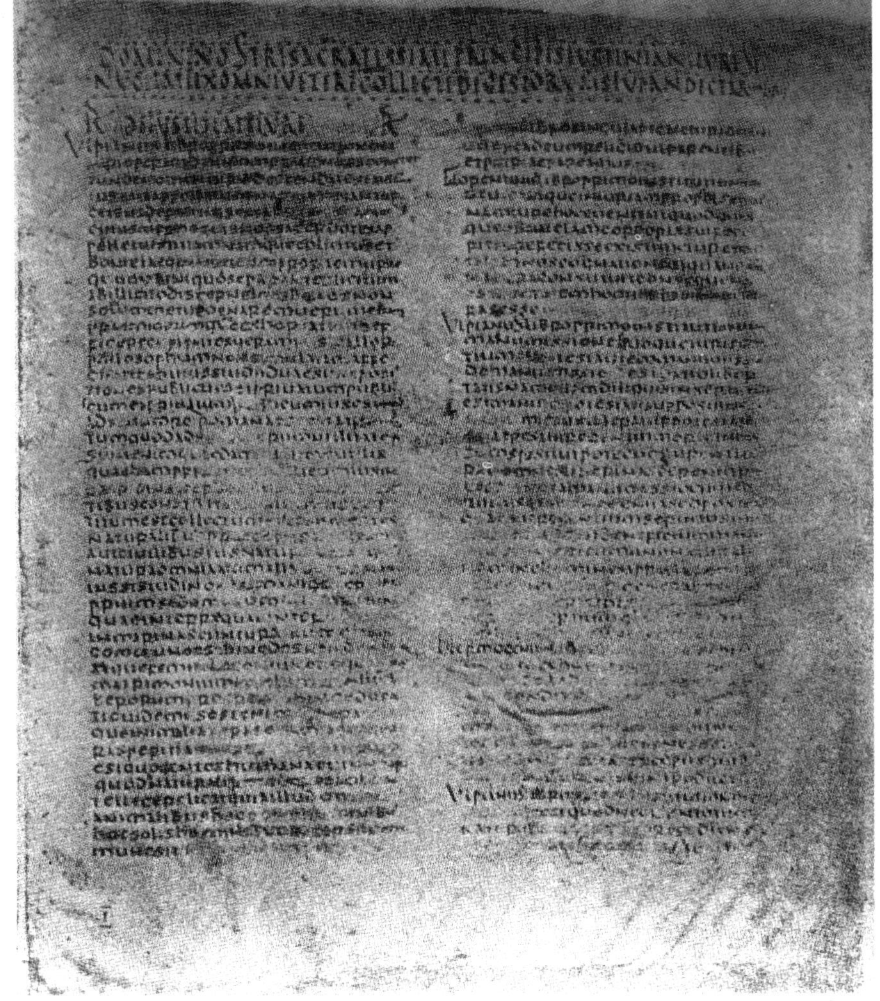

Vol. I Page 445—Justinian's Digest, or Pandects

罗马优帝学说汇纂原稿第一页之图 罗马优帝(*Justinian*)即位于公元后五百二十七年,崩于五百六十五年。在位时编有国法大全(*Corpus Juris Civilis*)一书,学说汇纂即为其中之一种。此项汇纂系摘取罗马历来法学大家之著述,分门别类,博采旁搜,对于一切法律问题阐发无遗,计五十卷,历三载始成。主编人为当时著名法学大家 *Tribonian*。是书因日耳曼人侵入罗马而丧失者历五世纪之久,原本后经觅得,本图所示,为原稿本之第一页,凡欲参观者均须脱帽表示敬意,又于开放展览时,每有官员随同监护藉防意外。

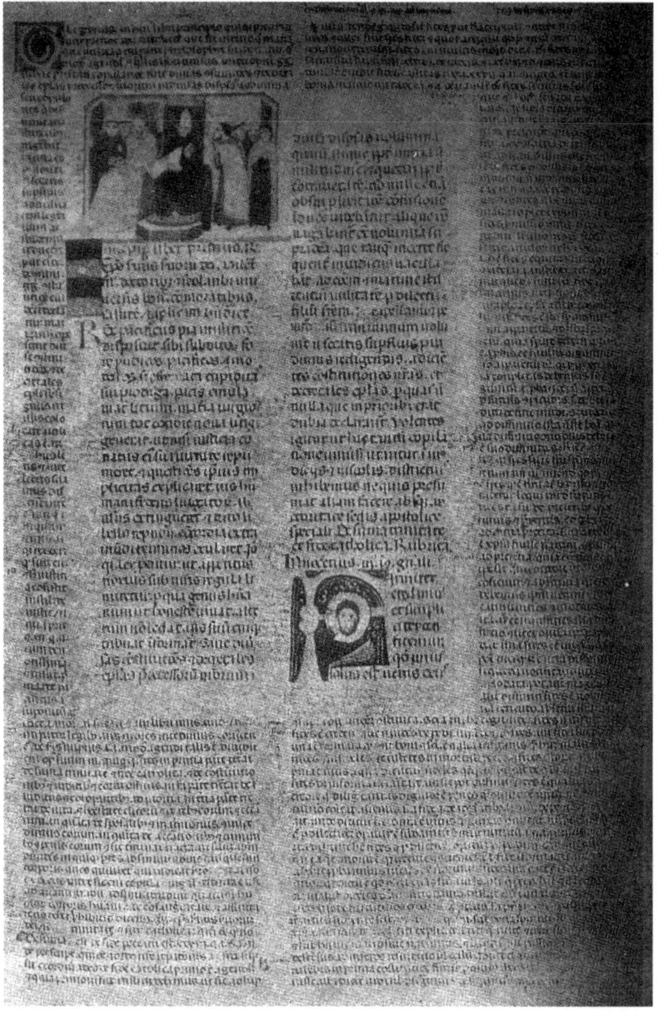

Vol. III Page 948 *XIV* 10—*Decretals of Pope Gregory IX*

罗马教皇格列高里十一世之敕裁图　格累细亚尼敕裁一书作于一一四〇年，仅系一私人著作，惟当时仍为教皇及各级法院所采用，至一二三四年在教皇格列高里十一世(*Pope Gregory IX*)正式指导之下，由教庭中之最高法院法官 *Raymon I of Pennafort* 对格累细亚尼敕裁一书加以改编增补，称曰教皇格列高里十一世敕裁(见本图)，计有二千段，分成数书，下分章节，较格氏之敕裁为有系统，即当时各大学亦多以之为必修课目，此二书在一五八一年之教皇格列高里十三世时代，曾与其他若干资料，合编纂成一寺院法大全(*Gorpus Juris Canonici*)，并曾刊印，流传至今，而成为研究寺院法之唯一资料。

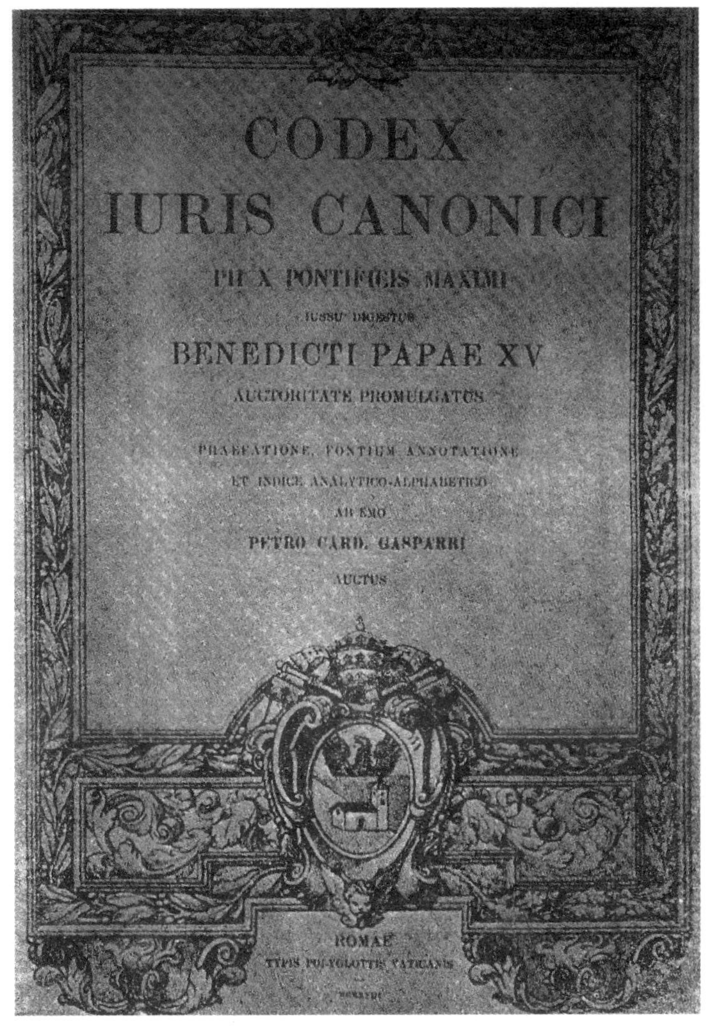

Vol. *III Page* 967 *XIV* 22—*The Codex Juris Canonici* 1917

寺院法典之图　十九世纪末年，前此各种宗教法典法律全书如格累细亚尼之敕裁（*Decretum Gratiani*）、德克尼吐司（*Decretals*，敕裁之一）以及其他法规，增加不少；但教皇所辖区域与其权力则日渐减少。社会情势与前不同，遂有修编法律之学，在西历一九〇四年由教皇庇亚司十世（*Pope Pius X*）指派宗教法学家若干人组织委员会，以 *Cardinal Gasparri* 为领袖，工作历十二年，至一九一七年五月二十七日始由教皇本泥狄克特十五世（*Benedict XV*）正式公布，名曰寺院法典（*Codex Juris Canonici*），此书系从新制定之法典，与前此各种之全由编纂而成者不同，全文均由拉丁文字书写而成（见本图），内容多系与宗教道德及信仰上有关者。

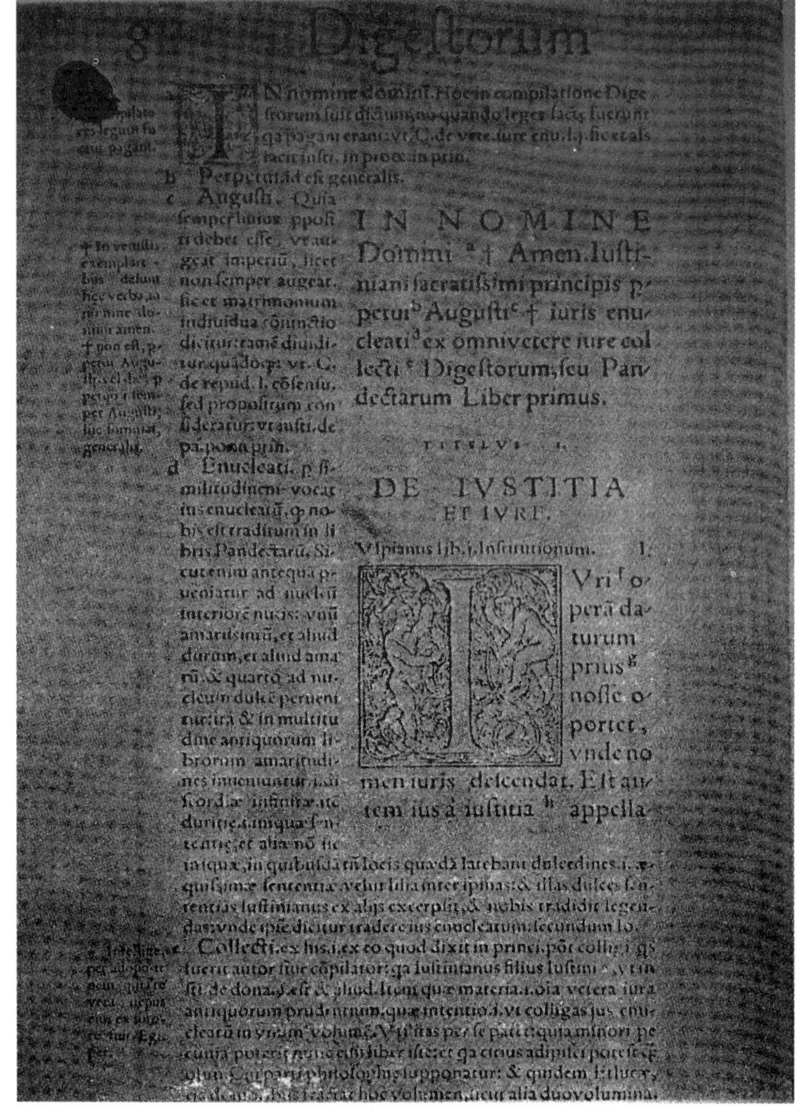

Digestorum

IN NOMINE Domini [a] † Amen. Iustiniani sacratissimi principis perpetui [b] Augusti [c] † iuris enucleati [d] ex omni vetere iure collecti [e] Digestorum, seu Pandectarum Liber primus.

TITVLVS I.

DE IVSTITIA ET IVRE.

Vlpianus lib. I. Institutionum. I.

IVri [f] operam daturum prius [g] nosse oportet, unde nomen iuris descendat. Est autem ius à iustitia [h] appella

Vol. III Page 992 XV 11—Text of Justinian's Digest with Gloss

罗马优帝之法学汇纂及伊氏之注释图　西历一一〇〇年伊尔纳吕士氏(*Irnerius*)之罗马法复兴运动崛起。伊氏与其同志均从事于注释工作,即于法学汇纂(*Digest*)之旁每条加以注释,详细解说(见本图,此为卷一之篇首),当时均以抄本流行欧西各地,迨一四〇〇年之印刷术成功后,注释派之势力仍流行于世,故在一四八八年之优帝国法大全(*Justinian's Corpus Juris*)之印行,亦有注释附于其旁。

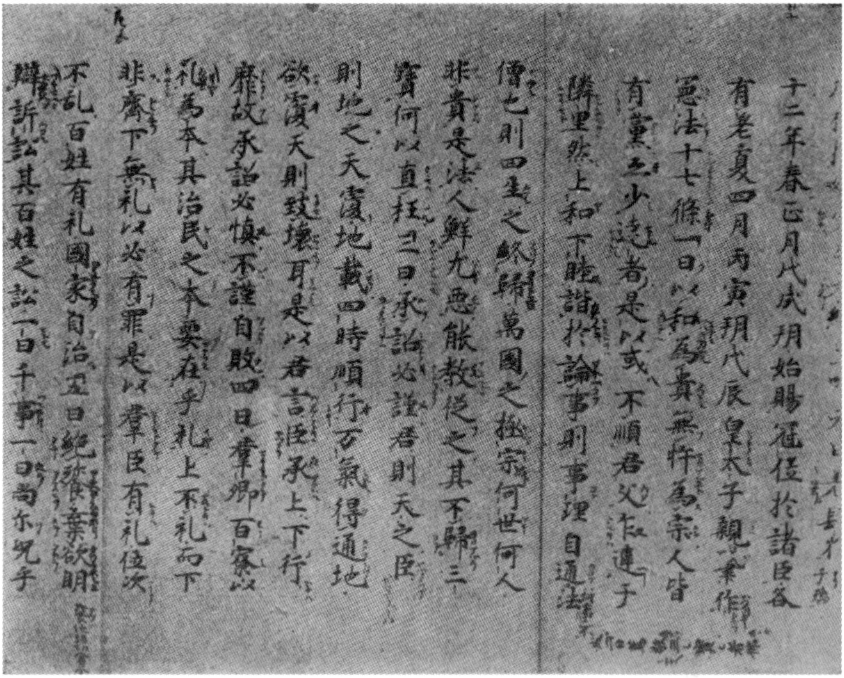

十二年春正月戊戌朔始賜冠位於諸臣各
有差夏四月丙寅朔戊辰皇太子親肇作
憲法十七條一曰以和為貴無忤為宗人皆
有黨亦少達者是以或不順君父乍違于
隣里然上和下睦諧於論事則事理自通法
僧也則四生之終歸萬國之極宗何世何人
非貴是法人鮮尤惡能教從之其不歸三
寶何以直枉三曰承詔必謹君則天之臣
則地之天覆地載四時順行万氣得通地
欲覆天則致壞耳是以君言臣承上行下
靡故承詔必慎不謹自敗四曰群卿百寮以
礼為本其治民之本要在乎礼上不礼而下
非齊下無礼以必有罪是以群臣有礼位次
不乱百姓有礼國家自治五曰絶饗棄欲明
辯訴訟其百姓之訟一日千事一日尚尓況乎

Vol. II Page 464 VIII 4—The Seventeen Maxims of Shotoku Taishi

日本圣德太子所撰宪法十七条之一页图　日本圣德太子之宪法十七条，为日本最古之法典(参日本法条内)。

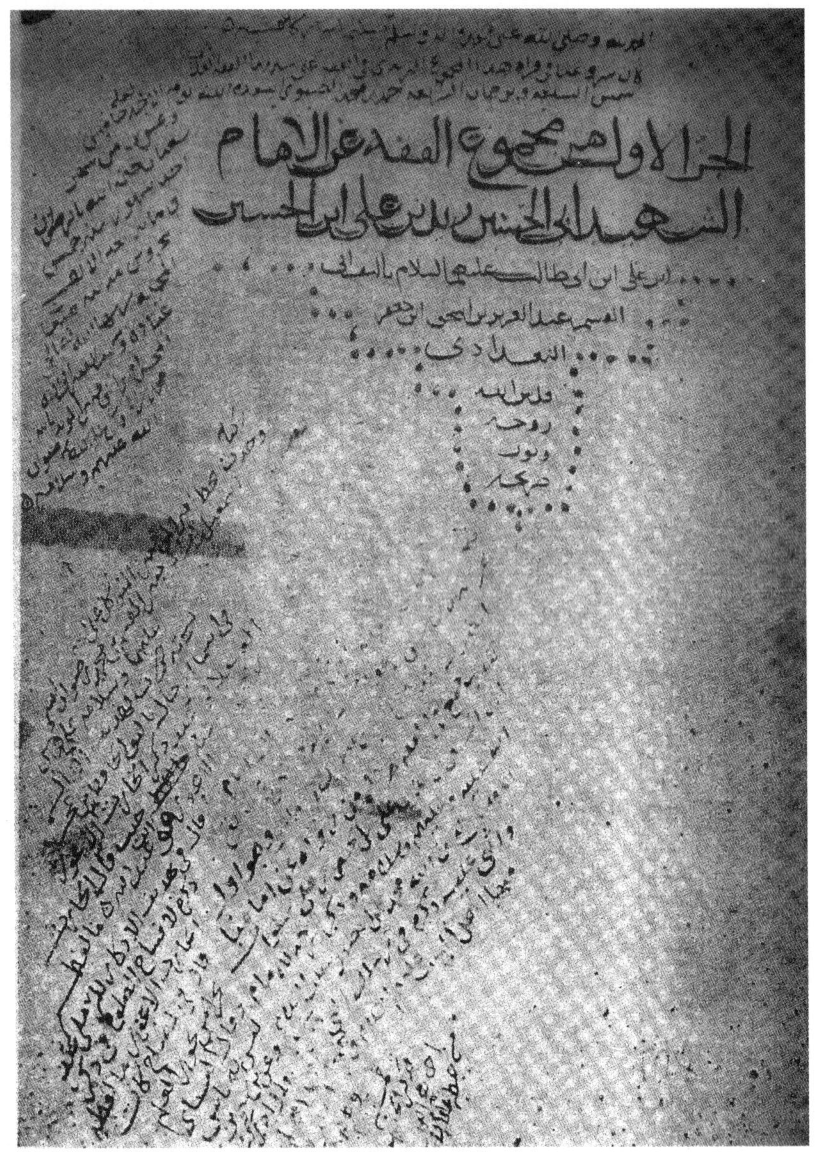

الجزء الاول من مجموع الفقه عن الامام
الشهيد ابي الحسين زيد بن علي ابن الحسين

Vol. II Page 553 *IX* 13—*Treatise of Zaid Ibe Ali, about A. D.* 760

回回教法系现存最古法律论文之一页图 *Zaid Ibe Ali* 之法律论文(作于纪元后七六〇年)为回回教法系之现存最古法律论文,乃南亚拉伯人所撰,现藏于米兰之*Ambrosian* 图书馆内。

Vol. II Page 771 XI 33—Code of Yaroslav

俄国之亚鲁斯拉夫法典图　俄国亚鲁斯拉夫之法典，内容为日耳曼系、斯拉夫系、以及罗马希腊系之法律所混合而成者，此为俄国最古之法典（参苏维埃社会主义共和国联邦法条内）。

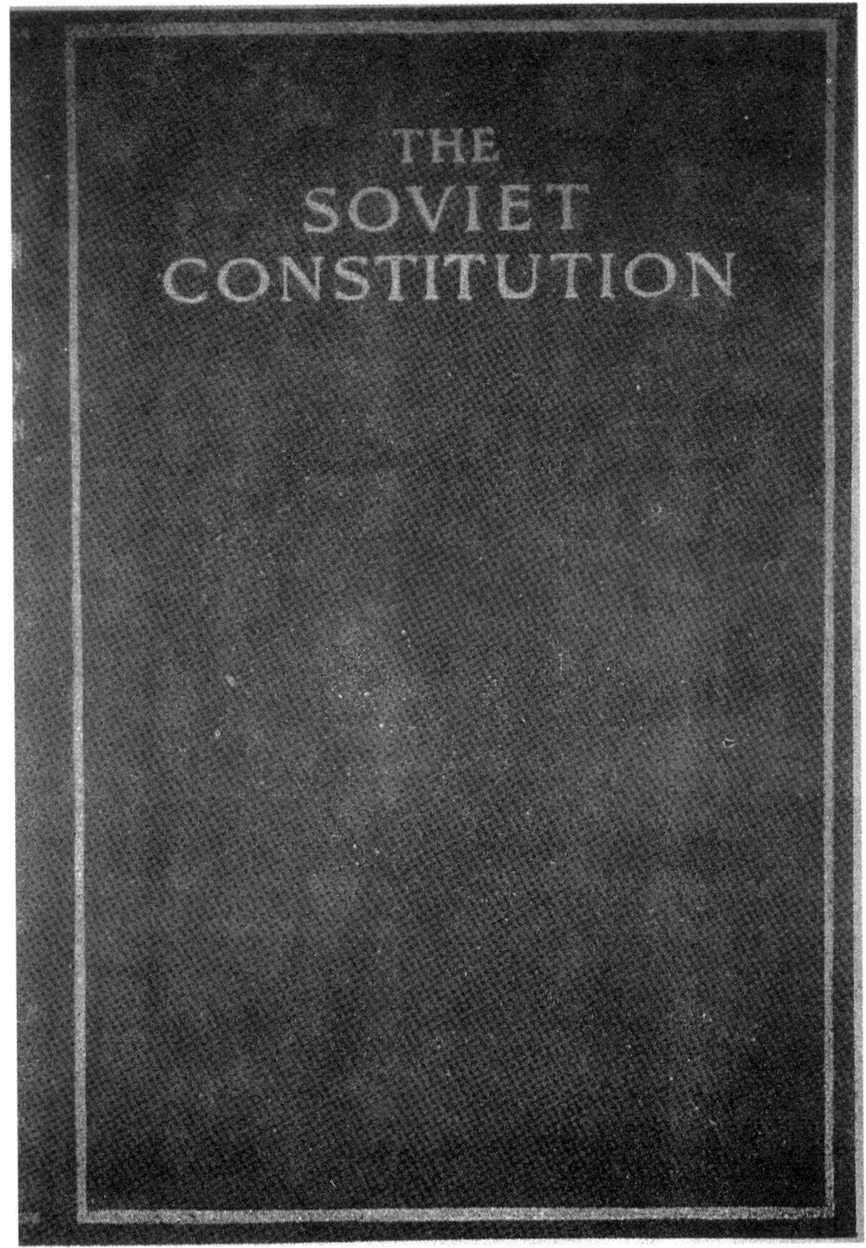

Vol. II Page 798 *XI* 49—*Soviet Constitution of* 1918
苏俄一九一八年宪法之封面图 （英文译本，参苏维埃社会主义共和国联邦法条内）。

Vol. II Page 835 *XII* 13—*Lex Salica or Code of the Salic Franks* (500 *A. D.*)

日耳曼之塞勒克法兰克法典图　日耳曼之塞勒克法兰克法典，乃纪元后四世纪时诸族法典之一种，为日耳曼族人移居后最初之成文法，此为其最佳之原稿本，现藏于瑞士国圣高庐(*St. Gall*)修道院中。

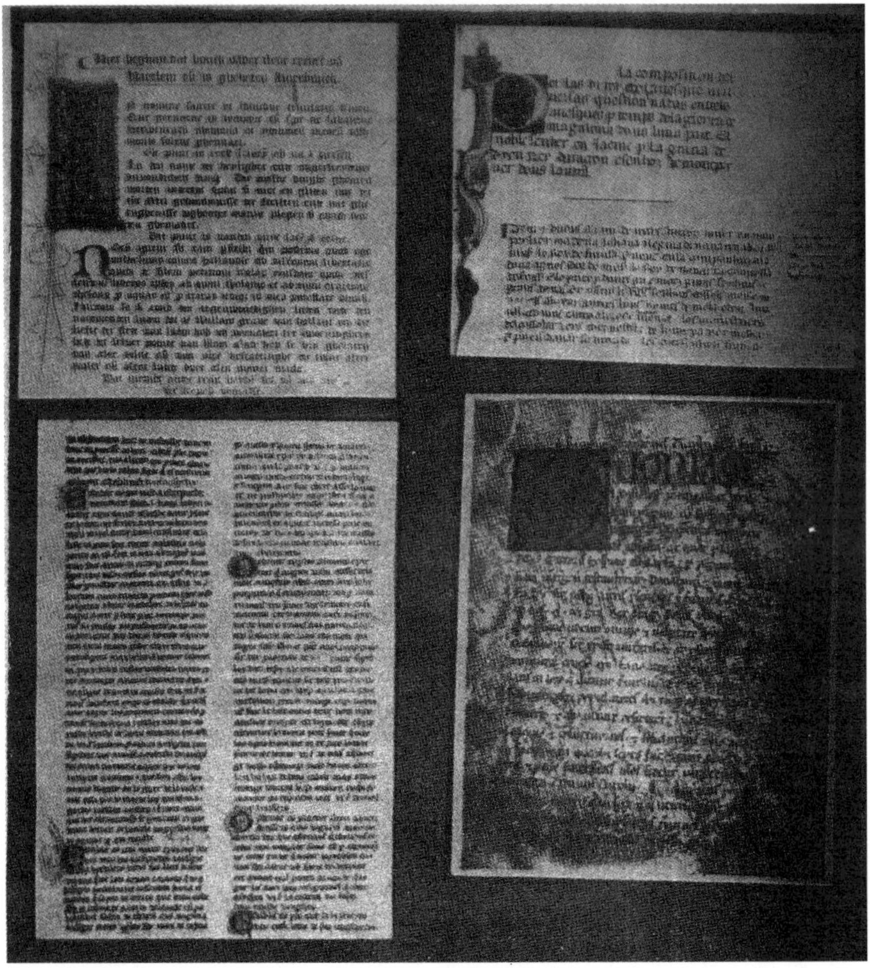

Vol. II Page 843 XII 22—Law Codes of Harlem, Montpellier Dax and Teruel in the 1200 *A. D.*

日耳曼帝国告终后各地固有法律书之一页图　日耳曼皇帝沙勒曼(*Charlemagne*)氏之祚告终，帝国司法权四崩五裂，封建侯爵各自为政，各地均奉行其固有之法律，在一二〇〇年之时，荷兰之 *Harlem*，法国之 *Montpellier*，西班牙之 *Teruel* 以及 *Gascony* 之 *Dax*(时为英属地)等之法律为其最显著者，图为上述四种法典之一页。

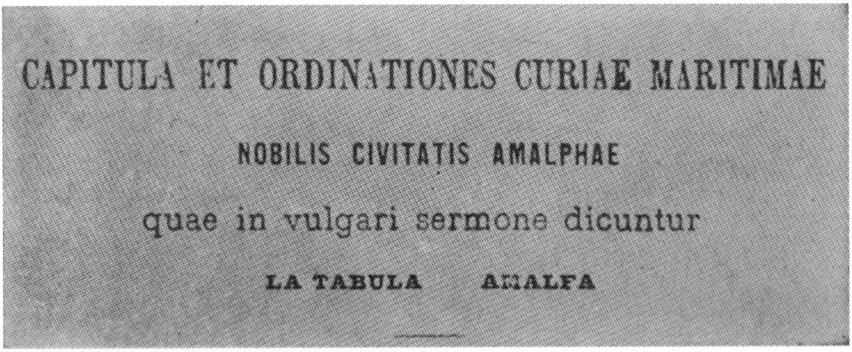

CAPITULA ET ORDINATIONES CURIAE MARITIMAE

NOBILIS CIVITATIS AMALPHAE

quae in vulgari sermone dicuntur

LA TABULA AMALFA

Vol. III Page 882 XIII 7—The Code of Amalfi

阿玛斐法典之图　海洋法之鼻祖为罗德斯法典(*Rhodian Law*),内容除少数流传外,已无遗迹可睹。次于罗德斯法典者为阿玛斐法典(*Code of Amalfi*),制定于西历一〇〇〇年。按阿玛斐今为一沿海小镇,仅有人口五千人,与尼泊耳(*Naples*)相距不远(在其东南),惟前昔乃一大城,人口约五万人,且领有雄大殖民地,如阿拉伯、叙利亚、印度及非洲皆为其势力所及。故其法律亦于上述各地,占有相当势力。阿玛斐法典原文没失已历数世纪之久,至一八四三年于奥京维也纳城始行发现,盖为奥人于威尼斯城(*Venice*)内所获得者也,为一牌匾式,如上图。

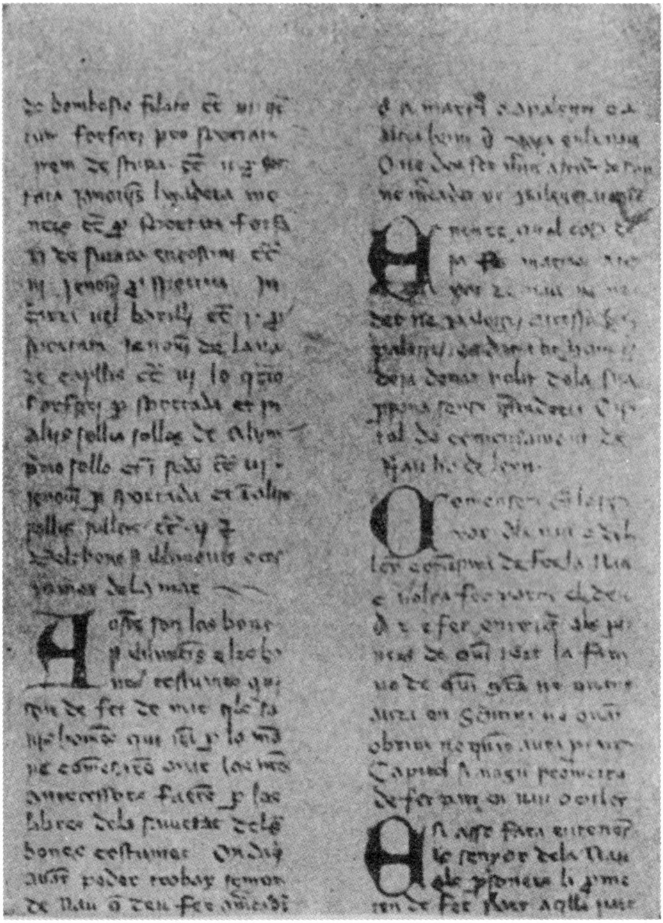

Vol. III Page 887 XIII 13—The Code of Barcelona

巴塞罗纳法典原稿之图　继阿玛斐法典之后者有巴塞罗纳法典(相距约二世纪),又曰 *Consulado dei Mar*,或曰 *Book of the Jurisdiction of the Sea*,于西历一二〇〇年制定,其最佳之原稿,今藏于巴黎国立图书馆(见本图),原由巴塞罗纳之卡塔兰(*Catalan*)语言所写成,在一四九四年始付刊印,今存者为一五二三年第四版之本,在欧洲以外之其他公立图书馆,或有贮藏,惟为数不多耳。此项法典之内容,条文较为复杂,惟其精细之点,则为其他海洋法典所不及,内分为二百五十章,因其范围颇广,故曾先后译成数国文字,在威尼斯(*Venice*)于一五六六年译成意大利文,在 *Amsterdam* 于一七〇四年译成荷兰文字,计此法典之流行共达五世纪之久。按巴塞罗纳今为西班牙东岸之海口,乃国内之第二大城。

ORDONNANCE

DE LA MARINE.

DU MOIS D'AOUT 1681.

LOUIS, PAR LA GRACE DE DIEU, ROY DE FRANCE ET DE NAVARRE, à tous presens et à venir, salut. Aprés diverses ordonnances que nous avons faites, pour regler par de bonnes lois l'administration de la justice et de nos finances

Vol. III Page 917 *XIII* 28—*The French Marine Ordinance of* 1681

法国海事法规(一六八一年)之图　西历一六〇〇年以后,欧洲国家主义思潮勃兴,关于海事法律,各国均自行制定,其占最重要之地位者,厥为法国一六八一年之海事法规(*Marine Ordinance of* 1681),为法相科尔伯特(*Colbert*)所制定(见本图),海事法院因以设立,而海事普通法,指罗德海法、阿玛斐海法、巴塞罗纳海法、奥罗龙海法,及汉撒海船法规等而言,遂以告终,其他各国如荷兰、普鲁士、西班牙等亦相继制定国内之海事法规,及一八九〇之 *York-Antwerp Rules*,始有所谓国际海商法之崛起。

Vol. III Page 894 *XIII* 18—*The Laws of Oleron*

奥罗龙法典之图　西历一二〇〇年至一三〇〇年之间，海洋贸易，渐北移至法国西部之比斯开海湾(*Bay of Biscay*)，奥罗龙岛(一作鄂列伦)实为其中心。是时所通行之海洋法亦为奥罗龙法(*Laws of Oleron*)，按奥罗龙岛为英国所辖，故其法律亦为英吉利，苏格兰及诺曼(*Norman*)等航海人员所共同遵守。欧洲西北部之采用此法者，先后历数世纪之久，今其原稿本仍藏于英国博物院内(见本图)。又当时英国海口有扫桑波敦(*Southampton*)者，亦为贸易中心，今其埠中之海关全书(*Oak Book of Southampton*)内，亦有在一三〇〇年时所作之奥罗龙法之抄本，最近始为世人所发见。

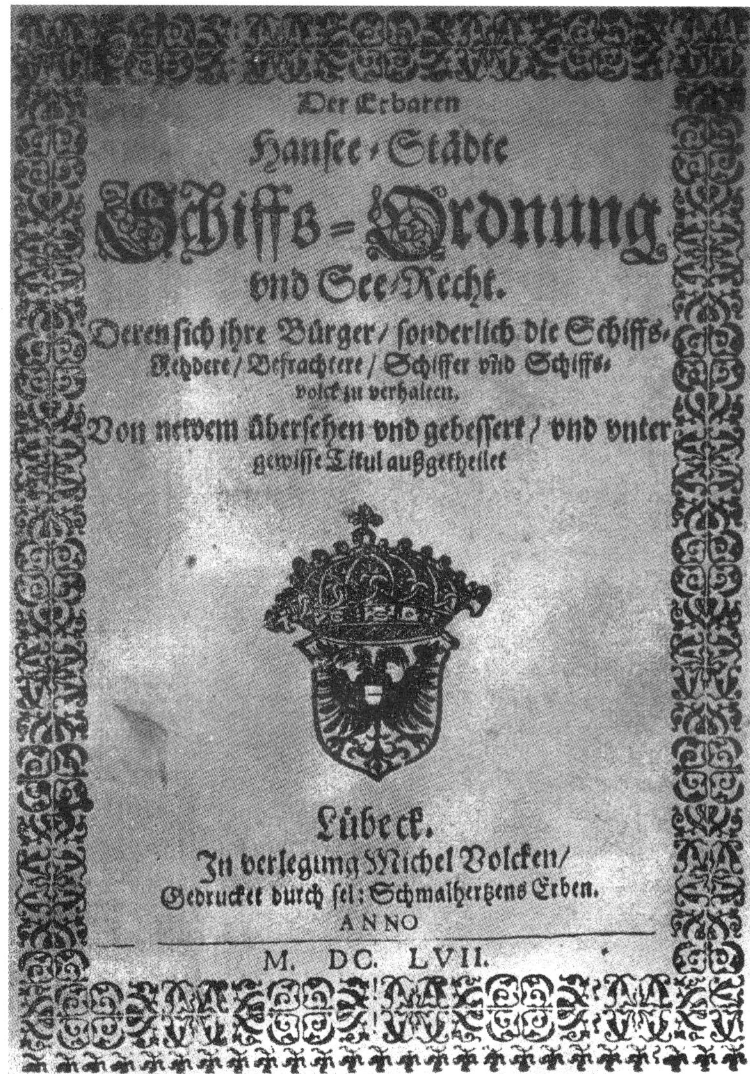

Der Erbaren
Hansee-Städte
Schiffs-Ordnung
vnd See-Recht.
Deren sich jhre Bürger/ sonderlich die Schiffs-Reydere/ Befrachtere/ Schiffer vnd Schiffs-volck zu verhalten.
Von newem übersehen vnd gebessert/ vnd vnter gewisse Titul außgetheilet

Lübeck.
In verlegung Michel Volcken/
Gedrucket durch sel: Schmalhertzens Erben.
ANNO
M. DC. LVII.

Vol. III Page 900 XIII 24—The Hansa Shipping Ordinance

汉撒海船法规之图　西历一四〇〇年之间，海洋贸易由欧洲西北移至北部波罗的海一带，遂有汉撒同盟(*Hansa League*)之组织，其初以哥得尔(*Gotland*)岛之威斯贝(*Wisby*)为中心，其时有所谓威斯贝海法(*Sea Laws of Wisby*)者，乃由奥罗龙法递嬗而成，嗣后贸易中心渐次移至日耳曼境，终以律伯克(*Lübeck*)城(十五世纪中)为根据，遂有在该城刊行之汉撒海船法规(*The Hansa Shipping Ordinance*)，时为西历一六五七年也(见本图，按此法规系于一四八二年五月四日公布)。

CORPS LEGISLATIF.

PROJET
DE
CODE CIVIL,
PRESENTE
AU CONSEIL DES CINQ-CENTS,
Au nom de la commission de la classification des lois,
PAR CAMBACERES,
DEPUTÉ PAR LE DEPARTEMENT DE L'HERAULT.

A PARIS,
DE L'IMPRIMERIE NATIONALE.
MESSIDOR, AN IV.

Vol. III Page 1029 *XV* 38—*Cambacérès' Draft of a Civil Code*

空巴塞累斯氏之法国民法草案图　*Cambacérè* 氏为法国革命时代之法学家，后曾任共和国之第二执政（*Second Consul*），对于法国编造法典运动，实为一主要角色，在革命初期曾亲自起草一民法典案，不幸因受环境所限，未能被国会采用（其草案见本图）。其后拿破仑称帝时，氏被任为司法大臣，在一八〇四年法国民法典始行制定公布。

CODE CIVIL

DES

FRANÇAIS.

EDITION ORIGINALE ET SEULE OFFICIELLE.

A PARIS,

DE L'IMPRIMERIE DE LA REPUBLIQUE.

AN XII. — 1804.

Vol. III Page 1032 *XV* 41—*Code Napoleon*,
First Edition

拿破仑民法典之第一版封面图 （参拿破仑法典条内）

Vol. III Page 1063 XVI 7—A Page from Bracton's de Legibus.

英国法律要义书之一页图　英国著名法官布拉克谷氏在十三世纪时曾以拉丁文撰成英国法律要义一书，图中所示为该书之一页（参英吉利法条内）。

Fee ſimple.

Tenant in fee simple is he which hath Lands or Tenements to hold to him and to his heires for ever: and it is called in Latine, Feodum ſimplex: for Feodum is called inheritance, and Simplex is as much to say as lawfull or pure, and so Feodum simplex, is as much to say, as lawfull or pure inheritance: For if a man will purchase Lands or Tenements in fee simple, it behoveth him to have these words in his purchase, To have and to hold unto him and to his heires: for these words (his heires) make the estate of inheritance Anno 10. Henrici 6. fol 38 for if any man purchase Land in these words: To have and

Vol. III Page 1079 *XVI* 18—*Littleton's Book on Tenures*

英国著名法学家列特尔吞氏(1407—1481)所作之封建土地法第一页之图 (参英吉利法条内)

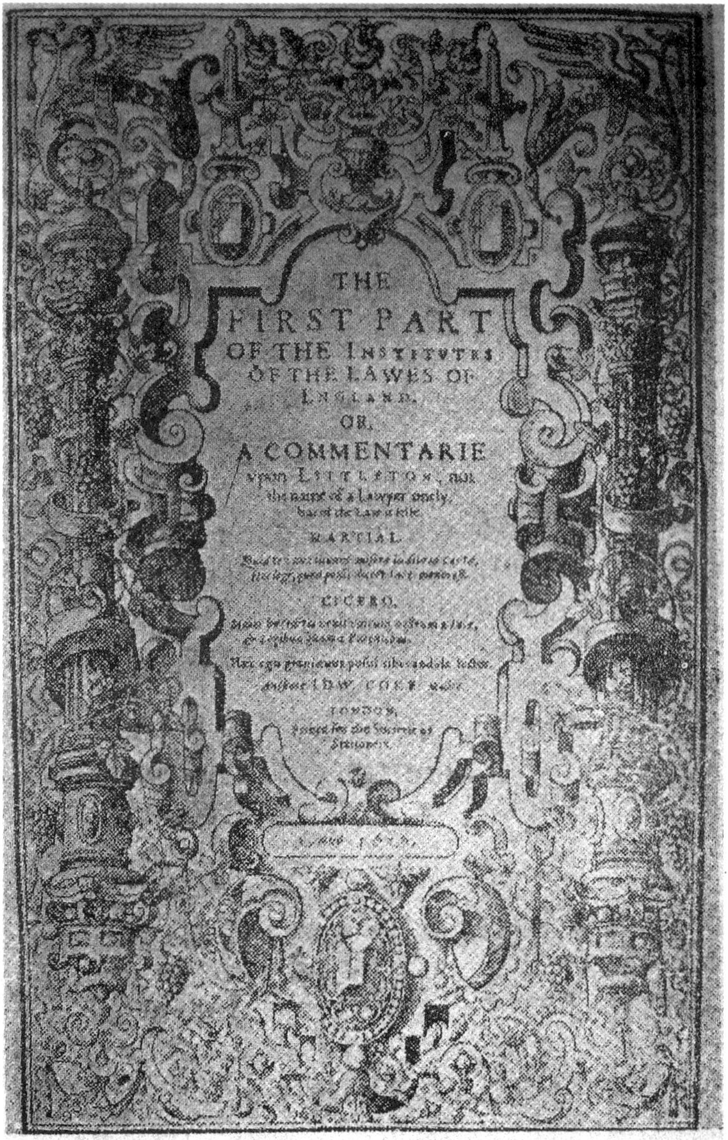
THE
FIRST PART
OF THE INSTITUTES
OF THE LAWES OF
ENGLAND.
OR.
A COMMENTARIE
upon LITTLETON,
MARTIAL.
CICERO.
LONDON,

Vol. *III Page* 1080 *XVI* 19—*Coke upon Littleton*, *First Edition*

英国列特尔吞书注释之最初版本图 英国著名法学家科克氏(1522—1634)曾撰《列特尔吞氏书之注释》(*Commentary upon Littleton's Book*)一书,图中所示为该书之最初版本(参英吉利法条内)。

COMMENTARIES

ON THE

LAWS

OF

ENGLAND.

BOOK THE FIRST.

BY

WILLIAM BLACKSTONE, Esq.

VINERIAN PROFESSOR OF LAW,

AND

SOLICITOR GENERAL TO HER MAJESTY.

OXFORD,

PRINTED AT THE CLARENDON PRESS.

M. DCC. LXV.

Vol. III Page 1097 XV 34—First Edition
of Blackstone's Commentaries

英国法注释一书最初版本之图　此书为英国名法家布拉克斯吞(Blackstone)所撰(详英吉利法条内)。

再版前言

学外语者，必要借助外语辞典；学专业者，也必须要借助专业辞书。辞典或辞书，既阐释名词术语的内涵，又描述其起源和发展演变，还旁征博引，分析比较，弄清事物的发展事理。因此，利用好辞典或辞书，就可以使我们大大提高学习的效率，收到"事半功倍"的效用。鉴于此，我国从古代起，就开始关注文字和专业辞书的编写，其经典者，如汉代许慎的《说文解字》，清代官方所编的《康熙字典》等。

近代法律，包括法学，并不是中国传统的产物，而是西方（主要是通过日本）传入的"舶来品"，许多名词、概念和术语，可以说见所未见，闻所未闻，不用说普通百姓，就是知识分子乃至专业人士，也往往对其一无所知。因此，学习近代法律和法学，更加需要借助于法学辞典，以能够明确内涵，把握重心，清晰原则，了然制度。1907 年，商务印书馆在翻译出版《新译日本法规大全》一书时，为了帮助读者理解和把握这套书的内容和精神，也考虑到中国近代的法和法学基本上都是来自日本的现实，就翻译出版了《新译日本法规大全》所附的《法规解字》（2007 年再版）一册。这册《法规解字》就是中国近代最早的《法律辞典》（《法律辞书》）。

但是，《法规解字》存在许多问题。一是收录法律用语太少，总共才 1918 个；二是解释太简单，有些词如"干燥质"（释文："干燥之物质也"）几乎没有什么阐释；三是有些词如"后见"、"后见人"等，由于当时还没有发明对应的中文"监护"一词，故含义说不太清楚，使用时并不方便。与《法规解字》同一年以及稍后出版的其他三部中文法律辞书，即 1907 年的《日本法政词解》、1908 年的《法律名词通释》和 1909 年的《汉译日本法律经济辞典》也程度不等地存在同样的问题。

针对这种情况，法学界开始酝酿编写一部比较系统、完整的法律辞书。历经艰辛，终于在 1936 年，推出了由郑兢毅、彭时编著的《法律大辞书》（上、下），以及补编，由商务印书馆出版。该书收入词条 14000 余条，四百万字，在当时应当说是一本大部头的法律辞书了。与《法规解字》等早期法律辞书相比较，《法律大辞书》具有如下几个特点。

首先，该辞书所收词条，既包含各个部门法的基本词汇，如主权、契约、判决、立法、商法、离婚等，也涉及大量中外法律史词语，如五刑、元典章、读例存疑、部曲、中书省、议会政治、王座法庭、注释法学派等。其释文，既简明扼要，如丁赋、人、人格等的解释，都只有一句话；又旁征博引，详细阐明，如人寿保险、八议、中国法、土耳其法、委内瑞拉宪法等，都有上千字甚至上万字的解释。尤其是该辞书能够关注当时民国政府生效的各项法律，如宪法、民法、刑法、民事诉讼法、破产法、刑事诉讼法、土地法、公司法、保险法、票据法、渔业法等，兼具知识性和应用性两个方面，对读者而言，是一本很好的法律工具书。

其次，本书收入了许多珍贵的历史文献照片，并配之以详细的文字说明，使辞书具有了很强的说服力和珍贵的史料价值。比如，世界上最古的国际条约遗迹图，世界上最古的法院审判笔录图，古代西亚两河流域苏美尔法典的残迹图，古代巴比伦《汉穆拉比法典》（石柱），希伯来时代犹太宗教法典、《唐令拾遗》书、梵文的《摩奴法典》、19世纪末发现的刻在墙壁上的古代希腊最早的成文法典《哥泰那法》、古代罗马最古的民事判决笔录图，直至中世纪英国法学家利特尔顿（D. Littleton，1407—1481）的《土地法论》之著作、近代英国法学家布莱克斯通（Sir W. Blackstone，1723—1780）的《英国法释义》之著作、1804年《法国民法典》第一版的封面等等，共有31幅之多，其中许多文献资料对当时的中国学术界而言都是首次见到，大大开扩了学者的眼界。

再次，条目的释义也非常有特色。一方面，由于作者的日本留学（直接编译日本法律辞书）的知识背景，因此，在辞书的条目解释中，时不时地出现将日文直接搬过来的情况，如“一通”，其解释为“所谓一通，乃指一份文书而言。”这里，就完全是日文的表达法，因为中文中不用“一通”，而是用“一份”。对“入会权”（对森林原野享有共同处分收益使用之权利）、“大藏省”（财政部）、“小切手”（支票）、“小作人”（佃农）等的解释也是。另一方面，因为是早期的辞书，考虑到当时“民智”刚开不久，故对一些法律之外的生活基本用语，如“一年”、“凡人”、“亡命”、“土石”、“一般”、“一般杀人罪”、“一般习惯”、“小学校长”、“工人”、“工厂”等也都有说明。这些用语，因为现代人大家都能明白，故很少在法律辞书（辞典）中再予以解释，但在本大辞书中，则大量出现。此外，在清末民初，一般的法政学堂、法政专业以及后来的法律系、法学院，都包括了财政、会计和经济专业，如由熊元楷、熊元翰、熊元襄编辑出版的、根据日本法学专家冈田朝太郎（1868—1936）、松冈义正（1870—1939）等讲授的《法律学堂讲课笔记》，共22册，就包括了《经济学》、《财政学》。与此相连，在早期法律辞书（辞典）中，也包含有比较多的经济、财政术语，如在本大辞书中，就有对“上忙”、“下忙”[①]、“上币”、“中币”、“下币”、[②]“夕市”、[③]“中央银行”、“中央税”、“中央蚕丝试验场”、“居奇”、“官盐”等的详细解释。

本辞书的作者郑兢毅和彭时，我们对其生平事迹了解得不是很多，网上搜索几乎没有收获，笔者根据对民国时期文献的掌握，得知这两位作者的大体情况为：郑兢毅，东吴大学法学院毕业生，与其他几位高材生马君硕、费青等大体同一时代，在20世纪30—40年代比较活跃，在法理学、比较法学和民商法学领域均有建树，除了编著本大辞书之外，还发表了“苏俄法律的哲学基础”（载《东方杂志》第30卷第2期，1933年）、《苏联的反宗教法律》（同前杂志第30卷第50期）等论文。彭时，是民国时期的比较法学家和民商法学家，除了编著有若干本民法教科书之外，还发表有“法律现象与权利”（载《法律评论》第197期，1927年）、“法律与事实”（同前杂志第203期，1927年）、“民商法上留置权之比较观”（同前杂志第206期，1927年）、“世界民法思潮的新趋势”（载同上杂志第7卷第35—38期，1930年）、“我之民法改造观”（载《新时代》第1卷第4期，1930年）、“世界法家之略历及其著述”（载《法律评论》第475—504期，1932年11月—1933年8月）、“民法上之诚实信用”（载《法学专刊》第1期，1933年）等论著。

法律是社会的产物，法学家也是社会学家，他们是社会生活的设计者和实践者，这一点决定了某一时代的法学作品（包括法律辞典或辞书）只能是那个时代社会生活的表现，受该时代社会发展和进步的制约和影响。《法律大辞书》诞生于20世纪30年代中叶，此时，中华民国政府的立法活动已经基本结束，以西方法为模范的近代法律体系也已经确立，但中国传统法律文化的影响还非常巨大，半封建、半殖民地的社会现实在法律体系中也有大量反映，这些都使该辞书具有了鲜明的时代特色，即一方面，该辞书具有一定的历史局限性，它所体现的中国古代封建社会以及近代半封建、半殖民地社会现状的法律术语以及对其的解释，从今天之立场上看来都已经过时了，如“人民捐输救国金奖励办法”、“人事诉讼程序”、“十字”[④]、“大商人”（营业资本额超过500元以上者）、“大学

---

① 按清代制度，一年春秋两季征税，春季为“上忙”，秋季为“下忙”。

② 古之货币，分上、中、下三等，上等之币称“上币”，如珠玉等；中等之币称“中币”，如黄金等；下等这之币称“下币”，如刀布之类等。

③ 傍晚之后的集市。

④ 即在文件上所签押的符号，一般称“画十字”。这多为不识字者所作，是文化落后之社会的表现。

委员会”、“中央工业试验所组织条例”、“妾”、“定婚”等。但另一方面，该辞书又具有相当的进步性和前瞻性，它的大部分内容追随了世界法律近现代化的潮流，是人类法律文明的结晶，具有丰富的文化内涵和重要的学术价值，对今天中国的社会主义法治建设仍然具有重要的参考价值和现实意义。

商务印书馆是我国近代最早成立的出版社，已经有110多年的历史，在民国时期就以出版辞书蜚声海内外。《法律大辞书》是其中一部重要作品，出版后曾养育了数代法律人。今天，商务印书馆又决定将《法律大辞书》上、下以及补编合为一套，予以再版，我以为这是法学界、历史学界、社会学界和出版界的一件盛事，也是中华法律学子的一件乐事。欣喜之余，特撰以上数语，以为序。

何勤华
于华东政法大学
外国法与比较法研究院
2010年1月28日

编辑说明

一、郑竸毅、彭时编著的《法律大辞书》上、下及补编，由上海商务印书馆首次出版于民国二十五年(1936年)。这部法律词典收入词条一万四千余条，四百万字，堪称一部中型辞书。收入词条既涵盖各个部门法的基本词汇，又涉猎大量的中外法律史词语，内容宽泛；其释义既简明又多旁引当时国民政府生效法律，兼具知识性与实用性，代表近代中国法律辞书编纂的较高水平。今天，尽管距其出版已经过去70多年，但是，诸多词语的释义中允、法律义理明晰，仍可以成为法律学子研习法律的工具书。

二、原书为繁体字、竖排版，为便利现代读者学习，本次再版为简体字、横排版。顺应改版的需要，原书表述如“如左”、“如右”统改为“如下”、“如上”，一些标点符号也做了相应变动。但原书统未加书名号处依然保持原状。

三、原书为三册：即《法律大辞书》上、下及补编，现再版为两册：即合并上、下为一册，保留《法律大辞书》补编单独一册。增加了再版前言，着重申明其法文化传承的意义、宝贵的文献价值。还增加了再版目录、目次等，以补充原书缺漏，使阅读更加方便。

四、本次再版以保持原书面貌为原则，内容上不做任何修改。但为了慎重与完善，我们聘请相关专业的研究人士对原书进行认真审读，勘正了原书的一些排版错误，并将其以页下注的方式一一注明。对于易混淆的异体字、通假字，也增加了注释。同时，为了保持史料的真实性，原书一些字的用法，如“声请”今天通用“申请”等，再版时一律保留，没有更动。还有，原书笔画目录均以繁体字排序，这次再版改为简化字后不便更改排列顺序，仅于词头括号注明繁体字，注意使用时应还原查找。

五、为方便今天读者，本次再版增加了音序条目索引，使用现代汉语拼音即可查阅词条。在世界法家人名录目次中单列新译名栏，凡有新译名者，逐个填补，以利读者对比检索。

六、原书出现的人名，比如题词的蔡元培、作序的吴经熊，本次再版时均加注简介其生平，以俟今天读者。①

---

① 资料主要引自张宪文等主编：《中华民国大词典》，江苏古籍出版社2001年8月；何勤华：《中国法学史》(第三卷)，法律出版社2006年8月。

七、本次再版审读的专家：黄树卿、马海峰，《法律大辞书》上册；高尚，《法律大辞书》下册；王兰萍，《法律大辞书》补编。责校吕长君。*

* 编辑说明由王兰萍执笔。

目　录

吴 序

法律辞典者，研究法律者之金钥也。自海禁开放以来，国人皆知研究法律之重要，然而法律之用语，奇旨奥义，佶屈聱牙，难于喻解之处甚多，研究者每苦不得其门而入，是无他，缺乏善良之工具有以致之耳。

余治比较法学有年，于研究英美法得 Bouvier 所辑之法律辞典(Law Dictionary)而称便焉；研究法国法得 Brassine 所编之法律辞典(Dictionnaire Juridique)而称便焉；研究日本法得渡部万岁所著之法律辞书而称便焉；研究德国法得 Birkmeyer 所编之法律全书(Encyklopädie Der Rechtswissenschaft)而称便焉，独于研究本国法反无相当之法律辞典以为助，其不便何如。闻常思辑一中国法律辞典，以供国人研究法学之用，然苦无余暇及此，中心耿耿，靡时或释，近年坊间间有一二法律辞典出版，类皆脱胎日本法律辞书，于本国法制上之字义，每疏而不详，尤不能不引为憾事。

郑君競毅肄业东吴法学院，潜心法学，成绩斐然，毕业后专事法学之著述，最近以其所撰之法律大辞书匄序于余，浏览一过，觉疏义详明，引证确切，而排次井井，注释精核，洋洋二百余万言，举凡我国法制上之用语，与夫英美德法诸国法规上之重要名辞概括无遗，洵法海之宝筏，法学之津梁也。

郑君从事于此书之编辑，凡五阅年，晨夕攻苦，下一义，参阅数十书，释一语，思索数十遍，犹以为未可，稿成而毁弃者屡，积数年之苦心，而有今日之结晶，是非书贾巨藭之业，乃名山著作之事也，爰乐为之序。

吴经熊*

中华民国二十四年(1935 年)十月

---

*吴经熊(1899—1986)，中国著名法学家。浙江宁波人。1920 年留学德国，师从著名法学家施塔姆勒，《中华民国宪法》的主要起草人，东吴大学法学院(民国时期著名法学院有南“东吴”、北“朝阳”之誉)教授。1949—1968 年在美国西东大学教授法律，在哥伦比亚大学教授亚洲哲学和诗歌，1968 年退休返回中国台湾，在中国文化学院任名誉校长。著有《超越东西方》等法学、哲学著作多部，在中国大陆出版的文集《法律哲学研究》，由许章润选编，清华大学出版社 2004 年出版。

凡例

一　本书上起远古，下迄现代，凡关法律学之名词为检查所需要者，均参考群书，调查甄录。于古则详其因革，于今则著其效能，古今中外尽量采择。

一　本书各条名词之下，更注明类别字样；如属于民事诉讼法者，则注以【民诉】二字，属于亲族法者注以【亲】字等等。

一　本书所引西文法律术语，均用吾国法律学上标准名词译出，更附以西文原名，以资参考。

一　本书求切于实用起见，特于法律文件程式方面，详加搜集，别为一类，格式体例，悉依准则。

一　本书为求完备起见，于正文之外，更附以世界法家人名录。以国别分类，介绍中外古今各法家之人格及其学术经验为目的。

一　本书范围广泛，于考查采择方面，虽及其能力之所及，而卷帙繁重，脱略讹误，在所不免。祈海内博雅有以指教，俾得于再版加以改良，是所至幸。

词目首字音序表

笔画目录

上　册

一画

二画

三画

四画

五画

六画

七画

八画

九画

十画

十一画

下 册

十二画

十三画

十四画

十五画

十六画

十七画

十八画

十九画

二十画

上　册

一 画

【一人数罪】【刑】Concurrence of offences　在判决未确定前，一人而有数罪同时或先后发觉者，谓之一人数罪。即刑法上所称之并合论罪是也。

【一子继承主义】【继】为继承的立法主义之一种，又称强制保留主义。即以家族所有财产仅许一子（长子）继承，而他人不得染指之谓也。今之英德尚有此制。在十四世纪之德奥等国，法律上且有禁止之明文，盖为保全世袭制度计也。故又称强制保留主义。

【一匹】【史】布帛之长四丈者曰一匹。说文："匹，四丈也。"汉书食货志："布帛广二尺二寸为幅，长四丈为匹。"刑律上之刑罚有处绢若干匹者，乃指以当时每匹之市价所换算之价额若干而言。

【一分判决】【民诉】Partial judgment　日本法律称一部判决曰一分判决。与全部判决相对称。此系指民诉而言。至刑诉方面，则无所谓一分判决。因其必须全部加以判决方为有效也。

【一夫一妻制】【亲】Monogamy　为婚姻制度之一种。与一夫多妻制、一妻多夫制相对称。即由一男一女结为夫妇之制度。此项制度为近代文明各国之婚姻法律所采用，不特对男女间平等之原则予以保障，即家庭间之幸福，男女间之健康与夫种族上之改良，亦有极大补助。我国亲属法亦采此制。如第九八五条规定有配偶者不得重婚是。在刑法上且有刑罚之明文。

【一夫多妻制】【亲】Polygamy　为婚姻制度之一种。与一夫一妻制及一妻多夫制相对称。即一男子与数女子缔为夫妇之制度也。此制为回回法系国家所采用。女子地位与男子不能平等，故流弊甚多。近代文明国法律，多否认之。我国法律亦然。

【一方共犯】【刑】Unilateral co-operation　共同犯意只一方知为共同与他方并无意思联络者，学者称之曰一方共犯，亦当以共犯论罪。例如甲欲杀乙，丙虽未与甲通，然心极赞同，乃将乙严守于屋并饮以酒使醉，甲终杀乙而不知丙之助己。甲为单独正犯。丙为一方共犯，仍须以共犯论。我刑法第四十六条规定知正犯之情而帮助者，虽正犯不知共同之情仍以从犯论。即所谓一方从犯也。

【一方行为】【民总】Unilateral act　又名单独行为。（详该本条）

【一方商人主义】【债】（详商人主义条内）

【一方商行为】【民总】Unilateral commercial transaction　与双方商行为相对称。法律行为在当事人一方如系商行为者，则称曰商行为。例如非商人与商人订立某种契约，在商人一方为商行为，在非商人一方则为普通行为。

【一方审理主义】【民刑诉】为民事及刑事诉讼主义之一，对双方审理主义言。又称一造审理主义。即仅根据当事人一方之主张，及其所提出证据而为审判基础之主义也。此种主义偏颇一方,流弊滋多。近代各国,采取者甚少。

【一日】【史】刑期之计算以百刻为一日。(正确计算以九十六刻为一日)一刻等于今之十五分钟。而百刻则等于今之二十四小时。(明律卷一、清律卷四——称日者以百刻条)

【一本一利】【史】所谓一本一利,乃指利息与母金达于相同之额数而言。为利息限制之原则。即不得过一本一利之谓。明律(卷九)、清律(卷十三)户律钱债篇——违禁取利条:"凡私放钱债及典当财物,每月取利并不得过三分,年数虽多不得过一本一利。违者笞四十,以余利计赃,重者以赃论,罪止杖一百。"

【一甲】【史】殿试最优等者,称曰一甲。按科举时代计有乡试,会试,殿试三层。乡试及第者为举人,得应会试。会试及第者为贡士,得应殿试。殿试由天子亲行试验,其合格者之三名拔为一甲。一甲中第一等即最优等者为状元。第二等为榜眼。第三等为探花。皆以进士及第优遇,且叙以翰林院最优缺。

【一再减轻】【刑】即依法律上之加重(如再犯并合论罪),或法律上之减轻(如未遂自首中止之类),虽各项情形竞合时,苟再有减轻之情形及犯罪情状可悯恕者,得由裁判官再予酌减本刑之谓。(刑法第七十八条)又称再减轻。

【一地习惯】【通】Local custom 凡习惯之仅为一处地所通行者,谓之一地习惯。与一般习惯相对立。

【一年】【史】一年为三百六十日,如逢月小,当增算为三十日,遇有闰月之岁,且应扣除。此系刑期之计算。至于工役之日数,其工资之计算如在月小,则应扣除一日,如系闰月,亦应加算,以昭公允。此在唐明清等律均有规定。清之租税追征等采年度制,即每年自二月初一日起至次年正月三十日止为一年度。(清律卷四——称日者以百刻之条及注文)

【一次税】【行】对于某种货物仅课税一次,而无再课第二或第三次者,称曰一次税。

【一次给付】【债】为债之标的之给付之一种。对反复给付与继续给付言。即债之给付仅须为一次行为,而债即行消灭之谓也。例如卖与一牛时一次给付是。

【一事不再理】【民刑诉】为诉讼法之一大原则。谓判决一经宣告或确定,除上诉再审或非常上诉外,诉讼当事人不得就同一案件提起同一之诉也。但须具备下列条件:(1)须前后两案件之内容全然一致。(2)须为有效之判决。(3)须为本国法院之判决。(4)须为实体的判决。故法院遇有此项案件,应本一事不再理之原则加以驳斥。一事不再理之原则有例外二:(1)非常上诉。(2)再审。(详各本条)

【一事分为二罪】【史】一个犯罪行为构成二个犯罪行为,罪法若等则须计其所得之利,而以两种罪名论。唐律名例篇——二罪从重条:"其一事分为二罪,罪法若等则累论。"其疏议曰:"假将私马直绢五匹,博取官马直绢十匹,依律贸易官物,计其等准盗论,计所利以盗论,须分官马十匹出两种罪名。"

【一事频受】【史】法官对于一人刑诉案件之审理,频受贿赂者,曰一事频受。唐律疏议:“断一人之事,频受其财,是为一事频受。”

【一依旧准】【史】亡官、失爵、禁锢、夺劳等处分,于大赦诏颁发后,恢复前此旧时状况之谓。补宋书刑法志:“永和元年夏六月丁卯。诏大赦天下……长徒之身,特皆原遣。亡官、失爵、禁锢、夺劳,一依旧准。”(宋书武帝本纪)

【一刻】【史】昔时一日为十二支,即十二时。时又分为刻,百刻为一日(实则以九十六刻为一日)。八刻为一时。所谓一时,与今之二小时相等。所谓一刻,则与今之十五分钟相等。(明律卷一、清律卷四——称日者以百刻之条内)

【一券主义】【债】为单券主义之别称。(详单券主义条)

【一妻多夫制】【亲】Polyandry 为婚姻制度之相对立。乃指一女子与数男子缔为夫妇之制度而言。在女多于男或生活状况困难之地方,多采取之。每以兄弟数人共娶一妻,所生子女依次序之先后各归其夫。西藏一带至今仍通行之。此制亦为近代立法例所反对,即我国法律亦不采用。

【一宗】【通】案件汇集一起,谓之一宗。故称案件之全卷,曰卷宗。卷宗之编成,由书记官为之(刑诉法第一九三条,民诉法二三二条)。与一宗对立者,曰数宗。在法律上亦有称某一案件为一宗案件者,或某一诉讼为一宗诉讼者。与此相对称者,则曰数宗案件或数宗诉讼。凡分别提起之数宗诉讼,法院以合并为便利者,得命合并辩论。此时如当事人两造相同,则得合并裁判之。(民诉法第一九七条)

【一宗土地】【土】在一定区域内,属于某个所有人之某一段土地,称曰一宗土地。(参土地法第四十七条)

【一定权原】【通】Definite legal source and right 即于将他人之所有物移归自己管有时,须系依于法定原因之谓。例如依法令或契约或其他法律行为等原因而取得权利是。否则构成窃盗诈欺等罪。

【一所为数结果】【刑】学者又名之曰想象的竞合。又名想象上之数罪。(参该本条)

【一面关系说】【民诉】Theory of unilateral relation 此说主张诉讼关系仅在原告与被告之中,与法院方面并无任何诉讼关系。实则法院与当事人亦有权利义务关系。例如当事人对受理法院有各种请求权,以及服从其指挥监督之义务皆是。故此说不可采。

【一时中立】【国公】Temporary neutrality 又称战时中立。(详该本条)

【一时局外中立】【国公】又简称曰一时中立。(详该本条)

【一时条约】【国公】Temporary treaty 凡条约之缔结,其效力并非永久的,谓之一时条约。与永久条约相对称。如赔款条约即其一例。

【一眚】【史】书经舜典所谓:“眚灾肆赦”之眚,乃因过失而犯罪之谓。故凡一时之过失乃称曰一眚。左传僖公三十三年:“且吾不以一眚掩大德。”

【一般】【通】General 一般者,谓普通而并特种情形也。

【一般人】【通】General person 非特定之人谓之一般人。

【一般工会】【劳】Ordinary labor union 为工会之一种，与特种工会相对称。（详工会条内）

【一般之过失】【刑】General negligence 为过失分类之一。对业务之过失言。即不从事于一定业务而怠于必要之注意者之谓。与业务之过失相反。

【一般主义】【债】为交互计算契约适用范围主义之一种。谓交互计算之目的，乃在省略手续节留费用预防危险活动资金，应适用于一般人民也。故无商人与非商人之别，均可适用。瑞士债务法采之。我国民法亦然，故规定于债篇中。

【一般代理】【民总】General agency 为代理之一种，对特别代理言。即代理权范围无特定限制之代理也。故又名无限代理。与特别代理之区分乃以有无特定的范围为标准。一般代理之权限可为管理行为(以保存利用改良为目的之行为)，但不得为处分行为。

【一般行为能力】【民总】General disposing capacity 指由民法总则内关于行为能力之规定而言。多数学者谓此项规定仅能适用于财产上之行为，至身分上之行为则不能适用。

【一般没收】【刑】General forfeiture 即将犯人与犯罪有密切关系之特定财产加以剥夺籍没入官之谓。近世各国多行此制。我国新刑法亦仿之，为没收之一种，对特别没收言。

【一般法】【通】General law 又称普通法，与特别法相对称。(详普通法条)

【一般法学】【通】General jurisprudence 与特别法学相对称。其目的在对于法之全体，概括理解其原理原则，如法学通论是。至于特别法学则在于就法律现象中之特殊种类而理解其观念，如刑法学宪法学皆是。二者研究之范围不同，学者应先研究一般法学，然后再及于特别法学。以研究关于法律全体共通之概念原理原则为目的之学问，曰一般法学，即法理学之别称。

【一般的加重】【刑】General increase of punishment 为加重在法律上分类之一种，对特别加重言。即依据刑法总则编规定关于一切犯罪共通适用之加重之谓。计有累犯加重及并合论罪加重两种。

【一般的免除】【刑】General remission 即由刑法总则中关于一般犯罪共通所适用之刑罚免除规定也。又分为绝对的免除与相对的免除。前者即有法定的免刑事由存在，必须加以免除之谓。后者则谓法院有裁量可否免除之权也。我刑法总则中规定绝对的免除者为：(一)经外团裁判受刑之执行或经免除时(第八条)。(二)中止未遂犯者(第四十一条)。关于相对的免除者为：(1)防卫过当。(2)救护过当。(3)不能未遂犯(第三六一三七条、第四〇条)。

【一般的故意】【刑】General intent 为不确定故意之一，又称概括的故意。(详该本条)

【一般的最惠国条款】【国公】General most-favoured-nation clause 为最惠国条款之一种，与特定的最惠国条款相对称。谓最惠国条款之适用，不限定于特定事项，而系及于一般者也。我国与各国所订者，多属此类。以是各国商业在我国内之势力，无不因之而大盛焉。

【一般的减轻】【刑】General reduction　为减轻在法律上种类之一，对特别的减轻言。即依据刑法总则的规定关于一切犯罪所共通适用之减轻之谓也。例如中止犯未遂犯之减轻是。

【一般侵占罪】【刑】为侵占罪之一。因意图为自己或第三人不法之所有而侵占自己持有之他人所有物而成立。其要件有五：(1)其主体为以无身分之一般人为限。(2)须有为自己或第三人不法之所有的故意。(3)须系他人之财物。(4)须为依一定权原而为自己所持有之财物(其范围参单纯窃盗罪条)。(5)须有侵占之行为。本罪之处分为五年以下有期徒刑，拘役，得并科或易科一千元以下罚金。未遂罪罚之。(刑法第三五六条)

【一般侵权行为】【债】General tort　普通曰侵权行为。详侵权行为条。

【一般背职罪】【刑】为背职罪之一。对特别背职罪言。又名概括背职罪，或称非纯粹渎职罪。因公务员假借职务上之权力机会或方法，以故意犯刑法分则第四章(渎职罪)以外各罪而成立。盖公务员因特殊地位，故犯罪情节较常人为重，故应加重处分。本罪主体以公务员为限，且所犯之罪须以未特别规定者为限。否则自应依特别之规定加以处罚，与本罪无涉。本罪之处分为均按各本条加重本刑三分之一。

【一般恐吓罪】【刑】Crime of blackmail in general　为恐吓罪之一。因意图为自己或第三人不法之所有以恐吓使人将本人或第三人所有物交付者，成立本罪。其要件有四：(1)须有为自己或第三人不法之所有的故意。(2)须以不法之恐吓手段相加。(3)被害人须生有畏惧之心。(4)被害人须有将所有物(电气及违禁物在内)交付于加害人之事实。本罪之处分五年以下有期徒刑，拘役，得并科或易科一千元以下罚金。未遂罪罚之。(刑法第三七〇条第一、三项)

【一般特许】【行】General patent　法律对于公法人在一定限度内特许其享有某项特别权利者，称曰一般特许。例如特许市政府于所辖之境域内办理地方上一切公共事务是。

【一般破产主义】【破】Principle of general bankruptcy　为破产法主义之一种，与商人破产主义相对称。即不论是否商人均须适用破产法之主义也。英美德奥等国采之。

【一般租赁】【债】Lease in general　为租赁之一种，对耕作地租赁言，即通常之租赁也。(详租赁条)

【一般条款】【国公】即一般的最惠国条款(详该本条)之简称。又曰一般的最惠国条款。(详该本条)

【一般杀人罪】【刑】为杀人罪之一，因故意杀人而成立。但以出于不法而剥夺他人生命及法律无特别规定(所谓特别规定者即如惨杀、义愤杀等是)者为限。所谓故意，即犯人须有预识断人生命之结果也。又其行为且须以违法为必要否则有正当防卫紧急避难之原因时，自不构成本罪也。本罪之处分为死刑，无期徒刑，或十年以上有期徒刑，所以使审判官有伸缩之余地也。未遂罪罚之。（刑法第二八二条）

【一般习惯】【通】General custom　与一地习惯相对称，即全国各地所通行之习惯也。又曰普通习惯。（详该本条）

【一般统治关系】【宪】与特别权力关系相对立。国家处于一般统治权主体之地位对人民享有权利负有义务，谓之一般统治关系。如国家对人民之财政权军政权以及其他之行政权司法权立法权是。关于义务方面，则国家对人民有予以参政权自由权之义务是。至于所谓特别权力关系，乃指国家对于人民在一定范围内有命令强制之权利，而人民亦有服从其命令之义务。例如对律师会计师医师之特别监督关系，对于狱囚之特别监视之关系是。

【一般诈欺罪】【刑】为诈欺罪之一，又称诈欺取财罪。因意图为自己或第三人不法之所有，以诈术使人将本人或第三人所有物交付者，成立本罪。其要件有三：(1)须有为自己或第三人不法之所有为目的。(2)须有诈术之行为（即欺立罔之谓，但以能显然欺罔一般人者为已足）。(3)被害人须因此而将本人或第三人所有物（限于有体物，但电气亦在内）交付，否则仍不能构成本罪。处五年以下有期徒刑，拘役，得并科或易科一千元以下罚金。未遂罪罚之。（刑法第三六三条第一、三项）

【一般伤害罪】【刑】为伤害罪之一，又称轻微伤害罪。因无杀人之故意而伤害人之身体或健康而成立。本罪成立之要件有四：(1)须为非杀人之故意。(2)须有伤害人之故意。(3)须有暴行或非法行为，有形或无形，直接或间接，均属之。(4)须有身体或健康受伤害之结果。否则不能构成本罪。其处分为五年以下有期徒刑，拘役，或一千元以下罚金。至加暴行于尊亲属未成伤者，处一年以下有期徒刑。所谓未成伤者，即肉体或精神上未受伤害之结果也（刑法第二九三条）。上述各罪须告诉乃论。（第三〇二条）

【一般预防主义】【刑】Principle of the general prevention　为目的主义之一，对特别预防主义及双面预防主义言。即刑罚之目的为执行刑罚，以强制威吓及警戒人民，使其不敢犯罪。更分三说：(1)心理强制说——谓刑罚所以强制其心理以预防其犯罪。(2)威吓说——谓以刑罚加诸犯人以威吓公众，预防一般人民之犯罪。(3)警戒说——谓刑罚在加人以警戒视为教育方法之一。此项主义视刑罚之目的过于偏激且以峻刑严罚为尚，人多非之。

【一般渔业权】【行】Ordinary fishing right　与专用渔业权特许渔业权相对立。即依通常方法呈请该管行政官署核准，转报主管厅部备案，而取得之渔业也。（参渔业权条，渔业法第十七条）

【一般诬告罪】【刑】Offences of malicious accusation in general　为诬告罪之一。更有二种情形：(1)因意图他人受刑事或惩戒处分，向该管公务员诬告而成立。须指定犯人为必要。被害者亦只限于能受刑事或惩戒处分者。其行为须为虚伪之告诉告发或报告。其处分为七年以下有期徒刑。若于确定前自白者，减轻或免除其刑。(2)因意图他人受刑事或惩戒处分而伪造变造证据或使用伪造变造之证据者，其处罚及自白后之处分，均与上同。（刑法第一八〇条、一八四条）

【一般掳人勒赎罪】【刑】为掳人勒赎罪之一。即意图获得财产而掳绑人身之犯罪也。因掳人勒赎而成立，须以财物或财产上之利益为交换人身之条件，且须以被掳人实际上处于自己实力支配之范围内为必要。本罪之处罚为无期徒刑，或七年以上有期徒刑。未遂罪罚之。（刑法第三七一条第一、三项）

【一般遗弃罪】【刑】General abandonment 为遗弃罪之一。本罪因遗弃无自救力之人而成立。所谓遗弃，指不为扶助、养育、保护，而弃置不顾之谓。但仅以积极之遗弃行为为限。若只不予以相当保护之消极行为，自不在本罪之内。所谓无自救力者，例如老者幼者残废及疾病人皆属之。本罪之主体不以有义务者为限。即无义务之人，亦因有遗弃行为而为本罪之主体。其处分为一年以下有期徒刑，拘役，或三百元以下罚金。至因而致人重伤者，处三年以下有期徒刑。若因而致人于死者，则处五年以下有期徒刑。（刑法第三〇九条）

【一般权利能力】【民总】General legal capacity 即就一般权利得为其主体之资格之谓。不论为自然人或法人，抑为本国人，或外国人，均得为之。

【一起】【史】所谓一起乃一事件之义，为司法上之用语。故一件、二件、三件，称曰一起、二起、三起。公文缘起："今官司审理讼，每一案谓之一起。考元史刑法志，诸捕盗官，官盗三限不获，强盗三起，窃盗五起，各笞一十七。"（清董良玉编——董氏丛书）

【一院制】【宪】Unicameral legislation system; Single-house system 与两院制相对称。即以一个单一团体行使议会职权之制度也。主张一院制之理由不外三种：(一)人民多数之意志只有一个，故只应有一个代表机关。(二)一院制对于急需之法律案易行成立，而行动较为敏捷。(三)一院制可以避免议会本身之冲突，而不致为行政机关所操纵。

【一条鞭法】【史】前昔赋税、田粮、人贡，非常复杂。至明隆庆四年，始定一条鞭法。凡力差计雇费，银差计解费，加以赠耗，通计一岁共用银若干，照丁粮编派，开载田单征收，一概头户贴户，尽行革出民免杂。此种征税方法，名曰一条鞭法。

【一通】【通】所谓一通，乃指一份文书而言。其文书数份而汇集于一起者，则不称一通而称曰一宗。（详该本条）

【一造】【通】One party 法律行为或诉讼行为当事人之一方，谓之一造。例如契约缔结人之一方或诉讼当事人之原告皆是。与两造相对称。

【一造负担】【民刑诉】诉讼当事人之一造，因败诉或由法院参酌情形而判令其负担双方之诉讼费用者，曰一造负担。

【一造审理主义】【民刑诉】又称一方审理主义。（详该本条）

【一造辩论判决】【民诉】为判决之一种，与对席判决相对称。即法院因一造于言辞辩论期日不到场，或到场不为辩论，许到场当事人一造辩论而为之判决也。

【一部】【通】Partial 与全部相对称。即一部分之谓。

【一部上诉】【刑诉】Appeal made against part of a judgment 为上诉之一种，对全部上诉言。谓上诉权利人对原判之一部声明不服，而向上级法院请求加以撤销或变更之诉也。其情形有三：(1)原判系数罪时，原告或被告对于一部分之罪名声明上诉者。(2)原判系一罪时，原告或被告对于所科之刑过轻或过重，或科刑之一部声明不服而上诉者。(3)原判中有多数被告时，原告对于一部分被告声明上诉，或一部之被告独自声明上诉者。

【一部中立】【国公】Partial neutrality 为中立之一种，与全部中立相对立。即仅国家一部分之领土，划为中立区域之谓。例如希腊领土爱奥尼安群岛，乃一永久中立地是。又如中日战争时划上海为战时中立地是。皆称为一部中立。

【一部主权国】【国公】Part-sovereign states 又称半主权国，与主权国相对立。凡国家对于内政外交一部之行使，须受他国之支配者，曰一部主权国。享有支配权利者曰宗主国。一部主权国在国际法上享有若干程度之国际人格。此项国家可分三种：(1)被保护国。(2)属国。(3)邦联分子国。(详各本条)

【一部付款】【票】Partial payment 为付款之一种，对全部付款言。谓付款人仅就票据金额之一部支付与执票人也。我票据法认为有效。而执票人亦不得拒绝且须对于未获付款之一部分作成拒绝证书，以证明之。至付款人于一部付款后，得要求执票人在票上记载所收金额，并另给收据以为证明之用。(第七〇一七一条)以上乃就汇票与本票而言。至支票则法律另有规定。即付款人发票人之存款或信用契约所约定之数不敷支付该支票时得就一部分支付之。惟须经执票人之同意，方可为之。故与汇票本票一部付款时执票人不得拒绝者，稍有不同。(第一三二条)

【一部判决】【民诉】Partial judgment 为判决之一种，对全部判决言。谓仅就诉讼之一部所为之判决也。

【一部承兑】【票】Partial acceptance 为不单纯承兑之一种。即付款人仅就票面金额之一部所为之承兑也。我票据法虽认为有效，但须具备下列三要件：(1)须经执票人之同意。(2)执票人应将一部承兑事由通知其前手。(3)执票人须对未获承兑之一部分作拒绝证书。至于承兑人对承兑之部分应负责任，自不待言。(第四四条第一、三项)

【一部保险】【险】Partial insurance 对全部保险言。谓就保险价额之一部付诸保险也。即保险金额不满保险价额之保险契约也。我保险法规定一部保险，保险人之负担，以保险金额对于保险价额之比例定之。例如保险价额为一万元，保险金额为八千元，其后事故发生时，损害额为五千元，则保险人应负四千元之赔偿费，而被保险人则应负一千元之损失。倘损害额为全部时，则保险人应担负全部赔偿费自不待言。但上述规定乃为原则，其当事人另有契约订定者，仍应从其契约。(第卅四条)

【一部保证】【票】Partial guarantee　为票据保证之一种，对全部保证言。谓保证人仅就汇票金额之一部分加以担保也。我票据法认为有效(第六〇条)。故保证人之责任，亦以所担保之一部为限，而于清偿债务后向执票人之偿还请求权，亦不能超出一定范围之外，是又为当然之事矣。

【一部背书】【票】Partial indorsement　谓在票据上就其所载金额之一部分所为之背书也。我票据法以明文规定视为无效。即将票据金额分别转让于数人之背书，以及附有条件之背书，皆认为不发生效力。(第卅三条)

【一部参加付款】【票】Partial payment for honor　为参加付款之一，对全部参加付款言。谓参加人仅就被参加人应支付金额之一部所为之付款也。若该金额已一部支付，则对于其他一部之参加付款，自可为之。如仅就该未支付金额之一部为之，因不能妨止其他部分追索权之行使，是与参加付款之目的不合，法律自难加以容许。(参票据法第七八条)

【一部败诉】【民刑诉】(详一部胜诉条)

【一部清偿】【债】Partial performance fulfilment　与全部清偿相对称。即债务人将债务不于一次完全清偿之谓也。一部清偿仅就可分给付始能发生，我国民法规定债务人无为一部清偿之权利，是为原则。但为保护债务人起见，于下列情形有例外之规定：(甲)给付可分者，其要件有四：(1)债务人境况困难者。(2)无甚害于债权人之利益者。(3)定于相当期限内者。(4)经法院许可者。债务人得分期给付或缓期给付。(乙)给付不可分者——具备上述四要件时，亦许其缓期清偿。(第三一八条)

【一部胜诉】【民刑诉】诉讼当事对于所主张之一定诉讼标的，仅受到一部分有理由之判决，谓之一部胜诉。其另一部分受无理由之判决者，则曰一部败诉。各当事人一部胜诉一部败诉者，各负担其支出之诉讼费，但法院得酌量情形，命两造以比例分担或命一造分担。(民诉法第八十二条)

【一部灭失】【债】债权标的物之一部失其存在者，谓之一部灭失。与全部灭失相对称。

【一部无效】【民总】Void in part　为无效之一，对全部无效言。即法律行为中若其意思表示之一部为无效，则一部无效之谓。但我国民法定明以一部无效致全部无效为原则。(参全部无效条)

【一部履行】【债】Partial performance　在可分之债，依法律之规定或基于法律行为而有特别之订定时，将债之标的物，先行给付其一部，是曰一部履行。与全部履行相对称。

【一部废止】【通】Partial annulment　使法律之一部分失其效力者，谓之一部废止。与全部废止相对立。

【一部迟误】【民刑诉】与全部迟误相对称。即诉讼当事人，不于一定日期或期限内，为其一部应为之行为也。(参迟误条内)

【一部变更】【通】Partial alteration 对某种事物之一部分使其变动或加以更改者曰一部变更。与全部变更相对称。

【一等有期徒刑】【刑】First degree of imprisonment for a time 我国暂行律分有期徒刑为五等。十五年以下十年以上为一等有期徒刑。(暂行律第三七条)

【一罪】【刑】One offence 对数罪言。即一个罪名之谓。例如杀人罪是。在原则上一罪之成立,其刑罚应依律文处以一种(某条)刑罚。但一行为而犯数项罪名,或以犯一罪之方法或其结果而犯他项罪名者,则从一重处断。至于连续数行为而犯同一之罪名者,仍以一罪论。(刑法第七四—七五条)

【一审】【民刑诉】First instamce 即第一审(详该本条)之简称。

【一亲等】【亲】The first degree of relationship 在亲属关系中最亲之人,曰一亲等亲属。例如父母与子女间为一亲等是。其计算法参亲等条内。

【一应实犯】【史】一应者,一切也;实犯者,故意犯也。(明律卷一、清律卷三——常赦所不原条)

【一览拂】【票】Payment at sight 日本法律称见票即付曰一览拂。即执票人将票据呈示于付款人时,付款人须立即付款之谓。

【一览后定期拂】【票】Payment on a fixed day after sight 日本法律称见票后定期付款曰一览后定期拂。即于执票人呈示票据后,以经过一定期间之日为票据满期日,届时即须付款。

【一权主义】【票】又称期前偿还主义。为不获承兑时之追索权制度立法例之一。对两权主义与选择主义言。为英美票据法所采用。谓凡票据执票人在到期前不获承兑时,得对其前手或其他票据债务人请求偿还也。我票据法亦采之。(第八二条第二项)

【一体】【史】所谓一体,乃指父子(母子同)或夫妻或兄弟相互间之不可区分之关系而言。礼记丧服篇:"父子一体也,夫妻一体也,昆弟一体也。故父子首足也,夫妻胖合也,昆弟四体也。故昆弟之义无分,然而有分者,则辟子之私也。"(礼记义疏卷二十三)

【乙夜】【史】汉代夜中之时刻分甲乙丙丁戊五刻。其乙刻则等于今之午后十时(即二更时分)。天子昼间在朝听政,入夜于乙刻时观书。故呈求天览之奏书皆曰乙夜之览。汉旧仪:"省中黄门持五夜。五夜者,甲夜、乙夜、丙夜、丁夜、戊夜。"后世亦从之。唐殷文昌淮西碑:"遵大禹栉风之志,有光武乙夜之勤。"杜阳杂编:"文宗视朝后,即阅群书,谓左右曰,若不甲夜视事,乙夜观书,何以为人君邪。"又陈孚诗:"幸承乙夜君王问。"

【乙科】【史】为科目之称,即举人所试验之科目也。唐书韩休传:"与赵冬义,俱乙科。"此外俗称举人为乙科,称进士为甲科。

【乙榜】【史】为科举制度中举人之称。与进士之为甲榜者相对立。

二 画

【丁口】【史】男子曰丁，女子曰口。全国男女之总称曰丁口。

【丁夫】【史】当正役者谓之丁，当杂徭者则曰夫。唐律（卷二十八）捕亡篇——丁夫杂匠亡之条："诸丁夫杂匠在役，及工乐杂户亡者，一日笞三十，十日加一等，罪止徒三年。主司不觉亡者，一人笞二十，五人加一等，罪止杖一百。故纵者各与同罪。"

【丁夫差遣不平】【史】差遣之法，先富强后贫弱，先多丁后少丁。违者即谓之丁夫差遣不平，应受处罚。唐律（卷十六）擅兴篇——丁夫差遣不平条："诸应差丁夫，而差遣不平及欠剩者，一人笞四十，五人加一等。罪止徒一年。即丁夫在役日满不放者，一日笞四十，一日加一等，罪止杖一百（各坐其所由）。"疏议曰："差遣之法谓先富强，后贫弱，先多丁，后少丁。凡丁分番上役者，家有兼丁要月，家贫单身闲月之类，违此不平，及令人数欠剩者，一人笞四十，五人加一等，罪止徒一年。即丁夫在役谓在役之人，日满不放者，一日笞四十，一日加一等，罪止杖一百。注云，各坐其所由，谓止坐不放者，所由之人，明无连坐之法。"丁夫谓计丁田起拨之夫役而在官差使者，杂匠乃百工技艺之人而在官工作者。若主掌夫匠之人有所差遣，而使劳者常劳，佚者常佚，是谓不平，应加治罪。其丁夫杂匠承差而稽留不著役，则为抗役，其加役期限已满而不放回者，则为留难，均应处罚。明律（卷四）、清律（卷八）户律户役篇——丁夫差遣不平条，均设明文："凡应差丁夫杂匠，而差遣不均平者，一人笞二十，每五人加一等，罪止杖六十。若丁夫杂差，而稽留不著役及在役日满，而所司不放回者，一日笞一十，每三日，加一等，罪止笞五十。"

【丁夫杂匠亡】【史】正杂役徭谓之丁夫，杂色工匠谓之杂匠，在役时乃为公家服役，应勤奋将事，勿负厥守。若竟逃亡，即应处罚，以警效尤。唐律（卷二十八）捕亡篇设有丁夫杂匠亡之条："诸丁夫杂匠在役及工乐杂户亡者，（太常音声人亦同）一日笞三十，十日加一等，罪止徒三年。主司不觉亡者，一人笞二十，五人加一等，罪止杖一百。故纵者各与同罪。"疏议曰："丁谓丁役。夫谓杂徭及杂色工匠，诸司工乐，杂户。注云，太常音声人亦同。丁夫杂匠并据在役逃亡，工乐以下在家亡者，亦是一日笞三十，十日加一等，罪止徒三年。主司，谓监临主守，不觉逃亡者，计人数坐之。一人笞二十，五人加一等。四十一人逃亡，即至罪止杖一百。主司故纵者，各与逃亡者同罪。"同条又谓："即人有课役，全户亡者亦如之。若有军名而亡者加一等。其人无课役，及非全户亡者减二等。即女户亡者，又减三等。其里正及监临主司，故纵户口亡者，各与同罪。不知情者不坐。"疏议曰："人有课役，谓或有课无役，或有役无课，而全户亡者，亦如丁夫在役逃罪，一日笞三十，十日加一等，罪止徒三年，若有军名而亡，谓卫士掌闲驾士幕士之类，名属军府者，总是有军名。其幕士属卫尉，驾士属太仆之类，不隶军府者，即不同军名之例。有军名而亡者，虽非全户，加一等合流二千里。其人无课役，谓全户亡者，其有课役，谓非全户亡者，各减有课役，全户亡罪二等，罪止徒二年。若其人无课役，又非全户亡者,又减二等罪止徒一年。即女户亡亦谓全户而亡者,又减三等。总减有课役亡者五等,罪止杖一百。妇女非全户亡,又减二等合杖八十。其里正及监临主司,折冲府于军人,亦同监临之例。故纵户口军人亡者,各与亡者罪同。不知情者不罪。"

【丁夫杂匠稽留】【史】丁夫杂匠之遣发,应于一定期限内到达指定之所。如稽留不赴,是误事也。应予治罪。唐律(卷十六)擅兴篇设有丁夫杂匠稽留条:"诸被差充丁夫杂匠,而稽留不赴者,一日笞三十,三日加一等,罪止杖一百。将领主司,加一等。防人稽留者,各加三等。即由将领者,将领者独坐(余条将领稽留者准此)。"疏议曰:"丁夫杂匠,被官差遣,不依程限,而稽留不赴者,一日笞三十,三日加一等,罪止杖一百。将领主司,加一等。主司,谓亲领监当者,一日笞四十,三日加一等,罪止徒一年。其防人稽留者,各加三等。一日杖六十,三日加一等,罪止徒二年。其将领主司,亦加一等。若由将领主司稽留,丁夫杂匠防人,不合得罪,唯罪将领之人,故云将领者独坐。注云,余条将领,稽留者准此,余条谓征人等。但是差行,有主司将领,本条无将领罪名。事由将领者,皆将领者独坐。"

【丁匠防人等疾病】【史】丁匠防人属于勤劳阶级,在社会国家功绩殊大。国家对之非加保护不可。此本条之所以设也。唐律(卷二十六)杂律篇设有丁匠防人等疾病条:"诸丁匠在役及防人在防若官户奴婢疾病,主司不为请给医药救疗者,笞四十,以故致死者,徒一年。"疏议曰:"丁匠在作役之所,防人在镇守之处,若官户奴婢在本司,上者而有疾病,所管主司不为请,虽请而主医药官司不给,阙于救疗者笞四十。以故致死者,谓不请给医药救疗,以故致死者,各徒一年。"

【丁忧守制】【史】官吏遇有父母之丧,或去职,或不去职,而在家于一定期间内服丧,是曰丁忧守制。通常均为三年。

【丁尽户绝】【史】所谓丁尽户绝,乃指一家之丁男尽行死亡而言。大学衍义补(卷百十九):"按今州县军户,多有丁尽户绝者,其人居宅田产,必有承而受之者,除生前立契明卖者外,行清军御史,会同布政司及府州县官,挨究归官。有顾代其役者,即给以本军绝户之田。若是边军,就令以近就近。又行户部,通行天下,凡没官田土,在二十年以后者,不分有无承佃,尽数刷出,照宋朝之例,给民为军。"

【丁赋】【史】即以人为课税之标的之税收称曰丁赋,即人头税是也。与地赋相对称。

【七出】【亲】我国旧律离婚之权,大都操诸夫。凡妻有犯七出之条者,得休之。惟有三不去之情事之一时,则不在此限。七出者:(一)无子——须具下列四要件:(1)妻年满四十以上者。(2)夫别无子,除另娶外,别无得子之望者。(3)不能生育之原因在于妻者。(4)无三不去之情事者。(二)淫佚——凡挥霍浪费无节,荒淫荡游无度,皆谓之淫佚。(三)不事舅姑——乃指对于舅姑确有不孝之事实,并经训试怙恶不悛者而言。(四)多言——凡挑拨是非,离间亲属,以及捕风捉影希图毁坏家属之名誉者,皆谓之多言。(五)盗窃——指非法以他人之物为己之所持有而言。(六)妒嫉——在妻妾间争风吃醋,扰乱家庭中之秩序,或对妻妾间非己生之子女，及前妻所生之子女加以虐待者，皆称曰妒嫉。(七)恶疾——恶疾在原则上应指不能治愈之疾病，而为常情所大厌恶者而言。

【七去】【史】又曰七出。(详该本条)

【七族】【史】所谓七族，其说有二：(1)小学绀珠："七族：父之族，姑之子，姊妹之子，女之子，母之侄，从子，妻之父母。"(2)史记索隐："张晏曰：七族，上至曾祖，下至曾孙。"

【九刑】【史】虞之刑以墨，劓，剕，宫，大辟，为五刑，再加流宥，赎，鞭，扑等四刑谓之九刑。此外九刑乃刑事之名。左传昭公六年："叔向曰：周有乱世，而作九刑。"

【九寺】【史】九卿之官署，谓之九寺，而卿即为寺之长官。汉称曰九寺大卿。后魏有所谓三府九寺，径称曰九卿寺。至北齐则全变为官寺之名，而别设正卿之名，以为寺之长。辽金遂称某某寺卿(如太常寺卿，光禄寺卿是)。迄于清世皆因之。

【九府圜法】【史】九府者，谓掌财政之官名也，分为九。圜法者，谓制定及流通货币之法也。乃太公望所设之制度。汉书食货志："公立九府圜法。"颜师古注曰："太府，王府，内府，外府，泉府，天府，职内，职金，职币，谓之九府。皆掌财币之官也。圜法，谓均而通也。"大学衍义补(卷二十六)："太公立九府圜法，黄金方寸而重一斤。钱圜函方。轻重以铢。布帛广二尺二寸为幅，长四丈为匹。故货宝于金，利于刀，流于泉，布于布，束于帛。"

【九品】【史】九品之义有二：(1)谓九卿之品级也，乃九卿之别称。国语周语："外官不过九品。"(参九卿条)(2)官吏之等级有九，故曰九品。于九品中又有正从之分，魏志陈群传："制九品官人之法，群所建也。"故九品之制，乃始于魏。

【九品以上官殴长官】【史】按流外官殴非本管流内官已于上司官与统属官相殴条之内。本条言流内官尊卑相殴也。所谓九品以上官，乃自九品至六品也。凡殴非本管三品以上至一品官者，或殴非本管五品四品官，或五品四品官殴伤三品以上官者，皆应处罪。盖虽无统属之分，而尊卑却不可逾越也。明律(卷二十)、清律(卷二十七)刑律斗殴篇均有九品以上官殴长官条之同一规定。清律原文及其下注："凡流内九品以上官殴非本管三品以上(之尊)官者(不问长官佐贰)，杖六十徒一年(但殴即坐，虽成伤至内损吐血亦同)。折伤以上，及殴伤(非本管)五品以上，若五品以上殴伤(非本管)三品以上官者，各加凡斗伤二等(不得加至于死，盖官品相悬，则其罪重，名位相次，则其罪轻，所以辨贵贱也)。"同律之辑注："此条惟九品以上殴三品以上，但殴即坐杖六十，徒一年之罪，以其品级悬殊也。余则概照凡斗加二等。"又同律之辑注："九品以上殴三品以上，言殴而不言伤，则伤统于殴矣。殴五品以上及五品以上殴三品以上，言殴伤而不言折伤，则折伤统于伤矣。俱不言笃疾至死者，本法已重，无可复加，品级非所论矣。"

【九品以上殴议贵】【史】流内官九品以上六品以下之官殴伤议贵之官吏者(议贵官谓文武职事官三品以上，散官二品以上及爵一品者)，依本条之规定处刑。唐律(卷二十二)斗讼篇——九品以上殴议贵条："诸流内九品以上殴议贵者，徒一年，伤重及殴伤五品以上，若五品以上，殴伤议贵，各加凡斗伤二等。"疏议曰："流内九品以上，六品以下，殴议贵者，徒一年。伤重谓它物殴凡人，内损吐血，合杖一百，殴议贵，合加二等徒一年半。此名伤重。其六品以下殴伤五品以上，若五品以上，殴伤议贵，或殴不伤，亦各加凡斗殴二等。”

【九流】【史】所谓九流，乃指下列九家而言：(一)儒家者流。(二)道家者流。(三)阴阳家者流。(四)法家者流。(五)名家者流。(六)墨家者流。(七)纵横家者流。(八)杂家者流。(九)小说家者流。(汉书艺文志)

【九族】【史】九族一语，始于书经之尧典，即“以亲九族”是也。在解释方面有广狭二义。白虎通谓：“父族四，母之族三，妻之族二，为九族。”李格非、陈祥道始以本宗之高祖至玄孙为九族。尚书之注及孔传之疏均同。后世学者亦多从之。明清律之服制图均以高祖至玄孙间为同宗亲族之范围。所谓九族乃以自己为本位。直系亲则由己上推至四世之高祖，下推则至四世之玄孙为止。其旁系亲则由己横推至三从兄弟为止，因族兄弟、再从兄弟、堂兄弟、兄弟同为高祖四世之孙故也。又小学绀珠：“九族者，外祖父、外祖母、从母子、妻之父、妻之母、姑之子、姊妹之子、女之子、己之同族也。”此说较白虎通之说范围为广，以其系包含内外姻戚在内也。

【九章】 九章之意义有三：(1)为测量土地算法之名。事物纪原(卷一)：“方田，即今方量田地亩角之法。粟布，粟是谷，布是钱，谓以多少钱籴多少谷。衰分，此是理会官员俸禄多少之法，少广如今仓，积米其中，以其器而知其多少。商功，商其功程，如打土论方子，打算一方土，便会计得合用几多人功。均输，均其道里远近之劳。盈朒，盈是多，朒是少，数之显者可见，隐者不可见。朒音缩。方程如算钱，逐件除下零细的，绝长补短，凑得齐整，便好算。勾股，此是量山量水之法，今军中立寨，有晓此法者。”(2)虞舜之时，天子冕服计有十二章，至周则将其中三章画于旌旗之上，而尚有九章。所谓章，乃指服之种类式样而言。周礼春官司服：“享先生之衮冕。”注曰：“古天子冕服十二章，至周以日月星辰，画于旌旗，而冕服九章。一曰龙，二曰山，三曰华虫，四曰火，五曰宗彝，皆画以为缋；六曰藻，七曰粉米，八曰黼，九曰黻，皆以为绣。”(3)汉初刑法典曰九章，即萧何加户律兴律厩律于秦之六律成为九章，称曰九章律。(晋书卷三十刑法志，唐律卷一)

【九章律】【史】汉初仅有约法三章，高祖以四夷未附，兵革未息，殊不足以治天下。故命相国萧何依秦法参酌时宜，作九章律。所谓九章，乃增户律，兴律，厩律三篇加入魏(战国)之李悝之法经六经——盗法，贼法，囚法，捕法，杂法，及具法(秦商鞅已改法为律)——而成为九章律。(唐律疏议卷一)

【九卿】【史】三代皆有九卿。周之九卿为：(一)少师。(二)少傅。(三)少保。(四)冢宰。(五)司徒。(六)宗伯。(七)司马。(八)司寇。(九)司空。秦之九卿为：(一)奉常。(二)郎中令。(三)卫尉。(四)太仆。(五)廷尉。(六)典客。(七)宗正。(八)治粟内史。(九)少府。汉改奉常为太常，郎中令为光禄勋，典客为大鸿胪，治粟内史为大司农。历代因之，亦曰九寺。北齐改廷尉为大理，少府为太府。明改宗正为宗人府，废卫尉、司农及太府，而以六部尚书，都察院都御史，通政司使，大理寺卿为九卿(杜氏通典历朝职官表)。但学者对于九卿之名之起源有谓系始于梁武帝时者，此说可供参考。事物纪原(卷五):"原礼记曰,夏后氏百官,始置九卿。汉九卿俱不以卿名官,梁武帝天监七年,始加卿字。"

【九亲】【史】所谓九亲,乃指上至高祖下至玄孙等九世而言。即:(1)高祖父母。(2)曾祖父母。(3)祖父母。(4)父母。(5)己身。(6)子。(7)孙。(8)曾孙。(9)玄孙。(书经第一尧典—九亲之疏)礼记:"亲亲以三为五,以五为九。"

【九锡】【史】赐给有特殊功绩大臣之赏品,因其种类计有九种,故曰九锡。汉书武帝纪:"元朔元年,有司奏,古者诸侯贡士,一适谓之好德,再适谓之贤贤,三适谓之有功,乃赐九锡。"注曰:"九锡:一曰车马,二曰衣服,三曰乐器,四曰朱户,五曰纳阶,六曰虎贲百人(一本无百人二字),七曰铁钺,八曰弓矢(一本则七八二种相反),九曰秬鬯。"

【了结现务】【民总】谓将现在事务清了及结束也,为清算人任务之一。(参清算条)

【了解主义】【民总】Doctrine of perception　为非对话人意思表示生效时期立法例之一。即相对人须实知表意人之意思时发生效力之谓也。例如甲欲与乙为法律行为,甲之书信到达乙时,须开视了解时,效力方发生。此主义亦过于偏颇。例如乙受信后积久不视,或视之而不解,是使表意者之意思表示终无成立之日,处事因之迟滞,交易因以迁延,自不足取。

【二分主义】【刑】为各国关于责任年龄立法例之一。更分为二种:(甲)相对无责任与全负责任。(乙)绝对无责任与全负责任。法比与卢森堡,采甲种二分主义。日本与奥地利采乙种二分主义。

【二券主义】【债】又称复券主义。(详该本条)

【二重本籍】【行】Double native-places　又称复本籍。(详该本条)

【二重国籍】【国私】Double nationality　又称重复国籍。谓一人有二以上之国籍也。其原因有由于出生者,有由于出生后之其他事实者(如婚姻、养子、认领、归化等是)。我国法律适用条例第二条第一项规定:依本条例适用当事人本国法时,其当事人有多数之国籍者,依最后取得之国籍定其本国法。但依国籍法应认为中国人者,则依中国之法律。

【二面关系说】【民刑诉】Theory of bilateral relation　本说主张诉讼关系仅存在于当事人(原告被告)与法院之间,原告与被告间并无诉讼关系。此说亦不足取。盖有时原告之撤回诉讼仍须经被告之同意始可为之,是原告与被告间亦实有诉讼关系存在也。

【二院制】【宪】为两院制之别称。(详两院制条内)

【二等有期徒刑】【刑】Second degree of imprisonment for a time　我国暂行刑律分有期徒刑为五等。在五年以上十年未满者为二等有期徒刑。(暂行刑律三七条)

【二罪俱发以重论】【史】本条之设,乃为二罪以上一时俱发及先后发觉时拟断之通例。与徒流人又犯罪条之为再犯者不同。明律(卷一)、清律(卷五)名例篇均有二罪俱发以重论之条,内容相同。清律原文及其下注:"凡二罪以上俱发,以重者论。罪各等者,从一科断。若一罪先发,已经论决,余罪后发,其轻若等,勿论。重者更论之,通计前(所论决之)罪,以充后(发之)数(谓如二次犯窃盗,一次先发,计赃一十两,已杖七十,一次后发,计赃四十两,该杖一百,合贴杖三十。如有禄人节次受人枉法赃四十两,内二十两先发,已杖六十,徒一年,二十两后发,合并取前赃,通计四十两,更科前罪,徒三年。不枉法赃,及坐赃,不通计全科)。其应(赃)入官,(物)赔偿,(盗)刺字,(官)罢职,罪止者(罪虽勿论,或重科,或从一),仍各尽本法(谓一人犯数罪,如枉法不枉法赃,合入官,毁伤器物,合赔偿,窃盗合刺字,职官私罪,杖一百以上,合罢职,无禄人不枉法赃,一百二十两以上,罪止杖一百,流三千里之类,各尽本法拟断)。"

【二罪从重】【史】谓二以上罪俱发应以重者论罪也。明清律均有二罪俱发以重论条之规定。唐律则有二罪从重之条:"诸二罪以上俱发以重者论(谓非应累者,唯具条其状,不累轻以加重,若重罪应赎轻罪应居作官当者,以居作官当为重)。"疏议曰:"假有甲任九品一官,犯盗绢五匹,合徒一年,又私有槊一张,合徒一年半,又过失折人二支,合赎流三千里,是为二罪以上俱发。从私有禁兵器,断徒一年半,用官当讫,更征铜十斤,即犯盗,徒罪仍合免官,是为以重者论。"同条又谓:"注谓非应累者,唯具条其状,不累轻以加重。"疏议曰:"以上三事,并非应累断者,虽徒兵器处罪,仍具条三种犯状,不得将盗一年徒罪,累于私有禁兵器一年半徒上,故云不累轻以加重。所以具条其状者,一彰罪多,二防会赦,杂犯死罪,经赦得原,蛊毒流刑,逢恩不免故也。"同条又曰:"注,若重罪应赎,轻罪应居作官当者,以居作官当为重。"疏议曰:"谓甲过失折人二支应流,依法听赎,私有禁兵器合徒官当,即以官当为重。若白丁犯者即从禁兵器徒一年半,即居作为重罪。若更多犯,自依从重法。"同条又曰:"等者须从一断。若一罪先发,已经论决,余罪后发,其轻若等勿论,重者更论之,通计前罪,以充后数。即以赃致罪,频犯者并累科……。"

【二亲等】【亲】The second degree of relationship 即亲属关系仅次于一亲等之谓。例如祖父母与孙间,以及兄弟姊妹间皆为二亲等之亲属是也。

【人】【民总】Person 所谓人,乃指权利义务之主体而言。在法律上可分为自然人与法人二种。(详各本条)

【人丁】【史】成年之男子为人丁。唐书食货志:"租庸调之法,以人丁为本。"今人则称人口为人丁。

【人口比例主义】【宪】Proportional representation 又曰比例代表制。(详该本条)

【人口代表主义】【宪】Representation according to population 为议员选举区分配主义之一,与地方代表主义相对立。即依人口之多少为比例,以定选举代表之数额之主义。例如美国之众议院,与我国前此北京时代之众议院之议员选举是。

【人户以籍为定】【史】诸色人户均以原报版籍为定。各对原籍地方有服供差役之义务，不得规避。若用计脱离己籍，冒为别籍，以避本户之重差而就别户之轻差者，杖八十。其官司不行取勘而妄准脱免及改军为民，改民为匠者，亦与同罪。明律（卷四）、清律（卷八）户律户役篇——人户以籍为定条：“凡军民驿灶医卜工乐诸色人户，并以籍为定。若诈冒脱免避重就轻者，杖八十。其官司妄准脱免，及变乱版籍者，罪同。若诈称各卫军人，不当军民差役者，杖一百，发边远充军。”清律之总注：“诸色人户，版籍既定，则差役攸分，世世不得改易。若诈隐本籍，而冒为别籍，脱本籍之户，免本等之役，以避重就轻者，杖八十。其官司不行察勘，听其诈冒，妄准脱漏，及自变乱原定版籍者，与同罪，亦杖八十。若前项诸色人等，诈称各卫军人，原非军籍，不当军之差役，又脱民籍，不当民之差役，两相影射，奸人之尤故杖一百，发边远充军。”同律之辑注：“诈冒脱免，止是避重就轻，诈称军人，则是全脱差役，罪自不同。既诈为军，即令充军。旧时军强民弱，诈冒军人，便有倚强之意，故独严之。不然，脱户止杖一百，此何遽充军哉。”

【人户亏兑课程】【史】民间茶盐商税及诸色课程如银两渔课之类，每周岁各有定额，人户应依期完纳，官府则应用心催征。违者均应治罪。明律（卷八）、清律（卷十三）户律课程篇均设有人户亏兑课程之相同条文。清律原文及其下注：“凡民间周岁额办茶盐商税诸色课程，年终不纳齐足者，计不足之数以十分为率，一分笞四十，每一分加一等，罪止杖八十，追课纳官。若茶盐运司盐场茶局及税务河泊所等官，不行用心（催）办课（程），年终比附上年课额亏（欠）兑（缺）者，亦以十分论，一分笞五十，每一分加一等，罪止杖一百，所亏课程着落追补还官。若（人户已纳而官吏人役）有隐瞒（不附薄因而）侵欺借用者，并计赃以监守自盗论。”同律之总注：“盐茶商税课程之大者，诸色如税务河泊等官，所征一应杂税皆是，岁额有数，限于周岁之内，照额办足，若诸项办课之人，至年终交纳不齐足者，以额办之数分作十分为率，除纳过外，如一分不足笞四十，加等至五分以上，罪止杖八十，合纳之课，依数追征。其经营诸课程等官，亦以一年为会计之期，若不用心催办，至于年终比附上年所征课额有亏兑者，各计所亏之数，亦以十分论罪，亏一分笞五十，加等至六分以上，罪止杖一百，所亏课程着落各官追补还官。若有经营经收者，将已纳课程隐瞒，或侵欺入己，或私自借用者，并计赃，以监守自盗论。”

【人民】【宪】People　为国家成立要素之一种，与领土主权相对称，即构成国家之分子也。人民与国民及民族均不可相混。人民为构成国家分子之称呼。国民乃指组织国家之全体人民而言。民族之范围则较国民为狭，因国家有由单一民族组织而成者，亦有由数个民族组织而成者，故二者亦有区别。

【人民平等】【宪】Equality of people　即人民在法律上应享有一切权利及应负担一切义务之谓也。故任何人民之享有特权，均为法律上人民平等之原则所否认，而种族宗教阶级之区别，亦不为人民平等之原则所容许。我国训政时期约法第六条，定明无男女种族宗教阶级之区别，在法律上一律平等。

【人民直接选举】【宪】Direct election　简称曰直接选举。（详该本条）

【人民捐输救国金奖励办法】【行】本办法于民国二十年九月二十九日

由内政部财政部公布。自公布日施行共计十四则。凡为国难捐助款项者依本办法奖励之。其奖励之办法分下列四种:(1)捐款在五千元以上一万元以下者,由内政部转请行政院呈请国府题颁匾额。(2)捐款在一万元以上五万元以下者,由内政部转请行政院呈请国府颁给银质奖章。(3)捐款在五万元以上,十万元以下者,由内政部转请行政院呈请国府颁给金质奖章。(4)捐款在十万元以上者,除由内政部转请行政院呈请国府颁给金质奖章外,并请国府明令嘉奖。凡已经立案之合法团体经办救国捐款著有成绩者,亦得由所在地县市政府或直隶于行政院之市政府分别呈咨转请内政部照上述四条所述之原额五倍以上之规定核奖。

【人民票决权】【宪】Referendum 即复决权之别称。(详复决权条内)

【人民发案权】【宪】Initiative 为创制权之别称。(详创制权条内)

【人民团体】【行】Popular organizations 人民基于社会生存上之需要而组织之集合体,曰人民团体。(参人民团体组织方案条内)

【人民团体组织方案】【行】Regulation governing the popular organizations 本方案为民国十九年七月二十八日由国民政府以第四二七号之训令所发表。计分三节,其要点如下:(一)人民团体除地方自治团体外,分为职业团体及社会团体二种——职业团体如农会、工会、商会、工商同业公会等属之——社会团体如学生团体、妇女团体、文化团体、宗教团体、各种慈善团体等属之。(二)人民团体应受国民党党部及政府之监督与扶植及指导。(三)人民团体之组织程序除法律另有规定外,应依本方案所规定之程序办理。(四)欲组织人民团体时须有一定发起人之连署,推举代表,具理由书,先向当地高级党部申请许可,经其派员视察,其合法者即核发许可证并派员指导。(五)领得许可证后,得组织筹备会,推定筹备员并呈报主管官署备案。(六)筹备会应照民法四七条及其他法令之所定拟定章程草案,呈当地高级党部核准,并呈报政府后始得进行组织。(七)组织完成其章程经当地高级党部复核后,呈请政府备案。(八)一切组织方法,章程内容,均须具备民法或特别法令所定之要件。

【人合公司】【公】Personal company 又名曰人的公司(详该本条)。与资合公司相对称。

【人合国】【国公】Personal union 又称君合国。(详该本条)

【人兵度关妄度】【史】大军度关时,如有别人妄自随度者,即应构成本条罪名。唐律(卷八)卫禁篇——人兵度关妄度条:"诸领人兵度关,而别人妄随度者,将领主司以关司论。关司不觉,减将领者罪一等,知情者各依故纵法。有过所者,关司自依常律,将领主司知情,减关司故纵罪一等,不知情者不坐。"疏议曰:"准令,兵马出关者,依本司连写敕符勘度。人关者据部领兵将文帐捡入,而别有人妄随度者,罪在领兵官司。故云将领主司以关司论,知情与同罪,不觉减二等,若知别有重罪,亦依重罪科之。关司不觉者,谓关司承将领者文簿,不觉别人随度者,减将领者罪一等，谓减度者罪三等，知情者各依故纵法。称各者将领主司及关司，俱得度人之罪。有过所者，关司判度自依常律，不减将领主司之罪。若将领主司知情，减关司故纵罪一等，不知情者不坐。”

【人役权】【物】Personal servitude 为役权之一种，对地役权言。（详役权条内）

【人身之自由权】【宪】Personal liberty 人身之自由权者，谓人民身体在法律上所享有之自由权利也。如居住之自由，非依法律，其住居不受侵入或搜索。并身体之自由，非依法律，不得逮捕与拘禁皆是。

【人身自由权】【宪】Right of personal liberty 为个人自由权之一种，谓人民在居止行动依法有自由之权利也。（训政约法第八条）

【人身保险】【险】Personal insurance 为保险之一种，与损害保险相对称。即以除卸人身上之不利益为目的而订立之保险契约也。因其目的在支付一定金额，故与损害保险之以赔偿损失为目的者不同。又损害保险之保险人享有代位行使损害赔偿请求权，在人身保险则要保人或受益人对于第三人之请求权，不许保险人代位行使以其系一种专属性质权利也（保险法第五八条）。又人身保险之保险金额，应依保险单之所定（第五七条），非如损害保险之按照实际所受损害比例计算者。人身保险可分为二：(1)人寿保险。(2)伤害保险。（详各本条，第五六条）

【人身权】【通】Personal right 又称非财产权（详该本条）。但有时其意义与人格权相等。

【人事】【通】Personal affair 凡事项之关于人之身分能力者，曰人事。（参人事法条）

【人事行政】【行】Personal administration 人事行政者，谓关于人之身分能力之行政也。如内政行政军事行政司法行政等，皆有人事行政在内。

【人事法】【通】Personal law; Law relating to personal status 关于人之身分能力之法规，曰人事法。如亲属法继承法皆是。故二者亦可合称曰人事法。

【人事登记】【行】Personal register; Registration of vital statistics 以公示人之身分能力为目的之登记制度，曰人事登记。按人事登记乃对人之身分能力的取得变更与丧失，予以一种公证力，俾其本人之权利义务得以确定，而减少无谓之争端。故凡经声请而登录于人事登记簿之事项，在法律上具有一种认定之效力，无论何人不得与之对抗。至于声请登记之方法，在原则上须以书面为之。但有例外，即遇有正当理由时，得由声请人亲向户籍主任以言词为之（惟应制作笔录向其朗读，并令其签名）。即撤销登记及变更登记亦同。人事登记之事项（即种类），约有下列九种：(一)出生登记。(二)认领登记。(三)收养登记。(四)结婚登记。(五)离婚登记。(六)监护登记。(七)死亡登记。(八)死亡宣告登记。(九)继承登记。（详各本条）

【人事登记暂行条例】【行】Provisional regulation relating to the personal registry 本条例于民国十八年一月二十五日由内政部公布。在户籍法未施行前暂适用本条例。共十条，其要点如下：(一)人事登记暂分七项：(1)出生。(2)死亡。

(3)婚姻。(4)继承。(5)分居。(6)迁徙。(7)失踪①。(二)各市县政府按照规定表格制备登记簿册,发交区公所转交村公所或里公所,村公所或里公所每届月终须编造登记清册呈报区公所,转报市县政府考核。(三)市县政府接收登记表册后,应依照户口调查统计报告规则及表式,编制市县户口变更统计表,分别呈报该省民政厅汇编总表,转送内政部备案。(四)村公所或里公所尚未成立者,办理人事登记得由警区代行之。(五)办理人事登记机关不得向登记人征收任何费用。

【人事登记簿】【行】Rersonal registration book 人事登记簿者,谓关于登记人事(人之身分)之簿册也。分为本籍人事登记簿与寄籍人事登记簿两种。每种又应依下列事项各为一册:(一)出生。(二)认领。(三)收养。(四)结婚。(五)离婚。(六)监护。(七)死亡。(八)死亡宣告。(九)继承。每册各备正副二本,正本由乡镇公所或坊公所保存之,副本则呈送监督官署(即所属之县市政府)保存之。(户籍法第二四—二五条)

【人事诉讼】【民诉】Personal procedure; Actions concerning status (详人事诉讼程序条内)

【人事诉讼事件】【民诉】Cases of personal procedure (详人事诉讼程序条内)

【人事诉讼程序】【民诉】Personal procedure 人事诉讼程序者,概括婚姻事件,亲子关系事件,禁治产事件,以及宣告死亡事件等诉讼程序(详各本条)之总称也。换言之,即关于人之身分能力之诉讼程序也。此项诉讼,与国家公益极有关系,故当事人不得自由处分,另设特别规定。其与通常诉讼程序之异点有二:(一)前者在当事人所不主张之事实,法院得自由认定之,以干涉主义为原则。后者则法院不得认定当事人所不主张之事实,而为裁判乃以不干涉主义为原则。(二)前者法院对当事人所不声明之证据方法,亦得斟酌及之,乃参以职权进行主义。后者则法院依职权调查证据者,仅限于鉴定勘验,至调查其他证据,则非由当事人声明,不得为之,乃采当事人进行主义。(民诉第五编第四章)

【人事诉讼程序法】【民诉】Law governing the actions concerning status 谓规定关于人之身分能力之诉讼手续之法规也。在民事诉讼法之第五编第四章内,自五百三十五条起至六百条止。(参人事诉讼程序条及民事诉讼法条内)

【人命】【史】李悝法经无人命之目。汉以后但有杀人者死之令。隋唐混于贼盗斗讼律内,相沿至明而为人命一篇。大抵以谋、故、殴、戏、误、过失六杀统之。计有:谋杀人,谋杀制使及本管长官,谋杀祖父母父母,杀死奸夫,谋杀故夫父母,杀一家三人,采生折割人,造畜蛊毒杀人,斗殴及故杀人,屏去人服食,戏杀误杀过失杀伤人,夫殴死有罪妻妾,杀子孙及奴婢图赖人,弓箭伤人,车马杀伤人,庸医杀伤人,窝弓杀伤人,威逼人致死,尊长为人杀私和,同行知有谋害等二十条。清律因之。

---

① 原书为"纵",同"踪"。

【人定法】【通】Positive law 又称现实法。(详该本条)

【人定权】【通】Artificial right 人之一切权利均由法律所赋与,而法律复为人所制定者,故称人之权利为人定权。与天赋人权之说适立于相对之地。

【人法】【通】Jus Personorum (拉丁) 为罗马法上之名辞。乃关于规定人格人事之法律也。例如人之行为能力、权利能力、住址、亲属关系、继承关系等法规,皆属人法,与物法诉讼法相对称。

【人法物】【史】Res Hum ani Juris (拉丁) 为罗马法上之名辞,与神法物相对称。计可分为下列四种:(一)私有物,即个人私有之财产。(二)府有物,即属于市府人民所共有之物。(三)公有物,即公共使用之物,非市府之人亦可使用之。(四)共用物,为人类所得共有之物(如空气、水流是)。

【人的公司】【公】Personal company 为公司分类之一,又称人合公司,对财的公司与折衷公司言。其区别之标准,乃依公司信用之所在。故对股东以为信用者,曰人的公司。例如无限公司是。

【人的有限责任】【债】Limited liability of person 为有限责任之一种,对物的有限责任言。即债务人以一定之最高额为负担责任之限度之谓。例如股份有限公司之股东,于公司倒闭后一切债务,该股东所担负之责任,仅以自己入股之额数为限是。

【人的信用】【债】Personal credit 与物的信用相对立。人在社会上之地位上之价值,为人的信用。如债篇上之保证债务,乃由人的信用而设立者也。

【人的权利】【宪】Personal right 即人权(详该本条)之谓。

【人格】【民总】Personality 在法律上得为权利义务主体之资格,曰人格。(参人格者条)

【人格者】【民总】Person 即权利主体之别称。(详该本条)

【人格保护】【民总】Protection of one's personality 即法律对人格权加以保护之谓。各国民法在总则篇内规定者甚少,我国民法特明文规定,盖仿瑞士民法之例也。凡人之人格权受侵害时,得请求法院除去其侵害,至得请求损害赔偿或抚慰金者,以法律有特别规定者为限(第十八条)。按人格权中以自由权及姓名权为较重,在总则中亦有规定:(1)自由不得抛弃,至自由之限制以不背于公共秩序或善良风俗者为限(例如与人缔结契约,虽自由被限制,但与公秩良俗不背,自加许可,第十七条)。(2)姓名权受侵害者,得请求法院除去其侵害,并得请求损害赔偿(第十九条)。此外对权利能力与行为能力,亦有不得抛弃之规定(第十六条)。不特为保护个人人格起见,且亦因其与公共秩序有关也。

【人格权】【通】Right of personality; Rights to personal existence and freedom 为人身权之一种,与身分权相对称,即以人格为标的,且与其主体之人格相终始而不得与之分离之权利也。如生命权,身体权,名誉权,自由权,姓名权,信用权,商号权,肖像权等皆是。

【人造肥料检验规程】【行】本规程于民国二十年三月三十一日由实业部公布,共分十五条,自公布日施行。乃依商品检验条例第二条及第二十一条之规定而制定,凡进口或国产之人造肥料,均应依本规程之规定,向所在地商品检验局填写检验请求单,连同检验费呈请检验,俟发给合格证书方得输入或销售;但进口之肥料,于必要时,得于采样后先给进口凭单,检验后换给证书。检验费额,硫酸铔肥料每担(市制一百斤)国币一角,其他肥料每担国币六分,检验请求单上须由报验人填写最低保证成分,凡货品名称商标相同之肥料,其所报之保证成分不得差异。检验程序限两日内施行完毕,但有例外。检验合格之肥料应由检验局发给附有化验单之合格证书正副本各一份及检验执照一份,并按包发给检验证粘贴包装上。

【人为地役】【物】(详人为地役权条)

【人为地役权】【物】Artificial real-servitude 为地役权之一,对天然地役权与法定地役权言。即依人之行为而设定之地役权也。我国民法所承认之地役权,乃专指人为地役权而言。

【人为国境】【国公】Artificial boundary 两国之边界并不以天然之山脉或河川为标准,而以双方协议之人造方法所创设之沟渠界碑浮标等为依据者,是曰人为国境。

【人为丧失】【民总】Artificial extinction (详天然丧失条内)

【人税】【行】以人为课税之目的者,称曰人税,如人丁税是。

【人寿保险】【险】Life insurance 为人身保险之一种,对伤害保险言,又称生命保险。谓以人身之生存或死亡为保险标的之契约也。契约当事人或关系人有四:凡负担人寿保险者曰保险人,凡以其身之生存或死亡为保险之标的者曰被保险人,与保险人订立保险契约者曰要保人,至享受契约之利益者则曰受益人(保险法第五九条)。但实际上有时要保人被保险人及受益人均为一人者,有时要保人与被保险人同为一人,而受益人则另为一人者。是乃法律规定人寿保险得由本人或第三人订立之(第六〇条)之结果也。至于为第三人订立之人寿保险,列国立法例均加承认。惟有限制,其主义有三:(1)利益主义。(2)同意主义。(3)折衷主义(详各本条)。我保险法采同意主义。人寿保险单须有一定方式,始为有效(第六四—六五条)。至其契约之无效情形有四:(1)由第三人订立之死亡保险契约,如未经被保险人以书面承认者无效(第六一条)。(2)由第三人订立之人寿保险契约,其权利之移转或出质如未经被保险人以书面承认者,亦属无效(第六二条)。(3)以十二岁以下之未成年人,或精神丧失之人为被保险人而订立之死亡保险契约,亦为无效(第六三条)。(4)被保险人年龄不实者,其契约亦无效(第七八条)。关于被保险人自杀之效力(第六六条),受益人之指定与效力及权利,并权利之剥夺(第六七—七一条及第七七条),保险费之给付(第七二—七三条),保险金额减少与换取之方法(第七四—七五条),保险单之抵质借款(第七六条),均特别设有明文,以示人寿保险之重要。至保险人破产时,其人寿保险契约则于破产宣告之日终止,亦与其他保险契约之须于破产宣告后经过一个月而终止者不同(第七九条)。人寿保险得分为二:(1)死亡保险。(2)生存保险(详各本条)。此外更有所谓混合保险者。(详该本条)

【人寿保险公司】【险】Life insurance company　以经营人寿保险为目的而设立之公司,曰人寿保险公司。(参人寿保险条内)

【人寿保险契约】【险】Contract of life insurance　(详人寿保险条)

【人寿保险单】【险】Policy of life insurance　谓人寿保险契约缔结时之书面也。其方式须为一定,即除须记载普通保险单之一定事项外,并应记载下列各事项:(1)被保险人之姓名及年龄。(2)受益人之姓名或确定受益人之方法。(3)请求保险金额之事故或时期。(4)依保险法第七四条之规定有减少保金额之条件者。其条件,人寿保险单须为记名式。又如以指示式之人寿保险单为背书转让于他人时,亦应记载受益人之姓名,并须由背书人签名,方为有效。(保险法第六四—六五条)

【人证】【民刑诉】Testimony of witness; Personal testimony　为证据之一种,与物证相对称。即以证人为证据之材料也。易言之,即以证人之证言(陈述)为证据之谓也。又称言词证。

【人权】【宪】People's rights　所谓人权,乃指人民在法律上应享有之权利而言。十八世纪,欧陆盛倡天赋人权之说,今则不为世人所承认矣。在法律上之人权,例如自由权请愿权参政权诉讼权平等权皆是。

【入夫】【亲】为日本之名辞。女户主迎他家之男子而为婚姻,其为女户主之夫的男子,称曰入夫,与我国之所谓赘夫亦略有别,因入夫乃仅限于女户主所迎之夫,始可称为入夫,于入夫婚姻后,其入夫即为其家之户主,是为原则。但于为婚姻时表示反对者,则不在此限耳。

【入夫婚姻】【亲】Heirat von Hausmeisterin(德)　为婚姻之一种,与入家婚姻相对立,又称招赘,或赘婚,即夫因婚姻而入于妻之家为妻家家属之一员也。我民法规定赘夫以其本姓冠以妻姓,但当事人另有订定者,则为例外。又赘夫须以妻之住所为住所。(第一〇〇〇条、一〇〇二条)

【入全罪以全罪论】【史】(详官司出入人罪条内)

【入官】【史】无主物于公告限满,无人认领者,即行归官,是曰入官。(参输备赎没入物条内)

【入城治丧】【史】清制二品以上之大官,在任亡故者,准予入其本籍地之府城行治丧礼,是曰入城治丧。

【入家婚姻】【亲】为婚姻之一种,对入夫婚姻言。女子因婚姻入居于夫家而为夫家家属之一员者,曰入家婚姻。又名出嫁。在原则上应以其本姓冠以夫姓,但当事人另有订定者,从其订定。又入家婚姻时,妻之住所亦应以其夫之住所为住所,此为我民法第一〇〇〇条及一〇〇二条所明定。

【入港封锁】【国公】Blockade for import 为封锁之一种，对出港封锁言。谓以武力实行封锁敌国海岸，而仅禁止一切船舶入港也。例如一八五四年克里米亚之战时，同盟国对丹牛泊河口加以入港封锁，使各国船舶不得入口以接济俄国是。

【入粟补官法】【史】汉武帝时有卖爵法之规定，武功爵分为十三级，下级值十七万，每一级加一万，以三十万为最高度。后汉之安帝，吏人纳钱谷者，给关内侯、虎贲、羽林、五大夫、官府吏、缇绮营士等官。灵帝时公值千万，卿五百万，关内侯以下各有差。后魏庄帝时，设入粟之制，输粟八千石者，赏给散侯、散伯、散子、散男等各有差。迩后历朝皆有捐官之法，大多因国库缺乏或其他事故而为临时权宜之计而设，且仅赏给特定之官爵，并未成为永续定例；至明景泰以后，始著为定例。

【入会权】【物】Recht in die Kommune（德） 为日本之名辞。对于森林原野享有共同处分收益使用之权利，称曰入会权。

【入道】【史】（详私人道条内）

【入渔费】【行】入渔权人向渔类权人所缴纳之入渔经费，谓之入渔费。如怠于缴付，渔业权人得拒绝其入渔。若连续二年以上未缴者，渔业权人得请求入渔权之消灭。上述之规定，如与地方习惯不同时，应依地方习惯。（渔业法第十四—十五条）

【入渔权】【行】入渔权者，谓依契约或地方习惯，有入属于他人专用渔业权之渔场以内，从事经营该专用渔业权之全部或一部之权利也。在法律上仅于继承及转让视为一种物权。又入渔权非经渔业权人之同意，不得转让；若有地方之习惯，则为例外。至其权利之存续期间，若未经订定时，则视与该渔业之存续期间同。（渔业法第十一十五条）

【入渔权人】【行】享有入渔之权利之人，曰入渔权人。（参入渔权条）

【入狱】【行】Einkerkerung（德） 所谓入狱，乃指犯罪人于判决确定后，受徒刑及拘役之宣告而送入监狱内执行而言。在监狱规则内概称曰入监，其意义相同。其入监执行之人，称曰入监者。

【入监】【行】Einkerkerung（德） 为入狱（详该本条）之别称。

【入礼不入刑】【史】治民以礼，则民自入于礼，而不入刑，盖即不至犯罪之谓也。书经—吕刑篇：“伯夷降典，折民惟刑。”吴澄注曰：“伯夷教民以礼；民人于礼，而不入于刑。”

【入籍】【通】Einschreibung（德） 在日本所谓入籍，乃指登录于户籍簿而言。在国际私法上所称之入籍，则系由甲国国籍以归化方法或其他取得国籍方法转入乙国之国籍。

【八母】【史】所谓八母，乃指养母、嫡母、继母、慈母、嫁母、出母、庶母、乳母而言。旧律有三父八母图，以定其服丧之期。按亲母之外有八母，嫡母分尊，继母义重，为父之正妻，即为子之母，与亲母同也。慈母养母，其恩至重，故服亦相同。养母谓自幼过房于人者，或谓收养三岁以下遗弃者，殊谬；收养遗弃幼子，必是异姓，礼无异姓子有三年服者，且何止言母而不言父，在遗弃子身受抚养之恩，无异所生，自为之服则可，而不可以言服制，不可以论礼法也。嫁母虽义绝于父，出母虽为父所绝；而子无绝母之义，故皆服杖期。庶母、兄弟之母也，于义当服。乳母亦谓父妾乳哺者，但与生母死、父令别妾抚育之慈母不同，故止缌麻，非受雇之乳娘也。

附八母服图

<table>
<tr><td>谓自幼过
养母 斩衰三年
房与人</td><td>家礼　女子已适人者乃服大功，母为女报服，子为父后者不服，前夫之子，从己嫁者，服不杖期</td><td>谓祖有子女之妾嫡
庶祖母 小功五月
孙众孙及女之在室者</td></tr>
<tr><td>谓妾生子女
嫡母 斩衰三年
称父之正妻</td><td>谓亲母因父
嫁母 齐衰杖期
死再嫁他人</td><td>谓父有子女妾嫡
庶母 所生子斩衰三年
子众子齐衰杖期</td></tr>
<tr><td>谓父娶
继母 斩衰三年
之后妻</td><td>谓亲母被
出母 齐衰杖期
父出者</td><td>谓父妾乳哺
乳母 缌麻
者，即奶母</td></tr>
<tr><td>谓所生母死父
慈母 斩衰三年
令别妾抚育者</td><td>按慈母抚育恩重，与生母之服同，据会典云或生母子多，或系有病，父令别妾抚育，亦为慈母，不必泥于母死二字</td><td>家礼　为子降服，不杖期，子为后者则不服，女适人为出母乃服大功，母为女亦报服</td></tr>
</table>

【八刑】【史】周礼—地官大司徒以乡八刑纠万民。八刑之设，乃以帮助教化之普及为目的，凡不从三物（六德六行及六艺）之教，则设刑以纠督之。盖民性善恶不同，善既兴而恶不惩，则无良之徒无所警，故设八刑以纠之。大司徒掌教而以刑终者，盖明刑所以弼教，刑不施则教不行也。所谓八刑，一曰不孝之刑，二曰不睦之刑，三曰不姻之刑，四曰不弟之刑，五曰不任之刑，六曰不恤之刑，七曰造言之刑，八曰乱民之刑。不睦之刑，乃所以科处亲属间不相亲之刑也。不任之刑，乃所以科处朋友不相救者也。不恤之刑，则为惩罚邻里不相矜恤者而设。造言之刑，为对于捏造无稽谣言者之刑。至乱民之刑，则为专科于执左道之说以乱政惑人而设者。

【八成之法】【史】八成之法者，谓士师以下诸官八成断事之成法也。一曰邦汋，二曰邦贼，三曰邦谍，四曰犯邦令，五曰挢邦令，六曰为邦盗，七曰为邦朋，八曰为邦诬。先王之时，齐八政以防淫，一道德以同风俗，故立八成之法，使士师掌之。盖制治于未乱，保邦于未危，所以防其芽蘖者至矣。按汋、激也，谓激众为乱者。贼谓阴谋为逆者。谍谓潜伺国间者。挢者矫也，即诈传国命。盗谓窃取宝藏。朋谓结党为奸。诬谓造言惑众。又按八成有小宰所掌之八成与士师之八成，前者为经治之成法，后者为止乱之成法，二者有别，不可混同。

【八法】【史】清时有所谓八法者，乃考核官吏之成绩之标准。如发见有八法之一时，应提起弹劾。一曰不谨，二曰罢软无为，三曰浮躁，四曰才力不及，五曰年老，六曰有疾，七曰贪，八曰酷。至嘉庆年间，始将末二项贪与酷删除，称曰六法。（乾隆会典吏部及嘉庆会典吏部）

【八科】【史】唐代取士之科目，种类颇多，如：（一）秀才。（二）明经。（三）开元礼。（四）三传。（五）史。（六）进士。（七）明法。（八）书学。（九）算学。（十）童子等皆是。如于诸科中中其八科者，即有受取之资格。陆元方、崔融等皆系中八科而及第者也。宋初亦于讲武殿覆试八科。（一）九经。（二）五礼。（三）开宝通礼。（四）三礼。（五）三传。（六）三史。（七）学究。（八）明法。（文献通考选举）

【八家一井】【史】按井田之制，每一土地之面积计共九百亩，八家各领一百亩曰私田，各自耕作，中央之百亩则为公田，由八家共同耕之，故称曰八家一井。（参井田条内）

【八座】【史】汉以六曹尚书及一令一仆射为八座。曹魏以五曹及一令二仆射为八座，隋唐则以左右仆射及六尚书为八座。故恒称曰八座尚书。

【八辟】【史】八辟为对于有特定之品位者之裁判之特例，始自周代，后世改为八议。周礼—秋官小司寇以八辟丽邦法附刑罚。辟者、法也，丽者、附也，八者有罪丽于刑法，则议其轻重而施刑罚也。一曰议亲之辟（亲谓王之宗族），二曰议故之辟（故谓王之故旧），三曰议贤之辟（贤谓有德者），四曰议能之辟（能谓有才者），五曰议功之辟（功谓有勋劳者），六曰议贵之辟（贵谓有爵位者），七曰议勤之辟（勤谓勤王事者），八曰议宾之辟（宾为国宾，即夏殷二代之子孙）。周礼精华附注："明齐王氏曰：八者之人，非于玉躬有所关系，即于国家有所裨益，不幸而有罪，从而议之，可赦则赦，不可赦亦为之末灭焉。非敢私亲故而挠其法也，忠厚之道，莫斯为至。"

【八旗】【史】清制，八旗乃由满蒙及汉人所组织之军队之名，各依旗色以为区别。（一）镶黄。（二）正黄。（三）正白。（四）镶白。（五）正红。（六）镶红。（七）正蓝。（八）镶蓝。

【八铢钱】【史】秦代之钱重八铢，故称曰八铢钱。

【八宝】【史】天子御用印玺共计八种，故曰八宝。（参伪造皇帝宝条内）

【八议】【史】凡有八议中之身分之一时，如犯死罪，皆应条录其所犯，上奏裁可，该管官司不许擅自勾问或处断；惟犯十恶之罪者，则为例外耳。按八议乃起自周礼—秋官小司寇所载之八辟。其更名为八议，实始于汉。后汉书应劭传："陈忠不详制刑之本，而信一时之仁，遂广引八议，求生之端。夫亲、故、贤、能、功、贵、勤、宾，岂有次玉当罪之科哉。"惟汉律至今佚亡不传，其内容如何，已无可稽。在唐律之名例篇，亦有八议之条，其疏议曰："周礼云八辟丽邦法，今之八议，周之八辟也。礼云，刑不上大夫，犯法则在八议，轻重不在刑书也，其应议之人，或分液天潢，或宿侍旒扆，或多才多艺，或立事立功，简在帝心，勋书王府，若犯死罪，议定奏裁，皆须取决宸衷，曹司不敢与夺，此谓重亲贤，敦故旧，尊宾贵，尚功能也。以此八议之人犯死罪，皆先奏请，议其所犯，故曰八议。"八议者：一曰议亲——谓皇帝祖免以上亲,及太皇太后皇太后缌麻以上亲,皇后小功以上亲。二曰议故——谓故旧。三曰议贤——谓有大德行。四曰议能——谓有大才业。五曰议功——谓有大功勋。六曰议贵——谓职事官三品以上,散官二品以上,及爵一品者。七曰议勤——谓有大勤劳。八曰议宾——谓承先代之后为国宾者。此种八议,殊失公平之意。明律(卷一)名例篇亦因袭之,惟将唐律第五之议功改置于第三,并将第七之议勤改置于第六,又对各条之下注更加详解:一曰议亲——谓皇家袒免以上亲,及太皇太后,皇太后缌麻以上亲,皇后小功以上亲,皇太子妃大功以上亲。二曰议故——谓皇家故旧之人,素得侍见,特蒙恩待日久者。三曰议功——谓能斩将夺旗,摧锋万里,或率众来归,宁济一时,或开拓疆宇,有大勋劳,铭功太常者。四曰议贤——谓有大德行之贤人君子,其言行可以为法则者。五曰议能——谓有大才业能整军旅,治政事,为帝王之辅助,人伦之师范者。六曰议勤——谓有大众吏谨守官职,早夜奉公,或出使远方,经涉艰难,有大勤劳者。七曰议贵——谓爵一品,及文武职事官三品以上,散官二品以上者。八曰议宾——谓承先代之后为国宾者。清律亦有八议之条,与明律相同。(卷四名例律)

【八法】【史】灋者法之古字,周礼天官太宰以八法治官府。官府为百官所居之府,治之所由出者也。国家之败,由官邪也,治天下者官府,而坏天下者亦官府,故太宰六典而外,即以八法先之。八法者,一曰官属,以举邦治。二曰官职,以辨邦治。三曰官联,以会官治。四曰官常,以听官治。五曰官成,以经邦治。六曰官法,以正邦治。七曰官刑,以纠邦治。八曰官计,以弊邦治。(一)按官属六官之寮佐,举者修举其事也。(二)官职百官之分职,辨者分别所司也。(三)官联职事之相连,会者协力以治之也。(四)官常百司之常职也,听者察其违常也。(五)官成百官之成式,经者守其常也。(六)官法官府之法度,正者齐其治也。(七)官刑即司寇五刑,纠者察其善恶也。(八)官计即小宰六计(考察官吏成绩),弊者断其诛赏也。周礼精华注曰:"文康叶氏曰:八法之目,惟其有官属则治有所统而不乱,有官职则官有所守而不侵,有官联则关节脉络有贯通而无扞格,有官常则纲领条目有秩叙,而无舛讹,有官成则以之经理而有所依据,有官法则以之听治而有所操执,有官刑则人知警戒而无慢心,有官计则人知勉励而无怠志,盖官府修则百官庶府无旷官,官府治则百揆万几无废事。"

【刀布】【史】为古时货币之名。其形如刀,故曰刀。布者、流布也,乃三布之一种。史记平准书:"龟贝金钱刀布之币与焉。"索隐:"刀者,钱也,以其形如刀。"前汉书:"利于民"注:"如淳曰:名钱为刀者,以其利于民也。"

【刀笔吏】【史】掌书简之事之小吏曰刀笔吏。史记萧相国世家:"太史公曰:萧相国何,于秦时为刀笔吏,录录未有奇节。"后汉书刘盆子传注:"古者记事以简册。误谬以刀删而除之。"后世称讼师为刀笔吏。

【刀墨】【史】为墨刑之别称,因以用刻其额而涂以墨,故有此名。国语周语:"有斧钺刀墨之民。"

【刀锯】【史】为汉初代以前之刑具。刀乃割刑所用者。锯乃刖刑所用者。即截断胫骨所用之刑具。国语:"中刑用刀锯。"司马迁撰报任安书:"奈何令刀锯之余,荐天下豪杰哉。”

【刁奸】【史】刁奸者，谓奸夫以巧言引诱妇女至别所而与之通奸也。因其刁引出，外不畏人知，淫纵尤甚，故严其罚。（详犯奸条内）

【刁讼】【通】不正之诉讼，谓之刁讼。

【刁恶之徒】【史】刁者、欺也，即诈欺奸恶之徒也。清律（卷十八）兵律军殴篇——激变良民条之附例：“凡刁恶之徒，聚众抗官……。”

【力田科】【史】为汉代任用官吏之科目之名，乃以奖励农事为目的。

【十二州】【史】禹治水之后，分天下为九州，即冀州、兖州、青州、徐州、荆州、扬州、豫州、梁州、雍州等是。及舜受尧之让而治天下，乃分冀州增设幽州并州，割青州分设营州，谓之十二州。

【十二表法】【史】Law of twelve tables 又译曰十二铜标法。（详该本条）

【十二时】【史】左传杜预之注曰：“分一日为十二时：曰夜半，曰鸡鸣，曰平旦，曰日出，曰食时，曰隅中，曰日中，曰日昳，曰晡时，曰日入，曰黄昏，曰人定。”其后历学渐进，以干支为纪，即夜之十二时乃至一时为子，二时乃至三时为丑，四时乃至五时为寅，六时乃至七时为卯，八时乃至九时为辰，十时乃至十一时为巳，至午即正午、乃由零时乃至一时，二时乃至三时为未，四时乃至五时为申，六时乃至七时为酉，八时乃至九时为戌，十时乃至十一时为亥。

【十二卿】【史】古有九卿，至梁武帝天监七年增为十二卿，即以太常为太常卿，加置宗正卿，以大司农为司农卿，以上三卿谓之春卿。加置太府卿，以少府为少府卿，加置太仆卿，以上三卿为夏卿。以卫尉为卫尉卿，廷尉为廷尉卿，将作大匠为大匠卿，以上三卿为秋卿。以光禄勋为光录卿，大鸿胪为鸿胪卿，都水使者为大舟卿，以上三卿为冬卿。（杜氏通典）

【十二铜标法】【通】Law of twelve tables 罗马古代最初之成文法典，系揭志于十二铜牌上，故称为十二铜标法。第一牌共九条，关于法庭对于诉讼当事人之传唤规定。第二牌共四条，为关于诉讼审问之规定。第三牌共六条，为关于自认及偿还债务之规定。第四牌共四条，为关于家长权之规定。第五牌共十一条，为关于遗产继承及监护之规定。第六牌共十一条，为关于所有权及占有之规定。第七牌共十条，为关于家屋及土地之规定。第八牌共二十七条，为关于私犯法之规定。第九牌共五条，为关于公法之规定。第十牌共十一条，为关于宗教法之规定。第十一牌仅一条，乃补充第一至第五牌之规定。第十二牌共五条，乃关于第六至第十牌之补充规定。

【十三布政司】【史】明时于两京外十三省置布政司，至畿内之郡县则直隶于六部，谓之直隶，有南北之分。两京府南曰应天，北曰顺天；十三布政司如下：（一）浙江。（二）江西。（三）湖广。（四）福建。（五）广东。（六）广西。（七）四川。（八）云南。（九）河南。（十）陕西。（十一）山东。（十二）山西。（十三）贵州。

【十四等爵】【史】清制，皇族封爵之等别计分十四等，故曰十四等爵。皇朝政治学问答:"第一等和硕亲王,第二等世子(即亲王嫡出之子),第三等多罗郡王,第四等长子(郡王嫡出之子),第五等多罗贝勒,第六等图山贝子,第七等奉恩镇国公,第八等奉恩辅国公,第九等不入分镇国公,第十等不入分辅国公,第十一等镇国将军,第十二等辅国将军,第十三等奉国将军,第十四等奉恩将军。"

【十四等爵妻封号】【史】谓十四等爵夫人之封号也。皇朝政治学问答:"亲王、世子、郡王之妻,曰亲王福晋、世子福晋、郡王福晋,长子贝勒下至辅国将军妻,皆封夫人,奉国将军妻,封淑人,奉恩将军妻封恭人。"

【十失之叹】【史】称惨酷之法吏之语也。汉路温舒曰:"秦有十失,其一尚存,治狱之吏是也。今治狱者上下相继,以刻为明,深者获功名,平者多后患。"唐律(卷一)疏议之进表:"十失之叹,永弭于汉图。"盖即本此。

【十布】【史】所谓十布,乃指十种之货币而言。西汉末,王莽篡位,铸布货十种:一为大布,二为次布,三为弟布,四为壮布,五为中布,六为差布,七为厚布,八为幼布,九为幺布,十为小布。(汉书食货志)

【十母】【史】十母之意义有二:(一)为十干之别名。(二)为子女对下列各母之总称:(1)亲母(即生母)。(2)出母(生母为父所离弃者)。(3)嫁母(父死后生母出嫁)。(4)庶母(即父之妾)。(5)嫡母(妾所生之子女指称父之正妻)。(6)继母(生母死父再娶之妻)。(7)慈母(生母死后负抚养责任之父之妾)。(8)养母。(9)乳母(乳养之母)。(10)诸母(抚养之伯叔母)。十母者,谓八母以外再加入亲母及诸母①也。亲母即生母,出母亦为生母,惟系被父休出者也。(参八母条内)

【十字】【民总】Gross　所谓十字,乃指在文件所签押之符号而言。此项签押多为不识字者所作,法律为防免虚伪之签押起见,在民法总则第三条第三项规定:如以十字或其他符号代签名者,在该文件上须经二人签名证明,始得与签名发生同等之效力。

【十科】【史】宋哲宗时,设十科举士之法。一为行义纯固,可为师表。二为节操方正,可备献纳。三为智勇过人,可备将帅。四为公正聪明,可备监司。五为经术精通,可备讲读。六为学问渊博,可备顾问。七为文章典丽,可备著述。八为善听狱讼,尽公得实。九为善治财赋,公私俱便。十为练习法令,能断请谳。

【十恶】【史】五刑犯中其恶之最大而不可赦者有十,是曰十恶。按其起源乃始自汉,惟汉律逸亡不可考,故其内容不得而详。惟史记及前后汉书内,有不道不敬之语,散见篇中耳。至南北朝之周齐,十条之名始备。唐六典注曰:"北齐立重罪十条,一反逆,二大逆,三叛,四降,五恶逆,六不道,七不敬,八不孝,九不义,十内乱。"至隋颇有损益,唐律因之。唐律(卷一)名例篇——十恶条之疏议曰:"五刑之中,十恶尤切。亏损名教,毁裂冠冕,特标篇首,以为明诫。其数甚恶者,事类有十,故称十恶。然汉制九章,虽并湮没,其不道不敬之目见存。原夫厥初,盖起诸

① 原书为"出母",按八母条内有"出母"而无"诸母",此处如为"出"字则文句不通,应改为"诸"字,即"诸母"。

汉，案梁陈已往，略有其条，周齐虽具十条之名，而无十恶之目，开皇创制，始备此科，酌于旧章，数存于十，大业有造，后更刊除，十条之内，唯存其八，自武德以来，仍遵开皇，无所损益。"大学衍义补(卷百三)丘浚氏曰："十恶之名，非古也，起于齐，而著于隋，唐因之。所谓谋反、大逆、及叛、大不敬、此四者，有犯于君臣之大义。所谓恶逆、不孝、不睦、内乱、四者，有犯于人道之大伦。所谓不道、不义二者，有犯于生人之大义。是皆天理之所不容，人道之所不齿，王法之所必诛者也，故常赦在所不原。"唐律(卷一)名例篇——十恶之条，及其下注："一曰谋反(谓谋危社稷)，二曰谋大逆(谓谋毁宗庙、山陵及宫阙)，三曰谋叛(谓谋背国从伪)，四曰恶逆(谓殴及谋杀祖父母、父母、杀伯叔父母、姑、兄、姊、外祖父母、夫、夫之祖父母父母者)，五曰不道(谓杀一家非死罪三人，及支解人，造畜蛊毒，魇魅)，六曰大不敬(谓盗大祀神御之物，乘舆服御物，盗及伪造御宝，合和御药，误不如本方，及封题误，若造御膳，误犯食禁，御幸舟船，误不牢固，指斥乘舆，情理切害，及对捍制使，而无人臣之礼)，七曰不孝(谓告言诅骂祖父母父母，及祖父母父母在，别籍异财，若供养有阙，居父母丧，身自嫁娶，若作乐释服从吉，闻祖父母父母丧，匿不举哀，诈称祖父母父母死)，八曰不睦(谓谋杀及卖缌麻以上亲，殴告夫及大功以上尊长，小功尊属)，九曰不义(谓杀本属府主，刺史县令，见受业师，吏卒杀本部五品以上官长，及闻夫丧，匿不举哀，若作乐释服从吉，及改嫁)，十曰内乱(谓奸小功以上亲、父祖妾、及与和者)。"明律(卷一)清律(卷四)名例律均有十恶条之设，内容相同。清律原文，下注及总注："一曰谋反(下注曰：谓谋危社稷。总注曰：社稷者天下之辞，社为土神，稷为田正，所以神地道而司稼穑，君为神主，食为民天，臣下将图逆节，危及天下，则社稷安恃，不敢指斥，故曰社稷也)。""二曰谋大逆(下注曰：谓谋毁宗庙山陵及宫阙。总注曰：宗庙山陵者，先君之辞，宫阙者，一人之辞，敢谋及此，逆莫大焉)"。"三曰谋叛(下注曰：谓谋背本国，潜从他国。总注曰：叛者背也，或欲翻城投伪，或欲率众外奔)"。"四曰恶逆(下注曰：谓殴及谋杀祖父母、父母，夫之祖父母、父母，杀伯叔父母、姑、兄、姊、外祖父母、及夫者。总注曰：蔑绝人伦，伤残天性，逞恶肆逆，故曰恶逆。伯叔以下，杀字不分谋故殴)"。"五曰不道(下注曰：谓杀一家非死罪三人，及支解人，若采生折割，造畜蛊毒魇魅，凶忍残贼，背弃正道，故曰不道)"。"六曰大不敬(下注曰：谓盗大祀神御之物，乘舆服御物，盗及伪造御宝，合和御药，误不依本方，及封题错误，若造御膳，误犯食禁，御幸舟船，误不坚固。总注曰：大祀神御物，天祖之所凭，乘舆服御物，人君之所用，而御宝所关尤大，盗及伪造，罪故至重，如合和御药等项，虽出于误，而亦为不敬。盖臣之于君，凡事皆当敬谨，误必由于轻忽，不敬莫大焉)"。"七曰不孝(下注曰：谓告言咒骂祖父母、父母、夫之祖父母、父母、及祖父母，父母在，别籍异财，若奉养有缺，居父母丧，身自嫁娶，若作乐释服从吉，闻祖父母父母丧，匿不举哀，诈称祖父母父母死。总注曰：不孝之事多矣，注特举律之所载者言之耳)"。"八曰不睦(下注曰：谓谋杀，及卖缌麻以上亲，殴告夫、及大功以上尊长，小功尊属。总注曰：此条皆亲属相犯，为九族不相协和，故曰不睦。卑幼犯上则重，尊长犯下则轻)"。"九曰不义(下注曰：谓部民杀本属知府、知州、知县，军士杀本管官，吏卒杀本部五品以上长官，若杀见受业师，及闻夫丧，匿不举哀，若作乐释服从吉，及改嫁。总注曰:此条所犯,部属、师生、夫归,原非天合,以义相维;背义而行,故曰不义)”。“十曰内乱(下注曰:谓奸小功以上亲,父祖妾,及与和者。总注曰:禽兽其行,朋淫其家,紊乱礼经,故曰内乱。小功以上,兼内外亲言)。”

【十等】【史】春秋时贵贱阶级分为十等,即王、公、大夫、士、皂、舆、隶、僚、仆、台、等是也。

【十道】【史】唐太宗贞观之初,分天下为十道,即关内、河南、河东、河北、山南、陇右、淮南、江南、剑南、及岭南等。高宗神龙二年(按时武后僭位),以五品以上者二十人为十道巡察使,按举州县。景云二年,置十道按察使,每道各一人。开元二年(玄宗时)改十道按察采访处置使,后更增置京畿、都畿、淮南等三道,并分山南道为山南东及山南西二道,江南为江南东及江南西二道,计共十五道。

三 画

【丈出】【土】(详丈量条内)

【丈量】【土】测量土地之亩数面积,及清理其界限,谓之丈量。土地测量之结果而知其亩数之增加者,谓之丈增。于丈量后所获得旧面积亩数,称曰丈出。

【丈增】【土】(详丈量条内)

【三乂】【史】即三宥之义。(详三宥条内)

【三大礼】【史】唐玄宗于天宝元年二月十八日亲享(祭也)玄元皇帝(老子)于太清宫,十九日亲享太庙,二十日则合祭天地于南郊,谓之三大礼。

【三才】【史】天地人谓之三才。所谓才乃指作用而言,故三才之意义,即天地人之作用。易系辞传(上传第二章):"立天之道,曰阴与阳,立人之道,曰仁与义,兼三才而两之,故易六画而成卦。"

【三不出】【史】即三不去之别称。(详三不去条)

【三不去】【亲】三不去者,谓妻虽有七出之原因时,若有三不去情事之一者,则夫对之不得请求离异。所谓三不去,乃指下列三种情事而言:(一)与更三年丧——谓妇曾经服舅或姑之丧三年以上者。(二)前穷贱后富贵——谓其妇前曾与夫共尝甘苦;后来富贵时,其妇亦与有功,不容半途予以休弃。(三)有所娶无所归——谓妇嫁时,家中尚有父兄健在;出时则父兄不在是,即妇被休时并无归处之谓也。

【三互】【史】汉制,以防止党人比周之弊为目的,而禁止婚姻及两州人士交互为官,是曰三互之法。后汉书蔡邕传:"初朝议,以州郡相党,人情比周,乃制婚姻之家,及两州人士,不得对相监临,至是复有三互法,禁忌转密,选用艰难。"其注云:"三互,婚姻之家,及两州人,不得交互为官也。"

【三互之法】【史】(详三互条内)

【三互法】【史】汉制,凡为婚姻之两家及甲乙两州有关系者,均不得交互为官吏,是曰三互法。盖所以预防以州郡相党,以人情比周之弊也。汉书蔡邕传:"初朝议,以州郡相党,人情比周,乃制婚姻之家,及两州人士不得对相监临,至是复有三互法,禁忌转密,选用艰难。"注云:"三互,谓婚姻之家及两州人不得交互为官也。"

【三公】【史】谓太师,太傅,太保也。书经周书周官篇:"立太师太傅太保,兹惟三公,论道经邦,燮理阴阳,官不必备,惟其人。"惟当时之三公,并非常设之官,以六卿中之有道者兼摄其职。胡安国注曰:"古者三公无其人,则以六卿之有道者,上兼师保之任;冢宰或阙,亦以三公下行端揆之任;禹自司空进宅百揆。"又曰:"作朕股肱耳目,是以宰臣上兼师保之任也,周公为师。"又曰:"位冢宰正百工,是以三公下行端揆之职也。所以然者,三公与王坐而论道,故难其人;而冢宰总百官均四海,亦不易处也。"陈傅良注曰:"周之三公,多是六卿兼之,但其人足以兼公,则加其公之职位,无其人,则止为卿而已。三公三孤皆无其人,则阙焉而已,而六卿自若也。要成周以三公三孤待非常之德，故曰，官不必备，惟其人。”（书经传说）（备考）新编古今事文类聚（卷一）一书，曾有下列概要之记载：（一）唐虞有百揆之职。（二）殷以太甲伊尹为太保，纣以箕子为太师。（三）至周始立太师、太傅、太保为三公，少师、少傅、少保为三孤。但周初三公并非专职，如以周公冢宰兼摄太师是。（四）秦不师古制，惟以丞相、御史大夫、太尉、为三公。（五）汉初因秦制，哀帝、平帝时，以大司马、大司徒、大司空为三公，后复置太师、太傅、太保，始尊师傅之位在三公之上，故谓之上公。（六）后汉。（七）魏。（八）晋。（九）江左因之。（十）后魏特尊太师、太傅、太保为三师，非勋德崇重者，不与其位。三公仍因魏晋之旧。（十一）北齐因之。（十二）后周拟姬周之制，置三公三孤，以为论道之官。（十三）隋。（十四）唐，依魏晋之法置三师三公，三师主事，三公参议国之大事，其下置府僚。如无其人则阙。（十五）宋初未改前制，政和二年诏曰：司徒司空乃周六卿之官，太尉乃秦之主兵事者，遂并罢三公之太尉、司徒、司空，依周制立三少，以为三公之贰。绍兴年复置太尉在三少之下。（十六）元以太师、太傅、太保为三师，以太尉、司徒、司空为三公，即因汉唐之旧制。三师师范一人，仪刑四海；三公乃论道经邦，燮理阴阳之职。

【三分主义】【刑】为各国关于责任年龄立法例之一，即分责任年龄为绝对无责任、相对无责任与全负责任三种，以为决定处罚之有无与科刑之重轻的标准也。英、德、荷、埃及、墨西哥、暹罗、希腊、匈牙利、瑞典、印度等采之。我国刑法与芬兰则采绝对无责任、减轻责任与全负责任之三分制。

【三尺法】【史】所谓三尺法，乃指法律而言。因古时乃以三尺之竹简而书法律于其上，故遂名法律为三尺法。

【三父】【史】所谓三父，乃指子于父死后随从其母之后夫而称之曰继父。旧律以之为特殊之亲子关系，即同居继父，不同居继父，从继母嫁之后夫，谓之三父。清律之辑注：“幼随母嫁，与继父同居，则有抚养之恩，两无大功亲，两有大功亲。注谓继父有无子孙，自己有无伯叔兄弟，则皆期亲，非大功亲，盖以大功为准，举轻以该重也。礼重本宗，既无期功服亲，则无舍弃本宗之嫌；继父又无期功服亲，而身实受其抚养，其宗不可乱，其恩不可忘，故期服年以报之。若两有期功亲，则继父有承服之人，私恩为轻，宗亲为重，故止齐衰三月。先同居后不同居者亦然。服虽三月，不用缌麻，而用齐衰，等于本宗之高祖，则亦重矣。自来不曾同居，则恩义皆无，何服之有。继母本是斩衰三年之服，而改嫁则义绝于父，又是无服之人；而孤子无依，随受抚养，则犹亲母矣，故服齐衰杖期，同于嫁母之服，此止言继母也；若继父则当分两无两有大功亲，及先同居后不同居以定之。盖母虽有亲与继之分，而继父则一也。”按尚书徐乾学读礼通考，载陈瑚三父八母说：“旧称三父，俱谓继父，而以同居为一条，始同居今不同居为一条，又以原不同居为一条。会典删去原不同居一条，而以从继母嫁父易之，予皆不能无疑焉。夫原不同居，则已无服，自不当以父名之矣，会典删之是也。然易之以从继母嫁父，则又出于寻常思虑之外矣。盖三父之号，不知始自何时，但就八母例之，既不遗其生母，则三父之号，亦必无遗其生父之理。以予揆之，或是生父嗣父继父三条耳。生父之斩衰三年不必言，若为人后，则当以嗣父之存殁，出嗣之早暮，为本身之降杀。嗣父存则服本生杖期，心丧三年；嗣父殁则仍服本生三年；身未离襁褓而为人后，则服本生杖期；身既成立，而因通族公议，理当嗣立者，则同服三年，此皆酌于天理人情之至者也。然更当以宗之大小为隆杀，小宗立于大宗，则不当称嗣父，而称宗父，又不必论其出嗣之早暮，而一当以祖宗之统为重，服宗父三年，服本生杖期可也，大宗立于小宗，则理当同服三年之丧，而隆杀之权，一准前议可也，至继父之服，自当以同居不同居为别。同居而受教养之恩，如仪礼丧服篇所云云，则齐衰杖期；继父有子则不杖期；始同居今不同居，则齐衰三月，若从继母嫁父，则又不幸中之不幸，其受恩极重者，义服齐衰三月可也。不然则无服矣。八母中降服杖期，亦当有辨。母出而尚守居者，是义与庙绝，情犹未与庙绝也，当加心丧三年。母出而再嫁，是情义两绝也，服杖期犹疑过重，当从古人三月之制。”

附三父图

<table>
<tr><td>两无大功亲，谓继父无子孙，己身亦无伯叔兄弟之类
期年</td><td rowspan="2">先曾与继父同居，今不同居
齐衰三月
不同居继父
自来不曾随母与继父同居
无服</td></tr>
<tr><td rowspan="2">同居继父</td></tr>
<tr><td rowspan="2">谓父死继母再嫁他人随去者
从继母嫁
齐衰杖期</td></tr>
<tr><td>两有大功亲，谓继父有子孙，自己亦有伯叔兄弟之类
齐衰三月</td></tr>
</table>

【三王肉刑】【史】所谓三王，乃指夏之禹王，商之汤王，与周之文武王而言；所谓肉刑，则系指墨、劓、剕、宫、及大辟而言。唐律（卷一）名例篇：“昔者三王始用肉刑。”注曰：“三王，夏禹、殷汤、周文武；肉刑，劓、剕、墨、宫、大辟。”按肉刑并非始自三王之时，盖唐虞之际即已有之矣。（参五刑条内）

【三世禁锢】【史】汉制，官吏犯赃，禁止其三世间子孙任官吏职务，谓之三世禁锢。至后汉和帝时，始依陈宠之子陈忠之议，将此禁例废除。（大学衍义补卷百三）

【三台】【史】即三公之别称。事物纪原（卷四）：“傅子曰：黄帝以风后配上台，后土配中台，五圣配下台，故后世由此以三公为三台。”

【三司】【史】唐时，度支使、盐铁使、户部为最重官，称曰三司。初以重臣领之，后以宰相兼摄之，经五代至宋，益居枢要地位，钱谷食货之政令，皆归其掌握。惟后三司废，所有事务均并归于户部，此为户部成为财政最高机关之始。

【三司使会审】【史】唐时，凡属审判上之重大案件，由刑部、大理寺及御史台会同审议，谓之三司使会审。若参与审议者，为各该机关之长官时，则曰大三司使会审。如各该长官因遇事故而由次官代为参与会审者，则称曰“小三司使会审”。

（历代职官表）

【三司条例司】【史】为宋代之官名。宋仍五代之旧，以盐铁、度支、户部为三司，各设一使或总设三司使。至神宗之熙宁中，设置三司条例司，掌经画邦计及变更旧法，以通天下之利（参宋书职官志）。但此项官制，原系宋神宗时采王安石之议以主米价之调节者而设者。大学衍义补（卷二十五）："神宗用王安石立制置三司条例司，言诸路常平广惠仓，敛散未得其宜，以见在斛斗，遇贵量减市价粜，遇贱量增市价籴，以见钱依陕西青苗钱例，取民情愿豫给，令随税纳斛斗，内有愿请本邑或纳时价，价贵愿纳钱者，皆许从便。"

【三犯】【刑】对初犯再犯而言。三犯以上……四犯五犯等之要件系依审判次数而言，均在累犯之列。如第一罪审判确定执行其刑后，又复犯罪，始可谓再犯，则累犯罪之三犯，亦当经过再犯审判之确定，始与法意吻合。又再犯已加重，则三犯亦必更加重，至四犯五犯……者，一任审判官根据刑法第四十九条加减之限度办理之。

【三字狱】【史】宋（北宋）末，秦桧诬岳飞而杀之，韩世忠谒桧诘曰：飞之罪并不分明。桧曰：莫须有。世忠曰：莫须有三字何以服天下。后世乃称之为三字之狱。即不论罪迹之有无，即断行刑罚之谓。

【三年丧】【史】上古之时，亲死则葬之中野，并无一定之丧期。至舜时，始有三年之丧。此为一说。另一说则谓三年之丧，乃始自周成王之时。事物纪原（卷九）："上古亲死，葬之中野，而丧期无数；至虞舜二十有八载，放勋徂落，百姓如丧考妣，三载四海遏密八音，则三年之丧，自尧舜始也。三代同之。故孟子曰，三年之丧，齐衰之服，三代共之。淮南子齐俗训曰：武王伐纣，载尸而行，海内未定，故不为三年之丧。许慎注曰：三年之丧，始于成王。"要之，三年之丧，实确定于周代，乃属无疑。至于对父母丧忌之制，名虽三年，实则二十五个月耳。明徐渭所撰之路史（卷上）曰："古三年之丧，名为三年，实则二十五月，盖一期十二月为小祥，再期二十四月为大祥，而大祥之一月，则正为大祥祭而终丧矣。檀弓注，大祥后一月而禫，是二十五月也。"礼记三年问："孔子曰：子生三年，然后免于父母之怀。夫三年之丧，天下之达丧也。"

【三男共娶一女】【史】汉宣帝时，燕代之间有三男共娶一女者，生有二子，后因事分离，各争其子，涉讼于黄霸之前。霸令戮三男而还其子于母。棠阴比事（卷中）："黄霸字次翁，汉宣帝时为丞相。燕代之间有三男，共娶一女，男生二子，乃欲分离，各争其子，遂讼于台，请霸断之。霸曰：非同人类，当以禽兽处之。遂戮其三男，以子还母。"

【三典】【史】（详邦之三典条）

【三典之隐栝】【史】轻典中典及重典谓之三典，即刑法轻中重三种之刑。周礼秋官大司寇："建三典以刑邦国，诘四方。一曰刑新邦用轻典，二曰刑平邦用中典，三曰刑乱邦用重典。"隐栝者，谓正曲木之器也。荀子法行篇："良医之门，多病人；隐栝之侧，多枉木。"唐律疏议进表谓："撰律疏三十卷，笔削已了，实三典之隐栝，信百代之准绳。”所谓三典之隐栝，乃指唐律三十卷实为各法之标准而言。

【三孤】【史】少师少傅及少保谓之三孤，即三公之次官也。位在六卿之上。书经周书周官：“少师、少傅及少保曰三孤，贰公弘化，寅亮天地，弼予一人。”

【三法司】【史】三法司之制，乃起自汉代之廷尉、中丞及司隶等三项机关之会议。迄乎唐朝，对于某种重大案件之判断，则由刑部、御史台，以及大理寺等会同审议，故称曰三司使之会审。（历代职官表）

【三宥】【史】周礼秋官小司寇职及司刺职所定之制，一曰不识，二曰过失，三曰遗忘。审讯时如有上述情事之一时，应宥恕减免之。因错误而犯罪者谓之不识，因不注意而误犯罪名，谓之过失，至于遗忘，与现行刑法所称之重过失相等，即因一时遗忘而触犯法条所规定之罪名也。

【三流道里表】【史】为清代特别法之一，即关于各地三等流犯应流往之地方之规定也。所谓三等流，即二千里、二千五百里及三千里是也。共计分为十九卷。

【三科】【史】（详黜陟使条内）

【三面关系说】【民刑诉】此说主张诉讼案件系属于法院时，法院与原告、法院与被告、原告与被告等三方面均互相发生诉讼关系，故称曰三面关系说。学者多以此说较一面关系说及二面关系说为有理由。

【三师】【史】殷周时代，以太师太傅太保为三公。及于隋唐，始以太师太傅及太保为三师，并以太尉司徒司空为三公。所谓三师三公，位尊而已，仅在燮理阴阳，而于实际之政务丝毫无关。（参三公条内）

【三座洞门】【史】宫廷之门皆作三洞相连，即中左右各一，故曰三座洞门。六部成语注解：“宫迟之门，皆作三洞相连。”

【三级三审制】【组】法院之组织，自下级法院以至于最高级之法院仅有三级，而一切诉讼案件凡经最下级法院判决不服时，可以向上二级法院依次上诉者，称曰三级三审制。我国新法院组织法采之。

【三院】【史】唐制，御史大夫之属有三院，一曰台院，侍御史隶焉。二曰殿院，殿中侍御史隶焉。三曰察院，监察御史隶焉。分掌纠明非违，弹劾不法之职。（大学衍义补卷八）

【三推】【史】（详推条内）

【三族刑】【史】秦文公始设三族之刑，所谓三族，约有数说，（参夷三族条内）中以父族、母族与妻族较为多数人所赞同，三族刑即一人犯大罪死一身之外，且刑及其人之三族之谓。大学衍义补（卷百十三）：“秦文公二十年，初有三族罪。”同书丘浚氏云：“古者五刑，极于大辟，死一身之外，无余刑也。至秦人始有三族之法，罪及于妻子同产。夫以一人之有罪，而其妻子固无罪也，况一族乎。父之族，同一气脉之相传，且犹不可也；又况于母族妻族乎。”按三族刑乃设于秦之文公二十年，此为史记秦纪所载。即犯大罪者连坐及于犯罪者之三族之刑。至于何者为三族，约有下列四说：(1)父母、兄弟、及妻子（张晏之说）。(2)父族、母族及妻族（如淳之说)。(3)父、子、孙。(4)父之兄弟、己之兄弟及子之兄弟。商鞅之变法六篇三族刑仍存。晋书刑法志:"萧何定律,除参夷连坐之罪。"然实际上言,三族刑之废除,乃为汉高后元年间之事。汉书高后本纪曾有下列之记载:"元年春正月诏曰:前日孝惠皇帝欲除三族辜,妖言令,议未决而崩,今除之。"

【三细不宥】【史】三细者,谓一习于奸宄,二败典常,三乱风俗,凡此三种,均须处罚,不予宥免,故曰三细不宥。书经君陈篇:"王曰:辟以止辟,狃(习也)于奸宄,败常(典常)乱俗(风俗),三细不宥。"

【三赦】【史】周礼秋官司刺之职:"一赦曰幼弱,再赦曰老旄,三赦曰蠢愚。"郑众曰:"幼弱老旄,若今时律令年八岁八十以上,非手杀人,他皆不坐。"蠢愚即生而痴骇童昏者(郑注)。按以上三种,第一及第二种,即今之责任年龄之制度,于幼者老者均有不为罪之规定;其第三种,即所谓精神病人,亦认为无责任能力者之一种,故所称之三赦,即不为罪之三种情形之谓也。

【三场】【史】唐代科举采三层制,谓之三场。事物纪原(卷三):"唐初并试杂文,天宝十三载举人问策外,更诗赋并杂文贴经为三场试也。通典云:摭言曰,两汉有射策对策,唐高宗垂拱元年,吴师道等及第,敕批云:略观其策,并未尽善。调露二年,刘思玄请加试杂文。神龙元年,方行三场试。"

【三等有期徒刑】【刑】Third degree of imprisonment for a time　我国前暂行刑律分有期徒刑为五等,三年以上五年未满者,曰三等有期徒刑。(暂行律第卅七条)

【三传科】【史】唐代文科有三传科,于科举时考试之。所谓三传,乃指左氏传、公羊传及穀梁传而言。事物纪原(卷三):"穆宗长庆二年二月,商侑奏置三传及三史科。宋朝神宗始以经义取士,独立进士明法二科,余并废。"

【三载考绩】【史】载者、岁也,与年同义。尧舜时代,即于三年调查官吏之成绩一次,至九年则三考,陟其明者,黜其幽者,以明赏罚。书经舜典:"三载考绩,黜陟幽明,庶绩咸熙。"所谓庶绩咸熙,乃指有功者赏,无功者罚,俾人人均能致力于事,而使一切政务臻于完美扩张之域而言。

【三农】【史】所谓三农,乃出于周礼太宰职之"三农生九谷",即指(一)平地。(二)山地。(三)泽地等而言,故称曰平地农山农及泽农,因古时之农业均于此三种土地上行之也。

【三雍】【史】谓后汉之三大学也,即明堂、灵台、辟雍等是。

【三监】【史】监为监视邦国之官,黄帝之时即有之(参监条内);周武王平殷,以纣之子禄父嗣其后,以管叔、霍叔、蔡叔、监之于方伯之国,此即所谓三监是也。礼记——王制篇:"天子使大夫为三监,监于方伯之国,国三人。"通鉴纲目前篇(卷七):"封纣子武庚为殷侯,使管叔蔡叔监殷。"按方伯乃天子特任命以统辖一方诸侯者,其职权甚为强大;为防止其为越权行为起见,特于每国置三人之监以监视之,故谓之三监(参同书方悫之注)。至秦灭诸侯,废封建,置郡县,亦仿三监,于郡置守、尉及监。(参监条内,大学衍义补卷十八)

【三种之夫】【史】为入赘之别称。通常之婚姻，皆为妻入夫之家。其夫家贫者，婚姻时，则夫入妻之家，秦时称之曰赘，后世则称曰三种之夫。唐律释文(卷一)庙见之注："有夫从女而已，秦世谓之赘。如此者，是为三种之夫。"

【三纲六纪】【史】三纲者，谓君臣、父子、夫妇也。六纪者，谓诸父、兄弟、族人、诸舅、师长、朋友也。白虎通："三纲何也？君臣、父子、夫妇也。六纪何也？诸父、兄弟、族人、诸舅、师长、朋友也。"按纲为网之大绳，纪为网中丝缕之目，张其大者谓纲，理其小者谓纪，即张理上下，整齐人道之根本也。(大学衍义补卷二)

【三铨之法】【史】唐制，文武官吏之铨选(即铨叙)皆依三铨之法。一曰尚书铨，即由吏部尚书铨衡之，二曰中铨，三曰东铨，均由吏部侍郎掌之。(大学衍义补卷十)

【三铢钱】【史】(详五铢钱条内)

【三币】【史】货币有三等，上币为珠玉，中币为黄金，下币为刀布。至太公之九府圜法，则以黄金、钱及布帛为三币。黄金以每方寸重一斤为单位。钱外圜内方，以铢之轻重为准。布帛则广二尺二寸为幅，长四丈为匹。故金以斤为名，钱以铢为名，而布帛则以匹为名。此外钱亦称曰泉。按泉与钱字本不相通，惟古时钱字之篆字，其形似泉文，故称曰泉。或谓泉乃取其流通之义，故名曰泉。王昭禹曰："古者宝龟而货贝，所以交易者，惟贝而已。至太公立九府圜法，始用钱代贝，或曰泉，或曰布，布取布之意，泉取流行之义，其实则一而已。"大学衍义补(卷二十六)丘浚氏曰："后世之钱，其形质外圜内方始此。(中略)九官皆掌财币之官，而所掌者，黄金、布帛、钱币、三者，黄金以斤名，布帛以匹计，钱币以铢重。"

【三坟五典】【史】谓三皇五帝之书也。周礼外史："掌书，外令掌四方之志(记也)，掌三皇五帝之书。"郑玄之注："三皇五帝之书，所谓三坟五典也。"丘浚之按曰："伏羲、神农、黄帝之书，谓之三坟，言大道也；少昊、颛顼、高辛、唐、虞之书，谓之五典，言常道也。"左传昭公十二年："楚子狩于州来，左史倚相趋过。王曰：是良史也，是能读三坟五典八索九丘。"大学衍义补(卷九十四)丘浚氏按曰："今三皇五帝之书，存于世者，惟尧舜二典，其他如九头万龙摄提等十纪，其说荒诞不经，其后宋毛渐所得之三坟，则伪妄显然。"

【三亲等】【亲】The third degree of relationship 次于二亲等之亲属，曰三亲等亲属，例如曾祖父母与己身，及伯叔与侄间皆为三亲等之亲属。

【三礼科】【史】为科举试验之科目之名，即所谓仪礼、礼记、周礼、是也。事物纪原(卷三)："唐会要曰：德宗正元五年五月五日，置三礼科。"

【三壤】【史】依土地之肥瘠而区别为上中下等三级，称曰三壤。所谓壤，乃指柔细而无土块，即经过耕作之土地也。书经禹贡："六府孔修，庶土交正，厎慎财赋，咸则三壤，成赋中邦。"蔡沈注曰："咸则三壤，谓九州谷土，又皆品节之，以上中下三等。"大学衍义补(卷二十)丘浚之按语曰："土虽有五，而壤则有三。所谓三者，上中下也。壤之上者，则出上赋，壤之中者，则出中赋，壤之下者，则出下赋，咸有一定之准则。"

【三献】【史】明制，祭神之礼，初献以武臣行之，亚献及终献则以文臣行之。大学衍义补（卷五十五）丘浚曰："窃考洪武礼制，开国以来，各布政司府州县社稷山川等坛，原定行礼官，以守御武臣为初献，文臣为亚献终献。"

【三权分立】【宪】Separation of three powers　（详三权宪法条内）

【三权宪法】【宪】Constitution of three powers　为宪法之一种。所谓三权宪法，即将治权（国权）分为立法行政与司法，分掌于三种机关，使其互相牵制互相调和，而于宪法中加以规定之谓也，创此论者为法儒孟德斯鸠氏，而渊源于英之洛克氏。

【三读会】【宪】Three readings　（详读会条内）

【上士】【史】文官之初级为士，有上士中士下士之别。民国以来，军制中之下级军衔亦曰士，且有上中下之别。（参士条）

【上公】【史】（一）周制，三公八命，出封时，再加一命，称曰上公，有为伯之资格。周礼："上公九命，为伯。"（二）汉制，太保太傅在当时三公之上，号曰上公。（三）为公爵之别称，以其位在诸爵之上也。

【上司官与统属官相殴】【史】上司官即监临上司，如县称府，府称布政司之类是。统属下司谓内外诸司统摄所属而有文案相关涉者，其佐贰及首领官如有与所统属下司官之品级高于己者相殴，及与所部之民有高官而相殴者，皆以凡斗论罪，以其爵之尊可与所属相埒也。若非相统属而品级亦复相同者，如运副与知州，既非所辖而官爵又均，故亦以凡斗论。明律（卷二十）、清律（卷二十七）刑律斗殴篇，对此均设有同一之明文。

【上忙】【史】与下忙（详该本条）相对称。

【上告】【民刑诉】Revision　不服第二审之判决而以法律错误为理由，再向第三审法院提起上诉者，曰上告。此为日本及我旧民草之名称，新民法则统称之曰上诉。

【上言大臣德政】【史】上言谓上书称颂也。大臣者谓宰辅执政之大臣也。如有上书称颂大臣之德政，则其中难免有交结及依附之事，为振饬纲纪杜绝流弊起见，应加禁止。明律（卷二）、清律（卷六）吏部职制篇上言大臣德政条："凡诸衙门官吏、及士庶人等，若有上言宰执大臣美政才德者，即是奸党，务要鞫问穷究来历明白，犯人处斩，妻子为奴，财产入官，若宰执大臣知情，与同罪，不知者不坐。"清律总注："宰执大臣，参赞密务以宣上德意，善则归君，过则归己者也。官吏士庶，上言其美政才德，意欲何为；非逢迎以图引用，即献媚而报私恩，非出公心，即是奸党，故须穷究其来历情由，事迹明白，犯人处斩，妻子为奴，财产入官。大臣知情而不阻止，听其上言者，同罪，照名例减流，妻财不在没入之限；不知者不坐。"同律辑注："或谓律言即是奸党，当如朋党律，不分首从论，非也。朋党重在交结乱政，故坐皆斩；此不过恶其附谄大臣耳。大臣有知情不知情之分，知情亦止同罪减等，上言之人，岂得同朋党论哉。律无皆字，应止以为首一人坐斩，没入妻财，为从减等，既已减等，妻财即不在没入之限。"

【上官】【军】Superior offcers　又称长官。乃指有命令权之军官，或无命令关系而官阶在上者之人员而言。（军刑法第九条）

【上服】【史】与下服（详该本条）相对称，为刑之一种。

【上舍】【史】宋代之太学有三舍之法，其成绩优异者为上舍。其初入学者称曰外舍。由外舍而内舍，由内舍而上舍，多以成绩及入学时间为标准。至于清朝，国子监监生亦称为上舍。

【上庠】【史】谓有虞氏之大学也，盖即古时大学之别称也。礼记王制篇："有虞氏养国老于上庠，养庶老于下庠。"

【上柱国】【史】官名，起于战国时代，给与有大军功者。战国策："楚之法，覆军杀将者，官为上柱国。"隋唐以后，以上柱国为勋官之最尊长者，其次之者为柱国。至清始废。

【上计】【史】汉制，地方政府会计官吏向中央政府所为关于会计之报告，谓之上计。

【上书奏事】【史】上书、谓一应之题奏章疏，奏事、谓御前面陈之语。明律（卷三）、清律（卷六）吏律公式篇——上书若奏事犯讳条："凡上书若奏事误犯御名及庙讳者，杖八十。"清律之辑注："上书，谓一应题奏章疏；奏事，则御前面陈之语。"

【上书奏事犯讳】【史】畴昔之时，君主尊严不可侵犯，臣民一应题奏章疏奏事，对御名庙讳皆当讳避，或有误犯，均属有罪，但有轻重不同耳。明律（卷三）、清律（卷七）吏律公式篇——上书奏事犯讳条："凡上书若奏事，误犯御名，及庙讳者，杖八十，余文书误犯者，笞四十，若为名字触犯者，杖一百，其所犯御名及庙讳，声音相似，字样各别，及有二字止犯一字者，皆不坐罪；若上书及奏事错误，当言原免而言不免，当言千石而言十石之类，有害于事者，杖六十，申六部错误，有害于事者，笞四十，其余衙门文书错误者，笞二十，若所申虽有错误，而文案可行，不害于事者，勿论。"清律之总注："御名庙讳，臣子所当谨避者，若上书之中，奏事之时，而有误犯者，虽为无心之错，亦是不敬之端，杖八十。其余各衙门文书误犯者，笞四十，以其不至御前，止是失于检点，非有不敬也，故轻之。若取为名字，则常为人所呼唤，非误犯，是触犯矣，杖一百，以其无忌惮也，故重之。其音同字别，则嫌名不讳也。二字犯一，则二名不偏讳也，皆不坐罪。若上书及奏事而有错误，如遇恩赦，当言原免而言不免，如判粮料，当言千石而言十石之类，以致罪有出入，数有多寡，有害于事者，杖六十，申六部文书而错误害事者，笞四十，其余各衙门文书错误害事者，笞二十，若所申虽有错误，并无关碍，文案可行，不害于事者，勿论。"同律之辑注："铨选、钱粮、制度、军政、刑名、工作、国家、机务、分隶于六部，内外各衙门之事，无不关涉，以其所系尤重，故错误之罪亦重，非徒为衙门大小尊卑之差也。止言六部，则六部之外，皆所谓其余衙门矣。捐纳官生贡监，有名涉谬妄，及袭前代圣贤名臣大儒姓名，或与本朝大臣名姓全同者，统饬更改（见户部则例）。"上书奏事应以慎重态度出之，若误犯宗庙讳者以及奏事口误，余文书误犯者，触犯名字者，均应处罚。唐律（卷十）职制篇——上书奏事犯讳条："诸上书若奏事，误犯宗庙讳者，杖八十，口误及余文书误犯者，笞五十。即为名字，触犯者徒三年，若嫌名及二名偏犯者不坐（嫌名谓若禹与雨，丘与区。二名谓言征不言在，言在不言征之类）。"疏议曰："上书若奏事，皆须避宗庙讳，有误犯者杖八十，若奏事口误，及余文书误犯者，各笞五十。普天率土，莫匪王臣，制字立名，辄犯宗庙讳者，合徒三年。若嫌名者，则礼云，禹与雨，谓声嫌而字理殊，丘与区，意嫌而理有别，及二名偏犯者，谓复名而单犯，并不坐。谓孔子母名征在，孔子云，季孙之忧，不在颛臾，即言不征，又云，杞不足征，即不言在，此色即多，故云之类。"

【上书奏事误】【史】上书奏事者谓以书奏特达及面陈也，如有失误，应受处罚。唐律（卷十）职制篇设有上书奏事误之条："诸上书若奏事而误，杖六十，口误减二等，口误不失事者勿论。上尚书省而误，笞四十，余文书误，笞三十（误谓脱剩文字，及错失者）。"疏议曰："上书谓书奏特达，奏事谓面陈，有误者杖六十，若口误减二等，合笞四十，若口奏虽误，事意无失者不坐。上尚书省而误者，谓内外百司，应申尚书省，而有文字脱剩，及错失者，合笞四十，余文书误者，谓非上尚书省，凡是官文书误者，合笞三十。"

【上书陈言】【史】国家政令，与军民利弊，应许所属之一定官员，直言无隐。内外大小官员对各本衙门之不便事件，亦得明白条陈，实封进呈；即百工技艺之人，亦许其直至御前奏闻。至妄言之徒，或虚饰繁文，或巧言令色，希求进用，其诉冤者若假借军民官司印信封皮入递者，皆为法律所不许。明律（卷十二）、清律（卷十七）礼律仪制均有上书陈言条，内容略有出入。清律之条文及其下注："凡国家政令得失，军民利病，一切兴利除害之事，并从六部官面奏区处，及科道督抚各陈所见，直言无隐。若内外大小官员，但有本衙门不便事件，许令明白条陈，合题奏之本管官，实封进呈，取自上裁，若知而不言，苟延岁月者，在内从科道，在外从督抚纠察（犯者，以事应奏不奏论）。其陈言事理，并要直言简易，每事各开前件，不许虚饰繁文。若纵横之徒，假以上书，巧言令色，希求进用者，杖一百。若称诉冤枉，于军民官司，借用印信封皮入递者，及借与者皆斩（杂犯）。"清律之辑注："前二节欲人进言，以防壅蔽，后三节，戒人妄言，以杜奸弊。"

【上级法院】【组】Higher court　所谓上级法院，乃指对于他法院有受理不服其所裁判之案件而上诉或控告之权限之法院而言。例如最高法院为上级法院，高等法院为下级法院是。

【上级机关】【行】Upper organ　国家或公共团体之机关分为上下阶级。某机关对于他机关享有指挥及监督之权者，称曰上级机关；其负有受指挥受监督而服从之之义务之机关，则称曰下级机关。

【上控】【民刑诉】Appeal　为日本之名辞。又称曰控告，或控诉，谓不服第一审未确定之判决，上诉于第二审法院也。与上告相对立。我国现行诉讼法统称之曰上诉，并无上告及上控二名辞之区分。

【上诉】【民刑诉】Appeal　谓不服下级法院之判决，在未确定以前向上级法院请求或变更之诉也。此项权利曰上诉权，系为诉讼法所创设者。

【刑诉】在刑诉法内，享有上诉权者为：(1)当事人——包括检察官自诉人及被告而言。(2)被告之法定代理人保佐人或其配偶。(3)辩护人及代理人(但不得与其被告明示之意思相反)上诉期间为法定的，不得加以伸缩，即自送达判决后起十日为限。提起上诉应以书状向原审法院为之，然后由该法院将该案卷宗及证据物件移送上诉法院。此外凡于未提起上诉前，得为上诉之舍弃，仍须向原审法院为之。被告一经表示舍弃，判决即为确定，而其法定代理人保佐人或配偶皆不得再行提起上诉。至于上诉已经提起后，在未裁判前得为上诉之撤回，但原则上应向管辖上诉法院为之。凡法定代理人等系为被告利益而上诉者，撤回时须得被告之承诺。自诉人上诉者，非得检察官之同意，亦不得撤回。舍弃上诉与撤回上诉应以书状为之，惟在审判时得以言词行之，而法院书记官即应速通知对造当事人；若遇被告在监或看守所时，关于上诉之提起舍弃与撤回，得经该长官提出书状，不能自作书状者，应由该长官或命属员代作；接受书状时，应附记其年月日，如于法定期间内呈送其书状者，即生声明之效力。按上诉有一部上诉与全部上诉之别，其上诉审则有第二审与第三审之分。(详各本条，刑诉法第三五八—三七四条)

【民诉】在民诉法内，享有上诉权者为：(1)当事人——原告与被告。(2)当事人之法定代理人。(3)当事人之继承人。(4)从参加人。(5)诉讼代理人(但须受当事人等之特别委任)。上诉之法定期间，即须于第一审或第二审判决送达后二十日内为之(送达前时为之亦有效力)，但因追复迟误上诉期间者，或有补充判决者，虽上诉期间届满后，仍得提起上诉。上诉时应以书状为之，并须记明一定事项(民诉第四〇五条、第四三七条)。当事人于第一审或第二审判决宣示或送达后，得为上诉之舍弃，且须以书状为之；如以言词为之(须记明于笔录)，则以于宣示判决时为限。若于提起上诉后在终局判决前，而上诉人不欲该上级法院加以判决时，得对该上诉加以撤回，或以言词为之，或以书状为之，均依是否在言词辩论中时为转移。凡经表示舍弃或撤回者，其上诉权立即丧失。关于上诉亦有一部上诉与全部上诉之分。上诉审则有第二审与第三审之别。(详各本条)

【上诉人】【民刑诉】Appellant 依法享有上诉权之人曰上诉人。

【上诉之效力】【民刑诉】Effect of appeal (详上诉条内)

【上诉法院】【组】Court of appeal 与起诉法院终审法院相对称。即诉讼案件不服第一审判决后而提起上诉时所系属之法院也。有时为高等法院，有时为最高法院(同时即为终审法院)。

【上诉状】【民诉】Petition of appeal 谓当事人及其法定代理人或其继承人或从参加人对于下级法院未确定之判决，向上级法院声明不服，请求其废弃或变更该判决时，所为之书状也。向第二审法院上诉者，应提出于原第一审法院或第二审法院，其内应表明下列各项：(1)当事人及法定代理人。(2)第一审判决及对于该判决上诉之陈述。(3)对于第一审判决不服之程度，及请求如何废弃或变更之声明。(4)有新事实者，其事实及证据。(5)其他准备言词辩论之事项。向第三审法院上诉者，应提出于原第二审法院或第三审法院，并应记明下列各项：(一)当事人及法定代理人。(二)第二审判决及对于该判决上诉之陈述。(三)对于第二审判决不服之程度,及请求如何废弃或变更之声明。(四)上诉理由及关于上诉理由之证据,(五)因上诉所得之利益。(民诉第四〇五条、四三七条)

【上诉要件】【民刑诉】Important conditions of appeal (详上诉条内)

【上诉理由】【民刑诉】Reasons for appeal (详上诉条内)

【上诉期间】【民刑诉】Term for appeal (详上诉条内)

【上诉费用】【民刑诉】Cost of appeal 即提起上诉时所需之诉讼费用。(参诉讼费用条)

【上诉审】【民刑诉】Trial in the court of appeal 所谓上诉审,乃指第二审与第三审(详各本条)而言。

【上诉权】【民刑诉】Right of appeal 诉讼当事人对于未确定判决所享有关于上诉之权利,谓之上诉权。有形式的与实质的之别。如当事人向上级法院之请求为决定原判决之当否的诉权,则为形式的上诉权;若其诉权为请求上级法院变更或撤销原判决时,则为实质之上诉权。

【上币】【史】与中币下币相对称。(详下币条内)

【上议院】【宪】Upper house 为国会两院中之一院。与下议院相对称。或名曰元老院,或参议院,或贵族院,其议员均由贵族充之。此就君主国而言。若在民主国之上议院,其议员则由全国各省或各邦中平均选出之代表任之。

【下手理直者】【史】所谓下手乃指着手加害而言,理直则谓具有正当理由。凡犯殴斗罪如有正当理由时,其后下手者减刑三等。学海堂丛刻(第五册)——读律提纲:"斗殴律内有因殴互伤后,下手理直者,减三等之条。"

【下忙】【史】清制,租税之征收通常分春秋两期,每年二月开始征收,四月纳付税额之半数,五月停止征收之手续,八月再继续征收,十一月全部完纳。其前期称曰上忙,后期则曰下忙。(户部则例)

【下服】【史】与上服相对称。为古时刑罚之一种,即施于下体之刑也。或曰为宫刑之别称。与上服之施刑于面部者不同。周礼:"听民所刺宥,以施上服下服之刑。"注曰:"上服、劓墨也,下服、宫刑也。"疏曰:"墨劓施于面,故为上服;宫刑施于下体,故为下服。"

【下服之刑】【史】与上服之刑相对立。施于面部之刑如墨劓,曰上服之刑,施于下体之刑如宫刖,曰下服之刑。周礼秋官小司寇之职:"以三刺断庶民狱讼之中,一曰讯群臣,二曰讯群吏,三曰讯万民,听民之所刺宥,以施上服下服之刑。"疏曰:"墨劓、施于面,故为上服,宫刖,施于下体,故为下服。"惟另一说则谓上服乃指重刑而言,下服则系轻刑。(周礼注疏)

【下级法院】【组】Lower court (详上级法院条)

【下级机关】【行】Lower organ 与上级机关相对称。(详上级机关条内)

【下马坊】【史】天子诸侯等之陵墓及庙前所树立关于命令车马乘者应下车步行

之坊牌，曰下马坊。唐书——太宗纪："天聪三年，禁陵前往来之人不许乘车马行，走过必下，于东西两傍立下马坊示众。"

【下币】【史】古之货币，分上中下三等。下等之币曰下币，即刀布之类是也。中等之币曰中币，即黄金是也。上等之币曰上币，即珠玉是也。

【下议院】【宪】Lower house 为国会两院中之一院，与上议院相对立。或称曰庶民院、或众议院、或代议院，其议员均由全国各地方之人民所选出之代表充任之。其名额较上议院议员为多，而权限亦较广大。

【凡人】【史】法律上所称之凡人，乃指无亲属或其他无何种名分关系之普通人而言。唐律（卷十九）贼盗篇——穿地得死人之条："烧棺椁者徒二年，烧尸者徒三年，缌麻以上尊长，各递加一等，卑幼各依凡人递减一等。"明律贼盗篇——亲属相盗之条："凡各居亲属相盗财物者，期亲减凡人五等。"

【凡奸】【史】凡无亲属关系及主从之关系者之通奸谓之凡奸。明律犯奸篇——奸部民妻女条："凡军民官吏奸所部妻女者，加凡奸罪二等，各罢职役不叙。妇女以凡奸论。"

【凡盗】【史】与监守自盗、亲属相盗等相对称。即普通无身分人之盗罪之谓。唐律（卷十九）贼盗篇——盗制书之条："即盗应除文案者，依凡盗法。"又同篇发冢之条："盗衣服者减一等，器物砖版者，以凡盗论。"

【凡斗】【史】凡无何种身分上恩义上者相互间之殴斗，谓之凡斗。明律斗殴篇——同姓亲属相殴条："凡同姓亲属相殴，虽五服已尽，而尊卑名分犹存者，尊长减凡斗一等，卑幼加一等，至死者，并以凡人论。"

【凡斗伤杀法】【史】谓关于普通无身分上之人之斗伤或斗杀之法规也。明律斗殴篇——良贱相殴条："良人殴伤他人奴婢者，减凡人一等。若死及故杀者绞。若奴婢自相殴伤杀者，各依凡斗伤杀法。"

【乞取】【史】谓官吏要求人民，而取得其财物也。唐律（卷十一）职制篇——受所监临财物条："乞取者加一等。强乞取者准枉法论。"其疏议曰："谓非财主自与，而官人从乞者。"

【乞养】【史】所谓乞养，乃指抚养异姓之子而言。清律规定凡乞养异姓义子以乱家族者杖六十。若与子与异姓人为嗣者，罪同，其子归家。此项规定，重在改姓乱宗上；若但养为义子，不从姓、不为嗣者，不在禁止之内。

【亡失符印求访】【史】符印及器物等如有亡失，许其于一定期限内寻觅探访，届期无所得者治罪。唐律（卷二十七）杂律篇——亡失符印求访条："诸亡失器物符印之类，应坐者皆听三十日求访，不得，然后决罪；若限内能自访得，及他人得者，免其罪；限后得者，追减三等。"疏议曰："若亡失器物符印之类，宝及门钥亦同。为亡失应合罪者未得即决，皆听三十日求访，限满不得，然后决罪；若三十日内自得，及他人得者，免其亡失之罪；三十日限外得者，追减三等；若已经奏决，不合追减。"

【亡命】【史】亡谓逃亡,命者名也,背其户籍之名而逃亡他国者,称曰亡命。史记张耳传:"少时尝亡命,游外黄。"后汉书王常传注:"命者名也,言背其名籍而逃亡也。"

【千秋令节】【史】清制,皇后或皇太子诞生之日,均称曰千秋令节。(六部成语注解)

【千秋节】【史】天子诞生之日,谓之千秋节,此称乃始自唐之玄宗。唐书礼乐志:"千秋节者,明皇以八月五日生,因以其日名节,而君臣以为荒乐。自肃宗以后,皆以生日为节。"事物纪原(卷一):"明皇杂录曰:唐玄宗八月五日降诞,是日宴宰相于花萼楼,源乾曜请以是日为千秋节,群臣献万岁寿酒。其后天子诞日节号,自兹始也。"后改为天长节。明皇实录:"开元十七年,百官上表,请以八月五日为千秋节。天宝七年,改为天长节。"

【千总】【史】为清代武官之名。绿营之小队曰哨,哨之指挥官称曰千总。

【口分】【史】为口分田之简称。(详口分田条)

【口分田】【史】计算人口而分与之田,曰口分田。唐制十八岁以上之丁男,给田一顷(百亩,)老者笃疾废疾者则给四十亩,寡妻妾道士则给三十亩,僧尼各三十亩。此项田地,如耕者死亡,则没收入官云。(大学衍义补卷十四)

【口令】【史】军队戒严时,由主将所颁发之暗号命令也。乃以防止奸杂人等之混入戒严区域而设。左传:"呼庚癸呼则诺。"三国志魏志注:"曹操自汉中欲还,出令曰鸡肋。"

【口供】【民刑诉】Testimony　诉讼关系人对于法官讯问时所为之答述,或自动之供述,曰口供。法院对上述口供,应以笔记为之。此种笔录,称曰口供书。

【口授遗嘱】【继】An oral testament　为遗嘱之一种,又称特别遗嘱。谓有特别情形不能依其他方式为遗嘱,因而口授意旨,由见证人代为书写之遗嘱也。其要件如下:(1)须有生命危急或其他特种情形。(2)须系不能依其他方式为遗嘱者。其作成方式如下:(1)须指定二人以上之见证人。(2)须由遗嘱人口授遗嘱意旨。(3)须由见证人中之一人将遗嘱意旨据实作成笔记。(4)须记明作成之年月日。(5)遗嘱人须与见证人同行签名。口授遗嘱系因特殊或紧急情形时,始可为之。故遗嘱人能依其他方式为遗嘱者,当于一个月内依其他方式重新为之;否则该口授遗嘱应即失效。又此种遗嘱既系紧急时所为者,为避免他人假冒起见,于遗嘱人死亡后三个月内,须由见证人中之一人或利害关系人,提经亲属会议认定其真伪,对认定有异议者,得声请法院判定之。(民法第一一九五——一九七条)

【口陈欲反之言】【史】谓随意妄作欲行谋反之语也。唐律(卷十七)贼盗篇——口陈欲反之言条:"诸口陈欲反之言,心无真实之计,而无状可寻者,流二千里。"疏议曰:"有人实无谋危之计,口出欲反之言,勘无实状可寻,妄为狂悖之语者,流二千里。若有口陈欲逆叛之言,勘无真实之状,律令既无条制,各从不应为重。"

【口赋】【史】口赋与算赋同为按人口计税之制度，其不同者仅年龄耳。武帝时，征伐四夷，岁用不足，乃起口赋。民年七岁至十四岁纳口赋二十三钱，其在十五岁以上五十六岁以下者则纳算赋，其满三岁之幼儿则纳口钱。宣帝五凤三年，减天下口钱。元帝时，七岁出口赋，二十岁以上则纳算赋，即今所称之人头税也。（参口钱条）

【口钱】【史】汉制，民间子弟，七岁至十四岁时，因尚未服兵役，国家特课以一种税收，是曰口钱。但其初在武帝时，即三岁之幼儿亦予征收。汉旧仪："民年七岁以至十四岁，出口钱人二十三以供天子。其三岁者，武帝加口钱，以补车骑马。"汉书贡禹传："古民无赋算，口钱起武帝征伐四夷，重赋于民。民产子三岁，则出口钱，故民重困，至于生子辄杀，甚可悲痛，宜令民七岁去齿，乃出口钱，年二十乃算（算，赋也）。天子下其议，令民产子七岁，乃出口钱，自此始。"（参口赋条）

【口头契约】【债】Verbal contract　订立契约时不以书面者，谓之口头契约。

【口头陈述】【民刑诉】Oral statement　又名言辞陈述。（详该本条）

【口头审理】【民刑诉】Verbal trial　又曰言辞审理。（详该本条）

【口头谈判】【国公】Verbal or oral negotiation　（详谈判条内）

【口头辩论】【民刑诉】Oral debate　又称言辞辩论。（详该本条）

【口头辩论主义】【民刑诉】又称曰言辞辩论主义。（详该本条）

【口粮】【史】兵士之食粮及饷款也。嘉庆会典兵部之志曰："兵役与口粮。"

【土方氏】【史】官名，为周时所创设，以土圭（量日影之尺度，为玉所作成）测量土地，以建置邦国都鄙。周礼土方氏："掌土圭之法，以致日景，以土地相宅，而建邦国都鄙。"

【土司】【史】在广西云南及四川等省有苗族遗裔及其他原始民族栖居其间，明时按其土地之面积，划分为土府、土州及土县，而以各该部族之酋长为长官，原则上均为世袭职，此项长官，总称曰土司。清代因之。

【土石】【行】所谓土石，乃指矿业法第二条未经列入之土石而言。采取土石者，以中华民国人为限，且须备具呈文载明地名及土石名称，并绘具采取地图，载明方位界线等，呈送县市政府。如系以营业为目的者，须添具事业设计书，并附缴法定费用。如该土地系他人所有者，须附送土地所有人之承诺书。如系公有者，须附送该管官署或主管人之许可书。采取土石者，如经呈请备案，在原则上可于各该土地内为之，惟于下列各地域内，不得采取土石：(1)于炮台要塞军港及一切军用局厂有关系，曾经圈禁之地点以内，未经该管官署准许者。(2)距商埠市场地界一公里以内，未经该管官署准许者。(3)距国有公有建筑物国葬地铁路公用道路紧要水利及不能移动之著名古迹等地界十五公丈以内，未经该管官署或所有人及占有人准许者。(4)在他人矿区及经营他种实业之地域内，未经该权利关系人承诺者。（土石采取规则第一——八条）

【土石采取规则】【行】本条例为实业部于民国二十年七月一日所公布，全文

计十七条,自公布日施行。(参土石条内)

【土地】【土】Land 所谓土地,乃指水陆及天然富源而言。但通常所称土地,其意义有广狭二种,前者乃包括地球上之水陆,后者仅指陆地。我国土地法上所称之土地,乃从广义,甚至亦包含天然富源,盖更扩充而采取经济学上之通说也。土地之种类,通常可分为地上地下水陆等。我国土地法则分为二:(一)市地。(二)农地(详各本条)。或分为(一)市地。(二)乡地(详各本条)。若再详分,依土地法之条文有如下列:(1)可通运之水道。(2)天然形成之湖泽而为公共需用者。(3)公共交通道路。(4)矿泉地。(5)瀑布地。(6)公共需用之天然水源地。(7)名胜古迹。(8)农地。(9)林地。(10)牧地。(11)渔地。(12)盐地。(13)矿地(第八条、十七条)。土地亦可分为(一)税地。(二)免税地。(详各本条)

【宪】土地为国家成立要素之一。在昔游牧时代,并无一定土地,今则非有一定土地,不得谓有国家。故土地又称曰领土,其范围如下:(一)土地之表面包括岛屿在内。(二)土地之上下部分,原则上为上至天空,下达地心。(三)内海。(四)沿海岸(参领海条)。(五)殖民地。

【土地加价税】【土】Land increment duty 又名土地增值税(详该本条)。或称土地增益税。

【土地他项权利】【土】所谓土地他项权利,乃指土地所有权以外之权利而言,例如地役权、地上权、永佃权、抵押权、典权等皆是。此项权利之取得、设定、移转、变更或消灭,均应呈请登记(土地法第三十三条)。登记完毕时,应给声请人以土地他项权利证明书,证明书中且须有法定之记载(第九十条),以资一律。

【土地他项权利清折】【土】土地所有权以外权利(如抵押权、留置权、地役权等)之清单,曰土地他项权利清折。凡未经依本法登记所有权之土地,声请为第一次所有权之登记时,提出之声请书、土地他项权利清折、契据、及其他关系文件,此项文件均应交契据专员审查。(土地法第九十五条)

【土地他项权利证明书】【土】土地所有权以外权利登记完毕时,应给声请人以土地他项权利证明书。此项证明书应记载登记号数,收件年月日,收件号数,登记人姓名,所有人姓名,土地标示区段号数,登记原因及其年月日,登记标的,权利先后栏次序,登记年月日,由主管地政机关长官签名,加盖官印。(土地法第九十条)

【土地收用法】【土】土地收用法为民国四年十月二十二日北京政府所公布,即今日所称之土地征收法。全文计分五章,共三十八条。内容与土地征收法略同。兹举其要点于下:(1)国家因谋公共利益而设之事业,合于下列各款认为有收买或租用之必要者,得依本法行之:(a)关于国防或其他军备之事业。(b)关于建设铁路、公路、街市、电信、公园、桥梁、河渠、堤防、船坞、商港、码头、水道、沟渠、义冢及其他附设之事业。(c)关于教育、学术、慈善所应设之事业。(d)关于水利、卫生、测候、探海、水标、防风、防火所应设之事业。(e)关于建筑官署之事业。(f)关于前五款以外之事业。至国家认许地方自治团体或人民建设上述(b)(c)(d) (f)各项之事业时，亦得依本法行之。(2)凡得收用之土地，分国有、公有、民有三种。(3)收买或租用土地者，对于业主，须交付相当之地价或租价，但国有土地，得由大总统核准，或由其土地之主管官署核准，公有土地如因地方公益事业收用者，得由各地方最高行政长官核准免除或减轻其地价或租价。(4)土地收买之价为土地所值之市价，如连同土地之附属物件或土地之收益一并收用时，其土地附属物件与土地收益所值之市价，应分别算定合计之。(5)土地除收用外尚有余地不堪他用时，业主得要求一并收用之；土地之附属物件之迁移费，土地收用者应给付之；如因迁移后不堪他用时，业主得要求其一并收用。(6)土地收用后，因维持公益公安及保全邻近土地有新设改造或修理道路沟渠墙垣及其他建设物之必要时，应由土地收用者支付其费用。(7)收用土地人与业主关于地价租价或迁移费赔偿费，由双方协议定之，或由主管官署派员会同其收用土地所在区域内之土地收用评价会议定之，或禀请该管地方长官以行政处分行之。其有异议者，得依诉愿法提起诉愿。(8)起业者(即土地收用者)收用土地时得先事丈地绘图，于收用计划确定时，如须收买或永远租用土地者，若系国家事业，应由其起业之主管官署拟定计划书并附地图呈请大总统核准。若系地方自治团体或人民建设事业，应由创办人拟定计划书并附地图，禀请地方最高行政长官呈请大总统核准。(9)土地收用，经大总统或地方行政长官核准后，应由地方长官将其事业之计划及收用土地之区域，于各该地方公告之。(10)于公告后，起业者得通告业主定期至该土地区域内会同业主覆行丈量并调查一切，且于土地收用之价额及其区域或办法决定以后，土地收用者得要求业主于一定期间，将土地与土地之附属物件及其他契据一并移交，而土地收用者亦应将所定之价额及迁移费赔偿费等支付于业主。(11)关于监督及提起诉讼之规定。(第三十六—三十七条)

【土地收用评价会】【土】土地收用评价会为土地收用法中所规定而设立之机关，以评定土地收用时之地价租价或迁移费赔偿费为目的，由其收用土地所在区域之地方长官选派地方行政官三人以上及地方绅董三人以上，并由起业之主管官署派员组织之。(土地收用法第二十一条)

【土地行政】【行】Land administration　对于处理土地(公有私有)一切之事务，曰土地行政。例如国有土地之整理、私有土地之保护、征收、税收、与登记等，皆属之。

【土地行政报告书】【土】Written report of land administration　地政机关每年向上级机关所提出关于全年行政经过之报告书，曰土地行政报告书。我土地法第三条规定：地方地政机关每年度应将全年行政经过编造报告书，呈送中央地政机关，并由中央地政机关编造全国土地行政报告书呈送国民政府。

【土地局】【行】Bureau of land　为市政府于必要时所增设机关之一，掌理土地行政事项。如无此项机关之设者，其事项应由财政局兼理(参市组织法条内)。至于县政府于必要时，亦得呈请省政府增设土地局，办理全县土地行政事务。

【土地改良物】【土】又称改良物。(详该本条)

【土地改良物税】【土】Tax on the improvement　又称改良物税。(详该本条)

【土地使用】【土】Use of land　土地使用者，谓施以劳力资本为土地之利用也。土地法之有土地使用的条文，乃在使地尽其用而无荒置之举，故国家得将土地编为各种使用地；至其编制之权，乃操诸地方地政机关之手。关于市地之使用，则对空地加以利用之推促，对房屋之不敷，则加以救济之规定，至关于农地之使用，则对耕地之租用加以规定，对荒地则竭力鼓励，设承垦与代垦之制度以开垦之，凡所以使土地之能达于地尽其用之目的者，无不设有明文。（土地法第三编）

【土地定着物】【民总】Fixture；Things permanently affixed to land　即非为暂时目的附着于土地之物也。至附着之方法出于人工或天然，均所不问。所谓非暂时，乃较永久之意，例如房屋及其他建筑物皆为土地定着物。

【土地所有权】【土】Ownership of land　所谓土地所有权，乃指土地所有人得享有自由使用收益及处分其土地之权利而言，对于他人之干涉得加以排除，乃属一种物权（参所有权条）。我土地法规定中华民国领域内之土地乃属于中华民国国民全体，至对于土地所有权之属于私人，亦不否认（附着于土地之矿则为例外），惟须经其人民依法取得时，方为有效耳（第七条）。土地所有权原则上既属于中华民国国民全体，则下列土地之移转设定负担或租赁于外国人，均为法律所不许：（一）农地。（二）林地。（三）牧地。（四）渔地。（五）盐地。（六）矿地。（七）要塞、军备区域、及领域边境之土地。（十七条）

【土地所有权状】【土】Title deeds　所谓土地所有权状，乃指地政机关于土地所有权登记完毕时，所给予声请人之证明文件而言。为土地权利书状之一种。此种文件，关系重要，故有一定方式，即须记载登记号数，收件年月日，收件号数，及所有权人姓名，又土地标示区段号数，登记年月日，由主管地政机关长官签名，加盖官印，并将登记簿他项权利部权利事项栏记载之事项，照录于所有权状之后幅，并附分段图。（八十九条）

【土地法】【土】Law governing lands　所谓土地法，乃指关于土地问题所制定之法规而言。以我国之土地法而论，乃在以渐进的方法，使"平均地权"的政策得以实现。故凡关于实施上述目的而制定之法规，均可称曰土地法。分析言之，其目的有如下列：(1)使一般人民有享用土地利益之平等权利。(2)使耕者有其田。(3)使土地各尽其用。土地法规之编制，除苏俄外，均为单行法规。我国之编制，其初亦系单行法规。民国十一年孙中山先生在广州只有土地税法之颁布；民国十一年五月二十一日，北京政府曾有不动产登记条例之公布，共五章，都一五二条；民国十二年广州政府复延聘土地问题专家单维廉博士（德人），起草土地登记法及土地征税法，经审核后，以广东省政府名义公布，但条文简陋异常，不敷应用；民国十七年七月二十八日国府曾公布土地征收法，共八章，计四十九条；民国十九年六月三十日由国民政府公布土地法，计分五编，一曰总则，二曰土地登记，三曰土地使用，四曰土地税，五曰土地征收，乃合各单行法规而为一完整之法典也，都三九七条，内容丰富，得未曾有，盖一适合时代之法典也。按土地法乃属于公法，且兼为实体法及程序法。

【土地重划】【土】Redistribution of land　凡因一定区域内之土地，其分段面积有不合经济使用者(例如过于零碎),得将其区域内土地之全部重行划分,以分配于原土地所有权人,此种重行划分行为曰土地重划。得为重划之情形有三:(1)区内之土地,其各地段有面积狭小奇零不合耕作之经济使用者。(2)全部或大部分未建筑之建筑区,因路线通过致其中各地段有面积过小,或形式不整,不适于建筑房屋或其位置不临街道者。(3)一区段之建筑物因为水火或其他之灾害毁灭,而该区内之土地有第二项情形,或街道狭小有重划之必要者。至因重划致地段面积减少之所有权人,自得向增加面积之所有权人请求补偿。土地应否重划,乃由主管地政机关主持之,但须呈请地方政府核定,并须将重划计划书及重划地图通知于各该土地所有人,并于重划地区分告之。自公告之日起三十日内,有关系之土地所有权人半数以上,而其所占有土地面积除公有土地外,超过重划地区总面积一半者表示反对时,地方政府则应停止其重划计划。通常土地之重划,得随时为之,惟耕地之重划,须于收获后方可为之(第一八一二〇条,第二一一一二二六条)。土地重划与土地征收不可混同。前者乃出于使用上之原因,后者则因公共事业上之必要。前者实行时,原土地所有权人仍得分别享有其土地;后者一经征收,土地所有权人尽行丧失。此外土地重划乃在使土地合于经济上之使用,故与土地平均之专以平均地权为目的者,亦有区别。

【土地测量】【土】Cadastral survey of land 土地测量,乃整理土地之第一步工作,包含地籍测量,与地质试验两种。其计划与方法由中央地政机关决定后,统由地方地政机关执行之。不论公有土地或私有土地,均须实施地籍测量之后,始可为所有权之登记。至执行测量之主管地政机关,于测量完竣时,应编造地籍册及地质探验报告书,递呈中央地政机关。(第二一一二五条)

【土地登记】【土】Registration of land 所谓土地登记,乃指土地及其定着物之登记于地政机关所置之簿册而言。民法物权编中之不动产登记,乃与此相同。惟土地登记除含有私人所有权确定之效力外,尚有公法上之作用。土地登记之目的,第一乃在使土地之纠纷减少,第二乃在整理土地税收,第三乃在使地价有正确之标准。因此下列土地(公有或私有)权利之取得、设定、移转、变更、或消灭,均应登记:(一)所有权。(二)地上权。(三)永佃权。(四)地役权。(五)典权。(六)抵押权。土地登记之种类,可分下列:(一)正式登记与暂时登记。(二)主登记与附记登记。土地登记时,应由土地权利人及义务人或代理人声请之。声请登记人应缴纳登记费。声请时原则上应提出下列文件:(1)声请书。(2)证明登记原因文件。(3)土地所有权状或土地他项权利证明书。(4)依法应提出之书据图式。土地登记程序,按土地法之规定,有如下述:(A)第一次土地登记程序(第九五一一〇四条)。(B)所有权登记程序,即关于已经依照本法为登记所有权之土地另为所有权之登记,例如:(甲)所有权一部移转之登记。(乙)土地变更之登记。(丙)土地分割之登记。(丁)土地合并之登记。(戊)土地增减之登记。(己)土地种类等等变更之登记(第一〇五一一一五条)。(C)所有权以外权利登记程序,例如地上权、永佃权、地役权、典权、抵押权等之登记。(第一一六一一二八条)

【土地登记地图】【土】Map of the registration of land 简称曰登记地图。(详

该本条)

【土地登记簿】【土】Land register 简称曰登记簿册。(详该本条)

【土地税】【土】Land tax 在法律上关于土地税之意义有二:(一)广义的——谓国家对于土地原价,及土地增值所征收之税款也。(二)狭义的——谓国家对于土地原价,土地增值,及土地改良物所征收之税款也。我国土地法采取后者,故分土地税为二种:(一)地价税。(二)土地增值税(详各本条)。关于土地税征收之目的,第一乃使荒地得因重税而开垦,第二乃防止大地主之专横,第三乃使不劳而获之增值归于国家,第四乃在使土地所有权渐趋于平均。按土地税之制,在我国财政历史上渊源最古,夏之贡,殷之助,周之彻皆是。其后变为田赋,至清时而益杂,如钱粮漕米等皆是。民国成立后,虽有改革之议,但未实行,仍沿旧制。自土地法颁布,始有土地税之名。按土地税据土地法之规定,全部为地方税,由土地所有人缴纳之,除依法令外,不得豁免。又因我国目前金融制度之复杂,故定明其税款之计算,应以国币为准,至其征收程序,由中央地政机关核定之,由各主管地方政府征收之。至改良物税亦与土地税有连带之关系,其规定与土地税相类似。(参第二二七—二三三条、二八三条、三一四条,又三二七—三二八条)

【土地裁判所】【土】Land court 凡在土地行政上处理有不当时,或因土地权利有纠纷发生时,应由一定机关加以审理及处断,此种机关曰土地裁判所。可分二种:一曰中央土地裁判所,一曰地方土地裁判所。前者于国民政府所在地设立之,后者则于市县地政机关所在地设立之。(第三〇—三一条)

【土地债务】【物】Land charge(英); Grundschuld(德) 土地债务者,谓债务人在一定土地上设定负担,使债权人就该土地之卖得金额享有优先受其清偿权利也。土地债务与抵押权及不动产质权最易相混,其区别之点有二:(一)土地债务并非对人之债务,而抵押权则以对人债务为主,而后始有抵押权之设定,故土地债务并非担保物权,亦非从物权,其债权与物权同时发生,而抵押权及不动产质权,则为担保物权及从物权。(二)土地债务之目的物以土地为限,抵押权及不动产质权,则在房屋上亦可设定。我国法律在民法草案曾仿德国制度加以采用,惟现行民法则无土地债务之规定。

【土地管辖】【刑诉】Jurisdiction in respect of place; Competency of locality 为法定管辖之一种,又称审判籍。谓依土地区域之划分以定某种案件应归某处法院管辖之范围也。各国立法例均不一致。我刑事诉讼法则规定应依犯罪地、或被告之住所居所、或所在地定之。所谓犯罪地,乃包括行为地与结果地而言,至被告如在民国领域外之民国船舰内犯罪者,则依船舰本籍地,或犯罪后停泊地定之(第十三条)。若土地管辖有二处以上者,则生土地管辖之竞合,或曰多数管辖,此时应斟酌事实上之便利以定之。我刑诉法规定如系同级法院,则应属于最初受理者,但为便利计,上级法院得命其中有管辖权之他法院继续受理之,如系不同级法院,则由较高级法院继续受理之(第十八—十九条)。至于因上述情形而由一法院移送于他法院受理者,其已经过之诉讼程序仍然有效,盖为简捷计也。

【民诉】我民诉法称之曰审判籍。(详该本条)

【土地增值税】【土】Land increment duty 又名土地增益税，或称土地加价税，为土地税之一种，与地价税相对称，即对于土地价值增加时所抽征之税也。其征收方法，乃照土地增值之实数额计算。征收时间为(一)于土地所有权移转时。(二)或于十五年届满而土地所有权无移转时。至于土地增值税之法定税率，土地法设有规定(第三〇九条)，最低者乃增值实数额之百分二十，最高者乃将已超过其原地价数额百分之三百部分完全征收(参第二八六—二八七条，三〇五—三〇九条)，故我国土地增值税率均较其他任何国家为高，以土地增值乃社会发达时不劳而获之所得，理应归公故也。

【土地增值实数额】【土】土地增值之总数额，市地在其原地价数额百分之十五以内，乡地在其原地价数额百分之二十以内者，不征收土地增值税；其超过者，只就其超过之数额，征收土地增值税；依此种计算所得之超过数额，为土地增值之实数额。(土地法第三〇八条，参土地增值税条)

【土地增益税】【土】Land increment dury 又名土地增值税(详该本条)。或称土地加价税。

【土地征收】【土】Expropriation of land 土地征收者，谓因公共事业之需要依法有偿的，对于土地所有权之收用也。土地征收与租税征收不同，前者有损失之补偿，后者则否。土地征收与买卖亦有区别，前者出于单方之意思而为征收，后者则基于当事者双方之合意。又对公用征收亦有区分之处，前者仅限于土地及其定着物之征收，后者则不论动产或不动产皆可加以征收。土地征收与没收亦不可相混，前者为因公共事业之需要，对土地所有权以有偿的加以征收，后者则因欲维持社会秩序所加之行政上或刑法上之剥夺的处分。土地征收的原因，除基于公共事业(详该本条)之需要外，尚有下列数种：(一)私有土地受最高面积的限制，于一定期限内不将额外土地分划出卖者(第十五条)。(二)市地之地段面积过小，或其形式不整，不适于建筑独立房屋者(第一五一条)。(三)繁盛区域内之空地，经市政府规定二年以上建筑期限逾期不实行建筑者(第一五五条)。(四)土地法施行后，同一承租人继续耕作十年以上之耕地，其出租人为不在地主者(第一七五条)。(五)编为农地之私有荒地，经主管地政机关限令其所有权人于一定期限内开垦或耕作，逾期仍不为开垦或耕作者(第二〇八条)。被征收之土地以私有土地为原则(第三三五条)，但用于公共事业之公有土地，亦可为之，是为例外(第三五二条)。土地被征收时，法律为保护被征收人之利益起见，设有保护规定：(1)优先承受权(第三五〇条)。(2)依照原价买回权(第三五一条)。(3)补偿地价请求权(第三七二—三八〇条)。(4)迁移费请求权(第三八一—三八七条)。(5)残余部分一并征收请求权(第三四七条)。(6)诉愿权与公断请求权(第三八八—三九〇条)。关于土地征收之准备与程序，法律亦设有明文。(详征收准备与征收程序条)

【土地征收法】【土】本法于民国十七年七月二十七日公布。计分七章，共四十九条。第一章总纲，第二章征收之程序，第三章征收审查委员会，第四章损失之补偿，第五章征收之效力，第六章监督强制及罚则，第七章诉愿及诉讼。在土地法未施行前，本法仍继续有效(按土地法之第五编为土地征收)。兹将本法之要点列举于下:(1)国家依下列情形有征收土地之必要时,依本法行之:(甲)兴办公共事业。(乙)调剂土地之分配以发展农业或改良农民之生活,至省市县及其他地方政府兴办上述事业,地方自治团体或人民兴办公共事业者亦同。(2)兴办事业人(以上述之事业之目的需征收土地之主管官署、地方自治团体或人民),于征收土地计划确定后,应即拟具计划书并附地图分别呈经法定机关(第八条)核准,经公告或通知后,兴办事业人得入该土地内测量绘图及调查,此时土地所有人或关系人不得以不当方法,希图妨碍征收,而兴办事业人为取得关于该项土地之权利,应与土地所有人及关系人协议之,或嘱托或声请组织征收审查委员会,议定之。(3)征收审查委员会于召集后自开会之日起算于七日内议定之(但可延展),征收审查委员会(详该本条)于议定后,即将议定书报地方行政官署,再由该官署送达于兴办事业人、土地所有人及关系人。(4)土地所有人及关系人因土地征收通常所受之损失,应由兴办事业人补偿之,被收用土地尚有余地不能为从来之利用时,土地所有人得要求兴办事业人一并收用之。(5)土地附着物之迁移费应由兴办事业人给予之,其不能为从来之利用时,土地所有人亦得要求一并征收之。(6)兴办事业人,应于征收土地前给付补偿金于土地所有人及关系人,遇有某种情形(第三十六条)得将偿金提存之,在原则上补偿金应以现金给付。(7)省政府对于县或市征收审查委员会所为逾越权限或违反法令之议定得撤销之,内政部对于直隶于行政院之市亦同。(8)关于强制履行及违反本法时之罚则之规定(第三十九—四十三条)。(9)关于诉愿及诉讼之规定(第四十四—四十六条)。(10)附则(第四十七—四十九条)。

【土地标示】【土】Description of the land　所谓土地标示,乃指下列数种:(一)坐落。(二)种类——农地或林地等。(三)四至界限。(四)面积。(五)定着物情形。(六)申报地价。(七)申报定着物现值。(八)四邻土地概况。(九)现时使用状况、使用人姓名、及使用人与所有权人之关系。(第九六条)

【土地标示部】【土】土地登记簿每一份用纸分为登记号数栏,区段号数栏、土地标示部、所有权部、及他项权利部(如抵押权、质权、留置权等),又于土地标示部设标示事项栏、地价栏、及标示先后栏。标示事项栏记载关于土地之标示及其变更事项。地价栏记载申报地或卖价。标示先后栏记载登记标示事项之次序。(土地法第四十九条)

【土地权利书状】【土】Documents relating to rights over land　土地权利书状者,乃土地所有权状与土地他项权利证明书之总称也。法律上须有一定记载,方为有效(参第八九—九〇条)。在土地权利移转或分合所为之登记,应由地政机关换给之,如遇损坏或灭失,亦得请求换给或补给。(第一三九——四〇条)

【土圭】【史】(详土方氏条内)

【土州】【史】(详土司条内)

【土耳其法】【通】Turkish law　土耳其本名突厥,跨有欧洲东南部、亚洲西南部及非洲东北部,人种宗教以及风俗均甚复杂。十九世纪间,国内诸土纷纷宣告独立，历经俄土、希土、意土等之役，遂致一蹶不能复振。其国家之宪法于一八七六年始颁行于世，与比利时之宪法相同，名曰国家基础法。共十二章，都一百十九条；举凡立法权行政权司法权以及皇帝及其继承者并大僧正僧正（回回教）等之地位，皆一一加以规定。欧战时，加入德奥方面，与协约军抗战，旋败，国内日趋纷乱，而素称重要之君士坦丁，亦为国际联盟所支配；凯末耳氏旋于安哥拉建设独立政府，卒成共和国家。兹将其现行法律概举于下：（甲）宪法——于一九二四年四月三十日制定新宪法，共分为六章，都一百零五条。（一）第一章总则（第一—八条）规定土耳其为民主共和国，以政权完全属于国民全体，以国民大会为唯一真正之民意机关，并以大会名义行使政权，立法权由国民大会直接行使之，行政权由国民大会以总统及总统所任命之国务员行使之，司法权则以国民名义，依照法理与法律，由独立裁判之法院行使之。（二）第二章立法权（第九—三十条）规定国民大会之组织与行使立法权之方法，即由国民依照特别法律所选举之议员组织，有选举权只以男性为限，议员每四年改选一次，每年十一月初无须召集即应自行集会，议员为全国国民之代表，非仅代表其选举区；法律创制权属于议员及国务员，提案质问及调查之权完全属于国民大会，至于拟订、修正、增补及废止法律，与外国缔结协定、条约及和约、宣战，审查并表决预算及决算，铸造货币，确认或撤销专卖、特许及借款等契约，准许特赦大赦，减轻或免除刑罚，展缓诉讼之侦查及刑罚之执行，并命令执行法院确定判决所宣告之死刑等事项，完全由国民大会直接掌理之。（三）第三章行政权（第三十一—五十二条）规定总统由国民大会全体会议就议员中选任之，其任期与国民大会之期限相同。总统为国家元首，国民大会举行特别典礼时，以总统为主席，在必要时，并得为国务会议之主席，但于其任期内，在国民大会中无发言权，亦无表决权。国民大会所通过之法律案，总统须于十日内公布之，除宪法及预算案外，其他法律，若总统认为不宜公布者，得于十日内声明理由，发交国民大会复议，若该法律案再经国民大会通过者，总统应公布之。土耳其驻外使节由总统任命之。总统其他一切命令由国务总理及主管部长副署之。军事最高指挥，在法律上由总统代表国民大会行使之，在事实上军队之指挥，平时依照特别法属于参谋本部，战时属于由国务院提请总统任命之人员，总统因政府之提议，以有永远残废或年老情形，得将法院所宣告之刑罚，免除执行或减轻之。国务总理由总统就国民大会议员中遴选任命之。各部部长，由国务总理就国民大会议员中遴选之。国务员开国务会议时，以国务总理为主席，国务院对于政府一切政策，连带负责，各部部长对于主管事项及其属员行为，分别负责。国务员经国民大会决议将其移解高等行政法院时，该国务员应即撤职。为裁判行政诉讼，特设立平政院，该院对于政府提交审查之法律案、契约及特许章程，得发表意见，并得行使由该院组织法或其他法律所授与之职权。平政院院长及委员由国民大会就曾任要职及学识、才能、经验俱优之人员中选任之。（四）第四章司法权（第五十三—六十七条）规定法官对于诉讼程序之进行及判决之宣告，除应遵守法律以外，完全独立，不受干涉，无论国民大会或国务院，均无权变更或展缓法院之决定，亦不得反对司法判决之执行。司法官吏除法律所规定之情形外，不得撤职。法院之审判公开之,但在法定情形[①],得禁止旁听,各造当事人于受审判时,得自由行使一切合法方法以保护其权利。普通法院分最高法院控诉法院及地方法院三级,其组织与其职权及管辖,均由法律规定之。此外有所谓高等行政法院者,专事审判国务员、平政院院长、委员、最高法院院长、庭长及检察长执行职务时之犯罪事件。该院法官由最高法院庭长、法官中选举十一人,由平政院委员中选举十人,选举时,由所属机关全体大会用无记名投票以过半数之票数选举之,再由被选之法官二十一人,用无记名投票以过半数之票数互选院长一人,副院长一人。高等行政法院以院长一人、法官十四人组织之,其判决以过半数之同意为之,余六人为候补法官,于法官缺席时,代行职务,关于该院检察官之职务,由最高法院检察长执行之。该法院之判决为确定判决,不得上诉。国民大会遇必要时,对高等行政法院有议决改组之权。(五)第五章国民权利(第六十八—八十八条)规定土耳其国民生而自由,生存自由,凡不妨害于他人之一切行为均得自由行之,各人自由为天赋权利,以他人自由之界限为界限,其界限仅得以法律定之。又在法律上一律平等,均有尊重法律之义务,种族阶级家庭或个人之特权概行取消并禁止之。身体不得侵犯,信仰、思想、言论、出版、旅行、订约、劳动、占有之自由,集会、结社之自由及经营商业之自由,均为土耳其国民之天赋权利,此外,生命、财产、名誉及住所亦受保障,不得侵犯。人民之宗教崇拜或主义信仰,不受任何妨害,一切仪式之举行,如不违背公共秩序、善良风俗或法律者,概属自由。关于诉愿、陈诉、租税、戒严、义务教育、以及国籍等,均有规定。(六)第六章其他规定(第八十九—一〇五条):(1)地方制度——按照地理及经济上关系,全国划分为州,州划分为县,县划分为区,各区包括小市或城镇及乡村。各州及各大小市、或各镇以及乡村,均有法人资格。(2)公务员——凡土耳其国民享有政权者,得依其天才及能力为国家服务。公务员之资格、权利、义务以及一切,均另以特别法定之。(3)财政——财政法草案,预算案及附表,至迟应于每年十一月初提交国民大会。每年度决算法草案于该决算年度终了后,至迟于次年十一月初提交国民大会。审计院附属于国民大会,依照特别法之规定,审核国家之收支事项。(4)关于宪法本身之条款——(第一〇二—一〇五条)。(乙)其他法律——在一九二四年间曾先后制定各种法典,全然以瑞士法典为根据,如民法、民诉讼法、法院组织法等皆是。

【土均】【史】官名,属周礼冬官。掌平均土地之职。

【土府】【史】(详土司条内)

【土县】【史】(详土司条内)

【士】【史】士之为司法官名称,始于舜代,其初即以皋陶为士。周时以秋官司寇为司法机关,其长者称为大司寇,次官则称曰小司寇,下置若干士官,各有一定之权限,掌一定管辖内之审判事务;主要者如士师、乡士、遂士、县士、方士、讶士、朝士等七种,惟士师之职乃掌国之五禁之法,以左右刑罚,并不直接参与审判事务,其他则均为听狱之官。兹分述之:(一)乡士——乡士掌国中之狱讼,国中乃距王城

① 原书缺略,应加"形"字。

百里以内之地，而六乡即在于国中（国分为六乡），故乡士乃主六乡之狱讼也。狱为刑诉，讼则指民诉。周礼秋官乡士："乡士掌国中，各掌其乡之民数而纠戒之，听其狱讼察其辞。"（二）遂士——遂士掌四郊之狱讼，四郊之地曰遂（遂分为四郊），遂乃距王城百里以外、二百里以内之地，故遂士乃主六遂之狱讼也。周礼秋官遂士："遂士掌四郊，各掌其遂之民数而纠其戒令，听其狱讼。"（三）县士——县士掌野及县之狱讼，野距王城二百里以外、三百里以内，县则距王城三百里以外、四百里以内之地。周礼秋官县士："县士掌野，各掌其县之民数，纠其戒令，而听其狱讼。"（四）方士——方士掌都家之狱讼，都距王城四百里以外五百里以内之地，家即大夫之采地，但王之子弟及公卿之采地虽在四百里以内，仍称为都。周礼秋官方士："方士掌都家，听其狱讼之辞。"（五）讶士——讶士掌诸侯之狱，亦称为四方之狱，四方乃指诸侯而言，按诸侯国之犯罪虽由诸侯自行纠治之，惟法律乃天子所制定，而审判之大权仍应属诸天子，故朝廷特遣派讶士，一方以保持王法之威信，一方则以制止诸侯之越权。周礼秋官讶士："讶士掌四方之狱讼。"郑注云："掌诸侯之狱。"（六）朝士——朝士掌京师外朝之审判事务，兼保持王城之安宁，故朝士实兼有审判权与警察权者也。周礼秋官朝士："朝士掌建邦外朝之法。"贾疏云："案其职云掌建邦外朝之法，左九棘右九棘之事，以朝士为询众庶谳疑狱，故属秋官。"至于士亦为官级之名，即士大夫之士，其位次于大夫。按任官之顺序，庶人一命为士，二命为大夫。三代时，天子诸侯皆置士，有上中下三级之分，秦以后废之。及民国成立，其官制亦有上士中士下士三级之分，而军官亦有上中下士三级之别。

【士大夫】【史】士与大夫二者之合称也。

【士子】【史】科举时代，凡修习学科以应科举之考试者，曰士子。又在学校修业之学子，亦称曰士子。

【士伍】【史】秦汉之制，有爵者犯罪时夺去其爵，谓之士伍；至于后世地方自治制度中以五人组为一小队者，亦称曰士伍。史记秦本纪："昭襄王五十年，武安君有罪为士伍。"如淳注曰："尝有爵而以罪夺之，谓之士伍，自二级以上有刑罚，则贬爵，自一级以下有刑罚则削矣。"汉书淮南厉王传："皆当免官削爵为士伍，毋得宦为吏。"

【士师】【史】司法官之名，为周礼秋官之属。（参士条内）

【夕市】【史】一日之市场分为朝市昼市及夕市三种。（参市条内）

【大三司使】【史】唐时，遇有重大裁判事件，由刑部、大理寺、御史台之各长官会审之，称曰三司使会审；若该三长官有事故不能参与会审者，则由各次官代行之，前者曰大三司使会审，后者则曰小三司使会审。（历代职官表）

【大不敬】【史】（详十恶条内）

【大中刑法总要格后敕】【史】大中刑法总要格后敕者，唐宣宗大中五年刑部侍郎刘瑑等，奉敕撰修，起贞观二年六月二十八日至大中五年四月十三日，凡二百二十四年间，杂敕二千一百六十五条，分为六百四十六门，六十卷，后大中七年五月，左卫率府仓曹参军张戣，以刑律分类立门附以格敕，凡十二卷，一百二十一门，一千二百五十条，名曰大中刑律统类，诏刑部颁行。大中以后，法典编纂之事无闻焉。唯宋史艺文志，有大中已后杂敕三卷，大中后杂敕十二卷而已。按唐会要作大中刑法统类，旧唐书卷十八下宣宗本纪，亦作大中刑法统类，卷一百七十七刘瑑传，则作大中统类，今从刑法志。又诸书或作三百四十四年（宣宗本纪），或作二百四十四年，或作二千八百六十五条（旧刘瑑传），盖传写之误，今定为二百二十四年二千一百六十五条。

【大中刑律统类】【史】唐宣宗时以刑律分类为门，而附以格敕，为大中刑律统类（大学衍义补卷百三）。（详大中刑法总要格后敕条内）

【大中祥符编敕】【史】为宋法典之一。真宗大中祥符六年四月，从判大理寺王曾等请，命取咸平以后至大中祥符六年末诏敕，及三司编敕之条目烦重者，重行详定；及九年八月，陈彭年等上之，名曰重定编敕；后彭年等又详定新旧编敕，并三司文卷续降宣敕，尽祥符七年，六千二百二道，一千三百七十四条，分为三十卷，至九月上之；彭年等又撰转运司编敕三十卷。

【大中统类】【史】即大中刑律统类（详大中刑法总要格后敕条内）。（详后唐之法典条内）

【大元帅】【宪】Generalissimo 为全国陆海空军之统帅。列国宪法每以元首兼任之，惟多以战时为限。日本亦然。即我国前此亦由大总统充之，今则不复有此名称，惟一度曾以国民政府主席兼任陆海空军总司令，统辖全国军队，最近已无此种明文。

【大元通制】【史】即元通制。（详元之法典条内）

【大主】【史】皇帝之姑之女之称也，一曰大长公主，盖为公主之封号也。事物纪原（卷一）："汉皇帝之始封大长公主，号太主。史记武帝本纪曰：帝以卫长公主，妻乐大，自大主将相已下皆遗献之。徐广云：武帝姑，窦太后女也，则大主之号，亦自汉始，明矣。"

【大功】【亲】Nine months' mourning 大功乃五服之一，为我国前此服制图之名辞。用粗熟布，期限为九个月。本宗为堂兄弟，在室堂姊妹（妻降缌麻），已嫁姑姊妹（妻降小功），众孙，众子妇，侄妇，已嫁侄女（妻均从夫服），妾为己孙，已嫁己女，已嫁女为伯叔父母，兄弟，侄，在室姑，姊妹，侄女，均服之。

【大功以下尊长】【史】（详五服条内）

【大司空】【史】（详司空条内）

【大司徒】【史】（详司徒条内）

【大司马】【史】唐虞时代已有此名，即以稷为大司马，舜为大尉，周始以之为六官之一，乃夏官之首长。汉武帝有大将军骠骑将军之设置，并冠以大司马之号，后霍光以大司马大将军辅佐大政，实权在丞相之上，其后单称大司马，与大司徒大司空并称为三公，后汉因之，旋改名曰大尉。南北朝时号曰大司马大将军，隋以后废之，其职与后世之兵部尚书相当。

【大司寇】【史】（详司寇条内）

【大司农】【史】大司农为秦汉时代之财政机关。秦时尚称治粟内史，汉景帝时改为大农令，武帝时更改为大司农，专司财赋之事。而是时之财赋亦仅以米粮为主，故大司农实专管米粮之事。汉以后或曰度支尚书，或称户部，或曰左民尚书；隋神龙以后，始定名曰户部。

【大多数】【通】Majority 所谓大多数，乃指全体之过半数而言。议会之表决，以大多数之同意为原则，可否同数，则以主席定之。

【大考】【史】清时，朝廷对庶吉士等举行考试，谓之大考。雍正十一年之上谕曰："嗣后庶吉士等虽经授职，或数年以后，或十年，朕再加考验，若依然精熟，必从优录用，以示鼓励；其或遗忘错误，亦必加处分。"是为翰林大考之始。后世因之。

【大臣专擅选官】【史】大臣如不请旨而擅自选用官吏，是侵犯君主大权也，应加严惩。明律（卷二）清律（卷六）吏律职制篇——大臣专擅选官条："凡除授官员（兼文武应选者），须从朝廷选用，若大臣专擅选用者，斩（监候）；若大臣亲戚（非科贡应选等项，系不应选者），非奉特旨，不许除授官职，违者，罪亦如之（受选除者，俱免坐）；其见任在朝官员，面谕差遣及改除（外职），不问远近，托故不行者，并杖一百，罢职不叙。"清律之总注："用人之权，操于君上，凡除授内外大小文武官员，皆从朝廷选用，大臣但当请旨奉行，不得专擅也。若不请旨而专擅选官，既已侵君之权，即有无君之心，故坐斩，不论有无所私也。若是大臣亲戚，例当回避选官者，必奉朝廷特除恩旨，方得除授，如违例而选者，必有徇私之心，恐致植党之弊，故亦如专擅之罪坐斩。至于现任在京各衙门每日朝参官员，有面奉敕谕，差遣出外公干，及已改除外职，不问所差所除地方之远近，若假托事故，推避不行者，是有畏难之心，即非人臣之节，故杖一百，革职不叙。"同律辑注："大臣掌铨选之司，而云专擅者，谓不请旨，辄自选用也。亲戚，即系应选之人，大臣当遵不许除授之法，违者，即是专擅矣。"又同律辑注："东西南北，惟君所使，事不避难，臣之节也，岂得托故不行。故而曰托，则无故可知，若真有故，则不得云托矣，此与刑律诈称避难，罪有不同，以故违朝命为重也。"

【大使】【国公】Ambassador 为外交官之第一级。按诸习惯，大使系直接代表其国之元首本身，有与驻在国元首直接谈判、与随时进谒驻在国元首之特权，且所享之荣典亦为他级外交官所不及。近代民主制度，外交事务均握诸外交部长之手，故遣派大使之国家，已被视为强国间之表征，盖已失其原来意义矣。

【大周刑统】【史】（详后周之法典条内）

【大周续编敕】【史】（详后周之法典条内）

【大宗】【亲】Inheritor of family estate 与小宗相对称。（详宗祧继承条内）

【大宗伯】【史】为周礼春官之首长。（详宗伯条内）

【大定制条】【史】（详金之法典条内）

【大定重修制条】【史】（详金之法典条内）

【大明律】【史】即明律。(详该本条)

【大祀不预申期】【史】大祀之举行为观瞻所系，其日期应先行预申，否则主管机关应受制裁，以资郑重。唐律(卷九)职制篇——大祀不预申期条："诸大祀不预申期，及不颁所司者，杖六十，以故废事者，徒二年。"疏议曰："依令，大祀谓天地宗庙神州等为大祀，或车驾自行，或三公行事斋宫，皆散斋之日，平明集省，受誓诫，二十日以前，所司预申祠部，祠部颁告诸司，其不预申期，及不颁下所司者，杖六十，即虽申及颁下，事不周悉，所坐亦同，以故废祠祀事者，所由官司，徒二年，应连坐者，各依公坐法，节级得罪。"

【大祀散斋吊丧】【史】大祀之后，于散斋四日内，不得吊丧，亦不得问疾，至刑杀等之判决文书，亦不得为之。唐律(卷九)职制篇——大祀散斋吊丧条："诸大祀，在散斋而吊丧、问疾、判署刑杀文书、及决罚者，笞五十，奏闻者，杖六十，致斋者，各加一等。"疏议曰："大祀散斋四日，并不得吊丧，亦不得问疾。刑谓定罪，杀谓杀戮罪人，此等文书，不得判署，及不得决罚杖笞，违者笞五十，若以此刑杀决罚事奏闻者，杖六十，若在致斋内犯者，各加一等，中小祀犯者，各递减二等。"

【大祀牺牲不如法】【史】供大祀祭仪所用之牺牲，如养饲不如法致有瘦损者，饲养之官员应难辞其咎。唐律(卷十五)厩库篇——大祀牺牲不如法条："诸供大祀牺牲，养饲不如法，致有瘦损者，一杖六十，一加一等，罪止杖一百，以故致死者，加一等。"疏议曰："供大祀牺牲用犊，人帝配之，即加羊豕，其养牲，大祀在涤九旬，中祀三旬，小祀一旬，养饲令肥，不得捶扑；违者是不如法，致有瘦损者，一杖六十，一加一等，五不如法，罪止杖一百，以故致死者，加罪一等，一死杖七十，五死徒一年，其羊豕虽供人帝，为配大祀，故得罪与牛皆同。职制律，中小祀递减二等，余中小祀准此。即中祀养牲不如法，各减大祀二等，小祀不如法，又减中祀二等。"

【大红】【史】与大功同义。韵会："大功小功丧服名。……史记、汉书，大功小功，作大红小红也。"

【大灾】【史】国家遭水火之灾以及年谷不熟均谓之大灾，此时应祷于天神地祇。周礼——小宗伯："大灾，及执事，祷祠于上下神示(祇同)。凡天地之大灾，类社稷宗朝，则为位。"贾公彦注："大灾者，谓国遭水火及年谷不熟，则祷祠于上下天地神祇。"(同书注及大学衍义补卷六十四)

【大祝】【史】一作太祝。殷代之官有六太，太祝其一也，为礼官宗伯之属，掌祭祝之辞。事物纪原(卷五)："商官六太，其一曰太祝，在周礼为礼官宗伯之属，掌六祝之词，秦汉有丞，隋除令丞，止存太祝。"

【大逆罪】【刑】内乱罪之另称。(详该本条)

【大商人】【史】Merchant; Trader　凡营业资本额数超过五百元以上之商人，谓之大商人。与小商人相对立。我国之商人通例设有规定。(参小商人条内)

【大梁新定律令格式】【史】(详后梁之法典条内)

【大梁新定格式律令】【史】(详后梁之法典条内)

【大清律例】【史】即清律例。(详该本条)

【大清会典】【史】即清会典之通称。(详清会典条)

【大清会典事例】【史】即嘉庆会典事例之别称。(详嘉庆会典事例条)

【大清会典则例】【史】为乾隆会典则例之别称。(详乾隆会典则例条)

【大理】【史】古之理官即法官,虞时称曰士,周称司寇,秦称廷尉,汉初仍秦之制称廷尉,后改为大理。事物纪原:“春秋元命包曰,尧为天子,得皋陶为大理,舜时为士官。韩诗外传有晋文公使李离为大理。春秋左氏传,卫侯与元咺讼,士荣为大理。则大理,自古有矣。”依此,则汉以前即已有大理之名,学者莫衷一是。惟后世之大理寺,实因此而名焉。

【大理寺】【史】以大理为法官之名者,始自尧时,舜帝则简称士师为士。按理者、治也,士者、察也。周时司寇之属有士,至秦乃废司寇之称而曰廷尉,汉承之,景帝时名曰大理,旋复廷尉旧称。魏宋曾一度改称大理而通称曰廷尉,北齐改廷尉为大理,始加寺字而为大理寺。寺与廷同义,官署之名也。但大理寺之制之确立实自隋代始,其首长曰大理寺卿,简称曰大理卿,唐因之,惟以之为特别司法官署耳。至司法之专官则为六部中之刑部,宋以后分为左右寺,左寺掌各地方之奏劾以及大罪之疑狱,右寺掌在京百司刑狱之审判,清时亦因袭之,旋改为大理院。民国初年仍称曰大理院,即现行制度之最高法院之前身也。

【大理院】【组】Supreme court 我国前称最高法院曰大理院,今则改名曰最高法院。大理院自民国元年起至今积有判决例甚多,解释例则共有二千零十二号,均为国民政府未成立以前通行全国而有拘束力之法律,即目前法界亦有引用之者。英国之大理院原名曰 The Supreme Court of Judicature,为高级法院与民事上诉法院之总称,即刑事上诉法院,实际上亦为本院之一部。

【大理卿】【史】(详大理寺条内)

【大赦】【宪】Amnesty 为赦免之一种,即由国家元首以命令消灭法律上对于犯罪效力之谓也。系对于特定犯罪或一般犯罪行之。对确定判决前之犯罪废弃求刑权,对确定判决后之犯罪亦使之归于消灭。其与特赦不同之点,就效力上言,大赦有消灭犯罪之效力,特赦则仅对于刑罚全部之执行加以免除,如有于法定期间再犯,仍以累犯论。就范围上言,大赦对于特定犯罪或一般犯罪行之,特赦则仅对特定之犯人行之。又大赦不仅可于法庭判决之后,即于判决以前亦可行之,故对于刑罪之执行与刑事之诉追,均可因大赦而免除,而特赦则仅行于法庭判决确定之后耳。上述之差别仅系就各国立法之通例而言,但事实上亦有不尽然者,仍须依各该本国之规定而为区别。

【大赦条例】【行】本条例为国民政府于民国二十一年六月二十五日所公布,全文仅八条,自公布日施行。凡犯罪在中华民国二十一年三月五日以前,其最重本刑为三年以下有期徒刑、拘役,或专科罚者,均适用本条例,其专科褫夺公权或没收者亦同。(参大赦条内)

【大陆法系】【通】Continental legal system　又称罗马式法系。（详该本条）

【大陪审员】【通】Grand jury　为陪审制之一种，与小陪审员相对称。在美国则由高等法院每年在其管辖区域内遴选公民二十三人为陪审员，是曰大陪审员。未就任前须先行宣誓，但并不出席法庭参与审判，此乃与小陪审员不同之点。在刑事案件未提公诉前，可由检察官预先将证据及起诉书向大陪审员提出，征其同意，始向法庭起诉，此项起诉，名曰 Indictment。若未获其赞同，则不得提起公诉。此外凡案件之有关于公共秩序而检察官未予注意或不予注意者，大陪审员可迳以全体名义向法院起诉，此项起诉，名曰 Presentment。故大陪审员之功用乃在监察方面，学者有谓与我国监察委员相等者，职是故也。

【大统式】【史】（详西魏之法典条内）

【大集校阅】【史】天子监临于大演习之时，曰大集校阅。唐律（卷十六）擅兴篇——有校阅违期之条："诸大集校阅，而违期不到者，杖一百。"其疏议："车驾亲行，是名大集校阅。"

【大业令】【史】（详隋之法典条内）

【大业律】【史】（详隋之法典条内）

【大纲】【通】所谓大纲，乃指根本之原理原则而言。

【大审】【史】明制，对南北两京及十三省，每五岁一次由刑部遣官出发审查判决刑狱之冤滞者，是曰大审。

【大审院】【组】Court of cessation　日本称全国最高之法院曰大审院。除操各法院之终审权外，对于刑法关于皇室之罪及国事犯之重罪，并皇族犯罪而在禁锢或重刑的处罚之预审及第一审，亦有管辖之权。

【大谁】【史】为汉代之官史，掌谁何之长官也。汉书："故公车大谁卒。"师古注曰："大谁者，主问非常之人，云姓名是谁也。大谁，本以谁何称，因用名官，有大谁长，今此卒者，长所领士卒也。"

【大学委员会】【行】大学委员会之组织乃以决议全国教育及学术上重要事项为目的隶属于教育部。委员除教育部长及次长为当然委员外，由教育部就具有下列资格者聘任之，其人数（聘任者）为十一人至十九人，任期为三年：(1)现任或曾任国立大学校长及副校长者。(2)具有特殊之教育学识或于全国教育有特殊之研究或贡献者。(3)国内专门学者。委员长一职，以教育部长任之。每年应开大会二次，临时会不在此限，须有全体委员半数以上出席方得开会，以委员长为主席。所应决议之事项如下：(1)教育制度及教育行政制度之变更事项。(2)教育方针之制定事项。(3)专门委员会之设立事项。(4)教育部长交议事项。开会时遇有必要，得召集各地方行政区域最高教育行政长官或其代表列席会议，会中置秘书一人，由教育部秘书兼任之。会中所有决议事项，均由教育部执行之。（大学委员会组织条例第一—六条、第八—九条、十三条）

【大学委员会组织条例】【行】本条例又曰教育部大学委员会组织条例，于

民国十八年二月二十七日由国民政府公布，全文计十四条，自公布日施行。（参大学委员会条内）

【大学教员】【行】College teachers 大学教员名称分为四等：第一等曰教授——任副教授完满二年以上之教务，有特别成绩者；第二等曰副教授——于外国大学研究院研究若干年得博士学位而有相当成绩者，或任讲师完满一年以上之教务而有特别成绩者，或于国学上有特殊之贡献者；第三等曰讲师——在国内外大学毕业得有硕士学位而有相当成绩者，或任助教完满一年以上之教务而有特别成绩者，或于国学上有贡献者；第四等曰助教——在国内外大学毕业得有学士学位而有相当成绩者，或于国学上有研究者。以上四种，惟大学之教员得用之。大学教员以专任为原则，如有特别情形不能专任时，其薪俸得以钟点计算。（参大学教员资格条例）

【大学教员资格条例】【行】本条例于民国十六年九月公布，计分甲乙丙丁四部，合共二十条。（参大学教员条内）

【大学组织法】【行】Law governing organization universities 本法于民国十八年四月廿六日公布，共二十六条，其要点如下：（一）大学因设立者之不同，分为下列四种：(1)国立大学。(2)省立大学。(3)市立大学。(4)私立大学。（二）大学分为文、理、法、教育、农、工、商、医各学院，须具备三院以上者，始得称为大学；否则为独立学院（得分为两科）。各学院及独立学院各科，得分若干学系，并得附设专修科。（三）大学得设研究院。（四）大学设校长一人，各学院及独立学院设院长各一人，各科及各系均各设主任一人。（五）教员分为教授、副教授、讲师、助教、四种（兼任教员不得超过全体教员三分之一）。（六）大学设校务会议，其下并得设各科委员会，各学院设院务会议。（七）入学资格须曾在公立或已立案之私立高级中学或同等学校毕业经入学试验及格者。（八）大学修业期限，医学院五年，余均四年。（九）学生修业期满考核成绩及格，由大学发给毕业证书。（十）大学或独立学院之规程，由教育部遵照本法另定之。

【大学规程】【行】本规程为国民政府教育部于民国十八年八月十五日所公布，全文计六章，共三十条。第一章总纲，第二章学系及课程，第三章经费及设备，第四章试验及成绩，第五章专修科，第六章附则，兹略举其要点于下：（一）大学须遵照中华民国教育宗旨及其实施方针注重实用科学之原则，必须包含理学院或农工医各学院之一。（二）大学或独立学院入学资格须曾在公立或已立案之私立高级中学或同等学校毕业经入学试验及格者，此外并得酌收特别生。（三）大学或独立学院转学资格须学科程度相同，有原校修业证书于学年或学期开始以前经试验及格者，但未立案之私立大学或独立学院学生不得转学于公立及已立案之私立大学或独立学院，在最后一年级均不得收受转学生。（四）大学各学院或独立学院各科得分若干学系（第六条）。（五）大学各学院或独立学院各科学生（医学院除外），从第二年起应认定某学系为主系，并选定他学系为辅系。（六）大学各学院或独立学院各科以党义国文军事训练及第一第二外国文为共同必修课目外，须为未分系之一年级生设基本课目。（七）各科课程得采学分制，每年所修学分须有限制，不得提早毕业，其聪颖勤奋之学生除应修学分外，得于最后一学年选习特种课目，以资深造。(八)开办费及每年经常费之最低限度依附表所定(第十条)且须有相当校地、校舍、运动场、图书馆、实验室、实习室及图书、仪器、标本、模型等设备，而每年之扩充设备费，至少应占经常费百分之十五。(九)试验分入学试验、临时试验、学期试验及毕业试验等四种，其毕业试验由教育部派校内教授副教授及校外专门学者组织委员会举行之，校长为委员长，每种课目之试验须于可能范围内有一校外委员参与，遇必要时教育部得派员监试；按毕业试验乃最后一学期之学期试验，但试验课目须在四种以上，至少须有两种包含全学年之课程。(十)毕业时须就主要课目选定研究题目，自行撰述论文，在毕业试验期前提交毕业试验委员会评定(此项论文得以译书代之)。(十一)工农商各学院学生自第二学年起，须于暑假或寒假期内在校外相当场所实习若干时期，无此项实习证明书者，不得毕业。(十二)大学各学院或独立学院各科得分别附设师范、体育、市政、家政、美术、新闻学、图书馆学、医学、药学及公共卫生等专修科，其入学资格须在高级中学或同等学校毕业经入学试验及格者。(十三)专修科修业年限为二年或三年，但医学专修科于三年课目修毕后，须再实习一年，修业时之考试与上述之四种相同，期满考核成绩及格，由大学或学院给予毕业证书。

【大宪章】【宪】Magna charta; Great charter　大宪章为欧美宪法之嚆矢，乃一二一五年六月，英王约翰氏受人民所强迫签定之规约。其内容之要点有二：(一)征收租税，不可不经人民全体之同意。(二)任何人民非依其同等人民所组织之裁判所，不得科以禁锢或罚金之处罚。全部初共六十三条，次年减为四十二条，一二一七年又增至四十七条，一二二五年又减至三十七条，但内容主要点，则无重大变更。

【大选举区】【宪】Large electoral district system　为选举区之一种，对小选举区言。可分为广义的与狭义的两种，凡一选举区可选出二名以上之议员者，曰狭义之大选举区；其以全国为一选举区者，即为广义之大选举区。狭义之大选举区所用投票方法，有连记投票法、重记投票法与单记投票法、减记投票法四种；广义之大选举区所用者，则有单记商数投票法与比例分配投票法二种。大选举区制之优点有三：(一)大选举区区域辽广，人口众多，比较有易得人才之利。(二)贿赂与胁迫之事，较难施行。(三)超然党与少数党之候选人较有当选之机会。至其劣点，则有下列二种：(一)如当选人不足额数时，使选举人再行投票，实有牵一发而动全身之势。(二)候选人额数过多时，投机者每易中选，遂致所选之人才，优莠不齐。

【大总统】【宪】President　即由人民或议会所选举之国家行政元首也。有直接负政治上责任者，如美国是；有不直接负行政责任而仅为名义上之行政元首者，如法国是。

【大归化】【国私】所谓大归化，乃指外国人有殊勋于中国，虽不具备国籍法所规定之条件时，亦许其归化而言，但须经国民政府之核准耳。(国籍法第六条)

【大藏省】【行】Department of finance　为日本名辞。即我国所称之财政部。

【女子参政权】【宪】Right of women suffrage　所谓女子参政权，乃指女子得与男子在政治上有完全平等之地位及权利而言，故除享有四种政权以外，对于治权，亦得享有。我国训政约法规定，中华民国国民无男女、种族、宗教、阶级之区别，在法律上一律平等。但实际上女子参政权每因各种关系不能行使，然此乃为环境所限制耳。

【女子继承权】【继】Right of succession by female　所谓女子继承权，乃指女子在法律上有继承财产之权而言。初则为中国国民党第二届全国代表大会之妇女议决案所承认，继则为新民法继承编所规定。继承开始虽在民法继承编施行前，而在下列日期后者，女子对于其直系血亲尊亲属之遗产，亦有继承权（女子是否出嫁，均包括在内）：（一）中国国民党第二次全国代表大会关于妇女运动议决案经前司法行政委员会民国十五年十月通令各省到达之日。（二）通令之日尚未隶属国民政府各省，其隶属之日。但已嫁女子依上述日期之规定应继承之遗产而已经其他继承人分割或经确定判决不认其有继承权者，不得请求回复继承，是项例外之规定，乃为安定既得权而设。（继承编施行法第二—三条）

【女工】【劳】Female labor　为成年工之一种，与男工相对称。（参成年工条内）

【女监】【刑】Prison for women　与男监相对称，谓拘禁女犯之监所也。妇女之犯罪一经判决确定执行时，须于女监内为之，不得与男犯同禁于一处。

【子】【史】（一）五爵之一，与公侯伯及男相对称。（二）古时凡系由己所生者，不问男女皆称曰子；至后始称男子为子，女子为女；此外子之称呼有作为师者（夫子之简称），有作为君子者，如孔子、孟子、朱子、程子、老子等皆是。

【子口半税】【史】清制，有子口税一种者，别名曰子口半税。凡货物于船舶进口处之海关缴纳一定之正税后，复于到达地之税关再纳半税以代厘金者，是曰子口半税。

【子女】【亲】Son and daughter; Children　（详父母子女条内）

【子法】【通】Filial law or accepted law　与母法相对称。（详母法条内）

【子金】【债】Interest　一名利息。（详该本条）

【子孙不得别籍】【史】别籍者，谓户籍分别也，即别另设定户籍也。祖父母父母未亡，而子孙别立户籍，是与我国家族制度相抵触，故禁止之。明清律户役篇设有别籍异财之条。唐律（卷十二）户婚篇则有子孙不得别籍条之规定："若祖父母父母在，而子孙别籍异财者，徒三年（别籍异财不相须……）。"疏议曰："称祖父母父母在，则曾高在亦同，若子孙别生户籍，财产不同者，子孙各徒三年。"注云："别籍异财不相须，或籍别财同或户同财异者，各徒三年，故云，不相须。……""若祖父母父母令别籍，及以子孙妄继人后者，徒二年，子孙不坐。"

【子孙违犯教令】【史】为明律（卷二十二）及清律（卷三十）刑律诉讼篇条所规定之一条。（参违犯教令条内）

【小三法司】【史】（详三法司条内）

【小三司使】【史】唐制，遇有大疑狱，则以刑部员外郎、御史大夫及大理寺官协

议审决之，谓之小三司使。（古今事文类聚新集卷十五）

【小工业】【劳】Small industry　凡平日使用工人在三十名以下者为小工业。如本国人民经营之小工业及手工艺其制品合于下列各款之一者，得给予奖励：(1)对于各种制造品有特别改良者。(2)应用外国成法制造物品确属精巧者。(3)擅长特别技能制品优良者。奖励之类别有四：(1)奖金。(2)奖章。(3)褒状。(4)匾额。得择用其一或并用之，均由实业部给与之，或由制品人自行呈请，或由地方主管实业机关转呈实部核准给与。（小工业及手工艺奖励规则第一——六条）

【小工业及手工艺奖励规则】【行】本章程为实业部于民国二十年五月十五日所公布，全文仅十一条，自公布之日施行（参小工业及手工艺二条内）。此外尚有小工业及手工艺奖励规则给奖细则之颁行，共九条，于民国二十年五月二十三日公布，自公布日起施行。

【小功】【亲】Five months' mourning　小功乃五服之一，为我国以前服制图内所规定者，用稍粗熟布为之，期限为五月。本宗为曾祖父母，伯叔祖父母，堂伯叔父母，在室祖姑，堂姑，已嫁堂姊妹，嫡孙妇，（妻均缌麻）兄弟妻，堂侄，侄孙，在室堂侄女，侄孙女，（妻均从夫服）从堂兄弟，在室从堂姊妹（妻均无服）。嫡孙众孙为庶祖母，妾为家长祖父母，已嫁女为曾祖父母，堂兄弟，已嫁姑姊妹，侄女，在室堂姊妹。外亲为外祖父母，母舅，母姨，均服之。

【小功缌麻尊长】【史】小功与缌麻皆五服中次轻及最轻之丧服关系也。尊指尊属亲，长指同列而年齿居长之亲而言。（言五服条内）

【小切手】【票】Check　为日本票据之一种，与为替手形及约束手形相对立，即我国票据法上所规定之支票也。

【小司空】【史】为周代创设之官，即大司空之次官，掌工务事宜。与后世之工部侍郎一官相等。（参大司空条内）

【小司徒】【史】为周代所创设之官，乃地官大司徒之次官，掌教育及财政等事。与后世之礼部侍郎及户部侍郎相等。（参大司徒条内）

【小司马】【史】为周代所创设之官，其位仅次于大司马，掌理军政事项。与后世所称之兵部侍郎相等。（参大司马条内）

【小司寇】【史】为周时之官，属于秋官，乃次于大司寇之职。掌外朝以政邦刑，听万民之狱讼。与后世之刑部侍郎一职相等。（参大司寇条）

【小作人】【行】为日本名辞，即我国所称之佃农也。

【小作料】【物】Ground-rent; Rent　耕作他人之土地而支付与土地所有人之租金，曰小作料，乃日本名辞。我国则称曰地租。

【小宗】【亲】与大宗相对称。（详宗祧继承条内）

【小商人】【史】小商人者，谓以微细资本（营业资本总额不满五百元者——我国商人通例施行细则第三条规定）经营小商业之人也。法国商法并无小商人之规定，德日商法则特设明文。我国之商人通例亦不完全适用于小商人。该法第三条规定："凡沿门或在道路买卖物品之商人或手工范围内之制造人或加工人及其他小商人，不适用本条例商号商业注册商业账簿各条之规定。"

【小陪审员】【通】Petty jury 为陪审制之一种，与大陪审员相对立。其员数每班以十二人为限，乃由法院于开审前传唤四十五人之公民到庭，以抽签法选出之。在未开审以前，两造当事人可以提出理由，对某陪审员加以拒却（原告只得拒却三名，被告则可拒却五名）。故凡与当事人有亲属或友谊或其他利害关系者，不得充为该案件之陪审员，以示公允。至于民事或其他轻微案件，亦可采用小陪审员，惟人数较少耳。

【小卿】【史】为后魏太和十五年所设之官，以卿为大卿，其次卿则为小卿。事物纪原（卷五）："后魏官氏注云：太和十五年，初置小卿，以卿为大卿。"

【小审会】【组】The petty session 为英国刑事法院之一种，又名小审法院。凡拘役在三月以下之刑事案件，或罚金在二十镑以下之案件，皆由小审会受理之。小审会之法官一人，或一人以上皆可开审，且无陪审之必要。其上诉机关为季审会。

【小学法】【行】Law governing primary schools 本法于民国二十一年十一月十二日经立法院通过，十二月二十四日由国民政府公布，共十八条。其要点如下：（一）小学修业年限为六年，前四年为初级小学，后二年为高级小学；初级小学得单独设立。（二）因设立者之不同，分小学为下列各种：(1)县立小学。(2)市立小学。(3)区立小学。(4)坊立小学。(5)乡（镇）立小学。(6)区或乡（镇）或坊联立小学。(7)私立小学。(8)师范学校附属小学。（三）小学学级以单式编制为原则，复式编制为例外。（四）小学教学科目及课程标准，由教育部另定之。（五）小学得附设幼稚园。（六）小学设校长一人，总理校务，须兼任本校教员。（七）小学教员由校长聘请合格人员充之，原则上须为专任。（八）小学以不征收学费为原则，但得视地方情形，酌量征收。在公立学校每人每学期初级至多不得逾一元，高级至多不得逾二元；私立小学征收学费者，每人每学期初级至多不得逾三元，高级至多不得逾八元：学生无力缴纳者，校长应酌量情形免除其一部或全部。（九）小学学生修业期满经考试及格，给予毕业证书。（初级小学另给初级小学毕业证书）

【小学校长】【行】小学校之行政首长，为校长。县立及区立各小学，每校设校长一人（专任职），依据所定教育方针及各项教育法令秉承县教育局长处理全校行政，县立者由教育局长聘任之，区立者由教育委员推荐于教育局长，聘委之。各小学校长之聘任标准，以人格高尚、服膺党义，并具有下列资格之一者为合格：（甲）小学校：(1)师范学校本科或高中师范科毕业曾任教师二年以上者。(2)中等学校毕业，对于初等教育素有研究，曾任小学正教员四年以上者。（乙）初级小学：(1)师范学校本科或高中师范科毕业者。(2)乡村师范，县立师范讲习所，或师范简易科二年以上毕业，曾任教师一年以上，著有成绩者。(3)有小学校正教员许可状，曾任教员二年以上，著有成绩者。校长不得任意撤换；惟犯下列事项之一者，经查明属实时，应即辞职：(1)违背本党党义者。(2)违背所定教育方针者。(3)治校不力，改进无方者。(4)操守不谨，侵蚀校款者。(5)行为不检，人格堕落者。(6)身心缺

陷,不能执行职务者。(小学校长任免及待遇暂行条例第一—三条、第五—六条)

【小学教员】【行】在小学校内担任教职者为小学教员。县区立小学教员由小学校长聘任,呈报教育局审查备案,以人格高尚,服膺党义,并具下列资格之一者为合格:(甲)小学校——(1)师范学校本科或高中师范科毕业者。(2)中等学校毕业曾任教员二年以上者。(3)检定合格者。(乙)初级小学校——(1)具有前项资格者。(2)县立师范、乡村师范、师范讲习所或师范简易科二年以上毕业者。(3)检定合格者。小学教员于聘约期间未满,不得任意更换;惟犯下列事项之一经查明属实者,应即解职:(1)违背本党党义。(2)违背所定之教育方针。(3)执务不力,改进无方者。(4)身心缺陷,不能执行职务者,按县区立小学教员分为正教员与专科教员二种,其授课时间每周以一千二百分为标准,但因兼任重要职务得减少之。(小学教员聘任及待遇暂行条例第一—二条,第四—六条)

【小学暂行条例】【行】本条例于民国十七年一月十八日由大学院公布,二十一年五月二十八日由教育部修正公布,计八章,共二十八条。第一章总纲,第二章科及编制,第三章组织,第四章设备,第五章入学修业及毕业,第六章学费,第七章上课及休假,第八章附则。按本条例自小学法颁行后即行废止。

【小轮船丈量检查及注册给照章程】【行】本章程于民国二十一年一月二十日由交通部公布,全文计分为五章,共五十二条,自公布日施行。凡轮船除总吨数满二十吨以上者,应依船舶登记法之规定办理外,其余未满二十吨之小轮船应依本章程之规定办理。丈量检查事项,交通部得委托当地航政官署或地方官署或专员办理,其注册事宜则由交通部主持之。第一章通则,第二章丈量及检查,第三章注册给照,第四章丈量费检查费及册照费,第五章附则。在本章程施行前已经丈量或检查领有证书或凭单者,一律有效;但如因船身改造,容量变更,及原定航行期间已届满时,应照本章程之规定办理。又本章程施行前已领有轮船执照或船舶执照者,除总吨数满二十吨以上者,应依法改领船舶国籍证书外,其余一律继续有效。

【小选举区】【宪】Small electoral district system 为选举区之一种,与大选举区相对称。凡一选举区仅选出议员一名者,曰小选举区。所用投票方法,概为单记投票法,以其每一区内只可选出一人故也。按小选举区之制度,盛行于欧美,其优点有三:(一)少数党之人可以被选。(二)使投机分子无活动之机会。(三)当选人数额未满时,重行选举,程序较易。其劣点有二:(一)人才不多。(二)贿赂胁迫之事极易施行。

【小矿业】【行】Small mining enterprise 凡采矿区域之面积不及矿业法第七条所定之最小限度者,曰小矿业(第八条),不得加入外国资本。其存在不得妨碍矿业权之呈请,但呈请矿区如与小矿区重复时,应听由小矿业权者在核准期内继续开采,惟于期满后不得再展耳。(矿业法第六一—六二条)

【小矿业权】【行】Small mining enterprise right 对于小矿业区域以采矿为限之权利,称曰小矿业权。其期限至多为十年;但限满后,如与矿利无妨害时,得呈

准展限五年(惟有例外)。小矿业权之取得,须依法呈请核准登记,发给执照,始为有效。(矿业法第六〇条、六二一六五条)

【山呼】【史】呼万岁称曰山呼,始于汉武帝之时。事物纪原(卷一):“后人以呼万岁为山呼者,其事盖起于汉武时。按前汉武帝本纪曰,元封元年正月登高,御史乘属在庙傍,吏卒咸闻呼万岁者三,迄今三呼以为式,而号三呼也。又太始三年二月,礼日成山,登之罘山,称万岁。”

【山野物已加功力】【史】山野之物多属无主,若经他人加功或刈伐积聚,即已为人所有,盗取之者,应以盗罪论断。唐律(卷二十)贼盗篇——山野物已加功力条:“诸山野之物,已加功力,刈伐积聚,而辄取者,各以盗论。”疏议曰:“山野之物,谓草木药石之类,有人已加功力,或刈伐,或积聚,而辄取者,各以盗论,谓各准积聚之处时价,计赃依盗法科罪。”

【山虞】【史】官名,乃周礼地官之属,掌山之大小及其产物之调查之职。

【弓箭伤人】【史】城市为人民辏集所在,宅舍亦人所居住者,如故意向此等处所放弹、射箭、投掷砖石者,不论有无伤人,均应处罪。明律(卷十九)、清律(卷二十六)刑律人命篇均设有弓箭伤人之条,内容相同。清律之原文及其下注曰:“凡无故向城市及有人居止宅舍,放弹射箭投掷砖石者(虽不伤人),笞四十,伤人者,减凡斗伤一等(虽至笃疾,不在断付家产之限),因而致死者,杖一百,流三千里(若所伤系亲属,依名例律本应重罪,而犯时不知者,依凡人论,本应轻者,听从本法,仍追给埋葬银一十两)。”同律之辑注:“非城市及无人处不禁,脱有意外偶遭遇,致有杀伤人者,当以过失杀人论。”

【工人】【劳】Laborer; Worker 工人者,通常谓以提供劳务而受报酬之人也。在法律上之工人,其范围较狭,为劳动者之一种,乃指在用发动机器(而有法定人数从事工作时)之工厂内之工作人员而言;且系指直接从事生产或补助其生产工作之工人而言。其雇用员役与生产工作无关者,不在其内(工厂法施行条例第一条)。工人可分为二种:(1)童工。(2)成年工。(详各本条)

【工人名册】【劳】List of laborers 工人名册者,工厂所必须置备关于记述工人姓名及其工作状况之文书也。其内容如下:(一)姓名、性别、年龄、籍贯、住址。(二)入厂年月。(三)工作类别、时间及报酬。(四)工人体格。(五)在厂所受赏罚。(六)伤病种类及原因。此种名册,每六个月应呈报主管官署一次。(工厂法第三一四条)

【工人储蓄】【劳】Savings by laborers 关于工人储金办法之事项,为工人储金,由工厂或工会附设工人储蓄会办理之(但无论何方已成立工人储蓄会时,他方不得再设)。工人储蓄会不得以营利为目的,故可免纳一切国税或地方税。成立时应依法呈请核准备案。为普及工人储蓄起见,凡工厂之工人,均应加入工人储蓄会,故加入者概为工人储蓄会会员。会员大会每年举行一次,下设管理委员(九一十五人)与监察委员(三一五人)依法行使职务。关于工人储蓄,计分强制储蓄与自由储蓄(详各本条)两种。至于储金之存储处所,有时为工厂,有时则由管

理委员选择殷实银行存储之。（工人储蓄暂行办法第二一五条、八一十四条，又第二十一一二十三条）

【工人储蓄暂行办法】【劳】本法公布于民国二十一年四月一日，全文计共三十条，自公布日施行。在工厂工人储蓄法规未公布以前，工厂法第三十八条及工会法第十五条之储蓄事项，概依本办法之规定。（参工人储蓄条内）

【工本钱】【史】清制，政府收买盐业制造人之盐时所支给制造费用之钱额曰工本钱。又简称曰本钱。（清国行政法卷六）

【工作不如法】【史】凡在官司之营造，均有一定方式，若违式另造，是为工作不如法。明清律均有造作不如法条之设。唐律（卷十六）擅兴篇有工作不如法条："诸工作，有不如法者，笞四十；不任用及应更作者，并计所不任赃庸，坐赃论减一等，其供奉作者加二等，工匠各以所由为罪，监当官司，各减三等。"疏议曰："工作，谓官司造作，辄违样式，有不如法者，笞四十；不任用，谓造作不任时用，及应更作者，并计所不任赃庸，累倍坐赃论减一等，十匹杖一百，十匹加一等，罪止徒二年半；其供奉作加二等者，供奉之义，已于职制解讫，若不如法，杖六十；不任用及应更作，坐赃论加一等，罪止流二千里，其并倍讫，不重费官物者，并直计官物科之，其赃不倍，工匠各以所由为罪。监当官司各减三等者，谓亲监当造作，若有不如法，减工匠三等笞十；不任用及应更作，减坐赃四等，罪止徒一年；供奉作，罪止徒二年之类。"

【工作自由权】【宪】Right on freedom of choosing occupation　为个人自由权之一种，即人民得享有自由选择职业之权利也。故奴隶工作制度，自与此种自由权相违反，而为宪法所否认。工作既属自由，而契约亦应自由，然对契约自由亦有设限制之条文者，如德国一九一九年宪法是。

【工作物】【物】工作物者，谓由人工所作成之物。凡在他人土地上有以工作物为目的而使用其土地者，则可享有地上权。（民法第八三二条）

【工作契约】【劳】Working contract　工作契约者，关于工人个人随意与雇主所订定关于工作之契约，或依法律所设定一定条件下所订定之契约也。分为有定期的与无定期的两种，我工厂法对于此种契约之终止，设有明文，以资遵守。（第二十六一三十五条）

【工作时间】【劳】Working hours; Labor time　法律许可之最长工时与夜间之禁止，以及休息休假之规定，曰工作时间。按国际劳工大会决议之原则，为一日八小时工作，一周四十八小时。我国法律则许其延长，对于夜间之工作，童工与女工均有禁止之明文（参成年工与童工条内）。至休息时间则定凡工人继续工作至五小时者，应有半小时之休息，星期日及法定纪念日均应给假休息，此外凡在厂继续工作满一定期间者，亦应有特别休假。（工厂法第十四一十九条）

【工作证明书】【劳】Certificate of working　工作证明书者，谓工厂对于工作关系终止时之工人所给予之关于工作情形之证明文件也。工人除不依工厂法第三十二条之规定，或有第三十一条所列情事之一者外，均得请求给与工作证明书，工厂不得拒绝。至其证明书之内容，须记载下列各事项：(一)工人之姓名、年龄、籍贯及住址。(二)工作之种类。(三)在厂工作时间及成绩。(工厂法第三十五条)

【工兵学校】【行】School of military engineering 工兵学校由训练总监部设立之。其设置之目的如下：(1)对于陆军军官预备学校毕业之军官候补生，施以工兵初级军官之教育。(2)召集工兵军官使增进工兵技术战术交通术等，以期普及于各工兵队或更予以深造。(3)调查研究与工兵有关之学术。(4)研究工兵教育之方法。(5)研究试验工兵用兵器器具材料等。(6)召集工厂或军士授以必要学术。校中学生除学生(以军官预备学校毕业之军官候补生充之)与学员(以服务一年以上之工兵尉“校”官充之)二种外，得临时召集各兵科军官军士及工长使修习所必要之学识。校中重要职员为校长、教育长、研究委员、教官、政治教官、编译官、器材委员、技师、助教并练习队长等。(陆军工兵学校条例第二一六条)

【工事利息】【公】Bauzinsen(德) 又称建设利息。(详该本条)

【工官】【史】司工作之官，曰工官，或称六工，又曰百工。礼记曲礼篇：“天子之六工，曰土工、金工、石工、木工、兽工、草工。”周礼冬官考工记：“审曲面势，以饬五材，以辨民器，谓之百工。”

【工律】【史】为明清律之篇名。内更分营造与河防二篇。营造篇汉时为兴律，魏以擅事附之，曰兴擅，晋仍曰兴，宋齐亦同，梁及后魏概曰擅兴，北齐因之，北周曰兴缮，隋唐曰擅兴，至明改曰营造，清因之。至于河防，历代无此名，明时始取唐律杂律篇中所载名曰河防。按营造与河防合为工律，共计十三条。

【工食银】【史】清制，对河工夫役所给与每年一定之佣银，谓之工食银，又名曰役食银。(工部则例卷三十四)

【工务局】【行】Bureau of public work 为市政府所设机关之一。所掌事务如下：(1)公用房屋、公园、公共体育场、公共墓地等建筑修理事项。(2)市民建筑之指导取缔事项。(3)道路、桥梁、沟渠、堤岸及其他公共土木工程事项。(4)河道港务及船政管理事项(参市组织法条内)。如市政府同时设有港务局者，则上述第四款事项应由该局办理之。

【工商同业公会】【行】(详工商同业公会法条内)

【工商同业公会法】【行】Law of industrial and commercial tradeunion 本法于民国十八年八月十七日公布，后经修正，共十六条。其要点如下：(一)工商同业公会之设立，乃以维持增进同业之公共利益，及矫正营业之弊害为宗旨。(二)工商同业公会之设立，须订立章程，由所在地主管机关转呈省政府或呈请市(直隶行政院之市)府核准，在同一区域内之同业设立公会，以一会为限，并应设置事务所。(三)同业公会之机关有二：(1)委员会。(2)常务委员，前者其人数为七人至十五人，后者由前者互选三人或五人(其中一人为主席)。(四)准用商会法关于职员及会议之规定。(五)隶于行政院之市府有解散工商同业公会之权，隶于省府之市及县政府行使解散权时，须呈准省政府始得为之。(六)每会计年度终三个月以内，应将预算决算及主要会务之办理情形，向所在地之主管官署呈报备案。(七)二以上之工商同业公会得组织职合会，且应受其会所所在地地方行政官署之监督。

【工商同业公会施行细则】【行】本细则公布于民国十九年七月二十五日，同年八月十日修正，全文计共十六条，自公布之日施行。

【工部】【史】唐虞之时，以禹为司空，治水土；垂为共工，掌百工之事。周置冬官司空，掌邦事（劝工、劝农、土木等事），其属六十。周礼—地官之属山虞、林衡、川衡、泽虞等掌山泽之禁令。凡此各官之所掌，皆属后世工部职掌之范围。秦有将作少府，置两丞以治宫室；汉景帝时改为将作大匠；又汉之太常、少府、水衡都府及三辅，各有都水长丞等，皆掌渠堤水门等之事；后汉光武时改尚书民曹之职制，掌修缮、功作、盐池、囿苑等，后世之工部，实由此民曹之扩大。但工部之名称，乃起自北周，置冬官大司空，其下有工部中大夫之名，惟其职制至隋代六部之设置时，始称完备耳，有工部尚书；唐因之，有尚书一人，为之长，侍郎一人副之，下分四司，即工部、屯田、虞部、水部各置郎中一人，员外郎一人，主事二人（工部司为三人），分掌天下百工之屯田、山泽之事；其后历朝因之。明时工部所属四司名称稍易，即营缮司、虞衡司、都水司及屯田司；清末改为农工商部，即今之实业部也。

【工部判部事】【史】（详工部尚书条内）其职与工部尚书同，为宋初所置。

【工部侍郎】【史】周时之冬官。有小司空中大夫之名。隋炀帝时创设六部，置工部侍郎。唐因之。均为工部之次官。龙朔年间改为司平少常伯，咸亨年复旧名，其后名称虽改，而官职不易。宋元丰正名年初，以熊本真除侍郎。元仍宋制。（古今事文类聚新集卷十六）

【工部尚书】【史】周时冬官有大司空为之长。汉成帝初置尚书制度，其下有民曹，主吏民之上书事。光武改民曹，主缮修、功作、盐池、囿苑之事。魏置左民尚书。晋宋有起部尚书。后周（即北周）有冬官大司空卿，掌五材九范之法。隋始置工部尚书。唐因之。龙朔年改为司平，咸亨年复旧名。武后改为冬官，神龙年复旧，总司工部、屯田、虞部、水部之事。宋初工部置判部事一人，两制以上以充城池土木工役之任，皆隶三司；元丰年间复仍其旧，以尚书为长，掌天下之城郭、宫室、舟车、器械、符印、钱币之事，以及百工、山泽、沟渠、屯田等之政令，但此时尚无官员真除其职；绍兴三年，并少府监归于工部，而以文思院属之。元之工部掌修造、营建法式，诸作工匠、屯田、山林、川泽之禁，并江河、堤岸、道路、桥梁之事，置令史分掌工头，而以尚书为其长。（古今事文类聚新集卷十六）

【工部则例】【史】为清之行政法典之一。工部则例者，初乾隆十四年大学士史贻直等纂修之，凡五十卷，其后二十四年，又编续增则例九十五卷，自是常遵十年一修之例。至嘉庆十八年，重加纂修。光绪中，又续修之，凡百二十卷，内目录四卷，营缮司二十卷，虞衡司十卷，都水司五十三卷，屯田司十卷，制造库三卷，节慎库一卷，通例十九卷。凡关于土木、治水、度量衡等制度，皆详本则例。

【工部郎中】【史】周官大司空之下，有下大夫之设，盖与后世郎中之官相当。晋宋齐皆有起部郎中，惟宋时则不常置，至梁陈改为起部侍郎，隋初为工部侍郎，炀帝改为起部，唐武德年间改为工部郎中，龙朔年改司平大夫，后又复旧名，宋元丰年以范子奇高遵宪真除工部郎中，至元仍为工部郎中（古今事文类聚新集卷十六）。宋明均于工部各司各置郎中一人。

【工资】【劳】Wages 工人因提供劳务所取得之生活费，谓之工资。我国工厂法规定工厂对于工人之工资，应以当地通用货币给付之。给付时应有定期，至少每月发给二次，对于工人不得预扣工资为违约金或赔偿之用。又为保护女工起见，对女工之工作如与男工相等而其效力亦相同者，应给同等之工资。（第二十一——二十五条，参最低工资条）

【工会】【劳】Labor association; Labor union 由同一产业或同一职业之男女工人以增进知识技能、发达生产、维持改善劳动条件及生活为目的，所组织而成之社团法人，曰工会。工会与政治上政党之结社不同，前者乃根据工人阶级之意识及经济之利益，后者则无阶级意味，且完全为政治上之利益。我国工会可分为二种：（一）一般工会——即根据工会法所组成之工会。（二）特种工会——即由国家行政、交通、军事、军事工业、国营产业、教育事业、公用事业各机关工人所组成之工会。二者不同之点有四：(1)前者有团体协约之缔结权，后者则否。(2)前者凡属被雇人员，不论为职员员役或工人，均可加入为会员，后者则仅工人可为会员耳。(3)前者依工会法组织而成，后者则应依特种工会法。(4)前者享有相当限制之罢工权，后者则绝对无宣言罢工之权。工会又可分为产业别工会，与职业别工会。（详各本条）

【工会代表大会代表选举大纲】【行】本大纲于民国二十一年九月七日由实业部公布，全文计十二条，自公布日施行。代表大会之代表由全体会员按照一定比例分组直接选举之，例如会员人数五〇一人至一千人，每组人数为十人，代表人数为一人。代表选举人及被选举人以领有工会会员证书者为限，选举时以记名投票行之。代表选出后，由主席及监选员依法缮具证明书交当选代表收执并呈报工会理事会。代表大会之代表选举规则，由各该工会依本大纲自行拟订呈请各该主管官署核准施行。

【工会法】【劳】Law of labor union 本法于民国十八年十月二十一日公布，其后历经一部分之修正，共分八节，计五十三条。其要点如下：（一）工会之目的，乃以增进知识技能，发达生产，维持改善劳动条件及生活。（二）工会之种类为二：(1)产业别工会。(2)职业别工会。（三）国家行政、交通、军事、军事工业、国营产业、教育事业、公用事业各机关之职员及雇用员役，不得援用本法组织工会。（四）工会之设立须向主管官署呈请立案。（五）工会发起后，须开创立大会议定章程。（六）工会为法人，其机关有三：(1)理事。(2)监事。(3)会员大会或代表大会。（七）工会有缔结团体协约权。（八）工会在原则上有罢工之权，惟受限制（二十三条）。（九）工人只得入一个工会；入会与退会，均有自由之权。（十）工会应于每年向主管官署作二次之报告。（十一）工会在法律上应受特殊保护（第三一——三六条）。（十二）工会之解散有二：(1)强行解散。(2)宣告解散。（十三）工会经主管官署之核准，得组织工会联合会（横的组织），惟不得有纵的联合；又非得政府之认可，不得与外国任何工会联合。（十四）违背本法之规定时，应受罚金之处分。（第四七——五〇条）

【工会法施行法】【劳】本法于民国十九年六月四日由国民政府公布。全文计二十五条。自公布之日施行。

【工会基金】【劳】Foundation funds of labor union 工会所募存以为巩固工会基础,发展工会会务,及预备非常急变之金额,曰工会基金。其募集管理与处分之方法,均由会员大会或代表大会议决。此种基金,有绝对独立性,政府不得加以没收。(工会法第十三条第一项第五款,第三十六条第一项第二款)

【工会章程】【劳】Articles or constitutions of the labor union 工会行动之准则,曰工会章程。其制定之权,属于创立大会,且须得发起人四分三以上之同意,始得成立。至其变更,亦须经会员大会或代表大会之决议,及主管官署之认可,始为有效。工会章程,须载明下列事项:(1)名称。(2)目的。(3)区域及会址。(4)会员资格及其权利义务之规定。(5)会员入会退会及除名之规定。(6)职员之规定。(7)会议之规定。(8)会费及其他会计之规定。(9)互助事业之规定。(10)章程变更之规定。(工会法第七—九条,第十二条第一款)

【工会联合会】【劳】Federation of labor unions 工会联合会者,谓二以上之同一产业或职业之工会,以谋增进会员间之知识技能,发达生产,办理互助事业为目的,而经主管官署之核准时所联合组织而成之社团法人也。组织时须召集各关系工会开联合大会,议定章程,其章程且须经主管官署之核准,方为有效。(工会法第四十五条)

【工业用盐】【行】为盐之一种。(详盐法条内)

【工业行政】【行】Industrial administration 关于工业之奖励、监督与调查,劳工阶级之保护、与监督,工人团体之组织、与指导,劳资争议之处理,统称曰工业行政。

【工业所有权】【行】Industrieeingenthum(德) 工业所有权乃包含工商业上之发明、专利、特许、意匠、实用新案、商标、商号等之所有权而受法律之保护者而言。凡欲享有此权者,须依法呈请登记,始为有效。关于此,我国现仅有商标法及奖励工业技术暂行条例二种耳。

【工业标准委员会简章】【行】本简章于民国二十年五月三日由实业部公布,共十六条,自公布日施行。按本委员会以讨论适合国情之各项工业标准使国内工业趋向合理化为宗旨,由实业部长聘请或派任下列人员组织之:(1)中央有关系部院会之代表。(2)国内各工业机关厂所之代表。(3)国内各工业及学术团体之代表。(4)国内各项专门人员。合于上述资格之人员,因道远或其他情事不克莅会而仅为通讯之研究者,得由实业部长聘请或派任本委员会通讯委员。会中设主任委员一人,下分六组:(1)土木工业组。(2)机械工业组。(3)电气工业组。(4)染织工业组。(5)化学工业组。(6)矿冶工业组。每组各设常务委员一人。又会中设总干事一人,干事若干人。本会会议分全体会议,分组会议及各组联席会议三种。

【工场】【劳】Factory 工人工作之场所曰工场。工场建筑物及其附属场所应设相当数目之太平门或太平梯。工场之门户应向外开,在工作时间中不得下锁。工场内应严禁吸烟及携带引火物品。工场如有下列情事之一者，其场屋及附属场所之建筑地点应由主管官署核定之：(1)凡制造品及其原料有危险性者。(2)凡物品制造时所散布之气体或泄出之液体危害公众卫生者。(工厂法施行条例第二十三—二十六条)

【工赈】【史】清制，荒岁，民不聊生之时，政府为救济贫民计，乃大兴工事，雇用贫民，而以工钱代赈恤之用，称曰工赈(清会典事例卷二百三十一)。民国以来，亦有工赈之举，例如修筑公道，开浚河道是。

【工厂】【劳】Factory　工厂者，谓用发动机器而在平时雇用工人在三十人以上之工作场所也。故凡家庭手工业之工作场所，以及小规模之工厂，而所雇工人不足法定人数者，在法律上均不得谓之工厂(工厂法第一条)。工厂应为下列之安全设备：(一)工人身体上之安全设备。(二)工厂建筑上之安全设备。(三)机器装置之安全设备。(四)工厂预防火灾水患等之安全设备。工厂应为下列之卫生设备：(一)空气流通之设备。(二)饮料清洁之设备。(三)盥洗所及厕所之设备。(四)光线之设备。(五)防卫毒质之设备。此外对于工人应为预防灾变之训练，即所谓安全教育是也。(第四一—四四条)

【工厂法】【劳】Factory law　本法于民国十八年十二月三十日公布，并于二十一年十一月修正，十二月三十日公布，共十三章，计七十七条。其要点如下：(一)本法之适用，乃以用发动机器之工厂平时雇用工人在三十人以上者为限。(二)工厂应备工人名册，并应于每六个月将一定事项呈报主管官署一次。(三)工厂不得雇用未满十四岁之男女工人，其未满十六岁者为童工，只准从事于轻便工作。(四)童工与女工之工作须受一定限制(第七条)。(五)成年工人每日工作时间以八小时为原则，童工则不得超过八小时。(六)工人继续工作至五小时者，应有半小时之休息，每七日中应有一日之休息，其工作满一定期间者，应有特别休假。(七)工人最低工资率之规定，应以各厂所在地之工人生活状况为标准，男女做同等之工作而其效力相同者，应给同等之工资。(八)工厂对于童工及学徒应使受补习教育，并负担全部费用。(九)女工分娩前后应停止工作共八星期，工资应依法全部或半数照给。(十)工厂每营业年度终结算如有盈余，除提股息公积金外，对于全年工作并无过失之工人，应给以奖金或分配盈余。(十一)工厂应有安全及卫生上之设备。(十二)工人因执行职务而致伤病或死亡者，工厂应给其医药补助费及抚恤费。(十三)工厂应设工厂会议，由工厂代表及全厂工人选举之同数代表组织之，其人数各以三人至九人为限，原则上每月开会二次。(十四)工厂收用学徒，须与学徒或其法定代理人订立契约。(十五)未满十三岁之男女，不得为学徒。(十六)学徒于习艺期间之膳宿医药费，均由工厂负担之，并酌给相当之零用。(十七)工厂所招学徒人数，不得超过普通工人三分之一。(十八)关于违背本法之罚则的规定。(第六八—七四条)

【工厂法施行条例】【劳】本条例之制定乃以工厂法第七十六条之规定为根据，公布于民国十九年十二月十六日。全文计三十八条，与工厂法同日施行。(二十年八月一日)

【工厂登记】【劳】Factory registration　工厂(限于平时雇用工人在三十人以上之工厂),于设立时或迁移时向所在地县市政府呈请登记者,曰工厂登记。呈请登记之工厂应照法定附表各填三份,备文呈请登记(一存县市政府,一存省主管厅,一存实业部),但隶属行政院之市则各填二份。工厂登记后附表所载事项遇有变更时,应声叙原因呈请备案。此外公司组织之工厂,得于公司登记时附带呈请工厂登记。(工厂登记规则第一—三条、第六条、第八条)

【工厂登记规则】【劳】本规则计全文十二条,为实业部于民国二十年十二月十八日所公布,自公布之日施行。(参工厂登记条内)

【工厂会议】【劳】Factory council　以沟通意见,消弭冲突,协议一切改进事宜,并排解纠纷主张公道为目的,而由工厂代表及全厂工人选举之同数代表(三人至九人为限)所组织的机关,曰工厂会议。其职务如下:(一)研究工作效率之增进。(二)改善工厂与工人之关系,并调解其纠纷。(三)协助团体协约劳动契约及工厂规则之实行。(四)协商延长工作时间之办法。(五)改进厂中安全与卫生之设备。(六)建议工厂或工场之改良。(七)筹划工人福利事项。至于会议日期,原则上为每月二次,于必要时得召集临时会议。工厂会议时须有代表过半数之出席,其决议须有出席代表三分二以上之同意,始为有效。(工厂法第四九—五五条)

【工厂检查人员养成所】【劳】Training institute for factory inspecting officials　实业部为训练工厂检查人员起见,特设立工厂检查人员养成所,置所长一人,教务主任一人,教员事务员及雇员各若干人。入所训练人员之资格如下:(1)国内外工业专门以上学校毕业者。(2)曾在工厂工作十年以上有相当学术技能者。工厂检查员应行训练之事项如下:(1)关于工厂工人各项统计之训练事项。(2)关于工厂安全及卫生之检查之训练事项。(3)关于工人待遇及福利检查之训练事项。(4)关于推行劳动法令之训练事项。至于训练期定为三个月,合格者则给予毕业证书。(工厂检查人员养成所规则第一—六条,又工厂检查法第五条)

【工厂检查人员养成所章程】【劳】本法公布于民国二十年四月二十四日,全文仅九条,于公布之日施行。(参工厂检查人员养成所条内)

【工厂检查协作委员会】【劳】Coöperative commission of factory inspection　实业部为沟通劳资团体及有关劳工各机关之意见为目的所设立之机关,为工厂检查协作委员会。设委员若干人,由实部聘任或派充之。由委员互选主席及副主席各一人,每月开委员会常会一次(得开临时会议)。其任务如下:(1)阐发工厂法之精蕴,解除劳资之误会。(2)赞助政府办理工厂检查。(3)调查劳资两方实际之困难建议于实业部。(4)辅导劳资各方,改善工作方法,增进工作效率。(5)联络各有关系团体通力合作,以减少行政实施困难。

【工厂检查协作委员会章程】【劳】本章程全文仅六条,于民国二十年十月二十八日由实业部公布,自公布之日施行。(参工厂检查协作委员会条内)

【工厂检查委员会】【劳】Committee of factory inspoection　实业部为研究并辅助推行工厂检查为目的,设置工厂检查委员会,置委员若干人(由实业部遴选专家充任之)。由委员互推委员长一人,并由委员会聘任秘书一人。本会之唯一任务即得将研究所得建议于实业部,以便推行工厂检查于国内各地。(工厂检查委员会章程第一—四条)

【工厂检查委员会章程】【劳】本章程为实业部于民国二十年十月二十八日所公布,计全文仅七条,自公布日施行。(参工厂检查委员会条内)

【工厂检查法】【劳】Law governing the factory inspection 为劳动法之一种,于民国二十年一月三十一日经立法院通过,同年二月十日由国民政府公布,共二十条。其要点如下:(一)工厂检查事项由中央劳工行政机关派定工厂检查员办理。(二)应检查事项:(甲)男女工人年龄及工作种类。(乙)工作时间。(丙)休息及休假。(丁)女工分娩假期。(戊)工厂安全及卫生设备。(已)工厂灾变,工人死亡伤害事项。(庚)学徒年龄,工作人数,及一切待遇。(辛)簿记及登记事项。(壬)其他依法令应检查事项。(三)检查员资格:(甲)国内外工专毕业。(乙)曾在工厂工作十年以上有相当学术技能者。(四)工厂检查分区办理,办法分定期不定期两种。(五)检查员执行职务有必要时,得请当地行政官署或警察官署协助。(六)关于工厂安全或卫生事项有须立时纠正者,检查员应加纠正;工厂或工人团体不服从纠正时,检查员应即报由主管机关核办。(七)检查员不得有:(甲)受贿或索诈行为。(乙)为变更或捏造事实之呈报。(丙)泄漏工厂中工业上秘密。(丁)损坏厂方与工人感情。(戊)擅许厂方或工人要求。(已)兼任其他公职或营业。(八)检查员有违法或越职情事,厂方或工人得根据事实向主管机关举发。(九)工厂无故拒绝检查员进厂检查,处二百元以下罚金。(十)工厂人员或工会职员无故拒绝询问或检阅者,处百元以下罚金。

【工乐户及妇人犯罪】【史】工者工匠也,乃工部所隶之匠;乐户即教坊司乐之人,此项人等犯徒罪者,如系徒或流刑,只照五徒或三流杖数决讫,留住拘役四年完竣复役。妇女犯奸应决杖者,准去衣着裤受刑,余罪概单衣决罚(明律卷一名例篇与清律卷四名例律之规定略有出入)。清律之总注:“工匠者、工部所隶之匠人,乐户者、教坊所辖之乐人,皆系在官应役之人,不便概令脱役,除流罪及斗殴伤人、窃盗等徒罪、照常人科断,其犯别项徒罪者,俱照五徒杖数决讫,依徒年限拘役,住支月粮。妇人惟犯奸罪,则廉耻已丧,去单衣留裤加刑,余罪连单衣决罚示惩,虽犯盗情,亦免刺字。徒役之事,非妇人所能任,故犯徒流,皆决杖一百,收赎余罪。”

【已力防御】【物】Self-protection 又称自力救济。谓占有物被人侵夺或其占有被人妨害时,不假国家之公力而以自已腕力以救济保护之之谓。与占有诉权之为国家公力之救济者不同。我国民法规定占有人对于侵夺或妨害其占有之行为,得以已力防御之。如被侵夺者为不动产,得于侵夺后即时排除加害人而取回之;如系动产,得就地或追踪向加害人取回之。(第九六〇条)

【已决囚】【刑】Condemned criminals 与未决囚相对立,即已由法院判决确定而发交执行之囚犯也。

【已配仗卫回改】【史】宫殿宿卫人等其次第坐立,若已配置就序,不许擅行更变;违者治罪。唐律卷七卫禁篇有已配杖卫回改条:“诸宿卫人已配仗卫,而官司辄回改者,杖一百;若不依职掌次第,擅配割及别驱使者,罪亦如之。”疏议曰:“依式,卫士以上,应当番宿卫者,皆当卫见在。长官割配于职掌之所,各依仗卫次第坐立,此即职掌已定;若官司无故辄回改者,合杖一百;应须回改者不坐。若不依职掌次第,而擅配隶,乖于式文及将别处驱使者,亦各杖一百;其有私使,计庸重者从重论。”

【干名犯义】【史】名,名分也,恩,义也。卑幼者对其尊重提起诉讼时,法律以其干名犯义,故设制裁明文。明律卷二十二、清律卷二十八刑律诉讼篇——干名犯义之条:“凡子孙告祖父母父母,妻妾告夫,及告夫之祖父母父母者,杖一百徒三年;但诬告者绞。”

【干涉】【国公】Intervention 所谓干涉,乃指一国违反他国之意思,而以威力置喙于其内政外交而言。故凡对一切干预行为劝告及抗议而隐挟有威力在后者,皆属之。干涉可分为二:(1)权利交涉——即为法律等所许可者,如:(a)条约所许可之干涉。(b)维护国际法规所为之干涉。(c)自救时所为之干涉。(2)非权利之干涉亦有二种:(a)为保障人道时所为之干涉。(b)为维持国际均势所为之干涉。至于国际法上乃以非干涉主义为原则;诚以干涉乃对国家之独立加以侵害,而各国间并无相互干涉之义务,自不容其越俎代庖也。干涉与调停不可混同,前者乃以威力为根据,后者则由该国之请求然后加以干预,且无拘束力,是与公断之有拘束力者,亦显有区别也。

【干涉主义】【民刑诉】为民事及刑事诉讼主义之一,对不干涉主义言,又名职权主义。谓诉讼程序之开始与进行,不待当事人之要求,而由国家机关为之之主义也。我刑事诉讼法规定,一切犯罪非依本法及其他关于刑事诉讼之特别法,不得追诉及处罚(第一条)。是采取此主义也。至于民事诉讼,则仅明此主义为例外耳;例如假执行之宣示,及其他依职权调查事项(第三八一条、二六条、一七四条)皆属之。

【干涉审理主义】【刑诉】学者称职权主义(详该本条)为干涉审理主义。

【干涉战争】【国公】War of intervention 甲国干涉乙国内政,进兵入乙国境,乙国起而反抗,卒致演成战争,是曰干涉战争。

【干碍】【史】为干涉与阻碍之简称,即干涉与妨害之谓。明律卷三、清律卷六吏律公式篇——增减官文书条:“……干碍调拨军马,及供给边方军需钱粮数目者,首领官吏典皆杖八十。”

【干证】【史】与诉讼事件有干连之证人,称曰干证。六部成语注解:“干连作证之人也。”元典章卷五十三刑部告拦篇——田土告拦条:“……原告人王成,被告人祁阿马及干证人等连名状告。”

【才人】【史】女官之名,次于三夫人者。始于汉代,或谓为晋武帝所创设。事物纪原卷一:“南史曰:晋武帝采汉魏之制,夫人外有才人。又云晋武所置,而通典内命职,汉有才人,则疑汉置。”

四画

【不干涉主义】【民刑诉】为民事及刑事诉讼主义之一,对干涉主义言。又称处分主义,谓诉讼程序须待当事人之要求始得开始或进行之主义也。此种主义乃以私益为中心,故不为我国刑事诉讼法所采用。惟民事诉讼法则以此主义为原则,而以干涉主义为例外。

【不干碍人】【史】谓无关系之人也。(详吏典代写招章条内)

【不引渡犯】【国公】Non-extraditable offenders 凡犯罪之人之根据条约习惯而不须引渡者称曰不引渡犯。(参引渡条)

【不文习惯】【通】Unwritten custom 凡未记载于文书上而为民间传统所奉行之习惯,称曰不文习惯,与记载习惯相对立。

【不文宪法】【宪】Unwritten constitutional law 为不成文宪法之别称。(详不成文宪法条)

【不代替物】【民总】Non-fungible thing 为物之一种,对代替物言。即由社会之观念不能以种类品质或数量而指定之物是也。例如某处宅地是。

【不刊之制】【史】不刊者不磨灭而永久不朽之谓也。唐律卷十三户婚篇——有妻更娶条之疏议:"一夫一妇,不刊之制,有妻更娶本不成妻。"

【不可分之债】【债】Indivisible obligation 为多数主体之债之一种,即以不可分之给付为标的之多数主体之债权债务关系也。在不可分之债,债权人有多数时,则称不可分债权,债务人有多数时,则称不可分债务。换言之,前者即数人享有同一债权之谓,后者即数人负有同一债务之谓也。不可分之原因有由于性质上者,例如给付马一匹是。有由于当事人之意思者,例如订定金钱不许分割清偿之特约是。民法以不可分之债,除有特别规定外,准用关于连带债权或连带债务之规定(第二九二条)。按不可分之债之效力如何,民法特别规定给付不可分者,各债权人仅得为债权人全体请求给付,债务人亦仅得向债权人全体为给付(第二九三条第一项),盖此为不可分之债之特有性质之当然结果也。又为保护债权人起见,债权人中之一人与债务人间所生之事项,其利益或不利益对他债权人不生效力。(同条第二项)

【不可分共同诉讼】【民诉】又称必要共同诉讼(详该本条),或曰特别共同诉讼。

【不可分物】【民总】Indivisible thing 为物之一种,对可分物言,即凡因分割而变更其性质或减少其价值之物也。此为法律上规定视为不能分割者(即性质上),例如牛一只乃不可分物是。亦有因当事人之意思表示视为不能分割者,例如封函内之金钱是。

【不可分给付】【债】Indivisible prestation 为债之标的之给付之一种,对可分给付言，即债之给付如以分割为之，必害及其本质及价格之谓也。例如以马一匹分别给付，乃属不可能是。故债权人有数人时各债权人仅得为债权人全体请求给付，债务人亦仅得向债权人全体为给付。（民法第二九三条）

【不可分债务】【债】Indivisible obligation　又曰不可分之债。（详该本条）

【不可分债权】【债】Indivisible obligation　又曰不可分之债。（详该本条）

【不可有物】【民总】Rês extra nostrum patrimonium（拉丁）　又名不融通物（详该本条），与可有物相对称。

【不可抗力】【债】Force majeure or accidental force; Acts of God　又名不可避之事变，对通常事变言。不可抗力之意义学者间有三说：(1)主观说——谓虽依最大之注意而不能防止其发生者，曰不可抗力。(2)客观说——谓不可抗力者，其发生之原因不属于事物管理之范围，乃超乎通常事变依伟大势力而发生者也。(3)折衷说——谓不可抗力乃由外界之发生，虽依严密注意为防止之设备，亦不能加以防止者也。上述各说以客观说为当。

【刑】即由人为或自然而来之强制力而有不可抗拒之程度者之谓。故凡非有故意或过失者，则为不可抗力之行为，法律并不加以刑罚。

【不可侵犯权】【国公】Inviolability　所谓不可侵犯权，就外交官而论，乃指外交官有不受驻在国法律的拘束，身体上之危害与职务上受干涉之权利而言。例如在刑事上不受驻在国法律之制裁（但加入叛乱阴谋者为例外），在民事上亦得免除。但自愿放弃其特权者听。至外交官署亦为不可侵犯（非绝对的），其用器及公文等绝对不得搜索或没收。又不可侵犯权利亦推及于其家属并随从人员，及其眷属与仆隶等。

【不可移转义务】【通】Non-assignable duty　凡义务之履行，其性质上可以由他人为之者，为可移转义务。反之，则为不可移转义务。

【不平等条约】【国公】Unequal treaty　两国间所订定之条约，一方占于有利之地位，而他方则占于不利之形势，是曰不平等条约，多为强国与弱国所订立者。

【不正之损害】【债】Wrongful act　为日本法律之旧名辞，与不法行为之意义相同，惟内容稍狭耳。

【不正收支】【史】（详挪移出纳条内）

【不正当占有】【物】Illegal possession　为占有之一种，对正当占有言，即本无实体上之权利而占有其物之谓也。例如盗贼于其赃物有占有之权是。除原物所有人外，他人均不得占有之。

【不合意】【债】Disagreement　谓构成契约之意思表示不相一致也。可分为二种：(1)公然之不合意——即当事人知其不合意者。(2)隐存之不合意，或称无意之不合意——即当事人一方或双方误信其为合意者。故上述之不合意契约在法律上均不能成立。

【不合众心】【史】汉制，如不为众人所欢迎，虽有自己完善之主张，亦须免去其官职。汉律考(卷四):“外戚恩泽侯表高安侯董贤,元寿二年坐为大司马,不合众人免自杀。”又“何武传哀帝亦欲改易,大臣遂策免武曰,君举错烦苛,不合众心”。

【不同居继父】(详三父条内)

【不在人】【民总】Absentee 与失踪人之名称颇形类似,但有区别,法日两国所称之不在人,乃指离其住所或居所经过一定期间,而其所在地不明之人而言,与生死不明之人有异。我国民法无此规定。

【不在地主】【土】Absentee 称不在地主者,谓有下列情形之一的土地所有权人:(一)土地所有权人及其家属离开其土地所在地之市县继续满三年者。(二)共有土地其共有人全体离开其土地所在地之市县继续满一年者。(三)营业组合所有土地,其组合于其土地所在地之市县停止营业继续满一年者。但有例外,即所有权人因兵役,学业,或公职离开其土地所在地之市县,仍不得称为不在地主。(第三二九—三三〇条)

【不在地主税】【土】Tax on absentee 所谓不在地主税,乃指向不在地主之地价或土地增值额所征收较高税率之税额而言。法律所以将不在地主之税率递年增加者,其目的乃在使土地得因地主之相当注意而渐改良。苟地主远离其土地所在地,对于土地之改进直接间接均有妨碍,故应课以较重税率,递年增加。但其增高额,亦有一定之限制,以示公允。(第三三一—三三四条)

【不如法】【史】凡不依一定之法例,或不依一定之方式者,均曰不如法。

【不行犯】【刑】Negative offence 又名不作为犯。(参不作为犯及不作为各条)

【不行为】【通】Negative act 不行为者,谓消极之行为也。即对某种应行动作之事,静止而不动作也。

【不行为期限】【刑讼】又称犹预期限。(详该本条)

【不作为】【刑】Negative act (参行为之状态条)当作为而不作为之谓,又名消极行为,盖即违反法律命令所规定之义务也。例如母之欲饿死婴孩,而故意不给食物是,即为不作为。其犯罪者则曰不作为犯,或称不行犯。应认为不作为之原因者有二:(1)由于自然力——凡人以外之物皆为自然力。(2)由于人力——如见他人为不法行为是。不作为犯之成立,并不以有无结果之发生为断,只要有不作为之事实,即认为既遂,故无未遂犯。如断绝哺乳,婴孩不问是否死亡,其犯罪业已成立,自无已遂未遂之问题。

【不作为犯】【刑】Crime of omission 因不作为之犯罪也。如因遗弃之消极行为而构成遗弃罪是,又称不行犯(参不作为条)。此外尚有因既行行为而生作为之义务者,亦曰不作为犯。例如施刀圭于病人未完毕而终止是。又不作为犯可分为纯正不作为犯与不纯正不作为犯。(详各该条)

【不告不理】【刑诉】为刑诉法上大原则之一。谓凡未经起诉之事实,及未经诉追之犯人,法院不得加以审理也。我刑诉法规定:(一)法院不得就未经起诉之行为加以审判(第二五九条)。(二)起诉之效力不及于起诉书状所列被告以外之人

(第二六〇条)。若法院发见被告人别有未经起诉之犯罪,或共犯时,不得迳行审理。但得知照检察官以待其侦查耳。是亦不知不理之当然解释也。

【不孝流】【史】十恶中之不孝罪处流刑者曰不孝流。唐律(卷二)名例篇——应议请减条之疏议:"不孝流,谓闻父母丧,匿不举哀流。"

【不完全中立】【国公】Imperfect neutrality　为中立之一种,对完全中立言,又称附条件中立。谓对交战国之任何一方,于事前依条约约定于战争时,须宣告中立,而且应负有援助之义务。此种不完全中立,在近世已不为国际法所容许。

【不完全占有】【物】Imcomplete possession　为占有之一种,与完全占有相对称,即不以所有之意思而仅为所有权以外或其他权利之行使,以为其物之占有之谓,故又名无所有意思之占有(参民法第九五四条及第九五六条)。学者亦有主张此种占有与地主占有系属相同者,以其性质颇相类似也。

【不完全行为】【民总】Imperfect act　为法律行为之一,对完全行为言,即法律行为不能完全发生效力之谓。又分为三:(1)无效行为——即完全不能生效之行为,以往之事亦视为一概无效之谓。(2)得撤销之行为——即不能确定有效之行为,自撤销日起方为无效。(3)其他之不完全行为,例如无权代理之行为是。

【不完全有价证券】【票】【债】与完全有价证券(详该本条)相对称。

【不完全物权】【物】Imperfect real right　又称定限物权,为物权学理上分类之一,对完全物权言,即对物管领不能越出范围以外方得行使之权利也。例如地役权、地上权、永佃权等皆属之。

【不完全给付】【债】Incomplete performance　即债务人违反给付义务,虽为给付而其给付不合债之内容之谓也。其要件有三:(1)债务人须曾为给付。(2)其给付须系不合债之内容。(3)其原因须系可归责于债务人之事由。我国民法规定债务人不为完全之给付者,债权人得声请法院强制执行,并得请求损害赔偿(第二二七条),所以保护债权人之权利也。

【不完全战争】【国公】Imperfect war　与完全战争相对称,即交战国双方限定以某一部区域或以某一部之军队为战争也。完全战争则双方各以全力参加战争也。

【不完全独立国】【国公】Imperfect independent state　又曰一部主权国。(详该本条)

【不完全证据】【民诉】Incomplete evidence　与完全证据(详该本条)相对称。

【不成文法】【通】Unwritten law　与成文法相对立,又称非制定法。谓不经立法程序而由国际团体,国家,或自治团体,加以承认而有效力之法规,故又名不文法。但不文法之存在,有时亦有以文字记载者,惟不经立法之一定程序耳。学者间亦有主张不文法即为习惯法者,实则习惯法乃不成文法之一种,其他如判例、条理、学说等皆属于不成文法范围之内。

【不成文宪法】【宪】Unwritten constitution　为宪法之一种,与成文宪法相对立，即不将关于国家根本组织之事项载于一种或数种特定文书，而发见于寻常法律，或散见于历史上逐渐发达之习惯法之谓也。英国之宪法，即属此类。

【不改判主义】【刑】即裁判确定后所发见累犯应如何再判主义之一，对改判主义言，即以裁判确定后之判决与法律有同一之效力，不得轻易变更之谓。

【不受理】【刑诉】所谓不受理，乃指法院对于某种案基于法定之原因不予接受，不加审理而言。即有下列情形之一时，法院应谕知不受理之判决：(一)起诉之程序违背规定者。(二)已经起诉之案件在同一法院重行起诉者。(三)告诉或请求乃论之罪未经告诉请求，或其告诉请求经撤回者。(四)起诉经撤回者。(五)被告已死亡者。(六)对于被告无审判权者。(刑诉法第三一八条)

【不受理之判决】【民刑诉】Judgment of non-suit （详不受理条内）

【不定期刑宣告】【刑】一称相对决定主义。(详宣告刑条)

【不定价保险】【险】Insurance with open policy 保险价额不由当事人以契约预定者，曰不定价保险。至此项价额估计方法，除海商法对海上保险另有规定外(第一五七——六〇条)，在保险法则明定保险金额不得超过保险价额(第三十一条第二项)，火灾保险多属之。

【不忠罪】【刑】内乱罪之另称。(详该本条)

【不拘此律】【史】军事上及其他临机之处置之事件，并不拘泥于常律之规定，是曰不拘此律，与“不在此限”，同义。唐律(卷十六)擅兴篇——征人稽留条：“……若用舍从权，不拘此律”，即其一例。

【不服】【民刑诉】Discontentment (英)；Unzufriedenheit (德) 不服者，谓不满意法院所为之判决与裁定也。不服下级法院之判决得上诉于上级法院，不服法院之裁定者得抗告于直接上级法院。(但有特别规定者不在此限)惟上诉及抗告均须依法为之耳。

【不枉法】 (详不枉法赃罪条内)

【不枉法赃罪】【刑】为我国清律对于贿赂罪之名称，即刑法所谓职务上行为之受贿罪也(参受贿罪条)。仅须公务员有要求期约或收受贿赂或其他不正利益之行为，即构成本罪。

【不法】【通】Unlawful 与法律命令相违反之状态，称曰不法。其违反之行为，则曰不法行为。

【不法之侵害】【刑】Tortious act; Unlawful attack 所谓不法之侵害，乃指以违背法律之行为而加害于他人而言。我刑法第三十六条规定：“对于现在不法之侵害，而出于防卫自己或他人权利之行为不罚，但防卫行为过当者，得减轻或免除本刑。”

【不法行为】【债】Illegal act; Tort 通常所称不法行为，乃指违反法令所规定之行为而言。惟日本法律所谓之不法行为，与我国民法上所称之侵权行为相同，即侵害他人权利之行为也，别称曰不适法行为。

【不法行为之审判籍】【民诉】Forum locus delicte （详审判籍条内）

【不法行为地法】【国私】Lex Loci delicticommissi（拉丁）；Law of the place where the tort was committed 实行不法行为时所在地之法律曰不法行为地法。学者亦有专指不法行为结果地之法律，为不法行为地法者。我国法律适用条例第二十五条规定：关于不法行为发生之债权，依行为地法。（包不法行为地法在内）

【不法行为说】【票】Theory of unlawful acts 为票据抗辩限制之例外，关于解释恶意学说之一，对承继瑕疵说言。谓恶意乃因不法行为之结果，让受人并不当然承继让与人之瑕疵，故让受人除已知让与人对于前手有抗辩权之存在外，且须有让与之双方当事人间之共谋的事实，始得谓之恶意，德奥采之。

【不法保留】【刑】Unlawful deposits 所谓不法保留，乃指不应当保留而保留之之谓。例如私藏赃物是。

【不法消灭说】【刑】为主张正当防卫属于权利行为学说之一，对刑罚权消灭说代行国权说言，即以正当防卫乃消灭其不法之行为也。消灭不法乃权利之一种，故属权利行为。

【不法条件】【民总】Unlawful conditions 为假装条件之一，即以违反公共秩序善良风俗，或其他强行法规之事项为内容之条件也。不论是为不法行为或不为不法行为，皆为无效。例如言汝杀某人赏汝千金，或若不杀某人赏汝千金是。

【不法逮捕】【刑】Unlawful arrest 在法律上无逮捕权限者所为之逮捕，曰不法逮捕，与违法逮捕有异。盖违法逮捕乃在法律上虽有权可以捕人，惟与所规定之程序不符耳。学者多称不法逮捕为非法逮捕，其意义相同。

【不法搜索罪】【刑】Offence of illegal search 为妨害自由罪之一。又称私擅搜索罪。（详该本条）

【不知】【民总】Ignorance 即对于事物全无认识之谓也。我国民法对不知事情而为意思表示者，其规定与错误同。（第八八条）

【不知情第三人】【民总】Bonafide third party 即善意第三者之别称。（详善意第三者条内）

【不侵犯条约】【国公】Non-aggression pact 又称互不侵犯条约。欧战告终，凡尔赛条约成立，德国以战败国而受种种束缚，于是乃东联苏俄以自固。欧洲各国为防止俄德之联合起见，遂有所谓罗加诺条约之缔结，德国亦被邀加入，于是欧洲各资本主义国之反苏俄联合战线，因而成立。苏俄为自卫计，并为避免四邻诸国之包围而使己国之孤立计，乃与四邻各国订立所谓不侵犯条约。其第一次所缔结者为一九二五年十二月十七日之苏俄土耳其条约，次为一九二六年四月二十四日之苏俄德意志条约，其后与阿富汗（一九二六年八月），立陶宛（一九二六年十二月），以及波斯，波兰，保加利亚等，均先后订立不侵犯条约。考其内容均不出下列四点：（一）彼此相约不互相侵犯，其范围且推及于财政及经济方面，所谓彼此担保安全是也。（二）缔约国之一方如受第三国之武力攻击，他方有应守中立之义务，且此种义务，其效力即较当事国之一方对于他国如有其他攻守条约存在时之义务，亦高出数倍，即所谓彼此绝对负有中立之义务是也。(三)缔约国间彼此须默认其政治经济制度之存在，即双方领域内遇有不利于彼此国家利益之活动分子，亦须加以取缔与禁止，所谓彼此负有互助之义务是也。(四)缔约国间如发生任何争议时，除依一般外交方法加以解决外，且得依条约内所特设之委员会，乃从事处理，以防止不幸冲突之重大纠纷的发生，所谓预防及避免双方不幸事件之重大化是也。总之不侵犯条约为近来之新产物，乃苏俄于羽翼未丰前，所用以维持现状及自卫之工具，而他国亦因国内政治经济发生动摇，为防止共产主义势力之流入与发展起见，遂亦乐与缔结，以图自保，故不侵犯条约者，乃一种暂时以互相预防为目的之条约也。最近苏俄与法国亦订立此种条约，且已签字，其内容与上述四要点相同，从此苏俄与欧洲各国之“不侵犯条约”的外交政策，业已成功，嗣后可以实施内部“五年计划”，以待将来对外发展之用矣。

【不信任投票】【宪】Vote of no confidence　在立宪国家中，如国会对于内阁之措施不满意，而欲加以推翻时，得由国会(通常以下院为多)举行投票以决定之，是曰不信任投票。若投不信任票者占多数时，内阁全体应即总辞职。惟此时内阁或国家元首(君主或大总统)有解散国会之权，以诉诸国民，而听其解决。故于次届新国会选举完竣后，拥护政府党议员如占多数，则内阁继续握政，否则内阁仍须全体辞职，以谢国人。

【不信任案】【宪】立宪国家之议会，对内阁之一切措施，如有反对者，可依法在议会内提出不信任案。如此种提案一经通过，则内阁应即总辞职，而另行总改组。如系对内阁阁员之个人表示不信任时，亦可提出议会，一经通过，该内阁阁员即应去职。

【不表见地役权】【物】Internal real servitude　为地役权之一，对表见地役权言，即地役权之存在外观上不能认识之谓。例如以地下水道以引水之地役是。

【不要因行为】【民总】Act without its material cause　又称无因行为。(详该本条)

【不要因证券】【债】Abstrakte urkunde(德)　证券债务人对于证券不必证明其原因，亦不必顾及其原因之是否适法，仅因证券行为即负担支付一定金额之义务。此种证券谓之不要因证券，亦曰无因证券。

【不要式行为】【民总】Informal act　为法律行为之一，对要式行为言。即其意思表示不须以一定形式为其主要要素之法律行为也，例如买卖、赠与是。古时法律多注重要式行为，其后乃趋不要式行为，近复再重要式行为。然一般立法例仍以不要式行为为原则。

【不要式契约】【债】Formless contract (Informal)　为契约之一种，对要式契约言。即当事人勿须依一定方式以表示意思即能成立之契约也。近世立法例以不要式契约为原则，以要式契约为例外。

【不轨】【通】Illegality　凡行为之越出法律轨道之外者，谓之不轨，与不法之意义相同。

【不准首】【史】不准向官自首曰不准首。(详犯奸及杀伤人不准首条)

【不消费物】【民总】Unconsumptive thing　又称曰非消费物。(详该本条)

【不特定人】【民总】Indefinite person　与特定人相对称，乃指不一定人(一般人)而言。物权乃对不特定人之权利，而债权则为对特定人之权利。

【不特定之债】【债】Indefinite obigation　又名种类之债(详该本条)，或称种类债权。

【不特定物】【民总】Indefinite thing　为物之一种，对特定物言，即以当事人之意思抽象的依种类品质数量所指定之物是也。例如指定土地若干亩是。

【不特定物买卖】【债】与特定物买卖相对称，即以种类指示之物为出卖之标的物之买卖也。

【不特定给付】【债】Indefinite prestation　为债之标的之给付之一种，对特定之给付言。即债之关系成立时其给付之内容并未具体特定之谓也。例如甲许以其十本不同类中之一册给付与乙是。

【不纯正不作为犯】【刑】Unechtes unterlassungsdelikt(德)　对纯正不作为犯言，乃因其不作为而成为作为犯是。即对于他人不作为之犯罪，而不为防止结果之发生也。例如在自己管领土地内发见被弃幼孩，而不加以保护或报告官厅是。实则乃为纯正不作为犯，仅系因法律另有明文，特课以作为之义务耳。更可分为下列二种：凡因故意不防止结果之发生者，曰有故意之不纯正不作为犯。凡因不注意而不防止结果之发生者，曰有过失之不纯正不作为犯。(参不作为犯条)

【不能犯】【刑】Untauglicher versuch(德)　预见其为犯罪之结果所为之行为，因手段或行为客体不适合或不存在，致不至既遂之谓也。此种状态曰不能犯。关于不能犯与未遂犯之区别学说有三：(1)客观说——谓不能犯有关于行为客体者有关于手段者，二者又各分绝对不能及相对不能。客观说又分三说：(第一)以绝对不能犯为不能犯，不加处罚，相对不能犯为未遂犯，应予科罚。(第二)行为发生结果，依酿成危险与否而定，即除手段的相对不能外，余皆为不能犯。(第三)犯罪之客体不存在，或缺乏构成犯罪之性质而无法益存在时，即为不能犯，例如堕胎罪以胎儿为犯罪客体，对无胎妇女而为堕胎行为者为不能犯。(2)主观说——否认不能犯之存在，以犯罪者之犯意为标准。谓犯人既有犯罪之决意，既已着手实行，因有因果关系，虽犯罪客体不存在，手段不适合，而无犯罪结果之发生，皆为未遂犯，自不得称为不能犯。(3)折衷说——主张应以危险之有无为标准，至有无实害，均所不问，有危险者曰未遂犯，无危险者曰不能犯。不能犯应否处罚，亦有三说：(1)客观说——主张不应处罚。(2)主观说——主张应加处罚。(3)折衷说——以主观说为原则，客观说为例外，即相对不能犯应处罚，绝对不能犯则否。我刑法第三十九条下半规定，其不能发生犯罪结果者，亦为未遂罪。又第四十条后半规定，犯罪之方法决不能发生犯罪之结果者，得减轻或免除本刑，盖采折衷说也。

【不能条件】【民总】Impossible conditions 为假装条件之一种,即以于客观成就不能之事实为内容之条件也。例如余今与汝百万金,若使太阳自西出则此百万仍为余所有是也。

【不起诉】【刑诉】Nolle prosequi(拉丁);Nonprosecution 为检察官侦查后实施处分之一,对起诉言,又称免诉。谓检察官对所侦查之案件,不向法院提起公诉也。凡有下列情形之一者,应不起诉:(1)起诉权已消灭者。(2)犯罪嫌疑不足者。(3)行为不成立犯罪者。(4)法律应免除其刑者。(5)对于被告无审判权者。其他关于公诉权消灭之原因(第二四三条),亦为不起诉之原因。若遇有下列情形之一者,则得不起诉:(1)属于初级法院管辖者。(2)情节轻微以不起诉为有实益者。(3)被害人不希望处罚者。不起诉处分应遵下列规定:(a)应由检察官制作处分书,叙述理由(法律及事实)。(b)应以正本于七日内送达被告及告诉人。(c)告诉人如不服时得于接受处分书之七日内声请再议。(d)羁押之被告受不起诉之处分,原则上以受撤销押票论。(e)扣押之物件除应没收或为侦查他罪或他被告之用者外,应即发还。(f)不起诉之案件非发现新事实或新证据,不得对于同一案件再行起诉。(刑诉法第二四四—二四八条、二五一—二五二条)

【不起诉之处分】【刑诉】No prosecution is instituted (详不起诉条内)

【不动产】【民总】Immovable 为物之一种,对动产言。凡性质上全然不能移动其位置之物,或非经破坏变更则不能移其位置之物,皆称为不动产。我国民法规定称不动产者谓土地及其定着物。至不动产之出产物尚未分离者,则为该不动产之部分(第六六条)。动产与不动产区别之实益有六:(1)能力问题。(2)执行方法问题。(3)法院管辖问题。(4)时效及占有问题。(5)让与之公示方法。(6)典当办法问题。

【不动产所有权】【物】Right of ownership in immovables 为所有权之一,对动产所有权言,即以不动产为标的物之所有权也。所谓不动产,乃包含土地及建筑物而言。至不动产所有权之取得,有由继承而来者,有由买卖或让与而来者,有由原始取得者。(参所有权条内)

【不动产所有权之范围】【物】即不动产所有人对其物之若干部分始有效力之谓。可分为二:(1)土地——土地所有权除法令有限制外,于其行使有利益之范围内,及于土地之上下,如他人之干涉无碍其所有权之行使者,不得排除之(民法第七七三条)。土地之界限有三:地面地下空间是。所谓除法令有限制外,即地面之限制如狩猎法是。地下之限制如矿业法是。空间之限制如航空法是。(2)建筑物——其所有权有为专有者,有为共有者(即互有),有为区分所有者。我国民法明定数人区分一建筑物而各有其一部者,该建筑物及其附属物之共有部分,推定为所有人之共有。其修缮费及其他负担,由各所有人按其所有部分之价值分担之。(第七九九条,参第八〇〇条)

【不动产物权】【物】Real right of immovable 为物权学理上分类之一,对动产物权言,即以不动产为标的物之物权也。例如所有权、地役权、抵押权等以不动产为标的物时是。

【不动产附合】【物】Incorporation of movable to immovable　为附合之一种,对动产附合言,即一动产附合于不动产而为其重要成分之谓也。例如甲以其所有材料在乙土地上建筑工作物是。我国民法规定,此时不动产所有人取得动产所有权(第八一一条)。但动产所有人如受损失,得依不当利得之规定请求赔偿。(第八一一条)

【不动产执行】【民执】Execution of immovables　对动产执行言,以使债务人履行其义务为目的,而以国家强执力为根据。由执行机关以查封、强制拍卖、强制管理等方法,对债务人之不动产所为之处分,称曰不动产执行。(民诉执行规则第五二一八六条)

【不动产质权】【物】Pledge on immovables　为质权之一种,对动产质权与权利质权言。即权利人因担保质权占有由债务人或第三人移交之不动产,得就其卖得金先受清偿之权也。我国民法无不动产质权之规定。

【不动产审判籍】【民诉】Forum rei sitae(拉丁)　(详审判籍条内)

【不执行】【刑】Non-execution　(参折衷主义条丙项内)即并合论罪之处分采吸收主义时,重罪轻罪均须审判,且应一一宣告,但只就重刑加以科罚耳。轻者则不加执行,即轻罪之处罚本不得免,不过不执行而已。(刑法第七十条第一、二、六各款)

【不规则承揽】【债】与承揽供给契约相对立,谓定作人供给材料,同时复约定得由承揽人以其他同种材料替代之承揽契约也。学者多主张此亦为通常之承揽契约。

【不规则寄托】【债】Irregular deposit　又称消费寄托。(详该本条)

【不单纯承兑】【票】Qualified acceptance　为承兑之一种,对单纯承兑言。谓付款人于签名承兑时不完全依照票据上文句(如变更其要件或附记条件)所为之承兑也。有一部承兑,附条件承兑,以及变更付款地并到期日之承兑,或超出票面金额之承兑,背书禁止之承兑等之区分,除一部承兑与附条件承兑(详各本条),法律有规定外,余均未设明文,故原则上乃为无效,但应依其情节加以决定耳。

【不为罪】【刑】Exclusion of penalty　凡行为在表面上虽视为犯罪,而法律并不认为构成任何罪名,是曰不为罪。例如精神病人之行为与未满十二岁人之行为,皆不为罪是。换言之即根本不成立任何罪名之谓也。

【不登记物权】【物】Unregisterd property　动产物权皆无须呈请登记,是曰不登记物权。不动产物权则须呈请登记,故曰登记物权。

【不税契】【史】谓买主不将田契向官纳税过印也(参典买田宅条)。其所以须税契者乃杜异日假捏之弊也。

【不给发兵符】【史】发兵符者谓掌兵官所领有之符合,以为发兵之用者也。凡应给而不给或应下而不下皆构成本条罪名。唐律(卷十六)擅兴篇——不给发兵符之条："诸应给发兵符而不给，应下发兵符而不下，若下符违式（谓违令式，不得承用者），及不以符合从事或符不合，不速以闻，各徒二年，其违限不即还符者，徒一年，余符各减二等（凡言余符者，契亦同，即契应发兵者，同发兵符法）。"疏议曰："依公式令，下鱼符，畿内[①]三左一右，畿外五左一右，左者在内，右者付外，行用之日，从第一为首，后更有事，须用以次发之，周而复始。又条，应给鱼符，及传符，皆长官执，长官无，次官执，此据元付在外之日，是为应给发兵符，其符通授官差使杂追征等，以发兵事重，故以发兵为文，应下发兵符而不下者，谓差兵不下左符，若下符违式，谓不依次第，不得承用者。"疏议又曰："不以符合从事者，谓执兵之司，得左符，皆用右符，勘合始从发兵之事，若不合符即从事，或勘左符，与右符不合，不速奏者，各徒二年，违限不即还符谓执符之司勘符记，依公式令，封符付使人，若使人更往别处，未即还者，附余使传送，若州内有使次，诸府总附，五日内无使次，差专使送之，若违此令限，不即还符者，得徒一年，余符各减二等，余符谓禁苑及交巡鱼符之类，若符至不合，即从其事，或勘符不合，不速奏闻，徒一年，不即还符，杖九十，是名余符各减二等。注云，凡言余符者，契亦同，即契应发兵者，同发兵符法，依令，车驾巡幸，皇太子监国，有兵马，受处分者，为木契，若王公以下，在京留守，及诸州兵马，受处分，并行军所及领兵五百人以上，马五百匹以上，征讨，亦给木契，既用木契发兵，即同发兵符法，监门式，皇城诸街铺，各给木鱼，全部司农，准式，亦并给木契，但是在式，诸契并同余符。"

【不买卖同盟】【劳】Boycott　工人对于资本家之商品拒绝购买之团结的举动，曰不买同盟。而资本家联合不将货品卖与劳动者，则曰不卖同盟。不买卖同盟乃一种消极之抵抗方法，国家间亦有采之者。

【不会】【史】汉制，大臣列侯于朝廷之贺筵等均应出席与会，违者构成不会罪免其官职。汉书王子侯表："建成侯拾，元鼎二年，坐十月，不会，免。"师古曰："时以十月为岁首，有贺，而不及会也。"唐律职制篇亦有不会之规定。

【不溯既往】【通】Non-retrospection　所谓不溯既往者，乃指在旧法时已经确定之法律关系，不得适用新法之规定之原则而言也。此种原则之规定，乃在保护既得权，而使社会之交易得以确定，故生下列三种结果：(一)旧法时代所发生之事项，依旧法之规定。(二)新法施行时所发生之事项，依新法之规定。(三)旧法时代所发生之事项，延至新法施行时始受处分时，则依时际法（即施行法）之规定以定之。按不溯既往之原则，乃法律适用上之原则，故有下列三种例外：(一)新法律有明文规定溯及既往者。(二)立法者之意思本系以溯及既往为目的者（即新法乃因废止旧法而制定时）。(三)依法律之性质应溯及既往者。

【不当得利】【债】Undue enrichment or unjustified benefit　为债之发生原因之一，谓无法律上之原因而受利益，致他人受损害之事实也。即虽有法律上之原因，而其后已不存在者，亦为不当得利，其受领人亦负返还利益之义务（民法第一七九条）。不当得利之成立要件有三：(1)须一造由他造受利益者。(2)须一造受有利益

---

① 原书为"外"，查《唐律疏议》，当为"内"，系排版之误。

而致他造受损害者。(3)所受利益须系无法律上之原因者,即有之而其后已不存在者。至于虽为不当得利,然给付人不得请求返还之情形有二:(1)无偿给付(详该本条)。(2)因不法原因所为之给付者但此原因仅存在于受领人之一方时,仍为不当得利(第一八〇条)。不当得利所返还之利益其范围:(1)所受之利益。(2)本于该利益所得之利益,均以原物或权利为原则,其因性质上或其他情形不能返还者,则应偿还其价额(第一八一条)。又法律对于善意受领人只课以返还现存利益之义务,对恶意受领人则课以较重责任(第一八二条)。此外受领人如将所受利益无偿让与第三人,而受领人因此免返还义务者,则第三人自应于其免责范围内负返还利益之责任,盖所以保护债权人(受害人)之利益也。(第一八三条)

【不当清偿】【债】Illegal payment　所谓不当清偿乃指向无受清偿权利之人履行清偿义务而言。例如甲债务人不向乙债权人清偿债务,而竟向丙履行清偿是。

【不当处分】【行】Improper measure; Erroneous administrative measure　称不当处分者,谓行政官署在法规范围内,对于人民之利益加以损害时所为之处分。我诉愿法规定不当处分得为诉愿之原因,而不得为行政诉讼之原因,乃采奥国之制度。

【不虞之不合】【民总】又称无意之不合。(详该本条)

【不道】【史】为十恶(详该本条)之一。汉书王商传:“左将军丹奏,商执左道以乱政,为臣罔上不道。”同书严延年传:“坐怨望非谤政治,不道,弃市。”晋书刑法志:“张斐表曰,逆节绝理,谓之不道。”

【不过割】【史】谓卖主不将所卖之土地报官过户于买主也,多由卖主留根作难(参典买田宅条内),所以必须过割者,乃清各户赋役之籍也。

【不实不尽】【史】犯罪自首时为虚伪陈述者曰不实,其不为全部陈述者曰不尽。(详犯罪自首条内)

【不罚】【刑】Not punishable　所谓不罚,乃指行为在性质上已构成犯罪要件。惟因特别情形故不加处罚之谓。例如刑法第三十六条规定,对于现在不法之侵害而出于防卫自己或他人权利之行为不罚是。

【不认可】【行】Rejection　官署对于人民或公共团体之请求其认可时,而与以反对之表示者,谓之不认可。

【不认识之过失】【刑】Unbewusste fahrlässigkeit(德)　又称曰无意过失。(详该本条)

【不需介权】【通】Unmittelbar zustandiges recht(德)　为私权分类之一种,与需介权相对称。谓权利人毋须他种媒介始能取得或享受之权利也。通常权利以此为多数。

【不履行】【债】Non-fulfilment　债务之履行须于约定或其他适法时期为之,否则谓之不履行。

【不熟虑的故意】【刑】为故意分类之一,对熟考故意言。又称突然故意,或名

单纯故意。(详该本条)

【不熟练劳动】【劳】Unskilled labor 不须经过学习或训练而即可工作之劳动,曰不熟练劳动。此项劳动者之数目,在我国目前不多,例如搬运工人或侍役是。

【不确定故意】【刑】Specific intent 为故意之一种,对确定故意言,又名附条件之故意,即犯人对其行为之结果无确定之观念时之谓。又分为三种:(1)概决的故意。(2)择一的故意。(3)未必的故意。(详各本条)

【不确定期限】【民总】Uncertain (Indefinite) limitation of time 为期限之一,对确定期限言。谓其内容事实之发生乃属确定,而其时期则不确定之谓也。易言之,即其到来之时日不予明言也。例如约定某甲死亡之日履行债务是。

【不适法】【通】Unlawfulness; Illegality 所谓不适法,乃指不依照法律之规定而言。

【不适法行为】【债】Unlawful act 一名不法行为。(详该本条)

【不适龄】【民总】不适龄者,即与法令所规定之年龄不适合也。例如年满二十岁者始为成年人,而有完全行为能力,如未满二十岁者单独为法律行为不经其法定代理人之允许,则以之为不适龄,而其所为之法律行为应为无效。

【不操练军士】【史】① 操练军士,② 守纪律,城池必完固,以及衣甲器杖必齐整坚利,皆为军官平日之职分,违者应加治罪。明律(卷十四)兵律军政篇有不操练军士之条。清律因之(卷十九同律同篇)惟原文略有变更耳。其条文及下注:"凡各处(边方腹里)守御官,不守纪律,不操练军士,及城池不完,衣甲器仗不整者,初犯杖八十,再犯杖一百。若(守御)官堤备不严,抚驭无方,致有所部军人反叛者,该管官各杖一百追夺(诰敕),发边远充军。若(因军人反叛)弃城而逃者斩(监候)。"清律之总注:"纪律必谨守,军士必操练,城池必完固,衣甲器杖必整齐坚利,此四者,皆守御官之职分也,失此四者,是谓溺职,初犯杖八十,依名例降二级留任,若仍怠惰,至于再犯杖一百,依名例降四级调用。若守御官,平日堤防备御不严谨,抚绥驾驭无方略,以致所部军人,各怀愤恨,乘其疏忽,聚众反叛者,该管官各杖一百,追夺原授诰敕发边远充军。若因军人反叛,不能捕获扑灭,即弃城而逃避者斩。"

【不融通物】【民总】Res extra commercium (拉丁) 为物之一种,对融通物言,又称不可有物。其区别乃以物之能否为私权的客体,及在法律上能否处分为标准。故凡物之不能为私权客体及不能在法律上处分者,曰融通物。其不得为私权客体者例如空气流水海洋是。其不得在法律上受处分者,属于公物者例如官署军舰是。属于禁制物者(即法令所禁止者)例如鸦片及猥亵图书,及意图扰乱公安时所备之军械是。即尸体亦有主张系属不能受处分之物者。

---

①② 原书为"不",依此文句不通,当系排版之误,应删去"不"字。

【不卫宫】【史】汉时护卫宫殿责任者缺其职守，谓之不卫宫，减死一等夺取其爵士而为庶人。汉律考（卷四）："胡广传，延熹二年，大将军梁[1]冀被诛，广与司徒韩缜司空孙[2]朗坐不卫宫，皆减死一等夺爵士，免为庶人。"

【不应入驿而入】【史】私人不应入驿止宿或受供给，违者治罪。唐律（卷二十六）杂律篇设有不应入驿而入之条："诸不应入驿而入者，笞四十，辄受供给者杖一百，计赃重者准盗论，虽应入驿，不合受供给而受者，罪亦如之。"疏议曰："不应入驿而入者笞四十，杂令，私行人职事五品以上，散官二品以上，爵国公以上，欲投驿止宿者听之。边远及无村店之处，九品以上，勋官五品以上，及爵遇屯驿，止宿亦听，并不得辄受供给。谓私行人，不应入驿而入者笞四十，辄受供给，准赃虽少，皆杖一百，计赃得罪，重于杖一百者准盗论，虽应入驿，准令不合受供给而受，亦与不应入驿人同罪，强者各加二等。"

【不应律】【史】按律于重大罪犯，莫不详备，而于细小事理，则不能穷尽人情，各立一法，以为规定。又恐因律无正条，而附会臆断，轻则纵奸，重则伤和，致太过不及，故设不应之律。六部成语注解："除杀人等案之外，凡一切难以名称之罪，概名之曰不应。"

【不应得为】【史】谓律令无正条且为事理上不可为者，谓之不应得为。唐律（卷二十七）杂律篇有不应得为之条："诸不应得为而为之者，笞四十，事理重者杖八十。"

【不应为】【史】凡理之所不可为者，谓之不应为，明律（卷二十六）、清律（卷三十四）——刑律杂犯不应为之条："凡不应得为而为之者笞四十，事理重者杖八十。"清律注曰："律无罪名，所犯事有轻重，各量情而坐之。凡人所犯之事，在律例皆无坐之条，而揆之情理，又不可为，谓之不应得为，不应得为而为之者，笞四十，盖事理之轻者也。若事理重者，则杖八十。世之事变百出，人之情态无穷，律例不能皆载，故著此不应得为之一条，以补其未备。"唐律（卷二十七）杂律不应为之条："诸不应为而为之者，笞四十。"其注曰："谓律令无条，理不可为者。"同条疏议曰："杂犯轻罪触类弘多，金科玉条，包罗难尽，其有在律在令，无有正条，若不轻重相明，无文可以比附，临时处断，量情为罪，庶补遗阙，故立此条。"

【不应为官】【史】因犯罪而被免官者于一定期限内不得任用官职，是曰不应为官。（参诈假官假与人官条内）

【不应禁】【史】（详囚应禁而不禁条内）

【不举发犯罪罪】【刑】为妨害秩序罪之一。因于犯罪可以预防之际，知有将犯（一）内乱罪。（二）外患罪。（三）刑法第一八七条、一八八条、一九〇条、一九二条、一九三条、一九七条之公共危险罪。（四）强奸罪。（五）杀人罪。（六）强盗及海盗罪，而不向该管公务员或将被加害之人报告而成立。但以明知并于该犯罪可以预防之际而不报告者为限，其处罚为一年以下有期徒刑、拘役，或三百元以下罚金。

---

① 原书为"染"，据《后汉书》，应为"梁"。

② 原书缺"孙"，据上，应补正。

(刑法第一六二条)但知有亲属将犯以上六种之罪而不报告者,免除其刑,盖本亲属相为容隐之旨也。(第一六八条)

【不亏财】【史】司圜者罢民惩治,任之以事,不罚其金,使其自怨自艾,以至自新,故曰不亏财。(周礼秋官司圜之职)

【不亏体】【史】司圜之职罢民惩治,其刑人也,但加以明刑而异于五刑之伤体,故曰圜土之刑人也不亏体。(周礼秋官司圜之职)

【不继续占有】【物】Uncontinual possession 为占有之一种,对继续占有言,即占有其物时其占有中间有间断之谓也。对于占有时效之规定,不适用之。

【不继续地役权】【物】Uncontinual realservitude 为地役权之一,对继续地役权言,即地役权之行使每次必须权利人之行使,例如通行地役是。

【不变更主义】【刑诉】又称曰职权主义。(详该本条)

【不变期间】【民诉】Tempus fatale(拉丁) 为法定期间之一种,对非不变期间言。(详法定期间条内)

【中】【史】中之意义有二:(一)在心不偏不倚之义,在事即过无不及之谓。尚书一虞书有:"允执厥中"之句。又同书一周书:"咸中有庆。"又书经一吕刑篇之注曰:"中者,吕刑之纲领也,苗民罔是中者也。皋陶明是中者也,穆王之告司政典狱,勉是中者也,末章训迪,自中之外,亦无他说焉,今尔何所当监,岂非德于民之中乎。"丘浚氏注曰:"臣按帝王之道,莫大于中,中者,在心则不偏不倚,在事则过无不及,帝王传授心法,以此为传道之要,以此为出治之则,书经始虞书允执厥中,大舜以之而传达,书终于周书咸中有庆。"(二)中者簿书之义也,官府簿书谓之中,即裁判之案件亦然。周官一小司寇:"断庶民狱讼之中",此之所谓中即指簿书而言也。皇清经解一周礼之解:"凡官府簿书,谓之中,故诸官言治中受中,小司寇断庶民狱讼之中,皆谓簿书,犹今之案也。此中字之本义,故掌文书者,谓之史,其字从又从中,又者右手,以手持簿书也。"

【中小学学生毕业会考暂行规程】【行】本规程于民国二十一年五月二十六日由教育部公布。全文计共十三条,自公布之日施行。(参毕业会考条内)

【中山县训政实施委员会组织大纲】【行】本大纲于民国二十年一月十四日公布,全文仅十条,自公布之日施行。兹举其要点如下:(一)中山县训政实施委员会依照民国十八年二月八日国民政府第十九次国务会议,确定中山县为全国模范县之决议,为中山县实施训政建设模范县之计划指导监督机关。(二)委员会由国民政府选派委员十五人组织之,中设主席一人,由国府指定之,均为无给职,每年至少开会二次。(三)中山县县长在训政期内,由省政府任用本委员会主席兼之。(四)中山县行政及建设事业经费由国省两库每月拨付三万元,其用途分配由委员会审定之,应以四与六之比例为分配标准。(五)委员会为办理事务得设秘书处,置秘书一人,事务员若干人,由委员会派充之。

【中允】【史】为汉代所设之官职,乃太子之属官。宋齐一称曰中舍人,唐又改曰中允,属詹事府,掌侍从礼仪及启奏之驳正。其后历代皆设置之,清末始废。

【中止】【民诉】Suspension　诉讼程序本于法律上一定之原因,依法院之裁判而停止进行者,曰中止。为中止原因之事实如下:(一)有天灾或其他事故不能执行职务时。(二)当事人于战时服兵役,或因天灾或其他事故致与法院交通隔绝者。(三)诉讼全部或一部之裁判,以他诉讼之法律关系是否成立为据者。(四)诉讼中有犯罪嫌疑牵涉其裁判者。(五)提起主参加诉讼者。(六)当事人于诉讼拘束中将诉讼告知于因自己败诉而有法律上利害关系之第三人者。(民诉法第一七六—一八二条)

【中止犯】【刑】Rucktrittvom versuch(德)　又曰内由未遂犯,即于犯罪着手时或实行中,而其结果尚未发生以前,以自己意思自由中止之者是也。我刑法第四十一条规定:"已着手于犯罪之实行,而因己意中止者,减轻或免除本刑。"减轻与免除,一方面为奖励其自止,一方面则为宽恕其中止。按中止犯与未遂犯异,一为犯者自己意思所阻止而中止,一为由外界其他意外之障碍所阻止而未遂,二者不可混同。中止犯又分着手中止犯及实行中止犯(详各本条)。中止犯之成立其要件有四:(1)须虑有结果发生之虞所起之中止。(2)中止须有实际效力。(3)中止之实际效力须因犯人之行动,若为防止结果之助力不为中止犯。(4)须因犯人自己之任意,即故意悔悟之行为也。中止行为有未生结果之中止者,即着手后行为未终前而中止之谓,例如以毒药杀人投未及量而止是。又有行为已了之中止者,即于行为终了后未发生结果前,而再以己意防止其结果之发生之谓,例如投药杀人及量而再予以解毒之剂是。关于共犯与中止犯之关系约如下述:(一)正犯之行为中止,教唆犯及从犯仍以未遂犯论。(二)共同正犯中之一人中止其行为时,如因此项中止行为致无犯罪结果者,其他各正犯应以未遂犯论。如因此项中止并不妨碍结果之发生,则其他各正犯应以既遂论罪。(三)教唆犯与从犯对犯罪之结果加以防止行为使不发生时,则正犯亦当以未遂罪论也。

【中止的否决权】【宪】所谓中止的否决权乃指行政首长对于议会所通过之法律案,在一定期限内不予批准公布时所行使之对抗之权力而言。有时要求议会覆议,有时则要求公民复决。若议会于覆议时以三分二之多数维持原案者,则该法律案应认为成立,而行政首长应立即批准公布之。如系由公民复决则公民如认议会之主张为有理由,该法律案亦应认为成立,否则为不成立。

【中央工业试验所】【行】The Central Industrial Laboratory　实业部为考验工业原料,改良制造方法,鉴定工业制品,特设立中央工业试验所,置所长一人(简任),并设化学组与机械组,各置主任一人(由简任技正兼充),又置技正四人至八人(二人简任,余荐任),事务长一人(荐任),技士六人至十人(荐任或委任),技助八人至十四人,事务员四人至八人(均委任)。本所因试验上之必要得附设工厂,于试验时如系出于工商业者之请求,得酌收手续费,其请求派员前往指导时并得酌收旅费。(实业部中央工业试验所组织条例第一—五条,又第十二—十三条)

【中央工业试验所组织条例】【行】本条例原称实业部中央工业试验所组织条例,于民国二十年二月二十六日由国民政府公布,全文计十六条,自公布日施行(参中央工业试验所条内)。与本条例相关者,尚有中央工业试验所化学试验规则,于民国二十一年五月二十五日由实业部公布,全文计二十一条,亦自公布日起施行。

【中央古物保管委员会组织条例】【行】本条例依古物保存法第九条第二项而制定,于民国二十一年五月十六日公布,全文计十四条,自公布日施行。兹录其要点如下:(一)本委员会直隶于行政院,计划全国古物古迹之保管研究及发掘事宜。(二)本会由行政院聘请古物专家六人至十一人,教育部内政部代表各二人,国立各研究院国立各博物馆代表各一人组织之,并就委员中指定常务委员五人,以一人为主席。会中又置文书科,审核科,登记科,各设科长一人(荐任),承主席及常务委员之命分掌各科事务,各科下共置科员八人至十一人(委任),因学术上之必要得延聘国内外专家为顾问。(三)本委员会应将所办事项编制报告统计,每年公告一次。

【中央地政机关】【土】Central organ for administration of land 谓执行土地法之中央官署也,为地政机关之一,与地方地政机关相对称。其设立地址乃在国民政府之所在地,直辖于行政院,负监督地方地政机关之责任,每年应编造全国土地行政报告书,呈送于国民政府。(第二十七条,第三条)

【中央行政】【行】Central administration 与地方行政相对称,乃由中央政府直接管理之行政也。如中央政府各院部会等之行政是。

【中央防疫处组织条例】【行】本条例于民国十九年三月二十四日由国民政府公布,全文计十四条,自公布日施行。兹录其要点如下:(一)本处直隶于卫生部(今改为内政部卫生署)掌理关于传染病之研究讲习,及生物学制品之制造检查鉴定事项。(二)置处长一人(简任),技正四人至六人(中一人或二人简任,余荐任),秘书一人(荐任),技士二人至四人,事务员六人至八人(委任),因技术上之需要得酌用技佐四人至六人,技术生十人至十六人,由处长选派。(三)本处于处长之下置秘书处及第一科,第二科,第三科,各置科长由技正兼任,科得分股置股长由技正或技士兼任。(四)本处并得延请中外细菌免疫学、传染病学专家为名誉顾问。

【中央官署】【行】Central governmental office 为官署之一种,对地方官署言,即管辖全国一般政务之官署也。

【中央政府】【宪】中央政府为全国政治上之最高机关,对全国各地方政府有统辖指挥及监督之权。

【中央法制委员会】【行】民国十六年间南京国民政府成立,因各项法令规章急待编订,遂设中央法制委员会,秉承中央政治会议及国民政府之命,草拟并审查一切法制。委员定额暂定为九人(得随时由中央政治会议议决增减之),以三人组织常务委员会管理一切常务,每星期至少应开委员会议一次。本会得自行草拟并审查各项法制,建议于中央政治会议,及国民政府,惟不得自行宣布(中央法制委员会组织条例第一——八条)。迨五院制度成立,本会因而撤销焉。

【中央研究院组织法】【行】Law Governing the Organization of the Central Research Institute 本法于民国十七年十一月九日公布。本院直隶于国民政府,为中华民国最高学术研究机关。其任务有二:(1)实行科学研究。(2)指导联络奖励学术之研究，设院长一人(特任)，总干事一人，干事三人至五人(由院长聘任)，设评议会由院长聘任国内专门学者三十人组织之，院长为评议会议长。至本院直辖之学术研究机关主任则为当然评议员。本院又设名誉会员分二种：(1)个人名誉会员。(2)团体名誉会员。又设下列各研究所：(1)物理研究所。(2)化学研究所。(3)工程研究所。(4)地质研究所。(5)天文研究所。(6)气象研究所。(7)历史语言研究所。(8)文学研究所。(9)考古学研究所。(10)心理学研究所。(11)教育研究所。(12)社会科学研究所。(13)动物研究所。(14)植物研究所。必要时且得设立其他研究所。

【中央财政委员会】【行】民国十六年南京中央政治会议为统一指导全国财政起见，特设中央财政委员会，由中央政治会议于委员中推定三人及财政部长次长共五人组织之。设主席一人由全体委员推选中央政治会议所推三人中之一充任之，另设秘书一人及办事员若干人。本会得随时调查各机关财政情形，并得指定事项令其报告，对于财政计划，并得于拟定及审查后呈请中央政治会议核定之。关于指导财政之事项，须呈由政治会议交国民政府执行之(中央财政委员会组织条例第一—六条)。按此机关之存在为时甚短，不久即行撤废。

【中央税】【行】Taxes for central government　与地方税相对称。凡归中央政府所征收之税，曰中央税，如关税，盐税，烟酒税，统税(出厂税)，特税(特种消费税)，所得税，遗产税皆是。

【中央集权制】【宪】System of centralization　简称集权制。(详该本条)

【中央农业实验所】【行】Central Agricultural Experimental Station; Central Experimental Farm　实业部为实施下列任务起见，特设中央农业实验所，以司下列各事：(1)研究及改进发展中国森林蚕丝渔牧农艺，及其他农业技术及方法。(2)就中外已知之良法加以研究及试验，并推广其成效之结果。(3)调查农业实际情形，并输入有益农业之动植物。(4)调查及研究农村经济及农村社会。(5)以科学方法研究农产品或原料之分级。所中设所长一人(特任)，副所长事务长各一人(均简任)，技正十四人至二十人(荐任)，技士二十五人至三十五人(荐任或委任)，助理员五十人至六十人(委任)。又暂设下列三科：(1)植物生产科。(2)动物生产科。(3)农业经济科，各科视事之繁简再设若干系，科系各设主任一人，以技正或技士兼充。本所设试验场于首都附近，并得择相当地点设立分场。此外并得设图书馆及各项研究室，对于各省立试验场及其他公私立农业改良机关，得予以相当指导，对于各大学农学院或其他公私立农业改良机关，与之合作从事解决特殊农业问题。(中央农业实验所章程第一—六条、九—十二条)

【中央农业实验所章程】【行】本章程于民国二十年十月三十一日公布，全文计十三条，自呈准公布之日施行。(参中央农业实验所条内)

【中央银行】【行】Central Bank　由国民政府设置经营之国家银行，名曰中央银行。总行设于上海，以三十年为营业期限，期满时得呈请延长。资本总额(开办时)为国币二千万元，由国库一次拨足，必要时得增加资本，并得招集商股，但商股额数不得超过资本总额百分之四十九。中央银行由国府授予下列之特权:(1)遵照兑换券条例发行兑换券。(2)铸造及发行国币。(3)经理国库。(4)募集或经理国内外公债事务。中央银行设理事会,由国府特派理事九人组织之(其中应有代表实业界商界银行界者各一人),任期均为三年,期满得续派连任。理事会议之常务理事五人,由国府就理事中指定之(在职期内不得兼任其他银行职务)。此外又设监事会,由国府特派监事七人组织之(其中应有代表实业界商界银行界者各二人,代表国府审计机关者一人),关于执行全行事务则置总裁一人,由国府特任之,副总裁一人由国府简任之(均由常务理事中遴选之),任期均三年,期满得续派连任,总裁兼为理事会主席,监事会主席则由监事互推之。总裁副总裁之下设业务发行二局,分掌营业发行事务,业务局置总经理一人,发行局置总发行一人,均由总裁呈请国府简任之。(中央银行条例第一——五条、九一十三条)

【中央银行条例】【行】本条例于民国十七年十月六日公布,后曾修正,全文计共二十条,自公布之日施行。(参中央银行条内)

【中央模范林区组织章程】【行】本章程公布于民国十八年二月二十三日,全文计十八条,自公布日施行。以本林区直隶于建设委员会及农矿部。自从中央模范林区管理局组织条例(详该本条)公布后,前项章程即行失效,而另以中央模范林区管理局代之,改隶于实业部。

【中央模范林区管理局】【行】管理中央模范林区内山荒造林及林政事宜之机关,曰中央模范林区管理局,隶属于实业部,所经营区域以江宁、江浦、六合、句容、当涂和县所辖官林山荒为限。在此区域内原有林场除私有林或面积不满一千亩之公有林或另有规定者外,均由本管理局代为经营。(林场所有权在原则上并不变更)管理局置局长一人(简任或荐任),下设总务技术及推广三课,各置课长一人(荐任或委任),总务课置课员五人,技术员二人(均委任),技术课置课员二人,技术员十人(均委任),推广课置课员一人,技术员五人(均委任),此外局中得附设设计委员会,延聘林业专家为委员,从事设计工作。(实业部中央模范林区管理局组织条例第一——四条、八一十三条)

【中央模范林区管理局组织条例】【行】本条例公布于民国二十二年六月十三日,全文计共十六条,自公布之日起施行。以前之中央模范林区组织章程,即行失效。(参中央模范林区管理局条)

【中央模范农业推广区组织章程】【行】本章程于民国二十年九月十八日由实业部公布,全文计十条,自公布之日施行。兹举其要点如下:(一)实业部及中央大学为倡导农业推广,特就江宁县第三、第五、第六三区合办中央模范农业推广区,由实业部派五人,中央大学派二人组织管理委员会,负责计划及监督一切推广事务,以实业部所派人员中之一人任主任委员。(二)本区设农业指导员三人至七人,直接受管理委员会之监督与指挥,暂由委员会议决派任,其指导员办事处得分农事合作社会总务等股办事。(三)本区办理各项事务除直接受实业部监督外,并应将办理经过情形报告中央农业推广委员会备案。(四)本区应将工作情形随时公布,并于每月及每年度终结时将推广情形分别呈报各主管机关备核。

【中央卫生委员会】【行】国民政府内政部卫生署为讨论全国卫生设施起见，特设中央卫生委员会，委员定为十七人，第一次委员由卫生署长选聘富有卫生学识经验之人员充任，卫生署署长、技监以及中央卫生试验所所长为当然委员。除上述外于每届开会时得延聘专家及有关系各部会之高级公务员为临时委员列席会议。委员会每六个月开会一次，必要时得召开临时会议，议决之事项由会送请卫生署采择施行。又设秘书一人，事务主任一人，事务员二人至四人，分掌纪录编辑及选拟收发缮校文件，并其他一切事务。（中央卫生委员会组织条例第一——三条、六一八条）

【中央卫生会】【行】中央卫生会为北京政府所设之机关，直隶于内务部，审议关于公众卫生及兽畜卫生等事项。置会长一人由内务总长兼任，副会长一人，由内务总长呈请派充，委员若干人，就下列人员由内务总长派充：公府医务处长，国务院法制局参事，内务部参事，内务部民治司司长，警政司司长，土木司司长，卫生司司长及科长，京师警察厅卫生处长，中央防疫处处长，传染病医院院长，陆军部军医司长，军医学校校长，兽医学校校长，海军部医务科长，海军军医学校校长，司法部监狱司司长，教育部专门司司长，专门医学校校长，农商部渔牧司司长，交通部铁路医官，医学专门人员，药学专门人员，又置主任干事一人、干事二人，分掌本会事务，由内务总长于本部部员中遴派之（民国十年二月公布之中央卫生会组织章程第一条第四条）。按本会与今之中央卫生委员会相等。

【中央医院】【行】Central Hospital　本院直隶于内政部卫生署，掌理疾病之治疗预防并医务人员之实地训练等事项，置委员会（委员定为七人）审议一切重要事项，并设院长一人，副院长一人。置下列各科部局：内科，外科，妇产科，小儿科，眼科，耳鼻咽喉科，皮肤花柳科，泌尿科，脑病科，检验科，护士部，门诊部，保健部，药局及事务部，各置主任一人，承院长副院长之命办理各该科部局医务或事务。又视医务之繁简酌置医师，助理医师，住院医师，助理住院医师，练习医师，药剂师，技士，主任护士长，护士，技助等员。

【中央医院委员会章程】【行】本章程于民国二十年十月三十日由内政部公布，全文计十二条。兹将其要点述之于下：（一）本会为中央医院所设置审议一切重要事项，并辅助业务之发展。所掌管事项如下：(1)关于院务之督察事项。(2)关于院内重要人员之推选及提请任用事项。(3)关于院务之扩充改进事项。(4)关于基金之筹集及保管事项。（二）本会委员定为七人，由卫生署长选聘热心医药事业及富有医事学识经验者充之。卫生署长，中央医院院长，南京市卫生局长为当然委员，中央医院副院长得列席会议。以上均为名誉职，任期均为三年，期满得继续延聘之。（三）本会由全体委员推选常务委员三人，每月召开二次，其全体大会则每年一次，必要时得临时召集。（四）本会设秘书一人，由常务委员一人兼任之，掌理会议纪录，及其他一切事务。

【中央医院章程】【行】本条例于民国二十年十月三十日由内政部公布，全文计十四条，自呈准公布日施行。（参中央医院条内）

【中央蚕丝试验场】【行】Central Laboratory of Silk and Silkworms　实业部

为改进蚕种桑树与茧丝起见，特设中央蚕丝试验场，置场长一人(荐任)，技术官八人(荐任)，技术员十五人(委任)，助理员三十人(委任)，事务员六人(委任)，并设养蚕，栽桑，茧丝，化验，推广，事务六课，各置课主任一人(内五人由技术官兼任，一人则由事务员一人兼任之)。此外本场另附设原蚕种制造所及丝厂各一，以为改进及实验之用。(中央蚕丝试验场章程第一一二条、九一十条，又十三条)

【中央蚕丝试验场章程】【行】本章程于民国二十年五月二十六日公布，全文计十五条，自公布之日施行。兹举其要点如下：(一)本试验场直隶于实业部，掌理关于蚕桑茧丝等之改进研究等事项。(二)本场置场长一人，承实业部长之命综理全场事务监督所属职员：下设养蚕，栽桑，茧丝，化验，推广，事务各课，置技术官八人，内五人兼任课主任(均荐任)，技术员十五人(委任)，助理员三十人(委任)，事务员六人，内一人兼课主任(委任)。(三)本场附设原蚕种制造所及丝厂，其章程另定之。

【中立】【国公】Neutrality 又名局外中立。中立者，谓第三国对交战国之任何一方所采取之公平不偏袒的，超出敌对行为的自然的态度也。换言之，即对交战国任何一方，不予以积极的援助，而交战国亦不得侵犯中立者之领土，违者其相对方均得采取任何必要之手段。中立可分为下列各种：(一)永久中立与战时中立。(二)全部中立与一部中立。(三)单纯中立与协约中立。(四)完全中立与不完全中立。(五)武装中立与普通中立(详各本条)。按欧战告终，国际联盟成立后，依盟约第十六条之规定，凡在盟各国间之战争，已无所谓中立国之存在，故中立制度仅适用于未加入联盟国间之战争而已。然此仅为理论上之解释，实际如何，自当留待异日事实之证明也。

【中立法】【国公】Law of neutrality 又曰局外中立法，或曰中立法规(参该本条)，即规定中立国与交战国相互间之权利义务之法规也。

【中立法规】【国公】Law of neutrality 为战争法之一种，与交战法规相对称。凡国际法中关于战争时中立国家对于交战国相互间应行遵守之准则，皆称曰中立法规。一九〇七年海牙条约第五编关于陆战中立国家及其人民之权利义务，第十三编关于海战中立国家之权利义务，以及其他各条约中多有涉及中立之规定，均可谓之中立法规。

【中立宣言】【国公】又曰局外中立宣言。凡遇国家发生战事，其欲立于中立地位之国家，通常多以宣言为之。惟此宣言并非中立之绝对必要条件，苟其国与战争之原因无关，或与交战国无同盟及从属诸关系，若不为关于参加战争之宣言，且又不对交战国之任何一方加以援助，则中立宣言之有无，均得称为中立国。惟按今日国际通例，凡不参加战争之国家，多用中立宣言，以其能公然表示态度于中外故也。故自宣言发表以后，在原则上即为中立状态发生之始，而中立国之权利义务亦因之而发生焉。惟在不为中立宣言者，依国际公法之规定则系中立国自受领交战国关于战争状态发生之通告之时为始。但中立国确知实际战争状态时，虽未收到交战国之通告，亦当认为其中立之权利义务业已发生，不得以通告欠缺为借口，而免除其责任。

【中立军港】【国公】Neutral naval-station　所谓中立军港，乃指于战争时中立国领土内之军港而言。依国际公法之规定，交战国之军舰得驶入其中，惟以二十四小时为限，同时且以三艘为最多数，否则该中立国得为扣留之处置。

【中立国】【国公】Neutral powers or neutral states　凡战时处于不偏袒地位，而宣告中立之国家，曰中立国。中立国之权利义务，其主要者有下述各种：(一)中立国之领土有不可侵犯之权利，且有抵抗交战国侵犯行为之权。(二)中立国不得对交战国供给军队，军舰，军用品等。(三)中立国不得在其领土内为交战国募集军队或组织军队。(四)中立国不得借款于交战国。(五)中立国领土内不得任交战国军队或军火通过。(六)中立国对交战国军舰入境，而认为巡逻或攻击之用者，须防止其在境内舣装或武装。(七)中立国不得任交战国在其境内为放置捕获物之用，及设置捕获审检所。(八)中立国不得任交战国军舰三艘以上，同时泊于其一港之内，其时间每艘不得逾二十四小时。(九)中立国港口及领海，不得任其为交战国作战之根据地。(十)中立国对交战国所为合法之待遇，须以公平不偏袒为标准。(十一)中立国不得任交战国在其领土内设置电信机关。(十二)交战国军舰不得在中立国领水内执行搜索及拿捕之权。至于中立国人民之权利与义务，与中立国家之权义不可混为一谈，以其性质全然不同也。

【中丞】【史】汉代御史大夫之属有二丞，一曰御史丞，二曰中丞。在殿中掌兰①台秘书，并内领侍御史之职，外监督刺史。成帝时改称御史长史，光武复曰中丞。事物纪原(卷五)："汉初，御史大夫有两丞，一曰御史丞，一曰中丞。初学记曰，秦官，汉因之，谓之中丞，以其别在殿中掌兰台秘书，外督部刺史，内领侍御史，故云。成哀间更名御史长史，光武复曰中丞。"

【中舍人】【史】为晋时所设之官，乃太子之属官，故一称曰太子中舍人。唐代以后删人字而曰太子中舍。事物纪原(卷五)："晋咸宁中，初置太子中舍人官，宋朝神宗又置之，唐以来有太子中舍，而无中舍人。"

【中书令】【史】起于舜代之纳言，周代之内史，秦始皇时置中书谒者，汉元帝时去谒者二字而为中书令，职掌侍奉皇帝及通报谒见者等之事，初以宦者充之，后以士人任之。隋文帝时废三公府寮，令中书令与侍中知政事，遂有宰相之职。事物纪原(卷五)："舜纳言，周内史，皆中书谒者，置令下不言谒者，省文也。通典云，唐百官志则曰，秦始皇置中书谒者，汉元帝去谒者二字，汉魏品卑而任重，隋文帝废三公府寮，令中书令与侍中知政事，遂有为宰相，职林以谓，汉成帝建始四年改中书谒者令曰中谒者令，以士人为之，魏文帝黄初初，改秘书令为中书令也。"

【中书侍郎】【史】汉武帝时置中书，领尚书之职，魏之黄初中设通事郎，后改为中书侍郎。事物纪原(卷五)："汉武帝，置中书，领尚书事，有令丞郎，魏黄初初，置通事郎，后改曰中书侍郎，唐志曰，晋加侍字。"

【中书舍人】【史】初学记曰，魏世中书始置通事一人，明帝时有通事刘泰是也，

① 原书为"蔺"，系排版之误。

高贵卿公,改曰通事都尉,寻为通事侍郎,晋初置通事舍各一,各为一职,梁时始掌诏诰,其后除通事,直称曰中书舍人。按舍人本周官,掌宫中之政。(事物纪原卷五)

【中书省】【史】中书之名起自前汉,后汉置尚书而不置中书,魏文帝时置中书监及中书令,参与枢密,任秉衡之职,诏命秘记悉掌之,晋时其权力甚大,均以相职目之。按魏晋时代,中书省之外,尚有门下省之起,与前之尚书省共称曰三省,门下省乃起于秦之侍中寺,魏时之中书省置监令,掌握机衡之任,至东晋以至梁陈,举国机要悉在中书,献纳之任则归门下,而尚书之权稍轻。经隋及唐中书,门下,尚书三省鼎立,均以其长官为宰相之职,宋亦仍之。徽宗政和中以太师总领三省,号曰公相,辽金均设三省,辽时三省之上有宰相府,故秉衡之权由宰相握之,三省权力遂减。金以三公总领三相之事,名曰领三省事。元时以中书令为国政之中枢,门下及尚书二省曾一度设置,旋废,明初仍元制,设中书省,置左右丞相未几废之。至六部尚书之地位日进,其权限始重,寻拔擢翰林院中之才识卓绝者使典枢政,称曰内阁,至是中书省及门下尚书二省遂归消灭。

【中纳钱粮】【史】(详监临势要中盐条内)

【中国法】【通】Chinese law 我国为五千年文明之古国,不特土地广大,物产饶丰,即典章制度,亦灿然可观。历来朝代,虽皆竞尚人治,轻视法治,然一切典章法令之变迁兴废,无不有踪迹可循。试考其统系之发源,虽与其他各国略同,然实不能超出我国固有国情之外。故我国之法制之体系,实为现存世界法系之印度法系,回回法系,罗马法系及英美法系互相颉颃,互相对立。论其范围,则曾为东亚一隅所采用,即日本维新以前之法制,高丽、安南等国亦为中国法系所支配。今虽揆诸罗马法系及英美法系有所不逮,然较诸印度法系及回回法系则驾其上。至其起源之古,尤为他系所不及,是诚足以自豪者矣。惟因下列各种原因,致进步迟缓:(1)为儒家崇尚礼教,道家主张清静之说所阻止,致法律退居于补助之地位。(2)为重人治轻法治之说所克制,致法律趋于简陋而不能进步。(3)法家为人所轻视,故致力于法学之研究者寥若晨星。(4)历代帝王以及朝臣,莫不以法先王师前贤互相标榜,国家制度,均墨守旧法,改革变法之事,多讳言之。积上四因,我国法制遂多固定不进,驯至今日之现行法律,亦不得不为罗马法系及英美法系所征服。惟我国法制按诸内容,与罗马英美二法系之法制暗相吻合之点甚多,惜在此欧美文化澎湃东来之际,学者恒被西方文化所支配,坐使数千年之我国法制弃置不问,是诚惜哉。(一)经济制度——我国地处温带,素以农业立国,自神农氏起,即为农业时代,其后以日中为市,聚天下之货,为实物之交易,即为商业之开端,及于虞夏,始有货币之制,夏商周行井田之法,遂有赋敛之制:(甲)土地制度——唐虞三代皆注重农业,凡田野初辟之时,皆各因其力以受相当之土地而垦殖之,国家且置专官以司其事。例如唐虞之农师,夏之农宰,周之农师,农正,司稼,稻人,遂人,匠人等皆是。按三代以上,土地非庶人所得而私,均由国家授与,及周井田之制大备(详井田条内)。秦既混一区宇,遂废井田开阡陌,三代土地之共有,乃一变而为嬴秦私有之制,土地所有权因而发生焉。富者因兼土地而愈富,贫者因失土地而愈贫，贫富之悬殊愈甚。汉时土地私有遂成定制，除私田之制一仍秦旧外，尚有所谓籍田，公田，屯田，名田（详各本条）等制。王莽篡汉妄师井田之制，更名天下田曰王田，奴婢曰私属，皆不得买卖，其男口不盈八而田满一井者，分余田与九族乡党，凡犯法令者处死刑，然卒因实施方法不佳陷刑者众行未三年卒告失败。三国后之晋亦因私有土田之流弊，而立占田之法（参占田条）惜不久即废，及北魏之孝文帝从李安世之言，实行均田之法，其后农业因之大兴（参均田法案）。北齐篡魏而有天下，窃魏均田中之世业与口分之制，所谓世业即桑田是者。因桑田不在还授之限，故曰世业，所谓口分，即露田是也。因露田成丁而受，老死归官，故曰口分。隋有永业田之制与北齐世业相似。唐之土地制度大旨仿后魏均田法，以土地为国家所有，一矫从前私买私卖之弊，然当时人口繁殖，田不敷分，国家禁令虽严，而豪强之徒每多奉行不力，故田制之法形同虚设。考当时之田制计有口分田，永业田，公廨田，私田，职分田（又曰职田），屯田，营田等（详各本条）。宋时设有方田之法（详该本条），此外尚有屯田，营田之名，前者均以兵耕，后者则募民为之。其后营田亦多以兵，而屯田亦有募民以耕之者。明清之际，大地主横行一时，明之皇庄，清之旗地，皆其例证，然此乃国家与私人竞争为地主者也。若夫私人亦多兼并土地以为己有，故明清田制可分为官田与民田二种。官田种类尤繁，如皇庄（清为旗地）没官田断入官田，后还官田，牧马草场，园陵，坟地，百官职田等皆是。民田则为人民私有之田地，例如垦荒之田是。此外尚有屯田分军屯民屯二种。（乙）税制——三代时之赋税制度，均以农业为本位，即所谓田赋是也。夏用贡法以九州之土地为九州之土贡。殷用助法，公田由八人共同耕作，而以其所收获者充为赋税。周用彻法，亦以公田所收获者为税，又周时尚有粟米之征，力役之征及布缕之征，此外并有向商人征税之举，如货贿之税，货物邸舍之税，关下邸舍之税，以及列肆之税皆是。三代皆因地而税，而秦则舍地而税人，苛征重敛例如值十税五是，故不及二世即亡。汉时其税制计有下列各种：(1)田赋——十五税一或三十税一。(2)算赋——每人以百二十钱为一算，以供兵车马库之用，民年十五至二十六者纳之。(3)口赋——人民生子满三岁者纳之。(4)盐铁税——对煮盐铸铁者所科之税。(5)酒酤税——即卖酒之税。(6)役赋——汉曰更赋之法（详该本条），分为卒更、践更及过更三种。(7)卖爵钱——与赎罪之法同，其后则凡纳金者均与官爵，是亦为国家税收之一种。(8)算缗钱——即令贾人于制造货物前向官登记时所缴纳之钱也。(9)舟车税——即对舟车所课之税。(10)其他商业税——如市税、畜税、以及其他对商贾所课之税。晋时因行占田之制故有反调之法（详该本条）。自是而北魏而北齐，北齐沿行均田制度，均计户征税，以其每户均有授与田地故也。又盐税商税以及力役等皆仍征收。至于隋唐，赋税之制大备，唐朝赋役之法约有下列各种：(1)租——课诸口分田（八十亩中）岁输粟二斛稻三斛。(2)庸——课人民之力，岁凡二十日，不就役者每日输绢三尺，布加五分之一。(3)调——征诸各户之土产，每户岁输绢二匹、绫絁二丈，布加五分之一，又入绢絁者添绵三两，入布者添麻二斤。按上述租庸调之法其后复代以两税法（详该本条）。此外尚有盐税，茶税，酒税，商业税，青苗钱，杂税钱等，地头钱，税间架及除陌法等。唐季均田制崩，民得自卖其田，于是田皆永业，故宋亦依唐之两税法分为夏税与秋税，分岁赋之种类为五:(1)公田税——即官田,庄田,屯田,营田之税。(2)民田税——即由人民私田所课之税。(3)城郭税——即宅税、地税之类。(4)杂变税——凡牛革蚕桑等之属所收之税。(5)丁口税——即计丁之人头税也。此外尚有酒税,茶税,盐税,役税,杂税以及商业税等。在王安石秉政时代复有所谓青苗法及募役法,但不久即废。元初立十路课税所,中原以户,西域以丁,蒙古以牛马羊,及元世祖时始定税法以唐为范,取于内郡者曰丁税,曰地税,仿唐之租庸调也,取于江南者曰秋税,曰夏税,仿唐之两税法也。明初亦依前代之制,用两税法,夏税以麦为主,秋税以米为主,如以银钞钱绢等物代纳亦无不可,田租及力役均以黄册为准(黄册乃户籍帐,每里一册,丁数之多寡,田亩之广狭均载其内)。其后有鱼鳞册(详该本条)以土地为主,详细记载。役法有成丁与未成丁之分,且有常役与临时之役之别。嘉靖后始将州县之田赋与丁役以及土贡方物悉合为一,以银两折算加以征收,是称曰一条鞭,民咸称便,迄于清季仍未改变。此外明朝税收,尚有商业税,茶税,盐税及酒税等,其他凡桥梁道路关津皆私擅抽税,病民益甚,惟非定制耳。有清之世,田赋之征收,一仿明之一条鞭法,于夏秋两期分别征收,此外有漕粮之制,由漕运总督运贮于北通州及京师以为京官及旗兵之军用。此外其他之杂赋如盐课,茶课,芦课,渔课及契税,铺税,行牙税,牛马税以及典商税关税(海关及常关)等皆是。而于洪杨之役则有所谓厘金者,乃货物通过之税,其初仅为暂补军饷之不足,嗣后以其为岁入之大宗,其妨害商业,莫此为甚。(丙)币制——黄帝时用金刀,虞夏始用金银铜钱刀布龟贝之属以为货币,而以后者居多。周初以珠玉为上币,黄金为中币,刀布为下币,太公乃立九府圜法。秦并天下分币为二等,上币为黄金以镒为名,下币为铜钱,质如周钱文曰半两,重如其文,然各随时而轻重无常。汉时令民铸造荚钱,高后之时行铁钱即八铢钱也。文帝时则更置四铢钱。武帝时行三铢钱,更行半两钱,后更铸五铢钱。自是之后,币制紊乱,武帝遂作白金及皮币(白鹿皮)等以为救济。王莽变制更造大钱,重十二铢。汉末董卓坏五铢钱更铸小钱。魏文帝时乃令民以谷帛为市,但多不便,旋废。东晋又铸小钱,刘宋末年,造二铢钱,形式细小,币制更坏,多有入水不沉,随手破碎者,及隋有天下,乃铸新钱文曰五铢,重如其文,每钱一千重四斤二两,其后私铸者日众,而质量转轻。唐初铸开元通宝钱,每十钱重一两。肃宗时铸乾元重宝钱,以一当十与开元通宝钱参用,又铸重轮乾元钱一当五十。代宗时减重宝钱一当二,重轮钱一当三,民咸称便,然因私铸之风日炽,币制益乱。宋代币制之由硬货变为软货,实为我国币制史上之一大进化。其硬货分铜铁二种:太祖初铸宋元通宝,太平兴国后又铸太平通宝钱,太宗时铸淳化元宝,亲书真行草三体,自后每一改元,必开铸铜钱,历代著为定例。至于软货乃起于蜀人之交子,一称会子。天圣元年十一月,官置交子务于益州,禁民私造,大观元年改交子为钱引,改交子务为钱引务,其后因发行时缺乏准备金,肆意滥发,又因钱乏而用楮,于是楮愈多而愈贱,上下交困,而民生日益惟悴,金融日加紊乱。元时亦曾有交钞之制作,如中统宝钞至元宝钞是,后亦施行钱法,鼓铸现币,不久始罢。明代之币制亦分为宝钞与铸钱二种:洪武七年设宝钞提举司,仿宋之交会元之宝钞而造大明宝钞分为六等:曰一贯,曰五百文,曰四百文,曰三百文,曰二百文,曰一百文,每钞一贯,准钱千文,银一两,四贯准黄金一两,禁民间不得以金银物货交易，故均以钞为本位，金钱之行使，为法所禁止。关于铸钱在洪武元年即有洪武通宝钱之开铸，其先置宝源局于应天府，铸大中通宝钱与历代钱并行，后于江西省置货钱局铸大中通宝钱五等。至洪武元年即令户部及各省铸洪武通宝钱，亦分为五等，当十钱重一两，当五者重五钱，当三及当二者，其重皆如其当之数，小者则重一钱，均禁私铸。其后每易一帝，多有新钱之铸。清继明而有天下，其货币制度分为银铜二种，均有新旧之分，旧银币由炉房铸造，以生银块化成，计有元宝，中锭及小锞三种。新银币于光绪年间自设银元局鼓铸之，计大小五种，均仿墨西哥银元之制，一元者重七钱二分，半元者重三钱六分，二角者重一钱四分四厘，一角者重七分二厘，五分者重三分六厘。惟实行铸造者仅一元二角及一角者三种耳。旧铜币乃仿明之成法，由官铸造，称曰制钱，每更一帝必铸新钱。旋因私铸者日多，遂有大小之别。清末乃改铸铜元以补救之，定为当五，当十，及当二十，三种，但以当十者居多耳。上述之外有纸币之制，与我国之银号钱庄新发之定期者不同(清初为定期者旋废)，惟此乃光绪年间之事耳。(二)职官制度——古时各地均有其首领互相割据，互相独立，黄帝时始归一统。然各地首领仍不能尽行消灭，遂为封建制度之滥觞。尧舜时天子每岁一巡狩，会诸侯于方岳之下。诸侯每岁一朝觐，以修贡定制，中央设司空，司徒，秩宗，士，共工，纳言，后稷，虞，典乐等九官。地方则置牧伯于十二州，以分掌内外。夏世中央有三公，九卿，二十七大夫，八十一元士之制。地方则分天下为九州，而以距王畿之远近，定为五百里甸服，五百里侯服，五百里绥服，五百里要服及五百里荒服。商殷于中央建二相，六太(太宰，太宗，太史，太祝，太士，太卜)，以典司六典。五官(司徒，司马，司空，司寇，司士)，以典司五众。六府(司土，司木，司水，司草，司器，司货)，以典司六职。六工(土工，金工，石工，木工，兽工，草工)，以典制六材。地方则于侯服设属长，连帅，卒正，州伯，八州，八伯，且各以其属听命于中央，分天下为左右，称曰二伯，使其内外相维焉。周时周公总国政，于中央建天地春夏秋冬六官其属各有六十，总为三百六十官，天官之长曰冢宰，总天下之行政，掌内外出纳，及宫中事务。地官之长曰大司徒，掌农商教育警察之事。春官之长曰大宗伯，掌祭祀朝聘会同之礼。夏官之长曰大司马，掌兵马出征之事。秋官之长曰大司寇，掌民事刑事诉讼之审判。冬官之长曰大司空，掌劝工劝农土木等事。又六官之上有三公(太师，太傅，太保)，三孤(少师，少傅，少保)，惟论道经邦，燮理阴阳，而不与行政之事务耳。至于地方此时已由部落而进至封建。周时封异姓诸国分为公侯伯子男五等，封地有广狭之别，官名往往不同，如楚之令尹，宋之右师，左师，司城，秦之庶长不更之类皆是。秦并六国而有天下，立皇帝之名，于中央以丞相总诸政，御史大夫辅丞相，太尉掌军兵，奉常掌祭事礼仪，郎中令掌宫殿掖门，卫尉掌门卫屯兵，宗正掌王亲属，治粟内史掌谷货，廷尉掌刑僻，太仆掌舆马，典客掌宾客，少府掌山海池泽之税，是时虽未设三公九卿，然汉之三公九卿实基于此。在地方秦废封建而为郡县，分天下为三十六郡，每郡置守，丞，尉，各一人，守治民，丞助之，而以尉治兵。汉初承秦制于中央有丞相，太尉御史大夫，余亦略同。后改丞相为大司徒(哀帝时)，罢太尉为大司马(武帝时)，改御史大夫为大司空(成帝时)，遂称大司徒，大司马，大司空为三公。王莽时别改官制，光武复兴，始稍复其旧，以太尉为大司马，与司徒，司空，共称三公，又称三司。汉末罢三公官，再置承相御史大夫。至魏时复设三公。又称太常，光禄勋，卫尉，太仆，廷尉，大鸿胪，宗正，大司农，少府为九卿，分属于三司。在地方方面，汉高祖深惩秦之孤立而亡，乃以封建与郡县之制并行，封皇子为诸王，王子为诸侯，并于其国置太傅丞相御史大夫与汉廷同制。其后势渐衰，封建之制遂废。在郡县则于郡置太守一使治民，进贤，决讼，检奸，春巡部下诸县，各按诸囚，更置尉以掌武事。县置令长，万户以上为令，万户以下为长。武帝时更置州于郡之上，共有十二州，每州置刺史，刺史位卑，有监察之责，权反在郡守上，故成帝时，更设州牧位次九卿，后再设刺史，又置州牧，至汉末州牧位高，体似诸侯，遂成尾大不掉之势。晋世以尚书，中书，门下为三省，太常，光禄，卫尉，太仆，廷尉，大鸿胪，宗正，大司农，少府为九卿，分掌诸政。尚书省有尚书令，左右仆射及列曹尚书，掌诸政。中书省有中书监令，掌诏敕等。门下省有侍中，侍郎，掌侍从摈相等事(东晋时中书之权移归门下)，惟晋时并无所谓三公，以太宰，太傅，太保，太尉，司徒，司空，大司马，大将军为八公，位于三省九卿之上。在地方官制郡有太守(河南郡在京师故又称尹)，诸王国有内史，大县有令，小县有长，掌各地方之政事。南朝各代官制大抵沿袭晋朝之旧，置八公，设九卿，于三省之外建秘书集书二省。北朝官制改革甚多，孝文帝时后魏官制悉效南朝。及后魏分为东西，其制亦有异同。东魏多从后魏，而西魏则效仿成周，设冢宰，大司徒，大宗伯，大司马，大司寇，大司空六官，分掌诸政，北周亦同，但地方官之制悉与魏晋相似。隋时新定官制，唐制沿之者居多，以三省长官尚书令，中书令，侍中参与国政，握宰相实权。其后尚书省兼有中书门下二省之职权，遂为行政最高机关。至于三公(司徒，司马，司空)，三师(太师，太傅，太保)，惟有燮理之空名，不与政务之实。三省之外又有秘书，殿中，内侍三省，并立六省。又有一台(御史台)，六部(吏，户，礼，兵，刑，工部)，五监(国子监，少府监，将作监，军器监，都水监)，九寺(太常寺，光禄寺，卫尉寺，宗正寺，太仆寺，大理寺，鸿胪寺，司农寺，太府寺)等。地方官制分天下为十道置巡察使继改为按察使，复改为按察采访处置使及观察处置使，道之下有郡，后改为州，复改为郡，郡有太守，州有刺史，其下有县，大县置令，小县置长。此外复有节度使之设，为地方之武官，卒成尾大不掉之势，演成变乱之局。宋初以同中书，门下平章事为首相，参知政事为次相，共掌政事，而枢密使则握兵权，三者皆有宰相之实权，其他省台寺监等仍依唐制之旧，尚书，中书，门下三省长官皆无宰相之权，秘书殿中二省空有其名而已，九寺五监亦均无职事。神宗时欲改其弊，先令中书省取旨，使门下省覆奏，尚书省施行，然虽置三省长官，而以尚书左仆射兼门下侍郎，行侍中职，尚书右仆射兼中书侍郎，行中书令职为宰相，别置门下侍郎尚书左右丞，代参知政事为次相，与枢密使共执政。至徽宗时复再改制，以太师，太保，太傅为宰相，少师少傅为次相。钦宗时复以左右仆射为宰相。高宗时加两仆射同平章事，改两省侍郎为参知政事，废尚书左右丞，对于其他繁冗官职多加淘汰。地方官制最下级曰县，县置令，县之上有州，州有知州事，有府，府有知府事，有军，军有知军事，州府军之上有路，为地方区域之最上级者，初分为十五路，继分二十六路，路有监司，更细分为师，漕，宪，仓四使。元至世祖时始立官制，以中书省为总务政所，中书令为首相，左右丞相副之，又有平章政事左右丞等，其位仅次于丞相，枢密院则掌兵权，以枢密使长之。御史台掌黜陟，以御史大夫长之，其他寺监卫寺等之官长均以蒙古人充任。地方官制分为行省，行台，宣尉司，廉访司等，下分为路，府，州，县，概以蒙人任其长，他族人为副。明初官制沿元之旧而设中书省置左右丞相，未几废之，以中书之政属于六部(吏，户，礼，兵，刑，工)，六部尚书颇有权力，而以吏户兵为甚，同时又设殿阁大学士仅备顾问。仁宗时因大学士多为师傅，特尊重之，权力渐重。世宗时政务枢机，悉归内阁，嗣后遂成体制，改御史台为都察院，纠劾百官，辨明冤狱，并以通政使司通达内外章奏。此外有宗人府，詹事府，翰林院，国子监，大理，太常，光禄，太仆，鸿胪诸寺，与唐宋相同。地方制度，分天下为十三省，各省设承宣布政使司，其长为布政使掌一省财赋，提刑按察使司，其长为按察使，理一省刑狱，省之下有府，府有知府，有州，州有知州，有县，县有知县，掌各该管地域之政令。清官制率因明朝之旧，而内阁大学士，满二人，汉二人，协办大学士，满汉各一人，六部尚书满汉各一人，侍郎满汉各二人，都察院，通政使，宗人府以下诸寺与明无异。惟于雍正朝特设军机处，同治朝，设总理各国事务衙门，与国初所设之理藩院为明所无耳。军机处掌军国大事，总理各国事务衙门掌外国交涉，其大臣均由亲王，大学士，尚书，侍郎中选派，理藩院掌内外蒙古，回疆及西藏之政令，有尚书侍郎等官，与六部同补授之人，亦限于满洲蒙古。此外尚有督办政务处与内务府。清末新定内阁官制由旧有之六部增至十一部，即外务部，吏部，民政部，度支部，礼部，学部，陆军部，农工商部，邮传部，理藩部，及法部是。司法审判机关有大理院之设，立法机关则有资政院，全为筹备立宪而设。地方制度亦沿明制，惟于布政使按察使之外，有总督巡抚，总督总理二省或三省，统辖文武大政(直隶四川幅员过大，故一省置一员，江苏，安徽，江西，置两江总督，福建浙江置闽浙总督，广东广西置两广总督，湖北湖南置湖广总督，云南贵州置云贵总督，陕西甘肃置陕甘总督，惟河南，山东，山西不置总督)。巡抚统辖一省军务，督理民事(直隶四川不置巡抚)。又有河道总督掌河工，漕运总督掌运粮，盐政盐运使掌咸务。省之下分为道府州县厅，道合数府而成，设道尹一人，府辖数县置知府一人，州及厅有散州散厅及直隶州直隶厅之别，散州散厅与县等受府之监督，直隶州与直隶厅与府相等，属县较府为少，州置知州一人，县置知县各辖所属之政事。(三)法律制度——上古之时是否有成文法典，茫然无可稽考。虞书所载象以典刑一节，已具成文法之萌芽，或谓即今日法律公布之意，当时有墨，劓，剕，宫，大辟五刑，处以流放曰流刑，又有赎刑，鞭刑，扑①刑三种，各相宜而用，因眚灾而犯之罪则赦之，其故意犯罪者则罚之，如罪情可矜可疑者则从轻处刑，其有怙(恃也)终(再犯)而入于刑，则虽当宥当赎，亦不许其宥，不听其赎，而必刑之也。夏禹承舜之禅，法制方面多遵虞代之旧历，商殷及周，始为完备，更有刖髡桎梏焚炙等刑，且有徒赎等刑，周末更有三族诛夷，枭首，车裂，支解，凿颠，抽胁，烹醢及鬼薪，城旦等刑，又有宥恕减轻等之别，幼弱老耄蠢愚等虽犯罪不罚。此外无识别能力者之犯罪，过失之犯罪等，皆在宥恕减刑之例。刑事之诉，先讯后断，决

① 原书为“朴”，通“扑”。

死刑之时，由士师之官受其宣告书择日而加刑。王族及有爵者则不于市中执行，妇人亦不施行于朝市，他若士大夫幼弱老耄等，不用徒刑，命夫命妇且得不躬狱讼而由使臣代之。民事之讼，凡关人事者，以讼者之邻为证。关于土地者，以邦国之本图为标准。贷借之讼，以证券为根据。买卖之讼以约剂为依据。听讼之日，且有史官司双方问答之记录。听犯罪之证，有使先入券书与钧金之例。听货财之讼，有使入束矢之例。又出讼之期限均有一定之法，逾期者不予受理。岁终则将一年间断定之狱讼集汇成为法例，藏之天府以供他日之参考，盖与今之判决例同也。春秋魏文侯时李悝作法经六篇（详该本条）是为我国有成文法典之始。按唐虞及夏商周三代纯尚礼治，刑措不用，暴禁乱止，迨春秋战国，社会变迁（由宗法而入于军国），暴不可以礼禁，乱不可以礼止，于是法治之学说以生，弃仁之相怜，用法之相忍，以济礼治之穷，此实为中国法律观念变更之一大枢纽也。秦并天下，专尚严刑，具五刑而尤以腰斩者为惨，又增榜掠刑，蒺藜刑。上述周末各刑亦为秦时所通用。及汉高入关始除秦之苛法，约法三章，杀人者死，伤人及盗抵罪，余悉除去，然族诛之法仍存。高后元年始去之。文帝时又除肉刑（黥劓刖）改为当黥者髡钳为城旦舂，当劓者笞三百，刖左趾者笞五百，刖右趾者弃市，然笞者率多死。至景帝时始减笞数，遂永为后世法则焉。及武帝时，初设见知故纵腹诽等罚，后均废除，故汉代刑法尚得其平（死刑有腰斩磔绞三种），监狱制度有廷尉狱掖庭狱等，景帝时八十岁以上，八岁以下，孕妇及瞽者等系狱皆免桎梏。哀帝时妇女及男子八十以上七岁以下，家族犯叛逆罪者，身不与同罪，是为夷三族之例外。凡此种种均见汉代刑制之宽大与秦不同（详汉之法典条）。魏时对前此酷刑亦颇有改变之举。及晋亦删前代苛虐之刑，又减枭斩族诛，从坐等刑，历东晋，宋，齐，及梁，陈，死刑有枭首弃市之别，耐刑（徒刑）有五岁四岁三岁二岁之别，更有赎刑，鞭刑，杖刑等制，鞭有制鞭，法鞭，常鞭之别，杖有大杖，法杖，小杖之别。北朝法制稍与南朝不同，后魏初作新律，其刑甚苛，如大逆不道者腰斩，为蛊毒者巫蛊者负羊抱狗而沉诸泉等皆是。惟孕妇产后经百日始行刑及十四岁以下者之减刑，稍为宽大耳。其后凡盗赃三匹者处死刑，饮酒者斩。至孝文帝始大改刑制，首除酒禁，又除大逆谋叛之外，止刑其身，且废门房之诛，自是刑罚之制稍宽，洎乎北齐后周更新刑制如北齐之杖刑鞭刑刑罪（即徒刑）流刑死刑（斩，绞，枭，轘）。后周之杖刑，鞭刑，徒刑，流刑，死刑（磬，绞，斩，枭，裂）。关于魏晋及南北朝之法典（详魏之法典，晋之法典，后魏之法典，东魏之法典，西魏之法典，北齐之法典，后周之法典，南齐之法典，梁之法典，陈之法典等各条）。隋文帝时定刑律十二篇，炀帝时增为十八篇，至唐复为十二篇，刑名分笞杖徒流死五种，与北齐后周相似，惟死刑仅有绞斩二种耳。及唐律制定，我国旧律至此而大备。后世宋元明清之法典皆沿袭之，即日本之大宝律亦流传之（详隋之法典条、唐之法典条）。又唐仿齐律亦设十恶（详该本条）之条，凡犯十恶者虽当于八议，亦不宥其罪。又唐律对于尊卑贵贱设有不同规定，卑属对尊属犯罪与奴卑对主人犯罪同，科刑较重，尊属对卑属则反是，老者（九十以上）幼者（七岁以下）犯死罪时，均不论罪，自首犯减轻，再犯者加重，二罪俱发者，从其重罪处断。又死刑虽执行于市，然五品以上者，则许其自尽于家宅。唐之司法机关在外为州县，在京师杖刑以下委有司推断，徒刑以上送大理寺，鞫大狱时刑部尚书与御史中丞及大理寺卿参议审理之。宋之法制，均沿唐制。惟法典之编纂则于每一改元时为之(详宋之法典条)。至其刑名则分五种：一曰笞刑，凡五等，二曰杖刑，凡五等，三曰徒刑亦为五等，四曰流刑分三等，五曰死刑亦三等(绞斩及凌迟)于笞，杖，徒刑皆各有附加刑，笞刑加臀杖，杖刑加臀杖，徒刑附加背杖，流刑于加背杖之外复附加配役，是一人当受流徒杖三刑也。此外五刑之外尚刺配法，既杖其背，又配其人且黥其面，是亦一人受三刑也。至凌迟之刑，其法尤惨，沿传至清末始废。元之法制颇多奇异，惟刑名亦分为五种：笞刑，杖刑，徒刑，流刑，及死刑，其等数则与宋制不大相同，死刑则仍为绞斩二等。至其法典不仿古制，法令靡常，人民手足无措，而胥吏尤易为奸弊(详元之法典条)。明之法制亦多仿唐宋之旧，惟其刑法典则以六曹为名，于名例之次分吏，户，礼，兵，刑，工等六律，此外更有明令以为行政之法规(详明之法典条)。刑名亦分为五与唐宋同，即笞刑(五等)杖刑(五等)徒刑(五等)流刑(三等)死刑(二等更有磔刑)，此外尤有刺配之法，一仿宋制，即加刺抢夺或窃盗之文字于犯人左右小臂膊之上。至于刑狱之官，京师有刑部，都察院，大理寺称曰三法司，此为最高之审判，其下各省各府州县亦皆有审判机关如省之按察使，府州县之知府，知州，及知县，等是。关于刑制不在五刑之列者，尚有发遣，充军之制。清朝之法律制度，多仍明旧，其刑法典均与明律相同(参清之法典条)。至其刑名，初分笞，杖，徒，流，死五刑与明律所定者相同，清季则大加改革，身体刑概行废除，而以罚金代之，各附加刑，一概删除，明之发遣充军亦皆废止，改为遣刑(分为二等)，徒刑分为五等，流刑分为三等，死刑则分绞斩二等，余均废除。关于审判机关，清制与明代所设者相同，清季始稍变动。民国成立后，百制更新，司法制度与前大异，全然采取欧美各国制度，法律之编纂，初有各项草案，国民政府成立即有各法典之颁布(详宪法，行政法，民法，刑法，民事诉讼法，刑事诉讼法，法院组织法，商法，国际私法，保险法，公司法，海商法，票据法各条)。此外如破产法，强制执行法，宪法等尚未颁行。至刑法刑事诉讼法等目下正在修正之中，不久即能公布。

【中国法系】【通】Chinese legal system　中国法律在唐虞三代时，制度即已略备，其编纂为法典者，则始于春秋末魏李悝之法经六篇，商鞅传之，改法为律，汉萧何则增为九章。其后三国以下，晋隋以及唐朝之唐律疏笺，可谓集历来之大成，即明清亦各有律。民国成立，所有草案乃与罗马式法系相混合，仍以家庭制度为本位。国民政府成立后，一面虽仍保存家庭制度，但乃以社会为单位，与以前之以家庭制度为单位微有不同，即与英美法系大陆法系之以个人为本位者，亦有区别，是即所谓新中国法系是也。学者称之曰中华法系。

【中国航空公司】【行】China National Aviation Corporation　国民政府为经营发展全国商务邮务航空事业起见，特设中国航空公司。其资本额为国币一千万元，由国库拨付之，设理事会由理事长一人(由国府特派)，副理事长二人(由国府简派)，理事六人组织之，代表国民政府监督及稽核本公司事务。对于业务方面，设立事务所，并设下述各组：(1)总务组。(2)机务组。(3)路场组。(4)运输组。各组置主任副主任各一人(由理事长委派)。至本公司之事业可分为下列三种：

(1)计划发展全国商务邮务航空事业。(2)经营全国商务客货运输及邮务运输之航空事业。(3)办理经营其他关于商务邮务航空事业。(中国航空公司条例第一、三、四、六条及中国航空公司组织规程第二、四、五条)

【中国航空公司条例】【行】本条例于民国十八年四月十五日公布,全文计十二条,自公布之日施行。(参中国航空公司条内)

【中国航空公司组织规程】【行】本规程公布于民国十八年五月二十一日,全文计十条,自呈准国民政府公布之日施行。(参中国航空公司条内)

【中国船舶】【海】Chinese ships 所谓中国船舶,依海商法第三条之规定,乃指下列之船舶而言:(一)中国官署所有者。(二)中国人民所有者。(三)依照中国法律所设立在中国有本店之下列各公司所有者:(甲)无限公司其股东全体为中国人者。(乙)两合公司或股份两合公司其无限责任股东全体为中国人者。(丙)股份有限公司其董事三分二以上为中国人,并其资本三分二以上为中国人所有者。仅中国船舶始得悬挂中华民国国旗,然须领有船舶国籍证书或船舶临时国籍证书始可,是为原则,但有例外。(船舶法第二条、五条)

【中国银行】【行】Bank of China 中国银行经国民政府之特许为国际汇兑银行,依照公司法规组织之,设总行于上海,营业年限定为三十年(自中国银行条例公布日起算),期满得依法呈财政部核准延长之。银行股本总额定为国币二千五百万元,分为二十五万股,每股国币一百元,除由政府认五万股外,余由人民承购,于必要时得依法呈请财部核准增加股本,股东以有中华民国国籍者为限,股票概为有记名式者。本银行经财部之特准得依法发行兑换券。又受政府之委托办理下列各事务:(1)代理政府发行海外公债及经理还本付息事宜。(2)经理政府存在国外之各项公款并收付事宜。(3)发展及扶助海外贸易事宜。(4)代理一部分之国库事项。本行之组织为董事十五人,监察人五人(由财部指派董事三人,监察人一人,其余董事及监察人则由股东总会商股股东在百股以上之商股股东中选任之)。由董事互推常务董事五人(于其中由财部指派一人为董事长)。此外设总理一人,由常务董事中互选之,呈财部备案。至股东总会每年由董事会召集之,举行常会一次(临时会议于必要时召集之)。开会时会员之投票权每十股有一权,百股以上每三十股递增一权。(中国银行条例第一—五条、八—九条、十二—十九条)

【中国银行条例】【行】本条例公布于民国十七年十月二十六日,全文计二十四条,自公布之日施行。(参中国银行条内)

【中绝未遂犯】【刑】别名著手未遂犯。(详该本条)

【中华民国红十字会】【行】The Red Cross Society of China 辅助陆海空军战时后方卫生勤务,并分任国内外赈灾施疗及其他救护事宜之机关,曰红十字会。依中华民国红十字会管理条例之规定,红十字会设总会及分会,总会以内政部为主管官署,并受外交部军政部海军部之监督。分会则隶属于总会,以所在地地方行政官署为主管官署。红十字会之组织为理事监事各若干人,由全国会员大会就会员代表中选举之。理事互选常务理事五人，监事互选常务监事三人。分会置理事监事若干人，由分会会员大会选举之。红十字会为造就救护人材及储备救护材料起见，得募款（每年得举行一次）设立医院，于战时应编制随军救护队，其救护人员之待遇与军属同。（第一一五条、九条）

【中华民国国民政府组织法】【行】（详国民政府组织法条内）

【中华民国国徽国旗法】【行】本法于民国十七年十二月十七日由国民政府公布，全文共八条，自公布日施行。第一条至第二条为关于国徽之规定，第三条至第五条为关于国旗之规定。（参国旗及国徽二条内）

【中间分配】【破】Internal distribution　为财产分配之一种，即于现存破产财团之财产足敷分配时所为之分配也。通常由破产管财人为之，但须得监查人之同意，或法院之许可。分配时须作制分配表，并将债权总额及分配数额公告。（破产法第二三六一二四八条）

【中间判决】【民刑诉】Interlocutory judgment　为判决之一种，与终局判决相对称，于某审级就诉讼进行中所生争点（并非本案全部之争点），非以终结诉讼为目的，仅为终局判决之准备而为之判决，曰中间判决。换言之，即法院于诉讼终结以外所下之判决也。

【中间利息】【债】所谓中间利息，乃指债务人于到期前提早履行债务之时起至到期时止所计算之利息而言，债务人不得主张扣除，以其有损于债权人之利益也。

【中间效力主义】【刑】为隔时犯与隔地犯四学说之一。又名中间现象主义（详该本条），一名器械主义。

【中间现象主义说】【刑】为隔时犯与隔地犯四学说之一，即因行为至发生结果之中，常有种种中间现象存在，故应以中间现象之时及场所为犯罪之时及场所之标准。例如杀人重伤而死，则重伤为中间现象是。又如犯罪实行有不因行为者之行为，而乃因由于该行为所发生之力量作用者，而此力量作用亦为行为结果中之中间现象。例如甲邮寄毁人名誉文书，再由信差投递，方发生结果，则信差投递为中间现象，故又称中间效力主义，且又名器械主义。

【中间诉讼】【民诉】Internal lawsuit　法院于审理某种案件时，有特别调查之事实，而此事实复生争议因而引起诉讼，是项诉讼，称曰中间诉讼。例如离婚之诉，在审理中，而当事人因离婚之诉复引起与第三人之争而提起之诉讼是。

【中间确认之诉】【民诉】为确认之诉之一种，又称先决确认之诉，或附带确认之诉。（详确认之诉条内）

【中币】【史】与上币、下币相对称。（详下币条内）

【中标人】【债】即由多数投标人中所选定之投标人也。

【中枢政考】【史】为清之法典之一。按清兵部初无则例之编纂，其有与则例相等者，称曰中枢政考，在康熙年间似已有之。其后乾隆三十七年，工部尚书兼管兵部尚书公福隆安等纂修之，凡八旗中枢政考十五卷，绿营中枢政考十六卷，共三十一卷。嗣后十年一修，嘉庆十年开馆纂修后及嘉庆二十年，当纂修之期，乃以处分条例别为处分则例，而汇集其他以为中枢政考，后二十二年更修辑之。计八旗中枢政考三十二卷，绿营中枢政考四十卷，于二十五年刊布之。道光元年重行纂修，五年公布，仍为四十卷，关于邮驿、军政、船政等制，均详及之。

【中卖】【史】(详钱法条内)

【中学法】【行】Law Governing Middle Schools 本法于民国二十一年十一月十二日经立法院通过，于同年十二月二十四日由国民政府公布，共十四条，其要点如下：(一)中学分初级中学及高级中学，并得混合设立之，修业年限各三年。(二)又因设立者之不同，分为省立中学，市立中学，县立中学，县联立中学，及私立中学。(三)中学设校长一人，综理校务。(四)中学教员由校长聘任之，以专任为原则，其兼任者不得超过全体教员四分之一。(五)高级中学入学资格，须曾在公立或已立案之私立初级中学毕业，是为原则，其具有同等学力者，则有限制。初级中学入学资格，须曾在公立或已立案之私立小学毕业，或具有同等学力者，均须经入学试验及格。(六)中学之教学科目及课程标准，由教育部另定之。(七)中学学生修业期满，经考试及格给予毕业证书。

【中学暂行条例】【行】本条例于民国十七年五月公布，民国二十一年五月二十六日修正公布，全文计分四章共三十二条，第一章总纲。第二章教科。第三章组织。第四章设备。第五章入学修业及毕业。第六章上课及休假。第七章附则。本条例自中学法颁布施行后即行废止。

【中断】【民诉】Interruption 所谓中断，乃指诉讼程序因法定之某事实发生而当然停止而言，为中断原因之事实。依民诉法之规定，有如下述：(一)当事人死亡时，诉讼程序在有继承人遗产管理人，或其他依法令应续行诉讼人承收其诉讼以前中断。(二)法人因合并而消灭者，诉讼程序在因合并而设立，或合并后存续之法人承受其诉讼以前中断。(三)当事人失诉讼能力或法定代理人死亡或失代理权者，诉讼程序在本人诉讼能力回复，或有法定代理人承受其诉讼以前中断(上述三项如有诉讼代理人时不适用之，但法院得命其中止)。(四)当事人受破产之宣告者，关于破产财团之诉讼程序，在依破产法有承受诉讼人或破产程序终结以前中断。(民诉第一六八——七五条)

【中证人】【通】Middle man 当事人订立契约时在场作证之中人，曰中证人，或简称曰中人。

【中盐】【史】宋时以用兵乏馈饷，初令商人输刍粟于塞下，继听输粟于京师，皆优其值而给以盐，谓之折中，故曰中盐。商资国用，民食官盐，商民两利，明初犹仍其制。至弘治间始停输粟之法，而改令输银于运司，给以引盐，其中盐之名，至清仍因用之。(参盐临势要中盐条内)

【丹麦宪法】【史】丹麦国地处北欧，为一半岛及群岛所构成之小国，滨临波罗的海，面积约一万六〇〇〇方哩，人口约二百八十万，制乳业为其国内之唯一工业。政体为立宪君主，人民酷爱和平，且多受相当教育，于一八四九年六月五日即已制定宪法，一八六六年修正，一九一五年六月五日另行新制宪法并公布施行，一九二〇年九月十日一度修正，即现行之宪法也。全文分为十章，共九十四条，兹举其要点于下：(一)第一章政体(第一—三条)，政体为制限君主制，皇位为世袭，立法权由国皇及国会共同行之。行政权属于国皇，司法权则由法院行之。至于国家为路德新教(Lutheranism)由政府保护之。(二)第二章国皇及皇族(第四—十条)，国皇以满十八岁为成年，应为路德新教教徒，未得国会之承认不得兼任他国元首。在即皇位前应以书面向政治会议宣誓，保证确守皇国宪法。国皇如因未成年，及疾病或不在时，关于大政之施行，以法律定之。皇位旷缺无人承继时应由国会开联席大会，另选一国皇，并从新规定嗣位之顺序。国皇在位之岁费以及皇族之食邑，均以法律定之。(三)第三章行政权(第十一—二十八条)，国皇对于皇国一切事务在宪法规定内有最高权力，而由大臣施行之，国皇不负责任，系由大臣任施行大政之责。国皇任免大臣，并规定大臣之员数及各大臣分掌之政务。国皇对于法律及政府命令之签署，须经大臣一人或数人之副署，始生效力，各大臣对于本人所署名之命令，应负责任。凡法律及政府之重要事件由政治会议审议之，遇有特殊情形，国皇不能召集政治会议时，得将案件交由内阁会议审议之。政治会议由各大臣组成之，通常国皇得为政治会议之主席，并授权政治会议掌理国政。内阁会议以全体大臣组织之，由国皇就大臣中任命一人为内阁总理。国皇对官吏有任命及罢免之权，对国会之开会闭会及延长，其权亦操诸国皇。又依法定程序得解散众议院及参议院。如未得国会之同意，国皇不得宣战，媾和并缔结及废止盟约与商约，亦不得割让领土或违反现行宪法之规定签订借款。国皇得向国会提出法律案及其他议案。国会之决定须经国皇同意后方能发生效力。法律由国皇以命令公布之。国会所通过之法律案，至下次会期仍未经国皇批准者，应视为消灭。此外国皇有赦免犯罪及大赦之权，依法律且有铸造货币之权。(四)第四章国会之构成(第二十九—三十九条)，国会以众议院(Folketing)及参议院(Landsting)构成之。凡本国人民，不分性别，年满二十五岁在国内有固定住所者，有众议院议员之选举及被选举之权，但因犯罪被判处刑罚尚未复权者，或在公立慈善机关领有救助金者，或曾受救助金而未偿还者，或宣告破产及禁治产者，均为例外。众议院议员名额不得超过一五二人，任期为四年。凡众议院议员选举人，年满三十五岁，在选举区有固定之住所者，均得为参议院议员之选举人，及被选举人，参议院议员额数不得超过七十八人，任期八年，每四年由第二级选举人改选半数，其余由参议院自行选出之十九人，则以任满八年为止。参议员与众议员均支领同样之薪俸。(五)第五章国会之权力(第四十—六十五条)，国会之常会，除国皇于会期前召集者外，应于十月之第一星期二召集之。国会为不可侵犯，如有危害国会之安全及自由，或为此项目的而发命令，或执行此项命令者，均为叛逆罪犯。各议院有提出法律案件、议决法律案之权。各议院得就其议员中任命若干人组织各种委员会，各委员有调查各政府机关及各人民团体之权。下年度所有国家收入，支出，估定计算书之预算法案，应于国会召集常会时提出之。凡未经国会通过预算法及未经法律承认临时经常费案时，不得征收租税，亦不得支付任何经费。国会任命有俸给之审计官四名，核算国家每年度之决算书并从事审核所有国家收入有无全数记入决算书内,及有无未经预算法认许之支出,审计官有令其提出一切必要之报告书及证书等之权。又为慎重起见,凡法律案非经议院三次之讨论不得通过之,其由一院通过法律案时,应即将案送交他院,如他院有修正时,应送还原院,如原院再加以修正时仍复送回他院,经过上项程序而两院之意见仍不一致时,得由一院之要求,各于其议院内,任命同数之议员为委员,由委员将争点报告于其本院,并陈述意见,各议院依委员之报告自行决定之。国会议员在开会期内,不得监禁,除现行犯外,非经所属议院之许可不得逮捕,议员在院内所发表之言论,对外概不负责。各议院置议长各一人,由各该院自行选举之,议长缺席时选举一名或数名代行议长职务。议院之会议以公开为之为原则。会议时非有议员半数以上之出席并参与表决不得通过议案。国会联席会议以两院联合组织之,应自行选举议长,非有各议院议员半数以上之出席并参加表决,不得通过议案。(六)第六章司法权(第六十六—七十二条),司法权由法院行之,法院有普通与特别之别。特别法院为管辖由国皇或众议院控诉大臣时之审判机关,原名为 Rigsret,以最高法院之法官及由参议院就其议员中选举同数之法官组织之。其院长一职则由法官中选任之。普通法院则有最高法院与其他法院。司法权依法律所定之条规,应与行政权区别之,不能相混。各法院之开审,应迅速行之,关于刑事及政治犯之审讯以陪审制行之。(七)第七章国教及信教之自由(第七十三—七十七条),国教之组织以及以外之其他教派,另以法律定之。国民之信仰礼拜,有集会之权,但其教仪及行动不得妨害善良风俗及公共秩序。无论何人,对于其私权及政权之完全享有,不得因其宗教上之信仰而被剥夺,亦不得避免履行国民之普通义务。(八)第八章人民之权利(第七十八—九十二条),凡被逮捕者,应于二十四小时内,传唤至法官之前,如不能即予释放者,法官应以裁决书记明其理由,命令监禁之,裁决书务须迅速,至迟亦当于三日内行之。犯人因交保释放时,法官应定明保证之种类及总额,无论何人如系仅犯被处罚金或最轻之拘留罪者,在审讯前,概不得监禁之。人民对于住所,财产所有权享有不受侵害之权。人民有自由出版及发刊个人意见之权,但须向法院负责,为合法之目的并享有结社之权,无须预得官署之许可,且有集会之权。凡与贵族,尊称,或爵位官阶等相关连经法律准许之特权一概废止,嗣后不得再赐封不动产或贵族之世袭财产。(九)第九章尼斯兰人民之权利(第九十三条),关于 Islande 人民之权利之规定。(十)第十章宪法之修正(第九十四条),关于宪法修正方法之规定,末附暂行条文三则。

【予勾】【史】天子对于奏文赐予批准,谓之予勾。

【予死比】【史】对于犯罪者之处死,刑不拘条文,而以类似者比例而滥用之,是为予死比。大学衍义补(卷百十三):"初孝武之世(汉武帝)征发烦数,百姓贫耗,穷民犯法,奸宄不胜,于是使张汤赵禹之属,条定法令,……或罪同而论异,奸吏因缘为市,所欲活,则傅生议,所欲陷,则予死比(例也),议者咸冤伤之。"

【予告】【史】汉律对于官吏二千石以上者有功时所赐与之休假谓之予告,至和帝时始行废止。汉隽(卷一)之注曰:"汉律吏二千石有予告,有赐告,予告者,在官有功最,法所当得也,赐告者,病满三月当免,天子优赐其告,使得带印绶将官属归家治病，至成帝时郡国二千石，赐告不得归家，至和帝时，予赐皆绝。师古曰，告者，请谒之言，谓请休耳，或谓之谢，谢亦告也。”汉书—高帝纪注：“吏二千石以上，有予告，有赐告。孟康曰古者名吏休暇曰告，予告者，在官有功最，法所当得也。”避暑录话：“赐告，予告，孟康解汉书，以为休暇之名，非也，告者以暇告于上，从之而或赐或予，故因谓之告，左氏言韩献子告老，颜师古以为请谒之言，是也。”

【互不侵犯条约】【国公】Mutual non-aggression pact　又名不侵犯条约。（详该本条）

【互市】【史】与他国互为商品之交易，谓之互市，即通商之意，始于汉通南越。后汉书—乌桓传：“岁时互市”，其后历代皆行之。唐特置互市监专司与外国之贸易事务，及宋神宗之熙宁初年始创市舶与外国互为海上贸易。元因宋制，每岁招集舶商于外邦，从事珠翠香货等物。大学衍义补（卷二十五）：“臣按，互市之法，自汉通南越始，历代皆行之。然置司而以市兼舶为名，则始于宋焉。盖前此互市，兼通西北，至此始专于航海也。元因宋制，每岁招集舶商于蕃邦，博易珠翠香货等物，及次年回航，验货抽解，然后听其货卖。”

【互有权】【物】Right of reciprocity　凡对境界之标示围障或墙垣沟渠，因年月已久失其所有人之证据时，法律为杜绝纷争起见，认为双方所共有。此种权利曰互有权，盖即推定其为相邻者之所建，而认为互有之谓也。我国民法并无明文加以规定。

【互易】【债】Exchange　即当事人两造互为移转金钱所有权以外之财产权之契约也。日本民法称为交换。互易之性质乃为双务契约，不要式契约，及诺成契约，并系有偿契约。古时所谓互易，乃包含贸易之大多数，其后以货币为他物交换之媒介，始名曰买卖，其以物易物者则曰互易。时至今日，买卖之例居多，故法律曾加以严密之规定，而对互易则仅有简略之明文耳。互易与买卖性质至为相近，故使准用买卖之规定（民法第三九八条）。至互易时并应付金钱者，其金钱部分亦准用关于买卖价金之规定。（第三九九条）

【互保公司】【险】Mutual insurance company　即相互保险公司。（参相互保险）

【互相骂】【史】（详骂人条内）

【互惠主义】【国公】Principle of reciprocity　国家相互间缔结通商条约时，双方所交换之利益，均以平等为主旨，即所谓互惠主义是也。

【互选】【选】选举人与被选举人资格相同时，而相互间之投票或其他方法之选举，曰互选。此项制度，多于一般小规模之选举中为之。例如于某委员会中互选一人为主席是。

【井田】【史】古时各国，大都采行共产制度。我国亦然，井田之制，即其明证。井田制度，其内容如何，论者纷纭，颇不一致。按此制乃创自黄帝，历唐虞而不改。夏禹之时，治平水土，辨别土壤，定丘甸之法，以九夫为井，四井为邑，四邑为丘，四丘为甸。至商周乃用井田之法，区划田野为井字形，中为公田，外为私田，八家各受私田一区，同时助耕公田以供王用。至其面积，学者有谓在商以六百三十亩为一井，家受七十亩。在周以九百亩为一井，家受百亩，亦有谓夏时每家受五十亩，殷时每家受七十亩，周时始受百亩者。其后此制失传，盖战国之际，魏李悝教民尽地力，秦商鞅废井田开阡陌，井田之制不存，遂致荡然不可复见矣。

【井田改屯地】【史】清时，以救济八旗为目的，乃于雍正二年创设井田，先于新城、固安二县内以内务府及户部所属之土地二千余亩为井田，选派满州八旗五十户，蒙古十户，汉军四十户，合计百户，给以地亩及住家，私田每户各给百亩，使其自耕，余百亩则为公田，由百户共同耕作。惟因八旗之懒惰缺乏耕作能力，致无若何成绩，至乾隆元年废之，而为屯田，是谓之井田改屯地。（参会典事例卷百三十二，及卷八百四十一，又皇朝通典卷二）

【五不娶】【史】五不娶又曰五不取，与七出三不去同为周代婚姻上之特例。所谓五不娶，一为逆家之子不娶，二为乱家之子不娶，三为世世有刑人者之子不娶，四为世有恶疾者之子不娶，五为丧父长子不娶。盖我国古代婚姻乃以家族制度为本源，上以继祖先之祭祠，下以防子孙之断绝，故对血统之选择与尊重，乃为当然之事。大戴礼一本命篇："女有五不取，逆家子不取，乱家子不取，世有刑人不取，丧父长子不取。"孔子家语一书中亦有此项之记载。

【五代】【史】所谓五代计分三种：(1)最古之五代为唐、虞、夏、商(殷)、周。(2)唐称宋、齐、梁、陈、隋亦曰五代。(3)李唐以后之后梁、后唐、后晋、后汉及后周，亦曰五代。据一般之通称多以(2)之五代为前五代，(3)之五代为后五代。

【五刑】【史】(一)所谓五刑乃指孝经一援神契篇所谓："圣人则五行以制五刑"，此乃五刑之根据也。按五之数今昔虽皆相似，惟因时代之不同，致其内容有异，而其宽严亦不一致。就五刑之起源言计有数说：汉族中之五刑以尚书舜典所云："流宥五刑"为始，其五刑之种类为墨，劓，刵，宫，及大辟等，或谓五刑乃为苗族所创设者，舜帝以其过于惨酷，乃宥而代以流刑。关于苗族之五刑，即吕刑篇中所谓："五虐之刑"是也。其种类与汉族所称之五刑大同小异。关于五刑之记载，舜典曰："皋陶，蛮夷猾夏，寇贼奸宄，汝作士，五刑有服，五宅三就。"又大禹谟曰："汝作士，明于五刑，以弼五教。"皋陶谟亦曰："天讨有罪，五刑五用哉。"周礼秋官司刑职："墨罪五百，劓罪五百，宫罪五百，刖罪五百，杀罪五百。"又吕刑篇记曰："墨罚之属千，劓罚之属千，刖罚之属五百，宫罚之属三百，大辟之属二百，五刑之属三千。"要之，舜典之五刑，乃以上述为根据，明张萱撰之《疑耀》一书有下列之记载："古今考谓，五刑唐虞以来有之，未知上古起在何时，汉文帝始除肉刑，刻颡截鼻，刖足，割势，四者，皆肉刑也。余阅黄帝针经，帝与岐伯论，人不生须者有宦，不生须之语，则黄帝时已有宦者，是黄帝时即有宫刑也。余意鸿荒之世，礼乐刑罚虽不能如后世之详悉，第其大概在黄帝时，皆已创立五刑，其或起于黄帝乎。但白虎通又去五帝画象者，其服象五刑也，犯墨者，幪巾，犯劓者，赭其衣，犯膑者，以其墨幪其膑处而画之，犯宫者履扉，犯大辟者，布衣无领。又按慎子云，以画跪当墨，草缨当劓，履扉，当刖，范踔当宫，是以尚书曰，五刑有服，故凡斩人体鉴，其衍刑曰刑，画衣冠，异章服曰戮，则黄帝时又似五刑未设，何以有宦者，请再考之。"秦时各种惨刑并非常刑，至汉乃除秦之惨刑而渐采宽刑主义，以舜时之流刑以下之刑为本刑，除死刑外凡墨、劓、宫等肉刑皆废，而以杖代鞭，并加笞刑仍为五刑。隋文帝时始定笞、杖、徒、流、死之五刑为常刑，唐以后因之。事物纪原（卷十）曰："唐刑法志曰隋已前死罪有五，徒流之刑鞭笞兼用，数皆逾百，隋始定之，为笞刑五，自十至五十，杖刑五，自六十至百，徒刑五，自一至三年，流刑三[①]，自千里，至二千里，死刑二，绞与斩，并用为五刑，皆今世循用者，盖自隋始也。三代以劓、刖、剕、宫、大辟为五刑。"（二）元代之五刑以七下至五十七下为笞刑，六十七至一百零七为杖刑，徒刑之年数与杖数相附丽而为加减，盐徒及盗贼既决者镣之，流则以南人迁于辽阳以北之地，北人迁至南方湖广之乡，死刑有斩无绞，其恶逆之著者则以凌迟处死（大学衍义补卷百四）。（三）周礼所载大司寇职以五刑纠万民，一为野刑（关于农业之法制），二为军刑（关于军事之罪法），三为乡刑（关于乡党自治之法），四为官刑（关于官吏之惩戒），五为国刑（关于礼典）。周礼大司寇："以五刑纠万民，一曰野刑，上功纠力，二曰军刑，上命纠守，三曰乡刑，上德纠孝，四曰官刑，上能纠职，五曰国刑，上愿纠暴。"

【五刑之属三千】【史】为书经吕刑篇所载，乃指适用五刑刑罚之犯罪的种类计有三千而言。吕刑之本文曰："墨罚之属千，劓罚之属千，剕（刖足也）罚之属五百，宫刑之属三百，大辟死刑之罚其属二百，五刑之属三千，上下比罪，无僭乱辞，勿用不行，惟察惟法，其审克之。"（礼记王制篇有：子曰"五刑之属三千"之语。）蔡沈之注曰："三千总计之也，周礼司刑所掌五刑之属二千五百，刑虽增旧，然轻罪比旧为多，而重罪比旧为减也。"陈大猷之注曰："三千者法之正条，载之刑书也，刑如律，比如例。"大学衍义补卷百二—丘浚之注谓："先儒谓三千已定之法，载之刑书者也。"

【五刑之属三千罪莫大于不孝】【史】适用五刑刑罚之犯罪，其种类虽有三千之多，然其中罪恶之最著者，首推不孝之罪。礼记—王制："五刑之属三千，而罪莫大于不孝，要君者无上，非圣人者无法，非孝者无亲，此大乱之道也。"大学衍义补（卷百一）—丘浚按："刑以弼教，教之大者，伦理者，人君者生民之主，圣人者，道德之主，父母者生身之主，亲为一家之主，孝其亲，则人道以立，君为一世之主，忠其君则治道以成，圣人为万世之主，尊圣人则世教以明，先王制为刑法以弼世教，世教之大，在此三者，人人孝其亲，忠其君，尊夫圣人，则天下大治矣，否则大乱之道也焉。然是三者，其根本起于一家，家积而国，国积而世，故尤严于不孝之罪，以为天下事，无有不起于近，而后及于远，始于微，而后至于著也。"

【五刑之法二千五百】【史】周礼所载适用五刑刑罚之种类分墨罪五百，劓罪五百，宫罪五百，刖罪五百，杀罪五百，总计为二千五百。周礼—秋官司刑之职："掌五刑之法以丽万民之罪，墨罪五百，劓罪五罪，宫罪五百，刖罪五百，杀罪五百，若司寇断狱弊讼则以五刑之法，诏罚，而以辨罪之轻重。"

【五刑有服】【史】五刑有服出于书经之舜典，其解释有二：一为犯罪人受五刑中

① 原书为"流刑五，自千里，至三千里"，据《隋书·刑法志》，隋朝流刑为一千里、一千五百里、二千里三等，原书当系排版之误。

之一之判决时服罪之谓，朱熹注曰："服，服其罪，吕刑所谓上服下服是也。"（参五宅三居条）二为五刑中各幪巾之类之谓。事物纪原："服，即幪巾之类，青绿相匝曰就，周礼象路樊缨七就，可据也。若以服为服其罪，岂流者不应服罪耶。"（参五刑条内）

【五刑改定】【史】隋朝以前，死刑有五：一为罄，二为绞，三为斩，四为枭，五为裂，至隋始改为绞斩二种。又流徒之刑鞭笞兼用，其数皆逾百，至隋始定笞刑为十五至五十，杖刑亦有五，自六十至一百，徒刑亦有五，自一年半至三年。流刑有三，一千里，一千五百里，二千里①，后世皆因其制。大学衍义补（卷百三）丘浚曰："笞杖徒流死，此后世之五刑也，始于隋而用于唐，至于今日，万世之下，不可易也。"

【五刑训义】【史】笞杖徒流死等五刑字义之训，白虎通内有详解，元典章以之为根据而有下列之记载：（一）笞，笞义曰，笞者击也，又训为耻，言人有小愆，法须惩戒，微加捶挞，以耻之。（二）杖，杖者持也，而可以击人也。国语云薄刑用鞭扑，书云，鞭作官刑，犯今之杖刑也，六十，七十（三十七下）。八十，九十（四十七下）。一百（五十七下）。（三）徒，徒者奴也，盖奴辱之。周礼云，其奴男子，入于罪隶，又任之以事，实以圜土，而收教之。令一年至五年，并徒刑也。一年，一年半（六十七下）。二年，二年半（七十七下）。三年（八十七下）。五年（一百七下）。（四）流，流义曰，书云流宥五刑，谓不忍刑杀，宥于远也。二千里（比徒四年）。二千五百里（比徒四年半）。三千里（比徒五年）。（五）死，死义曰，绞斩之坐，刑之极也。春秋元命包云，黄帝斩蚩尤于涿鹿之野，故云斩自轩辕，绞兴周代，即大辟之刑也，绞斩二罪皆至死。

【五宅三居】【史】尧舜时代，五刑仅系以之为威吓之刑罚，实际上并不适用，均按其罪之轻重加以宥恕而处以流刑，即书经舜典所谓："流宥五刑"是也。流罪有五等，乃指宅于五等不同之所，是曰五宅。然处流刑之犯人，其身之配居仅有三居之别，即大罪居于四裔（四方之边疆），次则居于九州之外，再次则居于千里之外是。书经舜典："汝作士，五刑有服，五服三就，五流有宅，五宅三居。"朱熹之注曰："五宅三居者，流虽有五而宅之，但为三等之居，孔氏（孔颖②达）以为，大罪居于四裔，次则九州之外，次则千里之外。"

【五均官】【史】在市场中所设以维持物价之公平之市官为五均官，为周代之制，王莽仿周礼泉府亦设此官。汉书一食货志："莽下诏曰，夫周礼有赊贷，张五均，设诸干者，所以齐众庶抑兼并也，遂于长安及五都（洛阳，邯郸，临淄，宛，成都，）立五均官。"大学衍义补（卷二十五）一丘浚氏评之曰："乐语，河间献王所传，道五均事，言，天子取诸侯之书，以立五均，则市无贰价，四民常均，此王莽五均之说所自出

---

① 原书为"笞刑为十五至五十，……流刑有三，一千里，二千里，三千里"，据《隋书·刑法志》，隋朝笞刑分为五等，自一十至五十，流刑三等，一千里，一千五百里，二千里，原书系排版之误。

② 原书为"颕"，系"颖"之异体字。

也。莽借古人良法以罔市利无足道者，姑录之，以示世戒。”据此，是王莽所置之五均官，乃借古之良法以垄断市场之利也。

【五戒】【史】戒者谓饬于将来之事使民不至犯法也。一曰誓（约束以组律也），用之于军旅。二曰诰（谓宣谕以礼法），用之于会同。三曰禁（谓发令以限制之），用诸田役。四曰纠（谓合致而申警之），用诸国中。五曰宪（分布而表悬之也），用诸都鄙（周礼—秋官士师之职）。按禁者施于未事之前，使知所闭绝，戒者，施于临事之顷，使有所遵循，故五禁行则平日之持防有素，民自畏戢而不敢为非。五戒行则一时之警觉有方，民自奉行而不敢犯法。

【五更】【史】宋淳化三年，太宗御驾崇政殿，亲试进士，分其成绩为五等，又称为五更。事物纪原（卷三）：“宋朝会要曰，淳化三年三月四日帝御崇政殿试进士，诏糊名考，校定其优劣为五等，第一至第二等赐及第，第三第四赐同出身，五等之分，自此为始也，天圣五年，始曰甲。”

【五服】【史】五服之意义可分为二：(1)丧服分为五等，故曰五服，即斩衰，齐衰，大功，小功，缌麻等是。依直系亲傍系亲以及外亲等之亲等的亲疏关系而定其服（详载于明律清律卷一之本宗九族正服图及其他服图内）。(2)在王畿之外，每五百里为一区划，计分五区域，其区域之首领，皆服于中央朝庭，而曰五服，即分为五种关系也：(甲)在舜代之制，分为侯，甸，绥，要，荒等五服。书经益稷篇：“惟荒度土功，弼成五服，至于五千，州十有二师，外薄四海，咸建五长，各迪有功。”所谓五千乃指每服五百里，两两相距计五千里而言。(乙)在周代之制，则改为侯服，甸服，男服，邦服，采服以及卫服等而为六服（详该本条）。按五服诸侯每隔六年均须向中央王畿朝见一次，是曰五服一朝，书经：“六年五服一朝。”

【五服一朝】【史】（详五服条内）

【五服三就】【史】受五刑之人，其服罪时就三处受刑之执行是曰五服[①]三就，大辟就市街上执行之，宫刑则于蚕室内服罪，其他各刑（墨，劓，刖）均各于隐处内服罪。书经—舜典：“汝为士，五刑有服，五服三就。”朱熹注曰：“三就，孔氏以为大罪于原野，大夫于朝，士于市，窃恐惟大辟弃之于市，宫辟则下蚕室，余刑亦就屏处，盖非死刑，不欲使风中其疮，而至死，圣人之仁也。”

【五服已尽】【史】丧服之关系业经断绝者，曰丧服已尽，即有服亲变为无服亲之谓。例如丧服之最轻之服为缌麻，此种关系之亲属为袒[②]免亲，遇丧事时仅著素服并头缠尺布而已，乃为最疏之亲属关系。然无服亲尚有准亲属之关系，故尊卑之关系犹存，不得互为婚姻。又在斗殴之时，尊长者罪减一等，卑幼者则加一等。（明清律刑律斗殴篇——同姓亲属相殴条）

【五服五章】【史】汉族建国之大谟乃在体天意以经国济民，故有德者赏，有罪者罚。此种赏罚，乃天之意，毫无人意存在其中。所谓五服五章乃天之命以为有德

---

① 原书为“刑”，系排版之误。

② 原书为“祖”，系排版之误。

者之区别也。书经一皋陶谟:"天命有德,五服五章哉。"计有二说之不同:(1)孔安国之说,谓五服乃天子,诸侯,卿,大夫,及士之服,故其尊卑之采章亦各有异,乃所以命有德也。(2)大学衍义补(卷九十八)丘浚氏云:"先儒谓天命有德之人则以五等之服以彰显之。"

【五品】【史】所谓五品乃指父子,君臣,夫妇,长幼,朋友之品类而言。书经一舜典篇:"帝曰契,百姓不亲,五品不逊,汝作司徒(掌教之官)敬敷(布也)五教在宽。"朱熹注曰:"五品,父子,君臣,夫妇,长幼,朋友,五者之名位等级也。"

【五帝】【史】所谓五帝其意义可分为二种:(1)为祭祠上之五帝,乃指五天帝而言,即四方天帝及中央天帝。(2)为历史上之五帝,或以伏羲,神农,轩辕,少皞,及颛顼五氏为五帝,或以轩辕,颛顼,帝喾,唐尧,虞舜五氏为五帝,或以少皞,颛顼,帝喾,尧及舜五氏为五帝。

【五流有宅】【史】帝舜时之五刑为威吓性质,且基于生命之钦恤主义,凡初犯而须受五刑之处罚时,即加以宥恕,而以流刑代之。此际各依其本刑之象服,使居于特定宅所,故曰五流有宅。书经舜典:"帝曰,皋陶,蛮夷猾夏,寇贼奸宄,五刑有服,五服三就,五流有宅。"朱熹注曰:"五流,五等象刑之当宥者也,五宅三居者,流虽有五,而宅之,但为三等之居。"

【五省】【史】省为官署之称,有南朝之五省与隋时之五省二种。前者为南朝之尚书省,中书省,门下省,秘书省,集贤省之五省。群书集遗:"南朝五省,尚书省,中书省,门下省,秘书省,集贤省。"后者为隋之内侍省,尚书省,门下省,内史省,秘书省之五省。群书集遗:"隋五省,内侍省,尚书省,门下省,内史省,秘书省。"

【五虐刑】【史】苗族之始祖蚩尤作五虐之刑,即劓、刵、椓、黥及杀戮是也。书经一吕刑篇:"苗民弗[①]用灵,制以刑,惟作五虐之刑,曰法,杀戮无辜,爰始淫为劓刵椓黥。"劓为割鼻之刑,刵为割耳之刑,椓为去其势之刑,与宫刑相似,黥为凿额而涂以墨字之刑,杀戮为惨杀之刑,同时且有车裂及炮烙之惨刑。唐律释文(卷一):"蚩尤,古之诸侯也,然其性酷毒,故作五虐之刑,以谓车裂人,又烧铜柱或使抱,或使人缘之类。"

【五军道里表】【史】为清之法典之一种。五军道里表者,规定编发军犯道里远近之法典也。乾隆二十七年纂修,后四十年,从福隆安之请,重加修订,尔来未经重辑。然以府厅州县之改名,及裁并增设,而里数与旧表至不相符,乃于嘉庆七年五月,重加修辑,十四年更行订正,凡十八卷。

【五伦】【史】伦者,常也,类也,即父子之亲,君臣之义,夫妇之别,长幼之序,朋友之信。所谓常,乃人所常由之道。所谓类,乃人之品类,社会虽大,人类虽多,然均不出上述五品之外。此项五品,苟能各守其分,各尽其义,则社会之平和,自无不能保持之理。孟子一滕文公篇:"使契为司徒,教以人伦,父子有亲,君臣有义,夫妇有别,长幼有序,朋友有信。"

---

① 原书为"不",系排版之误。

【五院制】【宪】国家之治权，由行政院、立法院、司法院、考试院与监察院独立行使之者，曰五权政府。五权政府乃由上述五院组织而成，故谓之五院制。

【五教】【史】谓五品之教也，父子有亲，君臣有义，夫妇有别，长幼有序，朋友有信，是曰五教。书经—舜典："汝作司徒敬敷五教在宽。"朱熹注曰："五教，父子有亲，君臣有义，夫妇有别，长幼有序，朋友有信，以五者当然之理而为教令也。"

【五条诏书】【史】（详晋之法典条内）

【五等有期徒刑】【刑】Fifth degree of imprisonment for a time 我国前之暂行刑律分有期徒刑为五等，二月以上一年未满者为五等有期徒刑。（暂行刑律第三十七条）

【五极】【史】与五刑相同。书经—吕刑篇："哲人惟刑，无疆之辞，属于五极，咸中有庆。"蔡沈注曰："五极，五刑也，明哲之人用刑，而有无穷之誉。"或谓五极乃指仁义礼智信至极之义而言。（同书注）

【五禁之法】【史】所谓五禁之法乃指宫禁（王宫之禁令），官禁（官厅之禁令），国禁（城中之禁令），野禁（郊野之禁令）及军禁（军旅之禁令）而言。周礼秋官士师之职："掌国之五禁之法，以左右（助也）刑罚。一曰宫禁，二曰官禁，三曰国禁，四曰野禁，五曰军禁，皆以木铎，徇之于朝，书而悬于门闾。"郑玄之注曰："古之禁书亡矣，今宫门有符籍，官府有无故擅入城门，野有田律单有嚣讙夜行之制。"至于禁之性质如何，贾公彦之疏曰："凡设五刑者，刑期于无刑，于刑外豫设禁，禁民使其不犯于刑，是左右助刑罚，无使罪丽于民也。"

【五过】【史】周制，凡因过失而犯五刑（即五罚）之罪者，称曰五过，在法律上并不为罪。书经—吕刑篇："两造俱备，师听五辞，五辞简孚，正于五刑，五刑不简，正于五罚，五罚不服，正于五过。"

【五算】【史】汉高祖四年为算赋之制，即所谓户口之赋（丁税）也。其法为民年十五至六十五令出口赋，每人百二十文，谓之一算，以供兵车马库之料。至汉惠帝时（六年）令民女子年十五以上至三十，不嫁五算，盖寓制裁之意也。大学衍义补（卷十三）注："汉律，人出一算，令人出五算罪之也。"

【五罚】【史】对五刑言，乃五刑之轻者，且其罪之情节系有可疑乃科以罚金。换言之，即以金赎罪也。分为五等，故曰五罚。书经—吕刑篇："五刑不简，正于五罚。"（参五刑条）

【五铢钱】【史】汉武帝时有司上言谓："三铢钱轻易作奸诈"，乃更铸五铢钱。王莽时变其制，更造大钱，又造契刀错刀与汉五铢钱并行，后复均罢用。至光武时复用五铢钱，汉末紊乱不堪，至隋始铸新钱，文曰五铢，重如其文，嗣以私铸浸多，制度益乱。至唐初，废五铢钱而铸开元通宝钱。

【五亲等】【亲】The fifth degree of relationship 次于四亲等之亲属关系曰五亲等亲属，如堂伯叔父母与堂侄间之关系是。

【五爵】【史】谓五等之爵位也，始于周朝，分公，侯，伯，子，男五等。孟子—万章篇："天子一位，公一位，侯一位，伯一位，子一位，男一位，凡五等也。"礼记王制篇："王者之制禄爵，公，侯，伯，子，男，凡五等。"

【五礼】【史】周代以还，有吉礼，凶礼，宾礼，军礼，嘉礼等，是曰五礼。周礼中，分吉为禋祀（祀昊天上帝），实柴礼（祠日月星辰），等十二种。分凶礼为丧礼，荒礼，吊礼等五种，分宾礼为春见，夏见，冬见等八种，分军礼为大师之礼，大均之礼等五种。嘉礼则分为饮食之礼，婚冠之礼等六种。书经—皋陶谟："天秩有礼，自我五礼，有庸哉。"是唐虞时亦已有五礼之称矣。

【五权宪法】【宪】Constitution of five powers; Five-power constitution 为宪法之一种。即将政权与治权划分，而再将治权（国权）划为立法，行政，司法，监察，考试，分掌于五种独立机关，而于宪法上加以规定之谓也。创此说者为我国之孙中山氏。

【介入不妨因果关系之连续说】【刑】为介入与因果关系学说之一。即主张介入之甲行为对乙行为与丙结果间之原来关系是否中断，其责任是否更新，无区别之必要。即认介入之甲行为与乙行为同为丙结果之原因。

【介入权】【债】Selbsteintritts recht（德）; Selfentering right 甲方委托乙方与第三人为一定之行为，甲乙两方之契约成立后，除有反对之约定外，乙方得自为该第三人之行为，此种权利曰介入权。例如行纪人受托出卖或买入货币股票，或其他市场定有市价之物者，除有反对之约定外，行纪人得自为买受人或出卖人是（民法第五八七条）。又如承揽运送人除契约另有订定外，得自行运送物品是（第六八三条）。按介入权之规定，乃为便利起见，苟于契约无反对之约定，则另觅他人为之，于手续上殊为周折，故许负有契约之义务人有介入之权。

【仇扳】【史】扳者，牵涉也，诉讼时对其人无何种关系，惟因有私仇而将其牵连人讼者，曰仇扳。六部成语注解："扳，牵涉也，因与此人有仇，将无干之事，牵涉讼之也。"

【什伍之制】【史】商鞅事秦使秦变法，以五家为伍，设伍长一人以主之。十家为什，以什长一人主之。如有违法之事，其同伍同什之人应加纠发，否则坐以连坐之法，是曰什伍之制。

【仍尽本法】【史】所谓仍尽本法，乃指依然以本来所定之法律处断而言。学海堂丛书五—读律提纲："律有仍尽本法者，名例律①犯罪自首条，其损伤于人，因犯杀伤而自首者，得免所因之罪，仍从本杀伤法，本过失者，听从本法，此即仍尽本法之例。"

【允约人】【民总】即承诺人。（参承诺条内）

【允许】【民总】Approval 所谓允许乃指事先同意而言。限制行为能力人为意思表示及受意思表示，原则上应得法定代理人之允许。又此项限制行为能力人如

---

① 原书多一"犯"字，系排版之误。

未得法定代理人之允许，则其所为之单独行为无效。（民法第七七—七八条）

【元之法典】【史】元代法典亦有数种，其最重要者为至元新格，风宪弘纲，元通制，元典章，及至正条格。兹分为下列五节述之：（一）至元新格——元典其初未有法守，百司断理狱讼，循用金律，颇伤严刻，及世祖平宋，疆理混一，由是简除繁苛，始定新律，即于世祖至元八年十一月禁行金之泰和律，十年十月敕伯颜，和礼霍孙，以史天泽姚枢等所定新格，参考梓行。后二十八年五月何荣祖以公规治民御盗理财等十事，辑为一书名曰至元新格，命刻版颁行，使百司遵守之。（二）风宪弘纲——世宗大德三年，何荣祖，又奉旨定大德律令，未克颁行，仁宗时，又类集格例条画之有关风纪者，编为风宪弘纲。（三）元典章及新集至治条例——英宗至治中，有司撰元典章前集六十卷，新集至治条例二册，其撰述年月虽不详，然观新集目录后，有至治二年六月　日谨启之语。又云，至治二年以后新例，候有颁降，随类编入梓行，则新集，乃至治二年六月编纂，而前集，又先是而成者明矣。前集所载诏令条格，起世祖以来，迄延佑七年之至治改元诏，新集所载，则起延佑三年迄至治二年，前集中有今上皇帝（即英宗）诏，新集亦重复增补之。前集专详英宗以前诏令条格，新集则载自英宗以后。此书存杭州八千卷楼，铁琴铜剑楼书目亦载有新集。光绪三十四年修订法律馆，依杭州八千卷楼本，重刊行，凡二十四册，前集大纲，分为诏令（凡一卷），圣政（凡二卷），朝纲（凡一卷），台纲（凡二卷），吏部（凡八卷），户部（凡十三卷），礼部（凡六卷），兵部（凡五卷），刑部（凡十九卷），工部（凡三十卷），自圣政以下，更分大小目汇集历代之事例，然欲于此求概括的智识，发见普通之原则，其事甚难，盖其体例訾乱，漫无头绪也。虽然，将以考元代法制之沿革，则舍是书而莫由。要之元典章者，拟于清朝法典，则属会典事例之类，而不能拟于会典。其新集至治条例体例，亦无异前集。按此书始末，元史不载，元史惟载至治三年之元通制，其书亦集世祖以来法制，体例颇与新集相类或者其为同一法典欤，不能无疑焉。然观元通制，又分断例条格诏赦令类，则似各为一编，是二非一，四库提要辩之甚详，在总目（卷八十三）云：元典章前集六十卷，附新集，（无卷数内府藏本）不著撰人名。前集载世祖即位至延佑七年英宗初政，其纲凡十，曰诏令，曰圣教，曰朝纲，曰台纲，曰吏部，曰户部，曰礼部，曰兵部，曰刑部，曰工部，其目凡三百七十有三，每目之中，又各分条格，新集体例，略效前集，皆续载至治二年。金带御史李端言，世祖以来所定制度，宜著为令，使吏不同为奸，治狱有所遵守，英宗从之，书成，名曰大元通制，颁行天下，凡二千五百三十九条，计其时代，正与此书相同，而二千五百三十之数，则与此书不相应，卷首所载中书省札，亦不相合，盖各为一编，非通制也。考元史以八月成书，诸志皆潦草殊甚，不足征一代之法制，而元经世之大典，又久已散佚，其散见永乐大典者，颠倒割裂，不可重编，遂使百年掌故，无成书之可考。此书于当年法令，分门胪载，采掇颇详，故宜存备一朝之故事，然所载皆案牍之文，兼杂方言俗语，浮词妨要者，十之七八。又体例訾乱，漫无端绪，观省札中，有置薄编写之语，知此乃吏胥钞记之格条，不足以资考证。故初拟缮录，而终存其目焉。兹为参考之便，述前集纲目于下，其细目姑从略焉。（此中有仅存目录，而本文已佚者）

〔诏令〕　世祖　成宗　武宗　仁宗　英宗

〔圣政〕　振朝纲　肃台纲　饬官吏　守法令　举贤才　求直言　兴学校　劝农桑　抚军士　安黎庶　重民籍　恤站赤　厚风俗　旌孝节　抑奔竞　止贡献　均赋役　复租税　减私租　薄税敛　息徭役　简词讼　救灾荒　贷逋欠　惠鳏寡　赐老者　赈饥贫　恤流民　崇祭祀　明刑政　理冤滞　霈恩宥

〔朝纲〕　政纪　庶务

〔台纲〕(一)　内台　行台　台纲(二)——体察　体覆　按治　照刷

〔吏部〕　官制(一)——资品　职品　官制(二)——選格　承荫　承袭　傔使当质　月日　官制(三)——流品　军官　投下　教官　医官　阴阳官　仓库官　局院官　场务官　站官　首领官　捕盗官　职制(一)——告叙　听除授除　守阙　赴任　不赴任　职制(二)——职守　假故　代满　丁忧　作阙给由　致仕　封赠　吏制——儒吏　职官职员　令史　书吏　典吏　译使通事　宣使奏差　典史　司吏　狱典　库子　公规(一)——座次　署押　掌印公事　公规(二)——行移　差委　案牍

〔户部〕　禄廪——俸钱　禄米　职田　分例——使臣　官吏　祇应　杂例　户计——籍册　军户　分析　承继　逃亡　婚姻——婚礼　嫁娶　官民婚　军民婚　休弃　夫亡　收继　不收继　田宅——官田　民田　荒田　房屋　家财　典卖　种佃　钞法——昏钞　伪钞　挑钞　杂例　仓库——义仓　钱粮——收支　不应支　押运　追征　免征　杂例　课程——茶课　盐课　酒课　市舶　常课　契本　洞冶　竹课　河泊　杂课　匿税　免税　农桑——立司　立社　劝课　栽种　水利　灾伤　租税——纳税　投下税　军兵税　僧道税　差发——影避　减差　赋役——户役　科役——和买　和籴　物价　脚价　夫役　钱债——干脱钱　私债　解典

〔礼部〕　礼制(一)——朝贺　进表　迎送　礼制(二)——服色　印章　牌面　诰命　礼制(三)——婚礼　丧礼　葬礼　祭礼　学校(一)——蒙古学　儒学　学校(二)——医学　阴阳学　释道——释教　道教　白莲教　头陀教　也里可温　礼杂——孝节　行孝　杂例

〔兵部〕　军役——军官　军户　正军　新附军　侍卫军　探马赤军　乾讨虏军　军驱　出征　逃亡　病故　替补　占使　军粮　军装　军器——拘收　许把隐藏　杂例　驿站——站赤　使臣　脱脱禾孙　站官　站户　给驿　铺马　长行马　船筹　押运　违例　杂例　递铺——整点　入递　不入递　禁例　捕猎——打捕　围猎　飞放　违禁

〔刑部〕　刑例——刑法　赎刑　流配　迁徙　刑名　刑狱——刑具　察狱　系狱　鞫狱　审狱　断狱　提牢　诸恶——不孝　不睦　谋反　大逆　谋叛　恶逆　不义　内乱　不道　大不敬　诸杀(一)——谋杀　故杀　劫杀　斗杀　误杀　过失杀　杀亲属　杀卑幼　奴杀主　杀奴婢倡佃　因奸杀人　医死人　老幼笃疾杀人　自害　杂例　诸杀(二)——检验　烧埋　殴詈——拳手伤　他物伤　品官相殴　保辜　杂例　诸奸——强奸　和奸　吓奸　纵奸　指奸　凡奸　主奴奸　奴婢相奸　官民奸　僧道奸　奸生子　诸赃(一)——取受　以不枉法论　以枉法论　诸赃(二)——侵盗　侵使　诸赃(三)——过钱　回

钱　首赃　赃罚　禁例　杂例　诸盗(一)——强窃盗　豁剜　偷官库钱物　旧贼　偷头口　评赃　刺字　免刺　流配　免配　首原　窝主　警迹人　杂例　诸盗(二)——掏摸　抢夺　拐带　放火　发塚　诸盗(三)——防盗　捕盗　获盗　失盗　诈伪——诈伪　诉讼——书状　听讼　告事　问事　元告　被告　首告　诬告　称冤　越诉　伐诉　折证　约会　停务　告拦　禁例　杂犯(一)——违枉　违错　违慢　非违　违例　私役　擅科　虚妄　杂犯(二)——脱囚　纵囚　放贼　阑遗——孛兰奚　宿藏　诸禁——禁诱略　禁典雇　禁宰杀　禁夜　禁火　禁刑　禁豪霸　禁赌博　禁局骗　禁聚众　禁毒药　杂禁

〔工部〕　造作(一)——缎匹　杂造　造作(二)——桥道　船集　公廨　役使——祗候　弓手

(四)元通制——英宗至治三年二月,元通制成,盖宰执儒臣,损益旧制,而编纂者也。大纲有三:一曰诏制,二曰条格,三曰断例,凡二千五百三十九条,内有断例七百十七条,格一千一百五十一条,诏赦九十四条,令类五百七十七条,大概纂集世祖以来法制事例而已。至其内容,详元史刑法志,兹不具述。(五)至正条格——顺宗至正五年十一月,又撰新修至正条格,此书载在四库书目提要,盖由永乐大典中采录者也,卷数虽不详,而提要,据永乐大典所载,为二十三卷,补辽金元艺文志(政刑类)作四册,文渊阁书目卷十四,作一部三十八册阙。其目凡二十七如下:一祭祀　二户令　三学令　四选举　五官卫　六军防　七仪制　八衣服　九公式　十禄令　十一仓库　十二厩牧　十三田令　十四赋役　十五关市　十六捕亡　十七赏令　十八医药　十九假宁　二十狱官　二十一杂令　二十二儒道　二十三营缮　二十四河防　二十五服制　二十六站赤　二十七榷货　据欧阳玄序,则此书乃顺宗至元四年中书省言。大元通制,纂集于延佑乙卯,颁行于至治三年癸亥,距今二十余年,朝廷续降诏条,法司续议格例,简牍滋繁,因革靡常,前后冲决,有司无所质正,往复稽留,吏或舞文,请择老成耆旧,文学法理之臣,重新删定,上乃敕中书专官,典治其事,遴选枢府宪台大宗正翰林集贤等官,遍阅新旧条格,参酌增损,书成,为制诏百有五十,条格千有七百,断例千五十有九,至正五年书成,丞相阿鲁图等人奏请,赐名曰至正条格。其编纂始末,厘然可考,元史遗之,亦疏漏之一证矣。原本卷数不可考,今载于永乐大典者,凡二十三卷。

【元本】【民总】Natural fruit　又名原本(详该本条),或元物。

【元老院】【宪】Senate　又名上议院。(详该本条)

【元典章】【史】(详元之法典条内)

【元物】【民总】与原物(详该本条)相同。

【元首】【宪】Sovereign; Head of state　元首者谓一国之首长,而代表国家之主权者也。享有不可侵犯权,游历或因事出发外国时,享有治外法权。我国之元首为国民政府主席,对内对外代表国民政府,但不负实际政治责任。

【元佑敕令格式】【史】为宋法典之一。元佑元年三月二十四日,命尚书中丞刘挚等刊修元丰敕令格式，及续降条贯六千八百七十六道，及二年十二月二十四日，成敕十二卷，二千四百四十条，令二十五卷，一千二十条，式六卷，一百七十七条，申明例各一卷，赦书德音一卷，并目录凡五十六卷。

【元符营造法式】【史】为宋法典之一。元符营造法式三十四卷（浙江范懋柱家天一阁藏本），宋通直郎试将作少监李诫奉敕撰。初熙宁中，敕将作监官编修营造法式，至元佑六年成书，诏圣四年，以所修之本，只是料状，别无变造，制度难以行用，命诫别无撰辑，诫乃考究群书，并与人匠讲说，分列类例，以元符三年奏上之，崇宁二年，复请用小字镂板颁行，诫所作总看详中称，今编修海行法式，总释总例共二卷，制度十五卷，功限十卷，料例并工作等共三卷，图样六卷，目录一卷，总三十六卷，计三百五十七篇，内四十九篇，系于经史等群书中检寻考究，其三百八篇，系来自工作相传经久可用之法，诸作谙会工匠，详悉讲究，盖其书所言，虽止艺事，而能考证经传，参会众说，以合于古者饬材庀事之义，故陈振孙书录解题，以为远出喻皓木经之上。……此本前有诫所奏札子，及进书序各一篇，其第三十一卷，当为本作制度图样，上篇原本已阙，而以看详一卷，错入其中，检永乐大典旧亦载有此书，其所阙二十余图，并在，今据以补足，而移看详于卷首，又看详内称，书总三十六卷。而今本制度一门，较原目少二卷，仅三十四卷，永乐大典所载，不分卷数，无可参校，而核其前后篇目，又别无脱漏，疑为后人所并省，今亦姑仍其旧。

【元丰六曹条贯】【史】为宋法典之一。元丰六年三月门下中书省给事韩忠彦所撰定，共三千六百余册，内容无可考。

【元丰司农敕令式】【史】为宋法典之一。元丰二年九月，司农寺上司农敕令式十五卷，诏行之，七年，刑部侍郎崔台符等，又上元丰敕令式七十一卷。

【元丰敕令式】【史】（详元丰司农敕令式条内）

【内三院】【史】内三院乃清之机关，即内国史院，内宏文院，及内秘书院是也，各设大学士一人以主其事。（参内阁条内）

【内水】【国公】Interior water　在领土内之江河湖水均曰内水，本国对之有绝对之管辖权。

【内由未遂犯】【刑】即犯人于着手或实行犯罪行为时，因犯人自发之意思（内部意思）而中止其犯罪之谓，又名中止犯（详该本条）。对外由未遂犯言。

【内因废止】【通】为废止之一种，与外因废止相对立。内因废止者，谓废止之原因存于法之本身者也。例如法律实施期限满了时，及该法之目的之事项已经消灭时，皆属内因废止。

【内地外国教会租用土地房屋暂行章程】【行】本章程于民国十七年七月十八日公布，计七条，自公布日施行。兹举其要点如下：（一）凡外国教会在内地设立教会医院或学校，必须外国与中国条约所许可者，得以教会名义租用土地，建造或租买房屋，惟应服从中国现行及将来制定之法令及课税。（二）于租用土地建造或租买房屋时须由业主与教会会同呈报该管官署核准，其契约方为有效。至该项土地或房屋如查出有作收益或营业之用者，该管官署得禁止之或撤销其租买。

(三)本章程施行前外国教会在内地已占用之土地及房屋应向该管官署补行呈报，倘其土地系属绝卖者，以永租论。

【内制】【史】为翰林学士官之别名，掌御言，制诏，诏令，赦文等之事。朝野类要："翰林学士官谓之内制，掌王言，大制诏，诏令，赦文之类。"

【内府】【史】宫中收藏诸国贡物之仓谓之内府。

【内府工作人匠替役】【史】工作人匠谓工匠，如营造织染等各种以及辨验货物各行人役也。此项人等均有悬牌，以便稽查，如冒牌顶替入府工作则代替及替之人均为违法。明律(卷十三)、清律(卷十八)兵律宫卫篇——内府工作人匠替役条："凡诸色工匠行人差拨，赴内府及内库工作，若不亲身关牌入内应役，雇人冒名私自代替，及替之人，各杖一百，雇工钱入官。"清律之总注："诸色当班工匠，及辨验货物各行人役，于承直之日，拨赴内府内库工作，皆关领照验牌面，所以防奸慝也。若不亲身关牌，雇人妄冒己名，私自代替，及替之者，各杖一百，雇钱入官，此不应雇替，彼不应受雇也。"

【内帑】【史】宫内藏金布类之府，称曰内帑。

【内政行政】【行】Administration for home affairs　关于社会上安宁秩序之维持，人民身体上精神上之增进等行政事务，曰内政行政。

【内政部组织法】【行】Law Governing the Organization of the Department of Interior　本法于民国十七年三月三十日公布，复于二十年四月四日修正公布。按内政部系直辖于行政院，管理全国内务行政事务，对各地方最高级行政长官执行本部主管事务有指示监督之责，置部长一人(特任)，政务及常任次长各一人(简任)，秘书四人至六人(二人简任余荐任)，参事四人(简任)，于下列各署司设署司长各一人(简任)：(1)卫生署。(2)总务司。(3)民政司。(4)统计司。(5)土地司。(6)警政司。(7)礼俗司，又各设科长十八人至二十四人(荐任)，科员七十二人至九十六人(委任)，技正六人(二人简任余荐任)，技士十人(委任)，编审八人(荐任)，并得设视察十人至十六人(荐任)，关于卫生署之组织，另由法律规定之。

【内政部卫生署组织法】【行】本组织法于民国二十年四月四日公布，全文计十二条，自公布之日施行。(参卫生署条内)

【内服】【史】王畿之外，以每五百里为一区划，分为侯服，甸服，绥服，要服，荒服等五。所谓服乃指诸侯及蕃族服事天子而言，在要服以内称曰内服，以外则称曰外服。(参五服条内)

【内河航行权】【国公】Right of navigation in national rivers　凡在国内河流中享有自由航行之权利者，谓之内河航行权。此项权利之享有者，以本国人民为限，但依条约之缔结，外国人亦得享有之。

【内省】【史】掌内务行政之最高官署，谓之内省。宋史徽宗纪："政和三年五月丁未，诏尚书，内省分六司，以掌外省六曹所上之事。"

【内容之可能】【民总】又名标的之可能。(详该本条)

【内容之合法】【民总】又称标的之合法。(详该本条)

【内容之确定】【民总】又名标的之确定。(详该本条)

【内容分割说】【物】为分别共有性质之学说之一,即各共有人对共有物之所有权内容某部分分别享有之之谓。例如甲享有收益权,乙享有处分权,丙享有使用权是。按诸所有权为单一物权之原则,本说亦不能成立。

【内宰】【史】为周礼天官之属,掌王宫内之政令,乃宫中诸官之长也。(周礼天官内宰)

【内库】【史】清内务府之银库,曰内库。

【内海】【国公】Landlocked sea 位于一国领土内之海,曰内海,乃该国之领海,原则上不许他国船舶自由航行,但有特别条约之规定者,则不在此限耳。

【内务行政】【行】Administration for home affairs 即内政行政(详该本条)之别称。

【内务府】【史】清时有内务府之设,掌内庭供奉及八旗事务,设府丞及员司等官,大都以满人充任之。

【内务部】【行】内务部即今之内政部,为北京政府时代所设之机关,置总长一人,管理地方行政,选举,赈恤,救济,慈善,感化,人户,土地,警察,著作,出版,土木工程,礼俗,宗教,及卫生事务,监督所辖各官署及地方长官,下置民治司,职方司,警政司,土木司,礼俗司及卫生司。(内务部官制第一条,第四条)

【史】与现行之内政部相同,为民国以来北京政府所设之中央官署,其长官曰内务总长,掌理地方行政,选举,赈恤,救济,慈善,感化,人户,土地,警察,著作,出版,土木,宗教,卫生等之行政事项,下置民治司,职方司,警政司,土木司,礼俗司及卫生司,并设技正技士参事佥事及主事若干人。

【内国公司】【公】Chinese or national company 为公司分类之一,对外国公司言,谓隶属本国国籍之公司也,与外国公司之区别乃依公司之国籍为标准。

【内国公债局】【行】民国十一年北京政府为整理旧债推行新债起见,特设立内国公债局,办理内债一切事务。在局设立董事会,以中国银行总裁副总裁,交通银行总理协理,总税务司,财政部公债司长,以及华商殷实银钱商号董事或经理等组织之。继由董事会推举总理一员,主持全局事务,协理二人襄助总理一切事务,又设坐办一员,由总理派充,禀承总协理督率局员,办理全局事务,设汉洋文秘书各二人,掌管本局机要事宜,又分设第一、二、三股每股设主任副主任各一员,办事员二员,一切职员概不支薪,但得酌给车马费。本局整理旧债,所有本息基金,每年实收实付数目,应于年终汇列表册,会同财政部呈明大总统查核备案,并请特派审计院审计官二员查验前项本息基金一切帐目。又于发行新债时,得酌量情形委托国内银行团及国内中外各银行号所,以包募或承募方法,销售债票。(内国公债局章程第一—四条,第六—十条,第十二—十三条)

【内国法】【通】National law 与外国法相对立,乃由本国新制定之法律也。在原则上言,内国法优于外国法。

【内国法人】【民总】National juristic person 凡依据国内法律所设立之法人,曰内国法人,至其法人之构成份子,不问其为内国人或外国人,其事务所之所在地不问其在内国或在外国,凡系依内国法律而设立者,皆谓之内国法人。

【内国债】【行】National debt; Domestic loan 即内债(详该本条)之别称。

【内率】【史】官名,即掌禁内之侍卫之任之官也。隋有左右率,唐为左右内率。事物纪原(卷五):"隋置左右率,掌禁内侍卫,唐为左右内率,旧唐志曰,隋初置左右内率府,拟上台千手卫也。"

【内场】【史】武举(武官考试)有内场与外场之分,外场为武艺之试验,内场为武经之试验。所谓武经乃指孙子,吴子,司马法,尉缭子,三略,六韬,太宗问对等七经而言。(清科场条例)

【内给事】【史】掌宫中皇后之命之官,曰内给事。事物纪原(卷五):"周礼内小臣之职也,后魏有中给事中,后为中给事,炀帝改曰内承直,唐曰内给事。神龙元年内侍省属有内给事八人是也。宋朝不置临事或摄。"

【内乱罪】【刑】Offences against the internal sovereignty of the state 即对国家内部存在条件实施紊乱或破坏行为之犯罪也。清律称为大逆罪,自不合民主国之观念。学者又称本罪为亡国罪,然其解释失之过泛,即外患罪亦应包在内,仍属不妥。又有称本罪为不忠罪者,考内乱罪之参加人,有属外国人民者,如称不忠罪则外国人断无成立本罪之理由矣。故其范围失之过狭,仍为未当。我刑法规定不论犯者之是否已国人民,皆曰内乱罪(刑法分则第一章共四条),可分为四种:(1)非法内乱罪。(2)暴动内乱罪。(3)预备或阴谋内乱罪。(4)帮助内乱罪(详各本条)。犯内乱罪之处分,其主刑范围为法定的,且有首谋非首谋之分,至从刑之褫夺公权,则委诸审判官之自由裁量。(刑法第一〇六条)

【内债】【行】National debt 与外债相对称。凡由本国市场所募集而来之国债,曰内债,或称内国债。

【内旗】【史】八旗分为上三旗与下五旗。上三旗为镶黄旗,正黄旗,镶白旗等,下五旗为正白旗,正红旗,正蓝旗,镶红旗,及镶蓝旗等。此外更分为内旗与外旗,内旗呼曰包衣,即忠实奉公之义。(清国行政法第四卷)

【内监】【史】唐时宫殿中置内侍监皆以宦官任之,故称宦官为内监。清时对盗贼等重要犯人监禁于另一监狱,故称曰内监。

【内阁】【史】内阁之名南北朝时代已见,当时仅一微小之官署耳。至于明代内阁乃成政治之重要机关。成祖即位之初,选拔翰林院才识之士,直入文渊阁,专主机密,称曰内阁(与后汉尚书相等)。仁宗之时以杨士奇升少保兼华盖殿大学士,又以杨荣为工部尚书兼谨身殿大学士,掌理阁务。宣宗之时事无大小,均谘询取决于大学士杨士奇,内阁大学士之权日益倾大,实质上成为宰相之职。世宗以后,大学士之朝班列于六部尚书之上,然明代之内阁属官甚少,仅置中书舍人而已。宣宗时设制敕诰敕二房俱设中书舍人,六部承奉意旨,靡所不领,而阁权益重。清初设内三院掌机务，置大学士及学士。大学士兼各部尚书之衔，别置翰林院专掌文学之事。至顺治十五年，改内三院为内阁，十八年复改内阁为内三院，合并翰林院。康熙九年再置内阁，分设翰林院，二者并立之制始行确定。按清之内阁，乃国家最高机关，其地位与权力均非其他所可比拟，及乎军机处之崛起，内阁始成虚名，而地位与权力遂一落千丈矣。（参清国行政法卷一上）

【内阁制】【宪】Cabinet system 国家一切行政责任，由内阁直接负责之制度，曰内阁制，总统与君主乃一名义上之首领，如法国与英国均属之。内阁系直接对议会负责，须以议会之信任与不信任为进退，是以又称责任内阁制。

【内翰】【史】宋时称翰林学士为内翰，清时则称内阁中书为内翰。

【公力】【通】Authority 国家机关之强制力，谓之公力，如行政机关对人民之行政处分，司法机关对人民之拘提及强制执行，皆依公力而行使。除行使公力者之违法外，人民均有服从之义务。

【公力救济】【物】Public-protection; Public justice 与自力救济相对称，即权利被侵害时依国家权力以救济保护之方法也。近代学者对于私权之保护虽有赞同自力救济者，但主张禁止自力救济而全然采用公力救济者，颇属多数。

【公文】【通】Official document 即公文书（详该本条）之别称。

【公文书】Public document 谓公务员职务上所制作之文书也，须具备下列二要件：(1)须为公务员所作者。(2)须为依职务所作者。至会计师律师依其职务所作之文件，不在其内。

【公文程式】【行】（详公文程式条例条内）

【公文程式条例】【行】Regulation relating to the forms of the public documents 公文者，谓处理公务之文书也，其程式须有一定，以资一律，故有公文程式条例之制定，系于民国十七年十一月十五日公布。本条例之规定公文之类别有九：(一)令。(二)训令。(三)指令。(四)布告。(五)任命状。(六)呈。(七)咨。(八)公函。(九)批。本条例共六条，自公布日施行，关于蒙藏与国府及各院部会省市县等之来往公文，因有特别情形，故另有蒙藏公文程式之制定，于民国十九年 月 日公布。

【公水】【物】Public-used water 凡供公共使用之水，曰公水，不论其所有权是否属于国家或公共团体，如其目的系直接供给公共使用者，则均称之曰公水。

【公主】【史】春秋时代天子嫁女于诸侯，必使同姓之诸侯为主婚人，秦汉以后则以三公为主婚人，因此天子之女称曰公主。事物纪原（卷一）："春秋公羊传曰，天子嫁女于诸侯，至尊不自主婚，必使同姓者主之，谓之公主，盖周事也。史记曰，公叔相魏，尚魏公主，文侯时也，盖僭天子之女也。春秋，指掌碎玉曰，天子嫁女，秦汉以来使三公主之，故呼公主也。"又汉制称帝之女为公主，帝之姊妹则为长公主。事物纪原（卷一）："蔡邕曰，汉帝女为公主，姊妹为长公主，职林曰，汉制皇女皆封县公主，仪制同列侯，其尊崇者，加号长公主，仪制同藩王。"

【公司】【公】Company 谓以营利为目的而设立之社团法人也。故公司之本质有四:(1)乃以营利为目的。(2)乃为多数人之集合团体。(3)须合于法定组织。(4)通常乃具有法人资格为原则。公司之特殊条件有三:(1)须有股东出资以为资本。(2)须有收益之目的。(3)损益须系共分。有此三要件始足与他种团体区别。公司之起源,实在十七世纪,盖罗马时代只认契约之组合,与合伙相似,至中世纪始具模型,其后经济进步,工商业发达,资本绝巨之事,与夫工程险艰之事,须以公司之制度始克为之。至于我国昔无公司之名,其共同营业与合伙性质相同,故公司之创造,实在通商后之事。公司之种类,据我公司法之规定分为四种:(1)无限公司。(2)两合公司。(3)股份有限公司。(4)股份两合公司(详各本条)。又据公司之性质又可为下列之分类:(1)内国公司与外国公司。(2)人的公司、财的公司与折衷公司。(3)单纯组织公司与复杂组织公司。(4)公司法上之公司与特别法上之公司(详各本条)。公司非在本店所在地主管官署登记后,不得成立,其登记之声请,应于公司章程订立后十五日内为之(参登记条内),此为官厅事前之监督。至设立后如发现其设立程序,或其登记事项有违法或虚伪情事时,经法院裁判后通知主管官署撤销其登记,此为事后之监督。法律为保护公司之健全基础计,对公司之为他公司之无限股东,绝对加以禁止,惟为有限股东则仅相对许可,即不得超过自身实收股本四分之一。(公司法第一条—第六条、第十一条)

【公司之合并】【公】(详合并条内)

【公司合并】【公】(详合并条内)

【公司法】【公】Company Law 关于商事特种事项之单行法规,曰公司法。我国公司法之沿革,起自清光绪二十九年间,时因中外通商之必要,遂有公司律一百三十一条之颁布。光绪三十四年聘日人志田钾太郎起草大清商律,民国三年将该草案之公司部分加以修改,名之曰公司条例,颁布施行。国民政府奠都南京,采民商法合一之体例,将各种商事通则,并入民法债编,其他各部另订单行法,今之公司法即单行法之一种,为民十八年十二月立法院所通过,同月三十日经国府公布,于二十年七月一日施行。全篇计六章,都二百三十三条,其末一章为罚则,盖所以使公司法有强制之效力也。

【公司法上之公司】【公】Companies under Company Law 为公司分类之一,对特别法上之公司言,乃依设立之准据法为区别之标准。凡单以公司法为唯一根据而设之公司,曰公司法上之公司。例如无限公司、股份有限公司、两合公司及股份两合公司是。

【公司法施行法】【公】本法于民国二十年二月二十一日,由国民政府公布,同年七月一日施行,全文计共三十三条。

【公司条例】【公】Regulation Governing Companies 计共二百五十一条,于民国三年一月十三日由北京政府公布,同年九月一日施行,复经三年九月二十一日及十二年五月八日两次修正公布。自民国二十年七月一日国民政府所公布之公司法施行后,本条例即行废止。

【公司登记】【公】Registration of companies 公司设立解散增资减资及设立支店时,向主管官署(在省为实业厅,在隶属行政院之市为社会局)呈请登记者,曰公司登记,登记时应由当事人依法定程序具呈请书,连同法定应备文件各二份,向主管官署呈请之,同时应依法定费率缴纳规费。关于呈请程序,因公司种类之不同略有区别,惟大体相似(参公司登记规则第二二—四三条)。在公司设立及设立支店之登记乃由实业部发给执照。其增资减资之登记亦由实部换发执照,实部此时应登政府公报公布之。

【公司登记规则】【公】本规则于民国二十年六月三十日由实业部公布,全文计分四章,共四十六条。第一章总则,第二章规费,第三章呈请程序,第四章附则,本规则之施行日与公司法同。凡公司法及公司法施行法所规定应登记之事项,其程序概依本规则之规定。至在本规则施行前已经呈请注册者,仍应依照前所颁布之公司注册暂行规则规定办理。(参公司登记条)

【公司债】【公】Debentures or bonds 谓公司因暂时需用款项,发行债券,依募集程序所募得之债者,其性质与消费借贷虽极相似,但有不同之点三:(1)消费借贷不以发行债券为必要,公司债则须以债券发行之。(2)消费借贷虽可转让,但不具流通性,公司债乃流通之证券。(3)消费借贷以同一数量返还为原则,公司债则得额面以上或以下发行。我国公司法规定股份有限公司非先有股东会之决议,不得募集公司债。募集时董事应公告一定事项,并记载于联单式之应募书上(第一七六条、一八〇条),所募之债额,不得逾已缴股款之总额。如公司现存财产少于实缴股款之总额时,则应以现存财产为准。又每张债券金额不得少于二十元,预定偿还金额如超过券面金额时,则在同次发行之债券应全数归于一律,所以便于计算也(第一七七条——七九条)。债额募足缴足后,应向主管官署声请登记。此外公司债募集时,应备有公司债存根簿,且须具备一定方式,以便易于查核(第一八三条),至债券之方式如何,详债券条。

【公司会计】【公】Company accounts 简称会计。(详该本条)

【公布】【通】Promulgation; Public proclamation 使普通人民周知法律与命令之行为也。近代各国多以政府公报为之。(参颁布及官报公布法各条)

【公平主义】【刑】为紧急避难不处罚之根据的学说之一。(详紧急避难条)

【公民】【宪】Citizen 所谓公民,普通乃指享有参政权之人民而言,但各国人民对于参政权之范围参差不齐,故公民在各国之法律上,其意义亦因之不能一致。至其因参与政治运动所组成之人民团体,则称曰公民团体。

【公民教员】【行】所谓公民教员乃指在各中等学校担任公民课之教员而言,其资格之审查,由审查训育主任公民教员资格委员会行之。全国各中等学校,公民教员须由本人迳向审查训育主任公民教员资格委员会请求审查,或由各中等学校各级教育行政机关各级党部提请审查之。凡国民党党员(包括预备党员)或尚未入党而对于三民主义曾有研究之人员具有下列各款资格之一者,得请求受中等学校公民教员资格之审查:(甲)在专门以上学校研究社会学科毕业者。(乙)具有教育行政机关所规定之中等学校教员资格曾教授社会学科者。(丙)具有教育行政机关所规定之中等学校教员资格,对于社会学科确有研究而有著述者。此外国民党党员具有下列资格之一者得免审查,但须提出证明资格之文件,向审查训育主任公民教员资格委员会请求登记,经登记后取得中等学校公民教员之资格:(甲)取得中等学校党义教师检定或审查合格证书,且有中等学校教学经验一年以上者。(乙)前检定党义教师或审查党义教师资格委员会委员并曾任中等学校教员者。(丙)现任或曾任审查训育主任公民教员资格委员会委员者。凡经审查合格或经登记者,概由审查训育主任公民教员资格委员会给予合格证书。该公民教员经学校聘定后,应将其工作概况至少每一学期呈报审查训育主任公民教员资格委员会一次,以凭考核。

【公民选举权】【宪】(详选举权条)

【公民权】【宪】Citizenship　公民所享有之权利,谓之公民权。

【公正工资】【劳】Impartial wage　与生活工资相对称。凡以同一地域同一产业之一般雇主所给付之平均工资为标准之工资,曰公正工资。在现代劳资纠纷时起之立法例中,已不采取之,大都代以生活工资(最低工资)之制度。

【公正证书】【通】Certificate made by public notaries　公证人受私权享有人之嘱托,依法定形式所制成之证书,曰公正证书。此种证书,效力甚大,在诉讼法上不特可为证据之用,即法院亦得依其正本加以执行。

【公用局】【行】Bureau of Public Utility　为市政府于必要时所设机关之一,掌理关于民营公用事业之监督,与公营业之经营管理等事项,如无此种机关之设置时,则上述各事项应由社会局及财政局分别兼掌之。(参市组织法条内)

【公用限制】【行】Public limitation　对于私人所有权以公共利益为理由而加以一种限制者,谓之公用限制。例如建筑道路而于一定期限内占用私人土地是也。与公用征收不可相混,前者系暂时的对私人所有权加以限制,后者则系对私人所有权永久的加以收用。

【公用财产】【行】Public-owned property　对收益财产言,为国有财产之一种,即以直接供国家行政之使用为主要目的之国有财产也。通常即对组织营造物以供公用之财产,亦在其内。

【公用征收】【行】Expropriation; Eminent domain　又称征用。广义之公用征收,乃指国家为公共利益起见,对于私人之动产与不动产有偿的加以征收而言。狭义之公用征收,仅指国家为公共事业之利益有偿的剥夺私人之不动产所有权与其他物权,且对于兴办事业人,设定新权利之行政处分而言。简言之,即因兴办公共事业,或为调剂土地分配起见,对于土地加以征收也。公共征收与买卖之性质不同:(一)前者乃依国家一方之命令而成,后者则为双方之合意行为。(二)前者对所征收之物体不负追夺担保与瑕疵担保之责,后者则与此相反。公用征收与租税区别之点甚多,最著者即公用征收乃对特定物件向特定人为之,租税则对人民全体加以课收，又公用征收与公用限制，亦不可相混。前者乃对土地所有人之所有权加以征收，后者则仅对土地所有人之所有权加以限制，使其负担消极的或积极的义务。前者原则上为有偿的，后者则以有偿为例外。又公用征收与征发亦有异别，即前者之主体为国家而由行政官署为之，后者则由军队司令官为之，前者以不动产——土地——为限，后者原则上为动产。

【公示告知】【民诉】Public summons　又曰公示催告。（详该本条）

【公示送达】【刑诉】Service or delivery by public notice　为送达方法之一，谓使应送达文件之内容依公示方法视作已交付应受送达人也，应受送达之本人确知与否，在所不问，此种方法不得轻易为之，且仅限于对当事人之送达。至于对辩护人辅佐人之送达，不适用之。即对当事人亦须有下列情形之一者，始得为之：(1)当事人住址不明者。(2)挂号邮信送达而不能达到者。(3)因居住于法权所不及之地，不能以其他方法送达者。此外公示送达应经法院或首席检察官之许可，始得为之，所以防止滥用也。公示送达之方法，即应由书记官将应送达之文件张贴于牌示处行之，经十五日以送达论。惟于第一次审判之传票应公示送达者，并应登载报纸，或以其他法通知或布告之。其登报纸者自最后登载之时起，经三十日以已经送达论。（刑诉法第一九九—二〇〇条）

【民诉】为送达方法之一，凡有下列情形之一者，得为公示送达：(一)应受送达人之住所居所或其他应为送达之处所不明者。(二)于有治外法权人之住居所或事务所为送达而无效者。(三)于外国为送达不能嘱托该国管辖官署或驻在该国之中国大使公使或领事为之者。公示送达之方法即将送达之文书，或其缮本，黏贴于法院之牌示处行之，并得命将文书之缮本或节本登载于公报，新闻纸，或依其他相当方法通告或布告之，经过二十日即发生效力，以送达论。（民诉法第一五二—一五四条）

【公示催告】【民诉】Public summons　（详公示催告程序条内）

【公示催告程序】【民诉】Procedure of public summons　公示催告程序者，谓法院依当事人声请以公示方法催告不分明之相对人，或其他利害关系人，于一定期间内令其申报权利，或提出证券，若不申报权利或提出时，因而宣示失权或证券无效之程序也。此种制度乃为使主张权利之当事人于其相对人不明时可以达到其主张权利之目的而设，而使法律关系得以确定也。此项程序之声请，乃以法律有规定者为限，其声请人曰公示催告声请人，相对方则曰受催告人。公示催告除须具备通常诉讼要件外，尚须具备下列要件：(一)须于法律有规定者。(二)须对不分明之相对人或其他关系人为之者。(三)须系依当事人之声请而由法院行之者。(四)须为使权利人于一定期限内申报权利或提出证券者。(五)须为因不申报权利或提出证券而生法律上不利益之效果者。公示催告之程序可分二种，一为宣示失权，一为宣示证券无效，前者约如下述：(一)公示催告由第一审法院管辖。(二)法院对声请如认不合要件，或不合法者，应以裁定驳回之。(三)如准许者，应为公示催告，依法布告以二个月以上之期限，令受催告人向法院申报权利。(四)

声请人原则上得于申报权利期间已满后三个月内为除权判决之声请。(五)如受催告人于法定期限内申报权利者,若无争执,则程序因以终结。关于宣示证券无效之公示催告程序,除参照上述外,约如下列所举者:(一)公示催告应向证券所载履行地之法院为之,如未载履行地者,则向证券发行人普通审判籍所在地之法院为之,如无此审判籍者,则向发行人发行时普通审判籍所在地法院为之。(二)声请人:(甲)无记名证券或空白背书之指示证券,则为最后之持有人。(乙)其他证券则为能据证券主张权利之人。(三)申报权利期间应有六个月以上(自公示催告登载于公报或新闻报最后之日起算)。(四)持有人申报时法院应令声请人阅览证券。(五)未在法定期限内申报者,法院应以除权判决宣示证券无效。(六)对于无记名证券为无效之宣示者,除公示催告外,法院应对证券发行人发禁止支付之命令(毋须经过言词辩论)。(民诉法第五〇五一五三四条)

【公示催告期间】【民诉】Term of public summons (详公示催告条内)

【公立学校】【行】Public school 公共团体所设立之学校,称曰公立学校。

【公企业】【行】Public enterprise 以谋利为目的之公共经营的事业,曰公企业,与私企业相对立。

【公共危险罪】【刑】Offences against public safety 凡对公共有危险发生之行为,皆为公共危险罪。其危害法益如为社会上不特定人数所公有者,皆属之。暂行律分为决水放火及妨害水利罪,危险物罪,妨害交通罪,妨害饮料水罪,妨害卫生罪各章。刑法则合并为一,称之曰公共危险罪。在分则第十一章中规定之,计共二十四条,更分九种:(1)放火及失火罪。(2)决水及过失决水罪。(3)妨害救灾罪。(4)妨害交通罪。(5)妨害水电煤各业务罪。(6)危险物罪。(7)损坏矿坑工厂设备罪。(8)妨害卫生罪。(9)违背建筑成规罪。关于公共危险罪中第一、第二两种罪,因其目的物属于自己所有与他人所有而有轻重处分之区别,故凡自己所有物已受查封,或担负物权,或已赁贷,或保险者,以他人所有物论(第二〇九条)。又公共危险罪中各种之褫夺公权处分,亦均由审判官自由酌定之。

【公共事业】【土】Public undertaking 所谓公共事业,乃指与公众利益有关系之事业而言。按国家因公共事业之需要,得依法征收私有土地。我土地法为避免纷争起见,特以明文将公共事业之范围加以规定,即凡适合于下列各款之一者,均得称为公共事业:(一)实施国家经济政策。(二)调剂耕地。(三)国防军备。(四)交通事业。(五)公共卫生。(六)改良市乡。(七)公用事业。(八)公安事业。(九)国营事业。(十)政府机关,地方自治机关,及其他公共建筑。(十一)教育学术及慈善事业。(十二)其他以公共利益为目的之事业。(第三三六条)

【公共物】【民总】Res extra nostrum patrimonium (拉丁) 人类所共同利用之物为公共物,如空气,日光,海水是。

【公共秩序】【民总】Public order 即国家公安之谓,乃以国家生活社会生活之为一般国民所要求者为标准。因其乃以国家之安宁为根据,故与善良风俗之基于一般国民之现实道德思想者不同,法律行为虽为自动的,然苟有与公共秩序相违

反者，仍为无效。（民法第七二条）

【公共组合】【行】Public guild　又称职业自治团体，为自治团体之一种，即为特殊目的而组成之团体。例如工会，商会，农会，同业公会皆属之。其设立之方式与程序，国家皆有特种法律之颁布。

【公共团体】【行】Public body; Public corporation　凡以维持自己之生存，以治理国家之事务为目的所组成之公众团体，而与国家机关相对立者，曰公共团体。例如自治之市，县，区，乡，镇等，皆属之，故又称曰自治团体。

【公共弹劾式】【刑诉】简称曰弹劾式。（详该本条）

【公共营造物】【行】即营造物之别称。（参营造物条）

【公同共有】【物】Ownership-in-common or co-ownership-in-common　为共有之一种，与分别共有相对称，即数人基于法律或基于契约先成一公同关系，因而以物为其所共有之谓也。易言之，即各共有者在其共有物上得享有一切支配权之状态也。因其为公同一致享有所有权，故与分别共有人之独立享有其应得部分之权利者不同。又因其须先有一公同关系之成立始得共同享有所有权，故与分别共有亦有区别（参民法第八二七条）。公同共有人之权义，应依为其原因之法律或契约定之。至其公同共有物之处分及其他之权利行使，亦应依为其原因之法律或契约所定，如无规定者，则须经全体同意方得为之。关于公同共有物之分割，在公同关系存续中时，不得请求之（第八二八条、八二九条）。分割方法除法律另有规定外，应依分别共有物分割之规定，公同共有权之消灭，其特别原因有二：（一）公同关系终止时。（二）公同共有物让与时。（第八三〇条）

【公同共有人】【物】（详公同共有条）

【公同共有物】【物】（详公同共有条）

【公吏】【行】Officials in self-governmental organs　所谓公吏，乃指自治团体之员吏而言，与官吏不同之点有二：（一）前者由人民选出之，后者则由行政首长委任之。（二）前者乃于自治团体内服务，后者则在官署内任职，至于公吏应享之权利与应尽之义务，均与官吏相同，故得准用关于官吏之规定。（参官吏条）

【公安】【行】Public safety　社会上之公共安宁，曰公安。凡妨害公安者，为法律所不容，而须加以处罚，违警罚法之规定，涉于公安者颇多。

【公安局】【行】Bureau of public safety　为市政府或县政府所设机关之一。在市政府下之公安局（首都及省政府所在地之市，均不设置公安局，关于公安局所掌理事项，分别由首都警察厅或省会警察机关掌理之）。其所掌事项如下：(1)公安事项。(2)消防事项。(3)公共卫生事项。(4)医院菜市屠宰场及公共娱乐场所之设置及取缔等事项（参市组织法条内）。如市政府同时设有卫生局者，则上述第三款及第四款之事项，应归卫生局掌理。至于县公安局乃掌户籍警卫消防防疫卫生救灾及保护森林渔猎等事项，并得于各区设立分局，办理各该区之公安事务。（参县组织法条内）

【公安局编制大纲】【行】本大纲于民国十七年八月公布，全文计十四条，自呈经国民政府核准公布之日施行。（参公安局条内）

【公安警察】【行】Police for public safety 为警察之一种，又称保安警察，即以排除危害于一般安宁秩序之警察也。通常乃以防止人为的危害为主，故有独立机关以主持之。

【公式】【史】为明清律吏律之一篇，公式谓可为公共之体式。按唐有律令格式，格者，百官有司所常行之事，式者常守之法也，与公式有异。按公式篇各律，明以前，统在职制内，明始分出，独成一篇，计共十八条，即讲读律令，制书有违，弃毁制书印信，上书奏事犯讳，事应奏不奏，出使不复命，漏泄军情大事，官文书稽程，照刷文卷，磨勘卷宗，同僚代判署文书，增减官文书，封掌印信，漏使印信，漏用钞印，擅用调兵印信，信牌等条。清律亦有公式篇移信牌一条入职制，漏泄军情大事一条入军政篇，并合弃毁制书印信二条为一，删去漏用钞印一条，体例屡益明显。

【公旬】【史】公旬之意义有二：(1)旬者，均也，公平之谓也，音均，即国家之征力役也。周礼一司徒均人之职："凡均力政(一作均力政之，下无以字)，以岁上下，丰年则公旬用三日焉，中年则公旬用二日焉，无年，则公旬用一日焉，凶札则无力役。"(2)旬者，十日也，每十日课以三日，二日，一日之力役，冬季三月之间课以九日，六日，三日之力役。（清国行政法第六卷）

【公有土地】【土】Public-owned land 凡未经人民依法取得所有权之土地，曰公有土地，即经人民依法取得之私有土地，其所有权消灭者，亦曰公有土地。公有土地之所有权，仅国民政府得处分之。至于在地方政府管辖区域内之公有土地，原则上该地方政府有使用及收益之权，如法令别有规定者则为例外。（第十三一十四条）

【公有土地册】【土】公有土地于地籍测量完竣，依法登记后应由主管地政机关编造公有土地册，递呈中央地政机关。（土地法第二十五条）

【公有林】【行】Public-owned forest 为森林依其所有权之归属而为分类之一种，与国有林及私有林相对立，即由各该地方主管官署或自治团体所经营管理之森林。公有林如有下列情形之一时得收归国有，但应给予补偿金：(一)国土保安上或国有林之经营上有收归国有之必要者。(二)关系江河水源或其他利益不限于所在地之省区者。

【公有物】【行】Public-owned thing 广义之公有物，乃指国家及公共团体之所有物而言，即行政之财产及收益财产亦包括在内。狭义之公有物，则专指直接供公众所用之有体物而言。

【公有财产】【行】Common property 凡财产(如公园公有森林等)之为公众所共有者，称曰公有财产。

【公估局】【史】我国历来对于所通用之银宝，货色与重量参差不一，商人每引为恨，乃公设一局专司鉴定衡量之事，各种银宝均须经其估定，并盖硬印于上，方能流行，此种机关，称曰公估局。

【公判】【民刑诉】Public trial 公判者，谓审理案件时公开裁判也。我国民刑诉讼案件以公开审判为原则，而以禁止旁听为例外。

【公告】【通】Public notification 国家或公共团体欲将一定事实使公众周知所为之告示方法，曰公告。至于对特定人之住址不明，或对特定人所为之通告或处分，而不便直接为之者，亦得以公告方法为之。

【公告发】【刑诉】（详私告发条内）

【公坐相承减】【史】同职者犯公罪，其监督之长官以下，均须连坐，若犯者因过失等而减等处罚时，则其监督之长官以下，亦须减等，是曰公坐相承减。唐律（卷二）名例篇——一人有议请减条之疏议曰："公坐相承减者，谓同职犯公坐，假由判官断罪失法减五等。"

【公妨犯】【债】Public nuisance 又曰公的滋扰，为妨犯之一种，与私妨犯相对立，为英美法所规定。即凡不法行为乃对于一般人加以妨害，或予以不安宁之扰乱与不正当之影响之谓。例如于公共场所放弃不洁物料，或于冬季严寒之际，于公共通行道路，浇倾冷水致冻成冰，使行人有滑倒之虞是。

【公役】【行】Public service 依据国家法令强制人民服务于国家或公共团体中者，谓之公役，人民非依法令不得免除，例如服兵役是。

【公私要速】【史】公者奉公命出差也，私者吉凶疾病之类也。要速者谓急速也。唐律（卷二十六）杂律篇——城内街巷走车马条："若有公私要速而走者不坐。"疏议曰："公私要速者，公谓公事要速，及乘，邮驿，并奉敕使之辈。私谓吉凶疾病之类，须求医药并急追人而走车马者不坐，虽有公私要急而走车马，因而杀伤人者，并依过失收赎之法。"

【公事失错】【史】官吏对其职守有过失及错误时，即构成公罪，如于未实行以前，对其所失错之事项自白者，称曰觉举，与普通人之自首相同，得减免其罪。唐律疏议（卷五）名例篇——公务失错条："谓缘公事致罪，而无私曲者，事未发露而自觉举者，所错之罪得免。"明律（卷一）、清律（卷四）名例篇——公事失错条，亦设有明文。

【公事要速】【史】（详公私要速条内）

【公事应行稽程】【史】公事应起解而承差人无故而辄自稽留者，或违限者，曰公事应行稽程。明律（卷十七）、清律（卷二十二）兵律邮驿篇——公事应行稽程条："凡公事有应起解官物，囚徒，畜产，差人管送而辄稽留及事有期限而违者，一日笞二十，每三日加一等，罪止笞五十。若起解军需随征供给而管送违限者，各加二等，罪止杖一百。以致临敌缺乏失误军机者斩。若承差人误不依题写去处，错去他所，以致违限者，减二等，事干军务者，不减。若由公文题写错者，罪坐题写之人，承差人不坐。"清律之辑注曰："此与前驿使稽程条相似，彼言出使人，此言承差管解人官差轻于朝使，故罪止加等。"同律之总注曰："曰官物则各项钱粮一应办供本色之类皆是，曰囚徒则轻重罪犯皆是，曰畜产则马牛驼骡驴猪羊等畜皆是。凡公事有应起解各项而承差管送之人无故稽留不即起程，及差办一应公事官司定有期限而故违者，按日论罪，一日笞二十，至十日以上罪止笞五十。若起解军需物件随征供给粮饷，则非寻常官物之比，而管送之人稽留违限者，各加二等，一日笞四十，至十九日以上罪止杖一百，此以未误事者言也。若因违限以致临敌之时，缺乏军需供给而失误军机者斩。若起解批文题写明白，而承差人失误不依，错去他所以致路程迂远而违限者，则与怠缓故违者有间，故减二等，四日笞一十，至十日以上，罪止笞三十，事干军务者不减，即指上军需供给而言，照前项笞杖斩罪科之。若由原行公文写错，则非承差人之过也，或笞，或杖，或斩，罪坐题写之人，承差不坐。"

【公使】【国公】Ministers （详外交官及外交代表条内）

【公使人等索借马匹】【史】奉差之公使人等经过某处之时，不得向各该过处之有司索借马匹驴骡，违者依律处断。明律（卷十六）、清律（卷二十一）兵律厩牧篇——公使人等索借马匹条："凡公使人等承差经过去处，索借有司官马骑坐者，杖六十，驴骡笞五十，官吏应付者各减一等，罪坐所由。"明律之纂注曰："罪坐所由，谓同僚官吏内系主意应付之人为坐，盖公使人等承差遣经过去处，其应给驿者，自有本衙门应付脚力，而又索借，系官有司马匹骑坐者，是额外多取，杖六十，索借骡驴者，非马匹之比，笞五十，当该官司听行应付者，各减一等，与马匹，笞五十，骡驴，笞四十，罪坐所由不泛及同僚官吏。"

【公使馆】【国公】Legation （详使领馆条内）

【公函】【行】Official letters 不相隶属机关之往复时所用之公文，曰公函。

【公取】【史】所谓公取，乃指行盗之人公然取他人之财物而言。（唐律卷二十贼盗篇——公取窃取皆为盗条之疏议）

【公取窃取皆为盗】【史】公取谓行盗之人公然而取其财也，窃取谓潜行隐面私窃取其财也，故皆称曰盗。前者如强盗抢夺，后者如窃盗掏摸是也。明律（卷十八）清律（卷二十五）刑律贼盗篇均有公取窃取皆为盗之条。按本条乃盗贼之通例，特系于贼盗篇之后，凡论盗者不论官私物皆须以此为根据。清律之公取窃取皆为盗条内规定："凡盗公取窃取皆为盗，器物钱帛之类，须移徙已离盗所，珠玉宝货之类，据入手隐藏，纵未将行，亦是。其木石重器，非人力所胜，虽移本处未驮载间，犹未成盗。马牛驼骡之类，须出栏圈，鹰犬之类，须专制在己，乃成为盗（若盗马一匹，别有马随，不合并计为罪，若盗其母而子随者，皆并计为罪）。此条，乃以上盗贼诸条之通例，未成盗而有显迹见者，依已行而未得财科断，已成盗者，依律以得财科断。"清律之总注曰："公取者，欺事主之不敌，无所避忌，公然而取之，如强盗抢夺之类是也。窃取者，畏事主之知觉，潜踪隐迹，私窃而取之，如窃盗掏摸之类是也。二者之情形不同，而俱取非其有，故皆谓之盗。然物有大小轻重之分，取有难易隐显之别，不可一概而论。如盗器物钱帛之类，则非入手可以隐藏者，必须移动迁其离盗所乃谓之盗，如盗珠玉宝货之类，其物轻微，随处可匿，则但据盗取入手，隐藏在身，纵在盗所，尚未将行，亦谓之盗。至于树木砖石等重大之器，非人力所能胜举者，虽移离本处，尚未及驮载而去者，则盗犹未成也。若盗马牛驮骡之类必须已出本家栏圈之外，及盗鹰犬之类须已就羁絷专制在己，乃成为盗。凡公取窃取之盗，已成盗，未成盗，皆以此为例。已成盗者，依本律以得财科断，未成盗者，依本律以不得财科断，论盗以赃为凭，若未成盗者，须有显迹证见，确然可凭，方拟不得财之罪。”

【公所】【史】人民之从事于同一营业者所组成之营业上之团体，称曰公所。以保全其营业上之利益为目的，同时并从事于组合员相互间之亲善与救济，与现行法上之同业公会同一性质。（清国行政法卷二）

【公法】【通】Public law 与私法相对立，此种分类，其区别之标准约有四说：(1)目的说——即法律之目的系关于公益者为公法，关于私益者为私法。(2)主体说——规定国家及公共团体相互间之关系，或国家公共团体与私人间之关系为公法，仅规定私人相互间之关系，则为私法。(3)法律关系说——又分二说，甲说为公法乃规定权力关系之法，私法乃规定对等关系之法。乙说谓公法乃规定统治关系，私法乃规定非统治关系。(4)生活关系说——谓公法乃规定国家或公共团体相互间，或国家或公共团体与私人间关于公共生活关系之法律，私法则系规定私人，或私人与国家或公共团体间关于私生活关系之法律。上列四说，以最后说为当，公法之例，如宪法，刑法，行政法，民刑诉讼法等皆是。私法之例，如民法，公司法，保险法，海商法，票据法皆是。

【公法人】【民总】Public juristic person 为法人之一，对私法人言。凡具备公法所规定之要件而成立法人者，曰公法人，换言之，即依公法规定之法律事实所产生之法人也（参民法第二十五条）。例如自治团体（公共团体）是，即国家亦属之。公法人在私法上仍得为权利主体，如进行诉讼购置产业是。故除有特别之法律规定外，均须适用私法之规定。

【公法上之责任】【行】依公法上之规定所发生之责任，称曰公法上之责任。例如公务员因公务员服务规程所发生关于职务上之责任是。

【公法上义务】【通】Duties created by public law 为义务分类之一种，与私法上义务相对立，即基于公法之规定所发生之义务。例如服从警察之指挥命令，以及向国家纳税等义务是。然此为国内公法之义务，此外尚有国际公法上之义务，例如国家相互间之义务是。

【公法上权利】【行】Public right 简称曰公权。（详该本条）

【公法的破产主义】【破】为破产法主义之一，与私法的破产主义相对立，即以破产为诉讼程序之一种，对于破产人之财产，法院得加以占有而迳行清算及分配也。

【公法契约】【行】Contract made under public law 国家与国家，或国家机关与机关上之合意行为，或私人与国家间之合意行为，皆谓之公法契约，乃以发生公法上之关系为目的，与私人间之契约（私法契约）恰相对立。例如归化许可，与官吏之任命，皆为公法契约。

【公法关系】【行】Relation in public law 所谓公法关系，乃指统治团体相互间，或统治团体与服从其团体者之间，所生之法律关系而言。例如法院与法院间或官署与人民间之法律关系是也。

【公空】【国公】Free airspace 对领空言，领空以外之空中区域不受任何国家主义所支配者，曰公空。其性质与公海相等，且须遵守国际航空公约（一九一九年）之规定。在公空飞行之航空器，须标明国籍，并须揭示号码，且须登记。至驾驶人之应领取技术证书，并取得飞行器之适航证书，更属必要之举，所以防危险也。

【公侯世爵】【史】国家对于特别有功勋者，依一定之标准所赐之世爵，以开国元勋为限。但对国家有特别殊勋者亦准授公侯世爵。明律（卷二）、清律（卷五）吏律职制篇——文官不许封公侯条："凡文官非有大功勋于国家，而所司朦胧奏请，辄封公侯爵者，当该官吏及受封之人皆斩。其生前出将入相，能除大患，尽忠报国者同开国元勋，封侯谥公，不拘此律。"

【公侯私役官军】【史】按公侯乃勋爵世臣，位尊望重，恐其私役官军，而武官士卒，不无阿附之辈，以致演成上凌上替之弊，故明清均以律禁止之。明律（卷十四）、清律（卷十九）兵律军政篇——公侯私役官军条："凡公侯非奉特旨不得私自呼唤各卫军（清律无各卫军三字）官军前去役使，违者，初犯再犯免罪，附过（清律无此二字）三犯，准免死一次（清律将准免死一次五字改为奏请区处）。其军官军人听从及出征时辄于公侯之家门首伺立者，军官各杖一百罢职，发边远充军，军人罪同。"明律之纂注曰："三犯准免死一次，盖以公侯受侯受封，皆有钦给铁券于内量其功勋，开写免死次数，如原开免死三次者至三犯则准作免死一次止存二次之类也。凡公侯位势重，若许其私唤官军役使恐有恣肆之患，故初犯再犯者犹得免罪附过，至三犯则准其铁券内免死一次，是虽未坐罪而罚之亦重矣。若军官军人听从其唤使及不系出征时而辄自于其门首伺立者，军官各杖一百罢职，发边远充军，军人之罪与军官同科，此又防官军附势之意也。按此条不言伯者有犯亦与公侯同。"

【公约】【国公】Convention 为条约之一种，为三个以上国家所签订之条约。其目的乃在解决国际间公同之问题，在签约者之用意预有推广思想，故每于约之末端附有其他各国加入之步骤及方法。我国学者亦有译公约为协约者，实则协约之范围仅限于少数国家之签订，而公约则形式与内容均甚广大。例如国际航空公约，国际邮政公约与电报公约均是。

【公庭】【组】Law court for public trial 通常称法庭曰公庭，以其为公共之法庭也。

【公座】【史】为公座署事之简称。（详公座署事条）

【公座署事】【史】在外官（各省官吏）于官署之公务室执行事务者，称曰公座署事，简称曰公座。明律（卷二）、清律（卷五）吏律职制篇——无故不朝参公座条："凡大小官员，无故在内不朝参，在外不公座署事。"

【公差人员欺凌长官】【史】公差人员指在京差使人员而言，如有欺凌长官应受科罪。所谓欺凌乃言动行事，倨傲放肆，非必有殴辱之举也。明律（卷十二）、清律(卷十七)礼律仪制篇均有明文。清律之公差人员欺凌长官一条曰:“凡公差人员,在外不循礼法,陵守御官,及知府知州知县者,杖六十,若校尉有犯,杖七十,祗候禁子有犯,杖八十。”同律之总注:“公差人员,皆指京师差出者言,故曰在外,所包者广,观下文并及校尉祗候禁子可见,欺陵,即是不循礼法,谓其倚恃差使之势,言语不逊,礼貌不恭,傲慢而无状也。守御官与知府知州知县,皆地方正官,凡公差人员有不循礼法而欺陵之者,杖六十,若校尉及祗候禁子有犯,递加一等科之。”同律之辑注:“不曰官员而曰人员,凡历事监生办事官,及吏典承差等皆是,校尉是次等之役,祗候禁子,乃最下之役,故加等不同也。”

【公海】【国公】Open sea 谓不属于领海范围以内之海。公海之学说有二:(1)海洋自由论。(2)海洋闭锁论(详各本条)。古时公海皆属自由航行,不受任何国家所支配,十三世纪之城市国家如威尼斯,始将亚得利亚海视为领海,及罗马崛起亦尝以海洋视为私有。十六世纪间,葡萄牙及西班牙且平分大西太平二洋,遂引起英荷二国之反抗,而有 Grotius 之海洋自由论。十八世纪海洋自由论乃行确立,而公海始与领海实行划分。无论何国在公海内敷设海底电线,捕获渔类以及航行,皆为国际法所许可,即对公海中海贼之捕获,且为各国应尽之义务焉。

【公海法】【海】Public maritime law 又称海事公法,为国内海法之一,对私海法言。即规定国家与私人间关于海事之法规,大都以船舶航海对于公益方面之规定,故涉于行政法规者为多,如船舶法、船员法是。此外关于公共海洋法规之总称,亦曰公海法(Law of the high seas)。

【公益】【行】Public interest 公益者谓社会一般人之利益也。

【公益法人】【民总】即公益社团也。

【公益社团】【民总】Association for promoting public welfare 为社团法人之一,对营利社团言,即以公益为目的之社团法人也。我国民法规定以公益为目的之社团,于登记前应得主管官署之许可(第四十六条)。学术慈善团体乃属公益社团之例。

【公务】【行】Public service 国家及公共团体之事务,称曰公务。

【公务所】【行】Public office 公务员办理公共事务之处所,曰公务所。

【公务员】【行】Public officer 谓职官吏员及其他依法令从事于公务之议员及职员也。按此乃指广义范围之公务员而言,举凡一切从事于公务者皆含在内,故凡直接或间接从事于国家及公共团体之事务之人员均谓之公务员(即官吏与公吏之总称)。此项公务员可分为四种:(1)职官。(2)吏员。(3)依法令从事于公务之议员。(4)依法令从事于公务之其他职员。

【公务员任用法】【行】Law Governing Appointments of Public Officials 本法于民国二十二年三月十一日公布,四月一日施行,计共十五条,其要点如下:(1)公务员之任用除法律别有规定外,依本法行之。(2)简任职公务员应就下列资格之一者任用之:(a)现任或曾任简任职经甄别审查或考绩合格者。(b)现任或曾任最高级荐任职二年以上经甄别审查或考绩合格者。(c)曾任政务官一年以上者。

(d)曾于民国有特殊勋劳,或致力国民革命十年以上而有勋劳者。(e)在学术上有特殊之著作或发明者。(3)荐任职公务员应就下列资格之一者任用之:(a)经高等考试及格或与高等考试相当之特种考试及格者。(b)现任或曾任荐任职经甄别审查或考绩合格者。(c)现任或曾任最高级委任职三年以上经甄别审查或考绩合格者。(d)曾于民国有勋劳或致力国民革命七年以上而有成绩者。(e)在教育部认可之国内外大学毕业而有专门著作经审查合格者。(4)委任职公务员应就下列资格之一者任用之:(a)经普通考试及格或与普通考试相当之特种考试及格者。(b)现任或曾任委任职经甄别审查或考绩合格者。(c)现充雇员继续服务三年以上而成绩优良者。(d)曾致力国民革命五年以上而有成绩者。(e)在专科学校以上之学校毕业者。(5)简任及荐任职公务员之任用,由国府交铨叙部审查合格后,分别任命之。委任职公务员则由该管长官送铨叙部审查合格后委任之。(6)荐任职委任职公务员应就考试及格人员尽先任用。(7)公务员任用程序分为试署及实授(试署满一年者始得实授)。(8)本法仅适用于事务官。

【公务员恤金条例】【行】本条例于民国二十三年三月二十六日由国民政府公布,全文计二十三条。兹录其要点如下:(一)公务员(谓文官司法官警官及长警)之给恤,除法律另有规定外,依本条例行之。(二)恤金分为公务员年恤金,公务员一次恤金,遗族年恤金,及遗族一次恤金四种。(三)公务员有下列情事之一经证明属实者,得按其退职时俸给五分之一给予年恤金,但受恤者为委任警官或长警时,得按其退职时俸给之半额至全额酌给之:(甲)因公受伤或致病至成残废或心神丧失不胜职务。(乙)在职十五年以上身体残废不胜职务。(丙)在职十五年以上勤劳卓著,年逾六十,自请退职(但长警年逾五十得退职受恤)。(四)公务员因公受伤或致病而未达残废或心神丧失之程度者,得于其退职时两个月俸给之限度内酌给一次恤金(但受恤者为委任警官时以三个月之俸给为率,为长警时以六个月之俸给为率)。(五)公务员有下列情事之一者,得按其最后在职时俸给十分之一给予遗族年恤金(但对于委任警官得以其最后俸给七分之一为率,对于长警得以其最后俸给三分之一为率):(甲)因公亡故。(乙)在职十五年以上病故。(丙)依第四条(即上述之第三要点)受年恤金未满五年而亡故。(六)公务员因公亡故除依上述给予遗族年恤金外,并得于其最后在职时两个月俸给之限度内酌给遗族一次恤金。(七)公务员在职亡故者,依下列规定给予遗族一次恤金:(甲)在职三年以上,六年未满者,按其最后在职时两个月之俸额给恤(但对于委任警官以三个月为率,对于长警以四个月为率)。(乙)在职六年以上,九年未满者,按其最后在职时三个月之俸额给恤(委任警官四个月,长警五个月)。(丙)在职九年以上,十二年未满者,按其最后在职时四个月之俸额给恤(委任警官五个月,长警六个月)。(丁)在职十二年以上,十五年未满者,按其最后在职时五个月之俸额给恤(委任警官六个月,长警七个月)。(八)亡故者之遗族领受恤金有定之顺序(本条例第十条)。(九)公务员如被褫夺公权无期者或丧失中华民国国籍者,则丧失其领受恤金之权利。若有下列情形之一时则停止其领受恤金之权利:(甲)褫夺公权尚未复权。(乙)依本条例第四条(即上述之第三要点)各款之规定受年恤金后再度任职。(十)公务员年恤金之支给,自该公务员退职之次月起至亡故之月止。

(十一)遗族年恤金之支给,自该公务员亡故之次月起至下列事由发生之月止:(甲)其妻亡故或改嫁。(乙)其子女已成年。(丙)其孙子暨孙女或弟妹已成年。(丁)残废之夫或残废之成年子女能自谋生或亡故时。(戊)其父母祖父母亡故。(十二)依本条例得领公务员年恤金者,自该公务员退职之日起二年内不请求时,其权利消灭。其依本条例得领遗族年恤金者,自该公务员退职之日起三年内不请求时,权利消灭。(十三)恤金享受权不得扣押,让与或供担保。

【公务员登记条例】【行】本条例于民国二十三年四月二十三日由国民政府公布,全文计十六条。兹录其要点于下:(一)公务员除经甄别察查或任用审查合格毋须登记者外,得依法例予以登记。(二)本条例所称公务人员以国府统治下之简任荐任委任职公务员,就职在公务员任用法施行以前者为限。(三)曾任简任荐任委任职公务员具有下列情形之一者,得声请登记:(甲)因机关变更组织或合并而退职者。(乙)因机关裁撤而退职者。(丙)因机关经费紧缩而退职者。(四)各省区现任简任荐任委任职公务员,因特殊情形经甄别者,得声请登记。(五)简任职公务员任满一年并具下列资格之一者,得声明以简任职登记:(甲)在教部认可之国内外大学毕业,并有专门研究者。(乙)曾任国立大学教授三年以上者。(丙)对党国有特殊勋劳或致力国民革命十年以上者。(六)荐任职公务员任满二年并具下列资格之一者,得声请以荐任职登记:(甲)在教部认可国内外大学或高等专门学校毕业者。(乙)对党国有勋劳者或致力国民革命七年以上者。(七)委任职公务员任满二年并具下列资格之一者,得声请以委任职登记:(甲)在教部认可高级中学或旧制中学以上毕业者。(乙)曾致力国民革命五年以上者。

【公务员虚造公文书罪】【刑】为伪造文书罪中无形伪造之一种,因公务员明知为不实之事项而登载于职务上所掌之公文书,足以发生损害于公众或他人而成立。其要件为:(1)其主体为公务员,且须为职务上所作之公文书。(2)所载事实须为虚伪者。(3)须有明知之故意。(4)须以有损害之实现方成立本罪。其处分为一年以上七年以下有期徒刑。(刑法二三〇条)

【公务员惩戒法】【行】Law of the Disciplinary Punishment of Public Officials 本法于民国二十年六月八日公布施行。计六章,共二十八条,其要点如下:(一)公务员除法律另有规定外,均依本法受惩戒。(二)公务员违法或废弛职务或其他失职行为,均应受惩戒。(三)惩戒处分分免职,降级,减俸,记过,及申诫五项。(政务官不适用二、三、四各项)。(四)惩戒机关为中央党部监察委员会,国民政府,与公务惩戒委员会,或各主管长官。(五)惩戒机关应将原文件(弹劾文件)钞交被付惩戒人,并指定期间令其提出申辩书,必要时并得令其到场质询,如认为情节重大者,得通知该管长官先行停止其职务。(六)公务员有下列各款情形之一者,其职务当然停止:(1)刑事诉讼程序实施中被羁押者。(2)依刑事确定判决受褫夺公权之宣告者。(3)依刑事确定判决受拘役以上之宣告在执行中者。(七)惩戒机关之议决应作成议决书,由出席委员全体签名。(八)惩戒机关对于惩戒事件认为有刑事嫌疑者,应即移送该管法院审理。(九)同一行为已在刑事侦查或审判中者,不得开始惩戒程序。(十)就同一行为已为不起诉处分或免诉或无罪之宣告时,仍得为惩戒处分。(十一)同一行为虽受刑事之宣告而未被褫夺公权者,仍得为惩戒处分。

【公务员惩戒委员会组织法】【行】Law Governing the Organization of the Commission for the Disciplinary Punishment of Public Officials 本法于民国二十年六月八日由国府公布,共十五条,其要点如下:(一)本会直隶于司法院,除法律另有规定外,掌管一切公务员之惩戒事宜。(二)本会分为中央公务员惩戒委员会,与地方公务员惩戒委员会二种,前者掌管全国荐任职以上公务员,及中央各官署委任职公务员之惩戒事宜,后者掌管各该省委任职公务员之惩戒事宜。(三)中央公务员惩戒委员会置委员长一人(特任),委员十一至十七人(六人至九人简任,余就现任最高法院庭长推事中简派兼任)。(四)地方公务员惩戒委员会分设于各省,各置委员长一人(由高等法院长兼任),委员七至十一人(由司法院就高等法院庭长推事中遴派四人至六人,余由省府各处厅现任荐任职公务员中遴派)。(五)在直隶于行政院之市,亦设地方公务员惩戒委员会,委员长得以地方法院长兼任之,庭长推事亦得被派兼任委员。(六)委员长及委员之任期在原则上为二年。(七)中央公务员惩委会置秘书三人(荐任),以一人为主任,并置书记官九人至十五人(委任)。(八)地方公务员惩委会不置其他职员,但由委员长调用法院职员办理各项事务。

【公参】【史】新任命之官吏于赴任之际,向其监督官署长官谒见者,称曰公参。元典章(卷十)吏部第四篇——百里外不公参条:“……今后(至元六年以后)散府并州县赴任官员,照依旧例,相去本管上司,百里之内,前诣公参,百里之外,止申到任月日,其本管上司,并不得非理勾唤。”

【公产】【行】Public property 所谓公产,乃指国家及公共团体之财产而言,与私产相对立。例如国有铁道,市有电气公司或电车等,皆属之。

【公票据法】【票】Public negotiable instrument law 为广义上票据法之一种,与私票据法相对称,谓在公法上关于票据之规定也。例如刑法上对有价证券伪造罪之规定,民事诉讼法上对于票据诉讼之规定,强制执行之规定,以及行政法上之规定,皆属之。

【公移】【史】公移为公用文书之总称,其种类甚多,有为上级机关致下级机关者,有为对等(平行)机关相互往来所用者,有为下级机关对于上级机关所用者,然均概括称曰公移。文体明辩:“按公移,诸司相移之词也,其名不一,故以公移括之。唐世凡下达上,其制有六,其二曰状,百官于其长亦为之,其五曰辞,庶人言为辞,其六曰牒,有品以上公文皆称曰牒。诸司自相质问其义有三:一曰关,谓关通其事也。二曰刺,谓刺举之也。三曰移,谓移其事于他司也。宋制宰执带三省枢密事,出使者移六部用札,(中略)今皆不能悉存,姑取其著者列之。今制上达下者,曰照会,曰札付,曰案验,曰帖,曰故牒,下达上者,曰咨呈,曰案呈,曰呈,曰牒呈,曰申,诸司相移者曰咨,曰牒,曰关,上下通用者曰揭帖,大略因前代之制,而损益之耳。”

【公船】【海】Public ships 凡专用于公务之船舶,统称曰公船。其所有权不论属于官有或公有，皆属之。例如军舰，军事运输舰，检查舰，巡缉舰是。依我国海商法第二条之规定，公船除船舶碰撞外，不适用海商法之规定。

【公设辩护】【刑诉】Public defence system　为辩护制度之一种，对私人辩护言。谓国家于各级法院设置律师一人或数人，为被告辩护，而由国家给予报酬也，其辩护人曰国家律师。此种制度，因恐律师不能竭其义务，对被告利益自不能尽其保护之能事。故近代国家多以采用私人辩护制度为原则。

【公报】【行】Official report　一名官报，谓由政府各机关所刊行之报章也。内容系专载各该机关之公告，命令及消息等。在法律上有公布及送达之效力。

【公报公布法】【通】Promulgation by official report　又称曰官报公布法。（详该本条）

【公然】【通】（详公然占有或公然侮辱罪条内）

【公然之不合意】【民总】所谓公然之不合意，乃指当事人明知其非合意而言。

【公然介绍堕胎罪】【刑】为堕胎罪之一，即作堕胎方法物品或行为以公然介绍于人，使堕胎目的易于达到之犯罪也。因情形不同又分为二：(1)因以文书图画或他法公然介绍堕胎之方法或物品而成立之罪。例如：登报或演说堕胎方法，或陈列堕胎物品是。(2)以文书图画或他法公然介绍自己或他人为堕胎之行为而成立之罪。例如：登报或演述以介绍自己或他人作堕胎之行为是。上述两罪之处分为一年以下有期徒刑，拘役，得并科或易科一千元以下罚金。（刑法第三〇八条）

【公然占有】【物】Opened possession　为占有之一种，对秘密占有言，即其占有之物可以显示于人之谓也。例如：取他人之物公然携带之是。占有之始虽为秘密其后公然者，仍为公然占有。（民法第九四四条第一项）

【公然侮辱罪】【刑】Offence of open insult　为侮辱罪之一。因公然对人侮辱而成立本罪，以公然为必要。如系秘密为之，自不为罪，且须以侮辱为目的，否则不在本罪范围之内。至其侮辱行为是否发生他人名誉或地位之结果，均非所问，如有使人难堪时，即成立本罪。其处分为拘役，或三百元以下罚金。（刑法第三二四条）

【公然侮辱坛庙等及礼拜所罪】【刑】为亵渎祀典罪之一。因对于坛庙寺观坟墓及其他礼拜所公然侮辱而成立。至非属正当之邪教淫祠，均不在内，且须有公然侮辱为必要。本罪处分为六月以下有期徒刑，拘役，或三百元以下罚金。（刑法第二六一条第一项）

【公然猥亵罪】【刑】为猥亵罪之一。即使多数人或可使多数人闻见其猥亵行为之罪也。其主体及客体属于何性，或有无对手人均非所问。凡于公然猥亵行为足使一般闻见之人达于引起淫心之程度者，便可成立本罪。其处分为拘役，或一百元以下罚金。但本罪并非亲告罪之一种，以其涉及公共风化，自非妨害个人名誉者可比也。（刑法第二五〇条）

【公然聚众】【刑】（详公然聚众不受解散罪，与公然聚众实施强暴胁迫罪条）

【公然聚众不受解散罪】【刑】为妨害秩序罪之一。因公然聚众意图为强暴胁迫已受该管公务员解散命令三次以上而不解散而成立。其构成要件有三：(1)须为公然聚众。(2)须有实施强暴胁迫之意思。(3)须系已受该管公务员解散命令三次以上而不解散者。其处分为在场助势之人，处六月以下有期徒刑，拘役，或三百元以下罚金，首谋者，处三年以下有期徒刑。(刑法第一五六条)

【公然聚众实施强暴胁迫罪】【刑】为妨害秩序罪之一。因公然聚众实施强暴胁迫而成立。其构成要件有三：(1)须为公然聚众者。(2)须为实施强暴胁迫者。(3)须其目的为侵害社会上安宁秩序以致不能保持原状者。其处分为在场助势之人，处一年以下有期徒刑，拘役，或三百元以下罚金，首谋及下手实施强暴胁迫者，处六月以上五年以下有期徒刑。(刑法第一五七条)

【公诉】【刑诉】Public prosecution　谓由代表国家之检察官，以确定刑罚权之有无及其范围为目的，而向法院所提出之请求也。此项权利，则曰公诉权。公诉权之发生，并非皆与刑罚权同时，有刑罚权虽发生而公诉权不发生者，如告诉乃论之罪是。有公诉权已发生而刑罚权不发生者，例如已被起诉之被告而未犯罪是。公诉之效力甚强，既经提出，除于第一审未经开始辩论前外，均不得撤回。又公诉一经提出，若一人犯数罪，或一罪有数人须经检察官一一起诉，法院方可审理。且审理时须就全部为之，不得任意分割，是即公诉不可分之原则也。公诉权乃属于国家，而由检察官代表行使之，在未提起之前，须经过侦查程序，如认有犯罪时，应参酌情形，向法院提起。公诉与自诉不同，其异点如下：(一)公诉之原因为侵害公益，自诉则为侵害私益。(二)公诉乃以保持公权为主，自诉则在保护私权。(三)公诉乃以国家为原告，自诉则以人民为原告。(四)公诉须绝对依公诉程序，自诉则除特别规定外，准用公诉程序。公诉权之消灭原因如下：(一)时效已期满者。(二)曾经判决确定者。(三)曾经大赦者。(四)犯罪后法律已废止其刑罚者。(五)告诉乃论，或请求乃论之罪，其告诉或请求已经撤回者。(六)被告人已死亡者。(刑诉法第二四三条)

【公诉之诉讼条件】【刑诉】Conditions of an action in the public prosecution　为诉讼条件之一，对自诉之诉讼条件言，谓检察官提起公诉而使诉讼成立时必须具备之条件也。例如公诉时须由检察官行之是。

【公诉时效】【刑诉】Prescription for public prosecution　又名起诉权时效(详该本条)，又称刑罚请求权时效，或曰求刑权时效。因一切犯罪皆有一定起诉期限，逾法定期限而不提起公诉时，其起诉权即行消灭，故曰公诉时效。

【公诉权】【刑诉】Right of public action　(详公诉条内)

【公费】【通】Fees　办理公事时所需用之费用，谓之公费。

【公开】【组】【宪】【行】Public opening　无条件的或依一定条件之下，准许一般公众旁听与阅览，曰公开。如法院审判之公开，与议会开会之公开，以及图书馆之公开皆是。

【公开投票】【宪】Opened ballot　与秘密投票相对立，又名记名投票。(详该本

条)

【公开审理主义】【民刑诉】Principle of public trial 为民事及刑事诉讼主义之一,对秘密审理主义言,谓法庭于审判时公开行之,不论何人皆许列席使其旁听之主义也。其优点有五:(一)可坚固裁判之信用。(二)可使法官遵守法律。(三)可使人民通晓法律。(四)可使当事人证人鉴定人不至为虚伪之陈述。(五)可使辩护人及法定代理人尽其义务。我国民事及刑事诉讼均采此主义为原则,而以秘密审理主义为例外。

【公开选举】【宪】Open election 又曰记名投票。(详该本条)

【公债】【行】Public debts 公债者,谓国家因理财政策上之必要时,所募集之债务也。故须有下列情形之一时,始得募集:(一)须为充作生产事业上资产之投资者。(二)须为充作国家重要设备之创办用费者。(三)须为充作非常紧急需要者。(四)须为充作整理债务之用者。

【公债票】【行】Public bond 公债之证券,曰公债票。

【公廉费】【史】所谓公廉费,乃指为保持官吏之廉耻心所支给正俸以外之银钱而言。

【公业】【史】唐代之口分田以充为一家之共同费用(如祭祀之用费)为目的所给与之土地,称曰公业。后世称之公业乃指专属于一家之不动产而言也。

【公罪】【刑】Public crime; Offence against public interest 犯罪之性质与公共秩序善良风俗有关者,谓之公罪。因其系侵害公众之利益故应科以应得之罪。

【公义务】【通】Public duty 公义务者,谓依据公法所规定而应负担之义务也。例如人民有纳税当兵之义务,服工役之义务,对于公署依法执行职权之行为有服从之义务等,皆是。(训政时期约法第二十五—二十七条)

【公解释】【通】又曰有权解释。(详该本条)

【公墓条例】【行】Statute concerning puplic graves 本条例于民国十七年十月日公布,共十六条。其要点如下:(一)各市县政府应于市村附近选举适宜地点,设立公共墓地,若为私人或私人团体所设立者,须呈经市县政府之许可。(二)公墓须设于土性高燥地方,并须与下列各地保持相当之距离:(1)工厂学校及各公共处所。(2)住户。(3)饮水井及上下水道。(4)铁路大道。(5)河塘沟渠。(三)公共墓地须划分地段,建筑公路,栽植花木,并于其周围建筑坚固围墙。(四)各墓之距离左右不得过六尺,前后不得过十尺,如欲于墓之四周建设垣园者,其垣园所占地面不得超过前项距离二分之一。(五)公共墓地得划分收费区与免费区两种,但前者之面积不得超过全墓地三分之一。(六)葬者之姓名籍贯及殁葬年月日,须刊载之于墓碑。(七)各墓除由墓主自行扫除外,每年秋冬间应由管理人扫除一次。(八)墓及墓碑并墓地所植花木不得践踏拆毁,在公墓地内不得狩猎及放牲畜。

【公署】【行】Public office 即公务员执行职务之处所。例如中央政府各部院会,省政府各厅及各县政府局所各级法院皆是。

【公认】【通】Common consent　所谓公认，乃指一般人之同意而言，学者皆谓通常法律之制定，其程序虽有不同，然皆系直接的或间接的经人民之公认，始告成立者。

【公认证书】【债】Publicly certified acknowledgement　即债务人于清偿债务后因债权人不能返还债权证书，或有不能记入之事情时，所得请求给付债务消灭之书面证据也（债篇第三〇八条第二项）。此项证书应由债权人作成，声请债务履行地之法院，公证人，警署，商会，或自治机关盖印签名，方为有效。（债篇施行法第九条）

【公课】【行】Public impost　国家或公共团体，以强制方法使人民依公法之规定课以一定之负担者，称曰公课，如兵役，租税等是也。

【公卖】【债】Public sale　为买卖之一种，对私卖言，谓由官署之命令或官署所监督之买卖也。与私卖之区别，乃以买卖之程序为标准。

【公卖处分】【民诉】公卖又曰拍卖。凡依法宣告将人民财产实施拍卖者，称曰公卖处分。

【公廪】【史】官民合办之仓廪曰社仓，其由官府设立者则称曰公廪，乃备为凶年时赈济贫民之用者，齐家宝要（卷上二）："有司之积谷备赈也。"

【公廨】【史】为公署之别称，即办理公务之屋宇也，上自内阁下至府州县等之公堂皆称曰公廨。（会典吏部）

【公廨田】【史】以救济官吏经费不足为目的时所支给之土地，称曰公廨田。杜氏通典—田制："隋文帝以百僚供费不足，置廨钱，收息取利，苏孝慈上表请罢，于是公卿以下内外官给职分田，又给公廨田以备用。大唐凡京诸司有公廨田，诸京官文武职事各有职分田。"唐时亦有公廨田，乃指官府所有之田地而言，其所有权乃属于国家机关之自身，而不属于代表官府之自然人，此项田地分为京内京外二种。

【公战】【国公】Public war　为战争（详该本条）之一种，与私战相对立。

【公积金】【公】Sinking or reserved fund　又称准备金。谓增殖资本以备扩充营业或准备亏折时以便填补损失之金额也。股份有限公司现以资本为基础，当盈余时逐渐提存为公积金，于股东无损而于公司有益，且可将此款项殖利兴业，盈余既多，其利益仍为股东所享有，是诚充实资本唯一之良法也。公积金更可分为二种：(1)法定公积金。(2)任意公积金（详各本条）。又法律为保护公司基础计，更规定公司非弥补损失及提出法定公积金后，不得分派股息及红利，但公积金已超过资本总额二分之一者，或由盈余提存之公积金有超过该盈余十分之一者，不在此限。（公司法第一七一条）

【公营铁道】【行】Railway operated by local government　与国营铁道民营铁道相对立，乃指地方政府所经营之铁道，须受铁道部之监督。其营业收入，非依法律所定，不得提用。自开始营业之日起满三十年后，国民政府于必要时得收买之。

(铁道法第三条、四条、十七条、二十一条)

【公断】【国公】Arbitration 又名仲裁。(详该本条)

【公断人】【通】Arbitrator 即基于当事人之选任,对于现在及将来特定法律事件,依律例或习惯不必经司法机关之审判,而有公断及终结权限之人也。且其公断对当事人有拘束效力。

【公断契约】【民诉】Contract of arbitration 民事方面之双方当事人以息事和解为目的,约定于争议发生时,互允由公断人为之仲裁,此项契约,谓之公断契约。

【公断程序】【国公】Procedure of arbitration (详公断条内)

【公断条约】【国公】Compromise; Treaty of obligatory arbitration 又名仲裁协定。(详该本条)

【公职】【行】Public service 凡为公共而服务之职务皆曰公职,此系指广义方面而言。若在狭义之公职,则指在国家或自治团体内之职务而言。最狭义之公职,则国家或自治团体之官吏的职务,不在其内,仅指公吏或议员等之职务耳。

【公簿】【行】Official books or records 所谓公簿,乃指官署依法定形式就所属职权内之事项所制成之簿册而言。例如法院内所置之一切簿册,户籍主任之户籍登记簿,立法院内之决议录簿册等,皆属之。

【公簿登录法】【通】为欧洲古代公布法律方法之一种,即以法律登载录记于一定之簿册内,置于公共场所,使人民自由阅览之,是曰公簿登录法。

【公证】【行】Public register 所谓公证者,公之证明也,即对于特定之法律事实或法律关系以公法加以证明之谓也。例如对货币铸造,证明其品质之优良与足额是,乃行政处分之一种。

【公证人】Public notary (参公证条内)

【公证文书】【行】Public registered document 国家机关及公共团体依其职权对某项事实所作成之文书而有公证力者,曰公证文书。即公证人所作成之公正证书,亦为公证文书之一种。

【公证行为】【行】所谓公证行为,乃指以证明一定之法律事实或法律关系之发生与存在为主旨之行为而言。例如登记,议事录以及证明书等皆是。

【公证书】【通】Public registered document 又曰公正证书。(详该本条)

【公证遗嘱】【继】A notary testament 为遗嘱之一种,乃指由公证人所作成之遗嘱而言,其方式如下:(1)应指定二人以上之见证人。(2)遗嘱人应在公证人前口述遗嘱意旨。(3)应由公证人笔记,宣读讲解。(4)须经遗嘱人认可。(5)应记明年月日,由公证人见证人及遗嘱人同行签名,如遗嘱人不能签名时,应由公证人将其事由记明,使按指印代之。按公证人原不能随处皆有,故在无公证人之地,得由法院书记官行之。旅外之侨民在中华民国领事驻在地为遗嘱时,得由领事行之。(民法第一一九一条)

【公证权】【民诉】所谓公证权,乃指以书状认证诉讼法上各种事项之权而言。

例如付与判决书之权。

【公权】【通】Public right　为权利分类之一种，与私权相对称，乃指公法上之权利而言。凡基于统治上之关系，国家或自治团体对于私人，或私人对于国家或自治团体所有之权利，皆谓之公权。前者如行政权，司法权，考试权等皆是。后者如选举权，罢免权，复决权，自由权，等皆是。

【公权能力】【通】Capacity for public rights　与私权能力相对称，在广义方面，凡在公法上得享受权利并负担义务之资格，曰公权能力。在狭义方面，则仅指享有公法上所赋与之权利而言。

【六工】【史】六工谓土工，金工，石工，木工，兽工及草工，皆属司空。（礼记—曲礼）

【六月杀人】【史】我国旧法应天理以执刑，故处大刑均基秋杀之理于秋时行之，如于六月夏末执行死刑，乃反乎天理也。大学衍义补（卷百七）："隋文帝乘怒欲六月杀人，大理少卿赵绰固争曰，季夏之月，天地成长庶类，不可以此时诛杀，帝曰，六月岂无雷霆，我则天而行，何不可之有。"

【六侍郎】【史】汉制郎官经一定之年限称曰尚书郎，三岁始为侍郎，隋炀帝时于尚书六曹之内，各置侍郎一人以为之长，称曰六侍郎。事物纪原（卷五）："汉制，尚书郎三岁称侍郎，隋帝即位，于尚书六曹，各置侍郎一人。按汉百官表有侍郎，秩比四百石也。"

【六典】【史】周礼法天地及四时设天官冢宰，地官司徒，春官宗伯，夏官司马，秋官司寇，冬官司空等六官，并委以治典，教典，礼典，政典，刑典及事典是曰六典，六官各掌一典，但天官冢宰为六官中之首，故有统率五官之职权，且有立定法典之权能。周礼—太宰之职："掌建邦之六典，以佐王治邦国"，唐仿其制，以编纂行政法典，故有唐六典之名。

【六尚书】【史】尚书一名，已见于战国时代，汉时虽有曹名，而并不以为号。汉光武之时，分尚书为六曹，故谓之六尚书，为后来六部之所自出。事物纪原（卷五）："尚书秦官，秦时少府，遣吏四人在殿中主发书，故谓之尚书。刘向新序曰，齐宣王为大室香车，谏，王召尚书，尚书之名，则七国时已有其官矣。晋志曰，汉光武始分尚书为六曹，通典曰，汉初尚书虽有曹名，不以为号，及灵帝以梁鹄为选部尚书，于是始见曹名。汉百官表曰，成帝建始四年，始置尚书四人，续事始云，尚主也，出纳王命，敷奏万机，政令所由宣，选举所由定，罪赏所由正，李固曰，尚书犹天之北斗，斟酌元炁，运平四时。"

【六法】【通】所谓六法，通常乃指下列六种法典而言：（一）宪法。（二）刑法。（三）民法。（四）商法。（五）刑事诉讼法。（六）民事诉讼法。

【六省】【史】唐代有六省，一曰尚书省，二曰黄门省，三曰中书省，四曰秘书省，五曰殿中省，六曰内侍省。（唐六典）

【六相】【史】黄帝拟天地四时以设官，即春官士师，夏官司徒，秋官司马，冬官之李，以及天官地官是也。管子—五行篇："黄帝得六相，而天地治。"又："春者士师也。夏者司徒也。秋者司马也。冬者李也。盖李郎周之司寇。"周制与此不同。

【六科】【史】清制,都察院分为六科,即吏科,户科,礼科,兵科,刑科,及工科是。各科掌印给事中满汉各一人,给事中满汉各一人,发抄中外各衙门敕书奏章及监察各衙门之政事,并纠劾其非违。吏科监察吏部及顺天府。户科监察户部。礼科监察礼部,宗人府,理藩院,太常寺,光禄寺,及国子监。兵科监察兵部,太仆寺及銮仪卫。刑科监察刑部通政使司,及大理寺。工科监察工部。

【六计】【史】周时治官府率官吏之方法为六计,即后世六法之始。一为廉善,二为廉能,三为廉敬,四为廉正,五为廉法,六为廉辨。廉者察也,即以六事察官吏之行迹以计其功过而定赏罚也。周礼—天官小宰:"以听官府之六计,弊群吏之治,一曰廉善,二曰廉能,三曰廉敬,四曰廉正,五曰廉法,六曰廉辨。"善者德也,能者有才也,敬谓不懈于位者,正谓行无倾斜者,法谓守法不阿者,辨谓临事不惑者。

【六院】【史】宋官署有所谓六院者,一曰检院,二曰登闻鼓院,三曰进奏院,四曰官诰院,五曰审计院,六曰粮料院。六院之官依例均以京官知县之有政绩者任之,亦有以郡守充任之者。

【六曹】【史】后汉光武帝时,分尚书为六曹,即后世六部之始。

【六条】【史】(详晋之法典条,及西魏之法典条内)

【六条察州】【史】汉武帝元封五年置刺史,以六个条之法,视察各州之富豪及二千石地方长官之非违,谓之六条察州。一条——强宗豪右(地方豪族)田宅逾制,以强陵弱,以众暴寡。二条——二千石(地方长官)不奉诏书遵承典制,位公向私,旁诏牟利,侵渔百姓,聚敛为奸。三条——二千石不恤疑狱,风厉杀人,怒则任刑,喜则任赏,烦扰刻暴,剥戮黎元,为百姓所疾,山崩石裂,妖祥讹言。四条——二千石,选署不平,苟阿所爱,蔽贤宠顽。五条——二千石,子弟,怙恃荣势,请托所监。六条——二千石,违公不比,阿附豪强,通行货赂,割损政令。

【六部】【史】六部之称,始自唐代。惟系本自周礼之六官,吏部起自天官大冢宰,户部起自地官大司徒,礼部起自春官大宗伯,兵部起自夏官大司马,刑部起自秋官大司寇,工部起自冬官大司空。唐六典对六部之组织与权限均有详细之规定。至其内容之完备与夫权限之确定,则自明代始,以中书省废而六部独立故也。清末改易官制,六部之名始废。

【六傅】【史】太子之太傅太师太保及少师少傅少保,为六傅。三太三少之称周时已有之。至于六傅之称,或谓始自汉代,或谓始自晋时(以后者为当)。事物纪原(卷五):"夏商虽世嗣,而太子之名略矣,其师傅之名亦无文,至周始见文王世子,故礼之所记,班班仅可推考。文王世子曰,凡三王教世子,立太傅少傅,以养之,太傅在后,入则有保,出则有师,则太傅之原,概举于此矣。武王又称太子也。汉止有太傅少傅,至晋有天下,愍怀建官,乃置太子太师太傅太保洎三少为六傅也。汉贾谊上疏云,保,保其身体,傅,傅其德义,师,道其教训,此三公之职也。又于是为置三少,皆选天下之端士,故太子闻正言,行正道,习与正人居,则不能无正,则六傅之说,似汉有之,然诸傅,无其说,亦可疑焉。"

【六卿】【史】六卿位次于三公，一旦有事即为六军之长。书经—夏书甘誓篇："乃召六卿。"郑玄之注曰："六卿者，六军之将，周礼六军皆命卿，则三代同矣。"周制拟天地四时置六官，即天官冢宰，地官司徒，春官宗伯，夏官司马，秋官司寇，冬官司空，皆以卿任之。隋唐之六部吏，户，礼，兵，刑，工等部其长官为尚书皆为卿，即所谓六卿也。唐以后皆因之，清末始废。

【六遂】【史】距王城百里以外之行政区域为遂，计有六，称曰六遂。依周礼之规定，五家为邻，五邻(二十五家)为里，四里(百家)为鄼，五鄼(五百家)为鄙，五鄙(二千五百家)为县，五县(一万二千五百家)为遂。

【六乡】【史】周时以五家为比，五比为闾，四闾为族，五族为党，五党为州，五州为乡，六乡为国。按此区划乃距王城百里以内之地，其百里以外之地则称曰六遂。(详该本条)

【六亲】【史】管子谓："上服度则六亲固。"按六亲之意义，历来计有下列三说：第一说：为(1)外祖父母。(2)父母。(3)姊妹。(4)兄弟之子。(5)从母之子。(6)女之子(史记正义)。第二说：为(1)父。(2)母。(3)兄。(4)弟。(5)妻。(6)子(王弼之解)。第三说：为(1)父子。(2)昆弟。(3)从父昆弟。(4)从祖昆弟。(5)曾祖昆弟。(6)昆弟。贾谊新书："人有六亲，始曰父，父有二子，为弟，昆弟又有子，为从父昆弟，从父昆弟又有子，为从祖昆弟，从祖昆弟又有子为曾祖昆弟，曾祖昆弟又有子，为昆弟。"如淳之汉书注亦依此说。

【六谕卧碑文】【史】清顺治九年钦定六谕卧碑文，是为清朝最初之教育上谕，一曰孝顺父母，二曰恭敬长上，三曰和睦乡里，四曰教训子弟，五曰各安生理，六曰无作非为。

【六礼】【史】我国旧时以婚姻为家族制度之基础，对婚姻之仪式规定，甚为庄重，故有所谓六礼者，即婚姻成立之形式上要件也。一曰纳采，二曰问名，三曰纳吉，四曰纳征，五曰请期，六曰亲迎，此制周时已备。礼记—昏义篇规定甚详。

【六职】【史】王公以下至农夫，妇功分为六种，称曰六职。一曰王公，二曰士大夫，三曰百工，四曰商旅，五曰农夫，六曰妇功。周礼—考工记："国有六职，百工与居一焉，或坐而论道，或作而行之，或审曲面执，以饬五材，以办民器，或通四方之珍异，或饬力以长地财，或治丝麻以成之。坐而论道，谓之王公，作而行之，谓之士大夫，审曲面执以饬五材，以办民器谓之百工，通四方珍异，以资之，谓之商旅，饬力以长地财，谓之农夫，治丝麻以成之，谓之妇功。"

【六赃】【史】赃者由盗或其他不法利得之义也，计有六种，是曰六赃。一为监守盗，二为常人盗，三为枉法赃，四为不枉法赃，五为窃盗赃，六为坐赃。(即官吏收受人之馈送是)

【冗吏】【行】与冗官同一意义。(参冗官条及冗兵条)

【冗兵】【史】无用之兵员谓之冗兵。宋苏轼文："方今之计，莫如丰财，然所谓丰财者，非求财而益之也，去事之所以害财者而已。(中略)事之害财者三：一曰冗吏，二曰冗兵，三曰冗费。"(大学衍义补卷二十一)正字通："冗散也，杂也，今无事备员,曰冗员。苏轼曰,为政在去三冗,冗官不可不去,冗兵不可不汰,冗费不可不革。"

【冗官】【行】无用之官吏曰冗官,或称冗吏。(参冗兵条内)

【冗员】【史】剩余曰冗,剩余或无用之吏员谓之冗员。丘浚氏曰:"吏之冗员,兵之冗食,其中节目虽多,然大要有定名。"(大学衍义补卷二十)

【冗从】【史】官名,汉武帝时,置期门郎,其下有仆射执兵送从,以宦者充之,名曰冗从。后汉及魏称之曰冗从仆射。另一说则谓休职之王族之从居者曰冗从。史记一枚乘传:"与冗从争。"

【冗从仆射】【史】(详冗从条内)

【刅】(即创字)【史】于斗殴时以兵器杀人者,不论该器之大小如何皆称曰刅。唐律(卷二十一)斗讼篇——兵刅斫射人条之注:"刅,谓金铁无大小之限,堪以杀人者。"

【刅伤】【史】刅伤者以金刅伤人也,乃凶器中之最危险者,故应从重论罪。唐律(卷二十一)斗讼篇——兵刅斫射人条之疏议曰:"刅伤者谓金刅伤人。"

【分土惟三】【史】周时分爵为公侯伯子男五等而土地之分配则为三等。公侯百里,伯七十里,子男五十里。书经一周书武成篇:"列爵惟五,分土惟三。"蔡注:"惟三,公侯百里,伯七十,子男五十里之三等也。"

【分户】【行】所谓分户,乃指依自己之意思与旧户脱离关系而另行创设新户而言。其声请准用关于设户之规定。(参设户条内,户籍法第五十条)

【分别共有】【物】Co-ownership by shares 为共有之一种,与公同共有相对称,又名普通共有,即数人按其应有部分对于一物有所有权之谓。分别共有之权利范围,应按其应有部分而定,但各共有人之应有部分不明者,则推定其为均等,惟此种推定以无反证事实为限。关于分别共有性质之学说有五:(1)内容分割说。(2)价格分割说。(3)理想分割说。(4)实在部分说。(5)权利范围说(详各本条)。以最后说为当。关于分别共有之权利,我国民法规定各共有人按其应有之部分对于共有物之全部有使用收益权,对其应有部分得自由处分之。但对共有物之处分变更及设定负担,则应得全体共有人之同意。至于管理则以共同为之为原则,对共有物之简易修缮及其他保存行为,得由各共有人单独为之。但改良行为则须经共有人过半数,并其应有部分合计已过半数者,方得为之(第八一七条至第八二〇条)。各共有人亦应按其应有部分以担负必要费用,为其义务(第八二二条)。法律为免除分别共有制度之弊害起见,对其物之分割应允许之。以共有人协议方法为之为原则,但得由任何共有人之声请由法院为之。至于分割之后,务须保存分割证书,而共有物之证书,亦须按一定方法保存之(第八二四条至第八二六条)。关于分割之效果如何,立法例有二主义:(1)认定主义。(2)移转主义。(详各本条)

【分别讯问】【刑诉】Separated examination 又称隔别讯问。(详讯问条内)

【分别财产制】【亲】Separation of property regime 为约定财产制之一种,与共同财产制统一财产制相对称。谓夫妻对于各该本人之财产各别独立享有所有权管理权及使用收益权之制度也。其特质如下:(一)所有权、管理权、使用权、收益权分别独立,各不相涉。(二)如妻以其财产管理权付与于夫者,妻得随时收回。(三)各人之债务由各本人负担为原则。(四)妻对家庭生活费用应为相当之负担(民法第一〇四四条——一〇四八条)。近世各国多以此制为法定制,如英、土、希、意、罗马尼亚、奥、匈、捷克及美国之数州是。

【分别辩论】【民刑诉】Separated debate 与合并辩论相对称。凡一诉而主张之标的分为数项时,法院得分别辩论,即本诉及反诉亦同。(民诉法第一九六条)

【分巡】【史】分道巡察各地以纠明非违曰分巡。始自唐代,明有分巡御史,清一称为分巡道,代巡抚分巡视察其地。

【分事务所】【民总】Branch office 与主事务所相对称,乃指主事务所以外所设之分支事务所而言。财团或社团之登记,须向其主事务所或分事务所所在地之主管官署行之。

【分受】【债】分别享受谓之分受。

【分店】【民总】Branch shop 即支店之别称。(参支店条内)

【分房制】【行】即监狱独居制。(参该本条)

【分析】【继】Partition 即分割之别名。(参遗产分割条内)

【分析法学派】【通】Analytical school 为法律学派之一。凡将现实具体之法律现象加以分析解剖,详细考究其组织成分,藉以认识该法律现象共通要素之观念,以及发见其间之原理为目的者,谓之分析法学派。起自十二世纪之 Bologna 氏,英之 Blackstone 为其代表,至 Austine 始集其大成。此派之研究方法与化学家之分析物质相同,例如就所有权在法学上之观念加以研究,则分析其内容为占有使用收益及处分等是。

【分析遗产】【继】Division or partition of inheritance 在民法上称之曰遗产分割。(详该本条)

【分法】【史】财产之分配有一定之法,谓之分法。(参缘坐非同居条内)

【分派盈余】【公】Distribution of loss and profit 又名分配利益,即公司营业兴盛收入额数有余剩时,由股东按股本之多少比例分受其应得利益之谓也。在无限公司为维持公司信用及保护第三人起见,法律规定非弥补损失后不得分派盈余(公司法第三八条),所以充实资本也。

【分金库】【史】为金库之一种,与总金库及支金库相对称。(详金库条)

【分则】【刑】Specific provisions 与总则相对称。(详刑法分则条)

【分段图】【土】(详土地登记地图条内)

【分红制】【劳】Bonus system 分红制者,谓将工厂盈余提出若干份无偿的分派给予工人之制度也。学者谓此种制度能使工人努力工作，而且能增进劳资之关系，而减少无谓之工潮。我国工厂法亦采用之，但须具备下列三条件：(一)须系已将盈余先提出充为股息及公积金者。(二)领取红利者须系工作满一年之工人者。(三)须保全年工作中无过失者。(第四十条)

【分家】【亲】Separation of a house 由所属之家分离而另行创立一家，谓之分家。按家族制度之流弊，在于养成个人依赖性，而共财同居者且时发生纠纷，为防止此种弊端，法律乃有分家制度之设，可分为二：(一)请求分家。(二)命令分家。(详各本条)

【分庭】【组】Branch division 所谓分庭，乃指在已设地方审判厅地方，于附近各县所设立之地方分庭而言。此为旧制，新法院组织法已无分庭之称，盖已以分院制度代之矣。

【分破律条】【史】不依法条之全文而仅举其一部以为裁判，是为分破律条，为法所不许。大学衍义补(卷百三)："分破律条，妄生端绪。"

【分配】【通】Distribution 分配者，谓分别比例或平均支配也。例如分配利息，分配破产财产之换价金是。

【分配程序】【破】Procedure of distribution 关于以破产财团之财产分配于破产债权人而为清偿之程序，谓之分配程序。可分为下列三种：(1)中间分配。(2)最后分配。(3)追加分配。(详各本条)

【分配损益】【债】Sharing of profit and loss 又曰损益分配。(详该本条)

【分院】【组】Branch courts 分院者，谓地方法院与高等法院依照法定情形在各地另设与各该本院相等权力之分支法院也。至于最高法院因系全国最高之司法审判机关，故不得另设分院。(参地方法院及高等法院条内)

【分区图】【土】(详土地登记地图条内)

【分部出版】【债】著作物分为数部出版者，谓之分部出版，与全部出版相对称。(参出版条)

【分割】【物】【继】Division; Partition 分割者，谓对于共有物之分离也。(详共有条内)即对于遗产之分析，亦曰分割。(详遗产分割条)

【分割人】【物】【继】分割共有物或遗产之人，曰分割人。(参遗产分割及共有条内)

【分割之债】【债】Geteiltes Schuldverhältnis (德) 又称连合之债，或名可分之债。(详该本条)

【分割方法】【物】【继】Method of partition (详共有条内及遗产分割条内)

【分割请求权】【物】【继】共有人对于共有物有分割请求权，惟有一定限制(参共有条内)。遗产继承人亦得随时行使分割遗产请求权，但法律另有规定或契约另有订定者不在此限。所谓法律另有规定，乃指遗嘱有禁止分割之记载者(惟以二十年为限)，以及胎儿为继承人时，非保留其应继承分，他继承人不得分割遗产

而言。(参遗产分割条)

【分期付价之买卖】【债】Purchase & sale by installments　为特种买卖之一,即当事人间约定对标的物之价金分期支付之买卖也。通常买受人有迟延时,多约定出卖人得即请求支付全部价金。但民法为保护买受人起见,对此约定曾有下列限制:(1)买受人须有连续两期给付之迟延。(2)其迟付之价额并系已达全部价金五分之一者,此时出卖人方可请求支付全部价金(第三八九条)。又此种买卖虽许当事人订立出卖人于解除契约时得扣留其所受领价金之特约,但其扣留之数额,民法规定不得超过标的物使用之代价,及标的物受有损害时之赔偿额。(第三九〇条)

【分期给付】【债】债务人因一时无全部清偿之能力,得由法院斟酌其境况,许其于相当期限内,将债务分为数个时期内清偿之,是曰分期给付。(参给付条)

【分期给付保险单】【险】Installment policy　在人寿保险中,保险金额之给付,通常多以一次给付之,然亦有分期给付者,即按年或按季或按月给付,是曰分期给付保险单,或曰分期赔偿保险单。(参人寿保险条)

【分遣】【行】Despatch　将若干人员分别派遣出发各处,谓之分遣。

【分轮提点】【史】所谓分轮提点,乃指有司分定次序以检阅狱舍囚人之实况而言。元典章(卷四十)刑部第二篇——牢狱分轮提点之条:"……仲夏盛暑,恐牢狱不为修治,秽气蒸薰,致生病疡,有司不加医疗,因而死伤人命,诚可哀悯,今后委任贰幕官,分轮提点牢狱。"

【分担】【物】Contribution　分别负担,谓之分担。其分担之数额,则曰分担额。例如土地共有人对其共有土地之管理费改良费以及保存费,应按照其应有部分分担之。共有人中之一人,就共有物之负担为支付,而逾其所应分担之部分者,对于其他共有人,得按其各应分担之部分,请求偿还。(民法第八二一—八二二条)

【分担额】【物】Quantity of contribution　(详分担条内)

【分离】【民总】Separation　分离者,谓甲物从乙物中分析脱离而另成为一独立物体也。我国民法规定天然孳息原物分离时,应归属于分离时有收取权利之人。如第七十条第一项:"有收取天然孳息权利之人,于其权利存续期间,取得与原物分离之孳息。"依此规定,凡天然孳息,一有分离之事实,则有收取权利之人,即当然取得其所有权,无须更行占有。

【分离主义】【债】为种类之债变为特定之债时之立法例之一,对独立主义与履行主义言。谓为给付标的之物件,由债务人因给付而由同种物件中已为分离时即应认为特定物者,是其特定与否,皆以债务人之行为为标准,于债权人不利,故不足采。

【分权制】【宪】System of decentralization　依宪法之规定,将国家权力分配于中央政府与地方政府,而各于一定范围内行使之者,曰分权制,又称地方分权利,与集权制均权制相对立。分权制之政府,通常有偏重于中央方面者,亦有偏重于地方方面者。

【勾引】【刑诉】Arrest of a person accused 为日本名辞,其意义与我国之名辞拘提相等。

【勾引状】【刑诉】Warrant for the arrest of a person accused 为日本名辞,即我国所称之拘票也。

【勾串】【刑诉】Illegal connection with 所谓勾串,乃指被告与共犯或证人勾通串结而言。如被告有勾串共犯或证人之虞时,法院得不经传唤迳行拘提。(刑诉法第四二条)

【勾决】【史】所谓勾决,通常乃指对于死刑犯人之姓名以朱笔画一勾线于其下,以示审讫判决执处死刑而言。清制死刑者须由三法司(刑部,都察院,大理寺)相会拟判,在秋审及朝审时九卿及詹事科道集议于天安门外,呈进黄册(犯人姓名及拟判书)于上请赐批准。如系秋审则于冬至前六十日赐批。若系朝审则于冬至前赐批。其赐批称曰予勾,依其勾而处分谓之勾决。嘉庆会典(卷四十一)—刑部及其下注:"凡刑至死者,则会三法司以定谳,秋审超审,九卿詹事科道,各入班以集议于天安门外,进黄册于上,及期予勾,尚书侍郎咸侍,本下侍郎一人接焉。决囚,则莅法场而监视,凡勾决皆榜揭以示众。"

【勾取】【史】向狱中传召犯人到堂审讯者,谓之勾取。

【勾留】【刑诉】Verhaftung(德) 为日本名辞,与我国之羁押同义。

【勾留状】【刑诉】Writ of confining 为日本名辞,即我国所称之押票。

【勾问】【史】勾与钩同,以物引之也,如对罪人之召引,即召引而讯问之谓,故称曰勾问。明律(卷一)、清律(卷三)名例篇——应议者犯罪之条:"凡八议者犯罪,实对奏闻取旨,不许擅自勾问。"

【勾唤】【史】官署对人民之召见,以及上司对所属之召见,均曰勾唤。元典章(卷十)吏部第四篇——百里外不公参条:"……百里之外,止申到任月日,其本管上司,不得非理勾唤。"

【勾集】【史】谓召集也。元典章(卷十六)户部杂例篇——长行马斟酌盘缠之条:"……今后诸路官吏遇省部勾集。"

【勾当】【史】担当职务之谓。北史—序传:"事无大小,士彦一委仲举,推寻勾当。"归田录:"赵宋曹彬平江南回,榜子称,奉敕江南,勾当公事回,不伐如此。"元典章(卷十)吏部职制篇——告叙章远年求仕之条:"……至元十七年勾当。至元二十年五月患病作缺。"胡言汉语(卷上)云:"俱去声,言鲭云,干当事也,每言合下如何,独吴俗言一落之意,欧阳修归田录曹武惠王彬,既平江南诣阁下求见其榜子云,奉敕江南,勾当公事回,其谦恭如此。"

【勾补之法】【史】凡官军临当征讨,行师已有起程日期,若故自伤残以避征役者,苟其伤残有至于不堪出征之程度者,则应开役定勾本户壮丁补役发往出征,是曰勾补之法。(参从征违期条)

【勾属官】【史】上司官以勾问事情为目的而召唤所属之官吏者,谓之勾属官。

明律(卷二)、清律(卷五)职制篇——擅勾属官之条:"若擅勾属官,拘唤吏典。"清律之注曰:"勾问,谓勾问事情,非勾拘问罪也。"

【勾摄公事】【史】(一)地方官署命其辖境内人民所组织之地方自治团体,代行处理执行一定之公务者,曰勾摄公事。明律(卷四)、清律(卷七)户律户役篇——禁革主保里长条:"凡各处人民,每一百户内议设里长一名,甲首一十名,轮年应役,催办钱粮,勾摄公事。"(二)官署遣人代掌一定之公务,亦曰勾摄公事。明律(卷二十)、清律(卷二十六)刑律斗殴篇——拒殴追摄人条:"官司差人,追征钱粮,勾摄公事,而抗拒不服。"

【勿论论法】【通】Argumentum a fortiori(拉丁)　为类推适用准则之一,与类推论法及反对论法相对立,又称当然论法。谓以规定某法律关系之法则为基础,若较该法则更有强度之理由存在者,即可认为有同旨趣法则之存在也。例如禁止人力车通行,则马车汽车亦当然可以适用禁止通行之明文是。又如目的经许可,则达到此目的之必要手段,自亦得许可是也。

【化外人】【史】政教以外之人民而未归化者,谓之化外人。明律(卷一)、清律(卷四)名例篇——化外人有犯条:"凡化外人犯罪者,并依律拟断。"清律之注曰:"化外人既来归附,即是并王民,有罪依律断,所以示无外也。"

【化外人有犯】【史】(详化外人条)

【化外人相犯】【史】化外人者,番夷国之人也。如同类自相侵犯者,应各依其本国之俗法加以处断。明清律均有化外人有犯条之设。唐律(卷六)名例篇——化外人相犯条:"诸化外人同类自相犯者,各依本俗法,异类相犯者,以法律论。"疏议曰:"化外人,谓蕃夷之国,别立君长者,各有风俗,制法不同,其有同类自相犯者,须同本国之制,依其俗法断之。异类相犯者,若高丽之与百济相犯之类,皆以国家法律论定刑名。"

【匹】【史】匹一作疋,为计算布帛之数之名,昔时以四十尺为一匹。汉书—食货志:"布帛广二尺二寸为幅,长四丈为匹。"唐律之赃罪以绢一匹换算时计,以为断定罪刑轻重之标准。后世之明清律皆因之。至于马一只亦曰一匹,以马之长度通常为四尺也,故借用匹字。

【午门】【史】宫城之正门,称曰午门,因其在城之南方故又曰南门。明律(卷十三)宫卫篇——宫殿门擅入条:"凡擅入皇城午门者各杖一百。"

【厄瓜多尔宪法】【宪】Ecuador　一称依瓜多尔宪法。(详该本条)

【及】【史】(1)为律令上之例分八字之一,即事之前后相连之义。清律(卷一)八字例释:"及者,事情连后,谓彼此俱罪之赃及应禁之物,则没官之类。"(2)罪非己犯,而为他人所连累,亦称曰及,与秦汉时所称之逮意义相同。大学衍义补(卷百一):"苏轼谓,罪非己造,为人所累曰及,秦汉间谓之逮,狱吏以不遗支党为忠,以多逮广系为利,汉大狱,有逮万人者,国之安危,运祚长短,咸寄于此。"盖其源乃出于书经之吕刑篇："王曰，吁，来有邦有土，告尔祥刑，在今安百姓，何择非人，何敬非刑，何度非及。"蔡沈注："及，逮也。汉世诏狱所逮，有至数万人者，审度其所当逮者，而后可逮之也。"吴征注曰："及，谓刑之所加。"苏轼注曰："罪非己造，为人所累曰及，秦汉间谓之逮。"（大学衍义补卷百一）

【及第】【史】汉制应试人试验及格者，称曰及第。明清时代进士殿试一甲前三名为进士及第。事物纪原："汉取士，其射策，中者，谓之高第，隋唐以来，进士诸科，遂有及第之目。"唐书宪宗纪："诏考官韦觊等三人，只考及第科目人，其余吏部侍郎定。"

【反在室】【史】斩衰三年之丧为五服中最重之丧服，乃子女为父母之服，女既出嫁则服齐衰不杖期之服，如离婚返归母家，称曰反在室，仍须复其斩衰三年之丧服。

【反坐】【刑】Retaliation；Talion（法） 对于无犯罪之人以不确实证据向法院诬诉时，则以所诬告之罪加诸诬告者之身，是曰反坐。此为前昔之刑法所采，今则无反坐之条，惟对诬告者处以诬告之罪耳。

【反坐罪之】【史】诬告人以所诬之罪坐之，曰反坐自首者。如有不实不尽者，则以该不实不尽之罪罪之，故云罪之。唐律（卷六）名例篇有称反坐罪之之条："诸称反坐及罪之坐之与同罪者，止坐其罪（死者止绞而已）。"疏议曰："称反坐者，斗讼律云，诬告人者各反坐，及罪之者。依例云，自首不实不尽，以不实不尽坐罪罪之，坐之者，依例，余赃应坐，悔过还主，减罪三等坐之，与同罪者，诈伪律，译人诈伪致罪，有出入者与同罪，止坐其罪者，谓从反坐以下，并止坐其罪，不同真犯，死者止绞而已者。假若甲告乙谋杀周亲尊长者，实乙合斩刑，如处甲止得绞罪，故云死者止绞而已。"

【反典型契约】【债】为无名契约之一，对混合契约言，即以不有法律规定之事项为内容之契约。例如广告中使用他人姓名之契约是。学者多有指此即所谓非模范契约者。

【反定法】【国私】Renvoi doctrine；Rückverweisung 又称反致法（详该本条）。更名反定条款，或反致条款。

【反定条款】【国私】Renvoi doctrine 又称反致法（详该本条）。或称反定法，或反定条款，或反致条款。

【反服】【史】卑幼死亡，尊长反为之服丧，是曰反服。法例上称曰报服。（明清律服图解）

【反致法】【国私】Rückverweisung（德）；Renvoi doctrine 又称反致条款，或反定条款，或反定法，即依内国国际私法之规定，应适用当事人之本国法。而依当事人本国国际私法之规定，却应适用内国法时，则以内国法代当事人本国法之适用也。我国法律适用条例第四条规定：依本条例适用当事人本国法时，如依其本国应适用中国法者，依中国法，此即关于反定法之明文也。例如英国人之住所在我国时，如因能力关系发生诉讼，依我国法律适用条例规定：人之能力依其本国法（第五条），本应适用英国法，但英国国际私法却规定应适用当事人住所地法（即指我国法），此时依我国反定法之规定，即应适用我国法矣。

【反致条款】【国私】Renvoi doctrine 又名反致法（详该本条）。更名反定法，或反定条款。

【反拷】【史】谓拷问被告人限满尚不首服时，对告发人加以拷问也。（详拷囚限满不首条内）

【反省院】【组】Institution of reflection 司法行政部以感化反革命人犯于各省所设之训导诲化机关，曰反省院。（参反省院条例条）

【反省院条例】【行】Regulation Relating to the Institution of Reflection 本条例于民国十八年十二月二日颁布，复于二十二年四月十九日最后修正公布，计十二条，其要点如下：（一）反省院由司法行政部于各省设立之。（二）置院长一人，总务主任一人，管理主任一人，训育主任一人，训育员若干人，并得置助理员若干人（以十人为限）。（三）凡有下列情形之一者送入反省院：(1)犯危害民国紧急治罪法，或前暂行反革命治罪法之罪，因而受刑之执行，无期徒刑逾七年，有期徒刑逾三分之一而有悛悔实据者。(2)犯前款之罪，罪刑之执行完毕仍有再犯之虞者。(3)犯第一款之罪宣告三年以下有期徒刑者。(4)依共产党人自首法第八条规定移送者。(5)经中央执行委员会议决送反省院者。（四）反省期间以六个月为一期，期满得再继续之，惟总期间不得过五年，继续反省处分之权属于评判委员会。（五）反省院如发觉受反省处分者，在反省期间内有新罪证或认为不能感化者，应将其送交该管法院审判或执行其刑。（六）受反省处分者于期满出院者应给以自新证书。

【反面解释】【通】又称反对解释。（详该本条）

【反逆】【史】十恶中之谋反与谋大逆二罪之合称曰反逆。（详谋反及谋大逆并十恶等各条内）

【反逆缘坐】【史】谓犯谋反或谋大逆罪时，坐其家属及亲属以罪名而处以一定之刑罚也。（参谋反大逆条内）

【反逆缘坐流】【史】（详缘坐流条内）

【反问】【民刑诉】Cross-examination 所谓反问，又称反诘，乃指他造之当事人于声请传唤之当事人向证人鉴定人诘问后，始向该证人鉴定人所为之诘问而言。日本名曰反对讯问。反问时，应以相当言词表示承认或否认之范围。至于证人或鉴定人具结后如欲推翻该证人鉴定人之陈述，则应负举证责任。

【反杀】【史】既将人杀死，而更杀其子弟以绝后患是曰反杀。周礼—调人之制：“凡杀人者，有反杀者。”其注曰：“反，复也，复杀之者，此欲除害弱敌也。”

【反复给付】【债】为债之标的之给付之一种，对一次给付与继续给付言。即债之给付须反复为若干次之行为，方能使债归于消灭之谓也。例如年赋金之给付是。

【反异】【史】被告人变更以前之口供，谓之反异。（详主守教囚反异条）

【反诉】【刑诉】Cross action; Counter-claim 谓在自诉案件中之被告因被害人对之亦犯有关于初级法院管辖之直接侵害个人法益之罪，或告诉乃论之罪，得于辩论终结前对被害人所提之诉讼也。反诉之提起，亦须以书状为之，但在辩论时提起者，得以言词为之。反诉仅系利用自诉之程序，故遇自诉撤回时，反诉仍应继续不受影响。此外凡在辩论终结前向受理自诉法院提起诬告之诉者，亦以反诉论。然自诉人撤回自诉时，诬告罪亦应不成立。（刑诉法第三五二—三五六条）

【民诉】被告在原告起诉所告诉讼程序中对于原告提起之诉，谓之反诉，对原告之诉则称曰本诉。反诉制度之成立，乃为节省时间费用与劳力等起见，有时可以言词提出，有时可以书状提出。反诉之成立须具备下列各要件：（一）须本诉仍在诉讼拘束中始得提起。（二）须在言辞辩论终结前提起者。（三）须系由本诉之被告对原告提起者。（四）须本诉系属之法院有管辖权者。（五）须与本诉得行同种之诉讼程序者。（六）须系非因重大过失或意图延滞诉讼而提出者。（七）须本诉之程序并不禁反诉之提出者。（八）须非对于反诉之反诉。至于本诉撤回时，反诉并不失其效力，以反诉乃一种独立之诉讼也。（民诉法第二四九—二五一条，又第二五三条）

【反汇票】【票】Redraft 又称回头汇票（详该本条），或名还原汇票。

【反诘】【民刑诉】Cross-examination 为反问之别称。（详反问条）

【反对给付】【债】Counter-prestation 又称对待给付。（详该本条）

【反对解释】【通】（参反对论法条内）

【反对论法】【通】Argumentum a contratris（拉丁） 为类推适用准则之一，与类推论法及勿论论法相对立。乃以规定与某法律关系之法则相反对之法则，应用于与其关系相反对之法律关系也。易言之，即对条文所生之结果，而论断其反对之结果者也。例如以反于公共秩序与善良风俗之事项为目的之行为为无效，则法官得以此条文为基础，而凡以不反于公秩良俗之事项为目的者，皆可论断为有效是也。学者有称之曰反对解释者。

【反对权】【通】Right of protest 又称抗辩权。（详该本条）

【反狱】【史】（详狱囚脱监及反狱在逃条内）

【反狱在逃】【史】（详狱囚脱监条内）

【反证】【民刑诉】Explanatory evidence 为证据之一种，与主证相对立。凡足供证明主证为虚伪而推翻其证据力之证据曰反证。例如某书证乃供证明其所有权之用，而相对人更提出其他书证以反对某书证者是。反证与抗辩不可相混，前者须举与之相反之新的事实，后者则否，而仅否认对造之主张耳。

【天子】【史】谓天之子也，即国家主权者之称，始自炎帝神农氏。事物纪原（卷一）：“说文曰，古之神圣人母，感天而生子，故曰天子，春秋元命包曰，女登生子，……

始为天子，帝王世纪曰，神农氏之母有娇氏名女登，则帝王之称天子，自炎帝始也。”

【天文生有犯】【史】天文生乃观察天文气象者，所习非工乐贱艺可比。明清律均以其与工乐户同受破例待遇。明律(卷一)名例篇有工乐户及犯人犯罪之条，天文生有犯者，在该条内规定，清律(卷四)名例律则另立天文生有犯之专条，惟其内容与明律无异。清律原文及其下注：“凡钦天监天文生，习业已成(明于测验推步之法)，能专其事者，犯军流及徒，各决杖一百，余罪收赎(仍令在监习业，犯谋反叛逆，缘坐应流，及造畜蛊毒，采生折割人，杀一家三人，家口会赦犹流，及犯斗殴伤人，监守，常人盗，窃盗掏摸抢夺，编配刺字，与常人一体科断，不在留监习业之限)。”同律本条之总注：“推测之法，得人为难，若天文生于测验推步之术，习业已成，能专其事者，罪犯徒流，不系反逆等缘坐之罪，又非窃盗等污辱之情，其人可用，其才可惜，故不发遣，决杖一百，余罪收赎。”又同律之辑注：“注内犯反逆等家口及窃盗云云。谓天文生若犯此等徒流则不可用矣，故曰与常人一体科断，不在留住之限。”

【天成格】【史】(详后唐之法典条内)

【天灾】【通】Act of God　凡非由人力所可支配而发生之灾害，曰天灾。例如水火等灾是。在天灾发生时对于期限或期日之迟误，以及债务人或债权人因此所引起之迟延，法律均有补救或不使负责之明文。

【天府】【史】为周时之官名，乃春官之属，掌祖庙之守藏，凡民数之册簿，邦国之盟书，狱讼之籍，皆登诸天府，所谓天府即朝廷之府藏也。

【天讨有罪】【史】我国旧法均以为系基于天理而制定者，天子乃以天为父，故其适用法律，均须体察天意，秉至公至正之旨，对于有罪者乃代天命而行之，盖即以天讨主义为基本观念也。书经一皋陶谟：“天讨有罪，五刑五用哉。”又同书一康诰篇：“非汝封(康叔名)刑人杀人，无或刑人杀人。”又曰：“劓刵人，无或劓刵人。”蔡沈注：“刑杀者，天之所以讨有罪，非汝封得以刑之杀之也。”但有异说，朱熹注曰：“康叔为周司寇，故一篇多说用刑。吕氏说，非汝封刑人杀人，则人亦无敢刑人杀人。又曰非汝封劓刵人，则人亦无敢劓人刵人，盖言用刑之权，正在康叔，不可不谨之意耳。”大学衍义补(卷百)一丘浚曰：“康诰此言，可见刑无大小，皆上天所以讨有罪者也。为人上者，苟以私意刑戮人，则非天讨矣。”

【天尊像】【史】道教之大本尊拟于神仙而画成之肖像曰天尊像。盗毁之者，律有处罚明文。(详盗毁天尊佛像条)

【天然地役权】【物】Natural real-servitude　为地役权之一，对法定地役权与人为地役权言，即由于土地之性质及其他自然之关系而当然发生之地役权也。例如袋地通行权是。我国民法以此为相邻间之关系，而不认为地役权。

【天然果实】【民总】Natural fruit　又名天然孳息。(详该本条)

【天然国境】【国公】Natural boundary; Physical boundary　与人为国境相对称。所谓天然国境乃指以自然地理的形势为国与国之境界而言。如山脉河川等是。间亦有以地球之经纬度为国境之标准者。在可航的河川,以河流之最深处的可航部分之中央为界线。其在不可航行之河川,则以河流之中央为界线。山岳以分水岭为界线;湖沼或内海则以湖海之中央为界线。

【天然丧失】【民总】Natural extinction 私权客体之丧失,有为天然者,有为人为者。例如因水灾而漂流无踪或因火灾成为烬屑,皆天然丧失。又如以人力利用科学原理使其溶化,或以刀锯加以毁弃而投诸他处,皆为人为丧失。

【天然孳息】【民总】Natural fruit 为孳息之一,对法定孳息言,又名天然果实。谓动物之产物,及其他依物之用法所收获之出产物也。此为我国民法之规定(第六九条第一项)。故其要件,第一,须与原物分离独立为一体方可。至动物之产物,在未分离前,须为与原动物为一体者,而产出之际,且须为不害原物者。所谓不害原物,应依社会之观念为标准。故其产生方法,系出于天然或出于人工,均非所问。第二,须系依其他依物之用法所收获者,乃指其收获应合于该物之经济上目的而言。例如种田以获谷是。若种田而掘得金则非其孳息矣。至于天然孳息之取得,民法规定有收取天然孳息权利之人,其权利存续期间内取得与原物分离之孳息(第七〇条第一项)。按天然孳息之取得以分离时方可收取,至收取之人,乃限于有收取权利之人,但须于其权利存续期间内方得为之。所谓收取权利人即以当时其人与原物之法律关系定之。故所有人,承租人,占有人,地上权人,永佃权人,典权人皆属之。(第七〇条第二项)

【天圣令】【史】为宋法典之一。天圣令,又曰天圣令文。仁宗天圣中,诏参政吕夷简等,参定令文,以庞籍宋祁充修令官,本据唐令,参以新制,至七年五月上之,凡二十一门三十卷。篇目如下:(一)官品。(二)户。(三)祠。(四)选举。(五)考课。(六)军防。(七)衣服。(八)仪制。(九)卤簿。(十)公式。(十一)田。(十二)赋。(十三)仓库。(十四)厩牧。(十五)关市。(十六)捕亡。(十七)医疾。(十八)狱官。(十九)营缮。(二十)丧葬。(二十一)杂。

【天圣编敕】【史】为宋法典之一。仁宗天圣四年九月,诏翰林学士夏竦蔡齐等,删定咸平编敕。其后五年五月,诏宰臣吕夷简,详定祥符七年至天圣五年续降宣敕六千七百八十三条,至七年六月上之,凡十二门十三卷千二百余条。十年三月,以天圣编敕十三卷,下崇文院颁行,天圣编敕之外,又有天圣附令敕。天圣四年,命有司取咸平仪制等五百余条,附令后,颁行之,凡十八卷。

【天福杂敕】【史】(详后晋之法典条内)

【天赋人权说】【宪】Man's natural right 所谓天赋人权说,乃指人类所享有之一切权利皆由天所赋与者,无论何人不得加以侵害而言,为法儒卢梭氏所创,盛行于十八世纪。当时民主主义者以此为唯一护符,以与专制魔王相对抗,今则颇为一般学者所否认矣。

【天禧编敕】【史】为宋法典之一。真宗天禧元年六月,编在京三司敕,七月命考政李迪吕夷简等,撰一州一县新编敕,四年一月上之,凡五十卷,十一月迪等又上删定一司一务编敕三十卷。此后皇佑中,又撰司敕二千三百十七条,一路敕千八百二十七条，一州一县敕千四百五十一条。

【太卜】【史】官名，始自殷代。周时为春官之属，即筮官之长。秦汉有太卜令。后汉属于太史。北齐有太卜局丞。隋唐曰太卜令。宋以后撤废。

【太上皇】【史】皇帝之父之尊称也。

【太子】【史】Prince　即后世之皇太子。按太子之命起于周时，至汉代始称曰皇太子。事物纪原（卷一）："唐虞而上皆传之贤，故无太子之文，夏商之王，虽传之子，其文略矣。至周始见文王世子之目，武王继之称太子发，此其始也。汉天子号皇帝，故其嫡称皇太子。汉书高祖纪，五年二月甲午，汉王即皇帝位，尊太子曰皇太子，此其始也。"

【太中大夫】【史】秦时设置此官掌议论之事。汉晋以来皆因之。隋以后以之为闲散之职。元明均为三品之官。清废之。

【太夫人】【史】汉时尊列侯之母，称之曰太夫人。事物纪原（卷一）："前汉文帝七年十月令，列侯大夫人无得擅徽称。如淳云，列侯子复为列侯，母称太夫人，盖汉制也。晋虞谭母亦拜武昌侯夫人，晋始加册命。"

【太史令】【史】官名，即掌天文及历史之官。事物纪原："少昊凤鸟氏为历正，夏后曰太史，周礼为春官宗伯之属，秦为太史令。唐乾元元年改曰司天监，宋朝……复为太史令。"汉时司马谈（司马迁之父）曾为太史令。

【太妃】【史】魏晋以来称诸王之母为太妃。事物纪原（卷一）："……司马氏之晋，帝母，其嫡为皇太后，所生为皇太妃。晋书后妃传，皇太妃周氏生哀帝，拜贵人，帝即位，有司议位号，招崇为皇太妃，其礼自晋哀帝始也。"

【太平兴国编敕】【史】为宋法典之一。太宗太平兴国三年六月，诏有司采国初以来敕条，纂为编敕，名曰太平兴国编敕，凡十五卷。

【太后】【史】皇帝之母之称也，始于秦之昭王，至汉称曰皇太后。事物纪原："史记秦本纪曰，昭王母芊氏号宣太后王母，于是始以为称。故范雎说秦王，有独闻太后之语。其后赵李成王新立，亦有太后用事之说。是太后之号，自秦昭王始也。汉袭秦，故号皇帝，亦尊母曰皇太后也。"

【太君】【史】唐制，四品妻为郡君，五品为县君，其母邑号皆加太。君封称太，此其始也。（事物纪原卷一）

【太和律令】【史】（详后魏之法典条内）

【太和格后敕】【史】唐文宗太和四年七月，大理卿裴谊大理丞谢登等，删定格敕，凡六十卷，后诏刑部，削其繁复，撰太和格后敕，至七年十二月成书，凡五十卷。其后开成四年，一说曰三年，刑部侍郎狄兼谟，采开元二十六年以后，至开成制敕，削其繁者，撰开成详定格十卷。旧唐书卷五十刑法志："太和七年十二月，刑部奏，先奉敕，详定前大理丞谢登新编，格后敕六十卷者，臣等据谢登所进，详诸理条，参以格式，或事非久要，恩出一时，或前后差殊，或书写错误，并已落下，及改正讫，去繁举要，列司分门，都为五十卷，伏请宣下施行，可之。"

【太府】【史】为周礼天官之属，掌府藏之会计。秦汉并合其职于司农少府之内，梁天监年间置夏卿即太府卿，掌帑藏财物。北齐兼掌进器物之事，历代因之，至明始废。

【太保】【史】为古代三公之一，位次太傅。殷太甲之时以伊尹任之，周成王之时以召公任之，汉亦置之。王莽曾任其职，魏末郑冲亦曾为太保之官。晋时，以王祥为太保进爵为公。陈时为赠官，后齐置太师太傅太保称曰三师。历唐宋等朝皆同，元则为三公之一。（参古今事文①类聚新集卷二）。

【太皇】【史】天子之祖母尊称曰太皇太后，而简称曰太皇，始于汉之武帝。事物纪原（卷一）："汉因秦事母号皇太后，故称祖母曰太皇太后，其礼虽始于汉，要之自孝武始也。……武帝即位，迎鲁申公议明堂事，司马迁于儒林传，乃始称太皇窦太后好老子言，是太皇之号，自汉武帝始明矣。"

【太皇太后】【史】为皇帝祖母之尊称也。事物纪原（卷一）："汉因秦事母曰皇太后，曰太皇太后，其礼虽始于汉，要之自孝武始也。"

【太宰】【史】周礼六官以太宰为天官之首，始任此官者为周武王时之周公旦，掌邦治之职，乃六卿之首，春秋列国亦多置之。晋初依周礼置三公，以太师居其首。景帝时改太师名为太宰，盖太宰即古时之太师也。（参太师条）

【太师】【史】为古时三公之一。（一）殷纣时以箕子为太师。（二）周武王时以太公望为太师。成王时，以周公旦兼任太师，周公薨以毕公代之。按周公乃以太宰（六卿之首）而兼太师之职也。（三）秦汉不常置之，自平帝之时始设此职，献帝初以董卓为太师，卓诛始废。（四）晋初置三公以太师居首，景帝时以太宰代之，为八公之一，盖太宰即古之太师也。（五）后齐依后魏之制置太师太傅太保是曰三师。（六）唐置太师一人掌四海之仪刑，亦为三师之一，位尊而已。（七）宋沿唐制以太师太傅太保为三师，多为宰相亲王使相之加衔，并不参与国政。（参新编古今事文类聚新集卷二）

【太常】【史】太常原为旗名，一作大常，秦代有官名曰奉常，汉始称为太常，掌宗庙礼仪之职，事物纪原（卷五）："周礼春官职也，秦有奉常，汉初改曰太常，盖秦官也。初学纪曰，高祖改汉百官表曰，景帝中六年改。"

【太常丞】【史】即太常寺之辅佐官。（参太常寺条内）

【太常寺】【史】为秦代所创设之官，惟时称曰奉常，到汉景帝六年始名太常，处理宗庙礼仪之事。至北齐称曰太常寺，有卿及少卿各一人。唐之太常寺乃九寺之一，掌礼乐郊庙社稷之事。宋时别有礼院，元丰官制始以太常寺专任礼乐郊庙社稷坛壝陵寝之事，置卿，少卿，丞各一人，博士四人，主簿，协律郎，奉礼郎，大祝，各一人。明之太常寺亦掌祭祀礼乐之事，置卿一人，少卿二人，寺丞二人，下置属官各若干人。清沿其制至光绪年间，改革官制并入礼部。

---

① 原书为"物"，系排版之误。

【太常博士】【史】为魏文帝时所创设之官厅，掌礼典之故实。事物纪原(卷五)：“魏文帝初置之，颜师古注汉书曰，太常，王者旌旗，画日月，大事则建以行，礼官主奉持之，故曰奉常，后改曰太常，尊大之义也。”

【太傅】【史】为古时三公之一，位次于太师，周成王时周公曾兼此职，秦无此官之设。汉高后元年以丞相王陵位少帝太傅，金印紫绶位在三公之上。后汉光武时亦置此官以卓茂任之。明帝时以邓禹任之。章帝以后，天子初即位，皆置太傅录尚书事。魏于三公仅置太傅，以钟繇任之。晋、齐、梁、陈均有太傅之设。后齐以太师，太傅，太保为三师。唐亦设太傅，为三师之一。宋沿其旧，亦为三师之一。元则为三公之一。(参古今事文类聚新集卷二)

【太极格】【史】唐睿宗即位，景云元年，敕又令删定格令，太极元年二月二十五日，奏上之，名太极格，凡十卷，户部尚书岑羲，中书侍郎陆象先，左散骑常侍徐坚，右司郎中唐绍，刑部员外郎邵知，与大理丞陈义海，左卫长史张处斌，大理评事，张名播，左卫仓曹参军罗思贞，刑部主事阎义颛等，同修。

【太仆】【史】周礼夏官之属有太仆，秦汉因之，为九卿之一，掌舆马及牧畜之事。北齐有太仆寺，置卿及少卿各一人监理其职，历代因之。清光绪年间官制变革乃并入陆军部。

【太庙】【史】天子太祖之庙曰太庙。(详太庙门擅入条内)

【太庙门擅入】【史】太庙门者谓太庙之外门也，太庙与山陵乃帝王祖考之所藏，不得擅入，违者治罪。明律(卷十三)、清律(卷十八)兵律宫卫篇——太庙门擅入条：“凡擅入太庙门，及山陵兆域门者，杖一百，太社门杖九十，未过门限者，各减一等。守卫官故纵者，各与犯人同罪，失觉察者减三等。”清律之辑注：“宗庙之制，三昭三穆，太祖居中，故曰太庙。山陵谓如山如陵也，兆即山陵之地，周围于兆为茔界也。太庙门，指棂星门言，兆域门，指外担门言，太社，天子之社也，在太庙右，即社稷坛，天子为百神之主，故左宗庙，而右社庙。”同律之总注：“太庙山陵，皆尊严禁地，太社次之，设有守卫，无故不得入，若擅入而越过门限者，太庙及山陵兆域门杖一百，太社门杖九十，若至门而未过门限者，各减一等，陵庙杖九十，太社杖八十，守卫故纵，各与已未过门限犯人同罪，失觉察者，减故纵罪三等。”

【太医令】【史】(详太医院条内)

【太医局】【史】(详太医院条内)

【太医院】【史】为医疗之最高机关，肇自周时之医师之制，秦时改称太医令，前汉或曰太医令，或称太医监，后汉亦曰太医令，又称尚药监，三国至北齐皆因之。至后，周始专称太医令，隋唐皆因其名，至五代改称翰林医官吏，宋曰医官院，辽称太医局，金改局为院，元冠提点二字曰提点太医院，明复旧而名曰太医院，清因袭之。按太医院之组织与名称虽屡经变革，惟其职制则多无差异，但至后世，始偏一般之医疗而专为宫中及百官之医疗，同时且兼掌医术之研究，故世每简称之曰太医。

【太医监】【史】(详太医院条内)

【夫】【亲】Husband （详夫妻条内）

【夫人】【史】夫人之夫扶也，取扶其夫之义，三代时称天子之妃为后，诸侯之妻为夫人。礼记—曲礼篇："天子之妃曰后，诸侯曰夫人"，春秋战国时因之。汉代为妇人之封号称列侯之妻为夫人，列侯死，其子复为列侯，则称其母为太夫人。汉以后显官多授爵，其妻从夫之爵称某爵夫人，或称曰君。唐制文武官一品及国公之母妻称国夫人，三品以上称郡夫人。宋政和中改正封制，执政以上之妻封为夫人，明清因之。

【夫匠军士病给医药】【史】夫匠谓在工役场所工作者，军士谓在镇守处所之兵卒，如有疾病该官司应给予医药救疗，否则处罚。明律（卷二十六）、清律（卷三十四）刑律杂犯——有夫匠军士病给医药之条："凡军士在镇守之处，丁夫杂匠在工役之所而有疾病，当该官司不为请给医药救疗者笞四十，因而致死者，杖八十，若已行移所司而不差拨良医及不给对症药饵医治者罪同。"明律之纂注曰："军士在镇守之处，夫匠在工役之所，与在卫下班者不同，若有疾病而镇守及管工官吏不行移所司请给医药救疗者，则失优恤之仁，或虽行移所司，而所司不即差拨良医及不给对证药饵者，则是苟且塞责，并笞四十，若因不救疗及不拨医给药以致死亡者，则人命所关为尤重，故并杖八十。若因药不对证，以致死者，罪在医人，依庸医杀人本律科断。"

【夫自嫁妻】【史】元制将自己之妻改嫁于他人，乃法所禁止，处徒三年，并使离异。元典章（卷十八）："和娶人妻及改嫁之者，各徒三年，即夫自嫁者亦同，而离异之。"

【夫役】【军】Charge 供劳役于军中者谓之夫役。在日本乃力役之征，不得规避，惟得请人代替，或付纳金钱代之亦可。

【夫妻】【亲】Husband and wife 即夫妇之别称。旧律以之为亲属关系之一种，新民法则名之曰配偶，另列之为一种，以与血亲姻亲相对立。

【夫妻共产主义】【亲】为夫妻财产制主义之一种，与夫妻异产主义相对称，即以夫妻之财产因婚姻关系成立时而失去各别独立之状态，而合并为一体之主义也。采此主义之国家，多以共同财产制为法定财产制。

【夫妻同居之诉】【民诉】Action for the restitution of the conjugal community 夫妻同居之诉者，即以民法所定夫妻互负同居义务为理由，对于他造请求履行同居义务之诉也，为一种给付之诉，若经判决，不得强制执行。此种诉讼，亦应适用关于婚姻事件程序之规定。

【夫妻财产制】【亲】Matrimonial property régime 规定婚姻共同生活中，夫妻间之财产上的关系之制度，曰夫妻财产制，又称婚姻财产制，更可分为法定财产制与约定财产制（详各本条）。列国立法例对于夫妻财产制有二主义：（一）夫妻共产主义。（二）夫妻异产主义。（详各本条）

【夫妻财产制契约】【亲】Contract for the holding of matrimonial property 夫妻间订定关于财产上权义关系之契约，曰夫妻财产制契约。我民法规定在结婚前或结婚后均得自由订定，但以法定之种类为限，订定变更或废止时，且有下列三种限制：(1)当事人如为未成年人或禁治产人时，应得其法定代理人之同意。(2)应以书面为之。(3)非经登记不得与第三人对抗。(第一〇〇四条、一〇〇六——一〇〇八条)

【夫妻财产契约书】【亲】即夫妻基于财产关系所订立之书面契约。我国民法规定夫妻财产制契约之订立、变更，或废止，应以书面为之。(第一〇〇七条)

【夫妻异产主义】【亲】为夫妻财产制主义之一种，与夫妻共产制主义相对称。谓夫妻之财产因婚姻关系成立时而失去原来状态之主义也。采此主义之立法例其法定财产制多为分别财产制或联合财产制。

【夫妇】【亲】Husband and wife　一男一女之婚姻关系，在法律上为合法时，其相互间之关系男称女曰妇，女称男曰夫。

【夫妇同体主义】【亲】Coverture system　与夫妇别体主义相对立，谓夫妇在法律上系属一体之主义也。通常皆以为妻之人格系被夫之人格所吸收，妻之法律行为与财产享有之能力均不能独立为之，而须受夫之支配。此种主义为古代英国法罗马法及我国旧法所采用。

【夫妇别体主义】【亲】Separate existence system　与夫妇同体主义相对称，谓夫妇在法律上各有独立之人格，双方处于对等地位，各有法律行为与享有财产之能力。近代各国多采此主义，我民法亦然。

【夫丧守志】【史】丈夫丧亡，其妇守节不嫁，除祖父母父母外他人不得强使之再嫁于人，违者构成本条罪名。唐律(卷十四)户婚篇——有夫丧守志之条："谓夫丧服除而欲守志，非女之祖父母父母，而强嫁之者，徒一年，期亲嫁者，减二等，各离之，女追皈前家，娶者不坐。"疏议曰："妇人夫丧服除，誓心守志，唯祖父母父母，得夺而嫁之，非女之祖父母父母，谓大功以下，而辄强嫁之者，合徒一年，期亲嫁者，谓伯叔父母，姑兄弟姊妹及侄，而强嫁之者，减二等杖九十，各离之，女追归前家，娶者不坐。"

【夫殴死有罪妻妾】【史】妻妾殴骂夫之祖父母父母者有其应得之罪，夫应即告官加以处罚，若其夫不告官司而擅杀其妻妾者，则应构成本条之罪。明律(卷十九)、清律(卷二十六)刑律人命篇均有夫殴死有罪妻妾条之相同规定。清律之条文曰："凡妻妾因殴骂夫之祖父母父母，而夫擅杀死者，杖一百，若夫殴骂妻妾，因而自尽身死者，勿论。"清律之辑注："按斗殴律夫殴妻，非折伤勿论，至折伤以上，减凡人二等，妾又减二等，则殴至折伤以上者虽有自尽实迹，亦当依律科断，然又当论妻妾之有罪无罪以定之。"

【夫权】【亲】Husband's right　夫对于其妻在法律上所享有之权利，曰夫权，此在我国旧法规定颇多，新民法既以贯彻男女平等为原则，对夫权已不复设明文。

【少子继承】【继】Succession by the youngest son　所谓少子继承，乃指遗产概归少子单独承受而言，前者曾有此制，今无采用之者。

【少年法庭】【通】Juvenile court　又称儿童法庭(详该本条)，或曰幼年法庭。

【少宰】【史】为周礼天官大宰之次官,即当时之副总理大臣之职,春秋时代各诸侯国亦有之。左传:"楚少宰如晋师。"宋之政和中改尚书左右仆射为太宰少宰,寻废。明清时代,俗称吏部侍郎为少宰,或为少冢宰。

【少师】【史】(一)为三孤之一(详三孤条内)。(二)舜代乐官称曰少师阳。

【少师阳】【史】(详少师条内)

【少傅】【史】为三孤之一(参三孤条内),与少师少保相对称。

【少数代表制】【宪】Minority representation 与多数代表制比例代表制相对立,使少数党于选举时得以选出少数代表之选举制度,曰少数代表制,与比例代表制虽同为以使少数党得被选出代表为目的。惟前者仅多少可有若干少数代表当选,而后者则可以使少数党按照实际势力与其代表人数成为数学上之比例,故二者显有区别。

【少数股东权】【公】(参股东及股东会各条内)

【屯田】【史】屯田之法,谓以兵屯驻某地,一方防戍边疆,一方从事耕种。此制起自汉朝,汉武帝以边疆多事,运兵输粮,费用繁多,遂依赵充国之建议(屯田十二条)以大军屯驻国境之要地,以充戍备,并事开垦以资军粮。昭帝之始元二年将退职官吏将卒派遣张掖郡,从事屯田,世每以此为屯田之始,实则不然。事物纪原(卷一):"事始曰,昭帝纪始元二年,诏发习戟射士,诣朔方调故将吏,屯田张掖,谓为屯田始非也。西域传曰,自武帝初通西域,置校尉屯田,渠犂,又征和中桑弘[①]羊奏言,可遣屯田卒,益种五谷张掖酒泉,然则屯田盖起于汉武开西域之时也。"后汉之世,其制益张,即在内地亦有屯田之举。蜀汉诸葛亮屯田于渭滨,曹魏屯田于淮南,皆为寓兵于农之政策。至唐世之屯田与汉代不同,非屯兵耕种,盖多使民从事者,如太京屯田营州屯田,等皆是。宋时循唐制有屯田与营田之别,前者以兵,后者以民,明世屯田之举大盛,有军屯与民屯(即军田与民田)之别,以兵者曰军屯,以民者(亦有以犯罪人耕作者)曰民屯,军屯为卫所屯田,民屯为州县之管辖。至清改前者为军田,后者为民田。

【屯田尚书】【史】晋始置屯田尚书,掌官田屯田等之事,后谓之田曹。唐置屯田郎中员外郎,属工部,掌屯田之政令,历代因之。明时兼掌坟茔之事,清末始废。

【屯田郎中】【史】(详屯田尚书条内)

【屯田清吏司】【史】明代之工部尚书乃工部首长,并置左右侍郎各一人以为之副,其下有营缮,虞衡,都水,屯田等四清吏司,屯田清吏司掌抽分,薪炭,夫役,坟茔之事。

【屯田道】【史】清制道员之一种,掌开垦屯田之事,于甘肃云南等偏僻之地设之。

【巴比伦法】【史】Babylonian Law (参罕穆拉比法典条内)

【巴西宪法】【宪】巴西为联邦共和国,在南美洲之东部,北部为亚玛孙河流域,

---

① 原书为"洪",现通用"弘"。

南部为高原，国内富饶，以咖啡橡皮为产品大宗，矿产亦多，实一天府之国，于西历一五〇〇年发见，继为葡萄牙人之领土，至今葡人甚多，而文字语言亦与葡国本国相同。一八〇八年建立王国，一八八九年改为共和国，于一八九一年二月二十四日公布宪法，一九二六年九月三日修正，共分五章，都九十一条，并附有临时规定八条。兹将本宪法之要点举述如下：(一)第一章通则(第一——十五条)巴西为联邦共和代议政体，以各州并合组织为巴西合众国。各州又分别组成一邦，各邦得分别合他邦为一邦，亦得并于他邦或小部分或分割另成新邦，但各该邦之立法会议，在每年会期继续二年表示同意，并经国民会议承认者为限。联邦政府于各邦本身事件不加干涉，但下列各款为例外：(1)抵抗外国之侵犯或一邦对他邦之攻击。(2)维持联邦共和政体。(3)依邦政府之要求恢复其秩序及平和。(4)执行联邦法律及审判，并确定之。关于下列各项，惟联邦有处理之权：(1)进口外国货品之课税。(2)船舶之进口税、出口税、吨税。(3)印花税(但有例外)。(4)联邦邮政，电报之价目。此外联邦对于纸币发行权之银行设立之许可以及税关之设立与维持等亦有绝对权限。关于本邦出产商品之出口，地方及都市之不动产，财产之移转，并工业及专利等事项之租税赋课权皆由各邦操有之。至于关于本邦内部事务，由本邦政府所发之条例受有影响之印花税以及关于本邦邮政电政之捐助等事项之绝对权限，则由各邦政府操有之。联邦及各邦关于铁路及国内水路之行驶，其制定法律之权，以联邦法律定之，沿岸航海，以联邦船舶行之，陆海军为国家常备之施设，在法律范围内有服从长官及维持宪法制度之义务。立法权，行政权及司法权均为国家主权之机关，虽属独立，仍须互相和合。(甲)第一节立法权(第十六—四十条)，(A)总则，立法权经共和国大总统之承认，由国民议会行使之。所谓国民议会，乃包括众议院及元老院在内，以每年五月三日开会于联邦首都，自开会之日起四个月间为其会期，并得延长休止，或召集临时会议。众议院及元老院各别开会，以公开为原则，各院出席者，如为绝对过半数时其法案可决须为过半数之投票。议员在职务上之意见言论及投票权不得侵犯。就职后在会期间与他项职务不能两立。被选为议员者须为享有巴西国国民权利，且有资格登记为议员选举人者。其众议院议员须经四年以上为巴西国民，元老院议员则须经六年以上为巴西国民。(B)众议院——众议院以依直接选举法由各邦及联邦政府区域所选举人民代表组织之，其人数以法律定之，每人口七万选举一人，各邦至少须选举四人。关于会期之休止，一切税法，制定陆海军法律，行政部建议事项之讨论，及共和国大总统依法(宪法第五十三条)应行弹劾与否，或国务员与大总统共同犯罪应先弹劾与否等问题之提案，悉属诸众议院。(C)元老院——元老院议员亦依直接选举法由各邦及联邦政府区域各举出三名(须满三十五岁)组织之，任期九年，每三年改选三分之一，以共和国副总统为议长，元老院依其所定条件及方法，有审问共和国大总统及其他宪法所指定联邦官吏并宣告判决之权，惟非依出席议员三分之二，不得议决有罪之宣告，对于判决之处罚以免职及取消服官资格为限。又会议时系关于审判之事项者，其议长应以联邦高等法院之院长充任之。(D)国民议会之权力(第三十四条及第三十五条)。(E)法律及决议——凡依法经一院可决之法案，即提出于他院，其最后之院可决者，即移送行政部，若经其承认则批准公布之。由一院提出之法案经他院修正者须送还原院,复经原院承认其修正时,即将其修正原案移送行政部。凡法案被拒绝或否决者,不得于同一会期再行提出。(乙)第二节行政权(第四十一—五十四条),(A)大总统及副总统——行政权属于由国民选举之大总统,如大总统临时发生事故时则由副总统代理之。其系出缺者则继承之。如副总统同时因事不能执行职务或出缺时则由元老院副议长众议院议长联邦高等法院院长按照程序代理之。大总统副总统之资格须出生而为巴西人者,须为享有参政权者,且其年龄须为三十五岁以上者。大总统任期为四年,不得连任。在大总统任期最终之年,代理大总统之副总统不得选为次届大总统,又大总统及副总统非经国民议会许可不得离去本国,违者免职。(B)大总统副总统之选举——均以国民直接选举法及投票过半数选举之。选举在大总统任期届满之年三月一日行之,如候补人无过半票数,国民议会就直接选举得票最多之二人,由出席议员多数选举一人。(C)行政部之权力——第四十八条之规定列举十六种事项属于大总统之权力。(D)国务员——国务员辅弼共和国大总统并副署其命令,且各为联邦行政一部之部长,不得兼任其他官职,亦不得被选为大总统,副总统,众议院议员及元老院议员,且不得出席于国民议会之会议,如与国会交涉,惟以文书行之,或亲自与两院所属委员会交涉。国务员在通常之犯罪及弹劾,应诉于联邦高等法院,受其审讯,与大总统共犯之罪,则应由有权审判大总统之官宪起诉,而受其审讯。(E)大总统之责任——大总统若经众议院决定其被告事件应行审讯时,则通常犯罪之案,在联邦高等法院审讯裁判,其弹劾之案在元老院审讯裁判。大总统如有反对下列各事项之行为应受弹劾:(1)联邦之政治生命。(2)宪法及联邦政体。(3)政权之自由行使。(4)政治或个人权利之合法享有及行使。(5)国家内部之安全。(6)施政之诚实。(7)宪法上公款之保护及使用。(8)国民议会所经议决之支出。(丙)第三节司法权(第五十五—六十二条)联邦之司法权属于共和国首都联邦高等法院及国民议会与散在全国各地之下级联邦法院,联邦高等法院审判官十五名由大总统就元老院议员中之有被选资格,及于学术负有声望之国民中经元老院之同意任命之,概为终身职。联邦其他各级法院院长由其构成员(审判官)中选任之。又由大总统于联邦高等法院构成员(审判官)中任命共和国总检察长。联邦法院应有下列之权力:联邦最高法院之职务如次:(A)以最初与专独之裁判权审理下列事件:(1)共和国大总统之普通罪及国务员所犯一定(第五十二条之规定)之罪案。(2)驻外公使之普通罪与责任罪。(3)联邦与各邦间或一邦与他邦间之一切案件与冲突。(4)外国与联邦间或外国与各邦间之一切争执与要求。(5)联邦各法官或各法院相互间之一切冲突,联邦法官或法院与各邦法官或法院间之冲突,以及一邦之法官法院与他邦之法官法院间之冲突。(B)对于联邦法官与法院所判决之问题,不属法定裁判管辖者,为上诉院。(C)覆审刑事诉讼中已判决之案件。至于各邦法院对于联邦审判官所提出之问题,不得加以干涉,对其判决或命令亦无取消变更停止之权,而联邦法院之对于各邦法院亦同。(二)第二章各邦(第六十三—六十七条)各邦有下列之权:(1)各邦相互间得订结不属于政治之约定及协约。(2)在宪法上无明确规定或默示否认之权力或权利,各邦得遍通施行之。各邦遵守联邦之宪法,受各该邦所制定之宪法及法律支配之。(三)第三章市

(第六十八条)各邦应按其特殊利害关系组织市政府以实行自治。(四)第四章巴西国民(第六十九—七十八条)凡具有下列资格之一者为巴西国民:(1)出生于巴西者,但父为外国人在本国有职业而不住居巴西者亦同。(2)出生于外国而父为巴西人者,或母为巴西人所生之私生子,但均须于巴西有一定住所者。(3)负有巴西共和国职务而居住外国之巴西人所生之子,在巴西无住所者亦同。(4)于一八八九年十一月十五日住居巴西,而于宪法施行后六个月内,未经宣布保存其原国籍之外国人。(5)在巴西有不动产娶有巴西妇人或生子具有巴西人资格之外国人而住于巴西者,但经表示不变更其国籍者,不在此限。(6)依其他方法归化之外国人。至于有选举人之资格则须为满年龄二十一岁以上之国民,依法注册者,惟下列为例外:(1)乞丐。(2)不识字者。(3)除高等陆军学校学生外受有官俸之军人。(4)僧团,公会,教会或其他团体人员,须服从誓约规则及章程而放弃其个人自由者。此外宪法更定明于一定条件内(第七十二条)对于巴西人民及住居巴西国之外国人,确保其自由权之不可侵犯及其身体与财产之安全。又凡巴西人民遵守法律所定特别资格之条件者,均得任为文武官职。陆海军武官关于军事上犯罪,受特别法院之审理。(五)第五章一般规定(第七十九—九十一条)遇有外国侵攻或国内骚扰,为共和国保安有必要时,无论在联邦领土任何部分,得宣告戒严,并于一定时间在该地内停止宪法之保障,其宣告权属于国民议会,如议会在闭会期间中则由行政部宣告之。凡已经完结之刑事案件,若于被告有利益时,联邦高等法院得随时查阅该案,修正其宣告或确定之。官吏关于其职务执行上足为罪过之非法行为及怠慢,暨属员于其行为不负适当责任者,均应严格负其责任。凡巴西人民依联邦法律有拥护国家及宪法而服兵役之义务。联邦陆军应遵照每年规定之法律由各邦及联邦政府区域有供给义务之征兵组织之。海军亦采征兵制,惟多采以任意就役为原则耳。关于审核国家之收入支出之计算等,设立审计院以司其事,其构成员应经元老院同意,由共和国大总统任命之,除依裁判宣告外,不得丧失其地位。关于宪法之修正得由国民议会或各邦立法部提议修正之。(临时规定计八条,其要点从略)

【巴拉圭宪法】【宪】巴拉圭为民主共和国,地处阿根廷东北,巴西之西南,幅员甚小,仅有十万方里之面积,且不通海口,仅恃河流可与巴西、阿根廷等国交通耳。人口稀少,盖自一八六四年至一八七〇年止,国内时起战争,死伤甚众,在一八一一年未宣告独立以前为西班牙属地,自独立后始建立共和国。现行宪法为一八七〇年九月二十五日所公布,分为二编,共十五章都一百二十九条。兹举其要点如下:(一)第一章总纲(第一—十七条),巴拉圭永远自由独立,自行组织为一共和国,其至高无上之主权属于本国国家,以天主教 Roman Catholic Apostolic 为国教,惟不得于国境内禁止信仰他教之自由。政府须于国库收入款项中供给国家费用,其收入款项为进出口之关税,官有地因出卖或出租之收入,邮政铁路之赢利,借款以及他种订立债权之收入,及由国会以特别法律所征收之各种租税。政府须鼓励欧美二洲移民入境,不得限制或禁止,内地各河,不论何国船舰均许自由行驶,惟须遵守奉行一定章程及规则,对小学教育采强迫制。刑事案件须有陪审员方可提讯。无论如何国会不得以非常职权给与行政长官,亦不得给与完全之统治权或其他尊崇之权,足使本国人民之生命财产与名誉为政府或个人所压制者。行政长官之独裁专断以违法论。如有提倡赞同或批准行政长官俾有独裁专断之权者,须视为对于国家犯无耻之奸恶,并须负担法律所设定之责任及刑罚。本宪法及国会根据本宪法所制定之各种法律,并本国与外国,订立之条约,须作为本国最高之法律。(二)第二章权利及权利之给与(第十八——三十四条),本共和国住民依法有航海,经商,创办各种合法实业,平和集会,请愿,出入本国或居住或旅行本国境内(无须护照),自由出版,使用及处分财产,以有益目的,互相交际,自由信仰,充任教师及入校求学等权利。私有财产权受绝对保护。著作权专利权亦受保障。财产充公及政治犯处死刑等规定不得于刑法典内规定,应永远删除及取消。犯罪者非经一定机关审讯,不得判罪,未得有正当官署之命令不得拘捕,拘留人民须于二十四小时内解交法庭官署,人民在法庭上有辩护权,不得侵犯,各种惨刑鞭挞,一概废除。一切行为未为法律所规定者,不得强加执行或强令其不执行。国内奴隶制度绝对禁止其存在。一切基于血脉统系之世袭特权,均为法律所否认。国民选举权不受任何限制及干涉。国民有持械保护本共和国及本宪法之义务,并须依法服役军旅。侨居境内之外人所享有之权利亦受保护。凡法律及命令与本宪法相违反者,一概视为无效,一切法律概不得有追溯既往之效力。(三)第三章国民权利(第三十五—四十一条),凡具有下列资格之一者,均为巴拉圭国民:(1)在巴拉圭国内出生者。(2)出生时其父或母为巴拉圭人民而系住居于巴拉圭者。(3)凡巴拉圭人民在外国出生时而其父适系服役于本共和国者,仍得与本宪法与本国法律所指定出生本国者同认为本国国民。(4)入籍国民亦享有种种政治上与民事上权利,与出生于本国之国民,同并得充任各种官职。惟本共和国大总统副总统,内阁阁员以及元老院众议院议员之职则不得充当。(5)凡侨居之外人,得国会特别允许,准其入籍者。巴拉圭国民满十八岁者即有选举权,惟有下列情事之一时则暂行停止:(1)凡失去身体上或精神上之能力而不能自由处理事务者。(2)凡充当常备军,国家禁卫军,海军兵士,或伍长军曹之职者。(3)凡犯有重大刑事罪名者。至于犯有下列情事之一者则失去其国民权利:(1)凡以诈术宣告破产者。(2)凡未得有国会特别允准而擅自承受外国各种官职,勋章或恩俸者。(四)第四章立法权(第四十二条),立法权由国会行使之,国会分为众议院与元老院。(五)第五章众议院(第四十三—五十条),众议院议员由各选举区人民直接选举,凡户口在三千以上六千以下之区得选出一人,凡国民未满二十五岁或并非出生于本国者不得被选。议员任期为四年,连举得连任,全数于每二年改选一半,众议院有编定各种法律之关于税课及招募兵士之全权。(六)第六章元老院(第五十一—五十八条),元老院议员亦由各选举区人民直接选举,凡户口在八千以上一万二千以下之区得选出一人,任期为六年,连举得连任之,每年须改选三分之一。凡国民未满二十八岁或并非在本国出生者不得被选。院长由副总统充任之,如副总统代理大总统职务时,得另选一临时院长。凡由众议院所解送之各种弹劾案件惟元老院有全权提讯之,如系大总统或代理总统职权之副总统受弹劾时,元老院于审理此项案件,应请高等法院院长充任主席,非得出席议员三分之二表决者,不得定罪。(七)第七章国会两院普通规例(第五十九—七十一条),每年自四月一日起至八月三十一日止为元老院与众议院寻常会议之期，须有过半数之出席始得开议，两院须同时开会或闭会。议员在职时所发表之言论及意见应受保障。自当选之日起至任满之时止不受逮捕，惟犯重大罪案而在现行犯罪者则为例外，惟须立即报告所属之院耳。两院对内阁人员各得请求出席说明或报告一切应行质问之事件。内阁人员若未先行辞去内阁职务不得充任议员。传教士亦不得任议员，即其他有俸给之官吏亦必先行辞去职务始得应议员之选。（八）第八章国会之职权与义务（第七十二条），计列举编制法律条例承认或否认总统副总统之辞职，召集军队，宣布戒严以及行使管辖本共和国全国土地之全权等二十六项，故其权限非常庞大。（九）第九章法律之编制与批准（第七十三—七十七条），元老院与众议院议员有先行提出议案及法律案之权，行政官除关于课税及招募兵士之法律案外亦有提议之权。各案如经一院通过即须将该案咨送他院，如亦通过即须咨送行政长官经其批准，然后公布，若于十日内不即退还亦视为已批准，若经其否决须将该案及否决理由送还原提案之议院，如该议院讨论后仍须三分二之同意通过原案，然后再咨送他院仍再经三分二之同意通过，该案立即成为法律，送交行政长官公布施行。（十）第十章常设委员会（第七十八—八十六条），在国会闭会期间内设一常设委员会，监察本宪法及法律之切实执行，若有旷职应对国会负担责任。在两院闭会以前，各以绝对半数选举人员组织之，计元老院二人，众议院四人。由会中互选主席副主席各一人，开会时以四人为法定出席人数。（十一）第十一章行政权（第八十七—一〇一条），行政权授与总统，总统如患病逝世辞职退位或出离首都时，副总统得代理其职务，如副总统亦退位，或逝世，辞职，或不能办事时，国会须指定某官吏代理总统职务，至其恢复办事之能力时，或新总统举出时为止。总统副总统任期四年，不得连举连任。惟已过任期八年者，得被再举重任。又总统副总统须为本国人民，年满三十岁者且须为耶稣教徒。至于选举方法为由每选举区内人民直接选举复选员若干，由复选员于总统任期届满前两月分别聚集于各州之省镇，用记名投票法选举总统副总统。（十二）第十二章行政长官之职权与义务。本法第一〇二条列举二十项，即以总统为共和国最高长官统治本国一切事宜，批准公布法律，任免官吏，签署各种条约，命令征收税项，统领全国海陆军，经国会之同意宣布开战或媾和，于紧急时宣布戒严，（限于国会闭会之时）等皆是。至于所有一切职权如未经宪法之规定者均属于国会，行政长官不得擅自行使。（十三）第十三章内阁阁员（第一〇四—一〇九条），内阁分为五部，即内务部，外交部，财政部，司法宗教教育部，海陆军部，各置部长一人，总统命令须由部长署名始为有效，各部长于国会开会时，即须将其部内行政等作详细报告书呈报国会。（十四）司法权（第一一〇条—一二一条），司法权授与最高法院（设法官三人）以及各种依法所设之下级法院，最高法院法官须为巴拉圭国民，年在二十五岁以上，且有普通学识者，由总统委派之，惟须得元老院之同意耳。其他各下级法院之审判官亦由总统委派经最高法院之同意，如总统所推荐之人员，元老院或最高法院不予同意，总统即须另荐他人，惟在国会闭会期内，总统有暂时委派之权，以国会开会之日为该人员任满之期。司法机关专管一切诉讼事宜判断各种案件，行政部之干涉绝对无效。最高法院为本共和国最高法庭，管辖一切下级法院，对于下级法院相互间之争执并与行政官署争执之案件，有处理之权。（十五）第十五章宪法之修正（第一二二——二五条），本宪法公布后五年之内无论如何不得更改一字。此后如国会议员依三分二之表决以修正为必要时应召集一宪法修正会，会员由人民直接选举，其人数与元老院及众议院之总数相等，其资格为须年在二十六岁以上者及须为出生于本国之国民，凡内阁阁员以及国会议员均不得充任该会会员。

【巴拿马宪法】【宪】巴拿马为中亚美利加之小国，地处南北美二洲相连之最狭之处，长四五〇哩，广四〇哩，居民为西班牙人与土人及黑人之混合种，土地肥美，气候炎热，故物产甚丰，其地有巴拿马运河之开凿，先由法人主其事，旋败，乃由美国政府继续之，时一九〇二年也。次年巴拿马即向哥伦比亚国宣告脱离，自建共和国（而运河则于一九一四年开成，由美人以巨租租其附带地面），于一九〇四年二月十三日公布宪法，共分十七章，计一百四十八条。兹举其要点于下：（一）巴拿马为共和民主政体之国家，其领土分为七省，各省更分为各自治区。（二）有下列情形者均为巴拿马国籍：(1)凡出生于巴拿马领土者。(2)巴拿马男子或妇女之子女出生于外国领土，而住居于本共和国，且表示其愿为巴拿马之国民者。(3)外国人住居于本共和国满十年擅长某种科学技术或工业，或享有不动产或流通资本，而在住居地方之自治机关，宣布其归化于巴拿马者（如已结婚及有家属在巴拿马者，其住居期减缩为六年，如与巴拿马妇女结婚者缩减为三年）。(4)参加巴拿马共和国独立运动之哥伦比亚人，在住居地方之自治区，宣布或已宣布愿为巴拿马国民者。（三）巴拿马人凡年龄满二十岁者为共和国之公民，享有选举被选举权及服公职之权，但依法定之情事而丧失之（第十三—十四条）。（四）巴拿马人及外国人在法律上一律平等，有请愿权，有集会结社权，有自由旅行权，有身体自由权，有宗教信仰自由权，有自由发表意见权，有通信自由权，有自由经营正当事业权，依法享有著作或发明之专有权。政府对于上述若干权利在外战或危及公安之内乱时，得因国家安全之需要于国内之全部或一部暂时停止之。（五）否认奴隶制度之存在，在共和国领土以内，禁止赌博，又官许专卖权亦禁止之。（六）凡年龄在二十一岁以上之公民除受法院宣告禁治产及因犯罪受褫夺公权者外，均享有选举之权。（七）立法权由国会行使之，其议员由各选举区依每一万人及每五千人以上之标准选出一人组织之，任期为四年，在开会前二十日，开会期间，及开会之后二十日以不受刑事审判为原则。国会于每二年之九月一日在共和国首都开会，通常会议以九十日为限。（八）国会之立法职权计列举二十五种（第六十五条），司法职权为审理总统，国务员，最高法院推事及检察长等之破坏宪法法律及犯反对国家安全及公共权力之自由行使等之罪名者。至于行政职权，计列举十一种（第六十七条）其权力之伟大于此可见。（九）行政权以称为共和国总统之长官行使之，为总统者须有下列资格：(1)须生而为巴拿马之公民。(2)年龄在三十五岁以上。总统之职权为自由任免国务员，省长，及不属政府其他部分任命之各种官吏，裁可及公布法律颁布赦令及减刑，指挥军队，等二十项（第七十三条列举之）。（十）总统之命令除任免国务员外，须经该管部之国务员之副署。（十一）总统暂时或永久缺职时应由行政代理人代之，此项代理人须具有与共和国总统相同之资格，若行政代理人亦不能代职时，则总统之职务应由内阁会议时经过半数选出之国务员代理之。

(十二)国务员为行政部与国会间之唯一交通机关,得提出议案并参加讨论,且须具有与议员同等之资格始得充任,国务员又组成内阁会议,以共和国总统为主席。(十三)司法权除由国会行使其特定者外,均由最高法院及由法律所规定而设置之下级及通常法院并其他依条约而发生之特别法庭或委员行使之。最高法院之推事为五人,候补推事五人,任期均为四年,其资格须为出生或归化之巴拿马公民住居国内十五年,年龄在三十岁以上而完全享有公民及政治权利,并为曾毕业于法律专科学校,或曾充律师十年以上者,或曾充任推事或检察官十年以上者,且须为未曾受普通罪之判决者。关于依法设置之其他通常法院之推事均由直接之上级法院或推事指任之。又刑事案件之应施行陪审制者概依法律之规定。(十四)法律案由议员或国务员提议于国会而制定之。民事法及司法程序法,除由国会与之有关之常任委员或最高法院推事之提议外,不得制定之。议案之通过应即送达于行政首领,经其批准后始公布之,如拒绝批准时应附以理由送还议会。如所附理由系指违背宪法者,而国会复坚持原案时则应将该案送达最高法院,由该院于六日内判决之,如国会之行为得最高法院之同意,则行政首领应批准该案并公布之,若该议案经宣布为违宪则应送入文书保存所。(十五)公诉由国家检察长检察官及其代理人并依法所规定之其他同等官员行使之。检察长须具有与最高法院推事相同之资格,任期为四年,其特别职务如下:(1)注意公共官员服务时之正式履行其职务。(2)向最高法院起诉应归该院审讯之官员。(3)监督管理公诉之其他官员。(4)自由任免各种直接之下级官员。(5)依法律所规定之其他职务。(十六)共和国对于下列享有所有权:(1)在领土内之从前属于哥伦比亚共和国之各项财产。(2)在国内或国外从前以对于巴拿马地峡行使主权之理由,而属于哥伦比亚共和国之权利或事业。(3)从前属于巴拿马郡之财产岁入,土地,证券,权利及事业。(4)在法律上已得权利之旷地,盐池,矿脉,冲积矿床,或其他性质之矿产及宝石矿。(十七)铸造货币及发行钞票之权概由国家行使之。(十八)巴拿马公民因公益之必要有执器以保护国家独立及其事业之义务,又国家为防守起见得设常备军。军人在现役或关于现役之犯罪,由军法会议或军事法院依军事法典之规定审讯之。(十九)各省设省长一人,由共和国总统任免之。每自治区设市长一人,并置自治会议,依法律之规定及普通投票法直接选出之定额议员组织之。(二十)初等教育为强迫性质,教会宣教师除与慈善事业或公共教育机关有关之职位外,不得在共和国内受领个人,民事,或军事之官职,雇用或公共信托。(二十一)美国政府,如以条约保障本共和国之独立及主权时,对于巴拿马之公安被扰时,有干涉恢复公安及宪法秩序之权。(二十二)临时规定(自第一三八一—一四八条)从略。

【幻觉犯】【刑】Wahnverbrechen(德) 又称误想犯,即行为者出于误解法律,而自以为有罪者之谓。例如我国刑法并无处罚和奸无夫之妇之规定,行为者误解其行为与刑法相违反是。

【引人】【史】所谓引人,乃指刑事被告人妄引他人,而指为与己所犯之罪有某种关系而言。依唐律(卷二十九)断狱篇之囚人为徒侣条之规定,应以诬告罪论。

【引比】【史】即比附授引也。（详断罪引律令条内）

【引水人】【行】Pilot　日本称引水人曰水先人。（详该本条）

【引地】【史】（详引盐条内）

【引收拒绝证书】【票】Protest for non-acceptance　为日本名辞，即我国所称之承兑拒绝证书。

【引见】【史】引导朝见天子，谓之引见。汉书："征为谏议大夫引见。"陈书虞奇传："宝应既擒，文帝敕都督章昭达遣寄还朝，及至即日引见。"清制京官五品以下，外官四品以下，授官时由吏部尚书引领谒见。六部成语注解："应升补之员，由吏部引见皇帝。"此外凡介绍他人相见者亦称曰引见。后汉书："右扶风琅琊徐业亦大儒也，闻玄（张玄）诸生试引见之"即其一例。

【引受】【票】Acceptance　为日本名辞，与我国之承兑同义。

【引律比附】【史】法律条文有限，而情事变更无穷，故对犯罪时引用其他类似条文比较对照，以为判决之根据者称曰引律比附。（明律卷一清律卷四——断罪无正条之条）

【引律令格式】【史】律令格式为唐代之四种法典。依唐律规定凡断罪均须具引律令格式，违者笞三十（参断罪具引律令格式条内）。所谓具引乃指引用备载而言。

【引商】【史】（详引盐条内）

【引港】【行】Pilot　即引水也。（参引水人条）

【引渡】【国公】Extradition　所谓引渡，乃指于他国管辖区域内犯罪之犯人逃入本国时，因其国之请求逮捕而解交之行为而言。就一般而论，引渡之行为须有条约为根据，而所犯罪名亦有条约预为订明。否则此种行为乃以国际礼让而为之，并非一种义务。至于引渡之要件有三：(1)须有充分证据以为犯罪之证明。(2)须系非政治犯。(3)引渡前须担保不牵连及其他罪名。

【引渡犯】【国公】Crime of extradition　在引渡条约中所规定某种犯罪应行引渡者，谓之引渡犯。通常均不以政治犯列入为引渡犯。

【引渡状】【国公】（详引渡请求书条内）

【引渡条约】【国公】Treaty of extradition　（详引渡条内）

【引渡请求书】【国公】Demandant of extradition　甲国向乙国所提出请求其引渡逃亡于其国境内之犯人之书面，称曰引渡请求书。乙国允其要求而答复之书面，则曰引渡状。

【引对磨勘】【史】对于考试官所定之试验成绩另行派员加以覆核者，谓之引对磨勘。此项人员多以京朝官充之。大学衍义补："京朝官引对磨勘，非有劳绩，不许进秩。"此为清朝之科举制度，即特派磨勘官专司再调查试验成绩之职务。

【引诱】【刑】Inducement　即犯人以花言巧语，或以利益耸动诱人与他人共同作不法行为之谓也。和诱则以上述方法耸动被诱人,而得其同意以与原来之关系脱离,或作不法行为,或处于自己实力支配之下之谓。略诱则系用强暴胁迫,或诈术方法,反乎被诱人之意思,使其与原来关系脱离,而处于自己实力支配之下,或作不法行为之谓。二者显有区别。

【引诱幼者猥亵奸淫罪】【刑】为妨害风化罪之一种,即以甘言巧语,或以利益耸动未满十六岁之男女,与他人为猥亵或奸淫之犯罪行为也。盖未届法定年龄,意志薄弱,身体未完全发育,故有此项特别规定,以为保护之计。其处罚为五年以下有期徒刑。(刑法第二四九条)

【引诱妇女猥亵奸淫之营利罪】【刑】为妨害风化罪之一种,即以甘言巧语,或以利益耸动其他妇女与他人为猥亵及奸淫以营利之犯罪也。因意图营利引诱良家妇女与他人为猥亵之行为或奸淫而成立。本罪之构成要件有四:(1)须为良家妇女。(2)须有引诱行为。(3)须使其为猥亵或奸淫之行为。(4)引诱者须以营利为目的。本罪之处分为三年以下有期徒刑,得并科五百元以下罚金(刑法第二四六条)。此种行为一方助成他人犯罪,一方又以营利为目的,故予处罚。至于以此行为为常业者,除处三年以下有期徒刑外,加重其财产刑,即得并科一千元以下之罚金(第二四八条)。所以惩戒犯人之利欲也。此外如夫对妻,尊亲属对卑幼者,监护人保佐人对被监护人被保佐人,师傅对学徒,病院济病院救贫院对其所收留之人,凡引诱之(妇女为限)以从事猥亵或奸淫之行为者,因其特殊身分或地位较易着手,故有加重之处分,即五年以下有期徒刑,得并科一千元以下罚金。(第二四七条)

【引领牙人】【史】所谓引领牙人,乃指从事于引领贩卖私盐者而言。明律(卷八)、清律(卷十二)—户律课程盐法:“引领牙人及窝藏寄顿者,杖九十徒二年半。”

【引线支票】【票】又称平行线支票(详该本条),或名横线支票。

【引课】【史】清制,盐茶之贩卖,均以若干斤为一引,按引课税,是为引课。

【引避】【行】Evasion 引退回避称曰引避。(参商事公断处章程条内)

【引证】【史】引用已往之实例以为诉讼事件之证据者曰引证。闻见后录:“老苏云,学者于文用引证,犹讼事之用引证也,既引一人得其事则止矣,或一人未能尽,方可他引。”

【引籍】【史】汉制,出入宫中者,须有门籍(即出入凭证)及引人(即引导人)。此项引人与门籍之合称,谓之引籍。周礼天官宫正注曰:“无引籍不得入宫司马门。”贾公彦疏曰:“谓汉法言引籍者,有门籍及引人,乃得出入也。”

【引盐】【史】清制以盐若干斤为一引,每引须纳若干税,引与税之轻重,各地不同。销盐之地域谓之引地,经营盐业者谓之引商,引商既于其地纳引税,则同时于其地域内有贩卖之专利权。此项已纳引税者曰官盐,其未纳引税者则曰私盐。所谓引盐,乃指官盐而言,且此种引盐不得混入其他地域销售,否则谓之占销,以私盐罪论。

【心神耗弱人】【刑】Feebleminded person or person of mental infirmity 指其

人之普通知识有限者而言。其重者每与心神丧失人相等，轻者则恒与常人无异。其行为只减轻本刑，因其意识未行全失，但亦得加以监禁处分。（刑法第三十一条第二项）

【心神丧失者】【刑】Insane person　又称精神病者。心神丧失者，指痴与疯狂愚鲁等精神病人而言，因无责任能力，故其行为不罚，但得施以盐禁处分，以防危险。（刑法第三十一条第一项）

【心理主义】【民总】Principle of psychological method　为意思能力确定标准之一，即凡于心理作用有欠缺者，即无意思能力，瑞士民法采之。

【心里保留】【民总】Mental reservation　又称真意保留（详该本条），或名单独虚伪表示。

【心证】【民刑诉】法院对于某事实或某法则，凭藉证据而得明瞭其结果时，谓之心证。换言之，即法官审理事件时，依某项证据之结果，而由心中所发生之确信也。

【户】【史】人之住所为户，户即护，开闭保护之谓也。说文曰："护也"，释名："所以谨护开塞也"，与左籍上之家同义。唐六典一户部篇："掌天下户口。"

【户口使】【史】官名，为唐玄宗之时所设，掌户口徭役之稽查。

【户主】【亲】Head of a house　日本称家长曰户主，即一家之首长也。户主所享之权利为户主权。例如家族婚姻之同意权，家族出籍与入籍之同意权皆是。

【户役】【史】汉因李悝法经六篇增事律、擅兴、厩户等三篇，而为九，晋以后止有户律（详该本条）。唐曰户婚律（详该本条），即田宅之事亦隶焉。至明乃分为户役田宅及婚姻三篇。在户役篇内计十五条，即脱漏户口。人户以籍为定，私创庵院及私度僧道，立嫡子违法，收留迷失子女，赋役不均，丁夫差遣不平，隐蔽差役，禁革主保里长，逃避差役，点差狱卒，私役部民夫匠，别籍异财，卑幼私擅用财，收养孤老等条。清律亦有户役篇，内容与明律同。初有隐匿满洲逃亡新旧家人一条，后删去之，另编督捕则例。

【户帖】【史】明制，每户均须由官给发一纸，上书居户之籍贯住所，姓名及家属之名，年龄等，而揭示于门上者，称曰户帖，与今所称之门牌相似。

【户房】【史】（详户曹条内）

【户版】【史】与户籍同一意义，唐代始有此称。

【户封】【史】赐封功臣，不以土地为准，而以民户为依据者，谓之户封，始自汉代。事物纪原（卷四）晋书地理志曰："古者有分土，无分民，若乃以户口为差降，略封疆之远近，所谓分民自汉始也。盖汉艾亡秦，大侯不过万家，小者五六百户，则封国之以户，汉其始也。"

【户律】【史】汉承秦之六篇律而加以户律、厩律与兴律，而为九篇律，所谓户律乃九篇之一，内为关于户籍及赋役并其他民事之规定，历曹魏、晋、宋、齐、梁，以及后魏各朝均有户律一篇之存在。至北齐始附加婚事于其内而称曰婚户律。北周分为婚姻及户禁二篇，隋开皇年间，加以修正户列于婚之前，而曰户婚律，唐律因之，列于第四篇。明复合并户役与婚姻而单名为户律，计共七卷，即户役，田宅，婚姻，仓库，课程，钱债，市廛是。清因之，至宣统年间之现行律，始复散为若干门。

【户婚律】【史】（详户律条内）

【户帐】【史】谓户籍簿也，每户均制置一份，始于唐武德年间。事物纪原："武德六年三月令天下，户每岁一造帐籍，开元十八年十一月，敕，诸户籍三年一造，此户口有帐之初也。"

【户曹】【史】为主司户籍官厅之属官。汉时有户曹掾之设，北齐时与功曹仓曹同为参军。唐诸府曰户曹，余曰司户，降至清朝户部之员司亦称曰户曹，其主司府州县等之户籍人员，则名曰户房。

【户部】【史】乃国家最高之财政官署。周礼之地官大司徒乃户部之滥觞。至天官之司会则为掌司会计之长官。秦为治粟内史掌谷货，汉景帝改为大农令，处理国货之事务。至武帝始名大司农，王莽名为纳言，后汉复名大司农，置卿一人，属官有大仓，均输，平准，都内，籍田等，魏置度支尚书，掌军国之会计，尚书之为时务专官，以此为始。至吴则称户部，户部之名起于此。齐、梁、陈皆置度支尚书，其属下有度支，金部，仓部与起部等四曹之设，分理财政事务。隋开皇年间改为民部，下置度支，民部，金部，仓部等。唐初因隋之制，太宗贞观年中，因避太宗世民之讳始称户部，尚书一人侍郎二人，仍分为四司，分掌田户口，班田，国用租赋，库藏出纳之事。五代及宋元丰以后户部乃全变为财政之总汇，地位益趋重要，掌理天下户口，土地，钱谷，及贡赋，征役等事务，分左右曹，各司其职，部之长官为尚书侍郎，属官分为户部，度支，金部与仓部四曹，各置郎中员外郎，其后历经辽金元以至于明之洪武元年均设户部，置尚书一人，左右侍郎各一人，掌人民户口，田赋，征役，经费之政令，分为十三清吏司，各掌其分省之事，十三分省为河南，山东，山西，陕西，四川，浙江，江西，福建，湖广，广东，广西，贵州，云南，各置郎中一人，员外郎一人，主事二人，各清吏司分四科，即民科，度支科，金科及仓科是也。清仿明制，仍置户部，分为十四清吏司，其后于光绪末年，改为度支部，专管全国田赋关税，厘金，公债，货币及银行，民国以来改为财政部。（参历代职官表及清国行政法第一卷）

【户部则例】【史】为清行政法典之一。户部则例者，初乾隆四十一年大学士於敏中等编修之，凡一百二十卷。自是以后，常遵五年一修之例，多所增改，迄咸丰元年，凡经十三次纂修矣。咸丰十一年十二月又降谕删改，同治三年九月，更续纂咸丰以后各案，至四年十月成书。其后同治十二年，将续修会典，命各衙门，移送嘉庆十八年以后至同治十一年案件，于是户部亦开馆编修，其年闰六月，奏纂同治四年以后至十二年六月案件，并附以例，翌年送会典馆，凡一百卷，例二百四十三条，凡关于户籍，土地，财政，货币，救恤之制度皆详载于本则例中。计分为十三门，如下："卷一—四户口，卷五—十田赋，卷十一—十四库藏，卷十五—十八仓庾，卷十九—二十四漕运，卷二十五—三十一盐法，卷三十二茶法，卷三十三参课，卷三十四—三十七钱法，卷三十八—四十二关税，卷四十三—七十二税则，卷七十三—

七十八廪禄，卷七十九一八十二兵饷，卷八十三一九十蠲恤，卷九十一一九十六杂支，卷九十七一一百通例。”

【户等】【史】以民间每户财产之数量为标准，而定其为贫富之等级者，曰户等，始于唐朝武德年间。事物纪原(卷一)：“武德六年，三月令天下，户量资产定为三等，九年三月二十四日，又为九等，此户有等第之始也。正元四年正月仍令，三年一定为常式，宋朝因之为五等。”

【户绝有女承继】【史】女子出嫁后，对其母家之家财在原则上无继承之权利，然于其母家户绝之时，女子即有继承之权，是为例外，元典章(卷十九)户部篇家财章——户绝有女承继之条。

【户钞】【史】农民缴纳田粮时之收据，称曰户钞。棠阴比事(卷中)：“丞相刘沆知衡州，有大姓尹氏，欲买邻人田，莫能得，邻人老而子幼，乃伪为券，及邻人死，逐其子，讼二十年，不得直。至沆又诉，尹氏出积岁所收户钞为验，沆诘之曰，若田百顷，户钞岂特收此乎，始为券时，尝问邻乎，其人固多在，可取为证，尹氏不能对，遂伏罪。”

【户调之法】【史】为晋时赋税之法之一种，即凡有户者出布帛，有田者出租赋，因当时行占田之法，男子七十亩，女子三十亩，均由国家授与之，故可计亩收税。凡丁男(正丁)之户，每亩岁出粟三升，绢三匹绵三斤，女及次丁男为户者，出其半，诸边郡或三分之二，远者三分之一。按正丁为十六以上至六十，十五以下至十三，六十一以上至六十五为次丁，十二以下六十六以上为老小。

【户头】【史】为户主之别称。后汉时代称女户主为女户头。后汉书—章帝纪：“加赐河南女子百户牛酒。”其注曰：“姚察云，女子谓赐爵者之妻，臣贤按，此女子百户，若是户头之妻，不得更称为户，此谓女户头，即今之女户也。”

【户籍】【行】Census register; Zensus des Personenstandes (德)　户籍者，谓以户为本位以确定人之本籍的制度也。所谓户，一般均系指家而言，然家之内容实为人与场所之总称。而在法律上所以表示人与场所之相互关系者，即谓之户籍，户籍须经登记，在法律上始为有效，登记后即可证明其家之成立，故可称户籍乃一种公文书，以供证明家之成立之用者也。在原则上户籍之编造，以一家为一户，虽属一家而异居者，亦各为一户(户籍法第八条)。至户籍之籍别，则以县市为单位。(同法第二条)

【户籍主任】【行】Chief officer of census register　掌理户籍及人事登记事务之人员，曰户籍主任，由各县之乡长镇长，或各市之坊长兼任之。其办事机关则设在乡公所镇公所或坊公所内。(户籍法第十条)

【户籍吏】【行】Census registry official　日本称办理户籍登记事宜之员吏曰户籍吏，与我国之户籍员户籍主任相似，通常以市町村长或区长任之，惟系受中央行政机关之指挥耳。

【户籍法】【行】Law of Census Register　户籍法之意义有广狭二种，就狭义言，户籍法者谓关于户籍登记事项之法规也。广义之户籍法，则为关于户籍登记事项与人事登记事项之法规的总称。我国之户籍法,乃指广义者而言,盖户籍为证明家之成立而设,而家之组织乃集人而成,人之身分能力之证明乃由人事登记而来,故户籍登记与人事登记有密切之关系,是以合并于一种法规内规定之。我户籍法亦然。按户籍法之功用不特证明人之身分能力与其本籍寄籍,即家之成立,国家人口之多寡,与户口之数额,均得由此而有相当之统计。我国关于户籍之法规,历代皆备,然多偏于户口之统计,而对人事登记方面,诸多忽略。民国以来并无正式法规之颁布,仅有北京政府法制局所拟之人口户籍法案,与内务部所拟之户籍条例草案而已。国民政府成立后,鉴于户籍法与自治制度极有关系,于民国二十年十二月十二日公布户籍法,计分八章,都一百三十二条,但至今尚未施行。

【户籍法施行细则】【行】本细则于民国二十三年六月二十五日公布,于七月一日施行,全文计分三十七条,乃依户籍法第一百三十一条而制定,在户籍法施行前之原有户籍,应于户籍法施行后三个月内,由家长备具声请书开明法定事项(本细则第四条之规定),向本籍地或寄籍地之户籍主任声请登记。

【户籍员】【行】Officers of census register　户籍员者,谓助理户籍主任办理户籍登记及人事登记事务之人员,由乡长镇长或坊长指定所属自治人员兼任之(户籍法第十条)。其办公所与户籍主任同。

【户籍登记】【行】Census registration　将户籍登录于一定公文簿上者,曰户籍登记,其目的不外为证明家之成立之用。我户籍法规定户籍登记之声请,原则上应向声请人本籍,或寄籍所在地之乡镇公所或坊公所为之,但另有规定者则为例外。又声请时应以书面为之,若有正当理由者,得亲向户籍主任以言词为之。惟应制作笔录向该声请人朗读并令其签名耳。按户籍登记其重要者可分为下列四种:(一)编籍。(二)设籍。(三)转籍。(四)除籍。(详各本条)

【户籍登记簿】【行】Census registration book　户籍登记簿者,谓编订户籍所用之簿册也。其内容为每户用纸一份,每户一号。按此种簿册,分本籍登记簿与寄籍登记簿两种,每种各备正副二本,其正本由乡镇公所或坊公所永久保存之,副本则呈送监督官署(即所属之县市政府)保存,无论何人对于上述簿册,得纳费请求阅览或交付誊本。(户籍法第十六—二十三条)

【户籍管辖区域】【行】关于管理户籍及人事登记事项之土地区域范围,曰户籍管辖区域。我户籍法规定以县之乡镇区域,及市之坊区域为户籍管辖区域,每区域设户籍主任一人,户籍员若干人。(第三、十条)

【户籍簿】【行】即户籍登记簿之简称。

【手工艺】【劳】Handicraft　关于制造品之制造纯以手工为之而不偏重机器者,为手工艺。其制品如合于法定之一者,应给予奖励。(参小工业条内)

【手本】【史】下官见上官,或门下访先生时所用之名帖,称曰手本。通俗编:"明万历间,下官见上官,其名帖以青壳黏前后叶,中用绵纸六扣,称手本,门生见座师则用红绫壳,为手本。"

【手形】【票】Bills　日本称票据曰手形。

【手形法】【票】Law of Negotiable Instruments 日本名辞，即我国所谓之票据法。

【手状】【史】唐武后时，被告人自将真实罪情详书于状者，称曰手状。大学衍义补(卷百十三)：“武后谓侍臣曰，顷者周兴来俊臣，按狱多连引朝臣，云其谋反，中间疑有不实，使近臣就狱引问得其手状，皆自承服，朕不狱为疑，自兴俊臣死，不复闻有反者，然则前死者，不有冤耶。”

【手附】【债】Earnest 为日本名辞，有时与我国定银之意义相等，有时则与违约金同其意义，但以前者较为近似。

【手段】【刑】为一所为所包含之多数行为。例如杀人时窃取他人枪支，又加被害人以抢劫，事后又毁破其尸体等行为，均称为手段。(参所为条)

【手段上的相对不能犯】【刑】为不能犯之一种，亦有认为未遂犯者(参不能犯条)，对手段上的绝对不能犯言。因犯罪手段上之关系相对的不能预期其犯罪之结果也。例如以枪[①]击人不能命中，窃取汽车不能驾驶而走是。

【手段上的绝对不能犯】【刑】对手段上的相对不能犯言，为不能犯之一种，因犯罪手段上之关系绝对的不能发生犯罪结果之谓。例如以毒药杀人误以无毒粉投之，又如持枪杀人而枪中无子弹是。

【手荷物】【债】Baggage 为日本之名辞，乃指通常旅客手提之物品也。我国称曰手提物，运输时原则上不收运费，但超过法定重量者不在此限。

【手提物】【债】Baggage (详手荷物条内)

【手诏】【史】天子亲书之诏书，不经门下省之手而直下者，谓之手诏。资治通鉴：“宋文帝纪胡注：诏自中出，不经门下者，谓之手诏是也。”

【手实法】【史】(一)唐制行手实法，即令人民每岁各自开具所有地之面积以及姓名年龄等作成乡帐也。唐六典：“凡里有手实法，岁终具民之年与地阔狭，为乡帐，言使民自具其年龄与田产多寡之数。”(二)宋时亦依吕惠卿之议而行手实法，即令人民自具其田亩家屋资货畜产等价之实，隐匿者罚之，报告者赏，盖即仿唐制而加以扩张也。文献通考—职役考：“熙宁七年参知政事吕惠卿献议曰，免役田钱或未均，出于簿法不善，按户令手实者，令人自具其丁口田宅之实也，宜仿手实之意使人户自占家业，若有刊匿，即用隐寄产业，赏告之法，庶得其实，于是遂行手实法。”

【手数料】【行】Fees 为日本之名辞，即我国所称之手续费也。

【手续法】【通】Adjective law 与实体法相对称，又名助法，或程序法，或形式法，谓规定行使权利履行义务之手续之法律，即规定关于实体法运用上之手续的法律。例如民事诉讼法，刑事诉讼法，行政诉讼法皆是。

【手续费】Fees 又称曰规费。(详该本条)

---

① 原书为“铳”，同“枪”。

【支子】【史】嫡子对庶子称之曰支子。父祖之庙在嫡子之家，庶子不得与祭，宗子有疾不堪与祭时则庶子方得代之。（礼记曲礼郑玄注，及大学衍义补卷五十二）

【支付不能】【破】Insolvency 因债务继续的缺乏清偿能力而不能支付者，曰支付不能，又曰清偿不能，即债务人之信用财产俱不足以担保债权也，乃破产原因之一种。

【支付命令】【民诉】Order for payment 支付命令者，法院依债权人之声请，对于债务人命其清偿债务及赔偿所揭定额之程序费用所发之命令。若债务人不于合法期间提出异议，则与确定判决有同一效力者也。支付命令应记明下列各项：(1)当事人及法定代理人。(2)请求之标的，并其数量，及其请求之原因事实。(3)法院。(4)债务人如欲免假执行，应于支付命令送达后十五日内向债权人清偿其请求，并赔偿程序费用，否则应向发命令之法院提出异议，支付命令一经送达，其拘束力立即发生，如于一个月内不能送达者，支付命令失其效力。（民诉法第四七九一四八〇条）

【支付能力】【债】Solvency 债务人之信用与财产如足以担保债权者曰有支付能力，否则为无支付能力。

【支付处所】【票】Place of payment 即付款之处所。（详付款处所条）

【支付犹豫】【债】Zahlungsstundung（德） 为日本名辞，乃指中止付款而言。其期间以一年以内为限，其原因仅限于天灾或不得已之事变，且以因商行为所生之债务而经向法院声请者为必要。

【支店】【公】Branch shop 又曰分店，即公司所分设于各处之店也。学者有谓支店与分店有别，实则公司法已无分店，而有支店之名。在公司法施行法第二十八条并规定公司设立支店应于设立后一个月内将下列各款事项向所在地主管官署声请登记：(1)支店名称。(2)支店所在地。(3)支店经理人姓名，籍贯住所。(4)支店登记执照所载事项及执照号数。

【支拂】【票】Payment 为日本名辞，即我国所谓付款之意也。支拂地曰付款地，支拂人曰付款人。

【支拂拒绝证书】【票】Protest for nonpayment 为日本名辞，即我国所称之付款拒绝证书。

【支拂担当者】【票】Zahlungsleisterr（德）；Payment undertaker（英） 为日本名辞，与我国担当付款人相同。

【支金库】【史】为金库之一种，对总金库与分金库而言。（详金库条内）

【支配人】【公】Manager 为日本名辞，与我国所称之经理人相同，即在公司商店内支配业务而有广大代理权之人也，为商业使用人之一种。

【支配权】【通】Beherrschungsrecht（德） 为私权分类之一种，与请求权，抗辩权及形成权相对立，凡能直接支配私权客体之权利，曰支配权。此种权利其权利人不特享有支配私权客体之权力，且可请求他人不为一定行为。例如请求他人勿为同一之支配行为，及请求他人勿妨害其支配行为是。至于支配权之客体，乃为物权，准物权，智能权，人格权等。

【支票】【票】Checks　为票据之一种，对汇票与本票言：日本称曰小切手，谓发票人约定由银钱业支付一定金额之票据。支票制度乃为避免现金授受之弊而设，所以节省货币运输，排除盗窃纷失遗失等，及预防计算上之错误也。又以其作用在乎单纯之支付，故有支付证券之称。支票之内容须记载一定事项，并由发票人签名：(1)表明其为支票文字。(2)一定之金额。(3)付款人之商号。(4)受款人之姓名或商号。(5)无条件支付之委托。(6)发票地及发票年月日。(7)付款地(票据法第一二一条)。发票人为利便时所发行之对已支票与指己支票(详各本条)，亦为法律所许可，至于发票之限制，亦定有发票人于无存款或未经付款人允予垫借之时，不得发行支票之条文，违者且得在该支票金额以内科以罚金(第一三六条)。盖支票乃以资金关系为其基础故也。支票为短期流通之证券，以见票即付现款为原则，故无所谓承兑之制度，而发票人亦应照支票文义担保支票之支付(第一二二——二五条)。但执票人欲行使其追索权，必须于下列期限内为付款之提示：(1)在发票地付款者，发票日后十日内。(2)不在发票地付款者，发票日后一个月内。(3)发票地在国外，付款地在国内者，发票日后三个月内。而且被拒绝后须有拒绝证书之作成，或支票上拒绝文字之记载，方可为之，违者则对其前手丧失追索权。然发票人此时仍须对执票人负责，以昭公允。惟因怠于提示而致发票人发生损失时，执票人应予赔偿耳(第一二六——二九条)。至于提示期间经过后，付款人如愿付款者，仍得为之，但发票人已撤销付款之委托时，或发行已满一年时，则为法律所不许，以支票在法律上已失其存在之余地矣(第一①三一条)。若在提示期间内者，付款人于发票人存款或透支契约金额足敷支票之支付时，除已收到发票人受破产宣告之通知外，应负全部支付之责，如不敷支付该支票时，经执票人之同意则得为一部之支付(第一三七条、第一三二条)。支票之种类有三：(1)普通支票。(2)平行线支票。(3)保付支票(详各本条)。支票与汇票相同之处颇多，除法律有特别规定并特别除外之明文外，均准用汇票关于背书付款追索权拒绝证书之规定(第一三八条)。至支票、汇票、本票三者之差别，亦有下列各项：(一)支票为支付证券，汇票则为信用证券(本票亦同)。(二)支票之付款人限于银钱业者，汇票之付款人无定(本票则以发票人为付款人)。(三)支票以见票即付为原则，汇票不以此为限(本票亦同)。(四)支票重资金关系，汇票则否(本票亦同)。(五)支票主债务人为发票人(本票亦同)，汇票则为承兑人。(六)支票无到期日之记载，汇票则以之为要件之一(本票亦同)。(七)支票无承兑参加承兑(本票亦然)，汇票有之。(八)支票无支票金额提存，汇票、本票有之。(九)支票无保证，汇票有之(本票亦同)。(十)支票无参加付款，汇票有之(本票亦同)。(十一)支票无复本与誊本之制，汇票有之(本票仅有复本)。(十二)支票无预备付款人担当付款人及付款处所之记载，汇票均有之，本票则仅无预备付款人耳。

---

① 原书为“三一条”，系排版之误。

【支移】【史】岁赋之物,输有常处,而以有余补不足,则移此输彼移近输远,谓之支移。(宋史—食货志)

【支途】【票】为日本名辞,即有付款事由之谓也。例如举行募集公债之支途,乃以所募之金钱以充建设某项事业之用是也。

【支给】【债】payment　与支付同一意义。

【支解】【史】析解人之肢体,谓之支解,盖即惨杀人命之方法也。明律及清律刑律篇——杀一家三人之条均设有明文规定处以极刑。

【文化团体】【行】Organizations for the promotion of civilization　凡具有增进学术教育或改良风俗习惯等性质之团体,皆属文化团体,其目的乃在增进中国文化,发扬民族精神,以促成社会之进步。各种活动不得妨害社会公共利益,且不得于三民主义及法律规定之范围以外为政治运动。其会员资格亦有限制,即凡有违背三民主义之言论或行动,或褫夺公权者,或患精神病者,或嗜好赌博,或吸食鸦片者,均不得为文化团体之会员。至于经费方面以会员自行负担为原则,关于设立等程序,均依人民团体组织方案之规定。(文化团体组织大纲第一——三条、第五—七条、第十条)

【文化团体组织大纲】【行】本大纲乃根据文化团体组织原则而制定,全文计十四条,由中国国民党中央执行委员会议决施行(参文化团体条内)。此外尚有文化团体组织大纲施行细则,于民国二十年二月五日,第三届中央执行委员会第一二六次常务会议通过,全文计十五条,与组织大纲均准用于宗教团体。

【文化团体组织原则】【行】本原则为民国十九年一月二十三日第三届中央执委会第六十七次常务会议通过计六点。(参文化团体条内)

【文引】【史】文引者旅行护照也。通行关塞及津渡者,应有文引,始可放行。(明清律—兵律关津篇)

【文件】【刑诉】Documents　刑事诉讼行为中之文件甚多。但可分为二类:(1)公务员制作之文件,例如侦查处分书,侦查及审判笔录,裁判书皆是。此外如传票,拘票,押票,搜索票亦属之。法院及检察官之文件,除有特别规定外,应由书记官制作之,且应记载制作年月日及处所,由制作者署名盖章,并公署之印,每页又须盖骑缝印。文件内不得窜改或挖补,如有增加删除或附记者,应盖印其上,并记明字数,删除处并应存留原文(刑诉法第一八八——九〇条)。(2)非公务员制作之文件,例如声请书,结文,声明拒却书,上诉书,保释保证书,鉴定书是。制作人应于文件记载年月日,并署名盖章,不能者应使他人代行署名盖章,该代行人应记载事由,一并署名盖章,文件乃记载全案颠末之书状,自应加以保存,故应由书记官编为卷宗。(第一九一——九三条)

【文字解释】　又称文理解释(详该本条),或曰文典解释。

【文字诽谤】【通】Libel　(详加重诽谤罪条内)

【文有三情】【史】文即法文谓法律也,情乃情法之情,即人情之谓也。在法文虽为有罪,若其事为人情上所可矜恤者,则应予宥赦。三情者乃指周礼秋官司寇内所云之三宥三赦而言。管子:“文有三情,武无一赦,赦者先易而后难,久而不胜其祸,法者先难而后易,久而不胜其福,故惠者,人之仇雠也,法者人之父母也。凡赦者小利而大害者也,无赦者,小害而大利者也。夫盗贼不胜,则良人危,法禁不立,则奸邪烦,故赦者,奔马之委辔也。”马端临曰:“唐虞三代之所谓赦者,或以其情可矜,或以其事可疑,以其在三赦三宥八议之例,然后赦之,盖临时随事而为之斟酌,所谓议事以制者也。至后世,乃有大赦之法,不问情之浅深,罪之轻重,凡所犯在赦前,则杀人者不死,伤人者不刑,盗贼及作奸犯刑者不诘。于是遂为偏枯之物,长奸之门。今观管仲所言,及史记所载陶朱公救子之事,则知春秋战国之时,已有大赦之法矣。”(大学衍义补卷百九)

【文例】【刑】General interpretation 文例者,谓刑法总则篇内规定法文用语范围之条文也。即分则篇内亦散见之(然仅限于特别适用者而已)。我刑法规定于总则篇内之第二章,都十一条。

【文典解释】【通】又称文理解释(详该本条),又曰文字解释。

【文定】【史】婚姻为六礼之一,以纳币为定约,谓之文定。诗经—大雅:“文定厥祥,亲迎于渭。”

【文官不许封公侯】【史】古时非军功不侯,盖公侯爵命之首,必开国元臣而始膺任,所以优待大功大勋者也。凡文官非有大功勋于国家不许封公侯,如所司罔上行私,窃冒殊典,则该官吏及受封之人皆应治罪。明律(卷二)、清律(卷六)吏律职制篇——文官不许封公侯条:“凡文官非有大功勋于国家,而所司朦胧奏请,辄封公侯爵者,当该官吏,及受封之人,皆斩。其生前出将入相,能除大患,尽忠报国者,同开国功勋,一体封侯谥公,不用此律。”清律之总注:“公侯世爵重赏,所以待开国功勋之武臣。若文官,非有推诚宣力,立安定邦国之大功,建辅成王业之大勋,固不得滥膺爵赏,若所司朦胧请封公侯之爵,即是植党弄权,请者受者,皆坐斩。其虽文官而生前曾兼将相重任,除宗社之大患,竭忠节以报国,此即有大功勋者矣,故得同开国功勋,一体封侯谥公。”同律之辑注:“滥邀爵赏,必是大奸,谄附请封,必是奸党,故其法并重。”又同律之辑注:“标出生前二字,则文官虽有应封之功勋,必待加于身后矣。生受爵禄曰封,死赐褒赠曰谥,云封侯谥公,互文也。”

【文官处条例】【行】Regulation Relating to the Board of Civil Official Advicors 本条例于民国十七年十二月十二日公布,文官处直隶国民政府,承国府主席之命掌理关于国府会议及府内一切文书机要印铸等事项,设文官长一人(特任),秘书八人至十二人(简任),又置下列二局:(1)文书局。(2)印铸局,各置局长一人,由秘书兼任之,科长各二人(荐任)科员各十人至二十人(委任),印铸局下设技士六人(委任),此外于必要时,文官处得设参事若干人。(简任)

【文官惩戒委员会】【行】文官惩戒委员会与今之公务员惩戒委员会性质相同,乃北京政府所设之机关,分为两种,即文官高等惩戒委员会与文官普通惩戒委员会。前者掌议决高等官之惩戒,后者掌议决普通官之惩戒。前者设于中央政府所在地，后者设于中央及地方各官署内。按文官高等惩戒委员会之组织为委员长一人，由大总统就大理院长或平政院长中遴派之。委员十人则由国务总理于下列各员中开列，呈请大总统选派之：(1)大总统顾问。(2)大理院推事。(3)平政院评事。(4)其他三等四等高等文职各官。委员长委员之任期均为三年。又为办理预备委员会之议事及一切事务起见，特设事务长一人，事务员四人，至于文官普通惩戒委员会亦置委员长一人，由各该官署长官兼之，委员二人至四人，由各该长官于该署五等六等高等文职各官中临时选派组织之，但有特别情形时，得以上级官署之五等六等高等文职各官充下级官署之委员。关于委员会之议事及一切庶务概由各该官署办理，不另设事务人员。(文官惩戒委员会编制令第一—七条、第十一—十一条、第十五—十七条)

【文林馆】【史】南北朝时代之北齐有文林馆之设，掌文学事务。其文学之士称曰文林郎。

【文武官犯公罪】【史】文官谓职官，武官谓军官，凡一应不是私己而因公事得罪者，皆曰公罪。换言之，即公罪不止公事，举凡无私曲而犯者皆在其内。明律(卷一)名例及清律(卷四)名例皆有文武官犯公罪条，而以后者规定较详。清律曰："凡内外大小文武官犯公罪，该笞者，一十，罚俸一个月，二十三十，各递加一月，四十五十，各递加三月，该杖者，六十罚俸一年，七十降一级，八十降二级，九十降三级俱留任，一百，降四级调用，吏典犯者，笞杖决讫，仍留役。"清律之总注："公罪，谓得罪由于公错，在事有罪，于己无私，无心过误，失于觉察者皆是。若徒流以上，所犯罪重，自当依律处治，其笞杖之罪，例不的决，即照律文笞杖多寡之数，分别罚俸，降级，留任，调用之差等，吏典虽的决，仍准留役，总原其罪由于公也。"同律之辑注："前职官有犯一条论取问之事，此条与下条则取问之后，拟罪发落之事，但就其所犯分公私言之，先后实相承也。"

【文武官吏犯私罪】【史】私罪谓事不由公，以私取罪者是也。换言之，凡不因公事，己所自犯，皆为私罪。明律(卷一)、清律(卷四)名例律皆有文武官吏犯私罪条，内容不尽相同。清律规定："凡内外大小文武官犯私罪该笞者，一十，罚俸两个月，二十，罚俸三个月，三十，四十，五十，各递加三月，该杖者，六十，降一级，七十，降二级，八十，降三级，九十降四级，俱调用，一百，革职离任，吏典犯者，杖六十以上，罢役。"清律之总注："私罪谓得罪于私意，有心故犯，非因公错事，即因公己实有私者皆是，笞五十以下，所犯犹轻，故罪止罚俸，自杖六十以上，则分别降级调用，至满杖，则革职，不得比于公罪之例。吏典，则自杖罪以上，皆罢役，所以宽于公而严于私也。以上二条，盖因官员所犯不一，总不越公私两端，凡不系己私，因公得罪，及过失错误，出于无心者，皆为公罪，其罪非己造，不因公得，及虽属公事，意出己私者，皆为私罪，视所犯之公私，定处分之轻重。谳狱者，能虚衷详审既论其事，又察其心，庶故犯者，不得幸免，而误犯者亦不至冤抑矣。"

【文法】【史】文法者制定法也，即成文法之谓。汉书—宣帝纪："朕念夫耆老之人，发齿堕落，血气既衰，亦无逆乱之心，今或罹于文法，执于囹圄，朕甚怜之，自今诸年八十，非诬告杀伤人，他皆勿坐。"

【文虎章】【史】民国在北京政府时代对武官有功者所授与之勋章也。分为九等,各该镂刻文虎,故称文虎章。

【文思院】【史】文思院创始于唐,盖天子内殿之比也,及宋之太平兴国三年亦有文思院之设,为掌理金银珠玉之美术工作之官署,后世因之。事物纪原(卷七):"唐有文思院,盖天子内殿之比也,其事见书断,然非工作之所。而宋朝兴国三年始置文思院,掌工巧之事,非唐制矣云云。"

【文致于法】【史】文致于法者,谓原情定罪本不至于死,而以律文传致之也。大学衍义补(卷百八):"景帝中五年诏,诸狱疑者,若虽文致于法,而于人心不厌,服也者,辄谳之。"

【文书商议】【国公】Documentary negotiation 又曰书面谈判。(详谈判条内)

【文书谈判】【国公】又曰书面谈判。(详谈判条内)

【文书应给驿而不给】【史】所谓给驿乃指给符验驰驿亲斋而言,所以必须遣使给驿者,欲其速达故也。应给驿而不给,与不应给驿而给者皆曰故。皆应惩治。明律(卷十七)、清律(卷二十二)兵律邮驿篇——文书应给驿而不给条:"凡朝廷调遣军马,及报警急军务至边将,若边将及各衙门飞报军情诣朝廷文书,故不遣使给驿者,杖一百,因而失误军机者斩。若进贺表笺及赈救饥荒,申报灾异,取索军需之类,故不遣使给驿者杖八十,若常事不应给驿而故给驿者,笞四十。"清律之总注:"凡文书关系紧急重大者,自上而下行,则莫过于朝廷调遣军马及报警急军务至边将,自下而上达则莫过于边将及各衙门飞报军情诣朝廷,此等必应遣使给驿,飞驰速到,若当该衙门故意人递不遣使给驿者,杖一百,因此稽迟而失误军机者斩。若各衙门进贺表笺及赈救饥荒,举报灾异,取索军需之类,一应重事文书,虽次于前亦不可缓,是当给驿者若故意人递不遣使给驿者,杖八十,不应给驿而故意不入递遣使给驿者,笞四十。"

【文书应遣驿】【史】在京诸司有事须乘驿,及诸州有急速大事,皆合遣驿,而所司乃不遣驿,又非应遣驿而乃遣驿,皆与公式令相违反。明清律均有文书应给驿而不给条。唐律(卷十)职制篇则有文书应遣驿之条:"诸文书应遣驿而不遣驿,及不应遣驿而遣驿者杖一百,若依式,应须遣使诣阙而不遣者罪亦如之。"

【文案勘合】【史】文案勘合者,即定制提调钱粮衙门,将应收应支各款项数目,明立文案,以为存查照验,仍将款项数目,填入勘合,与文案合用一印,将勘合给与监临主守之人,开注簿籍。按照收支,即所谓正收正支也。(参挪移出纳条内)

【文渊阁】【史】明时官设之图书馆称曰文渊阁,在南北二京。清朝则在内务府,即内阁文库也,兼理书籍刊行之事。

【文理解释】【通】Grammatical interpretation 为学理解释之一种,与论理解释相对立,又称文字解释,或文典解释,即以法条文字或文章及用语等之意义为基础,以探求法律之真意也。此种解释方法,有下列三种原则:(1)解释时应关联其法律之全文。(2)解释时应用通常之意义,若用特义,需有特别理由。(3)解释时应从法律成立当时之意义。

【文部】【史】唐时曾改吏部为文部。唐书一百官志:"……改吏部为文部。"

【文部省】【宪】Ministry of Education 为日本名辞,即我国所谓之教育部。

【文义证券】【票】Literalpapier(德) 又名形成证券,谓签名者依票据上所载文义负其责任也。证券上所记载之权利义务,不许以其他方法加以反证,即以反证补充其文字之意义,亦非法律所许可,故曰票据者,文义证券也。

【文凭】【史】谓以文书为凭证也,即证明书之义。官吏之差遣赴任等皆给付之。至于学生之毕业亦给予文凭,即卒业证书之义,又称曰证书。

【文选司】【史】为文选清吏司之简称,专掌官吏之选用之官署也。唐时以吏部专司文官之选用,宋时文武官之选用均为吏部之职掌,及明始于吏部专置文选清吏司,从事于文官之选用,而武官则由兵部武选司选用之,清因其制。

【文赞】【史】为宰相之别称。

【文献委员会】【行】在市县政府所在地为对于各该市县文献材料负保存征集之责起见,所设之永久机关为文献委员会,以教育局长,各区区长,各学校校长,各图书馆馆长,各教育馆馆长为委员,并得延聘各该地方之硕书通儒,及熟悉地方掌故者为委员,由各委员互推一人为委员长,并置干事若干人。各该市县政府与其附属机关,及各级党部与人民团体应将设施状况列表说明,送交文献委员会汇编存考,即公私机关所发行之刊物,以及私人著作或译述,人民私家谱牒,均应赠送一份或一部存备于文献委员会内。且本会应尽量征集下列各种书志图片:(1)与本市县沿革有关之府厅州各县各种旧志书及各项地图。(2)与本市县有关之诗文著述及金石拓片。(3)本市县各地方之民族歌谣。(4)本市县各地方之古迹名胜照片。(5)本市县重要及特殊方物之照片。(6)本市县先贤之遗迹遗像。此外本会对于本县市之工资物价产额,以及地方行政人民生活社会经济各种状况,应加以调查,分年分类制成统计比较表,存备考查。(参市县文献委员会组织大纲)

【斗子】【史】为吏役之名,宋以来有之,司官米之职。夷坚志:"淳熙十一年溧阳仓斗子,坐盗官米黥配。"其解曰:"盖斗子,为司官米者之称,斗所以量也。"

【斗级】【史】征收租谷时,掌粮斗之庶吏谓之斗级。(参多收税粮斛面条内)

【方士】【史】为周礼秋官司寇之属,掌都(即王之子弟及公卿之采地)及家(即大夫之采地)之裁判之职。周礼一秋官方士之职:"方士掌都家听其狱讼之辞。"

【方正】【史】汉代取士之目的有贤良方正,其品行方正者曰方正,对君主直言极谏。史记一文帝纪:"一年十二月日食,令举贤良方正,能直言极谏,以辅不逮。"晁错氏即依此科而被选举者也。

【方田之法】【史】宋初于端拱二年创置方田,咸平六年设方田于边境以为垦荒之举。其后于明道二年又开方田以防契丹于四面穿沟以通步兵。熙宁(神宗年号)五年王安石改定方田之法,为东南西北各千步,当四十一顷,一百六十步为一方,岁以九月令佐分地计划,验地色肥瘠以定其色号,分为五等均定税数,是曰方田之法。惟当时反对者甚多,不久罢之。

【方田均税法】【史】宋王安石之新法有所谓方田均税法者,以四方各一千步为一方田,依其土地之肥瘠等,分租税为五等,而征收之,称曰方田均税法。(参宋史王安石传)

【方式】【通】Form 所谓方式,乃指方法形式而言。凡法律行为必须依照一定方式始能成立者,是曰要式行为,否则曰不要式行为。故行为之是否必须依照一定方式,当以法律之规定为标准。

【方伯】【史】周制王畿千里以外管辖诸侯之长官称曰方伯。方者四方之一方也,伯者诸侯之长也。礼记一王制篇:“千里之外设方伯,五国以为属,属有长,十国为连,连有帅,三十国为卒,卒有正,二百一十国以为州,州有伯,八州八伯,五十六正,百六十八帅,三百三十六长,八伯各以其属,属天子之老二人,分天下为左右,曰二伯。”按东汉以后称方伯为刺史,唐曰采访使或观察使,明及清称方伯为布政使,又一曰藩司或藩台。

【方言】【组】Dialect 方言者,谓我国各省地方一隅所用之言语也。我法院组织法,规定法院笔录应用中国文字,但有供参考之必要时,应附录诉讼当事人或其他关系人所用之该地方言或外国语言。(第七六条)

【方法】【通】Method 方法者,谓到达某种目的时所采用之手段也。就一般情形而言,法律行为之方法如与公共秩序善良风俗不相违反时,自属有效。但法律有关于应取之方法的规定时,自当依其规定,否则不能视为合法。

【方面大员】【史】又曰方面官,即统治一方面之官吏也。如地方官中之道台或知府皆是。六部成语注解:“道台知府皆称为方面大员。”

【方面官】【史】又曰方面大员。(详该本条)

【方略馆】【史】清时于军机处设方略馆从事于编纪战役武功及政治上之重大事件,置总裁一人以为之长,由军机大臣兼任之。

【日本法】【通】Japanese Law 日本法初继承中国法,后采法兰西法,其现行法则以德意志法为根据,而参用英吉利法。故日本法实一多种法并合而成者也。就其沿革而言可分为五时代。兹分述之于下:(一)第一时代——西历五百年以前即自日本建国至西历五百年止,乃日本固有法时代。此时法律含有神权意义,一切刑罚均以神意出之,政府之重要职务为国祖之祭祀。官职以及社会组织均以氏族为中心,重世袭之制,盖纯然一部落式之时代也。(二)第二时代——西历五〇〇年至一二〇〇年止,为继承中国法时代(即明治以前)。此时佛教及儒教相继传入日本,法律方面亦起变化,唯一之公布法律(西历六〇四年)称曰宪法十七条,为圣德太子所制定,史家谓圣德太子于诞生时即能言语,聪颖绝伦,判断讼狱能于同时听十人之陈述而百无一误。按宪法十七条之内容与希伯来法之十诫同一性质,实为政治上及社会上之道德的法则,与现代之法律不同,全然以孔教之哲学为根据。此外在第一时代尚有下列三种特征:(1)以孔教哲学为根据,建立统一之法律与司法制度于所征服之土地区域内。(2)私有买卖制度之发达。(3)皇室大权移入于藤原族(Fugiwara)之手,藤原族垄断政府大权,历四百年之久,对立法方面颇多贡献。(三)第三时代——西历一二〇〇年至一六〇〇年止,为封建制度之时代,代表此时代者为赖朝(yoritomo),自为大将军,统治全国,天皇地位形同虚设。当时盗贼横行,目无王法,赖朝乃创设法院以为审判,名曰法厅(Monjusho or office of Inquiry & Decision)又为巩固权力起见,选派能干军人以武力强制方法推行法律,制止争斗,又为维持军人生活起见,创设土产税,强迫农人缴纳税捐以养军人,故史家均称赖朝为封建制度之创立者,继起之者为北条泰时(Hojo Yasutoki),于一二三二年制定公布贞永式目(Jo-Yei Code),又曰御成败式目,共五十一条,实为以日本文字书成之第一种法典,内容共五十段,多为关于封建之军事方面之规定,间亦有涉及私权方面者,惟为数甚少耳。同法并创设一最高级之法院(Supreme Council)。此后内乱继起,法律方面并无若何发展。(四)第四时代——西历一六〇〇—一八五〇年止,在此时代之代表人物为德川家康(Tokugawa Iyeyasu)自平定国乱,尊号将军之后,便从事于国内之制法事业,其晚年生活与其谓任大将军之职,毋宁称之为立法家。是时国内秩序安定,学者辈出,家康爱护备至,又制定若干法典,以供审判官参考之用,各地均有法院之创设,而于其驻在所江户设立最高审判所,以为各地模范,于一六一六年间没,留有自制之法律一书,名曰家康遗赐,共分一百章,故又有称曰百个条,但未公布耳。后世极尊重之。氏对日本国法之独立极有功绩,以其维持司法制度之独立者计三百年之久故也。(五)第五时代—西历一八五〇年至现在,此为罗马法继受时代。明治维新之后,日本司法制度大行变更,将前此"行政长官之命令,即法律及行政长官之决定即裁判"之旧习,一扫而清之。明治元年(一八六八年)一月置刑事事务科于大政官内,二月刑事事务科改为刑法事务局,旋废之,而另设刑法官,七月再废刑法官新立刑部省。至于民事方面初由大藏省兼管之,六月废刑部省改置司法省,九月始将民事并入司法省。明治三年颁布新律纲领,四年设法政研究所,翻译法国法律。六年设裁判所,内置检事官法官,并设法政学校,训练司法人材。八年设元老院及大审院定立法司法之制。九年(一八七六年)组织法律起草委员会起草民法,府县裁判所撤销,更改为地方裁判所,行政长官从此不得兼任裁判官之职。十一年制定郡区町村编制法,十三年颁布刑法治罪法,十五年刑法施行,十八年内阁设法制局,二十三年(一八九〇年)二月十一日公布宪法,议院法及会计法。次年废止元老院公布民事诉讼法,行政裁判法,裁判所构成法,府县制郡制,以及刑事诉讼法,又民法草案于同年颁布,为法国学者所起草,原定三年之后施行,惟内容过于法国化,颇为国人所非议。二十六年商法之一部施行,同年再采用德国法律,参以日本固有习惯上之家族制度,另行起草新民法,二十九年正式颁布民法之总则,物权,债权三篇,三十一年再公布亲族及相续二篇,即现行之民法典也。四十一年新刑法施行,即现行之刑法典。四十四年修正商法,大正二年,改正户籍法,七年之共通法,十年之借地法,借家法,航空法,十一年之信托法,少年法,破产法,和议法及陪审法,均次第颁布施行。十五年,修正民事诉讼法(昭和元年曾再修正)。至其他法律之修正与新法令之颁布亦属不少,在宪法颁布以前一切法律均继受法兰西法,其后则皆参酌德意志法,即英吉利法之判例法,学者亦非常注重之。按日本宪法系一八八九年二月十一日所公布,为日本近代政治大家伊藤博文所起草,计共七章,都七十六条。兹举其要点如下:(一)第一章天皇(自第一—十七条),大日本帝国由万世一系之天皇统治之,其皇位由天皇之男子孙继承之,天皇为国家之元首,总揽统治权,以帝国议会之协赞,行使立法大权,对于法律享有裁可之权,于议会闭会期间内有发布可代法律之敕令之权。又对海陆军有统率之权,即海陆军之编制及常备兵额亦由天皇定之。此外关于宣战媾和及缔结各种条约以及戒严之宣布,爵位勋章及其他荣典之授与,大赦,特赦,减刑,及复权等之宣布,皆由天皇为之。(二)第二章臣民权利义务(自第十八——三十二条),日本臣民依法有充任文武官吏及就任其他公务之权利与义务。又依法有服兵役与纳税之义务,居住与迁徙之自由权,所有权之受保护,书信之秘密权,信教之自由,集会结社之自由,皆有明文。又臣民非依法律不得逮捕,拘禁,审问,处罚,对臣民之个人权利保护颇周。(三)第三章帝国议会(自第三十三—五十四条),帝国议会以贵族院众议院两院构成之,前者以皇族贵族及简任议员组织之,后者依选举法所定,以公选之议员组成之,一切法律均须经帝国议会之协赞,议会每年召集一次,以三个月为会期,必要时得以敕令延长之。此外得于必要时召集临时会,开会闭会延长及停会,两会均须同时行之,两议院非各有议员总数三分之一以上出席者,不得开议与议决,其议事以过半数决之,开议时以公开为原则,议员对于院内之发言,及表决,于院外不负责任,但如自将其言论,以演说刊行,笔记或其他方法公布时,不在此限。(四)第四章国务大臣及枢密顾问(自第五十五—五十六条),国务各大臣辅弼天皇,负其责任,枢密顾问依法应天皇之谘询,审议重要国务。(五)第五章司法(自第五十七—六十一条),司法权由法院以天皇之名,依法律行使之,法官依法定之资格任之,法院之审判以公开为原则,至于特别法院另以法律定之。(六)第六章会计(自第六十二—七十二条),租税之新课与税率之变更,以法律另定之,国家岁入岁出每年应以预算经帝国议会之协赞,预算应预先提出于众议院,其皇室经费依现在定额每年由国库支出之。为保持公共安全,有需紧急费用之际,而因内外之情形,政府不能召集帝国议会时得依敕令为财政上必要之处分,惟须于下次会议向议会提出请求追认耳。国家岁出岁入之决算由审计院检查确定之。(七)第七章补则(自第七十三—七十六条),关于修正及抵触无效之规定。关于日本司法机关兹附述于下:日本最高司法行政机关为中央政府之司法省,置司法省大臣管理一切事务,下设总务处,民事局,刑事局,行刑局等。总务处专司本省之杂务。民事局管理裁判所之设立与废止民事案件,仲裁案件等之处理,并人事或物权债权等之登记。刑事局则专司刑事案件及决定赦宥事宜。行刑局管理刑事之执行,行刑机关之监督,记载犯罪人之状貌特点与犯罪之情形等。至司法之裁判机关则为裁判所,其依普通法以审判一般人民者称曰普通裁判所,依特别法以审判有特殊身分者之机关,则曰特别裁判所。普通裁判所乃依裁判所构成法而组织,为四级三审制。所谓四级即区裁判所,地方裁判所,控诉院,及大审院。三审乃指第一审,第二审,第三审而言,如以区裁判所为第一审,则地方裁判所为第二审,大审院为第三审(即终审)。又如以地方裁判所为第一审,则控诉院为第二审,大审院为第三审(即终审)。区裁判所之裁判官为独任制,受理二百元以下之事件以及轻微之民刑案件,处理破产及和议事件,以及一般非讼事件之登记事项。地方裁判所设立于府县之地，置所长一人，管理全所行政事宜，下分民事部与刑事部，各设主任一人，审判时采三人之合议制，受理轻微案件之第二审，以及较重案件之第一审。控诉院在日本现有七所，即在东京、名古屋、大阪、长崎、广岛、宫城及札幌等处，各置院长一人，主持全院事务，下分民事部与刑事部，各设主任一人。控诉院为选举诉讼之第一审法院，对于不服地方裁判所之裁判而上诉或抗告之案件，控诉院有第二审之管辖权。大审院即我国之最高法院，凡不服地方裁判所之判决以及不服控诉院之判决而上诉或控告之案件，以及非常上诉之案件，均由大审院受理之，但以关于法律上之错误为理由者为限。此外关于皇室案件，重要政治犯以及危害叛逆出卖帝国之案件，大审院有直接受理之权，勿须经下级法院之初审或第二审。关于刑事之公诉与特殊民事案件之贡献意见以及判决之执行之监督，则于各裁判所内设立检事局以办理之。关于特别裁判所，计有二种，一为军事裁判所，专事处理军事人员之刑事犯，以及违反军法之规定者，法官以文官充任，判士则以海陆军将校任之。一为国外裁判所，即基于领事裁判权而在国外为管理日本居留侨民之诉讼事件而设者，多附设于各该地之日本所设之行政机关中。此外在朝鲜之司法机关，其组织与形式稍有不同，属于总督府，计分为三种：一曰高等法院，与日本大审院同，二曰覆审法院与日本控诉院同，三曰地方法院与日本地方裁判所，或区裁判所同，每种法院更另设检事局。在台湾之司法机关则仅有二级，一曰地方法院，管辖初审之民刑事诉讼案件，与非讼事件，其地位与日本之地方裁判所或区裁判所相同。二曰高等法院，受理不服地方法院之裁判而上诉或抗告之案件，与覆审案件，其地位与日本之控诉院相同。地方法院通常采单独审判制，受理其管辖区域内之民刑事第一审案件，并非诉事件之办理等，如遇有重大事件则采法官三人之合议制。高等法院设覆审部与上告部。覆审部采三人合议制管辖事件为对于不服地方法院之判决而控诉之，不属于上告部之权限内之事件，以及对于不服地方法院之决定及命令而提起之抗告事件。上告部，采五人之合议制，(1)终审之管辖权——(甲)上告。(乙)对于覆审部之决定与命令之抗告。(2)第一审之管辖权——(甲)关于皇室内乱之罪。(乙)关于反抗施政之暴动为目的之犯罪。(丙)关于危害于政治枢要之官职为目的之犯罪事件。(丁)关于外患之罪之事件。(戊)关于国交之犯罪事件。(己)关于匪徒刑罚令所揭载之罪之事件。

【日官】【史】直属于天子以掌典历数之官吏，曰日官。左传一桓公十七年："天子有日官，诸侯有日御。"注："皆典历数者。"

【日附】【通】Date　为日本名辞，谓记载于文书以表明其作成之日期也，即我国所称之年月日是也。此种记载，与权利义务之确定极有关系，有时且视为法律行为成立之要件焉。例如票据之发行，以年月日之记载为必要是也。

【日附后定期拂】【票】Payment at a fixed period after date　为日本名辞，即我国所谓之定日付款之票据也。

【日者以百刻】【史】本条即现行刑法中所称之时例也。唐律（卷六）、明律（卷一）、清律（卷五）名例篇均有称日者以百刻条之规定，内容相同。清律原文及其下注："凡（律）称一日者，以百刻（犯罪违律，计数满乃坐）计工者，从朝至暮（不以百刻为限），称一年者，以三百六十日（如秋粮违限，虽三百五十九日，亦不得为一年），称人年者，以籍为定（谓称人年纪，以附籍年甲为准），称众者，三人以上，称谋者，二人以上（谋状显迹明白者，虽一人同二人之法）。”同律之总注：“律内称日计科者，有二项，若保辜限期，则通昼夜为一日，故必满百刻，工役之事，则昼作而夜息，故但从朝至暮，如初一日辰时殴伤人，应限保辜二十日者，至二十一日卯时，犹为限内，至辰时，即为限外矣。如私役部民夫匠，每日应追雇工银者，从朝至暮，即为一日，不在百刻之限，诸律称一日者准此，气盈朔虚，一年以三百六十日为一周之率，必满此数，方算一年，如秋粮违限一年以上者，若三百五十九日，犹为未满一年之限，诸律称一年者准此。古制人户有籍，注定年岁，如人年七十以上，十五以下，犯罪应收赎者，恐供状不实，致有虚诈，必以户籍所注之年为定，诸律称人年者准此。三人为众，以上不限其数，皆是，如仅征钱粮，勾摄公事，聚众中途打夺者，必三人以上，方科聚众之罪，若止二人，不得为众，诸律称众者准此。同谋必有二人，以上下限其数，皆是。如谋杀人有造意加功，及同谋共殴共谋为盗之类，诸律称谋者准此。然亦有一人自谋者，谋杀人律注所谓独谋于心者是也。如独谋杀人，必其致死之因，人皆知之，所杀之处，具有显迹，或追出凶器，与伤痕相符，或所用毒药，造买有据，虽止一人，亦以谋论。故注云谋状显著明白者，虽一人同二人之法也。”同律之辑注：“三百六十日为一年，小建之日，则增算，遇闰之年，亦扣算也，今惟计算工料等钱粮，扣小建，增闰月，若限年，承追承催之案，如今年二月初一日起至明年正月三十日，即为一年限满，不照三百六十日也。”

【日计】【民总】为年龄计算方法之一种，即以出生之日以为年龄计算之方法也。例如甲于本年二月三日出生，须到明年二月三日始满足一岁，此种方法最为公允，故为我民法所采取。（参年龄计算法条内）

【刑】刑法上之时例规定，时期以日计者，须阅二十四小时，时期之初日，不计时刻，以一日计算，最终之日，须阅全日。（刑法第二十一——二十二条）

【日记帐】【行】Journal 为商业帐簿之一种，即商人将日常交易及凡关于财产出入之各种事项逐一明晰记载于其上者也。至于零卖商得分为现金赊金两种，按日记其总数于日记帐上。（参商人通例第二十六条）

【日御】【史】春秋时代诸侯所置专事掌理历数之官，曰日御。（参日官条）

【日费】【民刑诉】Daily allowance 所谓日费，日本名之曰日当，乃指民刑诉讼中证人及鉴定人被法庭传唤时，得向法院或当事人请求给与每日迟滞及饮食等之费用而言。依我国法律规定，每日为五角，若证人及鉴定人被拘提时，则此项请求权当然亦因之而被剥夺。

【日当】【民刑诉】Daily allowance 为日本名辞，与我国诉讼法上所称之日费同其意义。

【月计】【民总】为年龄计算方法之一种，谓计算月份而不计算年度之方法也。例如甲于民五年五月出生，于民六年五月始算一岁。此种方法虽较年计为公允，但亦不甚正确。

【刑】刑法上之时例规定，时期以月计者，从历，如以若干分之几计算者，一月为三十日。（刑法第二十一条）

【月俸】【行】Monthly salary　与年俸（详该本条）相对称。

【月选】【史】清制，每月均须行官吏之拣选一次，称曰月选，偶数之月，行大选，奇数之月则行急选。会典—吏部："定月选之法双月曰大选，单月曰急选。"

【木索】【史】为刑具之一种，乃于缚手足暴肌肤及加榜箠时所用者也。

【木厘】【史】为清时课木材之厘金。光绪三十年由江西巡抚夏告奏请于吴城厘局内征收木厘，中以浔皖，江宁之木厘尤为著名。（清会典附注）

【木铎】【史】金口木舌之铃谓之木铎，乃古时宣布政令于人民时所用以警于众者也。书经—胤征篇："每岁孟春遒人以木铎徇于路。"论语—八佾篇："天将以夫子为木铎。"增补四书人物聚考："铎有金铎木铎，其体皆以金为之，而舌有金木之异，金舌谓之金铎，木舌谓之木铎。邢昺谓，木铎，金铃木舌，而朱子则谓，金口木舌者，盖铎音出于口，说文云，铎大铃也，是铎乃铃之别名，木铎乃金口木舌之铎也。释名云，铎，度也，号令之限度也。郑玄云，文事在大铎，武事奋金铎，故金铎，惟司马行军执之。而木铎之用最广，礼记檀弓云，执木铎以徇于宫，明堂位云，振木铎于朝，月令云，仲春奋木铎，以令兆民，尚书御征云，每岁孟春，遒人以木铎徇于路，周礼小宰云，正岁观治象之法，徇以木铎。"

【欠剩】【史】不足谓之欠，过多谓之剩。唐律（卷十五）厩库篇："诸出纳官物，给受有违者，计所欠剩，坐赃论。"其疏议曰："监主官物，或受或给，而有违法者，谓称量之物，出纳须平，若重受轻出即有余剩及当出陈而出新，应受上物而受下物，此即为欠，须计欠剩之价，准坐赃科罪。……"

【欠税】【土】Tax in arrear　欠税者，谓土地所有权人对于地价税、土地增值税或改良物税不依期完纳也，政府应就其所欠数额，自应缴纳之日起，按照年息百分之五加以征收，地价税或改良物税积欠等于三年，应缴税额总数时，或土地增值税之欠税土地延至一年届满仍未完纳者，主管地政机关得将其土地及其定着物拍卖抵偿，有余发还。（参三一七—三二六条）

【止付】【票】Dishonour　即停止支付之谓。

【比】【史】比在法律上计有三义：（一）为审判已结之事例，即律无正条时均依之为推断之事例也，与今所称之判决例相同。礼记—王制篇："必察大小之比，以成之。"郑玄注："已行故事曰比，比，例也。"汉书—刑法志："其后奸猾巧法，转相比况，禁罔浸密，律令凡三百五十九章，大辟四百九条，千八百八十二事，死罪决事比万三千四百七十二事，文书盈于几阁，典者不能遍睹，是以郡国承用者驳，或罪同而论异，奸吏因缘为市，所欲活，则傅生议，所欲毁，则予死比。成帝河平中下诏曰，今大辟之刑，千有余条，律令烦多，百有余万言，奇请他比，日以益滋。"注曰："师古曰，比，以例相比况也，他比，谓引他类以比附之，稍增律条也。"王海："刑者律也，比者例也。三千之律，犹不能尽天下之罪，不免上下以求其比，天下之情无穷，而法不可独任也。"（二）为地方区域之名，即五家为比。（三）为调查简稽民籍之义。周礼—地官小司徒:“乃颁比法于六乡之大夫,使各登其乡之众寡,……及三年则大比,大比则受邦国之比要。”

【比引律条】【史】清律于律之本文外附录有比引律条,即于律无正条之际,依事件之性质及犯罪之轻重,就类似之律条比较类推以定其刑罚之适用也,乃为法官之参考而设,以律文无正条之场合为限,始准引用。清律(卷二十八)附录——乾隆四十四年之部议:“比引律条,原系存留备考,或有万无可引者,然后引用者,若既有家例,则用例,不用律也。”

【比利时宪法】【宪】比利时介于德法及荷兰三国之中,为工业国家,面积仅一万一千方里而人口则有八百万之多,乃世界中人口最稠密之国,产煤铁铅等物,即玻璃麻布等亦为出口之大宗,对外贸易极盛,在非洲又有刚果之殖民地,又因地处德法两大国之冲,故屡为战祸所波及,其初为荷兰之一部,于一八三〇独立,欧洲各国皆承认之,为永久中立国。一八三一年五月七日公布宪法为君主立宪国,一八九三年九月七日修正,共分为八章一百三十九条。兹将其要点述之于下:(一)第一章领土及其区域(第一—三条),全国分为九省,省以内之区分另以法律定之,殖民地,领地及保护国另以特别法定之。(二)第二章比国国民及其权利(第四—二十四条),比国国民之资格依民法之规定,其入比国国籍者由立法机关核准之。国民无阶级之区别,其个人自由应受保障,居所不得侵犯,私有财产原则上不许没收,剥夺公权之刑罚业经废止不得再立,信教自由不得引用任何强制方法,教育,言论,和平集会,结社书信等均有自由权,不许侵犯。(三)第三章权力(第二十五—一〇九条),立法权由国王参议院及众议院会同执行之(法律之解释属于立法权)。行政权为国皇所有,由宪法规定之,司法权由法院及裁判所执行之,而判决与判令则均以国皇名义执行之。(甲)国会——国会分为参议院及众议院,两院议员系代表国家,非仅代表其选举省或选举区。会议原则上均为公开。两院有调查权,对于法律草案非经逐条判决后不得通过。两院有增补或分析条文及提出修正案之权,于必要时阁员有出席议会以备谘询之义务。议员不得同时在两院兼任议席。各院于每届会期,自行推选议长,副议长并组织办事处。(1)众议院——具有下列之资格者得选为众议员:(A)比国国民或大归化者。(B)享有公权及政权者。(C)年满二十五岁者。(D)居住在比国境内者。众议院之数额不得超过每四万居民选举众议员一人之比例,任期为四年,每二年改选其半数。(2)参议院——凡具有下列资格者,得被选为参议员:(A)比国国民或系大归化者。(B)享有公权及政权者。(C)居住在比国境内者。(D)年龄在四十岁以上者。(E)至少向国库纳有一千二百佛郎,包括营业税在内之直接税,或为比国境内不动产之业主及收益人,其户册之收入至少在一万二千佛郎以上者。参议员之选举,有由选举团直接选举者,其人数为众议院议员之半,有由各省省议会选举者,其人数规定为未满五十万人口之省选举二人,五十万至一百万人口之省,选举三人,一百万以上之人口者得选四人,后者得免除一切条件,但被选人不得属于所选之省议会议员,不论在选举之当年,或在选举之前二年。参议员任期为八年,每四年改选半数,为无俸职不受津贴。国皇之子或系传统之皇室亲系年届十八岁,即为当然参议员,但须年满二十五岁时始有发言权。(乙)国皇及内阁阁员——(1)国皇——以男系相传,非得两院之同意不得同时为其他国家之元首,国皇之命令非有一阁员之副署,不发生效力。国王有任免阁员之权,有授与军人以勋位之权,有依法任用普通行政及外交官之权,批准及颁布法律,统率海陆军,宣战,订立条约(重要者须经两院同意),解散两院,赦免及减轻刑罚,铸造货币,授与贵族尊号,授与军人品级等权。此外国皇仅有宪法明文规定及根据宪法之特别法律所赋予之权力。国皇逝世,继位者尚未成年(须满足十八岁)则两院集会合并为一,以备摄政与监护,即国皇不能执行职务者亦同,惟摄政之职仅得授与一人,在摄政时期宪法不得有任何更改。(2)内阁阁员——非出生于比国之国民或非大归化者以及皇室亲族均不得为内阁阁员,阁员有出席两院答复其谘询之义务。众议院有权控诉各阁员及移解于唯一有裁判阁员权之最高法院,国皇非因参众两院中一院之请求,不得赦免由最高法院判处之阁员。(丙)司法权,关于民事诉讼专属于地方法院管辖,关于政治权之诉讼除法律另有规定外,亦属于地方法院之管辖。全境内仅设一最高法院审理内阁阁员之案件权限争议及其他法律错误之案件。又设上诉法院三所,此外更有军事法庭及商事法庭之设置,均另由法律规定之。最高法院之推事得由最高法院及参议院各呈候选名单一纸,荐请国王任命之。上诉法院之推事及其管辖内初级法院之院长副院长得由上诉法院及两省议会各呈候选名单一份,荐请国皇任命之。至最高法院与上诉法院之院长副院长则由各该院自行推选之。推事及检察官之任期为终身职,非经判决不得免职或停职,非有新任命或得其本人之同意,不得更调。关于刑事政治及言论罪犯之审理采用陪审制。(丁)省及县之设立——省及县之设立依照下列之原则所制定之法律定之:(1)除法律关于县之行政长官,及出席省议会之政府委员另有规定外,其余均直接选举。(2)省议会及县议会之行政职权,应无损于省县之利益,并须遵照法律规定之公式。(3)省议会与县议会之会议,在法律许可内,均应公开。(4)预算与决算均应公开。(5)国皇与立法机关得干涉省议会县议会,使不致发生逾越职权,及损害公益情事。(四)第四章财政(第一一〇——一一七条),国家之任何赋税,仅得由法律订定之,此项法律,如无法律重新规定,仅得一年有效。由国库负担之恤金与奖金非由法律规定者,不得准许,每年之预算及决算应由国会审查表决之。为审查及清算普通行政上之账目,及所有关于国库之会计,特设审计院,其审计官由众议院任命之。关于国家之总预决算,经审计院之审核,由国会决定之。(五)第五章军队(第一一八——一二四条),军队之招募与军人之权利义务及其进级事项,并宪兵之招募与职权,概由法律规定之。国内设警卫军,其组织另以法律定之。又凡非依法律之规定,亦不得褫夺军人之阶级勋位及其养老金。(六)第六章通则(第一二五——一三〇条),为关于国旗京城,在比国外国人之保护等之规定。(七)第七章宪法之修正(第一三一条),立法机关有宣告指定修正宪法之权,惟每院须有三分二以上人数之出席始得提出,经过此项宣告后,国会应即解散依法召集新国会,由新国会与国皇会同规定应修正之点。(八)第八章暂行条文(第一三二——一三九条),乃补充之规定,自本宪法施行之日起,所有法律,命令,决议,规例,及其他条文,凡与本宪法相抵触者,均行废止。

【比例分担】【民刑诉】Bearing the costs proportionally　所谓比例分担,乃指法

院判令当事人以比例方法分别负担诉讼费用而言。(参诉讼费用条内)

【比例代表制】【宪】Proportional representation 与多数代表制少数代表制相对立,乃使各政党之当选代表人数,与各该党选民之数额成为数学上之比例之选举制度,其目的不仅在纠正多数代表制之缺点,而且欲藉之以修正属地主义代表制之流弊。至其方法,即以议会议员数除选民之总数,将所得商数视为欲选一议员所应需要之选民人数。故凡选民如其数额足为选举一议员之用时,不论是否同在一选举区中投票,均可合并计算以选出一议员。此种方法,曰单记商数投票法,采用此制最早者为丹麦国,至一八五九年英国学者海尔(Thomas Hare),发表代表选举论一书后,比例代表制遂益为世人所注意,至今其全部或一部已为列国所逐渐采用矣。

【比居】【史】谓地方之小组合也。周礼天官小宰之职:"听政役以比居。"其注曰:"比居谓伍籍也。"

【比附】【史】(详比附援引条内)

【比附援引】【刑】(详刑法根本主义条内)

【比部】【史】魏之尚书有比部曹,晋因之,宋比部主法制,及北齐始掌诏书律令勾检等事,属都部尚书,隋改都官为刑部,以比部属之,掌勾稽文帐,周知百官给费之多寡,历代因之,明废。

【比照】【史】照者即阳光必照之照也,如日光照隙,一如其隙之大小长短,不为稍增稍损也,与依字名异而义实同也。称比照者,实非是律,为之比度其情罪,如以两物相比,即就其长短阔度,比而量之,一如其式也。

【比较刑法学】【刑】即以比较方法研究各国之现行刑法,以发见刑法原则之异同为目的之刑法学也。为刑法学三种之一,对沿革刑法学与解释刑法学言。

【比较法制史】【史】Comparative legal history 将二以上国家法制之沿革,比较的加以研究而成为一种史学,是曰比较法制史。

【比较法学派】【通】School of Comparative Jurisprudence 为法律学派之一。凡以比较对照各种各时代及各国之法律,而辨别其异点,以采求法律之原理为目的之学派,称曰比较法学派,大都着眼于地理人种以及物产等之事实,以为比较之根据。最先采此法者为法儒孟德斯鸠氏。此派研究方法有下列三种:(一)法采别比较法——即研究法律各系统,而加以比较者,如日本之穗积陈重氏乃采此方法。(二)国别比较法——即以地理之区别为基础,以研究法律而加以比较,如法儒孟德斯鸠氏即采此种方法。(三)人种别比较法——即以人种区别为基础,以比较研究其所产生之法律,德儒Kohler氏为其代表。

【比间】【史】周时之地方区画,有近郊(五十里)与远郊(百里)之分,郊内为乡,郊外为遂,其数各有六。至其编制概以户籍为基础,五家为比,有比长,五比为间,有间胥,四间为族,有族师,五族为党,有党正,五党为州,有州长,五州为乡,有乡大夫,此为乡之制度。至于遂之制,则以五家为邻,置邻长,五邻为里,有里宰,四里为酂,有酂长,五酂为鄙,有鄙师,五鄙为县,有县正,五县为遂,有遂人,各掌其管辖内之政令。

【水上公安】【行】Water-police　水上公安者，内河公共治安也。换言之，即保护内河交通之安全也，特设水上公安局以司其事。

【水上警察】【行】即水上公安。（详该本条）

【水上警察厅】【行】水上警察厅即今之水上公安局，亦为北京政府统治下所设之水上警察机关。凡濒海沿江滨湖通河各地方，因维持水上治安之必要，得各就其冲要地点设置之，管理水上警察卫生事项。此项警察厅如与道尹驻在同一地方时，直隶于道尹，其与巡按使驻在同一地方时，或其管辖区域同时属于数道者，则直隶于巡按使。若因事务较简无设立水上警察厅之必要时，得比照水上警察厅酌减员额费用设置水上警察局代之，或由附近地方警察厅或县警察所分别处理。厅设厅长一人，承道尹或巡按使之指挥监督总理厅务，并监督所属职员，下置警正二人至四人，警佐六人至十二人，分掌及佐理水上警察事务。关于技术事务得置技士一人至二人办理之。因维持水上治安之必要，得编制水上警察队，其制编方法则由巡按使或道尹详由巡按使咨陈内务部呈请大总统核定之，其有分区之必要者亦同。（水上警察厅官制第一——二条，第五——十条）

【水先人】【行】Pilot　日本名辞，即我国所谓之引港人，以向导船舶之水路为常业之人，须经考试并呈请登记始可从事业务。我国曾有特种考试引水人考试条例之颁布。

【水利】【行】Water-conservancy　所谓水利，乃指关于堤防之修筑，河道之疏浚而言。各省有水利局之设置。至于黄河则有黄河水利委员会之设。关于淮河则有导淮委员会之设，皆以防护水灾，疏浚河通，务使沿岸人民尽蒙灌溉之利为目的。

【史】使水田及水道两得其用者谓之水利，始于魏之李悝。惟灌溉之利三代已有，至李悝始大加改良耳。事物纪原（卷一）："沿革曰，井田废，沟浍堙，水利所以作也，本起于魏李悝，通典曰，魏文侯使李悝作水利。"

【水利委员会】【行】水利委员会为各省所设立之水利机关，规划全省水利工程，由巡按使派员组织之，创始于民国三年，今已撤废。其会员分为常任会员与临时会员二种。前者为谙练土木工程之技正一人，技士一人至三人，而以技正为主任员。后者为：(1)工程所经地方之县知事。(2)工程所经地方之县知事所遴选该地熟悉水道或水利工程人员（每县一人至三人），常任会员应随时调查各地方水利，并征求关于水利之意见，以为规画工程之准备。至于测量队之组织，全省水道之测绘则由主任员主持之。委员会值工程开始及其他必要或需带征工程费时须召开会议，会议之结果，均由主任员会同工程所经地方之县知事，详请巡按使查核。水利工程开始以后，主任员应负督促进行之责。至于常任会员之月给由巡按使酌定之，临时会员则为名誉职。（各省水利委员会组织条例第一——四条，第六、八、十条）

【水勇】【史】清时称水兵曰水勇。

【水流地用水权】【物】Right of using water in the current area 为用水权之一，对水源地用水权言，即水流地所有人得使用其水之权也，亦以自由为原则，以有特别习惯为例外。水流地之情形有二：(1)水流地两岸所有人不同时——则双方均不得变更其水流或宽度，盖保护他人所有权之利益也(民法第七八四条第一项)。(2)水流地两岸同属一所有人时——则所有人得变更其水流或宽度，但不许妨害下游自然之水路。上述二项均为原则，其有习惯者从之。(同条第二、三项)

【水师】【史】水师一名，周时已见，共工氏有水之瑞，盖即以水为官名也。周官亦有水师，但并非水军之名，其为水军之称者，实始于清，有海外水师与长江水师之别，其长官称曰提督。

【水部】【史】官名，掌沟洫及其他水道之事。事物纪原："周礼夏官有司险，掌沟涂，盖水部之职也，魏尚书始有水部郎。"

【水陆地图审查条例】【行】本条例公布于民国二十年八月二十四日，全文计十二条，自公布日施行。兹举其要点如下：(一)凡出版之本国水陆地图除由参谋本部，海军部，内政部编制者外，非经审查认可，不得注册发行。至审查事务则由参谋本部，内政部，外交部，海军部，教育部，蒙藏委员会所组织之水陆地图委员会办理之。(二)在本条例公布前凡经注册或审定之水陆地图除地籍地质图表外，水陆地图审查委员会认为必要时得令著作人或发行人重行呈送审查。(三)审查图表之种类如下：(1)本国疆域地图。(2)本国水道航行图表。(3)本国出版国际通行图表。(4)其他有关本国地理图表。(四)凡非中华民国人民不得在中国领土领水领空区域内施行测绘，至陆海军要塞位置，国防界址，军港，要港，军用航空站，无论在陆在水均不得自由测勘或制图。(五)关于违反本条例之科罚之规定。

【水源地用水权】【物】Right of using water in the land where water originates 为用水权之一，对水流地用水权言，即水源地井沟渠之所有人得使用其水之权也，以自由使用为原则，有特别习惯者为例外。至对于他人因工事杜绝减少或污秽其水者，得请求损害赔偿，如其水为饮用或利用土地所必要者，并得请求回复原状，但不能回复原状者不在此限。(民法第七八二条)

【水雷】【国公】Submarine mines 水雷为海战中攻击敌人之武器之一种，可分为系留的与非系留的两种。前者系固定的，即以电线与陆地相连接或自动之水雷，后者则浮游于公海中而自动的爆发之水雷。前者大都敷设于领海一带，其为害较少，后者则可任意漂流于交战区域之外，中立国船舶每受其害，因此一九〇七年之海牙条约，设有下列规则：(一)非系留的自动水雷，须系脱离敷设者之操纵后一小时内即成无害者，始可使用。(二)系留的自动水雷，须系脱离系留位置后而即成为无害者，始可使用。(三)经过一定期间仍能爆发之水雷禁止使用。(四)自动水雷之使用，不得仅以阻碍航海通商为目的。(五)敷设水雷之区域应于可能限度内，迅速通知各中立国及航海者。(六)战争告终时，各交战国须立即将所设水雷扫除移去。

【水狱】【史】聚毒蛇置之于水中而将罪人投入，是曰水狱。资治通鉴水狱注："聚毒蛇水中，以罪人投入，谓之水狱。”

【水课】【史】清制，利用河水时所征收之税项，称曰水课。六部成语注解：“课，税课也，应征水利税课也。”

【水衡】【史】谓掌水泽之官也。

【水衡钱】【史】水衡乃掌水泽之政之官，收入特多，故汉宣帝以水衡所藏款项充为平陵徙民建造住宅之用，因此遂名曰水衡钱。汉书宣帝纪：“以水衡钱为平陵徙民起第宅。”颜注：“应劭曰，水衡及少府，皆天子之私藏耳。县官工作，当仰给司农，令出水衡钱，言宣帝即位为异政也。”

【火化】【史】死后将尸体付火焚烧为火化，一名火葬，本为佛教之制，古时已有，惟宋时盛行于我国。杜氏通典：“古者送死于中野衣之以薪，而瘗其骨，然则此亦古俗也。”宋之户部侍郎营蕺上高宗奏中谓：“……至于贫家之家，送终之具，惟务从简，是以从来率以火化为便，相习成风，势难遽革。”

【火伴】【史】唐代之军制，以十人为一火，五火为一队，队有正，火有长，同火者则互称为火伴，而俗则曰伙伴。

【火灾保险】【险】Fire insurance 为损害保险之一部，对责任保险言，谓以火灾所生之损害为目的之保险契约也。换言之，即火灾保险人对于由火灾所致于保险标的物之灭失或损害，负赔偿之责之契约也(保险法第四六条)。火灾保险为损害保险最重要之一种，故损害保险之一切规定自应适用。兹就其特别规定者述之如下：(1)保险人之责任——凡因救护行为及拆卸房屋所致于保险标的物之损害，保险人应负赔偿责任，又火灾中火灾保险标的物丧失者，虽当事人另有相反之订定，保险人仍应负赔偿责任(第四七—四八条)。(2)就集合物而总括为保险时，则其效力推及于该集合物之所有人(第四九条)。(3)损害之估计因可归责于保险人之事由而迟延者，应自被保险人交出损失清单一个月后加给利息，如于交出损害清单二个月后损害尚未完全估定者，此时被保险人得请求先行交付其所应得之最低金额，所以使被保险人得以早日恢复原状，重置产物也。(第五〇条)

【火灾保险单】【险】订立火灾保险契约时所用之书面曰火灾保险单，内容之记载与通常保险契约相似。(参保险契约条)

【火者】【史】为阉割者之别名，即因刑罚或其他原因而割去其势(生殖器)之谓。(参阉割火者条内)

【火烤】【史】谓盗贼侵入人家以火胁迫其主人而强求财物也。六部成语注解：“以火烤主人，以迫其财也。”

【火耗银】【史】旧制，凡以碎银充为纳税款项时，则此后该项碎银之熔化，必发生消耗，故于征收税银时，每两另行加征二三分之附加税，名之曰火耗银。六部成语注解：“碎银经火炉熔化，必有消耗，例于征收时，每两加征二三分以抵之。”

【火牌】【史】谓给驿之证书也，乃一种符信。凡兵之服役于驰驿者，给予之，以为领取口粮或充其他证明之用。清会典兵部邮驿注：“兵役驰驿者，给以火牌。”

【父母子女】【亲】Parents and children 即亲子关系之别称。(详该本条)

【父母囚禁嫁娶】【史】凡祖父母父母身犯死罪现被官府系囚禁锢,为子孙者,非奉尊命而婚嫁者,是忘其至亲而任情纵欲,不孝之大者也,故特罪之。明律(卷六)、清律(卷十)户律婚姻篇——父母囚禁嫁娶条均有相同明文。清律之规定及下注:“凡祖父母父母,犯死罪被囚禁,而子孙(自)嫁娶者,杖八十,(若男娶妾女嫁人)为妾者杖减二等,其奉(囚禁)祖父母父母命而嫁女娶妻者不坐,亦不得筵宴(违者,依父母囚禁筵宴律杖八十)。”同律之总注:“子孙,兼男女言,女嫁而男娶也,为妾,兼男娶妾女嫁人为妾言,祖父母父母犯死罪被禁,是子孙不欲生之日也,而犹行嫁娶之礼,耽己之乐,忘亲之忧,罪莫大焉,故杖八十,为妾稍次之,故减二等,杖六十,奉命者,虽不坐,亦不得筵宴作乐,违者依父母囚禁筵宴律,杖八十,见礼律弃亲之任条下不言离异者,仍听其完聚。”

【父母死言余丧】【史】父母死应解去官职以志哀悼,此为古制不得或违。至于诈称祖父母父母等死而图窥避者,亦为法律所不许。唐律有父母死言余丧之条:“诸父母死应解官,诈言旧丧不解者,徒二年半,若诈称祖父母父母及夫死,以求假及有所避者徒三年,伯叔父母姑兄姊徒一年,余亲减一等。若先死诈称始死及患者,各减三等。”疏议曰:“父母之丧,解官居服,而有心贪荣任,诈言余丧不解者,徒二年半,为其已经发哀,故轻于闻丧不举哀之罪,若祖父母父母及夫见存,或称死求假,及有所避,而诈妄称死者,各徒三年,伯叔父母姑兄姊,徒一年,余亲减一等,谓缌麻以上,从徒一年上,减一等,杖一百。若先死诈称始死,及妄云疾病,以求假,及有所避者,各减三等,谓诈称祖父母父母与夫始死及患,徒三年上减三等,合徒一年半,伯叔父母兄姊,徒一年上减三等,杖八十,余亲杖一百上减三等,合杖七十。”

【父母官】【史】谓地方人民之父母也。一称牧民官,乃指知府知州知县等官而言。

【父祖被殴】【史】祖父母父母为人所殴,子孙即时救护而还殴,非至折伤勿论。祖父母父母为人所杀,而子孙擅杀行凶人者,治罪,其即时杀死者勿论。明律(卷二十)、清律(卷二十八)刑律斗殴篇对此均有父祖被殴之条,条文相同。兹将清律之原文及其下注述之于下:“凡祖父母父母,为人所殴,子孙即时(少迟,即以斗殴论)救护而还殴(行凶之)人,非折伤勿论,至折伤以上,减凡斗三等(虽笃疾,亦得减流三千里为徒二年。)至死者依常律。〇若祖父母父母为人所杀,而子孙(不告官)擅杀行凶人者,杖六十,其即时杀死者,勿论(少迟即以擅杀论)。〇若与祖父母父母同谋共殴人自依凡人首从法,又祖父母父母被有服亲属殴打,止宜救解,不得还殴,若有还殴者,仍以服制科罪。〇父祖外其余亲属人等,被人杀而还杀行凶人,审无别项情故,依罪人本犯应死,而擅杀律杖一百。”同律之总注:“凡祖父母父母为人所殴,子孙即时救护,因而还殴其人者,非折伤弗论,自折一齿以上至笃疾,俱照凡人律减三等,子孙见亲被殴,非还殴则不得救,殴人所以救亲,非逞凶肆恶之比,重者即时救护四字,见其情势急迫,不得已而出于此也。故注曰稍迟即以斗殴论,即时是救护,非即时是殴人矣,因救而殴,罪得减科,若殴之至死,则人命不可无抵，自依常律，殴杀者不问手足他物金刃并绞，故杀者斩。〇若祖父母父母被人杀死，子孙不告官理论，而擅杀行凶人者，杖六十，其于父祖方被人杀之时，子孙即时将行凶人杀死者，弗论，须在即时，方勿论。故注曰：稍迟，即以擅杀论也。礼，谓父母之仇，弗与共天下，遇诸市朝，不反兵而斗，义应复仇，故擅杀之罪轻，若目击其亲被杀，痛愤激切，即时手刃其仇，情义之正也，何罪之有。"同律之辑注："父祖被杀，礼必复仇，故私和有罪，法当行乎上不可操乎下，故擅杀有罪私和重至满徒，擅杀止杖六十，而杀在即时，并免其擅杀之罪，皆扶植人伦，纲维世道之精义也。"

【父为子隐】【史】父子之爱出自天性，故子隐父之恶以及父隐子之恶，乃属当然之事，不独儒家认之，即法家亦然。论语—子路篇："父为子隐，子为父隐。"（参亲属相容隐条内）

【父权制度】【亲】Vaterrecht（德）　与母权制度相对称，即子女须属父系所有且从父之姓氏也。为近代立法例所采用。

【片言折狱】【史】片言谓一言，折谓判断，狱即狱讼，即以一言而判断狱讼之义也。又片言亦有作一方之言解者，即听一方之言而不听双方全部之言，而即可判断狱讼也。

【片奏】【史】清制，片，摺也，正摺之后，附此一片，或二片三片，皆曰片奏，片上前无官衔，后无年月日等之记载。

【片面的最惠国条款】【国公】One-sided most-favoured-nation clause　为最惠国条款之一种，与双面的最惠国条款相对立，即缔约国中仅一方得享受相对方所给予第三国之利益之条款。中国历来与列国所订之商约，大都属于此种。

【片务契约】【债】Unilateral contract　又名单务契约，为契约之一种，对双务契约言，即其契约之效果仅当事人之一造负担给付义务者也。例如有利消费贷借，赠与，无偿寄记，无偿委任，皆是。

【片务预约】【债】Unilateral preliminary agreement　为预约之一种。（详预约条内）

【牙人】【史】为牙行或牙侩之别称，即牙行营业人之谓也。六部成语注解："代人销售货物者，曰牙人。"

【牙市】【史】牙市乃互市，即贸易之义。唐以互字作牙，后世遂误为牙。刘贡父诗话："今人谓驵验为牙，本谓之互，即主互市事也，唐人书互作牙。"

【牙行】【债】Factor　我国旧法称行纪曰牙行。（参行纪条内）

【牙保赃物罪】【刑】为赃物罪之一，因对赃物加以居间介绍之谓也。因明知其为赃物而为之介绍者，成立本罪，至其出于直接或间接，与有无取得报酬，皆与本罪之成立毫无影响。其处分为五年以下有期徒刑，拘役，得并科或易科一千元以下罚金。（刑法第三七六条第二项）

【牙税】【史】代人销售货物者，曰牙人，亦须领凭纳税，谓之牙税。（六部成语注

解)

【牙侩】【史】为牙行之别名,又称曰牙人。

【牙厘】【史】对于牙行依其营业所获得之利益而征收之税金曰牙厘,其性质与所得税相同,与一般厘金之为消费税者有别。(清国行政法卷六)

【犬伤杀畜产】【史】犬善噬啮,其主应加管制,如自杀伤他人畜产者,应令主人赔偿,若故放令杀伤他人畜产者,则以故杀伤论罪。唐律(卷十五)厩库篇——有犬伤杀畜产之条:"诸犬自杀伤他人畜产者,犬主偿其减价,余畜自相杀伤者,偿减价之半,即故放令杀伤他人畜产者,各以故杀伤论。"疏议曰:"犬性噬啮,或自杀伤他人畜产,犬主偿其减价,以犬能噬啮,主须制之,为主不制,故令偿减价,余畜,除犬之外皆是。自相杀伤者。谓牛相抵杀,马相踏死之类,假有甲家牛抵杀乙家马,马本直十四,为抵杀估皮肉直绢两匹,即是减八匹绢,甲偿乙绢四匹,是名偿减价之半,即故放令杀伤他人畜产者,或犬性好噬猪羊,其牛马能相抵踏,而故放者,责其故放,各与故杀伤罪同,谓同上条杀官私马牛者,徒一年半,计赃应重,若伤及杀余畜产者计减价,准盗论,各偿所减价,价不减者,笞三十,两主放畜产而斗,有杀伤者,从不应为重,杖八十,各偿所减价。"

【王田制度】【史】为王莽纂汉后所行之土地制度。(详中国法条内)

【王侍读】【史】王侍读者,王府侍读也,宋时即设置之,惟唐时亦有侍读之称。事物纪原曰(卷五):"宋武帝,初以徐受为晋安王子勋侍读,此王府侍读之初也。唐志曰,开元初,十王宅,引辞学工书者入教,亦为侍读。"唐书—百官志:"东宫官侍读,无常员,掌讲道经学。"宋代始设翰林院侍读学士,及翰林侍读之官,元明因之,清代翰林院内阁并有侍读学士及侍读。此外南北朝唐宋王府亦有侍读侍讲之官,明改为伴读及教授。

【王室法庭】【组】King's Bench Division 又称王座法庭。(详高级法院条内)

【王城】【史】王城即王畿,计方五百里,内为乡,其外五百里则为王畿之外分为遂,而稍,而县,而都,乡设乡士,遂设遂士,稍及县设有县士,都则设有方士,均为裁判之官,各掌该区之裁判事务。

【王座法庭】【组】King's Bench Division 又曰王室法庭。(详高级法院条内)

【王道】【史】王道之义有二,一唐虞三代帝王所行之道,称曰王道,一则指天理为王道。

【王畿】【史】帝王直辖之地域,谓之王畿,计方千里,其外尚有九畿,其方亦为千里。周礼—职方氏:"办九服之邦国,方千里,曰王畿。"正字通:"古者王国千里曰王畿。自此以后,每五百里为一畿,通天下为九畿,故因之约方千里,为一畿。"

【王霸】【史】王者王道也,即唐虞三代帝王之道也。霸乃诸侯之长,春秋时有所谓五霸与王道相反。五霸指齐桓公,晋文公,宋襄公,秦穆公,楚庄公。王道乃体天地自然之道,而用仁义礼智。霸业假仁义之名,行人欲之私,以富国强兵为目的。孟子—公孙丑上篇:"以力假仁者霸,霸必有大国,以德行仁者王,王不待大,汤以七十里，文王以百里。"奥村庸礼撰读书拔尤录："余少知王霸之名，而不知其实，近日方思得之，盖谓之王者，自一念一虑一心一身，形于妻子达至家国天下，无非仁义礼智之充。周初无内外隐显远近之间，程子所谓有天德者，便可语王道，天德，即仁义礼智之德，王道即是德推之政事，达之家邦天下者，是也。谓之伯者，形诸念虑身心者，无非人欲之私，施诸政事征伐者，则假夫仁义之名，其内外隐显远近名实，判然不相须矣，此王霸诚伪所以不同也欤。"

五　画

【主文】【民刑诉】Decree; Text; Operative part of judgement　谓法院对于所审案件所下之判断之要旨而记载于判决书内者也。主文与事实在普通判决书上均为必要，惟在科刑之判决书则非并附理由不可，又理由所以为主文之释明，故二者必须一致，方为有效。判决书之主文，若未载者，或所载之意志不明者，不能认为有判决，若所载主文与宣告之主文不符者，足为上诉之理由。

【主司借服御物】【史】乘舆服御物之持护与修整，均须依法为之，主司者若有私借或借人及借之者，均应治罪，非服而御之物亦同。唐律（卷九）职制篇——主司借服御物条："诸主司私借乘舆服御物，若借人及借之者，徒三年，非服而御之物，徒一年，在司服用者，各减一等（非服而御，谓帷帐几杖之属）。"疏议曰："帷帐几杖之属者，谓笔砚书史器玩等，是应供御，所须非服用之物，色类既多，故云之属。"

【主刑】【刑】principal punishment or penalties　凡刑罚得独立的加于犯人者，曰主刑，对从刑言（我国刑法第四十八条）。主刑之种类有五：(1)死刑。(2)无期徒刑。(3)有期徒刑。(4)拘役。(5)罚金。（同法第四十九条，详各本条）

【主守】【史】为主掌文案之典吏，及监守仓库狱囚杂物等官吏之总称。（唐律卷六名例篇——统摄案验为监临条之疏议）

【主守不觉失囚】【史】不觉失囚乃囚因狱卒之疏忽乘间私窃而出，狱卒初不知觉也，与反狱之囚因欺狱卒之不敌行凶打夺而出，而狱卒之不能禁制也，有别。又脱监反狱条乃专言囚罪，而本条则言主守罪。明律（卷二十七）、清律（卷三十五）刑律捕亡篇——主守不觉失囚条均设有相同之规定，清律原文曰："凡狱卒不觉失囚者，减囚罪二等，若囚自内反狱在逃，又减二等，听给限一百日追捕，限内能自捕得，及他人捕得，若囚已死及自首，皆免罪，司狱官典，减卒罪三等，其提牢官曾经躬亲逐一点视，罪囚锁杻俱已如法，取责狱官狱卒牢固收禁文状者，不坐，若不曾点视以致失囚者，与狱官同罪，故纵者不给捕限，各与囚同罪，未断之间，能自捕得及他人捕得，若囚已死及自首，各减一等，受财者，计赃以枉法从重论，若贼自外入劫囚，力不能敌者，免罪，若押解罪囚，中途不觉失囚者罪亦如之。"清律之总注："狱卒是主守之人，若怠惰疏忽，不觉察防范，致囚脱监越狱而逃失者，减囚原犯之罪二等，所失囚多，则照囚之最重者，减科，不觉虽出无心，失囚不能辞咎也。若囚自内作反，恃强逞凶，公然夺门而出反狱在逃者，虽非狱卒所能禁御，然亦防守不严有以致之，故又减二等，通减四等。敢给限一百日戴罪追捕，限满不获，然后论决减等之罪，限内能自捕得，或他人捕得，若囚已死及自首各尽者，不分失囚反狱，狱卒皆得免罪，已无漏法之囚，可免疏脱之罪矣。司狱官典，减狱卒罪三等，如失囚则通减囚罪五等。反狱则通减囚罪七等，限满不获，方坐，其已捕得及囚已死自首，亦皆免罪。其提牢官点视，诸事无缺者，自不坐，若于罪囚不曾躬亲逐一点视，以致失囚者，与狱官同罪，失囚兼反狱者言，以上皆自无心之失言之，若有心故纵者，不给捕限，各与囚同罪，至死减一等，各字指狱卒司狱官典提牢官而言，罪坐所由故纵之人，不知者，应仍坐不觉本罪，虽不给捕限，即拟与囚同罪，然未断决之间，能自捕得，或他人捕得，若囚已死及自首各尽者，故纵之人各减囚罪一等，虽囚罪至死亦止减一等，以其先实故纵，后虽得获仅可宽其与囚同罪之一等耳，此为故纵而不受财者言之。若因受财而故纵者，各计入己之赃以枉法从重论，赃罪重于故纵，以枉法科之，轻则仍从故纵，至死者依名例不减坐绞，若贼人谋为劫囚，自外入狱，自必聚集同党执持兵仗，其势凶横卒然举发，官役力不能敌则非疏防之过也，故免罪。若在狱罪囚，承差押解赴审，于中途不觉失囚者，亦如上狱卒之罪科之，减囚罪二等，故纵受财，并与狱卒同科，按徒流人逃条内已有押解人不觉失囚之罪，一名杖六十，每名加一等，罪止杖一百，此则止减囚罪二等，不言罪止，则囚罪有至死者，减罪有坐满徒者矣，其事则同，其罪有异，盖前之徒流迁徙①充军人，是已决断者，其狱已成，其事已结，但押发配所耳，此押解罪囚，中间或未经断决，或尚候追赃，或停囚待对，或案候归结，且死罪重囚，俱在内实与起发已断决之徒流迁徙②充军者不同也。"

【主守教囚反异】【史】主守谓司狱官典狱卒也，反异谓已招承而又反其前说也，按司狱官典与狱卒，其责仅在典守罪囚，若教唆罪囚反异原招而变乱其真实事情，及与通传言语于内外以致增减其罪者概为法律所不许。明律(卷二十八)、清律(卷三十六)刑律断狱篇——主守教囚反异条："凡司狱官典狱卒，教令罪囚反异变乱事情，及与通传言语，有所增减罪者，以故出入人罪论，外人犯者减一等，若容纵外人入狱，及走泄事情，于囚罪无增减者笞五十，若受财者，并计赃以枉法从重论。"清律辑注："翻改已成之案，谓之反，在官司伸冤理枉为之翻案者为平，反罪囚变乱情事希图翻案者为反异，变乱情事即反异之注脚也。"同律辑注："首节外人犯教令通传致有增减罪者，比官典狱卒减一等。而次节容纵走泄虽无增减官典狱卒亦笞五十，而不言外人或谓应勿论非也。观下二条狱卒患病有应听家人入视者则不患病皆不许入视矣。功臣及五品以上官犯罪许令亲人入视，则五品以下及平人皆不许入视矣。外人无故入狱虽无教令等情，亦属不应当照上节义比官典狱卒减一等正合不应笞四十之律，盖在主守为失职在外人则系常情也。"又同律之总注："反字，音义如汉书平反之反，反异，谓已招承服罪，而又反其原招成案，以致有异也，通传言语者，或通传囚言于外，或通传外言与囚也，凡司狱官狱卒，皆有典守罪囚之责，狱中奸弊，皆当稽察，乃反教令罪囚反异已成之案，变乱所犯真实事情，及与通传言语，内外扶同，以致他人之罪有所增，自己之罪有所减者，并以故出入人罪论，增轻作重，坐以所增，减重作轻，坐以所减也。若外人犯有教令反异，及通传言语，致有增减者，减官典狱卒罪一等，若官典狱卒纵容外人入狱，及与传言而走泄事情虽囚之罪无增减，亦笞五十，此言走泄事情，上节言通传言语，两句互文见义，皆指官典狱卒，非谓外人入狱者也，若官典狱卒，接受狱囚及外人之财，或外人接受狱囚之财，因为教令反异，通传走泄，纵容入狱等情者，并计入己之赃，以枉法

---

①② 原书为"徒"，系排版之误。

从重论，赃罪重从赃论，教令等项罪重，以本律论也。”

【主守导令囚翻异】【史】主守者专掌典狱之人也，如有指导囚人，教令翻供及代为通讯增减供辞者，均为法律所不许。唐律（卷二十九）断狱篇设有主守导令囚翻异条：“诸主守受囚财物，导令翻异，及与通传言语，有所增减者，以枉法论，十五匹加役法，三十匹绞。”疏议曰：“主守，谓专当掌囚，典狱之属，受因财物，导引其囚，令翻异文辨，及得官司若支证外人言语为报告通传，有所增减其罪者以枉法论，依无禄枉法，受财一尺杖九十，一匹加一等，十五匹加流役，三十匹绞。”同条又谓：“赃轻及不受财者，减故出入人罪一等，无所增减者笞五十，受财者，以受所监临财物论，其非主守而犯者，各减主守一等。”

【主考官】【行】主持举行考试事务之官员谓之主考官。在举行普通考试时，其主考官由国民政府简派之，举行高等考试，则由国民政府特派之。（考试法第十条）

【主行为】【民总】Principal act 为法律行为之一，对从行为言，即其法律行为乃独立存在而与他之行为无关系者之谓。换言之，即为其他法律行为之前提之法律行为也。例如夫妇财产契约，乃婚姻关系之从行为，而婚姻关系则为主行为是。

【主判决】【民诉】Principal judgment 为判决之一种，对先决判决言，即不就他项判决之前提，而对诉讼标的所为之終局判决也。

【主事务所】【民总】Principal office 法人于事实上执行事务，或为业务活动之处所称曰事务所，事务所之设立，其额数乃因业务之多寡而定，但其中从事总管全部者，仅限于一处耳，是曰主事务所。我民法规定法人以其主事务所之所在地为住所。（第二九条）

【主使】【刑】instigation 指使他人作为或不作为者曰主使，与教唆之意义相似，故称教唆人为主使人，主使人在刑法上为主犯。（参教唆犯条内）

【主政】【史】所谓主政乃指清朝独立官厅（六部）之主任者而言，六部成语注解：“六部之主事也。”

【主法】【通】Substantial law 与助法相对立，又称实体法（详该本条），或名本体法。

【主物】【民总】Principal thing; Main thing 为物之一种，对从物而言，即被从物所附随之物也。例如棹为主物，而棹之抽屉为从物是。主物之处分及于从物。

【主物权】【物】Principal real right 为物权学理上分类之一，对从物权言，即独立而存在之物权也，例如所有权、地上权、地役权、永佃权是。与从物权之区别，乃以是否独立存在为标准。

【主契约】【债】Principal contract 为契约之一种，对从契约言，即与他契约无关系而独立存在之契约也，例如买卖交换是。与从契约之区别，乃以是否独立存在为标准，所以设此区别者，以从契约之运命须随其所附随之主契约故也。

【主计】【行】Accounting 主持管理某地方或某机关之岁出岁人，与各项之统计事项者，为主计。我国现行制度有主计处之组织，直隶于国府。（详主计处组织法

条内)

【主计处】【行】Board of Account　掌理全国岁计会计统计事务之机关,曰主计处,直属于国民政府,设主计长一人(特任),主计官六人(简任)。主计长承国民政府之命综理处务,指挥监督所属人员,依法律之规定分别执行职务,下置秘书二人至四人(一人简任余荐任),科员六人至十二人(委任),办理文书及不属于各局之事务,于必要时得聘用专门委员,并于全国各机关设置下列主计人员,计分为三等:(1)会计长,统计长(均简任)。(2)会计主任,统计主任(均荐任)。(3)会计员,统计员(均委任)。至一切岁计事务则由该管会计人员兼办。即统计事务之简单者亦同。以上人员均直接对主计处负责,并依法受所在机关长官之指挥,此外主计处并设主计会议与下列三局:(1)岁计局。(2)会计局。(3)统计局。(详各本条)(国民政府主计处组织法第一—四条,第九—十五条)

【主计处组织法】【行】本法于民国十九年十一月廿五日公布,全文计十八条(参主计处及主计会议各条内),与此相关者尚有主计处处务规程,全文计分七章共三十六条。

【主计会议】【行】Council of Account　由主计处内所设立,而由主计长及主计官所组织之会议,曰主计会议,主计处内之专门委员以及各科长得列席会议。即各机关主办岁计会计统计之人员,对于有关其职掌之提案时亦同,会议时由主计长为主席,缺席时由岁计局长代理之,至于主计会议之职权,约有下列各种:(1)关于各机关主办岁计会计统计人员之任免事项。(2)关于岁计会计统计制度之拟订及修订事项。(3)关于本处各机关办理岁计会计统计之办事规则制定及修正事项。(4)关于两局以上之关联事项。(5)各局长或主计官提议事项。(6)主计长交议事项。以上所述乃关于主计处之主计会议,至于在必要时主计处并得召集全国主计会议,讨论关于一切主计问题,以下列人员组织之:(1)主计处之主计长,主计官及专门人员。(2)各主要机关主办岁计会计统计之人员。(3)各主要机关之代表或其长官。(国民政府主计处组织法第十五—十七条)

【主席】【行】Presiding officer; Chairman　所谓主席,乃指群众集会,或团体会议时主持开会程序维持会场秩序之人员而言,有临时与永久二种之分,临时主席乃会议时所公举者,随会议之停闭而解任,永久主席除充该团体会议时之主席外,对外且有代表之权,例如国民政府主席省政府主席是,主席对于会内之决议,仅于可否同数时有表决之权。

【主参加】【民诉】Principal intervention; Principal participation　为诉讼参加之一种,即第三人对他人间之诉讼标的全部或一部,因自己有所请求于本诉讼之诉讼拘束期间中,向本诉讼之第一审法院,以本诉讼两造当事人为共同被告所提起之诉讼也。主参加与从参加不可混同,前者乃对于本诉讼之原被告主张自己之利益,后者则辅助原告或被告而主张其与原告或被告之共同利益,前者须在第一审法院判决前提起,后者则不问何审,均可提起,前者主参加人须另行具状,后者其从参加人则得列名于原告或被告之书状中,我民诉法对主参加乃规定于共同诉讼内。

【主动代理】【民总】Positive agency 为积极代理(详该本条)之别称。

【主动的团体】【行】(详受动的团体条内)

【主务官厅】【行】Competent authority 为日本之名辞,即我国所称之主管官署也。

【主国】【史】对于帝女之国者之尊号也,始于唐之睿宗,事物纪原(卷一):"汉以来公主所封,皆为邑,无封国者,唐书公主传亦自高祖谓同安公主,而下亦无其事虽平阳昭公主有起兵参佐命之功,不过死加鼓吹而已,至睿宗女华婉,以刘后所生,始封代国尔,后遂为常例云。"

【主婚人】【亲】主持婚姻契约之人也,以婚姻者之父母或其他之尊亲属充任之。

【主将不固守】【史】守边将帅,责任重大,偶一差错,关系匪轻,如被贼敌攻围,不行固守,终至失陷城寨者,或无备而被掩袭因而失陷城寨者,均构成本条罪名。明律(卷十四)、清律(卷十九)兵律军政篇均有主将不固守条之同一规定,清律原文及其下注:"凡守边将帅,被贼攻围城寨,不行固守,而辄弃去,及(平时)守备不设,为贼所掩袭因(此弃守无备)而失陷城寨者斩(监候),若(官兵)与贼临境,与望高巡哨之人,失于飞报,以致陷城损军者,亦斩(监候),若(主将懈于守备,及哨望失于飞报,不曾陷城失军止)被贼侵入境内掳掠人民者,杖一百发边远充军,其军官临阵先退,及围困敌城而逃者斩(监候)。"清律之总注:"守边将帅,即受疆场之寄,必竭守御之方,而死生以之,若被贼攻围城寨,即仓皇无措,不能固志坚守,而辄弃去,及懈弛怠惰,不设守备之具,致为贼所掩袭,因而失陷城寨者斩。若与贼临境,相拒,必严,哨探,其望高巡哨之人,失于飞报贼情,因误战守机宜,以致陷城损军者,与弃城无备者同也,亦斩。若止被贼侵入境内,掳掠人民者,虽未至陷城损军,已不能御侮保民,杖一百发边远充军,其官军临阵交锋,怯懦而先退,及我军围困敌城,而辄逃遁者斩。"同律之辑注:"失于飞报,虽是哨望人之过,然令不谨严,人不选择,固将帅之罪也,失机大事岂得诿于若辈哉。"

【主将守城】【史】主领统率大军之人而负有镇戍留守者,于守城不固守而退者,应受处刑。明清律均有主将不固守条之设,唐律(卷十六)则有主将守城条:"诸主将守城,为贼所攻,不固守而弃去,及守备不设,为贼所掩覆者斩,若连接寇贼,被遣斥候,不觉贼来者,徒三年,以故致有覆败者,亦斩。"疏议曰:"主将者,谓主领人兵,亲为主将者,或镇将戍主,或留守边城州县城主之类,守城为贼所攻击,不能固守,弃城而去,及守备不设,谓预备有阙,巡警不严,被贼所掩袭,覆败者斩。若连接寇贼,谓军叠连接,旗旄相望,被遣斥候,谓指斥候望,不觉贼来入境者,徒三年,以故致有覆败者,以其不觉贼来,为贼掩袭,致城及人兵,有覆败者,亦斩。"

【主将临阵先退】【史】临阵交兵时主将以下及战士等如有先退者,处极刑,唐律(卷十六)檀兴篇——主将临阵先退条:"诸主将以下,临阵先退,若寇贼对阵,舍仗,投军,及弃贼来降而辄杀者斩。"疏议曰:"主将以下,谓战士以上,临阵交兵,而有先退,若寇贼对阵,而舍仗投军,谓背彼此从,舍仗归命,及虽非对阵,弃贼来降,而辄杀之者斩,谓先退以下,皆从此坐。"同条又谓:"即违犯军令,军还以后,在律有条者，依律断，无条者勿论。”

【主张】【通】Insistence　为维持自己之意见所为之意思表示，谓之主张。

【主杀有罪奴婢】【史】奴婢虽为主人所有，惟不得加以杀戮，即有罪者亦同。唐律（卷二十二）斗讼篇设有主杀有罪奴婢条：“诸奴婢有罪，其主不请官司，而杀者，杖一百，无罪而杀者，徒一年（期亲及外祖父母杀者，与主同，部曲奴婢条准此）。”疏议曰：“奴婢贱隶，虽各有主，至于杀戮，宜有禀承，奴婢有罪不请官司，而辄杀者，杖一百，无罪杀者，谓全无罪失，而故杀者，徒一年。注云，期亲及外祖父母杀者，与主同，谓有罪杀者，杖一百，无罪杀者，徒一年，故云与主同，下条部曲者，下条无期亲及外祖父母，伤杀部曲罪名，若有伤杀亦同于主，故云准此。”

【主登记】【土】Principal registration　为土地登记之一种，与附记登记相对称，即土地权利有附记登记时之原来登记也。

【主债务】【债】Principal debt　乙向甲借款五万元，以丙为保证人，甲与乙间之债务关系为主债务，而丙所负担之保证债务则曰从债务，此时甲为债权人，乙为主债务人，丙则称曰保证债务人，如债务人乙不向债权人甲履行债务时，则应由保证人丙履行之。（参保证条内）

【主债务人】【债】Principal debtor　（详主债务条内）

【主债权】【债】Principal obligation　与从债权相对称，即基本之债权也。如金钱借贷，其原本为主债权，其利息为从债权是。

【主嫁者】【史】即婚姻契约协定之责任人，虽为主婚人之别称，实即主持出嫁之人，盖即指女家之尊长而言也。唐律（卷十三）户婚篇——居父母丧主嫁之条：“诸居父母丧与应嫁娶人，主嫁者杖一百。”

【主义务】【通】Principal obligation or duty　为义务分类之一种，对从义务言，即并不待他义务之存在，而能独自成立之义务，换言之，即主权利相对之义务也。

【主运送人】【物】Hauptfrachtführer（德）　（详次运送人条内）

【主管地政机关】【土】在土地法上所称之主管地政机关，乃指市县地政机关而言，乃地方地政机关之一种。（土地法第二十八条）

【主管官署】【行】Competent authority　主持及管辖某种事务之官署，曰主管官署。例如实业部所主持及管辖者为实业行政，故实业部即实业行政之主管官署，主管官署对于下级官署关于执行或处理关于该主管官署范围内之事务，有监督及指挥之权。

【主管争议】【行】Dispute of governing authority　为机关争议之一种，即隶属于同一系统之下的两个官署关于职权问题之争执也，通常乃由该管上级官署决定之，例如省政府组织法内规定省政府厅与厅间关于职权发生争议时，由省政府呈请国民政府裁决之是。

【主罚】【行】Principal penalties　为违警罚则之一，与从罚相对立，即独立科处之罚则，分为下列三种：（一）拘留。（二）罚金。（三）训诫。（详各本条，违警罚法第十三

条)

【主簿】【史】管理文书及账簿之职官,为主簿,地方政府机关皆设置之,始自后汉,汉官仪:“主簿掌县簿书。”事物纪原:“汉有之,后汉缪彤仕县为主簿是也,续事始则云,后汉始有主簿之号,诸郡置之,即今录事参军也,至隋大业中,诸郡始置主簿,掌句稽籍,纠正县内非违。”

【主证】【民刑诉】为证据之一种,对反证言,即凡举证人所主张之证据足供证明其所主张事实之用者也,例如以某书证证明其所有权是。

【主权】【宪】Sovereignty 为国家成立要素之一种,与人民领土相对称,凡社会中特定人或特定机关能行使统治权力支配其领土内之一切分子,规定其权利义务,发布命令强制各分子使其服从,此种权力曰主权,学者对主权有主张一元论者,有主张多元论者,以后者主张之理由较为充足。

【主权利】【通】Principal right 为私权分类之一种,对从权利言,又称独立权利,谓独自成立之权利,并不待他权利之存在而能独自成立,如物权中之所有权,与债权中之原本债权皆属之。

【主权者】【宪】Sovereign 统治权者即为主权者。(参主权条内)

【主权者命令说】【通】Theory of the command of the sovereign 为法律学说之一种。(参法律条内)

【主权国】【国公】Sovereign states 与一部主权国相对称,谓对于内政及外交享有完全自由行使权利之国家也,通常独立国家不问为单一国或复合国,皆属之,主权国又称完全主权国。

【主体】【通】Subject 与客体相对称,凡为某种事物或权利义务之本体,皆曰主体,故主体多指含有人格之意义在内,例如统治权之主体,犯罪之主体与权利义务之主体皆是。

【主观】【通】Subjective view 与客观相对称,凡对一切事物皆以自己之观察为标准者,谓之主观,例如犯罪者之行为,自犯人之主观方面言,乃为图谋自己之利益,如自社会方面之客观言,则为侵害他人之法益是。

【主观抗辩】【票】Subjective plea or defense 又称对人抗辩(详该本条),或名相对抗辩。

【主观的加重】【刑】Subjective increase 为学理上加重分类之一,对客观的加重言,即以犯人自身的事情为理由而加重刑罚之谓。

【主观的符合】【民总】Subjective correspondence; Subjective agreement 二以上之意思表示,在双方均为同一之内容,是曰主观的符合,至于在客观方面,如该项意思表示之内容互相一致,则称曰客观的符合。

【主观的减轻】【刑】Subjective reduction 为减轻在法律上分类之一,对客观的减轻言,即以犯人身分心术智识为条件,而予其刑罚以减轻。

【主观的诉之并合】【民诉】Subjektive Klagenhaüfung(德)(详诉之合并及

共同诉讼二条内）

【册立】【史】谓立皇后也，其他如皇贵妃，贵妃，亲王，亲王世子，郡王，郡王长子，贝勒，贝子，公主，福晋，夫人，郡主，郡君等之封立，则称曰册封，亲王世子以上俱用册宝，郡王用册印，郡王长子以下有册无印。（清会典内务府）

【册印】【史】（详册立条内）

【册封】【史】（详册立条内）

【册祝】【史】祈神祝福之书册，谓之册祝，即后世所谓之祝版是也，书经，周书金縢篇："王有疾弗豫，公为三坛，同墠，为坛于南方北面，周公立焉，植璧秉圭，乃告太王，王季，文王，乃册祝曰，惟尔元孙某（武王也）遘厉虐疾，若尔三王，是有丕（元也）子责于天，以旦（周公名）代某之身。"蔡沈注曰："武王有疾，周公以王室未安，请命三王，欲以身代武王之死，史录其册祝之文，并叙其事之始末，合为一篇，以藏于金縢之匮，册祝，如今祝版之类。"（同书注及大学衍义补卷六十四）

【册宝】【史】（详册立条内）

【世子】【史】世子者谓天子诸侯之嫡长子，欲世世不绝也，其义本此。白虎通："所以名之为世子何，言欲世世不绝也。"后世则称天子之嫡长子为太子，而世子则专指诸侯之嫡长子，两般秋雨庵随笔："…… 郑子大叔，论语作世叔，天子之子曰太子，而春秋传曰，会王世子于首丘，诸侯之子曰世子。"

【世界主义】【刑】Cosmopolitanism　为刑法关于地与人之效力之一主义。此主义以保护世界共同之利益为标准，谓犯罪为侵害各国之共同利益，无论何地皆可逮捕，加以处罚，无国界区分之必要，逮捕地之国际团体代表得行使刑罚之权，但本主义之缺点有三：(1)各国刑法内容不一。(2)法官不能尽通各国法律，判决方面自有重大困难。(3)在犯罪地以外审理时，证据之搜集尤觉不便。本主义又因太偏于理论，故不能尽行适用。

【世界法主义】【通】本国法超越国境之外，而能适用于国外其他各地，是曰世界法主义，此种主义仅古时罗马国曾经奉行，今则已无其例矣。

【世轻世重】【史】所谓世轻世重，乃指刑罚之制定，须随世之所宜而定其轻重而言，换言之，即依时代之不同，而规定其轻重也。书经—吕刑篇："轻重诸罚有权，刑罚世轻世重，惟齐非齐，有伦有要。"蔡沈注曰："罚之轻重，亦皆有权，权者，进退推移，以求其轻重之宜也，刑罚，世轻世重者，周官刑新国用轻典，刑乱国用重典，刑平国用中典，随世而为轻重者也。"

【世数】【亲】世数者谓家族每代间隔之数也，乃亲等计算之标准，即以间隔一世为一亲等，二世为二亲等是。

【世袭】【史】父子世世相续谓之世袭，三国志—魏志武帝纪："汉高祖之起，曹参以功封平阳侯，世袭爵土，至今适嗣。"

【继】Inheritance　世袭者，谓父祖之事业地位，身分，以及财产等由其子孙世世相承也，与今之所称继承略有不同，盖前者多自子孙或其他辈分卑幼者相承之，而后者则无此种限制，即其父母在法定情形之下亦有继承其财产之权。

【乏军兴】【史】兴军出发征讨，乃国家之大事，兵马军器之调发如有稽迟或有所缺，谓之乏军兴，均应受罪，唐律（卷十六）擅兴篇设有乏军兴之条：“诸乏军兴者斩，故失罪等（谓临军征讨，有所调发而稽废者）。”

【他主占有】【物】To possess for others；Fremdbesitz（德） 为占有之一种，对自主占有言，日本称为容假占有，我国称为指示占有（民法第九四二条），或称扩充占有，亦称补助占有，即占有无为自己之意思，全以为他人之意思而占有之也，故其一方为自己之占有，而他一方仍为所有人之占有，自己占有因无为自己之意思，当然不能成立，仍以所有人（即他人）为占有人，例如雇用人学徒受他人之指示而对于物有管领之力者，仅该他人为占有人。（第九四二条）

【他主占有人】【物】Adverse possessor 所谓他主占有人乃指非以所有之意思而占有其物之人而言。（参他主占有条内）

【他地付票据】【票】对同地付票据言，凡付款地与付款人之住所地为异地时，其票据曰他地付票据。

【他物】【史】殴打人使负伤时，其使用物除手足以外皆称曰他物，惟金刃之属不在其内，唐律斗讼篇之注曰：“见血为伤非手足者，其余皆为他物，即兵不用刃亦是。”明清律亦有同样之明文。

【他物权】【物】Right in or over the property of another；Jus in re aliena（拉丁） 为物权学理上分类之一，对自物权言，即对他人物上行使之权利也，例如地上权地役权永佃权等皆属之。

【他物权利】【民总】与自物权利相对称，谓于他人之所有物上享受利益之权利也，如地役权永佃权是。

【他造】【民刑诉】The other party 所谓他造，乃指当事人之一方称其相对方之当事人而言，例如原告曰此造，称被告则曰他造。

【他权人】【史】Alieni Juris 与自权人相对称，为罗马法之术语，乃指受他人权力所支配之人而言，例如罗马时之妻子奴隶，因其在法律上之权利，皆受父及家长之支配，故为他权人，至支配他人者，则为自权人。

【付勘完备】【史】吏部考查官吏成绩，先由各官吏给由到部，交付吏部考功司勘查，以五日之内审查完了，是曰付勘完备。明律（卷二）吏部职制篇——官吏给由条：“凡各衙门官吏，给由到吏部，限五日，付勘完备。”

【付款】【票】Payment 日本称曰支拂，所谓付款，乃指票据到期时付款人或担当付款人应实际上将票面金额全部或一部支付与执票人而言，但到期日或其后二日内，执票人应将汇票提示为付款之请求，是曰付款之提示，如将票据向票据交换所提示者，亦视为提示（票据法第六六条）。若怠于提示者，票据债务人得将票据金额提存于一定机关（如法院商会等是），债务自可因而免除（第七三条）。至于提示后原则上应即付款，但经执票人之同意得延期至三日为限，若未到期而付款人欲将款项支付者，执票人绝得拒之，故与民法上之债务人得于到期前先为清偿者不同(第六九条)。付款方法因全部付款与一部付款而有不同(详各本条内)。付款标的为货币(即金钱)，票上无特别记载者，以当地通用者为准，如所载者为付款地不通用者，应依付款日行市用付款地通用货币支付之，如所载者在发票地与付款地名同而价异，则推定其为付款地之货币(第七二条)，关于付款人之责任，法律亦设有明文：(一)付款人除欺诈或重大过失外，对背书签名及执票人之真伪不负认定责任。(二)对于背书之不连续而为付款者，则须负责(第六八条)。付款可分为二：(一)一部付款。(二)全部付款。(详各本条)

【付款人】【票】Drawee；Payer　在票据上负有支付票面金额之义务人，曰付款人。(参付款条内)

【付款日】【票】Date of payment　谓付款人实际将票据金额支付与执票人之日也，例如原定休假日或星期日为到期日，但须于其次之营业日始能实际付款，故该营业日乃曰付款日，是为付款日与到期日并不同属一日之例。然亦有到期日与付款日共为一日者，例如以三月五日为到期日，即于是日实际付款是，到期日经执票人提示票据后，原则上应即付款，但经执票人同意得延期为之，然以三日为限。(票据法第六七条)

【付款地】【票】Place of payment　为票据上法定记载事项之一，即执票人要求票据金额支付之地点，付款地之记载须为一定，如选择或二处以上者，不能认为有效，又因付款地与付款人之住所地是否同一或异地，而有同地付款据，与异地付票据之区别(详各本条)。我票据法更规定凡未载付款地者，以付款人之营业所住所或居所所在地为付款地(第二十一条第六项、第一一七条第五项)。又付款地与付款处所亦不可混同，前者范围较广，后者仅为付款地之一部分耳，例如上海为付款地，上海北四川路第三号则为付款处所矣，发票人亦得记载之。(第二十四条)

【付款拒绝证书】【票】Protest for Non-payment　为拒绝证书最普通之一种，谓执票人不获承兑时，请求法定机关所作成之拒绝证书也。应于拒绝付款日或其后二日内作成之，如执票人允许延期付款，则应于延期之末日或其后二日内作成之。(票据法第八四条，参拒绝证书条)

【付款处所】【票】(详付款地条内)

【付与】【通】付与者，交付给与之简称也。

【付与主义】【物】又称移转主义。(详该本条)

【代田】【史】一亩之地分为三甽，每岁易其甽而为耕种，用力少而获谷多，谓之代田，汉书一赵过传："以赵过为搜粟都尉，过能为代田，亩三甽岁代处，故曰代田。"

【代行告诉人】【刑诉】Acting complainant　(详告诉乃论之罪条内)

【代行国权说】【刑】为主张正当防卫属于权利行为学说之一，对不法消灭说刑罚权消灭说言，即不法之侵害乃反乎社会之行为，国家自当扑灭之，正当防卫即代国家扑灭之行为也，此项扑灭行为乃权利之一，故为权利行为。

【代位诉权】【债】Subrogated right of action 又称间接诉权(详该本条)或称债权人代位权。

【代位赔偿】【债】Subrogation of compensation 或称赔偿代位,关于物或权利之丧失或损害,负赔偿责任之人得向损害赔偿请求权人请求让与基于其物之所有权,或基于其权利对于第三人之请求权,此即代位赔偿之制度也。例如甲向乙借来之物被丙所毁,如甲已向乙①赔偿,则甲得向乙请求让与其物之所有权,以便向丙请求赔偿。(民法第二二八条)

【代位办济】【债】Subrogated performance 日本法律称代位清偿为代位办济。

【代位继承】【继】Succession by subrogation 为继承之一种,对直接继承言,直系血亲卑亲属为继承人时,若于继承开始时前死亡,或丧失继承权者,法律许其人之直系血亲卑亲属代位继承其应继之分,此种制度,曰代位继承,例如甲乙同为遗产二万元之继承人,甲于继承开始前死亡或丧失其继承权,甲之遗子丙,自可代甲继承所应继之遗产一万元是。(第一一四〇条)

【代位权】【债】Action of subrogation (详代位诉权条内)

【代受送达人】【民刑诉】代为收受送达文件之人,曰代受送达人。(详送达条内)

【代官】【史】官吏之在职有一定之年限,于新旧交代瓜替之时,其新官称曰代官,即交代官之谓也。明律(卷二)吏律职制篇——官员赴任过限条:"若代官已到,旧官各照已定限期交割户口钱粮刑名等项及应有卷宗籍册,完备,无故十日之外不离任所者,依赴任过限论,减二等。"其纂注曰:"若新任交代官已到任所,旧任官即当各照代官到任,限期将经手户口钱粮刑名等项,及应有行过宗卷籍册交付过割与代官俱已完备,限十日之内离任,如无别项事故十日之外迁延不离任所者,依赴任过限论,减二等。"

【代物清偿】【债】Dation in payment; Performance by accord and satisfaction 日本称曰代物办济,谓债务人得债权人或第三人之承诺,以他种给付代其债务标的(原定给付)而消灭债权之契约也,此项契约之性质,乃以消灭债权为标的之特种契约,其要件有四:(1)须有原债权之存在。(2)须经双方同意以他种给付代原定给付以消灭债权。(3)事实上须有他种给付以代原定给付。(4)债权人须受领他种给付,此项契约一经成立,债权人一经受领,债之关系即行消灭。(民法第三一九条)

【代物办济】【债】Performance by accord and satisfaction 为日本之名辞,即我国法律所称之代物清偿。

【代表】【通】Representation 凡法人或自然人之对外关系,由他人代为表示其意思者,曰代表,代表与代理每易相混,其异点有二:(一)代表者仅代本人对外发

---

① 原书为"乙"、"甲",系排版之误。

表意见，代理则系代本人为法律行为，范围较广。（二）代表者与被代表人系二个人格并存，代理则否，其代理行为之效果，乃归属于被代理人，即一人格代他一人格为法律行为，二者合而为一。

【代表大会】【通】Congress 凡由团体组合员依法选出之代表所集合而开之会议，曰代表大会，此项大会为该团体之意思机关。除依法应召集全体社员（或会员）大会外，代表大会为当然之最高权力机关，否则须于社员大会闭会期间内，始得为最高之权力机关。

【代书人】【民刑诉】Scrivener 当事人或代理人不能书写书状时，得由他人代书，是曰代书人。

【代执行】【行】为间接强制处分之一种，即行政官署对于人民不履行行政法令，或行政处分之义务时，由该官署代为履行，或令第三人代为履行，而向应负履行义务人征收费用之谓也。例如代为驱除害虫，而向其征收费用是。在原则上代执行之处分须先以书面限定期间预为告戒始得为之，但认为有紧急情形者则为例外耳。（行政执行法第二一三条）

【代理】【民总】Agency 即代理人于代理权限内以本人名义向第三人为意思表示，或由第三人受意思表示而直接对本人发生效力之行为也（我国民法第一〇三条）。故代为意思表示或代受意思表示者均称为代理人，其相对人称为第三人，受该意思表示之效力者，曰本人，或称被代理人。代理之要件有四：(1)须有代理权之根据。(2)须表明系为本人而为代理行为。(3)须系代理人代本人为意思表示或受意思表示。(4)须系直接对本人发生效力。至代理行为何以对本人生效，其理由如何，学者间大有议论，约有三说：(1)共同行为说。(2)本人行为说。(3)代理人行为说（详各本条），以第三说为通说。近代立法例关于法律行为以许代理为之为原则，亦有例外：(1)性质上必须本人自身为之者，如婚姻离婚立继遗嘱是。(2)代理人与本人利害相反者（民法第一〇六条）。代理之种类有七：(1)法定代理与意定代理。(2)一般代理与特别代理。(3)积极代理与消极代理。(4)有权代理与无权代理。(5)直接代理与间接代理。(6)普通代理与复代理。(7)单独代理与共同代理。（详各本条）

【代理人】【民总】Agent （详代理条内）

【代理人行为说】【民总】Theory of the Act by agent 为代理人行为对本人生效学说之一，对本人行为说与共同行为说言，谓代理行为事实上为代理人之意思表示，不过法律为尊重其效力意思而使之对本人生效耳，此说最为多数学者所赞同，理论事实均属正确。

【代理公使】【国公】Charge's d'affaires 又称代办公使（详该本条），或称代办使事官。

【代理占有】【物】又名间接占有。（详该本条）

【代理行为】【民总】Act of agent 有代理权利之人所为关于代理本人之行为，是曰代理行为。（参代理权条内）

【代理背书】【票】又称委任背书。(详该本条)

【代理家长】【亲】Acting head of a house 为家长之一种,与推定家长当然家长相对称,凡于当然家长因不能或不愿管理家务时,由其所指定家属中一人代理之者,是曰代理家长,按代理家长并非当然取得家长之资格,仅系假当然家长之名义,以管理家务耳。(民法第一一二四条)

【代理商】【债】Commercial agent 凡平时经营一定商业之商人在其营业范围内为其他商人代理或介绍而为商行为者,曰代理商,新民法称曰代办商,其权限除有特别规定外,须依委任契约定之,与商业使用人不同,其区别之点如下:(一)代理商为独立商人,商业使用人则为非商人。(二)代理商与本人之关系为委任,商业使用人与主人之关系为雇佣。(三)代理商为一商人或数商人代理或介绍商行为,商业使用人则恒由一商人使用之。(四)代理商在自己店址营业,商业使用人则在主人之营业所执行业务。(五)代理商通常对于其所为之行为收取用钱,而商业使用人则通常按期支领一定工资。(六)代理商因营业而生之费用归自己负担,而商业使用人执行业务之费用则归主人负担。此外代理商与居间人亦有区别,以后者不以一定商业之商人为限,而且除介绍之外无代理之权限故也。

【代理推事】【组】Acting judges 代理推事者,谓推事遇有事故不能执行审判职务时,由其他同级或不同级之推事代行其职务也,通常均称后者为代理推事。

【代理说】【债】Theory of agent 为向第三人为给付契约的性质学说之一,谓要约人与允约人缔约第三人取得给付请求权者,盖即为该第三人之无权代理人也,故一经第三人之追认,即可取得权利,此说亦不足取。

【代理领事】【国公】Consular agent 为领事之第四级,系由总领事或领事任命,经本国政府承认批准,在领事馆区域内之一定都市代行领事一部分事务者,故系非独立领事,不得独立执行职权。

【代理检察官】【组】Acting procurator 所谓代理检察官乃指代为办理检察事务之检察官而言。

【代理权】【民总】Power of agency 即代理人代本人为法律行为,而使其效果直接对本人发生之法律上之状态也,其性质如何,约有四说:(1)否认说——仅认为委任关系而无独立存在之谓。(2)权力说——谓代理权为得发生代理关系之一种法律上之力。(3)权利说——视为一种权利,称之为形成权。(4)资格说——即视代理权为一种能力而为法律上之资格,与行为能力权利能力相同,四者以最后说为当。至代理权之发生因法定代理与意定代理而有不同,前者多由法律规定为原则,后者则由法律行为而来,盖即由当事人之意思表示也,即代理权之范围因法定代理与意定代理而不同(详代理权限条),又关于代理权之撤回及其效力,民法亦有规定(第一〇七条、第一〇八条第二项、第一〇九条),代理权之消灭亦有一定原因,法定代理与意定代理之共通原因,乃本人死亡,代理人死亡,禁治产,或破产,或丧失意思能力,法定代理之特别消灭原因,即资格丧失,解任或辞任均是,意定代理人之特别消灭原因,乃在代理期限到来,或其基本法律关系消灭时均是。(第

一〇八条第一项)

【代理权限】【民总】Scope of the delegated authority 即代理权之范围也,亦因法定代理与意定代理而有异,前者以法律之规定为限,而其代理人原则上又可选任复代理人,后者则须由授权行为时之意思表示以定之。至选任后代理人原则上不能为之,但经本人之承诺与万不得已之时始可为之。又上述之标准不明了时,代理人只得为管理行为而不能为处分行为,所谓管理行为乃包含保存利用改良等行为而言。

【代替物】【民总】Fungible thing 为物之一种,对不代替物言,以社会上之观念能否以同种同量之他物相替代为区别之标准,故凡以社会上之观念如能以其种类品质或数量而指定之物,曰代替物。例如金钱食物是,代替物与不代替物区别之实益,在消费借贷及消灭寄托,仅限于代替物耳,代替物与不代替物之区别,每易与不特定物及特定物之区别相混,实则前者之区别乃本于社会之观念,后者之区别乃本于当事人之意思。

【代替物寄托】【债】寄托物为代替物者,称曰代替物寄托,按寄托物为代替物时,如约定寄托物之所有权移转于受寄人,并由受寄人以种类,品质,数量相同之物追还者,自受寄人受领该物时起,适用关于消费借贷之规定。(民法第六〇二条)

【代替权】【债】又名补充权,即在任意之债中债权人或债务人得行使其代替给付之权利也,乃形成权之一种,因当事人之特约而成立。

【代笔遗嘱】【继】A dictated testament 为遗嘱之一种,谓由见证人代为书写之遗嘱也,其作成方式如下:(1)须指定三人以上之见证人。(2)由遗嘱人口述遗嘱意旨。(3)由见证人中之一人笔记宣读讲解。(4)须经遗嘱人之认可。(5)须记明作成之年月日及代笔人之姓名。(6)须由见证人全体及遗嘱人同行签名,遗嘱人不能签名者,应按手印代之。(民法第一一九四条)

【代垦人】【土】所谓代垦人,乃指向地政机关承领荒地,于垦竣之后分配于农人,而收回垦价之人而言。代垦人乃一种商人之性质,不得享有其代垦土地之耕作权,与承垦人之于垦竣后享有土地耕作权者不同,又代垦人并非自己耕作,故与承垦人亦有区别,至代垦人之必须预先具呈承领书,取获得代垦证书,与承垦人相似,惟应向地政机关缴纳保证金耳。(第一九九—二〇二条)

【代垦制度】【土】为荒地(公有者)使用方法之一种,与承垦制度相对称,我国沿边荒地,漫延甚广,如专采承垦制度,实不足以达开垦土地之目的,故有代垦制度之设,所谓代垦制度,乃指先由代垦人向主管地政机关承领荒地,而使其他农人从事开垦,于垦竣后再分配于农人而收回垦价之制度而言,此种制度之长处,乃在能使广大荒地得于大规模组织下实行开垦,其流弊亦殊不少,一则代垦人操有利用小农人之权,一则农人处于被压迫之地位。(参第一九九—二〇七条)

【代垦证书】【土】代垦证书者,即主管地政机关收受代垦人承领书后,所发给许其代垦之证明文件也,代垦人一经取得代垦证书,即有代垦之权。(第二〇一条)

【代办公使】【国公】Charge's d'affaires 简称代办,又称代理公使,在我国则称为代办使事官,为外交官之第四级,系由一国外交部长所派遣者,故仅对驻在国之外交部长呈递国书,此与外交官之第一二三级不同之点也,至其所享之荣典,亦较前三级为少,更不待言。惟应注意者,代办公使与因真正使馆长官不在期间中所委派之代理公使不同,此项代理公使,在我国称为临时代办使事官。

【代办商】【债】Commercial agent 谓非经理人而受商号之委托于一定处所或一定区域内,以该商号之名义办理其事务之全部或一部之人也,我国旧商人通例称曰代理商,代办商与经理有异,不可混同。(参经理人条内)

【代办商契约】【债】代办商受商号之委托时所缔结之契约,谓之代办商契约。(参代办商条内)

【代办权】【债】Power of commercial agent 代办商受商号之委托,于一定处所或一定区域内以该商号之名义,办理其事务之全部或一部之权,曰代办权。代办权之范围如何,自应依商号所有人或经理人对于代办商授权行为之所定,但民法仍设规定如下:(一)代办商有为一切必要行为之权,但非有书面之授权不得负担票据人之义务,或为消费借贷或为诉讼(第五五八条)。(二)对商号随时报告之义务(第五五九条)。(三)请求报酬或请求偿还费用之权(五六〇条)。至于未定期限之代办权,当事人之任何一方得随时终止契约,但须于三个月以前预先通知,又法律为保护商号之利益起见,对于代办商为自己或第三人经营与其所办理之同类事业,或为同类事业无限公司之股东,均在禁止之列,但得其商号之许可者不在此限。(第五六一—五六二条)

【代偿请求权】【债】Subrogationsans pruch 债务人因给付不能之事由并非可以归责于己者,则可免除其给付义务,此时如对第三人有损害赔偿请求权者,则债权人得向债务人请求让与其损害赔偿请求权,或交付其所受领之赔偿物,此即认债权人之代偿请求权也,盖既许债务人因给付不能而免除其债务,则其因此所生之利益,如仍许其享受,则得二重利益,实非持平之道,故许债权人有代偿之请求权也。(参民法第二二五条)

【代议士】【宪】Member of the house of Represevtatiues 日本称代表人民参预国政之下议院议员,为代议士,所属议院则曰代议院。

【代议制】【宪】Indirect democratic system; Representative system 国家政权(与治权不同)由人民所选之代议士所组织而成之国会或议会行使之者,曰代议制,代议制之流弊甚多,已为近世所诟病。

【代议政体】【宪】Representative system 又曰代议制。(详该本条)

【代袭继承】【继】Succession by subrogation 又称代位继承。(详该本条)

【令】【行】Order 为公文类别之一,即于公布法令任免官吏及有所指挥时所用之公文。

【令乙】【史】(详令甲条内)

【令尹】【史】官名，为春秋时楚国执政者之称，以上卿充之，左传—庄公三十年："斗勃于菟为令尹云云"，又论语—公冶长篇："令尹子文三仕为令尹，无喜色"，后世称知县为令尹，元时则称曰县尹。

【令以木铎】【史】古时宣布政令均以木铎，布告军令则以金铎，令以木铎即宣传政令之谓也，周礼—秋官小司寇："正岁帅其属，而观刑象，令以木铎曰，不用法者，国有常刑，令群士乃宣布于四方，宪刑禁，乃命其属入会，乃致事。"

【令丙】【史】(详令甲条内)

【令史】【史】为汉代创始之官，乃兰台尚书之属官，掌文书事务，历代因之，隋以后，令史之任，文案烦杂，官职变为卑冗，不参官品。事物纪原(卷十)："通典曰，令史汉官也，汉官仪曰，能通仓颉籀篇，补兰台令史，汉韦彪疏曰，往时楚狱大起，故署令史，以助郎职事也。"

【令甲】【史】汉代对数世以前之诏令，依其发布之先后，次第而保存之，其最初之第一令谓之令甲，即前帝所颁之第一令之谓，其后所颁者谓之令乙令丙等，前汉书—音义："令有前后，有令甲令乙令丙。"同书宣帝纪："令甲，死者不可复生。"文颖之注："天子诏，所损益，不在律上者为令，令甲前帝第一令也。"如淳曰："令有前后，故有令甲令乙令丙。"师古曰："如说是也，甲乙者，若令第一篇第二篇耳。"明陈继儒所撰之群碎录曰："令甲，令人称法令曰令甲，出汉宣帝诏，盖是法令首卷，观江充传注，令乙，章帝诏，令丙，可知，想汉律有十卷耳。"又明王世贞所撰宛委余篇曰："令人称法令曰令甲，以汉宣帝诏，令甲死者不可生，然是法令之首卷，江充传注，令乙骑乘行驰道中，章帝诏曰，令丙箠长有数，见谓璞甚明，然则令乙者，第二卷也，令丙者第三卷也，汉律当有十卷。"

【令状】【刑诉】Warrant for arrest　为日本之名辞，乃指预审推事对刑事被告人所发之拘票而言，与我国之拘票名异而实同。

【令校阅】【史】依四时之狩猎以为演习，是曰令校阅。(详校阅违期条内)

【以】【史】为刑律之文例，非真犯而罪情与真犯相同者，视为真犯，即与真犯同处罪时所用之文例，如"以盗论"、"以枉法论"之类是。"谓监守贸易官物之类，无异于真盗，是故以枉法论，以盗论，是谓除免位赃并同真盗。"(唐律第一卷—例分八字)"以者，与真犯同，谓如监守贸易官物，无异真犯，故以枉法论，以盗论，并除名刺字，罪至斩绞并全科。"(明律卷一，清律第一—例分八字之义)

【以一警百】【史】对一人犯罪加以惩罚使警众人之谓。"以一警百，吏民皆服，恐惧改行自新。"(汉书—尹翁归传)

【以上】【刑】Above　刑法规定称以上者，连本数或本刑计算，例如称三月以上，即三月之本数亦计算在内是。

【以下】【刑】Below　刑法规定称以下者，连本数或本刑计算，例如处三年以下有期徒刑，即三年亦在本数计算之内是。

【以五刑纠万民】【史】谓以五刑(野刑军刑乡刑官刑国刑)纠正监察不正也。

周礼秋官大司寇:“以五刑纠(察也)万民,一曰野刑,上功(农功也)纠力(勤力也),二曰军刑,上命(谓将命)纠守(谓不失部位),三曰乡刑,上德(谓六德)纠孝(谓先事父母),四曰官刑,上能(谓能其事)纠职(谓修其职),五曰国刑,上愿(悫慎也)纠纂(纂当作恭,不恭者当纠也)。”

【以内】【刑】Within 刑法规定称以内者,连本数或本刑计算,例如二十四小时以内,即二十四小时之本数应即计算在内是。

【以他法拷掠】【史】拷问犯人,须依一定成例,若不依成例而以他法如用绳悬缚,或以棍棒殴打,则为法律所不许。(唐律卷二十九断狱篇——拷囚不得过三度条)

【以古法义决疑狱】【史】汉时对于犯罪者之审判,恒依据古时尚书春秋等经书以决疑狱,“武帝时,儿宽为廷尉史,以古法义决疑狱,张汤甚重之,上方向文学,汤决大学欲传古义,乃清博士弟子治尚书春秋补廷尉。”(大学衍义补卷百八)

【以刑止刑】【史】对于犯罪者严厉处罚,使人民畏法而不敢触犯法律之谓,书经大禹谟:“刑期于无刑民协于中。”注曰:“虽或行刑,以杀止杀终无犯者。”唐律名例篇:“故以刑止刑,以杀止杀。”

【以完作欠】【史】民间租税业已征收而伪为未纳,私将其税金移为他用者,曰以完作欠,“将已征钱粮作为民欠或私行挪用。”(清朝之吏部处分则例)

【以良人为奴婢质债】【史】良人与奴婢有良贱尊卑不同之别,若妄用良人为奴婢以为质债者,均应处罚。唐律(卷二十六)杂律篇有以良人为奴婢质债条之设:“诸妄以良人为奴婢,用质债者,各减自相卖罪三等,知情而取者又减一等,仍计庸以当债直。”疏议曰:“虚妄用良人为奴婢,将质债者各减自相卖罪三等,谓以凡人质债,从流上减三等,若以亲戚年幼,妄质债者各依本条,减卖罪三等,知情而取,谓知是良人而取为奴婢,受质债者,又减一等,谓又减质良人罪一等,仍计庸以当债直,谓计一日三尺之庸,累折酬其债直不知情者不坐,亦不计庸以折债直。”

【以妻为妾】【史】妻者齐也,与夫为一体;妾者接也,通常由买卖而来,故二者之身分不同,若以妻为妾,以婢为妻者,处徒刑二年,以妾及客女(即部曲之女)为妻,以婢为妾者,则处一年半之徒刑,各还正之。(参唐律卷十三户婚——以妻为妾之条)

【以官当徒】【史】所谓以官当徒,乃指官吏犯罪时以其现官与罪相抵销而言,此项制度,殊失持平,凡官吏犯私罪应处徒刑者,五品以上则以一官与二年徒刑相抵销,九品以上则以一官与徒刑一年相抵销,若犯公罪(即缘公事致罪而无私曲者)则各加一等当。“诸犯私罪以官当徒者,五品以上,一官当徒二年,九品以上,一官当徒一年,若犯公罪者,各加一等当。”(唐律名例篇——以官当徒之条)

【以所有之意思为占有】【物】又曰有所有意思之占有。(详该本条)

【以枉法论】【史】法官为不当之审判而出入人罪者,谓之枉法,非犯直接枉法而罪情与之相似者,准用枉法罪之规定,律文中称之曰“以枉法论”。

【以故失论】【史】法官以故意出入人罪，曰故出入人罪，略称曰“故出入”，又因过失出入人罪，则曰失出入人罪，简称曰“失出入”，“故出入”与“失出入”二者合并之简称，则曰故失。凡在实际上犯罪时之罪情与故失不相同而准用故失罪者，谓之“以故失论”。明律（卷二十八）、清律（卷三十五）之刑律断狱篇——断罪引律令之条：“其特旨断罪，临时处置，不为定律者，不得引此为律，若辄引此断罪，致罪有出入者，以故失论。”

【以徒亡论】【史】在囚禁中之犯人私自狱内逃亡者，依法应依徒刑犯人在徒役期限内之逃亡罪论处，是曰以徒亡论。（唐律卷二十八杂律篇——被囚禁拒捍走之条）

【以财行求】【史】对官吏要求自己之利益而予以贿赠者，曰以财行求，即行贿之谓也。“诸有事，以财行求，得枉法者，坐赃论，不枉法者减二等。”（唐律职制——有事以财行求之条）

【以婢为妾】【史】（详以妻为妾条内）

【以强合以和成】【史】即以强奸始和奸终之谓。“若以强合以和成犹非强也。”（清律刑律犯奸篇——犯奸之条，注文）“以强合以和成者，先犹挣挫喊叫不从，及已成奸，而听顺无忤，犹不得谓之强也，云云。”（福惠全书卷十九强奸）

【以杀止杀】【史】对于重大罪犯处以极刑（死刑），以期防止他人之犯罪之谓也。（参以刑止刑条内）

【以理去官】【史】所谓以理去官，乃指非因犯罪为理由之去官而言，例如任期届满，或冗官之淘汰，或因官署之废合而解职等是皆。唐律（卷二）名例篇有以理去官之条：“诸以理去官，与现任同。”其疏议云：“谓不因犯罪而解者，若致仕得替，省员废州县之类，应入议请减赎，及荫亲属并与现任同。”明律（卷一）、清律（卷四）名例律均有以理去官条之设其规定相同，清律以理去官条之下注：“以理谓以正道理而去，非有别项事故者。”同律之原文及其下注：“凡任满得代，改除致仕等官，与现任同（谓不因犯罪而解任者，若沙汰冗员，裁革衙门之类，虽为事解任降等，不追诰命者，盖与现任同）。封赠官与（其子孙）正官同，其妇人犯夫，及义绝（不改嫁）者（亲子有官，一体封赠），得与其子之官品同（谓妇人虽与夫家义绝，及夫在被出，其子有官者，得与子之官品同，为母子无绝道故也）。此等之人，犯罪者，并依职官犯罪律拟断（应请旨者请旨，应径问者径问，一如职官之法）。”清律之总注：“以理去官，谓理当解任而去，其官职仍在也。任满如职任已满，俸已住支，不管事者，得代，是有新官接任，交代而去者，改除，如沙汰裁革，起送赴部，或改官，或改衙门，别项除用，尚未补官，或已补而未到任者，致仕，是以老疾休致者，凡此，皆是以理去官者，并得与现任管事者同也。封赠之官，因子孙孙而推及者，虽非正官，已给诰敕，即与正官同，妇人当夫在时，有犯离异七出，与夫家义绝，未经改嫁者，夫妇之义虽绝，母子之恩难泯，子如有官，例得受封，犹得与其子之官品同，凡此之类，有犯罪者，并依职官犯罪律，奏闻请旨，奏闻区处之法科断。”

【以理病故】【史】以理病故以理去官之义同，即非犯刑罪而卒与任所者也。（参

病故官家属还乡条内)

【以赦前事相告言】【史】犯罪即经会赦,自在不予追究之列,若有以会赦以前之犯罪事实向官司告言者,是与法律所规定者相违反,应加治罪,但有例外,唐律(卷二十四)斗讼篇有以赦前事相告言之条:“诸以赦前事相告言者,以其罪罪之,官司受而为理者,以故入人罪论,至死者各加役流,若事须追究者,不用此律(追究谓婚姻良贱,赦限外蔽匿,应改正征收,及追见赃之类)。”疏议曰:“以赦前事相告言者,谓事应会赦,始是赦前之事不合告言,若常赦所不免,仍得依旧言告,假有会赦监主自盗得免,有人辄告以其所告之罪罪之,谓告徒一年赃罪者,监主自盗即合除名,告者还依比徒之法科罪,官司违法,受而为理者,以故入人罪论,谓若告赦前死罪前人虽复未决,告者免死处加役流,官司受而为理至死者,亦得此罪,故称各加役流,若官司以赦前合免之事弹举者,亦同受而为理之坐,事须追究者,备在注文,不用此律者,谓不用入罪之律,注云,追究谓婚姻良贱,赦限外蔽匿,曰违律为婚,养奴为子之类,虽会赦须离之正之,赦限外蔽匿,谓会赦应首及改正征收,过限不首,若经责簿帐不首,不正征收,及应征见赃,谓盗诈之赃,虽赦前未发,赦后捉获正赃者,是谓见赃之类,合为追征。”

【以籍为定】【史】人之身分职业于户籍登记后始为确定,而受法律上之保障,同时对于国税负担之义务,亦因之而生,此即所谓以籍为定是也。明律清律户律户役篇——人户以籍为定之条:“凡军,民,驿,灶,医,卜,工,药,诸色人户,并以籍为定。”(明律卷四、清律卷七)

【以赃入罪】【史】凡犯强盗窃盗或诈欺取财等罪以外并将其不法取得之赃物罪一并算入从重处论者,曰以赃入罪,唐明清等律皆有规定,以赃入罪正赃见在还官主,(转易得他物及生丰蕃育皆为见在)已费用者,死及配流勿征(别犯流及身死者同),余皆征之(盗者倍备),若计佣赁为赃物者,勿征。

【以赎论】【史】以赎金赎罪,曰赎刑,本为易科之一种,与罚金性质不同,如“以赎论”则又含有罚金之意味矣。所谓以赎论,乃指准用关于赎刑之规定而言,赎金原为适用于犯罪之情节确有可悯者而设,其后对于品官及其妻妾亦准用之。“诸五品以上妾,非犯十恶者,流刑以下,听以赎论。”(唐律名例篇——五品以上妾有犯之条)

【冬官】【史】(一)为周礼六名之一。冬官司空其篇名已佚失无传,以汉代考工记充之。(二)六朝时之后周仿周礼制度设冬官司空;唐时亦曾改工部为冬官,未几复旧,明太祖置春夏秋冬之官谓之四辅。(三)唐以来为司天官之属,分掌四时,其官曰冬官正,至清仍因之,后废。

【冬卿】【史】梁武帝以光禄勋为光禄卿,以大鸿胪为鸿胪①卿,以都水使者为大舟卿,此三卿总称曰冬卿。

【出入】【刑】法官任意出罪人于无罪,或入无罪人于有罪,谓之出入。

---

① 原书为“禄”,系排版之误。

【出井税】【史】矿物之出产地为矿井,故指矿物出产税为出井税。

【出付市易】【史】谓官吏将官有物交付于人及以之为买卖交易也。唐律(卷十五)厩库[①]篇——假请官物之条:“……即充公廨,及用公廨物,若出付市易,而私用者,各减一等,坐之。”其疏议曰:“若官物从库藏积聚之中出付人,将市易,其市易人私用者,各准前官物应坐之罪,皆减一等坐之。”

【出母】【史】生母为父所弃者,曰出母。(参八母条)

【出生】【民总】Birth　即人类之胎儿依其自力保有生命而自母体分离之事实也,为自然人权利能力开始之时期(我国民法第六条),按出生须具下列二要件:(一)须出生完毕——即胎儿全部须与母体分离,至脐带切断与否,与出生之方法为自然的抑人为的,均非所问,盖采全部出生说也。(二)须分娩后依其自力保有生命——即胎儿离母体后须为生存,至生存时间之长短与其形状之与普通人相当与否,皆所不问。关于出生之学说有六:(一)催生说。(二)一部出生说。(三)头部出生说。(四)全部出生说。(五)独立呼吸说。(六)呼吸可能说,以第四说为最有力。

【出生地主义】【国私】Principle of jus soli; Birth place theory　即纯然依出生地以定固有国籍之主义也,不问父母之国籍如何,但视其出生于何地,即据之以定其国籍,故采此主义之国,对于法律关系之决定,仍以其人之出生所在地为标准,南美洲大多数国采之。

【出生住所】【国私】为固有住所(详该本条)之别称。

【出生登记】【行】Registration of births　出生登记者谓关于子女出生时,向出生地之户籍主任声请将出生之一定事实登录于人事登记簿也。原则上须自出生之日起一个月内为之,其声请义务人为父或母,不能时则依下列次序定之:(一)家长。(二)同居人。(三)分娩时临视之医生或助产士。(四)分娩时在旁照护之人。如出生子女未及声请登记而死亡者,仍应为出生及死亡登记之声请。(户籍法第五十一—六十条)

【出示晓谕】【行】官署对人民发出命令,曰出示晓谕,或简称曰示论,出示或谕示等。

【出名合伙人】【债】Active partner; Ostensible Partner　在隐名合伙契约中担任营业方面之当事人,曰出名合伙人,又曰出名营业人,其对方当事人则曰隐名合伙人。

【出名营业人】【债】Ostensible owner　出名营业人者为出名合伙人(详该本条)之别称,即在隐名合伙契约中出面而为对外营业之主者。

【出身】【史】经一定之考试而取得官吏之身分,曰出身,此语始自唐代,文献通考—选举考:“按,昌黎公赠张童子序言,天下之以明一经举,其得升于礼部者,岁不下三千人,谓之乡贡,又第其可进者,属之吏部,岁不及二百人,谓之出身。”宋代

---

① 原书为“车”,系排版之误。

景德四年，制亲试进士条例，依成绩之优劣，以定官吏任用之资格，计分五等，一二等曰及第，三等曰出身，四五等曰同出身(宋史选举志)，清时，文官以进士举人，贡士为仕官之正途，武官虽准文举行武举之考试而与以官职之资格，惟特重军功而以行伍出身为正途，至于无出身之名分者，旗人谓之闲散，汉人谓之俊秀。

【出使不复命】【史】奉制(大事曰制)敕(次曰敕)出使，任务已毕不复命，而又干预其他事务，应受处罚，至各衙门之出使后不复命而又干涉他事者亦为法律所不许，以其弃命也。明律(卷三)、清律(卷七)吏律公式篇——出使不奉命条："凡奉制敕出使不复命，干预他事者，杖一百，各衙门出使，不复命，干预他事者，常事，杖七十，军情重事，杖一百，若越理犯分，侵人职掌行事者，笞五十，若回还后，三日不缴纳圣旨者，杖六十，每二十加一等，罪止杖一百，不缴纳符验者，笞四十，每三日加一等，罪止杖八十，若有所规避者，各从重论。"清律之总注："奉命出使，当以使事为务，不得干预他事，所事已完，当以复命为急，不得稽迟时日，若承奉朝廷制敕出使，不即复命，在地方干预他事者，杖一百，承领各衙门札付批文，出使，不即复命，在地方干预他事者，按所干预之事，分别科之，常事杖七十，军情重事，杖一百，以上两项谓言不复命，则其所事已完可知矣，若使事未完，于理不当为，于分不得为之事，越里越分，侵人职掌以行事者，笞五十，若使回复命之后，其原领圣旨符验三日之内，即当缴纳，出三日不缴者，圣旨，则杖六十，加等十一日以上，罪止杖一百，符验则笞四十，加等至十五日以上，罪止杖八十，圣旨，即制敕符验，所以起船起马者，上有御宝，亦朝廷所给，然与圣旨有轻重之别，故罪减二等，计日亦不同也。若有所规避者，从重论，总承上两节而言，以规避罪与各本罪计之，从其重者科断。"

【出典人】【物】Dien-Grantor or Dien-maker　对典权人言，谓以不动产出典与人，而享有收取典价之人也。

【出妻】【史】我国旧法不认妻有离婚之请求权，故仅夫一方面可以行使离婚请求权，是曰出妻，然离婚究为人生之不幸，故夫若无事由，自不得强制离婚。离婚之要件有二。(一)七出。(二)义绝(详各本条)。按七出乃礼制上之要件，在法律上均须励行之，但犯七出条之一时，如有三不去之事实者则不得离婚，明律(卷六)、清律(卷九)户律婚姻篇——出妻之条："凡妻无应出及义绝之状而出之者，杖八十，虽犯七出，有三不去，而出之者，减二等，追还完聚。"

【出居完聚】【史】出居者，妻有不法行为而离其夫之家，或女婿离去女家而别居也，完聚则指恢复从前妻夫同居之生活而言。(参逐婿嫁女条内)

【出版】【债】Publication　谓当事人一方约定以文艺学术或美术之著作物为出版而交付于他方，而他方则约定担任印刷及发行之契约也(民法第五一五条)。交付著作物者曰出版权授与人，担任印刷及发行者曰出版人，出版契约为双务契约及诺成契约，原则上又系不要式契约，又有时为有偿契约，有时则为无偿契约，出版契约与著作权转让契约不可混同，前者其出版权授与人并未将著作权出让于出版人，后者则反是，而受让人亦不负出版义务，更与出版契约之出版人负有出版义务者有别，民法关于出版人之义务有下列之规定：(1)应负印刷及发行之义务。(2)应负新版印刷之义务(第五一八条第二项)。(3)发行推销之义务(第五一九条第二、三项)。(4)保存著作物原来面目之义务(第五一九条第一项)。(5)尊重著作人意思之义务(第二二一条)。(6)允给报酬者应有支付报酬义务(第五二三条—五二四条)。(7)印刷新版前应予著作人订正修改著作物之机会(第五二〇条第二项)。出版权授与人之权利义务如下:(1)交付著作物之义务(第五一五条)。(2)移转著作权之义务(第五一六条)。(3)不得为不利于出版人之处分(第五一七条)。(4)订正及修改著作物之权利(第五二〇条第一项),此外如著作物交付出版人后因不可抗力而灭失者,出版人应负担危险,而仍予以报酬之给付,为保护出版人计,亦应令著作人负交付原稿或重作之义务,并使得要求相当赔偿(第五二五条),如出版物印刷完毕因不可抗力而灭失,出版人得以自己费用补行出版,但无须对出版权授与人补给报酬,盖为双方利益计也(第五二六条),出版契约关系之消灭,除约定版数或法定版数卖完后当然消灭外,对于著作人死亡或丧失能力,或非因其过失而致不能完成其著作者,出版契约亦当然消灭,但其继续有一部或全部可能而公平者,民法为奖励著作发达计,规定法院得许其继续或为必要处置。(第五二七条)

【出版人】【债】Editor or publisher 出版契约当事人之一方,以有偿或无偿约定印刷及发行出版权授与人所交付之著作物者,曰出版人,民法为奖励学术及著作起见,对出版人之义务曾有详密规定。(参出版条内)

【出版自由权】【宪】【行】Liberty of the press 为刊行自由权之别称。(参出版法条内及刊行自由权条)

【出版法】【行】Law of Publication 本法于民国十九年十二月十六日公布,共分六章,计四十四条,兹录其要点如下:(一)出版品分三种:(1)新闻纸。(2)杂志。(3)书籍及其他出版品。(二)为新闻纸或杂志之发行者,应于首次发行期十五日以前,呈由发行所所在地所属省政府或隶属于行政院之市政府,转内政部声请登记,其有关于党义或党务之登载者,并应经由省党部或等于省党部之党部,向中央党部宣传部声请登记(一切登记均不收费用),其废止发行者,应声请注销登记。(三)新闻纸或杂志应记载发行人及编辑人之姓名,发行年月日,发行所印刷所之名称,及所在地。(四)于发行时应以若干份寄送有关系之监督机关(第十三条),书籍或其他出版品之发行者亦同(第十五条)。(五)书籍或其他出版品应于其末幅记载发行人之姓名,住所,发行年月日,发行所及印刷所之名称与所在地(但有例外)。(六)有关政治之传单或标语,非经政管警察机关许可,不得印刷或发行。(七)出版品不得为下列各款之记载:(1)意图破坏中国国民党或三民主义者。(2)意图颠覆国民政府或损害中华民国利益者。(3)意图破坏公共秩序者。(4)妨害善良风俗者。(5)禁止公开之诉讼事件之辩论。(八)关于违反本法之行政处分与罚则之规定。(第二十二条—四三条)

【出版法施行细则】【行】本法为内政部与中央党部宣传部依据出版法办理出版品之登记及审查特行而制定,全部共二十五条,附有书表及登记格式,于民国二十年十月七日由内政部公布。自公布之日施行。

【出版契约】【债】Contract for publication 出版权授与人(或称著作人)与出版

人所订立关于印刷及发行之契约，称曰出版契约。（参出版条约）

【出版品】【行】Publications 凡用机械或化学方法所印制，而供出售或散布之文书图画，谓之出版品，计分下列三种：（一）新闻纸——即用一定名称，每日或隔六日以下之期间而继续发行者。（二）杂志——即用一定名称，每星期或隔三月以下之期间而继续发行者。（三）书籍及其他出版品——即上述二项以外之一切出版品。（出版法第一—二条）

【出版权】【债】Right of publication 即出版人基于出版契约关系而取得著作人专有重制权利之权能也，因其系纯粹基于出版契约之债的关系而发生，故为形成权之一种，至其能自为独立存在，更为当然之结果，故得对抗一般第三人，我国民法规定著作人之权利于契约实行之必要范围内，移转于出版人，而出版人遂因之获得出版权。（第五一六条第一项）

【出版权授与人】【债】Person ceding the right of publication 出版契约当事人之一方与他方约定使其得取得著作物之出版权者，曰出版权授与人，通常出版权授与人多为著作人，但因转让或继承关系，出版权授与人与著作人常有分为两人者。出版权授与人之权利义务。（参出版条内）

【出舍】【史】婿养子向其犯不义罪之妻，而脱离其妻家者，谓之出舍。元典章（卷十八）——妻犯奸出舍条："高孙儿于郝金莲处作婿，因奸断妻出舍。"

【出席】【通】Appearance before the meeting 现身会场而享有发言及表决等权者曰出席，与列席不可相混，因前者有表决权而后者则仅享有发言权一种耳。

【出庭】【通】Appearance before the conrt 法官律师以及其他诉讼关系人现身于法庭者，称曰出庭，惟对于法官之出庭，则每称曰莅庭，盖表示推崇之意也。且于莅庭之初，在庭人员均须起立致敬，并须肃静，此后法官中之审判长，便执有维持及指挥庭中一切秩序之职权。

【出庭状】【宪】Writ of habeas corpus 又称提审状，或名保护状，凡人民如被人监禁，其本人或任何他人得向法院请求颁发命令，饬监禁者将被监禁人移交法庭，此种命令曰出庭状，此制肇自英国，美国联邦宪法曾设明文加以规定，所以保障人身自由也。我国于民国十二年十月十日北京政府公布之宪法，于第六条曾有明文加以规定。

【出捐】【债】Reparation 谓当事人一造对相对人一造供出新担负也，故一造先由相对人取得利益日后以之为返还，即非供出新担负，自不得谓为出捐。

【出租人】【债】Lessor 因租赁契约而有请求对方交付租金之权利者，曰出租人。

【出纳】【行】Income and expenditure 出纳者，谓对于金钱之支出或收纳也，通常于出纳时均须备有正式收据，以杜无谓之纠纷。

【出纳官物有违】【史】仓库出纳官物时应顾及国家利益，如当出旧物而出新物，当受上物而受下物，则官府受有亏欠，是曰出纳官物有违，明律（卷七）、清律

(卷十二)户律仓库篇对此设有明文,内容完全相同,清律之规定及其下注云:"凡仓库出纳官物,当出陈物而出新物(则价有多余),应受上物而受下物(则价有亏欠)之类,及有司(以公用)和雇和买,不即给价,若给价有增减,不(如价值之)实者,计(通上言)所亏欠(当受上物而受下物,及雇买不即给价,即给价减不以实,各有亏欠之利),及多余(当出陈物而出新物,及雇买给价,增不以实,各有多余之利)之价(并计所亏欠所多余),坐赃论(以钱粮不系入己,雇买非充私用,故罪止杖一百,徒三年,赃分还官给主)。○若应给俸禄,未及期而预给者,罪亦如之。○其监临官,吏(统上论),知而不举者,与同罪,不知者不坐。"清律之总注:"当出陈物而出新物,如仓粮不挨陈支放,而先出新粮之类,应受上物而受下物,如缎匹不收细实,而受纰薄之类,曰之类者,举一二以例其余也,和,犹平也,和雇,和买,谓有公务而以平价雇买,雇不止人工,赁用器具亦是,买则一应货物也,不实,谓或增或减,不如雇买时值实数也,亏欠多余,通一节言之,亏欠者,所受下物之价,少于上物,雇买未即给价,与减价不实等数是也,多余者,所出新物之价,重于陈物,雇买增价不实等数是也,凡仓库出纳,自有则例,有司雇用人工,器具,买用一应货物,当依实价,即时给发,若新陈上下,出纳违例,雇买价值,不给,增减不实,则必有亏欠,多余之弊,故计所亏欠多余之数,坐赃论罪,赃分还官给主。○若应给俸禄,各有定期,应月给者,须在本月之内,应季给者须在本季之内,未及期而预先给发,如正月而给二三月之俸,春季有给夏季之俸也,亦计所预给之数,坐赃论罪。○其监临官吏,先明知主守仓库之人,出纳有违,俸禄预给,有司雇买不即给价,及增减不实,徇纵不行举究,各与犯人同罪,不知者不坐,通承上二节言。"

【出港封锁】【国公】Blockade for export　为封锁之一种,对入港封锁言,即以武力断绝敌国海岸,仅禁止各国一切船舶离去被封锁港口之谓。

【出费利息】【债】Interest claimed from making beneficial expenses for others (from disbursements)　为法定利息之一种,即为他人支出费用时,所请求自支出时起至偿还时止之利息也,例如民法第一七六条之规定是。

【出嫁】【亲】又称入家婚姻。(详该本条)

【出资】【公】Contribution　创办事业而提供资本者曰出资,除财产权外,凡劳务信用均可为出资之目的物。

【出资义务】【公】Duty of contribution　(详出资条内)

【出卖人】【债】Vendor or seller　因买卖契约收取价金,而负有移转财产权于他方之义务人,曰出卖人,与买受人相对立,出卖人之义务。(详买卖条内)

【出质】【物】Pledge　以质权标的物交付于质权人,谓之出质,盖即设定质权为目的之谓也。

【出质人】【物】设定质权之人,曰出质人,与质权人相对称。

【出养入道】【史】出养者谓离去生父母之家而入他家为他人养子也,入道者谓受戒为道士为女冠也,唐律(卷十七)贼盗篇——缘坐非同居之条:"若女许嫁已定,归其夫,出养入道,及聘妻未成者……"其疏议曰:"出养谓男女为人所养,入道，谓为道士女寇若僧尼。”

【出闱】【史】闱者考场也，出乃退出之义，故出闱乃考试终了之谓，清制会试终了之日，每赐考试官以下诸人以赏宴，称曰出闱筵宴。（清会典吏部、清科场条例）

【出礼入刑】【史】刑乃以拥护礼教为目的，故出乎礼之行为即入乎刑罚之范围，是为出礼入刑，书经—舜典：“汝作士，明于五刑，而弼五教。”叶良佩撰刑礼论曰：“乃如圣人之意制其刑也，正所以辅礼也，是故出礼则入刑。”按此语乃出于后汉书之陈宠传，内谓：“礼之所去①，刑之所取，失礼则入刑。”

【刊行】【通】Publication 公然之刊印与发行为刊行，为出版之别称。（参出版及出版法条内）

【刊行自由权】【宪】Right of publication 人民在法律上有刊印及发行文书图画之自由权，谓之刊行自由权。此项自由权各国宪法上多设有明文，在我国之训政时期约法内第十五条亦有下列之规定：“人民有发表言论及刊行著作之自由，非依法律不得停止或限制之。”

【加入】【通】对于现已存在之团体报名参加入会，谓之加入。

【加工】【物】Specification 为添附之一，对混合与附合言，即加工于他人之动产上而另成一新动产之谓也。此新动产曰加工物，例如加雕刻于金属，加画于纸上是，此项加工物所有权之属于何人，我国民法规定加工于他人动产者，其加工物之所有权属于材料所有人，是为原则，但因加工所增之价值显逾材料之价值者，则加工物之所有权应属于加工人。（第八一四条）

【加工人】【物】加工之人曰加工人。（详加工条内）

【加工物】【物】（详加工条内）

【加功力】【史】加于自然物上之人功力量，曰加工力，例如采伐山野之草木是。唐律（卷二十）贼盗篇——山野物已加功力条：“诸山野之物，已加功力，刈伐积聚而辄取者，各以盗论。”

【加功于他人自杀罪】【刑】为杀人罪之一，即对他人自杀予以加功行为之犯罪也。昔时欧陆各国对自杀曾悬为例禁，至今人皆认此政策与刑罚目的不合，故无明文规定，惟对加功于他人自杀者，加以禁止而已。我国刑法计分四种：(1)教唆他人自杀罪。(2)帮助他人自杀罪。(3)受他人嘱托而杀之罪。(4)得他人承诺而杀之罪。（详各本条）

【加功于他人自伤罪】【刑】为伤害罪之一，即对他人自伤予以加功行为之犯罪也。按自伤行为大都于欲达到某项目的而始为之，例如欲避免征兵，或如乞丐欲藉以示怜于人以求生活是。刑法对自伤本无处罚规定，惟加功于他人为自伤之行为者，自应加以禁止，计分四种：(1)教唆他人自伤罪。(2)帮助他人自伤罪。(3)受他人嘱托而伤害之罪。(4)得他人承诺而伤害之罪。（详各本条）

---

① 原书为“云”，系排版之误。

【加功堕胎罪】【刑】为堕胎罪之一，受怀胎妇女之嘱托或得其承诺而使之堕胎者，成立本罪，其要件为：(1)本罪之主体为加功者。(2)客体为怀胎妇女及胎儿。(3)须有堕胎之行为。(4)须得怀胎妇女真意之承诺，而其嘱托亦须系胎妇自己之主动者，本罪之处分为二年以下有期徒刑，至因而致妇女于重伤者，处三年以下有期徒刑，若因而致死者，则处五年以下有期徒刑。(刑法第三〇五条)

【加役流】【史】唐时流刑之最重者，即于流刑中附以三年之劳役，谓之加役流，按唐律(卷二)名例篇——应议请减之条疏议曰："加役流者，旧是死刑，武德年中改为断趾，国家惟刑是恤，恩弘博爱，以刑者不可复属，死者务欲生之，情轸向隅，恩覃祝网，以贞观六年奉制，改为加役流。"事物纪原："唐刑法志曰，太宗即位，长孙无忌议绞刑三十，皆免死而断趾，裴洪献以为五刑而刖足，是六也，于是除断趾法为加役流，盖自唐太宗始也。"

【加官】【史】古时所称之加官，乃指兼职而言，汉书："侍中左右曹诸吏散骑中常侍皆加官。"今之所谓加官，则系官吏升迁之意。

【加重】【刑】Aggravation　凡逾越法定刑之范围而加重处罚者，曰加重，加重只限于主刑，从刑不在其内，加重在法律上可分为一般加重与特别加重，在学理上又分为法律上之加重及裁判上之加重，更可分为主观的加重及客观的加重(详各本条)，死刑与无期徒刑均不得加重，以其性质使然也。

【加重和奸罪】【刑】为和奸罪之一，又名亲属相和奸罪。(详该本条)

【加重和诱略诱未成年人罪】【刑】为和诱略诱未成年人罪之一，又分为二：(1)因意图营利或意图使被诱人为猥亵之行为，或奸淫而和诱略诱未满二十岁之男女脱离享有亲权之人，监护人，或保佐人而成立，本罪除须具备单纯和诱略诱未成年人罪各要件外，如意图营利，或意图使被诱人为猥亵行为或奸淫之任一目的者，即构成本罪，故加重其处分为一年以上七年以下有期徒刑，得并科一千元以下罚金，未遂罪亦罚之(刑法第二五七条第二、四项)。(2)因移送被诱人出民国领域外而成立者，盖将未满二十岁之男女，和诱略诱而移送于国外，其违背人道妨害家庭，罪实无可逭，故加重其刑，本罪之主体以和诱略诱人为限，若该犯人如嘱其他人代为移送时，仍不能卸免责任，其处分为七年以上有期徒刑，未遂罪亦罚之。(刑法第二五七条第三、四项)

【加重侵占罪】【刑】为侵占罪之一，因对于公务上或业务上所持有之物，犯一般侵占罪而成立，其要件有五：(1)本罪之主体为有身分之从事公务者(如官吏是)，或从事业务者(如开行栈及运输业者)。(2)须有为自己或第三人不法之所有的故意。(3)须为因公务上或业务上之原因而持有之财物。(4)须系属他人之所有物(其范围参纯窃盗罪条内)。(5)须有侵占之行为，本罪之处分为六月以上五年以下有期徒刑，得并科三千元以下罚金，未遂罪罚之。(刑法第三五七条)

【加重海盗罪】【刑】为海盗罪之一，更分为四种：(1)犯海盗罪因而致人于死者，处死刑，因致重伤者，处死刑或无期徒刑(刑法第三五二条第三项)。(2)犯海盗罪而放火者，处死刑(第三五三条)。(3)犯海盗罪而强奸者，处死刑(第三五三条)。

(4)犯海盗罪而故意杀人者，处死刑(第三五三条)。上述所称海盗罪，系包含单纯海盗罪与准海盗罪。

【加重杀人罪】【刑】为杀人罪之一，因被害客体身分之不同，或杀死方法之有异，或杀人目的及其特别之恶性重大等情形，故加重其刑，以示严惩，计分九种：(1)杀尊亲属罪。(2)杀友邦元首罪。(3)豫谋杀人罪。(4)惨杀人罪。(5)意图便利犯他罪之杀人罪。(6)意图免犯罪之处罚而杀人罪。(7)意图防护犯罪所得利益而杀人罪(详各本条)。(8)强奸杀人罪(详加重强奸罪条第三项)。(9)强盗或海盗杀人罪。(详加重强盗罪及加重海盗罪条内)

【加重强行猥亵罪】【刑】为强行猥亵罪之一，即因犯人之身分所生之加重强行猥亵罪之谓也。本罪因特殊身分而犯强行猥亵罪者而成立，如(甲)直系或旁系尊亲属对于卑幼犯之者。(乙)监护人保佐人对于其所监护或保佐之人犯之者。(丙)师傅对于未满二十岁之学徒犯之者。(丁)官立公立私立病院，济贫院，或救济院之职员，对于收容之人犯之者，至于犯第二四〇至二四二条其他所举各罪者(本罪亦在其内)，均应加重本刑三分之一，因此项监督人犯罪较易，故加重其刑也。(刑法第二四三条)

【加重强奸罪】【刑】为强奸罪之一，因情形不同而分为四种：(1)轮奸罪——因二人以上共同对妇女以强暴胁迫药剂催眠术或他法至使不能抗拒而轮奸之，或对未满十六岁之女子因其同意加以轮奸而成立，处无期徒刑，或七年以上有期徒刑(刑法第二四〇条)。(2)强奸致被害人死伤罪——犯强奸罪因而致被害人于死者，处死刑，因而致重伤者，处无期徒刑，至犯强奸罪因而致被害人羞忿自杀，或意图自杀而致重伤者，其处分亦同(同条第四、五项)。(3)强奸杀人罪——因犯强奸罪而故意杀被害人而成立，被害人包括被强奸妇女之本夫及其家长在内，且须以故意为必要，处死刑(同条第六项)。(4)因犯人之身分所生之加重强奸罪——因特殊身分而犯强奸罪之谓，计分四种：(甲)直系或旁系尊亲属对于卑幼犯之者。(乙)监护人保佐人对于其所监护或保佐之人犯之者。(丙)师傅对于未满二十岁之学徒犯之者。(丁)官立公立私立病院，济贫院，或救济院之职员，对于收容之人犯之者，至于犯第二四〇条、二四一条、二四二条其他各罪者(本罪亦在内)，均应加重本刑三分之一，其原因为上述各监督人犯罪较易，故有此例外加重之规定，所以维持风化也。(第二四三条)

【加重强盗罪】【刑】为强盗罪之一，更分为四种：(一)犯强盗罪而有下列情形之一者：(1)意图强取，于夜间侵入住宅，或有人居住之建筑物，或隐匿其内者。(2)毁越门扇墙垣者。(3)携带凶器者。(4)结伙三人以上者。(5)乘水灾火灾或其他灾害之际而强取者。(6)在车站或埠头强取者。(7)以之为常业者，在上列各种情形时，加重其刑，即处七年以上有期徒刑，未遂罪罚之(刑法第三四八条)。(二)犯强盗罪而放火者，处死刑或无期徒刑(第三四九条)。(三)犯强盗罪而强奸者，处死刑或无期徒刑(第三四九条)。(四)犯强盗罪而故意杀人者，处死刑(第三五〇条)。按上述所称强盗罪，包含单纯强盗罪，临时强盗罪，强夺利益之强盗罪，与准强盗罪而言。

【加重略诱成年妇女罪】【刑】为妨害自由罪之一，因其情节不同，故加重其罪，更分为二：(1)因意图营利或意图使妇女为猥亵之行为或奸淫而略诱之罪——其目的须为营利，或猥亵行为，或奸淫之一者，且须有略诱之手段，而其客体尤须为已成年之妇女，方构成本罪，处三年以上十年以下有期徒刑，得并科一千元以下罚金，未遂罪罚之(刑法第三一五条第一、四项)。(2)因移送被略诱人出民国领域外而成立此种行为违背人道，妨害个人自由，及家庭幸福，自应加重其刑，其主体以略诱人为限，若该犯人有嘱托他人代为移送时，仍不能避免本罪，但须有移送至民国领域以外，方构成本罪，处无期徒刑或五年以上有期徒刑，未遂罪罚之(同法第三一五条第三、四项)。但本罪须告诉乃论。(第三二二条)

【加重等级说】【刑】又名就本刑加重说，为累犯处分说之一种，对变更刑罚种类说与增加最长期说而言，即将累犯所受之刑较初犯之刑加重等级之谓，又分为二：(1)就累犯之次数而递加者，例如我国暂行新刑律所定再犯者加本刑一等，三犯以上者加本刑二等是。(2)再犯三犯不加区别，只以同一规定适用者，例如日本旧刑法规定三犯以上其加重与再犯例之相同是，此说与刑事政策上特别预防之本旨相抵触，盖不论累犯恶性之大小，一律加重等级，殊欠公允故也。我国新刑法采本说之第一种，惟另再分为普通累犯与特别累犯(详各本条)以定加重处分之重轻耳。(刑法第六十六条)

【加重诈欺罪】【刑】为诈欺罪之一，又称常业诈欺罪，因以犯一般诈欺罪为常业者，成立本罪，因其恶性重大，对社会之影响甚巨，故加重其刑，处一年以上七年以下有期徒刑，得并科五千元以下罚金，未遂罪罚之。(刑法第三六四条)

【加重伤害罪】【刑】为伤害罪之一，即犯伤害罪者因被害人身分，或伤害方法，及伤害情节重大之不同，更分为四种：(1)致人重伤罪。(2)伤害致死罪。(3)伤害尊亲属罪。(4)施用极危险方法以伤害人罪。(详各本条)

【加重抢夺罪】【刑】为抢夺罪之一，更分为二：(一)犯单纯抢夺罪而故意杀人者，加重其刑，即处唯一之死刑。(二)有下列行为之一者，加重其刑，即处三年以上十年以下有期徒刑：(1)意图抢夺于夜间侵入住宅，或有人居住之建筑物，或隐匿其内而犯抢夺罪者。(2)毁越门扇墙垣而犯抢夺罪者。(3)携带凶器而犯抢夺罪者。(4)结伙三人以上而犯抢夺罪者。(5)乘水灾火灾或其他灾害之际而犯抢夺罪者。(6)在车站或埠头而犯抢夺罪者。(7)以犯抢夺罪为常业者，未遂罪亦罚之。(刑法第三四四条)

【加重诬告罪】【刑】为诬告罪之一，亦有二种情形：(1)因意图陷害直系尊亲属，而犯一般诬告罪而成立——加重本刑二分之一。(2)因意图陷害旁系尊亲属，而犯一般诬告罪而成立——加重本刑三分之一。按本罪系以被害者身分为构成要件。清律谓之干名犯义，悉处极刑，所以重伦常而敦风化也，自唐以来相沿未改，暂行律仅定加重陷害直系尊亲属罪，新刑法复加入旁系尊亲属一项(第一八一条)，至于在诬告案件判定前自白者，减轻或免除其刑。(第一八四条)

【加重诽谤罪】【刑】为诽谤罪之一，即因诽谤之方法与犯意不同，而加重其处罚之犯罪也,兹分为二:(1)以散布文字图画为犯诽谤罪之方法者——即英美德所谓文字诽谤罪是,其成立要件与单纯诽谤罪同,惟其方法乃以文字代言语耳,因其传播范围及影响较言语为大,故加重其刑为一年以下有期徒刑,拘役,或一千元以下罚金(刑法第三二五条第二项)。(2)明知为虚伪之事犯诽谤罪者——因其有直接故意,故恶性较重,应加重处罚,其要件与单纯诽谤罪同,其方法不论为言语或文字,皆包括之,惟须以明知其事实为虚伪而诽谤为必要,始构成本罪,加重本刑三分之一(第三二八条)。至加重诽谤罪,亦有例外之规定二。(详诽谤罪条)

【加重掳人勒赎罪】【刑】为掳人勒赎罪之一,即因其情形之重大而加重其刑之掳人勒赎罪也,更分为三:(甲)犯一般掳人勒赎罪因而致被害人于死者,处死刑,或无期徒刑,因而致重伤者,处无期徒刑(未遂罪罚之,刑法第三七一条第二、三项)。(乙)犯一般掳人勒赎罪而故意杀被害人者,处死刑(第三七二条第一项)。(丙)犯一般掳人勒赎罪而强奸被害人者,处死刑,或无期徒刑。(第三七二条第二项)

【加重窃盗罪】【刑】为窃盗罪之一,因有下列情形之一,故加重其刑:(一)意图行窃于夜间侵入住宅,或有人居住之建筑物,或隐匿其内而犯窃盗罪者——因其侵入他人住居而窃物故也。(二)毁越门扇墙垣而犯窃盗罪者——因有破坏之行为故也。(三)携带凶器而犯窃盗罪者——因含有公然反抗之意故也。(四)结伙三人以上而犯窃盗罪者——因恶意较大,实施较易故也。(五)乘水灾火灾或其他灾害之际,而犯窃盗罪者——因乘人之危情尤难恕故也。(六)在车站或埠头而犯窃盗罪者——因以保障行旅之计故也。(七)以犯窃盗为常业者——因其恶性重大故也。凡有上述情形之一者,处一年以下有期徒刑,未遂罪[①]罚之。(刑法第三三八条)

【加害人】【债】Injuring party 不法行为者对他人之权利加以侵害时,曰加害人,其不法行为则曰加害行为,依法加害人应负损害赔偿之责任。

【加害行为】【通】Harmful act 所谓加害行为,乃指侵害他人权利之行为而言,在民法上称曰侵权行为,在刑法上则为犯罪行为。(参各本条)

【加级】【史】秦法,斩敌首一名,赐爵一级,故斩首为斩首级,后世为官阶中之加一级或二级,乃始于此,实则官阶之加级一语乃始于春秋,晓读书斋杂录:"左传僖公九年王使宰孔赐齐公胙,即有加劳赐一级之文,二十三年又云,公子降拜稽首,公降一级辞,则官阶之一级二级,明非自秦始也。"清制,凡官吏有勋劳者或有多额巨大之捐纳者,依现在品级加赐一等,亦称曰加级。六部成语注解:"在本来之品级上,加赐一等。"

【加级记录】【史】清制,文武官及诸侯补候选之人员捐纳者许加品级,将此事由登记于官吏任用簿册上者,谓之加级纪录。(会典吏部)

【加级请封】【史】清制,官等之升进,得依捐纳方法为之,又官职之给予,有一定

---

① 原书为"罪遂",系排版之误。

限制，不得滥越，但有多额巨大之捐纳时，则仍得为加等级之封典的请求，谓之加级请封。（会典吏部）

【加率】【史】于一定税率之额外另行多征者，谓之加率，为法律所不许，唐书食货志："穆宗即位，两税之外，加率一钱者，以枉法赃论。"

【加减例】【刑】Rules for the Increase or Reduction of Punishment 即关于刑罚加重，或减轻之程度及顺序之法定准则也（刑法第七十九条至第八十九条）。内分加重例减轻例及加减竞合例三类，所谓加减竞合之例者，即加重事由与减轻事由同时存在之谓也，如第八十六条一项之同时刑有同等分数之加重及减轻者互相抵销，例如再犯加重三分之一，自首减轻三分之一，同时并发，互相抵销是，又同条第二项之同时刑有不同等分数之加重及减轻者，先后加减，例如加重三分之一与减轻二分之一同时并发，则先就法定刑加三分之一，再将加成之数减二分之一是，加减例中应注意者，即死刑及无期徒刑均不得加重，从刑不得加重或减轻是。

【史】所谓加减例乃指以刑律所定刑名之次第为标准，而定其加重及减轻之方法之规定而言。（唐律卷六名例篇称加者就重条）

【加减罪例】【史】本条所定为加减罪犯之通例，加者就本罪上加等或递加从重，减者就本罪上减等，或递减从轻。明律（卷一）、清律（卷五）名例律均有本条之设，清律原文及其下注："凡称加者，就本罪上加重（谓如人犯笞四十，加一等，即坐笞五十，或犯杖一百，加一等，则加徒减杖，即坐杖六十，徒一年，或犯杖六十，徒一年，加一等，即坐杖七十，徒一年半，或犯杖一百，徒三年，加一等，即坐杖一百，流二千里，或犯杖一即，流二千里，加一等，即坐杖一百，流二千五百里之类）。称减者，就本罪上减轻（谓如人犯笞五十，减一等，即坐笞四十，或犯杖六十，徒一年减一等，即坐杖一百，或犯杖一百，徒三年，减一等，即坐杖九十，徒二年半之类），惟二死三流，各同为一减（二死，谓绞斩，三流，谓流二千里，二千五百里，三千里，各同为一减，如犯死罪减一等，即坐流三千里，减二等，即坐徒三年，犯流三千里者，减一等亦坐徒三年），加者，数满乃坐（谓如赃加至四十两，纵至三十九两九钱九分，虽少一分，亦不得科四十两罪之类），又加罪止于杖一百，流三千里，不得加至于死，本条加入死者，依本条（加入绞者，不加至斩）。"清律之总注："此条总括，凡言加言减之通例，加者，就本罪上加等增而重之也，减者，就本罪上减等，损而轻之也，二死，绞斩也，三流，流二千里，二千五百里，三千里也，二死同为一减，不分绞斩，言减一等，即坐流三千里，三流同为上减，不分远近，言减一等，即坐徒三年，盖绞斩同归于死，三流同于不返，不得减斩罪为绞罪，减远流为近流也，若以数为等而加罪者。必计满其数乃坐，凡银数，曰数，人数器物地亩卷宗之数皆是，如计赃者，少一分，计日者，少一时，皆不为满数，不坐满数之罪也，又言加等者，至杖一百，流三千里而止，不得加至于死，若本条言加至于死者，则加入于绞，不加于斩也。"

【加减竞合例】【刑】（详加减例条）

【加衔】【史】清制，对于下级之官职另加以更上级之官名为加衔，会典吏部："有加衔，以显其秩。"六部成语注解："在本任官以上，另加虚衔。"民国亦袭用此制。

【加议】【史】加议者，严加议处之略语也，即官吏犯公罪时，其情节重大者，应加重谴责之谓。（吏部则例）

【功令】【史】汉制，关于推举功劳者之法令，曰功令，即后世之选举令也。汉书—儒林传："文学掌故补郡属备员，请著功令。"其注曰："师古曰，新立此条，请以著于功令，篇名，若今选举令。"

【功有五品】【史】功者功绩也，因其有勋、劳、功、伐及阅等五种，故曰功有五品，史记—高祖功臣年表："古者人臣功有五品，以德立宗庙，定社稷曰勋，以言曰劳，用力曰功，明其劳曰伐，积日曰阅。"

【功臣】【史】有特殊军功者，赠予功臣称号，始于唐之德宗，斯时仅赐予大将宰相之辈，及宋此种制限始废。事物纪原（卷四）："笔谈曰，赐功臣号始于唐德宗奉天之役，自后藩镇下至从军资深者例赐之，本朝唯以赐将相，熙宁中因上尊号，上不允曰，正如卿等功臣何补名实，时吴充为相，请止从之，自是罢不赐，按今宿卫绪班直自押班而下，各有两字功臣，则宋朝不独以赐将相也。会要曰兴元元年正月一日赦文，诸军诸使诸道应奉天及进收京城将士等，并赐名奉天定难功臣，唐兵志曰，德宗幸梁，神策兵有劳，皆号兴元元年从奉天定难功臣，又曰代宗即位以射生军清难赐名宝应功臣，此盖其始也。笔谈误也。"

【功臣田土】【史】功勋之臣，既由国家赐拨公田，是其已有常禄，若另外别自私置则为私产，应与人民之私田一律平等相视，即须报入册内纳粮当差，不得隐蔽，违者重予惩处。明律（卷五）、清律（卷九）户律田宅篇均有功臣田土之条："凡功臣之家，除拨赐公田外，但有田土，从管庄人尽数报官入籍纳粮当差，违者，一亩至三亩，杖六十，每三亩加一等，罪止杖一百，徒三年，罪坐管庄之人，其田粮官，所隐粮税，依数征纳，若里长及有司官吏，踏堪不实，及知而不举者，与同罪，不知者不坐。"清律之总注："功臣田土，拨数有额，此外但有自置田土，尽数入籍，与民田一例纳粮当差，若隐蔽自置田土，违此律而不粮不差者，计亩论罪，一亩至三亩，杖六十，加等至三十亩以上，罪止杖一百，徒三年，罪坐管庄之人，其田入官，追纳税粮，里长及有司官吏，若畏势力，阿附徇隐蹈勘不实，及知而不举者，同坐管庄人之罪，不知者不坐。"同律辑注："常人欺隐，一亩至五亩，笞四十，罪至杖一百，而此独重，盖恐功臣恃其势力，广置田土，隐蔽粮差，以致贻累小民，故特严其法，罪坐管庄之人，所以优待功臣，而入官追人，如欺隐之例，加罪管庄，即所以示罚也，并严里长官吏之罪者，责其举发也。"

【功臣应禁亲人入视】【史】按功臣为八议之贵，五品以上文武官皆九流之尊，或有犯罪应收人禁者，许令其亲人入监看视，犯徒流罪应发配发遣者，并听亲人随行，即在禁在途亡故者亦有体恤矜悯之明文。明律（卷二十八）、清律（卷三十六）刑律断狱篇均有功臣应禁亲人入视之条："凡功臣及五品以上官犯罪应禁者，许令亲人入视，徒流者，并听亲人随行，若在禁及至配所或中途病死者，在京原官字，在外随处官司，开具致死缘由，差人引领，亲人诣阙奏请发放，违者杖六十。"

清律之总注:“功臣,有勋劳于国家,五品以上[①]文武官,品级已崇,犯罪,国法不容贷,而应禁者,许亲人入视徒流者,听亲人随行,虽有罪而犹体恤之如此,若在禁及配所或中途病死,则官司开具致死缘由,差引亲人奏请发放,恐有别故而死非其所也,虽已死,而犹矜悯之如此,体下之仁至矣,违者杖六十。通上文而言,谓在禁,不令亲人入视,徒流不听亲人随行,病死不引亲人奏请也。”

【功服】【史】五服中之大功与小功之合称,曰功服。

【功曹】【史】官名,在汉时为功曹史,乃郡之属僚,专司郡县官吏之有功者之选署职务,北齐以后称曰功曹参军,隋改司功书佐,唐复为功曹参军,仅于府之下置之耳,其属于县者,则称司功,宋废。

【功疑惟重】【史】赏功时,如功之大小不明者,宁与重赏,是曰功疑惟重,与刑疑惟轻相对称。

【包庇影射】【史】隐蔽不正之行为称曰包庇,影射乃指甲为乙以惑人之意。刑案汇览:“司道司厅衙门吏役,不准过五十名,……年终汇报,该管道府具报总督衙门查点,余皆革退,编入里甲当差,俟入卯之后,汇造总册立案,以杜包庇影射。”(道光七年直隶省奏准)

【包括委任】【债】又称曰概括委任。(详该本条)

【包括法规优于单独法规】【刑】为法规竞合中定罪时法律适用标准之一种,即同一所为触犯数种法规,而此种法规中乃为包括法规与单独法规竞合时,则前者优于后者,例如强盗强奸,乃触刑法第三四六条与三四九条,然三四九条已包括强奸罪于其中,自应从三四九条加以科罚是(参法规之竞合条)。亦称曰结合犯。(详该本条)

【包括财产】【继】Universal property　谓财产之全部包含其利益部分与不利益部分在内也,凡包括的继承之财产,称曰包括财产。

【包括遗赠】【继】Summary legacy Inclusive legacy　又称概括遗赠。(详该本条)

【包括继承】【继】Universal succession　为财产继承之一种,与限定继承相对称,即将财产上之权利义务一切移转于继承人之谓也(第一一四八条)。故凡被继承人之总财产与其一切权利,继承人均取得而享有之,即对被继承人之债务,不问遗产之能否清偿,继承人均须代负清偿之责任,我国民法以此为原则。

【民总】为继承取得之一种,与特定继承相对立,即各个权利根据一个原因而取得,或被继承之谓,例如继承与包括遗赠等皆是。

【包尔诉权】【债】Right of Paulus Action　又名撤销诉权,或称直接诉权,或债务人撤销权,更名诈害行为之废罢诉权。

【包藏物】【物】对埋藏物言,即埋藏物存在之他物也,有专指土地而言者,如罗

① 原书为“止”,系排版之误。

马法是，但多数国立法例均不限于土地，即在动产如其间发见埋藏物时，亦得称为包藏物，我国民法采后说。（参第八〇八条）

【北平种田】【史】明初，将一定之犯罪人配于北平（即今之河北省）以从事于农耕之事，谓之北平种田。日知录之余（卷四）："洪武三十五年九月甲午，上谓刑部都察院臣，自今凡人命十恶死罪强盗伤人者，依律处决其余死罪及流罪，令挈家付北平种田，流罪三年，死罪五年后，录为良民。"

【北平坛庙管理所规则】【行】本规则于民国 年 月 日公布[①]，全文计十二条，自公布之日施行，其要点如下：（一）本所直隶于内政部，置主任一人，由内务部派充，下分二股，每股各置股长一人，股员二人，股长由主任呈请内政部委任之，股员由主任委任之，并呈内政部备案，又因事务上之必要得设办事员三人，雇员十人，分别办理所务及各坛庙事务。（二）庙坛管理所每年收支预算及每月计算应分别造具表册一份报部查核。（三）坛庙游览券归内政部制印，用三联式由所随时领取发售。（四）古迹及建筑物等必须修理时，应呈请内政部核办。

【北寺狱】【史】为东汉之监狱，以鞫问将相大臣为目的而设，因其属于少府黄门北寺，故称曰北寺狱，又曰北卢狱，按黄门乃宦官之别名，北寺狱之制实为宦官以树立自己势力，排斥朝官为目的而设者也。

【北美合众国法】【通】Law of the United States of America （详美利坚法条）

【北齐之法典】【史】北齐高氏为勃海蓨人，勃海封氏世长律学，故所制之法典为前此各朝之观，所谓法典可分为律、令，及权令三种；（一）北齐律——武成帝河清三年所撰，先是文宣天宝元年，命群官刊定魏麟趾格，然当时断狱多不据格，号称变法，滥用堪虞，乃诏群臣议定齐律，然而积久不能成也，及武成即位，屡催督之，至河清三年，尚书令赵郡王睿等，乃上齐律十二篇，三月颁行天下，十二篇如下："（一）名例（二）禁卫（三）户婚（六典作户婚，隋志作婚户）（四）擅兴（五）违制（六）诈伪（七）斗讼（八）盗贼（六典作盗贼，隋志作贼盗）（九）捕断（十）毁损（十一）厩牧（十二）杂律。"据此则北齐[②]合晋律之刑名法例为名例，合盗律贼律为盗贼，合捕律断狱为捕断，改户律厩律卫宫毁亡之名，而为户婚厩牧禁卫毁损，废请赇告劾系讯水火关市诸侯六律，编入名律，至诈伪杂律擅兴违制四律，则一仍其旧，凡定罪九百四十九条，其卷数，隋书经籍志作十二卷（目卷一），旧唐书经籍志，新唐书艺文志皆作二十卷，此则因卷之分合而有异同耳，至其内容，读隋书刑法志，可以窥见一斑，即刑名有五：死、流、刑、鞭、杖，是也，死有圜、枭首、斩、绞四等，流刑则加鞭笞各一百，髡而送于边裔，以充兵役，轻则长徒配春各六年，刑即耐罪也，有五岁，四岁，三岁，二岁，一岁，五等，各加鞭一百，更于五岁以下，乃期二岁，各加定数之笞，鞭有一百，八十，六十，五十，四十，五等。杖有三十，二十，十，三等。又设赎刑之制，以绢代罪，死一百匹。流九十二匹，刑五岁七十八匹，四岁

① 原书缺"年月日"。此情形后续词条中也有，保持原状，再不赘述。

② 原书为"晋"，系排版之误。

六十四匹，三岁五十匹，二岁三十六匹，各通鞭笞论，一岁无笞，则通鞭二十四匹，鞭杖每十，绢一匹，至鞭百，绢十匹，无鞭之乡，皆准绢收钱，合赎者，谓流内官及爵秩比视老小阉疑并过失之属，死刑桁之，流，加杻械、刑、加锁若枷，自流以下当赎者，及妇人犯罪以下，侏儒笃疾癃残，非犯死罪者，皆颂系之，决流刑鞭笞者，鞭其背，每五十，一易执鞭人，鞭鞘皆用熟皮，削去廉棱，鞭疮长一尺笞者，笞臀，而不中易人，杖长三尺五寸，大头径二分半，小头径一分半，三十以下之杖，长四尺，大头径三分，小头径二分，赦日，则武库令设金鸡及鼓于阊阖门之外，集囚徒于阙前，挝鼓千声，释枷锁焉，又定重罪十条①八议之制，以反逆，大逆，叛，降，恶逆，不道，不敬，不孝，不义，内乱，等重罪，列为重罪十条②，不在八议论赎之列。北齐刑名，于此可窥见一斑，至其他，则已无可考。(二)北齐令——北齐令者，亦赵郡王睿等所撰，篇目凡二十八，以尚书二十八曹名篇，北齐制，尚书省有吏部，殿中，祠部，五兵，都官，度支，六尚书，分统列曹，吏部尚书统吏部，考功，主爵，三曹，殿中尚书统殿中，仪曹，三公，驾部，四曹，祠部尚书统祠部，主客，虞曹，屯田，起，部五曹，五兵尚书统左中兵，右中兵，左外兵，右外兵，都兵，五曹，都官尚书统都官，二千石，比部，水部，膳部，五曹，度支尚书统度支，仓部，左户，右户，金部，库部，六曹，即二十八曹也，北齐令卷数，六典注，作五十卷，隋书刑法志，作四十卷，通典卷一百六十四，作三十卷，旧唐书经籍志，唐书艺文志，皆作八卷，而隋书经籍志，亦作五十卷，盖五十卷是也，或因卷之分合而生异同耳，惜书已佚亡，惟逸文往往散见隋书食货志六典通典等书耳。(三)北齐权令——权令者，其编纂年代不详，疑与律令同时所撰，隋书刑法志云，其不可为定法者，别制权令二卷，与之并行，六典卷六注亦云，又撰权令二卷，两令并行，又隋书经籍志，有权令二卷，盖令之有权令，亦犹律之有权格也，隋书刑法志云，后平秦王高归彦谋反，须有预约罪律，无正律，于是遂有别条权格，与律并行，通典卷一百七十，则称之曰别条权令。(按唐律令格式并行，盖沿北制之制也。)

【北齐令】【史】为赵郡王睿等所撰计二十八篇。(详北齐之法典条内)

【北齐刑制】【史】(详北齐之法典条内)

【北齐律】【史】(详北齐之法典条内)

【北齐权令】【史】(详北齐之法典条内)

【半丁】【史】晋制，凡庶民年在十六岁以上者，谓之全丁，十三岁以下者，则曰半丁。

【半主权国】【国公】Half-sovereign states 又称一部主权国。(详该本条)

【半两】【史】为秦代钱币之名，重半两，故名，其上并书有半两二字，乃秦之下币也。

【半床】【史】北齐时以一夫一妻为一床，缴纳一定之税项，其未娶者则称曰半床，得纳半税。

---

①② 原书为“十恶”，据《隋书·刑法志》，北齐时有“重罪十条”，无“十恶”之名，原书系排版之误。

【占田】【史】占田制度起自晋武帝，时有所谓户调之法者，其目的在于计丁计口以课占田之数，惟推行之后仅二十余年，继因同室造戈，遂以崩溃。晋书（卷二十六）食货志："丁男之户，岁输绢三匹，绵三斤，女及次丁男为户者半输，其边郡或三分之二，或三分之一，夷人输賨布，户一匹，远者或一丈，男子一人占田七十亩，女子三十亩，其外丁男课五十亩，丁女二十亩，次丁男半之，女则不课，男女年十六以上至六十为正丁，十五以下至十三，六十一至六十五为次丁，十二以下六十六以上为老小不事。"同时有占田之制度，乃为防止兼并而设，故对权贵及世家勋族均设有一定限制，即诸侯王子在京购置田宅亦有制限，只得有一宅之处，大国田十顷，次国十，小国七，此外佃户之田地亦予限制，均依九品而分，例如第一、第二品佃客毋过五十户，第三品十户，第四品七户，第五品五户，第六品三户，第七品二户，第八品、第九品一户是。

【占田过限】【史】官私人等所受田地，各有一定等级及数额，不许于限外更占，违者即应处以占田过限之罪名而加处罚。唐律（卷十三）户婚篇设有占田过限之条："诸占田过限者，一亩笞十，十亩加一等，过杖六十，二十亩加一等，罪止徒一年，若于宽闲之处者不坐。"疏议曰："王者制法，农田百亩，其官人求业准品，及老小寡妻受田各有等级，非宽闲之乡，不得限外更占，若占田过限者，一亩笞十，十亩加一等，过杖六十，二十亩加一等，一顷五十亩，罪止徒一年，又依令，受田应足者为宽乡，不足者为狭乡，若占有宽闲之处不坐，谓计口受足，以外仍有剩田，务从垦辟，庶尽地利，故所占虽多，律不与罪，仍须申牒立案，不申请而占者，从应言上不言上之罪。"

【占有】【物】Possession 谓对于物有事实上管领之力也，其要件有三：(1)须有管领力——即在自然界可以实施力于物上之谓。(2)须为事实上之管领力，故不问其为自己抑为他人皆属之（占有补助人则否）。(3)所加之管领力须为对于物——即有为实体上且有交易能力之有体物，关于占有之意义，学说及立法例分为三派：①谓法律保护之占有，乃以所有之意思而保持有体物于自己实力之范围内，法国民法与日本旧民法采之。②谓法律所保护之占有，乃以为自己之意思保持所有物于自己实力范围之内，日本新民法采之，规定于第一八〇条内。③谓法律所保护之占有，乃对于物有事实上管领力之谓，德民法采之，规定于第八五四条第一项，我国新旧民法草案及现行民法亦采之，即采客观说而不以意思为要件也。占有究为事实抑为权利，学说纷歧，莫衷一是，我国民法则直称之为占有，盖即认其为事实也。占有之取得有由原始取得者，有由继承取得者（第九四七条），有由传来取得者（第九四六条），占有人之权利义务据民法之规定有六种：(A)取得权利之权（第九四八条—第九五一条）。(B)收取孳息之权（第九五二条—第九五八条）。(C)请求费用之权（第九五四条—第九五五条、第九五七条）。(D)自力救济权（第九六〇条—第九六一条）。(E)占有诉讼之权（第九六二条—第九六三条）。(F)负危险负担之责任（第九五三条—九五六条）。占有因丧失其对于物之事实上管领力而消灭，但其管领力仅一时不能实行者，不在此限（第九六四条）。占有之分类计有十二种：(a)善意占有与恶意占有。(b)自主占有与他主占有。(c)瑕疵占有与无瑕疵占有。(d)直接占有与间接占有。(e)公然占有与秘密占有。(f)和平占有与强暴占有。(g)完全占有与不完全占有。(h)继续占有与不继续占有。(i)正当占有及不正当占有。(j)过失占有与无过失占有。(k)自然占有与法律占有。(l)正权原占有与无权原占有。(详各本条)

【占有人】【物】Holder 对于物有事实上管领力之人曰占有人。(参占有条内)

【占有之推定】【物】Presumption of good possession 即法律为保护占有人起见,以免其举证之责所设之推定也,如欲推翻此项推定须举反证方可,推定之情形有三:(1)占有人于占有物上行使之权利,推定其适法有此权利(民法第九四三条)。(2)凡占有概推定其为善意和平及公然之占有(第九四四条第一项)。(3)经证明其前后两时均为占有者,则推定其为前后两时间继续占有。(同条第二项)

【占有改定】【物】Constitutum possessorium(拉丁);An agreement to acquire the indirect possession in lieu of delivery 为交付要件主义例外之一,对简易交付与指示交付言,即凡让与动产物权时,让与人仍继续占有该动产者,让与人与受让人间得订立契约使受让人因此取得间接占有以代交付之谓也。(民法第七六一条第二项)

【占有取得】【物】Acquisition by occupancy 占有取得者谓以占有方法取得其物也。

【占有物】【物】Things possessed 被占有之物体曰占有物,乃指占有权之客体而言。

【占有诉讼】【物】Possessory action 占有人以其占有诉权而提起之诉讼,称曰占有诉讼。(参占有诉权条内)

【占有诉权】【物】Right of possessory action; Litigious right of possession 与本权、诉权相对称,即法律以维持占有人管领其占有物为目的所畀予占有人一种国家公力之救济也,此项诉讼曰占有诉讼,因其与本权诉讼之以确定权利为目的者不同,即二者之程序效力亦有差异,占有诉权有三种:(1)返还占有物之诉权(即占有收回之诉)。(2)除去占有妨害之诉权(即占有保全之诉)。(3)防止占有妨害之诉权(即占有保持之诉)。(民法第九六二—九六三条)

【占有权】【物】Possessory right 对于占有物之一切权利,称曰占有权。(参占有条内)

【占使】【史】军队将校擅自占领兵卒而使用之,是曰占使,元典章(卷三十四)兵部第一篇占使章——军官札也定数之条:"……军官占使军人,停职。"

【占吝】【史】底护之谓也。(参应议者之父祖有犯条内)

【占宿驿舍上房】【史】公差人员(由各衙门所差出之员役)出外干办公事,经过驿舍不得越礼犯分占宿正厅上房,违者构成本条罪名。明律(卷十七)、清律(卷二十二)兵律邮驿篇均有占宿驿舍上房条之相同规定,清律原文及其下注:"凡公差人员出外干办公事,占宿驿舍正厅上房者,笞五十(正厅上房侍品官上客)。"

【占领】【国公】Occupation 为军事占领之简称。(详军事占领条)

【占领地】【国公】Land of Occupation 占领地者，谓被占领之地域也。（参占领条内）

【卡局】【史】征收厘金之机关之场所，曰卡局，乃税关之一种，始于清之中叶，民国沿习之，国民政府成立因撤销厘金，故卡局亦废。

【卡伦】【史】清制，在蒙古各地要隘之处，置官兵瞭望警戒之所，谓之卡伦。

【卡特尔船】【国公】Cartel-ships 又称俘虏运送船。（详该本条）

【卯时】【史】旧制，官署之出勤，恒于卯时为之，即今之晨间五时至七时。

【卯簿】【史】谓官署之出勤簿册也。刑案汇览："司道府厅衙门吏役不准过五十名，由本官酌定名数，造立卯簿。"

【去任】【史】官吏依正当理由而去职者，谓之去任，所谓正当理由如考满，丁忧，致仕之类皆是，明律（卷一）、清律（卷三）名例篇无官犯罪条之注："去任者，谓考满，丁忧，致仕之类。"所谓考满，乃指在官年限届满而言，所谓丁忧，乃指遭父母之丧而言，至于致仕，即年老而辞职之谓也。（七十岁即应辞职）

【去衣受刑】【史】元制，有夫之妇与人通奸者，裸其体处以杖刑，谓之去衣受刑，元典章刑部七篇纵奸之章第一条——夫受财纵妻犯奸条："……王媚娇，法司拟旧例，合徒二年，加杖七十，去衣受刑。"

【古巴宪法】【宪】古巴为南北美洲间西印度群岛中之最大岛屿，多山而富于矿产，所产烟草，驰名世界，砂糖咖啡皆为大宗之出口品，国家巨富均以此是赖，自纪元一七九二年后即为西班牙之殖民地，旋以西人虐政百出，岛人屡叛，终以势力不敌，未能达到独立目的，自一八九八年西班牙败于美国之后，卒因美国之卵翼而建立独立国，一九〇一年二月十一日公布宪法，创设共和国，即现行之宪法，计分为十四章，共一百十五条，又暂行条例七条，附件八条，兹举本法之要点于下：(一)古巴国为共和政体之独立国，分为六省，包括古巴本岛及邻近大小诸岛。(二)凡出生或归化者均为古巴国民，有依法执干戈以卫国家及依法捐资以充国用之义务。(三)古巴国民在法律上一律平等，有身体不受侵犯之自由权，有书信文件之秘密自由权，住居之自由权，出版刊行及发表言论之自由权，宗教信仰之自由权，集会结社之自由权，财产之自由权等，此外其他一切权利凡系根据于以人民为主权以共和国为政体之主旨者，亦应受本法之保障。(四)古巴男子年在二十一岁以上者均有选举权，惟有下列情形者则为例外：(1)为养育院中之人者。(2)经法院宣告为精神障碍者。(3)经褫夺公权之宣告者。(4)现任共和国陆海军职役者。(五)宪法上关于权利之保障在原则上不得停止之，惟遇有侵犯本共和国疆土，及有危害公共治安之扰乱事件而为保存国家安全所必要之时，则为例外，但须依法为之。(六)立法权力属于国会，由元老院及众议院组织之，元老院以每省选出之元老院议员四人组织之，任期为八年，每四年改选其半数，其议员须原为古巴国籍者，须年逾三十五岁者，须完全享有公民及政治权利者。众议院由每居民二万五千人，或其零数在一万二千五百人以外者各选出一人组织之，任期四年(每二年改选半数)。议员之资格如下：(1)原籍或归化为古巴人民者(如系归化须自归化日起在本国领域内住居满八年者)。(2)年龄满二十五岁者。(3)完全享有公民权利者。(七)众议院有弹劾总统及国务员之权,元老院有审讯该弹劾案之权,两院应于同日开会及休会,并应聚集于同一地点,非经双方同意,不得将会场迁移至他处,开会时须有议员全体三分二之列席,又两院均各选正副议长各一人,关于总统之选举由两院开联合会议行之。此外国会尚有某种法定之权力(第五十九条之列举规定)。计共十三种。(八)提议制定法律之权亦由两院行使之,于通过后应请总统批准公布之,惟总统有拒绝之权耳。(九)行政权由共和国总统行使之,充任总统者须具备下列之资格:(1)须为原属于古巴国籍或为归化者(惟归化者必须于独立战争时曾服役于古巴军队至少有十年以上者)。(2)年在四十岁以上者。(3)完全享有公民及政治权利者。总统任期为四年,不得连任至三次,总统权力颇大(第六十八条列举共十七种)。(十)总统之外复设副总统一人,其选举,资格,任期,均与总统同,惟同时兼任元老院之议长,于总统离职时代理其职权。(十一)国务员为治理行政事务而设,非古巴国籍之人及完全享有公民及政治权利之人,不得被任为国务员,凡总统之命令,敕令及训令均须由国务员之副署始生效力。(十二)司法权之行使应属诸最高法院以及其他一切依法律所规定而创设之法院。最高法院之院长及推事须有下列之资格:(1)原属于古巴之国籍者。(2)年满三十五岁以上者。(3)完全享有公民及政治权利,且从未以犯有普通罪案而受身体上之惩罪者。(4)除上述外仍须具有下述之资格:曾在古巴充任律师至少十年者,或曾服司法职务至十年者,或曾在公立学校任教授法律学科满十年者。又下列人员虽无上述第一至第三之资格仍得充任最高法院长及推事:(1)曾任司法人员满一定之期限,而其官级又与最高法院长及推事相等或稍次者。(2)在本宪法未公布前曾任古巴岛最高法院之审判官者。(十三)政府与私人间之案件以及民刑事案件均应由法院审理之,陆海军事法庭另以法律规定之。(十四)各省以其境内所设之自治区组织之,省置省长一人,并设省议会,其议员由人民直接选举之,由八人起至二十人,省长及省议会在一省之地位与总统及国会在一国之地位相仿佛。(十五)各省之自治区各置总董一人及自治议会,均依法由人民直接选举之,分掌行政及立法等事宜。(十六)凡一切财产之在本共和国国境以内,而不属于各省,各自治区,各私人或私法团体者,均应为国家所有。(十七)宪法之修正提案须由两院议员各以三分二之表决通过始得为之,于通过后六个月后应召集宪法大会(由各省依每五万人选出一人为代表组织之),以决定修正案之应否采用。此外尚有暂行条例七条,附件八条,其要点从略。

【古物】【行】Antiquities　所谓古物,乃指与考古学、历史学、古生物学及其他文化有关之一切古物而言,其范围及种类应由中央古物保管委员会定之(古物保存法第一条)。依保存名胜古迹古物条例第二条之规定,所谓古物约有下列各分类:(1)碑碣类——如碑碣坊表摩崖造像,及一切古代石刻板片之属。(2)金石类——如钟鼎泉刀宝玉印玺,及一切古代金石之属。(3)陶器类——如陶瓷[①]各器,及砖

① 原书为“磁”,通“瓷”。

瓦土模之属。(4)植物类——如秦松汉柏,及一切古代植物之属。(5)文玩类——如书帖图画,及一切古代文玩之属。(6)武装类——如刀剑戈矛鍪铠,及一切古代武装之属。(7)服饰类——如镜奁簪珥冠裳锦绣,及一切古代装饰品之属。(8)雕刻类——如佛像雕物,及一切镂刻之属。(9)礼器类——如古代礼器乐器之属。(10)杂物类——如农工用品,及一切不属于各类之物。

【古物保存法】【行】Law Relating to the Preservation of Antiquities 本法于民国十九年六月二日公布,共十四条,兹述其要点如下:(一)古物除私有者外,应由中央古物保管委员会责成保存处所保存之。(二)保存于下列处所之古物,应由保存者制成可垂永久之照片,分存教育部、内政部、中央古物保管委员会及原保存处所:(1)直辖于中央之机关。(2)省市县或其他地方关机。(3)寺庙或古迹所在地。(三)私有之重要古物应向地方主管行政官署登记,不得移转于外人,违者没收其古物,不能没收者追缴其价额。(四)埋藏地下及由地下暴露地面之古物概归国有,其发现人应立即报告政府,其不报而隐匿者以窃盗论。(五)采掘古物应由中央或地方政府直辖之学术机关为之,并须领到采掘执照,否则亦以窃盗论,采掘时应由中央古物保管委员会派员监察。(六)古物(私有者亦在内)之流通以国内为限,但中央或地方政府直辖之学术机关,因研究之必要须派员携往国外研究者,应呈请中央古物保管委员会核准,转请教内两部会同发给出境护照,此项古物至迟须于二年内归还原保存处所。

【另户】【史】另户者谓独立之户籍也。户部则例(卷二):"自幼给与另记档案开户户下家奴及民人抚养,后有指称原系另户,复请归宗者,概不准行。"

【另居亲属】【史】即别居之亲属也。(参脱漏户口条)

【另约】【国公】又称附约。(详该本条)

【召唤状】【民刑诉】Writ of summons 为日本名辞,即我国所称之传票也。

【召集】【通】Call; Calling 基于命令服从关系,对于特定人或不特定人加以推促,使其集合者,曰召集,例如议会之召集是,严格而言,召集与招集不同,前者为公法上之行为,乃基于命令服从之关系。后者乃私法上行为,系基于权利义务之关系。但我国法律对于二者并无区别,统称曰召集,如对公司股东之召集,与政府各委员会之召集皆是。

【可分之债】【债】Divisible obligation 又名连合之债,为多数主体之债之一种,即以可分给付为标的而属于多数主体之债权债务关系之谓也。其债权人有数人时曰可分债权,债务人有数人时曰可分债务,可分之债之成立要件有三:(1)其标的须为可分之给付。(2)债之主体须为多数。(3)其债又须以同一给付为标的。民法明定可分之债除法律另有规定或契约另有订定外,应各平均分担或分受之,至其给付先本不可分后变为可分者,亦按多数人平均分担或分受之。(第二七一条)

【可分物】【民总】Divisible thing 为物之一种,对不可分物言。其区别乃以物在法律上能否分割为标准。即凡不因分割而变更其性质或减少其价值之物也。可分物与不可分物区别之实益,于债权债务及共有物之是否可分,极有关系。

【可分给付】【债】Divisible prestation　为债之标的之给付之一种，对不可分给付言，即债之给付其分割并不害及其本质及价格之谓也。例如将金钱债权先后分为数给付是，当事人为多数时，应各平均负担义务或分受权利，但法律及契约另有规定或订定者不在此限。（民法第二七一条）

【可分债务】【债】Divisible obligation　（详可分之债条内）

【可分债权】【债】Divisible obligation　（详可分之债条内）

【可有物】【民总】Res innostro patrimonio（拉丁）　又称融通物（详该本条），与不可有物相对立。

【可决】【行】Pass　团体会议时，出席会员对于提案依法表示赞同通过者，曰可决，与否决相对立，提案一经可决，即成为决议案，即在表决时表示反对之会员，亦须服从。

【可能】【民总】Possibility　（详标的物之可能条内）

【可能权】【通】又曰能权（详该本条）或曰得有权。

【可动宪法】【宪】又名曰柔性宪法。（详该本条）

【可移转义务】【通】Assignable duty　（详不可移转义务条内）

【司】【史】司者专门之义也，即有特定之职权之官吏，如司徒，司马，司寇，司空是。至于有司，通常乃指法官而言。

【司元太常伯】【史】为户部之别称，乃唐高宗之龙朔中所改之名称，其后复改为户部之旧名。

【司平】【史】（详工部尚书条内）

【司市】【史】官名，为周礼地官之属，市官之长，乃市场之监督者，其职制为："掌市之治（治以理之）教（教以化之）政（政以正之）刑（刑以制之）量（量多寡）度（度长短）禁（使勿为）令（使之为），以次分地而经市（以所居之次为叙，分地以掌之），以陈肆辨物而平市（陈物于市肆，使各以类相从），大市（交易众多）日昃而市，朝市，朝时而市，名市，夕时而市，凡治市之货贿六畜殄异，亡者使有（物之无者常使有），利者使集（有利益者，使之阜盛），害者使亡（物之害财者贱之，使至于亡），靡者使微（侈靡者，抑之使微少）。"

【司民】【史】星名，制民之生死者也。古时奏闻民数于王时须祀祭司民，以报天生烝①民之德。周礼—春官大宗伯："天府若祭天之司民司禄，而献民数谷数，则受而藏之。"郑玄注："司民，轩辕角也。"王昭禹注："天之司民，所以制民之生死也。"杨复注："当献民数之时，祭司民，所以报天生烝② 民之德也。"（周礼春官大宗伯，大学衍义补卷六十）司民为周礼秋官之属，乃官名之一种，周礼—秋官："司民掌万民之数。"贾疏云："在此者案其职云，掌登万民之数，凡断狱弊讼，必须知民年几老

①② 原书为"丞"，系排版之误。

幼,是以司民曾非刑狱,连类在此也。"

【司刑】【史】官名,为周礼秋官司寇之属,掌五刑之法以丽万民之罪,当时五刑之适用于犯罪之种类计有二千五百种之多。即墨罪(刻额而涅以墨)五百,劓罪(割劓)五百,宫罪(男子去势女子闭阴)五百,刖罪(截足)五百,死罪五百,周礼一秋官司刑:"司刑掌五刑之法,以丽万民之罪,墨罪五百,劓罪五百,宫罪五百,刖罪五百,杀罪五百,若司寇断狱弊讼,则以五刑之法诏刑罚,而以辨罪之轻重。"

【司刺】【史】官名,为周礼秋官之属,为司寇之辅助官,掌三刺三宥三赦之法,盖即陪审之官也。所谓三刺,约有二说。一为死刑之义,一为咨询之义,三宥即宥恕减轻,三赦则为全然无罪者加以放免之义。周礼一秋官司寇篇:"司刺,掌三刺,三宥,三赦之法,以赞司寇听狱讼,一刺曰讯群臣,再刺曰讯群吏,三刺曰讯万民,一宥曰不识,再宥曰过失,三宥曰遗忘,一赦曰幼弱,再赦曰老旄(耄同),三赦曰蠢愚,以此三法者,求民情,断民中,而施上服下服之罪,然后刑杀。"(参三刺条)

【司命】【史】司命本为星之名,乃主知生死辅天行化,诛恶护善,故司命亦用于刑狱。大学衍义补(卷百):"洪迈曰,易六十四卦,而以刑罚之事,著于大象者凡四焉。噬嗑,旅,上卦为离,丰,贲,下卦为离,离,明也。圣人知刑狱为人司命,故设卦观象,必以文明为主,而后世付之文法欲吏何邪。"

【司武】【史】司马之别称也。春秋列国官名异同考(清汪中撰):"司马亦称司武,襄公六年传,宋平公曰,司武而梏于朝,杜注云,司武,司马也。司寇亦称司败,楚与陈皆有之。"

【司法】【宪】Judicature 所谓司法在三权分立之国家乃与行政立法相对称,在五权分立制度之我国,则与行政立法考试及监察相对立,法院依已定之法令加以解释,并以之对特定事实而施行审判,是曰司法。(参司法权条内)

【司法印纸】【行】Judicial stamps 由司法行政部制造,并由司法机关发售之印纸,为司法印纸,分为下列八种:(1)一分(赭色)。(2)五分(蓝色)。(3)一角(花青)。(4)二角(紫色)。(5)五角(绿色)。(6)一元(赫色)。(7)五元(黄色)。(8)十元(红色)。凡在司法机关呈递书状除依诉讼状纸规则所定应购用部颁状纸者不再贴用司法印纸外,余均贴用司法印纸一角,此外下列司法收入均应贴用司法印纸:(1)依暂行适用之修正诉讼费用规则第二条至第九条,及第十条第一项,第十一条,第十二条征收之各费用。(2)依上述规则第二十条加成征收之各项费用。(3)登记费,登录费。(4)罚金,罚锾(但应提成充赏者不在此限)。至于依法贴用印纸之额数,乃先由司法机关主管人员核算并出具证明书,然后交由请求核算之本人自行持向印纸登售处购贴之,于粘贴后再由收款人员立即抹销并填发收款证。(司法印纸规则第一—三条第六—九条)

【司法印纸规则】【行】本规则于民国十六年十二月十四日由司法部公布,二十年一月九日修正,全文计共十七条,自公布日施行。(参司法印纸条)

【司法年度】【组】Judical year 所谓司法年度,乃指每年自某月某日起至某月某日止,预先于该项期间内计划一切司法事务以便准备分配而言。我国法院组织法规定司法年度自七月一日起至次年六月三十日止(第五十五条)。各级法院及分院已分配之事务,于本司法年度内尚未完结者,由各该受分配之庭或推事继续完结之。(第六二条)

【司法收入委员会】【行】司法收入委员会为审核京外各项司法收入之整顿办法而设,为北京政府之司法部所设置。置委员长一人,由司法总长兼任,委员若干人则由委员长于下列人员中函订之:(1)大理院院长庭长,修订法律馆总裁副总裁,顾问总纂编纂。(2)司法部次长司长参事,总务厅主任,佥事。(3)总检察厅检察长,首席检察官,京师高地四厅厅长,各监典狱长。设事务员一人掌理一切文件事宜,由司法部部员兼充,录事二人亦由司法部录事兼充。(司法收入委员会简章第一—四条,第十二—十三条)

【司法行政】【行】Judicial administration　以补助国家司法权之行使为目的之行政事务,曰司法行政,例如关于法院之设置,法院管辖区域之划定与变更,法院及其附属机关之维持与监督,检察事务之指挥,法官与其他人员之任免调派与监督,律师之甄别与惩戒,判决之执行等,皆属之。

【司法行政公报】【行】Official Report of the Judicial Administration　由司法行政部刊行之公报曰司法行政公报,月出两册,其刊载事项分为法规,命令,公文,专件,别录五种。所刊载文件以业经办结而毋须秘密者为限。(司法行政公报规则第一条、第四—五条)

【司法行政公报规则】【行】本规则于民国二十一年十月十六日由司法行政部公布,全文计共十条,自公布日施行。(参司法行政公报条)

【司法行政部组织法】【行】Law Governing the Organization of the Department of the Judicial Administration　本法于民国十八年四月十七日公布,其先原隶司法院,自民国二十年十二月间修正国民政府组织法公布后,改隶行政院,管理全国司法行政事务,对于各地方最高级行政长官执行本部主管事务,有指示监督之责,设部长一人(特任),政务次长常任次长各一人(简任),秘书四人至六人(二人简任余荐任),参事二人至四人(简任)。于下列各司各设司长一人(简任):(1)总务司。(2)民事司。(3)刑事司。(4)监狱司。科长十六人至二十四人(荐任),科员六十人至一百人(委任),此外得设技正一人或二人(荐任),技士三人至五人(委任)。

【司法行政权】【组】Judicial administrative power　司法行政事务之执行权,曰司法行政权,与司法审判权不可相混,前者之下级司法官须秉承上级司法官以从事于公务,后者则绝对独立,无论何人,均不得加以干涉。

【司法事务】【通】Judicial affairs　关于司法审判上事务,与司法行政上事务,统称曰司法事务。

【司法官】【组】Judicial officer　广义之司法,乃包括构成司法机关之一切官吏而言。狭义之司法官,则仅指掌理审判职务之推事而言,即所谓审判官是也。且简称曰法官。

【司法官署】【行】Judicial office 为官署之一种，与行政官署相对称，谓属于司法系统下之官署也。

【司法法】【通】Law of judicial administration 所谓司法法乃指关于行使司法权之法而言，例如刑法，刑事诉讼法，民事诉讼法，法院组织法等皆是。

【司法状纸】【行】Judicial papers 民事或刑事诉讼除依法得用言词外，其向法院所提出之书面陈述或声请，曰书状，书状所用之纸，曰司法状纸，分为民事状与刑事状两种。前者之收费每套为国币六角，后者每套为国币三角，状纸分为状面及状内用纸两部分，状面由司法行政部制造颁发(他机关不得仿造)，状内用纸由各省高等法院院长或首席检察官分别配制，状面与状内用纸粘合处应加盖戳记，并应于末页加盖发售机关之戳记。状内用纸如不敷用，得由具状人按照原状尺寸自行备纸增加数页。但接缝处应由具状人盖章或捺指纹，至于状纸之价目，应按定价出售，非经司法行政部核准不得加减。(司法状纸规则第一—四条、第六条、第八条、第十条)

【司法状纸规则】【行】本规则于民国十八年二月十四日由司法行政部公布，全文计共十二条，自公布日施行。(参司法状纸条)

【司法省】【宪】Department of Justice 为日本之名辞，即等于我国之司法行政部。

【司法院】【宪】Judicial Yuan (详司法院组织法条内)

【司法院特许私立法政学校设立规程】【行】本规程由国民政府于民国十九年四月七日公布，全文仅七条，兹举其要点如下：(一)大学内之法学院与独立法学院以及设有法律或政治科之独立学院，如为私立者，均须经司法院之特许，其经司法院特许后即由司法院知照教育部及咨明考试院备案，并送登政府公报公布之。(二)经特许之学校如成绩不良者司法院得令其改良或撤销其特许。(三)经特许之学校其法学院或法律科之组织变更时，应呈由教育部转送司法院核准，如裁撤者，亦应呈由教育部转送司法院备查。(四)本规程施行前已经教育部或前大学院立案之私立大学或独立学院应补行特许，其办法由司法院另定之。

【司法院组织法】【宪】Law Governing the Organization of Judicial Yuan 本法于民国十七年十月二十日公布，曾经修正，兹举其要点于下：(一)司法院以下列机关组织之：(1)最高法院。(2)行政法院。(3)公务员惩戒委员会。(二)司法院院长(兼任最高法院院长)经所属各庭庭长会议议决后，行使统一解释法令及变更判例之权。(三)司法院内置下列二处：(1)秘书处——设秘书长一人(简任)，秘书六人至十人(四人简任余荐任)，科员十人至二十人(委任)。(2)参事处——设参事四人至六人(简任)。

【司法院监督国立大学法律科规程】【行】本规程于民国十九年四月七日公布，计共十八条，其要点如下：(一)国立大学法律科之课程编制及其研究指导由司法院直接监督之，其必修课目应为下列各种学科：三民主义，宪法，民法及商事法，刑法，民刑诉讼法，法院组织法，行政法，国际公法，国际私法，政治学，经济学，社会学，劳工法，其授课时间在该法律科授课之总时间，应为三分之二以上。(二)国立大学法律科修业年限过半后应于授课时以外增加研究时间，每星期不得少于四小时，或讨论学理，或实习诉讼，或为法律的补助科学之研究，或为检证的研究。(三)国立大学法律科应将上述第一要点中所定必修课目之授课时间按年分配，作成豫定总表呈送司法院查核，于每学期开始前并应将该学期之课程及课程之章节详细列表呈送司法院查核。(四)司法院对国立大学法律科所下之指导命令改良命令，如该大学不奉行时得咨由行政院转令教育部取缔之。(五)国立大学法律科举行学年考试时应呈请司法院派员监试。(六)国立大学法律科遵照本规程办理经司法院认为成绩优良者，其学生修业期满考试及格时，应由司法院发给证明书。(七)本规程于省立市立或私立各大学均准用之，即各独立学院亦同。

【司法区域】【组】Judicial district　所谓司法区域乃指关于办理司法事务所定之土地管辖区域而言，例如划分某数省为施行新设法院之区域是。

【司法部】【行】司法部为今司法行政部之前身，乃北京政府时代所设之司法行政最高官署，为内阁之一部，直隶于大总统，管理民事刑事非讼事件，户籍登记，监狱及出狱人保护事务，并其他一切司法行政，置总长一人，次长一人，并设总务厅及民事司刑事司监狱司，各置司长一人，又设参事四人秘书四人，佥事十九人，主事六十人，技正一人，技士十二人。(司法部官制第一—二条、第七条第十一—十六条)

【司法经验录】【行】Written experience of judicial officials　各省各级法院院长首席检察官以下各司法官，及暂设普通司法机关各司法人员(如司法公署之司法委员，及兼理司法县政府之县长，与承审人员之类)，任职在一年以上者，应各就其审判检察或司法行政职务上之阅历撰述司法经验录一篇。凡关于当地民刑审判，民事执行，调解，登记，检察，自诉，律师，吏役，监所收用人处务等类之得失利弊，以及与司法有关之当地生活概况，风俗习尚，与夫新法施行以来当地有无窒碍难行之处，当地发生案件有无为法律所未规定，或虽经规定而有罅漏者，及某法条或某法令之适用与执行其对于当地社会观感，民德民生所登生之实际效果如何。诸如此类凡为司法当局所欲知而普通文书不常见者，均宜择要叙述，每篇约二千至三千字。此种经验录撰述者均应签名盖章。以其为豫保升调进级时司法行政部或高等法院审查该员成绩重要证明文件之一。每编应缮成二份或三份，高等法院院长收集后，以一份存院，一份汇司法行政部，由该部派员整理划一体例编次成帙，名曰全国司法经验录汇编。(征集各省司法经验录规则第一条、第四—六条及附则)

【司法解释】【通】Judicial interpretation　为有权解释之一种，与立法解释行政解释相对称，谓审判官适用法律时依自己之见解，对法文所为之解释也。此种解释，有下列三原则：(一)各级法院除最高法院外所为之解释无拘束其他法院之力。(二)审判官不得以法律有不明备或有欠缺为口实，而不受理诉讼或拒绝诉讼。(三)审判官无审判法律善恶之权。

【司法机关】【通】Judicial organ　国家行使其司法权之机关，曰司法机关，所谓法院是也。

【司法独立】【宪】Independence of the judiciary 所谓司法独立，在广义上乃包括下列三种情形而言：(一)司法机关之组织与系统，不得与其他之组织与系统相混。(二)司法官所为之裁判，绝对不受任何人干涉，即其直辖上级机关，亦不得过问。(三)司法官之地位与执行职务时，依法受有一定之保障与尊敬。狭义之司法独立，则专指上述第二种之情形而言。

【司法警察】【刑】Judicial police 谓辅助检察官实施侦查处分之人员也。得分为二：(1)司法警察官——(甲)须受检察官指挥者，如警察官长，宪兵官长，军士，及依法令规定关于税务、铁路、邮务、电报、森林及其他特别事项有侦查犯罪之权者。(乙)不须受检察官之指挥者，如县长，公安局长，宪兵队长官，但于查获犯罪嫌疑人后，除有必要情形外，应于三日内移送该管检察官侦查(刑诉法第二二七—二二八条)。惟遇急迫情形时，应于该管检察官开始侦查前，实施下列处分：(a)记载可为证人者之姓名，性别，住址，及其他足资辨别之特征。(b)调查易于消灭之证据，及其他犯罪情形。(c)犯罪时在场之证人，恐侦查时不能讯问者，得先行讯问(第二三三条)。(2)司法警察——须受检察官及司法警察官之命令，方可实施侦查之权，警察与宪兵是也。如知有犯罪嫌疑时，应即报告司法警察官或该管检察官，必要时且应实施上述关于司法警察官所应为第一及第二款之处分(第二二九条、二三四条)。此外不论司法警察官或司法警察遇有急迫情形，得请在场或附近之人为相当之辅助(第二三五条)，所以达其侦查前处分之目的也。

【行】为警察之一种，对行政警察言，又称镇压警察，谓于提起公诉或实行公诉时，以拘捕被告人，并搜集证据为目的之警察也。

【组】警察及宪兵应受检察官及司法警察官之命令侦查犯罪，故又称曰司法警察，即在平日对于犯罪之防止与镇压，亦为司法警察之义务，至于在法庭开庭时专司保护及纠察之人员，亦称为司法警察，且应受审判长之调度与指挥。

【司法警察官】【刑诉】Judicial police officer 与检察官同有侦查犯罪职权之官吏，曰司法警察官，如县长，公安局长，宪兵队长官皆是。但应于其管辖区域内，始得为之，至于下列各员，亦为司法警察官，惟应听检察官之指挥耳：(1)警察官长。(2)宪兵官长，军士。(3)依法令规定关于税务，铁路，邮务，电报，森林及其他特别事项有侦查犯罪之权者。(刑诉法第二二七—二二八条)

【司法权】【宪】Judicial power 关于司法权之意义有广狭二种，广义之司法权，乃包含司法审判，行政审判，官吏惩戒，与司法行政之职权而言。此为五权宪法之规定，狭义之司法权，则仅为司法权中之司法审判权，司法权与行政权不同之点，其重要者有二：(一)司法权必须基于人民或其他有职权者之要求，始得行使，行政权则系由国家自动的行使。(二)行政权之活动，因时因地而异，司法权则不问何时何地均须系法适用同一法律。司法权与司法行政权不可相混，司法权为独立的，即审判时不受任何人之干涉是也。司法行政权则非独立的，上级官吏可以训令下级官吏，加以指挥，而下级官吏有服从之义务。

【国公】Jurisdiction 简称曰法权。(详该本条)

【司直】【史】司理公直之义，故多为法官之称，同时并为劾参官吏之称。诗经——郑风羔裘篇:"孔武有力,彼其之子,邦之司直。"事物纪原:"后魏永安二年,御史中尉高穆奏置大理司直,汉武初置司直之官,属丞相府,谓之丞相司直,疑大理之置司直,亦取汉丞相司直为名尔。"

【司空】【史】司空为民名,掌水土及民事之职,书经—舜典:"司空掌封土,居四民,时地利。"兹举其沿革如下:(一)少昊氏以鸟名纪官即以爽鸠氏为司空。(二)唐虞时代舜摄政时以禹为司空,寻以契之子冥为司空。(三)夏商皆有此官之设。(四)周以司空为冬官掌邦事,成王时以毛公为司空。(五)战国之宋因避武公之讳改曰司城。(六)秦时则改置御史大夫。(七)汉之成帝于绥和元年更改御史大夫为大司空。(八)哀帝建平二年复为御史大夫,元寿二年仍为大司空。光武二十七年去大字而为司空,献帝建安十三年又罢司空而置御史大夫。(九)曹魏时仍置司空,景初二年以司隶校射崔林为司空。(十)后周并废二职。(十一)隋唐复置司空。(十二)宋仍之,至明始废,后人通称工部尚书为大司空。(参古今事文类聚新集卷三)

【司门】【史】官名,为周礼地官之属,掌王城周围十二门警护之职,与汉代之城门校尉及清代之九门提督相等。后周依周制,复置司门,隋唐因之,唐曰司门郎中,属刑部,掌门籍关津桥梁之警戒及道路之遗失物等事,元以后废之。

【司门郎中】【史】(详司门条内)

【司封】【史】掌诸侯王之封爵之官曰司封,事物纪原:"左传晋文公为执秩,杜预注谓主爵秩官,盖今司封职也(中略)。职林曰,唐龙朔二年,改为司封,通典以为光宅元年。"

【司约】【史】为周礼秋官司寇之属,掌邦国间以及人民间关于契约等之事。秋官司约云:"司约掌邦国及万民之约剂,治神之约为上,治民之约次之,治地之约次之,治功之约次之,治器之约次之,治挚之约次之。"(参约剂条)贾疏云:"在此者,案其职云,掌邦国及万民之约剂,亦是禁戒之事,故在此。"

【司城】【史】为司空之别名,宋(战国)时因避武公之讳,乃改司空为司城。

【司徒】【史】官名,与后世所称之户部尚书相等。其沿革如下:(一)始自少昊氏以鸟名官,即以祝鸠氏为司徒。(二)尧时以舜为司徒,舜摄政时以契为司徒。(三)夏周皆有司徒之官。周礼,地官之长为大司徒:"掌邦教,敷五典,扰万民。"(四)秦改置丞相一官。(五)汉哀帝元寿二年罢丞相而置大司徒以孔光任之,光武二十七年去大字而称司徒。(六)魏晋以后相承不替。(七)宋有丞相之官又置司徒。(八)齐以丞相为赠官,司徒之品秩官与丞相同,郊庙服冕与太尉同。(九)梁时均置丞相与司徒二官。(十)陈以丞相为赠官。(十一)后魏正光以后仍置二官。(十二)北齐废丞相,乾明中又二者并置。(十三)后周置丞相而废司徒,宋因之(参古今事文类聚新集卷三)。按司徒一官,姬周以前皆为教化之官,后世始与户部尚书一职相当。

【司马】【史】官名,为周代夏官之长,有大司马与小司马之别,主兵马之事,兼掌警察事务。周礼夏官司马:"掌邦政,统六师,平邦国。"与后世兵部尚书之职相等。

(大学衍义补卷五)

【司马门】【史】汉时称宫殿外门曰司马门。汉书—元帝纪之颜师古注曰:“司马门,宫之外门也。卫尉有八,屯卫侯司马主卫士徼巡宿卫,每面各二司马,故谓宫之外门为司马门。”

【司马殿门】【史】为汉时守宫殿门之官,周礼—天官宫正注:“司马门者,汉宫殿,每门使一人守门,比二千石,皆号司马殿门。”

【司寇】【史】(一)为周代法官之名,有大司寇与小司寇之别,前者掌建邦之三典,以佐王刑邦国诘四方。后者则掌外朝以政五刑,听万民之狱讼。按司寇为六卿之一,即秋官,其属计有六十,其职制为掌邦之刑。书经之周官篇及周书并周礼之秋官司寇均有详载,惟司寇一名,乃司寇贼之事之义,夏时即有此称。历代职官表(卷三十):“箕子陈禹九畴,而称司寇之官,此可考见夏殷之制实有此职,曲礼郑注所云,并非凿空矣。”(二)为刑罚之名,始于秦代而汉承之,为二岁刑须服劳役。汉书—刑法志:“满二岁为司寇。”同书—张皓传之注:“司寇,二岁刑,输作,作司寇,因以名焉。”(参司寇作条)盖司乃伺之义,派往边地一方服劳役,一方则以防御外寇,故有此称。汉旧仪:“司寇,男备守。”

【司寇作】【史】夏至周司寇皆为法官之名,秦废之而以之为罪名,即课以一定之劳役,是谓之司寇作,汉因之,即二岁之刑也。汉旧仪:“司寇,男备守,女为作如司寇,皆作二岁。”后汉书—鲁丕传注曰:“司寇,刑名也,前书曰,司寇,二岁刑。”周寿昌氏所撰之汉书注补曰:“司寇,始见尚书,洪范八政,六曰司寇,箕子陈禹九畴,而称司寇,则夏制也。礼记曲礼,天子之五官曰司寇,郑注,此殷时制也。而尤莫详于周,尚书,司寇掌邦禁,春秋左传,康叔为司寇,周礼秋官大司寇,小司寇皆是,至秦废周制,不称司寇名大李(见吕氏春秋,李一作理)。名廷尉,汉承秦制,有廷尉无司寇,司寇是罪名,非官名。”

【司败】【史】为掌刑罚之官名,与司寇相等,仅陈与楚此称耳。论语—述而篇:“陈司败问,昭公知礼乎。”左传—文公十年杜注:“陈楚名司寇为司败。”春秋列国官名异同考:“司寇亦称司败,楚与陈有之,文公十一年传,子西曰,臣归死于司败,宣公四年传,箴尹克黄自拘于司败,论语陈同败,即司寇也。”(经典释文云,孔云司败官名,陈大夫,郑以司败为人名,齐大夫案郑说误。)

【司理】【史】掌刑法之官,即今之司法官也。事物纪原:“白氏六帖则云,魏置理曹掾盖法曹也,今司理之任,旧制,诸州有马步院及子城院,主禁系讯狱,张绪续锦里耆旧传曰,开宝六年秋,敕改马步院为司理院,废马步都虞侯,除文资为司理参军。”

【司理判官】【史】乃法官之名称,宋太平兴国三年始以儒士为司理判官。大学衍义补(卷百十一):“宋太宗太平兴国三年,始用儒士为司理判官。”丘浚氏曰:“州郡设官理刑,亦犹周官乡士县士之比,然谓之士者,以刑狱人命所系,不可专委之吏胥,士读书知义理,不徒能守法,而又能于法外,推情察理,而不忍致人无罪而就死地。”

【司理院】【史】(详司理条内)

【司理参军】【史】(详司理条内)

【司会】【史】周礼之官名,司天下之大计,盖即会计之长官也。

【司业】【史】为国子学之教官,隋代之国子监,设有司业,以为祭酒之次官,历代因之,清末始废,按司业名称乃取礼记中之"乐正司业。"盖即为乐官也,古时之司业,乃乐官而兼任国子学之乐学教官,后世始用其名。

【司盟】【史】司盟者,谓掌国与国之盟约及狱讼者相互之誓言,并人民契约等之官也,周礼司寇之属设有此官,并有详细之规定曰:"掌盟载之法,凡邦国有疑,会同则掌其盟约之载,及其礼仪,北面诏明神,既盟则贰之,盟万民之犯命者,亦如之,凡民之有约剂者其贰社司盟。"

【司禄】【史】(一)为官名,周礼地官之属,掌班禄之事,周礼阙其职,孟子:"孟子曰,诸侯恶其害己也而去其籍"是也。(二)为星之名,掌谷之凶丰之神也。周礼太宗伯:"天府,若祭天之司民司禄,而献民数谷数,则受而藏之。"郑玄注:"司禄,文昌第六星,或曰,下能与台同也。"王昭禹注:"司禄所以制谷之凶丰也,而谷数有多寡,孟冬既祭司民司禄,而后献其数于王,王拜而受之,藏于天府,所谓天实司之也。"杨复注:"当献谷数之时,而祭司禄,所以报天生百谷之德也。"(周礼地官太宗伯,大学衍义补卷六十)

【司农】【史】(详大司农条)

【司狱】【史】清制,按察使之辅助官为司狱,掌地方狱讼之事件,各省通常皆置一人。(清会典按察使司)

【司厉】【史】为秋官司寇之属,掌犯罪人,凶器以及盗物等之处分等事。秋官司厉云:"司厉掌盗贼之任器(中略)。其奴男子入于罪隶,女子入于舂稾。"

【司勋】【史】为周礼夏官司马之属官,掌功赏之事。凡属军事,不重功勋,故其事务乃属于夏官。其后久无所闻,至后周始复置之,掌六勋之赏,隋置司勋侍郎属于吏部,唐改为郎中,宋因之,明改为稽勋司,仍属吏部,清末始废。

【司勋侍郎】【史】(详司勋条内)

【司圜】【史】为周礼秋官之属,圜者圜土也,乃监狱之名,司圜即监狱官之名,掌小罪犯惩治之事。周礼—秋官司圜:"掌收教罢民,凡害人者,弗使冠饰,而加明刑焉,任之以事,而收教之。"

【司宪书】【史】清制,以钦天监司宪科制历,称曰太阴历,于每年二月一日即将次年之司宪书成案具奏,经裁可后,由汉文译成蒙文满文,同付刻印,于一定之时期,向京中及外省各衙门颁布。(清会典钦天监)

【司险】【史】为周礼之官名,掌全国山林水泽之调查并开凿其险阻以通达其道路等事。周礼—司险:"掌九州之图,以周知其山林水泽之阻,而达其道路。"郑玄注曰:"山川之阻,则开凿之,水泽之阻,则桥梁之也。"

【司隶】【史】为周礼秋官司寇之属，掌帅领罪隶及俘虏而使其服役劳役，即今之看守之类也，汉武帝时置司隶校尉，始督囚徒使从事于道路沟渠之工事。同时兼掌奸徒之监督，后稍尊重之而使任京畿之纠察，东汉时任为一州之纠察，魏晋以来仍其旧制，称之曰司州，隋置司隶台，有司隶大夫掌诸巡察，至唐废之。

【司隶校尉】【史】（详司隶条内）

【司隶台】【史】（详司隶条内）

【司礼】【史】官名，唐时尝废礼部尚书而改为司礼大常伯，后复旧称，明时置司礼官掌关于宫廷之仪礼等事务，均以宦官任之。其权限甚重，简称曰司礼。

【司礼大常伯】【史】（详司礼条内）

【司职吏】【史】饲养牛羊等之吏役，曰司职吏。史记—孔子世家："孔子贫且贱，及长尝为季氏史，料量平，尝为司职吏，而畜蕃息。"职一作樴，谓系养牛羊之所也。

【司关】【史】官名，为周礼地官之属，掌国境之门及王畿十二门之警戒，春秋时代之关尹即其类也。

【叩阍】【史】官吏或人民诣阙门陈诉冤抑之事者，谓之叩阍。正字通："凡吏民冤抑，诣阙自诉，曰叩阍。"

【叩关】【史】（一）叩一作敂，四方宾客诣关请求进见皇帝之谓也，周礼："凡四方之宾客，叩关则谓之告。"其注曰："叩关犹谒关人也。"（二）叩一作仰，关为秦之都关谷关，以其居高，故仰而攻之，贾谊文："尝以什倍之地百万之众叩关而攻秦。"文选注曰："叩或为仰，秦地高，故曰仰攻之。"

【史】【史】史官之称，掌文书之制作及历史之编纂，始于黄帝之时，及夏殷之时分左右为左史右史，左史记言，右史记事，所谓言乃指帝王之言辞，所谓事乃指帝王之行动，前者如书经是，后者如春秋是，增补四书人物聚考（卷七）：世本注云："黄帝之世，始立史官，苍颉沮诵，居其职矣，至于夏殷乃分左右，故曰左史记言，右史记事，言，经尚书，事，经春秋者也。周礼有大史，小史，内史，外史，御史，大史掌建邦之六典，以逆邦国之治，掌八法，以逆官府之治，掌八则，以逆都鄙之治，小史掌邦国之志奠系世，辨昭穆若有事，则诏王之忌讳，内史掌王八柄之法，以诏王治书王命而贰之，外史，掌书外令，掌四方之志，掌三皇五帝之书，掌达书名于四方，御史掌邦国都鄙万民之治，命以赞冢宰，掌赞书。"

【史汀生主义】【国公】Stimson Dotrine　日本自以武力占据中国之东三省后，极引起各国之恶感，而美国与日本为竞争太平洋上之霸权，双方之暗斗，尤为剧烈，美国国务卿史汀生氏，乃于一九三二年八月八日，在纽约外交讨论会发表演说，其内容约分下列三点：（一）自非战公约成立后，国际间如发生战争，则交战国以外之其他各国，在道德方面不能再适用从前国际公法中之中立法规，而维持中立。（二）国际战争发生时，交战国以外之各国，均负有相互协商，而加以判定是非曲直之义务，绝不能因一己之利益而缄默不言。（三）凡以武力侵略所取得之利益，或掠夺之领土，美国绝对不能予以承认。以上三点，均系对于非战公约所下之新解释，此种主义是否为国际公法所承认，惟有待诸将来之证明耳。

【史价】【史】史价者犹今公使馆秘书官之类也。宋史一职官志："鸿胪寺，凡四夷君长史价朝见，辨其等位，以宾礼待之。"

【史佐】【史】史官之副官也。陈书一姚察传："徐陵领著作，自为史佐。"

【史局】【史】古时历史之编纂概成于私人之手，如国语（左丘明撰）史记（司马迁撰）汉书（班固撰）等皆是，至后汉开东观始设史局，修史之事多由官局为之。唐以后诸史除五代史为欧阳修所撰外，余均出自史局之官撰。

【史官】【史】史官者掌编纂历史之官也（参史条内）。魏晋以后置著作郎专任修史，明清时代为翰林诸官之职，故翰林官称曰太史。

【右丞】【史】为汉代创设之官，为尚书之副，历代因之，清于每部置左右丞，为侍郎之贰，民国袁氏专政时，亦于政事堂置左右丞焉。后汉书百官志："尚书左右丞各一人，掌录文书期会。"唐书百官志："尚书省左丞一人，正四品上，右丞一人，正四品下，掌办六官之仪，纠正省内。"（参左丞条）

【右丞相】【史】与左丞相相对称，此制始于秦，即有左右二人，汉高帝合为一人，十一年更名相国，孝惠时又置左右丞相，文帝二年置一丞相，至哀帝元寿二年改为大司徒，其后皆无左右丞相之名，明初立中书省，以总天下之吏治，有左相国与右相国之设，洪武十三年正月罢中书省，废相国名称，政归六部（吏户礼兵刑工等部），以尚书①任天下事，而以侍郎贰之。

【右券】【史】为证书之别称，或称曰右契，即证书之右部分而交由权利人收执者也。史记平原君传："且虞卿操其两权，事成操右券以责，事不成以虚名德君。"史记田敬仲完世家："常执右券，以责秦韩。"

【右契】【史】为证书之名，即证书之右部分也。交由权利人收执，其左契则交由义务人收执，战国策："操右契，而为公责德于秦魏之王。"礼记曲礼上篇："献粟者执右契。"老子第七十九章："是以圣人执左契而不责于人。"

【右相】【史】齐景公以崔杼为右相，以庆封为左相（史记齐世家②）。唐侍中为左相，中书为右相。

【台铉】【史】台铉者宰相之别称也。台乃三台之台，即三公之谓，铉为金铉之铉，即鼎之谓宰相也。唐律（卷一）一名例篇："降纶言于台铉。"注："春秋汉含孳曰，三公在天，法三台也，易鼎卦曰，鼎黄耳金铉，郑玄云，金台，喻明道举君之官职也，以喻台相。"

【四分主义】【刑】为各国关于责任年龄立法例之一，即分责任年龄为绝对无责

---

① 原书为"事"，系排版之误。

② 原书为"界"，系排版之误。

任，相对无责任，减轻责任，全负责任四期，以为决定处罚之有无与科刑之重轻的标准也。葡、丹、俄、意、挪威、西班牙、土耳其、巴西等国属之。

【四方馆】【史】东夷，南蛮，西戎及北狄等四方所派来使者投宿之所，并专馆其事务之官署，曰四方馆，隋始置之。因有四面故名四方馆，东曰东夷使者，南曰南蛮使者，西曰西戎使者，北曰北狄使者，各掌其来朝者之待遇及互市之事，唐因之，以通事舍人判其事，属中书省，宋置四方馆使，其职掌与隋唐不同，明之四夷馆，清之会同四译馆，则与隋唐四方馆无异。

【四至】【史】土地面积四方之境界谓之四至，如东至何地，西至何地，南北至何地是。六部成语注解："地略之四面也。"通常之田地买卖契约必须载明四至以杜纠纷。

【四至界限】【土】土地之四围（东西南北）的界限，谓之四至界限。

【四岳】【史】为尧舜时代之官名，在中央政府内，其职掌为监督四方之诸侯，书经—尧典云："帝曰，咨四岳汤汤水方割。"又云："询于四岳，辟四门，明四目，达四聪。"集传谓："四岳官名，一人而总四岳诸侯之事也。"薛季宣注："四岳辅导之任，而诸侯之长也。"据此则四岳乃一人充任之官名也。惟尚书则谓四岳乃四人充任之官，各监督其一方之诸侯。如孔传："唐尧之臣，羲和之四子也。分掌四方之诸侯，故称四岳。"以上二说，依余所信，以后者为当。

【四门】【史】四门一语乃出自书经之舜典："询于四岳，辟四门，明四目，达四聪。"及同书："宾于四门，四门穆穆。"按四门乃取其广开四方之门以取四方人才之义，古时天子于四郊设四学，后魏始于四门建立学校，并置四门博士。唐代有四门馆、四门算学等学校，例如以韩愈为四门博士是。宋因唐之制，至元始废。（文献通考）

【四门博士】【史】后魏（南北朝时代）之孝文帝极重学校教育，建立国子大学四门小学，全然效法古制，其后至宣武时大选儒生为小学博士，盖即四门小学之教官也。及唐于四门学置博士六人曰四门博士，如韩退之之为四门博士，以及韩愈与于襄阳书所称："将仕郎守四门博士。"皆是。（文章轨范卷一）

【四门算学】【史】即专门算术之学校，始自唐代。（参四门条）

【四门馆】【史】后魏时因鉴于礼记王制篇所云："春秋教以礼乐，夏冬教以诗书。"之制，遂创设四门小学，唐代改为四门馆，为教授贵族之子弟及庶人之俊秀者（即俊士）之场所。所谓俊士，依开元七年之敕谕："通一经，有文辞史学者人四门为俊士。"（文献通考学校）

【四格】【史】所谓四格，乃指铨考官吏成绩时之四种标准，一为守（即品行）。二为才（即才能）。三为政（即政务）。四为年（即年龄）。清会典—吏部："乃定以四格，一曰守，二曰才，三曰政，四曰年，以别其等而送部。"

【四级三审制】【组】为审级制之一种，谓法院分四级，凡不服最下级法院之判决，在原则上得向直接上级及再上级法院依次上诉二次也。例如不服初级审判厅判决，可向地方审判厅上诉，再有不服时更可向高等审判厅上诉，是为三审。又如系属于地方审判厅之案件，经其判决不服时可上诉于高等审判厅，如经其判决仍不服时，则可向大理院上诉，故亦为三审。但因法院之组织为四级，故称四级三审制，我国旧法院编制法采之。

【四院】【史】唐时有所谓太常寺者，掌礼乐郊庙社稷祭祀之事，为九寺之一，寺内设有四院，一曰天府院，二曰御衣院，三曰乐县院，四曰神厨院，唐书一百官志："太常寺有四院，一曰天府院，藏瑞应及伐国所获之宝，二曰御衣院，藏天子祭服，三曰乐县院，藏六乐之器，四曰神厨院，藏御廪及诸器官奴婢。"

【四善】【史】唐代对流内官之叙功以四善为标准，所谓四善，一曰德义有闻，二曰清慎名著，三曰公平可称，四曰恪勤匪懈。

【四等有期徒刑】【刑】Fourth degree of imprisonment for a time　暂行律分有期徒刑为五等，在三年未满一年以上者为四等有期徒。（第三十七条）

【四亲等】【亲】The fourth degree of relationship　四亲等者，谓亲属关系次于三亲等之亲属也。例如高祖父母或堂兄弟姊妹与己身为四亲等之亲属是。

【四岳】【史】四方之大山也，东岳为泰山，西岳为华山，南岳为衡山，北岳为恒山，古时天子巡狩四方，于此朝见诸侯，宣布政令。

【四礼】【史】所谓四礼乃指冠婚丧祭等四礼而言。齐家宝要（卷上一二）："四礼当行之注曰：先王制冠婚丧祭四礼，以范后人。"

【四权】【宪】四权者，谓选举权、罢免权、创制权与复决权（详各本条）之合称也。凡国家采取此种制度者，其政治曰直接民主制，或直接民权制，盖由人民直接行使四权，而于实际上参与国家之政治也。此种权力乃属政权之范围而由人民行使之，故与治权之分为行政，立法，司法，考试，监察等五权而由政府行使之者，适相对立。

【囚】【刑】有罪而系于狱者曰囚，出而从役者曰徒。

【囚人】【刑】Culprit　又名囚徒，或称犯人，即已被夺去自由而收容或未收容于法定处所之人之谓，分为既决之囚与未决之囚，前者即于刑事上已受有罪之确定审判，应受执行刑罚而拘禁其身体于狱所之人是，即受罚金之处罚而易科监禁者亦同。后者即犯罪行为未受确定审判被拘禁于看守所之人，至其是否已经提起公诉，均非所问。

【囚人自己脱逃罪】【刑】为脱逃罪之一，即依法逮捕拘禁之囚人，以自已能力脱逃之罪，可分二种：(1)单纯脱逃罪——因依法逮捕拘禁之囚人有脱逃之行为而成立，以不法回复自由，而脱离拘禁监督范围为必要，是否在拘禁场内逃出，或在拘禁场所脱离监督范围，均所不问。其处分为一年以下有期徒刑，未遂罪亦罚之（刑法第一七〇条第一、四项）。至其区别标准为必以不法回复自由而逸出于监督力之外，始为既遂，若虽逸出于监禁处所以外，而尚在官吏追迹中者，不得谓非未遂（大理院十年上字一五〇三号判例）。(2)加重脱逃罪——分二种：(a)因损坏拘禁处所，械具，或以强暴胁迫上述单纯脱逃罪而成立，以损坏拘禁处所及械具为必要，或使用强暴胁迫之手段，其处分加重为五年以下有期徒刑，未遂者亦罚之

(第一七〇条第二、四项)。(b)因聚众以强暴胁迫犯上述单纯脱逃罪而成立,其处分在场助势者为五年以上十二年以下有期徒刑,首谋及下手实施强暴胁迫者,处无期徒刑或五年以上有期徒刑,未遂者亦罚之(同条第三、四项)。

【囚不得告举他事】【史】被禁之囚身,处狱中恐有怨恨仇人之事,而诬告其事于官,以启诬陷之事,故特禁其告举他事。明清律有见禁囚不得告举他事之条。唐律(卷二十四)斗讼篇则有囚不得告举他事条之设:"诸被囚禁,不得告举他事,其为狱官酷己者听之。"疏议曰:"人有犯罪,身在囚禁,唯为狱官酷己者得告,自余他罪并不得告发,即流囚在道,徒囚在役,身婴枷锁,或有援人,亦同被囚禁之色,不得告举他事,又准狱官令,囚告密者禁身领送,即明知谋叛以上听告,余准律不得告举。"同条又曰:"即年八十以上,十岁以下,及笃疾者,听告谋反逆叛子孙不孝,及同居之内,为人侵犯者,余并不得告,官司受而为理者,各减所理罪三等。"疏议曰:"老小及笃疾之辈,犯法既得勿论,唯知谋反大逆谋叛,子孙不孝及阙供养,及同居之内,为人侵犯,如此等事,并听告举,自余他事不得告言,如有告发,不合为受,官司受而为理者,从被囚禁,以下减所推罪三等,假有告人徒一年,官司受而为理,合杖八十之类。"

【囚引人为徒侣】【史】在禁之囚每易挟嫌,诬指他人伪为与彼同引。而使该他人亦受同一或相类似之处罚,此项事件数见不鲜。法律特设本条条文加以制裁。明清律均有狱囚诬指平人之条。唐律(卷二十九)断狱篇则有囚引人为徒侣条之设:"诸囚在禁,妄引人为徒侣者,以诬告罪论,即本犯应死,仍准徒流加杖及赎法。"疏议曰:"囚在禁妄引人为徒侣者,谓盗发妄引人为因盗,杀人者妄引人为同行之类,以诬告罪论,谓依斗讼律诬告人者各反坐,即本犯应死,不可累加,故准徒流加杖法,其应赎者,即准徒流赎之。"

【囚律】【史】战国魏李悝创法经六篇,第三曰囚法,至秦商鞅改法为律,谓之六律,囚法因而改曰囚律,仍为刑法之篇名,乃关于刑事被告人囚禁之规定。汉律因之,曹魏时因其中有关于裁判之法规,故另成为断狱律一篇,历晋、宋、齐、梁以迄于唐,皆因其制。

【囚徒伴移送并论】【史】囚徒如于甲处先行系押,其后在乙处复发觉犯有他罪,此时应将乙处所犯案件移送于甲处一并论罪,加以审理,是曰囚徒伴移送并论。唐律(卷二十九)断狱,系设有囚徒伴移送并论条:"诸鞫狱官囚徒伴在他所者,听移送先系处并论之(谓轻从重,若轻重等,少从多,多少等,后从先,若禁处相去百里外者,各从发处断),违者杖一百。"疏议曰:"鞫狱官囚徒伴在他所者,假有诸县相去各百里内,东县先有系囚,西县囚复事发,其事相连应须对鞫,听移后发之囚,送先系之处并论之。"注云:"谓轻从重,谓轻罪发虽在先,仍移轻以就重,若轻重等,少从多,谓两县之囚,罪名轻重等者,少处发虽在先,仍移就多处,若多少等,即移后系囚从先篇处。若禁囚之所相去百里外者,各从事发处断之,既恐失脱囚徒,又虑漏泄情状,故令当处断之,违者各杖一百。"同条又曰:"送违法移囚,即令当处受而推之,申所管属推劾,若囚至不受,及受而不申者,亦与移囚罪同。"疏议曰:"违法移囚,谓移重就轻,或移多就少之类,即令当处受而推之,谓囚至之处，即令受推，仍申所管之州，推劾，谓两县囚申州，两州囚申省，并依状推劾，囚至不肯为受，或受囚不申管属，与擅移囚罪同，亦杖一百，即擅移囚，县各隶别州者，即受囚之县，申所管之州，转牒送囚之州，依法推劾，此等移囚，并谓两处事发，若是一处事发者，不限远近，皆须直牒追摄，如有违者，自从上法。”

【囚给衣食医药】【史】唐制，囚人家处远地应由官给衣粮，俟日后征纳返还，疾病者得请给医药，如主司对此应给而不即给，应受处罚。明清律均有狱囚衣粮条之设。唐律（卷二十九）断狱篇则有囚给衣食医药之条：“诸囚应请给衣食医药而不请给，及应听家人入视而不听应脱去枷锁杻而不脱去者杖六十，以故致死者徒一年，即减窃囚食笞五十，以故致死者绞。”疏议曰：“准狱官令，囚去家县远绝饷者，官给衣粮，家人至日依数征纳，囚有疾病，主司陈牒，请给医药救疗，此等应合请给，而主司不为请给，及主司不即给，准令，病重听家人入视而不听，及应脱去枷锁杻，而所司不为脱去者，所由官司合杖六十，以故致死者，谓不为请，及虽请不即给衣粮医药，病重不许家人入视，及不脱去枷锁杻，由此致死者。所由官司徒一年，即减窃囚食者，不限多少笞五十，若由减窃囚食，其囚以故致死者，减窃之人合绞。”

【囚应禁而不禁】【史】已成狱者曰囚，禁者谓收禁在狱也。男子犯徒以上，妇女犯奸及死罪，皆应收禁，其在禁囚徒以上应杻，充军以上应锁，死罪应枷（枷为明制清律删之），惟妇人不枷，官犯私罪杖以下及公罪流以下与民人罪轻者及老幼废疾皆散收在禁。凡应收禁而不收禁，或凡应锁杻枷（明制）而不锁杻枷及脱去者，均应构成本罪而受处罚。明律（卷二十八）、清律（卷三十六）刑律断狱篇——囚应禁而不禁条：“凡狱囚应禁而不禁应（明律原文此处有一枷字下仿此）锁杻而不用锁杻，及脱去者，若囚该杖罪，笞三十，徒罪笞四十，流罪笞五十，死罪杖六十，若应杻而锁，应锁而杻者，各减一等，若囚自脱去，及司狱官典狱卒私与囚脱去锁杻者，罪亦如之，提牢官知而不举者，与同罪，不知者不坐。其不应禁而禁及不应锁杻而锁杻者，各杖六十，若受财者并计赃以枉法从重论。”清律之辑注：“首节言原问官之罪，次节言狱囚及司狱官典狱卒提牢官之罪。三节又言原问官之罪，末节统言各项受财之罪。”又同律之辑注：“首节脱去是问官所令，故次节司狱等脱去者又加私与囚三字。”又同律之辑注：“杻施于手，惟死罪重囚用之，轻罪及妇人不用，妇人虽犯罪在狱，当避嫌疑，其饮食便溺。不可假手于人。故不杻，锁施于颈以铁索锁之于柱，轻重罪囚皆用之。”又同律之总注：“禁，谓收禁在狱也，男子犯徒罪以上，妇犯奸及死罪，皆应收禁，军民杖以下，妇人流以下，及老幼废疾皆散收押禁，官犯私罪，除死罪外，徒流锁收，杖以下散禁，公罪自流以下皆散收，锁杻俱拘禁狱囚之具也，若原官将应合收禁之囚而不禁，应合锁杻而不锁杻，及已锁杻而为之脱去者，各随囚罪之轻重论以笞杖罪名，所以惩宽纵也。锁杻错施虽不废法，然非法之平，所谓不如法也。各减全不锁杻之罪一等，各字指杖徒流死四项而言。若已如法锁杻而囚自脱去，及司狱官典狱卒私与脱去，亦如原问官脱去之罪，提牢官知而不举者，亦与同罪，不知不坐。不应禁而禁者，误禁也。若故禁者，自有本律，前不禁不锁杻者，虽失之纵，犹可补施改正。此不应禁而误禁，不应锁而误锁杻，则枉矣。故不分轻重各杖六十,所以惩残虐也。各字指禁与锁杻两项言。受财通承上三节各项而言,并计入已[①]之赃以枉法从重论,赃重从枉,轻则从本律也。受财之事不同,有受囚之财,而不禁不锁杻者,有受怨家之财,而枉禁锁杻者,再枷号人犯,当该官司吏卒有应枷不枷等罪,俱与此律同科。下条与狱囚金刀解脱,及狱囚衣粮律,亦准此。"

【外史】【史】官名,为周礼春官之属,掌外国使者之命令。周礼—春官外史:"掌书外令。"左传:"季孙召外史掌恶臣而问盟首焉。"

【外由未遂犯】【刑】对内由未遂犯言,即犯人于着手或实行犯罪行为时,乃因其他外部之障碍而不遂其犯罪之谓;又名未遂犯(详该本条)或障碍未遂犯。

【外交】【国公】Diplomacy　(参外交权条内)

【外交文书】【国公】Diplomatic document　国际间关于外交关系之来往文书,曰外交文书,例如觉书,训令宣言书,报告书,声明书,国书等皆是。其来往投递,均享有不可侵犯权。(参不可侵犯权条)

【外交代表】【国公】Diplomatic agent　又称外交官。(详该本条)

【外交官】【国公】Diplomatic office　又称外交代表,受外交部长指挥之下,派驻外国从事对外交涉事务之国家代表或官吏,曰外交官。按中世纪时之外交官,均系于临时发生交涉事件始行派出,十七世纪以后,常设外交官之制度,方行确立,今则各国均多互派外交官;至我中国之与外国约定互派常设外交官者,系创始于一八五八年之中英天津条约。按外交官系分为四级:(一)大使。(二)全权公使。(三)驻办公使。(四)代办公使(详各本条)。在同级之中其次序则以驻在时间之长短分先后;此外在使馆内有参赞,秘书,翻译官,及随从武官等外交官之设,以辅助大使公使处理事务,且有一二三等之分级。至对于国际间之会议,或国家之仪式典礼,或特殊之谈判,亦有特使之派遣,乃外交官之一种,惟系临时之性质耳。常设外交官到任时,须对驻在国之元首或外交部长呈递国书;临时外交官则呈递全权委任状,或提出于会议,以资证明自是始得正式开始执行职务。外交官在任期内享有治外法权之权利。其最重要者曰不可侵犯权(详该本条)。又外交官任务之终结,有种种方式:例如代表身死,期满使命完成或失败(临时特派外交官为限);外交官自身之渎职犯罪,升进转任;两国开战或断绝国交,本国或驻在国革命,变更政府,或本国或驻在国之元首身死(共和国不在此限,外交官如系代办公使者,亦为例外)。

【外交部】【行】Ministry of Foreign Affairs　(详外交部[②]组织法条内)

【外交部组织法】【行】Law Governing the Organization of the Department of Foreign Affairs　本法于民国十七年八月公布,外交部直隶于行政院,管理国际交涉,及关于在外侨民居留外人中外商业之一切事务,对于各地方最高级行政长官

---

① 原书为"已",系排版之误。

② 原书多一"组"字,系排版之误,应去掉。

执行本部主管事务，有指示监督之职。外交部设部长一人（特任职），政务次长常任次长各一人（均简任职），秘书四人至六人（二人为简任职，余为荐任职），参事二人至四人（简任职）；下列各司，各设司长一人（简任职）：(1)总务司。(2)国际司。(3)亚洲司。(4)欧美司。(5)情报司。必要时得置各委员会，又设科长若干人（荐任职），科员若干人（委任职）；此外因事务上之必要时，得聘用顾问及专门人员。

【外交团】【国公】Diplomatic corps 所谓外交团，乃指驻扎于一国内之各国外交使节之集团而言，乃为联络感情，便利一致行动而组织，在国际法上不享何项特权，通常以赴任最先之使节，或以最高级者充任领袖，对驻扎国交涉关于各国一致之事项，即举行任何典礼时，亦多以之为代表。

【外交谈判】【国公】Diplomatic negotiation （详谈判条）

【外交护照】【行】Diplomatic passport 为护照之一种，与官员护照及普通护照相对称。凡适用于下列各项人员之护照，皆为外交护照：(1)中国国民党中央执行委员，中央监察委员及其眷属。(2)国民政府委员，各院院长副院长，各部会长官及其眷属。(3)外交官领事官及其眷属。(4)国民政府因公派往各国简任以上人员及其眷属。(5)公文专差。(6)上列各项人员之随从。外交护照向外交部领取，自发给之日起，其有效期间为一年。

【外交权】【国公】Right of diplomacy 为国家基本权利之一，即国家对于国际团体之其他团员敦修邦交惠通商业之权利也。仅独立主权国享有完全外交权，一部主权国惟于一定范围内享有之耳，至永久中立国之外交权亦受限制，即不能与他国缔结攻守同盟条约。但自欧战之后，情势大变，所谓一部主权国如英属加拿大、南非洲及澳洲等，亦得派遣代表加入国际联盟及规约，以行使其完全外交权。关于外交权之运用，第一为外交机关，第二为外交文书及条约，第三为国际会议，如具有上述三种，则外交权之作用始称完备。

【外因废止】【通】为废止之一种，与内因废止相对立。谓废止之原因存于法以外者也。例如由新法明文规定废止旧法是。

【外府】【史】周之官署，即掌一国财货之出纳也。与现行法制所定之财政部相似。

【外奸内入】【史】谓国外之奸徒进入内地也。为唐律（卷八）卫禁篇——缘边城戍条内所用之语，其疏议曰："谓蕃人为奸，或行间谍之类。"

【外姻有服属】【史】外姻有服属者，谓姻族中有丧服关系之亲属也。即外祖父母，舅，姑及妻之父母是。唐律（卷十四）户婚篇——同姓为婚之条："……若外姻有服属，而尊卑共为婚姻，（中略）亦各以奸论。"其疏议曰："外姻有服属者，谓外祖父母，舅，姑，妻之父母。"

【外务行政】【行】Administration for foreign affairs 关于处理在外侨民，居留外人，以及中外商业等行政事务，曰外务行政；至于对外媾和宣战缔结条约等，乃属外交权之范围，与外务行政不可相混，处理外务行政之机关有三：一曰外交部，一曰使馆，一曰领事馆。

【外务省】【宪】Department of Foreign Affairs 为日本名辞，与我国之外交部相等。

【外国人】【民总】Alien 凡无中国国籍之人，皆称曰外国人，即无中国国籍而同时亦无外国之国籍之人，亦为外国人。

【外国人之地位】【国私】Status of Aliens 所谓外国人之地位，乃指外国人在内国法律上所享有之权利与所负担之义务之状态而言。

【外国公司】【公】Alien or foreign company 为公司分类之一，对内国公司言。谓隶属外国国籍之公司也。

【外国法】【国私】Foreign law; Alien law 本国以外之法律，统称曰外国法。凡国家在原则上采属地主义者，外国法自亦可在国内适用。我国之法律适用条例规定，外国人之能力以依其本国法为原则。亲族关系及因其关系所生之权利义务，除有特别规定外，亦依当事人之本国法。继承关系亦依继承人之本国法。是皆适用外国法之例也。

【外国法人】【民总】Foreign juristic person 为法人之一种，对本国法人言，即依外国法律而成立之法人也。外国法人除依法律规定外，不许成立(民总施行法第十一条)。经认许之外国法人，于法令限制内，与同种类之中国法人有同一之权利能力(第十二条第一项)。至许可登记以及分事务所之撤销，自与本国法人相同(第十三、第十四条)。以上乃就经认许之外国法人而言。至未经认许之外国法人，若以其名义与他人为法律行为者，其行为人就该法律行为应与该外国法人负连带责任。(第十五条)

【外国船舶】【海】Foreign ship 船舶所有人如非有中华民国之国籍，则皆称曰外国船舶。(参中国船舶条内)

【外国货币之债】【债】为货币之债之一种。(详货币之债条)

【外国为替】【票】Foreign exchange 日本法律称外国汇兑为外国为替。

【外国会社】【民总】Foreign corporation 日本称外国公司为外国会社。

【外患罪】【刑】Offences against the external sovereignty of the state 即对国家外部之组织加以破坏，而致危害国家独立之犯罪也，举凡潜通外国或不潜通外国行为之性质，足以利外国而使本国受害者，皆属之。清律称之为谋叛。按诸今日之外患罪主体，不以本国人民为限之规定，是项名称自不合用，刑法且将漏泄秘密，亦规定外患罪内，以其关系国防之重且大故也。本罪规定于分则第二章，共十四条，又可分为二：(1)平时的外患罪。(2)战时的外患罪(详各本条)。各罪之处罚，其主刑均有明文规定，至褫夺公权则予审判官以自由裁量之权。

【外场】【史】清制，武举之试验分为外场与内场，外场为勇技之考试，内场则为武经之考试。(会典兵部)

【外朝】【史】周代天子有三朝，在皋门之内库门之外者，曰外朝，掌最终之审判权(周礼小司寇)。清制，所谓外朝乃指太和殿，中和殿，保和殿等三殿而言，午门

之内在中央者曰太和殿，其后曰中和殿，又其后则为保和殿。（嘉庆会典卷四十五）

【外债】【行】Foreign debt　与内债相对称，即由外国市场所募集或向外国国家所借贷而来之国债，皆曰外债。

【外亲】【亲】Maternal relatives　与宗亲妻亲相对称，凡与女系血统相连属之亲属，如祖母之血统，母之血统，姑之血统，姊妹之血统，女及侄女与孙女等之血统，皆谓之外亲，但仅以三亲等为限，我国新民法已无外亲之名辞。

【失入者不加罪】【史】谓对因过失入人于罪者不加科以刑罚也。大学衍义补（卷百十二）："太宗（唐）时，有失入者不加刑，太宗问大理卿刘德威曰：近日刑网稍密，何也？对曰：此在主上，不在群臣，人主好宽则宽，好急则急也，律文失人，减五等，今失入无辜，失出更获大罪，是以吏各自免，竟就深文，非有教使之然，畏罪故耳，傥一断以律，则此风立止矣。太宗悦从之，自是断狱平允。"

【失火】【史】谓因过失而起火灾也。旧法对火灾颇为重视，历代法律均有处罚明文。周礼—夏官司爟："凡国失火，野焚莱，则有刑罚焉。"史记—齐世家："失火之家，岂暇先言大人而后救火乎。"唐律（卷二十七）杂律篇——非时烧田野之条："诸失火及非时烧田野者，笞五十，延烧人舍及财物者，杖八十。"注云："非时谓二月一日以后，十月三十日以前。"疏议曰："失火谓失火有所烧，及不依令文节制。"明律（卷二十六）、清律（卷三十四）刑律杂犯篇亦有失火之条，内容全然相同。清律之规定及其注曰："凡失火烧自己房屋者笞四十，延烧官民房屋者笞五十，因而致伤人命者（不分亲属凡人），杖一百（但伤人者不坐致伤罪其）。罪（止）坐（所由）失火之人，若延烧宗庙，及宫阙者绞（监候）。社（按即太社）减一等（皆以在外延烧言）。若于山陵兆域内失火者（虽不延烧），杖八十，徒二年。（仍）延烧（山林兆域内）林木者，杖一百，流二千里，若于官府公廨及仓库内失火者，亦杖八十，徒二年，主守（仓库）之人，因而侵欺财物者，计赃以监守自盗论（不分首从）。其在外失火而延减者，名减三等（若主守人因而侵欺财物，不在减等之限，若常人因失火而盗取，以常人盗论，如仓库内失火者，杖八十，徒二年，比仓库被窃盗库子尽其财产均追赔偿之例）。若于库藏及仓廒内燃火者（虽不失火）杖八十。其守卫宫殿及仓库，若掌囚者但见（内外）火起，皆不得离所守，违者杖一百（若点放火花爆仗，同违制）。"

【失火罪】【刑】Crime of fire by imprudence　属于公共危险罪，本罪约有三种：(1)因失火烧毁现供人使用之住宅，或现有人所在之建筑物，矿坑，火车，电车，或其他行驶水陆之舟车而成立者。其目的物之所有权，不问属于他人或自己所有，且须以过失为必要，处一年以下有期徒刑，拘役，或三百元以下罚金（刑法第一八七条第二项）。(2)因失火烧毁现非供人使用之他人所有住宅，或现未有人所在之他人所有建筑物，矿坑，火车，电车，或其他行驶水陆空之舟车而成立者。以非供人使用或现未有人所在为限，而其物之所有权以属于他人所有为必要，处六月以下有期徒刑，拘役，或三百元以下罚金。至其物之所有权若属于自己所有，因失火而致生公共危险者，其处罚亦同（第一八八条第三项）。(3)因失火烧毁上述二种以

外之物,致生公共危险者。处拘役,或三百元以下罚金。(第一八九条第三项)

【失出入人罪】【史】谓因过失而入人于罪或出人于罪也。唐律(卷三十)断狱篇——官司出入人罪之条:"……即断罪失于入者。各减三等,失于出者各减五等。"

【失出失入】【刑】所谓失出,乃指罪重而刑轻,或应科刑而不科之情形而言。所谓失入,则系指罪轻而刑重,或不应科而科刑之情形而言。依覆判暂行条例之规定:兼理司法事务县政府县司法公署,或由县长兼行检察职务之县法院,对于依法送呈覆判之案件,引律错误致罪有失入,或仅从刑失出者,高等法院或分院应为更正之判决。(第四条第二页第二款)

【失占天象】【史】失占天象者,谓钦天监失候旷职也,换言之,即预测错误之谓。天文垂象,凡一切异变,皆钦天监之所司,失占时,应加处罚。明律(卷十二)、清律(卷十七)均有失占天象条之设,内容相同。清律原文及其下注:"凡天文(如日月五纬,二十八宿之属)。垂象(如日月重轮,及日月珥蚀,景星彗孛之类)。钦天监官,失于占候奏职者,杖六十。"

【失刑】【史】谓刑罚之适用失其宜也。春秋—庄公二十二年:"春王正月,肆大眚。"胡安国注曰:"肆眚而曰大眚,讥失刑也。"

【失效】【通】Ineffective 所谓失效,乃指丧失法律上之效力而言,其范围较失机为广。例如某种法律因其特定目的业已达到而丧失其效力是。(参消减时效条)

【失时不修堤防】【史】河道堤防,若不先事修筑或及时修缮者,则危险殊甚。明律(卷三十)、清律(卷三十九)工律河防篇对此均设有失时不修堤防之专条:"凡不修河防又修而失时者,提调官吏各笞五十,若毁害人家漂失财物者杖六十,因而致伤人命者杖八十,若不修圩岸及修而失时者笞三十,因而淹没田禾者笞五十,其暴水连雨损坏堤防,非人力所致者,勿论。"清律之总注曰:"河道堤①防,关系民生至重,若残缺损坏而不及时修筑,则有溃决之虞,及修筑而失时则有妨农业,提调官吏各笞五十,若因而河决以致毁害人家漂失财物者,杖六十,而致伤人命为害大矣,故杖八十。田间圩岸虽次于河防,而农业所关亦民事之不可缓者,若坏而不修,修而失时者,各笞三十,因而淹没田禾者,笞五十。其骤发之暴水经旬之连雨之损坏堤②防,事出不测,非人力所能捍御者,勿论。"

【失格】【通】Disqualification 即丧失一定资格之谓,又称缺格(详该本条)。但学者有谓缺格乃失格之结果者,其说可供参考。

【失格人】【民总】Disqualified person 失去法定资格之人,曰失格人。

【失业】【劳】Unemployment 所谓失业乃指工人具有劳动意思及劳动能力者,而不能获得一种相当职业之状态而言。失业问题为社会问题最严重之一种。列国法律为救济此种缺陷起见,故多有职业介绍法之颁布。

---

①② 原书为"提",系排版之误。

【失业保险】【险】Insurance against unemployment　为保险之一，谓以因失业所生损害为标的之保险也。此种保险制度，多为劳动工人而设，列国立法于劳工保险内多有明文规定。

【失误军事】【史】失误军事者谓失误军机大事也，分临军失误供给与临敌失误军机二种，均加治罪，前者谓在于出军外征之时，后者谓敌军迫境之时。明律（卷十四）、清律（卷十九）兵律军政篇均设有失误军事条之同一条文，清律原文及其下注："凡临军征讨（有司），应合供给军器行粮草料（若有征解），违期不完者，当该官吏各杖一百，罪坐所由（或上司移文稽违，或下司征解不完，各坐所由）。若临敌（有司违期不至而）缺乏，及领兵官已承（上司）调遣（而逗遛观望），不依期进兵策应，若（军中）承差告报（会）军（日）期，而违限，因而失误军机者，并斩（监候）。"清律之辑注："首节言临军失误供给者，次节言临敌失误军机内分三项，若未至失误，则供给缺乏者，仍依上违限不完本法，又起解军需管送违限，以致临敌缺乏者，自有本律，领兵官不依期者，合依从征违期律，告期违限者，合系驿使稽程，军情加三等律，而此条则止就失误者言也。"

【失误朝贺】【史】朝会庆贺及接诏，为礼之大者。所司如不预先告示或已示而失误，或迟到而不行礼，或疏忽不及报名等皆构成本条罪名。明律（卷十二）、清律（卷十七）均有失误朝贺之条："凡朝贺及迎接诏书，所司不豫先告示者，笞四十，其已承告示而失误者，罪亦如之。"

【失仪】【史】陪祭，谒陵，朝会三事，行礼各有仪注，如行礼错，如拜伏登降之类，失仪如落冠，开带，跌卜，乱班，咦唾，偶语之类，均应处罚，纠仪官应纠而不纠者，同罪。明律（卷十二）、清律（卷十七）均有失仪之条："凡祭祀，及谒拜园陵，若朝会行礼差错，及失仪者，罚俸一月（明律原文惟罚俸钱半月）其纠仪官应纠举而不纠者，罪同。"

【失踪】【民总】Disappearance　凡离其住所或居所而届满一定期限而生死不明之状态，称曰失踪。（参失踪人条内）

【失礼入刑】【史】礼所以示人之行为之标准，失乎礼则构成犯罪而入乎刑，是曰失礼入刑。书经—吕刑："伯夷降典，折民惟刑。"苏轼注曰："失礼则入刑，礼刑一物也。"但此语乃传自古时。后汉书（卷四七六）—陈宠传："陈宠上疏，礼之所去，刑之所取，失礼则入刑。"唐叶良佩所撰之刑礼篇曰："乃如圣人之意，制其刑也，正所以辅礼也，是故出礼则入刑。"

【失职】【行】Delinquency　公务员之行为有违背法定职务或措施失当者，均谓之失职，依我国现行制度，除该主管官吏得予以查办外，监察院亦得依法提出弹劾，交付公务员惩戒委员会实施惩戒处分。

【失踪人】【民总】The missing person　即离其住所或居所经过一定期限而生死不明之人也。不惟踪迹不明，且须生死不明；所谓生死不明，指有足以推测其死亡之情形而言。法律为保护其财产亲属及继承等关系起见，故于满一定期间内（参死亡宣告条），依利害关系人之声请，作死亡之宣告，至失踪人失踪后未受死亡宣告前，其财产之管理则应依非讼事件法之规定。（民法第十条）

【失踪宣告】【民总】Declaration of disappearance 又名死亡宣告，其内容与宣告死亡同，此系日本民法之规定。至法国民法之失踪宣告，并无推定死亡之效力。盖即所谓不在人之宣告也。德国民法则称为死亡宣告，我国民法从之。

【失踪期间】【民总】Term of disappearance 失踪人于失踪后之受死亡宣告须经过一定期间始得为之。此项期间曰失踪期间。(参死亡宣告条及失踪宣告条内)

【失权】【通】Losing right 丧失现在所应享有或将来所应享有之法律上权利曰失权；失权之原因有系基于法律之规定者，有系由于权利人表示抛弃者，有系由于行政处分之结果者。

【失权约款】【债】Lex commissoria 乃约定债务不履行时，契约当然解除之条款也。与约定解除权之性质不同，以其乃约定不履行为解除条件也。

【失权期限】【刑诉】Period of losing right 为期限之一种，对犹预期限言，乃以其性质为区别之标准。又称行为期限，即于一定期限内应为诉讼行为之谓也。凡于期限内怠于此项行为者，即失其诉讼行为之权，例如上诉期限，抗告期限是。

【奴及雇工人奸家长妻】【史】旧制上下之名分区别綦严，若奴仆及受雇从事于工作之工役奸家长妻，女，期亲及期亲之妻者均应处刑。明律(卷二十五)、清律(卷三十三)—刑律犯奸篇有奴及雇工人奸家长妻条："凡奴及雇工人奸家长妻女者各斩，若奸家长之期亲若期亲之妻者绞，妇女减一等，若奸家长之缌麻以上亲及缌麻以上亲之妻者，各杖一百，流二千里，强者斩，妾各减一等，强者亦斩。"清律之总注曰："亲属奸罪之重者，至男女同坐绞斩，奴及雇工人与家长虽非天亲伦类，而名分所系，义重于亲。奴雇至与家长之妻女通奸，上悉下淫，渎乱无纪，厥罪惟均，故男女同坐决斩。若家长之期亲，则与家长有间矣，然由家长推之与奴雇，亦有上下之分。奴雇而奸家长之期亲若期亲之妻者绞，妇女减一等。夫和奸男女同罪，此条不然，盖期亲之分稍杀于妻女，奴雇淫恶犯上，难免于死，而妇女虽贱辱无耻，未应坐死，因得未减；若奸家长之缌麻以上至小功大功亲及亲之妻者，男女各杖一百，流二千里，亲杀分轻，故功缌同论，不分差等。强者奸夫斩监候，承上期亲及缌麻以上两项言，妇女不坐不言。未成者照犯奸律减一等也。妾各减一等，统承上言，奸家长之妾男女各杖一百，流三千里。奸家长期亲之妾，奴雇杖一百，流三千里，妾杖一百，徒三年。奸家长缌麻以上亲之妾，男女各杖一百，徒三年，强者亦斩，谓与上文强奸缌麻以上亲及妻者无异，故曰亦斩也，未成亦减一等。"

【奴奸良人】【史】奴与良人有贱良之分，若奴奸良人妇女，强或和，均应处罪，至于被奸妇女之是否有夫之妇皆非所问。至部曲及奴，奸主人及主人之期服亲属之妻者，亦为法所不容。明清律均设有良贱相奸条及奴及雇工人奸家长妻条。唐律(卷二十六)则有奴奸良人条之规定："诸奴奸良人者徒二年半，强者流，折伤者绞。其部曲及奴，奸主及主之期亲若期亲之妻者绞，妇女减一等，强者斩，即奸主之缌麻以上亲，及缌麻以上亲之妻者流，强者绞。"疏议曰："奴奸良人妇女徒二年半，强者流，折伤者绞，虽有夫亦同，折伤，谓因奸折伤者。其部曲及奴和奸主及奸主之期若期亲之妻，部曲及奴合绞，妇女减一等，强者斩，谓奴等合斩，妇女不坐，即奸主之缌麻以上亲，及缌麻以上亲之妻者流，妇女合流二千里，强者奴等绞，若奸妾者自主以下准上例并减妻一等，即妾子见为家主，其母亦与子不殊，虽出亦同。”

【奴娶良人为妻】【史】旧制阶级区分极严，良贱不相婚娶，违者依律治罪。明清律有良贱为婚姻之条。唐律有奴娶良人为妻条之设：“诸与奴娶良人女为妻者，徒一年半，女家减一等离之，其奴自娶者亦如之，主知情者杖一百，因而上籍为婢者，流三千里。”疏议曰：“人各有耦，色类须同，良贱既殊，何宜配合，与奴娶良人女为妻者，徒一年半，女家减一等，合徒一年，仍离之，谓主得徒坐奴不合科；其奴自娶者，亦得徒一年半，主不知情者无罪，主若知情，杖一百，因而上籍为婢者，流三千里。若有为奴娶客女为妻者，律虽无文，即须此例科断名例律，称部典者，客女同，斗讼律，部曲殴良人，加凡人一等，奴婢又加一等，其良人殴部曲，减凡人一等，奴婢又减一等，即部曲奴婢，相殴伤杀者，各依部曲与良人相殴伤杀法。注云：余条良人，部曲奴婢，私相犯，本条无正文者，并准此。奴娶良人，徒一年半，即娶客女，减一等，合徒一年，主知情者杖九十，因而上籍为婢者徒三年，其所生男女，依户令，不知情者从良，知情者从贱。”“即妄以奴婢为良人，而与良人为夫妻者，徒二年（奴婢自妄者亦同），各还正之。”疏议曰：“以奴若婢，妄作良人，嫁娶为良人夫妇者，所妄之罪，合徒二年，奴婢自妄嫁娶，亦徒二年，各还正之，称正之者，虽会赦仍改正之。若娉财多，准罪重于徒二年者，依诈欺计赃科断。”

【奴婢】【史】奴婢即奴隶，男子曰奴，女子曰婢，有因犯罪而沦为奴婢者，是曰罪隶之奴婢，有因卖买而为奴婢者。是曰契卖之奴婢。说文：“男人罪曰奴，女人罪曰婢。”风俗通：“古制无奴婢，即以犯罪者为奴婢”，周礼—秋官司厉之职：“男子入于罪隶，女子入于舂藁，凡有爵者，与七十者，未龀者，皆不为奴。”史记—殷本纪：“……箕子惧，乃详（古佯字）狂为奴。”其注曰：“古人奴婢皆以罪人为之，箕子因谏得罪而为奴。”凡此所引，均为因罪而为奴之例证。秦汉以后，苛税横敛，弱肉强食，民不聊生，不得不出售子女以为糊口之计，于是即有契卖之奴婢。洎乎后世更有所谓投靠之奴婢，即因迫于生活之困难，自将其身投入他人之家以求生活。清代法律且承认其与契卖之奴婢一律同视。

【奴婢殴家长】【史】奴婢殴家长及家长之有服亲属者，雇工人殴家长及家长有服亲属者，家长及期亲外祖父母擅杀有罪无罪奴婢者，以及家长及期亲外祖父母殴雇工人折伤至死者，皆应依律治罪。明律（卷二十）、清律（卷二十八）刑律斗殴篇均有奴婢殴家长之条，清律原文及其下注：“凡奴婢殴家长者（有伤无伤，预殴之奴婢，不分首从），皆斩，杀者（故杀殴杀，预殴之奴婢，不分首从）皆凌迟处死，过失杀者绞（监候，过失）。伤者杖一百，流三千里（不收赎）。若奴婢殴家长之（尊卑）期亲及外祖父母者，（即无伤亦）绞（监候，为从减一等）。伤者（预殴之奴婢不问首从轻）皆斩（监候）。过失杀者减殴罪二等（过失）。伤者，又减一等，故杀者（预殴之奴婢）皆凌迟处死。殴家长之缌麻亲（兼内外尊卑，但殴即坐虽伤亦）杖六十，徒一年，小功杖七十徒一年半，大功杖八十，徒二年，折伤以上，缌麻加殴良人罪一等，小功等加二等，大功加三等。加者加人于死（但绞不斩，一殴一伤，各依本法）。死者（预殴奴婢）皆斩（故杀亦皆斩监候）。若雇工人殴家长及家长期亲若外祖父母者(即无伤亦)杖一百,徒三年,伤者(不问轻重)杖一百,流三千里,折伤者绞(监候),死者斩(殴家长斩决,殴家长期亲若外祖父母,斩监候)。故杀者凌迟处死,过失杀伤者各减本杀伤罪二等,殴家长之缌麻亲,杖八十,小功杖九十,大功杖一百,伤重至内损吐血以上,缌麻小功加凡人罪一等,大功加二等(罪止杖一百,流三千里)。死者各斩(监候)。若奴婢有罪(或奸,或盗,凡违法罪过皆是)。其家长及家长之期亲若外祖父母,不告官司而(私)殴杀者,杖一百,无罪而(殴)杀(或故杀)者,杖六十,徒一年,当房人口(指奴婢之夫妇子女)委放从良(奴婢有罪,不言折伤笃疾者,非至死勿论也)。若家长及家长之期亲若外祖父母,殴雇工人(不分有罪无罪),非折伤勿论,至折伤以上,减凡人(折伤)罪三等,因而致死者,杖一百,徒三年,故杀者绞(监候)。若(奴婢雇工人)违犯(家长及期亲外祖父母)教令,而依法(于臀腿受杖之处)决罚,邂逅致死,及过失杀者,各勿论。”同律之辑注:“首节言奴婢殴家长,及家长有服亲属各罪。次节言雇工人殴家长及家长有服亲属各罪。三节言家长及期亲外祖父母,擅杀有罪无罪奴婢之罪。四节言家长及期亲外祖父母,殴雇工人折伤至死之罪。末节言奴雇违犯教令,依法决罚者,所以申明上二节之意也。”

【奴婢骂家长】【史】奴婢与家长及其期亲并其他尊长,雇工人与家长及其期亲并其尊长,均有上下之分,如加骂詈,应构成本条罪名。明律(卷二十一)、清律(卷二十九)刑律骂詈篇均设有奴婢骂家长之条,内容相同。清律原文及其下注:“凡奴婢骂家长者,绞(监候);骂家长之期亲,及外祖父母者,杖八十徒二年,大功杖八十,小功杖七十,缌麻杖六十。若雇工人骂家长者,杖八十徒二年;骂家长期亲及外祖父母,杖一百,大功杖六十,小功笞五十,缌麻笞四十,并亲告乃坐(以分相临,恐有谗间之言,故须亲闻,以情相与或有容隐之意,故须亲告)。”同律之辑注:“自此以下各条(按即骂尊长,骂祖父母,父母,妻妾骂夫期亲尊长,等条)皆云亲告乃坐,则非亲告,而他人虽告理,亦不坐也。”同律之总注:“奴婢于家长,名分至重,故骂即坐绞,骂家长之期亲,及外祖父母杖八十徒二年,则减家长四等矣。骂家长之大功亲杖八十,则又减期亲五等矣,至小功杖七十,缌麻杖六十,始递减一等。若雇工人,乃受直服役于一时者,雇钱满日,即凡人矣。与奴婢不同,骂家长,止同奴婢骂家长期亲之罪,杖八十徒二年;骂家长之期①亲外祖父母,杖一百,则减家长三等矣;骂家长之大功亲杖六十,则又减期亲四等矣,小功笞五十,缌麻笞四十,始递减一等。盖家统一尊,分有差等,家长与期亲相悬,期亲与大功以下相悬也,并须亲告乃坐。”

【奴隶】【国公】Slave 奴隶者,谓自由被剥夺而为他人服奴役之人也。奴隶之制,盛行于古时,今则平等主义弥漫全球,各国法律均有明文加以禁止。即国际间亦有条约之缔结,以限制人口之贩卖,惟未开化之民族尚存有此制耳。

【尼加拉瓜宪法】【宪】Constitution of Nicaragua 尼加拉瓜为中美洲之共和国,面积一二七,〇〇〇方公里,人口七五〇,〇〇〇,西境有尼加拉瓜湖,依圣约翰河入海,东岸地势亦平坦,余多山岭。昔时尼加拉瓜国亦为西班牙属地,一八二三

① 原书为“朝”,系排版之误。

年加入中美共和国，一八三九年自行独立，建设共和国，历来政治均为军人所把持，时起内讧，变动无常。现行宪法为一九〇五年三月三十日所公布者，共分十九章，计一百二十二条，兹举其要点于下：(一)尼加拉瓜为自由独立国，其主权属于人民全体。(二)尼加拉瓜人民有二种：一为出生者，列举如下：(1)凡为尼加拉瓜人民或为侨居之外人在本共和国境内出生者。(2)凡侨居外国之尼加拉瓜男女在外国出生而自愿为尼加拉瓜人民者。(3)凡中美洲其他共和国人民住居于本共和国内，并未向本共和国法定官署声请不愿入本共和国之国籍者。一为归化者，列举如下：(1)凡美洲人(西班牙种)向法定官署声请归化本共和国者。(2)其他侨居本共和国之外人满二年而向本共和国声请归化者。(3)凡遵照法律之规定而取得本共和国国籍证书者。(4)凡中美洲之他国之归化人民住居本共和国而向法定官署声请归化本共和国者。(三)外国人民住居本共和国境域内所享一切保护之权利与本共和国人民同，惟并不认有他种优待外人之义务及责任。(四)外国人有在本共和国购置各种物产之权，惟须与本国人民同受通常及特别课税之范围。(五)尼加拉瓜人民年在十八岁以上者均为尼加拉瓜公民，得享下列权利：(1)选举权。(2)服务于官署之权利。(3)携带器械之权(惟须受法律之限制)。(六)凡居住本共和国者，不论尼加拉瓜人民或外国人，其自由平等及生命财产之保护权利一概予以保障。又人民且享有住居不可侵犯权，函信电信自由权，言论与出版自由权，信仰自由权(否认有国教)，集会结社自由权，财产所有权，请愿权，诉讼权，旅行自由权；此外对于专利事业则概行禁止。(七)国家立法权授与议会每两年开常会一次，议员如有绝对的过半数出席者，认为法定人数。议员须为享有完全国民权利之国民，不受宗教之职位，且确系为人民所选举者。自被选之日始，享有下列各种权利：(1)法院不得逮捕提讯(惟业经议会宣告理由应受正当之审判者为例外)。(2)在议会开会前三十日，闭会后十五日不得控诉任何议员。(3)不得强迫议员充任军营职务，惟出于自愿者不在此限。(4)不得驱逐出国，或强迫使其居住指定地方，不论依据任何理由，不得剥夺其自由权。议员任期六年，每二年改选三分之一。议员之选举以全国分为若干选举区，每区户口为五千至一万人。(八)议会之权力为制定法律解释修正及撤销之，承认或否认行政长官之行为与国家支出之账目，宣布战事或媾和，或令行政长官宣布之，以及承认修改或否认各种国际条约等三十七种(第六十二条列举之)。(九)议会行政长官或最高法院(以遇有司法职权之案件为限)有提议立法之专权。凡议案通过于议会后，三日之内即须咨送行政长官，以便批准公布，惟一定之命令或案件可勿须其批准。无论何种议案，关于修改撤销某条或某项之民法刑法商法矿法或本国其他法典者，在未得有最高法院之意见以前，不得提出讨论。(十)行政权授与被选为大总统者，须为完全享有国民权利之国民，不受宗教之职位，且须为尼加拉瓜或中美洲共和国之出生人民，任期六年。出缺时，由议会所派行政委员中选出一人代理之。在未选定以前所有行政职权，暂由国务总理代理，又为总统决定必须出任全国军队长官之职时，应即将其行政首长之职权，依法授与法定之正当代理人，以便仅自行使其全国军队大元帅之权。(十一)共和国总统(即行政首长)为本国最高之首长,海陆军之大统领,掌理全国行政,执行或令人执行法律,依法委任各部次长以及其他行政官吏,订立各种条约,处理一切外交事宜(惟须咨送议会),委派外交官吏,批准及公布法律等四十一项(为第八十条所列举者)。(十二)行政部置各部长,须为尼加拉瓜人民,须享有国民权利者,且须为不受宗教之职位者(中美洲人及归化本国之西班牙籍美洲人,亦任为行政部部长)。(十三)司法权授与最高法院,高等法院以及各种依法所设立之司法机关。法院法官由议会选举,任期六年,其他司法官吏之任免与权限,则另以法律定之。任法官者须为本共和国享有公权之国民,年在二十五岁以上,并曾充任律师者,且须系不受宗教之职位者。(十四)最高法院,须依法遴选或委派各种司法官吏于其管辖之范围内,且有下列各种职权:(1)设立条例,管理其内部,并批准高等法院所制定关于管理其内部之规则。(2)凡遇高等官吏弹劾案件,经立法部命令提讯者,得审判之。(3)依法审理各种案件,并依宪法意旨,解释各条法律之明文。(4)发给律师及契据管理员证书(不论内国或外国人均可),并依法停止或回复之。(5)审查各种合法之改良方法,足以补助查账机关之缺点者。(十五)法官,除教员外,不得兼受他种职务,惟可免服兵役。司法官署判决之案件,可请求军队或私人助令切实执行。(十六)国家行政之预算案,由行政长官咨送议会,须经其审查并表决通过。在预算内所指定充为行政经费之数目,不得超过国库收入之预算。(十七)国家款项由国库监督管理之,由行政长官委派。为慎重国库起见,须设立稽核国库所或审计处,以便从事于审查稽核,并认可各种管理公款机关之账目,其人数职权,另以法律规定之。(十八)军备之设乃以保全本共和国之权力以及维持国家之治安,兵役为强迫制,军人罪案应依军法由军事法庭审理之。(十九)本共和国分为若干州,其数目及疆界以及各州之行政官吏均以法律另行规定之。(二十)州又分为市镇,各置地方自治会,其议员由各该市镇人民直接选举;地方自治会之权限,仅以管理地方行政及经济方面者为限。(二十一)无论何种官吏,对其一切行为须负完全责任,凡本共和国立法行政司法三部最高官吏,并高等法院法官,行政部各部长以及外交代表犯罪时,应对议会负其责任,议会可审查案情,决议对该犯罪官吏应否交付法定法院审讯。(二十二)本宪法如有应行修正之处,可由议会在通常开会期间,经议员三分之二通过提出修正案,然后召集修正宪法会议(此项会议会员之人数及选举方法,应与议会相同)。实行修正,惟本宪法应经成立后十年,始得修正。

【左史右史】【史】左史书行动,右史书言语。三余偶笔(卷十五):"礼记王藻,动则左史书之,言则右史书之。"注曰:"其书春秋尚书具存者,正义曰,经云,动则左史书之,春秋是动作之事,故以春秋,当左史所书,左阳,阳主动,故记动;经云,言则右史书之,尚书记言语之事,故以尚书,当右史所书,右是阴,阴主静故也。春秋虽有言,因动而言,其言少也。尚书虽有动,因言而称动,亦动为少。"

【左右省】【史】唐时门下省与中书省合称曰左右省,因其时宣政殿前有两庑,各设门,东曰日华,西曰月华,日华门之东为门下省,在殿庑之左,故谓之左省,月华门之西则为中书省,或殿庑之右,故谓之右省,两省之官皆分属左右,如左右散骑常侍，左右谏[①]议大夫，左右补阙，及左右拾遗皆是。

【左右曹】【史】宋制，户部掌天下户口土地钱谷及贡赋征役之事务，分左右曹，各司其职，即(一)以版籍考户口之登耗(增减也)。以赋税持军国之岁计，以土贡办郡国之物宜，以征榷(专卖也)，抑兼并，佐调度，又以孝义婚姻继嗣之道和人心，以田务券债之理直民讼，此事务之划归左曹也。(二)以常平之法平岁时之丰凶，以免役法通贫富，均财力，以伍保之法联比闾，察盗赋，以义仓赈济之法救饥馑，恤艰危，以农田水利之政务稼穑，以坊场河道之课酬勤劳，省科率(科税之率)，此事务之划归右曹者也。(参宋史职官志)

【左右台】【史】唐时御史台掌邦国刑宪典章，以御史大夫为之长，并置御史中丞辅之，至光宅(武后年号)元年，分御史台为左右台，左台知百司监军旅，右台察州县省风俗，寻命左台兼察州县，后废右台。

【左右广】【史】为楚军制之名称，犹言左右军也。左传："楚子为乘广三十乘，分为左右，许偃御右广，养由基为右，彭明御左广，屈荡为右。"按广乃军车之谓也。

【左民尚书】【史】汉代置民曹，魏晋及南北朝加置左民右民二曹，其长者则曰左民尚书与右民尚书，主掌工作之事，并兼理户口之事。(参清国行政法第一)

【左使】【史】使用左道(邪道也)之谓也。明律(卷二)、清律(卷五)职制篇——奸党条："凡奸邪进谗言，左使杀人者斩。"清律注曰："奸邪欲杀其人，逐进谗潜之言，借事左说，激人主，致使枉杀。"

【左官律】【史】汉代之法律，王臣仕于诸侯者为左官，关于左官之法规曰左官律。汉律—诸侯王表："武有衡山淮南之谋，作左官律。"其注服虔曰："仕于诸侯为左官。"又同书—丁鸿传："左官外附之臣。"注曰："谓左官者，人道尚有，舍天子而事诸侯为左官。"(参照汉书—光武纪、霍光传及严助传等)

【左降官】【史】帝王之傍，以贤者居右，以姻戚居左，是右为尊，左为卑。今官人犯罪降官者，皆名左降，又名为左迁，取黜其不贤之义也。(唐律释文卷三)

【左道】【史】非正道谓之左道，即邪魔之道也。如巫蛊压鬼之类，皆属之。(唐律释文卷十八)

【左签都御史】【史】清制，在明崇祯元年即有都察院之设，置承政参政办理院务，顺治元年改承政为左都御史，并改参政为左副御史，俱为满人之官职，又置汉左签都御史一人，其权限超出于都察院之部。

【左证】【史】所谓左证，乃指证据物件而言。唐书—刘知几传："知几尝议孝经郑氏学，非康正注，举十二条，左证其谬。"

【巨哥斯拉夫宪法】【宪】巨哥斯拉夫又称曰南斯拉夫。(详南斯拉夫宪法条)

【市】【行】Municipality　(详市组织法条内)

【市井】【史】往古之时，尚无市场之设，各部落人民各收饮食品及日用物，携集于

---

① 原书为"练"，系排版之误。

附近之井傍以互相交易，故称曰市井。史记—平准书注："师古曰，古未有市，若朝聚井汲，便将货物于井边货卖，曰市井。"此外尚有下列二说：(一)风俗通谓："人至市有所鬻卖者，当于井上洗濯令洁，始到市也"，故为市井。(二)管子注："立市必四方，如造井之制，故曰市井。"

【市井之臣】【史】在王城之下者，自称曰市井之臣，在王城以外即在野者，则自称曰草茅之臣，或曰草莽之臣，庶人曰刺草之臣，他国之臣则曰外官(仪礼士相见礼)。孟子—万章篇："万章曰，敢问不见诸侯何义也。孟子曰，在国曰市井之臣，在野曰草莽之臣，皆曰庶人。"

【市井之徒】【史】所谓市井之徒乃指在市街中浮浪之人而言。旧唐书—李密传："樊哙市井徒，萧何刀笔吏，一朝时运会，千古传名谥。"

【市公民】【行】Citizens in municipality （详市组织法条内）

【市牙】【史】为牙侩之别称，即牙行之谓，现行民法称之曰行纪。市牙之制始自唐代。旧唐书—食货志："除陌法，天下公私给与货易率，一贯旧算二十，益加算为五十，给与他物或两换者，约钱为率算之市牙，各约印纸。"

【市司】【史】掌理市场之官吏曰市司，兼掌市场物价评定之职，为周礼地官之属，唐因之。唐律(卷二十六)杂律——市司评物价之条："诸市司评物价不平者，计所贵贱坐赃论，入己者以盗论，其为罪人评赃不实致罪有出入者，以出入人罪论。"

【市司评物价】【史】市司者谓牙人也，市上货物之优劣与价值之高下，均以牙人任评估之责，如以贵为贱，以贱为贵，应受处罚，其为罪人估赃不实者亦应治罪。明律(卷十)、清律(卷十五)户律市廛篇——市司评物价条："凡诸物行人，评估物价，或贵或贱，令价不平者，计所增减之价，坐赃论，入已者准窃盗论，免刺，其为罪人估赃不实，致罪有轻重者，以故出入人罪论，受财者，计赃以枉法从重论。"清律之总注："行人，即牙人，诸色货物之美恶，时价之高低，以行人评估为准，故曰市司，或估贱为贵，或估贵为贱，致令物价不得其平者，计所估价增减之价坐赃论罪，若于中作为奸弊，将所增减之价入已者。准窃盗论，至死减一等免刺，犯人有应计赃论罪者其为估赃不实以致罪有轻重者以故出入人罪论，若未决放听减一等受财者，计赃以枉法罪与故出入人罪从前论。"同律之辑注："或贵或贱，是不平之罪，本是虚赃，故坐赃论，至于入已即是诈欺之赃，故准窃盗论。"又同律之辑注："如窃盗人衣服什物受人缎匹器玩之类，皆须估计所值之价为赃，计赃定罪。增轻作重减重作轻，失于评估之人，行人必知时值，未有失错误之理，致有轻重，自属有意增减，故以故出入论，若窃盗赃本值一百二十两是流罪，增一两则绞矣。枉法赃本值七十九两是流罪，增一两则绞矣。赃多者，至关生死，犯人必有行贿求减，仇者必有行贿求增之事，故特严之，至死不减也。"

【市民法】【通】Jus civile (拉丁) 与万民法(详该本条)相对峙。

【市未改良地】【土】Unimproved land in city 未依法令之规定而使用之土地，为市未改良地，与市改良地相对称。

【市用制】【行】System of market standard 与标准制相对立。(详度量衡法条

内)

【市刑】【史】于市场之刑罚,谓之市刑,有大中小三种,大刑为扑罚,中刑为徇罚,小刑为宪罚,扑罚乃加以笞挞之罚,徇罚乃徇举其人于其土地以示于众之罚,宪罚则仅以文书揭示于市场之罚。凡违犯市场之规则及妨害市场者,皆按犯罪情节之轻重,分别科以上述三种刑罚,均由司市掌之。周礼—地官司市:“市刑,小刑宪罚,中刑徇罚,大刑扑罚。”

【市地】【土】Land in city 为土地之一种,对农地或乡地而言,谓在市行政区域内之土地也。又因其已否依法令使用,又分为三种:(1)市改良地——依法令使用之市土地。(2)市未改良地——未依法令而使用之市土地。(3)市荒地——无改良物之市土地。此外因其地之使用又分为二:(一)限制使用区。(二)自由使用区。(详各本条)

【市利钱】【史】宋神宗熙宁中,地方货物之输入于京师,按货物之价额所课之税,称曰市利钱(文献通考征榷考)。盖即清朝所称落地税之前身也,与欧洲各国之入市税相似。

【市改良地】【土】Improved land in city 与市未改良地相对立,乃指依照法令之规定,而使用之土地而言。

【市政府】【行】Municipal government 依法令之规定,掌理一市行政事务,监督所属机关及自治团体之市之最高机关,曰市政府,置市长一人。(市组织法第十一条,参市组织法条内)

【市政会议】【行】Municipal council; City council 由市政府重要职员所组织而成之合议机关,曰市政会议,开会时,市长、参事、局长或科长均应出席,市参议会成立后,得由市参议员互选代表三人至五人出席之,每月开会一次,以市长为主席。(市组织法第二十四—二十七条)

【市长】【行】Mayor 市最高行政机关之首长,曰市长,其职务为指挥监督所属职员。隶属于行政院之市,其市长为简任职,隶属于省政府之市,其市长为简任或荐任职。(市组织法第十三条)

【市财政】【行】Municipal finance 市之收支,曰市财政,其收入有下列各种:(一)土地税。(二)房捐。(三)营业税。(四)牌照费。(五)广告税。(六)公产收入。(七)公营业收入。(八)其他依法规特许征收之税捐,此外并得依法募集建设公债。(市组织法第九—十条)

【市参事会】【行】Municipal council 全市人民之代表机关,曰市参事会,有议决下列事项之权:(一)关于筹备区长民选及完成市自治事项。(二)关于市行政规则事项。(三)关于市预算决算事项。(四)关于整理市财政收入,募集市公债及其他增加市公民负担事项。(五)关于经营市公有财产及公有营业事项。(六)关于市民生计及救济事项。(七)关于促进教育及其他文化事项。(八)市公民行使创制权提交审议事项。(九)市长交议事项。(十)其他应兴应革事项。市参议会之常会每两个月一次,但经市长或市参议员五分之一之请求,应即召集临时会,开会时以公开

为原则，但经主席或参议员三人以上提议，经会议通过者，得禁止旁听。（参市参议会组织法）

【市参议员】【行】Municipal councillor 市参议会之组成员，曰市参议员，由市公民直接选举之，凡市公民年满二十五岁具有下列资格之一者，得被选为市参议员：（一）曾在初级中学以上学校毕业者。（二）经自治训练及格领有证书者。（三）曾任职业团体职员一年以上者。（四）曾办地方公益事务著有成绩者（市参议员选举法第四条）。至于下列各款人员，虽具备上述资格，亦不得被选为市参议员：（一）现在本市区域内之公务员。（二）现役军人或警察。（三）现任小学校教职。（四）现在学校之肄业生。（五）僧道及其他宗教师（同法第六条）。市参议员之名额，在人口二十万之市为十五名，超过二十万者，每人口五万应增参议员一名，市参议员不得兼任本市市府及其所属机关公务员，即对于市府亦不得保荐人员，或有其他请托情事，以杜流弊。（市参议会组织法第四—第十一条）

【市参议员选举法】【行】本法乃依市参议会组织法第四条第二项之规定而制定者。全文计分为八章共五十八条。第一章总则，第二章选举人名册及登记，第三章选举人投票，第四章开票及检票，第五章当选及应选，第六章选举及当选无效，第七章选举诉讼，第八章附则。

【市参议会】【行】市参议会为全市人民代表机关，由市公民选举之参议员组织之，任期为三年，每年改选三分之一。此项机关须于区长民选时始设立之，设议长副议长各一人，由市参议员互选之，任期一年，得再被选，每年开常会二次。但经参议员五分之一之请求，或议长认为必要时，应召集临时会议，开会时须有过半数参议员之出席，始得开议，会议时以分开为原则，但主席或参议员三人以上提议经会议通过时得禁止旁听。会议决议案咨送市长分别执行，如市长延不执行或执行不当时，市议会得呈请该管上级机关核定之。市长如认市参议会之决议案不当时，应即详具理由，送交覆议，如参议员三分二以上仍执前议，而市长仍认为不当时，应即提付市公民，依法复决之。（市组织法第二十八—三十三条，市参议会组织法第一—三条、第十二—二十条）

【市参议会组织法】【行】本法于民国二十一年八月十日公布，全文计二十五条，现仍未施行。（参市参议员条内及市参议会条内）

【市组织法】【行】Law governing the organization of Municipality 本法于民国十九年五月二十日公布，共分十五章，计一四五条，其要点如下：（一）市分为二种，一为直隶于行政院之市，即（1）首都。（2）人口在百万以上之市。（3）在政治上经济上有特殊情形之城市，在上述二项及三项之市而为省政府所在地者，应属于省政府。一为隶属于省政府之市，都（1）人口在三十万以上之市。（2）人口在二十万以上，其所收营业税，牌照费，土地税，每年合计占该地总收入二分之一以上者之市。（二）凡中华民国人民，无论男女在市区域内继续居住一年以上，或有住所达二年以上，年满二十岁经宣誓登记后，即为该市之公民，享有公民权利。（三）市设市政府，置市长一人，下设下列各局：（1）社会局。（2）公安局。（3）财政局。（4）工务局，必要时可再增设下列各局：（1）教育局。（2）卫生局。（3）土地局。（4）公用局。(5)港务局(在省政府所在地之市及首都均不设公安局)。各局设局长一人,市府下置秘书处,置秘书长或秘书一人,市府亦得设参事二人。(四)市府设市政会议,由市长、参事、局长或科长,并市参议员组织之。(五)市设市参议会,以市公民选举之参议员组织之。(六)市划分为区、坊、闾、邻,区置区公所,设区长一人,并设区民大会,于大会闭会期间,设监察委员二人,坊之组织与区略同,惟监察委员为三人或五人耳,闾邻均各置闾长、邻长一人,又各设居民会议,以为立法及监察机关。

【市舶】【史】交易之船舶也,创设于宋神宗熙宁之初年间。宋书:"孝宗隆兴二年,臣僚言,熙宁初,创立市舶,以通货物。"(大学衍义补卷二十五)

【市朝】【史】所谓市朝有下列数说:(一)市为市场,朝为王朝,即大夫以上刑于朝,大夫以下刑于市。(二)市为市场,朝为朝夕之朝,在市场中人民集聚最多之时为朝晨之际,故称市朝为市场之朝。论语—宪问篇:"夫子固有惑思于公伯寮,吾力犹能肆诸市朝。"孟子—公孙丑篇:"北宫黝之养勇也,不肤挠,不目逃,思以一毫挫于人,若挠之于市朝。"

【市税】【行】Municipal tax 即市财政之收入也。(参市财政条内)

【市农会】【行】Agricultural association in municipality 以市(隶于省之市或隶于行政院之市)为单位所组织之农会,曰市农会。

【市侩】【史】为牙侩之别名,即现行民法所谓之居间人者是也,惟俗恒称精通市情,巧谈百出者,亦为市侩。

【市价】【通】Market price 在市面上通行之物价,谓之市价,市价之涨落,乃受经济变动之影响。故关于法律行为之涉于估价方面者,在原则上须受当时市价之支配,以杜争执。

【市廛】【史】市廛为明清律户律之一篇,唐律在杂律篇中,明始分出。按贸易之地曰市,市之邸舍曰廛,市廛篇之规定,乃为防止牙侩而设,明律计有私充牙行埠头,市司评物价,把持行市私造斛斗秤尺,以及器用布绢不如法等五条,清律因之。【史】市者谓买卖杂聚之处也,廛者谓店肆也。明律(卷十)、清律(卷十四)—户律内市廛篇均设有关于市廛等事项之规定。

【市县文献委员会组织大纲】【行】本组织大纲于民国二十年六月二十七日公布,全部计共十八则。(参文献委员会条)

【市籴】【史】宋太宗淳化三年京畿大稔,物价甚贱,分遣使臣往京城之四门设市场增价购粟,以备于岁饥之时减价而粜救济贫民,是曰市籴。(大学衍义补一卷二十五)

【布告】【行】Public announcement; Governmental notice 所谓布告,乃指对于公众宣布事实,或有所劝诫时所用之公文而言。

【布宪】【史】官名,为周礼秋官之属,掌发布刑禁之法于四方。周礼—秋官布宪之制:"掌宪邦之刑禁,正月之吉,执旌节,以宣布于世方,而宪邦之刑禁,以诘四方,邦国及其都鄙达于四海,凡邦之大事,合众庶,则以刑禁号令。”

【平允之士】【史】裁判官之公平无私者称曰平允之士。宋史—仁宗纪:“刑法似从弛,而决狱多平允之士。”

【平反】【史】酌量轻重之中,谓之平,推翻旧案谓之反,以此审查冤罪疑狱而减免其罪,是曰平反。汉书—隽不疑传:“不疑,为京兆尹,行县录囚徒还,其母问所平反,多则母当为饮食言笑,或无所出,母为不食,故不疑为吏,严不残。”元典章(卷二十四)刑部设有平反冤狱之条。

【平行】【行】官吏之位阶官等同一,而无任何统属之关系者,谓之平行。

【平行线支票】【票】为支票之一种,对普通支票与保付支票言,又称横线支票,或引线支票,谓发票人,背书人,或执票人,在支票正面画平行线二道,或于其线内记载银行公司或其他同义之文字,或记载特定银钱业者之商号也。此项支票制度之设,起自英国,以预防支票为不正当执票人所有,及丧失时得以调查为目的,所以避免冒领之弊,而且可设法追回,维持票据人之正当权利,故近代各国多采用之,我国票据法亦有明文加以规定,计分两种:(一)普通平行线支票——即仅在支票正面画平行线二道,或在线内并记载银行公司或其他同义之文字也。(二)特别平行线支票——即于平行线内记载特定银钱业者之商号所为之支票也。上述二种,其付款人仅限于银钱业者。对于前者凡属银钱业皆可支付,对于后者非特定银钱业者则不得付款。但该特定之银钱业者受委托取款时,亦得因自己之便利画线二道注入自己商号,并得将自己商号涂销记载其他银钱业者之商号,依背书方法委托代为取款,但不得改为普通平行线支票耳(票据法第一三四条)。至于违反上述规定而为付款者。应负损害赔偿之责(第一三五条)。按平行线支票亦可因发票人之记载,照付现款等字样,并经其签名而视为撤销(票据法施行法第十七条)。一经撤销,则与普通支票无异。

【平均负担】【民诉】诉讼费用由共同诉讼人按其人数平均负担,是为原则。但共同诉讼人于诉讼之利害关系显有差异者,法院得酌量其利害关系之比例命其分别负担。(民诉法第八十七条,参诉讼费用条内)

【平均继承】【继】谓继承财产时,按应继人之人数平均承受所继之财产也。例如遗产三万元,由甲丁丙三人继承之,各得一万元是。

【平和手段】【国公】Amicable means 平和手段与非平和手段相对称,同为国际纷争之解决方法,此项平和手段计有谈判(Negotiation),斡[①]旋(Good office),调停(Mediation),公断(Arbitration)以及国际调查委员会(International Commission of Inquiry)并常设国际法庭(Permanent Court of International Justice)等。

【平和的割让】【国公】Peaceful cession 将土地以平和之外交方法,依条约让与于他国,是曰平和的割让,与强制的割让相对称。一七七六年葡萄牙曾将 Ann Arbor 以及 Ferdinand Del Poe 诸岛割让与西班牙。又如一七八四年法国亦曾将

---

① 原书为“干”,系排版之误。

西印度之 St. Barthelemy 岛让与瑞典，皆为平和的割让。

【平政院】【行】Administrative Court 审理行政诉讼事件之机关，为平政院，此为我国前此之旧制，今则以行政法院代之，二者性质虽相类似，惟不同之点有三：(1)前之平政院为中央政府中之独立机关，今之行政法院，则隶属于司法院之下。(2)前之平政院兼有公务员惩戒之权，今之行政法院则否，公务负惩戒事件之处理，乃属于公务员惩戒委员会。(3)前之平政院内设肃政厅，置肃政史，掌理纠弹职权，今之行政法院内则无是项机关之设置，关于组织方面，平政院置院长一人，下设三庭，行使审判职权，每庭置评事五人，及书记官若干人，且以评事一人兼任庭长，至于肃政厅内，则置都肃政史一人，指挥监督全厅事务，并设肃政史十六人。肃政厅对平政院独立行使其职务，对于平政院评事之审判，不得干涉，亦不得参与。(平政院编制令第二—七条、第十二—十五条、第二〇条)

【平政院裁决执行条例】【史】为关于平政院职务之执行之法规，于民国三年六月八日由大总统以教令(第七十九号)公布，八年十二月间曾经修正，全文仅五条，自公布日施行，现已失效。

【平政院编制令】【史】为关于平政院之组织及权限之法规，于民国三年三月三十一日由大总统以教令(第三十九号)公布，全文计二十九条，自公布日施行，现已失效。

【平亭】【史】谓以公平方法决定疑狱事件也。汉书—张汤传:“张汤平亭疑法。”

【平时法】【国公】Law on peace 为国际法分类之一种，与战争法相对立，即关于国际间平时相互关系之准则也。

【平时的外患罪】【刑】Offence against the external sovereignty of the state during the peaceful time 为外患罪之一，对战时的外患罪言，即在非战争时不用暴力而实施利益外国危害本国之犯罪行为也，例如与外国订条约危害本国是，更分为五:(1)通谋丧失领土之罪(刑法第一〇八条)，即无政府之命令或委任之行为，以开始商议为既遂，处死刑，无期徒刑，或十年以上有期徒刑。未遂罪亦罚之，至预备或阴谋，处一年以上七年以下有期徒刑。(2)损害民国之罪，即受委任而违背其委任，例如缔约引起损害是，处无期徒刑或七年以上有期徒刑(第一一八条)。(3)伪变毁匿对外文件罪，即对外国所享权利之文件，加以伪造变造毁弃隐匿之行为者，处五年以上十二年以下有期徒刑(第一一九条)。(4)漏泄或[①]交付国防秘密罪——一为泄漏或交付国防秘密文书图画消息或物品于当事人以外之人(第一一四条第一项)，一为泄漏或交付于外国政府或其派遣之人(同条第二项)，前者处罚较轻，即五年以下有期徒刑，后者处三年以上十年以下有期徒刑，至未遂者预备者阴谋者均有处罚之规定，又公务员在职务上因过失犯本罪者，亦加处罚(第一一五条)。(5)刺探或收集国防之秘密罪——即对国防秘密文书图画消息或物品之刺

① 原书为“成”，系排版之误。

探或收集而言，处五年以下有期徒刑，至未遂及预备或阴谋皆加处罚（第一一六条）。若为意图刺探或收集，未受允准而入堡垒炮台军艘及军用处所建筑物，或留滞其内者，处刑较轻。（第一一七条）

【平时封锁】【国公】Pacific blockade 为国际争议解决方法之一，与战时封锁相对称，即一国或数国在平和状态下，封锁他国港湾之行为也。平时封锁之目的有二：（一）为干涉或为国际警察之目的者。（二）为解决国际争议者。关于平时封锁之条件，据一八八七年国际法学会之决议，有下列三种：(1)凡悬挂第三国国旗之船舶可自由出入封锁区域。(2)被封锁国之船舶如破坏封锁时，可加以捕拿或收押，封锁解除后仍发还原主，不给赔偿。(3)封锁时应向各国通告，并发表宣言。

【平时国际公法】【国公】Pacific International Law 简称曰平时法。（详该本条）

【平时复仇】【国公】Pacific reprisals 在国际法上通常所称之报仇（又曰复仇），乃指平时复仇（或平时报仇）而言。（参报仇条内）

【平时万国公法】【国公】Pacific International Law 又曰平时国际公法，简称曰平时法。（详该本条）

【平时征发】【国公】Levy in peace 与战时征发相对称。（详征发及征发物品条内）

【平斛交收】【史】（详多收税粮斛面条内）

【平等表决权】【民总】Right of equal voting 所谓表决权，乃指社员对于总会内之提案，有表示赞同与否之权利而言。此种权利之享有，若不因出资额数之多寡或身分势力之高下，而具有差别，即谓之平等表决权，依民法第五二条第二项之规定，社员有平等之表决权，惟此项规定，并非强制之条文，故得以章程为反对之订定，如章程无明文者，则表决权应一律平等，社员中不论身分之高下，出资之多寡，每人仅有一票之表决权。

【平等条约】【国公】Equal treaty 与不平等条约相对称。（详不平等条约条内）

【平等权】【国公】Right of equality 为国家基本权利之一，所谓平等，乃指国家在国际法上所享之地位而言，若在国际政治上实际乃属不平等，是固莫可讳言之事实，国际法上所承认之法律平等：（一）为外交仪式上之班列调印次序及开会席次。（二）为缔约时原则上皆有使用本国文字之权利。（三）各国有使用其国旗之权利，而他国有尊重之义务。（四）海上敬礼亦无大小国别之分。（五）各国对国际间关于法律变更之决议，有同意与拒绝之权。（六）各国有自由定其元首称号之自由。

【平稳占有】【物】Peaceful possession 又名和平占有。（详该本条）

【平赃】【史】对赃物之价额，以公平方法加以评价，谓之平赃。（参平赃者条）

【平赃者】【史】谓公平估计赃物也。唐律(卷四)名例篇设有平赃者之条:"诸平赃者,皆据犯处当物贾及上绢估。"疏议曰:"赃谓罪人所取之赃,皆平其价值,准犯处当时上绢之价,依令,每月旬别三等估其赃,平所犯旬估定罪,取所犯旬上绢之价,假有人蒲州盗盐,嶲州事发,盐已费用,依令,悬平即取蒲州中估之盐,准蒲州上绢之价,于嶲州断决之类,纵有卖买贵贱与估不同,亦依估价为定。"同条又曰:"平功庸者,计一人一日为绢三尺,牛马驼骡驴车亦同,其船及碾硙邸店之类,亦依犯时赁直,庸赁虽多,各不得过其本价。"疏议曰:"计功作庸,应得罪者,计一人一日为绢三尺,牛马驼骡驴车,计庸皆准此三尺,故云亦同,自船以下,或大小不同,或闲要有异,故依当时赁直,不可准常赁为估。邸店者,居物之处为邸,沽卖之所为店;称之类者,铺肆园宅,品目至多,略举宏纲,不可备载,故言之类,假有借驴一头,乘经百日,计庸得绢七匹二丈,驴估止直五匹,此则庸多,仍依五匹为罪,自余庸赁虽多,各准此法。"

【平粜法】【史】此法为战国魏之李悝所创设,以调剂米价为目的。汉书食货志有全文,前汉耿寿昌之常平仓即以此为根据,于丰年时就时价购买入仓贮藏,于凶年时廉价出卖,一方既可调剂米价,一方又可救恤贫民,后世之义仓、社仓皆依此主义而设者也。

【幼女】【刑】Girl under sixteen years old　未满十六岁之女子,曰幼女,凡奸淫幼女者,以强奸论罪,此种规定,乃为保护未发育健全之女子而设。(参准强奸罪条内)

【幼年法庭】【通】Juvenile court　又称儿童法庭(详该本条)。或名少年法庭。

【弁言】【国公】Preamble　又称前文。(详该本条)

【必成条件】【民总】又名既定条件。(详该本条)

【必要主义】【民总】为设定住所主义之一,对自由主义言,即主张在法律上言凡人皆须有住所,否则为法所不许,瑞士民法采之。

【必要共同诉讼】【民诉】Notwendige Streitgenossenschaft(德)　为共同诉讼之一种,又称特别共同诉讼,或不可分共同诉讼,与通常共同诉讼相对称,谓诉讼标的对于共同诉讼之各人必须合一确定之诉讼也。例如甲乙丙共同侵占丁之房屋,丁向法院起诉时,应对甲乙丙三人共同为被告是,此项诉讼之效力如下:(一)共同诉讼内一人所为之行为,若有利益于共同诉讼人,视与全体所为同,若不利益于共同诉讼人,视与全体未为同。(二)他造当事人对于共同诉讼人内一人所为之行为,视与对全体所为者同。(三)共同诉讼人内一人所生诉讼中断或中止之原因,视与就全体所生者同。(民诉法第五三条)

【必要住所】【民总】学者称法定住所(详该本条)为必要住所。

【必要的共犯】【刑】为学理上共犯分类之一,对任意的共犯言,非数人共同不能成立犯罪之谓也。如内乱罪须数人为之方可是,又可分对行犯与共行犯两种。(详各本条)

【必要费】【物】Necessary expense　与有益费相对立,凡以保存或维持标的物为目的时所需用之金额，为必要费，如以积极的增加标的物之价格及以改良其物为目的所费用之金额，则称曰有益费，例如对于房屋之修缮费为必要费，增建房屋所需用之费用则为有益费是。

【必减主义】【刑】犯罪情节依法应当减刑者，不容法官自由加以裁量，是曰必减主义，例如刑法第三十一条第三十三条之规定心神耗弱人与喑哑人之行为减轻本刑，法官依法对之不得参酌其他情形，如经证明犯罪人确为心神耗弱者，或为喑哑者，无论如何，必须减轻其本刑。

【必然犯】【刑】与偶然犯相对立，谓犯罪者之犯罪行为并非因一时之急迫情形，亦非出于不得已之境遇也。法律对此项犯人之处罚每采严厉主义。

【打劫】【史】劫夺人之财物，称曰打劫。

【打捕户】【史】猎户称曰打捕户。（详窝弓杀伤人条内）

【打戳[1]】【史】戳者小印也，打者捺用印章也。愿体集："银色低假，不尚之徒，造作愈巧，非银匠认识，不能辨别，所以州县征收钱粮，设立银匠数家，在于公署左右，令其锤剪估色真纹，则打戳赴纳，不足，则下炉倾销，诚为民便。"

【本人占有】【物】又名直接占有。（详该本条）

【本人行为说】【民总】Theory of the act by principal 为代理人行为对本人生效学说之一，对共同行为说与代理人行为说言，谓代理人之行为所以及于本人者，因法律上以代理人之行为视作本人之行为也。而此说之中有于事实上视为本人之行为者，亦有于事实上非本人之行为而由法律之拟制而视为本人之行为者。

【本人告知参加】【民诉】又曰指名参加。（详该本条）

【本人送达】【民诉】所谓本人送达，乃对于应受送达人所为之送达而言。法院书记官得于法院内自将文书送达于应受送达人，如交由执达员行之者，则应于应受送达人之住居所，营业所或事务所行之，但在他处会晤应受送达人时，得于会晤处所为之。（民诉法第一二五条、第一三七条）

【本人诉讼主义】【民诉】诉讼之提起，得由当事人自己为之，不聘用律师，或其他之代理人，是曰本人诉讼主义。

【本夫】【刑】【史】有夫之妇与人通奸时，称该通奸之男为奸夫，而该犯奸妇人之丈夫则曰本夫。有夫奸之罪，须告诉乃论，如本夫纵容通奸者，则不得告诉（刑法第二五九条）。关于本夫纵容妻妾犯奸以及本夫杀死奸夫之规定参阅纵容妻妾犯奸条内及杀死奸夫条内。

【本夫】【史】对奸夫而言，即奸妇本来之夫也。清律一人命篇杀死奸夫条之附例："本夫于奸所，登时杀死奸夫者，照律勿论，其有奸夫已离奸所，本夫登时逐至门外杀之者，照不应重律杖八十。"

【本支】【史】宗子庶子之合称曰本支。诗经一文王篇："文王世子，本子百世"，其注：

---

① 原书为"戮"，系排版之误。

"本,宗子,支,庶子。"笺:"文王受命,始造周国,天下君之,适为天子,庶为诸侯,皆百世。"此乃我国法律上宗族制之起源,今则于同族间之关系相近者,亦曰本支。

【本以他故殴人夺物】【史】于殴击他人时,临时见有财物,遂即起而夺之,是曰本以他故殴人夺物,虽无规财之意,然与强盗相类,故亦科罚。唐律(卷十九)贼盗篇设有本以他故殴人夺物条:"诸本以他故殴击人,因而夺其财物者,计赃以强盗论,至死者加役流。"疏议曰:"谓本无规财之心,及为别事殴打,因见财物,遂即夺之,事类先强后盗,故计赃以强盗论,一尺徒三年,二匹加一等,以先无盗心之故,赃满十匹,应死者加役流,若夺财物不得者,止从故斗殴法。文称计赃以强盗论,夺物赃不满尺,同强盗不得财徒二年,既元无盗心,虽持杖亦不加罪。"同条又曰:"因而窃取者,以窃盗论加一等,若有杀伤者,各从故斗法。"

【本正】【史】养子对其本生父母,称曰本正,唐律明律清律均有此项术语。

【本犯】【史】所谓本犯,通常乃指同时犯二罪以上时之其中最主要之一罪而言,唐律(卷二十八)捕亡篇——捕罪人之条:"罪人本犯应死,而杀者加役流。"同律名例篇——官户部曲之条疏议:"犯罪应征正赃及赎,无财可备者,皆据其本犯及正赃,准铜每二斤加杖十,决讫付官主。"(卷六)

【本刑】【刑】Prescribed punishment　所谓本刑,乃指刑法各本条所规定之刑罚而言,刑法第三十条第二项规定,满八十岁人之行为,得减轻本刑二分之一,例如甲为满八十岁之人,犯刑法第二〇四条之投放毒药于供公众所饮之自来水池罪,则依该条所定之刑罚,为一年以上七年以下有期徒刑,如法院宣告判决为四年有期徒刑(即本刑),则依刑法第三十条第二项之规定得减轻本刑(即指四年有期徒刑)二分之一,是某甲得减处二年之有期徒刑也。

【本住所】【民总】Original domicile　为任意住所之一,对假住所言,指通常为生活集中地或根据地之处所也,仅以一个为限。

【本来取得】【国公】Original acquisition　又称曰原始取得。(详该本条)

【本店】【公】Main store　公司通常营业之场所,谓之店,其有数场所者,则以其总场所为本店,其他则为支店,本店所在地为公司之住所,公司如非在本店所在地主管官署登记后,不得成立。(公司法第四—五条)

【本俗法】【史】化外人(指中国教化以外之人。如蕃国是)同类相犯时,其适用之法律为该国之本国法,此项法曰本俗法,唐律(卷六)名[①]例篇——化外人相犯之条:"诸化外人,同类自相犯者,各依本俗法,异类相犯者以法律论。"疏议:"化外人为蕃夷之国,别立君长者,各有风俗,法制不同,其有同类,自相犯者,须同本国之制,依其俗法断之,异类相犯者,若高丽之与百济相犯之类,皆以国家法律论定刑名。"

【本契约】【债】为契约之一种,对预约言,即由预约之后按其内容正式缔结之契

---

① 原书为"化",系排版之误。

约也。易言之,即履行双方之预约,再行缔结之契约也。本契约一经成立,双方均受拘束。

【本案】【民诉】主要之事项曰本案,民诉法中所称之本案,通常系指诉讼标的而言。例如对于诉讼费用之裁判,则称诉讼标的之裁判为本案裁判。

【本案判决】【民刑诉】Judgment of the main suit 为判决之一种,又称实体判决,对诉讼判决言,即对于诉讼标的所为之判决也,换言之,即对于诉讼请求标的有无理由之判决也,故又称实体判决,在刑诉法上乃指法院对该案件断定其有无刑罚权之判决也。例如有罪之判决,或无罪之判决是。

【本案前之判决】【民刑诉】为中间判决(详该本条)之别称。

【本案辩论】【民诉】所谓本案,乃指为主之事项之言辞辨论而言,如对于诉讼程序问题之辨论,则称关于诉讼标的之辨论为本案辨论。又如对于再审之辨论,则称本诉讼之辨论,为本案辨论。

【本国法】【国私】Lex Patriae; Law of native country; National Law 所谓本国法,乃指当事人所属国之法律而言,意大利对于涉外之私法关系,以适用本国法为原则,其他大陆各国对于亲属继承部分,大多适用本国法,我国法律适用条例第五条,虽设有明文,然与意大利之规定以本国法为原则者,微有不同。

【本国法人】【民总】National juristic person 为法人之一种,对外国法人言,即依本国法律而成立之法人也。(参民法第二五条)

【本妇】【史】犯奸罪时,奸夫之妻子,称曰本妇。清律—人命篇杀死奸夫条之附例:"本夫本妇伯叔兄弟及有服亲属,皆许捉奸。"

【本条别有制】【史】此为唐律名例篇之条名,与明清律本条别有罪名之条,意义相同。(参本条别有罪名条)

【本条别有罪名】【史】在明律(卷一)、清律(卷五)名例中有"本条别有罪名"专条之设,其旨乃在诸律本条与名例不同者甚多,恐其无所适从,故特立本条(即本条别有罪名之条)。明清律之条文及注曰:"凡本条自有罪名,与名例罪不同者,依本条科断。若本条虽有罪名,其(心)有所规避罪重者(又不泥于本条)。自从(所规避之)重(罪)论。其本应罪重,而犯时不知者,依凡人论(谓如叔侄别处生长,素不相识,侄打叔伤,官司推问,始知是叔,止依凡人斗法;又如别处窃盗,偷得大祀神御之物,如此之类,并是犯时不知,止依凡论,同常盗之律)。本应轻者,听从本法(谓如父不识子,殴打之后,方始得知,止依打子之法,不可以凡殴论)。"清律之总注:"名例者,诸律之凡例,本条者,断罪之正法,律文简要,不欲重述,凡本条有缺而不载者,皆统于名例也。然有权衡于轻重之间,变名例之例而自有罪名者,则又不拘名例,故本有与名例不同者,自依本条科断。如名例逃叛自首者,减罪二等,兵律官军在逃,则一百日内出首者,免罪,名例共犯罪,以造意为首,而刑律同谋共殴人致死,则下手伤重者为重罪,原谋减一等,凡此皆应依本条者,余可类推。若本条虽有罪名,而有规避求脱之情,重于本罪,则当从其重者科断,又不拘于本条,如越府城,本罪杖一百,但因避窃盗赃重而逃,则当坐窃盗赃重之律;

漏报文卷一宗，本罪笞二十，但因避侵欺库银而漏报，则当坐监守自盗仓库钱粮律之类，余可类推。盖人之情伪百出，律之权度亦异，必推其犯罪之由来，诛心定案，奸人乃无所逃于法矣。律本应重，则当悯其陷于不知，不从重而以凡论；律本应轻则不因其出于不知，不以凡论，而从本法；注内引例甚明，可以类推。”

【本票】【票】Promissory notes 为票据之一种，对汇票及支票言，谓约定由发票本人支付一定金额之证券也。本票之内容亦须记载一定事项，由发票人签名，其事项如次：(1)表明其为本票之文字。(2)一定之金额。(3)受款人之姓名或商号。(4)无条件担任支付。(5)发票地及发票年月日。(6)付款地。(7)到期日，上述各项如缺其一，原则上应为无效，惟到期日受款人发票地付款地未载者，法律设有补充规定(票据法第一一七条)。本票之主债务人为发票人，故其所负责任与汇票之承兑人同负绝对清偿义务，至于见票后定期付款之本票，(a)执票人应向发票人为见票之提示(其提示期限与见票后定期付款之汇票相似)。(b)如受拒绝时，亦须于提示见票期限内，请求作成拒绝证书，违反上述二项规定者，则对其前手(背书人)丧失追索权(第一一八——一九条)。本票与汇票大略相同，故准用汇票之条文甚多。例如发票，背书，保证，到期日，付款，参加付款，追索权，拒绝证书，誊本之各项规定是。但上述凡关于预备付款人，承兑，参加承兑，及承兑拒绝证书等之部份，则为例外，以其性质与本票相反也。本票与汇票之异点有四：(a)汇票当事人有三，本票当事人有二。(b)汇票有承兑参加承兑及复本之利，本票因无委托他人付款之事，故无所谓承兑参加承兑及复本等。(c)汇票发票人负偿还债务义务，本票发行人则自己担负付款责任。(d)汇票背书人得指定预备付款人，本票背书人不得为之，本票之形式特列于后：

正面

本票 凭 票 付 吴 大 华 公 司 大 洋 贰百元正 厦门福利号 印 民国二十年五月八日

背书

(与汇票同参该条内)

【本章】【史】清制，有所谓本章者，为奏文之一种，与题本名异而实同。接奏文之总称曰疏章，疏章大别为二，一曰题本又名本章，一曰奏本又名奏折，前者纸质粗而字迹大，后者纸质字形均细幼，是为不同之点。(清国行政法第一卷)

【本诉】【民刑诉】Action in chief 与反诉相对称。(参反诉条内)

【本诉讼】【民诉】某项诉讼在系属于法院之期间内，如第三人对此诉讼之标的全部或一部为自己有所请求而涉讼(参加)者,则称此诉讼为本诉讼,此时得以本诉讼之两造为共同被告。(民诉第十八条及第五十条)

【本罪别者】【史】本罪别者谓共犯之数人中所犯罪名各有不同也。(详共犯罪本罪别条内)

【本应重】【史】与本应轻相对称,例如叔侄别处生长,素不相识,侄打叔伤,官司推问始知,是依法本应处以重刑,但因犯时不知,故依凡人论罪。至本应轻者例如有父不识子,主不识奴,殴打之后始知,此时应依打子及奴本法而不可以凡斗论,是名本应轻者,听从本。唐律(卷六)名例篇——本条别有制之条:"其本应重而犯时不知者,依凡论,本应轻者,听从本。"明清律均有相似之明文。

【本应轻】【史】(详本应重条内)

【本证】【民刑诉】Assertive evidence 与佐证相对立,其性质与主证相同,即当事人对于利己之原来事实,加以主张时所举出之证据。

【本籍】【行】Native place; Place of origin 又称属籍或原籍,或籍贯,即户籍所在之地也。本籍与住所不可相混,以后者乃人之实际生活的集中地或根据地,然有时二者系同在一地,有时则异地并存。又本籍须呈请登记,在法律上始为有效,否则虽久居于一地,仅可视为住所,而不得谓之本籍,我户籍法规定在中国领域内设定本籍者,以有中国国籍者为限,且一人同时不得有两本籍,至于本籍之标准共有下列四种:(一)在一县或一市区域内有住所三年以上,而在他县市内无本籍者,以该县或市为本籍。(二)子女除别有本籍者外,以其父母之本籍为本籍。(三)弃儿父母无可考者,以发现人报告地为本籍。(四)妻以夫之本籍,赘夫以妻之本籍为本籍。(户籍法第四条、第六条)

【民总】(详籍贯条)

【本籍地】【通】Original domicile 本籍之所在地曰本籍地,换言之,即户籍登记之地也。

【本权】【通】为日本名辞,数个权利存在于一个物体时,其最有力而占重要地位者,谓之本权,例如占有权,地役权,所有权,并存于一物时,其最有力者为所有权,故称所有权为本权。

【本权诉权】【物】Right of petitory action 与占有诉权相对称,即法律以保护权利人为目的,所予权利人以请求确定其权利关系之诉权也。此项诉讼曰本权诉讼,通常与占有诉讼各不相妨,而互为独立。

【本体法】【通】Material law 与程序法相对称,又名实体法(详该本条)。或称立法。

【未了之未遂罪】【刑】在著手未遂与实行未遂之间,尚有一种未遂情形。例如以毒药杀人,每日进以少许,以一月为其毒死之期,其后服过半月,因障碍而未遂,学者称此时为未了之未遂罪。

【未了公案】【史】对于公务之处理，有甲乙二说而不能即时解决者，谓之未了公案。方回可言集考："文公成公，于思无邪，各为一说，前辈谓之末了公案。"

【未必之抵销】【债】Eventual set-off　谓以受抵销债权（受动债权）之存在为条件所为之抵销也。学者多谓此项附条件乃法定条件，故应认其抵销为有效。

【未必的故意】【刑】Eventual intent　为不确定故意之一，对择一的故意与概括的故意言，即对于结果并无确定认识，仅认其可以发生耳。且并不因此而制止其行为，例如假装凶状以吓小儿，而只认识或可因此致小儿于死，然并不即制止其行为，如小儿果被吓死，则应负故意之责任，与过失之区别有二：(1)未必故意有最轻度之认识，故与过失异。(2)未必故意对于结果有可能的认识，过失则否，故与过失不同。

【未成年人】【民总】Minor　所谓未成年人，在我国法律上之意义，乃指未满二十岁之自然人而言，未成年人有时为完全无行为能力人，有时则仅为限制行为能力人。（参无行为能力人与限制行为能力人条）

【未成盗】【史】未构成盗罪者，曰未成盗，与已成盗相对称。

【未改良地】【土】与改良地相对立，谓未依法令，而使用之土地也。又分为市未改良地与乡未改良地二种，未改良地之地价税率较改良地为高，所以鼓励人民之利用其土地也。（土地法第二八一条、二九二条、二九五条）

【未决囚】【刑】Prisoner on remand　与既决囚相对立，凡囚犯虽经法庭审理，但未经其判决认为有罪者，曰未决囚。

【未决羁押】【刑】即在裁判确定前基于审理手续之必要，将被告拘留之谓，凡遇重要案件预审中侦查检证等事，均须慎重详尽，故拘留期间亦因以延长，久困囹圄殊有可悯，故未决羁押日数算入刑期为各国所采，我国刑法第六十四条亦有相似之规定。但与受刑之待遇有异，折算办法与普通刑期为二倍之比，各国对算入本刑办法，有二主义：(1)法定主义——以未决羁押日数算入刑期时，须依据一定条件为标准者。(2)裁判主义——法院对未决羁押之算入本刑与否有自由裁量之权者。我国采后说（参刑法第六十四条）。裁量之标准与罪之轻重无关，但应自客观方面对被羁押人之于羁押是否应担负其责为定。至羁押之原因有五。（详羁押条）

【未决羁押日数】【刑】在未判决以前，犯人在羁押之期间，谓之未决羁押日数，依我国刑法第六十四条之规定，裁判确定前羁押日数得以二日抵有期徒刑或拘押一日，或以一日抵刑法第五十五条第七项裁判所定之罚金数额。

【未遂】【刑】Attempt　未遂者，谓业已著手实行，而因意外之障碍，致未能达到其目的也。（参未遂罪条内）

【未遂犯】【刑】未遂犯者，谓业已著手实行，而因故障不能达到所预期之目的之犯罪人也。未遂犯之应否处刑，均由刑法分则中各别规定之。（参未遂罪条）

【未遂罪】【刑】Attempt or unaccomplished offence; Attempted crime 即犯罪行为著手而未完结,或已完结而未生即遂之结果之谓,例如杀人而适值人来,放火适值天雨,已著手于犯罪之实行而不遂者为未遂罪,其不能发生犯罪之结果者亦同(刑法第三十九条)。所谓不遂,其原因不问出于人力抑出于自然力,苟非因犯人自已意思而中止者皆属之。未遂罪之处罚,约有三种主义:(1)同等主义——与既遂同等处罚,罗马法采之,又名诛心主义。(2)必减主义——应较既遂罪为轻,意大利采用之,又名诛害主义。(3)得减主义——按其情节由审判官酌予减少,又名折衷主义。我国刑法四十条规定未遂罪之刑得减既遂罪之刑二分之一,但犯罪之方法决不能发生犯罪之结果者,得减轻或免除本刑,故与第三主义相近。又未遂罪之处罚,以刑法分则上有特别规定者为限,未遂犯之种类,有著手未遂犯与实行未遂犯及未了之未遂犯之别(详各该条)。按各种犯罪无未遂犯者,计有四种:(1)结果犯。(2)不作为犯。(3)过失犯。(4)形式犯(例如胁迫侮辱等罪,既于著手实行即认为成立,并无未遂犯之可言)。至于通常广义所谓未遂犯乃系包含未遂犯与中止犯二种而言。

【未满七岁人】【民总】Person under seventh year of age 为无行为能力人之一种,即未满七岁人绝对无为法律行为或受法律行为之能力之人也。列国立法例之采数分主义者,均于未成年期之内设有满七岁及未满七岁之二阶段,对未满七岁人不问是否有意思能力,均视为无行为能力,我国民法第十三条第一项亦有同一之规定,即所受之法律行为亦为无效是。(第七六条、第九六条)

【未龀者】【史】龀谓幼儿毁齿而易新齿也,男为八岁,女为七岁,其未龀者即此等幼者犯罪,可以免除,不得为奴。周礼—秋官之属,司厉之制:“凡有爵者与七十者,与未龀者,皆不为奴。”郑玄注曰:“有爵,谓命士以上也,龀毁齿也,男八岁,女七岁而毁齿,又曰,今之奴婢,古之罪人也,故书曰,予则孥戮汝。”

【末日】【民总】Last day 期间届满之最后之日,谓之末日。(参期间条内)

【正支】【史】(一)法定支出之款目,谓之正支。宋史:“宁宗庆元初,诏罢循环盐钞,改增剩钞,名为正支钞,给算与已投仓者通理,先后支散。”(二)今人以长房长子(嫡长子)为正支,其余则为旁支。(旁系支族)

【正本】【民刑诉】Authentic writing; Certified copy 为缮本之一种,即由原本缮录而成之缮本,经认证机关认证者也。例如推事所作之判决书正本,缮为缮本,而由书记官签名并盖法院之印者是也。此项正本与原本有同一之效力。

【正犯】【刑】Principal offender 为法律上共犯种类之一,对从犯言,即实施犯罪行为者。又称实施正犯,正犯与从犯之区别标准有二:(1)客观说——又分为二:(甲)凡与犯罪之完成有重大影响者为共同正犯,其较轻者为从犯。(乙)以意思实行与结果之关系,区别原因与条件,所谓为原因之动作者为正犯,仅为条件之帮助者为从犯。(2)主观说——即有犯罪之意思者为正犯,其以帮助他人为意思者为从犯。上述以客观说中之甲说为当，学者多主张之。

【正白旗】【史】（详八旗条内）

【正印官】【史】所谓正印官，乃指清时布政使按察使以下地方单独制机关之主任长官而言，以其掌管该各官厅之印故也。

【正式承兑】【票】为承兑之一种，对略式承兑言，乃因承兑方法为区别标准，谓付款人于承兑时在汇票正面除签名外，并记明承兑之旨也。（票据法第四〇条第一项）

【正式背书】【票】Special indorsement or indorsement in full　为固有背书之一种，对略式背书言，又称完全背书，或记名背书，谓背书人于票据上记载被背书人（即让受人）姓[①]名或商号及背书之年月日也。至其须经背书人之签名，自不待言（票据法第二八条第一项）。又因背书人于票上签名处之有无特种记载而分为二：(1)特种记载背书。(2)通常记载背书。（详各本条）

【正式登记】【土】Formal registration　为土地登记之一种，对暂时登记而言，即登记原因确定（例如永佃权设定时之登记，因永佃权设定契约而成立）。与登记手续完备无缺之土地登记也。故一经登记，即有绝对效力，不得推翻。

【正式战斗者】【国公】Legitimate combatants; Formal combatants　又曰战斗员。（详该本条）

【正收正支】【史】（详那移出纳条内）

【正兑米】【史】为清时漕米之一种，与改兑米、白粮、粦麦、黑豆相对称，其贮入京师之米仓以供八旗三营之兵食者，谓之正兑米。（户部则例）

【正取】【史】与备取相对称，在考试时对于成绩优等而加以正式录取，谓之正取，如优等者之录取定员额数未满则以备取者补充之。（清科场条例）

【正法】【刑】Executed　所谓正法，为我国法律之旧用术语，乃指对犯罪者之执行死刑而言。

【正则战斗员】【国公】Legitimate combatants　凡依国家法律所编制而成之军队称曰正则战斗员。（参战斗员条）

【正朔】【史】正月一日谓之正朔，古时王者易姓，每改正朔，盖示即位开始，聊资纪念之意也。

【正条】【通】Express provision　又称明文，即制定法所明定之条项之谓，在刑法上凡律无正条者不罚，且不许比附援引。

【正途出身】【史】文官之出身有正杂二途之分，正途出身，乃指依科举及贡、监、廕生之资格而出任官吏而言。嘉庆会典（卷六）："各辨正杂以分职。"

【正税】【行】与杂税或附税相对称。地丁及海陆各关所征曰正税，其余俱为杂

---

① 原书为"性"，系排版之误。

税。(六部成语注解)

【正隆续降制书】【史】为金正隆年间所编,故曰正隆续降制书。(详金之法典条内)

【正项钱粮】【史】所谓正项乃指国家定额之正税而言,所谓正项钱粮,乃指于一州一县内所征收之地租与丁赋(即人头税)等而言。六部成语注解:"凡一州一县之中,所征地丁两项,皆为正项。"

【正当占有】【物】Legal possession 为占有之一种,对不正当占有言,谓占有者有可占有其物之实体上之基本权,而占有其物者也。例如质权人有质物之占有权是。

【正当防卫】【刑】Legal defence 为权利行为之一种,主张属于权利行为者有三说:(1)不法消灭说。(2)刑罚权消灭说。(3)代行国权说(详各该条)。又名紧急防卫,或防御行为,即为防卫自己或他人之权利,对现在不法之侵害加以反击排除之谓,正当防卫不为罪之理由,学说甚多,而以自卫权利之说为当,其成立要件有五:(1)须有侵害之存在。(2)须为现在之侵害——现在之界限应以有无可以避免之情形为断,盖即紧急之意也。(3)须为不法侵害——即客观的不法。(4)须为防卫自己或他人之权利。(5)防卫行为须于必要限度内行之——即不得超过一定范围之谓(刑法第三十六条规定)。对于现在不法之侵害,而出于防卫自己或他人权利之行为,不罚。

【正当防卫权】【刑】即正当防卫之权利也。(详正当防卫条内)

【正当业务行为】【刑】Act done in accordance with proper occupation 为权利行为之一种,即为法令所许可之业务也。业务指吾人在社会上所有生活地位而言,例如受官厅允许之医生经权利人之同意施行手术是,否则除紧急状态外,仍须负刑事责任,刑法第三十四条规定,正当业务之合法行为,不罚。

【正当当事人】【民诉】Legal parties 所谓正当当事人,乃指依法律之规定有实行诉讼权利之人而言。例如离婚之诉,其正当当事人为夫与妻,其他第三人如姘夫或姘妇均非正当事人是。

【正义主义】【刑】又名报复主义(详该本条)。或称报应主义或纯正主义,或纯理主义或绝对主义。

【正德会典】【史】为明行政法典之一。(详明会典条内)

【正赈】【史】地方官署题报成灾情形,即一面发仓,给予贫民,先行散赈一月,是曰正赈。(嘉庆会典(卷十二)之分注)

【正蓝旗】【史】(详八旗条内)

【正权限】【民总】Legal source of right 即权原之别称。(详权原条)

【正权原占有】【物】为占有之一,对无权原占有言,谓占有人于占有其物时,具有法律上之原因者也。例如质权人之占有质物是。

【母】【亲】Mother (详父母子女条内)在旧律中又有所谓十母及八母者。(详各

本条）

【母后】【史】皇太后称曰母后，三国志："魏因汉法，母后之称，皆如旧制。"

【母系】【新】Metronymy　母系者谓属于母之血统也，太古曾有以母系为中心之时代，后因各种关系始以父系为中心，至今弗替，旧律将母系诸人列入外亲。现行民法则毅然采用男女平等原则，将宗亲外亲妻亲尽行废除，而设血亲与姻亲及配偶三种，母系则与父系同在血亲之内。

【母服】【史】三代之制。父在时，为母服丧，仅为齐衰期（一年）。至唐之垂拱年，始定为不问父之存否，均为母服丧三年。事物纪原（卷九）："三代之制，父在为母服齐衰期，唐武后始靖同父三年。按卢履冰言，上元中父在，为母三年，后虽靖未用也，逮垂拱始行之，则父在之服母三年，自唐垂拱始也。"

【母法】【通】Mother law　与子法相对称，所谓母法乃指被本国继受或采用之法律而言，至由继受或采用而制定之法律，则称曰子法。

【母金】【债】Capital　与原本之意义相同，与利息相对称。（详原本条内）

【母财】【史】营业之资本称曰母财，其利金则曰子金。

【母丧宴饮】【史】母丧宴饮，谓于服母之丧期中开宴而饮也，其宴饮者，应削去官爵，并处笞刑。日知录之余（卷二）："旧唐书，宪宗元和十二年，附马都尉于季爻居嫡母丧，与进士刘师服欢宴夜饮，季爻削官爵，笞四十，忠州安置师服笞四十，配流连州，于頔不能训子，削阶。"

【母仪】【史】为皇后之别称，后汉书—皇后纪："郭主虽王家女，而好礼节俭，有母仪之德。"

【母权子】【史】钱有轻重，重者为母，轻者为子，如能权其轻重，则民称便焉，民患轻（币轻物价贵也），则主重钱而从轻钱，民患重，则主轻钱而从重钱，前者曰母权子而行，后者曰子权母而行。国语—周语："周景王时，患钱轻，将更铸大钱。单穆公曰，古者天降灾戾，于是乎量资币，权轻重，以赈救民，民患轻，则为之作重币以行之，于是乎有母权子而行，民皆得焉；若不堪重，则多作轻而行之，亦不废重，于是乎有子权母而行，小大利之。"丘濬曰："单穆公此言，乃后世论钱货子母相权之论。所自出也，重者母也，轻者子也，重者行其贵轻者行其贱，贵贱相权而并行。"（大学衍义补卷二十六）

【民主政治】【宪】Democracy　民主政治通常译曰德谟克拉西，即一国之政治，乃由全国人民所选举之代表组成合议机关，以代表国民，而决定国家之最高意思。学者又有称之曰代议政治。实则所谓民主政治乃全为资产阶级中人所把持，年来全世界处于不景气之险象中，社会主义与独裁制度分向左右奔驰，民主政治势将崩溃，若在最近时间内不能挽回，则世界必有不可思议之变化，而所谓民主政治亦将与资产阶级同趋于没落之途径矣。

【民主集权制】【宪】Democratic centralization　民主集权制学者谓有二义。第一，国家之政权（与治权不同）由于一定时期所召集之国民大会或国民代表大会行使之，在该大会闭会期间，乃由大会所选出之执行委员会行使之，在执行委员会闭会期间，则由该会所选出之常务委员会行使之者，是曰民主集权制。第二，当在讨论未付表决以前，人人得自由发表意见（即所谓民主的），若一经议决即当绝对遵守，而予执行（即所谓集权的），参与议决者，虽对该项决议系投反对票，若议案经多数通过，则不得再加反对，是曰民主集权制。

【民有地】【土】Private land 即私有土地（详该本条）之别称。

【民兵】【国公】Militia 平时未受军事训练，于战时临时所召集之兵，曰民兵，如具备战斗员之各种条件，在国际法上即承认其为战斗员。

【民事】【通】Civil affair；Civil case 民事通常乃与刑事相对称，凡事项之不关乎国家者，统称曰民事，于此乃包括商事在内，此乃就我国现行民商法合一制度而言也，在民商法区分之国家，民事一语乃与刑事商事相对立。

【民事上诉法院】【组】The Court of Appeal 为英国法院之一种，与高级法院同为大理院之总称，其职务为专事审理由高级法院之上诉，及其他下级法院之再上诉民事案件，由现任司法大臣，前任司法大臣，王室法庭庭长，海事法庭庭长，及登记总长（Master of Rolls）等充任之，名曰五大法官（Five Lords Justices）。

【民事制裁】【通】Civil Sanction 国家对于不法侵害他人之权利，或对放怠自己义务时，所予之制裁，曰民事制裁，与刑事制裁相对立。

【民事法院】【组】Civil court 审理关于民事案件之法院曰民事法院，外国法院有民事刑事或商事之分，而我国则无此项区别，惟在各级法院内有民事庭之设耳。（参民庭条）

【民事原告人】【刑诉】在附带民事诉讼案件中之提起诉讼之当事人，曰民事原告人，与普通民事诉讼案件中所称之原告，名异而实同，惟一系附带于刑事案件中提起，而一则独立提起，又一其案件系在刑事庭中提起，而一则在民事庭中提起。按民事被告人乃被害人，即间接受损害之人亦在其内，如在杀人案件中之被害人之亲属亦可请求损失赔偿，故在刑事诉讼案件中提出附带民事诉讼时即称曰民事原告人。（参附带民事诉讼条内）

【民事执行处】【民执】Execution divisions for civil cases 即实施强制执行事务之机关。（详执行机关条）

【民事票据法】【票】（参私票据法条内）

【民事责任】【民总】Civil respon sibility 凡违反法律之行为而应负担法律上责任者，称为不法行为，属于民事者为民事上不法行为，应负民事上之法律责任，故曰民事责任。民事责任以填补因不法行为所生之缺陷而恢原状为目的，因其以恢复原状为目的，故与刑事责任之专以预记将来为目的者不同。民事责任不置重于本人之主观，惟就行为自体，以定责任之有无耳。

【民事裁判所】【通】Civil court 为日本名辞，即我国所称之民事法院。

【民事诉讼】【民诉】Civil action 民事诉讼者，国家确定私权之审判程序也。

换言之，即国家对人民私权加以保护时所适用之审判上程序也。其目的为保护私权，其标的物乃私法上之请求权(人与物或人与人之法律关系)。其手段(方法)为对私权之争执加以裁判，务使私权得以确定。民事诉讼与刑事诉讼不同，前者以保护私权为目的，后者以行使国家刑罚权为目的，前者适用私法，后者适用公法，前者原则上采不干涉主义，后者原则上采干涉主义，前者当事人完全以平等之原则行之，后者则国家之代表(检察官)每处于优越地位。民事诉讼与附带民事诉讼亦不可相混，前者为民事法庭所管辖，后者乃归刑事法庭管辖，前者于审判时检察官不能出庭，后者反是；但二者实质究属相同，不过为便利计，特于刑事诉讼中附带行之而已。民事诉讼与行政诉讼相异之点如下：(一)前者适用私法，后者适用公法。(二)前者判断民事及人事等事件，后者则就行政处分是否适当而为裁判(三)前者之审判属于司法机关，后者则多为行政法院。(英美法系国家无此区别)。民事诉讼与非讼事件亦有差异，前者乃以保护已被侵害或将被侵害之私权为目的，后者则以使私权之发生保存消灭或变更为目的，前者系于利害相反之当事人间，以确定其一造之私权为目的，后者则否。民事诉讼因当事人之请求而开始，此时法院与当事人间乃发生一种法律关系，双方互有权利义务，而当事人间亦各有权利义务之关系，是乃三方面之行为也。民事诉讼之类别有二：(一)普通民事诉讼程序。(二)特别民事诉讼程序(详各本条)。关于民事诉讼之主义，其重要者约有下列九种：(1)双方审理主义及一方审理主义。(2)当事人同等主义与当事人不同等主义。(3)公开审理主义与秘密审理主义。(4)干涉主义与不干涉主义。(5)数级审理主义与单级审理主义。(6)自由心证主义与法定证据主义。(7)法定顺序主义与自由顺序主义。(8)直接审理主义与间接审理主义。(9)言词审理主义与书面审理主义。(详各本条)

【民事诉讼法】【民诉】Code of Civil Procedure　民事诉讼法之意义亦可分为广义与狭义，后者乃指关于民事诉讼行为之程式、条件、内容及效力之各项规定而言，前者则关于民事法院之权限及组织之各项规定，亦可合称为民事诉讼法，民事诉讼法系一种独立法律，因其系规定国家关于民事诉讼行使统治权之关系者，故属于公法；又因其系规定民事诉讼上之权利义务，即规定运用实体法之程式者，故为程序法，至于系属于强行法，国内法，更不待言。按民事诉讼法之在我国古代，并无专篇，大多准用刑事诉讼之规定，自大清末叶，京师法律馆始从事于法典之编制，有民事诉讼法草案之制定，分为四编：曰审判衙门，曰当事人，曰通常诉讼程序，曰特别诉讼程序。民国成立后，仍未颁布，惟于三年四月三日，有民事非常上告暂行条例之批准，四月五日北京政府有县知事审理诉讼暂行章程之颁布(同日施行)。十年三月一日广东军政府颁布民事诉讼律。十一年一月二十五日北京政府又颁布民事简易程序暂行条例(计二十二条)，同年七月二十二日又颁布民事诉讼法草案，计七百五十五条(十年十一月十四日令改为民事诉讼条例)。南京国民政府于十九年十二月二十六日又公布民事诉讼法(其第五编第四章之人事诉讼程序，于二十年二月十三日始行公布)。共五编计六百条，于民国二十一年五月二十日施行。

【民事诉讼法学】【通】Science of civil procedural law 所谓民事诉讼法学,乃指以研究基于私法上之权利义务关系而请求法院裁判时之诉讼程序为目的之法律学科而言。

【民事诉讼执行规则】Rules Governing Execution in Civil Cases 本规则于民国九年八月三日由北京政府司法部颁行,至今仍暂援用,其内容之规定为关于强制执行之事项,计分为四种:(一)动产执行——以查封及强制拍卖之方法行之。(二)不动产执行——以查封强制拍卖强制管理等方法行之。(三)其他之执行——(1)命债务人为一定行为之执行。(2)命债务人容许他人之行为,或禁止债务人为一定之行为之执行。(3)关于继承财产或共有物分析之执行。(4)关于物权上动产不动产之执行。(5)关于债务人对于第三人所享有之债权或其他之财产权之执行。(四)假扣押假处分及假执行。全部计分六章,共一百三十八条,自公布日施行。但自第九八——一六条及第一二二——一三一条并第一三三——一三四条,近已不能适用矣。

【民事诉讼程序】【民诉】Civil Procedure 在民事诉讼中自提起诉讼以至于终局判决之一切手续,总称曰民事诉讼程序。

【民事诉讼费用】【民诉】Costs of civil case (详诉讼费用条内)

【民事审判权】【通】所谓民事审判权,乃指以确定私权之有无为目的而行使之权限而言,与刑事审判权相对立。(参审判权条内)

【民事调解法】【通】Law Relating to Mediation of Disputes in Civil Matters 本法于民国十九年一月二十日公布,共十六条,其要点如下:(1)凡人事诉讼事件及初级管辖民事事件,除经其他调解机关调解不成立,或调解主任认为不能调解者外,非经民事调解不成立后不得起诉,至其他民事诉讼事件当事人亦得请求调解。(2)民事调解处附设于第一审法院,以推事为调解主任,两造当事人各得推举一人为调解人(现任司法官或律师不得为调解人)。(3)调解日期由调解主任定之。(4)声请调解应以书面为之。(5)调解应由法院书记官作成调解笔录,由当事人调解主任及调解人签名后,调解始行成立,其效力与法院确定判决相等。(6)调解时不得征收费用,调解人亦不得收受报酬。

【民事调解法施行细则】【行】本细则于民国十九年六月三日公布,全文计十四条,与民事调解法同于民国二十年一月一日施行。

【民定宪法】【宪】又曰民造宪法。(详该本条)

【民政部】【史】清光绪三十二年改巡警部为民政部,分民治,警政,疆理,营缮,卫生等五司,掌理内务行政事宜,即今制之内政部是也。

【民政厅】【行】Provincial Department of Civil Affairs 为省政府所设机关之一,所掌事务如下:(1)关于县市行政官吏之提请任免事项。(2)关于县市所属地方自治及其经费事项。(3)关于警察及保卫事项。(4)关于卫生行政事项。(5)关于选举事项。(6)关于赈灾及其他社会救济事项。(7)关于劳资及佃业争议事论。(8)关于礼俗及宗教事项。(9)关于禁烟事项。(10)关于各种土地测丈征收及其他土地行政

事项。(参省政府组织法条内)

【民林】【行】Private forest　又曰私有林。(详该本条)

【民法】【民】Civil Law　民法者,谓规定国内普通私人间实体上权利义务之法规也。此系就广义方面而言,凡属于私法性质之成文法及习惯法,皆在其内,即商法亦为其中之一部,若在采取民商法并立主义之国家,则民法之意义乃系就狭义方面而言,即除去商法部分,始称曰民法,我国以前之民法乃指狭义者而言,今则依瑞士立法例采民商法合一之主义,而系广义之民法矣。此外又有所谓实质民法与形式民法之别,前者谓一切私法不论为成文法或习惯法皆在其内,后者则单指所谓民法法典而言。按民法二字之用语,乃沿于罗马之市民法,但当时之市民法乃合实体法程序法与私法公法在内,而近世之民法纯为私法上之规定,且仅为实体法,并非如当初之原来面目。关于民法之本质除系一种私法与实体法外,乃为一种国内法,以其仅适用于国内故也。又因系泛及于全国各种人民日常生活事物之规范,故系属于普通法;且系有一定法典之制定,故又为成文法,而其内容之大部分为非强制之规定,故属于任意法。至于民法在我国之沿革,古时大都为刑法之一部,而多存在于习惯方面,并无独立之成文法典,即明律清律亦然。民国以来所适用之民法,则系由大理院根据大清现行律之有效部分,参以习惯及法理所制成之判例与解释而成者,直至国民政府颁行民法法典止,仍系引用该项判例与解释。至于新式民法法典之编纂,系创始于清末光绪三十二年间,由修订法律馆聘请日人松冈义正氏主持草稿,于三年先成总则债权物权三篇,后二篇(亲属继承)亦续行脱稿,所谓第一次民律草案是也,又称前清民律草案。民国成立,于民四年对民律亲属编由法律编查会加以修正,谓之民律亲属编第二次修正案;至民国十四年始由修订法律馆对民律第一次草案全部加以改订,称曰第二次民律草案(其中之亲属编为第三次草案,继承编则系于民十五年始行修订)。惜因各种关系,未经国会通过,致未施行。国民政府成立后,于民十八年五月二十三日公布民法总则,同年十月十日施行。其他如债编物权编亦陆续公布施行,亲属编及继承编则于十九年冬同时颁布,次年施行。关于民法之编制,各国立法例约有二种。第一,为罗马式编别法,分民法为人法物法及诉讼法三篇,如法国、荷、比、意、西、葡等均采之,惟略加变更耳。此种方法缺点甚多,其著者如债编不另分篇,未设共通之总则篇,以及将人格及能力与亲属关系混合规定,皆是。第二,为德国式编别法,即分民法为总则,债权,物权,亲属,继承五篇,但亦有将物权列为第二编者,德国民法,则以债编列为第二编,此种编制法自较罗马式编别法为进步,故为我国民法所采用。

【民法之效力】【民总】Validity or effect of Civil Law　所谓民法之效力,乃指民法所能支配之范围而言,可分为下列三种:(一)关于时之效力——即民法应在何时始能适用之谓。民法亦以不溯既往为原则,但有限制。我国民法各编施行法均定明民事在民法(各编)施行前发生者,除本施行法有特别规定外,不适用民法(各编)之规定。至于将来所发生之权利,自亦应受本法(存在时)之支配,是乃当然之理也。(二)关于地与人之效力——即民法应于何地并对于如何之人始能适用之谓。在中世纪以前之国家,乃采属人主义,即不问其人之居于何处(国内或国外),凡隶属于本国国籍者,皆须受本国法律之支配,其后因封建制度之成立,遂采取属地主义,即凡国内或国外人民如在本国领土以内者,均须受本国法律之支配。但近代交通频繁,属人主义与属地主义,均难单独适用,于是遂有所谓折衷主义,乃并用上述两主义。(三)关于事物之效力——即对于何种事物,始能适用之谓——通常采民商法合一主义之国家,系对民事商事加以支配,在民商法并立主义之国家,则仅适用于民事方面耳。

【民法之种类】【民总】Kinds of Civil Law 民法之种类可分为下列二种:(一)普通民法与特别民法。(二)实质民法与形式民法。(三)广义民法与狭义民法。(详各本条)

【民法渊源】【民总】Sources of Civil Law (详法之渊源条内)

【民法学】【通】Science of Civil Law 民法学者,谓以研究人民相互间,以及国家或自治团体与人民间之私的权利义务关系为目的之法律学科也。

【民法总则】【民总】General Principles of Civil Code 关于规定民法共通之法规,称曰民法总则。我国立法近采民商法合一主义,故民法总则之适用较以前历次各草案为广(参民法条内)。现行者乃于民国十八年五月二十三日由国民政府所公布者。同年十月十日施行,为民法法典之第一篇,曰总则篇,内分七章,共一百五十二条。

【民则】【史】谓国民遵奉之法则也。书经:"弘教五典,式和民则。"

【民庭】【组】Civil division 各级法院中专事审理民事案件之组织,为民庭,每庭均设一庭长,由推事兼任;至于庭数之多少,则视事之繁简及参酌其他情形定之。在地方法院及分院并高等法院之分院如推事人数不满六人者,不分民刑庭。

【民族法】【通】Stammesrecht; Volksrecht 历史法学派谓法律乃民族精神之表现,法之本质为民族心理状态之自体,各国法律皆以各该民族之精神为根据,各有各之特点,故曰民族法。

【民众教育馆】【行】Popular educational institution 各省市县为实施社会教育起见所分别设立之中心机关,为民众教育馆,各置馆长一人,馆员若干人,并得设各种委员会及下列各部:(1)阅览部。(2)讲演部。(3)健康部。(4)生计部。(5)游艺部。(6)陈列部。(7)教学部。(8)出版部。民众教育馆经费由省市县教育经费项下支给,不独应举办关于健康,文字,公民,生计,家事,社交,休闲各种教育事业,且应从事研究及实验工作。(民众教育馆暂行规程第一条第五—八条第十—十二条)

【民众教育馆暂行规程】【行】本规程由教育部于民国二十一年二月二日公布,全文计十九条,自公布日施行。(参民众教育馆条内)

【民众学校】【行】Popular school 凡以根据三民主义授与年长失学者以简易之智识技能,使适应社会生活为宗旨所特设之学校,曰民众学校,由县市或县市教育行政机关或私人设立之,所授科目为识字、三民主义、常识、珠算,或笔算及乐歌,此外得兼授历史、地理、自然、卫生等浅近读物。其他修业期限最少为三个月,每星期至少授课十二小时(时间得在夜间或休假日),期满试验及格者给予证书。校中不收学费及其他费用,即书籍文具亦由校供给。学校校长有由教育行政机关选派之者(公立的)、有由设立者推举之者(私立的),师资在原则上以由特设专校培植之人员充之,但各县市小学以上教职员,社会教育机关职员,各教育团体职员,中等以上学校学生,对于民众教育有相当经验者,亦得充任。(民众学校办法大纲第一—五条、第七条、第十一—十一条、第十三—十六条)

【民众学校办法大纲】 本大纲公布于民国十八年一月二十四日,全文共十八条,自公布之日施行。(参民众学校条)

【民船船员工会】【行】凡以橹棹帆篷等为主要运输方法之民船,其服务员工集合一百人以上,而系以谋智识技能及公共福利之增进为宗旨时所组织之工会,为民船船员工会,在同一区域之民船船员,只得组织一个工会,惟得于县市各乡镇设立工会分事务所耳(须有同一工会会员四十人以上,始得组织)。民船船员工会之主管官署为所在地省市县政府,其最高监督机关则为交通部,除遵照民船船员工会组织规则外,应准用工会法及工会施行法各条之规定。

【民船船员工会组织规则】【行】本规则于民国二十年四月三日由行政院公布,全文计十三条,自公布日施行。(参民船船员工会条内)

【民船船员公会组织规则】【行】本规则于民国二十年四月三日由行政院公布,全文计十三条,自公布日施行。(参民船船员工会条内)

【民造宪法】【宪】Constitution made by people 为宪法之一种,即由人民制定之宪法也。有由普通议会制定者,有由人民所选出之特别制宪机关制定者,更有由公民直接投票表决者,共和国家之宪法,以此类居多。

【民部】【史】后周置大司徒卿一人,其属有民部中大夫二人,唐时因避太宗世民之名,改为户部。

【民营公用事业】【行】Public utilities under private control 公用事业之由人民经营者,为民营公用事业,下列各款之公用事业除由中央或地方公营者外,得许民营:(1)电灯电话及其他电气事业。(2)自来水。(3)电车公共汽车或长途汽车。(4)煤气。(5)航运。(6)航空。(7)其他依法得由民营之公用事业。民营公用事业经监督机关许可后,应依法声请登记,非呈经监督机关核准,不得变更其名称组织及营业计划,亦不得移转营业权于他人,于每营业年度终应造具一定表册呈报监督机关,如全年纯利达到实收资本总额百分之二十五时,其次年应减少收费或扩充设备,民营公用事业不得加入外股,或抵借收债,在同一营业区域内原则上不得有同种第二公用事业之设立。又民营公用事业办理满三十年后,监督机关得备价收归公营,但须于一年前通知,俾能从事筹备一切善后事项。(民营公用事业监督条例第二条、四条、七条、八条、九条、十一条,第十三—十四条)

【民营公用事业监督条例】【行】本条例由国民政府于民国十八年十二月二十一日公布,复于二十年三月七日修正,全文计共十七条,自公布日施行,凡民

营公用事业除法律别有规定外,依本条例监督之。(参民营公用事业条内)

【民营铁道】【行】Railway operated by people 与国营铁道、公营铁道相对称,即由人民所经营之铁道,须受铁道部之监督,自开始营业之日起,满三十年后,国民政府得依法定程序,揭示日期,与公司协定价格,加以收买。(铁道法第三—四条、第十九—二十条)

【永久中立】【国公】Eternal neutrality 又称永世中立,为中立之一种,与战时中立相对称,谓由国际间之条约所创设,而永久不参加任何战争,或任何关于同盟攻守及防守之条约也。比利时、瑞士、卢森堡等国皆为永久中立之国家;又如苏彝士运河之为中立河流,亦为永久中立之一种。

【永久中立地】【国公】Permanent neutralized territories 永久中立地者,即受各国条约之保障,永远承认其为中立地带,不论何国均不得以武力或其他方法加以侵占也,巴拿马运河、苏彝士运河皆属之。

【永久中立国】【国公】Permanently neutralized states 谓由若干国家以防止扰乱国际和平为目的,依条约所创立之独立国也。永久中立国之义务有三:(1)不得向他国为主动之战争。(2)不得与他国缔结攻守同盟。(3)如遇他国战争时,应始终维持中立。至其权利可分为二:(1)不受其他国家之攻击。(2)如受攻击时有请求保证国家援助之权利。按永久中立国在国际法上仍被视为有国际人格者,且享有完全之主权,与一部主权国有异,其实例在欧战前为比利时、卢森堡、瑞士三国,今则仅存瑞士一国矣。

【永久条约】【国公】Permanent treaty 对一时条约言,凡条约之缔结其性质乃属永久的,均称曰永久条约,例如土地割让条约是。

【永小作权】【物】Emphyteusis 为日本之名辞,即我国所称之永佃权,在日本旧民法则称永小作,为永贷借。

【永不叙用】【史】清制,官吏受惩戒时,其最重之处分为永不叙用,即革职后永远不予开复甄叙录用之谓。

【永世中立】【国公】Eternal neutrality 又称永久中立。(详该本条)

【永佃】【物】(详永佃权条内)

【永佃权】【物】Emphyteusis 日本称曰永小作权,为物权之一种,即以支付佃租永久在他人土地上为耕作或牧畜之权利也。享有此权利人曰永佃权人(Emphyteuta)。此种制度渊源于希腊,而流入罗马,我国因有租佃田地习惯,故亦以此为物权之一种。其要件有三:(1)其用途只限于耕作或牧畜。(2)须支付佃租。(3)原则上须为不定期限者,如定期限则视为租赁(民法第八四二条)。永佃权与地上权不同(参地上权条),永佃权之取得须登记方为有效;至其消灭之原因则与地上权同,永佃权人与土地所有人之关系约如下述:(a)永佃权人得将其权利让与他人,但不得出租,违者土地所有人得撤佃(第八四三条、第八四九条、第八四五条)。(b)因不可抗力时致收益减少或全无者,得请求减少或免除佃租(第八四四条),此乃保护经济弱者而设者也。(c)永佃权人有支付佃租之义务,否则土地所有人得撤佃(第八四六条)。(d)永佃权消灭时,永佃权人须回复土地原状(第八四八条)。(e)永佃权人得本于土地所有权之请求权而行使之(第八五〇条)。

【永佃权人】【物】Tenant farmer (详永佃权条内)

【永明律】【史】(详南齐之法典条内)

【永格】【史】格为唐时法典之一种,与律,令式相对称,刑诉上之判决例,通常皆临时以敕诏充之,称曰以制敕断罪,若视为有永远保存其效力之必要时,则特行编入格中,是谓之永格。

【永远监禁】【刑】Imprisonment for life 通常称无期徒刑为永远监禁,盖我国旧律上所用之术语也。

【永徽令】【史】永徽令者,与永徽律同时,为长孙无忌等所上,为唐法典之一,凡三十卷,篇目虽不详,与开元令要有异同,唐律疏义所引,盖永徽令也,今录其篇名如下:官品令,祠令,户令,选举令,封爵令,禄令,官卫令,军防令,衣服令,卤薄令,仪制令,公式令,田令,赋役令,厩牧令,关市令,狱官令,丧葬令,杂令,营膳令,捕亡令,都凡二十一篇,其他则不可得而知矣。按玉海卷六十六,以开元七年令之二十七篇,为永徽令之篇目,然考开元令之篇目与永徽令,自有异同,观封爵令,禄令,捕亡令等,皆为开元令所无,可知矣。类聚三代格卷六,尝引唐永徽令,永徽令佚文,多见唐律疏义中,今不集载,通典卷三十三注,以与武德令比较之曰,按武德令三万户以上为上州,永徽令二万户以上为上州,据此,则二者内容,互有异同可知也。

【永徽式】【史】永徽式者亦与永徽律令格,同时为长孙无忌等所撰,为唐法典之一。凡十四卷,按六典卷六注,旧唐书经籍志,刑法志,及唐书艺文志,皆作十四卷,唐会要卷三十九,作四十卷,日本国见在书目录,作二十卷,又永徽中式本四卷,见旧唐书经籍志,唐书艺文志。

【永徽律】【史】永徽律者,唐高宗永徽二年闰九月,诏大尉长孙无忌,司空李勣,左仆射于志宁,右仆射张行成,侍中黄季辅,黄门侍郎宇文节柳奭,尚书右丞段宝玄,吏部侍郎高敬言,刑部侍郎刘燕客,太常少卿令孤德棻,给事中赵文恪,中书舍人李友益,刑部郎中贾敏行,少府监丞张行实,大理丞元绍,太府丞王文端等,撰定之,凡十二卷,篇目同开皇律、武德律、贞观律,凡十二篇,即如下:(一)名例。(二)卫禁。(三)职制。(四)户婚。(五)厩库。(六)擅兴。(七)贼盗。(八)斗讼。(九)诈伪。(十)杂律。(十一)捕亡。(十二)断狱。永徽律条数,同贞观律,凡五百条。此律见于今本唐律疏义中,盖唐律疏义,即永徽律之疏义也,唐代各律之存于今日者,惟此一条而已,今略举其一斑如下:第一刑名:刑名有五,死刑二(绞,斩),流刑三(二千里,二千五百里,三千里)。徒刑五(一年,一年半,二年,二年半,三年)。杖刑五(六十,七十,八十,九十,一百)。笞刑五(一十,二十,三十,四十,五十)。凡二十等;流刑之外,又有加役流,乃流刑之一种,流刑在配所役一年,加役流则三年也。第二刑之适用:刑以官民之别,贵贱之别,良贱之别,僧俗之别,主从之别,师弟之别,长幼之别,父子之别,夫妇之别,而各异其用,以故虽同一犯罪,有或甲者比较的轻，而乙者比较的重，盖道德及对于刑法上之影响也。第三刑之加重轻减：罪之最重者为十恶，虽有如何恩典，不能沾之也。其加重之主要者，则为三犯加重，至轻减，则有八议，议请减，官当之制，亦同贞观律，此外又有自首减，从坐减，故失减，公坐相承减，诸种之规定。第四加减例及期间计算：加减例者，即死刑二等(绞斩)，共为一等，流刑三等(三千里，二千五百里，二千里)，亦共为一等，徒刑以下，各别为一等，故由流三千里减一等时，为徒三年，徒三年减一等时，为徒二年半，加重之时亦然。时间计算者，曰为百刻，年为三百六十日。第五犯罪：犯罪有公罪私罪之别，公罪者，因公事之错误而犯罪，私罪者，以私曲枉法而犯罪也，私罪例比公罪为重。共犯者，造意犯为主，随从者为从，后者比前者减一等。家人共犯时，唯坐尊家，数罪俱发，以其重者论罪，相等者，从一而断，一罪先发，已经论决，一罪后发，则轻与等者不论，重者更论，通计前罪以后充数。

【永徽律疏义】【史】即唐律疏义。(详该本条)

【永徽格】【史】永徽格者，与永徽律令同时，为长孙无忌等所撰，为唐法典之一，凡有二部，一曰留本司行格，十八卷，一曰散颁天下格，七卷，其后龙朔二年二月，命源直心等，重定格式，至麟德二年上之，谓之留本司行格中本，天下散行格中本，篇第不移，唯改官曹局名而已，仪凤二年，又命刘仁轨等，删定格式，谓之永徽留本司格后本，凡十一卷。

【永续犯】【刑】又称持续犯，为继续犯之一，对惯行犯言，即于犯罪既遂后，更继续其犯罪行为及状态之谓，即非持久时间其罪仍不能成立也，例如私擅盗禁罪是；与普通继续犯同，法律仍以一罪论。与永续犯相类似者，尚有所谓接续犯(详该本条)，然永续犯只有一犯罪行为，时间较长，接续犯则于短时间中反覆将同一犯罪构成事实，无间断为之是。

【犯人】【刑】Criminal; Culprit　违反刑事法规或与刑事相当法规之人，统称曰犯人，与罪人，有别。

【犯人引渡】【国公】Extradition　又简称曰引渡。(详该本条)

【犯人身死】【刑】Death of the culprit　为刑罚消灭原因之一，即犯罪主体消灭之谓，主体既消灭，刑罚执行权自亦因之而消灭，若于裁判确定前死亡者，则刑罚之请求权亦一并消灭，但财产刑之消灭与否以有特别规定者为限。

【犯行】【军】Criminal acts　违反军事纪律之轻微行为，谓之犯行，依陆海空军惩罚法之规定，约有三十六种，犯者应依该惩罚法加以惩罚。

【犯夜】【史】夜间逾越一定时间之后不得通行，违者谓之犯夜。明清律均有夜禁条之设。唐律(卷二十六)则有犯夜之条："诸犯夜者，笞二十，有故者不坐(闭门鼓后，开门鼓前，行皆为犯夜，故谓公事急速，及吉凶疾病之类)。"疏议曰："宫卫令，五更三筹，顺天门击鼓听人行，昼漏尽，顺天门击鼓四百槌讫，闭门，后更击六百槌，坊门皆闭，禁人行，违者笞二十，故注云，闭门鼓后，开门鼓前，有行者皆为犯夜。故谓公事急速，但公家之事须行，及私家吉凶疾病之类，皆须得本县或本坊文牒，然始合行，若不得公验，虽复无罪，街铺之人不合许过，既云闭门鼓后，开门鼓前，禁行，明禁出坊外者，若坊内行者，不拘此律。”

【犯所】【刑】Place of crime 犯罪之场所也。（详犯罪场所条）

【犯奸】【史】明律（卷二十五）、清律（卷三十三）刑律犯奸篇——犯奸条：“凡和奸杖八十，有夫者杖九十，刁奸者杖一百，强奸者绞，未成者杖一百，流三千里，奸幼女十二岁以下者，虽和同强论，其和奸刁奸者男女同罪。奸生男女，责付奸夫收养，奸妇，从夫嫁卖，其夫愿留者听，若嫁卖与奸夫者，奸夫本夫各杖八十。妇人离异归宗，财物入官，强奸者妇女不坐，若媒合容止通奸者，各减犯人罪一等，私和奸事者各减二等，其非奸所捕获及指奸者勿论，若奸妇有孕，罪坐本妇。”清律之总注曰：“和奸谓男女情愿和同私奸也；刁奸谓奸夫刁诱奸妇引至别所通奸，亦和奸也。凡和奸者，奸夫奸妇各杖八十，此为妇人无夫者言之，若有夫者各杖九十，刁奸者不论有夫无夫，俱杖一百；既有夫在弃而外淫，故加一等，刁引出外不畏人知，淫纵尤甚，故更严其法。夫淫人妇女，坏人闺门，犯奸之罪本重在奸夫，然必奸妇淫邪无耻有以致之，故不论和奸刁奸，有夫无夫，男女并坐也。若妇女本守贞洁，而人用强奸之，肆已淫恶，讦人节操，其情至重，已成者绞，未成者杖一百，流三千里，奸虽未成，强之罪重，故止减一等也。强奸之法最重，而强奸之情却易诬捏，用强之事亦复不同，故注独详言之，宜玩。幼女十二岁以下情窦未开，本无淫心，又易欺易制，即由和情亦由诳骗，故虽和奸亦同强论，已成奸者绞，未成奸者杖一百流三千里，其和奸刁奸者，男女同情，故同坐罪。审系奸生男女，即责付奸夫收养，奸妇法应从夫嫁卖，其夫愿留者听，所以顺人情也。如遂嫁卖与奸夫，则违断纵淫，本夫与奸夫厥罪惟均，并杖八十。经官之后，妇人已正奸罪，嫁卖断从本夫，故妇人弗论，止离异归宗，财物入官，即不可听归奸夫，亦不可听本夫再嫁，故断归宗，奸夫本夫皆已坐罪，则其财物即系彼此俱罪之赃矣，故入官。强奸者妇人遭其强暴，力不能拒，势不得已，非有淫心也，故妇女不坐。若与人为媒说合奸事，及容留止宿通奸导人淫恶之事者，各减犯人和刁奸罪一等。奸事败露，为之私和，脱人淫恶之罪者，各减和刁强奸之罪二等。奸情暧昧之事，无迹可凭，易于诬执，故捉奸者，必在奸所，其非奸所捕获，则其事无凭，及指称某与某通奸，则其说无凭，故皆勿追论。若妇女因奸有孕，则奸妇有凭矣，而奸夫则无也，追究奸妇，必且舍其所爱而妄指所憎，故止坐奸妇和奸之罪，俟后产限满日决之，奸生男女，亦责令收养。”

【犯奸及杀伤人者不准首】【史】凡犯罪皆得自首，或亲属得相容隐之人，代为之首，与本人自首有同一之效力，即盗贼之自首，亦得减免其刑，惟犯奸及杀伤人者，不准首。（参学海堂丛刻第五册之读律提纲）

【犯奸者无首从】【史】凡共犯皆有首从之分，以定其罪，惟犯奸则否，并无首从之分。读律提纲——（学海丛刻第五册）：“凡科罪皆分首从，惟犯奸，则无首从之分，盖既奸污妇人，或轮奸一妇，或奸一妇，均此奸罪，何首从之有，即先后同奸一妇，亦各科各罪，不分首从。”

【犯奸篇】【史】夫妻以外之男女之奸淫总称曰犯奸，通常计有和奸，强奸，刁奸，调奸，欺奸，相奸，轮奸等。在明律（卷二十五）、清律（卷三十三）—刑律有犯奸篇，计有下列十条:(1)犯奸。(2)纵容妻妾犯奸。(3)亲属相奸。(4)诬执翁奸。(5)奴及雇工人奸家长妻。(6)奸部民妻女。(7)居丧及僧道犯奸。(8)良贱相奸。(9)官吏宿娼。(10)买良为娼。

【犯情】【刑】Strafbare Handlung(德) 犯罪时之情形与状况谓之犯情。

【犯意】【刑】Guilty intention; Criminal intent 有为某种犯罪行为之意思者,曰犯意,犯意在未表示之前,法律并不干涉,若已表示时,在原则上亦不予以制裁,但其表示对于社会有重大危险者,则为例外,例如刑法第三百十九条之恐吓罪是。

【犯罪】【刑】Crime or offence 犯罪者,即有责任能力者于无违法之阻却时因故意或过失违犯刑罚法令所列举之行为也,分言之:(1)犯罪须有行为(参行为条)。(2)犯罪须为有责任能力(参责任能力条)之行为。(3)犯罪须为有故意或过失(详各本条)之行为。(4)犯罪须为违犯刑罚法令所列举之不法行为(参不法行为条,参刑法根本主义条)。(5)犯罪须为无阻却违法之行为(详阻却违法条)。犯罪又分广义犯罪与狭义犯罪(详各本条),本条所述定义乃属狭义犯罪。犯罪之原因可分为三大类:(一)属于自然环境之原因,如气候,节季,土壤,地面之形状,出产物品等,皆属之。(二)属于社会环境之原因,如职业,贫穷,婚姻关系,社会学说,政党政治,秘密结社,战争,以及其他社会上之骚扰,皆属之。(三)属于个人的原因,如遗传,性别,年龄,教育,以及个人之心理,皆属之。由近代研究之结果,以社会环境之原因所造成之犯罪,占大部分。

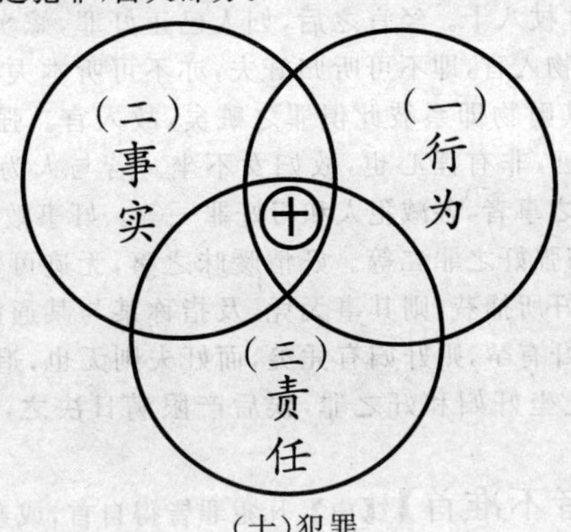

(十)犯罪

(一)负责任能力之行为

(二)合于犯罪之事实

(三)故意或过失

【犯罪已发】【史】犯罪已发者谓犯罪人已被告于官也。唐律(卷四)名例篇有犯罪已发之条:“诸犯罪已发,及已配而更为罪者,各重其事。即重犯流者,依留注法决杖,于配所役三年,若已至配所,而更犯者,亦准此。”疏议曰:“已发者,谓已被告言,其依令应三审者,初告亦是发讫;及已配者,谓犯徒已配,而更为笞罪以上者,各重其后犯之事,而累科之。犯流未断,配讫,未至配所,而更犯流者,依工乐留住法，流二千里，决杖一百，流二千五百里，决杖一百三十，流三千里，决杖一百六十，仍各于配所役三年，通前犯流应役一年，总役四年，若前犯常流，后犯加役流者，亦止总役四年。已至配流之处，而更犯流者，亦准上解留住法，决杖配役，其前犯处近，后犯处远，即于前配所科决，不复更配远流。”同条又谓：“即累流徒应役者，不得过四年，若更犯流徒罪者，准加杖例，其杖罪以下，亦各依数决之，累决笞杖者，不得过二百，其应加杖者亦如之。”

【犯罪之主体】【刑】Subject of crime 犯罪主体者，狭义言之，即何人所犯也；广义言之，即何者得认为有犯罪资格也。古时欧洲各国对人类以外各种动物，亦有以犯罪而科以刑罚者，即我国古时亦有刑及尸体者，惟近世则以得为犯罪主体者仅限于人耳。按法律上所称之人有自然人与法人二种。法人是否可为犯罪主体，有二学说：(1)积极说——主张法人应得为犯罪之主体。(2)消极说——否认之，上述两说各有理由，欧洲各国及日本多采折衷办法，于普通刑法中不规定法人为犯罪主体，只于特别刑法中规定之，仅处法人以财产刑而不处以自由刑，并以法人之代表人为被告。

【犯罪之客体】【刑】Object of crime 犯罪客体又称被害主体，关于此有二种意义：(1)犯罪客体乃在法益，如生命，身体，名誉，贞操，信用，财产等是。(2)犯罪客体乃在犯罪之被害者，即因他人犯罪而直接受其损害者也，即所被侵害之法益的持有人也。例如法律所保护之法益为生命时，被杀者即为被害者，实则法益乃犯罪之客体，而法益之主体，即为被害人也。

【犯罪之要件】【刑】Elements of crime 犯罪要件可分为二：(1)一般的要件——即各种犯罪成立共同要素之谓，例如已达责任年龄之人，因故意为违法行为始构成犯罪事实是。(2)特别的要件——即某种特殊或一定犯罪之成立要素之谓，例如杀人罪以杀害为要件，强奸罪以奸淫为要件是，一般的要件规定于刑法总则中，特别的要件则于刑法分则中规定之，二者均为构成犯罪之要件，苟缺其一，则犯罪不能成立。又一般要件更分为主观的要件与客观的要件，前者包含责任能力与责任条件，后者包含危险行为与违法行为。

【犯罪未发自首】【史】在犯罪事实未被发觉以前而向官自己首服其罪者，曰犯罪未发自首，明清律均有犯罪自首条之设。唐律(卷五)名例篇则有犯罪未发自首之条：“诸犯罪未发而自首者，原其罪(正赃犹征如法)。”疏议曰：“过而不改，斯成过矣，今能改过，来首其罪，皆合得原，若有文牒言告官司，判令三审，牒虽未入曹局，即是其事已彰，虽欲自新，不得成首。称正赃者，谓盗者自首，不征倍赃，称如法者，同未首前法，征还官主，枉法之类，彼此俱罪，犹征没官，取与不和，及乞索之类，犹征还主。”同条又谓：“其轻罪虽发，因首重罪者，免其重罪。即因问所劾之事而别言余罪者亦如之。即遣人代首，若于法得相容隐者为首，及相告言者，各听如罪人身自首法。(缘坐之罪，及谋叛以上，本服期虽捕告，俱同自首例)。疏议曰：“遣人代首者，假有甲犯罪，遣乙代首，不限亲疏，但遣代首即是，若于法得相容隐者，谓依下条同居及大功以上亲等，若部曲奴婢为主首，及相告言者，此还据得容隐者，纵经官司告言皆同罪人身首之法，其小功缌麻相隐，即减凡人三等，若其为首，亦得减三等。缘坐之罪，谓谋反大逆，及谋叛已上道者，并合缘坐，及谋叛以上，本服期者，谓非缘坐，若叛未上道，大逆未行之类，虽尊压出降无服，各依本服期，虽捕告以送官司，俱同罪人自首之法。”

【犯罪共亡】【史】犯罪之人共同逃亡者，曰犯罪共亡。明清律均有犯罪共逃之条。唐律(卷五)名例篇则有犯罪共亡条之设："诸犯罪共亡，轻罪能捕重罪首(重者应死，杀而首者亦同)。”疏议曰："犯罪事发，已囚未囚，及同犯别犯而共亡者，或流罪能捕死囚，或徒囚能捕流罪首，如此之类，是为轻罪能捕重罪首。律称应死，未须断讫准犯，合死逃走，轻者杀而来首，亦同捕首法，其流罪以下逃亡，轻者能捕重罪首者，捕法自准捕亡律，若死罪之囚，不必拘格，方便杀得者亦是。”同条又曰："及轻重等，获半以上首者，皆除其罪(常赦所不原者，依常法)。”疏议曰："假有五人，俱犯百杖，相共逃走，有一人心悔，更获二人而首即是获半以上及从共亡以下，本罪及亡罪，并得从原，故云皆除其罪。常赦所不原者，谓虽会大赦，犹处死及流，若除名免所居官及移乡之类，此等既赦所不原，故虽捕首亦不合免。”同条又曰："即因罪人以致罪，而罪人自死者，听减本罪二等。若罪人自首，及遇恩原减者，亦准罪人原减法。其应加杖，各依杖赎例。”

【犯罪共逃亡】【史】犯罪共逃亡者谓共同犯罪于事发后或各别犯罪于事发后而共逃亡也。明律(卷一)名例篇——犯罪共逃亡条曰："凡犯罪共逃亡，其轻罪囚能捕获重罪囚而首告，及轻重罪相等，但获一半以上首告者，皆免其罪，其因人连累致罪而罪人自死者，听减本罪二等，若罪人自首告及遇赦原免，或蒙特恩减罪收赎者亦准人原免减等赎罪法。”明律之纂注曰："此条前一节以自犯者言，后二节以因人连累者言，律文本注亦自明白。罪人，正犯也。首节谓轻能捕重，而首，少能捕多，而首，既能服罪，又能除恶，故俱得全免，惟损伤于人及奸者不免，止免在逃之罪，能获之人减逃罪二等坐之。次节正犯自死，则首恶已除，连及者宜有宽减，故得减本罪二等。注云。又减者。盖藏匿等项本条已各减等，此因正犯自死而再减之，故曰又减。末节正犯减降赎免，则首恶既恕，余可矜怜，故皆得照正犯全免，降减收赎。凡此皆以开自新之路，广缉盗之门，而博矜恤之恩也。——按此与自首条强窃盗捕获同伴者同，彼兼给赏，此仅免罪者，盖此有在逃之罪，故彼兼赏其功，而此止宥其罪，酌议之审也。”

【犯罪地】【刑】即犯罪人之犯罪行为所在地也，关于犯罪之土地的效力。(参隔犯条及犯罪场所条内)

【犯罪存留养亲】【史】犯徒流罪者家有祖父母父母年老或疾病而无他人侍养者，依律得免刑之执行，而返家侍养其亲，是曰犯罪存留养亲。明律(卷一)及清律之名例篇皆有犯罪存留养亲之条："凡犯死罪非常赦所不原者，而祖父母父母老疾应侍，家无以次成丁者，开具所犯罪名，奏开取自上裁，若犯徒流者，止杖一百余罪收赎，存留养亲。”明律之纂注曰："死罪非常赦所不原，如诬告人因而致死，随行亲一人绞罪，聚至十人打夺，为首斩罪之类；老即大明令所称八十以上者，疾兼废笃，此见亲已老疾而无人侍养，既有可矜之情，所犯死罪非常赦所不原，又非极恶之类，有司推勘明白①拟议罪名，明开常赦应原及有亲应侍缘由，奏闻取裁，若犯徒流非常赦所不原者，皆决杖收赎，存留侍养，无非教天下以孝也。”

【犯罪自首】【史】犯罪人在未被发觉前将所犯之罪亲自投官告诉，曰犯人自首。明律（卷一）名例篇有犯罪自首之条：“凡犯罪未发而自首者，免其罪，犹征正赃。”其下注曰：“谓如枉法不枉法，赃征入官，用强生事，逼取诈欺，科敛求索之类，及强窃盗赃征给主。”同条又谓：“其轻罪虽发，因首重罪者，免其重罪。”其下注云：“谓如窃盗事发自首，又曾私铸铜钱，得免铸钱之罪，止科窃盗罪。”同条又曰：“若因问被告之事而别言余罪者，亦如之。”其下注云：“谓因犯私盐事发被问不加考讯，又自别言曾窃盗牛，又曾诈欺人财物，止科私盐之罪，余罪俱得免之类。”同条曰：“其遣人代首，若于法得相容隐者，为首及相告言者各听，如罪人身自首法。”其下注曰：“其遣人代首者，谓如甲犯罪遣乙代首，不限亲疏，亦同自首免罪，若于法得相容隐者为首，谓同居及大功以上亲若奴婢雇工人为家长首及相告言者，皆与罪人自首同时免罪，其小功缌麻亲首告，得减凡人三等，无服之亲亦得减一等，如谋反逆叛未行，若亲属首告或捕送到官者，其正犯人俱同自首律免罪，若已行者，正犯人不免，其余应缘坐人亦同，自首律免罪。”同条又谓：“若自首不实及不尽者，以不实不尽之罪罪之，至死者听减一等，其知人欲告及逃叛而自首者，减罪二等坐之，其逃叛者虽不自首能还归本所者，减罪二等，其损伤于人于物不可赔偿。”其下注曰：“谓如印信文书应禁兵器及禁书之类，私家既不合有，是不可偿之物，不准首，若本物见在首者，听同首法免罪。”同条又云：“事发在逃，若私越度关及奸并私习天文者，并不在自首之律。”

【犯罪行为】【刑】Criminal action or conduct　以达到犯罪之目的所为之行为曰犯罪行为（参阅行为条），犯罪行为之成立，有由于单一动作者，又有由于多数动作联合而成者。至于犯罪行为，其阶级可分四项，即由意思至结果所经之阶级也：(1)犯意（发动）。(2)预备。(3)著手。(4)实行。（详各本条）

【犯罪免发遣】【史】旗人者清时之满洲人也，多为皇室之族人，但亦有非旗人而因特种情形而称为旗人者。清制旗人乃一特殊阶级，居于统治者地位，凡旗人犯罪者，笞杖各照数鞭责，军流徒等刑均免发遣，而仅分别枷号。清律（卷四）名例律设有犯罪免发遣之条，其原文曰：“凡旗人犯罪，笞杖各照数鞭责，军流徒，免发遣，分别枷号，徒一年者枷号二十日，每等递加五日，总徒准徒，亦递加五日，流二千里者枷号五十日，每等亦递加五日，充军附近者，枷号七十日，近边者七十五日，边远，沿海边外者，八十日，极边烟瘴者，九十日。”同律之总注：“凡旗人有犯笞杖等罪者，用鞭责，即古鞭作官刑之意，徒流军罪则依徒役之年限，配所之远近，每等递加五日，分别枷号，仍各照应得杖数鞭责，俱免发遣。故徒一年者，枷号二十日，一年半者，二十五日，二年者三十日，二年半者，三十五日，三年者四十日；流罪应徒四年者，较重满徒，故枷号四十五日；杂犯死罪准徒五年者，则近于实流，故与流二千里者，并枷号五十日，而二千五百里，三千里，亦递加五日，至六十日而止；至于

① 原书为“自”，系排版之误。

军则又重于流矣，故附近者，从流加十日，以七十日起，其边卫边远沿海边外，极边烟瘴，则又加重矣，故分为三等，递加至九十日。此皆酌所犯轻重，以定枷期之多寡，使宽严允当也。”

【犯罪私完】【史】犯罪如经发觉不得私议，其私议完结者，谓之犯罪私完。（番例条款第三十三条）

【犯罪事发在逃】【史】明律（卷一）名例篇——犯罪事发在逃条：“凡二人共犯罪而有一人在逃见获者，称逃者为首，更无证佐，则决其从，罪后获逃者，称前人为首，鞫问是实，还依首论，通计前罪以充后数；若犯罪事发而在逃者，众证明白，即同狱成，不须对问。”明律之纂注曰：“此条承上犯罪当分首从而言。若二人共犯，一在逃，一见获，若获者称逃者为首，无凭资证，始以从罪坐之，若后获逃者称前获为首，鞫问是实，还依首论，通计前罪以充后数，后获者止问为从，加逃罪二等。若事发在逃，虽未面质，而众证明白，罪状显著，即同狱成，获日即依原证，首从定拟加逃罪二等坐之。夫止据见获而辄拟首恶，恐后或难于复赎，故不嫌宽缓，众证明白而不即成狱，恐久或得以规脱，故不兼果决，是获者逃者既无极情，亦无漏奸矣。”

【犯罪定型】【刑】Criminal type　所谓犯罪定型，乃指犯罪人各有其特殊之典型而言。例如窃盗之犯人，眼小而向斜视，前额狭小而后削，鼻低，眉毛稀疏，发少而松，耳短而小是；又如犯杀人者，则眼光凶锐，鼻梁肥而高，眉毛与发浓而厚，耳长颊广，颚强齿大是。然此种定型，仅系在原则上言，盖犯罪之人与社会环境实有重大关系，并非有确定之犯罪典型，惟犯罪人乃社会上之不幸者，彼等之敢于妄蹈非法，半由性质使然，而半则为环境关系，实不能以一概论也。

【犯罪底护】【刑】Begunstigung　简称曰底护，即对于犯人或对其犯罪之事实加以藏匿或湮没也，例如藏匿犯人与湮灭证据皆是；学者有称之为事后从犯者，实则乃一独立之犯罪，刑法定有明文。

【犯罪时】【刑】犯罪时者谓犯罪之时间也，关于犯罪之时的效力。（参隔时犯条）

【犯罪时未老疾】【史】明律（卷一）名例篇有犯罪时未老疾之条：“凡犯罪时虽未老疾，而事发时老疾者，依老疾论。”其下注曰：“谓如六十九以下犯罪，年七十事发，或无罪时，犯罪，有废疾后事发，得依老疾收赎；或七十九以下犯死罪，八十事发，或废疾时犯罪，笃疾时事发，得入上请，八十九犯死罪，九十事发，得入勿论之类。”同条又曰：“若在徒年限内，老疾亦如之。”其下注曰：“谓如六十九以下徒役三年，役限未满年，人七十，或入徒时无病，徒役年限内成废疾，并听准老疾收赎，以徒一年三百六十日为卒，验该赎钱数折役收赎，假如有人犯杖六十徒一年，已行断罪拘役，五个月之后犯人老疾，合将杖六十徒一年总该赎钱一十二贯，除已受杖六十准钱三贯六百文，该剩徒一年赎钱八贯四百文计算，每徒一月该钱七百文，已役五个月准钱三贯五百文外，有未役七个月该收赎钱四贯九百文之类，其余徒役年限赎钱不等，各行照数折算收赎。”同条又曰：“犯罪时幼小，事发时长大，依幼小论”，其下注曰：“谓如七岁犯死罪，八岁事发勿论，十岁杀人，十一岁事发，仍得上请；十五岁时作贼，十六岁事发，仍以赎论。"

【犯罪得累减】【史】已减而复再减曰累减，明律（卷一）名例篇——犯罪得累减条曰："凡一人犯罪应减者，若为从减，自首减，故失减，公罪递减之类，并得累减。"明律之纂注曰："……累者已减而复减之谓也，如窃盗为从，减一等，若知人欲告而自首，又减二等，通减三等，如此之类，俱得累减，律注自明；然一人得累减，若强窃盗再犯不准自窃盗，三犯者绞，已徒已流而又犯者，仍科后犯之罪，盖得累减不得累犯，此律所以为仁义并用之书。"同律之下注："从减谓共犯罪以造意者为首，随从者减一等。自首减谓犯法知人欲告而自首者，听减二等。故失减谓吏曲故出人罪，放而还获，止减一等，首领官不知情，以失论失出减五等，此吏曲又减一等，通减七等。公罪递减之类，谓同僚犯公罪失于人者，吏曲减三等，若未决放，又减一等，通减四等，首领官减五等，佐贰官减七等之类。"

【犯罪场所】【刑】Place of criminal action　系指犯罪实行之场所而言，犯罪实行之预备行为地，以及犯罪实行完毕后之行为地，均不在内。

【犯罪学】【刑】Criminology　研究犯罪之性质与原因以及犯罪者所使用之技术及方法之学科，曰犯罪学。其成为独立之科学，乃系近代之事。学者间对于犯罪之研究，有专注重个人之动机方面者，故以之隶属于人类学范围之内；更有专注重社会之环境方面者，而以之为社会学之一部。按近代犯罪学之研究，乃属于社会学之犯围，故须以各国犯罪统计为根据，至犯罪之原因，亦多着眼于社会环境方面，对于犯罪者所使用之技术及手段之研究，则均采取科学方法。然时至今日，犯罪之增加较人口之增加其速率尤大，原因何在，实一疑问，学者间争论纷纷，但归咎于社会经济组织者，实占多数。

【玉府】【史】为周之官名，乃天官冢宰之属官，掌皇帝之金玉玩好兵器。

【玉玺】【史】天子之印曰玉玺，秦以前，以金银为方寸之玺，至秦始皇，时得楚和氏之璧而以之为印，故曰玉玺，李斯书其文曰："受命于天，既寿永昌！"其后子婴献于汉之高祖，谓之传国玺。魏志一甄皇后传："堀地得玉玺，方一寸九分。"

【瓜代】【史】官吏任满，而易人代之，曰瓜代，左传一庄公八年："瓜时而往，曰及瓜时而代。"

【瓜葛】【史】引蔓横生之植物曰瓜葛，故凡有亲戚关系之互相系属时，亦以瓜葛喻之。独断："与先帝先后有瓜葛者皆会。"清律（卷九）户律婚姻篇——强占良家妻女之条附例："凡聚众伙谋，抢夺路行妇女，或卖或自为妻妾奴婢，及被奸污者，并聚众伙谋，于素无瓜葛之家人室。"

【生存保险】【险】Annuty insurance　为人寿保险之一，与死亡保险相对称，谓以被保险人之生存为保险事故之保险也。即在一定有效期限内，苟被保险人仍生存时，保险人则应支付保险金额，如于该期限内死亡，则保险契约终止，故其性质与目的与定期保险恰处于相反之地位，我保险法特列举于人寿保险内，故亦应分别适用关于人寿保险之规定。

【生供】【史】对于重伤者在生存中所提供之口述，谓之生供。

【生命人】【险】Insured person in the life insurance　即人寿保险契约中之被保险人之别称也。学者因该被保险人系生死事故之主体，故称之为生命人。

【生命刑】【刑】Life penalty　为刑罚之一种，在刑法上称曰死刑。（详该本条）

【生命保险】【险】Life insurance　为人寿保险之别称（详人寿保险条），我国旧商行为草案则以生命保险与损害保险相对立，实则生命保险仅为人寿保险，不能包括伤害保险，此种分类自属不妥。

【生命权】【通】Right of life　为人格权之一种，即保全自己生命之权利也。

【生放】【史】与放债同义，即将资本放出，贷借于人，而规求其利之谓也。容斋五笔："今人出本以规利，谓之放债，又名曰生放。"

【生前行为】【民总】Act inter vivos; Act of life-time　为法律行为之一，对死因行为言，即死因行为以外之法律行为也。例如买卖租赁以及其他大多数之法律行为皆属之，至于生命保险契约，乃于行为人生前即生支付保险金之义务，故仍为生前行为之一，不得附于死因行为之列。

【生前契约】【债】为契约之一种，对死因契约言，即其契约效力之发生，不以当事人一方死亡为要件者也，通常契约皆属此类。

【生前处分】【民总】Disposition of life-time　凡于生存期间内（即死亡以前）对于其权利所为之处分，称曰生前处分，例如生前之赠与是；至于将其权利之处分于死后发生效力者，则曰死因处分，例如遗赠是。

【生活工资】【劳】Living wages　又称最低工资。（详该本条）

【生员】【史】生员乃府州县学之学生之通称，始于唐时。唐书—选举志："永泰中虽置西监生，而馆无定员，于是始定生员。"然此之所谓生员乃生徒之员数之义，宋以后始为学生之称号。依明会典一书所记，太祖时设府州县之学制，学生有一定之员数，每月各给廪米六斗，其后定员增加，称前者为廪膳生，后者为增广生，旋更收容定员外之生徒，惟不给廪米，因其附加于上述廪膳生及廪广生之后，故称曰附生，三者总称为生员，清因之。

【生徒】【史】汉时，凡在地乡学修业者，皆曰生徒。后汉书—寇恂传："素好学，乃修乡校，教生徒。"

【生理主义】【民总】Principle of biological method　为意思能力确定标准之一，即凡于精神状态有欠缺者。即无意思能力，法日民法采之。

【生产保险】【险】为保险之一，谓以妇女于生产分娩时为标的，而由保险人给付保险金额之契约也。

【生鸦片】【国公】生鸦片谓由罂粟花之子房内取出之汁，自然凝结而成，且略施人工，以便包装及载运者也。依鸦片公约之规定，缔约各国，应颁布有效力之法律或章程，以检查生鸦片之出产及散布，且应各视其商务不同之情形，限定市区口岸及各地方，由该处准将生鸦片输出或输入，同时应设立下列之办法：（甲）阻止生鸦片运往拟禁绝进口之国。（乙）检查生鸦片运往已限制输入之国。（海牙禁烟公会

之鸦片公约第一一三条）

【生齿】【史】(一)旧法以男子出生后八个月生齿，女子则以出生后七个月生齿，故法律认其于此时始有人格。周礼—司民：“掌登万民之数，自生齿以上，皆书于版。”郑注：“男八月而生齿，女七月而生齿，生齿体备，故以齿名其年。”(周礼地官媒氏)(二)人类以及其他有齿之动物皆称曰生齿。大学衍义补(卷八十三)—丘浚按：“其所谓贤不肖者，乃学校所养之士，盖以舆地之大，生齿之众，无由人人以表别之也。”

【生体】【民总】生体者，谓呼吸存在，心脏尚在鼓动之生命人也。若呼吸已绝，心脏鼓动停止者，则曰死体，民法规定之出生，以非死体分娩者为限，故凡以死体分娩者，不得谓之出生。

【甘结】【史】甘结者，誓约也，即凡立有誓约时，均谓如誓约有虚伪情事，甘受刑罚，且此项誓约乃出于情愿缔结之行为，故称曰甘结。六部成语注解：“凡官府断案既定，或将财物令事主领回者，均命本人作一情甘遵命之据，上写花押，谓之甘结。”甘结一语，在宋时早已习用，例如续通鉴：“宋宁宗时禁伪学，诏官司帅守，荐举置官，并于奏牍前具甘结，申明并非伪学人。”即其明例。

【用水地役权】【物】Servitude of using water　对于邻地之水，依法享有汲取及使用之权，是曰用水地役权。（参用水权条内）

【用水权】【物】A quatic right or right of using water　即水源地井沟渠及其他水流地所有人得自由使用其水之权也(第七八一条)。此为原则，但有特别习惯者不在此限。更分为二：(1)水源地用水权。(2)水流地用水权。（详各本条）

【用法】【民总】Good use　用法者谓依物之性质所通常使用之方法也，若必变更物之性质而使用之，则为不适法之用法；例如承租人将所租赁之住宅充为畜养牛马之用，是为不适法之用法，出租人得请求撤销租赁契约。

【用益】【债】Usufruct　使用与收益合称曰用益，对于他人之物，依物之性质享有使用及收益之权利，此项权利曰用益权，其享有之人则曰用益人。(Usufructuary)

【用益出资】【公】对移转出资言，为出资方法之一种，即仅以其权利之使用收益移属于公司而为股东之谓也。

【用益物权】【物】Real right of usufruct (Using and enjoying profits)　为物权学理上分类之一，对担保物权言，即以物之使用收益为目的之物权也，例如地上权，永佃权，典权，地役权是，与担保物权之区别乃以其用法为标准；用益物权又为独立权利，与担保物权之为附随权利者不同。

【用益租赁】【债】Usufructuary lease　用益租赁为旧民法之名称，现行民法则统曰租赁(参该本条)，即对于他人所有土地依租赁契约而享有使用及收益之权者，与永佃权不可相混；盖永佃权乃系物权性质，不论业主更换何人，其权利当然永久存在，不受丝毫影响，用益租赁则为债权性质，仅对于原业主得以主张，如新业主并未允租，当然无强求之权。

【用益赁贷借】【债】Usufructuary lease 又曰用益租赁。(详该本条)

【用益质】【物】用益质者,谓债权人对于债务人之不动产,有行使其使用与收益以为质也。日本民法对此设有规定。

【用益权】【债】Usufruct 对于他人之物件于不害其物之本质使用而且收取其利益,谓之用益,此项权利,称曰用益权,享有此权之人,谓之用益权人。

【用益权人】【债】Usufructary (详用益权条内)

【用符节事讫】【史】符为出入内外所用之凭证,以铜制成;节为大使出外所持者,事讫均须送还门下省,稽留不还者,构成本条之罪。唐律(卷十)职制篇——用符节事讫条:"诸用符节,事讫应输纳,而稽留者,一日笞五十,二日加一等,十日徒一年。"疏议曰:"依令,用符节并由门下省。其符,以铜为之,左符进内,右符在外,应执符人,有事行勘,皆奏出左符以合右符,所在承用事讫,使人将左符还,其使若向他处,五日内无使次者,所在差专使,送门下省输纳。其节,大使出即执之,使还亦即送纳,应输纳而稽留者,一日笞五十,二日加一等,十日徒一年,虽更违日,罪亦不加。其传符通用纸作,乘驿使人所至之处,事虽未讫,且纳所司,事了欲还,然后更请,至门下送输,既无限日,行至即纳,违日者,既非铜鱼之符,不可依此科断,自依纸券,如官文书稽罪一等,其禁苑门符,及交巡鱼符,若木契等,于余条得减罪二等,输纳稽迟者,准例亦减二等,若木契应发兵者,同上符节之罪。"

【用堰权】【物】Right of using dama 对设堰权言,即水流地一部之对岸所有人,因用水有使用堰之必要时,得对其他水流地所有人已设而系附著于自己岸傍之堰加以使用之权也。但应按其受益之程度,负担该堰设置及保存之费用(民法第七八五条第二项),盖为节省经济起见也。上述为原则,如另有习惯者则从其习惯。(第三项)

【用诈术使人出国外罪】【刑】为妨害自由罪之一,因意图营利,以诈术使人出民国领域外而成立,盖即禁止贩卖人口(俗称卖猪仔)出洋之行为也。须有营利之目的,而其手段又须出于诈术,且须有出民国领域以外,方构成本罪。其处分为五年以下有期徒刑,得并科一千元以下罚金。(刑法第三一四条)

【田宅篇】【史】田宅篇为明律及清律之一篇,隶户律之下,按历代法典田宅均在户律中或户婚律中,至明时始分立为一卷,清因之,曰田则,山园陂荡之类均在其内,曰宅则,碾磨店肆车船之类亦在其内。本篇下设欺隐田粮,检踏灾伤田粮,功臣田土,盗卖田宅,任所置买田宅,典买田宅,盗耕种官民田,荒芜田地,弃毁器物稼穑等。擅食田园瓜果,私借官车船,共十一条。

【田律】【史】汉时关于田猎之法律,称曰田律。周礼夏官大司马职之注曰:"无干车,无自后射。"其疏云:"此据汉田律而言。"又同书秋官士师之注:"野有田律。"其疏云:"谓举汉法以况之。"

【田租税律】【史】汉时关于田租之法律,曰田租税律。

【田野地役权】【物】Rural real-servitude 为地役权之一,对都市地役权言,即关于土地之地役权也，例如通行地役引水地役是，为罗马法之分类，我国民法所谓地役权仅指此而言，而将市街地役权列于所有权研究范围之内。

【田业】【史】田地之业产曰田业，属于所有之人，事物纪原（卷九）：“三代之民，皆受田于公，则所田之田，王田也，一夫一妇受地百亩，秦孝公任卫公孙鞅，废井田，开阡陌，民得卖买，而天下之田为私业，此民田业卖买之始也。”

【由】【史】为证明书之一种，明称曰由，至清则改为照。明律（卷三）吏律公式篇——弃毁制书印信条：“给由者，罪亦如之。”清律（卷六）同上篇同上条：“给照者，罪亦如之。”此外称事之原因，亦曰由，如事由与还由皆是。

【由帖】【史】所谓由帖计有二义：(1)为证明租税之帐簿。明律（卷二）、清律（卷三）吏律职制篇——滥设官吏条：“若官府税粮由帖，户口籍册雇募攒写者，勿论。”(2)为官文书之名，即各官厅长官对其部下之成绩证明书。明律吏律职制篇——官吏给由条设有规定。

【由第三人为给付之契约】【债】Contract to be performed by third party 为第三人契约之一种，即契约当事人之一方约定由第三人对于他方为给付之契约也。例如甲与乙缔结契约，由丙给付与乙金钱五百元是。此项契约之债权人与债务人，仍为契约当事人，甲与乙第三人并非因此而负有给付义务，故该第三人不为给付时，则甲应负损害赔偿责任。（民法第二六八条）

【甲夜】【史】与乙夜相对立，即初更时分之谓。（参乙夜条）

【甲科】【史】为汉代官吏考试最高之科目，汉书—萧望之传：“望之，以射策甲科为郎。”唐时则以之为进士所试验之科目，后世称进士为甲科，举人为乙科，甲科乙科之义，遂与昔异。

【甲榜】【史】与乙榜相对立，乃进士之别称，因进士及第者，乃于甲榜内揭载之也。

【申込】【通】Offer　为日本名辞，込即送字，与我国所称之要约一语相同。

【申明亭】【史】（详拆毁申明亭条内）

【申报地价】【土】为地价之一种，对估定地价而言，凡依土地法声请登记时所申报之土地价值，曰申报地价。

【申报军务】【史】申报军务者谓将领出兵征进，于攻克城寨后，应随将克复之捷音，即速差人飞报知会本管统兵官也。明律（卷十四）、清律（卷十九）兵律军政篇——申报军务条，其内容大抵相似。清律之规定：“凡将领参随统官征进，如统兵官分调攻取城寨，克平之后，随将捷音差人飞报统兵官转行兵部，统军官另具奏本实封御前，若贼人数多出没不常，如所领军人不敷，须要速申统兵官添拨军马，设策剿捕，不速飞申者，从统兵官量事轻重治罪，若有来降之人，即便送赴统兵官转达，朝廷区处，其贪取来降人财物，因而杀伤人，及中途逼勒逃窜者，斩。”清律之总注：“将帅参随统兵官征进，分调攻取，克复平定之后，随将捷音，差人飞报统兵官，移知兵部，统兵官仍实封具奏。必速报者，恐别有调遣，必具奏者，恐功有冒隐也。将帅分调攻取之处，若贼众我寡，必速申添发设策剿捕，不速飞申者，虽无失误,从统兵官酌量事情轻重治罪;若贼党来降,即便送赴统兵官转达区处,其有贪取降人带来财物,因而杀伤其人,及押送之人,于中途逼勒以致逃窜者斩。再首节报捷停留,末节纳降不即送统兵官,律文未著罪名,应临时量事定拟。"

【申诉】【史】所谓申诉,乃指人民迎车驾或击登闻鼓时,直接诉冤而言,如情节确实则受理之,否则处罚。明律清律刑律诉讼篇——越诉之条:"若迎车驾及击登闻鼓,申诉而不实者,杖一百。"

【申诉书】【组】Written plea 地方捕获法院,关于被捕拿之船舶或货物的捕获,或释放之主张,与检察官意见相左时,应即为公告之程序,该拿捕事件之关系人在法定期间内(三十日以内)向地方捕获法院所提出之陈述书面,曰申诉书,内应载明申诉人之姓名,性别,国籍,住所,年龄,职业,及申诉之要旨,此申诉书一经提出,地方捕获法院应即指定日期开庭审问。(捕获法院条例第十九—二〇条、第二三条)

【申戒】【行】Reprimand 为公务员惩戒处分之一种,即以书面或言词加以训责之谓(公务员惩戒法第八条)(军)。所谓申戒乃指对于其人当众纠正其犯行以戒将来而言,亦为对于陆海空军官佐或与官佐相当之服务人员之惩戒方法之一种。(军惩法第十三—十八条)

【申请】【通】Petition; Demand 人民对于国家机关,或下级官署对于上级官署请求为某种行为者,曰申请,原为日本之通用名辞,在我国则以声请代之,间亦有仍用申请一语者。

【白丁】【史】无位无官之丁年男子谓之白丁。唐律(卷二十三)斗讼篇——戏杀伤人条之疏议:"白丁,则从真杀,若是官品之合赎者。"

【白地】【票】Blank 为日本名辞,即我国所称之空白是也,例如白地票据,白地背书,白地让与是,与我国所谓之空白票据,空白背书,空白让与相同。

【白契】【行】White deed 与红契相对称。(详红契条内)

【白昼抢夺】【史】出于人之不意,而攫夺取其物者,谓之抢;用互争而取其物者,谓之夺。白昼者日间也,在光天化日之下竟敢公然行之不畏,人数虽少及手无凶器,而其罪实介在强盗与窃盗之中。明律(卷十八)、清律(卷二十四)刑律贼盗篇——白昼抢夺条之规定皆同。清律及其下注曰:"凡白昼抢夺人财物者(不计赃)杖一百,徒三年,计赃(并赃论)重者加窃盗罪二等(罪止杖一百流三千里),伤人者(首)斩(监候)为徒各减(为首)一等,并于右小臂膊上刺抢夺二字。若因失火及行船遭风者浅而乘时抢夺人财物,及折毁船只者,罪亦如之(亦如抢夺科罪)。其本与人斗殴或勾捕罪人,因而窃取财物者计赃,准窃盗论,因而夺去者,加二等,罪止杖一百,流三千里,并免刺,若(窃夺)有杀伤者,各从故斗论(其人不敢与争而杀之,曰故,与争而杀之曰斗)。"清律之辑注曰:"此条分五项,白昼抢夺,因抢夺而伤人,因失火遭风而抢夺,因斗殴勾捕而窃夺财物,因窃夺而有杀伤。"同律辑注又曰:"注虽以人少人多有无凶器分别抢夺强劫,然亦不可拘泥,有人少而有凶器为强劫者,有人多而无凶器为抢夺者,总以情形为凭,不在人多人少。"

【白云师】【史】为黄帝轩辕氏时代司法官之名。史记一五帝本纪:"诸侯咸尊轩辕为天子，代神农氏，是为黄帝，官名皆以云，命为云师。"其注曰："黄帝受命，有云瑞，故以云纪事也，秋官为白云师。"

【白痴】【民总】Idiocy 为日本名辞，乃指心神丧失之人而言。

【白粲】【史】汉时对妇女之犯罪者，使其从事择米之纯白者以供祭祠之用，为期三年，盖即服劳役之刑也。汉书仪："……女为白粲者，以为祠祀择米也。"汉书—惠帝纪之注曰："……择米使正白，为白粲，皆三岁刑。"又同书—章帝纪之注谓："女子，为白粲，使择米，白粲粲然。"

【白罪】【史】谓罪状之已明白者也。汉书—谷永传："反除白罪"，其注曰："罪之明白者，皆反而除之。"

【白夺】【史】劫夺白昼人之物曰白夺。大学衍义补（卷二十五）："臣按万乘之王，而有四海之富，乃白夺贫人之物，以为食用，无以异于盗贼之白日行劫也。"

【白龙民】【史】为伏羲氏时代之司法官之名。通鉴前编外纪："太昊时，有龙马负图出于河之瑞，因而名官，始以龙纪号曰龙师，又命五官秋官为白龙氏。"

【白龙白云】【史】白龙为伏羲时代法官之称。白云乃黄帝时法官之称。唐律（卷一）—名例篇："昔白龙白云，则伏羲轩辕之代。"其注曰："左传昭公十七年，郯子曰，昔者太皞氏（即伏羲氏也）以龙纪，故为龙师，而龙名；黄帝氏以云纪，故为云师，而云名。又史记曰，黄帝少典之子，姓[①]公孙，名轩辕，官名云师。注云，应昭曰，黄帝受命，有云瑞，故以云纪事也。春官为青云，夏官为缙云，秋官为白云，冬官为黑云，中官为黄云，今曰白龙白云者，掌刑之官也。"

【白简】【史】起草官吏之弹劾文之书札，谓之白简，晋书—傅玄传："傅玄为御史中丞，每有劾奏，或值日暮，捧白简，整簪带，竦诵不寝，坐以待旦。"

【白粮】【史】清时漕米之一种，曰白粮，人于京师及通州之仓，为供王公百官并各属邦贡使之食料之用者也。（清国行政法第六卷）

【目的】【通】Object；Aim 凡基于特定希望而用某种方法以获取之直接结果曰目的，其所取得直接结果之物件，则曰目的物，例如买受人之购买土地，其目的为取得财产权，而其所获得之目的物则为土地。法律上亦有称目的物为标的物者，名异而实同。

【目的上的相对不能犯】【刑】为不能犯之一种，亦有认为未遂犯者（参不能犯条）。对目的上的绝对不能犯言，因目的物相对不存在，与犯罪行为不相符合，而无犯罪结果之发生也。例如窃取他人银钱，适其人已另移他处，又如向屋内人开枪，屋内人已外出是。

【目的上的绝对不能犯】【刑】为不能犯之一种（参不能犯条），对目的上的相对不能犯言，因目的物之绝对不存在，虽有犯罪行为，但无犯罪结果之发生也。例如对男子为强奸行为，又如向未受孕妇女实行堕胎之行为，又如以树木为人向

---

① 原书为"性"，系排版之误。

其射击是。

【目的主义】【刑】为刑罚之目的的主义之一，对报复主义折衷主义言，又称预防主义，或相对主义或实利主义，即主张刑罚之目的在国利民福之实益，认为预防将来之犯罪，不以报复为能事，不过以达到大多数之利益为目的耳，且否认刑罚自身为目的，更可分为三种：(1)一般预防主义。(2)特别预防主义。(3)双面预防主义。(详各本条)

【目的地】【债】Ablieferungsort(德) 目的地一称达到地，乃指货物应行送到之地而言，与货物应行交付之地不尽相同，此项目的地，在物品运送中之托运单与提单内，均应纪载。(参托运单条及提单条)

【目的物】【债】Object 为标的物之别称。(详标的物条内)

【目的物之错误】【刑】Error of object (详错误条及不能犯条内)

【目的港】【海】船舶出航时所欲达到之最终目的地，曰目的港，船长于船舶到达目的港后，除休假日外，应在二十四小时内报请主管官署，检定其船舶之到达日时。(海商法第四十七条)

【目录】【通】Content 目录者，谓于文件之首末所编载关于该文件内容之章节编目，以为检索之用者也。例如刊行司法经验录汇编时，于编首所载之目录是。

【矛盾条件】【民总】Repugnant or insensible conditions 为假装条件之一，即其条件之事实与其法律行为之内容相抵触之条件也。例如余买此物仍归汝有是，故在法律上仍为无效。

【石柱法】【史】Pillar-Code 又曰罕穆拉比[①]法典。(详该本条)

【石兽】【史】刻石为兽，列于墓前，汉时已有之。汉书之注曰："霍去病墓前有石人马。"即其一例。唐书(卷二十七)一杂律有毁人碑碣石兽之条："诸毁人碑碣及石兽者徒一年。"

【立枷】【史】又曰站笼。(详该本条)

【立正】【军】为对于陆海军学生，兵士，工匠，夫役所施惩罚之一种，即令其立正，限定自某时起至某时止，但不得接连过三小时。(军惩法第十四、二十四条)

【立决】【刑】Summary execution 与监候相对称，为清律上之术语，谓对于情节重大(即罪刑重大)之案件，于判决确定后，立即执行死刑也。

【立法】【宪】Legislation 依法律所定之手续而制定法律，是曰立法。(参立法权条)

【立法旨趣书】【通】提出法律案于议会时，提案人对该提案之理由说明书，谓之立法旨趣书，立法院议事规则第二十一条规定："凡法律案之提出，须将该法案之原则，各条规定之理由，具备立法旨趣书提出之。"

---

① 原书为"氏"，系排版之误。

【立法例】【通】Instance of legislation　立法上之前例，谓之立法例。如古时罗马对于奴隶制度之承认，即罗马之立法例也。又如我国以前对于妾制之承认，以及日本对于家督相续之承认，皆谓之立法例。

【立法政策学】【通】立法政策，学者谓批判现行法在社会之得失，以确立各种立法政策之学科也。

【立法院各委员会组织法】【行】本法于民国十七年十二月二十六日公布，全文计十八条，自公布日施行，兹举其要点如下：(一)立法院各委员会计有法制委员会，外交委员会，军事委员会，财政委员会，经济委员会等，各委员会审议下列各议案：(1)院长交议者。(2)本院会议议决交审查者。(3)本委员会委员提议者。(4)由各委员会移送之件与本会相关联者。(二)各委员会置下列职员：秘书一人至二人(荐任)，科员二人至四人(委任)，速记员一人至四人(委任)，书记二人至六人。(三)委员会议由委员长(由院长所指定者)随时召集之，或经委员三分之一以上之请求亦得召集，会议时须有委员过半数之出席方得开议，其议事则以出席者过半数之同意决之。(四)委员会审议案件，得由院长或院会议预定审查期限，不得延搁。(五)各委员会得申请院长指派专门人员在各委员会服务。(六)各委员会所议事项，有与他委员会相关联，或不能由本委员会解决者，由委员长决定开联席会议，得申报院长，会议时之主席由各委员长互推之。

【立法院组织法】【宪】Law Governing the Organization of Legislative Yuan　本法于民国十七年十月二十日公布，后经数次修正，兹举其要点于下：(一)立法院设下列各委员会：(1)法制委员会。(2)外交委员会。(3)财政委员会。(4)经济委员会。(5)军事委员会，其委员均由本院委员分任之，各设委员长一人，由院长指定之。(二)立法院内置下列三处：(1)秘书处——设秘书长一人(简任)，秘书六人至十人(四人简任荐任)，科员十人至二十人(委任)。(2)统计处——设处长一人(简任)，科长四人至六人(荐任)，科员十人至二十人(委任)。(3)编译处——设处长一人(简任)，编修四人至六人(简任)，科员十人至二十人(委任或荐任)。(三)立法院得任用专门人员。(四)立法院及各委员会会议得请各院院长行政院各部长各委员长列席。(五)立法院会议之法定人数为委员总数三分之一，其议事以出席委员过半数之同意决之。(六)委员提出法律案须有五人以上之连署。(七)立法院会议以公开为原则，但经委员七人以上或各院院长行政院各部长各委员长之请求，得开秘密会议。

【立法院议事规则】【行】本规则于民国十七年十一月十三日公布，全文共分七章，计六十九条，立法院会议，除组织法有规定外，悉依本规则行之，立法院各委员会会议，除各委员会组织法另有规定外，仍依本规则行之。第一章总则，第二章提案，第三章议事日程之编制及变更，第五章议事程序——第一节议席，第二节开会延会及散会，第三节读会，第四节讨论修正及表决，第五节秩序及纪律，第六节议事录，第六章复议，第七章附则。凡本规则无特别规定者，得准据孙中山先生所著民权初步之条理。

【立法程序】【宪】Proceeding for legislation　议会行使立法权所经过之程序，

曰立法程序，第一为法律案之提出——有仅许议员享有提出权者，如美国是；有同时且许行政机关享有提出权者，如英法两国是。第二法律案之讨论——列国宪法对此规定，各各不同，但通常须经过第一读会，第二读会与第三读会。第三两院之协议——即须经上下两院一致通过之谓（关于此，各国制度不同）。

【立法程序纲领】【行】本纲领于民国二十一年六月二十三日由第四届中央执行委员会第二十五次常务会议通过，复于同年七月十四日第四届中央执行委员会第二十八次常务会议修正，全文计六条。（参立法程序条）

【立法解释】【通】Legislative interpretation 为有权解释之一种，与司法解释行政解释相对立，即于法律上有解释法律之性质，而其效力与法律相等者也。主要方法有五：（一）于法文中插入解释（例如刑法规定称以上以下以内者，俱连本数计算是）。（二）以解释为附属法律（例如因解释法律，而公布施行条例是）。（三）于法律公布时附以理由书。（四）于法律中插入适例。（五）因解释法律而制定新法（例如日本因解释宪法上之既定岁出，而发布会计法补则是）。

【立法学】【通】Science of legislation 立法学者谓研究关于立法之原则，政策，方法及技术之学科也。

【立法机关】【宪】Legislative body 制定法律之机关，曰立法机关；在欧美各国多为国会，在我中国则为立法院，在苏俄之立法机关，乃与行政机关相混为一，例如中央执行委员会是。立法机关通常同时即为监督政府之机关，独我国之立法院，则纯为立法之机关。

【立法权】【宪】Legislative power 谓关于制定法律之权力也。在三权分立之国家，立法权实兼有监察权，例如议会之享有质问权，弹劾权与审查权皆是，在五权分立之国家，则所谓立法权，仅限于制定法律一项。至于预算案之议决，学者亦有主张应属于立法机关者，以其与租税法律之制定有密切之关系故也。立法权之作用有一般拘束力，司法权之作用则仅对于特定人，于特定事实，有拘束力而已，二者不可相混。

【立春后不决死刑】【史】我国旧法基春生秋杀之理，以定立法制刑之原则，自立春以至秋分均不得决行死刑。唐律（卷三十）断狱篇——立春后不决死刑条："诸立春以后，秋分以前，决死刑者徒一年，其所犯虽不待时，若于断屠月及禁杀日而决者，各杖六十，待时而违者，加二等。"

【史】处决死刑必于霜降之时，所以取肃杀之气也。若立春以后，秋分以前，则阳气方盛，故不许处决。唐律（卷三十）断狱篇设有立春后不决死刑之条："诸立春以后，秋分以前，决死刑者，徒一年，其所犯虽不待时，若于断屠及禁杀日而决者，各杖六十，待时而违者加二等。"疏议曰："依狱官令，从立春至秋分，不得奏决死刑，违者徒一年，若犯恶逆以上，及奴婢部曲杀主者，不拘此令。其大祭祀及致斋①，朔望上下弦，二十四气，雨未晴，夜未明，断屠月日及假日，并不得奏决死刑，其所犯

① 原书为"齐"，系排版之误。

虽不待时，若于断屠月，谓正月五月九月，及禁杀日①，谓每月十直日，月一日、八日、十四日、十五日、十八日、二十三日、二十四日、二十八日、二十九日、三十日，虽不待时，于此月日，亦不得决死刑，违而决者，各杖六十。待时而违者，谓秋分以前，立春以后，正月五月九月，及十直日，不得行刑，故违时日者，加二等，合杖八十。其正月五月九月有闰者，令文，但云正月五月九月断屠，即有闰者各同正月，亦不得奏决死刑。”

【立案同判】【史】谓新立文案请求现在长官之赞同，始得对犯人拷讯也。（详讯因察事理条内）

【立庶以长】【史】嫡妻年五十以上及无子者，听其以庶出子为继承人，此时应以长庶子为立嫡之标准，是曰立庶以长。（参立嫡子违法条）

【立陶宛宪法】【宪】立陶宛昔曾建立帝国，后并入波兰，旋为帝俄所略取，一九一七年俄国革命后，立陶宛民族即宣告独立，一九一八年二月十六日正式宣布成立为共和国，至一九二二年十二月间始为列强所承认，面积为五万五千六百五十八方公里，人口约二百三十九万，位于波罗的海东岸，地面平坦，多湖泽，土质肥美，以农产品为大宗。其宪法为一九二二年八月间所制定，一九二八年曾加修正，共分为十五章，计一〇七条，兹述其要点如下：（一）第一章总则（第一—八条）。立陶宛为独立民主共和国，主权属于国民，国家政权由国会，政府及法院行使之，领土以现时国际条约所载明之疆界定之，扩大时得以普通法变更之，缩小时则须经国民大会之决定。（二）第二章国民及其权利（第九—二十三条）。国籍之取得与丧失，以国籍法定之，外国人在立陶宛住居十年以上者，即可取得立陶宛国籍，归化为立陶宛人，归化人之子女出生为立陶宛人者，始得享受一切公权，归化人本身仅得享受积极公权。国民在法律上一律平等，身体住所均不可侵犯，宗教信仰自由，邮递，通信，电话，电报之秘密及言论出版之自由，集会结社之自由，皆受保障。又国民有向国会请愿之权，对于法律有创制之权，所有权亦应受法律之保障，一切财产非因公共利益及依法律手续不得征收之。（三）第三章国会（第二十四—四十一条）。国会为一院制，以议员组织之，按照比例代表制以普遍，平等，直接秘密投票法选举之，国民不分性别，凡享有一切权利及年满二十四岁者，均有选举议员之权，其年满三十岁者，有被选举之权。议员任期为五年。国会每年开会二次，对于政府行动有监督之权，且得向其提出质问；对外之缔结之国际条约关系法律所规定之利益者，须经国会同意始得批准；宣战或停战亦须经国会之同意。国会议员身体不可侵犯，除现行犯外，议员非经国会同意不得逮捕，又议员不因其行使职务时之言论，而受司法上之处罚，但因损害名誉时，得依普通法控诉之。（四）第四章政府（第四十二—六十五条）。政府以大总统及国务院组织之，大总统以特别议员选举之，任期为七年，凡国民有被选为国会议员之资格及年满四十岁者，均得被选为大总统。大总统出国及因病不能行使职务，或因辞职及亡故出缺时，由国务总理暂行代理之，如系辞职或亡故者，则应选举新大总统。大总统对外代表国家；对

① 原书为“曰”，系排版之误。

内公布法律，任免官吏，并任免国务总理所荐请之国务员及监察使；对国会有解散权；对刑事犯有特赦权及回复权利之权；对全国军队有统率之权；并有出席国务会议为其主席之权。又为整理，起草，审查法律及法律草案，特设参政院。国务院以国务总理及国务员组织之，对于政务一般政策，应对国会连带负责。各国务员关于主管部分，应对国会分别负责，如国会以全体议员五分之三之票数表决不信任时，国务院及各个国务员应即辞职，国务院执行法律，总揽内外政务，保障领土完整及国内秩序。监察使亦得列席国务会议，惟无表决权耳。（五）第五章司法（第六十六—七〇条）。司法权由法院行使之，全国境内仅设最高法院一所，至法院之组织及其管辖与审判，以法律定之，对于军人另设特别法院，在战时或戒严时期则另设非常法院。（六）第六章地方自治（第七十一—七十三条）。乡村与城市在法律规定范围内享有自治权，此项自治机关依法律之规定，担任文化经济事业及法定之行政义务。（七）第七章人民团体之权利（第七十四—七十五条）。人民团体在法定范围内，得按照自治标准，办理文化事业。（八）第八章国防（第七十六—七十八条）。全国国民依法有防卫领土之义务，军队为国防而设，其编制征募及服役等均以法律另定之。（九）第九章公民教育（第七十九—八十三条）。儿童教育为父母应尽之天职，公私立学校均应受国家监督。又初等教育为强逼性质，至强迫宗教教育之是否需要，应依儿童所属教会之是否需要而定之。（十）宗教事业（第八十四—八十八条）。国家承认现存之各种教会继续存在，且视其为有法人资格，教士得免除兵役义务，新设教会如不与秩序风俗相反者，国家亦承认之。军人医院，监狱及其他公共场所之人应许其有履行宗教上义务之可能。（十一）国家经济政策之基础（第八十九—九十一条）。国家应保障劳动自由经济创设自由，对经济事业之附设机关保障其有特殊自治权，如农工商会及产业公会等应依法律程序设置之。此外土地占有权则以私产制为原则，但国家得调剂之。（十二）第十二章国家财政（第九十二—九十七条）。人民捐税之征收，国库之支出，国内债券或纸币之发行非依法律不得行之，并设置监察使以监督国家之收入，支出，资产，债务及会计，每年应制成上年度预算施行报告书送交国会。（十三）第十三章社会保障（第九十八——百〇二条）。人民劳动力，及工人之疾病，老年，灾害及失业，并家庭之健康，公共道德，公共卫生等皆以特别法保护之。（十四）第十四章宪法修正及补充（第一百〇三——百〇四条）。国会或政府或享有选举权之国民五万人对宪法均得提议修正或补充之，在国会应经全体议员五分之三之同意通过之。此项修正案或补充案经国会通过或否决后三个月内，得因大总统或享有选举权之国民五万人之要求提交国民公决之，如无上述要求者则通过后应于公布日起三个月后发生效力。（十五）第十五章暂行条文（第一百〇五——百〇七条），均为补充附带之规定。

【立嗣】【亲】以同宗之侄为嗣祀之子，是曰立嗣。（参指定继承人条及嗣子条）

【立嫡子违法】【史】嫡子谓正妻所生之子，与庶长子之为众妾所生者，所享权利不同。立子以嫡，无嫡始得立长，此为国家定法，若有舍嫡长子而立嫡次，或庶子，及嫡妻无子，舍庶长子而立庶众子者，皆谓之违法。唐律（卷十二）户婚律有立嫡违法条："诸立嫡子违法者，徒三年，即嫡妻年五十以上无子者，得立庶以长，不以长者亦如之。"明律(卷四)、清律(卷八)户律户役篇均有立嫡子违法之条，内容相同，清律原文："凡立嫡子违法，杖八十，其嫡妻年五十以上无子者，得立庶长子，不立长子者，罪亦同。若养同宗之人为子，所养父母无子，而舍去者，杖一百，发付所养父母，无子欲还者听。其乞养异姓义子以乱宗族者杖六十，若以子与异姓人为嗣者，罪同，其子归宗。其遗弃小儿年三岁以下，虽异姓，仍听收养，即从其姓。若立嗣虽系同宗，而尊卑失序者，罪亦如之，其子亦归宗，改立应继之人。若庶民之家，存养奴婢者，杖一百，即放从良。"清律之总注："按吏律内已有官员袭荫之法，而此条立嫡子违法，则统绅士军民言之也，士庶虽无袭荫职事，而继嗣承祧，礼之所重，嫡庶长幼之间，立子亦必如法，先尽嫡长子，嫡长有故，方及嫡次子，其妻年五十无子，方得立庶长子，若舍嫡而立庶，舍长而立幼，皆为违法，并杖八十，改立应立之子，嫡庶有分，长幼有序，礼法之不易者也。若因无子，而于同宗中择昭穆相当之人，养以为子，既受抚育之恩，即其父母矣，所养父母，后无亲生子，而所养子，辄舍去者，杖一百，仍发付所养父母收管；若所养父母已生亲子，则继嗣有人，及本生父母先有子，而后无子，则宗嗣无托，所生父母为重，虽所养父母无子，亦得归宗，故欲还者，并听之也。其乞养异姓义子，改姓为嗣，是乱己之宗族矣，故杖六十。若以子与异姓人，改姓为嗣，是乱人之宗族矣，故其罪同，其子仍归本宗。若遗弃小儿，年在三岁以下者，虽知是异姓仍听收养，即从其姓，不在禁限，但不得因无子，遂立为嗣，以致乱宗。若小儿成人后，亲生父母告认者，不准。同宗之人，尊卑有序，失序，如以弟嗣兄，以侄孙嗣叔祖，而乱其昭穆之次也，失尊卑之序，与乱宗族之姓者，其罪相等，故亦得杖六十之罪，其子归宗，改立应继之人，以正其序。庶民之家，存养良家男女为奴婢，压良为贱，杖一百，即放从良；若非压良为贱，不在禁限。"

【立宪政治】【宪】Constitutional government　凡国家内有宪法之制定，以为政府行动之准绳，及为人民权利义务之确定者，是曰立宪政治，其与此相反者，则曰专制政治。

【立宪国】【宪】Constitutional state　施行立宪政治之国家，曰立宪国，与专制国相对立，有君主立宪国与民主立宪国之区分。立宪国之制度，谓之立宪制度，与专制制度相对称。

【立证责任】【民刑诉】Burden of proof　为日本名辞，即我国所称之举证负任也。

六 画

【交互计算】【债】Current account 谓当事人约定以其相互间之交易所生之债权债务为定期计算,互相抵销,而仅支付其差额之契约也(民法第四○○条)。交互计算与互易不同,前者乃由当事人约定在一定期限内将其相互间之交易所生之债权债务加以计算互相抵销,而仅支付其差额,后者则以物易物,二者自有异别,法律规定此种制度,乃为省手续等费用,预防危险之发生,及使资金能充分活动而设。关于交互计算契约缔结之范围,立法例之主义有三:(一)一般主义。(二)商事主义。(三)商人主义(详各本条),至记入交互计算中之债权债务,如系汇票本票支票及其他流通证券者。若证券之债务人不为清偿时,则无抵销可言,当事人得将该记入之项目除去。但记入之项目自计算后经过一年者,不得请求除去或改正(民法第四○一条、第四○五条)。所以使计算得以从速确定也。又为便利交互计算起见,许当事人于记入时自由订定附加利息,至由计算而生之差额亦得请求自计算时起支付利息(第四○四条)。交互计算之计算期,法定期限为每六个月一次,约定期限自可自由订定不加限制(第四○二条)。至交互计算契约,无论何时均得随时终止而为计算,当事人有特约者,则依其约定(第四○三条)。

【交引】【史】所谓交引,乃指宋时采办军粮所用之证券而言,宋史食货志:"雍熙后用兵,切于馈饷,多令商人入刍粮塞下,给以要券,谓之交引,至京师给以缗钱。"

【交付】【通】Delivery 将特定物件之占有与自己分离而移转于他人者,谓之交付。

【交付公示主义】【物】Principle of symbolical delivery 为动产物权让与主义之一,对交付要件主义言,即以占有移转(交付之谓)为让与动产物权之公示方法之谓也。在占有移转以前,当事人不得以动产物权之让与以与第三人对抗。但当事人间则以有意思表示即完全发生效力,此主义为法意日等国所采用。然以其办法繁杂,交易上不大方便,且有已成物权不得与第三人相对抗之弊,尤难允当,故不为我国民法所采用。

【交付契约说】【票】Theory of delivery of contract 为票据学说之一,学者简称之曰契约说,与单独行为说同为近代票据之最新学说,谓票据上之债务其性质乃单纯以支付金额为目的之契约,在票据上签名时仍未完成,须有授受行为方可,但有疑问,即票据债务人对于其自己直接相对人以后之人,依何理由负担其债务,关于此点,尚有二说:(1)单数契约说——谓票据债务人之行为,系一个契约。然票据债务人对于自己直接相对人以外之人,何以负其债务,学者间尚有三说:(A)继承说——谓乃依背书而将权利承继于后手。(B)第三人契约说——谓同时不仅与直接相对人因契约而生权利义务关系,即与第三者(即后手)亦生权利义务关系。(C)悬摇说一称提示说——谓票据之执票人在未提示前,其权利尚未确定,故仅提示人始为真正之债权人,而发票人亦即对于最后之提示人负担债务也。

(2)复数契约说——谓票据债务人对多数债权者乃因对彼各有其契约,故应负担义务。然对直接相对人以外之债权则如何,亦有下列三说:(A)不特定契约说——谓票据债务人之行为,乃对不特定人表示意思以为要约也。(B)更改说——谓乃依背书以更改前手与后手间之契约关系。(C)背书媒介说——谓乃由背书以为媒介,始与后手发生契约关系。

【交付要件主义】【物】Principle of actual delivery　为动产物权让与主义之一,对交付公示主义言,即以占有移转为动产物权,让与成立之要件也。换言之,即以交付为要件也。占有移转以前物权之让与,不独不能对抗第三人,即当事人间亦不发生效力。我国民法明定动产物权之让与,非将动产交付不生效力。(第七六一条第一项)盖采此主义也。但有例外三:(1)简易交付。(2)占有改定。(3)指示交付。(详各本条)

【交付证券】【债】Traditionspapier　为物权证券(详该本条)之别名。

【交易】【债】Transaction　商业上之买卖互易借贷等有偿契约之订立与实行,均称曰交易。

【交易所】【行】(详交易所法条内)

【交易所法】【行】Exchange Law; Law Relating to Exchanges　本法于民国十八年十月三日公布,十九年六月一日施行。共八章,计五十八条。兹举其要点于下:(一)商业繁盛区域,得由商人呈请实业部核准设立买卖有价证券,或买卖一种或同类数种物品之交易所,其存立期限在原则上为十年。(二)交易所得用股份有限公司组织或同业会员组织。前者其为买卖人以该所经纪人为限,后者其为买卖人以该所之会员为限。(三)交易所之经纪人或会员须为中国国籍人(经纪人且须经实业部核准注册)。且须具备一定条件(第九—十一条)。(四)经纪人或会员对于交易所应负由其买卖所生之一切责任,并应缴存保证金于交易所。(五)交易所之职员有三:(1)理事长一人。(2)理事二人以上。(3)监察人若干人。(六)凡对于经纪人供给资本分担赢亏者,或与经纪人之营业有特别利害关系者,均不得在该交易所为职员。(七)交易所应设评议会,除证券交易所外应设鉴定员,鉴定交割物品之等级。(八)交易所买卖之期限,有价证券不得逾三个月,棉花、棉纱、棉布、金银、杂粮、米谷、油类、皮革、丝、糖等不得逾六个月,其他物品不得逾实业部所定之期限。(九)交易所之行为有违背法令,或妨害公益或扰乱公安时,实业部得执行下列之处分:(1)解散之。(2)停止其营业。(3)停止或禁止其一部份营业。(4)令其职员退职。(5)停止经纪人或会员之营业或予除名。(十)关于罚则之规定。(第四五—五二条)

【交易所法施行细则】【行】本细则于民国十九年三月二十日公布。全部计四十条与交易所法同日施行。

【交易所税】【行】Tax on bourse　对于交易所于其每期结帐之赢余(营业费不在内)总额内所课取之税收,曰交易所税,应按下列定率征收之:(1)超过一万元至五万元以内者——课百分之七五。(2)超过五万元至十万元以内者——课百分之一〇。(3)超过十万元至十五万元以内者——课百分之一二点五。(4)超过十五万元至二十万元以内者——课百分之一五。(5)超过二十万元至二十五万元以内者——课百分之一七点五。(6)超过二十五万元至三十万元者——课百分之二〇。(7)超过三十万元以上者——课百分之二五。交易所应将每月交易所种类数量及其所得经手费金额作成报告书,于翌月五日以前呈报财部查核(税款则由金融监理局征解财部)。不为上述之报告或报告虚伪者,则应受百元以下罚金之处分。(参交易所税条例第二—六条)

【交易所税条例】【行】本条例于民国十七年三月十九日公布。全文计共八条。自公布日施行(参交易所税条内)。凡属交易所之税均依本条例行之。

【交易所监理员】【行】Auditor of the stock exchange 在设有交易所地方由实业部财政部派充依法规定执行交易所之监督检查事项之人员,为交易所监理员,其职权约如下述:(1)随时检查交易所及经纪人关于营业一切簿据文件。(2)随时监察交易所及经纪人关于营业一切行为。(3)认为必要时得令交易所及经纪人编制营业概况及各种表册。此外监理员如发觉上述情事有虚伪及违法时,或认为有纠正或取缔之必要时。均应呈请实财两部核办。(交易所监理员规程第一—六条)

【交易所监理员规程】【行】本规程于民国二十年八月八日公布。全文计十三条,自公布日施行。(参交易所监理员条内)

【交易价额】【民诉】交易价额谓市上一般交易之价值与额数也。凡诉讼标的之价额之核定,应依起诉时之交易价额,如无交易价额,则应依原告就诉讼标的所主张之利益。(民诉法第七十七条)

【交状】【民刑诉】交状者谓当事人向法院交缴物件及证据时所提出之书状也。

【交涉分署】【行】(参交涉署条内)

【交涉员】【史】北京政府时代于各省设特派交涉员,称曰外交部特派某省交涉员,掌承外交总长之命办理全省外交行政事务。在各通商巨埠则分设交涉员,称曰外交部某省某埠交涉员,掌承外交总长之命办理各埠外交行政事务,均兼受该省行政长官之监督。特派交涉员由外交总长经由国务总理呈请简任。各埠交涉员则由外交总长经由国务总理荐请任命。得任特派交涉员及各埠交涉员之资格如下:(1)外交官领事官任用暂行章程第六七条所列各资格。(2)曾任外省交涉事务人员(交涉员职务通则第一—三条、第六条、第八条),按交涉员制度,在国民政府初期曾沿用之,近则于边疆各省仍予存在外,余则裁撤,而以外交视察员代替之。

【交涉署】【行】特派交涉员之机关,称曰外交部某省交涉署。各埠交涉员之机关则称为外交部某省某埠交涉分署,各交涉署及分署除以各该交涉员为署长外,在前者下分为四科,在后者则分设三科,每科均置科长一人(总员额每署不得逾四人,每分署不得逾三人)。科员若干人,均由该署长官呈报外交总长委任。(交涉员职务通则第四—五条、第七条、第十—十一条)

【交通大学】【行】University of Communication　交通大学以遵照总理遗教养成三民主义化之交通建设专才为宗旨。直隶于铁道部,一切经费由该部指拨(但得募捐及领受遗赠)。分为本科预科,或附设高中,本科四年,预科二年。高中三年毕业,本科毕业后,给予学士学位或工程师学位,校中置校长副校长各一人(校长办公室置秘书若干人)。又置总务长一人,下设注册主任、文书主任、会计员、庶务员、工程员、校医各一人(在上海以外各学院得设总务主任一人,及上述各员各一人)。校中又置训育长一人,下设训导及学监若干人(在上海以外各学院得设训育主任一人,及上述各员若干人)。校中图书馆、博物馆、体育馆及科学馆各设主任一人,办理各该馆事务,本大学得设研究所,所长以校长或副校长兼任之,本大学分为下列四学院:(1)铁道管理学院。(2)土木工程学院。(3)机械工程学院。(4)电机工程学院。各院设院长一人,预科设主任一人,主管所属教务(在上海以外各学院所设预科不另设主任,由各该学院院长办理之)。本大学又设评议会,由校长、副校长、总务长、训育长、各学院院长及预科主任组织之,讨论校长交议事项。又设全校教务会议,以校长、副校长、学院院长、预科主任、教授组织之,每学期至少开会一次,各学院又设学院教务会议,以院长、教授、副教授组织之,必要时得设系教授会议,以本系全体教员(教授、副教授、讲师、助教)组织之。讨论各该系教务事宜。(交通大学组织大纲第一、二、三、五、七、九条,又第十二—十八条、第二十四—二十七条)

【交通大学组织大纲】【行】本大纲由铁道部公布于民国十八年七月间,计分为六章,第一章总则,第二章经费,第三章学制,第四章行政,第五章会议,第六章附则,全文共三十条,自公布日施行。(参交通大学条内)

【交通行政】【行】Administration of communication　交通行政者,谓关于掌握道路、邮务、电政、航空、航政等之事务也。铁路事务本为交通行政之一,但我国现行法则另设铁道部专司之。

【交通行政讲习所】【史】本所为从事交通事业人员增进行政学识而设,以就交通四政分科讲习,汇通中外,兼赅体用为宗旨。乃北京政府交通部所设立者,以交通部长为总裁,并设所长一员,秉承总裁管理本所一切事宜。功课分路政、电政、邮政、航政四科,每科讲习员以五十名为一班,交通部及所辖局所从事交通事业人员均得报名入所讲习,部员局员入所讲习,仍支原有薪俸,亦不扣资。讲习期限定为三个月毕业。不属交通部人员,平日所学与交通事业有关,自愿讲习,经本所考试录取者,得入所附习。此外所中并设旁听座,部员局员有职务不能入所讲习,欲选择某科中之数项功课临时听讲者,先行通知本所,届时入旁听座听讲,从事交通事业人员,不能入所听讲,欲择习一科者,得备费购取本所讲义,自行研究,其自愿按星期呈阅日记,并与成绩试验者,毕业时由本所发给修业证书。(交通部交通行政讲习所简章第一—六条、第十一—十二条)

【交通研究会】【行】交通研究会为北京政府时代在交通部内所附设之机关。以研究考查交通部所关各种事业之状况,以备战争期内及战后随时设施整理及改良为宗旨。会员无定额,由交通总长于部员长指派或酌调富有经验学识者充任之。名誉会员亦无定额,由交通总长聘任之。置会长一人,由交通次长任之。分设各股于其下,各设主任会员一人,由会长指任之。(交通研究会章程第一一五条)

【交通被告权】【刑诉】谓辩护人对于羁押之被告有接见及互通书信之权利也,但有事实足认其有湮灭或伪造变造证据之虞时,或有勾结共犯或证人之虞者,得予限制或制止之。(刑诉法第一七六条)

【交通部海员管理暂行章程】【行】本章程于民国二十年十月一日由交通部公布,全文计二十七条,自公布日施行。

【交通部航政局组织法】【行】本组织法公布于民国十九年十二月十五日,全文计十四条,自公布之日施行(参航政局条内),至该局之办事细则则由交通部另定之。

【交通部组织法】【行】Law Governing the Organization of the Department of Communication 本法于民国十九年二月三日公布。交通部直隶行政院,管理经营全国电政、邮政、航政,除法律别有规定外,并监督民营交通事业,对于各地方最高级行政长官执行本部主管事务有指示监督之责,本部设部长一人(特任)。政务次长常任次长各一人(简任)。秘书四人至八人(二人简任余荐任)。参事二人至四人(简任)。下列各司设司长各一人(简任):(一)总务司。(二)电政司。(三)邮政司。(四)航政司。置科长十六人至二十人(荐任)。科员一百二十人至二百人(委任)。又设技监一人(简任)。技正八人(二人简任余荐任)。技士八人至十二人(荐任)。技佐六人至八人(委任)。此外得置邮政总局,无线电管理局,邮运航空处,及各航政局,必要时得置各委员会,又经行政院会议议决得聘用专门技术人员。

【交通银行】【行】Bank of Communications 交通银行经国民政府之特许为发展全国实业之银行。依照公司法规组织之,设总行于上海,营业年限为三十年(自交通银行条例公布日起算),期满得依法呈财部核准延长之。银行资本定为国币一千万元,分为十万股(每股国币一百元),政府认二万股外,余由人民承购,于业务上必要时得依法呈请财部核准增加资本,一切服票概用记名式,股东以有中华民国国籍者为限。本银行受政府之委托时得经理下列各事务:(1)代理公共实业机关,发行债票及经理还本付息事宜。(2)代理交通事业之公款出入事项。(3)办理其他奖励及发展实业事项。(4)经理一部份之国库事项,此外受财政部之特准,得依法发行兑换券。本行之组织为董事十五人,监察人五人,总理一人以及股东会议等,均与中国银行(参该本条)之规定相同。(交通银行条例第一一七条,又第十一十六条)

【交通银行条例】【行】本条例于民国十七年十一月十六日公布。全文计共二十三条,自公布之日施行。(参交通银行条内)

【交通警察】【行】Police of communication 交通警察者,谓关于拘束及维持人及物之迁移其所在地之自由之警察也。例如道路警察,水上警察,航空警察以及移民警察皆是。

【交换】【债】Exchange 即民法上互易之别称。(详互易条内)

【交结近侍官员】【史】近侍官员指内官及近侍人员而言。内官谓各监内臣之有名爵者,近侍人员谓内阁六科等,内外大小衙门官吏若与各监局内臣及与近侍衙门人员彼此交构固结,将朝廷事情漏泄于外致相倚托牵引夤缘作弊,将所漏泄之事情符同启奏,欺罔君上者不分首从皆斩。明律(卷二)、清律(卷六)吏律职制篇——交结近侍官员条:"凡诸衙门官,吏若与内官及近侍人员,互相交结,漏泄事情,夤缘作弊,而扶同奏启者,皆斩妻子;流二千里安置。"清律之注:"此方奸党一节,但漏泄较紊乱少轻故止流而安置其妻子,不籍没其家产,若止以亲故往来,无夤缘等弊,不用此律。"同律之总注:"内官及侍人员,皆朝夕随从近御之臣,诸衙门官吏,若与之互相交结,往来亲密,因泄漏朝廷机密事情,彼此倚托,牵引夤缘,作为奸弊,内外交通,因以扶同启奏,罔上行私者,此亦奸党之徒也。故不分首从皆斩,妻子流二千里安置。"

【交战主体】【国公】Subject of war 凡依战争法规之所定,得享有为战争法之权利义务之资格者,称为交战主体。凡属国家皆得为交战主体,此外交战团体亦得为交战主体。(参战争权条内)

【交战法规】【国公】Law of belligerency 为战争法之一种,与中立法规相对称,乃指规律战争行为及交战国相互间之关系的规则而言。可分为下列三种:(一)陆战法规。(二)海战法规。(三)空战法规。(详各本条)

【交战者】【国公】Belligerents 从事于交战国之军事行动之人员,称曰交战者。(参战斗员条)

【交战国】【国公】Belligerent powers 交战主体之国家,为交战国应遵守国际公法上所规定一切之义务。

【交战团体】【国公】Belligerent communities 国家于内乱或革命发生时,若反抗政府之集团具有组织化之军队与中央政治机关,而经被反抗政府或外国政府之正式承认者,称曰交战团体。交战团体一经承认,即生下列各种效果:(一)适用国际法之一切规定,而为国际法之主体。(二)交战团体如前途失败,则其对外一切之责任及行为,被反抗政府无继承之义务。(三)交战团体于目的达到而取得被反抗政府之地位时,在原则上应有继承前此旧政府之一切责任及行为之义务。

【交战权】【国公】Belligerent right 交战者在战争法上所享有之权利与负担之义务,称曰交战权。又曰战争权。(参交战国条及战争权条内)

【交错要约】【债】Cross offer 又称交叉之要约,即二个以上相对立之意思,表示先后为之,而偶然相合之谓也。例如甲对乙而为要约时,乙对于甲亦为同一内容之要约是。此种情形是否成立契约,法律虽无明文,学者间有肯定否定二说,自以肯定说为当,盖客观及主观上之意思表示均能一致故也。

【交关强牵】【史】不经官司听断,对债务者之财产强制加以执行者,称曰交关强牵。唐律(卷二十六)杂律篇——负债强牵畜产条之疏议:"公私债负,违契不偿,应牵掣者，皆告官司听断。若不告官司，而强牵掣财物及奴婢畜产，过本契者坐赃论。若监临官，共所部交关强牵过本契者，计过剩之物，准于所部强市有剩利之法。"

【仲立人】【债】Broker 为日本名辞即我国所称之居间人也。

【仲立业】【债】Broker age 为日本名辞，即我国所称之居间业也。

【仲裁】【国公】Arbitration 又称公断，为国际争议解决方法之一。即由争议当事国将争议事件交付双方所选任仲裁员，实行处决之准司法行为也。仲裁之成立乃根据当事国所缔结之协定，一切程序均由协定详为定明，仲裁案件系属法律上之争执，争议国可委派律师或代理人出庭辩护。仲裁之判决有拘束双方之效力等，均与通常法院相似，惟不得上诉(仅可覆勘)，稍为回异耳。一八九九年及一九〇七年之海牙和会条约，对仲裁制度曾加规定，且有常设仲裁院(详该本条)之组织，以便使缔约国间争议事件之随时交付仲裁。

【劳】Arbitration 所谓仲裁，乃指于劳资争议事件经过调解程序不能成立时，由第三者以公正态度加以判断裁决而言。仲裁之拘束力，较调解为强，争议人对于仲裁裁决不得声明不服，即视同当事人间之契约或团体协约。又仲裁完全系第三人之行为与，调解之由争议当事人双方有代表参与其间者，亦有不同。

【仲裁人】【国公】又名曰公断人。(详该本条)

【仲裁协定】【国公】Compromise; Treaty of obligatory arbitration 甲国与乙国间对于某种争执，经双方决定付诸仲裁所订定之协定，曰仲裁协定。又名公断条约。

【仲裁委员会】【劳】Board of arbitration 与调解委员会同为处理劳资争议机关之一。置委员五人，以下列人员组织之：(一)主管行政官署派代表一人(有时由实业部指派)。(二)省党部或该市县党部派代表一人。(三)地方法院派代表一人。(四)与争议无直接利害关系之劳方及资方代表各一人(此项代表乃于省政府或不属于省之市政府辖区内每年由工人团体及雇主团体各预先推定堪为仲裁委员者二十四人至四十八人中指定而来者)。仲裁委员会由有政府或该管市县政府召集之，原则上以召集机关之代表为主席。

【仲裁书】【国公】【劳】由仲裁机关所作成关于仲裁结果之文书，曰仲裁书。

【仲裁程序】【劳】Procedure for Arbitration 仲裁之程序如下：(甲)仲裁之开始——争议当事人声请仲裁或因调解不成立请付仲裁时，均应向主管行政官署提出仲裁声请书，该官署应速召集仲裁委员会。(乙)仲裁事项之调查准用关于调解程序(参该本条)之规定。(丙)仲裁之决定——以合议行之，而取决于多数，并应于二日内作成仲裁书，送达于当事人及送呈主管行政官署备案。(丁)和解——争议当事人不论仲裁程序至何程度，均得成立和解，但须将和解条文呈报仲裁委员会。(戊)仲裁之成立——仲裁书于送达后，当事人不得声明不服。该项裁决即视同当事人间之契约，或团体协约(劳资争议处理法第三十一三十五条)，在仲裁期间内双方当事人之行为，均应受限制。(参调解程序条内)

【仲裁机关】【劳】Organs for arbitration；Arbitration authority　仲裁机关者，谓仲裁劳资争议之机关也。与调解机关相对称，依我国法律之规定系采用委员制，即所谓仲裁委员会是也。

【仲裁声请书】【劳】仲裁声请书者，谓争议当事因调解不成立而请付仲裁时，所提出之声请书也。其内应记载下列各事项：(一)当事人之姓名，职业，住址；或商号厂号，如为团体者，其名称及事务所所在地。(二)调解不成立之事由。(三)请求之目的。(劳资争议处理法第三十一条)

【任子之法】【史】晋时苏峻谋反，自是诸将各以其子为质以示无他，是曰任子之法，一称曰保任。晋书—元经传："自苏峻反后，诸将多以子为质，谓之保任。至是王导虑郭默之不可制，乃诏除任子之法。"

【任子令】【史】关于依父兄之官荫而使其子孙任官之法令称曰任子令。汉书—哀帝纪之注曰："应劭曰，吏二千石以上视事满三岁，得任同产若子一人为郎。"汉书—王吉传："今俗，吏得任子弟，率多骄骜，不通古今，宜明选求贤，除任子令。"其注曰："子弟以父兄任为郎。"西汉会要：苏武以父任为任，刘向以父任为辇郎，萧育以父任……伏湛以父任为博士弟子，幸庆忌以父任为右校丞。

【任用法】【行】Method of Appointments　选择官吏并加以任命之方法曰任用法。(详公务员任用法条)

【任免】【行】Appointment and dismissal　任用与免职之合称曰任免。

【任免官吏权】【宪】Right for the appointing and recalling　谓行政元首对各级文武官吏有任用与免职之权也。对高级官吏如国务员之任免，与外交使节之任免，通常须经议会之同意，至其他一般之官吏，其任免权则操诸行政元首与其所属官吏，但须依法为之，方为有效。

【任命行为】【行】Appointment act　所谓任命行为，乃指官吏关系发生之一种方法而言。通常官吏关系之发生，多由任命行为而来，此种行为，在法律上之性质如何，约有二说：(一)双方合意说。(二)一方行为说。以第一说为当，故任命行为，乃由国家与受任者双方合意以发生官吏关系之公法上的契约行为也。

【任命状】【行】Letter of appointment　国家任命官吏时所用之文书，曰任命状，均有一定之方式。(一)特任官及简任官任命状，由国府主席及五院院长署名，盖用国府之印。(二)荐任官任命状，由国府主席及主管院院长署名，盖用国府之印。(三)委任官任命状，由各该机关长官署名，盖用各该机关之印。

【任命权】【行】Power of appointment　任命权者，谓任命官吏之权限也。此种权限，乃操诸国家元首之手，但在委任以下之官吏任命权，则由各主管官署行之耳。

【任所置买田宅】【史】有司官吏有亲民之责，于现任处所置买田宅，非倚势勒卖，即侵削小民，去任虽逊于现任，其余威尚在，故亦禁止。明律(卷五)、清律(卷九)户律田宅篇均有任所置买田宅之条："凡有司官吏不得于见任处所置买田宅，违者笞五十解任田宅入官。"明律之纂注:此条重在见任二字,解任见名例文武犯私罪条(即解现任职别处叙用),盖有司官吏必正己而后可以御下,若于见任处所置买田宅,是侵夺民利矣,故笞五十,解任别叙田宅入官,此专指见任官私置者而言,若义田学田之类,不在此限。

【任务】【行】Duty 凡从事于一定职务者,其执行职务时,在其责任内之事务,称曰任务。

【任期】【行】Term of service 公务员军人或其他各种团体职员执行职务时,其在任之期间称曰任期,均须依法律或章程之规定。

【任意】【通】Voluntary 不受他人之制肘或支配,而由自己自由意思加以决定者,谓之任意。

【任意中立】【国公】Voluntary neutrality 又名单纯中立。(详该本条)

【任意之债】【债】Voluntary obligation 又名任意债权。谓债权人或债务人得以他种给付代替原定给付之债也。例如约定给付金表一架,但得代以洋五十元是。任意之债与选择之债不可相混,前者乃由特约,即为确定,后者则在选择前尚未特定。前者固有之标的如为给付不能时,债务人可以免责。后者给付标的成为不能时,债务尚存在于余存之给付。

【任意公积金】【公】Free sinking or reserved fund 为公积金之一种。与法定公积金相对称,谓依股东会议决于法定公积金以外,更为提存之公积金也。其目的为将来扩张营业之用,或备歉岁分配之需,或充偿还公司债之资,皆非所问。

【任意住所】【民总】Voluntary domicile 为住所种类之一。对法定住所言,即基于各人之自由意思所设定之住所也。设定行为须有意思能力人方得为之。又分为二种:(1)本住所。(2)假住所。(详各本条)

【任意代理】【民总】Voluntary agency 基于本人之意思而为之代理,曰任意代理,与法定代理相对称。(参代理条内)

【任意法】【通】Dispositive law 又称非强行法,与强行法相对称。凡容许人民随意取舍之法律,曰任意法,以私法占大部分,但纯粹之任意法,亦不可得,以其中亦有强行法之性质也。

【任意拍卖】【债】Voluntary auction 为拍卖之一种,对强制拍卖及法定拍卖言,乃私人依竞争缔结之方法所为之拍卖也。民法中债篇所规定之拍卖,专指此而言。

【任意的共犯】【刑】Voluntary principal-crime 为学理上共犯分类之一。对必要的共犯言,凡一人单独得为犯罪之成立,而数人共同加功者谓之任意的共犯,例如杀人只须一人行之可矣是。刑法总则上之共犯乃指此而言。

【任意退股】【公】又曰随时退股(详该本条)或称有意退股。

【任意退伙】【债】Voluntary retirement from partnership 为退伙之一种。对法定退伙言,又称声明退伙,即依合伙人之意思自愿脱离合伙关系之谓也。任意退伙之情形有二:(一)合伙未定有存续期间,或经订明以合伙人中一人之终身,为其存续期间者——各合伙人得声明退伙。但须于两个月前向他合伙人通知。(二)合伙定有存续期间者——如合伙人有非可归责于自己之重大事由,亦得声明退伙。

【任意清算】【公】Voluntary liquidation　(一)为清算之一种。对法定清算言,谓由股东决议所为之清算也。法律不加干涉(公司法第五三条),在股份有限公司因系以资本为信用基础。故无任意清算而仅有法定清算之一种,在无限公司则须不行任意清算时,始应适用法定清算。(二)公司解散时,不必依法定程序所为之清算,曰任意清算,仅无限公司及两合公司得为任意清算耳。(公司法第五三条及第八五条)

【任意规定】【民总】Free provision of law　为法律规定之一。对强制规定言,又称非强行规定,即得以当事人之意思而免除适用之法律规定也。例如民法第三七八条之规定是。民法中以任意规定为多,债篇中尤甚。以其多涉及私益故也。任意规定,又可分为:(1)补充规定。(2)解释规定。(详各本条)

【任意期间】【民总】Voluntary time　期间之长短久暂,由双方当事人以自由意思协定之,是曰任意期间或曰协定期间。

【任意买卖】【债】Voluntary purchase and sale　为买卖分类之一种。对强制买卖言,谓基于当事人两造合意之买卖也。通常买卖皆属之,与强制买卖之区别,乃以是否出于出卖人之意思为标准。

【任意债务】【债】Voluntary obligation　(详任意之债条)

【任意债权】【债】Voluntary obligatory right　又称任意之债。(详该本条)

【任意认领】【亲】Voluntary acknowledgement　又名自由认领。(详该本条)

【任意调解】【劳】Voluntary conciliation　为调解之一种。与强制调解相对称,即主管行政官署于劳资争议发生时,经争议当事人一方或双方之声请时召集解决委员会所为之调解也。又名声请调解。

【任意销除】【公】Voluntary cancellation　为销除股数方法之一。对强制销除言。(详销除条内)

【任意辩护】【刑诉】System of volumtory defence　为辩护制度之一种。对强制辩护言,凡不必以辩护为诉讼上之必要条件者曰任意辩护。故凡无辩护人时,法院亦可对该案加以判决。惟于已指定辩护人而未待其出庭即行判决者,视为违法耳。任意辩护中之辩护人,不以选任为限,故与选任辩护不可相混。

【任满得代】【史】谓官吏任期已满由新任官接任交代而去也。为以理去官之一。明律(卷一)、清律(卷一)名例篇——以理去官条:"凡任满得代,改除致仕等官与见官同。"其注曰:"任满如职任已满,俸已住支,不管事者,得代,是有新官接任交代而去者。"

【任器】【史】盗贼杀伤人时所用之兵器,称曰任器。周礼一秋官司厉:"掌盗贼之任器货贿。"郑众注曰:"谓盗贼所用伤人兵器。"

【休止】【民诉】所谓休止,乃指诉讼程序因当事人之合意,或因两造迟误言辞辩论日期而停止进行而言,其情形有二:(一)因当事人合意之声请者——但不变期间之进行不受影响。(二)当事人两造迟误言词辩论期日者——但有特别规定者则否(如宣告裁判期日是)。诉讼程序之休止,不得过三个月,否则视为撤回其诉。(民诉第一八三——一八五条)

【休息日】【通】Holiday 所谓休息日乃指依法令所规定之休假日期而言。例如,星期日,庆祝日,纪念日等皆是。又称曰例假日。

【休息时间】【劳】Resting time 所谓休息时间,乃指工人于继续工作至五小时者,应有半小时之休憩歇息的停止时间而言。至于星期日及法定纪念日,工厂亦均应给假休息(工厂法第十四—十六条)。且应照给工资。(第十八条)

【休假时间】【劳】休假时间者,谓工人在厂继续工作满一定期间时,应给予特别休息之时间也。依我工厂法之规定,其休假期如下:(一)在厂工作一年以上未满三年者,每年七日。(二)在厂工作三年以上未满五年者,每年十日。(三)在厂工作五年以上未满十年者,每年十四日。(四)在厂工作十年以上者,其特别休假期,每年加给一日,其总数不得超过三十日。在休假期内,工资照给。如工人不愿特别休假者,则工厂应加给该假期内之工资(第十七—十八条)。至于军用公用之工厂,主管官署认为必要时,得停止工人之休假。(第十九条)

【休弃】【史】永久放弃其权利者,称曰休弃。例如将妻卖与他人而永远放弃其夫权时,即休弃之义。明律(卷二十五)、清律(卷二十一)—刑律犯奸篇——纵容妻妾犯奸条:"若买休人与妇人用计逼勒本夫休弃,其夫别无卖休之意者不坐,买休人及妇人各杖六十徒一年。"又妻有重大恶行(非行)时,夫绝对的向其提出离婚,而不负担赡养责任者,亦称曰休弃。元典章亦设有休弃之规定。(卷十八)

【休会】【通】Adjourment of the meeting 开会时因议会本身之一时便宜,而宣告中止会议者,曰休会。例如于开会期间,休息若干日是。与停会、闭会、流会(详各本条)均有区别。

【休战】【国公】Truces or armistices 所谓休战,乃指战争之双方国家,基于政治上或外交上之策略,或媾和之准备,对于相对方实行休止战斗行为而言。故休战之成立,皆有休战条约之签订。通常分休战为下列二种:(一)全部休战。(二)局部休战。(详各本条)

【休战条约】【国公】Truce agreement 交战国互约休战时所缔结之条约曰休战条约。(参休战条)

【休职】【行】暂时的休止其职务,曰休职,与停职有别。休职者其官吏身分仍存,惟不担任官职耳。停职则不特官吏身分存在,即官职亦仍其旧,惟一时停止其执行职务而已。

【仵作】【史】躬临刑场检验死刑尸体之人,以及从事于尸伤之检验事件之吏役,称曰仵作。宋时已有之,明律清律—刑律篇内及会典刑部内亦均散见此项名称,清末改为检验吏，现行法律因之。

【伊拉克宪法】【宪】Irak or Iraq　伊拉克处于亚洲之西境米索不达米亚之地，旧属于土耳其，欧战后始成王国。初由国际联盟委托英国代管，一九三二年始正式成为独立国加入国联为会员，其地在太格剌期河（Tigris R.）及幼发拉的斯河（Euphrates R.）流域之间，土质肥美，物产甚多，面积计有三七一，〇一七，〇〇〇平方公里，人口计二，八四九，二八二。为独立王国，其宪法于一九二五年三月二十一日公布，共分为十章计一百二十三条。兹述其要点于下：（一）伊拉克为独立自由之自主国，且为代议政体之立宪世袭皇国。（二）伊拉克之国籍另以法律定之，人民在法律上一律平等。（三）人民有身体之自由，住所之自由，所有权之受保障，言论出版集会结社之自由，请愿及向法院提起诉讼之自由权。（四）以回教为国教，但得自由信仰他教，其国语则为阿拉伯语。（五）伊拉克立宪皇国之主权属于国民，而付托于皇室，国皇应受保护并不负责。国皇为国家之最高元首，有批准法律并公布之及监督其施行之权，且有召集国会，缔结条约遴选内阁总理大臣，任命参议院议员，以及依法任免外交及文官法官军官等之权。国皇又为全国武备大元帅，依法有宣战之权，及戒严之宣布权。至于死刑之执行亦须先经国皇之批准始得执行之。国皇同时亦有减轻刑罚颁布特赦之权，如得参众两院之同意，且有权颁布大赦命令。（六）立法权属于国会与国皇，国会由参议院与众议院组织之。参议院与众议院议员应具法定资格（本法第三十条）。且同时不得为两院之议员，参议院议员为二十人，由国皇从品行为公众所信仰之人，及在过去已为国宣劳卓著声名之人中任命之。任期为八年，其半数每四年退休，上届退休之参议员有连任之资格。众议院应以基于每二万男性中选出一人为标准（据查现有议员八十八人）。以秘密投票为原则之方法选举之，议员有连选连任之资格。又众议院应于议员中每年选举议长一人，副议长二人，及秘书二人，选举之结果应奏知国皇，并应经国皇认可，必要时副议长一人应代为议长（按参议院议长与副议长，亦系由议员中选举之，任期为一年，并须经国皇认可）。众议院议员在原则上有建议及制定法律草案之权，各议员应认为伊拉克全国之代表，非仅为该议员选举区之代表。（七）两院开会时至少须有各该院议员过半数之出席，除宪法有特别规定外，其决议之通过应有出席议员过半数之投票，开会时，武装军警不得拦入议院，或逗留议院附近，惟由议长请求时则为例外。又开会时以公开为原则。又国会议员在会期中不受逮捕或审判，但有例外。（八）一切法律草案应提交任何一议院，如经通过，此项法律草案应提交其他一议院。除经两院通过并经国皇批准外，此项草案不得成为法律。如遇任何一院，两次拒绝任何法律草案，而其他议院坚持接受之，则应举行两院议员之联席会议。如经联席会议之议员三分之二之过半数附修正案，或不附修正案接受，即应认为业经两院通过。但在经国皇批准前，不得成为法律。（九）内阁阁员人数不得少于六人，亦不得超过九人。内阁应负责处理国务，内阁会议时由总理大臣任主席，并应由该总理大臣以内阁之意见奏呈国皇，以便取得其命令。阁员对于各部所处理之事务，应向众议院连带负责。对于各部及所隶各司之事务，则应各自负责，如众议院以出席议员之过半数通过，对于内阁之不信任案，阁员即须辞职，如系对于阁员一人表示不信任时，则该阁员应即辞职。（十）法院应分为下列三种:(1)普通法院。(2)宗教法院。(3)特别法院。法院除有正当理由须开秘密庭外,一切庭讯均须公开,一切判决应以国皇名义颁布之。普通法院之裁判权依照现行之法律,包括民事,刑事商事之案件,惟遇关于外国人私人关系之事件,及其他民事与商业事件,依照国际习惯应适用外国之法律者,自应依特别法之规定行之。普通法院对于伊拉克人民应有一切民事与刑事诉讼及伊拉克政府所提起或对于伊拉克政府所提起之诉讼之裁判权,宗教法院应分为下列二种:(1)Shara' 法院。(2)人民团体宗教会议。Shara' 法院,有权审理关于回教徒私人关系之诉讼及关于 Wagf 基金管理等之诉讼。人民团体宗教会议包括犹太人宗教会议及基督徒宗教会议,均依特别法规定之。宗教会议有处理下列事件之权:(1)关于结婚,嫁奁,离婚,夫妻别居,出妻之生活费,及非由公证人证明之遗嘱之证明等事件(有关人民团体份子,而属于普通法院裁判管辖之事件除外)。但为该团体份子之外国人不在此限。(2)当事人同意时,关于团体份子私人关系之其他任何事件。至于政府所设之高等法庭乃由参议院从其议员中所选四人,及从高级法官中所选四人共八人(议长不在其内)组织之。惟应由参议院议长主席开庭。其管辖事件如下:(1)审理被控犯有关于公务之政治罪之内阁阁员及国会议员。(2)审理因执行职务而犯罪之覆审院法官。(3)审问关于法律之解释及其是否遵照宪法之事件。由高等法庭处理之案件,应依照法律并以该法庭法官三分之二之过半数判决之。其判决不受上诉或覆审。特别法院或裁判委员会,应于必须处理下列事件之时设立之:(1)审判伊拉克军队中将士所犯军事刑法中所述之罪。(2)依照特别法律所规定之种族习惯,解决关于各种族之民事与刑事案件。(3)解决政府与政府官吏间所发生关于官吏之职务之争执。(4)审查关于所有物或地界之争执。(十一)政府官吏所收一切款项应依法定手续解入国库并呈报之。预算书应依称为"预算法"之常年法律认可之。预算法中应载明本年度收支之预算,国会应通过法律规定设立一机关,以便审查各项岁出,并造具提出于国会之报告书(每年至少应造具一次)。说明该项岁出是否遵从国会所批准之支用数,及已否依照法律所规定之手续使用。(十二)伊拉克之行政区域,其等级、名称、设立之手续,官吏之权力及其官衔应以特别法规定之。(十三)国会得于本宪法施行日起一年内修正本宪法中所载任何附属事宜,或增加之,以便施行。惟国会须以两院议员三分之二之过半数同意此项修正与增加。遵照上述规定,除依一定手续外,自本宪法施行日起,五年之期内,或该项时期届满后,本宪法中不得加入任何种修正案。

【伊耆氏】【史】官名为秋官司寇之属掌授大祭时于老臣,及军旅有功将官,及平时年高老者之杖。周礼:"秋官伊耆氏掌国之大祭祠,共其杖咸,军旅授有爵者杖,共王之齿杖。"(卷三十七)

【仿印国民历办法】【行】本办法于民国二十年七月十三日由内政部公布。计共八则,自公布日施行。其要点如下:(一)内政部教育部颁行之国民历得由各地方团体及商民仿印发行,但须呈报所在地方县政府核办,并于封面上注明某机关核准字样。(二)仿印之文字行款及一切内容,应悉依照颁行本,不得有所变更,但仅印日序星期时令纪要,革命纪念日简明表,革命纪念日史略及宣传要点者听。

(三)仿印本之纸张须用国货,且应以平价发行。(四)仿印者如有不遵照本办法办理,及校对草率致有讹误者,市县政府得停止其发行。

【充军】【史】明制凡死刑应减等,而流徒不足以蔽其辜者,则以发遣及充军处之(此二种刑制不在五刑之列,乃特别规定者)。发遣多在边疆之地。而充军则分为五:一曰附近,二曰近边,三曰边远,四曰极边,五曰烟瘴,自二千至四千里不等,每种且加附加刑杖一百,上述五种称曰五军。清时沿明旧制,至宣统时始一律改易,附近充军,改为流二千里,近边军,改为流二千五百里,边远军,改为流三千里,旧律极边四千里充军,改为极边四千里安置,烟瘴充军,亦改为烟瘴安置,而发遣为奴之名,俱改为当差,至极边烟瘴两项,谓之内遣,新疆当差(律文为酌拨种地当差)谓之外遣,合为三遣,以为满流加等之用。内外遣之到配工作年限,虽各相同,惟外遣人犯限满不准释回,即在配所安置。"实含有移民实边之政策",清律(卷五)名例律有充军地方条之设:"凡问该充军者,附近发二千里,近边发二千五百里,边远发三千里,极边烟瘴俱发四千里定地发遣。充军人犯,在京兵部定地,在外巡抚定地,仍抄招知会兵部。"例如:"福建布政司府分发浙江(附近),江西(附近),江南(附近,近边,边远)。广东(附近,近边,边远)。湖广(附近,极边)。山东(近边,边远,极边)。直隶(边远,极边)。四川(极边)。地方。"同律之条例:"奉天直隶,不便安插军流罪犯。嗣后各省军流,均按照五军道里表,及三流道里表,分别等次,改发别省,其应发奉天直隶府州等处,永行停止。"窃案充军之令,从古未有,始自故明,盖故明开创伊始,放牛归马,一仿汉充国遗制,分隶老师宿将,星屯遐荒,以守其地,各为外捍而内卫。然而争战之余,什伍恒缺而不周,故特设此令以实之。其所谓军者,即此分屯各隘者也。而充即充逃故伤亡之什伍也。故统其名曰充军,律义若曰:彼乃凶恶无知,留之,既虑其扰害善良,杀之,复不忍其横罹惨裂,驱而远之,戍彼魑魅,彼固本非军也,今则罚之以充其数,故曰充军。

【兆域门】【史】天子坟茔境内之门称曰兆域门。(详阑入太庙门条内)

【先占】【国公】Occupation　为国家领土原始取得方法之一种。与增添相对称,即国家对于一定无主土地以实力占领之行为也。先占主体必须为国家,先占之客体必须为无主土地,先占行为须先有先占之意思,且须以实力支配之,其方式为揭树国旗朗诵宣言。至于应有在该土地设置官署,施行统治权力,尤为不可或缺之事。若先占系出于私人之行为,则须经国家之追认,有时且须向他国通知,始为有效。先占区域之范围如何亦有二说:(1)势力范围主义。(2)背后地主义(详各本条)。但为国际法所承认之原则则为:(1)占有小群岛中之一岛时,视为占有全群岛。(2)占有一岛之部分者,如其面积适中即视为占有全岛。(3)占有一带大陆海岸者,其占住范围视为及于入海河川之流域,但不得及于内地。

【物】Occupation or occupancy　为动产所有权取得方法之一。即以所有之意思,先于他人占有无主物之谓也。先占之性质,从来学说极不一致,但多认先占为取得所有权之天然方法,并非法律行为,故关于能力之规定,意思表示之规定,代理之规定,均不适用,至各国立法例对先占之主义有二:(1)先占权主义。(2)先占自由主义(详各本条)。我国民法于动产乃采先占自由主义,故只须具备下列各要件,即认其取得所有权:(1)须有以所有意思。(2)须先他人而以实力占领之。(3)先占之标的物须为动产。(4)先占之标的物须为无主物。(5)先占之标的物须为法律所不禁者。(6)先占之手段时期场所须为适法者,至对不动产则采先占权主义,凡享有先占权利者曰先占权。

【先占自由主义】【物】Principle of free occupancy 为先占主义之一。对先占权主义言,又称自由先占主义。即使先占人自由取得无主物所有权之主义也。我国民法对动产所有权之先占采本主义。(参第八〇二条)

【先占权主义】【物】Principle of the right of occupancy 为先占主义之一。对先占自由主义言,谓非有先占权之人不能用先占方法,以取得无主物所有权之主义也。我国民法,对不动产所有权之先占采此主义。

【先位质权人】【物】凡对于质权标的物,得就其卖得金额,较其他位次质权人受优先清偿之人,称曰先位质权人。

【先决判决】【民诉】为判决之一种。对主判决言,即就本案先决事项所为之判决也。例如于诉讼进行中提起先决确认之诉时,而加以先决判决是。

【先决确认之诉】【民诉】为确认之诉之一种。又称附带确认之诉,或名中间确认之诉。(详确认之诉条内)

【先取特权】【债】Preferential right 凡就债务者之总财产,或特定之财产,得依法律之规定先于其他债权人而要求清偿自己债权之权利,谓之先取特权。例如建筑工人对于房屋所有人有优先于其他债权人而受给付其工资之权利是。与优先权之意义相同。

【先诉抗辩】【债】Refutation against the previous suit 又名催告抗辩。(详该本条)

【光禄】【史】为秦代创始之官,惟原名郎中令耳,至汉武帝始改名光禄勋。乃掌宫殿掖门户之事,为禁中之官。其下并有属官若干,魏晋以后不复居禁中,北齐曰光禄寺置卿,及少卿兼掌诸膳食帐幕,唐始为司酒醴膳羞之官,宋以之掌祭祠朝会宴享酒醴膳羞等事,下置卿少卿丞及主簿各一,人[①]明亦同,惟属员较多耳。清末始废,事物纪原(卷五):汉书曰,秦郎中令,掌宫殿掖门,武帝太初元年,更名光禄勋,通典云,梁除勋字曰光禄卿,续事始曰,秦掌宫殿门户,郊祀主诸郎将在殿中侍卫,北齐兼掌膳,隋全掌诸殽膳,不掌宫殿。

【光禄寺】【史】(详光禄条内)

【光禄卿】【史】(详光禄条内)

【光禄勋】【史】汉代掌宫廷掖门之官,曰光禄勋。秦时为郎中令,汉武帝太初元年始改今名。汉书一百官志:"郎中令掌宫殿掖门户,武帝更名光禄勋。"

【光绪会典】【史】为清行政法典之一。光绪会典者,光绪二十五年八月所上,凡

---

① 原书为"人",系排版之误。

一百卷，正总裁官崑冈、徐桐、刚毅、孙家鼐，副总裁官熙敬等凡六人，此外置提调总纂修诸员，本会典体例，殆全袭嘉庆会典，惟因时制宜，略事废改增损而已，然于全体，固无大差别也。本会典目录如下：卷一宗人府。卷二内阁。卷三办理军机处稽查，钦奉上谕事件处，中书科，卷四—十二吏部。卷十三—二十五户部。卷二十六—四十礼部，卷四十一—四十二乐部。卷四十三—五十二兵部。卷五十三—五十七刑部。卷五十八—六十二工部。卷六十三—六十八理藩院。卷六十九都察院，通政使司，大理寺。卷七十翰林院，詹事府。卷七十一太常寺。卷七十二太常寺，太仆寺。卷七十三光禄寺。卷七十四顺天府，奉天府。卷七十五鸿胪寺。卷七十六国子监。卷七十七—八十钦天监。卷八十一钦天监太医院。卷八十二侍卫处，奏事处。卷八十三銮仪卫。卷八十四—八十六八旗都统。卷八十七前锋营，护军营，步军营。卷八十八神机营，火器营，圆明园护军营，健锐营，总理行营，向导处，虎枪营，尚虞备用处，善扑营。卷八十九—九十八内务府。卷九十九—一百总理各国事务衙门。其神机营，总理各国事务衙门，则系创设者也，余俱依前，代无所更改。

【光绪会典事例】【史】光绪会典事例者，光绪二十五年八月，与光绪续修会典同时所撰，凡一千二百二十卷，先是光绪九年，始开馆纂辑，十二年，李鸿章等，上事宜八条，具奏会典及会典事例续辑大纲，乃本此奏折从事纂辑，至是书成。其体例一仿嘉庆会典事例，唯增辑嘉庆十八年以降至光绪十三年事例而已。其目录如下：“卷一—十宗人府。卷十一—十五内阁。卷十六中书科。卷十七—一百五十一吏部。卷百五十二—二百八十九户部。卷二百九十—五百二十三礼部。卷五百二十四—五百四十一乐部。卷五百四十二—七百二十二兵部，卷七百二十三—八百六十一刑部。卷八百六十二—九百六十二工部。卷九百六十三—九百九十七理藩院。卷九百九十八—一千四十一都察院。卷一千四十二通政使司。卷一千四十三大理寺。卷一千四十四—一千五十四翰林院。卷一千五十五—一千五十六起居注。卷一千五十七詹事府。卷一千五十八—一千八十七，太常寺。卷一千八十八太仆寺。卷一千八十九光禄寺。卷一千九十—一千九十二顺天府。卷一千九十三奉天府。卷一千九十四—一千九十五鸿胪寺。卷一千九十六—一千一百零二国子监。卷一千一百零三—一千一百零四钦天监。卷一千一百零五太医院。卷一千一百零六—一千一百零七侍卫处。卷一千一百零八—一千一百十銮仪卫。卷一千一百十一—一千一百四十九八旗都统。卷一千一百五十—一千一百五十一前锋统领。卷一千一百五十二—一千一百五十五护军统领。卷一千一百五十六—一千一百六十五步军统领。卷一千一百六十六神机营火器营。卷一千一百六十七圆明园护军营。卷一千一百六十八健锐营。卷一千一百六十九向导处。虎枪营，善扑营。卷一千一百七十—一千二百十九内务府。卷一千二百二十总理各国事务衙门。”

【凶(兇)手】【刑】Murderer; Cutthroat　以不法手段杀人或伤害人者，谓之凶手。例如杀人犯是；凶手与凶徒二辞不可相混，以后者乃为数人共同从事于暴行也。即其暴行尚未采取残酷手段时，亦得称为凶徒。

【凶(兇)徒组合】【刑】又称凶党。谓联合多数人,谋为犯罪,而尚无特定之目的也。但因无指定目的,无具体动作,刑法不规定处罚条文,只于特别法规内规定之耳。

【凶(兇)器】【刑】Dangerous weapon 凡可为行凶之用之器具,而于行凶为目的时使用者,谓之凶器。凶器为危险物,依刑法之规定应没收之。

【凶(兇)党】【刑】又称凶徒组合。(详该本条)

【全招】【刑诉】犯罪人将犯罪事实之全部,尽行供出,谓之全招。

【全院委员会】【宪】Committee of the whole house 在议院内以全院议员所组织而成之委员会,称曰全院委员会。非有委员三分之一以上出席,不得开会,开会时禁止旁听,遇有重要问题,由议长议员十人以上之提议,经院议决者,得开全院委员会审议之。于议决开全院委员会时,议长得令即时开会,或预定开会日期,载于议事日程内。会中置委员长一人,其选举准用议长副议长选举细则之规定,于每一会期开会之始行之,但议长副议长不在被选之列。

【全国水利局】【行】北京政府为办理全国水利并沿岸垦辟事务起见,特设全国水利局直隶于国务院。置总裁一人,副总裁一人,视察二人(巡视工程或驻在工次监察工程事务)。佥事二人至六人,主事八人至十二人。技正二人至六人,技士十人至十六人。因技术上之必要并得酌聘顾问员若干人。在各地所分设之水利分局得设局长分理之。(全国水利局官制第一条、第三—九条、第十一条、第十三条)

【全国防灾委员会】【行】为北京政府于民国十年所设之机关。附设于内务内部以讨论受灾原因,筹设防灾方法,消弭各省区灾歉之发生为宗旨。置会长一人、副会长一人,均由内务部呈请大总统派充。主任一人由内务总长派充,秉承会长处理会务,下置顾问,委员,技术员,事务员等,会中职务分为总务,农林,工程,粮食,移殖,劳工六股,每股分配委员若干人,并指定委员一人为股长。技术员及事务员则依各股事项分配之。至于委员会之会议每月开常会二次,必要时得开临时会议,均由会长召集之。(全国防灾委员会章程第一—六条、第十一十一条)

【全国度量衡局】【行】National Bureau of Standard Weights and Measurie 全国度量衡局乃实业部所设立关于掌理划一全国度量衡事宜之机关,全国度量衡局置局长一人(简任)。并设总务制造及检定三科,各置科长一人(荐任)。科员九人至十二人,事务员三人至六人(均委任)。此外又置检定员六人至八人,技士六人至八人,分任检定技术事务,于本局之下又附设下列二机关:(1)度量衡制造所。(2)度量衡检定人员养成所(详各本条)。按本局之设立,乃属暂时性质,故于全国度量衡依期划一后,即行撤废。嗣后所有全国度量衡事宜,概由实业部就部内设科掌理之。(全国度量衡局组织条例第一—二条、第六—十三条,又第十七条)

【全国度量衡局组织条例】【行】本条例于民国二十一年五月十四日,由国民政府公布。全文计共十八条,自公布之日施行。(参全国度量衡局条内)

【全国财政委员会】【行】National Finance Commission 国民政府为整理财

政并实行财政公开起见，所设立之合议机关，曰全国财政委员会。设委员长一人，以行政院长充之，委员三十五人至四十五人，以政府人员及金融界工商业界领袖，经济学者暨有经验之专家充之。对于日常事务之处理，设常务委员七人至九人，全委员会于每两星期开会一次，由委员长召集之。委员会之职权为：整理财政，审核预算，审核公债之发行，稽核报销，以及公布收支账目，惟本会设立之最大作用，厥为对于政府在中央及地方财政收入内提供军费时，加以限制。即以国防及剿匪两项内，始许其提用，至于关于内战之一切负担，本会亦有拒绝之之权。（全国财政委员会组织大纲第一一七条）

【全国财政讨论委员会】【行】全国财政讨论委员会，为民国十一年间北京政府所设之机关，掌讨论整理全国财政计划事宜，以委员长一人，副委员长二人，理事六人（暂定），委员十二人（暂定），组织之。并置专门调查员若干人，秘书长一人，秘事及事务员若干人。本委员会所应讨论之问题，计有下列三种：(1)由国务总理外交或财政二总长提交者。(2)由委员长提出者。(3)由委员提出，经委员长认可付讨论者。于讨论完毕之后，应具报告书，送由国务院议决后施行。（全国财政讨论委员会章程第一一二条、第七一十一条）

【全国烟酒事务署】【行】全国烟酒事务署为北京政府时代所设之机关。管理全国烟酒上一切财政行政事宜，统辖各省区所设之烟酒事务局（原名烟酒公卖局）。置督办一员，由财政总长任之，署长一员（简任），参事二员（简任），厅长二员（简任）。秘书四员（荐任），佥事八员（荐任），技正二员（荐任），主事十六员（委任），技士六员（委任），又为检查各省区烟酒征收之实况，得于署内附设检查委员会。（全国烟酒事务署官制第一一二条、第四条、第六条）

【全国经济委员会】【行】National Economic Commission　国民政府为促进经济建设改善人民生计调节全国财政所设立之合议机关，曰全国经济委员会。隶属于行政院。凡国家一切经济建设或发展计划，其经费由国库负担或辅助者，应经全国经济委员会审定呈请国府核定之。会中之组织以行政院正副院长，内政、财政、铁路、交通、实业、教育各部部长及其他有关经济建设之中央各机关主管长官为当然委员（由国府任命之）。其余委员至多不得过十一人（均由当然委员推选，呈请国府任命之）。委员长副委员长由行政院正副院长充任，下置秘书长一人（简任）。秘书二人一四人（二人简任余荐任）。技正四人一八人（四人简任余荐任）（全国经济委员会组织条例第一一三条、第五一七条）。其职掌如下：(1)关于国家经济建设或发展计划之设计及审定事项。(2)关于国家经济建设或发展计划应需经费之核定事项。(3)关于国家经济建设或发展计划之监督指导事项。(4)关于特定经济建设或发展计划之。

【全部上诉】【刑诉】Appeal made against the whole judgment　为上诉之一种。对一部上诉言，谓上诉权利人对于原判之全部向上级法院请求加以撤销或变更之诉也。

【全部中立】【国公】Total neutrality　为中立之一种。与一部中立相对称，即将整个国家之领土，均划为中立区域之谓。所谓战时中立国与永久中立国，皆属之。

【全部付款】【票】Total payment 所谓全部付款者，为付款之一种。对一部付款言，谓付款人就票面金额全部支付与执票人也。付款人得要求执票人记载收讫字样，签名为证，并交出汇票。(票据法第七一条第一款)

【全部出版】【债】著作物全部于一次出版者，曰全部出版，与分部出版相对称。(参阅出版条内)

【全部休战】【国公】General armistices 为休战之一种。与局部休战相对称。凡交战国间敌对行为之休止，涉及全部军队及全部战争区域者，曰全部休战。

【全部判决】【民诉】Judgment in general 为判决之一种。对一部判决言，即就诉讼全部所为之判决也。

【全部法优于局部法】【刑】全部法优于局部法者，为法规之竞合中定罪时法律适用标准之一种。即同一所为触犯数种法，而此数法中有全部法及局部法时，则全部法优于局部法。例如暴动罪为全部法；阴谋与豫备为局部法，则以暴动罪论是。(参法规之竞合条)

【全部保险】【险】Total insurance 对一部保险言。谓以保险标的物价值之总额(即保险价额)，为损害赔偿之金额所订立之保险契约也。故全部保险中保险金额与保险价额乃属相等，此时例如保险价额为五万元，若遇危险损失全部时，则保险人自应负担五万元之总额，如仅损失三万元(一部时)者，则保险人所负额数亦限于三万元耳。然通常多以未损失之余产全部委付于保险人，而令其将全部金额赔偿。

【全部保证】【票】Total guarantee 为票据保证之一种。对一部保证言，谓保证人乃对汇票全额之全部加以担保也。通常票据担保，以此为多数。(参票据保证条)

【全部参加付款】【票】Total payment for honor 全部参加付款，为参加付款之一。对一部参加付款言，谓参加人对票面金额全部所为之付款也。我票据法以明文规定，参加付款应就被参加人应支付金额之全部为之(第七八条)。故通常之参加付款，乃指此而言。

【全部清偿】【债】Total fulfilment or performance 所谓全部清偿者，与一部清偿相对称。即债务人依债务本旨于期限到来时，就债务全部实行清偿之谓也。债务之清偿，以全部清偿为原则。(参民法第三一八条)

【全部无效】【民总】Void in whole 为无效之一。对一部无效言，即法律行为中苟其全部之意思表示为无效，则全部无效之谓。惟我国民法规定法律行为之一部分无效者，全部皆为无效，此为原则，但有例外，即除去该部分亦可成立时，则其他部分亦为有效。(第一一一条)

【全部废止】【通】与一部废止相对称。凡使法律之全体失其效力，而不更代以新法，是曰全部废止。

【全部迟误】【民诉】当事人不于期日或期限内依法为其应为之一切诉讼行为者，是曰全部迟误。

【全县行政会议】【行】All-hsien administrative meeting　各县政府为促进县属政务起见，召集全县行政会议。其会员以下列人员充之：(1)县长及县政府各科科长各局局长。(2)各区区长。(3)地方团体首领或地方公正士绅经县长聘约者，此外民政厅亦得派员参加会议，列为会员，每年举行会议二次，会议时设主席（县长任之）副主席（由会员票选之）各一人。会议议案之范围如下：(1)县长交议者。(2)出席会员提议者。(3)地方各团体之建议经会员三人以上连署介绍者。（县政府行政会议规程第一——六条）

【全权大使】【国公】Ambassador plenipotentiary　简称曰大使（详该本条）。又曰特命全权大使。

【全权公使】【国公】Envoys or ministers plenipotentiary　为外交官之第二级。虽与大使同为由该国元首向驻在国元首派遣者（向元首呈递国书），但不认为代表元首本身。而系代表国务者，故不能享有直接对于驻在国之元首随时进谒之特权，且所享荣典亦较大使为少，与驻办公使不同者，仅在得享 Excellency 之称呼，与享有较隆重之荣典而已。

【全权代表】【国公】Plenipotentiary delegate　所谓全权代表，乃指一国遣派出外与他国缔结条约，或接洽其他重要事件，或出席国际会议，或参与他国国家大典而负有全部使命权限之代表而言。在国际法上亦享有不可侵犯权，其地位与所受待遇应与大使公使等相同。但应随带全权证书并其他必要文件，否则他国可即加以拒绝。

【全权证书】【国公】Crecential　各国所派遣出席于国际会议时之代表，在开会前应出示各该本国政府所授与之证书，以为证明其所授与之权限之用。此项证书，称曰全权证书。

【共工】【史】官名：(1)治水之官，书经一尧①典："共工方鸠僝②功。"郑玄注曰："共工，水官名，其氏名未闻，先祖居此官，故以官氏也。"(2)工官之名。书经一舜典："垂汝共工。"马融注曰："为司空，共理百工之事。"郑玄注曰："初尧，冬官为共工，舜举禹治水，尧改命司空，以宠异之，至禹登百揆舍司空之职为共工与虞。"是共工乃由水官改变而为工官也。

【共犯】【刑】Joint-offence　共犯者，二人以上共同为同一犯罪行为之谓也。对单独犯言，客观之要件为：共犯须于行为上有相联络，始可负同一之责任，否则不得称为共犯。故如阴谋及凶徒组合，事后从犯，事后教唆犯等，均不以共犯论。主观之要件为共犯于意思上应有联络，否则不得称为共犯。故通常如同时犯，不知犯罪事实之过失犯，一为过失犯，一为故意犯时，均非共犯。惟我刑法第四十七条

---

① 原书为"舜"，系排版之误。

② 原书为"僝"，同"僝"。

则规定二人以上于过失罪有共同过失者，皆为过失正犯（采积极说）。对于故意犯罪之时，因过失助成其结果者，是否成为共犯，本法未予规定。至于因身分成立之罪，即以身分为犯罪成立要件者，我刑法第四十五条规定因身分成立之罪，其共同实施或教唆帮助之人虽无身分仍以共犯论。例如第一二八条第一项贿赂罪案中，有一人为官员，其余各共犯如教唆者，亦当论罪。又因身分致刑有重轻，或免除者，其无身分之人仍科通常之刑，例如共犯中一系常人一系杀父者，刑有重轻，藏匿犯人之共犯一系常人一系犯人亲属，则无身分者，仍受通常之刑罚是。共犯行为之是否存在，应以犯罪构成要素之有无为定。此项要素有三：(1)责任能力——无责任能力者之行为不得称为共犯。(2)责任条件——凡为无故意及过失之行为不能认为共犯。(3)行为之违法——共同为正当防卫紧急避免行为者，不得称为共犯。就法律上言，共犯可分为下列二类：(一)正犯。(二)从犯。列表于下：

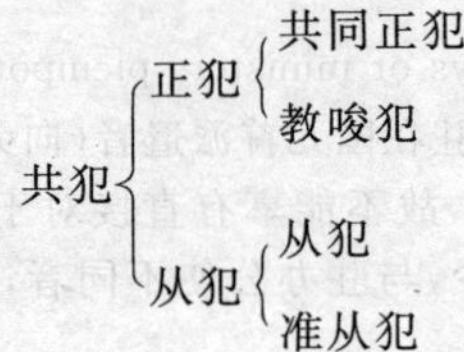

在学理上言，共犯又可分为下列五类：(一)独立犯与从属犯。(二)重要犯与轻微犯。(三)有形的共犯与无形的共犯。(四)纵的共犯与横的共犯。(五)必要的共犯与任意的共犯。(详各本条)

【共犯罪分首从】【史】共犯罪必为二人以上者之共同犯罪，通常有首从之别，旧律以造意者为首，其系家人共犯者，则以尊长为首(年八十以上及笃疾者则以次尊长，其于律文中有定为无首从者，则均不依首从之法)。明律(卷一)、清律(卷五)各例律均有共犯罪分首从条之设，内容相同，清律原文："凡共犯罪者，以造意为首，随从者，减一等，若一家人共犯，止坐尊长。若尊长年八十以上，及笃疾，归罪于共犯罪以次尊长。侵损于人者，以凡人首从论。若共犯罪而首从本罪各别者，各依本律首从论。若本条言皆者，罪无首从，不言皆者，依首从法。其犯擅入皇城宫殿等门，及私越度关，若避役在逃，及犯奸者，亦无首无。"清律之辑注："此条分节看，首节概言首从之法，下分言之，二节分三项，一言一家共犯，有首无从之法，二言一家共犯，有侵损于人，则依凡人首从法，三言罪同人异，各依本律法。三节统言有皆字无皆字，为不分首从，与分首从之别。末节言首从之无可分者。"同律之总注："凡数人同谋，共犯一罪，以造意一人为首，其随从之人减一等，造意，谓首事设谋，犯罪之意，皆由其造作者也。随从，谓同恶相济，听从造意之指挥，随之用力者也。故为从减为首者一等。家人，谓一家之人，如弟侄子孙之类，一家人共犯一罪，其卑幼则从尊长之意而行者也。尊长能制卑幼，卑幼不能强尊长，故止坐尊长卑幼勿论。若尊长年八十，及有笃疾，例不坐罪，故归罪于共犯罪以次尊长，注内男夫，犹云男子丈夫，妇人与卑幼之男夫，同犯，妇人纵是尊长，亦坐男夫，不拘上法，侵，谓侵夺财物，如盗及诈赃之类，损，谓损伤身体，如斗殴杀伤之类，凡侵损于人，则照凡人造意为首，随从为从之法科之，不在一家人共犯之例，如父子共谋为盗,各分赃物,共谋殴人,各曾打伤,子造意而父随从,即以子为首,父为从也。或一家人,或同外人,共犯一罪,所犯之罪同,共犯之人异,此事虽有首从,而为首为从之人,各有本条内应得之罪者,则各依本条科断,如注所云,可以类推也。凡律条内间有皆字者,不问罪之轻重,人之多寡,即不分首从,一体坐之。本条不言皆字者,虽不开明首从,皆依首从定罪,如诈为制书云皆斩,则无首从,未施行者绞,则分首从矣,余仿此。皇城宫殿有严禁而擅入,关门无文引,而私越度及逃役犯奸者,虽有同入同度同逃同奸之人,皆是本身自犯自无首从之分也。"

【共犯罪本罪别】【史】谓共犯中之犯人,其所触犯之罪名各有不同也。应各依各该本律首从论罪。唐律(卷五)名例篇有共犯罪本罪别之条:"诸共犯而本罪别者,虽相因为首从,其罪各依本律首从论。"疏议曰:"谓五服内亲,共它人殴告所亲,及侵盗财物,虽共犯,而本罪各别,假有甲勾他外人乙共殴兄,甲为首,合徒二年半,乙为凡斗从不下手,又减一等,合笞二十,又有卑幼,勾人盗己家财物十匹,卑幼为首,合笞三十,他人为从,合徒一年,又减常盗一等,犹杖一百,此是相因为首从,其罪各依本律首从论,此例既多,不可具载,但是相因为首从,本罪别者皆准此。"

【共犯罪有逃亡】【史】共犯中之犯人共同逃亡后,先被获者称在逃之某人为首,或后被获者称先被获者为首,此时应如何科断乎?本条之设即为解决此项问题而设。唐律(卷五)名例篇——共犯罪有逃亡条:"诸共犯罪而有逃亡,见获者称亡者为首,更无证徒,则决其从罪。后获亡者,称前人为首,鞫问是实,还依首论,通计前罪,以充后数。"疏议曰:"假有甲乙二人共诈欺取物,合徒一年,甲实为首,当被捉获,乙本为从,遂即逃亡,甲被鞫问,称乙为首,更无证徒,即须断甲为从科杖一百,是名决其从罪。后捉获乙,称甲为首,鞫问甲,称是实,还依首坐,科徒一年,甲是庶人,前已决杖一百,即须以杖笞赎直准减徒年,一年徒,赎铜二十斤,一百杖赎铜一十斤,以十斤杖铜,减半年徒罪,余徒半年,依法配役甲若单丁,前已决杖一百,今既处徒一年,合杖一百二十,即须更决二十,通计前杖,以充后数。"

【共犯罪造意为首】【史】二人以上之共犯以造意者为主犯。余者为从犯,家人共同犯罪则仅坐尊长。唐律(卷五)名例篇——共犯罪造意为首条曰:"诸共犯罪,以造意为首,随从者减一等,若家人共犯,止坐尊长(于法不坐者,归罪于其尊长,尊长谓男夫)。"疏议曰:"共犯罪者,谓二人以上共犯,以先造意者为首,余并为从,家人共犯者谓祖父伯叔子孙弟侄共犯,唯同居尊长独坐,卑幼无罪。于法不坐者,谓八十以上,十岁以下,及笃疾,归罪于其次者。假有尊长与卑幼共犯,尊长老疾,依律不坐者,即以共犯次长者当罪,是名归罪于其次尊长。尊长谓男夫者,假有妇人尊长共男夫卑幼同犯,虽妇人造意,仍以男夫独坐。"同条又谓:"侵损于人者,以凡人首从论。即共监临主守为犯,虽造意仍以监主为首,凡人以常从论。"

【共同干涉】【国公】Collective intervention 二个以上国家对于他国一定之事件加以干涉者,谓之共同干涉。例如清末俄德法三国共同胁逼日本还我辽东半岛是。(参干涉条)

【共同代理】【民总】Joint-agency 为代理之一种。对单独代理言,即数人共同为代理行为之谓也。我国民法第一六八条规定:代理人有数人者,其代理行为应共同为之,但法律另有规定,或本人另有意思表示者,不在此限。

【共同占有】【物】Joint-possession 即数人共同占有一物之谓也。其关系不问为共占有抑公同占有,各占有人就其占有物使用之范围,不得互相请求占有之保护。(民法第九六五条)

【共同正犯】【刑】Co-principal 普通系对单独正犯言。但法律上则为共犯种类下正犯中之一种。对造意犯言(参共犯系),又称有形的正犯,即二人以上共同有责之行为,实施同一犯罪事实之谓也。共同正犯之要件有二:(1)客观的——即共同正犯之行为须有犯罪之实行行为。凡事前之预备阴谋仅有意思之联络,而无共同行为,或实行之际,忽未加入共同行为,均不得称为共同正犯。但其中一人所担之行为欠缺结果时,只要其他共同行为者有结果时,均应共负责任。(2)主观的——即共同正犯之行为须有意思之联络。凡无通谋者,不得以共同正犯论。共同正犯之处分:(1)共同正犯因共同目的之行为对全部之结果皆应负其责任。(2)各共同正犯对超越共同目的以外之行为不负其责。(3)共同正犯中之一人于共同犯意之范围内,独自为结果较重之行为时,他之共同正犯亦不可不负其责。按犯罪实施时有二要件:(a)积极要件——即犯罪实行之积极进行行为,如强盗罪之强取行为。(b)消极要件——即防止阻碍犯罪实行之积极行为,例如强取行为时在外把风是。二者皆犯罪实施时不可缺之要件。故犯人行为苟合于此二要件之一者,即为共同正犯。

【共同行为】【民总】Joint conduct or act 为法律行为之一。对契约及单独行为言,又称合同行为,即以对于同方向平行合致所为之两个以上之意思表示为其要素之法律行为也。因契约乃由二个以上之意思表示而为相互之对应作用与交错合致,故与共同之目的同一方向之意思协同进行,而构成别个意思之共同行为不同。换言之,契约之意思表示乃为交错之合致,而共同行为之意思表示,乃平行合流之合致。二者自属有异,例如社团法人之设立与总会之决议,乃共同行为显著之例。不过共同行为有时乃契约之成分,例如数人共同为买卖契约是。有时乃单独行为之成分,如数人之捐助行为是。

【共同行为人】【通】二以上之人为同一之行为者,行为之人谓之共同行为人,通常均须负担同一之责任。

【共同行为说】【民总】Theory of joint act 为代理人行为对本人生效学说之一。对本人行为说与代理人行为说言,谓代理行为之一部为本人之授权行为,其他一部则代理人分担之,两相合成乃生一效果。即所谓代理之意思表示,而直接及于本人是也。

【共同保险】【险】Co-insurance 二以上之保险人对某一被保险人所提出之保险契约,共同负责分担其危险,称曰共同保险。

【共同保证】【票】Joint-guarantee; Co-surityship 为票据保证之一种。对单独保证言,谓票据保证以二人以上为保证人也。共同保证人之责任,有谓应各别分

任者，有谓应连带负责者，我票据法采后说。（第五九条）

【债】为保证之一种。乃指数人保证同一债务所订之契约而言，在原则上应连带负担保证责任。但契约另有订定者，则为例外。（民法第七四八条）

【共同侵权行为】【债】Joint-tort　对一般侵权行为及特种侵权行为言。即数人共同不法侵害他人权利之行为也。法律规定应连带负担赔偿责任，我国民法对共同侵权行为约分三种：(1)狭义之共同侵权行为——其成立要件为：(a)数人须均曾为侵权行为。(b)其侵权行为之意思及结果均须共同。(2)广义之共同侵权行为——其成立要件有二：(a)加害人须系共同行为人中之一者。(b)须不能知共同行为中孰为加害人者。(3)造意人及帮助人亦视为共同侵权行为。（第一八五条）

【共同原因说】【刑】为因果关系学说之一。又称原因说。（详该本条）

【共同拿捕】【国公】Joint-capture　共同拿捕者，谓二以上之军舰，或海陆空军共同协力拿捕同一之船舶之行为也。

【共同海损】【海】General average　为海损之一种。对单独海损言，谓在海难中船长为避免船舶及积货之共同危险，所为处分而直接发生之损害及费用也（海商法第一二九条）。例如船舶遇风浪时，由船长抛弃一部分之积货以减轻重量，而免于难。则此项抛弃之损失，应由各利害关系人共同负担之是也。又如航海遇风，乃绕道避难，航路既延长，船舶所有人自应增加费用，则利害关系人应共同分担其费用是也。共同海损之要件有四：(1)航行危险须为现实，且对于一般人之利害须有影响。(2)船长之处分行为须系出于其本人之命令，且须公平合理，而不可出于故意。(3)处分之结果须使船舶或积货得以保存。(4)处分时须有损害与费用之发生。至于共同危险之发生，如系船舶或货物固有瑕疵，或利害关系人之过失所致。则其他关系人虽仍应分担，但对该固有瑕疵或过失之负责人有求偿权（第一三〇条）。关于共同海损之分担方法，系以所存留之船舶积货之价值及运费之半额，与共同海损之损害额为比例，由各利害关系人分担之（第一三五条）。其分担额之估计标准，有即时主义与航终主义两种立法例（详各本条）。我海商法采后主义，即船舶乃以到达地到达时之价格为标准。而积货则以卸载地卸载时之价格为标准也（第一三六条）。而共同海损之损害额估计标准亦同（第一三七条）。但灭失或损害之货物，于装载时曾为不实之声明，而所声明之价值又少于实在之价值者，则其灭失或损害应以声明之价值为准，而分担额则从其实在之价值。反之，如声明之价值多于实在之价值者，其灭失或损害，则以实在之价值为准。而分担额则以声明之价值为准（第一三八条）。共同海损之计算，由全体关系人协议定之。不成时，其救济方法，为诉诸商事公断处或法院以定之（第一四〇条）。此外关于装载于甲板上之货物，及无载货证券及未报明之货币贵重物品经投弃者，原则上皆不认为共同海损，对航海时及海员旅客等之必需品，则不使其分担海损。法律为杜绝争端起见，对于分担海损后，复行获得其丧失之货物，及船长对于海损债务人之留置权，与海损债务人得因委付而免除责任，及共同海损所生债权之消灭时效，均有明文规定。（第一三一条——一三二条——一三四条——一三九条——一四二

条——四一条——四三条——四四条)

【共同被告人】【民刑诉】Co-defendants 共同被告者谓同一诉讼事件中,而有数人被起诉也。(参诉之合并条及共同诉讼条)

【共同财产制】【亲】Community of property régime 为约定财产制之一种。与统一财产制分别财产制相对称,即夫妻之财产及所得(特有财产除外)合并为共同财产,而属于夫妻公同共有之夫妻财产制也。此种制度之特质有四:(一)设定一夫妻共有之财产。(二)于共有财产外,另许各别特有财产。(三)共有财产之管理权与处分权在原则上属于夫。(四)共有财产关系终止时,双方或其继承人得将共有财产分析。按各国法律对于共同财产制,更可分为下列三种:(一)一般共同财产制——乃指通常之共同财产制而言。那威、芬兰、荷兰等国以之为法定制。(二)动产及所得共同制——法国比国采之为法定制。(三)所得共同制——苏俄、西班牙等国以为法定制。我国民法对第一及第三种以之为约定财产制,而加以采用。(民法第一〇三一——〇四一条)

【共同教唆犯】【刑】Joint-instigators 即二人以上共同教唆他人使之实施犯罪行为之谓。但必须于共同教唆者之间,有意思之联络,否则谓之副共同教唆犯,而非共同教唆犯矣。

【共同设立】【公】Joint-formation 又称发起设立(详该本条)。一名单纯设立。

【共同报告】【刑诉】(详鉴定人条内)

【共同诉讼】【民刑诉】Joint Action; Co-litigation 所谓共同诉讼,乃指原告或被告有二人以上,或原告及被告均为二人以上之诉讼而言。此种制度之设,乃为节省劳力时间费用,以及防止裁判抵触起见,故我民刑诉法亦采用之,共同诉讼与合并诉讼之主观合并相同,即数当事人合并是也。但与客观之合并有别耳。据我民诉之规定,其种类约有下列二种:(一)通常共同诉讼。(二)必要共同诉讼。(详各本条,民诉法第五〇—五四条)

【共同诉讼人】【民诉】Co-litigant 共同诉讼之当事人,曰共同诉讼人。(参共同诉讼条内)

【共同诉愿】【行】Joint-administrative petition 所谓共同诉愿,乃指多数人共同提起之诉愿而言。依诉愿法第六条中之规定,多数人共同诉愿时,应由诉愿人选出三人以下之代表人,并提出代表委任书。至于其他手续,与普通之个人诉愿相同。

【共同经理】【债】Joint-manager 所谓共同经理,即一商号内置有数个经理人之制度也。至其相互间及对外应如何行使其经理权,自当依授权行为之所定,民法为保护第三人之利益起见,特规定经理人中有二人之签名者,对于商号即生效力。(第五五六条)

【共同义务人】【民总】Co-obligor (详共同权利人条内)

【共同过失】【债】Contributory negligence 损害之发生或扩大,被害人亦有过失,或重大之损害原因为债务人所不及知,而被害人不预促其注意,或怠于避免或减少损害者,均曰共同过失,我国民法规定法院得减轻赔偿金额或免除之。其特别要件有二:(1)须受害人亦有过失。(2)受害人须曾与于损害,或损害原因。(第二一七条)

【共同管理】【物】共同管理者,谓数人对共有物共为管理之行为也。民法第八二〇条规定共有物除契约另行订定外,由共有人共同管理之。

【共同战争】【国公】二以上之国家共同联合与对方交战者,称曰共同战争。

【共同遗嘱】【继】Co-testament 二以上之人在同一遗嘱中所为之遗嘱,称曰共同遗嘱。此项遗嘱与自由原则不尽符合,故不为列国立法所采用。

【共同辩护】【刑诉】System of Joint-Defence 为辩护制度之一种。对多数辩护言,谓数被告仅有一辩护人也。我刑诉法对被告人之多寡,并无限制,惟对各被告之利益有相反时不得有共同辩护人耳。(第一七三条)

【共同权利人】【民总】对于同一之权利,其享有者为二人以上时,其人称曰共同权利人。对于同一之义务,其负担者,在二人以上时,则称其为共同义务人。例如不可分债权人,即为共同权利人,不可分债务人则为共同义务人。

【共有】【物】Co-ownership 即数人共同对于一物有一所有权之谓也。易言之,即一种所有权共属于数人之状态也。共有发生之原因有五:(一)动产附合,混合,及埋藏物之发见时。(二)遗产继承。(三)共同契约。(四)夫妇财产契约。(五)遗赠。(六)合伙契约。共有又分二种:(一)公同共有。(二)分别共有。(详各本条)

【共有人】【物】Common proprietor;Co-owner (详共有条)

【共有人名簿】【土】共有人名簿者,谓备载土地权利之共同所有人姓名之册簿也。土地登记簿应时备索引簿,及共有人名簿(土地法第五十条)。此项名簿应永远保存之,并应备副本分别保存。(同法第五十三—五十四条)

【共有物】【物】Common Prorperty (详共有条内)

【共有股份】【公】Common share 股份为数人共有者,为共有股份。共有之原因,有由于共有人之契约订定者,有由于财产继承而发生者,于共有时,共有人应推定一人行使股东之权利。但股份共有人对于公司,仍须负担连带缴纳股款之义务。(公司法第一一三条)

【共有船舶】【海】船舶之为数人共同所有者,称曰共有船舶。(参船舶条内)

【共有权】【物】Common Right 共有之权利曰共有权。(详共有条内)

【共行犯】【刑】为学理上分类中必要的共犯之一种。对对行犯言,即因多数人之集合而构成犯罪者之谓,例如妨害秩序罪、内乱罪是。

【共和政治】【宪】Republican Government. 与民主政治同一意义。(详该本条)

【共益费用】【通】Expense for common benefits 以共同利益为目的的所支出之

费用称曰共益费用。

【共通法】【通】Common Law to all people 国际间共同通用之法规，谓之共通法。乃指国际的统一法而言，例如国际间之票据统一法案是。

【共盗并赃论】【史】共盗并赃论者，谓共同行盗之人并合处以共同所得之赃物之罪也。唐律（卷二十）贼盗篇——共盗并赃论条："诸共盗者并赃论，造意及从行而不受分，即受分而不行，各依本首从法。"疏议曰："共行盗者并赃论，假有十人，同盗得十匹，人别分得一匹，亦各得十匹之罪。若造意之人，或行而不受分，或受分而不行，从者亦有行而不受分，或受分而不行。虽行受有殊，各依本首从为法，止用一人为首，余为从坐，假有甲造意不行受分，乙从行而不受分，仍以甲为首，乙为从之类。"同条又曰："若造意而不行，又不受分，即以行人专进止者为首，造意者为从，至死者减一等。从者不行，又不受分，笞四十，强盗杖八十。"疏议曰："假有甲造意行盗而不行，所得盗财，又不受分，乙丙丁等同行，乙为处分方略，即行人专进止者，乙合为首，甲不行为从，其强盗应至死者，减死一等流三千里，虽有从名，流罪以下仍不得减，其共谋窃盗，从者不行，又不受分，笞四十。若谋强盗，从者不行，又不受分，杖八十。"同条又定："若本不同谋，相遇共盗，以临时专进止者为首，余为从坐（共强盗者，罪无首从）。"疏议曰："行盗本不同谋，相遇共盗者，即以临盗之时，专进止者为首，余皆为从。注云：共强盗者，罪无首从。谓强盗虽本不同谋，但是同行，并无首从。"同条又谓："主遣部曲奴婢盗者，虽不取物仍为首。若行盗之后，知情受财，强盗窃盗并为窃盗从。"

【共领地】【国公】两个以上国家共同领有一定之土地，谓之共领地。例如一六六四年间，普奥二国，共同领有 Schleswig Holstein 及 Laucnburg 地是。

【共审制度】【刑诉】刑事案件，由国民共同直接审理，称曰共审制度。希腊罗马，曾经实行。

【共谋】【史】所谓共谋，乃指共同图谋作某事而言，在谋反大逆等大罪之案件。共谋者不分主犯或从犯，皆受同一之刑，即处死刑中之凌迟刑。明律（卷十八）、清律（卷二十二）—刑律贼盗篇——谋反大逆之条："凡谋反及大逆，俱共谋者，不分首从，皆凌迟处死。"所谓谋反乃指图谋危害社稷（即国家）而言。所谓大逆，乃指图谋毁破宗庙山陵及宫阙而言。对此二罪不论已否著手，若有图谋之事，一经查出，立即构成罪名。在清律中："不分首从。"之下特附加"已、未行"等三字，即其明例。

【共谋强盗不行】【史】数人共同预谋作强盗行为，若其中之一人，临时中止不行，在现行律上谓之中止犯。旧律对此均各分别情节，特设处罚明文。唐律（卷二十）贼盗篇——共谋强盗不行条："诸共谋强盗临时不行，而行者窃盗，共谋者受分，造意者，为窃盗首，余并为窃盗从，若不受分，造意者，为窃盗从，余并笞五十。"疏议曰："假有甲乙丙丁同谋强盗，甲者首，临时不行，而行者窃盗，甲虽不行，共谋受分，甲既造意为窃盗首，余行者并为窃盗从。甲若不受分复不行，为窃盗从，从者不行为不受分，笞五十。前条（按即共盗并赃论条）窃盗从，不行又不受分，笞四十。

此条笞五十者，为元谋强盗故也。”同条又曰：“若共谋窃盗，临时不行，而行者强盗，其不行者造意受分，知情不知情，并为窃盗首。造意者不受分，及从者受分，但为窃盗从。”疏议曰：“同谋行窃盗，临时有不行之人，而行人自为强盗，其不行者是元谋造意，受强盗赃分，不限知情不知情，并为窃盗首。其造意者不受分，及从者受分，但为窃盗从。”

【共谋为盗】【史】共谋为盗，其中必有首犯与从犯之分。本条之设，乃专为共谋而临时不行者言。凡强谋为强盗者，行者为窃，而不行者即从窃盗论。其共谋为窃盗者，行者为强，而不行者仍从窃盗论。明律（卷十八）、清律（卷二十五）刑律贼盗篇，均设有共谋为盗之条，规定相同。清律之总注曰：“强窃盗，各有本律，而窝主之造意共谋，行不行，分赃不分赃，前条已备载之矣。但窝主之外，其共谋为盗之人，或有临时有故，悔惧而不果行者，则行与行，必当分论。而本谋为强，行者为窃，本谋为窃，行者为强，则行者，自照本律。而不行者，不知行者。所为，强窃互异之间，更当别论。故又立此条；凡共谋之中，有分赃不分赃之别，而分赃不分赃之中，又有造意余人之别，所言皆始与其谋，临时不行之人也。凡有共谋本为强盗，数内有临时不行者，而行者不依所谋，却为窃盗，而得财，则非不行者之本意也。此不行人内，以曾分赃者言之，如原系造意，即为窃盗首论。盖所分实是窃盗之赃，不得不从窃论。而造意欲为强盗之事，不可不以首科也。如非造意，但属共谋之余人，则并为窃盗从论。比造意之人应减一等也。以不曾分赃者言之，如原系造意，亦为窃盗从论。恶其造意为强，不以不分赃而宽之也。如非造意，但属共谋之余人，则并笞五十，恶其始谋为强，不以不分赃而全免也。夫此不行数内，既无造意分赃为首之人，则查临时主意上盗者，为窃盗首论罪。有共谋本为窃盗，数内有临时不行者，而行者不依所谋，改为强盗而得财，则非不得者所得知也。此不行之人，如原系造意者，曾分其赃则不论知是强盗赃不知，是强盗赃并为窃盗首论；盖所分虽强盗之赃，而所造，止窃盗之意，故仍从窃论。但行者为强，各从本法；而不行者，虽从窃论，应作首科也。如造意而不分赃，及余人而分赃者，俱为窃盗从论。造意虽不分赃，但减为首之罪，余人则虽分赃，适得为从之罪也。不言不分赃之余人，则弗论矣。其临时主意为强，及随从一同上盗者，不分首从皆斩，依强盗本法也。”清律之辑注：“此条与窝主律互相发明，而意实迥①别，窝主律统论造意共谋，行不行，分赃不分赃之罪，此条耑言，共谋不行之人，又须是谋强行窃，谋窃行强，谋与行不同者，始相符合。”

【再犯】【刑】Second crime 谓于初次犯罪已受确定审判，而又犯罪也。如于审判未确定时，而发见二次以上之罪。或审判已确定，而刑罚执行中发见确定前所犯之罪，皆非再犯，而乃谓之俱发罪（并合论罪）矣，再犯乃累犯罪中之一。

【再犯预防条例】【行】本条例由司法行政部于民国二十一年七月五日公布，自呈准公布日施行。全文计六条，凡依大赦条例赦免之人犯，为防止其再行犯罪，均应依本条例办理。兹述其要点如下：（一）赦免人犯具有下列情形之一者。为有

① 原书为“回”，系排版之误。

再行犯罪之虞。(1)犯罪具有习惯性或职业性者。(2)犯罪具有破坏廉耻性或其他恶性甚深者。(3)犯人性行浮浪,并无一定住所或无正当职业者。(二)经认为有再行犯罪之虞者,除取妥保或用该地出狱人保护会员负责监督外,得依下列方法预防之:(1)有亲属及家产者责付其亲属。(2)有家产而无亲属者,责付乡镇坊长。(3)无家产亲属,并无一定住所者,通知警察官署,查察其行为。(4)无家产亲属,并无正当职业者送入习艺所救济院等处工作,或送县监所协进委员会,或责任当地宗教慈善团体,或送警察官署妥为安置。(三)上述人犯除减刑者外,如于三年内,犯有期徒刑以上之罪者,至少应处以所犯法条最高本刑二分之一之刑。

【再扣押】【民执】Wiederverhaftung(德) 对于已经扣押之债权,由其他债权人更行声请,加以扣押,为之再扣押。

【再抗告】【民刑诉】Final motion for setting aside Ruling 谓对抗告法院,所为裁定表示不服时,再向上级法院请求加以变更,(或废弃)或撤销之方法也。在刑诉法中,得为再抗告者,以下列各情形为限:(1)对于驳回上诉逾期声请回复原状之裁定抗告者。(2)对于再审之裁定抗告者。(3)对于累犯或并合论罪,更定刑名之裁定抗告者。(4)对于科刑裁判疑义,或执行刑罚上异义之裁定抗告者。(5)证人、鉴定人、通译,及其他非当事人对于所受之裁定抗告者。再抗告之期限为五日,由送达后起算(刑诉法第四二六条)。余准用抗告之规定。在民诉法中得为再抗告者,仅以违背法令为理由者方得为之。若经再抗告所为之裁定而仍不服者,则不许再为抗告,盖采二级审制也。(民诉第四五二条)

【再抗告人】【民刑诉】再行提起抗告之人,曰再抗告人。(参再抗告条内)

【再抗辩】【民刑诉】Counterplea 对抗辩权之反对主张,曰再抗辩。

【再拍卖】【债】Reauction; Second auction 谓拍卖之买受人如不按时(即民法第三九六条所规定)支付价金时,拍卖人得解除契约将其物再行拍卖也。因其系已实施拍卖了结后再为之拍卖,故与前拍卖未得结果,复从新拍卖之新拍卖不同。民法规定再拍卖所得之利益,如少于原拍卖之价金及费用者,原买受人应负赔偿其差额之责任(第三九七条)所以保交易之信用也。

【再保险】【海】Reinsurance 谓保险人因欲避免或减轻其责任,以其原来所订立之保险契约,充为保险标的,以与其他保险人所订立之保险契约也。再保险制度之优点,在使所负担之赔偿责任分配于其他之保险人间,而减轻或免除单独负担之责任。但反对者,则谓此种保险实无被保利益之可言,且令保险关系,趋于复杂,而害及公益,理当加以禁止。然我海商法则明文规定:保险人得将其所保之险向他人为再保险,因其与原保险契约关系甚深,故得准用其规定。(第一四九条)

【再拿捕】【国公】Recapture 再拿捕者,谓中立国之船舶及货物,被交战国捕获,而由其他交战国之船舰加以捕拿,而送还于该中立国也。(参拿捕条内)

【再追索】【票】即票据债务人被追索权人请求清偿时,于实行清偿收回票据及其他证明文件后,再向其前手所行使之追索权也。其所请求之金额有三:(1)所支出之总金额。(2)利息。(3)所支出之必要费用(票据法第九五条)。至于该清偿人(即再追索权人)之得发行回头汇票,以求偿还之便利,亦为法律所许。

【再婚】【亲】Second marriage; Remarriage 为婚姻之一种。对初婚言,男女之一方,因离婚或死亡而再行结婚者,曰再婚。我国民法亦承认之,惟因犯奸被判离婚者,若与相奸者再婚,则为法律所不许。

【再减轻】【刑】又称一再减轻。(详该条)

【再评定】【行】Secomd Hearing; Re-hearing 对于评定之评决不服时,所为之再请评定,曰再评定。须于评决书送达之日起,三十日以内请求之,始为有效,若对于再评定之评决,仍有不服时,得于六十日以内,依法提起诉愿。(商标法第三十五—三十六条)

【再诉】【民刑诉】Resuit 诉讼依法撤回后,再将同一之诉讼重行提起者,谓之再诉。(参撤回起诉条撤回自诉条)

【再诉愿】【行】Re-petition 人民于提起诉愿后,不服受理诉愿官署所为之决定,而向再上级官署所提起之诉愿曰再诉愿。(参诉愿法条内)

【再开辩论】【民刑诉】所谓再开辩论,乃指业已停闭言词辩论,而重开辩论言。再开辩论由法院以命令为之,且须在宣告裁判以前为之,当事人无论如何,均不得向法院请求,以其为法院之职权行为故也。

【再运送契约】【海】Sub-charter 佣船人对于所佣之船舶,更以之与第三人缔结运送契约,是曰再运送契约。

【再审】【刑诉】New trial 谓于判决确定后,或执行完毕,或不受执行时,因发见事实上有重大错误,而以撤销或变更原判决为目的,请求再行审判之程序也。此种制度,与非常上诉同为一事,不再理之原则的例外,惟前者置重于事实点,后者则置重于法律点耳。立法上对再审制度有二大主义,其一为保护被告利益而设,其一则为更正事实上重大错误而设,前者为法国法系所取,后者则为德国法系所采,我刑诉法从之。再审之实施原则上由原审之法院为之,但有例外(刑诉法第四四五条),至提起再审者,若为受刑人利益起见时,须下列各人始得提起之:(1)管辖法院之检察官。(2)受刑人。(3)受刑人之法定代理人保佐人或配偶。(4)受刑人已死亡者,其亲属,若为受刑人或被告不利益起见时,其提起者仅限于:(1)管辖法院之检察官。(2)自诉人。关于再审之请求,须具备一定条件,方得为之,刑诉法特设明文,加以列举,亦分为为受刑人利益起见,与为受刑人或被告不利益起见。前者之情形有六,后者之情形亦有六(第四四一—四四二条)。再审时其程序如下。a.请求人应以书状叙述理由,并附原审判决之缮本及证据。b.在裁判前得撤回之。c.法院认提起再审程序不当者,应以裁定驳回之。d.若认为无再审理由者,亦应以裁定驳回之。e.若认为有再审理由者,应为开始再审之裁定(上述三种裁定皆可抗告)。f.开始再审裁定确定后,应依通常程序更为审判。g.谕知判决以经过审判为原则,然请求再审:(a)系为死亡之受刑人利益起见者。(b)或系为受刑人利益起见,而受刑人于再审判决前死亡者,皆勿庸再开审判,而可迳行判决。(刑诉法第四四一—四六〇条)

【民诉】对于确定之终局判决，以废弃或变更为目的，而请求再予审判者曰再审。亦为一事不再理原则之例外。我民诉法规定除对确定判决得以提起外，即对于得为即时抗告之裁定，已经确定，而有再审之原因者，亦许其声请再审，得为再审之原因有二：(一)诉讼程序有重大瑕疵者：(甲)判决法院之组织不合法者。(乙)依法律或裁判应回避之推事参与审判者。(丙)当事人之诉讼代理不合法者。(二)判决之基础有重大瑕疵者：(甲)参与裁判之推事，关于该诉讼违背职务犯刑事上之罪者。(乙)当事人之代理人或他造及其代理人对于诉讼有刑事上应罚之行为，影响于判决者。(丙)为判决基础之证物系伪造或变造者。(丁)证人、鉴定人或通译，就为判决基础之证言鉴定，或通译被处伪证之刑者。(戊)为判决基础之刑事上判决，及其他裁判，依其后之确定判决已变更者。(己)当事人发见就同一诉讼标的在前已有确定判决，或和解，或得使用该判决或和解者。(庚)当事人发见在裁判上，可受利益之新证物，或得使用该证物者。上列并非无限制的，故法律仍有限制之明文(参第四六一条)。再审之期限须自判决确定时起，在三十日之不变期间内提出，至其事由发生在后，或知悉在后者，则自发生时，或知悉时起算，为防止诉讼关系，不至于永不确定起见，故自判决确定后已逾五年者，虽未逾再审期间，亦不得提起。关于再审之程序如下：(1)当事人须以诉状向有管辖权之法院提出。(2)法院应调查再审之诉是否合法，不合者驳回之。(3)若认为无理由者，亦应驳回之。(4)认为有理由者，则依通常诉讼程序加以再审，而予判决(民诉第四六一——四七二条)。再审与上诉不可相混，前者系请求变更已确定之判决，后者则为请求变更未确定之判决，前者系向原审法院声明不服，请求再予审理，后者则系向上级法院声明不服，请予审理。

【再审之诉】【民刑诉】Action for re-trial　(详再审条内)

【再审诉状】【民诉】Petition of new trial　所谓再审诉状，乃指请求再审时所为之诉状而言。民诉法规定再审诉状须表明下列各项：(1)当事人或法定代理人。(2)声明不服之判决，及提起再审之诉之陈述。(3)请求废弃原判决，及就本案如何判决之声明。(4)再审之理由。(5)准备本案言词辩论之事项。(第四六五条)

【再调查】【民刑诉】Re-investigation　所谓再调查，乃指对于同一之事件，重行调查之程序而言。

【再选】【通】Re-election　所谓再选，乃指对被选举者于任期届满，或其他原因丧失其资格时，依法再为选举，使其人再受当选而言。例如甲被选为议员，于任期届满后，再行依法选举，使甲复当选为议员是。

【再选举】【通】Re-voting　依法举行选举后，因一定之原因不能达到目的，更行作第二次之选举者，是谓再选举。例如首次投票时，无人获得过半数之票额，乃进行第二次之投票是。

【再归化】【国私】Renaturaligation　我国称曰国籍之回复，即本国人民丧失本国国籍后，而再回复本国国籍之谓。(国籍法第十五条—十八条)

【再醮】【史】(一)妇人之再婚曰再醮，家语一本命解："孔子曰，女子者，顺男子之教，而长其理者也。是故无专制之义，而有三从之道，幼从父兄，既嫁从夫，夫死从子，礼无再醮之端，言不改事人也。”（二）与上述第一之意义相反，所谓再醮，乃再醴之误。随园随笔：“今人称再嫁为再醮，误也。昏礼，父醮子而命之，注：酌而不酬曰醮，是醮，主男子说也。记称，父醴子而俟迎者，然则女子再嫁，当曰再醴，不当曰再醮。”

【再议】【刑诉】Reconcideration　谓告诉人对于检察官不起诉处分不服时，声请再行侦查处分也。此种权利曰再议权，但仅告诉人始得享有，且须于接受不起诉之处分书之七日内为之，并应经由原检察官向上级法院首席检察官为之，该原检察官如认声请为有理由者，即应撤销其处分，继续侦查或起诉，否则应将该案卷宗及证据物件，送交上级法院首席检察官，以待处分，如该首席检察官认声请为有理由者，(1)如侦查处分未完备者，命令下级检察官续行侦查。(2)侦查处分已完备者，则命令下级检察官起诉。若认声请为无理由者，则应驳回之，此时告诉人不得再声请再议，至在声请再议之期间内，及再议中，对被告之羁押及物件之扣押，得按情形分别处置之。（刑诉法第二四八—二五一条）

【再醴】【史】（说再醮条内）

【再辩论】【刑诉】Debate of re-opened　谓审判时在言词辩论宣告终结后之再开辩论也，但须具备下列条件：(1)须遇有必要情形——例如发见新事实新证据，或认前次辩论未能满意是。(2)须有当事人之请求，而经法院之许可，或由法院之主动，再辩论之得实现与否。关系甚巨，狡黠之被告，每乘此以图免去罪名，或使审判流于迟滞，法院之许可与否，务应郑重出之。（刑诉法第三〇五条）

【民诉】法院于宣示裁判前，得命再开已闭之辩论，所谓已闭，乃指终结而言，至于是否再开，并无何种条件之限制，均可由法院自由决定之。（民诉二〇一条）

【冰人】【史】旧时称婚姻缔结时之居间人为冰人，晋书—索统传：“令狐策梦立冰上，与冰下人语，统曰，冰上为阳，冰下为阴，阴阳事也，君在冰上，与冰下人语，为阳语阴，媒介事也，君当为人作媒。”

【冰敬】【史】不良官吏对有弹劾权之人，求其庇护时所为之赠贿，夏季所赠者，称曰冰敬，冬季所赠者，则称曰炭敬。（清国行政法第一卷）

【刖】【史】为古代五刑之一，谓去其足（足筋）也。一作剕，又一作膑或髌，周礼秋官郑康成注：“刖，断足也；周改膑作刖，贾公彦疏，膑本苗民之虐刑，咎繇改膑作剕，至周改剕作刖，书传云膑者举本名也。”汉书刑法志注—孟康曰：“刖左右趾是也，同使不能行而刖轻于膑。”按刖剕膑皆为足刑，是否有别，未详其说，黄以周云：“膑脱其髌也，剕者断其趾也，刖者断其足也。”此说较为近理。按周时刖罪五百，至穆王时剕罚之属五百，左氏传—庄公十六年：“郑厉公刖强钼，君子谓强钼不能卫其足”，汉初，有刖左趾与刖右趾之刑，文帝时废刖左趾改为笞五百，刖右趾则改为弃市，景帝元年笞五百减为笞三百，中元六年又减为二百。”（汉书—文帝纪又景帝纪）

【刖右趾】【史】谓斩右足之刑也，与古时五刑之剕相同。（参剕条内）

【刖左趾】【史】谓斩去左足之刑也，与古时五刑中之剕相同。（参剕条内）

【刑】【史】刑有法与罚之二义，（1）尔雅释诂："刑常也，法也。"尚书—尧典："观厥刑于二女。"诗经—我将篇："仪式，刑文王之典。"又同书—烈文篇："百辟[①]其刑之。"周礼—秋官司寇："佐王刑邦国。"以上均为法之义，以刑字为动词使用，说文："法刑也。"即刑法之义；考其文字之构造，刑一作荆又作剏，井有法之义，而刂则有刑罚之义，易传："井者法也。"风俗通："井者法也，节也。"上述之解释均为法之义；说文："刀兵也"，春秋元命包："刀守井也，饮水之人，入井争水，陷于泉，刀守之，割其情也"，以上为属于刑法方面之义。（2）为刑罚，玉篇："刑罚总名也"，说文："刑罚辜也，国之刑罚也"，易经—贲卦之象："君子以折狱致刑"，尚书—大禹谟："刑期于无刑"，同书—吕刑篇："苗[②]民弗[③]用灵，制以刑，惟作五虐之刑曰法"，凡此皆指刑罚之义而言，要之刑实兼有法与罚之两义，古时刑为启蒙惩奸之工具，乃依一定之条理（即礼制）而为适用，故后世刑制之作亦专为刑罚而设，礼记—王制篇曰："凡作刑罚，轻无赦，刑者侀也，侀者成也。一成而不可变，故君子尽心焉。"按刑为侀，而侀又为成，是刑罚恰如人体之具备四肢五体始构成一个形体，故犯罪之要素具备，而一个刑罚亦因而构成，总而言之，刑实五刑（详该本条）之简称也。备考——按刑之起源及其沿革，历来计有下列诸说，兹举于下：（a）事物纪原（卷十）："尚书吕刑曰，蚩尤作五虐之刑曰法，至舜乃命皋陶明五刑也。世本曰伯夷作五刑误矣，吕氏春秋又谓皋陶作刑也。"（b）三馀隅笔（卷十五）："荆字，说文有二，在刀部者从刀从幵，云荆到也。从刀幵声，户经切，在井部者，从刀从井，云荆罚罪也。从井从刀，易曰，井法也，井亦声，户经切，日知录谓，说文以荆为刀守井，穿凿而远于事理，今考，宋徐铉校定说文，旧本分部，始一终亥，刑字下并无此语，而字书皆引说文云，刑罚罪也。国之荆罚也荆井刀，刀守井，饮水之人入井陷于川，守之，割其情也，则当必有所自矣，荆训罚罪，而荆训到，则刑罚之荆，当作荆，刑戮之刑，当作刑，自是后人传写并为一字耳。论衡四讳篇曰，曲俗微小之讳，众多非一，讳厉刀井上，恐刀随井中也，或说以为荆之字，井与刀也，厉刀井上，井刀相见，恐被荆也，则汉人荆罚之荆之不皆作荆，可证也"，（按王充[④]生于东汉[⑤]之初，其著论衡，尚在说文之前）。（c）大学衍义补（卷百七）—丘濬按："刑者阴事也，阴道属义，人君奉天出治，当顺天道肃杀之威，而施刑害杀戮之事，所以法天时行义道也，然秋之为秋，所以成乎春，义之为义，所以全乎仁，有春而无秋，则生物不成，有仁而无义，则生民不安，方天地始肃之时，则不可以赢，亦犹天地始和之时，不可以缩也，是则圣人之用刑，虽若不得已，而实不容已也，于不容已中，而存不得已之心，不容已者，上天讨罪之义，不得已者，圣人爱物之仁。"

---

① 原书为"避"，系排版之误。
② 原书为"昔"，系排版之误。
③ 原书为"不"，系排版之误。
④ 原书为"育"，系排版之误。
⑤ 原书为"京"，系排版之误。

【刑人于市】【史】古时礼教旺盛,为重廉耻时代,对罪人刑罚之执行,必于大众集合之市场中为之,一以表示与众共弃之意,一则借此以为众戒,孔子家语:“刑人于市,与众弃之也,古者公家不畜刑人,大夫弗养。”

【刑不上大夫】【史】刑不上大夫一语,乃出自礼记之曲礼篇,昔时礼教旺兴,士大夫皆尊崇圣教,修身慎行,不敢从事犯罪行为,刑罚不加于大夫,乃刑事所载,其有犯罪者,皆一任其良心之制裁,不受法官之审讯,即所谓刑不上大夫是也。孔子家语(卷七):“冉有问于孔子曰,先王制法,使刑不上于大夫,礼不下于庶人,然则大夫犯罪,不可以加刑,庶人之行事,不可以治于礼乎,孔子曰,不然,凡治君子以礼御其心,所以属之以廉耻之节也。故古之大夫,其有坐不廉污秽而退放者,不谓之不廉污秽而退放,则曰簠簋不饬,有坐淫乱男女无别者,不谓之淫乱男女无别,则曰帷幕不修也,有坐罔上不忠者,不谓之罔上不忠,则曰臣节未著,有坐罢软不胜任者,不谓罢软不胜任,则曰下官不职,有坐干国之纪者,不谓之干国不纪,则曰行事不请,此五者大夫即自定有罪之名矣,而犹不忍斥,然正以呼之也。既而为之讳,所以愧耻之,是故大夫之罪,其在五刑之域者,闻而谴发,则白冠厘缨,盘水加剑,造乎阙而自请罪。”大戴礼:“刑不上大夫者,古之大夫有坐不廉污耻者,曰簠簋不饬,淫乱男女无别者,则曰帷幕不饬,罔上不忠者,则曰臣节未著,罢软不胜任者,则曰下官不职,干国之纪,则曰行事不请,此五者大夫定罪名矣,不忍斥然以正呼,是故大夫之罪其在五刑之域者,闻有谴发,则白冠厘缨,盘水加剑,造乎阙而请罪,君不使有司执缚牵而加之也。其有罪者闻命,则北面跪而自裁,君不使人捽引而刑杀之也。曰子大夫自取之耳,吾遇子有礼矣,是曰刑不上大夫也。”大学衍义补(卷百七)一丘濬曰:“大戴礼此段与贾谊疏同,盖古有此制,谊疏之以告文帝,戴礼集礼记以为此礼,其弟圣又删去之止存其首句耳。”

【刑之加重】【刑】Increase of punishment　(详加重条内)

【刑之免除】【刑】Remission of punishment　(详免除条内)

【刑之时效】【刑】(详刑罚执行权时效条及刑罚请求权时效条)

【刑之酌科】【刑】Discretion of punishment　刑之酌科者,谓科刑时应酌审一切情形为法定刑内科刑重轻之标准,并应分别情形注意一定事项也,所谓一定情形,乃指下列各种而言:(一)犯罪之动机。(二)犯罪之目的。(三)犯罪时所受之激刺。(四)犯人之手段。(五)犯人之生活状况。(六)犯人之品行。(七)犯人知识之程度。(八)犯罪平日之人与被害关系。(九)犯罪所生之危险与损害。(十)犯罪后之态度,此外如科罚金时,并应审酌犯人之资力,如犯罪之情事确有可以悯恕者,并得酌减或免除本刑等。

【刑之执行停止】【刑诉】Suspension of the execution of punishment　业经判决确定之刑,因一定情事而暂行停止其执行,是曰刑之执行停止,例如怀孕妇女之死刑应停止执行之是。

【刑之执行犹豫】【刑】Suspension of sentence　又曰缓刑。(详该本条)

【刑之减轻】【刑】Reduction of Punishment　(详减轻条内)

【刑名】【刑】Name of the punishment　即刑罚之名称也。(详刑罚之种类条内)

【刑名之学】【史】战国时法家主张之学说谓之刑名之学，所谓刑名即刑法罪名之义。史记索隐："商鞅所为书号曰法，皆曰刑名，故号曰刑名法术之书。"然刑者乃与形通，名则为依君主之名所发之命令，即法家排斥虚文徒法而着重于实现形之上的主义之谓，申不害、商鞅等皆同此主张名实一致。换言之，即励行法令主义之学同为刑名之学也，史记—申不害传："本于黄老，而主刑名"，又同书商君传："鞅少好刑名之学"，又同书韩非传曰："喜刑名法术之学"，注："谓申商之学，汉晁错传学申商刑名于张恢①，刑，形，古通。"韩非子—扬权篇："君操其名，臣效其形，形名参同，上下和调"，同书—王道篇："同合刑名，审验法式"，其注曰："刑，形通，形名，谓名实也。"又同篇："有言者，自为名，有事者，自为形，形名参同"，依此种解说，日人津田于其所撰之韩非子纲领一书内曰："所谓刑名，形名也，非谓重刑贵名之谓也，（中略）为人臣者，陈事而言，君以其言授之事，专以其事责其功，功当其事，事当其言，则掌之，功不当其事，事不当其言，则罚之，是谓刑名之学。"（卷一）

【刑名法术】【史】刑名者，适用五刑之罪名之谓也。与现行法之刑法总则相同，法者法令也。术者谓心术也。申不害专言法，商鞅则注重术，韩非子（卷十七）—定法篇："今申不害言术，而公孙鞅为法，术者因任而受官，循名而责实，操杀生之柄，课群臣之能者也。此人主之所执也（言不可失也）。法者宪令著于官府，刑（一本作赏）罚必于民心，赏存乎慎法，而罚加乎奸，（犯也）令者也。此人臣之所帅（率也），君无术则弊②于上，臣无法则乱于下，此不可一无，皆帝王之具也。又同书（卷十七）—说疑篇："凡术也者，主之所执也。法也者，官之所帅（率也）也。"

【刑夹】【史】刑罚之夹棍谓之刑夹。

【刑事人类学】【刑】Criminal anthropology 刑事人类学者，根据自然科学以研究人之体质骨格容貌状态与犯罪之关系之科学也。又名刑事生理学，刑事人类学研究之结果，分犯人为五：(1)遗传犯人。(2)习惯犯。(3)癫狂犯人。(4)激情犯人。(5)偶然犯人。

【刑事人体学】【刑】Criminal somatology 关于研究犯罪人身体（尤以面部及头盖等为重要）之特征之学科，曰刑事人体学，可分为刑事生理学与刑事解剖学二种。

【刑事上诉院】【组】Court of Criminal Appeal 为英国刑事法院之上诉机关，于一九〇七年始行设立。凡极严重之刑事案件，本院有权审理之。至于由王室法庭巡回法院所判决之案件，如合法定条件，均可向本院上诉，本院对之无重新审判之权，仅可于原判案加以坚持或推翻，或减刑，或加刑等之处置耳。至于凡不服本院判决之案件，须经英国之检事总长（Attorney General）之许可，始得向贵族院提起再上诉，本院之法官，由王室法院院长从王室法院中之法官选择三人或三人以上充任之，开庭时并不置陪审官。

---

① 原书为"怯"，系排版之误。

② 原书为"獘"，亦作"弊"。

【刑事心理学】【刑】Criminal psychology　研究犯人精神与外来刺激，及其二者相合而发生犯罪关系之科学，曰刑事心理学，即混合刑事人类学及刑事社会学，而为研究之基本也。

【刑事犯】【刑】Crime　对行政犯言，凡违反刑法及与刑法效力相等之法律者，曰刑事犯，又称自然犯罪。

【刑事生理学】【刑】Criminal physiology　为刑事人体学之一种。与刑事解剖学相对称，即以研究犯罪人之颜面之异状，为目的之学科也。

【刑事立法】【刑】Criminal legislation　关于刑事法规之制定，曰刑事立法。

【刑事制裁】【通】Criminal sanction　刑事制裁者，谓国家对于违反刑法，或其他与刑事相当之法规所予之制裁也。与民事制裁相对称。

【刑事政策】【刑】Criminal policy　关于刑法学之原理与应用，须如何使其实现，关于犯罪未发生以前，须如何加以预防，犯人受刑罚以后，如何予以处置，统称曰刑事政策。故刑事政策可分为下列三部分：(一)刑事立法政策。(二)刑事司法政策。(三)刑事社会政策。

【刑事法】【刑】Criminal law　即关于刑事法规之全体也。广义言之有五种：(1)刑事诉讼法。(2)刑法。(3)刑事法院编制法。(4)监狱法。(5)司法警察法。狭义言之仅以第一、二、三种为限耳。

【刑事法院】【组】Criminal Court　审理刑事案件之机关，谓之刑事法院，依我国现行之法院组织，在各级法院内，均置民事庭与刑事庭，分别审理民刑事案件，并无刑事法院之独立之设。(参刑庭条内)

【刑事社会学】【刑】Criminal sociology　刑事社会学者，研究犯罪发生与社会环境之关系之科学也。谓犯罪之原因大多由环境所酿成，主张改良环境为防止犯罪之唯一方法。

【刑事庭】【组】Criminal division　又简称曰刑庭。(详该本条)

【刑事责任】【刑】Criminial responsibility　凡违反法律之行为者，应负法律上责任，称为不法行为。属于刑事者，为刑事上不法行为，应负刑事上之法律责任，故曰刑事责任。刑事责任以排除因不法行为所生之危险，而保护社会之安宁为目的。因其以预防为目的，故与民事责任之专以回复过去原状者不同。刑事责任不置重于本人之行为，惟就其主观状态以定责任之有无耳。

【刑事被告人】【刑诉】刑事诉讼案件系属于法院后，其处于防御地位，而应受法院裁判之一方当事人，称曰刑事被告人。

【刑事裁判所】【通】Criminal Court　为日本名辞，即刑事法院之谓。

【刑事诉讼】【刑诉】Criminal procedure　刑事诉讼有广狭二义，后者乃指法院原告被告相互关联之行为，用以确定国家行使科刑权为目的之程序而言。前者乃指实行国家刑罚权为目的之行为而言，故侦查犯罪及执行判决，均包括在内，刑事诉讼既系法院原告及被告三面之行为，其行为有一定顺序，故其阶级有三：(1)侦查程序——由检察官掌之。(2)审判程序——由法院掌之。(3)执行程序——由检察官掌之。上述三顺序，亦有不须一一行之，而即行了结者，如侦查无罪时是。刑事诉讼之方式有二。一曰纠问式，一曰弹劾式，前者谓诉追与审判均由法院为之，其诉讼主体惟法院而已。后者则谓法院、原告及被告三者，同为诉讼主体，二者自以弹劾式为优，我刑事诉讼法采之，刑事诉讼之种类有普通与特别，及寻常与非常之分；普通者，乃普通司法机关所适用之程序；特别者，乃特别司法机关所适用之刑事程序，如陆海空军审判法是。所谓寻常刑事诉讼，与普通者相同，而非常刑事诉讼，一指特别司法机关所用之刑事程序，一则指普通司法机关所用之特别刑事程序，关于刑事诉讼之主义。约有下列十二种：(1)国家诉追主义与私人诉追主义。(2)励行主义与便宜主义。(3)自由心证主义与法定证据主义。(4)公开审理主义与秘密审理主义。(5)直接审理主义与间接审理主义。(6)言词辩论主义与书面审理主义。(7)实体的真实发见主义与形式的真实发见主义。(8)双方审理主义与一方审理主义。(9)自由顺序主义与法定顺序主义。(10)干涉主义与不干涉主义。(11)当事人诉讼主义与强制代理主义。(12)当事人同等主义与当事人不同等主义。(13)数级审理主义与单级审理主义。(详各本条)

【刑事诉讼法】【刑诉】Code of Criminal Procedure 刑事诉讼法之意义，可分实质及形式两方面，前者指规定刑事诉讼程序之全体法规，不论其名称如何，凡与刑事诉讼程序有关者，如监狱规则中之诉讼规定，皆属之，后者则单指刑事诉讼法法典而言，刑事诉讼法，乃成文法之一种。因其为规定国家与人民间关系之法规，故为公法。又因科刑时非根据刑事诉讼法所定之程序不可，故为程序法。又无论何人不得任意左右之，故为强行法。其适用范围乃以普通法院为限，故为普通法。其效力仅及于本国，故为国内法。刑事诉讼法之在我国古时，虽无专篇加以规定，但李悝之囚法捕法，大部属之，其后年有修改，尤以告劾传覆系囚鞫狱讨捕斗讼诸律，规定更详，清宣统二年十二月，始有刑事诉讼法草案之编，但未公布。民国十年三月，广东军政府加以修改，公布施行；在北方则经司法部将草案重加增损，名曰刑事诉讼条例。于十年十一月呈准施行于广东省特区。十一年七月始通行全国，国府奠都南京，经立法院再加修正，名曰刑事诉讼法。于十七年七月二十八日公布，九月一日施行，二十四年一月一日复修正，同年七月一日施行。

【刑事诉讼法学】【通】Science of criminal procedure 刑事诉讼法学者，即以研究关于规定刑事诉讼程序之法律为对象之学科也。

【刑事解剖学】【刑】Criminal Anatomy 为刑事人体学之一种。与刑事生理学相对称，谓研究解剖犯人之生理状态之学科也。

【刑事审判权】【通】刑事审判权者，谓以确定刑罚权之有无为目的而行使之权限也，与民事审判权相对立，可分为普通刑事审判权，与特别刑事审判权；前者为对于普通刑事案件，而于普通法院内行使之。后者则为对于特别刑事案件，而在特别法院内行使之。

【刑事学】【刑】Criminology 为犯罪学之别称。(详犯罪学条)

【刑事简易程序暂行条例】【刑诉】司法行政部以各级法院及兼理司法之县

政府案件，时有积压，被告久押候审，苦累无穷，而现行刑事诉讼法所定程序又过于繁重，应加修正，现在审议之中；惟新法之颁行尚须相当时日，于此过渡时期，特制定刑事简易程序暂行条例，作为单行条例颁行；业于民国二十三年六月二十二日，由立法院通过。于同年　月　日[①]由国民政府公布，全文计共二十二条。兹举其要点于下：(一)刑事诉讼法第八条所列之案件(所科之刑以六月以下有期徒刑、拘役或罚金为限)。第一审法院依被告在侦查中之自白，或其他现存之证据，已足认定其犯罪者，得因检察官之声请，不经通常审判程序迳以命令处刑。(二)检察官声请以命令处刑案件经法院认为不得，或不宜以命令处刑者，应适用通常程序审判之。(三)法院所为之处刑命令，应以简单方式记载，一定事项，由书记官制作正本送达于当事人。(四)被告于收到处刑命令后，得于五日内声请正式审判，于呈递声请书时在第一审判决前得撤回之。即声请正式审判之权，被告亦得舍弃之，被告舍弃其正式审判声请权者，或撤回声请者，丧失其声请权。(五)法院认为正式审判之声请合法者，应依通常程序审判之。于判决确定后处刑命令，而失其效力。(六)刑诉法第八条所列案件，审判时检察官得不出庭，但应先向法院通知，并应将提出之书状，由推事或书记官当庭代读，或由推事陈述要旨，此项案件，如系谕知六月以下有期徒刑拘役或罚金者，其判决书得用简略方法，记载一定事项；并于当庭以正本交付被告；如经检察官或自诉人声请，应并交付之。如经当事人投起上诉时，则应补作正式判决书，送达当事人。至于法院谕知免诉，不受理，或管辖错误之判决者，得不经言辞辩论为之。(七)法院认为应科拘役罚金，或应谕知无罪之案件，被告经合法传唤无正当之理由不到庭者，得不待其陈述，迳行判决。(八)谕知拘役或罚金之判决宣告后，如经被告同意，得即由检察官当庭指挥执行。(九)本条例于县司法公署及兼理司法之县政府准用之。县司法公署及兼理司法之县政府，于第一条情形，得依职权以命令处刑。

【刑官】【史】执掌刑法之官曰刑官。有虞氏称刑官曰士，夏曰大理，周曰秋官，又曰司寇，且有大司寇与小司寇之别。降至后世，称刑官者，名称纷繁，不胜枚举，如刑部通判等，为其著者也。

【刑政相参】【史】谓同时以政治民，以刑戒民也。孔子家语(卷七)：“孔子曰：圣人之治化也，必刑政相参焉。太上以德教民，而以礼齐之；其次以政言导民，以刑禁之，刑不刑也，化之弗变，导之弗从，伤义以败俗，于是乎用刑矣。”

【刑法】【刑】Penal law　规定犯罪与刑罚之法令，称曰刑法。换言之，即对于犯罪行为附与刑罚法律之效果之法规也。刑法内容既分为犯罪与刑罚两部，则应称为罪刑法(Criminal and penal law)较为恰当；若仅称之曰刑法(Penal Law)，亦未尝不可；然此乃沿革上之称呼耳。欧美各国除英美法系称曰罪法，Criminal Jaw 外，亦多以刑法名之。我国前此谓之刑律，今则改曰刑法。按刑法既系规定国家对于犯罪者行使刑罚权法规，故为公法；又因其为关于犯何种罪即定以何种刑罚之规定，故为实体法；且其内容非当事人所得自由加以变更，故为强制法；刑法之在各国，

① 原书无月日。

乃为各种法律之发源最早者，即在后世，其他法律亦多附属于刑法旗帜之下，而为其一部，今者其他法律则业已脱离刑法而宣告独立矣。至于我国刑法前此乃国家主要之法律，即民法以及其他诉讼法等，亦被其吸收；自清末外力侵入，始起分化作用，然仍不能立即脱离前此之传统习惯，例如清末初次改革之大清现行刑律（宣统二年四月公布），民刑法仍混合规定，计三八九条，附例共一三二七条，斯时一面仍由修订法律馆聘请日人冈田朝太郎起草刑事法（光绪三十二年—三十四年告成），即所谓大清新刑律草案是也。其内容始与近代法律思潮相吻合，且为完全纯粹之刑事法，仅将总则交由资政院通过，然受旧派之各方攻击，虽于宣统二年十二月间颁布，但未施行。光复之后，乃将大清新刑律中与共和国体相抵触者予以删除，于元年三月间颁布施行，是曰暂行新刑律，计总则十七章、分则三十六章，都四百十一条，民三年十二月北京政府复颁行暂行刑律，补充条例十五条，均为民国历年来有效之刑事法律。民四年—民五年九月经法律编查会提出刑法第一次修正案，共四三二条，仍未施行。及民七年—民八年复有刑法第二次修正案之提出，为修订法律馆之产品，共三七七条，内容颇多改革之处（主其事者为董康与王宠惠），亦因未交国会通过，未能颁布施行。及国民政府成立，始由王宠惠氏以第二次修正案为根据，再加修订，经政府所派委员会伍朝枢等六人重行审查，交由中央第一百二十次常务会议议决通过，于十七年三月十日公布，原定同年七月一日施行，旋以刑诉法未及告成，乃展期至九月一日与刑诉法同时施行；计总则十四章分则三十四章，共三百八十七条。近者因民法曾经颁行，内容与刑法颇多出入故又大加增修于民国二十四年一月一日公布，同年一月七日施行。

【刑法之效力】【刑】Effects or validity of Criminal Law 刑法自立法机关制定通过，再经国家执行机关以元首名义公布之后，立即发生效力；兹分下列述之：(一)关于时之效力——即刑法于如何之时有其效力之谓。(甲)自何时起——通常自经政府于公报上公布后，按照该公报到达各处之预定日期，发生效力。(乙)至何时止——刑法对此无明文规定，盖与普通法律废止之原因相同也（参法之废止条）。(丙)对于新法颁行前之事实，能否适用——刑法亦以不溯既往为原则，但有例外：(1)行为在旧法有效时期，审理在新法颁行后，而两法律均以为罪惟轻重不同者。(2)行为发生于旧法有效时期，延至新法颁行后方告终止者，对于上述之例外，在各国之立法例有三：(A)从旧法主义。(B)从新法主义。(C)从轻法主义（详各本条）。(二)关于地与人之效力——即刑法对于如何之地与如何之人始能适用之谓。换言之，即以如何境域及境域内如何之人为范围也。列国立法例有下列五种：(A)属人主义。(B)属地主义。(C)保护主义。(D)世界主义。(E)折衷主义。（详各本条）

【刑法之解释】【刑】Interpretation of Criminal Law 按刑法乃采取罪刑法定主义，其解释方法亦为文理解释与论理解释，惟类推解释则为解释刑法者所不许，以其比附援引与罪刑法定主义相违反故也。

【刑法之种类】【刑】Kinds of Criminal Law 就其适用之范围而言，有普通刑法与特别刑法之分，就其所处之地位而言，有实质刑法与形式刑法之别。（详各本

条）

【刑法分则】【刑】Specific Provisions of the Criminal Law　关于各个犯罪事实之成立要件，及应科何种刑罚之规定，乃属刑法分则之任务，各国立法例对于分则中所揭各罪，有区分为数大类，而加以规定者，新刑法不采取之，仅将各种罪名加以列举之耳，共分三十五章，都二百五十八条。（自第一〇〇条起至三五七条止）

【刑法时效】【刑】Prescription in Criminal Law　为时效之一，对民法时效言，即时间之经过使求刑权或行刑权取得，或消灭之谓也，关于刑罚权之因时效而消灭，学者约有三说：(1)为利于搜寻证据。(2)为犯人逃罪者大多已经悛悔。(3)为使改善主义易于贯彻，刑法时效分为二：(1)起诉权时效。(2)行刑权时效。（详各本条）

【刑法根本主义】【刑】又称罪刑法定主义，对擅断主义言，即凡行为有明文科罚者为罪，否则不为罪是也，若许比附援引，则有三弊：(1)法官得凭己意，于律无明文之行为致人于罪，是以司法而兼立法大权，非立宪国所应有。(2)法之功用所以使私不行，乃与民共信之物，若法外许参以意见，必有假法以售其私者，故开人事之路，广私请之端，非立法本意。(3)人之秉性宽严各异，设明文以为定衡，斯有统一之裁判；若恣令出入，流弊所至，自不待言。我刑法第一条规定：行为时之法律无明文科以刑罚者，其行为不谓罪。至于比附援引既为法所不许，但自然解释（详该本条）则为法所不禁，又按罪刑法定主义，更分为下列二种：(1)相对法定主义。(2)绝对法定主义；我国刑法采相对法定主义，即以法定刑为宣告刑之基本之谓。其情形有数种：(a)一个法条之下有规定数种刑罚，同时又规定刑罚最高限度与最低限度者。(b)除第二八三条第一项外，皆定有最高与最低限度之刑罚。(c)如无最高与最低限度之分别，则定有数种刑罚，即选择的科刑是。(d)有设加重减免之规定。

【刑法学】【刑】Science of Criminal Law; Criminal jurisprudence　谓发见实在刑法上之犯罪及刑罚之原理原则，以说明系统为目的之科学也。刑法学依其研究之方法，更分为三种：(1)比较刑法学。(2)沿革刑法学。(3)解释刑法学（详各本条），普通之刑法学即所谓解释刑法学，计分两编，第一编曰刑法总则，第二编曰刑法分则，前者说明犯罪及刑罚之一般原则，后者论定种犯罪及刑罚之特别要素。

【刑法总则】【刑】General Provisions of the Criminal Law　即总括刑法全编共通规则之谓，除分则有若干特例外，均以此为准，俾文体上得以统一，与吾国古时之名例相似，名例之名始于北齐，盖即合并刑名与法例为一者也。其后历至明清，均无更改，暂行新刑律，即仿各国近例将一切通则定名曰总则，旧刑法及现行刑法总则仍之，计十二章共九十九条。

【刑故无小】【史】故者故意犯也，凡故意犯罪者，其罪虽小，亦必加以刑罚。是曰刑故无小；与宥过无大相对立。书经—大禹谟：“宥过无大，刑故无小”，朱熹注曰：“过者，不识而误犯也；故者知之而故犯也；过误所犯，虽大必宥，不忌故犯虽小必刑。即上篇所谓眚灾肆赦，怙终贼刑者也。”

【刑者所以辅政】【史】刑法之作用，乃在处罚妨害王化者，务使国政得以推行无阻，而所谓刑者所以辅政也。大学衍义补（卷百十二）—丘濬曰：刑者所以辅政弼教，圣人不得而用之，用以辅政之所不行，弼教之所不及耳；非专恃此以为治也。宪宗然李绛之言，非子岷之请，其知帝王治道之要者欤。

【刑者侀也】【史】侀者，刑体具备之谓也。（详刑条内）

【刑庭】【组】Criminal division 各级法院关于专事审理刑事案件之组织，曰刑庭。其庭数视事之繁简定之；庭长由推事兼任；在地方法院及其分院并高等法院分院内，如推事人数不满六人者，不分置民事及刑事庭。

【刑书要制】【史】（详后周之法典条内）

【刑措】【史】谓国民严谨，不干犯法律，而无用刑之必要也。措者，置也，即置而不用之谓；史记—周纪："成康（成王与康王）之际，天下安宁，刑措四十余年不用"，谓仁君在上，贤臣在下，国民咸受其德化，因无犯罪者，故无用刑罚之必要也。又汉书—文帝纪："禁网疏漏，选释之为廷尉，罪疑者予民，是以刑罚太省，至于断狱四百，有刑错（与措同）之风焉。"

【刑部】【史】刑部在周时原为周官司寇刑部之名，且为六部之一者。则自隋始；至唐其制始告完备，按唐刑部乃掌宪典讼狱，及追赋门禁等事，置尚书侍郎各一人，其下分为四司，一曰宪部（或曰刑部），举宪典辨轻重；二曰比部，掌内外赋敛逋欠之事；三曰都官，掌讼狱配役隶录俘囚及理衣量药料之事；四曰司门，掌天下之诸门及关之出入往来之籍赋；明初因之。至洪武二十三年始改为十三清吏司（因明当时计分为十三省故也）。分掌其事；后又加贵州交趾一司，旋贵州交趾废，仍为十三司；清初因之，光绪末改名曰法部。大学衍义补（卷百十一）："自唐以来，分为六部，而刑部分四属，曰宪部，曰比部，曰司门部，曰都官部，国初因之。至洪武二十三年，始改为十三部；后又加以贵州交趾为十四部；其后，弃交趾，惟存十三部焉。"

【刑部尚书】【史】周之秋官乃刑部之鼻祖，其秋官卿即与后之刑部尚书相等。汉成帝之初置尚书二千石曹主，郡国二千石，并置三公曹主，以断狱之职。东汉光武时三公曹主掌考课；二千石曹为中都官，掌水火，盗贼，辞讼，罪法。晋初依汉制置三公尚书掌刑狱；太康中废三公尚书，而以吏部尚书领刑狱之事。宋始置都官尚书掌刑狱。后魏北齐皆设都官尚书。后周则拟周制置大司寇卿。隋初曰都官尚书，开皇三年始改为刑部。唐因之，龙朔二年改为司刑太常伯，咸亨①中仍复旧名；武后时改为秋官尚书；神龙元年又复旧称；天宝中改为司宪；至德中又复旧。宋之刑部有尚书，侍郎，郎中等官，尚书掌天下刑狱之政令。侍郎，郎中，员外郎等，则分治其事，而为之佐。元之刑部掌律令格式，审定刑名，并掌奴婢，配隶，关津，机禁，城门启闭之事，置令及史分掌其事，而以尚书为之长（古今事文类聚新集卷十五）。明置刑部尚书一人，左右侍郎各一人，掌天下刑罚之政令，清初亦同，光绪间改为法部，置大臣焉。

---

① 原书为"享"，系排版之误。

【刑期】【刑】Term of penalty 刑罚之期间曰刑期，严格言之，即自由刑之期间也。

【刑期于无刑】【史】谓法刑之目的，乃在使天下以后无犯罪之人，而冀望刑罚可从斯无所施用也，书经—大禹谟：“汝作士，明于五刑，以弼五教，期于予治，刑期于无刑。”

【刑期计算】【刑】Compartation of the duration of imprisonment （详时例条内）

【刑经圣制】【史】（详后周之法典条内）

【刑罪决比】【史】决者决事也；比者比例也；为汉之刑律篇名，而刑罪决比其内容则为断罪者准用之判决例。乃汉之廷尉于定国所编纂，合计二万六千二百七十二条。魏书—刑法志：“于定国为廷尉，集诸法律，凡九百六十卷，大辟四百九十条，千八百八十二事，死罪决凡三千四百七十二条，决诸断罪当用者，合二万六千二百七十二条。”

【刑狱】【史】刑事上之诉讼及刑事上之审判，皆称曰刑狱。

【刑罚】【刑】Punishment; Penalties 即国家为制裁私人之违反刑法，依法律上之效果，剥夺犯人法益之手段也。析言之：(1)为国家对私人之制裁。(2)乃对违犯刑法者之制裁。(3)乃为法律上之效果。(4)仅对犯人本身不及他人。(5)为剥夺犯人法益之手段。

【史】刑与罚原为二物，刑乃指五刑，罚则指罚金。尚书—吕刑篇：“两造俱备，师听五辞，五辞简孚，正于五刑。五刑不简，正于五罚。”刑罚之本义，即出于此。然刑罚二字，亦有系指对于犯罪者之法律上之制裁之总称而言者。易经—豫卦：“刑罚清而民服。”后世之法制，则多谓刑乃刑法上之制裁；而罚即罚金与罚俸，而系行政法上之处分。惟现行法制，则以罚金亦在刑法制裁范围之内。

【刑罚不中】【史】我国法律对于刑罚以得中为断狱之根本要义。所谓中，乃指轻重咸得其宜，及过无不及而言。反之，即所谓刑罚不中是也。论语—子路篇：“名不正则言不顺，言不顺则事不成，事不成则礼乐不兴，礼乐不兴则刑罚不中，刑罚不中则民无所措手足。”

【刑罚之主体】【刑】Subject of punishment 即得受刑罚者之谓。一般原则上只以犯人本身为限，但有例外，如特别法中有规定：即他人之行为而由自己担负刑事上之责任是。例如矿业法第一一七条规定：矿业权者，于其代理人雇用人或其他之从业者，关于业务违反该法时，不得以非出己意，免该法之处罚是。至普通刑法上则以犯人本身为限。

【刑罚之目的】【刑】End of the punishment 国家对人民依主权之发动，而有刑罚权，则此刑罚之目的如何，学者间争论甚剧。综合之，可分为三派：(1)报复主义。(2)目的主义。(3)折衷主义（各详该条）。三主义中以第二说为预防之目的主义，较为多数学者所赞同。

【刑罚之消灭】【刑】Extinction of punishment　即因特定之犯罪行为，对于犯人成立之刑罚权消灭之谓也。有广狭二义，凡犯罪之成立，则生求刑权；对于犯罪之确定判决，则生执行权；广义之刑罚消灭，包含求刑权与执行权而言。狭义之刑罚消灭，则专指执行权言。刑罚消灭之原因有六：(一)刑罚执行完毕。(二)假释经过刑期。(三)缓刑期间经过。(四)犯人身死。(五)赦免。(六)时效。

【刑罚之执行】【刑】Execution of a punishment　即因判决而对于特定之犯人实施所宣告之刑罚之谓也。实施之方法及时期，因刑之种类而异；但均须于判决确定后，方可执行，(1)生命刑——列国间有用斩首者，有用枪毙者，有用电气者，有用绞者；我国死刑用绞，在监狱内执行之，须经司法行政部覆准始得执行(刑法第五十三条)。并限于文到三日内执行之，只准检察官莅视，其余非经许可不得入内，是采取密行主义也。至心神丧失者，及怀胎妇女者，由司法行政部命令停止执行。(2)自由刑——从刑及拘役之囚犯于监狱内拘禁之，徒刑及拘役之囚犯得令服劳役，但得因其情节免服劳役(刑法第五十四条)。至于监狱，乃采渐进制，杂居监禁，用类别制，凡有心神丧失者，或怀胎七月以上，或生产未满一月，或现罹疾病因执行而有不能保全其生命之虞之情形时，得停止执行(刑诉第四八五条)。(3)财产刑——(甲)罚金——判决后，一月内令其缴纳，期满强制执行之；如无资力得以折算易科监禁。至犯贫者，酌减金额，照减得之额比例折算。但监禁期限不得逾一年；至监禁时仍以罚金执行论，不得与自由刑并视(刑法第五十五条参照)。此外，我国刑诉又有罚金追征之规定(详该本条)。(乙)没收——由检察官处分之，如没收物为第三人所有者，则权利人于没收三月内证明为其所有者，得请求发还。(4)褫夺公权——依徒刑之执行为准，不能单独执行。

【刑罚之种类】【刑】Kinds of punishment or penalties　我国刑法之刑罚种类有四：(1)生命刑。(2)自由刑。(3)财产刑。(4)权利刑(详各本条)。就上四种又可分为主刑及从刑二类(详各本条)。就采用相对法定主义上而言，又可分为法定刑与宣告刑二种。(详各该条)

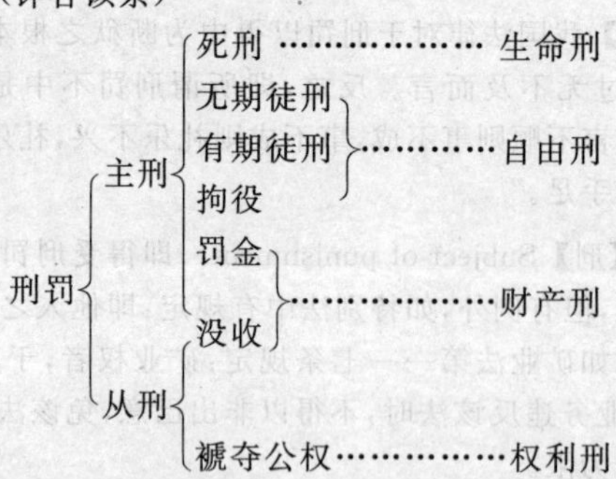

【刑罚之适用】【刑】Application of punishment　即国家实行其刑罚权之方法之谓也。换言之，即对于特定犯人之于特定犯罪，科以相当刑罚之谓，向来有二主义：(1)擅断主义。(2)罪刑法定主义。(详各本条)

【刑罚法令之错误】【刑】为法律上错误之一。对刑罚法令以外法令之错误言。其情形有二:(1)不知法规之存在时之错误,例如一般人民不知开拆他人书信为犯法是。(2)不知刑法之处分时之错误,例如杀人罪之处罚,误信以为轻微而犯之是。刑罚法令之错误,所以为罪之原因如何,约有三说:(1)不识法律为法律所不许。(2)法律为全体人民所应遵守,不得以少数人之不知而失其效力。(3)认识构成犯罪事实之存在而复为之者,即为非社会性之表现,故应加以处罚。上述三说以第三说为当。

【刑罚法令以外法令之错误】【刑】为法律上错误之一。对刑罚法令之错误言,即误信既成立之法律关系为未成立,或误信未成立之法律关系为已成立之谓。故其结果只为犯罪事实之不认识而已,故不为罪。例如甲男与乙女订婚,尚未迎娶,丙男误解民法以乙女为无夫之妇,而与通奸是。其"故意"并不存在,自与刑法上有夫奸罪不相类似,故不为罪。

【刑罚宣告犹豫主义】【刑】为缓刑主义之一。其要旨为对于犯人有悛悔之望者,于一定之期间,缓行宣告刑罚,以试验其行状。若经过良好,则完全赦免,不事宣告;否则宣告其刑而执行之。英美两国采之,又称英美主义。因须设监查员,且经过宣告犹豫期间,证据难于搜查,如欲于撤销时宣告,尤为困难,故不为我刑法所采。

【刑罚执行权时效】【刑】Prescription for execution　又名行刑权时效(详该本条)。或称行刑时效。

【刑罚请求权时效】【刑】Prescription for instituting prosection　又称起诉权时效(详该本条)。又名求刑权时效,或曰公诉时效。

【刑罚适应性】【刑】为责任能力之观念(参社会的责任论条)。谓科刑所以达刑罚之目的,苟对有刑罚适应性之责任能力人加以处罚,则与刑罚之原旨相容。如对无责任能力人加以处罚,因其无刑罚适应性,故不能达到刑罚之目的,而以不罚为佳。

【刑罚权】【刑】Right of punishment criminal jurisdiction　即国家处罚犯人之权也。国家应否有此权力,反对者分二派:(1)谓犯罪乃人民之疾病,国家负治疗之责,无刑罚之权。(2)谓国家乃受人民之委托,以执行职务者,断无以刑罚对委托者施行之理。至认国家有刑罚权者,亦分下列数说:(1)社会契约说——谓刑罚乃契约中所赋予者。(2)实利说——谓犯罪有害于社会,国家有制裁之权。(3)神权说——谓国家刑罚权,乃神所授予者。(4)自然说——谓国家乃自然趋势所形成,经强有力者之主持,刑罚乃其统治方法之一。总之刑罚权之根据随时代而异,不能确定。

【刑罚权消灭说】【刑】为主张正当防卫,属于权利行为学说之一。对不法消灭说,代行国权说言,即国家对侵害他人权利者应加科罚,凡出于正当防卫者,即无刑罚权之存在,故为权利之一种,当然属于权利行为。

【列侯】【史】谓多数之诸侯也。史记一高祖纪:"六年论功,与诸列侯,剖符行封。"

【列席】【通】(详出席条内)

【列席推事】【组】Assessor 一种陪席推事。(详该本条)

【列爵惟五】【史】列爵惟五者,谓爵分为公侯伯子男五等也。书经一周书武成篇:“列爵惟五。”蔡沈之注曰:“列爵惟五,公侯伯子男也。”按此项五等之爵,唐虞之时即已有之。大学衍义补(卷六)一丘濬氏曰:“封爵之制,自唐虞时已别为五等,曰公侯伯子男,观虞书,所谓辑五瑞,修五玉,解者谓玉为五等诸侯所执之圭璧,可见矣。”

【列题】【史】清制,吏部调查京官之成绩,将其所得结果列载作为题本,各该官之进退,均以此为奏请之根据。会典:“京察有列题。”附例:“尚书,侍郎,左都御史,副都御史,内阁学士兼礼部侍郎衔,为一本,总督,巡抚,为一本,由吏部缮履历清单具题候旨定夺。”

【匠人】【史】为周礼冬官考工之属,掌沟渠之事,广一尺深一尺者曰甽,广二尺深二尺者曰遂,井间广四尺深四尺者曰沟,广八尺深八尺者曰洫,广仞深二仞者曰浍。

【匠户】【史】清制,工役使用者之户籍,各省皆有之,轮班供役嗣改为按户征银,称曰匠班银,其后渐次摊入地丁征收,惟其名尚存于赋役全书中耳。

【匠师】【史】为周礼冬官考工之属,督百工之事,与汉以后之“将作大匠”相等,即大工之长也。

【匠班银】【史】(详匠户条内)

【印文】【刑】Impression of seal 所谓印文,乃指由印章于押捺时所表现之符号而言,日本称曰印影。(参伪造印文罪条)

【印刷业】【债】Printing rusiness 印刷业为商业之一种。谓以机械及化学方法,以从事于文书图画者也。

【印花】【行】Stamp 所谓印花,乃指政府依法所发行之一定金额之税金证票而言,在一定之文书簿册单据上,应加贴用,违者依印花税暂行条例处罚。(参印花税条内)

【印花税】【行】Stamp tax 凡依财政部印花税暂行条例所列各种契约簿据及人事凭证,并某种特种物品,依法贴用印花以为适法之凭证时所课征之赋税,曰印花税。乃藉印花票之发售,而征收之,应行贴用印花者,依该暂行条例之规定,计分四类,凡八十余种,至于国家所用之契约,簿据及其他凭证,除有营业性质之各种官业,仍须贴用外,均不贴印花。关于应贴印花之各件,应于交付或使用前贴用,同时就印花适当处加盖图章或划押;未盖章划押者,或应贴而不贴者,每件处以百元以下十元以上之罚金,其贴不足数者,每件则处以五十元以下五元以上之罚金,又业经贴用而揭下再贴者,亦处以一百元以下十元以上之罚金。

【印花税暂行条例】【行】本条例于民国十九年二月公布,全文仅九条,自公布之日施行。(参印花税条)

【印信】【史】明清制度，一品至九品之文武衙门，对于民间发布公文书署名捺印时所用，以示官方威信之方印，谓之印信，或曰印记。明律（卷十七）、清律（卷二十三）刑律贼盗篇——印信条："凡盗各衙门印信者皆斩，盗关防印记者皆杖一百，刺字。"清律附注："印信谓一品至九品文武衙门方印，所以传信于四方，故曰印信。"

【印契钱】【史】宋代税制，凡民间田宅典卖者，须经官之证明，始得为之。此时官方对于典卖者征收一定之税金，谓之印契钱，即今之所谓税契是也。

【印度法】【通】Law of India　印度地处亚细亚洲之南部，为一半岛之国家，北以喜玛拉雅山与西藏为界，南临印度洋，面积共一百七十余万方哩，与我国本部十八省之面积相等。人民之语言、风俗、宗教、种族等甚为复杂；气候虽极炎热，惟雨量充足，物产繁多，英人称谓天府之国，或东方之宝库。其建国远在四千年前，文化曾鼎盛一时，其后亚力山大王及回教国曾先后入据其地，十五世纪中，蒙古人曾于印度疆土内建立帝国，十九世纪中，英人完全占领印度，英王兼任印度皇帝。至今印度五分四之民族受英国直接管辖，余之五分一则由印度王族受英人之监督，或保护维持其半独立之统治状态。在回教徒及蒙古人入据印度之时期中，回教徒之法律，随之而输入焉。此项法律支配印度人民之生活，为时颇久。但至今回教法律仅为回教徒所遵守，占全人口中之五分一而已。英人之入印度，以近代行政统治之，其在印度所颁行之法律，亦仅属于公法一方面耳。至于私法，则仍印度土人习惯之旧，此种固有法律制度，全为印度亚利安人于三千年来所演进递嬗而成者也。其根深蒂固，牢不可拔，在今日之印度，占有莫大势力，一切私人生活，完全受其支配，此项法律制度分析言之，可以分为二支，一为婆罗门教徒的，一为佛教徒的。（一）佛教徒的法律——在佛教徒的法律未占势力以前，婆罗门的法律，亦仅为亚利安人之僧侣阶级所专有者。西历纪元前，佛教盛行，以佛教为国教之亚溯迦王（King Asoka）承其祖父统一印度之余威管辖全国，在纪元前二百七十年即位，曾有诏令四十条之颁布，勒于石柱之上，此种诏令皆以释迦之教义为根据，从道德法或 Dhamma 引申而成，故其后亦称法为 Dhamma，此后推及全印以至于缅甸、暹罗、西藏、中国以及东印度群岛，即菲列宾群岛，亦为其势力所及之地。（二）婆罗门的法律——婆罗门的唯一法律谓之马努法典（Laws of Manu），其年代在纪元前二〇〇年至一〇〇〇年之间，相传为马努民所作，其后历代学者，曾争相对该法典加以解释，经数百僧侣法学者之力，卒生各种不同之结果，遂分为若干派别，而解释此法典之册卷亦多至不可胜数。按此法典唯一之特色，即关于阶级 Caste 制度之规定，计分人类为四种阶级，一为婆罗门（Brahman），二为战士（Kshatriya），三为工人（Vaisya），四为奴隶（Sudra），此项阶级制度之创定，与人类平等原则显相违反，实为他国所无之法制，遗害于印度，殊非浅鲜；印度民族至今之不能自立自决，以至于亡国破家，阶级制度实为致命之伤。在婆罗门教典之下，印度乡村均许自治，每处均有自选裁判官，以地方习惯为法律，一切日常生活，均以习惯法为根据，其后虽有学者，将地方习惯制定为成文法，然因地域广大之关系，遂有若干派别之分野。惟其奉马努氏为其法律之先祖而遵从之，则皆始终如一，毫无二致，及英人统治印度时之制定印度现行法典，亦莫不参酌此项习惯法，以之为根据焉。至在当时之小部落王国，依马努法典之规定，司法大权握诸王者之手，惟审问案件时，须有深有研究法律(Veda)之婆罗门三人陪审。关于审判程序，在纪元后六〇〇年间之 Brihasdati 氏所作之程序法一书中举述甚详；计分程序为四部分，一为提起诉讼、二为被告答辩、三为审问、四为宣判。在回教徒侵入时代，婆罗门法律几为回教法律所掩没，至英人于十八世纪统治印度时，婆罗门之教典始复旧时光荣之原状。即英人之任法官于审理印人案件时，恒聘印人参与其事，以资咨询；是为婆罗门教典复兴之时期。但经学者多年研究之结果，婆罗门教典虽为印度法律之法源，然印度本地之地方习惯，如土地，继承，阶级制度，家庭制度等习惯，实为印度法律之主要成分，教典仅为习惯之一般的反射而已。即司法机关及法律教育机关之重要人物，在最近之调查，亦皆操诸印人之手，是目前印度之法律，皆为印度固有之旧法也。按印度现行政治制度，其统治机关为印度总督(同时为英国内阁之一员)，依例任期为五年，行政立法两种权能均属于参事会，前者称曰行政参事会，以四人组织而成；一为总督，一为皇帝所任命之会员(一为特别会员，二为通常会员)。后者曰立法参事会，有中央立法参事会，与地方之县参事会之会，均为立法机关。其会员有由政府选任者，亦有由人民选举者。中央政府之行政官制分为十部：一为外务及政务部，二为内务部，三为财政部，四为司法部，五为收入及农务部，六为劳动部，七为商工务部，八为军政部，九为教育部，十为铁路部，地方制度分为郡(即省)，郡分为县，均各置长一人。县长权限甚大，县更分区，区更分村。关于司法制度之高等法院，计有四所，分设于加尔各他(Calcutta)、玛德拉司(Madras)、孟买(Bombay)等四市内。又于缅甸班查布二郡设有上级法院，并于其他各郡内设审判员，县内则设民刑简易事件之审判推事(有初级与次席之分)。高等法院法官一部为英人，一部为印人(以高等文官为限)，并置若干印度法官，以监督辖内之下级法院，至民事刑事之上诉，高等法院有受理之权，有时为终审，有时则以英国枢密院为终审机关，均以法律之规定为标准，县之司法与行政混合，除审判推事以外，尚有县法官(以县长为之长)，从事于区长及村长之司法事务之监督。

【印度法系】【通】Hidu Legal System 为世界最古之法系，其最著之法典为马伦法典，即波罗门教典，其中多属佛教规则。此种法系，肇自印度，而散布于缅甸、柬浦塞、锡兰、内外蒙古、暹罗、西藏等处。

【印纸】【行】Stamp 日本称印花曰印纸，印花税曰印花纸，我国亦称司法印花曰司法印纸。(参该本条)

【印记】【史】又称印信。(详该本条)

【印票之法】【史】为清制租税征收时所制作之凭证方法，乾隆会典户部："印票之法，每票三联(名曰联票)。一书纳户所完赋额，编号钤印，而三分之，一留县，一附簿，一给纳户征信。"

【印章】【民总】Seal 印章者，谓以表示私人名义所用之图章也。我民法规定：凡依法律之规定，有使用文字之必要者，得不由本人自写，但必须亲自签名，如有用印章代签名者，其盖章与签名生同等之效力。(第三条)

【印署文簿】【史】对于属下呈文所陈事项，将其节略缘由摘记于一定之簿册，以供稽考之用，此种简册曰印署文簿。明律（卷三）、清律（卷六）吏律公式篇——事应奏不奏条：“……若准拟者，上司置立印署文簿，附写略节缘由，令首领官吏书名画字，以凭稽考。”

【印铸局】【史】民国初年于国务院直辖之下设印铸局，与秘书厅法制局铨叙局及统计局等机关相对立，其职掌如下：(1)制造印刷官文书，及其他用纸事项。(2)刊行公报法令全书及职员录事项。(3)铸造勋章、徽章、印信、图记及其他物品事项。置局长一人，管理本局事务，监督所属职员。设参事二人，审议本局事务。佥事四人，分掌本局事务。此外置技正二人，技士六人，分掌技术事务。主事十人，则分理缮校及其他事务（印铸局官制第一—六条）。国民政府成立于南京后，特设印铸局与秘书处，参事处，副官处，法制局，劳工局等机关相对立，置局长一人，秘书一人，科长三人，科员若干人，技师三人，技士六人。民国十七年五院成立，于国府设参军及文官二处。在文官处下置文书局及印铸局，印铸局掌下列事项：(1)关于制造印刷官文书及其他用纸事项。(2)关于刊行公报及职员录事项。(3)关于铸造或雕刻印信、图记、徽章、奖章等事项。局中置局长一人（由国府简任秘书一人兼任之）。科长二人，技师三人，技士六人，科员十人至二十人。（文官处条例第七—八条）

【危地马拉宪法】【宪】Constitution of Quatemala 危地马拉为中美洲之共和国。地多高原，又有大山连亘其间，气候炎热，物产以烟草咖啡砂糖为多，面积共一一〇，〇〇〇方公里，人口计二，〇〇四，〇〇〇，原为西班牙属地。一八二一年宣告独立，与其他数小国合组中美洲共和国；一八三九年又分立为独立国。现行宪法公布于一八七九年十二月十一日，经一八八七年十一月五日及一九〇三年七月十二日之先后修正，共计一〇五条分为七章，附暂行条件六条。兹将要点述之于下：(一)危地马拉为自由自主之独立国，其政权为共和平民及代议之制度，分为立法，行政，及司法等三权。(二)危地马拉人民之国籍分为出生的与归化的二种。下列属于出生的：(1)凡出生于本共和国领土内者，不论其父母之国籍如何，皆为危地马拉之人民（但各国外交官员之子女不在此限）。(2)凡父或母（父不知时）系危地马拉人民，若系回国久居，即得为危地马拉人民，如不回国久居，而其出生地所在国之法律视其为危地马拉人民或予以选择权利，而即择选为危地马拉人民时，亦得为危地马拉之人民。(3)凡为中美洲各共和国之出生的国籍之人如向该主管机关声请为危地马拉人民者亦得为危地马拉之人民。下列属于归化的：(1)西班牙种族之美洲人，久居于本共和国国境内而不愿保存其原来之国籍者。(2)其他外国人依法归化本国者。(3)依法业已领得归化证书者。(三)危地马拉之公民如下：(1)凡危地马拉人民年届二十一岁悉文字者，凡年届二十一岁而有相当职业足以自谋生活者。(2)凡年逾十八岁而服兵役者。(3)凡年逾十八岁已得本国学校之学位者。公民权利为选举权以及参与考试及充任惟公民方得充任之国家官吏之权。公民资格可依法律暂时停止永久褫夺及回复。(四)人民权利包含自由，平等，生命，平安，名誉以及财产，人民有出入迁徙居住之自由权，有请愿及诉讼之自由权，有信教自由权，有结社及集会自由权，有发表意见及刊行出版自由权,有身体财产之不可侵犯权,有函件文书之不可侵犯权,以上权利在一定条件内得暂时停止之。(五)立法权属于国会,由每居民二万或其零数过一万之比例选举议员一人组织之,任期四年,每二年更选其半,于每年之三月一日开常会一次,以二个月为限(可延长一月),于闭会期间另组一永久委员会,各议员有下列特权:(1)如未经国会许可各议员不得被控告或受审(现行犯为例外)。(2)议员之议论,提案或其他职务行为不负任何责任。凡关系本共和国大总统,各国务员,参政院会员高级法院法官与国家检察官,以及一般代表政府之律师之弹劾案须先经国会通过方可进行,其余如制定、解释、修正及删除一切法律之权,批准国际条约,宣战媾和审查政府之收支报告等权皆属诸国会。(六)法律议案可由议员或政府提出,凡关于司法事件,司法部亦得提出议案,凡经国会通过之议案须咨送行政部由其批准公布。(七)国会于闭会前,由其议员中选举七人为永久委员会,其职权如下:(1)续理国会未了事件,准备国会开会时之正式讨论。(2)必要时召集国会之特别会。(3)裁定议员于在职时之犯罪是否应付审判及共和国大总统各国务员……等之弹劾案之应否进行。(八)行政权由危地马拉全体公民所直接选举之大总统执行之,其资格如下:(1)为危地马拉或中美洲各共和国之出生人民。(2)年届二十一岁者。(3)享有公民权利者。(4)须为非宗教师者,任期六年,大总统如因事暂离中美洲或依宪法所列举之情事发生时,可由国会所选举之二指令官 Designodos 依序代理大总统之职守(指令官之资格与大总统同)。(九)大总统依法应任命国务员以辅助之,充任国务员者须年满二十一岁,享有公民权利,非为宗教师,非为包揽公家工程或于此种工程契约所生之要求有利益关系者。大总统命令均须经国务员之副署,各国务员可出席于国会,于其议事有建议之权,如经询问或质问各该管国务员应出席答覆(关系外交及军事者为例外)。国务员与另顾问九人合组为国务院,顾问之资格为年满二十一岁,且享有完全公民权利者,任期二年,五人由国会选举,四人由大总统任命之,国务院乃为辅助大总统而设,对大总统所交议之问题,得抒发其意见。(十)司法权委托于法院及审判官,充任审判官或国家检察官者须为享有完全公民权利,而年满二十一岁者,且须曾任律师而非为宗教师者,任期均为四年;各审判官无论其等级与性质,皆须自已对其违法行为负担责任。(十一)危地马拉全国区分为若干州,每州置一行政长官,由大总统简任之,其他地方自治另以法律规定之。(十二)如得国会议员三分二之通过,可指定宪法某条或提出某条之修正案,此时行政部应召集一宪法会议(于三个月内开会),宪法会议议员依法按照每居民一万五千选举一人之比例而产生(资格与国会议员相同),此时国会即当无期限的休会,俟宪法会议通过修正案后即由政府颁发选举国会议员之命令。(十三)暂行条件六条从略。

【危害民国紧急治罪法】【刑】为刑法之特别法,以专注重于保护国家法益及镇压反革命为目的。其要点有二:(1)罪刑加重——凡以危害民国为目的,而有扰乱治安,私通外国,勾结叛徒,图谋扰乱治安,煽惑军人不守纪律,放弃职务,或与叛徒勾结等行为者,处死刑;有煽惑他人扰乱治安或与叛徒勾结,以文字图画或演说为叛国之宣传等行为者,则处死刑或无期徒刑;有受上述罪犯煽惑而不守纪律,放弃职务,或与叛徒勾结或扰乱治安,或为之辗转宣传,有为叛徒购办或运输运用品,以政治上军事上之秘密泄漏或传递于叛徒,破坏交通等行为者,则处无期徒刑或十年以上有期徒刑;他如以危害民国为目的而组织团体或集会,或宣传与三民主义不相容之主义,以及明了其为叛徒而窝藏不报者,亦均处徒刑。(2)手续简捷——凡犯本法所定各罪者,在戒严区域内由该区域最高军事机关审判,在剿匪区域内则由县长及司法官二人组织临时法庭审判。其审判为军事机关时,应附具案由,报经该管上级军事机关核准后执行。审判为临时法庭时,则应附具案由报经高等法院核准后执行,并报省政府备案。若该管上级军事机关高等法院对于该项审判认为有疑误者,得令再审或派员会审(本法所采手续颇与惩治盗匪暂行条例相类似,以简便迅速为主旨),本法计十一条,经国民政府二十年一月三十一日公布,此外尚有施行条例之制定,共七条,于同年三月九日公布。

【危害民国紧急治罪法施行条例】【行】本条例于民国二十年三月九日由国民政府公布,同年四月十八日修正,全文计七条自公布日施行。

【危险】【险】Risks or perils 为保险要素之一,据一般见解,所谓危险,乃指自然及人为之不幸事件之来临而言。例如暴风洪水及战争盗劫是也。在法律上之意义,危险者,乃对于一定之财产生命事故发生或将发生而未发生之损害怀有恐惧之念也;换言之,法律上所谓危险,乃单指理想上之危险而言也。是故危险之发生,须为可能的不确定的,适法的,且须为偶然的,其程度与范围须能测定而且须为一定的;所谓一定的,即任当事人于事先预为约定是也。我保险法且规定保险契约订立时如危险已消灭或已发生者,其契约无效(第九条)。是危险仍须为未来者,方可为保险契约之标的也。但关于运送保险或在国外物品之火灾保险,法律另设有例外之规定。(第十条)

【危险犯】【刑】即凡行为带有危险性时,无须发生结果,即成立犯罪罪名者之谓。例如妨害名誉安全信用秘密等罪或恐吓罪是,又名形式犯。(详该本条)

【危险物】【刑】(详危险物罪条内)

【危险物罪】【刑】Offences concerning dangerous articles 为公共危险罪之一;各国大都规定于其他特别法中,我国暂行刑律与新刑法均有是项规定,兹分三种述之:(1)漏逸间隔蒸气电气煤气罪——因漏逸或间隔蒸气,电气或煤气,致生危险而成立,以足以引起危险者为必要,处三年以下有期徒刑,拘役或三百元以下罚金,至因而致人于死或重伤者,比较故意伤害罪从重处断(刑法第一九一条)。(2)制造持有输入爆裂物罪——因意图供犯罪之用而制造或持有炸药,绵花药雷汞,及其他相类之暴裂物,或自外国输入而成立,以意图供他人或本人犯罪之用为必要,处六月以上五年以下有期徒刑。未遂罪亦罚之(第二〇〇条)。至于非意图犯罪之行为,如未经允准而制造或持有上述爆裂物,或自外国输入者,除制造持有或输入之故意外,亦须有爆裂物之认识为必要,方能构成本罪,且须系未经允准者,处罚较轻,为三年以下有期徒刑,拘役,或五〇〇元以下罚金,未遂罪亦罚之。(第二〇一条)

【危险负担】【债】Assumption of risk 所谓危险负担,乃指双务契约债务之标的若非因归责于当事人两造之事由而不能给付时，则此项损失应归何人负担之问题也。立法例历来有三主义：(1)债权人主义——即使债权人负担之。(2)债务人主义——即使债务人负担之。(3)所有人主义——即使标的物之所有人负担之。我国民法采债务人主义，即因不可归责于双方当事人之事由致一方之给付全部不能者，他方免为对待给付之义务。但仅一部不能者，应按其比例减少对待给付(第二六六条)。民法复就上列原则设有例外规定，即当事人之一方因可归责于他方之事由致不能给付者，得请求对待给付；换言之，即因可归责于债权人事由时，则由债权人负担危险是也。(参第二六七条)

【各】【史】各者，彼此同科此罪，谓如诸色人匠，拨付内府工作，若不亲自应役，雇人冒名，私自代替，及替之人，各杖一百之类(各有二义，有横各者，彼此同科此罪之类是也；有直各者，如下云，尊长谋杀之类，是此句尚未尽各字之义，尊长谋杀已行者，各依故杀罪减二等；此各字，则又分别服制，各人照各尊长故杀各卑幼之罪，各减二等也)。

【各省财政厅管理国税规程】【行】本规程公布于民国十七年六月三十日，分为四章，共十一条，自公布日施行。第一章总则，第二章权限，第三章征解，第四章附则，其要点如下：(一)财政厅管理国税事务除财政部直辖各税另设专局征收外分为下列两项：(1)经常管理之税目—(甲)货物税(产地税销场税落地税茶捐商捐及其他类似之税捐皆属之)。(乙)茧捐。(丙)煤类特税。(丁)矿税。(戊)铁路货捐。(己)其他本部委任办理之经常收入。(2)临时管理之税目：(甲)验契费。(乙)房捐。(丙)其他本部委任办理之临时收入。(二)财政厅对于所管各税按月须将实收之额结算清讫，并于次月下旬汇齐列表呈部备核。(三)凡未经本部核准之款，不得在所收国税项下动用抵解。

【各省陆地测量局组织大纲】【行】本大纲于民国十九年二月二十九日由国民政府公布，全文共十一条，自公布之日施行。其要点如下：(一)各省陆地测量局直隶于参谋本部陆地测量总局，兼受各该省省政府之指导，办理全省陆地测量及制图之业务，并担任土地勘测各事宜。(二)每局置局长一人，由陆地测量总局遴选富有测量学识经验之专门人员，呈请参谋本部转呈国民政府任命之。(三)每局均设局本部及三角、地形、经界、制图四科，科各置科长一人，科员若干人。

【各省警察传习所】【史】北京政府内务部为统一全国警政起见于各省省会设立警察传习所一处，以养成警察模范人才为宗旨；此项传习所在未设立省警务处地方，直隶于省长，已设者则直隶于警务处长。每所置所长一人由省长委派，或由警务处长呈请省长委派咨陈内务部备案；又因各省情形，得由警务处长或警察厅长兼任，教务主任一人，教员若干人，概由地方警察传习所毕业学员兼任，会计兼庶务一人，文牍兼管库一人，则由所长委任之。入学之资格，以下列各项为限：(1)在警察学校一年以上毕业者。(2)现任警佐及巡官。(3)在法政学校一年半以上毕业者，所授学科计有十三种之多，以一年为毕业期限。每四个月举行期考一次，毕业时由所长会同教务主任及各教员稽核成绩，评定分数，以六十分以上为及格，发给证书；毕业后由警务处分配所属厅所担任巡警教练所教练事宜。(各省警察

传习所章程第一—五条、第七—八条、第十—十二条）

【各从本法】【史】所谓各从本法，乃指数人共犯一罪，因有首犯与从犯之区别，而各别适用其本法所规定之条文以为处断而言，学海堂丛书五—读律提纲："律有各从本条者，此即各科各罪之谓，此各字指所犯之各人言，此为众人共犯一罪，而首从本罪各别者，各从本律科之。"

【各尽本法】【史】所谓各尽本法，乃指一人犯二罪以上时，其所犯之各罪，均须尽其本法加以处断而言。学海堂丛书五—读律提纲："律有各尽本法者，此各字指所犯各罪言；此为一人兼犯各罪，或从重论，或从一科断，而所犯各罪，虽不论，仍各尽本法科之。见名例律二罪俱发，发重论条。"

【各县义仓管理规则】【行】本规则于民国十七年七月十六日公布，全文共二十七条，自公布日施行。（参议仓条及义仓管理委员会条内）

【合力保险】【险】谓保险人得约定保险标的物之一部，由要保人或被保险人自行负担，由危险而生之损失也。与一部保险性质上虽略相似，但不可相混，在合力保险要保人不得将未经保险之部分，另向他人保险（保险法第三十一条第二、三项）。而一部保险则要保人得将未经保险部分，向其他保险人另行保险。

【合干部分】【史】某种事件与某官署有关系者，此时指该官署为合干部分，即今之所称有关官署之谓。明律（卷十四）、清律（卷十八）兵律军政篇——边境甲索军需条："凡守边将帅，但有取索军器钱粮等物，须要差人一行布政司，一行都指挥使司，再差人一行五军都督等，一行合干部分。"

【合同】【债】Written agreement　双方当事人同意时所订立之书面契约，曰合同，换言之，即书面契约之谓也。

【合同行为】【民总】又名共同行为。（详该本条）

【合同国】【国公】Compound state　又曰复合国。（详该本条）

【合名会社】【公】Unlimited company　为日本之名辞，乃与我国所称之无限公司相等。

【合死】【史】所谓合死，乃指应处死刑而言，合字与应字相通。唐律（卷五）名例篇——犯罪共亡条之疏议："律称应死，未须断讫，准合死逃亡。"

【合作社】【行】Coöperation; Cooperative society　所谓合作社，乃指对于生产分配及消费等，以平等为原则，所设立之团体而言。我国目前尚未颁布合作社法，惟有农村合作社暂行规程之公布，凡农民所组织各种合作社，均须依该规程之规定。合作社之设立，至少须有社员九人以上，并应订立社章，呈请县市政府许可，取得许可证后，应按照社章组织成立，并于三个月内，向县市政府为成立之登记，然后始取得法人之资格。合作社社员须具下列各项资格：(1)中华民国人民年满二十岁，而系居住于社章所规定之区域内者。(2)有正当职业及有相当生活能力者，社员入社至少须认缴一股（社股金额每股不得过国币十元，且须一律）。不得数人合为一股，或合有数股，社中职员为理事及监事各若干人，通称为社务委员，由社员大会就社员中选任之,或罢免之,均为名誉职;惟业务发达时,得酌给酬金。理事会及监事会每月各开会一次(必要时得开临时会)。各设主席一人,由理事监事分别互选之,社员大会由理事会召集之,以理事会主席为主席,如理事会主席缺度,或大会由监事会召集时,应由监事会主席为主席。会议时须有过半数之出席,其表决权不问社股之多少,每人均只一权,合作社股息不得超过年息六厘,其公积金不得少于每年纯益百分之二十,但积至社股总额二倍以上时,得由社自行规定之。其公益金不得少于每年纯益百分之五,至每年纯益除照社章提出公积金公益金外,应以余额按社员交易多寡,比例分配之。合作社如有下列情事之一者,应即解散:(1)社员不足法定人数者。(2)存立期满,而未重行注册者。(3)社员大会决议解散。(4)社员大会议决与其他合作社合并者。(5)宣告破产者。(6)与现行法令有抵触者,解散时除合并与宣告破产外,应由社员大会选举三人以上充任清算员,其因违法解散或宣布破产时,则由主管机关清算之。关于合作社之种类,则有下列九种:(1)信用合作——凡放款于社员,以供生产及他种正当事业之用,并办理储金业务者属之。(2)供给合作——凡以物品供给社员职业上之需要,或购买物品,加工制造,或不加工制造,以供给社员者属之。(3)生产合作——凡种植饲养,或加工制造,社员所有之农产品者属之。(4)运销合作——凡运销社员之农产品者属之。(5)利用合作——凡制备职业上所需设备,使社员共同使用者属之。(6)储藏合作——凡收受社员之生产物办理保管者属之。(7)保险合作——凡对于生命负伤牲畜水灾火灾风灾雹害病虫害等,为保险之行为者属之。(8)消费合作——凡供给农家日用必需品者属之。(9)其他合作——凡不属于上列之各种合作,如建筑合作、改良品种合作等属之。至合作之责任亦分下列三种:(1)无限责任——社员以其所有财产,对社及社之债权人负分担债务责任。(2)有限责任——社员对社之债务,以所认之股额为限。(3)保证责任——社员对社及社之债权人除所认股款外,尚负若干金额之责任。上述三种,合作社之设立应任择其一。(农村合作社暂行规程第二—三条、第七—八条、第十一条、第十二—十三条、第二〇—二十二条、第三十一条、第三十四—三十五条、第四一—四六条、第四八条、第五〇—五四条、第五十七条)

【合作社法】【行】本法于民国二十三年三月一日,由国民政府公布,计分九章共七十六条。兹举其要点于下:(一)本法所称合作社,谓依平等原则,在互助组织之基础上,以共同经营方法,谋社员经济上之利益与生活之改造,而其社员人数及资本额,均可变动之团体。(二)合作社为法人得免征所得税及营业税。其业务得为下列各类之一种或数种:(甲)为谋农业之发展,置办社员生产上公共或各个之需要设备,或社员生产品之联合推销。(乙)为谋工业之发展,置办社员制造上公共或各个之需要设备,或社员制造品之联合推销。(丙)为谋社员消费之便利,置办生产品与制造品,以供给社员之需要。(丁)为谋金融之流通,以低利贷放生产上或制造上必要之资金于社员,并以较高利息收受社员之存款与储金。(戊)为谋相互之扶助,对于社员之灾患疾病,养生送死,及其所经营事业之灾害办理保险。(己)其他不违反上述第一要点之规定者。(三)合作社之责任,分为有限责任、保证责任及无限责任三种。合作社之名称,应表明所营之业务及责任。(四)合作社非有七人以上不得设立，于召集创立会选举理事监事，组织社务会后，应呈请登记。(五)合作社社员应具有下列资格：(甲)为中华民国人民年满二十五岁者。(乙)有正当职业者，如有被褫公权或破产者或吸用鸦片或其代用品者均不得为合作社社员。(六)法人得为有限责任及保证责任合作社之社员，至无限责任合作社社员，则不得为其他无限责任合作社社员。(七)社员认购社股，每人至少一股，至多不得超过股金总额百分之二十。但有例外(本法第十五条)。至社股金额，每股至少国币二元至多不得过二十元。(八)社股年息不得过一分；其盈余除依次弥补累积损失及付息外，应提存总额百分之二十以上为公积金，百分之十以上为公益金，百分之十为理事及事务员酬劳金。(九)社员有下列情形者，丧失社员资格：(甲)丧失中华民国国籍者。(乙)有本法第十二条之情事之一者(即上述第五要点之末段)。(丙)死亡。(丁)自请退社。(戊)除名。(十)出社社员得依章程之规定请求退还其股金之一部或全部。(十一)合作社之组织为理事监事，至少各三人，由社员大会就社员中选任之。理事执行任务，并互推一人或数人对外代表合作社。监事之职权则如下述：(甲)监查合作社之财产状况。(乙)监查理事执行业务之状况。(丙)审查本法第三十二—三十三条所规定之书类。(丁)合作社与其理事订立契约时，或为诉讼上之行为时，代表合作社。(十二)合作社因业务上之必要，得设事务员，由理事会任免之。(十三)合作社会议分下列四种：(甲)社员大会——每年至少一次。(乙)社务会——每三个月至少一次。(丙)理事会——每月至少召集一次。(丁)监事会——每月至少一次。(十四)合作社因下列各款事项之一而解散：(甲)章程所定解散之事由发生。(乙)社员大会之解散决议。(丙)社员不满七人。(丁)与他合作社合并。(戊)破产。(己)解散之命令。(十五)合作社解散时应行清算，其清算人之职务为了结现务，收取债权，清偿债务，及分派剩余财产，于清算事务终了时，应即造具报告书提交社员大会，请求承认，于完结后应即呈报主管机关。(十六)二以上之合作社或合作社联合社，因区域上或业务上之关系，得设立合作社联合社；惟同一区域或同一区域内同一业务之合作事业，不得同时有二个联合社。(十七)合作社联合社亦为法人，其组织有代表大会，理事，监事等。其责任则仅有有限责任及保证责任两种。(十八)关于合作社设立人，社员，理事，监事，及清算人等之罚锾之规定。(本法第七十二—七十三条)

【合作社联合会】【行】Union of the cooperative societies　由同一目的之合作社所联合组织之团体，曰合作社联合会。其组织只限于有限责任合作社与保证责任合作社二种。除信用合作社联合会外，合作社联合会得加入其他合作社联合会。会内之职员亦为理事及监事，均由合作社联合会会议就其所属合作社及合作社联合会之代表选任之及罢免之。(农村合作社暂行规程第七〇—七八条)

【合成物】【民总】Compound thing　为物之一种。对单一物聚合物言，又名组成物，即由数个独立物组成为一独立物之谓也。其各组成分子，仍不失其个性，在法律上仍认此合成物，为一权利之客体，如房屋及船舶是。

【合成给付】【债】Compound prestation　为债之标的之给付之一种。对单独给付言,即债之给付须由数个行为而成之谓也。例如管理财产之债务是;故须合数个之给付行为,方能组成一个债权之标的,并非数个独立给付,且以不许分割为原则,故与数个单纯给付之得以分割者有异。

【合和御药】【史】天子所用之药曰御药,食曰御食,司其事者应如何谨慎拣择,方不至于误事;否则,应构成本条之罪。明律(卷十二)、清律(卷十七)礼律仪制篇均有合和御药之条。清律之规定及其下注云:"凡合和御药,误不依(对症)本方,及封题错误(经手)医人,杖一百。料理拣择(误),不精者,杖六十。若造御膳,误犯食禁厨子杖一百。若饮食之物,不洁净者,杖八十。拣择(误)不精者杖六十。(御药御膳)不品尝者,笞五十,监临提调官,各减医人厨子罪二等;若监临提调官,及厨子人等误将杂药至造御膳处所者,杖一百,所将杂药,就令自吃。(御膳所)厨子人等,有犯监临提调官知而不奏者,门官及守卫官,失于搜检者,与犯人同罪,并监时奏闻区处。"清律之总注:"进御之药,分当敬谨,合和必依本法,封题不容差错,医人错者,杖一百。料理炮制,拣择采取,不精虔者,杖六十。进御之膳,各有禁忌,误犯食禁,厨子杖一百。若饮食之物,止不洁净者,次之,拣择不精者,又次之,不品尝者,又次之,故有杖八十,六十,笞五十之差。监临提调,御药御膳官,各照医人厨子之罪减二等。御膳处所,非系用药之地,监临提调官,及厨子人等,非系带药之人,若将杂药至造御膳处所者,杖一百,其药就令自吃以验之。厨子人等有犯,监临提调官知而不奏者,御膳所直日门官及守卫官失于搜检者,同罪;亦杖一百,以上所犯,法虽已定,不得擅自决断,并临时奏闻区处,或依律,或别议请自上裁。"按本条首节言医人厨子不详慎与不先品尝,并监临提调之罪,后节言误将杂药带进御膳所之罪。

【合致】【民总】Agreement 即意思合致之简称。(详合意条)

【合并】【公】Consolidation 谓二以上之公司合而为一也。有吸收合并与设立合并之别,前者指甲乙丙数公司附入丁公司,而丁公司依然存续而言,后者又名创立合并,即甲乙丙公司概行解散而另组成一新公司也。合并之条件有三:(1)须经全体股东之同意。(2)决议合并时,应即编造资产负债表及财产目录。(3)决议后应即向各债权人分别通告及公告。(4)合并时应于十五日内向主管官署,分别依下列各款请求登记:(甲)因合并而存续之公司为变更之登记。(乙)因合并而消灭之公司为解散之登记。(丙)因合并而另立之公司,为设立之登记(公司法第四七条—五一条)。股份有限公司之合并,亦准用上述各程序(第二〇四条)。合并又为股份有限公司减少股数方法之一。对销除言,即将特定之若干股份合并而得一股银仍旧之新股之谓。例如五〇元之股合并二股或三股为一股,其股银仍为五〇元是。至于仅有一股者,既不能取得一新股,又不能与人共有一新股,此时惟有转让其股份或购买其不足之股份,凑满定数乃能合并。我公司法规定,因减少资本而合并股份时,其不适于合并之股份,得由公司将其拍卖,以卖得金额给还该股东。(第一九九条)

【合并诉讼】【民诉】Amalgamated action 即由多数合并为一之诉讼也。有主观上之合并者,例如数当事人之合并,而为共同诉讼是。有客观上之合并者,例如诉讼标的之合并，而为一个诉讼是。

【合并管辖】【刑诉】Amalgamated jurisdiction　(详牵连管辖条内)

【合并辩论】【民刑诉】法院为节省时间与精神起见，命当事人将提起之若干诉讼，合并于一次为言辞之辩论者，谓之合并辩论。(参言辞辩论条内)

【合徒】【史】合徒者谓应处徒刑也。合字与应字相通。

【合围地】【行】Besieged place　日本称戒严地曰合围地。

【合意】【债】Agreement or consent　即二个以上之意思表示于主观及客观上均互相符合之谓。英国法国法律中所称之契约，乃指狭义之契约，对广义之契约，则称为合意。我国民法对契约之成立以合意为不可缺之要素；但以必要之点为限，故对于非必要之点，未经表示意思者，推定其契约为成立。(第一五三条第二项)

【合意期日】【民诉】由诉讼当事人，协议延长或缩短之期日，谓之合意期日。(参期日条内)

【合意管辖】【民诉】Jurisdiction by mutual consent　为管辖之一种，谓因当事人之合意，受在法律上无管辖权之法院之管辖也。此种制度，乃为便利当事人起见，故我民诉法亦采取之。合意之方法有二种：一为默示——即被告对无管辖权之法院并不抗辩而迳行本案言辞辩论，或于准备程序时为陈述者，法律以其法院为有管辖权法院论。一为明示——即当事人公然表示合意是也。但须具备下列五要件：(一)须系就于第一审法院为之者。(二)须系就一定诉讼或自一定法律关系而生之诉讼为之者。(三)须系关于财产权上之诉讼。(四)须系不隶于专属管辖之诉讼。(五)须系以文书证明之者。(民诉法第二十三—二十五条)

【合意离婚】【亲】Divorce by agreement　又称协议离婚(详该本条)。或名两愿离婚。

【合资会社】【公】Sociétéen commandité　为日本之名辞，即我国所称之两合公司也。

【合伙】【债】Partnership　所谓合伙，乃指二人以上互约出资以经营共同事业之契约而言。各当事人则称合伙人，合伙与各种法人——公司或社团——有异，前者并无独立人格，各当事人仍为权利义务之主体，后者则组成人员乃构成份子，仅该团体有独立人格而为权利义务之主体。合伙与隐名合伙亦有区别，前者各当事人均须共同经营事业，后者则否(参隐名合伙条)。合伙出资之种类，并无限制，金钱劳务或他物均可，其财产乃合伙人全体之公同共有，合伙契约原则上不许擅行变更。故除契约另有订定外，非经合伙人之同意不得为之。合伙之事务，原则上由合伙人全体共同执行之。但契约另有订定时依其订定。又执行事务者，以不得请求报酬为原则。有约定者亦依其约定。至对外关系，即被委任执行事务之合伙人于依委任本旨执行合伙事务之范围内，对于第三人有代表他合伙人之权利。合伙之债务之范围内，对于第三人有代表他合伙人之权利，合伙之债务各合伙人负连带责任，但限于合伙财产不足清偿之时，否则仍由合伙财产清偿之，合伙人对于自己股份[①]得自由转让于他合伙人，但转让于第三人则须经他合伙人全体之同意，方可为之。合伙成立后，凡欲加入者，须经合伙人全体之同意方可。至于退伙（详该本条）亦有明文加以规定。此外合伙又因下列事项之一而解散：（一）合伙存续期限届满者。（二）合伙人全体同意解散者。（三）合伙之目的事业已完成或不能完成者。合伙契约中另定有解散原因者，亦属有效。合伙解散后，即须清算，由合伙人全体或由其所选任之清算人为之；其财产于清算合伙债务，及返还各合伙人出资后，尚有剩余者，按各合伙人应受分配利益之成分配之，如有不足返还各合伙人之出资者，则按照各合伙人出资额之比例返还之。（民法第六六七条—六九九条）

【合伙人】【债】Partner 合伙契约之当事人曰合伙人，至少须有二人，至最多人数若干，法律并无限制。

【合伙契约】【债】Contract of partnership （详合伙条内）

【合伙财产】【债】Partnership property （详合伙条内）

【合议】【组】Counsel （详合议制条内）

【合议制】【组】Council system 为法院审判制度之一种。与独位制折衷制相对称；谓审理及裁判诉讼案件时，由推事三员以上共同行之之制度也。我法院组织法规定，地方法院得以推事三员行之。高等法院以推事三员行之，但得以推事一员行准备及调查证据程序，最高法院则定为五员或七员（第三条），合议制之优点有三：（一）可免审判官专断之弊。（二）可免审判官之营私舞弊。（三）可减少裁判之错误。

【行】又称委员制，与独任制相对称；行政机关之职权由二人以上决定之并执行之者，曰合议制。此制之优点有四：（一）合于民治精神。（二）扫除专横之弊。（三）补救人选之缺陷。（四）减少政治上之竞争。

【合议制官署】【行】为官署之一种。与独任制官署相对立，即官署职权之决定权，属于二人以上之合议制之官署也。

【合议庭】【组】Kollegialg ericht（德） 审判时其法庭乃以三人或五人合议为之，谓之合议庭。

【合议推事】【组】Judges sitting together 为推事之一种。与独任推事相对立，即采合议制以从事审判之推事也。在高等法院为三人，在最高法院为五人或七人。

【同】【史】同，对异言，义取乎恰合，因其所犯各异，特为合论而罪之以同，如同强盗论是也。（参读律风髓）

【同中书门下平章事】【史】唐时以尚书仆射为宰相，贞观之末除拜仆射，必加同中书门下平章事。于是，尚书省乃兼有中书门下二省之职权，乃行政上最高

① 原书为“分”，系排版之误。

级之机关，而简称为平章事。宋因之，以参知政事副之，其位之最崇者则为平章军国重事。元于中书省行中书省皆置平章政事，左右丞等，次于丞相，明废。

【同父周亲】【史】父系最近之亲属曰同父周亲。（参立嫡子违法条内）

【同平章事】【史】官名，唐时置之，即宰相之职也。历代因之，明始裁废。

【同光刑律统类】【史】（详后唐之法典条内）

【同地付票据】【票】对他地付票据言；凡付款地与付款人之住所地为同地时，其票据曰同地付票据。

【同地买卖】【债】Purchase and sale in same place　为买卖分类之一种。与异地买卖相对称；谓出卖人与买受人之住所或营业所在同一地方也。

【同行知有谋害】【史】凡在路同行；作客同寓，贸易同业，亲属或非亲属，皆称曰同伴。同伴之中，如有知其中之一人，造意欲行杀害他人时，于未开始时不即阻止，实行之际，不即予以救援，于被害之后，又不首告于官者，皆应坐罪，明律（卷十九）、清律（卷二十六）刑律人命篇，均有同行知有谋害之条："凡知同伴人欲行谋害他人，不即阻当救护，及被害之后，不首告者，杖一百。"清律之辑注："谋害不特谋财害命，如因奸情因仇恨因夺其官凭文引之类，而谋杀其人皆是。"同律之辑注："既为同伴之人，必有关切之情，知其谋害，即当阻救；先不阻救，后不首告，是纵容谋害矣。罪止杖一百之重者，恶其纵容；冀其阻救首告也。阻当与救护有先事临时之分，然谋害未行，则先曾阻当与否，无从知之，重在不救护耳。然有惧发其隐情而不敢阻，因见其凶恶而不敢救，及畏牵连拖累而不敢首者，亦当原情酌断。"

【同事共与】【史】同事共与者，谓同职者于同一关系事件内收受贿赃，共同分与也。唐律（卷十一）职制篇有事以财行求条："……即同事共与者，首则并赃论，从者各依已分法。"其疏议曰："谓数人同犯一事，敛财共与。"

【同姓为婚】【史】同姓虽非同宗，但礼不娶同姓，以其多有血统上之关系也。唐律（卷十四）户婚篇同姓为婚条："同姓为婚者，各徒二年，缌麻以上，以奸论。若外姻有服属，而尊卑共为婚姻，及娶同母异父姊妹，若妻前夫之女者，亦各以奸论。"明律（卷六）、清律（卷十）户律婚姻篇亦有同姓为婚之条。惟至光绪末年，此禁忽开，即同姓者，重者同宗，如非同宗，当援情定罪，不必拘泥律文。清律原文及注曰："凡同姓为婚者，（主婚与男女）各杖六十，离异（妇女归宗，财礼入官）。"明律之纂注："为婚兼妻妾各字，指男女两家言，盖礼不娶同姓，所以厚别也。故凡娶同姓女为妻妾，或以女嫁与同姓为妻妾者，是渎伦矣。或坐主婚，或坐男女，彼此各杖六十，妇女离异归宗，财礼入官，夫曰同姓，则无不知情也。"

【同姓亲属相殴】【史】凡本宗同姓袒免亲属相殴，虽五服已尽族戚疏远，而其世系之尊卑名分犹存，终与凡人有异。其互殴者，均构成本条罪名。明律（卷二十）、清律（卷二十八）刑律斗殴篇均有本条之设，内容相同，清律原文及其下注："凡同姓亲属相殴，虽五服已尽，而尊卑名分犹存者，尊长（犯卑幼）减凡斗一等，卑幼（犯尊长）加一等（不加至死），至死者（无论尊卑长幼）并以凡人论（殴杀者绞，故杀者斩）。"清律之辑注："尊兼长言父辈祖辈与兄姊皆是也。卑兼幼言侄辈孙辈与弟妹皆是也。女虽出嫁亦同。"同律之总注:"按礼,在五世缌麻绝服之外者,皆袒免;宗支虽疏远,五服虽已尽,而一本之亲,不可泯没,其世系可考,尊卑名分犹存,终与凡人不同,有相殴者,尊长犯卑幼,则减凡斗罪一等,卑幼犯尊长,则加凡斗罪一等,所以敦族谊也。至死,则其罪已重,故并以凡人论,斗杀者绞,故杀者斩,不言过失杀伤者,亦同凡人收赎法。"

【同宗】【亲】Clansmen 同姓之亲族而有谱系可寻者,谓之同宗。我国以前同宗之亲属,不得缔婚,其系同姓而不同宗者,则不在禁止之列。现行法律则仅规定在一定范围内之亲属(民法第九八三条),不得结婚耳。故同宗而非在一定范围内之亲属,仍可结婚。

【同居】【亲】Conjugal community; Cohabitation 夫妻彼此共同生活时,谓之同居。但男女间并非夫妻而以共同生活为目的时,亦可称曰同居,前者在法律上乃为一种义务,后者则不为法律所保障。

【同居卑幼】【史】与同居尊长相对称。(详同居尊长条内)

【同居相为隐】【史】同财共居者谓之同居,犯罪时得互相为隐依法不坐。唐律(卷六)名例篇——同居相为隐条:"诸同居若大功以上亲,及外祖父母外孙,若孙之妇,夫之兄弟,及兄弟妻,有罪相为隐。"疏议曰:"同居,谓同财共居,不限籍之同异,虽无服者并是,若大功以上亲,各依本服外祖父母外孙,若孙之妇,夫之兄弟,及兄弟妻,服虽轻论情重,故有罪者,并相为隐反报隐,此等外祖不及曾高外孙不及曾玄也。部曲奴婢为主隐,皆勿论。即漏露其事,及擿语语消息,亦不坐。其小功以下相隐,减凡人三等。若犯谋叛以上者,不用此律。"疏议曰:"谓谋反谋大逆谋叛,此等三事,并不得相隐,故不用相隐之律,各从本条科断。"

【同居尊长】【史】在一家共同生活内之尊长,曰同居尊长,尊者如祖父母、父母伯叔父母之类是。长者如兄姊是。如有同居尊长,则同居卑幼不得擅自使用家财。(详卑幼私擅用财条内)

【同居义务】【亲】Duty of cohabitation 男女间之婚姻关系既经成立,在其存续期间中,双方当事人互负共同生活之义务,是曰同居义务。同居虽为夫妻间应尽之义务,但不能强制执行,我国前大理院解释谓婚姻案件不能强制执行……执行衙门除传唤劝导外,别无执行方法,故新民法仅规定夫妻互负同居之义务,但有不能同居之理由者,不在此限。又对同居义务设有补助之规定,即妻以夫之住所为住所,赘夫以妻之住所为住所。(第一〇〇一——〇〇二条)

【同居继父】【史】(详第三八七条内)

【同时犯】【刑】又名副共犯,或副正犯,即二人以上之犯罪行为,趋于同一之结果,而意思无联络者之谓。与共犯区别之标准,全在主观之意思有无联络为定。例如甲乙并无意思联络时,均故意以枪击丙是。暂行律三十四条设有规定,新刑法无明文。

【同时表示】【债】Concurrent expression 即二个以上相对立之意思表示,同时为之之谓。通常以此为契约成立方法之一,以其在客观上及主观上均显示双方均意思合致故也。

【同时重复保险】【险】所谓同时重复保险，乃指二以上之保险业人，在同一时间，对于同一之被保险利益及同一危险，所为之保险契约而言。

【同时履行之抗辩】【债】即双务契约当事人一造在未有对待给付以前，可以拒绝履行债务之谓也。我国民法明定因契约互负债务者，于他方当事人未为对待给付前，得拒绝自己之给付(第二六四条第一项)。故同时履行之抗辩，并非双务契约之一造皆可为之。仍须具备下列三要件:(1)须一造不负先向相对人为给付之义务。(2)须相对人未为对待给付，或未有对待给付之提出。(3)须不违反交易上之信用及诚实(民法第二六四条第二项)。民法复有例外之规定，即当事人之一方应向他方先为给付者，如他方之财产于订约后显形减少，有难为对待给付之虞时，如他方未为对待给付或提出担保前，亦得享有同时履行之抗辩权。(第二六五条)

【同时履行抗辩权】【债】谓因契约互负债务者于他方当事人未为对待给付前，亦得拒绝自己给付之权利也(民法二六四条)。与留置权不同。其异点有四:(1)同时履行抗辩权由双务契约而当然发生者，留置权则由法律直接规定始发生者。(2)同时履行抗辩权，不因他方当事人之提供担保而消灭，以其为债权之效力也。留置权则因相对人之提供担保即行消灭。(3)同时履行抗辩权之行使，仅以双方之债务均已届清偿期为限，留置权则否。(4)同时履行抗辩权不必有关于物之占有，即以行为不行为之给付为标的者亦可，留置权则以有关于物之有为标的者为必要。(5)前者为形成权，后者为物权。此外亦有主张同时履行抗辩权与留置权性质上并无区别，惟规定各别耳。即前者在债篇中，后者则在物权篇中。

【同情罢工】【劳】甲劳动团体，对乙劳动团体罢工时加以援助，而亦举行罢工以为响应者，曰同情罢工，我国工会法，并无明文予以承认。

【同等亲】【亲】又曰同辈亲。(详该本条)

【同等权】【国公】Equal rights　即平等权之别称。(详平等权条内)

【同意】【通】对于他人所为之意思表示或行为表示赞同者，谓之同意，有事前同意与事后同意之别。事前同意又曰承诺。事后同意则曰承认(或曰追认)。同意与允许不可相混，前者为对于同等关系之间之人所为之赞同的表示，而后者则为尊辈者对于卑辈者所为之赞同的表示。

【同意主义】【险】为为第三人订立人寿保险契约之限制的立法主义之一。对利益主义与折衷主义言，谓如得被保险人(即第三人)之同意，要保人即可以该第三人之生死为人寿保险之标的而订立契约。至于该要保人与该第三人(即被保险人)间是否有利益关系，均非所问，德瑞及日新商法皆采此主义，我保险法亦然。即要保人如未经被保险人(即第三人)以书面承认并经其指定保险金额者，其契约无效。(第六一条)

【同意年龄】【刑】Age of consent　又称和奸年龄。(详该本条)

【同盟】【国公】Alliance　同盟亦为条约之一种。乃二国或二国以上对于其他国家以攻守或防守为共同目的所订立之同意办法。故有防守同盟与攻守同盟之区分，以前者居多，例如以前之英日同盟以及德意奥同盟是。同盟条约之中每多不关重要之规定，而其主要条件，则每于密约中另行加以规定。

【同盟罢工】【劳】Strike 简称曰罢工，为工人团结方法之一种。即工人以达到其所要求者为目的而行使团结之争斗方式，列国法律，前昔皆视罢工为不法行为而严加禁止；其后则仅加以限制，今则多予许可，而且在法律上并认为一种权利（罢工权）。我国工会法虽明文许可，然条件却非常严苛；即劳资间之纠纷，非经过调解程序后，于会员大会以无记名投票得全体会员，三分之二以上之同意，不得宣言罢工。其已付仲裁或依法应付仲裁者，仍不得宣言罢工。工会于罢工时不得妨害秩序之安宁，及加危害于雇主或其他人之生命材产。又工会亦不得要求超过标准工资之加薪而宣言罢工。至工会法第三条所列举各事业工人组织之工会，不得宣言罢工。（第二十三条，按本条系最近修正者）

【同盟罢工保险】【险】Strike insurance 又曰罢工保险。（详该本条）

【同罪】【史】同罪者，同有罪也。然律中同罪，亦有二义，当各以轻重别之。如名律内云：称同罪者，止坐其罪，正犯至死者，同罪人减一等，罪止杖一百，流三千里，不在刺字绞斩之例，大约与准字义同，此一义也。又曰，若受财故纵，与同罪者全科，至死者绞，所别者，惟斩与绞而已。大约与监守盗，常人盗分别之义相似，此又一义也。（参读律风觿）

【同僚代判署文案】【史】文案者，指文书及文案二者在内，文书乃申上札下及平行之文移皆是。文案则为文书所存之案卷。凡判署文书者（即判日与署名于文书）必须各官亲笔，以杜奸冒之弊。至于文案有遗失者，若同僚代为判署以补之，亦为法律所不许。明律（卷三）、清律（卷七）吏律公式篇——同僚代判署文案条：“凡应行官文书而同僚官代判署者杖八十；若因遗失文案而代者加一等，若有增减出入，罪重者从重论。”明律之纂注：“应行官文书，谓凡各衙门应合行移之官文书，如咨申照会牒札之类，判谓判日署谓书名文案，即所存之案以备查照也。此言各衙门合行文书，须各官亲自判日书名有故不与者阙之，正以别嫌而防奸也。若同僚代为判署者，虽无奸弊，亦属诈冒，故杖八十，若遗失文案，而代为判署，以补卷宗者，既已遗又复作伪，故杖九十，此皆自其无私弊者言之。若代判署之文书，及代补遗失之文书，苟于事情或有增减罪名，或有出入是有私弊者，各从所增减所出入之罪从重论。此代判署多因其人不在而代之故不言应判者之罪，亦不必谓应判者是正官同僚是佐贰，虽正官代佐贰亦得此罪。”

【同僚犯公罪】【史】同官于一衙门者谓之僚。如失出入人罪等之类，谓之公罪。凡同僚官吏连署文案，判决公事，若犯违错而无私曲者，均属有罪。换言之，即一人失错公务而犯公罪，其他之关系同僚皆应连坐也。明律（卷一）名例篇有同僚犯公罪之条，其原文与下注：“凡同僚犯公罪者（谓同僚官吏连署文案，判断公事差错而无私曲者）。并以吏典为首，首领官减吏典一等，佐贰官减首领官一等，长官减佐贰官一等（四等官内如有缺员，亦依四等官递减科罪，本衙门所设无四等官者，止准见设员数递减）。若同僚官一人有私，自依故出入人罪论。其余不知情者，止依失出入人罪论（谓如同僚连署文案官吏五人，若一人有私，自依故出入人罪论。其余四人虽连署文案,不知有私者,止依失出入人罪论,仍依四等递减科断)。若申上司不觉失错,准行者各递减下司官吏罪二等(谓如县申州,州申府,府申布政司之类)。若上司行下所属依错施行者,各递减上司官吏罪三等(谓如布政司行下府,府行下州,州行下县之类)。亦各以吏典为首。"清律(卷五)名例篇亦有同一之规定。

【同辈亲】【亲】Relatives of the same rank　为亲系分类之一。即与己身同其辈分,而无尊卑之区别之亲属也。例如兄弟姊妹是。

【同谋】【刑】(详同谋杀人罪条内)

【同谋不同谋殴伤人】【史】共同预谋或不共同预谋而殴打致人于伤或死者,构成本条之罪。应分别情节,加以处罚。明清律斗殴篇,设有斗殴之条。唐律(卷二十一)斗讼篇——同谋不同谋殴伤人条:"诸同谋共殴伤人者,各以下手重者,为重罪,元谋减一等,从者又减一等,若元谋下手重者,余各减二等,至死者,随所因为重罪。"疏议曰:"同谋共殴伤人者,谓二人以上,同心计谋,共殴伤人者,假有甲乙丙丁,谋殴伤人,甲为元谋,乙下手最重,殴人一支折,以下手重为重罪,乙合徒三年;甲是元谋,减一等,合徒二年半;丙丁等为从,又减一等,合徒二年;若不因斗,乙为故殴之首,合流二千里;甲是元谋,减一等,合徒三年,丙丁徒二年半;若是元谋下手重者,假甲为元谋,下手最重,即甲合徒三年;乙丙丁各减二等,并徒二年;若故殴即甲合流二千里,余各减二等,合徒二年半之类;至死,谓被人殴致死,随所因为重罪,谓甲殴头,乙殴手,丙殴足,若由头疮致死者,即甲为重罪,由手伤致死,即乙为重罪,由足伤致死者,即丙为重罪,重罪者偿死;余各减二等,徒三年;甲是元谋,止减一等,流三千里。"同条又曰:"其不同谋者,各依所殴伤杀论。其事不可分者,以后下手为重罪。若乱殴伤,不知先后轻重者,以谋首及初斗者为重罪,余各减二等。"

【同谋杀人罪】【刑】Offences of homicide by conspiracy　为减轻杀人罪之一,因同谋杀人而成立。乃指同谋犯罪于实施时,未正式参与而言,但须于杀人行为实施后方能成立。因其客体之不同更分为三:(甲)同谋杀普通人者,处三年以上十年以下有期徒刑。(乙)同谋杀直系尊亲属者,处七年以上有期徒刑。(丙)同谋杀旁系尊亲属者,处五年以上十二年以下有期徒刑。(刑法第二八八条、第二八九条)

【同谋强盗罪】【刑】Offence of robbery through conspiracy　为强盗罪之一,因同谋犯强盗罪而成立。所谓同谋,乃二人以上同为计划犯罪,而未参加于实施行为者之谓,又曰同谋犯。与教唆犯及共同正犯之情形有异,故认为独立犯罪,处一年以上七年以下有期徒刑。(刑法第三五一条)

【同谋掳人勒赎罪】【刑】Offence of capturig person for ransom through conspiracy　为掳人勒赎罪之一,因同谋掳人勒赎而成立。所谓同谋,即二人以上共同计划作犯罪行为之谓。但以未参加于实施行为者为限,如已参加者,则为共犯;如在事前教唆他人犯罪者,则为教唆犯,本罪与上述均有区别,故处以独立罪,为一年以上七年以下有期徒刑。(刑法第三七三条)

【同职犯公坐】【史】连署之官(即同僚)犯公罪者,依法连坐之,明清律设有同僚犯公罪之条。唐律则有同职犯公坐之条:"诸同职犯公坐者,长官为一等,通判官为一等,判官为一等,主典为一等,各以所由为首(若通判官以上,异判有失者,止坐异判以上之官)。"疏议曰:"同职者,谓连署之官,公坐,谓无私曲,假如大理寺断事有违,即大卿是长官,少卿及正,是通判官,丞是判官①,府史是主典,是为四等,各以所由为首者,若主典检请有失,即主典为首,丞为第二从,少卿二正为第三从,大卿为第四从,即主簿录事亦为第四从。若由丞判断有失,以丞为首,少卿二正为第二从,大卿为第三从,主典为第四从,主簿录事当同第四从。假如一正异丞所判有失,又有一正复同判,即二正同为首罪。若一正先依丞判,一正始作异同,异同者,自为首科,同丞者便即无罪,假如丞断合理,一正异断有乖,后正直云依判,即同前正之罪。若云依丞判者,后正无辜,二卿异同,亦各准此。其通判官以上,异同失理,应连坐者,唯长官及检勾官得罪,以下并不坐,通判官以下有失,或中间一是一非,但长官判从正法,余者悉皆免罪,内外诸司皆准此。"同条又谓:"其阙无所承之官亦依此四等官为法,即无四等官者,止准见官为罪。若同职有私,连坐之官,不知情者,以失论。"疏议曰:"四等之内,但有阙官,虽一人处断乖失,亦作四等为坐,假如大理卿或丞正一人见在,判有乖失,判者自当首罪,勾官仍同四等下从,即无四等官者,谓关戍之类无通判官,关丞即至关令,并主典唯有三等,假有典检请有失,丞为第二从,令为第三从,下州县市令,唯与典二人,此等止准见官二等之罪。同职,谓连判之官及典有私,故违正理,余官连判不知挟私情者,以失论,假有人犯徒一年,判官曲理断免,余官不觉,自依失出之法。有私者为首,不觉者为从,仍为四等科之,失出减五等,失入减三等之类,自余与夺之事,失者减三等。又云以失论之类,各从本条。"同条又曰:"即余官及上官案省不觉者,各递减一等,下官不觉者,又递减一等,亦各以所由为首(减,谓首减首从减从)。"疏议曰:"余官者。谓比州比县及省内比司并诸府寺监不相管隶者,上官者,在京诸司向省台,及诸州向尚书省,诸县向州之类,如州上文书向尚书省,有错失,省司不觉者,省司所由之首减州所由首一等,同职递为四等法首从减之,其余官不觉亦准此。若省司下符向州错失,州司不觉,州司所由,首减省司所由首二等,同职递为四等,首从法减之。"

【名分】【史】名分者,一定之地位,而不可加以混乱者也。例如君臣父子夫妇兄弟等皆是,各有其名,各有其分,不得僭越,不得混乱。易经履卦之象辞:"上天下泽履,君子以辨上下定民志。"程颐之注:"天在上泽在下,天下之正理也。人之所履当如是,君子观履之象,以辨别上下之分,以定其民志,夫上下之分明,然后民志有定,民志定,然后可以言治云云。"又真德秀之解:"名分之等,乃天地自然之理,高卑有不易之位,上下有一定之分,皆非人力私意之所为者也。……彼负其强,乃欲以卑而逆尊,恃其贵乃欲以上而陵下,皆逆天道,而不知上天下泽之理者也。"

【名田】【史】汉制非己所有者而以己之名义所占领之田地,称曰名田。汉书一哀帝纪:"有司条奏,诸王列侯,得名田国中,列侯在长安,及公主名田县道,关内侯吏

① 原书多"判官"二字,系排版之误。

民名田，皆无得过三十顷云云。”

【名例】【史】名例为旧律之篇名之一。始自战国魏之李悝法经六篇中之具法，秦商鞅改具法为具律，汉因之；三国之魏改具律为刑名，晋于刑名内将关于法例之事项分出，而为刑名与法例二篇。宋齐梁及后魏皆因之。至北齐始合并二篇而为名例，即今律之所谓总则也。按具法及具律秦汉均置于全篇之末；三国之魏，始改名刑名而将其位置放入第一篇；隋唐以后皆因之。按名例乃刑名与法例之合称，实为诸律之纲领，故列为首。明律之名例，计有四十七条。即五刑，十恶，八议，应议者犯罪，职官有犯，军官有犯，文武官犯公罪，文武官犯私罪，应议者之祖父有犯，军官军人犯罪免徒流，犯罪得累减，以理去官，无官犯罪，除名当差，流囚家属，常赦所不原，徒流人在道会赦，犯罪存留养亲，工乐户及妇人犯罪，徒流人又犯罪，老小废疾收赎，犯罪时未老疾，给没赃物，犯罪自首，二罪俱发以重论，犯罪共逃，同僚犯公罪，公事失错，共犯罪分首从，犯罪事发在逃，亲属相为容隐，吏卒犯死罪，处决叛军，杀害军人，在京犯罪军民，化外人有犯，本条别有罪名，加减罪例，称乘舆车驾，称期亲祖父母，称与同罪，称监临主守，称日者以百刻，称道士女冠，断罪依新颁律，断罪无正条，徒流迁徙地方，至清律始删去军官有犯，吏卒犯死罪，杀害军人，在京犯罪军民各条，增入犯罪免发遣一条，又于工乐户及妇人犯罪条分出天文生有犯一条。唐律名例篇名例之说明：“名者五刑之罪名，例者五刑之体例，名训为命，例训为比，命诸篇之刑名，比诸篇之法例。但名因罪立，事由犯生，命名即刑应，比例即事表，故以名例为首篇。”其附录（律音义）曰：“主物之谓名，总凡之为例，法例之名既多，要须例以表之，故曰名例。汉作九章，散而未统，魏朝始集罪例，号为刑名，晋贾充增律二十篇，以刑名法例，揭为篇冠，至北齐赵郡王叡等，奏上齐律十二篇，并曰名例，后循而不改。”

【名表郎官】【史】为宋时礼部郎中之别称。锦字笺（卷一）：“宋元丰官制，礼部郎中，谓之名表郎官。别有印，曰名表郎印。”

【名捕】【史】对官吏犯重罪时，皇帝特以诏书附记其罪名以为逮捕者，是曰名捕。（后汉书—光武纪）

【名胜古迹】【行】Celebrated places and remains of antiquities　所谓名胜古迹，乃指下列各分类而言：（一）湖山类——如古代名湖，及一切山林池沼有关地方风景之属。（二）建筑类——如古代名城关塞堤堰桥梁坛庙园囿寺观楼台亭塔，及一切古建设之属。（三）遗迹类——如古代陵墓壁垒岩洞矶石井泉，及一切古代胜迹之属。各市县政府于辖境内，所有名胜古迹，应分别情形依照下列方法妥为保护：（一）湖山风景之属，非于必要时，不得任意变更，致损本来面目。（二）古代陵寝坟墓，应于附近种植树株园绕周廊，或建立标志，禁止樵牧，其他有关名胜之遗迹及古代建筑，应商同地方团体筹资随时修葺，其有足资历史考证或渐就湮没遗迹仅存者，宜树碑记以备查考。如有不依上述保护方法而疏忽致损毁或销灭时，各该市县政府负责人员应受惩戒处分。如有毁损盗窃诈欺或侵占等行为者，依照刑法所规定最高之刑处断。（保存名胜古迹古物条例第二条、第四条、第八—九条）

【名单单记投票记】【宪】List system　于投票以前，先由各政党或各选举团体各备候选人名单一份，依照次序印于选举票上，各选举人或对名单全体投一票，或对于名单中某一人投一票，均无不可。若对名单全体投一票者，则系以名单之次序为次序，如对单中某一人投一票，则以某一人为第一候选人，他则依名单上之次序为次序，是曰名单单记投票法。

【名义上之损害】【债】Nominal damage 即仅须有侵害权利虽事实上无损害，法律上亦认为有损害之谓。此时应于名义上为少额之赔偿；故称名义上之损害。此为英美法系制度，大陆法则必须有事实上之损害，方发生赔偿问题，我国民法仿大陆法并无所谓名义上之损害的规定。

【名簿】【通】List of names 登载人之姓名之簿册，曰名簿。例如律师名簿，囚人名簿，工人名簿皆是，又称曰名册。

【名誉】【通】Fame; Reputation 人在社会上之信仰为名誉。与生命财产自由同受法律之保护，故妨害他人之名誉者，应受法律之制裁。（参妨害名誉及信用罪条）在民事上且应负担损害赔偿之责任。

【名誉刑】【刑】名誉刑与权利刑或称褫夺公权者不可混同，名誉刑系对勋章勋位或爵位加以褫夺，而权利刑则系对公民之权利加以剥夺也。

【名誉领事】【国公】Honorary consul 凡非由政府直接派充，而仅系委托本国有声望之在外侨居人员，以从事保护该本国在外侨民之贸易交通，及航海等利益者，称曰名誉领事。

【名誉职】【行】Honorary office 又称无给职（详该本条）。或称义务职。

【名誉权】【通】Right of fame 名誉权者，谓人之名誉，有请求法律予以保护之权利也。不得限于自然人，即法人亦享有之。

【后】【史】皇帝之正妻曰后，即秦代以后之皇后也。始于周代。白虎通："商以前皆曰妃，周始立后。"事物纪原："春秋命历，序书洛樋三辟曰，人皇九人，别长九州，离艮地精女，出为之后。注云：离艮卦所推也。此称后之初云，三代以上，亦无其称；但曰正妃，周人始曰王后。"此外古时亦有称诸侯之妻为后者，君之称臣亦有曰后者。

【后谥】【史】谥虽始于周，而皇后及妇人之谥，则始自汉代。事物纪原（卷九）："谥所以易名也。事虽起于周，而王后亦无其礼。汉初高祖之母，始有昭灵之号。诸后皆因帝谥以为称。虽吕氏专政，上官临制，亦无殊号。东京明帝始建光烈之名，后汉皇后纪论云尔。按汉高祖五年二月甲午，汉王即皇帝位，尊先媪曰昭灵夫人，高后五年五月辛未尊曰昭灵后。元纪，元帝母曰，恭哀许皇后。张晏曰，妇人从夫谥闵其见杀，故兼二谥，则后谥自汉祖始也。"

【吏役】【史】清制，服杂务之庶吏与杂役总称曰吏役。如吏胥，书吏，书役，门差，供事，里甲，地保，看守，番役，铺司，捕役等皆属之。

【吏典代写招草】【史】招草者，谓犯人服情于官而自写之招供书也。有由吏典专掌其事者，若为犯人改写代写或增减之，致使其情节与事实不符而出入其罪者，应受律之制裁。明律（卷二十八）、清律（卷三十七）刑律断狱篇——吏典代写招章条："凡诸衙门鞫问形名等项，若吏典人等，为人改写及代写招草，增减情节，致罪有出入者，以故出入人罪论。若犯人果不识字，许令不干碍之人，代写。"清律之下注："若吏典代写，即罪无出入，亦以违制论。"同律之总注："问刑定罪，必凭招草而服罪，招草必令犯人自写，若吏典人等，将犯人自写之招草，而为之改写，及为之代写，于中增减其亲供情节，以致断罪有出入者，按其所增减事情，以故出入人罪论。犯人不识字，则令于事无所干涉之人，代写，吏典人等则不许也。"

【吏卒犯死罪】【史】吏卒包含各衙门吏典皂隶禁子等在内，明初于戡乱之后，为防止奸徒恣乱，特立本条，准各衙门长官鞫问明白，依律处决，然后具由申报，其后此例旋即撤销，清律亦删除之。明律（卷一）名例篇——吏卒犯死罪之条："凡在外各衙门吏典，祗候，禁子，有犯死罪，从各衙门长官鞫问明白，不须申禀，依律处决。然后具由申报本管上司，转达刑部奏闻知会。"同律之纂注："祗候，各衙门听用之人，即皂隶之类，上司，通司府州县言，按此律乃国初戡乱之后，恐奸徒仍踵旧风，敢于恣恶，故特重其令，以暂行于一时，今例皆奏请矣。"

【吏治】【行】又称官治，与自治相对称，由行政首长指挥其隶属各级官署掌理公务者，称曰吏治。此种机关之组织，谓之吏治组织。

【吏律】【史】吏律为明清律之一篇，与今之行政法中之官吏服务规程相仿佛。明律分吏律为职制及公式二篇，共三十三条。清律亦分之为职制及公式二篇，惟仅二十八条耳。

【吏曹】【史】为吏部之前身，汉时之官署也。

【吏部】【史】吏部为六部之一，为总管文官之任免与赏罚等之官署。唐六典以吏部乃始自周礼之天官大宰。杜氏通典则谓系出自夏官司士。实则汉代以前之事。不得而详。汉成帝时尚书置常侍，二千石，民，及客等四曹，其常侍曹为掌管公卿之事，二千石曹则掌郡国之事，此二曹乃吏部之权舆。后汉改常侍曹为吏曹；后改为选部；至魏改选部为吏部，置尚书；是为吏部之名之始。及隋唐，六部制度之确立，其权限始定，历代因之；清宣统年间废之，以其职权并入内阁。

【吏部处分则例】【史】为清之官吏惩戒法法典之一。吏部处分则例，一曰六部处分则例，规定六部官员惩戒法。六部者，盖指政务之分类而言，不仅限于吏户礼兵刑工六部官员，故吏部处分则例者，规定一切文武官员之惩罚法也。道光二十七年三月纂上之，凡五十二卷。

【吏禄】【史】官吏所支给之一定俸禄，称曰吏禄。事物纪原（卷一）："笔谈曰，天下吏人素无常禄，惟以受赇为生，熙宁三年，始制天下吏禄，而设重法，以绝请托。"

【向城官私宅射】【史】城中因有人居，官私宅亦有人住，道径则为通行之所，如竟向其射箭投瓦石，亦易发生死伤情事，法律特以明文禁止之。明清律均有弓箭伤人之条，唐律（卷二十六）杂犯篇有向城官私宅射条之设："诸向城及官私宅若道径射者，杖六十，放弹及投瓦石者笞四十，因而杀伤人者，各减斗杀伤一等。若故令入城及宅中，杀伤人者，各以斗杀伤论，至死者加役流。"疏议曰："向城，谓城中有人，及官私宅亦谓宅中有人住，若道径射者杖六十，放弹及投瓦石者笞四十，即因射若弹及投瓦石，而杀伤人者，各减斗杀伤罪一等。”

【向宫殿射】【史】宫殿为皇室居处，向内射箭，放弹及投瓦石，均为不敬。应构成罪名。明清律均有向宫殿射箭条之设。唐律（卷七）卫禁篇则有向宫殿射条之设：“诸向宫殿内射（谓箭力所及者）。宫垣，徒二年，殿垣，加一等，箭入者，各加一等，即箭入上阁内者绞，御在所者斩。”疏议曰：“射向宫垣，得徒二年，殿垣，徒二年半，箭入宫内者，徒二年半，殿内徒三年，即箭入上阁内者绞，御在所者斩，谓御在所宫殿，若非御在所，各减一等，无宫人处，又减一等，皆谓箭及宫殿垣者，若箭力应及宫殿而射不到者，从不应为重，不应及者不坐。”同条又谓：“放弹及投瓦石者，各减一等（亦谓人力所及者）”，疏议曰：“放弹及投瓦石，比箭罪轻，放向宫垣，徒一年半，向殿垣，徒二年，入宫内，徒二年，殿内徒二年半，入上阁内及御在所，流二千里，是为各减一等，亦谓人力所及者，据弹及投瓦石及宫殿，方始得罪，如应及不到，亦从不应为重上减一等。”同条又曰：“杀伤人者，以故杀伤论。即宿卫人，于御在所误拔刀子者绞，左右并立人不即执捉者，流三千里。”

【向宫殿射箭】【史】太庙及宫殿太社等皆为严肃禁地，如对之射箭放弹投砖石，实无忌惮之心，故应治罪。至于是否有中，皆非所问。明律（卷十三）、清律（卷十八）兵律宫卫篇均有向宫殿射箭之条。内容相同。清律原文及其下注：“凡向太庙及宫殿射箭放弹投砖石者绞（监候）。向太社，杖一百，流三千里（须箭石可及，乃坐之，若远不能及者，勿论）。但伤人者斩（监候，则杀人者可知若箭石不及，致伤外人者，不用此律）。”

【向第三人为给付之契约】【债】Contract to be performed to third party 为第三人契约之一种。又称为第三人之契约，即当事人之一造，允向第三人为给付之契约也。申言之，即当事人两造相约，使第三人得向一造直接请求给付之谓也。故允诺向第三人为给付之一造，曰允约人或债务人，其对于允约人要求缔约之他一造，则曰要约人。此项契约之性质如何，学者间有下列四派：(1)承诺说。(2)代理说。(3)传授说。(4)直接取得说（详各本条）。我国民法采直接取得说中之契约说，即以之为契约，使第三人即因此项契约直接取得权利。我国民法更规定第三人对此契约未表示享受其利益之意思前，当事人（要约人与允约人）得变更其契约或撤销之，以其于此时对第三人无何等关系故也。若第三人迳行表示不欲享受其契约之利益时，则视为自始未取得其权利（第二六九条）。法律为保护允约人（债务人）起见。更规定债务人得以由契约所生之一切抗辩权对抗受益之第三人。换言之，即谓债务人依该契约而应有之防止权利行使之抗辩权，均得向第三人为之。（第二七〇条）

【向隅】【史】当满堂饮酒欢乐，而一人向隅悲泣者，则满堂为之不乐，意即一人冤罪，天下为之不安也。汉书—刑法志：“满堂饮酒，一人向隅而泣，满堂为之不乐。今夫犹一堂也。苟有无辜犯法，贫民失所，天下为之不安也。”

【回教法系】【通】Mohammedan legal system 回教法系起自沙漠之区，集大成于摩罕默德之可兰经典。目下纯粹属于回教法系之区域为埃及，阿富汗、阿剌伯、伊拉克等处;其与他法系混合或集合者,则散处于南洋群岛、波斯、中亚细亚、土耳其,以及非洲东南各部。

【回复土地原状】【物】地上权人于土地上设置工作物或竹木,乃本于正当权原之行为也。不得适用添附之原则而使土地所有人取得其所有权。然土地之使用,乃以地上权之存续期间为限,不能使土地所有人,因此受有损失,故于地上权消灭以后,地上权人如不收回工作物或竹木,或虽收回而不回复土地原状,是使土地所有人失其保护也。故我国物权法特以明文规定,地上权人,因地上权消灭,得取回其工作物及竹物,但应回复土地原状。在此种情形之下,如土地所有人以时价购买其工作物或竹木者,地上权人不得拒绝。(民法第八三九条)

【回复公权】【宪】Rehabilitation　为赦免之一,又称复权。(详该本条)

【回复原状】【刑诉】Restoration to the original conditions　所谓回复原状,乃指于一定期限经过以后,回复其前此所失权而言。我刑诉法规定凡非因过失不能遵守期限者,得声请回复原状,但于许用代理人之案件,代理人之过失视为当事人之过失,不许声请回复原状(第二〇八条)。回复原状之程序:(1)应于不能遵守期限之原因消灭后,五日内为之。(2)应向该案件所属法院提出书状,其逾上诉期限者,则向原审法院为之。(3)声请书内应释明声请回复原状之原因。(4)应于声请时补行期限内应行之程序。(5)声请之当否,由该管辖法院裁定之,如经驳回,得于五日内抗告。(6)于未裁定前裁判,应停止执行。(第二〇九—二一二条)

【债】Restoration of the prior condition　所谓回复原状,指恢复被害人之损害未发生以前原来状态而言。我国民法对损害赔偿方法,以此为原则;而金钱赔偿则为例外。至因回复原状亦有应给付金钱者,则应自损害发生时起加给利息(第二一三条)。余参金钱赔偿条。

【回复原状之诉】【民诉】请求再审之诉有二,一为取销原审法院之判决之诉。一为回复原审法院未判决以前原来之状态之诉。前者曰取销之诉,后者曰回复原状之诉,此为德日旧民诉法之规定,并不为我现行民诉法所采用。

【回复请求人】【物】有回复之请求权利之人,曰回复请求人。(参回复请求权条)

【回复请求权】【物】Right of recovery　所有人对于其所有物因不法或其他原因被他人占有时,得向其行使请求返还之权利,曰回复请求权。(详请求返还权条)

【回头背书】【票】Re-indorsement　为通常记载背书之一。又名还原背书,或称逆背书;谓以票据上之债务人为被背书人时所为之背书也。所谓票据上债务人,包含发票人、承兑人、付款人与其他票据债务人而言。例如甲为发票人,乙为执票人,乙复让与丙,如丙再让与甲(发票人),此时所为之背书曰回头背书。按民法一般混同原理,此种票据应归消灭;但为奖励流通起见,法律认其仍有效力,即于票据未到期前亦得更以背书转让之。(票据法第三十一条)

【回头汇票】【票】Re-draft　又称还原汇票,或名反汇票,日本名曰戾手形,谓票据追索权人得以其前手中之一人或其他票据债务人为付款人、所发出见票即付之汇票也。其要件有六:(一)其票面金额,须以得请求偿还之金额为限(例外即加入经纪费及印花费)。(二)须为见票即付之汇票。(三)发票人须为执票人。(四)付款人须为其前手中之一人(发票人或前背书人),或其他票据债务人。(五)付款地须为受偿还请求人之住所所在地。(六)当事人须为无相反之约定者。至于回头汇票金额之计算方法,法律亦设明文,以杜争议。(票据法第九九—一〇〇条)

【回籍】【史】官吏因疾病或其他事故返归原籍地者,曰回籍。清会典吏部:"汉官得告则听其回籍。"

【回赎权】【物】Right of Redemption 即出典人得于典权存续期间内,向典权人备价回赎典物之权利也。此种权利为典权制度之精义,其定有期间者——于期限届满后为之。但法律又有宽限二年之规定。其未定有期间者——出典人随时可以回赎,但过三十年者则否。至回赎时如典物为耕作地,应于收益季节后为之。如其他不动产则应于六个月前先行通知典权人,方得行使回赎权。(民法第九二三条—九二五条)

【因人连累致罪】【史】所谓因人连累致罪,乃指因他人之犯罪而连累获罪而言。(明律卷一、清律卷三——常赦所不原条,又清律注)

【因公科敛】【史】有司官吏因公或非因公而擅自科敛人民财物者,以及管军官吏科敛军人钱粮赏赐者,均成立本条之罪。明律(卷二十三)、清律(卷三十一)刑律受赃篇——因公科敛条皆有同一之规定。清律之条文及下注曰:"凡有司官吏人等,非奉上司明文,因公擅自科敛所属财物,及管军官吏科敛军人钱粮赏赐者(虽不入己),杖六十,赃重者坐赃论。入己者,并计赃以枉法论(无禄人减有禄人之罪一等,至一百二十两绞监候)。其非因公务科敛人财物,入己者,计赃以不枉法论(无禄人罪止杖一百流三千里)。若馈送人者,虽不入己,罪亦如之。"清律之辑注:"此条耑论科敛之罪,两节分因公非因公两项,因公者,有公用入己之别,其罪异,非因公者,既无公用,自必入己矣。然有入己送人之别,其罪同。"同律之辑注:"曰非奉上司明文,则奉上司明文,而因公科敛者,无罪矣。今科敛虽非奉文,财物原充官用,不过专擅之罪耳。下节无擅自二字,其义可见,必入己方以枉法论。然须是非奉文者,乃坐,如奉上司行办公事,官吏科敛入己者,当斟酌科之,盖枉法赃最重,八十两即实绞,凡与本律稍有不符,即不可轻引。"

【因母】【史】因母为亲母之别称,即嫡子之于其亲母也。庶子对其生母亦曰因母。仪礼:"继母何以如母,继母之配父与因母同。"其注曰:"因犹亲也。"

【因利局】【史】为清末所创设之金融机关,以贷与贫民以微少之资本为经营小生业之用为目的。既可使其图谋生活,复可防止高利贷之弊,故因利局之贷借,均不收取利息,现行制度则有因利所之设。

【因利所】【行】为救济院之一所,乃指为救济贫民,贷与营业资金而设之机关而言。凡贫苦无资营业之男女。向因利所贷款者,须合下列各款之规定:(1)年在十五岁以上六十岁以下者。(2)志愿作小本营业,或曾为营业而确无资力者。(3)确无吸烟赌博及其他不良嗜好者。(4)具有殷实铺保或妥当保人者。每人贷款额数以一元至十五元为限,概不取息,以三个月为限。归款后仍得续借,限满延不还本者,责成保人代偿。但系因意外变故时,得由所中主任呈明院长(救济院)酌量办理。(救济院条例第七章)

【因事入宫辄宿】【史】凡因事得入宫殿,事毕应离,其不合得宿而辄宿者,以及容止其宿者,均须治罪。唐律(卷七)卫禁篇有因事入宫辄宿条之设:“诸因事得入宫殿而辄宿,及容止者,各减阑入二等。”疏议曰:“因事得入宫殿者,谓朝参辞见,迎输造作之类,不合得宿者而辄宿,及容止所宿之人,各减阑入罪二等,在宫内徒一年,殿内徒一年半。”同条又谓:“即将人入宫殿内,有所迎输造作,门司未受文牒而听入,及人数有剩者,各以阑入论。至死者加役流,将领主司,知者各减阑入罪一等,入者知又减五等,不知者不坐。”

【因使受送馈】【史】官员出使于外,应如何奉公守法,若竟收受送馈,是辱命也。应予治罪。唐律(卷十一)职制篇有因使受送馈之条:“诸官人因使,于使所受送馈,及乞取者与监临同,经过处取者减一等(纠弹之官不减)。即强乞取者,各与监临罪同。”疏议曰:“官人因使,于所使之处,受送馈财物,或自乞取者,计赃准罪,与监临官同,经过处取者,谓非所诣之处,因使经历之所而取财者,减一等。纠弹之官不减者,谓职合纠弹之官,人所畏惧,虽经过之处,而受送遗;乞取及强乞取者,各与监临罪同。”

【因官挟势】【史】所谓因官挟势,乃指官吏凭藉其地位,使用其威势而为不法行为之谓。(唐律(卷十一)职制篇——挟势乞索条)

【因果主义】【海】Principle of causality　为共同海损时船舶与积货是否须因海损处分而得保存之立法例之一。与残存主义相对称,谓海损处分,与所余存之积货,须有因果关系。换言之,即须因海损处分而得保存船舶与货物,方能发生共同海损问题也。例如因船长抛弃一部积货而船舶始安然无事是。此时因有因果关系,故生共同海损问题,英国法律采此主义。

【因果律】【刑】Law of causality　一名因果关系。(详该本条)

【因果关系】【刑】Causality　一称因果律。谓行为与结果间之必要关系也。易言之,即前事实与后事实互相联络之关系也。故必后事实基于前事实而生,苟无前事实即无后事实。例如殴人者以拳殴人为前事实,受伤为后事实是。因果关系在刑事上之实质犯,即既遂犯之责任极有关系,须先决定因果关系(客观的),然后始及故意或过失(主观的)之问题。夫而后犯罪之事实乃定,但每一结果之发生恒有数个原因之存在,关于此项原因之追寻,学者向有三说:(1)条件说。(2)原因说。(3)相当因果关系说(详各本条)。上述三说以第一说为当。此外关于因果行为,尚有下列两事应加注意:(一)因果关系之连续中,若有其他行为与之相合时,称曰竞合。更可分下列两种:(1)因数个原因之竞合始生结果者,其各原因皆有原因力,谓之相对的原因,例如甲乙两行为对丙皆予创伤,本不致死,其行为竞合时乃致于死是。(2)数个原因各能独立生同一结果者,竞合时亦生同一结果,故各对其结果皆有原因力，谓之绝对原因，例如甲以枪，乙以刀，对丙之死，皆能各致其死命是。(二)因果关系之连续中，若有他行为参入时，称曰介入。亦分下列两种：(1)因甲之行为始有乙之行为，因乙之行为而生丙之结果，则乙之行为为介入之行为，例如甲殴乙致伤，丙医之误投以毒药，致乙于死是。(2)因甲之行为而乙始为其行为，甲之行为与乙之行为相合而生丙之结果，是介入与竞合共存者也。例如甲予丙以毒药，但尚未死，乙再加以毒药，致丙于死是。至介入与因果之关系如何，约有三说：(1)因果关系中断说。(2)责任更新说。(3)介入不妨因果关系之连续说(详各本条)。以上三说：均有相当理由；不过法律上之规定，应以结果之能否预见为负责与否之标准，方称公允耳。

【因果关系中断说】【刑】Principle of the interruption of causality 为介入与因果关系学说之一，即因果关系因介入而中断之谓。此说又分两派：(1)责任行为之因果关系中断说——谓凡介入者不问有无故意，苟为有责任之行为，因果关系即随之而中断。例如甲殴乙致伤，丙送之往医院，中途坠死，丙之介入行为，自使甲乙间之因果关系中断。(2)故意行为之因果关系中断说——谓凡有故意有责任之行为介入时，始能使因果关系中断，如前例丙如系故意，则为中断，否则不能中断甲乙间之因果关系矣。

【因果竞合】【刑】(详因果关系中断说条内)

【因盗奸】【史】因盗奸者，谓强窃盗时奸人之妻女也。应依强窃盗杀伤人之罪处决。明律(卷十八)、清律(卷二十三)贼盗篇——强盗条："若窃盗临时有拒捕及杀伤人者斩，因盗而奸者，罪亦如之。"

【因盗过失杀伤人】【史】行盗之时因过失而致杀伤人者，应构成本条之罪，以其具有行盗之意，故与过失罪不同。唐律(卷二十)贼盗篇设有因盗过失杀伤人条："诸因盗而过失杀伤人者，以斗杀伤论，至死者加役流(得财不得财等，财主寻逐，遇它死者非)。"疏议曰："因行窃盗，而过失杀伤人者，以其本有盗意，不从过失收赎，故以斗杀伤论。其杀伤之罪，至死者加役流。注云：得财不得财等，谓得财与不得财，并从斗杀伤科，财主寻逐，遇它死者非，谓财主寻逐盗物之贼，或坠马或落坑致死之类，是遇它故而死，盗者唯得盗罪，而无杀伤之坐。"同条又曰："其共盗，临时有杀伤者，以强盗论。同行人不知杀伤情者，止依窃盗法。"

【因缘为市】【史】国家法令轻重不一致，而使法官徇情图利者，谓之因缘为市，后汉书："光武时桓谭上疏曰：'今法令决事，轻重不齐，或一事殊法，同罪异论，奸吏得因缘为市。'"(大学衍义补卷百三)

【因诸】【史】为监狱之名，齐曰因诸宋曰南里，公羊传曰："宋南里者何，若曰因诸者然。"其注："因诸，齐故刑人之地。"

【在外使馆】【国公】Legation abroad 本国政府所设置于外国之大使或公使之办理外交馆舍，曰在外使馆，在国际公法上享有不可侵犯之权。

【在市人众中惊动】【史】市内及人丛集中之处，无论何人均应严守秩序。若故意自相惊动，危险滋多，故特加以禁止。唐律(卷二十七)杂律篇设有在市人众中惊动之条:“诸在市及人众中,故相惊动令扰乱者,杖八十,以故杀伤人者,减故杀伤一等,因失财物者,坐赃论。其误惊杀伤人者,从过失法。”疏议曰:“有人在市内及众聚之处,故相惊动,谓诳言有猛兽之类,令扰乱者杖八十;若因扰乱之际,而失财物,坐赃论。如是众人之物,累并倍论。并倍不加重;于一人失财物者,即从重论;因其扰乱而杀伤人者,减故杀伤一等,惊人致死,减一等流三千里;折二支减一等,惊人致死,减一等流三千里;折二支减一等,徒三年之类,其有误惊因而杀伤人者,从过失法,收赎铜入被伤杀之家。”

【在京犯罪军民】【史】在京师之军官士卒与人民如犯杖八十以下之罪,应即发落他处。明律(卷一)名例有在京犯罪军民之条。清律删去之。明律曰:“凡在京军民若犯杖八十以上者,军发外卫充军,民发别郡为民。”

【在官求索借贷人财物】【史】官吏受财条,乃有事人行求者,坐赃致罪条乃和同而与者,事后受财条乃人所馈送者,皆非由于官吏要挟恃强而取之,凡现任之监临官吏有挟其统摄之势,及豪恶强梁之人,无端求索与借贷其所部内人之财物者,自为常有之事,依法应构成本条罪名。明律(卷二十三)、清律(卷三十一)刑律受赃篇,均有在官求索借贷人财物之条,内容相同。兹述清律之条文于后:“凡监临官吏挟势,及豪强之人求索借贷所部内财物,并计赃准不枉法论,强者准枉法论,财物给主,若将自己物货散与部民,及低价买物,多取价利者,并计余利准不枉法论,强者准枉法论,物货价钱并入官给主,若于所部内买物不即支价,及借衣服器玩之属,各经一月不还者,并坐赃论。若私借用所部内,马牛驼骡驴及车船碾磨店舍之类,各验日计雇赁钱,亦坐赃论。追钱给主,若接受所部内馈送土宜礼物,受者笞四十,与者减一等,若因事而受者,计赃以不枉法论。其经过去处供馈饮食,及亲故馈送者,不在此限,其出使人于所差去处,求索借贷,卖买多取价利,及受馈送者,并与监临官吏罪同。若去官,而受旧部内财物,及求索借贷之属,各减在官时三等。”清律之辑注:“自首节至五节皆指监临官吏,及豪强之人而言;六节,则言出使人;七节则言去官者,首节监临官吏豪强之人,统冒下四节,故下四节俱以若字承之至六节,另言出使人,乃换其字文义甚明。”

【在官侵夺私田】【史】官吏在职每易利用权势,以购买田地之名,行侵夺之实。故凡在官之侵夺私家田地园圃者,均为法律所禁止。唐律(卷十三)户婚篇设有在官侵夺私田之条:“诸在官侵夺私田者,一亩以下杖六十;三亩加一等,过杖一百;五亩加一等,罪止徒二年半;园圃加一等。”疏议曰:“律称在官,即是居官挟势,侵夺百姓私田者,一亩以下杖六十;三亩加一等;十二亩有余,杖一百;过杖一百;五亩加一等;三十二亩有余,罪止徒二年半;园圃,谓莳果实,种菜蔬之所,而有篱院者,以其沃瘠不类,故加一等,若侵夺地及园圃,罪名不等,亦准并满之法,或将职分官田,贸易私家之地,科断之法,一准上条贸易为罪;若得私家陪贴财物,自依监主诈欺,其官人两相侵者,同百姓例,即在官时,侵夺贸易等,在官事发,科罪并准初犯之时。”

【在官者】【行】Officer　谓现在担任官吏之职守之人也。

【在官无故亡】【史】现任之官在职时不得无故私自逃亡,其在边州之见任官如逃亡者应加处罪一等。唐律(卷二十八)捕亡篇——在官无故亡条:“诸在官无故亡者,一日笞五十,三日加一等,过杖一百,五日加一等,边要之官加一等。”疏议曰:“在官,谓在令式有员,见在官者,无故私逃者,一日笞五十,三日加一等,过杖一百,五日加一等,五十六日流三千里,边要为官,户部式,灵胜等五十九州为边州,此乃居边为要,亡者加罪一等,谓品官以上,一日杖六十,三日加一等。”

【在官应直而不直】【史】在任之官应值而不值,应宿而不宿,是谓违背职守。唐律(卷九)职制篇——在官应直而不直条:“诸在官,应直而不直,应宿不宿,各笞二十,通昼夜者,笞三十。若点不到者,一点笞十(一日之点,限取二点为坐)。”疏议曰:“依令,内外官应分番宿直,若应直不直,应宿不宿,昼夜不相须,各笞二十,通昼夜不直者,笞三十。内外官司应点检者,或数度频点,点即不到者,一点笞十,注云,一日之点,限取二点为坐,谓一日之内,点检虽多,止据二点得罪,限笞二十,若全不来上,计日以无故不来上科之。”

【在室之女】【史】未出嫁之女谓之在室女。唐律(卷十四)户律篇——嫁娶违律条:“其男女被逼,若男年十八以下,及在室之女,亦主婚独坐。”此外尚有一说,即凡离婚而返归母家者,亦称曰在室之女。

【在室之女可从父母之刑】【史】女子未嫁或已嫁因离婚而返归母家者,谓之在室之女。父母犯重罪者皆须缘坐。已他嫁而不在家者则不缘坐,此为魏时更改从来之例,而著于律令者也。大学衍义补(卷百八):“魏夷丘俭族。俭孙女适刘氏,当死,以孕系廷尉。司隶主簿程咸[①]议曰:‘女适人者,若已产育,则成他家之母,于防不足以惩奸乱之原,于情则伤孝子之恩,男不遇罪于他族,而女独婴戮于二门,非所以哀矜女弱,均法制之大分也。臣以为在室之女,可从父母之刑,既醮之妇,则从夫家之戮。’朝廷从之,著于律令。”

【在逃】【史】犯人逃亡及在监囚人脱逃走避而潜匿于他方者,谓之在逃。至犯罪事发后在逃亡中者,与审判确定而认为有罪者同视。明律(卷一)、清律(卷四)名例篇——犯罪事发在逃条:“若犯罪事发,而在逃者,众证明白,即同狱成,不须对问。”

【在逃】【刑】犯罪人现在继续潜逃之中,谓之在逃。

【在途期间】【民刑诉】谓诉讼当事人因地方距离之远近,在途旅行中所需要之期间也。故诉讼上所定之期间,须扣除其在途期间,以昭公允。(参期限条内)

【在乡军人】【军】Ex-service men 所谓在乡军人,乃指在现役以外之兵役者,及退役之准尉以上之官长而言。(军刑法第七条,参兵役法条内)

【在道会赦】【史】犯徒流罪于处刑时在发遣之途中,而逢大赦令之颁布者,曰在道会赦。此时应即依照成例计算其行程,如其到著期限未满而会赦者。不问其已行之远近均放赦之,若程限已过,而会赦虽实际上未达配所,仍不赦放。此种规定乃为防止狡猾犯人之故意迟延其行程。企图因在途会赦而免除其刑而设。至于

---

① 原书为“威”,系排版之误。

是否会赦乃由会赦令裁可之日与行程发遣之日以及与在途期限等，互为计算。唐律（卷三）名例篇——流配人在道会赦条："诸流配人，在道会赦，计行程过限者，不得以赦原。"明律（卷一）名例篇——徒流在道会赦条："凡徒流人在道会赦，计行程过限者，不得以赦放（谓如流三千里。日行五十里。合该六十日。若未满六十日会赦，不问已行远近，并从赦放；若从起程日，总计行过路程，有违限者，不在赦限）。有故者不用此律（有故，谓如沿路患病，或阻风被盗，有所在官司保勘文凭者，皆除去事故日数，不入程限，故云不用此律）。若曾在逃，虽在程限内，亦不放免。其逃者身死，所随家口，欲还者听，迁徙安置人准此。"清律（卷三）同篇同条之规定，亦如上述。

【在监者】【民刑诉】Prisoners　在监狱中被监禁或被拘囚之人。谓之在监者。（参监狱规则条内）

【地丁税】【史】地赋与丁税之合称，谓之地丁税。

【地上权】【物】Superficies　为物权之一种。谓以在他人土地上有建筑物或其他工作物或竹木为目的，而使用其土地之权利也。享有此权者曰地上权人。地上权系设于他人土地之上，乃他物权而为添附原则之一大例外。因其以物之使用收益为目的，故亦为用益物权。地上权之制度发源于罗马，其初乃为有偿行为，须交付地租，近世各国则不问为有偿或无偿。均可成立地上权。永佃权需支付租金，又因地上权偏于使用方面，永佃权则偏于收益方面，故与永佃权亦有区别。地上权与土地租赁权亦不相同。历来学者曾举区别之点十三：(1)性质不同——前者为物权，后者为债权。(2)租金之点不同——前者不以租金为要件，后者则以之为必要。(3)存续期间不同——前者法律上无限制之规定，后者则以二十年为限。(4)修缮之点不同——前者自负修缮费，后者则由出租人负担。(5)让与之点不同——前者得自由让与他人，后者则须得出租人之承诺。(6)抵押时之点不同——前者可为抵押权之标的物，后者则否。(7)不付租金时效力之不同——前者二年以上未付租金，或积欠地租达二年之总额，土地所有人得请求撤销地上权；后者不付租金时，得另订契约。(8)消灭之点不同——前者未设定存续期间时。仅因地上权人之抛弃而消灭（第八三四条）；后者则须依一年之犹预期间而消灭。(9)内容不同——前者限于建筑物工作物及竹木为目的，后者未加限制。(10)登记效力之不同——前者之得丧变更非登记不生效力；后者之登记仅为对抗第三人。(11)书据效力之不同——前者之设定或移转须立书据始生效力。后者之书据其效力仅限于存续期间耳。(12)权利范围之不同——前者得行使所有权相同之请求权，并可适用共有之规定。后者则否。(13)租金请求减少之不同——前者收益减少或全无时，不得请求减少或免除租金；后者则享有此权。关于地上权人与土地所有人之权利义务。我国民法规定颇详：(1)地上权人有直接使用权处分权（第八三八条）。(2)本于土地所有权之请求权（第八三三条）。(3)抵押权之设定权（第八八二条）。(4)如有租金之约定，且有支付租金义务（第八三六条、第八三七条）。(5)回复土地原状义务（第八三九条、第八四〇条）。地上权之消灭。其原因除因时效，标的物之灭失，公用征收，以及特约之消灭事由发生时外，余如存续期间届满(第八四〇条)。地上权人之抛弃与地上权之撤销(第八三四条及八三六条),并混同,均为消灭之原因。惟工作物及竹木之灭失,则非消灭之原因耳。(第八四一条)

【地上权人】【物】Superficary (详地上权条内)

【地下领域】【物】Territorial subsoil 所谓地下领域,乃指土地所有权之行使,所及于地下之区域之范围而言。(参所有权条内)

【地方】【史】地方者,乡村之长官也。其职务繁多,如收税裁判警察等皆是。皇朝通考(卷二十一)—顺治三年之按文:"地方一役最重,凡一州县分地若干,一地方管村庄若干,其管内税粮究欠,田宅争办,词讼曲直,盗贼生发,命案审理,一切皆与有责,遇有差役,所需器物,责令催办,所用人夫,责令摄管,稍有违误,扑责立加,终岁奔走,少有暇时。"

【地方分庭】【组】Branch divisions of district courts 所谓地方分庭,乃指于已设地方法院(旧称地方审判厅)地方,于附近各县所设之分庭而言。分庭制度为民六年四月二十二日所颁行之暂行各县地方分庭组织法所创定。至今各处仍有分庭名称之存在;例如济南地方法院长清分庭或临清分庭是。但亦有称为地方法院某某分院者,例如汉口地方法院天门分院,杭县地方法院嘉兴分院是。按地方分庭,得设于县政府公署内,其管辖区域与所在县区域同,凡属于初级或地方厅之第一审管辖之民刑案件,皆归其审理,以独任制行之,置推事一人或二人,配置检察官一人或二人(如系二人者以资深者一人为监督推事)。又设书记官二人以上,承发吏四人,司法警察若干人,检验吏一人或二人。(暂行各县地方分庭组织法第一—四条、第六—八条)

【地方分权制】【宪】System of decentralization 简称分权制。(详该本条)

【地方代表主义】【宪】Geographical representation 与人口代表主义相对立,为议员选举区分配主义之一,即议员之选举,以地方为单位之谓。不论区域之大小,人口之多少,一以现行行政区域为根据,如美国、瑞士以及前此我国(北京政府之国会)上议院议员之选举,皆采此主义。

【地方地政机关】【土】Local organs for administration of land 为地政机关之一种,与中央地政机关相对称;即指省地政机关及市县地政机关而言也。负有执行土地法于省或市或县之责任,每年度应将全年行政经过编造报告书,呈送于中央地政机关。(第二七—二八条、第三条)

【地方行政】【行】Local administration 与中央行政相对称,谓地方政府所管理之行政也。如省政府县政府市政府等之行政等皆属之。

【地方行政讲习所】【史】地方行政讲习所为北京政府内务部所设立以作育地方行政官吏为目的。置所长教务长各一人,由内务总长派内务部员兼任之,但当必要时,得另行聘任。事务员四人至六人,教员无定额,均由所长呈请内务总长委任或延聘之。凡具有下列资格之一者,得为地方行政讲习所学员:(1)经知事试验取列丙等者。(2)曾在本国或外国大学或专门学校修法政学科三年以上,或法政讲习所一年半以上得有毕业或修业文凭者。(3)曾任荐任以上文官及具有相当之资格者。(4)应试及第尚未授职者(应试及第以旧有之生员、副贡、优贡、拔贡、举人、进士等项为限)。学员计分为甲乙丙三种。以所授之学科,而为区别之标准。均以半年为一学期,满三学期毕业,其毕业等第分最优等(满八十分以上)、优等(七十分以上者)、中等(六十分以上者)三种。(地方行政讲习所章程第一—四条,第九条、第十二条、十八条、二一—二二条)

【地方自治团体】【行】Local self-government body 凡地方人民于一定领域之内,因办理本地方之行政而组织之团体曰地方自治团体。一方面办理本地方之行政,另一方面则对于国家之行政,亦负有行使之义务,就一般而言,此种团体,乃一种公法人,例如我国现行制度下之区乡镇等是。

【地方自治机关】【行】Local self-government organ 地方自治团体以执行其团体内之行政为目的所设立之机关,曰地方自治机关。例如区长,区务会议,乡长,镇长皆是。

【地方官署】【行】Local governmental office 为官署之一种,对中央官署言,管辖一地方区域内之政务者,曰地方官署。

【地方法院】【组】Local or district courts 为三级法院之一,与高等法院最高法院相对称;即在各县市区域内或合数县或数市之区域内所设之法院也。审判时以独任制为原则,置院长一人,由推事兼任,得分置民刑庭(限于推事在六人以上者)。各庭置庭长一人,除由兼任院长之推事充任者外,余就其他推事中遴任。地方法院管辖事件如下:(一)原则上为民事刑事第一审诉讼案件。(二)非讼事件。(法院组织法第九—十五条)

【地方捕护法院】【组】District prize court 为捕护法院之一种,与高等捕护法院相对称。(详捕护法院条例条内)

【地方税】【行】Taxes for local government 与中央税相对称,即归地方政府所征收之税,在省政府例如营业税是。在市政府如土地税房捐牌照税是。在县政府如田赋(土地税)是。

【地方裁判所】【组】District court 日本称地方法院为地方裁判所,为第二级之裁判所其下为区裁判所,其上为控诉院,再上则为大审院。

【地方团体】【行】Local government 又称地方自治团体,为自治团体之一种,即以国家领土之一部为自己之地域,在国家法律监督之下,享有处理其地域内一切事务之团体也。乃由国家法律预先定其地域,而后由人民自由意思设立之。与公共组合不同之点有三:(一)前者所处理者为一般之事务,后者则仅处理特定之事务。(二)前者以地域为界限,且为必要之要素,后者虽亦有以地域为标准者,但非必要之要素,而其构成要素则为组合份子之社员。(三)前者为政治团体,后者则为职业团体。

【地方审判厅】【史】(详审判厅条内)

【地方标准器】【行】依副原器所制造之度量衡器具,曰地方标准器。亦由实业部全国度量局设立度量衡制造所所制造,经由各省颁发各县各市,为地方检定或制造之用。此种标准器,每届五年须照副原器检定一次。(度量衡法第九一十条、第十三条)

【地方检察厅】【史】(详检察厅条内)

【地方警察】【行】Local police 限于一定地域内行使其职权之警察,称曰地方警察。

【地方警察局】【行】地方警察局,简称曰警察局,为北京政府时代所设之机关。于商埠或商埠以外之地方设置之,管理该地方之警察卫生消防事项,直隶于省警务处未设警务处之省分,则由道尹管辖之。置局长一人,承省警务处长或道尹之指挥监督,综理局务并监督所属职员。统由警务处长或道尹遴选合格人员,经由该管最高长官,转咨内务部呈请大总统派充之。局长之下得分科办事,以三科为限,每科置科长一人,全局共置科员二人至六人,佐理各科事务。因事务之必要,得置技术员一人,佐理技术事务。勤务督察员一人至二人,督察外勤勤务,均得以各科科员兼充之。此外并得编制警察队及消防队;其编制办法,由局长拟订,呈由警务处长或道尹,转呈该管最高长官,咨由内务部核定之。(地方警察局组织章程第一一二条,第四一七条,第九条)

【地方警察传习所】【史】北京政府时代于民国四年,有所谓地方警察传习所者,设于中央,直隶于内务部。其设立宗旨乃在准地方之现状,应时势之要求,务期实际适用,为整饬地方警政之计划,特于中央设置地方警察传习所,调取各省警务人员,养成地方警察模范,俾全国警政逐渐改良为目的。学员以现任警职人员或曾修警法各学熟悉地方情形者为合格,由内务部分行各省巡按使,京兆尹饬属选送,视各该地方之需要,配置之适宜,选送员额以十人以上,二十人以下为限。此外并由内务部酌选具有警察经验,或中央警察学校毕业人员特送入所,以资造就。所有学科均以实际适用者为主,毕业期限为一年半。关于所中之职员为所长一人,教务主任一人,教员事务员及录事各若干人。(地方警察传习所章程第一一六条、第十一十五条)

【地方警察厅】【行】地方警察厅,即今之省会公安局或商埠地方之公安局之前身,为北京政府时代所设警察官署之名称,设于省会或商埠地方,管理所辖区域内之警察卫生消防事项。如与道尹驻在同一地方时,直隶于道尹,与巡按使驻在同一地者则直隶于巡按使。但有特别情形之商埠,不在此限。厅置厅长一人,承道尹或巡按使之指挥监督总理厅务,并监督所属职员,由道尹详由巡按使咨陈内务部荐请大总统任命,或由巡按使咨陈内务部荐请大总统任命。厅中置警正四人至八人,承长官之命,分掌警察事务。又置警佐十人至二十人,承长官之命佐理警察事务。又因监督外勤勤务,特置勤务督察长,分掌督察事务。关于技术事务则另设技正一人,技士一人至二人办理之。厅中因维持治安之必要,得编制警察队。(地方警察厅官制第一一二条,第五一十条)

【地代】【土】【物】Ground-Rent 为日本名辞,即我国所称之地租是也。

【地役权】【物】Real or predial servitudes　为物权之一，即以他人土地供自己土地便宜之用之权也。享有此权利者曰地役权人。地役权之要件有四：(1)须为使用他人土地。(2)须系土地所有人在他人土地上享有之权利。(3)须为以他人土地供自己土地之便宜为目的者。(4)地役权为不可分割者(第八五六条、第八五七条)。又地役权之成立必须有二个土地，其为地役权所附着之土地曰需役地。至担负地役权之土地则曰供役地，故地役权不得与需役地分离而让与，亦不得与需役地分离而为他权利之标的(第八五三条)。地役权之取得一为设定行为，一为一般时效，但只以继续并表见之地役权为限(第八五二条)。关于地役权人之权利义务，我国民法于第八五四条、八五五条及第八五八条中规定之。即(1)有在范围内直接行使之权并为必要事项之权。(2)设置工作物之权。(3)本于所有权所生之请求权，等是。至地役权之消灭原因。与地上权同。惟凡依供役地所有人之声请，法院亦得宣告地役权之消灭(第八五九条)。按地役权之种类有五：(1)继续地役权与不继续地役权。(2)表见地役权与不表见地役权。(3)积极地役权与消极地役权。(4)天然地役权法定地役权与人为地役权。(5)田野地役权与市街地役权。(详各本条)

【地役权人】【物】(详地役权条内)

【地券交付主义】【物】Principle of the delivery of deeds　为不动产物权得丧变更主义之一，对登记公示主义及登记要件主义言。即就各土地创设地券交付于权利人，以不动产之得丧变更记载其上，确定不动产物权之权利状态，使有利害关系之第三人得就该券推知该不动产之权利状态之谓也。此主义之办法甚多，而且极为繁杂，英法殖民地采用之。

【地官】【史】为周礼六官之一，其长官为大司徒。(参司徒条)

【地政机关】【土】Organ for administration of land　掌握土地行政之官署曰地政机关，地政机关有二种：(一)中央地政机关。(二)地方地政机关(详各本条)。至其内部组织法，据土地法之规定，谓另以法律定之。地政机关乃执行土地法之机关，故除法律别有规定者外，一切土地法均由地政机关执行之。(第二条、二十六条)

【地面】【史】(详地腹条内)

【地值税】【土】Tax on price of land　又名地价税。(详该本条)

【地租】【土】Ground rent　所谓地租，乃指使用他人之土地所应缴纳之租金而言。在土地法上对于高低额率，有一定之限制。(参承垦人及耕地租用各条内)

【地域代表制】【宪】Geographical representation　与职业代表制相对称，即议会所选之代表，乃以地域之界限为依据，并以某一区域为单位而选举代表之制度也。

【地税】【土】Land Tax　一名土地税。(详该本条)

【地腹】【史】清制，地表曰地面，其地下则曰地腹，地面虽为私人所有，惟地腹则

属于国家，故地腹中矿物之采掘，政府亦分配其利益焉。（清国行政法卷二）

【地价】【土】Price of land; Taxable value of land　地价者，土地之价值也。地价可分为二：（一）申报地价。（二）估定地价（详各本条）。估计地价由地政机关为之，每五年应从新估计一次，但因地价有重大变更时，不在此限。（第二三八条、二五六条）

【地价册】【土】Book for prices of land　登载地政机关主管区域内土地之申报地价与估定地价，及附记改良物之估定价值之簿册，统称曰地价册。其编造方法以分区为之，且以登记区为标准。地价册应备三本，一存主管地政机关，一呈中央地政机关，一送主管征税机关，至其内容亦须有法定记载事项，以示慎重。（第二七一——二七八条）

【地价区】【土】地价区者，即由地政机关将所辖区内之土地，就其地价情形相近者（以前五年内之市价为准）所划分之区域也。

【地价税】【土】Tax on price of land　为土地税之一种，又曰地值税，与土地增值税相对称，所谓地价税，乃指对于土地原值所抽征之税而言。其征收方法，乃照估定之地价按年征收之，原则上应一次缴足，但分期缴纳者亦可，惟有限制地价税之法定税率，我土地法采渐进办法。其范围如下：(1)市改良地——千分之十至二十。(2)市未改良地——千分之十五至三〇。(3)市荒地——千分之三十至一百。(4)乡改良地——千分之十。(5)乡未改良地——千分之十二至十五。(6)乡荒地——千分之十五至一百。至市乡地所有权人之自住地及自耕地，于自住或自耕期内，应按照纳税额八成征收之。上述各法定税率，因地方财政或社会经济之需要，地方政府得斟酌情形，依法定程序于会计年度开始时加以增减。（参第二八三——二八五条、二九一——三〇四条）

【地价栏】【土】土地登记簿每一份用纸分为登记号数栏，区段号数栏，土地标示部，所有权部，及他项权利部。又于土地标示部设标示事项栏，地价栏，及标示先后栏。所谓地价栏，乃为记载申报地价或卖价之用。（土地法第四十九条）

【地质探验报告书】【土】地质探验报告书，即主管地政机关于举行地质探验完竣后所递呈于中央地政机关之书面报告也。（土地法第二十三条）

【地质调查所】【行】Institute of Geological Survey　地质调查所直辖于实业部。掌理下列事务：(1)关于调查全国地质及测量地质图事项。(2)关于全国矿山测量，矿床研究，矿业统计，及其他矿产调查事项。(3)关于调查全国土宜及水利之研究事项。(4)关于关系地质之实业设计及研究事项。(5)关于地震之测候及研究事项。所中置所长一人（简任或荐任），技士十二人至十四人（荐任或委任），调查员十六人至十八人，助理员十二人，事务主任一人，事务员二人至四人，并设下列各馆室：(1)图书馆。(2)地质矿产陈列馆。(3)燃料研究室——内附矿物岩石研究室，化学试验室，古植物学研究室及照相。(4)土壤研究室。(5)古物学研究室。(6)地性采矿研究室。(7)地震研究室。除图书馆及陈列馆另设主任各一人外，其他各研究室主任得由所长指定技士或调查员兼任之。本所对于政府机关之咨询或请托调查事项，应尽先办理，并得应实业团体之请求派员代任地质问题之调查或研究。本所并得派员往外国研究考察，或参加国际学术会议或技术会议，但应先呈实业部核准。（实业部直辖地质调查所组织条例第一一三条、第九一十二条）

【地籍册】【土】主管地政机关于执行地籍测量完竣时，所递呈于中央地政机关之地籍测量报告书面，称曰地籍册。（土地法第二十三条）

【圭】【史】圭之义有二：(1)天子册封诸侯时所用之瑞玉。说文曰："瑞玉也。上圆下方，圭以封诸侯，故从重土。"(2)为量器之名。汉书一律历志："量多少者，不失圭撮。"注曰："六十四黍为圭，四圭为撮。"

【圭田】【史】世禄常俸之外，复给予某种土地，即所谓圭田是也。此项圭田所收获者，悉充为祭祠之用。例不征税，以示优异。礼记一王制篇："夫圭田无征。"孟子一滕文公篇："卿以下必有圭田，圭田五十亩。"朱子之注："圭洁也，所以奉祭祠也。"

【圭璧】【史】古时诸侯朝会之际所执之玉以为序秩区别之用者，称曰圭璧。诸侯分为五等，即公侯伯子男是也。周礼春官一典瑞："公执桓圭，侯执信圭，伯执躬圭，子执谷璧，男执蒲璧。"即于祭祠时亦用之。

【多支廪给】【史】出使人员应支廪给，皆有常数，若于额分之外多行支取，是亦赃也。不论为强取或和取，皆应治罪，依本条所规定者处断。明律(卷十七)、清律(卷二十二)兵律邮驿篇皆有本条之设。清律之原文及其下注："凡出使人员多支领廪给者，计赃以不枉法论(分有禄无禄)。当该官吏与者减一等，强取者以枉法论。官吏不坐(多支口粮比此)。"清律之总注："廪给者，驿递额设供廪钱粮以给差使者也。出使人员不照定数而额外多支，是亦赃也。然有和取强取之不同，计其多支之数为赃，系和同而取者，以不枉法论。当该官吏徇情多与者，减犯人罪一等，系用强逼取者，以枉法论。当该官吏不坐，原其情非得已也。随从人所支者，曰口粮，亦即廪给也。故注曰多支比此。"

【多收税粮斛面】【史】税粮之征收均有一定正额，即所用收斛，亦有定制，依律收受者，一任纳户亲自行概(一作槩)。除依例准除折耗外，仓库主持官员不得多收斛面，违者治罪。明律(卷七)、清律(卷十一)户律户役篇，均有多收税粮斛面之条，内容相同。清律之条文及其下注："凡各仓(主守官役)收受税粮，听令纳户亲自行概，平斛交收，作(正)数(即以平收者作正数)支销。依例准除折耗，若仓官斗级，不令纳户行概，踢斛淋尖，多收斛面(在仓)者，杖六十。若以(所多收之)附余粮数，(总)计赃重(于杖六十)者，坐赃论。罪止杖一百(此皆就在仓者言，如入己，以监守自盗论)。提调官吏知而不举，与同罪(多粮给主)。不知者不坐。"同律之总注："概者，平斛之具，俗所谓荡也。税粮有正额，收斛有定制，收受者听纳户亲自行概，则无多收之弊，所以不亏纳户也。主守将平收入之粮，作为正数，支放开销，依例准开折耗者，即后条例收耗开耗之法(详该本条)。所积既多，为日既久，自难免于折耗，故依例准开，所以不累主守也。若经收之仓官斗级，不令纳户行概，或踢斛使其实，或淋尖使满，以多收斛面者，杖六十。仍计所多收斛面，积出附馀之数，以坐赃律科之，赃罪重杖六十，则照坐赃论罪，止杖一百，虽多收于民犹在于仓，未曾入己也。提调官吏，职应纠察，主守者知其多收而不觉举，与仓库官斗级同罪，不知者不坐。”

【多米尼加宪法】【宪】又曰圣多明哥宪法。(详该本条)

【多拉哥主义】【国公】Drago Doctrine　又译曰特赖哥主义，为南美洲阿根廷国外交总长多拉哥氏所倡说。氏于一九〇二年十二月二十九日发表宣言，谓干涉不能用以作压迫他国而使其偿还债务，即国家与国家间之债务关系，不得以武力强制使其履行也。一九〇五年间列强(英德意)为强迫委内瑞拉国(Venezuela)履行其债务，曾派舰队驰往示威，并欲加以封锁，多氏极力反对，重倡其主张。至一九〇七年之海牙和会开会时，曾采用多氏之主张，在原则上对于以武力强迫他国偿还债务，认为非法；但债务国不愿将该项争执提交仲裁，或使仲裁不可能，或不服从仲裁之判决时，则为例外。

【多乘驿马】【史】凡出使人员应乘船马在勘合之内俱有一定等第及额数，不得倚势任意需索；而驿官亦不得容情滥行应付，违者均须依本条内所定者加以治罪。明律(卷十七)、清律(卷二十二)兵律邮驿篇，均设有多乘驿马条之明文。清律原文及其下注：“凡出使人员应乘驿船驿马数外多乘一船一马者，杖八十，每一船一马加一等，若应乘驴而乘马，及应乘中等下等马而勒要上等马者，杖七十，因而殴伤驿官者，各加一等(至折齿以上依斗殴论)。若驿官容情应付者，各减犯人罪一等。其应乘上等马而驿官却与中等下等马者，罪坐驿官；本驿若无上等马者，勿论。若(出使人员)枉道驰驿及经驿不换船马者，杖六十，因而走死驿马者，加一等，追偿马匹还官。其事非警急不曾枉道而走死，驿者偿而不坐。若军情警急及前驿无船马倒换者，不坐不偿。”

【多数主体之债】【债】Obligation of pluralistic subjects　谓债权人或债务人在二人以上也。民法以债之主体如各为一人时，则债权人享有债权之全部，债务人担负债务之全部。至债之主体为多数时，则其法律关系乃成纷错，而有特别效力之发生，故另以明文予以规定，俾资适用。按多数主体之债，民法上之规定，有下列三种：(1)可分之债。(2)连带之债。(3)不可分之债(详各本条，第二七一条—二九三条)。至保证债务，亦为多数主体之债之一种。但我国民法仿多数立法例，另于各种之债章内规定之。

【多数代表制】【宪】Majority representation　与少数代表制比例代表制相对立，谓选举时以获得多数之投票而即为当选之选举制度。此项采用多数决定之制度，使少数党不能获得相当代表席数，实为造成近代代议政治之仅为多数政治而非全民政治之原因。因此学者遂有少数代表制与比例代表制之倡说，以为补救。

【多数决议】【通】Decision by majority　凡于开会讨论提案时，以多数会员之同意，以决定其成立与否者，曰多数决；赞同者多数时，曰多数决议；反对者多数时，则曰多数否决。

【多数管辖】【刑诉】又称管辖竞合。(详土地管辖条内)

【多数选举制】【宪】选举时依多数党所获得之票数，以决定选举之结果者，谓之多数选举制，学者以此制显有不公，故多主张以比例选举制代替之。

【多数辩护】【刑诉】为辩护制度之一，对共同辩护言，谓一被告而有二或三之辩护人也。我刑诉法为防免诉讼进行迟滞及阻碍起见，仅许最多数之辩护人不得超过三人。（第一六九条）

【夷九族】【史】夷三族之刑始于秦文公二十年。夷九族之刑起于何时，则不明确。然依杜氏通典（卷百六十三）：“……嫪毐作乱败，其徒二十人皆枭首，车裂徇灭其宗。”按徇灭其宗，即将其宗族一门全然灭绝，与夷九族之刑，性质实相类同，故亦应视为起自秦始皇之时。所谓九族通常在直系者，乃由高祖至玄孙等九世，在旁系乃横推至从兄弟止（以四等亲为限）。汉时对于某种重罪有族刑之科者，即将全族诛灭，不外即夷族之刑。汉书一张释之传：“……有盗高庙玉环，得下廷尉治，释之奏①，当弃市，上大怒曰：人盗先帝器，吾欲置之族。”是文帝时已有族刑之制。在唐明清等律对于谋反谋大逆等之罪，均缘坐其亲族云。换言之，即将其九族诛灭无遗之谓也。

【夷三族】【史】史记秦纪谓秦文公二十年始有夷三族之刑，汉初萧何之九章律亦有是刑。汉书一杨终传：“秦政酷烈，一人有罪，延及三族。”同书一崔实传：“昔高祖令萧何作九章律，有夷三族之令。”即一人犯罪，刑及三族，杀之使其血统根绝之谓。至于三族之范围如何，约有下列二说：(1)张晏之说为父母兄弟及妻子。(2)如淳之说为父族母族及妻族（汉书杨终传注）。礼记一仲尼燕居篇，三族之注：“父子孙也。”仪礼一士昏礼之注：“父昆弟，己昆弟。”郑玄对于三族之说亦如此。又后汉书一肃宗纪：“元和元年诏曰，一人犯罪，禁至三属。”其注曰：“即三族也。谓父族，母族，妻族。”是此说与如淳氏之说相同。（杜氏桐本阁丛记详说）

【夷族】【史】为夷九族之略称；即对反逆罪者之宗族，加以夷灭之谓。唐律释文：“夷族，谓反逆，罪及宗族。”（唐律疏议卷二十四）

【妃】【史】上古时称皇帝之后为妃，按妃乃配之义。事物纪原（卷一）：“配也，自太昊制嫁娶之礼，以相配偶，然无以妃名其耦者，帝王世纪，至黄帝乃始有元妃次妃之别，此疑妃之初尔。韩子曰：卫子嗣公爱泄姬，恐其因爱以雍己，乃尊魏妃以偶泄姬，恐魏明帝以三夫人名妃，用此两制。”至尧舜时以后，次于后者称曰妃，对于后则曰大妃，如文王之后大妃是，后世始以太子之嫡妻为妃。

【妄冒】【史】（详男女婚姻条及为婚女家妄冒条内）

【妄认良人为奴婢】【史】本知其为良人而竟妄自认其为奴婢部曲妻妾子孙等，此项行为，既与他人权利有关，复与良贱阶级之区分有乖，故加处罚。唐律（卷二十五）诈伪篇，有妄认良人为奴婢条之设：“诸妄认良人，为奴婢部曲妻妾子孙者，以略人论减一等，妄认部曲者，又减一等，妄认奴婢及财物者，准盗论减一等。”疏议曰：“妄认良人为奴婢部曲者，谓本知是良人，妄认为妻妾子孙者，谓知非己妻妾子孙而故妄认者，以略人论减一等，贼盗律略人为奴婢者绞，减一等合流三千

---

① 原书为“秦”，系排版之误。

里，略人为部曲，流三千里，减一等合徒三年，略人为妻妾子孙，合徒三年，减一等合徒二年半，是为以略人论减一等，妄认部曲，又减一等者，贼盗律略它人部曲，减良人一等，即是略部曲为奴，合流三千里，妄认部曲为奴，减一等合徒三年，略部曲为部曲，合徒三年，妄认部曲为部曲，减一等合徒二年半，略部曲客女为妻妾子孙，合徒二年半，妄认部曲客女，为妻妾子孙，减一等合徒二年，是为部曲又减一等，其妄认他人奴婢及财物者，准盗论，减一等，若监主妄认未得，亦准上条，各减二等，其监主，妄认未得财多者，从错认未得论。”

【妄认盗卖公私田】【史】公私田地各皆有主，若妄自冒认为己之所有以售与人，或私自盗卖于人，皆为法律所不许，应即构成本条之罪。唐律（卷十三）户婚篇，设有妄认盗卖公私田条：“诸妄认公私田，若盗贸卖者，一亩以下笞五十，五亩加一等，过杖一百，十亩加一等，罪止徒二年。”疏议曰：“妄认公私之田，称为己地，若私窃贸易，或盗卖与人者，一亩以下笞五十，五亩加一等，二十五亩有余，杖一百，十亩加一等，五十五亩有余，罪止徒二年。贼盗律云：阑圈之属，须绝离常处，器物之属，须移徙其地，虽有盗名，立法须为定例，地既不离常处，理与财物有殊，故不计财为罪，亦无除免倍赃之制。妄认者，谓经理已得，若未得者，准妄认奴婢财物之类，未得法科之，盗贸易者，须易讫，盗卖者须卖了，依令，田无文牒，辄卖买者，财没不追，苗子并入地主。”

【存抚使】【史】唐时有巡察使、安抚使、存抚使等官之设，乃肇自贞观初年，所遣出发巡视诸州之水旱之安抚使（计十三人）。而后世之按察使亦源自此，所谓存抚乃存问爱抚人民之意，即巡历各地方视察人民之休戚以及掌理检举官吏非违之事件。

【存立期间】【民总】Period of existence　法人或其他团体，自成立时起以至于解散时止之期间，曰存立期间。此项存立期间之长短，应于呈请登记时列为登记之记载事项之一。（参民法第四十七条）

【存在担保】【债】Warranty for existence of claims　为出卖人对买受人应负义务之一种，即出卖人将债权或其他权利出卖于买受人时，应担保其权利确实存在之责任也。例如甲负乙债五百元，乙以之出售于丙，若甲主张该项债务已因时效而消灭，则此债权已不存在，乙应负担赔偿责任是。民法更规定有价证券之出卖人，亦应担保其证券未因公示催告而宣示为无效，盖所以保护买受人之利益也。（第三五〇条）

【存侍】【史】家有父母存在，归家奉侍是为存侍，此时可免除服供兵役之义务，元典章（卷三）一赐老者篇：“大德九年二月，钦奉宽恩恤民诏书一款，老者年八十以上，许存侍丁一名，九十以上存侍丁二人，并免杂役。”

【存库银】【史】所征官项，除解京外，存留本地库内之款，谓之存库银。（六部成语注解）

【存留养亲】【史】（详犯罪存留养亲条内）

【存养】【史】救养贫家之子女及孤儿者，谓之存养。明律（卷四）、清律（卷七）户律户役篇——立适子违法之条："庶民之家，存养奴婢者杖一百，即放从良。"

【存续期间】【民总】Duration 权利义务关系存在及继续之期间，曰存续期间。例如抵押权自设立以至于消灭中所经过之期间，即抵押权之存续期间是也。

【守】【史】守之意义有下列三种：(一)官名，一郡之长为太守，而简称曰守，明清均称知府为守。(二)清制对于官吏品行之考查，即视其操守如何，可分为三：(1)清——清廉也。(2)谨——谨慎也。(3)平——中庸也。会典吏部："乃定以四格：一曰守，二曰才，三曰政，四曰年。"其附注曰："有清有谨，有平。"(三)官之署理亦曰守，并非实任也。唐书百官志："至于检校兼守判知之类，皆非本职。"

【守口官】【史】谓警戒关所通路云官吏也。(清会典兵部关津)

【守支钱粮及擅开官封】【史】国家钱粮关系重大，凡仓库，官攒，斗级，库子，皆有主守之责，虽役满得代，而原日经收之钱粮，应令守候支放尽绝，方许给由，其有应合相沿交割之物，应行由提调官吏盘点明白，不得混指某仓某库虚文交割，违者治罪。至官物原用印封记者，乃为防备侵盗抵换起见，主典官吏非请原封官司阅视而擅开者，均依律惩治。明律(卷七)、清律(卷十二)户律仓库篇，对此设有守支钱粮及擅开官封之条。清律之条文及下注曰："凡仓库官攒斗级库子，役满得代(不得离去)，所收钱粮官物，并令守(候)支(放)尽绝，若无短少，方许(官攒)各离役(斗库还家)，其有应合相沿交割之物，听提调官吏监临盘点见数，不得指廒指库交割，违者，各杖一百。若(仓库所收)官物，有印封记，其主典不请原封官司(阅视)而擅开者，杖六十(其守支盘点，及擅开，各有侵盗等弊者，俱从重论，追赔入官)。"清律之总注："官攒，谓仓库官与攒典也。官应曰任满，攒应曰役满，斗级库子，则有退役之时，无役满之限，此官攒斗库，止言役满者，省文也，官攒斗库，有监守仓库之责，役满虽得更代，而该年所收钱粮官物，遽难见数交盘并令守候，放支尽绝，若无短少，官攒方许各离职役，斗库方许宁家，若非经收支钱粮，其有应合相沿交代之物，如积贮米谷附余钱粮，及寄存仓库入官赃物之类，听候提调官吏监临盘查验点，逐一见数明白，交与替代之人接管，不得但指某廒某库钱粮官物之数，虚文行移，私相交割，恐有侵欺盗用借贷挪移抵换等弊，监守既易，互相推调也。若违此律，不守支而离职役，不盘点而交割者，各杖一百，各字，指提调官吏，经守交代官攒人等也。若收管一应官物，有印封记者，所以防侵盗抵换也。其主守之人，若不请原封衙门验视而擅开者杖六十。"

【守令】【史】谓郡守及邑令也。晋书："诏内外群官，举守令之才。"(参郡守县令条)

【守制】【史】祖父母及父母之丧时，其子孙在仕途者，应即解任。其在科举中者，应即辍考；而服丧居，谓之守制。以闻丧之月日为始，而守一定之丧期。(五礼通考)

【守祧】【史】官名，为周礼春官之属，乃掌宗庙之祭祀之官，以奄人及女祧任之。

【守掌在官财物】【史】守掌者，暂时之主守也。官物已出而未给付，或已送人官而未收入仓库，有人守掌之，即视为官物；如该守掌者侵欺借贷之，即以监守自盗论。明律(卷七)、清律(卷十二)户律仓库篇——守掌在官财物条:"凡官物当应给付与人,已出仓库而未给付,若私物当供官用,已送在官而未入仓库,但有人守掌在官,若有侵欺借贷者,并计赃,以监守自盗论。"清律之注:"若非守掌之人侵欺者,依常人盗仓库律论。其有未纳而侵用者,经催里纳保歇各照隐匿包揽,欺官取财科断,不得概用此律。"同律之辑注:"此条专为不在仓库中侵借者言之,须看但有人收掌在官局,已出仓库者,犹未离乎官,未入仓库者,已报收乎官也。"同律之总注:"凡钱粮官物,在仓库中,及承领起运其监守与押解人侵欺等罪,以上各条,皆备矣,此特指守掌在官者言之。一应官物,当应给付与人者,已经取出仓库,而未及给付,犹是官物;一应私物,当应供送官用者,已经纳送在官,而未入仓库,亦是官物;如官司委人守掌而守掌之人,若有侵欺借贷者,并计侵借之数为赃,以监守自盗论。盖承委守掌,是即主守之人矣。"

【守道】【史】官名,明时布政司有参政参议诸员,分守各道,督察州县,以为布政司之辅,有职权与巡道无异。民国初改为观察使,继为道尹,国府成立初未设置,今则有行政督察专员之设,性质殆与守道无异。

【守阙】【史】守阙乃停职者,或候补官守望官职之补缺之谓也。元典章(卷十)—吏部第四篇,守阙原处听候之条:"……今后除授之后,官员止于原任去处听候。"又曰:"今后除授守阙官员,到合赴任年月日,依例之任,不得将引家眷行,闲人先行赴任。"

【宅】【史】宅者择之义也,择吉处以为营家也。天子之宅为千亩,诸侯为百亩,大夫以下九亩,庶人则为五亩,其庶人之地,得树桑以为饲养蚕类之需用。增补四书人物聚考(卷八):"(释名云)宅择也,言撰吉处而营之也。(周礼)地官,载师,以宅田任近郊之地(宅田即五亩之宅),赵氏曰:古者,一夫一妇,受私田百亩,公田十亩,八家,是为八百八十亩,余公田二十亩,八家分之,得二亩半,以为庐舍,城邑之居,亦各得二亩半,春令民毕出在野,冬则毕入于邑。在野曰庐,在邑曰里,庐各在其田中,而里聚居也。"又曰:"尉缭子云,天子宅千亩,诸侯宅百亩,大夫以下里舍九亩,(周礼云)国宅无征,注云城中之宅无税也。"

【安全设备】【劳】(详工厂检查法及工厂法各条内)

【安全证书】【国公】Safe-conducts 战事发生后,交战国政府或司令官对于敌国人民或其所携物件,许其安全通过一定地域时所给与之文书,称曰安全证书。如于双方激战时,为防止危险起见,特派遣军队护送敌国所派军使或其人民俾能安全通过一定危险地带者,则称曰安全护卫。

【安全护卫】【国公】Safe-guards (详安全证书条内)

【安术有七】【史】谓安国方法有七条也。"安术有七,危道有七,安术,一曰赏罚随是非,二曰祸福随善恶,三曰死生随法度,四曰有贤不肖而无爱恶,五曰有智愚而无非誉,六曰有尺寸而无意度,七曰有信而无诈。"(韩非子卷八)

【安设权】【物】为线管安护权(详该本条)之简称。

【安抚】【史】官名。隋以杨素为河北道安抚大使。唐贞观之初,诸州水旱,遣大使十三人巡省。自是以后，常见巡察、安抚、存抚等名，节度使兼之，至宋代始为帅司（武官）之职，其初仅于沿边置之，后则各路皆置，或称“安抚使”，或称“经略安抚”，往往知府知县兼任之。掌总护诸将，统治军旅，察治奸宄，以肃清一道，盖兼有兵民之政也。元因其制；明清以之为土官，专授西南诸夷，为世袭职。

【安谐】【史】安隐和谐曰安谐。“夫妇不相安谐者，遂有卖休买休体例。”（元典章卷十八）

【寺】【史】（一）寺者，侍也；即使令之小臣也，即宦官之别称。周礼—寺人之注：“寺之言，侍也。”乃付奉君侧之义也。（二）为官署之称，凡府廷之所在，皆谓之寺，如汉之御史府称曰御史大夫寺，其后有所谓太常寺，鸿胪寺，大理寺，光禄寺，太仆寺，大府寺，司农寺，宗正寺等皆是。（三）为僧众之居所，此种名称之创始，起自汉明帝之时，因时有摄摩腾自西域以白马驮经来，初止宿于鸿胪寺，后来取寺之名以建白马寺，后世遂以浮屠所居之处，皆称曰寺。

【寺人】【史】为宦官之别称，盖寺与侍通即侍奉君主之小臣也。周礼—天官寺人之职：“寺人，掌王之内人。”

【寺院法】【通】Canon Law; Church Law; Ecclessiastical Law 寺院法为十二世纪以来，关于宗教法规及教会法规之总称，其内容乃由历来教会各长老之意见学说，宗教会议之决议案，教皇或主教之命令及判决例，圣经之教条，以及市民法之原则原理所构成。自十二世纪中叶之亚力山大三世（教皇）起，即已略具典型，后历经多次增加，始成一寺院法典（Corpus juris canonici）。寺院法因当时宗教势力之扩张，遂遍布于欧洲各国，且有宗教法院之设置，掌握各国之司法权，今则多已废止。独英国尚存其名，惟所辖者仅以僧侣及宗教关系事件为限耳。

【寺院法计算法】【亲】Calculation method in Canon Law 为亲等计算方法之一种，与罗马法计算法相对立。其计算方法如下：（一）对直系亲属之亲等计算法，与罗马法计算法相同（参该本条）。（二）对旁系亲属之计算法，并不合算双方之世数，仅算一方之世数，即从己身数至同源之祖，再从所指之亲属另行数至同源之祖，如二者之世数相等时，则以任何一方之世数定其亲等，若双方世数不相等时，则从其多者以定之。例如伯叔与侄间之亲等，由己身数至同源之祖为二世，由伯叔数至同源之祖为一世，则从其多者以定之，即伯叔与侄间乃为二亲等之旁系亲。此种计算法，惟英国采之，我国历次草案亦然，以其与服制图相符合，新民法则已不复采用之矣。

【寺庙】【行】Temple monastery and nunnery 所谓寺庙，乃指僧道主持之宗教上建筑物，不论用何名称皆在其内而言（祠庙寺院庵观等）。寺庙财产及法物均为寺庙所有，由住持管理之；并应向该管地方官署呈请登记，非经所属教会之决议，并呈请该管官署许可，不得处分或变更。寺庙应按其财产情形，兴办公益或慈善事业。至于一切收支款项及所兴办事业，住持应于每半年终报告该管官署，并公告之。以上乃就普通有僧道主持之寺庙而言；至于荒废之寺庙，则由地方自治团体管理之；不适用上述各种规定。即由政府机关管理或由地方公共团体管理，或由

私人建立并管理之寺庙，亦均不适用上述之规定。（监督寺庙条例第一条、第三一六条、第八一十条）

【寺观庵院】【史】众僧之居所曰寺，道士之居所曰观，尼姑之居所曰庵，女冠之居所曰院。（明律卷四，清律卷七户律户役——私创庵院及僧道之条）

【州】【史】（一）古时行政区域之最大者为州，与今之省相等。尚书—尧典舜典曰："有九州。"又曰："肇十有二州"之类皆是。（二）周制五党为州，即二千五百家之聚合体也，汉时尚以州统郡。（三）唐武德元年罢郡置州。事物纪原（卷七）："周公职录图曰，黄帝受命，风后受图割地，布九州，沿革曰，黄帝分州画野，或曰高阳创九州，亦云，高辛，通典曰，唐有九州，舜肇十有二州，禹又别九州，汉以州部郡，唐武德元年，乃罢郡置州也。注，代宗时杨绾为相，定上中下州，文宗相韦处厚，乃置文雄，十望，十紧等州也。"

【州伯】【史】诸侯一方之长，曰州伯，以诸侯中之贤者任之。汉书："古选诸侯贤者为州伯。"

【州里】【史】周代二千五百家之方地为州。有二十五家之小村落为里，所谓州里，乃二者之合称也。（其制详于周礼地官内）

【州牧】【史】古时立九州之制，每州置州牧为其长。牧乃牧养之义，即牧民之谓也。书经—舜典："外有州牧侯伯。"汉以后亦置州牧，如清朝之督抚；清时知州称曰州牧，至其起源实自有虞氏舜时也。事物纪原："黄帝立四监以治万国，舜外有州牧侯伯，则州牧之始，盖自有虞氏也。"

【州郡令】【史】为魏令之一种。（详魏之法典条内）

【州县不觉脱漏】【史】户口之籍书，由州县官司掌之，不得疏忽，若于不觉间脱户漏口或增减年状时，应加处罚。其系知情而加脱漏或增减者，则处更重之罚。唐律（卷十二）户婚篇——州县不觉脱漏条："诸州县不觉脱漏增减者，县内十口笞三十，三十口加一等，过杖一百，五十口加一等，州随所管县多少，通计为罪（通计，谓管二县者，二十口笞三十，管三县者，三十口笞三十之类，计加亦准此。若脱漏增减并在一县者，得以诸县通之，若止管一县者，减县罪一等，余条通计准此）。各罪止徒三年，知情者，各从里正法（不觉脱漏增减无文簿者，官长为首；有文簿者，主典为首，佐职以下，节级连坐）。"疏议曰："州县不觉脱漏增减者，与上条里正。不觉脱漏增减义同，十口笞三十，三十口加一等，即是二百二十口杖一百，过杖一百，五十口加一等，州随所管县多少，通计为罪，若管二县以上，即须通计，谓管二县者，二十口笞三十，管三县者，三十口笞三十之类，计加亦准此。谓一县三十口加一等，即州管二县者，六十口加一等，管三县者，九十口加一等，若管十县，三百口加一等，若脱漏增减，并在一县者，谓管三县，一县内脱漏三十口，州始笞三十，若管四县，一县内脱漏四十口，州亦笞三十。故云，得以诸县通之。若止管一县者，减县罪一等，谓县脱三十口，州得笞二十之类，余条通记准此。谓一部律内，州管县，监管牧，折冲府管校尉，应通计者，得罪亦准此。各罪止徒三年，知情者各同里正法，其州县知情，得罪同里正法，里正又同家长之法，共前条（即脱户条)家长脱漏罪同。"

【年月制】【刑】与等级制相对称,为有期徒刑制度之一,即规定有期徒刑所科年月之数之制度也。(参有期徒刑条内)

【年功加俸】【行】Increase of salary by merit 官吏公务员在职任事,继续届满一定年限,确有劳绩而无可以非议者,国家除其应得俸给之外,复给与一定额数之金钱,谓之年功加俸。

【年金】【行】Annuity 于每年间所给与他方以一定之金额,曰年金。有终身年金(即终身间给与之年金)与定时年金(特定年限给与者)之区别。年金之给与,有基于私人间之契约者,如终身定期金是,亦有由国家因酬劳有功而给予私人者,如退职官吏之养老金是。

【年金保险】【险】Annuity insurance 为保险之一。谓以被保险人与保险人约定于一定期间起,由保险人按年给付一定之保险金额之保险也。在订约时先由被保险人以一定金额给付于保险人,约定被保险人于其后每年由保险人给付一定金额,直至死亡为止,故与老废保险之仅支付一定金额者绝不相似。

【年金契约】【通】Contract of annuity 当事人间约定于每年给付以一定之金钱之定期金契约,称曰年金契约。

【年度】【通】所谓年度,乃指为计算上及结束上之便利起见,所划定由每年某月某日起,而讫于次年某月某日止之期限而言。例如会计年度与司法年度是。(详各本条)

【年计】【民总】计算年份对于月或日并不加以扣足,此种计算方法,曰年计,为年龄计算方法之一种。例如某甲于民二十年十一月出生,其年龄为一岁,至民二十一年一月时,实际上尚未满二个月,仍算二岁。此种方法,殊不公允;各国立法例,多不采之。

【刑】刑法上之时例规定,时期以年计者从历,如以若干分之几计算者,一年为十二月。(刑法第二十一条)

【年限】【通】Limit of year 一年以上之期限,曰年限。

【年俸】【行】Yearly salary 国家对于官吏或其他人员之薪俸。如以年为单位者,曰年俸;其以月为单位者,则为月俸。依我国现行法制之规定,以月俸为原则。

【年号】【史】国之有年号,始自汉武帝之建元元年,但道书所载,则有赤明上皇,无极永寿等之号。事物纪原(卷一):"始自汉武帝建元元年,颜师古前汉书(注)曰,自古帝王未有年号,始起于此,而纪年通云,道书有赤明上皇无极永寿等号,扬雄蜀王本纪云,望帝禅位鳖灵,灵称丛帝,号方通。"

【年载祀】【史】年载祀皆异代纪时之号,唐虞以前谓之载,夏周以后谓之祀,秦汉而下则谓之年。而总称皆谓之岁,按载取岁事一新之义,祀取四时祀事一周之义,年则取新谷一熟,而岁则取日月一周天,即岁星十二年一周之意也。(唐律卷三释文)

【年赋金】【债】Annual installment 债务人于清偿债务时，将一定金额分为若干年支付，此项金额称曰年赋金。

【年龄】【通】Age 人之年岁曰年龄，在法律上所关颇重。例如行为能力、订婚、结婚及选举、被选举、为遗嘱以及收养子女等，皆是。

【年龄计算法】【民总】Method for the calculation of age 年龄系自出生之日起算，出生之月日无从确定时，推定其为七月一日出生。知其出生之月而不知其出生之日者，推定其为该月十五日出生（民法第一二四条）。其所谓自出生之日起算者，即仍应算入始日，故与一般期间之计算法不同。按年龄计算方法可分下列四种：（一）年计。（二）月计。（三）日计。（四）时计。（详各本条）

【式】【史】唐代于律令格三者之外，有所谓式者，为四种法典之一，即官吏应遵守之方式也。与今之官吏服务规程同。文献通考："唐之刑书有四，曰律令格式，令者，尊卑贵贱之等数，国家之制度也。格者，百官有司之所常行之事也。式者，其所常守之法也。"

【戍罚作】【史】汉制，男子之犯罪者，每派其往守边郡，以为戍备，乃一种服劳役之刑罚也。其刑期为一年。汉书仪："男为戍罚作，女为复作，皆一岁。"

【戍边】【史】谓戍备于国境边远之地也。事物纪原："纣之时，西患昆夷，北难猃狁，文王以纣命遣戍役守卫中国，采薇所歌是也。其事起于商辛失政之世。"杜甫诗："归来头白还戍边。"

【扣利】【史】政府以金贷与商民时，先行扣除其首月之利息者，谓之扣利。六部成语注解："利息也，官款发商生息，先行扣留月利。"

【扣押】【刑诉】Seizure; Attachment 谓对于物件暂时所施之留置处分也。换言之，即将证据物件或可以没收之物，由检察官或法院自持有人之手，移转归其持有，且代行保管之强制处分也。扣押虽为强制处分，但有限制：(1)公署保管之文书及其他物件，于职务上应守秘密者，非经该管监督公务员之许可，不得扣押（第一二九条）。(2)邮件及电报在邮务局或电报局持有中。（甲）非可以没收者。（乙）非寄交被告或有事实足认其为被告所投递，或系交付被告者，均不得扣押（第一三〇条）。(3)邮电局所持有被告与辩护人往来之邮件及电报，非可认为犯罪证据，或被告已经逃亡，均不得扣押（第一三一条）。扣押时之程序，并应注意者：(1)应制作收据。(2)应加封缄。(3)扣押邮件及电报，原则上应通知投递人及收受人。(4)实施扣押应作笔录。(5)扣押机关应负保管义务。(6)必要时得为竞卖处分。(7)如为勿庸留存之物，应不待结案先行付还，如所有人或持有人声请时，得命其负保管之责，暂行发还。（第一二七条、第一三二——一三七条）

【扣押命令】【刑诉】Order for attachment 实施扣押时所发布之命令曰扣押命令。（参扣押条内）

【扣押物】【刑诉】被扣押之物，称曰扣押物。（参扣押条内）

【扣押债权人】【民执】对民事执行机关基于债务名义，有请求实施强制执行

(扣押)程序之权利人,谓之扣押债权人。

【扣克】【通】或曰克扣,即官吏对于一定经费之额数内,窃取其一部分之行为也,如克扣军费是。

【扣留】【行】为直接强制处分之一种。谓行政官署对于违反行政法令或行政处分之人所持有之物,所加之强制手段也。依我国行政执行法第八条之规定,以军器凶器及其他有危险物为限,且须有非扣留不能预防危害时,始得为之。至于扣留时除依法律应没收或应变价发还者外,其期间至长不得逾三十日,扣留之物于一年内无人请求发还者,其所有权应属于国库。

【扣留船只】【国公】Embargo　为国际争议解决方法之一,即甲国对乙国在本国港口内之船只加以扣留之谓也。例如一八四〇年英国因 Sicily 违背商约,将其在 Malta 港口内之船只加以扣留是。

【扣除】【通】Deduction　凡在某种数额之中,除去若干数额之行为,曰扣除。例如刑事诉讼法第二〇七条之规定,当事人不在管辖法院所在地居住者,计算法定期限应扣除其在途之期间是也。

【扣减】【继】(详扣减权条内)

【扣减权】【继】Reduzierung (德); Right of reduction; Abatement　又名提减权,日本称曰减杀权,谓因被继承人所为之遗赠而致应得特留分人之应得数不足时,该应得特留分之人所享有得按其不足之数,由遗赠财产扣减之之权利也。其扣减之方法如下:(一)受遗赠人仅一人时——应按特留分不足之数,由遗赠财产中扣减之,以补特留分之不足。(二)受遗赠人有数人时——应按特留分不足之数,按照受遗赠人所得遗赠价额比例扣减,以补特留分之不足。(民法第一二二五条)

【扣资】【史】官吏之铨叙,乃以资格之深浅,定其补官之先后,故请假者,其补官之期,必为之延缓,是曰扣资。唐以后皆有此例。

【扣银】【史】清制,各省就发送往中央政府之银两中,扣除各该省官厅应用之银两,称曰扣银。六部成语注解:"应行扣留停发之款,曰扣银。"

【收支】【史】收支者,谓钱物之收入支出也。清制主会计之人称曰收支人。

【收支留难】【史】收支留难者,谓各衙门监临主守,收受及支给一应钱粮官物,当该官吏无故将纳物领物之人留难刁蹬,当收支而不收支也。此种举动,殊有阻滞官事之实,故应治罪。明律(卷七)、清律(卷十二)户律仓库篇——收支留难之条:"凡收受支给官物,其当该官吏,无故留难刁蹬,不即收支者,一日笞五十,每三日加一等,罪止杖六十,徒一年,守门人留难者,罪亦如之。若领物纳物之人,到有先后,主司不依次序收支者,笞四十。"清律之辑注:"无故,则有故者不得谓留难刁蹬矣。如物不中度而不收,期尚未至而不给,与公务冗并而不暇收给者,俱不在此限。"同律之总注:"官物,兼一应钱粮等物言,凡各衙门收支官物,其当该官吏无故将纳物领物之人留难刁蹬,当收者,不即收受,当支者,不即支给,以致守候艰难,公事阻滞,故计日论罪,一日笞五十,每三日加一等,至十九日以上,罪止杖六十,徒一年,守门人役,留难不放入者,则与收支留难者无异,故亦计日,论如官吏之罪。若纳物领物之人，到有先后，收支应有次序，若不依其先后以为次序，则搀越无纪，人情不平，故笞四十。”

【收生媪】【史】产婆之别称也。五杂俎：“相传胞衣为人取去，则儿必不育，故中家以上，防收生媪如防盗。”无冤录：“妇人有胎孕不明致死者，勒收生婆验腹内。”

【收充】【史】将犯人之姓名，记载于一定簿册，以充任官役之劳务，是曰收充。（参起除刺字条内）

【收呈之法】【史】对于受理民间所呈递诉讼之法规，谓之收呈之法。学海堂丛刻（第五册）之读律提纲：“刑律诉讼门越诉，告状不受理，诬告，教唆词讼，军民约会，词讼诸条，律与例皆详著收受呈词之法。”

【收没】【刑】Forfeiture 与没收同一意义。（详没收条内）

【收受减损货币仍再行使罪】【刑】为伪造货币罪之一；因收受后方知为减损分量之通用货币，而仍行使或意图供行使之用而交付于人而成立。收受云者，即获得持有之谓也。其方法为有偿或无偿，为适法或不法，均非所问。至收受后方知情须以仍再行使或以行使之目的而交付于人，始成立本罪，但收受者之行为仅在谋补其财产损失为目的，其恶性自属轻微，故只处二千元以下罚金耳。（刑法第二一四条第二项）

【收受贿赂】【刑】（详受贿罪条内）

【收受伪造变造币券仍再行使罪】【刑】为伪造货币罪之一。因收受后方知为伪造变造之通用货币纸币银行券，而仍行使或意图供行使之用而交付于人而成立。所谓收受，指获得持有而言，有偿或无偿，适法与不法，皆在其内。至收受后方知情，须以仍再行使或以行使之目的而交付于人，方能构成本罪。但收受者多为减免误收之损失起见，情有可原，究不得谓为毫无恶性，故仅处二千元以下罚金而已。（刑法第二一二条第二项）

【收受赃物罪】【刑】Offence of receiving stolen goods 为赃物罪之一。因事后收受赃物而成立，所谓收受，其范围甚广，如由于寄托、买卖、交换、赠与皆属之。惟本罪应从狭义解释，即以无偿行为而取得其物之权利也。故仅以赠与为限，且须明知其为赃物而收受，始构成本罪，处三年以下有期徒刑，拘役，或五百元以下罚金。（刑法第三七六条第一项）

【收帑】【史】帑与奴通，收犯罪者之家属为奴婢之谓也。至汉文帝时废之。汉书一文帝纪：“文帝元年诏曰，法者治之正，所以禁暴，而卫善人也。今犯法者已论，而使无罪之父母妻子同产坐之，及为收帑，朕甚弗取。”

【收留迷失子女】【史】子女奴婢因迷失道径，不能归家，乃出于无知，均无弃亲背主之意。凡收留者如不报官而卖与他人，应加治罪。其收留在逃子女奴婢而出卖者，其自留及隐藏者，其收买人与牙保以及冒认者，皆为法律所不容，应依本律所定，分别处罪。明律（卷四）、清律（卷八）户律户役篇均有收留迷失子女之条，条文相同。清律之总注曰：“迷失者，迷踪失道，欲归不能，出于一时之不幸。在子女无遗其亲之心，在奴婢无背其主之意，皆无罪之人也。凡收留之者，俱当即送官司，召人认领。如有不送官司，将收留良人子女卖与人为奴婢者，杖一百，徒三年。卖与人为妻妾子孙者，杖九十，徒二年半。将收留之奴婢卖者各减卖良人罪一等，为奴婢，杖九十，徒二年半。为妻妾子孙，杖八十，徒二年。盖子女本皆良人，奴婢本皆贱者，故收留而卖之罪，各有差等。被卖之子女奴婢，皆不坐，给亲完聚。以其原属无罪，出于迷失，则情非得已，既被收留，则势难自主也。〇若收留在逃之子女奴婢，亦当送官，追究来历，岂得因以为利而卖之。然在逃必非无故，既已遗弃所亲，背叛家长，即皆有罪之人矣。在逃与迷失不同，故收留而卖之罪，比迷失各减一等，其被卖之人，亦同坐罪，比卖者又减一等耳。卖在逃之子女为奴婢者，应杖九十，徒二年半。则被卖者杖七十，徒年半。如卖在逃之奴婢为奴婢者，应杖八十，徒二年。则被卖者杖七十，徒年半。为妻妾子孙者，应杖七十，徒年半。则被卖者，杖六十，徒一年也。仍究其因何在逃，若在逃之本罪当重者，从重科断，轻则仍依本律。不言给亲完聚者，以在逃罪中，或有犯该重罪，当正法遣配，与离异归宗从良之不同，仍须各尽本法，有不得给亲完聚者在也。〇其收留迷失在逃之子女奴婢，不送官司，即以为自己奴婢，及妻妾子孙，则与卖人者无异，故罪如之。系迷失则如卖迷失各罪科断，系在逃则如卖在逃各罪科断，不言迷失及在逃之人者，蒙上文而言，迷失亦不坐，在逃亦减一等，在逃罪重者，从重论也。若暂时隐藏在家，或卖或留，事尚未定，其罪犹轻，故不论迷失在逃，并杖八十，在逃者，仍科逃罪。〇若买者及牙保，知其迷失在逃之情，而承买说合者减犯人罪一等，照前两节卖者之罪，分别减科。其价系彼此俱罪之赃，故追入官，不知情而误为承买说合者，不坐。如买人不知，而牙保知情，则牙保仍坐罪。其价并追还主，如牙保不知，而买者知情，则买者仍坐罪，追价入官。〇若迷失在逃良人之子女，经人收留，或送官查究，而冒认为己之奴婢，则贱之矣；故杖一百，徒三年。冒认为己之妻妾子孙，则辱之矣；故杖九十，徒二年半。若冒认迷失在逃之奴婢为己之奴婢及妻妾子孙者，并杖一百。以其本属贱者，而轻之，且不分奴婢与妻妾子孙也。”

【收益】【物】Jus fruendi（拉丁）　收益者，谓收取物之孳息也。例如畜牧者收取家畜所生之子，以为己有，以及债权人收取贷金之利息，以为己有皆是。

【收益财产】【行】Income-property　对公用财产言，为国有财产之一种，即以收益为主要目的之国有财产也。与公用财产之区别，即前者可依私法上之规定加以自由处分；后者则须于公用目的废弃时，始得自由处分之。

【收益税】【行】以收益为课税物体之税曰收益税，例如营业税、房屋税、田赋等皆属之。

【收益权】【物】Right of Enjoying the Fruits　为所有权积极权利之一。对使用权处分权言，即收取物上所生利益或果实之权利也。例如耕作土田，享有收取米麦之权，出租房屋，享有收取租金之权是。

【收耗开耗之法】【史】清制，各处仓粮每石收耗米三升；查盘之时，计守支年分，每年每石准开耗一升。若三年之外，原收耗粮已减尽，照例于正粮内递开一升，准作耗粮；盖仓库所积既多，为日既久，自难免于折耗；故依例准开，所以不累主守也。此外若有侵盗者，方照律例问罪。

【收买权】【行】国家对于民营之公用事业，或其他企业，有依法备价收买充为国有之权，曰收买权。此种制度，乃为贯彻大企业归为国有之政策而设。例如我国铁道法第十九条规定，国民政府对于民营铁道自开始营业之日起，满三十年后，得依法定程序，揭示日期收买之是。又如民营公共事业监督条例第十四条规定，民营公共事业满三十年后，监督权关得备价收归公营是。

【收集减损分量之通用货币罪】【刑】为伪造货币罪之一。因意图供行使之用，而收集减损分量之通用货币而成立；以有供行使之故意为必要。如为单纯之收集，自不论罪。故其处分与减损通用货币罪同。（参该本条，刑法第二一三条第二项）

【收集伪造变造有价证券罪】【刑】为伪造文书罪之一。因意图供行使之用，而收集伪造变造之公债票，公司股票或其他有价证券而成立。其构成要件与伪造有价证券罪相同（参该条）。惟本罪之行为非伪造变造，而系收集伪造变造者之行为耳；其处分与伪造有价证券罪相同。（刑法第二二六条第二项）

【收集伪造变造邮票及印花税票罪】【刑】为伪造文书罪之一。因收集伪造变造邮票，及政府发行之各种印花税票而成立；其要件与伪造邮票及印花税票罪相同（参该本条）。惟本罪行为乃收集而非伪造或变造耳。其处分亦与伪造邮票罪同。（刑法第二二七条第二项）

【收集伪造变造币券罪】【刑】为伪造货币罪之一。因意图供行使之用，而收集伪造变造之通用货币纸币银行券而成立；以收集而有供行使之故意为必要。如单纯收集之举，自不为罪。故本罪之处分，与伪造币券同。（刑法第二一一条第二项，参伪造币券罪及变造币券罪条）

【收贿表决罪】【破】为对于非破产人罚则之一种。依破产法草案之规定（第三三五—三三六条），计有下列二项：（一）于债权人会议，因为一定之表决或不为表决，而收受贿赂，或其他之特别利益，或约定收益之破产债权人，处五等（一年以上二月以下）以下有期徒刑，或三百元以下之罚金。至所收之贿赂，没收之。（二）于债权人会议，使为一定表决，或使之不为，而赠与贿赂，或其他之特别利益于破产债权人，或有赠与之约定者，依上述之例处断。此项犯罪，当债权人会议之决议前，于破产法院自白者，免其本刑。

【收管】【史】谓将有罪者责付本夫或其亲属，邻里首长使其保管也。明律、清律（卷二十八）刑律断狱篇——妇人犯罪条："凡妇人犯罪除犯奸及死罪收禁外，其余杂犯责付本夫收管。如无夫者，责付有服亲属邻里保管。……"

【收领期日】【民诉】法院之判决书原本应自宣示判决之日起，于五日内交付法院书记官。此时书记官应于判决书原本内，记明收领期日，同时并须签名其上。（民诉法第二一九条）

【收养】【亲】Adoption （详收养关系条内）

【收养孤老】【史】凡鳏寡孤独及笃疾废疾之人，其有困厄贫穷，又无内外亲属依倚，不能自存者，所在州县有司官，应于养济院收养而存恤之。若应收养而不收养者，是曰不仁；应予处罚。若已收养，而官吏将其应给衣粮克减者，亦应治罪。明律（卷四）、清律（卷八）户律户役篇——收养孤老条均有明文，清律原文与其下注："凡鳏寡孤独，及笃废之人，贫穷无亲属依倚，不能自存，所在官司，应收养而不收养者，杖六十。若应给衣粮，而官吏克减者，以监守自盗论（凡系监守者，不分首并赃论）。"

【收养者】【亲】Adopter　所谓收养者，乃指养父母而言。（详收养关系条内）

【收养登记】【行】Registration concerning adoption　收养登记者，谓对于收留抚养他人之子女或弃儿为己之子女时，由养父或养母将收养事实向养父或养母之本籍地或寄籍地户籍主任声请登录于人事登记簿也。声请登记时，应自收养之日起一个月内为之。至终止收养关系时，亦应声请登记，于终止之日起一个月内为之。（户籍法第六七—六九条）

【收养关系】【亲】Adoptive relationship　日本称曰缘组。乃指养父母与养子女间之权利义务关系而言，收养关系之成立，应具备下列要件：（一）实质要件——（1）收养者之年龄应长于被收养者二十岁以上。（2）有配偶者收养子女时，应与其配偶共同为之。（3）除前项之规定外，一人不得同时为二人之养子女。（4）有配偶者被收养时，应得其配偶之同意。（二）形式要件——在原则上须以书面为之，但自幼抚养为子女者，不在此限。又依户籍法之规定（第六十七条），须为收养之登记。关于收养关系一经成立，养父母与养子女之关系，在原则上与婚生子女同。而养子女则须脱离本生父母，而从收养者之姓。至收养关系之终止，或由双方同意为之，或基于法定原因而呈请法院宣告终止之，均无不可。一经终止，无过失之一方，因而陷于生活困难者，得请求他方给予相当之金额（限于宣告终止时）。又终止时，乃与养父母脱离关系，回复本来之姓氏，与本生父母之一切关系亦即随之而回复焉。（民法第一〇七三——〇八三条）

【收养关系之诉】【民诉】（详亲子关系事件程序条内）

【收据】【债】Receipt　又名受领证书。（详该本条）

【收粮违限】【史】粮之征收有夏税与秋粮之别，夏税系收小麦，于五月十五日开仓，七月终齐足，不得过八月终。秋粮系收粮米，十月初一日开仓，十二月终齐足，不得过次年正月终。凡有违反此项期限者（预先征收不拘），应构成本条罪名。明律（卷七）、清律（卷十一）户律仓库篇——收粮违限条："凡收夏税，于五月十五日开仓，七月终齐足。秋粮十月初一开仓，十二月终齐足。如早收去处，豫先收受者，不拘此律。若夏税违限至八月终，秋粮违限至次年正月终不足者，其提调部粮官吏典，分催里长，欠粮人户，各以十分为率。一分不足者，杖六十；每一分加一等，罪止杖一百，受财者计赃以枉法从重论。若违限一年之上不足者，人户里长杖一百（明律原文尚有迁徙二字）。提调部粮官吏典（明律原文尚有处绞二字）照例拟断（明律无此四字）。"清律之总注："征收夏税秋粮，开仓有日期，齐足有定限，早收去处听预期收受，若有违过定限之期不足者，其提调部粮官吏，分催该年里长，皆有玩弛之咎；欠粮人亦是奸顽之户；官吏通计一州县应征之额，里长合算一里分催之额，人户则照本户应纳之数，各以十分为率，一分不足者，杖六十；每一分加一等，至五分以上，罪止杖一百。若官吏里长，受人户之财而至违限者，计赃以枉法罪与本律从重论，若违限至一年犹不足者，则人户之顽，里长之玩甚矣；各杖一百。官吏照例拟断，照考成则例也。”

【收藏禁书】【史】天仪之书类以及其他图书之可以卜占休咎者，并帝王神像等，均恐狡猾之流，假以惑众；又金玉符玺等物，亦皆非民间所应私蓄，故律加禁止，凡收藏者，均应治罪。明律（卷十二）、清律（卷十七）礼律仪制篇均有明文，明律于本条称曰收藏禁书及私习天文，而清律则废私习天文之规定。其原文及注曰：“凡私家收藏天象器物，图谶应禁之书，及历代帝王图像，金玉符玺等物者，杖一百（明律此处尚有‘若私习天文者，罪亦如之’之规定）。并于犯人名下，追银一十两，给付告人充赏。”清律之总注：“天象器物，谓窥测天象之器，注所云璇玑玉衡，浑天仪之类是也。图谶之书，如推背图透天经之类，所以推测治乱者，最易惑众，故禁私藏。至于帝王图象，与古制调兵之符，天子之玺，皆以金玉为之；历代所遗旧物，非同玩好之比；亦私家所不当收藏者，故并禁之。凡有者，俱当送官。违禁私藏，杖一百。禁书禁物，并入官，如有人首告，并于犯人名下，追给赏银一十两。”

【收系】【刑诉】收捕罪人而系留之，称曰收系。

【史】收捕罪人而系留之也。汉书—王章传：“下廷尉，妻子收系。”

【收赎】【史】以银赎罪，称曰收赎。清时之某种犯人得以银收赎。此法即汉唐时赎刑之遗制。凡老幼，废疾，及过失杀伤，情可矜悯者，均准收赎。其为律所不许收赎者，不论徒流遣刑，均不准赎。妇女有犯，仍照旧罚金，亦不准收赎。

【收赎纪录】【史】官吏犯公罪，依法许其以金赎罪，是曰收赎。将此项详情，送于吏部，纪录于一定之簿册，以为日后陟黜之参考，谓之收赎纪录。（参无官犯罪条内）

【早婚】【史】我国古制，婚姻年龄为男子三十，女子二十，惟君子置重于王统之嗣继，故有早婚之举。礼记—疏曰：“文王十五，生武王，武王有兄伯邑考者，故知人君早婚所以重继嗣。”

【旨】【史】所谓旨者，诏旨之简称也；即皇帝对一般臣民谕告之词也。正字通：“凡天子谕告臣民曰诏旨，下承上曰奉旨。”惟清制对于奏折之指令形式，计有三种：一曰硃批，二曰旨，三曰上谕。旨乃军机大臣承天子之意，所撰拟之指令也。（清国行政法卷一上）

【旨符】【史】为唐时官文书之名，乃催收租税时所用者。唐书—李林甫传：“以租庸丁防和籴，春彩税草无定法，岁为旨符，遣使一告，费纸五十余万（中略）。议革之，为长行旨，以授朝集使及送旨符使。”

【有夫之妇】【刑】Married woman 女子在法律上现在继续中有妻之身分者，曰有夫之妇。（参和奸有夫之妇罪条内）

【有主物】【民总】Things with owner 为物之一种，对无主物言；乃以其物之所有权在目前是否为人所享有为区别之标准，故凡物之所有权在目前为人所享有者，曰有主物。即遗失物亦为有主物之一种。

【有司】【史】凡有一定职守之官吏，曰有司，故冠以司字之官吏如司徒、司马、司空、司寇等，皆为专任某种职务之官吏。书经立政篇："文王罔攸兼于庶言、庶狱、庶慎，惟有司之牧夫，是训用违。"

【有司决囚等第】【史】有司决囚者，谓法官对狱囚之军流徒流及死罪，加以执行也。等第谓次序及手续。明律（卷二十八）刑律断狱篇有司决囚等第条之规定，与清律（卷三十七）之同律同条，略有出入。兹将清律之规定，举述于下："凡狱囚鞫问明白，追勘完备，军流徒罪各从府州县决配。至死罪者，在内法司定议，在外听督抚审录，无冤依律议拟，法司覆勘定议。奏闻回报，委官处决故延不决者，杖六十。若犯人反异，家属称冤，即便推鞫，事果违枉；同将原问原审官吏通问改正。若明称冤抑不为申理者，以入人罪故失论。"同律之总注："此言决囚，宜详慎也。凡有司于狱囚招状情罪，已经鞫问明白；应行追勘事理，已经完备，军流徒罪各从府州县详明该上司定配发遣。该督抚于年底汇题具册报部，惟至死最重，在内听三法司会同勘拟，在外听督抚具招拟罪，三法司覆勘核实定议，或监候，或立决，奏闻请旨定夺，其奉旨立决者，即行委官处决。有故延不决者，杖六十。若于朝审秋审之时，其应决犯人反异原招，或家属称诉冤枉者。审录官员即便推详鞫问，其事果有违枉，将初鞫之原问官吏勘录之。原审官吏通行提问，公同改正其罪，若犯人明白辨诉，称有冤抑，审录官拘泥成案，不即为之申理改正者，以入人罪分故失论。如有受犯人怨家嘱托，徇私得财等情，则以故入人罪论。如系一时失于详察，非有私意，则以失入人罪论。"

【有司官吏不住公廨】【史】公廨者，官署也；乃临民发政之所，如有司官吏不住公廨而住民房，不特有与齐民杂处之嫌，即人民诚恐亦有受无谓之扰之虞，故为法律所禁止。明律（卷二十九）、清律（卷三十八）工律营造篇有司官吏不住公廨条之规定："凡各府州县（明律无各府州县四字）有司官吏不住公廨内官房而住街市民房者，杖八十。若埋没公用器物者，以毁失官物论。"清律之总注曰："有司官吏必住公廨，所以严出入慎关防也，舍公廨而住民房，则有纵放之意，故杖八十。公廨内公用器物，非官吏所得私也；若埋没者，以毁失官物论。"清律之辑注曰："公用器物，即官物也；埋没，即乾没之义；谓埋没于簿籍向私窃为已有也。但器物原备官吏之用，非监守官物之比，不得即坐以监守自盗，而酌科以毁失官物；既为埋没，即同毁失，而毁失原准窃盗计赃论罪，隐其盗之名以存原，科以盗之罪以尽法，其意甚微。"

【有名契约】【债】Legally named contract　为契约之一种，对无名契约言；即法律有特别名称，就此设特别规定之契约也。例如赠与、买卖、承揽等是。又名模范契约。

【有因行为】【民总】为法律行为之一，对无因行为言；以捐出财产为目的之法律行为中，其以捐出行为原因目的为其行为之成立要素者，曰有因行为。又称要因行为。例如借贷时须作正当使用之约定，始给付之，通常之债权行为皆属之。有因行为与无因行为之区分，以是否须以给付之原因，方得成立其行为为标准。

【有因契约】【债】Cousative contract　为契约之一种，对无因契约言；即当事人必有一定之原因或目的所缔结之契约也。债权契约以有因为原则,无因为例外。

【有因离婚主义】【亲】与无因离婚主义相对称,又名限制离婚主义。(详该本条)

【有地之官】【史】掌其土地之警察权之官也,并任交通之取缔等之事,周礼—秋官司寇之属。蜡氏之职:“若有死于道路者,则令埋而置楬焉,书其日月焉,县其衣服任器于有地之官。”

【有行为能力人】【民总】Person capable of disposing 为自然人行为能力之一;即在法律上能为完全有效之法律行为之人,换言之,即凡能独立因法律行为而取得权利或负担义务之人,皆称为有行为能力人。依照我国民法第十三至十五条之解释,当然以成年人为有行为能力人,即满二十岁之男女皆属之。但有例外,即未成年人已结婚者亦有行为能力(第十三条第三项),有行为能力人之意思表示,原则上为有效。然在无意识或精神错乱中所为者,则仍为无效。(民法第七五条)

【有形人】【民总】Natural person 又曰自然人。(详该本条)

【有形的正犯】【刑】又称共同正犯,或实施正犯。(详各本条)

【有形的共犯】【刑】为学理上共犯分类之一。对无形的正犯言,即直接加功于犯罪之完成之谓。又分为有形的正犯与有形的从犯,前例为实施正犯,后例为以物质方面帮助正犯之从犯是。

【有形的从犯】【刑】对无形的从犯言;为有形共犯之一种。凡于事前或事中供给器具以其他有形的方法,而帮助正犯者,曰有形的从犯。例如以物理方面或物质方面加以帮助者是。

【有事以财请求】【史】官吏受财条,坐赃致罪条,事后受财条,官吏听许财物等条皆言受财人之罪,而本条则言出财人之罪。凡因事而以钱财向官运动请求援助者,皆曰有事以财请求。明律(卷二十三)、清律(卷三十一)刑律受赃篇有事以财请求条:“凡诸人有事以财行求得枉法者,计所与财坐赃论;若有避难就易所枉重者,从重论;其官吏刁蹬用强,生事逼抑取受者出钱人不坐。”清律之辑注:“有事二字,须看得活,盖有事,非犯事也。本人有罪,行财而求轻,免是求出已罪,而得枉法也。本人无罪,行财而求诬害,是求入人罪,而得枉法也。因有避难就易之文,解者俱就本人犯事言之,若行财而诬告人,或全诬,或诬轻为重,亦当论所枉之事,较其轻重也。”

【有事先不许财】【史】官司推鞫之际,有事之人,虽其先并不许与财物,事了之后,而官司竟受财者,仍应受罚。明清律均设有事后受财之条。唐律(卷十一)职制篇则立有事先不许财之条:“诸有事先不许财,事过之后而受财者,事若枉,准枉法论。事不枉者,以受所监临财物论。”

【有妻更娶】【史】我国昔时亦以一夫一妻为原则,礼记文王世子篇即有一昼一夜成一日,一男一女成一室之语。故唐律特设有妻更娶之处罚明文,其户婚篇之有妻更娶条规定:“诸有妻,更娶妻者徒一年;女家减一等,若欺妄而娶者,徒一年半,女家不坐,各离之。”其疏议曰:“依礼,日见于甲,月见于庚,象夫妇之义,一与

之齐，中馈斯重，故有妻而更娶者，合徒一年。”（同书卷十三）

【有所有意思之占有】【物】To Possess with intention of possessing it　为占有之一种。与无所有意思之占有相对称。又名完全占有。（详该本条）

【有所请求】【史】对于公事应依法处置，若为己有所请求或为人有所请求，均应构成本条罪名。唐律（卷十一）职制篇有有所请求条之设：“诸有所请求者笞五十（谓从主司求曲法之事，即为人请者，与自请同），主司许者与同罪（主司不许及请求者皆不坐），已施行者，各杖一百。”疏议曰：“凡是公事，各依正理，辄有请求，规为曲法者笞五十。即为人请求，虽非己事，与自请同，亦笞五十。主司许者，谓然其所请，亦笞五十。故云，与同罪，若主司不许，及请求之人皆不坐。已施行，谓曲法之事已行，主司及请求之者，各杖一百，本罪仍坐。”同条又曰：“所枉罪重者，主司以出入人罪论；他人及亲属为请求者，减主司罪三等，自请求者，加本罪一等。即监临势要（势要者，虽官卑亦同），为人嘱请者，杖一百。所枉重者，罪与主司同，至死者减一等。”疏议曰：“所枉重者，谓所司得嘱请，枉曲断事，重于一百杖者，主司得出入人罪论。假如先是一年徒罪，嘱请免徒，主司得出入徒罪，还得一年徒坐。他人及亲嘱为请求者，减主司罪三等，唯合杖八十，此则减罪轻于已施行杖一百。如此之类，皆依杖一百科之。若他人亲属等，嘱请求徒二年半罪，主司曲为断免者，他人等减三等，仍合徒一年。如此之类，减罪重于杖一百者，皆从减科，若身自请逑，而得枉法者，各加所请求罪一等科之。”

【有服亲】【史】所谓有服亲，乃指有丧服关系之亲属而言；直系旁系亲，各均以五亲等为限。即以有血统之关系者为本则，而夫妇亦视为一体。又养子则以昭穆相当顺位之侄为原则，故因婚姻及基于收养之契约而具有恩义名分之关系者，亦在有服亲范围之内。

【有故意之不纯正不作为犯】【刑】为不纯正不作为犯之一。（详该本条）

【有相对人之行为】【民总】为法律行为之一，对无相对人之行为言；即必须向特定相对人作意思表示，而经其领受，方为有效之法律行为。例如追认或解除是。有相对人之行为与无相对人之行为之区别，乃以意思之表示是否对特定相对人为之为标准。

【有限代理】【民总】Limited Agency　又名特别代理。（详该本条）

【有限制背书】【票】Restrictive endorsement　又称曰禁止背书。（详该本条）

【有限责任】【债】Limited liability　对无限责任言；即债务人不必以其全部财产为履行之责任之谓。反而言之，即债务人不任意履行时，债权人不得请求就债务人全部财产为强制执行也。法律上以无限责任为原则，而以有限责任为例外（以法律或契约有特别规定或订定者为限），学说上分为人的有限责任与物的有限责任。（详各本条）

【公】谓股东对于公司之债务，除缴清所认之股银，而以之为担保或偿还外，并不负其他任何责任也。故公司之债务乃以公司财产作抵，不得以股东个人之财产，充为偿还之用，恰与无限责任之意义相对立。

【有效】【通】Effective; Validity 吾人之意思表示,在法律上有发生效果之可能者,谓之有效。

【有效要件】【民总】Conditions for validity 对成立要件言,即已成立之法律行为发生效力时所不可缺之要件。故凡法律行为若未具备此要件,其行为虽能成立,但不能发生效力,可分二项:(1)行为人须有行为能力。(2)法律行为须有适当之标的。所谓适当标的,指标的须为可能的,确定的,及合法的而言。

【有益费】【物】Beneficial expense 与必要费(详该本条)相对称。

【有责任能力】【民总】(参责任能力条内)

【有期限物权】【物】Real right for a definite period of Time 为物权学理上分类之一。对无期限物权言,即附有一定期限之物权也。例如地上权、不动产质权是,期满后权利消灭,与无期限物权之区别,乃以有无定期为标准。

【有期徒刑】【刑】Temporary Imprisonment or Imprisonment for a Term 即将犯人拘置狱中,定期限之长短加以监禁之谓也。为徒刑之一种,对无期徒刑言;亦为自由刑之一种,列国关于期限最长者三十年,最短者七年,我国刑法定为二月以上十五年以下,但遇有加减时,得减至二月未满,或加重至二十年为限(同法第四十条内)。凡各罪应科之刑,于刑法分则各条,明文规定其期限,加减则以若干分之几为准,实行废除等级制度。目下学者亦有非难有期徒刑中之短期自由刑而主张废止之者,实则法律上另有缓刑之规定,自无废止之必要也。

【有期褫夺公权】【刑】Deprivation of civil right for a term 为褫夺公权之一种,对无期褫夺公权言;又称定期褫夺公权;即于一年以上十五年以下之期限内褫夺犯人公权之谓。凡宣告十年以上有期徒刑者,其褫夺公权得为无期或有期,但宣告六月以上十年未满之有期徒刑,其公权之褫夺年限不得逾十年。是宣告六月未满有期徒刑拘役或罚金者,均不得宣告有期褫夺公权也。有期褫夺公权之宣告,其效力自主刑执行完毕或免除之日起发生。

【有意退股】【公】又曰随时退股(详该本条),或称任意退股。

【有禄人】【史】官吏之受赃罪以其俸给之有无及多寡,定期处分。其有俸给者(即月俸一石以上者),曰有禄人。明清律刑律受赃篇——官吏受财条:“凡官吏受赃者,计赃科断,无禄人各减一等,官追夺除名,吏罢役,俱不叙,说事过钱者(受委托赠贿者),有禄者减受钱人一等,无禄人减二等,罪止杖一百(此处在清律原文加‘徒二年’三字)。各迁徙,有赃者,计赃从重论。”

【有禄人】【史】与无禄人相对称;即月支俸米一石之官吏也。(参官吏受财条)

【有罪】【刑】Guilty 凡行为具备犯罪要件,确系与刑罚法令相抵触,而受法院依法判决必须受刑罚宣告之状态,谓之有罪。

【有罪先请】【史】汉时大夫以上者之犯罪,法官于定罪行刑以前,须先向朝廷请示其处分,是为有罪先请,后世多从之。汉书—宣帝纪:“黄龙元云,吏六百石,位大夫,有罪先请。”

【有罪破产】【破】Penal Bankruptcy　为破产人犯诈欺破产罪与过怠破产罪之总称。（详各本条）

【有意犯】【刑】Voluntary crime; Intentional crime　凡具有有犯意之犯罪行为者，曰有意犯。乃以故意为必要条件，与无意犯相对称。

【有意过失】【刑】为过失种类之一。对无意过失言，又名懈怠之过失（详该本条）。或称有认识之过失。

【有义务者之遗弃罪】【刑】为遗弃罪之一。因对于无自救力之人依法令或契约应扶助养育保护而遗弃之，或不为其生存所必要之扶助养育保护而成立。所谓依法令者，例如父子夫妇间有扶养义务是。所谓依契约，例如受有薪俸之育婴堂养老院等之职员是，此即积极之遗弃行为也。至消极之遗弃行为，即不为其生存所必要之扶助养育保护是也。其处分均为六月以上五年以下有期徒刑，至因而致人于死或重伤者，则比较故意伤害罪从重处断。（刑法第三一〇条）

【有过失之不纯正不作为犯】【刑】为不纯正不作为犯之一。（详该本条）

【有认识之过失】【刑】为过失种类之一。对无认识之过失言，又名懈怠之过失（详该本条）。或称有意过失。

【有价物】【通】Valuables　凡得以金钱估计其价值之物，曰有价物，并不以有体物为限，即无形之权利，如得以金钱估计其价值时，亦可称为有价物。

【有价证券】【债】Negtiable securities; Valuable instrument　凡财产权于证券上表示之，而其券与该财产权又有不可分离之关系者，曰有价证券。又可分为完全有价证券与不完全有价证券。前者如汇票、本票、支票是；后者如记名股票、公债票、仓库单、船票等是。

【有赋役】【史】（一）田地之租税曰赋，丁男之力役曰役，明清律之户役篇——脱漏户口条规定："凡一户全不附籍，有赋役者，家长杖一百，无赋役者杖八十，附籍当差。"明清律之此项规定，所谓赋役，其内容有异，盖清康熙年间，丁税并入田租，而称谓地丁，于是赋役遂为田租之专称，实则法律上之所谓有赋役，乃包含田租及由田租所出之差役在内。清律之辑注："田地税粮曰赋，人丁差役曰役，有赋役谓有田产税粮，而当差役之出于赋者也"。（卷七）（二）与无赋役相对立，为偏定差役方法之一，凡取于田丁时照税粮当差，即所谓有赋役者也。

【有偿】【债】Consideration　对无偿言，凡行为而有反对之给付（对价）者，曰有偿。

【有偿行为】【民总】Act of consideration　为法律行为之一。对无偿行为言，即以财产上之给付为目的而有相互对价之法律行为也。例如买卖租赁雇佣承揽是。有偿行为与无偿行为之区别，乃以当事人所为之给付，是否有对价关系为标准。

【有偿契约】【债】Contract with consideration　为契约之一种，对无偿契约言；即当事人两造各为一定对待价值之给付之契约也。如买卖、租赁、承揽、雇佣是。与无偿契约之区别，乃以当事人双方所为之给付，是否有对待价值为标准，有偿契约与双务契约，不可混同；前者乃从给付方面着眼，后者则从负担义务观察。

【有偿消费借贷】【债】Loan for consumption with consideration 为消费借贷之一。对无偿消费借贷言，谓约定有利息或其①他报偿之消费借贷也。故为有偿契约。民法规定以无偿消费借贷为原则，而有偿则为例外。如借用物有瑕疵时，贷与人应另易以无瑕疵之物，借用人仍得请求损害赔偿；又约定利息及其他报偿之支付，应于契约所定期限为之。其未定期限者，应于贷借关系终止时为之。但其借贷期限逾一年者，应于每年终为之。（第四七六第一项、第四七七条）

【有偿寄托】【债】Deposit with consideration 为寄托之一种。对无偿寄托言，乃以寄托时是否有报酬之给付为区别标准，凡须给付报酬之寄托曰有偿寄托；故其寄托人之负有给付报酬之绝对义务，自属当然。（第五八九条第二项，参寄托条）

【有识别力】【民总】学者称之曰意思能力。（详该本条）

【有权代理】【民总】Authorized agency 为代理之一种。对无权代理言，即实际上有代理权之代理也。例如法定代理、意定代理、特别或一般代理均属之。与无权代理之区别，乃以代理权之有无为标准。

【有权解释】【通】Authentic interpretation 为解释之一种。与学理解释相对立，谓法律定有解释方法，或有解释权者对于适用法律所下之断定也。更可分为三：(一)立法解释。(二)行政解释。(三)司法解释。（详各本条）

【有体物】【民总】Things corporeal 与无体物相对称，即具有形体而占有一定空间之物也。例如动产与不动产皆具有形体是。（参无体物条内）

【次承租人】【债】Sub-lessee；Sub-tenant 因转租契约而有使用收益租赁物之权利者，曰次承租人；其对手方则为承租人；承租人之租赁契约之相对人，则曰出租人。

【次舍】【史】宫中宿卫者之休息所也。周礼："以时比宫中之官府，次舍之众寡。"

【次长】【行】Vice-minister 中央政府各部中次于部长之官，曰次长。有政务次长与常务次长之别。前者为政务官，辅助部长综揽各该部之一切事务。后者则为事务官，其地位等于前此各部之秘书长，亦为辅助部长处理事务而设，惟着重于日常事务方面耳。

【次宴】【史】天子诞辰节庆典告终后之大宴，谓之次宴。事物纪原（卷一）："今圣节后大宴，曰次宴，宋朝会要曰建隆元年二月，以长春节大宴广德殿，诞圣节大宴，自兹始也。"

【次运送人】【债】Unterfrachtführer（德） 在数运送人相继为运送时，一运送人为主运送人，他运送人为次运送人之时，即由一人担任全部运送，而自己全不实施，或仅实施一部，更委托他人实施其全部或一部也。此受委托之他人，即次运送人。

---

① 原书多一"其"字，系排版之误。

【死】【史】死者澌也，谓精气澌尽之义也。古者死之称依人之身分之不同，而有差异，天子曰崩，诸侯曰薨，士及大夫曰卒，庶人曰卒。白虎通："庶人曰死，魂去死，死之为言澌，精气穷也。"

【死亡】【民总】Death　为自然人权利能力消灭之时期，死亡有二：一为自然之死亡，即由医学及生理学之方法决定之，应以呼吸完全断绝之时为准。一为法律上之死亡，即所谓死亡宣告也。(详死亡宣告条)

【死亡保险】【险】Insurance against death　为人寿保险之一。与生存保险相对称，谓以人身之死亡为保险事故之保险也。学者有称之曰终身保险者，实则死亡保险得更分为二：(1)终身保险。(2)定期保险(详各本条)。我保险法将死亡保险规定于人寿保险内，自应分别适用关于人寿保险之规定。

【死亡宣告】【民总】Declaration of death　为自然人权利能力终止原因之一。其宣告之原因乃为确定失踪人之财产亲属及继承等之法律关系，务使利害关系人及国家经济不致受其妨碍。但死亡之宣告须有下列四要件，方得为之：(1)须为失踪人。(2)须满一定期间——分普通失踪期间及特别失踪期间(详各本条)。(3)须经利害关系人之声请。(4)须经法院宣告(民法第八条)，宣告死亡后即推定其死亡(创设之谓)。但有反证者仍得推翻之(第九条)。宣告死亡与自然死亡无异，被宣告死亡人之一切法律关系均因之而消灭，但实际上本人尚生存者，或死亡日与宣告死亡日不符者，均为事实所必有，故得请求撤销。至撤销之效力不特及于利害关系人，且可对抗第三人，并溯及已往，然有例外二：(1)限于现受利益之限度内，负返还其财产之义务。(2)善意所为之行为不受其影响。

【死亡宣告登记】【行】Registration concerning declaration of death　由声请死亡宣告之人将死亡宣告之一定事项，向声请者之本籍地或寄籍所在地之户籍主任声请登录于人事登记簿者，曰死亡宣告登记。其声请应自宣告死亡之判决确定之日起于十日内为之。至于死亡宣告经撤销时，亦应另行为撤销死亡宣告之声请。(户籍法第八七—八八条)

【死亡登记】【行】Registration of death　死亡登记者，谓由声请人将死亡者之死亡事项，向死亡地(被执行死刑者行刑地，在监狱死亡者之监狱所在地)或死亡者之本籍地或寄籍地(旅途中死亡者则向到着地)之户籍主任，声请登录于人事登记簿也。其声请人如系与死亡者有相当关系之人，其次序则如下述：(一)家长。(二)同居人。(三)死亡者死亡时所在之房屋或土地管理人。(四)经理殓葬之人。若系被执死刑时，其声请人为行刑之公务员。若在监狱内死亡而无人承领者，其声请人为监狱管理人。若在水火等灾区内死亡者，其声请人为调查灾难之公务员。至于声请之时期，我户籍法规定为声请人于知其死亡之日起七日内为之。(第八〇—八六条)

【死囚令人自杀】【史】凡处死刑之囚人业经招服所犯之罪因畏惧刑戮而令他人杀之，或令亲故自杀，亲故及下手者，皆须依律治罪。明律(卷二十八)、清律(卷三十六)刑律断狱篇——死囚令人自杀条:"凡死罪囚已招服罪,而囚使令亲戚故旧自杀,或令雇倩人杀之者,亲故及手下之人,各依本杀罪减二等。若囚虽已招服罪,不曾令亲故自杀,及虽曾令自杀,而未招服罪,辄杀讫,或雇倩人杀之者,亲故及下手之人,各以斗杀伤论。若虽已招服罪,而囚之子孙为祖父母父母,及奴婢雇工人为家长者,皆斩。"清律之辑注:"首节前之雇倩人杀,是死囚所令,而亲故听从;后之雇倩人杀有意,囚不令自杀,则雇倩出于亲故,囚曾令自杀,则雇倩出于死囚,虽有两意,其罪则一也。"同律总注:"凡犯死罪之囚,已招服罪之后,在囚虽畏刑戮,而有求死之心,他人当听典刑,而无擅杀之理。若亲戚故旧,听囚使令而自杀之,或雇倩他人杀之,亲故及雇倩下手之人各依本杀之罪减二等,亲属依亲属律减科,凡人依人律减科,雇钱入官,此为已招服,又令自杀者言也。若虽招罪,不令自杀,罪虽应死,囚尚望生,则情不能杀也。及虽令自杀,未招服罪,囚虽欲死,罪犹未定,则法不可杀也。亲故辄自杀之,或雇倩人杀之者,各以斗杀论。亲属以亲属律全科,凡人以凡人律全科,前节概言亲故,此节又提出子孙为祖父母父母,奴婢雇工为家长,以其恩义至重,又当别论也。然必已经招服,又令子孙奴雇自杀,或令雇倩他人杀之者,方坐皆斩。此皆字,止指子孙奴雇言,非概指受雇倩之他人也。故注云,雇倩之人,仍依本杀罪减二等,所谓首从本法各别者,自依本律也。若虽招罪不令自杀,虽令自杀未招服罪,而子孙奴雇辄自杀之,或雇倩杀之,例应照本律皆凌迟处死,而律不言者,以前节各以斗殴杀伤论推之,不待再言也。或谓律无使令自杀之文,不论有无使令,子孙奴雇,罪止坐皆斩,非也。本文曰,子孙为祖父母父母,奴雇工为家长,为字中该括听受使令之意,在内其义甚明,且注有听令字,若不令杀而杀之,凡人且坐绞,而子孙奴雇,岂得止坐皆斩哉。"

【死囚覆奏待报】【史】人命至重,虽经拟议死刑者,臣下不得自行专断,必待覆奏,以取上裁,若不待覆奏回报,辄擅处决者,即为违法。于覆奏回报后,须候三日始可执行。三日之限已满而不执行者,亦为违法均须处罚。明律(卷二十八)、清律(卷三十七)刑律断狱篇——死囚覆奏条均有明文。依明律之规定:"凡死罪囚,不待覆奏回报而辄处决者,杖八十。若已覆奏回报应决者,听三日乃行刑,若限未满而行刑,及过限不行刑者,各杖六十。○若立春以后,秋分以前决死刑者,杖八十(清律将此项条文删除)。○其犯十恶之罪应死及强盗者,虽决不待时,若于禁刑日而决者,笞四十。"明律之纂注:"死囚虽已覆奏,不待回报而辄处决,原问官吏杖八十。若已得回报,必听三日后,然后行刑,所以示不忍杀之之意也。若未过三日而行刑,或过三日而不行刑,则各杖六十。其应秋后处决之囚,必于霜降之时,所以取肃杀之气也。若立春以后,秋分以前,则阳方盛长,故不许处决。其十恶应死及强盗虽皆决不待时,而禁刑之日亦当避忌,故亦不许行刑,不待覆奏回报,而辄处决,亦谓于罪无出入者。"按禁刑日期每月初一、初八、十四、十五、十八、二十三、二十四、二十八、二十九、三十日也。此出唐律,今正、五、九月、闰月、上下弦日、二十四气日、雨未霁、天未明及大祭享日,亦禁。

【死刑】【刑】Penalty of death 为刑罚之一种。又称生命刑,即剥夺犯人生命之极刑也。故非断绝犯人之生命，则执行不为终了。我国刑法分死刑为二：1. 绝对的科死刑，如第二八四条预谋残忍杀人罪是。2. 择一的科死刑，如第二四〇条第四项强奸致被害人于死罪是。死刑古时视为效力最著之刑罚，今则不然，甚有倡议废止之者；死刑废止论者主张：(1)死刑有伤天地之和。(2)死刑不能保持罪刑之权衡。(3)死刑有背社会契约之本旨。(4)裁判有时错误，故对死刑无救济之法。(5)死刑无自新之路。(6)死刑长人民残杀之风，无重大威吓力，故与现在刑事政策相反。主张死刑留存论者则谓：(1)可以淘汰恶劣份子。(2)有威吓犯人之效果。(3)死刑所以使人民生预防之心，而社会秩序得以安宁。至我国所以不废死刑者，其理由有三：①法理——罪犯如疾病，刑罚如药石，非可以药治者自应割去使其奏效，死刑即所以割去之也。②历史——因我国之死刑沿习已久，不宜废弃以杜流弊。③社会心理——如一旦废弃，则社会心理必大剧变，凶恶者屡益放肆，良善者亦必益增惶惧之心矣。现各国之废死刑者，为荷兰、挪威、葡萄牙、奥地利、南美之数国，美国之数邦，瑞士之数邦，惟意大利现已恢复死刑矣。我国刑法规定死刑用绞，于狱内行之，且非经司法行政部覆准不得执行。(第五十三条)

【死刑有五】【史】隋以前死刑有五种：一曰罄，二曰绞，三曰斩，四曰枭，五曰裂，至隋死刑仅有二种：一曰绞，二曰斩。其枭首及环裂等酷刑皆废。(大学衍义补卷百三)

【死因行为】【民总】Act mortis causa　为法律行为之一。对生前行为言，即因当事人一方死亡后始发生效力之法律行为也。易言之，即以处置死后之法律关系为目的之行为也，例如遗嘱遗赠是。死因行为与生前行为之分类，乃以效力发生之时期为标准。

【死因契约】【债】Contract in prospect of death　为契约之一种。对生前契约言，即因当事人一方之死亡始发生效力之契约也，例如继承契约是。

【死因处分】【民总】(详生前处分条内)

【死因赠与】【债】Gift Causa Mortis; Gift in prospect of death　为特种赠与之一。即因赠与人死亡后始发生效力之赠与也。例如约定于本人死亡始给付受赠人款项若干是。

【死后行为】【民总】又名曰死因行为。(详该本条)

【死后契约】【民总】又称曰死因契约。(详该本条)

【死胎】【民总】Dead foetus　已死之胎儿曰死胎。(参胎儿条内)

【死产登记】【行】Registration of still-born children　凡已满六个月之胎儿，于出生时无气息者，谓之死产。将死产原因与事实由一定之义务人(参出生条内)向出生地之户籍主任声请登录于人事登记簿者，曰死产登记；应自出生之日起一个月内为之。(户籍法第五十一条、第六十一条)

【死罪囚辞穷竟】【史】犯死罪之囚，因辞穷自另遣人或雇人倩人杀之及杀之者，应即构成本条之罪。明清律断狱篇均设有死囚令人自杀之条。唐律(卷二十九)断狱篇则为死罪囚辞穷竟条："诸死罪囚辞穷竟，而囚之亲故为囚所遣，雇倩人杀之,及杀之者,各依本杀罪减二等,囚若不遣雇倩,及辞未穷竟而杀,各以斗杀伤论,至死者加役流。"疏议曰:"谓犯死罪囚,辞状穷竟,而囚之缌麻以上亲,及故旧为囚所遣,或雇人倩人,而杀讫者,其所遣雇倩之人,及受雇倩杀者,各依尊卑贵贱本杀罪上减二等科之。囚若不遣,亲故雇倩人杀,及囚虽遣雇倩人杀,而辞状未穷竟而杀者,其所遣之人,及受雇倩者各依尊卑贵贱,以斗杀罪论,至死者加役流。"同条又曰:"辞虽穷竟,而子孙于祖父母父母,部曲奴婢于主者,皆以故杀罪论。"

【死体】【民总】Corpse (参生体条内)

【污(汚)物】【行】Filth 所谓污物,乃指尘屑污泥秽水粪溺四种而言。土地房屋之所有者使用者,或占有者于其地域内负有扫除污物,保持清洁之义务,并应履行下列各事:(1)备适当之容器以容尘屑污泥。(2)备适当之沟渠以通秽水。(3)备适当之便所以容粪溺。至于不属上述之土地或房屋,则由管理市政机关负责扫除之。一切扫除之污物应集置于指定之地点,由管理市政机关处分之。该管官吏为监查扫除,得入私人土地或房屋内查视,如私人对于污物不扫除者,应切实劝告之,始仍不听得代为执行,并向其征收费用。又为提倡清洁运动起见,每年五月十五日、十二月十五日各举行污物大扫除一次,由内政部及各省民政厅各市县政府联合各机关各团体及民众行之。(污物扫除条例第二—四条、第六—八条)

【污(汚)物扫除条例】【行】本条例于民国十七年五月十日公布,全文计十条,自公布日施行(参污物条内)。其适用区域以于城市及经地方长官指定之区村地方为限。

【污(汚)物扫除条例施行细则】【行】本细则于民国十七年六月九日由内政部公布,全文仅四条。

【汛地】【史】清制,千总巴总所属绿营队兵曰汛,其分防地曰汛地。(会典兵部)

【百官外膳】【史】百官之常食,皆由官厨办理,谓之外膳。犯食禁者,食饮中有秽恶之物者,不论是否出于错误,均应处以应得之罪。唐律(卷九)职制篇——百官外膳之条:"诸外膳(谓供百官),犯食禁者,供膳,杖七十,若秽恶之物,在食饮中,及拣择不净者,笞五十,误者,各减二等。"

【百乘】【史】周制,大夫之领地方十里,出兵车百乘,故称大夫为百乘之家。孟子—梁惠王篇:"千乘之国,弑其君者,必百乘之家。"大学:"百乘之家,不畜聚敛之臣。"

【百亩之田】【史】周时一家所分受之土地,面积计共百亩,故曰百亩之田。增补四书人物聚考(卷八):"金仁山曰,古者六尺为步,步百为亩,一夫一妇,受四百亩。又受田庐之地二亩半,邑居二亩半,田以九百亩为一井,八面皆百亩,八家受之,内一百亩为公田。又有公田之内除二十亩为庐舍,八家则每家得二亩半,邑屋所受,亦如之。"

【百揆】【史】为宰相之别称,即百官之长也。尧时以舜为百揆。舜即位则以禹兼掌百揆之事。书经—舜典:"舜曰,咨四岳,有能奋庸熙帝之载,使宅百揆,亮采惠畴,佥曰,伯禹作司空。"

【竹木刈除权】【物】Right of removing branches and roots　即邻地竹木之枝根，越其界线，而蟠踞于己之土地时，得加以刈除之权利也。各国之规定不一，有请求邻人使其刈除者，有请求邻人不应时始自行刈除者，有完全由土地所有人自行刈除者，有枝由所有人刈除而根则由请求人自行刈除者。我国民法则规定不分枝根，得向竹木所有人请求于相当时间内刈除之，如不于所请求之期间内刈除者，则土地所有人得自行刈除之；且取得其物。至于越界竹木之枝根，如于土地之利用无妨害者，不适用上述规定，即无刈除之权矣。（民法第七九七条）

【竹刑】【史】郑之邓析作刑书，以其书于竹，故曰竹书。左传—定公九年："郑驷歂，杀邓析，而用其竹刑。"关于邓析之死，其说有二：一为邓析不受君命，私作刑书，侵害君权而被杀。一为系因犯罪而被杀。二者以后说为当。左传正义："昭六年，子产铸刑书于鼎，令邓析别造刑书，明是改郑所铸旧制，若用君命遣造，则是国家法制，邓析不得犹专其名，知其不受君命，而私造刑书，书之于竹，谓之竹刑。驷歂用其刑书，则其法可取，杀之不为作此书也。下云弃其邪可也。则邓析不为私作刑书而杀，盖别有当死之罪，驷歂不矜免之耳。"（左传注疏卷五十五）

【米廪】【史】为舜时所创设之学校之名，藏粢养老，以孝为教育之中心。项氏松滋县学记："有虞氏始即学，以藏粢，而命曰庠，又曰米廪，自孝养之心发之。"

【老小废疾】【史】七十以上曰老，十五以下曰小，废者残废也，疾者笃疾也。唐律（卷四）名例篇有老小废疾之条："诸年七十以上，十五以下，及废疾犯流罪以下收赎（犯加役流反逆缘坐流，会赦犹流者，不用此律，至配所免居作）。"疏议曰："依周礼年七十以上，及未龀者，并不为奴。今律年七十以上，七十九以下，十五以下，十一以上，及废疾，为矜老小及疾，流罪以下收赎。加役流者，本是死刑；元无赎例，故不许赎。反逆缘坐流者，逆人至亲，义同休戚，处以缘坐，重累其心，此虽老疾，亦不许赎，会赦犹流者，为害深重，虽会大恩，犹从流配。此等三流，特重常法，故总不许收赎，至配所免居作者，矜其老小不堪役身，故免居作，其妇人流法，与男子不同。虽是老小，犯加役流，亦合收赎征铜一百斤，反逆缘坐流，依贼盗律，妇人年六十及废疾，并免不入此流，即虽谋反，词理不能动众，威力不足率人者，亦皆斩。父子母女妻妾并流三千里，其女及妻妾年十五目下，六十目上，亦免流配，征铜一百斤。妇人犯会赦犹流，唯造畜蛊毒，并同居家口仍配。"同条又谓："八十以上，十岁以下，及笃疾，犯反逆杀人应死者上请。"疏议曰："周礼三赦之法，一曰幼弱，二曰老耄，三曰戆愚，今十岁合于幼弱，八十是为老耄，笃疾戆愚之类，并合三赦之法，有不可赦者，年虽老小，情状难原，故反逆及杀人，准律应合死者，曹司不断，依上请之式，奏听敕裁。"同条又谓："……九十以上，七岁以下，虽死罪不加刑（缘坐应配没者，不用此律）。"疏议曰："礼云九十曰耄，七岁曰悼，悼与耄，虽有死罪，不加刑，爱幼养老之义也。缘坐应配役者，谓父祖反逆，罪状已成，子孙七岁以下，仍合配役，故云不用此律。"

【老小废疾收赎】【史】老者，幼者，废疾者，笃疾者犯罪时或准其收赎，或不加刑，皆为敬老慈幼矜不成人及恤疾而设者也。明律（卷一）、清律（卷四）名例律均有老小废疾收赎之条，内容相同。清律之原文及其下注："凡年七十以上，十五以下，及废疾(瞎一目，折一肢之类)。犯流罪以下，收赎(其犯死罪，及犯谋反叛逆，缘坐应流，若造畜蛊毒，采生折割人，杀一家三人，家口会赦犹流者，不用此律，其余侵损于人一应罪名，并听收赎，犯该充军者，亦照流罪收赎)。八十以上，十岁以下，及笃疾(瞎两目，折两肢之类)。犯杀人(谋故斗殴)应死(一应斩绞)者，议拟奏闻(犯反逆者，不用此律)。取自上裁。盗及伤人(罪不至死)者，亦收赎(谓既侵损于人，故不许全免，亦令其收赎)。余皆勿论(谓除杀人应死者上请，盗及伤人者收赎之外，其余有犯，皆不坐罪)。九十以上，七岁以下，虽有死罪不加刑(九十以上，犯反逆者，不用此律)。其有人教令，坐其教令者。若有赃应偿，受赃者偿之(谓九十以上，七岁以下之人，皆少智力；若有教令之者，罪坐教令之人。或盗财物，旁人受而将用，受用者偿之。若老小自用，还著老小之人追征)。”

【老幼不拷讯】【史】拷者，拷打也；讯者，讯杖也；问狱之举，贵在取得实情，若以拷讯方法，使其虚招，殊与发现真实主义相抵触。至于依法应八议之人，及军民人等年在七十以上十五以下及人之有废疾者，则绝对禁用拷讯，务须依据众人证佐情词，以定其罪，盖所以优礼应议之人，恤老慈幼矜不成年人之意也。明律(卷二十八)、清律(卷三十六)刑律断狱篇均有老幼不拷讯之条文：“凡应八议之人，及年七十以上，十五以下，若废疾者，并不合拷讯，皆据众证定罪；违者，以故失入人罪论。其于律得相容隐之人，及年八十以上，十岁以下，若笃疾，皆不得令其为证，违者笞五十。”清律之辑注：“以故失入人罪论，皆以虚招者言之，若虽违律拷讯，而罪皆真实，则无罪可科，律虽不言，难以勿论，应照违制论罪，盖违律即违制也，笺释谓照不应。”同律之总注：“按名例，八议之人犯罪，必须奏请；老幼废疾，流罪以下，皆得收赎；而复著此条者，彼自断决已定之罪名言之，此自拷讯以取供招者言之也。拷讯是审时之事，不在五刑之内；罪犯已真，而狡赖不承，乃加拷讯。若应八议之人及军民人等，年七十以上之老者，十五以下之幼者，若有废疾之不成人者犯罪，并不合拷讯，但据众证定罪，众证明白，即同狱成；本犯虽不招承，亦可定案。不必用刑取供，所以优礼八议，恤老慈幼矜不成人也。当该官吏违此律者，以故失入人罪论，谓明知是应议老幼废疾之人，而故意拷讯，致其不任痛苦而虚招，则以故入律全科之，如不稽察是否应议老幼废疾之人，而一时失错误加拷讯，以成虚招之罪，则以失入律减三等科之。其于名例亲属相为容隐律中，得相容隐之人，及年八十以上，十岁以下，若笃疾者，皆不得令其为证，以断人之罪。当该官吏违此律者笞五十。盖既得容隐，必为隐讳，岂可使其证罪；而老幼笃疾之人，法应免罪，恐恃此以罔人，故禁之也。注曰，皆以吏为首，递减科罪，通承以上言。”

【老疾】【史】七十曰老，老与笃疾废疾者之合称，是为老疾。旧法均以老疾之人为无受刑能力者。

【老废保险】【险】为保险之一。谓以被保险人于年老不堪工作时，由保险人给付一定保险金额之保险也。此种制度对劳动工人功效最著。

【考工】【史】后汉掌工作之官，曰考工。汉表：“少府有考工室令丞，太[①]初元年，

① 原书为“大”，通“太”。

更名考工室为考工。”臣瓒之注曰：“冬官为考工，主作机械。”

【考成】【史】考核官吏之成绩，称曰考成。

【考授】【史】对于有官吏资格者，依法予以一定之铨叙，而经所管之部大臣奏请予以实缺官职之任用者，谓之考授。盖即经过考查，而后授与实缺之谓也。与今所称之铨叙相同。

【考竟】【史】考竟之义有二：(1)犯人于审讯后已得其犯罪情节，而竟死于狱中，称曰考竟。释名：“狱死曰考竟，考竟者，考得其情，竟其命于狱也。”(2)对于犯罪事实，业已考究完竣者，亦曰考竟。唐律断狱篇——死罪囚辞穷竟之条：“诸死罪囚辞穷竟，及故旧为囚所遣或雇人佣而杀讫者。”后汉书—质帝纪：“其令中①都官系囚，罪②非殊死，考未竟者，一切任出，以须立秋。”

【考试法】【行】Law Relating to Examinations　考试院行使考试权须有一定法规以为根据，此项法规曰考试法，于民国十八年八月一日公布，十九年四月一日施行，计十八条，其要点如下：(一)凡候选及任命之人员，及应领证书之专门职业或技术人员，均须经中央考试定其资格。(二)考试分下列三种：(1)普通考试。(2)高等考试。(3)特种考试。(三)普通考试于各省区或考试院所指定之区域，高等考试于首都或考试院所指定之区域，每年或间年举行一次。(四)普通考试及高等考试第一第二试为笔试，第三试为口试及成绩审查。(五)特种考试另以法律定之。(六)考试由国府派主考官举行之，由监察院派员监试。(七)考试及格者由考试院分别发给及格证书。

【考试法施行细则】【行】本细则于民国十九年十二月三十日公布，于二十年六月二十日修正，全文计十四条，自公布日施行。

【考试院组织法】【宪】Law Governing the Organization of Examination Yuan　本法于民国十七年十月二十日公布，其要点如下：(一)考试院以下列机关组织之：(1)考选委员会，(2)铨叙部。(二)考试院内置下列二处：(1)秘书处——设秘书长一人(简任)。秘书六人至十人(四人简任余荐任)。科员十人至二十人(委任)。(2)参事处——置参事四人至六人(简任)。(三)关于举行考试事项，考试院得依考试法之规定调用各机关人员。(四)考试院对于各公务员之任用，除法律另有规定外，如查有不合法定资格时，得不经惩戒程序，迳请降免。

【考试覆核】【行】凡在国民政府统治下之京内外各官署，于考试院未依照考试法举行各种考试以前，遵照中央法令所举行之各种考试，其及格人员应由特设之考试覆核委员会加以审查，是曰考试覆核。考试覆核应由原考试官署或主管官署将考试经过情形连同一定文件(第六条)备文送交考选委员会，汇转考试覆核委员会审查之。其覆核之标准如下：(1)考试章程须根据中央法令或经中央核准。(2)考试方法须依照考试章程。(3)考试科目须与所考之职务相当。(4)考取人员

---

① 原书为“下”，系排版之误。

② 原书缺“罪”字，系排版之误。

之考试成绩须确实及格，至于经覆核及格者应由委员会公布之。于呈缴一定文件（如保证书、原考及格证书、履历书及像片）后，由考试院发给考试及格证书。（考试覆核条例第一条，第五——十一条）

【考试覆核条例】【行】本条例于民国十九年十一月二十九日公布，全文计共十六条，自公布日施行。凡在国民政府统治下京内外各官署于考试院未依照考试法举行各种考试以前，遵照中央法令所举行之各种考试，均依本条例之规定覆核之（参考试覆核条内）。覆核期满，本条例即行废止，其期限由考试院定之。

【考试权】【宪】Examination power　所谓考试权，乃指关于考取国家人材之权力而言，在五权宪法中，考试权乃附属于行政权之内，流弊滋多。例如官吏受政潮之影响，与行政人员之滥用私人皆是。我国考试制度渊源甚早，但与行政权仍混合难分，及至前清，始饶有独立之精神。但仍无常设之考试机关，与常川专任之考试人员。而司考试之人员在法律上亦无特殊之保障。故孙中山之五权宪法，特将考试权与行政权完全分离，而成一种独立之机关，其内容分为考选与铨叙两项。

【考课法】【史】任用官吏之法规，曰考课法。锦字笺："魏文帝因选人以毁誉进退，真伪混淆，诏卢毓作考课法。"又对于官吏成绩之调查方法，亦称曰考课法。

【考课院】【史】为宋代官署，掌官吏之考选事务，隶于吏部。

【考选委员会组织法】【行】Law Governing the Organization of the Examination Committee　本法于民国十九年三月十七日修正公布；本会直隶于考试院，与铨叙部相对立，掌理全国考选事宜。以委员长一人（特任），副委员长一人，委员五人至七人（均简任）组织之。又设专门委员十六人至三十二人，由考试院聘任之。必要时得聘任编纂十二人至二十四人。处理常务，则设秘书长一人（简任），秘书四人（二人简任余荐任），科长四人至六人（荐任），科员四人至八人（委任）。

【考绩】【史】与考课之意义相同，即调查官吏之成绩之谓。春秋繁露："考绩之法，考其所积也。"（参三载考绩条内）

【考绩法】【行】Law Governing the Examination of the Merits of Officials　本法于民国十八年十一月四日公布，仅十条，其要点如下：(1)凡公务员之考绩，除法律别有规定外，依本法行之（政务官不适用本法）。(2)公务员之考绩每年分为二次（六月及十二月）。(3)考绩分为初核与覆核二种；前者由直接长官行之，后者由主管长官行之，均将考绩表密封汇送铨叙部审查，如因特殊情形不能由该长官考绩者，得由其主管长官陈明铨叙部，举行特种考绩。(4)铨叙部于每年度终了，将各次考绩表审查完毕，评定第级，分别决定奖罚。

【肉刑】【史】对于人身之肉体加以损伤之刑，谓之肉刑。古时苗族之肉刑为劓、刵、椓、黥（加杀刑合为五刑）。而汉族之肉刑则为墨、劓、宫、剕（合大辟为五刑）（参尚书舜典及吕刑之注）。夏改刖为膑，周时则复改膑为刖（参周礼注疏秋官司刑之郑注）。战国时韩用申不害，秦用商鞅，故肉刑迭有增加。汉初承袭其制，至文帝十三年，依太仓令淳于公之少女缇萦之哀求（淳于公原应处肉刑，其女缇萦上书，愿为官婢，以赎父罪）。乃废肉刑。嗣又依丞相张苍等之奏议，修正刑制，改黥为髡钳城旦舂(即削发使从事劳役之刑)。改劓为笞三百,改斩左止(趾也)为笞五百,斩右止为死刑(参汉书文帝纪)。此时肉刑令废,仅余宫刑而已。然至隋朝始全行废除。汉书一刑法志:"孝文十三年下令曰,今法有肉刑三:黥、劓、刖左右趾,何其刑之痛而不德也,其除肉刑,有以易之。张苍、冯敬奏请定律,当黥者髡钳,当劓者笞三百,当斩左趾者,笞五百。"同书一郎觊传:"汉法肉刑三,谓黥也,劓也,左右趾也,文帝除之;当黥者,城旦舂,当劓者,笞三百,当左右趾者,笞五百。"又同书一司马迁传:"其次鬄毛发婴金铁受辱,其次毁肌肤,断支体受辱,最下腐刑极矣。"周礼一秋官司寇职疏:"文帝赦肉刑,惟赦鼻劓刵三者,宫刑至隋乃赦也。"

【肉辟】【史】辟者罪也,肉辟,谓肉刑之罪也。扬子法言:"唐虞象刑惟明,夏后肉辟三千。"

【肉鼓吹】【史】谓以闻捶挞人之肉体之声为乐,即喻其人之残忍好刑也。国史补:"李匡远性急,一日不断刑,惨然不乐,尝闻捶挞之声曰,是一部肉鼓吹。"

【肉厘】【史】对于鸟鱼兽之肉类所课之厘金,谓之肉厘。清时于四川省内曾赋课之。(会典户部)

【自力救济】【物】Self-protection; Private justice 与公力救济相对立,我国民法则称为已力防御。(详该本条)

【自己之计算】【债】Account for himself 对于利益及损失之责任,均由自己负担之者,曰自己之计算,例如商人独资经营商业,一切责任均由一己担负是。

【自己代理】【民总】为双方代理之一种。即为本人(被代理人)与自己之法律行为之谓也。(参双方代理条内)

【自己处分】【刑】为放任行为之一。即法律许其对于自己加以放任自由处分之谓。然非绝对的,故国家对此实为一种放任行为。更分为二:(1)破坏自己法益之行为。(2)被害者承诺之行为。(详各本条)

【自主占有】【物】To possess for his own; Eigenbesitz(德) 为占有之一种。对他主占有言,即以为自己之意思而占有其物之谓也。例如甲购一书而以之为自己所有之意思,于交付后占有之是。

【自由心证主义】【民刑诉】Principle of discretionary evidence 为民事及刑事诉讼主义之一。对法定证据主义言,又称实体证据主义,谓无论何种证据,其证据力之强弱与是否采用,均凭审判官自由决定,而不受其他任何拘束或限制之主义也。其优点在能发见事实之真相,至其劣点,亦复不少,我刑事诉讼法采之(第二八三条)。至民事诉讼法原则上亦采自由心证主义,而以法定证据主义为例外。(第三四四条、三四七条)

【自由主义】【民总】为设定住所主义之一。对必要主义言,谓设立住所为个人之自由,法律并不加以干涉,德国旧法采之。

【自由交通权】【国公】Right of communication 谓各国政府公务上之来往交涉,及各国人民彼此交通来往,货物运输,邮电往来,商船通航等皆享有自由而受国际法之保护之权利也。惟此种自由，因各国多基于统治权之作用，每设有一定之限制，故系相对的而非绝对的。

【自由先占主义】【物】又称先占自由主义。（详该本条）

【自由刑】【刑】Punishment of liberty or imprisonment 剥夺犯人自由之犯罪制裁，曰自由刑。分广义及狭义两种：广义自由刑——例如放逐，蛰居，流刑及居住限制，警察监视是。狭义自由刑——将犯人拘留于狱舍，以剥夺其自由，我国现行自由刑属之。计分为三种：(1)无期徒刑。(2)有期徒刑。(3)拘役（详各本条）。按自由刑之目的共有数种，有谓系使犯人受痛苦者，有谓系使犯人与社会隔离者，有谓系改善犯人之恶性者，更有谓系强制犯人使习工艺，俾有恒业不致再犯罪者，然其目的均随时代而有不同，近世多采后二说。

【自由使用区】【土】Area for unlimited use 为市地之一种。与限制使用区相对称，即市地之使用，不受有限制之区域也。但非绝对不受限制，故于必要时得改为限制使用区。自由使用区之土地，及其建筑物之使用，绝对不受限制，此乃与限制使用区不同之点。其余所受之限制，均与限制使用区相似。（参限制使用区条内，第一四八——一五〇条）

【自由货币】【债】Free money 为货币之一种，对法定货币言。（详货币条内）

【自由结婚】【亲】Free marriage 婚姻之缔结，全由男女双方当事人之互爱及志愿，而不由第三人之干涉者，是曰自由结婚。在目前各国法律中尚无完全自由结婚之规定，有之，仅为一部分之自由结婚耳，盖法律多有关于成立及生效等条件之规定也。

【自由裁定主义】【刑】Principle of discretion 又称擅断主义（详该本条）。与罪名法定主义相对称。

【自由买卖】【债】由双方当事人自由合意所为之买卖，称曰自由买卖。我国民法债编所规定之买卖，皆为自由买卖。

【自由顺序主义】【民刑诉】为民事及刑事诉讼主义之一。对法定顺序主义言，凡当事人对于辩论及所提出之证据，得以自由意思行之，法律上无顺序之规定者，曰自由顺序主义。依此主义，当事人均得随时辩论，随时提出证据，故案件真相亦每易辨明，然诉讼程序常生迟滞之虞。故近代立法例，均同时兼采法定顺序主义，以为补助。

【自由认领】【亲】Free acknowledgement 为认领之一种，与法定认领相对称，又名任意认领，即由其父自动的对其非婚生子女，加以认领，而为其所生之子女也。有自由认领权者，以有父之身分者为限；为自由认领权之客体，亦以非婚生子女为限；即未出生之胎儿，亦可为认领之客体。至自由认领之方式，依户籍法之规定（第六二条），应向户籍机关声请登记。又认领时法律为保护该非婚生子女及生母之利益起见，且赋予以否认之权。（民法第一〇六五——〇六六条）

【自由币】【债】Freies Geld（德） 为自由货币（详该本条）之简称。

【自由营业】【行】Free Business 与许可营业及独占营业相对立，即营业之开始，处所、时间及方法等，均不受国家或其他公共团体之许可与干涉也。

【自由储蓄】【劳】Free Savings 为工人储蓄之一种。与强制储蓄相对称，即由工人自动储蓄，凡满一元者，均得存储，并得自行指定用途之谓。（工人储蓄暂行办法第二十一条）

【自由离婚主义】【亲】Principle of Free divorce 为离婚立法主义之一种。与限制离婚主义相对立，又名无因离婚主义，谓依当事人单方或双方之自由意思，即可离婚之主义也。此主义又可为三项：(1)仅许夫得任意离婚者。(2)夫或妻之一方均得任意离婚者。(3)须夫妻双方均合意始得离婚者，近世各国多采第三种，我民法亦然。

【自由权】【宪】Right on Libery （详个人自由权条）

【自白】【民】Admission of Fact【刑】Confession 为法律上得为减轻原因之一种。即凡犯人经公务员审问时，在裁判或惩戒处分确定前，陈述自己之犯罪行为之谓(刑法第一七六条及第一八四条)。与自首之区别，即自首为于未发觉以前，自行告知其罪，自白则于审问时于未发觉之前后告知之谓。自白如系出于不正当手段者，法院不得以之为根据。民诉上之自白，在我国称曰自认。（详该本条）

【自行回避】【民刑诉】为回避(详该本条)之一种，与声请回避相对立。

【自行堕胎罪】【刑】Offence of self-abortion 为堕胎罪之一。因怀胎妇女服药或以他法堕胎而成立。妊妇对自己腹内胎儿，竟自行堕杀，其情实为可恶，但实际上亦有不得已之苦衷在焉。或因犯奸后欲保持其羞耻心，或因恐生活不能维持而有此种行为，故其情节亦有可悯之处，其科刑仅为一年以下有期徒刑，拘役，或三百元以下罚金。至怀胎妇女听从他人为之者，其处罚亦同(刑法第三〇四条)。上述各罪其主体均为怀胎妇女本身，至受嘱托代为堕胎者，不得成为本罪之共犯，当依加功堕胎罪处断。

【自助行为】【民总】Act of self-help 即权利人为保护自己权利，对于他人之自由或财产，施以拘束押收或损害者，法律上许其不负损害赔偿责任之行为也(民法第一五一条)。但事前有限制之规定，即须以不及受官署援助，并非于其时为之，则请求权不得实行，或其实行显有困难者为限。至事后之限制，即拘束他人自由或押收他人之财产者，须即时向官署声请援助。若声人被驳回，或其声请迟延者，行为人应负损害赔偿之责。（第一五二条）

【自助售卖】【债】清偿之标的物不宜于提存，或有灭失毁损之虞，或其物之保存费用过巨者。债务人经法院之许可得拍卖其物，而提存其价额于提存所或保管人，此项出卖，曰自助售卖。此项提存曰换价提存。至自助售卖之性质如何，论者不一；有谓系与提存独立而生效力者，有谓不过系提存之一种手段者，以后说为当。（参民法第三三一条—三三二条）

【自来水规则】【行】Rules Relating to Water Supplying 所谓自来水，乃指市县地方应住民之需要以给水为目的而敷设之水道而言。关于设备自来水之法规，曾由内政部于民国十七年九月间公布，名曰自来水规则，全部计十九条，其要点如下：(一)自来水应以市县地方公办为原则，无力举办时得许可私人或私法人之经营，但须规定年限。(二)各市县地方敷设自来水时，应拟具计划书，详记一定事项，呈由省区政府转报内政部核准(惟直隶于行政院之市，得直接函请核办)。经其审核结果认为妥当者，给予许可证。(三)自来水用地应免除国税及其他附税。(四)埋设水管于官地或公路之地下时，须经地方官厅之核准。(五)于水道工事完成或修缮竣事时，应呈报本省区政府民政厅备查(惟直隶于行政院之市，应函报内政部备案)。(六)自来水用户得请求市县政府检查水质水量。(七)市县政府应就地择设公共给水所，以供无力装设水管者之用。(八)已经许可之私人或私法人所设之自来水公司等，于期满后市县政府得备原价收买之。(九)内政部认为必要时，得随时命令市县政府敷设自来水。

【自治】【行】Self-government　自治者，谓公共团体受国家之许可，以自己所选举之机关，在国家监督之下，自行处理其团体以内之事务也；与吏治相对称。此种制度设置之目的有三：(一)欲使人民有受政治训练之机会。(二)避免政潮之影响。(三)实现分工合作之原理。实施自治权之团体曰自治团体，与官署不可混同。自治团体与官署之别：(一)前者得为权利义务之主体，故为有人格者；后者则否。(二)后者之构成份子为官吏，由国家委任；前者则为公吏，由人民选举。(甲)自治团体成立之要素有三：(一)一定之区域。(二)区域内之住民。(三)自治权。(乙)自治团体即受国家之监督，故应负担下列特殊义务：(一)完成目的之义务。(二)自治负担之义务。(三)服从监督之义务。自治团体之种类可分为三：(一)地方团体。(二)公共组合。(三)营造物。(详各本条)

【自治行政】【行】Administration of self-government　由自治团体直接处理之行政，曰自治行政。

【自治制】【行】Self-government system　(详自治条内)

【自治产制】【民总】未成年人于知识发达与成年人相等时，由其父母或监护人依照法定程序，宣告其为自治产人之制度，谓之自治产制。一经宣告则该未成年人即可自己管理财产，与成年人相等。法、比、意等国采之。

【自治殖民地】【国公】Self-governing dominions　所谓自治殖民地，乃指享有自己统治权限之殖民地而言，例如坎拿大、澳洲、纽西兰及南非洲联合是。欧战前此种殖民地之对外关系，并非独立，战后其他位忽变，且直接选派代表出席和会，签署规约，并得以各该地之名义加入国际联盟。对外复取得独立谈判缔结条约之权。故学者均谓乃国际主体之一。

【自治机关】【行】Organ of self-government　处理地方自治事务之机关，谓之自治机关，城区坊乡镇公所是。

【自治权】【行】Right of self-government　自治团体在法律上所享有之权利，曰自治权。

【自治权能】【行】Capacity of self-government　自治团体所享有之一切权利，

及所有之一切能力，谓之自治权能。

【自物权】【物】Jus in Re propria（拉丁）；Right in or over the property of his own　为物权学理上分类之一。对他物权言，即对于自已物上行使之权利也。例如所有权是。与他物权之区别，乃以行使权利于自己或他人之物上为标准。

【自物权利】【民总】与他物权利相对称，即在自己之所有物上享受利益之权利也。又曰自物权。（参该本条）

【自保权】【国公】Right of self-preservation　又称曰自卫权。（详该本条）

【自首】【刑】Voluntary surrender；Self-accusation　为法律上得为减轻原因之一种，即犯人对其未发觉之罪向该管公务员告知自己之犯罪行为而受其裁判之谓。国家为求发现真相及节省侦查手续及奖励悔过起见，特设自首减轻规定。其成立要件有五：(1)须为自己之犯罪。(2)须为未发觉之罪。(3)须为自动的告知。(4)须向该管公务员（以从事搜查逮捕之公务员为限）为之。(5)须亲受裁判——即亲身投案之谓。自首如具备上列要件，法官对所首罪得减其刑三分之一（刑法第三十八条一项），至一罪即发而自首余罪者亦同。若犯人向被害人、告诉人或有请求权之人自首，而受该管公务员裁判者，亦得受减轻之利益（同法[①]第三十八条第二项）。暂行新刑律称之曰首服（即犯亲告罪而向有告诉权者告知之谓）。新刑法则统称之曰自首。

【自害】【刑】Self-injury　为放任行为中自己处分之一，又称破坏自己法益之行为。（详各本条）

【自书遗嘱】【继】A holographed testament；Testamentum holographa（拉丁）为遗嘱之一种，谓由遗嘱人自己所出写之遗嘱也。其方式如下：(1)应由遗嘱人自书遗嘱全文。(2)记明书写之年月日。(3)须亲自签名。(4)如有增减涂改应注明其处所字数，并另行签名。（民法第一一九〇条）

【自动代理】【民总】Active agency　又称积极代理。（详该本条）

【自动连带】【债】又名连带债权（详该本条），更称动方连带。

【自动债权】【债】Active Credits　（详抵销条内）

【自杀】【刑】Suicide　自己故意灭绝戕害其生命者，谓之自杀。自杀乃系对于自己之生命之一种处分；各国法律均无处罚之明文；惟加功于他人自杀者，则应受刑法之制裁。我国刑法亦设有同一之规定。（参加功于他人自杀罪条）

【自媒】【史】女子不待媒人居间介绍而自向夫家求为婚姻之谓也。管子："自媒之女，丑而不信。"

【自然人】【民总】Natural Person　为私权主体种类之一。按人之意义有二，通常所谓人，指天然界之人类而言；法学上所谓人，乃指法律上认其存在之人格而言。因法律上赋予有权利能力，故与禽兽有异。自然人之种类：(一)依年龄之区

① 原书为"治"，系排版之误。

别,分为成年人与未成年人。(二)依精神状态之区别,分为精神健全人及禁治产人或准禁治产人。(三)依国籍之区别,分内国人与外国人。(四)因两性之区别,分为男人及女人。至一身兼有男女两性者,须以其身体男女组织成分之多寡,以为确定之标准。

【自然人之行为能力】【民总】Disposing capacity of the natural person 即自然人之行为有发生法律上效力之谓。各国立法例对于此项规定有二主义:(1)实质主义——仅就限制行为能力人设有规定,无行为能力者均据事实决定之。(2)形式主义——法律对无行为能力及限制行为能力均明文规定之。我国民法采第二主义(民法第十三条、第十四条、第十五条),分为三种:(a)有行为能力人。(b)无行为能力人。(c)限制行为能力人。(详各本条)

【自然人之权利能力】【民总】Capacity for rights of the natural person 自然人之权利能力于出生时为始(我国民法第六条),故必须出生始有权利能力(但有例外,如胎儿有时亦有权利能力是)。其终止乃在死亡,至权利能力之范围,在法律上以平等为原则,但有下列各种:(1)国籍之限制共有四主义:(甲)敌视主义——乃敌视外国人不付以权利能力之主义也。(乙)限制主义——不与外国人以权利能力为原则,盛行于欧洲中世纪。(丙)相互主义——即以本国人在外国之权利能力为标准,而定有法律相互与条约相互二种。(丁)平等主义——即使外国人与本国人有同等权利能力为原则,然为维持国家利益起见,亦有例外之规定。(2)性别之限制——例如父权与夫权、母权与妻权因性别关系而有区别。(3)阶级之限制——例如古时奴隶之权利能力皆被剥夺是,近代已废。(4)职业之限制——例如官吏不得经营商业是。(5)年龄之限制——例如未达到法定年龄不得为婚姻是也。

【自然力】【通】Natural force 自然力者,谓由于天然界之作用所发生之力量也。我民法上多用不可抗力一语,其意义与自然力相类似(参不可抗力条)。惟自然力须系偶然发生,而为人力所不能预防或抑止时,始称不可抗力,故二者仍有区别,不可相混。

【自然占有】【物】Natural possession 为占有之一种,对法律占有言,即占有时并不受法律所保护,仅单纯为物之管领之谓。

【自然犯罪】【刑】Natural Crime 学者谓凡与社会相违反以及背戾于人类本性之犯罪,如杀人,窃盗,诈欺等皆为自然犯罪;盖以此项犯罪无时间与空间之区分,均得认为犯罪故也。

【自然地役】【国公】Natural servitude 又名曰天然地役权。(详该本条)

【自然法则】【通】Law of nature (详自然法学派条内)

【自然法学派】【通】School of natural law 此种学派谓宇宙间自然有一种万古不易之法律上之原理原则,存在其中。立法者之制定法律,仅系顺依此项自然之根本原则,而加以人工之修饰与整理耳。所谓学者之竭力研究。并非制作人工之法律,实乃探求自然之根本原则而已。历来学者对自然法之解释,纷纷不一,有谓系原始自然之状态者,有谓系基于人性者,有谓系基于理性者,更有谓系出于神所指示而由人之理想加以发现者。我国学者吴经熊氏则以为:"自然法是适合社会情状的,实事求事的,具有先见的,能促进文化使其于最短期间之内,从现有的地位,踏进比他高一级的境界的一种法律。"盖即以自然法并非为一成不变者,或为万世不易者;所谓自然法乃依随某种环境,而适合其需要之一种法律也。此说颇堪参考,以其与前此旧说悉处于相反之地也。

【自然的定着物】【民总】Natural fixture 非由人工的方法而附着于土地之物是曰自然的定着物,例如树木之附于土地是。

【自然的计算法】【刑】Method of natural calculation 为刑法时例所定时间计算法之一种。对历法的计算法言,而分一日为时为分为秒以作时间计算之谓也。例如一日为二十四小时以日计之是。

【民总】其意义与刑法所定同,凡以时定期间者,即时起算(民法第一二〇条第一项),采用本法虽颇精密,但不简便,仅以之计算短时间,较为适宜,故此法之采用,乃例外的。

【自然债务】【债】Natural or moral obligation 与法定债务相对立,即不得依诉之方法而为要求之债务,如债务人任意履行,或基于道德上义务上所为之给付时,其履行亦属有效;债务人更不得借口为无原因之给付,主张返还。德国普通法及法国法系民法均仿照罗马法设有明文规定;德日现行民法虽无自然债务之名称,然德国学者尚多持肯定之说,我国民法亦无明文,诚以自然债务即未受法律之保护,在此情形之下自无存在之必要也。

【自然解释】Natural interpretation 与当然解释同;例如所犯之罪,与法律正条同类,或加甚之时,则依正条解释而适用之。同类者例如法律禁止人力车通行,则马车小车亦在禁止之列。加甚者例如法律禁止钓鱼时,则凡以网捕鱼者自亦可援钓鱼之禁例,予以处罚。

【自然证据】【民刑诉】Natural evidence 为直接证据(详该本条)之别称。

【自然权利】【宪】Natural rights 所谓自然权利,乃指天赋之人权而言;为十七八世纪中自然法学派所提倡。法之大革命与美国之独立,皆以自然权利为唯一之口号。其内容为人民之自由权、平等权均为天所赋与者,无论何人,均不得加以侵犯;而在宪法上且有列举之规定,以示郑重。近世以来,天赋人权之说,颇受一般人之攻击,故宪法上虽有是项规定,但均有一定之限制。我国训政时期约法,即其一例。

【自诉】【刑诉】Private prosecution 对公诉言,谓直接或间接被害人等关于初级法院管辖之直接侵害个人法益之罪,或告诉乃论之罪,得自行向该管法院提起诉追也。所谓直接或间接被害人(自诉主体),乃指:一、被害人。二、被害人之法定代理人保佐人或其配偶。三、被害人已死亡时之亲属(在直系亲属配偶或同财共居之亲属之间为当事人者,不得自诉)而言,均享有自诉之权利。自诉提起时,不得与公诉同时并行,所以维持自诉之目的也。自诉之程序原则上应准用公诉中关于起诉及审判之规定。惟法律更有特别规定,则为例外:(一)关于自诉人者——(1)自诉人应以自诉状起诉。(2)自诉人原则上得委任律师或其他代理人出庭。(3)自诉人应担负陈述或辩论责任(因公诉乃由检察官行之)。(4)于第一审辩论未终结时得撤回自诉,又凡经传唤而不到者(无正当理由时)以撤回自诉论。(5)被害人于辩论终结前死亡者,于一月内得由被害人或其直系亲属配偶或同财共居亲属承受其诉讼。无承受者,由检察官担当之。(6)被告得于辩论终结前提出反诉(详反诉条)。(二)关于法院者——(1)应将自诉书状之缮本送达于被告,必要时得传唤或拘提之。(2)遇有法定情形,得以裁定驳回之(第三四三条)。(3)遇有法定情形,得不经辩论迳行判决(第三四四条)。(4)遇被告提起反诉时,原则上应与自诉同时判决。法律因恐人民之法律观念,未尽发达,故更赋予检察官以对自诉有独立上诉之权。并对于撤回自诉与上诉案件有干涉之权。(刑诉法第三三七—三五七条,又第三六一条、三六九条)

【自诉人】【刑诉】(详自诉条内)

【自诉之诉讼条件】【刑诉】Conditions of an Action in the Private prosecution 为诉讼条件之一。对公诉之诉讼条件言,谓自诉人提起诉讼而使诉讼有效成立时,必须具备之条件也。例如自诉时须未经向检察官告诉是。

【自裁】【史】自杀之义也。史记—白起传:"秦王赐之剑,自裁。"

【自新证书】【行】Certificate for self-renewal 由反省院给予受反省处分者于期满出院时之证明文书,曰自新证书。此种证书在法律上与无罪之判决有同等效力。

【自署】【通】Autograph 自己记载其姓名于一定文书者,谓之自署。

【自认】【民刑诉】Admission 承认他造所陈述之事实(诉讼上争执之事实),谓之自认。例如甲认欠乙五百元,并未言明已偿还是。自认有明示自认与准自认(即推定自认)二种。前者由当事人自己明白承认,后者则经法院视为与自认同,凡未自认者,可完全加以否认,例如指他造之陈述为虚伪者是也。亦可向之提出抗辩,例如乙称甲曾向其借洋五百元时,甲称系由乙赠与是也。至于当事人自认时法院即得以该自认之事实为裁判之根据,而对造之当事人可勿庸负担举证之责任。

【自诬狱】【史】自己服冤罪之谓;即本无罪而自甘承罪之义也。折狱龟鉴(卷一):"晋曹摅为临淄令,县有寡妇,养姑甚谨。姑以其年少,劝令改适;妇守节不移,姑愍之,密自杀。亲党告妇杀姑,官为考鞫,妇不胜若楚,乃自诬狱,当决。"

【自择伏日】【史】国家对有勋劳之官吏,令其自择暑中休养日,是曰自择伏日。初学记(卷四)引汉书曰:"高帝分四郡之象,用良平之策,还三秦,席卷天下,盖君子所因者本也。论功定封,加金帛,重复宠异,令自择伏日,不同凡俗。"御览(第三十一):"风俗通曰,汉中巴蜀,自择伏日。俗说,汉中巴蜀广汉土地温暑,草木蚤生晚枯,气异中国,夷狄畜之,故令自择伏日也。"

【自卫行为】【民总】Act of self-defence 即权利人遇有非常事件不能受国家干

涉时,法律许其在相当范围内,得自为防护行为之谓也。不但刑律上不构成犯罪行为,即民法上亦不构成侵权行为之责任。其种类有二:(1)防御行为。(2)救护行为。此为德国学者之分类,我国民法从之。至法日学者之分类则为:(1)正当防卫。(2)紧急避难。(详各本条)

【自卫权】【国公】Right of self-preservation　为国家基本权利之一,又称自保权,谓国家以保持自己之生存与独立为目的以不侵害他国之权利限度内所为自由行动之权利也。行使此项权利其要件有二:(1)须遇必要之场合,即须有即时及直接不可避免之危险。(2)自卫行动须不超过绝对必要之限度。通常国家每利用自卫手段,对他国独立主权加以侵害。另一方面自卫权之自由行使,亦常因国际协定而受多少之限制,然此乃国际法所容许者。

【自举】【史】为觉举之别称,谓官吏因在职务上之过失,触犯法律时自首也。

【自权人】【史】(详他权人条内)

【至公堂】【史】清制科举举行时之考场,称曰至公堂,特以四柱大书揭示之,盖沿旧制也。宋洪浩所撰之汉北纪闻一书内云:"试闱用四柱,揭彩其上,目曰至公楼,主人登之以观试。"

【至元新格】【史】(详元之法典条内)

【至正条格】【史】(详元之法典条内)

【血族】【亲】Relatives by Blood　为日本名辞,即我国民法上所称之血亲是也。

【血统主义】【国私】Principle of jus sanguinis　即纯然依血统以定固有国籍之主义也。不问出生地之在内国或在外国,以父母之国籍,以定其子之国籍。德奥匈挪威等国采之。

【血亲】【亲】Blood-relationship; Consanguinity; Relatives by blood　为亲属之一种,与姻亲配偶相对立,即基于血统关系之亲属也。与旧律宗亲不同,以前者其范围不仅限于男系血统,即由女系血统所生之亲属亦在其内,例如女所生之子女与母之父母及其兄弟姊妹亦为血亲是。血亲更可分为二种:(一)直系血亲。(二)旁系血亲(详各本条)。关于血亲亲等之计算方法,新民法亦有明文。(参亲等条内)

【行人】【史】掌接待他国来宾之官曰行人,有大行人与小行人之别。周礼—秋官大行人:"掌大宾礼及大客仪,以亲诸侯。"又小行人:"掌邦国宾客礼籍,以待四方使者。"

【行文】【行】官署以文书相往复者,称曰行文。

【行犯】【刑】Positive crime　又名作为犯。(参作为犯及作为各条)

【行刑时效】【刑】Prescription for execution　又名行刑权时效(详该本条),或称刑罚执行权时效。

【行刑场】【刑诉】执行死刑之场所,曰行刑场。执行死刑时原则上采秘密主义,故除经检察官或监狱长官之许可者外,不得进入行刑场内。(刑诉法第四八二条)

【行刑权】【刑】国家对于犯罪人执行刑罚之权,谓之行刑权。(参行刑权时效

条）

【行刑权时效】【刑】Extinctive prescription of punishment 为刑法时效之一，对起诉权时效言，又名行刑时效，或称刑罚执行权时效，即刑罚执行免除时效之谓，免除者仅与刑罚执行完毕相等，而无消灭刑罚宣告之效力也。我国刑法之规定如下：（一）死刑、无期徒刑或十年以上有期徒刑者为三十年。（二）一年以上十年未满有期徒刑者为十五年。（三）一年未满有期徒、刑拘、役罚金或专科没收者为五年。上列期限均自裁判确定日起算（第一〇一条）。如遇有依法令不能开始或继续执行时，行刑时效因而停止。

【行求】【史】谓以财行求也。（详以财行求条）

【行走】【史】清制行走之义有二：（一）官吏本非其职务上之责任，而出勤于其他官署之官房内者，曰行走。会典吏部："有行走，以供其职。"其附例："入直尚[①]书房，上书房，懋勤殿及军机处，奏事处，批本处，皆曰行走。"（二）分配于京师各衙门以练习事务者，亦曰行走。会典吏部："有分发以练其事。"其附例："京官，曰分衙门学习行走。"

【行使度量衡罪】【刑】伪造度量衡罪之一，因行使违背定程之度量衡而成立，即使用不合定程之度量衡之罪也。要有故意行使之行为，即构成本罪，若因而得利，当与诈欺取财罪比较，从一重处断（并合论罪）。本罪之处分为二年以下有期徒刑，拘役，得并科或易科一千元以下罚金。即未遂罪亦罚之。（刑法第二二〇条）

【行使减损分量之通用货币罪】【刑】为伪造货币罪之一，因行使减损分量之通用货币，或意图供行使之用而交付于人而成立。前者即以减损分量通用货币充为未经减损货币之用之谓；后者即对他人告以减损之情而交付之，以供行使之用之谓；此项行使者与减损者恶性相等，故处罚亦同。即五年以下有期徒刑，得并科一千元以下罚金。未遂罪亦罚之。（刑法第二一四条第一项、第三项）

【行使伪造文书罪】【刑】凡以伪造或变造之私文书，公文书，公债票，公司股票，有价证券，邮票，各种印花税票（涂抹者亦在其内），船票，车票，往来客票，护照，免照，特许状，旅券，并关于品行能力服务之证书，介绍书，以及公务员或使公务员虚造之公文书，并医师所虚造之证书等（即刑法第二二四条至二三二条所定之文书），作为真正文书，而加以使用者，即构成本罪。其处分均依伪造变造文书，或虚造文书之规定处断。至行使已使用之邮票，及政府发行之各种印花税票者，以行使伪造邮票印花税票论。上述各项行使，在未遂罪亦罚之，但未遂已遂之标准，应以下列三例为准绳：(1)凡由公署保存之文书，若依定例既经缀订手续，虽未提出加以证明，亦为既遂论。(2)凡以伪造文书供证明权利义务或事实之用者，不论犯人是否已达到最终之目的，均以既遂论。(3)凡以伪造文书供证明权利义务或事实之用者，仅有提示于第三人之情形时，即以既遂论。此外如伪造或行使伪

① 原书为"商"，系排版之误。

造文书为一人时之情形，刑法并无明文，然以论理之解释，自当以并合论罪从一重处断。关于行使罪之要件有三：(1)须有将伪造文书行使之意思。(2)须有行使之行为。(3)其行使目的须为供权利义务或事实证明之用者。（第二三三条）

【行使伪造变造币券罪】【刑】为伪造货币罪之一，因行使伪造变造之通用货币纸币银行券，或意图供行使之用而交付于人而成立。前者即以伪造变造币券充为真正币券之用之谓；后者即对他人告以伪造变造之情而交付之以供行使之谓也。行使者与伪造变造者为害相同；故其处分亦属同等。即无期徒刑或五年以上有期徒刑，得并科三千元以下罚金。未遂罪亦罚之。（刑法第二一二条第一三项）

【行官】【史】所谓行官，乃指出役四方之官吏而言。资治通鉴之注："节镇州府，皆有牙官，有行官；牙官供牙前驱使，行官使之行役出四方。"

【行政】【行】Administration　行政者，国家机关依法律规定或在法律范围内所发生之一种作用也。广义言之，乃包括政府作用之全部。狭义言之，除立法机关之作用外，其余一切之作用皆在其内。最狭义之说，则指除去立法与司法机关之作用以外其余一切之作用皆属之。三说之中，以最后说为当；此乃就三权分立说而言，若在我国之五权宪法，则行政者，行政院以及一切行政机关之作用也。

【行政上强制执行】【行】Compulsory execution in Administration　简称强制执行（详该本条）。或强制处分。

【行政上强制征收】【行】（详行政执行及行政执行法条内）

【行政元首】【宪】Administiator-in-chief　即一国中之行政首领也。其产生方法有出于世袭者，如君主是；有由于人民或议会选举者，如大总统是。

【行政犯】【刑】Administrative criminals　凡与行政上之便利及行政法之效力相违反而认为犯罪者，曰行政犯。对刑事犯言，例如违反违警罚法是。

【行政合议制】【宪】Council-system in Administration　又称合议制，或称委员制。（详该本条）

【行政行为】【行】Administrative action　行政行为之意义有三说，最广义说，乃指行政机关一切行为之总称而言；广义说则指行政机关对于外部所为之行为而言；狭义说仅指行政机关对外以发生公法上之效果为目的之行为而言；三说之中，以狭义说为是。故行政行为可分为二：(一)行政法规。(二)行政处分。（详各本条）

【行政事件】【行】Administrative case　所谓行政事件，乃指关于行政诉讼之案件而言；与民事事件及刑事事件相对称，系属于行政裁判所所管辖之案件。

【行政命令】【行】Administrative order　为行政法规之一种，与行政法律相对立。谓国家及其机关所颁发关于行政上之命令也。学者亦有称之曰行政规则者。

【行政官】【行】Administrative officer　与司法官相对立，即处理国家行政事务之官吏也。

【行政官署】【行】Administrative office　为官署之一种，与司法官署相对称，即属于行政系统下之官署也。

【行政法】【行】Administrative Law 关于规定国家行政权之组织及其作用之法规曰行政法。乃为一种国内公法,与宪法合称为国法。其后法学日趋发达,行政法始成为独立之法规。其与宪法不同之点甚多;最显著者,即宪法乃一种国家根本法律,其内容为关于国家要素与机关之一般组织的规定,行政法仅系国家行政机关之组织及其作用之法规耳。行政法与行政学亦有区别;前者乃以说明国家行政宜如何受法律之拘束,以及行政法宜如何适用为目的;后者乃以研究目前国家行政应如何措施,始臻完善为目的;故前者属于法学之范围;后者则属于政治学之范围;二者自有异致。行政法通常乃集无数之单行法令,与其他习惯法而成。故无有系统之法典。然其内容仍可分为行政组织法,与实质的行政法二种。

【行政法律】【行】Administrative Law 为行政法规之一种,与行政命令相对称,即国家以达到行政目的所制定之法律也。

【行政法院】【行】Court of administrative litigation 受理行政诉讼事件之裁判机关,曰行政法院。我国在北京政府时代所设之平政院,即行政法院。国民政府成立后,在司法院下有行政法院之设;与最高法院及公务员惩戒委员会相对立。近已有行政法院组织法之颁布矣。(参该本条)

【行政法院组织法】【行】Law Governing Administrative Court 本法于民国二十一年十一月十七日由国民政府公布,共十二条。其要点如下:(一)行政法院掌理全国行政诉讼审判事务。(二)置院长一人(特任)。兼任评事并充庭长。(三)分设二庭或三庭(各置庭长一人由评事兼任之),每庭置评事五人(简任),审判时以合议制行之。(四)置书记官长一人(荐任),书记官十人至十八人(委任)。(五)评事之保障准用关于推事之规定。

【行政法规】【行】Administrative laws 为行政行为之一种,与行政处分相对称,即国家所制定关于行政法律与国家及其机关所颁发命令之总称也。至行政官署所制定之内部处理事务之规程,则不得称为法规。

【行政法学】【行】Administrative jurisprudence 以行政法为研究对象之学科,曰行政法学。其目的在于说明国家之行政行为之如何受法规之拘束,与夫行政法规在实际上如何运用,全然为具体的法学之问题。与行政学之为抽象的研究行政政策问题者不同。

【行政物】【行】行政物者,谓直接供国家或公法人所使用,而不许其他人等自由使用之物也。一称曰行政财产。

【行政长官】【行】Administrator in chief 行政长官者,谓有决定国家意思之行政首长也。如一国之元首,或一省之省长及一县之县宰皆是。

【行政契约】【行】Contract in public law 又曰公法契约。(详该本条)

【行政财产】【行】又称曰行政物。(详该本条)

【行政院】【行】Administrative Yuan (详行政院组织法条内)

【行政院组织法】【宪】Law Governing the Organization of Executive Yuan　本法于民十七年十月二十日公布，曾经修正数次，兹举其要点如下：(一)行政院以下列各部各委员会组织之：(1)内政部。(2)外交部。(3)军政部。(4)财政部。(5)教育部。(6)实业部。(7)海军部。(8)交通部。(9)铁道部。(10)司法行政部。(11)蒙藏委员会。(12)禁烟委员会。(13)劳工委员会。(14)侨务委员会。(二)院长指挥全院院务及其所属机关。(三)行政院内置下列各处：(1)秘书处——设秘书长一人(简任)，秘书八人—十四人(得以八人简任余荐任)，科员十人至二十人(得以八人为荐任余委任)。(2)政务处—设处长一人(简任)，参事六人至十人(简任)，科员十人至二十人(得以八人为荐任余委任)。

【行政院会议规则】【行】本规则于民国十八年三月五日公布，由国民政府国务会议议决公布施行，行政院会议均依本规则行之，全文计共分为八章，凡一十五条，第一章总则，第二章会议日期，第三章议事日程，第四章提案，第五章讨论修正及表决，第六章复议，第七章议事纪录，第八章附则。

【行政区域】【行】Administrative District　国家因行政上之便宜，对于全国土地划分为若干之区域时，此项区域，谓之行政区域。在我国前清分为省、道、府、厅、州及县。今则仅有省，及行政院直辖之市，与县、市，四种而已。

【行政执行】【行】Administrative execution　所谓行政执行，乃指行政机关使其意思表现于事实之手段而言。此种手段可分为二种：(一)行政罚。(二)行政上之强制执行(详各本条)。在我国之行政执行法内则分行政执行为直接强制处分与间接强制处分二种。

【行政执行法】【行】Law Governing Administrative Execution　本法于民国二十一年十一月二十日经立法院通过，十二月二十八日由国民政府公布，共十二条，其要点如下：(一)行政官署于必要时依本法之规定，得行间接或直接强制处分。(二)间接强制处分之方法有二：(甲)代执行。(乙)罚锾，前项处分非以书面限定期间，预为告戒，不得行之；但代执行认为有紧急情形者，则为例外。(三)直接强制处分则分为二：(甲)对于物之扣留，使用，或处分，或限制其使用。(乙)对于家宅或其他处所之侵入。

【行政救济】【行】Administrative remedy　所谓行政救济，乃指对行政命令或行政处分有违法或不当而致侵害人民之权利或利益时所设定之救济方法而言。可分为二：(1)行政诉愿。(2)行政诉讼。(详各本条)

【行政组织】【行】Administrative organizaton　关于行政机关之组织，谓之行政组织。如中央行政机关组织，地方行政机关之组织与自治行政之组织皆属之。

【行政处分】【行】Administrative measure　为行政行为之一种，与行政法规相对称，即行政机关对于特定事件以定其法律关系为目的之一方行为也。与行政法规不同之点有二：(一)前者系对于特定事件而为之行政行为，后者则对于一般事件之行政行为。(二)前者之效力仅及于特定事件，后者则对于一般的事件均有效力。行政处分可分下列各种：(一)下命处分(作为令与不作为令)。(二)许可及免除。(三)认可与不认可。(四)特许。(五)公证。

【行政规则】【行】Regulation of Administration　行政规则者,谓基于行政作用所发布之命令也。例如交通部所制定颁布之各省电政管理局职务规则及办事规则皆是。

【行政裁判】【行】Administrative decisions　对于不服行政官署所为处分而提起行政诉讼时加以裁判者,谓之行政裁判。

【行政裁判所】【行】Administrative court　为日本名辞,即我国所称之行政法院是也。

【行政诉讼】【行】Administrative litigation or action　行政诉讼者,谓人民对于行政官署之违法处分致损害其权利时,向原处分官署之直接上级官署提起诉愿经其决定仍有不服,而再向行政法院提起请求撤销或变更原处分或原决定之救济方法也。行政诉讼与诉愿同为行政救济之方法,但二者均有区别;前者系向行政法院提起,后者则系向行政官署提起,前者乃系对违法处分经诉愿程序而不服其决定始行提起者,后者则为对于不当处分或违法处分(仅限于初次提起)而提起者。然自事实上言之,对于违法处分所提起之诉愿,实即行政诉讼之初审耳。

【行政诉讼法】【行】Law of Administrative Litigation　关于行政诉讼之法规,曰行政诉讼法。于民国三年七月二十日公布,共四章,计三十四条。现于民国二十一年十月二十二日,复由立法院通过一新行政诉讼法,十一月十八日公布,二十二年六月二十三日施行,共二十七条;兹举其要点于下:(一)人民因中央或地方官署之违法处分,致损害其权利,经依诉愿法提起再诉愿而不服其决定,或提起再诉愿三十日内不为决定者,得向行政法院提起行政诉讼。(二)对于行政法院之裁判不得上诉或抗告。(三)行政法院之判决就其事件有拘束各关系官署之效力。(四)评事除准用民事诉讼法第三十二条之规定外,具有下列情事之一者,亦应行回避:(1)评事曾在中央或地方官署参与该诉讼事件之处分或决定者。(2)评事曾在法院参与该诉讼事件之审判者。(五)行政诉讼之当事人得委任代理人代理诉讼。(六)官署处分或决定之执行,除法律别有规定外不因提起行政诉讼而停止,但行政法院或原处分原决定之官署得以职权,或依原告之请求停止之。(七)提起行政诉讼应以书面为之。(八)行政法院受理行政诉讼,应将诉状副本及其他必要书状副本送达于被告,并限定期间命其答辩,其答辩书亦应具副本,行政法院应将其送达于原告,法院认为必要时得命双方以书状为第二次之答辩。(九)被告官署不派诉讼代理人,亦不提出答辩书,经行政法院加以催告而仍延置者,得以职权调查事实迳为判决。(十)行政诉讼原则上以书面审理,例外则得以言辞审理而命当事人出庭为言辞辩论。(十一)行政法院于必要时亦得传唤证人或鉴定人,并得指定评事或嘱托法院或其他官署调查证据。(十二)当事人有法定情形之一者(民诉第四六一条所列举者为限)得向行政法院提起再审之诉,但须于六十日内为之。(十三)行政诉讼判决之执行,由行政法院呈由司法院转呈国民政府训令行之。(十四)在本法未规定者准用民诉法。

【行政诉讼费】【行】Costs (in administrative procedure)　在行政诉讼中所征

收之费用，曰行政诉讼费，与民刑案件之诉讼费不同者，为后者须依法定数额征收审判费，而前者则不收审判费（即附带请求损害赔偿者亦同）。依行政诉讼费条例之规定，共有下列四类：(1)状纸费——如诉状、答辩书及代理人委任书等，每份五角。(2)送达费——裁定书、判决书及其他诉讼文件，每件征收一角。其由邮局送达者，按实数征收。(3)抄录费——每百字一角，不满者以百字计算。(4)翻译费——每百字二角，不满者以百字计算。（第一——五条）

【行政诉愿】【行】Administrative petition　又称诉愿。（详该本条）

【行政督察专员】【行】Special administrative inspector　省政府在离省会过远地方，因有特种事件发生（如剿匪清乡等），得指定某某等县为特种区域；临时设置行政督察专员。于不抵触中央法令范围内，辅助省政府督察该特种区域内之地方行政，惟此项专员乃暂时之设置，于某项特种事件办理完竣后，即撤废之。行政督察专员由省府就本督察区域内各县长中指定一人兼任之。得于原领县政府内附设办事处，置秘书一人，事务员二人，书记二人，助理一切文件及应行事宜。对于本督察区域内各县市政府地方，行政督察专员有随时考察及督促指导之权。并得随时召集本督察区域内各县长市长及各局长举行行政会议，讨论本区域内应兴革事宜。其决议案应呈报省政府及主管官厅核定施行。（行政督察专员暂行条例第一——九条）

【行政督察专员条例】【行】本条例于民国二十一年一月一日公布，全文计十五条，自公布日施行。于施行后各省原有一切变更地方行政制度之组织与本条例之规定冲突者，应一律依照本条例改变之。（参行政督察专员条内）

【行政解释】【通】Administrative interpretation　为有权解释之一种，与立法解释司法解释相对称，谓行政官于执行法律，或因行政处分，对于法律所为之解释也。如训令指令皆属之，仅在行政上有强制之效力。

【行政监督】【行】Superintendence on administration; Administrative supervision 行政监督者，即上级官署或官吏因自己或国家之利益，对于下级官署或官吏之行动，继续的注意之谓也。通常所称行政监督，乃指官署之监督而言，此项监督有时直接行之，有时间接行之，有时于事前行之，有时则于事后行之。至监督之内容与范围如何，不外出于下列数种：(一)上级官署对下级官署有指挥命令之权（训令与指令）。(二)上级官署对下级官署有检查其事务之权。(三)上级官署对下级官署有令其报告事务之权。(四)上级官署对下级官署之权限争议有裁决之权。(五)上级官署对于下级官署之处分，当人民提起诉时，有裁决之权。(六)上级官署对下级官署之命令与处分认为有违法越权时，有撤销或停止之之权。

【行政罚】【行】Administrative punishment　为行政执行之一种，国家对于人民违反行政上目的所为之处罚，曰行政罚。与刑事罚不同：(一)前者之处罚原因乃以其系违反国家命令；后者则以其系罪恶行为。(二)前者对于犯者是否故意与过失皆非所问；后者则以故意为犯罪成立要件。(三)前者之执行属于行政官署，后者则属诸法院。行政罚之重要例，如违警罪，即时判决；违反财政上法令之处分皆属之。

【行政学】【行】Science of administration 行政学者，谓以行政法规及行政作用之是非得失等，为研究之对象之学科也。

【行政机关】【行】Administrative organ 行政机关者，谓国家掌理行政权与其作用之机关也。广义言之，包含国家元首在内；狭义之行政机关，则指受由根据宪法而产生的国家机关之委任而产生之行政机关而言（即元首以下之一切行政官署）行政机关之组织，可分为吏治组织，与自治组织二种。

【行政警察】【行】Administrative police 为警察之一种，对司法警察言，又称预防警察；谓以预防个人或社会之危害，及保持安宁秩序为目的之警察也。

【行政权】【宪】Administrative power 谓关于行政作用之权力也。在三权分立之宪法，行政权有时亦有涉及立法之权限，例如国会之召集与解散，法律案之提出，裁可与公布，以及命令之制定是；又如行政权之内容有时亦涉及司法权；例如违警罪之处罚是；而考试事项亦为行政权之一部，故行政权在三权中，其范围实较他权为广。在五权宪法中，则考试权与行政权完全脱离，另行独立；其他涉及立法之权限，亦稍加削小，务期贯彻五权独立之精神焉。

【行省】【史】为魏晋时代所创始之官署，初谓之行台，隋置行台省，有尚事令仆射都事侍郎等员，因其随所管之本道置于外州，故有行台尚书省之称。唐武德之初，诸道军务事繁乃分置行台尚书省；贞观以后废之。后诸道只各置采访等之使，兼判尚书之事，盖行台之遗制也。宋为行台省，元时于中书省外于各路设行中书省称曰行省，置左右丞参政等之官（参古今事文类聚新集卷五）。明清以之为地方行政区域之名，惟简称为省耳。

【行纪】【债】Commision agency; Factors 谓以自己之名义为他人之计算为动产之买卖或其他商业上之交易而受报酬之营业也。日本曰问屋营业；我国旧法称曰牙行，亦曰经纪；现行民法则曰行纪，称为此营业者曰行纪人，此他人曰委托人。行纪人之义务权利依民法之规定有如下述：(1)直接履行契约义务（第五七九条）。(2)指定价额之义务（第五八〇条）。(3)适当处置出卖物之义务（第五八四条）。(4)对其占有之买卖物负保管之义务（第五八三条）。(5)请求报酬或各项费用之权利（第五八二条）。(6)拍卖买入物及出卖物之权利（第五八五—五八六条）。(7)介入权利及义务，即自为买卖人之权利及义务也（第五八七—五[1]八八条）。

【行纪人】【债】从事于行纪营业之人，曰行纪人。（参行纪条内）

【行纪业】【债】关于行纪之营业，称曰行纪业。（参行纪条内）

【行宫营门】【史】车驾行幸驻跸之处，谓之行宫，亦为禁地。擅入其外营门次营门及内营牙帐门者，均为违法，应依本条处断。明律（卷十三）、清律（卷十八）兵律宫卫篇均有行宫营门条之同一规定："凡行宫外营门次营门与紫禁城门同，若有擅

① 原书缺"五"，系排版之误。

入者，杖一百。内营牙帐门与宫殿门同，擅入者，杖六十，徒一年。”

【行为】【刑】Action or conduct 发端于人类意思之身体的动静，称曰行为。故凡睡梦中之动作，或受强制之动静，皆不得称为行为，因其非由于意思之发动故也。又如仅有杀人之意思，亦不得谓之行为，因只有意思之发动，而无外表之动作。故犯罪之成立，须以行为为主。至只有意思而无行为，仅为宗教与道德所不许；而法律则须有行为，且与特别规定者相违犯时，始为犯罪。至于行为虽发生危险，而即成立犯罪者，法律亦有制裁之规定，即所谓危险犯是也（参该本条）。学者又名之曰形式犯。犯罪科罚是否以有行为为限，计有三说：(1)客观说——主张非有行为不能成立犯罪者，谓法律只能以人之外部行为，为其领域，而加以管束。(2)主观说——主张犯罪之成立，只要有危险，不必有行为。法律对有危险的心理状态，亦应加以处罚，与前说相对立。(3)折衷说——主张无行为而科罚，固有缺陷；若对于重大危险之意思表示，而不加以处罚，则流弊非妨碍及社会秩序及安宁不止，故应由法律预立一定标准，方得其平。行为二字能否包括结果，约有四说：(1)行为包括结果说。(2)行为结果相对立说。(3)行为包括意思及中间影响与结果说。(4)行为与结果相连续则总称曰所为，此说最为多数学者所承认。在刑法上之行为得区分为二：(a)作为。(b)不作为。（详各本条）

【行为主义说】【刑】为隔时犯与隔地犯四学说之一，又称所在地主义，即隔时犯与隔地犯应以行为之时及场所定犯罪时及犯罪场所之标准。与专以结果发生之时与场所相反对。例如甲于五月在福州被殴打，到上海始死，则犯罪之时为五月；而场所则在福州是。在隔时犯以采此说为当。

【行为犯】【刑】Positive offence 为行犯（详该本条）之别称。

【行为地】【刑】Place of act 实施犯罪行为之地点，曰行为地。（参行为地说）

【行为地法】【国私】Lex loci actus（拉丁）；Law of the place where the acts are performed 法律行为时所在地之法律，曰行为地法。我国法律适用条例第二十三条第二十六条，设有明文。

【行为地说】【刑】一切犯罪均须本于行为及结果始能成立。惟犯罪行为时在一地（例如放枪），犯罪结果在另一地发生者（例如死伤时），究以何地为犯罪地，依我刑法第四条之规定。乃以行为之地结果之地并认为犯地；盖行为与结果乃犯罪成立之要件，不能强为分离，故行为与结果如有一地在中国国内，即以在民国领域内犯罪论。

【行为能力】【民总】Disposing capacity 即能为发生法律上效力行为之资格之谓。与权利能力不同，因前者乃实行权利之资格，后者乃享有权利之资格。行为能力自广义言之，凡合法行为或违法行为皆为行为能力。自狭义言之，仅指合法行为。自最狭义而言之，则专指法律行为能力。我国民法所称之行为能力，乃采最狭义说；但以外之合法行为亦得类推适用法律行为能力之规定。行为能力学者分为一般行为能力与特别行为能力（详各本条）。在民法上之规定，行为能力不得抛弃（第十六条）。即让与、限制、创设或变更，亦不得任意为之。

【行为责任】【刑】刑法上所称之行为责任，乃指行为时应负担刑法上之责任而言。如该行为人系为有责任能力之人，且该行为人之行为，如系出于故意或为有过失时，则应负行为上之责任。

【行为期限】【刑诉】Period of act 又称失权期限。（详该条）

【行为结果主义说】【刑】为隔时犯与隔地犯四学说之一，又名混同主义，或称折衷主义；即以行为之时及场所，中间现象之时及场所，以及结果发生之时及场所，皆为犯罪发生之时及场所。例如甲于三月在广州致书北京之乙，叙述虚伪事实，乙于四月收到该函后即函告上海之丙，令其将款三千元交付甲之代理人丁，丁于五月收到此款，则三月、四月、五月均为犯罪之时，广州、北京、上海均为犯罪之场所是。在隔地犯以采此说为当。

【行为意思】【民总】（参意思表示条内）

【行贿人】【刑】Briber; Corruptor （详行贿罪条内）

【行贿罪】【刑】即行求期约或交付贿赂，或其他不正利益之犯罪之谓。换言之，即行贿之犯罪也。本罪可分为三种：（一）职务上行为之行贿罪——因对于公务员关于职务上之行为，行求期约或交付贿赂或其他不正利益而成立。其成立要件有四：（1）主体须为公务员。（2）行贿物须为贿赂或不正利益。（3）行贿物须为与职务上行为有互相酬报者。（4）其行为须为行求期约交付者。本罪之处分为二年以下有期徒刑，得并科三千元以下罚金（刑法第一二八条第二项）。（二）违背职务行为之行贿罪——因对于公务员关于违背职务之行为，行求期约或交付贿赂或其他不正利益而成立。其成立要件有四：其一即行贿物须对于公务员之违背职务之行为有互相酬报者，余三项与上述职务上行为之行贿罪第一、二、四各要件同。本罪之处罚为三年以下有期徒刑，得并科三千元以下罚金（第一二九条第三项）。（三）处理或审判法律事件之行贿罪——因对于有审判职务之公务员或公断人关于处理或审判之法律事件，行求期约或交付贿赂或其他不正利益而成立。其要件有四：其一为主体仅限于有审判职务之公务员或公断人。其一即行贿物须与处理或审判法律事件有互相酬报者。余二项与上述职务上行为之行贿罪第二、四各要件同。本罪之处分为三年以下有期徒刑，得并科三千元以下罚金（第一三〇条第二项）。

【行滥】【史】器用物件及绢布等之制造，须有一定方式，如不坚牢或不真（伪也）者，称曰行滥。唐律（卷二十六）杂律篇——器用绢布行滥条之注曰："不牢谓之行，不真谓之滥。"关市令义解："凡出卖者，勿为行滥。"其注曰："谓不牢为行也，不真为滥也。"

【行营】【史】唐制，节度使暂时留兵之所，曰行营。段[①]太尉逸事状（柳宗元撰

① 原书为"段"，系排版之误。

者)："汾阳王以副元帅居蒲。[①] 王子晞[②]为尚书，领行营节度使，寓军邠州。"今则通称出征时之军营，曰行营。

【行粮脚力】【史】所谓行粮脚力，乃指军属出外所开支之食费旅费等而言。明律(卷十四)、清律(卷十八)兵律军政篇——优恤军属条："凡阵亡，病故，官军回乡家属行粮脚力，有司不即应付者，迟一月笞二十。"

【西序】【史】与东序相对称，为周时小学之名称。

【西京筹备委员会组织条例】【行】本条例于民国二十一年五月三日公布，全文计十一条，自公布日施行。其要点如下：(一)本委员会真隶于国民政府，会址设于西京，并于国民政府所在地设置办事处。(二)本会置委员长一人，于开会时为主席并执行一切决议案，委员十五人至二十五人，均由国民政府聘任之。(三)本会又设秘书处，置秘书主任一人，秘书二人，技正一人，技师二人至四人，必要时得酌用雇员。(四)本会各种建设方案之实行，得与关系机关合作办理，在必要时并得向各机关调用技术人员。

【西班牙法】【通】Law of Spain　西班牙为欧洲西南部爱伯利亚半岛之一国，地势多山，雨量不多，惟矿产颇富，惜多未尽开采之能事。昔时原为腓尼基人之殖民地，罗马兴时遂为罗马之拓殖地。西历五世纪时西哥德人自东而西，取而代之，建国于是。八世纪初，回教徒之阿拉伯人由北非洲渡海而北，建立回教国，其后渐为基督教徒之诸王国所占据，于一四九二年间统一全国，称曰西班牙国。嗣后国力日进，南北美洲诸地，率皆为西人之殖民地，与葡萄牙平分西半球。惜吏治腐败，卒尽失其地，惟今日中南美洲及墨西哥等处之人民多为西班牙人后裔，故西班牙之文物，在西半球各国至今仍存其迹。即西班牙之法制，亦为中南美诸国所摹仿；在世界各大法系中，居然自树一帜；实则一考其内容，全为罗马法系之傍支，以其同时亦参酌其他国家之法律故也。按现行之法典计有一八六九年十二月二十一日所公布之抵押法，一八七〇年六月十七日所公布之刑法典，一八八一年二月二日之民事诉讼法，一八八二年之刑事诉讼法(后经修正)。一八八八年十月六日之民法典等，其中之商法为当时学者所盛称，允为各国商法之最佳之法典。至于宪法则公布于一八四五年，于一八五六年加以修正，其后于一八七六年另行制定新宪法，于同年六月三日正式公布，全文计分为十三章都九十条。均明定西班牙为君主立宪制之国家。至一九三一年，国内革命，王室崩溃，改建共和国，由宪法会议代表制定共和国宪法，于同年十二月九日公布，即现行之宪法也。计分九编，都一百二十五条。兹举其要点于下：(一)首编总则(第一—七条)。西班牙为各劳动阶级依据自由与正义所组织之民主共和国，一切机关之权力，皆出自人民，而人民在法律上一律平等。国教为法律所否认，对于战争且明文规定否认其为国家政策之工具。此外关于首都、国旗、国语皆设有明文予以规定。(二)第一编国家组织(第八—二十二条)。西班牙国在现有领土不得变更之境界内，以联合各省之自治

① 原书缺"王以副元帅居蒲"，系排版之误。
② 原书为"睎"，系排版之误。

市及组织自治政府之各区组成之，在非洲北部归属西班牙国主权管辖之领地，应组织自治邦，直属于中央政府。自治区为各省或具有共同历史，文化及经济特性之各邻省所约定合组而成。乃行政单位之一，并须有自治区组织法以为各该区政治及行政组织之基本法，此项自治区组织法应由国会核准，并应由过半数市参事会或至少其各市占有该区登记选举人数三分之二者之提议，同时并须按照选举法规定之程序，经该区登记选举人三分之二以上之承诺。关于中央政府与各自治区之职权，在本法第十四—十五条各有列举之规定。至凡未经列入之事项，法律之制定及直接施行，依照经国会核准之组织法，得由各该自治区掌理之。至凡未在组织法内以明文规定之职权，应视为归国家保留，但国家得以法律分配或移转之。又在任何情形内，各自治区均不得组织联邦，惟凡成立自治区之各省或其一部，则均得放弃其自治制度而仍直隶于中央政府。但应经其市参事会过半数之提议及登记选举人三分之二以上之同意，方得为之。(三)第二编国籍(第二十三—二十四条)。凡有下列之一者，均属于西班牙国籍：(1)生于西班牙国内或国外而其父或母为西班牙人者。(2)生于西班牙国内，其父母为外国人而依法选定西班牙国籍者。(3)生于西班牙国内父母均无可考者。(4)外国人取得入籍证书，及无该项证书而在本共和国任何地方，依照法律之规定，取得公民权者。(5)外国女人与西班牙人结婚，应依据国际条约所订法律规定之预先选定权，保留其原有国籍；否则取得其夫之国籍。至于凡未经国家准许而为外国服兵役者，或接受外国政府所委任之行政或司法职务者，或自愿取得外国国籍者，均应丧失其西班牙之国籍。(四)第三编国民之权利与义务(第二十五—五十条)。(甲)私权及公权之保障——种族，家世，性别，社会阶级，资产，政见或宗教均不得认为公法上权利之根据。宗教派别有于三种誓愿外其会章规定强制宣誓服从国家法权以外之法权者，应解散之；其财产应收归国有。其他宗教派别以国会依照下列原则所通过之特别法规定之：(1)宗教派别有危害国家治安之行为者，应予解散。(2)宗教各派别院寺应予保存者，须在司法部专册登记。(3)除预经报明之财产指定为住宿，或直接行使专职之用者外，不得由僧寺或其代理人取得及保有。(4)僧寺不得从事实业商业或教育。(5)僧寺应遵守一切赋税法之规定。(6)每年应将财产之投资之账目与目的呈报国家。在西班牙领域内信教自由，传教布道应予保护，但不得妨害善良风俗，且不得强迫任何人公然声明其宗教信仰。国家不得缔结以引渡政府犯及社会犯为目的之国际协定或条约。此外对于人身之自由权，住居迁徙之自由权，思想言论之自由发表权，出版刊行之自由权，集会结社之自由权，选举权，任公职权，诉讼权及请愿权皆有明文。即服公务及军役之义务亦有规定。又关于权利保障之全部或一部，得在西班牙全部或一部领域内以政府命令停止之。如在国会开会期间，政府所决定之上述停止，由国会议决之。在闭会期内政府应于八日内召集国会，如未经召集，则国会于第九日自行集会。关于宪法保障之停止期间不得超过三十日；非预经国会或常任委员会之议决，不得展延之；在停止期间及停止施行之领域内，其有效之法律为治安法律。(乙)家庭，经济及文化——家庭由国家特别保护之，婚姻以两性之权利平等为基础，父母应教养子女，国家监督此项义务之履行。又父母对于婚生子女及非婚生子女均有同一之义务。一切财产无论其所有人，应系属于国家经济之利益，并依照宪法及法律使用于公共负担。除经国会之过半数通过之法律别有规定外，各种财产得因社会利益强制征收之，但须予以相当赔偿。在同一条件下，财产得收为公有，在社会必需之情形内，公共事业关于公益企业得收为国有，国内一切有关艺术及历史之财产，无论属于何人，为国家文化上之库藏，该项财产应由国家保护之。人民各种工作（劳动）均为社会义务，应受法律之保护。对于农民及渔人，亦应以法律加以保护。文化事业为国家之主要职务，由统一制度之教育机关行使之，其初等教育概为强迫义务性质，教育无宗教性质，国家并应制定法律，使贫苦人民得凭其能力与天才受各级教育。各级学龄，修业期限，教育计划之内容及私立学校准许设立之条件，概以教育法规定之。（五）第四编国会（第五十一—六十六条）。立法权属于人民由国会行使之，国会以普遍，平等，直接，秘密投票所选举之议员组织之，凡国民年满二十三岁具备选举法所规定之条件者，不论性别及身分，均得被选为议员，任期为四年，在职期间内依法受有特别保障。每年二月及十月之第一星期，国会无须召集，应自行集会，其会议期间，第一期至少三个月，第二期至少两个月。国会于其议员中，按照各政党人数之比例，指定代表组织常任委员会，其代表名额，不得过二十一人，常任委员会以国会议长为主席，掌理下列各事项：(1)宪法权利保障之停止。(2)关于命令代法律之事项（本法第八十条）。(3)关于逮捕或控诉议员之事项。(4)关于由国会规程授与职权之其他事项。政府及国会有法律创制权，国会得对内阁，或部长提出不信任案，人民得复决国会通过之法律，如有选举人百分之十五之请求时，即得行使复决权。惟宪法及其补充法经国际联盟备案之国际条约之批推，各自治区之法律及赋税法，不受复决权之拘束。此外人民并得行使创制权，向国会提出法律案，但须经选举人百分之十五之请求，始为有效耳。（六）第五[①]编大总统（第六十七—八十五条）。大总统为国家元首，代表国家，由国会议员及与议员数目相等之大总统选举人会同选举之。大总统选举人应依照法律规定，以普遍，平等，直接，秘密投票法选举之。凡西班牙国民年龄在四十岁以上，有享受公权私权之完全能力者，得被选为大总统。大总统任期为六年，如暂时不能行使职权或缺席时，以国会议长代理之，大总统出缺时亦同。大总统有宣战媾和任用文武官员，发布紧急命令，批准国际条约及协定，颁发命令，条例及训令，召集国会非常会议，解散国会，公布国会所通过之法律等权。大总统违背宪法规定之职务时，应负刑事责任，国会得议决向宪权保障法院弹劾大总统（须经全体议员五分三之同意），此项弹劾案由法院裁决之。如认为有理由者，大总统应即解职，另行选举；弹劾案依法进行。如认为无理由者，国会应予解散，另行改选。（七）第六编内阁（第八十六—九十三条）。内阁以国务总理及国务员组织之（国务总理由大总统任免之，国务员由国务总理提请大总统任免之）。各国务员兼任部长，综理各该部主管事项。大总统得据国务总理之呈请，任命不兼理部务之国务员一人或数人。国务会议起草法律案提交国会颁布命令，执行行政权，并讨论关于公益之一切事项。国务总

---

① 原书为“六”，系排版之误。

理及国务员违背宪法及法律时，无论民事上或刑事上均应分别负责，如有犯罪情事，国会依照法定程序，向宪权保障法院提起弹劾。(八)第七编司法(第九四——〇六条)。司法权以国家名义执行之，司法行政包括现存之管辖权，另以法律定之。最高法院院长由大总统依据法律所定之大会之呈请任命之，应为四十岁以上者，并须为得有法学证书之西班牙人；其任期为十年。除其本职之职权外，掌理下列事项：(1)起草关于改良司法暨诉讼法典之法律案，提交部长及国会司法委员会。(2)政务厅及依法于非律师中所任命之法律顾问之同意，向部长提议法官，推事及检察官之升级及调任，按最高法院院长及检察长为国会司法委员会之常任委员，有发言权及表决权，但不得出席国会。除依照法律规定外，法官及推事不得被退职，免职，停职或调任，法院独立之必要保障，以法律定之。大赦由国会行之，特赦具有普遍性质者，不得行之。特赦经原审法官，检察官，典狱机关之提议，或当事人之请求，由最高法院行之。至于极重之罪，大总统经最高法院之同意及负责政府机关之提议，得行特赦。法院审判时，人民得依陪审制度参与之。又法律为保障人民权利起见，应另设置紧急法院。而人民因法院判决错误，或司法官渎职所受之损害，得依照法律规定，要求赔偿，此项赔偿应由国家负责。(九)第八编财政(第一〇七——二〇条)。凡经常性质之支出及收入均列入预算案，由内阁编造之，提交国会经其通过，国会非经全体议员十分之一以上之签署，不得提议修正预算案，增加经费，而修正案亦应由国会过半数之同意通过之。总预算案一经国会核准，即行发生效力，无需大总统之公布。除战争外，预算内不得以明文允许政府为超过其规定支出数额之消费，所谓扩充借款一律不得成立。预算案规定之支出，为各机关经费之最高额，政府不得变更或增加，但于国会休会时，关于下列情形，政府得负责拨给经费，或追加经费：(1)战争或避免战争之事项。(2)公共秩序之重大扰乱或发生此种扰乱之紧急危机。(3)灾难。(4)国际义务。凡未经国会或法定主管机关所议决之赋税，任何人无负担之义务。又政府处分国有财产及发行公债均应经法律之许可，违者无效，而国家亦不负担摊还本金及付息之义务。为监督财政起见特设审计院，直隶于国会，关于政府决算之审查及核销所行使之职权，由国会授与之。(十)第九编宪法之保障及修正(第一二一条——一二五条)。为保障宪法之实施起见，特设宪权保障法院，以下列人员组织之：(1)院长一人，由国会推定之(不以议员为限)。(2)内阁附设之高等顾问处处长(第九三条)。(3)审计院院长。(4)议员二人由国会自由推选之。(5)各区代表一人(选举法另定之)。(6)全国法学院推选之代表二人。(7)法学教授四人(由全国法学院推定之)。宪权保障法院管辖全国之下列各事项：(1)对于法律违反宪法之诉愿事项。(2)关于个人之保障向其他官署请求无效之诉愿事项。(3)关于立法权争议事项及政府与各自治区相互间之一切争议事项。(4)审查及核定与国会共同选举大总统之大总统选举人之职权。(5)关于大总统，国务总理及各部长之刑事责任事项。(6)关于最高法院院长，推事，及检察长之刑事责任事项。关于宪法之修正，得于下列情形内行之：(1)由政府提议。(2)由国会四分之一之议员提议。凡修正案在本宪法施行之首先四年内，须经现在议员三分之二之同意。本宪法施行四年以后，须经过半数之同意，方为通过。修正案经通过后，国会当然解散。并须在六十日期内，另行召集选举产生新国会后，先以宪法会议资格对修正案宣誓裁定，此后始以国会资格行使职权。

【西掖】【史】为中书省之别称，汉官仪："左右曹受尚书事，前世文士以中书在右，因谓中书为右曹，又称西掖。"

【西医条例】【行】Regulation Governing the Medical Practitioners (foreign) 本条例于民国十九年五月二十七日公布，共二十条，兹举其要点如下：(一)凡年在二十五岁以上而有下列资格之一者，经考试或检定合格给予证书后，得执行西医业务：(1)国立或经立案之公私立医学专门学校以上毕业得有证书者。(2)教育部承认之国外医学专门学校以上毕业得有证书者。(3)外国人在各该国政府得有医生证书经外交部证明者。(二)在考试或检定未举行时凡现在执行业务之西医而有上述各款之资格者，得继续执行业务。在考试或检定举行后，西医欲执行业务者，应向该管官署呈验证书，请求登记。(三)西医非亲自诊察，不得施行治疗，开给方剂，或交付诊断书，非亲自检验尸体，不得交付死亡诊断书，或死产证明书。(四)执行业务时应备治疗记录，且应保存三年。(五)处方或交付药剂时应有一定记明及注明。(六)关于业务不得登载或散布虚伪夸张广告，除正当治疗外，不得滥用鸦片吗啡等毒物。(七)关于审判上公安上及预防疾病等事，有接受该管法院公安局所或行政官署委托负责协助之义务。(八)本条例施行后凡未领证书或停止执行业务者，概不得擅自执行业务，违者处以三百元以下罚金。(九)凡毕业于不合上述第一点第一第二两款规定之学校，或由医院出身在同一地方执行业务三年以上经卫生署查核其学术经验认为足胜西医之任给予证明书者，得应西医考试或检定，在考试或检定未举行时，得继续执行业务。

【西魏之法典】【史】魏分东西后，西魏文帝大统(一作大同)十年七月曾颁布大统式五卷。先是大统元年，命有司设二十四条之制；七年，又下十二条例；十年，更命尚书苏绰增损三十六条；作大统式。按周书(卷二)文帝纪下曰："魏大统元年三月，太祖以戎役屡兴，民吏势弊，乃命所司，斟酌今古，参考变通，可以益国利民便时适治者，为二十四条新制奏，魏帝行之。七年冬十一月，太祖奏行十二条，恐百官不勉于职事，又下令申明之。十年秋七月，魏帝以太祖前后所上二十四条及十二条新制，方为中兴永式，乃命尚书苏绰更损益之，总为五卷，班于天下。"隋书经籍志，称曰周大统式，盖周文帝为魏相所撰也。周书苏绰传，大统十年，作六条诏书(北史苏绰传作十一年)，六条者，先治心，敦教化，尽地利，擢贤良，恤狱讼，均赋役是也。六条诏书全文，见周书及北史，然大统式今已亡失，内容不可知。

七　画

【串子】【史】为串票(详该本条)之别称。

【串供】【刑诉】法官与犯人彼此相通而为不确实之供辞以图免却其犯罪者,为串供。

【串票】【史】租税钱粮之收到证书(收帖)称曰串票。始于明代,清朝因之。于每年开征之前一月先发给易知由单,并另以截票开列实征地丁钱粮等数目,分为十限,每月纳户应完纳一分,其票于用印处截开,一给纳户收执,一则留柜存查,称曰串票。(明史食货志,清文献通考)

【史】人民缴纳地丁钱粮时由官厅给予之凭票,谓之串票,又称串子,所以称串者,因系数纸连贯也。一纸交由纳税者收执,一纸存于收税之官署,一纸则呈缴上司备案。

【串请】【史】人民向官员请求托其为某种不正之行为者,称曰串请。清律(卷八)户律田宅篇欺隐田粮条之附注:"移丘换段四句是一事,亦串请移丘换段……。"

【估定地价】【土】为地价之一种,对申报地价言,凡依土地法估计所得之土地价值,曰估定地价。地价之估计由地政机关行之。至估计方法约分两种:(1)总平均计算——即于同一地价区内之土地,参照其最近市价或其申报地价,或参照其最近市价及申报地价为总平均计算。(2)选择平均计算——即因财政需要或经济政策之必要,就同一地价区内之土地最近市价,或申报市价,择其中地段价值之较高者为选择平均计算。(参第二四一——二四二条)

【估计】【史】对于物价或工事经费加以议定及计算,谓之估计。旧唐书:"出内库罗绮犀玉金带之具送度支,估计供军。"六部成语注解:"估计工程用款之数若干也。"

【估计专员】【土】地政机关内关于从事土地及改良物价值之估计所设置之专门人员,曰估计专员。其任用资格由中央地政机关定之。(土地法第二三七条)

【估马司】【史】为掌理马之买卖及评价书类等之官署,乃宋时所设置。事物纪原(卷七):"宋朝会要曰,估马司,咸平六年置,掌纳诸州所市马估直验记,置牧养,今废,陕西犹存其局也。"

【估赃】【史】赃物价额之评定,谓之估赃。明律(卷十)、清律(卷十四)户律市廛篇——私充牙行埠头条:"其为罪人估赃不实,致罪有轻重者,以故出入人罪论。"

【佃户】【史】本身无田而租富家之田以从事耕作者称曰佃户。唐时已有此称,例如大学衍义补(卷六十二):"唐代宗纪永泰二年诏,道州舜庙,宜蠲近庙佃户,充扫除。"是也。

【佃客】【史】在他人田地上耕作者,谓之佃客,除耕作外不得令其为其他工作。

明律（卷十七）、清律（卷二十二）兵律邮驿篇——私役民夫抬轿条："若豪富之家，役使佃客抬轿者，罪亦如之。"元以后亦有佃客之名称。

【佃租】【物】Rent paid by emphyteuta　乃永佃权人使用土地所有人之土地，以从事于耕作或牧畜所按期交付于土地所有人之代价也。

【佃农】【行】Tenant of agricultural land　通常所称之佃农，乃指向土地所有人缴纳相当地租而耕作其土地之农民而言，即民法所称之佃户或耕作地之承租人是也。但在佃农保护法内所谓之佃农，其范围广大，乃包含租种官有公有私有田圃、山场、湖池、森林、牧场等而纳地租以从事种植耕作之农民在内。依佃农保护法之规定，佃农所缴纳之租不得超过所租地收支量百分之四十，对于地主除缴纳租项外，所有额外苛例一概取消，凡押金及先缴租项全部或一部等恶例，一概禁止，如遇岁歉或天灾战事等，佃农得按照灾情轻重有要求减租或免租之权利。（第一—三条、第五—六条）

【佃农保护法】【行】本条例公布于民国十六年五月十日，全文仅十条。（参佃农条内）

【佃权】【史】佃户所享之权利，谓之佃权。

【佐史】【史】为汉代地方长官刺吏之属僚。后汉书—光武纪："持节北渡河镇慰州郡，所到部郡，辄见二千石长吏三老官属，下至佐史。"

【佐理人】【通】Assistants　即身无专职或无独立行使司法立法行政考试监察五者之职权，而只居于辅助或助理之职务人员，例如法院之书记庭丁等是。

【佐贰官】【史】为地方官署之补助官，即州同，州判，县丞等之总称也。明律（卷二十一）、清律（卷二十七）刑律骂詈篇——骂制使及本管长官条："骂佐贰官首领官者又各递减一等。"

【佐领】【史】为清时武官之名，凡京师藩部满蒙诸旗皆置佐领，满语称为牛录章京。分为二种，一曰世管佐领，一曰公中佐领，前者乃因其父祖之功勋而取得者，后者则由选择而来，每壮丁一百五十人编一佐领，守京师者，曰京旗佐领，隶属于参领，其驻戍于边疆者，曰驻防佐领，皆隶于协领。（会典兵部）

【佐职统属殴长官】【史】长官即正印官，如知府则经历照磨为首领官，州县为统属官，同知通判为佐贰官，首领属官虽有统摄之分，然乃比肩而事主者，与吏卒不同。佐贰虽有正佐之分，然亦同寅而共事者，与下属不同。故佐职统属殴长官时均减二等。明律（卷二十）、清律（卷二十七）刑律斗殴篇均设有佐职统属殴长官明文，清律原文及其下注："凡本衙门首领官，及所统属官，殴伤长官者，各减吏卒殴伤长官二等（不言折伤者，若折伤不至笃疾止以伤论）。佐贰官殴长官者（不言伤者，即伤而不笃疾止以殴论）。又各减（首领官之罪）二等。若减二等之罪有轻于凡斗或与凡斗相等，而减罪轻者，加凡斗一等（谓其有统属相临之义）。笃疾者绞（监候）。死者斩（监候）。"

【佐职统属骂长官】【史】骂制使官及本管长官一条，乃着眼于本管二字，而本条则为专指上级长官而言。明律（卷二十一）、清律（卷二十九）刑律骂詈篇对此亦有同一规定。清律原文及其下注："凡首领官及统属官，骂五品以上长官，杖八十，若骂六品以下长官，减三等（笞五十），佐贰官骂长官者，又各减二等（五品以上杖六十，六品以下笞三十），并亲闻乃坐。"同律之总注："本衙门首领官，及所统属下司官，骂五品以上长官者，杖八十，骂六品以下长官者减三等，笞五十，若佐贰官骂长官，又各减首领官罪二等，骂五品以上者，杖六十，骂六品以下者，通减五等，笞三十，亲闻乃坐。"

【佐证】【民刑诉】Corroborative evidence 与本证相对立，即对于相对方答辩之后，增提其他证人或再提其他新的辅助事实，以为与之对抗之用之证据也。

【但】【史】但者，淡也。不必深入其中，只微有沾涉，便是。律义于最大最重处，每用但字以严之。此与文字内所用虚字，作为转语之义者迥别，如谋反大逆条内云，凡谋反，谋大逆，但共谋者，不分首从，皆凌迟处死。此条用但字之义，是对已行未行言。凡律皆以已行未行分轻重，此则不问已行未行，但系共谋时在场，则坐矣，盖所以重阴谋，严反逆也。若强盗条内云，凡强盗已行而但得财者，不分首从皆斩。此条用但字之义，又是对计赃言，凡盗皆计赃科等，此则不问同行各盗，曾否分赃，及所分之赃，各计若干，只于各盗所起赃物中，审明实系事主之失财有凭，则各盗之行强已实，则不复再问同行各盗所分赃物之有无，即据此所得失主之一草一木，并赃以定各盗之斩案，故曰但，盖所重在强，立斩者，立斩以强，非立斩以一也。窃盗尚且并赃致罪者，况强盗乎，但得即坐，盖所以重民财，严强律也。若常人盗等项各盗条内所云，但得财云云，又系不以过轻而贷之，若其所以亦用但字之义，则又对计两加等言，盖即数分数钱，亦各照律以科之，是又所以重仓库以杜盗萌也。（参读律风鱎）

【但书】【通】所谓但书，乃指在法律条文中用"但"字而含有例外之意义而言。故但书乃不适用上半之条文，而适与之相反。例如民法第六十条规定，设立财团者应订立捐助章程（此乃原则），但以遗嘱捐助者不在此限。（此下半乃上半之原则的例外）

【但泽自由市宪法】【宪】Danzig 但泽自由市又曰但泽自由邦，为沿波罗的海之重要海口，旧时乃普鲁士之首邑。距维斯杜拉河口四哩，欧洲大战后，凡尔赛条约第一〇二条特将波罗的海海滨沿维斯杜拉河西岸一带割予波兰，称之曰"波兰走廊"。波兰因此得与海通，而但泽则为此区之尽端之海口。惟但泽市人口多为德人，若使其地归属波兰，则与民族自决之原则不符，且该地德人亦必起而反抗，是必发生无谓纠纷。如将其割为德国领土，则波兰将无通海之孔道，不特为波兰所不甘，即与协约国扶波抑德之初愿亦相违反，于是遂将但泽一区划为特别市区，称曰自由市，受国际联盟之保护，由国际联盟任命高等行政委员一人监督之。至于税收则仍置诸波兰税关行政疆域之内，一切货运仍任波兰自由出入。计全市区之面积约七百五十方哩，人口计四十万人，一九二〇年八月十四日制定宪法，自由市政府于十月二十四日正式成立。兹将宪法之要点述之于下：（一）国家之主权属于人民，不问男女之性别依法均应享有权利负担义务，凡属公民在法律上均为平等。（二）人民依法享有各种自由权，大家庭及产妇有向国家要求予以扶助之权利，而私生子与婚生子同有受平等待遇之权利。(三)立法权属于国会，为两院制，下院议员为一百二十人，由年满二十岁之公民依普通平等及直接之选举方法并按比例代表之原则选出之。被选者之资格须为年满二十五岁者，任期四年，法律案件须经下议院与上议院之一致通过始能成立。上议院议员一部同时为行政人员，故下院有要求其出席说明及报告关于国家一切事务之权利。(四)上议院以议员二十二人组织之，其地位与他国之内阁或国务院相当，议长一人为行政元首，副议长一人则为内阁总理，余则与内阁阁员相等。凡经下议院通过之法律案，须经上院议决通过始能成立，如于两星期内未经上院通过即应退回，由下院覆议，覆议时仍坚持原案，则上院有提交选民复决之权。(五)法院之组织另以法律规定之。法官为终身职，依法受有保障，不得任意加以调任或免职。(六)以德语为国语，波兰语言亦可在学校内教授。(七)但泽之外交事务由波兰政府处理。而但泽与波兰间之交涉事项则由国际联盟所选派之驻在但泽之高等行政委员办理及解决之。(八)但泽全境为中立区域，除警察外，不准驻扎军队及国防之设备。

【住宅】【民总】Dwelling house　又称第宅。(详该本条)

【住宅搜索】【刑诉】Domiciliary search　(详搜索条内)

【住所】【民总】Domicile　凡人以久住之意思住于一定之地域者，其地域曰住所，换言之，即人之实际生活集中地或根据地也。关于设定住所之立法例如下：一、必要主义与自由主义。二、形式主义与实质主义。三、复数主义与单数主义(各详本条)。住所与下列各种不可混同：(一)籍贯。(二)居所。(三)第宅。(四)现在地。(五)营业所(详各本条)。住所在法律上之效力有十：(1)为决定审判籍之标准。(2)为决定应适用何国法律之标准。(3)为取得国籍(归化)之一要件。(4)为受送达之处所。(5)为决定特别之审判期间之标准。(6)住所为继承之开始地。(7)住所为债务清偿地。(8)为决定破产事件管辖权之标准。(9)为决定失踪之标准。(10)为法人设立时应登记事项之一。住所之种类有二：(a)任意住所。(b)法定住所(详各本条)。但英美法则分为三：(a)出生之住所。(b)法定住所。(c)选定住所。至住所之废止与变更住所，不可混同，我国民法对废止之规定为：以废止之意思离去其住所者，即为废止其住所(第二四条)，盖亦以主观之废止意思及客观之离去事实为要件也。

【住所地法】【国私】Lex domicilii (拉丁)；Law of the domicile　当事人住所所在地之法律，曰住所地法。我国法律适用条例第二条，规定凡应适用当事人本国法时，如该当事人无国籍者，则依其住所地法。

【住所地法主义】【国私】Principle of law of domicile　国际法上凡适用住所地法而以之为准据法者谓之住所地法主义。

【住所能力】【民总】Capacity for establishing domicile　即有设定住所之资格也，以自然人为限，且须有意思能力者，故德国学者称之为住所能力。至法人之以主事务所为住所，乃法律之拟制，非法人有具此能力也。

【住所意思】【民总】Intention for establishing domicile　为设定住所要件之一，

即凡设定住所主观上须有久住其地之意思，至于既有久住之意思，尚须有客观要件，即须实行住居是也。（我国民法第二〇条第一项）是曰住居事实，与住所意思相对立。

【住俸】【史】官吏丁忧或因公务上之过失受处分时，于一定期间内停止给予薪俸，谓之住俸。六部成语注解："官吏或丁忧，或别项处分，则核计其间缺之日为止，停给俸银。"

【作刑】【史】汉制，髡钳以下之刑，均称曰作刑，因其均为服劳役之刑也。汉律考（卷一）："按汉制自髡钳以下，总谓之作。"

【作为】【刑】Positive act 为行为之一种，与不作为相对称。凡本于意思所为之身体上运动，谓之作为，又称积极行为。在刑法上言之，即不当行为时所为行为，盖即为法律所禁止之行为也。例如杀人者之杀人行为谓之作为，以其不当作为而作为也。

【作为犯】【刑】Crime of positive act 因作为之犯罪也，如因杀人之积极行为而构成杀人罪是，又称行犯。（参作为条）

【作为地役权】【物】又称曰积极地役权。（详该本条）

【作业】【行】Work 谓关于制作之事业也，例如各种工事、各种制造均是。

【佛图户】【史】北魏时称寺院犯罪者为佛图户。（魏书释老志）

【兑支】【史】谓发给或支给也。元典章（卷三十四）兵部第一条——兑支军人口粮条："……老小俱各在营，月支米四斗，若便一体兑支。"

【免丁】【史】免除徭役，谓之免丁。元史一月乃合传："凡业儒者，试通一经，即不同编户，儒人免丁者，实月乃合始之也。"

【免坐】【史】免坐者，谓免除其所坐之罪也。

【免役】【行】Exemption from conscription 所谓免役，乃指对于服兵役之义务加以免除而言。免除之原因，法律均有明文，例如残废或疾病等均是。

【免役日】【行】即监犯之服劳役者依法免服劳役之休息日期也。依列国制度，七日劳作半日休息，星期日下午停工，又国庆纪念，国丧志哀，皆是。我国监狱规则第三十九条规定免服劳役日如下：(1)国庆日。(2)纪念日。(3)节日。(4)十二月末日。(5)一月一日至三日。(6)星期日午后。(7)祖父母父母丧。(8)其他认为必要时——例如天灾不能工作或犯人（外国人）之本国国家或宗教重大节日是。于此应注意者即上述免役日中关于炊事、洒扫及不得已事由必须服务，不可须臾离者，不适用上述之规定。惟遇父母祖父母之丧则应派人代理，令其休息俾能全其孝思也。

【免官】【行】Removal for office 免去官职者为免官。有出于本人之意思者，如辞职是，有出于法律所规定者，如惩戒处分之免职时是。

【免所居官】【史】将现在所任之官职除去，谓之免所居官。唐律（卷三）名例篇——除名者之条："免所居官及官当者，期年之后，降先品一等叙。"

【免状】【行】License　为日本名辞,即我国所称之执照及特许证书也。

【免科田】【史】免除地租之田地谓之免科田,例如供祭祀之用或供办理教育之用之土地皆为免科田是。依清朝之田制有当然免除地租的与题请的免除之区别,前者如乾隆会典所载:"凡免科田,郊坛,社稷,山川,厉坛,学校,关里,孔林四氏学,周公庙各圣贤祠墓寺观地计三千六百二十顷有奇。"又嘉庆会典分注:"各省社稷,山川,学校,先圣,先贤庙墓祭田,并一切祠墓,厉坛,寺观等地,概不科赋。"后者如私人所建之义冢庙宇以及捐助之土地以为公共建设之用者皆是。盖其并非当然的免除地税,必须由所有人向官厅呈请经审查许可后,始得列为免科田也。

【免许】【行】Permission; License　为日本名辞,在我国则称曰许可。

【免许主义】【公】Konzesionsystem(德)　所谓免许主义,乃指公司之设立,除依据法令所定之条件必须具备外,并须经过国家之许可,始得设立之主义而言。列国立法例采此主义者,已不多见,以其流于严苛,而有碍于公司之发达,且间接的与商业前途予以不良之影响故也。

【免许税】【行】Tax on remission　官署对于一般人禁止其为某种行为而仅特许某种人行为时所课之一种租税,称曰免许税。

【免责】【行】Liberation　使公法上或私法上之责任消灭者,曰免责。

【免责之债务承担】【债】又名债务之承担(详该本条),或称清偿承担。

【免责时效】【民总】Liberatory prescription　免责时效乃指免除责任之时效而言,例如某甲负有某种义务,如对方人在一定期间内不行使其权利,则甲可以免除其责任,以其义务业已因一定期间之经过而消灭故也,故学者亦有名之曰消灭时效者。

【免除】【债】Release　为债之消灭原因之一,即债权人向债务人表示抛弃债权之法律行为也。关于免除之性质,各国立法例多认为一种契约,独日本及我国民法则以之为单独行为,盖为实际上便利计也。既为一种单独行为,则免除之方法自应由债权人就其债权向债务人表示抛弃之意思为之,此时债之关系即行消灭。(民法第三四三条)

【刑】Exemption; Remission　即犯罪而有法定之免刑事由存在时,法院为免除其刑罚之宣告之谓也。更可分为一般的免除与特别的免除(详各本条)。免除以有法定免刑事由存在为必要,故刑法上并无关于酌量免除之规定。免除与不为罪(即无罪之谓),及免除刑之执行(即因特赦而免除执行之谓),均有区别,不可相混。

【免诉】【刑诉】Dismissal of a case　又称不起诉。(详该本条)

【免丧】【史】父母丧服于一定期限终了,谓之免丧。礼记一丧服篇:"免丧之外,行于道路,见似目瞿,闻名心瞿。"

【免税地】【土】Land free from taxation　为土地之一种,与税地相对称,即依法得免去纳税义务之土地也。我土地法规定:(一)因地方发生灾难,或调剂社会经济状况,其关系区内之土地于灾难或调剂期中得免税或减税(第三二八条)。(二)下列各地得免税或减税:(1)公有土地。(2)学校及其他学术机关用地。(3)公园公共体育场用地。(4)农林试验场用地。(5)公共医院用地。(6)慈善机关用地。(7)公共坟场用地。(8)森林用地。(9)其他专办公益事业用地,而不以营利为目的者(第三二七条)。以上免税地或减税地,均须由中央地政机关呈准国民政府方可施行。

【免照】【行】Certificate of remission 所谓免照,乃包含免状与执照在内,凡人民具备一定资格,向官署请求免去普通所经过之手续者,官署允其所请而赋与一定资格时所颁发许其免去普通手续之状照,谓之免状,例如律师医师会计师等之免状是。又如基于行政警察之必要,对于一定业务上之行为,所给予之公文书,亦称曰执照,例如各种营业执照,人力车、汽车等之执照皆是。

【免赋】【史】免除地租,谓之免赋,又曰免科。(参免科田条)

【免职】【行】Removal from office 为惩戒处分之一种,即将现在官职免去之谓,但其官吏身分仍存在继续。我公务员惩戒法规定,免职时并于一定期间停止任用(至少为一年)。免职与褫职不可混同,以后者乃将官吏关系加以消灭也。(第三一四条)

【免证】【民刑诉】Privileged communication 即因法定原因而许其拒绝为证人之谓也。就广义而言,即法院认为无庸举证者,亦在其内。

【兵刃】【史】谓兵器也,弓箭稍矛矟之属皆是。(详兵刃斫射人条)

【兵刃斫射人】【史】双方斗殴之际如有一方以兵刃之属斫射对手人者,虽未伤人亦应处罪,以其有意伤人故也。如殴罪重者,则从殴法加以处断。唐律(卷二十一)斗讼篇兵刃斫射人之条:"诸斗以兵刃,斫射人不著者,杖一百(兵刃谓弓箭刀矟矛穳之属,即殴罪重者从殴法)。"疏议曰:"因斗遂以兵刃,斫射人不著者,杖一百。注云,兵刃谓弓箭刀矟矛穳之属,称之属者,虽用殳戟等皆是。即殴罪重者,谓本条殴罪得徒一年以上者,斫射人不著,即从殴法。假如因斗,斫射小功兄姊,而不著者,即依本条殴罪,科徒一年,即不从斫射之罪,如此之类,即从殴法。"

【兵工署】【行】Arsenal department 兵工署直隶于军政部,为掌理全国兵工及关于兵工一切建设事宜之机关。设署长一人,承军政部长之命管理全署事务并监督所属各局厂学校,置副署长一人以为辅助,下分设总务科,设计科,检验科,监查科,并兵工研究委员会及兵工材料购买委员会。各科设科长一人,科员若干人,兵工研究委员会设主任委员一人,专任委员兼任委员助理委员各若干人。兵工材料购买委员会设主任委员一人,委员若干人。(军政部兵工署条例第一—二条、第七—十四条)

【兵工厂】【行】Arsensal 兵工厂直隶于军政部兵工署,为制造陆海空军军用各种兵器弹药器具及材料之场所,设厂长一人,综理全厂事务,必要时得设副厂长一人,辅助厂长处理厂务,又设副官二人至四人,并置下列各处科及委员会:(1)总务处——置处长一人,其下酌设文书会计庶务购料医务各课,及军械库,警卫队。

(2)审计科——设科长一人,科员司事司书各若干人。(3)工务处——设处长一人,处员技术员司事司书各若干人,并设图案室,物料库,制造厂,动力厂,各设主任一人,技术员厂员或库员若干人。(4)审检处——设处长一人,处员司事司书各若干人,并设兵器及材料二试验室,各置主任一人,技术员司事司书各若干人。(5)教育委员会——由厂长指定委员若干人组织之,以厂长为委员长——掌全厂工人教育事项。(兵工厂组织条例第一——五条、第七—二十二条)

【兵工厂组织条例】【行】本条例于民国二十年七月六日公布,全文计二十八条,自公布日施行,曾经修正。(参兵工厂条内)

【兵册】【行】Military registration books 兵册者谓由军政部所编制关于记载兵籍等事项之簿册也。计分为下列七种:(1)现役册。(2)预备役册。(3)免除兵役册。(4)开除册。(5)潜逃册。(6)死亡册。(7)残废册,均以团或独立营为单位。(陆军兵籍暂行规则第七—十三条)

【兵刑合一】【史】唐虞时兵刑之官,合并为一。以皋陶为士,兼行兵刑二权,周初始分为二,后世从之。书经—舜典:“皋陶,蛮夷猾夏,寇贼奸宄,汝作士,五刑有服。”董琮之注曰:“或言,帝者之世,详于化,而略于政,王者之世,详于政而略于化,虞时五刑之官,合为一,而礼乐分为二,成周礼乐之官,合为一,而兵刑分为二。”

【兵役】【行】Military service 兵役者,谓人民充任兵士以服务于国家也。在宪法上多以兵役为人民应尽之一种义务,在行政法上则以兵役征集制度分为征兵制与募兵制二种,前者则人民对于兵役在法律上视为不可免之义务,后者则视为一种公法上之雇佣关系,我国现行法乃采募兵制度,与列国之多数采取征兵制者不同。

【兵役法】【行】Conscription law 本法于民国二十二年六月十七日公布,共十二条。其内容要点如下:(1)兵役分国民兵役与常备兵役二种。(2)常备兵役分为现役正役续役——平时征集年满二十岁至二十五岁之男子经检定合格者,入营服现役,为期三年,正役则以现役期满退伍者充之,为期六年(平时在乡应赴规定之演习,战时动员召集回营)。至于续役则以正役期满者充之,其役期自转役之日起至满四十岁止,任务与正役同。(3)在战时对于常备各役得延长其服役期限。(4)常备兵在地方自治未完成之区域,得就年龄合格志愿服兵役之男子募充之。(5)男子年满十八岁至四十五岁在不服常备兵各役时,服国民兵役,平时受军事教育训练,战时由国府命令召集之。(6)对于兵役事务及国民军事教育等事项之准备及实施,应就全国地方划定师区团区,于区内设置必要机关掌理之。(7)免役及缓役事项,以及海军之兵役另定之,不在本法范围之内。

【兵律】【史】兵律为明清律篇名之一,与名例律,吏律,户律,礼律,刑律,及工律相对立。内有宫卫,军政,关津,厩牧,邮驿等五篇。

【兵科】【史】为清时六科之一,乃都察院所属之官署,在都御史(都察院长官)监督之下,监察兵部事务。(会典兵部)

【兵马司】【史】元时大都路置兵部指挥使司,掌鞫捕京城之盗贼及奸匪,明改设五城兵马司,清因之,至光绪末叶,始裁废。

【兵曹】【史】掌兵事之官吏,称曰兵曹。事物纪原(卷六):"汉公府掾吏有兵曹,主兵事。"

【兵部】【史】兵部即今之军政部,始于周礼之夏官大司马,秦以太尉掌军政。汉为大司马。后汉复为太尉,而太尉之属僚有兵曹,专掌军政。魏以后至后周设有五兵尚书或七兵尚书等专掌军政。后周置大司马。至隋始置兵部而为六部之一,其长官称曰尚书。唐因隋制。宋时兵部之军政职权委诸枢密院。辽时北面有枢密院,南面有兵部,即至元朝亦以枢密院掌理军政大权。明撤枢密院而以兵部掌天下武卫官军选授简炼之政令,所属有四,为武选司,职方司,车驾司及武库司。清因明制,及光绪年间改革官制,废兵部而设陆军部。民国成立分为陆军及海军部,国民政府时代初设军事委员会,继改军政部,旋复增设海军部与军政部相对立,均为掌理军事行政之机关,并另置军事委员会专司军令司宜。

【兵部侍郎】【史】周代夏官有小司寇。汉以来有尚书侍郎,隋始置兵部,即有兵部侍郎之名。唐因之,龙朔中改为司戎小常伯,光化中为夏官侍郎,后复旧制。宋元因之(古今事文类聚新集卷十四)。明置左右侍郎各一人。清因之,光绪末叶改为陆军部。入于民国陆军部,海军部各设次长一人,国民政府之军政部及海军部均各设政务次长常任次长各一人,辅助部长掌管军政部及海军部之军事行政事宜。

【兵部尚书】【史】周礼夏官有大司马。汉置五曹而无主兵事专任之官。魏置五兵曹尚书,分为中兵,外兵,骑兵,别兵,都兵。晋宋齐陈亦皆因之。后魏置七兵尚书。后周置大司马一人。至隋始改为兵部尚书。唐初因之,龙朔元年改为司戎太尚伯,咸亨年复旧名,嗣复改为夏官尚书或武部尚书,至德年仍复旧名,掌天下军卫武官之铨叙,并总判兵部,职方,驾部及库部之事。宋之兵部初惟置判部事一人(以其时军权属于枢密院故也),元丰年间恢复旧制,置尚书一人,掌兵卫,仪杖,卤簿,武举,民兵,厢军,士军,番军,四夷官封承袭及舆马器械,天下地图之事务,其属有四,一曰兵部,二曰职方,三曰驾部,四曰库部,元丰五年九月并诏沿边义勇保甲之事并隶枢密院,而其他民兵悉归兵部管辖,建炎三年并卫,尉,寺而归兵部。元仍唐宋之旧,置兵部,掌理兵籍,军器,镇戍,牧,铺驿,车辂,仪仗,郡邑图志,险阻障塞之事,并置令史分掌其事,而以尚书为之长。明之兵部亦设尚书一人,掌天下武卫官军选授简练之政令,下设武选司,职方司,车驾司及武库司。清因明制,惟于光绪末叶改制,另置陆军部大臣。民国初为陆军总长及海军总长之职,国民政府时代则为军政部长,盖与昔时之兵部尚书名异而职同也。

【兵部员外郎】【史】周礼夏官大司马之属有司舆司马上士。隋文帝之开皇六年始置兵部员外郎,炀帝时改为兵曹承务郎。唐复为兵部员外郎(于兵部,职方,驾部,库部四书均置之,位次于郎中而高于主事),龙朔三年又改为司戎员外郎,旋复旧名,宋因之。元仍唐宋之旧。明清亦同。(古今事文类聚新集卷十四)

【兵部处分则例】【史】为清之官吏惩戒法法典之一,兵部处分则例者,专规定武官惩罚法。初兵部无处分则例,嘉庆十八年,以散见中枢政考之条例修之,后二十年,丁中枢政考十年一修之期,改辑处分则例一书,至二十一年六月成书,凡八旗处分则例三十七卷，绿营处分则例三十九卷，合七十六卷，其后道光二年八月，订正八旗处分则例，三年四月订正绿营处分则例，三年十二月书成。

【兵籍】【行】Military register 所谓兵籍，乃指士兵入伍后之填报及详细记载等事项而言。其填报人为所属之连长，其填写法分为阶级，住址，家庭，职业，识字程度，入伍后经历，预备役及退役变更(即开除潜逃死亡残废等)，八栏。(陆军兵籍暂行规则第四—六条)

【初犯】【刑】First crime 对再犯言，即第一次犯徒刑罪而经审判确定后之谓。

【初判】【组】Original judgment 兼理司法事务县政府，县司法公署或由县长兼行检察职权之县法院，审判地方管辖之刑事案件，未经声明上诉或撤回上诉或上诉不合法未经第二审为实体上之审判者，均应送呈高等法院或分院加以覆判，此时称原审判决曰初判。(参覆判条内)

【初级审判厅】【组】Local courts 我国法院编制法采四级三审制，初级审判厅为其最下级者，乃第一审机关，所管辖者均系轻微案件，仅置一员或二员推事，并不分庭。民国四年修正法院编制法时，即加以删除，而于地方法院内附设简易庭以代之。

【初婚】【亲】First marriage 为婚姻种类之一，与再婚相对称，谓男女初次结婚也，又称前婚。

【初审】【民刑诉】First trial 又称第一审。(详该本条)

【初选】【宪】First election 初选者，谓第一次之选举也，在初选中获选之人，谓之候选人，可以参与复选。

【初验】【史】与复验相对称。(参检验尸伤不以实条)

【判】【史】判之意义有二：(一)判决之谓，故称讼狱判决之文为判。文献通考—选举考："唐取人之法……吏部则试以政事，故曰身，曰言，曰书，曰判。"(二)职务之谓，上官兼任下官之职亦称曰判，例如唐代之以宰相判六军十二卫事，宋代以宰相判枢密院之类皆是。

【判正】【通】断定是非曲直，称曰判正。

【判任官】【行】Jurior officer；Official appointed by the supervisory officers 为日本名辞，与我国所称之委任官相同。

【判决】【刑诉】Judgment 为裁判以形式为标准而区别之分类之一，对裁定言，谓法院原则上应经当事人之言词辩论后所为之裁判也。判决一经宣告及送达，原审法院均不得加以变更，故非经上诉加以改判时，均应受其拘束。至判决之确定力如何(参形式确定力与实质确定力条内)，判决除终审外，均得上诉，故应附理由(参裁判书条)。判决之种类有五：(1)科刑之判决(Judgment of sentence)。(2)无罪之判决(Judgment of not guilty)。(3)免诉之判决(Judgment of acquittal)。(4)不受理之判决(Judgment of dismissal of prosecution)。(5)管辖错误之判决(Judgment pronouncing error in jurisdiction)(刑诉法第三一五—三一九条)。判决应自辩论终结之日起七日内谕知之(第三〇九条)。谕知判决时被告虽不在庭,亦应宣告,谕知推事不以参与审判者为限。谕知时应朗读主文及理由,或告以要旨,且应告以上诉之法院,及上诉期间。(第三二五—三二七条)

【民诉】为裁判之一种,与裁定相对称,其意义与刑诉上所述者同(参上述)。判决之成立,须具备下列三条件:(一)须系本于言辞辩论者(第三审之判决除外)。(二)参与判决之推事须为身与于为判决基础之辩论者。(三)须有判决书之制作者。判决除不经言辞辩论者外,均须宣示之,或于辩论终结期日当庭为之,或于辩论终结期之时所特行指定之期日为之(自辩论终结时起不得逾五日),均无不可。宣示时应朗读主文,至于理由遇必要时,亦得朗读之,或口述其要领,当事人是否在场,均非所问。盖判决一经宣示,即发生效力,而当事人亦得于未送达前提起上诉,或声请补充判决。至于判决之原本,应自宣示判决之日起,五日内交付法院书记官,该书记官应依职权另作正本于十日内送达于当事人。判决如有误写误算,或其他类此之显然错误者,法院随时得以裁定更正之,其主请求从请求,及费用之全部或一部判决有脱漏者,法院应依声请另以判决补充之,但须于判决送达后十日内声请之,始为合法。判决之效力有五:(一)羁束力。(二)证据力。(三)确定力。(四)执行力。(五)创设力(详各本条)。判决可分下列六类:(一)终局判决与中间判决。(二)本案判决与诉讼判决。(三)给付判决,确认判决与形成判决。(四)全部判决与一部判决。(五)对席判决与一造辩论判决。(六)主判决与先决判决。(详各本条)(民诉法第二一一—二二四条)

【判决主文】【民刑诉】Text of the judgment 简称曰主文。(详该本条)

【判决例】【通】Precedents 简称曰判例。(详该本条)

【判决书】【刑诉】Written judgment (详裁判书条内)

【民诉】谓由法院宣示判决按照一定形式所作成之文书也,其内容应记明下列各事项:(一)当事人姓名,年龄,住所,或居所,若为法人或其他团体,则其名称及事务所。(二)当事人之法定代理人,及诉讼代理人姓名,住所,或居所。(三)主文。(四)事实(在简易诉讼程序得记明其要领)。(五)理由(简易诉讼程序得记明其要领)。(六)法院。至于为判决之推事,应于判决书上签名,若推事中有故不能签名者,由审判长附记其事由,审判长有故者,由资深陪席推事附记之,此外判决之得为上诉者,应记名上诉期间与上诉法院。(民诉第二一七—二一八条)

【判决理由】【民刑诉】Reasons of the judgment (详判决条内)

【判决请求权】【民刑诉】Urleilsansprucht Klagerecht(德) 诉讼当事人既向司法机关提起诉讼请求受理,同时有请求其就该项诉讼之是否合法,及有无理由加以裁判,此种请求权称曰判决请求权,乃公权之一种。

【判决离婚】【亲】Judicial divorce 又曰裁判离婚。(详该本条)

【判事】【组】Judges 为日本名辞,与我国所称之推事同。

【判例】【通】Judicial precedent; Instance of judgment 法院前此所为之裁判成为惯例时,曰判例,详言之,即法院对于同一之争点而屡为同旨趣裁判之行为也。

判例成为有拘束力之法律，乃在法律无明文可以准据之时，或在法典未能完备之时，故法院之判决，如反覆施行，即成为一种有拘束力之惯例，在英美系各国，均视为法律，我国新法律未制定以前亦然，至今尚有援引之者。

【判例式】【通】Case method　教授法律时方法之一种。（参法律教授法条内）

【判例法】【通】Case-law；Judge-made-law　由法院之判决例所演成之有系统的法律，曰判例法，英美法系之法律多为判例法。

【判妻入子】【史】娶他人所出之妻为妻谓之判妻。妇人再嫁时随携其子入于后夫之家谓之入子。周礼疑义举要："谓娶人所出之妻"，周书又曰："谓再嫁而携其女入后夫之家者。"

【判官】【史】判官乃唐代节度，观察，防御诸使所置以判公事之属官，故有节度判官、观察判官之名。杜氏通典："节度使有判官二人，分判仓兵骑胄四曹事；采访使有判官二人，分判尚书六行事及州县簿书。"宋代之节度，观察，防御，团练，宣抚，安检，制置，转运，提刑，掌平等诸使，皆有判官，以判公事。元以后不置。（历代职官表）

【判署】【史】于官文书记载年月日，并署名盖印，谓之判署。明律（卷三）、清律（卷七）吏律公式篇——同僚判署文案条："凡应行官文书，而同僚官代判署者，杖八十。"清律于判署下另有小注谓："判（判日）署（书名画押）"，此外判署又为审判署理之义。

【判署刑杀】【史】谓审判及执行刑罚（死刑）也。旧制对于庆典祭礼举行之日禁止判署刑杀，即于同日署名盖印于判署刑杀之文书亦为法律所不许。（明律卷十一、清律卷十六礼律祭祀篇——祭祀条设有明文）

【判语】【史】判决文称曰判语。湘山野录："张忠定公咏，每断事，必有判语，读以示之。"

【判断能力】【民总】Urteilfähigkeit（德）　为意思能力之别称。（详意思能力条内）

【别子】【史】谓诸侯之嫡子之弟也，与正嫡有别，故曰别子。

【别兵】【史】为魏时武官之名，掌别称之兵之事，所谓别种之兵，例如胡骑越骑等皆是。

【别使推事】【史】（详官司出入人罪条内）

【别制下问案推】【史】别制下问，谓不经官司之手，由天子直接遣敕使下问也。即对百姓之疾苦，年岁之丰凶，水旱之状况加以慰问也。案，谓风闻官吏有罪不待告诉而案问之也，推，谓罪状已发觉特派官吏加以推问也。唐律（卷二十五）诈伪篇——对制奏事不实之条："……若别制下问案推，告上不以实者，徒一年。"其注："无罪名，谓之问，未有告言，谓之案，已有告言谓之推。"疏议："别制下问，谓不缘曹司，持奏制敕，遣使就问。"注云："无罪名，谓之问，谓问百姓疾苦丰敛水旱之类。案,谓风闻官人有罪,未有告言之状,而案问;推者,谓事发遣推,已有告言之者。”

【别居】【亲】Judicial separation; Limited divorce; Divorce a mensa et thoro(拉丁) 所谓别居,乃指夫妻在婚姻有效期间中,因不许其消灭婚姻关系而各自隔离寝所,或住所,以免除其共同生活之义务而言。有终身永远别居者,亦有暂时别居者(更分为定期与不定期二种)。列国立法例如意西奥等国只认别居,而不认离婚,有对二者均同时并认者,如德法比英美等国是。我国旧法亦并认二者之同时存在,新民法第一〇〇一条亦设有明文,即司法院解释例亦认别居制度之存在。

【别除权】【破】Absonderung(德) 别除权者,谓就属于破产财团特定财产之卖得金,不依破产程序而先于破产债权人及财团债权人以受清偿之权利也。此种权利系就特定之财产与财团债权之就一切财产有优先清偿权者不同。享有别除权之权利人,曰别除权人,例如质权人、抵押权人等是。(破产法第四四—四七条)

【别条权令】【史】(详北齐之法典条内)

【别项】【史】谓别种事项也。清律(卷四)名例篇——常赦所不原条之注曰:“若系别项事情,则正犯不在常赦不原之数。”

【别驾】【史】为汉时所设之官,为各州刺史之补助官,即州长官之属官,一称别驾从事史,历代因之,隋唐曾一度改为长史,宋初改为通判,后仍用别驾之旧称。

【别举推勘】【史】法官于审判某种案件时摘举其事件以外之犯罪而推问勘查之,谓之别举推勘。

【别籍异财】【史】别籍异财分析而言,或为分籍而财未分,或为异财而籍未别皆是。通常凡祖父母父母在者子孙不得别立户籍及分异财产。唐律(卷十二)户律篇——子孙不得别籍之条:“祖父母父母在而子孙别籍异财者,徒三年,若祖父母父母,令别籍及以子孙妄继人后者,徒二年,子孙不坐。”明律清律之规定与唐律大略相同,明律(卷四)、清律(卷八)户律户役篇均有别籍异财之规定。清律原文及下注:“凡祖父母父母在,子孙别立户籍,分异财产者杖一百(须祖父母父母亲告乃坐),若居父母丧,而兄弟别立户籍,分异财产者,杖八十(须期亲以上尊长亲告乃坐,或奉遗命,不在此律)。”清律之总注:“祖父母父母在,子孙不得有私财,礼也,居丧,则兄弟犹侍乎亲也,若遂别立户籍,分异财产,均为不孝,故有杖一百,杖八十之罪,仍令合籍共财。注曰,须祖父母父母亲告乃坐,若系祖父许令分析,则祖父必不自告,曰期亲以上尊长亲告乃坐,若系祖父遗命分析则尊长亦必不告,所以通人情也,告则坐罪如律,所以告人好孝也。”

【别籍当差】【史】如将别籍之人相冒伪为同籍,应以强制方法使其别籍服劳务当差役,是为别籍当差。明律(卷四)、清律(卷八)户律户役篇——脱漏户口条:“……相冒合户附籍者,各减二等,所隐之人,并与同罪,改正立户,别籍当差。”

【利子】【债】Interest 为日本名辞,与我国所称之利息相同,惟范围较广耳,即金钱以外之资本使用时之对价，均称曰利子，与利息之仅限于金钱资本使用之对价者略有区别。

【利日】【史】执行死刑之日，称曰刑日。周礼—秋官士师之疏曰："利日即合刑杀之日。"

【利用】【通】Utilization　对于物或权利之性质不加变更，而以之供为收益之用者，曰利用，例如以金钱存入银行生息，或将家屋出租而收租金皆是。

【利用行为】【物】所谓利用行为，乃指于不变更物或权利之性质之范围内，依其性质加以有利之使用之行为而言，例如将房屋出租于人而收取其租金是。

【利用厚生】【史】国家保护奖励工人之制造器物与商人之流通货物，乃利国民日常之用，故曰利用。至保护奖励农民之耕织以全衣食之用，是曰厚生。书经—大禹谟："禹曰，於，帝念哉，德惟善政，在养民，水火金木土，谷惟修，正德利用，厚生惟和，云云。"蔡传："利用者，工作什器，商通货财之类，所以利民之用也。厚生者，衣帛食肉，不饥不寒之类，所以厚民之生也。"

【利用狱】【史】天下不得其平，乃因谗邪在其中以间之也。故应用刑狱以膺惩之，是曰利用狱。易经—噬嗑之卦："噬嗑，亨，利用狱。"程颐注："天下之事，所以不得亨者，以有间也。噬而嗑之则亨通矣。利用狱，噬嗑之之道宜用刑狱也。……卦，有明照之象，利于察狱也。"

【利害关系人】【通】Party interested　甲乙两当事人涉讼于法院时，丙对于双方之胜败均有利害之关系，例如甲胜诉，则丙亦有利益，否则丙即受损失，此时之丙，即所谓利害关系人是也。又如甲与乙因债权关系涉讼，甲之全部财产不足清偿债务，乙向法院声请假扣押，丙亦为甲之债权人，此时丙即为利害关系人。

【利息】【债】Interest　谓基于原本债权而起，且比例原本债权之数额及存续期间所给付之孳息。换言之，即债务人以一定之比例按照原本之额与其使用之期限为原本债务之从属，附加于原本而为给付之物也。利息应否限于代替物，论者多谓原本既不限于代替物，则由原本定期所得之利息自应不受限制。罗马法对利息之成立应依要式契约，方可发生。寺院法则严加禁止，视为不道德之事。中世纪各国亦仿效之，皆指为背乎人情反乎人道，其后反对者乘机变更形式，利息法制因以紊乱。十七世纪初叶，禁止法令消灭无余，始设限制之规定，但流弊仍不能免。至十九世纪限制法令亦全然废止，一任当事人之自由意思，惟对高利贷借尚有禁止之规定耳。即我国历代律例，亦有关于利息之规定，凡巧取重利者治罪，银入官（嘉庆修例）。按利息在法律上可分为二种：(1)法定利息。(2)约定利息。（详各本条）

【利息之债】【债】Interest obligation　即以给付利息为标的之债也。此项债权乃随原本债权而成立，故又名利息债权，以与原本债权相对称。至其发生原因有法律之规定而生者，例如迟延利息之债是。有因当事人之意思而生者，例如甲乙订立贷借契约时所约定之利息是。

【利息债权】【债】又名利息之债。（详该本条）

【利益主义】【险】为为第三人订立人寿保险契约之限制的立法主义之一。对同意主义与折衷主义言,谓要保人对于被保险人(即第三人)之生死,须有利益关系者方可订立人寿保险契约。在英美二国则以金钱利益为限,但比意荷葡各国则不以金钱上利益为限,即爱情上或其他各种相互间利益亦在其内。

【利益的继承财产】【继】Hereditas lucraiva(拉丁)　继承财产时有所谓利益的继承财产与损失的继承财产之别。继承人在所继财产中,所享之权利超过于义务时,则该项财产称曰利益的继承财产。反之如所负义务超过于所享之权利时,则该所继财产称曰损失的继承财产。

【利益保险】【海】Insurance for profits　为海上保险之一种。又称利得保险(详该本条),一名希望利益保险。

【利益量定主义】【刑】为紧急避难不处罚之根据学说之一。(详紧急避难条)

【利益范围】【国公】Sphere of interest　利益范围者,甲国对于乙国领土之某区域要求乙国约定不割让给第三国,而仅许甲国在所划定之区域内独享利益之谓也。因其并未因此获得在范围内取得领土权利,故与势力范围(参该本条)有异,例如中国许英国谓扬子江流域一带不割让予第三国是。

【利得返还】【票】Reimbursement of benefits　谓票据上之债权依时效或手续之欠缺而消灭,执票人对于发票人或承兑人于其所受利益之限度内,得有偿还之请求权也(票据法第十九条第四项)。法律之此种规定,乃因发票人或承兑人常因票据时效之消灭而得不当之利益,盖为救济以维持公允计也。关于利得返还之性质如何,学说甚多,有谓系票据上权利之残物者,有谓系与民法上不当得利相同者,有谓系损害赔偿请求权之一种者,更有谓系基于票据法上之规定,而特认为一种请求权者。据余所信以最后说为当。利得返还请求权之行使,须具备下列要件:(1)票据须系完全成立有效存在。(2)票据上权利须系因时效或欠缺手续而消灭者。(3)请求者于票据权利消灭时,须有权利者之资格,即以执票人为限。(4)偿还义务者,仅限于发票人或承兑人。(5)请求之范围,以发票人或承兑人所得利益若干为限度。

【利得保险】【海】Insurance for profits　为海上保险之一种,又称利益保险,或称希望利益保险,谓以货物到达时所可期得之利益为标的之保险也。若专就其标的亦为无形之利益一点观之,与运费保险略同。其保险期间法律并未规定,但应解为开始于货物装运入船时,终了于货物到达后出卖时。至保险价额凡未经当事人之契约订定者,则应以保险金额视为保险价额。(海商法第一六〇条)

【利率】【债】Rate of interest　所谓利率,乃指计算利息之标准而言。应比例原本之数额与其存续之期限,以计算之,更可分为二:(1)约定利率。(2)法定利率。(详各本条)

【助法】【通】Auxiliary law　与主法相对立,又名手续法(详该本条)。或称程序法,或称形式法。

【助长行政】【行】Administration for increasing people's happiness　助长行政

者谓关于发展国民身体上精神上及经济上之向上增长为目的之行政也。例如人事行政卫生行政教化行政及经济行政等皆属之。

【助教】【行】Assistant professors （详大学教员条内）

【助产士考试规则】【行】本规则公布于民国十八年七月一日，全文仅八条，自公布日施行。兹述其要点如下：(一)各地方卫生官署考试助产士均应依本规则之所定办理。(二)应试人之资格如下：(1)曾在产科学校或讲习所修业满一年得有证明书者。(2)曾从医师或已领部证之助产士修业满一年得有证明书者。(3)曾执行助产业务满二年有确实证明书者。(三)考试科目分为学理考试与实地考试二种(第三条之规定)。非学理考试合格后不得受实地考试。于各科考试及格者始由主考机关给予及格证书。

【助产士条例】【行】Regulation governing midwife 本条例于民国十七年七月一日公布，共十四条，其要点如下：(一)以助产士为业务者，须经内政部核准给予助产士证书。(二)年在二十岁以上之中华民国女子有下列资格之一者，得请给助产证书：(1)在内政部认可之本国助产学校产科学校或产科讲习所二年以上毕业领有证书者。(2)在外国助产学校二年以上毕业领有证书者。(3)修学不满二年在本条例施行前已执行助产业务满三年以上者。(三)领到证书而欲在某处开业者，须向该管地方官署注册。(四)助产士若认妊妇产妇褥妇或胎儿生儿有异状时，应告其家族延医诊治，不得自行处理，但临时救急者则为例外。对于上述诸人亦不得施行外科产科手术，但施行消毒灌肠及剪脐带之类不在此限。(五)助产士应备接生簿记载一切，且应保存五年，于每月十日前并应将前月份助产人数列表报告该管地方官署。(六)助产士于业务上如有不正当行为或重大过失，除依法受刑事处分外，由该管地方官署予以撤销证书或停止营业处分。凡受处分者而仍执行业务及未经领有部给证书而执行业务者，由该管地方官署处以一百元以下之罚金。

【助势】【刑】Increasing the commotion 所谓助势，乃指在场帮助增长犯罪实施之人之威势而言。(参公然聚众实施强暴胁迫罪条内)

【助敌罪】【刑】为战时的外患罪之一，即供给敌国以军事上之利益，或以军事上之不利益危害民国或其同盟国者之罪，可分为二：(1)单纯助敌罪(刑法第一一〇条)，例如以报纸泄露本国军费不足是，处五年以上十二年以下有期徒刑。(2)加重助敌罪(同法第一一一条及第一一二条)，其情节乃较严重者(在第一一一条)，处死刑或无期徒刑(在第一一二条)，则处无期徒刑或五年以上有期徒刑。至未遂或预备或阴谋亦均有处罚之明文。

【助证】【民刑诉】Corroborative evidence 又称佐证。(详该本条)

【却下】【民刑诉】Abweisung(德)；Rejection 为日本名辞，即我国所称之驳斥也。

【君主】【宪】Monarch 与民主相对立，国家元首为世袭之君位者，其元首称曰君主，国家主权属于君主一人时，谓之君主国(Monarchy)。

【君主主权说】【宪】为主权学说之一种，与国家主权说相对称。(详国家主权

说条）

【君主立宪】【宪】国家主权在于君，而其统治权则由另设之机关行使之，是曰君主立宪。至于国家主权在于君，而统治权亦由君主直接行使之，则称曰君主专制。前者之例如英国是，后者之例则如未革命以前之中国、土耳其国皆是。

【君主专制】【宪】（详君主立宪条内）

【君合国】【国公】Personal union 又称对人联合，或人合国，对政合国言，为复合国之一种。凡二个国家虽由一个君主统治时，但内政外交均不相混，而完全独立者，曰君合国，故其国际人格仍分别独立，而联合自身并不构成一个国际人格，如一七一四年——八三八年之英国与汉诺维（Hanover）之联合是，近今已无实例。

【否决】【行】Rejection 对可决言，即会议时出席会员对于提案否认其成立，而不予通过之谓，故提案一经否决，即不能成立。

【否决权】【宪】Right of veto 行政元首对议会所通过之法律如有不赞同时，有拒绝裁可之权，是曰否决权。有绝对否决（absolute veto）之者，即经拒绝裁可时，该法律案即不成立；有中止否决（suspensive veto）之者，即经拒绝裁可时，可要求议会覆议或要求公民复决是也。

【否认】【通】Contest 对他人之意思表示，或对某事实之存在或不存在所为之不同意或不承认之意思表示，谓之否认。

【否认之诉】【亲】Streitsklage（德） 子女之出生虽在结婚后而受胎实在结婚前，或受胎虽在婚姻关系存续中，而在此时期以内，夫并未与妻同居，又受胎与出生，均在婚姻关系消灭以后，则为保持血统之明确起见，若夫果能证明在受胎期间内确未与妻同居，法律许其夫有行使否认之权。此项否认权之行使关系子女之身分至重且大，故应以诉讼方法向法院请求，是曰否认之诉。法律又恐当事人有湮灭证据之虞，为避免判定之困难起见，更明定必须于知悉子女出生之日起一年内为之（民法第一〇六三条第二项），以免经时过久而生别项枝节也。

【否认法规】【民总】与命令法规相对立，即法律以明文表示某行为为无效之法规也。例如民法第七二条规定，法律行为有背于公共秩序或善良风俗者无效是。

【否认权】【破】Right of contest 破产人于已经停止清偿或呈请破产后（即濒于破产状态之时），如故意为有害于破产债权人之行为，或对于其所占有一切财产所为之有偿行为或无偿行为，或其清偿行为时，则破产债权人之权利大受侵害，法律为保护破产债权人起见，许破产管财人有行使否认之权，所谓否认权者是也。否认之方法，乃以意思表示为之，被否认者在原则上对所受之反对给付或利益，应负偿还于破产财团之义务。（破产法第九四——〇四条）

【呈】【行】Petition 下级机关对于直辖上级机关，或人民对于公署有所陈请时所用之公文，曰呈。

【呈示证券】【债】Presentationspapier（德） 又曰提示证券。（详该本条）

【呈诉离婚】【亲】Divorce after petition 为离婚之一种，又名裁判离婚，或称请求离婚。与协议离婚、强制离婚相对称，谓由夫妻之一方依法定之原因向法院诉请，经其判决准予解销婚姻关系也。所谓法定原因，我民法采列举主义，其规定如下：(一)重婚者。(二)与人通奸者。(三)夫妻之一方受他方不堪同居之虐待者。(四)妻对于夫之直系尊亲属为虐待，或受夫之直系尊亲属之虐待致不堪为共同生活者。(五)夫妻之一方以恶意遗弃他方在继续状态中者。(六)夫妻之一方意图杀害他方者。(七)有不治之恶疾者。(八)有重大不治之精神病者。(九)生死不明已逾三年者。(十)被处三年以上之徒刑，或因犯不名誉之罪被处徒刑者。呈诉离婚之权利人为夫或妻之一方，故为一种权利。法律为保护双方当事人起见，设有消灭之规定：(甲)配偶之一方死亡者，其诉权因之而消灭。(乙)呈诉离婚第一与第二种之原因，如有请求权之一方于事前同意，或事后宥恕，或知悉后已逾六个月或自其情事发生后已逾二年者，不得请求离婚。(丙)上述第六及第十种之原因，如有请求权之一方自知悉后已逾一年，或自其原因发生后已逾五年者，亦不得请求离婚。(民法第一〇五二——一〇五四条)

【吸收主义】【刑】Principle of absorption　为并合论罪处分主义之一，对并科主义与限制加重主义及折衷主义言，即将轻罪吸收于重罪中，而择其最重之罪加以处罚之谓。例如甲罪有期徒刑十年，乙罪五年，仅处以十年有期徒刑是，其流弊必至与奖励犯罪相等，而与刑事政策之特别预防目的相反，故不合于用，仅法国法系国家采之。

【吸收合并】【公】Absorptive consolidation　为合并之一，与设立合并相对称。(详合并条内)

【吸食鸦片或施打吗啡等罪】【刑】为鸦片罪之一，因吸食鸦片或施打吗啡或使用高根安洛因及其化合质料而成立，以有吸食或施打或使用为必要，其次数之多寡，及犯罪之原因如何，均非所问，盖所以保护人民之健康也。其处分为一千元以下罚金，未遂罪罚之。(刑法第二七五条)

【吕(吕)刑】【史】为书经周书之篇名，乃周穆王命吕侯所作之刑书。吕侯为当时之诸侯，且为穆王之司寇。按吕为国名，其后改称为甫，故称吕刑为甫刑，系关于刑事裁判之规定，盖一刑事诉讼法之法典也。

【告】【史】(一)昔时官吏之请假曰告。汉书一高帝纪注：“孟康曰，古者名吏休假曰告。”但因吉事而休假为告，凶事之休假则称曰宁。(二)与鞫讯同义，如法官之讯问是。礼记一文王世子篇：“其刑罪则纤钊，亦告于甸人。”(三)告者控告也，谓向法院起诉也。

【告人罪须明注年月】【史】提起诉讼于官司之人应将犯罪人、犯罪行为之年月据实详细注明，违者治罪。唐律(卷二十四)斗讼篇有告人罪须明注年月之条之规定：“诸告人罪，皆须明注年月，指陈实事，不得称疑，违者笞五十，官司受而为理者，减所告罪一等，即被杀被盗，及水火损败者，亦不得称疑，虽虚皆不反坐，其军府之官，不得辄受告事辞牒，若告谋叛以上及盗者，依上条(按即以赦前事相告言条)。”疏议曰：“告人罪，皆注前人犯罪年月，指陈所犯实状，不得称疑，违者笞五十，但违一事，即笞五十，谓牒未入司，即得此罪，官司若受疑辞为推，并准所告之状，减罪一等，即以受辞者为首，若告死罪流三千里，告流处徒三年之类，即被杀被盗，为害特甚，或被人决水纵火，漂焚财物，盗即不限强窃，漂焚不问多少，告者皆须明注日月，不合称疑，推问虽虚皆不反坐，若称疑者，官司亦不合受理，即虽受理官司亦得免科。其军府之官，亦谓诸卫及折冲府等，不得辄受事辞牒，告谋叛以上及盗者，依上条为受即送官司之法。”

【告于甸人】【史】周制，公族之犯死罪，须刺割其肉体，特托甸人执行之。告者鞫也，周礼—文王世子篇：“公族其有死罪，则告（读为鞫）于甸人。”

【告小事虚】【史】向官告事查系虚伪，而官因其所告而另行检得其他重大犯罪，或其他相等之犯罪者，应依照其是否与所告之事相类而为处断。唐律（卷二十三）斗讼篇设有告小事虚之条：“诸告小事虚，而狱官因其告，检得重事及事等者，若类其事则除其罪，离其事则依诬论。”疏议曰：“告小事，虚而狱官因其告，检得重事者，例有告人盗驴，检得盗马，其价又贵，是为得重事实，及事等者，假如告盗甲家马，检得盗乙家骡，其价相似，是为事等。若类其事，谓骡马驴等，色目相类，所告虽虚，除其妄罪。离其事者，谓告人盗马，检得铸钱之属，是离其事则依本诬论，仍得诬告盗马之罪，此条为依告状检赃，生文不同狱官状外求罪之例。”

【告令】【行】在北京政府时代为大总统命令之一，向国民宣示法令谓之告令，惟此系习惯上之称呼，在公文程式中并无告令之名称。

【告戒】【行】即在间接强制处分以前，以书面预定履行期限以督促其履行之谓也。凡在未施用代执行或罚锾以前，均须预先施以告戒方法。但遇紧急情形者，则为例外耳。（行政执行法第二条）

【告言】【史】对于官吏之非法与违法表示不满而上告于朝廷者，称曰告言。唐律（卷二十五）诈伪篇——对制奏事不实条之脚注：“无罪名，谓之问，未有告言，谓之案，已有告言，谓之推。”（参别制下问案推条）

【告身】【史】官吏之判补者，例应授以补官证明书，此项证书，称曰告身，始于唐时。唐书—选举志：“主者受旨而奉行焉，谓之奏受，视品及流外则判补，皆给以符，谓之告身。”

【告身印】【史】官职保障之印也，与今之官职证明文书同。事物纪原（卷一）：“通典曰，唐明皇开元二十三年七月吏部尚书李暠奏，告身印与曹印文同，请加告身两字，即吏部告身之印，始自唐李暠也。”

【告劾】【史】（一）谓上告官吏之非法与违法也。周礼—秋官乡士之郑注曰：“如今劾矣。”贾疏：“劾，实也。”（二）审断刑狱亦谓之劾。尚书—吕刑篇正义：“汉世断狱谓之劾。”（三）为刑律之篇名。晋书—刑法志：“魏分汉囚律为告劾律。”所谓告劾律与唐律中之殴斗律相等。

【告劾律】【史】（详告劾条内）

【告命】【史】授官之证明书也。正字通：“唐制，授官之符，曰告身，即今谓告命。”

【告状不受理】【史】告状不受理者，谓官司遇有原告之告状而不即受理或推故不予受理也。律文中所科罪之轻重均依所定者为根据。明律（卷二十二）、清律（卷三十）刑律诉讼篇均有告状不受理之条，内容相似。兹将清律之条文及其下注述之于下："凡告谋反叛逆，官司不即受理（差人）掩捕者，（虽不失事）杖一百，徒三年。（因不受理掩捕）以致聚众作乱，或攻陷城池，及劫掠人民者，（官坐）斩（监候）。若告恶逆（如子孙谋杀祖父母父母之类），不受理者，杖一百。告杀人及强盗不受理者，杖八十。斗殴婚姻田宅等事不受理者，各减犯人罪二等，并罪止杖八十。受（被告之）财者，计赃以枉法（罪与不受理罪）从重论。若词讼原告被论，（即被告）在两处州县者，听原告就被论。（本管）官司告理归结，（其各该官司，自分彼此，或受人财）推故不受理者，罪亦如之（如上所告事情轻重，及受财枉法从重论）。若各部院督抚监察御史，按察使，及分司巡历去处，应有词讼未经本管官司陈告，及（虽陈告而）本宗公事未结绝者，并听（部院等官）置簿立限，发当该官司追问，取具归结缘由勾销，若有迟错（而部院等官）不即举行改正者，与当该官吏同罪（轻者依官文书稽程十日以上，吏典笞四十，重者依不与果决以致耽误公事者，杖八十）。其已经本管官司陈告，不为受理，及本宗公事已绝，理断不当，称诉冤枉者，各（部院等）衙门即便勾问，若推故不受理，及转委有司，或仍发原问官司收问者，依告状不受理律论罪。若（本管衙门）追问词讼及大小公事，（自行受理并上司批发）须要就本衙门归结，不得转行批委（致有冤枉扰害），违者随所告事理轻重，以坐其罪。"（如所告公事合得杖罪，坐以杖罪，合得笞罪，坐以笞罪，死罪已决放者同罪，未决放，减等，徒流罪抵徒流）同律之辑注："首节是告状不受理正律，次节曰罪亦如之，三节曰同罪，四节曰依告状不受理论罪，五节曰随所告事理轻重以坐其罪，则推广以尽其义也。"同律之总注："谋反谋逆谋叛，臣子有闻，所当迫切而图之者，既知首告，而不即时受理，密行掩袭捕获者，杖一百，徒三年，因不掩捕正法，以致贼势滋蔓，聚众作乱，攻陷城池，及劫掠人民者，斩。恶逆则蔑绝天伦，关系风化，十恶中常赦所不原者，故告不受理者，杖一百。次而杀人及强盗，则害及身命，祸及一家，民生激切之事，故不受理者，杖八十。下而斗殴婚姻田宅等事，原告有受告之情，被论有应得之罪，不受理者，照所犯轻重各减犯人罪二等并罪止杖八十，以上皆指其怠废遗误者言也。若受被论人财贿，而不受理者，并计入己之赃，以枉法与不受理本罪，从重论。若词讼内原告被论分属两处州县者，听原告就被论官司告理归结，盖事犯在彼，就近取问，乃有依据也。若推托事故而不受理者，罪亦如之，并照前节内各项不受理罪科之。部院等官，巡历去处，应有军民词讼，未经先在本管官司陈告，则非官司不受理也。已陈告而本宗公事尚未结绝，则不知官司理断当与不当也。故并听立限，发当该官司追问，取具归结缘由，若有迟误期限，失错出入，则当该官司各有应得之罪，而巡历等官不即举行其迟，改正其错者，巡历等官与当该官吏同罪。其称已陈告而不受理，已断结而不当理者，告到各衙门，即便勾问，若推托事故而不受理，及转委别衙门有司或发原问官司收问者，各随事之轻重，依首节告状不受理律论罪。若本管官司追问受理诉讼，及一应大小公事，须就于本衙门断理归结不得转委，违者各随所告事理照被论人所犯轻重罪名以坐之。"

【告知】【通】Notice 对特定之人使其知悉特定之事实者，谓之告知。以言辞或书面或以其他方式均无不可。

【告知书】【行】Letter of notification 官署以一定事实向特定人通知时之书面，谓之告知书。

【告知参加】【民诉】Notice intervention; Litis denunciatio（拉丁） 为诉讼参加之一种，第三人因当事人之告知或递行告知，而于本诉讼拘束期间中参与他人（即该当事人）诉讼，而以辅助该当事人之一造者，曰告知参加，此该第三人曰受告知人，或告知参加人。其要件如下：（一）须于本诉讼拘束期间中为之者。（二）须系因告知人败诉而致受告知人有法律上利害之关系者。（三）须系因受告知或递受告知而参加者。告知参加之一切程序除特别规定者外，得准用关于从参加之规定。（民诉法第六二—六四条）

【告近】【史】清制官吏之被任命于外省者，如因父母年老须加迎养为辞而请求改任于近省者，称曰告近。民国初年仍因其制，惟清例仍以行省定其远近，而今则以汽车路程及来往日数为计算之标准耳。

【告祖父母父母绞】【史】祖父母父母为尊亲属，如有违失，即法律亦设有相为容隐之条，为人子者若竟忘情弃礼，故意告之于官，自应处以极刑，如谋反大逆及谋叛以上则为例外，唐律（卷二十三）斗讼篇——告祖父母父母绞之条："诸告祖父母父母者，绞。谓非缘坐之罪，及谋叛以上而故告者，下条准此（按即告期亲尊长条）。"疏议曰："父为子天，有隐无犯，如有违失，理须谏诤，起敬起孝，无令陷罪，若有忘情弃礼而故告者，绞。注云，谓非缘坐之罪，缘坐谓谋反大逆，及谋叛以上，皆为不臣，故子孙告亦无罪。缘坐同首法，故虽父祖听捕告，若故告余罪者，父祖得同首例，子孙处以绞刑。下条准此者，谓告期亲尊长，情在于恶，欲令入罪，而故告之，故云，准此。若因推劾，事不获免，随辨注引，不当告坐。"同条又谓："即嫡继慈母杀其父，及所养者杀其本生，并听告。"

【告理归结】【史】告者告状也，理者受理也，归结者归其了结也。诉讼案件之审理如原告与被告两造之住所在两处之州县者，为便利起见，准原告就被告所属之官司向其提起诉讼，此时并许该官司受理及裁判，即所谓告理归结是也。明律（卷二十二）、清律（卷二十八）刑律诉讼①篇——告状不受理条："若词讼元告被论，在两处州县者，听元告就被论官司告理归结。"

【告期亲尊长】【史】谓告有期服之尊属亲于官也。至外祖父母夫之祖父母，亦在本条规定之内，被告者因依亲属相容隐之条，与自首同论，如诬告重者，告者应以加重诬告罪论罪。唐律（卷二十四）斗讼篇——告期亲尊长条："诸告期亲尊长外祖父母夫之祖父母，虽得实徒二年，其告事重者，减所告罪一等。（所告虽不合论，告之者犹坐）即诬告重者，加所诬罪三等，告大功尊长，各减一等，小功缌麻减二等，诬告重者，各加所诬罪一等。"疏议曰："告期亲尊长外祖父母夫之祖父母，依

① 原书多一"诉"字，系排版之误。

名例律并相容隐，被告之者，与自首同，告者各徒二年，告事重于徒二年者，减所告罪一等，假有告期亲尊长盗上绢二十五匹，合徒三年，尊长同首法免罪，卑幼减所告罪一等合徒二年半之类。注云，所犯虽不合论，谓期亲以下，或年八十以上，十岁以下，若笃疾犯罪，虽不合论，而卑幼告之，依法犹坐，即诬告期亲尊长，得罪重于二年徒者，加所诬罪三等，假有诬告期亲尊长一年半徒罪，加所诬罪三等，合徒三年，此亦是计加，得重于本罪，即须加。告大功尊长，各减一等，谓告得实徒一年半，重于徒一年半者，即减期亲罪一等。假有告大功尊长三年徒，减期亲一等，处徒二年，若告小功缌麻尊长，虽得实同减期亲二等，合徒一年，告事重者，亦减期亲尊长二等，假有告三年徒，虽实徒一年半之类。诬告重者，谓诬告大功小功缌麻重者，各加所诬罪一等，假有诬告大功尊长一年半徒，加所诬罪一等，合徒二年，诬告小功缌麻尊长徒一年罪，亦加所诬罪一等，徒一年半之类。”同条又谓：“即非相容隐，被告者论如律，若告谋反逆叛者，各不坐，其相侵犯，自理诉者听(下条准此)。”疏议曰：“小功缌麻非相容隐，被告之者，不得同于首原，各依律科断，故云，被告者论如律。若告谋反逆叛者，谓期亲尊长以下，犯谋反逆叛三事，以其不臣，故虽论告不科其罪。其相侵犯，谓期亲以下缌麻以上，或侵夺财物，或殴打其身之类，得自理诉，非缘侵犯，不得别告余事。注云下条准此，谓下条告缌麻以上卑幼，虽有罪名相侵犯，亦得自理。”

【告发】【刑诉】Criminal information; Denunciation 谓被害人及犯人以外第三者向侦查机关告知犯罪事实而请求起诉也。其告发者曰告发人。告发与告诉虽不相同，但对侦查机关告知犯罪事实之程序，则多相似。例如告发之方式(言词或书状均可)，告发权之消灭时效，告发之撤回及变更皆是，故告发与告诉历来有三主义：(1)命令主义。(2)听许主义。(3)禁止主义(详各本条)。告发之主体除被害人(直接或间接)及犯人外，不论何人皆得为之，但不得为虚伪之告发，否则须负责任。告发得分为私人之告发及公务员之告发，前者因有告发之权利，故又曰权利告发，后者则系其义务，故曰义务告发。

【告发人】【刑诉】(详告发条内)

【告诉】【刑诉】Complaint 谓直接或间接之被害人向检查机关告知犯罪事实而希望其诉追也。告诉者称曰告诉人。告诉与告发不可相混，以后者乃由被害人或犯人以外第三人之告知也。且与自首亦有区别，以自首乃犯人于犯罪未发觉前亲自告知也。告诉得以书状或言词为之，其以言词为之者，检察官或司法警察官应作笔录，并向之朗读，命其签名或捺指纹。告诉之主体，一为被害人，一为被害人之法定代理人，保佐人，或配偶，一为被害人之亲属(但以被害人已死亡，且不得与被害人明示之意思相反者为限)。如为告诉乃论之罪，检察官得依关系人之声请指定代行告诉人(但以被害人已死亡或被害人之法定代理人，保佐人，或其亲属为被告时，且无被害人之亲属，得以告诉者为限)。至于有夫奸罪，亲属相奸罪，其告诉权因法律有特别规定，故为例外，告诉人如欲撤回或变更其告诉，除于第一审辩论终结前外，不得为之。对于共犯一人撤回告诉者，其效力及于全部，是乃告诉不可分原则之当然结果。告诉权之消灭期限，定为六月，自告诉人知悉犯人之时起算，告诉得分为亲告罪之告诉(即告诉乃论之罪)，与非亲告罪之告诉，前者以告诉为诉追犯罪之要件，后者则否。

【告诉人】【刑诉】Complainant　(详告诉条内)

【告诉乃论之罪】【刑】Of offences where prosecution may be instituted only on complaint　又称亲告罪。(详该本条)

【刑诉】告诉乃论之罪之告诉主体与普通犯罪之告诉主体相同。惟被害人已死亡，或被害人之法定代理人，保佐人，或其亲属为被告时，且无被害人之亲属得以行使告诉权者，该管检察官得依关系人之声请指定代行告诉人以行使之。(刑诉第二一七条)

【告诉不可分之原则】【刑诉】告诉注重犯罪事实，故虽未明指一定之被告人，而其告诉亦可成立。故对于共犯中之一人告诉或撤回告诉者，其效力亦及于其他共犯，学者称此为告诉不可分之原则。

【告诉状】【刑诉】向法院告诉时所提出之书状，曰告诉状。

【告诉期间】【刑诉】(详告诉条内)

【告诉权】【刑诉】(详告诉条内)

【告宁】【史】与归宁相对称。(详告归条内)

【告缌麻卑幼】【史】所谓缌麻小功乃指外姻有服之亲而言，卑幼即卑属亲，被告者因亲属相为容隐条之规定而减罪，诬告者亦得减等处罚。唐律(卷二十四)斗讼篇设有告缌麻卑幼之条："诸告缌麻小功卑幼，虽得实杖八十，大功以上，递减一等，诬告重者，期亲减所诬罪二等，大功减一等，小功以下，以凡人论。"疏议曰："称缌麻小功，即外姻有服者亦是，其相隐既得减罪，有过[①]不合告言，故虽得实[②]合杖八十。告大功卑幼，减小功一等，期亲卑幼又减一等。诬告重者，谓诬告期亲重于杖六十者，减所诬罪二等，犹如诬告弟侄九十杖罪，各减所诬二等，合杖七十，若告大功[③]，减一等，合杖八十，若告小功以下，以凡人论，仍得杖九十。"同条又谓："即诬告子孙外孙子孙之妇妾及己之妾者，各勿论。"疏议曰："诬告子孙外孙子孙之妇妾者，曾玄妇妾[④]亦同，及己之妾者各勿论，其有告得实者亦不坐，被告得相容隐者，俱同自首之法。"

【告谕】【行】官署对一般人民或下级官署，告知以一定事项，使其加以注意，称曰告谕。

【告归】【史】为汉律之术语，官吏请求休假回归乡里之谓也。如系吉事则曰告归，凶事则为归宁(与诗经上所谓之归宁意义不同)。汉书冯野王传注："二千石以

---

① 原书为"告"，系排版之误。
② 原书缺"实"，系排版之误。
③ 原书多"以上"二字，系排版之误。
④ 原书缺"妾"字，系排版之误。

上告归，归宁，道不过行在所者，便道之官无辞。"汉书—高帝纪注："李斐曰，休谒之名，吉曰告，凶曰宁。"事物纪原（卷四）："尚书咸有一德曰，伊尹既复政厥辟告归。疏云，告老致政事于君，此臣下致仕之初也。"

【坊】【行】市之下划分为区，区之下划分为坊，以二十间为一坊。（市组织法第五条）

【坊公所】【行】办理坊自治事务之机关，曰坊公所，其职务如下：（一）坊民大会议决交办事项。（二）坊预算决算编制事项。（三）坊财政收支及公款公产公营业管理事项。（四）市府或区公所委托办理事项。（五）其他依法令所定应办事项。（市组织法第七九—八〇条）

【坊正】【史】谓坊之长也。旧之名称，掌坊内之户籍及其他公务。大学衍义补："周制内有六乡，外有六遂，乡之所置比长，闾胥，族师，党正。遂之所置邻长，里宰，酂长，鄙师。是即汉之亭长，三老啬夫，唐之里正，坊正，宋之保长，耆长之任也。"

【坊民大会】【行】由坊长召集之一坊公民会议，曰坊民大会，每年开会二次，如有特别事件，得开临时会议，其职权如下：（一）选举及罢免坊长及其他职员。（二）议决坊单行规程。（三）议决坊预算决算。（四）议决坊公所交议事项。（五）议决所属各闾邻或公民提议事项。（市组织法第七三—七八条）

【坊长】【史】坊长即街长，掌坊内之户籍及其他公务，创始于周礼，为一种自治制之职员。大学衍义补："周制内有六乡，外有六遂，乡之所置比长，闾胥，族师，党正。遂之所置邻长，里宰，酂长，鄙师，是即汉之亭长，三老啬夫，唐之里正，坊正，宋之保长，耆长之任也。我朝稽古定制，于天下州县，每百一十户为一里，十户为甲，有长，在城谓之防长，或谓之厢长，在外，谓之里长，或谓之社长保长，十年而一役之。"

【行】掌理坊自治事务之首长，曰坊长，由坊民大会选举之，为无给职，但于必要时得支办公费，任期一年，得再被选。（市组织法第七九、九二、九八条）

【坊财政】【行】坊之一切收支，曰坊财政，应于每三个月终公布一次。坊财政之收入共有下列各种：（一）坊公款及公产之孳息。（二）坊公营事业之纯利。（三）依法赋与之自治款项。（四）市补助金。（五）其他经坊民大会议决之收入。（市组织法第八六—八八条）

【坊厢】坊厢及城治之区画，在城中者曰坊，近城者曰厢。

【坊监察委员会】【行】谓由坊民大会选举之监察委员（三人或五人）所组织而成之机关。其职权为监察财政，与纠举坊长及其他职员违法失职情事。任期一年，得再被选，且为无给职。（市组织法第一〇二—一一九条）

【坊调解委员会】【行】在坊公所附设办理关于民事调解事项，及依法得撤回告诉之刑事调解事项等之机关，曰坊调解委员会，由坊民大会于本坊公民中选举若干人组织之。（市组织法第八一—八二条）

【均分继承主义】【继】为继承的立法主义之一种，又称强制均分主义。谓一切财产不问被继承人之意思如何，而须平均分配于继承人也。此制肇端于罗马，盛行于法意西葡等国，法律上且有强制之规定，故又称强制均分主义。

【均田法】【史】均田之法，始于晋初，乃因男女老壮之别，各授以田，然迄未实行。至北朝后魏孝文帝太[①]和九年，始从李安世之言而实行均田之法，诸男夫十五岁以上，受露田四十亩，桑田二十亩，妇人露田二十亩，老免及身没则还田。每年以一月为还受之期，但桑田皆为世业，身终不还，有盈不足，听其依限买卖，此外别给男子麻田十亩，妇人则给五亩，皆从还授之法。按后魏均田之法既行，农业因之大兴，其后北齐隋唐均沿其制，惟略加增减耳。（文献通考田制）

【均势主义】【国公】Principle of the balance of power 为一种国际政治主义，谓以维持国际间和平为目的，而防止任何国家之权力过于强大之主义也。此种主义盛行于欧洲各国，但并非国际法上之原则。

【均输】【史】为大司农之属官，乃主持米谷及其他物品使其均等融通而不至于停滞之机关，汉代因而有均输令均输丞之设置。史记桑弘羊传："为大农丞，管诸会计之事，稍稍置均输以通货物。"汉书—百官表："大司农属官有均输令丞。"宋史—食货志："均输之法，所以通天下之货，制为轻重敛散之术。"

【均输令丞】【史】（详均输条内）

【均输官】【史】汉武帝元封元年用桑弘羊之言置均输官，令郡国诸侯各以其货物相灌输，对天下货物贵买贱卖，使大贾富商不止坐享暴利。（大学衍义补卷二十五）

【均权制】【宪】System of equilibrium 国家权力平均分配于中央政府及地方政府，而不偏重于任何一方面者，曰均权制。我国政府，在宪政时期，将采此种制度。

【坐所由者】【史】处罚犯罪事件所由致之人，曰坐所由者。读律提要（学海堂丛书五）："律有罪坐所由者，所由指人言，谓此事由其人而致也。亦曰以所由为罪，所由之人与犯罪为首之人，相似而大不同。为首者，是同作恶事，其起意主谋之人，则谓之为首。所由者，或同办公事，而由于一人之疏失，或同为工匠，而由于一人粗糙，或决罚不如法，而有由于官，有由于行法之人，又如嫁娶违律，或由主婚，或由男女，此类甚多。"

【坐赃致罪】【史】不法之取得曰赃，坐赃者乃指非监临主司，而因事受财者而言。唐律（卷二十六）杂律篇——坐赃致罪条之疏议曰："赃罪正名其数有六，谓受财枉法不枉法，受所监临，强盗窃盗并坐赃，然坐赃者，谓非监临主司因事受财，而罪由此赃，故名坐赃致罪。犯者一尺笞二十，一匹加一等，十匹徒一年，十匹加一等，罪止徒三年。假如被人侵损，备偿之外因而受财之类，两和取与，于法并违，故与者减取人五等，即是彼此俱罪，其赃没官。"

【坐赃论】【史】谓本非赃罪而依赃罪处断也。读律提纲（学海堂丛书五）："律有坐赃论者，此不入已之赃也，本非赃而以赃论。"

---

① 原书为"大"，通"太"。

【妨犯】【债】【刑】Nuisance 又称滋扰。(参公妨犯与私妨犯条)

【妨害公务罪】【刑】Interference with the exercise of public functions 公务员对于国家所执行之职务,纯为国家权力之行使,有对之作直接或间接之妨害者,均构成妨害公务罪。刑法在分则第五章中加以规定,计共七条,本罪可分为三种:(一)狭义之妨害公务罪。(二)侵害图书物品及封印标示罪。(三)侮辱公务员或公署罪。(详各本条)

【妨害水电煤各业务罪】【刑】为公共危险罪之一,因妨害供公众之用水电气煤气事业而成立,以妨害(阻止进行之谓)为必要。至其手段不论以强暴胁迫或诈术,均非所问,处五年以下有期徒刑,拘役,或五百元以下罚金。(刑法第二〇二条后半)

【妨害交通罪】【刑】Offences of interfering the communications 自科学发达后,交通利器及设备,焕然一新,社会经济因而鼎盛,法律亦有保护之明文,故对妨害交通者,在刑法上且以之为公共危险罪之一。更分下列四种:(1)倾覆破坏火车电车或舟车罪——因倾覆或破坏现有人所在之火车,电车,或其他行驶水陆空之舟车而成立,但以现有人所在者为必要,且须为故意之倾覆或破坏,即成立本罪,处无期徒刑,或五年以上有期徒刑,未遂罪亦罚之。如因过失者,仅处一年以下有期徒刑,拘役,或三百元以下罚金。若从事业务者,因业务上之过失,则处二年以下有期徒刑,拘役,或五百元以下罚金(刑法第一九七条第一、三、五项)。至因而致人于死者,则处死刑或无期徒刑,因而致重伤者,处无期徒刑,或七年以上有期徒刑(同条第四项)。(2)损坏轨道灯塔标识等之罪——因损坏轨道,灯塔,标识,或以他法致生火车,电车,或其他行驶水陆空之舟车往来之危险而成立,以有故意损坏上述各物之行为(积极或消极),并已发生舟车往来危险为必要,处三年以上十年以下有期徒刑,未遂犯亦罚之。又过失犯仅处六月以下有期徒刑,拘役,或三百元以下罚金。若从事业务者,因业务之过失,则处一年以下有期徒刑,拘役,或五百元以下罚金。至因损坏上述各物而致火车电车,或其他行驶水陆空之舟车倾覆或破坏者(即有实害时),应依一九七条之规定处断(第一九八条)。(3)损害或壅塞桥梁等往来危险罪——因损害或壅塞陆路水路桥梁,或其他公众往来之设备,致生往来之危险而成立,以有致生往来危险为必要,至其属于国有公有或私有,只须为公众往来所需要者,皆属之,处三年以下有期徒刑,拘役,或三百元以下罚金(未遂罪亦罚之)。至其行为因而致人于死或重伤者,比较故意伤害罪从重处断(第一九九条)。(4)妨害铁路邮电罪——因妨害铁路邮务电报电话而成立。所谓妨害,不论对其应用物品加以损害,或对其递送收发以强暴胁迫或诈术加以阻止(积极或消极),均属之,处五年以下有期徒刑,拘役,或五百元以下罚金。(第二〇二条前半)

【妨害合法集会罪】【刑】为妨害秩序罪之一,因以强暴胁迫,或诈术阻止或扰乱合法之集会而成立,其构成要件有二:(1)须为妨害合法之集会,并非必与法令相符合者,即凡与公共秩序善良风俗不相违反者,亦在其内,如学术演讲,农工商研究会,以及纪念会交谊会等均属之,惟法律有特别规定者(一五三条二六一条),

不在此限。(2)妨害手段须为用强暴胁迫或诈术者,其处分为二年以下有期徒刑。(刑法第一五九条)

【妨害名誉及信用罪】【刑】Offences against personal reputation & credits 信用及名誉乃在个人法益之范围内,有主张信用应与人格同属于名誉内者,有主张名誉即人格,故与信用相对立并属于个人法益中者。刑法采后说,故有妨害名誉及信用罪之列举规定,惟并合于分则第二六章中耳。内共九条。本罪之客体除自然人外,法人亦得为之。兹分为三种:(1)侮辱罪。(2)诽谤罪。(3)损害信用罪(详各本条)。上述各罪均须告诉乃论(刑法第三三一条)。又上述各罪经判决确定后,除宣告本刑外,因告诉人之声请得令将判决词全部或一部登报,其费用由犯人担负之(第三三二条),所以回复被害人之名誉也。

【妨害自由罪】【刑】Offences of interference with personal liberty 凡对于他人之行动自由加以侵害者,成立本罪。刑法特将暂行律私滥逮捕监禁罪章中之私擅逮捕监禁罪,及妨害安全信用名誉及秘密罪之安全部分,妨害秩序罪之一部,并略诱和诱罪各章关于妨害个人自由之规定,并合为一,称谓妨害自由罪,设于分则第二十五章内,共十一条。兹分为八种:(1)使人为奴隶罪。(2)用诈术使人出国外罪。(3)略诱成年妇女罪。(4)剥夺人之行动自由罪。(5)强制罪。(6)单纯恐吓罪。(7)侵入住宅罪。(8)私擅搜索罪(详各本条)。以上各罪关于褫夺公权之处分,得由审判官自由决定之。(刑法第三二三条)

【妨害作业】【劳】Sobotage 妨害作业者,谓工人任意损害机器,浪费原料,以加害于雇主之手段也。此种行为,各国法律多加禁止。

【妨害风化罪】【刑】Offences against morality 本罪之成立,以社会风化为被害之客体,然社会风化并非法律之力所可加以保护,盖社会风化之纯良与否,全借道德之观念与社会之舆论,初非法律之力所能奏效也。然国家之设此,亦仅以之为辅助而已。我国暂行律本有奸非罪及重婚罪之一章,刑法以其范围太窄,而且不甚适用,故将重婚罪列入妨害婚姻及家庭罪章,并将奸罪各条削少,而以奸非猥亵各罪另辟妨害风化罪,规定于分则第十五章中,共十四条。兹分本罪为五种:(1)奸淫罪。(2)猥亵罪。(3)引诱妇女猥亵奸淫之营利罪。(4)引诱幼者猥亵奸淫罪。(5)散布贩卖猥亵之文字图书罪(详各本条)。上述除奸淫罪猥亵罪(公然猥亵罪在外)以外,均为非亲告罪(第二五二条)。又上述各罪褫夺公权之处分,审判官得自由裁定之。(第二五三条)

【妨害军需罪】【刑】即在与外国开战或将开战期内,不履行供给军需之契约或不照契约履行者之罪,其成立之要件有四:(1)其主体须为负担供给军需义务者。(2)负担义务以自由契约为限。(3)其期间须为在与外国开战或将开战时为限。(4)须为不履行契约或不照契约之规定而履行者。本罪之处分为五年以下有期徒刑,得并科五千元以下罚金,但以故意者为限。至过失者仅处二年以下有期徒刑,拘役,或一千元以下之罚金耳。

【妨害秩序罪】【刑】Offences against public order 即犯罪之结果纯为秩序上

之妨害,故又称独立之妨害秩序罪。内乱罪以紊乱国本为主旨,妨害秩序罪其影响仅及地方之扰乱而已,故刑法另成一章,明文规定于分则第七章,共十四条,即将暂行律之妨害秩序罪与骚扰罪合并而成者也。本罪可分为十种:(1)公然聚众不受解散罪。(2)公然聚众实施强暴胁迫罪。上二罪又合称骚扰罪。(3)恐吓公众罪。(4)参与以犯罪为宗旨之结社罪。(5)不举发犯罪罪。(6)擅招军队罪。(7)冒示资格罪。(8)侮辱民国国章罪。(9)妨害合法集会罪。(10)煽惑罪。本罪之主刑处罚除于各条明文规定外,其从刑中之褫夺公权,则任审判官之自由裁量。

【妨害秘密罪】【刑】Offences relating to personal secrets　凡对他人之封缄信函文书,及其他秘密加以侵害者,构成本罪。法律之设此,一方为保护个人之自由,一方则为维持从事工商事业者之利益。暂行律原与妨害信用名誉合订为一章,刑法则加以区分,独立规定于分则第二十七章内,计四条,兹分为三种:(1)侵害他人封缄之信函文书罪。(2)泄漏因业务所知他人秘密之罪。(3)泄漏工商秘密之罪(详各本条)。上述各罪均须告诉乃论。(刑法第三三六条)

【妨害国交罪】【刑】Offences against friendly relations with foreign states　近世交通发达始有国际社会,而国际间之来往尤以敦睦邦交为必要,故刑法对妨害国交之行为,均有处罚之规定。我国刑法分则第三章亦有明文规定,称曰妨害国交罪,计七条,即对于侵害国与国间生存关系之犯罪也。其主体无内外国人之分,其客体即国际间生存之关系也。换言之,即国际之友谊也。本罪更可分为三种:(1)侵害友邦元首罪。(2)侵害外国代表罪。(3)侵害外国国家罪。(详各本条)

【妨害婚姻及家庭罪】【刑】Offences against marriage and the family　家庭为社会组织重要成分,法律自应加以保护,婚姻为建立家庭之创始,尤应予以维持,故刑法特将暂行律奸非重婚及略诱和诱罪章中,与婚姻及家庭关系各条并为一章,称为妨害婚姻及家庭罪,规定于分则第十六章,计七条。兹分为四种:(1)重婚罪。(2)诈术缔婚罪。(3)和奸有夫之妇罪。(4)和诱略诱未成年人罪。凡犯上列各罪是否褫夺公权,得由审判官临时裁量之。(刑法第二六〇条)

【妨害救灾罪】【刑】为公共危险罪之一种,即妨害防水镇火及一切救灾之犯罪行为也。更分为二:(1)妨害救火防水罪——因于火灾水灾之际,隐匿或损坏防御之器械,或以他法妨害救火防水而成立,其犯罪主体以放火及故意决水以外之人为限。且须于火灾水灾发生之际,即故意亦为必要。其处分为三年以下有期徒刑,拘役,或三百元以下罚金(刑法第一九六条)。(2)纯粹妨害救灾罪——因于灾害之际,关于与公务员缔结供给粮食或其他日用必需品之契约而不履行,或不照契约履行致生公共危险而成立,其构成要件有四:①须为灾害之际。②其主体须为与公务员缔结契约而负担供给粮食,或其他日用必需品义务之人。③其行为须为全然不照约履行,或履行其一部而未履行全部。④须致生有公共危险者。盖灾害之际,物价腾贵,常有不遵契约乘机谋利者,其处分为六月以上五年以下有期徒刑,得并科三千元以下罚金。(第二〇八条)

【妨害贩运罪】【刑】Offences of interfering the traffic　为妨害农工商罪之一,因以强暴胁迫妨害贩运谷类,及其他公共所需之饮食物品,致市上生缺乏者,或妨害贩运种子，肥料，原料，及其他农业工业所需之物品，致市上生缺乏而成立。本罪须以致生市上缺乏者为限者，盖因与社会民生有莫大之影响故也。其处罚为五年以下有期徒刑，拘役，或三千元以下罚金，未遂罪罚之。(刑法第二六七条)

【妨害丧葬礼及说教礼拜罪】【刑】为亵渎祀典罪之一，因妨害丧葬礼说教礼拜而成立。所谓丧葬礼，指为该事所行之仪礼也。说教者，即秉该本教之教旨当众演述宣讲之谓也。礼拜即一切祭祀及宗教行礼之谓。如有妨害行为，即成本罪，例如以喧哗方法使其不能开始，或开始不能执行皆是。本罪之处分亦为六月以下有期徒刑，拘役，或三百元以下罚金。(刑法第二六一条第二项)

【妨害农工商罪】【刑】Offences against agriculture, industry & commerce 社会构成分子以农工商为多数，而社会中之经济亦多赖其维持，法律对其特别保护，正所以为全社会谋幸福也。暂行律并无本罪之明文，刑法特增此一章，以示保护之意，于分则内第十八章特为规定，共四条，兹分为三种：(1)妨害贩运罪。(2)伪造商标商号罪。(3)贩卖陈列或输入伪造商标商号之货物罪(详各本条)。本罪褫夺公权之处罚，得由审判官自由裁量之。(刑法第二七〇条)

【妨害卫生罪】【刑】Offences against public health 为公共危险罪之一。国家种族上之强健与否，与卫生政策有莫大关系，法律除特别法有取缔者外，普通刑法亦将其情节重大者明文规定。兹分为三种：(1)妨害饮料水罪——因投放毒物或混入妨害卫生物品于供公众所饮之水源，水道，或自来水池而成立，以有致不能供为饮料之结果为必要，而其投放之行为，亦须为故意者，处一年以上七年以下有期徒刑(未遂罪亦罚之)。若因故意而致人于死或重伤者，比较故意伤害罪从重处断(刑法第二〇四条)。(2)制造贩卖妨害卫生物品罪——因制造贩卖或意图贩卖而陈列妨害卫生物品而成立，以有认识为妨害卫生物品之故意为必要，且须有制造，贩卖，或意图贩卖而陈列三行为之一，方构成本罪。至本罪之客体为妨害卫生之物品，范围甚广，不论孩童玩具，饮食物品，饮食用品，或其他日用品，皆在其内。其处分为六月以下有期徒刑，拘役，得并科或易科一千元以下罚金(第二〇五条)。(3)违背预防传染病法令罪——因违背关于预防传染病所公布之检查或进口之法令而成立，以有违背行为为要件。盖传染病遗害甚烈，各国皆有特别预防法令之制定，至其法令以现行者为限。本罪处分为二年以下有期徒刑，拘役，或一千元以下罚金。(第二〇六条)

【妨害选举安全罪】【刑】为妨害选举罪之一，即对选举之安全加以妨害之谓。更可分为三种：(1)妨害选举自由罪——因对于依法所设立之中央及地方选举，以强暴胁迫或其他非法之方法妨害他人自由行使其选举权而成立。其处分为五年以下有期徒刑，未遂罪亦罚之(刑法第一四九条)。(2)妨害或扰乱选举罪——因妨害或扰乱选举而成立，即对选举场所或选举公文书加以妨害之谓。其处分为一年以下有期徒刑，拘役，或五百元以下罚金(第一五三条)。(3)侵害选举秘密罪——因于无记名投票之选举刺探被选举人之姓名而成立，以侵害秘密为必要。其处分为五百元以下罚金。(第一五四条)

【妨害选举纯洁罪】【刑】为妨害选举罪之一，即对选举之纯洁加以妨害之谓。

可分为二种:(1)选举贿赂罪——更分为二:①选举受贿罪——因有选举权之人要求期约或收受贿赂,或其他不正利益而许以不行使其选举权,或为一定之行使而成立。其处罚为三年以下有期徒刑,得并科五千元以下罚金,其贿赂于没收不能时,即须追征其价额(刑法第一五〇条第一项、第三项)。②选举行贿罪——因对于有选举权之人行求期约或交付贿赂,或其他不正利益而约其不行使选举权或为一定之行使而成立。其处分为二年以下有期徒刑,得并科三千元以下罚金(第一五〇条第二项)。(2)选举利诱罪——因以生计上之利益诱惑选举人不行使其选举权,或为一定之行使而成立。仅以生计上利益作诱惑之行为,即构成本罪,被诱者行使与否均所不问。生计上利益例如免除债务代谋位置是。其处分为三年以下有期徒刑。(第一五一条)

【妨害选举罪】【刑】Interference in election　选举为使人民参与国家大政,自以安全纯洁确实为要务,苟有加以妨害者,国家自当予以相当制裁,此刑法所以有第六章之妨害选举罪之规定也。共七条,本罪可分三种:(一)妨害选举安全罪。(二)妨害选举纯洁罪。(三)妨害选举确实罪(详各本条)。本罪处罚之主刑,除明文规定外,其从刑之褫夺公权,统由审判官自由裁量之。

【妨害选举确实罪】【刑】为妨害选举罪之一,因以诈术或其他非法之方法使投票发生不正确之结果,或变造选举之结果而成立。此为概括之规定,一为事前之妨害,即使投票发生不正确之结果,例如投票之际,故意使票数超过选民数目是;一为事后之妨害,即变造选举之结果,例如虚报当选票额使其当选,或隐匿当选票额使其不当选是。其处分为三年以下有期徒刑,未遂罪亦罚之。若官员犯之者,则应依第一四〇条加重处罚。

【妨诉抗辩】【民刑诉】Plea in abatement　为日本名辞。被告人对于原告所提之诉讼,以欠缺必要条件为理由,拒绝开始本案辩论之抗辩,为妨诉抗辩,换言之,即被告争执起诉要件之具备与否也。

【妖书妖言】【史】以惑乱人心及妨害社会治安为目的之不经图书及言辞,称曰妖书妖言。明清律设有取缔明文,明律(卷十八)、清律(卷二十二)刑律贼盗篇——造妖书妖言之条:"凡造谶讳妖书妖言,及传用惑众者,皆斩。若私有妖书隐藏不送官者,杖一百徒三年。"清律附注:"谶讳如赤伏符图录之类,凡造为一应妖诞文字,组织已往怪异之事,妄载未来兴废之征,或假鬼神作为妖妄不经,奸邪不顺之语。"

【孝慈录】【史】为明法典之一。明洪武七年十一月,宋濂等考定丧服古制所撰,凡一卷,太祖自为之序,以子为其父服三年之丧,而为母服期年,非本乎人情,皆改为斩衰三年之制。

【完】【史】为体刑之一,即削去其发,使服一定(指城旦舂)劳役之刑也。为期四岁始毕,汉旧仪:"完,四岁。"汉书—刑法志:"诸当完者,完为城旦舂。"(参官城旦舂条)

【完全中立】【国公】Perfect neutrality 为中立之一种,与不完全中立相对称,又名绝对中立。即对交战国之任何一方,均积极的消极的直接的间接的不加援助之谓。

【完全主权国】【国公】Full-sovereign states 又称主权国。(详该本条)

【完全占有】【物】Complete possession 为占有之一种,与不完全占有相对称,即以所有之意思而为物之占有之谓,故又称有所有意思之占有。学者间多谓此种占有乃与自主占有相同。

【完全有价证券】【票】与不完全有价证券相对立。凡离证券而不得主张证券上之权利之证券,谓之完全有价证券,不论何人,持此证券,皆可主张该证券之权利。反之,凡离证券而仍得主张证券上之权利之证券,则称曰不完全有价证券,以其虽失证券仍得以其他方法主张其权利也。前者之例如票据是,后者之例如提单是。

【完全行为】【民总】Perfect act 为法律行为之一,对不完全行为言,即凡法律行为能完全发生效力之谓。完全行为与不完全行为之区分,乃以效力之能否完全发生为标准。

【完全物权】【物】Perfect real right 为物权学理上分类之一,对不完全物权言,即对物管领有总括的关系之权利也,例如所有权是。与不完全物权之区分,乃以其管领力是否涉及标的物之全体为标准,故完全物权在管领中享有使用收益处分之权,与不完全物权之仅限于一部者不同。

【完全背书】【票】Indorsement in full 又称正式背书(详该本条)。更名记名背书。

【完全战争】【国公】Perfect war 与不完全战争相对立,此种区别为美国学者Wheaton氏所倡认。国家间全部参加战争,谓之完全战争,国家间仅一部参加战争,则为不完全战争。不完全战争,有以人为基本者,如双方交战国合意一方出兵力若干为限是。又有以土地为基本者,如两交战国约定以一定地域为战场者是。如甲子之役,双方(中日)约定上海一隅不得作战是。总之不完全战争,须出于交战国双方之合意始得发生,而完全战争则反是,即无交战国双方之合意亦可发生也。

【完全证据】【民诉】Complete evidence 对不完全证据言,法院依调查之结果能因此取得确实心证之原因者,称曰完全证据。反之如不能取得其确实心证之原因,则称曰不完全证据。二者之异点仅在证据力之程度方面耳。

【完刑】【史】为对于轻微罪之刑,一称髡钳,其轻者又名曰耐。削去毛发之刑曰髡,以铁束其颈曰钳,为汉文帝时所作。

【完聚】【史】使迷失子女者与其子女恢复迷失以前团圆之故态,为完聚。明律(卷四)清律(卷七)户律户役篇——收留迷失子女条:“被卖之人不坐,给亲完聚。”

【宋之法典】【史】宋之法典为数甚多,乃中国法典编纂极盛之时代,大抵每一改元必有一度乃至数度之编纂与删定。据玉海卷六十六及宋史艺文志以及郡斋读书志，直斋书录解题等书所记载可得而考者，共百八十余种，惟遗传至今者仅有营造法式及庆元条法事类二种耳。按宋代法典之名称曰敕令格式，曰刑统，曰编敕，曰条法，曰条例，曰法，曰法度，曰断例，曰条贯，曰仪式，曰条约，曰条式，曰德音，曰条法事类，名称繁多，并无一定。敕与律同，乃刑法典按宋史刑法志所载。宋法制，因唐律令格式，而随时损益，则有编敕一司一路，一州一县，又别有敕……神宗以律不足以周事情，凡律所不载者，一断以敕，乃更其目曰敕令格式，而律恒存乎敕之外，据此则律之外有敕矣。然宋代未闻有编律之举，其系袭用唐律可知。而宋史刑法志又云，于是凡入笞杖徒流死，自名例以下，至断狱，十有二门，丽刑名轻重者，皆为敕，观此可知敕又含有刑法之规定也。明丘濬氏所撰大学衍义补(卷百三)云，唐有律，律之外，又有令格式，宋初因之，至神宗更其目，曰敕令[①]格式。所谓敕者，盖即唐之律也。至于编敕，条，条法，条约，条令，条贯，条式，断例，法以及法度等，亦皆刑法典也。德音则为赦令云。兹举其重要者于下：(1)敕令格式——宋之敕令格式为数甚多，其主要者为：熙宁诸司敕令格式，元丰司农敕令格式，元丰敕令格式，元祐敕令格式，绍兴敕令格式，乾道敕令格式，淳熙敕令格式，庆元敕令格式，开禧敕令格式，以及淳祐敕令格式(详各本条)。(2)编敕——敕令格式之外，又有专纂敕以成书者，谓之编敕，惟元丰以后多与令格式同时编纂，其为单独之法典者，不多见也。其主要者为：建隆编敕，太平兴国编敕，淳化编敕，景德编敕，大中祥符编敕，天禧编敕，天圣编敕，景祐编敕，庆历编敕，嘉祐编敕，及熙宁编敕[②](详各本条)。(3)令——以令名者为数亦多，其主要者为：天圣令，嘉祐禄令，嘉祐驿令，以及绍兴宽恤诏令(详各本条)。(4)格——如小学令格是。(5)式——多见于宋史艺文志，式之中又有敕式，法式，条式及仪式等。敕式有熙宁敕式及元丰敕式。法式有元符营造法式。条式有治平库务条式(详各本条)。仪式则有熙宁历任仪式，元丰贡举医局等敕令仪式等，惟均无可考。(6)法——宋代法典以法名者有绍兴贡举法，绍兴监学法，役法撮要(详各本条)。(7)法度——以法度名者有崇宁改修法度(详该本条)。(8)条——以条名者亦甚多，其他以条约，条贯，条例名者，亦颇不少。如元丰六曹条贯，修城法式条约，庆历三司条约，庆历贡举条例皆是(详各本条)。(9)刑统——宋代法典以刑统名者有建隆刑统(又曰建隆重定刑统)及绍兴刑统(又曰绍兴申明刑统，详各本条)。(10)断例——(详该本条)。(11)德音——(详该本条)。(12)条法事类及总类——以此名者有淳熙条法事类，淳熙吏部条法总类，庆元条法事类，嘉定吏部条法总类，以及淳祐条法事类等。(详各本条)

【局外中立】【国公】Neutrality　又称中立。(详该本条)

【局外中立法】【国公】Law of neutrality　简称曰中立法。(详该本条)

【局外中立宣言】【国公】Declaration of neutrality　又曰中立宣言。(详该本

---

① 原书为“合”，系排版之误。

② 原书为“祐”，系排版之误。

条)

【局外中立国】【国公】Neutral state (详局外中立条内)

【局部休战】【国公】Partial armistices 为休战之一种,对全部休战言。凡交战国间敌对行为之休止,不涉及交战国全部战争或全部战争区域,而又不似停战之专为暂时者,曰局部休战。此种休战每多影响于全部战局。

【局僚】【史】局僚者,谓官局中之事务员也。宋史—刘恕传:"司马光编次资治通鉴,召为局僚。"

【局骗】【史】以巧妙方法欺取他人之财物者,谓之局骗。元典章有禁局骗之条。明清律—刑律篇之诈欺官私取财之条亦用此语。

【局骗拐带】【史】设谋诱出他人之子女而携之逃走者,曰局骗拐带。六部成语注解:"设谋骗人子女携之逃走也。"

【巡(廵)卡】【史】清制,以防止奸商脱漏厘金为目的,于地方分局外临时所设置之稽查处所,称曰巡卡。(皇朝政典类纂卷九十八以下)

【巡(廵)按】【史】明制,每省派遣御史以巡察国情民俗,谓之巡按御史,简称曰巡按,三岁一更,清初因之,后废。

【巡(廵)按使】【行】巡按使为民国初年时所设之各省最高民政长官,其后身为省长,与今之省政府主席相等。管辖全省民政各官及巡防警备等队,并受政府之特别委任,监督财政及司法行政,暨其他特别官署之行政事务。对于省内各县知事巡按使有呈请大总统任免之权,惟应咨陈内务部耳。对于全省财政有稽核赋税出纳,及考核经征官吏之权,凡经征官吏之任免惩奖,由财政厅长详请巡按使核办并咨陈财政部。对于司法行政有稽核司法经费及考核司法官吏之权,凡各县承审管狱等员之任免惩奖,由高等审判厅厅长详请巡按使核办,转咨陈司法部。在巡按使之下设政务厅,置厅长一人,由巡按使荐任之,厅之内并设第一、第二、第三、第四等科,由巡按使自委掾属,佐理各项文牍事务。(省官制第一条、第六条、第八—九条,第十三—十四条)

【史】民国成立以后,于三年公布省官制,每省置巡按使,管辖全省民政各官及巡防警备等队,并受政府之特别委任监督财政及司法行政暨其他特别官署之行政事务。巡按使对省内各县知事有呈请大总统任免之权,惟须咨陈内政部耳。此外巡按使有权监督所属特别官署,但须各依该官制之所规定及该主管部之所委任行之。巡按使公署设政务厅,置厅长一人(荐任)。承巡按使之命掌政务厅事务。下设总务(第一),内务(第二),教育(第三),实业(第四),各科。

【巡(廵)按御史】【史】简称曰巡按。(详该本条)

【巡(廵)查口岸】【史】清制,以征收关税及取缔私漏为目的,于一定地点设置口岸,此项口岸计有征收口岸与巡查口岸二种。巡查口岸任警防查察漏税及其他违法事件之职。

【巡(廵)狩】【史】天子巡游诸侯国视察政治得失与国民之休戚,谓之巡狩。孟子—梁惠王篇:"天子适诸侯曰巡狩,狩者,巡所守也。"所谓巡狩,实乃天子于一定期间,借巡狩之名而行兵战之演习,并巡回诸侯国以视察各邦国之政治及民情之实况为主者也。

【巡(廵)捕】【史】(一)清制北京有巡捕营,掌徼巡京师,诘禁奸宄,平易道路,肃清辇毂等。(二)清代之总督巡抚其下皆有巡捕官,掌传宣及护卫之事,掌文事者曰文巡捕,掌军者曰武巡捕。(三)通商地或外国租界所雇募之警察亦称曰巡捕。

【巡(廵)捕营】【史】(详巡捕条内)

【巡(廵)回法院】【组】Court of assize　为英国法庭之一种,即来往轮流于每郡邑中,每年开审三次或四次(民事为二次)之法庭,所受理之案件与季审会相同(即有公诉之刑事案件)。如季审会先开庭,则由季审会受理之,否则交由巡回法院审理,但经季审会保留之较严重刑事案件,则须由巡回法院审理。至于民事案件,巡回法院亦有权审判,惟较重之衡平法案件,则直接移交伦敦衡平法院耳。

【巡(廵)回高级法院】【组】Assize of the high court　为英国法院之一种,专理人民之死刑无期徒刑及其他较重之民事案件。法官进庭时,典礼隆重,须戴假发,审理刑事时,各穿红色外服。(判决死刑时,则去假发易以黑帽。)审理民事时,则各穿黑色长袍。

【巡(廵)回审判制度】【组】Circuit trial system　由高级法院每季调派推事按照一定时期,出发所辖区域内,受理关于不服地方(下级)法院之判决而上诉之案件的制度,曰巡回审判制度。其利益乃在能于各地方实际调查证据,且免上诉人之奔波,同时可节省在各区域内设立分院(上诉)之经济,故英美各国均采用之。至其流弊亦属不少,例如开审时间短促,人民不能于一定期间之内提起上诉等,皆属之。我国法院组织法因有高等法院分院之规定,故不采取巡回审判制度。巡回制度英美各国亦多有应用于下级法院者(参巡回法院条内)。我国亦因在各地方有地方法院分院之设立的规定,故仍不采用之。

【巡(廵)道】【史】明时分一省为数道,以按察副使、按察佥事分察之,曰按察分司,有分巡道,兵巡道,兵备道等名称。清废副使佥事等官,简称曰巡道,始以道为官名,民国初称观察使,旋废。

【巡(廵)漕御史】【史】明制,监督盐场者称曰巡盐御史,监督漕运之事者,称曰巡漕御史,清时亦因袭之。(清国行政法卷一)

【巡(廵)察使】【史】巡察使乃临时任命之官职,掌理巡视诸国政治之得失,及视察民情之善恶等职。

【巡(廵)抚】【史】地方官巡回国内而按抚之,称曰巡抚。明初有军事,以京官巡抚地方,其后各省因事增置,遂为定员。清因之,掌考察布政使,按察使,诸道及府州县官吏称职与否,以举劾而黜陟之。用兵则督理粮饷。每届乡试,则膺监临之任。而兼提督之职者,则有江西、安徽、山东、山西、河南等省。故凡一省之要政,几于无所不统,除直隶、四川、福建三省不设巡抚外,多与总督同驻一城。在有巡抚之省,布政使之权甚小,仅管理税收及田赋,实则一省之财政长官耳。

【巡(巡)缉】【史】谓巡查及缉捕也。(清会典兵部)

【巡(巡)检司巡检】【史】元时分县为上中下三县,上县置达鲁花赤尹丞,簿尉,各一人,典史二人,及印典史一人,并设巡检司巡检分掌其县治。(清国行政法卷一)

【巡(巡)警】【史】巡警一语在唐宋时代即已使用,即周巡警察之义,并非官名。清末专置巡警部(警察署),司掌警查事务,后废,并归之职务于民政部,别设巡警总厅,各省则置巡警道,俗并称警察人役为巡警。

【巡(巡)警教练所】【史】巡警教练所为北京政府时代所设之巡警训练机关,即今之所谓警士教练所也。以教育及训练新募之巡警为目的,凡在警察厅局所在地,均各设一处,如有未能独力举办者,得联合办理之。受教练者除新募之巡警外,凡现在服务之巡警,从前未经教练或缩短教练者,均应抽调入所,补行教练。教练以三个月为一学期,两学期毕业为原则(得缩短为一学期)。新募巡警毕业者得补充正警,其成绩最优者,并得以巡长记名,尽先补充。补行教练毕业而成绩最优者得酌予拔升,不及格者,下期再令补习,仍不及格者,除名。所中置下列职员:所长一人,事务员一人至三人,教员若干人,班长一人,班副一人至三人。(巡警教练所章程第一—二条,第七—十一条,第十三条)

【巡(巡)盐御史】【史】(详巡漕御史条内)

【巫马】【史】为周礼夏官司马之属,为下士二人。周礼—夏官司马巫马:"掌养疾马而乘治之,相医而药攻马疾。"其附注曰:"乘治谓驱步以发其疾,知其病处治之也。"

【希伯来法】【通】希伯来原包含以色列族及犹太族在内,其后多单指犹太民族而言。按希伯来民族,其始也原为游牧时代,后由农业而商业,其家乡至今多散在世界各国。初自阿剌伯至埃及,旋至巴勒斯丁(迦南地),后又徙巴比伦,嗣又再回巴勒斯丁,及为罗马所征服以至于今,则多流浪各国。其人民富于保守而善贾,故多积有巨资,惜因国亡而寄人篱下,每受残苛及不平等待遇,不能发展所长,然在世界金融界中,则能居然握有操纵大权,是其民族固一优秀之民族也。希伯来昔时之文化如与附近各邻国相较,殊属幼稚,且恒为他族人所征服,幸是时有摩西者,起而引领人民脱离埃及之国境,斯时为整饬纪纲,统治国人计,乃有法律之制定,希伯来民族之有成文法典盖自斯始也。计自斯时以至于今,希伯来法制史可分为五个时期:第一时期为摩西时期——自纪元前一二〇〇年至四百年。第二时期为经典时期(Classic Period)——自纪元前三〇〇年至纪元后一〇〇年。第三时期为希伯来遗传经时期(Talmudic Period)——自纪元后二〇〇年至五〇〇年。第四时期为中古世纪时期(Medieval Period)——自纪元后七〇〇年至一五〇〇年。第五时期为近世时期(Modern Period)——自纪元后一六〇〇至现在。第一时期乃包含摩西之五经以下及国王先知及法师等在内。五经(Pentateuch)乃创世纪,出埃及,利未记,民数记及申命记,相传为摩西所作,惟经学者之研究,则谓系后人陆续编写者。而其中之十诫(Ten Commandments)则相传为摩西于西乃山

(Mount Sinai)受耶和华之传授及神勒之石牌二表携之而归，嗣见以色列人崇祀金犊大怒，乃将二法表碎破，其后摩西祷于神而由神重勒二表，摩西始复携之下山，此二法表实为世界最伟大之道德法典。惟依当时以色列民族之脱离埃及，人心涣散，摩西既居领袖地位，不得不先行树立中心思想、中心理论，俾人民之意志能归统一，故特将历来之习惯法以及历史上之传说，融合会通，而制定十条诫命，以资遵守。其后生殖衍繁，后起领袖亦步其后尘，设定法律如盟约法(Covenant Code)——出埃及三十四章十七—二十六节，及二十章二十三节至二十三章三十三节止。申命法(Deuteronomic Code)——申命记第十二章至二十六章止，内有关于宗教法规，官吏任命法规，军事法规，亲属法规，以及仪式及道德上之法规等。神圣法典(The Holiness Code)——利未记十七章至二十六章，出埃及三十一章十三节至十四节，民数记第十章九节第十五章三十八节至四十节等。此外尚有所谓祭司法典及理想法典(Priestly Code & Ideal Code)学者均谓亦散见于五经之内。在摩西时期以色列尚为神权统治时代，以耶和华为唯一之神，由领袖奉神之意旨以统治国政，同时且有祭司专管祭祀之事。对于司法事务其始亦仅由摩西一人任之，其后因诉讼事繁，摩西听其岳父之言而于以色列族支派中选拔贤能之士以为千夫长、百夫长、十夫长等职，从事于审判事务，其重大案件则归摩西审理之。惟此时之法庭法官皆为僧侣(祭司)中人，故审判场所，恒为神殿，是神殿之于希伯来法律颇有密切关系。其后以色列人改为国王统治制度，由扫罗王而大卫王而所罗门王，司法审判权国王亦兼掌之，其轻微者仍由诸长老主持之。相传所罗门王之贤智，能决疑狱，两妇争子一案，流传至今，永为美谈，故其审判之机智，在当时为各国人士所羡慕，而人民恒颂赞不置。此后各著名先知及法官如以利亚，但以理，约西亚，以西结，尼希米等皆与希伯来法系之发展均有莫大关系。第二时期为经典时期，其政府仍属于神权统治之政体，司法职权已非为王者所有。盖当时犹太国先后降为波斯人希腊人及罗马人之保护国，内政最高大权均授诸高等会议(或曰高等法庭 Great Synhedrion)，其议员为七十一人，其所管事务以司法方面者居多，其下尚有分会议二所设于耶路撒冷，余则于其他大城中设立之，又分会议之下尚有乡村法庭(每庭设法官三人)。分会议之审理案件，其坐位成为一半圆形，而其前面则各有学习员三人，坐列成为较低之半圆形，是故每会议员(法官)均有助理员三人，如原法官缺席则以其助理员代之。此项助理员之来源，乃自宗教法律学校，毕业时即为法师(Rabbi)，均有为会议议员候选人之资格。又法院闭庭期间内各法官均可自由从事他种职业，故其中若干著名法官同时曾充各法律学校校长，故学生与法院二者恒有密切关系。惜当时法庭之判决书以及笔录等项文件至今已无存在者。其后犹太为罗马征服下之二百年内，其司法制度仍得保存原状，即希律(Herod)亦仍称王如故。当时凡异邦人之入圣殿内庭者恒处极刑。自耶稣降世后，犹太人时起叛变，罗马皇帝遂以复仇手段对待之。于纪元后七十年，罗马皇提多氏(Titus)攻陷耶路撒冷，希伯来之法柜即约柜(Sacred Ark of the Law)内有法律书卷及七支烛台，均为罗马军队所掠走，自是犹太之自治政府因而消灭，而希伯来独立法系亦告终止。第三时期为希伯来遗传经时期，此时期因希伯来遗传经 Talmud 而得名。按 Talmud 乃自纪元前二百年以来所记载之案件及注释所汇纂而成者，计分为二大类：一曰 Mishnah 或曰法典(Codified Text)，编于纪元后二百年，为希伯来文字所书成。一曰 Gemara 或曰法律释义(Commentary)，编于纪元后五〇〇年，为 Aramaic 文字所书成。按 Talmud 全为以判例为根据所编成，其编纂之名法师约百余人，其最著名者为 Hillel 氏及 Akiba 氏二法师，Mishnah 一书之编成二氏之功居多。全书计共六十三篇，为此后三世纪之各法律学校之研究之中心，于纪元后五〇〇年犹太人在巴比伦者，又复将讨论所得编为法律释义(Gemara)，后人因合名之为 Talmud，乃一浩大丰富之百科全书，举凡历史、数学、医学、神学、玄学以及法律均包括在内，而希伯来法律因之不至于佚亡，其功诚不可没也。第四时期为中古时期，即自希伯来民族散离之时开始，各法学名师之私家著述时代，或以希伯来文字或以阿剌伯文字书成，其最显著者为 Maimonides，为纪元后一四〇〇年间之北非洲犹太人，著作甚伙，对于犹太民族之散处各国，而其宗教风俗，家庭生活以及商业行为之保存继续，贡献殊多。在那蔓(Norman)人入据英伦之后，欧陆之犹太人，多渡海入英(约纪元后一二〇〇—一二三〇〇)，因当时犹太人常受英人之排斥，故多聚居一区。英王为处理犹太人之诉讼便利起见，特颁布二种法规：一为关于犹太人民之诉讼条例，除杀人犯以外均归犹太自己所设之法庭处理之。一为关于基督教徒与犹太人民间之诉讼条例，乃关于诉讼方式及证据方法之详细规定。并特设 Scaccarium Judeorum 之法院以审理借贷之债权案件，盖犹太人当时多以放债为生活故也。第五时期为近世时期，自纪元后一六〇〇年以来欧洲各国之国家主义盛行一时，犹太人之寄居于各国也，大多被迫入籍，且强使学习所在国文字，故犹太人之希伯来文字，遂成为次要之文字，于是犹太法师遂有将犹太法典译成为近代文字之举。在一九一五年于纽约曾有一英文之希伯来法典出版问世，而各国学者对此世界古旧法系，亦多有竞相研究之者。年来英美法系及罗马法系，盛行于时，惟犹太人素性富于保宁，故其人民虽散处各国，仍于每逢安息日时，男妇老幼齐集教堂，依旧传方式将摩西五经装订两棒之上，展卷朗诵，于神坛之前且陈列约柜于堂殿之中，依然保守其世世相传之仪式焉。

【希望利益保险】【海】为海上保险之一种，又名利得保险(详该本条)，更名利益保险。

【希望买卖】【债】Emtio Spei 为买卖分类之一种，对试验买卖言。谓买卖之结果是否适合于买受人之希望不能预决，而姑且买之之谓。与试验买卖之区别，乃以标的物之种类性质是否合于买受人之希望与需要为标准。

【希望说】【刑】为故意观念学说之一，对认识说言，又称意欲主义(详该本条)，或名意思主义。

【希望权】【民总】又称曰期待权。(详该本条)

【希腊法】【通】Greek Law 希腊原为 Hellas，而罗马人则称之为 Greece，在西历纪元前十五世纪至十世纪国家即已发达。纪元前四九〇年雅典军队大败波斯西侵之远征军，战事延绵十年之久，波军均不得志，于是遂有同盟之设，以雅典为盟主，自是文艺大兴，哲学美术盛极一时，而国运益隆，欧洲今世之文明以及罗马当时之文物皆以希腊为其鼻祖，即近代之法律哲学亦莫不以希腊为发祥地。其后斯巴达人崛起,代雅典而称雄于世。及亚力山大王继位,率军东征世(纪元前三三四年),侵埃及,破波斯,其疆幅东至印度之恒河,国土之广,实据有欧亚非三洲三部分。王殁后,国遂瓦解。纪元前一四六年且为罗马所克服,纪元后十五世纪间因东罗马亡,遂为土耳其所占领,一八二九年始脱离土耳其而独立(时颇受英俄法之援助),建立王国。旋与土国构战数十次,卒因联合巴尔干半岛各国与之协力抵抗,而获胜利,并割土地若干而返。一九一七年加入协约国向德奥宣战,与土耳其军队再起抗战,并与保加利亚国直接交绥。欧战告终不久,即推翻王国而建立共和国。现全国面积为一三〇,〇〇〇方公里,人口约六百万,乃在巴尔干半岛之南部,气候温和,岛屿甚多,海岸屈折,故交通利便。按希腊古时为城市国家,与其他古代之为农业国家者不同。又其他国家如巴比伦,印度,希伯来等国之古时传说皆以国家之法律乃为神所授与者,而希腊之传说除由 Crete 岛所起源之 Cortyna Law(哥耳廷拿法——另详该本条)系为神所授者外,其法律思想与宗教全然分离,不相牵涉。希腊法典除哥耳廷拿法(纪元前四百年)于五十年前曾发现所埋之碎石壁若干,可窥其一斑之外,余之古代著名法律如 Minos 法(纪元前一六〇〇年)及雅典立法家梭伦(Solon)氏(纪元前六〇〇年)所制定之法律,并当时雅典各种制定法,至今除于希腊古代著名演说家之演辞内可窥一豹外,并无流传者。惟当时商业甚为发达,私有制度基础强固,流动资产较诸土地渐为重要,梭伦氏之立法即为应付此种需要而设,而商人阶级遂占优胜地位,然因少数商人操纵财富,契约自由之原则横行全国,致奴隶制度,遍于社会各层,而多数之贫苦市民平日既为自由原则所熏陶,自不得不另谋出路以求生存,而雅典遂因此衰落矣。而马其顿之军国竟因此而代雅典称霸全岛,甚至扩张于岛外,造成空前之巨大版图焉。按马其顿国在希腊北部,建国者为斯巴达人,在纪元前八〇〇年间有里喀儿古士(Lycurgus)者,亦为显著之大立法家,与梭伦同为希腊立法史上之重要人物,对斯巴达人之平日生活训练以及教育,家庭制度均有详细规定,实为造成其后马其顿军国主义之有功人物。希腊自马其顿王亚力山大崩后,国势瓦解,数十世纪以来均为外人所征服,莫能自拔,即其法律亦皆名存实亡,成为陈文。盖希腊旧法依近代之法律意义而论,实不能自成系统,无法律之解释,无判决例之汇集,无法律论文之编著。彼等只有建筑家、哲学家、雕刻家及绘画家、文学家等而无纯粹之大法官与法学家,且历经外族之征服,备受罗马法系回回教法系之侵入,故今日之司法制度及法律系统与其古代之法,全然异其志趣,毫无陈迹可循,盖所谓"希腊法系"至今已不可复睹矣。关于近代宪法在一八六四年曾制定之,采君主立宪制,自革命告成共和国建立之后,于一九二四年制定新宪法。惟现行宪法则为一九二七年六月二日所颁布,全文分为十四章,共一百二十七条,兹将要点述之于下:(一)希腊为民主共和国,所有权力均出自国民。(二)希腊人民在法律上一律平等,凡按照法律已取得或将取得公民资格者,均得认为公民,并享有生命及其自由受保障之权,其个人自由及住所有不可侵犯权,人民有和平集会之权,集社之权,有以言辞或书面或出版发表其意见之权,有书信电报及电话秘密之权,有财产自由之权,对艺术与科学亦有自由传授之权,对官署有具呈提起请愿之权,对法院有诉讼请求之权,此外虽定东方基督正统教会为国教,惟信仰仍属自由不可侵犯,即宗教仪式亦以自由行之为原则。(三)立法权由众议院及参议院行使之,法律之创制,属于政府,众议院及参议院。法律草案提交众议院经其议决者,应移送参议院,其先提交参议院经其议决者,亦应移送众议院。国家之预算草案须先提交众议院。为便利两院接洽关于立法上之意见,得由一院之建议设立联合委员会,其委员名额依照两院人数之比例定之。(四)众议院由具有选举权之公民用直接,普通,秘密之投票法依法选出之议员组织之,其人数全体不得在二百以下,亦不得超过二百五十名以上。议员代表全国国民,非仅代表其选举区,任期为四年,凡为希腊公民,年满二十五岁享有选举权者,均有被选之资格。凡受国家俸给之公务员,现役军人,市长,区长,公证人及不动产登记与抵押之保管员,如未在候选人公布以前辞职者,不得当选亦不得指定为候选人。(五)众议院于每届常会开会时就其议员中选举议长、副议长及秘书,常会期间不得在三个月以下亦不得超过六个月,开会时以公开为原则,议决案非经出席(出席人数不得在议员总额四分之一以下)议员之绝对多数之同意概属无效。(六)众议院于每届会期开始时,就其议员中按照各政党代表人数之比例派定各种特别委员会之委员,以审查法律草案及请愿书。(七)众院议员之议论或表决以及身体均受特别保障。又为杜绝流弊起见,众议员不得租用国有耕地,亦不得包揽公用,或承办工程,包收租税及承受国有财产之特许权。(八)参议院以参议员百二十人组织之,至少应有十分之九由人民直接选出,至多十二分之一由参众两院开联席会议时共同选出,任期十年,每三年改选三分之一,其由参众两院合选之参议院议员其任期则为四年(此项议员须具法定之特别条件)。凡希腊公民年满四十岁具有选举权者均得被选为参议员,惟不得同时兼任众议院议员。(九)参议院开会应与众议院同一时期为之,但组织特别法庭时在会期以外亦得举行之,惟仅以行使司法权为限。参议院之开会亦以公开举行为原则。参议院依法有组织法庭以审理犯有叛逆卖国或颠覆国家之独立及安全之罪案,关于公务员等之限制任参议员,议长副议长等之选举,开会时之出席法定人数与表决,各种特别委员会之组织,议员身体及言论之受保障及对于租用国有耕土承办工程等之受限制等之规定,与上述众议院议员等相同。(十)行政权由大总统行使之,并由国务员负其责任。总统由参众两院召开联席大会选举之,开会时以全体五分三之出席为法定人数,并以获得议员票数总额之绝对多数者为当选,任期为五年(自宣誓日起算),任何人不得继续连任。总统如系病故及辞职或因故不能执行职务时,由参议院议长代理其职务,并应即时召集两院于四十日内依法选举新总统。总统有罢免国务总理之权,并经国务总理之呈请得罢免其他国务员,总统之命令须经主管部长之副署始生效力,总统执行职务之行为不负政治责任,但有叛国行为或故意违反宪法及触犯刑法者,应负责任,得由参议院组织法庭审判之。惟该项控诉案应提交众议院,并经该院全体议员三分之一之签署及全体三分二之赞成。总统有公布国会所通过法律之权,并有颁布施行法令之权限。又依法经两院特别允许在其闭会期内及其所指定之范围以内并先得两院议员联合委员会之同意,得颁布紧急法令,惟须于国会开会时提交通过追认。又总统依法征得参议院之同意并经该院议员绝对多数之可决者,得于众议院任期未满以前以命令行使解散之权(惟其命令应由国务会议副署始为有效)。总统为国家元首,并对陆海军居于元帅地位。又对陆海军军职有授与之权，对公务员除特别规定外，由总统依法任免之。又对外有代表国家之权，且有缔结及批准条约之权，惟须咨送于国会。若系关于和约商约及其他协定有关于增加国家财政或希腊人民个人之负担者，或关于特许权利按照本宪法之规定非依据法律不得订立者，均须经议会认可后始发生效力。又总统预先征得两院联席会议之同意得对外宣战。此外总统复有特赦大赦之权，即对法院判决之刑罚亦有行使减轻之权。除本宪法及遵照宪法之法律所授与之权力外，总统无其他权力。(十一)政府由国务会议组成之，国务会议由国务总理及国务员组织之，且依国务总理之建议得设副总理一人，由国务员中选择一人呈请任命之。国务员对于政府之一般政策均连带负责，对于各主管事务，分别负责。众议院对政府有提出不信任案之权，而政府对该议院亦有权请求投票予以信任。两院会议及所属各种委员会开会时国务员均得列席(但调查委员会为例外)，而两院及所属各种委员会亦有要求国务员出席之权。国务员系各部部长，如依特别法之规定，各部得设次长并得出席国务会议。国务员执行职务时所犯之罪，仅得由众议院根据关于国务员责任法告发，由参议院组织依照特别法律所定之程序审判之。(十二)司法权，由仅受法律管束之独立法院行使之，并由国家任命合于法定资格之法官，根据希腊共和国之名义宣告并执行之。法院分为最高法院、高等法院与初级法院。各级法院之推事均系终身职，检察官，候补检察官，初级法院法官及检察处之书记官及书记公证人，不动产登记及抵押之保管员各以其事务之需要为限，均为实缺。除上述及依法所定之法院如军事法庭、海事法庭并缉捕所及少年法庭外，不得用任何名称设立司法委员会或特种法庭(但有例外本法第九十七条第二项规定)。法院之开庭以公开为原则，重罪政治犯及不涉及私人生活之言论罪均适用陪审，其他之罪亦得以法律规定适用陪审。(十三)为处理行政诉讼事件特设参政院以为最高之审判机关，专管下列事项：(1)制定行政条例。(2)依法审判属其管辖之行政诉讼事项。(3)按照法定程序撤销人民对于行政机关之越权处分或违法行为之诉愿。参政院之组织为置参政官若干人(不得超过二十一人)经参政院之同意由国务院呈请任命之，均系终身职，受与最高法院法官同一之保障。(十四)为审核国家出入之会计特置审计院，设协审与总检察官，均为终身职。(十五)希腊全国划分为区，各区由公民按照法律规定直接处理地方事务，且以乡为自治集团之初级，其他为乡之集合(自治集团至少分为二级)。国家对于地方自治行政机关仅依法律所定之方式行使最高之监察权，且得予以财政之协助，而国家之行政应依分治制度组织之，与人民尽力合作，中央机关仅任最高指导之责。(十六)关于亚岛斯山区(Montathos)之行政之特别规定(本法第一〇九——一二条)。(十七)普通行政官吏之资格另由法律定之。国家之正式官吏除因法院判决免职及依法设立之会议之特别决定外，不受免职或降级之处分，如不服该会议之决定得依特别法律上诉参政院。对于最高法院法官审计院之终身审计及参政院之参政官之诉讼，由依法组织五人法庭审理之。此项法庭之组织由上述三机关用抽签方法各抽定一人，再就最高惩戒委员会委员中之法律顾问中及法科大学教授中各抽定一人，合为五人，即对初审推事，高等法院推事及检察官之诉讼，亦经法律规定由该庭审理。至于上述之最高惩戒委员会系对于审计，最高法院推事，参政官等行使惩戒职权，乃就审计院之审计，最高法院之推事，参政院之参政官中用抽签法各抽定二人，并抽定法科大学教授二人会同组织之，并以司法部长为主席，惟遇审理有关于其所属机关或其所属机关人员提起之案件，该委员应即回避。(十八)关于救济无地产之农民，小本畜牧人及城乡难民之规定(第十九条)。(十九)宪法修正案应提交众议院或参议院，并须先经两院绝对多数之可决，经过三个月后再由两院召集国会联席大会，至少须得全体议员五分三多数之可决方得通过，于通过后，应将议决之修正案交付人民公决，经其同意始得施行。

【序】【史】序为夏后氏之学校之名，有东序与西序之分，东序为大学，在国中王宫之东，西序为小学，在西郊。

【序庠】【史】一作庠序，为汉时地方乡里所设立之学校之名。

【序班】【史】为明时所创设之官，属于鸿胪寺，掌侍班，齐班，纠仪及传赞等之仪式。清因之，即古时九宾之职也。

【庇护权】【国公】Right of asylum　谓外交官署对于所在国犯罪人民或政治犯逃入其官署时，得加以庇护之权利也。此种权利，系相对的，现今之惯例即驻在国之政府如要求引渡竟被拒绝时，本地官吏可迳行强制搜索。但有特殊国家之外交官署，对于政治犯有绝对庇护之权，例如各国在中国及在南美多数国家之外交使馆是。

【廷平】【史】为廷尉平之简称。

【廷杖】【史】于朝廷中施行杖刑谓之廷杖，历代帝王均用之以待其臣下，至明遂为常刑。续文献通考："明太祖杖永嘉侯朱亮祖工部尚书夏祥，子孙踵而行之，廷杖几为故事。武帝正德中杖言事者舒芬等百四十六人，死者十一人。世宗嘉靖初以议大礼杖丰熙等百三十四人，死者十六人。中年刑法益峻，虽大臣不免，史言其四十余年间杖杀朝士倍蓰前代，王振，刘瑾，魏忠贤之徒叠起而得志，率由于此。盖监杖用内官，行杖用卫卒，士大夫既县命其手，则欲小人之不归诚于彼，而君子之不触其祸，难矣。"

【廷寄】【史】清制为办理关于机密大事发上谕之特别官厅也。在军机处内，凡机事不由内阁而由军机大臣封函并书其姓名，交兵部捷报处，再加封而发驿驰递。詹曝杂记(卷一)："军机处，有廷寄，谕旨，凡机事虑漏泄不便发抄者，则军机大臣，面承后撰拟，进呈，发出，即封入纸函用办理军机处银印，钤之交兵部，加封发驿驰递，其迟速，皆由军机司员判明于函外，曰马上飞递者，不过日行三百里，有紧急，则另判日行里数，或四五百里，或六百里，并有六百里加快者。即此一事，正为前代所未有。机事必颁发而后由部行文，则已传播人口，且驿递迟缓，采事者，可雇捷足先驿递而到，自有廷寄之列，始密且速矣。此例自雍正年间始，其格式乃张文和所奏定也。"

【廷尉】【史】周代法官之名曰司寇，秦废之而改曰廷尉，汉初承秦制亦称廷尉，景帝时改为大理，武帝时复廷尉旧名，后汉概称曰廷尉。以卿为廷尉，其下置廷尉监，廷尉平等之属，专掌讼狱之事，并兼审断郡国之疑狱，盖即后世大理寺之前身也。清末改为大理院，民国初年因之，今则谓之最高法院。

【廷尉平】【史】为廷尉之辅助官(参廷尉条内)。简称曰廷平。

【廷尉决事】【史】关于廷尉裁判之判决例,谓之廷尉决事。唐书—艺文志:“廷尉决事二十卷……”

【廷尉挈令】【史】廷尉乃法官之名,挈令即判决例之谓也。汉书—张汤传注:“韦昭曰,在板挈也。师古曰,挈狱讼之要也。”汉制考注:“挈令,盖律令之书也。”史记—酷吏传:“作廷尉挈令。”汉书:应劭传所记亦同。

【廷尉监】【史】为廷尉之辅助官。(参廷尉条内)

【廷尉驳事】【史】廷尉为汉之上级法院法官,对于下级法院之裁判予以驳斥时所附之意见书或理由书,编纂成册,谓之廷尉驳事。计十一卷,可为下级法院裁判时之参考资料。

【廷试】【史】于廷上经皇帝亲行考试者,谓之廷试,乃包含殿试及朝考在内。

【廷魁】【史】经皇帝廷试录取之第一名,称曰廷魁。

【延期】【通】Postponement　将原定期日改为其他较迟期日,或将原定期间加以延展伸长,均称曰延期。但学者对于前者,多称之曰期日之变更。

【延期承兑说】【票】Theory of extension for acceptance　为对于承兑提示时应否立即表示之立法例之一,对即时承兑说言。即主张付款人对执票人提示承兑时,得延期考虑再为表示承兑与否之谓也。我票据法采此说,但延长期间仅以三日为限。(第四五条)

【延会】【宪】Postponement of the close of the meeting　国会或其他立法机关,或其他定期集会,因待处理之事甚繁,未能于原定期间内竣事,乃将会议期间或时间,延展伸长若干日或若干时,统称曰延会。

【延滞】【民诉】延滞,迟滞之谓。民诉法第八十四条规定:“当事人不于适当时期提出攻击或防御方法,或迟误期日或期间,或因其他应归责于己之事由而致诉讼延滞者,纵该当事人胜诉,其因延滞而生之费用,法院得命其负担全部或一部。”

【形式之判决】【民刑诉】Formalurteil(德)　又曰诉讼判决,乃指就诉讼程序上之事项所为之判决而言。

【形式主义】【民总】为设定住所主义之一,对实质主义言,即谓人之住所为其原籍地,但得依其呈报而定之,日本旧民法采之。

【形式民法】【民总】Formal civil law　与实质民法相对立。(详民法条内)

【形式犯】【刑】Formal criminal　凡犯罪之成立,仅见犯人举动之形式,而外部不生实质上之结果者。换言之,即犯罪成立时,无发生一定结果之必要者,如伪证之罪是,名曰形式犯,又称危险犯。(详该本条)

【形式刑法】Formal criminal law　即合普通刑法及特别刑法之总称,谓为具有刑法形式一望即知为刑罚法规也。如中华民国刑法,陆海空军刑法是。

【形式法】【通】Adjective law;Formal law　又名手续法(详该本条)。或名助法，又称程序法。

【形式的刑事诉讼法】【刑诉】与实质的刑事诉讼法相对称，谓国家所规定而命名刑事诉讼法之法典也。

【形式的犯罪】【刑】又称广义犯罪。（详该本条）

【形式的商人】【通】Formal merchant 依法律之拟制而成之商人，称曰形式的商人。其在实际上从事商业而为商业之主体之人，则曰实质的商人，故形式的商人与实质的商人乃相对称之名辞。

【形式的解释】【国公】Formal interpretation 为解释条约方法之一种，与实质的解释相对称，即依据条约上之文字的通常意义所为之解释。至于依据国际法之原则，追溯条约成立之当时，而参酌各种事项所为之解释，则称曰实质的解释。

【形式的证据法】【民刑诉】当事人之立证，须依法定方式为之，而法院之采取与否，亦须依据法律所规定者，是曰形式的证据法，与实质的证据法相对立。

【形式的真实发见主义】【形诉】为刑事诉讼主义之一，对实体的真实发见主义言。谓审判官裁判案件时，乃依双方当事人之陈述及其所提出之证据为唯一根据之主义也。依此主义，则双方当事人之陈述及证据，每与真正事实相违反，近代一般立法例均不采之。

【形式婚主义】【亲】为婚姻立法主义之一种，对事实婚主义言，谓一切婚姻之成立，须履行一定之方式，在法律上始视其婚姻为有效之立法主义也。因其所履行之方式不同，更可分为下列二种：(1)宗教婚主义。(2)法律婚主义。（详各本条）

【形式裁判】【刑诉】Formal decision 为裁判依性质为标准而区别之分类之一，对实体裁判言。又称程序裁判，谓法院对诉讼关系存在与否所为之裁判也。例如不受理之判决，及管辖错误之判决是。

【形式确定力】【民刑诉】Formal force of the final decision 对实质确定力言。凡于裁判确定后，经过一定期间，诉讼当事人不能声明不服，学者称此项关系曰形式确定力，又名对人既判力。此种确定力应分判决与裁定而论之：(1)判决——在不许声明不服之判决，一经宣告，即生形式的确定力。在许声明不服者，则须于经过一定期间，而未经声明不服时，始生形式的确定力。(2)裁定——在不许抗告之裁定，即一经谕知即行发生，换言之，即无所谓形式确定力，以法院可以随时加以变更也。在许抗告之裁定，亦须经过一定期间未经抗告，或至无可抗告之时，始行发生。

【形式证券】【票】Skripturpapier（德） 又名文义证券。（详该本条）

【形式证据主义】【民刑诉】又称法定证据主义。（详该本条）

【形成之诉】【民诉】Rechtsgestaltungsklage（德） 为诉之一种，又称创设之诉，或变更权利之诉，谓求为判决权利发生变更或消灭之诉也。例如离婚之诉，分析共有物之诉是。

【形成判决】【民诉】为判决之一种，又称创设判决，或变更权利之判决。即对形成之诉变更其权利所为之判决也。

【形成判决请求权】【民诉】Gestaltungsanspruch（德）　所谓形成判决请求权，乃指依形成判决而为保护行为之要求之权利而言。

【形成权】【通】Right in forms; Gestaltungsrecht（德）　为私权分类之一种，与支配权请求权相对立，即以其单独行为发生法律上效果之权利也。此权利在未行使以前，对于原来之法律关系，仅有引起变化之可能性，故又称为能为权，而一经行使之后，则原存之法律关系发生一种变化，学者以是名之曰形成权。此种权利有种种状态，有使新法律关系发生者，如无权代理之追认权及先占权是。有使原法律关系变更者，如选择债务之选择权是。有使原法律关系消灭者，如撤销权，抵销权，撤销诉权，遗赠拒绝权，及解除权等皆是。

【形盐】【史】周时祭祠所用之盐，谓之形盐，用时筑盐以为虎形，故名形盐。（周礼天官笾人之职）

【役使所监临】【史】监临官员之处事，应公私分明，若私以所部之人，供己使用，是为私役，乃为法律所不许，应受处罚。唐律（卷十一）职制篇有役使所监临之条："诸监临之官，私役使所监临，及借奴婢牛马驼骡驴车船碾硙邸店之类，各计庸赁，以受所监临财物论。"疏议曰："监临之官，私役使所部之人，及从所部，借奴婢牛马驼骡驴车船碾硙邸店之类。称奴婢者，部曲客女亦同，各计庸赁之价，人畜车计庸，船以下准赁，以受所监临财物论，强者加二等，其借使人功，计庸一日绢三尺。人有强弱，力役不同，若年十六以上，六十九以下，犯罪徒役，其身庸依丁例，其十五以下，七十以上，及废疾，既不任徒役，庸力合减正丁，宜准当乡庸作之价。若准价不充绢三尺，即依减价计赃科罪，其价不减者还依丁例。"同条又曰："即役使非供己者（非供己，谓流外官及杂任，应供官事者）。计庸坐赃论，罪止杖一百，其应供己驱使，而收庸直者罪亦如之（供己求输庸直者不坐）。若有吉凶借使所监临者，不得过二十人，人不得五日，其于亲属虽过限及受馈乞贷，皆无论（亲属谓缌麻以上，及大功以上婚姻之家，余条亲属准此）。营公廨借使者，计庸赁坐赃论，减二等，即因市易，剩利及悬欠者，亦如之。"

【役法撮要】【史】为宋法典之一，于庆元六年为宰相京镗等所上，共一百八十九卷，自绍兴十七年正月以后，至庆元五年七月以前，为五十五门，又八十二小门，门为一卷，外为参详目录等，卷数虽多而文甚少，其书于州县差役极便引用。

【役员】【行】Officials　为日本名辞，与我国所称之职员或公吏相等。

【役务】【通】Service　令受徒刑处分之囚人，或令战时俘虏服役一定之劳务工作者，谓之役务，以有报酬为原则，故与军法上之罚役而无报酬者有异。

【役场】【行】Office　为日本名辞，即我国前昔所称之衙门也。今则曰公署或事务所。

【役权】【物】Servitude　即为人或土地之便宜而使用他人所有物之权利也。罗马法即有此制，当时分为人役权与地役权。前者为因特定之人而使用他人所有物之权利，后者则因特定之土地而使用他人所有物之权利。近代各国立法例所谓地役权，乃指后者而言。而所谓地上权、永佃权亦可称为人役权，但今日各国均视地上权、永佃权为独立物权，与役权已相分离。罗马法以人役权内包含住居权、使用权及用益权，法意等国采用之，仅稍变更而已。我国民法则不认人役权而仅有地役权之规定，日本亦然。

【忌月忌日】【史】父母亡故之月，谓之忌月，亡故之日，谓之忌日。南史："张融有孝义，忌月三月不听音乐。"礼记一祭义篇："文王之祭也，事死者，如事生，思死者如不欲生，忌日必哀，称讳如见亲，祀之忠也。"又"君子有终身之丧，忌日之谓也，故忌日不乐"。

【忌避】【民刑诉】Refusal; Withdrawal 为日本名辞，与我国所称之回避略同，惟仅限于法院之除斥及诉讼当事人之声请始曰忌避耳，故与我国所称之声请回避同其意义。

【快手】【史】逮捕盗贼之吏役谓之快手，又称曰快役。六部成语注解："动手擒贼之官役也。"昔时乃指募集兵而言，南史所载："黄回募江西楚人，得快手八百。"即其明例。

【快役】【史】一名曰快手。(详该本条)

【成丁】【史】男子长成达二十岁者为成丁。六部成语注解："幼童长至二十岁者曰成丁。"一说则谓二十一岁为成丁。北史一隋文帝纪："人以二十一岁为成丁。"

【成分】【物】构成物体之分子，称曰成分。物之成分于分离后，有视为孳息者，有视为原物之一部分者，更有视为新物体者。由前二说观之，则该分离之成分，乃属于原物之所有人，由后一说则应解为无主物。惟我国民法则规定物之成分于分离后，除法律另有规定外，仍属于其物之所有人。(第七六六条)

【成文法】【通】Written law; Statute law 与不成文法相对立，又名制定法。谓由国际团体，国家，或自治团体，依立法程序以文书作成，而经一定形式公布施行之法规也。

【成文法典】【通】Code of written law (参成典条)

【成文习惯】【通】Written custom 与不成文习惯相对称，即被记载于文书上之习惯也。

【成文宪法】Written constitution 为宪法之一种，与不成文法相对立，即将关于国家根本组织之事项，规定于一种或数种特定文书之谓也。美国、法国之宪法，即属此类。

【成立要件】【通】Conditions of consistence 对有效要件言，谓法律关系成立时不可或缺之事项也。又称成立要素。在民法上法律行为未具备此要件即不能成立，例如在要式行为时，如行为人未履行一定形式，则其法律行为不能成立是。在刑法上例如犯罪之成立，故意或过失乃为不可缺之事项是。

【成立要素】【通】又曰成立要件。(详该本条)

【成年人】【民总】Majority 即达到相当年龄而有独立为法律行为之人。换言之,即在法律上能为完全有效之法律行为之人也。自何时起始为成年人,各国立法例其最高定为二十五岁(丹麦)。最低定为二十岁(瑞士、日本)。我国民法定为二十岁,与日本、瑞士同。

【成年工】【劳】Mature worker 为工人之一种,与童工相对称,即童工以外之男女工人也。成年工在原则上有完全工作能力,因其有男女工之区别,故有例外之规定,即女工之工作与童工同受法律之保护(参童工条内)。其工作时间,在午后十时至翌晨六时止者,亦被禁止。男工则在原则上每日工作八小时,最多不得逾十二小时(工厂法第七—十条、第十三条)。又女工分娩前后应停止工作共八星期,工资照给,其入厂工作在六个月以上者,假期内工资照给,不足六个月者减半发给。(第三七条)

【成年宣告制】【民总】此为德国法律所采用,即未成年人于届满法定年龄,及具备一定条件时由法院依法宣告其为成年人之制度也。我民法不采取之。

【成色】【史】金银货中所含之纯粹实量,谓之成色。明律(卷一)、清律(卷四)名例篇——给没赃物之条:"其赃罚金银,并照犯人元供成色从实追征。"

【成典】【通】Code of written law 为成文典法之简称,即以文书公布之法典也。

【成法】【通】Positive law 又曰人定法。(详该本条)

【成婚】【亲】Conclusion of marriage 又称结婚。(详该本条)

【成婚年龄】【亲】Age of marriage 又曰结婚年龄。(详该本条)

【成规】【通】Regelmässigkeit(德) 业已成立而有根据可资覆按之规则,谓之成规。即成文之规则亦称曰成规。

【成童】【史】成童之意义有二:一说为八岁以上之男女谓之成童。穀梁传—昭公十九年:"羁贯成童。"注曰:"成童八岁以上。"另一说谓十五岁以上之男女为成童。(礼记内则篇——成童舞象学射御注)

【成宪】【史】谓国家已定之法制也。书经—说命篇:"监于先王成宪,其永无愆。"

【成亲】【史】元制,成就夫妇之亲之谓也。元典章(卷十八)—户律婚姻篇有通奸成亲断离之条。

【成药】【行】凡用两种以上之药料加工配合,另立名称,或以一种药料加工调制,不用其原有名称,不待医师指示即供服用者,为成药。至于根据中国固有成方配制之丸散膏丹等,不在此限;但无方案可资依据,或新出之药剂,仍以成药论。调制或输入成药者,须依法呈请内政部卫生署查验核准后给予成药许可证,始准营业,于营业时应再向营业所在地该管官署呈请注册。成药不得掺用麻醉药品,如掺用毒剂药品时,须受一定之限制。成药之广告仿单及附加于容器包纸之记载,亦不得超出法定范围之外。凡违反上述各项者,均须受一定之处罚。(管理成药规则第一—四条、第七—八条、十一条)

【戒具】【行】以拘束在监者之身体而防其逃亡暴行及自杀为目的所用之器具,称曰戒具,计分五种:(1)窄衣。(2)脚镣。(3)手铐。(4)捕绳。(5)联锁。此项戒具不限于监内,即在监外者,亦得使用之。(参监狱规则条内)

【戒严】【宪】【行】Martial law 于战争或非常事变时,由政府以兵备在全国或一定之区域内,加以警戒,而对人民自由权加以限制或停止者,曰戒严。各国宪法多以此权赋诸议会或行政元首,且有戒严法规之颁布,以资遵守。在我国之戒严条例(民国十五年七月二十九日颁布),则宣布之权系属于陆海空军总司令耳。

【戒严令】【行】Proclaimation of martial law (详戒严条例条内)

【戒严地域】【行】District where martial law is declared 宣布戒严时受戒严条例之拘束之区域,曰戒严地域,可再分为警备地域与接战地域二种。在戒严地域内司令官有执行下列各款事件之权,因其执行所生之损害不得请求赔偿。(1)取缔认为与军机有妨害之集会,结社,罢工,罢市,或新闻杂志图书各种印刷品。(2)民有物品可供军需之用者,如因时机之必要,得禁止其输出。(3)稽查私有枪炮,弹药,兵器,火具及其他危险物品,因时机之必要得押收或没收之。(4)拆阅邮信电报。(5)检查出入船舶及其他物品,或于必要时得停止水陆之交通。(6)监督指导各地民团农团等,如各团体中有不法行为以致妨碍军事动作者,得由总司令随时勒令缴械解散。(7)因作战时不得已之时破坏人民之不动产,但应酌量抚恤之。(8)接战地内不论昼夜,如遇必要时,得检查家宅,建筑物,航行船舶等。(9)寄宿于接战地区内之人民因时机之必要,得令其退出。(戒严条例第二条、第九条)

【戒严条例】【行】本条例公布于民国二十一年三月,全文共十一条。国民政府在用兵时期内对于所辖地域为确保战地及内地之安宁秩序起见,依本条例所定由总司令宣布戒严,或使宣告之。总司令认为戒严之情事终止时,即为解严之宣告,戒严条例于解严宣布后失其效力。(参戒严及戒严地域二条内)

【戒护】【行】戒护者,谓对于在监者预防其逃走,暴行,自杀,骚扰以及于天灾事变时,所为之必要取缔行为也。(参监狱规则第四章内,第二十五—三十三条)

【扶养】【亲】Maintenance; Support 扶养者,谓特定之人对于特定之人于其不能生活及教育之时,予以必要之费用也。我国历次草案,均以此为一种义务,而迳名之曰扶养义务,实则扶养一方为义务,一方则为权利,故本法乃称之曰扶养。其当事人曰扶养当事人,所给予之费用,曰扶养费。扶养之程度,应按受扶养权利人之需要,与扶养义务人之经济能力及身分定之。至扶养之方法如何,原则上由当事人协议定之,但不能协议时则由亲属会议定之,一经决定,若遇情事变更时,自应许当事人之请求,而加以变更。若扶养当事人一方死亡时,扶养权利与义务即行消灭。若扶养义务人不能维持自己之生活时,或扶养权利人已恢复谋生能力者,则扶养义务或权利,亦因之而宣告停止。(民法第一一一四——一一二一条)

【扶养费】【亲】Aliments (详扶养条内)

【扶养当事人】【亲】Parties in the maintenance 所谓扶养当事人,乃指扶养义务人与扶养权利人而言。

【扶养义务】【亲】Duty of maintenance (详扶养条内)

【扶养义务人】【亲】Person bound to furnish support; Obliger in the maintenance　凡依法对于特定人负有扶养之义务者，曰扶养义务人。我民法对扶养义务人设有明文，即下列亲属互负扶养之义务：(一)直系血亲相互间。(二)夫妻之一方与他方之父母同居者，其相互间。(三)兄弟姊妹相互间。(四)家长家属相互间。上述各扶养义务人若同时有数人时，则依下列顺序定之：(一)直系血亲卑亲属。(二)直系血亲尊亲属。(三)家长。(四)兄弟姊妹。(五)家属。(六)子妇女婿。(七)夫妻之父母。若同系直系尊亲属或直系卑亲属者，在同一顺序而为履行扶养义务人者，则以亲等近者为先。又如负担扶养义务者有数人，而其亲等同一时，则应各依其经济能力分担义务。(民法第一一一四——一一一五条)

【扶养权利人】【亲】Person entitled to support; Obligee in the maintenance　所谓扶养权利人，乃指享有受特定人扶养权利之人而言。得为扶养权利之人，仅以不能维持生活而无谋生能力之特定人为限，是为原则；但直系血亲尊亲属，则虽无谋生能力，亦得享有受扶养之权利，是为例外。至何者为扶养权利人，依民法之规定即扶养义务人同时为扶养权利人(参扶养义务条内)。又扶养权利人有数人时，则应有一定之顺序，以定其先后，其顺序如下：(一)直系血亲尊亲属。(二)直系血亲卑亲属。(三)家属。(四)兄弟姊妹。(五)家长。(六)夫妻之父母。(七)子妇女婿。若同系直系尊亲属或直系卑亲属者，则以亲等近者先为受扶养之人，若受扶养权利同时有数人，而其亲等又为同一者，则应按其需要之状况酌为扶养。(民法第一一一四条、第一一一六条)

【批】【行】Rescript; Approvals　各机关对于人民陈请事分别准驳时所用之公文，曰批。

【批本处】【史】清时因鉴于明季秉革太监之流弊，特设批本处，以满洲出身之翰林及内阁侍读(满人)等专任批发本章之事。

【批帖】【史】运送货物之证明书，称曰批帖。明律(卷十五)、清律(卷二十)兵律关津篇——诈冒给路引条："官豪势要之人，嘱托军民衙门，擅给批帖，影射出入者，各杖一百。"

【批准】【国公】Ratification　对已签字之条约加以最后之承认，谓之批准。故批准为条约确定之必要手续。按条约之订立，通常均由国家所委派之代表专任其事，凡经所委派代表签字者，仅系双方已同意而尚未确定之要约，此时并无拘束力，须经批准后，以批准书互相交换之日，始生效力。但有例外，即下列各种条约，无须批准，亦视为有效：(一)条约未经批准而业已实行者。(二)由国家元首躬亲直接签订之约(但须以宪法规定之)。(三)在战时陆海空军司令所订之约。(四)由缔约当事人以明文规定由签订日实行之约。(五)由属地行政长官在其权限内所订立之约(如印度总督)。(六)确认旧约存在而订立之新约。又批准机关为何，依各国法律之规定可分为四：(一)由元首批准者(如日本是)。(二)仅某种条约由立法机关批准者(英法德西意是)。(三)一切条约均由立法机关批准者(如美国及南美多数国是)。(四)由国民投票加以批准者(如瑞士是)。至于批准机关并无有必须批准之义务，虽实际上有时批准有时拒绝，然就道义上而言，仍以不加拒绝为是，否则非有正当理由不可。若仅对一部分加以批准或保留一部分，在两国间之条约不得有此行为，但对多数间之国际条约则为例外耳。

【批准交换】【国公】Exchange of ratification 国际间之缔结条约，以双方各经其法定机关之批准而确定，于批准后即应将批准书各由全权代表与对方国互相交换，此项交换，称曰批准交换，于交换程序完了之时，所缔条约即行完全成立，此后双方当受该项条约之拘束，各尽遵守之义务。

【批准书】【国公】Letter of ratification 元首或立法机关对于条约加以批准时所用之文书，曰批准书。通常系由国家元首签名，并由国务员副署之，其内容或载条约全文，或仅列于第一条及最末条之条文，由元首及国务员分别签字及副署之，并载明批准之意旨等文字。此种批准书，应即向缔约国之相对方交换，此后条约始行发生效力。

【批准条款】【国公】Clause of ratification 在条约中规定关于批准期限之明文，曰批准条款，缔约国双方均须于所规定之期限内实行批准，否则视为拒绝。

【批准证书】【行】License 某种权利之非一般人所可享有，若经具备一定条件之呈请人具呈请求时，政府如准许其请求而给予一定之证书，此项证书，称曰批准证书，例如会计师证书，律师证书等皆是。

【批答】【史】皇帝对于执政以上之大官呈上之奏事所为之批示，谓之批答，对于执政以下，则降诏。朝野类要："执政以上，有章奏请，则降批答，以下则降诏。"

【批驳】【行】官署对于人民所呈请之事项不予照准时以批示方法驳斥之者，谓之批驳。

【找给银】【史】找者补也，各官厅于公费不足时，请求户部补给者，户部准许后，所补给之银款，曰找给银。六部成语注解："找补也。办公所烦之项不足，报部请补行给发也。"

【找贴】【物】即出典人不行使回赎权而愿将其典物之所有权让与典权人时，则典权人可按时价向出典人找补，或对其贴补以取得典物所有权之谓。但为避免纠纷起见，只以一次为限。(民法第九二六条)

【技师登记法】【行】Law governing the registration of technical experts 本法于民国十八年六月二十八日公布，共十七条，其要点如下：(1)凡愿充技师者应依本法声请登记。(2)技师分为农业技师、工业技师、矿业技师三种，各种技师又各分若干科。(3)凡具下列各资格之一者得向各主管部声请登记为技师：(A)在国内外大学或高等专门学校修习农工矿专门学科三年以上得有毕业证书，并有二年以上之实习经验得有证明书者。(B)曾经考试合格者。(C)办理农工矿各厂所技术事项有改良制造或发明之成绩，或有关于专门学科之著作经审查合格者。(4)凡声请登记者须具备声请书及法定书件并登记费证书费各十元。(5)技师资格之审查由特设之技师审查委员会行之。其审查合格者由主管部发给技师证书，刊登政府公报，并呈报考试院。(6)领得技师证书者得设立事务所执行业务，但同时应向所在地之主管官署呈报一定事项，此后得受委托办理技术上之设计实施，及与技术有关之各种事务。

【技师审查委员会】【行】Commission for the investigation of technical experts 审查技师资格之机关为技师审查委员会，分为农业工业及矿业三组。每组置委员五人至九人，由实业部长遴派有专门学识之部员分别兼充之，惟主管司长则为各该组之当然委员。本委员会置委员长一人，由实业部常务次长为委员长，各组开会由委员长召集之，开会时须有各该组全体委员过半数之出席，其决议则须有出席委员过半数之同意。（实业部技师审查委员会规则第二—五条）

【技师审查委员会规则】【行】技师审查委员会隶属于实业部，故又称曰实业部技师审查委员会。本委员会规则由实业部于民国二十年二月六日公布，全文计十条，自公布之日施行。（参技师审查委员会条内）

【技副】【行】Junior technical experts 资格较技师稍逊者为技副，其种别与科目与技师相同。凡有下列资格之一者，得依法向实业部声请登记为技副：(1)在国内外中等职业学校及其同等学校修习农工矿专科三年毕业，并有五年以上之实习经验得有证明者。(2)办理农工矿技术事项负有专责在八年以上确著成绩得有证明者。声请登记时应具备法定文件，并附缴登记费五元，证书费五元，印花费一元。凡经审查合格者，由实业部填发技副证书，得在所在地设立技副事务所，受人委托执行业务，惟同时应向所在地主管官署呈报一定事项，始得开业耳。（实业部农工矿技副登记条例第一—七条）

【技术合作委员会】【行】Commission on technical coöperation 技术合作委员会设总会于南京，并得于各大都市设立分会，均直隶于行政院，其委员均由行政院聘任之。其任务如下：(1)各地粮食燃料之调查登记调剂，及耕种采取改良之奖励与指导。(2)军用或与军事有关之原料物品之调查登记介绍，及其制造之指导奖励。(3)交通机械医药等技术人才之调查登记介绍及其养成。（技术合作委员会章程第一—三条）

【技术合作委员会章程】【行】本章程由行政院于民国二十一年三月公布，全文仅七条。（参技术合作委员会条内）

【投回】【史】清制，旗人犯罪逃亡，其初次犯者，则酌量罪情，听其复归原有旗籍，谓之投回。（户部则例）

【投降规约】【国公】Capitulations 又称降服规约，即军队舰队或城塞地方等在某种条件之下，因防止不必要之损害，而向战胜者表示降服停止一切战斗行为所缔结之协定也。此项规约，完全为军事方面的，故双方之当事人为两方之军事长官。至投降规约之内容，大概不出下列所举：(1)降服之军队成为俘虏，舰队成为捕获品。(2)军用品及公共财产当依约交出。至于规约如有另行载明者，自当依其所载，双方均当绝对遵守，不得任意破坏。（参海牙规则第三五条）

【投荒之罪】【史】凡犯重罪者，流诸国外荒裔之地，是为流刑之最重者，此种罪名曰投荒之罪。六部成语注解：“投之荒裔，而发遣边外。”

【投匿名文书告人罪】【史】隐匿自己之姓名，或捏造其他姓名或诡托他人姓名，将他人之过恶作成文书而投于官府者，构成本条之罪。明律(卷二十二)、清律(卷三十)刑律诉讼篇——投匿名文书告人罪条："凡投隐匿姓名文书，告言人罪者绞，见者即便烧毁，若将送入官司者，杖八十，官司受而为理者，杖一百，被告言者，不坐。若能连文书捉获解官者，官给银一十两，充赏。"清律之注："指告者勿论，若诡写他人姓名词帖，讦人阴私陷人，或空纸用印，虚捏他人文书，买嘱铺兵递送，诈以他人姓名注附木牌进入内府，不销名字，陷人得罪者，皆依此律绞。其或系泛常骂詈之语，及虽有匿名文书，尚无投官确据者，不坐此律。"同律之总注："凡罗织人之阴私过恶作为文书，不自指实陈告，而隐匿亡之姓名，或捏造鬼名，或诡托他人，暗投官府，以告言人罪者绞。既欲陷人于罪中，又欲脱身于事外，其心阴恶可诛，故重其法也。其见有匿名文书者，即便烧毁，如将送入官司，则奸言得通于上矣，故杖八十。官司例不应受，若受而为之听理，则奸言得行于上矣，故杖一百。虽所投文书内之事，皆有指实，而被告言之人不坐，将送受理者皆杖，而被告者虽实不坐，所以杜其奸也。若于方投之时，有能连人与文书，一同捉获解官者，官给赏银一十两，盖匿名告人者，其事最诡谲秘密，难于觉察，易于漏网，故捉获者，有给赏之法。"同律之辑注："匿名法重，必须当时拿获，确有证据方坐。下文曰连文书捉获，则此必是连人捉获矣。或官司于投文书时，查出其匿名，或即本人暗投或令人代投，从而穷究得之也。彼既隐匿姓名，若非现获有据，凭何追求，即尽索夙有仇嫌之人，而对其笔迹，亦不可得，盖匿名害人，必是奸狡之徒，岂肯以常时笔法书写，非自变易字体，则必假手他人，更或摹仿人笔迹，而伪为之冀害两家者，死罪极刑，岂可臆断，与其杀不辜，宁失不经，不可不慎也。"

【投匿名书】【史】以秘密方法投递匿名文书以告发他人之隐秘罪情于官，谓之投匿名书。唐律释文(卷二十四)："隐投文牒，密告人罪，谓之投匿名书。"

【投匿名书告人罪】【史】绝匿姓名或假冒他人姓名或假托姓名以告人罪者应即构成本条罪名。唐律(卷二十四)斗讼篇有投匿名书告人罪条之设："诸投匿名书，告人罪者，流二千里(谓绝匿姓名，及假人姓名，以避己作者，弃置悬之俱是)。"疏议曰："有人隐匿己名或假人姓字，潜投犯状，以告人罪，无问轻重，投告者即得流坐，故注云，谓绝匿姓名，及假人姓名，以避己作者，弃置悬之俱是。谓或弃之于街衢或置之于衙府，或悬之于旌表之类，皆为投匿之坐。假人姓名，经官司判入，言告人罪，从违令科，非是投匿，所以科违令。投匿告祖父母科绞，告期亲卑幼，减凡人二等，大功减一等，小功以下，以凡人论。匿名书告他人部曲奴，依凡人法，是大功相犯，不合减一等减二等，它皆仿此。告缌麻以上亲部曲奴，即依减法。"同条又谓："得书者皆即焚之，若将送官司者，徒一年，官受而为理者，加二等，被告者不坐，辄上闻者，徒三年。"疏议曰："匿名之书，不合检校，得者即须焚之以绝欺诡之路。得书不焚，以送官府者，合徒二年，官司既不合理，受而为理者，加二等，处徒刑二年。被告者假令事实，亦不合坐，若首不原事，以后别有人，论告还合得罪，辄上闻者，合徒三年，若得告反逆之书，事或不测，理须闻奏，不合烧除。"

【投票】【宪】Voting 选举时，将选举票书写所欲选举之人而投入于票匣中者，曰投票，投票者曰投票人。

【投票立会人】【通】Ballotierenzeugen（德）；Voting witnesses（英）　为日本名辞，即选举时由选举人中所选出之投票监督人也。与我国所称之监票人相等。

【投票纸】【行】Voting paper　选举时所备法定形式之纸，以为投票时书写被选人姓名之用者，称曰投票纸，又曰选举票。

【投票区】【行】设立某一投票所之区域，谓之投票区。在某一投票区内之选举人均应往该投票所内投票选举。

【投票监察员】【行】Ballotierenzeugen（德）　（详投票管理员条内）

【投票管理员】【行】Voting overseer　于投票选举之日从事于主持投票所之开闭，投票匮之守护，投票时秩序之维持以及关于投票之应否收受之决定等之人员，称曰投票管理员。其对于投票管理员之办理投票事宜时负监视之职者，则称曰投票监察员。

【投递人】【刑诉】邮件及电报之投寄人，称曰投递人。依我刑事诉讼法之规定，邮务局电报局送交之邮件及电报，应扣留者，即行通知投递人或收受人，但于诉讼程序有妨害者，不在此限。（第一三四条）

【投标】【债】Tender　与拍卖同为竞争缔结契约之方法，即以招标之表示使多数竞争人各提出有利之条件，而由招标者选择其中之一人而与之缔结契约之谓也。招标者曰招标人，其招标之表示即为要约之劝诱。投标者曰投标人，其投标之表示即为要约。被选定之投标人曰中标人，招标人之选定表示即为承诺，一经选定，契约即行成立。投标与拍卖不可混同，其异点有三：(1)前者投标人所提条款彼此不知，后者应买人所提条款则彼此均知。(2)前者皆以书面为之，后者则以口头为之。(3)前者以出价最高之人为应买人，后者则不限于此，而投标人之资力信用及其他情况亦在参酌之列。

【投标人】【债】与招标人相对称。（详投标条内）

【投缳】【史】以绳为缳而投颈于其中以自缢，称曰投缳。品字笺："缳，环也，以索为缳，而自缢，谓之投缳。"

【投献】【史】谓自愿将田产献致于人也。（参盗卖田宅条内）

【抗告】Beschwerde（德）；First motion for setting aside rulings　谓不服原审法院未确定之裁定，而向上级法院请求撤销（或废弃）或变更之方法也。

【刑诉】抗告主体为：(1)当事人。(2)证人，鉴定人，通译，及其他非当事人。我刑诉法对不得抗告之情形加以列举：(1)法院于判决前关于管辖及诉讼程序之裁定（但凡关于羁押具保扣押及扣押物件发还之裁定，及对于非当事人所受之裁定不在此限）。(2)对于第三审法院所为之裁定。(3)对于声请变更或撤销处分之裁定。抗告之期限除有定明以五日为限者外，概以七日为准，均自送达裁定书后起算。关于抗告程序如下：(1)应向原审法院以书状为之。(2)原审法院认为有理由者，更正之，否则应于三日内将抗告书并添具意见书送交抗告法院，必要时应将卷宗及证物一同送交。至对抗告程序不适合时,可驳回之。(3)抗告无停止执行裁判之效力,但原审法院或抗告法院得以裁定停止裁判之执行。至于抗告法院之裁定有二:(1)驳回抗告之裁定。(2)撤销原裁定之裁定。抗告人对于抗告之裁定不服时,更得为再抗告(详该本条)。此外刑诉法更有类似抗告(详该条)之规定。(刑诉法第四一四—四三二条)

【民诉】抗告与上诉不同,其异点如下:(1)前者仅得为再抗告,为二级审,后者通常为三级审。(2)前者得由原法院或审判长裁判,后者则由上级法院裁判。(3)前者由第三人提起者颇多,后者除从参加外,则由当事人提起。(4)前者系对于下级法院或其审判长之抗议,后者则系对于相对人之攻击。又抗告系对于裁定向上级法院声明不服之方法,故与向原法院提出异议,及声请更正,或补充裁定者,亦有区别。依民诉所定得为抗告主体者,除诉讼当事人外,如从参加人,书记官,执达员,代理人,证人,鉴定人,及应提出证书或勘验物之人均得为之。又抗告应对于裁定为之。但法律有特别规定者,不在此限(亦系对于不得抗告者加以列举)。抗告期限定为十四日,即于裁定送达后起算,若于送达前为之,亦有效力。至本法定为即时抗告者,其期间仅为七日。抗告之程序如下:(1)应向为裁定之原法院,或原审判长所属法院以书状为之,对于简易事件则得以言词为之,如遇急迫情形时,得迳向抗告法院提出抗告状。(2)原审法院或审判长认为有理由者,更正之,否则驳回之,若不为上项之处置时,应将抗告书添附理由及卷宗送交抗告法院。(3)抗告除别有规定者外,无停止执行之效力。(4)抗告法院得为驳回之裁定,或认为应废弃者,则(甲)自为裁定,或(乙)命原审法院或审判长更为裁定。至于得为再抗告者,仅限于以违背法令为理由者始得为之(民诉第四四九—四六〇条)。抗告之种类有三:(1)普通抗告。(2)即时抗告。(3)再抗告。(详各本条)

【抗告人】【民刑诉】(详抗告条内)

【抗告法院】【民刑诉】Court of motion against ruling 谓受理抗告之法院也。以原审之直接上级法院为限。

【抗告状】【民诉】Petition of motion for setting aside rulings 凡因抗告事件向法院所提出之书面,曰抗告状,其程式如何,民诉并无明文,惟对于抗告人或原裁定,及对该裁定之抗告陈述,与对于原裁定之不服裁定,及请求如何变更之声明,均须于状内详为记述。

【抗告期限】【民刑诉】(详抗告条内)

【抗告期间】【民刑诉】Period of complaint 又曰抗告期限。(详抗告条内)

【抗告审】【民刑诉】Instance of protestation 所谓抗告审,乃指法院审理抗告事件之程序而言。(参抗告条)

【抗敌罪】【刑】为战时的外患罪之一,即因民国人民在敌军执役,或协同敌国(开战实行方称敌国)抵抗民国或其同盟国而成立之罪(刑法第一〇九条)。换言之,即直接参与敌国军务之罪也。其要件有三:(1)主体以民国人民为限。(2)要有在敌军执役者。(3)须为与敌国协同抵抗民国或民国之同盟国者。本罪之处分为死刑或无期徒刑，未遂罪或预备或阴谋，均有科罚之明文。

【抗粮】【史】人民应向国家缴纳税粮，而拒绝不纳者，曰抗粮。六部成语注解："抗，抵拒也。人民于应交钱粮之时，抗拒官府不肯交纳也。"

【抗议】【通】Protest　甲方对于乙方表示反对之意旨者，谓之抗议。甲国对于乙国侵害其主权之行动或言论而表示反对者，亦曰抗议。

【抗辩】【债】【票】Defence　（详抗辩权条及票据抗辩条内）

【抗辩权】【通】Einrede（德）；Right of defence　又称反对权或对抗权，乃指对于请求权之反抗权利而言，与请求权支配权及形成权相对立，为私权分类之一种。

【折色银】【史】应征之漕米不足时，按其米之种类折成银款以代给付，称曰折色银。六部成语注解："应征之实米不足，则亦按色折银纳之。"

【折杖】【史】折者减也。折杖即减少杖刑之数。宋太宗建隆四年始定折杖之法，盖脊杖恒有生命之忧，故折减其数。事物纪原（卷十）："宋朝会要曰，建隆四年三月张昭谓加役流脊杖二十，配役三年，流三千里脊杖二十，二千五百里脊杖十八，二千里脊杖十七，并役一年，徒三年脊杖二十，二年半十八，二年十七，一年半十五，一年十三[①]，杖一百臀杖二十，九十十八，八十十七，七十十五，六十十三，笞五十杖十，四十三十八下，二十十七下。旧据狱官令用杖，受杖者皆脊臀腿分受。殿庭决者皆脊受，至是始折杖。又徒流皆脊受，笞杖者皆臀受也。孙奭律音又曰，旧制应决杖笞者，皆依数决之，宋朝建隆四年，始有折杖之制。"大学衍义补（卷百四）："宋太祖定折杖之制，凡流刑四，加役流，脊杖二十，配役三年，流三千里，脊杖二十，二千五百里脊杖十八，二千里脊杖十七，并配役一年。凡徒刑五，徒三年脊杖二十，徒二年半脊杖十八，二年脊杖十七，一年半脊杖十五，一年脊杖十三。凡杖刑五，杖一百臀杖二十，九十臀杖十八，八十臀杖十七，七十臀杖十五，六十臀杖十三。凡笞刑五，笞五十臀杖十下，四十三十臀杖八下，二十臀杖七下。常行官杖长三尺五寸，大头阔不过二寸，厚及小头径不得过九分。徒流笞通用常行杖，徒罪决而不役。"

【折券】【史】破弃债券不复索偿谓之折券，即近代法上所谓债权之抛弃也。史记—高祖纪："两家折券弃责。"其注曰："责与债同，言折毁债券不复索偿也。"

【折抵】【刑】Conversion　折抵者，谓折扣抵算也。例如将裁判确定前羁押之日期，以二日抵有期徒刑或拘役一日是。法院于判决时羁押日数准予折抵者，其折抵标准。应于判决书主文内记载之。（刑诉法第三二三条）

【折剉赔偿】【史】于放火延烧他人房屋时分折犯人之财产以赔偿被害者之损害，谓之折剉赔偿。明律（卷二十六）杂犯篇——放火故烧人房条："若放火故烧官民房屋及公廨仓库系官积聚之物者皆斩。其故烧人空闲房屋及田场积聚之物者，各减一等，并计所烧之物减价尽犯人财产折剉赔偿，还官给主。"其纂注曰："减价

---

① 原书为"二"，系排版之误。

折剉赔偿如房屋及在内积聚之物原值钞三百贯，烧讫者值二百贯，烧残者止值一百贯，则令犯人家产折为钞数，剉作几分而赔偿之。如剉折赔偿不足原数者，免追，故曰尽此。"清律(卷三十二)刑律杂记篇同上条之附注曰："折者，折算所值，剉者，剉分其数，将财产折为银数。"

【折俸】【史】对官吏之俸给代以他物支付之，谓之折俸，又减折全数之几分而支付之，亦曰折俸。事物纪原(卷四)："宋朝会要曰，唐正元四年，定百官月俸，僖昭之乱，国用窄阙，天祐中止给其半。后唐同光初孔谦以军储不充，百官俸钱数多而折之，非实请减半数，而支实钱，是后所支半实数，复从虚折。宋朝约后唐所定，其非兼职者，皆一分实钱[①]二分折支。景德罢兵之后，始诏俸当给他物者，京师每一千给实钱六百，在外四百，则今折俸之始也。祥符五年十一月诏，又定加文武官月俸。"

【折纳】【史】所谓折纳乃指于纳税时以其他之物换算缴纳而言，例如以银换算代替米之缴纳或以纸币换算而代银钱之缴纳是。明律(卷七)户律仓库篇——钞法条："若诸人将实钞赴仓场库务折纳诸色课程中买盐货，及各衙门起解赃罚，须要于钞背用使姓名私记以凭核考，若有不行用心辩验收受伪钞及挑剜描辏钞贯在内者，经手之人杖一百，倍追所纳钞贯。"

【折衷公司】【公】Combination company　为公司分类之一，对人的公司与财的公司言。谓同时对人(股东)及财产(资本)二者以为信用基础之公司也。例如两合公司与股份两合公司是。

【折衷主义】【刑】Principle of combination　(甲)为刑法关于地与人之效力之主义，以属地主义为原则，兼混用他种主义。其内容约有四项：(1)采用属地主义以保主权。(2)采用属人主义以补属地主义之不足，惟限于本国人民在外国犯重大罪时耳。(3)采用保护主义使外国人在国外对于本国或本国人民犯重大罪状时，可以要求适用本国刑法加以处罚，但实际上殊难适用。(4)兼采世界主义以维持世界公共利益，例如贩卖奴隶及海盗等之惩罚是，我刑法亦采用折衷主义(第三条至第八条)。第三条第四条以属地主义为原则，第六条第七条采属人主义。第五条采保护主义，其第五项则采世界主义。(乙)为未遂罪处罚之另一主义，即得减主义之别称，谓犯人系因意外障碍不能达到犯罪之结果，但其危害与既遂无异，其刑不必减轻，惟按其情节凡有可原之处得予减轻耳(参未遂罪条)。(丙)又为并合论罪处罚主义之一种，对吸收主义并科主义限制加重主义言，即兼并科主义吸收主义与限制加重主义而适用之谓，我国刑法采用之(第七十条)。(1)采用吸收主义者为第七十条第一款、第二款、第六款之规定，即轻犯不执行也(详不执行条)。(2)采用限制加重主义者为同条第三款、第四款、第五款之规定。惟自由刑之最长时间有限制之规定耳。(3)采用并科主义者为同条第八款及第七款从刑之规定是。(丁)为隔时犯与隔地犯四学说之一，又名行为结果主义说(详该本条)。又名混同主义。(戊)及犯罪为科刑条件三学说之一，即折衷其他现实主义表征主

① 原书为"践"，系排版之误。

义而言。谓刑罚之轻重应依犯人之恶性加以裁量,至犯人恶性如何非依犯人之行为无由而知,故应以二者合而用之方无流弊。(己)为刑罚之目的的主义之一,对报复主义及目的主义言,又名混合主义,即兼上述两主义而成立者也。一方维持正义,对恶人加以惩罚,一方对社会多数之利益加以防卫,然此项主义因维持正义方面带有赔偿作用,与民事责任稍有混同,在今日之民刑分化时代,颇为一般人所诟病。

【险】为为第三人订立人寿保险契约之限制的立法主义之一,对利益主义与同意主义言,谓要保人一方须与被保险人(即第三人)有利益关系。一方并须经其同意,方可缔结人寿保险契约。匈牙利商法采此主义。

【民总】为意思能力确定标准之一,即折衷心理主义及生理主义而成立之学说主张。凡心理作用及心神状态均有欠缺时,始得称为无意思能力,我国民法采之。(第七十五条)

【折衷制】【组】System of combination 为法院审判制度之一种,与独任制合议制相对称,谓折衷独任与合议二制之制度也。我国法院编制法规定地方法院之诉讼事件系第一审者以推事一人审判之,系第二审者以推事三人审判之,若属第一审而繁什之案件经当事人之请求,或依法院之职权,亦以推事三员审判之(第五条)。法院组织法则规定地方法院审判案件以推事一人独任行之。但案件重大者得以三人之合议行之,高等法院以三人行之,但有例外,即行准备及调查证据程序时,得以推事一人任之耳(第三条)。盖采折衷制也。

【折衷保险】【险】Combination insurance 又曰混合保险。(详该本条)

【折讼】【史】民事裁判,称曰讼,解决民事诉讼案件谓之折讼,实则通常所称之折讼乃折狱讼之简称。北史—杨椿传:"折讼公正。"

【折跌人支体】【史】折跌人支体者,谓斗殴时折断他人手足或跌蹴他人骨体也。唐律(卷二十一)斗讼篇——殴人折跌支体瞎目条:"诸斗殴折跌人支体,及瞎其一目者徒三年。"疏议曰:"因斗殴,折跌人支体,支体谓手足,或折其手足或跌其骨体。"其下注云:"折支者,谓折四支之骨,跌体者,谓骨节差跌,失于常处。"

【折伤】【史】即于斗殴时折伤他人之牙齿等之谓也。(参折齿条)

【折狱】【史】谓裁判讼狱也。狱者讼狱之狱也(刑事裁判曰狱,民事裁判曰讼)。折者分曲直为二也,即判决之义。书经—吕刑篇:"非佞折狱,惟良折狱。"易经—贲卦象传:"君子以明庶政,无敢折狱。"论语—颜渊篇:"片言可以折狱。"增补四书人名聚考:"释名云,狱确也。言实确人情伪也。又谓之牢,言所在坚牢也。又谓之圜土,言筑土之表墙,其形圆也。又谓之囹圄(囹、领也。圄、御也)。言领录囚徒禁御也。"又曰:"按急就章,咎繇造狱,后代因之。胡氏曰,折者析而二之也。治狱之道,两辞俱备,曲直未分,混为一区,乃平别其孰为曲孰为直,判然两途,所谓折也。"又曰:"(易丰象)君子以折狱致刑。书曰,哀敬折狱。"(卷六)

【折狱致刑】【史】刑事之裁判曰狱,折谓解决也。折狱致刑乃指善于解决刑狱而能适用合理的刑罚而言。易经—丰卦之象辞:"雷电皆至,丰,君子以折狱致刑。”程颐注曰:“雷电皆至,明震并行也。二体相合,故云皆至。离明也,照察之象。震动也,威断之象。折狱者必照其情实,惟允克允,致刑者,必威于奸恶,惟断乃成,故君子观雷电明动之象以折狱致刑也。”

【折征银】【史】与折色银(详该本条)同一意义。

【折齿】【史】殴打他人而折断其牙齿也。为折伤罪之一种。唐律(卷二十一)斗讼篇——斗殴折齿毁耳鼻之条:“诸斗殴人,折齿,毁缺耳鼻,眇一目,折手足指,……折二齿二指以上……徒一年半。”疏议曰:“因斗殴人而折其齿,……若折二齿二指以上,称以上者,虽折更多亦不加罪……。”

【折简】【史】策书也。按策书乃任免官吏时所用之令书。汉制天子任免百官均以竹简书成,称之曰策书(参该本条)。唐律(卷一)名例篇:“挥折简于髦彦。”疏议云:“张铣注曰。折简谓策书,诗曰,髦士攸宜。尔雅曰,美士为彦,言天子降诏词于台相,挥折简,在于髦彦之士也。”

【折赎】【史】对五刑犯中罪状之轻者以金银按律所定换赎其刑罚者,谓之折赎,故折字与换字及代字相通,即以金银代替刑罚也。(参赎刑条内)

【抑止权】【国公】Right of embarrass 战争时中立国或敌国之船舶,依法有受临检搜索之义务,若拒绝临检搜索时,得以武力命其停止驶行,是曰抑止权。(参临检搜索权条内)

【把持行市】【史】把持行市者,谓以强制方法从事买卖以专取其利而不许他人买卖也。此种行为与贸易自由之原则相反,故为法律所禁止。明律(卷十)、清律(卷十五)户律——市廛篇把持行市条:“凡买卖诸物,两不和同,而把持行市,专取其利及贩鬻之徒通同牙行,共为奸计,卖物以贱为贵,买物以贵为贱者,杖八十。若见人有所买卖,在旁高下比价,以相惑乱而取利者,笞四十。若已得利物,计赃重者,准窃盗论,免刺。”清律之集注:“前二节,是未得财,末节是已得财。若所得之财,轻于前罪者,仍依前杖笞。”同律之辑注:“凡把持行市,则公然恃强以取利,通同为奸,则暗地作弊以谋利,情虽不同,而皆扰害市廛,故其罪同。”又同律之总注:“两不和同,谓使买者卖者皆不情愿之意,与下把持二句语意相承,如已买物则把持卖者,如已卖物则把持买者。即俗所谓强买强卖,而又不许他人买卖也。故曰专取其利。凡市集买卖诸物致使两不和同,而把持行市,高下其价,不许他人作主,自专其利者,及贩买鬻卖之徒,通同牙行,共为奸计,卖己物则高其价,而以贱为贵,买人物则低其价,而以贵为贱者,并杖八十。若见人有所买卖,在旁故以己物之高下比并,以惑乱买卖之人,因而于中规取牙利,虽非把持,其情可恶,故笞四十。以上二节,把持行市者,曰专取其利,通同为奸者,曰买卖贵贱,在旁比价者,曰惑乱取利,则此三项皆有分外多得之利物也。若已得利物,即计以为赃,准窃盗论,前二项之赃罪重于杖八十,后一项之赃罪重于笞四十,则从盗科断,免刺至死减一等。”

【把持诈害】【史】把持操纵地方之公事而以欺诈方法陷害良民,称为把持诈害。(六部成语注解)

【把总】【史】明永乐中置三大军营，设把总把司等官，以为坐营坐司之补助官，均以功臣任之。其后增置渐多，故选用方法及被选者之资格均不重视。清时变为武职之末级，位次于千总，与今所称之少尉相等。

【抄没】【刑】没收人民之财产称曰抄没。

【改元】【史】更改为元年者称曰改元。其后有所谓年号之制，故改年号者，亦称为改元。事物纪原(卷一)："史记秦本纪曰，惠文王十四年更为元年。又六国表云，初更元年也。检自历代人君即位，为元年，中间无改元之制，至秦惠王乃始有之。汉兴多因秦故，故文帝因之，亦有中元后元之改，迄今以为常，故改元之始由秦惠王也。章衡编年通载曰，魏惠王五十六年更为元年，又曰以相王初改元称一年，太史公书改分为二王之年数，后十年，秦始更元年也。"

【改判主义】【刑】即裁判确定后所发见累犯应如何再判主义之一，对不改判主义言。即以累犯为社会之大憝，应行再开裁判更定其刑。我国新刑法采用之，惟前罪执行完毕或免除后发觉者，则不适用之。(第六十七条)

【改良地】【土】Improved-land　与未改良地相对立。依法令使用之土地称曰改良地，又可分为市改良地与乡改良地二种。法律为贯彻土地之利用与改良起见，对于改良地之地价税率较未改良地为低。(土地法第二八一条、二九一条、二九四条)

【改良行为】【物】Act of improvement　即以增加物之收益为目的所加于物之一切促进之行为也。例如对田地加以肥料，或加以浸润是。

【改良物】【土】Improvement　又称土地改良物。凡土地定着物，其存在为施行劳力及资本之结果而合于土地法之规定者，曰改良物。所谓合于土地法之规定者，乃指改良物可分为二:(1)建筑改良物。(2)农作改良物(详各本条)而言。改良物价值之估计，由地政机关为之，并于估计地价时为之为原则(第二二八条、二五八条、二五九条)。其价值估计完竣，经过通知程序不发生异议，或发生异议经主管地政机关决定或公断决定者，即为改良物之估定价值。(第二六六—二七〇条)

【改良物税】【土】Tax on improvement　又称土地改良物税，即由改良物所征收之税也。改良物既为资本劳力之结果，按诸土地政策，自不应征收税款，方为合理。但我国过去城市之房捐，为市政收入之大宗，苟一旦废除，影响于财政甚大，故土地法仍规定得以征收，惟仅限于市地之改良物，其法定税率亦以不超过千分之五为限。至于乡地之改良物税，概不征收。关于征收之时期，乃于征收地价时为之，其方法为照估定价值按年行之。(参第三一一条—三一六条)

【改良费】【民总】Outlays for the improvement　所谓改良费乃指基于改良行为所支付之有益费用而言，善意占有人因改良占有物所支出之有益费用，于其占有物现存之增加价值限度内，得向回复请求人请求偿还。(民法第九五五条)

【改姓】【行】Change of surname　自然人不用原来姓氏，而改用他姓者，谓之改姓，须向内政部呈请，经其核准始为有效。呈请改姓时，同时不得更名。改姓之原因限于下列二种:(一)因继承者。(二)因归宗者。(内政部审核更名改姓及冠姓

规则第三、九、十三条)

【改定占有】【物】Constitum Possessorium(拉丁) 又名占有改定。(详该本条)

【改法为律】【史】秦商鞅将李悝之法经六篇盗法贼法囚法捕法杂法具法等,改为盗律贼律囚律捕律杂律具律,曰改法为律。(唐律卷一名例篇)

【改班】【史】由文官改任武官,或由武官改任文官,谓之改班。例如由总督改任左都御史是,为清朝授官法之一种也。(会典吏部)

【改除致仕】【史】改除者,谓未就任及未补官之官吏受淘汰裁减或因官署之改废或因改官而别途除用也。致仕者,谓因老年或疾病而辞职也。清律(卷三)名例篇——以理去官条:"凡任满得代,改除致仕等官与见官同。"其注曰:"改除,如沙汰裁革起送赴部,或改官,或改衙门,别项除用,尚未补官,或已补而未到任者。致仕,是以老疾休致者,凡此皆是。"

【改善主义】【刑】又称曰感化主义。(详该本条)

【改选】【行】Re-election 改选者谓重新更行选举也。例如职员之满期,死亡,疾病,辞退,或其他事故而更行选举皆是。

【改窜】【通】Correction 对于文书上单纯文字加以更改者,曰改窜,应于文书内附记改窜字数与意旨,并加盖印章于其上以杜弊端。

【攻木之工】【史】以木材作制器物之职工凡有七种:一曰轮(为轮为盖),二曰舆(为车舆),三曰弓(为弓),四曰庐(为庐器戈秘之类),五曰匠(为宫室为沟洫),六曰车(为车为耒),七曰梓(为笋虡[1]为饮器)。(周礼考工记,大学衍义补卷九十七)

【攻皮之工】【史】以皮类作制器物之职工凡有五种:一曰函(为甲),二曰鲍(治韦革),三曰韗(为鼓),四曰韦(熟皮),五曰裘(为裘)。(周礼考工记,大学衍义补卷九十七)

【攻守同盟】【国公】Offensive and defensive alliance 为同盟之一种。(详同盟条内)

【攻金之工】【史】以金属作制器物之职工凡有六种:一曰筑(为削),二曰冶(为戈戟),三曰凫(为钟),四曰栗(为量),五曰段(为段),六曰桃(为剑)。(周礼考工记,大学衍义补卷九十七)

【攻击方法】【民刑诉】Means of attack 所谓攻击方法,乃指原告因维持其诉之声明所提出之诉讼资料,或提出此项资料之行为而言。例如原告以被告在某处曾向其亲口言明借款事,而且有第三人某甲在场是。

【攻击战争】【国公】Offensive war 与防御战争相对称。二者之区别,有下列二种标准:(一)以最初之为攻击或为防御决之,此项战争于继续中有时为攻击有

① 原书为"簴",同"虡"。

时为防御,均不以此而更易其名称。例如由最初为攻击之交战国一方而言,其战争乃为攻击战争,其后虽对于该被攻击国所施之攻击战而施行防御,亦不得谓之防御战争,仍应称为攻击战争。反之如就最初为防御之交战国一方而言,亦同,即其初系对于攻击国而为防御,则为防御战争,其后对于原攻击国加以攻击时不得称为攻击战争,而仍称为防御战争。(二)以先为宣战之国家为攻击战争,如先行宣战者并未开始为事实上之战争行为,而对方虽已为攻击之战争行为,则先行宣战者仍为攻击战争而后者仍称为防御战争。按攻击战争与防御战争区别之实益乃在于区别国际法上之某种国家之可为防御战争而不能为攻击战争,以决定所应负担之责任,故在国际法上颇属重要。所谓某种国家计有下列三种:(1)属国——按属国如非先得其统治国之许可不得为攻击战争。(2)永久中立国——永久中立国如一九一四年比利时之防御德国之战争。(3)防守同盟之条约国——例如英日第一次同盟条约为防守同盟条约。日俄之战,日为攻击国故英即守同盟,如当时日为防御国则英即应参加战役矣。

【更代册】【史】前任官与后任官更代时,对于前此租税杂税等收支之计算总结帐簿,称曰更代册,其制作程式分为四项:(1)旧管。(2)新收。(3)开除。(4)实在。各略称曰管,曰收,曰除,曰在。所谓旧管,即前任官之上手所交存于前任官之数额。所谓新收,即前任官之上手所未征收而由前任官所征收之数额。所谓开除,即已经支出之数额。至于实在,则系将一切收支计算而为现在所存之数额。

【更正】【民刑诉】对错误之陈述或判决加以改正者曰更正。

【更正登记】【行】前此之登记有错误而为更改及订正之登记者,称曰更正登记。

【更正解释】【通】又称补正解释。(详该本条)

【更犯】【史】罪人于服役(执行中)中而更犯罪者,曰更犯。唐律(卷四)名例篇——犯罪已发条:“若已至配所,而更犯者亦准此。”其疏议:“已至配流之处,而更犯流者,亦准上解留住法。”其次项:“有犯徒役未满,更犯流役者。”

【更生】【史】死罪之宥赦,使其得免于死,谓之更生。汉书—章帝纪:“伏惟恩宥死罪以下,并蒙更生。”大学衍义补:“臣(即丘濬)按,赦固非国家之美事,然死罪即赦,而独不及亡命,不可也。盖自古所以起祸乱者,多犯罪亡命之徒也。”(卷百九)

【更名】【行】Change of name 自然人呈请变更其名者曰更名,限于下列原因之一:(一)现时同在一机关服务,姓名完全相同易于淆混者。(二)现时同在一地方居住,姓名完全相同易于淆混者。呈请更名时须经内政部之核准,方为有效。(内政部审核更名改姓及冠姓规则第二条、第十三条)

【更名改姓及冠姓规则】【行】本规则公布于民国十七年九月二十二日,全文计共十四条,自公布日施行。(参更名、改姓、冠姓等三条内)

【更改】【债】Novation 谓变更债权之要素而成立新债务,以消灭旧债务之契约也。因系以新债务而代旧债务,并非系为清偿旧债务而为给付,故与代物清偿之全系以为清偿而为给付者不同。且代物清偿债权人已取得现实之给付,而更改仅取得他之债权,故有区别。又更改之即行消灭旧债务,与债务更新之不能即行消灭旧债务者亦有异致。更改与债权让与亦有不同,前者以消灭旧债务发生新债务为目的,后者乃债权人移转其债权人于他人。按更改之制多数国均明文采用,但我国民法以有债权让与,债务承担,代物清偿,及债务更新等之规定,致更改制度之效用不甚显著,故未明文规定。更改之性质学者多谓系有因契约,以其旧债权之消灭乃新债权负担之原因故也。更改之种类有三:(1)债权人替换之更改——即新债权人旧债权人与债务人所为之契约也。(2)债务人替换之更改——契约当事人为债权人与新债务人,旧债务人亦得加入。(3)标的替换之更改——契约当事人仅为债权人与债务人。

【更迭辩论】【民刑诉】谓一方对于他方在辩论中所提出之新攻击加以答辩也。

【更新】【通】Renewal 所谓更新,乃指业已到期之契约,或已开之言辞辩论,再行延续,或再行从新为之而言,前者曰更新契约,后者曰更新辩论。

【更新契约】【债】契约之期限届满后,更行订定契约,谓之更新契约。

【更新债务】【债】Renewing obligation 又名债务更新。(详该本条)

【更新变论】【民诉】从新开始辩论程序,谓之更新辩论。参与辩论之推事于判决前如有变更者,应更新辩论。

【更尽】【史】汉制,边疆之官吏,三岁更迭,谓之更尽。唐类函(卷六十三)更尽之注:"汉段会宗为西域都护骑都尉,三岁更尽,还为沛太守,边吏三岁一更。"

【更赋之法】【史】为汉时之力役之征之方法之一,计分为三种:一曰卒更,一月一更也,谓之正卒。二曰践更,即与贫者以更钱,使其代更,每月以钱一千酬之,盖即以更钱代遣之法也。三曰过更,当时又使天下之人尽使戍边,一年三日,虽丞相之子,亦不得免,但不能戍者则入钱三百,是曰过更。

【杖】【史】杖者持也。谓持一定之刑具以膺惩罪人使其反悔也。唐虞之鞭作官刑即与后之杖刑相类似。又蚩尤作五虐之刑,亦用鞭刑,源其滥觞,由来久矣。汉文帝时除肉刑而代以笞,此时笞杖之目未有区分(参笞杖条内)。梁武帝天监元年诏定笞捶法,寻定鞭杖之制。按杖用生荆为之,有大杖,法杖及小杖之别,北齐北周之五刑,为死、流、耐(后为徒)、鞭、杖等,北齐杖刑分为三种,十、二十、三十,北周杖刑则分为十五、二十、三十、四十、五十等五种,均较鞭刑为轻。隋唐即以死、流、徒、杖、笞为五刑,而以杖刑较笞刑为重,分为五种,六十、七十、八十、九十、一百。杖用大竹板,而笞则用小竹板,是杖重于笞也。两笞折一杖。凡其所犯重于笞五十,即出笞以入乎杖,乃其罚则又自杖六十始,其所以然者,盖缘顽梗弗率之徒,耻心已冥,非笞可以动其惧,故用杖以示警。宋之杖刑,一依唐制,惟另有附加刑耳。元之杖刑亦分为五种,六十七、七十七、八十七、九十七、一百七。明之杖刑与宋同,惟除去附加刑耳。清因明制,仍分为五种,六十(除零折二十板)、七十(除零折二十五板)、八十(除零折三十板)、九十(除零折三十五板)、一百(折四十板)。按历代杖之方式即大小长短均依年代而有异致,杖始于梁,以荆制成有大杖,小杖,法杖三种之别,大杖之大头为三分二厘,小头为二分二厘,长六尺,法杖及小杖之方式不明。隋朝所用之杖皆用生荆,长六尺,亦有大杖,法杖,小杖之别。大杖大头围一寸一分，小头极杪(参隋书刑法志)。唐之杖仅为一种，长三尺五寸，大头三分二厘，小头二分二厘，亦平去其节而用之(参唐律之五刑图说)。至于宋之杖制，依宋书会要之记载曰，杖皆删节目，常行杖大头二分七厘，小头一分七厘，笞杖大头二分，小头一分半，皆长三尺五寸。建隆四年张昭等定常行杖，昭请官杖长三尺五寸，大头阔不过二寸，厚及小头径不过九分，小杖长四尺五寸，大头径六分，小头径五分，今官府常用者是，此盖其始也。(事物纪原卷十)

【杖刑】【史】(详杖条内)

【杖式】【史】施用杖刑之杖之方式，谓之杖式。金史一刑法志："上以法不适平，铸铜为杖式颁之天下。刑部员外郎马复言，外官尚酷苛者，不遵铜杖式，辄用大杖，多致人死。"

【杖家】【史】三代之制，官吏在职年达五十者，许其于家内用杖，谓之杖家。年达六十者，许其于乡内往来用杖，谓之杖乡。其年满七十者，则许于国内往来用杖，谓之杖国。如年满八十，则许其于朝廷内用杖，谓之杖朝。礼记一王制篇："五十杖于家，六十杖于乡，七十杖于国，八十杖于朝。"

【杖国】【史】与杖家(详该本条)，杖朝，杖乡相对称。

【杖朝】【史】与杖家(详该本条)，杖乡，杖国相对称。

【杖督】【史】为杖刑之一种，乃对于官吏因职务上犯罪(即公罪)时所科之刑。所谓督者取其惩督其非违之义也。乃梁武帝时所设，惟凡应受此种刑罚者仍得以赎刑代之。隋书一刑法志："梁武帝承齐昏虐之余，刑政多僻，既即位，乃制权典，依周汉旧事，有罪者赎其科，凡在官身，犯罚金，鞭杖，杖督之罪悉入赎停罚，其台省令史士卒，欲赎者听之。"

【杖乡】【史】与杖家(详该本条)，杖国，杖朝相对称。

【李】【史】李与理通，即法官之名称。黄帝时代之法官曰李，与周代之司寇相当。管子："黄帝得后土辨四方，使为李。"又曰："冬者李也。盖李即周之司寇。"汉书一胡建传注："李者法官之号。"

【李法】【史】李与理通，法官之名也。乃关于征伐及刑狱之法，以古代之法官掌有兵刑二权故也。历代职官表案曰："考汉书胡建传引黄帝李法，颜师古曰，李者法官之号，总主征伐刑狱之事，其官已起于黄帝时。"

【杜绝契】【史】谓买受人与出卖人关于田屋之买卖时所订立不准收赎之契据也。

【步弓】【史】土地测量之器，为木所制成，其形似弓。故曰步弓。清制，一弓为六尺即为一步，其后改五尺为一弓，即一步为五尺。光绪末叶，改步弓之法为链尺之法。(度量权衡制度暂行章程)

【步兵学校】【行】School of infantry　步兵学校隶属于训练总监部，其设置之目的如下：(1)对于陆军军官预备学校毕业之军官候补生，施以步兵初级军官之教育,召集步兵军官增进其战术射击通信等学术,以期普及于各步兵队。(2)调查研究与步兵有关系之学术。(3)研究步兵教育之方法。(4)研究试验步兵用兵器器具材料等。本校学生除区分为学生(以陆军军官预备学校毕业之军官候补生充之)与学员(以在队服务一年以上之步兵军官充之)二种外,得临时召集各兵科军官使修习所必要之学术。校中所设之重要职员为校长,教育长,研究委员,教官,政治教官,编译教官,助教,并练习队长等。(陆军步兵学校条例第二—六条)

【步虎】【史】为宋代军队之名,即步军司虎翼之简称。雍熙四年改侍卫步军司铁林,为步军司虎翼。事物纪原(卷十):"改侍卫步军司铁林,曰步军司虎翼。"

【步递】【史】我国旧时之邮务曰邮驿,一作铺递,乃从事于官吏之护送及官文书之递送,其由马匹者,称曰驿送,其依人夫者,则谓之步递。(参邮驿条)

【每季类决】【史】对于犯公罪之官,如系身分卑低不许收赎留任,亦不一一审理而加以处分,惟于每季中将同一种类之罪人集于一处,决行笞杖或予以退职处分,是曰每季类决。(参类决条)

【求刑权时效】【刑】Prescription for instituting prosecution 又称起诉权时效(详该本条),又名公诉时效,或曰刑罚请求权时效。

【求偿权】【债】Right of recourse; Right to sue for indemnification 即负侵权行为赔偿义务人于履行义务后,得对别有应负责任之人请求偿还之权利也。例如甲之马匹为乙所激怒奔驰,致丙受伤,甲为马匹之所有人,自应负侵权行为之责任履行赔偿义务,但马匹之奔驰乃乙所挑动,自应许甲向乙请求偿还,方为平允,故请求偿还乃一种权利。

【求偿变更权】【票】又称变更追索权。(详该本条)

【决(泱)水及过失决水罪】【刑】为公共危险罪之一,凡故意或因过失而使水流动以侵害他人法益之手段,曰决水及过失决水罪,我国旧律对本罪范围甚狭,仅对溃决堤防而言,实则与放火及失火罪之为害相等,暂行律之规定且包含妨害水利罪,刑法则以妨害水利为民事赔偿责任视为侵权行为,仅以溃决堤防,破坏水闸,损漏水柜,致生公共危险者为限,故分决水罪、过失决水罪及决堤破闸及损坏自来水池罪三种。(详各本条)

【决(泱)水罪】【刑】Inundation 属公共危险罪,约分为三种:(1)因决水侵害现供人使用之住宅,或有人所在之建筑物,矿坑,或火车电车而成立者,以现供人使用或有人所在者为必要,其目的物之所有权,不问属于他人或自己所有,均处无期徒刑,或五年以上有期徒刑,但须有决水行为及浸害为目的,且有漂失淹没冲破之结果者。即为既遂,至于使其失去效用者,亦以浸害论,即未遂罪亦罚之(刑法第一九二条第一项)。(2)因决水浸害现非供人使用之他人所有住宅,或现未有人所在之他人所有建筑物,或矿坑,而成立者,以非供人使用或现未有人所在者为限,而其物之所有权以属于他人所有为必要,其处分为一年以上七年以下有期徒刑,即未遂罪亦罚之,至其目的物之所有权,属于自己所有者,因决水浸害致生公共危险时,处六月以上五年以下有期徒刑,若无公共危险发生者,自不为罪(第一九三条第一、二、五项)。(3)因决水浸害上述二种以外之他人所有物,致生公共危险而成立者,以他人所有物并生公共危险为必要,处五年以下有期徒刑,如其目的物为自己所有而加以浸害致生公共危险时,仅处二年以下有期徒刑。(第一九四条第一、二项)

【决(決)平】【史】谓公平审判也。汉书—杜周传:“客有谓周曰,君为天下决平,不循三尺法,专以人主意指为狱。”

【决(決)事比】【史】所谓决事比,乃指判决例之类而言,即于刑律无正文规定时所引以为判决之比类也。在汉武帝时已有一万三千四百七十二事之多。汉书—武帝纪:“律令凡三百五十九章,大辟四百九条,千八百八十二事,决事比(比以例相比况也)万三千四百七十二条。”周礼秋官—士师之注曰:“若今时决事比。”疏曰:“若今律其有断事,皆依旧律断之,其无条,取比类以决之,故云决事比。”乃依汉陈忠之所奏定者。汉书—陈忠传:“初父宠在廷尉上,除汉法溢于甫刑者,未施行,及宠免,后遂寝,而苛法稍繁,人不堪之,忠略依宠意,奏上二十三条,为决事比,以省请谳之敝事,皆施行。”晋书刑法志则谓:“宠子思忠后复为尚书,略依宠意奏上三十二条,为决事比。”(参刑罪决比条及廷尉决事条)

【决(決)事都目】【史】决事都目一书,为汉鲍昱所撰。东观记曰:“建初中,司徒辞讼,久者至数十年,比例倒轻重,非其事类,错杂难知,鲍昱为司徒,奏定辞讼比七卷,决事都目八卷,以齐同法令息遏人讼也。”学者因此疑其为陈宠(参辞讼比条)为昱所撰。后汉书—陈忠传曰:“父宠,上除汉法溢于甫刑者,未施行,忠奏上二十三条,为决事比。”比与都目,或为名辞偶异耳。今是书已亡。

【决(決)定】【行】Decision 人民因中央或地方官署之违法或不当处分,致损害其权利或利益时,得依法提起诉愿。受理诉愿官署对于提起诉愿者,所为关于法律及事实之根据与适用的处分,谓之决定。决定时应制成决定书,载明一定事项,送达诉愿人及原处分官署。(诉愿法第一条、第九—十条)

【决(決)定书】【行】Entscheidungsschriff(德) 行政法院对于行政诉讼及行政官署对于行政诉愿所制作关于所为之书面决定,称曰决定书。

【决(決)定权】【行】决定权者,谓官署对于所辖事务有代表国家表示一定意思之权能也。

【决(決)放】【史】(一)犯徒罪者,因其家乏人侍养其祖父母父母时,免其徒刑而于加杖刑后释放者,曰决放。唐律(卷三)名例篇——徒应役无兼丁条之疏议:“家无兼丁,免徒加杖者,矜其粮饷乏绝,又恐家内困穷,一家二丁俱在徒役,理同无丁之法,便须决放一人。”(二)罪已决定者,曰决,无罪而放或有罪而免者曰放。唐律(卷三十)断狱篇—官司出入人罪条:“若未决放。”其疏议曰:“未决放者,谓故入,及失入死罪及杖罪,未决,其故出及失出,死罪以下不放。”

【决(決)讫】【史】审判确定而执行(如杖刑)亦已完竣,称曰决讫。唐律(卷四)名例篇——彼我俱罪之条:“即簿敛之物,赦书到后,罪虽决讫。”

【决(決)曹】【史】审判官称曰决曹。后汉书—黄昌传:“习文法仕郡为决曹。”

【决(決)堤破闸及损坏自来水池罪】【刑】属公共危险罪,因决溃堤防,破坏水闸,或损坏自来水池致生公共危险而成立者,以有上述各行为致生公共危险为必要,且以故意为限,处三年以下有期徒刑,未遂罪亦罚之(刑法第一九五条第一、三项)。若因过失者。仅处拘役或三百元以下罚金。(同条第二项)

【决(決)意】【刑】Determination 决意者,即意力确定之谓,对特定事实之犯罪行为,有欲实行使其发生之谓也。故对于所犯行为如有决意,即成为故意要件之一。(对认识言,参该本条)

【决(決)算】【行】Final account 以预算为根据,而将岁入与岁出或收入与支出互相对照,加以确定之计算者,曰决算。有公法上之决算,与私法上之决算,前者如政府之决算是,后者如营业之决算是。

【决(決)算案】【宪】Bill of final account 与预算案相对称,即由行政机关逐年将一切国家机关之收入支出合并编成之数额报告书也。决算案编成后,须先经审计机关审核后,再行提交议会加以审查与表决。又决算案须与预算案不相抵触,否则议会可予否决,而令行政机关(国务员)负担责任。

【决(決)罚】【史】罪名业已决断,而加以刑罚者,谓之决罚。六部成语注解:“决断罪名,而加以刑罚也。”

【决(決)罚不如法】【史】官司对已经问结之人于决罚执行之时,违反一定之制度者,谓之决罚不如法。例如应笞而用杖,应用杖而用讯,应决臀而决腰,应决腿而鞭背之类是,应依律构成本条罪名。明律(卷二十八)、清律(卷三十七)刑律断狱篇——决罚不如法条:“凡官司决人不如法者,笞四十,因而致死者杖一百,均征埋葬银一十两,行杖之人,各减一等。其行杖之人若决不及肤者,依验所决之数抵罪,并罪坐所由。若受财者,计赃以枉法从重论。若监临之官,因公事于人虚怯去处(谓脊背腰胁等不胜刑杖之所也)。非法殴打,及亲自以大杖,或金刃手足殴人至折伤以上者,减凡斗伤罪二等,致死者杖一百徒三年,追埋葬银一十两。其听使下手之人,各减一等,并罪坐所由。于人臀腿受刑去处,依法决打,邂逅致死,及自尽者,各勿论。”清律之辑注:“此条首节,言已问结有罪应决之人,次节,言因公事,虽非有罪之人,亦有应责之过。末节总承上言。”同律之总注:“决罚者,决打以示罚,竹板有一定之制,受刑有一定所,违其制离其所,皆所谓如法也。凡已经问结之人,官司发落时,决罚不如法①者,笞四十,因决不如法①而致死者,杖一百,均征埋葬银一十两,给付死者之家。均者均摊之义,谓于当该官吏名下均摊共出,非谓每人皆征一十两也。行杖之人,自不如法决人比官吏各减一等。不如法笞三十,致死杖九十,决不及肤,谓决打太轻,如打衣打地之类,依验决不及肤之数抵罪,并罪坐所由。由官吏使令,则坐官吏,由行杖人,则坐行杖人也。若官吏行杖人,有受人财,而或决不如法,或决不及肤者,计赃以枉法从其重者论之。赃罪重从枉

① 原书为“罚”,系排版之误。

法，赃罪轻仍从本律，监临之官，兼有司管军官言。公事，旧注谓如有司催征钱粮，鞫问公事，提调造作，监督工程之类，及管军官，操练军马，演习武艺，督军征进，修理城池之类。然亦不必拘定，凡一切应行公务，但情不涉私，事非梯己①者，皆是也。于公事而有违误迟缓虽不能废鞭，扑，然固有法也。若令人打于虚怯之处，及自以大杖金刃手足殴之，则甚于不如法矣。决罪人犹须如法，况止因公事乎，故至折伤以上，则减凡人斗伤之罪二等，致死者杖一百徒三年，仍追征埋葬银两。其听使下手之人，自行非法殴人虚怯处，各减监临官罪一等，折伤以上减凡斗三等，至死，杖九十徒二年半，并罪坐所由，由监临坐监临，由②下手坐下手也。按刑具图开，应决者，执小头臀受，所谓受刑处也。既系依法决打，则是法所应然，邂逅致死，及负痛恚忿而自尽者，皆非官吏行杖下手人之过，故勿论。统承官司决罚，监临因公事责人言。"

【决(決)议】【民总】Resolution 凡对某项现为问题之事实，各社员以一定方法表示同一内容意见而达于一定数者，曰决议。决议分为通常决议及特别决议二种，前者指关于通常事项的决议，民法第五二条第一项规定：总会决议除本法有特别规定外，以出席社员过半数决之。后者指变更章程及解散社团之决议，第五三条第一项规定：应有全体社员过半数之出席，出席社员四分三以上之同意，或有全体社员三分二以上书面之同意决定之。第五七条规定：社团得随时以全体社员三分二以上之可决解散之，但公益法人对于章程变更之决议非经主管官署之许可不生效力(第五三条第二项)。又表决时以平等为原则(第五二条第二项)。又凡决议有违反法令或章程者，对该决议原不合意之社员得请求法院宣告其决议为无效；但以三个月以内行之为限(第五六条)，逾期不得为之。

【决(決)议官署】【行】为官署之一种，与执行官署相对称，谓对于政务有决议权之官署也。

【决(決)议书】【国公】Act or resolution 又称议决案。(详该本条)

【决(決)议无效之诉】【公】股东会之决议违反法令或章程时，股东得以诉讼方法向法院请求宣告该项决议无效，是曰决议无效之诉。在公司法中规定须自决议之日起一个月内为之，有此项起诉权者以股东，董事及监察为限。

【决(決)斗】【刑】Duel 二人以上互相同意所为之争斗行为，曰决斗，旧刑律设有规定，现行刑法则付阙如。

【汽车保险】【险】Automobile insurance (参机械保险条内)

【汽锅保险】【险】Insurance against steamboiler explosions (参机械保险条内)

【没入】【刑诉】Confiscation 即被告经保释停止羁押后，受传唤无正当理由不到案时，法院依裁定方法得将具保人所缴存之保证金收没之谓也。如于执行时经检察官传唤无正当理由不到者，检察官可以不经裁判而直接加以没入之处分(刑诉

① 原书为"已"，系排版之误。

② 原书为"出"，系排版之误。

法第八二条、第四八七条第二项)。没入与没收有别,前者专指保证金已纳存于官署后,因法定原因发生时即不发还,或未缴纳应加强制之执行而言。后者则指对违禁之物供犯罪所用,及犯罪预备之物,并因犯罪所得之物而言。前者为诉讼上之一种处分,后者则为刑法上从刑之一种,二者不容相混。又没入之执行亦由检察官以命令为之。(第四九二条)

【没收】【刑】Forfeiture; Confiscation 从刑之一种,对褫夺公权言,乃附加于主刑所科之一种财产刑。盖即籍没入官以剥夺犯人财产上之利益为主旨者也。然非国家增加收入之手段,不可不注意。关于没收有两主义:一、职权的没收主义。二、义务的没收主义(详各本条)。我国刑法兼采二主义。没收之法律上性质,计有三说:(一)谓系有刑罚之性质。(二)谓系有警察的豫防之性质。(三)谓仅对于犯人所有物件之没收有刑罚之性质。至对于其他何人所有者而行之者,有警察的预防性质,我刑法采第三说。例如不宣告主刑即不得宣告没收(第六十三条)是,即刑罚之性质也。又第六十一条规定为其例外,即具有警察的豫防性质也。没收之物分为三种:1.违禁物——凡属国家禁止私人制造之物,或不许私人持有之物皆属之。即所谓罪体是也(详罪体条)。2.供犯罪所用及犯罪预备之物——前者即使用于犯罪实行之物件。例如杀人罪之刀枪是;后者即使用于犯罪准备实行之物件,例如以杀人为目的所准备之刀枪是;但须于法律规定处罚预备行为者为限。3.因犯罪所得之物——谓因犯罪行为所得之物也。换言之,即以犯罪为原因直接所得之物也。例如赌博所得金钱,贿赂所受财物是。至于由交换或间接所得者不在此限。又没收之物当有三种限制:(1)以动产为限。(2)以属于犯人者为限(违禁物除外)。(3)除有追征明文外,例如一〇八条三项、第一二九条四项、第一三〇条三项以业经被获者为限,如官吏贿赂款乃追征明文规定者是。没收分二种:(a)一般没收。(b)特别没收。(各详本条)

【行】为从罚之一种,谓将供违警行为所用之物或所得之物,籍没入官也。其得被没收之物,须以属于违警者所有者为限。(违警法第十三、十六条)

【没收物品】【刑】Things confiscated (详没收条内)

【没官】【刑】没收入官简称曰没官。

【没齿无用】【史】谓犯罪者终其身均不能再入仕途也。汉书—章帝纪:"元和三年诏曰,(上略)一人犯罪,禁至三属,莫得垂缨仕宦王朝。如有贤才,而没齿无用,朕怜之,非所谓与之更始也。诸以前妖恶禁锢者,皆蠲除之。"

【沉(沈)命法】【史】汉武帝末年盗贼烽起,不能悉捕,对于隐匿盗者,科以沉命法。所谓沉命法,其意义有二说,一谓沉者没也,凡敢有蔽匿盗贼者没其命。一谓沉者藏匿也,命者逃亡也,即处罚隐匿逃亡者之法。汉书—酷吏传:"数岁乃颇得其渠率,散卒失亡,复聚党阻山川,往往而群,无可奈何,于是作沉命法,曰群盗起不发觉,发觉而弗捕满品者,二千石以下,至小吏,主者皆死。"

【沉没品】【物】Sunken things or Jetsam 即由水面沉入水底之遗失物也。其原因或因为海损物,或因偶然沉没,均所不问,故亦属于遗失物之列。我国民法规定

其拾得时取得所有权之程序，适用关于遗失物之规定。（第八一〇条）

【沉默】【民总】Silence　又称缄默。（详该本条）

【灾（災）害保险】【险】又称曰伤害保险。（详该本条）

【牢户】【行】为狱舍之别名。

【甫刑】【史】为吕刑之别称。按吕刑乃周穆王命卿士吕侯所作之刑书。书经周书篇有吕刑之篇，乃关于刑事裁判之法规。后吕侯被封为甫侯，故吕刑亦称曰甫刑。（参吕刑条）

【甫侯】【史】甫侯为书经—周书吕刑篇之编纂人，初为王朝之卿士（即与周之司寇相等），后封为甫侯。关于吕刑篇之编纂，在唐律（卷一）—释文："周穆王末年，耄于用刑，是时，甫侯为王之卿士，夏有赎刑之法，甫侯遂训其赎刑谓罪疑，是而似非，故不忍加诛，虑及无辜，遂使得入金以赎其罪，即今律过失杀伤，各依其状以赎论，此是误而入罪。"

【男女有别】【史】谓男女之丧服异其制也，依周代之丧制，父为斩衰服，母为齐衰服，姑及姊妹在室者为期服，出嫁者为大功，妻之于夫为斩衰服，夫之于妻为期服。（丧服小记及大学衍义补卷五十一）

【男女婚姻】【史】婚姻为男女终身大事，须适两家之好，不许隐瞒，婚约订定后不许悔婚，其犯奸盗者，妄冒者，期未至而强娶者，均应依律治罪。明律（卷六）、清律（卷十）户律婚姻篇均有男女婚姻之条，规定相同，清律之条文及其下注云："凡男女定婚之初，若（或）有残（废或）疾（病），老，幼，庶出，过房（同宗）乞养（异姓）者，务要两家明白通知，各从所愿，（不愿即止，愿者，同媒妁）写立婚书，依礼聘嫁，若许嫁女已报婚书，及有私约（谓先已知夫身残疾老幼庶养之类）而辄悔者，（女家主婚人）笞五十。（其女归本夫）虽无婚书，但曾受聘财者，亦是。若再许他人，未成婚者，（女家主婚人）杖七十，已成婚者，杖八十，后定娶者，（男家）知情（主婚人）与（女家）同罪，财礼入官，不知者不坐，追还财礼（给后定娶之人），女归前夫，前夫不愿者，倍追财礼给还，其女仍从后夫，男家悔（而再聘）者，罪亦如之。（仍令娶前女，后聘听其别嫁）不追财礼。其未成婚男女，有犯奸盗者（男子有犯，听女别嫁，女子有犯，听男别娶），不用此律。若为婚而女家妄冒者，（主婚人）杖八十（谓如女有残疾，却令姊妹妄冒相见，后却以残疾女成婚之类），追还财礼；男家妄冒者加一等（谓如与亲男定婚，却与义男成婚，又如男有残疾，却令弟兄妄冒相见，后却以残疾男成婚之类）。不追财礼，未成婚者，仍依原定。（所妄冒相见之无疾兄弟姊妹，及亲生之子为婚，如妄冒相见男女，先已聘许他人或已经配有室家者，不在仍依原定之限）已成婚者离异。其应为婚者，虽已纳聘财，期约未至，而男家强娶，及期约已至而女家故违期者。（男女主婚人）并笞五十。若卑幼，或仕宦，或买卖在外，其祖父母父母，及伯叔父母姑兄姊，（自卑幼出外之）后为定婚，而卑幼（不知）自娶妻，已成婚者，仍旧为婚（尊长所定之女，听其别嫁），未成婚者，从尊长所定。（自定者，从其别嫁）违者杖八十（仍改正）。"清律之总注："男女为婚，必须两家情愿，残疾则非完人，老幼则年不相称，俱非人情所愿。庶出则妾婢所生子也。过继则本宗别房子也。乞养则异姓义子也。虽与残疾老幼不同,终与嫡子亲子有异,男女或亦有不愿者,定婚之初,如有上项,不许隐瞒,务要男女两家明白通知,各从所愿,写立婚书,依礼娶嫁此残疾等项定婚之法也。若女家已经许嫁,或报过婚书,或立有私约,或曾受聘财而辄悔者,笞五十,仍令为婚,此言但悔而未再许他人者也。虽有悔婚之心,尚未再许,或犹未定也。若再许他人,则其盟已悖而悔心决矣。虽有再许之事,尚未成婚,则犹可改也。若已成婚,则其身已失,而悔事成矣,故分杖七十杖八十,坐罪有差也。其后为婚之男家,若知其悔婚之情,定而未成婚者,亦杖七十,娶而已成婚者,亦杖八十,其罪同也。财礼即系彼此俱罪之赃,故入官,不知者,不论已未成婚,皆不坐罪,追还财礼,女虽已嫁,仍归前夫,前夫不愿娶者,照原定财礼,加倍追还,其女仍从后夫完聚。以上皆言女家悔婚,及后定娶人之罪也。若男家悔者,罪亦如之。此悔字包再定娶在内,悔者亦笞五十,再定他人女,亦杖七十,已娶成婚,亦杖八十,其罪不在女家,故不追财礼。本律不言发落之事,注内补出仍令娶前女,后聘听其别嫁,然止曰后聘,不曰已娶,与前注后定娶不同,则止指未成婚者言也。若已成婚,难以断离,仍娶前女,盖女家悔而再许,已成婚者,其女前夫不愿,听从后夫,此男家后娶之女,既已失身,无所归着,其事不同也。若必离异别嫁,不惟非人情,亦非律意矣。未成婚,则断娶原聘,听后聘者另嫁,已成婚,则断与后娶完聚,听原聘者另嫁,俱不追财礼,则情法两尽矣。其婚姻已定,尚未成婚之男女,有犯奸盗者,各听别娶别嫁,不在无故悔婚之限,故曰不用此律,盖奸盗系不齿于人之事,非残疾等项之比也。妄冒者,假借欺诳之谓,妄冒之情不一,注但举一二端以为例,余可类推,非必如注所云,始为妄冒也。男女同一妄冒,女家杖八十,男家加一等者,女虽妄冒,其男可以再娶,男若妄冒,其女遂致失身,情更重也。其财礼一追还,一不追者,女家得受财礼,而男家受诳,自应追还,女家受诳,自不追还也。未成婚者,减已成婚罪五等。仍依原定,即与妄冒相见之人为婚,从所愿也。其男女或已聘娶,自听别为婚配,故注曰不在仍依原定之限。已成婚者,离异,不得因已成婚,即听完聚,而遂奸伪之愿。若女子不愿别嫁,亦应免其离异。男女既无妄冒等故,于律亦无违戾之处,其应为婚者,虽已纳过聘财,而男可娶,女可嫁,自有其期,原经约定,若期未至而强娶,期已至而故违,主婚人并笞五十。卑幼婚姻,必由祖父尊长为主,若卑幼出外之后,尊长为之定婚,而卑幼在外不知,自又定娶,已成婚,则不可改矣,故仍旧为婚;未成婚,违者,杖八十,若祖父尊长出外,卑幼在家,两有聘定者,亦依此断。律文简严,义可互见也。”

【男工】【劳】Male worker 为成年工之一种,与女工相对称。(参成年工内)

【町村】【行】Town and village 为日本名辞,乃地方自治团体之最下级者。在城市内者谓之町,在乡村中者谓之村,町村之立法机关,曰町村会。行政机关采单独制,曰町村长。町村长之事务所,则称曰町村役场。

【秀士】【史】为周代学号之一种。凡由乡学所选出之士称曰秀士。礼记—学记篇:“命乡论秀士。”清时称秀才为秀士。

【秀女】【史】清制,每隔三年辄就八旗驻防及外任旗员之女子,年在十四岁而系幽娴静贞者,选入后宫,以备妃嫔之选,或为偶配近支宗室之用者,称曰秀女。

【秀才】【史】汉代始为科目之名，公孙弘等即系由秀才出身，其后避光[①]武帝之名，改曰茂才。齐宋以来皆有秀才之举。隋唐有科目数种，秀才最重，宋时凡应考选者不论甲等或乙等皆称秀才。事物纪原（卷三）："汉代取士，又有孝廉秀才二等。齐宋以来州有秀才之举，隋唐之代，其举最上。贞观中有举而不第者，坐其州长，由是其科废，故自唐至今，虽进士犹以秀才为号也，自唐汉之旧也。苏氏演义曰，汉武有策秀才文也。李肇国史补曰，进士为时所尚久矣，俊乂[②]实在其中，由此出者终身为文人，其通称谓之秀才，投刺谓之乡贡，肇元和中人，盖自宪宋时，已为进士之称也。"明清称府州县学之生员为秀才。

【私人诉追主义】【刑诉】Principle of the private action　为刑事诉讼主义之一，对国家诉追主义言。谓诉追犯罪之权由私人自由行使之也。此种主义流弊甚多，盖每有被利迫威胁使应诉之罪而不诉，或不应诉而诉者，与国家刑罚权有罪必罚之原则相违反。采此主义之国家又分为二：(1)一般私人皆可加以诉追。(2)即仅被害人本身可以诉追。我刑事诉讼原则上采国家诉追主义，但认某种犯罪之被害人或其亲属，亦可自行诉追。

【私人弹劾主义】【刑诉】又曰私人诉追主义。（详该本条）

【私人辩护】【刑诉】Private defence system　为辩护制度之一种，对公设辩护言。谓辩护之责，乃由专营法律事业，或由富有法律常识之人任之，而由被告负担其报酬也。其功效远超公设辩护制度之上，被告利益得有坚强之保障，故各国法律多采取之。

【私入道】【史】谓俗人未经官吏许可而为道士，女冠及僧尼也。唐律（卷十二）户婚篇："诸私入道及度之者，杖一百（若由家长，家长当罪）。已除贯者徒一年，本贯主司及观寺三纲，知情者，与同罪。若犯法合出观寺，经断不还俗者，从私度法。即监临之官，私辄度人者，一人杖一百，二人加一等，罪止流三千里。"

【私文书】【民诉】Private document　以私人资格所作成之文书，曰私文书，如经法院或公证人之认证者则推定为真实，而有证据力，又称曰私证书。

【私水】【物】Private water　在所有人之土地上或地下之水，称曰私水，以其在原则上须受该土地所有人之支配也。

【私出外境】【史】私出外境者，谓将军需铁货，铜钱，缎匹，䌷绢丝绵等物私自运出国境之外以图谋贩售后之利益也。明律（卷十五）、清律（卷二十）兵律关津篇均有私出外境及违禁下海之条："凡将马牛军需铁货铜钱缎匹䌷绢丝绵私出外境，货卖及下海者，杖一百，挑担驮载之人，减一等，货物船车，并入官。于内以十分为率，三分付告人充赏。若将人口军器出境及下海者，绞，因而走泄事情者，斩。其拘该官司及守把之人，通用夹带或知而故纵者，与犯人同罪，失觉察者，减三等，罪止杖一百，军兵又减一等。"明律之纂注："军需铁货作一句读，谓可为军需之铁货

---

① 原书为"武帝"，应加"光"字，系排版之误。

② 原书为"叉"，系排版之误。

未成军器者耳。因而走泄事情,承将马牛等物及将人口军器二项言。失觉察者,主拘该官司及守把之人言。夫马牛与军器铁器铁货及铜钱缎匹䌷绢丝绵,皆中国利用之物,不可有资于外国者也。若有此货物私出外国境内货卖,及私下泛海者,杖一百,其挑担驮载货物之人,减一等,杖九十,所获货物船车并收入官。于货物内以十分为率,将三分给付告人充赏。若将兴贩人口与应禁军器出境及下海货卖者,向敌之心可恶,故坐以绞。若私将马牛等物人口军器出境下海之人,因而走泄中国事情于外夷者,与奸细之情不殊,故坐以斩。其出境下海犯人应该拘管之官司及把守关津官吏军兵人等,如有通同夹带马牛等物人口军器出境下海,或知其出境下海而故纵放者,并与犯人同罪,至死者减一等,杖一百,流三千里,若失于觉察以致有出境下海,拘该官司及守把之官减犯人罪三等,罪止杖一百,军人弓兵又减官军一等,通减四等,罪止杖九十。”

【私生子】【亲】Natural children; Bastards　与庶子嫡子相对立。又称奸生子,即由苟合或无效之婚姻所生之子。我新民法统称私生子与庶子为非婚生子女,得因生父之认领而视为婚生子女。旧律对私生子亦有认领制度之规定。

【私生子认知】【亲】Acknowledgement of natural child　(详非婚生子女条及认领条内)

【私立农场登记暂行规则】【行】本规则于民国二十二年九月五日由实业部公布,计十二条,兹举其要点于下:(一)凡中华民国人民经营农业以科学方法改良农事为宗旨设立新式农场,应依本规则之规定呈向所在地之县市政府请求登记。(二)呈请登记之农场应具备下列各款:(甲)须有固定场址,其面积在积约农场为十亩以上,粗放农场为五十亩以上。(乙)须确定改良方针及进行步骤。(丙)须有五百元以上之流动资本。(丁)农场管理人员须中等以上农业学校毕业或具有同等之学识及技术者。(三)呈请登记时并应填具一定事项由设立人签名盖章。(四)核准登记之农场地方政府应予以保护或补助。(五)核准登记之农场应于每年份终了二个月内,将所得成绩报告于县市政府,依次核转实业部备查。(六)农场休业时应呈报所在地之县市政府依次核转实业部备查。

【私立学校】Private school　凡私人或私法人所设立之学校为私立学校,外国人及宗教团体所设立之学校亦均属之。其设立与变更及停办均须经主管教育行政机关之许可,且须经教育行政机关之立案与监督及指导。其组织课程及其他一切事项均应遵照现行教育法令办理。如系外国人设立者,其校长或院长须以中国人充任。如系宗教团体所设立,不得以宗教科目为必修科,亦不得在课内作宗教宣传,在小学并不得举行宗教仪式,在其他学校则不得强迫或劝诱学生参加。私立学校以校董会为其设立者之代理人,须先呈经主管教育行政机关核准,并于一个月内呈请立案。其校董会之主席或董事长须由中国人充任,外国人充任校董时其名额最多不得过三分之一。至于学校(大学、独立学院、专科学院、中等学校及小学)之呈请立案,均须具备法定资格,于校董会立案后行之。凡未依照私立学校规程呈准立案之私立学校,其肄业生及毕业生不得与已立案学校之学生受同等待遇。(私立学校规程第一—五条、第八—十条、第十九—二十八条)

【私立学校条例】Regulation governing private schools 本条例于民国十七年二月六日由大学院公布，共十一条，其要点如下：(一)凡私人或团体设立之学校为私立学校，外国人及教会设立之学校均属之。(二)私立学校须由设立者推举校董，组织校董会，并须受教育行政机关之监督及指导(专门以上之私立学校及其校董会以教育部为主管机关)。(三)私立学校校长须以中国人充任。(四)私立学校不得以宗教科目为必修科，亦不得在课内作宗教宣传，如有宗教仪式，亦不得强迫学生参加。(五)私立学校须依照私立学校立案条例呈请立案。学校办理不善或违背法令时，政府得解散之。

【私企业】【行】Private enterprise 以谋利为目的之私有性质之经营的事业，曰私企业，与公企业相对立。

【私充牙行埠头】【史】在城市乡村买卖去处有牙行之设，在聚泊客船去处则有埠头，二者皆客商货物凭借以为贸易者也。应由有司选择有恒产之人充任之，给以印簿凭照，以为证明，若私充者，应即依律处断。明律(卷十)、清律(卷十五)户律市廛篇——私充牙行埠头条："凡城市乡村诸色牙行，及船埠头，并选有抵业人户充应，官给印信文簿，附写客商船住贯姓名路引字号物货数目，每月赴官查照，私充者，杖六十，所得牙钱入官。官牙埠头容隐者，笞五十，革去。"清律之总注："凡城市集镇贸易物货去处，则必有牙行，各路河港，聚泊客船去处，则必有埠头，此二项人，皆有客商货物，凭借以交易往来者也。有司官必选有抵业人户充应，彼重身家，自知顾惜，而无非分之为，诓骗之弊，即或有之，亦有产业可以抵还，无亏折之患。官给印簿附写查照，则客商货物，皆有所稽查，且可以防意外非常之变，此立法之意也。若不由官司选充而私充牙行埠头者，杖六十，并追所得牙用入官，若官牙埠头容隐私充者笞五十，各革去，另召有抵业人充应。"

【私刑】【通】Lynch law; Lidford law; Lynching 凡由群众对于某种犯罪人，不依法律之规定而自行施以任何刑罚处分者，谓之私刑。在古昔法律生活未发达时代，为各民族中所通行之制度，今则已不常见。惟美国南方各部对于黑人强奸白妇时，或加以凌辱时，民众每群将该黑人捕获，加以焚毙，或其他严酷方法处分，国家法律亦无如之何，只得予以放任，美人称之为 Lynch law，在英国则名曰 Lidford law。

【私印】【刑】Private seals 私人所用之印章曰私印。(参伪造私印文罪条内)

【私有土地】【土】Private-owned land 与公有土地相对称。凡经人民依法取得所有权之土地，曰私有土地。私有土地之范围，虽包含地上地面及地下，但附著于土地之矿不在其内，盖依矿业法所规定，矿为国有之结果也。土地之得为私有亦有限制，即下列各土地不得为私有：(一)可通运之水道。(二)天然形成之湖泽而为公共需用者。(三)公共交通道路。(四)矿泉地。(五)瀑布地。(六)公共需用之天然水源地。(七)名胜古迹。(八)其他法令禁止私有之土地。(九)市镇区域之水道，湖泽，其沿岸相当限度内之公有土地(参第七一十一条)。即对于其他私有土地所有权之移转，设定，负担，或租赁，经国民政府认为有妨害国家政策者，得

加以制止，所以保护国家之利益也。(第十六条)

【私有岸地】【土】所谓私有岸地，乃指水道或湖泽近旁之岸地，经人民依法取得其所有权者而言。

【私有林】【行】Private-owned forest　为森林依其所有权之归属而为分类之一种，与国有林及公有林相对立，即由私人或私人团体所经营之森林。私有林于国有林或公有林之经营上有必要时，得依法征收之，或以相当之国有林或公有林与之交换。

【私有财产】【物】Private property　别于公有财产而言。属于私人所有之财产，谓之私有财产。其财产之使用收益及处分权，均为私人所独占，社会一般人皆应对之负有消极的不相侵害之义务，且其财产虽辗转入于他人之手，财产所有人仍得追及其所在而主张权利。

【私有禁兵器】【史】兵器有为私家所得而有者，亦有为私家所不应有者，其不应有而有之者，谓之私有禁兵器。明清律均有私藏应禁军器条。唐律(卷十六)擅兴篇则为私有禁兵器条："诸私有禁兵器者，徒一年半(谓非弓箭刀楯短矛者)。"疏议曰："私有禁兵器，谓甲弩矛矟具装等，依令，私家不合有，若有矛矟者，各徒一年半。注云，谓非弓箭刀楯短矛者，此上五事，私家听有，其旌旗幡帜，及仪仗，并私家不得辄有，违者从不应为重，杖八十。"同条又曰："弩一张，加二等，甲一领，及弩三张，流二千里，甲三领，及弩五张，绞。私造者，各加一等(甲谓皮铁等具装与甲同，即得阑遗，过三十日不送官者，同私有法)。"

【私告发】【刑诉】与公告发相对称。公务员在执行职务之际，如有发见他人任何犯罪时，向该管机关告发者，谓之公告发。公务员以外之他人于任何情形之下发见他人之犯罪嫌疑而向官署告发者，则称曰私告发。(参告发条)

【私妨犯】【债】Private nuisance　又曰私的滋扰，为妨犯之一种，与公妨犯相对称，为英美法之规定。即凡不法行为对于他人加以妨害，或予以不安宁之影响之谓。例如于他人居屋附近乱放爆竹或燃烧黑烟是，被害人可依法请求禁止之，如有损害且可要求赔偿。

【私役】【史】官吏私行役使部民或监工官私行役使夫匠者均称曰私役，应受刑律处分。明律(卷四)、清律(卷七)户律户役篇——私役部民夫匠条："凡有司官私役使部民，及监工官私役使夫匠，出百里之外，及久占在家使唤者，一名笞四十，每五名加一等。"

【私役弓兵】【史】弓兵乃有司于工粮人户内检点巡察，即所谓力役之差是也。明律(卷十五)、清律(卷二十)兵律关津篇——私役弓兵条："凡私役弓兵者，一人笞四十，每三人加一等，罪止杖八十。每名计一日追雇工钱六十文(清律改为八分五厘五毫)入官，当该官司应付者，同罪，罪坐所由。"明律之纂注："凡府州县巡检衙门，皆设有弓兵，本为地方把守盘诘之用，若有人私借而役使者，一人笞四十，每三人加一等，私役至十三人以上者，罪止杖八十，仍每名计役，过一日追雇工钱六十文入官，若当该官司听从役使应付者，同犯人私役之罪科断，但罪坐于所由应付之人，而不概及于同僚官吏，盖弓兵隶役公家，与部民夫匠不同，故私役者在彼追雇工钱给主，在此追雇工钱入官。”

【私役民夫抬轿】【史】各衙门官吏及出使人员，自有应合供应之夫与应付之马，如役使人民抬轿，是劳民扰民也。至于佃客乃为豪富家耕种者，并非雇工之役，如令其抬轿，是非分役人也，故亦处罚。明律（卷十七）、清律（卷二十二）兵律——邮驿条：“凡各衙门官吏及出使人员役使人民抬轿者，杖六十，有司应付者减一等，若豪富之家役使佃客抬轿者，罪亦如之。每名计一日，追给雇工钱六十文（清律此处改为八分五厘五毫）。其民间妇女若老病之人及（清律无妇女若老病之人及等八字）出钱雇工者，不在此限。”明律之纂注曰：“人民非在官之人。佃客佃种田地之人也。追雇工钱，总上官吏人员豪富私役者言。盖各衙门官吏出入，其脚力自有常例，而出使人员亦有应乘驿马。若役使人民抬轿者是为越分劳民，故杖[①]六十。所在有司听从应付者减一等笞五十。若豪富之人役使佃客抬轿，虽势有相关，而分非所宜，故罪亦如役人民者，杖六十，其所役人民佃客，每石一日，追给工钱六十文，其民间妇女若老病之人，不能自行，或虽非妇女老病之人，自出钱雇人抬轿者不问，民人佃客俱不在禁限之内。”

【私役部民夫匠】【史】有司官之于部民与监工官之于夫匠，应因公务而驱使之，始为合法，若因私事而役使之，则为法律所不许矣。明律（卷四）、清律（卷八）户律户役篇——私役部民夫匠条：“凡有司官私役使部民，及监工官私役使夫匠，出百里之外，及久占在家使唤者，一名，笞四十，每五名加一等，罪止杖八十，每名计一日，追给雇工银八分五厘五毫（明律为六十文）。若有吉凶，乃在家借使杂役者，勿论，其所使人数，不得过五十名，每名不得使过三日，违者以私役论。”清律之总注：“私役者，不因公务，而以私己之事役使也。有司于部民，监工于夫匠，权势相临，易于私役，故特著此条，一名，笞四十，加等至二十一名以上，罪止杖八十，既计名以科罪，复按日以追给雇钱也。然曰百里之外，则役于近处者不禁矣，曰久占，则役于暂时者不禁矣，故又曰吉凶，及借使在家杂役者，勿论，即不远役，不久占之谓也。虽得役使，而人数亦有定额，违者，即以私役论，以五十名三日为率，内有役过此数者，计五十名外，多役之人以定罪名，计三日外多役之日，以追雇钱也。”同律之辑注：“部民于有司，原有应役之义，有司于部民，当存体恤之心，监工于夫匠，亦然，若远遣久占，则废民业而误工程矣。”

【私役铺兵】【史】铺兵者，专以递送公文而设者也。如供公差人员私加役使，则于递送之本职必致妨误，故律有私役铺兵之条。明律（卷十七）、清律（卷二十二）兵律邮驿篇——私役铺兵条：“凡各衙门一应公差人员，不许差使铺兵挑送官物及私己行李，违者笞四十，每名计一日追雇工银八分五厘五毫（明律定为六十文）入官。”清律之总注曰：“铺兵乃递送公文之役，非供公差私役之人，各衙门一应公差人员，经过所有急递铺分不许私自差使铺兵挑送官物及私己行李，违者笞四十，按

① 原书无“杖”字，系排版之误。

名按日追征雇工银入官。铺兵得银为之役使，则于铺兵名下追收。”

【私使丁夫杂匠】【史】丁夫杂匠如在官役之时，无论何人不得私行加以役使，若监当官司利用其职权而私自役使之者，应受处罚。唐律（卷十六）职制篇有私使丁夫杂匠之条：“诸丁夫杂匠，在役而监当官司私使，及主司于职掌之所，私使兵防者，各计庸准盗论，即私使兵防，出城镇者加一等。”疏议曰：“丁夫杂匠，见在官役，役限之内，而监当官司，私役使，及主司，谓应判署，及亲监当兵防之人，于职掌之所私使。各计庸准盗论，谓从丁夫以下，各计私使之庸。准盗论，即杂使计庸，不满尺者，从盗不得财，笞五十。兵防并据城隍内使者，若私使出城镇，加罪一等，谓计庸加准盗论罪一等，即强使者，依职司律，强者加二等，余条强者准此。若强使兵防出城者，即于本罪加一等上累加，虽称丁夫杂匠及兵防，非在役限内而使者，丁夫杂匠依上条日满不放，笞四十，一日加一等，罪止杖一百。兵防从代到不放，一日杖九十，三日加一等，罪止徒一年半，计庸重者，若具是监临官，依役使所监临之罪，其非本部官者，依不应得为，从轻笞四十，庸多得罪重者，依职制律去官而受旧官属士庶馈与，若乞取借贷之属，各减在官时三等。非监临官私使，亦于准盗上减三等。”

【私受公侯财物】【史】公侯为勋功重臣，如于无事之时，对管军之官，给予财物，殊恐有弊，故律文加以禁止。明律（卷二十三）、清律（卷三十一）刑律受赃篇均设有私受公侯财物之条，其规定大抵相同。清律之条文：“凡内外武官，不得于私下或明白接受公侯伯所与金银缎匹衣服粮米钱物，若受者，杖一百罢职发边远充军，再犯处死，公侯与者，初犯再犯免罪，三犯奏请区处。若奉命征讨，与者受者，不在此限。”其下注曰：“或绞或斩，律无明文，但初犯充军，即流罪也。再犯加至监候绞，以其干系公侯伯，应请自上裁。”清律之总注曰：“公侯伯勋爵世臣，权势皆重，无事之时，以财物与管军之官，以示私恩，恐有邀结之心，须慎履霜之渐，故武官受者，即杖一百发边远充军，再犯即处死，坐以绞罪。公侯伯与者，初犯再犯免罪，三犯则罪不容宽，应开具所犯次数，奏请裁夺区处，盖严其禁以遏其邪，实保全功臣之深意也。若奉命征讨，则重赏以结勇士，破格以待非常，为公非为私也，与受皆不在此限。”

【私和】【刑诉】Compounding 刑事案件依法应受国家之诉追，被害人或被害人之亲属，不请求法院审理私自收受加害人之金钱物件，或其他权利，作为损害之赔偿，而私行和解者，曰私和，除告诉乃论之罪得由当事人私自私行和解外，检察官对于刑事案件，不论被害人已否告诉，即私自和解者，皆不受其拘束，仍得依职权进行侦查程序，并提起公诉。盖因我国刑事诉讼，乃采国家干涉主义，即诉讼之进行及其终结，不问当事人之意思如何，概由法院自行决定，故当事人之私和（告诉乃论罪为例外）在所不许。

【史】谓系争之当事人不经官署之裁断，而互相让步和解也。六部成语注解：“两造不由官断私行说和也。”

【私和公事】【史】凡事件业经发觉而在官者，称曰公事，换言之，即诉讼事业已系属于法院也。如不经官司之许可而私自和解者，应受处罚。明律（卷二十六）、清律（卷三十四）刑律杂犯篇均有私和公事之条："凡私和公事减犯人罪二等，罪止笞五十（其下注：若私和人命奸情各依本律，不在此止笞五十例）。"清律之总注曰："事已发觉在官者曰公事，凡与人私和公事者，照犯人应得之罪，减二等，本犯该杖罪以上至徒流死罪者，私和之人罪止笞五十也。"清律辑注曰："人命律内常人为人私和人命，杖六十，犯奸律内私和奸情者，减犯人之罪二等，注内各依本律所谓本条别有罪名也。"辑注又曰："私和公事最轻。惟人命关乎生死，奸情关乎风化，各有本条，不在公事之内。笺注私和强奸及内乱至死罪者，其私和亦但减犯人之罪二等，深恶也。"

【私放钱债】【史】（详放钱债条内）

【私法】【通】Private law　与公法相对称。（详公法条内）

【私法人】【民总】Private juristic person　为法人之一，对公法人言。凡具备私法所规定之要件而成立法人者，曰私法人，即依私法规定之法律事实所产生之法人也（参民法第二十五条）。例如财团法人或社团法人是。私法人亦得为公权主体，如纳税或选举是。后者仅以有特别规定者为限。私法人可分为社团法人与财团法人。（详各本条）

【私法上之法人】【民总】简称曰私法人。（详该本条）

【私法上义务】【通】Duties created by private law　为义务分类之一种，与公法上义务相对称，即为私法所规定而依私法之法令所生之义务，例如父母对于子女相互间之义务是。

【私法上权利】【通】Private right　与公法上权利相对立，简称曰私权。（详该本条）

【私法的破产主义】【破】为破产法主义之一，与公法的破产主义相对立，即视破产为一种清算程序，债权人对破产人之财产，得迳行共同管理之，且得加以变卖及分配也。

【私创庵院】【史】女尼所居之处曰庵，女冠所居之所曰院，私创者谓不经官署许可而私自创设也。在本条内有所谓私度僧道者，即僧道必于礼部请给度牒，始许簪剃，否则谓之私度僧道，明清律均有明文规定。明律（卷四）、清律（卷八）户律户役篇私创庵院及私度僧道条："凡寺观庵院，除现在处所外，不许私自创建增置，违者，杖一百，僧道还俗，发边远充军，尼僧女冠，入官为奴。若僧道不给度牒，私自簪剃者，杖八十，若由家长，家长当罪，寺观住持，及受业师私度者，与同罪，并还俗。"清律之辑注曰："僧道事皆载礼律，此条为僧道无户籍差役而设，僧道得免丁差，僧道多，则户口少，自然之势，此辈不耕不业，衣食于民，又岂可听其创建以耗民财，任其簪剃以虚户口耶，故特禁之，而于创建尤严，以耗费之重，而引诱之多也。"清律之总注曰："寺观庵院，徒耗民财，除先年所建现在者不禁外，原无者不许创建，原有者不许增置，违者杖一百，僧道还俗充军，尼僧女冠为奴，先为僧道已脱户籍，故必还俗注籍，然后发遣，一为僧道，即无户籍，既免差役，并无稽查，故必于礼部请给度牒，乃许簪剃，若不给度牒，僧人私剃，道人私簪者，杖八十，若由家长簪剃，罪坐家长，寺观住持僧道及受业师，擅于私度者，与同罪，其尼僧女冠，应收赎，与住持僧道，及簪剃之人，并还俗。”

【私度有他罪】【史】所谓有他罪，乃指避死罪而逃亡，并别犯徒以上之罪而言。凡犯上项罪而私自度关者，应构成本条罪名。唐律(卷八)卫禁篇——私度有他罪条：“诸私度，有他罪重者，主司知情，以重者论，不知情者依常律。”疏议曰：“私度者，谓无过所从关门私度，止徒一年，或有避死罪逃亡，别犯徒以上罪，是名有他罪重。关司知情者，以故纵罪论，各得所度人重罪。不知情者依常律，谓不知罪人别犯之情者依常律不觉故纵之法。”

【私度僧道】【史】(详私创庵院条内)

【私度关】【史】关无公文私自从水陆济渡关门过者，或不由门及济而过者，均应构成本条之罪。唐律(卷八)卫禁篇有私度关之条：“诸私度关者徒一年，越度者，加一等(不由门为越)。”疏议曰：“水陆等关，两处各有关禁，行人来往，皆有公文，谓驿使验符券，传送据递牒，军防丁夫有总历，自余各请过所而度，若无公文，私从关门过，合徒一年。越度者，谓关不由门，津不由济而度者，徒一年半。”同条又谓：“已至越所而未度者，减五等(谓已到官司应禁约之处，余条未度准此)。”疏议曰：“水陆关栈，两岸皆有防禁，越度之人，已至官司防禁之所，未得度者，减越度五等，合杖七十。余条未度准此者，谓城及垣篱，缘边关塞有禁约之处，已至越所而未度者，皆减已越罪五等。若越度未过者，准上条减一等之例。”

【私约】【史】旧法婚姻之成立，以媒妁为之为原则，其由媒妁作成者，称曰婚书。至由男女两家在婚书以外，订立其他事项者，则曰私约。例如关于男子有无残疾，及身分年龄等说明之约言等皆是。此律私约法律视为与婚书有同一之效力，如经交付成立不得反悔。明律(卷六)、清律(卷九)户律婚姻篇——之男女婚姻条：“若许嫁女已报婚书，及有私约，而辄悔者笞五十。”清律之辑注对婚书与私约之区别有下列之说明：“有媒妁通报写立者为婚书，无媒妁私下议约者为私约。”

【私借官车船】【史】官车船谓充公用之车辆与船只也，若监临主守之人将其借用于人，或转借与人，应依律处断，即借用之人亦同。明律(卷五)、清律(卷九)户律——田宅篇私借官车船条：“凡监临主守将系官车船，店舍碾磨之类，私自借用，或转借与人，及借之者，各笞五十，验日追雇赁钱入官，若计雇赁钱重者，各坐赃论加一等。”清律之总注：“监守之人，将官物自借用，或借与人用，及借之者，皆以官物供私用，市私恩，其情略相等，故其罪相同，各笞五十。验所借日数，追车船之雇钱，店舍碾磨之赁钱，入官，仍计所验雇赁钱数，坐赃论。如坐赃之罪，重于本罪笞五十，则于坐赃罪上加一等科之，如计雇赁四十两，坐赃论应杖六十，是重于本罪矣，加一等，则杖七十也。名例谓车船碾磨店舍之类，照依犯时雇工赁值，赁钱虽多，不得过其本价，此追雇赁钱之通例也。”又同律辑注：“车船可以行使，故曰雇；店舍碾磨，不动之物，就其处以用之，故曰赁。”

【私借官物】【史】凡官所置备以为公用之物，皆称曰官物，私借之者，为法律所不许。明律(卷十)、清律(卷十一)户律户役篇有私借官物之条:“凡监临主守,将系官什物衣服毡褥器玩之类,私自借用,或转借与人,及借之者,各笞五十,过十日,各坐赃论,减二等。若有损失者,依毁失官物律,坐罪追赔。”清律之辑注:“官物与钱粮不同,钱粮乃封贮仓库中者,而官物则在官公用者耳,借用钱粮,即偿还,已非原物,借用官物,犹得以原物还官,故不分监守与否,一概同论,与借用钱粮之罪,轻重迥异,即至损失,亦止以毁失律论也。”同律之总注:“凡官所置备以为公用之物,皆谓官物,不独衣服毡褥器玩,故曰之类也。监临主守,将一应官物私自借用,或转借与人,及与监守借之者,不论物之轻重多寡,在十日内者,各笞五十,若借过十日未还,则计所借之本物价坐赃论罪,减二等科之。如坐赃之罪轻于笞五十者。仍依笞五十之法,若因借用而有损失者,依弃毁官物律拟罪,误毁及遗失者,减等科之,仍追赔什物还官,弃毁等律见田宅门弃毁器物稼穑条。”明律之纂注:“损失谓损坏遗失也。毁失官物见弃毁稼穑等物条,此见系官什物衣服毡褥器玩之类,乃官府所制以充官用者,若监守之人私自借用或转借与人及借之者,则是以官物而私相为用矣,但比钱粮不同,故各笞五十,此自其暂借者言之耳。若过十日不送还官者,则计其所借之物价为赃,坐赃论罪减二等,虽满贯,罪止杖八十,徒二年,若赃不及三十贯者,仍笞五十。若将所借之物损坏者,依弃毁官物加窃盗一等,罪止杖一百,流三千里。遗失官物减弃毁官物罪三等罪止杖八十,徒二年,并验数追赔还官,故曰依官物坐罪追赔。按此与私借官车船等相类,彼计赁钱重者,坐赃加一等,与此不同,盖车船为利溥,可以责庸,衣服诸物为利微,止可计直,故不同耳。”

【私借官畜产】【史】监临官吏将所管辖之官畜因已之事而私自借用,或为情面而转借与人者,应受律之制裁,即借之者亦同。明律(卷十六)、清律(卷二十一)兵律厩牧篇均有私借官畜产之条:“凡监临主守将系官马牛驼骡驴私自借用或转借与人及借之者,各笞五十,验日追雇赁钱入官,若计雇赁钱重者,各坐赃论加一等。”明律之纂注曰:“……监临官吏及主守人役掌养马牛等畜以备公家之用,得以掌之,不得自私借用,亦不得转借与人,人亦不得而私借之也。故有犯者,不论久近多寡,即笞五十,验其所借日数追雇价之钱入官,若或借数少而日多,或借数多而日少,计其工价之钱重于笞五十者,则以坐赃论,加一等科断。如借马一匹计三十日,每日该雇钱价五贯,共该一百五十贯,坐赃论该杖六十,徒一年,是重于笞五十矣,则加坐赃一等,杖七十,徒一年半,余可类推。其雇赁验数虽多,不得过畜产本价。”

【私借钱粮】【史】钱粮者,谓米粮也,等物则系指金帛之类。私借之者,应受处罚,所以护守国库也。明律(卷七)、清律(卷十一)户律仓库篇——私借钱债条:“凡监临主守,将系官钱粮等物,私自借用,或转借与人者,虽有文字,并计赃,以监守自盗论,其非监守人借者,以常人盗仓库钱粮论,若将自己物件,抵换官物者,罪亦如之。”清律之总注:“钱粮,银米也。等物则兼金帛之类,若其他器物,则为官物矣。私字,贯自借与借人言,曰私,所以别于公也。若因公借用,则为挪移矣。监临主守之人,将仓库中系官钱粮等物,私自借用,或私下转借与人,虽立有文字,以为偿还凭据，而罔上行私，即同盗取，并计所借之数为赃，以监守自盗，不分首从论罪。其非监守之人借者，以常人盗仓库钱粮论罪，或自与监守借用，或为人转借皆是也。其不知为官钱粮而借者，不坐，若将自己物件抵换官物者，亦论如私借之罪，系监守则坐以监守自盗，系常人则坐以常人盗，其所抵换之物入官。”

【私借驿马】【史】驿马者驿递所用之马也。私借者罚，借之者亦同。明律（卷十七）、清律（卷二十二）兵律——邮驿条均有私借驿马之条：“凡驿官将驿马私自借用或转借与人及借之者，各杖八十，驿驴减一等，验日追雇赁钱入官，若计雇赁钱重者，各坐赃论，加二等。”清律之辑注：“此私借驿马与私借官畜产科法相同，而论罪加重前乘驿马赍私物亦重于乘官畜产车船附私物者，驿马与官马不同，其义互见，当参看。”同律之总注：“驿递马驴以供公务往来，若驿官为自己私事借用驿马。或为情而转借与人及借之者，各杖八十，驿驴减一等，杖七十，按验所借匹数，计日照时值追征雇赁钱入官。若计雇赁钱各坐赃论，重于本罪，加二等科之。”

【私海法】【海】Private maritime law　又称海事私法，为国内海法之一，对公海法言。所谓私海法，乃指不属于公海法而关于海事普通之私法也。凡有涉及海上商事者，则曰海商法。日本学者有主张凡非涉及海上商事者则曰海民法，此乃民商分开理论之结果，在采取民商合一编制之国家，如无其他独立私海法之制定，则以私海法即为海商法矣。

【私茶】【史】茶与盐同为国家专卖之物品，商人买者必须具数报官纳引方许贩卖，如无引者即为私茶，应与盐法同论罪。明律（卷八）、清律（卷十三）户律课程篇私茶之条：“凡犯私茶者同私盐法论罪。如将已批验截角退引入山影射照茶者，以私茶论。”明律之纂注：“既曰同私盐法，则有犯者须尽如私盐之律科断也。凡客商贩卖茶货必依例中买茶引照引货卖方为官茶引，已经官验过截角，即为退引，例当缴官不许重冒照茶，此行茶一定之法也。若有犯兴贩无引私茶者，同私盐法论罪，杖一百，徒三年，茶货车船头匹并须入官。如有将已经批验所验过截角退引不赴官告缴而入山影射照茶者，即系私茶，故以私茶论罪，盖茶货之利与盐同，故茶法之禁亦与盐法相同也。”

【私掠委任状】【国公】Letters of marque　交战国委任私人所有及驾驶之船舶从事于战争行为时，须以文书为之，此种文书，谓之私掠委任状。

【私掠船】【国公】Privateers　凡为私人所有及驾驶之船舶经交战国政府之委任，而在海上从事于战争行为者，曰私掠船。按此种私掠船制度之起，大约在十五世纪之间，船主对于一切费用与危险，均由一己负担，而所得之利益亦归其个人享受。一八五六年之巴黎宣言，对此制度公然予以废止，今已成为一般国家所共守之法规矣。

【私票据法】【票】Private negotiable instruments law　为广义上票据法之一种，与公票据法相对称，谓关于票据在私法上之规定也。其内容包含票据固有之特别规定，以及在民法上之一切关于票据之规定，例如票据行为，票据能力，票据代理，票据预约，以及原因关系，资金关系是，学者多称此为民事票据法。

【私船】【海】Private vessel 所谓私船，乃指因行使私权所使用之船舶而言，有商船与非商船之分。

【私设电信】【行】Private telegraphs and telephones 为电信之一种，与国营电信相对称。即经国府行政院交通部或其委托机关之核准，而由地方政府公私团体或个人所设置之电信，约有下列各种：(一)供铁路矿山，或其他特别营业之专用者。(二)供船舶及航空机航行时通信之用者。(三)因图收发之便利，其当地电信机关接线通电者。(四)专供在一宅地范围内通信之用者。(五)专供广播有益于公众之新闻讲演气象音乐歌曲之用者。(六)供学术试验上之用者。(七)在未有电话联络之一定区域内设置电话者。(电信条例第三条)

【私造斛斗秤尺】【史】斛斗者，今之量器也。清时各省官用斛斗均遵照部颁铁斛制造收兑，其各州县则造用木斛。春间预行办料晒干，八月成造送粮道较验发回。五斗为一斛，或以十斗为一斛。秤者，今之衡器也。尺者即今之度也。私造而不平者，作弊增减者，均应治罪。明律(卷十)、清律(卷十五)户律市廛篇——私造斛斗秤尺条："凡私造斛斗秤尺不平，在市行使，及将官降斛斗秤尺作弊增减者，杖六十，工匠同罪，若官降不如法者，杖七十，提调官失于较勘者，减一等，知情与同罪。其在市行使斛斗秤尺虽平，而不经官司较勘印烙者，笞四十。若仓库官吏，私自增减官降斛斗秤尺，收支官物而不平者，杖一百，以所增减物，计赃重者，坐赃论，因而得物入已者，以监守自盗论，工匠杖八十，监临官知而不举者，与犯人同罪，失觉察减三等，罪止杖一百。"清律之辑注曰："不平谓不遵官降之制，即不如法也。"同律辑注曰："增减如贴补铲削之类，辑注官降于民必有主司监造之人与工匠以式，而令之如法造作，若与式不如法，则罪在主司，造作不如法，则罪在工匠，律不言坐罪之人者，以有罪坐所由之通例也。"同律辑注又曰："多收税粮斛面，以坐赃论，罪止杖一百，此收支不平，即杖一百，坐赃论至满徒，彼是斛面，此是增减，以其倚法为奸也。故已入，即以监守自盗论，工匠罪其助奸，监临罪其纵奸，即失察犹罪其失奸也。增收所多，减支所余，虽由不平而来，已是在官之物，因而入已，即监守自盗矣。"清律之总注曰："同律度量衡王制也。斛斗秤尺，乃百物之所受裁以为平者，官降一定之式，民间遵依制造，赴官较勘印烙，而后行使，所以同风俗一制度，不得私有增减。若私造斛斗秤尺，大小轻重长短不平，在市行使，及将官降斛斗秤尺，作弊增减者，行使人杖六十，为其私造增减之工匠同罪，若官降，如不如原颁法式者，杖六十，作法于民，而先自弊之，故视私不平者加等科之。提调官吏失于较勘者，犹是疏慢之过，故减一等，知其不如法之情，而不较勘，则是有心之过，故与同罪。其在市行使斛斗秤尺虽秤准无大小轻重长短之差，但不经官较印者，亦笞四十，恐开私造之端，渐致不平之弊也。若在仓库之斛斗秤尺，原由官降以收支钱粮，主守仓库官府，私自增减以致收支官物增多减少不平者，杖一百，以所增所减物数计赃，照坐赃数通折半，赃罪重于杖一百者，依坐赃论罪。因而将增收所多减支所余之物，入已者，以监守自盗，不分首从并赃论罪，工匠为之增减，亦杖八十，监临官知其收支不平，及得物入已之情，而纵容不举问者，与犯人同罪，至死减一等。若不知情而失于觉察者，减犯人罪三等，罪止杖一百。谓罪至杖一百，则听减三等，如虽减，而犹该杖一百以上，则亦罪止杖一百也。”

【私渡】【史】未领有旅行之文引而私自越渡关津者，谓之私渡。（详关津条内）

【私发官文书印封】【史】官文书之往来投递，均有封印，以昭慎重，若私行启视，是妨害公务而泄漏机密也。应加惩罚。唐律（卷二十七）杂律篇设有私发官文书印封条：“诸私发官文书印封视事者，杖六十，制书杖八十，若密事，各依漏泄坐减二等，即误发视者，各减二等，不视者不坐。”疏议曰：“官司行下文书，多有封印，而有私发印封视书者杖六十，视制书杖八十，若密事，各依漏泄坐减二等。职制律，漏泄大事，应密者绞，减二等徒三年。非大事应密徒一年半，减二等杖一百。误发视者各减二等。谓误发因视制书杖六十，官文书笞四十，大事应密视者，徒三年上减二等徒二年，非大事应密视者，杖一百上减二等杖八十，不视者不坐，谓初虽误发意不视书者无罪。”

【私诉】【民刑诉】Private prosecution; Private law-suit 私诉之意义有二：第一乃指刑事诉讼中之自诉（详该本条）而言。第二则系指人民为保护其个人关于私法上之权利而提出之民事诉讼而言。（参附带民事诉讼条）

【私越冒度关津】【史】关为关门，津者津渡也。通过关津须有文引，否则为私越冒度。明律（卷十五）、清律（卷十九）—兵律关津篇之私越冒渡关津条：“凡无文引私渡关津者，杖八十。若关不由门，津不由渡，而越度者杖九十。”

【私禁】【刑】私禁乃私擅监禁之简称。（详私擅逮捕监禁罪条内）

【私罪】【史】对公罪而言，凡官吏之因私事而犯罪，以及虽因公事而获罪而系出于为私之意思者，皆为私罪。为儆饬官吏之邪行为目的，故加处罚。清会典（吏部）：“私罪，有处分，以儆官邪。”其附例曰：“谓因私事获罪，及虽公事获罪而出于有心者，如徇庇属员之类。”

【私义务】【通】Private obligation 与公义务相对立，即人民在私法上所负担之义务也。

【私解释】【通】Private interpretation 又曰学理解释。（详该本条）

【私卖】【债】Private sale 为买卖分类之一，对公卖言。即由私人协议而不依公共程序所为之买卖是也。通常买卖以此为多。

【私卖军器】【史】本条所称之军器，乃指常人不应私有之军器如衣甲旗帜火药等而言，私下货卖者依律处断。明律（卷十四）、清律（卷十九）兵律军政篇——私卖军器条：“凡军人关给衣甲刀枪旗帜，一应军器，私下货卖者，杖一百，发边道充军。军官卖者罪同，罢职充军，买者笞四十，应禁者，以私有论，军器价钱并入官，官军买者勿论。”清律之辑注曰：“律言关给军器私下货卖者治罪，则自置而货买者，买卖之人不在此限。惟应禁者常人不得私买。辑注卖者不分应禁与否，买者则分科断，盖民间许有平常军器，不得私有，应禁军器也。以藏应禁军器一件，杖八十，每一件加一等，此卖者之罪不限件数，而买者之罪，则按件科之也。”明之纂注曰：“此条与上私卖战马同意，但军器关给于官，与战马获于敌人者不同，故罪有轻重。应禁者以私有论罪，止就买者言，言凡军人有将自己关给于官司衣甲枪刀旗帜一应军器私下货卖与常人者，无复战守之心，故杖一百，依律发边远卫分充军。若军官私卖军器者与军人罪同，亦杖一百，罢职发附近充军。与军人杖同而充军不同者，官降为军，则已贱之矣。民间买者笞四十，所买系应禁军器，如人马甲傍牌火筒火炮旗纛号带之类。买者照下私有条论罪，一件杖八十，每一件加一等，罪止杖一百流三千里，所买之军器不论应禁与否，与所得之价钱并追入官，若同出征及守御之军官军人买者，不问应禁与否，俱不坐罪，以其备征守之用耳。惟卖者仍坐罪，追价还官。卖军器与夷人，有例见私出外境条。按下条将帅关拨军器事讫还官，此言卖与军官军人，买者勿论，又似不还官者，恐此指在卫之军，平时关给以备操练不复还官耳。"

【私卖战马】【史】马为军需之重要者，获自外人，可为军用，若不报告上官而私自货卖，则为法律所禁止。明律（卷十四）、清律（卷十九）兵律军政篇均设有私卖战马之条："凡军人出征，获到马匹，须要尽数报官，若私下货卖者，杖一百，军官卖者，罪同罢职，买者笞四十，马匹价钱并入官，军官军人买者，勿论。"清律之辑注曰："辑注律意重在军中之马，不许卖与外人，故军官军人买者勿论。然军官军人，可以私买，不可私卖，买者仍为军中之用，而卖者不以报官，则私卖与外人，与私卖与军官军人，其情一也。自应仍尽不报官而私卖之法。故注云，卖者仍追价科罪也。然本文止言买者无论，乃承上笞四十而言，不言卖者，原自明白。"明律之纂注曰："私下货卖，则报官后货卖者不禁，卖者指常人言，军官军人买者，勿论，止科卖者之罪，价钱入官。或谓卖者亦得勿论，观律文下买者二字，可见。此言凡军人随从出征，其有获到敌人马匹，随其所获从实尽数报官，听从官司区处，其有克留私下得价货卖与人者，即杖一百。若军官获得敌马而卖者，与军人罪同，亦杖一百，罢职充军。常人买者笞四十，其马匹及价钱并追入官。若军官军人买得马匹者不坐罪，马不入官，故曰勿论。夫同一卖也，而军官罪重，以其有钤束之责也。同一买也，而军官军人勿论，以其还充官用耳。其法之得中如此。"

【私擅逮捕监禁罪】【刑】Offence of false imprisonment　为妨害自由罪之一。即刑法所改称之剥夺人之行动自由罪是也。（详该本条）

【私擅搜索罪】【刑】Offence of false search　为妨害自由罪之一，又名不法搜索罪，因不依法令之规定而搜索他人身体，成立本罪，盖所以保护人民身体上之自由也。其要件有三：(1)须有搜索之行为。(2)其行为须为不依法令之规定者。若依法令如警察搜索违禁物，则不为罪。(3)本罪之客体为身体，故其目的乃搜索身体。如以搜索财物为目的者，自不构成本罪。本罪之处分为一年以下有期徒刑，拘役，或三百元以下罚金。（刑法第三二一条）

【私选辩护】【刑诉】对官选辩护言，又称选任辩护。（详该本条）

【私营矿业】【行】Private-operated mining enterprise　与国营矿业相对称，谓由私人或私人团体所经营之矿业。

【私藏应禁军器】【史】军器有应禁与不应禁者，应禁者如马甲，傍牌，火筒，火炮，旗纛，号带之类是，如有私自隐藏者，应受法律制裁。明律（卷十四）、清律(卷十九)兵律军政篇均有私藏应禁军器之条:"凡民间私有人马甲傍牌火筒火炮旗纛号带之类应禁军器者,一件杖八十,每一件加一等,私造者加私有罪一等,各罪止杖一百,流三千里,非全成者,并勿论,许令纳官。其弓箭枪刀弩及鱼叉禾叉不在禁限。"明律之纂注:"私有自其旧有者言,私造自其新造者言。非全成者,谓或私有而形体不全,或私造而工制未就,如有旗无竿之类是也。盖人马甲傍牌火筒火炮旗纛号带之类,皆为应禁军器,非民间所宜有,若私有而不送官者,止有藏匿之情,故一件杖八十,每一件加一等,若非旧有而私造者,必有僭用之意,故加私有罪一等,其私有私造虽至十件以上者,各罪止杖一百,流三千里,所谓不得加至于死者,此也。若军器非全成系所不堪用之物,故并勿论,而许令纳官,其弓箭枪刀弩及其鱼叉禾叉皆民间之所宜有,故从其有而不在禁限。"

【私证文书】【通】Private registered document 又称私署证书。凡公证文书以外之文书,皆称私证文书,乃由私人或私人机关所作成,而有证据效力之文书。

【私证书】【民诉】又称曰私文书。(详该本条)

【私矾】【史】私煎矾者,亦为法律所不许,明清等律均有明文禁止。明律(卷八)、清律(卷十三)户律课程篇——私矾条:"凡私煎矾货卖者,同私盐法论罪。"清律之下注曰:"凡产矾之所,额设矾课,系官主典,给有文凭执照,然后许卖。"同律之总注:"凡产矾之所,皆有官设窑厂,额设矾课,煎矾者必先报官纳课领照,若不办课,私开窑厂,煎出货者,同私盐法论罪,杖一百徒三年,及有军器拒捕与引领等项入官等物,亦无不同科也。矾利甚微,而必隶于官,非专为征其课程,盖天地自然之利,若不设禁,听民自取,则争夺之端,无已时矣。"

【私权】【通】Private right 为权利分类之一种,与公权相对称,即私法上之权利也。详言之,所谓私权,乃指团体或个人相互间所有之私法上之权利而言。私权之分类,约有下列七种:(一)财产权与非财产权。(二)绝对权与相对权。(三)专属权与非专属权。(四)支配权请求权抗辩权与形成权。(五)主权利与从权利。(六)原权与救济权。(七)需介权与不需介权。(详各本条)

【私权之取得】【民总】Acquisition of private right 即私权附于权利主体之事实也。换言之,即私权与特定主体相结合之谓。私权之取得有基于权利主体之意思者,例如甲乙二人因合意所生之契约赠与买卖是。又有基于法律之规定者,例如因侵权行为所生之赔偿请求权是。私权取得之方法有二:(1)原始取得。(2)继承取得。(详各本条)

【私权之消灭】【民总】Extinction of the private right 即目前存在之私权以后丧失其存在之谓。例如房屋被焚或所有人抛弃其物是,故与绝对之私权丧失相同。(参私权之丧失条内)

【私权之丧失】【民总】Loss of the private right 即私权与主体分离之事实也。更分为相对之丧失与绝对之丧失,前者例如将房屋出让是,后者如房屋为火所焚毁是。故绝对之丧失又可称为私权之消灭。

【私权之发生】【民总】Growth of private right　即私权从新存在之谓也。例如无主物被先占时，则发生新权利，因其乃发生新权利，故与私权取得之观念有异。

【私权之标的】【民总】Object of private right　又称私权客体。（详该条）

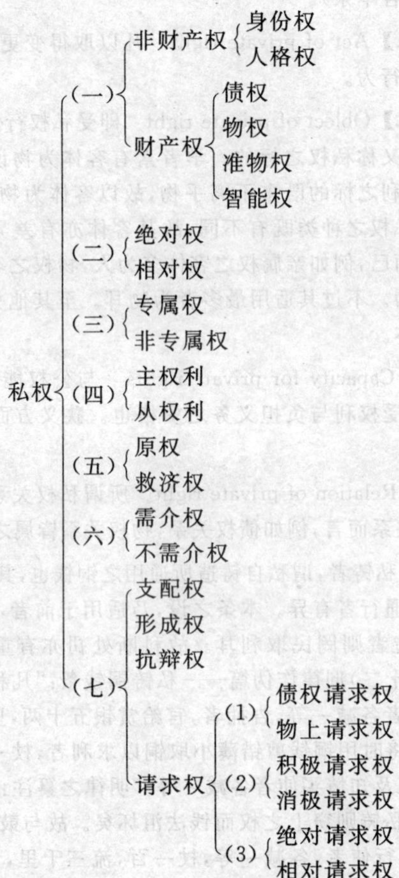

【私权之变更】【民总】Alteration of private right　即私权并不消灭，惟其客体主体及内容发生变更之事实之谓。至其原因有基于权利主体之意思者，有基于法律之规定者。其变更约有三种：(1)权利客体之变更——例如所有权之房屋一部被焚是。(2)权利主体之变更——又有二种情形：(甲)权利主体相更替时——例如继承时是。(乙)权利主体增减时——例如独有人变为共有人——主体之增加也。共有人变为独有人——主体之减少也。(3)权利内容之变更——又有三种情形：(甲)例如本不得对抗者变为得对抗者是，乃作用之变更也。(乙)例如债务之一部清偿者，是数量之变更也。(丙)例如附条件权利变为无条件者，性质之变更也。

【私权主体】【民总】Subject of private right 即私权能力所归属之本体也。换言之,即得为私权之权利者之谓,通常称之为人格者,或称权利人,但二者亦有区别。凡得享有私权资格者即有权利能力人,称为人格者。至于现在享有特定私权者,即以本人名义享有私权者,始称为权利人。私权主体之种类有二:(一)自然人。(二)法人。(详各本条)

【私权行为】【民总】Act of private right 凡以取得变更或丧失私权为目的之法律行为,称曰私权行为。

【私权客体】【民总】Object of private right 即受私权行使之对象。换言之,即私权之目的物也,故又称私权之标的。学者素有客体为物说与客体为行为说,而以前者为通说,盖权利之标的既多不离乎物,故以客体为物说自有相当理由。然亦未免过偏。诚以私权之种类既有不同,故其客体亦有差异,大别之其重要者不外人物及行为三者而已,例如亲属权之客体多为人,物权之客体多为物,债权之客体多为债务者之行为。不过其适用最多者为物耳。至其他关于精神作用及权利,亦均可为私权之客体。

【私权能力】【通】Capacity for private rights 与公权能力相对立。在广义上言,谓在私法上有享受权利与负担义务之资格也。狭义方面,则单指享有私法上之权利而言。

【私权关系】【通】Relation of private right 所谓私权关系,乃指当事人相互间关于私法上之权利关系而言,例如债权关系,物权关系皆属之。

【私铸铜钱】【史】私铸者,谓私自铸造所通用之铜钱也,其体质与通行者同。至伪造则否,其体质与通行者有异。本条之设,乃适用于前者,后者不用此律。又私铸乃犯禁乱法而伪造者则罔民取利耳。故科断处罚亦有重轻之不同。明律(卷二十四)、清律(卷三十二)刑律诈伪篇——私铸铜钱条:"凡私铸铜钱者绞,匠人罪同,为从及知情买使者各减一等,告捕者,官给赏银五十两,里长知而不首者,杖一百,不知者不坐。若将时用铜钱剪错薄小取铜以求利者,杖一百。若伪造金银者,杖一百,徒三年,为从及知情买使者各减一等。"明律之纂注:"铜钱通天下之用,而铸钱之权出于上,若私铸则窃上之权而钱法沮坏矣。故与鼓铸匠人并罪,坐绞,为从及知系私铸而故买行使者,各减一等,杖一百,流三千里,首告捕获者官给赏银五十两,里长知而不首告者,杖一百。若将时用铜钱剪错薄小取铜以求利,则与伪造者异矣,故止杖一百。若伪造金银行使以惑众罔利者,杖一百,徒三年,为从及知其伪造而买使者,各减一等,杖九十,徒二年半。盖律言伪造金银谓以铅铜水银之类造成金银体质者方是,若成色不足,非全假者,不得引用此律。"

【私铸钱】【史】私行铸造钱币者,以及制具已备而未开始铸造者,或作具未备者,均应构成本条罪名,分别处罚。唐律(卷二十六)杂律篇——私铸钱条规定:"诸私铸钱者,流三千里。作具已备未铸者,徒二年。作具未备者杖一百。若磨错成钱令薄小,取铜以求利者,徒一年。"疏议曰:"私铸钱者,合流三千里。其作具已备,谓铸钱作具并已周备而未铸者,徒二年。若作具未备,谓有所欠少,未堪铸钱者，杖一百。若私铸金银等钱，不通时用者不坐。"

【私盐】【行】Smuggled salt 所谓私盐，乃指未经财政部盐务署之特许而制造贩运售卖或意图贩运而收藏之盐而言。犯私盐罪者，除将所有之盐及供犯罪所用之物加以没收外，并依下列处断：(1)不及三百斤者处五等有期徒刑(旧制)或拘役。(2)三百斤以上者，处三等或四等有期徒刑(旧制)。(3)三千斤以上者，处二等或三等(旧制)有期徒刑。如同时携有枪械意图拒捕者，加本刑一等。(私盐治罪法第一一二条、第九条)

【私盐轻微案件处罚章程】【行】本章程由财政部于民国十八年八月十四日公布，全文仅十一条，自公布之日施行，兹述其要点于下：(一)各盐务缉私水陆舰队及场警等缉获私盐人犯时如查系轻微案件，除私盐及其应充公之物照私盐治罪法没收外，所获私贩按照本章程处罚。(二)轻微案件以老弱妇孺误犯盐法，肩挑负贩，或随身夹带私盐其数在司马秤一百斤以内，并无拒捕情事者为限。其处罚分为下列两种：(1)五十元以下二十元以上之罚金，或五十日以下二十日以上之拘役。(2)二十元以下三元以上之罚金，或二十日以下三日以上之拘役。第一种为处罚再犯者，第二种则为处罚初犯者。至所处罚金限五日完纳，逾期无力完纳者，每一元折罚拘役一日。(三)轻微案件违犯至三次者，无论私盐多寡，均按照私盐治罪法及盐务缉私条例办理。(四)各盐务缉私水陆舰队及场警等缉获轻微案件人犯时，应按照本章程拟具处罚办法，报由该管长官核准施行，于每案办结后，呈报该管缉私局或场长，汇造月报，呈由该管运使运副或榷运局长转呈财政部盐务署备案。

【系统法学】【通】以研究一国法律之原理原则为目的之学科称曰系统法学。

【罕穆拉比法典】【史】巴比伦国为古时文化鼎盛之邦，其建国也，始于纪元前四千年，即在今之西亚 Euphrates R. 及 Tigris R. 二河流域之中区一带之地，其建国者名为沙尔刚王(King Sargon)。传至罕穆拉比王(纪元前二一〇〇年)国内文物法度以及武事军备均彪炳一时，而于制定法典，整饬司法制度，尤为后世所称颂，永垂不朽。在各种发现之文件及石柱中之文字，当时司法制度之完备，已可窥见一斑。例如专门之法官，书记官，公证人，以及各种诉讼上所专用之文件方式并程序，无不全备。在罕穆拉比王以前国王均系公正之源泉，一切法律皆托辞受诸于神，自罕穆拉比王始将审判权能由僧侣阶级而移诸法官之手，均于宫殿大门及市区中公开审理诉讼，惟最高之审判权仍由国王掌理之耳。在巴比伦城市之行政长对于全城市民之诉讼握有审判职权，在乡村镇区，其乡村首长连同各该乡村中之年老士绅亦可行使审判职务，同时且有书记官将一切笔录载于泥土板碑之上。按巴比伦人民之性质亦极偏重保守，即以司法制度而言，自罕穆拉比王后以迄于大利乌王(King Darius)，相距约二千年之久，据所发现之记载一切方法与仪式，多未改变。至其法典之制定，亦多带有永久性质，罕穆拉比法典即其一例。该法典为楔形文字所雕刻而成，乃在圆形之石柱上，故学者亦有称之曰石柱法者。此种法典之来源，据其导言(序文)所载，亦与埃及法希伯来法相似，谓系为神所授与者，所谓神乃指坐于右旁之太阳神名曰 Shamash。罕穆拉比王之司法大权，乃受之于该太阳神，以锄强扶弱为职志，凡欲明了法典之内容者，应于太阳神庙宇之大门外阅读之，以该法典乃揭诸该庙门前故也。按罕穆拉比王法典之雕刻石柱系于一九〇二年由法国政府所派遣之探险队队长(DeMorgan)在巴比伦旧都 Susa 废墟中所发见。石柱高八英尺，上有肖像(或谓即罕穆拉比王)，下分为十六栏，其内计二十八栏，三六〇〇行，共二百八十二条，前有导言(Introduction)，末有结语(Conclusion)。该石柱原物现存于法国之 Louvre 博物院内(在美国西北大学法学院内亦藏有影像一帧)。此法典以时年推算之，实为世界最古之现存的全文法典，即较诸希伯来法典及印度之孟努法典亦多一五〇〇年之久。内容完备，例如刑事方面以及民事中之亲属财产商业等皆在其内，承认营业自由，契约自由，财产私有权之制度等。社会政策方面之法律，如工资，物价，及对于孤儿寡妇以及其他弱者之保护等，皆有明文。此外关于商业方面之法规，如金融，货币，证券，仓库，运送业等亦设有明文。至于程序法之证据及裁判等亦有详细规定，而于刑事方面规定尤详。目前各国多有译文，英文方面有美国支加哥大学亚述国史学教授 D. D. Luckenbill 博士之译文。至我国方面，据编者所知，尚付阙如，容当于编撰"希伯来法典"一书时译出，以供参考。

【良人】【史】杂户奴婢等贱民与一般人相对称时，后者谓之良人。唐律名例篇(卷六)——官户部曲条："诸官户部曲，官私奴婢有犯，本条无正文者，各准良人。"此外良人又为地方官吏之名，即乡士之别名。国语—齐语："管子定民之制，十连为乡，乡有良人。"其注曰："良人，乡士也。"

【良贱】【史】旧制，人民待遇均不平等，分为良民与贱民两种，士农工商谓之良，娼优隶卒及其他贱民则谓之贱，良贱结婚为法律所不许。(参良贱为婚条内)

【良贱相奸】【史】良贱相奸之条原为严尊贵卑贱之区分而设，良奸贱及贱奸良处罚有差，是旧律之规定显与平等之原则相反。明律(卷二十五)、清律(卷三十三)刑律犯奸篇——良贱相奸条："凡奴奸良人妇女者加凡奸罪一等，良人奸他人婢者，减凡奸一等，奴婢相奸者，以凡奸论。"清律之总注曰："男女相奸均为有罪，而良贱有尊卑之异，则不得一概科断。凡以奴而奸良人妇女，则男女各加凡人奸罪一等，奴犯良为僭，而良不自惜，故同重之。以良人而奸他人之婢，则男女各减凡人奸罪一等，良从贱为辱，而奴非良比，故同轻之。若奴婢相奸，则以贱奸贱，犹以良奸良也，故以凡奸论。犯奸之罪律内不分言者皆男女同坐，乃其例也。此条加者男女同加，奸夫以贱犯良，妇女以良从贱，其义一也。减者亦男女同减，既以婢之贱，而奸夫减等则婢自应同论。或谓奴奸良良奸婢，妇女皆以凡论，非也。如犯奸条内有夫杖九十，比和奸加一等，此为奸妇而加也，而奸夫亦同坐，其义可推。"清律之辑注曰："此律加减但兼和奸有夫刁奸三项言，男女同坐分注于两项之下。亦互见之义也。本律不言强奸罪，奴奸良下注曰强者斩，改绞为斩，亦加等之意也。良奸婢下注曰强者绞，其人虽贱，其性则贞，守贞被辱，与良人何异。又强奸未成，俱杖一百流三千里，奴奸良固不得加，良奸婢亦不得减。本律加等止言和奸，强者不得比照，止言良人奸他人婢，不言奸他人奴之妻，以与婢不同也，应以凡论。"

【良贱相殴】【史】本条所规定者为良人与奴婢相殴，良人殴缌功亲之奴婢，以及殴缌功亲之雇工人等。按奴婢皆为罪人之男女，缘坐没官，俾为奴婢以供贱役者也。其身分与良民不同，故其相殴亦当别论。明律(卷二十)、清律(卷二十七)刑律斗殴篇良贱相殴条均有相同之规定。清律原文及其下注：凡奴婢殴良人(或殴或伤或折伤)者，加凡人一等，至笃疾者绞(监候)。死者斩(监候)，其良人殴伤他人奴婢(或殴或伤或折伤笃疾)者，减凡人一等，若死及故杀者绞(监候)。若奴婢自相殴伤杀者，各依凡斗伤杀法。相侵财物者(如盗窃强夺诈欺诓骗恐吓求索之类)，不用此(加减)律(仍以各条殴伤杀法坐之)。若殴(内外)缌麻小功亲之奴婢，非折伤勿论。至折伤以上(至笃疾者)，各减杀伤凡人奴婢罪二等，大功(亲之奴婢减三等)，至死者(不问缌麻大功小功)，杖一百徒三年，故杀者绞(监候)，过失杀者勿论。若殴(内外)缌麻小功亲之雇工人，非折伤勿论，至折伤以上(至笃疾者)，各减凡人罪一等，大功(亲之雇工人)减二等，至死及故杀者(不问缌麻小功大功)并绞(监候)，过失杀者各勿论(雇倩佣工之人与有罪缘坐为奴婢者不同，然而有主仆之分，故以家长之服属亲疏论。不言殴期亲雇工人者，下条"奴婢殴家长条"有家长之期亲若外祖父母殴雇工人律也。若他人雇工者当以凡论)。

【良贱为婚姻】【史】夫妇之结合以有对等之身分为原则，此旧律之所以禁止良贱为婚姻也。明律(卷六)、清律(卷十)户律婚姻篇——良贱为婚姻之条："凡家长与奴娶良人女为妻者，杖八十，女家减一等，不知者不坐，其奴自娶者，罪亦如之，家长知情者，减二等，因而入籍为婢者，杖一百，若妄以奴婢为良人，而与良人为夫妻者，杖九十，各离异改正。"清律之总注曰："婚姻配偶，义取敌体，以贱娶良，则良者辱矣。故家长与奴娶良人女为妻者，杖八十，女家之主婚，甘心从贱，必有不得已之情，故减一等，杖七十，不知者不坐。其奴不由家长之命，而自娶良人女为妻者，亦论为家长为娶之罪，女家亦减一等，家长知情减二等，杖六十，事虽由奴，知而不禁，不得无罪也。若家长因将所娶良人之女，为配奴之婢附入于籍者，压良从贱，其情更重，故杖一百。以上皆明知良贱无妄冒之情者也。若妄以奴婢冒为良人，而与良人为夫妻者，妄冒之家长，杖九十，奴婢自妄冒者，罪亦如之。欺罔为婚甚于明娶者矣。各离异改正，通承上言，既曰离异，则良自为良贱自为贱矣。又云改正者，指因而入籍者言，谓改正其籍也。"

【见(見)火起不告救】【史】火患既起，蔓延必速，利害关系者均有告知他人及扑救之义务，违者构成本条之罪。唐律(卷二十七)杂律篇——见火起不告救条："诸见火起，应告不告，应救不救，不救减失火罪二等(谓从本失罪减)。其守卫宫殿仓库，及掌囚者，皆不得离所救火，违者杖一百。"疏议曰："见火起烧公私廨宇舍宅财物者，并须告见在及邻近之人共救，若不告不救，减失火罪二等，谓若于官府廨宇内及仓库，从徒二年上，减二等合徒一年，若于宫及庙社内，从徒三年上，减二等徒二年，若于私家，从笞五十上减二等笞三十。故注云，从本失罪减，明即不从延烧减之。其守卫宫殿仓库，及掌囚者，虽见火起，并不得离所守救火，违者杖一百，虽见火起不告，亦不合罪。"

【见(見)受业师】【史】在国学中(官立学校)受业时，其现在授业师，在学生方面称之曰见受业师。唐律(卷二十三)殴讼篇——殴前夫之子条:"即殴伤见受业师,加凡人二等,死者各斩。"其下注:"谓伏膺儒业,而非私学者。"其疏议曰:"儒业,谓经学,非私学者,谓弘文国子,州郡等学。"(参唐律卷一名例篇十恶之疏议)

【见(見)知故纵监临部主法】【史】见知他人犯罪而不摘发者,为故纵。监临者为任监督之责者,部主乃管辖部曲之人。汉书—武帝纪:"进张汤赵禹之属,条定法令,作见知故纵监临部主之法,缓深故之罪,急纵出之诛。"大学衍义补(卷百三):"武孝即位,征发频数,百姓贫耗,穷民犯法,酷吏系断,奸轨不胜,于是进张汤赵禹之属,条定法令,作见知故纵监临部主之法。"其注曰:"见知人犯法不举,为故纵,而所监临部主有罪,并连坐。"

【见(見)票日】【票】付款阅览票据之日,谓之见票日,见票即付之票据,即以该阅览票据之日为到期日。

【见(見)票即付票据】【票】Negotiable instrument payable at sight 谓由付款人见票日(即提示日)为到期日之票据也。通常以执票人提示时为付款人见票日,又名即期票据,日本名曰一览拂之票据。

【见(見)票后定期付款】【票】Payment on a fixed day after sight 又曰注期汇票。此项票据,即于付款人于承兑时,决定于一定之日为付款之日(即到期日)。故执票人应自发票日起六个月内,为承兑之提示,付款人于承兑之时,应载明其承兑日,以定到期日之起算点。至于承兑之提示期限,发票人得以特约缩短或延长之,但以六个月为限耳。此外见票后定期付款之票据之到期日之计算,在票据法(第六十四条)亦有明文规定,即依承兑日或拒绝承兑证书作成日计算到期日。凡汇票未载明承兑日,且又无拒绝承兑证书者。则应依承兑提示期限之末日计算到期日。

【见(見)发】【史】(详据见发条内)

【见(見)禁囚不得告举他事】【史】他事者,谓他人所犯之事,与己毫无关涉者也。凡犯罪而现被囚禁之人不得告举别项之事,盖恐其有诬告之举也。惟下列各事则为例外:(1)被狱官狱卒非理凌虐者。(2)若应囚禁现被鞫问而更自首别事(如因殴伤人被禁而又首曾争某人田宅之类)其词内有干连追对之人,官司亦合准首依法勾提推问,以科其罪者。(3)人年在八十以上,十岁以下及笃疾之人,妇人等四等人惟谋反叛逆,子孙不孝,或己身及同居之内为人盗诈侵夺财产及有所杀伤之类,因其情节重大,危害急逼,故亦许其告理。明律(卷二十二)、清律(卷三十)刑律诉讼篇均有见禁囚不得告举他事条之规定,内容相同。清律原文:"凡被囚禁,不得告举他事,其为狱官狱卒,非理凌虐者,听告。若应囚禁被问更首别事,有干连之人,亦合准首依法推问科断。其年八十以上,十岁以下,及笃疾者,若妇人,除谋反叛逆子孙不孝,或己身及同居之内,为人盗诈侵夺财产及杀伤之类,听告,余并不得告,官司受而为理者,笞五十。"清律之辑注:"按断狱内狱囚诬指平人条,凡囚在禁诬指平人者,以诬告人论,其本犯罪重者,从重论。诬指者论罪则得实者，自弗论矣。故此条但言不得告举他事，不著告举之罪，惟不许告举以杜诬害而已。”同律之辑注：“囚在禁而许其告人，恐奸徒恣其诬妄，要囚被虐而禁其不告，则冤抑不得伸辩，囚被问而更首别事，是无故告人之心，固法之所不禁也。”

【见(見)证人】【民刑诉】Witness　为证人(详该本条)之别称。

【言官】【史】即任谏议职务之官吏，为谏官之别名。宋史：“王拱辰赴台求见，帝曰，言事官第自举职，勿以朝廷未行为沮。”正字通谓：“言官，谏官也。”

【言渡】【民刑诉】Announcement　为日本名辞，即法院对当事人以言辞宣告裁判之谓。

【言语诽谤】【刑】Slander　(详单纯诽谤罪条内)

【言论自由】【宪】Freedom of speech　个人之意思得自由以言词向他人发表，而不受政府或法律所限制者，谓之言论自由。我国训政时期约法第十五条之规定，人民有发表言论及刊行著作之自由，非依法律不得停止或限制之。此种规定，与言论绝对自由之旨相违反，与各国宪法内所赋予人民之言论自由，绝不相同，是我国约法所规定之言论自由，直一具文而已。

【言辞陈述】【民刑诉】Verbal statement　法院审理案件时，当事人对于诉讼事件，以言辞所为关于事实上或法律上的意见之陈述时，谓之言辞陈述，与书面陈述相对立。

【言辞审理】【民刑诉】Verbal trial　与书面审理相对称，谓审判官与当事人间，以言辞间答而为裁判之审理也。(详言辞辩论主义条)

【言辞审理主义】【民刑诉】Principle of verbal trial　又曰言辞辩论主义。(详该本条)

【言辞证】【民刑法】Testimonial evidence　我国法律名之曰人证。(详该本条)

【言辞辩论】【刑诉】Debate　为审判程序中之一部，即于讯问及调查证据完毕后，由检察官被告及辩护人所为之口头表示，与相互答辩也。其次序如下：(1)检察官论告，就该案之事实及法律表示意见。(2)被告人对检察官之攻击，分别加以答辩。(3)辩护人以保护被告利益为目的加以辩护。(4)上述辩论完毕后，审判长得命再轮流辩论。但被告人应享有最终辩论之权，即于宣告辩论终结前，应询被告有无其他陈述是也。(5)辩论终结后，如遇必要时，得为再辩论。(详该本条，刑诉法第三〇〇—三〇三条)

【民诉】言辞辩论有广义狭义与最狭义之别，广义之言辞辩论，系指法院当事人，及第三人于辩论期日所为之一切行为而言，故当事人之陈述，证人或鉴定人之陈述，法院所指挥之诉讼行为，及宣告裁判等，皆属之。狭义之言辞辩论，则指除宣告裁判以外之诉讼行为而言。最狭义之言辞辩论，则专指当事人之辩论而言。言辞辩论之期日，乃以诉讼事件之点呼为开始，须在法院内为之。其辩论则以当事人声明应受裁判之事项为开始，继以双方对于事实上及法律上之陈述，以及关于攻击与防御之方法，证据并证据抗辩之辩论。至于宣示言辞辩论终结时，其程序即行完毕。审判长对于言辞辩论程序之在进行间，有诉讼指挥权，及法庭警察权，所以确定诉讼之关系，与夫维持法庭上之秩序也。而法院方面则有指挥辩论权，例如命其合并辩论，分别辩论，限制辩论，再开辩论，与更新辩论等是。此外尚有下列之指挥权，例如为必要之处置，选任通译，与停止参与辩论人之陈述等，皆属之(民诉第一八六—二〇二条)。言辞辩论之准备，依民诉法之规定，尚有准备书状与准备程序之二种。(详各本条)

【言辞辩论主义】【民刑诉】Principle of oral discussion 为民事及刑事诉讼主义之一，对书面审理主义言。审判官以当事人及其他关系人之口头陈述及辩论为根据而下裁判者，曰言词辩论主义，其优点有二：(1)可明悉当事人之真意。(2)可使审理程序迅速，故我民事及刑事诉讼法于第一审及第二审均采此主义。至其弱点亦有二：(1)当事人之辩论每被书记官所漏记，故无永久存续性。(2)审问时当事人每因仓卒致有错误之陈述，故我民事及刑事诉讼法规定第三审则采书面审理主义。

【言辞辩论笔录】【民诉】Notes of debate 在言辞辩论期间，由法院书记官所作之证书，曰言辞辩论笔录，其应行记载之形式上事项(不论第一、二、三审及再审均同)如下：(一)辩论之处所及年月日。(二)推事书记官及通译姓名。(三)诉讼事件。(四)到场之当事人，法定代理人，诉讼代理人，辅助人，及其他诉讼关系人之姓名。(五)辩论之公开或不公开，如不公开者其事由。(六)辩论进行之要领。其应行记载之实质上事项如下：(一)诉讼标的之自认舍弃或认诺。(二)证据之声明或舍弃，及对于违背诉讼程序规定之异议。(三)民诉法规定应记明之声明或陈述。(四)证人或鉴定人之陈述，及勘验所得之结果。(五)不作裁判书附卷之裁判及裁判之宣示。上述笔录作成后，审判长及法院书记官均应签名，作成后应向关系人朗诵，或令其阅览，此后笔录即行发生下列效力：(A)为证明对于言辞辩论之程式是否遵守之用。(B)为法院依职权上必需审酌之用。(民诉第二〇三—二一〇条)

【豸史】【史】御史之别称也。豸为神羊，能知人之曲直，掌弹劾之御史以之为法冠之名，故御史别称为豸史。初学记—职官部："汉官仪曰，御史四人，皆法冠，一名柱后，一名獬豸，獬豸兽名，知人曲直。"后汉书—舆服志："法冠或谓之獬豸冠，獬豸，神羊，能知曲直，故以为冠。"

【贝(貝)子】【史】为清代之爵名，以之授宗室及满蒙出身者并外藩等，位次于贝勒而在镇国公之上。此外元时在云南，曾以海贝为币使用，称曰贝子。元史："定云南税赋，以金为则，以贝子折纳，每金一钱，直贝子二十索。"又依本草李时珍之说，即明时在云南内仍存其制，惟以该省所辖之地为限耳。

【贝(貝)勒】【史】贝勒为满州语，与部长同一意义。金史作勃极烈，清时则为出身于满州及蒙古者之爵号，其位在郡王之下，贝子之上。原为多罗贝勒，旋简称曰贝勒。

【贝(貝)货】【史】贝之外壳为石灰质，性颇坚实，古时以此制成货币。据王昭禹之九府圜法之解曰："古者宝龟而货贝，所以交易者惟贝而已。至太公立九府圜法，始用铁代贝，或曰泉，或曰布。”汉书—食货志：“大贝四寸八分以上，二枚为一朋，直(值也)二百一十六。壮贝三寸六分以上，二枚为一朋，直五十。幺贝二寸四分以上，二枚为一朋，直三十。小贝一寸二分以上，二枚为一朋，直十。不盈寸二分漏度，不得为朋，率枚直钱三，是为贝货五品。”

【身丁钱】【史】即丁税(详该本条)之别称，始于唐时，宋以后因之。

【身分】 Status; Legal station　身分者，谓依法令或契约享有与担负特定权利与义务之人之地位。换言之，即在公法上及私法上之资格皆称曰身分，例如甲被命为县长时，其身分为公务员，男与女结婚后，其身分为夫与妻皆是。

【身分犯】【刑】凡犯罪行为须以一定身分方能构成者，曰身分犯，对普通犯言。所谓一定身分者，如须公务员方有渎职罪，须有卑幼身分方有杀伤尊亲属罪及监禁尊亲属罪是。

【身分行为】【民总】为法律行为之一，对财产行为言，即以欲发生身分上效力之意思表示为要素之法律行为也。例如婚姻，立继，离婚是。

【身分保证契约】【债】为在雇佣之时，第三人(保证人)与雇用人间约定以将来雇用人因受雇人之行为致受损害，即由该第三人负担保责任为目的所缔结之契约也。其依此契约所交付雇用人之担保金钱，曰身分保证金。

【身分登记】【行】Standsregistrierung (德)　关于身分之发生变更消灭等之登记，谓之身分登记，例如出生，结婚，死亡等之登记皆是。

【身分继承】【继】身分继承者，谓除附有财产继承外，特偏重于官爵之继袭也。我国今日已无此制，一因政体之变更，官爵不许世袭，二因民法上已无嫡庶之分，身分继承之制，业已失其凭依，故继承仅限于财产一种而已。其他如英日等之君主立宪国家，身分继承仍有存在者。

【身分权】【通】Statusrechte; Personenstandsrechte (德)　为人身权之一种，与人格权相对立，即以身分为标的，且与其主体之身分(地位)相终始，而不可与之分离之权利也。例如家长权因家长之身分而存在，亲权因父母之身分而存在，夫权因夫之身分而存在，继承权因被继承人之身分而存在皆是。

【身言书判】【史】唐时为官吏之资格有四，一曰身(即容貌)，二曰言(即言辞)，三曰书(即笔迹)，四曰判(即文理等)。唐书—选举志：“凡择人之法有四，一曰身，言体貌丰伟；二曰言，言言辞辩正；三曰书，言楷法遒美；四曰判，言文理优长。四事皆可取。”宋因之。(大学衍义补卷十)

【身体之自由】【宪】(详身体自由权条内)

【身体刑】【刑】Bodily punishment　对犯罪人之身体予以痛楚之刑罚者，称曰身体刑，在我国以前之笞杖皆属之，今已废止，不复采用。

【身体自由权】【宪】身体自由权者，谓人民身体在法律上受其保障，有自由行动，不受逮捕拘禁之权也。在各国宪法上皆有明文规定，我国训政时期约法第八条规定，人民非依法律不得逮捕，拘禁审问，处断。人民因犯罪嫌疑被逮捕拘禁者，其执行逮捕或拘禁之机关，至迟应于二十四小时内移送审判机关审问，本人或他人并得依法请求于二十四小时内提审。

【身体检查】【行】Physical examination 身体检查者，谓国家以施行一定之政策为目的，强制的对人民之身体予以检查，而视其是否达于一定健康之程度也。例如防止花柳病之传播之检查，预防传染病之检查，与征兵之身体检查皆是。

【身体权】【债】Right over body 为人格权之一种，与姓名权名誉权自由权相对称，即保证人之身体利益之权利之谓。身体权之意义有广义与狭义之分。广义言之，其应包含者有三种：即生命权，影像权，健康权是也。狭义言之，乃专指自然人内外部之肉体组织所享有之权利而言。此外贞操权学者间亦有列于自由权及名誉权之内，亦有列于身体权之内，但侵害贞操非仅侵害自由权及名誉权，其实即直接侵害人之身体，故亦应包括于身体权之内，较为允当。

【车(車)服以庸】【史】车服乃马车及衣服，人皆以有之为荣。庸者谓民功也。昔时天子均以车服赏予诸侯及其他有功者，故曰车服以庸。书经—舜典："明试以功，车服以庸(民功曰庸)。"孔颖达之注曰："人以车服为荣，故天子之赏诸侯皆以车服。"程颐之注曰："言之善者，从而明考其功，有功，则赐车服以旌异之。"丘濬曰："赐服以表功，自唐虞之世已有之。"(大学衍义补卷九十七)

【车(車)马杀伤人】【史】凡在城街市在乡镇店去处，若有人并无公事故意于此驰骤车马以致伤人或致死者，应成立本条罪名。在旷野无人地方驰骤因而伤人致死者亦应处罚，此均系就非因公事而言。其因公务紧急而驰骤杀伤人者亦应科罪，惟以过失论耳。明律(卷十九)、清律(卷二十六)刑律人命篇均有车马杀伤人条之规定，内容相同。清律原文及其下注曰："凡无故于街市镇店驰骤车马，因而伤人者，减凡斗伤一等，致死者杖一百，流三千里。若(无故)于乡村无人旷野地内驰骤因而伤人(不致死者不论)致死者，杖一百。(以上所犯)并追埋葬银一十两，若因公务急速，而驰骤杀伤人者，以过失论(依律收赎给付其家)。"同律之辑注："所重在无故驰骤上，若本是循次缓行，有马骡惊逸而驰骤者，则骑御之人，不得自主，非无故之比矣。观过失注内有乘马惊走，驰车下坡，势不能止之言，此可参论。按部议杀律注：乘马惊走之文，专指马骡因他故惊逸，骑御之人，不能控制者而言，若无故疾骋，因致马惊杀伤，既非思虑所不到，自应援引驰骤本条治罪。乾隆三十六年例。"

【车(車)裂】【史】为秦时惨刑之一，以车分裂人体而毙杀之刑也。战国策—秦语："商君归还，惠王车裂之，而秦人不怜。"

【车(車)仆】【史】为周礼春官之属，其职掌为戎车之萃，广车之萃，阙车之萃，苹车之萃，轻车之萃。按萃乃副之义，谓御副车也。

【车(車)磔】【史】与车裂为同等之惨刑，战国时齐王行之。孔丛子："齐王行车磔之刑。"

【车(車)驾司】【史】为明代所置之官，属于兵部，掌卤簿仪杖，禁卫，驿传厩牧之事。清因之，惟其职权较前为广，清末废之。

【车(車)驾行冲队】【史】车驾行幸,均有队杖,冲入其间者,均应处罚。明清律均有冲突仪杖条之设。唐律(卷七)卫禁篇——车驾行冲队条:“诸车驾行冲队者,徒一年,冲之卫仗者,徒二年(谓入仗队间者)。”疏议曰:“车驾行幸,皆作队仗,若有人冲入队间者,徒一年,冲入仗间者,徒二年,其仗卫主司依上例,故纵,与同罪,不觉,减二等。”同条又曰:“误者,各减二等。若畜产唐突,守卫不备,入宫门者,杖一百,冲仗卫者,杖八十。”疏议曰:“畜产唐突,谓走逸入宫门,守卫不备者,杖一百,入宫城门,罪亦同,若入殿门,律更无文,亦同宫门之坐,冲仗卫者杖八十,仗卫者在宫殿及驾行所,得罪并同。”

【车(車)骑】【史】为将军之冠称,以功臣或宠臣任之,始于汉文帝之时,及唐旋废。

【邑】【史】邑之意义计有下列数种:(1)部落之称——大曰都,小曰邑。史记—五帝纪:“舜一年而所居成聚,二年成邑,三年成都。”(2)行政区域之称——周礼地官小司徒:“四井为邑,四邑为丘。”(3)六遂之余地曰公邑,大夫之采地曰家邑。周礼载师:“以公邑之田任甸地,以家邑之田任稍地。”其注:“公邑谓六遂之余地,家邑谓大夫之采地。”(4)古代王畿曰邑——书经汤誓篇:“率夏邑。”诗经商颂:“商邑翼翼。”(5)诸侯国曰邑——书经武成篇:“用附我大邑周。”诗经大雅:“作邑于丰。”(6)皇太后,皇后,公主等食所曰邑。(汉书百官公卿表)

【邑号】【史】为妇人之封号,即冠以国、郡、县、乡等之名也。唐律名例篇——妇人官品邑号条:“诸妇人有官品及邑号,犯罪者,各依其品,从议请减赎当免之律。”其疏议(同书卷二)曰:“邑号者,国都县乡等名号是也。妇人六品以下无邑号。”

【那移出纳】【史】那与挪同那移出纳者,不依文案勘合所开各项,而混乱收支,如所收去年钱粮不足,即将本年钱粮那移补数,所收此项钱粮未足,却将彼项钱粮那移解给也。换言之,即所谓不正收支是也。各衙门收支钱粮等物既已明文立案,填给半印勘合,若监临主守不照依正收正支而那移出纳虽仍还充别项官用,非同侵盗入已,然出纳不明,实与定制有违,应加惩处。明律(卷七)、清律(卷十二)户律仓库篇——那移出纳条:“凡各衙门收支钱粮等物,已有文案勘合,若监临主守,不正收正支,那移出纳,还充官用者,并计赃,准监守自盗论,罪止杖一百,流三千里,免刺。若不给半印勘合,擅出权或给勘合,不立文案放支,及仓库不候勘合,或已奉勘合,不附簿放支者,罪亦如之。其出征镇守军马,经过去处行粮草料,明立文案,即时应付,具数开申合于上司准除,不在擅支之限,违者,杖六十。”明律之纂注:“文案勘合,乃提调衙门将应收应支各项钱粮附写文案存备,照验填入,勘合给与,仓库监守之人,照依勘合所开各项收支,是谓之正收正支。那移出纳,如那夏税作秋粮,移秋粮作夏税之类。还充官用,谓充别项公用也。权帖谓权宜给发无印之票帖也。出征镇守二项事,此言各衙门收支钱粮等物,有文案以备照,有勘合以行移,而仓库凭之以收支,正以防其奸弊也。若监临主守不行依照勘合,逐项正收正支,而那东补西,移此就彼,还充官司之用者,虽未入已而出纳不明。并计所那移之赃准监守自盗论。罪止杖一百,流三千里,免刺。若有司官吏不给勘合,及不立文案而支放,监临主守不候勘合,及不立簿籍而支放,事非那移,而弊端易起,故亦如那移者拟断,此皆自常时放支者言。其遇出征及镇守经过去处虽未奉有勘合,但事属急关,许明立文案,即时应付,将支过之数开申合于上司准数开除,不在不候勘合之限,若有违背此律,不即时应付者,杖六十,此又一时变通之权,不可以常律拘也。"清律之辑注:"不给勘合,擅出权帖,则无以示信,虽给勘合,不立文案,则无以备照,文案勘合,应合用一印,故曰半印勘合,若不立案,则虽有勘合,必系虚用半印,无以为符合之征,未奉勘合,则款项未定,不附簿籍,则数目无稽,均违定制,故其罪同也。"同律之辑注:"出征镇守,关系军机,事宜紧要,经过应付,非比常额,有一定数目,可以先给勘合者,恐各衙门不给应付,故著此律。按兵律失误军事条,临军征讨,应合供给,违期不完,当该官吏各杖一百,因而失误军机者斩。与此违者不同,盖彼是已纪奉有文移,此是未经给发勘合也。然此杖六十,亦指未误军机者言,若有失误,当照兵律,既有此律,则不得以无勘合而宽之矣。"

【邦之三典】【史】周礼大司寇乃法官之首长,掌建邦之三典(典注也),以佐王刑邦国,诘四方。一曰刑新国,用轻典(新建之国,其民未习于教,故用轻典治之);二曰刑平国,用中典(承平之国,其民已熟于教,故用中典治之);三曰刑乱国,用重典(暴乱之国,其民不率于教,故用重典治之)。按用轻典,洪范柔克之义也。用中典,正直之义也。用重典,刚克之义也。何氏曰:"三典以用刑,犹三德以为治,然人君抚世驭民,又不可执一焉。新国固宜轻典,然纵弛之后,人有慢心,可以水济水乎,必时出猛政慑服人心,如诸葛亮之治蜀可也。乱国固宜重典,然残虐之余,人无生意可以火益热乎,除其烦苛,使人知有生之乐,如斐度之入蔡可也。平国固宜中典,然法度不修,姑息为治,则国势寝微矣,必修明制度,振举纪纲,使臣民有所警惧,子孙有所持循可也。"

【邦之六典】【史】(详六典条)

【邦布】【史】布者泉布之布也,即钱之古名。邦布乃指国家之货币而言。周礼天官之属一外府:"掌邦布之入出,以共百物,而待邦之用,共王及后世子之衣服之用。……"

【邦成】【史】为八成(详该本条)之别称,凡庶民之狱讼由司寇以邦成弊(断之)之,以其有邦汋邦贼邦谍之当察也。

【邦事】【史】邦事之意义有二:(一)为国家政治之事。周礼一秋官乡士职:"三公若有邦事,则为之前驱而辟。"周官义疏一王应电谓:"邦事谓有国家政事。"(二)为邦内百工之事。周礼冬官司空,其属六十掌邦事。

【邦典】【史】邦典者,国家之曲常也,经也,法也。大臣秉之以为经,五官守之以为常法,五官不守其常法,则邦典废弛而无所执,大臣不守其常经,则邦典焕散而无所稽。所谓邦典实指治典,教典,礼典,政典,刑典,事典等六典而言(参六典条),乃由大宰掌建之。此外邦典又系指邦之三典(详该本条)而言,周礼秋官大司寇:"凡诸侯之狱讼以邦典定之。"盖以邦之三典听诸侯之狱讼,以其有轻中重之异故也。

【邦治】【史】邦治与邦教,邦礼,邦政,及邦禁相对立,邦治乃指国家之纲纪与秩序而言，其职掌乃属于天官冢宰。周礼一天官冢宰使帅其属而掌邦治，以佐王均邦国。

【邦国】【史】邦国者，诸侯之国也。如仅称国，则系指王国而言。周礼一诅祝之职制注曰："国谓王之国，邦国，诸侯国也。"此外有谓邦为大国之称，而国则为小国之称者。周礼一天官太宰："掌邦之六典，以佐王治邦国。"其注曰："大曰邦，小曰国。"

【邦都】【史】（详邦畿条）

【邦禁】【史】禁者禁于未然也。邦禁，谓国家之禁于未然之法也。乃大司寇（周法官之首长）之职。周礼大司寇之职制："掌邦禁。"蔡沈之注曰："掌刑不曰刑而曰禁者，禁于未然也。"

【邦畿】【史】天子直辖之行政区域，一曰王畿。唐虞三代皆方千里，中央五百里为王城。距王城百里内为郊，置六乡，共七万五千家（每乡一万二千五百家），近郊（五十里内）之宅田，土田，贾田及远郊（五十以外百里以内）之官田，牛田，牧田等皆在其余地。距王城百里以外二百里以内为甸，甸置六遂，共七万五千家（每遂之户数与乡同），其余地为公邑。距王城二百里以外三百里以内为家削（削本作稍），封予大夫及王之子弟之尤疏者。距王城三百里以外，四百里以内为邦县，为乡及王之子弟之疏者所封之处。距王城四百里以外五百里以内为邦都，为公及王之子弟之亲者所封之地。（参礼记礼器图解）

【邦县】【史】（详邦畿条内）

【邦联】【国公】Confederation　为复合国之一，对联邦言。凡若干国家以维持安全与独立为目的，根据条约而组成之联合，曰邦联，其实例如一八一五年至一八六六年之德意志同盟是。邦联与联邦区别之点有四：(1)邦联之结合以条约，联邦之结合以法律。(2)邦联中央机关对于各邦行使若干权力，对于各邦人民则否。联邦对于各邦及其人民能直接行使权力。(3)邦联中央机关与其组成之各邦，各有对外交涉之权。联邦之对外权，仅以中央政府方得享有。(4)邦联之结合大都为一时利害关系所促成，故为暂时的，联邦则为永久的。

【邦联分子国】【国公】Composite states of confederation　所谓邦联分子国，乃指组织邦联之各个国家而言，其对外主权除一部份委诸邦联中央机关外，余则仍由该分子国执行之，故邦联分子国在国际法上，乃为一部主权国之性质。

【邦法】【史】为八法之别称（详八法条）。凡卿大夫之狱讼，以邦法断之，即以八辟之邦法断之，以其有亲故贤能之当护也。

【里】【史】周礼遂人之制："五家为邻，邻置邻长，五邻为里，里置里宰，四里为酂。"国语一齐语：管仲所定之地方制度，以五家为轨，十轨为里，里置司，四里为连。秦汉之制则以百家为里，里置里魁。唐制以三家为保，四家为邻，百户为里，五里为乡，里置里正。至于明朝则以百十户为里，而分百户为十甲，余之十户则以里长为甲首，里甲之制自此成立，清因之而为保甲之制。

【里尹】【史】谓地方之下级官吏也。礼记一郑注："甲尹闾胥里宰之属。"王度记：

"百户为里,里一尹,其禄如庶人在官者。"

【里正】【史】里之长也,与今之村长同。公羊传之注曰:"一里八十户,有辨护伉健者为里正。"韩非子一外储说右下传:"訾其里正与任老,屯二甲。"唐令:"诸户以百户为里。"

【里正不觉脱漏】【史】户口之籍书及调查乃里正所掌,勿得疏忽,若不觉之间脱户漏口或增减之,皆构成本条罪名,其系知情者。亦在本条之内。唐律(卷十二)户婚篇——里正不觉脱漏条:"诸里正不觉脱漏增减者,一口笞四十,三口加一等,过杖一百,十口加一等,罪止徒三年(不觉脱户者,听从漏口法,州县脱户亦准此)。若知情者,各同家长法。"疏议曰:"里正之任,掌案比户口,收手实,造籍书,不觉脱漏户口者,脱谓脱户,漏谓漏口,及增减年状,一口笞四十,三口加一等,过杖一百,十口加一等,罪止徒三年。里正不觉脱户者,听从漏口法,不限户内口之多少,皆计口科之。州县脱户亦准此。计口科罪,不依脱户为法,若知脱漏增减之情者,总计里内脱漏增减之口,同家长罪法。州县计口,罪亦准此,其脱漏户口之中,若有知情不知情者,亦依并满之法为坐。"

【里正官司妄脱漏】【史】户口之多寡与课役有重大关系,里正与州县官司对所部内之户口负有调查报告之责,若有脱漏或增减之,应计赃论罪。唐律(卷十二)户婚篇——里正官司妄脱漏条:"诸里正及官司,妄脱漏增减,以出入课役,一口徒一年,二口加一等,赃重入己者,以枉法论,至死者加役流,入官者坐赃论。"疏议曰:"里正及州县官司,各于所部之内,妄为脱漏户口,或增减年状,以出入课役,一口徒一年,二口加一等,十五口流三千里,若有因脱漏增减,取其课调入己,计赃得罪,重于脱漏增减口罪者,即准赃以枉法论。计赃至死者加役流,其赃入官者坐赃论,其品官受赃,虽轻以枉法论。一匹以上即除名,不必要须赃重,众人之物,亦累倍而论之。"

【里正授田课农桑】【史】永业田,人给二十亩,种植树木,得传其子孙,以为永业,在原则上不许买卖。里正为一里之长,有授田及课以农桑之责,违法者依本条治罪。唐律(卷十三)户婚篇——里正授田课农桑条:"诸里正,依令授人田,课农桑,若应受而不授,应还而不收,应课而不课,如此事类,违法者,失一事,笞四十(一事,谓失一事于一人,若于一人失数事,及一事失之于数人,皆累为坐)。"疏议曰:"依田令,户内永业田,课植桑五十根以上,榆枣各十根以上,土地不宜者,任依乡法。又条,应收授之田,每年起十月一日,里正预校勘造簿,县令总集应退应受之人,对共给授。又条,授田先课役,后不课役,先无后少,先贫后富,其里正,皆须依令造簿通送,及课农桑,若应合受田而不授,应合还公田而不收,应合课田农而不课,应课植桑枣而不植,如此事类违法者,每一事有失,合笞四十。"注曰:"一事,谓失一事于一人,若于一人失数事,及一事失之于数人,皆累为坐。"疏议曰:"一事,谓失一事于一人者,假若于一户之上,不课种桑枣为一事,合笞四十。若于一人失数事,谓于一人之身,应受不授,又不课农枣,及田畴荒芜,及一事失之于数人,谓应还不收之类,在于数人之上,皆累而为坐。"同条又曰:"三事加一等,县失十事,笞三十,二十事加一等,州随所管县多少,通计为罪(州县皆以长官为首,佐职为从)。”又:“各罪止徒一年,故者各加二等。”

【里甲】【史】里甲为明时所设之地方自治之制,即以百十户为里,分里为十甲,称曰里甲,里置里长,甲置甲首,掌催征赋役之事。(明会典户部)

【里社】【史】里为地方之小区域,社为土地之神,各里皆有社祠,故曰里社,后世遂以之为地方小区域之名称焉。史记—孔子世家:“楚昭王以书社地封孔子。”其注曰:“二十五家为里,里各立社。”秦汉时代则以关于里社之记述甚少,内容不明。宋于每十家置甲首一人,五十甲置社首一人,掌劝善惩恶之事。元时则以五十家为一社,以年高而通晓农事者为长,掌督励农业以及防察奸非之事。明时亦分一里为二社,专司农业奖励之事。(文献通考及明会典户部)

【里长】【史】后魏仿周代之闾胥里宰之制,以二十五家为一里。并置里长一人。明太祖以一百十户为里,里分十甲,每岁选里长一人,管理全里之事。

【里宰】【史】(详里条内)

【里魁】【史】(详里条内)

【防守同盟】【国公】Defensive alliance　为同盟之一种。(详同盟条内)

【防御方法】【民刑诉】Means of defence　凡被告为排斥原告之主张,所提出之诉讼资料,或提出此项资料之行为,皆曰防御方法。例如被告对甲之主张(参攻击方法条内),加以否认而引其他事实,以证该第三人某甲并不在场是。

【防御行为】【刑】Act of defence　又称正当防卫(详该本条),一名紧急防卫。【民总】为自卫行为之一,对救护行为言,又称正当防卫,民法上亦视为免责之要件。我国民法第一四九条有明文规定,即对于现时不法之侵害,为防卫自已或他人之权利所为之行为,不负损害赔偿之责,但已逾越必要程度者,仍应负相当赔偿之责,至行为人对于侵害行为与以原因者,是否不能成立防御行为(例如甲明知乙性激而残,见其手持木棍,乃故意挑拨使怒,俟其以棍行凶即以枪击之者)。民法无明文,然主否定说者居多。

【防御战争】【国公】Defensive war　与攻击战争相对称。(详攻击战争条内)

【防卫】【刑】Defence　(参正当防卫条内)

【防卫过当】【刑】Exzess der Notwehr(德)　(详正当防卫条内)

【防护册】【史】清制,陵庙及祠墓地方官平时负防护之责,且须依时修理之,于举行修理时,应造具一定簿册,呈报于工部,此项簿册称曰防护册。

八 画

【并(竝)】【史】并,即日月并行不悖之并,与同字俱字,相似而实非,律中凡用同字与俱字处,大约皆包有尊卑上下巨细远近在内,若用并字处,则系平平合看,皆缘事理本同一致,情罪无分大小,流品更不甚相悬绝,而准理执法,则罪应齐等,情应共视者,因以一并字该之。(参读律风牖)

【乳母】【史】(详八母条内)

【事主】【史】谓事物之主也,乃指遭遇强盗或窃盗等难事之被害人而言,即财物之主人之谓也。事主居住之处,曰事主处,犯罪人于犯罪后向事主处自白而将其物返还者,谓之首还;其反悔而服事主之处分者,则曰首服,准用关于自首减轻之规定。(明律卷一,清律卷四名例篇——犯罪自首条)

【事主处】【史】(详事主条内)

【事件】【通】Event 社会上自然之推演,与进化途径中之事项而为吾人所特别注意及者,称之曰事件。例如社会上所发生之特种离奇不幸事项,皆称曰事件。所谓件通常乃指特殊之事物而言,故谓之事件。

【事典】【史】为周礼六典之一,乃属于冬官司空之职掌,其内容为关于富国生产等事务之法规。周礼—天官太宰:"六曰事典,以富邦国,以任百官,以生万民。"

【事物】【通】Things; Subject matter 法律上所谓之事物,乃事件及物件之总称。至于某一事件与另一事件之联合称呼,亦谓之事物。

【事物管辖】【刑诉】Jurisdiction in respect of subject matter; Material competency 为法定管辖之一种,谓依诉讼目的物之种类,以定各级法院管辖之范围也。换言之,即依事物以定第一审、第二审或第三审管辖之谓也。我刑事诉讼法对此有详细规定:(1)初级法院之事物管辖(第八条)。(2)地方法院之事物管辖(第九条、第三七五条、第四一四条)。(3)高等法院之事物管辖(第十条、第三七五条、第三八六条、第三八七条、第四一四条)。(4)最高法院之事物管辖(第三八六条、第三八八条、第四一四条)。至于凡犯罪依刑法应加重或减轻者,仍依条文上所定本刑之最高度定其管辖。(第一一一二条)

【民诉】我民诉法对于事物管辖不另为规定,而仅于简易诉讼程序中对诉讼标的之性质与额数加以规定耳。(参简易诉讼程序条内)

【事直代判署】【史】一切公文书如符移关解刺牒等,均有本案值事之人专负其责,如有非应判署之人代为之者,为法所不许。明清律有同僚代判署文案条之设。唐律(卷十)职制篇有事直代判署条:"诸公文有本案,事直而代官司署者杖八十,代判者徒一年,亡失案而代者各加一等。"疏议曰:"公文谓在官文书,有本案事直,唯须依行,或奏状及符移关解刺牒等,其有非应判署之人,代官司署案,及署应行文书者杖八十,若代判者徒一年,其亡失案而代者各加一等,代署者杖九十,代判者徒二年半,此皆谓事直而代者。若有增减出入人罪,重者从重科。依令授五品以上画可,六品以下画闻,代画者即同增减制书,其有制可字,侍中所注,止当代判之罪。"

【事前犯意】【刑】Dolus Antecedens(拉丁)　与事后犯意相对称,凡犯罪意思之发动系在犯罪行为以前者,称曰事前犯意。反之在于犯罪行为以后者,则曰事后犯意。前者之例如以毒药食人疑其死而投之于河,因而溺死,是其犯意乃在毒食之时而不在溺死之时,是为事前犯意。后者之例如医师剖腹后始怀杀意,因而使之于死,是为事后犯意。

【事前故意】【刑】Intent before the fact; Antecedent intent　为故意分类之一,对事后故意言,谓其行为尚无结果而误认已有结果,更因另一行为而助成其结果也。例如杀人误为已死,复投水中以灭迹,其人之死实因为水所溺是。

【事前证据】【民刑诉】Prospectant evidence　为证据之一种,对当时证据事后证据言,谓以前因证后果也。例如被告事前预谋犯罪,乃证明其犯罪之实施。

【事律】【史】为刑律中关于人事之法律之篇名,汉萧何加厩律,兴律,户律三篇于秦之六律篇而成为九章律,其后是项三篇之总称,谓之事律。

【事后犯意】【刑】Dolus subsequens(拉丁)　与事前犯意(详该本条)相对称。

【事后共犯】【刑】Joint-offence after the fact　凡对犯人于从事犯罪行为发生结果之后加助力于犯人者,即为事后共犯。例如藏匿犯人并运送赃物是,应成为独立罪,不与共犯并论。主观说不认有事后共犯,客观说与之相反,我国刑法采前说。

【事后故意】【刑】Intent after the fact; Subsequent intent　为故意分类之一,对事前故意言,谓本非有故意行为,因事后利用无故意行为而起其犯意也。例如医生剖割病人时,本无犯罪之故意,继因犯意忽起,遂不完成缝治行为,卒致毙命是。

【事后受财】【史】于有事之时,初不曾许送财物,及其事情归结之后,以财物馈送,而官吏人等受之,是曰事后受财。明律(卷二十三)、清律(卷三十一)刑律受赃篇——事后受财条:"凡有事,先不许财,事过之后而受财,事若枉断者,准枉法论,事不枉断者,准不枉法论。"清律之辑注:"云此条耑指官吏,非官吏,则不得有枉断不枉断之事也。"同律之辑注:"先不许财四字,须重看,若先许财,而后未受,是听许财物矣。先许财而后受之,即应照官吏受财科断,盖先未许财枉不枉原无成心,先已许定则先有受财之心,后有受财之实,先受后受无异也。若说事人,许财于先过钱于后,亦应照说事过钱论。"

【事后从犯】【刑】Accessary after the fact　所谓事后从犯者,谓以其发生于犯罪终了之后,与犯罪要件无关系而其行为亦不相联络也,故不为共犯。我刑法不认有所谓事后从犯,故无明文。

【事后无效】【民总】Void after the fact　为无效之一,对当初无效言,即其无效之原因发生于法律行为成立后始确定不生效力之谓也,故又名至后无效。例如停止条件成就前标的物成为不融通物是。然通常之无效乃指当初无效言,而非指事后无效言,故事后无效并非真正之无效。

【事后证据】【民刑诉】Retrospectant evidence 为证据之一种，与当时证据事前证据相对立，即以后果证前因也。例如被告之足迹，于犯罪后发现而经勘验确实无讹者是。

【事故】【通】Cause 事故者谓事实发生所依据之原由也，即生于事实本身之特别原由亦在其内。

【事务】【通】Affairs 基于职务上或任务上所为之事项，曰事务。

【事务官】【行】Administrative officials; Ministerial officers 与政务官相对称，谓不以政党为进退之官吏也。（参政务官条内）

【事务所】【民总】Offices 即执行法人事务之处所也。又分为主事务所与分事务所，如法人设有数事务所时，其主要者曰主事务所，而其他事务所则曰分事务所，均为法人呈请主管官署登记时之必要记载事项之一，法律且视为法人之住所。

【事实】【通】Fact 实际上所遭遇之现象，与所经过之情形，均称曰事实。但有时当事人亦有自行虚构者，虽称曰事实，究与事实之本质不相容，故事实是否虚伪，法院均须加以判别，且须以之为裁判之基础，故判决书内须有事实之记明。

【事实上之推定】【民诉】Presumption of facts 为推定之一种，与法律上之推定相对立，即法院依据自由心证应用经验法则，本于已明了之某事实以推定他事实之真伪之谓也。此两种事实，常有因果关系，或有不相容之性质者，故明其一则知其他，而勿庸当事人举证也。

【事实上之错误】【刑】Ignorance or mistake of facts 为错误之一种，对法律上之错误言，即以实在之事实或可发生之结果而误以为不实在或不能发生之谓。换言之，即误认事实之存在或不存在也。约有三种情形：(1)有本无犯罪事实而犯人信为有犯罪事实者——例如前面无人，犯人信为有人而枪击之，即所谓不能犯是。(2)有本有犯罪事实而犯人信为无犯罪事实者——例如前面有人，犯人信为无人而枪击之，遂致杀人，如有过失自当以过失论，否则为非故意行为。(3)有犯人具体观念之事实与具体实现之事实相龃龉时——例如以杀甲之意思而误信乙为甲而杀之，法律上则认为同一杀人罪矣。

【事实问题】【通】Question of fact 与法律问题相对称，谓关于事实之实在情形之问题也。至于法律问题，乃指在法律方面之是否引用适当之问题而言。依据学者之研究与统计，诉讼案件判决之错误十九系失于事实问题之判断，盖案情如能探寻无讹，则引用法律必不至于有失出失入之虞也。

【事实婚主义】【亲】为婚姻立法主义之一，与形式婚主义相对称，谓如在社会一般之习惯上有可认为婚姻关系业经成立者，则法律上亦视其婚姻为有效之立法主义也，专采此主义之国家甚少。

【事实期限】【险】凡保险之期限系依照特种事实而决定之者，称曰事实期限。例如航海保险之期限（始期与终期）如何，不可确定，必须遭遇一定事故之发生，始能定之是也。

【事实发生地法】【国私】Law of the place where the acts occurred　所谓事实发生地法，乃指法律事实发生时所在地之法律而言。我国法律适用条例规定：关于因事务管理不当利得发生之债权，依事实发生地法。（第二十四条）

【事实发生地法主义】【国私】事实发生地法主义者，谓主张于国际私法上之准据法以事实发生地之法律为决定之说也。（参事实发生地法条）

【事实审】【民刑诉】Trial of fact　我国最新法院之编制，采三级三审制，第一审第二审注重于诉讼事实之审查，而兼观察法律及习惯问题，谓之事实审。故第一审言词辩论终结后发生之事实，或虽于第一审辩论终结前发生之事实，而于终结后方发见者，皆得为第二审上诉之理由。此因第二审为继续事实审，仍有言词辨论程序，且法院仍须依职权审查其事实有无理由以为判决之基础。惟第三审为法律审，与第一第二审为事实审者不同，因而第三审不能再就事实审查，故对第二审判决上诉，非以其裁判违背法令为理由，不得为之。并第三审虽得以职权调查上诉人以第二审确定之事实系违背法令为理由者，然仍不能谓之事实审，盖因第三审无言词辩论也。此外尚有内乱罪外患罪妨害国交罪专在高等法院为事实审，而不能以最高法院亦为事实审，因最高法院无言词辩论，乃专为法律审也。

【事应奏不奏】【史】凡事之应奏闻于上而不奏请者，即有专擅或欺罔之嫌，为防止此种流弊起见，特设本条以资遵守（本条应与名例篇之应议者有犯条参看）。明律（卷三）、清律（卷七）吏律公式篇——事应奏而不奏条皆有规定。清律之条文及注，共分之为六项：（明律亦同）前四项禁专擅，后二项防欺罔："（甲）凡应议之人，有犯，应请旨而不请旨，及应论功上议而不上议，（即便拿问发落者）当该官吏，（照杂犯律）处绞。（乙）若文武职官有犯，应奏请而不奏请者，杖一百，有所规避（如怀挟故勘，出入人罪之类），从重论。（丙）若军务，钱粮，选法，制度，刑名死罪，灾异，及事应奏而不奏者，杖八十，应申上而不申上者，笞四十。（丁）若（应议之人，及文武官犯罪，并军务等事），已奏已申，不待回报而辄施行者，并同不奏不申之罪（至死减一等）。（戊）其（各衙门）合奏公事，须要依律定拟（罪名），具写奏本，其奏事及当该官吏，佥书姓名（现今奏本，吏不佥名），明白奏闻。若（官吏）有规避，（将所奏内）增减紧关情节，朦胧奏准（未行者，以奏事不实论），施行以后，因事发露虽经年远，鞫问明白，斩（监候，非军务钱粮，酌情减等）。（己）若于亲临上司官处，禀议公事，必先随事详陈可否，定议禀说，若准拟者（方行）。上司置立印置文簿，附写（所议之事），略节缘由，令首领官吏书名画字，以凭稽考，若将不合行事务，（不曾禀上司）妄作禀准，及窥伺（上司）公务冗并，乘时朦胧禀说（致官不及详察，误准）施行者，依诈传各衙门官员言语律科罪，有所规避者，从重论（诈传官员言语本罪，详见诈伪律）。"清律之总注："应议之人其先世皆有功于国家者，故得袭爵世禄，犯罪不许擅自提问例典，如此，重功爵也。凡应议之人，有犯一应公私罪名，皆应开具所犯，奏闻请旨，若不请旨而迳行勾问，及应论功定罪，而上议取裁，若不上议而辄便拟断者，当该官吏处绞。照杂犯律，准徒五年，文武职官，虽不同于应议之人，然皆受朝廷之命，任国家之事，若犯罪于例典，应奏闻请旨，而违例不奏，迳自拿问者，当该官吏，杖一百，若有所规避而不奏请，其罪若重于杖一百，从所规避之重罪论。军务，如调发兵马之类；钱粮，如征收出纳之类；选法，则吏兵二部铨除等第；制度，则一切典章法度；刑名，则问拟至死之罪；灾异，则水旱灾伤，妖异怪变，其事皆严重，应合奏闻，与凡一应事务，应奏请而不奏者，杖八十。应合申于上司而不申者，笞四十。已奏，应候旨，已申，应候示，若不待回报，而擅专辄自施行者，亦同不奏杖八十，不申笞四十之罪。其合奏一应公事，须要依据本律定拟，其奏事官及当该官吏，皆佥书姓名，若因公事有所规避，将奏内紧要关系情节，或增或减朦胧具奏，一时为所欺蔽，误准施行，施行以后，或因他事发露前情，虽经年远，但鞫问明白，得其规避增减罪状，追坐以斩。下属于亲临上司处禀议公事，得准者，必置簿稽考，若将不合行事务，妄作合行禀准，及窥伺上司公冗，乘机朦胧禀说以致上司不及详察，误准施行者，依诈传各衙门官言语律科罪，有所规避而为之者，其罪若重于诈传，从规避之重罪论。”

【事变】【通】Accident；Unavoidable event；Extraevent　凡由于天灾或人为之原因所引起与平日状态相异之事，称曰事变。在民法债篇中所称之事变，乃指行为人故意或过失以外之事由而言，盖即不可归责于债务人之事由也。事变可分为通常事变与不可避免之事变，后者又称曰不可抗力。

【事变之迟延】【债】为迟延之一种。即因不可归责于债务人之事由，致未为给付之谓也。所谓不可归责之事由，指无故意或过失而言，我民法规定此时债务人不负迟延责任。（第二三〇条）

【亚(亞)拉伯法】【通】Arabian law　亚拉伯为亚洲南部三大半岛之一，北与伊拉克及叙利亚相接，东临波斯湾与波斯对望，南沿亚拉伯海，西滨红海，全境广约一百万方哩，为世界最大之半岛。人口共七百余万，欧战前除中部及东南沿海之阿曼(Oman)为独立部落外，其大部属于土耳其，而若干区域则为英国所统治。大战后西部有汉志王国(Hejaz)之出现，后为内志(Nejd)所并，称曰亚拉伯回教国，或曰苏第亚拉伯王国(Kingdom of Saudi Arabia)。近则亚锡尔部(Asir)亦归入其版图。此外尚有耶曼(Yemen)、阿曼(Oman)均为独立部落。余如科贵特(Kuweit)，哈特拉曼(Hadramaut)皆为半独立部落，而阿丁(Aden)则为英国属地。计全半岛皆为英国势力所操纵，人民均奉回教，而法律亦属于回回法系。按回教又名曰伊锡兰(Islam)，故其法系亦称曰伊锡兰法系。回教创自穆罕默德(纪元后六〇〇年间)，为一单神教，是教盛行之际适当纪元后八〇〇年至一二〇〇年之欧洲黑暗之时期(Dark Age)，故其法律亦随之而传布于世。按伊锡兰法律之起源，亦与希伯来，罕穆拉比，印度等相同，谓系授自天神，而传自教祖穆罕默德，故含有宗教成分。凡宗教之信条，多为人民所应遵守之法律。其祭司教主，同时即为执法之官，而其教中之可兰经，亦即一部法典。其后复经历代著名教徒之铨释以及学者之增加，遂递嬗演进而成立今日所谓世界三大法系中之回回法系。东自亚洲东南部之荷属东印度群岛起，西至非洲西部，跨有亚欧非三洲之地域。其势力之盛，殊不可侮。考伊锡兰法之于今日之亚拉伯半岛，全然存在。其发展史迹可分为四大时期如下：(一)创立时期——纪元后六〇〇年至六三〇年。(二)发展时期——纪元后六五〇年至一二〇〇年。(三)静止时期——纪元后一二〇〇至一五〇〇年。(四)衰落时期——一五〇〇年至今。伊锡兰法之法源有三:(1)为可兰经,由教祖穆罕默德之传授,该经虽有一百十四篇之多,惟纯粹与法律有关者,为数甚少。(2)为教祖穆罕默德氏之言行录而为后人所撰述者,此全为关系于穆氏之人生观及法律观,盖当时穆氏固亦同时为一司法长官而亲自审讯诉讼案件也。(3)法律专家之论文学说。亚拉伯民族为一公正勇敢之民族,对法律观念于理论上颇多贡献,即在实际上司法与行政亦早已分离独立,其法律专家之人材辈出,又为法学前途光大之巨大原动力,故伊锡兰法系之演进,实利赖之。惟因观点之不同,致派别纷起,重要者计有四派(Four schools):(a)波斯之 Shiite 派。(b)地中海及北非洲一带之 Malekite 派。(c)土耳其,土耳其斯坦,叙利亚,西亚拉伯,以及印度一部之 Hanefite 派。(d)埃及南部,亚拉伯南部,中央亚细亚,以及荷属东印度群岛之 Shafite 派。此外尚有盛行于亚拉伯中部之 Hambalite 派,其势力亦颇不弱。以上各派均各有其本派之理论与根据,至其著作亦复流传不少,此皆为法律专家之私人作品,其现诸于正式法典或法规条例中者,则无所见。关于诉讼方法民事与刑事不同,民事之一切程序,稍有近代风味,刑事诉讼程序则多由君王掌理之,而随置 Divan 于宫殿之中。在都市间亦每以该市长官(Wali)任司法官吏,恒于晚间携带警士巡行市街,并得便宜行使审判职权。惟因亚拉伯民族系在宗教权力及可兰经典统治之下,法律之施行仅系一种辅助作用,故其腹地虽为沙漠不毛之区,而人民仍能安居乐业,此种情形在内志(Nejd)国内尤为常见,盖其国王之执法森严与夫宗教之普入人心均有以致之也。

【亚(亞)相】【史】次于宰相之官曰亚相,为御史大夫之概称。(1)“汉御史大夫名为亚相。”(容斋续笔)(2)“王谧为揭州,召邵为主簿,刘毅为亚相。”(宋书—张邵传)

【亚(亞)美利加合众国法】【通】Law of U. S. A.　又曰美利坚法。(详该本条)

【亚(亞)旅】【史】为上大夫之别称。(1)“亚次,旅众,众大夫也,其位次卿。”(尚书传)(2)“亚旅,上大夫也。”(左传—杜注)

【亚(亞)卿】【史】次于九卿之官职曰亚卿。(1)“仕诸秦为亚卿焉。”(左传—文公六年)(2)“遂委质为臣,燕昭王以为亚卿。”(史记—乐毅传)

【京兆】【史】(一)为汉代之三辅之一,即今陕西省长安以东至华县一带之地,魏以后建为京兆郡。(二)民国后北京政府之京都亦称曰京兆,即明清时代之顺天府所辖之区域。(参京兆尹条内)

【京兆尹】【史】为汉代创设之官,乃管辖京师所属地方之长官,清时以顺天府尹改置为京兆尹,辖大兴、宛平、良乡、固始、永清、安次、香河、三河、霸、涿、通、蓟、昌平、武清、宝坻、顺义、密云、怀柔、房山、平谷等二十县。京兆尹驻于京师,依法律命令,执行该管区域内行政事务,指挥监督所属各县知事,管辖河江及巡防警备等队,并受政府之特别委任,监督财政暨其他特别官署之行政事务。京兆尹公署设总务,内务,教育,实业各科科长一人,由京兆尹呈请大总统任命(京兆尹官制第一条、第十二条)。自国民政府成立于南京后,京兆特别区即行取消,所辖各县,除划为北平市外,余均归河北省管辖。

【行】北京政府时称北京为京兆,置京兆尹一人,为京兆地方行政长官,依法律命令,执行该管区域内之行政事务,指挥监督所属各县知事,管辖河工及巡防警备等队,并受政府之特别委任,监督财政暨其他特别官署之行政事务。对辖内各县知事有呈请大总统任免之权,并详报内务部。京兆尹于其公署内设总务内务教育实业各科,各科科长均由京兆尹呈请大总统任命,其科员则由京兆尹委任而详报于内务部。(京兆尹官制第一条、第六条、第十二条)

【京官】【史】清制凡在京师服官之官吏,总称曰京官,与在各外省官吏之称为外官者相对立。其在京县(即大兴宛平二县)之官吏,亦准称曰京官。

【京府寄牧】【史】明制,政府寄托京府之居民饲养马匹,谓之京府寄牧。明史(卷七十)兵志:"边马足而寄牧于畿甸者也。"(万历会典卷百五十二详载)

【京仓】【史】在北京之储粟所,谓之京仓。依清旧制,在京师内计有仓十三所,禄米、南新、旧太、富新、兴平、五仓在朝阳门内,海运北新二仓在东直门内,太平、万安二仓在朝阳门外,本裕丰益二仓在德胜门外,储济裕丰二仓在东便门外,以上各仓通称曰京仓。

【京饷】【史】由各省拨解京师以充为中央各官厅经费者,称曰京饷。计可分为原定京饷与额京饷二种,前者乃指豫定之额,每年按照数额解送,后者则于原定京饷额数不敷应用时始行补解。按京饷之来源乃各省之税收以及各省官厅经费之余剩额。(会典户部)

【京县】清制以顺天府内之大兴宛平二县为京县,直隶于顺天府尹,其待遇与各省州县异。

【佽非】【史】官名,周时荆国有勇士,曰佽非,于荆王渡江时曾拔剑斩杀绕舟之两蛟。佽非一作佽飞,后世遂以为护卫之官名。(参佽飞条内)

【佽飞】【史】官名,乃以勇士专任护卫之官也。事物纪原(卷二):"汉百官表曰,少府官属,秦有左弋;武帝太初元年更为佽飞。吕氏春秋曰,荆有兹非,渡江两蛟绕舟,兹非拔剑杀之,荆王任以执圭,后世以为勇士之官。兹佽音相近,许慎曰,佽便利也。颜师古以为取勇力之人以名官,亦取其便利轻捷若飞,故号佽飞。今大驾卤簿备此二者,以为仪卫。"

【使人为奴隶罪】【刑】Offence of causing other person to be a slave 为妨害自由罪之一,因使人为奴隶而成立。至其方法是否以价卖于人,或以不法方法迫之为奴隶,凡有使人为奴隶之意思而为使人为奴隶之行为者,皆属之。盖奴隶制度违反人道,我国近来蓄养僮婢之风,仍不稍减,故有本罪之规定,其处罚为一年以上七年以下有期徒刑,未遂罪罚之。(刑法第三一三条)

【使公务员虚造公文书罪】【刑】为伪造文书罪中无形伪造之一种,因明知为不实之事项,而使公务员登载于职务上所掌之公文书,足以损害于公众或他人而成立。其要件为:(1)主体不以公务员为限。(2)须明知其为虚伪不实之事项者而出以欺罔之手段者。(3)须足以生损害于公众或他人者。(4)本罪之客体须为公务员职务上所制作之公文书。其处罚为三年以下有期徒刑。(刑法第二三一条)

【使囚人脱逃罪】【刑】为脱逃罪之一,即第三人使依法逮捕拘禁之囚人脱逃之罪。亦可分二种:(1)一般人使囚人脱逃罪——又分为单纯与加重二种;单纯罪因盗取依法逮捕拘禁之囚人,或便利其脱逃而成立。其情形有二:一为盗取行为,一为便利脱逃行为。其处分为三年以下有期徒刑。加重罪——因以盗取或便利脱逃之目的,(甲)对于监督人实施强暴胁迫之手段,或损坏拘禁处所及械具。(乙)或聚众实施强暴胁迫而成立。其处分:甲项为六月以上五年以下有期徒刑。乙项在场助势者为七年以上有期徒刑,首谋及下手实施强暴胁迫者为无期徒刑,或七年以上有期徒形。又凡一般人使囚人脱逃罪,其未遂罪亦均罚之(刑法第一七一条)。(2)监督者使囚人脱逃罪——因公务员或其佐理人盗取职务上依法逮捕拘禁之囚人,或便利其脱逃而成立。其犯罪主体仅以有监督权人为限,且须以有故意为必要。其处分为一年以上七年以下有期徒刑。未遂罪亦罚之。至因过失致囚人脱逃者,则仅处六月以下有期徒刑,拘役,或五百元以下罚金。(第一七二条)

【使用】【物】Use　使用者谓不变更物之性质,而依物之用法供自己之利用也。所有人于法令限制之范围内得自由使用,收益,处分其所有物。(民法第七六五条,参使用权条)

【使用地】【土】凡依据国家之经济政策地方需要情形以及其他能供使用之性质所编制而成之土地,为使用地。凡编为某种使用地之土地,不得供其他用途之使用,是为原则,但经地政机关核准得暂为他种使用者,则为例外。又使用地之种别或其变更,经主管地政机关编定,由地方政府公布之。(土地法第一四二——四五条)

【使用借贷】【债】Loan for use　为借贷之一种,对消费借贷言,谓当事人约定一方以物无偿贷与他方使用,他方于使用后返还其物之契约也。前者曰贷与人,后者(即使用者)曰借用人(民法第四六四条)。使用借贷之性质为要物契约无偿契约及义务契约,与租赁不同之点有三:(1)前者为要物契约,后者为诺成契约。(2)前者为无偿契约,后者为有偿契约。(3)前者仅以使用为内容,后者则以使用并收益为内容。使用借贷契约除合意外,尚须交付借用物方能成立(第四六五条)。至其标的物仅以物为限,权利之使用借贷则为民法所不许。关于贷与人之权利义务如次:(1)交付借用物之义务(第四六五条)。(2)告知瑕疵之义务(第四六六条)。(3)契约终止权(第四七二条)。(4)损害赔偿请求权(第四八六条)。(5)请求返还借用物权(第四七〇条第二项)。借用人之义务则有下列各种:(1)应依约定方法或依物之性质而定之方法以使用借用物之义务(第四六七条)。(2)善良保管借用物之义务(第四六八条)。(3)负担通常保管费用之义务。(4)负担动物饲养费之义务(第四六九条)。(5)返还借用物之义务(第四七〇条)。(6)连带担负责任之义务(第四七一条)。民法为保护贷与人起见,更规定凡有下列情形之一者，贷与人得终止契约：(1)贷与人因不可预知之情事自己需要借用物者。(2)借用人违反约定或依物之性质而定之方法使用借用物，或未经贷与人同意允许第三人使用者。(3)因借用人怠于注意致借用物毁损或有毁损之虞者。(4)借用人死亡者(第四七二条)。至于契约之终止，得因期限之届满，及得依一般消灭原因，更不待言。

【使用料】【行】为日本名辞，即使用公共之物所缴纳之报酬费也。

【使用赁贷借】【债】此为旧民律草案之名称。当事人一造约定以物贷与他方使用，而他方允予支付一定赁费之契约，谓之使用赁贷借。

【使用权】【物】Right to use property without destroying its substance; Jus utendi (拉丁) 为所有权积极作用权利之一。对收益权与处分权言，即不变物之性质依物之用法而使用之权利也。例如居住房屋乘坐车辆是。

【使领馆】【国公】Legation and consulate 所谓使领馆，乃指大使馆公使馆代办使馆以及总领事馆领事馆并副领事馆等而言。依我国驻外使领馆组织条例之规定，使馆之外交官员额如下：(一)大使馆——全权大使一人，参事一人，秘书二人或三人，随员一人或二人(此外设主事一人至三人，分掌档册登载缮写及庶务事项)。(二)公使馆——全权公使一人，秘书一人至三人，随员一人或二人。(三)代办使馆——代办一人，秘书一人或二人。至于领事馆之领事官员额，其规定如下：(一)总领事馆——总领事一人，副领事一人或二人，随习领事一人或二人(此外设主事一人或二人，分掌档册登载缮写及庶务事项)。(二)领事馆——领事一人，随习领事一人或二人。(三)副领事馆——副领事一人，随习领事一人或二人。上述以外于必要时总领事馆得增设领事一人，领事馆得增设副领事一人。(第一一四条)

【使节权】【国公】Right of legation 国家所享派遣及接受使节之权利，曰使节权。派遣使节可以自由为之，接受使节，非有极大理由不得任意拒绝，盖自由拒绝乃国际间非礼之行为，而双方国交或将因而决裂焉。按使节权之享有，原则上仅限于主权国，至一部主权国亦有时得享有之，是为例外，然常因特种情形加以种种限制。

【来(來)归】【史】诸侯之女外嫁返归母家称曰来，其系离婚而返归母家则称来归。左传—庄公二十七年：“凡诸侯之女归宁曰来，出(为夫所出)曰来归。”孔颖达注：“嫁，谓之归，而宁谓之来，见绝而出则以来归为辞，来而不反也。”

【例外】【通】Exception 与原则相对立。凡不受原则之支配者，则为例外，如杀人皆为违法行为，但为正当防卫时则否，是为例外。

【例外法规】【民总】Exception law; Jus singulare (拉丁) 与原则法规相对立。谓与法律所认之原则相反之规定，换言之，即就该事项于特别情形限制或排除原则法规而适用之法规也。例如民法规定关于不法行为请求赔偿损害时，将胎儿视为已出生者是也。法律中之但书规定，类多属于例外法规。

【例案】【通】Precedents 已成之判例与旧案总称曰例案。判例在英美法系国无成文之法典，久已成为法律之根据，即在欧洲各国亦成为法律之渊源。至于我国判例虽无法律上之拘束力，然在民法未施行以前，法院之裁判往往惟判例是引，故法院判例占极重要之地位，即民法之编订，采取从前判例之处亦复不鲜，其为法律之间接渊源不容或疑。

【例假日】【通】Holiday　又曰休息日。（详该本条）

【例赎】【史】妇人犯罪无概行收赎之法，如犯五笞五杖，及犯徒流之杖一百，皆应的决。如审有力，准照赎罪图前半数目纳赎，此即所谓例赎是也。若犯五徒三流，妇人无徒流之理，故徒流除的决杖一百外，其徒流，准照赎罪图内后半数目收赎，此即所谓律赎也。理应赎者谓之律赎，理不应赎，而原情许赎者，谓之例赎。

【佣】【史】佣与形通，且与刑通，乃刑罚之谓。正韵："奚经切并通形。"礼记王制篇："刑者佣也，刑者成也，一成而不可变。"（参刑条）

【供丁银】【史】民丁应服力役时，而另纳银以代之，其所纳之银，曰供丁银。六部成语注解："民丁应供官役者纳银以代之，曰供丁银。"

【供役地】【物】Servient land　（详地役权条内）

【供事】【史】清制，掌书记通译等事务者，谓之供事。在宗人府，内阁，上谕馆，文渊馆，翰林院，詹事府，中书科，内廷三馆，及修书各馆，各衙门，则例馆等，皆设置之。

【供奉】【史】官名，为宫内奉仕之官。唐代凡有一艺一能者，得供奉于内庭，故有翰林供奉（参翰林院条内）之名。宋代则有东西头供奉官之设，梦溪笔谈："东西头供奉官本唐从官之名，自永徽以后，人主多居大明宫，别置从官，谓之东头供奉官，西内具员不废，则谓之西头供奉官。"

【供状】【通】Record of testimony　对于犯罪者所供之词而记载于纸上者曰供状。例如军法处审理盗匪将其供词记载于纸上，或法院审理犯罪者将其供词记载于笔录内，皆谓之供状。

【供述】【民刑诉】Statement　诉讼当事人在法庭对法官之讯问时所为关于事实上之陈述，曰供述。

【供述书】【组】Written Statement　所谓供述书，乃指执行拿捕军舰舰长向地方捕获法院所提出关于拿捕原因及经过情形之叙述书而言。此项供述书应详细记载拿捕之理由，及证明其行为正当之事实。（参捕获法院条例条内）

【供托】【债】Lodgment　为日本名辞，即我国所称之提存也。

【供报之人】【史】抄没本犯之家产时，其不应罪之亲属有供报之责，故称曰供报之人，换言之即当抄之人。（本犯除外，参隐瞒入官家产条内）

【供给契约】【债】Contract for delivery　当事人之一方对于他方在未取得标的物以前预先约定将该标的物之所有权移转于对方者，此项契约称曰供给契约。例如甲欲购买小麦百石，与乙预先订立买卖契约是。

【供漕抽分】【史】江苏等省每年于其所辖内之河川，对于渡船业人所得银钱内十取其一，以供漕船运米之脚费，谓之船钞，此项抽分称曰供漕抽分。六部成语注解："江苏等省，每年在本地渡人运赁之船，所得之银钱内，十分取一，以供漕船运米之脚费，呼曰船钞。"

【供应不敷银】【史】官署购买必要物品时，其预算款项不足者，谓之不敷银。六部成语注解："买办官府供应之物所发之款，少不敷也。"

【供职】【史】官吏执行其职务时并无过失者曰供职，乃次于称职及勤职。清会典—吏部："一等曰称职，二等曰勤职，三等曰供职。"

【依】【史】依者，衣也，如人之有衣，大小长短，其依其体也。盖律有明条，罪系实犯，一本乎律文以定罪，故曰依。然依字用法有三，如名例内，工乐户及妇人犯罪条内云在京工部各色作头，该杂犯死罪，无力做工，与侵盗诓骗，受财枉法，徒罪以上，依律拘役满日俱革去作头，止当本等匠役。盖作头之艺，难以猝成，徒配不过用其力耳。故依拘役之律，而不得依乎正律，罪以发配革役之条，其所云依者，舍正律以依例律也，此一义也。又名例内称，凡本条别有罪名，与名例罪不同者，依本条科断，其所云依者，略例律以依本律也。此一义也。又名例内称，本应重罪，而犯时不知者，依凡人论之类。其所云依者，原情定律，此经所谓轻重诸罚有权也。（参读律风觿）

【依己分法】【史】数人共同收贿，其首犯以并赃论，至于从犯则依自己所取得之分论罪。唐律（卷十一）职制篇——事以财行求条："……即同事共与者，首则并赃论，从者各依己分法。"

【依出身法】【史】依官吏普通任用之成例加以任用者，曰依出身法。唐律（卷三）名例篇——除名者之条："诸除名者，官爵悉除，课役从本邑，六载之后听叙，依出身法。"

【依瓜多尔宪法】【宪】依瓜多尔一作厄瓜多尔，直译为赤道国，以其地当赤道也。在南美洲之西北隅，北与哥伦比亚国相接，南与秘鲁为邻。地境多山，富矿产中之金银，而咖啡之产量尤为巨大。境内土地肥沃，五谷丰登，面积共三〇七，〇〇〇方公里，人口计二，三〇〇，〇〇〇。原为西班牙属地，西历一八二二年自立，合并于哥伦比亚共和国，一八三〇年与哥伦比亚国分离，另组依瓜多尔共和国。其现行宪法公布于一八九七年一月十二日，全文计分十四章共一百四十四条，并有附加文第一第二及第三，合计十条。兹举本宪法要点于下：（一）依瓜多尔国以联合于同一法律之下之依瓜多尔人组成之，对于外国保有自由独立及不可分割之地位。（二）下列均为依瓜多尔人民：（1）依瓜多尔男或女之子女出生于依瓜多尔领土之内者。（2）外国男子之子女出生于依瓜多尔领土之内而且住居于依瓜多尔内者。（3）依瓜多尔男或女之子女出生于外国而住居于国内曾宣示欲为依瓜多尔国之人民者。（4）出生于国外而享有依瓜多尔人之国籍者。（5）从事于科学技术或应用工业之外国人民享有不动产或于商业上投资而住居于本共和国满一年之后宣示其欲取得住所并获有人籍证书者。（6）有功勋于本共和国而由国会允许其获得依瓜多尔之国籍者。（三）依瓜多尔人民年满十八岁并能读书写字者为公民，享有公民权利，须遇有法定情事始得丧失之或停止之。(四)本共和国之宗教为 Roman Catholic，凡妨碍道德之其他宗教均被禁止。(五)依瓜多尔人有宗教信仰之自由权，工业自由权，发明及著作专有权，信函文件之不可侵犯权，住宅不可侵犯权，集会结社自由权，诉讼及诉愿权，发表意思及出版刊行自由权，旅行及移居自由权，自由行使选举投票权。(六)政治或普通犯罪之死刑，没收财产之刑，强迫征兵制度以及奴隶制度均永远废止之。(七)依瓜多尔人之行使公民权利者均为选举人，有参与选举共和国总统，副总统，元老院议员，众议院议员及其他依宪法及法律所规定而设置之官吏之权，皆依直接及秘密投票之普通选举方法行之。(八)立法权属于由元老院及众议院所组织而成之国会，于每年八月十日在共和国首都开常会(以六十日为限)。元老院以每省二名之议员组织之，其资格如下:(1)为行使公民权之依瓜多尔人。(2)年龄须届三十五岁。(3)如系归化者或出生于国外者须有住居共和国四年之附加资格，元老院对于由众议院所提之一定弹劾案有审问之权。众议院以各省人民所选出之议员组成之，每省人口三万得选议员一人，但有人口一万五千以上之零数时须多选议员一人。又每省不论人口之多寡，至少须有议员一人。凡依瓜多尔人之行使公民权而年龄在二十五岁以上者，均有被选之资格。众议院具有下列之特殊权力:(1)在元老院提出对于共和国总统，代理行政首长，国务员，最高法院推事及行政参议员之弹劾案。(2)审查对于上述官吏之罪状。(3)于公共官吏滥用权力或放弃职务时，要求正式机关强制其责任。(4)提议关于租税之立法。(九)国会不论何院须有全体议员三分之二到会始得开议。元老院议员以四年为任期，并得被无限制之再选。众议院议员之任期则为二年，亦得被无限制之再选。共和国总统，副总统，国务员及法院推事均不得被选为元老院或众议院之议员，即凡于选举期间或选举之三个月以前，在一省内行使民事，教务，政治或军事上之命令，裁判权或权力者，亦不得由该省选举为元老院或众议院议员。(十)国会有修正宪法解释宪法，制定国家法典并制定政府正当行政所必要之各种法律通令及决议，并定此等法律之正当解释，与修正变更或废止其规定。又审查行政部所提出之豫算案，监督国家收入及合法之支出，确定征收租税之法。于行政部要求时，宣布开战，指导行政部对敌媾和，并批准对外所缔结之条约，颁布大赦或特赦，审查审计院之报告，依法设置或废止官署，规定或变更各官吏之权力，并规定各官职之任期及俸给等(第六十五条列举二十一项)。(十一)国会之各种法律通令及决议得在任何一院，以本院议员或行政部或最高法院因关于司法事件之动议提起之。各种议案或决议经两院通过者，须送达于行政部批准之。如经裁可则以命令公布并执行之，否则须附以抗议于九日内送还于提出之院(其有紧急性者须于三日内裁可或拒绝之，如为拒绝则无表示意见之权)。如议员多数否认行政部之抗议，则仍应交行政部裁可及公布之，如行政部不公布时(六日内)，则行政参议会于其后六日内须负严格之责任公布之。(十二)行政权属于依瓜多尔共和国总统，必要之时则由下列诸人依次代理之:(1)共和国副总统。(2)元老院院长。(3)众议院院长。不论何人凡非出生而为依瓜多尔人民及具有为元老院议员之资格者，不得任共和国总统及副总统。总统及副总统任期为四年，非中间经过两期之后不得再行被选，总统并不得被选为副总统，副总统亦不得被选为总统。(十三)行政部之权力及职务为裁可国会通过之法律与决议案,调用军队,任免文武官吏,指导外交,谈判缔结条约,监督公共教育及关于公安之事务,以及保存共和国内部之秩序,并防卫外国之侵击(第九十四条列举十七项)。总统或代理总统不得破坏本宪法设置之保障,停止司法诉讼之进行,以及用不论何种之方法节减法院之自由,阻止选举之进行或干涉之,解散立法议院或令其停会,于出离本共和国首都四十基罗米突以外时行使行政权,或不经国会之许可,任用外国人充为本国陆军之军官或军长。(十四)国务员九人,均由总统任免之,任国务员者须具有与元老院议员相同之资格。行政部之公布法律命令及决定,均须由该管之国务员副署之,始为有效。于国会开会时有提出报告书之义务(秘密事件为例外)。(十五)在依瓜多尔首都设置行政参议会,以共和国副总统,国务员检察长,审计院院长,中央大学校长,元老院议员二人,众议院议员二人,以及有众议院议员之被选资格之候选人二人组织之。以上后列之七人,由国会于每年会议中选出之,均得被无限制之再选共和国副总统为参议会会长,副总统缺席时,以检察长任之,检察长缺席者则以本会所指定之会员一人任之。本会之职务在原则上为于国会闭会期间内行使法定之职权,惟于下列之事件,共和国总统及代理总统仍须采取行政参议院之意见:(1)于裁可或不裁可国会通过之议案或决议以前。(2)于请求国会同意宣战以前,并在其他事件依照本宪法或法律有采其意见之必要,或行政部认为当采其意见,而受纳与否与行政部之权力并无妨害者。(十六)司法权属于最高法院,高等法院,陪审官,以及依宪法与法律之规定而设置之其它各种法院与裁判所。任最高法院推事者须为行使公民权之依瓜多尔人,年龄在三十五岁以上,且为充任律师职务八年以上者。任高等法院推事者须为行使公民权之依瓜多尔人,年龄在三十岁以上,且为充任律师职务满五年者。最高法院及高等法院之推事(审计院审计官亦同)在原则上均应由国会以投票方法(过半数)选举之。任期均为六年,并得被无限制之再选(初级法院推事之任免方法与任期职权等另以法律定之)。各级法院推事依法律规定之方法及形式,对于司法行为,负担责任,除有叙述停职理由之司法命令外,不得令其停职,除有司法判决外,亦不得令其免职。(十七)本共和国之领土划分为省郡及教区,每省设一省长,每郡置一政治长,每教区则设一教区长,另各设议事会一,以筹划各地方之利益,其职务与权力另以法律定之。(十八)本共和国以防御外侮及保持公安特设置以法律组织之军队,不论何人非纯然属于军队及为现役军人者,不受军事审判权或军事机关之管理。军事机关对于民政官吏,除按照法律规定之方法外,不得为何种之要求,或要求予以任何之援助。(十九)宪法为国家之最高法律,其它一切法律条例命令,规则或公共条约,如与宪法相反或不相容者,均为无效。(二十)不论何人或何团体,均不得于同时行使政治,军事,及司法权。(二十一)公共权力对于印第安种人(红种人)有保护其生活之义务。(二十二)本宪法自公布后四年内,不论何时不得加以修正,四年届满以后,如两院议员三分之二在国会通常会议认为有修正之必要时,得制成修正案,于国会次期之通常会议中讨论之。如该修正案经依本法第六章第六节之规定讨论及表决以后,在每院得过半数之通过时,认为有效,即成为宪法之一部。(二十三)临时规定(第一四〇——一四四条)以及附加文第一、第二及第三,均从略。

【依告状鞫狱】【史】所谓依告状鞫狱,乃指鞫问(讯问也)狱讼(仅刑事在内)时,须依照原告告诉状内所要求者加以审讯,而不得另涉他罪而言。唐律(卷二十九)断狱篇:"诸鞫狱者,皆须依所告状鞫之,若于本状之外别求他罪者,以故入人罪论。"明律(卷二十八)、清律(卷三十四)之断狱篇,均设有同一明文。

【依例贴断】【史】审判案件时,应重办而处轻罪者,如依成例追充补正,谓之依例贴断。明律(卷二十八)、清律(卷三十五)等刑律断狱篇——赦前断罪不当条:"处重为轻,其常赦所不免者,依例贴断。"

【依例关请】【史】依据一定成例具文请求准予给俸之谓(按关字在唐时为公文书之一种)。明律(卷二)、清律(卷五)等之吏律职制篇——官员袭荫条:"绝嗣无可承袭者,亦(清律改为准字)令本人妻小依例关请俸给,养赡终身。"

【依法以削】【史】所谓依法以削,乃指滥用法制以施残刻之政而言。书经—君陈篇:"王曰,君陈,尔惟弘周公丕训,无依势作威,无依法以削。"丘濬按:"周公之毖殷顽民,而君陈继其后,民习之顽犷者,至是稍训扰矣,故成王戒其无以法制以行刻削之政云云。"

【依法拘禁】【刑】Imprisonment according to law 为拘禁之一种,对私擅拘禁言。(详拘禁条)

【依法逮捕】【刑】Arrest according to law 为逮捕之一种,对私擅逮捕言。(详逮捕条)

【依律发配】【史】所谓依律发配,乃指在军籍者犯徒罪流罪时,先之以杖决,然后依照律文所定,发遣配置一定土地而言。(清律卷三名例——军属有犯条)

【依律论】【史】官吏如有不法行为,轻者应受行政法之处分,如议处或罚俸皆是。其重者则须依照刑律之规定加以处罚,即所谓依律论是也。(清吏部处分则例)

【依故失论】【史】依照因故意出入人罪及因过失出入人罪之规定而论罪者,曰依故失论。

【依倚】【史】互相依赖之谓,清律户律户役篇——立嫡子违法之条附例:"若义男女婿,为所后之亲者悦者,听其相为依倚。"(同书卷七)

【依义制律】【史】义者宜也,依义制律乃指依据事物当然之理以制定刑律而言。唐律(卷一)名例篇:"铨量轻重,依义制律。"

【依职官犯罪律处断】【史】休职中之官吏(有衔而不在职者)犯罪时,一切审理程序及法条均须依现任职官犯罪法律处理及判断之谓。(明清律名例篇——以理去官条内)

【侍[①]中】【史】官名,始于黄帝之时,事物纪原(卷五):"环济要略曰,古官也。风

① 原书为"待",系排版之误。

后为黄帝侍中，周有常伯见尚书立政，秦汉为侍中。徐坚初学记曰，秦取古官制，本丞相史也。丞相使史五人，来往殿中奏事，故谓之侍中。后魏始为枢密之任，梁又以为宰相职事。唐侍中与中书尚书二令，并为真宰相矣。”

【儿(兒)童法庭】【通】Juvenile court 又称幼年法庭，或少年法庭，即以处理儿童犯罪所专设之法庭。此种制度于一八九九年间肇造于美国之芝加哥城，法庭之组织非常简单，程序亦极简易，且不重形式，即在通常之小屋中亦可行之。审判时除其父母或有相当之关系人外，概不许他人旁听，其目的乃在以合理手段发见其犯罪之原因，而以极有效之方法加以改造及监视，使其日后不再犯罪。

【两(兩)方商人主义】【债】(详商人主义条内)

【两(兩)合公司】【公】Limited co-partnership or joint-company 为公司之一种，乃合无限责任股东与有限责任股东二者共同组织之公司也。日本曰合资会社。其股东一部负连带无限责任，一部则以出资定额为限对于公司负其责任。两合公司之制度，乃兼取无限公司与股份有限公司之长合而为一，盖前者每因责任重大，非亲信之人不能相与组织，故集中巨大资本，恒觉困难；后者则每因集合资本过于容易，而组织上又甚复杂，常流于诈欺等弊，致损及信用。两合公司因有无限责任，股东既与无限公司相同，故我国公司法有准用关于该项公司一切规定之明文。兹仅略述关于本公司特别之规定于下：两合公司之设立亦以订定章程为必要，其应记载事项与无限公司同，但须再将无限或有限之各股东分别添载以示区别耳。关于公司内部关系(即公司与股东或股东相互间之关系)：(1)出资义务，但有限责任股东不得以劳务或信用为出资。(2)无限责任股东有选任及解任经理之权。(3)无限责任股东执行业务之权(有限责任股东则否)。(4)有限责任股东有于每年度终及随时检查权。(5)有限责任股东股份之转让，须经无限责任股东四分三之同意。(6)有限责任股东得为同类营业及为他公司无限责任股东。(7)有限责任股东不因受禁治产之宣告而退股，如死亡则股份由承续人续承之。(8)有限责任股东之退股须经无限责任股东四分三以上之同意。至于对外关系(即股东或公司对第三人关系)：无限责任股东既有执行业务之权，自皆为彼应负之责任及应享之权利，有限责任股东仅于类似股东(详该本条)之情形时负责耳。两合公司解散事由与无限公司同(参无限公司条内)。又因无限责任股东或有限责任股东全体之退股而解散时，后者全体退股时前者得经全体之同意改为无限公司，且应于十五日内向主管官署为解散及设立之登记(公司法第七〇条—八四条)。关于两合公司之清算。(详清算条内)

【两(兩)相殴伤论如律】【史】互殴之人必有受伤之人，或一方受伤，或两败俱伤，均须各依轻重依律论罪，惟后下手而理直者得减轻耳。唐律(卷二十一)斗讼篇——两相殴伤论如律条：“诸斗两相殴伤者，各随轻重两论如律，后下手理直者减二等(至死者不减)。”疏义曰：“斗两相殴伤者，假有甲乙二人，因斗两相殴伤，甲殴乙不伤，合笞四十，乙殴甲伤，合杖六十之类。或甲是良人，乙是贱隶，甲殴乙伤，减凡人二等，合笞四十，乙殴甲不伤加凡人二等，合杖六十之类。其间尊卑贵贱，应有加减，各准此例。后下手理直者，减二等。假甲殴乙不伤，合笞四十，乙不犯甲，无辜，被打遂拒殴之，乙是理直，减本殴罪二等，合笞二十。乙若因殴而杀甲，本罪纵不至死，即不合减。故注云，至死者不减。”

【两（兩）院】【宪】参议院与众议院合称为两院。（参两院制条）

【两（兩）院合计法】【宪】上议院与下议院对于同一议案之意见不能合致时，则计算两院之赞成与反对者之票数，以定其议案之是否成立，是为两院合计法。

【两（兩）院制】【宪】Bicameral legislature 与一院制相对称，即以两个团体所组成之复合体行使议会职权之制度也。通常称第二院曰上议院，或曰参议院，或曰元老院，称第一院曰下议院，或曰众议院。主张两院制之理由有三：（一）可以防止议会之专横。（二）可以减少法律案之草率成立。（三）可以避免议案与行政机关之急剧冲突。

【两（兩）院协议会】【宪】Joint council of both houses 上议院与下议院对于同一案件之决议不能一致时，由两院各选出若干议员，合组一委员会共同讨论协商，此项委员会称曰两院协议会。

【两（兩）造】【通】Both parties 法律行为或诉讼行为之双方当事人，曰两造，例如买卖契约当事人之双方，或诉讼之原告被告等双方皆是，与一造相对称。

【两（兩）造不对等主义】【民刑诉】又称当事人不同等主义。（详该本条）

【两（兩）造商行为】【债】Bilateral commercial transaction 与一方商行为相对称，法律行为之双方当事人均系商行为者，例如商人相互间订立契约之行为，即所谓两造商行为是也。

【两（兩）造对等主义】【民刑诉】又称当事人同等主义。（详该本条）

【两（兩）造审理主义】【民刑诉】又称双方审理主义。（详该本条）

【两（兩）替】【票】Exchange 为日本名辞，与我国所称之兑换相同。

【两（兩）税】【史】两税者谓分夏秋两期征收租税也。始自唐之德宗，事物纪原（卷一）：“唐食货志曰，自开元以后，租庸调法弊，代宗时始以亩定税，至德宗相杨①炎，遂作两税法，夏输无过六月，秋无过十一月，是两税之始，肇于开元天宝兵兴之后也。按春秋宣公十五年秋初税亩，公羊传云，税亩者何，履亩而税也，则今之税，以亩计此其初也。其事虽出于唐代宗，亦缘春秋税亩之事尔，其输以夏秋，乃自德宗始也。”

【两（兩）税法】【史】为唐时之税法，起于唐德宗，时杨②炎为相，以户籍隐漏，征求繁多，乃请为两税法，其制分为夏秋征税（参两税条内）。此法自唐宋以迄明清均袭用之。

【两（兩）愿离】【史】夫妻同愿离婚，谓之两愿离，对强制离婚（离异）言，即协议上之离婚也。明律（卷六）、清律（卷九）户律婚姻篇——出妻之条：“……若犯义

①② 原书为“扬”，也作“杨”。

绝,应离而不离者杖八十,若夫妻不相谐,而愿离者,不坐。"唐律(卷十三)户婚篇——义绝离之条之疏议:"荐夫妻不相安谐,谓彼此情不相得,两愿离者,不坐。"

【两(兩)愿离婚】【亲】Divorce by mutual consent 又名协议离婚(详该本条)。或称合意离婚。

【两(兩)权主义】【票】又称担保与偿还并行主义,简称担保主义,为不获承兑时之追索权制度立法例之一,对一权主义与选择主义言,德日法采之。即规定被拒绝承兑时,先行使担保请求权,及到期不付款,则行使偿还请求权。

【具引】【史】判决文引用某条法规之全文而备载之也。明律(卷二十八)、清律(卷三十五)断狱篇——断罪引律令之条:"凡断罪,皆须具引律例。"清律之附注曰:"具引者,备载也。"

【具引律令格式】【史】(详引律令格式条)

【具文】【通】Dead letters 所谓具文,乃指不可实现之空文而言。例如指某法律条文之规定为空言,为不能实行,即以"具文"二字称之。又如指某人对某项命令不加遵守,即称某人对于命令视同具文是。

【具法】【史】(详具律条内)

【具保】【民刑诉】(详保释条内)

【具律】【史】战国时魏李悝创法经六篇,其第六篇曰具法。秦商鞅改法为律,具法遂更名曰具律。所谓具律乃全篇之总则,昔时以之置于最末之篇,与今法之将总则列于篇首者不同。三国魏时改具律曰刑名,而置于第一位(第一篇),晋时另将刑名篇分为刑名及法例两篇而列之为第一及第二位,历宋齐梁及后魏皆因之。至北齐则将二篇合并为一,仍称之曰名例。其后北周复分为刑名与法例,隋又复北齐之旧为名例,唐因之(唐律疏议)。历明清之律皆从之。

【具结】【民刑诉】To make a written declaration 谓证人依法定程序亲具切结,声明据实陈述,决无匿饰增减而署名或捺指纹于其上之行为也。其文书曰结文,具结制度为我国沿来之习惯,其效力与他国之宣誓相同,惟仅得以文书为之耳。我刑诉法规定证人之具结应在讯问以前为之,原则上言,一切证人皆须具结,但未满十六岁者,及心神障碍者,及与本案有共犯或有藏匿犯人及湮灭证据罪赃物罪之关系或嫌疑者,以及凡系被告人或自诉人之亲属或未婚配偶法定代理人监督监护人保佐人则为例外。至于应具结者应命其具结,并告以具结之义务,及伪证之责任,但应否具结有疑义时得命于陈述毕后行之(刑诉法第一〇五—一〇九条)。又鉴定人于鉴定前亦负有具结之义务,且应于具结文内记载,必本其所知为公正诚实之鉴定等语(第一二一条),余准用关于证人具结之规定(第一一七条)。我国民诉法规定在原则上,证人之具结应于讯问前为之,审判长应告以具结后伪证之罚。至凡未满十六岁者及精神障碍者,均不得令其具结。又下列之人得不令其具结:(一)有民诉法第二九五条第一项第一款、第二款情形而不拒绝证言者。(二)当事人之受雇人或同居人。(三)就诉讼结果有直接利害关系者(民诉法第三〇〇—三〇三条)。鉴定人之具结与刑诉法上所规定者同,且准用关于证人之

规定。(民诉法第三二一条)

【具结人】【民刑诉】具结之人谓之具结人(参具结条内)。凡以未满十六岁或因精神障碍不能了解具结意义及其效果之人为证人者不得令其具结。(民诉法第三〇二条,刑诉法第一〇六条第一、第二款)

【具狱】【史】谓审判上文件之全部也。汉书—于定国传:“抱其具狱,哭于府上。”

【典司刑宪】【史】典者主也,司者管也,刑宪为刑法之别名,谓主管刑法也,乃周时司寇之职。唐律(卷一)名例篇:“咸有天禄,典司刑宪。”注曰:“……典者主也,司者管也,宪者法也,言自白龙至金政之宫皆食君禄而主刑法也。”

【典刑】【史】谓国家之常刑也。乃出自书经舜典:“象以典刑”一语。所谓常刑乃指墨,劓,刖,宫,及大辟等五刑而言。(参象以典刑条内)

【典物】【物】Property subject to dien　典质之标的者谓之典物,通常且称曰质物,但我国现行法律称之典物,乃专指不动产之典物而言,不能与动产之质物相混同。盖因不动产之典为我国通行之习惯,且有明文之规定,就其性质言之,实为独立之物上负担,典主所给付之金钱不过为取得典权之代价,并非成立一种债权而藉不动产以为之担保,一视抵押权为从属于债权之权利者不同。又典物之回赎,虽与买回契约相类似,然买回契约仅当事人间债权债务之关系,不能对抗第三人。而典权则为完全之物上负担,无论何人皆可对抗。又买回契约为保留解除权之行使,其效力溯及既往,而典物回赎在消灭以后之关系,其效力只及于将来。

【典则】【史】典章法则之谓也。书经—夏书五子之歌:“明明我祖(禹也),某邦之君,有典有则,贻(遗也)厥子孙,关(通也)石,和(平也)钧,王府则有。”蔡沈之注:“典则,治世之典章法也。百二十斤为石,三十斤为钧,钧与石,五权之最重也。关通,以见彼此通同,无折阅之意。”(参大学衍义补卷九十五)

【典契】【物】即设定典权时所订立之书面契约也。

【典娶】【史】以他人之妻女视为典物而出价娶为妻妾者,称曰典娶。其知情而娶者与出典人处同等之罪,并将其妻女发还完聚。(参典雇妻女条)

【典税】【史】典当业所课之税,称曰典税。六部成语注解:“业质物典铺之人应纳之税也。”

【典雇妻女】【史】备价取赎曰典,验日取值曰雇,按夫妻身分乃一种亲属上之特殊契约,非通常契约可比,故不得典雇。至于将妻妾妄作姊妹嫁人者,亦在禁止之列,明律(卷六)、清律(卷十)户律婚姻篇均有典雇妻女之条:“凡将妻妾受财典雇与人为妻妾者,杖八十,典雇女者,杖六十,妇女不坐。若将妻妾妄作姊妹嫁人者,杖一百,妻妾杖八十。知而典娶者,各与同罪并离异,财礼入官,不知者不坐,追还财礼。”清律之辑注:“必立契受财典雇与人为妻妾者,方坐此律,今之贫民,将妻女典雇与人服役者,甚多,不在此限。”同律之辑注:“典雇妻妾,犹明言为妻妾也。妾作姊妹,则又有诈冒之情矣。典雇与人犹暂也,嫁之则永离矣,故其罪重。妻妾和同为奸,弃夫从人,故亦坐罪,皆与典雇不同也。”同律之总注:“以价易去,约限赎回曰典,此仍还原价者,如典田宅之类也。计日受直,期满听归曰雇,此不还原价者如雇佣工之类也。本夫将妻妾典雇与人为妻妾，已则无耻而驱之失节，实败伦伤化之甚者，故杖八十。父母典雇女与人为妻妾者，杖六十，虽陷其女失身，而天性至重，不得与夫之妻妾同也，故轻二等。专制在本夫父母，非妇女之所得已，故不坐罪。若将妻妾妄作姊妹嫁人，既失人道之正，兼有欺骗之情，重于典雇，故杖一百。妻妾亦杖八十者，为其同情欺罔，甘心失节也。其典雇人之妻妾与女者，及知人以妻妾妄作姊妹之情，而娶为妻妾者，各与同罪。典雇人妻妾，同本夫杖八十。典雇人女同其父母杖六十。娶人妄作姊妹之妻妾，同本夫杖一百，并离异。不但典雇与娶之人应离异，而典雇与嫁之本夫，亦不得完聚，女给亲，妻妾归宗，如女已许聘，应归原夫，原夫不愿娶者，听别嫁。若妻妾，则本夫义绝，故不得复令完娶，原典雇与嫁之财礼入官，其娶者不知情不坐，追还财礼，典雇原无妄冒之情，应无不知之理，盖典雇以为妻妾，即属违例之事。应同犯人之罪，与知情娶者不同，本文虽冠知字于上，典娶并言，而知不知，则止指娶者言，典无不可言也。典雇之价，亦称财礼者，典雇以为妻妾，亦即财礼也。”

【典买田宅】【史】典买田宅者，即将田宅出典于人，或买受该项田宅而言。不税契者，不过割者，重复典卖者，典主于期限届满托故不赎者，均应依律治罪。明律(卷五)、清律(卷九)户律田宅篇——典买田宅条：“凡典买田宅，不税契者，笞五十，契内田宅价钱一半入官。不过割者，一亩至五亩笞四十，每五亩加一等，罪止杖一百，其田入官。若将已典卖与人田宅，朦胧重复典卖者，所以得价钱计赃准窃盗论，免刺，追价还主，田宅从原典买主为业，若重复典买之人，及牙保知情者，与犯人同罪，追价入官，不知者不坐，其所典田宅园林碾磨等物，年限已满，业主备价取赎。若典主托故不肯放赎者，笞四十，限外递年所得花利退征给主，依价取赎。其年限虽满，业主无力取赎者，不拘此律。”清律之总注：“税契者，典买之契，当报官，照价纳税，印发存照也。过割者，典买之后，当报官彼户推出，收入此户纳粮当差也。凡典买田宅，不税契，则亏损官课，故罪轻罚重，不论多寡止笞五十，追田宅之价一半入官。典买田宅不过割，则混淆版籍，故罪罚皆重，计亩科罪，一亩至五亩笞四十，至三十五亩以上，罪止杖一百，其田入官，宅则止科其罪。笺释谓宅无粮差，故不言过割不过割之罪，非也。典买田宅四字，总冒不税契不过割两项而言，罪与罚，律文原是两层，论罪则承上典买田宅，论罚则另言，故不税契，下亦有田宅二字，非但曰价钱一半也。不过割下，则止曰其田，文义甚明。宅虽无差役，亦有地粮，岂前不过割耶。田宅已经典卖与人，即是他人之业矣，若朦胧重复典卖，与盗何异，故以所得价钱为赃，准窃盗论罪，至死减一等免刺，与真盗不同也。追价还后典买之主，田宅听从原典买之主管业，在重后典买之人，被其朦胧，多系不知情，若知情，则与典买者通同矣，故与同罪。牙保亦然，其价即系彼此俱罪之赃，例应入官，不知不坐。其所典田宅园林碾磨等物，必先议明年限，开载契中，限满后业主备价取赎。若典主托故不放，则有占护其利之心，故笞四十。业主既已备价，即同赎回，故限外递年所得花利，俱应追给也。业主仍无力取赎，则非典主之过，仍听管业，故曰不拘此律。”

【典试委员会】【行】举行考试时关于典试事宜之负责机关，曰典试委员会，其委员长以主考官任之。按考试场所分为内场与外场二部，内场人员由典试委员长指挥之，一切事务均由彼负责。

【典试规程】【行】本规程乃依典试委员会组织法第八条之规定而制定，凡举行各种考试时之典试事宜，除典试委员会组织法已有规定外，依本规程行之。全文计共二十一条，自公布日施行，兹将其要点列举于下：(一)典试委员长于奉到特派或简派命令，典试委员于奉到简派命令，襄试委员于奉到聘任书后应按期出发，在出发途中及典试期内均不得与人有交际应酬及函电往来情事。(二)上述各委员与典试委员会各职员于典试期内均应在试场之内场住宿，非考试完毕不得出外。(三)典试委员会于考试前应将应考人之各种文件限期审查完毕，其资格合格者，应行榜示，并应于考试日二十四小时前就应试科目加倍拟具各科察题，密呈典试委员长选定。典试委员长选定试题后，应按报名人数分别印刷加盖关防，经由监试委员交监场员于应考人依号坐定后按名点唱，核对照片给与试卷。(四)应考人缴卷后由监场员依照一定方法收受点验，用纸封包汇送典试委员长，经其查对无讹，即召集典试及襄试委员议决阅卷标准及方法，按科分派校阅。(五)每一试卷应经襄试委员初阅典试委员覆阅，评定分数，加盖私章，然后分类封送典试委员长，而典试委员长于接受之后应即开典试委员会审查之。(六)普通考试或高等考试之第一试第二试及格试卷，应由典试委员长及委员会同监试委员及襄试处主任拆去弥封对号填名并榜示之。至第三试之面试及成绩审查则由典试委员及襄试委员三人以上分组行之，于完毕由典试委员会同监试委员开应考人总成绩审查会，就第一试第二试合计之及格分数及第三试应得分数合计总平均分数多少次序，将及格人员榜示。(七)于榜示后应即结束典试事宜，并将经过详情报由考选委员会转呈考试院。而考试委员会即于考试事竣之日撤销。

【典狱】【史】谓执法之官也。但在吕刑一篇中所称之典狱则为威武不屈，富贵不淫，以典刑狱之事之义。书经—吕刑篇："王曰典狱非讫(尽也)于威，惟讫于富，(贿赂也)敬忌罔有择言在身，惟克天德，自作元命，配享在下。"蔡沈注曰："当时典狱之官，非惟得尽法于权势之家，亦惟得尽法于贿赂之人，言不为威屈不为利诱也。"大学衍义补(卷百十一)丘濬注曰："臣按，刑狱之事，实关于天，典刑者，惟一循天理之公，而不徇乎人欲之私，权势不能移，财利不能动，如此，用刑者无愧于心，受刑者充当其罪，吾之心合天之心矣。"

【典狱官】【行】Governor of a prison 管理监狱之官长，称曰典狱官。其首长则称为典狱长。

【典价】【物】Price of dien 典权之设定系有偿行为，即出典人以出典之标的物典于他人，而他人应给付相当之价额，此项价额谓之典价。典价之数额通常在物之半价以上，并无一定之制限，又支付之典价并非普通之借款，故无利息，不过为典主取得典权之对价而已。(民法第九一一条)

【典籍】【史】明之翰林院特置掌理图书之专官，称曰典籍。又国子馆亦置典籍一员，专司大学之经籍及板本之类。(大学衍义补卷九十四)

【典权】【物】Right of dien 为物权之一，即以支付典价占有他人之不动产而为使用及收益之权也，故为用益物权之一。我国历来习惯无不动产质权而有典权，二者性质有异，前者为担保物权，出质人对于原债务仍负责任，而典权则否，前者于出质人不为清偿时，仅能将质物拍卖而先取得其所卖金额，以为清偿，不得取其典物之所有权，典权则用找贴方法，而能取得典物之所有权，此为二者区别之点。典权因须占有他人之不动产为成立要件，故与抵押权亦有不同。典权之制度为我国固有特殊习惯，昔时多称为质，习惯上则曰典。关系典权之标的物不以不动产为限，即动产或人类亦在其内，现行民法则以典权制度乃为道德上济弱之良好办法，故有典权之规定，但其标的物仅以不动产为限耳。典权之设定须以书契为之，且须登记方生效力。至典权存续期间由当事人约定之，但不得逾三十年，逾三十年者缩短为三十年（第九一二条）。若期限不满十五年者，不准附有绝卖之条款（第九一三条），盖所以保护经济上之弱者也。典权人之权利义务据民法所定有八：(1)出租典物之权（第九一五条）。(2)转典之权（第九一五条、第九一六条）。(3)先买典物之权（第九一九条）。(4)受让典物之权（第九二六条）。(5)请求偿还已支付有益费用之权（第九二一条、第九二七条）。(6)让与他人之权（第九一七条）。(7)有应许出典人找贴之义务（第九二六条）。(8)有应许出典人回赎之义务（第九二三条—九二五条）。关于典物之灭失时，其原因出于不可抗力者在原则上典权与回赎权均归消灭（第九〇二条），但可经出典人之同意重建或修缮之（第九二一条）。至灭失原因出于典权人之过失时，典权人于典价额限度内负其责任，若因故意或重大过失时，除收典价抵偿外，不足时仍应赔偿（第九二二条）。典权消灭之原因，有出于回赎者，有出于典物灭失者，或出让典物于典权人由典权人按时价找贴者（第九二六条）。余均与一般物权之消灭同。

【典权人】【物】享有典权之权利人曰典权人。（详典权条内）

【典权约定期限】Agreed term of the right of dien （详典权条内）

【刺史县令私出界】【史】刺史县令均为亲民之官，在驻在地域负有一定责任，若私自出境，是违背职守也，故法律特设明文予以限制。唐律（卷九）职制篇——刺史县令私自出界条："诸刺史县令，折冲果毅私自出界者，杖一百（经宿乃坐）"疏议曰："州县有境界，折冲府有地团，不因公事，私自出境界者，杖一百。注云，经宿乃坐，既不云经日，即非百刻之限，但是经宿，即令此坐。"

【到案】【刑诉】刑事被告人及其他关系人被唤到庭受审，称曰到案。（刑诉法第五八条）

【到场】【民诉】民事诉讼当事人及关系人等于指定期日到庭，为诉讼行为者，称曰到场。（民诉法第一九五条）

【到期日】【票】Date of maturity 为汇票本票法定记载事项之一，谓得以请求支付票款之日也。但与实际付款日不必相符，例如值休假日或星期日，须至其次之营业日方得请求付款，故前者曰到期日，后者则曰付款日。又到期日之记载，须具备三要件：(1)须为事实上可能之日，方为有效。如记二月三十日，自属无效。(2)须为一定之日，如以某甲死后五日为到期日无效。(3)须为一日不得有二，如记分期付款者亦为无效。到期日只下列四种为有效:(1)确定日——即到期日明白确定无庸计算之谓,如定民国二十年十月十日是。(2)发票后经过一定期间之日——即票上无确定日期须由计算方可确定之谓,例如自发行后十五日为到期日是。(3)见票日——即以付款人见票日(提示日)为到期日之谓。(4)见票后经过一定期之日——即票上无确定日期,须由见票之日起以计算方法始可确定之谓,例如见票后三星期是(依承兑日或拒绝承兑证书作成日计算到期日)。至于未载到期日者,则视为见票即付。(票据法第二一条第二项、第一一七条第二项,参第六二条—六五条)

【到期前背书】【票】Indorsement prior to the maturity of the bill　为通常记载背书之一,谓在票据所载期限届满前所为之背书也。此种背书,自有完全效力,固不待言,普通背书乃指此而言。

【到期后背书】【票】Indorsement subsequent to maturity of the bill　为通常记载背书之一,谓票据期限届满后所为之背书也。原则上并不因满期日到来而变更其性质,故与到期日前之背书有同一效力。但为使执票人向前手便于行使求偿权起见,法律更规定凡于作成拒绝付款证书后,或作成拒绝证书期限经过后所为之背书,则不能生背书效力,而仅与通常债权转让之效力同视。(票据法第三十八条)

【到著税】【史】旧制,我国土产之鸦片,每百斤付出发税二十两,到著税二十两。所谓到著税,乃指到达目的地时所征收之税而言也。又曰落地税。

【到达主义】【民总】又作达到主义。(详该本条)

【到达港】【海】Port of destination　船舶航行达到目的地时,此目的地曰到达港。依我海商法之规定,船长须照运送契约或船票所记载运送托运物或旅客至目的地,船长违反此项之规定,托运人或旅客得解除契约,如有损害,并得请求赔偿。

【制五刑必即天伦】【史】制者断也。断行五刑时,应避去私情而出之以至正至公之天理,故曰制五刑必即天伦。礼记一王制篇:“凡制五刑,必即天伦,邮罚丽于事。”

【制台】【史】为清时总督之别称,与制台同。

【制敕断罪】【史】处断罪刑时如系临时以制敕为处分者乃因事时以制宜者,若不为永格以为后日之用者,则此后不得引用,违者如因之而出入人罪应以故失论断。唐律(卷三十)断狱篇——设有制敕断罪之条:“诸制敕断罪,临时处分不为永格者,不得引为后比,若辄引致罪有出入者,以故失论。”

【制定】【通】Enactment　设定新法规之行为曰制定,例如制定法律与其他规则是。

【制定法】【通】Law by enactment　与非制定法相对称,又曰成文法。(详该本条)

【制定法规】【通】Artificial law & regulations　制定法规者,谓由国家及地方

自治团体依照法律所规定之手续所作成之法令与规则也。

【制威刑】【史】制威刑一语乃出于唐律疏议(卷一)名例篇:“易曰天垂象,圣人则之,观雷电,而制威刑。”谓威刑之制定乃由观察雷电而来也。雷电为震下离上☲噬嗑之卦,震为雷则威,离为电则明,明而威,用刑之象也。故其象辞曰:“雷电噬嗑,先王以明罚敕法。”

【制限物权】【物】Limited real right　又称定限物权。(详该本条)

【制限解释】【通】Restrictive interpretation　又称缩小解释。(详该本条)

【制书】【史】(一)天子之言曰制,书则系指书天子之言者,如诏赦谕敕等皆是。明律(卷三)、清律(卷六)之公式篇均有制书有违之条,清律同条之下注曰:“天子之言曰制,书则载其言者,如诏赦谕敕之类,若奏准施行者,不在此内。”(二)为汉代诏敕之一种,与策书诏书及诫敕相对称,谓三公经尚书之副署而颁布于州县之用者也。

【制书印信】【史】制书者谓诏令敕旨之类也(参制书条内)。清律设有毁弃制书印信之条,其附注曰:“制书,谓诏令敕旨之类,颁自朝廷,上有御宝者方是。”印信乃各衙门之官印,即奉上命施行于民间之公文书上,以捺印传信于四方,故曰印信。清律(卷六)之附注曰:“各衙门颁有印记,以传信四方,故曰印信。”

【制书有违】【史】天子之言曰制,书则载其言者,如诏赦谕敕之类,若奏准施行者,则不属制书范围之内。按制书有违之条有故违与失错之分,其处罚亦有区别。此外稽缓(谓稽留迟缓不即奉行也)制书者,亦应受罚。明律(卷二)、清律(卷七)吏律公式篇——制书有违条:“凡奉制书有所施行,而违者,杖一百,违皇太子令旨者,同罪(明律此处原有‘违亲王令旨者杖九十’之规定)失错旨意者,各减三等。其稽缓制书,及皇太子令旨者,一日,笞五十,每一日加一等,罪止杖一百。”(明律此处原文有‘稽缓亲王令旨者各减一等’之规定)清律之总注:“凡奉制书有所施行之事,官吏故意违误,不钦遵施行者,杖一百,奉皇太子令旨,与制书同,故违者同罪。如因未谙文义,失于详看意指,将制书令旨,乃其内事理,错解误行者,原非有意,故各减三等,杖七十。稽缓者,稽迟怠缓,不即奉行也,故按日科罪,一日笞五十,至六日以上,罪止杖一百。”同律之辑注:“诈为制书条,传写失错者,杖一百,即同违者之罪,此失错旨意减三等,盖传写失错,是错写制书之词而误传之,所误者众则其罪重。失错旨意,是错解制书之意而误行之,误止一处,故其罪轻。天子之命令,出自宸衷,非由臣下条奏奉旨之比,故前注曰如诏赦谕敕之类,若奏准施行者,不在此内,本律是否制书当以此为准。”

【制书圣旨】【史】制书与圣旨有异,制书(详该本条)乃指诏令敕旨之类而上盖有御宝者而言,圣旨则谓以敕使传命而使其复命之制敕,以及赐予使臣之驿马之御朱印物等。明律(卷三)吏律公式篇——弃毁制书印信条:“若遗失制书圣旨符验印信巡牌者。”清律(卷六)同篇同条则仅规定:“若遗失制书圣旨印信者。”较明律为简,其辑注曰:“弃毁制书,指有御宝者言,盖弃毁与前施行违错迟缓者不同,施行则但须遵制书内之旨意,故违错迟缓,即应坐罪,不拘有无御宝(中略)。若誊黄翻刻者，止依官文书论。"

【制书误辄改定】【史】制书之义(参稽缓制书条内)，如制书文字脱剩或意旨失差均应奏文然后改正，若私自改定，应构成本条罪名。唐律(卷十)职制篇——制书有误辄改定条："诸制书有误，不即奏闻，辄改定者杖八十，官文书误不请官，而改定者，笞四十，知误不奏请而行者，亦如之，辄饰文者，各加二等。"疏义曰："制书有误，谓旨意参差，或脱剩文字，于理有失者，皆合覆奏，然后改正施行，不即奏闻，辄自改定者，杖八十。官文书，谓常行文书，有误于事改动者，皆须请当司长官，然后改正，若有不请自改定者笞四十。知制书误不奏，知官文书误不请，依错施行亦如之。制书误，得杖八十。官文书误，得笞四十。依公式令，下制敕宣行，文字脱误，于事理无改动者，勘检本案，分明可知，即改从正，不须覆奏。其官文书脱误者，谘长官改正，辄饰文字者各加二等。谓非动事修饰其文，制书合杖一百，官文书合杖六十。若动事，自从诈增减法。"

【制勘院】【史】为宋神宗时所设之监时法院，与推勘院相对称。大学衍义补(卷百四)："神宗以来，凡一时承诏置推者，谓之制勘院，事出中书，则曰推勘院，狱已乃罢。"

【制国】【史】所谓制国，乃指以军事方法区分国内之行政区域而言。齐时依管仲之法，五家为轨，置轨长，十轨为里，置里司，四里为连，置连长，十连为乡，置乡良人，以为军令。国语—齐语："齐桓公任管仲作内政以寓军令制国，五家为轨，轨为之长，十轨为里，里有司，四里为连，连为之长，十连为乡，乡有良人焉，以为军令。五家为轨，故五人为伍轨，长帅之；十轨为里，故五十人为小戎，里有司帅之；四里为连，故二百人为卒，连长帅之；十连为乡，故二千人为旅，乡良人帅之；五乡一帅，故万人为一军，五乡之帅帅之。三军故有中军之鼓，有国子之鼓，有高子之鼓。"

【制裁】【通】Sanction　违背国家法律所受之相当报应，谓之制裁，换言之，即依法律之强制手段所实施之行为也。制裁不仅法律有之，即宗教上道德上与社会舆论上亦皆有之。

【制裁权利】【通】为第二权之别称，或曰救济权。(详该本条)

【制义】【史】明代以后科举时之考试，其经义之答案皆以八股文体作成，谓之制义，又曰制艺。

【制置使】【史】官名，唐之宣宗始置，宋因之，掌边鄙之军事，然为临时设立者。及宋渐为常设之官，有陕西五路制置使，招捉盗贼制置使，行在五军制置使等，与明清时代之总督相类似。

【制台】【史】遵称总督曰制台。明时武宗自称为总督军务，其臣僚避讳不称总督而改为总制。又有制台制军等名称。世宗之时仍复总督之旧名，然习世相沿仍袭用制台制军之称，以至于清。

【制诰】【史】天子之诏令也。唐之中书省特置知制诰一人，以任其事。(唐书百官志)

【制宪】【宪】制定宪法谓之制宪，制宪之机关，各国并不一致，有另组制宪会议制定之者，有待于公民复决者，有专属议会制定者。依照美国宪法规定制定宪法案仅可由两种机关提出，一为联邦议会，二为各邦邦议会，且各须具备法定人数之赞同，然后付下列两种机关之一行使复决权。一为各邦邦议会，一为各邦特别召集之制宪会议，经前者或后者三分二以上之通过，始能成立。至我国之制宪机关，从前则由议会任之，今则由立法院任之。

【制衡】【宪】Check and balance 美国之政体为三权分立制，将一国之行政立法司法各自独立，以为相互牵掣之作用。即议会之立法权在宪法上规定有须受总统之限制，行政机关之行政权在宪法上规定有须受议会之限制，司法机关之司法权在宪法上规定亦有须受行政机关之限制者，此种制度曰制衡。例如立法权虽操之于议会，而行政机关根据宪法之规定亦得提出法律案，并且可拒绝法律之公布，及自行制定各种行政法规是。又行政权虽操之于行政机关，而立法机关依据宪法之规定，对于条约之批准，宣战之同意，预算之决定，任官之同意等，均具有行政之性质。此外司法机关之处理其内部之行政事务，或对于其所属吏员之监督作用，警署对于违警者所行之即决判决，即司法机关亦兼有行政作用，而行政机关之中亦兼有司法作用，此种制衡之方法，不仅行于美国，即他国亦有采用之者。

【制钱】【史】由国家公设钱币局中所铸造之圆钱，其重量与成色皆有一定，故称曰制钱。清律(卷十)户律——仓库钱法条："凡钱法设立宝泉寺局鼓铸制钱。"六部成语注解："国家设立定制，由官铸造之钱也。"

【制艺】【史】又名曰制义。(详该本条)

【劫(刼)囚】【史】凡已招服罪而锁扭拘禁者曰狱囚，已审取供未招服罪而散行拘禁者，曰罪囚，犯罪事发勾摄拘捕，犹未拘禁者曰罪人。劫者强取也，如强盗之行劫也。明律(卷十八)、清律(卷二十四)刑律贼盗篇——劫囚之条，其规定相同。清律之本条及下注曰："凡劫囚者皆(不分首从)斩(监候但劫即坐不须得囚)，若私窃放囚人逃走者，与囚同罪，至死减一等(虽有服亲属与常人同)。窃而未得囚者减(囚)二等，因而伤人者绞(监候)，杀人者斩(监候虽窃杀伤被窃之囚，亦坐前罪，不问得囚与未得囚)，为从各减一等。(承窃囚与窃而未得二项)若官司差人追征钱粮，勾摄公事，及捕获罪人聚众中途打夺者，(首)杖一百流三千里，因而伤差人者绞(监候)，杀人及聚至十人(九人而下止依前聚众科断)为首者斩(监候)，下手致命者绞(监候)，为从各减一等，其率领家人随从打夺者，止坐尊长，若家人亦曾伤人者，仍以凡人首从论(家长坐斩，其从坐流，不言杀人者，举轻以该重也。其不于中途而在家打夺者，若打夺之人原非所勾捕之人，依威力于私家拷打律，主使人殴者依主使律，若原依所勾捕之人自行殴打，在有罪者依罪人拒捕律，无罪者依拒殴追摄人律)。"同律之辑注："此条分八项，劫囚，窃囚，窃而未得囚，因窃囚而杀伤人，聚众打夺，因打夺伤人，杀人及聚众至十人，率领家人打夺。"又同律之辑注："私窃放囚乃是窃之亲属同类，若是主守之人，即故纵矣。"又同律之辑注："窃囚临时拒捕，即同劫囚被逐，弃囚逃走，亦与窃盗被觉弃财逃走事同，若有拒捕应用罪人拒捕律科断。"

【劾】【史】即推鞫讯问之谓，法官讯问被告人也。唐律(卷五)名例篇——犯罪未发自首条之疏议:"劾者推鞫之别名也。"此外如事实之推究与穷明,亦曰劾。六书故:"劾,犹穷也,考核其实也。"

【劾状】【史】纠劾罪名之文书也。后汉范滂传:"滂奏刺史权豪之党二十余人,尚书责滂所劾猥多,滂知意不行,投劾去。"注:"自投其劾状而去。"

【劾奏】【史】纠劾官吏之罪过而奏闻于天子也。汉书—韦玄成传:"征至长安,当袭爵,以病狂不应,……而丞相御史,以玄成实不病,劾奏之。"

【劾系】【史】所谓劾系,乃指弹劾而拘系之而言,史记:"上使御史簿责魏其,所言灌[①]夫颇不雠,欺谩,劾系都司空。"

【卑幼私擅用财】【史】唐律称曰卑幼辄用财。按弟辈曰卑,子辈曰幼,父辈曰尊,兄辈曰长,卑幼与尊长同居时,其财号为公共之物,但卑幼得用之,惟不得自擅。若卑幼不禀命而私自取用,是曰私擅,尊主分散时而不均平,是曰利己,均构成本条所揭之罪。明律(卷四)、清律(卷八)户律户役篇均有卑幼私擅用财之设,内容相同。清律原文:"凡同居卑幼,不由尊长,私擅用本家财物者,十两,笞二十,每十两加一等,罪止杖一百。若同居尊长,应分家财不均平者,罪亦如之。"同律之总注:"卑幼与尊长,同居共财,其财总摄于尊长,而卑幼不得自专也。若不由尊长,私擅用本家财物者,十两以内勿论,十两,笞二十,至九十两以上,罪止杖一百。若同居尊长,如伯叔与兄之属,将应分与卑幼之家财,有所偏向,分不均平者,计其不均之数,亦论如卑幼私擅用财之律。按卑幼引他人盗己家财物者,加擅用罪二等。自己盗用,止科私擅之罪,盖家财亦卑幼有分之物也。"

【卑幼将人盗】【史】卑幼者,共居之子孙弟侄也。如与外人共同盗取己家之财物时,应依本条之规定处断。唐律(卷二十)贼盗篇有卑幼将人盗条之设:"诸同居卑幼,将人盗己家财物者,以私辄用财物论加二等,他人减常盗罪一等,若有杀伤者,各依本法(他人杀伤,纵卑幼不知情,仍从本杀伤法坐之)。"疏议曰:"同居卑幼,谓共居子孙弟侄之类,将外人,共盗己家财物者,以私辄用财物论加二等。案户婚律,同居卑幼,私辄用财者,十匹笞十,十匹加一等罪止杖一百,他人减凡盗一等。谓卑幼将人盗物者多,罪止徒一年半,他人减常盗罪一等,其于首从,自依常例。若有杀伤者,各依本杀伤法。谓依故杀伤尊长卑幼法,纵不知情,他人亦依强盗杀伤法。注云,他人杀伤,纵卑幼不知情,仍从本杀伤法坐之。谓卑幼不知他人杀伤之情,仍从故杀伤法称坐之者,不在除免加役流之例。若他人杀伤尊长,卑幼不知情,亦依误法。其被杀伤人,非尊长者,卑幼不知杀伤情,唯得盗,无杀伤之坐。其有知情并自杀伤者,各依本杀伤之法。"

【卑田院】【史】为悲田院(详该本条)之别称。

【卑职】【史】官署之属僚对其上官自称曰卑职,元明以后皆沿用之。

【卑属亲】【亲】Descendant　为亲系分类之一种,即与己身所生之子女为同辈,或同辈以下之亲属也。例如侄儿女孙曾玄孙皆是。

---

① 原书为"汉",系排版之误。

【卒更】【史】卒更为汉时边防戍卒之名,一月更代者为卒更,应役人以钱雇他人代役者曰践更。其由应役人出钱三百入官,可免应役,官以所入之钱给予戍者,是曰过更。汉书注曰:“如淳曰,更有三品,有卒更,有践更,有过更,古者正卒无常,人皆迭为之,一月一更,是谓卒更也。贫者欲得雇更钱者,次直者,出钱雇之,月二千,是谓践更也。天下人皆直戍边三日,亦名为更。律(汉律)所谓繇戍也,虽丞相子亦在戍边之调,人人自行三日戍。又行者出钱三百入官,官以给戍者,是谓过更也。”大学衍义补(卷百十七):“……更有三品,有卒更,有践更,有过更,古者正卒无常,人皆迭为之,一月一更为更卒。”据此则更卒亦为汉代之兵卒之一种矣。

【协(協)同行为】【民总】Agreement 二人以上对于同一目标意思合一时所发生私法上效果之法律行为,为协同行为。学者有称之曰合同行为者,与契约之须有二人以上之交换意思表示者不同,例如社团法人之设立行为,即协同行为之一种也。

【协(協)定】【国公】Agreement 为条约之一种,谓用于两国间关于次要问题之双方同意之程式也,故其签订之手续较诸普通条约为简易。此为与通常条约之异点一。又协定之事项多属于行政范围或军事范围,而通常条约所规定之事项,则为政治的性质,此其异点二。协定乃临时的,非永久的,而通常之条约则为永久的,此其异点三。民国十一年二月四日之中日间关于解决山东悬案条约,乃属通常之条约,而于同年三月二十八日之中日胶济铁路沿线撤兵协定,则为本条所称之协定。

【协(協)定期间】【民总】又称曰任意期间。(详该本条)

【协(協)定宪法】【宪】Constitution made by the sovereign and people 为宪法之一种,即由君主与人民间同意所制定,或由各邦间同意制定之宪法也。

【协(協)约】【国公】Convention (详公约条内)

【协(協)约中立】【国公】Conventional neutrality or neutralization 为中立之一种,与单纯中立相对称,又曰强制中立,即向一国或多数之国家约定,于战时维持其中立态度,或于永久的处于中立之地位之谓。前者之例,如日俄之战,英国预先与日本约定维持其中立地位是。后者之例,如比利时及瑞士系由各大国与之约定为永久中立国是。

【协(協)商】【国公】Understanding 与协定之性质相似,惟形式及内容稍为单纯耳。

【协(協)议】【通】Mutual consent 凡二人以上相互间以确定某种意见为目的之意思的交换表示,曰协议。

【协(協)议分割】【物】Division by consent 分别共有人对于共有物之分割以协议之方法为之,是曰协议分割。我民法第八二四条规定:“共有物之分割,依共有人协议之方法行之。分割之方法不能协议决定者,法院得因任何共有人之声请命为下列之分配:(1)以原物分配于各共有人。(2)变卖共有物以价金分配于各共有人……。”

【协(協)议离婚】【亲】Divorce by consent 又名两愿离婚,或合意离婚,谓夫妻两造以自由意思之合致而解消其婚姻关系也。列国立法例有以须先行别居，于一定期限后始得合意离婚者。有以无须请求别居，如经过法定程序即得合意离婚者，我民法采后者，但须具备下列三要件：(一)须当事人两相情愿者。(二)如系未成年人须得法定代理人之同意。(三)须以书面为之，并应有二人以上证人之签名者。至离婚后如有子女，则其监护之权在原则上由夫任之，但有另行约定者则从其约定。(民法第一〇四九—一〇五一条)

【卷】【民诉】Documents　又称诉讼卷案。(详该本条)

【卷宗】【民刑诉】Records　(详诉讼卷宗条及卷条内)

【卸载港】【海】Port of discharge　船长于货物装载后，应依契约所记载运送货物至目的地。到目的地后应即将货物卸送该港埠，以便受货人领取，该卸货港埠，谓之卸载港。

【卸卖】【债】Wholesale　为日本名辞，与我国所称之批发买卖相同。

【受人财请求】【史】监临之官与非监临者如受领他人财物而为一定之请求时，均为违法。唐律(卷十一)职制篇——受人财请求条："诸受人财而为请求者，坐赃论加二等，监临势要，准枉法论，与财者坐赃论，减三等。"疏议曰："受人财而为请求者，谓非监临之官，坐赃论加二等。即一尺以上笞四十，一匹加一等，罪止流二千五百里。监临势要，准枉法论，即一尺以上杖一百，一匹加一等，罪止流三千里，无禄者减一等，与财者坐赃论，减三等，罪止徒一年半。若受他人之财，许为嘱请，未嘱事发者，止从坐赃之罪。若无心嘱请，诡妄受财，自依诈欺科断。取者虽是诈欺，与人终是求请，其赃亦合追没，其所监临之财，为他司嘱请，律无别文，止从坐赃加二等，罪止流二千五百里，即重于受所监临。若未嘱事发，止同受所监临财物法。"同条又曰："若官人以所受之财，分求余官，元受者并赃论，余各依已分法。"

【受方连带】【债】Solid obligation　又称连带债务。(详该本条)

【受他人嘱托而杀之罪】【刑】Offences of killing others at their own request　为加功于他人自杀罪之一，他人已具自杀之决心，因受其嘱托而下手杀之之谓也。例如久病之人因欲减轻痛苦起见，嘱托他人杀之是也。刑法上对受托人亦视为犯罪之一，因其对于他人生命身体之法益加以侵害故也。其处分为一年以上七年以下有期徒刑，未遂罪罚之。至谋为同死而犯本罪者，得免除其刑。(刑法第二九〇条)

【受他人嘱托而伤害之罪】【刑】为加功于他人自伤罪之一，即他人已具自伤之决心，因受其嘱托而动手伤害之之谓。但须以其人受有重伤方负责任。其处分为五年以下有期徒刑，若因而致死者，则处一年以上七年以下有期徒刑。(刑法第二九九条)

【受田】【史】人民年届成年时，受国家所给予之田地谓之受田。古时制度年二十而受田。六十而归返诸国家焉。

【受任人】【债】Mandatory　对委任人而言。(详委任条内)

【受制出使不返】【史】受制命出使于外者，于使命完毕之后即返归复命，违者应立即构成本条之罪。明清律有出使不复命之条，唐律有受制出使不返之条："诸受制，出使不返制命，辄干他事者，徒一年半。以故有所废阙者徒三年，余使妄干他事者杖九十。以故有所废阙者，徒一年，越司侵职者杖七十。"疏议曰："受制敕，出使事讫者，须返命奏闻，若不返命，更干预他事者，徒一年半，以故有所废阙者，徒三年。余使谓非制使，妄事干他事者杖九十，以故有所废阙者，徒一年。越司侵职者，谓设官分职，各有司存，越其本局侵人职业杖七十。其受三后及皇太子令，出使不返命，得罪依减制敕一等。"

【受制忘误】【史】承制之人，遗忘及失误其事者，或书写脱误者均应治以应得之罪。唐律(卷九)职制篇设有受制忘误之条："诸受制忘误，及写制书误者，事若未失笞五十，已失杖七十，转受者减一等。"疏议曰："谓承制之人，忘误其事，及写制书，脱剩文字，并文字错失，事若未失者，谓未失制书之意，合笞五十，已失，谓已失制书之意，合杖七十。转受者，减一等。若宣制忘误，及写制失错，转受虽自错误，为非亲承制敕，故减一等。未失其事，合笞四十。事若已失，合杖六十。故云转受者，减一等。"

【受命推事】【组】Commissioned judge 为推事之一种，与受托推事相对立，凡受同法院审判长之命实施审判职务者，曰受命推事。例如令某推事于准备程序中从事调查证据者，该推事称曰受命推事。

【受官羸病畜产】【史】官畜在道羸病则交所在官司受之，此时须依法养疗，违者依本条治罪。唐律(卷十五)厩库篇——受官羸病畜产条规定："诸受官羸病畜产，养疗不如法，笞三十，以故致死者，一笞四十，三加一等，罪止杖一百。"疏议曰："依厩牧令，官畜在道，有羸病不堪前进者，留付随近州县，养饲疗救，粟草及药，官给而所在官司受之，须养疗依法。有不如法者，笞三十，以故致死者，谓养疗不如法而致死者，一笞四十，三加一等，罪止杖一百。"

【受戾】【物】Redemption 为日本名辞，与我国所称之赎回意义相同。

【受所监临】【史】为赃罪之一种，谓监临官(即统摄案验之官)于其部内收贿也。所谓于其内部收贿，乃指受其所监临之财物而言，至其所受之财物则称曰受所监临赃。

【受所监临财物】【史】监临之官，操有统摄案验大权，若受所监临者之财物，其中必有弊端，非予禁止，不足以杜贪污。唐律(卷十一)职制篇有受所监临财物之条："诸监临之官受所监临财物者，一尺笞四十，一匹加等，八匹徒一年，八匹加一等，五十四流二千里，与者减五等，罪止杖一百。"疏议曰："监临之官，不因公事，而受监临内财物者，计赃一尺以上笞四十，一匹加一等，八匹徒一年，八匹加一等，五十四流二千里，与财之人减监临罪五等，罪止杖一百。"同条又曰："乞取者加一等，强乞取者，准枉法论。"

【受信主义】【民总】Doctrine of receipt 又称达到主义，为非对话人意思表示生效时期立法例之一，即须意思表示达到相对人始发生效力之谓。例如甲欲与乙为法律行为，甲之书件须到达乙之时，方为有效是。我国民法原则上采此主义，第九五条规定非对语而为意思表示者，其意思表示以通知达到相对人时发生效力，但撤回之通知同时或先时到达者，不在此限。（第一项）

【受胎期间】【亲】Period of conception　受胎期间者，即据胎儿在母腹中最短之日数与最长之日数，两相比较，而以其差数为受胎期间也。我国民法规定，从子女出生日，回溯第一百八十一日起至第三百零二日止为受胎期间，换言之，即以其间之一百二十二日为受胎期间，故在此期间内有一日在婚姻有效中，而又经其夫与之同居者，即推定其所生之子女为婚生子女，然此乃系一普通之标准。故凡能证明受胎，回溯在上述第三百零二日以前者，即[1]以其期间为受胎期间，是为例外，而其所生之子女，亦可认为婚生子女。（民法第一〇六二条）

【受害人】【民总】The injured party　受损害或受损失之人谓之受害人，为民事法上之用语，在刑法上则称为被害人。

【受益人】【险】Beneficiary　为保险契约当事人之一，谓在保险契约中为要保人所指定，而于保险事故发生时，享有保险金额请求权者也。此种受益人恒为要保人与被保险人之第三人，但有时则为要保人本人，或为被保险人本身，有时则合要保人与被要保人及受益人为一人，惟通常受益人之名称，仅人寿保险契约中有之，损害保险契约中，则仅有被保险人之规定耳。

【受益权】【险】Right of the beneficiary　谓保险契约中受益人所享有之权利也。通常皆为保险金额之享受，在人寿保险中法律更设有详细规定，即受益人之承诺虽在被保险人死亡之后，仍溯及于订约之日享受其受益权。受益权之转让亦有限制，即受益人于承诺受益后，非经要保人之同意，或保险单载明允许转让者，不得将其受益权转让他人，盖尊重要保人之意思也。至于受益人故意致被保险人于死，法律为维持保险事业及保护被保险人之生命计，对受益人之受益权自应加以剥夺。（保险法第七〇—七一条、第七七条）

【受托人】Trustee; Fiduciant; Fiduciar; Fiduciary　受他人之委托而为一定行为之人称曰受托人。

【受托法院】【民刑诉】Court of requisition　法院之执行职务，以一定之区域为限，惟依司法之共助，得嘱托其他法院在其管辖区域内代为调查证据，送达文书讯问以及其他关于讼诉上之行为，此项受嘱托之法院，称曰受托法院。

【受托推事】【组】Requisited-judge　为推事之一种，与受命推事相对称，即受他法院之嘱托以从事于审判职务之推事也。因受诉法院如因调查证据有在其他法院所在地之必要时，可嘱托该法院之推事为之，受嘱托之推事称曰受托推事。

【受财枉法】【史】所谓受财枉法，乃指法官不依法律之规定而收受人之财物而言。至其所收受之财物，则称曰枉法赃。（详该本条）

---

① 原书为“利”，系排版之误。

【受动代理】【民总】Negative agency　又称曰消极代理。(详该本条)

【受动的团体】【行】与主动的团体相对称,凡团体自身无自治之权能而系受支配者,谓之受动的团体。其有自治之权之团体,则称曰主动的团体。

【受动债权】【债】Passive credits　(详抵销条内)

【受寄】【债】Entrusted　依寄托契约代相对方保管一定之物,称曰受寄。即受对方人寄托保管特定物之谓。(参寄托条)

【受寄人】【债】Depositary　谓在寄托契约中允为他方保管物件之人也。(参寄托条内)

【受寄物费用】【史】受他人之寄付财物者,不得私予费用或诈言死失,违者治罪。明清律均设有费用受寄财产条,唐律(卷二十六)杂律篇则有受寄物费用之条:"诸受寄财物而辄费用者,坐赃论减一等。诈言死失者,以诈欺取财物论减一等。"疏议曰:"受人寄付财物,而辄私费用者,坐赃论减一等,一尺笞十,一匹加一等,十匹杖一百,罪止徒二年半。诈死失者,谓六畜财物之类,私费用而诈言死及失者,以诈欺取财物论,减一等,谓一尺笞五十,一匹加一等,五匹杖一百,五匹加一等。"

【史】谓私自将寄托物消费或化用也。(参受寄财物条内)

【受寄财物】【史】谓受他人为财物之委托也。如私自消费之应以坐赃罪论减一等。唐律(卷二十六)杂律篇——受寄财物费用之条:"诸受寄财物,而辄费用者,坐赃论减一等。"疏议曰:"受人寄付财物而辄私费用者,坐赃论减一等,一尺笞十,一匹加一等,十匹杖一百,罪止徒二年半。"

【受救助人】【民诉】Party relieved　受诉讼救助之诉讼当事人,谓之受救助人。(参诉讼救助条内)

【受理请愿权】【宪】Right for receiving petitions　即议会对于人民提出请愿时有受理其请愿之权也。乃议会对政府监督权之一种。

【受票人】【票】Payee　为票据当事人之一,谓发票人之相对方而领受票据之人也。受票人通常即为受款人,盖即票据第一次之债权人也。但得以背书方法将其票据转让他人,此时即变为背书人。

【受货人】【债】Consignee　所谓受货人,乃指在运送契约中以其名义受运送物交付之人而言。日人称曰荷受人。受货人大都与托运人别为一人,但同为一人之情形,亦属常见。运送物到达目的地并经受货人请求交付后,受货人即取得托运人因运送契约所生之权利。(第六四四条)

【受款人】【票】Payee　又曰受票人,即票据第一次之债权人也。与发票人相对立,为票据内应行记载事项之一。受款人得为数人,且受款人得与发票人为同一人,即合发票人付款人与受款人同为一人,亦为法律所认可。(票据法第二二条)

【受催告人】【民诉】(详公示催告程序条内)

【受佣人】【劳】Employee　与佣主相对立,又称被佣者,依劳动契约之规定而有提供劳务之人，曰受佣人，仅以自然人为限，我国通常所称工人即受佣人。

【受业师】【史】律文上所称之受业师即儒学僧道之师，更推而言之，即百工技艺亦在其内。明律（卷二十）、清律（卷二十六）刑律——斗殴篇殴受业师之条："凡殴受业师者，加凡人二等，死者斩。"清律之脚注曰："凡者，非徒指儒言，百工技艺亦在内。"此外尚有道士女冠之条谓受业师乃于寺观之内亲承经教之师也。同条："凡称道士女冠者僧尼同，若于其受业师与伯叔父母同。"其脚注曰："受业师，谓于寺观之内，亲承经教，合为师主者。"（明律卷一，清律卷三）

【受贿罪】【刑】即要求期约或收受贿赂或其他不正利益之犯罪之谓，换言之，即受财之犯罪也。可分为四种：（一）职务上行为之受贿罪——因公务员对于职务上之行为要求期约或收受贿赂，或其他不正利益者而成立。其要件有四：(1)以公务员为主体。(2)行为有三，即要求（即提出一定希望而促其期约或交付之谓），期约（双方约定交付利益之谓），与收受（即事实上有授受行为之谓）。(3)须为依其职务而为之行为。(4)所交付之利益须对公务员职务行为有互相酬报之意。本罪之处分为五年以下有期徒刑，得并科五千元以下罚金，对收受之贿赂得没收之，不能时则追征其价额（第一二八条第一项、第三项）。（二）违背职务行为之受贿罪——因公务员对于违背职务之行为要求期约或收受贿赂，或其他不正当利益者而成立。其要件有四：其一为须有违背职务行为者，余第一第二第四等三项与上述职务上行为之贿略罪之第一第二第四等要件同。至本罪之处分，要求期约或收受者为一年以上七年以下有期徒刑，得并科五千元以下罚金，又因而违背职务之行为者，加重为三年以上十年以下有期徒刑，得并科五千元以下罚金。所收受贿赂没收之，不能时则追征其价额（第一二九条第一、第二、第四项）。（三）处理或审判法律事件之受贿罪——因有审判职责之公务员或公断人，对于处理或审判之法律事件要求期约或收受贿赂或其他不正利益者而成立。其要件有四：其一则以审判职务之公务员及公断人为主体。其一即主体之行为须为对于处理或审判之法律事件而发生。余二要件与上述职务上行为之贿赂罪之第二第四项相同。本罪之处分为三年以上十年以下有期徒刑，得并科五千元以下罚金，如所收受之贿赂不能没收时，则追征其价额（第一三〇条第一项、第三项）。（四）职务上行为之预受贿赂罪——因于未为公务员时预以职务上之行为要求期约或收受贿赂或其他不正利益时，而于为公务员后履行而成立，即于无资格时受贿，取得资格后履行职务上行为。其要件有五：(1)其主体须于未为公务员时。(2)其主体须有于将来有资格时履行其条件之承诺。(3)须为以职务上之行为。(4)其行为须为要求期约或收受三者之一。(5)目的物须为贿赂或其他不正当利益。本罪之处分与职务上行为之受贿罪同，但对行贿人不加处罚耳。（第一三一条）

【受雇人】【债】Employee　因雇佣契约负有服劳务之义务者，曰受雇人。

【受雇港】【海】Port of engagement　船员与船长缔结雇佣契约时，所属船舶停泊之港，谓之受雇港。船员于受雇港以外之港与船长终止雇庸关系者，此时船员有流浪异地之虞，故法律为保护船员起见，特明定不论雇佣关系终止之原因如何，船长有将该项船员送回原港（受雇港）之义务。即因患病或受伤而上陆者，亦同。

上述送回原港之义务乃包含运送，居住，食物，及其他必要费用之负担而言。（海商法第六十五条）

【受监护人】【亲】Ward 凡未成婚的未成年人无父母时，或有父母而其父母均不能行使负担对于其未成年子女之权利义务时，应设监护人，此时该未成婚的未成年人谓之受监护人。又成年人受禁治产之宣告时，亦应设监护人，则该受禁治产宣告之人，亦名曰受监护人。

【受誓】【史】未行祭祀以前先申儆戒，此项儆戒谓之受誓，所以昭慎重也。唐律释文（卷九）："谓未行祭祀，先申儆戒也。自太子诸王皆受誓，故曰库门。"

【受赇】【史】受赃之义也。如恐吓取财及法官之枉法收贿等皆属之。汉书一王公侯表："元鼎三年，嗣葛魁侯戚坐缚家吏恐猲受赇弃市。"注曰："赇，枉法以财相射也。"

【受领】【民总】Receipt 受他人之债务之给付，或收受相对方之意思之表示，均称曰受领。

【受领人】【债】Recipient 收受领取他人或自己之利益，或领收特定之物，皆曰受领。此项受领之人，谓之受领人。在民法上之不当得利则称凡无法律上之原因而领受他人之利益之人，为受领人。有善意受领人与恶意受领人之别，前者乃指不知无法律上之原因之受领人而言，后者则指于收领时知无法律上原因或其后知之之受领人而言。（参不当得利条内）

【受领利益之利息】【债】为法定利息之一，即依法律之规定应返还所受领之利益时，并应偿还之附加利息也。例如民法第一八二条之规定是。

【受领能力】【民总】Capacity of acceptance （详达到条内）

【受领清偿】【债】Empfangnahme der Erfüllung（德） 收受领取他人所履行之债务谓之受领清偿。享有此项权利之人谓之受领清偿人。以债权人为原则，至于债权人之代理人或债权人所签署之收据之持有人，亦得为受领清偿人。

【受领清偿人】【债】Payee （详受领清偿条）

【受领迟延】【债】Acceptance in default 又名债权人迟延。（详该本条）

【受领证书】【债】Written receipt 又称收据，即证明债务清偿之证书也。民法规定凡持有债权人签名之受领证书者，视为有受领权人。但债务人已知或因过失而不知其无权受领者，不在此限（第三〇九条第二项）。又清偿人于受领清偿时得请求给与受领证书（第三二四条）。按受领证书之性质有谓系一种证据方法者，有谓系一种证据契约者，更有谓系一种承认契约者，以第一说为当。受领证书应以文书作成，自不待言，但不必为独立文书，即于负债字据，或帐簿折据记载之，亦无不可，盖仅以为一种证据方法而已。

【受领权人】【债】Person qualified to receive fulfilment(performance) 又称清偿受领人。（详该本条）

【受遗能力】【继】Capacity of legacy 所谓受遗能力乃指具有收受遗赠财产之

资格而言。依我民法继承编之规定,受遗赠人并无资格之限制,惟遇一定情事则丧失其受遗赠之资格(能力)。(参受遗权条内)

【受遗赠人】【继】Legatee (详遗赠条内)

【受遗权】【继】谓受遗赠之权利也。即依遗嘱之所言,依法享有取得遗赠之财产之权利。受遗赠人如有下列各项情事之一者,丧失其受遗权:(1)故意致遗赠人于死或虽未致死因而受刑之宣告者。(2)以诈欺或胁迫使遗赠人为关于遗赠之遗嘱或使其撤销或变更之者。(3)以诈欺或胁迫妨害遗赠人为关于遗赠之遗嘱或妨害其撤销或变更之者。(4)伪造变造隐匿或湮灭遗赠人关于遗赠人之遗嘱者。(5)对于遗赠人有重大之虐待,或侮辱情事,经遗赠人表示其不得受遗赠者。

【受赠人】【债】Donee 因赠与契约而允受对方无偿的给与其自己财产者曰受赠人,与赠与人相对称。

【受赃篇】【史】为明清律中刑律之一篇,与贼盗,人命,斗殴,骂詈,诉讼,诈伪,犯奸,杂犯,捕亡,断狱等篇相对立。按受赃之事,曹魏时始有请赇律,晋有受赇律,其后沿宋齐梁后魏皆曰请赇,北齐附于他律,北周仍曰请赇,隋唐附于职制律。明律乃另行受赃一篇共十一条如下:官吏受财,坐赃致罪,事后受财,官吏听许财物,有事以财行求,在官求索借贷人财物,家人求索风宪官吏受赃,因公科敛,克留盗赃,私受公侯财物。清律因明之旧,惟改枉法不枉法赃为死罪,所以惩贪戒污也。

【受馈送】收贿之谓也。唐律(卷十一)职制篇——因使受送馈之条:"诸官人因使于使所受送馈,及乞取者,与监临同。"所谓与监临同,即与监临官之收贿罪相同之谓也。

【受让人】【通】Assignee 以物或权利让与他人时,其接受者称曰受让人,让与者则谓之让与人。

【取下】【民刑诉】Revocation; Withdraw 为日本名辞,即取回之谓也。与我国所称之撤回相同。

【取引所】【行】Stock exchange 为日本名辞,而我国所称之交易所也。

【取回权】【破】第三人之财产因破产人受破产宣告而并入于破产财团时,该第三人得请求自破产财团中取出,此种权利,曰取回权。取回权利人系请求取回不属于破产财团之财产,故与别除权人之系对于属于破产财团之财产而行使其别除权者有别。(破产法第四八—五四条)

【取旨】【史】取自上裁也。此取字与请字不同,取者听候裁夺之意,谓自应议之人犯罪,不敢辄自勾问,应死,不敢正言绞斩,皆须听候裁夺也。(参应议者犯罪条内)

【取次】【债】Commission agent 为日本名辞,即我国所称之代办商或代理商也。

【取保】【史】罪人有悔悟之实情者赦免之,如恐其再犯则取得州长里宰之保证以监视之,谓之保证。周礼—秋官:"州里任之,则宥而赦之。"

【取保放之】【史】犯人不自白者得为拷问,惟拷问不得过三度,其三度之拷问,拷杖满二百犹不自承犯罪者,应取保人而放免之,谓之取保放之。

【取消】【通】Rescission 为日本名辞,与我国撤销之意义相同。(详撤销条)

【取得利益之恐吓罪】【刑】为恐吓罪之一,因以一般恐吓罪之方法得财产上不法之利益,或使第三人得之者,成立本罪。例如以恐吓手段令人免除自己之义务,或使人将债权移转于自己是。本罪除其客体为无形物外,其他构成要件与法律上之处分,均与一般恐吓罪(详该本条)相同。(刑法第三七〇条第二、三项)

【取得时效】【物】Acquisitive prescription 为时效之一种,与消灭时效相对称,乃指因一定期间之经过而取得某种权利之制度而言。我民法关于取得时效之规定,乃于物权篇内设置明文。(参所有权条内,民法第七六八—七七二条)

【取得国籍】【国私】甲国人依乙国法律之规定,与固有国籍相对称,谓所取得乙国之国籍也。我国籍法第二条就此设有明文,即外国人有下列各款情事之一时,取得中国国籍:(一)为中国人妻者(但依其本国法保留国籍者不在此限)。(二)父为中国人经其父认知者。(三)父无可考或未认知母为中国人经其母认知者。(四)为中国人之养子者。(五)归化者。

【取款委任背书】【票】Indorsement for collection 为委任背书之一种,学者亦有谓乃单指委任背书而言者,即于票据上明白记载执票人以委任被背书人取款为目的所为之背书也。其所以须记载者,乃示与普通背书之性质有区别耳。被背书人乃背书人之代理人,故得行使汇票上一切权利。又因实际上该被背书人尚有辗转委托他人代理者,故法律仍许其以同一目的更为背书,此时之被背书人(即第二背书人)亦得行使与第一被背书人(即此时之背书人)相同之权利。至于因代理关系之当然结果,即票据所有权并未移转而票据债务人对于受任人(执票人)所得提出之抗辩,亦以得对抗执票人(委任人)者为限。(票据法第三十七条)

【取与不和】【史】所谓取与不和,乃指不因双方之合意而取得其物而言,即因恐喝诈欺或其他不法行为而取得其物之谓。唐律(卷四)名例篇——彼我俱罪之条:"……取与不和。"其疏议曰:"取与不和谓恐喝诈欺,强市有剩利,强率敛之类。"

【史】取与不和者谓应少取而多取,如过取利息之类;应多与而少与,如给价减数之类。(参给没赃物条内)

【取缔役】【公】Directors 为日本名辞,与我国所称之董事同一意义。

【命夫命妇不躬坐狱讼】【史】命夫命妇贵人也。跪而对理曰坐,不躬坐,盖使其属若弟子代之也。周礼小司寇:"以五刑听万民之狱讼,……凡命夫命妇不躬坐狱讼,凡王之同族有罪,不即市。"郑玄注曰:"凡命夫命妇,不躬坐狱讼者,为治狱吏[①]亵尊者也。不躬坐者,必使其属若子弟也。"王临川曰:"命夫命妇不躬坐狱讼者,贵贵也。……"

---

① 原书为"史",系排版之误。

【命令】【行】Mandate; Order; Decree　命令者，谓国家行使行政权时以厘定一般法则为目的，依一定形式所颁布之意思表示也。命令与法律不同，法律须经立法机关之议决，而命令则否。命令之拘束力为两面的，即国家自身与人民均受其拘束。命令之成立须以不抵触法律或上级命令，与不侵及立法权与上级命令权为要件，且须经公布之机关，及主管人员之印署，及正式公布。惟施行期限亦须规定，始能于到达时发生效力。命令之种类，可分四种：(一)紧急命令。(二)独立命令。(三)执行命令。(四)委任命令(详该本条)。惟以后二者较为常见而普遍耳。

【命令分家】【亲】Separation of a house by order　为分家之一种，与请求分家相对称，即家长命其家属与其家脱离关系之谓。此种制度，乃为矫正家属养成依赖性而设，但须具备下列二要件：(一)须系已届成年，或虽未成年而已结婚之家属。(二)须有正当理由者。(例如家属须有谋生能力是，民法第一一二八条)

【命令主义】【刑诉】为告发与告诉主义之一，对听许主义与禁止主义言。谓凡属犯罪行为，皆应视为人民之公敌，故无论何人均负有告诉或告发之义务。此种主义过于偏激，无可采取。

【命令法规】【民总】Rules of imperative law　与否认法规相对立，此乃就法规之内容为区别标准。凡命令为一定行为或不为一定行为之法规，皆曰命令法规。例如未成年者为法律行为须得法定代理人之同意，即命令为一定行为之命令法规也。又例如男女未至一定年龄不得结婚，即命令不为一定行为之命令法规也。

【命令书】【行】记载命令之书面，称曰命令书。

【命令案】【行】Bill of order　命令在未公布以前乃一种草案，称曰命令案。

【命令权】【行】Right of giving orders　君主或大总统依据宪法有发布命令权，我国国民政府之命令乃经国务会议议决，由国民政府主席及五院院长署名行之。至于其他各行政官署在其权限以内，亦得发布命令。惟行政官署之命令权，有积极与消极之界限，所谓积极之界限，即须基于法律或命令之委任，所谓消极之界限，即除去不得侵及立法权之保留及与法律抵触以外，尚须受其他之限制。如不得侵及上级官署命令权之保留，及抵触上级官署之命令是。行政官署所发布之命令既系由于法律或命令之委任，但委任尚有一般之委任与特别之委任二种。一般之委任由于法律上或命令上并不指定发布命令之机关，特别之委任由于指定特种之机关。在一般之委任，依照官制上之规定，凡有此项权限之官署，均得发布命令。如省政府组织法第二条规定，省政府于不抵触中央法令范围内，对于省行政事项得发省令。县组织法第五条规定，县政府于不抵触中央及省之法令范围内，得发布县令，并得制定县单行法规。据此可知行政官署依于法律之委任，在不抵触上级法令范围以内，有制定命令之权。至于特别委任之命令，即关于特殊之事项，由法律或命令之委任而发布命令，其内容须限于所委任之事项，并有须限指定之官署始有发布权。

【命妇夫死不许改嫁】【史】元至大四年尚书省奏准，命妇(受朝廷之命而有封爵之妇人)于夫死后不得再嫁。元典章(卷十八)："……窃闻男女有重婚之道，女无再醮之文，生则同室，死则同穴，古今之通义也。夫亡守节之妇，有司为之旌表门闾，朝廷每降德音，其于义夫节妇未尝不为之褒谕，所以重风化之原也。近年以来，妇人夫亡守节者甚少，改嫁历历有之，……今尚书省奏准，封赠流官父母妻室颁行天下，妇人因得夫人得封郡县之号，即与庶民妻室不同。既受朝命之后，若夫不幸亡殁，不许本妇再醮，为定式。"

【命妇阶级】【史】夫及子为官吏，其母及妻受封者，称曰命妇阶级。此项命妇阶级以七品以上之妇人为限。明丘琼山故事必读成语考集注（卷上）："命妇亦有七阶（夫及子为官，而母妻受封曰命妇阶级也）。一品曰夫人，二品亦夫人，三品曰淑人，四品曰恭人，五品曰宜人，六品曰安人，七品曰孺人，妇人受封曰金花诰。"其注："夫及子为官，而母妻受封曰命妇阶级。"（卷上）

【周大律】【史】（详后周之法典条内）

【周大统式】【史】（详西魏之法典条内）

【周公践阼】【史】武王崩后，成王尚幼，因天子不能践位行亲政，乃以当时冢宰周公代成王摄行践阼之政，故曰周公践阼。礼经学术："石梁王氏曰，当为衍文。刘氏曰，书蔡仲之命，惟周公位冢宰正百工，此篇言摄政而治，是以冢宰摄行践阼之政，非谓居摄天子之位也。然说者以其缺一相字，遂启明堂位，周公践天子之位之说，厥后新莽居摄纂汉之祸，实此语基之。余按上文言，周公相践阼而治，在于辅养其君德为急务，故其所以汲汲者，正本端原教以人伦，入学亲师齿让取友，始此而已，而未暇及于政事礼乐刑法之实也。然政事礼乐刑法之措施，正恐成王年幼，未能尽谙，自是周公摄公临阼位冢宰，正百工之事。如此，下文所云故著此四字，以归诸周公践阼者，即当时手定立政，周官，文典之书所由以起，非公有圣人之德莫能为，非公有文王之心，莫之敢为。自庶子以下特附文王世子篇中，此是记礼者之深意，安指为缺文与衍文邪。"

【周之五刑】【史】周之五刑一曰墨，黥也，割其面以墨涅其上。二曰劓，以刀截去其鼻。三曰剕（音如费），即刖足之刑。四曰宫，淫刑也，又称腐刑（据汉书云，凡死罪如欲腐者许之）。男子割去其势，女人则幽闭。按宫刑不适用于公族，以其不翦同类也。又上述墨，劓，剕，宫四刑，统称为肉刑。汉文帝十三年诏除肉刑（见汉书刑法志），惟周礼疏则谓文帝赦肉刑，惟赦墨劓与剕三者而已，至宫刑则迄隋始赦也。五曰大辟，死罪也。分为下列七等：(1)斩，诛之以斧钺也。(2)杀，刃之以刀而弃于市也。或谓系刑人于市与众共弃之之谓。(3)搏，谓去其衣而磔之也。(4)焚，以火烧杀之也。(5)辜，磔之也。所谓磔，乃指焚裂其肢体而言（按周礼磔牲以祭四方百物为辜）。(6)踣，毙之于市肆也。(7)罄，谓缢之使毙于隐处也。此外周之五刑又指野刑，军刑，乡刑，官刑，及国刑等五种而言。周礼秋官—大司寇："以五刑纠万民，一曰野刑，上功纠力。二曰军刑，上命纠守。三曰乡刑，上德纠孝。四曰官刑，上能纠职。五曰国刑，上愿纠暴。"其附注曰："此五刑以法言，非墨劓等五刑也。野刑绝于六遂，遂以农功为上，察其不致力者刑之。军刑施于军施，军以用命为上，察其不守律者刑之。乡刑施于六乡，乡以成德为上，察其不致孝者刑之。官刑施于官吏，官以能事为上，察其不称职者刑之。国刑施于国畿，国以谨愿为上，察其不恭顺者刑之。”

【周刑统】【史】又曰大周刑统。（详后周之法典条内）

【周旋】【国公】Good office　又曰斡旋。（详该本条）

【周围地】【物】Surrounding land　围绕袋地之四周之土地，称曰周围地。（参袋地条内）

【周亲】【史】周乃至之义，谓最近亲属也。书经—秦誓篇：“虽有周亲，不如仁人。”周亲一语，实出于此。清律（卷七）户律户役篇——立嫡子违法条：“无子者，许令同宗昭穆相当之侄承继，先尽同父周亲。”

【周续编勅】【史】即大周续编勅。（详后周之法典条内）

【和平占有】【物】Peaceful possession　为占有之一种，对强暴占有言。一名平隐占有，即不用法律所禁之私力而占有其物之谓也。例如甲得乙之同意而占有其书画是。（民法第九四四条第一项）

【和同令人犯法】【史】（详诈教诱人犯法条内）

【和同相诱】【史】和同相诱者谓男女私自相约携手同离其家也。旧律设有处罚明文。清律（卷二十）刑律贼盗篇——略人略卖人条：“若和同相诱及相卖良人为奴婢者，杖一百，徒三年。”

【和同相卖】【史】引诱者经被引诱者之同意而将其贩卖于他处，谓之和同相卖。唐律（卷四）名例篇——略和诱人条之疏议曰：“和同相卖者，谓两相合同共知违法。”

【和奸幼女罪】【刑】为和奸罪之一，又称准强奸罪，即对未届法定年龄之女子为和奸行为之罪也。本罪因奸淫未满十六岁之女子而成立，虽经该女子之暂时的承诺，然为保护其健康起见，不得不予以保护。其要件为：(1)该女子须为未满十六岁者。(2)须为双方同意之奸淫行为。(3)须以奸淫为目的者。其处分以强奸论，即七年以上有期徒刑，未遂罪亦罚之。（刑法第二四〇条第一、七项）

【和奸年龄】【刑】Age of consent　即女子须达法定年龄，法律方承认其有和奸能力之谓也。若男子虽得未达和奸年龄女子之暂时的承诺而与之相奸，仍以强奸论罪。我国旧律定为十二岁，刑法则改为十六岁。美国各邦且有提至二十一岁者。欧洲各国多定十五六岁以上，惟法国仍为十三岁，诚以此项规定乃以保护女子之健康与人格为宗旨，英美学者又名此曰同意年龄。

【和奸有夫之妇罪】【刑】为和奸罪之一，亦为妨害婚姻及家庭罪之一，因与有夫之妇和奸而成立。本罪处罚之原因，乃在侵害夫权之婚姻，并为免除混乱血统之流弊起见，而夫妇间又各有遵守贞洁之义务，故和奸之双方均属有罪。本罪之要件为：(1)须系有夫之妇。(2)须系与夫以外之人和奸者。(3)须系双方同意之奸淫行为。(4)双方须系无亲属关系者。又本罪之告诉权在其本夫，若事前纵容其通奸者，不得告诉（刑法第二五九条第二项）。本罪之处分为二年以下有期徒刑，其相奸者亦同。（第二五六条）

【和奸罪】【刑】Crime of adultery 为奸淫罪之一,即男子得妇女暂时之承诺而与之作性交行为之犯罪也。更分为三:(1)和奸有夫之妇罪。(2)亲属相和奸罪。(3)和奸幼女罪(详各本条)。至和奸已满十六岁未嫁妇女及孀妇,因此系教育上与道德上之问题,非法律之制裁所可奏效,故无明文禁止之规定。

【和约】【国公】Treaty of peace 谓于战争之后所订立之条约也。缔约者之多寡,乃以参与战争之当事人为定准,通常在未正式缔结和约之先,多有预订一媾和初约,以定双方媾和所应遵守之原则者。和约之例,如日俄战争后之朴资茅和约,及欧洲大战后之凡尔赛和约是。

【和娶】【史】与他人之妻相和而娶其为己之妻者,谓之和娶。唐律(卷十四)户婚篇——和娶人妻之条:"诸和娶人妻,及嫁之者,各徒二年,妾减二等,各离之,即夫自嫁者亦同。"

【和解】【债】Compromise 所谓和解,乃指当事人约定互相让步,以终止争执或防止争执发生之契约而言。和解契约为诺成契约,不要式契约。双方乃因和解而负互相让步以终止争执或防止争执发生之债务,且为对待给付互为原因,故又为债权契约,双务契约,有偿契约,及要因契约。和解契约一经成立,在法律上有使当事人所抛弃之权利消灭,及使当事人取得该契约中所订明权利之效力。和解既为债权契约,除应适用一般法律行为及契约之效力消灭并债之效力消灭等规定外,民法复规定和解不得以错误为理由而撤销之。但有下列情形之一者,不在此限:(1)和解所依据之文件事后发见伪造或变造,而和解当事人如知其为伪造或变造即不为和解者。(2)和解事件经法院确定判决而为当事人双方或一方于和解当时所不知者。(3)当事人之一方对于他方当事人之资格,或对于重要之争点有错误而为和解者。(参第七三六—七三八条)

【民诉】Compromise 和解可分为诉讼上之和解与诉讼外之和解。民诉法上所称之和解,乃指后者而言,即两造当事人在受诉法院,或于受命推事,或于受托推事前表示互相让步而停止争执之行为也。此种和解不问诉讼程度如何,凡在辩论终结前,均得为之。其成立要件如下:(一)两造当事人须到场互相让步者。(二)须向法院或受命推事受托推事前表示意思者。(三)诉讼或争点须系可以和解者。(四)和解之当事人须系有诉讼能力且须系有权者。和解成立时应作和解笔录,或记明于言辞辩论笔录中,故和解一经成立,诉讼立行终结,当事人即不得就同一法律关系更行起诉(民诉法三七〇—三七二条)。和解与调解有别。(参民事调解法条内)

【和硕亲王】【史】清制宗室之封爵分为十四级,和硕乃满州语,旗之义也。其第一级曰和硕亲王,亲王之女则曰和硕格格。(嘉庆会典卷一)

【和诱】【刑】Seduction (参引诱条)

【和诱略诱未成年人罪】【刑】为妨害婚姻及家庭罪之一,即诱拐未成年男女及其继续之犯罪行为也。所谓和诱,乃得被诱人之许诺而使其脱离原来关系之谓。所谓略诱,乃以强暴胁迫或诈术反乎被诱人之意思使其脱离原来关系之谓。

暂行律对二者之处罚有轻重之分，刑法则无轻轩之别。本罪以未成年（未满二十岁）男女为客体（如已成年则为妨害自由罪之一种）。兹分为三种：(1)单纯和诱略诱未成年人罪。(2)加重和诱略诱未成年人罪。(3)帮助和诱略诱未成年人罪。（详各本条）

【和卖】【史】和卖者谓与其尊属亲协议将其子女身体售卖于人也。（参略人略卖人条内）

【和谐】【民诉】Reconciliation　和谐者，和好协谐也。离婚之诉或夫妻同居之诉，法院认当事人有和谐之望者，得于六个月以下之期间内，命中止诉讼程序，但以一次为限。（民诉法第五四三条）

【和离】【史】与强制离婚相对称，即协议离婚之谓也。唐律（卷十四）户婚篇——义绝离之之条："诸犯义绝者离之，违者徒一年。若夫妻不相和谐，而私离者不坐。"

【呼出状】【民刑诉】为日本名辞，与我国所称之传票意义相同。

【固】【史】固者，险固之固也。所谓国之固（在国中曰固，在野则曰险），乃包含城郭沟池树渠之类在内，掌理此项职务之官称曰掌固。周礼—掌固："掌修城郭沟池树渠之固。"礼记—礼运篇："今大道既隐，天下为家，各亲①其亲，各子其子，货力为己，大人世及②（父传子为世及兄传弟为及）以为礼，城郭沟池，以为固。"周礼—司险，郑玄之注曰："固，国所依阻者也。在国曰固，在野曰险，掌固，掌修城郭沟池树渠之固，并据国而言。司险，周知山林川泽之阻，并据野而言。"

【固有法】【通】Native law；Indigenous law　与继受法相对称，谓以本国社会及历史为背景所制定之法律。换言之，即由本国固有文化所递嬗衍生之法律也。罗马古时之市民法，即其明例。

【固有背书】【票】为背书之一种，对变则背书言。又称让与背书，谓以让与票据权利为目的所为之背书也，通常背书多属之。可分为二：(1)略式背书。(2)正式背书。（详各本条）

【固有国籍】【国私】与取得国籍相对立，谓由出生时即行获有之国籍也。依我国籍法第一条之规定，下列各人均属中华民国国籍：（一）生时父为中国人者。（二）生于父死后其父死时为中国人者。（三）父无可考或无国籍其母为中国人者。（四）生于中国地父母均无可考或均无国籍者。

【固有权】【国公】Fundamental rights　又称基本权。（详该本条）

【固定资本】【公】固定资本，乃对流动资本而言。凡可以继续使用之资本，称曰固定资本。若经过一次使用之后，其形状变更，其地位改换，则称为流动资本。前者如房屋田地是，后者如钱币是。

【固定宪法】【宪】Rigid constitution　又称曰刚性宪法。（详该本条）

① 原书为"视"，系排版之误。

② 原书缺"及"字，系排版之误。

【囹圄】【史】监狱之名也。计有数义：(一)囹，领也，圄，御也，即监禁之谓。(二)狱或槛之义。(三)囹，令也。圄者与也，即幽闭罪人使其悔悟自己之过恶而趋善之谓。尔雅："囹领也，圄御也。"说文："狱也，从口令声。"徐注："囹者桹也，桹槛之名。"礼记—月令篇："仲春命有司省囹圄。"风俗通："夏曰夏台，商曰羑里，周曰囹圄"，是囹圄为周制也。月令篇之疏曰："秦曰囹圄"，是又为秦制矣。

【囹圄成市】【史】囹圄为周或秦之狱舍之称，成市喻囚人繁多也。

【囹圄即福堂】【史】囹圄为狱舍之名，囹圄即福堂，谓以狱舍使其悔悟向善，而复归于幸福之域也。魏书—刑法志："显祖末年，尤重刑罚，每于狱案必令覆鞫，诸有囚狱，或积年不断，群臣颇以为言。帝曰：狱滞虽非治体，不犹愈乎仓卒而滥也。夫人幽苦则思善，故囹圄与福堂同居，朕欲其改悔而以轻恕耳。"

【囹圉】【史】与囹圄同义。(详囹圄条)

【垂拱格】【史】为唐武则天皇后时所制定公①布之法令，乃关于官吏职掌之法规。

【垂拱格式】【史】垂拱格式者，为唐法典。武后垂拱元年三月，内史裴居道凤阁侍郎韦方质等十余人所撰。式为三十卷，于贞观永徽式之外新加计账勾账二式。格则有垂拱留司格六卷，散颁格二卷，武后自制有序。韦方质精通法理，而又委其事于王守慎，守慎亦有经理之才，故议者谓垂拱格式，最为详密，惜其书今已无传，不可考矣。按唐书艺文志作格十卷，新格二卷，散颁格三卷，留司格六卷，他书皆不载，则固不能无疑也。垂拱格式之外，又有垂拱律令，然亦不过改正二十四条而已。

【垂帘之政】【史】天子年幼或因其他事故不能亲与政事时，由皇太后太后等一时代行听闻政事者，谓之垂帘之政。垂帘者谓下垂其帘而不使玉颜显示于人也。始于汉之吕后，其后唐之武则天，宋之章献太后，宣仁太后，清之慈安慈禧两皇太后等之听政，皆其实例。

【夜工】【劳】Night work　谓工人在夜间工作也。法律为保护工人计，对女工及童工均有禁止之明文。(参成年工与童工条内)

【夜无故入人家】【史】昏夜无故闯入人家者，谓有非正当目的而进入人家也，坐罪。主家如知觉即时格杀而死之者不论罪，以其杀人事出仓卒，故宥之也。如其人已就拘，则不得擅杀之。明律(卷十八)、清律(卷二十五)刑律贼盗篇——夜无故入人家条："凡夜无故入人家内者，杖八十，主家登时杀死者，勿论。其已就拘执而擅杀伤者，减斗杀伤罪二等。至死者，杖一百，徒三年。"清律之辑注："无故人人家，一不应罪耳，而附于盗律之内者，谓其近于盗也。然必是黑夜，必是无故，必是家内，必是主家，必是登时杀死，方得弗论。有一不符，即当别论矣。"同律之辑注："尤重无故二字，杀死弗论，虽重登时，而实为其无故而入②。即拘执擅杀，得以

---

① 原书为"分"，系排版之误。

② 原书为"人"，系排版之误。

减等，亦于无故处推原出来也。”同律之总注：“时在昏夜，又无事故，入人家内者杖八十，主家惊觉，不知其何人，不知为何事，登时在家内格杀身死者，弗论。盖无故而来，其①意莫测，安知非刺客、奸人？主家惧为所伤，情急势迫，仓猝防御而杀之，故得原宥耳。若其人已就拘执之后，无复他虞，即当送官，何可擅杀？而有擅自杀伤者，照依斗殴杀伤罪，减二等科之。至死者，杖一百，徒三年。按：罪人拒捕条内，已就拘执而擅杀者，以斗殴杀论，不减等，与此不同。彼是在官罪人，逃走拘执，事已定矣，何故复有杀伤？必是捕人陵虐所致，故不减等；此无故入人家内，虽已拘执，而主家疑虑徬徨，莫测其故，因有杀伤，其情可原，故稍宽其擅杀之罪。律意精微，毫厘即有间也。”

【夜间】【刑诉】Night time 所谓夜间，乃指自四月一日至九月三十日之每日午后九时起至午前五时止，并自十月一日至三月三十一日之每日午后九时起至午前七时止而言。我刑诉法对于搜索行为规定，以不许于夜间为之为原则。但于日间已开始搜索者，得继续为之，并有其他例外情形，许于夜间为搜索之行为。（第一四八——一五〇条，参搜索条内）

【夜禁】【史】禁止夜中市街之通行曰夜禁。明清律于夜间一更（今之晚十时）以后至五更（今之晨六时）除特别事故外不得通行，违者律有明文。明律（卷十四）、清律（卷十八）兵律军政篇——夜禁之条：“凡京城夜禁，一更三点，钟声已静，五更三点钟声未动，犯者笞三十，二更三更四更犯者笞五十，外郡城镇，各减一等。其公务急速、疾病、生产、死丧，不在禁限云云。”

【夜禁宫殿出入】【史】宫殿于夜间皆禁止出入，违者治罪。唐律（卷七）卫禁篇有夜禁宫殿出入条之设：“诸于宫殿门虽有籍，皆不得夜出入。若夜入者，以阑入论；无籍入者，加二等；即持仗入殿门者，绞。夜出者，杖八十。”疏议曰：“于宫殿门有籍之人，唯合昼日入出，若因夜开闭而辄入者，以阑入论。无籍夜入者，加二等，即持仗入殿门者绞，有籍、无籍等。夜出宫殿门，俱杖八十。”同条又曰：“若得出入者剩将人出入，各以其罪罪之；被将者知情各减一等，不知情不坐。”疏议曰：“谓奉敕听入出之人，剩将人入出者，各以其罪罪之：有籍者，以阑入论；无籍者，加二等；将出者，杖八十。‘被将者知情’，谓被将之人，知剩将之情，各减前所将罪一等。不知情者，不坐。”

【奇计】【国公】Stratagems 所谓奇计，乃指战争时双方斗智之行为而言。其种类变化无穷，例如诈攻，诈退，埋伏，假信号，假消息，劝诱敌兵脱营，煽惑反乱，均可使用。但海牙条约亦设有限制的规定。例如滥用军使旗降服白旗红十字会旗概属违法。至于敌人之国旗军旗徽章制服等，在实际战斗以后，可以使用，但在战斗中，则以不使用为合法。

【奇请它比】【史】“汉之律百有余万言，可谓烦多矣。而大辟之刑，至千有余条，视成周时盖数倍焉。元成之世，奇请它比，又日益滋多，成帝下诏令中二千石，二

① 原书为“具”，疑为排版之误。

千石博士，及明习律令者，议减死刑及可蠲除省约者，可谓知所先务矣。所谓奇请它比者，奇请，谓常文之外别有所谓以定罪也。它比，谓引他类以比附之，不主正律也。”（大学衍义补）

【奉先】【史】为宋代近卫兵之名。事物纪原（卷十）：“大中祥符四年五月，真宗宣示永安指挥，以奉诸陵，军额犹隶西京本城厢军，可赐名奉先，升为禁军。”

【奉安】【史】（详奉移条内）

【奉行】【行】遵奉已定之事例或上级官署之训令及指令而行使其职务者，谓之奉行。

【奉使部送雇寄人】【史】奉差使之命以从事于部送官物囚徒及畜产者，使命之人，应自行领送，若另行雇人或寄人者，应构成本条罪名。明清律均有承差转雇寄人条之设。唐律（卷十一）职制篇——奉使部送雇寄人条曰：“诸奉使有所部送而雇人寄人者，杖一百；阙事者，徒一年，受寄雇者，减一等。”疏议曰：“奉使有所部送，谓差为纲、典，部送官物及囚徒、畜产之属。而使者不行，乃雇人、寄人而领送者，使人合杖一百。‘阙事者’，谓于前事有所废阙，合徒一年。其受寄及受雇者，不阙事杖九十，阙事杖一百，故云‘减一等’。”同条又谓：“即纲、典自相放代者，笞五十；取财者坐赃论，阙事者依寄雇阙事法。仍以纲为首，典为从。”疏议曰：“或纲独部送而放典不行，或典自领行而留纲不去，此为自相放代，笞五十。受财者，坐赃论。其阙事及不阙事，并受财输财者，皆以纲为首，典为从。假有两纲、两典，一纲、一典，取财代行，一纲、一典与财得住，与财者坐赃论减五等，纵典发意，亦以纲为首，典为从；取财者坐赃论。其赃既是‘彼此俱罪’，仍合没官。其受雇者，已减使罪一等，不合计赃科罪，其赃不征。若监临官司将所部典行放取物者，并同监临受财之法，不同纲、典之罪。即虽监临，元止一典，放住代行者，亦同纲、典之例。”

【奉法】【通】尊重谨守法律，谓之奉法。韩非子—有度篇：“国无常疆，无强弱，奉法者疆则国疆，奉法者弱则国弱。”

【奉宸苑】【史】为清时之内务府之一课，置总理大臣卿二人，郎中二人，员外郎四人，主事一人，委署主事一人，其他杂职若干人，掌苑囿之禁令。

【奉宸库】【史】宋代仓库之名。本有五库，仁宗之康定元年并合为一库，改为奉宸库。事物纪原（卷五）：“宋朝会要曰，旧五库：一宜圣殿，二穆清殿，三崇圣殿，四受纳真珠，五乐器，康定元年九月合为一库，改名奉宸库也。”

【奉常】【史】为秦时创设之官，乃九卿之一。汉改为太常，盖即周时之宗伯也，为掌礼乐之官。杜氏通典：“唐虞伯夷作秩序，典三礼，周则春官宗伯掌礼乐，秦曰奉常。”汉书百官表亦有记载。颜师古注曰：“太常王之旌也，王者有大事，则建以行礼，官主奉侍之，故曰奉常。”是太常与奉常固二而一也。

【奉御】【史】为宫中之官，帮助举行朝廷之仪式。北齐时于门下省置典御官，隋改为奉御，属于殿中省。事物纪原（卷五）：“北齐门下省初置典御之官，隋改曰奉御，以隶殿中省。”

【奉敕夜开宫殿门】【史】宫殿门夜间关闭，不许擅开，奉敕开殿，应以合符为凭，不勘符而开或勘符不合而开，均应治罪。唐律（卷七）卫禁篇有奉敕夜开宫殿门条之设："诸奉敕以合符，夜开宫殿门，符虽合，不勘而开者，徒三年，若勘符不合而为开者流二千里。其不承敕而擅开闭者，绞。"疏议曰："奉敕以合符，夜开宫殿门，依监门式，受敕人具录须开之门，并入出人帐，宣敕送中书，中书宣送门下，其宫内诸门城门，郎[①]与见直诸卫，及监门大将军，将军，中郎将，郎将，折冲果毅内各一人，俱诣合覆奏，御注听，即请合符门钥，监门官司先严门仗，所开之门内外，并立队燃炬火，对勘符合，然后开之。符虽合不勘而开者，徒三年。若勘符不合，即合执奏，不奏而为开者，流二千里。其不承敕而擅开闭者，俱合绞罪。"同条又曰："若错符错下键，及不由钥而开者，杖一百，即应闭忘误不下键，应开毁管钥而开者，徒一年。其皇城门，减宫门一等。京城门，又减一等。即宫殿门闭讫而进钥违迟者，殿门杖一百。经宿，加一等。每经一宿，又加一等。宫门以外，递减一等。其开门出钥迟，又各递减进钥一等。"疏议曰："依监门式，驾在大内，宫城门及皇城门争吵钥匙，每去夜八刻出，闭门二更二点进入。京城门钥每去夜十三刻出，闭门二更二点进入，违此不进，是名进钥违迟，殿门杖一百，经宿加一等，合徒一年，每经一宿，又加一等。既无罪止之文，加至流三千里。宫门以外，递减一等者，即宫门及宫城门，进钥违迟亦合杖九十，经宿杖一百，每经一宿，又加一等，罪止徒三年。皇城门杖八十，罪止徒二年半。京城门，杖七十，罪止徒二年。其开门出钥迟者依监门式。宫城门及皇城门，四更二点出钥开门，京城门四更一点出钥开门，违式出钥迟者，各递减进钥一等，即是殿门，杖九十，宫门及宫城门，杖八十，皇城门，杖七十，京城门，杖六十。驾在大明兴庆宫及东都，进请钥匙，依式各有时刻，违者并依此科罪。"

【奉移】【史】天子或皇后大丧之际，其嗣皇奉其灵柩移于殡殿，谓之奉移，葬诸山陵则曰奉安。

【奉朝请】【史】朝廷举行仪式时临时任命之官，谓之奉朝请。汉时多以外戚将军，公卿及列侯为奉朝请，掌奉朝会之请召。晋以来以奉军驸马骑，三都尉，为奉朝请。及南朝，其数增多，约六百余人，隋始罢之，置朝请大夫及朝请郎，为文散官，历代因之。惟元以后置朝请大夫而不置朝请郎，及清，朝请大夫亦废。

【奉礼郎】【史】官名，汉时有理礼郎，一为治礼官，属于大鸿胪寺，晋改隶太常寺，至北齐始称奉礼郎，唐初仍之，旋复理礼郎之旧名，后又改为奉礼郎，宋元因之。明清称为赞礼郎，为掌辅助礼式之官。（考历代职官表，及事物纪原卷五。）

【委人】【史】为地官司徒之属官，其职务为："掌敛野（为行政区域之名）之赋，敛薪刍，凡疏材木材，凡畜聚之物，以稍（为畿内区域之名）聚待宾客，以甸（亦畿内区域之名）聚羁旅，凡其余（指县及都）聚以待颂赐。"（周礼）

【委内瑞拉宪法】【宪】委内瑞拉为南美洲北部之共和国。面积共四十万方哩，人口共三百万，多为西班牙人后裔，与土人之混血族亦颇不少。土势高原，以

① 原书为"即"，系排版之误。

西南为甚。西与哥伦比亚国为邻,南接巴西,北面靠海,东南与几内亚相连。产物以咖啡为大宗,而金银铜及煤油尤蕴蓄丰富,惜未开采耳。所产地沥青(产于北部之湖内)其用途尤广,可为砌铺街市道路之用。纪元十六世纪间为西班牙殖民地,一八一一年国人玻利维氏率众向西宣布自主。一八二二年合附哥伦比亚国建立共和国。一八三〇年玻氏殁后,离哥伦比亚而自建共和国。一八五九年二月二十日改采联邦制,定有宪法。一九〇一年三月二十九日亦另有宪法之制定。一九〇四年四月二十七日复有新宪法,仍采联邦制度,即现行之宪法也。全文计分八章,共一百三十七条,兹举其要点于下:(一)委内瑞拉国之领土即原为一八一〇年时(西班牙领)之委内瑞拉总督所管辖之地,而经历次国际条约所增减变易者,计分为各州及各县,并有各殖民属地。联邦政府则设于中央联合区内(曰 Liberador)。(二)委内瑞拉联邦诸州皆为自主,在政治上均属平等,其统治权之未委托于中央政府者,皆保存之。各州应选派联邦国会议员,应遵守联邦宪法与法律,于其本州宪法内应承认其所辖各县之自治权,不得割让土地于他国,亦不得与之订定政治条约。不得合并他国或脱离联邦自行独立。对内河航业,外运货物,不得课税。应各自组织司法机关,依照同一之民商刑法主义编订法律及诉讼程序,并须合组联邦最高法院,遵守其裁判,即州与州间之争议亦当交最高法院厅候判决。各州之进款税收为全国税关所征之土地税及全国矿产公地与盐矿之余利,烟叶及酒捐之一部,各州内之原料物产捐,以及各州政府所发行之印花税等项。(三)委内瑞拉国籍分为出生的与归化的二种。出生的国籍分为:(1)凡出生于委内瑞拉领土内者,(2)不论出生于何地而其父系委内瑞拉人民者。归化的国籍分为:(1)凡属南美洲西班牙各共和国之人民侨居委内瑞拉国境内请求归化入籍者。(2)不论何国人民依法领得归化证书者。(3)外人依特别法之规定取得委内瑞拉国籍者。(4)外国妇女之为委内瑞拉人民之妻者。(四)委内瑞拉人年满二十一岁者皆享有选举及被选举权利,且于本共和国境内皆享有同一权利,并须负担相当之义务。(五)委内瑞拉人民之身体,财产,住宅,有不可侵犯权,有个人自由权,思想自由权,旅行迁徙自由权,营业自由权,结社集会自由权,请愿自由权,信仰自由权,身体自由权,此外委内瑞拉人民均为平等。(六)委内瑞拉共和国之统治权完全属于国民,但由政府之各部机关行使之。政府永远为共和联邦代议之政府,其政权(分立法行政司法三部)乃依宪法所定之界限,分配于中央及各州之政府。(七)立法权委托于委内瑞拉合众国之国会(Congress of the United States of Venezuela),以元老院及代议院组成之。代议院由各州按人口每四万人选举一人组织之,若其奇数及二万人者,得加选一人。又凡州之人口不及四万人者,亦可选举代议员一人。议员须系委内瑞拉之土著,而年满二十一岁者,任期为六年。元老院议员由各州州议会就其议员之外各选二人(又候补二人)充任之,其资格须为出生于委内瑞拉之人民,且年龄届满三十五岁者,任期为六年。(八)国会之两院应于每两年在国都自行集会,议事时至少须有三分二之出席。两院应各自开会,但亦得联合举行议会,以公开为原则。开会期间议员身体有受保障之权,对于在议会之议论与投票之表决不负任何责任。(九)议会有通过预算案之权,并得议决税率,厘定全国币制,募集国债,同意外交条约及盟约,颁行全国统一之度量衡制度,并制定各种联邦法典及中央政府各机关之法规。此外代议院有提出弹劾各部部长之权，并有选举总检察长及其二候补员之权。（十）法律案之提出其权属于两院及各该议员，如经一院通过，应再交他院通过，前后咨送共和国大总统，于到达后十五日内发生效力（惟须登载公报）。凡法律议案经该管行政部长认为违背宪法，但仍经两院通过者，则总检察长应依本法（第九五条）之规定向最高法院控告解决之。（十一）联邦政府对关系全国普通行政之事务除经本宪法另委付于他机关者外，均由大总统由其他各国务员之辅助行使之。联邦中央政府之职务除经本宪法所规定之事务外，不得在中央联合区（The Federal District）境外施行之。（十二）大总统之选举用复选方法，即先由国会由其议员中互选十四人组织总统选举会（以每州县各得一代表为准）。然后就其会员中或会员以外选举一人为大总统，一人为第一副总统，一人为第二副总统。被选者之资格须为出生于委内瑞拉之人民，而年龄届满三十五岁者。大总统有任免国务员，接待外国公使，依法治理中央联合区之民政事务，并指挥全国海陆军等权。其下置国务员辅佐行政。大总统法律行为须经关系部国务员之副署始能生效（国务员之资格为出生于委内瑞拉及年满二十五岁者）。国会开会时国务员应提出报告书，且有出席发言之权。凡经要求出席答复即负有不能不出席之义务。（十三）中央联邦政府有执行本宪法以及他种法律命令之权，依法组织军队，编练民团，宣布开战，勘定内乱，施行大赦及特赦，征收全国中央租税，办理外交，规定联邦邮政电报电话等事务，办理外人归化事宜，任免中央官吏等权（第八十条列举二十六项）。（十四）司法权委托于中央最高法院以及依法所设之其他各级法院。最高法院法官计七人，由国会选举之，其资格须为委内瑞拉之出生人民，年满三十岁而且为本共和国所许可之律师。选举法官时分各州及中央联合区为七选区，由每区选候选人二人，再由国会就二人中选出一人，俾七选区之每区均有一人被选。任期均为六年，得被选连任。中央最高法院之职权为审理大总统，国务员，总检察长，中央联合区行政长，及本院法官等因违宪而被弹劾之案件。各州州长及其高级官吏为刑事被告或受弹劾时之案件，关于本国出使人员之溺职舞弊案件，关于以本国国家为被告之民事案件，关于依法上诉之案件，关于中央政府行政或司法官吏相互间，与各州政府行政或司法官吏相互间，以及各州政府行政司法官吏相互间之争执案件。至于各州政府之法律与本联邦宪法相违反者，中央政府法律与各州政府所颁法律相抵触者，最高法院有判决及宣告无效之权（第九十五条列举十六项）。（十五）关于司法上代表政府者曰总检察长，任期二年，可连选连任（由代议院选举之）。其资格须其出生于委内瑞拉，年满三十岁而系本国所许可之律师者。其职权为监视法律与行政命令之执行，监察全国中央官吏之是否尽其职守，代表大总统控诉溺职舞弊之中央官吏，控告大总统，国务员，各州州长，及其高级官吏，中央联合区行政长以及中央最高法院之法官，在损害国家利益之案件中为原告，在控告要求国家赔偿损害之案件中为被告，以代表国家。（十六）凡未经本宪法明文规定之中央政府之职权，概属于各州政府。各州均须制定其本州之宪法，中央政府之国会或行政机关不得侵犯各州经宪法所保障之权利，即各州之法院亦属独立，一切案件除依法可上诉于中央最高法院外，皆以本州最上级法院为终审机关。（十七）全国军备分海陆二军，其归中央政府节制者，以各州依其人口为比例所供给之军队为限。除于秩序变乱之时外，军政大权不得由任何个人或任何政团独自掌握之。即一切军用物品，亦属诸国家所有。军人不得集会议事，应遵从长官命令。在举行任何选举时，中央与各州之军队均应闭守营房，不准外出。(十八)各州间之疆界争议应由各该州政府提付一特别公断法庭仲裁，该法庭之仲裁员，由中央政府自由选派之。(十九)国际法为本国国法之一部，但其条件与本国宪法或他种法律相抵触时，即为无效。(二十)本宪法之修正，须经联邦各州四分三之议会，在其例会中议决请求提出，再由联邦国会在常会中议决通过始为合法。联邦国会亦可提出宪法修正案，惟议长应即将该案送交各州议会经其批准，惟此项修正案应经各州四分三之议会之批准，始能成立。关于修正宪法案之制定手续与制定法律同。修正案由各州议会或由联邦国会提出，各州议会于表决时所投之票皆应送达联邦国会，由该会开视票数，始经通过，(四分三数)即将修正案以命令公布之。

【委付】【海】Abandonment　谓海上保险之被保险人于保险之标的物未至全部灭失而陷于与全部灭失同一状态时，得将其残余利益移转于保险人而向其请求保险金额之全部之行为也。此种制度之设，系保护被保险人之利益，至其性质有认为单独行为者，有认为必须经对方之承诺始生效力者，我海商法采后说(第一六八条)。委付行为之条件有二：一、原则上应就保险标的物全部为之。二、须未曾附有条件者(第一六七条)。至得为委付之原因，法律亦有明文，且因各种保险而有异致。(一)船舶保险之委付原因：(1)船舶被捕获或沉没或破坏时。(2)船舶因海损所致之修缮费总额达于保险金额四分之三时。(3)船舶行踪不明或被官署扣押已逾四个月仍未放行时，但于委付后归来者，保险人仍应给付保险金额(第一六三条、第一六九条)。(二)货物保险之委付原因：(1)船舶因遭难或其他事变不能航海已逾四个月，而货物尚未交付于受货人要保人或被保险人时。(2)装运货物之船舶行踪不明已逾四个月时。(3)因应由保险人负保险责任之损害，于航海中变卖货达于其全价值四分之三时。(4)货物之毁损或腐坏已失其全价值四分之三时(第一六四条)。(三)运费保险之委付原因——即凡船舶行踪不明已逾四个月时(第一六五条)。至于专就战争危险为保险时，则被保险之船舶货物或运费之委付，得在被捕获或被扣留时为之(第一六六条)。又委付行为一经对方承诺，或被判决有效后，保险标的物应溯及自发生委付原因之日起，即视为保险人所有(第一六八条)。而保险人之应于同时给付被保险人以保险金额之全部，更不待言。至委付须于知悉委付原因发生后自得为委付之日起四个月内为之，否则罹于时效而消灭。(第一七三条)

【委付主义】【海】Principle of abandonment　为船舶所有人责任之制限，立法上主义之一，为法国法系各国所采用。谓船舶所有人担负之责任原则上为无限制，但对于特定债权人委付其船舶财产时，亦得免除其责任，故与执行主义之自始为有限制责任为原则者不同诚以委付主义因委付海产于债权者而得免其责任，其委付之财产对债权额之多寡，或超过或不足均无直接关系，而执行主义则非执行后不能分明，执行残馀之财产当然属于船主，若不足时，则于其限度内得免责任耳。

【委付行为】【海】Abandon act　委付时所为之行为，称曰委付行为。（参委付条）

【委付权】【海】Right of abandonment　（详委付条内）

【委任】【债】Mandate　凡由当事人约定一方委托他方处理事务，而他方允为处理之契约，曰委任。委任通常以受报酬者为多，但我国民法则不问其受报酬与否，凡为他人处理事务皆为委任。委托处理事务之方，曰委任人，允为处理之方，曰受任人。委任契约有时为非要式契约，有时则否，盖依法应以文字为之者，其处理权之授与亦应以文字为之。按委任之范围应依委任契约之订定，无订定者，则应依委任事务之性质以为标准，因此委任有下列二种之别：(1)特别委任。(2)概括委任(详各本条)。委任与雇佣不同之点有二：(a)雇佣中受雇人必须受雇用人之指挥，不能有独立之意思，受任人则具有相当独立意思。(b)雇佣必须为有偿的，委任则不以有偿为必要。又委任与承揽不可相混，前者受任人仅有相当独立意思以处理事务，后者则承揽人处理事务时具有完全之独立意思，委任契约之当事人均须担负一定义务。其受任人之义务如下：(1)应依指示之义务(第五三五条前段)。(2)相当注意之义务(第五三五条后段)。(3)自己处理事务之义务(第五三七条)。(4)报告之义务(第五四〇条)。(5)交付及移转权利之义务(第五四一条)。(6)支付利息及赔偿损害之义务(第五四二条、五四四条)。委任人之义务如下：(1)有不得将处理委任事务请求权让与他人之义务(第五四三条)。(2)预支费用之义务(第五四五条)。(3)偿还费用之义务(第五四六条)。(4)有约定报酬时或应给付报酬者，应负给付报酬之义务(第五四七条—五四八条)。至委任契约之终止，当事人之任何一方得随时为之，在原则上凡不利于他造之时期将契约宣告终止时，应负损害赔偿责任，但法律设有例外之规定。(第五四九条)

【委任人】【债】Mandator　（详委任条内）

【委任三府】【史】汉制称三府为三公，在西汉为大司马，大司徒，大司空等三公。在东汉为太尉，司徒，司空等三公。委任三公以从事国政大事者，曰委任三公。事文类聚："选举牧守，委任三府。"注："三府三公也。"

【委任令】【行】上级官署以命令委派下级官吏或其他上级机关委派下级职员之命令，皆谓之委任令。例如实业部长委任部中科员，或县长委派县公署内之职员，司法行政部委派地方法院推事书记官之命令等皆是。

【委任代理】【民总】Agency by mandate　又名意定代理。（详该本条）

【委任命令】【行】Auftragsgebot（德）　上级官署依法律授权时所发布之命令，谓之委任命令，或称之为补充命令。按委任有一般委任，与特别委任两种。一般之委任由于法律上或命令上，并不指定发布命令之机关。特别委任，则有指定特种之机关。在一般委任须依照官制上之规定，凡有此项权限之官署，皆得发布命令。如省政府组织法第二条规定，省政府于不抵触中央法令范围内，对于省行政事项得发省令。又如县组织法第五条规定，县政府于不抵触中央及省之法令范围内，得发布县令，并得制定县单行规则。由此可知官署依于法律之委任，在不抵触上级法令范围以内，有制定命令之权限。至于特别委任乃关于特殊之事项由法律或命令之委任而发布。此种命令之内容，须限于所委任之事项，并须于有所指定之官署，方有权力发布。委任命令与执行命令异，执行命令，以其所执行之法律存在为前提；委任命令，纵使所委任之法律，一旦废止，初不因此而当然失其效力。盖法律之委任云者，对于行政机关而赋与以制定特定法规之权限之意，此种权限一旦赋与，则本此权限所发布之命令，自不能随赋与此权限之法律之废止，而归于消灭也。

【宪】Intrusted order；Order intrusted　与独立命令执行命令相对立。议会以某种之国家事务的立法权，委任行政机关而使其自由制定颁布之法令，曰委任命令。盖议会只能从事于一般重要之立法事项，若一切之立法的细目，必皆由议会自行为之，不特为不可能之事，且于地方实际事项，毫无裨益，故各国多设有委任命令之制度。委任命令与紧急命令独立命令不可相混，前者乃由立法机关以法律授权者，后二者则由于宪法授权者，故有区别。

【委任取款背书】【票】Endorsement for collection　又曰取款委任背书。（详该本条）

【委任官】【行】Officers appointed directly by supervisory officials　为官阶之一种，乃次于荐任官之官吏，换言之，即由各该主管长官直接任命之官吏也。其官俸分为七级：第一级每月为一百八十元，第七级为六十元（每级二十元），但暂行条例则规定分为十二级，前六级每级相差二十元，后六级每级相差十元。

【委任状】【债】Letter of attorney　由委任人所作关于委任权限以及其他必要事项之记载之证明书，而交付于受任人者，曰委任状。

【委任契约】【债】Agreement of mandate　契约当事人之一方委任他方代为处理某种事务，他方乐为而不索其报酬，即发生契约上之效力。此种契约谓之委任契约，与有偿委任契约不可相混。

【委任背书】【票】Indorsement by mandate　为变则背书之一种，即执票人（背书人）以行使票据上之权利为目的，而委任被背书人赋以代理权限所为之背书也，故又称代理背书。所谓行使票据上权利，乃指收取票据上金额而言，因其目的须在票据上明白记载或不须记载，故有下列二种之区别：(1)取款委任背书。(2)隐取款委任背书（详各本条）。我票据法仅对前者有明文耳（第三十七条），故通常之委任背书乃指前者而言。

【委任书】【民诉】委任书者，谓诉讼当事人委任诉讼代理人时所交付关于委任事实与权限之书面也。诉讼代理人应于最初为诉讼行为时提出委任人（即诉讼当事人）所给付之委任书，但当事人以言词委任，由法院书记官记明笔录者，得不提出委任书。（民诉法第六十七条）

【委任统治】【国公】Mandate or mandatary system　谓由国际联盟依联盟规约对欧战后与其统治国脱离关系之土地，以委任方式由先进国代行统治之制度也。实际上此等土地，乃视为受任国之领土，故学者多谓委任统治亦系国家取得领土方法之一。按受任国所施统治之种类，有为指导之性质者，有为监督之性质者，更有为管治之性质者，故学者间亦有否认委任统治为领土取得之方法者，盖被委任统治下之国家达到相当时期，得经国际联盟之许可，实行独立。例如旧亚拉伯国内之伊拉克国之成为独立国，即其明例，且于一九三二年十月加入国联为会员国之一焉。

【委任权】【债】Right of mandate　（详委任条内）

【委任权限】【债】Competency of mandate　受任人由委任人所授与之一定职权之范围，谓之委任权限。

【委任鉴定人】【民刑诉】Appointed-expert or Mandatary-expert　为鉴定人之一种，对选任鉴定人言。谓由官署委任专以担任鉴定职务之鉴定人也。其人数不以一人为限，若恐鉴定不能完备，法律且许其增加人数，或命他人继续鉴定，或另行为之亦可。（刑诉法第一一八条第一项及第一二四条，民诉法第三一五条）

【委员制】【宪】Commission system　又称合议制，或行政合议制，即国家最高行政机关之职权，由数个委员合组之团体行使之制度也。最著之例如瑞士之联邦委员会，与苏俄之人民委员会是。委员中之各个分子在法律上之地位一律平等，虽有一人为其首领，但皆为开会时之主席，及对外代表之用耳。

【行】详合议制条。

【委托】【债】Mandate　委托者谓当事人之一方委付相对方使为法律行为或其他行为之意思表示也。如经相对方之承诺则成立委任契约，故委托乃属一种单独行为。

【委托物】【债】Consigned goods　委托之目的物称曰委托物。

【委托票据】【票】（详资金关系条内）

【委托监护人】【亲】为监护人之一种，父母对其未成婚的未成年子女，于特定事项在一定期间内委托他人行使监护职务时，其受委托人曰委托监护人。在禁治产人之监护并无此种监护人之设。（民法第一〇九二条）

【委托证券】【票】Anweisung（德）　委托证券者，谓委托他人支付一定金额之证券也。例如汇票与支票皆。是二者虽皆为委托证券，然因其在经济上之作用有异，故法律上认其为二种不同之票据。

【委牌】【史】所谓委牌，乃指官署长官委任属员办理事务时，所给之札付（公文书名），而将札付之文写于木牌，并揭示悬挂于官署门首者而言。六部成语注解："督抚委员办理事务，例给札付，而将札文之语写于木牌上，悬挂衙门，俾众共知，曰委牌。"

【委罪】【史】将自己之罪嫁转于他人者，曰委罪。晋书—文帝纪："王仪为文帝司马，东关之役，帝问谁任其咎，仪曰，责在元帅。帝怒曰，司马欲委罪于孤耶，引出斩之。"

【刑】Laying blame on others　犯罪者欲脱避其自身之罪名，而推委其罪于他人者，谓之委罪。例如甲将乙殴死，欲卸其杀人之罪而将乙之尸体密置于丙家，以为推委其罪于丙者是也。

【委署】【史】委署者谓委任署理也，即某种官署人员有缺时，委任其他职官以代理其事务也。嘉庆会典："有署理，以权其乏。"

【委亲之官】【史】祖父母父母老(即老年之谓，唐律为八十以上，明清律均定为七十以上)疾(即笃病之谓，即二肢以上受损者)无人侍养者，不得委弃而赴任，应免其所居之官职。唐律(卷三)名例篇——府号官称之条："祖父母父母老疾无侍，委亲之官，……免所居官。"明律改为"弃亲之任"，清律因之。

【妻】【史】Wife 男子之正室曰妻。按妻者，齐也，即与夫有同为一体之关系。说文曰："妻与己齐者也。"

【民总】【亲】Married woman 妻者谓婚姻关系存续中之女子也。在民法上关于妻之行为能力列国立法例计有三种主义，一为无行为能力主义，二为限制行为能力主义，三为有行为能力主义。我国旧民律草案采第二种主义，现行民法，则采第三种主义，盖为男女平等原则之结果也。在亲属法上妻之身份与夫相对立，所享权利与所享义务与夫在原则上均无异致。(参夫妻条及夫权条内)

【妻妾失序】【史】妻者齐也，与夫有同为一体之关系，妾者接也，其地位甚卑，二者自有一定之格式，不可互相侵及。故以妻为妾者，处杖一百，不拘妻在以妾为妻者，杖九十并扶正。此为明律(卷六)及清律(卷九)户律婚姻篇——妻妾失序条之规定。

【妻妾与夫亲属相殴】【史】本条所定为妻妾殴夫之期亲以下，缌麻以上尊长，妻殴夫之卑属及殴杀夫之兄弟子，尊长殴伤卑幼之妇，弟妹殴兄之妻，兄姊殴弟之妻……等皆应分别按律治罪。明律(卷二十)、清律(卷二十八)均设有妻妾与夫亲属相殴条之相同明文。清律之原文及下注："凡妻妾殴夫之期亲以下，缌麻以上(本宗外姻)尊长，与夫殴同罪(或殴或伤，或折伤，各以夫之服制科断。其有与夫同绞罪者，仍照依名例，至减一等，杖一百流三千里)。至死者，各斩(监候，缌麻亲，兼妾殴妻之父母在内，此不言故杀者，其罪亦止于斩也。不言殴夫之同姓无服亲属者，以凡人论)。若妻殴伤卑属，与夫殴同(各以夫殴服制科断)，至死者绞(监候，此夫之缌麻小功大功卑属也。虽夫之堂侄侄孙，及小功侄孙亦是)。若殴杀夫之兄弟子，杖一百流三千里(不得同夫拟徒)，故杀者绞(监候，不得同夫拟流)，妾犯者，各从凡殴法(不言夫之自期以下弟妹者，殴夫之弟妹，但减凡一等，则此当以凡论)。若(期亲以下缌麻以上)尊长殴伤卑幼之妇，减凡人一等，妾又减一等。至死者(不拘妻妾)，绞(监候，故杀亦绞)，若弟妹殴兄之妻，加殴凡人一等(其不言妾殴夫兄之妻者，与夫殴同)。若兄姊殴弟之妻，及妻殴夫之弟妹，及夫弟之妻，各减凡人一等，若殴妾者，各又减(殴妻)一等(不言妻殴夫兄之妾者，亦与夫殴同。不言弟妹殴兄之妾，及殴大功以下兄弟妻妾者，皆以凡论)。其殴姊妹之夫，妻之兄弟，及妻殴夫之姊妹夫者(有亲无服，皆为同辈)，以凡斗论。若妾犯者，各加(夫殴，妻殴)一等(加不至于绞)。若妾殴夫之妾子，减凡人二等(以其近于子也)。殴妻之子，以凡人论(所以别妻之子于妾子也)。若妻之子殴伤父妾，加凡人一等(所以尊父也)。妾子殴伤父妾，又加二等(为其近于母也，共加凡人三等，不加至于绞)。至死者，各依凡人论(此通承本节弟妹殴兄之妻以下而言也。死者绞，故杀者斩)。"

【妻妾殴夫】【史】夫与妻妾，为恩爱至亲，旧制妻妾对夫有服从义务，若加殴伤或致于死，应即按律治罪。至于妾殴正妻，夫殴妻妾及妻殴妾，并夫殴妻之父母皆为法律所不容，在本条内另加规定。明律（卷二十）、清律（卷二十八）刑律斗殴篇均有妻妾殴夫条之相同明文。清律原文及其下注："凡妻殴夫者（但殴即坐），杖一百，夫愿离者听（须夫自告乃坐）。至折伤以上，各（验其伤之轻重，）加凡斗伤三等，至笃疾者绞（决），死者斩（决），故杀者凌迟处死（兼魇魅蛊毒在内）。若妾殴夫及正妻者，又各加妻殴夫罪一等，加者加人于死（但绞不斩，于家长则决，于妻则监候，若笃疾者，死者，故杀者，仍与妻殴夫罪同）。其夫殴妻非折伤勿论，至折伤以上，减凡人二等（须妻自告乃坐）。先行审问，夫妇如愿离异者，断罪离异，不愿离异者验（折伤应坐之）。罪收赎（仍听完聚），至死者绞（监候，故杀亦绞），殴伤妾至折伤以上，减殴伤妻二等，至死者，杖一百徒三年，妻殴伤妾与夫殴伤妻罪同（亦须妾自告乃坐）。过失杀者各勿论（盖谓其一则分尊可原，一则情亲当矜也。须得过失实情，不实仍各坐本律。夫过失杀其妻妾，及正妻过失杀其妾者，各勿论。若妻妾过失杀其夫，妾过失杀正妻，当用此律。过失杀句不可通承上二条言）。若殴妻之父母者（但殴即坐）杖六十徒一年，折伤以上，各加凡斗伤罪二等，至笃疾者绞（监候），死者斩（监候，故杀者亦斩）。"同律之总注："凡妻殴夫者，杖一百，但殴即坐，成伤亦同，其夫愿离者听，盖妻以夫为天，妻而殴夫，是自绝于天矣。法当离异，然离者法，不离者情，缘情立法，不容执法以违情，故离否听之于夫，不绳以定法也。殴至折伤以上，验伤定罪，各照凡人斗伤之罪加三等。如折一齿，即杖八十徒二年，余准此加之，至笃疾者绞，死者斩，故杀者凌迟处死。若妾殴夫及正妻者，又各加妻殴夫罪一等。但殴即杖六十徒一年，如折一齿，凡人杖一百，妻殴夫加三等，妾又加一等，通加四等，杖九十，徒二年半。加者，加人于死，如折跌肢体，即加至死矣，但绞不斩。不言笃疾致死故杀，注云与妻殴夫同，以无法可加也。其夫殴妻非折伤弗论，殴至折伤以上各照凡人斗伤之罪减二等，如折一齿则杖八十，余准此减之。然须先审问其夫妇，如愿离者，依律断夫之罪，其妻离异归宗。夫妻本以义合，殴至折伤以上，则义绝矣，故法听离异。如不愿离异者，验所伤应得之罪，全准收赎听其完聚，虽有可绝之义，而无愿离之心，则其情犹乎合，不但听其完聚，并许赎其罪犯，不欲重伤其情也。妻殴夫则曰夫愿离者听，夫殴妻，不曰妻愿离者听，而曰先审问夫妇云云，盖夫为妻纲，妻当从夫，妻殴夫，则妻应坐罪，离合听夫可也。夫殴妻至折伤，夫虽犯义绝，而妻无自绝于夫之理，故必先审问夫妇俱愿，乃听离异，如夫愿而妻不愿，妻愿而夫不愿，皆不许离异也。其因殴伤至死者绞，不言故杀，亦止于绞。若夫殴妾至折伤以上，减殴伤妻罪二等。如折一齿，凡人杖一百，夫殴妻减二等，妾又减二等，通减四等，止杖六十，余准此减之。至死者，杖一百，徒三年，不言故杀，亦止于徒也。若妻殴妾折伤以上至死者，其罪悉与夫殴妻同，折伤以上减凡人二等，至死者亦绞，过失杀者，各弗论。止以夫过失杀妻妾，妻过失杀妾言之，盖一则分尊当原，一则情亲当矜也。若女婿殴妻之父母者，杖六十徒一年。但殴即坐，成伤亦同，殴至折伤以上，各照凡人斗伤之罪加二等，如折一齿，即杖七十徒一年半，与缌麻尊属同也。余仿此加之。至笃疾者绞，死者斩，故杀亦斩，不言过失杀,同凡人赎法。”

【妻妾殴故夫父母】【史】妻妾被出则夫家之义绝,若因夫亡故改嫁,虽妇之节已移而于义固未绝也。对于其祖父母父母犹有舅姑之义,故殴之者,与现奉侍之舅姑同。而故夫之祖父母父母,殴已故子孙改嫁之妻妾者,亦与殴子孙妇同。至奴婢与旧家长之关系亦同。明律(卷二十)、清律(卷二十八)刑律斗殴篇均设有妻妾殴故夫父母条之相同规定。清律原文及其下注:“凡妻妾夫亡改嫁,殴故夫之祖父母父母者,并与殴舅姑罪同。其旧舅姑殴已故子孙改嫁妻妾者,亦与殴子孙妇同(妻妾被出,不用此律,义已绝也)。若奴婢殴旧家长及家长殴旧奴婢者,各以凡人论(此亦转卖与人者之奴婢,赎身不同此律,义未绝也)。”同律之辑注:“按夫妇以义合,夫可以出妻,妻不得弃夫,故妻殴夫则离合听夫,而夫殴妻至折伤,则曰审其夫妇,不曰妻愿离者听也。其夫虽亡,妻妾无身绝于夫之理,故虽改嫁,舅姑之分仍在。”

【妻妾殴詈夫父母】【史】夫之祖父母父母,乃直系尊亲属,为人妇者理应孝敬审慎,若竟加以殴詈,是与礼法均有违反,律特设立本条,予以禁止。唐律(卷二十二)斗讼篇——妻妾殴詈夫父母条:“诸妻妾詈夫之祖父母父母者,徒三年(须舅姑告乃坐)殴者,绞,伤者皆斩,过失杀者,徒三年,伤者,徒二年半。”疏议曰:“妻妾有詈夫之祖父母父母者,徒三年。注云:须舅姑告乃坐,殴者,绞,伤者,皆斩,罪无首从。过失杀者,徒三年,伤者徒二年半。”同条又曰:“即殴子孙之妇,令废疾者杖一百,笃疾者,加一等,死者,徒三年,故杀者,流二千里。妾各减二等,过失杀者,各无论。”疏议曰:“祖父母父母,殴子孙之妇,令废疾者,依户令,腰脊折一支废为废疾,合杖一百,笃疾者,两目盲,二支废,加一等合徒一年,死者,徒三年,故杀者,谓不因殴詈,无罪而辄杀者,流二千里。若殴妾令废疾,杖八十,笃疾杖九十,至死者,徒二年半,过失杀者,各勿论。”

【妻妾殴詈故夫父母】【史】夫亡改嫁,称其亡故之夫为故夫,妻妾之于故夫父母,其关系与被出及和离者较为密切,如加以殴詈,应依本条规定加以惩治。唐律(卷二十二)斗讼篇——妻妾殴詈故夫父母条:“诸妻妾殴詈故夫之祖父母父母者,各减殴詈舅姑二等,折伤者,加役流,死者,斩,过失杀伤者,依凡论。”疏议曰:“故夫谓夫亡改嫁者,其被出,及和离者非,各减殴詈舅姑罪二等,谓殴者徒三年,詈者徒二年,折齿以上者,加役流,死者斩,文无皆字,即有首从。过失杀伤者,依凡论。谓杀者依凡人法,赎铜一百二十斤,伤者各依凡人伤法,征赎其铜,入被伤杀之家。”

【妻妾骂夫期亲尊长】【史】妻妾应以夫之尊长为尊长,若加骂詈,应加治罪。至于妾骂夫及妾骂妻者亦与名分有违,仍应处罚。明律(卷二十一)、清律(卷二十九)刑律骂詈篇均有妻妾骂夫期亲尊长之条,内容相同。清律原文及其下注:“凡妻妾骂夫之期亲以下,缌麻以上(内外)尊长与夫骂罪同。妾骂夫者,杖八十,妾骂妻者,罪亦如之。若骂妻之父母者杖六十,并须亲告乃坐(律无妻骂夫之条者,以闺门敌体之义恕之也。若犯拟不应笞罪可也)。”同律之总注:“妇人义当从夫,夫之尊长，即其尊长也。妻妾骂夫之期亲以下，缌麻以上，本宗外姻尊长，其罪与夫同科。夫之兄姊，缌麻笞五十，小功杖六十，大功杖七十，期亲杖一百，尊属各加一等。妾骂夫及正妻者，并杖八十，若骂妻之父母者，杖六十。”同律之辑注：“妻之父母缌麻服也。前骂尊长条内功缌兄姊尊属，兼本宗外姻言，而外姻皆母党妻之父母，不在外姻尊属之内，故载于此条，按殴律内亦另言若妾骂正妻父母亦当与夫同科，杖六十，盖比[①]照殴律也。”

【妻妾骂故夫父母】【史】夫亡妻妾改嫁，夫家并无义绝之意，若加骂詈，应与骂舅姑同罪。若奴婢转卖与人，则已义绝，骂旧家长者，则与凡人同。明律（卷二十一）、清律（卷二十九）刑律骂詈篇均设有妻妾骂故夫父母条，其规定相同。清律原文及其下注：“凡妻妾夫亡改嫁（其义未绝），骂故夫之祖父母父母者，并与骂舅姑同罪（按妻若夫在被出，与夫义绝及姑妻俱改嫁者，不用此律。又子孙之妇，守志在室，而骂已改嫁之亲姑者，与骂夫期亲尊属同。若嫡继慈养母已嫁，不在骂姑之例）。若奴婢（转卖与人，其义已绝）骂旧家长者，以凡人论（其赎身奴婢骂旧家长者，仍以骂家长本律论）。”同律之辑注：“律但曰夫亡改嫁，则非夫亡改嫁者自不得用此律，故注补出被出义绝，与姑妇俱改嫁者也。”同律之总注：“妻妾因夫亡而改嫁，则已不能守志，非夫家有义绝之意也。故骂故夫之祖父母父母，与现奉之舅姑同，并绞。奴婢，乃贱隶驱使之役，本非亲属，特以名分为重。若已转卖与人，得其身价，则其义已绝，更何名分之有，故骂旧家长者，即以凡人论也。”

【妻匿夫】【史】（详匿父母条内）

【妻无七出】【史】出妻时，须有七出之一，及义绝之状，始得为之，违者应加治罪。又虽犯七出然若有三不去之一者，亦不得出妻，唐律（卷十四）户婚篇有妻无七出之条：“诸妻无七出及义绝之状而出之者，徒一年半。虽犯七出，有三不去而出之者杖一百，追还合。若犯恶疾及奸者，不用此律。”疏议曰：“伉俪之道，义期同穴，一与之齐，终身不改，故妻无七出及义绝之状，不合出之。七出者依令，一无子，二淫泆，三不事舅姑，四口舌，五盗窃，六妬忌，七恶疾义绝，谓殴妻之祖父母父母，及杀妻外祖父母，伯叔父母，兄弟姑姊妹，若夫妻祖父母，父母外祖父母，伯叔父母，兄弟姑姊妹，自相杀，及妻殴詈夫之祖父母父母，杀伤夫外祖父母，伯叔父母，兄弟姑姊妹，及与夫之缌麻以上亲，若妻母奸，及欲害夫者，虽会赦皆为义绝，妻虽未入门，亦从此令。若无此七出及义绝之状辄出之者，徒一年半，虽犯七出，有三不去，三不去者，谓一经持舅姑之丧，二娶时贱后贵，三有所受无所归，而出之者杖一百，并追还合。若犯恶疾及奸者，不用此律，谓恶疾及奸，虽有三不去亦在出限，故云不用此律。”

【妻殴詈夫】【史】明清律有妻妾殴夫条之设。唐律（卷二十二）斗讼篇则有殴伤妻妾条及妻殴詈夫条之规定。后者之原文曰：“诸妻殴夫，徒一年，若殴伤重者，加凡斗伤三等（须夫告乃坐）。死者斩。媵及妾，犯者各加一等（加者加入于死）。过失杀伤者各减二等。”疏议曰：“依令五品以上有媵，庶人以上有妾，故媵及妾犯夫者，

---

① 原书为“此”，系排版之误。

各加妻犯夫一等。谓殴夫者,徒一年半,殴伤重者,加凡斗伤四等。加者加入于死,若殴夫折一支或瞎一目,凡斗徒三年,加四等合绞,是名加入于死。过失杀者,各减二等。谓妻妾媵过失杀者,并徒三年,假如妻折夫一支,加凡人三等,流三千里,过失减二等,合徒二年半。若媵及妾折夫一支,合绞,过失,减二等,合徒三年,自余折伤,各随轻重准此加减之例。"同条又曰:"即媵及妾詈夫者,杖八十,若妾犯妻者,与夫同。媵犯妻者,减妾一等。妾犯媵者,加凡人一等,杀者各斩。"(余条媵无文者,与妾同)

【妻亲】【亲】Relatives of the wife 与宗亲外亲相对立,所谓妻亲,乃专指夫对于妻之亲属而言。至夫之宗亲与妻之宗亲,相互间,法律并不认其有亲属关系,且妻亲之范围亦仅以二亲等为限,我国新民法现已不设妻亲之规定。

【妾制】【亲】Concubinage 妾者,谓非正式的结合而以承血统广继嗣为目的者也。此种制度在我国渊源甚早,民国以来亦以法律加以承认,如刑律补充条例是,新民法则予以推翻,不加规定(亲属法先决各点审查意见书第七点)。但学者有根据民法第一一二三条第三项之规定,而解为间接承认妾制之存在者,其说颇可参考。

【姓氏】【亲】Surname 所谓姓氏,乃指自然人基于血统关系之对外代表之名号而言。关于夫妻间及子女之姓氏,通常约有下列六种办法:(一)夫妻均以协定之姓为姓(夫姓妻姓或第三姓均可),子女亦从之。(二)夫妻各用本姓,子女并用父母之姓。(三)夫妻各用本姓,子从父姓,女从母姓。(四)妻从夫姓,子女从父姓。(五)夫从妻姓,子女从母姓。(六)妻冠夫姓,子女从父姓。第一办法,男女平等,而且择姓自由,是其长处,但有代易其姓之弊,是其短处。第二办法,夫妻平等,是其长处,但其子女则有复姓之虞是其短处。第三办法,兄弟姊妹各异其姓,恐有近亲缔婚之弊,是其短处,但与男女平等之原则相符,是其长处。第四办法,在事实上不平等,亦不足取。第五办法,亦过于偏,与目前社会之习惯相反。第六办法,于实际上稍为利便,较为可取,我民法以此为原则。故规定妻以本姓冠以夫姓,而赘夫则以其本姓,冠以妻姓。但当事人另有订定者,则为例外,又规定子女从父姓,至赘夫之子女,则从母性,有约定者从其约定。

【姓名权】【民总】维持个人自已姓名而禁止他人盗用之权利,谓之姓名权。我民法第十九条规定,姓名权受侵害者,得请求法院除去其侵害,并得请求损害赔偿。

【始末书】【行】Detailed account 凡文书之内容系记载某事件之起始以至终结之一切事实者,称曰始末书。

【始期】【民总】Time of commencement 为期限之一,对终期言,即在其期限未到之前,其法律行为之效力不发生或停止其行为之覆行者也。易言之,即法律行为效力开始发生或停止法律效力实行之期限也。例如约定明年某月某日将所有权让与是。我国民法规定附始期之法律行为,于期限届至时发生效力。(第一〇〇二条第一项)

【始审】【民刑诉】First trial　凡诉讼事件最初依法应行系属于某级法院，故由该法该之审理，称曰始审。为日本名辞，即我国所谓第一审是也。

【要奸】（详鸡奸条内）

【孤】【史】（一）为官名，即三孤（少师，少傅，少保）之简称（详三孤条）。（二）为诸侯自称之谦辞。礼记—王藻篇："小国之君曰孤。"（三）为少而无父者之称，即孤儿或孤子。（参孤独矜寡条内）

【孤立义务】【通】又称单存义务。（详该本条）

【孤儿所】【行】Orphan asylum　为救济院之一所，凡在五岁以上十五岁以下贫苦无依之幼年男女，均得收养于本所。孤儿所之设备除得准用关于恤老所（详该本条）之规定外，对于留所儿童以授以相当知识技能，以期成年后能自谋生活，并具备公民常识为目的。所收养幼年男女，如有愿领作养子女者，须具领状并觅取殷实铺保二家经调查属实方许领出。其在所内收养者，于成年时应介绍以相当职业。（救济院条例第三章）

【孤卿】【史】为三孤六卿（详各本条）之简称。

【孤卿大夫】【史】为三孤六卿及大夫（详各本条）之简称。

【孤独矜寡】【史】礼记—王制篇："少而无父者，谓之孤，老而无子者，为之独，老而无妻者谓之矜，老而无夫者谓之寡，此四者天民之穷而无告者，有常饩。"所谓天民之穷而无告者有常饩乃指天下之四穷民，加以救济，乃王道之先务，而言。礼记礼运篇中所载作矜寡孤独，而孟子梁惠王篇则作："鳏寡孤独。"文字虽异，意义则同。

【季审会】【组】The quarter session　为英国刑事法院之一种，又称季审法院，乃小审会之上诉机关，由每郡邑之治安审判官组织之（但另置一法律专家为顾问），开庭时采合议制，是曰郡邑季审会。若由国王所委派之法官审理者，则为在城市内所设之季审会，是曰城市委审会。凡不服季审会之判决者，可向高级法院上诉。季审会除受理上诉案件外，亦得直接受理公诉之刑事案件，如某种特殊重大案件，则须交由巡回法院受理。

【孟罗主义】【国公】Monroe Doctrine　又译为门罗主义。（详该本条）

【定日票据】【票】Negotiable instrument on a fixed day　谓付款到期日有明白确定记载之票据也。例如记载以民国二〇年五月八日为到期日是。

【定作人】【债】Employer　因承揽契约而有请求他方完成工作之权利者，并负有俟工作完成后给付报酬之义务者，曰定作人。

【定金】【债】Earnest money　日本称曰手附，即契约当事人一方或双方在契约缔结之际所交付之金钱或其他有价之代替物也。此时法律视为契约成立，故曰定金契约，其目的乃在确保契约之履行，而为原契约之契约。我国民法所定为定金除当事人另有订定外，适用下列规定：（1）契约履行时，定金应返还，或作为给付之一部。（2）契约因可归责于付定金当事人之事由致不能履行时，定金不得请求返还。

(3)契约因可归责于受定金当事人之事由致不能履行时，该当事人应加倍返还其所受之定金。(4)契约因不可归责于双方当事人之事由致不能履行时，定金应返还之。(第二四八—二四九条)

【定金契约】【债】以收授定金为目的而缔结之契约，曰定金契约。在此契约中双方契约收受定金人若不履行一定义务时，应返还定金之加倍额，其给付定金之一方如违背一定诺言时，则应抛弃所交付之定金。

【定限物权】【物】Limited real right　又称不完全物权。(详该本条)

【定时退股】【公】为退股之一种，对随时退股言。(详退股条内)

【定婚】【亲】Engagement　又称订婚，我民法则名曰婚约。(详该本条)

【定婚收继】【史】订定婚约后男子死亡，以其弟代娶之，是曰定婚收继，为元时之法律所认可，唐明清等律则均不许之。元典章(卷十八)："至元十年三月二十二日中书户部符文，滑州赵用告白张铸换亲男赵脸儿，定伊女月儿为妻，未婚，男因病身死，欲令次男赵自当收继，不肯事，省部相度，终是已定妻室，亦合钦依圣旨，小叔收阿嫂事理，接续施行。"

【定着物】【民总】又称土地定着物。(详该本条)

【定率税】【行】所谓定率税，乃指以法律就一定之税品预先规定税率，而由税收人员依照所规定者向人民所征取之税收而言，与分配税相对立。

【定期刊行物】【行】Periodicals　出版之文书图画定有一定期间者，称曰定期刊行物，如杂志之为一月刊行一次是。

【定期拂】【票】Payment at a fixed period　为日本名辞，即我国所称定期支付之票据也。

【定期金】【债】Periodical payments of money　即侵权行为中受害人之身体或健康，因被害而丧失或减少劳动能力或增加生活之需要时，所声请之定期支付的赔偿金额也。但为维持按期支付之确定起见，法院须命加害人提出担保。(民法第一九三条)

【定期金契约】【债】关于定期金债权人与债务人所作成之书契，称曰定期金契约。

【定期保险】【险】Term insurance　为死亡保险之一，对终身保险言，即对被保险人之死亡为一定期限之保险也。故在一定有效期间内，被保险人如有死亡情事，保险人须支付保险金额，如越过约定期限仍生存时，则保险契约即为终止。

【定期保险单】【险】Time-policy　定期保险之书面契约，曰定期保险单。(参定期保险条)

【定期婚姻制】【亲】Temporary marriage　与终身婚姻制相对立，即男女婚姻关系，乃以一时的结合为目的之制度也。盛行于未开化之民族中。

【定期给付之赠与】【债】Regular donation　简称曰定期赠与。(详该本条)

【定期买卖】【债】Purchase and sale at fixed date; Time bargain　为买卖分类之一种,对即时买卖言,又称犹豫买卖,其区别乃以财产权之移转或物品交付之时期为标准。故买卖成立后,定有期限以使权利之移转或物品之交付者,曰定期买卖。

【定期预】【行】Fixed deposite　为日本名辞,即我国所称之定期存款也。

【定期褫夺公权】【刑】即褫夺公权为一定期限内之时期之谓,又称有期褫夺公权。(详该本条)

【定期总会】【民总】Regular general meeting　为总会之一种,又称通常总会。(详该本条)

【定期赠与】【债】Gift with periodical prestations　为特种赠与之一,即以一定时期继续给付之赠与也,例如每年或每月赠与款项若干是。我国民法规定定期给付之赠与,因赠与人或受赠人之死亡失其效力,但赠与人有反对之表示者不在此限。(第四一五条)

【定款】【民总】Articles　为日本名辞,即我国所称之章程也。

【定义】【通】Definition　对于某种事物之性质详予分析时所得之确定的意义,谓之定义。例如学者研究婚姻之意义下其定义曰:婚姻者基于一男一女之共诺以终身共同生活为目的之法律上所公认之结合也。并分析其意义含有下列各点:(一)婚姻者一男一女之结合也。(二)婚姻者当事人共诺之结合也。(三)婚姻者为终身之结合也。(四)婚姻者以共同生活为目的也。(五)婚姻者为法律所公认之男女结合也。

【定价保险】【险】Insurance with valued policy　保险价额系由当事人以契约预定者,曰定价保险。苟当事人预为计定于保险契约中时,保险人不得请求减少,但能证明其价额显有过当时,不在此限。此种保险以人寿保险为多数,船舶保险之采用者亦属不少。

【定系港】【海】Vessel's home port　又称船舰本籍地(详该本条),更名曰船籍港。

【定籍】【行】又名编籍。(详该本条)

【宗人府】【史】明代改元朝之大宗正院为宗人府,掌天子九族之属籍,以修其玉谍,并书宗室子女嫡庶之名封嗣袭生卒,婚嫁,谥葬之事,清因之,其首长称为宗人令,由亲王郡王中选任之。其次官曰左右宗正,各一人,并有左右宗人各一人,均由亲王,郡王,贝勒,贝子中选任之。(明清会典宗人府)

【宗主国】【国公】Suzerain state　凡对属国享有支配权之国家,曰宗主国,如前昔土耳其之于埃及并保加利亚是。

【宗主权】【国公】Suzerainty　宗主国对于属国所享有之权力,曰宗主权。

【宗正】【史】掌皇室亲属之事之官也。始于周时,即周礼之小宗伯也。秦因之。

汉时，为皇族之专官。晋始以之兼掌他姓之事，称曰宗正寺。事物纪原（卷五）："周官也，在周礼实小宗伯之职。宋百官春秋曰，周封兄弟之国，十有五，同姓之官，三十有五，选其宗之长而董正之，谓之宗正。秦因其说，置宗正，两汉皆授皇族不杂姓，晋始兼庶姓也。旧唐志曰，星经有宗正，在帝座东南，汉高纪七年二月，置宗正官，以序九族。"其后均大同小异，至元改为大宗正院，明又改为宗人府，清因之。

【宗正寺】【史】为唐时掌皇族户籍之官厅。唐书一百官志："宗正寺卿一人，少卿二人，掌天子族亲属籍。"

【宗伯】【史】为周礼春官之首长，掌邦礼兼治天神地祇人鬼之事。其职制："掌邦礼，治神人和上下。"与后世之礼部尚书一职相当。（周礼注大学衍义补卷五）

【宗法】【史】周时分别诸侯之系统为嫡庶，关于其正统继承之大法，称曰宗法。宗法论："宗法何昉乎，古之时，诸侯之适长为世子，嗣为诸侯，其支庶之后族繁多，惧其散而无统也，因制为大宗小宗之法。经曰，别子为祖，继别为宗，此百世不迁之大宗也。继祢者为小宗，此五世则迁者也。夫诸侯世子之兄弟，不分适庶，皆称别子，特以其为祖为祢不同，故大宗小宗遂因之以异。何以知之？王制云，大夫三庙，一昭一穆太祖之祖而三，士一庙，祭法言，适士二庙无太祖。郑注，王制云大夫太祖别子始爵者，大传别子为祖谓此也。据此则诸侯之别子亦必为大夫而后得为后世之太祖，然先王之世使以德以爵以功，未有无功德而为大夫者，诸侯之别子岂必皆贤，其为大夫者，则为后世之太祖，故其子孙适长继此祖而为太宗。其为士者，止得为祢于其子而为小宗，太祖朝百世不迁，故太宗亦百世不迁，祢庙五世递迁，故小宗亦五世而迁也。虽然，太宗小宗之别，渐别于其后，非遽别于其初，盖别子之及身为大夫，士于公朝，有宗道也（大传云公子有宗道）。"

【宗师】【史】为汉时之官名。平帝时选有德义者为宗师，以纠察不从教令者，冤枉者及失职者，盖即宗伯之属也。（大学衍义补卷九十九）

【宗教】【通】Religion　宗教为人与神之关系，惟亦为法律渊源之一。在太古文化未进之时，宗教与政治混淆为一，宗教之教条即具有法律之强制力。斯时因人所敬畏者惟神而已，故可称为神权时代。即其后文化日渐演进，君主大权以及法律之起源亦莫不指为为神所授与者，如希伯来古时法律之由耶和华所授，巴比伦之罕穆拉比法典之为日神所传授，印度马努法典之为出自神手，皆其显著之例。时至今日，民权鼎盛，科学昌明，而有若干法律仍未能全然脱离宗教之羁束，是宗教之力量实较其他社会之规范伟而且大。在宗教兴盛之国家之法律，其制定之以不违反宗教之教律为原则也固无论矣，即在通常国家，其法律制度亦恒不能与宗教截然分离。例如宪法之前文有："依神意旨制定斯法"，及"上帝在天，实默佑之。"并："托神之保护"以及："奉全能上帝之命令以制定……法"等皆是。又如欧美各国之法庭中宣誓制度，亦系宗教之遗风，而此项制度之有助于法律之推行亦复不少。故一般人，均以宗教之于法律实有相辅为用并行不悖之效，然宗教与法律固有绝然不同之点在也：（一）宗教为人与神之关系，法律则为人与人之关系。（二）宗教之制裁以神为中心，法律则委诸国家。（三）宗教可以拘束人之内部，而法律则仅及于人之外部的行为。

【宗教法】【通】Canon Law 又称曰寺院法。(详该本条)

【宗教法院】【通】Religious court 宗教法院为欧洲前此之旧教徒所设置以专事审判异教徒之法院也。及宗教信仰自由之原则确立之后,各国始先后撤废之。

【宗教婚主义】【亲】为形式婚主义之一种,对法律婚主义言,即以婚姻之成立须依一定宗教之仪式,于教堂内或特定地方举行始为有效之立法主义也。纯采此主义之国家,已不复见,英美西奥等国乃兼采宗教婚主义与法律婚主义。

【宗族】【亲】Kindred 同姓之亲族谓之宗族,即同一祖宗所出之男系血统,例如祖父子孙兄弟伯叔从兄弟堂兄弟族兄弟族伯叔等是。然宗族之亲除有血统之关系外,尚有拟制上宗族之别。血统上宗族专指男系之血统而言,本宗族妇女出嫁所生之女系血统,虽有血统连络,不称为宗族之亲。同时属于男系之血统不问其嫡子或庶子所出之子孙,皆谓之宗族。但新民法颁行后已经打破男系血统之片面亲属关系,只规定血亲而无所谓宗族之亲。至于拟制上之宗族亲,乃指本非血统上连络,仅由法律上所拟制而已,如宗族之亲由于同宗族人立嗣而发生者是也。

【宗祧继承】【继】Succession to the cult of ancestor 为继承之一种,对家督继承与财产继承言。以奉父祖之祭祀为目的之宗统继承,曰宗祧继承,为我国以前特有之制度。宗祧继承以男系为限,且须同宗共姓也。尤须以嫡长子之名义而为继承,故非直系之伯叔昆弟等,均不能互相继承其宗祧。按此种制度起自宗法,宗有大宗小宗之别,大宗之后百世不迁,小宗之后五世则迁,故大宗不可绝,宗祧之制即所以继大宗,以为宗庙祭礼之主持者也。降至后世,此项制度其精神已完全毁破,所谓宗祧继承,名存而实亡,其内容多着重于财产之继承,关于宗庙之祭权,与宗族统辖权,均不存在。我国前此法律与历次草案,虽均有宗祧继承之规定,然皆与社会情形及现代思潮不相融洽,至现行新民法,始毅然加以废除。

【宗学】【史】为教育皇室宗族之子弟而设立之学校,宋高宗之时始设立之。有大学与小学之别,明之宗学乃始自武宗之时,清亦因之,每旗皆设置之,惟明清均有小学而无大学。

【宗亲】【亲】Agnatio(拉丁);Agnation;Paternal relatives 与外亲妻亲相对立,谓由同一祖先所出之男系血统亲属也(其亲属范围以四亲等为限)。按宗亲通常有由于血统上而成者,亦有由于拟制上而来者,前者如祖父母父母及亲生子女同胞兄弟姊妹皆是,后者如嗣子与嗣父母之间,继子与继父母之间,庶子与嫡母之间皆属之。宗亲在新民法中已无明文。

【官人从驾稽违】【史】百官随从车驾稽违不到,为官人从驾稽违。唐律(卷九)职制篇——官人从驾稽违之条:"诸官人从驾稽违,及从而先还者,笞四十,三日加一等,过杖一百,十日加一等,罪止徒二年,侍臣加一等。"其疏议曰:"官人谓百官应从驾者,流外以下,应从人亦同官人之罪,其书吏书僮,差逐官人者,不在此限。其有稽违不到,及从而先还者,虽不满日,笞四十,三日加一等,过杖一百,十日加一等，罪止徒二年。侍臣谓中书门下省五品以上，依令应侍从者，加罪一等。”

【官尺】【史】官厅所用之尺俗称曰官尺。依民国旧度量衡法之规定，有二制度，一曰营造尺，即袭用清制者，一曰公尺，乃仿法国之米突尺，皆谓之官尺。

【官户奴婢亡】【史】谓官户官奴婢逃亡也。官户官奴婢均系因犯罪而使其服役于官厅者。唐律（卷二十八）捕亡篇：“诸官户官奴婢亡者，一日杖六十，三日加一等（部曲私奴婢亦同），主司不觉亡者，一口笞三十，五口加一等，罪止杖一百。故纵官户亡者与同罪。奴婢准盗论，即诱导官私奴婢亡者准盗论，仍令备偿。”

【官文书印】【史】在官文书上所捺用之印曰官文书印。唐律（卷十九）贼盗篇——盗官文书印之条：“诸盗官文书印者，徒二年，余印杖一百。”其疏议曰：“印者信也，谓印文书施行，通达上下，所在信受，故曰官文书印。”

【官文书稽程】【史】稽程者谓稽迟程限也。如将官文书稽迟程限不特影响于官文书之投递，且亦耽误公事，故明清律均有处罚明文。明律（卷三）、清律（卷七）吏律公式篇有官文书稽程之条：“凡官文书稽程者，一日，吏典笞一十，三日，加一等，罪止笞四十。首领官各减一等。若各衙门，遇有所属申禀公事，随即详议可否，明白定夺，回报。若当该官吏，不与果决，含糊行移，互相推调，以致耽误公事者，杖八十。其所属将可行事件，不行区处，而作疑申禀者，罪亦如之。”明律于此则有：“其所行公事已果决行移或有未绝或不完者，自依官文书稽程论罪”之规定。清律之辑注曰：“上节止是稽程，未至耽误，故其罪轻，下节耽误公事，由于推调，故其罪重。”清律之总注曰：“程，谓程期之限，如例小事五日，中事十日，大事二十日是也。一应官文书，依此完办，过此限期不完，曰稽程，谓稽迟程限也。稽程一日，吏典笞一十，每三日加一等，稽程四日，乃笞一十，又三日，笞二十，至十日以上，罪止笞三十，正官佐贰不坐，以承行文书之责，专在首领吏典也。各衙门上司，遇有所属申禀公事，即当定议可否，批回，下司有不必申禀上司之公事，即当区处施行，则文书不致稽迟，公事不致耽误。若上司官吏，将申禀不与果决，含糊行移，因而互相推调，以致有所耽误，则罪在上司。若下司将可行事件，不行区处作疑申禀，则罪在所属，并杖八十。”

【官司出入人罪】【史】官吏判罪减重作轻，增轻作重，是曰出入人罪，旧律均有处罚规定。明律（卷十二八）、清律（卷三十七）刑律断狱篇——官司出入人罪条：“凡官司故出入人罪，全出全入者，以全罪论。”其下注云：“谓官吏因受财及法外用刑将本应无罪之人而故加以罪，及应有罪之人而故出脱之者，并坐官吏以全罪。法外用刑，如用火烧烙铁烙人，或冬月用冷水浇淋身体之类。”同条：“若增轻作重，减重作轻，以所增减论，至死者坐以死罪。”其下注云：“谓如其人犯罪应决一十而增作二十之类，谓增轻作重，则坐以所增一十之罪。其余应决五十而减作三十之类，谓之减重作轻，则坐以所减二十之罪，余准此。若增轻作重入至徒罪者，每徒一等折杖二十。入至流罪者，每流一等折徒半年。入至死罪已决者，坐以死罪。若减重作轻者，罪亦如之。”同条：“若断罪失于入者各减三等，失于出者各减五等。”其下注曰：“谓鞫问狱囚或证佐诬指或依法拷讯以致招承及议刑之际，所见错误，别无受赃情弊及法外用刑，致罪有轻重者。若从轻失入重，从重失出轻者，亦以所剩罪论。”同条：“并以吏典为首，首领官减吏典一等，佐贰官减首领官一等，长官减佐贰官一等科罪。若囚未决放及放而还获，若囚自死各听减一等。”其下注曰：“谓故入及失入人笞杖徒流死罪，未决其故出及失出人笞杖徒流死罪，未放及放而更获，若囚人自死者，于故出入及失出入人罪上各听减一等。”

【官司遣捕】【史】为官捕（详该本条）之别称。

【官立】【行】Established by government　国家直接经营事业时，谓之官立。例如国家直接经营盐政时其所设立之盐场，称曰官之盐场。又如直接举办教育，其所设立之学校称曰官立学校等是。官立与公立私立不同，因公立乃指地方团体所经营之事业，而私立乃指私人所经营之事业而言。例如公立学校其经费为地方团体所负担，私立学校其经费则由于私人所负担等是。

【官立学校】【行】Government school　与公立学校私立学校相对称，即由国家之经费所设立之学校也。

【官刑】【史】为舜典所载五刑以外之一种从刑，谓对于官事之不治所施之刑也。即凡官吏受处分时，以鞭刑加其身，故乃指鞭刑而言。书经—舜典：“……鞭作官刑。”

【官印】【行】Governmental seal　官署所用之印章称曰官印。

【官吏】【行】Officer; Official　官吏者，谓执行国家事务，负担公法上服务义务，而对于国家发生特别服从关系之人员也。官吏资格之获得，有由任命行为而来者，有由选举而来者，更有由考试而来者。其义务有七：（一）执行职务之义务。（二）忠实之义务。（三）服从命令之义务。（四）严守秘密之义务。（五）保持品格之义务。（六）遵照限制之义务。（七）遵守党义之义务（专指我国之官吏）。若违反上述义务时，则应负担法律上之责任。其责有三：（一）受惩戒——公法上之责任。（二）受刑罚——刑事上之责任。（三）负担损害赔偿之责任——私法上之责任。至于官吏所应享之权利，则有下述二种：（一）经济上之权利——俸给，退职恤金，遗族恤金，公费，及实费返还等请求权，皆属之。（二）地位上之权利——如官吏身分权利之承认，与受官吏保障法之保障皆是。

【官吏受财】【史】官吏受财者，谓官吏违法额外收受财物也。明律（卷二十三）、清律（卷三十一）刑律受赃篇——官吏受财条：“凡官吏受财者，计赃科断，无禄人各减一等，官追夺除名，吏罢役，俱不叙。说事过钱者，有禄人减受钱人一等，无禄人减二等，罪止杖一百，各迁徙，有赃者，计赃从重论。”按官吏受财乃兼枉法与不枉法在内。清律之总注曰：“此条是官吏犯赃正律，单指官吏言之。官吏同为执法之人，故有枉法不枉法之分，凡内外军民衙门，见任之官，见役之吏，因人有事，受其行求之财者，计所入己之赃，分枉法不枉法，照数科断。其月支俸食，不及一石者，为无禄人，各减有禄人一等。各者，指枉法不枉法两项也。凡以赃入罪者，官则追夺原领诰勅，革除铨籍职名，吏则罢其见役，俱不叙用。名例官员犯私罪，至杖一百者罢职不叙。两犯赃则虽一两以下，枉法杖七十，不枉法杖六十者，亦罢职。犯行止有亏,则不计罪之轻重也。因事受财必有从中关说其事,过付其钱之人,故又有说事过钱之罪,有禄人减受钱人一等,无禄人减受钱人二等,罪止杖一百徒二年。按说事过钱者,旧有迁徙准徒之法,今定为徒二年,五等徒与杖同增减,此则杖有增减,徒俱二年,虽过钱一两以下,减至笞罪,亦徒二年。杖罪照受钱人减科,故有轻重之分,而徒则一定之法,所以代其迁徙,非五等徒之例也。但说事过钱即徒二年,如枉法三十两以下,不枉法七十两以下,反重于受钱人之罪,恶其为贪饕之导也。然受钱多者,罪至于死,而过钱罪止杖一百,犹无入己之赃也。若既过钱与官吏,又自得有事人之钱,则计其入己赃数,照枉法不枉法,分有禄无禄人科之。赃罪重于过钱,则从赃罪论。过钱重于赃罪,则从过钱论。以徒二年为率,论其轻重。或谓徒是代其迁徙,非正罪也,应照杖一百为率论,非也。按诉讼内诬罪三等,并入所得杖罪通论,则可知以徒二年为正罪,且应并入所得笞杖以论也。"

【官吏服务规程】【行】本规程公布于民国二十年六月二日,全文计十八条,自公布之日施行,凡受有俸给之公务员均适用本规程之规定。兹将本规程之要点述之于下:(一)官吏应依法律命令所定忠心努力暂守恪言执行职务,并须诚实清廉谨慎勤勉,不得假借权力,亦不得利用职务上之机会以加害于人。(二)官吏应服从上官命令,对于本机关机密及未公布事件不得漏泄。到署办公应依法定时间。除下列情形外不得请假:(1)疾病。(2)正当理由。(三)官吏不得直接或间接兼营商业或公债交易所等一切投机事业。除法令所定外,不得兼任他项职务;其依法兼职者,不得兼薪。此外亦不得兼任新闻记者。(四)官吏对于属官不得推荐人员,对所办事件不得收受赠遗。执行职务时遇有涉及本身或其家族之利害事件应行回避。对在职务内所保管之文书财物,应尽善良保管之责。(五)官吏有违反本规程者,该管长官应按情节轻重依法申诫或予惩戒。

【官吏恤金条例施行细则】【行】本细则于民国十九年七月八日经考试院呈由国民政府核准备案,全文计十八条,附录恤金受领人须知十三则。

【官吏宿娼】【史】官吏宿娼系行止有亏,罪虽轻应处罚。子孙虽非现任之比,然亦有碍行止,故同应处罚。明律(卷二十五)、清律(卷三十三)刑律犯奸篇——官吏宿娼之条,清律规定:"凡官吏宿娼者杖六十(挟妓饮酒亦坐此律),媒合人减一等。若官员子孙(应袭荫)宿娼者,罪亦如之。"其总注曰:"娼者乐籍妇女也,文武官吏宿娼者,虽非奸比,亦有玷行止,故杖六十,媒合人减一等,笞五十。若文武官应袭荫之子孙宿娼者罪亦如之。"清律之辑注曰:"辑注诸解皆谓娼家知情问不应,但彼贱人岂能拒官吏及官员之子孙哉,似当原之。窃按娼不必专指乐户,如其积惯卖奸,全无廉耻,即隶户籍,亦谓之娼,其虽隶乐户,素守本业,并不逾闲,亦谓之良。设守业不犯奸之乐户,被良民强奸,律无减等之文,自同凡论。窃按军民宿娼,仍照纵容妻妾犯奸律问拟者,以若辈为风俗之害,故严其防,使人不敢轻犯,故不另立科条也。官吏娶流娼比照娶乐人律。"

【官吏给由】【史】(参照由条内)

【官吏词讼家人诉】【史】官吏词讼乃属私事,应由其家人出名提起诉讼,是曰官吏词讼家人诉。明律(卷二十二)、清律(卷三十)刑律诉讼篇——官吏词讼家人诉之条:"凡官吏有争论婚姻钱债田土等事,听令家人告官对理,不许公文行移,违者笞四十。"明律之纂注曰:"此言军民衙门见任见役之官吏,其有争论婚姻钱债田土等项事情,听令官吏之家人出名告官理对,不许官吏自以印信公文行移追问。盖公文行移本系公事,婚姻等项皆为私事,以公文而行私事,不免恃势以凌人,故违者官吏各笞四十。此止言婚姻等项,举轻事也,而重事可知矣。"

【官吏关系】【行】Official relation　官吏与国家间所有之一切权利义务关系,谓之官吏关系。其性质乃为一种公法上之任务契约之关系。

【官吏听许财物】【史】所谓官吏听许财物,乃指官吏听许犯事人之给与财物而未实行收受而言。凡官吏有推问之事,犯事人许送财物因而听从徇其所请,虽未接收入手,实已熏染于心,律亦贵乎诛心,其心贪污即是罪案,故加惩治。明律(卷二十三)、清律(卷三十一)刑律受赃篇均有官吏听许其财物之条,内容相同。清律之条文及其下注:"凡官吏听许财物,虽未接受,事若枉者准枉法论,事不枉者,准不枉法论,各减(受财)一等。所枉重者,各从重论(必自其有显迹有数目者方坐。凡律称准者至死减一等,虽满数亦罪止杖一百,流三千里,此条既称准枉法论,又称减一等,假如听许准枉法赃满数至死减一等,杖一百,流三千里,又减一等,杖一百,徒三年,方合律,此正所谓犯罪得累减也。此明言官吏,则其余虽在官之人不用此律)。"清律之辑注:"前条受财,在于事后,事前未许也。其枉法不枉法,均非有心;此条听许在于事前,事后未受也,其枉法不枉法已有成见,乃前重此轻者,以无实赃也。前是因赃而追论其事以定罪,此是因事而虚坐其赃以定罪,故继之曰所枉重者,各从重论也。所枉重者从重论,乃科受赃枉法者之通例,诸律皆然,而独附于此,盖受赃律以赃为重,官吏受财皆有实赃,所重在赃也。此条但言听许,未有实赃,所重在枉也。以重例轻律之例也。"同律之辑注:"若先听许后接受,先说事后过钱,自照官吏受财本律。说见前条许财人问不应从重,以行求律内无未过钱之法也。关说许财者亦问不应。"

【官地】【土】Government land　即公有土地之别称。(详公有土地条)

【官有林】【行】Government forest　一名国有林。(详该本条)

【官有物】【行】Government property　官有物者谓国家所有之物也。例如国有土地以及官署所用之文具簿册皆为官有物。

【官有员数】【史】官有员数者,谓官吏之设置有一定之数额也。若多设或不应设置而设置之,则为法律所不许。唐律(卷九)职制篇——官有员数条:"诸官有员数,而署置过限,及不应置而置(谓非奏授者),一人杖一百,三人加一等,十人徒二年。"疏议曰:"官有员数,谓内外百司杂任以上,在令各有员数,而署置过限,及不应置而置,谓格令无员,妄相署置。"

【官米】【史】米谷之由官发卖者,谓之官米,乃以救济贫民为目的。事物纪原:(卷一)"宋朝会要曰,天禧元年三月,以京十四场粜米,令每场日加至五百石,今诸仓粜米疑起自此。"

【官私畜损食物】【史】官私畜产,既有负责之畜牧,则凡放其外出以损食官私物者,自当科以刑罚。唐律(卷十五)厩库篇有官私畜损食物条之设:“诸放官私畜产,损食官私物者,笞三十,赃重者,坐赃论,失者减二等,各偿所损。若官畜损食官物者,坐而不偿。”疏议曰:“谓放官私畜产,损食官私之物,损食虽少,即笞三十,若准得二匹一尺,只合笞四十,是名计赃重者,坐赃论。失者减二等,谓非故放,因亡逸而损食者,减罪二等,各偿所损。既云损食官私之物,或损或食,各令畜主备偿。若官畜损食官,坐而不偿,公廨畜产,损食当司公廨,既不同私物,亦坐而不偿。若损食余司公廨,并得罪仍备,一准上文。”

【官私畜毁食官私物】【史】官有或私有之畜产,毁损或食官有私有之物,称曰官私畜产毁食官私物。唐律(卷十五)厩库篇有官私畜毁食官私物之条:“诸官私畜产毁食官私之物,登时杀伤者,各减故杀伤三等。偿所减价,畜主备所毁。”其疏议曰:“畜产不限官私,或毁食官私之物者,毁,谓有所唐突或抵蹋之类。因其毁食物,主登时即杀伤者,各减故杀伤罪三等。若杀马牛杖九十,其伤马牛及杀伤余畜产,各计所减价,计赃准盗论,减三等。如所杀牛马准所减价,当绢十五匹者,徒二年上减三等,合杖一百。如此计赃,得罪重即从重论,仍各偿所减价,畜主备所毁。”

【官制】【行】Official organization 关于规定国家机关之组织及其权限之法规,曰官制。官制制定权,有时属于立法机关,有时属于行政长官或行政主管机关。官制之内容,有时系关于官署对于人民行使国权之权限之规定,有时则仅为关于官署内部组织之规定。官制可分为中央官制与地方官制二种。

【官治】【行】又称吏治。(详该本条)

【官物亡失簿书】【史】主守官物者亡失其簿书,曰官物亡失簿书。唐律(卷二十七)杂律篇有官物亡失簿书之条:“诸主守官物,而亡失簿书,致数有乖错者,计所错数以主守不觉盗论。”疏议曰:“凡是官物,皆立簿书,主守之人,亡失簿书,为失簿书之故,遂令物数乖错,计所错之数,依不觉盗论。厩库律主司不觉盗者,五匹笞二十,十匹加一等,过杖一百,二十匹加一等,罪止徒二年。”

【官物有印封】【史】官物有封闭之印记之谓也。非经其管辖官司之认许,不得开封,其擅自开封者杖六十。(唐律厩库篇——官物有印封之条)

【官物应入私】【史】官物应入私者,谓官物应将给赐及借贷官吏及人民也。唐律(卷十六)厩库篇——官物应入私条曰:“诸官物当应入私,已出库藏,而未付给,若私物当供官用,已送在官,及应供官人之物,虽不供官用,而守掌在官者,皆为官物之例。”疏议曰:“谓官物应将给赐及借贷官人及百姓,已出库藏,仍贮在官,而未付给之间,若私物借充官用,及应征课税之类。已送在官贮掌,或公廨物,及官人月俸,应供官人之物,虽不供官用,而守掌在官,……皆为官物之例。”

【官长】【通】Rulers; Officials 人民对于官吏皆称之为官长,即下级官吏称上级官吏亦曰官长,盖寓有尊崇之意也。

【官品邑号】【史】唐制有妃及夫人之官品邑号。所谓官品乃指郡县乡君等之类而言，所谓邑号乃指国郡县乡等之名号。唐律（卷二）名例篇——妇人官品邑号之条："诸妇人有官品及邑号，犯罪者各依其品，从议请减赎当免之律，不得荫亲属。"疏议曰："妇人有官品者，依令妃及夫人郡县乡君等是也。邑号者，国郡县乡等名号是也。"

【官炭】【史】宋时有官卖火炭之制，盖为低价发卖以救济贫民而设也。事物纪原（卷一）："宋朝会要曰，大中祥符五年十二月六日帝谓王旦曰，民间乏炭，秤二百文，令三司出炭四十万，减价鬻与贫民，非惟抑高价，且济人民，六年遂置以备济民。"

【官纪】【行】Official discipline　又称官箴，官吏服务时应行遵守之纪律，谓之官纪，凡违反官纪者，应受惩戒之处分。

【官员丁忧】【史】在官人员遭父母丧者曰官员丁忧，可分私罪及公罪言之。（一）私罪——（甲）凡官员有下列情事之一者俱革职：（A）匿丧短丧。（B）捏报丁忧离任。（C）闻丧恋职或丁忧承重捏称出继归宗，或隐匿接丁，抑或服制未除冒哀从仕。（D）在部新选新补得缺捏报丁忧。（E）在籍候补候选于得缺时捏报丁忧者。（乙）闻丧不报擅自离任者降二级调用。（二）公罪——（甲）凡有下列情事之一者俱罚俸一年：（A）丁忧呈报迟延者。（B）漏报接丁者。（C）在部候补候选闻丧不报竟自回籍者。（乙）呈报丁忧漏叙紧要字样者罚俸六个月。（处分则例）

【官员赴任过限】【史】官员一经任命，或取得委任照会（委任状），应即依照一定期限到任，违者应受处罚。明律（卷二）、清律（卷六）吏律职制篇——官员赴任过限之条："凡已除官员，在京者，以除授日为始，在外者，以领文凭限票日为始，各依已定程限赴任，若无故过限者，一日笞一十，每十日加一等，罪止杖八十，并附过还职（清律在此改为并留任）。若代官已到，旧官各照已定限期，交割户口钱粮刑名等项，及应有卷宗籍册完备，无故十日之外不离任所者，依赴任过限论，减二等。其中途阻风被盗患病丧事，不能前进者，听于所在官司状，以备照勘。若有规避诈冒不实者，从重论，当该官司，扶同保勘者，罪同。"清律之总注曰："首节言新除官员，赴任过限者，文票定有到任之期，无故过限者，计日论罪，一日笞一十，加等至七十，十日以上，罪止杖八十，并留任。次节言旧官得代，不离任所者，所应交代诸事，既已清完，无故至十日之外，不离任所者，依赴任违限论，减二等，除十日外，过限二十一日，笞一十，罪止杖六十。上二节皆指无故者言之。其中途有阻风，被盗，患病，丧事等故，不能前进者，听于所在官司，告给印结，以备到任照勘，若有所规避，诈冒不实，捏为事故者，计其规避之罪，与过限罪从重科之，所在给结官司，不行详察，扶同保勘者，罪同。"

【官员袭荫】【史】因父祖对于国家有功，子孙受其余泽而世袭其父祖之官职者，谓之官员袭荫。袭荫计有二种：一曰恩荫，即受特恩而使其子孙世袭其职；二曰难荫，即父祖因国事而殉难时使其子孙受优恤而世袭官职。至于袭荫应有一定顺序，即以嫡长子孙为第一位，如嫡长子孙亡故，或疾病，或犯奸盗等时，则其次位为嫡次子孙，而庶长子孙，而弟侄是。（清律卷五吏律职制篇——官员袭荫条）

【官员护照】【行】Passport for officials　为护照之一种，与外交护照及普通护照相对称。凡适用于外交护照(详该本条)领取者以外之中央及地方各机关,因公派往各国之人员之护照,皆为官员护照,须向外交部领取,自发给起其有效期间为一年。

【官城旦舂】【史】一说为完城旦舂,与髡钳城旦舂相反,即完存其头发,男子使为城旦,女子使为舂之刑。城旦,谓昼时充警伺外寇之侵入,夜间服工役修筑长城。舂,谓不使参预外徭(国境之劳役),但舂作米,其刑均为四岁,乃徒刑之属。汉书—惠帝纪注:"应劭曰,城旦者旦起行治城。舂者,妇人不预外徭,但舂作米,皆四岁刑。孟康曰,完不加肉刑,髡剃也。"同书—韩稜传注:"城旦,轻刑之名也。昼日伺寇虏,夜暮筑长城,故曰城旦。"刑法志:"诸当完者,完为城旦舂。"

【官捕】【史】由官司所派遣以从事于逮捕犯罪人者,称曰官捕,为官司遣捕之简称。唐律(卷二十五)诈伪篇——诈称官所捕人条:"……诈称官捕,及诈追摄人者,徒一年。"其疏议曰:"诈称官司遣捕。"按官捕与追摄人不同,官捕乃官司遣捕之简称,即奉官司之命于特种案件内以从事于逮捕某种犯人者。而追摄人则系指通常之追捕人而言,二者不可相混。

【官马不调习】【史】牧马之官不将所牧之马加以训练者,谓之官马不调习。明清律均设有处罚明文,明律(卷十六)、清律(卷二十一)兵律厩牧篇——官马不调习条:"凡牧马之官听乘官马而不调习者,一匹笞二十,每五匹加一等,罪止杖八十。"明律之纂注:"牧马之官如典牧所,牧马所官,调如使驰骤疾徐之有节也。夫牧马之官,官马听其乘坐须常乘以调习之,若马不调习,则不堪利用,故一匹笞二十,每五匹加一等,罪止杖八十。"唐律(卷十五)厩库篇亦有官马不调习之条:"诸官马乘用不调习者,一匹笞二十,五匹加一等,罪止杖一百。"

【官商】【史】从事于官营事业之商人,如盐商之类,谓之官商。六部成语注解:"奉官准作之商,如盐商之类是也。"

【官婢】【史】妇女犯罪而被官府没收以充内廷及公署之下婢者,名曰官婢。汉书刑法志—齐太仓令淳于公之女缇萦上书曰:"妾父为吏,齐中皆称廉平,今坐法当刑,……妾愿没身为官婢以赎父。"

【官绅兼委】【史】清制,征收厘金时,因便利起见,除由官厅派遣委员办理外,并委嘱地方绅士相与协助,俾利征收之进行,是为官绅兼委。(清国行政法卷六)

【官规】【行】Official rules 关于官吏应行遵守之法规,曰官规。例如官吏之考试,任免,惩戒,办事及服务等各法规皆是。

【官报】【通】Official gazette 官报之意义有二,其一乃指国家专以公告国家一切公文政令为主要目的,而由各该机关所发行之刊物而言,故又称为政府公报。其一则指国家经营之电信事业而言,如国营电报是。

【官报公布法】【通】Promulgated by governmental gazette 古时欧洲方面及近代最普通之法律颁布程式,即将法文刊于官报发布之谓。我国近亦采用此法,由政府公报公布之。所发载之文书,其效力与盖印文书者相同,而施行之期多由法律本文或于施行法中另行规定,故仅于公报中见之,不能即认为有实行之效力。

如于法文末条载明自公布之日施行者，即见公报后便为实行。但吾国幅员广大，势不能不以公报到达之日为标准，故未接到公报时，虽经公布仍不能适用，故又预定各处公报到达日期作为到达之例，如湖南于刊登后某日即为到达之例是。如仍未收到自可特别声明。（附表）

【官媒】【史】清制，各地方官因鉴于其所辖区域内之贫家女子及婢女等婚姻颇为困难，故有由官代为媒妁，而为简略婚礼之举行，是曰官媒。此外如发堂择配之妇女，亦交某种妇人之充任吏役者执行之，此项妇人，亦名曰官媒，其源乃出于周礼媒氏之制。

【官等】 Official grades 又称官阶。（详该本条）

【官费】【行】Government expense 所谓官费，乃指由国家所负担之经费而言，例如官费出国留学生，其一切经费皆由国库所支付是。

【官阶】【行】Official rank 官吏之阶级与等数，称曰官阶，又曰官等。我国之官阶分为下列四级：（一）特任官。（二）简任官。（三）荐任官。（四）委任官。（详各本条）

【官业】【行】Government industry 国家以公益或营利为目的所经营之事业，称曰官业。其以公益为目的之事业，如邮政电政及国营航政及铁道是。以营利为目的之事业，如烟酒专卖是。

【官当减赎法】【史】官吏犯公私罪时，得以其官与罪相抵销，谓之官当。如于相抵销时犹有余罪者，依法并可减等，或以金钱收赎。此项成例，曰官当减赎法。唐律（卷三）名例篇——奸盗略人受财之条疏议曰："若会降有余罪者，听从官当减赎法。"

【官督商销】【史】清制，政府亦有对商贾之盐，仅于制造及贩卖方面予以监督，而向其征收一定之公课，至其他之事，则不为何种之干涉，是曰官督商销。

【官运官销】【史】清制，盐政由国家办理，其运输与销售，均由政府特设机关主持办理，是谓官运官销。是为原则，但有例外。（参官运商销条）

【官运商销】【史】清制，政府特设机关办理收买盐斤及运输事宜，然后贮存于中央仓库，并将其原价，运输费，盐课，盐厘等综合计算，规定发售价格而发交盐商贩卖者，谓之官运商销。（中国度支考）

【官署】【行】Governmental office 官署者，谓基于行政首长（国家元首）之委任，对于国家行政事务之一部，有法律上决定权之国家机关也。官署对于国家事务之决定权，应有一定之范围，此范围曰官署之权限，故超出权限外之行为，绝对不能发生效力。若其行为仅为不适法者，则可加以撤销。至其行为如属合法，且已发生效力，其官署本身，如一旦废止或改组，则以前之合法行为，仍应继续有效。官署之行为，在原则上应由该官署自身行使之，但有时得授权于其他官署执行其权限，有时授权于非处于该官署之地位之人或机关，代理行使之，有时则委任下级官署行使之。又官署之种类可分下列：（一）行政官署与司法官署。（二）中央官署与地方官署。（三）普通官署与特别官署。（四）独任制官署与合议制官署。（五）决

议官署与执行官署。(详各本条)

【官署被劫】【史】所谓官署被劫,乃指仓库监狱以及驻城外衙门等被人抢劫而言,分为三项如下:(1)仓库监狱有失时,州县印捕官或被劫本署官于四个月疏防限内不获者,革职留任。其在同城之捕盗厅员,府州,道员,初参者革职留任,或降三级留任或降一级留任。其不同城之捕盗厅员,府州,道员,初参者降一级留任或罚俸一年。承督各官如于疏防限内拿获及半,兼获盗首及窝家窝线者免议。(2)仓库监狱无失者,承缉官督缉及本署官均照城内被劫例按限参处。(3)驻扎城外衙门被劫者,州县印捕官四个月疏防限内不获时,住俸。捕盗厅员,府州,道员,则照道路村庄被劫例议处。至于本署官如有管辖兵民之责者,照承缉印捕官例议处。(处分则例)

【官署许可主义】【民总】简称曰许可主义。(详该本条)

【官销】【史】(详官运官销条内)

【官选辩护】【刑诉】System of designated defence 对私选辩护言,又称指定辩护。(详该本条)

【官职】【行】Official service 所谓官职,乃指官吏对于国家事务所当处理之范围而言,即官吏所应担任之职务也。有时官吏关系业经发生,而官职尚未取得,例如县长资格之考取,而未正式实授县长职务是。有时官职已经消灭,而官吏资格仍行存续,休职之官吏,即其实例。

【官簿】【行】Government book 国家机关之各种簿册,总称曰官簿。例如帐簿,登记簿,存根簿皆是。其内容与方式多以法令定之。

【官权主义】【破】Public principle 一名曰公法的破产主义。(详该本条)

【官盐】【史】与私盐相对称,乃指经过官厅许可后所销售之盐而言。

【官厅】【行】Authority 即官署(详该本条)之别名。

【尚方】【史】(详尚方令条内)

【尚方令】【史】(一)天子御用物制造之所曰尚方。汉书—朱云传:"愿得尚方斩马剑断佞臣一人头。"其长官曰尚书令,次官曰尚书令丞。师古之注曰:"尚方主作禁器物。"汉末分中,左,右,三尚方,唐省方字而有中左右三尚署。元仅置中尚监,至明始废。(二)医官之一种,掌剂配药品之事。汉书:"为胶东王尚方。"

【尚主】【史】天子之女曰公主,故娶皇女曰尚主。汉书—王吉传:"娶天子女曰尚公主。"

【尚事十二条】【史】(详晋之法典条内)

【尚食】【史】官名,掌天子之膳部之职,始于秦代。宋史—职官志:"尚食掌膳羞之事。"

【尚书】【史】尚书有下列二义:(一)为书经之别名,尚者上也,有上古悠远之义,且其中皆为古时之训诰,故曰尚书。故事成语考:"书经载上古唐虞三代之事,故曰尚书。”(二)为尚书省之简称,其长官曰尚书令,亦简称曰尚书,其名始自汉时。

【尚书令】【史】尚书省之长官也,汉时为少府之属官,魏晋以后其位益崇,及唐即为真宰相。太宗尝任之,后世莫敢居此职,终唐之世,尚书省长官之职仅由左右仆射兼任。宋之尚书令仅为赠官,并非实职,迄明始废。

【尚书官令】【史】为魏令之一种。(详魏之法典条内)

【尚书省】【史】汉代有尚书之曹名,而无官号,后汉始称为尚书台,一曰中台,然仍属于少府,及晋始有尚书都府之名。刘宋时曰尚书省,亦曰尚书寺,然仍为内台。萧梁以来,尚书省始为定称。隋唐以来尚书省实为行政官之首,分左右二司,置六部,其首长曰尚书令。宋时尚书省亦为三省之一,掌施行制命举办省内之纲纪程式,受理六曹文书,听内外辞讼,兼营百官废置赏罚之事,亦置尚书令一人,左右仆射各一人,下分六部,元并归中书省,以中书令为首相,左右丞相副之,尚书省遂废。

【居中调停】【国公】Mediation　简称曰调停。(详该本条)

【居父母夫丧嫁娶】【史】父母丧事,子女应遵礼成服,妻妾居夫之丧亦同。在服丧未满之期间内均不得有嫁娶情事,违者应依本条治以应得之罪。唐律(卷十三)户婚篇有居父母夫丧嫁娶条之设:“诸居父母及夫丧而嫁娶者,徒三年,妾减三等各离之。知而共为婚姻者,各减五等,不知者不坐。”疏议曰:“父母之丧,终身忧戚,三年从吉,自为达礼。夫为妇天,尚无再醮,若居父母及夫之丧,谓在二十七月内,若男身娶妻,而妻女出嫁者,各徒三年,妾减三等。若男夫居丧娶妾,妻女作妾嫁人,妾既许以卜姓为之,其情理贱也。礼教既别,则罪故轻,各离之。谓服内嫁娶,妻妾并离,知而共为婚姻者,谓婿父称婚,妻父称姻,二家相知是终制之内,故为婚姻者,各减罪五等,得杖一百,娶妾者,合杖七十,不知情不坐。”同条又曰:“若居期丧而嫁娶者,杖一百,卑幼减二等,妾不坐。”疏议曰:“若居期亲之丧嫁娶,谓男夫娶妇,女嫁作妻,各杖一百,卑幼减二等。虽是期服,亡者是卑幼,故减二等,合杖八十,妾不坐,谓期服内,男夫娶妾,女妇作妾嫁人,并不坐。”

【居父母丧主婚】【史】父母丧者于一定期间内不得嫁娶(参居丧嫁娶条),其主婚之人亦应处罚。唐律(卷十三)户婚篇设有居父母丧主婚之条:“诸居父母丧,与应嫁娶人,主嫁者杖一百。”疏议曰:“居父母丧与应合嫁娶之人,主婚者,杖一百,若与不应嫁娶,主婚者,得罪重于杖一百,自从重科。若居夫丧,而与应嫁娶人,主婚者,律虽无文,从不应为重,合杖八十。其父母丧内,为应嫁娶人,媒合,从不应为重,杖八十,夫丧从轻,合笞四十。”

【居民会议】【行】Meeting of inhabitants　(详邻居民会议间居民会议)

【居作】【史】居作者,谓徒刑囚犯于其配所之内所为一定之作业也。又称曰居役,与现行法所谓之劳役同其意义。唐律(卷三)名例篇——犯徒应役无兼丁之条:“诸犯徒应役而无兼丁者,徒一年加杖一百二十,不居作。”

【居住自由权】【宪】Right on liberty of abode　为个人自由权之一种,即人民对其住所,依法律所享有不受侵入搜索或封锢之权利也。(参训政约法第十条)

【居住权】【宪】为居住自由权之简称。（详居住自由权条）

【居役】【史】又称曰居作。（详该本条）

【居奇】【史】凡投机而贪图不正之利益者，称曰居奇。户部则例："铺户回揽居奇"，乃此语之所从出。又史记吕不韦传，亦有"奇货可居"之辞。

【居所】【民总】Residence　即以一定目的暂时继续居住之处所也。所谓暂时，并非短促之意，乃非永久之谓，故与住所之以久住为目的者不同。又居所可同时有数处，而住所则否，但有时居所亦得为住所。（参法定住所条）

【居所地法】【国私】Law of settlement; Law of the place of residence　当事人居所所在地之法律，曰居所地法。凡适用住所所在地法时，如住所不明者，则适用居所地法，我国法律适用条例第二条第二项之规定，与此相同。

【居所地法主义】【国公】凡以居所地为准据法者，为居所地法；采取此种立法例者，为居所地法主义。（参居所地法条）

【居留地】【国公】Settlement; Foreign concession　又称租界，即依条约之缔结而向他国领土内以租借名义划定一定区域，以供本国商人居住之用之谓也。其区域主权，仍属于所在地国，惟行政权则由租借国或居留地住民行使之。

【居丧及僧道犯奸】【史】居丧者谓居父母丧及夫丧也，僧道乃包括僧尼道士女冠在内，如犯奸淫之事罪较凡奸为重。明律（卷二十五）、清律（卷三十三）刑律犯奸篇——居丧及僧道犯奸条："凡居父母及夫丧，若僧尼道士女冠犯奸者，各加凡奸罪二等，相奸之人以凡奸论。"其下注曰："强者奸夫绞，监候，妇女不坐。"清律之辑注曰："居父母丧兼男女言，夫丧兼妻妾言，不言孙居祖父母丧者，盖祖父母恩义虽重，服制则轻，应以凡论。"又同律之总注云："居父母舅姑及夫丧者犯奸，则忘哀纵欲，出家者犯奸，则秽乱清规，故照凡人和奸有夫刁奸三项罪上各加二等科之。相奸之人兼男女言，既不居丧，又非出家，仍以凡奸论，不在加等之限。"乾隆二十五年条例："僧道尼僧女冠有犯和奸者，于本寺观庵院门首枷号两个月杖一百，其僧道奸有夫之妇及刁奸者，照律加二等，分别杖徒治罪，仍于本寺观庵院门首，各加枷号两个月。"

【居丧嫁娶】【史】在父母及夫之丧中应断绝嫁娶，是谓居丧嫁娶，违者杖一百。又居祖父母，伯叔父母，姑，兄，姊之丧中者，亦不得嫁娶，违者减二等杖八十，且其嫁娶均为无效。（明律卷六清律卷九户律婚姻篇——居丧嫁娶之条）

【居间】【债】Brokerage　谓当事人约定一方为他方报告订约之机会，或为订约之媒介，他方给付报酬之契约也。日本称曰仲立业。约为报告或为媒介之方曰居间人，约定给付报酬之方曰委托人。居间制度乃为便利社会交易而设，故如雇佣保险卖买等之居间，已成为专业之一种。民法对于居间人之权利义务，设有下列规定：(1)据实报告于各当事人之义务（第五六七条）。(2)请求报酬权利（第五六六条、第五六八条）。(3)费用偿还请求权（第五六九条）。(4)负有忠实之义务（第五七一条）。(5)如有指定不得以一方之姓名或商号告知相对人者，居间人有不告知之义务（第五七五条）。关于给付报酬既为居间契约成立之要素，但民法为维持善良风俗起见，对于婚姻之居间若有报酬之约定者，认为无效，此殆不承认买卖婚姻之结果欤。

【居间人】【债】Broker 日本称曰仲买人。居间人者，在居间契约中负有向他方（委托人）报告订约之机会或为订约之媒介的义务，与享有报酬请求权之人也。居间人有民事居间人与商事居间人之别，乃以民事契约或商事契约之居间为区别标准，我国民法因采民商法合一主义，故不设有此项区别。（参居间条）

【居间业】【债】Brokerage business 从事于居间之营业，谓之居间业。

【届(屆)至】【民总】即使事实发生之谓。故期限届至，乃期限内容事实之发生也。我国民法就始期称曰届至。（第一〇二条）

【届(屆)满】【民总】即使事实失效之谓。故期限届满乃期限内容事实之失效也。我国民法就终期称曰届满。（第一〇二条）

【幸福警察】【行】为警察之一种，又称福利警察。（详该本条）

【底册】【史】官文书之草案，谓之底册。清会典一吏部："查对底册，明白照例。"

【底本】【史】谓官文书之草案也。宋时宋敏求氏所撰之春明朝录曰："公家文书之藁，中书谓之草，枢密院谓之底，三司谓之检。……晋天福五年改枢密院承旨为承宣，亦似相合其底，乃底本也。"

【府】【史】(一)官厅之称。汉代三公之官署谓之三府，即魏晋诸王之官厅，亦称曰府。及唐乃于边镇要害之地置总管府，后改为都督府。开元三年改京兆河南为府，是为后世府州之始。事物纪原（卷一）："汉制三公开府，故称三府。魏晋以后诸王又称府。唐高祖武德初，边镇襟带之地置总管府，七年改曰都督府。唐会要云，二月十二日也。开元三年始改京兆河南为府，此盖府始也。"(二)掌财币之官亦曰府，有外府内府之别。(三)掌书类之官亦曰府，如府史是。

【府尹】【史】府之长官，称曰府尹，始于汉时之京兆尹。唐时置西都，东都，北都各府尹，明代则置应天及顺天两府，各设府尹。清则于顺天及奉天二府各置府尹。民国初年于京兆置京兆尹。

【府丞】【史】明制于顺天府及应天府皆设府丞之官以佐府尹，清因其制，于顺天府及奉天府仍置府丞，又于宗人府亦设府丞一职，掌本府汉文之事务。

【府佐】【史】为知府之补助官，办理府之事务之次官，如同知通判皆是。六部成语注解："帮助知府办事之官，如同知通判是也。"

【府治】【史】明清时代知府兼辖数县，其驻在之县，称曰首县，又称曰府治。例如福建延平府兼辖南平，沙县，永安，将乐，顺昌，及尤溪六县。知府驻于南平县，故南平县又称曰延平府治。

【府学】【史】清制于各府设置学校，称曰府学。州设州学，县设县学，而总称曰府州县学。

【彼此俱罪之赃】【史】谓受财及与财者皆坐赃罪也。唐律（卷四）名例篇有彼此俱罪之赃之条："诸彼此俱罪之赃（谓计赃为罪者）及犯禁之物则入官（若盗人所盗之物倍赃亦没官)。”疏议曰:“受财枉法,不枉法,及受所监临财物,并坐赃,依法与财者,亦各得罪,此名彼此俱罪之赃。谓计赃为罪,谓甲弩矛矟旌旗幡帜及禁书宝印之类,私家不应有者,是名犯禁之物,彼此俱罪之赃以下并没官。”同条又谓:“注,若盗人所盗之物倍赃亦没官。”疏议曰:“假有乙盗甲物,丙转盗之,彼此各有倍赃,依犯并应还主,甲既取乙倍备,不合,更得两赃,乙即元是盗人,不可以赃资盗,故倍赃亦没官。若有纠告之人应赏者,依令与赏。”又彼指赠贿者,此指收贿者,双方当事人俱犯赃罪,故谓之彼此俱罪之赃。明律(卷一)、清律(卷五)名例律给没赃物之条:“凡彼此俱罪之赃……”其下注曰:“谓犯受财枉法不枉法,计赃与受同罪者。”其总注曰:“彼谓出钱人,此谓受钱人,俱罪,谓受者不应得,出者不应与,俱有应得之罪……。”

【征人巧诈避役】【史】临军出发者如以巧诈方法推避征役者,均为法所不恕。唐律(卷十六)擅兴篇——征人巧诈避役条:“诸临军征讨,而巧诈以避征役(巧诈百端,谓若诬告人,故犯轻罪之类),若有校试,以能为不能,以故有所稽乏者,以乏军兴论。未废事者,减一等,主司不加穷核而承诈者,减罪二等,知情者,与同罪,至死者,加役流。”疏议曰:“临对寇贼,即欲诛讨,乃巧诈方便,推避征役,注云,巧诈百端,或有诬告人罪,以求推对,或故犯轻法,意在留连,或故自伤残,或诈为疾患,奸诈不一,故云百端,不可备陈,云故之类。有所校试,谓临军之时,一艺以上,应供军用,军中校试,故以能为不能,以巧诈不能之故,于军有所稽违,及致阙乏废事者,以乏军兴论,故失俱合斩。若于事未废,减死一等。主司不加穷核,主司谓应检勘校试之人,不加穷研核实,而承诈依信者,减罪人罪二等。知情者谓知巧诈之情,并与犯者同罪。至死者,加役流,未阙事者,流三千里。”

【征人冒名相代】【史】征人者,谓出征之军士也。征名既定,不许冒名相代,违者依律治罪。明清律有军人替役条之设。唐律(卷十六)擅兴篇——征人冒名相代之条:“诸征人冒名相代者,徒二年,同居亲属代者,减二等。若部内有冒名相代者,里正笞五十,一人加一等。县内一人典笞三十,三人加一等。州随所管县多少,通计为罪,各罪止徒二年(佐职以上,节级为坐),主司知情,与冒名者同罪。”疏议曰:“介胄之士,有进无退,征名既定,不可假名,赏罚须有所归,何宜辄相冒代,如有违者,首徒二年,从减一等,同居亲属代者减二等。称同居亲属者,谓同居共财者,若征处得勋,彼此俱不合叙。部内有冒名者,谓里正所部之内,有征人冒名相代,里正不觉,一人里正笞五十,一人加一等,九人徒二年。若县内一人典笞三十,二人加一等,十五人杖一百,二十一人徒二年。注云,佐职以上,节级为坐,即尉为第二从,丞为第三从,令及主簿录事,为第四从。州随所管县多少,通计为罪,谓管二县者,二人冒名,州典笞三十,四人加一等;管三县者,三人冒名,州典笞三十,六人加一等之类。判司以上,节级皆如县罪,计加通罪,亦准此。各罪止徒二年,谓里正及县典州典,各罪止徒二年。故注云,佐职以上,节级为坐。知情者,谓里正及州县遣兵之官,若主典知冒代情,并与冒名者同罪。”同条又谓:“其在军冒名者,队正同里正(凡言队正,队副同),旅帅校尉,减队正一等。果毅折冲,随所管校尉多少,通计为罪(其主典以上,并同州县之法)。”疏议曰:“其在军队冒名者，谓卫士以上，得罪一同征人，队正副得罪准里正，亦一人笞五十，一人加一等，罪止徒二年。凡言队正，队副同称。凡言者，凡称队正之处，队副即同依军防令，每一旅帅，管二队正，每一校尉，管二旅帅，既非亲监当者，同减队正一等，谓一人冒名，笞四十，一人加一等，罪止徒一年半。果毅折冲，随所管校尉多少，通计为罪。每府管五校尉之处，亦有管四校尉三校尉者。谓管三校尉者，三人冒名，管四校尉者，四人冒名，管五校尉者，五人冒名，各得笞四十，不满此数，不坐。通计之法，并准上文州管县之义。注云，其主典以上，并同州县之法，谓罪从下始，府典同州典，兵曹为第二从，长史果毅，为第三从，折冲为第四从，录事同下从。依律无四等官者，止准见府官为坐。"

【征人稽留】【史】兴军征讨，兵马既出，应即前进，不许稽留。唐律(卷十六)擅兴篇——征人稽留条："诸征人稽留者，一日杖一百，二日加一等，二十日绞，即临军征讨而稽期者，流三千里，三日斩。"疏议曰："谓若已从军，兵马并发，不即进路，而致稽留者，一日杖一百，二日加一等，二十日绞。谓从军人上道日，计满二十日，即临军征讨者，谓征鼓相闻，指期交战，而稽期者，流三千里，经三日者斩。"

【征服】【国公】Conquest; Subjugation　为国家领土继承取得方法之一种，谓以战争方法取得敌人土地而继续占据以取得也。征服与割让不同，前者无条约之许可而先行取得之，后者则须依条约之订定始取得之。

【征讨告贼消息】【史】出征讨伐时，如有将秘密告贼者处极刑。唐律(卷十六)擅兴篇——征人稽留条："诸密有征讨，而告贼消息者斩，妻子流二千里。其非征讨，而作间谍，若化外人来为间谍，或传书信与化内人，并受，及知情容止者，并绞。"疏议曰："或伺贼间隙，密期征讨，乃有奸人，告贼消息者斩，妻子流二千里。其非征讨，而作间谍者，间谓往来，谍谓觇候，传通国家消息，以报贼徒，化外人来为间谍者，谓声教之外，四表之人，私入国内，往来觇候者，或传书信与化内人，并受化外书信，知情容止停藏者，并绞。"

【忠实义务】【行】官吏之执行职务，应忠心职守并须诚实任事，是为忠实义务。

【念室】【史】为夏代监狱之名。初学记："博物志云，夏曰念室，殷曰动止，周曰稽留，三代之异名也。"(参狱条内)

【性法】【通】所谓性法，其意义与自然法相似。凡法律之适合于人性之原理者，则此项法律称曰性法。惟其范围较自然法为略狭耳。

【房屋救济】【土】Housing remedies　房屋救济者，即对于都市区域内房屋恐慌加以救济之谓也。房屋为土地之定著物，故土地法特加以规定：(一)为增加市内房屋之规定。(二)为关于出租人与承租人间契约之规定(第一六一条——七〇条)。具体计之，房屋之救济方法有如下列：(1)规定房屋标准租金。(2)减免新建筑房屋之税款。(3)建筑市民住宅。

【所在地】【通】所在地者，谓人与物或机关所在之地点也。

【所在地主义】【刑】为隔时犯与隔地犯四学说之一，又名行为主义说。(详该本条)

【所在地法】【国私】所在地法者,谓关于物之所在地点之法律也。我国法律适用条例第二十三条规定,关于动产不动产之物权依物之所在地法。

【所在地法主义】【国私】以物之所在地之法律为准据法者,称曰所在地法主义。我国法律适用条例亦采此种主义。(参所在地法)

【所有人】【通】Owner 享有所有权之权利人曰所有人。

【所有物】【物】Possessory things 谓所有权之客体也。例如所有权人之于其房屋,该房屋即所有物是也。

【所有权】【物】Right of ownership 即在法令限制范围内得有自由使用收益处分其所有物,并得排除他人干涉之权利也。关于所有权之本质如何,共有下列六说:(1)意思说——谓吾人有置外界物于自己自由意思下之权利。(2)效果总计说——谓所有权乃占有处分收益使用等权能之所合成者。又称权利集合说。(3)支配力说——谓有支配其物之力也。(4)排外说——谓所有权能排斥第三者之干涉也。(5)处分权说——谓所有权之本质在处分其物。(6)总括支配说——谓所有权在能总括一切支配其物之谓也。故又称权利单一说。以上各说以第六说为当,此说之结果则所有权有弹力性,例如在所有土地上设定地上权,所有权虽受限制,但地上权解除后所有权仍圆满无缺。又所有权有归一性,例如其他物权只有一部之作用,所有权则有种种作用合成一个权利是。至所有权之沿革,乃由共产制度进至家产制度,再进至个人财产制度,故其登峰造极之时期乃在个人财产制度期中。其发生之理由,学者间有先占说、需要说、经济说、契约说、勤劳说、法定说、进化说、人性说,据予所信,以进化说为当。所有权之内容计有二种作用:(1)积极作用——即所有人对其物得有自由使用收益处分是也。(2)消极作用——即所有人对其物得排除他人之干涉是也。所有权之效果有二:(1)得享有收取物之成分及其天然孳息之权(民法第七六五条)。(2)得享有下列三权:(a)请求返还权。(b)请求除去权。(c)请求防止权(详各本条)。所有权取得之时效,专指原始取得而言。我国民法规定:(一)动产——以所有意思五年间和平公然占有他人之动产者,取得其所有权(第七六八条)。(二)不动产——以所有意思二十年间和平继续占有他人未登记之不动产者,得请求登记为所有人(第七六九条)。以所有之意思十年间和平继续占有他人未登记之不动产,而其占有之始为善意并无过失者,得请求登记为所有人(第七七〇条)。关于所有权取得时效之中断情形,亦有规定(第七七一条)。至其他财产权之取得,则准用上项各规定。(第七七二条)

【所有权以外权利】【土】所谓所有权以外权利,乃指地上权,永佃权,地役权,典权及抵押权等而言。同一土地为所有权以外权利登记时,其权利次序,除法律别有规定外,应依登记之先后。(土地法第三十七条)

【所有权来历】【土】土地登记之呈请,由契据专员对该声请书,土地他项权利清折,契据及其他关系文件,加以审查完毕之后应具审查报告书,记载一定事项,所有权来历即该事项之一。其内容如下:(1)上手各契据及其移转实情。(2)最近契据记载所有权人是否为声请人名字或其别号，如非声请人时，详述其关系，并其所以为声请人之理由。(3)检验关系所有权之粮串，租约房捐收据，继承遗嘱，赠与书据，法院判决书，及其他证明所有权之书据，为简要说明。(4)契据记载所有权人不止一人时，应查明各个人姓名住所。(土地法第九六条)

【所有权状】【土】Certificate of ownership 对于不动产所有权及船舶所有权之取得，移转或分合，依法须向主管官署声请登记，其登记后主管官署应给与所有权人以证明权利之书状，即所谓所有权状是也。例如土地法第八十九条规定土地所有权登记完毕时，应给声请人以土地所有权状，前项所有权状应记载登记号数，收件年月日，收件号数，所有权人姓名，土地标示，区段号数，登记年月日，由主管地政机关长官签名加盖官印，并将登记簿他项权利部权利事项栏记载之事项，照录于所有权状之幅，并附分段图。又第一百三十九条规定，土地所有权状于所有权移转或土地分合为登记时，由地政机关分别换给之。又土地所有权状因损坏或灭失请求换给或补给时，依下列之规定：(一)因损坏请求换给者，应提出损坏之原土地所有权状。(二)因灭失请求补给者，除提出灭失原因之证明及其他关于土地权利之证据外，并取具四邻或店铺保证书，保证其为原权利人，经地政机关公告三个月后得补给之。(土地法第一百四十条)

【所有权部】【土】为土地登记簿每一份用纸上所分之一部，内再分为权利事项栏及权利先后栏，前者记载关于所有权之事项，后者记载登记各权利事项之次序。(土地法第四十九条)

【所争物】【民诉】当事人所系争之标的物，谓之所争物。例如因房屋涉讼法庭时，则该房屋即为所争物。

【所后之亲】【史】养子指养父为所后之亲。清律(卷七)户律户役篇——立嫡子违法条例："若义男女婿，为所后之亲当悦者，听其相为依倚。"惟此语乃出自仪礼书中。

【所后父母】【史】养子称其养父母在旧律称为所后父母或所后之亲。

【所得】【亲】Income 所谓所得，乃指婚姻关系存续中夫妻因劳力所得之财产及原有财产之孳息而言。此种所得，夫妻间得以契约订定，而仅以之为共同财产(民法第一〇四一条)。此种制度曰所得共同财产制。

【所得共同财产制】【亲】Community of income and profits regime 即夫妻依契约之规定而以所得之限度内为其共同财产之制度也。(参所得条)

【所为】【刑】所为为行为及结果相连续之总称，即包括行为及结果在内。一所为有时含有多数之行为时仍为一所为，而该多数之行为则称为手段。又无结果之行为亦得称为所为。例如称某某犯窃盗未遂之所为是。故所为乃为自行为至结果之全体称呼也。有结果及无结果之全体均可成为一所为。

【所监临女】【史】监临官称其管内之女子曰所监临女。旧律对于监临官之娶所管内之女子为妻妾者，皆予禁止，盖为防免滥用权威，而行强娶之弊而设者也。

【所亲】【史】谓旁系亲也。唐律(卷二)名例篇——以理去官条之疏议："所亲，谓旁亲非祖父母父母及子孙。"

【所继人】【继】Deceased 即被继承人(详该本条)之别称。

【承夫份】【史】妇人夫亡无子时,继承其夫所遗财产,以另行择嗣也。(参立嫡子违法条)

【承引】【史】承引者谓犯罪人自认有罪而服官之宣告也。唐律(卷三十九)断狱篇——讯囚察辞理之条:"若赃状露验,理不可疑,虽不承引,即据状断之。"

【承水义务】【物】凡由高地自然流至之水,在低地之所有人不得加以妨阻,是为低地人之承水义务。盖水之就下,为自然之性,如低地所有人予以防阻,或滥筑堤防,必至使邻地亦受其所害,故法律特课以承水义务。(民法第七七五条第一项)

【承佃户】【物】日本称曰小作人,我国称之曰小农或佃农。大学衍义补(卷十三):"其为人耕佃者,则曰承佃户。"

【承兑】【票】Acceptance 承兑者,汇票之付款人因承诺支付之委托,负票面金额支付之义务,将其意思表示于票上之谓也。亦为票据行为之一。至执票人以其所执汇票于未到期前预请付款人表示到期确能付款与否,乃称承兑之提示 Presentment for acceptance(票据法第三十九条)。承兑之提示,乃执票人之特权,行使与否均得自由。但有限制二:(1)票上有载明应为提示者,或载明应于一定期间内须为请求承兑之提示者(第四一条)。(2)见票后定期付款之汇票,应于发票日起六个月内为之,此乃法律所加之限制(第四二条)。承兑方法,即须于汇票之正面为之,并应签名,至是否记载承兑字样,均可。因此更有:(1)略式承兑。(2)正式承兑之区分(详各本条)。若于背面粘单或封套为之,不生效力。至承兑日期之记载,仅于特种汇票方为必要(第四三条),所以便利计算付款之期日也。其他可由承兑人任意记载之事项有二:(1)担当付款人。(2)付款处所(第四六—四七条)。关于承兑之提示,付款人是否即须表示许可或拒绝,各国立法例有二:(1)即时承兑说。(2)延期承兑说(详各本条)。我票据法采后说(第四五条)。承兑行为一经完成,承兑人即变为主债务人,而负支付票据上金额之责任,到期不付款者,其相对人得请求总金额利息以及必要费用(第四九条)。如签名承兑未将票据交还执票人者,得撤销其承兑,但有例外(第四八条)。按承兑可分为:(1)单纯承兑。(2)不单纯承兑。(详各本条)

【承兑人】【票】Acceptor (详承兑条内)

【承兑拒绝证书】【票】Protest for non-acceptance 为拒绝证书最普通之一种。谓执票人请求承兑而被拒绝时,请求法定机关所作成之拒绝证书也。应于提示承兑期间内作成。(票据法第八四条,参拒绝证书条)

【承兑提示】【票】Presentation for acceptance 执票人于汇票到期前,将票据呈示于付款人而请求其为承兑之行为,谓之承兑提示。(详承兑条内)

【承役地】【物】Servant land 又称供役地。(详该本条)

【承役国】【国公】Servitude state 供给地役于他国之国家,称曰承役国。(参国

际地役条内)

【承受人】【亲】我国旧民律草案有所谓宗祧继承之规定,继承宗祧者同时必继受其财产,如无直系卑亲属以为宗祧之继承人时,则始得将财产移转于他人。其受领此项财产者,并非继承宗祧,故称曰承受人,与继承宗祧之称为继承人显有区别。现行民法既废宗祧继承之制,故无承受人之名称。

【承差转雇寄人】【史】承奉各衙门官司差遣起解,一应官物囚徒畜产,必须亲行管送,若雇债他人或转寄与人代替领送者,或因而损坏遗失官物畜产及失囚者,均应治罪。至于同承差遣起解官物囚徒畜产之人自相替放者,替及放之人亦应处罚。明律(卷十七)、清律(卷二十二)兵律邮驿篇均有承差转雇寄人条之设,内容相似。清律原文及其下注:"凡承差起解官物囚徒畜产,不亲管送而雇人寄人代领送者,杖六十,因而损失官物畜产及失囚者,依(本)律各从重论(损失重问,损失轻则仍科雇寄),受雇寄人各减(承差人)一等。其同差人自相替者,放者,各笞四十,取财者(承替取放者贴解之物)计赃以不枉法论,若事有损失者亦依损失官物及失囚律追断,不在减等之限(若侵欺故纵各依本律替者有犯管送人不知情不坐)。"清律之辑注:"转解官物条解人侵欺者,以监守自盗论。此受雇寄者既与主守不同,或有侵欺,当依常人盗,不得依监守也。"同律之辑注:"依律者损失官物则依转解官物条,失囚则依徒流人逃与主守不觉失囚二条,按照科之。畜产无正律,与官物同论。"又同律之辑注:"本律止言解送之事,若侵盗借贷抵换虚捏损失,及受财故纵等事,各有本律。"

【承租人】【债】Lessee 因租赁契约而有使用收益权利,且负有支付租金于对方之义务者,曰承租人。在租赁契约中租赁他人房屋以为居住或营业,并负有纳付一定租金之义务人,亦称承租人。

【承祧】【史】谓代父祖承继祖先之祭祀也。(参宗祧继承条及继嗣承祧条)

【承发吏】【组】Process-servers 前此地方审判厅或法院所置之承发吏,今则称为执达吏,亦设置于地方法院及其分院。承发吏之职权有三:(一)发送审判厅检察厅之文书。(二)受审判厅检察厅之命执行判断及没收之物件。(三)当事人有所禀请,实行通知催传。承发吏之职权虽由法定,然无一不基于长官之命令行之,故亦应绝对服从长官之命令。承发吏须经考试始准录用。由司法部及高等审判厅长派充,并得委任地方审判厅派充之。承发吏执行债务,罚金罚锾,没收物件,拍卖动产不动产,于国家及人民方面均有财产上之关系,若处置不当,必至损害于当事人之权利利益,应负赔偿之责,故充承发吏者应缴纳相当之保证金。(法院编制法第一四四——五三条)

【承当诉讼】【民诉】所谓承当诉讼,乃指从参加人自己代替本诉讼为辅助之当事人而承受其诉讼,以自己担当为当事人而言。参加人承当诉讼以后,法院因该当事人之声明,应以裁定使其脱离诉讼关系。惟关于本案实体上,即诉讼标的上之判决对于脱离之当事人,仍有效力。关于脱离诉讼之程式,在民诉法上规定以裁定方式为之,勿须以判决方式,亦勿须经过言词辩论,与民事诉讼条例所规定之

须以判决方式行之者，程序繁简有异。（民事诉讼法第六十一条，民事诉讼条例第七十六条第二项）

【承认】【国公】Recognition 在国际公法中所称之承认，乃指国家或新政府或交战团体之承认而言。即对于新起之国家，新变更之政府（政体改变），与反叛之革命团体加以承认之意思表示也。兹分述于下：（甲）承认之种类：（一）国家之承认——凡以武力或非武力之方法，独立或联合组织或于无主地自行建设之新国家，如欲成为国际社会之一员，而为国际法人格之一者，均须经文明各国之承认。（二）新政府之承认——通常国家其政体改变或政权移转时，对于新政府之对内统治能力，与对外国际间义务之履行，在国际社会上均有相当之影响，故亦有承认之举。（三）交战团体之承认——国家内部发生叛变及革命战争时，对于将来国家或政府之地位极有关系，外国对于该叛乱或革命团体如表同情时，亦可加以承认，而以准国家之资格待遇之，是曰交战团体之承认。（乙）承认之方式：（一）明示之承认方式——如发表宣言，缔结条约，或签定议定书时附以承认文字是。（二）默示之承认方式——如仅缔结条约，或交换外交代表及领事，或于国际会议中容纳其代表之出席等是。（丙）承认之效力——一经承认不许撤销，且有溯及既往之效力：至于被承认者之自行颠覆，则承认问题亦因之而无形消灭矣。

【民总】Ratification or confirmation 即对法律效力未确定者，而使其确定发生之意思表示也。我国旧律称之曰追认。在无效行为之承认，其意与此不同，且无溯及力，仅为非溯及之承认耳。旧律称为采认，现行民法无明文，在得撤销之行为乃为撤销权消灭原因之一，其要件有三：（一）须有撤销权者方得为之。（二）须知其为得撤销之行为后为之。（三）有时须于撤销原因终止后为之。至承认之方法应以意思表示为之（民法第一一六条）。其效力为经承认之法律行为，如无特别规定，则溯及为法律行为时发生效力（第一一五条），盖以溯及为原则也。上述以外，凡其他一切效力不完全之法律行为，均得解为经本人或代理人之承认，而得变为有效，例如限制行为人所订之契约（第七九条），或无代理权人所为之代理行为（第一七〇条）是。又无权利人就权利标的物所为之处分，经有权利人之承认始生效力（第一一八条第一项），亦属之。

【民刑诉】对于他造所提之证据方法不加争执者，曰承认。此时他造当事人勿庸更行证明其直正。

【承认权】【民总】Right of ratification or confirmation 即使法律效力未确定者变为确定发生之意思表示之权利也。乃形成权之一种，故行使此项权利之主体为谁，就一般而言，乃属自为为有瑕疵之法律行为之本人，但亦应就具体之规定解释之。

【承审员】【组】Trial officers 兼理司法事务之县政府在新式法院未设以前，为我国唯一法院，即至今日尚有千余处之多。故我国大部分审判权，乃操于县政府之手，但县政府之县长为行政长官，无法律专门学识者实居多数，为补救此种缺陷起见，特于每兼理司法事务之县政府内，置承审员，以曾受相当法律训练之人员充任。依县知事兼理司法事务暂行条例之规定，承审员以下列人员充之：(1)在高等法院所管辖区域内之候补或学习司法官。(2)经高等文官或县知事考试及格,在各省区所管区域内候补,而在国内外法律法政学校一年半以上毕业得有文凭者。(3)曾任推事或检察官半年以上者。(4)经承审员考试及格或在举行承审员考试省分具有承审员考试免试资格者。(5)曾充各县帮审员或承审员经司法部核准有案者。至于承审员之考试,依修正之承审员考试暂行条例之规定,凡系中国人民而有下列资格之一者得参与之:(a)在国立及经教育部立案或承认之国内外专门以上学校修法律政治学科一年以上毕业得有证书者。(b)高等检定考试第二种及格者。(c)有法政专门著作经审查及格者。(d)曾办理司法或司法行政事务三年以上得有证明书者。承审员由县长呈请高等法院院长任命之,最多每县不得逾三人。关于司法事务承审员应受县长之监督,审理案件时与县长同负其责任,双方关系虽极密切,然在实际上言,审理案件概归承审员办理,县长则仅执行检察职务而已。

【承垦人】【土】所谓承垦人,乃指向政府领取荒地自为耕作之人而言,但须以有中华民国国籍之人民为限。承垦人分为下列两种:(一)农户——为家属在十口以下之农民。(二)农业合作社——为三个以上农户共同经营农业之组合。承垦人请领荒地时,应具承领书,呈由主管地政机关核准。领得承垦证书后,于一年内应即开始工作,至于垦竣之日起即无偿取得其土地耕作权。关于垦竣年限,应由地政机关分别核定,承垦人取得土地耕作权时,于五年后应缴纳地租。至土地耕作权之性质与永佃权相类似,故准用民法永佃权之规定。(第一九〇——九八条)

【承垦地】【土】承垦地者,即承垦人向主管地政机关所领取以供开垦之公有荒地也。承垦人为农户时,承垦地之单位(一农户为一单位)面积额,以其收获足供十口之农户生活,或其可能自耕之限度为准。承垦人为农业合作社时,其面积总额以每一社员承垦一个单位计算(第一九三——九四条)。上项规定,一方为顾及承垦人之生活,一方则为防止养成大农民之流弊。

【承垦制度】【土】System for the acquisition of uncultivated land 承垦制度为荒地(公有者)使用方法之一,与代垦制度相对称,即由承垦人(农户或农户合作社)向主管地政机关承领荒地,自为耕作,俟于垦竣后无偿取得土地耕作权,而向国家缴纳地租之制度也。此种制度仅可应用于幅员不大之荒地,与代垦制度之专事适用于浩广荒土者,实相辅而行之方法也。(参承垦人条,第一八八——九八条)

【承垦证书】【土】承垦证书者,即承垦人向主管地政机关具呈承领书,经其审查核准后,所发给之许可开垦一定荒地之证明文件也。承垦人一经取得此项证书,即获得承垦权。(参第一九二条)

【承担】【债】Assumption (详债务之承担条)

【承担人】【债】Person assuming the debt 承担债务人之债务之第三人,谓之承担人。(参债务之承担条内)

【承担契约】【债】Contract of the assumption of debts 即第三人与债权人或债

务人所订立代债务人承担债务之契约也。此第三人曰承担人。(参债务之承担条)

【承诺】【债】Acceptance 即被要约人应要约之要求而以欲使契约成立之意思,对于要约人表示之谓也。吾国旧习,承诺系用允字,如言允诺,允承,应允,等是。承诺之要件有三:(1)须向要约人为之。(2)承诺内容须与要约一致。(3)其方法以无限制(明示或默示)为原则,但有例外(民法第一六一条)。承诺之时期有二:(1)约定承诺时期(第一五八条)。(2)法定承诺期限(第一五七条)。惟为保护承诺人起见,法律特课要约人以通知迟到之义务(第一五九条),承诺如于期限内到达要约人(采受信主义)或一经完成(第一六三条)时,契约立即发生效力。

【承诺人】【债】Acceptor 表示承诺之人,谓之承诺人。(参承诺条内)

【承诺期限】【债】要约人为要约时,言明须于一定期限内为要约之承诺者,谓之承诺期限,故凡要约之定有承诺期限者,须于其期限内表示承诺,否则该项要约于期限届满之后立即失其拘束力。(民法第一五八条)

【承诺说】【债】Theory of acceptance 为向第三人为给付之契约的性质学说之一。谓要约人与允约人间之契约非直接使第三人取得债权,必待第三人承诺后始可取得债权也。此说不足采。

【承继】【史】家无子嗣以同宗之侄为养子,而为继承家业及祭祀者曰承继。清律(卷七)户律户役篇——立嫡子违反法条之附例:"无子者,许令同宗昭穆相当之侄承继。"实则承继与继承之意义相同。

【承继瑕疵说】【票】Theory of inherited defects 为票据抗辩限制之例外,关于解释恶意学说之一,对不法行为说言。谓让受人明知让与人之权利或该权利实行时有瑕疵者,例如执票人已知债务人对于前手有抗辩权之存在而仍取得其票据,即为恶意,以让受人乃承继让与人之瑕疵也。日本学者采之,以此说为当。

【承揽】【债】Hire of work or contract for work 谓当事人一方约定为他方完成一定之工作,他方俟工作完成给付报酬之契约也(民法第四九〇条)。为人完成工作者,曰承揽人。与以报酬之相对人,曰定作人。承揽为有偿契约及义务契约,其承揽人之权利义务依我民法之规定约如次述:(1)完成工作之义务(第四九二条)。(2)工作物瑕疵担保之义务(第四九二条、第四九三条第一项)。但有限制:(甲)修补瑕疵费过巨者。(乙)瑕疵非重要者,或所承揽工作为建筑物或其他土地上工作物者,定作人不得解除契约。(丙)因定作人所供给材料之性质或依其指示而生瑕疵者,承揽人不负责任,但明知而不告者不在此限。(丁)定作物所供给之材料因不可抗力致生危险者,承揽人不负责任(第四九三条第三项,四九四条但书,四九六条、五〇八条第二项)。(3)危险负担之义务(五〇八条)。(4)抵押权(第五一三条)。(5)解除契约权(第五〇七条)。(6)损害赔偿请求权(五〇六条、五〇七条、五一一条)。定作人之义务权利如下:(1)支付报酬之义务(四九二条、五〇五条)。(2)受领工作物义务(五一〇条)。(3)危险负担义务(第五〇八条)。(4)瑕疵修补请求权及其时效(第四九三—四九六条、第四九八条—五〇一条)。(5)改善工作及依约履行请求权(第四九七条)。(6)减少报酬及契约解除请求权(第五〇二条—五〇四条)。关于危险负担问题,民法采折衷办法,规定工作物未经定作人受领以前,危险应归承揽人负担之,受领后则归定作人负担(第五〇八条)。但有例外如下:(1)定作人受领迟延,仍由定作人负担。(2)定作人所供给材料因不可抗力而生危险者,定作人负担之。(3)定作人受领工作以前,其工作毁损灭失或不能完成者,若其原因皆由于定作人所供给材料有瑕疵,或因依定作人指示不适当所致,而承揽人又曾于事前通知定作人者,其危险由定作人负担(第五〇八—五〇九条)。此外承揽契约之终止,在工作未完成前,定作人得随时为之,但负赔偿损害义务(第五一一条),若承揽人死亡时,亦得终止契约。(第五一二条)

【承揽人】【债】Contractor 因承揽契约关系负有为他方完成工作之义务者,曰承揽人。

【承揽行为】【债】(详承揽条及承揽契约条内)

【承揽供给契约】【债】与不规则承揽契约相对称,即由承揽人供给材料以完成工作物之契约也。

【承揽业】【债】承揽业者,谓以承揽行为为目的之业务也。(参承揽条)

【承揽运送】【债】Forwarding agency 为运送营业之一,与物品运送旅客运送相对称。日本曰运送取报营业。承揽运送者,谓以自己之名义,为他人之计算,使运送人运送物品而受报酬之营业也。其营业之人曰承揽运送人,其对方曰委托运送人。承揽运送与普通运送不同,其特点有四:(一)乃以自己之名义为之,并非为契约对手人之代理人。(二)须为他人之计算。(三)非自己实施运送,乃使他运送人为之。(四)运送客体以物品为限。承揽运送与行纪颇相近似,但亦有异,前者系只以使运送人运送物品为限,后者则其营业之范围系商业上之一般交易,然民法仍有准用关系行纪规定之明文(第六六〇条)。承揽运送人之权利义务兹举述于下:(1)原则上负有托运物品丧失毁损或迟到责任之义务(第六六一条)。(2)享有运送物留置权(第六六二条)。(3)享有介入之权利(第六六三—六六四条)。(4)有减免责任之请求权(参第六六五条)。此外关于普通运送人之权利义务的规定,亦可准用。

【承揽运送人】【债】Forwarding agent 凡以自己之名义为他人之计算,使运送人运送物品而受报酬为营业之人,称曰承揽运送人。(参承揽运送条内)

【承揽运送业】【债】Forwarding contractor 谓承揽运送之业务也。(参承揽运送条)

【披陈身事】【史】将自己一身有关之事情披沥开陈之谓也。(参邀车驾挝鼓诉事条内)

【抵充】【债】Imputation 为清偿之抵充(详该本条)之简称。

【抵充指定权】【债】Right for the imputation of payment 即债务人向同一债权人负担数宗债务而其给付之种类相同时,其提出之给付不足清偿全部总债务时,清偿人得指定其所提出给付以抵充某项债务之权利也。此种权利因须待权利

人之行为始能发生效力，故为形成权之一种。（民法第三二一条）

【抵充军役】【史】抵充者，代为坐替也。凡诬告罪该充军者，应照所诬地理远近，抵充军役。明律（卷二十二）、清律（卷三十）刑律诉讼篇——诬告充军及迁徙条之总注："充军甚于流配，次于死罪，法之至重者也。凡诬告人，罪该充军者，法难加等，即照所诬附近边卫，边远，极边，烟瘴等项罪名抵充军役，必全诬乃坐。"

【抵押】【物】Hypothecation （详抵押权条内）

【抵押人】【物】设立抵押权之债务人或第三人曰抵押人。（参抵押权条）

【抵押物】【物】Security 设定抵押权之物体（以不动产为限）称曰抵押物。

【抵押契约】【物】Mortgage contract 抵押权设定时，双方当事人所缔结之契约，称曰抵押契约。

【抵押权】【物】Hypotheca or mortgage 为物权之一，即对于债务人或第三人不移转占有而供担保之不动产，得就其卖得价金受清偿之权利也（民法第八六〇条）。享有此种权利者曰抵押权人，其相对者则曰抵押人。抵押权所担保者，以原债权（即原本）约定利息与迟延利息及实行抵押权之费用为原则，但契约有另定者，则为例外（第八六一条）。抵押权之标的物，除不动产外，地上权永佃权及典权亦得为其标的物（第八八二条）。抵押权之效力及于抵押物之从物及从权利，且及于抵押物扣押后由抵押物分离之天然孳息，并及于抵押物扣押后抵押人就抵押物得收取之法定孳息（第八六二—八六四条）。关于抵押权之实行方法计有三种：(1)拍卖（第八七三条、第八七六条、第八七七条）。(2)移属抵押物所有权（第八七三条）。(3)拍卖以外处分方法（第八七八条）。至拍卖所得金则按各抵押权人之次序分配之，次序同者平均分配之（第八七四条）。又抵押物价减少或有减少之虞，抵押权人有请求停止行为，请求回复原状，或请求提出减少价值担保（第八七一—八七二条）。抵押权以得自由让与为原则，但不得离债权而为让与，或为其他债权之担保（第八七〇条）。又消灭之原因除与一般物权相同外，复得因主债权之消灭时，或抵押物之灭失时，亦随之而消灭，此为我国民法第八八〇—八八一条之规定。此外对抵押权又有法定抵押权之规定。（详另条）

【海】所谓船舶上之抵押权，乃指对于债务人之船舶不移转其占有而以之为债权之担保，并得就其标的物所卖得之价金而受清偿之权利也，故为船舶债权担保权利之一。海商法之规定有五：(1)抵押权之创设须以书面为之。(2)得就建造中之船舶设定之。(3)其设定除法律别有规定者外，仅船舶所有人或受特别委任之人始得为之。(4)必需登记方可对抗第三人。(5)船舶共有人中一人或数人就其应有部上所设定之抵押权，不因分割或出卖而受影响。（第三四—三八条）

【抵押权人】【物】享有抵押权利人曰抵押权人。（参抵押权条）

【抵押权设定人】【物】Mortgagee 设定抵押权之人，谓之抵押权设定人，通常皆为债务人。将其所有物抵押于人，至于第三人如系为保证人时，亦得将被担保人之所有物设定抵押权于其上，而为抵押权设定人。

【抵换】【史】二物相替换谓之抵换。明律（卷七）、清律（卷十二）户律仓库篇——

私借钱粮条："若将自己物件抵换官物者，罪亦如之。"(参私借钱粮条内)

【抵业】【史】经营牙行等事业者有相当财产足敷赔偿受托物之损害者，称为有抵业人户。抵业谓有相抵之业产也。明律(卷十)、清律(卷十六)户律市廛篇——私充牙行埠头条："凡城市乡村诸色牙行及船埠头，并选有抵业人户充应。"

【抵当权】【物】Hypotheca　为日本名辞，即我国所称之抵押权也。

【抵罪】【刑】Bearing the crime　依犯罪者所犯罪之轻重，而处以相当之刑罚者，谓之抵罪。古昔私人以腕力保护自己之权利，有伤害其权利者，无论为生命为财产，或为自由为名誉，皆以腕力视其所为而报复之。所谓杀人者人亦杀其身，杀人之妻子者人亦杀其妻子，杀人之父兄者人亦杀其父兄，皆为抵罪之手段。及国家成形以后，国家为行使其统治权并免除私人之循环报复及过当报复起见，始不许私人以腕力为自由报复行为，改由被害者向国家报告，由国家根据其报告而加以审查，酌依其侵害行为之轻重，并视其犯罪意思如何而处以相当之刑，即所以代替私人报复之抵罪也。

【抵销】【债】Set-off　为债之消灭之原因之一种，即二人互有债权互负债务，各自以其债权充债务之清偿，使两造之债权债务同时归于消灭之单独行为也。抵销有三种，曰契约上之抵销，曰裁判上之抵销，曰法律上之抵销。本条之抵销，指法律上之抵销而言。为抵销之债权曰自动债权，受抵销之债权曰受动债权。通常谓抵销乃单独行为，故应以意思表示向他方为之，但附有条件或期限者无效(民法第三三五条)。至其性质如何，论者纷纷，但以认抵销为适合于便宜与公平，即为债权人自助之方法者为当，盖此等方法对于消灭债之关系，双方不须为现物之授受而有节省时间费用及劳力之实益，且使彼此交易关系简单容易公平便利，各国法律无不承认加以明文规定。至抵销之成立，须具备下列六要件：(1)须双方互负债务。(2)给付之标的物须同一。(3)须债务之性质许其抵销。(4)须两造之债权均届清偿期。(5)须当事人无反对意思。(6)须为法律所不禁之抵销。按法律所禁之抵销有四：(1)禁止扣押之债(第三三八条)。(2)因故意侵权行为而负担之债。(3)受债权扣押命令之第三债务人于扣押后始对其债权人取得债权者(第三四〇条)。(4)约定应向第三人为给付之债务人，不得以其债与他方当事人对于自己之债务为抵销(第三四一条)。关于抵销之效力，即使相互间债之关系溯及最初得为抵销时，按照抵销数额而消灭。(参第三三五条)

【抵销人】【债】抵销债务之人，称曰抵销人。(参抵销条)

【抵销权】【破】Right for set-off　破产债权人对于破产人负担债务时，得就其债权与债务之额而为抵销，学者称之曰抵销权。其与民法上之抵销稍有异致：(一)民法上抵销之债权以到期者为限，破产法上之抵销虽一方之债权未到期亦得抵销。(二)民法上之抵销，债务成立之时期如何，均非所问，破产法上之抵销，则以破产宣告前之债务为限。(破产法第五九一六五条)

【抵销契约】【债】Kompensationsvertrag (德)　当事人以消灭彼此之债权关系为目的所缔结之契约，谓之抵销契约。

【抵选】【史】凡官职无补用之人员时，应以其他应行升用之官职者抵充选任，称曰抵选。清会典—吏部抵选之附例："遇满二堂主事，都察院都事二项，例不选荫生，即以应升抵选。其散馆庶吉士，到班无人，亦以应升抵选……御史无人，以郎中抵，郎中无人，以御史抵。"

【抵偿】【史】税务官员于一定期限内怠于征收租税，而不能达到一定之数额时，以其家产抵算赔偿，其不足额者，谓之抵偿。（清律卷十二户律仓库篇——收粮违限条之附例）

【抛弃】【物】Renounciation 对于其所享有之权利与利益或物表示放弃而不主张之意思，或不为管领之行为者，谓之抛弃。我民法规定物权除法律另有规定外，因抛弃而消灭(第七六四条)，故抛弃乃物权消灭原因之一。至于权利能力行为能力以及自由均不得抛弃，即因时效之法律效果(利益)亦不得预先抛弃。(第十六—十七条，第一四七条)

【抛弃时效】【民总】对于时效完成后应得之利益表示不欲享有者，谓之抛弃时效。(参时效条)

【押丁】【行】为日本名辞，即司指挥罪囚服役之监狱职员也。

【押所】【刑诉】执行羁押时，由司法警察将刑事被告人解送于指定之处所为之，此项处分，称曰押所。

【押班】【史】为兼官之名。宋初有"内中高品班院"，有"押班"，其押班原兼检校官(即公文书检阅官)，淳化以后，始以"崇班"以上充此。(宋朝会要事物纪原)

【押留】【刑诉】Detention 为日本名辞，与我国所称之羁押同一意义。

【押租】【债】Deposit money of lease 租赁房屋时，除付租金外，尚须另给租金一倍，或二倍以为租赁之担保者，谓之押租。押租之金额，在我国各地不尽相同，然无论押租金额之多寡，在租债契约终止时，出租人均须负返还押租之责任，此则为各地相同之习惯也。押租在民法上虽无明文，惟前大理院判例则规定因租赁契约而预付有押租者，其押租虽别有滋息，而其性质究属担保之一种，故月租如未能如期清付，虽可援为解约之原因，若其未因此中途解约，至契约届满之时，租赁人主张于押租内扣除者，苟未逾押租原额，则按之条理，既非不当，准之抵销，法理亦无不合。(四年上字第六〇八号)

【押租金】【债】Deposit money 一般习惯租赁契约中承租人，应预先支付若干金额作为租金之担保，是曰押租金。因租赁契约而预付有押租者，其押租虽别有滋息而其性质究属担保之一种，故月租如未能如期清付虽可援为解约之原因，若既未因此中途解约，至契约届满之时，租赁人主张于押租内扣除者，苟未逾押租原额，则按之条理既非不当，准之抵销法理，亦无不合。(大理院判例三年上六〇八号)

【押送】【刑诉】Escort 又称护送，即以相当保护力将犯人由甲处移送乙处之谓。

【押票】【刑诉】Writ of detention 押票者，检察官或法院所发出对于被告身体之自由,因以保全诉讼为目的而加以相当时间内拘束之命令书也。押票须有一定方式,即须记载下列事项:(1)被告之姓名,性别,住址,或其他足资辨别之特征。(2)被告之犯罪行为。(3)羁押之理由。(4)应羁押之处所。(5)发票之公署。至于须由发票人署名盖章,方为有效,自为当然之事。(刑诉法第六七—六八条)

【押汇】【票】Draft or a trade acceptance　为汇票之一种。谓货物出卖人指定买受人为付款人,并银行为执票人(收款人),所发出之汇票也。详言之,即于汇票之外附带运输提单,或货物发票及货物保险单,以汇票为收款凭证,货物为汇票金额担保也。如付款人对汇票允予付款,则该汇票及附属提单货单,归付款人收取,以为付款之交换。如付款人拒绝付款,则将提单之货物变卖偿还,故与普通汇票不同者,仅在有无货物提单以为担保之一点耳。

【押衙】【史】掌仪仗侍卫之官曰押衙。"金吾,天子押衙。"(旧唐书)"晋高祖以刘智远为押衙。"(五代史)

【押署】【史】署名捺印谓之押署。"押,置也,今人言文字押署是也。"(韵会)

【押头】【史】抵押之物称曰押头。

【拂戻】【通】Reinbursement　为日本名辞,即我国所称之偿还或付还也。

【拂渡】【债】Payment　为日本名辞,与我国所称支付之意义相同。

【拍定】【债】【民执】Conclusion of the auction; Highestbidding　谓拍卖人对于应买人之应买表示,所为之卖定(承诺)表示也。民法规定以拍板或其他惯用方法为之,故一经拍定,买卖契约即告成立,日本称曰竞落。

【拍定人】【债】Highest-bidder; Successful bidder　于拍卖时以最高价额拍定拍卖之标的物之人,谓之拍定人。

【拍定物】【债】Zuschlagobjekt(德)　拍定之标物称曰拍定物。日本称曰竞落物。

【拍定期日】【民执】Date of highest-bidding　拍定之日期曰拍定期日。在动产拍卖,大都以拍卖期日为拍定期日,在不动产之拍定期日与拍卖期日相距不得逾七日。(民诉执行规则第六六条)

【拍买】【债】Bidding　又曰竞买,与拍卖相对立,凡依拍卖方法而买得一定之物者,称曰拍买。

【拍买人】【民执】Highest-bidder　又称应买人。(详该本条)

【拍买价额】【债】Price offered in auction sale　拍买人于拍卖时所允付以买取拍卖标的物之价额,称曰拍买价额。

【拍卖】【债】Auction　谓以公然竞争出价而定价金之方法所订立之买卖契约也。又称竞卖,与投标不可混同,前者乃各竞争缔结人(即多数应买人),彼此互知所提出之条款,与后者之彼此不互知者有别。拍卖者曰拍卖人,买者曰应买人,拍卖人之拍卖表示,乃为要约之劝诱,应买人之应买表示,乃为要约,如有出价较高之应买,或拍卖物经拍卖人撤回(即对应买人所提最高之价认为不满足者,不为卖定之表示是)时,此项要约即失其拘束力(民法第三九四—三九五条)。至拍卖人之卖定表示,即为承诺,即除拍卖之委任人有反对之意思表示外,得就其中选择出价最高之应买人为卖定之表示(承诺)(第三九三条)。至其表示方法,乃以拍板或其他惯用方法为之,此时拍卖即为成立(第三九一条)。而拍卖之买受人,应以现金支付买价,或于拍卖公告内所定之时支付亦可(第三九六条),违者得再行拍卖(第三九七条)。此外民法又禁止拍卖人对于其所经营之拍卖不得应买,亦不得使他人为其应买人,所以防弊也(第三九二条)。拍卖之种类有三:(1)强制拍卖。(2)任意拍卖。(3)法定拍卖。(详各本条)

【拍卖人】【债】Auctioneer 因拍卖契约而有收取拍卖金权利,及负有交付拍卖物义务者,曰拍卖人。与应买人相对称。

【民执】凡处于执行机关之地位,强制拍卖债务人之动产或不动产之人,曰拍卖人。通常由执行处推事命书记官指挥承发吏任之。(民诉执行规则第二六条)

【拍卖公告】【民执】Public notice for auction 执行机关实施拍卖程序前向公众通告关于拍卖物之种类,拍卖处所,拍卖日期,以及其他必要事项之文书,曰拍卖公告。(民诉执行规则第三十条、第六四条)

【拍卖期日】【民执】Date for auction 实施拍卖程序之时期曰拍卖期日,由执行处推事定之,且须预先公告。在动产拍卖其拍卖期日原则上应于公告后五日行之(民诉执行规则第二十九条、第三十一条)。在不动产之拍卖,其拍卖期日至少须距公告日起十四日以后。(第六三条、六五条)

【拍卖笔录】【民执】Protocol of auction 于拍卖终结后由执行处书记官所作成之笔录,曰拍卖笔录。在动产拍卖,其笔录应记下列各项:(1)拍卖物之种类,数量,品质,及应声叙之事项。(2)债权人。(3)各拍卖物拍买人之姓名及其价额。(4)拍卖开始及终结日期。(5)拍卖之停止及其事由。(6)拍卖书记官承发吏之署名盖印。(7)作成拍卖笔录之处所及年月日。在不动产拍卖其笔录应记载下列各项:(1)不动产之处所,种类,及应声叙之事项。(2)债权人。(3)催告声明拍买价额日时。(4)各拍卖价额并其声明人姓名住址或无声明合格之价额。(5)宣告拍卖终结日时。(6)报告最高价额,拍买人姓名及其价额保证金。(7)拍卖书记官承发吏之署名盖章。(8)作成拍卖笔录之处所及年月日。(民诉执行规则第四〇条、第七〇条)

【拍卖场所】【民执】Place for auction 又称拍卖处所,即实施拍卖时拍卖人与众人集合之场所,应由执行处推事定之,但须先期公告。在不动产之拍卖,其场所通常于法院内或其他处所行之。

【拒却】【刑诉】Objection 谓当事人以维持公正确实起见,根据声请推事回避之原因,在侦查中向检察官,在审判中向审判长或受命推事,声明对某鉴定人表示不信任之行为也。至拒却原因,如系以鉴定人于该案件曾为证人或鉴定人为根据者,则为法律所不许,以其无拒却之必要故也。盖法院本自由心证主义,有自由采用之权也。又为防免诉讼之迟滞起见,凡鉴定人已就鉴定事实有所陈述,或已提出报告后，当事人亦不得声明拒却，但拒却原因发生在后，或其当事人所未知者，不在此限耳。至其释明之责，自应由当事人负之，是更不待言者也。(第一一九一一二〇条)

【民诉】拒却原因——依声请推事回避之原因，为拒却鉴定人之原因，但不得以其于该事件曾为证人或鉴定人为推却原因耳。拒却时期——原则上于鉴定人已就鉴定事项有所陈述，或已提出鉴定书后，不得为之。声明拒却时，应释明原因，向选任鉴定人之法院或推事为之。(民诉法第三一八—三二〇条)

【拒却鉴定】【民刑诉】拒却鉴定者谓当事人依声请推事回避之原因，拒绝某特定人任鉴定人也。依我民诉法及刑诉法之规定，当事人得依声请推事回避之原因，拒却鉴定人，但不得以鉴定人对于该事件曾为证人或鉴定人为拒却之原因。又鉴定人已就鉴定事项有所陈述或已提出鉴定书后，不得声请拒却，但拒却之原因经释明其发生在后，或知悉在后者不在此限。(民诉法第三一八条，刑诉法第一一九条)

【拒捕】【史】追捕逃亡犯罪人时，犯人起而抵抗者，为拒捕。明律(卷二十七)、清律(卷三十三)刑律捕亡篇拒捕之条，设有规定。

【拒绝】【通】Refusal　拒绝者，谓以意思表示之方法否认他人所为之行为也。例如拒绝同意及拒绝辩论是。

【拒绝付款】【票】Rejection of payment　拒绝付款者，谓付款人于票据到期日不予依照票面所载给付款项于执票人也。此时执票人应请求拒绝付款人制成拒绝证书，以为证明之用。

【拒绝同意】【民总】Verweigerung der Zustimmung (德)　所谓拒绝同意，乃指有同意权之人对他人所为之法律行为表示不为同意之法律行为而言。依民法第一一七条之规定，凡法律行为须得第三人之同意始生效力者，其同意或拒绝同意得向当事人之一方为之。在解释方面而言，拒绝同意之行为，并非法律成立之要件，仅系一种独立行为，故不须用一定方式。

【拒绝证言】【民刑诉】谓证人在某种情形之下，得于法庭内拒绝供述证言也。(详证人条内)

【拒绝证书】【票】Certificate of protest　谓证明已为行使或保全票据上权利所必要之行为，及其结果之一种要式证券也。拒绝证书之效用，乃供行使追索权时之根据，凡汇票不获承兑，或不获付款，或无从为承兑之提示时，原则上执票人应请作成此项证书。其作成人为拒绝承兑地或拒绝付款地之公证人，或法院商会银行公会(票据法第一〇三条)。至付款人或承兑人在票上记载提示日期及承兑，或付款之拒绝经其签名后，亦与拒绝证书有同一效力，是为例外。若当事人有免除作成拒绝证书之记载者，亦为法律所许(第八三条、第九一—九二条)。拒绝证书既为证明而设，自应记载法定事项，俾当事人不至乘机出入其辞。至于须由作成人签名及加盖作成机关之印章，更不待言(第一〇四条)。法律对作成方法亦有明文：(一)拒绝证书如因不获付款而作成者，应在汇票或其粘单上为之(第一〇五条)。(二)如因不获承兑或无从为承兑提示及其他原因而作成者,则应照汇票或其誊本作成抄本,而在该抄本或其粘单上作成之(第一〇六条)。(三)如执票人因请求承兑或付款未收回原本时,则拒绝证书应在誊本或其粘单上作成之(第一〇七条)。至记载之位置亦有一定,其在粘单上作成者,并须于骑缝处盖章,以资证明(第一〇八条)。关于拒绝证书作成之期限,我票据法亦有规定(第四八条)。又该证书作成时原本归执票人收存,抄本存于作成人事务所,与原本有同一效力,所以备原本灭失后之用也(第一一〇条)。拒绝证书最普通者有二种:(1)承兑拒绝证书。(2)付款拒绝证书。(详各本条)

【拒绝鉴定】【民刑诉】对于诉讼标的物遇有鉴定之必要者,得由受诉法院选任鉴定人或命当事人指定应选任之鉴定人。如被选任之鉴定人具有正当理由者,得拒绝鉴定,此时法院得免除其鉴定义务。(民诉法第三一七条)

【拒殴州县使】【史】拒者,拒捍不从也。拒及殴州县及州县以上(如省台寺监及在京诸司等官)之使者,构成本条之罪。唐律(卷二十二)斗讼篇——拒殴州县使条:“诸拒州县以上使者,杖六十,殴者,加二等,伤重者,加斗伤一等(谓有所征摄权时拒捍不从者),即被禁掌,而拒捍及殴者,各加一等。”疏议曰:“拒州县以上使,称以上者,省台寺监及在京诸司等,并是遣使,追摄捍拒不从者,杖六十,殴者,加二等杖八十,伤重者,谓他物殴,内损吐血,凡斗合杖一百,加斗伤一等,徒一年。注云,谓有所征摄,权时拒捍不从者,即被禁掌,拒捍及殴者,各加一等,谓有司禁录或复散留而辄拒捍,合杖七十,殴所司者,合杖九十,伤重者谓重一百杖以上,加凡斗二等。若使人官品高者,各依本品加,是名各加一等。”

【拒殴追摄人】【史】凡官吏差人追取征收其应纳之钱粮,拘勾管摄其应办集之公务,而纳户及应办之人抗拒不服追摄,及反殴其所差之人者是曰拒殴追捕人。此与罪人拒捕(详该本条)不同,彼是有罪之人,于此则为无罪之人,故彼重此轻,而拒殴追摄与罪人拒捕二者之名义亦殊。明律(卷二十)、清律(卷二十七)刑律斗殴篇均有拒捕追摄人条之相同规定。清律原文及其下注:“凡官司差人(下所属)追征钱粮,勾摄公事,而(纳户及应办公事人)抗拒不服及殴所差人者,杖八十,若伤重至内损吐血以上,及(所殴差人或系职官或系亲属尊长)本犯(殴罪)重(于凡人斗殴)者(各于本犯应得重罪上仍)加二等,罪止杖一百流三千里,至笃疾者绞(监候),死者斩(监候,此为纳户及应办公事之人,本非有罪,而恃强违命者而言。若税粮违限,公事违错,则系有罪之人,自有罪人拒捕条)。”同律之辑注:“抗谓抗之不随其出官,拒谓拒之不容其到家,总一恃强顽梗之罪耳。”同律之总注:“钱粮应完,公事应办,官司差人追征勾摄,而应纳之户,应办之人,抗拒不服追摄,及殴所差人者,杖八十。抗拒殴差一事,而分两项,有抗拒而不殴差者,有因抗拒而殴差者,但抵抗即坐前罪,殴差亦同,成伤无加等,盖殴差虽甚于抗拒,而止是抗拒之罪耳。斗律成伤者,不过笞罪,今杖八十,是同内损吐血之罪。若殴至内损吐血以上,则应加等矣。及所殴之差人或系职官,或系亲属尊长,本犯殴罪重于凡人者,亦应加等矣,各于应得罪上加二等科之。如止是殴差内损以上,则照凡斗律加二等,如殴是职官,则照殴职官本律加二等,殴是亲属尊长,则照亲属尊长本律加二等。此本犯重者，但殴即照本律加等，非谓内损以上也。加等之罪止于杖一百流三千里，笃疾者绞，至死者斩。”

【拔(拔)贡】【史】清制，每十二年由学政使在府州县学之学生中选拔其文艺之优秀者，送于京师入学于国子监，不经会试而直接参与朝考，是曰拔贡。其及格者一等任七品小京官，二等者任知县，三等者任教职，其不合格者罢归，是曰废贡。

【拔(拔)解】【史】唐时地方官不经试验而拔擢其地方之秀士以进贡发送于中央政府，是曰拔解。

【拘束力】【民刑诉】Binding-froce 法律行为既经合法表示后，其所发生形式上之效力，谓之拘束力。例如起诉行为之效果为发生诉讼拘束，即诉讼系于法院之谓。诉讼拘束发生后有下列五种之形式上效力，谓之诉讼拘束力。(一)当事人不得就诉讼拘束中之讼诉事件更行起诉。(二)诉讼拘束发生后虽定管辖之情事变更，于受诉法院之管辖无影响。(三)诉讼拘束发生后，诉讼标的物虽有让与，该诉讼并不受其影响。(四)诉讼拘束发生后，原告不得将原诉变更或追加他诉。但经被告同意或不甚妨碍被告之防御及诉讼之终结者，不在此限。(五)诉讼拘束发生后，被告得提起反诉。

【拘役】【刑】Detention 即将犯人拘禁狱中，以一日以上二月未满之期间内为限之刑罚也。为自由刑之一种，与有期徒刑之区别在时间长短之问题，且系对犯轻微罪之处罪。又对于出狱再犯拘役罪者，不适用累犯加重之规定，但有其他加重原因则可加至二月以上耳。(参刑法第四十九条)

【拘留】【行】Detention 为主罚之一种，所谓拘留，乃指将违警罚之人拘禁留置于公安局所，而使其暂时失去行动之自由而言，与刑法上之拘役之可使其服劳者不同。拘留之期限为十五日以下一日以上。如违警行为同时涉二种以上者，须分别处罪，则拘留不得逾三十日。受拘留之处罚，于拘留期间过半后确有悔悟实据者，得释放之。(违警罚法第十三、十四、二十二、二十五条)

【拘留犯】【行】Prisoner 违反违警法而被拘留之囚犯，谓之拘留犯。

【拘留所规则】【行】Special Detention House in Police Station; Police-cell 本规则于民国二十一年十月三日由内政部公布，共分十章，计三十六条，其要点如下:(1)各级警察机关为拘留违警及依其他法令应行拘留之人犯，设置拘留所，由各该机关最高长官监督之。(2)拘留所对于男女人犯应隔别管理之。(3)拘留所房舍须设备整洁，空气流通，地势干燥，每间纵横十尺为度，收容人数不得逾四人，其在十尺以上者得酌量增加，并应酌设病室。(4)被拘留人有所呈请时，看守员警须迅速为之转达。(5)拘留所内之员警对于人犯应和平待遇，不得有需索虐待情事。(6)、(7)拘留所置主任一人，管理全所事务，应置女看守，由主任督率看守女室人犯。(8)无论何人非经主管长官(司法科长或主管司法警察事务者)许可，不得进入拘留所。(9)拘留所应备各种簿册(第十三条)。(10)拘留所非奉有主管长官命令，不得拘留或释放人犯，其拘留或释放时除分别登记外，并须按日呈报各该警察机关最高长官查核。(11)被拘留人请求携带子女未满四岁者，得许可之。

(12)被拘留人床铺被褥以及饮食由所备给(惟饮食得行自备)。(13)被拘人发受书信须经主管长官或主任之检查。(14)对于请求接见者应经主管长官许可后,在接见室接见之,但须派警临场监视,其时间每次不得逾三十分钟,其经不得已事由经许可者不在此限。(15)被拘留人不得吸烟饮酒喧哗随意吐痰口角争斗,以及其他妨害秩序之一切举动,违者得分别轻重加以训斥,或独居暗室一日至二日。(16)拘留所对于在所人犯均须昼夜派警看守之,如人犯有逃亡暴行或自杀之虞时,得陈明主管长官加派员警严密防范。(17)所内各处应注意清洁,并须按时令被拘留人沐浴运动,患病者须延医诊治,重者移入病室,如非在外不能痊愈者,经各该警察机关最高长官之核准,得暂行停止羁押,取保出所医治。(18)被拘留人死亡时,应详记其原因时日,通知其亲属并报请法院派员检验。

【拘留所簿册】【行】Documents in police-cell 拘留所内所置备关于所内一切事务之记载簿本,为拘留所簿册。计有下列十四种,其格式均由内政部定之:(1)收发文件簿。(2)检查簿。(3)勤务时间配置簿。(4)看守报告书。(5)被拘留人名籍簿。(6)被拘留人入所出所簿。(7)被拘留人提讯出入簿。(8)被拘留人财物收发保管簿。(9)被拘留人发受书信簿。(10)被拘留人接见簿。(11)被拘留人惩罚簿。(12)被拘留人疾病医治死亡簿。(13)被拘留人在所日数簿。(14)拘留人数日簿。(拘留所规则第十三条)

【拘留监】【行】Verhaftungshaus 拘留监者,谓暂时拘留刑事被告人之场所也。我国监狱法称曰看守所,盖刑事被告人之平民资格依然存在,犯人资格尚未成立,仅居于嫌疑人地位,因系防其有逃亡之虞,故暂时加以拘留于看守所也。

【拘票】【刑诉】Warrant for the arrest of a person accused 谓检察官或法院以强制方法拘束被告,使其到场就讯所发之命令书也。此项拘票,除由发票负责人员署名盖章外,尚须记载下列各事项:(1)被告之姓名,性别,住址,或其他足资辨别之特征。(2)被告之犯罪行为。(3)拘提之理由。(4)应解送之处所。(5)发票之公署。至拘票之执行,刑诉亦设有明文:(1)拘票由司法警察执行之。(2)拘票得作正本数通,分交司法警察,各别执行。(3)执行拘提时,应以拘票示被告。(刑诉法第四五条、四六条、四八条)

【拘提】【刑诉】Arrest of a person accused 日本称曰勾引,谓以强制方法于一定时期内拘束被告之自由,使其到案就讯也。因其拘束自由常有一定期间之限制,故与羁押有异。至得为拘提之原因者,有如下述:(1)经传唤而无正当理由不到场者。(2)无一定住所者。(3)犯罪嫌疑重大且有逃亡或湮灭或伪造变造证据之虞,或有勾串共犯或证人之虞者。(4)所犯之罪最轻本刑为五年以上有期徒刑,有重大嫌疑者(刑诉法第四〇—四三条)。拘提之权,侦查中属诸检察官,审判中则属诸审判长或受命推事。至接受他公务员所发通缉之通知或布告时,检察官司法警察官如于拘票内记明事由,亦有拘提之权(第四四—四五条、五三条)。拘提方法,应用拘票(详该本条),但遇急迫情形,如现行犯或准现行犯,可不用拘票而迳行逮捕之。此外尚有通缉(详该本条)之方法,以应付已逃亡藏匿之嫌疑人。至于拘提时,(1)如有急迫情形,司法警察得于管辖区域外执行拘提。(2)应注意被告之身体名誉。(3)对于抗拒拘提之被告,得用强制力,但以必要为限。(4)应解送于拘票内指定之处所,如五日内不能到达者,应依被告之声请,先行解送较近之法院,讯问其有无错误。(刑诉法第四七条、五四条—五六条)

【拘禁】【刑】Imprisonment 即于逮捕后置于拘禁处所之谓。更分为二:(1)依法拘禁——即依法被夺去自由而已经收容于法定处所之谓。(2)私擅拘禁。(详该本条)

【拆造】【史】清制战舰之修造分为大修,小修,及拆造三种。所谓拆造乃指拆开全部而加修造而言,三年一次。(清工部则例)

【拆毁申明亭】【史】明清旧制,凡不孝不悌及一应为恶之人,均书其名于亭内,能解过自新者,则去之,是曰申明亭。凡拆毁之者,法有制裁明文。明律(卷二十六)、清律(卷三十四)刑律杂犯篇有拆毁申明亭之条:"凡拆毁申明亭房屋及毁板榜者,杖一百,流三千里。"清律之注曰:"州县各里皆设申明亭,里民有不孝不悌者,犯盗犯奸一应为恶之人,姓名事迹俱书于板榜,以示惩戒,而发其羞恶之心,能改过自新则去之。其户婚田土等小事许里老于此劝导解纷,乃申明教诫之制也。若敢拆毁,是不遵教化之乱民矣,故特重其法,杖一百,流三千里,而遣之远去。"

【拖欠】【史】对于赋税之缴纳延滞,稽迟,谓之拖欠。苏轼文:"转运司窘于财用,例不肯放税,纵放亦不尽实,所以逐县例皆拖欠。"元典章(卷三)—恤民篇:"今后如有复业者,将原抛事业,尽行给付,仍免拖欠差税。"

【拖累】【通】诉讼事件连累无关系之第三人者,称曰拖累。

【招】【刑诉】刑事被告人承认其犯罪谓之招,即供认其罪状之谓也。

【招册】【史】清时记录犯人供辞之簿册称曰招册。

【招讨】【史】为掌理招降及讨叛者之官吏。唐宋曰招讨使,辽金元置都招讨司,招讨司,副招讨等官。明仅土司有招讨司。清时吴三桂曾称招讨大元帅。

【招讨使】【史】为唐时武官之名,掌招抚与征讨之事,为临时任命之职。事物纪原:"唐百官志曰,招讨使掌征伐,兵罢则省云。天宝末置,招讨都统之名始于此。事始云,开元十七年宰相奏置招讨使,天宝十五年以来瑱为颍川太守,兼招讨使。职林曰,正元时置。注又云,德宗建中年以马燧为魏博招讨使。旧唐志曰,正元末置,用兵权,兵罢则停也。"宋时亦置此官,辽,金,元,均有都招讨司,招讨司,副招讨等之官。明惟土司有招讨使,清初吴三桂掌称招讨大元帅。

【招集】【通】Call; Calling (详召集条内)

【招解】【史】清制,各州县对于辖内之死罪人犯,分别记其口供,制成招册,将犯人解送省城勘办,谓之招解。(清会典刑部)

【招领】【物】所谓招领,乃指拾得遗失物者不知所有人或所有人所在不明时,所为关于招寻该所有人前来领取该遗失物之行为而言。招领时乃以揭示方法为之。(参遗失物条)

【招抚使】【史】官名,负抚绥边境之任,始于南宋之时,以张所为河北招抚使,未出师而罢,其后亦不常置。

【招标人】【债】与投标人相对立。(详投标条内)

【招赘】【亲】又称入夫婚姻。(详该本条)

【拐带】【史】以甘言诱引他人子女携带出卖之谓也,乃以图利为目的。(明清律刑律诈欺篇——官私取财之条)

【拐骗】【史】以甘言欺骗他人子女出门逃走之谓。六部成语注解:"拐,携也,以好言骗人子女,出门遂拿之逃走。"

【放】【史】(一)放者刑罚之一种,即放逐之义,始于尚书舜典:"放驩兜于崇山。"(二)将京师在职之官转任于外省,亦称曰放,如放缺放差皆是。

【放支】【史】与发给同,即给与物件也。明律(卷七)、清律(卷十三)户律仓库篇——那移出纳条:"若不给半印勘合擅出权帖,或给勘合,不立文案放支,及仓库不候勘合,或已奉勘合,不附簿放支者,罪亦如之。"

【放火及失火罪】【刑】为公共危险罪之一,即故意及过失以火力传导于目的物,使其焚烧之不法行为也。兹分为放火罪、失火罪及准放火罪、准失火罪四种。(详各本条)

【放火故烧人房屋】【史】放火出于故意故曰故烧。明律(卷二十六)、清律(卷三十四)刑律杂犯篇——放火故烧人房屋之条:"凡放火故烧自己房屋者,杖一百,若延烧官民房屋,及积聚之物者,杖一百徒三年,因而盗取财物者斩。杀伤人者以故杀伤论。若放火故烧官民房屋,及公廨仓库系官积聚之物者,皆斩。其故烧人空闲房屋,及田场积聚之物者,各减一等,并计所烧之物减价,尽犯人财产折坐赔偿,还官给主。"明律附注:"放火,出于故意,与无心失火不同,故曰故烧。凡放火故烧自己房屋者,情虽可恶,害未及人,故止杖一百。若至延烧官民房屋,及官民积聚之物者,害虽及人,而原其放火之心,止欲自焚而已,故止杖一百,徒三年。若因延烧之际,而乘闲盗取官民财物,既放火,又为盗,故坐斩。致有杀人伤人者,以故杀伤论,以其放火故烧,即与故杀伤无异也。上节是言故烧自己房屋以及延烧为盗杀伤人之罪,若放火故烧官民房屋,及公廨仓库系官民积聚之物者,其情尤重,其心叵测,同放火之人不分首从皆斩。放火故烧民间房屋,即应皆斩,在官者无别,公廨等项亦同,而必指出言之,以见事虽至重,法无可加也;然此故烧者,皆指有人居住有物积聚者言之,其放火故烧人空闲房屋,则与居住之房屋不同,田场积聚之物,则与家内之积聚不同,故各减一等杖一百流三千里。凡延烧故烧在官在民以上各项房屋,积聚之物,并估计所烧之物,除所存外,将烧减之价,尽犯人资财家产折剉而赔偿之,如房屋积聚原值银一百两,今估计烧残余之物,尚值银三十两,扣除此数,则已烧减七十两之价矣,此谓减价,将犯人之财产尽数赔偿。若烧者多而财产少,则就所有而论,故曰尽犯人财产。折者折算所值,剉者剉分其数,将财产折为银数,系一主者全偿,如有数主则照多寡之数剉分品搭,有官有民者不分,官主一体均偿,故统称还官给主也。"

【放火罪】【刑】Arson or crime of incendiarism 属公共危险罪,本罪约有三种,

(1)因放火烧毁现供人使用之住宅,或现有人所在之建筑物,矿坑,火车,电车,或其他行驶水陆空之舟车而成立者,以现供人使用或现有人所在者为必要。其目的物之所有权,不问属于他人所有或自己所有,均处无期徒刑,或七年以上有期徒刑,但须有放火行为及烧毁为目的,且目的物因火丧失效用为既遂,其物质是否消灭不问也。至未遂罪亦罚之,又预备犯亦处一年以下有期徒刑,拘役,或三百元以下罚金,但因其情节得免除其徒刑(刑法第一八七条第一、三、四项)。(2)因放火烧毁现非供人使用之他人所有住宅,或现未有人所在之他人所有建筑物,矿坑,火车,电车,或其他行驶水陆空之舟车而成立者,以非供人使用或现未有人所在为限,而其物之所有权以属于他人所有为必要,其处分为三年以上十年以下有期徒刑,未遂罪亦罚之,预备犯处一年以下有期徒刑,拘役,或三百元以下罚金,但因其情节得免除其刑。至其目的物之所有权为自己所有者,因焚烧致生公共危险者,处六月以上五年以下有期徒刑,若无公共危险时,自不论罪(第一八八条第一、二、四、五项)。(3)因放火烧毁上述二种以外之他人所有物,致生公共危险而成立者,以他人所有物并生公共危险为必要,处一年以上七年以下有期徒刑。至其目的物系自己所有者,且致生公共危险时,则仅处二年以下有期徒刑。(第一八九条第一、二项)

【放代】【史】护送官物或囚徒之事之人,例如甲乙二人,甲护送起行而乙独留,或乙独护送起行而甲独留者称曰放代,应受处罚。(参奉使部送雇寄人条)

【放任主义】【民总】Principle of formation at will　为法人成立主义之一,又称自由主义,即法人设立全任各人之自由,法律不加干涉,一经成立即享有法律上之人格,勿须经过任何手续之谓。但其流弊每至于任意滥设,在欧洲中世纪自由贸易时代盛行之,近世鲜有采之者。

【物】为物权创设主义之一,对法定主义言,即以物权之创设一任当事人之自由,法律上不加限制。此项主义流弊滋多,盖物权之效力甚为强大,若任当事人之自由滥设,于交易上信用上之安全,及个人与社会上之利益,均有妨碍,故近世各国均不采之。

【放任行为】【刑】Act of liberation　即依照权利之本能本无为此行为之权利,而在法律条文上又属违法行为,但因法律别有准予放任之规定,视为阻却违法之事由之谓也。又分为二种:(1)紧急避难。(2)自己处分。(详各该条)

【放任行为主义】【刑】为紧急避难不处罚根据学说之一。(详紧急避难条)

【放免】【刑诉】Release; Liberation　为日本名辞,即我国所称之释放也,乃专指刑事被告人于拘留后,因嫌疑不足予以释放而言。

【放良】【史】奴隶以金赎身,而家长给与证书,使其脱离奴籍者,称曰放良。

【放逐权】【国公】Right of exclusion　凡他国人在本国境内有扰乱公共治安之行为者,本国政府有驱逐其出境之权,谓之放逐权。但本国政府若无正当理由而放逐他国全体侨民者,每易引起外交上之纠纷,例如本年春间墨西哥人民放逐华侨,引起我国政府之交涉及人民之恶感是。

【放部曲为良】【史】部曲奴婢依律得放为良，惟须书写放书以资证明耳。若已书给放书而复压之为贱或压为部曲，应治以应得之罪。唐律（卷十二）户婚篇设有放部曲为良之条："诸放部曲为良，已给放书而压为贱者，徒二年，若压为部曲，及放奴婢为良而压为贱者，各减，即压为部曲，及放为部曲而压为贱者，又各减一等，各还正之。"疏议曰："依户令，放奴婢为良，及部曲客女者，并听之，皆由家长给手书，长子以下连署，仍经本属，申[①]牒除附。若放部曲客女为良，压为贱者徒二年，若压为部曲者，谓放部曲客女为良，还压为部曲客女，及放奴婢为良，还压为贱，各减一等，合徒一年半。即压为部曲者，谓放奴婢为良，压为部曲客女，及放为部曲者，谓放奴婢为部曲客女，而压为贱者，又各减一等，合徒一年，仍并改正，从其本色，故云各还正之。此文不言客女者，名例律，称部曲者，客女同，故解同部曲之例。"

【放富差贫】【史】谓不差富者而将科于富者之差，尽飞洒于贫者之身上也。（参赋役不均条内）

【放散官物】【史】放散官物者，谓将官物出用于人及有所图利也，为法律所禁止。唐律（卷十五）厩库篇——放散官物条："诸放散官物者坐赃论（谓出用官物，有所市作，及供祠祀宴会剩多之类），物在还官，已散用者勿征（谓营造剩多为物在，祀毕食讫为散用）。"疏议曰："放散官物，谓出用官物，有所市作，并谓官物还充官用者，假有营造屋宅，及供祠祀宴会，料度剩多，各计所剩坐赃论。若物在未用，各准所剩还官。若祠祀礼毕，宴会食尽，及营造事讫，皆勿征。"

【放债】【史】凡以资金贷与他人以收其利息者，谓之放债，又曰生放。容斋随笔："今人出本钱，以规利人，俗语谓之放债，又名生放。"

【放债人】【史】金银之贷借，其债权人称曰放债人。清律（卷十五）户部钱债篇——违禁取利条辑注："乾隆五十年三月奉上谕，放债之人，潜赴任所追索，准该员呈明上司究办。"

【放榜】【史】所谓放榜乃指将应试及第者之姓名，发表于试场门前而言，始于唐代。因其时关于乡贡进士之试验，乃于礼部举行之，故以飞白体之文字大书礼部贡院四字，后世仿效之。事物纪原（卷三）："摭言曰，进士榜头，立粘黄纸四张以毡笔淡墨……书礼部贡院四字，或曰文皇亲以飞白书之。又云，象阴注阳受之状，盖亦自唐室始也。张泊贾郎中谈录曰，贾君尝问放举人，榜贡院字，用淡墨毡书何也，对曰，闻诸祖父说，李纾侍郎将放举人，命笔吏书，史暴卒，令史王昶终其事，昶被酒挥染，不能加墨建明，张榜始觉无及矣。一榜之内，字有二体，反致其妍，自后因模法之，遂成故事，今用毡书盖益增其奇丽。"

【放钱债】【史】放者放支也，即贷与之义。贷与金钱即为债权之发生，故曰放钱债。（参违禁取利条内）

【放关】【史】对于出入关门者施以一定之检查，然后许其通过，是曰放关。（清律

① 原书为"由"，系排版之误。

兵律关津篇）

【放赎】【史】田宅等之出典，业主清偿债务取回田宅谓之取赎，典主受收债款而返还田宅，称曰放赎。明律（卷五）、清律（卷十）户律田宅篇——典买田宅条："其所典田宅园林碾磨等物，年限已满，业主备价取赎，若典主托故不肯放赎者，笞四十。"

【政】【史】（一）政者正也，即以正道治国平天下之谓。说文："政，正也。"释名："政，正也，下所取正也。"论语—为政篇："子曰，为政以德，譬如北辰，居其所而众星共之。"（二）政乃法制禁令之总称，论语—为政篇："子曰，道之以政，齐之以刑，民免而无耻。"要之第一义乃表政之根本意义，第二义则系表示政之作用，至于后世始称官吏所行之政务为政，乃以之为调查考定官吏之要件之一。清会典—吏部："乃定以四格，一曰守，二曰方，三曰政。"其附注曰："有勤有平。"即官吏执行政务时有勤勉或平凡之别之义。

【政合国】【国公】Real union 又称对物联合对君合国言，为复合国之一种，即二个国家互相结合，内政各自独立，而外交则合为一体，由共同统治者执行之。现已无政合国之实例，惟大战前奥匈之联合，与十九世纪末二十世纪初瑙威瑞典之联合，皆属之。

【政役】【史】政一作征，即赋役之谓也。周礼—天官小宰："听征役以比居。"（周官义疏）

【政府】【宪】Government 国家行使统治权之机关曰政府。

【政府公报】【通】Official Gazette; Official report 又称官报。（详该本条）

【政府职权】【宪】Function of government 各国政府职权可分为行政上之职权，立法上之职权，司法上之职权三种。如发布命令，任免官吏，及军事外交等，为行政上之职权，制定法律则为立法上之职权，审判民刑诉讼则为司法上之职权。我国政府权则分为行政上之职权，立法上之职权，司法上之职权，监察上之职权及考试上之职权五种，而以国民政府为行使国民治权之最高机关。兹就国民政府及行政立法司法监察考试五院之职权胪列如下：国民政府之职权为总揽中华民国之治权，统率海陆空军，行使宣战媾和及缔结条约之权，公布法律发布命令，行大赦特赦及减刑复权，授与荣典，编定及公布预算，任免官吏，及议决院与院间不能解决之事项等。行政院之职权为提出于立法院之法律案，预算案，大赦案，宣战媾和案，任免荐任以上行政司法官吏，处理行政院各部间及各委员会间不能解决之事项等。立法院之职权有议决法律案，预算案，大赦案，宣战案，媾和案，及其他重要国际事项等。司法院之职权为提出关于主管事务之议案，提出关于特赦减刑及复权之建议，统一解释法令，及变更判例等。考试院之职权除对于一般公务员得迳请降免及关于本院主管事务得提案于立法院外，依法又可行使考试诠叙之权等。监察院之职权为弹劾及审计等。

【政治犯】【刑】Political crime 凡对国家政府及政治秩序加以侵害者，曰政治犯。故除关于内乱外患各罪外，凡以其他方法对于国内政治加以侵害者，均称曰政治犯，其范围较国事犯为广。

【政务官】【行】Political officials 与事务官相对立，即以政党为进退之官吏也。与事务官区别之点有三：(一)政务官以在朝政党之多数与否为进退，事务官则否。(二)政务官之职务为决定国家之政策，事务官之职务则在于秉承政务官所决定之政策而加以执行。(三)政务官之进身乃自身活动而来，事务官则出于考选者居多。按我国目前为一党治国之制度，对于政务官之范围，与上述标准不尽相同，即凡须经政治会议议决任命之官吏，皆谓之政务官。内包括国府委员，各院院长副院长，各部长，各委员会长，各省府委员主席及厅长，各市长(直隶行政院之市为限)，驻外大使，特使，公使，及其他特任特派官吏。此外国府及五院所属各部，各委员会政务次长，副部长，副委员长，亦视为政务官。

【政务官惩戒委员会】【行】Commission for the Disciplinary Punishment of Political Officials 掌管政务官惩戒事宜之机关，曰政务官惩戒委员会，由国民政府委员中推定七人至九人组织之，由委员中推定委员一人为常务委员，执行日常事件，设秘书处承办交付惩戒案件，由国府主席指定文官处秘书职员组织之(主任秘书一人，秘书二人至四人，主任书记员一人，书记员七人至十五人)。惩戒案件在原则上应依收案编号次第，按委员名次轮流分配审查，案情复杂者，得因配受本案委员之声请，组织特别审查委员会审查之，完毕后应制作审查报告书，送由常务委员召集会议审议之，配受本案之委员应依审议结果，制成议决书，送由常务委员召集会议核定之。至于案件简明者，配受本案之委员得于审查后预撰议决书，送由常务委员召集会议审议，并同时核定之。关于委员会议，原则上每星期一次，必要时得开临时会议，开会时应有三人以上之出席，以常务委员为主席。(国民政府政务官惩戒委员会处务规程第一—六条、第九—十四条)

【政策】【通】Policy 凡以达到某种目的所采取或施行之手段与计划，皆谓之政策。政策之内容为关于问题上之理论的解释与其实施的方案。

【政党】【宪】Political party 以夺取政权为目的之永久的结合团体，称曰政党。

【政权】【宪】Political power 通常所谓政权，乃包括人民参政之权利与政府统治国事之权力而言，但孙中山先生则以政权乃集合众人之事的大力量，仅系单指人民对于国家所享有之权利而言，与治权相对称。

【政体】【宪】Regierungsform(德)；Forms of government 凡以国家政府之组织与统治权之作用为区别之标准者，曰政体。政体可分为专制政体，与立宪政体，前者乃指政府之一切行动，乃以一人或少数最高机关之意思为从违者而言，后者则指政府各部之行动，依法受有一定之限制，而且为三权分立者而言，且可再分为君主立宪与民主立宪二种。

【昏札】【史】谓婴孩诞生后，未命名前夭死也。左传—昭公十九年：“札瘥夭昏。”注曰：“未名曰昏。”疏曰：“子生三月父名之，未名之曰昏，谓未三月而死也。”柳宗元撰兴州江运记：“饥馑昏札。”

【昏因】【史】婚姻之本字为昏因，其后附增女字于因字之旁作昏姻，后又以女字附加于昏字之旁遂为婚姻。

【昏椓】【史】昏为官之名，椓乃宫刑，故昏椓乃宦官之一种。诗经—大雅召旻篇："天降罪罟，蟊贼内讧，昏椓靡共。"书经—吕刑篇："劓刵椓黥。"伏生传："男女不以义交者，其刑宫是也，故奄人亦谓之椓也。"

【昏钞】【史】古时纸币字迹模糊不分明者谓之昏币，此项纸币可与新者更换，金明等朝已有此项更换法。

【易知由章】【史】向上级官吏呈具文书时，于本书之外将其要项另行摘写一单，以供上官易于阅览者，是曰易知由章。六部成语注解："公事缘由简便，开写一单，上官易于明晓。"

【易科监禁】【刑】易科监禁者，谓于受罚金之裁判确定后，因法定情形依法易以监禁之科罚也。按罚金之科处，于裁判确定后令一月以内完纳之，期满而不完纳者，强制执行之，其未完纳者，易科监禁。易科监禁以一圆以上三圆以下折算一日，但因犯贫而减罚金者，应以减得之数比例计算。易科监禁于监狱内附设之监禁所执行之，得令服劳役，但易科监禁之期限法律上设有限制，即不得逾一年。于此应注意者，即易科监禁乃为无资力者而设，虽易为监禁，而其本质实为罚金，不得因其易科而即视为系受徒刑或拘役之执行，此对于累犯之处罚，颇有关系，不可不注意及之也。

【易科罚金】【刑】Commutation of fines in lieu of imprisonment　为罚金之一种。(详该本条)

【明大诰】【史】为明法典之一。大诰者，太祖患民狃元习，徇私灭公，戾日滋，十八年，采辑官民过犯条，为大诰，其目十条，曰揽纳户，曰安保过付，曰诡寄田粮，曰民人经该不解物，曰洒派抛荒田土，曰倚法为奸，曰空引偷军，曰黥刺在逃，曰官吏长解卖囚，曰寰中士夫不为君用，其罪至抄扎。次年，复为续编三篇，皆颁学宫，以课士，里置塾师教之。囚有大诰者，罪减等，于时天下有讲读大诰师生，来朝者十九万余人，并赐钞遣还。(明史卷九十三刑法志)

【明之法典】【史】有明一代，其法典之编纂，乃沿袭前此所遗之法典，惟其编纂之法与唐宋略有不同，体裁方式均有异致，内容大略相似，学者谓明之法典，较唐宋为进步，故清律一因明制不加更改，此说并非无见。按明法典之主要者，计有下列各种：(1)明律。(2)明令。(3)明会典。(4)问刑条例。(5)明条法事类纂。此外又有明诸司职掌，明祖训，明大诰，明集礼，孝慈录，教民榜，礼仪定式，稽古定制等。(详各本条)

【明文】【通】Express provision　又称正条。(详该本条)

【明令】【史】明令者，明太祖吴元年(元至正二十七年)所制定者也。明太祖平武昌，即议律令，吴元年冬十月，命左丞相李善长，为律令总裁官，参知政事扬宪，傅瓛，御史中丞刘基，翰林学士陶安等二十人为议律官，谕之曰，法贵简当，使人易晓，若条绪繁多，或一事两端，可轻可重，吏得因缘为奸，非法意也。夫纲密则水无大鱼，法密则国无全民，卿等悉心参究，日具刑名条目以上，吾亲酌议焉。每御西楼，召诸臣赐坐，从容讲论律义，十二月书成，凡为令一百四十五条，律二百八十五条(明史卷九十三刑法志)。按明令计分吏令，户令，礼令，兵令，刑令，工令，六目。吏令，凡二十条，户令，凡二十四条，礼令，凡十七条，兵令，凡十一条，刑令，凡七十一条，工令，凡二条，兹列其条目如下：

〔吏令〕 选用 致仕 亲属回避 流官避贯 守令考绩 吏额 守令到任 公事程限 勾销 家人代诉 行止文簿 刷卷罚赎 官员丁忧 任满官员 官员朝觐 公事自觉改正 官员月日(三条) 官使等与吏同

〔户令〕 漏口脱户准首 子孙承继 嫁娶主婚 无子立嗣 夫亡守志 招婿 户绝财产 七出 田宅契本 侍丁 节妇免差 店历 酒曲纳税 军民附籍 祖父母在析居 妄献山场 嫡孙丁忧 和顾和买 擅自科派 较勘斛斗秤尺 过割税粮 鳏寡孤独 指腹为亲 解纳官物

〔礼令〕 朝贺班次 表笺仪式 公服 侍亲 旌表节义 丧服等差 服色等第 雨雪沾衣 民间嫁娶 国学生员 褒赠 三皇庙祀 社稷 武成王庙祀 孔子庙祀 封赠(二条)

〔兵令〕 额设衹候人等 水站人夫 急递铺兵 掠夺影占 擅自勾军 军情 出使从人 城楼窝铺 出使分例 告给路引 支给分例

〔刑令〕 五刑 十恶 八议 赎刑 狱具 断决次第 擅问幕官 推官得差占 司狱 元告合就被告 诉讼 斗殴 鞫门罪囚 审录罪囚 民官犯赃 军官犯赃 二罪俱发 老病待诉 妇人犯罪 出使受状 警迹年限 捕盗功赏 犯罪自首 职官犯罪 检尸图式 家人共盗 盗贼自首 计赃贯数 窃盗并赃 告赦前事 取受还主 窃盗被杀 守令罚赎 籍没田产 诉讼文簿 减罪等第 徒流遇赦不还 亲属容隐 烧埋银两 去官犯赃 流囚家属 计赃估价 赃物给没 检尸告免 亲属代首 僧道犯罪 家人共犯 坟茔不籍没 籍没遇革 故杀子孙遇革 窃盗遇革免则 强盗遇赦 军官犯罪 军官犯罪解降 取受计赃 开剥牛马 军官罚俸 告人子孙为证 官员家人犯罪 特旨处决罪名谗言 颁降律令牢狱 老幼犯罪 妇人不许出官 诬告抵罪(二条) 诉讼关亲回避徒役 官员犯赃迁徙 里长犯赃至徒

〔工令〕 造作军器 织造缎匹

【明示】【民总】Clear or expressed declaration 为意思表示方法之一，与默示相对称，即直接以言语文字表示意思之方法也。故为积极之表示方法。

【明示的废止】【通】Expressed rescission; Abolished by clear expression 为废止之一种，与默示的废止相对立，即于新法或其他法令以明文规定，对旧法加以废止之谓。

【明昌律】【史】(详金之法典条内)

【明昌律义】【史】(详金之法典条内)

【明法】 为汉初科目之名。以选取专修者，为后世明法科之始。唐代以六科取士，明法其一科也。事物纪原(卷三)："汉新有国，诏明法者，遣诣相府，此明法之始也。唐始设明法科。"

【明律】【史】为明法典之一。明律者，太祖吴元年，李善长与令同时所撰，后洪武六年，重经改修，及二十八年，又更定之。初吴元年十月，李善长撰律，其十二月书成，凡二百八十五条，太祖虑小民难于周知也，命大理卿周桢等，采律令，除礼乐制度钱粮之外，凡民间所行事宜，类聚成编，训释其义，名曰律令直解。及洪武四年正月御史台撰律令宪纲，六年四月，颁之诸司，凡四十条。是年十一月，诏刑部尚书刘惟谦等修律，每奏一篇，命揭西庑，亲加裁酌，至七年二月而成，凡三十卷六百六条，篇目悉准唐律，为十二篇。如下：

一卫禁　二职制　三户婚　四厩库　五擅兴　六贼盗　七斗讼　八诈伪　九杂律　十捕亡　十一断狱　十二名例

当时采用旧律二百八十八条，续律百二十八条，改旧令为律三十六条，因事制律三十一条，掇唐律以补遗者百二十三条。其后九年，以律条犹有未当者，命丞相胡惟庸御史大夫汪广洋等，详议厘正十有三条。及二十二年，以比年条例增损无定，断狱多失当，命词臣刑官，参考律条，以类编附，以更定律，至三十年成书，凡三十卷，四百六十条，篇目比于旧律，颇变更云。洪武三十年之更定明律，篇目凡三十，总括以名例律，吏律，户律，礼律，兵律，刑律，工律之七律。篇目及条数如下：

〔名例律〕（四十四条）

〔吏律〕　职制（十五条）　公式（十八条）

〔户律〕　户役（十五条）　田宅（十一条）　婚姻（十八条）　仓库（二十四条）　课程（十九条）　钱债（三条）　市廛（五条）

〔礼律〕　祭祀（六条）　仪制（二十条）

〔兵律〕　宫卫（十九条）　军政（二十条）　关津（七条）　厩牧（十一条）　邮驿（十八条）

〔刑律〕　盗贼（十八条）　人命（二十条）　斗殴（二十二条）　骂詈（八条）　诉讼（十二条）　受赃（十条）　诈伪（十二条）　犯奸（十条）　杂犯（十一条）　捕亡（八条）　断狱（二十九条）

〔工律〕　营造（九条）　河防（四条）

观此是更定明律之新设篇目为多，较前之十二律，比于唐律，虽其条数减少，而内容体裁皆著。盖明律者，中国刑法典中最进步之法典也。其后清律，即袭用此更定之明律。明律，为明代之刑法典，故明人为之注释者，不下数十家，试即明史艺文志所载诸家列举于下：　律解辨疑三十卷（何广撰）　明律分类条目四卷（陈廷琏撰）　明律解十二卷（张楷撰）　明律释义三十卷（应槚撰）　明律集解附例三十卷（高举撰）（北京修订法律馆有刻本刊行）　明律例三十卷（范永銮撰）　读律管窥十二卷（应廷玉撰）　读律琐言三十卷（雷梦麟撰）　明律读法书三十卷（孙存撰）　读律私笺二十四卷（王樵撰）　明律例注二十卷（林兆珂撰）　律解附例八卷（王之垣撰）　刑书会据三十卷　律例笺解三十卷（王肯堂撰）　凡十四部，国史经籍志，又有律解附例八卷，明律分类目录四卷，读律琐言，明律读法书，读律私笺二十四卷，律解辨疑三十卷，今诸书传否难明，而日本内阁文库，现尚藏有下列诸书：　律例临民宝镜十六卷八册（崇祯中苏茂相辑）此书上栏载有钦定时估例，问因则例等。　明律例法司刑书据会十五卷七册（彭应弼撰）此书卷首，上有祖训，题奏本式，行移体式，问刑条例题稿，下有明律目录，丧服图，六赃图，律钞例，抄招仪式等。卷末有巡方总约，洪武礼制，仪注。　明律附例注解三十卷十册（姚思仁撰）　明律旁注三十卷二十册（徐昌祚撰）此书，据明祖训，训令，明会典，大诰前续三篇，大诰武臣，卧碑宪纲，见行条例，军政条例，发落便览，律条疏义，法家要览，风纪辑览，律解附例，洗冤录，明刑录，详注分解大全，读律琐言，详刑冰鉴，律例纂要，分解，龙头管见，律条本注，纂注校订律例，律例便览，明律读法备考，集解附例等书，加以旁注。　明律例附解十二卷六册（顾应祥撰）　明律例改君奇术十二卷六册（朱敬循撰）　全补傍训便读龙头律法全书十一卷八册　明律解附例二十七卷附卷九册（郑汝璧等纂注）　明律笺释三十卷十二册（王樵私笺王肯堂集释）此书有王肯堂慎刑说，盖据吕新吾晋宪时约，邹南皋刑戒，而发挥关于刑狱之意见者也。　御颁新例三台明律正宗十三卷九册　此书卷十二，十三，载有洗冤录，无冤录，本文率以琐言，管见，判语，告示，解释之。又日本石川县博物馆书目，于明律集解附例三十卷，明律释义三十卷，读律琐言三十卷之外，有下记诸书：律条疏义三十卷十一册（张楷撰）　明律直引增注比互条例释义假如八卷六册　日本德川时代，学者多研究明律，为之加以注释者亦多，试列举之如下：明律例释义十四卷（高濑忠敦撰）此书系享保五年（清康熙五十九年）撰　明律译三十卷（荻生观撰）　享保九年撰（清雍正一年）本书不及条例。明律译注九卷（冈白驹撰）明律国字解十六卷（荻生茂卿撰）　明律译解同补遗（榊原玄辅撰）　明律谚解大成三十卷（榊原玄辅撰）　明律详解二十一卷同补（高濑忠敦撰）　明律疑义（荻生道济撰）　详说明律释义（三浦义质撰）　明律详义（澁井孝室撰）　明律汇纂（管野洁撰）　此外著书，亦复不少，然多系写本，仅明律国字解一书，有刊本行于世。日本现传明律刻本，即享保七年（康熙六十一年）荻生观校刊之官准刊行明律九册，盖即洪武二十八年之更定明律也。

【明祖训】【史】为明法典之一。洪武六年，中书所撰，凡一卷，太祖自为之序，有云："至于开导后人，复为祖训一篇，立为家法。"盖太祖训戒子孙而所为也。六年之间，凡七易稿，内分十三目，箴戒，持守，严祭祀，谨出入，慎国政，礼仪，法律，内令，内官，职制，兵卫，营缮，供用，是也。命子孙不得更改之，仍命宋濂为之序。

【明梏】【史】梏者手械也；明梏，谓被梏者应书明其姓名及罪状于其上也。周礼一秋官掌囚之制："凡囚者，王之同族桊有爵者桎，以待弊罪刑，告刑于王，奉而适朝，士加明梏，以适市而刑杀之。"大学衍义补一注："加明梏者，谓书其姓名及罪于梏前而著之。后世刑人书其罪，以为招状，揭之于其首，盖本诸此。"（卷七）

【明条法事类纂】【史】为明法典之一。明条法事类纂者，孝宗弘治中，命儒臣戴金所纂，及世宗嘉靖中，更命儒臣重修，凡五十卷，一千二百四十五条，英宗御制序有云：其义一以职掌为主，类以颁降群书，附以历年事例，其体裁大概如下：卷一—五刑类（凡三百三十三条）　自卷二至卷六—名例类（凡十六目百三十二条）　自卷七至十一—吏部类（凡十四目百五十一条）　自卷十二至二十一—户部类（凡三十四目二百三十八条）　自卷二十一至卷二十二—礼部类（凡十目六十二条）　自卷二十三至卷三十一—兵部类（凡二十五目二百十六条）　自卷三十二至卷四十八—刑部类(凡六十一目三百七十六条) 自卷四十九至卷五十一工部类(凡六目三十七条)此书传本极稀,日本东京帝国大学图书馆,有写本一部,系竹中安太郎氏寄赠。此书载有钱竹汀语,谓其书流传颇少,当时敕修者少,传是书乃永乐大典时经进本也。

【明集礼】【史】为明法典之一。明集礼五十三卷(浙江范懋柱家天一阁藏本),明徐一夔、梁寅、刘于、周于谅、胡行简、刘宗弼、董夔、蔡琛、藤公瑛、曾鲁同奉敕撰。考明典汇载,洪武二年八月,诏儒臣修纂,三年九月书成,名大明集礼,其书以吉凶军宾嘉冠服车辂仪仗卤薄字学乐为纲,所列子目,吉礼十四,曰祀天,曰祀地,曰宗庙,曰社稷,曰朝日,曰夕月,曰先农,曰太岁风雷雨师,曰岳镇海渎天下山川城隍,曰旗纛,曰马祖先牧社马步,曰祭历,曰祀典神,曰三皇孔子。嘉礼五,曰朝会,曰册封,曰冠礼,曰婚,曰乡饮酒。宾礼二,曰朝贡,曰遣使。军礼三,曰亲征,曰遣将,曰太射。凶礼二,曰吊赙,曰丧仪。又冠服车辂仪杖卤薄字学各一。乐三,曰钟律,曰雅乐,曰俗乐。明史艺文志及昭代典则,均作五十卷,今书乃五十三卷,考明典汇载,嘉靖八年,礼部尚书李时,请刊大明集礼,九年六月梓成,礼部言,是书旧无差录,故多残欠,臣等以次铨补,因为传注,乞令史臣纂入,以成全书。……则所称五十卷者,或洪武原本,而今所存五十三卷,为嘉靖中刊本,取诸臣传注及所诠补者,纂入原书,故多三卷耳。(明史卷九十七政书类)

【明慎用刑】【史】易经旅卦之象辞曰:“山上有火,旅群以明慎用刑,而不留狱。”旅乃艮下离上之卦,山上有火谓须如高火远照,即裁判时须如山上之火冷静高明,慎重用刑,勿使被告人长留于狱,以受狱中不堪名状之苦况也。程颐注曰:“火之在高,明无不照,君子观明照之象,则以明慎用刑。明不可恃,故戒于慎,明而止,亦慎象,观火行不处之象,则不留狱,狱者不得已而设,民有罪而入,岂可留滞淹久也。”

【明会典】【史】为明法典之一,明代行政法典之明会典,凡三经纂修,第一次纂修,为弘治十五年,正德四年重校刊行,名曰正德会典。次则嘉靖二十八年重纂,名嘉靖续纂会典。至万历十五年,又纂修之,名曰万历重修会典。初,英宗天顺间,命内阁纂修条格,未底于成,旋经宪宗,至孝宗弘治十年,徐溥等,奉敕纂修之,至五年十二月书成,凡一百八十卷,以职官分卷,以颁降群书分类,而附以事例。然是书未及颁行,会十八年孝宗崩御,故御制序中,虽有“特命工锓梓以颁示中外”之文,而当时实未刊行,盖观正德四年校刊会典所载武宗御制序有“将欲布之天下,未几而龙驭上宾”云云可知矣。及武宗即位,正德四年,命内阁重加参校,补正遗阙,其年十二月,遂上重校明会典一百八十卷,合凡例目录成一百册,其当重校之任者,总裁则李东阳,焦芳,杨廷和,副总裁则梁储,纂修则翰林院学士毛纪,侍讲学士傅珪,侍读毛澄,朱希周,编修潘辰等。以上事绩,详正德会典所载御制序,及李东阳进大明律表。故正德会典,大抵本于弘治会典,但参校误脱,补正遗阙而已,非重加改修者也。正德会典校刊后之二十年,即世宗嘉靖八年四月,又谕内阁,采弘治十六年以后事例,编入会典,至嘉靖二十八年成书,凡五十三卷,体裁悉仿正德会典,分合事目,其正德会典以后事例,并加入焉。然新会典亦藏之秘府,未克颁行，此据万历会典所载神宗御制序文“载在秘府，未及颁行”；又申时行进重修大明会典表云：“于时刊行未遑”，可以知矣。嘉靖续修会典，体裁及内容，今虽不详，而万历会典，则采录嘉靖间续修凡例，可由以窥其一斑已。 嘉靖会典纂修后之二十八年，即神宗万历四年六月，又谕内阁，采嘉靖二十八年以后事例，纂修会典，十五年二月书成上之，凡二百二十八卷，比正德会典增加四十八卷，比嘉靖会典，则增百七十五卷。总裁申时行，王锡爵，其他副总裁七人，纂修十七人，催纂三人。此书卷首载弘治十五年孝宗御制序，次正德四年武宗御制序，次万历十五年神宗御制序，又次弘治正德嘉靖万历敕谕，以下即纂修诸书，开封报文册衙门，弘治门凡例，嘉靖间续修凡例，万历四年张居正等札子，万历间重修凡例，十五年申时行等进会典表，及重修诸臣衔名。 嘉靖会典，以当时未经颁行，内容体例，俱不可详，然而正德会典及万历会典，世有传书，可得而言焉。盖此两书体例，出于一门，亦犹唐之六典，全书以官职分卷，其下乃载其关系之法文事例也。然绎其法文，类出于请司职掌，明祖训，御制大诰明令，明集礼，洪武礼制，礼仪定式，稽古定制，孝慈录，教民榜文，明律，军法定律，及宪纲十三书。盖一部会典，即先纪此类成文法规，次载事例，以示历代之实例，若以上各成文法规，无适当之法文者，则直载例。例如正德会典卷一百二十六至一百四十六，凡二十一卷(即刑部)，其第七卷，即卷一百三十二，先题曰伸冤，其下纪载事例，次题问拟刑名，纪载诸司职掌，明祖训，及明令中关于刑名之法文，次乃载事例，其他可以此类推。而万历会典，则不直载书名，改称洪武元年令，洪武十二年诰，又于事例，补入正德以后，此两会典差异之点也。 正德会典，与万历会典以卷数之有差异，而官职配列卷数，亦不无异同，即如下：

	正德会典	万历会典
文职衙门宗人府	卷　一	卷　一
同　吏　部	自卷二至卷十五	自卷二至卷一十三
同　户　部	自卷十六至卷四十一	自卷十四至卷四十二
同　礼　部	自卷四十二至卷一百五	自卷四十三至卷一百十七
同　兵　部	自卷一百六至卷一百二十五	自卷一百十八至卷一百五十八
同　刑　部	自卷一百二十六至卷一百四十六	自卷一百五十九至卷一百八十
同　工　部	自卷一百四十七至卷一百六十三	自卷一百八十一至卷二百八
诸文职衙门	自卷一百六十四至卷一百七十八	自卷二百九至卷二百二十六
武职衙门	自卷一百七十九至卷一百八十	自卷二百二十七至卷二百二十八

盖六部所载类极繁多，此外则仅规定职员职掌，大抵亦仿六典之例，而六部之中，更分司科，司科之下，又标种种题目。

【明罚敕法】【史】易之雷电之卦，明与威兼备，先王观雷电之象，法其明与威以明其刑罚而励行其法令，谓之明罚敕法。易经—噬嗑之象：“雷电噬嗑，先王以明罚敕法。”程颐注：“电明而雷威，先王观雷电之象，法其明与威，以明其刑罚，敕其法令，法者明事理而为之防者也。”

【明诸司职掌】【史】为明法典之一。洪武二十六年三月，翟善所撰，凡十卷。

【服制条例】【行】本条例于民国十八年四月十六日由国民政府公布，全文分为三章，共九条，自公布日施行。第一章礼服——男子礼服与女子礼服之规定。第二章制服——男公务员制服与女公务员制服之规定。第三章附则——一切服制除国际间通用礼服外，其质料限用国货。至外交官、法官、军人、警察、学生及其他公务员之服制有特别规定者，得从其规定，惟帽徽仍以国徽为限。公务员举行典礼适用本条例规定之何种服制，概由主管机关长官临时定之。

【服制图】【亲】我国数千年来皆以礼教立国，家中遇有丧事，须依亲属关系之远近以定丧服之制，即其服丧之时间，亦有明定，不容任意变更，所谓服制图是也。服制图肇自周礼，其服制服期分为五等：(一)斩衰——服期为三年，丧服用最粗麻布制成，不缝下边。(二)齐衰——丧服用稍粗麻布制成，缝下边，服期分为下列四种：(1)杖期——一年用杖。(2)不杖期——一年不用杖。(3)五月。(4)三月。(三)大功——服期九月，丧服用粗熟布制成。(四)小功——服期五月，丧服用稍粗熟布制成。(五)缌麻——服期三月，丧服用稍细熟布制成。以上乃丧服总图之内容，此外尚有下列七图：(一)本宗九族五服正服之图。(二)妻为夫族服图。(三)妾为家长族服图。(四)妻亲服图。(五)三父八母服图。(六)出嫁女为本宗降服之图。(七)外亲服图。按服制图之效用，除上述外，即亲属关系之范围，亦以之为根据。至于刑法上亲属刑罚之减轻或加重，亦以服制之远近为唯一标准，我国旧律均采用之，即暂行刑律亦系从服制图，今新法相继颁行，改采亲等计算法，故服制图已不适用矣。

【服舍违式】【史】旧制官民服制房舍器物等类均有等第以资区别，违式僭用者罪。至龙凤纹乃饰乘舆服御物者，官民如违禁僭用，加重其罚。明律(卷十二)、清律(卷十七)礼律仪制均有服舍违式条之相同规定。清律之条文曰："凡官民房舍车服器物之类，各有等第，若违式僭用，有官者，杖一百，罢职不叙；无官者，笞五十，罪坐家长，工匠并笞五十。若僭用违禁龙凤纹者，官民各杖一百，徒三年，工匠杖一百，违禁之物并入官，首告者，官给赏银五十两，若工匠能自首者，免罪，一体给赏。"清律之辑注："首节言违式，次节言违禁，三四节止承二节违禁言。"同律之总注："凡官民之家，房舍车服器物之类，如后所载，贵贱尊卑之等第，各有一定之制，以办等威者，不遵定制，越分僭用，即违式矣。有官者，杖一百，罢职不叙，无官者笞五十。一家之事，专制于家长，故独坐之。其工匠为官民之家造作违式之物，并笞五十，龙凤纹乃用之以饰舆服御物者，官民之家，违禁而擅用，则僭越甚矣，不分官民，各杖一百，徒三年，造作之工匠，杖一百，违禁龙凤纹之物，并进入官，首告者给赏，工匠自首，例得免罪，而首出违禁僭用之人，亦得给赏也。"

【服务命令】【行】上级官吏对于下级官吏以监督为目的，所发出之命令，曰服务命令，与指挥命令不可混同，其异点有二：(一)服务命令为上级官吏对于下级官吏之监督命令，指挥命令则为上级官署对于下级官署之监督命令。(二)服务命令仅对于受该命令之官吏有拘束力，至受指挥命令之官署，虽该官署之官吏变更时，其拘束力仍依然存在。

【服务规则】【行】Rule of official duty 服务规则者，即关于规定服务时之法规与细则也。各官署内之办事细则皆为服务规则，均由各该官署自行制定。

【服从】【通】Submission 凡人之作为或不作为不能以自己之自由意思为决定，而系基于权力之作用，以他人之意思为决定者，谓之服从。例如下级公务员对于上级公务员为顺从其权力或命令，按其意思以办理所掌之职务。又如人民对于国家之法律及其权力，无论其如何情形均须听从之皆是。但一般人相互间非有特殊关系者，则无服从之义务，因无权力之作用存在其中也。

【服从义务】【行】Duty of submission 官吏在其职务范围以内对其长官之职务命令有遵行谨守之义务，是曰服从义务。至于军人对于长官亦有服从其命令之义务，违者皆须依法处罚。

【服从关系】【通】Relation of submission 自己之意志受权力者之意志所强制支配之状态，曰服从。故凡受权力者之命令所支配而发生之关系，谓之服从关系。例如人民对国家之服从关系是。

【服章】【史】衣服之章也，以五采五色施诸衣服之上以定上下贵贱。书经一益稷："予欲观古人之象，日月星辰山龙华虫作会，宗彝藻火粉米黼黻絺绣，以五采彰施于五色作服，汝明。"大学衍义补卷九十——丘濬氏曰："舜欲观古人之象，则是章服在舜之前已有矣。古人自天子以下至士，皆有服章，多少之数以次而杀，上得兼下，下不得僭上，今世冕服，惟天子及亲王有之，自公侯以下，皆无有也。"

【服辩】【史】罪人服从所判之刑，曰服，不服而抗辩者曰辩(参狱囚取服辩条内)。按服者心服也，辩者辩理也，不当则辩，当则服，或服或辩皆出罪人之自由，故曰服辩。

【朋奸】【史】谓组织党派以朋辈为奸也。管子一明法篇："外内朋党，虽有大奸，其蔽主多矣。"宋史一洪彦升传："论蔡京败坏先朝法度，朋奸误国。"

【东(東)魏之法典】【史】东魏于纪元五三四年立国，时为梁武帝中大通六年，其法典仅传麟趾格(依唐六典卷二所载后魏以格代科)。所谓麟趾格乃孝静帝兴和三年十月所颁。先是文襄王与群臣集于麟趾阁议定之，故名。按唐书艺文志作文襄帝时撰，此与隋书经籍志称西魏大统式为周大统式者，同属一例，盖文襄王为魏相，撰麟格，其弟文宣王即帝位，追谥为文襄帝耳。文宣王之初，又刊定麟趾格(隋书刑法志卷二十五曰，齐神武文襄，并由魏相，尚用旧法，及文宣天宝元年，始命群官刊定魏朝麟趾格)，以后世无传，故不详其内容。

【板子】【史】谓以竹片所作成之刑具，乃拷问时所用者。六部成语注解："竹片以击人之刑也。"

【板责圈禁】【史】清制，宗室觉罗之犯罪者，依刑律枷徒以上军流代以板责之刑(即以板子击之)。然后加以监禁，是曰板责圈禁。(清律刑律附例及会典刑部)

【果实】【民总】Fruits 又称孳息(详该本条)。更分为二：(1)天然果实。(2)法定果实。(详各本条)

【果实获取权】【物】Right over fruits that fall naturally on neighbouring　为对所有权所加私法上限制之一，即果实自落于邻地者，邻地所有人有获得该果实之权也。其要件有三：(1)须为天然自落之果实。(2)须系落在该邻地范围之内。(3)该邻地须为私人土地，至邻地为公用地者，则仍应归原物所有人获得，是固非由公众所得而有者矣。(民法第七九八条)

【林务局】【行】林务局为北京政府时代所创设之机关，分设于奉天吉林黑龙江等省，隶属于农商部，所掌事务如下：(1)关于国有林经理事项。(2)关于国有林测勘事项。(3)关于国有林调查事项。(4)关于造林及苗圃事项。(5)关于林业试验事项。(6)关于其他林务事项。局中置局长一人，技术员若干人，事务员若干人，均得以部员充任之。因事项之必要并得分股办事，并得设书记及练习员，于适宜地点并得设置分局，惟须呈农商部经其核准耳。(林务局章程第一一二条，第八一九条)

【林业合作社】【行】Co-operation society of forests　凡由经营林业者于下列情事之一时限定区域所组织之合作社曰林业合作社：(一)原有森林有协同保护之必要时。(二)荒废林地有协同造林之必要时。(三)森林施业工事及经济上有协同合作之必要时。(四)因其他关系森林事项而有合作之必要时。设立林业合作社时应具备下列二要件：(甲)须有充合作社社员资格者三分二以上之同意者。(乙)其同意人所有森林须为占该区域内森林总面积三分二以上之面积者。林业合作社之设立应订定章程受地方主管官署之许可，成立后且须受主管部及地方主管官署之监督，此外依照本法规定无偿承领附近国有荒山荒地之办法，林业合作社享有取得之优先权。(森林法第十九一二十八条)

【林垦署】【行】Forestry and Reclamation Administration　林垦署为附设于实业部内之一种机关，与其他各司(如农业司工业司等)相对称。所以设署者，以其范围广大关系重要而有特别加以注意之必要也。对外一切公文以实业部名义行之，但遇必要时得颁布署令。所掌事项如下：(1)关于宜林宜垦之荒山荒地测勘及登记事项。(2)关于林地垦地之编定整理，及林区垦区之划分事项。(3)关于全国造林之设计奖励指导事项。(4)关于保安林之编定，及风景林森林公园之设置事项。(5)关于公有林之管理或监督事项。(6)关于私有林之提倡保护监督事项。(7)关于森林警察事项。(8)关于林产物之利用及奖进事项。(9)关于林区狩猎事项。(10)关于公营垦务之计划经营或监督事项。(11)关于民营垦务之指导监督及保护事项。(12)关于垦地机器肥料之利用及指导事项。(13)关于林垦之查勘事项。(14)关于林垦争议之调处事项。(15)关于林垦团体及合作社事项。(16)关于其他林垦事项。署中置署长一人(简任)，科长四人(荐任)，科员二十人至三十人(均委任)。技正六人(简任或荐任)。技士八人(荐任或委任)。技佐十人(委任)。(实业部林垦署组织法第二一七条)

【枉法赃罪】【刑】为我国清律对于贿赂罪中之名称，即刑法所谓违背职务行为之受贿罪也(参受贿罪条)。公务员于要求期约或收受贿赂或其他不正利益外，尚须枉法施行职务以内事务，即构成本罪。

【枉勘】【史】对于无罪者违法加以鞫问，称曰枉勘。

【枉勘虚招】【史】不堪法官之非法鞫问而伏罪者，谓之枉勘虚招。元典章（卷五十四）刑部十六篇——枉勘革前未取到招杖之条："……本县簿尉史彰信，将平人马法大等，枉勘虚招。"

【枉禁】【史】对无罪者强加锁禁，谓之枉禁。元典章（卷五十四）—刑部第十篇——枉禁轻生自缢之条："……因此将钟三锁禁六十余日，以致在禁轻生，自缢身死云云。……却不分间轻重发落，枉禁八十余日，致以在禁自缢身死。"

【枉桡】【史】谓曲解法律之规定而为不法之处置也。礼记—月令篇："仲秋命有司申严百刑毋[①]或枉桡。"

【枉断】【通】Corruption 国家制定法律原为人民行为之准则，故有犯罪之行为者，即应依法处以刑罚，若法官妄用法律施以违反公正原则之判断，是为枉断，以其侵害人民之法益及丧失国家之威严，故为法律所不许。

【武力示威】【国公】Display of force 所谓武力示威，乃指一国对他国之不法行为为防止将来发生同类行为起见，所表示之武力威吓而言，亦为国际事议解决方法之一种。例如一八五二年日本对美国人民漂流至日本海岸者拒绝予以保护时，美国政府立即遣派巨大舰队向其示威，要求答复是否加以保护是。此种方法，大都为强国所滥用，流弊滋多。

【武功爵】【史】汉武帝时军事频兴，用度不足，大司农陈经谓国用既竭，不足以养战士，请令民得买爵，置赏官名，曰武功爵，级十七万，凡得三十余万金。（汉书食货志）

【武备寺】【史】（详武备院条）

【武备院】【史】为官署之名，元有武备寺，掌缮治兵器之事，兼及受给之任。置卿及少卿等官，后改为军器监，又改为武备监，属禁卫尉院，后复改为武备寺，与卫尉并立，明时废之，清始置武备院掌陈设武备及给赐征收等事。其长官称曰武备院卿，属于内务府，为内三院之一。

【武备监】【史】（详武备院条）

【武进士】【史】（详武举条内）

【武装中立】【国公】Armed neutrality 为中立之一种，与普通中立相对称。为防止侵害其中立区域，或为保护其中立船舶，而准备武力以供使用时之战争国以外之中立国家，称曰武装中立。例如美国独立战争时，俄国与丹麦瑞典缔结条约，并为武装之准备是。

【武德令】【史】武德令者，为唐法典之一，与武德律同时所撰也（按即裴寂等）。篇目同隋开皇令。旧唐书经籍志，新唐书艺文志，皆作三十一篇，盖加目一卷，与

① 原书为"毋"，系排版之误。

开皇令同。此令今虽亡失，而杜氏通典所引犹多，如云武德七年定令，武德制令，武德令，皆是也。

【武德式】【史】武德式，为唐法典之一，与武德律令同时所撰，撰者与武德律令同。唐书艺文志作十四卷，篇目不详。

【武德律】【史】唐高祖以隋大业十三年入京师，除苛政，约法十二条，唯制，杀人劫盗背军叛逆者死，余并蠲除之。武德元年五月（通鉴作五月壬申，唐会要作六月一日）诏刘文静，与当朝通识之士，因隋开皇律令而损益之，遂制为五十三条，务宽简，取便于时。其年十一月四日（通鉴作六月，唐书刑法志作二年，唐会要作十一月四日）废大业律令，颁行新格，务从宽简，取便于时。其后仍令尚书令左仆射裴寂，吏部尚书殷开山，大理卿郎楚之，司门郎中沈叔安，内史舍人崔善为等，更撰定律令。十二月十二日又命萧禹等参与之，至七年三月而成，（唐会要）四月，颁行天下（通鉴新旧唐书高祖本纪作四月庚子，旧唐书刑法志作五月奏上颁行），凡十二卷，篇目同隋开皇律，为十二篇（见六典），五百条，前之新格五十三条并入新律（见唐会要及唐书刑法志），其与开皇律异者，唯流罪三等皆加一千里，居作皆为一年而已。

【武德格】【史】为唐法典之一。武德格仅传元年新格五十三条为刘文静等所撰（或曰武德九年）。唯吏受赇犯盗诈冒府库物赦不原，余均务在宽简，此后并无修撰，故武德七年所上之律令式并不及格也。

【武卫】【史】东汉末叶，曹操为丞相，有武卫营，魏因置武卫将军，掌禁军，隋代始置左右武卫，为禁卫之一。唐以后至清均因其制。

【武举】【史】与文举相对称。按武官登用之制，汉代开其端，至唐则天武后之长安二年始为定制。事物纪原（卷三）：“唐选举志曰，武举盖起于武后之时，其始置在长安二年也。唐会要曰，长安三年正月设天下诸州，宜教武艺，每年准明经进士贡举送，此武举之始也。”五代时均依其人之功绩而不用登用试验之制，宋时武举制度复兴，准文举之例分为三场，一二两场均为武经，第三场则为时务边防策及弓术等。辽金皆行武举之制，金时采府试、省试、程试等三试制度，明时依照文举之制于每三年举行一次，初仅乡会二试，后有殿试，清因之而为乡、会、殿试三层。凡经乡试及格者为武举人，再经会试殿试及第者，为武进士。如在殿试中及第者之最优等者则有武状元，武榜眼，及武探花等之称号。（会典兵部武举）

【武举人】【史】（详武举条内）

【注意义务】【公】Duty of care 执行职务或业务时应尽相当之注意，谓之注意义务。例如无限公司之股东及两合公司之无限责任股东处理公司事务时，应尽注意之义务是，推其应注意之程度则各国立法亦不一律，有规定应为善良管理者之注意者，有规定应为同于自己事务之注意者。夫股东处理公司事务，所以必如是郑重者，以股东利害关系彼此恒不密切，利益既非一人所独占，而办理事务遂亦不免于怠，故公司法定股东执行业务，应依照章程及股东之决议妥慎经理，倘违背前项规定，致公司受有损害者，应任赔偿之责，盖亦取股东执务须为良善管理者之

注意者也。(公司法第二十六条)

【法】【通】Law (详法律条内)

【法人】【民总】Juristic persons 为私权主体种类之一,即非自然人者基于法律之承认而与人同一视为有人格之谓也。换言之,即非自然人而为权利义务之主体者也。故法人乃为人或财产所组织而有权利能力之团体,又称无形人或意识人。关于法人之本质可分三派主张:(一)法人否认说。(二)法人拟制说。(三)法人实在说(详各本条)。至法人之住所以其主事务所之所在地为住所(民法第二九条)。法人之成立,各国立法例分为四种:(一)放任主义。(二)特许主义。(三)准则主义。(四)许可主义(详各本条)。我国民法兼采第三四主义,但非经向主管官署登记不得成立耳(第三〇条),故以登记为成立要件。法人之登记可分为四种:(一)设立登记。(二)变更登记。(三)补充登记。(四)消灭登记(详各本条)。其登记在解散前者,由董事向其主事务所及分事务所所在地之主管官署行之(第四八条、第六一条),在解散后者,则由清算人为之。法人之分类有二:(一)公法人与私法人,(二)本国法人与外国法人(详各本条)。至法人之消灭,其程序有二:(一)解散。(二)清算(详各本条)。所谓消灭,即法人权利能力终止之谓也。

【法人不存在说】【民总】为法人本质学说之一,又名法人否认说。(详该本条)

【法人之行为能力】【民总】Disposing capacity of juristic person 即法人之行为有发生法律上效力之谓。法人之活动因须由自然人为之,故关于自然人代法人活动时的性质,学者间有二说:(一)代理人说——主张法人无行为能力,以代理人之行为乃自身之行为,仅其效力及于法人耳。此为法人拟制说之学者所倡。(二)机关说——主张法人有行为能力,以董事乃法人之机关,董事在职务上之行为乃法人之行为,为法人实在说之学者所倡,瑞士及德国立法例均采取之。我国民法无明文,惟第二十七条第一项、第二项之规定,法人须设董事,董事就法人一切事务对外代表法人,可知亦系采取第二说。

【法人之能力】【民总】Capacity of juristic person (详法人条内)

【法人之责任能力】【民总】Capacity for responsibility of juristic person 指法人应负担法律上责任之状态而言,即法人于其董事或其他职员因职务上行为所加损害于他人时,应负赔偿义务之谓。学者间亦有二说:(一)无责任说——谓法人代理人之行为如超越法律所认许之目的以外者,则非法人之行为,故无责任,此为法人拟制说者所主张。(二)有责任说——分为数派,最普通者谓董事为法人之机关,则基于此机关之职务上行为,应负责任,自以此说为当。我国民法第二十八条规定,法人对于其董事或其职员因执行职务所加于他人之损害,与该行为人连带负赔偿之责任。是不特法人有责任能力而须担负损害责任,即该行为人亦不能免责也。

【法人之普通审判籍】【民诉】(详审判籍条内)

【法人之监督】【民总】Supervision over juristic person 即国家对法人所加之

监督也。我国民法曾以明文规定之,计分为三:(1)业务的监督——主管官署对受许可之法人检查其财产状况,及其有无违反许可条件及其他法律之规定(第三二条)。(2)清算之监督——法院对法人清算时得为必要检查(第四二条)。妨碍检查者处五百元以下之罚锾(第四三条)。(3)许可之撤销——法人违反许可条件时,主管官署得撤销其许可。(第三四条)

【法人之机关】【民总】Organs of juristic person 即法人之组织及掌管事项之工具,其构成分子自当以自然人为之。是项自然人之行为,在法律上视为法人直接之行为。法人之机关之种类,据我国民法之规定有二:一为董事——即执行机关。一为社员总会——即意思机关,兼操一部分之监督事务,但此项总会仅社团法人有之耳。

【法人之权利能力】【民总】Legal capacity of juristic person 即法人在法律上为人之资格之谓也。其开始期间因法人之种类而有区别,凡以公益为目的之社团法人及财团法人,其权利能力之始期以得主管官署许可时为准,若非以公益为目的之社团法人或财团法人。则以订立章程发表成立团体之意思时为始期,其终止则为解散之际。至其权利能力之范围,自不若自然人之广,故我国民法第二十六条规定,法人于法令限制内有享受权利负担义务之能力,但专属于自然人之权利义务,不在此限。所谓法令之限制,即得以法令限制之之谓,故凡法令未特设限制之时,则其权利义务与自然人相同。所谓专属于自然人之权利义务者,例如人格权中之身体权生命权身体自由权姓名权等,及身分上之夫权亲权家长权等,乃专属于自然人之权利义务,法人自不得享有及负担之。

【法人主义】【继】为无人承认之继承关于遗产之性质的立法主义之一种。对非法人主义言,谓无人承认之继承的遗产,乃为法人的性质,而为权利义务之主体。此说在承认家督继承制度之日本,与我国以前宗祧继承制度存在时之各草案,均明文采取之。

【法人否认说】【民总】Theory of negating juristic person 为法人本质学说之一,又称法人不存在说。谓法人全为空物,非有实质之存在,故无独立人格可言。又分为三派:(1)无主财产说——以法人乃因特定目的,或特定自然人而存在,其本身乃属无主。(2)受益人主体说——以法人之财产乃属于受益之个人。(3)管理人财产说——以法人之财产乃属于管理人。以上三说第一说迷信自然人始得为权利主体,自非加以打破不可,第二三两说亦因实际上与现行各国法规相反,是皆为过去落伍之学说,均不足取。

【法人登记】【行】Registration of juristic persons 法人向其事务所所在地之地方法院或县司法机关之登记处所为关于设立,解散,事务所之设置与迁移,登记之更正或涂销,登记事项之变更消灭或废止,清算人之选任解任或变更,以及清算之终结等之登记,为法人登记。呈请登记时应由声请人(董事或清算人)或其代理人呈备声请书及其他必要文件,并应依法(第九条)缴纳登记费,登记处接受法人登记声请书后,应即进行调查,然后予以登记,于登记后应即发给法人登记证书,法人已登记之事项登记处于登记后三日内须速为公告(登载于公报或当地新闻纸

内)。并于登记处揭示牌揭示七日以上。(法人登记规则第一条、第三条、第九—十条、第十三—十四条)

【法人登记规则】【行】本规则公布于民国十八年十二月二日,全文共三十五条,自公布日施行(参法人登记条)。本规则于外国法人之登记准用之,但法人之有特别规定者不在此限。又本规则乃适用于以公益为目的之法人之登记,至于以营利为目的之法人登记,则准用公司登记之规定。

【法人实在说】【民总】Theory of real juristic person 为法人本质学说之一。其要点为承认法人有实体之存在,并非由拟制而来。更分二说:(1)有机体说——谓法人乃社会有机体,为天然之存在,故其所表示之意思乃自然团体之意思。(2)组织体说——谓法人乃在法律上有独立意思之组织体,换言之即其组织体乃基于法律之规定而享有人格者,故其表示之意思乃法律所认定之意思。上述二说自以后说为当,且亦为近来多数学者所赞同。

【法人拟制说】【民总】Theory of fictitious juristic person 为法人本质学说之一。谓法人之得为权利主体乃法律所拟制,其本身本无实质之存在。此说倡于罗马法,而亦盛行于德国,其他各国亦风靡一时。其缺点亦在于过于崇信自然人始得为权利主体之说,故亦不足采取。

【法三章】【史】(详约法三章条)

【法之效力】【通】Force of law 法之效力者,谓法律之强制实行力也。其范围如何,可分为关于人之效力,关于地之效力,以及关于时之效力等三项言之。(一)关于人之效力——关于人之效力从来立法例计有三种主义。一为属人主义,谓法律之效力及于本国之人民也。凡居住于本国之外国人不必受本国法律之支配,至于住居外国之本国人则应遵守本国法律,是法之效力概以国籍为标准也。古时罗马之市民法即采此种主义。二为属地主义,谓一国之法律只能于一国之领土内发生效力也。与属人主义适相违反,凡在本国领土之内不论其居民为外国人抑为本国人,概应遵守本国法律,采此主义者为中世纪封建时代之国家以及绝对之民族主义之国家。三为折衷主义,即以属地主义为原则属人主义为例外,近世各国立法例皆采取之。即法之效力及于全国国民,而住居于外国之本国人则受居住地法律之支配。惟在国际法上有特别身分者,则享有国际法之权利,并不受居住地法律之支配,即所谓享有治外法权之人是也。此外公权之享有亦不受属地主义之限制,又刑法上特种犯罪如内乱罪,外患罪,海盗罪,伪造货币及伪造文书印文罪等亦皆不受属地主义之支配,而皆采取属人主义。至于法律对于本国人民之适用,其效力亦不一致,有一般的与特别的之分。特别的例如对于军人及国会议员以及行政元首,并无行为能力人等之例外的规定皆是。(二)关于地之效力——除上述属地主义所言者外,特再补充之。即一国之法律原则上施行于其领土领海及领空之内,其例外则为:(1)某区域内之特别法则以施行于该区域内为限。(2)在他国领海内之本国军舰适用本国法律。(3)在公海上之本国船舰亦受本国法律之支配。(4)治外法权之享有(参上述)。(5)公空之飞机飞艇气球等适用该飞行器之所有人之所属国家法律。(6)于戒严区域内因戒严命令而中止适用通用法律时，该区域遂不受通用法律之范围。(三)关于时之效力——法律之时的效力在原则上为实施于施行之日而消灭于废止之日，于实施时或以前有所谓公布者。惟此系就制定法而言，若非制定法(即不成文法)则无所谓公布与实施也。此外关于时之效力有所谓不溯既往之原则者，即法律自施行之日起始生效力，惟不得追溯及于施行日期以前所发生之事项也。盖为避免与过去人民所享有之既得权发生抵触计也。与法之时之效力有关者，尚有所谓新法优于旧法及特别法优于普通法原则。前者谓新颁法律之适用乃先于旧法之适用。惟在刑法上设有例外，即从轻主义是也(参从轻主义)。至于特别法优于普通法，乃指对于某种事项本有普通法之规定，后因有特别法之制定施行，此时特别法应先于普通法而被适用。惟凡普通法设有规定而为特别法所无者，则仍应继续存在其效力也。

【法之渊源】【通】Source of law 简称曰法源，其意义有二。一谓发生法之效力之原动力，曰第一渊源，即所谓国家之意思是也。一谓表现法之效力之资料，曰第二渊源，即通常所指之法律之资料也。后者又分为二：(一)直接渊源——即法源本身具有法之效力者，例如法律，命令，条例，规则，条约等是。(二)间接渊源——即本身不能直接发生法之效力，而由国家加以承认之后始成为法者，例如习惯，法理，判例，学说，道德，外国法，宗教等是。

【法之解释】【通】Interpretation of law (详解释条内)

【法之废止】【通】Abolishment or rescission of laws (详废止条内)

【法之变更】【通】Alternation of laws (详变更条内)

【法之羁束】【通】Legal restraint 即法律对于某种事项因适用后所发生之拘束力量也。(参羁束力条)

【法文】【通】Provision of law 又名法条。(详该本条)

【法令】【通】Law and decree; Ordinance 与法规同义。(详法规条)

【法系】【通】Geneology of law 法律之系统曰法系。其区别之标准在原则上纯由种族及种族之特性所造成，但亦有发端于地理宗教以及政治势力者。在全世界之历史上关于法律之系统，原可分为十六种。但下列八种：至今已不存在。(一)埃及法系。(二)美索波达米亚法系。(三)希伯来法系。(四)希腊法系。(五)罗马法系。(六)色勒特法系(Celtic)。(七)海洋法系(Maritime)。(八)寺院法系(Canon)。近代之法系不论为纯粹者或混合或集合者，仅有下列八种：(1)中国法系。(2)印度法系。(3)日本法系。(4)德意志法系(Germanic)。(5)斯拉夫法系。(6)回教法系。(7)罗马式法系(Romanesque)。(8)英美法系。上述八种在各国中有仅一种单独通行者，有系由二种以上之混合而被采用者，更有系因政治关系而与殖民地所有之系统集合者。至于纯粹存在之系统仅有英美系，印度系，罗马式系与回教系四种而已。

【法杖】【史】犯罪人不供承其犯罪事实者得以拷问方法施之，惟拷问每隔二十日始可行之，且不得过三度，而其所加之总杖数，不得过二百，谓之法杖。若超越二百之数则称曰法杖外，犯者处杖一百，杖数过者反坐所剩之数。(参拷囚不得过三

度条内)

【法杖外】【史】(详法杖条内)

【法例】【通】Rules for the application of law; Application and interpretation of law 乃关于各该法律之应用及一般效力的法则之谓。我国民法刑法民事诉讼法刑事诉讼法均有法例专章之规定。按我国晋时亦有所谓法例者,但与今之法例意义不同,自不可混为一谈。

【法例律】【史】晋时贾充等奉命增损汉魏律编成晋律,将魏之刑名律内关于法例之事项分出另增一篇,称曰法例律。唐律(卷一)名例篇:"晋命贾充等增损汉魏律为二十篇。于魏刑名律中,分为法例律。"至北齐时始合刑名及法例二律而为名例,所谓名例即近代法之总则也。

【法典】【通】Code 搜集若干同一性质,或同一种类之法规,而成为有系统之编制者,曰法典。如民法法典,刑法法典是。

【法制】【通】Legal system 法律制度简称曰法制,乃指法律之编制与形式,法律所采取之主义,以及法庭[①]之组织等之总称而言。

【法制史】【通】Legal history 法制史者,谓以法制沿革为研究对象之学科也。在各国之法制史,其发展情形,均因其国内之各种特殊关系,而有不同。然就一般而言,刑法之发生,每较民法为先,实体法则较程序法为早,且混合制定,未加区分,其对内法之成立,则在涉外法成立之前。以上所述,在我国之过去法制,自亦不能例外。

【法制局】【史】民国五年以后,法制局为直属于国务院之一种机关,与秘书厅铨叙局统计局及印铸局相对立。其职掌如下:(1)拟定法律命令案事项。(2)审定各部院拟订之法律命令案事项。(3)撰定及审定礼制案事项。(4)调查及编译各国法制事项。(5)保存法律命令之正本事项。局中置局长一人,管理本局事务,监督所属职员。参事十二人,掌拟定撰定及审定法律命令礼制案事务。又置佥事六人,分掌本局文书会计庶务。编辑六人掌理编译事务。主事十人分理缮校及其他事务(法制局官制第一——六条)。民国十六年时南京国民政府成立,亦有法制局之设,与秘书处,参事处,副官处,劳工局,及印铸局等同为直隶于国民政府委员会之机关。

【法定】【通】由法律或命令等所规定者,称曰法定。

【法定人数】【宪】Quorum 所谓法定人数,乃指议会于开会时所必须出席之最少人数而言。各国立法例有以须全体议员四分之三为法定人数者,亦有以须全体议员三分之二为法定人数者,但均须有法律明文之规定,俾免发生争端。我国立法院开会之法定人数为全体委员三分之一,限制不严,为他国所仅见。

【法定中断】【民诉】【民总】Legal interruption 所谓法定中断乃指当事人基

---

① 原书为"廷",现通用"法庭"。

于法律上所规定之事实使判决程序或其他程序停止进行而言。(参中断条)

【法定公积金】【公】Legal sinking or reserved fund 为公积金之一种,对任意公积金言,谓由法律规定所提存之公积金也。提存方法有二:(1)公司于赢余时,应先提出十分之一为公积金。但公积金已达资本总额二分之一者,不在此限。例如赢余一千元则提存一百元为公积金是。(2)超过票面金额发行股票所得之溢价,应全部作为公积金。例如每股百元之股票以一百十元发行时,其十元之溢价应提存为公积金。(公司法第一七〇条)

【法定手续】【通】Due process of law 凡由法律规定必须具备之手续而不能任当事人加以变更者,谓之法定手续。例如社团法人之设立,依法律之规定,应照下列手续为之,即应得主管官署之许可,应订定章程(章程应记载一定事项),应为设立之登记等是。此外人民犯罪,非依法律不受逮捕,逮捕后于决定时间内即须移送法院,于审判时且须依法律所定之程序为之,无罪者应即释放,有罪者应依法判决。凡此种种,皆为法定手续,无论何人均不得任意破坏。

【法定方式】【民总】Legal form 对约定方式言,即由法律明文规定须一定方式方能发生效力之谓也。例如不动产所有权之移转及婚姻是。民法第七三条更明定法律行为不依法定方式者无效,但法律另有规定者不在此限。

【法定主义】【物】为物权创设主义之一,对放任主义言。即以物权之创设,其种类及范围均由法律预为限定,不许人民任意滥设,其利益在使交易安全社会经济确定,近世各国均采此主义,我国民法亦然。(第七五七条)

【法定代理】【民总】Legal agency 为代理之一种,对意定代理言,即由法律规定所授与之代理也。例如无行为能力人或限制行为能力人之法定代理人是。法定代理权发生之原因有三:(1)由于法律明文规定者,如行亲权之为未成年人之代理人是。(2)由于官署处分者,例如法院选定清算人是。(3)由于私人之选任者,例如亲属会之选任监护人是。

【法定代理人】【民总】【民诉】Legal representative (参法定代理条及诉讼代理人条内)

【法定共犯】【刑】一名必要的共犯。(详该本条)

【法定刑】【刑】Legal penalties 为刑罚种类之一,对宣告刑言。凡对于一定犯罪以法律上之规定加以相当刑罚者,曰法定刑。例如刑法第二八二条对于一般杀人犯处刑之标准者是。

【法定地役】【物】Legal servitude (详法定地役权条内)

【法定地役权】【物】Legal real-servitude 为地役权之一,对天然地役权与人为地役权言,即由法律直接所规定而发生之地役权也。例如准袋地之通行权是。我国民法认此为相邻间之权义关系,而不认为地役权。

【法定住所】【民总】Legal domicile 为住所种类之一,对任意住所言,即法律对本人之于某地域,不问有无定其为住所之意思,而迳行视该地为其住所之谓也,乃采德法瑞之民法而来。依我国民法之规定有四:(1)无行为能力人及限制行为能力人,以其法定代理人之住所为住所(第二一条)。(2)法人以其主事务所之所在地为住所(第二九条)。(3)住所无可考者其居所视为住所(第二二条)。(4)在中国无住所者以其居所视为住所。但依法(国际私法)须依住所地法者不在此限。(第二二条)

【法定利息】【债】Legal interest 为利息之一种,对约定利息言,即由法律上所规定之利息也。法定利息又可分为:(1)迟延利息。(2)出费利息。(3)拟制利息。(4)受领利益之利息。(各详本条)

【法定利率】【债】Legal rate of interest 为利率之一种,对约定利率言,即依法律规定所定之利率也。凡利率未经当事人约定时,亦无法律可以根据者,周年利率为百分之五(民法第二〇三条),所以杜争端也。此项利率与法国日本瑞士之法律规定相同。

【法定扶养】【亲】Legal aliment; Legal maintenance 依法律之规定,对于一定亲属所负担之扶养义务,谓之法定扶养。(详扶养条)

【法定抵押权】【物】Legal or statutory hypotheca 则以法律之力于一定关系上视为有抵押权是也。至当事人之意思如何,均所不问。例如妻对于夫之不动产,未成年人或禁治产人对监护人不动产均有抵押权是。我国民法对此明定准用抵押权之一切规定。(第八八三条)

【法定拍卖】【债】Statutory or legal auction 为拍卖之一种,对强制拍卖与任意拍卖言,即法律确定其须用拍卖之程序,而非由于强制之拍卖也。如提存物之拍卖,及商人间解除买卖契约时,买受人将标的物拍卖是。

【法定果实】【民总】Legal fruit 又名法定孳息。(详该本条)

【法定特有财产】【亲】Statutory separate estate 为特有财产之一,与约定特有财产相对立。(详特有财产条内)

【法定留置权】【债】The lessor's right of retention 谓不动产之出租人就租赁契约所生之债权,对于承租人之物置于该不动产上者有暂时占有其物之权利也。其要件有三:(1)其物须为承租人之动产。(2)其物须系置于出租不动产之上者。(3)须系非被禁止扣押之物。至其范围出租人仅于已应请求之损害赔偿及本期与以前未交之租金之限度内,始得行使留置权。此外留置权消灭之原因有二:(1)承租人取去留置物。(2)承租人提出担保。(民法第四四五—四四八条)

【物】Statutory right of retention(Lien) 即在法律上于一定之关系中,不问当事人之意思如何,而视为有留置权之谓。例如不动产之出租人对承租人之物置于该不动产者,有留置权是。我国民法明定,除另有规定外,准用留置权之规定。(第九三九条)

【法定财产】【公】凡依法律规定不许私人自由处分之私有财产,称曰法定财产。

【法定财产制】【亲】Gesetzliches Guterrecht (德); Statutory régime 为夫妻财产制之一种,与约定财产制相对称,即夫妻未以契约订立任何夫妻财产制时,依法律所规定应行适用之夫妻财产制也。各国法律对法定财产制之规定,种类不一,惟德国瑞士日本则以联合财产制为法定制,我民法从之(参联合财产制条)。法定财产制可分为下列二种:(一)通常法定财产制(乃指本条之法定财产制而言)。(二)非常法定财产制。(详各本条)

【法定退伙】【债】为退伙之一种,对任意退伙言,又称非任意退伙,谓非基于合伙人之意思而系依法律规定与他合伙人脱离关系也。按民法之规定,其情形有四:(一)合伙人之债权人就该合伙人之股分声请扣押,而于两个月以前通知合伙时,即有退伙之效力(第六八五条)。(二)合伙人死亡时,但约定其继承人继承之者则为例外。(三)合伙人受破产或禁治产之宣告者。(四)合伙人经开除者。(第六八七条)

【法定条件】【民总】Lawful conditions 为假装条件之一,即依法律之规定或因法律行为之性质,当然为其法律行为效力发生之条件也。例如为捐助行为而附主管官署许可并登记之条件是。

【法定清算】【公】Judicial liquidation 为清算之一种,对任意清算言,谓依法律之规定所办理之清算也。

【法定清算人】【公】Legal liquidator 谓依法律之规定由股东全体或由董事充任清算人也。在无限公司由全体股东充之,如股东中有死亡者,由其继承人代行之,继承人有数人时推定一人行之,法院因利害人声请得解任之(第五三—五四条,又第五六条)。在两合公司则由全体无限责任股东充之(第八五条第二项)。股份有限公司以董事为法定清算人,股东会或法院得解任之(第二〇五—二〇六条)。股份两合公司以无限责任股东全体充之,但须与股东会所选任者共同清算,若章程另有订定者,不在此限。(第二二八条)

【法定货币】【债】Legal money 为货币之一种,对自由货币言。(详货币条内)

【法定期限】【刑诉】Legal period of limitation 为期限之一,对裁定期限言。乃就其设立方式以为区别者,即就法律所规定之期限也,例如上诉期限是。

【法定期间】【民诉】Statutory periods of time 为期间之一种,对裁定期间言,谓依法律所规定之期间也。又有不变期间与非不变期间之分,前者例如上诉期间,再审期间是。即除因诉讼程序中断或中止外,以及除得酌留在途期间外,法院不得予以伸缩,即当事人亦不得以合意加以缩短或延长是。后者例如公示催告之期间,声请费用裁判之期间,声请补充判决或裁定之期间是。即在法律得为伸缩之期间是也。又称普通期间。

【法定顺序主义】【民刑诉】为民事及刑事诉讼主义之一,对自由顺序主义言。谓当事人之辩论及其提出证据,法律上定有顺序,不许当事人任意为之之主义也。各国立法例多兼采自由顺序与法定顺序二主义,以为调剂,我民事及刑事诉讼法亦然。

【法定债务】【债】Civil obligation 与自然债务相对称,即得依诉之方法而为要求之债务也。反而言之,即有诉权保护之债权也。通常债权无有不伴有诉权者,故债务人不履行时，债权人自得依诉权之作用请求法院强制履行，非如自然债务之基于道德上或义务上而履行或给付不受诉权之拘束也。

【法定孳息】【民总】Legal fruit 为孳息之一，对天然孳息言。又名法定果实，谓利息租金及其他因法律关系所得之收益也(民法第六九条第二项)。所谓利息及租金，皆为许可他人使用其物而取得之报酬。至于其他因法律关系所得之收益者，不特系指法定孳息不限于物，即权利亦在其内。关于法定孳息之收取，我国民法规定：有收取法定孳息权利之人，按其权利存续期间内之日数取得其孳息(第七〇条第二项)。因此项孳息乃系随时发生者，故可按日收取。如于一定期间收取时，自亦可由该权利人按其权利存续之日数收取之。

【法定解除权】【债】Right of rescission provided by law 为解除权之一种，对约定解除权言，即由法律所规定而发生之解除权也。我国民法规定有二：(1)因给付迟延所生之解除权(第二五四条—第二五五条)。(2)因给付不能所生之解除权。(第二五六条)

【法定监护人】【亲】Statutory guardian 由法律所规定之当然监护人，曰法定监护人。在未成婚的未成年人之监护，须于父母均不能行使负担对于其未成年子女之权利或义务，或于死亡而无遗嘱指定任何监护人时，始得依法律关于下列顺序之规定而为监护人：(一)与未成年人同居之祖父母。(二)家长。(三)不与未成年人同居之祖父母。(四)伯父或叔父。至于在禁治产人之监护，其法定监护人之顺序如下：(一)配偶。(二)父母。(三)与禁治产人同居之祖父母。(四)家长。如均无上述之各人时，始得以指定监护人为其监护人。(民法第一〇九四条、第一一一一条)

【法定管辖】【刑诉】Legal jurisdiction 为管辖之一，对裁定管辖言。乃包含土地管辖与事物管辖二种而言(详各本条)，以其乃法律上之规定也。

【民诉】为管辖之一，即以法律所规定之管辖也。通常分为土地管辖与事物管辖，但我民诉法将后者规定于简易诉讼程序中，而仅有前者一种而已。又前者乃所以划定同级审之审判区域，后者则划定异级审之审判区域，二者自不可混同也。

【法定认领】【亲】Statutory acknowledgement 为认领之一种，与自由认领相对立。又名强制认领，或呈请认领，即对于不为认领之生父，基于法定情形，因呈诉法院请求以裁判强制其生父，使其认领之谓也。列国立法例有承认之者，有否认之者，我民法则折衷二者，在原则上认非婚生子女之生母，或其法定代理人，得向其生父为认领之请求。但须具备下列法定情形之一始得为之：(一)受胎期间生父与生母有同居之事实者。(二)由生父所作之文书可证明其为生父者。(三)以生母为生父强奸或略诱成奸者。(四)生母因生父滥用权势成奸者。至于遇有下列二种情事，则不得呈请认领，是为例外：(一)若自子女出生五年后者。(二)生母于受胎期间内曾与他人通奸，或为放荡之生活者。(民法第一〇六七—一〇六八条)

【法定褫夺】【刑】Legal deprivation of civil right 对裁量褫夺言，即法律上规

定何种犯罪应为褫夺公权之宣告，无明文者，不得为之是。我国新刑法于分则中各章定之。

【法定应继分】【继】Statutory successional portions　为应继分之一种。（详应继分条内）

【法定证据主义】【民刑诉】为民事及刑事诉讼主义之一，对自由心证主义言。又称形式证据主义，谓凡证据之强弱与是否采用，均由法律明文加以规定，审判官不得自由加以舍弃之主义也。其优点乃在防免审判官之专横，但对事实真相之发见，则不若自由心证主义之容易也。

【法定继承人】【继】Statutory heir　为继承人之一种，与指定继承人相对称，即由法律之规定直接取得继承人之资格之人也。我民法所指定之继承人如下：(一)配偶。(二)直系血亲卑亲属。(三)父母。(四)兄弟姊妹。(五)祖父母。(六)养子女(第一一三八条、第一一四二条、第一一四四条)。至其顺序，除配偶有独立之继承权与任何一顺序均得同时为继承人，并养子女之继承顺序与婚生子女同(直系血亲卑亲属之一)，外余均依上列所述(二)至(五)，以定其顺序。

【法官训练所】【行】Institute for Judge Training　法官训练所由司法行政部设立之，以就法官初试及格人员加以司法实务上之训练为宗旨。设所长一人，教务主任一人，教员若干人，并设事务员三人至五人。训练所课程分为必修者与选修者两种。前者如：(1)党义党纲。(2)民事审判及强制执行实务。(3)刑事审判及检察实务。(4)民法实用。(5)民事特别法实用。(6)刑法实用。(7)刑事特别法实用。(8)民事诉讼及强制执行法实用。(9)刑事诉讼法实用。(10)证据法。(11)外国文。(12)公牍。选修课目如比较民刑法，国际私法，非讼事件法，法医学及审判心理学等皆是。训练期间定为十八个月，分为三学期。每学期举行学期试验，训练期满举行毕业试验，均以七十分为及格。毕业试验及格者给予毕业证书，以法官再试及格论。(法官训练所章程第二一十一条)

【法治】【通】Law-governing; Government of laws　国家之组织与统治权之行使均以法律为根据，而社会或个人相互间之关系，亦受法律之支配，此种状态，称曰法治。

【法治国】【史】Law-governing-country　所谓法治，乃指国家之统治概以法律之规定为根据而言，此种国家称曰法治国。

【法物】【行】Divining-articles　法物者，谓于宗教上历史上美术上有关系之佛像，神像，礼器，乐器，法器，经典，雕刻，绘画，及其他向由寺庙保存之一切古物也。寺庙之法物应向该管地方官署呈请登记，其管理之权操诸住持，而为寺庙所有，非经所属教会之决议并呈请该管官署许可，不得处分或变更。(监督寺庙条例第二条、第五一六条、第八条)

【法门】【史】天子诸侯南向之门，乃法律宣布及出入之所，故称曰法门。穀梁传："南门者，法门也。"其注曰："法门谓天子诸侯皆南面而治，法令之所出入，故谓之法门。"

【法冠】【史】法官之冠也，一称柱后或獬豸冠。事物纪原(卷三)："后汉舆服志曰，法冠一名柱后，惠文或谓之獬豸冠。"

【法律】Law　法之本字为灋，说文谓："灋，刑也，平之如水，从水。廌所以触不直者去之，从廌去。"按廌之形似牛，仅一角，古者决讼，令触不直者，故法字一方具有求平(直公平正直)之意，而另一方面则为刑罚，证诸尚书吕刑内所称："苗[①]民弗用灵，制以刑，惟作五虐之刑曰法"之说，益为可信。至于法律之律字，说文注曰："均布也"，盖所以范天下之不一，而归于一也。古时有所谓律吕者，阳者为律，阴者为吕，律有六，而吕亦有六，皆音乐乐器之声调，故律乃乐律之律，后始名规则之法为律，此其一。又古时之度量衡，所以正长短权轻重计多寡者，亦称曰律，故律乃所以正度量衡也。而刑书则所以断定诸罪也，因之亦名为律，此其二。或又曰古人多以竹造之具称曰律，刑书亦为竹简所制成，故亦曰律，此其三。其后律字几全代法而用，皆简称汉唐宋……等之法律曰汉律，唐律，或宋律……等，然法律二字之合称，则始于近代，盖沿用东邻日本通用之辞也。

在外国文字上所称之法律，其始也如拉丁文之 Jus，法文之 droit，德文之 Recht。意文之 Diritto 等。其意义皆甚广泛，故多包含道德或伦理之观念在内，且法文之 droit 字与德文之 Recht 字，在另一方面即权利之意，即在今日亦以其字作权利或法律二种解，惟范围较前昔稍狭耳。故有其他相对名辞之产生，例如 Lex; Loi; Gesetz; Legge 等是。皆单指法律而言，以上乃关于法律之语源。至于法律究系何物，此项问题，在表面上似极简单，惟欲得一满意之解答，颇为困难，在一般人皆以为法律乃人在社会生活上之行为的规则之一种，惟此解说似觉过泛，古今学者对此聚讼纷纭，莫衷一是，依分析派法学者之见解，法律乃关于管理人类的行为，而且系由国家有组织体之权力加以强制执行者，换言之，即法律乃由在上者以权力命令在下者强令遵守之规则，其着眼之点，在于强制力方面，因此凡未具有强制力之法律，如国际公法并不认其为法律之一种。按此派乃以法律系由立法者故意加以制定者，故于实际多有未合。其次为历史法学派之主义，以法律并非骤然产生的，亦非任意制定之，而系由历史上渐次生长逐步演进而来者，故视法律为以前社会一般的习惯而加以整理始成为法律也。至于哲学法学派则以法律为理性的产物，先由少数人的理想寻出一定标准，制成一种具体法律，然后应用于社会一般人间，此项见解，未免过于呆板浅狭，盖法律有时间与空间之限制，并非一成不变者，如以少数人之理想为标准，无乃偏重个人主义，于实际之应用殊有未合，于是遂有所谓社会法学派之崛起。此派学者谓法律乃文化之结晶，为达到社会最高目的之一种工具，并非现成不变者，故法律乃实际社会生活之反映，社会不断地向上发展，法律亦须与时代之巨轮互相推进，因此主是说者有谓法律乃法院对于未来案件将行采用之一种规则，故社会情势呈现变迁之时，法律亦因之而转变，至于如何转变，则当以法院对于该种案件所采取之态度与所引用之规则如何以为确定。是项见解，在社会法学派中可谓独树一帜，而在唯心论之法学界自系一种超然的理

① 原书为"昔"，系排版之误。

论，惟法律既为一种未确定而须有待于法院将来之采用的规则，则法院本身之设立是否根据于一种已确定的规则（法律）乎？纵谓该法院本身之设立乃根据前此之法律，则前此之法律果系出于何法院之确定乎？关于此点，殊无完满解答，如谓出于立法者之制定，则立法机关固仅系一纯粹之立法机关也。

以上乃就偏于唯心论之法学者的主张而论，至于唯物论者之言法律，其立场与主义均与此完全相反，中以马克思氏一派为尤甚。马氏学派对于法律虽亦认为系社会关系中之一种规范，惟此种关系乃指社会上的阶级与阶级间的相互关系而言，马氏曾谓社会并非以法律为根据，而法律则必须以社会为根据，法律须与个人意志的表示互相脱离，而代以社会经济上的生产所需要之普通利益的表示，所以法律乃从事于实体上的经济事务中之人民彼此间的一种关系。此种见解，自系以马氏经济学说为根据，若依马氏阶级斗争之说立论，法律乃保护统治阶级之利益的工具，故一方面保护一个阶级之利益，他方面即系剥夺另一阶级之利益，换言之，法律乃统治阶级所制定以压逼被统治阶级利益之一种工具，因在无阶级之理想世界未实现以前，社会之进化，完全系阶级的斗争之过程，故统治阶级为维持其独霸地位与掌握其统治权起见，乃制定有利于己之法律，以为镇压其他阶级（被统治阶级）的工具之用，因此通常所称之正谊，在马氏一派学者之心目中，并无其事，有之亦仅系在同一阶级中发见之耳，故正谊一语乃统治者抚慰或欺骗被统治者之一种名辞而已。

【法律上之代位清偿】【债】Legal subrogation payment 凡代位清偿之不须经过债权人之承诺者，谓之法律上之代位清偿，反之则称曰任意之代位清偿。

【法律上之协助】【组】Judicial assistance 又称诉讼共助，即法院以自己权限，依法律之规定协助他法院为诉讼行为之谓也，各法院均负有此种义务，且有要求他法院协助之权利，例如送达文书，调查证据，逮捕人犯等。如经其他法院嘱托时，均负有协助之义务。此外如检察官书记官执达员亦同。（法院组织法第八十四—八十六条）

【法律上之推定】【民诉】Presumption of law 为推定之一种，与事实上之推定相对称，即法律本于他事实而认某事实为真实与否之结论也。法文中除用推定一语外，尚有用视为或视与……同或以……论等字样者，且有许反证之法律上之推定，与不许反证之法律上之推定二种。

【法律上之货财】【民总】Rechtsgütter（德） 又名法财。（详该本条）

【法律上之错误】【刑】Ignorance or mistake of law 为错误之一，对事实上错误言，即犯人对法律有误解与不知之谓，换言之，即误认刑罚法令之存在或不存在也。可分为二：(1)法律积极的错误。(2)法律消极的错误（详各本条）。我国刑法对前者不为罪，对后者则规定不得因不知法令而免除刑事责任，但因其情节得减轻本刑二分之一（第二十八条）。按此规定又可分法律上之错误为二：(1)刑罚法令之错误。(2)刑罚法令以外法令之错误。

【法律上加重】【刑】To increase according to law 为学理上加重之一种，对裁判上加重言，即刑罚之加重以有法定原因存在者之谓。我国新刑法仅有法律上之加重，而无裁判上之加重。

【法律上减轻】【刑】Reduce by law 为减轻分类之一，对裁判上减轻言，即基于法律上一定之原因而减轻其刑罚之谓。我国刑法明文规定者约有十余种：(1)未满十六岁者。(2)心神耗弱者。(3)酗酒者。(4)喑哑者。(5)满八十岁者。(6)救护过当者。(7)防卫过当者。(8)未遂犯。(9)中止犯。(10)从犯。(11)自首者。(12)自白者。(13)不知法令者。(14)经外国裁判受刑之执行或经免除者，均应予以减轻。

【法律之公布】【通】Promul gation （详公布条内）

【法律之制裁】【通】Legal restraint 国家对于违背法律所规定时，所予之强制处分，称曰法律之制裁，例如宪法之制裁，行政制裁，民事制裁以及刑事制裁皆是。

【法律之抵触】【国私】Conflict of laws 又称法律之冲突。（详该本条）

【法律之停止】【通】法律在特种情形之下，于某一地域某一时间内，停止其执行力者，称曰法律之停止。

【法律之冲突】【国私】Conflict of laws 又称法律之抵触，即内国法律与外国法律不同时所发生之状态也。国际私法之发生，即所以解决法律之冲突也。

【法律占有】【物】Legitimate possession 为占有之一，对自然占有言，即占有时乃基于法律之规定之谓也。吾人通常所谓占有，皆属法律占有。

【法律史学】【通】以法律之沿革为研究对象之学科称曰法律史学，计有法制史与法律学史二种。

【法律名义】【通】Legal title 在法律关系存在中所享有之正当名义曰法律名义，均须以正当之方法取得，例如权利名义，债务名义皆是。

【法律行为】【民总】Juristic act or act-in-the-law 乃私法上的意思表示以发生法律上一定之效果为目的者之谓，即本于表意者之希望，而生法律上效果之事实也。其要件为：(1)须为私法上之意思表示。(2)须以发生法律上一定之效果为目的。(3)其法律上效果须为表意人之希望。(4)须为法律事实之一。法律行为之分类有十四种：(一)契约及单独行为与共同行为。(二)生前行为与死因行为。(三)财产行为与身分行为。(四)要式行为与不要式行为。(五)主行为与从行为。(六)有偿行为与无偿行为。(七)独立行为与补助行为。(八)债权行为与非债权行为。(九)完全行为与不完全行为。(十)现实行为与非现实行为。(十一)设权行为变权行为废权行为与保权行为。(十二)有相对人行为与无相对人行为。(十三)处分行为与非处分行为。(十四)有因行为与无因行为。至法律行为之成立，其要件有三：(1)其内容须不与公序良俗相违反，而其标的尤须确定的可能的与合法的。(2)行为人须有一般及特别之行为能力。(3)其为法律行为组成要素之意思表示须与真意一致，且无瑕疵。

【法律行为之附款】【民总】即当事人对其法律行为所具之一定效力加以一部限制之意思表示也。此项意思表示与所欲发生效力之表示乃单一的，即合而为一个意思表示，并非于原来之意思表示外另有一限制效力之意思表示。法律行为之附款有二：(1)条件。(2)期限(详各本条)。至负担亦有主张为附款之一种者，但总则上仅有前二项之规定耳。

【法律行为地法】【国私】简称曰行为地法。(详该本条)

【法律免除】【通】Legal release　法律对于特定人或特定事项，于一定情事之下不加拘束者，谓之法律免除，例如经行政机关之特许而从事于某种行为，不受法律之限制或禁止者是。

【法律事实】【民总】Legal facts; Juristic fact　发生法律现象之原因也。故通常总称发生私权之得丧变更消灭之原因为法律事实，因其为法律效力之原因全体，故又称法律要件。法律事实又分为：(1)自然之法律事实，即人之行为以外之事实，例如因天灾地变丧失私权之事实，成年未成年，心神障碍，以及期日，期间，时效是。(2)人之行为事实，即人之精神作用发现于意识之身体状态之谓，积极的(作为)与消极的(不作为)皆属之。至人之行为有生法律上之效力者，有不生法律上之效力者，前者即所谓法律行为是也，后者例如社交之行为是。

【法律效力】【民总】Legal effect　又称法律现象。(详该本条)

【法律的三面关系】【刑诉】Legal triple relation　刑事案件在检察官未起诉而在进行侦查之时，被告为谁尚在不可知之数，此时法律之关系除双方当事人外，尚有检察官之一方，学者因此乃称之为法律的三面关系。

【法律社会学】【通】Legal sociology　为社会法学之别称，即用社会学之方法以研究法律原理原则之学科也。(参社会法学派条内)

【法律要件】【民总】又称法律事实。(详该本条)

【法律哲学】【通】Legal philosophy　凡以抽象的方法批评的态度，以求法律之根本原理，而认识法律现象立于万有现象中之位置者，曰法律哲学，即法律本身之伦理问题，亦在其范围之内，与法理学不同。(参法理学条内)

【法律案】【通】Bill of law　所谓法律案，乃指法律之原案或法律之草案行将向立法机关提出者，或未经其通过者而言。我国立法程序纲领规定：一切法律案有提案权之机关及其提案程序如下：(一)国民政府交立法院审议之案。(二)立法院自提之案。(三)行政院司法院考试院监察院移送立法院审议之案。各院之各部会关于法律案之提案，应呈由各该院核定后，再由各该院移送立法院。各省政府及行政院直辖之市政府，其关于法律案之提案程序，准用各部会提案之办法。至于五院以外之国民政府直辖机关关于法律案之提出，均应呈请国民政府核定后，由国民政府交立法院审议。

【法律格言】【通】Legal maxims　日本称曰法谚，即法学家根据其学说主义与著作中所摘引之名句也，例如“土地所有权上达天空下至地心”是。

【法律消极的错误】【刑】法律上错误之一种，对法律积极的错误言，即不知法律而自信其不法行为为无罪者之谓，例如重婚法律有禁止正条，行为者以为无罪是，我国刑法认为有罪，故于第二十八条规定：不得因不知法令而免除刑事责任。

【法律问题】【通】Question of law 与事实问题（详该本条）相对称。

【法律婚主义】【亲】为形式婚主义之一种，与宗教婚相对称，即以婚姻之成立须在法院或其他特定官署内举行法定方式始为有效之立法主义也。德法瑞士日本意大利采之。

【法律教授法】【通】Method of teaching law 教授法律之方法可分为三种：一曰讲授式，即由教师口授而使学生笔记。二曰教科书式，即以教科书为根据而附以教师之讲解。三曰判例式，即就具体的法律案件分别探求法律之原则原理。三种方法以最后者为佳，惟在不以判例法为注重之国家，颇难采用之耳。

【法律渊源】【通】Source of law （详法源条）

【法律理由】【民刑诉】Legal reason 所谓法律理由，乃指应行适用法律某项条文之理由而言，判决书内应申述之。

【法律现象】【民总】Legal phenomenon 又称法律效力，即由法律事实所发生之结果也。换言之，即权利义务可因法律上一定事实而生变动，例如发生，取得，变更，消灭，或丧失是。而此种发生取得变更消灭或丧失，乃称为法律效力，又以其为法律上现象，故名法律现象。此下更分：(1)私权之发生。(2)私权之消灭。(3)私权之取得。(4)私权之变更。(5)私权之丧失。（详各本条）

【法律责任】【通】Legal responsibility 侵权行为及违反债务行为，或违背法令所禁止之行为，而负有法律所规定之责任者，均谓之法律责任。此项责任有民事与刑事之分，例如违反债务行为，仅负民事上之损害赔偿之责任，杀人者，则应负刑事上之责任，而受相当刑罚。强奸妇女则同时负有刑事上责任，兼民事上赔偿之责任等皆是。

【法律提案权】【宪】Antragsrecht（德） 法律提案权者，谓有提出法律案于立法机关之权限也。各国宪法规定公民皆有提出法律案之权，同时议会如对于该法律案表示不同意时，亦得提出相反之对案，此时两种法律草案应一并交付公民复决，择取其一为正式法律，例如瑞士联邦美国加利福尼亚邦以及威士康辛邦皆采此种制度，其目的无非对公民自行提出之法律草案，而谋所以补救其草率粗陋之弊。我国现在制度，公民暂无法律提案权，其提出法律之权皆由五院自兼，纵使有时得由公民提出法律案，然取舍权仍归诸立法院，覆议权则属于中央政治会议，自亦不能谓公民有真正之提出法律权也。至于行政机关，依各国宪法之规定，均得提出法律，即我国现行制度亦同。

【法律审】【民刑诉】Trial of law 第三审为法律审，与第一第二审为事实审不同，因第三审不能再就事实审查，故对于第二审判决上诉非以其裁判违法为理由不得为之。吾人于此应注意下列三点：(一)所谓裁判违背法令，并不以第二审之终局判决违背法令为限，即于该终局判决前所为之裁判而有违背法令情事者，对该终局判决亦得提起上诉。(二)所谓违背法令，即其裁判不适用法规或适用不当，且其法规当以全国通用之法规，或第二审法院管辖区域内亦有效力之法规为限。(三)裁判所违背之法规,必与该裁判有因果关系,若法规虽属违背,而于裁判并无影响者,仍不得作为上诉理由。但违背实体法规定固恒与裁判有因果关系,至违背诉讼法规时,通常无甚关系,不过关于诉讼法重要法则有关公益,故法律特定违背此种法规时不问其与裁判有无因果关系,均以当然违背法令论。即民诉第四百三十六条及刑诉第三百九十一条所规定各款情形之一者,其裁判当然违背法令,得为上诉第三审之理由而受第三审之审判,即所谓法律审是也。

【法律适用条例】【国私】Rules for the Application of Foreign Laws 本条例于民国七年八月五日公布,计五章,共二十七条,其要点如下:(一)依本条例适用外国法时,以其规定不背于中国公共秩序或善良风俗者为限。(二)依本条例适用当事人本国法时,其当事人有多数之国籍者,依最后取得之国籍定其本国法,但依国籍法应认为中国人者,依中国之法律,又当事人无国籍者,依其住所地法,住所不明者,依其居所地法,当事人本国内各地方法律不同者,依其所属地方之法。(三)外国法人经中国法认许成立,以其住所地法为其本国法。(四)依本条例适用当事人本国法时,如依其本国法应适用中国法者,依中国法。(五)关于人之能力以依其本国法为原则。(六)亲属关系及因其关系所生之权义,除本条例另有特别规定者外,概依当事人之本国法(第九条—十九条)。(七)继承在原则上依被继承人之本国法。(八)关于物权在原则上依物之所在地法(第二十二条)。(九)法律行为发生债权者,其成立要件及效力依当事人意思定其应适用之法律,意思不明时,同国籍者依其本国法,国籍不同者则依其行为地法。(十)关于因事务管理不当得利发生之债权,依事实发生地法。关于因不法行为(侵权行为)发生之债权,在原则上依行为地法。(十一)关于法律行为之方式,除有特别规定者外,在原则上亦依行为地法。(第二十六条)

【法律学】【通】Science of law 简称曰法学。(详该本条)

【法律学史】【通】History of jurisprudence 与法制史相对立,为法律史学之一种,谓以法律上学说之沿革为研究对象之学科也。一种曰法理学史。

【法律积极的错误】【刑】法律上错误之一种,对法律消极的错误言,即以不存在之法则而误信其存在之谓。例如甲与乙约游某地,及期爽约,对于爽约在法律上无规定,而行为者误信其为罪是也。行为者又称幻觉犯,我国刑法因采刑罚法主义,故不为罪。

【法律拟制】【通】Legal fiction 凡事实不存在而法律认为存在,或事实存在而法律认为不存在者,所谓法律上之拟制是也。至于法律上之推定,则事实之存在或不存在并非全属虚拟,故二者显有区别。法律拟制又简称曰拟制。(参该本条)

【法律关系】【通】Legal relation 法律关系者,谓法律所规定特定人间,或国家与人民间之相互关系也。故又称为权利义务关系,或权力服从关系。

【法星】【史】为星之名,侍于天帝之座傍专司法刑之星也。后世以之喻司直之官。唐律疏议之进表:“臣闻三才既分,法星著于玄象。”其解曰:“易说卦,立天之道,曰阴与阳,立地之道,曰柔与刚,立人之道,曰仁与义,兼三才而两之。晋天文志，太微帝座南蕃中二星间曰端门，东曰左执法，廷尉之象也，西曰右执法，御史大夫之象也。……此言自天地人既分之后，则刑法之星，上著于天文也。”

【法家】【通】Jurist 凡有法律上之专门研究而且精于其所研究者或有特殊之法律著作者均谓之法家，为法学家之简称。法家在我国古时为九流之一，人材辈出，为世所重，后以学者多提倡礼治，法家遂如凤毛麟角而不复见闻于世矣。

【法庭】【组】Court；Court chamber 所谓法庭，乃指国家裁判诉讼事件之处所而言。我国法院组织法规定除有特别规定者外，非于法院内不得开设法庭，诉讼之辩论及裁判之宣示，在原则上应公开法庭行之，但有妨害公共秩序，或善良风俗之虞者，经法院决议则为例外。开庭时之秩序由审判长维持之，并得享有执行必要处分之权，闭庭时亦由其指挥。所用言语以中国语言为准，笔录亦以用中国文字为原则。推事检察官书记官律师等在法庭执行职务时，均应服一定之制服。（法院组织法第六三—七七条）

【法庭用语】【组】Language of the court 法庭于开庭时法官之审问，当事人之对答与辩护人以及其他诉讼关系人之发言均须用本国语言，是为原则。若当事人或其他关系人之不谙本国语言者，亦得用外国言语由通译官翻译云。

【法庭地法】【国私】Lex fori（拉丁）；Law of the forum 又称诉讼地法，即法院所在地之法律也。前昔各国对于涉外之私法关系均适用法庭地法为原则。今已不然，仅有英国一国而已。我国法律适用条例之第八条，即其一例。

【法庭警察权】【组】Policing power in the court 法院开庭闭庭及审问诉讼，审判长均有指挥之权，即于开庭时，亦有维持秩序之权。此种权限称曰法庭警察权，例如遇有旁听之妇孺及服装不当者，得命其出庭，并有妨害法庭执务或其他不当之行为者，得酌量轻重，依照下列各款加以处分：（一）命看管至闭庭时。（二）至闭庭时更得处三日以下之拘留或十元以下之罚锾①。至原被告及中证人鉴定人翻译等有妨害法庭执务或其他不当之行为者，除得照上述酌量轻重而处分外，对原被告应不听其辩论或供述迳行判决。又律师在法庭代理诉讼或辩护案件，其言语举动如有不当，得加以警告或禁止其代理或辩护。其非律师而为诉讼代理人或辩护人者亦同。（法院组织法第六七—七一条）

【法案】【通】Draft 又称草案。（详该本条）

【法益】【通】Rechtsgut（德）；Legal interest 法律所保护之利益，曰法益，例如国家之领土，社会之治安及秩序，人之生命，身体自由，名誉，财产等皆是。

【法财】【民总】Rechtsgiitter（德） 又称法律上之货财，即法律所许受吾人支配之生活资料也。而此项生活资料又有无形与有形之别，无形者如生命名誉技能是，有形者如人与物是，至于法益乃法财之内容耳。

【法院】【组】Court 行使司法权之国家机关，谓之法院，可分为广义狭义与最狭

① 原书为“缓”，系排版之误。

义三种：广义之法院乃指各种审判机关而言，如通常之司法审判机关，行政审判机关，军事审判机关，惩戒机关与夫其他特别审判机关，皆在其内。狭义之法院，乃指通常司法审判机关与检察署而言。最狭义之法院则仅指通常司法审判机关（民刑法庭）而言。法院组织法中所称之法院乃狭义之法院，在我国之历史上皆以行政机关兼领法院职权，至清末各级审判厅与检察厅次第。设立，采四级三审判，始与行政机关相分离。民国以后裁去初级审判厅，而附设简易庭于地方审判厅。国民政府成立，各级审判厅均改称为各级法院，检察厅则改为检察处。最近之法院组织法则改为三级三审制，所谓三级者即地方法院高等法院以及最高法院（详各本条）是也。至法院之审判有第一第二第三等审之分，且可分为独任制与合议制二种。（详各本条）

【法院之共助】【组】Mutual assistance of the courts　（详法律上之协助条）

【法院之开庭】【组】Opening of a court　（详开庭条）

【法院文卷保存期限规程】【行】本规程于民国二十二年十二月二十六日由司法行政部公布，全文计十四条，兹录其要点于下：（一）民事诉讼卷宗之保存期限如后（非讼事件卷宗除别有规定外亦准用之）。（1）关于人事或不动产之案件二十年。（2）上款以外案件十年。（3）其起诉或开始程序之声请因不合法而被驳回或经撤回者三年。（二）调解事件卷宗如调解不成立者，其保存期限自不成立之日起为三年（余准用上条之规定）。（三）刑事诉讼卷宗其案件经裁判者依起诉罪名之最高主刑，经为不起诉处分者，依嫌疑罪名之最高主刑，其保存期限如下：（甲）系死刑，无期徒刑，或十年以上有期徒刑者，二十年。（乙）系一年以上十年未满有期徒刑者，十年。（丙）系一年未满有期徒刑，拘役或罚金者，三年。（四）关于指定或移转管辖，选任特别委任代理人，相验寻常倒毙或病毙及其他无本案系属之卷宗，其保存期限自裁判确定或办理完毕之日起为三年。（五）裁判书，处分书，原本及由上级法院附入卷宗之正本应永远保存之。（六）卷宗内文书有宜特别保存以备查考者，于期限届满后得抽出继续保存之。（七）关于行政事务之卷宗簿册图表及其他文书应分为三类保存之（本规程第十条所定）。（八）文卷送保存时应由保管人员登入文卷保存簿。（九）经过保存期限之文卷应于各年度由书记室造具简明清册，经各该法院院长或首席检察官审核后定期销毁。高等法院分院及地方法院或其分院销毁文卷，并应先期呈由该管高等法院院长或首席检察官核准。

【法院书记官】【组】Clerk of the court　（详书记官条内）

【法院组织法】【组】Law of the Organization of the Judiciary　法院组织法者，谓规定关于通常法院之组织及其权限之法规也。乃一种公法与普通法（因适用于普通法院之故）。因其系规定权限与义务之法律，故又为实体法。日本称曰裁判所构成法。我国原名曰法院编制法，于宣统元年公布，民国四年重刊，民国六年曾颁布暂行各县地方分庭组织法与县司法公署组织章程。迨国民政府成立，于民国十八年八月十四日有最高法院组织法之颁布，十九年秋中央政治会议议决改法院编制法为法院组织法，并定立法原则十二条，立法院乃根据之以成法院组织法草案。民国二十一年七月，中央政治会议复对该立法原则加以修正，立法院乃据以制定法院组织法，于民国二十一年十月八日通过，于十月二十八日经国府公布。共分十五章，计九十一条，与旧法院编制法不同之重要点，乃在改行采取三级三审制，是亦法制上之一大改革也。

【法院审判权】【组】即法院对于诉讼案件所行使之审理与判决之权力也。

【法院编制法】【组】Law of the Organization of the Judiciary 又称法院组织法。(详该本条)

【法院职员】【组】Officers of the court 在法院内任职之人员，曰法院职员，如推事，检察官，书记官及执达员皆是。

【法务行政】【行】Judicial administration 又曰司法行政。(详该本条)

【法域】【通】Scope of law 又名法境，乃包括关于法律之规定的范围，适用的范围，解释的范围，以及施行之区域等等而言。但通常之意义，多谓系专指法律效力所及之地理上的境域，就此种意义而论，法域有与领土之范围相同者，亦有于一国中有数个之法域并立者。

【法曹】【通】Legal profession 凡从事于司法界如推事，检察官，书记官，律师等之职务者，称曰法曹。

【法曹法】【通】Judge-made-law 为判例法(详该本条)之别称。

【法条】【通】Provision of law 法规之法文曰法条，又名法文。

【法理】【通】Principle of law; Legal principles 又称条理。所谓法理，乃指在某时代某地方一般人对于某项事物通常视为正义公允之原理而言。我国民法第一条规定，民事法律所未规定者，依习惯，无习惯者，依法理。是法理乃法律重要渊源之一种。法理之成立，大多由学者平日观察社会一般事物及现象而得。夫社会生活无时无日不在生长变化之中，法律条文为数有限，习惯之形成更须历费相当时日，是条文与习惯固不足应付社会之需要。惟法理可以随机应变，以济其穷。故多数国立法例，均以法理为法律最后之渊源焉。

【法理学】【通】Jurisprudence 所谓法理，乃指法律之智识(Knowledge of law)与法律之科学(Science of law)而言。Austin 氏之定义曰：凡论题之为各种法律所共通，而非仅与任何特种法律相关者，谓之法理学。按法理学之内容，“乃为研究法律为何物”者，仅系对于法律之真正性质加以解剖分析。至于批评法律之优劣，并非在法理学研究范围之内。法理学与法律哲学不可相混，前者乃以探求两个法律现象间之相互关系为目的；后者则以探求法律现象与法律以外其他现象相互间之关系为目的。前者之研究态度为叙述的，系研究法律之现象；后者则为批评的，乃研究法律之实体，前者注重法律之目的；后者则注重法律之原始。前者系对一般同类法律之探讨(Homogeneously about law)；后者则对特殊不同类法律之追求(Heterogeneously about law)。

【法术】【史】法术者法家之学术也。此项名称散见于韩非子各篇中，乃起自战国之时。史记一韩非传：“韩非者，韩之公子也。喜刑名法术之学。”其注曰：“新序曰;申子之书,言人主当执术与刑,因循以督责臣下,其责深刻,故号曰术。商鞅所为书号曰法,皆曰刑名,故号曰刑名法术之书。”

【法规】【通】Law and regulation; Ordinance　所谓法规,乃为成文法中法律与规则之简称。通常法律乃由立法机关制定,而规则(包含命令细则章程)则由行政机关制定之。

【法规之竞合】【刑】Gesetzeskonkurrenz (德)　即同一所为而触犯数种法规之谓。由外观上观察乃触犯数个罪名,而实体上只触一个罪名,故又称曰外观上想像之数罪。换言之,即对于法规罪刑适用之问题耳。故其定罪,应从一重处断,其标准有五:(一)特别法优于普通法。(二)全部法优于局部法。(三)实害法优于危险法。(四)包括法规优于单独法规。(五)独立法规优于不独立法规。(详各本条)

【法规制定标准法】【行】本法由国民政府于民国十八年五月十四日公布,全文仅六条,自公布日施行。(参法规条)

【法货】【通】Gesetzliche Münze (德); Legal tender　所谓法货,乃指在法律上认为得为供清偿一定数额之债务之用之货币而言。例如债务额数为一千元,其法货须为钞票或大洋,若均用小洋或铜元为清偿之用,则债权人可以其为不合法之理由而加以拒绝。

【法源】【通】Source of law　即法之渊源之简称。(详法之渊源条)

【法经】【史】法经者,魏文侯时(战国初周威烈王十九年即西历纪元前四百七年)李悝(音恢一作里;今读 kuī)所撰。唐律疏义(卷一)曰:“魏文侯师于李悝,集诸国刑典,造法经六篇。一盗法,二贼法,三囚法,四捕法,五杂法,六具法。”唐六典(卷六)曰:“魏文侯师李悝,集诸国刑书,造法经六篇。一盗法,二贼法,三囚法,四捕法,五杂法,六具法。”杜氏通典(卷一六三):“魏文侯师李悝,选次诸国法,著法经,以为王者之政,莫急于盗贼,故其律始于盗贼,须劾捕,故著囚捕二篇。其轻狡,越城,博戏,借假,不廉,淫侈,逾制,以为杂律一篇。又以其律,具其加减,是故所著六篇而已。”所谓集诸国刑典而编纂之,虽诸国刑典,正史不载,难以详考,然春秋时郑有刑鼎,竹刑。晋有刑鼎,刑书。法经之取材于此已无容疑,惟其内容如何则无可稽矣。自汉以后之法律多从六篇内容加以推广,后世盗贼罪(关于财产),与古之盗法同。后世之杀伤罪(关于生命)与古之贼法同。后世之断狱捕亡,与古之囚法同。后世之杂犯名例律与古之杂法具法同。吾国向来以生命财产为重,高祖入关,即有杀人者死,伤人及盗者抵罪之律,是古代立法均着重于生命财产方面也。按杂法乃生命财产以外之犯罪而具法则今法所称之总则也。按法经六篇久已散佚,历代经籍志及诸家目录,均不著。惟黄奭——汉学堂丛书中载有法经六篇,清孙星衍氏作法经序曰:“李悝法经六篇,存唐律中,即汉书艺文志之李子三十二篇,在法家者,后人援其书入律令。故隋以后,志经籍诸家不载……元王元亮唐律疏义云:盗法今贼盗律,贼法今诈伪律,囚法今断狱律,捕法今捕亡律,杂法今杂律,具法今名例律是也。今依其说,录为法经六篇。按悝书以盗法在前者,罪举其重,以具法在末者,古人撰述,率皆序录附以本书后,是其例。自萧何益户兴厩三篇为九章，则具法在中篇，非原书次第之义。故魏晋时遂改具律为刑名第一，后人又恶盗法多言不顺之事，不欲置之首篇，复移其篇第，如今律耳。法家之学，自周穆王作吕刑后，有春秋时刑书竹刑及诸国刑典未见传书，惟此经为最古。……然信为三代古书未火于秦，足资经证，不可诬也。”(嘉谷堂集卷一)按李悝书自隋书经籍志以下，诸家目录皆不载，惟汉书艺文志有李子三十二篇。列法家之首，原注以为即李悝，顾无法经名称。晋志述魏陈群等撰新律十八篇序，引秦法经六篇，而不言李悝，今考书之篇数既非汉志之旧，文体又非战国时人所作，内容且颇类似唐律，而篇内复有天尊，佛像，道士，女冠僧尼诸词，盖出于后人本诸唐律所伪作者也。此外北朝后周宣帝时所制定之法典亦名曰法经。其内容如何，因书无存，故不可考。

【法境】【通】District of law 又称法域。(详该本条)

【法网】【史】刑法之精密有如罗网，故曰法网。宋史一太祖纪：“太祖曰：尧舜之罪四凶止从投窜，何近代法网之密乎。”

【法币】【债】Legal tender 为法定货币(详该本条)之简称。

【法学】Science of law 以法律为研究对象之学科，曰法学。研究之方法不外以演绎的或归纳的两种。因研究方法之不同，与夫时代环境之异致，故法学通常可分为下列四大派：(一)历史法学派。(二)哲理法学派。(三)分析法学派。(四)社会法学派。(详各本条)

【法学派】【通】法学之派别也。如自然法学派，分析法学派，历史法学派，比较法学派，哲学法学派以及社会法学派皆是。(详各本条)

【法学通论】【通】First principle of law; Introduction to law 关于法学研究之大意，以及法律上系统之常识，称曰法学通论。其内容为法之观念、渊源、系统、解释、国家及权利义务等之本质，以及公私法之要旨，皆属之。

【法谚】【通】Legal maxims 又称曰法律格言。(详该本条)

【法赙】【史】汉制，官吏在职死亡时依法律规定所受之送终布帛等，称曰法赙。汉书一何并传：“吾生，素餐日久，死虽当得法赙，勿受。”其注曰：“吏死官得法赙。”师古注：“赠终者布帛曰赙。”

【法医研究所】【行】Research institute of medical jurisprudence 法医研究所掌理关于法医学之研究编审，民刑事案件之鉴定检验，及法医人材之培育事宜，隶属于司法行政部。置所长一人，并设下列各科室：(1)第一科。(2)第二科。(3)事务室。各科设科长一人，兼任技正，并另设技正二人(荐任)，技士七人至九人。事务室设主任一人，事务员六人一八人(均委任)。所长得兼任技正。技士等技术人员得兼充事务员。此外本所为培植技术人材起见，得酌收研究员及练习生若干人，在必要时并得设立法医研究班，检验助理员训练班及检察官法医特班等。又因鉴定之需要，得设法医学最高审议会。(司法行政部法医研究所暂行章程第一—二条、第七条、第九—十二条)

【法医研究所暂行章程】【行】本章程于民国二十一年八月十四日公布，全文计十五条，自呈奉司法行政部核准之日施行。（参法医研究所条）

【法医学】【通】medical jurisprudence 以医学为基础而从事于法律问题之研究之科学，曰法医学。法医学之任务有二：一为关于立法方面者，一为关于司法方面者，对于后者范围较广，而研究者亦多，乃关于鉴定方面之事件，例如人之健康，自然死亡，妊娠，分娩，性欲问题，精神现象，心理作用，杀伤，谋害，并尸体检验，以及性欲上犯罪之问题，皆属之。

【法锁】【通】Vinculum juris（拉丁）；Legal tie 法律关系一经成立，即有拘束力，学者称此拘束力曰法锁。

【法警】【组】Judicial police 又称司法警察，即逮捕人犯，护送犯人，搜查证据，取保传人等职务之人员，属于检察官指挥者居多。但推事于办理自诉案件时，亦得调度之。（法院组织法第五十四条）

【法兰西法】【通】French law 法兰西地原称高卢（Gaul）乃高卢人所居之地，纪元前五十年为罗马所征服，五世纪中日耳曼族中之法兰克（Frank）人侵入高卢建立法兰克国，奠都于巴黎。其后至查礼曼大帝且称西罗马皇帝，疆土扩张，帝崩之后，国势瓦解。九八七年间，封建之局转变，群拥法兰西侯武额加尼氏为王，法兰西（France）之称盖自此始也。后曾为诺曼人所侵，十四世纪间，与英屡开战衅，是为英法百年战役，北部之地尽沦陷于英人统治之中，英国之习惯法在该处遂握有莫大势力。嗣后经新教与旧教之争历时数十年，迄一五八九年之亨利四世之颁布信教自由令，始告终息。及路易十四世时，文治武功，彪炳一时，专制政治，登峰造极，而民心之怨恨已植于此。路易十六世时大革命兴，时一七八九年也。全国浸入恐怖时代，一八〇二年拿破仑一世崛起称帝，内政始归统一。对外积极发展，领有欧洲大部。及拿翁失败，政变迭出，忽而共和，忽而帝制，一八七〇年法普之战，普军直逼巴黎，遂为城下之盟，而法国之为共和国亦因之而确定焉。始于一八七五年制定宪法，盖即现行之宪法也。一九一四年欧洲大战，法国与德素有宿仇，乃加入协约以与德抗。一九一八年德奥败北，而法遂居然以战胜国自命矣。按法国在欧陆西部，东北接比利时，卢森堡及德意志，东与瑞士，意大利为邻，东南临海。西面一部濒海，一部与西班牙相毗连。北部与英国隔海相望。全境面积约二十一万余方哩，人口约四千万左右，而其海外殖民地则十八倍于本国。农工商业均极发达，海陆空军亦甚完备，而以空军为最。至于法律制度因法国之有名拿破仑法典上集罗马法之大成，下树近代各国法律之先声，而人民大都均能遵守法令，故为近代法治国家之最优秀者之一。按法国法律制度系属罗马法系统，惟在查礼曼大帝之西罗马帝国衰亡之后，群雄割据，诸侯各自为政，各地均有其习惯法。然南部各处罗马法系之成文法尚能维持旧形，以罗马法于第十一世纪时早已根深蒂固，法国南部之称为“成文法国”盖由此也。然习惯法之弥漫全国，仍为不可掩之事实。在十四世纪左右，国家虽有由国王先后颁布之法令，然因内容及种类之复杂，全国法律仍不能趋于统一。惟此时法国法律之日向于罗马法系统之途，益觉明显，考其原因有三：(1)罗马教势力在法国境内之传播，而法律亦应运随之而占据法国全地。(2)拉丁语当时为欧陆各处公务上商业上及学术上之共同通用语,而所设之法律学校亦多以罗马法为研究之对象。(3)法国当时适为封建诸侯所割据,国王每思集中职权,建立统一制度之中央政府,故特鼓吹统一之法律以树先声。环顾当时情势,惟罗马法能收速成之效,于是遂全译罗马法条文为法语,多方推行,而法兰西法律除其固有习惯法尚存在若干外,罗马法遂如水银泻地,无孔不入其中矣。在路易十四世时,法国民族主义渐次发达,国家均在路易统一之虐政之下,而法律亦在科耳伯特首相(Colbert)之下,渐归于一律。法令之颁布,络绎不绝,例如一六六五年之民事敕令,一六七〇年之刑事敕令,一六七三年之商事敕令,一六八一年之商事敕令,以及一六八九年之关于水路及森林之敕令等皆是。其后在路易十五世之时亦有关于赠与与继承之敕令之颁布。至一七八九年之大革命以后,立法事业,大加改革,而各种法典亦相继制定。因当时忽而共和,忽而专制,政局混沌已达极点,故自一八〇四年起至一八一〇年因拿破仑之称帝,民法,民事诉讼法,刑法,刑事诉讼法,商法等五种法典始一一颁布,大都以新宪法所树立之精神为根据。其后复有法院编制法之制定,合上述五种称曰六典,中以民法典之内容及编制为新颖而精密,以其多由于拿破仑督促之力,故一称曰拿破仑法典(详该本条)。上述之五典,多以罗马法为根据。但凡适用于全国之习惯法以及数百年来所颁布之单行法令,亦皆尽量采入。罗马法律系统至是便成为法兰西法之中坚,而法国法律之具体化系统化,允称独步。其后虽经数次修正,惟大体上其主要条文均存原真,不大变动。即近代各国之德、意、日,以及其他世界各国之各种法典,莫不参酌法国法典以为根据。诚然,罗马法以后,法兰西法实代之而握世界各国法律之牛耳也。即现行法国法律至今仍为当时所制定者,是其内容之优美与适用范围之广大以及立法精神之佳,呈此可见一斑矣。最近世界各国之社会问题日趋重要复杂,前此法典不能迎合新时代之情势者自属不少。法国立法家有见及此,故有一九〇六年之廉价住宅法,一九〇八年之小不动产法,一九〇九年之家产法,一九一八年之劳动协约法与一九二〇年之修正工会法等之制定。关于现行之司法制度,法国法律与英美及其他国家之法律不同。其特点有五:(1)法国之司法制度在宪法内不设明文,普通法院皆以普通法律为根据。(2)法国司法机关行政法院与普通法院各自独立。前者专事审理政府机关与人民之争执案件,后者则专事审理人民一般的民刑事案件,此制亦为我国所采用。(3)法国法典范围广大,条文周密,故法院之解释法律权力狭小。英美法院因其国之法律为不成文法,法院之解释法律权力广大。且其解释及判决,效力与法律相等。(4)法国法院为固定的,不采巡回制度,与英美法院不同。(5)法国法院除治安法院之法官为单独制外,均采合议制,与英美法院之多数采用单独制者亦有区别。按法国司法机关在一七八九年以前内容殊为腐败,贿赂公行,程序迟缓,而宗教法庭,封建时代各地主所设之法庭,存在者不少。即中央政府由国王所设置者,在系统上亦非常混杂。人民权利,横被摧残,不受合法或相当之保障。法国大革命之爆发,其第一步之行动即为踏破巴斯特大监狱,纵放狱内囚犯。或谓法国大革命之造成实由于司法制度不良之所致,此语诚非过诬。在一七九〇年之宪法会议,遂有彻底改革司法之决议案,于每区(Canton)置治安法院,每县设县法院,每州设上诉法院,而于首都则设最高法院(又曰大理院)。一切法官以民选为主。惟至第一次帝国成立后,始改为由中央政府委派。此为普通法院之编制(行政法院另成系统,详后述)乃四级三审制,由下而上为治安法院,县法院,上诉法院,最高法院四级。又与上诉法院平行者有刑事法院,以陪审方法专司刑事案件之审理。兹分述之于下:(一)治安法院——治安法院为最低级之法院,其法官称曰治安法官。每区(Canton)设立一所,法国全国共有三千区,故治安法院共有三千所左右。组织简陋,法官由司法部长呈请大总统任命之。所受案件,为六百佛郎以下之民事案件及十五佛郎以下罚金,或拘役不过五日之刑事案件,如民事案件之标的物为三百佛郎以上者及刑事案件所科罚金逾五佛郎或处拘役刑罚者。经治安法院判决后,可以上诉于县法院。惟实际上之上诉案件甚少。又治安法院法官之职责在于和解,故治安法院之案件因而减少。(二)县法院——在治安法院之上有县法院(Tribunal d'arrondissement),或称曰初审法院(Tribunal de premiere instance)在原则上为每县(Arrondissement)设立一所,在一九二六年以前为数三八五所,惟实数则为三五九所。其后裁并为一三一所郡法院(Tribunaux de departement)及其分院。但因格于情势现已恢复者为数颇多。县法院之审理案件,为除由治安法院第一审上诉者由其审理而为终审外,一切民事案件其第一审皆由县法院管辖之。刑事案件之轻罪事件(不逾五年之徒刑而在拘役五日以上或罚金在十五佛郎以上者)之初审,亦为县法院之管辖范围之内。此外由劳工仲裁会议之上诉案件,本法院亦有终审之权。县法院法官人数为五人,是为原则,通常以一人为院长,一人为副院长,余三人为法官。每次审判必须全数出席,以一人为审判长。而案件之判决亦须经全体出席法官之同意。又每院皆设检察官一人,主持刑事案件之检举事宜。(三)上诉法院——在县法院之上有上诉法院(Cours d'appel)现在计全国及属地总共有三十处,大都审理各项由县法院而上诉之案件,惟有时则仍有原始之审判权。例如对于重罪之若干案件是。上诉法院对于上诉案件系就该案之事实,重行审讯,如有发见低级法院之判决系属错误者,可以上诉判决之名义,变更之。按上诉法院分为若干庭(Chambers),有分民事庭、刑事庭及公诉庭之别。院设院长一人,庭设庭长一人,合推事四人,共五人。开庭时须全数出席,以一人为审判长。此外更设总检察官一人或数人。按上诉法院之上诉案件多由律师代理出席,当事人之出庭受讯者并不多观。与上诉法院平行者有所谓刑事高等法院(Cours d'assize)者,每郡(departement)设置一处,于每三个月开审一次,每院设法官三人,以一人为审判长,由司法部长从上诉法院之法官内选派而来。余二人为法官或由上诉法院法官中指派而来,或由县法院中之法官临时充任。又因开审时采用陪审制度,故又称为陪审法院,以十二人为陪审员,由公民所选之候补人名单中抽签选出。依照事实之观察以定罪人之有无犯罪,其制度与英国相似。所审案件多为法国刑法中所称之重罪,如杀伤及窃盗皆是。(四)最高法院——一名大理院或曰废弃法院(Cours de Cassation),设于巴黎,内置院长一人,下设三庭,一为民事查询庭(Chambre de Requetes)预审一切民事上诉案件;一为民事庭,对一切民事上诉案件为最后之审判;一为刑事庭,审理一切刑事上诉案件。各置庭长一人。计全院推事共四十五人,此外又置总检察长一人,检察官数人。最高法院之管辖案件为上诉案件,完全为对于法律方面之问题。对事实之有无错误,并不过问。民事案件先经民事查询庭之审理,如认为理由充分,则由民事庭正式受理,否则驳斥不予接受。至刑事案件则直接由刑事庭办理之。一切案件经受理后,如发见下级法院之判决确有错误,最高法院并不自行判决,仅将法律要点发交另一下级法院重行审理而已。若该法院仍沿用原判决,则最高法院之全体推事应即开庭审查,另行交第三下级法院重行审理。此时该第三下级法院应即依据最高法院意旨加以判决。至于再审之案件(刑事上谓之非常上诉)则由最高法院自行审判。除上述普通法院之外,尚有所谓特种法院者,计有二种。一为商事法院(Tribunaux de commerce),设立于重要都市中,凡关于商务性质之一切诉讼案件皆归受理。法官俱由商人互选而来,期任为二年,且为义务职。其上诉法院为上诉法院。如在无商事法院之城市,其商事案件则归县法院受理。二为劳工仲裁会议(Conseils de prud'hommes)为拿破仑时代所创设者,专事管辖劳资争执案件,仲裁员由劳资双方各推选其半数,任期六年。审判时如双方争持不下,则由治安法院之法官加入为主席,再行审判。其上诉机关为县法院,惟以三百佛郎以上之案件为限。至于检察机关,乃附设于法院内者,专任在法庭前代表公共秩序及利益,同时并负有监视法律执行之职,自最高法院以至县法院皆设置之。惟商事法庭及劳工仲裁会则否。此外法院中又有所谓代诉人之制,即代理当事人为诉讼行为,因其系法院人员之一,乃公务员性质,故与律师之为自由之职务者不同。以上所述为关于普通法院者,至行政法院,在法国法制另成系统,所适用之法律为判例所积聚而成者。就形式上观察,与英美法内之普通法颇相类似。行政法院为二级制,由下而上为州参事院及参政院。(一)州参事院——州参事院(Counceils de prefecture)于每州内设立之。一九二六年大加裁并,共余有廿二处。有由州独立设立者,亦有由数个州联合设置者。设参事四人,由中央政府任命,以所在地之州长为院长,以参事中之一人为副院长。审理案件时院长并不出席,而以副院长代为主席。依法参事院有受理关于公共建筑,大道,国有土地,直接税,含有危险性质或不合卫生之企业,军事征发,县市议会之选举,市区之收支出入等等事件之争执案件。然实际上所受①理者均系性质简单之征税估计事件之争执。至诉讼程序亦极简单,经人民告发后,由院中派参事一人从事调查,制成报告书,然后由参事院传集有关系人等开庭审问,即可判决。按州参事院除审理行政诉讼事件外,尚有另一作用,即为供政府咨询之机关。(二)中央参政院——中央参政院为行政法院之最高级者,同时又为总统及内阁各部之顾问机关,法文曰 Counseils d'Etat,在法国政府内占有极重要之位置。其参事员计分为两种。一为常任参事员,一为特务参事员。前者之人数为三十五人,后者为二十一人。前者经国务会议议决由总统任命之,均为著名法学者及政治上有经验之人士,年俸每人为一万八千佛郎,在原则上不兼他职;后者则由内阁各部之高级官员如司长处长等人员兼任,不支薪俸。院中置院长一人,以司法总长兼任。仍系名誉职,副院长一人则操有实际上大权。此外有审查

① 原书为"收",现通用"受"。

委员三十七人，学习员四十人。均有一定薪俸。中央参事院之处理院务及行使职权，有三种会议之召集。一为各股会议。一为全院会议，一为诉讼会议（由常任参事员组织之）。除上述之普通法院及行政法院外，因欲调剂二院间所发生之权限上冲突起见，特设一弭争法院（Tribunal des conflits），从事处理关于普通法院与行政法院之争执事宜。院长一人由司法总长兼任，而实权则握于副院长之手。审判官共为九人（院长副院长在内），三人由最高法院推举，三人由中央参事院推举，余二人则由院长与六审判官共同选择，副院长一职由审判官兼任，且系由彼等互选而来。关于国会中之参议院（上议院）亦有行使司法之权，乃为受理大总统，国务员或希图破坏国家安全之罪犯而特别组织之高等法庭，其诉讼程序均准用关于普通法院之规定。于此应注意者即参议院之受理下院弹劾大总统及国务员之案件时，得自动的组成高等法庭；但受理希图破坏国家安全之案件时，则须奉到大总统经过国务会议通过之后所发之命令始得组织高等法庭。审理上述各案件时，以全体议员为推事，议长为审判长，秘书长为法院书记官，检察官则因案件而有区别。例如弹劾案件则由最高法院于每年正月之下半月中于终身任期之检察官中指定若干人充任，但众议院（下议院）亦得派遣若干人参加。又在希图破坏国家安全之犯罪案件，其检察官由大总统指派上诉法院或最高法院之检察官三人充任之。法国宪法之编纂在一八七〇年普法战争以前，即有由若干单行法积成之所谓基本法，惟其目的仅为关于王位继承，王土之不可割让以及国教之自由独立等之规定而已。对于人民权利之保障以从事立法及监督行政之人民代表机关均付缺如。虽有所谓阶级议会（Etats-generaux）由贵族，僧侣及平民（仅指中等阶级人民）组织而成，惟权力甚小，而且召集会议之权操诸国王。自一六一四年至一七八九年间迄无开会之举，又当时之地方自治，亦无可观，民选议会固不可得，即地方官吏率皆由国王任命，社会制度自由平等殊谈不到。贵族僧侣享有特殊权利，而一切负担则尽归诸平民，故于一七八九年之烽火一举，全国响应，旧制完全推翻，政体遂由君主而趋共和。于是年八月二十六日由国民会议公布人权宣言，标示人类平等与人权保障于世界。此种宣言，在法国内之势力，几与英国之大宪章（Magna Carta）相等。此后之法国一切立法行政多以之为根本原则，推而言之，即现代政治之根本原则亦多包括其内。此后在第一共和国时代先后共有三种宪法，第一种为一七九一年九月三日所颁布之宪法，由国民会议制定，至一七九二年八月十日废止。其内容为采取一院制，其代表由有产人民选举，共七百四十五人，任期二年。立法院有权可以弹劾国务员各部，至其他亦皆偏于保守，故为当时革命人士所非难。第二种为一七九三年之宪法，于是年二月十五日由宪法会议制定，其内容为正式承认法国为共和政体，采取一院制，议员由成年人民选举，任期一年，执行机关为委员制，计有委员二十四人，先由各州公民会议选举候选人，再由立法院就候选人再选定二十四人充任之。此项宪法业经人民之复决，惟格于情势，未能实行。第三种为一七九五年之宪法。改一院制为两院制，下院曰“五百人会议”上院曰“元老会议。”下院有提出议案之权，上院对下院所咨送之议案，可以表示赞同或反驳，但不得加以修正。议员皆由人民间接选举，选民亦受资产限制。议员任期三年，每年改选三分之一。行政亦采委员制，谓之执政部（Directoire），由两院所选举之五执政官组织之，任期五年，每年改选一人，拿破仑即在此项宪法之下任执政官之职。于一七九九年复另起草一新宪法，由拿氏主稿，内容规定废弃两院制，而将其职权分掌于下列四机关：(1)议事会(Tribunat)——只有讨论权而无表决权，议员百人，任期五年。(2)立法院(corps Legislatif)只有表决议案权而无讨论权，议员三百人，任期五年。(3)参议院(Senat)掌选举执政官之事，并审查立法院所通过议案是否与宪法相违反。议员八十人，为终身职。(4)参政院(Counseil of Etat)承执政官之命，预备提案交与议事会讨论。至行政机关仍为委员制，然缩少为三人，任期十年，且可连任，并以一人为首席执政官(Premier Consul)，握有极大权力，拿氏即承此缺。至一八〇二年复任为终身首席执政官，一八〇四年竟令人民总投票，改称皇帝，计在位者历十年之久。除上述四种宪法之外，于一八一四年拿破仑退位之后，路易十八世(Louis XVIII)复辟，由其代表三人与参议院议员九人，立法院议员九人，组成委员会，起草宪法，于一八一四年六月四日公布。内容大都仿效英国制度，采两院制，即贵族院与众议院，前者为贵族僧侣阶级所组成，由国王任命，或为世袭，或为终身任。后者则为人民所选举，任期五年，每年改选五分之一。国会对于议案无创设能力，惟可向国王奏请付议。内阁则采责任制，与英制全然相同。又该宪法对于选举方法并未规定，故于一八一七年复有选举法之颁布以为补充。至一八三〇年法王查理十世(Charles X)因屡与国会冲突，遂为革命局势所迫而退位。继其后者为奥林朝(Dynasty of Orlbéans)之路易腓力比(Louis-Philippe)。国会为限制王权及保障人民权利起见，特将一八一四年宪法加以修改而成新宪法，是即一八三〇年之宪法，乃法国第六宪法，经国王接受。内容与前者不同之处为禁止国王以命令停止法律，两院此后许其有创设议案之权，废除国教，撤销新闻检查，贵族院会议以公开为原则。宪法中之钦定字样概行消除，即选举法亦加变更。惜路易腓力比对于议会之选举力加包揽，人民参政权几等于零，于是遂有一八四八年之革命，王室推翻，共和复活，临时政府设立，组织宪法会议，会员约九百人，于是年四月四日，开会于巴黎。十一月四日正式通过。该宪法规定法国为永久共和国，主权属于人民，采三权分立方式。国会为一院制。议员七百五十人，每三年改选一次。行政部置总统一人，由全国人民直接选举(秘密投票法)。对于国会有提议法律案之权。至任命文武官吏指挥武装军队之权，亦操诸总统之手，其任期四年，不得连任。此种宪法与美国宪法颇相类似，惟因当时国会议员大多数之为拥护君主政体人物，及总统为拿破仑侄儿路易拿破仑氏(后称拿破仑第三)，致施行未久，遂为野心之路易拿破仑所蹂躏。于一八五一年十二月间施用武力强迫人民投票赞成修改宪法，卒有一八五二年一月十四日之新宪法，改共和制为君主制，举路易拿破仑为皇帝，称曰拿破仑第三(按一八五二年一月十四日之新宪法仍为共和制，推因是年十二月二十五日之参议院议决书，始将该宪法修改而成为君主制之宪法)。在此宪法(为法国第八宪法)施行之下，拿破仑第三独揽大权，皇帝有无限制之行政权，除皇帝外他人不得提议法律案。至法律之公布，海陆军之统率，宣战讲和，缔结条约等权，皆由皇帝单独行使之。国会为两院制，一为民选之立法院，议员二百五十一人，任期六年，权限狭小。一为钦派之参议院，权限广大，并有解释及修改宪法之特权。当时政府对于国事颇肯负责，故政治颇上轨道,惟因革命潮流终系趋向共和,而拿破仑第三亦知收拾人心,故于一八七○年另行颁布一新宪法(是为法国第九宪法),扩充立法院职权,缩减参议院权限。至取缔出版物及限制政治集会之各项法律亦皆渐趋缓和。并规定宪法非得国民同意不能修改,而责任内阁制亦于是乎而建立焉。惜此宪法施行未久,普法战争发生,拿破仑第三为普军所俘,法国国会于九月四日遂宣布恢复共和,组织国防政府,不久举行国会选举,一八七一年二月十三日召集。由该国会操有政府全部权力者,历五年之久。其后正式国民会议召集,选狄哀儿(Thiers)为总统,向国会负责,即其所任命之国务员亦同。因当时国会派别纷歧,拥护君主政体者虽占绝对多数,然以各有所主,致为共和党所乘,而共和政体亦得因苟延残喘而至于奠定基石以垂于今,盖即所谓第三共和国是也。此共和国之根据为一八七五年之宪法。按此宪法共分为三部份,而且为三个不同时期所制定。第一部为关于参议院之组织及权职之规定,通过于是年之二月二十四日。第二部为关于政权之组织,即政府各机关之组织及职权之规定,于二月二十五日通过于国民会议。第三部为关于公权之规定,即各机关相互间之关系之规定,于七月二十六日通过。此外关于众议员参议员之选举方法,在宪法上均未设有明文,故于同年八月二日有参议院议员选举法及十一月三十日有众议院议员选举法等之规定。上述各法乃一柔性宪法。然后世所为之修改均能保持原有立法精神,即至今日,该项宪法迄仍施行。兹将该法各部之要点举述于下:(一)二月二十四日关于参议院之组织之规定——全部计十一条(自第一条至第七条经一八八四年十二月九日法律废止)。(1)依第十一条之规定,本法应于政权法(即二月二十五日所公布者)公布后始可公布施行。(2)参议院与众议院除财政案应先送达众议院外,参议院与众议院有同等之立法权。(3)参议院得组织审判大总统或内阁阁员之法庭,并得裁判关于危害国家治安之罪案。(4)参议员数目共三百人(其后改为三百十四人)。(二)二月二十五日关于政权之组织之规定——全部共九条:(1)立法权属于参众两院。(2)大总统之选举由参众两院合开之国会联席会议选举之,任期为七年,得连选连任。(3)大总统有创制法律之权,经两院通过后,由总统公布之。又有特赦,统率海陆空军,任命文武官吏,派遣公使及大使等权。至于所发命令均须由阁员一人副署。(4)大总统经参议院同意得解散众议院。(5)内阁阁员对于两院应连带负责,而大总统则除叛国事件外不负任何责任。(6)大总统死亡或其他事故出缺时,参众两院应立即召开联席大会选举新总统,在未选出之期内,由内阁代行职权。(7)修正宪法由两院表决后再合开联席大会从事修正事宜。(8)民主共和国政体不得有修正之提议(一八八四年八月十四日法律第二条)。君主后裔不得被选为大总统。(三)七月二十六日关于公权之规定——全部计十四条,其要点如下:(1)参众两院于每年一月第二星期二日集会(惟大总统得于期前召集之)。大总统得令两院展期开会,惟不得超过一个月。开会时以公开为原则。(2)内阁阁员得出席两院发言,有大总统之明令时并得派员出席议会,协同讨论该项立法案。(3)大总统对于议决案须于送到时一个月内公布之,其紧急者得咨请其于三日内公布之。如对于不同意之议案不送回令两院再予复议。(4)非经两院同意大总统不得对外宣战,亦不得批准在宪法上所列举之各种条约。(5)弹劾大总统之权属于众议院，审判大总统之权属于参议院。内阁阁员在战时如有犯罪情事，得经众议院弹劾，由参议院审判之。大总统经国务会议后，得命令参议院组织法庭以审判希图危害国家安全之罪犯。(6)两院议员在任期内有自由言论自由投票表决而不受控诉或被搜查或受拘捕之权利，在刑事上亦同；惟为现行犯时则为例外。关于法国现行之宪法与组织法除上述三种及一八七五年八月二日之参议院议员选举法(二十七条)，一八七五年十一月三十日之众议院议员选举法(共二十二条)外，尚有一八七九年七月二十二日关于定都巴黎之法律(共九条)。一八八四年十二月九日之修正参议院组织法及参议员选举法(共九条)。一八八五年六月十六日之修正选举法(共七条)。一八八七年十二月二十六日之关于国会议员不得兼职之单独条文。一八八九年七月十七日之关于候选人之法律(共六条)。一八九五年七月二十日之关于国会议员之兵役义务(共四条)。一九〇二年三月三十日之关于制止选举舞弊之情事之单独条文。一九〇八年之修正一八八四年十二月九日法律关于参议院之组织及参议员之选举之法律(仅一条)。一九一四年三月三十一日关于选举舞弊情事之制止之法律(共十二条)。一九一八年一月五日所公布“依照一八七五年七月二十六日宪法第十二条末项规定，关于大总统及内阁阁员于执行职务时犯罪，由参议院组成法庭，施行控诉侦查审判所应遵循之秩序”之法律(共十条)。一九二七年七月十日之关于参议员及众议员职位选定之期限之单独条文。一九二七年七月二十一日之关于众议院选举单记名投票式之恢复之法律(共十六条)。上述各法内容混杂，恕不详述。(参各国宪法汇编一书内)

【法权】【国公】Jurisdiction　为国家基本权利之一，谓国家对于领土上之一切人与物，及在国内外之本国人民所行使之管辖权也。其所施之范围如下：(1)关于领土内之人者——自然生产人民，归化人民，住民，及经过境内之游客。(2)关于领土内之物者——国内动产不动产，在领水内之本国公私船舶，并外国商船在本国领水内或港口中时。(3)关于在领土以外之人与物者——如公海之本国船舶及有时在领土外之人民及船舶，并被本国船舶所捕获之海盗等。上述乃就法权所及之一般者而言。但有例外，如外国元首及侍从外国使臣，国外公家武装军队及军舰，以及因领事裁判权条约下之规定者，皆不受他国法权之支配。

【法权讨论委员会】　本会为北京政府于民国十一年间所创设之机关，掌理讨论关于收回法权之准备实行及善后事宜。置委员长副委员长各一人，由大总统特派之。委员七人，则由委员长延聘富有法律学识或外交经验之人充之。本会所应讨论之问题计有下列数种：(1)由外交总长或司法总长提交者。(2)由委员长提出者。(3)由委员提出经委员长认可付讨论者。关于所讨论问题如有须特别调查者，委员长得于委员中指定调查专员。在讨论各项问题完毕之后，应具报告书，送由国务院议决后，分别交主管官署施行。关于委员会议事之预备及文书事件，特置秘书长一人办理之，并设秘书及事务员若干人以辅助之，统由委员长遴派。(法权讨论委员会条例第一—九条)

【治水】【行】River improvement　凡以保护人民生命财产，发展农业生产为目的，所为河川泛滥之防止，河道淤塞之开辟，与夫山林之养成，以及河川之管理等，皆曰治水。

【治外法权】【国公】Extraterritoriality　谓国家对于外国代表国权者，因敬礼之表示，及职务执行上之便宜与必要，不行使其管辖权而予以免除也。享有此项权利者为外国元首外国外交官及代表或外国军队之在境内者，以及国际联盟国际法庭之人员。治外法权与领事裁判权最宜区别，不可相混：(1)治外法权因国际习惯而发生，领事裁判权则由条约而起。(2)治外法权之享有者为外国代表国权者，领事裁判权之享有者为通常人民。(3)治外法权之内容范围较领事裁判权为广，即前者为司法权行政权之免除，后者仅限于司法权耳。(4)治外法权为相互平等的，领事裁判权则为单方的不平等的。(5)治外法权仅为司法权免除不行使耳，领事裁判权则为在所在国领土内积极地行使司法权。(6)治外法权不得撤销，领事裁判权因情势变更时可加以废止。

【治安审判官】【组】Justices of the peace　为英国最下级之司法官，专为维持一区之治安而设，多以乡间之绅士或城市商人充任，为无俸给职。关于法律问题置有一法律专家以为顾问。治安审判官之权限有下列三种：(一)逮捕罪犯。(二)审理判决轻微案件。(三)移交重大罪犯于高级法院。此外对于民事案件，亦有相当管辖之权。在美国亦有此种审判官之设，凡数额不满百元之民事案件及轻微刑事案件，其罚金不逾百元，拘役不逾三个月者，皆由治安审判官审理之。

【治安警察】【行】Peace police　治安警察者，谓以维持政治秩序为目的而设之警察也。

【治典】【史】谓统治国家之法典也。周礼—天官太宰："治典(冢宰之职)以经(大纲也)邦国，以治(犹理也)官府，以纪万民。"

【治官】【史】周礼之天官谓之治官，以天官冢宰率其属僚总邦治，故名。周礼—天官冢宰郑康成之注曰："邦治，王所以治邦国也。"郑众之注曰："邦治，谓总六官之职也。"

【治书侍御史】【史】汉宣帝之时以侍御史二人治书，平廷尉之奏书，后遂称曰治书侍御史。其职权为评议疑狱之案件，并纠察六官以下之官吏。魏晋至隋称曰持书侍御史。唐改为御史中丞。宋废，元复置之，明初因之，旋废，简称为治书。

【治产】【民总】Administering of property　对其所有财产加以统治之法律行为，称曰治产，例如对其所有财产得加以管理处分是。

【治粟内史】【史】为秦时之官，九卿之一，掌谷粟及货财之事。汉改称为大司农，隋以后为司农卿，至明始废。

【治粟都尉】【史】为汉代创始之官名。汉武帝以桑弘羊为治粟都尉，领大司农之职，兼管天下之铁盐。(汉书—桑弘羊传)

【治罪】【刑】审问犯罪之事实而科以刑罚，谓之治罪。

【治狱之吏】【史】谓司刑事裁判之法官也。野客丛书(卷五)："汉狱固酷，狱吏尤不恤，试摭数事：周勃下廷尉，吏稍侵辱之，既出曰，吾尝将百万军，安知狱吏之贵也。韩安国抵罪，蒙狱吏田甲辱之，安国曰，死灰不复燃乎？甲曰然，即溺之。王嘉下狱，狱吏稍侵辱之，嘉喟然仰天叹曰，幸得充备宰相，不能进贤退不肖，死有余责，呕血而死。萧望之不肯入狱，仰天叹曰，吾备位宰相，老入狱牢，苟求生活，不亦鄙乎？饮药而死。夫以宰相大臣，狱吏尚不恤，况其他乎？是以路温舒上书有曰，秦有十失，其一尚存，治狱之吏是也。"

【治权】【行】Governing power　国家政治包含两种力量，一为政权，又称参政权，一为治权，又称统治权。在政权方面可分为四个民权，即选举权，罢免权，创制权及复决权；在治权方面可分为五种政府权，即行政权，立法权，司法权，考试权及监察权。政府对于治权之运用，有如机器之分为五种作工门径，而四个民权乃为节制机器之四个方法，故政权与治权，乃互相交错而发生作用者也。

【泣辜慎刑】【史】对于刑罚之适用谨慎而不滥用之谓。说苑："禹出见辜人，问而泣之。"唐律疏议(卷首)—进表："泣辜慎刑，文命所以会昌。"

【河川法】【行】本法公布于民国十九年三月，全文计分为六章，共二十九条，自公布日施行。兹举其要点如下：(1)凡经内政部认定关系公共利害重大之河川，除他法别有规定外，适用本法之规定。(2)河川河床及流水等均不得据为私权。(3)地方境内之河川或流经境内河川之一段，地方政府应负保管之责，但内政部认为有必要时，得设河川委员会，直接管理，而地方政府管理河川亦得酌设河川管理局。(4)河川附属物同时兼有他项用途者，主管机关得令其使用人维持或修筑之。(5)专管机关或地方政府认为河川沿岸土地或私有工程物有妨害河川本身或其效用之危险时，得限令当事人于一定时限内修理或拆毁之。又为防止土砂崩溃，得令沿河川两岸地主于必要之限度内，培植护河草木或其他设备，地主不得抗拒。(6)下列工程之建筑改造或毁除应先得专管机关或地方政府之许可：(a)预防水害之工程物。(b)引用或注入河川之工程物。(c)保护河川两岸田地所设之工程物。(d)其他有关河流之建筑物。(7)占用河床或使用河流应得专管机关或地方政府之许可。对于因营业或其他行为而影响于流水之清洁或变更流域之原状者，专管机关或地方政府得限制或禁止之。(8)凡利用河川兴办之工程经许可发生下列情事之一者，得撤销其许可，或加以条件之限制，于必要时，并得令改筑或毁拆之：(a)施行工程方法或管理方法不良发生危险时。(b)设施工程经许可后，更须贴用许可外之他项事物时。(c)对于法律命令有违背时。(d)对于公共利益有妨害时。(9)当洪水迫切急于抢险时，专管机关或地方政府得就地征收关于防御上必需之物品人工，并得拆毁其障碍物类。又于河川发生紧急工程时，专管机关或地方政府得征收工程应用之物类，但须酌给相当之时价。(10)关于河川防卫事宜得设河防警察，而河川官吏得于河防范围内执行警察官职权。(11)河川经费由地方政府筹集，必要时得由国库补助，其系中央直接管理之河川，原有经费应解缴中央。(12)关于河川工程使用土地时，适用土地征收法之规定。(13)关于惩奖之规定(第二十五—二十七条)。(14)本法亦得适用于海岸线。

【河防】【史】为河川堤防之简称，关于此项河防之法规，则曰河防法。其适用范围，以黄河，淮水，运河，及直隶省(即今之河北省)诸河川为限。(清工部则例)

【河防篇】【史】河防篇为明律工律中之一篇，与营造篇相对称。历代无此专篇之名，明律取唐律杂律中所载，而设本篇，计四条如下：盗决河防，失时不修堤防，侵占街道，修理桥梁道路。清律仍因明制不加变更。

【河泊所】【史】明时于江海沿岸设河泊所，从事于所辖渔业之监督与渔税之征收。清代泽梁之禁弛，仅有之河泊所，为江西二所，广东三所而已。（清国行政法卷二）

【河道】【史】所谓河道计有二义：（甲）黄河流域分为北河，东河及南河，各置河官，或称管河道，或称永定河道，或称清河道，由河道总督监督之。（乙）乃指河道沟梁而言，即河川沿道之谓，由河道沟梁大臣监督之。（清会典工部）

【河标】【史】河东河道总督与江南河道总督所辖属之绿营谓之河标。（会典兵部）

【沿岸海】【国公】Marginal Sea　沿岸海者，谓沿国家领土之海也。其范围如何，近世学者主张不同：有谓应以弹丸能达到之距离为标准者，有谓应从海岸到水平线之距离为标准者，更有谓应以离海岸百海里为限度者。即关于沿海岸之起算点，学者意见亦不一致，有主张从退潮时之地点起算者，有主张从可以航行之地点起算者，但国际公法所采用者厥为第一说。至一八九四年国际法学会则议决三海里之距离不足以维持战时中立，故沿岸海之距离应以从退潮地点起六海里为限度，凡湾口宽度在十二海里以内者，此种港湾即视为领海之一部。

【沿革刑法学】【刑】为刑法学三种之一，对比较刑法学解释刑法学言，即以历史研究方法以发见历代刑法原则之异同为目的之刑法学也。

【沿革法学派】【通】Historical school　又称历史法学派。（详该本条）

【沿革解释】【通】Historical interpretation　所谓沿革解释乃指以法律之条文制定以前之历史材料为法律之解释之根据者而言。例如对于宪法条文之解释，以在议会通过时之辩论记录为根据而加以解释是。

【沿海贸易权】【国公】Right of coastal trade　在同一国家内之数港口间之彼此商业上交易，曰沿海贸易，此种权利曰沿海贸易权。凡在领海内所属之国民，皆享有此特权，而国家且加以保护及奖励。

【波斯宪法】【宪】Constitution of Persia　波斯即我国汉时所称之安息，为伊兰高原之一部，纪元前二一九〇年克我摩斯建国为王，传位九世而为都兰国所灭。纪元前六四二年复为前王之后裔开里白德氏所克复，至古列氏王疆土日广，破吕底亚，灭巴比仑，东至印度河，西至地中海，皆入其版图。其后埃及亦为所据。纪元前三十年始为马其顿王亚历山大氏所灭。纪元后三世纪，波斯复兴。第五世纪中叶，复为大食回教主所据。其后先后为突厥，蒙古，以及阿富汗所克。至一七九五年，喀布尔王朝衰微日甚，遂为英俄德三国角逐之地。一九〇七年英俄协约各划势力范围。大战后英国势力弥漫全波，几变为被保护国，幸有李查汗之崛起，旋被全波拥护称王，建立帕拉维王朝，复与回教其他国家相联络，卒能与英国相抗衡。其领土东界阿富汗、俾路支、西邻土耳其、伊拉克、北濒里海，与苏维埃联邦之高加索及中央亚细亚相联，南临波斯湾及阿曼湾。计面积六十二万余方哩。人口约一千余万，以波斯人占大部分。此外则为阿拉伯人、土耳其人、亚美尼亚人及犹太人，以崇奉回教者为多。政治初为专制制度，一九〇六年始改为君主立宪制。其宪法系于是年十二月三十日制定宣布，共五十一条。一九〇七年十月七日复由次任之王继行宣布续纂宪法一种，以补充十二月三十日所宣布之宪法之不及，共一百零七条。至今该两种条文仍为有效，兹将要点均举述之于后——(甲)一九〇六年十二月三十日之宪法为关于全国议会及元老院之规定，其要点如下：(一)由德黑兰(波京)市及全国选举代表组织全国议会。此项议会有代表全国人民参预政治及经济上之大权。其人数为一百二十人(不得超过二百人)。任期为两年，连举得连任之。议会有制定废止法律之权，通过预算之权，质问内阁阁员之权，监督全国财务行政之权，许可建筑全国铁路之权。与欧美各国之下议院或众议院之性质相似。(二)元老院亦为代议机关之一种，由国内名流选出及由国王所指定者组织之。全院人数为六十人。三十人为选举而来者，三十人为国王所指定者，均以二年为任期。法案议案等之须经全国议会通过者，亦必交由元老院通过之。如该案系由元老院或内阁提出者，应先经元老院议决，然后再付全国议会通过。惟关于财政问题之专属于全国议会者，不在此限。又凡于元老院未经召集期内，议案之经全国议会通过者，该案即可直送国王请求核准裁可宣布。又议案由元老院通过后，或由国务员交付全国议会者，全国议会不予同意时，此项争执议案应由元老院及全国议会选举一同数之委员会重覆讨论。该委员会之决议应在国务会议处宣读。如仍不能同意，则将该案呈诸国王，如国王赞同全国议会之意见时，即生效力，否则重令交付再行讨论。若仍无结果，国王经元老院全体三分二之同意并得国务员之赞同，下令解散全国议会，重新选举新议会。(乙)一九〇七年十月七日之条文。其要点如下：(一)波斯以回回教为国教，以德黑兰(Teheran)为都城。(二)波斯人民享有生命，财产，亲属名誉等权利，身体上及住宅均有不可侵犯之权，所有权应受保护，且有研究各种科学美术工艺等之自由权(惟为回教教旨所禁者为例外)。在原则上又享有出版自由，集会结社之自由，通信之自由等权利。(三)波斯之立法权发源于国王，全国议会以及元老院，惟所提之议案须与回教教旨不相违反。又法律之执行及承认，国内之岁入支出并法律之解释则均专属于全国议会。(四)全国议员及元老院议员应为全国之代表，且同时不得兼任两院议员职。(五)波斯国王承授诸回教，君主嬗递相承，万世弗替，由长子承袭，无子时以近支王族中之长子继承大统。若国王其后生有太子，则王位应即遵例禅于太子。国王薨逝之后，太子年满十八岁者，得实秉国政，否则应选摄政一人，至国王年至十八岁为止。其摄政之人，应由元老院及全国议会同意选任。(六)国王不负实际行政责任，一切均由国务员负担之。一切命令敕谕关于国政者均须由负责之国务员署名，方得执行。国王有任免国务员之权，有颁袭武职勋章及他种奖谕之权限。至各部长官之选任权，亦属诸国王，惟须经由负责任之国务员承认之耳。此外国王有发布命令执行法律之权，有调遣海陆军之最高权，有宣战媾和之权，有召集全国议会及元老院开特别会议之权，且有以国王名义鼓铸钱币之权。(七)国务员须由回教徒及生长于波斯而有波斯国籍者充任。凡属第一级之亲王如王太子，国王之兄弟叔舅均不得被举为国务员。国务员对于全国议会及元老院负担责任，有出席报告之义务，如经全国议会或元老院全体之同意宣布内阁或国务员一分子失职，则此内阁或国务员一分子即应辞职。（八）司法权如关于宗教方面之法例者，属于宗教司法。关于普通法例者，则属于民事审判（指司法部长及司法审判厅——法院）。即关于政治权利争执之问题，亦由司法审判厅审理之。民事审判厅之设立，均依法律之规定，不得另行增设。全国只于京都所在地设民事大理院（即最高法院）一所，专审国务事件，由全国议会及元老院各举同数议员所组织之委员会担任其事。各级法院之审判以公开为原则。政治案及出版案应采陪审制度。法官依法定程序由国王任命，且受一定保障。检察官之任命亦属于国王，惟须经教务司法官之承认。在各省省会所在地各置高等法院一所，专理司法案件之关于普通法院所管理者。此外全国各处应依特别法设立军事法院，审理军事诉讼。（九）全国各省各区域依法应组织地方议会，其议员由国民直接选举之。对于改良公共利益事宜，得自由执行其完全监察之权。各省各区域之各种出入款项，应由各该省各该区域议会机关刊印宣布。（十）关于纳税事项，全国人民均归一律，除法律规定外，不得另行征收，亦不得另立规费偿金。为审查研究财政部账目及清理国库出入债项，查察预算各项出款有无过额更易，及各项用款是否正当等事，特由全国议会组织一财政委员会主持其事，即各国务部之账目及用款之收据，亦由财政委员稽核汇列详细表目，附加意见，送呈全国议会。（十一）陆军之招募法及兵士之权利义务及升迁等事，另以法律规定之。国家不得招用外国军队，非有认可之法案，外国军队不得于国境内屯驻及通过。陆军一切军费每年均由全国议会议定之。

【波兰法】【通】Law of Poland　波兰位于维斯杜拉河流域，东界苏俄，南接捷克，东南与罗马尼亚相联，西与德意志为邻，北濒波罗的海，并与东普鲁士及立陶宛接壤，全境面积共十五万方哩，人口约二千八百万。以波人(Poles)居多数，占全人口百分之六十九，为斯拉夫族之一支。次于波人者为俄人，占全人口百分之十六。按波兰在中古时原为一独立王国，于一三〇〇年始从事于国家之立法事业。如一三四七年之波王克寻木儿三世(Kasimir III)之颁布威西利加宪章(Charter of Wislica)，即为波国全境法律统一之先声。该项宪章并非纯粹斯拉夫民族之法典，盖克氏于一三六四年间曾创立一大学名曰古列勾(The University of Krakow)，对罗马法律颇为重视，且曾延聘法意二国之著名法学专家辅助该项宪章之起草。故该宪章实有罗马式之法律成分在内，而罗马之寺院法色彩亦充满其中。又一切法规条例及法院笔录亦均用拉丁文字作成。此外日耳曼法律在波兰法典中亦可窥见及之。盖日耳曼商民之移殖于波境者，为数至伙，彼等均各有商事法庭之设置，而均以德国内之 Magdeburg 地之法院为其上诉法院，并不受波兰法律之支配。其后于一四五四年克寻木儿四世嗣位，因迫于贵族之要求，遂有奈沙瓦宪法(Constitution of Nieszawa)之制定，是为波兰国第一次之宪法，后人称之为波兰大宪章。(Magna Carta of Poland)于是波兰国政遂为贵族所操纵。在农奴制度实施之后，贵族阶级遂有 Baronial courts 之设置，与国王所设之法院完全脱离，而自行使司法权力。此后于一五〇五年议院更通过一“自由否决”(Liberum Veto)原则，其内容谓凡议院之决议案，均须经过全体一致始能成立，如有一票反对者，则该议案即不能成立。此项原则实与波兰以后之不能建立一统一之行政及司法制度，极有关系。一七七二年至一七九五年经俄德奥之三次分割，波法已失其凭依。一八〇八年法皇拿破仑入据波兰，拿破仑法典遂代波兰旧法而施行于全国。拿翁溃败，拿破仑法典在俄领波兰区域内之施行，依然如故。欧战起后，于一九一六年十一月五日波人乘势宣布独立，欧战告终，始为列强所承认，惟依和约所载其全境仅有十万方哩。嗣与俄国开战，获得东部土地四万方哩。德领之上西里西亚由人民投票公决大部分归德，惟波兰亦取得一部分。与立陶宛争执不下之唯尔纳(Vilna)于一九二三年经国际联盟行政院会议，承认归并于波，遂成为今日广大之地域。至其北部出海处有但泽自由市为国际联盟所管理。惟一切税收则仍为波兰所享有(参但泽自由邦宪法条)，此为波兰唯一之出海道。按波兰境内民族颇为复杂，而四周亦尽为敌视之国，故其立国极为困难，且国内政党甚多，致政局不能安定。现行宪法为一九二一年三月十七日所公布(曾于一九二六年修正)，全文分为五章，共计一百二十六条，兹举其要点于下：(一)波兰为共和国，其主权属于国民全体。(二)立法权属于众议院及参议院，法律非经众议院遵照其议事规程通过，不得创立。国家非经法律许可，不得行使下列权力：(1)发行公债。(2)出卖交换或抵押国家所有之不动产。(3)课订捐税与关税或特许专卖。(4)施行币制或由国家收回财政上之担保。(三)国家之预算决算由国会通过及核销之。至于财政之监督及决算之审核则设一审计部主持其事，置部长一人，其官阶与内阁各部长同，但不列为阁员，就其本人及属员行使职权之行为，直接对众议院负责。(四)众议院议员依秘密直接平等比例选举法选出之，任期为五年。凡属波兰国民于召集选举时年满二十一岁，享有完全公权，并于公报内登载召集，选举之日期前为选举区之居民者，不分性别，皆得为选举人。又选举人满二十五岁者即系现役军人，亦得当选，并不受住所条件之限制。凡行政，财务，或司法官吏，在其行使职务之区域内无被选举权，惟中央各部之官吏则为例外。众议员为全民族之代表，不受选举人任何指挥之拘束。于任期内受有特殊保障，其身体享有不可侵害权。众议院议长，副议长，秘书，及委员会委员由众议员互选之。凡众议院通过之法律，概应咨送参议院审查。参议院于收到各该法律案后三十日内不提出反对者，大总统应即公布之。大总统经参议院建议时得于三十日之期限届满前公布之。参议院对于众议院通过之议案提出修正或否决时，应先于上述三十日之期限内通知众议院，并于该期限届满后三十日内将原案附同修正案发还众议院，如众议院对于参议院之修正案，经过半数之通过或投票议员十二分之十一否决时，大总统应即依据众议院第二次通过之式样公布之。(五)参议院议员由各省选举之，按照平等比例普通制并以无记名投票直接选举之。以各省为一选举区，其名额为各该省依据人口所定众议员名额之四分之一。凡众议员选举人在召集选举日年满三十岁，并曾居住于选举区内二年以上者，皆有选举参议员之权。但因土地制度改革而最近迁移之农民，仍得保留其选举权。工人因工作地变更，官吏因奉命而迁居者亦同。凡享有参议员选举权之人在召集选举日年满四十岁者，虽为现役军人亦享有被选举为参议员之权利。惟行政，财务或司法官吏在其行使职务之区域内则无被选权利

(中央各部官吏为例外)。参议员亦为全民族之代表,不任他人指挥或拘束,在任期内依法享有特种保障,身体不受侵害。议院议长,副议长,秘书及委员会委员由议员互选之。(六)众议院及参议院之召集,开会,休会,闭会均由大总统以命令为之。两院之开会以公开为原则,但经议长,政府代表或议员三十人之提议改为秘密式者,得由全体表决之。议案之表决除本宪法别有规定者外,应由议员总数三分之一以上之出席,出席议员过半数以上之通过始为有效。(七)行政权属于大总统及责任内阁。大总统之任期为七年,由参众两院合组之国会选举之。大总统不能行使职务或因逝世,辞职,或其他原因而出缺者,由众议院议长代理之。大总统有任免内阁总理一权,并依内阁总理之呈请任免各部部长,且依内阁之呈请任命法律规定应由大总统任命之文武官员。为施行法律并行使法定职权起见,有颁发行政命令,指令训令与禁令,及以强制力执行之权力。又大总统为国家军队之最高长官(惟战时不得亲自指挥),对外代表国家接受外国外交官并遣派出外代表。在原则上得缔结国际条约并应咨告众议院,经众议院之同意得对外宣战或媾和。此外并享有特赦及宣告减刑或缓刑之权。对于国会及在民法上不负任何责任。如犯叛逆罪名或触犯刑法破坏宪法时,众议院得经法定议员名额半数以上之出席,议员五分之三以上之表决提出弹劾,由高等法庭受理之,其程序另以特别法定之。(八)内阁以各部长组织之,以内阁总理任主席,各部长之数额与职权之范围,各部长相互间之关系及内阁之管辖以特别法规定之。各部长对于政府之设施,应负宪法上及国会方面之责任。又在同一范围内对于大总统之行政设施,各部长应共同并单独负责。众议院经法定名额半数以上之出席议员投票数额五分之三以上之可决,得决议对部长提出弹劾案,交由高等法庭审理之。(九)受理上述弹劾案之机关为高等法庭,以最高法院院长为庭长,并以由参议院及众议院在议员外推举之法官十二人组织之(众议院推举八人,参议院四人)。凡享有公权并未任公职者均有被举任为法官之权。(十)全国为行政便利计,应以法律划分为若干省、区、市、郡及乡郡,均同时为地方自治区域。国家行政组织采用地方分权制度,关于自治事项以选任之参议会处理之。各省及各区自治政府之行政职务以代表团体所选举之委员及中央行政官署之代表所组织之行政机关行使之。除地方自治外,并应以特别法规定经济上各项自治,以农会、商会、工业公会、艺术公会劳动者组合及其他职业团体联合组织全国最高经济会议。国家以高等自治机关监督地方自治,并得以法律将监督权之一部委托行政法院行使之。国家及自治机关所为之处分是否合法,由行政法院裁决之。该院应采用陪审员及专任法官合议制,并以最高行政法院,为最高机关。(十一)司法权属于各独立法院,以波兰共和国名义行使之。各级法院之组织管辖及诉讼程序以法律另定之。法官独立行使职权,除法律另有规定者外,概由大总统任命之,但治安法官则由居民选举之。又法官除现行犯外,非经所属法院之许可,不得对其提起刑诉或褫夺其自由。法院之审判,一切民事刑事以公开为原则。重罪犯及政治犯应由陪审法庭审判之(此项法庭之组织及程序以法律另定之)。普通法院之最高者为最高法院,对民刑诉讼有最终审判权。特别法院除上述数种外尚有军事法院(组织及诉讼程序另定之)。又关于行政机关与法院间之权限上之争议,另设权限争议审判厅,专司裁判事务。(十二)波兰人民不得同时为他国国民。其波兰国籍之取得,依下列之规定:(1)由波兰籍父母所出生者。(2)由主管官署之核准归化者。(十三)波兰人有效忠祖国义务,有遵守宪法及一切法令之义务,有服兵役之义务,有纳税及服公务之义务,有教养其子女俾成为善良公民之义务。(十四)人民在法律上一律平等,否认门第及阶级之特权,勋章封爵及其他称号,亦不承认(学术上,公职上及职业上为例外)。人民身体有不可侵犯权,财产所有权,及住所自由权,职业选择自由权,思想发表自由权,出版自由权,通信自由权,向官署请愿权,集会结社自由权,人民语言使用自由权,宗教信仰自由权,办理教育自由权。此外关于劳动之特别保护(第一〇二条),儿童之特别保护,母性之特别保护,少数民族发展其方言及民族特征之权利,初等教育之强制性质,皆设有明文,详加规定。(十五)国家军事或政治机关执行职务,因不遵守其职务上之权利或义务而致人民受损害者,该被害人有要求赔偿损害之权利,由国家及各该过失官署共同负责赔偿之。(十六)军队除经民政机关请求严格遵守法定程序为镇压骚动或强制执行法律者外,一律不得调用。(十七)关于人民之权利(第一二四条)其中若干种遇有公安上之必要时,得以命令宣布在全国领域或一定区域内暂行停止,惟应咨送众议院核准。(十八)宪法修正案应由众议员及参议员该法定名额半数以上之出席,出席议员三分之二以上之表决通过之(其提案则应经众议院法定名额四分之一以上之联署),惟自本宪法通过后,每二十五年参众两议院应联合召集国民会议,以过半数之表决为本宪法之修正。

【争(爭)执】【民刑诉】Contention in the suit　诉讼当事人双方在事实上或法律上之相反主张曰争执。

【争(爭)讼】【民刑诉】Legal action　对于权利上之争执,而依法应向法院请求审理裁判者,曰争讼。关于此种事件,称为争讼事件。

【争(爭)讼审判权】【民刑诉】法院对当事人间之争讼事件有予以审讯及判决之权限,是曰争讼审判权。

【争(爭)论】【通】Controversy; Dispute　二人或二人以上相互间之意见冲突时之状态,曰争论。争论之解决,多以各人之判断力为之,故与争讼之须经法院裁判者有异。

【争(爭)点】【民刑诉】Points of contention　诉讼当事人两造争执之焦点,谓之争点。

【争(爭)议】【通】Dispute　争执议论,谓之争议。(参权限争议条)

【争(爭)议当事人】【劳】争议当事人者,谓关于雇佣条件之维持或变更发生争议时之劳方及资方之当事人也,详称曰劳资争议当事人。双方发生争议时,应依劳资争议处理法之规定。(参劳资争议处理法条)

【版】【史】(一)以竹篦所作成之板,谓之版。为供拷问刑事犯人之刑具。(二)户籍一称曰版。周礼一天官小宰:"八成……三听闾里以版图。"注曰:"版,户籍也。"又宫伯:"掌王宫之士,庶子凡在版者。"注曰:"版,名籍也。"

【版尹】【史】掌户籍之官吏，称曰版尹。

【版税】【债】所谓版税，乃指依出版物销行之多寡而定之报酬金而言，即出版权授与人之报酬比例出版人出卖部数之价额而定者是也。此种报酬应由出版人根据习惯上每届结帐时，依约定比例结算本届应得报酬而支付之。其结算如系比例出卖部数之价额，出版人自应提发行帐簿单据以资证明。（民法第五二四条第二项）

【版图】【国公】Territory 国家之领土立有一定界限，而在此界限内国家并享有统治权者谓之版图。包括领土领海领空三种在内。我国之版图为二十八省及外蒙古西藏等。

【版簿】【史】为户籍簿册之别称。事物纪原（卷一）：“周礼司民，掌登万民之数。自生齿以上，皆书于版。大宰听闾里以版图，今州县有丁户版簿，即此盖始于周也。”

【版籍】【史】为证明一家之成立之簿册，即户籍簿之别称。唐书：“今户口多少，不减元嘉，而版籍顿阙。”

【版权】【行】Copy-right 为著作权（详该本条）之别称。

【物】【民总】Thing 物者乃自然界之一部，供人需要而有空间的存在之独立体也。各国立法例有指凡吾人五官所能感触者谓之物者（罗马法是），亦有指包含有体无体物而言者（法国法是），亦有指特定之有体物者（德国日本是），我国旧民法草案及修正案均从之。现行民法无明文，然就解释言之，当以仿德日说为当，故物之要件如下：(1)须为自然界之一部（但人不在此限）。(2)供人需要者即为人力所及者。(3)须有空间之存在，即有体之谓，至电气不过乃以物论而已。(4)须为独立体。至物之种类我国民法只定为动产与不动产，主物与从物及原物与孳息（详各本条）而已。在学说上其种类更有如下：(1)单一物合成物与聚合物。(2)可分物与不可分物。(3)融通物与不融通物。(4)消费物与非消费物。(5)特定物与不特定物。(6)代替物与不代替物。(7)有主物及无主物（详各本条）。物亦有权利能力及行为能力，所谓物之权利能力即得为私权客体之资格也。凡吾人在法律上可得支配之物，皆有权利能力。换言之，即人力所能支配者均属之。至其他如日月星辰则否。所谓物之行为能力，即得为交易客体之资格也。例如所谓融通物者，即为有交易能力之物也。

【物上负担】【物】有体物之所有权附有义务者，为物上负担。凡享有此种有体所有权时，即同时负有所附有之义务。故其权利一经移转，其义务亦随之移转。若其权利一经消灭，则其义务亦随之而消灭。例如土地所有权人甲于其土地上设置地役权，甲即负有供役义务。若甲将其土地所有权出让于丙，此时供役义务亦随该土地所有权而移转于丙，而丙同时即为供役之义务人是。

【物上诉权】【物】Action of real right 谓权利人因其物被侵害时，对于加害人得要求停止其侵害之权利也。乃物权效力之一，又名对物诉权，或物上请求权，对优先权追及权言。（参物权之效力条内）

【物上请求权】【通】Right of the real claim; Right of claim over things 为请求权之一种。与债权请求权相对立,即对于物权被侵害时请求救济之权利也。【物】又名物上诉权(详该本条)。别称对物诉权。

【物上担保】【物】Security of things 为对物担保之别称。(详对物担保条内)

【物上优先权】【物】凡于同一物上设定数个权利时,如其时间有先后之不同,则先设之权利人有优先于后设之权利人而行使其权利之权,是曰物上优先权。例如甲先于某方土地设定抵押权,后乙亦于同一土地设定抵押权,则甲对于该项土地于行使债权时,有就其所卖得之金额优先于乙而受清偿之权利。

【物之行为能力】【民总】Disposing capacity of thing (详物条内)

【物之成分】【物】Constituent part of thing 物之构成分子,称曰物之成分,即物体构成之要素也。与从物不同,盖从物乃与主物相对立,仅为助主物之效用而已。而物之成分则为物体构成之必要成分,二者不可混同。

【物之所在地法】【国私】Lex rei Sitae, Lex Loci Situs (拉丁); Law of the situs 动产或不动产所在地之法律,曰物之所在地法。我国法律适用条例第二十二条规定:关于物权依物之所在地法,但关于船舶之物权,则依其船籍国之法律。

【物之追及权】【物】(详物权条内)

【物之权利能力】【民总】Capacity for rights of thing (详物条内)

【物合国】【宪】【国公】Real union 又称曰政合国。(详该本条)

【物在】【史】官吏费耗官物,其现在残存之物,称曰物在。唐律(卷十五)厩库篇——放散官物条:"诸放散官物者,坐赃论。物在还官,已散用者勿征。"其下注曰:"谓营造剩多为物在,祀毕食讫为散用。"

【物法】【通】Jus Rerum (拉丁) 为罗马法上之名辞,乃关于规定财产及契约之法律。例如物权债权等法律皆为物法,与人法诉讼法相对称。

【物的有限责任】【债】Limited liability of thing 为有限责任之一种。对人的有限责任言,即债务人以特定之财产为负担责任之限度之谓。例如继承人对于被继承人之债务所负责任,仅以所继承之财产为限是。

【物的役权】【物】Real servitude 罗马法上有人的役权与物的役权之分。所谓物的役权者,乃指以他人之物供某人或某土地之便宜而使用及收益之一种权利而言也。

【物的信用】【物】与人的信用相对称。物之自身有其一定之价值足供人之信仰而可用以保证者,是曰物的信用。例如物权上之抵押权,乃以物供人之保证者也。

【物的责任】【物】与人的责任相对称,即对物之自身负担责任之谓。此种责任乃随物之消灭而消灭,并不因物之移转而消灭,故此种责任可谓与物同生死者也。

【物的瑕疵担保】【债】Warranty against defects of thing 又名瑕疵担保。(详该本条)

【物品】【通】Article　物品者谓物之品类也，通常乃指有体物中之不动产以外之物而言。

【物品运送】【债】Carriage of goods　为运送营业之一种。与旅客运送承揽运送相对称，谓以运送物品而受运费之营业也。此项运送营业之契约，一方为运送人，一方为托运人，一方为受货人。（详各本条）

【物品证券】【债】Warenpaper　以金钱以外之物品为给付之目的时所为之证券，谓之物品证券。例如仓单及提单皆为物品证券。

【物税】【行】与人税及行为税相对称，即以物为标的所课之赋税也。

【物价】【物】Price　物在市上以货币所计算之价值，谓之物价。

【物质境界】【国公】Physical boundaries　所谓物质境界，乃指以五官所能感觉之物为标准之境界而言。与精神境界相对称。例如依山川江湖以为国境是。又如以界标以为国境是。前者又曰天然国境，后者则曰人为国境。

【物证】【民刑诉】Circumstantial evidence　为证据之一种。与人证相对称，即以物体为证据之材料也。例如杀人之刀，毒毙人之药是。又称环境证，或情状证。

【物权】【物】Real rights; Rights over things; Property rights　谓直接管领特定的有体物之权利也。其要件有二：(1)须以特定之有体物为标的。(2)须为直接管领之权利。物权与债权同为财产权，但其区别有四：(1)物权之标的为特定之有体物，债权则以特定人之行为或不行为为标的。(2)物权为强制的而系绝对权之一种，债权则为相对权之一种。(3)物权为对普通人之权利，债权则须对特定人始存在。(4)物权之效力有追及权优先权及物上请求权，债权则否。关于物权本质之学说有二：(1)对人关系说。(2)对世关系说。（详各本条）

【物权之主体】【物】Subject of real right　所谓物权主体，乃指对于有管领特定有体物之权利人而言。不论自然人或法人皆得为物权之主体。

【物权之物体】【物】Thing of real right　物权之物体，乃指物权之直接客体而言。即物权之标的物是也。此种标的物必须为具体物而为私人所能管领者，且必须为特定物。盖非特定物则物权不能确定，而物权之主体自无行使其权利之可能也。

【物权之客体】【物】Object of real right　所谓物权之客体，有直接与间接二种：直接之客体乃指具体物之本身而言，盖即物权之标物也。间接之客体则指对于物之一般人而言。

【物权之活动】【物】Activities of real right　即物权依法律行为而取得设定丧失变更及移转之状态也。其活动方法有二主义：(1)意思主义——即以当事人之意思而生物权之设定及移转之效力也。此种方法时使权利之移转不甚确定，而对第三人亦甚不便，虽手续简易，但流弊滋多。(2)形式主义——即物权之设定移转，须履行一定程式始生效力之谓也。更因动产与不动产而有区别，动产之得丧变更以交付为必要形式。又有二主义：(1)交付公示主义。(2)交付要件主义（详

各本条)。至不动产之得丧变更亦有三种制度:(1)登记公示主义。(2)登记要件主义。(3)地券交付主义。(详各本条)

【物权之效力】【物】Effect of rights over things (real rights) 物权既为直接管领特定的有体物之权利,故生下列三种效力:(一)物权生追及权——所谓追及权,谓凡物权之标的物无论辗转归于何人之手,权利人皆得追随其物以主张其权利也。(二)物权生优先权——所谓优先权,谓于同一物上有数种权利竞合时,其中某权利较他权利为优强,即有先于他权利而行使之效力也。故物权首对于债权而为优先,在同一物上设定数个物权时,前所设定之权利优先于后所设定之权利。至于同时设定二种权利,则有担保之权利优先于无担保之权利也。此乃一物不容二主之结果也。(三)物权生物上诉权(又称物上请求权或对物诉权)——所谓物上诉权,指对于侵害物权者有请求其返还原物回复原状赔偿损害及排除妨害等之权利而言。

【物权之消灭】【物】Extinction of real right 即物权与其主体绝对分离之谓。与物权之移转有别。物权消灭之原因甚多,例如标的物之毁灭,或被没收,公用征收,时效,以及抛弃并混同,皆是。在物权篇有明文规定者,仅抛弃(民法第七六四条)及混同(第七六三—四条)二项耳。

【物权之得丧变更】【物】Acquisition, creation, loss and modification of real right 谓物权之取得,设定,丧失及变更也,有基于法律之规定者,有由于自然界之变动者,更有因法律上之行为者。我民法规定不动产物权之依法律行为而取得,设定,丧失及变更者,须经登记程序,始为有效。且其移转或设定,应以书面为之,始生效力。(民法第七五八条、七六〇条)

【物权之种类】【物】Kinds of real rights 物权之创设从来有二主义:(1)放任主义。(2)法定主义(详各本条)。我国民法采法定主义,第七五七条规定:物权除本法或其他法律有规定外,不得创设。所谓其他法律,指特别法而言。例如规定渔业权专用权或著作权之法规是。在物权篇所定之种类有九:(1)所有权。(2)地上权。(3)永佃权。(4)地役权。(5)抵押权。(6)质权。(7)典权。(8)留置权。(9)占有权(详各本条)。又从学理上区别之,物权之种类得分为六种:(1)主物权与从物权。(2)完全物权与不完全物权。(3)动产物权与不动产物权。(4)用益物权与担保物权。(5)自物权与他物权。(6)有期限物权与无期限物权。(详各本条)

【物权行为】【民总】Juristic act of real right 为非债权行为之一,对准物权行为言。即以发生物权之得丧变更为其目的之法律行为也。关于契约方面者,例如所有权之让与是。关于单独行为者,例如他物权之设定是。

【物权法】【物】Law relating to rights over things 即规定物权的法律关系之法规之总称也。此乃就广义而言,故除民法中之物权篇外,如土地法森林法渔业法矿业法中,皆有物权法之规定。狭义言之,所谓物权法,仅谓民法物权篇耳。按民律中所规定之权利有二种:一为人身权,一为财产权,物权法及财产法之一部,因其系直接规定物之支配关系,故必须与其国之习惯及经济状态互相适合,故有强行法之性质，其内容不许任意变更，此其特色也。

【物权契约】【物】Real contract 即以物权设定或移转为标的之要式的无因契约也。其要件有三：(1)须以物权之设定或移转为标的。(2)须为要式契约——动产以交付为必要方式，不动产则以登记为必要方式。(3)须为无因契约。学者谓甲乙二人间所订马匹买卖之债权的行为，乃为债权契约，至其后由此契约所产生之授受移转实行行为，乃为物权契约。至此二种契约乃互相独立，债权契约无效时物权契约仍为有效，此所以保护第三人也。又不动产之物权契约须以书面为之(民法第七六〇条)，与动产物权契约不同。

【物权证券】【债】Traditionspapier（德） 凡证券之可以代表特定物而于移转该证券时即发生对于移转该特定物之效力者，是曰物权证券。学者每从仓单及提单二种方面之偏重于交付上着眼，故称物权证券为交付证券。

【牧】【史】养牛之人曰牧，放饲六畜者曰牧，郊外亦曰牧，地方长官如九州之长曰牧。此外掌田界之官或主船舶之官亦有称为牧者。

【牧司】【史】谓牧民之官也。晋书—地理志："遗黎南渡，并侨置牧司。"

【牧民官】【通】通常称地方官为牧民官，谓如牧人之养畜也。

【牧守】【史】州郡之长，州曰牧，郡曰守。

【牧伯】【史】州之长官，谓之牧伯。晋书："臣之辛苦，非但蜀之人士，及二州牧伯之所明知也。"

【牧长】【史】唐时牧子之首长曰牧长，掌指挥牧子及监督畜产之牧养之事。如懈怠职守致畜产死失，应受惩罚。

【牧师】【史】为周时夏官司马之属。掌牧地即牧场之事之官。今人又称宗教传教师为牧师。

【牧畜产课不充】【史】牧养畜产准年别所除之数外死失及每年所课之数不足额者，均应构成本条之罪。明清律有牧养畜产不如法条之设。唐律(卷十五)厩库篇则有牧畜产课不充之条："诸牧畜产，准所除外，死失及课不充者，一牧长及牧子，笞三十，三加一等，过杖一百，十加一等，罪止徒三年，羊减三等(余条羊准此)。新任不满一年，而有死失者，总计一年之内，月别应除多少，准析为罪，若课不充，游牧之时，当其检校者，准数为罪，不当者不坐(游牧之后，而致损落者，坐后人)。系饲死者，各加一等，失者又加二等。牧尉及监，各随所管牧多少，通计为罪，仍以长官为首，佐职为从"(余官有管牧者，亦准此)。

【牧圉】【史】养牛曰牧，养马曰圉。左传—僖公二十八年："及有行者，谁捍牧圉。"其注曰："牛曰牧，马曰圉。"

【牧产律】【史】为后魏刑律之篇名。汉萧何增厩律户律兴律三篇合旧律六篇(商鞅之六律)为九篇，称曰九章律。晋代更附牧事于厩律称厩牧律。及宋梁复称厩律。后魏之太和中始名牧产律，正始中复改为厩牧律，历齐后周均未更改。隋开皇律附以库事，更曰厩库律(详该本条)唐律因之。

【牧养畜产不如法】【史】管领牧养官家马牛驼骡驴羊者，如不尽领养之责，致有死亡者，以及胎生不及时日而死者，均应坐罪。明律（卷十六）、清律（卷二十一）兵律厩牧篇——牧养畜产不如法条："凡牧养马牛驼骡驴并以一百头为率，若死者损者失者各从实开报，死者即时将皮张鬃尾入官，牛筋角皮张亦入官，其牧长牧副每一头各笞三十，每三头加一等，过杖一百，每十头加一等，罪止杖一百，徒三年，羊减马三等，驴骡减马牛驼二等。若胎生不及时日而死者，灰腌并年老而自死者，看视明白不坐。若失去赔偿，损伤不堪用，减死者一等坐罪，其死损数目并不准除。"清律辑注："此条专言牧长之罪，以一百头为率，是准此以科罪，非一牧长额管一百头也。"同律之总注："凡管领牧养马牛驼骡驴羊者，并以一百头为率，若有死者损者失者各从实开报，以凭论罪追赔。六畜死者，皆有皮张，而马之鬃尾，牛之角筋，亦系有用之物，故并入官。六畜中马牛驼为重，其管牧之牧长牧副，每马牛驼一百头内有死一头者，各笞三十，每一头加三等，至二十二头，该杖一百，过此则每十头加一等，至七十二头以上，罪止杖一百，徒三年。若胎生不及应生时日而损死者，灰腌存验，以年老自死不计数坐罪。以上言死者之罪也。若失去而赔偿还官，损伤而不堪乘用，减死者罪一等。马牛驼一头笞二十起，罪止杖九十，徒二年半，羊七头笞一十起，罪止杖六十，徒一年。骡驴四头笞一十起，罪止杖七十，徒一年半。各照上三项分别计算科之。以上言失与损之罪也。失去已赔偿，仍照数论罪。死与损既论罪，仍照数赔偿，故曰并不准除。"

【状（狀）元】【史】殿试之及第者中最优等者称曰状元，始自唐代，按则天武后之时始试贡士于殿前，门下省将成绩之次第上奏，谓之奉状。在第一名者曰状元，又称曰状头，宋因之，明清亦同。所谓状元，其意实即起于主考官承旨调查上状时，于成绩表上名列于第一之受考人也。

【状（狀）面】【行】Cover of judicial paper （详司法状纸条内）

【状（狀）师】【通】以拟制书写诉讼书状为业之人，谓之状师。英国有状师与律师之别，后者有出庭辩护之权利，前者则否，即所谓 Barrister 是也。

【状（狀）纸】【行】（详司法状纸条）

【状（狀）头】【史】（详状元条内）

【玩法】【通】Disregarding to law 心目中以法律为具文，即对法律表示轻视之意，所谓玩法是也。

【玩法诈赃】【史】法官为图自己私利而妄为不法之判决以收受被告人之贿金者，谓之玩法诈赃。六部成语注解："为官者，玩视国家法度，诈取民人贿金也。"

【玩愒】【史】贪取货财，谓之玩愒。宋史—真德秀传："杜范方攻，[1]清之误国，且谓其贪黩更甚于前，而德秀乃奏言，此皆前权臣玩愒之罪。"

【的决】【史】法院对于处笞杖之刑之罪，不许其出金赎罪时所为之裁决，谓之的

① 原文为"郑"，查《宋史》，无"郑"，应删除。

决。六部成语注解："的实也。凡笞杖之罪，或纳金准免，其不准免者曰的决。"

【直立】【史】为清光绪三十二年所发布京师习艺所试办章程内对于被收容者之惩罚方法之一。对于普通犯人之刑罚有四：(1)苦工。(2)减食。(3)暗室。(4)锁镣。对于贫民之惩罚则为三等：(1)直立。(2)停休。(3)屏禁。所谓直立乃指使犯规者于一定时间直立而言，与现行所谓之立正相似。

【直行御道】【史】午门外之中道曰御道。天安门外之中桥至正阳门者曰御桥。皆为至尊出入之路，非臣民之所得由，如无故直行其上者或辄渡桥面者皆构成本条之罪。明律(卷十三)、清律(卷十八)兵律宫卫篇——直行御道条均有明文。清律原文及其下注："凡午门外御道至御桥，至侍卫官军导从车驾出入，许于东西两旁行走外，其余文武百官军民人等(非侍卫导从)无故于上直行，及辄度御桥者，杖八十。若于宫殿中直行御道者，杖一百，守卫官故纵者，各与犯人同罪，失觉察者减三等。若于御道上横过系一时经行者，不在禁限。"(在外衙门龙亭仪仗已设而直行者，亦准此律科断。)

【直系】【亲】Direct lineage　为亲系之一种，与旁系相对称。在血统相连续者间，自彼至此有直上直下之统系者，曰直系。(参直系血亲条)

【直系血亲】【亲】Lineral relatives by blood　与旁系血亲相对称，即己身所从出，或从己身所出之血亲也。所谓己身所从出，例如父母祖父母曾祖父母是，是曰直系血亲尊亲属。所谓从己身所出者，如子女孙曾孙及外孙外曾孙皆是，是曰直系血亲卑亲属。

【直系卑亲属】【亲】Lineal descendants　(详直系亲条及卑属亲条内)

【直系尊亲属】【亲】Lineal ascendants　(详直系亲条及尊属亲条)

【直系亲】【亲】Lineal relatives; Lineal consanguinity　与旁系亲相对称，谓在血统相连续者间上溯自己所自出，下溯自己之所出之亲系也。如己身上对祖父母下对子孙皆为直系亲。如图：(以九世为限)

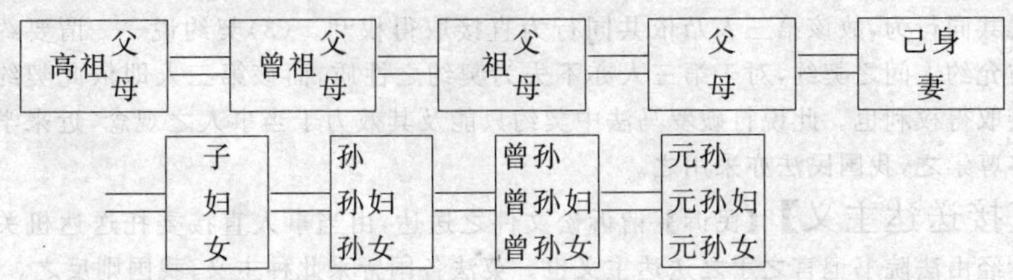

上图父母以上至高祖父母称曰直系尊亲属，子妇女以下至元孙元孙女皆为直系卑亲属。

【直指侍御史】【史】汉武帝时于普通御史之外，另置绣衣御史直指侍御史掌讨贼及治狱之事。(汉书—武帝纪)

【直省旗地】【史】清制近辅(即直隶省)以外之各直省(余十七省及台湾合为十八省)中国关于旗人所有之土地，称曰直省旗地。此项土地之设定，始自顺治二年之山东济南府德州等八处。对于驻扎该地之满洲统兵给予无主之房屋田地等。

(清国行政法卷二)

【直班侍卫】【史】清时之侍卫有直班侍卫,御前侍卫,乾清门侍卫,及豹尾侍卫之别。其掌禁门及驻驿处宫门之守卫之职者,称曰直班侍卫。

【直问】【民刑诉】Direct examination 又名原问。(详该本条)

【直接代理】【民总】Direct agency 为代理之一种,对间接代理言,即以本人之名义行之,而其效果直接及于本人之谓。民法上所谓代理,乃以此项代理为限。与间接代理之区别,乃以是否用本人名义并对本人(被代理人)发生效力为标准。

【直接占有】【物】Direct possession 为占有之一种,对间接占有言。又称代理本人占有,即本人直接占有其目的物之谓也。例如自己之物自己携带保存之是。

【直接民主制】【宪】Direct democratic system 国家政权(与治权不同)由人民直接行使之制度,曰直接民主制,例如人民对于政府有选举,罢免,复决,创制等四项之直接行使权是。

【直接民权】【宪】所谓直接民权乃指人民对于国家政治有行使四权之制度而言,故又称直接民主制。(参该本条)

【直接正犯】【刑】Direct principal crime 即直接行事者也。如仅因自己之行为利用其他非人类行为之动作以完成犯罪要件者是。或虽利用他人之行为,而本人自己下手或实行者,亦曰直接正犯。

【直接立法】【宪】Direct legislation 与间接立法相对称,即由人民直接制定法律,而不假手于任何代表或机关之谓也。故享有创制权之人民,可称曰直接立法。

【直接取得税】【债】为向第三人为给付契约的性质学说之一。谓第三人系因要约人与允约人间之契约直接取得权利者也。更分为三说:(1)片约说——谓该约于当事人间虽为契约,但对第三人则为片面约束之性质,即为单独行为第三人乃因单独行为取得权利。(2)共同行为说——谓该契约对于第三人系多数人一造之共同行为,故该第三人乃依共同行为直接取得权利。(3)契约说——谓要约人与允约人间之契约,对于第三人亦不失为契约之性质,而该第三人即依此契约直接取得权利也。此说打破罗马法中契约只能及其效力于当事人之观念,近来学者多尊崇之,我国民法亦采用之。

【直接送达主义】【民诉】谓诉讼文件之送达,由当事人直接委托送达机关而不经由法院书记官之手之送达主义也。英法各国皆采此种主义,我国则反之。

【直接强制】【行】Unmittelbare Zwang 直接强制乃行政上强制执行之方法之一种,与代执行及执行罚相对称。即于急迫时不及以代执行方法或以其他方法而不能达到目的时,始直接强制义务人使其遵守法规或行政处分。例如对自杀者加以制止(拘束),及对人之住所加以搜索皆是。

【直接强制处分】【行】Direct compulsory execution 为强制处分之一。谓行政官署对不遵行行政法令或行政处分之义务人或其财产以实力加以强制也。通常皆以于不能行间接强制执行时,方可行之。我国行政执行法第十一条就此亦设有相同之规定。该法更分直接强制处分为下列三种:(一)对于人之管束(详该本条)。(二)对于物之扣留(详该本条),使用,或处分,或限制其使用——须遇有天灾事变,及其他交通上,卫生上或公安上,有危害情形非使用或处分其土地家屋物品,或限制其使用,不能达防护之目的时,始得为之。(三)对于家宅或其他处所之侵入——须有下列情形之一时,始得为之:(甲)人民之生命身体财产危害迫切,非侵入不能救护者。(乙)有赌博或其他妨害风俗或公安之行为,非侵入不能制止者(如在日入后日出前时,则应告知其居住者,但旅馆酒楼戏园,或其他在夜间公众出入之处所,则为例外)。(行政执行法第六——十条)

【直接责任】【通】Direct responsibility 对他人直接负担责任者,谓之直接责任,例如电车公司之司机于开驶电车,见有嫌怨人行经路轨,乃利用驶车之机会疾驶杀之,非因执行职务之行为,应由该行为者向被害人直接负其责任。又如无限公司之财产,乃股东之共同财产,公司之债务,乃股东共同之债务,各股东均负直接清偿之责任是。

【直接发案权】【宪】Direct initiative 又称曰人民发案权。(详该本条)

【直接税】【行】Direct tax 与间接税相对称。凡租税之征收直接的向租税之负担人实际征收,而不使他人负担摊派者,称曰直接税。如土地税是也。换言之,凡法律上之纳税人与经济上之纳税人为同一人时,其所征收之租税概称曰直接税;反之如非直接的征收而系课于物品之制造人使其课税转移于实际的消费者,则谓之间接税。例如烟酒等税,虽系向制造者征收,惟制造者则于出售时增加其价,是负担租税者,实为购买人。故此项税收,称曰间接税。

【直接诉权】【债】Right of direct action 又名撤销诉权(详该本条),或称包尔诉权,或名债权人撤销权,更名诈害行为之废罢诉权。

【直接监督】【行】Direct supervision 与间接监督相对称。(详间接监督条内)

【直接审理主义】【民刑诉】Prinzip der Unmittelbarkeit des Verfahrens(德) 为民事及刑事诉讼主义之一,对间接审理主义言。谓依审判官自身官能以讯问当事人及调查证据,不为检察官(刑事)所调查之证据及所录取之口供所拘束,或受其他人员意见之参入所支配,或不以受命推事或受托推事所调查之证据为根据之主义也。其优点亦在使有审判权者得随时发见事件之真实。我民事及刑事诉讼法,以此主义为原则,而以间接审理主义为例外。

【直接谈判】【国公】Direct negotiation 直接谈判为国际争议解决方法之一。(参谈判条内)通常之国际争议,大都由当事国依此方法解决之,故为最普通而奏效最速之方法。

【直接选举】【宪】Direct election 与间接选举相对立,又称单选,即选举时仅对候选人直接加以选举投票之谓。

【直接证据】【民刑诉】Direct evidence 为证据之一种,又称自然证,与间接证据相对称。凡可以直接证明应证事实之证据,曰直接证据,如杀人之血刀,乃杀人直接之证据是。

【直接继承】【继】Direct succession 为继承之一种,与代位继承相对称。谓按法律之规定直接继承遗产也(第一一三九条)。例如父死由子继之,其孙不得先享继承权,即以亲等近者为先是也。至于亲等相同者,则以各人同为继承人,平均分配之。

【直隶州】【史】明制,各省中有所谓普通之州与直隶之州。前者属于府,后者则直接属于京师或布政司,即所谓直隶州是也。其州知事曰知州,对州内一切事务有支配之权,不受府知事之监督,而对所属之县亦有监督指挥之权。清因之,例如福建之永春直隶州与龙严州是。民国废置为县。

【直隶清吏司】【史】为清之刑部内官职之一,设郎中满汉各一人,员外郎满蒙各一人,汉二人,主事满汉各一人,掌直隶及八旗游牧,察哈尔右翼所属(正黄东北旗,镶黄正白,镶白正蓝四旗)之刑狱。(光绪会典事例卷二十,二十一)

【直隶淮军】【史】清之军队,其初仅有八旗及绿营二种,乾隆年间台湾林爽之变,福康安始募集义勇兵以讨伐之,颇奏大功。其后历平湖、广、贵州等之苗乱,即川陕教匪之讨伐,亦以义勇兵当其任。当时义勇兵之编成皆冠以出身地之名,如湘勇,楚勇,淮勇皆其著者。淮军即淮勇之别称,为李鸿章于同治元年间募集淮人所编成。以其为直隶之军,故称直隶淮军。凡四十一营,附有元字,乐字,毅字,左翼,先锋,奇字等之营名。并区分为马、炮、水师各营,平时掌捕盗之事。(清国行政法卷四)

【直隶练军】【史】为清之军队之一。自洪杨变乱之后,各省知绿旗兵不堪使用,遂有练军之创举,乃就绿旗各营中抽练而成,又曰练营。同治初年,依江西巡抚之奏请,开始实行。八年曾国藩有所谓直隶练军之起,于提督两标及四镇兵内各简其精锐以练之,分为六军,凡一万零三百八人,颇为中外人士所注意。(政典类纂卷三二五)

【直隶总督】【史】清制总督为一省之长官,兼握文武两大权。然亦有以一总督而兼为数省长官者,而间省小省则不设置,以巡抚为其长。直隶总督为总督中之最重要者,以其为近畿所在地,而且兼任北洋大臣之职故也。(参总督条)

【直隶厅】【史】清制,不属于府而直隶于布政司之厅称曰直隶厅。其制与直隶州相似,惟直隶州有属县,而直隶厅则除奉天省之凤凰厅与四川省之叙水厅外,均无属县。民国成立后,概置为县。

【知州】【史】为一州之长官,创始于唐代宗之大历十二年。事物纪原(卷六):“唐李师道之阻兵也,谓其弟师古曰,是不更民疾苦,要令知衣食所从,乃署知密州。唐会要曰,太和四年八月御史台奏,按大历十二年五月一日敕,刺史有故乃阙,但令上佐依文次知州事。则知州之名,自太宗始也。”

【知而不举】【行】有监督权之长官对所部内之不正行为,明知而不加检举者,谓之知而不举,二者均应同罪。

【知判】【史】官名,始于唐中宗之时,盖即掌管事务之官也。事物纪原(卷四):“职林曰,唐中宋神龙二年,既置员外,官同正员,又有检校,试摄知判等官。知者云知某官,判者云判某官,宋朝皆循用之。府寺监省州城域寨,各以官知判,盖自唐中宗始也。"

【知事】【行】Magistrate　为日本名辞,与我国所称之县长意义相同。

【知贡举官】【史】清时乡试之正副考官,在外省者谓之大主考,在顺天之乡试则曰知贡举官。六部成语注解:"乡试正副大主考也。在外省称曰大主考,顺天乡试称为知贡举。"

【知院】【史】五代之晋以桑维翰为知枢密院事,宋元因之,遂简称为知院。知者谓主管事务也,例如知府、知州、知县是。

【知情】【史】明知其实情也。例如明知其为赃物而故买之是。在法律上凡知情而故为之,应负责任。唐律(卷二十六)杂律篇——校斛斗秤度之条:"监校者,不觉减一等,知情与同罪。"

【知情不首罪】【刑】即知有将犯罪而不举发于官厅之谓。为清律所定之名称,与刑法之不举发犯罪罪意义相仿佛(详该本条)。惟前系援用共犯之解释,未免失之过苛耳。

【知情第三人】【民总】又曰恶意第三人,即知悉其情事之双方当事人以外之人也。

【知情藏匿罪人】【史】知情者,谓知其犯罪之情也。藏匿谓隐藏而使罪人不至受捕也。知其为犯罪之人而竟藏匿之,或引途隐避之,或资给衣粮,送令隐匿,是谓掩奸藏恶。故不问隐藏指引或资给,均构成本条罪名。明律(卷二十七)、清律(卷三十五)刑律捕亡篇——知情藏匿罪人条:"凡知人犯罪事发,官司差人追唤,而藏匿者,各减罪人罪一等。辗转相送而隐藏罪人,知情者皆坐,不知者勿论。若知官司追捕罪人而漏泄其事,致令罪人得以逃避者,减罪人罪一等。未断之间能自捕得者,免罪。若他人捕得及罪人已死,若自首又各减一等。"清律之辑注:"此条专言凡人若系亲属及奴婢雇工人,则有勿论及减三等一等之法,当照名例亲属相为容隐条,不用此律,以非亲属之注最明。凡未在禁曰罪人,已在禁曰囚,此通例也。本律云犯罪事发,官司差人追唤,故通篇皆称罪人,不及罪囚。然如脱监越监押解中途在逃之囚,有人知情藏匿,指引资给辗转相送;又如官司访知逃囚所在,将往追捕,有人知而漏泄,致得逃避,俱可引用此律,而本律则皆言未到官者也。"同律之总注:"犯罪之人非亲属不得相为容隐,若凡人知其犯罪,已经事发,官司差人追唤之时,而私自藏匿在家,或指引所往,资给所需,送令隐避,欺公党恶,故各减罪人所犯罪一等坐之。各字指藏匿指引资给等项言,至于辗转相送之人,皆坐减一等之罪,不知勿论也。漏泄之情,虽轻于藏匿指引资给,然致罪人得以逃避,则与藏匿指引资给者无异矣,故亦减罪人所犯罪一等。未经断决之间能自捕得,则捕获之功足赎漏泄之罪,故得免坐。若他人捕得及罪人已死自首,虽无捕获之功,已无脱罪之人,故又各减一等,通减罪人二等。又藏匿等项能自捕获者亦应免罪。其他人捕得者不得与漏泄同减罪,犯罪之人自首则免罪,逃走则加等,亲属则容隐者勿论,凡人则藏匿者同罪。律义精深,参看自见。"又同律之辑注:"本律以知情藏匿为目，谓先知其犯罪之情也。通章皆重在此，故两节皆以知字说起。若辗转相送之人，初不知人有罪，容寄之后方知是罪人，不敢捕告，因而隐藏引送他所，则与先知情者有间矣。”

【知略和诱和同相卖】【史】明知其人系由略诱和诱或和同相卖而来，而仍故意买之为奴婢及妾者，显有贪图渔利之心，是知法犯法也，应予按律治罪。唐律（卷二十）贼盗篇——知略和诱和同相卖条：“诸知略和诱和同相卖，及略和诱部曲奴婢，而买之者，各减卖者罪一等。”疏议曰：“谓知略和诱和同相卖等情，而故买之者，各减卖者罪一等。谓各依其色，准前条（即略卖期亲卑幼条）减卖人罪一等。假有人知略卖良人为奴婢而买之者，从绞上减一等，合流三千里之类。”同条又曰：“知祖父母父母卖子孙，及卖子孙之妾若己妾，而买者各加卖者罪一等。”（辗转知情而买，各与初买者同。虽买时不知，买后知而不言者，亦以知情论。）

【知略和诱强窃盗】【史】本条所定为分赃及故买罪，即明知其为略诱和诱或强盗窃盗而受分其赃物或故买其赃物之罪。唐律（卷二十）贼盗篇设有知略和诱强窃盗之条：“诸知略和诱及强盗窃盗而受分者，各计所受赃，准窃盗论减一等。知盗赃而故买者，坐赃论减一等。知而为藏者又减一等。”疏议曰：“知略和诱人，及略和诱奴婢，或强盗窃盗，若知情而受分者，为其初不同谋故，计所受之赃，准窃盗论减一等。假有知人强盗，受绢五匹者，减窃盗一等，合杖一百之类。其知盗赃而故买，坐赃论减一等，谓知强窃盗赃，故买十匹合杖一百。知而故藏，又减一等，合杖九十。其余犯赃故买及藏者，律无罪名，从不应为，流以上从重，徒以下从轻。”

【知会】【史】与通知同一意义。明律（卷一）名例篇——吏卒犯死罪条：“……转达刑部，奏闻知会。”

【知道】【史】清制皇帝对各衙门之奏闻，批令各该管之部议准或议驳或令其记录存案以资参考，均加知道某部等字样。皇朝政治学问答：“皇上命那一部知道，以便议准议驳，或留案据。”

【知道了】【史】各衙问之奏折经皇上批阅后例由皇上批写知道了三字，并横画一线，以示业经皇上之裁决。皇朝政治学问答：“各衙门照例奏闻者，皇上降旨知道了，此折下来横画一道。”

【社】【通】Association 一种有组织之人合团体，而带有永久存在之性质者，是谓之社。

【社主】【史】谓社之神主也，以石作成。周礼—小宗伯：“若大师，则帅有司（大祝也），而立军社，奉主车。”郑玄之注曰：“王出师必先有事于社，而以其主行。社曰军社。书曰不用命，戮于社。社主用石为之。”

【社仓】【史】所谓社会与义仓名异而实同。其制乃出诸隋之义仓，以朱熹之社仓法为最完备。（参社仓法条内）

【社仓法】【史】社仓法乃宋儒朱熹氏参酌长孙平之义仓法与王安石之青苗法而创设者。在朱子文集内建宁府崇安县五夫社仓记及社仓事目内记述甚详。乾道四年建宁府大饥，朱子时在崇安县之开耀乡，与知县耆老等谋发所藏之粟，劝富户以贱价售出，以济危急，极著成效。且以船粟发给乡民，其后于丰岁时令乡民如数偿还，屯积蓄存。朱子又恐积粟腐败，乃由官府出借于民，以什二之利息计算，是为通例。小歉时以什一计，大饥则免除之。其后更依古法建设义仓，经知府之补助出钱六百以促其成。乃利用积粟不加增殖，于社仓建设后十四年内，除将借入之全部返还外，尚藏有三千一百石之多。嗣后藏粟之贷出并不计算利息，每石只征耗米三升，于是极著成绩。孝宗淳熙八年，朱子乃上书请布社仓之法，遂渐推及于全国焉。

【社员】【民总】Members　为组织社团法人之结合分子，公益社团社员之资格不得让与或继承，营利社团社员之资格则可移转于人。至其社员资格之取得，应于章程中明文订定，即丧失方法亦然。其丧失原因约有三种：(1)社团解散时。(2)被开除时（民法第五〇条第二项第四款及第五十六条）。(3)退社（第五四条）。惟本人死亡为丧失资格原因者，仅限于公益社团之社员耳。又社员对于法人得依法律及章程所定取得权利及负担义务，其权利由法律之规定者，为出席总会权（第五二条第一项）。请求无效权（第五六条第一项）。请求或自行召集总会权（第五一条第二—三项）。表决权（第五二条）。此外均由章程订定之。其义务最重要者为出资，尚有其他亦均由章程订定之。被开除或退社之社员，对社团之财产无请求权。若系营利法人其章程另有规定者不在此限。至对开除或退社以前所应分担之出资，仍应负清偿之义务。（第五五条）

【社员义务】【民总】Obligation of member　谓社员对于社团法人所负担之出资义务以及其他一切义务也。

【社员总会】【民总】General meeting of members　简称总会。（详该本条）

【社员权】【通】Mitgliedsrecht（德）　为私权之一种。即为社员时，对于社团法人或财团法人所应享之权利也。（参社员条内）

【社债】【公】Bonds　为日本名辞，即我国所称之公司债也。

【社会化】【通】Socialization　法律由个人本位而进于社会本位，不偏于保护私人，不着眼于私人之福利，而以全社会之利益为目标，为全社会之大集团之幸福为根据，是即所谓法律之社会化也。

【社会功利派】【通】School of Social Utilitarianism　为社会法学派支派之一。以 Jhering 氏为其代表。除以社会学之方法为其研究方法外，稍着重于分析方法。本派主张之特点如下：(一)执行法律时不可有成见，须维持公平；不可重主观方面，须以当事人为标准。(二)解释法律不可机械化。(三)法律应注重民众生活之利害关系。(四)处置罪犯须参酌各种情形。(五)立法须以社会之需要与适合为标准。

【社会局】【行】Bureau of Social Affairs　为市政府机关之一，所掌事务如下：(1)户口调查及人事登记事项。(2)育幼养老济贫救灾等设备事项。(3)粮食储备及调节事项。(4)农工商业之改良及保护事项。(5)劳工行政事项。(6)造林垦牧渔猎之保护及取缔事项。(7)民营公用事业监督事项。(8)合作社及互助事业之组织及指导事项。(9)风俗改良事项。(10)教育及其他文化事项。(参市组织法条内)如市政府设有教育局者,则上述第十款之事项,应由教育局掌理之。至于县政府于必要时,亦得增设社会局办理法定事务。

【社会法学派】【通】Sociological School 为法律学派之一。即主张法律应着重于社会现象,且应以社会学方法以从事于法律之研究者。是项思想,乃导源于社会学鼻祖 Auguste Comte 氏。社会法学派与历史法学派相同者,即彼亦以历史为不可少,而且视其与法律之制定有重大关系。此外与哲理法学派同者,即在研究法律不独为研究现实之法律,即将来之法律应如何亦在研究之列。惟此派则主张法律不可以个人为单位,须以社会为单位,此为其特色之点。本派更可分为三派:(一)社会功利派。(二)新康德派。(三)新黑格派。(详各本条)

【社会的责任论】【刑】为责任能力观念学说之一,对道义的责任论言。即主张责任能力人与无责任能力人均有受法律保护之权利,且负有不侵害社会利益之义务。故其行为如有与社会利益相违反者,均应负刑事责任。但因对无责任能力人之刑罚苟与责任能力人相等,则其效果必不一律,且至于零。故对无责任能力人不如不以刑罚加之为妥,此为新派学说,近世学者多尊崇之。故责任能力之观念,又称为刑罚适应性。(详该本条)

【社会保险法】【劳】Law of social insurance 以救济及补偿劳动者因偶然事故而减少或丧失其劳动能力,或虽有劳动意思与能力而丧失劳动机会时之保险,曰劳动保险。其适用范围原以劳动者为限,其后乃渐扩张,即其他精神劳动者,及小农手工业者,亦受此项保险之保护,故称曰社会保险。关于此种保险之一切法规,谓之社会保险法。按社会保险之种类,最重要者为伤害保险,疾病保险,失业保险,老废保险等四种。保险方法有强制与任意二种,而以前者之效力为大,列国立法例多采之。至于此种保险制度之起源,厥为德国。于一八八二年即有疾病保险法之公布。其他各种保险法规亦相继制定。至一九一一年,始有统一之帝国保险法之公布。英国之社会保险立法虽较德国为迟,惟因强制失业保险制度之成功,实较德国为早,而立法上亦较实际,内容亦较充实,殊为他国所不及。此外如法奥意比奥等国之社会保险均有法规之制定。中以奥国之立法为佳,惟均不若英国之完备耳。至于我国目前尚无此项法规之制定,是亦社会立法上一待决之问题也。

【社会哲学派】【通】Social-philosophical School 为新起之哲理法学派,即所谓新哲理派之法学派是也。更可分为三支派:(一)新康德派。(二)新黑格派。(三)社会功利派。学者间皆谓社会哲学派与社会法学派至今乃不易辨别其异同,其所异者仅为二者原来之出发点而已。(参社会法学派条内)

【社团法人】【民总】Association 为私法人之一种,对财团法人言。又称为社团,即依法律关于社团之规定而成立之法人也。乃由二人以上以经营共同事业为目的所组织之团体,而取得法人之资格也。社团之种类有二:(1)公益社团。(2)营利社团(详各本条)。社团之成立其设立人须有二人以上(自然人或法人均可),并须订定章程(详该本条)。至于呈请登记更为不可缺之举。其组织之最高机关为社员总会,对章程有变更权限,并非如财团法人之固定,而且有社员为其组织分子,故与财团法人之捐助人于捐助行为成立后不为活动之份子者,自不相同。

【社稷之臣】【史】所谓社稷之臣,乃指关系于国家安危之重臣而言。孟子:"有社稷臣者,以安社稷为悦者也。"礼记:"有臣柳庄也者,非寡人之臣,社稷之臣也。"

【社壝】【史】谓围绕社坛四周之低垣也。周礼—封人:"掌设王之社壝,为畿封而树之。"

【空中主权说】【国公】Freedom of the air usque ad coelum theory; Theory of the absolute sovereignty in the air　为领空学说之一。谓领土以上空中区域之主权,应为该领土主权者所享有也。为近来之通说,欧战后且为一九一九年国际航空公约所采用,各国法律亦多仿效。

【空中自由说】【国公】Freedom of the air theory　为领空学说之一。谓领土以上空中区域须以自由开放,而不为任何主权所支配也。与海洋自由说相类似,前昔虽为一部份学者所承认,自欧战后此说已成明日黄花,以其与一国之自卫权相冲突故也。

【空中限制说】【国公】Freedom of the airzone theory　为领空学说之一。谓领土以上之空中区域应有公空与领空之分也。在一定距离以上视为公空,在其距离之内则视为领空。至其距离之确定,有主张应以着弹之距离为标准者,有主张应以国家权力得达之范围为标准者,更有主张应以五百米为标准者。至今纷纷犹未确定,且不为任何国家所采用。

【空中战斗】【国公】Air warfare　在空中作战之行为,曰空中战斗,以军用航空具为主。其战斗方法应适用普通战争之原则,凡野蛮及诈欺方法皆不许用。又依一九〇七年陆战规例第二十五条之规定,凡未经防守之城市村落居宅建筑物,无论任何方法皆不得攻围炮击,是航空具之掷弹,亦应以防守之区域为限也。至于空中战斗之区域,与海战区域同。关于敌国国有之航空具飞行中立国之限制,亦应适用关于军舰之规定。

【空手拒捍】【史】与持仗拒捍相对称,谓犯人以空手抵抗捕吏之追捕也。凡捕吏因追捕持仗拒捍者而杀之时,不论罪。若杀空手拒捍者,则处徒刑二年。(唐律卷二十八捕亡[①]篇——罪持仗拒捍之条)

【空白承兑】【票】所谓空白承兑,乃指承兑人签名于空白之票据而言。

【空白保证】【票】Blank guaranty　发票人于空白之纸片上签名,使他人于日后任意填写票据要件之全部或一部于其上,即所谓空白票据是也。保证人如签名于此空白票据时,则学者称之曰空白保证。

【空白背书】【票】Blank indorsement　又称略式背书(详该本条)。更名无记名

---

① 原书为"己",系排版之误。

背书。

【空白票据】【票】Blank negotiable instrument　日本称曰白地手形，乃不记载各项要件以使他人补充之意思而发行之票据，换言之，即发票人先签名于空白之纸片，而待他人日后任意填写票据要件之全部或一部之票据也。各国法律有以明文规定之者，如俄英美是。亦有无明文而以判例学说承认之者，如意德日是。我票据法亦无专条，但第三〇条有空白汇票之一辞。如解为得以发行，自属正当。

【空白发行】【票】Blank drawing　发票人发行空白票据，谓之空白发行。

【空白让与】【债】即债权让与时受让人未为特定之谓也。此项让与是否有效，学者间颇有争执，多数主张认为有效。

【空地】【土】Vacant land　所谓空地，乃指市行政区域内未有建筑物之土地而言。土地法为欲贯彻地尽其用，与繁盛市区之目的起见，故有市政府得斟酌地方需要情形，规定二年以上之建筑期限的明文，违者得准需用土地人请求征收其全部或一部(第一五五条)。又为防止地主企图规避干涉之流弊起见，对于建筑地之建筑物，其价值不及全段估定地价百分之二十者，亦视为空地，仍须受上述建筑期限之限制。(第一五九条)

【空盘】【史】俗称卖空买空为空盘。(详卖空买空条)

【空战法规】【国公】Law of war on air　为交战法规之一种，与陆战法规海战法规相对称。关于空战应行遵守之国际准则，曰空战法规。因航空具之发达乃最近之事，除前此海牙条约中略有微少断片之规定外，至今尚缺正式有系统之法典。一九二三年二月间，法意英美日等五国法律专家委员会，虽曾作成空中战争法草案，但尚未正式为各国所承认。

【突然故意】【刑】为故意分类之一。又名单纯故意(详该本条)，又称不熟虑的故意。

【纠(糾)合】【史】纠合者谓于纷乱时纠集并合众人也。左传—僖公二十四年："纠合宗族于成周。"同书—僖公二十六年："桓公是以纠合诸侯。"史记—郦生传："郦生曰，足下起纠合之众，收散乱之兵。"

【纠(糾)参】【通】对于官吏之不法行为或违法行为，纠明其罪状而参劾之者，谓纠参。

【纠(糾)问式】【刑诉】与弹问式相对称。(详刑事诉讼条内)

【纠(糾)伙】【史】所谓纠伙，乃指纠集盗党而言。六部成语注解："纠合盗伙也。"

【纠(糾)弹官】【史】依法对于不法或违法行为之官吏有行使纠问弹劾职权之官员，称曰纠弹官。(唐律卷二十三斗讼篇——诬告反坐条)

【纠(糾)绳】【史】对于过失加以纠正而以法绳之者，谓之纠绳。书经："匡其不及，绳愆纠谬。"隋书—刘昉传："自昵酒徒家为逋薮，若不纠绳，何以肃厉。"

【育孕】【史】在狱妇人怀孕者，须于出产后经过一定时日始可执行。在此期限内之保养，谓之育孕。

【育黎堂】【史】清时为贫民救济所之一，在北京西门外设立，从事收养老年男女及疾病残疾等。

【育婴所】【行】Foundling Asylum　为救济院之一所，凡贫苦及被遗弃之男女婴孩(须年在五岁以下者)，均得收养于本所。所中应设置游艺场，浴室，并置各种有益之玩具，雇用饲婴之乳媪，每媪饲婴多者不得过二人。婴孩年满五岁者，应送入孤儿所。其无父母及无主之婴孩，如有愿领作养子女者，须具领状并觅取殷实铺保二家经所调查属实方准领出，而救济院亦得随时访查验视。(救济院条例第五章)

【育婴堂】【史】收养遗弃婴儿之所，曰育婴堂。周礼大司徒之职制为以保息养万民，一曰慈幼。郑玄注云："与之母，与之饩。"此乃育婴事业之所自起。唐元和间，诏婴儿无亲属者及有子不能养者，由官救济之。宋淳祐间诏给官田五百亩，创设慈幼局，专掌贫困者之救济。中有养济院之设置，以江西运司养济院为著名。元明以至于清，均有此制。清因严禁溺女之风，故育婴堂之设，尤为普遍云。

【肩挑背负】【史】盐之私卖，为法所禁，若贫民以少许之盐肩挑背负从事私卖，则为法所不究。六部成语注解："盐徒私贩，例有严禁，而贫民肩挑背负少许私卖，例所不究。"

【股本】【公】Capital stock　股本者，谓股东所出之资本也(日本称曰株金)。其每股资本之数额则曰股本额。股份有限公司之股本额依我国公司法之规定，为每股不得少于二十圆，但一次全缴者则得以十圆为一股。(公司法第一一一条)

【股本额】【公】Amount of share　日本称曰株金额。(详股本条内)

【股份】【公】Shares; Stocks　所谓股份，有二义：一指股东之权利义务而言，曰权义股。一指公司之资本而言，曰资本股。我公司法规定股份有限公司之资本，应分为股份，每股金额应归一律，不得少于二十圆，但一次全缴者，得以十圆为一股。所以限定最少额者，其原因为：(1)保护小民之资力。(2)预防投机之弊端。(3)避免手续之繁琐(第一一一条)。股份以不可分为原则，但为共有时，应推定一人行使股东权利。而共有人对于公司，应负连带缴纳股款义务(第一一三条)。至于股份之移转，自为法律所许，但须于设立登记后，方得为之。惟发起人之股份，则须于公司开始营业后始得为之(第一一六条)。若公司对其股份之收买或收为抵押，则均为法律所禁止(第一一九条)。至销除其股份非依减少资本之规定，亦不得为之(第一二〇条)。凡此种种皆为保护公司营业及基础计也。股份之分类有三：(1)记名股与无记名股。(2)旧股与新股。(3)普通股与优先股。(详各本条)

【股份有限公司】【公】Company limited by share or limited share company　为公司之一种。谓以七人以上之有限责任股东，将资本分为一律平均之股份所组织之公司也。日本称之曰株式会社。股份有限公司之起源，有谓系起于意大利之国家债权人团体者，又有谓系起于船舶共有制度者，论者纷纷，莫衷一是。此种公司之利益有五:(1)集小资本为大资本,可增加国家生产力。(2)使中产以下人民要参加巨大事业。(3)经营大事业而无危险。(4)股份得自由让与,投资者称便。(5)劳动者亦可购买股份加入合作,使劳资阶级调和。至其流弊亦有下列:(1)组织复杂执行不甚敏捷,而投资者每因无商业学识致被奸商利用。(2)资本易集,每有生产过剩之虞。(3)股东常因股份可自由让与,致不关心营业,而使董事乘机舞弊,事业乃因而失败。法律为慎重计,对此项公司设有严密规定。股份有限公司之设立,第一步为由七人以上之发起,称为发起人(详该本条)。第二步为召开创立会(详该本条)。创立会完结后,由董事向主管官署登记,公司即告成立。故关于公司之设立方法有二:(1)发起设立。(2)募集设立(详各本条)。上述之设立程序,乃指后者而言。至发起设立仅由发起人认足股份,选举董事及监察人,缴足第一次应纳股银,呈请主管官署派员检查,于十五日内呈请登记,即告成立。股东之权利如下:(1)议决权。(2)决议无效之诉权(第一三七条)。(3)书类查阅权(第一四六条)。(4)请求召集股东临时会权(第一三三条)。(5)对监察人提起之诉讼权(第一六五条)。(6)要求法院选派检查员之权(第一七五条)。(7)清算人解任之请求权(第二〇六条第二项)。(8)股票交付之请求权(第一一四条)。(9)股票方式变更之请求权(第一二五条)。(10)赢余及利息分派权(第一七一——七四条)。(11)残余财产分派权(第二一〇条、第二一三条)。(12)优先股东之优先权。股东之义务则为缴纳股份金额(第一一二条)。关于股份有限公司之机关有四:(1)股东会。(2)董事。(3)监察人。(4)检查人(详各本条)。公司之章程为公司之根本法则,其变更须由股东过半数代表股份总数过半数者之出席,以出席股东表决权三分二以上同意行之。若不满定额时,可先为假决议,再召集第二次股东会,即公司增减资本之决议亦然(第一八六条)。增加资本须收足股款后,方得为之。增加方法有二:(1)增加股款。(2)添招新股。在添招新股时,得发行优先股。又添招新股时应先尽旧股东分认,如有余额,始得另募。添招新股亦须造备联单式认股书,载明一定事项。于添招事宜后收足第一次股银即应开股东会,完结后,又应呈请主管官署登记,而新股票上须具备一定方式(第一八七——九七条)。减少资本经股东会议决后,应向各债权人分别通知及公告。并指定三个月以上之期限,使债权人提出异议。如不通知或为公告,或对债权人于期限内提出异议而不为清偿或不提供担保者,则不得以其资本减少对抗债权人(第二〇〇条)。又资本减少应换给新股票。减少资本之方法有三:(1)减少股银。(2)减少股数。(3)减少股银及股数。减少股数方法亦有二:(1)合并。(2)销除(详各本条)。股份有限公司之解散,其性质与无限公司同。(参该条内)其解散事由亦分为二:(甲)合议解散事由(又曰有意解散事由)。(1)章程所定解散事由发生。(2)股东会之决议。(3)与他公司合并。(乙)一定之解散事由(又曰无意解散事由)(1)公司所营事业已成就或不能成就。(2)有记名股票之股东不满七人。(3)破产。(4)解散之命令。公司之解散及合并之决议,应适用特别决议程序(即与变更章程之决议程序同)。又解散时除破产外,应通知及公告各股东,其因合并而解散时(参合并条内),股份有限公司之清算,除一般原则与两合公司及无限公司大略相似外,复有特别规定。(详清算条内)

【股份两合公司】【公】Joint share company　为公司之一种。谓以无限责任股东与股份有限责任股东共同组织之公司也。日本曰株式合资会社,因其中有限责任股东系均分为各股,故与两合公司异。又因其资本非尽均分为各股,且有负担无限责任之股东,故与股份有限公司不同。此项公司之性质,乃合股份有限公司与两合公司另成为一种独立公司,实兼有二者之长,乃近世新起制度。凡实业家缺少资本者,组织此种公司最为适宜。我国公司法规定此种公司最少须有一人负无限责任,而此无限责任股东即为发起人,并须订立章程载明一定事项(第二一五条、二一七条)。又此种公司之设,只有募集设立,而无发起设立,盖公司性质之当然结果也。其募集责任由无限责任股东负之,且须预备认股书记载一定事项。于第一次股银收缴后,应即召集创立会,此时得陈述意见,但无表决权。在创立会应于股东中选任监察人,但无限责任股东不得当选。创立会完结后,应向主管官署声请登记。至于此种公司因既以无限责任股东对外负责对内执行业务,故无董事之设。然该股东实与董事立于同一地位,除其性质上不能相合外,应准用关于董事之规定(第二一八条—二二四条)。股份两合公司亦有股东会,如遇重大事项须得全体同意者,除于股东会议决外,更须得无限责任股东之同意。关于解散事由,准用两合公司之规定(参两合公司条内)。无限责任股东全行退股时,有限责任股东得特别决议改为股份有限公司(第二二五条—二二七条)。公司解散后之清算(详清算条内)。此外如无限责任股东之对内对外关系与退股,准用两合公司之规定。其余除有规定外,亦准用股份有限公司之规定。(第二一六条)

【股东】【公】Shareholder　谓股份之所有人也。在无限公司其责任为无限,在两合公司其责任一部为有限,一部为无限,在股份有限公司,其责任全为有限,在股份两合公司其责任一部为无限,其一部则为有限,而且均分为各股。关于股东之权利义务如何,因所负责任之有限与无限而有异别。(参上列各公司条内)

【股东名簿】【公】Shareholders register　谓公司用以证明股东权利之重要书面也。我公司法规定除应编号外,并须记载下列各事项:(1)各股东之股数及其股票号数。(2)各股东之姓名住所。(3)各股份已缴之股款及其缴纳之年月日。(4)各股份取得之年月日。(5)发行无记名股票者,应记载其股数号数及发行之年月日。(6)发行优先股者应于号数下注明优先字样。(第一二六条)

【股东会】【公】Meeting of shareholders　股东会者,股份有限公司最高意思之机关也。民法总则中社团法人之总会乃指此而言。股东会分二种:(1)常会(即定期会),由董事于每营业年度终时召集之。(2)临时会,即遇有必要情形随时所召集者,亦由董事或监察人召集之。但股东亦得请求召集或自行召集(须有股份总数二十分之一以上股东方得为之)。至于股东表决权以一股为单位,但一股东而有十一股以上者,应以章程限制之。此外每股东之表决权及其代理他股东行使之表决权,合计不得超过全体股东表决权五分之一。股东会之职权:(1)查核董事所造具表册及监察人之报告。(2)分派盈余及股息之决议。(3)选任检查人(公司法第一三六条)。(4)公司章程变更之决议(第一八六条)。(5)选任及解任董事及监察人(第一三八条、第一四二条、第一五二条、第一五五条)。(6)增减资本之决议

(第一八六条、第一九一条)。(7)公积金红利分派之决议(第一六八条)。(8)对监察人提起诉讼之决议(第一六四条)。(9)对董事提起诉讼之决议(第一四九条)。(10)发行公司债之决议(第一七六条)。(11)决议发行优先股(第一八八—一八九条)。(12)董事与监察人报酬之决议(第一四〇条、第一五三条)。(13)公司解散之决议(第二〇三条)。(14)公司合并之决议(第二〇三条)。(15)清算人之选任与解任(第二〇五条、第二〇六条)。(16)清算人报酬之决议(第二〇八条)。(17)清算报告之承认及派定检查人(第二一一条)。(18)其他关于业务之决议(第一四八条)。股东会决议案应由主席签名盖章,与出席股东名簿一并保存(第一三五条),以为异日参证之用。

【股东权】【公】Rights of shareholder 谓股东在公司内所享有之一切权利也。(参股东条)

【股息】【公】Dividends 谓股份每股应得之周年利息也。我国商人称之曰官利,公司有盈余时,此项股息之分派须具下列二要件:(1)须公司之损失业已弥补完竣。(2)法定公积金须已经提出。若公司无盈余时,原则上不得分派股息,但有下列情形之一时,得以其超过部份充派股息:(1)公积金已超过资本总额二分之一。(2)由前此盈余提出之公积金有超过该盈余十分之一者。此项例外乃维持股票之价格而设(公司法第一七一条)。违反上述规定者,公司债权人得请求退还(第一七二条)。至于预派股息之举亦为法律所许,但须经主管官署之许可,且其定率周年不得超过五厘(第一七三条)。股息分派标准,除章程另有订定外,以已缴股款之多寡为准。(第一七四条)

【股票】【公】Share-certificate 所谓股票,乃指表彰股份证明股东权利之书面而言。因其得以之买卖交换,流通市场,故属于有价证券。法律规定公司非经设立登记后,不得发行股票,违者其股票为无效。但持票人因而受损害时则许其请求赔偿耳(公司法第一一四条)。又公司增加资本时,应于新股收齐召集股东会并声请登记后,方可发行股票(第一九五条)。至于股票之形式,法律亦有规定,不得有缺,否则无效。即股票应编号码,载明下列各款事项,由董事五人以上签名盖章:(1)公司名称。(2)设立登记之年月日。(3)股数及每股金额。(4)股款分期缴纳者其每次分缴之金额。股票之分类有三:(1)单一股票与并合股票。(2)记名股票与无记名股票。(3)新股票与旧股票。(详各本条)

【舍宅车服器物】【史】宅舍车服器物坟茔等均有一定式制,不得另自变改,违者治罪。明清律均有服舍违式条之设。唐律(卷二十六)杂犯篇则立舍宅车服器物条:“诸营造舍宅车服器物及坟茔石兽之属,于令有违者,杖一百,虽会赦,皆令改之(坟则不改)。”疏议曰:“营造舍宅者,依营缮令,王公以下凡有舍屋,不得施重拱藻井。车者仪制令,一品青油纁通幰虚偃。服者衣服令,一品衮冕,二品惊冕。器物者一品以下食器不得用纯金纯玉。坟茔者一品方九十步,坟高一丈八尺。石兽者三品以上六,五品以上四。此等之类,具在令文,若有违者,各杖一百,虽会赦皆令除,唯坟不改,称之属者碑碣等是,若有犯者并同此坐。”同条又谓:“其物可卖者听卖,若经赦后百日不改去及不卖者,论如律。”

【花(花)利】【史】花利者，谓田地所得之收益也。明律(卷五)、清律(卷八)户律田宅篇——盗卖盗田宅条："田产盗卖，过田价，并递年所得花利，各还官给主。"

【花(花)红】【公】公司于每年度营业告终时，将盈余部分提出若干，以为办事人员之特别酬劳金，称曰花红。

【花(花)翎】【史】为清代酬庸勋徽之一种，初则仅对于有功而蒙特恩者，始得赏戴，其后五品以上之官吏，皆得援例捐纳。

【花(花)银】【史】金钱借贷之子金，为花银，即利息之别称。六部成语注解："花乃利息之意，犹言利银也。"

【芬(芬)兰宪法】【宪】芬兰地处苏联之西北，昔为大公国，据谓属于蒙古种，在七八世纪时，始移殖此处。部落强悍武勇，曾侵略附近各地，惟十二世纪间，曾被瑞典所占。一八〇九年俄瑞之役，芬兰遂为俄国属地，但仍为半自治大公国，并有宪法之制定。以俄皇为大公，同时亦得自设议会。其后议会旋被取消，而自治权恒被俄皇所摧残，一九〇五年十一月之俄国革命，芬兰人以总罢工抵抗俄国，旋获前此之自治权，惟仍为有名无实之自治。及一九一七年十二月之俄国大革命后，芬兰众议院始宣布芬兰为独立自主国，经巴黎和会及协约国先后之承认。一九一八年间苏俄红军复占领芬兰全地，后由芬兰军队联合德军驱退之，不久始与苏俄订约，许其独立，建立共和国。全国面积为一三二，六四〇方哩，人口计共三，五二七，〇〇〇人。土地平坦，湖沼甚多，森林之面积占全地十分之七。农业甚盛，惟气候严寒耳。现行宪法为一九一九年七月十七日所公布，全文计分为十一章，共九十五条，兹举其要点如下：(1)芬兰为独立民主共和国，主权属于国民，由国会于开会时代行之。(2)立法权由国会与大总统共同行使之。最高行政权授予大总统(另设国务院)，司法权由独立法院行使之，其最终审判权则属于最高法院及最高行政法院。(3)凡父母为芬兰人及与芬兰人结婚之外国女子，均当然取得芬兰国籍。外国人之归化另依法律之规定。(4)芬兰国民在法律上一律平等，生命，名誉，个人自由，财产，及信仰，出版，结社，集会之自由，概由国家保障之。至于住所及书信电报及电话之秘密均不得加以侵犯。(5)芬兰及瑞典语言均为共和国国语。(6)国会之组织及其职权由国会组织法规定之(即为一院制由议员二百名组成之)。对于法律之提案权，属于大总统及国会。凡国会所通过之法律应咨请大总统批准之。法律之批准，应依国会所通过之原文为之，如未批准时，国会于新选举后，经绝对大多数重新通过而未加修正者，则该项法律仍得发生效力，否则应视为无效。又凡法律案于送达大总统后三个月限期内未经大总统批准时，视为拒绝批准。(7)大总统由芬兰人民就本国国民中选举之，任期六年，选举人计三百人。举行大总统之选举，用不记名投票式。大总统如因事故不能执行职务时由国务总理代理之，如离职时期倏久不能复职，则应从速选举新总统。大总统有召集国会举行非常会议之权，并得决定解散国会及召集新选举。又在特别情形中，于咨询最高法院之意见后得行使其特赦权，并为免刑或减刑之处分。又对芬兰军队有最高指挥权，此外对于外国人民之入籍及芬兰人民之放弃本国国籍，概由大总统准许之。芬兰之外交亦由大总统主持之，惟须受国会之监视，且经国会之同意，有宣战及媾和之权。(8)于大总统之下又设一国务院，其国务员由大总统就才德显著，并出生为芬兰国民者选任之(但须得国会之信任耳)。国务院之会议为国务会议，由各部部长组成之。会议以国务总理为主席，如大总统出席时则应由大总统任主席。此外为监督官署及官吏使其守法尽职起见特设司法总裁一人，副总裁一人，同时执行最高法院及最高行政法院之检察官职务，且以检察长资格监督一切检察官，又得出席国务会议及一切法院与行政机关之会议，并得调阅国务会议及各部或法院以及其他官署之卷宗。又对国务员之违法行为经大总统之同意得提出弹劾案。又对大总统之违法，司法总裁得劝告之。如大总统有违犯叛逆之罪，经国会决定加予弹劾时，由司法总裁向最高法院提出之。又司法总裁应将关于法律施行之情形及其所提出之意见，每年向大总统及国会报告之。(9)国会应于每届常会开会，依照选举议长之形式选举法律名家一人，以司国会法律专员之职务。法律专员依据国会起草，及国会通过之训令，以监督法院，及其他官署关于法律施行上之进行。此项专员亦有出席国务会议及法院与行政机关会议之权，并得调阅国务院，各部，法院及其他官署之卷宗。对于职务上所犯过失，得提出或使其提出控诉，故与检察官员负担同样责任。又法律专员每年应将执行职务之情形司法之状况及在立法上其所观察之缺点以书面向国会报告。(10)在普通行政上芬兰仍分为省县区，省由省长管理之，区之行政依照特别法律之规定，应以自治为基础。(11)最高法院为司法最高机关，在司法行政上并得监督法官，及执行判决，由院长一人及推事若干人组织之。至初审法院及高等法院之组织则以法律另定之。关于行政诉讼之上诉终审机关，除法律别有规定外，为最高行政法院，且有监督下级行政法院之司法行政之权，以院长一人，评事若干人组织之。国务员，最高法院推事，最高行政法院评事，及司法部长因职务上之违法，致被弹劾时，得依特别法之规定，另组特别高等法院审理之。此外除以法律设立其他之特别法院外，不得设立任何非常法院。(12)国家税收以及政府行政及邮政铁路，河道，医院，学校暨其他国立机关所征收之费用原则，均以法律定之。每年度预算应包括一切收支，由议院通过后依法公布之，除依现行法律或命令列入本年度之预算者，以外不得征收其他任何赋税或收入。国库之审查属诸审计部。又国会于每届常会就议员中选举审计委员五人，以国会之名义，负责监视预算之执行，及审查财政状况与管理，并受国会之训令，得向各主管官署征集报告及文件。(13)凡芬兰国民均应参加国防，依法律之规定分任负担。其军队之动员经国务会议后由总统命令颁布之。(14)国家应奖励农工商诸专门科学，及其他应用科学之研究与教学，以及奖励美术之实习与传授，应于大学设立上述各科并维持之。普通中等教育或初等教育之学校机关由国家维持或予以津贴，至初等教育应一律免费。工艺职业学校，及农业与附属学校，商业航业以及美术学校等，均由国家维持之。于必要时并由国家予以津贴。(15)各宗教团体之组织及管理由各该教自行制定规则管理之。(16)除专门职务，大学及高等学校之教席，外国语教授，及行政机关之翻译官，以及无俸给之领事，与领事馆之雇员，及在使领馆中担任特别职务者外，惟芬兰国民得任公职。任命国家官职之普通原则为具有资格能力及公权等。(17)下列人员由大总统任命之：(a)司法部长及次长。(b)总主教主教及大学校长。(c)最高法院院长及最高行政法院院长。并由最高法院之呈请,任命最高法院推事及高等法院院长。由最高行政法院之呈请,任命最高行政法院之评事。(d)高等法院推事,大学及高等专门学校之教授。(e)各机关行政长官及省长,由国务会议呈请任命之,以及中央行政官吏之任命。(f)总统府总务处之官吏,以及由各主管机关之呈请任命国务会议,最高法院,及最高行政法院之报告员。(g)使领馆人员由国务会议呈请任命之。(18)初级农事法院法官,及土地分配裁判所所长,与区长等,均由最高法院任命之。此外海陆军军官亦由总统任命之。(19)官吏因违法处分或溺职致有损失其权利或某种伤害之人,均得声请将该官吏处以刑罚,及要求赔偿损失,或依照法律之规定,要求提起公讼。(20)法官非依照法庭裁判程序及判决,不得免职。除因法院改组外,法官之调任,须得其本人之同意。(21)本宪法(政体)之全部,为一永久确定之基本法,除有特别规定外,非依照普通为基本法所定之程序,本宪法不得擅行修正解释或废止。

【虎(虎)贲】【史】(一)官名,周曰虎贲氏,为夏官司马之属官,掌王出入时前后之仪卫。所谓虎贲,取其有猛虎之勇愤之义,汉代置有虎贲中郎将及虎贲郎等官,其冠上插以两鹖羽毛,以为标识,主宿卫之事。历朝因之,至唐始废。(二)兵士之名,周制,掌射御之兵士,亦曰虎贲。书经一周书立政篇:“周公戒于王曰,王左右常伯,常任,准人,缀衣,虎贲。”蔡沈注曰:“执射御者,曰虎贲。”(三)勇士之名,战国策:“秦虎贲之士百余万。”

【虎(虎)榜】【史】为龙虎榜之简称,在科举时代,揭示进士及第人员姓名之榜纸,曰龙虎榜,即及第者亦称曰虎榜。唐书一欧阳詹传:“詹字行周,举进士,与韩愈、李绛、崔群、王涯、冯宿、庾承宣联第,皆天下选,时称龙虎榜。”详言之,唐代进士及第者,曰龙虎榜,简称曰虎榜。此外其试验以优等及第者亦名曰魁虎榜。琼山故事必读成语考集注曰:“中解元曰名魁虎榜。”其注与上述唐书欧阳詹传所载者相同。

【虎(虎)闱】【史】为国子监之别称。宣室志曰:“王融谓国子监为虎闱。”所谓虎,乃勇俊之义。

【近(近)侍诈称私行】【史】私行者暗行体察官府及民间不明之事也。近侍之人诈称私行,极易煽惑民心而起变乱,故著本条以为之戒。明律(卷二十四)、清律(卷三十二)刑律诈伪篇均有近侍诈称私行之条:“凡近侍之人在外诈称私行体察事务煽惑人民者斩。”清律之总注:“近侍之人习知朝廷之事,易以欺人,若在外诈称奉命私行体察官民事务以煽惑民人者斩。”同律之辑注:“前条(按即诈称内使等官)官与事俱诈,此则官真事假,所重在事,故亦坐斩。官假故右官司知而听行之罪,官真则无从知其事之假矣,故不言听行之罪。”

【金之法典】【史】金初杂用辽宋法,后于明昌元年始行制定律令,计所用法典有皇统新制,正隆续降制书,大定制条,明昌律令,律义,重修新律,承安条约,泰和律令,敕条,格式,及律义等,兹分为下列五项述之:(一)皇统新制——皇统新制者,熙宗皇统五年,采金旧制,与隋唐之制,参用辽宋之法而编成者也。先是金人专用旧律,至是编为一书,名曰皇统新律,凡千余条。按皇统四年十一月,又定借贷饥民酬赏格,盖此等单行法,历代多有,恕不具述。金国志(卷十二)熙宗纪年:

皇统五年秋七月，颁行皇统新律千余条，新律之行，大抵依仿大宋，其间亦有创立者，如殴妻至死，非用器刃者，不加刑，他率类此。徒自一年，至五年，杖自百二十，至二百，皆以荆臀，仍拘役之，使之杂作。惟僧尼犯奸，及强盗不论得财不得财，并处死，与古制异矣。(二)正隆续降则书——废帝亮正隆中，又编续降制书，与皇统新制并行。(三)大定制条——世宗即位，以天下未平，一时制旨，多从时宜，遂集为军前权宜条理。至大定五年，命有司重加删定，条理与制书兼用。十九年六月置局，命大理卿移剌慥，与明法者共校正皇统正隆之制，及大定军前权宜条理续行条理，删正繁失，参以近制，凡一千一百九十条，十二卷，名曰大定重修制条，诏颁行之。后二十八年，以制条拘于旧律，间有难解之辞，诏删修明白，使人易晓。(四)明昌律——章帝明昌元年，从平章政事张汝霖之请，置详定所，审定律令。三年七月，右司郎中孙铎，先以详定所校名例编进，既而诸篇皆成，命中都路转运使王寂，大理卿董师中等重校之。其后五年正月，复令钩校制律，详定官乃用令之制条，参酌时宜，准律文修，定历代刑书，宜于今者，采以增补，取刑统疏文以释之，名曰明昌律义。别编榷货边部权宜等事，集为敕条，未几，又使知大兴府事尼庞古鉴御史中丞董师中等，撰定新律。(五)泰和律令敕条格式——章宗承安五年，定立条约，及泰和元年十二月，司空襄等，进律令敕条格式，律凡十二篇，篇目一遵唐律，即如下：一名例。二卫禁。三职制。四户婚。五厩库。六擅兴。七盗贼。八斗讼。九诈伪。十杂律。十一捕亡。十二断狱。凡五百六十三条，三十卷，实与唐律相同也。但加赎铜皆倍之，增徒至四年五年为七。削不宜于时者，四十七条，增时用之制百四十九条，略有所损益者二百八十三条，余百二十六条，皆从其旧。又加以分其一为二分其一为四者六条，凡五百六十三条，为三十卷，加以注疏，释明疑难，名曰泰和律义令。凡二十九篇，篇目如下：一官品令，二职员令，三祠令(四十八条)，四户令(六十八条)，五学令(十一条)，六选举令(八十三条)，七封爵令(九条)，八封赠令(十条)，九宫卫令(十条)，十军防令(二十五条)，十一仪制令(二十三条)，十二衣服令(十条)，十三公式令(五十八条)，十四禄令(十七条)，十五仓库令(七条)，十六厩牧令(十二条)，十七田令(十七条)，十八赋役令(二十三条)，十九关市令(十三条)，二十捕亡令(二十条)，二十一赏令(二十五条)，二十二医疾令(五条)，二十三假宁令(十四条)，二十四狱官令(百六条)，二十五杂令(四十九条)，二十六释道令(十条)，二十七营缮令(十三条)，二十八河防令(十一条)，二十九服制令(十一条)，凡二十卷。又以制敕九十五条，榷货八十五条，蕃部三十九条，编为新定敕条(即泰和敕条)。凡三卷。又六部格式者(即泰和格式)，凡三十卷，二年五月颁行之。

【金布令】【史】汉制，金布乃令之篇名，与后世之仓库令相等。汉书—高帝纪注："师古曰，金布者，令篇名，若今之仓库令也。"汉书—萧望之传注："师古曰，金布者，令篇名也。其上有府库金钱布帛之事，因以名篇。"晋书刑法志："金布律，有毁伤亡失县官财物，罚赎入责，以呈黄金，为价诸目。"

【金印】【史】以黄金所制成之将军及宰相之印章，称曰金印。史记—孝武纪："居月余得四金印。"后汉书—百官公卿表:"相国丞相,皆秦官,金印紫绶。"

【金字牌】【史】为宋代邮政之一种。事物纪原(卷一):"熙宁中又有金字牌急脚递,如古羽檄也。以朱漆木牌金子,日行五百里,军前机速处分,则自御前发下。"

【金作赎刑】【史】(详象以典刑条内)

【金政】【史】为颛顼时代法官之称,因金之方位属于西方,故曰金政,即与后所称之秋官同义,以其在于四时乃属于秋也。唐律(卷一)名例篇:"金政,策名于颛顼."注曰:"家语五弟篇,孔子曰,颛顼,黄帝之孙,昌意之子高阳。金政者,金属西方,亦司刑之官。"

【金库】【史】民国二年间,北京政府为掌国库现金之保管并出纳事项,曾创设金库,计分为总金库、分金库与支金库三种。总金库设于政府所在地,余则设于各地方。总金库统辖各地之分金库,分金库总辖所属之支金库,其不设分金库地方之支金库,由总金库直辖之。总金库、分金库及支金库均由财政总长委托中国银行掌理之。中国银行对于金库之现金保管出纳事项,对于政府,须负完全责任。自各金库成立之日起,在原则上所有国库岁出岁入,统由金库收纳支付。财政总长审计院长得随时派员检查金库之金柜及账簿。如财政总长认为必要时,并得检查中国银行及各分行之金柜账簿。(金库条例第一—五条、第七—八条、第十条)

【金紫】【史】所谓金紫,乃指高贵官吏所佩带之徽章而言,为金印紫绶之简称。汉书—百官表:"丞相秦官,金印紫绶。"后汉书—冯衍传:"衍少事名贤,经显位,怀金垂紫。"

【金匮】【史】以金制成之匮,而为收藏秘密书本之用者,谓之金匮。环济要略:"御史中丞,有石室以藏秘书。"史记:"与功臣剖符作誓,丹书铁券,金匮石室,藏之宗庙。"史记—自叙:"选为太史令,紬史记石室金匮之书。"文选—魏都赋:"金匮石室,藏秘书之所,帝王图籍,于此藏。"

【金榜】【史】以金所造之名榜而列将相之姓名,谓之金榜。西京杂记:"崔绍卒暴复生,见冥门列榜书人姓名,将相金榜,其次银榜,州县小官并是铁榜。"至于后世之科举制度,其经考试及格录取者之揭晓榜示,以金为饰,故亦谓之金榜。

【金种货币之债】【债】为货币之债之一种。(详货币之债条)

【金种债权】【债】Geldsortenschuld(德) 金种债权者,谓以特种货币为给付之目的之债权也。例如以给付某国币,或某种货币之债权是。此种货币皆依当事人事先指定,不得变更。

【金融监理局】【行】金融监理局隶属国民政府财政部,监理全国关于金融行政上一切之事宜,为国民政府建都于南京不久时所创设,今已撤废。置正副局长各一人,秘书二人,并设第一第二及第三,三课,各置课长一人,承长官之命分掌各该课事项。又设检查员四人至八人,办理各种检查事项。本局检查银行等金融机关后,应随时将检查情形呈请财政部核办,关于各种金融机关之设立,注册等经详密

审查核议后，以及关于金融制度之兴革事宜应随时拟具意见呈请财政部核办。（国民政府财政部金融监理局组织条例第一—十五条）

【金钱之消费借贷】【债】Loan of money 又曰金钱借贷。（详该本条）

【金钱借贷】【债】Loan of money 对货物借贷言，即以金钱为借用物之消费借贷也。或以通用货币为之，或以折合通用货币计算为之，或以特种货币为计算者，均无不可。民法对于返还之方法，详有规定。（参消费借贷条内）

【金钱债权】【债】Monetary obligation 一名货币之债。（详该本条）

【金钱赔偿】【债】Payment of damage in money 对回复原状言，同为损害赔偿之方法，即以金钱填补被害人之损害未发生前之状态之谓。我民法规定凡应回复原状者，如经债权人定相当期限催告后，逾期不为回复者，债权人（被害人）得请求以金钱赔偿其损害（第二一四条）。又不能回复原状或回复原状显有重大困难者，应以金钱赔偿其损害（第二一五条）。是以回复原状为原则，而以金钱赔偿为例外也。

【金钱赔偿主义】【债】Prinzip der Geldenschädigung（德） 关于损害赔偿之方法，凡采取金钱赔偿之方法者，为金钱赔偿主义，日本民法以此主义为原则，回复原状主义为例外，德国民法恰与之相反。我民法则采德国民法制度。

【金钱证券】【票】Geldpapier（德） 凡以金钱之给付为目的，而非以物品之给付为目的，故谓之金钱证券，换言之，即以支付一定金额为目的之证券也。与以支付一定物品为目的之提单不同。

【金额主义】【海】为船舶所有人责任之制限立法上主义之一种，又称吨数主义，为英国法律所采取。谓船舶所有人之责任，乃依船舶登记吨数之比例以为计算标准也。换言之，即依船体大小及被害之目的物而定其责任，故对船舶所有人之财产，并无陆产与海产之区分，仅限制其责任之额而已。例如对人之生命或身体加以损害，则船舶每吨应担负英金十五镑之赔偿是。又如对货物加以损害时，则每吨应负八镑之责任是。又上述之登簿吨数在汽船乃指以总吨数除去海员常用室及机关室之吨数而言，在帆船乃指除去海员常用室外所余之总吨数而言。

【金额货币之债】【债】为货币之债之一种。（详货币之债条）

【金额债权】【债】Summenschuld（德） 一称曰金额货币之债。（详该本条）

【长(長)子继承】【继】Succession by the eldest son 凡人死后之遗产，不以众子均分，而专为长子所独有者，谓之长子继承，其理由以长子年长而有经验，且身居首长，对家人有指挥权，财产由其掌握，实际上较为方便。此制行于英国及西印度。

【长(長)公主】【史】皇帝之女称曰公主，如再尊崇之则加称曰长公主，对于皇帝之姊妹亦称之曰长公主，均为汉代所创始之封号。事物纪原（卷一）："蔡邕曰，汉帝女为公主，姊妹为长公主。职林曰，汉制皇女该封县公主，仪服[①]同列侯。其尊崇者，加号长公主，仪服同藩王。……汉书昭帝纪后二年二月戊辰帝即位，鄂邑

① 原书为"制"，据中华书局 1989 年版《事物纪原》校正。

公主益邑为长公主，即帝姊妹为长公主也。”

【长(長)官】【军】Competent officials 又称上官。(详该本条)

【长(長)官使人有犯】【史】在外长官如都督刺史等及诸使人若在使处犯法者应即申上听候裁断，不得即行推鞫。唐律(卷十)职制篇有长官使人有犯之条：“诸在外长官，及使人，放使处有犯者，所部属官等，不得即推，皆须申上听裁，若犯当死罪，留身待报，违者各减所犯罪四等。”疏议曰：“在外长官，谓都督刺史，折冲果毅，镇将县令，关监等长官，及诸使人，于使处有犯者，所部次官以下，及使人所诣之司官属，并不得辄即推鞫。若无长官，次官执鱼印者，亦同长官，皆须先申上司听裁；若犯当死罪，谓据纠告之状合死者，散留其身，待上报下。违者各减所犯罪四等。留身者印及管钥，付知事次官，其铜鱼仍留拟勘，敕符虽复留身，未合追纳。”长官者，在外各衙门之长官也。如布政司知府知州知县之类是。使人者，在京各官奉命出使者也。长官于任所有犯罪或使人于出使去处有犯罪(公私等罪)者，所部内统属官吏人等，不许辄便拘拿推问，应先申覆上司。若犯死罪时，则许其先行收管，听候上司回报。明律(卷二十八)、清律(卷三十七)刑律断狱篇——长官使人有犯条皆设相似规定。清律之条文：“凡在外各衙门长官，及出使人员，于所在去处有犯者，所部属官等，不得辄便推问，皆须申覆上司区处。若犯死罪收管，听候回报。所掌印信锁钥，发付次官收掌。若无长官，次官掌印者，亦同长官，违者笞四十。”清律之总注：“各衙门长官，则责任重，出使人员，则奉命重，长官于任所，使人于所在去处，有犯罪名者，所部属官等，不得辄便推问，皆须将所犯事由，申覆上司区处。若犯死罪，则应收管，听候回报，其长官所掌印信锁钥，发付本衙门以次佐贰官收掌。若无长官，次官奉委掌印者，有犯亦同长官。违者，笞四十。谓属官辄便推问也。”同律之辑注：“按名例内，已有在京在外大小官员有犯罪者，不许擅自勾问之条，此又重在掌印官与出使人员也。”又同律之辑注：“所部属官专为长官有犯者言也，若使人有犯，长官亦不得擅问，当如属官申覆收管而已。”

【长(長)官辄立牌】【史】官吏政迹之优良与否，长官自有考绩方法。若竟自立碑颂或令所部代立者，殊有沽名钓誉之讥。明清律均有见任官辄自立碑条之设。唐律(卷十一)职制篇——长官辄立牌条：“诸在长吏，实无政迹，辄立碑者，徒一年。若遣人妄称己善，申请于上者，杖一百，有赃重者，坐赃论，受遣者各减一等(虽有政迹，而自遣者亦同)。”疏议曰：“在官长吏，谓内外百司长官以下，临统所部者，未能导德齐礼，移风易俗，实无政迹，妄述己功，崇饰虚辞，讽谕所部，辄立碑颂者徒一年，所部为其立碑颂者为从坐。若遣人妄称己善，申请于上者杖一百。若虚状上表者，从上书诈不实徒二年。有赃重者坐赃论，谓计赃重于本罪者，从赃而断。受遣者，各减一等。各谓立碑者，徒一年上减。徒一年上减，申请于上者，杖一百上减。若官人不遣立碑，百姓自立，及妄申请者，从不应为重科杖八十。其碑除毁。”

【长(長)徒】【史】为北齐时代之刑罚之一种。即不流配于远方，而处以长期之徒刑也。隋书—刑法志：“其不合远配者，男子长徒。”

【长(長)庶】【亲】即今所称之庶长子也。乃妾出之长子。

【长(長)期时效】【通】凡时效之时间比其他法定时效之时间较长者，谓之长期时效。例如我民法斟酌我国社会之经济情况，规定通常债权之请求，须于十五内为之，否则因时效而消灭。即债权人于十五年之期间内不请求债务人履行债务时，其请求权即因长期时效而消灭之谓也。又如关于所有权取得之规定，有以所有之意思二十年间和平继续占有他人未登记之不动产者，因其有长期时效之经过，故得请求登记而为所有人是也。

【长(長)解】【史】与短解相对称，即将欲解送之人或物由所在地之官吏直接发送解往京师之谓也。六部成语注解："由本省所派之官役，直送至京者，曰长解。"

【长(長)嫡】【亲】本妻所生之长子，曰长嫡，即嫡长子也。

【长(長)籍】【史】宫殿宿卫之长官谓之长籍。(参无著籍入宫殿条内)

【门(門)下】【史】(1)为宫内官之名，始于秦代，初曰黄门侍郎，历代不改(唐天宝元年始改曰门下侍郎)。事物纪原(卷五)："门下侍郎，秦官，秦有黄门侍郎，历代不改，与侍中俱管门下众事。凡叶门黄闼，故改黄门，其官给事于黄闼内，故云。唐天宝元年改曰门下。唐百官志云，二年也。"(2)食客之谓也。史记—信陵传："诚门下。"(3)门人之谓也。后汉书—承宫传："过徐胜庐听经，遂请留门下。"

【门(門)下省】【史】官署之名，始于秦汉之时，初称侍中，往来殿中掌乘舆服御等之事，其属有门下侍郎。后汉曰侍中寺，以儒臣任之，仅为天子之顾问。魏晋以后，渐居机要之地，主管门下之众事，至是始称门下省。南北朝乃与中书省尚书省并立，而成国政之中枢。隋承其制，确立三省分权之制。唐亦以三省之长官为宰相之职，宋因之，惟以之掌受天下之成事，审命令，较正违失，进发奏状，及进请宝印之事。下置侍中一人侍郎一人，左散骑常侍一人，给事中四人，左谏议大夫一人，起居郎一人，左司谏一人，左正言一人，符宝郎二人。南宋废侍中侍郎，但置左右丞。元废之。

【门(門)牌】【史】清制地方官每岁交由保正，甲长牌长分给民家各户将其家长姓名及家属户口数目记入而揭之于门上者，称曰门牌。嘉庆会典(卷十一)："凡编保甲，户给以门牌，书其家长之名与其丁男之数，而岁更之。十家为牌，牌有头。十牌为甲，甲有长。十甲为保，保有正。"

【门(門)禁锁钥】【史】皇城(清为紫禁城)以及各处城门(如府州县及各镇城)应闭而误不下锁以及非时擅自开闭者，均应构成本条罪名。所谓非时即不独谓昼夜，即应开而闭或应闭而开皆是。如有奉旨而开闭者则为例外，不受本条所范围。明律(卷十三)、清律(卷十八)均有门禁锁钥条之设："凡各处城门，应闭而误不下锁者，杖八十。非时擅开闭者杖一百。京城门各加一等。其有公务急速非时开闭者，不在此限。若皇城门应闭而误不下锁者，杖一百发边远充军。非时擅开闭者绞。其有旨开闭者，勿论。"清律之辑注："误不下锁者，是已闭门加掼，但失于下锁耳，非不闭也。不下锁可以言误，不闭门岂得言误，若有意不下锁，则必将非时擅开下，已有擅开闭之罪也。"

【门(門)诛】【史】为魏时枭首之一种(魏书刑罚志)。即所谓门房之诛也。至孝文帝延兴六月乙卯始罢。

【门(門)罗主义】【国公】Monroe Doctrine　或译为孟罗主义。此种主义之内容，乃以维持西半球新大陆之独立而不再受欧洲列国之宰割为目的。故其大旨可分为三：(1)欧洲列国不得再视美洲为殖民地。(2)嗣后应维持南北美洲各独立国之现在地位。(3)美洲之一切问题只有美洲人自己解决之。此项主义即所谓不干涉主义是也。但其实际乃在造成合众国在美洲之盟主的地位耳。至其沿革乃起自合众国总统华盛顿氏之不干涉欧洲政治的政策。其后经遮佛孙氏(Jefferson 亦合众国总统)之加入欧洲各国不得干涉美洲政治之政策，是项主义遂以形成。至一八二三年十二月一日因历来南美各国之被欧洲横加干涉，总统门罗氏乃发表宣言。其内容虽着眼于树立合众国之平和与安全之一点，实则为反抗欧洲各国之干涉美洲政治而发。当时英国亦极力加以赞助，因此欧洲各国竟抛弃干涉政策，而对此种宣言予以默认，是即所谓门罗主义之成立也。其后历经变革，乃成为合众国在美洲享有盟主之护身符。然在国际法上究无若何地位，仅系普通国家之一种政策而已。自国际联盟盟约第二十一条规定以来，门罗主义始为国际公法所承认。

【门(門)籍】【史】出入宫门者应书其姓名住所等，而悬之于门上，始许进出，谓之门籍。汉书—元帝纪注：“应劭曰，籍者，为二尺竹牒，记其年纪名字物色，县之宫门，接省相应，乃得入也。”明律(卷十三)、清律(卷十七)兵律宫卫篇——宫殿门擅入之条：“其应入宫殿之人，未著门籍而入或当下道而辄入，及宿次未到而辄宿者，各笞四十。”

【阿附】【史】为汉律之用语。凡附从首犯者，成立阿附罪名，盖即今律所称阿附之罪也。汉律考—黄琼传：“梁翼被诛，太①尉胡广，司徒韩缜，司寇孙明，皆坐阿附。”

【阿哥】【史】为清朝皇子之幼名，即皇子在未成年前之称呼，如已成年则另受封号。(清国行政法卷一)

【阿根廷宪法】【宪】阿根廷为联邦共和国，在南美洲之南部，西以印第安山与智利国为邻，北接玻利维亚，东北为巴拉圭，东为巴拉圭及大西洋。牧畜业甚盛，输出物以麦谷及羊肉为大宗，与欧洲各国交易甚繁。此地于纪元一五五三年为西班牙之殖民地，后以移民甚众，不堪母国之苛政，遂于一八一六年宣告独立，双方战事连年不绝，终于一八四二年被列强承认焉。于一八五三年始确定为共和国。全国面积计二百八十万方公里。人口共二百三十万，多为西班牙人后裔。现行宪法为一八六〇年十一月二十五日所公布者。全文计分为二大编，凡一百一十条。兹举其要点于下：(一)阿根廷国为联邦代议政体，并拥护罗马天主教。(二)联邦政府设于法定之共和国首都，其区域由联邦政府直辖之。(三)各省应根据共和代议制遵照本宪法所载原则宣言及保障制定各该省宪法，以保障司法行政地方自治及初级教育之施行。而联邦政府于上述情形下，应保障各省官署职权之享受及行使。(四)各省之法令及诉讼程序得在他省发生效力，国会得以普通法律规定其标准程式及法定效力，各省人民应与他省人民享受同样之权利。(五)本国出产品及

---

① 原书为“大”，通“太”。

制造品在本国内地销行者一律免税,其运出外国者亦同。又经过各省领域时,亦不得征收通行税。(六)新省得加入本国之联邦,但非经有关系之省之立法机关及联邦国会之核准者,不得在别省领域内成立新省,或将数省并成新省。(七)凡本国境内之居民均得享有下列权利,但须遵守关于其行使之法律:(1)服务于或从事于各种合法企业。(2)从事航业及商业。(3)向政府请愿。(4)出入居留旅行本国领土内。(5)出版物毋须经过检查。(6)财产之使用及处分。(7)有宗旨之集会结社。(8)自由信教。(9)讲学及求学。(八)禁止奴隶制度,并否认基于血统或出身之一切特权,居民在法律上一律平等。(九)人民财产身体不受侵犯,即本国境内之外国人亦得享有本国人民之公权而经营实业,商业,及各职业保有并买卖地产,在各河流及沿海经营航业,自由信教,并依法出立遗嘱或结婚,无须归化入籍或缴纳额外之强迫捐。凡居住本国两年以上者,均得入籍。但经声请并证明其对于本共和国确有贡献者,得由官署缩短此项期限。(十)联邦政府应鼓励欧侨入境。凡外国人以垦殖,改进工业及传授科学与艺术而入境者,不得加以限制或课征捐税。(十一)本宪法,并国会依本宪法而制定之法律及与外国签订之条约,为国家之最高法律。各省法律或省宪虽有相反之规定,各省官署概应遵行上述之最高法律(惟有一例外)。(十二)国家立法权属于国会,国会以全国各省及首都之众议员组织之,众议院及其参议员组织之参议院组织之。(十三)众议院由各省及首都之人民直接选举之众议员组织之,各省居民每三万三千人举众议员一人,其奇数在一万六千五百人以上者得多选一人。凡年满二十五岁,实际上取得公民权已满四年,并出生或最近居住于各该省已满两年者,均得当选为各该省之众议员。任期四年,连选得连任。(十四)参议院由各省立法机关各以较多数票选举之参议员两人及首都依大总统选举程序所选出之参议员二人组织之。其资格如下:(1)年满三十岁者。(2)具有本国之国籍满六年者。(3)每年收入满二千 Pesos 以上或有相等数之年薪者。(4)出生于所选出之省或最近居于各该省满两年者。任期为九年,且得无限制连任。议长以副总统充任(副总统缺席或担任大总统职务时,另选临时议长一人)。(十五)众议院关于征收赋税及召集军队之法律享有专属之创制权。大总统、副总统、最高法院及国内其他初级法院之法官,因渎职或执行职务时之犯罪或普通犯罪行为而应负责者,经众议院会议出席议员三分之二之表决认为应交审判者,该众议院应有向参议院告发之权。(十六)参议院有审理被众议院告发各人之权,遇外患时参议院得令大总统在一县或数县内明令中止人身保护状之颁发。(十七)参众两院应同时开会闭会,议员在任期内不受告发或司法审讯。除犯应处死刑之罪或诬告罪或伤害罪之现行犯外,自其当选日起至卸职时止不得加以逮捕。(十八)关于国会之职权,计有制定税关法律,处分使用及出卖国有土地,举行借款,制定预算案,管理内河航运,铸造货币,制订民法,商法,刑法及矿业法以及关于归化入籍,破产,伪造货币与官文书及创制陪审制所需之法律,设立隶属于最高法院之各级法院,规定平时及战时之陆海军兵力并制定其统辖法规,以及制定为行使上述各职权及本宪法授与联邦政府之其他职权所需之法律与条例(第六十七条列举共二十八项)。(十九)议案经各议院通过后应即咨送他院讨论。经两院通过后应即咨送行政机关审查,经其核准后应即公布成为法律。(二十)行政权属于大总统,因故离京或离职或免职,由副总统代之。大总统及副总统除应为天主教徒并具备参议员应有之资格外,应为出生于本国之公民。如在外国出生,其父母应为在本国出生之公民。任期均为六年,须隔一届后得被选复任。大总统及副总统之选举为复选制且用记名投票法。(二十一)大总统为国家元首,综理全国行政,颁布执行国家法律时所需之命令及规定。经参议院之同意任命最高法院及其他初级联邦法院之法官,并任免全权公使及代办。又自行任免各部部长,秘书厅官吏,领事官及未经本宪法特别规定其任命之其他行政官吏,签订关于和平友好通商航业联盟国界,中立之条约,及与教皇所订之协定。任全国陆海军大元帅,对外宣战,并任免军官(本法第八十六条列举共二十一项)。(二十二)大总统之下设部长八人,分别掌理国家事务,并副署大总统所颁布之法令。各部长于国会开幕时应呈具所辖之国事报告书,并得出席国会各项会议参加辩论,惟无表决之权。对于其所批准之事项应负责任。且除关于各该部经济及行政事项外概不得擅自议决。(二十三)司法权属于最高法院及国会在本国领域内所设立之其他下级法院。各法院之审判完全独立,即大总统亦不得加以干涉。充任最高法院之法官须为执行律师职务八年以上,并具备参议员应有之资格者。凡依据本宪法及其他法律所发生之诉讼,除属于各省法院依事物或当事人之审判籍为标准者应依其所定者外,关于国际条约之诉讼,关于大使,公使与领事之诉讼,海军与海上管辖之诉讼,国家为诉讼当事人者,两省以上相互间之诉讼,一省与他省居民间之诉讼,各省居民间之诉讼,或一省或其居民对抗外国或外国人之诉讼,概由最高法院及联邦下级法院受理之。上述诉讼,最高法院享有上诉管辖权,但关于大使,公使,及领事之诉讼或各省为诉讼当事人者,其初审管辖之权则专属于最高法院。(二十四)普通刑事案件,除众议院所提出之弹劾案外,应于法院依陪审制审理之。其诉讼程序应依照行为地所属各省之规定。(二十五)凡未经本宪法规定由联邦政府行使之职权并在本宪法制定时以公约规定由各省保留者,概由各省行使之。(二十六)各省应各自行制订省宪法,应各自组织其地方机关并管辖之。各省应选举其省长,议员及其他官吏,由联邦政府批准后,得签订关于司法经济及公用事业之条约。不得自行制定与联邦所订定相抵触或相重复之法律。各省不得向他省宣战或作战,除有紧急情形外不得组织军队。省与省之诉讼应由最高法院判决之。(二十七)本宪法得全部修正或修正其任何一部,惟须召集特种会议行之。至关于应否修正之问题,则由国会议员三分二以上之表决通过之。

【阿监】【史】官女之监督者,曰阿监。“椒房阿监青娥老。”(白居易长恨歌)注:“阿监掌官女者。”

【阻却违法】【刑】即行为虽为违法,然其违法性并未全备,其外形虽与犯罪相似,而实质上则有不同。凡行为有阻却事由存在时,虽其与法律所禁止或命令之行为相违反者,法律上竟不认为犯罪,盖其阻却行为即阻止使其不流入于违法之区域也。此种阻却事由有二:(1)权利行为。(2)放任行为。(详各本条)

【阻坏盐法】【史】盐引勘合,给自户部,掌于军司,客商先中买引勘为凭,亲身赴场支盐,此为盐法之定制。如不亲赴支盐而中途将所买引勘内之盐增添原买之价，转卖于人，必生诡冒之弊，此与定制有违，故曰阻坏盐法，应加治罪。明律（卷八）、清律（卷十三）户律课程篇均有阻坏盐法条之相同规定。清律原文及其下注："凡客商（赴官）中买盐引勘合，不亲赴场支盐，中途增价转卖，（以转卖日多，中买日少，且诡冒易滋，因而）阻坏盐法者，买主卖主各杖八十，牙保减一等。（买主转支之，）盐货（卖主转卖之）价钱并入官，其（各行盐地方）铺户转买（本主之盐而）折卖者，不用此律。"同律之辑注："客商中盐，原为谋利，其转卖之价必多于中买之数，乃肯转卖，故曰增价。客商贪图现成之利，卖者有诡言之奸。上条（盐临势要中盐）诡名，是托客商之名，此不亲支而转卖，亦是诡名之端，实为阻坏之渐。"

【阻碍】【史】将通行之道路加以妨害，谓之阻碍。有由于人为的，亦有由于天然者。明律（卷十七）、清律（卷二十一）兵律邮驿篇——驿使稽程条："其遇水涨路道阻碍经行者不坐。"此种阻碍乃出于天然者。

【附加刑】【刑】Accessory punishment　又称从刑。（详该本条）

【附生】【史】清制府州县学之学生称曰生员，分为廪膳生，增广生及附生三等。始自明代。（参生员条内）

【附立条款】【国公】Additional articles　又称附件（详该本条）。或名附则。

【附件】【国公】Annex　又称附则，或附立条款，谓附于本约之后含有补充解释之作用，而与本约有同一效力之附加条款也。例如中日四郑铁路借款之附件，及国际航空公约之附件，均是。又称追加条款。

【附合】【物】Incorporation　为添附之一种，对混合与加工言。谓一物与他物附合非至毁损不能分离，或虽能分离而费用过巨之状态也。因其附合时尚可识别附合各个动产，故与混合之往往不能识别，如能识别则分离亦较附合为难者不同。附合更分为二：(1)动产附合。(2)不动产附合。（详各本条）

【附始期权利】【民总】Right with beginning term　谓权利效力之发生乃约定于期限之始期也。例如甲与乙约定于一九三五年五月五日始有请求返还某种物件之权利，是乙之请求权于一九三五年五月五日始可行使，此项请求权即所谓附始期权利也。至于附终期权利乃指期限届满时其权利之效力即行消灭而言。例如甲与乙约于一九三五年五月五日止乙有请求返还之权利，如逾越五月五日以后则该项请求权即行消灭，此时乙之请求权即所谓附终期权利是也。

【附则】【国公】Annex　又称附件（详该本条）。或曰附立条款。

【附约】【国公】Complementary treaty or complementary convention　又称另约，乃补充正式条约或修正正约之正式条约。每与正式条约同时成立，惟为另件耳。间亦含有秘密之义者，例如光绪二十一年中日订立媾和条约，并有另约三款是。

【附负担遗赠】【继】Legary with obligation　所谓附负担遗赠，乃指须使受遗赠人负担一定义务之遗赠而言，故又称曰附义务遗赠。（详该本条）

【附负担赠与】【债】Gift with obligation or subject to a charge　为特种赠与之一，即赠与人对受赠人为赠与时，复使之对自己第三人或公益计，负担某种给付义务之赠与也。与附条件赠与不可混同,前者效力于成立时即已发生,后者则须于条件成就时始发生效力。附负担赠与其赠与与负担非必真成为对酬关系,实则赠与为主,负担为从,故仍为片务契约。又赠与者并非由给付而以取得利益为目的,不过以之限制赠与之效力耳,故仍为无偿契约。我国民法对此另有明文规定。附负担赠与如赠与人已为给付而受赠人不履行其负担时,赠与人得请求受赠人履行其负担或撤销赠与,若负担以公益为目的者,于赠与人死亡后主管官署得命受赠人履行其负担(第四一二条)。又受赠人及赠与人之责任,民法亦有明文规定。(第四一三条—四一四条)

【附记登记】【土】Accessory registration 为土地登记之一种,与主登记相对称。即将主登记之一部加以变更时,而附随之登记也。至其次序应依主登记之次序,但附记登记间之次序,则应各依其先后。我土地法更定明(1)登记人更名或住所变更之登记。(2)权利变更之登记,与第三人有利害关系时,其声请书外所加具第三人之承诺书,或其他证明书等,均属附记登记之范围。(第八五—八七条)

【附停止条件行为】【民总】Act subject to a conditional precedent 法律行为之效力于条件成就时始行发生者,是曰附停止条件行为。(参停止条件条)

【附带】【通】Incident 甲事项附随于乙事项之状态,谓之附带,例如附带上诉,附带私诉皆是。

【附带上诉】【民诉】Incidental appeal 附带上诉者谓上诉人提起上诉时,被上诉人对于同一判决附随该上诉声明不服之行为也。与独立上诉相对称。附带上诉之成立要件如下:(1)须由被上诉人提起者。(2)须为对于既经上诉之第一审判决提起者。(3)须于言词辩论终结前提起者。(4)须记明于笔录(限于以言词辩论时以言词提出者)。或以书状提起者。附带上诉可分为二:(1)普通附带上诉。(2)独立附带上诉。(详各本条,民诉第四二七—四三〇条)

【附带民事诉讼】【刑诉】Subsidiary civil action 又称附带私诉。谓刑事直接或间接被害人以回复其损害为目的,向刑事被告人,及依民法应负担赔偿责任之人,为审判便利起见,于刑事诉讼进行中所提起之民事诉讼也。此种制度之创设,其理由有四:(1)可以利用刑事诉讼之资料。(2)可以减轻诉讼费用。(3)可以免除重复之诉讼程序。(4)可以避免民刑裁判之抵触。附带民事诉讼乃完全为利便而设,故凡法院认该附带民诉为繁难时,仍得将其移送该管民事法院审理。至其诉讼程序已至如何程度,则可不问,盖亦为便利计也。若刑诉之判决为无罪免诉或不受理之谕知时,法院亦得将其移送该管民事法院审判,更不待言。至附带民诉之提起时期,原则上自刑诉起诉后至第二审辩论终结前均得为之,但第一审刑诉辩论终结以后,第二审提起上诉以前,则不得提起。附带民诉之判决,原则上应与刑诉同时为之,但有例外,即得于其后行之。此种规定,亦为便利起见,因此而更有下列之规定:(1)刑事判决所认定犯罪之证明及责任,有拘束附带民诉或独立民诉之效力。(2)在民事法庭所审理之民诉,于刑诉判决未确定时,不得进行。此外附带民诉应准用刑诉法之规定,无规定者,则准用民诉法。(刑诉法第五〇六—五一三条)

【附带判决】【刑诉】Incidental judgment 谓刑事与民事相牵连时，法院得附带对民事加以判决也。我刑诉法规定，犯罪是否成立，及刑罚应否免除，以民事法律关系为断者，法院得并将民事法律关系自行裁判之，所以避免诉讼之迟延也。裁判之时，准用刑诉法，无规定者，则准用民诉法。（第三一二条）

【附带私诉】【刑诉】Subsidiary private action 又称附带民事诉讼。（详该本条）

【附带征收】【土】Subsidiary expropriation 附带征收者，谓因兴办之事业所需土地范围外之接连土地为一并征收也。附带征收之实施于必要时方得为之，且限于下列各公共事业：（一）公用事业。（二）公安事业。（三）国营事业。（四）政府机关地方自治机关及其他公共建筑。（五）教育学术及慈善事业。至实施附带征收者，原则上只限于需用土地人为政府机关时，惟法律别有规定，则为例外耳。（第三四二条、三四八条）

【附带确认之诉】【民诉】为确认之诉之一种，又称先决确认之诉，或中间确认之诉。（详确认之诉条内）

【附带请求】【民诉】Incidental claim 附带请求者，谓对于业已提出之请求附带再为请求其他之事项也。例如向法院以刑事控告某乙，后又附带民事之诉。后者之诉，乃附带之请求也。

【附庸】【史】附属于他国之小国，称曰附庸。礼记一王制篇："天子之田方千里，公侯[①]田方百里，伯七十里，子男五十里。不能五十里者，不合于天子，附诸侯，曰附庸。"

【附庸国】【国公】Subordinate state 国家之存在以有独立主权及自由行使其统治权为必要，若夫受他国之保护，听从其指挥，则称曰附庸国矣。

【附从轻】【史】犯罪者之处刑，轻重不明时，应处以较轻之刑而附之，是曰附从轻。礼记一王制篇："附从轻，赦从重。"孔颖达注曰："附从轻者，施刑之时，此人所犯之罪在轻重之间，可轻可重，则当求可轻之刑而附之，罪疑惟轻是也。"

【附条件中立】【国公】Conditional neutrality 又曰不完全中立。（详该本条）

【附条件之故意】【刑】Conditional intent 为故意之一种，对无条件之故意言。又名不确定故意。（详该本条）

【附条件之诉讼行为】【民刑诉】凡诉讼行为之附有一定条件者，称曰附条件之诉讼行为。诉讼行为在原则上均可附加一定条件，惟上诉判决则为例外。

【附条件之债】【债】Conditional obligation 债务人对债权人之履行债务，或债权人对债务人之请求履行债务，须因一定条件之成就始得为之。前者称曰附条件债务，后者称曰附条件债权，而总称曰附条件之债。

【附条件承兑】【票】Conditional acceptance 为不单纯承兑之一种。即付款人

---

① 原书为"天子之田，方"。据《礼记》校正。

对承兑附有条件之谓。我票标法规定视为承兑之拒绝，而承兑人仍须依所附条件负其责任（第四四条第二项），所以尊重票据之流通也。

【附条件的最惠国条款】【国公】Restricted most favoured nation clause 为最惠国条款之一种，与无条件的最惠国条款相对立。谓订定最惠国条款时附带一定条件也。始于一七七八年二月六日之法美商约，其后一八四八年英国与拉比利亚（Liberia）亦为有条件的最惠国条款之订定，学者名之曰英拉条款。其后盛行于美洲各国，因其为保护贸易政策之结果，故至近世欧洲各国，亦多采之。

【附条件义务】【民总】Conditional duty 即当事人因条件成就所应负之义务也。但就其本身与附条件权利而言，乃条件之成否未定前当事人间之一种法律关系耳。各国立法例多有明文规定，我国旧民草规定为得依普通规定为处置继承保存或担保（第二四七条）。现行民法无明文。

【附条件遗赠】【继】Conditional legacy 为遗赠之一种。即凡遗赠效力是否发生，须视将来条件之能成与否为断之遗赠。此种遗赠更可分为两种：(1)附停止条件之遗赠。(2)附解除条件之遗赠。

【附条件赠与】【债】Conditional gift 为特种赠与之一，即效力之发生或效力之消灭系于某种条件之赠与也。前者曰附停止条件之赠与，后者曰附解除条件之赠与。

【附条件权利】【民总】Conditional right 即当事人因条件成就后所应得之权利也。（参附条件义务条）

【附终期权利】【民总】Right with expired term 与附始期权利（详该本条内）相对称。

【附期限】【民总】所谓附期限，乃指当事人于为法律行为时，对于该法律行为效力发生时期或消灭时期所附加之期限而言。

【附期限遗赠】【继】Legacy with term 为遗赠之一种，即遗赠人以财产遗赠于他人时，附有一定期限，始行给予之谓。例如于遗嘱内载明须于遗赠人死亡后十年，始将其物交付赠与是。

【附期限赠与】【债】Gift with term 为特种赠与之一，即定有于某期限届至时始发生效力或失其效力之赠与也。前者曰附始期赠与，后者曰附终期赠与。

【附期间之判决】【民诉】原告提起给付之诉，通常均为已届履行期日，即有时因被告有到期不能履行之虞，于未届履行期日，预行提起给付之诉，然亦仍须俟将来到期时始能请求给付，故法院所为之给付判决，通常多无履行期间之宣示。惟有下列情形之一者，法院得于判决酌定相当之履行期间，盖即所谓附期间之判决是也：(1)判决所命之给付，其性质非长期间不能履行者——如劳务之给付是。(2)经原告同意者——若经原告同意，将来履行，无论何种给付法院得于判决酌定相当之履行期间。如其给付为可分者，并得定分期履行之期间，如金钱之给付是。除上述两项情形法院得于判决定相当履行期间外，如遇债务人景况不佳，法院仍得斟酌情形，许债务人于无甚害于债权人利益之相当期间内分期给付，或缓期清偿。此系指可分之给付而言，若为不可分之给付，则得比照可分给付之规定，许其缓期清偿也。（民诉法第三八七条，民法第三一八条）

【附款】【民总】所谓附款，乃指当事人为法律行为时所附加之条款而言。（详法律行为之附款条）

【附义务遗赠】【继】为遗赠之一种，凡遗赠人以特定财产遗赠于人，而使其担负一定义务者，曰附义务遗赠。此项遗赠，受遗赠人以其所受利益为限，负履行之责，故义务少于遗赠时，受遗赠人固应负履行全部义务之责，若义务多于遗赠者，其超过之遗赠之义务，即可毋庸履行。

【附解除条件行为】【民总】Act subject to a conditional subsequent 法律行为之效力于条件成就时，即行消灭，是曰附解除条件行为。（参解除条件条）

【附过】【史】官吏因过失犯罪时不执行其刑而仅将其过失罪名附记于官员名簿，谓之附过。明律（卷三）吏律公式篇——讲读律令条："……初犯罚俸一月，再犯笞四十，附过。"惟对官级低下者则迳处刑罚，不必附过。明律（卷一）名例篇——文武官犯公罪条："官吏犯公罪，该笞者官收赎，吏每季类决，不必附过。"

【附余钱粮私下补数】【史】附余即正数之外所积之羡余，如耗银耗米之类是也。各衙门仓库除正数之外，如积有附余者，须明白立案正收，在官作数支销。若监守之人将上述附余私下支销凑补别项亏折之数而瞒官作弊者，应加治罪。明律（卷七）、清律（卷十一）户律仓库篇均设有附余钱粮私下补数之条文，内容相同。清律原文及注："凡各衙门及仓库，但有附余钱粮须要尽实报官，明白（立案于）正收（簿内另）作数（支销）。若监临主守将增出钱粮私下销补别项事故亏折之数瞒官作弊者（不分首从），并计赃以监守自盗论（其亏折还官）。若内库收受金帛当日交割未完者（不许带出）许令附簿寄库，若有余剩之物，本库明白立案正收，开申户部作数。若（解户）朦胧擅将金帛等物外出者（不分多少）斩。（杂犯准徒刑五年）守门官失于盘获搜检查杖一百（金帛等物还官）。"同律之辑注："余剩之物与附余似同实异，附余是照额收入仓库而解支后积出之数，余剩是照额起解到库而收受时多出之数。"

【附余粮数】【史】税吏之征收租谷，以不正手段征收法定以上之数额者，谓之附余粮数。明律（卷七）、清律（卷十一）户律仓库篇——多收税粮斛面之条："……多收斛面者，杖六十。若以附余粮数计赃重者，坐赃论。"

【附籍】【史】附寄于家长之户籍簿谓之附籍，即同居家属取得身分之手续也。明律（卷一）、清律（卷四）名例篇——流囚家属之条："……流从人身死，家口虽经附籍，愿还乡者放还。"

【附属法律】【通】Accessory law 所谓附属法律，乃指对于某法律有附属关系之存在之法律而言，与附则之附随于某法律或命令之末端者有异。例如民法施行法之为民法之附属法律，以及土地法施行法之为土地法之附属法律皆是。

【附属物】【通】凡物之附著或联属于他物者，概称曰附属物。

【附属费】【海】Supplementary receipts 谓船舶因受损害时所应得之赔偿金额

也(参海商法第二十三条)。例如因船舶碰撞所生之损害,得向他人请求赔偿之金额是。至船舶保险时,船舶所有人对于保险人之保险金额请求权,是否亦在附属费之内,学者间之主张,尚未一致。

【附属证券】【物】Accessory certificate 附属证券者,谓附属于有价证券之证券也。质权之以有价证券为标的物者,其附属于该证券之利息证券,定期金证券或分配利益证券,以已交付于质权人者为限,其质权之效力,及于此等附属之证券。(民法第九一〇条)

【附属权利】【通】Dependent right 又称从权利。(详该本条)

【非不变期间】【民诉】为法定期间之一,对不变期间言(详法定期间条内)。又称普通期间。

【非中立行为】【国公】Unneutral service 又称非中立役务。乃指除通常运输,战时禁制品及破坏封锁等以外之对于敌国所为之援助而言。在国际法上所称之非中立行为,可分为二种:(1)中立国船舶为交战国任何一方运送一切政府下文武官吏人等,及预备参加军队等之人员(外交代表不在此限)。(2)中立国船舶为交战国任何一方传送有害于对方之信息与情报(外交官通信及通常邮件不在此限)。非中立行为之制裁,即交战国对中立船舶如有对敌方从事非中立之行为时,可于公海或交战国领海内加以拿捕,并可予以没收之处分。即凡属于船主所有之货物,亦可一并没收之。

【非中立役务】【国公】Unneutral service 又称非中立行为。(详该本条)

【非公文出给戎杖】【史】戎杖兵器之出给,非得公文不得为之,违者应受处罚。唐律(卷十六)擅兴篇——非公文出给戎杖之条:"诸戎杖非公文出给,而辄出给者,主司徒二年。虽有符牒合给,未判而出给者,杖一百,仪杖各减二等。"疏议曰:"出给戎仗兵器,非得公文,而辄出给者,主司徒二年。主司谓当判署者,虽有符牒合给,未判而出给,谓有符牒到司仍未行判,即准符牒出给者,杖一百。其于留守所及诸州府差发,或应用鱼符敕书,而不用者,亦徒二年,仪仗各减一等。仪仗谓吉凶卤薄,诸门戟矛之类,无文牒出给者,杖一百,未判出给者,杖七十,故云各减三等。"

【非本案判决】【民诉】又称诉讼判决。(详该本条)

【非正嫡诈承袭】【史】并非正嫡,自无袭爵之权,若以诈伪方法取得承袭之权者,或非子孙而诈承袭者,均应治罪。唐律(卷二十五)诈伪篇有非正嫡诈承袭条:"诸非正嫡不应袭爵,而诈承袭者徒二年,非子孙而诈承袭者,从诈假官法。若无官荫诈承他荫而得官者徒三年,非流内及求赎杖罪以下,各杖一百,徒罪以上各加一等。"疏议曰:"依封爵令,王公侯伯子男皆子孙承嫡者传袭,以次承袭,具在令文,其有不合袭爵,而诈承袭者,合徒二年。非子孙,谓子孙之外,诈云是嫡,而妄承袭,从诈假官法,合流二千里。若无官荫,诈妄承取他人官荫而得官者,徒三年。非流内,谓假荫得学生及七品邑若勋品以下,及求赎杖罪以下,本罪之外各合杖一百。徒罪以上加一等,谓于百杖上加一等,合徒一年。此是犯罪已发,而更为者重其事,从诈承袭以下,求而求得,各减二等。"

【非交战者】【国公】与交战者相对称。战争发生时,敌人中之从军人士,称曰交战者。其未加入军事上行动者,则曰非交战者,与非战斗员有异。盖交战者有战斗员与非战斗员之区分,其属于军队而直接从事于战争者谓之战斗员;其属于军队而间接从事于战争之人,则称曰非战斗员。至非交战者于战事发生时并不直接或间接参与军事上之行动,故在国际法上之待遇与交战者之地位不同。

【非任意退伙】【债】Involuntary retirement from partnership 又称法定退伙。(详该本条)

【非共同财产制】【亲】为联合财产制(详该本条)之别名。

【非刑】【史】清制,拷问之刑具均有一定形式,若未经官之烙印而使用者,即系与成规相反,称曰非刑。又凡以不正当之方法拷问罪人者,亦谓之非刑,皆为法律所不许。

【非身分权】【通】对身分权言,即不属于身分上之权利,例如债权物权等皆是。

【非制定法】【通】Unwritten law 与制定法相对立。又称不成文法。(详该本条)

【非法人主义】【继】为无人承认之继承,关于遗产之性质的立法主义之一种,与法人主义相对称。谓无人承认之继承,其后若有人承认时,其遗产即归其继承,否则归诸国库,故其遗产并不被视为法人,列国法律多数采取之,我国民法亦然,故定明由亲属会议选定遗产管理人管理之。(第一一七七条)

【非法内乱罪】【刑】为内乱罪之一种。凡意图以非法之方法颠覆政府,僭窃土地或紊乱国宪,而着手实行者,为非法内乱罪。其构成要件有四:(1)须为非法之方法。(2)须为决意从事内乱者。(3)须为非附和之行为。(4)须着手实行者。至其处分为七年以上有期徒刑。首谋者处无期徒刑。(刑法第一〇三条)

【非法逮捕】【刑诉】Unlawful arrest 又曰不法逮捕。(详该本条)

【非法兴造】【史】所谓非法兴造,乃指法无明文而擅自兴造而言。即非时之兴造亦在其内。明清律均有擅造作之条。唐律(卷十六)擅兴篇则有非法兴造条:"诸非法兴造,及杂徭役,十庸以上,坐赃论(谓为公事役使,而非法令所听者)。"疏议曰:"非法兴造,谓法令无文,虽则有文,非时兴造亦是。若作池亭宾馆之属,及杂徭役。谓非时科唤丁夫,驱使十庸以上,坐赃论。既准众人为庸,亦须累而倍折,故注云,谓为公事役使,而非法令所听者,因而率敛财[①]物者,亦并计坐赃论。仍亦倍折,以其非法赋敛,不自入己,得罪故轻。"

【非即时买卖】【债】非即时买卖者,谓勿须于买卖成立之时移转财产权或即行支付价金之买卖也。

【非时烧田野】【史】二月一日以后,十月三十日以前,乃田野栽种垦殖之期,如

① 原书为"败",系排版之误。

加以焚烧，是曰非时烧田野。唐律（卷二十七）杂律篇设有非时烧田野之条："诸失火，及非时烧田野者笞五十（非时谓二月一日以后，十月三十日以前，若乡土异宜者依乡法）。延烧人舍宅及财物者杖八十，赃重者坐赃论减三等，杀伤人者减斗杀伤二等。其行道，燃火不灭，而致延烧者各减一等。"疏议曰："失火，谓失火有所烧，及不依令文节制，而非时烧田野者，笞五十。其于当家之内失火者，皆罪失火之人。注云：非时，谓二月一日以后，十月三十日以前，若乡土异宜者依乡法。谓北地霜早，南土晚寒，风土亦既异宜，各须收获总了放火，时节不可一准令文，故云，各依乡法。延烧人舍宅及财物者各杖八十。赃重者，谓计赃得罪，重于杖八十，坐赃减三等，准赃二十匹以上，即从赃科。杀伤人者减斗杀伤罪二等，谓烧杀人者，失火及烧田之人，减死二等合徒三年。不合偿死者，从本杀伤罪减。其赃若损众家之物者，并累亦倍论。"

【非消费物】【民总】Non-comsumable thing 为物之一种，对消费物言。所谓非消费物，即由同一之使用依同一之目的反覆使用之，而其实质仍不变更或消灭之谓也，例如房屋是。

【非真正之连带债务】【债】即多数债务人对债权人各自负担全部之给付义务之谓也。但其目的并非共同，故对内效力不生分担及求偿问题，与连带债务之有共同目的而生负担及求偿问题者，自有异别。又连带债务各债务人间心目中已定有各自分担之部分，非真正之连带债务则否。故二者仍属不同，我国民法对此并无明文规定。

【非真正条件】【民总】又名假装条件。（详该本条）

【非眚惟终】【史】眚者过误罪也，终者再犯也。旧律以宥恕过误犯及重罚再犯为原则。非眚惟终乃与非终惟眚相反。书经—康诰篇："王曰，呜呼封，敬明乃罚，人有小罪，非眚乃惟终，自作不典式尔。有厥罪小，乃不可不杀，乃有大罪，非终，乃惟眚灾适尔。既道极厥辜，时乃不可杀。"（参眚灾肆赦条）

【非纯粹渎职罪】【刑】又名一般背职罪（详该本条）。又称概括背职罪。

【非财产权】【通】Personal right 为私权分类之一种，对财产权言。即其所支配之法律货物，不得与其权利主体之人格或地位相分离之私权也。更可分为人格权与身分权（详各本条）。学者有称非财产权为人身权者。

【非国事犯】【刑】Non-national crime 犯罪行为，并非以捣乱政治，诬蔑政府，僭窃土地，紊乱国宪以及违反其他内乱，外患，妨害国交等罪为目的者，皆曰非国事犯。如杀人，伤害，堕胎，遗弃，窃盗等之犯罪皆是。通常皆称之曰刑事犯。

【非婚生子女】【亲】Illegitimate children 与婚生子女相对称。凡由父母于无婚姻关系中而受胎所生之子女，称曰非婚生子女。非婚生子女因一定情事，亦可视为婚生子女。（参该本条）

【非婚生子女之认领】【亲】（详非婚生子女条及认领条）

【非专属权】【通】Transferable right 为私权分类之一种，对专属权言。谓得以让渡之权利也。此种权利，多属财产权。

【非常上诉】【刑诉】Appeal extraordinary 非常上诉者，乃于判决确定后由最高法院首席检察官以更正违法之判决为目的，而向最高法院所提出之方法也。按一事不再理之原则，非常上诉乃其例外。各国立法例对非常上诉有二主义，一则以保护受刑人为目的，一则以统一法律之解释为目的。我刑诉法采后主义，故有除因原判决不利于被告人应另行判决者外，更正判决之效力不及于被告人之规定。非常上诉与通常第三审之上诉相同之点有二：(1)准用其调查程序之规定。(2)上诉理由皆以法律点为限。其与通常上诉不同之点有五：(1)通常上诉须于一定期间内为之，非常上诉则于判决确定后随时为之。(2)通常上诉当事人均得为之，非常上诉则限于最高法院首席检查官。(3)通常上诉得向地方法院高等法院或最高法院提出，非常上诉则以最高法院为限。(4)通常上诉应按审级依次为之，非常上诉则不问第一审或第二审之案件均得提出。(5)通常上诉除第三审以书面审理为原则外，余皆以言词为之，非常上诉则以书面审理为主。非常上诉之判决有二：(1)驳回之判决。(2)撤销原审之判决，或撤销程序之判决。（刑诉法第四三三—四四〇条）

【非常法定财产制】【亲】凡于适用通常法定财产制或约定财产制时，因发生一定情事而以分别财产制为其法定财产制者，曰非常法定财产制。所谓一定情事，依我民法之规定：(一)夫妻之一方受破产之宣告时。(二)夫妻之一方依法应给付家庭生活费用而不给付时。(三)夫或妻之财产不足清偿其债务，或夫妻之总财产不足清偿总债务时。(四)夫妻之一方为财产上之处分依法应得他方之同意，而他方无正当理由拒绝同意时。(五)债权人对于夫妻一方之财产已为扣押而未得受清偿时。在第一种情形其夫妻财产制当然成为分别财产制，其第二、三、四种则须基于夫妻一方之请求，而由法院加以宣告改用分别财产制。其第五种情形则依债权人之声请，而法院之是否宣告改用分别财产制，乃属法院之自由。（第一〇〇九——〇——条）

【非常罪】【刑】Extraordinary offence 为罗马法之名辞，与常罪相对称。（详常罪条内）

【非常警察】【行】国家于治安发生非常变动时，利用兵力以行使警察之职务者，谓之非常警察。

【非强行法】【通】Dispositive law 又称任意法。（详该本条）

【非强行规定】【民总】又称任意规定（详该本条）。与强行规定相对称。

【非现行犯】【刑】Non-flagrant delictor 对现行犯言。凡犯罪行为不在实施当时或已终了后发觉者，曰非现行犯。传唤时应用传票，不到案者应用拘票。

【非现实行为】【民总】为法律行为之一，对现实行为言，谓于意思表示时即告成立之法律行为也。通常法律行为均以此为原则，惟法律有特别规定，及当事人有特别约定者，不在此限。

【非票据关系】【票】Non-bill-relation 非票据关系者谓票据关系以外当事人间所存在之权利义务也。此项关系在原则上不于票据法内设定明文，应依一般法之原则，予以规定。但有例外，惟皆系基于立法之便利耳。例如请求票据复本之发行是。

【非终惟眚】【史】终者重再犯罪也，即再犯之谓。眚者因过误而犯罪也。我国旧律以处罚再犯及宥恕过误为本则。书经—吕刑篇："天齐于民，俾我一日，非终惟眚，在人，尔尚敬逆天命，以奉我一人。"(参怙终贼刑条)

【非处分行为】【民总】为法律行为之一，对处分行为言。即不以让与变更或消灭现有之财产权为目的之法律行为也。

【非讼事件】【民诉】Non-contentious matters　凡关于权利关系之创设变更与消灭，而非属于法院裁判权范围内之事件，曰非讼事件。例如土地登记，人事登记，户籍登记，以及矿业权著作权商标权特许权等之登记事项，皆属之。但为便利起见，多托法院代为办理。我国法律则特设各项登记机关，或由行政官署专司其事。

【非讼事件征收费用暂行规则】【行】本司法行政部于民国十九年五月三日公布。全文仅八条，自公布日施行。关于非讼事件向法院为声请者，依本规则征收费用。兹述其要点于下：(一)因财产权关系为声请者，依财产权之金额或价额，按下列等差征收费用：(1)五百元未满——一元。(2)千元未满——二元。(3)五千元未满——三元。(4)万元未满——五元。(5)五万元未满——十二元。(6)五万元以上——三十元。(二)非因财产权关系为声请者，征收费用三元。(三)继续为声请或声明异议者，每次征收费用五角。(四)上述各项应征收之费用，各高等法院得拟定额数呈请司法行政部核准后加收或减收之。但其加减额不得逾原定额十分之五。(五)征收费用应由声请人购用司法印纸粘贴于声请状，其用言词声请者，应粘贴于笔录。

【非复活主义】【继】为关于遗嘱之撤销行为复经撤销时之效力的立法主义之一，对复活主义言。即主张以撤销行为复经撤销时，仅系后撤销行为与前撤销行为之关系，并未明言回复原遗嘱，故不能因此而谓遗嘱人有维持原遗嘱之意思，而使其效力重新复活。日本民法采之，我国民法未设规定。

【非结果犯】【刑】为形式犯之别称。(详形式犯条)

【非债权行为】【民总】Non-obligatory act　为法律行为之一，对债权行为言。即以债权债务以外之法律上效力之发生为其目的之意思表示为要素之法律行为也。学者亦有迳名之为物权行为者，实则更可分为二：(1)物权行为。(2)准物权行为。(详各本条)

【非当事人】【通】当事人以外之人皆谓之非当事人。例如婚姻法所谓婚姻之当事人仅限于一男一女而缔结为夫妇之人，主婚人证婚人以及其他来宾，皆为非当事人。又如民刑诉讼所谓之诉讼当事人，仅限于原告被告检察官自诉人参加人从参加人等。至于证人鉴定人通译告发人告诉人等，均为非当事人。

【非对话人】【民总】Inter absentes；Person at a distance　即表意人不能直接向其传达意思之相对人也。与对话人之区别，不在空间而在时间，换言之，不应以其所在地为标准，乃应以其了解意思之时间为标准也。例如甲乙同在一地，不能直接传达意思，亦谓非对话人。又如丙丁各在一地，如以通信方法传达意思，自亦为非对话人。但能以电话直接传达意思时，则应谓之对话人。关于非对话人间意思表示之生效时期如何，各国立法例有四主义：(1)表示主义。(2)发信主义。(3)受信主义。(4)了解主义。(详各本条)

【非对话要约】【债】Offer inter absentes 为要约之一，与对话要约相对立。即表意人不能向相对人直接传达意思以为要约之谓也。此项要约依通常情形于可期待承诺之到达时期内，相对人不为承诺时，其要约失其拘束力。(民法第一五七条)

【非模范契约】【债】又名无名契约。(详该本条)

【非战交通】【国公】所谓非战交通，乃指交战国政府或交战国军队间双方为欲达到两面的某种目的起见时，维持一种关于非抗战行为之交通而言。

【非战斗员】【国公】Non-combatants 与战斗员相对称。谓非直接参加战斗，而仅附属于战斗机关之人员也。盖近世军队组织复杂，于战斗员之外，尚需各种辅助人员。例如医师、看护妇、输送队、皮革匠、随军商人、通信员、传教师、外交官、侍从等是。非战斗员原不参加战斗，倘参加战斗，便被视为战争犯罪者，一经被擒，可以处死。

【非独立之意思表示】【民总】为意思表示之一种，与独立之意思表示相对称。即必须待他方之意思表示始能发生法律上效力之意思表示也。例如社员总会时各社员之表决以及契约中之要约与承诺皆是。

【非亲告罪】【刑】凡刑事上犯罪不须被害者或其亲属之告诉，检察官可即提起公诉者，曰非亲告罪，与亲告罪相对立。

【非应宿卫自代】【史】宿卫宫殿之人均有一定，不得冒名自代，违者及代之者，均应处罪。明清律均有宿卫守卫人私自代替条之设，唐律(卷七)卫禁篇则有非应宿卫自代之条："诸宿卫者，以非应宿卫人，冒名自代，及代之者，入宫内流三千里，殿内绞。若以应宿卫人(谓已下直者)。"疏议曰："宿卫者，谓大将军以上，卫士以上，以次当上宿卫宫殿。上番之日，皆据籍书。若以非应宿卫人，谓非诸卫大将军军人以外，冒名自代，及代之者，入宫内并流三千里，殿内并绞。"同条又曰："主司不觉，减二等。知而听行，与同罪(主司，谓应判遣及亲监当之官。余条主司准此)。"

【非权限争议】【行】Dispute of negative limit of right 又称曰消极的权限争议。乃指二个以上之官署对于某特定事件，互主张不属于自己权限以内之争议而言。(参权限争议条)

【青(靑)天白日章】【行】为陆海空军勋章之一种，与宝鼎章相对称。并无等级之分，凡陆海空军官佐士兵于攘御外侮保护国家时立有特殊战功者得给予之。

【青(靑)苗法】【史】宋神宗时王安石师唐代青苗钱之制，创立青苗法。且当时陕西转运使李参业已于所辖内施行青苗钱之制，尚著成效，惟与王安石之青苗法颇有异致。按青苗法乃于宋神宗熙宁二年制定，其法为以诸路之常平仓及广惠仓之钱谷出贷人民，征收微利（二分），每年分夏秋二季敛收，即正月散而夏敛，五月散而秋敛，如逢荒凶年岁，则待丰年返还，乃以减除富豪高利之弊为目的。初安石曾征苏轼之意见，苏谓以钱谷贷民意至善也，惟出纳官吏因缘为奸，恐不能禁。安石然之，颇费踌躇。适京东转运使王广渊亦有相似方法之施行，颇有效验，又得神宗之嘉纳，并发内帑以助之，青苗之法遂推行全国。惟安石以之与保甲之法相联而行，若一家怠于返纳，则其他九家应代为返纳，且于各路置提举官以执行之。驯至奸吏相谋为私，弊端丛生，而反对者亦竞相攻讦，其法遂罢。

【青(靑)苗钱】【史】唐代宗大历年间国用不足，乃定稻苗一亩，税钱十五，在稻苗方青之时，即预计其数而先行征收，故名曰青苗钱。宋时陕西转运使李参在所辖区域内为补足屯民之粮食起见，乃依人民之请求贷与钱款，于秋谷成熟之际令其本利归还，而以其利息为补充屯兵粮食之用，亦称曰青苗钱。行之不久，颇著成效，遂为王安石氏之青苗法所仿行。（唐书—食货志及宋史—食货志）

【青(靑)苗簿】【史】义仓之名，始自隋代，及唐仍仿行之。令上自王公下迄庶民，于每年七月以前即稻苗尚青之时，由诸州造青苗簿册，预计将来收获数额，载入其中，送呈尚书省。至秋每亩征收粟二升，至商贾之无田地者，则区分上户至下中户为八等，依次征收五石以下至五斗。此项方法，乃以预防将来饥谨而充为赈贷之用为目的。

九 画

【亭】【史】亭为秦汉时代地方区域之一种。按百家为里，十里为亭，十亭为乡。各设长一人，掌司各该地方之警察自治事务。亭有亭长，一名亭父，旧称负弩，汉高祖壮时曾任泗上之亭长即其一例。隋亦采亭长之称，以为流外官之号，唐因之。

【亭父】【史】（详亭条内）

【亭伯】【史】为魏代之爵名，公之庶子为亭伯，后世废之。

【亭长】【史】（详亭条内）

【亭侯】【史】汉代之列侯大者食县，小者食乡或亭，故有亭侯之称。曹操之被封为费亭侯，为此制之嚆矢，魏晋因之，位在关内侯之上。

【侮辱公务员或公署罪】【刑】Offence of insulting public officer or public office 为妨害公务罪之一，即对公务员或公署加以侮辱之谓，可分为四种：(1)当场侮辱公务员罪——因于公务员依法执行职务时，当场侮辱而成立。以当场为必要，即当公务员之前且在公务员耳目所及之场所也。其处分为六月以下有期徒刑，拘役，或三百元以下罚金(第一四六条第一项)。(2)公然侮辱公务员罪——因对于公务员依法执行之职务，公然侮辱而成立。其侮辱内容须涉及依法执行之职务，且须以公然为必要，即使多数人闻共见，或可使多数人共闻共见之谓。其处分与上述罪同(第一四六条第一项)。(3)侮辱公署罪——因对公署公然侮辱而成立，即对其职务公然以侮辱实施之也。处分与上述罪同(第一四六条第二项)。(4)侵害文告罪——因意图侮辱公务员或公署，而损毁除去或污秽实贴公众场所之文告而成立。要有意图侮辱公务员或公署为必要，否则只违反违警罚法。其处分为拘役，或一百元以下罚金。(第一四七条)

【侮辱民国国章罪】【刑】为妨害秩序罪之一，因意图侮辱民国，公然损坏，除去，或污辱民国之国旗国章而成立。以意图侮辱民国之意思为必要，且须公然之损坏除去或污辱之行为。其处分为一年以下有期徒刑，拘役，或三百元以下罚金(刑法第一六七条)。至侮辱外国国章罪，法律另有规定。（详侵害外国国家罪条）

【侮辱死者罪】【刑】Offence of insulting dead person 为侮辱罪之一，因对于已死之人公然侮辱而成立。本罪之设，所以敦励薄俗，维持死者后人之名誉也。盖死者之名誉与其后人有密切关系，苟其行为足使其后人以难堪者，是与直接侮辱无异，故法律予以保护，然须以公然侮辱为必要。其处分为拘役，或三百元以下罚金。（刑法第三二九条第一项）

【侮辱罪】【刑】Offence of insult 为妨害名誉及信用章中罪之一种，即以言语或举动相侵谩之犯罪也。与诽谤罪之区别，即前者并无所谓事之真伪，凡以言语或举动使人难堪者，即构成本罪。刑法仅分本罪为下列二种：(1)公然侮辱罪。(2)侮辱死者罪。（详各本条）

【侵入住宅罪】【刑】Trespasses upon the residence　为妨害自由罪之一，因无故侵入他人住宅建筑物，或附连围绕之土地，或船舰，而成立。本罪为居住自由而设，但昔时有为系污渎家神而为禁止侵入理由者，其后则又以为避免他罪嫌疑而加以禁止者，复有以其系破坏家室平稳及社会秩序故以之列入妨害秩序章内者，今则多视为妨害住居及自由罪矣。本罪之要件有三：(1)须为无故之侵入，即无正当理由之谓。(2)须有侵入之行为，积极消极均属之。(3)须为侵入他人住宅(指吾人住居房屋)，建筑物(指凡有围墙覆盖而着地之工作物，可以出入供蔽风雨太阳之用而言)，或附连围绕之土地(指连接附属于住宅或建筑物而有围绕之土地而言)，船舰(指一切船舰凡有设备足供居住者而言)，至于有无人居住或看守，均非所问，只为他人场所皆得为本罪之客体。其处分为一年以下有期徒刑，拘役，或三百元以下罚金。至无故隐匿其内或受退去之要求，而仍留滞者，亦构成本罪，其处罚亦同(刑法第三二〇条)。是受退去之要求而退去者，尚不得成立本罪也。又本罪须告诉乃论。(第三二二条)

【侵占他人离失物罪】【刑】Offence of misappropriating lost property　为侵占罪之一，因意图为自己或第三人不法之所有而侵占遗失物、漂流物或其他离本人所持有之物而成立。其要件有四：(1)本罪之主体为一般人(无身分之别)。(2)须有为自己或第三人不法之所有的故意。(3)须属他人之遗失物漂流物或其他离本人所持有之物；所谓遗失物指物主无抛弃意思而因事故偶然脱离其持有之财物而言，但家畜之得视为遗失物者，仅限于出乎寻常往复区域以外之时；漂流物指遗失于水上或被水漂流至他处之物言；至其他离本人所持有之物，指埋藏物或遗忘物而言(但有限制)。(4)须有侵占行为。本罪之处分为一千元以下罚金。(刑法第三五八条)

【侵占街道】【史】大曰街，小曰巷，道路则系人所通行者之总称。侵占之者乃为法律所禁止。明律(卷三十)、清律(卷三十九)工律河防篇均有侵占街道之条："凡侵街巷道路而起盖房屋及为园圃者杖六十，各令复旧。其穿墙而出秽污之物于街巷者笞四十，出水者勿论。"清律之总注曰："城市通行之地曰街巷，郊野通行之地曰道路，街巷道路皆系官地，若侵占而盖房屋为园圃者，杖六十，各令拆毁修筑，以复其旧。街巷宜于洁净，以便行旅，若于自己临街巷之房屋穿墙以出秽污之物者，笞四十，仍令塞之；水非污秽，自勿论也。"

【侵占罪】【刑】Criminal misappropriation　本罪亦为对财产侵害罪之一，其客体须为他人所有物(其范围参单纯窃盗罪条内)，违禁物及电气亦以所有物论(第三六〇条)，实际上须以由一定权原移于自己持有中者为限。故本罪成立之方法，非由盗取，亦非由交付，故与窃盗罪及诈欺罪不同。又因其对于财物仅有保管权而无处理之权，故与背信罪之以处理事务为成立之要件亦有区别。至本罪之成立，以有据为自己或第三人不法之所有为必要，且须有侵占之行为，而其行为不论为实施处分之行为(如出卖或赠与)，或为易持有为所有之行为(如诈称遗失或被窃之表示)，均属之。刑法规定本罪于分则第三十章中，共七条，兹分为五种：(1)一般侵占罪。(2)加重侵占罪。(3)侵占他人离失物罪。(4)准侵占罪。(5)亲属相

侵占罪(详各本条)。上述各罪关于褫夺公权之处分亦由审判官自由定之。(刑法第三六二条)

【侵犯】【刑】Assault and battery 出乎法律之范围,因故意或过失而侵及他人之人身权或财产权者,谓之侵犯。例如某甲与妻乙散步于某某花园,则丙视乙姿容娇秀,未经乙之同意,将乙抱而接吻;是则非仅侵犯甲之夫权,抑亦妨害乙之自由也。

【侵吞】【史】(详侵蚀条内)

【侵肥】【史】官吏窃取官款以实自己私囊谓之侵肥。(六部成语注解)

【侵巷街阡陌】【史】巷街阡陌乃公共之所,若私人任意侵占,是与公众之利益相违反也。明清律皆有侵占街道条之设,唐律(卷二十六)杂律篇设有侵巷街阡陌之条:"诸侵巷街阡陌者,杖七十。若种植垦食者笞五十,名令复故,虽种植无所妨废者,不坐。其穿垣出秽污者杖六十,出水者勿论。主司不禁与同罪。"疏议曰:"侵巷街阡陌,谓公行之所,若许私侵,便有所废,故杖七十。若种植垦食,谓于巷街阡陌种物,及垦食者,笞五十,各令依旧;若巷陌宽闲,虽有种植无所妨废者,不坐。其有穿穴垣墙,以出秽污之物于街巷杖六十,直出水者无罪。主司不禁与同罪。谓侵巷街以下,主司并合禁约,不禁者与犯罪人同坐。"

【侵害】【刑】Trespass 对于他人之权利加以攻击之谓。侵害有积极与消极之别,前者例如无故侵入人之田地是,后者例如乳母断绝婴儿食物是。

【侵害友邦元首罪】【刑】为妨害国交罪之一。本罪之成立以对于友邦(即有约国家)之元首加以侵害者为限。更分为二:(1)故意杀人罪——其要件有四:(a)须为友邦元首。(b)须为现任友邦元首。(c)须为故意行为。(d)须有杀人行为。本罪之处罚为死刑。未遂或预备或阴谋,亦有科刑(刑法第一二一条)。(2)故意伤害及妨害自由及名誉罪——其要件有三:(a)须为友邦元首。(b)须为现任者。(c)须有故意伤害及妨害自由及名誉之行为。本罪之处分为加重本刑三分之一(第一二二条)。但妨害名誉罪,须外国政府之请求乃论,盖与国家体面个人名誉极有关系故也。

【侵害他人封缄之信函文书罪】【刑】为妨害秘密罪之一,因无故开拆或隐匿他人之封缄信函,或其他封缄文书而成立。本罪之要件有四:(1)主体为一般人(公务员不在内因有第一三八条规定)。(2)客体为封缄之信函及文书,所谓封缄,即非经开拆手续不得知其内容也,其内容是否秘密事件,均无关系。(3)须为他人之信函及文书,即本人以外之人是。(4)须为无故开拆或隐匿之任一行为,即无正当理由而从事开拆或隐匿行为之谓也,至于开拆后或隐匿后有无阅读,或阅读后是否了解其内容,均所不问。如有开拆或隐匿之任一行为,便构成本罪,其处分为三百元以下罚金。(刑法第三三三条)

【侵害外国代表罪】【刑】为妨害国交罪之一,即对于派至民国之外国代表加以侵害之谓,不论是否有约国,皆在其内,但以派至民国以内者为限。又代表者,即凡全权大使,全权公使,代办公使,代理公使,以及其他执行外交上职务之使节皆属之。我刑法之规定，为准用关于妨害公务罪各条之规定内含杀伤罪侮辱罪及强暴胁迫等罪。（刑法第一二三条，参刑法分则第五章妨害公务罪）

【侵害外国国家罪】【刑】为妨害国交罪之一，即对外国国家（不问有约与否）加以侵害之犯罪也。可分为三：(1)私与外国战斗罪——即非出于本国政府意旨而与外国政府战斗之犯罪之谓，至主动方面如为外国政府，而私人组织交战团体与之战斗，乃正当防卫自不为罪。本罪成立之要件为：(a)须为未得本国政府许可者。(b)须非出于正当防卫者。(c)须为对外国政府战斗者。其处罚为三年以上十年以下有期徒刑。未遂或预备或阴谋亦有处罚明文（刑法第一二四条）。(2)侮辱外国国章罪——即意图侮辱外国，公然毁坏除去或污辱外国之国旗国章者之罪。按国章乃表示一国之徽章，如国旗海陆空军旗皆是。本罪构成要件有四：(a)须系其所属国家或其所属国之人民因欲表彰其国家而使用之国旗国章者。(b)须有意图侮辱外国之意思者。(c)须有损坏（侵害物质之谓）除去（变更其现在场所之谓不分距离远近）污（以不洁物变更现在外观之谓）辱（表示不敬形状之谓）之行为。(d)须其上述行为乃出于公然者。本罪须外国政府请求乃论。其处分为一年以下有期徒刑，拘役，或三百元以下罚金（刑法第一二六条）。(3)违背政府局外中立命令罪——即与外国交战之际，违背政府局外中立命令之罪。至命令内为何事，不能事先预知，盖多采用列举主义故也。本罪之处分为一年以下有期徒刑，拘役，得并科或易科三千元以下罚金。

【侵害尸体罪】【刑】Offence relating to the corpse　为侵害坟墓尸体罪之一，因损坏、遗弃、污辱，或盗取尸体而成立。所谓尸体，指未经葬埋之尸体而言。损坏者，指质的破坏，如焚烧或支解之类。遗弃者，指积极的遗置他处，及消极的弃置不顾之谓。污辱，指奸淫尸体或其他污辱行为。盗取指不法移置于自己持有之谓。对尸体若有上述四行为之一，即构成本罪。其处分为六月以上五年以下有期徒刑，未遂罪罚之（刑法第二六二条第一、三项）。至对直系尊亲属犯本罪者，加重本刑二分之一；对旁系尊亲属犯本罪者，加重本刑三分之一（第三六五条）。若对尚未埋葬或已葬而经他人发掘之遗骨，遗发，殓物，或火葬之遗灰（参发掘坟墓而侵害尸体等罪条内），加以损坏，遗弃，或盗取等三行为之一者，处五年以下有期徒刑，未遂罪罚之（第二六二条第二、三项）。又对直系或旁系尊亲属犯本罪者，其加重例与上同。

【侵害图书物品及封印标示罪】【刑】Offence of falsifying records　为妨害公务罪之一。本罪得分为二：(1)侵害公文书罪——因毁弃损坏或隐匿公务员职务上掌管或委托第三人掌管之文书图画物品，或致令不堪用而成立。其手段为毁弃，损坏，隐匿，或致令不堪用者，如有四者之一，本罪即行构成。其处分为六月以上五年以下有期徒刑（第一四四条）。(2)侵害封印或标示罪——因损坏除去或污秽公务员所施之封印或查封之标示，或为违背其效力之行为而成立。其手段为损坏，除去，污秽，或使违背其效力，四者如有其一，本罪即行成立。其处分为一年以下有期徒刑，拘役，或三百元以下罚金。

【侵害坟墓尸体罪】【刑】Offence relating to the dead　本罪之所为，乃对已死者之权利加以侵害，即对死者之家族亦有莫大之影响。至犯罪之原因尤极复杂，苟不加以惩罚，何以维持社会风化及人道，兹分三种：(1)侵害尸体罪。(2)发掘坟墓罪。(3)发掘坟墓而侵害尸体等罪。(详各本条)

【侵捱挪移】【史】州县官所管之仓库钱粮，均有一定之用途，不得擅自使用，其在用项中私自掠用者，谓之侵。又应行支出而故意将银两迟延支付者，谓之捱。又如将甲项之经费擅自改充乙或丙项之用者谓之挪移。六部成语注解："州县官所管之仓库钱粮皆有一定之用处，不得擅自随便用之。如在用项之中，自己私留银两，曰侵。如应办之事，而吝惜钱财，故意迟延不办者，曰捱。如此项应作某项使用，而擅自改为别项之用，则曰挪移。"

【侵损】【史】盗取窃取财物曰侵。伤害人身曰损。唐律(卷五)名例篇——共犯罪造意为首之条："侵损于人者，以凡人道从论。"其疏议曰："侵，谓盗窃财物，损，谓斗殴杀伤之类。"

【侵蚀】【史】暗中损人肥己，皆曰侵，如系缓缓取而消耗其数者，则曰侵蚀，其出于全数掠而有之者，则称曰侵吞。通常官吏于自己掌管内私自窃用官银者，谓之侵蚀，与现行法所称之侵占相等。

【侵蚀银】【史】官吏于自己掌管下窃用官银者谓之侵蚀，其被窃用之款项称曰侵蚀银。六部成语注解："侵，盗也，吞用也，将经手官银，自行吞用也。"

【侵权行为】【债】Tort or wrongful acts　为债之发生原因之一，因系民事上之责任，故与刑法上所谓犯罪不同。又并不因故意与过失而异其待遇，故与刑法上之犯罪亦有区别。侵权行为即民法上之不法行为，或称不法行为，即因故意或过失不法侵害他人之权利，或故意以背于善良风俗之方法加损害于他人之谓也。其成立要件有六：(1)须为加害人自己之行为。(2)须有侵害他人权利之事实。(3)须为不法之侵害。(4)行为与侵害须有因果之关系。(5)加害人须有责任能力。(6)加害人须有故意或过失(民法第一八四条、第一八七条)。侵权行为可分为一般侵权行为、共同侵权行为及特种侵权行为三种，本条所述即属第一种，余二种(详各本条)民法另有规定。关于侵权行为之效力，即在发生损害赔偿之债(又在有被侵害之虞时，得请求预防，其有反复或继续侵害之虞时，得请求除去或防止，但仅以绝对权被侵时为限)，被害人为债权人，加害人为债务人，其债之标的物及赔偿方法，以金钱为原则，但民法复有明文特别规定：(1)担负殡葬费，及担负被害人对第三人所负之法定扶养义务(第一九二条)。(2)医药费定期金(第一九三条)。(3)慰藉费(第一九四条、第一九五条)。(4)回复名誉原状(第一九五条)。(5)赔偿因毁损所减少之价额(第一九六条)。至于凡系专属于被害人之权利，其损害赔偿请求权除因契约承诺或已提起诉讼外，不得让与或继承，在财产上损害之赔偿请求权及非财产上损害而得以金额赔偿者，仍得移转(参第一九五条)。关于消灭时效除适用总则篇所规定者外，复有特别规定，即债权人知有损害及赔偿义务人时起，二年间不行使而消灭，自有侵权行为时起逾十年者亦同，但债务人如因此得有利益者，仍当按不当得利之规定返还债权人。(第一九七条)

【便民房】【史】旧制，在司法衙门内所设以便利诉讼当事人之室，称曰便民房。

福惠全书："便民房者，乃为讼事之人而设也。"

【便官】【史】事务简易之官职，谓之便官。唐书—裴漼传："漼父琰之，为同州司户参军，刺史李崇义轻之，论曰，同三辅，吏事繁，子盍求便官留之。"

【便宜主义】【刑诉】Principle of opportunity 为刑事诉讼主义之一，对励行主义言，谓诉追机关对犯罪事实已明，而与诉追条件亦相符合时，仍得自由参酌情形决定是否提起公诉之主义也。此主义我刑事诉讼法亦兼采之。(第二四五条)

【便宜处分】【行】Elegene Verwaltung (德) 所谓便宜处分，乃指行政官署依其职权在合法范围内不侵及人民利益随意裁量所为之处分而言。便者，利便也，宜者，合宜也。

【便钱】【史】为宋时之汇兑之一种。其初一任民间之习惯，开宝三年设便钱务，主持其事，商人纳钱而给予纸券，持券人至诸州者，向该官署提示所给之券，则可换兑现款，盖与近代之汇兑相同也。

【便钱务】【史】(详便钱条内)

【系(係)争事实】【民诉】Fact in contention 诉讼当事人间所争执之事实，曰系争事实。

【系(係)争物】【民诉】Object in contention 在诉讼关系中之争执标的物，称曰系争物。例如双方对土地所有权涉讼时，其系争物即为所争执之土地。

【系(係)争权利】【民诉】诉讼案件中双方争执之标的物上之权利，曰系争权利。例如对于土地所有权之争讼，该所有权即为系争权利。

【俄罗斯法】【通】Russian Law (详苏维埃联邦)

【俘虏】【国公】Prisoners of war 所谓俘虏，乃指被捕获而拘留之敌人而言。俘虏之被拘留，系以防止其归本队重行参加战斗为目的，故与犯罪者之被禁囚有异。一九〇七年海牙条约对俘虏之待遇，定有保护条文，其要点如下：(一)俘虏须受人道待遇，所带物件除武器马匹及军用文件外，均不得加以没收。(二)俘虏之劳力可加以利用，但有限制。(三)捕获国之政府负有给养俘虏之义务。(四)俘虏有信仰宗教奉行仪式之自由权。(五)不得强俘虏报告关于本国军事状况。(六)俘虏逃逸未成功而被追获者，可加以惩戒，如已成功而再被捕获者，不受任何处分。(七)俘虏可依宣誓释放(非强制的)。(八)军官被俘虏时，应依其在本国之地位给予以相同之薪俸。(九)战事停止，和平恢复时，应迅速释放回国。(十)俘虏在拘留期间死亡者，应与本国兵士同等待遇。

【俘虏交换条约】【国公】又称曰俘虏协约。(详该本条)

【俘虏协约】【国公】Cartel 所谓 Cartel 有广狭二义：广义方面，乃指交战国间关于邮电等通讯，及休战旗接受方法，并伤病军士及俘虏之待遇，以及交换等之协定而言。狭义方面，仅指俘虏之待遇及交换，而缔结之协定。此项协约有在战时缔结者，亦有在平时预先缔结者，双方之权义均须相等，且须绝对遵守。

【俘虏情报局】【国公】Bureau of information 谓战争开始后，由各交战国在本国或中立国领土内所设立关于报告俘虏一切消息之机关也。其任务为发表关于俘虏之健康状态，疾病死亡等报告，并收受或搜集遗弃在战场或死亡在病院之俘虏的遗留物品，分别送交俘虏之亲族或其他关系人。

【俘虏救恤协会】【国公】海牙和平会议时，佥以战事发生后交战国间对于俘虏之待遇，备极恶劣，而生活尤为枯燥，为尊重人道尉藉俘虏起见，特于陆战法规第十五条内规定，组织特种团体，专以救恤俘虏为目的。此种团体，称曰俘虏救恤协会。须依所在地国家之法律而组织，于不违反交战国军事及行政范围内得推行其慈善事业，并应受必要之便宜援助，如俘虏情报局经手之邮件一律免费等是但该协会派出之人员，须各有陆军官署所发给之证明书，并须具恪守此等官署所定一切关于维持秩序并风纪等法规之切结，然后始得许其出入于俘虏收容所或其他滞留地，从事分配救恤品以及其他慰藉工作。

【俘虏运送船】【国公】Cartel-ships 凡根据俘虏交换协定之规定，而用于携带所交换俘虏之船舶，曰俘虏运送船。此种船舶在国际公法上，享有一定特权，不受捕拿及其他妨害，且不得装载商品或任何旅客，否则丧失其特权。

【保付支票】【票】Accepted or certified check 为支票之一种，对普通支票与平行线支票言，谓付款人于支票上记载照付或保付，或其他同义字样之支票也。此种制度，起自英美，学者间以其与承兑性质相近，故多以此时付款人之责任与汇票之承兑人同。我票据法亦以其系巩固支票信用之习惯，故采取之，并规定发票人及背书人亦因付款人之前项记载而免除其责任，以其保付责任已由付款人担当之矣。又为保护发票人起见，对于付款人于发票人存款或透支契约金额不足时所为之保付，更设有应就该支票金额以内处以罚锾之规定。（第一三三条）

【保加利亚宪法】【宪】又曰堡加利亚宪法。（详该本条）

【保正】【史】保长之别称。（参保甲条内）

【保甲】【史】保甲为民间之组织，其名始自宋代。惟其源流之起，则为时甚古。如周礼大司徒比闾之制，遂人邻里之制，实为其权与。即管子及商鞅之什伍之制亦源于是。后世保甲制即基于此。按宋之保甲制度乃因王安石之建议而设十家为保，保置保长，五十家为大保，置大保长，十六保为都保，置正长副长，均以壮丁之半为保丁，施以军事训练以备国家有事及地方警备之用。文献通考—兵考："神宗尝言节财，王安石对以减兵最急，欲变募兵而行保甲，帝从其议。熙宁三年十二月诏行保甲法，畿内之民，十家为一保，选主户有干力者一人为保长，五十家为一大保，选一人为大保长，十六保为一都保，选为众所服者为都保正。"明代亦有里甲之法。清康熙年间亦有类似保甲之制，惟其目的则在整理户籍预防赋税之脱漏，以及稽察奸宄，维持治安；以十家为牌，牌置牌头，十牌（百家）为甲，甲置甲长，十甲（即千家）为保，保置保长。

【保任】【史】周时对于五刑犯以外之轻罪犯人，于稍加惩戒以后付之于州长里宰，使其负监视管束之责任，而使其不至于再行犯罪，是曰保任，即今所称之保安处分之一项也。周礼—秋官大司寇之职制："凡万民之有罪过而未丽于法，而害于州里者，桎梏而坐诸嘉石，役诸司空，重罪者，旬有三日坐，期役，……使州里任之，则宥而舍之。"贾公彦之疏："任之者，恐习前为非而不改，故使州里宰保任之。"按嘉石为有文之石，设于外朝门之左(其右为肺石)，民有罪过虽未附丽于法，而实有害于州里，刑之太重，纵之太慷，惟有桎其足梏其手，使坐诸嘉石，以感其心，坐期既满，又役诸司空，以劳其身，凡欲其改过迁善也。坐役之期讫，又使州里之人保任之，而后舍，盖恐其习前非而不改也(参周礼精华注)。唐律(卷二十五)诈伪篇亦设有保任不如所任之条。(详保任不如所任条)

【保任不如所任】【史】刑事保证之人曰保任人，若有不能胜任，是曰不如所任，则减所任罪二等。唐律(卷二十五)诈伪篇设有保任不如所任条："诸保任不如所任，减所任罪二等，即保赃重于窃盗，从窃盗减，若虚假人名，为保者笞五十。"疏议曰："保任之人，皆相委悉所保，既乖本状，即是不如所任，减所任之罪二等，其有保赃重于窃盗，从窃盗减，谓保强盗枉法及恐喝等赃，本条得罪，重于窃盗，并从窃盗上，减二等，不从重赃减者，以其元不同情，保赃不保罪，故也，若虚假人名，为保者谓假用人名，或妄以他人姓字以充保者，并笞五十。有五人同保一事，此即先共谋计，须以造意为首，余为从坐，当头自保者，罪无首从。"

【保全】【债】Preservation 所谓保全，指债务人之财产乃债权人之共同担保，应许债权人对于债务人之财产有为保全行为之权利而言，故又曰债之保全，即债权人为巩固自己权利之行为也。我国民法规定此种权利有二：(1)债权人代位权。(2)债权人撤销权。(详各本条)

【保全处分】【破】Sicherheitsverfügung (德); Conservative measure 即法院对破产程序开始时，以保全破产财团之财产为目的之处分行为也。(一)破产人其代理人继承人非得法院许可，不得离其居所。(二)法院认为必要时得发拘票拘传之。(三)如恐有逃走或隐匿财产之虞时法院得命管守之。(四)破产声请从宣告前，法院认为必要时对于破产财团之财产得为财产上之保全处分。(破产法第一四六——五一条，又第一六四条)

【保全程序】【民诉】Preservation process 为特别诉讼程序之一种。保全程序者，即恐将来权利有不能执行，或难于执行，或虽能执行而有不能完全之虞时，为保全强制执行所特设之诉讼程序也。各国立法例有以保全程序中之假扣押与假处分规定于民事诉讼法中者，亦有于执行程序法中加以规定者，又有分别规定者；我国民诉法属于最后者，诚以保存程序中之假扣押与假处分(详各本条)，半属于诉讼程序，半属于执行程序，故以分别规定，较为恰当。(民诉法第四八八—五〇四条)

【保全请求权】【通】Right of claiming for conservation 债务人之总财产为债权人之共同担保，其财产之增减与债权人有利害关系，债务人对于自己之财产如有作为或不作为致有害于债权人者，法律上为保护债权人之利益，特许债权人请求保全债务人财产之权，是为保全请求权。又当事人之一方对于他方有妨害其所有权时，得请求他方对于其物为防害除去之请求，亦谓之保全请求权。

【保存名胜古迹古物条例】【行】本条例于民国十七年十月七日公布，计共

十一条,自公布日施行。凡在中华民国领土内有名胜古迹古物之保存,除法令别有规定外依本条例行之。(参名胜古迹条及古物条内)

【保存行为】【物】Act of preservation 凡以维持有体物或权利之现状而预防其全部或一部消灭之行为,曰保存行为;与保全行为之积极的向法院请求假扣押,或假执行,假处分以避免其权利或有体物之受危害者不同。在保存行为,凡保管人或共有人,或占有人,或代理人承租人等,均得为之,例如对有体物之修缮与权利丧失之预防皆是。保全则多由债权人或所有权人向法院依保全程序。(民诉法中之特别诉讼程序)声请之。

【保安林】【行】Conservation forest; Protecting forest 国有林,公有林,私有林,有下列情形之一者,应编为保安林:(一)为预防水害风害潮害所必要者。(二)为涵养水源所必要者。(三)为防止砂土崩坏及飞砂坠石泮冰颓雪等害所必要者。(四)为公众卫生所必要者。(五)为航行目标所必要者。(六)为利便渔业所必要者。(七)为保存名胜古迹风景所必要者。保安林之编入或解除,得由森林所在地之自治团体或其他有直接利害关系者,呈由地方主管官署向主管部署声请之。保安林,一经编制完全无论何人对其竹木均不得加以砍伐或伤害,即开垦牧放牲畜,或为土石草皮树根草根之采取或采掘亦在禁止之列。此外地方主管官署对于保安林之所有人亦得限制或禁止其使用收益,或指定其经营及保护之方法。(森林法第九一十八条)

【保安处分】【刑】Sichernde Massnalhmen (德) 为对无责任能力人处分之方法即对无行为能力者,或限制行为能力者之犯罪,施以特别感化教育,或特别治疗,或使其与社会暂时隔离等之处分,谓之保安处分。可分为二种:(一)感化教育,(二)监禁处分。(详各本条)

【保安队组织条例】【行】Regulation governing the organization of peace preservation corps 本条例于民国[①]十七年十二月一日公布,共分五章,计二十二条,兹举其要点于下:(一)各省为绥靖地方维持治安起见,得呈请设立保安队,以团为最大单位,由各省府设保安课办理之。(二)保安队兵额由各省府斟酌地方情形及经济状况拟定之,先就各省杂色部队编练之。(三)省府保安课应对全省保安队依照地方情况划分防区,详定剿匪计划,分期实施。(四)各省府遇匪猖獗或发生重大变乱,保安队兵力不敷调用时,呈请派军协助之。(五)保安队专任一省治安,不得擅自调动,各县府因事请求派兵时,各保安队不得推诿拒绝。(六)保安队各团分防驻扎,满一年以上者应互相调防,以免流弊。(七)省府主席对所属保安队,每年秋季应派员检阅一次。(八)保安队如有犯法定(第十六条)禁令之一者,一经查实,即按陆军现行军律严办。(九)保安队经费由各省省库支给,薪饷由各省省府自行酌定。(十)官佐之任免及教育惩戒等,除本条例规定者外,概依陆军现行法办理。

---

① 原书漏"国",系排版之误。

【保安警察】【行】Police for the preservation of peace　又称公安警察。(详该本条)

【保佐】【民刑诉】Guardianship　(参保佐人条)

【保佐人】【民总】Tutor; Guardian　对于准禁治产人所设置之保护人,曰保佐人。其职务仅及于准禁治产人之财产,而不及于身体。我国新民法因无准禁治产人之规定,故对保佐人亦无明文。

【保固】【史】承办土木工事者在一定期限内应负保障其坚固之责任,是曰保固。其期限则称为保固限期。清会典工部及工部则例均有详细之规定。对于官舍,堤防,桥梁或其他工事之建筑,均各依其工事之性质规定一定限期,令该工事之指挥监督官吏,或承办工事之人民,负担保固责任。如有于所保限期之内损坏者,应令其负担赔修之责。

【保固限期】【史】(详保固条内)

【保育行政】【行】Protective administration　以开拓文化增进福利为目的所为之保护奖励人民之企业之行政,称曰保育行政。例如关于公私企业之经营与管理皆是。

【保宫】【史】为汉代狱舍之名。汉书:"加以老母系保宫。"

【保留判决】【民诉】Reserved judgment　旧民事诉讼条例中所定之证书诉讼程序内,如被告争执原告之请求而受败诉之判决者,法院应为被告保留其得于通常诉讼程序行使之权利。换言之,即宣示其得于嗣后之通常诉讼提出任何防御方法也。此项判决谓之保留被告权利之判决而简称曰保留判决。乃以终结诉讼为目的,故亦为终局判决。惟因其仅具有形式的确定力而无实质的确定力故与通常之终局判决稍有不同。又保留被告权利之判决,关于上诉再审及强制执行仍视与终局判决同,盖即具有形式的确定力也。又保留被告权利之判决确定后,其诉讼即系属于通常诉讼程序。如于通常诉讼程序中以原告之请求为有理由者,法院应为维持前判决之裁判;若以其请求为无理由者,则应废弃前判决,为驳斥原告之诉,及关于诉讼总费用之裁判。若经被告声明,并应命原告返还被告本于前判决所为之给付,及赔偿被告因执行前判决所受之损害。(民事诉讼条例第五九四—五九五条)

【保留被告权利之判决】【民诉】Judgment with a reservation of right for defendant　简称曰保留判决。(详该本条)

【保留财产】【亲】Privileged estate　又名特有财产。(详该本条)

【保马法】【史】为宋王安石新法之一项。其制为对五路之义保,(人民团体)每户给牧马一匹,每岁检阅其肥瘠一次,其死者病者均令补偿,平日为农事或其他使用,国家有事时则征发以供军用,是曰保马之法。

【保健行政】【行】Administration on health　与医业行政相对称,即以保持国民身体之健康为目的之行政也。例如饮食之管理,传染病之预防,清洁之保持,污物之扫除皆属之。

【保勘】【史】调查免职官吏之行踪以保证其无不正之事实,谓之保勘。清律(卷六)吏律职制篇——举用有过官吏条之下注:"不系贪污,规避而罢问者,有司保勘明白,亦得举用。"

【保章氏】【史】保章氏为周礼春官之属,掌日月星辰居常之变动,以观灾祥祸福之事,盖为天文之官也。

【保章正】【史】为唐时掌理天文之官吏。事物纪原(卷十):"周礼春官宗伯之属有保章氏,掌天文,以志星辰日月之变动,辨其吉凶,此盖其官之始也。唐乾元元年改监,其小吏有保章正,则是唐改周官保章氏为正也。"

【保结】【史】清制,任用官吏之际或关于官吏考试之时,均须提出凭证以为证明其身分之用,此项凭证须有保证人之连署谓之保结。保结一辞在通常之保证亦有使用之者。

【保辜】【史】保辜者,谓殴伤人未至死,当官立限以保之,责令犯人延医诊治,俟限满之日,依受害人之伤情,以断定犯人所应处治之罪。唐律(卷二十一)斗讼篇——保辜条:"诸保辜者,手足殴伤人,限十日,以它物殴伤人者,二十日,以刃及汤火伤人者,三十日,折跌支体及破骨者,五十日(殴伤不相须,余条殴伤及杀伤各准此)",疏议曰:"凡是殴人,皆立辜限,手足殴人,伤与不伤,限十日,若以它物殴伤者,限二十日,以刃(刃谓金铁,无大小之限),及汤火伤人(谓灼烂皮肤),限三十日,若折骨跌体,及破骨,无问手足它物,皆限五十日。注云,殴伤不相须,谓殴及伤,各保辜十日,然伤人皆须因殴,今言不相须者,为下有僵仆,或恐迫而伤,此则不因殴而有伤损,故律云,殴伤不相须。余条殴伤及杀伤者,各准此,谓诸条殴人,或伤人,故斗谋杀强盗,应有罪者,保辜并准此""限内死者,各依杀人论,其在限外,及虽在限内,以它故死者,各依本殴伤法(它故,谓别增余患而死者)。"

【保辜限期】【史】保,养也,辜,罪也,保辜谓殴伤人未至于死,当官立定期限以保之,保人之伤不至于死,即保己之罪。明律(卷二十)、清律(卷二十七)刑律斗殴篇均有保辜限期之条,内容相同。明律之规定与其下注曰:"凡保辜者,责令犯人医治辜限内皆须因伤死者,以斗殴伤人论,其在辜限外及虽辜限内伤已平复官司文案明白别因他故死者,各从本殴伤法,若折伤以上辜内医治平复者各减二等,辜内虽平复而成残废笃疾,及辜限满日不平复者,各依律全科。手足,及以他物殴伤人者,限二十日,以刃及汤火伤人者,限三十日,折跌肢体,及破骨堕胎者,无问手足他物,皆限五十日。"清律之辑注:"此条分五项看,一限内因伤死也,一限内限外伤已平复,别因他故死也,一限内医治平复也,一限内虽平复,已成残废笃疾也,一限外不平复也,惟限内因伤死者,抵命,惟限内医治平复折伤以上不成残废笃疾者减等,其余,皆照本殴伤坐罪。"明律之纂注:"保,养也,辜,罪也。凡伤人者,官司随其伤之轻重,立限责令所殴之人医治,候限满之日定罪,故曰保辜。惟过失伤者不令保辜。凡人于辜限内不问手足他物金刃汤火,皆须因其原殴之伤而致死者,乃以斗殴杀人论。其在辜限之外,及虽在限内若本伤各已平复,而官司文案明白未及论决，其被殴之人复因别恙身死者，谓之他故，各从本殴伤法科断，难坐以绞也。若殴人至于折伤以上，其辜限内医治平复，各减原折伤之罪二等，惟堕胎子死不减。此但言折伤以上，而不言伤，则其平复者亦应减矣。若辜限内伤虽平复而已成残笃疾，及辜限已满而伤不平复者，各依折伤本罪全科。然则保辜之限若何，凡以手足及他物殴伤人者，限二十日而平复，以刃及汤火伤人者，限三十日而平复，折跌肢体及破骨堕胎者，无问手足他物，皆限五十日而平复也。其后下手理直者，仍于本罪上又得减辜内平复二等，是为犯罪得累减，此条盖论伤定罪之通例也。”

【保管】【债】【物】Keeping; Custody 即将其物置于自己持有之下，维持其现状使其不致损失之谓也。换言之，即仅须为保存之行为耳。故与管理之须施以利用或改良等积极行为者有别。

【保管人】【债】Keeper 对于他人之金钱或物品负有保全管理之义务之人，谓之保管人。

【保管行为】【物】Act of keeping 即以防止物之灭失或毁损或其权利消灭或减缩为目的所加看护之行为也。例如对房屋予以简易修缮是。

【保管费】【债】Storage expense 所谓保管费，乃指受寄人为他人保管寄托物品时所支出之必要费用而言，在原则上应由寄托人负担之，惟契约另有订定者则为例外。（民法第五九五条）

【保管义务】【通】Aufbewahrungsplicht（德） 管理人对于所管理之事物应为善良管理之注意者，谓之保管义务。例如特定物之出卖人于未交付前，须以善良管理人之注意保管标的物，又如遗产管理人在保存遗产之范围内，须以善良管理之注意保管一切之遗产皆是。

【保障】【通】Protection 法律对公务员军人以及人民等将来之行为或不行为，加以确保者，谓之保障。例如规定人民非依法律不得逮捕，以及司法官不得无故免职等皆是。

【保衡】【史】宰相称曰保衡，盖取其保持天下公平之义也。又曰阿衡。书经—说命篇：“昔先正保甲，作我先王。”

【保险】【险】Insurance 谓对于经济上之偶遭不利益而由多数人联合分担损害责任也。经济上之不利益有物的不利益与人的不利益之分，故瑞士之保险制度有人的保险与物的保险之规定。我国法律则以凡由物的不利益为根据者曰损害保险。凡由人的不利益为根据者曰人身保险（详各本条）。至于保险之要素，一须有危险以为保险之原因，二须有一定结社以为保险人之机关。其结社方法不问为相互组织，或为营利组织，或为混合上述二种方法组织而成者，或由国家经营之，均无不可，而其对于一般保险之目的，皆属一致，毫无轩轾。保险之种类甚多，大别之可总分为二：(1)财产保险。(2)人身保险。前者最重要者为火灾保险，责任保险，运送保险，失业保险，海上保险，盗劫保险，机械保险，玻璃保险，家畜保险，风雹保险，战事保险，信用保险，汽车保险，汽锅保险，罢工保险（详各本条）。后者如人寿保险,伤害保险,疾病保险,老废保险,年金保险,陪审保险,征兵保险,教育保险,婚嫁保险,生产保险等(详各本条)。此外其他种类甚多,不胜枚举。上述各种保险,有为我国保险法所规定者,然未设明文者居多,但按保险法第一条之明文,则均得准用保险法之规定。

【保险人】【险】Insurer or underwriter 为保险契约当事人之一,谓于特定事故发生时,在契约上负有给付保险金额之义务人也。对要保人享有请求保险费之权,然对事故之发生又负有损害赔偿责任(保险法第十二—十四条),及给付保险金额之义务。(第十五条)

【保险公司】【险】Insurance company 以保险为营业之目的所设立之公司,称曰保险公司。

【保险公法】【险】Öffentliches Versicherungs recht (德) 保险公法者,谓国家所制定以强制方法以达到保险之目的之法规也。近世立法例对于保险公法,多采取干涉主义,其重要者一为保险业法,系以监督保险事业为目的,如瑞士之民营保险事业监督法(一八八五年公布),日本保险业法(一九〇一年公布)及法国人寿保险事业监督法(一九〇五年公布)等皆是。一为劳动保险法,又称曰社会保险法,乃包括劳动者之死亡,疾病,伤害,及失业等在内,大抵出于国家权力之强制,使劳动者从事于保险契约之订立,例如英国之国民保险及德国之国家保险皆是。

【保险私法】【险】Privatversicherungsrecht (德) 保险私法者,谓以规定关于保险契约上当事人相互间之权利义务为目的之法规也,例如保险契约法是。我国现行之保险法,即属于保险私法。

【保险事故】【险】Versicherungsfall (德) 保险人对于保险契约之结果所负担责任之事由,称曰保险事故,盖即所保之危险也。例如死亡、火灾、洪水、暴风等皆是。按保险事故为保险契约之要素,惟必须具备一定要件,例如事故发生须为可能的,须为合法的,须为不确定的,须为将来的,并须为偶然的皆是。

【保险居间人】【债】Insurance broker 所谓保险居间人,乃指为保险人媒介订立保险契约之人而言。

【保险法】【险】Law of insurance 保险法有广狭二义:广义保险法谓关于保险法规全体之总称也。得分为保险公法与保险私法二种;保险公法又分为保险业监督法与劳工保险法;保险私法亦可分为二种,一为关于保险之私法上规定,一为保险契约法。至狭义之保险法即单指保险契约法而言。保险法规之制定以一三六九年之热那亚(Genova)法令为嚆矢,但内容并无若何系统。洎乎路易十四世之海事条例,海上保险之法令始因而大备,终使海上保险归入海商法范围之内,而与保险法之单行法分离,英美德奥瑞等国是也。至于采取整个商法法典编制之国家,如日本及意国,则列入法典之内。我国法制在以前之商行为草案,仿意日各国之例,将保险法置于末部,分损害保险与人寿保险两章,而于损害保险中特为规定火灾保险与运送保险二种,都共五十七条。惟海上保险则仿各国通例列入海船法草案内。国民政府成立后,既采民商法合一之原则,乃将保险法另以单行法颁布之,内分三章，曰总则，曰损害保险，曰人身保险。在损害保险章内，列举火灾保险与责任保险二种；在人身保险章内则列举人寿保险与伤害保险二种；共八十二条，于民国十八年十二月三十日公布。

【保险金受领人】【险】Beneficiary 又称曰受益人。（详该本条）

【保险金额】【险】Sum insured 谓保险人对保险事故发生时所应负担之赔偿金额也。此项金额为算定保险费之标准，而保险金额之算定，则以保险价额为根据。至其金额之给付时期，以约定为准，无约定者应于接到通知后十五日内给付之。又保险人不问保险之目的如何，损害之实额如何，除法律另有规定或当事人另有订定外，保险人惟支付其约定赔偿额为已足，不负其他任何义务（保险法第十五条）。保险金额恰与保险费相对立，一方为保险人所负责任之标准，一方又为被保险人或受益人所享利益之限度。又保险金额通常与保险价额多属相等，但亦有超过之者，然其超过部分如无诈欺情事时，仅不生契约效力，如有诈欺情事，则他方得解除契约（第三二条）。至保险价额超过保险金额者，自为法律所许可，惟保险责任之负担，应以保险金额对于保险价额比例定之，其当事人另有契约订定者，仍当从其订定。（第三十四条）

【保险契约】【险】Contract for insurance 谓当事人一方（要保人）支付保险费，约定关于一定财产或生命于将来发生不确定事故时，由对方（保险人）以除却经济上之不利益为目的而赔偿损失或给付一定金额之契约也。保险契约之性质，因须以书面为之，故为要式契约，且为有偿契约并双务契约。又因系以不可预测之事故为契约之标的，故属射幸契约。但其目的乃以共济为要务，自与仅知一方利益为基础之赌博有别。又保险契约非纯为买卖，亦非单纯为委任或合伙，故为一种独立契约。按保险契约之当事人，详言之可分为四：(1)保险人。(2)要保人。(3)被保险人。(4)受益人（详各本条）。至契约之成立，我保险法设有规定，即须有一定方式（第七条），而且须记载一定事项（第八条）。保险契约亦得为他人之利益而订立，且其订立不以得他人之委任为必要，至虽该他人承认在危险发生之后，法律仍许其享受利益。又契约订立时该他人尚未确定者，则由要保人或以保险单内所载可得确定之受益人享受其利益，保险费仍由要保人给付之（第五—六条）。当事人之义务亦有明文：（甲）保险人义务——(a)损害赔偿责任（第十二条、第十三条、第十四条）。(b)给付保险金额义务（第十五条）。（乙）要保人及被保险人义务——(a)据实声明义务（第十六条）。(b)给付保险费义务（第十七条—第十九条）。(c)危险增加之声明的义务及例外（人寿保险不适用第二〇条，第二〇条—二二条）。(d)危险事故发生时之通知义务（人寿保险不在此限，第二三条）。(e)赔偿损害义务（第二四条），此外对于契约广泛条款之无效，与保险费之比例减少，保险人与要保人破产时之契约终止，以及保险契约所生权利之消灭时效，均设有明文。（第二六—二九条）

【保险契约法】【险】Law governing the contract of insurance 通常所称之保险私法，乃指保险契约法而言，乃以规定关于保险契约之当事人相互间之权利义务为目的之法规。关于保险契约法在立法上之编制约有二种方式：一为规定于普通之商法典中，如日本、西班牙、葡萄牙等国是，我国旧商法草案亦同。一为以之独立规定为特别法，如德、瑞、奥、法、意等国皆采之，我国现行之保险法亦仿其成例焉。

【保险料】【险】Premium 为日本名辞，即我国所称之保险费也。

【保险单】【险】Insurance policy 或称保险证券，谓保险契约缔结时之书面也。我保险法以保险契约为要式行为，如以口头为之，认为无效。其保险单除由当事人双方签名外，应记载下列各事项：(1)当事人之姓名及住所。(2)保险之标的，(3)所保危险之性质。(4)保险责任开始之时日及保险期间。(5)保险金额。(6)保险费。(7)无效及失权之原因。(8)订约之年月日(第八条)。法律为保护被保险人及要保人起见，更规定凡文义广泛如载明违背法律或章程时，要保人或被保险人即失其权利之条款，此项条款应为无效。又载明因要保人或被保险人声明或通知之迟延或遗漏，即失其权利之条款，亦为无效。盖此种笼统词句，每易资为口实，以图卸责，而对要保人或被保险人之利益，常予妨碍、故设此种规定，以禁止之。(第二六条)

【保险期间】【海】Periods for insurance 所谓保险期间，通常乃指保险契约之存续时间而言。但海上保险契约之期间，有约定及法定之别，约定者有三：有依一定期间定之者，有依一度航程定之者，亦有依一定期间及一度航程定之者。至于法定期间，我海商法第一四八条仅就船舶保险及货物保险之期间，加以规定(参各该本条内)。至对运费保险与利得保险虽无明文，但依解释方法亦可推知之。(参各该本条内)

【险】保险期间应以保险单内载明之，以杜争议，其期限之长短虽以由契约当事人自由订定为原则，惟超过十年者除人寿保险外，每届十年当事人之一方得终止其契约，然须于三月前负通知他方之义务。至以契约之条款不为反对之表示，其契约于期满后即为继续者，此种条款亦为有效，但有限制，即其继续之期间不得超过一年。(保险法第三条)

【保险费】【险】Premium 谓要保人对于保险人负担其危险时所应支付之金额也。其给付时期由当事人约定之。至给付处所除第一次应于保险人营业所为之外，应于要保人住所或约定地点给付之(保险法第十七条)。保险费逾期经一个月之期限催告后，而仍不给付者，保险人有停止契约之效力，且享有终止契约之权。至催告方法即应送达于要保人，或负有给付保险费责任之人之最后住所，而此时保险费之给付处所，则为保险人之营业所，如保险费于保险契约之效力停止后，始行给付者，则于清偿后翌日之正午恢复其效力(第十八条、第十九条)。又保险单内载有增加危险之特别情形，而保险费又系按此种情形计算者，在保险期间未满以前，此种增加危险之情形消灭时，则要保人得请求按照比例减少保险费，以示公允，若保险人不表同意时，要保人享有终止契约之权(第二七条)。此外关于保险费之返还，亦有明文规定。(第二八一二九条)

【保险价额】【险】Value of the insurable interest 谓被保险利益之金钱上价值也，保险金额之算定，乃以此项价额为标准，不得超过之，故当事人多于契约中将保险价额预为计定,以杜争端。我保险法规定保险人之赔偿金额,不得超过保险标的物,在保险事故发生时价值之总额(第三一条第二项)。至保险价额之估计,以市价为准,不能以市价估计者,得由当事人约定之。(第三三条)

【保险积存金】【险】Insurance reserve funds 所谓保险积存金者,乃要保人因一次付足或按年给付保险费时,与自然保险费之按人年岁之大小而递增,年轻者费低,年老者费高,所应行蓄积部分之金额也。通常在保险契约无效时,此种积存金仍应返还于应得之人,以示公允(保险法第六六条)。如契约有效时,亦有将该积存金充为一次付足之保险费者。(第七四条第二项)

【保险证券】【险】Insurance policy 又称保险单。(详该本条)

【保婴局】【史】又曰保婴会。(详该本条)

【保婴会】【史】又曰保婴局,为清时之慈善机关,系对于贫困者之子女予以养育,以防止弃儿与溺女之风为目的,多出于地方官吏及民间私人之义举。(清国行政法第四卷)

【保举连坐法】【史】推荐特别技能有学识或有功绩者充任官吏时,推荐者应负一定责任,如被荐者无特别技能或学力品行皆劣或无功绩者则推荐保举之人应处同罪,是曰保举连坐法。此为清会典吏部所规定,至唐明清等律之职制篇内尚有贡举非其人条,亦设有相似之明文。

【保证】【债】Suretyship or guarantee 保证者,谓当事人约定一方于他方之债务人不履行债务时,由其代负履行责任之契约也。由此契约所生之债务曰保证债务,其债务人曰保证人,Surety 其对方人曰债权人,其所保证之债务曰主债务,Principal obligation 其债务人则曰主债务人,Principal debtor 保证与承任(即债之承任或承担)不可混同,前者在约明债务人不履行时由保证人代负履行之义务,后者在使债务人脱退债权关系迳由承任人负担清偿之义务,按保证契约为诺成契约不要式契约,因债权人无为何种给付之义务。故为片务契约,且为无偿契约。又保证债务之成立系以主债务之成立为前提,故又为从契约。保证之种类除普通保证外,尚有下列各种:(一)连带保证。(二)共同保证。(三)信用委任。(四)赔偿保证。(五)副保证(详各本条)。民法对普通保证之规定其重要者如下:(1)保证债务之范围——原则上包含主债务之利息,违约金,损害赔偿,及其他从属于主债务之负担,但契约另有订定者则为例外,惟所订定者如其范围较主债务范围更大时,其超过部分为无效耳。(2)保证人之抗辩——凡主债务人所有之抗辩,不论已否抛弃,保证人均得主张之。此外尚有所谓催告之抗辩与检索之抗辩(详各本条),我民法仅认后者。(3)保证债务之消灭——主债务消灭者,保证债务亦应消灭,尚有其他免责之规定(第七五一——七五五条)。(4)受主债务人之委任而为保证人者,如有下列情形之一时法律许保证人请求除去保证责任:(a)主债务人之财产显形减少者。(b)保证契约成立后,主债务人之住所,营业所,或居所有变更,致向其请求清偿发生困难者。(c)主债务人履行债务迟延者。(d)债权人依确定判决得令保证人清偿者。以上系就主债务已届清偿期者而言,其未届清偿期者,主债务人得提出相当担保于保证人,以代保证责任之除去。(e)保证人之代位——即保证人向债权人为清偿后,债权人对于主债务人之债权于其清偿之限度内,移转于保证人。(参第七三九—七五六条)

【保证人】【债】Guarantee 代债务人负担债务履行之保证责任之人,谓之保证人。(参保证条内)

【保证物】【债】Security 所谓保证物,乃指债务人所提出供其债务之担保之物件而言。例如债务人提出一定之有价证券以供债务之担保是。

【保证金】【通】Security 因原告于中华民国无住所,事务所及营业所者,或诉讼中发生担保不足额或不确实之情事时,又声请假扣押或假处分时,法院因被告之声请得以裁定命原告供诉讼费用之担保,又契约当事人间因保全契约之效力起见,一方对他方为担保某种行为之可能性,又劳动者向资本家提供意外事故发生之担保,关于上述各种担保,若须以金钱为之,则因此所置备之金钱,均谓之保证金。

【保证契约】【债】Guaranty (参保证条内)

【保证书】【债】保证书者,谓刑事被告人或其法定代理人保佐人或亲属所为关于停止羁押之保释书面也。许可停止羁押之声请者应指定相当之保证金额命声请人缴纳(但由第三人缴纳者亦得许之),保证金得按其情形许以有价证券或保证书代之,但保证书以该管区域内殷实之人或商铺所具者为限,并应记载保证金额及如有命令即行缴纳等情。(刑事诉讼法第七四—七五条)

【保证责任】【公】Responsibility of guaranty 对于法人或某种自然人为负担保证之责任者,是谓之保证责任。例如合伙员或无限公司之股东及两合公司之无限责任股东,对于合伙之财产或无限公司及两合公司之财产不足清偿时,俱负有连带清偿之责任是。

【保证债务】【债】Guarantee of a debt 保证人以担保债权为目的所负担之债务,为保证债务。保证债务为从债务,可分下列四点言之:(1)主债务人并未负担债务,保证人亦随之不负担债务,又如附条件债务之保证,在于主债务未发生之前亦不发生保证债务,且保证债务因主债务之无效而亦无效。(2)主债务由于清偿抵销提存免除混同等原因而消灭时,保证债务亦随而消灭。(3)保证人之负担重于主债务时,应缩减至主债务之限度,如民法第七四一条之规定是。(4)保证人在债权人未就主债务之财产为强制执行而无效果前,对于债权人得拒绝清偿,如民法七四五条之规定是。

【保证运费】【海】Guaranty of freight 托运人不先给付运费而运送人亦不要求先付运费,仅由托运人以保证之方法以为给付者,曰保证运费。例如甲有货物千件交乙运送,其运费为千五百元,甲不先付运费而乙亦不要求先付运费,仅由银行丙为甲担保给付之是。

【保释】【刑诉】Bail on security; Release on bail 所谓保释,乃指因被告人本身,或其法定代理人,保佐人,或亲属之声请,命以相当之保证而停止羁押之效力之处分而言。至其许可与否，则由官厅审酌其情形而许可之，但须命请求人或由第三人缴纳保证金，如以有价证券或保证书代之亦可。然其保证书则以在该管区域内殷实之人或商铺所具者为限，仍须记明如有命令应即缴纳保证金等情。至保证金之多寡，由主管官署自行指定，且得于被告停止羁押后，令其增加相当之数额，但有限制，被告既经声请保释，官厅于接受保证金或证券或证书后，应即停止羁押，将被告释放，如有下列情形之一者，仍应执行羁押：(1)被告受合法传唤无正当理由不到者。(2)于停止羁押时被告受有住居之限制而违背者。(3)违背保证金增加之命令而不纳者。(4)遇有重予羁押之必要者。(5)具保人声请退保者，上述第一项原因发生时，且须没入其保证金，以昭炯戒，余则除第三项原因外，其执行羁押时，具保人应免除具保证之责任。又具保人若将被告预备逃亡情形于得以防止之际报告官署者，亦得准其退保，免除具保责任。(刑诉法第七四—七八条、第八〇—八三条)

【保护牛】【行】Breeding cow　地方行政官署对于管辖区域内之耕牛认有下列之资格者，得选定为保护牛：(1)种类——水牛黄牛犁牛。(2)年龄——牡牛在二岁以上十岁以下，牝牛在二岁以上八岁以下。(3)体高——牡牛在四尺以上，牝牛在三尺八寸以上。(4)体格——各部匀称姿势正确及蹄质坚韧无畸形者。(5)性能——壮健而繁殖能力无故障，及性驯而无恶癖者。保护牛须于左角烙印，无角者烙于前肢左蹄，以资辨识，且不得屠宰及贩运出口。其所有者非经地方行政官署核准不得转让或变更其管理者。盖因其经地方行政官署给予保护费自应受该官署之监督故也。保护牛之选定乃为谋耕牛之改良繁殖起见，凡年龄达四岁以上，其牡牛之所有者或管理者遇有以牝牛请求配情时，不得拒绝，但牡牛或牝牛有疾病时，或一日请求交配二头时，或有他项正当理由时，则不在此限。又保护牛既由地方行政官署之选定，即于某种法定情形之下(第十条)，亦得解除之，并停支其保护费。(保护耕牛规则第三—十条)

【保护主义】【刑】Principle of protection　为刑法关于地与人之效力之一主义，其标准一以法益为转移，即凡对于本国或本国人民之法益有妨害者，不论犯罪地之在国内或国外，亦不论犯罪者为内国人或外国人，均适用本国法律。其缺点有二：(1)对于外国主权必有妨碍。(2)非经外国承诺或共助亦难于实行。

【保护状】【宪】Writ of habeas corpus　一名出庭状(详该本条)又称提审状。

【保护耕牛规则】【行】本规则于民国二十年一月二十三日由实业部公布，全文计十五条，自公布日施行。(参保护牛条内)

【保护国】【国公】Protectorate　所谓保护国，乃指主权操于他国之手之国家而言。此种国家无国际团体上正员之资格，仅有若干度之国际法人格。可分为二种：即国际法上之保护国，与国内法上之保护国。后者乃对于未开地域而与之缔结国内法上之条约关系，如非洲内地之欧洲各保护领土，印度之土人州，美洲印第安人等属于此类，不能认为国际法上之人格。兹所论者，仅限于国际法上之保护国。此种保护国之中又有依单纯保护关系而成之保护国与真正之保护国二种。单纯保护国乃享有内外主权，几乎具备完全主权国之人格，如圣马尼诺共和国于一八六二年以后变成意大利之保护国;该共和国与意大利法兰西奥匈交换代理公使与领事;摩洛哥常为福禄兰斯西班牙萨沃野法兰西萨狄尼亚诸国之保护国,巴拿马为美国之保护国等皆是。至于真正保护国与单纯保护国适为相反,盖因其无权与外国直接交涉,亦不能与外国交换外交官,且不得派遣领事驻扎外国,仅能接受外国领事而已。宗主国与外国缔结之条约,除有特别之规定外,不适用于保护国,而宗主国与外国缔结关于保护国之条约时,保护国亦不能认为无效,属于真正之保护国者如今之英国对于印度,法国对于安南等皆是。

【保权行为】【民总】为法律行为之一,对设权行为变权行为与废权行为言,即以保存或确定已存之权利为目的之法律行为也,例如撤销行为之追认是。

【信用出资】【公】Fiduciary contribution 信用出资之意义,殊为暗昧,盖以所谓信用,既无可感之形声,又乏确实之价值故也。然列国商法大率认之。例如以素负商界声望之人列名股东,足以增进公司之信用而以之为出资者,是也。

【信用委任】【债】Mandate credit 为保证之一种,即委任他人,以该他人之名义及其计算,供给信用于第三人者是也。例如甲委任乙用乙之名义及其计算借款若干于丙是。此时供给信用于丙乃以乙(受任人)之名义为之,委任人(甲)应就该第三人(丙)因受领信用所负之债务对于受任人(乙)负保证责任。此种契约学者多主张为一种委任与保证之混合契约,故对法律关于委任及保证之规定,均可适用。(参第七七八条)

【信用保险】【险】Fidelity or credit insurance 为保险之一,谓以被保险人之信用因被他人不法行为或过失所生之损害为标的,而由保险人给付一定保险金额之保险也,与责任保险之须以对于第三人负有赔偿责任为前提,始能请求赔偿者不同。

【信用买卖】【债】Purchase and sale by credit 又称赊买卖。(详该本条)

【信用证券】【票】证券可分为支付证券与信用证券。前者乃代为支付金钱之用,后者则为证明日后履行一定债务时所用者。例如汇票,本票及公债票等皆称曰信用证券。

【信用权】【通】Fiduciary right 保全与维持吾人在社会上已取得经济上及非经济上地位之价值之权利谓之信用权。凡损害他人或其业务上之信用权则构成妨害信用罪,例如指摘某商店有以虚伪之事秘使其信赖之人得知,因而其人受不信赖之影响,致失其信用之地位是。故信用权受人侵害时得向法院呈请救济。

【信任状】【国公】Letter of credence 又名曰国书。(详该本条)

【信托行为】【民总】Fiduciary act 又名假托行为,谓当事人以双方合意之法律行为为达到某项目的,而其所生之效果乃超过此目的之意思表示也。例如因债权担保而让交所有权,或因谋债权取得之便宜为债权之让与是。有主张乃为虚伪表示之一种者(法国学者),有主张与虚伪表示有别者(德日学者属之),因其无欺人之意思,故认为有效。

【信托背书】【票】Indorsement of credits 又称隐取款委任背书。(详该本条)

【信教自由权】【宪】Right on freedom of creed or of conscience　为个人自由权之一种，即人民对于宗教之信条与宗教之仪节，有自由信仰自由礼拜之权也。此项权利，系绝对的，不得加以限制。（训政约法第十一条）

【信牌】【史】凡府州县拘提人犯催办某种事务时，自上而下皆以牌为信，故曰信牌。其不依律发遣信牌者与差人违背程限者，皆应治罪。明律（卷三）吏律公式篇设有信牌之条。清律则以之规定于吏律之职制篇中，内容完全相同其条文云："凡府州县置立信牌，量地远近，定立程限，随事销缴，违者，一日，笞一十，每一日加一等、罪止笞四十。若府州县官遇有催办事务，不行依律发遣信牌，辄下所属，守并者，杖一百。其点视桥梁圩岸，驿传递铺，踏勘灾伤，检尸捕贼抄扎之数，不在此限。"清律之总注："凡府州县拘提人犯，催督公事，自上行程，以牌为信，故曰信牌。量地方之远近，定销缴之限期。承牌人役违限者，计日坐罪，一日笞一十，每日加一等，至四日以上，罪止笞四十。若府州县遇有一应催办事务，不遣信牌，而亲下所属，坐守催并，是违制矣，故杖一百。其点视桥梁等类，必应躬亲其事以杜欺诓者，自不在此限。"同律之辑注："违限，不过怠缓之咎，故罪止笞四十。不遣信牌而亲下所属，其意本欲集事，不知先已扰民，民既被扰，事反不集，故特重之，为扰民妨事者戒。"

【冠姓】【行】冠姓有任意与呈请二种，前者即于婚姻成立时妻以其本姓冠以夫姓（妻入夫家），与夫以其本姓冠以妻姓（入赘婚姻）之冠姓，后者乃指非汉人而呈请冠汉姓者而言，且须向内政部呈请，经其核准始为合法。又呈请冠姓者同时不得更名，惟旗人原名如确系译音在三字以上者，得呈明酌改。（内政部审核更名改姓及冠姓规则第三、九、十三条）

【冠服】【史】在官者之礼服曰冠服，故出仕者谓之弹冠，致仕者谓之挂冠。

【冠笄】【史】男子二十曰弱冠，女子十五为及笄，此时均有缔结婚姻预约之资格。

【冒支官粮】【史】冒支官粮者，谓管军官吏妄冒本管所部之名以支粮饷，而入于己之私囊也。此项举动殊与法律相抵触故加惩处。明律（卷七）、清律（卷十二）户律仓库篇——冒支官粮条："凡管军官吏（明律原文此处尚有总旗小旗四字）冒支军粮入己者计赃，准窃盗论（清律注曰，取之于军，非取之于官也，故止准窃盗论；若军已亡故，不行扣除，而入己者，以常人盗官粮论；若承委放支而冒支者，以监守自盗论）。免刺。"清律之总注："管军官吏皆自军人本管所部者言，若诈冒本部下应支月粮军人姓名，而支粮入己，计所冒支之粮为赃，准窃盗论，免刺，至死减一等，此不以官粮坐罪而止准窃盗者，在彼虽有诈冒之情，在官实为应给之物，终是军人合得之粮，故注曰取之于军，非取之于官也。"同律之辑注："若非本管而冒支及他军或常人顶名冒支者，当以欺诈官取财律科之，若本军亲属冒支，则依亲属相诈欺。"又同律之辑注："冒支，是军人应支之粮，虽支于官，实取于军也，若军已逃故，粮即应除，不行扣除而入己，是阴取在官之粮矣，故注曰以常人盗官粮论。承委支放，即同监守，冒名支粮即同自盗，故注曰以监守自盗论。"

【冒示资格罪】【刑】为妨害秩序罪之一，即以公务员之资格，假冒示人为自己资格之罪，更分为二：(1)僭行公务员职权罪——因僭行民国或外国公务员之职权而成立。以非公务员僭行公务员职权之行为为必要。其处分为一年以下有期徒刑，拘役，或三百元以下罚金（刑法第一六五条）。(2)僭用公务员服章或官衔罪——因公然僭用民国公务员服饰，徽章，或官衔而成立。以公然僭用为必要，至所僭用者则以民国公务员为限。其处分为五百元以下罚金。（同法第一六六条）

【冒名】【史】滥用他人之姓名，曰冒名。明律（卷十五）、清律（卷十六）兵律关津篇——私越冒度关津条："若有文引，冒名度关津者，杖八十。"

【冒哀求仕】【史】在父母之丧中而求仕者，谓之冒哀求仕，应免所居之官。唐律（卷三）名例篇——府号官称条："冒哀求仕"，其疏议曰："谓父母丧禫制未除，及在心丧内者，并合免所居官之一官。"

【冒破物料】【史】在正用料物之外，多破少用，侵克入己者，曰冒破物料。明律（卷二十九）、清律（卷三十八）工律营造篇——冒破物料条："凡造作局院头目工匠多破物料入已者，计赃以监守自盗论，追物还官（清律之注曰：若未入已只坐以计料不实之罪）。局官并覆实，官吏知情扶同者，与同罪，失觉察者，减三等，止杖一百。"清律之辑注："此与计料不实者相似而不同，彼是本无私意，但一时错误耳，此是因欲入已，故意多破也。若不入已，则必由错误，故注云只坐计料不实之罪也。"同律之总注："多破者，于合用正数之外，虚冒多开，破费财物也。凡各局院头目工匠有所造作，而冒破物料，侵克入已者，计其入已之赃以监守自盗论，所侵之物照追还官。头目乃专管造作之人，工匠乃亲身造作之役，欺而冒破，与监临主守自盗财物无异也。止言局官不言院者，省文也。覆实者谓局院官报销，又委官覆勘其报销之数是否得实也。本局院官并覆实之官吏，知其冒破之情，而扶同不举者，与犯人同罪，至死减一等杖一百，流三千里。但失于觉察者，与犯人减三等，罪止杖一百。"

【冒认良人】【史】良人谓平民也，与杂户及奴婢相对称。冒认，谓伪以良人为奴婢之类是。明律（卷四）、清律（卷八）户律户役篇——收留迷失子女条："……若冒认良人为奴婢者，杖一百徒三年。为妻妾子孙者，杖九十，徒二年半。"

【冒桩】【史】于官用文书内捏造事实于上者，谓之冒桩。元典章（卷十一）户部给由篇——给由勘俸月日条："……其原来解由文字，多有冒桩不实、日月已有事发之人，详此。"

【则(則)例】【史】为清之行政法典之一，即汇集会典之新例疑义补足等而编纂之行政法典也，皆于各官厅编纂之。惟兵部有处分则例而无则例，且别有中枢改考之制定，又刑部亦不特编则例，盖关于刑事之事例，常编为条例而附入于律故也，按则例之纂修，十年一次，特开则例馆，设提调总纂纂修校对，覆校诸员，以各官厅之吏员兼任之，兹举各项则例于下：吏部铨选则例，吏部稽勋司则例，吏部念封司则例，户部则例，礼部则例，工部则例（上三条各详本条），国子监则例，八旗则例，理藩院则例，内务府则例，军器则例，物料价值则例。

【则(則)例便览】【史】为清沈湘南所撰，事见八千卷楼书目。

【则(則)例类编】【史】为清陆海所撰,不分卷,内容未详。

【前手】【票】Prior party or predecessor　票据转让时如依背书方法为之,其让出人曰背书人,其让受人则曰被背书人,被背书人称背书人曰前手,例如甲以票据依背书让与乙,乙再让与丙,丙复让与丁,则甲为乙之前手,乙为丙之前手,丙则为丁之前手,而甲则为丙之前手之前手矣。

【前文】【通】Preamble　又称弁言,即条约或宪法等条文之编首,所载关于叙明该项条约之缔结与宪法之制定的旨趣及理由之文字也。

【前付买卖】【债】为买卖分类之一种,与现买卖赊买卖相对称,谓买受人先支付价金始由买主移转权利也。

【前目】【通】Preceeding sub-paragraph　(详前条内)

【前婚】【亲】Former marriage　又名初婚。(详该本条)

【前条】【通】Preceeding article　凡文书中有依条项款目等次序排列者,由后条文指前条文为前条,由后款指前款者为前款,由后目指前目者为前目,其余依此类推,例如法律中有条项款第九条指第八条为前条,第三款指第二款为前款第三目指第二目为前目是也。

【前款】【通】Preceeding paragraph　(详前条条内)

【前项】【通】Preceeding clause　法律条文对于前条某项之称谓。

【前汉之法典】【史】前汉之法典计有下列三种:(一)约法三章。(二)律九章。(三)汉律令。(详各本条)

【前疑】【史】旧制天子之前后左右有臣子四人侍奉,其前侍者,谓之前疑,礼记—文王世子篇:"虞夏商周有师保,有疑丞",疏曰:"古者天子必有四邻,前曰疑,后曰丞,左曰辅,右曰弼。"

【前审】【民刑诉】Antecedent trial　现在系属之审级,称直接之以前审级之审判为前审,例如现在系第二审,则称前此之第一审为前审是。

【勇营】【史】清初之军队仅有八旗(满人编成)及绿营(汉人编成)二种,乾隆中台湾林爽文之变,始有义勇军之募集,湖广及贵州之苗匪,川陕①之教匪(白莲教),亦召集义勇兵以讨伐之,道光同治年间之太平天国一役,及咸丰同治年间之捻匪回匪,亦均赖义勇兵之平定,因此各处多有义勇兵营之设置,所谓勇营是也,历来义勇兵有楚勇,湖勇,广勇,寿勇,除勇,湘勇,淮勇等,中以曾国藩所募之湘勇及李鸿章所募之淮勇,尤为闻名,其后流弊丛生,遂予裁废,清末,始练新军以代之。(清国行政法卷四参照)

【敕(勅)】【史】敕一作敇,又作勅,与饬相通,即警饬之义,释名:"敕,饬也。使自警饬不敢废慢也。"汉代始以敕为皇帝之命令之一种,后汉书—光武纪之注曰:

① 原书为"峡",系排版之误。

“汉制度曰，帝之下书有四，一曰策书，二曰制书，三曰诏书，四曰诫敕，诫敕者，谓史太守”，汉以前所称之敕，并无皇帝命令之意义在内，如三代以上皇帝命令，均用典、谟、训、诰、誓、命等六字，而总称则曰书，事物纪原（卷二）：“三代而上，王言有典、谟、训、诰、誓、命凡六等，其总谓之书，汉初定仪则四品，其四曰戒敕，今敕是也，自此帝王命令始称敕，至唐显庆中，始云不经凤阁鸾台，不得称敕，敕之名遂定于此。”清之初修会典谓申明职守曰敕，在皇朝政治学问答一书中亦有同样之解释，是敕与诏异其义也。

【敕（勅）式】【史】为宋法典之一，敕殿之属，有熙宁三司敕式，诸司敕式，及元丰诸司敕式，熙宁三司敕式者，熙宁七年三月，王安石等所撰，凡四百卷，九年九月，编修令式所，上诸司敕式四十卷，内有阖门抬赐式一，本支赐式二，赏赐赠式十五，问疾浇奠支赐式一，御厨式二，炭式二，元丰诸司敕式者，元丰二年六月，左谏议安焘等所上也。

【敕（勅）命】【史】对特定人予以恩命或命令，谓之敕命，嘉庆会典之注曰：“敕封外藩覃恩封赠六品以下官及世爵有袭次，曰敕命。”

【敕（勅）封】【史】（详敕授条内）

【敕（勅）授】【史】清制凡六品以下之官遇有覃恩予封（朝廷庆典时之封赐），对其本人所予之封赐谓之敕授，对其曾祖父母祖父母及妻子于生存时所予之封赐，谓之敕封，于死亡后所予之封赐谓之敕赠。（会典吏部）

【敕（勅）谕】【史】对于臣下直接以敕告谕或对外藩及外任官以敕谕告之，皆曰敕谕，汉书一东平王宇传：“奉玺书敕谕之”，嘉庆会典之注曰：“谕告外藩及外任官坐名敕，传敕曰敕谕。”

【敕（勅）赠】【史】（详敕授条内）

【南北司】【史】唐代宦官称为北司，内阁称为南司。

【南北卷】【史】清时之科举，对于考试成绩之评定，为便利计，特将南省之与考者与北省之与考者之考卷，依其地方区别为南卷与北卷，故有南北卷之名。（科场条例）

【南北选】【史】明时为预防官吏之徇私请托流弊起见，南人以北方为任地，北人则以南方为任地，谓之南北选。（明会典吏部）

【南司】【史】为御史中丞之别称。

【南京六部】【史】明初都于金陵，设吏部、户部、礼部、兵部、刑部、工部，以分掌各部之政务，其后移都北京，金陵六部之官仍存，称曰南京六部，但仅系一种名誉官，并无何项实际职务，与清朝之所谓盛京六部之专掌族人及与族民交涉之民政事务者有别。

【南洋大臣】【史】清时有南洋大臣与北洋大臣之设置，南洋大臣一人以两江总督兼充，掌中外交涉之总务，专辖上海人长江以上各口，其闽浙粤三省则兼理焉，凡交涉之事则督所司办理之，待其上以裁决，疑难者则咨总理衙门，大事则奏闻，凡税钞则稽察之，按结汇其册以奏销，仍分咨总理衙门及户部以备核，其支销者亦如之（余与北洋大臣同）。北洋大臣一人以直隶总督兼任掌北洋洋务海防之政令，凡津海东海山海各关政悉归其统治，凡交涉之务则责成于关道，而总其大纲以咨决于总理衙门，凡大事则奏陈请旨，凡征榷之务，则关道上其册于大臣，按结奏报，并咨总理衙门及户部以备核，凡洋人游历请照，则给，有照者则盖印，凡招商之务，则设局派员以经理之，其安设各路电线亦如之（大清会典卷百）。此外南洋水师北洋海军亦各归南洋大臣与北洋大臣分别统率。（清国行政法第一下）

【南省】【史】为礼部之别称。（锦字笺卷一）

【南苑】【史】清时在北京永定门外二十里之地有皇室所属之苑囿，名曰南苑，其守备队有总尉一人，骁骑校二人，门军三十六人，余催十人，马甲九十人，属于内务府奉宸院。（嘉庆会典卷七十九）

【南宫舍人】【史】为礼部郎中之别称，锦字笺（卷一）："礼部郎中，掌省中文翰，谓之南宫舍人。"

【南宫眉目】【史】为吏部员外郎之别称。（锦字笺卷一）

【南曹】【史】吏部员外郎在南宫，掌选院之事，谓之南曹。（锦字笺卷一）

【南斯拉夫法】【通】Law of Jugoslavia　南斯拉夫国一名曰巨哥斯拉夫国，巨哥即南之义，以其为斯拉夫族之建国于最南之处也。惟其详名则称为塞尔维亚、哥罗西亚、斯罗樊司王国（Kingdom of Serbs，Croats，and Slovense），地据巴尔干半岛之西北部，北界奥匈二国，东界罗马尼亚与保加利亚，西沿亚得利亚海，西北与意大利相接，南与阿尔巴尼亚及希腊相联，按南斯拉夫民族，乃散布于多脑河域，以农业为主，十一世纪时与东罗马帝国脱离，自立王国十四世纪中领土扩大，据有巴尔干半岛以北之大部分，一三八九年为土耳其人所占，而为土耳其帝国之一部，十九世纪初年，屡次叛变，与土军激战，至一八七八年之柏林条约始承认塞尔维亚为独立王国，然仍未能完全达到完全目的，一九一二年巴尔干半岛各小国复组成巴尔干同盟，大破土军，塞尔维亚王国遂能全然独立，惟当时与塞尔维亚同种之哥罗西亚人及斯罗樊司人，仍受奥匈保等国之统治，而奥之对塞，仇视尤甚，奥皇太子之被塞人所杀，卒演欧洲大战，但不久塞国竟为德奥军队所占领，至一九一八年大战告终，塞国始得恢复，另成南斯拉夫王国，其领土包括前塞尔维亚王国前门的罗哥王国，旧匈属之哥罗西亚（Croatia）及斯罗樊尼亚（Slavonia）二省，旧奥属之波斯尼亚（Bosnia）及黑塞哥维那二州，旧匈属巴纳特（Banat）之西部一带，旧奥属之斯罗樊尼亚（Slavenia）以及达尔马提亚（Dalmatia），沿岸一带及小岛等在内，其民族非常复杂，而主要者有三：即塞尔维亚人，哥罗西亚人及斯拉樊尼亚人合计共一千二百万，而土地面积则为九万六千余方哩，关于法律制度因其国之宗教为希腊教故与捷克或波兰之属于罗马教者其法律制度之演进颇有异致，然皆系受罗马法律之影响者为多，例如一三一二年之达尔马提亚（Dalmatia）地之斯帕勒杜城之法典（Law-code of Spalato），在斯帕勒杜城之人口十分之九为斯拉夫人民，而该法典则为拉丁文字所书成，盖该城前昔曾为威尼司（Venice）人所征服，而罗马法之输入即始于是，至于南斯拉夫之其他各地则多受罗马希腊法（Roman-Greek Law）之灌浇，例如在阜姆（Fiume）之外有一大岛曰威格利亚（Veglia）曾为古时斯拉夫民族所建立之Duchy of Verbenik之根据地，曾采用由斯拉夫古字与希腊字母所混合而成之文字称曰Glagolite script当时之法典Law-code of Verbenik亦为此种文字所作成者，内含罗马希腊法之色彩甚多，此外尚有一最可纪念之法典称曰Code of Stefan Dushan为Serbs王国之统一法典之鼻祖，乃塞王Stefan Dushan在位时（一三三六以后）所制定者，内容多带有罗马希腊法律（宗教法及民法）之成分，以俄希文字所书成，此种法典之写本今存于波希米亚之帕拉哈地之国立博物院（National Museum at Praha，Bohemia），总上所述，是塞尔维亚并无以其自己文字书成之国家法典，以其多系受外来文化之侵入故也，即自Stefan王以后，约在一四六〇年之顷，土耳其人入据进扰其地，回教输入，回教法律亦相继施行全境，南斯拉夫人之为回教徒者益众，十九世纪间奥国势力弥漫巴尔干全半岛各地，而南斯拉夫之法律又为第三种之外来法律——罗马化之日耳曼法律所侵入，在一八四四年之半独立状态时之塞尔维亚曾制定一民法典，大部分均以奥国法律为根据，即国内之司法官署之建筑亦每仿效土耳其方式，故今日之南斯拉夫法律制度，实为一罗马，日耳曼，及回教等法系之混合物，现行宪法系完成于一九二一年六月二十八日，经宪政会议正式通过，全文共分十三章，都一百三十八条，兹将其要点举述于下：（一）南斯拉夫为世袭君主立宪国，名为南斯拉夫（即巨哥斯拉夫）王国。（二）国民在法律上一律平等，贵族荣衔及其他出生上之一切特权，均不承认之，个人自由权亦应予以保障，无论何人不受非主管法院之审判，刑罚非经法律规定不得成立，死刑不适用于政治犯，但犯危害国王，王族罪，或其未遂罪时刑法典规定应处死刑者，则为例外。（三）国民有住居之自由，其住所不可侵犯。（四）国民对宗教及信仰，应受保障，任何人不得藉口教会规例，以免除民事及军事上之义务，无论何人无公然遵奉宗教之义务，亦无参与宗教礼节之义务，但关于国家典礼，及对于亲权监护权及军权所统属之人而为法律所规定者不在此限，又教主在教堂内不得以文字或于行使职务时利用教权辅助政党。（五）国民有出版之自由权，但报章印刷品如有下列情形之一者，不得出售及分发：(1)载有侮辱元首，皇族，外国元首，国会议长之文字者。(2)载有煽动人民，以武力改变宪法或法律之文字者。(3)载有妨害风化之文字者。（六）国民有依法集会及结社之权，且有请愿之权。（七）艺术与科学不受限制，大学教育完全自由，初等教育由政府办理具有普通及强迫性质，全国所有学校均应以民族统一，及宗教宽容精神培植德育发展民智，惟其他少数种族，得依法用其原有文字教授初等教育。（八）国民有通信之自由权，书信，电报，及电话原则上不得侵犯。（九）凡出生或归化为南斯拉夫人民而具备法定资格者有担任一切公职之权利，而人民对官吏之渎职致受损害时得迳向法院告诉（关于国务员，法官及作战兵士，另行规定之）。（十）人民有服从法律，防护国家，及分担租税之义务。（十一）关于社会经济之规定，如劳动之受政府保护，劳动之均等机会，契约之自由（以不抵触社会利益为限）。政府对人民间经济关系依法所加之干涉，婚姻之保护，合作事业之补助，农业之保险及其他社会保险（如土人，海员等），私有财产权之依法受保障，遗赠之转授之禁止，遗产税之征收，森林之保护与征收为国有，封建关系之废除，大宗地产之征收与支配等，皆设有明文，或定明另以法律规定之，至于所谓“另以法律”（即社会法规与经济法规），其制定权乃属诸另行组织之经济委员会。（十二）政权由国王与国会共同行使之，行政权属于国王，而由负责之国务员依法行使之，国王有批准及公布法律，命任国家官吏及授与军职，勋章荣号之权，且为海陆空军元师，对于罪犯有特赦及大赦之权，对外代表国家并行使宣战（惟有例外）及媾和，国会之召集亦由国王为之，国王身体不可侵犯，且不负任何责任，所颁发之一切文件须由主管部长之副署始生效力，主管部长对于国王之一切言辞或书面文件，不论是否副署，以及附有政治性质之一切行为均应负其责任，海陆军部长对国王以元帅资格所作之一切行为亦应负责。（十三）彼得一世统治本国（皇太子为亚力山大）并以其卑属亲生于合法婚姻之男性依据嫡长之顺序世袭之，若无男性继承人时经国会之同意于旁系亲属中指定一人继承之。（十四）国王未届成年（以满十八岁为成年）时或国王患有精神病或心理病症不能常期行使王权时，王权由摄政行使之（摄政由国会选举之，以三人为限，任期四年为原则，逾期改选），摄政须为出生于南斯拉夫而为南斯拉夫之公民年在四十五岁以上受有高等教育者，至于适用本法之规定时王位仍无承袭人者，则由国务会议掌握王权，并立即召集国会开特别会议以决定王位之归属。（十五）国会以普遍平等直接及秘密方法，并兼用少数代表制，由人民自由选出之议员组织之，任期为四年，凡出生或归化而为南斯拉夫之公民年满二十一岁者均有选举权（现役或候补军官以及现役军佐及兵士，均无选举及被选举之权），议员之当选资格为：(1)出生或归化为南斯拉夫之人民，但归化之人，若非南斯拉夫人种，自归化日起，应居住于国内在十年以上。(2)年龄满三十岁者。(3)能诵读书写本国文字者，议员系代表国民全体，非仅代表其选举人。（十六）国会对于国王之与外国缔结条约在原则上有预先同意之权，国家领土非预得国会之准许不得让与或交换，又国会对于选举及行政问题有调查考究之权，对国务员且有咨询或质问之权。（十七）国会于每年十月二十日在首都开会（非常会议不在此限），开会时须有议员三分之一之出席，其议决案须经出席议员过半数之通过始为有效，法律草案应于国会同一会期内经过两次表决方得认为通过，国会议员之发言与表决绝对不负任何责任。在任期内其身体依法不可侵犯受有保障，即国会议场亦受保障，任何机关均不得对国会实施权力行为。（十八）负责行使行政权之国务会议，由各国务员组成之，直属于国王，国务总理及国务员均由国王任免之，以分管国家行政各部（亦有不管部之国务员）。国务员对国王及国会负责，如有违犯国家法令时得对其提出弹劾案，依法交付国事法院裁判之（国事法院由参政院参政六人及最高法院法官六人各就其参政法官中抽定组成之，以最高法院院长为主席）。其所犯之罪名在刑法典未规定时依国务员责任法（为一种特别法）定其刑罚。（十九）全国行政区域分为省、州、县及市，每省不得超过八十万人口以上，两省或数省得合并为一大省，各省省长由国王任命之，关于地方事务由地方自治机关规定之，自治机关以选举为原则，省行政机关为省议会与省行政委员会，县行政机关亦同（行政委员会委员由议会选出），省长为全省最高行政长官，对于自治机关之一切决定，如认为有背宪法，法律，及省法规之处，得停止施行，该机关对于省长之裁决不服时得于法定限期内向参政院上诉。(二十)参政院为最高行政法院，掌理行政方面之争讼，其参政官半数由国会提出二倍之候选名单，由国王任命之，其他半数由国王提出二倍之候选名单由国会选定之(但有例外规定)，仅国家高级官吏及曾受大学教育或曾任政府职务十年，及从事于团体事业十年者，始得任命之，且其全数中至少仍须有三分二之人数具有大学法科毕业证书，至参政院之职权计有下列各种:(1)以最高行政法院之资格，处理一切行政争讼事项，对于各部之裁决及部令之上诉，初审与终审均由参政院判决之。(2)以最高行政机关之资格，规定一切行政事件之性质，依特别法律之规定，该项事件须经其批准。(3)依照法律之规定对于自治团体行使监察权。(4)处理关于政府行政机关间管辖权之争执，以及政府行政机关与自治机关间管辖权之争议。(5)规定法定权限内之其他事项，关于下级行政法院所在地及其职权与组织另以法律规定之。(二十一)司法权由法院行使之，法院判决及裁决，以国王名义依据法律宣告并执行之，法院之审判完全独立，不受任何干涉，不论在何种情形内，均不得设立非常法院或侦查委员会，关于回教之家族与承继案件，则另由政府之回教法官审判之，全国仅设最高法院一所，受理军政机关与司法机关间管辖权之争议，并受理行政法院与普通法院间管辖权之争议(其下为高等法院与地方法院)，最高法院与高等法院之法官，以及地方法院之院长由司法部长就法定选举团所选定之候选人，提请国王任命之，各级法院之法官均为终身职且受法律之特别保障。(二十二)国家每年须有预算案由国会表决之，其有效期限仅为一年，各种赋税仅得依据法律课征之，担负赋税为共同义务，所有赋税全国一律，人民之负担，依照纳税人之能力以累进税行之(即国王及王太子之私有财产亦须纳税)。(二十三)国有财产原则上由财政部长管理之，矿产、水利、矿泉及天然物力，均为国有财产，处分国有财产之方式以特别法规定之。(二十四)国家之最高审计机关为主计处，主持政府决算之审查，并监督政府及各省预算之施行，设主计长，及主计官，由国会就参政院提交之候选名单中选定之(并应选出多二倍之候补人)，其半数应为法学专家，其他则应属于曾任财政部长或在财政界正式供职十年以上者，均为终身职，凡对主计处之裁决如有不服者，得上诉于最高法院。(二十五)兵役依法应普遍行之，关于陆海军之编制及兵额均由国王定之，军事法院完全独立，审判时，不受任何权力之干涉，计分为高级法院与初级法院二种，前者之法官为终身职，后者之法官则依法不得罢免，均受一定之保障，至于军事法院之判决其终审亦属于最高法院，非军人犯罪涉及军事者，在平时均由普通法院审判之，战时则属于军事法院，国民均有服兵役之义务，凡年满二十岁者若未服兵役或依军事法律经免除兵役义务者，不得担任或保留政府公职。(二十六)宪法之修正由国会会同国王决定之，其修正案或补充案应由国王或国会提出之，修正案如由国王提出者，于送达国会后，国会应即解散，另行召集新国会，若该修正案系由国会提出者，则应依照议决法律草案方式办理，并须经总数五分三之通过，于通过后，国会应即解散另行召集新国会，在上述两种情形所召集之新国会，仅得依原提案修正或增补之，其议决须经议员总数过半数之通过始为有效。

【南衙】【史】唐时称宰相为南衙，又曰南司，以中书，门下，及尚书三省皆在大内之南故也，南朝时代则以御史中丞为南司。

【南台奏事】【史】南台奏事计有二种，一为二十二卷，事见隋书经籍志刑法类及旧唐书经籍志刑法类并新唐书艺文志刑法类。一为九卷，事见新唐书艺文志故书类。

【南齐之法典】【史】南齐法典，仅有永明律，初晋杜预张裴，皆注律，自泰始以来，常引此二注，解释律文，然律文简约，一章之中，两家注解各异，狱官临时斟酌判决，易行非曲，及齐武帝即位，留意法令，诏狱官一定旧注，永明七年，尚书删定郎王植，采取张裴注七百三十一条，杜预注七百九十一条，或二家两释，于义乃备者，又取百七条，其注相同者，取一百三条，集为一书，凡一千五百三十二条二十卷，乃诏公卿入座，参议考定，以竟陵王陆子良为总裁，众说异同不决者，受制旨决之，至永明九年，书成，凡二十卷，序一卷，廷尉孔稚圭，为表上之，按旧唐书经籍志，作齐永明律八卷（宋躬撰），唐书艺文志宋躬作齐永明律八卷，然齐律实二十卷，篇目二十篇，观南齐书卷四十八所载律文二十卷，录叙一卷，又六典卷六注云宋及南齐律之篇目及刑名之制略同，唐律疏义卷一云，宋齐梁及后魏，因而不改，则称二十卷二十篇，是也，其云八卷，盖合数篇而为一卷耳。

【南关法场】【史】旧制执行刑罚之场所多在城外之南关，故每称曰南关法场。（六部成语注解）

【即(卽)位】【史】封建时代，人君就天子之位，曰即位，并不以天子为限，即诸侯亦沿用此称，春秋一桓公元年："春王正月公即位"，白虎通："不旷年无君，故逾年即位改元，名元年，年以纪事，君名其事矣，而未发号令也。何以言逾年即位，谓改元即位，春秋传曰，以诸侯逾年即位，亦知天子逾年即位也。"

【即(卽)成犯】【刑】为犯罪种类之一，对继续犯言，即犯罪于实行后无须费若干时间而即完成其行为之谓，换言之，即于仅少之时间完结犯罪之行为也，一般之犯罪皆属之，例如以刀杀人其杀人之行为即同时终了是，其时效应从实行终了时起算。

【即(卽)决】【行】Summary judgment　犯违警罚法所列举之规定时，由警察机关人员直接向被告讯问，毋须经过其他手续而即加以判决者，曰即决，乃行政处分之一种。

【即(卽)时主义】【海】为共同海损分担额之估价标准立法例主义之一，对航终主义言，谓共同海损分担额之估价，应以处分行为当时之状态定之也，英国海商法采之。

【即(卽)时代执行】【行】行政上之强制执行在原则上皆预先向义务人催告，令其履行，违者始加以代执行，至于因有急迫情事而不预先催告即迳予代执行者，则称曰即时代执行。

【即(卽)时抗告】【民诉】Immediate complaint　又称特别抗告，由裁定送达后起，于七日之不变期间内所为之抗告，曰即时抗告，例如当事人对法院声请拒却鉴定人之裁定所提之抗告是。（民诉第三二〇条、第四五三条）

【即(卽)时取得】【物】Immediate acquisition　为动产所有权取得方法之一，

又名瞬间时效，我国民法规定动产之受让人占有动产而受关于占有规定之保护者，纵让与人无移转所有权之权利，受让人仍取得其所有权，例如盗赃有回复权人自被盗时起，一定期限内不向善意占有人请求者，占有人自应取得所有权，所以确定权利状态，维持交易上安全也(民法第八〇一条)，即通常所谓以平稳公然方法开始占有之是也。但仅以善意而无过失者为限。

【即(卽)时承兑说】【票】Theory of immediate acceptance 为对于承兑提示时应否即须表示之立法例之一，对延期承兑说言，谓付款人于执票人提示承兑时，应立即表示承兑之可否，不得延长考虑期间也，故许可承兑即须签名，不许承兑即须作成承兑拒绝证书，匈德各国采之。

【即(卽)时买卖】【债】即时买卖(Immediate purchase and sale)为买卖分类之一种，与定期买卖相对立，谓与买卖成立同时为权利之移转或物品之交付也。

【即(卽)期票据】【票】又称见票即付票据。(详该本条)

【叛乱罪】【军】民国五年三月十九日北京政府曾颁布陆军刑事条例，其第二编第一章即有叛乱罪之明文(第二十四条—第三十二条)。现行陆海空军刑法第二编第一章(第十六条—第二十四条)。亦有本罪之规定，例如背叛党国，聚众暴动，或意图叛乱，聚众掠夺兵器、弹粮、舰船、飞机，以及其他军用物品，或其制造局厂者等皆属之。

【品式】【史】即法度之谓也，唐律(卷一)名例篇："大则乱其区宇，小则睽其品式。"其注曰："汉宣纪赞，枢机周密，品式具备。品式犹言法度也。"

【品秩】【史】品者官品也，秩谓秩禄，即俸给之义。事物纪原(卷四)："自太昊以龙纪官，唐虞建官惟百，未分品秩，周官以九仪正邦国，自一命至九命，汉自中二千硕，止二百硕皆有，魏文帝延康元年陈群立九品官人之法，后魏文有从品，孝武自四品以下每品为阶，北齐九品各分正从，则品秩之原，肇于魏陈群也。"

【咸平编敕】【史】为宋法典之一，真宗咸平元年十二月，给事中柴成务等，上删定编敕，先是命户部尚书张齐贤等，删定淳化以后尽至道末续降编敕，及十一月上之，至是更诏柴成务等，重加详定，凡十一卷十二门二百八十六条，详见玉海所引真宗实录，又咸平二年七月，户部使索湘撰三司删定编敕六卷，上之，宋史卷一百九十九刑法志曰："太平兴国中，增敕至十五卷，淳化中倍之，咸平中增至万八千五百五十有五条，诏给事中紫成务等，芟其繁乱，定可为敕者三百八十有六条，准律分十二门，总十一卷，又为仪制令一卷，当时便其简易。"

【咸雍重修条例】【史】计七百八十九条，为辽时乙辛等奉敕所撰，久已佚亡，辽史一刑法志："咸雍六年，帝以契丹汉人风俗不同，国法不可异施于是命惕隐苏、枢密使乙辛等更定条例，凡合于律令者，具载之，其不合者别存之，时校定官即重熙旧制，更窃盗贼二十五贯处死，一条增至五十贯处死，又删其重复者二条为五百四十五条，取律一百七十三条，又创增七十一条，凡七百八十九条，增重编者至千余条，皆分类别，以太康间所定，复以律及条例参校续增三十六条，其后因事续校，至大安三年止，又增六十七条，条约既繁，典者不能偏习，愚民莫知所避，犯法者众，吏得因缘为奸，故五年诏曰，法者所以示民信而致国治，简易如天地，不惑如四时，使民可避而不可犯，比命有司，纂修刑法，然不能明体朕意，多作条目，以罔民于罪，朕甚不取，自今复用旧法，余悉除之。”

【哀子】【史】(一)母亡而父存者其人称曰哀子(唐开元礼)。(二)父母之丧，卒哭前吊文皆称哀子，卒哭后则称孝子。(清通礼)

【哀的美敦书】【国公】哀的美敦书原自拉丁语 Ultimatum 一词，又称最后通牒。(详该本条)

【哀启】【史】丧事者向他人所作关于丧事之通知书，曰哀启，附于讣文之内，其内容乃叙述关于死者之略历及临终病状等。

【哀诏】【史】天子驾崩向国中所颁之布告，谓之哀诏。

【哀诔】【史】对于死者之言行加以叙述以表示其哀情者，称之谓哀诔，哀诔与哀辞，在体裁方面，略有不同，盖哀辞之作，皆用韵语且为四言骚体，而哀诔则系累举死者生前之履历，虽亦用韵，惟非四言骚体，且多为尊长者对于卑幼者始用之。

【哀辞】【史】对于死者追悼吊亡之文章，曰哀辞，汉班固作梁氏哀辞，实为哀辞之滥觞。后人因之，其文体有一定作法，恒用韵语：“按哀辞者哀死之文也，故或称文，夫哀之为言依也，悲依于心，故曰哀，以辞遣哀，故曰哀辞也。昔汉班固初作梁氏哀辞，后人因之，代有撰者，或以有才而伤其不用，而痛不寿……是哀辞之大略也，其文皆用韵语云云。”(文体明辨)

【咨】【行】同级机关往复时所用之公文曰咨。

【咨文】【史】清制，咨为官文书之名，即公文程式之一种，同等平行官署间之行文皆曰咨文。

【咨呈】【史】清制无统属关系之官署向地位略高之其他官署所为之官文书，谓之咨呈，在民国成立后之北京政府时代，各特任官署行文国务院时用之，但国务院与之行文则仍用咨。

【咨送】【史】清制，官吏之考取及拣选概属吏部之职权，其不由吏部办理者，则各衙门于试验后及拣选其及第者送吏部请求任官之手续，是曰咨送，会典一吏部附例：“考试拣选不由部办理者，听各衙门于考试拣选后咨送，由部引见，奉旨注册。”

【咨陈】【史】民国成立，在北京政府时代之公文程式有所谓咨陈者，实咨之一种，乃各地方之最高级官署向中央政府各部院陈情报告时所用之文书。

【呙(咼)】【史】为刑罚之一种名称。(详凌迟条内)

【型式法庭】【通】Moot court 又称模范法庭，或假法庭，即在学校中所设立之假法庭以供学生练习审判及辩护等之用者也，其审判官多以教师充任，或由学生充任，至双方律师及当事人则由学生任之，而教师则从旁任指导之责。

【契刀】【史】为汉王莽所造之钱，其圆环之大小，与钱相等，全部之形如刀，即上部如刀柄为环形，下部与刀相似，长二寸，于上面刻有字文，曰契刀五百，契字本作栔。(汉书王莽传)

【契本】【史】元制，凡田宅之出典与买卖，须经其亲属，邻居及其保人等于契字上共同署名，然后赴官缴纳一定之税款，是曰税契，此时官方应给买主以契约证明书，以为保障其所得权利之用，此项证明书，谓之契本，每本收实钱三钱。（元典章卷十九户部五）

【契印】【通】Joint seal（英）；Siegelverbindung（德） 为日本名辞，与我国所称之骑缝印意义相同。

【契约】【民总】Contract 为法律行为之一，对单独行为及共同行为言，又称双方行为，即由双方之意思表示而成立之法律行为也。故以有相对方意思表示之合致为必要，例如买卖赠与贷借皆是。

【债】Contract 为债之发生原因之一，有广狭二义，广义契约者，总称以私法效果之发生为标的之合意也；狭义契约指成立债权为目的之合意也。我国民法上所谓契约乃指狭义而言，即所谓债权契约（即当事人互相表示意思一致而以发生债权债务关系为标的之谓也）。故契约者乃二个以上之当事人以对立的意思表示之合一为要素之法律行为也，其要件有四：(1)须为法律行为。(2)须有二人以上之意思表示。(3)二人以上之意思表示须合一。(4)其当事人须为对立的。契约之分类有下列十一种：(1)双务契约与片务契约。(2)有偿契约与无偿契约。(3)要物契约与诺成契约。(4)要式契约与不要式契约。(5)有名契约与无名契约。(6)本契约与预约。(7)主契约与从契约。(8)实定契约与射幸契约。(9)物权契约与债权契约。(10)亲属契约与继承契约。(11)有因契约与无因契约。(12)生前契约与死因契约（详各本条）。契约成立之时期其情形有五：(1)对话人间立时承诺时为成立期。(2)非对话人间即在要约人受信时成立，上述二种有例外规定，即当事人为约定其契约须用一定方式者，须该方式完成后方正式成立。(3)不要承诺通知者，即于承诺事实完成之时（第一六一条）。(4)要物契约则须完备物的要素时成立。(5)交错要约之契约，须于意思表示到达时成立，按契约之标的除须确定或得确定及合法外，尚须以给付可能为要件（第二四六条）。如至不能给付为标的之契约，其效果即为无效，当事人于订约时知其不能或可得而知者，则对于非因过失而信契约为有效致受损害之相对人，当负赔偿责任。（第二四七条）

【契约上之利息】【债】Stipulated interest 又曰约定利息。（详该本条）

【契约不履行之抗辩】【债】Einrede des nicht erfüllten Vertrags（德） （详同时履行之抗辩条及同时履行抗辩权条）

【契约之内容】【债】Vertragsinhalt（德） （详契约条内）

【契约之效力】【债】Validity of contract （详契约条内）

【契约之解除】【债】Rescission of the contract 谓当事人一造行使法律或契约所赋与之权利（即解除权）为一定之意思表示，使该债权契约之一切效果消灭而回复契约未缔结前之原来状态者也。故其性质为：(1)解除乃当事人一造之意思表示。(2)解除乃解除权之行使。(3)解除乃专关于债权契约。(4)解除系使契约之一切效果消灭，而回复契约未缔结前之原来状态，关于契约解除之效果，学说有三：

(1)直接效力说——谓解除有溯及力,系使契约所生之一切效果全然消灭,回复当初未缔结前之原来状态。(2)间接效力说——谓解除无溯及力。(3)折衷说——亦认解除无溯及力,惟因债权已履行与否而效力不同,在未履行时则因解除而债务消灭,在履行后债务人因解除而取得新之偿还请求权,以上三说以第一说为当。(参民法第二五九条)

【契约之审判籍】【民诉】关于契约关系事项涉讼时之应归何处法院受理,是曰契约之审判籍,我国民事诉讼法第十四条规定:"本于契约或票据有所请求而涉讼者,得由义务履行地之法院管辖。"

【契约地法】【国私】Law of the place where the contract is made(英文);Lex loci contractus(拉丁)　契约地法者,即契约成立或效力发生时所在地之法律也。凡契约之要约地与承诺地不同者,其契约之成立及效力,以发要约通知地为行为地,若受要约人于承诺时不知其发信地者,以要约人之住所地视为行为地。(我国法律适用条例第二十三条)

【契约法】【债】Law of contract　关于契约法规之总称,曰契约法。大陆法系法律,以契约法为债法或财产法之一部,英美法系则以之独立称之为契约法。

【契约书】【债】Written contract　契约当事人以协议方法所作成之文书,谓之契约书。

【契约关系】【债】Relation of contract　所谓契约关系,乃指依据契约所成立之债权债务之关系而言。

【契纸】【史】谓契约书也,凡为动产或不动产之买卖,必须订立契纸经官承认,始为有效,此项惯例远起于周代,周礼"大司寇之职,以两剂禁民狱",所谓两剂乃指原被两造所持之证据书类而言,有司审判时,均应以之为根据,后世所称之契纸其范围甚广,举凡一切契约于订立时所作成之证明书,均称曰契纸。

【契据】【土】Title deeds　即证明土地所有权之文件也。其上手各契据曰老契,均可为土地所有权权源之证明,第一次土地登记时,应与其他文件连同声请书交由地政机关之契据专员审查之。(第九五条)

【契据专员】【土】契据专员者,谓掌司审查第一次土地登记之声请书及契据并其他一切关系文件之专任人员也。凡未经依土地法登记所有权之土地,声请为第一次所有权之登记时提出之声请书,土地他项权利清折,契据,及其他关系文件,应由契据专员审查之,契据专员审查完毕后,应具审查报告书记载下列各项,并签名盖章:(一)土地标示——(甲)坐落。(乙)种类。(丙)四至界限。(丁)面积。(戊)定著物情形。(己)申报地价。(庚)申报定著物现值。(申)四邻土地概况。(壬)现时使用状况,使用人姓名,及使用人与所有权人之关系。(二)所有权来历——(甲)上手各契据及其移转实情。(乙)最近契据记载所有权人是否为声请人名字或其别号,如非声请人时,详述其关系,并其所以为声请人之理由。(丙)检验关系所有权之粮串,租约,房捐收据,继承遗嘱,赠与书据,法院判决书,及其他证明所有权之书据为简要说明。(丁)契据记载所有权人不止一人时,应查明各个人姓名住所。

(三)所有权以外之权利关系——(甲)列举权利种类,内容及,述明其来历。(乙)权利关系人姓名,住所。(丙)四邻界线关系及各关系人之姓名,住所。(四)保证书之调查——出具保证书之保证人或有关系之其他证明人,其姓名,职业,住所,及与土地权利义务人之关系,应调查确实为简要说明。(五)备考事项——(甲)其他足以证明所有权或所有权以外权利之事物,为前各款所未备举者。(乙)契据专员审查结果之意见。(土地法第九十五—九十六条)

【奏本】【史】清制,上奏文计有二种,一曰题本,又称本章,二曰奏本,又曰奏折。

【奏事】【史】向天子面陈事由谓之奏事,唐律(卷二十五)诈伪篇——对制奏事不实条之疏议:"奏事,谓面陈事由。"

【奏准】【史】事有应如此办具折奏明,奉旨允准,谓之奏准。(皇朝政治学问答)

【奏报】【史】凡具折入奏,报明某事,皆为奏报。(皇朝政治学问答)

【奏奖】【史】清时,官吏有功绩或人民有所捐输者,各该管官署应将事实一一开明于折内,奏请皇上加恩奖励,是曰奏奖,皇朝政治学问答:"官员有劳绩,民人有捐输,一一开单,附入折内,请皇上加恩奖励,谓之奏奖。"

【奏对失序】【史】侍从之臣如宰执大臣史馆谏垣之类及专承顾问者因其官职均有高卑,高者先行回奏,卑者以次进对,若应先者而后之,应后者而先之,是为奏对失序,均应处罚,然此乃诸臣统承顾问而言,若专问一人,虽最卑者,亦当进对,不在本条之内,明律(卷十二)、清律(卷十七)均有奏对失序条之设:"凡在朝侍从官员,特承顾问,官高者,先行回奏,卑者以次进对,若先后失序者,各罚俸一月(明律原文惟各罚俸钱半月)。"

【奏折】【史】(详疏章条内)

【奏调】【史】调某官员,请某案卷,凡应请用者,皆准奏调,盖即奏请准予更调官吏或变更事件之谓也。

【奏请】【史】不敢定其如此,请旨如何办理,谓之奏请。(皇朝政治学问答)

【奏销】【史】谓决算之报告也。凡官项银钱,动用后,皆应报销,按数开出,具折奏明,谓之奏销。(皇朝政治学问答)

【奔丧违限勒停】【史】官吏奔父母之丧有一定期限,违者拘束其进退停止其俸给,是曰奔丧违限勒停,乃官吏惩戒方法之一种,元典章(卷十一)吏部假故篇设有奔丧违限勒停之条。

【威力制缚】【史】凡滥用官威及勇力强制的拘束人之进退者,曰威力制缚,即非由自己下手而嗾使他人为之者亦同,均依刑律斗殴罪论。唐律与明清律对此之规定不尽相同,唐律所称之威力乃指官威及势力而言,明清律则规定凡系争事件应由国家机关为之解决,不许由个人专擅为之,故其所谓威力无官民之区别,乃指一般人之权威勇力而解,唐律(卷二十一)斗殴篇——威力制缚人条:"诸以威力制缚人者,各以斗殴论,因而殴伤者,各加斗殴伤一等",其二项:"即威力使人殴击而致死伤者,虽不下手,犹以威力为重,下手减一等。"按一项之疏议:"以威若力,而能制缚于人者，各以斗殴论。”其二项之疏议：“威力使人者，谓或以官威或恃势力之类。”明律（卷二十）与清律（卷二十六）刑律斗殴篇：“凡争论事理听经官陈告，若以威力制缚人，及于私家拷打监禁者，并杖八十。”

【威海卫管理公署组织条例】【行】本条例于民国二十年四月二十五日公布，全文计二十三条，自公布之日施行，兹述其要点于下：（一）本公署直隶于行政院，掌理威海卫行政区之行政及监督地方自治事务，其地方自治之编制，准用市组织法关于区坊闾邻之规定。（二）本公署设管理专员一人（简任），综理行政事务，并监督所属机关职员，下设总务科，财政科，工务科及公安局，总务科设科长一人（荐任），科员四人至六人（委任），财政科设科长一人（荐任），科员六人至十人（委任），工务科设科长一人（荐任），科员二人至四人（委任），公安局设局长一人（荐任），课长三人至四人（委任），科员八人至十人（委任），督察一人或二人（委任），公署又设秘书二人（荐任），并得设科员五人至七人（委任），助理之。（三）本公署设行政会议，以下列人员组织之：(1)管理专员。(2)局长。(3)科长。(4)秘书，每月开会至少一次由管理专员召集之并任会议时之主席。

【威逼人致死】【史】威逼人致死者，谓对他人以权威势力胁迫使其自杀，或官吏因私情私愤滥用权力胁迫平民使其自杀之谓。明律（卷十九）、清律（卷二十五）等之刑律人名篇——威逼人致死条：“凡因事威逼人致死，杖一百，若官吏公使等，非因公务而威逼平民致死者同罪，并追征埋葬银十二两。”

【威吓主义】【刑】为刑罚目的之主义之一种与预防主义相对称，此为古时学者所主张，谓刑罚之设，其目的在于警戒社会使人不敢效尤，故刑罚之执行，应须具备下列二要件：(1)刑罚须严重残酷，使人凛然不敢犯罪。(2)刑罚之执行应公然为之使群众共睹，触目惊心，知所警惕，近世学者于恐吓主义不复赞同，而对预防主义则已群起而采取奉行之矣。

【奸（姦）父祖妾】【史】父祖之妾（有子者）亦为尊亲属，和奸或强奸之者应处极刑，明清律于亲属相奸条内规定，唐律（卷二十六）杂律篇有奸父祖妾条之设：“诸奸父祖妾（谓曾经有父祖子者），伯叔母姑姊妹子孙之妇兄弟之女者，绞，即奸父祖所幸婢，减二等”，疏议曰：“奸父祖妾，即曾高妾亦同，注云，谓曾经有父祖子者，其无子者，即准上上妾减一等，奸伯叔母姑姊妹子孙妇，曾玄孙妇亦同，兄弟之女者绞，即奸父祖所幸婢，减二等合徒三年，不限有子无子，得罪并同。”

【奸（姦）占】【史】依杖强有力之权势占夺他人之妇女而奸淫之，曰奸占，明律（卷六）、清律（卷九）户律婚姻篇——强占良家妻女之条：“凡豪势之人强夺良家妻女，奸占为妾者绞。”

【奸（姦）宄】【史】为害于国家社会时，其起于外者曰奸，起于内者曰宄，盖即内忧外患之谓，书经—舜典：“寇贼奸宄，汝作士”，同书吕刑篇：“蚩尤惟始作乱延及于平民，罔不寇贼，鸱义奸宄，夺攘矫虔。”

【奸（姦）生子】【亲】Illegitimate child　有夫之妇与夫外之男子相奸所生之子，或一男一女非由于婚姻而由于苟合所生之子，皆谓之奸生子，我国历次草案称之曰私生子，新亲属法则仿瑞士民法对上述之奸非子皆包括于非婚生子之内。

【奸(姦)邪】【史】藏于内而未发于外者，谓之奸，其已发露而显于外者，谓之邪礼记月令篇："孟秋之月，命有司，修法制，缮(治也)囹圄，具桎梏，禁止奸，慎罪邪"，吴征之注曰："奸未发露，而藏于内者止之，止之而曰禁，则非慢令也，邪已发露而显于外者罪之，罪之而曰慎，则非滥刑也。"

【奸(姦)非罪】【刑】Crime of adultery　有夫之妇与其本夫以外之男子私自奸通，旧律称曰奸非罪。(参和奸有夫之妇罪条内)

【奸(姦)匪】【史】奸匪为奸党与匪徒之简语，例如潜伏于山林之盗匪，与出没于海洋岛欤中之海贼皆是。

【奸(姦)徒一年半】【史】和奸无夫之妇者应受徒刑一年半，有夫者及部曲杂户官户奸良人者加重其刑，唐律(卷二十六)杂律篇有奸徒一年半条之设："诸奸者徒一年半，有夫者徒二年，部曲杂户官户奸良人者各加一等，即奸官私婢者杖九十(奴奸婢亦同)，奸他人部曲妻杂户官户妇女者杖一百，强者各加一等，折伤者各加斗折伤罪一等"，疏议曰："和奸者男女各徒一年半，有夫者徒二年妻妾罪等部曲杂户官户而奸良人者，并加良人相奸罪一等，即良人奸官私婢者杖九十，奸他人部曲妻，明奸已家部曲妻及客女各不坐，若奸杂户官户妇女者杖一百，强者加一等，自奸良人以下，强者各加一等，折伤者，谓折齿或折指以上，各加斗折伤一等，谓良人从凡斗上加官户杂户他人部曲妻，官私奴婢各从本斗罪上加，与强奸为二罪，从重而科。"

【奸(姦)从祖母姑】【史】从祖祖母姑，从祖伯叔母姑，从父姊妹，从母及兄弟妻，并兄弟子妻皆为有亲属关系与之和奸或强奸，均应治罪，明清律于亲属相奸条内规定之，唐律(卷二十六)杂律篇则有奸从祖母姑之条："诸奸从祖祖母姑，从祖伯叔母姑，从父姊妹从母及兄弟妻者，流二千里，强者绞"，疏议曰："从祖祖母姑，谓祖之兄弟妻，若祖之姊妹，从祖伯叔母姑，谓父之堂兄弟妻，及父之堂姊妹，从父姊妹，谓已之堂姊妹，从母，谓母之姊妹，及兄弟之妻，兄弟子妻，与之奸者并流二千里，强者绞。"

【奸(姦)淫罪】【刑】Criminal carnal intercourse　为妨害风化罪之一，即男女性交之罪也，与猥亵罪之区别不在程度而在性质，本罪只限于异性之交合，而猥亵罪不仅发生于异性，即同性中亦能犯之，奸淫罪又分为二种：(1)和奸罪。(2)强奸罪。(详各本条)

【奸(姦)细】【史】奸邪小人谓之奸细，对军事之机密以及国内之动静于侦询探悉之后，向敌人或敌国报告者，其报告之人，称曰奸细，明律清律之兵律邮驿篇设有明文。

【奸(姦)部民妻女】【史】文武官吏奸所部军民之妻女，曰奸部民妻女，明律清律均有处罚明文，明律(卷二十五)、清律(卷三十三)刑律犯奸篇——奸部民妻女条："凡军民官吏奸所部妻女者加凡奸罪二等各罢职役不叙，妇女以凡奸论，若奸囚妇者杖一百徒三年囚妇止坐原犯罪名"，清律之总注曰："凡管军民之官吏奸所部军民之妻女者，加凡人奸罪二等，罢职役不叙，和奸杖一百，有夫杖六十，徒一年，刁奸杖七十，徒一年半，官吏于军民有监临之分，倚势为奸，重于凡人，故应加等，行止有亏，不得复叙用也，妇女以凡奸论，官吏虽有挟势之意，然但言奸而不言强，则妇女原自和同乐从，故照凡人犯奸律科之，若官吏奸现禁犯罪之囚妇，有专制之权，倚法为奸，其情尤重，故更严之，囚妇在禁受制于官吏，虽与和奸，非其本意，故不问奸，罪止坐原犯罪名也，注曰，保管在外，仍以所部论之，妇女非犯奸死罪，不得囚禁，凡犯他罪不禁者即不得谓之囚妇矣。"

【奸(姦)缌麻以上亲】【史】内外有服亲者为缌麻以上亲，和奸或强奸之者，均应加重治罪，明清律均有亲属相奸之条，唐律(卷二十六)则为奸缌麻以上亲之条："诸奸缌麻以上亲，及缌麻以上亲之妻，若妻前夫之女及同母异父姊妹者，徒三年，强者流二千里，折伤者绞，妾减一等(余条奸妾准此)。"疏议曰："奸缌麻以上亲，谓内外有服亲者，及缌麻以上亲之妻，亦谓有服者妻，若妻前夫之女，谓妻前家所生者，各徒三年，强者流二千里，因强奸而折伤者绞，得罪①已重，故妾减一等，谓减妻罪一等，其于媵罪与妾同。"

【奸(姦)党】【史】奸邪之徒党称曰奸党，明律(卷二)、清律(卷五)吏律职制篇设有奸党之条。

【姻族】【亲】Relative by marriage　为日本名辞即我国所称之姻亲也。

【姻亲】【亲】Relationship in law; Affinity; Relatives by marriage　为亲属之一种，对血亲与配偶言，所谓姻亲，乃指下列三种亲属而言：(一)血亲之配偶——例如伯叔姑母等之配偶，兄弟姊妹之配偶，以及母舅之配偶皆是。(二)配偶之血亲——例如妻对于夫或夫对于妻之祖父母父母兄弟姊妹等皆是。(三)配偶之血亲之配偶——例如夫对于妻之兄弟姊妹之配偶，与妻对于夫之兄弟姊妹之配偶皆是，关于姻亲之亲系及亲等之计算方法，我民法之规定如下：(一)血亲之配偶从其配偶之亲系及亲等——例如兄弟之妻之亲等亲系与兄弟同，即二亲等之旁系亲。(二)配偶之血亲从其与配偶之亲系及亲等——例如妻之兄弟与妻为二亲等之旁系亲，则其与己身亦为二亲等之旁系亲是。(三)配偶之血亲之配偶从其与配偶之亲系亲等——例如妻之兄弟之妻对于妻为二亲等之旁系亲，则其与己身之姻亲关系亦为二亲等之旁系亲是。按姻亲关系乃由婚姻而来，故凡有下列原因之一者，其关系即行消灭：(一)当事人离婚者。(二)夫死而妻再婚者。(三)妻死，赘夫再婚者。(民法第九六九—九七一条)

【姻亲关系】【亲】Relationship by marriage　因婚姻而发生之亲属关系，称曰姻亲关系。我民法规定姻亲关系因离婚而消灭，夫死妻再婚，或妻死赘夫再婚时，亦同。(第九七一条)

【客体】【通】Object　与主体相对称，所谓客体，乃指某事或某行为之标的物而言。

【客观】【通】Objective view　非以自己为标准，而从外部之事物以观察之，是曰

① 原书无"罪"，据《唐律疏议》校改。

客观，与主观适处于相反之地。

【客观抗辩】【票】Objective plea or defense 又名对物抗辩(详该本条)，更称绝对抗辩。

【客观的加重】【刑】Objective increase 为学理上加重分类之一，对主观的加重言，即以犯罪事实为理由而加重刑罚之谓。

【客观的符合】Objective correspondence; Objective agreement (详主观的符合条内)

【客观的减轻】【刑】Objective reduction 为减轻在法律上分类之一，对主观的减轻言，即以犯罪事实及结果为条件而予其刑罚以减轻之谓。

【客观的诉之并合】【民诉】Objective Klagenhaüfung (德)(详诉之合并条内)

【宣布】【通】Proclaimation Declaration 国家之意思欲使人民知之者，或人之意思及其行为欲使他人知之者，如以文字或言词遍告于众时，谓之宣布，即宣传与布告之合称。

【宣示】【民诉】Announcement 与宣告(详该本条)同一意义。

【宣示主义】【继】为遗产分割之效力发生时期的立法例之一，又称认定主义，即主张遗产分割之效力，应溯及继承开始时也，其理由谓遗产之分割，乃一种宣示行为，因分割前各共有人间已认定其各有之特定部分，分割时仅系互相承认其各自专属之所有权，而加以一度之宣示而已，故其效力应溯及继承开始时，此种主义对继承人保护较周，而许多无谓之纠纷，亦可避免，各国立法例多采之，我国民法亦然。(第一一六七条)

【物】又称认定主义。(详该本条)

【宣判】【民诉刑】Pronouncing the judgement 宣示判决简称为宣判，即法院于言词辩论后欲使受判决者知其所为之意思表示也，宣判时应公开法庭朗读判决主文，并叙述理由为之，在合议庭应由法定员数之推事列席，由审判长朗读主文，若在单独审理时则应由独任推事朗读主文，并由书记官将宣示之事记明辩论笔录，至判决理由本无庸宣示，但法院若以谕知为必要者，并应朗读其理由或口述其要领，若宣示判决不朗读，而其判决主文又与原本不符，则不生效力，且可为上诉之理由，但一判决理由不符者则否，至于当事人于宣判时是否在场，均非所问，以其与宣判之效力无关也。

【宣告】【民刑诉】Sentence; Pronouncement 法官对于当事人间之系争事实，就自己之判断所为之意思表示，曰宣告，此项名辞应用于刑事案件中为多，在民事案件则多用判决(Judgement)一语。

【宣告刑】【刑】Pronounced penalties 为刑罚种类之一，对法定刑言，凡对于一定犯罪之犯人由法官宣告相当之刑罚者，曰宣告刑，例如法官就法律上规定之一般杀人犯处罚之标准中，宣告犯人受无期徒刑者是，至于宣告刑罚时，即确定犯人应受一定期限之刑罚者，曰绝对决定主义，如仅宣告犯人应受相当刑罚不宣一定刑期而以执行中状况为决定释放时期标准者，曰相对决定主义，亦称不定期刑宣告，我国新刑法尚未采用。

【宣告死亡事件程序】【民诉】Proceeding relating to matters concerning declaration of death　宣告死亡事件程序者，谓关于宣告死亡，及撤销死亡宣告之特别程序之总称也，此制为德国普通法所创始，亦以保护公益为其目的，可分为二种：(一)死亡宣告之诉之程序。(二)撤销死亡宣告之诉之程序，凡失踪人或失踪人已满七十岁以上，及其遭遇特别灾难之生死不明者，经过一定期间时(参民法第八条)，得因该失踪人之法律上利害关系人(例如其继承人，配偶，财产管理人，债权人等是)的声请(应表明原因事实及证据)，要求法院为死亡之宣告，法院一经声请人之声请，即须公示催告，令失踪人或知失踪人之生死者于一定期限内陈报法院，法院依职权调查后，分别裁定驳回或为死亡之宣告，如声请人对法院未为公示催告，或公示催告方法不合法者，或对于受宣告人现尚生存，或虽死亡而确定死亡时不当者，均得提起撤销之诉，如法院认为正当，则可加以判决，此种判决，在原则上有溯及效力。(民诉法第五八六—六〇〇条)

【宣告犹豫主义】【刑】Principle of the conditional release　一曰刑罚宣告犹豫主义。(详该本条)

【宣告解散】【民总】所谓宣告解散，乃指由法院依据法定程序以命令强制法人加以解散而言，其情形有三：(1)法人(社团或财团)，之目的或其行为有违反法律，公共秩序或善良风俗者，法院得因主管官署，检察官或利害关系人之声请，宣告解散。(2)社团法人之事务无从依章程所定进行时，法院得依利害关系人之声请解散之。(3)财团法人因情事之变更而不能达到目的时，主管官署得宣告解散之。(民法第三十六条、第五十八条、第六十五条)

【宣言】【国公】Declaration　所谓宣言，乃指二个以上国家对于某种事件公同向外表示其所赞成之办法，或所持之态度而言，例如一八五六年巴黎宣言，与一九〇九年之伦敦宣言皆是。

【宣政使】【史】为宫中内侍之官，文献通考—职官考："凡内侍，其官称则有内客省使，延福宫使，宣政使，宣庆使，昭宣使。"

【宣誓】【通】Taking oath　我国新制，凡文官军官自治职员及教职员于就职时，须在国旗党旗及总理遗像前，高举右手，行宣誓礼，其誓辞应由宣誓者签名盖章，呈送上级机关备案，国府且曾公布宣誓条例十一条，以资遵守。

【宣誓人】【行】Person who swore　宣誓人者，谓亲与宣誓之人也，依我国法律，凡就职之新任官吏，均须举行宣誓仪式，由主管官署派员监誓，该亲与宣誓之官员，称曰宣誓人，监督宣誓仪式之人，则曰监誓人。

【宣誓书】【民刑诉】Affidavit　证人或鉴定人在法院中未开始陈述时，须预先宣誓，此乃西方各国受宗教影响之通例，凡将宣誓之旨以书面记载之者，曰宣誓书，我国民刑诉讼法不采宣誓制，乃用具结方法。

【宣誓释放】【国公】Liberation on parole　为释放俘虏方法之一种，与单纯释放相对称，即由被俘之俘虏向捕获国以口头或书面表示此后不再参加敌对该捕获国之行动之谓，按宣誓释放之制度乃以一九〇七年陆战规则第十条第一项之规定为根据即："俘虏于本国法律上若可许其解放者，则宣誓后解放之，此时该俘虏对本国政府及捕获国政府，当奉一身之名誉以完其实践誓言之义务"，关于俘虏之宣誓应注意下列三点：(一)宣誓释放以适用于将校等官为原则。(二)俘虏之受宣誓释放应预得其政府之许可。(三)俘虏之宣誓应由俘虏本人与捕获国政府双方之同意行之。

【宣抚】【史】为唐时临时设置之官名，即遇有事之时宣示君主意旨以抚恤官民之官吏，事物纪原："宋朝会要曰，咸平三年六月，诏遣参政向敏中，充河北东缘边宣抚大臣，冯拯、陈尧叟充副大使，存问官吏，自后随事即置，事已乃省盖自此始也。"

【宣战】【国公】Declaration of war　在战争未开始前，预先向敌方为将实行敌对行为之公然的意思表示曰宣战，大多以文书为之，英美学者一般的否认宣战之必要，但大陆派学者则以宣战为一种义务，故今日已成为国际间所公认之规则，一九〇七年之海牙条约第三编第一条，亦有明文加以规定。

【宣战书】【国公】Written declaration of war　一国对他国宣布开始战争之最后通牒，或表示战时状态存在之一种文书，为宣战书。

【宣战权】【宪】Right for the declaration of war　即对外有宣告战争之权也，此种权力有完全授诸行政元首者，如日本是，有须经议会同意者，如美法等国是。

【宣谕使】【史】为掌宣传诏谕之旨之官吏，始于南宋时之傅松年之充任淮南宣谕使，其后或镇抚盗贼或按察官吏或节制军马，其权益重，始成为非专任之官。

【宣头】【史】天子以言辞宣命中书，谓之宣头，中书拜承其命而录之于籍，谓之宣底，事物纪原(卷二)："笔谈曰，宣头所起，按唐故事，中书舍人职掌诰诏，皆写四本，一为底，一为宣，谓出行耳，未以名书也，晚唐枢密使，自禁中受旨出付中书，即谓之宣，中书承受，录之于籍，谓之宣底，梁置崇政院专行密命，后唐复枢密使，以郭崇韬、安重诲为之，始分领政事，不关中书直行下者，谓之宣，如中书之敕也，是则宣头之始，出于晚唐，而定于后唐也。"

【宣读笔录】【民刑诉】Reading records　法院及检察处之书记官，于作成笔录后于检察官或审判长未宣告退庭前，应将笔录内所记载诉讼当事人庭讯之供述及证人之证言等，当庭向关系人朗诵或令其阅览，是为宣读笔录，宣读后并于笔录内附记朗诵或交给阅览之事由，笔录既经朗诵或阅览者，关系人如有异议，须于当时主张不得俟事后以空言否认，亦不得徒以未经签名盖章为否认笔录所记事实之理由。

【宥】【史】谓宥恕减轻也，例如对处死刑之犯人因其情节可怜，宥恕之而代以流刑是，书经舜典篇："象以典刑，流宥五刑"，其注曰："流，遣之使远去，如下文流，放，窜，殛之类也"，唐律释文："宥音又，训放也，宽也，谓犯法者未入死刑，又过徒刑，遂流于远，虑其性恶染坏正俗，故流放远恶之处，故使生活以流放之法，王肃云谓，君不忍刑杀，宥之以远方，然此是据状，合刑而缘差可恕，全赦则大轻，致刑则大重，不忍依例刑杀，故完全其体宥之远方，应刑不刑，是宽纵之心也，五刑之流，各有所居，谓徒置之处，五居之差，有三等之居，量其状为远近之差也"，此说乃依孔安国之注即"以流放之法宽五刑"，惟在广义方面解释，应为宥恕减刑之义，观周礼秋官司刺之职制："掌三刺，三宥三赦之法……壹宥曰不识，再宥曰过失，三宥曰遗忘"，是与处流刑之宥不同也。

【宥恕】【亲】Excuse　对他人不当行为加以不追究之感情表示，曰宥恕，我民法规定配偶之一方对他方重婚，或与人通奸者，于事后宥恕者，则离婚诉权因而消灭。（第一〇五三条）

【宥减】【刑】Excuse and reduction　犯罪而具有法定条件而减轻其刑者，谓之宥减，如犯罪因意外之障碍未遂者，及犯罪之情形确有可原者，恕而减轻其刑罚等皆是。（参酌减条内）

【宥贷】【刑】Excuse and exemption　犯罪者本应治以相当之刑罚，但因有特殊之情形及原因而赦免其罪者，或犯罪者已受徒刑之执行后，发现其有行状善良改过迁善之显微者，经考察确定认为不虞其再为犯罪而赦免其罪，免除其所未执行之刑，皆谓之宥贷。

【史】宥者宥恕也，贷者假贷也，即对罪犯有悔改事实时，予以宥恕及宽贷之处置之谓，魏武帝书："其能改，复即宥贷。"

【室女】【史】谓处女也，元典章（四十五卷）刑部强奸篇——奸幼女条："强奸十岁以上室女，拟断一百七下"，室女之名不惟元时用之，即在汉族古时亦用之，与处女同义，盐铁论："室女童妇，咸知所辟"，柳宗元—饶娥碑："娥为室女。"

【室家】【史】室家乃夫妻之谓，夫为家，女为室，亦作家庭之义解，诗经—周南，桃夭篇："桃之夭夭，灼灼其华，之子于归，宜其室家"，诗经—小雅，棠棣篇："宜尔室家，乐尔妻孥"，左传—桓公十八年："申缟曰，女有家，男有室，无相渎也，谓之有礼，易此必败。"

【封】【史】（一）为土地区划之名，即诸侯之领地也，汉书—刑法志："因井田制军赋，地方一里为井，井十为通，通十为成，成方十里，成十为终，终十为同，同方百里，同十为封，封十为畿，畿方千里"，又周制则以五十里为封，礼记—王制篇："五十里为封"。（二）给与土地使守之，亦称曰封，说文："爵诸侯之土也，从之从土从寸"，徐注："各之其土也，寸，字其法度也"。（三）谓土地之境界也，周礼—大司徒之职："凡造都鄙，制其地域而沟封之"，其注曰："封，起土界也，土在沟上，谓之封，封上树木以为固也"。（四）对于官吏予以褒奖及酬劳，亦曰封如诰封貤封之类是也。

【封人】【行】掌国境警备之官，周礼地官之属有封人之官，封人："掌设王之社壝为畿封而树之"，左传—隐公元年："颖考叔为颖谷封人"，论语—八佾篇"仪封人请见。"

【封十为畿】【史】封为行政区域之名，以井田为根据古时之军赋，均依此以定其制，即地方一里为井，井十为通，通十为成，成方十里，成十为终，终十为同，同方百里，同十为封，封十为畿，前汉书—刑法志："……因井田而制军赋地方一里为井，井十为通，通十为成，成方十里，成十为终，终十为同，同方百里，同十为封，封十为畿，畿方千里"(孟子大全卷一注诸说列记)，渊鉴类函："一封三百十六里半里一七，提封十万井，……车千乘，此诸侯之大者"，又曰："畿方千里，提封百万井"，物徂徕井地国字：解"同十为封，长千里，横百里，十万井，九千万亩，八十万夫，诸侯之采地，出兵车千乘"，又曰："封十为畿，方千里，百万井，九百万亩，八百万夫，天子之地，兵车万乘。"

【封夫人】【史】公侯之妻之封称也，公侯正式之妻称曰夫人，始自王莽之时，事物纪原(卷一)："唐虞夏公侯之妻，无夫人之号，由周克商，列爵惟五，于其封国皆称君，其妻皆为夫人，其事杂见于诗经，虽皆命于天子，亦无封册之礼。汉崔篆母师氏通经学百家之言，王莽宠以殊礼，赐号义成夫人，则夫人之封，自王莽始也云云。"

【封用】【史】印用文书及封文簿，事兼两用，谓之封用，唐律(卷二十五)诈伪篇——伪写官文印条："即伪写前代官文书印，有所规求，封用者，徒二年。"

【封印】【史】与开印相对称，各官署于一年度之事务终了时，纳其官印，封锁其事务，是曰封印(清会典吏部)，清制约于十二月下旬至次年一月中旬止各官署均停止公务，不使用官印，此项期日概由钦天监决定奏请经敕裁公布，即明时亦有封印之制，但其期限为大除夕至新正三而已。

【封君】【史】战国时，列国对其臣辈之有功者特封之为君，如秦孝公时封公孙鞅为商君是，至妇人之封君则始于汉，事物纪原(卷一)："战国时列国臣子有功者，皆封君，秦孝封君公孙鞅，为商君是也，盖未有妇人而封君者，汉始有之疑取春秋小君之义尔"，汉书："秦汉之制，列国封君食租税。"

【封典】【史】对于文武官以其本身之光荣推及于其父祖之恩典，称曰封典，始自晋时。

【封建】【史】天子对其亲戚及功臣等与以爵位，土地，人民，使建邦国而仍称臣，是曰封建。说文："爵诸侯之土，从之从土从寸"，徐注曰："各之其土也，寸，守其法度也"，此为封之义，至于建之意义在易经——比卦："先王以建万国亲诸侯"，谓创建邦国也，按封建之制始自黄帝，而废自秦始皇之统一天下之后，事物起原(卷一)："沿革曰，黄帝分州画野，得百里之国万区，唐虞列为五等，此封建之始也。"

【封拜】【史】授予爵位，结与官职，谓之封拜，后汉书—邓禹传："光武见之甚欢谓曰：我得专封拜，生远来，宁欲仕乎。"

【封掌印信】【史】各衙门印信乃长官及同僚佐贰官之公器，由首领长官收掌而由同僚佐贰官公同封记，彼此互相关防所以杜私用之弊也，惟佐贰官因公差不在，则许首领官封记，若长官不令佐贰官封记，佐贰官不在，不令首领官封记，及首领佐贰不行封记者，均与法律相反，应予治罪，清律(卷三)、清律(卷十)吏律公式篇均有封掌印信之条："凡内外各衙门印信，长官收掌，同僚佐贰官用纸于印面上封记，俱各画字，若同僚佐贰官差故(谓有公差事故也)，许首领官封印，违者杖一百。"

【封缄】【刑诉】Wrapper　检察官或法院对于物件施行扣押时加以封存时者，曰封缄。封缄应由扣押之公务员盖印，开拆时应由命令扣押之检察官或推事行之，原则上应命被告在场。（刑诉法第一三二——一三三条）

【封谥】【史】生时受朝庭之爵录曰封，殁后受朝廷之褒赠则曰谥。清律（卷六）吏律职制篇——文官不许封公侯条："……封侯谥公"，其下注曰："生受爵禄曰封，死赐褒赠曰谥。"

【封弥】【史】考试时对考卷之批阅，为预防不正行为起见，特设各种方法以为之备，封弥其一也，即封缄答案，使上姓名号数使批阅者不得知悉其人之为谁也。曾设专官以主之，谓之封弥官。事物纪原（卷三）："即糊名也，唐初以试有官人，按，选举志，唐初择人以身言书判，六品以下集试，初次选人皆糊名，令学士考判，又张说传曰。永昌中，武后策贤良诏李景谌，糊名考覆，国史异纂曰，武后以吏部选人多不实，乃令试日自糊其名，暗考以定其等第，盖糊名考校，自唐始也。今贡举发解，皆用其事曰封弥，宋朝会要曰，咸平二年正月命董龟正等封印卷首，盖试日就院置局，始命官曹主之也。话录亦谓，糊名自唐武后始也。"

【封禅】【史】封禅为天地之祭名。唐律（卷二十五）释文："按礼，天子尊贵之极，无所降屈，故上事天，下礼地，以教万民之和顺也。封者，积土于泰山上，谓之封。凡欲祭天，先封泰山，以告天也。盖因高而高之也。未登封时，先禅梁甫之地而祭之。禅者去草为坛于梁父之内，以祭地祇也。当封禅时，即用受命宝印之。"大学衍义补（卷六十四）明丘濬氏曰："封禅之说，诗书礼典，略不经见，审有是事，乃天下国家之盛举，尧、舜、禹、汤、文武、成康、皆身致太平，安得阙而弗讲，所谓七十二君者，果何代何人哉（按管子及史记均有封泰山，禅梁父者，七十二家之记载）。先儒有言，养生至于长生不死，为国至于祈天永命，皆有此理。然人未有能为之者，纵为之，然亦不出乎身心日用之间，非必由乎服食药物，核求鬼神而后致之也。然自秦汉以来，千余年矣，有国家者，未见一人过百年而不死者，亦未见一国逾千年而不亡者，则是有此说而无此事明矣。是故明君欲求寿年之永，莫若寡欲，欲得国祚之延，莫若爱民，寡欲而至于全其天，爱民而至于过其历，真诚有是理，亦真诚有是事。呜呼，世上所以甘心于不赀之费，而行封禅之礼者，以有秘祝之求也。诚知此理，反之于心，知其必无，验之于古，知其无效，则自不为矣。"

【封锁】【国公】Blockade　封锁虽可分为平时封锁与战时封锁二种，但通常所称封锁，均系指战时封锁而言（参战时封锁条内），封锁又可分为入港封锁与出港封锁。（详各本条）

【封锁破坏】【国公】Breach of blockade　所谓封锁破坏，乃指明知封锁之继续存在而企图通过封锁线或业已通过封锁区域而言。有入港封锁破坏与出港封锁破坏二种之分，前者为侵入封锁区域，后者则为脱出封锁之区域。但不论侵入或脱出，如系基于临时灾难之必要（如海上遇险），逃入或脱出封锁区域以避危难者，皆不得视为封锁破坏，是为例外。按封锁破坏之船只如被捕获，应即付诸捕获审检所受审；如以捕获为合法，则加以没收。至其所载之货物亦在没收之列，惟以下述二种者为限:(1)为该船舶所有人之货物。(2)货物所有人知其船舶欲破坏封锁者,其货物,被捕获之船舶既被没收,则船员是否亦须受一定之制裁,依近世通例,均采消极之说。

【封赠外祖】【史】对外祖父母追赠以官品,曰封赠外祖。野客丛书(卷十一):"唐制,封赠虽宰相,止及其父,若以恩回赠,不但其祖,虽异姓亦及之,如权德舆以检校尚书恩乞及其祖,赠礼部郎中户部尚书,杨于陆靖回赠祖赠吏部郎中,是以恩回赠其祖者也。"

【封赠官】【史】因子孙之官品而追赠官品于其父祖,谓之封赠官。明律(卷一)、清律(卷四)名例篇——以理去官条:"……封赠官与正官同。"清律之注曰:"封赠官因子若孙而推及者,虽非正官,已给诰敕,即与正官同。"

【屋税】【史】对于房屋所征收之税曰屋税。宋史—潘美传:"潘美定湖南,计屋输绢,谓之屋税。"同书李处耘传:"奏减城中居民屋税,皆悦服。"

【屋诛】【史】周礼秋官:"邦若屋诛,则为明竁焉。"所谓屋诛计有二义:(1)郑司农(郑众)之说谓三夫曰屋,即夷三族之义。(2)郑玄之说则谓屋应读如"刑剧"之剧,剧诛谓不杀于市而于隐处杀之也。

【屋课】【史】家屋之课税曰屋课。宋史:"取州县田租屋课息钱之类增为学费。"

【尸(屍)格】【史】一曰尸状即检尸之笔录也。

【尸(屍)亲】【史】命案中尸体之亲属称曰尸亲。施行验尸时,为防止加害于犯人起见。特以皂隶加以戒备,惟不禁止其入场。

【尸(屍)体】【刑】Corpse 人类死亡后之身体,其筋肉尚未腐烂融化者谓之尸体。(参侵害尸体罪条内)

【幽囚】【史】即拘禁之谓,战国策:"范雎说秦王曰,使臣进谋如子胥,加以幽囚不复见,是臣说之行也。"

【幽明】【史】人材之优良曰明,反之则曰幽,幽明乃对于官吏成绩考查之标准,而考查又须有一定之时期,书经舜典篇:"三载考绩,三考黜陟幽明",其注曰:"考核实也,三考九载也,九载则人之贤否,事之得失可见,于是陟其明,而黜其幽,赏罚明信,人人力于事功,此所以庶政咸熙也。"

【度支尚书】【史】度支为掌理天下租赋物产之官,因其每岁计所出而支调之,故谓之度支。曹魏时始置度支尚书,掌军国之会计,吴称为户部,晋仿魏制置度支尚书,南北朝以至于隋为户部尚书,唐以后或称户部尚书,或称度支,神龙以后始定为户部。(历代职官表)

【度支部】【史】清光绪三十二年,中央官制大加改革,改户部为度支部,权限亦因而发生变更,盖户部除掌管财政外,同时且兼司户口之编审与八旗之制裁事宜,更改之后,将前者转属于民政部,后者转属于大理院,而度支部则仅总管一国之财政,如田赋、关税、厘金、公债、货币及银行等。

【度田不实】【史】开垦田地时,测量不准确曰度田不实。晋书—傅玄传:"昔汉氏以恳田不实，征杀二千石以上数臣，禹以为宜申汉氏旧典，以警戒天下郡县，皆以刑督之，是此律至晋已废也。”

【度量衡】【行】Weight and measure 又称权度，即以测定物之长短，多少，及轻重之标准制度也。如尺升秤等是，依我国现行法有标准制与市用制二种，前者乃采用万国公制，后者乃参照我国现有习惯制度而成。

【度量衡法】【行】Law Governing Measurment and Weight 本法于民国十八年二月十六日公布，共计二十一条，其要点如下：（一）中华民国度量衡以万国权度公会所制定铂铱公尺公斤原器为标准，并分为标准制与市用制。（二）标准制长度以公尺为单位，重量以公斤为单位，容量以公升为单位，市用制长度以公尺三分之一为市尺，重量以公斤二分之一为市斤，容量以公升为市升，一斤分为十六两，一千五百尺定为一里，六千平方尺定为一亩，其他均以十进。（三）度量衡原器由实业部保管之，副原器分存于国府各院部会，各省及各省隶于行政院之市，地方标准器则分颁于各县各市为地方检定或制造之用。（四）副原器每届十年须照原器检定一次，地方标准器每届五年须照副原器检定一次。（五）由实业部设立全国度量衡局掌理划一度量衡事项，在各省市县得分设度量衡检定所及检定分所。（六）由度量衡局设立度量衡制造所。（七）度量衡器具非依法检定附有印证者，不得贩卖使用，全国公私使用之度量衡器具须受检查。（八）凡以制造贩卖及修理度量衡器具为业者，须得地方主管机关之许可。

【度量衡法施行细则】【行】本细则由实业部于民国二十年十二月五日公布，全文共五十四条，于公布日施行，共分为五章，第一章制造，第二章检定，第三章检查，第四章推行，第五章附则，内有度量衡标准制之中西名称对照表，市用制与标准制之比较表。（第五十二—五十三条）规定綦详。

【度量衡制造所】【行】Factory for the manufacture of standard weights and measures instrument 制造度量衡原器及标准器之场所，为度量衡制造所，由全国度量衡局设立之，置所长一人（荐任），并业务课与工务课，各置课长一人，技术员四至八人，事务员六至十人（均委任），此外并置检定员十九至二十三人，本制造所得在国内重要地方分设制造厂，并得兼造其他标准器具及科学仪器。（全国度量衡局度量衡制造所规定第一—五条、第八条、第十一条）

【度量衡制造所规程】【行】度量衡制造所为全国度量衡局所设置，故又称曰全国度量衡局度量衡制造所，其规程则称为全国度量衡局度量衡制造所规程，于民国二十年十二月五日公布，曾经修正，全文计十二条，自公布日施行。（参度量衡制造所条内）

【度量衡检定人员任用暂行规程】【行】本规程于民国二十年十月五日由实业部修正公布，全文计二十条，自公布之日施行。（参度量衡检定员条内）

【度量衡检定分所】【行】Branch offices for the calibration of standard weights and measures 在各县市所设关于处理度量衡检定事务之机关，曰度量衡检定分所，置主任检定员一人，检定员若干人，必要时置事务员一人，主任检定员综理全所事务,监督所属职员掌理下列各事项:(1)度量衡新制之推行。(2)度量衡器具之检定与检查。(3)标准器之保管。关于本分所掌理上述各事项时,系受度量衡检定所之监督指导,且系直隶于县市政府之下。(各县市度量衡检定分所规程第一—五条)

【度量衡检定分所规程】【行】度量衡检定分所为各县市所设置,故又曰各县市度量衡检定分所,关于此项分所之规定,系于民国二十年十二月五日由实业部公布,全文计十条,自公布日施行。(参度量衡检定分所条内)

【度量衡检定所】【行】Local bureaux for the calibration of standard weights and measures 在各省或隶属行政院之市所设关于处理度量衡之检定事务之机关,曰度量衡检定所。置所长一人(得兼任主任检定员),检定员及事务员各若干人。所长综理全所事务监督所属职员掌理下列各事项:(1)度量衡器具之检定及检查。(2)度量衡新制之推行。(3)副原器及标准器之保管。(4)本省县市检定分所之监督指导。(5)检定人员之训练。(各省市度量衡检定所规程第一—四条)

【度量衡检定所规程】【行】度量衡检定所系设立于各市或隶属于行政院之市,故又称曰各省市度量衡检定所。关于此种检定所之规程系民国二十年十二月五日由实业部公布,全文计十一条,自公布之日施行。(参度量衡检定所条内)

【度量衡检定员】【行】Inspectors of standard weights and measures 检定度量衡之人员,为度量衡检定员,计分为下列三种:(1)一等检定员——须具有下列资格之一者充之:(甲)国内外大学或专科学校理科或工科毕业,经实业部度量衡检定人员养成所训练后得有毕业证书者。(乙)国内外大学或专科学校理科或工科毕业办理度量衡制造或检定事务著有成绩,并曾在实业部度量衡检定人员养成所教授主要科目者。(2)二等检定员——其资格为高级中学毕业,经实业部度量衡检定人员养成所训练后得有毕业证书者。(3)三等检定员——其资格为初级中学毕业,曾在中央或各省市检定机关受相当训练测验合格者,二等检定员得升任一等检定员,三等检定员得升任二等检定员,但须支最高级俸二年后经考验认为确有同等学识者为限。(度量衡检定人员任用暂行规程第二—六条)

【度量衡检定员养成所】【行】Institute for the training of weights and measures inspectors 实业部全国度量衡局为训练全国度量衡检定人员起见,特设立度量衡检定员养成所,置所长一人,教务主任一人,教员事务员及雇员若干人,各省区各市县需用之度量衡检定员应由各该政府咨送高中毕业以上程度之人员至本所训练,其应行训练之事项如下:(1)关于机械原则之训练事项。(2)关于度量衡器具制造原则之训练事项。(3)关于度量衡器具检验及整理之训练事项。(4)关于度量衡器具检验之训练事项。(5)关于推行度量衡新制之训练事项。(6)关于新旧及中外度量衡制度比较之训练事项。实施训练时分期为之,及格后给与证书,呈由全国度量衡局分发任用,于末期训练人员给证分发后,本所即行裁撤,嗣后关于一切训练事项,统由全国度量衡局检定科任之。(全国度量衡局度量衡检定员养成所规则第一—六条、第八—九条)

【度量衡检定员养成所规则】【行】度量衡检定员养成所为全国度量衡局

所设置，故又称曰全国度量衡局度量衡检定员养成所，本规则于民国十八年四月十一日公布，计十一条。（参度量衡检定员养成所及度量衡检定员各条内）

【度牒】【史】常人为僧侣者曰度，其证明书类谓之度牒。事物纪原（卷七）："僧史略曰，度牒，自南北朝有之，见高僧传，名籍限局，必有凭由，凭由即今祠部牒也，唐会要曰，天宝六年五月制僧尼令祠部给牒，则僧尼之给牒，自唐明皇始也。"

【建设利息】【公】Constructive dividends　又名工事利息，谓公司依其性质于未开始营业前所预派之股息，盖在工程较大之公司，如开矿筑路等，非越数年后不能开始营业，是无赢余可为派息之用，如此于招股时殊有妨碍，故法律为顾顺人情起见，特定于下列条件之下，许其分派利息；(1)公司营业之准备须在二年以上者。(2)须经主管官厅之许可。(3)曾以章程订明者。(4)其利率须非超过周年五厘者。（公司法第一七三条）

【建设局】【行】Bureau of reconstruction　为县政府下所设机关之一，掌理土地农矿森林水利道路桥梁工程劳工公营业等事项，以及其他公共事业。（参照组织法条内）

【建设委员会组织法】【行】Law Governing the Organization of the Commission of Reconstruction　本法于民国二十年二月十七日修正公布，计共二十条，其要点如下：(1)本会直隶国民政府，其职权如下：(甲)遵照实业计划拟制全国建设事业之具体方案，呈国府核办。(乙)国民建设事业有请求指导者，应为之设计。(丙)办理经国府核准试办之各种模范事业。(2)本会委员除当然委员外（行政院各部会长官为当然委员），由国府聘定若干人充任，就中任命委员长副委员长各一人（特任）。(3)本会置下列三处：(甲)总务处。(乙)设计处。(丙)事业处。各设处长一人，会中又设秘书长一人，秘书四人（二人简任余荐任），参事二人至四人（均简任），科长八人至十二人（均荐任），科员四十人至六十人（均委任），技正八人至十六人（六人简任，余荐任），技士十六人至二十人（均委任），必要时得聘用专家为顾问，或专门设计委员，且得另设附属机关。(4)本会每半年开全体委员会一次，如有重要事项得随时召集会议。

【建设厅】【行】Provincial department of reconstruction　为省政府机关之一，所掌事务如下：(1)关于公路铁道之建筑事项。(2)关于河工及其他航路工程事项。(3)关于不属土地行政之测丈事项。(4)其他建设行政事项（参省政府组织法条内）。按省政府原则上仅设民政财政教育建设四厅，惟于必要时得增设实业厅，及其他专管机关，其在未设实业厅之省，关于该厅事务由建设厅掌理之。

【建隆刑统】【史】为宋法典之一，建隆重定刑统，依后周显德刑统（参后周之法典条）所重定者也，宋初，用唐律令格式，兼参用后唐同光刑律统类，清泰编敕，天福编敕，及后周广顺类敕，显德刑统，至建隆四年，工部尚书判大理寺窦仪奏，周刑统科条繁浩，或有未明，请别加详定，乃命窦仪与权大理少卿苏晓等，削出令式宣敕一百九十条，增入制敕十五条，编为刑统三十卷，目录一卷，八月成书，十月窦仪上之，诏付大理寺镂板颁行，此后端拱二年，诏赐外臣执政各一部，天圣七年，学士孙奭，奉诏校定之。

【建隆编敕】【史】为宋法典之一，建隆四年二月五日，工部尚书判大理寺窦仪言，周刑统科条繁浩，或有未明，请别加详定，乃命仪与权大理少卿苏晓等同撰集，凡削去令式宣敕一百九条，增入制敕十五条，又录律内余条准此者凡四十四条，附于名例之次，并目录，成三十卷，取旧削去格令宣敕，及后续降要用者，凡一百六十条，为编敕四卷，其厘革一司一务一州一县之类，不在焉，至八月二日上之，诏并模印颁行。

【建筑改良物】【土】Structural improvement 为改良物之一种，对农作改良物而言，凡附着于土地之建筑物或其他性质相同之工事，曰建筑改良物。估计建筑改良物之价值时，应以同样之改良物于估计时为重新建筑需用费额为准，不得以从前施工时所需用之费额为根据，并且应计算其经历时间所受损耗数额，于估计时减去，以示确实。（第二五九—二六二条）

【建筑物】【土】建筑物者，谓以人工所从事而建设之屋宇牌楼等物也。在限制使用区关于下列事项应于市设计时分别定之：(1)土地及其建筑地使用之限制。(2)各区段建筑地有规定房屋建筑线之必要时，其房屋建筑线。(3)建筑物之高度，层数及其形式。(4)建筑地段之深度及宽度。(5)建筑物所占土地面积及应留余地。（土地法第一四九条）

【建筑区】【土】建筑区者，谓以供建筑物之构造为目的而划分之一定区域也。全部或大部分未建筑之建筑区，因路线通过，致其中各地段有面积过小或形式不整不适于建筑房屋或其位置不临街道者，市政府得依土地法关于土地重划之规定，于路线公布后，一定期限内整理之。（土地法第一五二条）

【建筑期限】【土】建筑期限者谓于一定之期间内应即从事于建筑也。在繁盛区域内之空地，市政府得斟酌地方需要情形，规定二年以上之建筑期限，逾规定期限而不建筑者得准需用土地人请求征收其全部或一部，惟上述土地如因土地权利之纠纷未行解决，致不能依限建筑者，则其所有权人得请求为相当之展限。（土地法第一五五条、第一五七条）

【建议】【宪】Proposal 凡向政府机关及议会提出个人或团体所希冀之意见之陈述行为，称曰建议。

【建议权】【宪】Right of proposal 议会对行政或司法之事件得提出建议案，此种权利曰建议权，为议会监督权之一种。

【待遇】【通】Treatment 凡一方对于他方所为之处理或款待之一切情形，皆谓之待遇，例如监狱机关对于犯人所为之处理，即犯人所受之待遇，又如行政机关对于下属官吏按其等级而给与薪金养老金等等，亦谓之待遇。

【待漏院】【史】朝臣每晨入朝时集会之所曰待漏院，唐宪宗之元和年间，初置待漏院以为朝臣晨集之所，宋时亦有此院之设，按群臣听漏刻（水漏之刻以为时）而入朝，故入朝之时刻谓之待漏。

【徇隐】【史】上官隐庇下僚之不正行为称曰徇隐。（明清律吏律篇）

【律】【史】【通】律乃刑法典之名，在风俗通曰："皋陶谟虞始造律。"按律原为六律六吕之律。其后度量衡用以为轻重长短之标准(参法律条内)，刑法师取其意，以为罪之轻重其处刑不容丝毫之差违，故采律之名(唐律卷首)。抹子序："律起于黄钟，权衡度生焉，是律者法度之所自出，故刑名家亦谓之律，五等之刑铢校丝比，权轻重时损益，与天地之气相为贯通。"大学衍义补(卷一)："律之言，昉于虞书，盖度量衡受法于律，积黍以盈，无锱铢爽，凡度之长短，衡之轻重，量之多寡，莫不于此取正，律以若法，所以制裁群情，断定诸罪，亦犹六律正度量衡也，故制刑之书，以律名焉。"此外复有一说即昔时以竹所制之器具曰律，法律乃书于竹简，故亦称为律。要之律乃为定罪刑之尺度之用，专指刑法而言，法则系指一般法，对于刑法而以法名之者，甚为罕见，有之即系专就科刑法(即刑法)而言。春秋战国时代或称曰刑，或称曰律，并无一定之区别，如春秋郑子产以鼎铸刑书，称曰刑鼎，战国时代魏李悝作刑书六篇称曰法经六篇，即其明证，秦商鞅袭用李悝之法经六篇(盗法、贼法、囚法、捕法、杂法、具法)而同时改称为律，此时法律二字尚无区别，汉高祖之约法三章，即其显例，萧何复增户律、兴律、厩律三篇合商鞅之六篇而为九篇，即所谓九章律是也。关于律之沿革，在事物纪原(卷一)内有下列之记载：最后则另有一说，谓律者律吕之律也，律吕之律所以定音声，而法律之律所以定人之行为以为惩戒恶劣之标准，故称为律。总之所谓律，乃为定罪律之尺度，系专指刑法而言，而所谓法则，系泛指一般之法而言，是二者之区别也。至关于律之沿革事物纪原(卷十)言之甚详："风俗通曰，皋陶谟虞始造律，后汉张敞上疏曰，皋陶造法律，急就章曰，皋陶造狱，法律存也，史记曰，李悝造律，晋刑法志曰，秦汉旧律其文起自魏李悝，选次诸国法，著法经，唐书曰，时所用律，起自魏文侯李悝，然皆罪名也，通典亦曰，又以为商君受之以相秦，至汉天下既定，命萧何次律令也，孙奭律令义曰，名例者，汉九章散而未统，魏始集罪例，号为刑名，晋贾充以刑名法例为篇，北齐高睿并曰名例，卫禁者，晋始有卫宫之名，北齐附以关禁，隋敕苏威，更新律名卫，职制者，晋本名违制，隋更曰职制，户律者，汉九章，专为户律，北齐附以婚事名婚户，隋更曰户婚，废厩库者，汉晋北齐，或名牧产，隋亦以库事名厩库，擅兴者，汉名兴律，魏陈群定法名擅兴，北齐改文从缮，隋定曰擅兴，贼盗者，魏李悝首制贼盗二法，后魏曰盗律，贼律，北齐合为一，周分为劫盗贼叛，隋更名贼盗律，斗讼者，后汉始析前世系讯律为斗律，北齐附以讼律，后周改为斗竞，隋复齐名，诈伪者，魏世始分贼律，创名之后无改，杂律者，李悝首曰杂法，后周更为杂犯，隋去犯字，还为旧名。捕亡者，李悝首制捕法，后魏益曰捕亡，北齐改曰捕断，后周易曰捕逃，隋世复曰捕亡，断狱者，李悝始造囚法，魏世分出此篇，北齐合于捕断，后周复曰断狱，陈彭年唐纪曰，太宗贞观二年，正月丁亥朔房玄龄与法官删定律十二卷，五百条，令二十卷，比隋律减死，入流九十二条，入徒七十一条"，至于宋朝之刑统(建隆重定刑统)其篇名与唐律相同，共十二卷计十二篇，名例、卫禁、职制、户婚、厩库、擅兴、贼盗、斗讼、诈伪、杂律、捕亡、断狱。明律则大加编制，分为吏、户、礼、兵、刑、工六类(惟前此曾于洪武六年十一月至七年二月间成一明律，篇目一准于唐，采用旧律二百八十八条，续律一百二十八条，旧令改律三十六条，因事制律三十一条，摄唐律以补遗百二十三条，合六百有六条，分为三十卷，惜此律至今失传)，为洪武三十年所制定共三十卷，四百六十条。名例律（卷一）共四十七条；吏律分职制（卷二）共十五条与公式（卷三）共十八条；户律分七篇：曰户役，（卷四）共十五条，曰田宅，（卷五）共十一条，曰婚姻，（卷六）共十八条，曰仓库，（卷七）共二十四条，曰课程，（卷八）共十九条，曰钱债，（卷九）共三条，曰市廛，（卷十）共五条；礼律分二篇：曰祭祀，（卷十一）共六条，曰仪制，（卷十二）共二十条；兵律分五篇：曰宫卫，（卷十三）共十九条，曰军政，（卷十四）共二十条，曰关津，（卷十五）共七条，曰厩牧，（卷十六）共十条，曰邮驿，（卷十七）共十八条；刑律分十一篇：曰贼盗，（卷十八）共二十八条，曰人命，（卷十九）共二十条，曰斗殴，（卷二十）共二十二条，曰骂詈，（卷二十一）共八条，曰诉讼，（卷二十二）共十二条，曰受赃，（卷二十三）共十一条，曰诈伪，（卷二十四）共十二条，曰犯奸，（卷二十五）共十一条，曰杂犯，（卷二十六）共十一条，曰捕亡，（卷二十七）共八条，曰断狱，（卷二十八）共二十九条；工律分二篇：曰营造，（卷二十九）共九条，曰河防，（卷三十）共四条。清律大概仿明律之编制，内容据大清律例（乾隆年间所改定），共四十七卷。律目（卷一），诸图（卷二），服制（卷三）。名例律二篇：曰名例律上（卷四），曰名例律下（卷五），吏律分二篇：曰职制（卷六），曰公式（卷七）；户律分八篇：曰户役（卷八），曰田宅（卷九），曰婚姻（卷十），曰仓库上（卷十一），曰仓库下（卷十二），曰课程（卷十三），曰钱债（卷十四），曰市廛（卷十五）；礼律分二篇：曰祭祀（卷十六），曰仪制（卷十七）；兵律分五篇：曰宫卫（卷十八），曰军政（卷十九），曰关津（卷二十），曰厩牧（卷二十一），曰邮驿（卷二十二）；刑律分十五篇：曰贼盗上（卷二十三），曰贼盗中（卷二十四），曰贼盗下（卷二十五），曰人命（卷二十六），曰斗殴上（卷二十七），曰斗殴下（卷二十八），曰骂詈（卷二十九），曰诉讼（卷三十），曰受赃（卷三十一），曰诈伪（卷三十二），曰犯奸（卷三十三），曰杂犯（卷三十四），曰捕亡（卷三十五），曰断狱上（卷三十六），曰断狱下（卷三十七）；工律分二篇：曰营造（卷三十八），曰河防（卷三十九）。总类七卷（自卷四十起至卷四十六止），即自笞一十起至凌迟止以罪名为纲领，而以律例原文分类编例，至比引律条则为卷四十七（此项比引律例，原系存留备考，或有万无可引者然后引用，若既有定例则不用律也），宣统二年复有大清现行律之颁布，篇目与大清律例略同，共三八九条，附例一千三百二十七条，并附有禁烟条例十二条，秋审条款一六五条。有职官门，服制门，奸盗抢窃门，杂项门，及矜缓比较门，惟此项现行律未及实行而辛亥革命事起矣。

【律九章】【史】汉既一统天下，以三章之法不足治天下，乃命相国萧何更加李悝之法经六篇（时已名为律），如户律兴律厩律合之为九篇谓之律九章，一作九章律（唐六典称之），即汉代最初之刑法典也。汉书刑法志："相国萧何，攈摭秦法，取其宜于时者，作律九章"，晋书刑法志："汉相萧何定律，除参夷连坐之罪，增部主见知之条，益事律兴厩三篇，谓九章之律。"按事律即指户律，所谓秦法，谓即法经六篇，商君改称为律而以之相秦者也，户律当唐之户婚律，兴律即擅兴律，厩律即厩库律。

【律令】【史】律令为律与令之合称，律指刑法，令指行政法。唐律（卷一）名例篇："史记云，后主所是疏为令，前主所是著为律。"史记一杜周传："周为廷尉，其治大仿张汤，而候伺上所欲挤者，因而陷之，上所欲释者，久系待问，而微见其冤状，客有让周曰，君为天下决平，不循三尺法，专以人主意指为狱，狱者固如是乎，周曰，三尺安在哉，前主所是著为律，后主所是疏为令，当时为是，何古之法乎。”大学衍义补(卷百)：“汉高祖，初入咸阳，与民约法三章，杀人者死，伤人及盗，抵罪，余悉除去秦苛法，后以三章之法不足以御奸，遂令萧何檪摭秦法定律令，除参夷连坐之法，增部主见知之条，于李悝所造六篇，益事律擅兴厩库三篇，合为九篇，叔孙通益律所不及，傍章十八篇。”丘睿按：“律之名始见于此，春秋之时，子产所铸者，谓之刑书，战国之世，李悝所著者，谓之法经，未以律为名也，礼记虽有加地进律之文，析言破律之诛解者，谓进律，为爵命之等，破律虽以法律言，然王制，汉文帝时，博士刺经所作，固已出萧何之后也，律之言，昉于虞书，益度量衡受法于律。”依此观之，则律乃专为国家刑律之名称，乃始于汉，惟通常皆谓秦时商鞅改法为律而实始自秦时也，也事见六典注，是称刑法，典曰律，自此始也。至于令于秦时亦尝见之，汉书萧何传，称何收秦之律令图书，似秦时已有律令。汉书(卷三十九)萧何传：“沛公至咸阳，诸将皆争走金帛财物之府分之，何独先入，收秦丞相御史律令图书藏之。”又史记一秦始皇本纪：“丞相绾，御史大劫，廷尉斯等皆曰(中略)，今陛下兴义兵，诛残贼，平定天下，海内为郡县，法令由一统，自上古以来，未尝有。”据此则令已于秦时有之矣，汉文帝时晁错为内史，更定法令，错所更令三十章，武帝时张汤编越宫律，二十七篇，赵禹编朝律六篇，当时律令凡三百五十九章大辟四百条，千八百八十二事。死罪决事比万三千四百七十二事，文章繁，罪名多而重。昭帝时律令凡百有余篇，宣帝本始四年诏条奏律令可蠲除者，然卒未行之。至元帝初元五年，遂省刑罚七十余事，除光录以下至郎中保父母同产之令，此后律令仍时有增加，盖斯时不独刑律继续滋长，且行政法典(即所谓令者是)。亦因而日趋繁杂，惟至今则已无一存者，仅藉说文解字，后汉书，以及周礼、礼记、史记、汉书诸家注文所引用关于汉律之百余条中而已。

【律令手鉴】【史】为王行先所撰共二卷，事见新唐书艺文志及宋史艺文志。

【律令直解】【史】卷数不详，为明时周桢等奉敕撰。明史刑法志：“太祖既命李善长定律令，又恐小民不能周知，诏大理卿周桢等取所定律令，自礼乐制度钱粮选法之外，凡民间所行事宜，类聚成编，训释其义，颁之郡县，名曰律令直解。上览其书而当曰，吾民可以寡过矣。”

【律令宪纲】【史】卷亡，明史刑法志：“洪武六年夏，刊律令宪纲，颁之有司。”

【律令释文】【史】为宋天圣七年孙奭所撰，计一卷，事见宋史艺文志刑法类，及王应麟著之玉海。(卷六十六)

【律本】【史】为晋杜预等所撰，计二十一卷，隋书经籍志刑法类律本二十一卷，杜预撰，新唐书艺文志及旧唐书经籍志刑法类均作刑法律本，为贾充等撰，按晋书杜预传云：“与贾充等定律令，既成，预为之注解，诏颁于天下。”又南齐书孔稚圭传谓：“张斐，杜预同注晋律……”是预与斐皆注晋律，故当时有张预律之称。又书钞，御览皆引张斐律序，杜预律序文，疑此律序与律本同为一律，而且为杜预张斐等所撰者。

【律本章句】【史】为汉应劭所撰，事见本传，所谓律本，乃指律之本源而言，盖即根据前此诸法家如李悝萧何等之书而自撰其章句也。

【律例】【史】律者法律也，例者例案也，条例也，定例也，条例之制定乃为补充律文之不足而设者，故大清刑律与条例合称为大清律集解附例（顺治年间）。大清律例（乾隆年间）或大清律例则例（嘉庆四年）等皆是。清圣祖（康熙十八年九月十四日）上谕曰："国家设法立制，原以禁暴止奸，安全良善，故律例繁简，因时制宜，总期合于古帝王钦恤民命之意，向因人心滋伪，轻视法纲，及强暴之徒，陵虐小民，故于定律之外，复设条例，俾其畏而知警，免罹刑辟，乃近来犯法者多而奸伪未见衰止，人命关系重大，朕心深用恻然，其定律之外，所有条例，如罪不至死而新例议死，或情罪原轻而新例过严者，应去应存著九卿詹事科道，会同详加酌定，确议具奏，特谕。"按上述者乃现行则例之编纂，其后始分别附入刑律，是为律例。

【律例根源】【史】共三十二卷，又图一卷，撰者何人不详，内容系搜集列届修律按语而成，自雍正三年至道光二十四年止皆备，归安张氏有藏本。

【律例略记】【史】四卷，为清汪峰所撰，内容未详。

【律例集解】【史】陈察所撰，卷数未详，事见沈家本律令考卷九。按察常熟人，字元习，弘治进士，曾拜监察御史之官，历官佥都御史巡抚南赣，后因忤旨被斥为民。

【律例笺解】【史】为明时王肯堂所撰，共三十卷，见明史艺文志刑法类，按肯堂，又名樵子，字宇泰，万历进士，律医并精，为时人所称。

【律例馆】【史】为清时附设于刑部之编修法律之机关，乃从事于编纂刑律与条例者也。

【律法】【史】所谓律法乃指律令格式等四法之总称而言。新唐书一百官志："刑部郎中员外郎掌律法"，事物纪原（卷二）："通典曰，伏牺氏作易，纪阳气之初以为律法，此盖其肇也。"惟通常则以律法一辞与法律同义。

【律音义】【史】为宋孙奭所撰，计一卷，事见宋史艺文志刑法类内。

【律师】【通】Lawyer; Attorney at law　受当事人之委任或法院之命令，依法办理关于诉讼或非讼事件之人员，谓之律师，在英国律师分为二种：其一为律师或称大律师（Barristers or counsel），乃指有经验而经特许得以出庭为当事人辩护之律师而言，其一则为讼师或称小律师（Solicitors or attorneys），乃指初业律师职务，而仅能从事于撰拟诉状，以及其他法律文件并搜集证据等之律师而言，此项讼师在普通法之法院称曰 Attorneys，在衡平法之法院则曰 Solicitors，在海事法院内称为 Proctors，前此美国之各级法院中，对于律师之分级，与英国法院相同，今则不复有此区别矣。

【律师公会】【行】Bar association　凡由地方法院或高等法院分院附设地方法院分庭之所在地之律师所组织而成之团体，谓之律师公会。律师非加入律师公会不得执行职务。（参律师章程条内）

【律师章程】【行】Regulations Governing Lawyers　本章程系于民国十六年七

月二十三日由司法部公布，共七章，凡三十七条，第一章律师职务——在通常法院执行法定职务为原则，在特别审判机关行其职务为例外，并得办理非讼事件。第二章律师资格——原则：(一)中华民国人民满廿一岁以上者。(二)考虑合格者或依本章免试者。第三章律师证书——向司法行政部领取，应缴纳证书费二百元。第四章律师名簿——司法行政部及高等法院均须各置一本，律师经登录于名簿得在最高法院并指定之一高等法院及在该高等法院区域内之二个地方法院管辖区署内行其职务。第五章律师义务——执行公务时不得兼任官吏或其他有俸给之公职，原则上不得兼营商业，又应以诚笃及信实行为行其职务。且须以善良管理者之注意处理委托事务。第六章律师公会——公会设于地方法院或其分庭所在地，律师非加入公会不得执行职务，公会之组织以会长制行之。第七章惩戒——分为三种：(1)训戒。(2)停职一月以上二年以下。(3)除名(受除名处分者，非经过四年不得再充律师)。

【律师登录章程】【行】本章程公布于民国十六年七月二十三日，全文计共七条，自公布日施行，其要点如下：(一)律师之声请登录或呈请撤销登录或另请登录，均须依律师章程第六条第九——十条所定之程序办理。(二)高等法院受声请书时或收到死亡报告时或由受诉法院之通知除名时均应于核准后呈报司法行政部长。(三)律师登录或撤销登录时，司法行政部长应以政府公报公布之。(四)律师公会会长应将律师加入律师公会之姓名、年、月、日，随时呈报所在地地方法院。

【律师诉讼主义】【民刑诉】凡诉讼当事人之一切诉讼行为，皆委托律师代为诉讼者，谓之律师诉讼主义。德国及英美立法例即用此种制度，以律师诉讼主义为原则，以本人诉讼主义为例外，但我国则规定诉讼时，委托律师与否，一任当事人之自由。

【律师惩戒委员会】【行】Commission for the Disciplinary Punishment of Lawyers　办理律师惩戒事宜之机关，曰律师惩戒委员会。以高等法院院长为委员长，高等法院庭长及推事四人为委员，请求交付惩戒者须提出证据并意见书，委员长于收到后即平均轮流分配于各委员审查之，审查委员因调查证据得嘱托其他法院为之，认为必要时得命被付惩戒律师提出辩明书或到会陈述，审查后应将审查经过情形作成报告书报告委员长，委员长于接收后应于七日内定期召集评议会，评议会须全体委员列席且须以过半数表决之(委员长亦在内)。议决之结果应作成决议书，并即时送达于高等法院首席检察官及被付惩戒律师，同时呈报司法行政部部长，被惩戒人如有不服，应将理由书经由原律师惩戒委员会提出于司法行政部长，司法行政部长接到后如认为不合法者驳斥之。此时决议即行确定，应按照所定之处分分别命令执行之，如认为合法时则咨交覆审查律师惩戒委员会(详该本条)为覆审查。(律师惩戒委员会规则第一条、第五—十条、第十四—十五条、第十七—二〇条)

【律章句】【史】律章句为汉时叔孙宣，郭令卿，马融及郑玄诸儒所作，各有其一己之律章句，计当时约有十余家，家数十万言，凡断罪所当由用者，合二万六千二百七十二条，七百七十三万二千二百余言，事见晋书刑法志及唐六典注，按上述各律章句，今已无一存者。

【律条疏议】【史】为明张式之所撰，三十卷，按张式之即张楷，今日本内阁文库及石川县博物馆，皆有藏本。

【律略论】【史】为魏刘劭(劭一作邵)所撰，三国志本传所言，惟未及卷数，隋志刑法篇谓应劭律略五卷亡。新唐书艺文志刑法类谓刘劭律略论五卷。又太平御览(六百三十八)曾引刘劭律略文，综观上述二说，自以刘劭所撰之说为当。

【律博士】【史】(详律学博士条内)

【律疏】【史】刑律之注疏谓之律疏，有法之效力，唐高祖命律学者撰定疏议，如唐律疏议是，事物纪原(卷十)："唐刑法志曰，自玄龄等更定律令言大宗也，无所更改，高祖即位，诏律学之士撰律疏，则律疏，盖起自唐高宗之时也。宣宗时，张戣以刑律分类，为大中刑律统类，故五代以来，又有刑统。"律疏即唐律疏议之简称，计三十卷，为唐长孙无忌等所撰，旧唐书经籍志刑法类："律疏三十卷，长孙无忌撰。"宋史艺文志："律疏三十卷，唐长孙无忌等作。"四库政书类："唐律疏议三十卷，唐太尉扬州都督赵国公长孙无忌等奉敕撰。"(参唐律疏议条)

【律疏附例】【史】书名，明时所编，撰人不可考，计八卷，天一阁有藏本。

【律解附例】【史】(一)为明时王之垣所撰者，计八卷，事见明史艺文志。按之垣号见峰，嘉靖进士，累官户部左侍郎。(二)为明胡琼所撰者，计四卷。按琼南平人，字国华，正德进士，曾任御史，历按贵州、浙江，有声于时，于世宗即位时因事受杖而死。

【律解辨疑】【史】三十卷，为明何广所撰，按广为洪武时人，曾为湖广参议，事见明史艺文志刑法类。

【律准】【史】书名，为五代王朴所撰，一卷，事见顾杯三所补五代史艺文志。按朴字文伯，东平人，事周，历官开封尹，开封府推官，左散骑常侍，并曾任东京副留守(在世宗南征之时)。

【律学博士】【史】博士之称始自秦代，其为专门之博士之称，则始于汉以后，而律学博士一名则至晋时始有，与近代之法学博士同，同时且为官名。事物纪原(卷五)晋初置律学博士，属廷尉……律学博士转相教授。唐移属国子监，唐志曰："武德初也。"晋书职官志："廷尉主刑法狱讼，属官有正监平，并有律学博士"，杜氏通典曰："律学博士，晋置，属廷尉，卫凯奏请律学博士转相教授，东晋以下因之，梁曰胄子博士，属廷尉，陈亦有律博士，后魏北齐并有之，隋大理寺官属，有律博士八人，唐因之，而置一人移属国学，直助教一人而从九品上。"

【律赎】【史】与例赎(详该本条)相对称。

【律鉴】【史】为赵绰所撰，事见宋史艺文志，一说赵绰为隋人开皇初曾任大理寺，事见隋书、北史、本传，是否本书著者，不明。

【后(後)手】【票】Subsequentparty 对前手言，即于票据依背书方法转让时，其让受人曰后手。日本称曰后者。

【后(後)见】【民总】Guardinship 为日本名辞,与我国所称之监护相同。

【后(後)见监督人】【民总】Supervisor of guardians 为日本名辞,乃指监督后见人之人而言。

【后(後)周大律】【史】又曰周大律。(详后周之法典条内)

【后(後)周之法典】【史】晋世文章竞为浮华,相沿成风,后周太祖既主天下,命苏绰为大诰一秉周官,自是朝仪车服器用多依古礼,所谓大诰,即后周之令也。周律曰大律,盖亦大诰之意。关于周之法典散佚已久,兹仅可由周书北史及隋志略为编次耳,计分为三述之于下:(一)后周大律——周文帝为魏相时,撰西魏大统式上之,后更命赵肃撰定法律,肃积思屡年,遂感心疾而死,别使拓拔氏迪续定之,至武宗保定三年告成。隋书刑法志云,是年三月律成。周书武纪云,二月庚子颁行,谓之大律,律成之时,赵肃既死,盖拓拔迪上之,而六典注,旧唐书经籍志,及唐书艺文志,皆称赵肃而不及迪,记载失实矣。篇目凡二十五,如下:"一、刑民。二、法例。三、祀享。四、朝会。五、婚姻。六、户禁。七、水火。八、兴缮。九、卫宫。十、市廛。十一、斗竞。十二、劫盗。十三、贼叛。十四、毁亡。十五、违制。十六、关津。十七、诸侯。十八、厩牧。十九、杂犯。二十、诈伪。二十一、请求。二十二、告言。二十三、逃亡。二十四、系讯。二十五、断狱",凡二十五篇,一千五百三十七条,比北齐律增五百八十八条,故隋书谓称滋章条,流苛密,比于齐法,烦而不要云,其内容略见隋书刑法志,刑名有五,死刑、流刑、徒刑、鞭刑、杖刑是也,五刑各分五等:死刑有磬、绞、斩、枭、裂;流刑有流卫服(去皇畿二千五百里鞭一百笞六十),流要服(去皇畿三千里鞭一百笞七十),流荒服(去皇畿三千五百里鞭一百笞八十),流镇服(去皇畿四千里鞭一百笞七十),流蕃服(去皇畿四千五百里鞭笞各一百);徒刑有徒一年(鞭六十笞十),徒二年(鞭七十笞二十),徒三年(鞭八十笞三十),徒四年(鞭九十,笞四十),徒五年(鞭一百笞五十);鞭刑有六十、七十、八十、九十、一百;杖刑有十、二十、三十、四十、五十、凡二十五等,虽无十恶之目,而重恶逆,不道,大不敬,不孝,不义,内乱之罪,又有赎罪之制:杖刑自一两至五两;鞭刑自六两至十两;徒刑则一年十二两,二年十五两,三年一斤二两,四年一斤五两,五年一斤八两;赎流刑一斤十二两,俱役六年;赎死刑金二斤。加鞭笞者,皆先笞后鞭,妇女当笞者听赎,其当以绢者,鞭杖各十,收绢一匹,流徒者每年收绢十二匹,死罪者一百匹,本律,隋书经籍志,唐书艺文志,皆作二十五卷,今已佚。(二)后周令——周令,不详编纂年时,隋书刑法志不载,然考六典卷六注云,后周命赵肃拓拔迪定令,史失篇目,则似与撰律时同,前为赵肃所撰,后则拓拔迪上之也。唯隋书经籍志,旧唐书经籍志,唐书艺文志,皆不著录,篇数卷数,俱不可考。(三)刑书要制及刑经圣制——后周律之外,武帝建德六年,颁行刑书要制,按隋书卷二十五(刑法志)曰,其年(建德六年)又为刑书要制,以督之,其大抵持杖群盗一匹以上,不持杖群盗五匹以上,监主掌自盗二十匹以上,盗及诈请官物三十匹以上,正长隐五户及十丁以上,及地顷以上皆死,自余依大律。宣帝宣政元年,诏制九条,按周书卷七(宣帝纪)曰,宣政元年八月,诏制九条,宣下州郡,一曰决狱科罪,皆准律文,二曰母族绝服外者听婚,三曰以杖决罚,悉令依法,四曰郡县当境贼盗不擒获者，并仰录奏，五曰孝子顺孙义夫节妇，表其门闾，才堪任用者，宜申荐，六曰或昔经驱使，名位未达，或沉沦蓬荜，文武可施，宜并采访，具以名奏，七曰伪齐，七品以上，已敕收用，八品以下，爰及流外，若欲入仕，皆听预造，降二等授官，八曰州举高才博学者，为秀才，郡举经明行修者，为孝廉，上州上郡，岁一人，下州下郡，三岁一人，九曰年七十以上，依式授官，鳏寡因乏不能自存者，并加禀恤。大象元年，以刑书要制苛重，除之，其后又广刑书要制，更峻其法，作刑经圣制，六典注，谓之法经。按唐六典卷六(刑部郎中员外郎律注)曰，至武帝又造刑书要制，与律兼行，至宣帝，残酷，广刑书要制为刑经圣制，谓之法经。五代时，后周之法典有大周续编敕及周刑统二种。按周太祖广顺元年，命御史卢忆等，以晋汉及国初事关刑法敕条二十六件，编为二卷，谓之周续编敕，及世宗显德四年，命侍御史知杂事张湜，编修新格，律令之有难解者，就文训释，格勒之有繁杂者，随事删除，或轻重不当，便于古而不便于今，或矛盾相违，可于此而不可于彼者，皆修正之，及五年七月告成，凡二十一卷，目之为周刑统。按旧五代史(卷一四七)刑律志曰：世宗显德四年五月(五代会要卷九作二十四日)中书门下奏，准宣法书，行用多时，文意古质，条目繁细，使人难解，兼前后敕格，互换重叠(五代会要作差谬重叠)，亦难详定，宜令中书门下并重(会要作行)，删定务从节(会要作简)要，……五年七月(会要作七月七日)，中书下奏，侍御史知杂事张湜等九人，奉诏编集刑书，悉有条贯，兵要尚书张昭等一十人，参详旨要，更加损益，臣质臣溥据文评议，备见精审，其所编集者，用律为正，辞旨之有难解者，释以疏意，义理之有易了者，略其疏文，式令之有附近者，次之，格敕之有废置者，又次之，事有不便，与该说未尽者，别立新条于本条之下，其有文理深古，虑人疑惑者，别以朱字训释，至于朝廷之禁令，州县之常科，各以类分，悉令编附，所冀发函展卷纲目无遗，究本计原，刑政咸在，其(会要无奏以下凡百七十七字作及兵部尚书张昭远等奏)所编集，勒成一部，别有目录，凡二十一卷，刑名之要，尽统于兹(会要无刑名以下凡八字)，目之为大周刑统，欲请(会要作伏请)颁行天下，与律疏令式通行，其刑法统类，开成格编敕等，采掇既尽，不在法司行使之限，自来有宣命(会要作令)指挥公事及(会要无及字)临时条法，州县见今施行，不在编集之数，应该京百司公事逐司(会要无逐司二字)各有见行条件，望令本司删集，送中书门下，详议闻奏敕宜依(会要作奏闻者奉敕宜依)仍颁行天下(会要无仍以下)。

【后(後)周令】【史】(详后周之法典条内)

【后(後)者】【票】Successor 为日本名辞，与我国所称之后手同义。

【后(後)背书】【票】为到期后背书(详该本条)之简称，又曰期限后背书。

【后(後)唐之法典】【史】后唐之法典计有开成详定格，(唐之法典)同光刑律统类(凡十三卷)，大成格(一卷)大中统类及清泰编敕等。唐庄宗同光二年，废梁之新格，而行唐之开成详定格，及三年二月，刑部尚书卢质，上新集同光刑律统类(共十三卷)，明宗天成元年，又依唐之开成格，撰天成格一卷，其后长兴四年六月，御史中丞张鹏等，详定大中统类，清泰二年四月，御史中丞卢损等，编清泰元年已前，凡十一年间制敕，三百九十四条，为三十卷，谓之清泰编敕。

【后(後)宫】【史】背后之宫殿为嫔妃之居所,故曰后宫。史记—周纪:"漦化为元鼋以入王后宫。"陈书—沈皇后传:"张贵妃宠倾后宫,后宫之政,并归之。"

【后(後)晋之法典】【史】晋天福四年七月,左谏议大夫薛融,秘书监丞吕琦等奉诏。撰编敕三十一卷,凡三百六十八道,令有司写录,与格式参用,五代会要卷九曰:"晋天福三年六月,中书门下奏,伏睹天福元年十一月敕节文,唐明宗朝敕命法制,仰所在遵行,不得改易,今诸司每有公事,见执清泰元年十月十四日编敕施行,称明宗朝敕,除编集外,并已封锁不行,臣等商量,望差官将编集及封锁前后敕文,并再详定,其经久可行条件,别录奏闻,从之,遂差左谏议大夫薛融,秘书监丞吕琦,尚书驾部员外郎知杂事刘皞,尚书刑部郎中司徒诩大理正张仁琢,同参详。至四年七月,薛融等上所详定编敕三百六十八道,分为三十一卷,令有司写录,与格式参用。"

【后(後)梁之法典】【史】后梁之法典有所谓新定格式律令。于梁太祖开平三年十一月开始制定。旧五代史—刑法志(卷百四十七):"梁太祖开平三年十一月,诏太常卿李燕,御史萧顷,中书舍人张衮,户部侍郎崔沂,大理卿王鄯,刑部郎中崔诰,共删定律令格式,四年十二月宰臣薛贻奏,太常卿李燕等,重刊定令三十卷,式二十卷,格十一卷,律并目录一十三卷,律疏三十卷,凡五部一十帙,共一百三卷,敕中书舍人李仁俭,诣阁门奉进,伏请目为大梁新定格式律令,仍颁下施行,从之。"

【后(後)汉之法典】【史】前汉之世,律令烦多,屡谋删定,及王莽篡汉,旧章所存无几,后汉光武即位,梁统上疏,请命有司,定不易之典,帝不从,肃宗建初中,陈宠为鲍昱撰辞讼比七卷,决事都目八卷,鲍昱奏上之,及和帝永元六年,廷尉陈宠,钩校律令条规,请删定之。当时称死罪六百十条,耐罪一千六百九十八条,赎罪以下,二千六百八十一条,可以窥见其条数矣。献帝初平四年,又编格若干,见通典所引崔纂执语,时应劭删定律令,又作驳议,即律本章句,尚书旧事,廷尉板令,决事比例,司徒都目,五曹诏书,春秋断狱,蠲去复重,为之节文,又集驳议三十篇,以类相从,凡八十二事,自此以后,法典编纂之事无闻焉,然解释法律之学,自此起矣。应劭律本章句外,叔孙宣,郭令卿,马融,郑玄等,各作章句,凡十有余家,家数十万言,凡断罪所当由用者,合二万六千二百七十二条,七百七十三万二千二百余言,言数益繁,览者益难,天子于是下诏,但用郑氏章句,不得杂用余家。

【后(後)魏之法典】【史】明清律溯源于唐,唐本于隋,隋本于北齐,而北齐则溯及于后魏,盖自晋而后,南北朝对立,而律亦分南北二支。南朝之律自隋禅自陈后即行消灭,北律则自魏及唐统系相因,以迄于清,是明清律皆须溯源于后魏,盖后魏之律实为北系以后诸律之滥觞也。按后魏之律多沿汉制,与魏晋不尽相同(因后魏之律乃出崔浩高允二氏之手,二人一长于汉律,而一则长于董仲舒应劭公羊决狱之学也,后魏法典,有神鹿律令,太和律令)。按玉海卷六十五云隋志(并唐六典等书)太和十五年五月己亥,更定律令(先是太和五年新律成八百三十章),于东明观,亲决疑狱,十六年四月丁亥朔,班新律令,大赦,(隋志后魏律二十卷)此隋志云云,似有脱误,考魏书,世祖太武帝神鹿中(北史三年冬十月),诏司徒崔浩定律令,及高祖孝文帝太和初,命中书令高闾等,修改旧文迄五年告成,凡八百三十二章，十五年五月，又议改律令，于东明观断疑狱，十六年四月，班新律令，大赦天下，唐六典（卷六）所记，与此略同：“至太武帝，始命崔浩定刑名，于汉魏以来律，除髡钳五岁刑四岁刑，增二岁刑，大辟有轘、腰斩、殊死、弃市四等，凡三百九十条，门房诛四条，大辟一百四十条，五刑二百三十一条，始置枷拘罪人，文成时，又增律条章，至孝文时，定律凡八百三十三章，门房之诛十有六，大辟之罪二百三十，五刑三百七十七”，又通典卷三十八，有太和十八年定令，列举百官，此等律令，俱已不见，然其逸文，犹有存者，若律，则通典百六十七有贼律，法例律，斗律，而令则六典，太平御览仅有职品令耳。关于魏律之篇名，史虽失之，后世学者曾极力考证之，计得下列二十篇：“一曰刑名，二曰法例，三曰宫卫，四曰违制，五曰户律，六曰牧产，七曰擅兴，八曰盗劫，九曰贼犯，十曰斗律，十一曰诈伪，十二曰杂律，十三曰捕断，十四曰断狱，十五曰毁亡，十六曰告劾，十七曰系讯，十八曰请赇，十九曰水火，二十曰关市”，此外尚有魏格魏事，魏户籍（五条）魏令（魏令大都沿汉晋之旧而增损之，其详今不可得而言矣）。

【怠工】【劳】所谓怠工，乃指工人怠惰工作，使出品减少以与雇主方面相对抗而言。我工会法规定工会不得命令会员怠工（第二十七条第一项第七款）。是工人自动之怠工，则为法律所许可矣。

【怠金】【民执】Penalty 债务人过怠之罚金为怠金，又称过怠金，如民事诉讼执行规则第八十八条规定，确定判决系命债务人为一定行为而非他人所能代行者，债务人若不履行时，执行处得处债务人以一千元以下之过怠金，以强制其履行债务。又第八十九条规定确定判决系命债务人容许他人之行为或禁止债务人为一定之行为者，债务人不履行时，执行处得管收债务人以一千元以下之过怠金，并得据债权人声请命债务人供相当之保证。

【恤刑】【史】恤刑一语，乃出自书经—舜典之“惟刑之恤哉”，盖即怜悯罪人之义也，后世依此主义，在法制上特设救恤之规定，明时且置恤刑之官，巡察各道狱囚，施行悯恤恩典，成化以后，遂成定制，清因之，其方法为对于犯罪人之情有可悯者，或停止其刑罚之执行或减轻其刑罚，或免除其罪。（明会典清会典荒政）

【恤孤】【史】谓救济孤儿也，乃王道仁政之最要者。大学：“上恤孤而下不倍”，历代均以之为内务行政之要务，后世所称之育婴堂孤儿院皆基此种主义而起。

【恤嫠局】【史】所谓恤嫠局乃指以恤悯寡妇为目的而设之机关而言，唐代以后，特设专司以任其事，称曰恤嫠局。（文献通考荒政）

【恤嫠会】【史】清时于天津地方特设恤嫠会以救养寒苦之孀妇为目的，每月给以一定口粮，其费用或由洋药税中拨筹或出自盐商之捐助。（张焘所撰津门杂记）

【恤礼】【史】为五礼之一，即凶礼之一种，为在寇（外敌之来也）乱（内兵之作也）发生时，救济人民之法也。以其规定于礼，故曰恤礼，周礼—春官大宗伯：“以恤礼哀寇乱。”

【急告宁】【史】急者，及也，即使前后相及之义，告者，告请也，宁者，问父母之安否也，唐类函（卷六十三）：“按急告宁，皆休假名也，释名曰，急及也，言操切之使相逮及也，李斐汉书曰，告请也，言请休谒也，宁安也，告曰宁也，汉律使二千石，有予告，有赐告，予告者在官有功，最法所当得者也，赐告者病满三月，当免，天子优赐其告，使得印绶将官属归家理病，至成帝时，郡二千石，赐告，不得归家，自冯野王始也。”

【急递铺兵】【史】急递者，谓快递也，以传达公文书为目的而设，其设置处所均有一定，称曰铺，每铺均设铺兵四名及铺司一名以司其事，大明令兵令篇设有急递铺兵之条：“凡急递铺每一十五里设置一所，每铺设铺兵四名，铺司一名，于附近有丁力粮近一石五斗之上，二石之下者点充，须要少壮正身与免杂泛差役。……”

【拜除】【史】拜受官职谓之拜除。后汉书一第五伦传：“刺史太守拜除，京师及道出洛阳者，宜皆召见。”

【拜堂】【史】婚礼举行时，新妇入夫家拜见舅姑及夫家亲属，称曰拜堂。唐时已有此礼。

【括发关械】【史】谓对于被告人之发括起而加上桎梏也，汉书一哀帝纪：“成王之于大臣在舆为下，御坐为起，疾病视之无数，死则临吊之，废宗庙之祭，进之以礼，退之以义，诔之以行，按嘉（乃指丞相王嘉）等罪恶虽著，大臣括发关械，裸躬就笞，非所以重国褒宗庙也。”

【拶子】【史】谓妇人犯罪者所用之夹棍也，为刑具之一种，然夹棍乃用于足，而拶子则用于手，六部成语注解：“妇人之夹棍也，夹棍用于足，此用手。”

【拶指】【史】为刑具之一种，以圆木五根作成，长七寸，径圆，各四分五厘，为拷问妇人之犯重罪者之用。

【拷囚不得过三度】【史】拷打囚人应有限制，否则囚人每因受苦不堪而竟胡乱招认其罪是与发见真实主义相违反，故唐律（卷二十九）断狱篇设有拷囚不得过三度之条：“诸拷囚不得过三度，数总不得过二百，杖罪以下，不得过所犯之数，拷满不承，取保放之。”疏议曰：“依狱官令，拷囚每讯相去二十日，若考未毕，更移它司仍须拷鞫，即通计前讯，以充三度，故此条拷囚不得过三度，杖数总不得过二百，杖罪以下，谓本犯杖罪以上，笞十以上，推问不承，若欲须拷，不得过所犯笞杖之数，谓本犯一百杖，拷一百不承，取保放免之类，若本犯虽徒一年，应拷者亦得拷满二百，拷满不承，取保放之。”同条又谓：“若拷过三度，乃杖外以他法拷掠者杖一百，杖数过者反坐所剩，以故致死者徒二年，即有疮病，不待差而拷者亦杖一百，若决杖笞者笞五十，以故致死者徒一年半，若依法拷决而邂逅致死者勿论，仍令长官等勘验，违者杖六十（拷决之失，立案不立案等）。”

【拷囚限满不首】【史】拷囚不得过三度而其拷打总数亦不得过二百，若于此种限制已满，而囚人仍不服罪者，在原则上应反拷告人，惟有例外。唐律（卷二十九）断狱篇有拷囚限满不首条：“诸拷囚，限满而不首者，反拷告人，其被盗家人及亲属告者不反拷（被水火损败者亦同），拷满不首，取保并放，违者以故失论。”疏议曰：“拷囚经三度，杖数满二百而不首，反拷告人，谓还准前拷数，反拷告人，拷满复不首，取保释放，其被杀被盗之家，若家人及亲属告者所诉，盗杀之人被拷满不首者，各不反拷告人，以杀盗事重，例多隐匿，反拷告者，或不敢言，若被人决水入家，放火烧宅之类，家人及亲属，言告者亦不反拷告人，拷满不首，取保并放，违者以故失论。违，谓若应反拷而不反拷，及不应反拷而反拷者，若故者依故出入法，失者依失出入论，其本法不合拷而拷者，依前人不合捶拷法，亦以故失论。其应取保放而不放者，从不应禁而禁，不取保放者，于律有违，当不应得为，流以上从重，徒罪以下从轻。”

【拷决孕妇】【史】孕妇犯罪，胎儿无辜，若加以拷打及杖笞者，势必影响及于胎儿，故须于产后一百日始得拷决，明清律均设有妇人犯罪之条。唐律(卷三十)断狱篇——拷打孕妇条曰：“诸妇人怀孕，犯罪应拷及决杖笞，若未产而拷决者杖一百，伤重者依前人不合捶拷法，产后未满百日，而拷决者减一等，失者各减二等。”疏议曰：“妇人怀孕犯罪应拷及决杖笞，并待产后一百日然后拷决，若未产而拷，及决杖笞者杖一百，伤重者，谓伤损之罪重于杖一百者，依前人不合捶拷法，谓依上条监临之官，前人不合捶拷而捶拷者，以斗杀伤论，若堕胎者合徒二年，妇人因而致死者加役流，限未满而拷决者减一等，谓减未产拷决之罪一等，失者各减二等，谓未产而失拷决，于杖一百上减二等，伤重于门伤上减二等，若产后限未满，而拷决者，于杖九十上减二等，伤重者于斗伤上减三等。”

【拷讯】【史】又称拷鞫(详该本条)，或曰拷问。

【拷问】【史】为拷讯之别称，或名曰拷鞫。(详该本条)

【拷掠】【史】拷问犯人时，如用法律所定之刑杖以外其他之物如加以拷打时，称曰拷掠。唐律(卷二十九)断狱篇——拷囚不得过三度条：“若拷过三度，及杖外以他法拷掠者，杖一百，杖数过者，反坐所剩，以故致死者，徒二年。”疏议曰：“杖外以他法拷掠，谓拷囚于法杖之外，或以绳悬缚，或用桩拷打，但应行杖外，悉为他法，犯者合杖一百。”

【拷鞫】【史】以杖对犯人加以拷打而讯问其罪状，谓之拷鞫，或曰拷讯，或称拷问，名异实同。唐律(卷二十九)断狱篇——拷囚不得过三度条之疏议：“依狱官令，拷囚每讯相去二十日，若拷未毕，更移它司，仍须拷鞫，即通计前讯，以充三度。”

【拾得人】【物】Finder of the lost property 拾得他人遗失物之人。曰拾得人。(参遗失物条内)

【拾得物】【物】拾得物者，谓由于拾取所得他人遗失之物也。(参遗失物条)

【持分】【物】Share; Part 二人以上共有财产时，各人对于该财产所有之部分，谓之持分。在持分内之该所有人可行使其权利，但以不侵犯他人之持分为限。

【持有】【物】【刑】Keeping; Possession 对于某特定物系现在在实际的保管状态中者，谓之持有。与占有之意义，大同小异。因持有而为法律所保护者，名曰占有，而通常则皆称为持有也。其持有之人则称曰持有人。

【持有人】【物】【刑】Keeper; Possessor (详持有条内)

【持有度量衡罪】【刑】为伪造度量衡罪之一，因意图供行使之用而持有违背定程之度量衡而成立，以有非纯单之持有行为为限，即以有供行使之用之目的为必要

（如为单纯持有不罚），其处分为一百元以下罚金（刑法第二二一条），至其持有之违背定程度量衡，不论是否为犯人所有，均没收之（第二二二条），所以正本清源也。

【持有鸦片吗啡等物或专供吸食鸦片之器具罪】【刑】因意图供犯鸦片罪章中各罪之用，而持有鸦片吗啡高根安洛因及其化合质料，或专供吸食鸦片之器具而成立，本罪之行为持有（收藏保管之谓），但无供贩卖运输或吸食施打之意思而持有者，自不为罪，至鸦片吸食器具亦然，其处分为五百元以下罚金，至于上述各物及器具不问属于犯人与否，均没收之。（刑法第二七六条）

【持仗[1]拒捍】【史】捕吏逮捕犯罪人之时，犯人以凶器抵抗捕吏并拒绝捕缚，称曰持仗拒捍，此时捕得加以格杀，唐律（卷二十八）捕亡篇——罪人持仗拒捍条："诸捕罪人，而罪人持仗拒捍，其捕者格杀之，逃走逐而杀，若迫窘而自杀者，皆勿论。"其疏议曰："仗谓兵器及杵棒之属。"

【持质】【史】奸徒对官民之臣仆或子女捕之以为质，后即强索财物，是曰劫质或曰持质，与今之绑票相同，汉书—桥玄传："玄少子十岁独游门次，卒有三人，持杖劫执之，入舍登楼，就玄求货，玄瞋眼呼曰，玄岂以一子之命，而纵国贼，促令兵进，玄子亦死，玄乃诣阙谢罪，乞下天下，凡有劫质，皆命杀之，不得赎以财宝，开张奸路，诏书下其章，劫质遂绝。"魏志—夏侯惇传："乃著令，自今以后，有持质者皆并击勿顾，由是劫质者遂绝。"晋书—刑法志："科有持质，皆非盗贼，故分以为劫略律。"

【持续犯】【刑】又名永续犯。（详该本条）

【指己支票】【票】谓发票人以自己为受款人所发行之支票也。例如发票人因向银行取款而发行支票是。（票据法第一二一条第三项）

【指己汇票】【票】Tratte an eigene order（德）　日本称为自己受为替手形，谓以自己为受款人而发行汇票也。即受款人与发票人同为一人之汇票也。例如发行人与付款人有交谊，乃发行汇票以自己为受款人是，我票据法规定发票人得以自己为受款人（第二二条）。即同时一人兼具发票人受款人付款人三种资格亦可。至于指己本票之发行，则为法律所不许。

【指令】【行】Directing orders　上级机关对于所属下级机关因呈请而有所指示时，所发之指挥命令，曰指令。

【指斥乘舆】【史】乘舆为天子所乘之车，天子乃九五之尊，应避乘舆之语，故凡谈论天子之事者，称曰指斥乘舆，法有处罚明文。唐律（卷十）职制篇——指斥乘舆条："诸指斥乘舆，情理相害者斩，……非相害者徒二年"，其疏议曰："指斥乘舆，谓言议乘舆，原情及理，俱有相害者斩。"注云："……非相害者徒二年，谓语虽指斥乘舆，而情理非相害者，处刑二年。"

【指示人】【债】Drawer　（详指示证券条内）

【指示占有】【物】又名他主占有。（详该本条）

---

[1] 原书为"杖"，据《唐律疏议》校改。

【指示交付】【物】Traditio longa manus（拉丁）；To cede the right against the third person in lieu of delivery 为交付要件主义例外之一，又称替代交付，对简易交付及占有改定言。即凡让与动产物权，如其动产由第三人占有时，让与人得以对于第三人之返还请求权让与于受让人以代交付之谓也（民法第七六一条第三项）。又称长手交付。

【指示居间人】【债】凡于无订立契约之相对人时，而为他方预先搜索机会而向其报告者，曰指示居间，其报告者曰指示居间人，但其后须有契约之订定，方为成立。

【指示证券】【债】Orders of payment；Instrument to order 称指示证券者，谓指示他人将金钱有价证券或其他代替物给付第三人之证券也，为指示之人曰指示人，Drawer 被指示之他人曰被指示人，Drawee 受给付之第三人曰领受人，Payee 例如甲（指示人）指定乙（被指示人）将金钱有价证券或其他代替物给付丙（领受人）是也。被指示人虽对于指示人负有债务，但无承担其所指示给付或为给付之义务，如向领取人承担所指示之给付者，则有依证券内容而为给付之义务，指示证券以得让与为原则，但指示人于指示证券有禁止之记载者为例外，其让与之方式乃以背书为之，所以杜流弊也。（参第七一〇—七一八条）

【指印】【民总】Fingerprint 所谓指印，乃指以手指模纹印于文件上而言。我民法规定，如以指印十字，或其他符号，代签名者，在文件上经二人签名证明，亦与签名生同等之效力。（第三条）

【指名参加】【民诉】Urheberbenennung（德） 为诉讼参加之一种，被告为脱离诉讼起见，向第三人告知诉讼，且对于原告指明该第三人而使该第三人参与诉讼者，曰指名参加。我民诉法仅于第六五条设有相似之规定，在民诉条例则有详细之明文（第八〇—八一条）。依民诉条例之规定，指名参加与告知参加不同，（一）前者仅由被告告知，后者则原被告均可告知。（二）前者应在本案言词辩论前告知，后者则随时可以告知，并无限制。

【指名债权】【债】Obligation in favour of a specific creditor 与证书债权相对立，即有确定债权人之债权，乃属普通债权，其成立与存续并不以作成证书或持有证书为要件，即有证书之作成亦仅为一种证据方法而已，此与证书债权不同之点一，又指名债权如有证书作成时，债权人对于在证书内所未记载之事项，亦得以其他证据方法而为主张，证书债权则否，此二者不同之点二，又指名债权乃属要因之债权，而证书债权则为不要因者，此二者区别之点三。

【指名证券】【债】Namenpapier（德） 又称记名证券，有价证券上记载有以某特定人为权利享受人者，称曰指名证券。

【指定】【通】Designation 上级机关对于特定事务令其属下人员办理时而与以特定资格者，谓之指定。例如关于特定刑事案件由审判长依照职权指定一律师为义务辩护人是，又私人间亦得指定他人使其取得某种权利，例如被继承人用遗嘱指定继承人是。

【指定监护人】【亲】Designated guardian 为监护人之一种，又名遗嘱监护人，谓由后死之父或母以遗嘱所指定之监护人也。在未成婚的未成年人之监护，与禁治产人之监护，均可有此种之监护人，惟前者其指定监护人之顺位，乃先于法定监护人，而后者则以法定监护人之顺位居先耳。

【指定管辖】【刑诉】Determination of jurisdiction; Designated jurisdiction 为裁定管辖之一，对移转管辖言，谓因事故致法定管辖权发生疑问时由上级法院指定其管辖也。我刑诉法规定此项事故(原因)有二:(1)二以上之同级法院于管辖权有争议者(积极或消极)。(2)二以上之同级法院中一法院有管辖权而依确定判决均认为无管辖者(第二〇条)，直接上级法院有指定管辖之权，法院及原告被告亦有声请指定之权，其声请应以书状为之，方为有效，而法院对此则应以裁定行之，如被驳回时，则不许抗告。(第二二—二三条)

【民诉】为管辖之一种，谓因管辖区域不明，或因法律或事实管辖不能之时，由上级法院指定其管辖也。凡有下列二种情形时，当事人得向受诉法院转送上级法院，或向直接上级法院以书状或言词声请指定管辖:(一)因管辖区域境界不明致不辨有管辖权之法院时。(二)有管辖权之法院因法律或事实不能行使审判权时。(民诉法第二〇条—二二条)

【指定应继分】【继】Designated successional portions 为应继分之一种。(详应继条内)

【指定继承人】【继】Designated heir 为继承人之一种，与法定继承人相对称，谓由被继承人以遗嘱所指定之继承人也。此项指定继承人，与嗣子性质虽相类似，但有区别(参嗣子条内)。指定继承人时，须具下列三要件:(一)须为无直系血亲卑亲属者。(二)须以遗嘱为之。(三)须系与关于特留分之规定不相违反者。

【指定辩护】【刑诉】Spetem of assigned defence 为辩护制度之一种，对选任辩护言，又称官选辩护，谓由于审判长之意思所发生之辩护关系也。换言之，即对辩护人之指定，依法律所规定者也。我刑诉法设有明文:(1)初级或地方法院管辖第一审案件，于起诉后未经选任辩护人者，审判长得为之指定辩护人，至其最经本刑为五年以上有期徒刑之罪者，如无选任者，则应为之指定公设辩护人(第一七〇条)。(2)高等法院管辖第一审案件，于起诉后未经选任辩护人者，审判长应为之指定公设辩护人。(第一七一条)

【指南】【史】设有罗盘针之车名也。一作司南车，其针常指南方藉明四向，或谓系周公所作，或曰为管仲所作，或谓系黄帝所作，事物纪原(卷二):“乐台注，鬼谷子曰，肃慎还，周公恐其迷路作指南车送之，古史考亦云，周公作或曰管仲作，崔豹古今注曰，旧说周公所作，周公致太平，越裳氏重译来献，使者迷其归路，周公锡以骈车五乘，皆为司[①]南之制，按黄帝内传曰，玄女为帝制司南车，当其前，志林曰，黄帝与蚩尤战于涿鹿之野，蚩尤作大雾弥三日，人皆惑，帝令风后法斗机作指南车以

① 原书为“指”，据《事物纪原》校改。

别四方,古今注又曰,指南车起于黄帝。”

【指奸有孕】【史】指称因奸通而怀妊之谓也。所谓指乃虚构之意。元典章(卷四五)—刑部第七指奸篇指奸有孕例之条:“……永兴县人氏尹廷桂状告,大德三年二月以尹元一为媒,聘定张阿陶女张德六娘名腊女为妻,为父服制,不曾成亲。本妇身怀有孕,闻得系与陶种二叔姐夫李陛通奸,(中略)既非奸所捕获,所指奸夫,累问不招。”

【指纹】【刑诉】Finger-printing (详指纹法条)

【指纹法】【通】Finger-printing 以研究人类之手指手掌,足指足掌上,纹理之结构与其印模之识别,以及在犯罪行为场所,犯人器物上残留印迹之发见为目的之学科,曰指纹法。此种方法,对於真正犯人之发见有极重大关系,近代各都市之警察机关,多设置指纹学专家,以司其事。按指纹之结构,其种类大别有三,一为蹄形之指纹,一为涡形之指纹,一为弓形之指纹。

【指婚】【史】清制,皇帝近支之子女如系以敕旨命其为婚者,谓之指婚。

【指挥命令】【行】Instructed order 所谓指挥命令,乃指上级官署依其职权,或依请求,对于下级官署所发出之一般或特定之命令而言,可分为二种:(一)训令。(二)指令。(详各本条)

【指图证券】【债】Order papier(德)为日本名辞,与我国所称之指示证券同意义。

【指腹为婚】【史】子女尚在母胎中即由双方父母为之缔结婚约,是曰指腹为婚。此项制度肇自北魏,魏书—王宝兴传:“宝兴母及卢假妻俱孕,崔[①]浩谓曰:汝中将来所生皆我之自出,可指腹为亲。”按宝兴之母,乃崔浩之弟崔恪之女,而卢假之妻则为崔浩之女,后世对指腹为婚,相沿成习,且为法律所不禁。大学衍义补(卷五十):“司马光曰,世俗外于襁褓童幼之时轻许为昏,亦有指腹为昏者。”

【指腹为亲】【史】双方父母对于各在腹内胎儿即行指定互为缔婚之预约者,是曰指腹为亲,或曰指腹为婚。大明令户令篇指腹为亲条规定曰:“凡男女婚姻各有其时,或有指腹割衫襟为亲者,并行禁止。”

【按问】【史】按罪审问谓之按问,即刑事审判上所称之讯问也。“命御史中丞薛映就第按问,钦若惶恐伏罪。”(宋史王钦若传)

【按察使】【史】官名,唐贞观分天下为十道,景云二年置十道按察使,每道各一人,开元二年改十道按察使为将访处置使,乾元元年改为观察处置使,为视察地方之动静及安全之长官,宋以诸路转运使(漕)兼按察,专主巡察,别设“提点刑狱官”掌刑狱事,辽分遣朝臣出发各路按察刑狱,按察之为刑官,即自此始。金改为“按察使司”,元遂称“提刑按察使”,后改为“肃政廉访司”,明复改为提刑按察使司,于各省处理一省之司法事务,置按察使一人,副使一人,为一省司法之长次官,清因之,清末始改为提法使,民国废。

① 原书为“催”,系排版之误。

【挑动】【债】挑动者,挑引激动也,即与以发动之原因而惹起事变之谓也,依我国民法之规定,凡动物加害于他人者,该动物之占有人在原则上应负损害赔偿之责任,但动物之系由第三人或他动物之挑动致加害于他人者,其占有人对于该第三人或该动物之占有人有求偿之权,例如甲之犬为乙所嗾使而噬丙,甲对于丙为赔偿之后对乙有求偿权,又如甲之马因被乙之马所驱动,将丙撞伤,甲对于丙为赔偿之后,对乙亦有请求偿还之权利。(民法第一九〇条第二项)

【故杀子孙遇革】【史】革者,赦也,故意杀子孙时而遇赦者,谓之故杀子孙遇革。大明令刑令篇——故杀子孙遇革条曰:“凡故杀子孙若遇谋故杀人不赦者,依律科断,其诬赖于人遇革者,所见诬之人罪,若该原犯人止从故杀子孙科断,如所诬之人罪不该原,亦从重论。”

【故入人罪】【史】法官因故意而入人于罪时曰故入人罪。鞫狱时皆须依所告状鞫之,若于本状之外,别求他罪者,以故入人罪论。(唐律卷二十九断狱篇——依告状鞫狱条)

【故出入人罪】【史】因故意出人于罪或入人于罪者,称曰故出入人罪。(参故失减及入人罪各条)

【故出故入】【刑】审判官对犯罪者之科刑,应以持平为主,如故意科以较重之刑,是曰故入,反之若科以较轻之刑时,则为故出,故出故入,于法均无根据。

【故失】【史】为故出入人罪与失出入人罪之简称,所谓故出入人罪乃指因故意出入人罪而言,所谓失出入人罪,则系因过失而出入他人之罪。

【故失减】【史】法官因故意而出犯人于罪,谓之故出,其因过失而出犯人于罪者,则曰失出,前者罪重而后者则罪较轻。其因故意出人于罪后悔而还获者,减罪一等,是曰故出减,失出之罪即较故出者减五等,是曰失出减,故出减与失出减之合称,即所谓故失减是也。(唐律疏议卷二名例篇——人有议请减条之疏议参照)

【故决河防】【史】(参盗决河防条内)

【故宫博物院】【行】Palace museum 掌理故宫及所属各处之建筑物,古物、图书、档案之保管,开放及传布事宜之机关,为故宫博物院,直隶于国民政府,置院长副院长各一人,下置秘书总务二处,以及古物馆,图书馆,文献馆,分理各部分事务。

【故勘】【史】有审问权之官吏对于无罪之常人加以拷问者,谓之故勘。明律(卷二十八)、清律(卷三十四)刑律断狱篇——故禁故勘平人之条:“若故勘平人者,杖八十,折伤以上以凡斗伤论。”

【故杀】【史】所谓故杀,乃指并非因斗殴(殴打之谓)或竞技时(角力之谓)而故意杀人而言。唐律(卷三)名例篇犯十恶之条疏议曰:“故杀人,谓不因斗竞而故杀者。”

【故杀官私马牛】【史】马为供军致远之用,牛为农耕之需,不许人民故意加以杀戮,违者治罪,明清律均有宰杀马牛之条。唐律(卷十五)厩库篇有故杀官私马牛条之规定:"诸故杀官私马牛者,徒一年半,赃重及杀余畜产,若伤者计减价,准盗论,各偿所减价,价不减者笞三十。"(见血踠跌,即为伤,若伤重五日内致死者从杀罪。)疏议曰:"官私马牛,为用处重,牛为耕稼之本,马即致远供军,故杀者徒一年半,赃重谓计赃得罪,重一年半徒,假有杀马直十五匹绢,准盗合徒二年,此名赃重,及杀余畜产,除马牛之外,并为余畜,若伤,谓虽不死,而有损伤,自马牛及余畜,各计所减价,准盗论,减价谓畜产直绢十匹,杀讫唯直绢两匹,即减八匹价,或伤止直九匹,是减一匹价,杀减八匹,偿八匹,伤减一匹,偿一匹之类,其罪各准盗八匹及一匹而断,价不减者,谓元直绢十匹,虽有杀伤,评价不减,仍直十匹,止得笞三十,罪无所陪偿。注云,见血踠跌,即为伤,见血不限伤处多少,但见血即坐,踠跌,谓虽不见血,骨节差跌,亦即为伤,若伤重,谓所伤处重,五日内致死者,亦从杀罪,及偿减价。"同条又曰:"其误杀伤者不坐,但偿其减价,主自杀马牛者徒一年",疏议曰:"误杀伤者,谓目所不见,心所不意,或非系放畜产之所,而误伤杀,或欲杀猛兽,而杀伤畜产者不坐,但偿其减价,减价同上解,主自杀马牛,徒一年,误杀者不坐。"

【故买赃物罪】【刑】为赃物罪之一,因事后故买赃物而成立。故买云者,即以有偿行为而取得其物之所有权之谓也。此种行为与被害财产权之回复大有关系,至其收买出于直接或间接,只要为明知而买,均足构成本罪,处五年以下有期徒刑,拘役,得并科或易科一千元以下罚金。(刑法第三七六条第二项)

【故意】【刑】Intent　明知而故为之谓,即对于犯罪构成之事实明知而决意使其发生之谓也。故其要件为认识及决意。例如甲明知以枪射人为杀人之犯罪行为,而竟向之发射是(刑法第二十六条第一项规定)。至非由故意或过失者则为不可抗力之行为矣。故意之观念学说有二:一、意欲主义。二、认识主义(详各本条),我国刑法采第一主义(第二十六条是),又犯罪之成立以有犯罪之故意为普通要件,惟有特别规定者不在此限,故刑法第二十四条谓非故意之行为不罚,关于故意之情形下列七端应加注意:(一)责任能力不必要认识——例如未满十三者自以为未满十三岁而犯罪,不得谓之无故意。(二)犯意本以含有举动及结果之认识者为原则。但在特殊之犯罪,亦有不以认识结果为必要者。(三)故意不必要有违法之认识,因故意只要合乎故意之要件为已足,对于其结果是否违法不必要有认识,故刑法第二十八条特予以规定。(四)故意有确定及不确定之分(详各本条)。(五)故意有事前事后之分(详各本条)。(六)故意有单纯及预谋之分(详各本条)。(七)故意与远因有密切之关系,远因即促起故意之动机,以不能变更罪名为原则,对于加重减轻本亦以无关系为原则,但近世各国则许法官有自由选择斟酌科刑之权耳,盖一以远因为其标准也。

【债】Intention　对于行为之结果有认识而仍为该行为者,曰故意。

【故意之不合】【民总】为意思与表示不一致情形之一,对无意之不合言,即于意思表示行为时其不一致之情形乃为表意人所知者,更分为二:(1)真意保留。(2)虚伪表示。(详各本条)

【故禁】【史】对于平人即无罪人加以监禁称曰故禁。故禁与不应禁不可相混,二者不同，不应禁谓对轻罪之人加以误禁，而故禁则系监禁无罪之人，即官吏对于平人怀有私仇而予以监禁之谓也。明律（卷二十八）、清律（卷三十四）断狱篇——故禁故勘平人之条："凡官吏怀挟私仇，故禁平人者，杖八十。"清律之辑注曰："故禁与上条不应不同，上是误禁轻罪人，此则禁无罪人也。"

【故禁故勘平人】【史】禁者拘禁也，勘者拷讯也，其有意故行，则谓之故，平人乃无罪之人，故意拘禁无罪之人，及故意拷讯无罪之人，均为法律所禁止。明律（卷二十八）、清律（卷三十六）刑律断狱篇——故禁故勘平人条："凡官吏怀挟私仇，故禁平人者，杖八十，因而致死者绞，提牢官，及司狱官典狱卒，知而不举首者，与同罪，至死者减一等，不知者不坐，若因公事，干连平人，在官无招，误禁致死者，杖八十，有文案应禁者，勿论，若故勘平人者，杖八十，折伤以上依凡斗伤论，因而致死者斩，同僚官及狱卒，知情共勘者，与同罪至死者减一等，不知情及依法拷讯者，不坐，若因公事干连平人，在官事须鞫问，及罪人赃仗证佐明白，不服招承，明立文案，依法拷讯，邂逅致死者，勿论。"清律辑注："此条故禁，与上条因应禁而不应禁不同，上是误禁轻罪之人，此则故禁无罪之人也。"同律辑注："禁谓下狱，若拘锁别处者，不得谓之禁，因而致死，必在狱中者方是。勘谓拷讯，若非用官刑者，不得谓之勘，因而致死，必由拷讯者方是。"又同律辑注："前节言故禁平人，而又言有误禁与应禁者，后节言故勘平人，而又言有共勘与应勘者。"又同律辑注："故禁致死，谓平人无故被禁，或畏惧，或忿恨，因而病死及自尽者，皆是，不言狱卒陵虐者，此条重在挟仇故禁也。如狱卒受官吏意指，而致之死，则是谋杀矣，应有造意加功之别，不在此限。"同律之总注："故谓有意故行，平人，谓无罪之人，凡官吏怀挟私仇，将无罪平人，故禁于狱者，杖八十，因故禁而致死于狱中者绞，恶其倚法为奸也。发禁之时，提牢官及司狱狱卒，皆有典狱之责，若知其挟仇故禁之情，而不举首于上司者，与官吏同罪，以其徇私忘公也。至死者，减一等杖一百流三千里，终与故禁者有间也。其据原问衙门发下，不知实系平人而收禁者，不坐，若官吏本无怀挟私仇，但因公事未结，干连平人在官，其有罪者必有招，既无招则无罪，无罪例不应禁，而一时不察，误发监禁致死者，杖八十，原其禁之误，而重其人之死也，若虽无罪之人，既有文案关涉，如紧要干证之类，难以保候而应禁者，即邂逅致死，亦弗论。既曰应禁，则非故非误也，官吏怀挟私仇，将无罪平人，故行拷讯者杖八十，无伤亦坐，有伤亦同，至折伤以上者，依凡人斗伤论罪，因故勘而致死于拷伤者，斩，故勘，则又病于故禁也，同僚官及用刑之狱卒，若知其有挟仇情由，而犹与之共勘者，与官吏同罪，以其助恶济虐也，至死者，减一等杖一百流三千里，终与故勘者有间也，其不知情而共勘，及虽共勘而依法拷讯，并无非法拷打之事，即有死伤，亦不坐罪。若因见问公事干连平人在官，其事应须推鞫勘问，及正犯罪人，赃仗证佐皆已明白，而干连之人反为遮饰不服招承，官吏明立文案依法拷讯，邂逅致死者勿论，此应勘而非故勘也。"

【故违】【通】故意违背，是曰故违，即明知其不可违反而仍违反之谓也。

【故障】【通】故障者，谓意外事故之障碍也。

【故误】【史】知为罪而犯者曰故，不知而犯者曰误，又称过失，晋书—刑法志："其知而犯之，谓之故，不意，误犯，谓之过失。”

【故烧人舍屋】【史】故意放火烧人房屋宅舍，乃侵犯他人权利，法律对此特明文规定以强盗罪论，毫不宽贷。明清律均有放火故烧人房屋之条：唐律（卷十九）贼盗篇则有故烧人舍屋条之规定：“诸故烧人舍屋及积聚之物而盗者，计所烧减价，并赃以强盗论。”疏议曰：“贼人奸诈，千端万绪，滥窃穿窬，触途诡谲，或有烧人舍屋及积聚之物，因即盗取其财，计所烧之物减价，并于所盗之物，计赃以强盗论，十匹绞。”

【故纵】【通】对于所有物或他人如被监护人或被监督人不为相当之监视，而故意使其犯法者，谓之故纵，例如甲有一马，甲不为相当之监视而故意使马窃食乙之果实，又如监护人明知被监护人将杀人不为相当之监视而故意使之杀人，或看守员明知犯人将脱走不为相当之监视而故意使其逃亡等皆是。

【施用极危险方法以伤害人罪】【刑】为加重伤害罪之一，因施用足以致死或重伤之方法而伤害他人，始成立本罪，盖以伤害方法而加重其罪也，即其所施用之方法，足以致死或足以致重伤，而其结果仍为轻微伤害者，乃以本罪处断，如其结果为重伤时，自当以致人重伤论罪，本罪处六月以上五年以下有期徒刑，未遂罪罚之。（刑法第二九四条）

【施行】【通】Enforcement 法律与命令实施开始发生效力之状态，称曰施行，又曰实行，其开始发生效力之时期，曰施行时期，有于公布日即为施行日者，但通常施行时期，与公布时期往往不同，盖如法律于公布时期立即发生效力，人民并无认识其内容之机会，故有自公布时期起迄至一定期间施行之规定，即所谓施行期限是也。各国立法例对此有二主义，一为同时施行主义——即法律自公布之日起经过一定期限后全国同时施行，一为异时施行主义，即依地方之远近而定其施行之期限。我国现行法制兼采上述主义，我国法律施行日期条例规定，凡法律明定自公布之日施行者，首都以刊登该法律于国民政府公报之日，或公布该法律之命令依限应到达各主管官署之日起，各省市以刊登该法律之公报，或公布该法律之命令依限应到达该省市最高主管官署之日起发生效力，又凡法律特定有施行日期者，自特定日期起发生效力，但刊登该法律之公报或公布该法律之命令到达各主管官署，或各省市最高主管官署在特定日期之后者，以依限应到达之日起发生效力，至于刊登该法律之公报或公布该法律之命令，如因天灾事变致不能依限到达时，则自其到达之翌日起发生效力。

【施行期日】【通】Ausführung stag（德） 施行期日者，谓法令实施而开始发生效力之时日也。

【施行期限】【通】Period for enforcement 于法律公布后定一实施日期，曰施行期限。在原则上言，以自公布日起施行为佳，所谓同时施行是也。此外尚有二法，第一为自公布后至一定日期始行施行，例如于民十九年四月五日公布，五月五日施行是，第二为预定于法律公布到达各地后若干日施行是，例如于三月五日公布预定十日内到达某地，则某地施行日期为三月六日是，此种施行期限，因各地距离及交通状况不同，故施行期限，亦不一致。

【施行期间】【通】Ausführungsfrist（德）　又称曰施行期限。（详该本条）

【施侯租】【史】为台湾习惯上之特殊租名，清施琅将军于康熙二十二年讨郑克爽之役有功，清朝授以靖海侯并赐以广大之土地，施乃招募漳州人民从事开垦，而征收其地租，谓之施侯租。（台湾私法第一卷）

【施机枪作坑阱】【史】机枪坑阱皆为陷取猛守而设置者也，不在深山回泽时，每易杀伤人，故加禁止。明清律均有窝弓杀伤人条之设，唐律（卷二十六）杂律篇——施机枪作坑阱条："诸施机枪作坑阱者，杖一百，以故杀伤人者，减斗杀伤一等，若有标帜者。又减一等，其深山回泽及有猛兽犯暴之处而施作者听，仍立标帜，不立者笞四十，以故杀伤人者，减斗杀伤罪二等。"疏议曰："有人施机枪，及穿坑阱，不在山泽，拟捕禽兽者，各杖一百，以施枪等故，而杀伤人者，减斗杀伤罪一等，若于机枪坑阱之处，而立标帜欲使人知，而人误犯致死伤者，又减一等。谓总减斗杀伤罪二等，若不杀伤人，从杖一百，减一等合杖九十，深山回泽，谓非人常行之所，或虽非山泽而有猛兽犯暴之处，施作机枪坑阱者，不合得罪，仍立标帜，不立者笞四十，若不立标帜而致杀伤人者，减斗杀伤罪三等，若立标帜仍有杀伤，此由行人自犯，施机枪坑阱者不坐。"

【施医所】【行】为救济院之一所，乃指为疗治贫民疾病并补助卫生防疫各行政而设之机关而言，所中医士须精选长于中西医术者聘任之，且应设备下列各室，如医士室，诊视室，手术室，药剂室，男病室，女病室，挂号室，待诊室，诊治时间为每日上午八时至十二时，下午一时至六时，但遇有危急病症，应随时诊治，西药由施医所备办，概不收费，中药除贫者外，由病人自购，医士不许收受病人馈送，但出诊时得由所按照规定办法酌收车费。（救济院条例第六章）

【春坊】【史】（一）魏晋以来皇太子及其宫殿称曰春坊。（二）唐置詹事府以比尚书省，置左右春坊以比门下中书两省，沿至清末始废。

【春官】【史】为周礼六官之一，以宗伯为春官，掌邦礼，任神事，其属有六十，长官曰大宗伯，次官曰小宗伯，南北朝时复周旧称，后全废，惟唐代等有春官之称，旋仍称为礼部。

【春秋决狱】【史】为汉董仲舒所作，共二百三十二事，后汉书应劭传："胶东相董仲舒老病致仕，朝廷每有政议，数遣廷尉张汤亲至陋巷，问其得失，于是作春秋决狱二百三十二事"，王应麟困学纪闻："仲舒春秋决狱，其书今不传"，今汉学堂丛书有董仲舒公羊治狱佚六。

【春秋治狱】【史】为清张鹏一所撰，乃汇辑两汉春秋治狱之事例而成者也。凡九十则。

【春秋断狱】【史】为后汉应劭所作，事见本传，乃集以经决断之例而成者也。

【春宴】【史】宋代始于春秋二季举行大宴慰劳群臣，初仅有春宴一种，其后始有秋宴，事物纪原（卷一）："太平兴国三年三月，大宴大明殿，春宴自兹始也，乾明节在十月，故太宗朝止设春宴，咸平三年九月，大宴含光殿，真宗朝圣节外始备，设春秋二宴，自此为定制。”

【春闱】【史】明清时代之会试，其时期为三月，于京师举行之，故称曰春闱。

【春关】【史】宋代春试进士之发榜俟正敕下，报告南曹都省御史台，然后由贡院书写散给，称曰春关。

【昭代王章】【史】为明熊鸣岐所撰，计十五卷，事见明史艺文志刑法类。

【昭例铨注】【史】谓依照一定之成例以铨衡官吏而记注于官吏名簿也。元典章(卷八)吏部选格篇——迁调官员条：“……诸犯赃经断，应叙人员昭例铨注。”

【昭忠祠】【史】清制，在京师及直省府县均建昭忠祠，以祀殉难战死之文武官吏及兵丁乡勇，并以文官三品武官二品以上者配入京师之昭忠祠，兵勇则以五十名合为一牌，加以祭祀。(清通礼)

【昭媛】【史】为唐代女官之名，或谓创始于隋。事物纪原(卷一)：“唐百官志注曰：唐因隋制有之，而隋志，北史俱不载，疑唐制也。”

【昭穆】【史】古时宗庙之制，神主之位置均有一定，太祖之庙居中，一世三世五世居左，谓之昭，二世四世六世居右，谓之穆，至庙制之设随身分之高下而有异致，天子七庙三昭三穆与太祖之庙而七，诸侯五庙，二昭二穆，与太祖之庙而五，大夫三庙，一昭一穆与太祖之庙而三，庶人则不设庙，而祭于寝，又昭者明也，穆者深远也，昭穆之设，所以别父子远近长幼亲疏之序而使无乱也(参礼记)。惟通常皆用于庙之次序。文献通考(卷十三)—朱子之说：“太祖东向，自如而为严尊之位，群昭之入乎此者，皆列北牖之下南向，群穆之入乎此者，皆列乎南牖之下而北面，南面者，取其向明，故谓之昭，北面者，取其深远，故谓之穆。”总之昭穆乃依尊卑之序而定其位置不许加以侵乱，旧律关于继承立嗣以及收养子女皆须依照昭穆之次序，而以昭穆相当之侄为嗣。(参养子舍去条及立嫡子违法条)

【昭穆相当之侄】【史】家无男子以为祭祠之继承时，明清律均有无子立嗣之法，均以同宗之人为至限。于同宗之人，亦须有一定之伦次，如有尊卑失序者，则与立异姓以乱宗族者无异，应依法处罚(法律为杖六十)，清律亦同，清律立嫡违法之条附例谓：“无子者许令同宗昭穆相当之侄承继，先尽同父周亲，次及大功小功缌麻，如俱无，方许择立远房，及同姓为嗣。”其辑注曰：“宗庙之礼，父昭子穆，昭穆相当，谓尊卑不失其序也。”(备考)增补四书人物聚考(卷二)：“礼记祭统云，夫祭，有昭穆者，所以别父子远近，长幼亲疏之序而无乱也，是故有事于大庙，即群昭穆咸在，而不失其伦，此之谓亲亲之杀也、周礼小史掌邦国之志，奠系世奠定也。父子相继为世，辨昭穆，若有事，则诏王之忌讳，先王死日为忌其名为讳。大祭祀，读礼法以戒史，读礼法以戒百官也。以书昭穆之俎簋，俎以盛牲，簋以盛粢，以昭穆为前后，新安陈氏曰，王制天下七庙，三昭三穆，与太①祖之庙七，昭在左，左为阳，昭者阳明之义，穆在右，右为阴，穆者阴幽之义，以周言之，书于文王曰穆考文王，诗于武王曰率见昭衣，父穆则子昭，父昭则子穆也。子孙亦以为序，祭统所谓

① 原书为“大”，通“太”。

昭与穆齿，穆与昭齿是也。吴氏澄曰，天子七庙，受命之主，为太祖庙居中，东三昭，西三穆，凡六庙，祢祖高曾为四亲庙，高祖之父与高祖之祖为一祧庙，合之为三昭三穆，其有功德之主，亲尽庙当毁，则别立一庙于昭穆北庙之北，百世不毁，与太庙同，周之文世室武世室是也，合之为九庙，此天子之制也，诸侯始封之君为太庙，合祢祖高曾四庙为五，无二祧，又无功德之宗故合祭也，有时祫而无太祫，时祫者，迁二昭二穆之主，合祭于太庙，太祫者，三昭三穆二宗之外，凡庙之已毁者，皆得合食于太祖之庙也，大夫则初为大夫者，与祖祢二庙为三庙，上士二庙，祖祢而已，无太庙也，中士，下士一庙，祢而已，无祖庙也，庶人无庙，祭父于寝而已，中士，下士之常祭，但得祭祢，若得祭祖，则于祢庙祭之，上士欲祭高曾，则于祖庙祭之，大夫欲祭祖以上，则于太庙祭之，朱子云，周礼建国之神位，左宗庙，则五庙皆在公宫之东南，其制，孙毓云，外为都宫，内各有寝庙，别有门垣，太祖在北，左昭右穆，差次而南，盖太祖之庙，始封之君居之，昭之北庙，二世之君居之，穆之北庙，三世之君居之，昭之南庙，四世之君居之，穆之南庙，五世之君居之，庙皆南向，各有门堂寝室，而墙宇四周焉，太祖之庙居中，百世不迁，自余昭穆，每易一世而一迁，其迁也新主祔于其班之南庙，则迁其班，北面之主，于太庙之西夹室，而谓之祧庙，凡庙皆南向，庙主在本庙之室中，则惟太祖东向自如，为最尊之位，群昭之入乎此者，皆列于北牖下而南向，群穆之入乎此者，皆列于南牖下而北向，南向者，取其向明，故谓之昭，北向者，取其深远，故谓之穆，盖群庙之列，则左为昭，而右为穆，祫祭之位，则北为昭，而南为穆也，曰二世，之主既祧，则三世为昭，而四世为穆，五世为昭，而六世为穆乎，曰，不然也，昭常为昭，穆常为穆，盖一世祧，则四世迁昭之北庙，六世祔昭之南庙矣，三世祧，则五世迁穆之北庙，七世祔穆之南庙矣，昭祔，则穆者不迁，穆祔，则昭者不动，此所以祔必以班，而子孙之列，亦以为序，曰，庙之始立也，二世昭，而三世穆四世昭，而五世穆，固当以左为尊，而右为卑矣，乃三世穆，而四世昭，五世穆而六世昭，则右反尊，而左反卑矣，而可乎，曰不然也，宗庙之制，但以左右为昭穆，而不以昭穆为崇卑也。"

【昭穆伦序】【史】大宗曰昭，小宗曰穆，各有一定之次序，不可混乱，是曰昭穆伦序。六部成语注解："大宗曰昭，小宗曰穆，各为次序，不可乱也。"

【枷】【史】为刑具之一种，项械也，以干木为之，通常长三尺径二尺九寸重二十五斤。

【枷重】【史】枷之重量也，因罪刑之不同而异。事物纪原（卷十）："宋朝会要曰，淳化二年九月敕所司置枷，徒流罪重二十斤，死重二十五斤，盖旧制有长短而无斤重，则枷之有等重自此其始也。又景德四年五月河北提刑司勘事杖以下拒抗不招，当枷问者未有定制，请置枷重十五斤。"

【枷问】【史】以枷加于犯人之项而讯问其罪状之谓。（参枷重条内）

【柔性宪法】【宪】Flexible constitution　为宪法之一种，对刚性宪法言，宪法之制定或修改属于普通立法机关，且无须遵依特别形式者，谓之柔性宪法换言之，即宪法与寻常法律具同一之效力也。英国宪法属之，又称软性宪法。

【柄】【史】柄者，权力之谓也。左传一二十三年："既有利权，又执民柄，凡朝臣中握有政要者称曰柄臣，又曰权臣。”

【查抄】【史】官吏犯受贿罪(即赃罪)或侵蚀官款时，调查其家中财产而没收之者，称曰查抄。

【查封】【民执】Compulsory sealing 为对于动产或不动产强制执行程序中第一步之方法，即执行处推事，依声请或以职权令书记官指挥承发吏，对债务人之动产或不动产以启示封闭及追缴契据(限于不动产)等方法所为之处置，在查封时如债务人不到场，应命其家属或邻居一二人到场，如遇反抗，得请求警察官之协助(民诉执行规则第十五—二五条、第五五—六〇条)。关于查封之限制。(参执行之救助条内)

【查封命令】【民执】Order for sequestration 法院所颁发关于查封之命令，称曰查封命令。

【查封笔录】【民执】Notes of compulsory sealing 对于动产或不动产实施查封处分时，由执行处书记官所作成之笔录，曰查封笔录。内应记明一定事项，并由查封人员或到场人员署名盖印或画押。(民诉执行规则第二十二条、第五七—五八条)

【查问权】【公】又称监视权。(详该本条)

【查验自卫枪炮及给照暂行条例】【行】本条例于民国十八年十二月三十一日由国民政府公布，全文计二十七条，自公布日施行，凡人民与法团及公署机关人员所有自卫枪炮，其查验及给予执照概依本条例办理，发给枪炮执照，每炮一尊，每枪一枝，须各领执照一张不得以多数枪炮共领一张，执照限用一年，期满应按本条例呈请换发新照，已领执照之枪炮不得借与他人或用为私斗，违者按法惩办，如查有接济匪人情事，除将枪炮所有人按律惩办外，其担保店号，亦一并查究，各法团枪炮应呈报实数，如以私人枪炮或以图谋不利于民众之械弹混入朦报请领执照者，一经查觉或被告发，得将所有枪炮概行没收，并从严究办，至于隐匿枪炮未经报验请领执照者，一经查觉概以私藏军火论罪。本条例为尊重及保护领照之人起见，特定凡经注册烙印及给照之枪炮，即受政府之保护，无论何项军队，均不得借端收缴。

【柱史】【史】老子为周之柱下史，故称御史为柱史，又一说谓御史之冠以铁为梁柱故名柱史。(文献通考)

【柱后惠文冠】【史】为法官所用之冠，故亦为法官之别称，大学衍义补(卷百三)：“后世乃谓儒生迂拘，止通经术，而不知法意，应有刑狱之事，止任柱后惠文冠，而冠章甫，衣缝掖者无与焉。”按自后汉以至于陈法官皆以柱后惠文冠为冠，至唐始用獬豸冠，御史台监察以上用之。

【泉】【史】泉与钱相通，为钱之别称，说文：“古者货贝，而宝龟，周有泉，秦废贝行钱。”按泉之为钱，其说有二，一为其形与篆书之泉字相似，二为钱之流行不绝如泉也。

【泉布】【史】泉布均为古之钱之别称，泉者流行不息也，布者宣布也(参泉条)。

王昭禹曰:“古者宝龟而货贝,所以交通者惟贝而已,至太公立九府圜法,始用钱代贝,或曰泉或曰布,布取宣布之意,泉取流行之意,其实则一而已。”

【洗马】【史】为太子之属官,秦始设置,汉因之,乃于行列之时掌前驱之责,一作先马。汉书—百官公卿表:“太子属官有洗马”,国语—越语:“句践亲为夫差先马。”

【洗冤录】【史】原书为宋朝宋慈氏所撰(慈字惠父),共二卷,为关于我国之法医学之唯一著作,据其自序谓系博采近世诸书,自内恕录以下凡数家,荟粹厘正,增以己见,名曰洗冤,集录,刊于湖南宪治,后世关于杀伤创痍等之检验,皆以之为根据,清时诸学者多以之为蓝本而加研究,如许梿、葛元熙所撰之洗冤录详义四卷,摭遗二卷,姚德预所撰之洗冤录集解一卷,刚毅所撰之洗冤录义证四卷,王又槐之洗冤录集证四卷,瞿中溶之洗冤录辨正一卷等皆是。大清律例于卷末亦附刊洗冤录,以资参用。

【津】【史】江河流水船渡之要所曰津,明清律之兵律内有关津篇,乃关于关津事项之规定。

【津关】【史】关津也。(详关津条内)

【泄漏工商秘密之罪】【刑】Offence of disclosing any industrial or commercial secrets　为妨害秘密罪之一,更分为二:(一)因在他人业务处所,于执行业务期内,无故泄漏因业务知悉或持有之工商秘密而成立之罪——本罪之主体,以在他人业务处所执行业务之人为限,其客体为执行业务期间内所得悉或持有之工商秘密(如方法图案是)。其行为须为无故(无正当原因之谓)之泄漏行为其处分为一年以下有期徒刑,拘役,或一千元以下罚金(刑法第三三五条第一项)。(二)因公务员或曾居此等地位之人,无故泄漏因职务知悉或持有他人之工商秘密而成立之罪——其主体以公务员或曾居此等地位之人为限,因其易于获得此项秘密也,其客体仅限于因职务以内所知悉或持有之工商秘密,其行为须为无故之泄漏,如有正当原因而泄漏者,则为例外,其处分与前项之罪同。(同条第二项)

【泄漏因业务所知他人秘密之罪】【刑】为妨害秘密罪之一,因医师、药师、药商、产婆、宗教师、律师、辩护人,公证人及其业务上佐理人,或曾居此等地位之人,无故泄漏因业务知悉或持有他人之秘密成立本罪,其主体须为以上列举诸人,以其易于得知他人之秘密也,其行为须为无故(无正当原因之谓)之泄漏行为,其客体须限于因业务所知悉或持有之秘密,本罪之设,一方为维持上列特种职业之信用,一方为保护人民秘密之自由,其处分为一年以下有期徒刑,拘役,或五百元以下罚金。(刑法第三三四条)

【活息】【史】将犯罪人迅予逮捕到案之谓也。六部成语注解:“把贼活活的捉拿住了。”

【活税】【史】每岁所增减之税,其额数如系无一定者,谓之活税,如厘金等是。六部成语注解:“新活无一定额数之税,如厘金等项者。”

【流】【史】流者流刑也,起自舜典所称之流宥五刑一语,即凡罹五刑而情节有可恕宥者以流刑代之，惟学者间尚有一说，谓黄帝时即有流刑，如黄帝处蚩尤以斩，而流其众于八荒之外是。事物纪原(卷十)："黄帝内传曰，帝斩蚩尤，悬首军门，以威天下，其众流于八荒之外，即流刑之始也。舜去四凶族，流共工于幽州，放驩兜于崇山，窜三苗于三危，殛鲧于羽山，又其事也，故舜典曰流宥五刑。"春秋时之流刑为放为奔，释例曰："奔者追窘而去逃死四邻，不以礼出也，放者受罪黜免，宥之以远也。"春秋："宣元年，晋放其大夫胥申父于卫。"又："宣十八年冬十月，归父还自晋至笙，遂奔齐。"秦时亦有流刑，曰徙谪。史记—秦始皇本纪："三十三年筑亭障以逐戎人，徙谪实之初县。"索引曰："徙有罪而谪之，以实初县，即止自榆中属阴山以为三十四县是也。"汉时之流刑系仿虞制，以之为宥恕五刑之用，依罪之轻重定流地为三种，盖舜时之流刑亦为三种，例如舜典："五刑有服，五服三就，五流有宅，五宅三居"，其注曰："五宅三居者，流虽有五，而宅之但为三等三居，……孔氏(即唐孔颖达)以为大罪居于四裔，次则九州之外，次则千里之外。"(书传音释卷一)据此则流共工于幽州，放驩兜于崇山，窜三苗于三危，即流之三种矣，汉时虽亦有三，惟名称则仍为谪徙，例如魏书—刑罚志："少传游雅疏云，汉武帝时始启河右四部，议诸疑罪而谪徙之。"晋时之流刑，称曰徙，后魏之谪守边戍，北齐之投于边裔，皆是，后周之流刑在五刑之内，四曰流(仅次于死刑)，有五(自二千五百里至四千五百里)，流卫服，去皇畿二千五百里者，鞭百，笞六十，流要服，去皇畿三千里者，鞭百，笞七十，流荒服，去皇畿三千五百里者，鞭百，笞八十，流镇服，去皇畿四千里者，鞭百，笞九十，流藩服，去皇畿四千五百里者，鞭百，笞百(隋书刑法志)，此外梁陈等皆有徙流之刑，隋之流刑有三，有一千里，一千五百里及二千里，应配者一千里居作二年，一千五百里居作二年半，二千里居作三年，应住居作者，三流俱役三年，近流加杖一百，一等加三十，唐时流刑三，二千里赎铜八十斤，二千五百里赎铜九十斤，三千里赎铜一百斤，又唐六典(卷六)注曰："自流二千里、二千五百里，三千里，三流皆役一年，然后编所在为户，而常流之外，更有加役流者，本死刑，武德中改为断趾，贞观六年改为加役流，谓常流唯役一年，此流役三年，故以加役名焉。"宋之流刑亦为二千至三千里，宋刑统(卷一)名例律："加役流决脊杖二十，配役三年，流三千里，决脊杖二十配役一年，流二千五百里，决脊杖十八。配役一年，流二千里，决脊杖十七，配役一年。"宋史政和编配格有情重，稍重，情轻，稍轻四等，谓以情罪轻重分配所流远近也，又宋史马默传曰，沙门岛囚众，官给粮才三百人，每益数，则投诸海，默以为残忍，为奏请更定配岛法，辽之流刑量罪轻重，置之边城部族之地，远则投诸境外，又远则罚使绝域，金之流刑亦为二千里至三千里三等，元之流刑北人徙南，南人徙北，去家万里，往往道死，文宗天历二年始更迁徙法，凡应徙者验所居远近，移之千里，在道遇赦者，皆得放还，如不悛再犯，徙之本省不毛之地，十年无过，则量移之，所迁人死，妻子听归土著(续文献通考)(所谓北人徙南，南人徙北，即南人迁于辽阳迤北之地，北人迁于湖广之乡)，明时之流刑有三，二千里杖一百(赎铜钱三十贯)，二千五百里，杖一百(赎铜钱三十三贯)，三千里，杖一百(赎铜钱三十六贯)，又此外流有安置，有迁徙(去乡一千里，杖一百，准徙二年)，有口外为民，其重者曰充军，充军者明初唯边方屯种，后制分极边，烟瘴，边远，边卫，沿海，附近，军有终身有永远。清之流刑亦为五刑之一，安置远方终身不返，分二千里，二千五百里，三千里三等，均各杖一百，到配折责，惟缘坐问流者不杖（大清会典事例光绪十一年奏准，凡由流三千里加一等者，均改发极边足四千里充军）。五刑之外与流相近者，有迁徙，离乡土一千里之外安置，有充军较流为重，谓五军，曰附近，发二千里，曰边卫（初为沿海，继改边卫，继又改近边），发二千五百里，曰边远，发三千里，曰烟瘴曰极边烟瘴（初曰永远，今改极边），发四千里，以上五军并杖一百，到戍所折责，此外尚有边外为民之制，即发边外安置。（后废除）

【流内】【史】与流外官相对立，隋时已有品官之称，并称之为流内官，是流内之名，亦自隋始也。事物纪原（卷四）："通典曰隋制九品，自太师始焉，谓之流内，则是流内之目，自隋始也。"（参流外条）

【流水权】【物】Right of drainage　水之流下，乃属天然，低地所有人对于高地自然流至之水，不得妨阻之，否则滥筑堤防，必使邻地受其害也，是为流水之权。（民法第七七五条第一项）学者有称之为排水权者。

【流民】【史】无一定住居之人民而同处于漂流求食以糊口者，谓之流民。清时特设栖流所以收容之。（户部则例）

【流囚家属】【史】本条之情形有二，一为流徙人家属，罪止本身，不及于家属。故其家属，并非应随之犯，愿随者听，欲还者放。一为死罪人之家属，本身正法，家人缘坐，故其家属乃有罪之人，即应流之犯也，不得如上项无罪之家人可还原籍也，乃不在听还之限。明律（卷一）、清律（卷四）名例律均有流囚家属之条，清律原文及其下注："凡犯流者，妻妾从之，父祖子孙欲随者听，迁徙安置人（随行）家口（妻妾父祖子孙）亦准此，若流徙人（正犯）身死，家口虽经附（入配所之）籍，愿还乡者，放还（军犯亦准此）。某谋反叛，及造畜蛊毒，若采生拆割人，杀一家三人，会赦犹流者，家口不在听还之律。"清律之总注："流犯之妻妾，非应流之人，而俱令从之，欲其有家而安之也，父祖子孙，非应随之人，而愿随者听之，顺其就养之情也，迁徙安置，与流相同，故应从愿随之家口，亦准此例，若本犯死于流徙之所，家口虽已入籍，而愿还乡者，准与削籍，给引照回，此为寻常流徙之人言也，其中若有谋反叛逆等项，缘坐亲属，会赦犹流者，家口自不在听还之律。"

【流外】【史】后魏之官制已有流外之名，唐制一品至九品各分正从谓之流内官，九品以外，另置九级并无正从之分，是曰流外官，以其官卑猥，不得视为正流，故称曰流外，如有犯罪，不免其官，是曰解流外任，唐律（卷三）名例篇——工乐杂户条之疏议曰："若以流内官当徒，及解流外任，亦同前，还本邑。"事物纪原（卷四）："又曰元府寺胥吏守局既久，积月累劳，故得齿于下品，文中子曰吏而登位，非古也，惟此疑周隋之制，唐有流外勋品，自诸录事及五省令史始焉，谓之流外，自兹始也。"

【流外官殴议贵】【史】勋品以下爰及庶人谓之流外官，议贵者谓文武职事官三品以上及散官二品以上及爵一品者，凡流外官殴议贵之官，均依本条规定处断，唐律（卷二十一）斗讼篇——流外官殴议贵条："诸流外官以下，殴议贵者，徒二年，伤者徒三年，折伤者流二千里。"疏议曰："流外官，谓勋品以下，爰及庶人，殴议贵者，徒二年，议贵谓文武职事官三品以上，散官二品以上及爵一品者，伤者徒三年，折伤者，流二千里，谓折齿以上，若殴折一支，准凡人合徒三年，依下文加凡斗二等，流二千五百里，若殴折二支，流三千里，本条虽云加凡斗伤二等，律无加入死之文，止依凡人法”，同条又谓：“殴伤五品以上，减二等，若减罪轻，及殴伤九品以上，各加凡斗伤二等”，疏议曰：“流外官以下，殴伤五品以上，减二等，谓减议贵二等，殴者徒一年，伤者徒二年，折伤者徒二年半，若减罪轻，假有殴五品以上，折一支，从流二千五百里，减二等徒二年半，即是减罪，轻于凡斗徒三年，加二等，处流二千五百里之类，及殴伤九品以上，各加凡斗伤二等，谓殴九品以上，六品以下之官，不伤杖六十，伤即杖八十，它物不伤杖八十，伤即杖一百之类，若殴至死者，各依凡人法。”

【流外官犯罪】【史】（详流外条内）

【流刑】【刑】Exile 将犯罪人流徙于异域，并令其服一定之劳役，而使其与家乡相隔离之刑罚，谓之流刑，此为我国古时刑罚之一种，新刑法则未采用。

【流放】【史】所谓流放乃指将有罪者处流刑于远地而言。书传：“象恭滔天，足以惑世，故流放之幽州北裔。”汉书—元后传：“臣犹自知，当远流放。”

【流官】【史】旧制凡地方官吏之由于中央政府任命者，称曰流官，即从九品以上之官也，从九品以下之官即为未入流，六部成语注解：“有品级之官，流乃等次之意。”

【流官避贯】【史】流官乃指具有由中央政府任命之资格之官吏而言。此项官吏应回避其本籍之地，是曰流官避贯。大明令—吏令篇设有流官避贯条：“凡流官注拟并须回避本贯。”

【流宥五刑】【史】（详象以典刑条内）

【流徒囚役限内亡】【史】犯流刑徒刑之囚在役限未满前而脱逃逸亡者构成本条之罪。唐律（卷二十八）捕亡篇设有流徒囚役限内亡之条：“诸流徒囚役限内而亡者（犯流徒应配，及移乡人未到配所，而亡者亦同），一日笞四十，三日加一等，过杖一百，五日加一等，主守不觉失囚，减囚罪三等，即不满半年徒者，一人笞三十，三人加一等，罪止杖一百，监当官司又减三等，故纵者各与同罪。”疏议曰：“流徒囚，谓或流或徒者，各在其役限内而亡者。注云，犯流徒应配，及移乡人未到配所而逃亡者，各与流徒囚役限内而亡罪同，一日笞四十，三日加一等，十九日合杖一百，过杖一百，五日加一等，五十九日流三千里，主守，谓主守囚徒之人，及部领流移人等，不觉囚亡，减囚罪三等，谓从囚本罪上，减三等，不从逃坐减之，即不满半年徒者，谓徒役将满，余日不满半年徒，而有逃亡者，不计逃日而科，唯据亡人之数为罪，一人笞三十，三人加一等，谓四人亡合笞四十，不觉二十二人亡，即至罪止合杖一百，监当官司又减三等，谓减主守罪三等，不觉二十一人亡者，罪止杖七十，故纵者各与同罪，称各者，谓监当官司，及主守各与亡囚本犯罪同。”

【流貤】【史】貤者移也，汉时受爵者不得将爵移卖，谓之不得流貤。汉儁（卷一）之注曰：“武纪，受爵赏，而欲移卖者，无所流貤，师古曰，许慎说文解字云，貤物之重次第也，此诏言欲移卖爵者，无有差次，不得流貤，故为置官级也，貤音戈赐反，今俗犹谓凡物一重为一貤也。”

【流徒到所板责】【史】凡人民犯军流徒等罪，除发配外，俱应于到达配所时分别板责。（清之现行则例——即刑部现行则例断狱篇设有流徒到所板责之条）

【流徒脱逃】【史】被处流刑或徒刑之罪犯于押解之途中或在配所中走脱逃逸者。清律及例设有明文科以重罚。（一）流犯中途在配脱逃者，其原犯如系流二千里者，改为二千五百里，流二千五百里者，改为三千里，流三千里者，改附近充军，免死减流者，改近边充军（以上初次均枷号一月，二次枷号两月，三次枷号三月），改流者俱从犯籍计程发配，改为充军者，均就现配地方计程发配，如表内应发之地与犯籍相近，又无别处可以改发，即按表加一等改发。（二）徒犯在配脱逃者，一日笞五十，每三日加一等，罪止杖一百，仍发配所照依原徒年分从新拘役。（三）徒犯中途脱逃者，其原犯为徒一年者加为一年半，徒一年半者，加为二年。徒二年者，加为二年半，徒二年半者加为三年，徒三年者，加为总徒四年，总徒四年者，加为准徒五年，准徒五年者，加为流二千里。（四）传习邪教问拟流徒在配逃脱者，分别有无滋事办理（详遣犯脱逃条）。（五）各省民人流寓在京在外，犯该军流徒罪，有应追银两，原籍有产可赔，移查明确，解回原籍追完后，照应配地方发配，如无应追银两或赃项已经追完及移查原籍并无产业者，即在犯罪地方起解发配。（文武员弁犯徒即在犯事地方定驿发配）。

【流动资本】【公】与固定资本（详该本条）相对称。

【流动宪法】【宪】Flexible constitution　为柔性宪法（详该本条）之别称，更名曰软性宪法。

【流通价格】【债】Curvency　又曰市价。（详该本条）

【流通复本】【票】Duplizate parts for indorsement　为复本之一种，对送出复本言，谓以流通票据为目的所作成之复本也，易言之，即送出复本以外之其他复本也。

【流通证券】【债】Negotiable instruments　依背书方法或其他移转方法，而得通行于一般社会之证券，曰流通证券，例如票据及银行兑换券皆属之。

【流会】【通】召集会议时因不足法定人数而不能开会者，称曰流会，与停会闭会休会（详各本条）均有区别。

【炭敬】【史】向上官所赠之贿赂，冬季所赠者，称曰炭敬，夏季所赠者，则曰冰敬。（清国行政法第一卷）

【炮兵学校】【行】Artillery School　炮兵学校隶属于训练总监部，其设置之目的如下：(1)对于陆军军官预备学校毕业之军官候补生施以炮兵初级军官之教育。(2)召集炮兵军官使增进其射击战术、观测通信术及驭法等，以期普及于各炮兵队，或更予以深造。(3)调查研究与炮兵有关之学术。(4)研究试验炮兵用兵器器具材料等，本校学生学员分为下列数种：(1)学生——以陆军军官预备学校毕业之军官候补生充之。(2)射击再学员——以在队服务一年以上之炮兵军官充之，使修习射击为主。(3)观察通信科学员——以在队服务一年以上之炮兵军官充之，使修习观察通信为主。(4)驭法科学员——以在队服务一年以上之炮兵军官充之，使修习击射为主。(5)高射炮科学员——以在队服务一年以上之炮兵军官充之，使修习与高射炮有关之学术。(6)深造科学员——以在队服务一年以上之炮兵军官考试及格者充之，使修习兵器工艺射击战术工兵学等及与其所关之补助科学为主。(7)战术科学员——以上述各科中某一科毕业之炮兵上尉(校官)充之，使修习战术及射击为主，此外得临时召集各兵科军官使修习所必要之学术，校中重要职员为校长、教育长、研究委员、教官、助教、政治教官、编译官，并练习队长等。(陆军炮兵学校条例第二—六条)

【炮烙之刑】【史】为殷之纣王所设之惨刑，即涂膏于铜柱，其下加炭火燃烧之，使有罪者步行其上或抱于铜柱，使其活烧而死。史记—殷本纪："于是纣乃重刑辟，有炮烙之法。"

【炮击】【国公】Bombardments　所谓炮击，乃指军舰向沿岸城市以大炮轰击之战斗行为而言，一九〇七年之海牙条约第九编，曾有下列各种之规定：(一)对无防御设备之港湾城市村落不许炮击，即在港口有水雷之设备时亦然。(二)为破坏军事营造物，军用品及武器之仓库，制造军用必需品之工场，及为军队或军舰所利用之工厂及其设备，与港湾内之军舰等，虽对无防御设备之城市村落，亦可施行炮击，但须预先令该地方官吏自行破坏，如不于一定期限内为之者，始可举行炮击(必要即时动作者，可随时行之，惟须择损害最少者)。(三)以地方不肯供应征发必需品为理由，而对无防御设备之城市村落炮击，亦为法所许可，但须依征发之规例为之，至对不供应征发现金所为之炮击，则为法所禁止。(四)对于使用于宗教美术科学慈善事业之建筑物，历史纪念物，病院收容所等之非供军用者，均不得加以炮击，而居民亦应悬显明之标识以资辨别。(五)在下令炮击前，若非受军事之必要所妨碍时，须预先向地方官宪予以警告。

【爰书】【史】判决文谓之爰书，即今之所称罪状确定之判决书也。史记—张汤传："汤父为长安丞出，汤为儿守舍，还而鼠盗肉，怒笞汤，汤掘窟得盗鼠及余肉，劾鼠掠治，传爰书讯鞫论报，取鼠与肉磔堂下，其父见之，视其文辞，如老狱吏，大惊，遂使书狱。"按苏林之注曰："传，谓传囚也，爰，易也，以此书易其辞处鞫穷也。"张晏之注则谓："传，考证验也，爰书，自证不如此言，反受其罪，讯考三日，复问之，知与前辞同否也。"

【牲头】【史】周时以畜类之头供珥祭，故曰牲头祭，汉代亦有牲头之祭，周礼—掌珥注："以牲头祭也。"疏曰："汉时祈祷有牲头祭"，至于后珥祭以外亦用牲头。

【抵(牴)触规则】【国私】Conflict of rules　又称冲突规则。(详该本条)

【狩田】【史】古时帝王之出猎，年分四次，冬季之出猎，称曰狩田。

【狩猎】【行】Hunting; Game　狩猎者，谓以铳器网罟或其他机械捕获野生之鸟兽也。不论何人对于野生鸟兽，皆因先占而取得其所有权，此项捕获权，在法律上谓之狩猎权。

【狩猎行政】【行】Hunting or game administration　对于狩猎方面之行政，曰狩猎行政，如狩猎证书之发给，猎具猎法之限制，狩猎时间与场所之限制，鸟兽之保护，皆是。

【狩猎法】【行】Game law　本法于民国二十一年十二月二十八日由国民政府正式公布，共十九条，兹举其要点于下：(一)本法所称狩猎指以猎具或鹰犬捕取鸟兽而言。(二)本法所称鸟兽分为下列四类：(1)伤害人类之鸟兽。(2)有害牲畜禾稼林木之鸟兽。(3)有益禾稼林木之鸟兽。(4)其他可供食品或用品之鸟兽。(三)上述第一类之鸟兽得随时狩猎，第三类则除供学术上之研究经特许者外不得狩猎，第二及第四类之开猎及闭猎日期每年由该管市县政府分别定之。(四)狩猎人除上述第一类鸟兽之狩猎外，应依本法呈请狩猎地之市县政府核准登记发给狩猎证书，但无中华民国国籍者则应经国府之特许，否则不得狩猎。(五)狩猎不得利用汽车汽船或航空器，在原则上亦不得以炸药春药剧药及陷阱为之。(六)未成年人，有精神病人，士兵或警察，以及受本法之处罚未经过一年者，均不得狩猎。(七)狩猎期间每年以自十一月一日起至翌年二月末止为原则，且非经特许不得于夜间为之，又凡有下列情形之一时得停止狩猎：(1)宣布戒严时。(2)发生盗匪时。(3)准许狩猎之鸟兽有保护之必要时。(4)准许狩猎之地有禁止狩猎之必要时。(八)下列各地不得狩猎：(1)古迹名胜。(2)公园。(3)公路及公水道。(4)人民聚居或群众聚集之地。(5)未收获之耕种地。(6)其他经实业部，省市县政府，或各地警察机关指定，或人民呈准禁止狩猎之地。

【狩猎权】【行】Right of hunting　对于野生禽兽依法定手续领取狩猎证书后所享有之猎取捕获之权限，谓之狩猎权。

【玻利维亚宪法】【宪】玻利维亚国地处南美洲之中部，东及北均与巴西为界，西则与秘鲁及智利相接，南面与阿根廷及巴拉圭二国为邻，为一四面不沿海之国，其地为一高原，南美洲最大之湖曰的的喀喀(Titicaca Lake)在其西境，东部又有大森林及大平原，橡皮及银为本国著名产物，而锡之产额则占世界全数之百分二十五，仅次于马来群岛耳，全国面积约五十二万方哩，人口约二百九十万，土人及混合种占大多数，纯粹之白色人仅二十五万耳，十四世纪初叶以前全境原为土人之印加帝国之一部，一五二五年间西班牙人侵入而征服之，称曰上秘鲁，历西人苛政统治之下者，计及三百年之久，一八二五年由人民拥玻利维氏为领袖，起而革命，宣告独立，建立共和政体，后于一八七八年与智利宣战不幸而败，其前此沿海(西部)各地悉为智利所略取，遂成为不濒海岸之国。嗣与巴拉圭国争大厦谷之一带平原(多森林靠近 Pilicomayo River)地屡生龃龉，一九三三年发生战事延至近今仍未解决，现行宪法为一八八〇年十月十七日所公布(历经一八八一年，一八八八年，一九〇二年及一九〇五年之数次修正)，全文共分为十八章，都一百三十九条，并附临时规定之条文五条，兹举述其要点如下：(一)玻利维亚由自由及独立之国民组织统一共和国，行民主代议政体制度，国家承认罗马教(Roman Catholics)并保护之，但亦允许其他公共崇报之施行。(二)人民享有身体自由权(否认奴隶制度之存在)。居住旅行自由权，有结社，集会自由权，身体有不可侵犯之权，有通信及发表意见之自由权，住宅有不可侵入之权，有私有财产之自由权。（三）人民对于租税及公共负担以平等为原则，凡租税之不由立法机关依宪法之规定而设置者，无强迫之效力，国家除关于预算案所承认之经费外，不得从国家或各省或各自治市或教育之金库内支用何种之款项。（四）本共和国如因内乱或外患致使安全处于重大危险之际，行政首长得经国会之同意宣布戒严，在必要时并得继续延长之，戒严时行政部有增加常备军，召集国民军，预收租借及岁入之必要部分，发行公债减少官吏之俸给及所给予各自治区之金额，停止宪法所授与于人民之权利与保障（惟有一定限制），并截留人民之通信等，惟行政部于次届国会召集时须详细向其报告，而两院并得提出必要之质问。（五）凡出生于玻利维亚共和国领土内者，或玻利维亚男子或妇女为共和国之服务或政治上之理由在外国所生者，皆为玻利维亚国之人民，此外凡属下列各项亦为玻利维亚人民：(1)玻利维亚男子或妇女所生于外国之子女，有在玻利维亚取得住所之单纯事实者。(2)外国人住居于本共和国一年，在住居地之自治机关宣布愿为玻利维亚人之意思者。(3)外国人民因特许而由众议院给予入籍证书者。（六）凡欲享有公民权利者须具备下列资格：(1)为玻利维亚人民。(2)未结婚者年龄满二十一岁，已结婚者年龄满十八岁者。(3)能阅读书写享有不动产，或每年有二百玻利维亚那(Bolivianos)之进款者。(4)曾在公民登记簿履行登记程序者。凡为公民者享有为选举人或被选举人并表同意于宪法或公共权力之行使之权，并得充任各项公职。（七）国家统治权之行使委托于立法行政及司法等三部，人民除经由代表及宪法设定之权力机关外，不得议事或管理政治，凡军队或个人集合之僭用人民权利者，作为骚动罪。（八）立法权由国会之众议院与元老院行使之，两院之开会最少须有每院议员过半数之出席，议员得被选为共和国总统及副总统，国务员，外交官，或战争期间之军事司令官，但于承授此项官职时应停止其立法职权，议员于履行职务时所发表之言论应受保障，即在职时之身体亦不受侵犯，国会之职权为制定废止修正及解释法律，决定征收租税，规定公共行政之经费，委任行政部发行公债创设新省或新州并规定其境界，此外对于币制之设计，铁路，运河，邮路及其他交通事业之建筑，设立或废止公共官职以及颁布大赦认可或否认各种条约等权，亦为国会所享有。（九）两院之开会，以分别及公开为之为原则，惟于一定事件之处理（本法第五十四条所列举者），则须开联席会议。（十）众议院以由公民单纯多数直接选举之众议员组成之，其资格如下：(1)曾经列入于公民登记簿中者。(2)年龄满二十五岁为出生之玻利维亚人者，或为入籍（即归化）者之时，则须最少在共和国内为五年间之固定住居人民，并从事于一定职业或不动产每年享有四百玻利维亚那(Bolivianos)之进款者。(3)未曾受有通常法庭身体刑之判决者，议员之任期为四年（每二年改选其半数）。众议院对于国家之财政之提案享有专有权，又对共和国总统，副总统，国务员，大理院推事，及外交官行使职权时之犯罪，有向元老院提出弹劾案之权，此外复有从元老院所提出之三人中选举大理院推事之权。（十一）元老院以每省二人之议员组成之，议员之资格如下：(1)为出生之玻利维亚人，如为归化者，则在国内须有五年之通常住居者。(2)须在公民登记簿中登记者。(3)年龄须满三十五岁者。(4)从职业实业，或不动产，每年有八百玻利维亚那之进款者。(5)未受通常法庭之身体刑之宣告者，议员之任期为六年，且得连选连任（每二年改选三分之一）。元老院之专有权力为对于众议院所提出之弹劾加以决定，是否起诉，然后移付大理院审判（惟对大理院推事之弹劾案则自行审判）。又对于行政部之任命大僧正及僧正，元老院有提出僧侣三人于行政部之权，众议院之选举大理院推事，元老院得于每职提出三人，使其就所提之人中选举之，此外对于人民之丧失玻利维亚之国籍与公民，其恢复之权，亦操诸元老院之手。（十二）法律案之提出由议员为之或由共和国总统咨送为之，于提出于一院时，须即时送达他院，使其在同一会期内讨论之，当修正之院否决议案之全部时，提出之院应将该议案从新再付讨论，若以出席议员三分二之多数坚持该案时，即应将该案再送于修正之院，此时该院之抗议如不以出席议员三分二之多数成立时，不得作为第二次之否决。凡议案之无第二次否决者，则视为同意，当修正之院之行动仅在于修正议案时，该议案经提议之院以过半数表示修正案之同意后须视为认可，但若修正案不被认可时，则两院即须召开联席会议，受元老院议长之指导，将修正案提出讨论之，如该修正案通过时则应咨送行政部公布之，如未经通过，则于同期之会议内，不得重行提出之。（十三）两院通过之各种议案，如于讨论时，该管部之国务员，未经出席于会场者，共和国总统得在接收议决案后之十日内否决之，如不于此项期间内否决者，则应公布成为法律，若其否决之抗议，经两院出席议员三分二之多数认为不当者，共和国总统仍须将议案公布，如总统拒绝公布时则由元老院院长公布之。（十四）行政权属于共和国总统，其权力由总统经国务员之辅助行使之，总统之任期定为四年，（须隔一任期始得被选连任）。总统之外尚有第一副总统与第二副总统各一人之设置，于总统缺职时依次代理之，总统及副总统须为出生之玻利维亚公民而且具有为元老院议员之资格者，方得被选，第一副总统于未代理共和国总统时兼任元老院之议长第一副总统代理共和国总统时则以第二副总统代理元老院议长，共和国总统及副总统概由完全享有公民权之公民以直接秘密投票方法选举之，以投票之过半数为当选，如无过半数者，则国会须从得票最多之三人中决选之。（十五）共和国总统之权力与职务如对外代表国家缔结条约派任外交官，兼任陆军总司令，亲身统率共和国军队（以战时为限）执行法律之施行，监督国家岁入之征收与分配，减轻死刑之判决，政治犯大赦之颁布，行使僧侣职之授与权，任命大僧正及僧正，从元老院所提出之三人中任命审计院员以及任免其他文武官员，且依宪法维持及保护共和国之国内治安及对外安全（第八十九条之列举规定）。（十六）公共行政之事务由国务员（其资格与众议院议员相同）处理之，国务员对于各部之行政行为与共和国总统连带负责，对于国务会议通过之事件则连带及单独负责，在国会开会时应出席报告政务，并得参与讨论，惟无表决之权，其普通犯罪得由私人向大理院起诉，其在职务上之犯罪，则由众议院向元老院提出弹劾，定其是否起诉，如起诉时，则移付大理院审理之。（十七）为处理各省行政及经济事件于每省设置省长一人，受国家行政首长之指挥与监督，为省长者之资格须为出生之玻利维亚人（如为归化者须在国内有五年之固定住所），并须年满三十岁而完全行使公民权者，各州之政权则属于州长，由共和国总统任命之，为省长之属官，州之下为郡，郡设郡长，由省长依本州州长之荐举任命之，此外又有市，其市长则直接由州长任命之，州长或郡长须为玻利维亚之公民而享有完全公民权者，省长及州长之任期为四年，郡长及市长则以一年为任期（非一年之间隔不得连任）。（十八）司法权由大理院地方法院以及依法所设之其他法庭及审判机关行使之，大理院推事七人由众议院依元老院每职中指定三人选举之，其资格如下：(1)为出生之玻利维亚人或为归化者时有五年之固定住所，并年龄在四十岁以上。(2)曾为五年之上级审判机关推事或地方检察官吏，或曾执行律师职务十年名誉卓著者。(3)未曾受有身体刑之最终判决者。大理院之权力及职务依法律所规定者外尚有下列各种：(1)基于 Writs of Error 受理不能以法律解决之各种案件。(2)以单独审判受理纯然之法律案件，其争点在于各种法律命令或决议之是否违背宪法者。(3)受理依宪法有原始审判权之各种案件。(4)受理外交官，领事官，国家委员，大理院推事，地方检察官吏，审计员以及省长等行使职权时而犯罪之弹劾案件。(5)受理由行政部所定契约，谈判及让与而发生之要求，并由要求人因受政府行为之损害而提出之要件案件。(6)受理属于共和国最高政府之国家保护权诉讼。(7)审判关于自治议会与政治机关间或自治议会或政治机关与州自治管理局间所发生之管辖争议，大理院应自选院长一人（任期为十年），主持院务，监督全国司法为严格及完全之执行，又置检察长一人（任期十年）。由共和国总统就众议院所提出之三人中任命之，得连任之，地方法院推事由元老院就大理院所提出之三人中选举之，除法定之职务及权力外，对于自治区域之官员，在行使职权时单独或连带之犯罪有审判之权，地方检察官及其代理人与属官概由共和国总统就检察长所提出之三人中任命之，至于下级法院（按即初级法院）之推事则由大理院从地方法院提出之三人中任命之，法院之审判以公开为原则，如有妨害于公共道德者则秘密为之。（十九）各省之首市设自治议会，各州各分区及各港湾均设自治管理局，各郡则设自治分所，受辖于自治管理局，而自治管理局则隶属于自治议会，关于自治区之权力及职务亦设有列举（第一二六条）之明文，计共十四项。（二十）共和国设置常备军，其数额由国会定之，每省则另置国民军，不论何人非出生为玻利维亚人或为归化者时而有五年之固定住所者，非经国会之认可，不得被任为陆军将官。（二十一）宪法之修正须以严重手续为之，由两院出席议员三分二所通过之法律定之，宪法修正案须由提出之法院在众议院改选后之国会第一会期内讨论之，如修正案得出席议员三分二之同意时，须送达于他院，经该院之三分二之同意表决之，然后咨送行政部公布之，此时共和国总统对于修正案并无提出抗议之权。（二十二）关于临时规定之条文计五条从略。

【玻璃保险】【险】Insurance against breakage of plate glass 为保险之一，谓以玻璃之破坏所生损害为标的，而由保险人给付一定之保险金额也。

【皇太后】【史】秦汉以来，称天子为皇帝，故皇帝之母，则尊称曰皇太后，事物纪原（卷一）："汉袭秦，故号皇帝，故亦尊母曰皇太后也。"

【皇太妃】【史】非天子之正室所出者，曰诸王，诸王之母称曰太妃，其即皇位时则尊称其生母为皇太妃。

【皇后】【史】天子之正妻曰后，秦始皇自称曰皇帝，故其正妻亦称曰皇后，后世从之,事物纪原(卷一):“周礼天子之妃曰后,周人称王妃曰后,秦号皇帝,亦称皇后,继体之君也,周人之称王妃,亦以继天子之后故也,尚书顾命曰,皇后凭玉几,盖史始以言成王之以道继人之后也。而秦汉以称天子妃,汉高纪七年,汉王即皇帝位,尊王后曰皇后。”

【皇帝】【史】皇帝之称,始于秦始王,史记一始皇本纪:“王绾李斯等议帝号曰,古有天皇,有地皇,有泰王,泰皇最贵,上尊号王为泰王,王曰,去泰著皇,采上古位号,号曰皇帝。”据此是始于秦始皇时也。事物纪原(卷一):“世皇帝纪曰,五帝之初,有天黄皇帝,尚书吕刑曰,皇帝清问下民,盖周穆王始以言唐虞也”,依此说则皇帝之号,由来已久,即书经吕刑篇亦有“皇帝哀矜庶戮之不幸”之语,此说颇可靠。

【皇帝之宝】【史】(详八宝条内)

【皇帝行宝】【史】(详八宝条内)

【皇帝信宝】【史】(详八宝条内)

【皇城司】【史】(详皇城使条内)

【皇城使】【史】皇居曰皇城,掌传达天子命令之官曰皇城使。事物纪原(卷六):“唐书朱泚传曰,泚以李忠正为皇城使,盖名官之事,始见于此,太平兴国六年十一月改武德司为皇城司,故宋朝诸使有皇城使。”

【皇统新制】【史】(详金之法典条内)

【皇统新律】【史】即皇统新制。(详金之法典条内)

【皇亲国戚】【史】皇亲者,即皇家袒免以上亲,太皇太后缌麻以上亲,皇后小功以上亲,皇太子妃大功以上亲也。国戚者,谓亲王妃驸马等家也。(参应议者之父祖有犯条)

【皇亲国戚功臣】【史】皇亲即皇室之本属亲,国戚即皇室之外戚,功臣乃国家有功劳之臣,皇亲为八议中之议亲,国戚亦为八议中之议亲,如清时之亲王妃与驸马等之家是。功臣为八议中之议功。(清律卷三名例篇——应议者之父祖有犯之条)

【皆】【史】皆者,不分首从,一等科罪,谓如监临主守,职役同情,盗所监守官物并赃满数,皆斩绞类。

【盈余】【公】Surplus　(详盈亏案内)

【盈亏】【公】Gain and loss　盈亏云者,盈余亏折之谓也,公司于营业年度结束时,如其财产超过其资本额者,是为盈余,如其纯财产不及其资本额时,则谓之亏折,然所谓盈亏者,非就种种营业之成绩各别计算,乃就每一营业年度之全部成绩总核计算,间亦有并合前年度之盈亏与本年度之盈亏通共计算者。

【盈余分配】【公】Apportionment of profit　公司于每营业年度计算之后,对于所获利益即向股东依法分配,是曰盈亏分配,至其分配方法则因公司之种别而略有不同。(参公司法第一七条、第七一条、第一七一——一七二条,及二一六条)

【省】【史】(一)宫禁曰省,汉孝元皇后之父名禁,故避禁中之名而改曰省中。(二)官署之名,汉时尚书中书之官署在禁中,故讳禁而称省,后世沿用既久遂以之为官署之名。(三)元时设行中书省于各路遂称为行省,明清之省为地方区域之名,初分全国为十八省后加奉天、吉林、黑龙江、新疆而为二十二省,国府成立后再增热河,察哈尔、绥远、宁夏、青海及西康合为二十八省。(四)省与眚通,即过失罪也。公羊传—庄公二十二年:"春王正月肆大省。"

【省市督学章程】【行】本章程于民国二十年六月十八日公布,全文计十七条,自公布日施行。(参督学条内)

【省图圄】【史】图者坚牢也,圄者收容之义也,秦时之狱舍名曰图圄,省乃视察之义,命令有司视察图圄,谓之省图圄。礼记—月令篇:"仲春之月,命有司省图圄,去桎梏,毋肆掠,止狱讼。"

【省政府组织法】【行】Law Governing the Organization of the Provincial Government 本法于民国十九年二月三日修正公布,复于二十年三月二十三日再修正公布,省政府依国民政府建国大纲及中央法令,综理全省政务,设委员七人至九人(简任)。组织省政府委员会,行使职权,设主席一人,由国府就省府委员中任命之,主席及委员不得兼任他省行政职务,即现任军职者亦不得兼省府主席或委员,主席之职权如下:(1)召集省府委员会,于会议时为主席。(2)代表省府执行省委员之议决案。(3)代表省府监督全省行政机关职务之执行。(4)处理省府日常及紧急事务,省府下设各厅处:(a)秘书处。(b)民政厅。(c)财政厅。(d)教育厅。(e)建设厅,必要时得设实业厅,秘书处设秘书长一人(简任),各厅设厅长一人,由省委兼任之,各厅处各设秘书一人至三人(荐任),并设科长若干人(荐任),各科下设科员四人至十二人(委任),各厅于必要时得设技正技士技佐及视察员若干人。

【省政府厅长】【行】Commissioners of the Provincial Departments 省政府各厅之首长,为省政府厅长,均由省政府委员兼任之,其人选须合于下列各款规定之一:(1)曾任政务官一年以上者。(2)现任或曾任简任官一年以上经甄别审查合格得有证书者。(3)对国民党国有特殊勋劳或致力国民革命十年以上而有行政经验者。(4)曾任县长六年以上或最高级荐任官四年以上具有特殊成绩经奖叙有案者。(5)曾任教育部立案之专门以上学校教授二年以上,副教授或讲师三年以上并曾任荐任官二年以上或简任官一年以上者。(6)在学术上或事业上有特殊之著作经验或贡献者,若有下列各款情事之一者,不得任为省府各厅长:(1)褫夺公权尚未复权者。(2)曾以赃私处罚有案者。(3)亏空公款尚未清偿者。(4)吸用鸦片或其他代用品者。(5)年未满三十岁或年在六十岁以上而精力不济者。(6)现任军职者,厅长人选审查结果应由主管或关系部部长密呈行政院长核定提出行政院会议通过,转请国民政府任命。(行政院审查各省政府厅长人选暂行办法第二、四、五、六条)

【省农会】【行】Provincial agricultural association 以一省为单位所组织之农会,曰省农会。

【省警务处】【行】为北京政府时代在各省区所设之全省警务最高机关,置警务处长一人，下设秘书一人至二人，又设各科以第一第二第三之顺序列记之，但至多不得逾四科，每科科长一人，科员每科最多三人，视察长一人，视察全省警务技正一人技士一人至二人，办理技术事务。（各省警务处组织章程第二条、第四条、第八—第九条）

【省警务处组织法】【行】本法于民国十八年六月二十七日由国民政府公布，全文仅十条，自公布日施行，兹述其要点于下：（一）省设警务处承民政厅长之命，掌理全省水陆警察事务。（二）设处长一人，由省政府咨内政部审核呈请任命之，综理处内一切事务指挥并监督所属职员及全省各公安机关。（三）处内得设二科至四科，每科设科长一人科员三人至六人，此外处中又得设督察长一人督察员四人至八人，考查各市县警察事务，并设置秘书一人或二人，办理机要事务。（四）关于测绘制图工程化验及其他技术事务，警务处并得置技术员三人至五人以掌理之。

【看守所】【行】Detention-house　看守所者，谓高等以下法院为羁押刑事被告人起见所设立之场所也，在原则上由高等法院院长监督之，但该院长得以其监督权委托各该分院院长，或地方法院院长分院长，看守所对于被告人之待遇须与平民同，但有碍于审判进行及所中纪律者，不在此限，民守所置所长或所官，并设主任看守，及男女看守，分别办理所中事务，看守所非奉有法院或检察官正式公文，不得收入或释放被告人，或非刑事被告人，被告人在所得自备饮食，其不能自备者由所给与之，同时且得自备衣类卧具及日用必需物件，其不能自备者亦由所贷与之，如被告人有逃走暴行或自杀之虞时，且得施以戒具（脚镣、手拷、捕绳），但应即呈报于监督长官。（民守所暂行条例第一—四条、第六—九条、第十五条、第二四—二五条、第四一—四二条）

【看守所暂行条例】【行】本条例公布于民国十九年五月三日，其后曾经修正，全文计分为十四章，共五十四条，自公布之日施行，第一章总纲，第二章职掌，第三章各项表册及遵守事项，第四章入所及出所，第五章衣食，第六章书信，第七章接见，第八章送入品，第九章惩罚，第十章检束，第十一章习业，第十二章卫生及医治，第十三章死亡，第十四章附则。（参看守所条内）

【看语】【史】一名审单，或称谳语，谓法院审问案件后，根据所得事实适用于法律所规定之条文时所拟定之判决辞也。清律断狱篇——有司决囚等第之条附例：“备叙案由，确加看语”，福惠全书：“看语即审单也，亦曰谳语，其法或先断一语而后序事或先序事而后断，必须前后照应。”六部成语注解：“审判之评语也。”

【相】【史】古时举行各项典礼时于礼场中赞助仪式者，称曰相，周礼—春官大宗伯：“朝觐会同则为上相。”注曰：“相诏王礼也，出接宾曰摈，入诏礼曰相。”周礼—肆师：“凡卿大夫之丧，相其礼。”丘浚之注曰：“卿大夫家，有丧事，尚设官以相其礼。”

【相互主义】【国公】Principle of reciprocity　又称互惠主义。（详该本条）

【相互保险】【险】Mutual insurance　由若干人各出若干资金，共同组织一相互保险社，而对于社员之生命或其他损害加以保险者，曰相互保险，此种制度与通常保险公司不同，被保险人同时为保险人，且其目的非在于营业，而在于互助，故二者有异，我保险法对此未设明文。

【相手方】【通】The other party 又称相对方。（详该本条）

【相坐】【史】一人犯罪，而罪及于其亲属以及其他之关系人者，谓之相坐，淮南子："商鞅为秦立相坐之法，而百姓怨矣。"

【相冒合户】【史】旧制一定之文武官员之一定亲属得免课役，若有同居者冒称合户，希图蠲免，应构成相冒合户之罪名。唐律（卷十二）户婚篇有相冒合户之条："诸相冒合户者，徒二年，无课役者减二等（谓以疏为亲，及有所规避者），主司知情，与同罪"，疏议曰："依赋役令，文武职事官三品以上，若郡王期亲，及同居大功亲，五品以上，及国公居期亲，并免课役，既为同居，有所蠲免，相冒合户，故得徒二年，无课役者。或藉资荫赎罪，事既轻于课役故减二等，得徒一年，注云，谓以疏为亲，律令所荫，各有等差，若以疏相合，即失户数，规其资荫，即失课役，如斯合户，得此徒刑，若蠲免更多，或假荫重者，各依本法，自从重论，主司知情，与同罪，主司，谓里正以上，知冒户情。有课役，无课纪，各与同罪"，同条又曰："即于法应别立户，而不听别，应合户，而不听合者，主司杖一百。"

【相奸】【史】Adultery 所谓相奸，通常乃指未为婚姻者而私自和同通奸之义而言。

【相奸者】【刑】Adulterer; Party to the adultery 和奸行为之相对方谓之相奸者。（参和奸有夫之妇罪条内）

【相杀】【债】Set-off 为日本名辞，即我国法律所称之抵销是也。

【相当因果关系说】【刑】为因果关系学说之一，即主张各条件之为一般人所认为相当原因者即为原因。至一般人之认定，乃以必要的可能的或多半的为标准，若由偶然发生结果之条件，不得称为原因，例乙妇被甲强奸，其夫怒其失节而杀之，按此说则与甲之行为并无因果关系，是此项学说与一般情理大相背戾，故不足采。

【相对不许破坏说】【刑】为破坏自己法益行为应否处罚学说之一，对绝对不许破坏说言，即主张在法律不禁止范围以内，对自己法益可自由破坏，但有害于他人者自当加以禁止，是说为我国新刑法所采取。

【相对方】【通】The opposite party 又名相手方，法律关系当事人之一方称其他一方之当事人曰相对方，有确定相对方与不确定相对方之区别。

【相对主义】【刑】又名目的主义（详该本条），或称预防主义，或实利主义。

【相对抗辩】【票】Relative plea or defense 又称对人抗辩（详该本条），或称主观抗辩。

【相对决定主义】【刑】为宣告刑主义之一，对绝对决定主义言（详宣告刑条），又称不定期刑宣告。

【相对的不能犯】【刑】Relative unsuitable crime　与绝对的不能犯相对称，凡行为之手段或目的物不论在于何种情形均不能构成犯罪，是曰绝对的不能犯，至于行为之手段或目的物本可构成犯罪，惟因遭遇特种事情而未能达到犯罪之目的，是曰相对的不能犯。（参不能犯条）

【相对的减轻】【刑】Relative reduction　为减轻在法律上分类之一，对绝对的减轻言，即依法定事由存在时，审判官考其犯罪情状得予以减轻，而非必须加以减轻之谓，例如自首犯得减所首罪之刑三分之一是。（刑法第三十八条第一项是）

【相对的无期褫夺】【刑】（详无期褫夺公权条）

【相对无效】【民总】Relative voidness　为无效力之一，对绝对无效言，即仅能由特定之人或对特定之人主张无效之谓也，例如因假处分而让与财产，若让与时仅对债权人无效，对其他人仍为有效，则仅该债权人始能主张无效是。

【相对诉讼条件】【刑诉】Relative conditions of an action　为诉讼条件之一，对绝对诉讼条件言，即法律不认为绝对必要之条件也。例如当事人之声请回避，须有声请时法院始行调查是。

【相对请求权】【通】Right of the relative claim　为请求权之一种，与绝对请求权相对称，谓对于特定人请求为一定行为，或请求不为一定行为之权利也。

【相对权】【通】Relative right　为私权分类之一种，与绝对权相对称，又名对人权，即得对抗特定人之权利也，特定人对于权利者有为一定之行为或不行为之义务，例如债权人仅得以其权利对抗于特定债务人，而债务人乃负有为其行为或不行为之义务是也。此条原则，但有时亦得对抗于第三人，是为例外，如第三人由债务人买受其财产时，且该第三人及债务人均知因此项买卖而害及债权人之利益，则债权人得以其债权之效力对抗于该第三人，而使之取消该项买卖是也。

【相邻关系】【物】所谓相邻关系，乃指土地所有人与其邻地所有人相互间之权利义务关系而言。

【相续】【继】Sucession　为日本名辞，即我国所称之继承也。

【科】【史】汉制，科即课，课对于犯法者课以刑罚而责之也，附定于刑律，故为刑律之附属法。释名："科，课也，课其不如法者罪，责之也。"汉书—明帝纪："永平十二年诏曰，车服制度，恣极耳目，田荒不耕，游食者众，有司其申明科禁。"又同书—梁统传："武帝军役数兴，豪杰犯禁，奸吏弄法，故重首匿之科。"晋书—刑法志："科之为制，每条有违科，不觉不知，从坐之免，不复分别，而免坐繁多，宜总为免例，以省科文，凡所定增十三篇，故就五篇合十五篇，于正律九篇为增，于旁章科令为省矣。"

【科刑判决】【刑诉】Judgement of sentence; Sentence　所谓科刑判决，乃指法院对于刑事被告人之犯罪业经证明时所谕知之有罪而科以刑罚之判决而言。

【科派】【通】按照定例派收捐金，谓之科派。（六部成语注解）

【科料】【行】Fine　为日本名辞，与我国违警罚法内所称之罚金同义。

【科场】【史】科举时代之试验场所称曰科场。宋史一太宗纪:"朕欲博求俊彦于科场中。"

【科场条例】【史】为清之法典之一,科场条例者,汇集关于考试法规之法典也,道光十四年,纂修,其后常遵十年一修之例,至道光二十五年,当重修之期未果,后二十九年,奏请开馆,咸丰二年书成,凡六十卷。

【科罚】【刑】Punishment　与处罚(详该本条)之意义相同。

【科征】【史】对于居民之租税,科派而征收之,谓之科征。明律(卷四)、清律(卷七)户律户役篇——赋税不均之条:"凡有司科征租税……"清律附注曰:"科征,谓科派征收。"

【科敛】【史】科者,摊派也敛者,敛收也,对于人户之租税摊派而聚收之,为科敛,清律(卷二十九)刑律受赃篇——因公科敛之条附注:"科者分派之谓,敛者聚敛之谓,分派于人而聚敛之,曰科敛。"六部成语注解:"敛者收也,按例分派收捐也。"

【秋官】【史】秋官为周代司法官之总称,后世因之。周礼谓秋与遒同义,即物之终尽也,乃取其秋杀收聚之意,周礼一秋官之注:"秋者遒也,如秋义杀害收聚,敛藏于万物也。"

【秋官司寇】【史】周礼依天地四时而设六官,秋官司寇为其一,即司法之官也,司为专管,寇为害,即司惩罚妨害国家及社会平和之官,长官曰大司寇次官曰小司寇其属六十,掌邦刑,周礼一秋官郑玄注曰:"秋官司寇者,象秋所立之官,寇害也,先王之治,先之以德礼,而辅之以刑政,司寇掌刑而属于秋官,秋者天气肃杀,而刑以义为主也,刑官司至于寇,则刑官之事无不举矣。"按司寇有大小之别,大[①]司寇之职掌建邦之三典,以佐王刑邦国诘四方,小司寇之职则掌外朝以政五刑,听万民之狱讼。

【秋荼】【史】秋荼者,喻法令之冗繁也,如秦法繁于秋荼是。

【秋试】【史】明清两代乡试于秋季举行,故称乡试为秋试。

【秋审】【史】秋审之制虽始自清朝,考唐书刑法志立春至秋停止决囚,即决之犯亦均行三覆奏之制,故死刑实分为立决与监候,特无如后世之等级之划分耳。明万历间,朝审之名已见,秋审之制定起于是,关于死刑明律之监候者,则注秋字,同为监候又分为情实与缓决二种,清时在京师地方案件,经刑部审拟者,名曰朝审,因其临时派王公大臣,在天安门外,金水桥朝房审理一次故也,其属于外省之案件,则称曰秋审,二者之命名,乃因中外而异其称,而性质实无区别也,情节之重者入于情实册,若服制职官谋故杀,及寻常应科立决减轻入监候者皆是,然亦有例外,至于情节轻者则入于缓决册,亦有临时改情实者,如金刃伤食气嗓俱断,或其人业已倒地后再加以殴击,砍杀致命多伤,是则情凶而近于故意,改实予勾,若夫矜缓比较门又曰虚拟死罪,入秋审经缓决后,则分别年限直拟徒流等刑矣。按入

---

① 原书为"犬",系排版之误。

秋审之案件，先草秋审略节，内容以审讯之概要居首，法司之覆审居次，后黏另纸略叙事实勘语，标明应情实或缓决，而看拟之司官则将意见另批黏后称曰部尾，看拟司官分初看，覆看及总看，笔各分为蓝紫墨三色，其总看者则为秋审处之坐办提调，此项秋审略节，至八月间即可看齐，其三看中之意见如有不同者则另订不符册，另行召集提调坐办，由一人读其文，再由提调坐办各书应实应缓或改实改缓，或出语声叙等之意见于后，定期复开堂议。召六堂及提调坐办各官会议经多数之同意通过之即缮写黄册进呈，并另刊蓝面册颁行内外各署。黄册缮就之后于霜降节后，由内阁大学士会同刑部堂官，分期进呈（远省在前，近省在后），并依刑部所拟方签予以勾决，大都于立春前一律行刑完毕，其系情实免勾人犯，可一次或数次改入缓决，而缓决人犯除应入可矜者外，亦有若干次之减刑者，均依定例之规定。

【秋审比较汇案续编】【史】计八卷，撰人不详，事见清史稿艺文志政书类。

【秋审条款】【史】为关于秋审之规定之法规，内分职官服图，人命，奸抢，窃杂犯，矜缓比较五门，初为私本，后经奏准通行，前列条款，后附历年新案，宣统年间，其条款部分会经修订，附于大清现行刑律之后颁行于世。

【秋审略节】【史】（详秋审条内）

【秋审处】【史】为清时刑部之一课，掌理关于秋审事件之调查等之机关。

【秋霜】【史】刑罚之设，乃以秋季肃杀之理为根据，季秋时霜始降，故以秋霜为刑罚之表，春秋符：“霜者。刑罚之表也，季秋霜始降，鹰隼击，王者顺天行诛，成肃杀之威”，唐律（卷一）名例篇：“观秋霜而有肃杀。”

【秋祢】【史】为古时帝王秋猎之名，祢音鲜（现读 mí），射杀之义也，谓秋主杀物，凡猎悉尽杀之无所拣择，故称曰祢。（唐律稗文卷十六）

【纪(紀)元】【史】汉代以前皆以新君即位之次年为元年，不设年号，每易一君，乃一改元，文帝即位十六年，诏更以明年为元年，是为改元之始。武帝即位，改元以建元为年号，综计在位五十四年，先后改元达十次之多，均有年号，是为年号之始（惟学者亦有以周召二公于周厉王失位后为共和元年，而指为系年号之始者），迄至元朝皆因袭之。明清之世，君主即位改用新年号，惟中途并不改元耳。民国成立，以其成立之年为纪元年，不复采用年号及改元之制。

【纪(紀)抵】【史】官吏犯公罪受罚俸或降级之处分者，准其与存纪之功劳相抵销，是曰纪抵。清会典：“惟公罪罚俸者，降级者，准销其级纪抵焉。”

【纪(紀)录】【史】所谓纪录，通常乃指关于某种事实之笔记与载录而言，在明清二律上意义均同，惟用例有异耳。明律谓凡官员犯公罪者，得以金收赎，此时应将其罪过纪存于职员录，以为日后陟黜之资料（参纪录通考条及收赎纪录条）。清律及清会典则谓官员如有功绩，应将其纪入于职员录中，以为日后议叙之用。（参议叙条）

【纪(紀)录通考】【史】明制，犯公罪在笞杖以上者，准赎，应将所科者纪录于职员簿内，呈报吏部，以便于在职达九年后将其功罪通算校考，以作官吏之考绩，是曰纪录通考。明律（卷一）名例篇——无官犯罪条：“……犯公罪笞以下勿论，杖以上纪录通考。”其傍注曰：“报吏部九年通行考校。”

【约(約)束手形】【票】Promissory note 为日本名辞与我国所称之本票同义。

【约(約)定】【通】Stipulation 由当事人，以协议方法对于某特定事项所为之确定，称曰约定，与法定相对称。

【约(約)定方式】【民总】Stipulated form 对法定方式言，即由当事人以契约定明须依一定方式之法律行为也，如合伙经商约定订立合同是，至违反约定方式者是否无效，当依当时情形以决定之。

【约(約)定利息】【债】Interest fixed by contract 为利息之一种。对法定利息言即当事人以法律行为所定之利息，谓本于当事人之意思所表示之利息也。

【约(約)定利率】【债】The stipulated rate of interest 为利息之一种，对法定利率言，即依法律行为所约定之利率也。换言之，谓依当事人之意思所表示之利率也其最高限度，我国民法规定为周年百分之二十，超过此限度者，则债权人对超过部分无请求权(第二〇五条)。至于在上项限度外以折扣或其他方法巧取利益者，亦为法律所禁止(第二〇六条)。为保护债务人起见，凡约定利率逾周年百分之十二者，经一年后债务人得随时清偿原本，但须于一个月前预告债权人，此项清偿权利不得以契约限制或除去之。(第二〇四条)

【约(約)定特有财产】【亲】Conventional separate estate 为特有财产之一种，与法定特有财产相对立。(详特有财产条内)

【约(約)定财产制】【亲】Contractual régime vertragsmaessiges Güterrecht (德) 为夫妻财产制之一种，与法定财产制相对称，凡夫妻于结婚前或结婚后，以契约就亲属法中所规定之范围内选择其一，以为其夫妻财产制者，曰约定财产制，订定此种财产关系之契约，曰夫妻财产制契约(详该本条)。约定财产制可分为三：(一)共同财产制。(二)统一财产制。(三)分别财产制。(详各本条)

【约(約)定解除权】【债】right of rescission under the contract 为解除权之一种，对法定解除权言，即由契约当事人依该契约或依嗣后之另订契约所生之解除权也。因系契约所保留者，故又名解除权之保留。

【约(約)法】【宪】Provisional constitution 在宪法未制定以前，所制定之国家的临时根本法律，称曰约法，其内容与宪法相似，惟稍为简略耳。约法之制定，其目的有二：(一)为过渡时代之规范。(二)为新政府之试验及训练人民参加政治之需用。(参训政时期约法条)

【约(約)法三章】【史】所谓约法三章有下列二种解说：(一)汉高祖元年十月，高祖攻秦破之入咸阳，其翌月，与秦父老约法三章，而尽将秦之苛法加以废除，所谓三章，即(甲)杀人者死。(乙)伤人者及(丙)盗，抵罪，是也，史记一高祖本纪：“与父老约法三章耳，杀人者死，伤人者及盗抵罪”，此处所称之约，乃为约束之约，解为高祖与父老约束，定法三章之意。宋刘昌诗作约束之约字解，其芦浦笔记曰：“约法三章，自班氏作刑法志，谓高祖初入关，约法三章，至今以为省约之约，皆作一句读。予观纪所书云，吾与诸侯约，先入关者王之，吾当王关中。与父老约法三章耳。若以与父老约法三章耳八字作一句，恐不成文理，合于约字句断，则先与诸侯约，今与父老约，不惟上下贯穿，而法三章而已，方成句语。”(二)节约繁苛之法而为三章，故曰约法三章，以约字为节约省约之约，解为除秦苛法，节约为三章之意，汉书一刑法志：“高帝初入关，约法三章曰，杀人者死，伤人及盗抵罪，蠲削烦苛。”依此所载，则约字应解为节约，天爵堂笔录曰：“史记汉王约法三章，约之为言节也，言父老苦秦苛法，曰余悉除去秦法，则秦法极繁，沛公特节之而为三章而已，非相约也”，总上所述，如从高帝纪则作为约束解，从刑法志则似应作节约字解也。

【约(約)问】【史】谓共同约会以讯问也(详军民约会词讼条内)。

【约(約)章】【国公】Treaty　两国以上国家间之协约或条约，谓之约章，例如因政治目的即缔结同盟条约或保护条约，又因以商业为目的而缔结之通商条约等皆是。

【约(約)款】【通】Terms of contract or treaty　契约或条约之某款条项谓之约款。

【约(約)会】【史】司法衙门与管军衙门共同前往处理也。明律(卷二十二)、清律(卷三十)刑律诉讼篇——军民约会诉讼之条：“凡军官军人有犯人命，管军衙门，约会有司检验归问。”(参军民约会词讼条)

【约(約)剂】【史】谓契约也，以言辞为约曰约，以书面为约曰剂，故约剂即书面之契约之义也，周礼一秋官司寇之属有司约之官，掌邦国及万民之约剂，计有六种：(一)曰治神之约，为关于祭祀山川社稷所命祀之约。(二)曰治民之约，为关于赋贡，方役，仇仇及和解等之契约。(三)曰治地之约，为关于土地疆界田岸之契约。(四)曰治功之约，为关于国家功勋及铬誓等之所颁。(五)曰治器之约，为关于礼乐吉凶车服等器物之契约。(六)曰治挚之约，为关于玉帛禽兽之赠与之契约，凡大约剂书于宗彝(即宗庙之彝器)，小约剂则书于丹图(即宫府之丹图)，郑玄注曰：“此六约者，诸侯以下至于民皆有焉，剂谓券书也。”吴澄注曰：“约，言语之约束也，治者理其相抵冒上下之差也。”(参司约条)

【红(紅)本】【史】清制，凡奏折由内阁批本处翰林中书等处用满汉文字照签批写，皆以朱笔，批写之后，发送于六科，故为红本。

【红(紅)白事】【史】清制，八旗官员之家遇有红白之事，所谓红，乃指吉事而言。所谓白，乃指凶事而言，会典一兵部附例：“八旗官员，遇有红白事。”

【红(紅)白事例银】【史】清制，红谓嫁娶寿诞等之庆事，白谓死亡祭祀等之吊事，遇有上述各事时依例所给付之银，称曰红白事例银。(会典兵部八旗)

【红(紅)利】【公】Bonus　谓股息分派以外尚有盈余，更须按股分派之金额也。公司有盈余时，红利分派须具之条件与股息同，若公司无盈余时，其分派情形亦与股息相同，违反者公司债权人得请求退还(第一七二条)，惟预派红利则为法律不许，红利分派标准，在法律上亦与股息之规定相似。(参股息条内)

【红(紅)批照票】【史】清制，分期纳税时，每次所领得之收据，曰红批照票，又曰硃钞。

【红(紅)股】【公】公司之股东不出任何资金而因服劳力或其他事由而取得之股分称曰红股,为我国商事上之习语。

【红(紅)契】【行】Red deed 与白契相对称,不动产之买卖典当抵押契约,经纳税而得主管官署盖印者,谓之红契,其未经纳税者即谓之白契。

【红(紅)簿赤册】【史】清制,上官以朱笔加圈点之簿册,称曰红簿赤册,六部成语注解:"上官以朱笔,圈点之簿册是也。"

【纠(糾)众械斗】【史】械斗系吾国中南各省因村落或宗族不同之关系而引起之武力冲突,以其多敛钱约期携枪刀尺棍,故曰械斗。清例均加禁止:(一)广东、福建、广西、江西、湖南、浙江等六省敛费约期械斗——(甲)凡纠众一二十人以上致毙彼造四命以上者,主谋首犯,绞决。(乙)凡纠众三十人以上,致毙彼造四命以上,或不及三十人而致毙十命以上者,主谋首犯,斩决。(丙)凡纠众四十人以上,致毙彼造十命以上,或不及四十人而致毙二十命以上者,主谋首犯斩枭。(丁)若致毙彼造一家二三命,首犯仍照殴死一家二三命例问拟斩绞立决,倘纠往之人俱被彼造致毙,无论死者人数多寡及彼造有无原谋,将此造起意纠殴之人照沿江滨海持枪执棍混行斗殴例拟流。(二)所纠人数虽多,致毙彼造一命者主谋首犯近边充军,致毙彼造二命者,主谋首犯边远充军,致毙彼造三命者,主谋首犯发新疆为奴(改足四千里)。(三)随从下手,伤重致死,仍依律拟抵伤人及未伤人亦各按本例分别治罪。(四)此造纠人前往械斗,彼造仓猝邀人抵御,并非有心械斗,仍照共殴科罪。(五)两造互相报复,一衅相因,无论次数及先后致毙人数,并作一次问拟,如无敛钱约期仍照寻常共殴谋殴办理。(六)广东福建二省械斗,如有将宗祠田谷贿买顶凶构衅械斗者,查明该族祠产酌留祀田数十亩,其余田亩银钱按族支分散,械斗时族长乡约不能指出敛财买凶之人,其族长应照共殴原谋例杖流。按致死人数每一人加一等,罪止发遣新疆为奴(改足四千里)。乡约则处徒一年,每一人加一等,罪止徒三年。(七)械斗共殴案内之枪手虽未伤人,但经在场帮殴即照教师拟流,虽未受雇帮殴,而学习枪手已成,亦拟满徒。(八)地方官知情故纵与讳匿不报或改作共殴谋殴分起开报者,革职,又审出主谋徇纵回护,不行查拿将顶凶草率定案,照故出入人罪律参革治罪。(九)失察械斗百日,或限满无获,均降一级调用,限内拿获首从及半者免议,又未能究出首犯经上司及委员审出者,按首犯罪名照不能审出实情例议处。(十)地方官全获首从人犯,加二级,邻境拿获首犯加一级,从犯每名纪录一次。

【美人】【史】女官之名,为汉光武帝所设者。宋初亦置之,为正四品之官。事物纪原(卷一):"光武又置美人,历代多有之,国初亦置之,正四品也,通典,前汉内命妇有美人。"

【美利坚法】【通】American Law 美利坚一名北美合众国(即亚美利加合众国United states of America),简称美国(日本译为米国),位于北美洲之中部,东濒大西洋,西临太平洋,北与加拿大相连,南与墨西哥为邻,全国面积约三百万方里,人口共一万五千万,自哥伦布发见西半球之后,一五六五年西班牙人即移殖于圣奥古斯丁，而英人亦相继而至，故在一六〇七年之后，北美之东海岸即为英国殖民地，其人皆为清教徒，因在英时之信仰不自由，故相率来此，以 Virginia 为中心，一七七五年(清乾隆四十年)已有十三州之地，时因英政府之横征暴敛，遂愤而宣告独立，举华盛顿为元帅与英抗战，历八年之久，一七八三年，英始正式承认之，乃建立联邦共和政府，即北美合众国是也。惟此时领土仅限于密士失皮河以东，一八〇三年向法国购买路易斯阿那(Louisiana)地，一八一九年向西班牙购买佛罗尼达(Florida)地，一八四八年战胜墨西哥获得 Texas；New Mexico；Califonia 以及 Arizona 等地，一八六〇年因解放黑奴事曾起内战，是为南北之战。一八六七年向俄国购买阿拉斯加(Alaska)地，一八九八年取檀香山群岛，旋又与西班牙战胜之，割取其菲律宾群岛及西印度群岛中之一部，一九〇四年又购买巴拿马土地之一部而开凿巴拿马运河，大西洋与太平洋两岸之舰队遂取得联络，而商业上亦增加便利不少，且美国领域广大，物产丰富，而人民及多由欧陆移殖西来，举凡文物制度亦恒为移转而来者，即法律制度亦然。按美国人口以英国之后裔为多，建国之初，系英之殖民地故其法律制度实仿自英，考其沿革可分为下列四时代：一、殖民地时代(一六〇〇——一七七五年)。英人之移殖于美，为争宗教之信仰自由而来，殖民中富于宗教精神，所谓裁判所谓法律皆残缺不全，时或引用英国法律，时或由裁判人员引用特殊法律，而在新英格兰(New England)之南部一带，对英国普通法，甚或拒绝引用，仅由彼等自行制定法律，以为规律其共同生活之用，如遇法律未设明文或不敷适用之际，则依据圣经(Scripture)以为标准，Connecticut 及 Massachussetts 二州，尤为显著，此种状态与今日法院之引用条理与学者之著作以为裁判之根据者，情形相似，至其他各处如引用英国普通法，亦恒就其原则加以变更，今日美国普通法与英国普通法之所以差异，即由于此，且当时(十七世纪中)司法官律师皆为未经严格训练之人士，而最高级之法院，恒由立法机关或行政首领兼充，而法律著作尤为缺乏，人民之欲研究法律，殊无由问津，法律制度之不能归于统一以至于进步，是固意中之事。其后制定法渐次增多，各殖民地各有其一已所制定之成文法典，英国普通法仍为补充法，仅有三州公认英国法律可以完全适用耳。故于一七五〇年时，地方成文法始经成熟，惟英国政府亦开始采用干涉主义，特派商务拓殖大臣(Lords of Trade and Plantation)充任殖民地之立法司法监督机关及上诉审判机关，在十八世纪之初期，独立之司法机关渐次发达，而殖民地之制定法恒为法院所拒绝引用，英国政府更进而禁止其继续制定新成文法典，上诉案件多归英国政府所指定之法院办理，于是返英请求上诉者，日加增多，专操律师职业之人士遂不得不回英研究法律，英国之 Inns of courts 多有美洲殖民出入其间，此后美国之继受英国法律，纯由若辈所造成，故在革命独立之后，美国宪法以及其他法律制度之成立直接间接皆由若辈携归而加以改造者也。二、美国法创立时代(一七七六——八二八年)。自美国革命成功建立联邦以后，英国普通法遂正式被采为美国法之基础，惟此时美国化之美国法尚未树立，虽一七八九年有美国报告 American Reports 之刊印，惟当时仍系完全抄袭英国法律，即在一七九八年当 James Kent 氏被代为纽约州最高法院推事之时，美国化之法律依然未能成立，氏历任推事院长及 Chancellor of the State 历二十五年之久，对纽约邦法律之树立，贡献殊多，以纽约州为美国重要区域，故其影响于全国，自非他州所能比拟故 Kent 氏对美国法之创立，功勋炳彪，不可磨灭，其后于一八二六年至一八三〇年所编行之 Commentaries on American Law 尤能轰动一时，故世每以之与英国法学者 Blackstone 氏所著之 Commentaries on the Laws of England 先后映辉，至今学者之研究其书者仍不稍息。三、美国法发展时代（一八二八——八六八年）。一八二八年以后，美国法律因联邦最高法院之法官 Joseph Story 氏之先后发表法律名著九种（以海商法为尤著），而日趋发展，同时国会及各邦议会之立法事业有如雨后春笋，怒放不止，制定法律以及法律之改革运动，相继不绝，而此时对于富源之开拓，与夫资本之保护，尤为本期法律之特有现象，如矿业法，土地法，河川法等之制定与施行，即其例证，惟同时对于社会改良之立法，亦能多所增进，如各州禁酒立法，禁止奴隶立法，尊重女权以及优恤孤幼等之立法皆是，同时美国政治之趋于民主化，民权运动之急剧发展，亦为此期之显著状态，例如选举权限制之废除是，此外其他之改革，如废止对债务人欠债不偿时监禁之制，承认妻与夫对财产之平等权，规定父母对子女残暴行为而课以刑事责任，承认私生子享有继承财产权等，皆属之，所惜者即各州均各自为政，未能完全统一，是固美中不足，惟关于衡平法与普通法之诉讼区别，均加废除，在一八四八年之 Field Code 为关于民事诉讼之法典，各邦多一致通过采用，此亦为本期最重要之立法之一，至于本期之法官，因其多系经过学校之高深训练，思想自由，成绩卓著，而立法机关人员亦多富于理性，所制法律，均能趋合时代潮流，至操保障人权之律师，虽亦优莠不齐，惟一般的尚能为社会人士所欢迎。总之本期一切，实占美国法制史中最光荣之一页，故曰美国法律发展时代。四、美国法社会化时代（自一八六八至目前止）。自一八六八年之宪法第十三修正案成立以后，在美国法制史上遂成为另一划新时期，惟当时法律对于资本主义之拥护仍不遗余力，对财产之保护每较对于人身之保护在法律上更为重视，但学者间对之恒有攻击之说，惟斯时适为资本主义发达之际，此项改革，终成泡影，在一八七〇年时，关于保护近代工业之立法运动开始进行，同时行政法规亦因时势之需要，增加甚多，至于关于维持契约之自由之判例，虽为一九〇五年之联邦最高法院所承认，惟为当时该院之推事 Holmes 氏所排击，并主张保护劳动人民，当 Holmes 之相反意见书发表后，响应者甚众，而法律社会化之说，遂为世人所注目，嗣后关于社会立法如一九一〇年以后所制定之 Working Man's Compensation Acts; Industrial Insurance Act 以及社会保险等皆次第颁行，又对维持社会道德上之立法如禁赌、禁烟、禁酒以及其他关于性方面之防护，皆曾积极进行。此外最惹人注意者，即承认男女在家庭上之权利为绝对平等之原则，此种法制，于美国之女权运动之发展实有莫大助力，近世美国妇女在社会上，其地位之优越，洵非其他各国所能望其项颈，其原因虽多，然非受有法律之保障，曷克臻此。近年来对于民族健康上亦有若干法律之制定，大都依据优生学上之见地对不良婚姻方面，力加防范，又因年来世界经济之衰落，失业者陡增，政府为救济起见，亦有若干法规之制定，一面限制资本家之任意剥削，一面则增筑关税壁垒，以防外货之侵入，而工人方面亦另有法规限制其法外之自由行动，此项立法，仅为权宜之计，幸工人失业者为数甚多，为挽救目前困厄起见，彼等一时颇能就范，但最近世界资本主义已届没落崩溃之际，前途如何，尚属茫然，不可预测，惟法律贵在适应时代之需要，美国立法家之出此，盖亦尽其职责而为之也，故称此时期为社会化时代，美国政府为一联邦国家，联邦有宪法，而各州(state)亦有各州之宪法，即其他法律亦有联邦法律与各州法律之区分，法院系统亦有联邦法院与各州法院之不同，其所以有此特别状态者，乃出于历史上之原因，缘美国在殖民地时代，有所谓特许的殖民地(Chartered colcnies)，地主的殖民地(Proprietary colonies)，及王家的殖民地(Royal colonies)，其政治组织，皆非一律，而人民意见均随地而异，非常散漫，各处虽同受英王之压迫，然因情势不同，尚不能联合与祖国相抗，虽有所谓新英格兰邦联(目的为防止印第安人之侵掠)(New England Confederation)阿尔班拉会议(Albany Congress)(以防止法人之与土人联合进攻为目的)以及印花税案会议(Stamp-Act Congress)(以反抗印花税案为目的)等之召集，惟皆为一时之联合，但此后英国对殖民地之加速度的经济剥削以及其他各种压迫，遂引起殖民地之第一次大陆会议与第二次大陆会议(The Fist and Second Continental Congress)，在第二次大陆会议(一七七五年三月)始决议对英宣战，选举华盛顿为元帅，负担军事上责任，同时并制定邦联约章(Articles of Confederation)，是为各殖民地实行永久联合之先声，而此项约章亦即美国革命前之临时宪法，其内容为以国会为联邦政府之统治机关，每年开会一次，议员由各州选派(至少二人至多七人)，惟不论所派人数之多少，仅有一个决议权，在联邦政府中并无任何行政长官之设置，在国会开会时，全由国会办理之，在闭会期间，则由国会所选派之委员会负责，联邦司法最高机关亦未另行设置，一切上诉案统由国会裁判或付托于国会所特别组织之委员会，至于各州其始亦无立法行政与司法机关，均系由州议会负责办理，旋因为时势之需要所迫，遂各自制定宪法另行组织新政府，各州此后之各自为政之状态，遂仍各自保持继续至今，一切行政立法司法均不能归于一致，又当时邦联权力甚轻，各州不特不遵奉邦联命令，即各州彼此间亦不能相顾，于是遂有一七八七年五月之宪法会议之召集，历时五个月，始行产生新宪法，在开会时各州主张不同，经过一番调解工夫，始采用若干折衷办法，于一七八八年七月间经过法定之九邦以上之批准遂由国会宣布发生效力(次年三月新政府成立)，此项联邦宪法约有下列五种特点：(一)美国宪法内容甚短，而含义广泛，极富伸缩性。(二)美国宪法为由各州将其权力划出一部分而让与于联邦者，即联邦之权力均于宪法内列举之，其余一切权力仍由各州自己保留。(三)联邦宪法系采三权分立制度，以制衡原理(Principle of checks and balances)为根据。(四)司法机关——最高法院——立于极优越地位，即最高法院(Supreme Court)有解释宪法之权，且有根据宪法宣布任何法律为无效之大权。(五)联邦宪法不特对联邦政府权力设有某种限制条文即对各州政府亦设有限制之规定(例如非有相当赔偿不得征收人民私产是)，按联邦宪法自成立以后至今仍继续通行，惟其后曾有二十一次之修正案耳，计全文原为七条，其修正案则有二十一条，兹举其要点于下：1. 立法权属于由参议院与众议院合组而成之国会，众议院以各州人民每二年所选举之议员组织之，各选举人资格与各该州之应具该州众议员之选举人所需之资格同，凡年龄未满二十五岁为合众国国民未满七年及当选时非莫选出州之居民者，不得为众议院议员，各州之众议员人数，应按其人口之多寡分配之，参议院以每州人民选举二人任期六年之参议员组织之，每人各有一表决权，各州选举人应具州议会之众议员之选举人所需之资格，每二年改选三分之一，凡年龄未满三十岁为合众国国民未满九年，当选时非其选出州之居民者，不得为参议员，众议院应自选议长，参议院议长则由合众国副总统任之，众议院有弹劾之全权，至其审讯之权则属诸参议院（合众国大总统受审时应以最高法院院长为主席）。2.国会每年至少应开会一次，在原则上于十二月第一星期一日举行之，在开会期间及往还于各该院之途中，议员之身体应受保障，在院内所发表之议论，不负任何责任。3.征税法案应由众议院提出，但参议院得提议或赞同，凡通过于众议院及参议院之法案，应于成为法律前，呈递大总统，如经其批准即应签署之，否则附以异议书而退还（在十日内星期日除外——未经退还者视为签署），发交提出该项法案之议院覆议，经覆议后如该院议员三分之二人数同意于原案时即应送交其他一院覆议，如该院亦以三分之二之人数认可之时，此项法案即成为法律。4.国会之权力为列举的计分下列十八种：(1)赋课并征收直接税，间接税，输入税与国产税偿付国债，并计划合众国之国防与公安，但所征各种税收，输入税与国产税应全国划一。(2)以合众国之信用借贷款项。(3)规定合众国与外国，各州间及与印第安种族间之通商。(4)划定全国一律之归化条例及破产法。(5)铸造货币，厘定国币及外币之价格，并规定度量衡之标准。(6)制定关于伪造合众国证券及通用货币之罚则。(7)设立邮政局并建筑邮政道路。(8)对于著作家及发明家保证其著作品及发明物于限定期间内之专有权利，以奖进学术与技艺。(9)设定隶属于高等法院之初级法院。(10)明定及惩罚在公海中所犯之海盗与重罪，暨违犯国际公法之罪。(11)宣战，颁发捕获敌船许可证书，并制定关于陆海捕获之规则。(12)招募陆军并供给陆军军需，但充作该项用途之款项，其支拨期不得过两年。(13)设备海军并供给海军军需。(14)划定关于统辖陆海军之法规。(15)规定召集民团以执行合众国之法律，镇压内乱，并抵御外侮。(16)规定民团之组织，武装与训练，并指挥召集服务合众国兵役之民国，惟任命将校及依照国会所定军律训练民团之权，由各州保留之。(17)对于由州割让与合众国经国会承受，充合众国政府所在地之区域（其面积不得过十方里）。行使任何事项之独有立法权，对于经州议会许可取购之地方，用以建筑要塞，军库，兵工厂，船厂及其他必要之建筑物者，亦行使同样权力。(18)制定执行以上各项权力及依本法授与合众国政府或政府中任何机关或官员之一切权力时所需之法律。5.对于人身保护令状之特权在原则上不得停止之，公权剥夺令或追溯既往之法律不得通过之，对于课税须依本法之规定，关于通商条例或税则均须全国一律，不得参差。6.各州不得行使下列权力：(1)订结条约，协约或联盟。(2)颁发捕获敌船许可证书。(3)铸造货币。(4)发行纸币。(5)使用金银币以外之物以作偿还债务之法定货币。(6)通过公权剥夺令，追溯既往之法律或损害契约义务之法律。(7)授与贵族爵位，此外无论何州，未经国会之核准，在原则上不得对于进出口货物赋课税收，亦不得征收船舶吨税，平时设立军队，或战舰，与他州或外国订结协约，或盟约，或交战（惟有例外）。7.行政权属于美利坚合众国大总统，任期四年（副总统亦同）。其选举方法为间接选举制即各州应依所定程序选派选举人若干名(其人数依国会之员人数多少为准),再由选举人选举总统(惟近来因政党之发达故选举总统皆由政党操纵之),被选为大总统者须为出生之国民且须年满三十五岁及居住于国内满十四年者,大总统因免职,亡故,辞职或不能执行大总统之职权而去位者,由副总统代理之。大总统为全国陆海军大元帅,有颁发缓刑及赦免之权,有对外缔结条约之权(须经参议院之同意),有任命大使,公使,领事,最高法院推事及其他一定高级官吏之权(经参议院之劝告及同意),有临时召集国会之权,有注意一切法律是否真正执行之权。8.合众国司法权属于最高法院及国会随时制定与设立之初级法院,司法权所及之范围如下:(1)关于普通法与衡平法之案件,及发生于本宪法与合众国各种法律上,及根据合众国权力所缔结与将缔结之条约上之事件。(2)关于大使,公使及领事之案件。(3)关于海上法律及海上统治权之案件。(4)合众国为当事人之诉讼。(5)州与州间之诉讼。(6)一州与他州人民间之诉讼。(7)各州人民间之诉讼。(8)同州人民间争执各州让与土地之诉讼。(9)一州或其人民与外国或外国人民间之诉讼。一切罪案除弹劾案外,应以陪审员审判之,凡系背叛合众国与合众国作战,依附,帮助或慰劳合众国之敌人者,构成叛国罪,惟无论何人非经该案证人二人之证明,或经其本人在公开法庭自首者,不得受叛国罪之裁判。9.各州对于他州之法令,纪录,与裁判手续应有完全之诚意与信任,并应负担协助之义务。10.国会得准许新州加入合众国,但新州不得建立于其他任何州之管辖区域内,又未经关系州州议会及国会之许可,亦不得并合两州或两州以上或各州之一部分另立新州,合众国又应保证全国各州实行共和政体,保护各州不受外侮,并因各州州议会或行政机关(即于州议会不能召集时)之请求平定内乱。11.国会遇两院议员三分之二之人数认为必要时应提出本宪法之修正案,或因诸州三分之二之州议会之请求,召集会议以提议修正案。上述之修正案如经各州四分之三之州议会或经各州四分之三之会议批准时,即认为本宪法之一部分而发生效力。12.本宪法与依照本宪法所制定之合众国法律及以合众国之权力所缔结或将缔结之条约,均为全国之最高法律,即使与任何州之宪法或法律发生抵触时,各州法院推事均应遵守之,以上为宪法原文(且有修正案之一部)之要点,至于修正案共计二十一条,其最重要者如下:(1)国会不得制定关于确立宗教或禁止信教自由之法律,关于削夺人民言论或出版之自由之法律,以及关于削夺人民平和集会及为伸雪请愿于政府之权之法律。(2)人民有保护其身体,住所,文件与财产之权,不受无理拘捕,搜索与押收,非经大陪审官提起公诉,人民不受死罪或辱罪之宣告(但有例外)。不得强迫刑事被告人自认其罪,亦不得未经正当法律程序使其丧失生命,自由或财产,凡私产非有相当赔偿,不得收为公用。(3)在一切刑事诉讼中,被告人应享有下列各项权利:(A)由发生罪案之州或区域之公正陪审员予以迅速之公开审判。(B)接受关于告发事件之性质与理由之通知。(C)准与对造证人对质。(D)应以强制手续取得对于本人有利益之证据,并受法庭律师辩护之协助。(4)在一切案件中不得需索过多之保释金,科过重之罚金,或加残酷非常之刑。(5)本宪法所未授与中央或未禁止各州行使之权力,皆由各州或由人民保存之。(6)在合众国境内或属合众国管辖区域内,不准有奴隶制或强迫劳役制之存在,惟用以为惩罚罪犯者,则为例外。(7)合众国或其任何一州对于公民不得制定或施行削夺合众国公民之特权或特免之法律,对于国民之投票权亦不得因种族及肌肤颜色或以前曾为奴隶之关系,拒绝或削夺之。(8)关于酒类饮料之制造售卖或转运之禁止(按此条业经撤销)。(9)合众国或各州不得因性别关系取消或削夺合众国国民之投票权。(10)关于大总统副总统任期终止日期、参议员众议员任期届满之日期,以及副总统代理大总统职务之详细规定(第二十条之修正案),关于司法机关(Judiciary)在美国殖民地时代虽规模未备,须受英国国会及殖民地总督之统制,惟到处多有法院之设置,计有下列三级:A. 地方法院(Local court)由总督所派遣之治安法官(Justice of peace)主持其事,是为最下级之法院。B. 郡法院(County court)为地方法院之上诉机关。C. 高等法院(High court)为当时殖民地之最高司法机关,其法官有专任者亦有由总督及议院议员混合组织而成者,在原则上,高等法院之判决为最后的,惟对若干特定之重要案件仍可向英国之枢密院(Privy Council)提起上诉。又当时各级法院之审判,亦多仿效英国,采用陪审制度,而一切诉讼程序,均与英国法院无甚差异,自革命成功宪法制成公布施行之后,联邦政府之权力,乃为各州政府将其固有权限,分割一部而授与之,所谓二重政府之制度(Dual form of government)因而产生,一切行政立法司法皆为二重制度,联邦有联邦之系统,各州有各州之系统,故法院亦可区分为联邦法院与各州之法院,换言之,即各州之中均有两大系之法院,各别行使其司法职权,各自分隔而不相谋,联邦法院之设,依联邦宪法之所定归于统一,各州之法院则大都以殖民地时代之旧制为基础,由各州自行以宪法加以规定,各州宪法既系各自为政,是以各州之法院亦多有差异,惟因多系仿自英国,故就一般而言,其相同之点仍为显而可见,兹请先述联邦法院(Federal courts),联邦法院之管辖范围系以联邦宪法所列举者为限,其他之民刑事案件皆归各州之法院审理,依联邦宪法所列举者,计有下列五项:(A)基于合众国宪法并法律以及其对外缔结之条约而提起之普通法与衡平法上之诉讼案件——此种案件因与各州法律无关,故为联邦法院之专属管辖。(B)关于牵涉外交官(大使公使等)领事官之诉讼案件——此项案件其初审权系专属于联邦最高法院。(C)关于海军及海商事件——按联邦政府握有管理对外通商之权,故此项案件亦划归联邦法院管辖。(D)关于联邦政府(即合众国)为当事人之一造时之案件——联邦政府为被告或原告时,其管辖权属于联邦法院,按此项案件多系涉及财产上之请求故归 Court of Claims 审理。(5)当事人一造为某州时一造为他州之公民,或两造皆为州政府时,或两造当事人为两州之公民时,或两造全为一州公民而所争之土地系属于他州领土者,或一造为某州之公民一造为外国人民,或外国人相互间所发生之诉讼案件——因上述各种案件均非某州所能单独适用其法律者,故划归联邦政府所设之法院审理,关于此应附带说明者,即自一七九三年以后凡当事人之一造为某州公民(原告)而另一造为另一州政府者,联邦法院不得受理又外国人之控告州政府者亦同,此为第十一修正案所规定,关于管辖问题吾人应注意者有二:A. 联邦政府之法院所适用之法律以合众国之法律为原则,但如甲州人民与乙州人民间发生争执而必须适用州之法律时,州之法律有优先于合众国(即联邦)之法律,而受适用之权,故此时联邦法院应受州法院前此所为之判例之拘束。B. 联邦法院对于刑事案件之管辖,亦以联邦法律所规定之罪名为限,多归于犯罪地之地方法院审理,联邦法院计分为通常与特殊两种,通常法院分为下列三级:(A)联邦最高法院(Supreme Court)——设于首都华盛顿,全国只有一所,法官人数原为六人,一八三七年以后始增为九人,以一人为审判长(Chief Justice)余为陪席推事(Associate Justice)由大总统经参议院之同意而任命之为终身职,每年自十月至次年之五月为开庭日期,凡关于外交官之诉讼案件及联邦政府为诉讼之当事人时之案件,最高法院均有初审的管辖权,对于其余一切之民刑诉讼,仅有上诉之管辖权,二者以上诉案件为多数,在开庭之日,每星期须审理三十余案,颇为忙碌,按最高法院在美国政府内权力甚大,凡法律或法院判决之与宪法不相容合者,最高法院有宣告其为无效之权,学者因此特称最高法院为美国宪法之监护人,此种制度实为美国政治制度之一种特色,美国宪法之能维持其尊严,实基于此。(B)巡回上诉法院(Circuit Courts of Appeal)——在最高法院之下有巡回法院,按前此美国仅有所谓巡回法院(The Circuit Court)介于最高法院与地方法院之中,并无所谓巡回上诉法院之称,美国全境计分为九个巡回区域(Circuit Districts)于每一区设一巡回法院,除任命地方法院推事以充任巡回法院推事(Circuit judges)之外,复乘最高法院闭庭期间之便,派遣最高法院推事分往各地充任巡回推事(Circuit justices),专事审理重大之案件,故此时并无专任之巡回推事之制(至一八六六年始设置专任巡回推事),惟当时凡重大案件之为最高法院所派遣巡回推事所审理者,在事实上实为初审,惟因一般人对于最高法院所派之推事极表信任,故均不愿再向最高法院提起上诉,是以同时实与终审相等。其后(即一八六六年)专任巡回法院推事制度成立,最高法院推事虽亦仍为巡回法院之构成份子,惟事实上多未参与,于是巡回法院之名誉不若前此之佳,而上诉于最高法院之案件顿增,遂于一八九一年制定法院组织法,于每一巡回区(包括三个以上之州)内设置巡回上诉院一所,按照事务之繁简置推事二人至四人(通常以三人为多),以为巡回法院及地方法院之上诉机关,于是上诉于最高法院之案件因而减少,至一九一一年为避免巡回法院与地方法院之管辖权之重复起见,遂颁布法院法典(Judicial code)废除巡回法院,而仅以巡回上诉法院为地方法院之上诉机关,计全国共有九所(一说近已增至十所),最高法院推事共有九人,以每一人兼任一所之巡回上诉法院之推事,每个法院皆有于所辖区域内轮流开庭,受理地方法院之上诉案件,除若干案件之与是否违背联邦宪法之问题有相关涉者外,其余一切案件如经巡回上诉法院之判决以后,即为最后之判决,不许再行上诉。(C)地方法院(District court)——此为联邦之最下级法院,计全国分为八十区,每区设立一所,每小州划为一区,每大州则为二区至四区(纽约州分为四区),法官之人数以事务之繁简为断,有以一法官兼颁二法院者,有以一法院置二法官者,惟通常则以一法院配置一法官为多,审判时均采单独制,每年开庭二次或三次受理初审案件,且采行陪审制度,在法院内又置联邦检察官(U. S. District attorney)一人代表政府提起诉讼,又另置执达吏(U. S. marshal)一人,掌理送达及执行事务,均听联邦政府司法部总长(Attorney-General)——又曰检察总长——之指挥,以上为联邦之通常法院,至特殊法院则分为下列三种:(A)请求法院(Court of Claims)——以法官五人组织之,以一人为审判长,专事受理人民对于联邦政府关于财产上之赔偿之请求之诉讼案件。设置于国都华盛顿，凡不服其判决者，在原则上不许上诉，惟有例外案件得向联邦最高法院提起上诉，按此院在一八五五年以前仍系行政官署之一种，后始正式成为司法机关。(B)关税上诉法院(Court of Custom Appeals)——为管理关于关税诉讼事件之法院，以法官五人组织之，以一人为审判长(设立于一九〇九年)，凡不服 Board of General Appraisers 之决定者，均得向本院提起上诉，例如对于纳税货物之估价以及税额之比率等案之件皆是，此种法院之设，乃在减少联邦通常法院之税务案件起见，同时且可避免通常法院之缺乏税务常识而引起之流弊，又此院之判决亦为最后的不得再向联邦最高法院提起上诉。(C)哥伦比亚特区法院(Courts of the District of Columbia)——其所辖之司法权以本特区者为限，乃一特种之法院，与通常之州法院及联邦法院绝不相同，凡州立法院与联邦法院之司法权，哥伦比亚特区法院均兼而有之，盖并合两个系统不同之法院为一者也。一因该区为合众国联邦政府京都之所在，其主权只有一个，二因在该区之内关于通常案件仍当依照各州之一般法律加以处理，俾人民得有保障，为简便计，自不得不将该区域内之联邦及地方之司法权，归属于一混合二种系统之法院行使之，亦有审判法院(Trial Court)与上诉法院(Court of Appeal)之分，至于得上诉于联邦最高法院之案件亦仅于某种案件为限。此外联邦政府所设立之法院尚有散处于海外各殖民地者，如在阿拉斯加属地之合众国法院(The U. S. Courts for the Territory of Alaska)，在夏威夷属地之合众国法院(The U. S. Courts for the Territory of Hawaii)，在朴多里加岛之合众国法院(The U. S. Courts for the Isle of Porto Rico)，在巴拿马运河区域之合众国法院(The U. S. Court for the Panama Canal Zone)，在浮琴群岛之地方法院(The District Courts of the Virgin Islands)，在菲律宾群岛之法院(The Courts of the Philippine Islands)，以及驻中国之合众国法院(The U. S. Court for China)等皆是，美国各州既有各州自己所制定之宪法与法律，故其法院亦另成为一系统，与联邦法院相对立，而此各州之法院亦因各州宪法之不一，而有其大同小异之处，各州法院在其所辖域以内为审判之最高机关而与之并立同存者，又有联邦之法院在焉，联邦法院于其司法权所管辖之特种限定案件亦为审判之最高机关，故二者实相辅而并行者也。按各州法院之权力系为保留的权力，故除于联邦宪法内所列举而让与联邦法院者外，其他一切案件皆属于各州之法院，又按各州之法院组织，本皆不同，惟大都尚能模仿联邦法院，故大体上尚可分为三级或四级，以说明之。A.地方法院(Local courts)为最下级之审判机关，管理轻微犯罪以及诉讼标的之价额不满百元之案件，有 Justice Court；Magistrate Court 以及 Police Court 等之名称，审判时不用陪审制度，诉讼程序极为简便，审判官多出于民选，然皆缺乏法律智识，惟对于地方习惯及世故颇能洞悉无遗，对排难解纷尚能称职，是亦差强人意之事也。B.郡法院(county Courts)在地方法院之上有郡法院，其管辖权可分为二种：(A)受理不服地方法院等之判决之上诉案件。(B)受理不属于下级裁判机关所管辖之民刑事案件，此项法院之名称在各州中各有不同，有称为 District court 者，有称为 Superior court 者，更有称为 Circuit court 者(以其系以巡回方法故也)，审判官大都出于民选，审判时采单独制，同时并采用陪审制度。C.最高法院(Supreme

Court)为各州之最高审判机关，专理郡法院等之上诉案件，以及关于州官吏之行政诉讼，对上诉案件仅以不服法律问题者为限，此外对于州宪法之条文如与联邦宪法无关或与他州无关者，本州最高法院操有最高之解释权，又审判时以五个推事至十五人为限，均为合议制，除上述之三种法院以外，在各州中尚有数州有市法院之设置者，即所谓 Municipal court 是也，其等级为低于郡法院，凡城市中均设立之，其管辖权较地方法院为广大，在巨大热斗之城市此项法院之上诉机关多为该州之最高法院，又各州中如 Illinois，Missouri 及 New York 等各州，在最高法院之下，郡法院之上，更设有中间上诉法院(Intermediate Appelate Court)者，其目的在于减轻最高法院之上诉案件(如系事实问题，中间上诉法院为终审)，与联邦政府中之巡回上诉法院之设同一作用，以该各州最高法院每年仅开庭一二次故也，以上所述均属于各州之通常法院，此外尚有特种法院，如衡平法院(Court of Chancery)，专事审理关于衡平法之案件(此仅为少数之州所设)，如遗嘱法院(Probate court)，专管遗嘱及继承财产事件之争执，其等级与郡法院相同，如土地裁判所(Land court)，为管理关于土地上权利之登记与调查之事件之法院，如请求法院(Court of claims)为管理关于私人向州政府请求赔偿或财物等之法院等皆是，此外尚有所谓少年法庭(Juvenile courts)，以处理儿童之犯罪事件，调解法庭(Conciliatory courts)，以调解贫民之轻微争执案件，皆为辅助各通常法院而设，至于各级法院之法官之任免与任期，亦因系统之不同而有差异，在联邦法院除最高法院之法官为由大总统经参议院之同意而任免者外，余亦皆由大总统任命之，均为终身职，其罢免之权则属于国会，但均以有不端之行为而受弹劾者为限，故其地位受有极坚固之保障，至各州之法官，其任免方法，各州不同，其任命之方法可分为由人民选举，议会选举及由州长任命三种，以第一种者占最多数，计目前共有三十八州、由议会选举者仅占四州，余皆由州长任命派充，关于任期，各州之规定至为参差不齐，有为终身职者，有为二十年以上者，有为十年以上者，余如九年，八年，七年，六年不等，其最短者为二年，至于免职，由于议会之弹劾者居多，余如罢免(Recall)或 by address 者则居少数。

【美除】【史】除授美官，谓之美除，扪虱新话："适有美阙，三人竞欲得之。且皆有荐拔也，蔡莫适新兴，即谓曰，能诵虚同月蚀诗乎，内一耆老者，应声朗念，如注瓶水，音吐鸿畅，一坐尽倾，蔡喜，遂与美除。"

【羑里】【史】羑音有，羑里之义有二说：一为地名，如史记周本纪："纣乃囚西伯羑里。"其注曰："河内汤阴有羑里城，西伯所拘处。"一说为狱舍名，如玉篇："二王始有狱，殷曰羑里，周曰囹圄。"又风俗通："夏曰夏台，殷曰羑里，周曰囹圄。"又唐律疏议："夏曰夏台，殷名羑里，周曰圜土，秦曰囹圄，汉以来名狱"，又礼记义疏(卷二十一)引用焦乔之说："夏曰均台，殷曰羑里，周曰圜土，秦曰囹圄，汉曰若庐。"等皆是。

【耏】【史】与耐刑之意义相同。又称曰完刑。

【胥师】【史】为周礼地官之属，每市中二十肆设胥师一人，专司均平市场货物之案，使不得擅为高下。周礼地官—胥师："胥师各掌其次之政令，而平其货贿宪刑禁焉。察其诈伪饰行续慝者而诛罚之,听其小治小讼而断之。”

【胥钞】【史】下级官吏多掌钞写文件之事,故称曰胥钞。宋史一张亢传:“胥史不钞录之劳,官吏无商略之暇。”

【胥靡】【史】刑徒也,即囚徒之称。史记一殷纪:“说为胥靡。”按说即传说。

【肺石】【史】赤色之石也,地方穷民,如有冤枉等之事,该管地方长官(如乡遂之夫等)不受理其诉者,许其来京申诉,惟须立于肺石之上三日,然后受理其诉。按肺石设于外朝门右(与左之嘉石相对)周礼一秋官大司寇:“以肺石达穷民,凡远近惸(无兄弟也)独(无子孙也)老幼之欲有复于上,而其长弗达者,立于肺石三日,士听其辞以告于上,而罪其长”,郑玄注曰:“肺石,赤石也”,现在长安之故宫阙前,尚有唐代之肺石之存在,其形与佛寺内之击乡石相似,长约八九尺,形如垂肺。文献叶氏曰:“吏治不能以皆善,民清未易以上达,是以成周盛时,思所以通幽隐之情,防雍隔之患,于是有肺石,路鼓,之设焉。民之穷困者则俾之立肺石之上,使人人得而见焉,见之斯知其为穷矣,民之冤抑者,则俾之击路门之鼓,使人人得而闻焉,闻之斯知其为冤矣,是以闾阎之幽,悉达于殿陛之上,氓庶之贱咸通于冕旒之前,民无穷而不达,士无冤而不伸,此和气所以畅达天地,以之而交治,道以之而泰也。”

【背信罪】【刑】Offence of the violation of trust 为诈欺及背信罪章中分类之一,即为他人处理事务时,违背信义而加损害于其财产之罪也。其处理事务之原因或系出于法令之规定,如法定代理人或系出于契约关系(如雇佣委任是),或系出于自己之善意(如未受委托而代为保管财物是),均非所向,至所处理事务之类别,虽有财产与非财产之分,实则本罪之成立,仅限于财产耳。本罪之成立,非仅对于自己所管有之他人财物有不法处理之时,即对于他人财物因不法处理亦构成本罪,故比侵占罪之仅以对于自己所管有之他人财物有不法行为而成立者,范围较广,兹分为二种:(1)背信图利罪。(2)亲属相背信罪。(详各本条)

【背信图利罪】【刑】为背信罪之一,因为他人处理事务,意图为自己或第三人得不法利益,或意图加不法损害于本人而为违背其任务之行为,致生损害于本人之财产者,成立本罪。其要件有四:(1)须系为他人处理事务(依法令或契约或当事人之善意皆可)。(2)须有为自己或第三人得不法利益,或加不法损害于本人之故意。(3)须为违背其任务行为。(4)须有致生损害于本人之结果。本罪之处分为五年以下有期徒刑,拘役,得并科或易科一千元以下罚金,未遂罪罚之。(刑法第三六六条)

【背后地主义】【国公】Principle of hinterland; Back country doctrine 为先占区域范围学说之一,对势力范围主义言,谓先占效力达于先占地背后之主义也,例如先占一海岸,其效力及于内地全部,先占一河口,其势力达于该河川之全部区域是。多数学者以此主义不甚公平,而且易起争执,故皆否认之。

【背书】【票】Indorsement 日本称曰里书,谓票据权利人(执票人)以转让票据权利于他人为目的,而将此意旨记载于票据背面并签名于其上也。背书之应用乃在记名式之汇票居多，俾移转时可以决定责任之顺序。背书虽为票据行为之一种，然学者多谓系一种契约，即系因背书人与被背书人之意思合致而成立，且一种不要因契约以交付而完成背书之目的，有系以移转权利者，有系以设定质权或委任取款者，因此可分背书为二种：(1)固有背书。(2)变则背书（详各本条），背书亦有一定方式，其处所通常多于汇票之背面或其黏单为之，且在汇票之复本亦可为之，又背书须就票据金额全部为之，如为一部认为无效（票据法第三三条）。又因欲证明现在执票人之取得是否出于正当授受，故规定背书须有连续性，但背书中有空白证书时，其次之背书人视为前空白背书之被背书人，至涂销之背书，关于背书之连续，视为无记载，换言之，即仍认为连续也（第三十四条）。如执票人故意涂销背书者，其被涂销之背书人及其被涂销背书人名次之后而于未涂销以前为背书者，可免除其责任（第三十五条），背书行为完毕后，票据上权利即生移转效力，而背书人且负担保承兑与付款义务，但以特约免除担保承兑义务而记载于背书者，仍为法律所许可，背书之种类，附表于下：

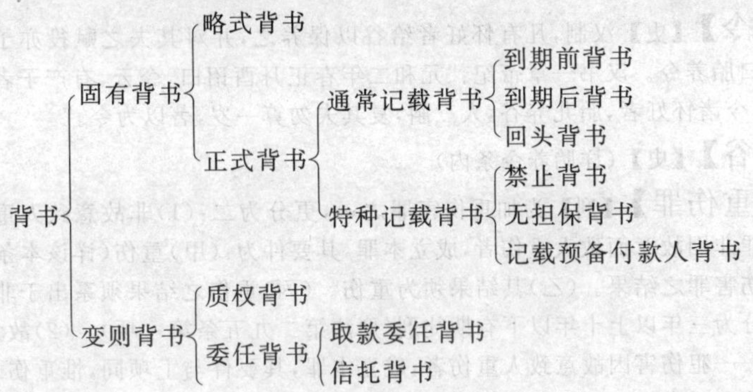

【背书人】【票】Indorsor　执票人以背书方法移转票据上权利于他人者，其让与人曰背书人，须签名其上，方为有效，背书人对被背书人负直接责任。

【背书连续】【票】Continuation of indorsements　前背书人与最后之背书人在票据上记载无间断者，称曰背书连续。我国票据法第三十四条规定："执票人应以背书之连续证明其权利，但背书中有空白背书时，其次之背书人视为前空白背书之被背书人，涂销之背书关于背书之连续视为无记载。"

【背职罪】【刑】为渎职罪之一，对贿赂罪言，即官吏滥用职权妨害他人行权利或使他人履行无义务之事之谓。背职之义有二：(一)为逾越固有之职权范围。(二)为行使手续不合法定程式，本罪可分为特别背职罪与一般背职罪。（详各本条）

【胎儿】【民总】A child en ventre sa mere　为母体之一部，而非自然人，故法律以不予保护为原则，但有例外，各国对此立法例有二：(1)绝对主义——又称概括规定，即凡属胎儿之利益视为既生者（罗马法瑞士普鲁士民法是）。(2)相对主义——又称法律特定主义即对于胎儿之利益加以保护者，仅以特定事项为限。我国民法采绝对主义（第七条）。至胎儿权利能力之性质如何，亦有二说：(A)拟制说——为法国学者之主张，谓乃法律所拟设，于出生前即已有之。(B)条件说——为德国学者所主张，谓以出生为条件，始能溯诸既往。我国民法第七条，规定胎儿以将来非死产者为限，是采取条件说也。

【胎儿继承权】【继】Right of sucession by the child en ventre sa mere 在母腹中之胎儿法律规定其有继承权者，是谓胎儿继承权。关于保护胎儿利益之形式有二主义：第一主义并不以胎儿为权利之主体，仅于胎儿将来应享之权利为之保留，作为无主权利之状态，不归何人所有，俟胎儿非死体出生时而后与之，第二主义则以胎儿为权利之主体，法律上视为既生，若生系死体则作为自始未认权利之主体。我民法第七条之规定乃采第二主义，即关于胎儿利益之保护，视为既已出生，则继承权自在其列，故胎儿之继承除该胎儿将来死产者外，则与已出生者无异也。若遗产分割之时，胎儿尚未出生，则依继承法第一一六六条第一项之规定应将其应继分为之保留，否则，未便遽行分割，至胎儿关于遗产之分割，依同法同条第二项之规定，则以其母为代理人焉。

【胎养令】【史】汉制，凡有怀妊者给谷以保养之，并对其夫之赋役亦予免除，此法称曰胎养令。汉书一章帝纪："元和二年春正月酉诏曰，令云，有产子者，复勿算三年，今诸怀妊者，胎儿养谷，人三斛，复其夫勿算一岁，著以为令。"

【胎养谷】【史】(详胎养令条内)

【致人重伤罪】【刑】为加重伤害罪之一，更分为二：(1)非故意致人重伤罪，犯伤害罪非因故意而致人重伤者，成立本罪，其要件为：(甲)重伤(详该本条)须系犯一般伤害罪之结果。(乙)其结果须为重伤。(丙)重伤之结果须系出于非故意者，其处分为三年以上十年以下有期徒刑(刑法第二九五条第一项)。(2)故意致人重伤罪——犯伤害因故意致人重伤者，成立本罪，其要件与上项同，惟重伤之结果系出于故意而来者，方构成本罪，故加重其刑为五年以上十二年以下有期徒刑。(同条第二项)

【致仕】【史】年满七十而辞归隐居称曰致仕，其制始自伊尹之时，与致事同义，事物纪原(卷四)："尚书咸有一德曰，伊尹既复政厥辟告归，疏云告老致政仕于君，此臣下致仕之初也。至周乃有大夫七十致仕之礼，其事自伊尹始也。"礼记一曲礼篇："大夫七十而致事。"大明令一吏令篇设有致仕之条："凡内外大小官员年七十者，听令致仕。其有特旨选用者，不拘此限。"

【致死囚犯】【史】对于在监囚人凌虐或以其他方法使其致伤或致死者，清律及例设有下列明文：(一)非理凌虐殴伤罪囚致伤者，狱卒依凡斗伤论，司狱官典提牢官知而不举与同罪，不知情者不坐，致死者，狱卒绞候，司狱官与提牢官减一等。(二)擅取病呈致死监犯，造意者依谋杀人斩候。狱官禁卒听从指使，下手者绞候，不下手者流三千里。

【致命伤】【刑】致人于死亡之伤处，谓之致命伤，换言之即发生死亡结果之伤处也。例如枪弹入胸而死亡，则胸部之伤，谓之致命伤。

【致死】【刑】为刑法上之用语，谓因伤害而至于死亡也。

【致法】【史】谓适用刑法也，史记一吕不韦传："宾客辩士，为游说者众，王不忍致法。"

【致祭祀典神祇】【史】凡各府州县有司于载在祀典应合致祭神祇，皆须依期斋戒致祭，至期忘误者，以及非祀典所载不当祀而奉祀之者，均应依本条处罪。明律（卷十一）、清律（卷十六）礼律祭祀篇，致祭祀典神祇条，皆有明文，内容相同，清律之条文及其下注云："凡社稷山川，风云雷雨等神，及圣帝明王，忠臣烈士，载在祀典，应合致祭神祇，所在有司，置立牌面，开写神号，祭祀日期，于洁净处常川悬挂，依时致祭，至期失误祭祀者，杖一百，其不当奉祀之神，而致祭者，杖八十。"

【英（英）吉利法】【通】English Law　英吉利之名系指 England 一处之译名而言，一二八四年时威尔斯（Wales）被英并吞，一七〇七年复与苏格兰（Scotland）合并，称曰大不列颠（Great Britain），一八〇〇年又与爱尔兰合并，改名曰大不列颠与爱尔兰联合王国（The United Kingdom of Great Britain and Ireland）此后势力扩张日甚，殖民地散处全球各地，遂称曰大不列颠帝国（The Great British Empire）。按不列颠本为一群岛之总称（爱尔兰、苏格兰等均在内），全部面积共九万四千余方里，如合其海分属地而计算之，则约一千三百万方里，较我国大两倍，占全世界五分之一强，其人口在本国仅四千四百余万，合属地人口而计则为四亿八千万，占全世界人口四分之一，于面积于国力均为世界第一大国，其言语文字又为世界各国商业上所通用，其政治制度尤为近世民治主义之鼻祖，法律自成一系，随其国力而普及于全球，为今日世界仅存之三大法系之一。按英国古时原为不列颠人（Britons）所居，仅系一种部落生活之民族，毫无文化可言，继而侵入者为色勒特人（Celts），为一好战之民族，法律秩序并不注意，不久遂被罗马人所征服，历时凡四百余年，罗马法律因而流入焉，而英国法律之基础始告成立，惜罗马人志在开拓富源，对于政治及文物制度，不谋所以使之扩大使之永久之方，故于退走英国之后，萨克森人（Saxons），盎格罗人（Angles）（均为日耳曼北部之民族）乘机侵入，建立数个王国，罗马文化遂扫荡无存，至第九世纪始统一成为一个王国，第十世纪之末丹人（Danes）入据其地，一〇六六年法国北部之诺尔曼德公爵（Duke of Normandy）威廉（或曰常胜将军威廉氏 William the Conqueror）逐走丹人而据其地，遂践王位，英国之国基实胎胚于此。传至约翰王（King John）残酷昏暴，遂被迫而发布大宪章，是为英国宪法之起源。此后历代君主如 Tudor 朝及 Stuart 朝以至于迎接荷兰大总统威廉三世为英王，民治主义法治基础均随时代而日趋进步，及 Hanover 朝，王权日削，国会势力益加增大，至维多利亚后（Queen Victoria）时代，内虽权力稍增，外虽灭亡印度，惟议院仍为英国政治之中心，至今根深蒂固，风声所布，世界各国无不奉为圭臬，是近代民主政治固为英国之产物也。故世之谈法治莫不首推英伦，以其国之法律具有无上威力，不论何人如有犯罪，均须依法惩治，在另一方面，不论何人，如无破坏法律之行为，则其生命，自由，财产以及一切权利，均不受限制或被剥夺，所谓法律，均为不成文法，与罗马法之为成文法者，适相违反。今则因国力之无远弗届，而其法律制度亦随之而绕走环球各地，考其成立之沿革与广播之经过。可分为三时代，第一，自一一〇〇年至一四〇〇年止，为普通法之创设时代，在诺尔曼朝之威廉王（即常胜将军威廉氏）以前，英国原经不列颠人、色勒特人、罗马人、盎格罗人、萨克森人、丹人等之先后占据，而法律制度竟能于此后另成一种独立的统系，是诚耐人寻味者也。依美国法学者 Wigmore 氏之研究，据谓有下列三种原因：(1)英国为一与欧洲大陆隔离之海岛，故其人民与习惯不易受外来之传染而趋于复杂不统一之状态。(2)诺尔曼朝之始祖威廉王，秉性刚强，对于各地之封建制度极力破坏，而强有力之中央集权政府竟因而宣告成立，例如当时所建之 Westminster Hall，其屋宇之伟大富丽，为世界有名建筑之一，数百年来实为英国统一行使司法之中心地，是为诺尔曼朝各王之致力于司法之统一之明证。(3)诺尔曼人之在法国之北部，原为富于遵守秩序及遵重法律之民族，当其入据英国不久之后，对于法律之制定与研究，不遗余力，在法国北境之民法学者以及宗教法专家，多争先恐后北渡入英，无不以教习法律为职业，即当时之著名法学家 Archbishop Lanfranc（为威廉王之政治顾问）亦率其门徒从事于民法及普通法之研究，普通法与民法皆为当时寺院及学校中并重之科目，而法院之引用，亦不区分界限，是普通法之见重于时，固为不可掩之事实矣。适是时（一二〇〇年）有学者 Bracton 氏将通行之习惯法，编成一书，名曰 De Legibus Angliae 此书实为统一当时习惯法之利器，其内容虽仍有参用 Justrinian's Law Books 之处，惟大多系根据当时各法庭中之判决例而成，故可称为英国固有法之代表作，其后约在一三〇〇年左右有所谓律师组合（Guilds of Lawyers）之起。在伦敦各法院之附近，称曰 Inns of Court 至今尚存者，有 Lincoln's Inn；Gray's Inn；Inner Temple and Middle Temple 此种团体在当时最多者达十四处，由执行职务之律师招收艺徒（Apprentices）在其内攻习法律，食宿均在其中，与现代之大学宿舍，略形相似，故此项 Inns 实为当时研究法律及栽培司法人材之唯一机关，主持者多为富有经验之律师，于诉讼之实习，如模范法庭（Moot Court）之设，尤三致意焉，几为每日不可或缺之功课，是以所养成之人员，于日后均能胜任愉快，此项人材实为英国普通法之设定与发展中之原动力，其次当时在所谓"法律之钥键"之辩护法院（Court of Common Pleas）中之法官与律师，皆以富有经验者充任，非曾先在 Inns 内教授艺徒者不得充任，是当时之司法人材与司法制度实为教学作三者打成一片者也。又当时关于法律之适用与推行均有年鉴之编印，先后发刊至三百年之久，英国普通法之能成为独立之法系者以此故自威廉王之建国统一政治法律制度，Bracton 氏之 De Legibus Angliae 之编著，Inns of Court 之栽培司法人材，以及年鉴（Year-Books）之长期发刊为止，在一四〇〇年左右英国法律已为统一之普通法，自成一系，此为第一时代。第二，自一四〇〇年至一七〇〇年止，为普通法抵抗罗马法时代，罗马法之在欧洲因罗马教之关系，所至之处，均为其他各国所采用。在十三世以后，其势之盛，有如洪水之来，以负固一隅之英伦，亦间接受其影响，然而英固普通法卒能起而与之抗争屹然不动者，其故何欤，依 Wigmore 氏之观察，约有两种原因：(1)英国法学家之爱国精神——在英国法学史上有 Fortescue 氏与 Coke 氏者，均为英国之著名法官，二氏爱护英国固有法无微不至，在一四〇〇年至一五〇〇年之间，罗马教皇之权力行将伸入英国，一般爱国之士均拥护英王亨利八世起而与教皇宣告脱离关系，于是英国司法制度遂能免受罗马法之侵蚀，一四六三年 Fortescue 氏著 De

Laudibus Legum Angliae 一书，为一通常读本，极力攻击罗马法之弱点，而对英国之固有法律制度极尽夸赞拥护之能事，一般昏庸之法学界均为之一新耳目，而罗马法之声势为之减杀不少，及第十六世纪大法学家 Sir Edward Coke 出而振臂高呼，当时罗马法势力之在英伦几在普通法之上，Coke 氏对于正式刊印之英国第一部法律"Tenures"竭力赞美，并作一注释 Commentary on Littleton's Tenures 以表彰之（按 Tenures 一书为 Littleton 氏所著于一四八一年刊行为后世法家之圭臬者历三世纪之久）誉为人类空前之著作，而当时被英女王延为上宾之法国罗马法专家 Hotman 氏则指 Littleton's Tenures 一书为无系统无意识之著作，双方于是大兴笔墨，英国固有法因经国内法学者之先后护卫扶植，根干枝叶益加茂盛，而罗马法终不得不偃旗息鼓而去。(2)在此双方斗争之过程中 Lnns of Court 仍占极要地位，当时罗马法法学者人材辈出，法意等国均为所据，其他日耳曼民族之司法制度多无法律学校之设置，亦无执行法律专业之途径，且法律尚未趋于统一，故罗马法势力一至，遂无法抵抗终为所征服，英国之情形则不然，普通法早已统一独成系统，而法律之研究与人材之培植均由 Inns of Court 负其全责，成为防御外来法律势力之壁垒，而同时英国社会上政治上之中坚份子亦多为 Inns of Court 所产生，是其对于英国之贡献，实不仅于树立普通法而止也，故罗马法之势力虽胜于英国法，罗马法之内容虽优于英国法，然终不能置英国法于死地，而英国法竟能因之而独霸一方，终于日后推行于世界各地，此为第二时代。第三，自一七〇〇年至现代为止，为英国法之扩张与世界化时代，英国法之在十六七八世纪，其内容之老朽，实与前此旧制无大差别，若欲长此以之独成一系以至于扩张流传各国，是无异于缘木以求鱼，幸在一六〇〇年以后，法学名家相继崛起，如 Coke Bacon, Selden Manstield and Blackstone 等皆是。Coke 氏之丰功伟绩，前已述之，Bacon 氏则以科学方法研究英国法学著称于时，Selden 氏以精于法律学史为世所激赏，以在学识之丰富，几与大陆法学者齐名，以上诸家均以英国固有法为研究及扩张之对象，与大陆法学者之全部袭取罗马法者不同，其次于一七〇〇年间英国殖民事业及国际贸易渐次遍及全球，而英国法律制度之扩张于世界之时期亦趋成熟，William Murray Lord Mansfield 以及其他法官遂得将英国商事法律及习惯渐次扩张以至于世界化，继其后者，则有先任大学教授后任法官之 William Blackstone 氏之从氏于英国法系之演讲，此为英国大学第一次关于英国法律之正式教授（时在一七五三年六月二十三日）。其后此项演讲稿先后付印，一时大有纸贵洛阳之概。不久美洲殖民地亦陆续遣派学生留学祖国，美国之能继受英国法律制度者，乃植其基于此，至加拿大、澳洲、南非洲、印度以及其他海外殖民地亦莫不推行英国固有法，今则在伦敦之 Downing Street 设有一世界化之法院，称曰枢密院司法委员会（简称曰司法委员会）(The Judicial Committee of the Privy Council)，实为大不列颠帝国海外殖民地之最高司法机关，亦即英国法系之唯一最高权力之集中地也。计采用英国法系之人口共三万万人（美国亦在其内），占全球人口总数六分之一，以一区区之小岛之法律，竟能绕行全球，固为意料所不及者，然其制度之优，法学者之人材辈出，政治商业等势力之雄厚，皆为昭然若揭之事实，其发展，其成功，岂偶然哉。英国法律在近世之位置极为重要，于公法方面尤为优越，近代国家之宪法，无不直接间接袭取之，至于私法方面虽稍逊于罗马法，然关于商事法律之契约法，海商法，以及保险票据等均为近代各国之模范，我国商事法规亦多仿效之，而晚近之法律社会化运动，亦多依解释方法判例方法以填补法律固定性之缺陷，英国法律实为此种运动之先声，其地位之重要于兹可见，关于英国之法源计有三种：(1)制定法(Statute Law)即成文法，于国会未产生以前为英王所制定之法律，在国会产生后则举凡国会所通过之国会法令(Acts of Parliament)以及一切附法(By-Laws)皆包含在内，制定法之例如一八四五年以后之公司法，不动产法，铁路法，商舶整理条例，公众卫生条例等以及一七九九年之结社禁止法，一八一九年之六法(Six Acts)，为关于工会之法律，一八七一年之工会法，一八八二年之票据法，一八九三年之动产买卖法，一八九四年之工会基金法，及产业争议法，一九〇五年之商标法，一九〇七年之刑事案件上诉法，一九〇九年之保险法，一九一一年之著作权法，一九一三年之破产法，以及一九二七年之新工会法等皆是。(2)普通法(又曰习惯法)(Common Law)，乃由通行之习惯以及历年来法院之判例所积聚而成，以后者居多，故又称曰判例法(Case Law)此项判例对于同级法院或下级法院之关于将来与成案相同或类似之案件均有拘束之效力。此外同法系之其他各国法院之判例以及历来法学家之名著亦皆为普通法之一部。(3)衡平法(Rules of Equity)按近世法学家所称之“法律”与“衡平法”二辞，系指普通法与衡平法之法规而言，二者系两种独立之法律，其在一八七五年以前，各有其一已之法官与法院，互相对峙，前者为普通法院，后者为衡平法院，前者之法官曰法官，后者之法官则曰大法官(Chancellor)。按大法官原系政府一高级官吏，称曰 King's Secretary of State for all Departments 凡以国王名义所制作之文书，皆经大法官之手而公布之。当时国王有审判权，凡传唤当事人以出庭于皇室法院时，皆以大法官之名义发出，适是时之普通法院之诉讼手续过于严格，而一切判决，复为历来习惯所拘，致与新起事实及社会状况不能完全适应，于是人民遂相率向国王请求救济，例如普通法规定已嫁女子之财产权，归其丈夫享有，是男女之财产权于法律上为不平等，为补救此项缺陷计，遂向衡平法院请求救济，乃以声请书向国王投递，国王遂即交移大法官办理。其后为节省手续起见，遂将声请书直接向大法官呈递，由其直接处理，大法官于收到声请书后，如认为应予救济，即发传票(Writ of Subpoena)，令当事人双方亲至大法官之前加以讯问，先行宣誓然后答辩，于是乃依据适于评断道德良心及正义之原则，判决已嫁女子对其私有财产亦有自由支配之权。按人民之声请救济事件亦有一定范围，即：(A)声请人受有身体上财产上之损害者(惟以声请人为平民显有受压迫而不平者为限)。(B)凡属普通法院所不保护之道德上之权利，故在衡平法院所管辖之事项，为关于用益(Uses)诈欺(Fraud)抵押(Mortgage)信托(Trusts)以及在普通法院不能获得救济之案件，其制裁或执行方法与普通法院不同，且较繁杂，如命令，管理财产，禁谕，强制执行契约令，支配文书等皆是。凡由此衡平法院所下之判决，皆称曰衡平法。于此应注意者，即衡平法实际上并非独立的与普通法处于对等之地位，仅系补充普通法之不足而已，故其法规于仅有普通法不生效果时之场合始行适用耳。自一八七五年以后。因法院组织法(Judicature Act)之颁布，衡平法院与普通法院合并为一，衡平法与普通法均适用于同一之法院，而新成立之高级法院（High Court of Justice）均有适用衡平法及普通法之权力，若二者发生抵触时，则衡平法应优先于普通法规而受适用。按英国司法既与大陆法处于对立之地，是其内容与形式均有特异之处，兹举其特点于下：(1)英国全国人民皆须服从同一之法律，无人于法律上有特殊之地位。(2)大陆法各国有普通法与行政法之区别，英国法则否。不论官吏或人民均受同一法院之管辖。(3)英国法律为不成文法与大陆各国之为成文法典者不同。(4)英国法律内容复杂，诉讼程序亦极冗繁。(5)英国并无司法部之设，关于司法行政均由少数高级司法官主持其事，其重要者有三：一为大法官（High Lord Chancellor）、二为检事长（Attorney-General）及司法官长（Solicitor-General）。(6)陪审制度亦为英国司法制度之特色，民刑事案件均采用之。(7)在不列颠帝国之各地司法制度极为复杂不能一致，此亦为其特异之习惯所酿成，关于英国之宪法与他国亦大差异：(1)英国宪法大部分为不成文之政治惯例所构成，系统非常复杂，如欲窥其全貌，殊非容易。(2)英国宪法多由国会产生而来并非由特别召集之宪法会议所制定。关于成文之宪法其重要者计有下列五种：(1)大宪章（Great Charter）为英王约翰（King John）一二一五年六月十五日颁布之人民自由大宪章，全部计共六十三条。(2)人身保护律全文共二十条为一六七九年国王 Charles II 所公布者。(3)民权法（Bill of Rights）为一六八九年第二次革命驱逐 King James II 欢迎荷兰大总统威廉氏为英王，后由威氏所颁布者，全文甚短，宣布人民之权利与自由。(4)议院法，于一九一一年颁布，规定上议院与下议院关连之职权与限制议会之期限，全文共八条。(5)国民参政法（Representation of the People Act）于一九一八年公布，全文计分五章，都四十六条，于一九二八年曾加修正，允许女子与男子同享有选举之平等权（修正文共八条），所有违反民治选举之制度，由此始完全剔除。英国法院之编制，因历史上之习惯关系，向极复杂，近虽稍加整理，惟仍不能统一，兹先就英吉利（即英格兰本地）方面举述之，先刑事法院，后民事法院。刑事法院由下而上为治安法院，小审会，及简易法庭，季审会，巡回法院高级法院之王座法庭（二者并立），而刑事上诉院，而贵族院。(1)治安法院（Justices of the Peace）为刑事最低级之法院，凡刑事案件应先送治安法院，经治安法官审讯，原告及证人均须宣誓，然后供述，如无犯罪嫌疑应立即释放，如认为有犯罪之证据，则应移交高级法院审判，若犯罪情节系属于轻微案件，可即自行审理，如轻微之殴伤罪，窃盗罪及治安破坏罪皆是。按治安法官乃由乡间绅士与城市商人充任，每郡最多者约三百人左右，均为义务职不受薪俸，惟此种法官多乏法律专门学识，故另有法律专家任顾问之职，藉资咨询，又治安法官之审判，均不采用陪审制，以省麻烦之手续，故对刑事之审判，迅速无比，案件之积压罕无所闻（故学者亦有称之为简易法庭者）。(2)小审会（The Petty Session）及简易法院（Court of Summary Conviction）此为对于稍重之罪犯之审判机关，盖即超过普通警察裁判所司法权之罪犯之案件之审判机关也。乃由两个以上之治安法官加以审问，亦无陪审员之参与，凡不服其判决者，即可向四季开审一次之季审会提起上诉，至于案件具有牵涉警察司法权之性质，而其处罚系被判徒刑而不容以金钱赎替者，亦得向季审会上诉。小审会有时名曰简易法庭，即刑事案件之处罚，其时间为三月以内，其罚金为二十镑以内者，皆由小审会以简易程序审理之，否则非其管辖权所及，应即移交季审会听其处置。(3)季审会(Quarter Session)，季审会为小审会之上级法院，因其设置区域之不同，可分为二种：(A)为郡季审会——即于每郡中所设置者，凡治安审判官之被选者，即为该审会之审判官(并非法律专门人材)。(B)为城市季审会——即于城市(因其享有一郡之特权)内所设置者，以掌文赎之官充任审判官(即律师之受国王委任者)，审判时皆采合议制，以法律专家一人任主席，此项专家仅为顾问之性质，并无判决之权，季审会所管辖之初审案件除：(a)警察裁判所(Police Court)之犯罪案件。(b)属于小审会及简易法庭之案件。(c)性质严重之案件(由巡回法院审理)以外，其初审管辖权及于一切之刑事，审判时皆采陪审制度，至于受理因不服小审会及简易法庭之判决而提起之上诉案件，则不用陪审之制，季审会之开庭，例于每年三月三十一日，六月二十四日，十月十一日及十二月二十八日诸日后之第一星期行之，是为原则，惟在伦敦者则每月开庭二次，各市者每月一次，是为例外，凡在季审会未开庭之际对于公诉之案件概归巡回法院审理，但有某种性质严重及困难法律问题之案件，必须划归巡回法院管辖，季审会无权受理，在此应连带说及者，即所谓大陪审制是也，大陪审制(Grand Jury)之人员为十二人以上至二十三人止，依英国制度，凡刑事案件，其决定是否提起公诉时所用之陪审称曰大陪审制，于公判时决定被告人之是否有罪时所用之陪审则称曰小陪审(Petty Jury)。凡刑事被告人逮捕或传唤到案后，先由一定人员作成公诉状草书，然后召集大陪审员宣誓，由审判长向其解说案中情形，再经陪审员评议，以多数通过，如所通过之决定系认为应行起诉则由陪审员于公诉状草案内签名向法庭提出，请求公决，(如认为不应起诉，则废弃原状)(此项公诉状英语原文曰 Indictment)，于法庭正式审判时，则另行采用小陪审制以决定被告人之是否犯罪，故凡经过大陪审程序之案件概称曰公诉之案件，是项案件仅可向季审会，巡回法院，及伦敦中央刑事法院提出请求公判耳。(4)巡回高级法院(Assize of the High Court)在季审会之上者为巡回高级法院，凡较重之犯罪而有公诉状者，如死刑，无期徒刑之案件以及其他法律困难问题之案件(为季审会所保留者)，皆归巡回高级法院审理，每年巡行各郡开庭三次，在各城市则开庭四次，其法官均由高级法院(The High Court of Justice)之王座法庭中之法官派充，计分全国为八大区，每区一人或二人，按巡回法院之法官系由王座法庭法官兼充并非隶属于王座法庭，而二者实立于对等地位，且皆各自独立者也，其上诉机关为刑事上诉院，又巡回法院虽为高于季审会之机关，然并不受理季审会之上诉案件(仅其所管辖之案件为季审会所保留之较重案件耳)。盖季审会之上诉机关乃为王座法院也。此外有伦敦中央刑事法院(The Central Criminal Court)仅设于伦敦其组织与他院不同，其管辖权乃包含巡回法院与季审会所审理之刑事案件在内，换言之，即同时执行巡回高级法院与季审会之司法权也。其法官由高级法院之法官一人以及城市之数法官充任之。(5)高级法院(The High Court of Justice)所谓高级法院乃指王座法庭(King's Bench Division)衡平法庭(Chancery Division)以及遗嘱离婚，及海军法庭(The Division of Probate,Divorce and Admiralty)等所组织而成之法院而言，刑事案件则由王座法庭处理之，设有法官十六人(全院共法官二十五人)分散于各巡回区域，执行巡回法院之法官职务，其司法权与巡回法院之司法权相同，惟因其包括一切巡回法院之法官在内，故规模较大，而初审之管辖权亦为较重要之案件，且同时亦受理关于不服季审会之上诉案件。(6)刑事上诉院(Court of Criminal Appeal)此院之法官为三人或三人以上，由王座法院中之法官充任，一切上诉案件之为关于法律问题或事实问题，皆可受理，一般的上诉案件，至此已为最后阶段，若为特别重要而获得Attorney-General之许可得再行上诉至贵族院。(7)贵族院(House of Lords)此为司法最高机关对于上诉案件之审理，由该院特别指定法律专家四人为法官(终身职)。虽贵族院中全体皆有参与之权惟实际上均由此四人全权主持之，民事法院由下而上，为郡法院(此处又有巡回法院)，高级法院，上诉法院，最高法院，贵族院，兹分述之：A. 郡法院(County Court)为英国最下级之民事法院，在英国共分为五百余区，每区设立一所，此法院之诉讼手续非常简易普通案件与衡平案件如前者之诉讼标的不超过百镑，而后者不超过五百镑者，皆归本院处理，审判时在原则上不采陪审制，惟经当事人之请求而经双方同意者得施行之，与此相等而其威仪稍重者则有巡回法院，其法官系由王座庭之法官一人或二人充任，有民事及刑事(上已述之)之管辖权，每年(民事)在郡内开庭一次，其较重要之衡平案件，则直接移交于衡平法庭办理。B. 高级法院(High Court of Justice)，本院设于伦敦，分为三庭：(A)王座法庭——法官十六人，为郡法院之民事上诉法院，按照普通法审理诉讼。(B)衡平法院——设法官七人，以大法官(High Lord Chancellor)任庭长，审理衡平法之案件，例如关于土地，信托，票据之追认，经理遗产之案件，赎回及没收抵押品之案件等皆是。(C)遗嘱，离婚，海军法庭，按高级法院，乃由旧式之数法院集合而成者，各司其事，并无集合开庭之举，惟在名称上，仍为高级法院而已。C. 上诉法院(Court of Appeal)此为高级法院之上诉机关，共有五大法官，即大法官，前任大法官，王座法庭庭长，海军法庭庭长以及掌文牍官(Master of Rolls)(衡平法庭内)等五人是也。凡经本院审判之判决，在原则上亦为最后的，惟于特种案件仍可向贵族院请求上诉。D. 最高法院(The Supreme Court of Judicature)本院系高级法院与上诉法院之总称，乃有其名而无其实者也。E. 贵族院(House of Lords)凡上诉于此司法最高机关之案件，须经 Attorney General 之许可始得为之，而本院对于上诉案件亦仅就原判事实及各项证据上阅览后而行宣判，故均为关于法律问题方面之争点而审理之也。以上为英吉利本部(包括威尔士)之民刑事法院之编制。至于苏格兰、爱尔兰，以及其他殖民地之法院亦均各异其制，兹特分别述之，苏格兰之法院组织：(1)执行官法院(Sheriff's Courts)与英之郡法院相等，兼理民刑事诉讼，故其管辖权较广。(2)高级法院(High Court of Judicature)，为执行官法院之上诉机关，对于重要案件(民刑事在内)亦有初审管辖权，设于爱丁堡城。(3)会议法院(Court of Session)为苏格兰最高之法院，受理关于重要之财务海事案件，对于下级法院之上诉案件亦有管辖权，如仍不服者更可向英京贵族院提起上诉，爱尔兰之法院与英吉利相似，有初级高级及最高之分，其终审通常以最高法院为限，惟对若干特殊案件，仍可向英京枢密院之司法委员会提起上诉，此外各殖民地之法院，亦均另成系统，惟多为初级，高级，及最高之分，其最高者在各自治领土或联邦，在原则上有最高之裁判权，惟在例外仍得向枢密院之司法委员会提起上诉,按此司法委员会系于一八二二年始行设置,英文曰 Judicial Committe of the Frivy Council 由枢密院院长,大法官,并著名法官以及前任海外殖民地各最高法院之法官若干之组织之,受理关于捕获法院(Prize court)宗教法院以及海外殖民地法院等之上诉案件,故司法委员会乃大不列颠帝国殖民地之最高法院,审理案件时得开庭办理,惟每庭须有法官三人出席,又在英国之牛津剑桥两大学区内另有特置之法庭,审理各该二区内之诉讼案件,在各城市中亦有若干陆军,海军以及教会法庭等之存在,最后关于英国司法制度尚有下列三点应附带述及:(1)律师与讼师(Barrister and Solicitor)之区别,律师之资格为经 Inns of Courts 之考试及格缴纳一定之费用始可充任,得出席于高级之法院,且可任讼师之顾问,在大城市中始有之,讼师则为次于律师者,必须就业于律师事务所若干年经过考试后始得充任,仅能出庭于小审会季审会以及郡法院,如欲出席于高级之法院则非另行委任律师不可,此项区别之实益在于使律师等有分工合作之可能,同时又可使律师等从事于法学上之高深研究,非若我国之律师一经开始执行职务,无论大小案件,皆可代理,而律师资格之深浅毫无区分,一经受当事人之委托,便可对簿公庭,而从事于法学上之研究,更因职务之关系毫无余暇可以过问也。英国法学之日趋进步,此亦一重要原因也。(2)保护状(Writ of Habeas Corpus)之采用,保护状(一名出庭状)者,谓人民被捕之后其本人或他人均可立即提出文书于上级法院,该上级法院接得此状之后,应即下令该逮捕之法院使用合法程序审讯,如无犯罪确证,应即释放也。此项制度一经采用,人民之身体自由即受有重大保障,英国法之有此制,较其他任何各国为早,故其人民之自由,国家法律之昌明,均为近代各国所不及也。(3)法官之地位,英国高级法官如大法官,王座法庭庭长,上诉院法官及贵族院中之四法官等皆由国王任命,至于其他法官之任命与更调,则全由大法官一手包办,任法官之职者,其资格限制甚严,例如高级法院之法官,至少须有十年经验之律师始得充任,法官均为终身职,非有证明其有不正当之行为时,不得加以罢免,在任时薪俸甚高(如高级法院之法官,年俸五千镑),服务十五年,后如年老不能续任。则另有养老金之支付,又一般人对法官均甚敬重,且法官自身类多经验丰富,秉性又能守正不阿,办事复皆勤敏精细,英国之所以能为近世法治国之先驱者,若辈执行法律之功,殊属不小。又英国法乃以判例法为骨干,判例法均为法官审理案件时所为之判决所积聚而成者,英国法系之能起而与罗马法,回回教法,于世界鼎立而三,是皆英国法官之判例法之精密而带有适应社会之可能性之所致,宜乎其为世人所推崇也。

【英(英)美法系】【通】Anglo-American Legal System 英美法系起自日耳曼法,以习惯为法律之大渊源,并无成文法典之编纂,皆依前此法院历来之判决例为审判之根据,故其法律乃由习惯与判例逐渐演进而成者,此项法系偏重于个人主义,较诸罗马式法系尤甚,今之纯粹属于本法系之区域,为英吉利威尔斯、爱尔兰、澳大利亚、新西兰、加拿大、英领西印度群岛、美国夏威夷群岛,至于英美其他殖民地属地等,则皆为本法系与其他法系混合或集合之法系所支配。

【若(若)卢】【史】为汉代少府之属官,掌兵器之出入,并主大将宰相等大官之刑狱。汉书一百官公卿表之注引如淳狱令之言曰:“若卢主治库兵将相大臣。”同书一和帝纪:“永元九年,复置若卢狱官,主鞠将相大臣也。”故又有刑狱之称。

【茂(茂)才】【史】汉制,考取人才之科目,称曰茂才。前汉武帝称曰秀才。至后汉因避光武帝之名“秀”,故改为茂才,即后世所称之生员,与府州县学生相等。

【茂(茂)科】【史】为旧时考取人才之科目,即贤良方正也。挥麈录:“张咸应茂科,盖贤良方正科也。”

【茂(茂)宰】【史】府州县知事之尊称也。文献通考一职官之部:“周官有县正各掌其县之政令暮秋时县邑之长曰宰,曰尹,曰公,曰大夫,汉仍秦制,万户以上为令减万户为长,列侯所食县曰国相,其职一也。”唐李白撰赠从孙义兴宰铭辞:“天子思茂宰,天技得英才。”

【茂(茂)范】【史】茂者,大也。范者法也,即大法之谓。唐律疏议进表:“昔周后登极,吕侯阐其茂范。”解曰:“阐,开,茂,大,范,法也。”

【苦(苦)主】【史】被盗贼劫杀者之家中主人,称为苦主,即今法所谓之被害人也。公文缘起:“元史刑法志,诸杀人者,仍于家属,征烧埋银五十两给苦主,谓被杀人之家属也,今俗犹沿此称。”

【虐待】【亲】Ill-treat'ing 所谓虐待乃指一方对于他方加以殴打,或抑勒,通奸买休卖休,典雇为人妻妾或对人诬称其妻与人通奸等重大耻辱而言。我民法规定夫妻之一方,受他方不堪同居之虐待者,或妻对于夫之直系,尊亲属为虐待或受夫之直系,尊亲属虐待者均得向法院呈诉离婚。(第一〇五二条第二项第三、第四款)

【恤(卹)老所】【行】为救济院之一所,凡衰老无力自救之男女年在六十岁以上,并无人抚养者,均得收容于本所,恤老所应为下列之设备:(1)教室。(2)工作所。(3)游戏场。(4)男寝室,女寝室。(5)饭室。(6)男浴室,女浴室。(7)男厕室,女厕室。(8)其他应备房间,对于所收养之衰老男女,应教以有益身心之课程,并按其体质令服下列各种操作(但过老或疾病难支者,得免除之)。(甲)室内操作:(1)糊裱纸类物品。(2)纺织及编造等物。(3)简当书画等类。(乙)室外操作:(1)饲养家畜。(2)种植之物。(丙)本地适宜之简单工艺。(丁)其他体力堪胜之操作。(救济院条例第二章)

【恤(卹)金】【行】陆海空军佐官兵士卒因国事死亡者,有遗族补助金之制,计分为一次恤金与年恤金二种,前者一次支付,后者则每年支付之。

【恤(卹)金制度】【劳】Pension system 工人因执行职务而致伤病或死亡者,工厂应给予医药费及抚恤费,所谓恤金制度是也。在有劳动保险法之国家,对工人之伤病及死亡,自可依该项法规之规定而受保障,恤金制度仅施行于无劳动保险法之国家而已。我国工厂法规定在劳动保险法未施行前,恤金应由工厂负担之,并设有发给之标准。(第四十五一四八条)

【表】【史】(一)为上奏文之一种,始自汉代当时仅为陈事之用,后世渐推及于论谏及弹劾上诉等范围甚广。文体云辩:“表标也,明也,标著事绪,使之明白,以告乎上也，古者，献言于君，皆称上书，汉定礼仪，乃有四品，其三曰表，然用以陈请而已，后世因之，其用寖广，于是有论谏，有请劝，有陈乞，有进献，有推荐，有庆贺，有慰安，有辞解，有陈谢，有讼理，有弹劾。"事物纪原："尧咨四岳，舜命九官，并陈嗣不假书翰，则敷奏以言章，表之义也汉，乃有章表，奏，驳，四，等则，表盖汉制也。"(二)外姻曰表，如表兄弟，表姊妹皆是。

【表兄弟】【亲】父之姊妹及母之兄弟姊妹之子曰表兄弟，我民法规定旁系血亲之辈分相同而在八亲等以内者，不得结婚，但表兄弟姊妹不在此限。(第九八三条第一项第三款)

【表示】【通】Expression; Declaration 意思向外表现者曰表示。(参意思表示条)即将一般的或特殊的事项，向公众宣示时称曰表示。

【表示主义】【民总】Doctrine of expression 为非对话人意思表示生效时期立法例之一，又称表意主义，谓不拘任何方法但以表示为主，一经成立即发生效力。例如甲欲与乙为法律行为，若以其意思表示于书面即已成立，该书面之寄发与否非所问也，是相对人于不知之际而法律行为已告成立，流弊滋多，故不足采。

【表示行为】【民总】Act of declaration 为意思表示之客观要素，即表意人表示于外之行为也。其要件有二：(一)须本于意识之作用，故无意识之举动如睡眠中之动作，及基于暴力所起之反动，不得称为表示行为。(二)须足以推知内部之效力意思，故表示行为不能表现表意人内部所存之效力意思，亦不得称为表示行为。

【表示意思】【民总】(参意思表示条内)

【表姊妹】【亲】父之姊妹及母之兄弟姊妹之女称曰表姊妹，依新民法第九八三条第一项第三款之规定旁系血亲之辈分相同，而在八亲等以内者，不得结婚，但表兄弟姊妹不在此限。

【表决】【通】Vote 会议时对于议案最后可否之意思表示，称曰表决，如国会议案之表决。公司股东大会对于议案之表决，以及亲属会议对于议案之表决，皆属之。此种表决，乃议员或会员之权利，原则上每员之表决，以一票为限。

【表决权】【宪】Right to vote 表决权者，谓对于某议案有参与表示是否赞同之权也，凡参与议会者在原则上均有表决之权，惟列席者则否，又凡议事之与自己有利害关系者亦无表决之权。

【表见代理】【债】Agency by estoppel 为无权代理之一种，即代理人员无代理权，而因有可信其有代理权之正当理由，法律视其为代理权之代理也。其要件有二：(1)须有可信其有代理权之正当理由。(2)须第三人为善意且无过失者，我国民法第一六九条明定由自己之行为表示以代理权授与他人，或知他人表示为其代理人而不为反对之表示者，对于第三人应负授权人之责任，但第三人明知其无代理权或可得而知者，不在此限。

【表见地役权】【物】External real servitude 为地役权之一，对不表见地役权言，即地役权之存在之状态由外观上能认其工作物或其形状之谓。例如现于地面之水道以引水之地役是。

【表明】【民刑诉】Indication　所谓表明，乃指当事人将特定事项记入书状，或于言辞辩论时加以陈述之行为而言，因其不必提出证据，故与证明或释明显有区别。

【表意人】【民总】Declarant　表示意思之人曰表意人。

【表意主义】【民总】Doctrine of Expression　又称表示主义。（详该本条）

【表笺仪式】【史】臣下对君上进贺之表章及笺词均须慎重无疵，其他一切亦须依照一定仪式，是为表笺仪式。大明令礼令篇之表笺仪式条设有下列明文："凡进贺表笺文词皆须雅端楷细书，签名用印不许犯应合回避字样，其袱匣封裹拜送，依见行仪式。"

【表征主义】【刑】乃犯罪为科刑条件三学说中之一，对现实主义与折衷主义言，即凡对于社会利益有危险性者，不必俟其侵害之发生即当予以制裁，与现实主义相反，盖即以犯罪为恶性之表征也。此说因不重视行为，故与罪刑法定主义相抵触，亦不为我国刑法所采用。

【要囚】【史】所谓要囚计有二义：一为禁系严密之囚人之谓。礼记—月令篇："挺重囚益其食"，一为察囚之狱辞之谓。书经—周书康诰篇："丕蔽要囚言"，后世多采前义。

【要犯】【刑】Principal　犯案中之主脑犯罪行为人，谓之要犯，即主犯之谓也。例如甲督率暴徒十人将乙杀害，则甲非仅在场督率指挥，并亦亲自实施杀人，故甲乃杀人之要犯。

【要件】【通】Conditions　法律行为成立时所不可或缺之必要条件，谓之要件。

【要因行为】【民】总又称有因行为。（详该本条）

【要因证券】【债】Kausalrechtspapier（德）　与不要因证券相对称，凡证券上所享有之权利须明示其原因之所在始得主张之，此项证券称曰要因证券。

【要式之意思表示】【民总】表意人之为意思表示须依据一定方式为之，是曰要式之意思表示，例为订立遗嘱是。

【要式行为】【民总】Formal Act　为法律行为之一，对不要式行为言，即其意思表示须以一定形式为其主要要素之法律行为也。例如婚姻遗嘱是，要式行为与不要式[①]行为之分类，乃以意思表示是否必须依法定形式为标准，要式行为又分为二：（一）法定方式。（二）约定方式。（详各本条）

【要式行为说】【票】Theory of formal act　为票据学说之一种，谓票据行为如经法定要式，则票据上之权利义务即因而发生，当事人之意思如何，均非所问，此说对今日一般之以票据为文义证券，大有裨助，即对票据之为单方权利不与反对给付相关联者，亦有影响。

【要式契约】【债】Formal contract　为契约之一种，对不要式契约言，即当事人

---

① 原书为"或"，系排版之误。

须依一定方式表示意思,方能成立之契约也。例如要据,及悬卖契约是。

【要式契约说】【票】Theory of formal contract 为票据学说之一,此说盛行于欧洲乃在十九世纪以后,其主张恰与诺成契约说相反,为德国学者所倡导。盖受背书制度兴起之影响也。依此说谓票据上之债权债务,须待票据之作成始能发生,其结果遂有票据预约与票据契约之区分,前者乃以缔结票据契约为目的之行为,自可以口头为之,有诺成契约之性质,后者即须于票据作成后始能成立,故为要式契约。

【要式证券】【票】证券之是否有效,以是项证券之是否具备法定形式为断,此种证券即所谓要式证券是也,换言之即证券上权利之发生与存在以记载法定事项于该证券之上为必要,票据即要式证券之一例。

【要役地】【物】Dominant Land 又名需役地。(详该本条)

【要求】【通】Claim 凡有所需要而请求者,曰要求,乃为一种意思表示,有口头与书面之别。

【要求权】【通】Right of claim 为请求权(详该本条)之别称。

【要物契约】【债】为契约之一种,对诺成契约言,即于当事人之意思表示以外,更须有物之交付而后始能成立之契约也。又称践成契约,或实践契约或授物契约。例如寄托,消费贷借,使用贷借皆是,与诺成契约之区别,乃以在契约是否于双方合意之外,尚须由当事人给付物品始能成立为标准。

【要保人】【险】Applicant for insurance 为保险契约当事人之一,谓在契约中与保险人相对立之当事人也,换言之,即为保险人之要约人也。要保人如以他人之利益为保险标的时,则仅负给付保险费义务,如以自己之利益为保险标的者,则同时负有给保险费之义务,而且享有请求保险金额之权利,故此时亦为被保险人或受益人。

【要约】【债】Offer 谓当事人之一造因欲成立一定契约乃向相对人所为确定之意思表示也。要约除须具备关于意思表示之一般要件外,尚须有下列特别要件,方能成立:(1)要约须为特定人,且须为契约当事人。(2)须向契约相对人为之。(3)须足以决定契约之内容。要约一经发出及达到于相对人,则相对人即有承诺能力,而要约人亦因要约而受拘束(民法第一五四条第一项)。但有例外(但书),要约消灭之原因有五:(1)相对人之拒绝(第一五五条)。(2)未受承诺(第一五六——五八条)。(3)承诺。(4)撤回(第一六二条)。(5)足致意思表示丧失效力之一般原因。要约可分为现实要约,新要约,准要约,对话要约,与非对话要约。(详各本条)

【要约人】【债】Offerer 于契约中为要约之一方,称曰要约人。(详要约条内)

【要约之劝诱】【债】Invitation of offer 又称劝诱之要约。(详该本条)

【要约书】【债】Application blank 为要约时所提出之文书,称曰要约书。

【要素】【通】Essence 法律行为成立时依其固有性质所不可不具备之内容。

(构成体)谓之要素。

【要斩】【史】要为古之腰,为古之酷刑,乃死刑之一种,即以斧钺切断人之腰之谓,始于秦代,刑时解衣裸体为之。史记秦纪:“二世二年七月,具斯五刑论,腰斩咸阳市。”周礼郑注:“司寇掌戮,掌斩杀贼谍而搏之,斩以铁钺,若今腰斩。”汉书—张苍传:“苍坐法当斩,解衣伏质。”

【要港】【行】Auxiliary naval port 基于军事上之必要所划分以为海军根据之重要港湾谓之要港,设有要港司令一职,以为镇守之长官。

【要塞】【行】Fortress 有军事上之工事设备,及兵力之分配防守之地带,曰要塞,一称炮台,例如我国之江阴要塞,吴淞要塞等皆是,其附近地带,曰要塞地带,禁止出入及参观。

【要塞地带】【行】Zone of fortress (详要塞条)

【要塞堡垒地带法】【行】本法于民国二十年九月十八日公布,全文计分为四章共二十四条,自公布日施行,第一章总则,第二章限制及禁止事项,第三章惩罚,第四章附则,兹列举其要点于下:(一)国防上设立各种要塞堡垒,其周围之区域称为要塞堡垒地带,其幅员以要塞堡垒各据点为基点,不论水陆均为下列两区:(1)自基点外缘起至其前方六百公尺以内为第一区。(2)自基点外缘起至其前方五千公尺以内为第二区。(二)无论何人,非经要塞司令之许可,不得对于要塞堡垒地带内水陆方面从事测量摄影描绘记述及其他关于军事上之侦察事项,即航空器亦不得于其地带之空间飞行。要塞司令对于要塞堡垒地带以内之人认为有窥察军事之嫌疑者,得令其立即退出或押出该项地带以外。(三)在第一区内非经要塞司令之许可,不得为渔猎,采藻,系船,泊舰掘砂,凿土等事。又下列各项在第一区内不得新设:(甲)以不燃质物筑造房屋仓库,及超过一一尺高之建筑物。(乙)固定之炉灶及窖室。又下列各项在第一区内非经要塞司令之许可亦不得新设:(1)上述(甲)项所规定外之房屋仓库,及其他建筑物等。(2)水车风车及水井。(3)竹篱及木造围墙。(4)坟墓。(四)下列各项在第二区内非经要塞司令之许可不得新设:(1)以不燃质物建筑之房屋仓库及其他超出二公尺高之建筑物。(2)坟墓。(五)在各区内非经要塞司令之许可,不得改筑或增筑房屋,仓库及其他建筑物,下列各项在各区内非经要塞司令之许可,不得新设或变更:(1)排水灌水沟渠盐田耕作地。(2)公园竹木,林果园,桑茶园。(3)永久变更地面高低之土工如填土及凿土等,至于铁路,运河,道路,桥梁堤塘,隧道及永久栈桥等在各区内非经军政部部长之许可,亦不得新设或变更。(六)关于违犯本法新规定者之惩罚之规定。(第十四—十九条)

【计(計)吏】【史】汉制,会计官吏之名称,于一定时期将郡国官文书呈送朝廷并作详细报告,又称曰上计。汉书—朱买臣传:“买臣随计吏为卒。”

【计(計)偕物】【史】汉制,郡国送献官文书之使臣,谓之计吏。而郡国所贡献于朝廷之物品,乃与计官俱来故曰计偕物。礼记时义注曰:“岁献,献国事之书及计偕物也。正义,汉时,谓郡国送文书之使为计利,其贡献之物,与计吏俱来,故谓之计偕物。”

【计(計)算行为】【债】Act of striking the balance 即当事人于交互计算之期限到来时,截止记入项目将各记入债权债务会同结算,就其总额互相抵销,算出差额以为支付之共同行为也。

【计(計)算书】【公】Statement of account 以计算金钱之收入与支出为目的所作成之文书,称曰计算书。

【计(計)簿】【史】汉制,郡守县令于每年岁未均派遣上计官(即会计官吏)往京师报告所辖境内一切政事,谓之计簿。东汉会要:“武帝每因封禅泰山,即受计于甘泉,通典云,汉制,郡守岁尽,遣上计掾吏各一人,条上郡内众事,谓之计簿。”

【计(計)赃估价】【史】计算赃物时其估价之标准,应以犯罪所在地之当时时价及物为断,谓之计赃估价。大明令一刑令篇有计赃估价条之设:“凡计赃者,皆据犯处当时物价,若计佣赁器物为赃者,亦依犯时价值,其佣赁虽多,不得过本物之价。”

【计(計)赃贯数】【史】贯为明之货币之一种,计算赃数时以贯为单位,即以四百文为一贯,大明令刑令篇计赃贯数条:“凡计赃以铜钱四百文为一贯。”

【订(訂)婚】【亲】Betrothal 又称定婚,我民法名之曰婚约。(详该本条)

【负(負)欠私债】【史】民间之私人借贷谓之私债,债务人不履行清偿义务者曰负欠私债。明律(卷九)、清律(卷十四)户律钱债篇——违禁取利条:“其负欠私债,违约不还者,五两以上违三月,笞一十,每一月加一等。”

【负(負)债强牵掣畜产】【史】公私债负,违契不偿,应强制令其履行者,须告官司听候判断,不得自行强牵财物。唐律(卷二十六)杂律篇——负债强牵掣畜产条:“诸负债不告官司,而强牵财物过本契者,坐赃论。”疏议曰:“谓公私债负,违契不偿,应牵掣者皆告官司听断,若不告官司而强牵掣财物若奴婢畜产,过本契者坐赃论,若监临官,共所部交关强牵,过本契者,计过剩之物,准于所部强市有剩利之法。”

【负(負)债违契】【史】债务人违不履行契约,谓之负债违约,唐律(卷二十六)杂律篇设有负债违契不偿之条。(详该本条)

【负(負)债违契不偿】【史】欠负公私之物,违背约定期限不予清偿者,构成本条之罪。唐律(卷二十六)杂律篇有负债违契不偿条之设:“诸负债违契不偿,一匹以上违二十日,笞二十,二十日加一等,罪止杖六十,三十匹加二等,百匹又加三等,各令备偿。”疏议曰:“负债者,谓非出举之物,依令合理者,或欠负公私财物,乃违约乖期,不偿者一匹以上违二十日,笞二十,二十日加一等,罪止杖六十,三十匹加二等,谓负三十匹物,违二十日笞四十,百日不偿,合杖八十,百匹又加三等,谓负百匹之物,违契满二十日杖七十,百日不偿,合徒一年,各令备偿,若更延日,及经恩不偿者,皆依判断及恩后之日,科罪如初。”

【负(負)殿下考】【史】负殿者,谓每三年考核官吏成绩时而成绩最劣也。下考者，谓官吏考试之成绩落第而不及格也。

【贞(貞)操权】【民总】贞操权乃保持贞操不受侵害之权利，为人格权之一种。

【贞(貞)观令】【史】贞观令者为唐法典之一，与律同时所撰(按即长孙无忌房玄龄等)，凡三十卷二十七篇，条数，或作一千五百九十条，或作一千五百四十七条，今已亡佚，内容未详。

【贞(貞)观式】【史】贞观式者，为唐法典之一，与律令格同时所撰(按即长孙无忌房玄龄等)，凡三十三卷，取尚书省诸曹及诸寺监十六卫计账，为篇目，如开元式三十三篇。

【贞(貞)观律】【史】贞观律者，为唐法典之一，太宗贞观中所撰，初，太宗即位，诏长孙无忌，房玄龄等，改正旧令，贞观元年三月，蜀王法曹参军裴弘献，驳律令四十余事，乃诏房玄龄等，与弘献重加删定，玄龄等遂与法司，增损隋律，凡五百条，上之，贞观十一年正月，颁行天下，凡二十二卷，篇目同开皇律，比隋律减大辟二十余条，减大辟为流者九十二条，减流为徒者，七十二条，其他削繁去蠹，变重为轻者，不可胜纪，其内容大概，详新旧唐书刑法志，刑名有五，死刑二(绞斩)，流刑三(二千里，二千五百里，三千里)，徒刑五(一年，一年半，二年，二年半，三年)，杖刑五(六十，七十，八十，九十，一百)，笞刑五(一十，二十，三十，四十，五十)，凡二十等，又有八议之制，犯死罪者，议定奏裁，官司不能擅决也。凡八种，议亲，议故，议贤，议能，议功，议贵，议宾，议勋是也。流罪以下，当减一等，此外于有官爵者，有议请减之法，又有官当之制，谓以官当罪，而轻减其刑也，例如五品以上，以一官当徒二年是，又有十恶之制，犯罪最重者十种，谋反，谋大逆，谋叛，谋恶逆，不道，不大敬，不孝，不睦，不义，内乱是也。其犯十恶者，不问与如何恩典，不能轻减，凡年九十以上七岁以下犯罪者，皆不论罪，七十以上，十五以下，科赎罪，其后永徽律(名例律)。规定亦同，盖袭贞观律之旧也。至断狱，则每岁立春，至于秋分，及大祭祀致齐朔望上下弦二十四气，雨未晴及夜未明，假日断屠月，皆停死刑，京师决死，莅以御史金吾，在外则上佐若判官莅之，五品以上者，乘车就刑，大理正莅之，或赐死于家，凡囚已刑，无亲属者，将作给棺，瘗于京师七百里外，家人得取以葬，囚人夏月给浆饮，月一沐之，病则给医药，重者释械，其家一人入侍，职事散官三品以上，妇女子孙二人入侍，杻校钳锁，皆有长短广狭之制，囚二十日一讯，二讯而止，数不过二百，凡杖皆长三尺五寸，削去节目，讯杖，大头径三分二厘，小头二分二厘，常行杖，大头二分七厘，小头一分七厘，笞杖，大头二分，小头一分半，谋反者，男女奴婢，没为官奴婢，隶于司农，七十者免之，凡役，男子入于蔬圃，女子入于厨膳，此外尚有数条之规定，不具引。

【贞(貞)观格】【史】贞观格者，为唐法典之一，亦与律令同时所撰(按即长孙无忌房玄龄等)，凡十九卷，七百条，以尚书诸曹为篇目，凡二十四篇，如下：吏部、司封、司勋、考功、户部、度支、金部、仓部、礼部、祠部、膳部、主客、兵部、职方、驾部、库部、刑部、都官、比部、司门、工部、屯田、虞部、水部、贞观格之外、又有留司格，亦与贞观格同时所撰者也，凡一卷。

【军(軍)】【史】军之意义有下列四种：(1)军队之名，周礼地官："五师为军"，注曰:"一万二千五百人,周制天子六军,诸侯大国三军,次国二军。小国一军。"(2)师之驻所为军。左传—桓公六年:"军于瑕以待之。"(3)为流刑之一种,即派遣于边远之地以服军役,一名曰军流,明代及清初有此制,所流之地分为五,曰附近,曰近边,曰远边,曰极边,曰烟瘴,自二千里至四千里不等,至宣统年间始加变易。(4)为行政区域之名,乃胚胎于唐时藩镇之各军号,宋初分全国为十五路,其下置府州军监并置各权知事以治之,府曰权知府事,州曰权知州事,军曰权知军事,监曰权知监事,均以朝官出守而兼任之。(历代职官表)

【军(軍)人】【军】Military man 即陆海空军军人(详该本条)之简称。

【军(軍)人反省院】【行】Instiution of Reflection for Soldiers 国民政府以感化反革命军人为目的所设立之机关,曰军人反省院。凡有下列情形之一者,入军人反省院:(1)受反革命罪刑之执行无期徒刑逾十年,有期徒刑逾二分之一,而有悛悔实据者。(2)受反革命罪刑之执行完毕,仍有反革命之虞者。(3)反革命罪宣告一年以下有期徒刑者。(4)经中央军事最高级机关交反省院者,反省期间以六个月为一期,期满后经评判委员会认为应继续者,应再受反省处分,但总期间不得过五年,反省期满出院者,应给以自新证书,在反省期间内反省院如发觉受反省处分者有新罪证据,或认为不能感化者,仍应将其送交军法机关审判,或执行其刑。关于军人反省院之组织,设院长一人(以军政部军法司长兼任之),下置总务主任,管理主任,训育主任,各一人,训育员若干人,助理员若干人。(军人反省院条例第一—六条,又第九条)

【军(軍)人反省院条例】【行】本条例为感化反革命军人而设,于民国十九年三月三日经国民政府公布,二十年十二月五日修正,全文计共十二条,自公布之日起施行。(参军人反省院条内)

【军(軍)人替役】【史】有守御及出征之责之军人雇人代替者曰军人替役。依律应受处罚,至医工之随军征进而转雇庸医冒代者亦同。明律(卷十四)、清律(卷十九)兵律军政篇——军人替役条:"凡军人不亲出征雇倩人冒名代替者,替身杖八十(明律此处尚有收籍充军二字)。正身杖一百,依旧著伍(明律著伍二字原为充军二字),若守御军人,雇人冒名代替者,各减二等,其子孙弟侄,及同居少壮亲属自愿代替者听,若果有老弱残疾,赴本管官司陈告验实,与免军身,若医工承差关领官药,随军征进,转雇庸医冒名代替者,各杖八十,雇工钱入官。"清律之辑注曰:"军人可以冒替,军官不得冒替而子孙等亦不得代替,故不言也。"清律之总注曰:"凡在籍军人,承奉调遣,不亲身出征,而雇请他人,顶冒己名私自代替者,替身杖八十,正身杖一百,仍令正身著伍出征。若容御城池军人,不亲身着役,雇人冒替者,各减出征者二等,替身杖六十,正身杖八十,守御之责,视出征稍轻,而代替之罪,亦减也,其军人子孙弟侄,及同居年力少壮之亲属,情愿自行代替出征守御者听,至亲与同休戚,非由勉强,非雇请他人之比,故听之也,若本军果系老弱残疾告验得实,准于兵册除名出征必带医工,已承差遣领药随征,若不亲行而转雇庸医冒名代替者,医工替人各杖八十,庸医所得雇工钱系被此俱罪之赃,合追入官。"

【军(軍)人监狱】【行】关于拘禁军事人员之犯罪之用之监所,称曰军人监狱。

此项监狱关系军事犯重而且大，故其一切职员之任用均有一定标准，军人监狱监狱长以具有下列资格之一著有成绩者任用之：(1)在国内外大学或专门学校修习法政学科三年以上毕业得有文凭者。(2)在国内外大学或专门学校修习法政之学，一年以上得有毕业文凭并任司法官二年以上有成绩者。(3)曾在国民革命军正式军队或机关充军法官三年以上有成绩者。(4)在监狱学校毕业而曾办理狱务满二年者。(5)曾任荐任以上文职并办理狱务满二年者。(6)曾任陆海空军军法官或宪兵少校以上已达年资而有狱务经验者。(7)现任军法机关监狱科或各监狱内少校以上职员已达年资者。军人监狱教务长须具有下列资格之一者充任之：(1)在高级以上师范学校毕业者。(2)有上项之高等学力曾任中学以上教员者。(3)现任监狱教诲员已达年资者，此外关于军人监狱各股长，书记，股员，教诲员，医务所长，医务员，司药，工业技师，看守长看守员等之任用资格均设有一定明文(参军法官及军人监狱职员任用标准第五条至第十四条)。按军人监狱职员之任用以考试行之，在未举行考试以前，则暂依上述之标准办理之。

【军(軍)三安家闲丁】【史】谓一家中已有三丁服充军役，则家中余丁皆可安心从业也。六部成语注解："一家之中既有三丁充军役者，余丁皆不派，令之安置家事，曰军三安家闲丁。"

【军(軍)令权】【宪】Power for military order　即军队统率之权也。通常均由国家元首行使之。我国则属于军事委员会委员长。

【军(軍)民官司】【史】即文武官司也，即管辖军人及管辖人民之官厅也。明律(卷二十九)、清律(卷三十八)工律营造篇——擅造作条："凡军民官司有所营造，应申上而不申上，应待报而不待报，而擅起差人工者，各计所役人雇工钱坐赃论。"

【军(軍)民约会词讼】【史】本条乃对军人犯罪及涉讼时之审判籍之规定，即军人犯人命案件应由管军衙门与管民衙门共同会审，至于其他奸盗，诈伪户婚，田土，斗殴案件，其与人民相干者，则仍由双方约问，其与人民不相牵涉者，则由管军衙门自行审理，明律(卷二十二)、清律(卷三十)刑律诉讼篇均有军民约会词讼之规定："凡军人有犯人命，管军衙门，约会有司检验归问，若奸盗诈伪户婚田土斗殴，与民相干事务，必须一体约问，与民不相干者，从本管军职衙门自行追问，其有占吝不发首领官吏各笞五十，若管军官，越分辄受民讼者，罪亦如之。"清律之总注："军职管军有司管民各分统摄词讼内有军民相干者，有军民不相干者，若军人犯该人命事情于内不论有无干涉民人管军衙门，须约有司检验归于有司问拟人命至重非管军衙门所能断理也。若军人犯该奸盗诈伪户婚田土斗殴等事则非人命之比与民人相干涉者，一体约会追问，恐有所辩护也，与民人不相干涉者从管军职衙门自行追问，所以专职守也。有司与管军官受理军民词讼有应取问人犯彼此各执已见占吝不发者，军民首领官吏各笞五十，管军官止得管军若越其职守之分而辄受民讼者，亦如占吝不发笞五十之罪。"

【军(軍)民附籍】【史】军民附籍者，谓军民诸色人等各有其原籍而不得妄行变乱也。大明令户令篇有军民附籍之条："凡军民医匠阴阳诸色户计，各以原报抄籍为定,不得妄行变乱,违者治罪,仍从原籍。”

【军(軍)用文官】【行】Civil officers in military organs 所谓军用文官,乃指秘书,书记,司书,及军事学校之普通学教官,并机关学校外国语文译述人员而言,秘书分上校中校少校三级,其任用暂行标准以长于文书撰核及方式手续指导,并有下列资格之一者,按其已有年资成绩遴任之:(1)经现行文官高等考试及格者。(2)经现行文官甄别审查合格之简荐任官,或曾任荐任文官者。(3)经教育部认可之国内外大学学院高等专门学校毕业者,书记分上中少尉三级,其任用暂行标准以能撰拟文书及处理手续,或有速记统计检字指数之技能,并具有下列资格之一者,按其已有之年资成绩遴任之(初次服务者自最低级起):(1)经现行文官高等或普通考试及格者。(2)经现行文官委任以上甄别审查合格,或曾任委任官以上文官者。(3)经中学以上毕业者。司书分少尉准尉上士三级,其任用标准以通晓公文程式,书法端正,或能为华文打字并具备下列资格之一者,按其已有之年资成绩遴任之:(1)小学以上毕业者。(2)曾任相当职务者。(3)由士兵提升者。陆军军事学校之普通学教官,及机关学校之外国语文译述人员,其叙级由上校以及上尉,其任用标准以与其职务相当之国内外大学或学院专门学校毕业,并毕业后曾经服务之年资成绩为主。

【军(軍)用物料】【行】Things and materials used in military service 军用物料乃包含下述各种:(1)军械弹药及用以制造械弹之机器材料。(2)军用器材。(3)军需物品及军用卫生材料(非军用不在此例)。(4)军用教育器材(非军用时不在其内)。凡运输军用物料均应依法向国民政府领用护照,军事机关及军队或行政机关请领护照,除于急需运输情形得迳呈国府核办外,应由直属之最高长官具名分别报由军政部转呈国府核办,至国府核办,至于地方法团及公司商号等请领护照时,应呈由地方最高官署转请发给。(国民政府军用运输护照规则第一一三条)

【军(軍)用船】【国公】War vessels 凡事实上供军事上所用之私人所有船舶,不问其系由于征发而来者或依据契约所订定而来者,均称曰军用船,在国际法上是否可以与军舰同视,即须依其使用之目的及方法为准。

【军(軍)用电信】【国公】Field telegraph 军用电信者,谓以供军事上之通信为目的所用之电报电话也,不论有线无线皆属之,在国际法上于战争开始之后亦视为战时禁制品之一种。

【军(軍)田】【史】为屯田之一种,与民田相对立,明代于全国之卫所附设屯田,使兵士耕种之,盖即寓兵于农之意也。此种田地,称曰军田。各卫军田,因人以定多寡,或以三分守城,七分出耕,或以二分守城,八分出耕,要视其守备重要之程度以为断也。(明会典户部)

【军(軍)事司法】【通】Military judicature 军事司法者,谓关于军法审判之一切事务也。关于我国军事司法之重要法规,计有陆海空军刑法,及陆海空军审判法二种。

【军(軍)事犯】【军】Military offender　陆海空军军人犯陆海空军刑法，或刑法所揭各罪，或违警罚法，或其他法律之定有刑名者，谓之军事犯，应依陆海空军审判法之规定，加以审判，在广义方面言之，即非陆海空军军人，于战地或戒严区域犯陆海空军刑法第二条所揭之罪者，虽系由普通法院审理，但亦应根据陆海空军刑法之规定，加以处罚，故亦谓之军事犯。

【军(軍)事行政】【行】Military administration　关于军队编制及军队给养之行政事务，曰军事行政。至于要塞地带，军港，要港之管理，与兴革事宜，以及国防上一切之设施，亦在军事行政范围之内，但以之付诸参谋本部，或军队司令官直接管理之耳。

【军(軍)事占领】【国公】Military occupation　简称曰占领，军事占领者，谓交战国之一方对于他方之领土，在事实上加以权力之支配之状态也。凡被军事占领之土地，其本国主权已臻于不能行使之地位，占领者在作战上之便利，及维持占领地之秩序，得施行军事统治，惟对现行法规自以继续适用为宜，对于本地行政司法官吏，亦应尽量令其照常供职，占领者在被占领地亦可征发现金，但须依照现行税法，加以征收，且须给发收据，对于物品亦可征发，惟须以军用物品为限，且应顾及地方资力，并须给付相当代价，否则应给收据，至于对被占领地之公家不动产，仅有用益权，对历史上及美术上之纪念物，尤当尽力保护，对公家动产虽可押收，惟非绝对必要时不得破坏之，对公家各种文件及有文化上价值之珍藏品，均不得押收或掠夺之。

【军(軍)事的帮助】【国公】Military abetment　中立国船舶对战争国之任何一方予以军事行动之辅助，是曰军事的帮助，例如中立国船舶为战争国之一方输送人员或传达书信，或加入而为敌对行为皆是，中立国船舶之此种行为如依临检搜索，其事实业经明白者，或依其临检搜索而有重大之嫌疑者，均得拿捕之，惟以于行动之当时及行动后，即被军舰追蹑时始得行之。又依伦敦宣言对于从事于军事的帮助之船舶，得加以没收，即对于该船主所载之货物亦得予以没收之处分。(第四十六条)

【军(軍)事长官惩戒委员会】【行】本会设立于国民政府军事委员会内，其职权在审议军事长官被弹劾案件，故简称为国民政府军事长官惩戒委员会，置委员五人至七人，以一人为常务委员，处理日常事务，各委员均由军事委员会就军事委员会委员中遴选，呈请国民政府派充之，本会不设常会，于必要时由常务委员召集之，开会时须有委员过半数之出席，其主席一职则由常委任之，常委缺席，则由出席委员中公推一人为临时主席，开会时所审议者以国府及军事委员会所交付之戒惩案件为限，惩戒案在未经公布以前，本会职员不得泄漏，其与委员本身有关者，审议时须回避之，一切议决案分别报告军事委员会或呈请军委会转呈国民政府执行之，会中一切文件，暂由军事委员会秘书处办理，如事务较繁时，得增设书记一人，司书二人至四人。

【军(軍)事封锁】【国公】Military blockade　战争时交战国之一方，基于军事上之必要，以武力将他方之海上口岸遮断其交通，是曰军事封锁或称曰战时封锁，其目的在于减杀敌国之战斗力，故不特对于军用港湾得加封锁。即通商港湾河口海岸等亦得施以封锁，惟下列各地则不在封锁之列：(1)公海（惟有例外）。(2)国际河流。(3)中立国之港湾河口海岸。(4)在敌国领域内经双方同意所划定为中立之港湾。

【军(軍)事负担】【行】Military charge 以供给军事上之需用为目的时对于人民所课征之财产上之负担，称曰军事负担，乃公法上之义务，对于人民课征时以有补偿为原则。

【军(軍)事参议院组织法】【行】Law Governing the Organization of the Military Council 本法于民国十八年九月十八日公布，并经同年十月二十二日修正，复于二十年二月二十八日再修正，按本院为军事最高咨询建议机关，直辖于国民政府，置院长（上将）一人，副院长（上中将）一人，置参议三十人至九十人，咨议二十人至六十人，上将参议不得过十二人，中将参议不得过二十四人，参议咨议均由陆海空军将官及上校分别充任，以曾任重要军职学识优长勋望卓著久在党国服务者为限，除设总务军事两厅各置厅长（少中将）各一人外，得设下列二委员会：(1)军事研究会。(2)政治研究会。

【军(軍)事检察】【军】Military prosecutions 对于军人犯罪时之证据搜查及起诉，谓之军事检察，此种职权，曰军事检察权，享有此种权利之长官，曰军事检察官。（参陆海空军审判法条内）

【军(軍)使】【国公】Bearer of a flag of truce 所谓军使，乃指奉交战者一方之命令，与他方接洽事项扬白色旗帜而来之人员而言，其身体享有不可侵犯之权，故不得加以攻击，或加以拘留。

【军(軍)制】【行】Military organization 军制者，谓关于陆海空军之编制以及军事行政上之各种制度也。

【军(軍)官有犯】【史】军官者谓有军职之人也，如有犯罪各衙门不得专擅问断，在本管衙门，应开具事由申呈五军都督府奏闻，请旨取问，在六部等衙门则应密切实封奏闻。明律（卷一）名①例——军官有犯条："凡军官犯罪，从本管衙门开具事由，申呈请五军都督府奏闻请旨取问，若六部察院按察司并分司及有司见问公事，但有干连军官及承告军官不公不法等事，须要密切实封奏闻，不许私自勾问，若奉旨推问，除笞罪收赎明白回奏，杖罪以上须要论功定议请旨区处，其管军衙门首领官有犯，不在此限。"明律之纂注："察院乃监察御史之衙门，以国初未有都察院也。有司指布政司府州县言，干连军官谓公事系干连及合当提问者，此言内外军职犯罪，各衙门不得专擅问断，盖军官世有勋迹，所宜优待，故事在本管衙门，则申请五府奏请取问，在六部等衙门则密切实封奏闻，曰密切，曰实封，明非本管，防不虞也，若奉旨此句承上，本管及六部等衙门而言，除公私笞罪律该收赎者，

① 原书为"各"，系排版之误。

招前不必叙功明白回奏外，杖罪以上须要叙其父祖及本身功次升袭缘由，论功定议，请旨区处。”

【军(軍)官犯罪】【史】谓军官军人触犯律令也。大明令—刑令篇设有军官犯罪之条，其文曰：“凡军官军人犯罪该徒流刺字者，已决合断杖数，并免徒流刺字，依旧充军，如有犯该死罪者，议拟闻奏，取自上裁。”

【军(軍)官犯罪降除】【史】谓军官触犯律令所定之赃罪而被降等也。大明令—刑令篇有军官犯罪降除之条：“凡军官犯赃，杖罪者，依例降等，随即叙用，至徒流者，充军建立事功依例擢用，至死罪者，议拟闻奏取自上裁。”

【军(軍)官犯赃】【史】军事官员非法取受财物，谓之军官犯赃。大明令—刑令篇设有军官犯赃之条：“凡军官有犯取受，在内除都督府官并各卫指挥千户从御史台奏闻，六品以下议拟施行，在外监察御史巡历去处，军官有犯取受者，密切实封呈台奏闻区处施行。”

【军(軍)官罚俸】【史】军事官员犯法时之受罚俸处分，依大明令—刑令篇军官罚俸条之规定如下：“凡民官月俸钱米相兼罚俸，止罚俸钱，军官月支全米，如遇罚俸，合与民官一体扣算，追罚俸钱。”

【军(軍)官军人犯罪免徒流】【史】军官犯罪免徒流之刑，乃为优遇其前功起见，军人犯罪免徒流，则为悯其劳役而设。明律(卷一)名例——军官军人犯罪免徒流条：“凡军官军人犯罪，律该徒流者，各决杖一百，徒五等，皆发二千里内卫分充军，流三等，照依地里远近发各卫充军，该发边远充军者，依律发遣并免刺字，若军丁军吏及校尉犯罪，俱准军人拟断，亦免徒流刺字。”明律之纂注：“文武官犯私罪条，已有军官犯徒流充军之法矣。此因论军人之犯而复言之耳。军官免徒流者，优其前绩亦冀其后功也；军人免徒流者，悯其劳役亦实其行伍也，准者，但明其与军人无异，非如准罪者之准，将军力士有犯，亦准军人拟断，公侯家人亦不刺字，今例军官犯徒流，运炭纳米等项赎罪，该革职者，与军人审无力流罪四年，徒罪照徒年限一体嘹哨。”

【军(軍)政部考选留学生细则】【行】本细则系依据陆海空军留学条例第十一条之规定而制定全文共二十四条计分为七章，第一章总则，第二章资格，第三章试验，第四章经费，第五章待遇，第六章管理，第七章附则，于民国十八年十二月十六日由军政部公布，同日施行。

【军(軍)政部兵工署条例】【行】本条例于民国十七年十一月二十五日公布，全文计十六条，关于兵工署之编制，另有附表。(参兵工署条内)

【军(軍)政部军需署条例】【行】本条例公布于民国十七年十一月二十一日，同日施行，全文共分十四条，附有编制表格，兹述其要点于下：(1)军需署直隶于军政部管理全国陆空军军需一切事宜。(2)军需署下设：(A)总务处——分人事，文书，管理三科。(B)会计司——分综计，出纳二科。(C)储备司——分被服，粮秣，材料三科。(D)营造司——分设计，建筑，营产三科。(E)审核司——分稽核，审查二科。(3)军需署之长官为署长一人承军政部之命管理全署事务统辖所属各机关学校，下置副署长一人，秘书四人，上述各处司各置处长或司长各一人，分掌各处司事务，科设科长一人，科员若干人，营造司设技正技士若干人。

【军(軍)政部航空署条例】【行】本条例自民国十七年十一月二十四日公布，全文计共十七条，自公布之日施行。(参航空署条内)

【军(軍)政部航空学校条例】【行】本条例于民国十九年六月二日由国民政府公布，共分为六章，计二十五条，自公布之日施行，第一章总则，第二章职员，第三章职掌，第四章学员生资格及待遇，第五章毕业期限及试验，第六章附则。(参航空学校条内)

【军(軍)政部陆军署条例】【行】本条例公布于民国十七年十一月二十一日，全文计二十五条，自公布之日施行。(参陆军署条内)

【军(軍)政篇】【史】为明清律兵律中之一篇，与宫卫关津厩牧邮驿等篇相对称，汉时有兴律，魏以擅事附之，曰兴擅，晋复去擅为兴，北齐曰擅兴，后周附合于缮事，称曰兴缮，隋唐复曰擅兴，至明曰军政，分为二十条。即擅调官军，申报军务，飞报军情，边境申索军需，失误军事，从征违期，军人替役，主将不固守，纵军虏掠，不操练军士，激变良民，私卖战马，私卖军器，毁弃军器，私藏应禁军器，纵放军人歇役，公侯私役官军，从征守御官军逃，优恤军属，夜禁等条，清时因之，并将吏律公式篇内之漏泄军情大事一条增入，共计二十一条。

【军(軍)政权】【行】Power for military administration 关于军队编制及给养事项之处理权，曰军政权，通常属于陆军部海军部，在我现行制度，则属于军政部与海军部。

【军(軍)法官】【军】Judge in the military court 军法会审中之审判官曰军法官。(参简易军法会审普通军法会审及高等军法会审各条内)

【军(軍)法官及军人监狱职员任用标准】【行】本标准于民国十九年四月二十四日由行政院公布，全文计十八条，自公布日施行，军法官及军人监狱职员之任用，在未举行考试以前暂依本标准办理之。

【军(軍)法会审】【军】Military court 分为简易军法会审，普通军法会审，与高等军法会审三种。(详陆海空军审判法条内)

【军(軍)前权定条理】【史】(详金之法典条内)

【军(軍)纪】【行】陆海空军中关于拘束军官及兵士之纪律，称曰军纪。

【军(軍)情】【史】关于军事之讯息及军中一切事务谓之军情。大明令兵令设有军情之条，其文曰："凡有军情，在外各府军民官司申行省，行移各道按察司行省一咨中书省，一咨大都督府，各道按察司申御史台，在内直隶都督军民，官司一申中书省，一申大都督府，一申御史台，省府台各自闻奏，如都督府御史台与中书省互相知会隐匿不速闻奏者，以奸臣论罪，轻者流窜烟瘴，重者处以极刑。"

【军(軍)台】【史】为清时邮驿之一种，即专掌军报送达之机关也。(会典兵部)

【军(軍)需人员】【行】军需人员者，为办理军事上所需用物品(即军需品)之

人员也。此系专就广义方面而言，在狭义方面则多指关于管理军队中之财政之出纳之人员而言。(参军需人员保证条例条)

【军(軍)需人员保证条例】【行】本条例公布于民国十八年一月九日，同日施行，全文仅十条，其要点如下：(1)军需人员任职时应依本条例之规定觅取保证人。(2)保证人应以现任军需实职且阶级高于被保人或与相等者二员为限，是为原则，但有下列例外二：(A)如经主管长官之许可得以简任或荐任之文官或校官以上之军官充任之。(B)如经主管长官之许可，亦得以其所认定之殷实铺商充任之。(3)保证时须立保证书(有一定方式)，由保证人签名盖章于其上，分为三联式，一交保证人收存，一交主管机关存查，其一则转呈军需署备案。(4)保证人资格变迁，姓名更改，应改填新保证书，保证人死亡时，应由保证人之家属呈报解除担保责任，被保人应即另觅新保证人。(5)各主管机关对于保证人于每会计年度开始时应派员，或用书面对保一次，并得随时调查保证人状况，如条出资格不符，铺商殷实不确，得令被保人另觅新保证人。

【军(軍)需品】【国公】War supplies　凡供给陆海空军在军事上所需要之物品，皆称曰军需品，例如枪炮、弹药、舰艇、航空具，供军用之运输用件，车辆，军用燃料，粮食，被服，以及其他医药材料皆是，此项军需品在战事发生之后，在国际法上均视为战时禁制品，中立国均不得以之运付于任何交战国。

【军(軍)需署】【行】(详军政部军需署条例条内)

【军(軍)罪以下汇题】【史】由各部衙门具奏交与刑部办理之案件，其系应处充军以下之刑之案件，可由刑部办理完结，于每十日将所办各案汇行具奏，毋庸一一分别立即具奏，是曰军罪以下汇题。清之现行则例(即刑部现行则例)名例篇——军罪以下汇题之条："凡各部衙门具题交与刑部议者，军罪以下之事不行题覆，即在刑部完结，十日汇题，其凡革职交与刑部议罪等事仍行题覆完结，其直隶各省督抚具题军罪以下之事亦停其题覆，刑部即行拟议移咨发落，仍入十日汇题内具题。"

【军(軍)罪养亲】【史】凡犯罪应科充军之刑者，称曰军罪。清之现行则例(即刑部现行则例)——名例篇设有军罪养亲条："凡有军罪之犯果有祖父母父母系年老家无次丁者，应责四十板，其军罪照依流罪收赎存留养亲。"

【军(軍)机籍没】【史】触犯关于军事机密之罪而受籍没家产之处罚者，曰军机籍没。清之现行则例(即刑部现行则例)名例篇——设有军机籍没之条："凡应籍没家产者，律内所载之款遵照律行，其犯军机籍没家产之内，除妾婢外，照依兵丁仍给人口三双，马三匹，牛三只，器械。"

【军(軍)机处】【史】清雍正(世宗年号)七年因西北边境多事，内廷之军事会议，每因与内阁距离太远，致机密时有泄漏，故特设军机处，惟此乃临时特设之机关，乾隆年间，亦以西藏多事，不能遽加撤废，遂渐为常设之官厅，然雍正与乾隆之会典仍无详细记载，至嘉庆会典，始有关于编制之规定，其职权不仅为掌管军事上之机密，即文武一切之机务亦悉归其综揽。因其地处枢要，权位遂驾乎六部及内阁之上,至其大臣亦无一定之数额,择亲王大学士及六部尚书兼充之。其地位之重要,与唐宋时之枢密院相等。至清末始并入内阁,詹曝杂记(清赵翼撰):"军机处,本内阁之分局,国初承前明旧制,机务出纳,悉关内阁,其军事付议政王大臣议奏,康熙中谕旨,或有令南书房翰林撰拟,此时南书房最为亲切地,如唐翰林学士掌内制也。雍正年间,用兵西北两路,以内阁在太和门外暴直者,多虑漏泄事机,始设军需户于隆宗门内,选内阁中书之谨密者,入直缮写,后名军机处,地近宫廷,便于宣召,为军机大臣者,皆亲臣重臣,于是承旨出政,皆在于此矣,直庐初仅板数间。"(卷一)

【军(軍)卫法】【史】明洪武元年,由京以达各郡县,皆设立军营,于一郡设所连郡者设卫,以五千六百人为卫,以指挥使为之长,而所有千户所与百户所之分,千户所为一千一百二十人,以千户为长;百户所则有一百二十人,以百户为长,卫所大小毗联,以成军谓之军卫法,其兵则总称曰卫所兵,为明时之外兵。(明会典兵部)

【军(軍)医学校】【行】Military Surgeons' School 掌管军医司药学员生之教育,并军医司药学术之调查研究,及图书编译事项之机关,曰军医学校,在我国目前之军医学校,乃由军政部陆军署设立之,依陆军署军医学校条例之规定,军医学校分为四科:(1)普通科。(2)本科。(3)研究科。(4)补习科,校中重要职员为校长一人(少将或中将),教务主任医科科长药科科长军事科长各一人(均上校),主任教官(上校)若干人,教官(上中校及上尉)若干人,校中得附设医院以资实习,其重要职员为院长一人(校长兼任),医务主任一人(上校),药局主任一人(中少校),校官军医尉官军医各若干人,司药若干人(中少尉),看护长若干人(中少尉),入校资格普通科学生由公立或已立案之私立高级中学或同等学校毕业生考取之,本科学生由普通科毕业升转,或由公立或已立案之私立医药专门学校及药学专科学校毕业者考取,研究科学生由本科毕业生中遴选之,补习科学生由未经正式医药学校毕业之军医司药中考取之,各科学生之毕业年限,普通科医五学年,药四学年,本科医药均一学年,各加队附见习三个月,研究科医药均半学年至一学年,补习科医药均两学年,各科学生之被服膳费均由校供给,但研究科补习科学生之有原缺者均由自备,学校考试分临时考试学年考试毕业考试三种,惟研究科学生无毕业考试,于研究期满须提出论文交付审查合格,始给予毕业证书,教职员及本科毕业员生中之成绩优良者,得由校长择尤呈请派赴国内外考察实习及修学。(第一—三条、第二十七—卅二条,又第卅五条、卅八条、四十二—四十三条)

【军(軍)籍有犯】【史】军籍者谓世隶军籍之人也,如犯罪者应依本律治罪。清律(卷四)名例律——军籍有犯条:"凡军籍人犯,罪该徒流者,各依所犯杖数决讫,徒五等,依律发配,徒限满日,仍发回原卫所,流三等,照依地里远近,发直省卫所,附籍犯该充军者,依例发遣。""按此条指世隶军籍之人而言,其本身充军又犯罪者,应照犯该笞杖及绞斩罪名,各依本律科断徒罪,分别枷号军流,照逃军例枷号调发。"清律之总注:"军籍之人原有应充差役,与民户之丁徭不同,故有犯徒流者,依杖数决讫外,徒五等,悉照律发配,限满之日,仍押回本卫所,不许潜住他处,流三等，不得流入民籍，照应流地里之远近，酌发直省卫所，附入军籍当差，其犯充军者，自依律发遣，此系世隶军籍之人，其本身充军，又犯罪者，自依徒流人又犯罪条科断。”

【军(軍)舰】【国公】Man-of war; Warships 凡隶属于一国之海军，而受海军将校士官指挥之武装船舶，且在海战中充为主要战斗员者，谓之军舰，故凡具备下列要件者，皆得称为军舰：(1)直接在国家权力之下。(2)须具有军舰之外部标识。(3)司令官须系国家所任命而服军务者，且须以姓名登记于将官簿者。(4)船员必须受国家纪律之支配。(5)其行动须遵守战时规例。军舰可分为二大类：(一)通常军舰。(二)由商船改装之军舰。

【军(軍)舰护送】【国公】Convoy 战时商船之行驶为防止危险起见，辄由本国军舰伴随而行，是曰军舰护送。战争国之一方对于受敌国军舰护送之船(不问其为本国或为敌国之船舶)，皆得拿捕之，至于受军舰护送之中立船舶是否亦得加以捕拿计分下列三类：(1)敌国军舰护送之中立国船舶——得予捕拿，但有例外。(2)中立国军舰护送他中立国之船舶——亦得予以捕拿。(3)中立国军舰护送该中立国船舶——计分为大陆主义与英国主义，前者主张不得捕拿而后者则反是。

【军(軍)属】【军】Civilians in the military service 为陆海空军军属(详该本条)之简称。

【军(軍)权】【宪】Military authority 所谓军权，乃指军队之统率与编制之权而言，军队乃包含陆海空军在内，依各国宪法之通例，军权皆为元首所享有，在我国之训政时期约法以之畀诸国民政府，最近立法院通过之宪法草案，则以之属诸大总统。(第三十八条)

【述(述)三言】【史】(详三言除三恶条内)

【述(述)职】【史】诸侯朝见天子向其奏述治内政绩，谓之述绩。孟子—梁惠王篇：“诸侯朝于天子，曰述职，述职者述所职也。”疏曰：“谓述已之所守职，如春朝以图天下之事，夏宗以陈天下之谟，秋覲以比邦国之功，冬遇以协诸侯之虑是也。”

【郊】【史】王几千里之制，去王城百里以内者曰国中，去王城百里者曰郊(诸侯之国亦准用之)，郊有远郊近郊之分，百里为远郊，五十里为近郊，周礼地官载师：“近郊远郊”，注曰：“五十里为近郊，百里为远郊。”又郊亦为祭之名，冬至祀天于南郊，夏至祀地于北郊，故祀天地谓之郊。

【郊赦】【史】天子于南郊祀天之后，即行大赦，故曰郊赦，始于汉惠帝，初学记：“王隐晋书曰，惠帝元康六年正月辛酉，上南郊大赦天下，是郊赦之始也。”

【郊遂】【史】国之外曰郊，郊之外曰遂，郊遂乃二者之合称。(详各本条)

【重囚】【刑】犯有重罪之囚人，谓之重囚。

【重刑】【史】过于严酷之刑罚，谓之重刑，大学衍义补(卷百十三)：“臣按，路温舒言，箠楚之下，何求而不得，箠楚，刑具之轻者也，人之肌肤，尚有所不堪者，况用非法之重刑乎。”

【重利】【债】Compound interest 又名复利。(详该本条)

【重杖】【史】杖刑之数,北齐后周及隋唐,均不相等,唐之杖数由六十至一百分为五等,宋明清皆因之,凡处杖数八十者称曰重杖,其杖一百者则曰满杖。

【重典】【史】与轻典及中典相对称,即峻酷之刑典也,周礼—大司寇之职:"掌建邦之三典,以佐王刑邦国,诘四方,一曰刑新国用轻典,二曰刑平国用中典,三曰刑乱国用重典。"

【重其事】【史】前犯之事已发觉而在配所中更犯罪时显无悛改之实,则加重其后犯之罪,而累科之。唐律(卷四)名例篇——犯罪已发之条:"诸犯罪已发,及已配,而更为罪者,各重其事。"疏议曰:"重其后犯之事而累科之。"

【重保险】【险】Double insurance 又称重复保险(详该本条),重保险与再保险不可相混,前者乃就同一标的物并同一危险订立二个以上之保险契约,后者即保险人对其所订立之保险契约转与他保险人订立另一保险契约也,前者要保人或保险人多为企图不正当利得,后者则原保险人乃欲避免或减轻所担负之责任耳,前者要保人同时为二个以上之要保人,后者则一方为原契约之保险人,一方则为他契约之要保人。

【重要犯】【刑】为学理上共犯分类之一,对轻微犯言,因正犯之处分较重,故曰重要犯。

【重修问刑条例】【史】(详问刑条例条内)

【重记投票法】【宪】Cumulative voting 又称积聚投票法(详该本条)。或名累积投票法。

【重修明条法事类纂】【史】(详明条法事类纂条内)

【重国籍】【国私】Double nationality 又名二重国籍(详该本条),或称重复国籍。

【重婚】【亲】Bigamy 为婚姻之一种,与单婚相对立,凡同一男或女为第一次结婚后,而于是项婚姻关系存续期间中,与他人更为第二次之结婚,或一男与二女或二男与一女于同时结婚者,均谓之重婚。我民法规定重婚可为解除婚约之原因,具可为结婚之撤销原因之一(第九七六条、九九二条),在刑法上则构成犯罪。

【重婚罪】【刑】Offence of bigamy 为妨害婚姻及家庭罪之一种,因有配偶而重为婚姻,或同时与二人以上结婚而成立,本罪乃为维持一夫一妻制度而设,故犯罪主体不分男女,有配偶者即已经成婚而其婚姻关系尚在存续中之谓,重为婚姻,即再与他人结婚之谓(以举行婚礼之时为既遂,虽未同居亦然),同时与二人以上结婚者,指于在同一婚礼中与二人以上结婚之谓,至于有妻娶妾,有妾娶妻,依最高法院之解释(十七年七月解字第一〇九号),自非本罪范围之内。本罪之处罚为五年以下有期徒刑,其知情相婚者亦同。(刑法第二五四条)

【重复典卖】【史】谓于典卖之后,复再典卖于其他之人也。与盗卖同论,其刑较重。盖卖主既得原买主之价,后再夺其产,是设心不善,而且为人情所易犯,故立

法较严。(参典买田宅条内)

【重伤】【刑】Grave injury　称重伤者计分下列七种:(1)毁败一目或二目之视能。(2)毁败一耳或二耳之听能。(3)毁败语能。(4)毁败一肢以上之机能。(5)于身体或健康有重大不治之伤害。(6)变更容貌且有重大不治之伤害。(7)毁败阴阳(刑法第二十条)。至于轻伤,律无明文,自系指上列以外之伤害而言。

【重熙新定条例】【史】为辽之法典之一,共五百四十七条,久佚,辽耶律庶成等奉敕撰,续文献通考:"重熙五年四月颁新定条例,初枢密直学士耶律庶成典枢密副史耶律德修定法令,上诏庶成曰,方今法令轻重不伦,法令者为政所先,人命所系,不可不慎,卿其审度轻重,从宜修定。"于是纂修太祖以来法令,参以古制。其刑有死,流,杖,及三等之徒,凡五百四十七条,至是成,上之,诏有司,凡朝日执之,仍颁行诸道。"按耶律庶成字当隐,小字陈六,季父房之后,……时入禁中,参决疑议……与枢密副使耶律德修定法令,事见辽史耶律庶成传。

【重禁闭】【军】Major confinement　禁锢于重禁闭室,每日按规定之量数给与开水,食盐,饮食,而不给与寝具者,曰重禁闭,但至多不得过一月,为对于陆海空军学生士兵工匠夫役之惩罚之一种,如气候寒冷,或经医官证明有病时,得酌给寝具,重病者得假释医治。(军惩法第十四、二十、二十五条)

【重罪】【刑】Felony　与轻罪相对称,在英美法中所称之重罪,乃指杀人罪,放火罪,强奸罪以及强盗等情节之重大罪名而言。

【史】谓重大之罪也。大学衍义补(卷百十三):"隋文帝素不悦学,既任智而获大位,因以文法自矜,……小有过失,则加以重罪。"

【重过失】【刑】Gross negligence　为过失分类之一,对轻过失言,计有二主义:(1)主观主义——以行为者注意力之大小为标准——注意力大者为重过失。(2)客观主义——以法益之大小及因不注意所生危险之大小为标准——法益大者而危险亦大者,为重过失,我国刑法采后之主义。

【重划地区】【土】Re-distributing district　所谓重划地区,乃指合于土地重划情形之区域而言,故重划地区乃将应为重划之土地,就其互相连接之地段编合而成,但至其接连之地段经政府指定为特别使用者,得不编入,所以保护公共事业也。(第二一三条)

【重划地图】【土】Map of re-distribution of land　即土地重划时由地政机关所制定关于重划地区之图样也。此种地图应分别标示各原有及重划后地段面积并公园、道路、堤塘、沟渠,及其他公共建筑物之位次。(第二一四条、二一六条)

【重划计划书】【土】Written plan for the re-distribution of land　即土地重划时,由地政机关所制定之详细计划说明书也。计划书内应记载下列事项:(一)重划地区总面积及其所在地。(二)原有各地段之面积及其所有人姓名住所。(三)各段土地及其建筑物之价值。(四)公园、道路、堤塘、沟渠,及其他公共建筑物之土地面积及状况。(五)重划各地段应分配之面积及前款之变更状况。(六)施行重划之工事及其费用。(七)前款费用之筹措及各地段应担负费用之定额及其

支付方法。(八)土地法第十九条之补偿金额,及补偿办法。(九)重划完竣期限。(第二一五条)

【重复代理】【民总】Double agency 为双方代理之一种,即已为第三人之代理人而复为本人与第三人之法律行为之谓也。(参双方代理条内)

【重复保险】【险】Double insurance 又简称曰重保险,所谓重复保险,指以同一利益及同一危险向数个保险人分别缔结保险契约而言,其要件有四:(1)其被保险利益须为同一。(2)危险事故须为同一。(3)其保险金额须为超过保险价额。(4)须有二个以上保险契约之订立。此种保险契约其超过保险之金额部分,除依超过保险之规定应为无效外,其有效部分之分配,我保险法以须由各保险人比例分担为原则,如有另行约定者,则为例外,故规定要保人应将他保险人之姓名及保险金额通知于保险人,如故意不为通知或系企图不正当之利得者,其契约皆为无效,至其订立系出善意者,各保险人对于保险标的物之全部价额,仅就其所保金额负比例分担之责,但赔偿总额不得超过保险标的物之价值(第三十五—三十七条)。至于当事人别有特约者,则应依其特约,以为计算标准,比例分担之计算方法,即例如保险价额为一万元,保险契约中之金额一为九千元一为六千元,事故发生后上述保险契约之保险人,其一须负六千元之赔偿额,其一则须负四千元之赔偿额,即其总额合为一万元,与保险价额仍为相等。

【重复国籍】【国私】Double nationality 又称二重国籍(详该本条),或曰重国籍。

【重复税】【行】一种货物课征二次以上之税者,此项赋税称曰重复税。

【重检束】【军】为对于陆海空军官佐或与官佐相当之服务人员之惩罚之一种,乃暂时除于演习教育外不许使其外出,或与人接见,并按检束日数罚薪三分之一之谓,其期间至多不得过一月。(军惩法第十三、十六条)

【陋规】【行】官吏办理公务时,向人民强求资财,以饱私腹,乃为法律所不容,此项恶习,通称曰陋规。

【限田制度】【土】所谓限田制度,乃指私有土地数额应有法定之限度的制度而言,各国对此规定,约分下列两种:(1)新分配土地之限度,即无土地或土地不足之人,得在法定限度之内,向国家要求给与。(2)原地主占有之限度,即所有人之土地数额如超过法定限度时,国家得向其征收,在我国历史上之井田制度,均田制度,公田制等,均具有限田制度之性质,在土地法则,仅规定地方政府经中央地政机关之核定,对私有土地得分别限制个人或团体所有土地面积之最高额,但须斟酌地方需要,土地种类,与土地性质,方得为之,至于额外土地,须于一定期间内,分划出卖,违者由地方政府依法征收之。(第十四—十五条)

【限年之法】【史】官吏之考试,其参与者应有一定年龄之限制,其制限之法,称曰限年之法,始于后汉顺帝之时。(参察举之法条)

【限制加重主义】【刑】为并合论罪处分主义之一,对吸收主义与并科主义及折衷主义言,即于数罪中以应科最重之刑为本刑,参以他罪应科之刑而加重之,但以不超出法定最长期间为限，例如甲罪应处十年有期徒刑，乙罪则应处五年，应于十五年与十年之间定其刑期是。此说因得参酌犯人恶性之大小以定刑罚之轻重，颇合刑罚之目的，在三主义中为最善。但亦有缺点二：(1)执行不能一律。(2)犯人处罚有不公允之嫌，故近世各国对此说亦不甚满意。

【限制行为能力人】【民总】Person of Limited (restricted) disposing capacity 为自然人行为能力之一种，即相对之无行为能力人之谓，易言之，即法律行为能力受限制之人也。对于一切法律行为不能独立为之，须受法定代理人之允许方为有效，然仅限于负担义务方面而言，若系专享权利之行为不在此例，又对第三人订立契约亦须经法定代理人许可，即第三人对之为法律行为，亦须其通知达到法定代理人方为有效(参民法第七七、七八、七九、九六各条)。至限制行为能力人，据我民法所定只有满七岁以上之未成年人一种而已(旧民法则有三种，余二种为准禁治产人，及妻)，若未满二十岁人虽亦属于限制行为能力人，但已结婚者，仍视为有行为能力人。(民法第十三条第二、三项)

【限制投票法】【宪】Limited voting　又称减记投票法，即使各选举人在大选举区中，仅能选出较少被选人之投票方法，例如在选举区中应选举代表五人，各选举人只能在票上选举四人，此种方法乃对多数党之势力加以限制，而使少数党亦有当选之机会，实则仅有助于势力较大之少数党，至其他势力较小之少数党，仍抱向隅之憾，今各国中采此方法者，殊不多见。

【限制使用区】【土】Limited-use-area　为市地之一种，与自由使用区相对称，即市地之使用受有限制，不得自由之区域也。故限制使用区关于下列事项，应于市设计时分别定之：(一)土地及其建筑物使用之限制。(二)各区段建筑地有规定房屋建筑线之必要时，其房屋建筑线。(三)建筑物之高度层数及其形式。(四)建筑地段之深度及宽度。(五)建筑物所占土地面积及应留余地。(第一四九条)

【限制物权】【物】Beschränktes sachenrecht (德)　又曰定限物权(详该本条)。或称制限物权。

【限制解释】【通】Restrictive interpretation　又名制限解释。(详该本条)

【限制选举】【宪】Limited franchise　各国立法例对于人民选举权之享有，除设定年龄，国籍，刑事处分，以及精神状态等条件外，尚设有其他之限制，是曰限制选举。例如未满一定财产者之限制，未受教育者之限制，女子之限制等皆是。

【限制选举制】【宪】System of limited franchise　与选权普及制相对立，凡于年龄国籍无精神病与未受刑事处分诸条件外，复设有其他资格(如财产教育性别)以为选举权取得之条件者，曰限制选举制。

【限制离婚主义】【亲】为离婚立法主义之一种，与自由离婚主义相对立，又名有因离婚主义，谓夫妻之一方须基于法定之原因始可呈诉离婚之主义也。我民法除规定自由离婚主义下之合意离婚外，对本主义亦兼采之，所谓裁判离婚制度是也。

【限制辩论】【民刑诉】当事人关于同一诉讼标的提出数种独立之攻击，或防御方法者，法院得限制其辩论，是为限制辩论，例如离婚之诉以重婚并奸通为原因者，法院只就重婚一层限制其辩论已足达原告之请求，或如履行债务之诉，被告以消灭时效及偿还并欠缺诉讼成立要件为抗辩者，法院仅就消灭时效一项限制其辩论，亦足满被告之目的，限制辩论，纯为防止诉讼迟延而设，法院非必须加以限制，即当事人亦非必须遵守其限制，惟限制后就某攻击或防御方法为裁判者，当事人如认为有理由，法院以终局判决为之，否则用中间判决或宣示于终局判决理由中，限制辩论除法院有此职务外，审判长亦可于指挥言词辩论时为命令辩论之限制。

【限定之种类债权】【债】又称混合之种类债权。（详该本条）

【限定利息】【债】Legal interest 一称法定利息。（详该本条）

【限定继承】【继】Limited succession 为财产继承之一种，与包括继承相对称，限定继承者，即以因继承所得之遗产偿还被继承人之债务也。此种制度，乃为打破我国向日父债子还之习例而设，盖被继承人所负债务，本应以被继承人之遗产清偿，继承人本不负以自己财产供清偿之义务，但法律为顾全人情起见，仍以限定继承为任意规定（第一一五四条）。为限定继承者，应于继承开始时起，三个月内开具遗产清册，呈报法院，法院应即公告，命被继承人之债权人，于一定期限内报明其债权，在此期限内，继承人不得对于被继承人之任何债权人偿还债务，期限届满后，始可按已报明及继承人所已知之债权，按其数额比例记算，以遗产分别偿还（但不得害及优先权人之利益）。至被继承人若于遗嘱中定有遗赠者，继承人非依上述方法偿还债务后，不得对受遗赠人交付遗赠，所以保护债权人也，违者应负赔偿责任，受损者且得请求返还，按限定继承乃继承人之一种利益，如继承人有下列故意行为之一种时，继承人自不得享有之：(一)隐匿遗产者。(二)在遗产清册为虚伪之记载者。(三)意图诈害被继承人之债权人之权利而为遗产之处分者。（民法第一一五四——一一六三条）

【降典】【史】典者礼也，降者谓自上教下也，即降礼法以教国民之谓也。书经—吕刑篇："伯夷降典，折民惟刑"，吴澄注曰："自上教下曰降，伯夷教民以礼，民入于礼，而不入于刑，折绝斯民入刑之路也。"

【降服规约】【国公】Rules of capitulations 又称投降规约。（详该本条）

【降级】【行】Degradation in rank; Reduction of grade 为惩戒处分之一，即将现任之官级降下一级或二级改叙之谓。自改叙之日起，非经过二年，不得叙进，若受降级处分而无级可降者，则比照每级差额减其月俸，其期间为二年。（公务员惩戒法第五条）

【降等】【军】Reduction of degrees 所谓降等，乃指按其人之现在等级，降下一等而言，为对于陆海空军学生士兵工匠夫役之惩罚之一种，受此项惩罚者，如在服务中获有功绩或悛改情形显著者，得于六个月后回复其原等级。（军惩法第十四、十九、二十八条）

【降圣节】【史】皇帝诞辰曰降圣节。唐会要："会昌元年二月十五日诏，我圣祖降诞昌辰，宜改为降圣节。"宋朝会要："大中祥符五年闰十月诏，以十月二十四日圣祖降延恩殿日为降圣节。”

【革命功勋子女就学免费条例】【行】本条例公布于民国十七年一月九日,全文仅九条,自公布日施行,兹述其要点如下:(一)凡革命功勋子女已入公立学校,而家计贫苦不能担负费用者,得依据本条例请求免费,免费之办法分为下列三项:(1)免学费实验费讲义费并津贴膳宿衣服书籍等费。(2)免学费实验费讲义费,并津贴膳宿费。(3)免学费实验费讲义费。(二)革命功勋分为下列二种:(1)受本党命令运动革命而致为敌人所害,或丧失性命,或身体残废不堪任事者。(2)依国民政府战事抚恤暂行条例得有抚恤之官佐士兵但临阵受伤一项以身体残废不堪任事者为限。(三)请求免费者应开具一定事项呈由所在校长呈各省区教育行政机关转呈教育部,至免费之准否及其项别由教部咨请革命功勋子女就学免费审查委员会核定之。(四)革命功勋者或其子女有下列情事之一时,其已核准之免费得停止之:(1)属于革命功勋本身者——(A)违反党纲查有确据者。(B)再任职务者。(2)属于革命功勋子女者——(A)褫夺公权者。(B)丧失中华民国国籍者。

【革职永不叙用】【史】依一定手续将官吏之官职革退者,曰革职,如官吏犯赃污之不廉耻罪时,及因弹劾大计等时,而革退其官职者,永远不再加以录用,称曰革职永不叙用。(清会典吏部)

【革职留任】【史】革除官吏之官职而许其于四年之期间保留原来任所者,曰革职留任。如于留任期间内并无其他过失时,得再恢复原来官职,此项处分官吏犯公罪者适用之。(清会典吏部)

【革职离任】【史】所谓革职离任,乃指将官吏官职免去而并禁止其参与原任之事务而言。官吏犯私罪,(如收贿等罪)者适用之。(清会典吏部)

【风(風)俗警察】【行】Sittlichkeitspolizei(德) 风俗警察者,谓以取缔淫靡骄奢怠惰之习俗而达到维持社会上之善良风纪为目的之警察也。例如取缔娼妓及妨碍风化之戏剧皆是。

【风(風)雹保险】【险】Insurance against tornadoes and hail 为保险之一,谓以农作物因受风雹所起之损害为标的,而由保险人给付一定保险金额之保险也。此种保险亦一方赔偿农人经济上之损失,一方则隐寓奖励农作物之出产焉。

【风(風)宪弘纲】【史】(详元之法典条内)

【风(風)宪官】【史】取缔妨害风规之官吏谓之风宪官,又凡有所闻即行奏事,亦曰风宪官,即御史之别称。六部成语注解:“风闻奏事,执掌法度之官,即御史也。”

【风(風)宪官吏犯赃】【史】风宪官吏者任纠察之责者也。在内如都察院科道,在外如按察使臬司各道之类是,以其职司纠察既犯赃罪何以肃人故科以加等之法。明律(卷二十三)、清律(卷三十一)刑律受赃篇——风宪官吏犯赃条:“凡风宪官吏受财,及于所按治去处求索借贷人财物,若卖买多取价利,及受馈送之类,各加其余官吏罪二等”,明律之纂注:“风宪官如在内都察院并各道,在外按察司是也。凡此等衙门之官吏，不问枉法不枉法，但因有事而接受人财物，及于所按治出巡去处，求索或借贷人财物，若买卖多取偿利，及受馈送土宜礼物之类，各加其余监临官吏之罪二等，如受财枉法，有禄官吏一贯以下杖七十，加二等，则杖九十，加罪不加至于死，须至八十贯方坐绞，不枉法有禄官吏一贯以下杖六十，加二等则杖八十，加罪皆罪止杖一百，流三千里，求索借贷买卖多取，并准不枉法，强者准枉法，亦各加二等，受馈送者笞四十，加二等则杖六十，盖风宪官吏职司纠察，既曰犯赃，何以肃人，其加等治之宜也，首言受财，则不必拘所按治也。"

【风(風)宪约】【史】一卷，为明吕坤所撰，按坤宁陵人，字叔简，号心吾，万历进士，官山西巡按，继擢刑部侍郎，因立政公直不阿，为宵小所妒，遂致仕。

【风(風)宪禁约】【史】清魏裔介撰，仅一卷，事见四库法家类存目，及清史稿艺文志法家类，按裔介柏乡人，字石生，号贞菴，一号昆林，顺治丁酉曾任右都御史。

【风(風)霜之任】【史】御史之任也，取其纠弹非违之职峻烈如风霜之义也。

【飞(飛)洒】【史】一作飞洒，谓将自己之负担，移转卸归于他人身上也，清律(卷八)户律户役篇——赋役不均条之辑注："放富差贫，是不差富者，将富者之差，皆飞洒于贫者也。"

【飞(飛)报军情】【史】在外府州向督抚布政司等迅速报告军事情形者，谓之飞报军情。明律(卷十四)、清律(卷十九)兵律军政篇均有飞报军情之条，惟因清时官制之变更故，内容稍有异致，依清律之规定曰："凡飞报军情，在外府州，即差人申督抚布政司按察司本道，仍行移将军提镇其守御官差人各申督抚，仍行本管将军提镇，督抚将军提镇得差人，一行移兵部，一具实封御前，若互相知会隐匿不速奏闻者，杖一百罢职不叙，因而失误军机者斩"，清律之总注："军情欲速达，以听调遣，故必飞报，恐有隐匿迟误，故定立申行转奏之法，如此若互相知会扶同隐匿不速奏闻者，杖一百罢职不叙，此言无失误者也，若因而失误军机者斩。"

【飞(飛)躍追索权】【票】Right of optional recourse 又称选择求偿权，为追索权行使方法上分类之一，对变更追索权言，谓执票人对于票据债务人行使追索权时，得不依负担债务次序之先后，而对其中之一人或数人或全体请求偿还之权利也(票据法第九三条第一项)。乃连带债务之当然结果。

【飞(飛)钱】【史】飞钱为唐之票据之一。唐书—食货志："宪票以钱少，复禁用铜器，时商贾至京师，委钱诸道进奏院及诸军诸使富家，以轻装趋四方，合券乃取之，号飞钱。"大学衍义补(卷二十七)—明丘濬曰："此楮法所以繇而起也，然委钱而合券以取，而钱与券二物，非若今之钞，即以钞为钱而用之也。"

【食邑】【史】给官吏以领土，使其以所辖之收入为其自己与家属从属等之口食之用，故称曰食邑。汉书—高帝纪："吾与天下之豪士贤大夫共定天下，同安辑之，其有功者，上致之王，次为列侯，下为食邑。"

【食官私田园瓜果】【史】田园瓜果杂菜等物，均有物主，如私自摘采取食，应以准盗罪论。明清律于田宅篇内设有擅食田园瓜果之条，唐律(卷二十七)则有食官私田园瓜果条之规定："诸于官私田园辄食瓜果之类，坐赃论，弃毁者亦如之，即持去者准盗论，主可给与者加一等，强持去者以盗论，主司即言者不坐，非应食官酒食而食者亦准此。"疏议曰："称瓜果之类，即杂蔬菜等皆是，若于官私田园之内，而辄私食者坐赃论，其有弃毁之者，计所弃毁亦同辄食之罪，故云，亦如之，持将去者计赃准盗论，并征所费之赃，各还官主，当园主司，将瓜果之属给与人食者，加坐赃罪一等，谓一尺笞三十一匹加一等，给与将去者，准盗上加一等，一尺杖七十一匹加一等强持去者，谓以威若力，强持将去者，以盗论，计赃同真盗之法，其赃倍征，赃满五匹者免官，若监临主司，自强取者，加凡盗罪二等，除名倍赃，并依常律，主司当即言告者，主司不坐，非应食官酒食而辄食者亦准此，谓辄食者坐赃论，弃毁者亦同，持去者准盗论，强持去者以窃盗论，若主司私持去者，并同监主盗法，若非主司，不因食次而持去者，以盗论，强者依强盗法。"

【食物税】【史】清时对某种食物所课之关税，称曰食物税。嘉庆会典—户部分注："凡各关货物之税，有衣物税。"有食物税，按该食物之类，乃指米面、芝麻、酒茶、烟、荤味、蔬菜、作料、果品、糖蜜等而言。

【食医】【史】为周时医师之，一掌供天子饮食之医，师以中士二人充任之。周礼—天官食医职："掌和王之六食，六饮，百羞百酱，八珍之齐。"

【食盐】【行】为盐之一种，乃包括酱类腌腊及其他制食品之用盐在内。（参盐法条内）

【食盐检定员】【行】在食盐产地执行检查食盐事务之人，曰食盐检定员，由该管盐运使，运副委派之，其任用均须以盐务学校毕业生及有化学专门学识者为限，由该管盐运使运副呈财政部盐务署加委之，均应于奉委后到盐务署化验室练习，经试验合格后，再行派出执行职务。（检查食盐章程第三条、第五条）

【食盐覆查员】【行】在转运或行销之汇集地点而由盐务署所委派以执行关于检查食盐事务者，称曰食盐覆查员。此项覆查员之任用，亦以盐务学校毕业生及具有化学专门学识者为限，由盐务署遴委且均应于奉委后到盐务署化验室练习，经试验合格后再行派出，执行职务。至设立食盐覆查员之地点，则由盐务署体察需要状况分别核定公布之。（检查食盐章程第三条、第五条及第十九条）

【首服】【刑】Self-accusation　（详自首条）新刑法无此名称。

【首席推事】【组】Presiding judge; Leading judge　为推事之一种，对陪席推事言，或称审判长，谓于合议庭开审时居于中座者，而负有指挥开庭闭庭，维持秩序及处分妨害法庭秩序或其他不正当行为之权之推事也。

【首席检察官】【组】Chief procurator; Senior procurator　（详检察长条内）

【首捕】【史】所谓首捕乃指捉捕同犯者而又自首而言。（唐律释文卷五）

【首级】【史】秦法斩敌一首者与爵一级，后人遂谓所斩敌首为首级。三国志—国渊传："渊上首级，如其实数"，实则秦以前已行之矣。

【首匿】【史】卑亲属及尊视属为谋首底护其罪恶，或藏匿其本人者，为首匿。汉书—宣帝纪师古之注曰:"凡首匿者,言为谋首而藏匿罪人",是为容隐制之始。

【首都反省院组织条例】【行】本条例于民国二十年三月二十一日公布,同年十二月五日修正公布,全文仅九条自公布日施行,兹举其要点于下:(一)首都反省院除本条例有特别规定外适用反省院条例之规定。(二)依反省院条例第五条之规定而有下列情形之一者应送入首都反省院:(1)犯罪地在首都者。(2)经中央党部议决送入者。(三)依反省院条例第五条之规定而有下列情形之一者,得送入首都反省院:(1)犯罪地在未设立反省院之省者。(2)犯罪地在已设立反省院之省而有特别情事者。(四)首都反省院置院长一人(简任)综理全院事务,下设总务科训育科管理科每科置主任一人,分掌各科事务,训育科并置训育员若干人。(五)首都反省院置评判委员会(审议受反省人是否应于期满再令其继续受反省处分),以下列人员组织之:(1)首都反省院。(2)首都反省院各科主任。(3)中央党部指派人员一人。(4)最高法院推事一人。(5)最高法院检察署检察官一人。

【首都警察厅】【行】Metropolitan police 首都警察厅直隶于内政部,监督掌理首都公安事务,其辖境以南京市之区域为限,设厅长一人(简任),秘书二人至四人(荐任),并设下列各科:(1)总务科。(2)保安科。(3)司法科。各设科长一人(荐任),科员十一人至十七人(委任)。关于稽查事务设督察处,置处长一人,督察长二人(均荐任),督察员十二人至十六人(均委任),稽查十二人至十六人(均委任),巡查十六人至二十人(均委任),关于训练事务特设训练处,置处长一人,训练官二人至四人(均荐任),训练员六人至八人(均委任),因技术之必要时得设技正一人至三人(荐任),技士二人至四人(委任),又因事务之必要于上述各科处得设办事员五十人至六十人,录事四十人至五十人(均委任),又为行使职务起见,应就所管区域内分设警察局警察分驻所警察派出所守望及巡逻区,以局长局员巡官长警分负该管职务,此外因维持治安之必要,得编练保安警察队,消防警察队,侦探警察队,因办理警察教育及治疗,得设警士教练所,警察医务所。(首都警察厅组织法第一条、第四—六条、第十二—十八条)

【首都警察厅组织法】【行】本法公布于民国十八年十月二十二日,于民国二十年七月六日经修正公布,全文计二十一条自公布日施行。(参首都警察厅条)

【首领制】【行】又称独任制。(详该本条)

【首领官】【史】一官厅之主任官,即长官之谓。明律(卷三)、清律(卷六)吏律——公式事应奏不奏条:"若准拟者,上司置立印署文簿,附写略节缘由,令首领官吏书名画字。"

【首选】【史】谓科举时在考试时以第一名及第也,宋史—选举志:"宜擢首选。"

【首还】【史】谓强夺窃取或诈取他人之物后,悔而向被害人自白,并将赃物返还之也。准自首减轻之条。(明律卷一,清律卷四名例篇犯罪自首之条)

【首露】【史】犯人悔过将犯罪事实诉说于官厅者,谓之自首,其直接向被害人诉说者,称曰自白或曰首露,在法律上与自首有同一之效果。唐律(卷五)名例篇之盗诈取人财物条:"诸盗诈取人财物,而于财主首露者,与经官司自首同。"

十　画

【乘危抢夺】【史】船舶出航，遭遇风浪或其他危难时，如有乘机抢取财物者，清律及例均有禁止明文。(一)大江洋海出哨弁兵如遇商船遭风尚未覆溺及著浅不为救护，反抢取财物拆毁船只者，照江洋大盗不分首从斩决枭示。(二)如遭风覆溺人尚未死不速救援止顾捞抢财物，以致商民淹毙者，为首照抢夺杀人斩决，为从照抢夺伤人斩候。(三)见船覆溺抢取货物伤人者，刃伤及折伤以上斩候，伤非金刃，伤轻平复者发极边烟瘴充军，年五十以上边远充军，至未伤人者，为首照抢夺加一等，流二千里，赃满贯者绞候，为从徒三年。(四)弁兵乘危捞抢财物，照追给事主，如不足数将首犯家产变赔，无主赃物入官。其在船将备同谋抢夺，亦照为首治罪，不同谋而分赃者，为从论。若实系不能约束，照钤束不严例议处，以上弁兵除斩决斩枭不准首，其应斩候绞候者，若事未发而自首，减为徒三年，军流以下宽免，如系闻拿以后投首，应斩候绞候者减流三千里，军罪以下减二等发落。(五)凶恶之徒在外洋无人处所故将商人全杀灭口，但系同谋，均照强盗杀人斩枭。(六)如见船覆溺并未抢取货物但阻挠不救以致商民淹毙，为首者照故杀斩候，为从者照知人谋害不即救护杖一百，官弁革职，兵丁革粮，均折责发落。(七)边海居民及采捕船户乘危抢夺，但经得财并未伤人照抢夺本罪加一等，若抢取货物，拆毁船只致商民淹毙或伤人未死，俱照前例治罪。

【乘车就刑】【史】唐制，五品以上官有罪处死刑时，特许其乘车赴刑场执行。大学衍义补(卷百七)："唐制五品以上，罪论死，乘车就刑，大理正位之，或赐死于家。"

【乘官畜私驮物】【史】因公而乘官马牛驼骡驴，所驮私物不得超过一定斤数，违者构成本条之罪。唐律(卷十五)厩库篇——乘官畜私驮物条："诸乘官马牛驼骡驴，驮私物，不得过十斤，违者一斤笞十，十斤加一等，罪止杖八十。其乘车者，不得过三十斤，违者五斤笞十，二十斤加一等，罪止徒一年，即从军征讨者，各加二等。"疏议曰："应乘官马牛驼骡驴者，谓因公得乘，传递或是军行，但因公事而得乘，官畜者私驮物，不得过十斤，十斤之外，更箸者，一斤笞十，十斤加一等，罪止杖八十。应乘官车，或载官私之物，载限之外，私物不得过三十斤，违者五斤笞十，二十斤加一等，罪止徒一年。从军征讨者，各加二等，马牛以下，车以上，各加常犯二等，马牛驼骡驴，七十一斤，罪止杖一百，车二百五斤，罪止徒二年。"同条又曰："若数人共驮载者，各从其限为坐，监当主司，知而听者，并计所知，同私驮载法。"

【乘官畜脊破领穿】【史】乘者乃指应乘之人而言，其不应乘者即为私借官畜，与本条无关。凡官畜产之应乘坐者，如乘坐不如法致使官畜产之脊背破损，或驾用不如法致使其颈领穿损而有疮口，围绕三寸以上者，均构成本条罪名。又牧养者，不如法而使官畜瘦小不堪应用者(以百头为率而有十头瘦者)亦应治罪。明律(卷十六)、清律(卷二十一)兵律厩牧篇——乘官畜脊领穿条："凡官马牛驼骡驴乘驾不如法，而脊破领穿，疮围绕三寸者，笞二十，五寸以上笞五十。若牧养瘦者，计百头为率，十头瘦者牧养人及牧长牧副(明律原文为群头群副)各笞二十，每十头加一等，罪止杖一百，羊减三等，典牧官各随所管牧长多少通计科罪，太仆寺官各减典牧官罪三等。”清律之总注：“凡应乘官畜之人，若乘驾不如法而致脊破领穿伤痕围绕三寸者，笞二十，五寸以上笞五十。若牧养官畜不如法而瘦者，牧养人及牧长牧副各笞二十，十头加一等，至九十头以上罪止杖一百，牧养官羊瘦者减三等，典牧官各随所管牧长多少通计作十分科，太仆寺官各减典牧官罪三等。”同律之集注：“前牧养不如法条有失去损伤罪牧长牧副之律，此条言牧养瘦病者牧养人及牧长牧副典牧官太仆寺官之罪，盖互相备也。”

【乘官畜产车船附私物】【史】官司牛马驼骡驴与官车船，皆以供公差之往来，非驮载私物者也。在官畜产所附之物不得过十斤，其乘官车船者，则不得过三十斤，过此均谓之违。其受他人寄附私物者亦为法律所不许。明律(卷十七)、清律(卷二十二)兵律邮驿篇均有乘官畜产车船附私物条之设，内容相同。清律原文及其下注：“凡因公差应乘官马牛驼骡驴者(各衙门自拨官马不得驰驿而行者)，除随身衣仗外私驮物不得过十斤，违者五斤笞一十，每十斤加一等，罪止杖六十(不在乘驿马之条)。其乘船车者私载物不得过三十斤违者十斤笞一十，第二十斤加一等，罪止杖七十。家人随从者不坐，若受寄私载他人物者，寄物之人同罪，其物并入官，当该官司知而容纵者，与同罪，不知者不坐。若应合递军家小(如阵亡病故官军及军民官在任以理病故行)者(虽有私带物件)，不在此限。”清律之总注：“官畜车船虽非驿马之比，然止备公务之乘坐，非供私物之驮载也，凡因公务差遣应合乘官马牛驼骡驴者，随身衣仗之外，私驮赍带之物，不得过十斤，违者十斤以外，多五斤笞一十，加等至六十，五斤以上罪止杖六十。其乘船车者，私载赍带之物，不得过三十斤，违者三十斤以外，多十斤笞一十，加等至一百六十斤以上，罪止杖七十，家人随从者不限人数，皆不坐。若受寄私载他人之物者，寄物之人同坐，计斤加等之罪，其官畜车船驼载额外自己之物，与私寄他人之物，并追入官。当该官司知其多驮多载私寄而纵容不问者，同罪，不知者不坐，若应合递军家小，则家小所带皆当递送，与公差之私物不同，故不在此十斤三十斤之限。”

【乘官船载衣粮】【史】应乘官船者，携带衣服粮物须受限制，庶不以私害公，若竟私自加载，应受处罚。明清律邮驿篇均设有乘官畜产车船附私物之条。唐律(卷二十七)杂律篇则有乘官船，载衣粮条之设：“诸应乘官船者，听载衣粮二百斤，违限私载，若受寄及寄之者，五十斤及一人，笞五十，一百斤及二人各杖一百(但载即坐，若家人随从者勿论)。每一百斤及二人，各加一等，罪止徒二年。”疏议曰：“应乘官船之人，听载随身衣粮二百斤，若二百斤外更载，若受人寄物；及寄物之人，物满五十斤，及一人者，各笞五十，一百斤及二人，各杖一百，称各者，谓人与物，得罪各等，亦不限所载远近。故注云：但载即坐，若将家人随从者，皆不坐，每一百斤及二人止徒二年。”同条又曰：“从军征讨者，各加二等，监当主司知而听之，与同罪空船者不用此律。”

【乘舆】【史】臣民避天子之尊，称天子所乘之车曰乘舆，即天子之别称也。独断：“天子至尊，臣下不敢渫渎言之，故托之于乘舆。”孟子—梁惠王篇：“今乘舆已驾矣。”

【乘舆车驾】【史】乘舆与车驾二者均为臣民尊崇天子之称号，或曰乘舆或曰车驾均可。但刑律对于乘舆则用盗乘与服御物之语，对于车驾则用犯车驾仪杖一语，二者之称呼不特专指天子，即太皇太后、皇太后、皇后亦在其内。（明律卷一，清律卷四名例篇——称乘舆车驾之条）

【乘舆服御物】【史】凡称乘舆者太皇太后，皇太后皇后并同，服御物如衣服衾褥与应器具及车马舟船之类，均各有主守之人，如收藏修整不如法，应加治罪。至进御差失者，车马不调习惯熟者，驾驭之具不坚固完备者，私将乘舆服御物借用者……等皆应惩罚。明律（卷十二）、清律（卷十七）礼律仪制篇均有乘舆服御物之条，内容相同："凡乘舆服御物，收藏修整不如法者，杖六十，进御差失者，笞四十，其车马之属，不调习驾驭之具不坚完者，杖八十，若主守之人，将乘舆服御物，私自借用，或转借与人，及借之者，各杖一百，徒三年，若弃毁者，罪亦如之，遗失及误毁者，各减三等，若御幸舟船，误不坚固者，工匠杖一百，若不整顿修饰，及在船篙棹之属缺少者，杖六十，并罪坐所由监临提调官，各减工匠罪二等，并临时奏闻区处。"清律之辑注："此条内惟私用借人弃毁为有心，故犯首节车马末节舟船，皆出于无心过误，与前条御药御膳相同，故罪皆止于杖，臣子于君父，义当敬谨，不得言误，至于误则臣之罪也，原有误而轻其法，则君之仁也。然御药御膳，车马舟船，皆关系圣躬至重，其问所犯，必谓出于误而径情轻之，则臣子之心，有所难安，若或有意又岂忍言而止坐以此律哉。故此二条皆云皆奏闻区处，盖有深意。"同律之总注："凡服用近御之物，各有主持之人，收藏修整不如法，以致物不完好，不适用者，杖六十，进御之时而差错失误，如当进不进，不当进而进者，笞四十，其车马之属，则尤当敬谨，若马不调试闲习，用以驾车驾驭之具，如轮辕鞍辔之类，不坚固完备，所关者重，其罪不止于不如法而已，故杖八十。乘舆服御之物，非臣下所得用者，若主守私用，或借人及借之者，均有僭窃之罪，各杖一百，徒三年，有意弃去毁坏者，则有慢忽之心，亦如杖徒之罪，遗失及误毁者，虽为无心之过，已失敬慎之意各减弃毁罪三等，杖七十，徒一年半。若御幸舟船，误不坚固，则惊险之虞，较车马为尤重，罪在工匠，杖一百，若不整顿修饰完美，及篙棹之属缺少不备者，杖六十，并罪坐所由，各有所司，非独工匠也。监临提调官，不用心验看检点，各减工匠罪二等，不坚固，杖八十，不修整缺少，笞四十。以上诸事有犯，并临时奏请区处，不许擅问。"

【乘驿马枉道】【史】驿马之前进，贵在迅速，若不依驿路而别行，必至稽程。唐律（卷十）职制篇——乘驿马枉道条："诸乘驿马辄枉道者，一里杖一百，五里加一等，罪止徒二年，越至他所者，各加一等（谓越过所诣之处），经驿不换马者杖八十（无马者不坐）。"疏议曰："乘驿马者，皆依驿路而向前驿，若不依驿路别行，是为枉道，越至他所者，注云，谓越过所诣之处，假如从京使向洛州，无故辄过洛州以东，即计里加枉道一等。经驿不换马，至所经之驿，若不换马者杖八十，因而致死，依厩牧令，乘官畜产，非理致死者备偿，无马者不坐，谓在驿无马越过者无罪，因而致死者不偿。"

【乘驿马赍私物】【史】驿中马驴，止供骑坐之差，不任负重之役，出使人员应乘驿马，除随身衣杖而外不得赍带私物，违者构成本条之罪。明律(卷十七)、清律(卷二十二)兵律邮驿篇均有乘驿马赍私物之条："凡出使人员应乘驿马，除随身衣仗外，赍带私物者，十斤杖六十，每十斤加一等，罪止杖一百，驿驴减一等，私物入官。"明律之纂注："应乘驿马，谓出使给领符验驰驿者也，衣谓衣服，仗谓弓矢，器杖之类皆随身应带之物，盖出使人员虽得乘坐驿马，若衣仗外赍带私物，必致妨损驿马，故计斤数定罪，如所乘者马则十斤，杖六十，罪止杖一百，所乘者驴则减一等，罪止杖九十，前项私物，追没入官。"

【修正】【通】Amendments 修正者，谓对不完全而有缺点，或不合于应用之文书而加以改更及候补也。(参修正案条)

【修正案】【宪】Bill of amendment 与原案相对称，即对于议会中所提之议案之一部，加以修正时而成者也，并非从属于原案，而系另一独立之议案。(参原案条内)

【修订法律馆】【行】为北京政府时代所设之机关(清光绪时亦曾置之)，掌编纂民刑事各法典及其附属法规，并调查习惯事项，置总裁一人，副总裁二人，总纂二员，纂修六员(总纂得以副总裁兼任)，调查员若干人，而每省区得置调查员长一员，又置译员若干人，并延聘中外顾问及名誉顾问若干人，总裁，副总裁，总纂，纂修，调查员长，调查员，不得兼任本馆以外有薪俸之公职，以专职守，至于办理文牍、会计、庶务、统计等事项则置事务员以司其任，并得以一员为事务员长。(修订法律馆条例第一——八条、第十三条)

【修订礼制处】【行】修订礼制处为北京政府所设之机关，专管关于修订礼制事宜，由国务院内务部共同组织之。置处长一人，掌理本处应行筹议修订事宜。副处长一人襄同处长筹议处务，均由院部就简任人员内呈请派充。总纂一人，综理本处修订事宜，由处聘任。编纂十人，分任本处修订事宜，亦由处聘任计专任者二人，余为兼任职，事务员四人，管理本处文牍庶务，由处委任，此外复置评议员若干人，为名誉职，由处随时函聘。(修订礼制处简章第一——十二条)

【修城法式条约】【史】为宋法典之一，为熙宁八年判军器监沈括，知监丞吕和卿等所修，计共二卷，内容无可考。

【修容】【史】为女官之名，魏文帝时始行设置，其后一时中废，及隋炀帝复置之。事物纪原(卷一)："魏文帝始置修容，隋炀帝参详典故，复置之也。"

【修理仓库】【史】内外各衙门、公馆、廨宇、仓廒、库藏并局院造作之处及一应在官房屋如儒学铺舍，申明亭之类等，如有损坏者，该官理应即移文有司修理，违者构成本条之罪。明律(卷二十九)、清律(卷三十八)工律营造篇修理仓库条："凡各处公廨仓库局院系官房舍，但有损坏，当该官吏随即移文有司修理，违者笞四十，若因而损坏官物者，依律科罪，赔偿所损之物，若已移文有司而失误者，罪坐有司。"清律之总注曰："公廨仓库局院一应官房舍各有经管官吏，即各有收掌之物，而修理则有司之事也。但有损坏之处，当该官吏不移文有司修理，笞四十，因不移修而损坏所贮官物者，依律科罪，仍赔偿所损之物若已移文有司而有司失误不修理者,当该官吏应得之罪,皆坐有司。”清律辑注曰:“不移修者笞四十,因而损坏官物者,依律科罪,笺释谓依户律损坏仓库财物条计所损之物坐赃论者,落均赔还官。注曰笞四十,则即本律不移修之罪也,按彼是主守之人安置不如法,晒晾不以时,致有损坏,全由人事所致,故其罪重,此是不即移修因损坏房屋而并及官物,半由人事,半出不虞,与安置不如法晒晾以时者有间,则止坐本律之笞,似合律意,且赔偿所损之物,语意亦与彼律不类也。”

【修理桥梁道路】【史】桥梁道路乃通往来之人,若损坏而不及时加以修理者,故令所管有司之佐贰负修理之责。明律(卷三十)、清律(卷三十九)工律河防篇均有修理桥梁道路之条:“凡桥梁道路,府州县佐贰官提调,于农隙之时,常加点视修理,务要坚完平坦。若损坏失于修理,阻碍经行者,提调官吏笞三十,若津渡之处,应造桥梁而不造,应置渡船而不置者,笞四十。”清律之集注曰:“止罪佐贰而不及正官者,盖正官政务繁多,不能常行点视,故专书于原委之佐贰也。”清律之总注曰:“桥梁道路,务要坚完平坦,利涉便民,亦有司职业之事,若不于农隙之时,常加点视,损坏之处,失于修理,以致阻碍经行者,提调官吏笞三十,若津渡之处,无桥梁而不造,无渡船而不置者笞四十。”

【修媛】【史】为女官之名,或曰创始于北制,一说则谓创始于隋唐,事物纪原(卷一):“唐百官注曰,唐因隋制有修媛,按隋志无之,而北史后妃传北齐河清中,置修媛为御女,唐以为嫔,疑唐采齐制也。”

【修业证书】【行】Diploma　初级小学对于学生修业期满成绩及格时所给予之证明书为修业证书,其式样应遵照学校毕业修业证书规程内所规定者,于发给时且须置备存根簿,编定号数,载明学生姓名,及所修学科,存校备查。(学校毕业修业证书规程第二一三条、第七条)

【修仪】【史】为女官之名,乃魏明帝所置,隋炀帝以之为九嫔之一。事物纪原(卷一):“魏明帝所置修仪,隋炀帝以为九嫔。”

【修缮行为】【物】Act of reparation　对物之原质于破损时所加之修治,与整理行为而使其恢复原来之价值者为修缮行为。例如出租人对于租贷物,年久毁损加以修理是,修缮行为在原则上由出租人负担之,使其租赁物得合于约定使用收益之状态,但承租人违反保管义务,或涉及侵权行为时,则应负损害赔偿及修缮之责。

【俱】【史】俱对独言,义取乎概括,因其事理散殊,故特概言而统之以俱,如俱勿追坐,俱勿论是也。(参读律风觿)

【俱发罪】【刑】Concurrence of offences　此为暂行刑法之名辞,现行刑法改为并合论罪。(详该本条)

【俸】【史】对于官吏所给予之报酬,曰俸。前汉书—宣帝纪:“今小吏勤事,而俸薄,欲其无侵渔百姓,难矣。”(参薪俸条内)

【俸工银两】【史】官员俸禄,官役工食二项总称曰俸工银两。(六部成语注解)

【俸给】【行】Salary　所谓俸给,乃指国家或公共团体对于在任公务员等,依法所给与之劳务的报酬金额而言,有年俸与月俸之别。

【俸给请求权】【行】Right of claiming salary 国家对官吏之俸给乃公法上之金钱债务关系，国家有负担给付之义务，而官吏亦有请求之权利，是即所谓俸给请求权也。

【俸薪银】【行】官吏每年所受领之常禄曰俸，此外每月所给予之炊事费，曰薪水，二者合称为俸薪银。（六部成语注解）

【倒给路引】【史】路引者谓旅行护照也，撤销旧路引而换给新路引谓之倒给路引。清律（卷十九）兵律关津篇——诈员给路引条之辑注曰：“谓倒其旧引，而换给新引也。”

【并(併)合主义】【国私】即兼取血统主义与出生地主义，以定固有国籍之主义也。可分为二：(一)以血统主义为原则，以出生地主义为例外者——以内国人之子采血统主义，于外国人之子则采出生地主义，法意西比荷土日等国属之。(二)以出生地主义为原则，以血统主义为例外者——以生于内国之子采出生地主义，生于外国之子则采血统主义，英美葡属之。我国国籍法是采第一主义，故下列各人属中华民国国籍：(一)生时父为中国人者（血统主义）。(二)生于父死后，其父死时为中国人者（血统主义）。(三)生于中国地，父母均无可考，或均无国籍者（出生地主义）。(四)生于中国地，父无可考，或无国籍，其母为中国人者（血统主义）。

【海】为船舶所有人责任之限制立法上主义之一，又称选择主义。为美国法所采用，谓船舶所有人之责任原则上虽以船舶之财产为限，但亦得委付而免除其责任也。故船舶所有人所负责任，或限于其船舶财产，或为委付，均得自由选择以执行之。

【并(併)合股票】(公)Consolidated share-certificated 为股票之一种，对单一股票言，谓合数股而成之股票也。与单一股票之区别，乃以股票所记载股份之数目多少为标准。

【并(併)合论罪】【刑】Concurrence of offences 即同一犯人于裁判宣告前犯数罪者之谓。就同一犯人而论，与共犯不同，就未受宣告裁判前所犯数罪而言，与累犯不同，其实质乃系数罪，并非将数罪合并为一罪，而各罪仍独立存在，仅合并处置而已（暂行新刑律称为俱发罪）。关于各国立法例有三：(1)以裁判宣告前所犯之罪为限，德俄及我国刑法采之。(2)以裁判确定前所犯之罪为限，日本旧刑法我国暂行新刑律及葡匈等采之。(3)以执行未毕前所犯之罪为限，意大利、芬兰、瑞典采之，第一例因不迁就犯人而使其得享并合论罪之利益，故较适当。并合论罪之处分有四主义：(a)吸收主义。(b)并科主义。(c)限制加重主义。(d)折衷主义（详各本条）。我国刑法采折衷主义（第七十条规定），故关于处分问题尚有其他规定者：ⓐ并合与赦免（第七十三条）。ⓑ有二裁判以上者之处分（第七十二条）。ⓒ已经裁判之罪与未经裁判之罪之处分。（第七十一条）

【并(併)吞财产制】【亲】又名统一财产制。（详该本条）

【并(併)科】【刑】（详并科罚金条内）

【并(併)科主义】【刑】为并合论罪处分主义之一，对吸收主义与限制加重主义及折衷主义言，即将数罪之刑一并科断，以有罪必罚之原则为根据。例如甲罪应处十年有期徒刑，乙罪则仅五年，发觉后二罪并科计十五年是。此主义亦不足取，因如犯二个以上死刑时，事实上不可能，且其处罚亦太酷重，与刑事政策预防目的不符，故仅巴西刑法采之。

【并(併)科罚金】【刑】为罚金之一种。(详该本条)

【并(併)案受理】【刑诉】多数刑事案件互相牵连，致事物管辖不同，或土地管辖不同。而使归同一法院合并受理者，为并合受理。因其适用同一程序，减少时间与节省劳力不少，便利滋多。故刑事诉讼法第十五条至第十七条设有关于牵连管辖并案受理之规定。(参牵连管辖条内)

【并(併)案起诉】【刑诉】将牵连诉讼案件由检察官合并向法院起诉，谓之并案起诉，我国刑事诉讼法第二五五条规定："牵连案件由二以上之检察官分别侦查者，得经各该检察官之同意，由其中一检察官，并案起诉。"

【并(併)案侦查】【刑诉】牵连案件，经二以上之检察官分别开始侦查者，得经各该检察官之同意，由其中一检察官，并案侦查。(刑诉法第二三一条)

【并(併)满轻法】【史】并满轻法乃指并满轻赃之方法而言。(详并满轻赃条)

【并(併)满轻赃】【史】犯数次之赃罪，其种类有异或其罪罚之轻重不等者，则应合并其重赃及轻赃，再倍其总数，以为定罪之标准。唐律(卷六)名例篇——二罪从重条："若罪法不等者，即以重赃并满轻赃，各倍论。"此项方法，称曰并满轻法。

【并(併)赃论罪】【史】凡数人共盗之场合，如十人盗取官银四十两，各分得四两以入己，则不论此罪，而处以十人共得四十两之罪，即不分首从而并算其全赃以论罪也，是曰并赃论罪。(参监守自盗仓库钱粮条内)

【仓(倉)司】【史】宋时置提举常平仓官，故谓之仓司。即掌常平仓之官，一作常平仓。(详该本条)

【仓(倉)坨】【行】储盐所用之仓为仓坨，政府应于盐场适宜地点建设仓坨，其由私人建造者，应归政府管理，或给价收归国有，一切盐应悉数存储于政府指定之仓坨，不得另行私自存储。(盐法第十四—十五条)

【仓(倉)库】【债】Warehousing 受报酬而为他人堆藏及保管物品之营业，曰仓库营业，法律上所称之仓库，盖即指仓库营业而言也。就一般而论，仓库者，乃供堆藏及保管物品之工作物也，我国旧法称之曰堆栈，其营业即曰堆栈业，仓库契约成立时，受报酬之方曰仓库营业人，其他方则曰寄托人。仓库契约之性质，乃为要物契约，其契约当事人之法律关系即寄托关系，故除有特别规定外，准用关于寄托之规定(第六一四条)。仓库与寄托区别之点有四：(1)前者必须系营业，后者则否。(2)前者必须有仓库之设备，后者则否。(3)前者以有偿为原则，后者以无偿为原则。(4)前者除保管外尚有堆藏(多量)之目的，后者则仅限于保管一项而已。

【仓(倉)库不觉被盗】【史】仓库乃钱粮之所聚，门有守夜值宿，皆所以防盗也，凡非监守之人，无故均不得出入其间，如有人从其内出时，则应加搜检，若不搜检致盗物出仓库而不觉者，或夜间值更之人或仓库值宿官攒，斗级，库子等不觉盗者均应构成本条罪名。明律（卷七）、清律（卷十二）户律仓库篇均有仓库不觉被盗条之明文，规定相同。清律之条文及其下注曰："凡有人（非监守），从仓库中出，守把之人，不搜检者，笞二十，因不搜检，以致盗物出仓库而不觉者，减盗罪二等。若夜值更之人，不觉盗者，减三等，仓库直宿官攒，斗级，库子（非正直本更），不觉盗者，减五等，并罪止杖一百。故纵者，各与盗同罪（至死减一等）。若被强者，勿论（互相觉察，与此不觉被盗官吏，皆系公罪，仍留职役，隐匿不举，与此故纵，皆系私罪，各罢职役）。"清律之总注："凡非监收之人，无故不得出入仓库，若见有他人从仓库中出，日间把守人役，不行搜检者，笞二十，此指无盗物者言也，若因不搜检，以致其人盗出仓库中物而不觉者，减盗罪二等，若夜间直更之人，不觉被盗者，减盗罪三等，其非直更之人，凡在仓库直宿之官攒，斗级，库子，不觉被盗者，减盗罪五等，以上把守直更直宿诸人，并罪止杖一百，以常人盗律减科罪止，其把守直更直宿诸人，见知有盗而故纵，不即追捕者，各与盗同罪，至死减一等，若被强盗而力不能制御者，勿论。"同律之辑注："把守之人，即斗库等役也，值更之人，或即系斗库，或另有更夫，常川轮值，如三更被盗，则正值三更之人，坐减盗罪三等，不概坐也。"又同律之辑注："此盗者，皆系人常盗也，若监守之人盗者，自有前互相觉察律，不觉常人盗减五等，反轻于不觉监守盗，盖同为监守，法应互相觉察，与值更不觉者相同，而值宿者，既无值更等专责，故又减二等也。"

【仓(倉)库契约】【债】经营仓库业人约为他人堆存货物及保管物品时所订立之契约，曰仓库契约。

【仓(倉)库等处吃烟】【史】所谓仓库等处乃指紫禁城内及仓库坛庙等处而言，若在内官员有吸烟行为，不特有失火之危抑亦与观瞻体统有妨，故特加以禁止。清之现行则例（即刑部现行则例）杂犯篇——有仓库等处吃烟条之设，其文曰："凡紫禁城内及仓库坛庙等处文武官员吃烟者，革职枷号两个月，鞭一百折赎，旗下人吃烟者枷号两个月鞭一百，民人责四十板，流三千里。该管官员见而不行，捕首，若被傍人捕首者，将本处该管官员俱罚俸半年，文武官员该部照此所定拟罪，具题完结，若旗下人民，刑部照此所定治罪，宗室觉罗交与宗人府议处可也。具题奉旨官员违此禁例吃烟者革职，免其枷责折赎，余依议。"

【仓(倉)库篇】【史】仓库篇为明清律户律中之一篇，前昔仓库之事，皆附于户律，不另立名，或曰厩库，至梁时始有仓库篇之分立，居于二十篇中之第十七篇。惟历魏齐周皆无此篇之称，隋唐曰厩库律，明律仍复仓库之名，列为户律之一篇，以与户役，田宅，婚姻，课程，钱债市廛等篇相对称，计共二十四条如下：钞法，钱法，收粮违限，多收税粮斛面，隐匿费用税粮课物，揽纳税粮，虚出通关朱砂，附余钱粮私下补数，私借钱粮，私借官物，那移出纳，库秤雇役侵欺，冒支官粮，钱粮互相觉察，仓库不觉被盗，守支钱粮及擅开官封，出纳官物有违收支留杂，起解金银足色，损坏仓库财物，转解官物，拟断赃罚不当，守掌在官财物，隐瞒入官家产，清律因之，惟删去钞法一条耳。

【仓(倉)库营业】【债】Warehouse business 为他人堆存货物及保管物件而受报酬之营业,称曰仓库营业。(参仓库条)

【仓(倉)库营业人】【债】Warehouseman 称仓库营业人者,谓以受报酬而为他人堆藏及保营物品营业之人也,仓库营业人之权利义务,除准用寄托之规定外(参寄托条),应如下列所述:(1)填发仓单之义务(第六一五条)。(2)请求移去寄托物之限制(第六一九条)。(3)有应许寄托人或仓单持有人检点寄托物或摘取样本之义务(第六二〇条)。(4)拍卖寄托物之权利与交付所余价金之义务。(第六二一条)

【仓(倉)敖】【史】谓储藏米谷之所也,敖本秦之地名,因以敖地设米仓,故竟以之为仓名,今人恒称曰仓廒。

【仓(倉)荷证书】【债】为日本名辞即我国所称之仓单也。

【仓(倉)部】【史】魏尚书有仓部郎,历朝因之。居于户部之下分为四司,而仓部为其一,掌天下之库储出纳租税禄粮仓廪之事务,置郎中一人、员外郎一人、主事三人。宋因之。元废。明有仓科之设,与仓部相等。

【仓(倉)单】【债】Dock or godown warrant or warehouse receipts 所谓仓单,乃指仓库营业人对于寄托物品,因寄托人之请求所发行之证券而言,换言之,即受寄物之收据也。日本称曰预证券。其性质在经济上乃属一种有价证券,除有禁止让与之记载时,得以背书让与第三人,立法例对于仓单之发行有二主义:(一)单券主义。(二)复券主义(详各本条)。仓单之填发为仓库营业人之义务,但以寄托人请求时为原则,仓单除由仓库营业人签名外,并须记载下列各事项:(1)寄托人之姓名及住址。(2)保管之场所。(3)受寄物之种类、品质、数量,及其包皮之种类、个数,及记号。(4)仓单填发地,及填发之年月日。(5)定有保管期间者,其期间。(6)保管费。(7)受寄物已付保险者,其保险金额保险期间,及保险人之名号。至仓库营业人亦应将上列各事项记载于仓单簿之存根(第六一六条),俾便稽查。

【仓(倉)单持有人】【债】凡实际上持有仓单之人,不问是否寄托人,皆称曰仓单持有人。(参仓单条内)

【创(創)业守文】【史】创设大业曰创业,保守其创设之大业而使不毁者,曰守文,一作守成。唐书—房玄龄传:"帝尝问玄龄曰,创业守文孰难,玄龄曰,方时草昧群雄竞逐,攻破乃降,战胜乃克,创业乃难。魏征曰,王者之兴,天授人与,既得天下,则安于骄逸,守文为难。帝曰,玄龄从我定天下,见创业之难,征与我安天下,见守文之为不易,然则创业之不易既往矣,守文之难,方与公等慎之。"

【仓(倉)廒】【史】(详仓敖条内)

【仓(倉)敷】【债】Storage 为日本名辞,即代他人保管物品而存于仓库之谓也。存物者必付若干代价,此代价称曰仓敷料,在我国名曰保管费,俗称为栈费。

【仓(倉)谷】【史】常平仓社仓等之设,在于灾荒时救赈之用,所储之谷非于一定期日不得出粜出借,且应力加保护,违者清律及例均有处罚明文:(一)州县常平等仓,谷石每年春间借出,秋后征还,务于十月内完纳造册送部,令府州亲往盘查,如州县以借粜为名,掩饰亏空,即行揭参,分别侵挪,拟罪勒追。(二)出粜虫借仓谷者,生监书役包买渔利措勒出入,地方官不实力稽查,降一级调用,故为容隐时革职,不严查囤户,亦革职。(三)歉岁出借仓粮时,该管官如借非实借,照侵盗律治罪,还非实还者,则照捏报全完例革职,上司徇庇不参降三级调用,失察者,降一级留任。(四)仓谷出陈易新时,地方官抑勒派领,降三级调用,搀和糠秕灰土者,革职。(五)出借仓谷籽种口粮未完一百石以上,州县官照承追杂项钱粮例议处,若该年因灾停缓,即归入应征年分统核完欠实数分别开参。(六)州县领价采买仓谷,初限六个月,逾限不完者罚俸一年,再限六个月,逾限不完者,革职留任(完日开复)。(七)买补仓谷:(1)未完捏报全完,州县官革职,上司徇庇不参,降三级调用,失察者罚俸一年。(2)抑派具领,暗收折色及短发价值,州县官降三级调用。(八)州县衙门食米,不得私碾仓谷,如有碾用,照侵欺钱粮例办理。(九)仓谷霉烂,州县官革职,动帑买补,限一年追赔,全完开复,一年以外赔完免罪,不准开复,三年无完,照损坏仓库财物律治罪,将家产赔缴。(十)州县交代时:(1)出粜存价未买之银,照例准其接收。(2)私行出粜,及折银移交,照例题参,留于任所买补。(3)米谷霉变,后任即行揭参,如接受出结著落,后任赔补。(十一)州县官捐资买补仓谷,每银百两,纪录一次,至四百两,加一级。

【个(個)人自由权】【宪】Right of individual freedom 为人民基本权利之一种,谓个人因促进社会之发展起见,在法律上应享有之自由权利也。此种权利之目的。乃在发展个人之知识道德与身体上之优性,但须受下列限制:(一)不妨害他人之自由。(二)不违反国家承认个人自由之目的,个人自由权之种类可分下列:(A)人身自由权。(B)居住自由权。(C)工作自由权。(D)财产自由权。(E)信教自由权。(F)意见自由权。(G)集会自由权。(H)结社自由权。(I)迁徙自由权。

【个(個)人制度】【亲】此种制度乃承认个人为国家之基础,而否认家庭为国家之单位,故曰个人制度。西方各国之亲属乃多采此制,与东方各国之采取家制者相反。

【个(個)人法益】【通】Individual legal intertest 所谓个人法益者,乃关于个人之利益为法律所保护者也。个人之利益大别之有五,即生命,身体,自由,名誉,财产等是。至于保护之方法,在刑法上为对于加侵害者处以刑罚,在民法上则为对于加侵害者课以赔偿之责任。

【个(個)人弹劾式】【刑诉】又称曰私人弹劾式,即刑事诉讼案件之提起,必须由被害人或其亲属之告诉,法院始得受理,盖即告诉乃论之刑诉方式也。

【个(個)人归化】【国私】Individual naturalization 与集合归化相对称,乃指由人民个人呈请归化而言。(参归化条)

【个(個)人权】【民总】Individual right 即广义之人格权也。(参人格权条)

【个(個)别保险】【险】Single insurance 与集合保险相对称,谓以单个之人或单个之物为标的之保险也，通常保险以此为多数。

【候人】【史】掌迎候宾客之官曰候人，为周礼夏官之属官。诗经曹风候人篇："彼候人兮，何戈与杀。"左传一宣公十二年："随季曰，寡君使群臣问诸郑，岂敢辱候人。"

【候望】【史】于国境当守备之责而防止奸徒出入之谓，其当此任者，称曰候望，与今所称之斥候相当。唐律（卷八）卫禁篇——缘边城戍之条："诸缘边城戍，有奸内入（谓非众成师旅者），内奸外出，而候望者不觉，徒一年半，主司徒一年。"

【候补推事】【组】Expectant judges; judges in Reserve　为推事之一种，与学习推事及实在推事相对称，凡经法官考试再试及格之推事，曰候补推事。（候补检察官亦同）

【候补检察官】【组】Expectant procurator; Procurators in reserve　为检察官之一种，与学习检察官及实任检察官相对称。（参候补推事条内）

【候选人】【宪】Candidate　在选举时其姓名被指定列于候选单上者，曰候选人。又采用复选制度时，其初选业被当选者，则在复选时亦称之曰候选人。

【借用人】【债】Borrower　因借贷契约而使用或消费借用物，而负有返还原物或以种类品质数量相同之物返还之义务者，曰借用人。

【借用物】【债】Thing borrowed　借贷契约之标的物曰借贷物。

【借地料】【物】Ground-rent　为日本名辞，与我国之地租同义。

【借紫】【史】紫乃礼服之章，即唐时品官所着紫色之服也，武后时举行朝廷仪式之际如紫服未准备者，可以转借，谓之借紫。事物纪原（卷一）："通典曰，唐武后天授二年八月，右羽林大将军建昌王攸宁，借紫衫金带，九月二十六日，除纳言，依旧著紫带金龟，则借紫之制，自则天时攸宁始也。"

【借贷】【债】Loan　谓一方以物或金银或其他代替物供他方使用或消费，而他方于使用后返还原物，或于消费后以种类品质数量相同之物返还之契约也。借与人曰贷与人，使用或消费人曰借用人，故又称借用人与贷与人相互间之契约曰借贷契约。借贷又分为二：(1)使用借贷。(2)消费借贷。（详各本条）

【借贷对照表】【公】Balance sheet　即将公司之贷款与借款列分为两栏以互相对照比较之表格也，或称贷借对照表。

【借补】【史】所谓借补乃借品（品乃品官之品）及调补之简称，例如遇有五品官位者任用之际，而五品官适无缺员，则暂以六品官之缺调用，一俟日后出缺，立即以五品官补之是。六部成语注解："如此员本系五品暂以六品之缺调补，后日仍以五品补用。"

【借端勒索】【史】从事于船舶检查之人，借托事端对进航之船舶，加以留难，而向船主，或船长为不法之要求，谓之借端勒索（清会典工部）。至于其他一切行动，如系意图得利，对他人所有物加以留难者，均称曰借端勒索。

【借绯】【史】绯乃红色之帛，唐制，品官之服装，四品者，为深绯，五品者为浅绯，玄宗时对一定礼式之举行，始定贷借服装之制，是曰借绯。事物纪原(卷一)："通典曰，开元八年二月，敕都督刺史卑品者，借绯及鱼袋。唐会要曰，二月二十日也，又曰，旧制，凡受都督刺史，阶未及五品，并听著绯佩鱼，离任则停，则借绯之制，自唐明皇始也。宋朝赐绯者，亦借紫而相承，不佩鱼。"

【借据】【债】Written paper for loan　债务人向债权人所立之借贷字据或收条，通称之为借据。例如甲向乙借贷一千元，甲亲立一千元借款字据给付与乙，此种字据即为借据。

【借钱局】【史】为慈善机关之一种，为对贫民融通小资本而设，又称曰因利局。借贷时仅立保证人，贷款按日或按月归还均可，如本人不能返还时，则由保证人负履行之责。

【值年旗衙门】【史】清时之八旗骁骑营之司令部曰值年旗衙门，每年以各旗之都统一人任该部之长官，谓之值年旗大臣。关于八旗之文书均须经由该大臣之手，但得选派参领章京，骁骑校，印务笔帖式等，以处理其事务。(清国行政法卷四)

【值堂】【史】清时裁判所之通译官，称曰值堂。(清国行政法卷五)

【克(尅)留】【史】谓将应行送达之物品强予抑留也。明律(卷二十三)刑律受赃篇——克留盗赃之条："凡巡捕官已获盗贼克留赃物不解者笞四十。"六部成语注解："官役抄取盗贼之赃，私自克留，不以交官。"

【克(尅)留盗赃】【史】各处军民巡捕官员如已捕获强贼盗及监守常人等赃者，应即将人赃一并解送刑事衙门，如有将赃物扣克存留者，不论有无入己之情，均应治以本条之罪。明律(卷二十三)、清律(卷三十一)刑律受赃篇，均有克留盗赃之条："凡巡捕官，已获盗贼克留赃物不解官者，笞四十，入己者，计赃以不枉法论，仍将其赃并论盗罪，若军人弓兵有犯者，计赃虽多，罪止杖八十。"清律之总注："凡军民巡捕官员，已经缉获贼犯，起有赃物，应将人赃一同解送问刑衙门审究，如有克留赃物不解官者，笞四十，还职，以虽克留尚未入己也，隐匿入己者，计其入己之赃，以不枉法论罢职不叙，仍将克留入己之赃，并解送到官之赃，通论盗罪，若守御军人及州县巡司弓兵人等，有获盗而克留赃物，未入己者，亦笞四十，入己者，依无禄人不枉法赃科罪赃虽多至三十两以上者，罪止杖八十，恕其无官责其捕盗，故轻之也，仍并赃以论盗罪如前。"

【兼任】【行】与专任(详该本条)相对立，又称兼职。

【兼任推事】【组】兼任地方法院院长或庭长之推事，兼行地方法院分院推事职务之推事，(本院)兼任高等法院院长或庭长之推事，兼行高等法院分院推事职务之本院推事，以及兼任最高法院院长或庭长之推事，均谓之兼任推事。

【兼祧】【亲】【继】Poly-adoptive; Dual-adoptive　我国旧习，对宗祧继承极为重视，故有嗣子之制，按律独子不得出为他人之嗣子，以所生不可弃也。但长房或他房不可无后，于是遂设兼祧之制以济其穷，所谓兼祧，乃指以一人兼继两房以上之宗祧而言，故兼祧并不以两支为限，而该兼祧子所生之子，自可兼承各房，且该兼祧子于本生父以后所生之兄弟，仍为同父周亲。我新民法既不认宗祧继承制度，故无兼祧之名称。

【冢子】【史】太子或长子皆称曰冢子。左传一闵公二年："太子奉冢祀社稷之粢盛，以朝夕视君膳者也，故曰冢子。"

【冢宰】【史】周礼天官之首长，曰冢宰，内统百官外均四方，以辅助天子。书经一周官篇："冢宰掌邦治，统百官，均四海。"在大学衍义补（卷五）中，丘浚氏谓冢宰与明代之吏部尚书相等。

【冢嗣】【亲】为嫡长子之别称。

【准】【通】准为準之俗字，历来制书及律例等皆用准字，惟标準则用準字。准之意义在法律上计有下列三种：(1)谓许可或赞同也，如准贡，准驳是。(2)谓比照也如准盗论，准枉法皆是。谓其罪虽与实犯有别，但准其罪，不在除名刺字之例，罪止杖一百流三千里，与实犯之科罪不同。(3)谓依据也，如公文上所用准某机关咨文云云是。

【准此】【通】准此一词，乃公文中用语，旧制之敕诰中亦有于全文之末用准此字样者，例如仰……准此是。又某机关于叙述接受与其平行之某机关之公文末亦用之，如据某某公署咨开……等由，准此应即照办……是也。与据此一词之用处不同，据此乃上级机关引叙下级机关之呈文之末所用者，例如案据某某呈称……等情据此除指令外……是。

【准贡】【史】清制，府州县学之学生（即生员）从军者，许其入国子监，谓之准贡。

【准除折耗】【史】征收租谷时，听其依正租之石数，依令扣除其仓中损耗之额数，谓之准除折耗。明律（卷七）、清律（卷十）户律仓库篇——之多收税粮斛面条："凡各仓收受税粮听令纳户亲自行概，平斛交收，作数支销，依令准除折耗。"

【准尉】【军】Officers below field rank　即少尉以下，上士以上之衔之军官，乃军人官阶之最低级者。

【准过不给赏】【史】元制对捕盗贼者，以给予奖赏为原则，如因过失而使盗贼逃逸者，若在他乡捕获其他盗贼，则其功过相抵；此时既不处以过失逸捕之罪，即其所捕别境盗贼之功，亦不给予奖赏，谓之准过不给赏。元典章（卷五十）刑部第十三篇——获贼准过不给赏条："（上略）本界失过贼人，却获别境贼徒，准折除过，其赏不须给付。"

【准驳】【史】中央官厅对地方官厅，或上级官署对下级官署所递送之呈文，如认其合乎事理或合乎定例者，则赞同之，是曰准，其反对不准者，称曰驳。

【准窃盗论】【史】非窃盗而其罪情与窃盗相类者，其处罚方法有二：一为以窃盗论，一为准窃盗论。前者为对罪情重大者加刺并适用窃盗罪之刑罚，后者为对罪情稍轻者免刺准用窃盗所应得之罪加以处罚。学海堂丛刻（第五册）之读律提纲曰："窃盗有专条其本非窃盗，而情节类于窃盗，则按其轻重，或准论，或以论，以重准轻，（中略）律中凡言准窃盗论者皆免刺，言以窃盗论者，皆不免刺，然律中言准窃盗论者多。"

【凌人】【史】关于冰之贮藏,三代以前,即已有之,周时始设专官,谓之凌人,属于周礼天官之下。

【凌虐罪囚】【史】在狱之囚各有应得之罪,若狱卒有纵肆非理,在禁欺凌虐待以至殴伤之者,应以凡殴伤论。至克减衣粮者则以监守自盗论,如因殴伤或克减衣粮因而受损或冻饿致死者,则应处狱卒以绞刑。明律(卷二十八)、清律(卷三十六)刑律断狱篇——凌虐罪囚条:"凡狱卒,非理在禁陵虐殴伤罪囚者,依凡斗伤论,克减衣粮者,计赃以监守自盗论,因而致死者绞,司狱官典及提牢官知而不举者与同罪,至死者,减一等。"清律之总注:"狱卒,是专管罪囚之人,狱禁深严惟狱卒得在其内,非特拘捕之宽紧,在其掌握即饮食起居皆凭其意向故最易纵肆。凡以非理之事加于罪囚,皆谓凌虐,有所侵犯曰凌,有所残害曰虐,凌虐所指者广,而殴伤则凌虐之甚者也,凡有殴伤,俱照斗伤论罪,克减官给衣粮者,计所减之数为赃,以监守自盗,分别首从论罪,因而致死者,不论囚罪轻重,应死不应死并绞;承殴伤克减两项而言,司狱官典及提牢官,知有殴伤克减之情,而不举者,与狱卒同罪,至死者减一等杖一百流三千里,不言不知情者,既以典狱为职,责有专司,分应稽察不容狱卒有弊,而以不知卸罪也。然实有疏忽不知者,亦难概拟同罪,似应坐以不应俟考。"同律之辑注:"殴伤致死,必因于本伤,克减致死,必由于冻馁,方坐绞罪。若伤轻未尝致命,冻馁不致殒命,别因他故致死者,则止科凡斗监守之罪。"同律之辑注:"克减,不问枉法,而坐监守者,衣粮乃官给之物非罪囚之物也,凡囚无家属供送必请官给衣粮,官之所给,皆由狱卒收掌,有所克减,非监守自盗而何,然必出自官者方是。若出于罪囚之家,则与监守不同,应问用强求索,如因而致死,则亦坐绞,克减之衣粮不同,而致死一也。"同律之辑注:"若受人嘱托得人财贿,因而凌虐者,各照嘱托枉法等律从重论,致死则依谋杀论。"

【凌迟】【史】凌迟之刑为刑中之最惨者,先绝其支体次绝其吭。唐律无此刑,虽反逆大恶,罪止于斩,故凌迟之刑实为法外也。至其开始,计有三说:(一)为始于五季之时—陆游谓五季多故,始于法外特置凌迟一条,宋初亦无此法,熙丰间,诏狱繁兴以口语狂悖者,皆丽此刑。(二)为始于宋代,文献通考刑五:"真宗大中祥符二年十月,御史台鞫杀人贼,狱具知杂王隋请脔割之,上曰,五刑自有常制,何必为此,况此贼本情已见一死足矣。"马氏(端临)按曰:"……则知法外凌迟之刑,祖宗时未尝用也。"(三)为始自元代之说,大学衍义补(卷百四)—丘浚曰:"自隋唐以来除去前代惨刻之刑,死罪惟有斩绞二者,至元人,又加之以凌迟处死之法焉。所谓凌迟处死即前代所谓凌也,前代虽于法外有应之者,然不著于刑书,著于刑事始于元。"本说认凌迟之为正式刑名乃始自元,至后世皆为法外之刑,明清亦袭用之,惟以大逆及逆伦重犯始科之耳。(参谋杀祖父母父母条内)

【凌迟处死】【史】(详凌迟条内)

【剖决】【史】谓解剖决断也。明律(卷三)、清律(卷七)吏律公式篇——讲读律令之条:"……百司官司务要熟读讲明律意,剖决事务。"

【剖断】【通】判断狱讼,谓之剖断。

【刚(剛)性宪法】【宪】Rigid constitution　为宪法之一种，与柔性宪法相对立。宪法之制定，及修改属于特别机关，而且须依照特别形式与手续者，谓之刚性宪法，美国之宪法属之，近代国家之宪法，以此类为多，又名硬性宪法。

【剥(剝)夺】【刑】Deprivation　所谓剥夺，乃指对犯罪者原有之权利，加以削除，不许其再享有之处罚而言，即此谓褫夺公权是也。

【剥(剝)夺人之行动自由罪】【刑】False imprisonment　为妨害自由罪之一，本罪即暂行律所称私擅逮捕监禁罪。刑法改以今名，范围较广，更分为二：(一)一般剥夺人之行动自由罪——本罪因私禁，或以其他非法方法剥夺人之行动自由而成立，其要件有四：(1)其手段须为私禁，或其他非法方法。(2)须为剥夺人之行动自由。(3)其剥夺之目的须以不利者为限。(4)本罪客体须为尊亲属以外之一般人。至其方法之为积极的消极的，有形的无形的，凡属非法，均包括之。本罪处五年以下有期徒刑，拘役，或三百元以下罚金(未遂罪罚之)，至因而致人于死或重伤者，比较故意伤害罪从重处断(刑法第三一六条)。(二)加重剥夺人之行动自由罪——因剥夺尊亲属之行动自由而成立，如系对直系尊亲属犯之者，加重本刑二分之一，如系对旁系尊亲属犯之者，加重本刑三分之一(其未遂罪均罚之)，若因而致尊亲属于死或重伤者，比较故意伤害罪从重处断。(刑法第三一七条)

【剥(剝)权行为】【行】所谓剥权行为，乃指国家以其权力丧失特定人之权利与能力，或消灭国家与特定人相互间之法律关系之行政行为而言，例如解散法人，褫夺勋位，撤销特许权，与废除人民之国籍等皆是。

【原本】【民刑诉】Original document or copy　所谓原本，乃指由原制作人所作之原书也，与缮本相对称，例如由推书所作之判决书而经其签名者，曰原本是。

【原犯】【刑】Former crime　犯罪者有数次犯罪行为时，称以前所犯之罪谓之原犯，例如甲将乙妻丙强奸，已构成强奸罪，后又将乙殴打重伤，则称强奸罪为原犯是。

【原因说】【刑】为因果关系学说之一，即主张仅以发生结果数个条件中之"一二条件"为原因，余皆为条件而已。又可分为数说：(1)必生原因说——以必定发生结果之条件为原因。(2)最终原因说——以发生结果之最终条件或行为为原因。(3)最有力原因说(又名复胜原因说)——以在发生各结果中对于引起结果最有力之条件为原因。

【原因关系】【票】谓所以授受票据之基本关系，换言之，即票据授受之原因也，故又称票据原因。学者间又有谓票据授受时多有报酬关系，例如发票人向受票人购买商品，因与票据以为对价，故更称之曰票据对价，或对价关系，名异而义同。按票据原因甚多，不胜枚举，前昔立法例认票据行为与原因关系相牵联，近代学说(英德各法系)则主张二者应绝对分离，盖以票据系不要因之证券，只依票据行为而生权利义务，其原因如何，概不闻问，执票人主张权利，无须证明，仅依票据文义，已可请求一定金额之给付。故票据法并无关于原因关系之规定，惟认其为普通民法上之行为而已。原因关系与资金关系不可混同，前者系关于发票人与受票人间，或背书人与被背书人间之报酬问题，易言之，即票据授受人间之关系，后者则系付款人或承兑人与资金义务人间所生之补偿问题，且仅限于汇票及支票，故与票据之授受无关。

【原有财产】【亲】Non-privileged property 与特有财产相对立，谓构成夫妻财产制之财产也，故夫妻间之财产制不论为约定制或法定制，乃以原有财产为其内容。

【原告】【民刑诉】Plaintiff 谓在诉讼判决程序中提起诉讼之当事人也，与被告相对立，在刑诉法上所谓原告乃指检察官与自诉人而言。（参当事人条）

【原告人事毕不放回】【史】所谓事毕，乃指官司业经讯问得实，被告业已招服罪名而言，此时原告并无别项待对事理，官司应即将原告放回，若故意将原告稽留在官不放者，即为淹滞矣，应即构成本条之罪。明律（卷二十八）、清律（卷三十六）刑律人命篇均有原告人事毕不放回条之相同规定。清律原文及其下注曰："凡告词讼，对得问实，被告已招服罪，原告人别无待对事理（鞫狱官司当），随即放回，若无（待对事）故稽留三日不放者，笞二十，第三日，加一等，罪止笞四十。"清律之总注："此条稽留之罪，在于无故，曰对问得实，曰已招服罪，曰别无待对事理，皆无故之罪案也，无故稽留，误其事业，故计日论罪，然但稽留而已，故罪止于笞，而笞止四十。"

【原典价】【物】与转典价相对称，转典时称第一次之典价为原典价，又出典人回赎典物时，称前此所出之典价亦曰原典价。典权定有期限者，其转典或租赁之期限不得逾原典权之价限，未定期限者，其转典或租赁不得定有期限，转典之典价，不得超过原典价（民法第九一五条第一项）。又典权定有期限者，于期限届满后，出典人得以原典价回赎典物，其未定期限者出典人得随时以原典价回赎典物，但自出典后经过三十年不回赎者，典权人即取得典物所有权。（民法第九二三一九二四条）

【原典权】【物】转典时称前此之典权，曰原典权。（参原典价条内）

【原始取得】【民总】Original acquisition 为私权取得方法之一，对继承取得言，即不基于他人既有之权利而独立取得之权利也。例如先占或因时效而取得新权利是，又有如解除条件让与权利后，复因条件成就时而回复该旧权利是。

【原物】【民总】Original thing；Substance 为物之一种，对果实言，即能产出果实之物也。例如果实之树木是，至于与孳息相对待之名辞，则曰原本，如生息之资金是。

【原则】【通】Principle；General principle；Fundamental principle 与例外相对，称对于一般事物所适用之法则谓之原则。又有对于法律原来之法则亦称曰原则者。

【原则法规】【民总】Fundamental law 与例外法规相对立，乃就法律所认之根本主义以为区别之标准，所谓原则法规，乃指与法律所认之原则相符合之法规，换言之，即就某事项于一般情形适用之法规也。例如民法规定人民享有私权，始于出生是也。

【原案】【宪】Original bill 与修正案相对称，谓于议会开会时所提出未经修正之原来议案也。故须有修正案之提出，始有原案之称呼，否则仅单称之谓议题或议案，至原案提付表决之顺序，则在修正案之后。

【原问】【民刑诉】Direct examination 谓在调查证据时由声请传唤之当事人向证人鉴定人所为之直接诘问也。又称直问，原问时：(一)不得发授意之诘问(引问)。(二)不得对该证人鉴定人之陈述加以否认之表示。(三)须就有关系之事实加以诘问。

【原诉】【民诉】原告于提起诉讼时，为保护被告利益和迅速终结诉讼起见，原则上不许原告提起新诉以附加于原有之诉，此原有之诉即所谓原诉是也，与新诉相对立。按原告之提起新诉如得被告之同意，或不甚妨碍被告之防御及诉讼之终结者，仍许为之，是为例外。又追加新诉非与原诉得行同种之程序者，亦不得为之。盖新诉之追加其目的乃在于节省诉讼之劳费，若新诉与原诉所行之程序不同，则进行反为迟缓与原来旨趣不合，故不得为之。(民事诉讼法第二四五条、第二四七条)

【原买受人】【债】Vendor or seller in the contract of redemption 因买回特约而负有卖还已买标的物之权利者，曰原买受人。与买回人处于相对立之地位。原买受人之义务。(详买回条内)

【原审】【民刑诉】Former trial 不服第一审之判决或裁定而上诉或抗告于第二审者，称第一审为原审。不服第二审之判决或裁定而上诉或再抗告于第三审者，称第二审为原审。不服第三审之确定判决而提起再审或非常上诉者则以第二审为原审，而不能以第三审为原审者，盖因第三审乃最高之审也，例如不服地方法院之判决而提起上诉于高等法院者，则以地方法院为原审，不服高等法院之判决而提起上诉于最高法院者，则以高等法院为原审是也。

【原弹劾人】【行】即提出弹劾案之弹劾人，依我国监察院审查规则之规定，审查委员对于原弹劾人所举证据认为有疑问时，得请其列席说明，或以书面答复，且于原弹劾人所举证据外得自行调查证据。(参第五条)

【原器】【行】Standard 凡以供永远保存，而为副原器或地方标准器检定之用之唯一标准之度量衡器具，谓之度量衡原器，简称曰原器。应由实业部全国度量衡局设立度量衡制造所制造之，而由工商部保管之。(度量衡法第七条、十三条)

【原谋者】【史】(详斗殴及故杀人条内)

【原籍】【民总】Native place 又各籍贯(详该本条)，或称本籍。

【原权】【通】Sanctioned right; Antecedent right 为私权分类之一种，对救济权言，又称第一权，谓单独存在而被侵害时，须由受他种权利救济之权利也。换言之，即法律上生于当然，不俟他人侵害而始存在之权利，例如物权债权皆是，原权或为相对权，或为绝对权，救济权则常为相对权。

【民总】Original right 即在继承取得时之以先权利之名称，其权利人则谓之前主。

【员(員)外】【史】额外之官曰员外，南朝时有员外散骑侍郎之设，简称曰员外郎。隋开皇时始于尚书省二十四司中各置员外郎一人，以司其曹之账簿，侍郎阙则摄其曹之行政事务。唐武后时有员外御史，李峤为吏部尚书时为强固其权势计，奏置员外官数千人，均为常职正官，与前此之为额外官者不同，至员外郎自唐以后经宋明清亦皆为正官，于各部内置之，位于郎中之次。

【员(員)外郎】【史】(详员外条内)

【员(員)录】【史】所谓员录乃指人员簿册而言，与今所称之职员录或名籍相当。晋书—慕容皝载记："学生不任训教者，亦除员录。"

【哨兵】【军】Sentry 在军队驻扎地为卫戍或任警戒之军人，谓之哨兵。(军刑法第十条)

【唐之法典】【史】汉亡，魏蜀吴三分天下，历南北朝以至于隋，除晋一代传承百余年外余皆数十年或十余年而夭亡。此仆彼继，毫无安定之时，故关于法典之编纂殊属罕见，隋亡唐兴，天下自此统一者历三百余载，法典之编纂，实集前此之大成，学者谓有唐之世，乃中国法典之集成时期，良非虚语，惟得传至今日者仅唐六典及唐律疏义而已。至于唐令则散见诸书，略可知其一二，余诸法典多已亡佚，概无可考。按唐之法典，其主要者仅律令格式，律始于萧何九章之律，历代多编纂之，其有所违，及人之为恶而入于罪戾者，皆断以律，盖即规定犯罪者所科刑罚之法典也。令亦自汉代以后为历朝所有，为关于尊卑贵贱之等数及国家之制度，盖即各种行政法令之法典也。格始于东魏之麟趾格，为关于百官有司所常行之事，盖采集官司所执行之惯行法之法典也。式则前后或称故事或称科，自汉之品式以降，西魏有大统式，隋有大业式皆是，乃关于所常守之法以补缺拾遗为主，盖即规定官司所守式法之法典也。又格有散颁格与留司格二种，前者又曰散行格，盖颁行于天下者也，后者又曰本行格，乃留于官司而不遍颁于外，此外尚有由中书颁行之法典，称曰敕，与律无大差异。降及宋代，乃有敕令格式，盖以此也。兹将唐之法典列举于下:(1)武德律令格式——计有武德律，武德令，武德格及武德式(详各本条)。(2)贞观律令格式——计有贞观律，贞观令，贞观格及贞观式(详各本条)。(3)永徽律令格式——计为永徽律，永徽令，永徽格永徽式(详各本条)。(4)唐律疏义。(5)垂拱格式。(6)神龙删定垂拱格式。(7)太极格(以上均各详本条)。(8)开元律令格式——计为开元律，开元令，开元格，开元式，及格式律令事类等(详各本条)。(9)唐六典。(10)太和格后敕及开成详定格。(11)大中刑法总要格后敕及大中刑律统类。(详各本条)

【唐六典】【史】唐六典者，玄宗开元二十六年，李林甫等所撰，起草于开元十年，经多数学者之手，至开元二十六年始成，其间盖易十六寒暑矣。初，玄宗开元十年，起居舍人陆坚被诏；集贤院修六典，上亲书六条于白麻纸，曰理典、教典、礼典、政典、刑典、事典，令以类相从，撰录以进，时张说知院，以其事委徐坚，徐坚沉吟岁余，谓人曰，坚承乏已增七度，修书有凭准，皆似不难，唯六典历年措思，未知所从。说又令学士毋煚，余钦，咸廙业，孙季良，韦述等参撰乃检前史职官，以今式分入六司，然用功艰难，绵历数载，及萧嵩知院，加刘郑兰，萧晟，卢若虚，张九龄知院，又加陆善，二十四年，张九龄罢知政事，李林甫代之，又以委苑咸，二十六年，书成上之，以上事绩，俱详唐新语，唐书艺文志，直斋书录解题等书，顾六典虽上于开元二十六年，实张九龄为相时既已成书，盖开元二十四年以前，已经大部编修也。以故唐会要一书，直称撰者为张九龄，今本六典所载五鏊序，亦云然，然天禄琳琅书目，非虽鏊序，以为没林甫之功。初六典体裁，本拟分为理典、教典、礼典、政典、刑典、事典，及撰上，一变其形，而以职官分篇，原夫六典之义，见于周官经，周官六官分治职，教职，礼职，政职，刑职，事职，各以其所守，而为六典。原来唐之官制，与周官异其组织，以故多数之法式，不能尽配于六官，遂不得已而以类相从，分配于各官焉。此则六典礼例之所以不甚明瞭也。然其以尚书六部，汇集比较的多数之法式，犹秉周官六典之意，蛛丝马迹，约略可寻矣。此书凡分三十卷，如下：卷一三师三公尚书省，卷二吏部，卷三户部，卷四礼部，卷五兵部，卷六刑部，卷七工部，卷八门下省，卷九中书省，卷十秘书省，卷十一殿中省，卷十二内官中侍省，卷十三御史台，卷十四太常寺，卷十五光禄寺，卷十六卫尉寺宗正寺，卷十七太仆寺，卷十八大理寺鸿胪寺，卷十九司农寺，卷二十大府寺，卷二十一国子监，卷二十二少府监军器监铸钱监等，卷二十三将作监都水监等，卷二十四左右卫左右骁卫左右武卫左右威卫左右领军卫，卷二十五左右金吾卫左右监门卫左右千牛卫左右羽林军，卷二十六太子三师三少太子詹事府左右春坊内房内官，卷二十七太子家令寺率更寺仆寺，卷二十八太子左右卫诸率府，卷二十九诸王府公主邑司，卷三十三府督护州。宋熙宁十年，命刘挚等，校六典，元丰元年，上之，三年禁中镂板，赐近臣及馆阁摹本，是为六典刊行之始，其后南宋绍兴四年，温州州学校教授张希亮校正，詹域镂板，尔来刊行绝希，至明正德十二年，苏郡刊行之，有户部尚书王鏊序，此为现存六典最古刊本也。其后嘉靖十三年，浙江重刊之，然简多误脱，磨灭不少，今日坊间所传，有扫叶山房刊本，及广雅书局刊本，日本则有近卫版及官版两种。

【唐明律合编】【史】计三十卷，为清薛允升所撰，现有刻本行世（徐世昌所刻）。内容为唐律与明律异同之参证，共八册。按允升字云阶，西安人，前后服官于刑部共四十年，为清末有数之刑法大家。

【唐律】【史】唐朝之律计有下列各种：(1)武德律。(2)贞观律。(3)开元律。(4)永徽律。（详各本条）

【唐律文明法会要录】【史】一卷，撰人不可考，事见四库全书总目法家类存目。

【唐律删要】【史】元吴莱所撰，共三十卷，事见倪灿所撰之补辽金元艺文志法家类，存亡无可考。

【唐律疏议】【史】唐律疏议，又简称曰律疏，唐高宗永徽三年五月，诏律学未有定疏，每年所举明法遂无凭准，宜广召解律人，修义疏，奏闻，仍使中书门下监定，参撰律疏，成三十卷，太尉长孙无忌，司空李勣，尚书左仆射于志宁，刑部尚书唐绍大理卿段宝玄，尚书右丞刘燕客，御史中丞贾敏行等十九人同撰，四年十月九日上之，诏颁于天下，凡三十卷，就永徽律十二篇五百条，加以注释，决其疑义，发挥律意,唐律得传于今日,实赖有律疏之存也。其形式如下:卷一至卷六名例律第一——凡六卷五十七条,卷七至卷八卫禁律第二——凡二卷三十三条,卷九至卷十一职制律第三——凡三卷五十八条,卷十二至卷十四户婚律第四——凡三卷四十六条,卷十五厩库律第五——凡一卷二十八条,卷十六擅兴律第六——凡一卷二十四条,卷十七至卷二十贼盗律第七——凡四卷五十四条,卷二十一至卷二十四斗讼律第八——凡四卷五十九条,卷二十五诈伪律第九——凡一卷二十七条,卷二十六至卷二十七杂律第十——凡二卷六十三条,卷二十八捕亡律第十一——凡一卷十八条,卷二十九至卷三十断狱律第十二——凡二卷三十四条。按唐律疏义自唐宋以来,以迄元明,为法曹界之准据,卒赖以保存,至今不失,有宋以后书目,盖多著之,迩来学者著书,更为之摘要,加注释,不可胜纪,试略举之如下:律音义一卷——宋孙奭撰(崇文总目直斋书录解题)唐律纂例图——元王长卿撰,唐律删要三十卷——元吴莱撰(补三史艺文志)唐律类要六卷——元梁琮撰(补三史艺文志)唐律释文三十卷——元王元亮撰①,唐律刑统赋注解——文渊阁书目一部四册,欠唐律明法类说——文渊阁书目一部一册欠,唐律棋盘抹子——文渊阁书目一部一册欠。

【唐律疏议释文】【史】元王元亮所撰,共三十卷,事见补元史艺文志法家类。按元亮字长卿,汴梁人,仕至江西行中书省检校官,今通行之唐律疏议本,卷末皆附有释文,商务印书馆铅印本亦同。

【唐律类要】【史】为元梁琮所选,计六卷,事见倪灿所编—补辽金元艺文志法家类,存亡不可考。

【唐律纂例图】【史】为元王元亮所撰,不分卷数,事见补元史艺文志法家类内。(参唐律疏议释文条)

【唐会要】【史】为宋王溥所撰关于摘举唐代政事之纲要之书,共百卷,其后因年久阙佚颇多,清乾隆帝曾诏令补充订正,体例略备,至今仍存。

【哲人惟刑】【史】明哲之贤者,采用刑罚,其轻重悉得其中,谓之哲人惟刑。书经—吕刑篇:"哲人惟刑,无穷之辞,属于五极,咸中有庆。"注曰:"言智人惟用刑乃有无穷之善辞,名闻于后世,以其折狱属五常之中正,皆中有善所以然也。"疏曰:"有智之人,惟能用刑乃有无疆境之善辞者,以其折狱能属于五常之中正,皆中其理,而法有善正故也。"

【哲理法学派】【通】Philosophical School 为法律学派之一,即以哲学眼光解释法律之历史,以理性方法说明及批评法律之现象,此派渊源最古,如 Plato, Aristotle 皆属之。降至近世,支派益趋复杂,约可分为下列三派:(一)自然法学派(嫡派)。(二)纯哲理学派(Metaphysical School)。(三)社会哲学派(Social-philosophical School)。近代学者,如 Kent, Hegel 皆为哲理法学派之代表者。

【哲狱】【史】明通讼狱之情,谓之哲狱。汉书—于定国传:"于定国父子,哀鳏,哲

① 原书为"扰",系排版之误。

狱，为任职臣。”注曰：“哀鳏，哀恤鳏寡也，哲狱，知狱情也。”

【哥伦比亚宪法】【宪】Constitution of Colombia　哥伦比亚为南美洲西北之共和国，东与委内瑞拉国相接，东南与巴西国为邻，南界秘鲁与伊瓜多尔二国，西滨太平洋，北沿加勒比安海(Caribbean Sea)，西北隅则与巴拿马国相连，全国面积共四十四万方里，人口约六百万，多为白红二种之混血种，西部多山地，东及北则为平原，原为西班牙属地，一八一九年与伊瓜多尔及委内瑞拉二国联合与西班牙宣告脱离关系，建立共和国，名曰大哥伦比亚。越十年始析为三，各自建国，而本国则名曰新加拉拿大(New Granada)，一八六三年制定宪法，始易今名，一九〇三年巴拿马地受美国之煽惑与援助与哥脱离独立建国，而国内政党又互相倾轧，国力日衰，南境与秘鲁国因边界时起争执，甚至发生战事，争端至今仍未彻底解决。其现行宪法系一八八六年八月四日所公布(曾经多次之修正)，分为二十一章，计为二一〇条，另附临时规定十五条。第一章国家及其领土，第二章国民及外国人，第三章人民权利及社会保障，第四章教会与国家之关系，第五章国家权力与公共服务，第六章国会之会议与职权，第七章法律之制定，第八章参议院，第九章众议院，第十章两院及其议员之一般规定，第十一章共和国总统及副总统，第十二章国务员，第十三章行政参议会(已废止)，第十四章总检察厅，第十五章司法行政，第十六章军队，第十七章选举，第十八章省行政及市行政，第十九章财政，第二十章本宪法之修正及旧宪法之废止，第二十一章临时规定。兹将其要点举述于下：(一)哥伦比亚改组为单一共和国，主权根本的及绝对的属于国家，领土及为领土构成部分之公产绝对属于国家。(二)全共和国之领土区域得以法律变更之，并得设置各省，或废止之，于领土之普通区域内，得因公共事务管理之必要，于每省内分设小区域。(三)得为哥伦比亚之人民为：(1)由于出生者——(A)其父或母现在或从前为哥伦比亚人或为住居于本共和国外国人之子女者。(B)哥伦比亚男子或妇女之嫡出子出生于外国而后复住居于本共和国者(如于法律上须具备出生之资格时亦视为出生之哥伦比亚人)。(2)由于本籍及住居者——(A)哥伦比亚男子或妇女生育于外国之子女而住居于本共和国者。(B)美洲之西班牙人于所住居地之市政官署请求登录为哥伦比亚人民者。(3)由于归化入籍者——外国人之归化得有入籍证书者，凡为哥伦比亚之国民及住居于本共和国内之外国人有遵守宪法及法律并服从官署之义务。(四)哥伦比亚男子年满二十一岁而从事于或种职业技术或商业或其他合法之事业者，均为公民，丧失国籍时，公民权亦同时丧失之。又凡经司法机关之判决而曾有下列之情事者，亦丧失其公民权：(1)服役于与哥伦比亚开战之国家者。(2)属于反抗哥伦比亚友邦政府之乱党。(3)因刑事起诉或弹劾之结果免去公职者。(4)在选举时为破坏诈欺或舞弊之行为者。又公民权之行使遇有一定情事，亦得停止之。(五)人民之生命名誉及财产应受保障，奴隶之制度不许存在，人民之身体及住宅非依法律不得加以捕禁或搜索，又不论何人不得强迫其于诉讼中证明自己之罪状或证明其一定亲属之罪状。不论何种刑罚非有预先禁止犯罪行为，及预定罚则之法律，命令，条例，不得加以科罚。死刑之执行仅以某种事件如战争时之谋叛罪，杀尊亲属，暗杀罪，放火罪，结队劫夺罪，海上行劫罪，以及军法上所规定之军事犯罪等为限。(六)以罗马天主教(Roman Catholics)

为国教，公共官署，须加保护，其他宗教与此不相背者亦许其存在，惟有危及公安之行为及妨害宗教之道德者则须受法律之制裁，公共教育须依国教组织并管理之，此外人民之出版自由，通信之自由，从事职业之自由，平和集会之自由，结社之自由，皆于法律范围内受一定之保障。(七)罗马天主教教会在本共和国内得自由管理内部事务，并施行关于宗教权力及宗教审判权之各种行为，惟不得享有民事上之权力，其教堂学校及僧正与教师之住宅得免缴纳租税。(八)立法权寄于国会，行政权属于共和国总统，并由国务员之协助而行使之。司法权由最高法院，上级地方法院以及由法律所设置之其他上级法院与下级法院行使之(参议院得行使特种之司法权)，不论个人或团体在平和期间不得同时寄以政治权或民事权及司法权或军事权。(九)国会以参议院与众议院组成之，于每二年之七月二十日在共和国首都开会以九十日为会期，两院之开会及闭会须公行之，并须在同一期间，其法定人数为三分之二，于政府之召集时得开临时会议，其讨论事件以政府所交议者为限，国会之职权为解释修正并废止现行之法律，决定常备军之军力，批准政府所缔结之契约与借贷之公债，通过国家预算案与决算书，于必要时征收非税，决定国币与度量衡之标准，提倡与鼓励公共信用事业及慈善事业，颁布特赦及大赦，批准政府对外所订之条约，变更领土及设定新区域等(本法第七十六条列举二十二项)。(十)法律案由国会议员或国务员于任何一院内提出之(惟设有例外)，须经每院分日之三读会通过且经每院议员过半数之赞同，并经政府之批准，始能成立而有法律效力，讨论时政府得由国务员出席参与，对于民事立法及审判手续之议案，最高法院之推事有旁听之权。议案通过后须送达政府请求批准公布，如政府不予批准者，应附以抗议书送还于提案之议院，如政府于法定期限内不将抗议书送达议院时则对该项议案必须批准及公布之，其送还者须依三读会之手续在两院再议之，如被拒绝之议决案为一部分者，则付二读会讨论之，再付讨论之议案，如经两议院议员三分二之通过，维持原案时则政府无再拒绝之权力，必须批准而公布之，否则由国会议长公布之，议案如为违宪者，而两院仍坚持原案，则应交付最高法院加以审判，如认为与宪法不背者，政府应即批准，如认为确与宪法相违反，则将该项议案送于文书保藏所。(十一)参议院以每省三人之议员组织之，其资格须为出生于哥伦比亚国而享有完全之公民权，年满三十岁，且其每年从其产业或相当职业至少须有二百元之收入者，任期为四年，并得受无限制之再选，均由省议会中选举之。参议院对于由众议院所提之弹劾案有审判之权力，此外尚有恢复丧失公民权者之宣告权，认可或否拒共和国总统之辞职，及其暂时之出离首都，允许外国军队之通过本共和国之领土，并承认政府与外国之宣战。(十二)众议院以每人口五万选出一人之议员组织之，其资格须为完全行使公民权之公民，年满二十五岁，而未受有罪之身体刑之判决者，任期为四年，并得无限制的被选连任，本议院之权力如下：(1)审查及议决普通预算。(2)提出征收租税之法律。(3)向参议院提出弹劾共和国总统，国务员，总检察长及最高法院等案。(4)审查总检察长或私人对国务员最高法院推事以及私人弹劾总检察长之案，并于认为正当时根据其罪状向参议院提出弹劾。(十三)两院议事以公开为原则，其决议及意见之发表对外不负责任，在国会会议期间及开会之前四十日内，对于国会议员之民刑事诉讼,非经所属议院之允许可,不得提起之,在现行犯罪之时,得将议员逮捕,并应即时付交所属议院处置之。(十四)共和国总统以四年为任期,其被选之资格与参议员相同,且具有下列权力,如召集国会临时会议,行使立法议案批准与不批准权,任命最高法院推事,依最高法院之推荐任命上级法院推事,免任总检察厅之检察官,监督司法行政之迅速及完全,并依法予以助力,颁布大赦及特赦,任免国务员,公布法律并监督其执行,任免省长及其他官吏,必要时以共和国陆军大元帅之名义,指导作战计划,任命外交官,接受外国所派遣之外交代表,对外订定条约,经参议院之同意对外宣布开战,缔结及批准和约,整理及指导公共教育,组织国民银行,监督全国财政,依法发给国籍证书,并行使对于公益事业之检查及监督权,于与外国开战或内乱之际,经国务员之副署,得以命令宣布戒严(于停止后应报告于国会)。(十五)共和国总统暂时缺职之时,行政长之职务以总统指定之国务员代行之,倘无指定时,则以最近于共和国首都之省长代行之,在总统永久缺职之时,其职务以在国务会议过半数所指定之国务员代行之,同时应即从事(六十日内)于代理总统之选举如任期未满之部分在一年或一年以内者,则由代理者继续代理至满任为止,但须从事于次任正式总统之选举,在新总统选举之前六月,代理总统职务之公民,不得被选为总统。(十六)行政各部长称曰国务员,其数目名称及长官,另以法律定之,其资格须与众议员相同,在国会中有出席报告政务之义务,在特种事件,得以上级行政长官之资格,在总统指导之下,行使总统之权力,并得以自己之责任,废止修正或停止其所属官吏所为之行为。(十七)总检察厅以总检察长及上级地方法院之国家律师(即检察官)及法律所规定之其他官吏组织之,其职权为保护国家之利益,辅助法律,司法判决及行政命令之执行,并监督公共雇用人之职务行为,以及公诉扰乱社会秩序之犯罪行为,总检察长之任期为三年,其特别职权如下:(1)监督服务于国家之公共官吏履行其职务。(2)在最高法院内公诉由该院审判之官吏。(3)监督国家律师(即检察官)尽心履行职务。(4)自由任免所属官吏。(十八)最高法院以推事七人组成之,任期为五年,其院长于每四年由本院选举之,推事之资格须为行使完全公民权及年满三十岁之出生于哥伦比亚之人民,并须曾在上级地方法院或从前各州法院任推事者或有五年以上之从事于执行律师职务者,或曾为各大学之法律教授者。最高法院之权力如下:(1)受理上诉之案件。(2)决定下级法院之管辖权之争议。(3)受理国家为当事人或两省间或两省以上发生异议之事件及诉讼。(4)判断政府视为违宪而拒绝批准之立法议案。(5)审判高级官吏在参议院提起之弹劾而其犯罪依法(本法第九十七条)应属于本院审理之案件。(6)受理共和国外交或领事官,省长,司法官,军队司令官,将官,及财政高级官吏之破坏宪法或法律,或在职时有劣行之弹劾案。(7)依国际法所定受理外国派遣于本国之外交官之诉讼事件,或会同此等外交官审理之。(8)受理关于海上航行或内河航行之案件。(十九)本共和国内区分为若干司法区域,每区设一上级法院,任推事者,其资格须为行使公民权之公民年满三十岁,并曾经有三年以上行使司法职权或从事法律职业信用卓著,或在公立学校教授法律学科者。推事之任期定为四年,至于其他下级法院另以法律定之。推事之资格须为行使公民权之公民,擅长法学及享有善良之名誉者。(二十)法律得于刑事案件,规定施行陪审制度，对于商事案件得设置商事法院，对于各省官吏之行政行为之损害私人之案件，得设立行政法院。（二十一）哥伦比亚人民有持武器防护国家独立之义务，国家置常备军以供防守国防之用，军队非议事团体，除有合法机关之命令外，不得集会，除关于军队公益及道德之事件依照军法外并不得上书请愿，军人在现役时及关于现役之犯罪，以军法会议或军事法庭依陆军治罪法审判之。（二十二）公民之能诵读书写或有每年五〇〇元之收入或值一五〇〇元之不动产者得选举总统及直接选举众议员，各公民对于市议会及省议会议员亦有直接选举之权。（二十三）各省划分为郡，各郡更分为市区，每省设省议会，于每一二〇〇〇人选出一议员组织之，每二年在省之首府开会议定预算案，及决算案，并制定一切必要法规，又置省长一人，以中央行政代理人及省行政高级官吏之资格，行使行政职权，其任期为三年（得受再任，）每市区设一市议会，为市区之议决机关，其行政首长曰市长，具有省长代理人及人民代表之两重资格。（二十四）下列财产属于哥伦比亚共和国：(1)在一八八六年四月十五日属于哥伦比亚联邦之地产，收入，土地，贵重物，权利及企业。(2)从前属于各州而现在以其所有权寄于国会之旷地，矿产及盐业，但第三人从各州或以偿金从国家取得之权利不得损害之。(3)从国家领土觅得之金银铂及宝石各矿，但由前此法律所授与于发见人或搜寻者之权利，不得损害之。行政各部须于每二年制备各该本部之支出预算交付财政部，由该部制成总预算，提出于国会，不论何项公款非经国会，或省议会或市议会之预先通过不得支出之。（二十五）共和国之宪法得因市议会之过半数之请求由国会或行政部以是项目的之明文召集国民会议修正之。国民会议以按照人口每一万人选出一人之委员组织之，会期为三十日（必要时得延长之），宪法修正案仍依制定法律之同一方法讨论并表决之。国民会议召集时，前届之国会即须终止，并由国民会议自第一次开会起至前届国会之宪法所定会期之末为止，代理立法之职务。

【圃田】【史】薮之谓也。周礼："河南曰豫州，……其泽薮曰圃田。"郑注："圃田在中牟。"水经之注曰："圃，田泽，多麻黄草，诗所谓东有甫草也，东西四十余里，南北二百里许，中有沙冈，上下二十四浦，津流迳通，渊潭相接。"

【城内街巷走车马】【史】城市街巷为人丛集中之地，若无故驰走车马，必易演成死伤事件，故为法律所禁止。明清律均有车马杀伤人之条。唐律（卷二十六）杂律篇有城市街巷走车马条之设："诸于城内街巷，及人众中，无故走车马者，笞五十，以故杀伤人者，减斗杀伤一等（杀伤畜产者，偿所减价，余条称减斗杀仅一等者，有杀伤畜产并准此），若有公私要速而走者不坐，以故杀伤人者，以过失论，其因惊骇不可禁止，而杀伤人者，减过失二等。"疏议曰："有人于城内街衢巷衖之所，若人众之中，众谓三人以上，无要速事故，走车马者笞五十，以走车马，唐突杀伤人者，减斗杀伤一等。注云：杀伤畜产者，偿所减价，余条称减斗杀伤一等者，有杀伤畜产并准此，谓下条向城及官私宅，若道径，射放弹及投瓦石，施机枪，作坑井，杀伤人者减斗杀伤一等。若以故杀伤畜产，并偿减价之类，公私要速者，公谓公事要速，及乘邮驿，并奉敕使之辈，私谓吉凶疾病之类，须求医药，并急追人而走车马者不坐，虽有公私要急而走车马，因有杀伤人者，并过失收赎之法，其因惊骇力不能制而杀伤人者，减过失二等，听赎，其铜各入被伤杀家，若杀伤祖父母父母，并同名例律过失杀伤祖父母父母法，因惊骇不可禁止，得减二等者亦同减例。”

【城楼窝铺】【史】城池之楼屋以及附近之窝处铺所，皆为防守城池警备非常而设，大明令兵令篇设有城楼窝铺之条：“凡各处城楼窝铺腹里，有军城池每二十丈置一铺，边境城池每十丈置一铺，其总兵官随机应变增置者，不在此限，无军处所有司自引设置，常加点视，毋致疏漏损坏，提调官任满得代相沿交割，违者治罪。”

【埃及法】【通】Egyptian Law 埃及在非洲东北隅，处于尼罗河(River Nile)之下流，包括亚洲之西奈(Sinai)半岛，东隔红海与亚拉伯相望，北滨地中海与土耳其相对，西与南均为陆地，全面积共三十五万方里，而实际受政府之支配者，则仅一万余方里耳。人口约一千三百万，多为闪族(Semites)奉回教者居多数，多卜居于尼罗河两岸。按埃及历史甚古，而文化亦为古代各国之鼻祖，皆受尼罗河之赐。在西历纪元前三四〇〇年即有孟尼斯王(Menes)之崛起奠都于尼罗河下游之孟非斯(Memphis)传十一朝至底比斯王，为埃及文化最盛之时期。在纪元前二一〇〇年之顷，为阿拉伯之游牧人民所占据，旋有阿美斯者，起而驱逐之。至纪元前一四〇〇年间，埃王 Seti 及 Ramses 父子执政，亚洲之西南部亦为所据，武功彪炳，盛极一时，不久势衰，旋为亚述国所并。其后有 Pasniatik 王兴，埃及复独立，是为第二十六朝，至西历前五二五年复见灭于波斯，三三二年，又为马其顿王亚力山大所征服，埃及北部之亚力山大利亚城(Alexandria)即于此时所建，乃一埃及与希腊二国文明相接触之中心，亚力山大王殁后，其总督仆多黎曼司(Ptolemaios)称王其地，纪元前三年为罗马所灭，而直属于罗马，纪元后六四一年为亚拉伯之奥玛(Omar)之部将所攻克，亚历山大利亚城所藏之图书尽为所焚，此后埃及遂沦为回教人之臣民。一二五〇年起土耳其人逐渐侵入，一五〇〇年以后全为土人所征服，一八三九年埃及复与土国抗战，卒因英奥之助土，不敌而英人之势力，即随之而侵入。及苏彝士运河之主权为英所取得之后，埃及国之财政已为英人所操纵，一八八一年，埃及人民起兵与英抗战，结果英人遂攫得埃及之政权。大战时为英之保护国，一九二二年名义上成为独立国，惟英人势力依然存在，现为君主立宪政体。其法系之开始亦与宗教有关，不能区分，其法律相传为 Hermus 所传授之 Menes 法典为其原始，内容如何今已不可考，惟历来君主或国王均享有巨大权力，法律之制定与执行，皆出其手，即政治上一切亦为君主所操纵。社会中亦有阶级制度之区分，如僧侣为其最高者，武士次之，占全国人口四分之一，平时从事耕种，战时身临战地，冲锋陷阵，于埃及国势之扩张与继续，著有勋功，其所领土地皆免纳税，最下者为平民，有农、工、猎者及游牧者之区分。关于法律之制定，最显著者为仆多黎曼斯 Ptolemaios 时代(纪元前二三〇年左右)之立法，是项法律乃集前此数世纪之国王所颁行之法令而成，近世所仅传之 Decree of Horemheb at Karnak 即其一种，内容为关于地主压迫农民时定处罚之规定，在仆多黎曼斯时代与罗马直转时代，均以此法为埃及之固有法，关于古时法院之组织，其得而考者，有所谓 Vizier's Court 及 The Great Genbet or Board of Judges(Assize) 前者为王室所派之法官所组成，后者则为封建诸侯所遣派之人员所组织，在第二十朝时，以 Thebes 为京都，有由国王所特派之特别委员所组织之法庭,以审理关于盗掘墓陵之案件为任务。至于刑制死刑多用悬吊,此外又有劓刑(Nose-cutting),驱逐出境(Banishment to the Mines),杖打(Bastinado)等刑。民事方面,继承多基于母系,以当时埃及之母系中心论极为流行,而婚姻亦仅系一种许诺,无绝对拘束之效力,兄弟与姊妹间之婚姻视为常事,而以王族中尤为盛行,妾或姘妇之地位与正妻相等,每称曰 Sisteri(Snet)。近代埃及因历受回教法系之影响以及列强之压迫,故其司法制度可分为四种,其中之二种仅适用于埃及人民,又其一亦仅适用于外国侨民,其他一种则适用于外国人并于或种案件亦适用于埃及人民。埃及前为土耳其所辖,因对外不平等条约之关系,遂使外人之刑事上为被告之案件,及民事上双方当事人均属于同一国籍时之案件均不受埃及本国法院之管辖,而由该外国之领事审理之。在一八七六年二月间经前此八年久之谈判,特设一混合法庭(Mixed tribunals)以埃及及外国之法官联合组织之,对于埃及人民与外国人民间之民事案件以及外国人之不同国籍者相互间之民事案件,得行使管辖之权,所适用法律多以拿破仑法典及若干回教法律为根据,审理时之用语,兼用英文、法文、意大利文以及亚拉伯文,此项混合法庭所适用之法律,因均须获得欧人之同意,故混合法庭实际上实兼有立法权之作用(Legislative function)。至于仅适用于埃及人民之司法制度,则直接受埃及国中央政府司法部之监督与指挥,该部自一八九〇年起置有英籍顾问一员,权力颇大。执行法律机关分为下列二类:(1)The Mehkemehs。(2)固有法庭(Native tribunals)。前者又称曰客特司法庭(courts of cadis),对于一切人事案件如婚姻,继承及监护等有管辖权,均适用以可兰经(Koran)为根据之法律,在埃京开罗所设之客特法庭,其 Grand cadi 应由 Hanifis 教派中选举之,其余陪席人员则由其他四个教派中选出,至于各处之客特司法庭,法官多由 Azhar 大学中选拔充任,此系就回教徒方面而言,其他宗教徒之关于人事诉讼案件则多由其教主自由依其教条审理之。第二种为固有之法院,其民刑事件之审理,于一八八四年起即以仿用法国式之法律替代之。在一九〇四年中曾加修正变更,除关于不服法律点而上诉外,其余刑事案件之上诉制度,均行废止,且增设高级法院(Assize Courts)而其判决亦为最后的,不得上诉,同时刑法典亦彻底修正,论者每谓此为埃及法官之初次适用优良之法典以审判其案件,斯言诚非过当也。最下级法院为简易法庭采独任审判制,其上者为初审法院(Courts of First Instance)审判时采三人之合议制,其上更有高级法院,在首都开罗则设有一最高法院(Court of Appeal),又为监视及指导简易法庭及初审法院之审判起见,特设一司法监察委员会以任其事。关于刑事案件之公诉,于全国设一总检察长(Procurer-General),而于各级法院中均配置总检察长之代理人,指挥警察执行公诉职权,惟在一九〇四年则另于 Markak 区内特设之法院界其地方长官以审理轻微罪案件之权,而行使公诉之权,则直接赋与警察机关,此外对于少年之犯罪案件,特于国内增设若干之幼年法院(Juvenile Courts),办理其事。埃及宪法曾于一八八三年五月一日公布分为十章,共五十五条,仅系关于立法机关之规定,第一章总纲,第二章省议会,第三章省议会组织法,第四章立法院,第五章立法院组织法,第六章总议会,第七章总议会组织法,第八章参政院,第九章暂行条文,第十章通则。至一九三〇年十月二十二日始公布一新宪法,计分为七编，共一百五十六条，第一编国体，第二编埃及人民之权利，第三编权力——第一章总则，第二章国皇及大臣，第三章国会，第四章司法权，第五章省议会及市议会，第四编财政，第五编军队，第六编通则，第七编终结及暂行条文。（按此宪法即现行宪法，惟已于一九三四年十一月三十日由国王佛雅德一世下令废止，而众议院亦同时奉令解散）。兹将本宪法之要点举述于下：（一）埃及为独立自主之皇国，主权不得分裂，不得让与，且为君主立宪政体。（二）埃及之国籍另以法律定之，人民在法律上一律平等，无种族语言或宗教之区分，公权及私权同等享受且负担同等之公共义务，个人自由应予保障，人民身体及住居，财产，信函，电报，电信等自由，非依法律不得加以侵犯，信教绝对自由，思想及言论并刊行出版教育等依法亦享有自由之权。青年男女应受初等强迫教育，公立学校为义务教育，人民之集会结社在一定范围内不受干涉，人民对于官署有诉愿之权，惟以团体名义诉愿者则以公署及法人为限。（三）一切权力出自国民，其行使方法概依本法之所定，立法权由国皇会同参议院众议院行使之，法律创制权属于国皇及参众两议院，但制定财政法之权则专属于国皇。法律非经国会通过及国皇批准不得公布，公布经三十日后视为到达全国（惟此项期间得以命令缩短或延长之）。行政权依本法之规定属于国皇，司法权则由各级法院行使之，各法院之判决，依法以国皇名义宣告及执行之。（四）埃及国皇由穆罕默德阿里（Mohamed-Ali）朝统世袭之国皇为国家最高元首，有批准及公布法律之权，有制定法律施行法之权，有解散众议院之权（惟设有限制），有召集国会非常会议之权，于国会闭会期内或在众议院解散期内，必须采取紧急处分时，有颁布与法律相等之命令之权（惟设有例外规定），有颁发文武职衔，及一切勋章旌表之权，有依法颁特赦及减刑之权，有铸造货币之权，又在原则上有宣布戒严，统制陆海军队，任免军官宣战媾和，及对外缔结条约之权，有任免内阁各大臣，外交官吏（由外务大臣呈请之）之权。（五）国皇如无合法之继承人时，经国会议员三分之二通过，得指定其继承人，如国皇出缺无合法继承人，亦无依上述程序指定继承人者，两院应即召集联席大会另行选举，自国皇薨逝时至嗣皇或摄政宣誓时止，宪政职权以埃及人民名义由内阁会议负责行使之。（六）国皇行使职权由其内阁为之，内阁乃总揽全国事务之机关，凡临朝皇族及非埃及人民均不得充任内阁大臣，国皇命令有关于国务者须经内阁总理及主管大臣副署方生效力，各部大臣对于政府一般政策应对众议院连带负责，关于各部事务则由主管部分别负责。各部大臣有列席两院之权利与义务（须同时为该院议员者始有表决权），众议院如以过半数之表决，宣布不信任内阁时，内阁应即辞职，如系单独对某一大臣时，该大臣应即辞职，各大臣在职时如有违法行为，仅得由众议院弹劾之，如有犯罪行为仅得由特别法法庭审判之。特别法庭以十六名之法官组成之，其中八人由参议院就其议员中抽签选定，余八人则由最高法院就其资深之法官中选定之，并以最高法院院长为主席。特别法庭得适用刑法典及大臣犯罪之特别刑律，但该种刑律不得处治有期徒刑或无期褫夺公权以外之刑罚，受特别法庭处刑之大臣，须经众议院之同意方得特赦。（七）国会由参议院与众议院组织之，参议院以议员一百人组织之，其中由国皇任命六十人，余四十人则以复选方法选举之，均于每五年改选一半，任期均为十年，参议长由国皇任命之，任期二年，并得连任，议员之资格除依选举法所规定之条件外尚须年满四十岁者，并须曾任一定之职务，如大臣，次长，驻外公使代表，高等法院法官检察官，法学，神学及宗教团体之高级领袖，众议院议长及十年以上任职之众议员等。众议院由议员一百五十人组织之，由各省各市依复选方法选举之，其资格除依选举法所规定之条件外，年龄须满三十岁，任期均为五年，议长由每次常会开始时，就议员中选举之，并得连任。(八)国会设在开罗(Cairo)，议员代表全国国民。一人不得同时兼任参众两院议员，亲王及贵族得被任为参议员，但无被选举为参议员及众议员之权。每年十二月第三星期六以前由国皇召集常会，其会期至少为五个月，两院集会同时行之，会议时以公开为原则，非有过半数之出席不得表决，除必须特别大多数情形外，表决以出席中过半数之同意行之，可否同数时，作为否决。议员在院之言论，原则上应受保障，除为现行犯外，非经其所属议院之许可，不得加以逮捕，议员之改选于满任前六十日内举行之。两院得由国皇召集联席大会，开会时以参议院议长为主席，国皇对众议院有解散之权，众议院被解散时参议院应即停止会议。(九)行使司法权之法院，其管辖及其职权由法律另定之，审判时仅受法律之节制，国家任何权力不得干预诉讼，审判时以公开为原则，对于刑事被告应为之选定辩护人，关于法官之任命，保障，以及检察官之任命均以法律另定之，军事法院之组织及职权等，亦另以特别法规定之。(十)省、市、乡为公法法人，由省议会及市议会代表之，其组织与职权及其与国家各治权之关系应依照本宪法所规定之原则另以法律规定之。(十一)赋税非依法律不得设定，变更，或废除之，除法律规定外不论何人均不得免除纳税之义务，凡为开采本国自然富源之特许或公益事业及一切专利，须依据法律始得准许，并须规定其期限，凡铁道路线、公路、运河沟渠或其他灌溉工程之创设或毁除，有关一省以上者以及国家产业之无偿让与，必须事前得国会之同意。国家总预算之收入与支出，应交付国会审议先由众议院讨论议决之，财政主管机关应将上年度之决算于每次常会开始时呈送国会核准之。(十二)军队之额数，招募，与组织以及军人之权利与义务并各项警察之组织及其职权，概以法律定之。(十三)埃及以回教为国教，以亚拉伯语为国语，以开罗为京都。(十四)政治犯之引渡，除国际协定有关维持社会秩序者外，一概禁止。(十五)寺院除直接归寺院主管外，所有教堂概关于国内之宗教事项统由国皇依照法律掌理之，法律无规定者，依现引习惯，Eloghar 大学校长及回教与非回教之教主仅得由国皇任命之。(十六)本宪法之施行不得妨害埃及对外所负义务及外人在埃及按照法律条约上或公认之习惯上所取得之权利。(十七)本宪法除战时依照法律之规定，得暂行停止外，不得因任何理由中止施行，国皇及两院均得提议修正宪法〔惟有例外四：(1)关于代议制，皇位继承顺序，及本宪法所保障之自由平等原则之规定不得提议修正。(2)本宪法施行后之十年以内不得提议修正。(3)在摄政时期对于国皇权利不得提议修正。(4)对于一九二二年第二十八号前副皇 Abbas Hilmi Pacha 财产清算及权利限制法，应认为有宪法之性质不得提出修正案〕。(十八)本宪法适用于埃及皇国惟不得妨害埃及国皇(Sudan)所有之权利。(十九)除将来另有法律之规定外，国会两院对于预算案某项之决议彼此意见不能一致时，由两院召开联席大会以过半数之同意议决之。(二十)凡日报或定期刊物对于风化有重大妨害，或以虚伪新闻激烈文字，或以其他煽动方式，为挑纵或蔑视宪法所定之秩序以煽乱公共安宁者，高等法院依检察处之请求，毋须提起刑事诉讼，得依秘密之裁决，令其停版一个月至三个月(此项规定为暂行条文，如经行政当局之建议，得以法律废止之)。

【埋藏物】【物】Treasure-trove 即永年埋设于他物之中，而不知属于何人所有之动产也。埋藏原因有二：(1)由地震或其他事变而埋藏者。(2)由所有人自由意思所埋藏者。后者自属埋藏物，前者有被否认之说，但法律上仍以埋藏物论，埋藏物之发见亦为动产所有权取得方法之一，故为天然方法而非法律行为，埋藏物之要件有三：(1)须有埋藏之事实。(2)须其物之所有人不分明。(3)须为永年埋没者。我国民法对埋藏物所有权之取得其情形有三：(1)在自己所有物之动产或不动产中(即包藏物)发见埋藏物，而占有者，则取得其所有权。(2)在他人所有动产或不动产中(即包藏物)发见埋藏物者，则发见人与该包藏物之所有人各取得埋藏物之半(第八〇八条)。(3)发见埋藏物足供学术艺术考古或历史之资料者，其所有权之归属依特别法之规定。(第八〇九条)

【埋藏物发见人】【物】Discoverer of a treasure-trove 即发见埋藏物品而占有之人。(参埋藏物条内)

【奚官】【史】奚官亦有二义：(一)养马之官曰奚官，晋代称为奚官督。(二)宦官亦称曰奚官，南朝及隋有奚官署，掌宫人之疾病，罪罚，丧葬等之事，至唐更曰奚官局，属于内侍省。

【奚官奴】【史】奚官为养马之官，其付与奚官为奴者，则称曰奚官奴，大学衍义补(卷百三)：“晋武帝时，有邵广者，坐盗官物，当弃市，其二幼子宗云挝登闻鼓，乞恩求自没为奚官奴，以赎父命，议者欲特听减广死罪，为五岁刑，宗等付奚官为奴。”

【奚官局】【史】(详奚官条内)

【奚官督】【史】(详奚官条内)

【奚官署】【史】(详奚官条内)

【夏之赎刑】【史】夏之赎刑将五刑分为三部，死罪为千锾，中罪为五百锾，下罪仅二百锾。路史后纪一夏后禹纪：“罪疑从轻，死者千锾，中罪五百，下罪二百。”按路史乃宋罗泌所撰者，为后世之作，故不能保其必确，仅可以之为参考资料而已。

【夏官】【史】周置六官，以司马为夏官，掌邦政(即军政及警察等事务)，其长官曰大司马，次官曰小司马，下置各种补助机关，共有六十。

【夏税秋粮】【史】依明律(卷七)、清律(卷十)——收粮违限条之规定，征收租税分为夏秋二期，小麦为夏税之税物，五月十五日开仓，七月末日齐足，以粮末为秋量之税物，十月初一日开仓，十二月末日征收齐足，若夏税齐足期限逾越至八月末日，秋粮齐足期限逾越至次年一月末日，则税务长官，佐贰首领以下及欠粮人户，各以十分为率，一分不足者，杖六十，每一分加处一等，杖百为止。

【夏台】【史】夏代监狱之名，夏桀囚汤于夏台。史记夏纪："桀召汤，囚之夏台。"其地即今河南巩县之西南。

【娉财】【史】旧制，婚姻契约之成立，必须娉财，始受保障，古时之娉财即所谓纳征（一作纳币）是也。其数目若干并无限制，酒食之类，不得视为娉财，如以钱财为酒食者则与娉财同。唐律（卷十三）户婚篇——许嫁女报婚书之条："……虽无许婚之书，但受聘财亦是。"其下注曰："娉财无多少之限，酒食者非，以财物为酒食者，亦同娉财。"明清律户律婚姻篇——男女婚姻条亦有类似之规定。（参男女婚姻条内）

【宫（宮）】【史】为古代五刑之一种，即将男女生殖器割闭之刑也，乃肉刑之一。书经—吕刑孔安国注："宫，淫刑也，男子割势，妇人幽闭，次死之刑。"郑康成疏："伏生书传云男女不以义交者其刑宫，是宫刑为淫刑也。"周礼秋官—司刑—郑康成注："宫者丈夫则割其势，女子闭于宫中，若今宦男女也。"按宫刑在汉仍有用之者。史记文帝纪注："文帝除肉刑，而宫不易。"张斐注："以淫人族类故不易之。"惟汉景帝元年之诏则谓："孝文皇帝，除宫刑，出美人，重绝人之世也。"又汉书陈忠传："忠请除蚕室刑。"由此观之，宫刑之在汉或系一时废除而复用也，按宫刑乃对于淫罪而设。书经吕刑—宫僻疑赦之注："宫，淫刑也，男子以药腐去其势（睾丸），女子掩闭人精之道。"汉书—张安世传："蚕室，谓腐刑也，凡养蚕者，欲其温而早成，故为密室，畜火以置之，而新腐刑，亦有中风之患，须入密室乃得全，因呼为蚕室耳。"（男子之宫刑附注）目耕帖："椓窍之法，用木槌击妇人胸腹，即有一物，坠而掩闭其牝户，止能溺便，而人道永废矣，是幽闭之说也。"按女子之宫刑，在东汉光武二十八年及三十一年均下诏凡死罪之囚均免其死而入蚕室处以宫刑，其后此例甚多（后汉书明帝纪章帝纪等）。又女子之宫刑有谓系幽闭宫中者，如白虎通之五刑篇："宫者，女子淫，执置宫中不得出也。"此项事例如列女传—辩通篇齐威虞姬传所载："周破胡恶，虞姬与北郭先王通，王疑之，乃闭虞姬于九层之台，而使有司即穷验问。"

【宫（宮）人】【史】为周礼天官之属官掌王寝及主服御之事。周礼—天官之属宫人："掌王寝兼主服御之事，礼记则谓之司宫。"

【宫（宮）内外行夜】【史】在宫内外于夜守更护卫者，若有犯法，其主司有监督之责，如有不觉，应予治罪。唐律（卷八）卫禁篇有宫内外行夜条之设："诸宫内外行夜，若有犯法，行夜主司不觉，减守卫者罪二等。"疏议曰："宫内外行夜，并置铺持更，即是守卫者，又有探更行更之人，此行夜者，若当探行之处，有犯法者，行夜主司，不觉，减守卫者罪二等，谓上条阑入及越垣，守卫不觉减二等，注云，守卫谓持时专当者，行夜主司不觉犯法，皆减此持时专当人罪二等。"

【宫（宮）内忿争】【史】禁城以内为宫殿，尊严神圣，莫可伦比，如在其内逞忿相争者，是谓不敬，应构成本条之罪，其是非曲直皆所不问，均应治罪。明律（卷二十）、清律（卷二十七）刑律斗殴篇均有宫内忿争条之设，原文相同，清律之规定及其下注："凡于宫内忿争者笞五十，（忿争之）声彻于御在所，及相殴者，杖一百，折伤以上，加凡斗伤二等，(若于临朝之)殿内，又递加一等(递加者，如于殿内忿争者加一等杖六十，其声彻于御在之所，及殿内相殴者，加一等杖六十徒一年，至于折伤以上，加宫内折伤之罪一等，又加凡斗伤罪二等，共加三等，虽至笃疾，并罪止杖一百流三千里。至死者，依常律断，被殴之人虽至残废笃疾，仍拟杖一百收赡，笃疾之人与有罪焉，故不断财产养赡)。”清律之总注：“至尊所御以燕幸者曰宫，所御以临朝者曰殿，宫殿深严之地，臣下当和顺敬慎以供职事，岂可逞忿相争，故凡于宫内忿争者并笞五十，以其不敬也。忿争之声彻于御在所，及相斗殴者，并杖一百，以其益无忌惮也。相殴而至折伤以上，如折一齿一指以上，加凡斗伤罪二等，以其既无畏惮，又损伤于人也。若殿内忿争者，声彻御在所及相殴者相殴折伤以上者，各照宫内之罪递加一等科之，本注甚明。”

【宫(宫)刑】【史】(详宫条内)

【宫(宫)坊】【史】为太子属官之称，乃指青宫及春坊而言，南史—徐勉传：“子悱字敬业，幼聪敏，能属文，位太子舍人，掌书记，累迁洗马中舍人，犹管书记，出入宫坊者历稔，即古朝报，文言曰邸抄。”

【宫(宫)门等冒名守卫】【史】在宫城门皇城门守卫者，不得以非应守卫人冒名自代及以他人代之，违者处罚。唐律(卷八)卫禁篇设有宫门等冒名守卫条：“诸于宫城门外若皇城门，守卫以非应守卫人，冒名自代及代之者，各徒一年。”疏议曰：“谓宫城门外队仗，及傍城助铺所，若朱雀等门，所有守卫之处，以非应守卫人，冒名自代，及代之者，各得徒一年。”同条又曰：“以应守卫人代者，各杖一百，京城门，各减一等。”疏议曰：“谓以当色下直，非当上之人自代及代之者，各杖一百，京城门各减一等者，谓明德等诸门，非应守卫人自代，从一年徒上减一等，以应守卫人自代，从一百杖上减一等。”同条又谓：“其在诸处守当者，各又减二等，余犯应坐者，各减宿卫罪三等。”

【宫(宫)省】【史】为宫中之官署，在宫禁中所设之尚书省与中书省。谓之宫省，后汉书：“幸宣德殿，见宫省官属。”晋书—裴楷传：“以楷为吏部郎，转中书省，出入宫省。”

【宫(宫)殿作罢不出】【史】丁夫杂匠在宫殿内工作完竣，应出而不出者，应加处罚，以杜奸宄，明清律均有宫殿造作罢不出条之规定。唐律(卷七)卫禁篇宫殿作罢不出条：“诸在宫殿内作罢而不出者，宫内徒一年，殿内徒二年，御在所者绞(辟仗应出而不出者亦同)。”疏议曰：“在宫殿内作罢者，丁夫杂匠之徒，作了而作，应出不出者，宫内徒一年，殿内徒二年，御在所者绞。若有辟仗应出者，并即须出，有不出者，得罪与御在所同。”同条又谓：“不觉及迷误者上请，将领主司，知者与同罪，不知者各减一等(辟仗主司，搜人不尽者各准此)，若于辟仗内误遣兵杖者，杖一百。”(弓箭相须乃坐)

【宫(宫)殿门无籍】【史】应入宫殿门者皆有籍，无籍而入者，应予治罪。唐律(卷七)卫禁篇设有宫殿门无籍之条：“诸于宫殿门无籍，及冒承人名而入者，以阑入论，守卫不知冒名情，宫门杖八十，殿门以内，递加一等。”疏议曰：“应入宫殿，在京诸司皆有籍，其无籍应入者，皆引，其无籍不得人引，而诈言有籍，及冒承人名而入者，宫门徒二年，殿门徒二年半，持仗者各加二等，守卫，谓持时专当亲主籍者，应入者唱名，始过，不知冒名情者，不识其人，无心私许，宫门杖八十，殿门以内，递加一等，但云不知冒情，不云不知无籍诈入者，但冒承人名，有所凭据，人难识尽，是故罪轻，无籍而入者，准阑入不觉故纵法。”

【宫（宮）殿门擅入】【史】皇城（即紫禁城）及其四门为御禁之所，禁苑乃禁中之苑囿，宫门如乾清等宫之门，殿门如奉天等殿之门，以及御膳所御在所等皆不准擅入或无门籍者出入其间，违者构成本条之罪。明律（卷十三）、清律（卷十八）兵律宫卫篇——宫殿擅入条："凡擅入紫禁城（明律为皇城）午门，东华门，西华门，神武门（明律为玄武门）及禁苑者，各杖一百，擅入宫殿门杖六十徒一年，擅入御膳所及御在所者绞，未过门限者，各减一等，若无门籍，冒名而入者，罪亦如之，其应入宫殿之人，未著门籍而入或当下直而辄入，及宿次未到而辄宿者，各笞四十，若不系宿卫应直，合带兵仗之人，但持寸刃入宫殿门内者绞，入紫禁（明律原文为皇城）门内者，杖一百发边远充军，门官及宿卫官军故纵者，各与犯人同罪，失觉察者官减三等，罪止杖一百，军又减一等，并罪坐直日者。”清律之辑注："首节泛指不应入而擅入其中有故入者，亦必有无知误入者，次节冒名而入则皆故入矣，而论罪无过误之分，盖近之地，虽误亦不得轻也。三节则言应入入内，亦有不合入之处，故罪止于笞。四节持刃入者，曰宫殿门内，曰紫禁城门内，又不言未过门限者，诸注谓照首节擅入罪科之非也。推但持刃句语意，则当以持刃为重，岂得以未过门限而轻之，况入紫禁城门内已得军罪，未过宫殿门限，止照擅入杖一百乎。持刃未过宫殿门限，合减一等依入紫禁城门内边远充军，未过紫禁城门限，合减一等满徒庶合律意，末节承上四节言，失察减三等，罪止杖一百者照以上笞杖徒等罪，各减三等科之，即充军与绞，亦止杖一百也。”同律之总注："紫禁城，宸居之地，理应严肃，各门及禁苑，亦应防范，非直宿守卫官军，不得无故而入，有擅入者，各杖一百，门苑犹远，宫殿益严，擅入者杖六十徒一年。御膳所，则供造玉食之处，御在所，则至尊临幸之处，地尤严重，擅入何为，故绞。以上三项，皆指已入门限者言，若虽至门未过门限者，各减一等，禁城门苑杖九十，宫殿杖一百，御膳御在所杖一百流三千里。门籍无名之人，妄冒有门籍人姓名，而入紫禁城，并各门禁苑宫殿门及御膳御在所者，罪亦如之，冒入犹擅入也，悉照上节擅入与未过门限，分别科断。以上擅入冒入，皆指不应入者言，其应入宫殿之人，虽不在禁限，亦必已著门籍，应上直应入宿，而后可入，若未著门籍而入，或当不直之期，及未到宿次之日，而辄入辄宿者，各笞四十，惟宿卫应直，合带兵仗以备非常，若不系宿卫之人，但持寸刃入宫殿门内者绞，入紫禁城各门内者，杖一百发边远充军，统承上言，守门官员及宿卫官军，知情故纵其人而不问者，各与擅入冒入未著门籍等入刃入，各项犯人同罪，至死减流，失于觉察者，减所同罪三等，罪止杖一百，军人责轻于官，又减一等，通减四等，罪止杖九十，宫卫有上直下直之分，并罪坐直日者，并字指门官宿卫而言。”

【宫（宮）殿造作罢不出】【史】工匠入宫殿造作，所司应于门内点视，于工作完毕，应照数点出，其不出者处绞刑，如所司于人数有短小时不即拘捉，奏闻，或知而不举者亦应处以同等之刑。明律(卷十三)、清律(卷十八)兵律宫卫篇宫殿造作罢不出条:"凡官殿内造作,所司具工匠姓名,报门官及守卫官,就于所入门首,逐一点视,放入工作,至申时分,仍须相视形貌,照数点出,其不出者绞,监工及提调内监门官守卫官军点视,如原人名数短少,就便搜捉,随即奏闻,知而不举者,与犯人同罪,失觉察者减三等,罪止杖一百。"

【宫(宫)卫令】【史】汉时关于宫中警卫之法令,称曰宫卫令,汉书(第二十九)—盖宽饶传:"为卫司马,案旧令,遂揖官属以下行卫者,卫尉私使宽饶出,宽饶以令诸官府门上谒辞。"

【宫(宫)卫篇】【史】宫卫之名篇始于晋律,历宋、齐、梁、后魏,均因袭未改,北齐曰禁卫,以关禁附之,北周仍复宫卫之名,隋唐改为卫禁律,明复改称宫卫,计共十九条如下:太庙门擅入,宫殿门擅入,宿卫守卫人私自代替,从驾稽违,直行御道,内府工作人匠替役宫殿造作罢不出,辄出入宫殿门,关防内使出人,向宫殿射箭,宿卫人兵杖,禁经断人充宿卫,冲突仪杖(内计三条),行宫营门,越城,门禁锁钥,悬带关防牌面。清律删去悬带关防牌面一条,余仍明律之旧。

【容止他界逃亡】【史】逃亡者为漏网之人,浮浪者亦为法律所不容,若于所辖境内竟私自容纳他界逃亡者及浮浪者止宿其间,显与国家设置捕亡之法之原意相违反。唐律(卷二十八)捕亡篇——容止他界逃亡条:"诸部内容止他界逃亡浮浪者一人,里正笞四十(谓经十五日以上者,坊正村正,同里正之罪,若将家口逃亡浮浪者,一户同一人为罪),四人加一等,县内五人笞四十,十人加一等,州随所管县通计为罪(皆以长官为首,佐职为从),各罪止徒二年,其官户部曲奴婢亦同。"疏议曰:"部内,谓部界之内,容止他界逃亡浮浪者一人,里正笞四十,谓容止经十五日以上,始科里正之罪,坊正村正部内,容止逃亡亦同里正之罪,若将家口逃亡浮浪者,家口不限多少,一户同一人为罪,四人加一等,即五人逃亡,及以浮浪,笞五十,二十二人杖一百,三十七人徒二年。县内五人笞四十,十人加一等,九十五人合徒二年。州随所管县通计为罪,谓州管二县者,十人笞四十,一百九十人徒二年,管县更多,准此通计为坐,皆以长官为首,佐职为从,既无以下之文,即明不及主典,各罪止徒二年,其容止官户部曲奴婢,亦同良人之法。"同条又曰:"若在军役有犯者,队正以上,折冲以下,各准部内有盗贼之法。"

【容假占有】【物】Precarium 又称他主占有。(详该本条)

【容许法规】【民总】Rules of dispositive law 谓法律上有某要件存在时,许可其为某一定行为之法规也,例如夫妇经双方协议同意,得两愿离婚是。(民法第一〇四九条)

【害敌手段】【国公】Means of destruction 所谓害敌手段乃指交战国于交战时以断然的手段施行破坏敌方之必要行为而言,惟此项行为在国际法上设有种种限制,例如陆战中禁止使用毒药毒弹,或用玻璃片以及不规则之铁片填实枪炮之内,又如悬赏购买敌军指挥官之首级,以及诱杀降服者或杀害伤病之敌人,并对于敌军中非战斗员之攻击或杀害亦受禁止,此外对于不属军队之普通人民亦不得加以直接攻击。至于海战时之害敌手段与上述略同,关于空中战争,原则上与上述陆战同,凡攻击及炮击,不论依何种手段不得施于无防备之都市,打落住宅及其他建筑物,此外一八九九年海牙和平会议曾议决禁止从航空具内抛下炸弹或爆发物,惟正式签名者仅二十七国耳,对于未签名国仍无拘束效力,然此亦为害敌手段之限制方法之一。

【家】【亲】House 以永久共同生活为目的而同居之亲属团体,谓之家,家之设立有由他家分立者,有因当事人之行为在法律上视为独立创立一家者,家置家长一人,余为家属。

【家人代诉】【史】官吏人等相互间之民事争执,许令家人代诉,不得假借官吏名义擅动公文。大明令—吏令设有家人代诉之条,其文曰:"凡各衙门官吏人等如有争论婚姻,钱债,田土等事,许令家人陈告,毋得擅动公文,违者以不应论罪。"

【家人共犯】【史】一家之人共同犯罪时(盗罪除外)如系未遂者罪止尊长侵损于人者(即已遂)则依凡人分别首从治罪。大明令—刑令篇有家人共犯之条:"凡家人共犯,止坐尊长,侵损于人各依凡人首从论。"

【家人共盗】【史】一家人共同犯盗罪者,谓之家人共盗。大明令—刑令篇设有家人共盗之条:"凡家人共盗,并依凡盗首从科断。"其下注曰:"谓父子兄弟之类一同行盗者。"

【家人求索】【史】家人谓一家之人,如兄弟子孙奴仆之类皆是,监临官吏之家人于其父兄所部属之内或因事受财,或无故求索,或借贷财物及私役部民若买卖多取价利之类,大都以其父兄之势凌人,因利乘便,法律既禁监临官吏作此行为,则对其家人亦应一律限制。本条即因此而设。明律(卷二十三)、清律(卷三十一)刑律受赃篇——家人求索条:"凡监临官吏家人,于所部内,取受求索借贷财物,及役使部民,若买卖多取价利之类,各减本官罪二等,若本官知情与同罪,不知者不坐。"清律之总注曰:"以上诸条,皆言官吏身自犯赃之事,然推而极之,必有官吏之家人犯赃者,家人是一家之人,如父兄弟侄子孙奴仆之类,取是因事而取之,取受官吏受财坐赃致罪一律而言。求索借贷卖买多取价利之类,即上在官,求索借贷律所载者役使部民,则户律私役部民律也。凡监临官吏之家人,挟官吏之势,于所部之内有取受求索借贷财物,及私役使部民,不给雇钱,若买卖,贷物,多取价利之类,悉照本官应得罪上各减二等,盖所犯之事虽与官吏同,而所犯之人,则与官吏异,故得末减也。若本官,知家人所犯情由,而不行禁止者,与家人同坐减二等之罪,不知情者不坐,知情不知情,止言本官,不及吏者,举重以见轻也。前在官求索借贷条内,有买物不即支价,及借衣服器玩之属,又私借用马牛等物,与接受上宜请项,此条不言,似统于之类两字内矣。家人有犯,应亦各减本官二等科之俟考。"

【家口】【史】律文上所称之家口乃指父祖妻妾子孙等而言,祖母及子孙之妇亦包括在内。

【家小】【史】律文上所谓家小仅系指妻妾而言,如云妻小仅妻也,如云人口则止妻妾及子孙耳。

【家邑】【史】乃封建时代大夫之领地也,天子之直辖地曰天下,诸侯之管辖地曰国,大夫之领地曰家,周礼戴师之注:“家邑谓大夫之采邑也。”

【家制】【亲】所谓家制乃指以家庭为国家之单位之制度而言,与个人制度相对称,我们亲属法仍采用家制,故有关于家之规定。(民法第一一二二条——一一二八条,参家条内)

【家长】【亲】Head of a house; Patriarch 居于家族全体首长地位之人,曰家长。我国旧律偏重于家长之权利,新民法则侧重于义务方面,且家长不以男性为限,女性亦得为之。家长之种类有三:(一)推定家长。(二)当然家长。(三)代理家长(详各本条)。至其权利,依民法之规定,如为监护人之权,受家属扶养之权,命令分家之权,及管理家务之权皆是。

【家长权】【亲】Right of the head of Family 家长所有之权限,谓之家长权。(参家长条)

【家庭裁判所】【亲】Family Court 所谓家庭裁判所,乃指受理关于家庭争执事件之法院而言,美国各州中多有设立之者,一称曰家事裁判所。(Domestic Relation Court)

【家畜保险】【险】Domestic animal insurance or insurance against death of cattle 为保险之一,谓以家畜之死亡或疾病,或因其他事故所生之损害为标的,而由保险人给付一定保险金额之保险也。此种制度一方可补救经济上之损失,一方乃以鼓励畜牧事业为目的。

【家务代理权】【亲】家务代理权者,谓关于家庭上日常之事务对外部所发生一切关系之代理权限也。我民法规定夫妻互为代理人,但一方有滥用代理权时,他方得限制之,惟不得与善意之第三人对抗耳。(第一〇〇三条)

【家务执行权】【亲】所谓家务执行权,乃指家庭中日常关于夫妻在内部共同生活一切之事务所享有执行处理之权限而言,夫妻双方均得享有之。

【家督相续】【继】Erbfolge(德); Sucession to the househeadship 为日本名辞,即家长之继承也。

【家督继承】【继】Succession to the househeadship 为继承之一种,对宗祧继承与财产继承言,为日本特有之制度,乃指继承家督(户主)之权利义务而言。其开始原因有三:(一)家督之死亡,隐居,或丧失国籍。(二)家督因婚姻,或养子原组之取消而去其家。(三)女家督为入夫婚姻,或入夫之离婚。

【家仆告主】【史】家仆与主人,名分有异,卑尊不同,家仆之告控告主人,为律所禁,惟于谋反大逆谋叛隐匿奸细等事件则为例外。清之现行则例(即刑部现行则例)诉讼篇——设有家仆告主之条:“凡家仆告主将谋反大逆谋叛隐匿奸细者,许其首告,其余一切事情,家仆首告者,除所告事不准行控告之人系旗下鞭一百,系民责四十板。”

【家仆强盗】【史】家中仆人犯强盗之罪,谓之家仆强盗,主人对所劫之物应加赔偿。清之现行则例(即刑部现行则例)贼盗篇——家仆强盗条之设:"家仆为强贼赔偿所劫之物,将伊自置奴仆财物等件尽行赔偿,如不足将案内无主财物免其入官赔补所失之数,如仍不足将贼自买之妻变价赔偿,至于自身聘娶之妻免其变价。"

【家仆窃盗】【史】家中仆人犯窃盗之罪,谓之家仆窃盗。清之现行则例(即刑部现行则例)贼盗篇——家仆窃盗之条:"满洲民人家仆窃盗,所盗赃物将本身自置物件及另户满洲民人窃盗所窃赃物,尽其家产变价赔偿。若果家产尽绝不能赔偿者,该管官出具印结,到日免追,其窃盗本身并妻子变价赔偿及家仆所偷赃物令伊主代赔之例,俱应停止,若该管官徇庇出结者,交该部议处,其白昼抢夺之贼,亦照此例。"

【家积而国】【史】家为国之单位,积家成为一国,曰家积而国。大学衍义补(卷百一)—丘浚按:"先王制为刑法以弼世教之大,在此三者(忠、孝、尊圣人),人人孝其亲,忠其君,尊夫圣人,则天下大治矣,否则大乱之远焉。然是三者,其根本起于一家,家积而国,国积而世,故尤严于不孝之罪。"

【家属】【亲】Members of a house 同家之人除家长之外,均为家属。(民法第一一二三条)家属身分之取得,共有下列六种:(一)由于出生者。(二)由于婚姻关系者(招赘亦在内)。(三)由于回复国籍者。(四)由于收养关系者。(五)异居亲属之变为同居者。(六)准家属者。关于家属之权利有四:(一)受家长扶养之权。(二)代理家长之权。(三)由家分离之请求权。(四)为亲属会议会员之权(但有例外)。家属之义务有三:(一)服从家长之义务。(二)扶养家长之义务。(三)其他因家属身份上所必需之义务。

【宰相】【史】宰相并非官制上之官名,乃朝臣居于首班之位者,上辅弼天子,下则统御群臣,盖调理国家政务最上级官吏之通称也。尧舜时以百揆为宰相,周代以冢宰为宰相,秦时以相国为宰相,汉则以丞相为宰相,唐宋之中书门下尚书三省之长官及同平章事,明清之大学士皆为宰相。

【宰杀马牛】【史】宰者杀也,杀者故杀之谓也,马牛驼骡驴等效劳于人,有功者也,如私加宰杀或故意杀之,皆为法律所禁止。明律(卷十六)、汉律(卷三十一)兵律厩牧篇均有宰杀马牛条。内容相似:"凡私宰自己马牛者杖一百,驼骡驴杖八十(明律此处尚有"误杀者不坐,若病死而不申官开剥者笞四十"之规定)。筋角皮张入官误杀及病死者不坐,若故杀(按清律之辑注:此故杀与刑律之盗杀不同,盗杀是利所其所有,先盗而后杀,故杀是与畜主有隙,而故加杀伤,非有利而为之,亦非盗而杀之也)。他人马牛者,杖七十,徒一年半,驼骡驴杖一百,若计赃重于本罪者,准盗论,若伤而不死,不堪乘用,及杀猪羊等畜者,计减价亦准盗论,各追赔所减价钱,价不减者笞三十,其误杀伤者不坐罪,但追赔减价,为从者各减一等,若故杀丝麻以上亲马牛驼骡驴者,与本主私宰罪同。杀猪羊等畜者,计减价坐赃论,罪止杖八十,其误杀及故伤者,俱不坐,但各追赔减价,若官私畜产毁食官私之物,因而杀伤者,各减故杀伤三等,追赔所减价,畜主赔偿所毁食之物,若放官私畜产损失官私物者,笞三十,赃重者坐赃论,失防者减二等,各赔所损物,若官畜产毁食官物者,止坐其罪,不在赔偿之限,若畜产欲触抵踢咬人登时杀伤者,不坐罪,亦不赔偿。”清律之辑注:“首节言私宰自己畜产,二节言故误杀伤他人畜产,三节言故杀伤为从之罪,四节言故误杀伤亲属畜产,五节言因畜产毁食而杀伤,六节言放失畜产损食人物,七节言官畜产毁食官物,八节言畜产欲伤人而杀伤。”又同律之辑注:“五六七三节应合看,如五节止言因毁食而杀伤之罪,而六节又有故放失防损食之罪,则五节之毁食者,或系故放,或由失防,又应分别论之矣。五节言畜主赔偿所毁食之物,六节言赔所损物,而七节又云官畜产毁食官物不在赔偿之限,则六节之损失五节之毁食。”又同律之辑注:“第七节是兼承五六两节,非止承第六节也,故不曰损食而曰毁食,盖损食是一事,毁食是两项,言毁食则已该损食在内矣,解者皆泥止坐其罪之文,谓五节毁食者,畜主无罪名,不知其罪固在六节之放与失两项内也。”

【宰衡】【史】谓宰相之尊号也,周公为太宰,伊尹为阿衡,二者合称曰宰衡,汉书—平帝纪:“加安汉公号曰宰衡。”

【射幸契约】【债】Aleatory contract; Speculative contract　为契约之一种,对实定契约言,即其契约当事人之损失或收益,性质上并不确定,可因偶然之事实以变动者也,例如保险契约,及终身定期金契约是。

【射鬼箭】【史】为辽时酷刑之一,即缚罪人而射杀之之刑也,多施用于敌国之间谍。辽史—刑法志:“为枭磔生瘗射鬼箭,炮掷收解之刑。”

【射策】【史】为汉代考试之名,即于考试时发时局策问,而使应试者,对答之谓也。汉书—萧望之传:“以射策甲第为郎”,即后世所称之对策也。

【展转传言】【史】恐喝取财者不自为之,而利用他人传言以达恐喝取财之目的,是为展转传言,此时传言者皆坐以从犯之罪。唐律(卷十九)贼盗篇——恐喝取财条之下注:“展转传言而受财者皆为从坐,若为人所侵损,恐喝以求备偿,事有因缘之类者非。”疏议曰:“注云展转传言,假若甲遣乙丙,传言于丁,恐喝取物五匹,甲合徒一年半,乙丙并各徒一年,是名展转传言受财者皆为从坐,若为人所侵损,恐喝以求备偿,假有甲为乙践损田苗,遂恐喝于乙,得倍苗之外,更取财者,为有损苗之由,不当恐喝之坐,苗外余物,即当非监临主司,因事受财,坐赃论科断,此是事有因缘之类者,非恐喝。”

【展转攀指】【史】展转攀指者谓破获罪犯之后展转推张而累及其他之无辜者之谓也。清律(卷九)户律篇——盐法条:“……若事发,止理见获人盐,当该官司,不许展转攀指,违者以故入人罪论。”

【差(差)引】【通】Deducting from　为日本名辞,与我国所称之扣除同一意义。

【差(差)役扰民】【史】官署使用差吏皂役因事外出不得有扰害人民行为,违者各该官署长官,应受议处。清之现行则例(即刑部现行则例)公式篇——设有差役扰民之条:“督抚以下道府以上官员,凡叛逆军需驿递公文等紧要重大事情照例差人外,其余细事止许行牌催促,如违例差遣者,督抚指名题参议处,如督抚徇情不参或科道题参或部内查出将督抚一并议处,如督抚平常小事差役害民者,或科道纠参或部内查出，交与该部议处。”

【差(差)委】【史】清律官吏之出任曰差委，惟差委二者亦有区别，由天子差遣者曰差，由各官署差遣者则称曰委。会典一吏部注曰：“钦派曰差，各衙门堂官所派曰委。”

【差(差)官等扰役】【史】驿递人员责在递送公文，关系重要，凡奉差官员及其跟役人等，理应严加拘策，不得对驿递人员加以辱骂殴打，至对驿马亦应善加保护，如有驰毙情事皆应治罪。清之现行则例(即刑部现行则例)邮驿篇——设有差官等扰民役之条：“凡差使驰驿行走官员将同行拨杂库差官等并跟役不行严束，将州县驿递人员辱骂殴打，非系紧差而将驿马故意驰毙，驿站额马既足，而乘骑越站索诈财物，州县驿递官员一面申报上司，一面报部查核情真，将领去之官革职，如系拨什库差官等拿交刑部从重治罪，至无勘牌谎称奉公差使，支取驿递夫马船只应用，索诈财物，亦俱应拿交刑部，从重治罪。”

【差(差)押】【民诉】为日本名辞，与我国所称之扣押意义相同。

【差(差)戾】【通】为日本名辞，与我国所称之发回意义略同。

【差(差)科赋役违法】【史】科征税粮遣派差役，应以富强者丁多者为先，然后始及于贫弱者与少丁者，若不依照此项方式，是为不均平，至于违法，亦应受处。明清律户役篇有赋役不均条之设。唐律(卷十三)户婚篇则有差科赋役违法之条：“诸差科赋役违法及不均平，杖六十，若非法而擅赋敛，及以法赋敛，而擅加益，赃重入官者，计所擅，坐赃论，入私者，以枉法论，至死者加役流。”疏议曰：“依令，凡差科，先富强，后贫弱，先多丁，后少丁，差科赋役违法，及不均平，谓贫富强弱，先后闲要等差科，不均平者，各杖六十。依赋役令，每丁租二石，调絁绢二丈，绵三两，布输二丈五尺，麻三斤，丁役二十日，此是每年，以法赋敛，皆行公文，依数输纳，若临时，别差科者，自依临时处分，如有不依此法，而擅有所征敛，或虽依格令式，而擅加益入官者，总计赃，至六匹即是重于杖六十，皆从赃科之，假有擅加益入官，绢满一百匹，此敛众人之物，法合倍论，倍为五十匹，坐赃论，罪止徒三年，入私者，以枉法论，称入私，不必入己，但不入官者，即为入私，官人有禄，枉法一尺杖一百，一匹加一等，十五匹绞，无禄者，减一等，二十匹绞，令云，至死者加役流，并不合绞，其间赋敛，虽有入官，复有入私者，即是罪名不等，宜依并满之法，假有擅赋敛，得一百匹，九十匹入官，十匹入私，从入官九十匹，倍为四十五匹，合徒二年半，倍入私十匹为五匹，亦徒二年半，不得累徒五年，须以入私十匹，并满入官九十匹，为一百匹，倍为五十匹，处徒三年。”

【差(差)降】【史】对官吏之犯罪依一定之顺序而降其罪者，称曰差降。例如除名比徒三年，免官比徒二年，免现官比徒一年等之等第而降是。唐律释文(卷三)：“差降者，整等第而降也，若除名比徒三年，免官者比徒二年，免所居官者，比徒一年，如此论比，是曰差降也。”

【师(師)弟相殴】【史】清制，受业师与弟子相殴，均有一定处罚，惟轻重不同，对于科刑，重弟子而轻于师，盖师之殴弟子除因殴致死或故杀外均无规定。(一)殴受业者徒二年半，僧道匠艺殴师者徒一年半。（二）殴受业师成伤者徒三年。（三）凡殴而折齿指眇一目或抉毁耳鼻破骨，或汤火铜铁汁伤，或以秽物灌口鼻内，如系殴受业师者流三千里，如系僧道匠艺殴师者徒二年，如系僧道匠艺殴徒，则杖七十。（四）凡折肋眇两目坠胎或刃伤，如为殴受业者（其系刃伤以上）处绞决，如为僧道匠艺殴师流二千里，如为僧道匠艺殴徒则杖一百。（五）僧道匠艺殴师至于断舌或毁败阴阳，处绞候，如为僧道匠艺殴徒则徒二年。（六）凡因殴致死者，如为殴受业师斩决，如为师殴弟子徒三年，又如为僧道匠艺殴师斩候，如为僧道匠艺殴徒则处绞候。（七）至于因奸盗别情谋杀弟子，无论已伤未伤，已杀未杀，并挟嫌逞凶，故杀弟子及殴杀内执持金刃凶器非理私殴致死，均同凡论。

【师（師）范学校法】【行】Law Governing Normal Schools　本法于民国二十一年十一月二十六日经立法院通过，十二月十七日由国府公布，共十七条，其要点如下：（一）师范学校修业年限三年，得附设特别师范科及幼稚师范科，前者年限为一年，后者为二年或三年。（二）因设立之不同，分为下列各种：(1)省立师范。(2)市立师范（直隶于行政院之市）。(3)县或市立师范。(4)县联立师范。（三）师范学校及附设各科之教学科目及课程标准，由教育部定之，并视地方之需要，应分别设置职业科目。（四）师范学校得设附属小学，其附设幼稚师范科目并得设幼稚园。（五）师范学校设校长一人，综理校务，除担任本校教课外，不得兼任他职。（六）师范学校教员由校长聘任之，以专任为原则，其兼任者不得超过总数四分之一。（七）师范学校及其幼稚师范科入学资格，须曾在公立或已立案之私立初中毕业者。特别师范科入学资格，则须曾在公立或已立案之私立高中或高级职业学校毕业者，以上均须经入学试验及格，于修业期满，实习完竣，成绩及格者，给予毕业证书。（八）师范学校及其附设各科，均不征收学费。

【庭丁】【组】Crier; Court attendants　在法院开庭时引领诉讼当事人进退之人员，曰庭丁，其负额依事务之繁简而定，于各级法院及其分院配置之。（法院组织法第五十三条）

【庭长】【组】President in each division of a court　为各级法院所设民事庭及刑事庭之首席长官也。庭长于审判案件时（合议制）多充审判长，但二者应有区别：（一）前者为一庭之司法行政长官，后者则为司法审判长官。（二）前者为常设之长官，后者则为临时推派者。我国法院组织法规定，各级法院内之庭长除由各级法院院长兼任之外，余就其他推事中遴任，其职务为监督各该庭事务，并定其分配。（第十二条、第十九条、第二十四条）

【行】行政法院分设二庭或三庭，每庭置庭长一人，除由院长兼任者外，就其余评事中遴充之，其职务乃在监督各该庭事务，并定其分配，合议审判时，并充审判长。（行政法院组织法第三条、第五条）

【庭员】【组】Members of the division　所谓庭员，乃指法院合议制之庭中之庭长以外之推事而言。

【库（庫）子】【史】掌仓库之主任官员，曰库子。明律（卷二）、清律（卷四）名例篇——监临主守之条设有明文。

【库(庫)秤】【史】为库吏之称,掌金银以及其他货财重量之官。(明律卷七、清律卷十一——库秤雇役侵欺之条)

【库(庫)秤雇役侵欺】【史】库秤者谓在仓库务场局院中主守之人也。雇役者,乃受库秤之雇用而受其指挥监督者也。如有侵占欺诈借贷移易(抵换也)官钱粮等物者,是为违法,应受处罚。明律(卷八)、清律(卷十二)户律仓库篇——库秤雇役侵欺条:"凡仓库务场局院,库秤斗级,若雇役之人,侵欺借贷,移易,系宫钱粮,并以监守自盗论。若雇主同情,分受赃物者,罪亦如之,其知情不曾分赃,而扶同申报瞒官,及不首告者,减一等,罪止杖一百,不知者不坐。"清律之总注:"收粮曰仓,收财曰库,税物曰务,即税课司等衙门,积物曰场,即草场盐场之类,局如织染等局,院如上驷等院,皆系钱粮出入之所,库秤斗级,皆系现在主守之役,雇役之人,虽非应当库秤斗级者,然受其雇钱,代役承直,即同主守,若有侵借移易等事,系官钱粮者,即是监守盗矣,计侵借移易之数,并以监守自盗论,若雇主同有侵借移易之情,而分受赃物者,即是同为盗矣。亦论如雇役之罪,其虽知情,不曾分赃,而但为扶同申报,欺瞒官司,及徇隐不行首告者,是纵其盗矣,减雇役之罪一等,罪止杖一百,雇主不知者不坐。"同律辑注:"侵欺有监守盗,仓库律,借贷有私借钱粮官物律,移易有抵换官物律,各条言主守之罪,已备矣。本条特论受雇代役之人,恐以其非真正主守之人,而致纵其侵借移易之罪,故又著此律也。"又同律辑注:"侵欺者将所管钱粮,侵去缺额,而仍欺瞒官司,称为不缺也,借贷,兼自借与借人言,移易,是以己物抵换,非那移官用之比也,同情,同有其意也,知情,知有其事也,同情者,身在盗中,知情者,身在盗外也。"又同律辑注:"扶同申报者,雇役隐瞒侵借移易等事,捏作现在而雇主明知其情,亦捏作现在申报也。"

【库(庫)部】【史】魏代尚书下有库部郎,其后因之,唐时置库部郎中,员外郎,为兵部之属司,掌邦国军州戎器仪杖乘舆等事,宋仍之,明改为武库司,掌戎器,符勘,武学,薪隶等事设郎中一人,员外郎一人,主事二人,清末废之。

【库(庫)部郎】【史】(详库部条内)

【库(庫)藏主司搜检】【史】库藏为国用所贮之处,凡从其中出者依法应受搜检,以杜流弊,若防卫主司应搜检而不搜检者,应分别情形按律治罪,所于主守人员不觉而被盗者,亦应处罚。明清律均有仓库不觉被盗条之设。唐律(卷十五)厩库篇则有库藏主司搜检条:"诸有人从库藏出,防卫主司应搜检而不搜检,笞二十,以故致盗,不觉者减盗者罪二等,若夜持时不觉盗减三等。"疏议曰:"从库藏出,依式,五品以上,皆不合搜检,其应搜检而不搜检者,防卫主司笞二十,以不搜检故,而致盗物将出,计所盗之赃,主司减盗者罪二等,若夜持时,谓库藏之所持更之人,不觉人盗物者,减盗者罪三等,持时,谓当专持更者,假有不觉盗五匹绢,减三等得杖八十之类。"同条又曰:"主守不觉盗者,五匹笞二十,十匹加一等,过杖一百,二十匹加一等,罪止徒二年,若守掌不如法,以故致盗者,各加一等,故纵者各与同罪。"疏议曰:"主守不限有品无品,谓亲主当库藏者,不觉有人盗物,准绢五匹,笞二十,不满五匹,未合得罪,十匹加一等,八十五匹,杖一百,过杖一百,二十匹加一等,一百四十五匹,罪止徒二年,若守掌不如法,谓防守持更锁闭封印乖违,不如法而致盗者，各加一等，谓防卫不如法，有人从库藏出，又不搜检致盗，不觉上加一等，谓止减盗者一等，夜持时不如法，不觉盗亦加一等，止减盗者二等，主守之司，不如法，不觉盗亦加一等，五匹笞三十，罪止徒二年半，此是各加一等，故纵者，各与同罪，谓防卫主司，并夜持时之人，及主守之司，故纵盗者，并各与盗者同罪，称同罪者，不在除免倍赃监主加罪之例。”同条又曰：“即故纵赃，满五十匹，加役流，一百匹绞，若被强盗者，各勿论。”

【徐行犯】【刑】为继续犯之一种，对连续犯言，即犯人于仅少时间本可完结其犯罪行为，而竟连合数次之犯罪行为以达到其目的之谓，例如拆毁他人住宅，今日毁互，明日毁墙是，法律亦仅以一罪处断。

【徒】【史】徒者徒刑也，谓服劳役之刑也。周代之役诸司空为徒之始，事物纪原（卷十）：“周礼，凡民有罪，役诸司空，即徒之始也。”旧制有罪发本省驿递应役者为徒，唐书用刑有五，其三曰徒，徒者奴也，盖奴辱之，量其罪之轻重以处其年数也。

【徒囚不应役】【史】处徒刑之囚应服劳役而不服者曰徒囚不应役，拘役者不人役亦在本条之内加以规定。明律（卷二十八）、清律（卷三十七）刑律断狱篇——徒囚不应役条：“凡盐场铁冶拘役徒囚应人役而不入役，及徒囚因病给假病已痊可不令计日贴役者，过三日笞二十，第三日加一等，罪止杖一百，若徒囚年限未满，监守之人故纵逃回及容令雇人代替者，照依囚人应役月日抵数徒役并罪坐所由受财者计赃以枉法从重论，仍拘徒囚依律论罪贴役。”明律之纂注曰：“拘役者拘留役使煎盐炒铁是也，应人[①]役而不入役指徒囚新到配所者言，徒囚患病至贴役指见在囚徒言，贴役者假如病十日则贴补十日也，不入役罪坐，徒囚不令计日贴役罪坐监守之人，皆三日笞二十，每三日，加一等，罪止杖一百，照依囚人应役月日抵数充役，谓以囚人未满之月日坐监守之人抵充也，并罪坐所由谓盐场铁冶监守人众，其罪止坐，该管纵容之人不连及同类也。依律论罪贴役，谓论其逃雇之罪贴补其逃过雇过之役也，解见徒流人在逃律。”

【徒刑】【史】【刑】Imprisonment　徒刑为五刑之一，徒者奴也，奴辱之使服一定劳役也，始自周礼之役于司空，秦汉时之徒刑有城旦，罚其作苦工也。昼伺寇，夜筑城，故谓之城旦。又令有罪者采薪以给宗庙，谓之鬼薪，亦秦汉之刑也。刑书释名谓汉令役人取薪给宗庙，三岁刑，城旦鬼薪统谓之罚作。惟依考证所得，汉之徒刑自一岁至五岁。一岁至二岁或曰罚作，或曰复作，或曰司寇作。至二岁以上则总称曰耐（一作耏），谓罪不至髡完其耏鬓故曰耐，止去其颊毛。三岁曰鬼薪或白粲，取薪给宗庙为鬼薪，坐择米使正白为白粲。四岁曰完或城旦舂，完不加肉刑髡鬄也。城旦者，旦起行治城，舂者，妇人不豫外徭，但舂作米，五岁有髡，孝文时律当黥者髡钳为城旦舂，髡去发也，钳以铁束颈也（周礼钳者使守积，史记皆髡钳为王家奴，三国志彭羊髡钳为徒隶）。晋时之五刑，二曰髡作，计分四种，此外又有完刑作刑，各皆有三。梁时亦有耏与髡钳，二岁以上为耏罪，髡钳则为五岁刑，北齐亦有耏刑，计五等，自一岁至五岁，后周始改称为徒，分为五等自一岁至五岁，徒

---

① 原书为“人”，系排版之误。

一年者鞭六十，笞十，徒二年者，鞭七十，笞二十，徒三年者，鞭八十，笞三十，徒四年者，鞭九十，笞四十，徒五年者，鞭百笞五十。隋之徒刑分三等自一年至三年，及唐增一年半，二年半改为五等，且附有赎罪之法，即一年者赎铜二十斤，一年半者，赎铜三十斤，二年者，赎铜四十斤，二年半者，赎铜五十斤，三年者，赎铜六十斤。五代之徒刑仍唐之旧。辽之刑名有四，徒刑其一也，分三等：一曰终身，二曰五年，三曰一年半，终身者决五百，其次递减百，后对终身者除捶楚外又加黥面（旋改黥为刺颈）。金之徒刑与唐制同，惟增四年五年而为七等。宋之徒刑与唐同分为五等：一为一年决脊杖十三放，二为一年半，决脊杖十五放，三为二年决脊杖十七放，四为二年半，决脊杖十八放，五为三年，决脊杖二十放。元之徒刑亦分五等：一年杖六十七，一年半杖七十七，二年杖八十七，二年半杖九十七，三年杖一百七。明之徒刑仍分五等，一年杖六十，赎铜钱十二贯，一年半杖七十，赎铜钱一十五贯，二年杖八十，赎铜钱一十八贯，二年半杖九十，赎铜钱二十一贯，三年杖一百，赎铜钱二十四贯，此外尚有总徒四年（即遇例减一年者），准徒五年（遇斩绞杂犯减等者）。清之徒刑即发本省驿递，自一年至三年每半年为一等，凡五等，各依年限应役，役满回籍，五徒各予以杖，徒一年者杖六十，徒一年半者杖七十，徒二年者杖八十，徒二年半者杖九十，徒三年者杖一百，均到配折责。民国暂行新刑律之徒刑则分无期与有期两种，有期徒刑分为五等：（一）一等有期徒刑（十五年以下十年以上）。（二）二等有期徒刑（十年未满五年以上）。（三）三等有期徒刑（五年未满，三年以上）。（四）四等有期徒刑（三年未满一年以上）。（五）五等有期徒刑（一年未满二年以上）。均在监狱内执行现行刑罚。

【法】Imprisonment　为自由刑之一，即合有期徒刑与无期徒刑而言。（详各本条）

【徒刑人犯移垦条例】【行】本条例于民国二十三年六月十日公布，共十二条，自公布日施行，其要点如下：（一）处无期徒刑之人犯执行满五年后，处三年以上有期徒刑之人犯执行满五分之一后，得以司法行政部命令，移送边远或荒旷地方从事垦殖（如系军事人犯，得以军政部命令移送之）。（二）移垦人犯以二十岁以上之男子，品性较良，身体健全而能任农事者为限。移垦之地以公有荒地拨充，所需农具、耕牛、籽种、肥料等亦由国家供给，所收获者原则上归公，但得依法提给若干与移垦者。（三）移垦犯人先拘置于移垦地所设外役监，渐次遣居农舍，在移送途中及在垦地期间均按日数抵算刑期，刑期满者愿受地入籍者授以地若干，并编入该处户籍。（四）移垦人犯之眷属，得携带随行，或俟到达后接往同居，旅费在原则上均由自备。

【徒法】【史】徒者有名无实之谓也，徒有法令而无实行之心，即所谓徒法不能以自行也。孟子—离娄上篇："徒法不能以自行。"其注曰："有其政，无其心，是谓徒法。"

【徒流人又犯罪】【史】业已处断徒刑或流刑之人而又再犯他罪者之谓。明律（卷一）名例篇——徒流人又犯罪条曰："凡犯罪已发又犯罪者从重科断，已徒已流而又犯罪者，依律再科，后犯之罪其重犯流者，依留住法，三流并决杖一百，于配所拘役四年。若犯徒者依所犯杖数该徒年限决讫应役，亦总不得过四年，其杖罪以下，亦各依数决之，其应加杖者亦如之。”明律之纂注曰：“此言犯笞杖徒流已发未决，及论决而又犯者之通例。凡又犯罪者从重科，各等者从一科，此自其罪发而未决者言，若犯徒流已至配所，而又犯徒流或笞杖罪者，则如下文所云：如已流又犯流，若再加流则地过远，故止拘役。已徒又犯徒，若尽加徒，则年过深，故止总徒俱止四年，不得过也。徒流又犯笞杖，则罪轻不妨全加，故各依数决之，此系律文正意，若其余意或流而又犯徒，徒而又犯流，笞杖而又犯笞杖自当以前文例之。徒流亦止总役四年，笞杖亦各依数的决，此自其罪已论决而不犯者言，应加杖之人则专指工乐户天文生及妇人重犯徒流或拘役或收赎，亦总不得过四年，重犯笞杖亦照数决之，故曰亦如之。”

【徒流人在道会赦】【史】谓被处徒刑流刑之人在行程中遇赦也。明律（卷一）名例篇——徒流人在道会赦条：“凡徒流人在道会赦计行程过限者，不得以赦放，有故者不用此律，若曾在逃虽在程限内亦不放免，其逃者身死所随家口愿还者听迁徙安置人准此，其徒流迁徙安置人已至配所，及犯谋反逆叛缘坐应流，若造畜蛊毒采生折割人杀一家三人会赦犹流者，并不在赦放之限。”明律之纂注曰：“……此条律意谓凡徒流迁徙安置人起程而在道遇赦有可放之例，有不可放之例，如在限内者得放其有故而除去事故之日，仍在限内者，亦放，若在限外及在逃与夫已至配所者并不放，然亦有限内不放之流，如缘坐应流会赦犹流二项流罪是也。盖缘坐之流乃极刑之家属，赦充之流乃极恶之重囚，故虽在程限内遇赦亦不放免，律固一成不可易之法，亦惟视其情罪之轻重，是适而不可执泥如此，然谋反叛逆只言缘坐，应流而不言会赦犹流，造畜蛊毒等项只言会赦犹流，而不言缘坐应流者，互交以见之也。”

【徒流人逃】【史】所谓徒流人即已经决断之囚而已到配所中者，逃者，谓脱逃也。明律（卷二十七）、清律（卷三十五）刑律捕亡篇——徒流人逃之条：“凡徒流迁徙充军囚人役限内而逃者，一日笞五十，每三日加一等，罪止杖一百，仍发配所，其徒囚照依原犯，徒年从所拘役，役过月日并不准理，若起发已经断决徒流迁徙充军，囚徒未到配所中途在逃者，罪亦如之。”清律之总注曰：“役限者，囚人之拘役年限也，惟徒罪有之，三流迁徙充军人，俱无应役之限，而徒流迁徙充军并言者，以计日论罪仍发配所之法同也。凡已到配所，三流迁徙充军人不拘何时，徙罪人于役限未满之日而逃者，并计日论罪，一日笞五十，每三日加一等，罪止杖一百，则十六日以上也，论决后仍发原配所收管。流徙充军者，惟依法留住充伍，其五等徒囚照依原犯应徒之年限从新拘役，从前役过月日不问久近，并不准理通算，如原犯徒三年已经役过二年逃走者，论罪外仍徒三年，以发到配所日为始，其役过二年皆不算也。又有流罪应加徒役者，如役限内逃者，亦照徒囚计算补役留住，若徒流迁徙充军之囚徒已经断决起解发遣之后，尚未到配所中途在逃者，亦如上，一日笞五十，每三日加一等，罪止杖一百。”清律之辑注曰：“三流迁徙充军人犯，重于徒罪，而逃走之罪相同，徒则从新拘役，迁流止仍发配而已，逃徒之罪反重，盖迁流终身不返，徒则限满可归，故独严之。”

【徒流遇赦不还】【史】徒流犯人于配置中而遇国家恩赦者，徒犯须于役满始得放回，流犯不许放还，是曰徒流遇赦不还。大明令—刑令篇设有徒流遇赦不还之条："凡今后若遇国家赦恩，除见禁未曾断决罪囚该赦者并行释放，其有已经断决徒流及迁徙烟瘴地面安置之人，即系已绝事理，除徒役候年满放回外，其余流远安置之人并不许放还。"

【徒流迁徙】【史】徒者，徒刑也，为徒，流，迁徙[①]三者中之最轻者，谓拘系其身，役满释放止配于本省驿递，流则为三者之最重之刑，依照犯人本省地方，计所犯应流道里，流之于别省荒芜及濒海之地，不得复归本省，例如福建布政司府分，流于广东、浙江布政司府分，流于山东、甘肃布政司府分，流于四川是也。至于迁徙则较轻于流而重于徒，即安置于本犯乡土一千里以外且与流罪相同不得复归本籍。明律（卷一）、清律（卷五）名例篇均设有徒流迁徙地方之条。

【徒限满日】【史】徒刑之期限届满之日也。清律（卷四）名例篇——军籍有犯条："依律发配，徒限满日，仍发回原衙所。"

【徒隶】【史】受徒刑之贱役也，三国志："彭羊性骄傲，多所轻忽，后为众人谤毁于州牧刘璋，髡钳为徒隶。"

【恩科】【史】科举之举行，本有一定之年限，惟遇有朝廷大庆典时，得临时举行之，是曰恩科，此例始自宋朝。

【恩俸】【行】Pension 国家对有劳绩官吏于退职时，或受伤军人于退伍时，所给予之生活维持费，谓之恩俸，亦有称之曰终身年金者。至对于该官吏或军人死亡后所继续给与以作维持其家族生活之费用，是否亦为恩俸，学者有肯定与否定二说，以后说为合理，盖是项费用在我国称曰优恤金或抚养金，然就广义方面而言，固亦可包含于恩俸之内也。

【恩贡生】【史】清制，皇帝亲临群雍殿以特恩准许学行优良之生员入仕，此种生员，称曰恩贡生，贡生得应朝考，与会试及第者有同一之资格。

【恩赦】【宪】Amnesty pardon 君主政体国元首于国家庆祝典礼或其他大典举行之时，所为之恩惠的对犯罪人以命令予以赦免者，通常称曰恩赦。

【恩惠中立】【国公】Benevolent neutrality 凡协约各国相互约定，一方成为交战国时，他方于不放弃中立态度之范围内，给予相对方以可能之便宜，此种中立，曰恩惠中立，实则与普通中立无异。

【恩惠日】【票】Days of grace 付款人于到期日得展限若干日，以支付款项，此项展限期日，曰恩惠日。英美各国法律采之，定为三日，法德日意各国则无规定，我票据法亦然，至第六七条所定得延期三日付款者，须经执票人之同意，始得为之，故与恩惠日之性质相反，自不得混为一谈。

【恩给】【行】Pension 为日本名辞，与恩俸同义。

【恩荣宴】【史】清制，殿试成绩发表之翌日，召宴阅卷执事各官及诸进事于礼

① 原书为"徒"，系排版之误。

部，谓之恩荣宴，亦称曰琼林宴。（清会典吏部）

【恩监生】【史】清制，皇帝亲临辟雍殿，准许勋劳之裔入监肄业，此项生员，谓之恩监生，其生员若系监生者，准其补为恩贡生，武生之英俊者则准其补为恩监生，但八旗官学生及汉算学生则于三年举行恩监试验一次，非合格者不得为恩监生。（嘉庆会典国子监）

【恩赏地】【史】清初于近京附近之地分给八旗为马场之用，其后因弃置不用而以之给与人民垦种，称曰恩赏地。（会典户部）

【恩荫生】【史】在京四品以上，在外三品以上之文官，及京外二品以上之武官之嫡子孙，得依恩诏送入国子监肄业，谓之恩荫生，与难荫生相对称。（清会典国子监）

【恩荫官】【史】清制，国家举行大庆典时，对于文武官吏之子授予一定之官职者，其官职称曰恩荫官，盖即受君之沐恩与父之余荫之官也。得受恩荫官之职者，在文官其父须为京官四品以上外官三品以上者在，武官则不论京官外官均须二品以上。（清会典国子监）

【恐喝取财】【史】唐律有恐喝取财之条，明律及清律则改为恐吓取财，意义相同。（参恐吓取财条内）

【恐猲】【史】猲与喝同义，即威力协喝之谓，以取他人之财物为目的而威喝之，称曰恐猲。汉书—王子侯表："元狩三年平城侯礼，坐恐猲取鸡，以令买偿免候。"师古之注曰："猲以威力胁人也。"

【恐吓公众罪】【刑】Offence of threatening the public 为妨害秩序罪之一，因以加害生命身体财产之事恐吓公众，致生危害于公安而成立，其构成要件有三：(1)须有以本人欲加害之意通知于被吓之公众。(2)加害方法须为不合法者。(3)其恐吓之结果须为有危害公安者，其处分为二年以下有期徒刑。（刑法第一五八条）

【恐吓取财】【史】凡以声势恐喝使人畏惧而取其财者，谓之恐吓取财，皆应处罚，卑幼犯尊长，尊长犯卑幼，皆应治罪。唐律（卷十九）贼盗篇——恐喝取人财条："诸恐喝取人财物（口恐喝亦是），准盗论加一等，虽不足畏忌，财主惧而自与亦同。"疏议："恐喝者，谓知人有犯，欲相告诉，恐喝以取财物者。"注："口恐喝亦是，虽口恐喝，亦与文牒同。"按疏议乃以恐喝为狭义解，并不以对于财主为限，如有乘人之弱点而施以恐喝，亦构成本罪。明律（卷十八）、清律（卷二十五）刑律贼盗篇均有恐吓取财之条，内容相同。清律原文及其下注："凡恐喝取人财者，计赃准窃盗论加一等（以一主为重，并赃分首从，其未得财者，亦准窃盗，不得财罪上加等），免刺，若期亲以下，自相恐喝者，卑幼犯尊长，以凡人论（计赃准窃盗加一等），尊长犯卑幼，亦依亲属相盗律递减科罪（期亲，亦减凡人恐喝五等，须于窃盗加一等上减之）。"清律之总注："恐喝，谓假借事端，张大声势，以恐喝平人，使之畏惧，而取其财也。内畜穿窬之心，外托公强之势，恶其情逾窃贼，故准盗论而加一等，原其实非真盗，故免刺字，而罪不至死也。计赃各主者，亦以一主为重，二人以上，亦并赃同科，仍分首从。若期亲以下至无服之亲，自相恐喝以取财者，如卑幼犯尊长以凡人论，亦准窃盗加一等，免刺，其尊长犯卑幼亦依亲属相盗期亲减五等，大功减四等，小功减三等，缌麻减二等，无服之亲减一等，律科断以服有重轻减有差等，故曰递减恐喝本罪，是加窃盗一等，则尊长亲属应减者须于加一等，上论减盖依亲属之减法非依亲属之盗律也，如首从有尊长卑幼不同者，分别科之。”

【恐吓罪】【刑】Crime of blackmail　本罪之成立，以实施恐吓手段以取得财物为其特质，故又称为恐吓取财罪。恐吓与胁迫有别，前者以威吓为手段，但其结果并未完全使被害人生重大畏惧之心，且未完全丧失其自由意思，后者亦以威吓为手段，但其结果完全使被害人生重大畏惧之心，而且丧失其自由意思。换言之，胁迫者，以目前危害相加于人之谓，恐吓者，以将来危险相加于人之谓，暂行律恐吓罪乃规定于诈欺取财罪中，刑法以其与该罪无关，故另成一章，附以掳人勒赎罪，仍以恐吓罪名其章，规定于分则第三十二章，计六条。属于本罪者分为三种：(1)一般恐吓罪。(2)取得利益之恐吓罪。(3)准恐吓罪(详各本条)。属于本章者又有掳人勒赎罪之规定(详该本条)，上述各罪之褫夺公权处分，均得由审判官裁量之。(刑法第三七五条)

【息银】【债】Interest　即利息之谓(详利息条)，又曰息钱。

【息钱】【债】Interest　又曰息银，即利息之别称。(详利息条)

【悔艾】【史】所谓悔艾，乃指改悛自新而言，宋史李焘传："李焘知双流县，张氏子争产，焘令归思之，三日复来，迄悔艾无讼。"

【悔盟另许】【史】悔盟另许者，谓男女于婚约缔结后，女家反悔而私另与他人缔婚也。

【悔亲】【史】婚姻预约缔结后复反悔者，谓之悔亲。唐明清律等在婚姻篇之首条均有关于此项之规定。元典章(卷十八)且以"定婚不许悔亲"为题，其所以用悔亲一语者，因婚姻乃亲属关系发生原因之一种，故以悔亲名之。

【拳师凶党】【史】拳师每藉教习徒弟为名，聚合成党，扰乱治安。清例设有下列规定：(一)自号教师演弄拳棒教人及投师学习并轮叉舞棍遍游街市，射利惑民者，本犯流三千里，随同学习之人徒三年，坊店寺院容留不报或地保人等不行查拿者，俱杖八十，地方官查拿不力者，罚俸一年。(二)豪恶之人，窝养凶徒作为爪牙者，地方官纵容或隐匿俱革职，道府不得揭报，督抚不行题参，均降三级调用。又地方官失察者则降一级留任，其自行查拿者免议。

【拿破[1]仑法典】【史】Code of Napoleon　西历一七九三年开始搜集材料，一八〇四年告成一部，名曰法国民法，一八〇七年重新颁布，名曰拿破仑法典。一八一六年恢复法国民法原名，一八五二年仍改称拿破仑法典，在拿氏秉政时，此项法典除法国外，且施行于来因河一带，南至意大利，西南至西班牙，东至巴维利亚。本法典共二二八一条，历经增减，共分三编，第一编为关于人之身分法，第二编为财产法，第三编为财产取得之规定。在法典之首，且冠以法之颁布及效力与适用等之

---

① 原书为"玻"，系排版之误。

规定，此项法典之特点有三：（一）废止封建时代之法律与习惯，而以个人主义为中心。（二）贵族与平民在法律上之权利均为平等。（三）编制完整，文义准确，为近代民法成文法典之鼻祖。

【拿捕】【国公】Capture 所谓拿捕，乃指交战国对于敌国船舶或违反中立义务之中立国船舶，以武力使其就范，而置之于权力支配而言（参敌船条内）。在国际法上规定，得免除拿捕之船舶计有下列六种：（一）中立国船舶。（二）沿岸渔业船。（三）从事公益任务船舶（如宗教美术慈善等任务船）。（四）探险船。（五）病院船。（六）俘虏运送船。

【拿获】【通】拿与拏同，逮捕犯人之谓也，即罪犯业已擒得也。

【拿获奸细放火之人】【史】奸宄小人以及放火凶徒，责成一定机关严拿究办，并予赏银以资激励，其他傍人如有拿获之功，亦予奖赏。清之现行则例（即刑部现行则例）关津篇——拿获奸细放火之条："奸细放火凶徒，专责步军五城三营宛大二县严拿，或拿获一名赏银二十两，拿送犯人若干，照犯人每名赏银二十两，拿送之官应纪录加级即升之处，俱交与该部，傍人拿获赏银五十两，拿获犯人若干，照犯人每名赏银五十两。拿送之官应加级即升之处，亦交与该部，此给赏之银，户部取给，其各泛地被别官员人等拿送者，将该泛地官交与该部严加治罪。各寺庙容留别处僧人道士或被首出，或被拿送，将容留寺庙僧人道士及僧官道官俱交与该部从重治罪，乘隙挟仇故诬拿送者，照律拟以诬告之罪。"

【拿获持刀伤人赏银】【史】凡持带刀剑杀伤他人之人犯，自应拘案归办，拿获之人均发给赏银以资激励。清之现行则例（即刑部现行则例）贼盗篇——拿获持刀伤人赏银之条："拿获持刀杀伤人之人，首拿之人赏银十五两，次拿之人赏银十两，三拿之人赏银五两，拿获未伤人之人，停止给赏。"

【挨延热审】【史】热审者，谓于小满后十日起至立秋前一日止之审判也发遣军流等犯以及在途解期均有一定期限，违者如遇热审，均不准减等，而负责官吏员役均须治罪，是曰挨延热审。清之现行则例（即刑部现行则例）设有挨延热审之条："凡安插奉天等处并发遣军流等犯俱以部文到日为始，定限两个月，自该省起解路途解送，每日定限五十里，如违定限起解，虽遇热审，俱不准减等，将违限起解之该地方官照违限例议处。如解役，在途故意迟延逾限者，严加治罪，备此等人犯在途患病，许具呈该地方官取具实系患病印结到部，查明果非托故延挨者，仍系照例减等。"

【挨拿】【史】逐户搜查以逮捕罪犯者曰挨拿，"挨门查问罪犯之行踪而擒之也"。（六部成语注解）

【挪威宪法】【宪】Constitution of Norway 挪威国与瑞典国同在欧洲北部之斯坎得那维亚半岛（Scandinavia），挪威在瑞典之西，两国以基阿连山为界，其西为大西洋，西北及北部则为北冰洋，全国面积约十五万方里（包括北冰洋中之斯匹次培根岛，Spitsbergen），人口约二百七十万，多为条顿族人，喜航海，富冒险心，九世纪至十一世纪间，其足迹遍海外，至今挪威人之从事于海运事业者仍属不少。按挪威古为海寇巢穴，第八世纪末叶，阿拉尔一世统一诸部落，于是始有国家之组织，十一世纪初年曾为丹麦所并，一三一九年，复为瑞典所征服，一三九七年瑞典挪威及丹麦三国合并为一，继又各自独立，一八一四年又与瑞典合并，一九〇五年挪威复与瑞典分离迎丹麦王子喀罗为王，是为 Hakon 第七，表面上为一君主立宪国，而实际上实与共和政体相似。现行宪法系一八一四年五月十七日所公布，计分为五章，共一一二条。第一章政府及宗教之制度。第二章行政权——国皇及皇室。第三章公民权及立法权。第四章司法权。第五章通则。兹举述其要点如下：(一)挪威为自由独立完整之有限君主政体国家，其君主为世袭职，并以路德新教为国教，耶苏教会不许存在。(二)行政权属于国皇，(应属于路得新教)其身体神圣不可侵犯，不受弹劾及控诉，其责任由内阁负之。(三)皇位之继承属于合法婚姻之直接父系之卑亲属，如无太子时国皇得向国会提出继承人，国皇之提议如经国会拒绝同意，国会得自行选举继承人。(四)国皇之离去国境及兼任其他国家元首，应经国会之同意。(五)国皇得自行任命内阁，以挪威国民年满三十岁者充之，计内阁总理一人，阁员至少七人(半数以上须属于国教信徒)，此外国皇有规定宗教方面之祭仪，典礼，会议等之权，有颁布及废止一切关于商业关税企业及警察之命令之权(暂时的，且不得与宪法及国会所定法律相抵触)。有依法使用及管理国有财产之权，经内阁会议后又有特赦之权，对于文武官吏及教会职员有自由选择与任命之权，对于高级官吏及一定官员之免职，则须经内阁会议始得为之，惟皇宫职员及随员，国皇则有自由任免之权，国皇又有授与勋章，统率海陆军对外备战，宣战，媾和及签订或废止条约与派遣或接见外交官吏等权。(六)内阁阁员应开内阁会议，如阁员因有正当理由不能出席会议者，得由国皇另派其他阁员一人代理之，皇太子年满十八岁者，得列席内阁会议，惟无发言权，且不负任何责任。(七)皇太子之婚约须经国皇之同意，其接受其他任何皇位亦须经国皇及国会之同意，违者其本人及其后裔，立即丧失挪威皇位之权，尚未成年之国皇执行政权时，其监护人应由国会选举之。(八)立法权属于国民，由国会(Storthing)行使之，国会分为 Lagthing 会议及 Odelsthing 会议，凡挪威国民不分性别年满二十三岁在选举区内居住五年以上者均享有选举权(惟遇一定情事则应停止或丧失其选举权)。被选者之资格为满三十岁在本国住居满十年及在其所指定选举区内已获得选举权者，选举采用比例制。议员人数定为一百五十人，城市与乡区所选者其数额应为一与二之比(即城市五十人，各乡区一百人)。皇族及在内阁皇室服务者均不得被选。(九)国会得由议员选举四分之一组织 Lagthing 会议，其余四分之三组织 Odelsthing 会议，是项选举应在新选举后国会开第一次常会时举行之，各会议分别开会选举其议长及秘书。开会之法定人数为满三分之二，各议员之任期为继续三年，各议员在往返旅途中及在会期内，除遇有违犯治安重罪者外不得加以逮捕，在国会以外，亦不得因其在国会发表之意见致被控诉。国会开会分为常会及非常会二种，开会时内阁总理及阁员得出席与会及其分组会议，公开讨论，但无投票之权，如为禁止旁听之会议时，则非有两种会议之许可，不得出席。(十)国会之职权，如制定及废止法律，厘订地税关税及其他税项，批准国家公债，监督国家财政，通过国家预算，确定皇室年俸及其封土，对于内阁会议之纪录及公文(外交军事秘密者,设有例外规定)。对于国皇以国家名义与外国所定之协定与条约(外交军事秘密亦又例外规定),均有调阅之权,并得委任审查委员审核国家之收支,并公布之,此外对于外国人之归化入籍,其批准之权亦操诸国会。(十一)凡法律案应由议员或由一内阁阁员以政府名义先提出于 Odelsthing 会议,如经该会议通过,应即转送于 Lagthing 会议,由其可决或否决。遇否决时,应将草案并附具意见退还 Odelsthing 会议再付审查,或将草案废弃之,或修正及不修正仍送交 Lagthing 会议,凡草案之经 Odelsthing 会议两次送达于 Lagthing 会议,而仍将其退还,不予通过时,则国会应即召集大会将该项草案付议,以三分二之大多数决定之。议决案于可决之后应呈请国皇批准,于案上签名即发生法律效力,其不予以批准者,即应将决议案退还 Odelsthing 会议,决议案如经过三届国会在三次连续选举后召集之常会中,至少均有二次通过,而并未加以修正,则该项决议案,得呈递国皇请求批准,如国皇仍予拒绝,则在议会未闭会以前,该项决议案亦得发生法律效力。(十二)凡由 Odelsthing 会议对于内阁阁员或最高法院之执行职务,及对于国会议员在其任期内犯罪所提起之诉讼,均由最高法庭为初审及终审之机关。最高法庭由 Lagthing 会议议员会同最高法院组织之,其人员如 Lagthing 会议为三十一人,最高法院为九人时,除 Lagthing 会议之议长及最高法院之院长为当然人员外,其余 Lagthing 会议中之三十人,及最高法院中之八人均以抽签方法定之,法庭之主席以 Lagthing 会议议长充任,全庭之组织,其人数最少须有十五人。(十三)关于寻常民刑事案件以最高法院为终审之机关,其组织为至少院长一人及法官六人,任法官者应年满三十岁者始得入选。(十四)挪威国民通晓本国语言并具备下列资格之一者始得任为公务员:(1)在国内出生其父母为挪威人民者。(2)在外国出生其父母为挪威人民并未入外国籍者。(3)在国内居住十年以上者。(4)经国会准许入籍者(但不合上列资格者,仍得被任为大学及高等学校教授,或医生以及国外领事等职)。至于充任州长或主教须年满三十岁,任为特别市市长或法官及县长等职,则须届满二十五岁者方可。(十五)无论何人非依法律不受审判,非依判决不受处罚,又非依法律亦不受逮捕与监禁,拷打之刑永远废止,政府非依法律之规定,不得施用武力干涉人民,但对于公共治安有妨碍之集会经官署将刑法典关于叛乱条文宣读三次而未立即分散者,则为例外。又挪威人民在原则上享有言论自由,住居自由之权,私人动产及不动产均受保护,子爵伯爵之封土及其他贵族之世袭财产或遗赠,概行禁止重再设置。(十六)如经过事实证明本宪法之某部分应加修改者,该项提案应于新选举后第一次或第二次国会常会为之,并须刊布,但修正案是否通过,则应由下届新选举后第一次或第二次国会常会决定之,并须经国会议员三分之二以上之表决。又不论任何修正案概须以本宪法之精神为主,不得与本宪法所定之原则相违反。

【挪移】【史】挪者移动也,将甲项之经费擅自更改移用于其他项目,谓之挪移。六部成语注解:"如此项应作某项使用,而擅自改为别项之用,则曰挪移。"凡不依文案勘合所开之项动用,而将其他项目混乱拨移而为他用,是曰挪移。清律及例规定:(一)州县挪移钱粮时,在五千两以下者,照杂犯流罪律总徒四年,五千两以上至一万两者,流三千里(不准折赎)。一万两以上至二万两者,发近边充军,二万两以上者，照侵盗钱粮例，斩候。(二)一年限内全完者，免罪，未至二万者仍准开复，二年限内全完者，减二等，三年限内全完者，减一等。若三限不能全完，除完过若干照现在未完银数治罪。

【挪垫】【史】此项未完，暂移他项垫补解部之款，谓之挪垫。(六部成语注解)

【拲】【史】对罪人之两手加以束缚之器为拲，以木制成，乃周代对于与王同族之罪人所施用之束缚方法，说文："两手同械也。"周礼秋官司寇之属掌囚之制："凡囚者王者之同族拲，有爵者桎，以待弊罪及刑杀告刑于王，奉而适朝，士加明梏以适市而刑杀，凡有爵者与王之同族，奉而适甸师氏以待刑杀。"

【振出】【票】Drawing 为日本名辞，即发出之谓，例如手形之振出，与我国所称票据之发出，或发票，同一意义，发票人则称曰振出人。

【挟(挾)妓窝娼】【史】官员挟妓宿娼及人民窝顿土妓流娼，关系风化甚重且大，清律及例均有明文加以禁止，对犯者且加科处。(一)官吏宿娼及挟妓饮酒杖六十，行止有亏，革职罢役(媒合人减一等)。(二)监生生员挟妓赌博，问发为民，并治以应得之罪。(三)买良家之女作妾并义女名目纵容抑勒与人通奸者，枷号一月发落，至私买良家子女为娼优者，枷号三月徒三年，以上知情嫁卖者亦与同罪，媒合人减一等，子女归宗，财礼入官。(四)人牙将领卖妇女逼勒卖奸图利者，枷号三月发四省烟瘴少轻地方(私领妇女久养在家，逾限不卖希图重利者，杖一百)。(五)窝顿流娼土妓，引诱局骗偶然有留为日无几，枷号三月，杖一百，得受娼妓财物挺身架护月日经久者，徒三年，以上如为再犯流三千里，得受娼妓财物，准枉法从重论，邻保容留者杖八十，受财准枉法从重科断。(六)官媒人等私养妇女在家局奸图诈以及当官领卖妇女久养在家，逾限不卖，希图重价，地方官失察不拿，罪俸一年。(七)民间土妓流娼，地方官不行查禁驱逐亦罪俸一年，若地方有职人员容留在家者则革职治罪。

【挟(挾)势乞索】【史】官府挟恃权势强豪绅望，乞索财物，皆为地方之祸，倘不加以制裁，则无辜小民无死所矣，至收敛财物以送之者亦坐以从犯之罪。唐律(卷十一)职制篇——挟势乞索条："诸因官挟势及豪强之人乞索者，坐赃论减一等，将送者为从坐(亲故相与者勿论)。"疏议曰："或有因官人之威，挟恃形势，及乡间首望豪右之人，乞索财物者，累倍所乞之财，坐赃论减一等，将送者为从，谓领豪右人等，乞索者虽不将领，而斂财送者，并为从坐。若强乞索者加二等。注云亲故相与者无论，亲谓本服缌麻以上，及大功以上婚姻之家，故谓索是通家，或钦风若旧，车马不吝，缟纻相贻之类，皆勿论。"

【捉奸杀伤】【史】清律及例对于捉奸(本夫或亲属)而杀伤奸夫奸妇或傍人者，设下列详细规定：(一)本夫捉奸时：(甲)在奸所获奸登时杀死者，亲获奸夫奸妇登时杀死，勿论，追逐奸夫至门外杀之，杖八十。(乙)奸所获奸杀非登时者，依夜无故入人家已就拘执而擅杀，处徒三年。(丙)已离奸所杀非登时者，依罪人不拒捕及已就拘执而擅杀，处绞候。(丁)止杀奸夫者，奸妇依和奸科罪，当官嫁卖，身价入官，其余例内不言当官嫁卖者，给本夫及亲属领回听其去留。(二)本夫登时将奸妇杀死，奸夫绞候，本夫杖八十，非登时而杀，奸夫流三千里，本夫杖一百，非奸所获奸或闻奸数日将奸妇杀死，奸夫及本夫各徒三年，亲属登时将奸妇杀死，奸夫流三千里，并登时而杀，奸夫徒三年。(三)本夫本妇之祖父母父母捉奸杀死奸夫，悉与本夫同科，若止杀奸妇不必科罪。(四)本夫非奸所获奸将本妇逼供而杀，审无奸情确据，以殴妻至死论。(五)本夫纵奸因别情将奸夫奸妇一齐杀死，虽奸所登时，以故杀论。(六)本夫抑勒卖奸故杀妻者，以凡论。(七)寻常知情纵容非本夫起意，卖奸后因索诈不遂，杀死奸妇，以殴妻至死论。(八)本夫本妇之伯叔兄弟，皆许捉奸，如有登时杀死奸夫奸妇者，依夜无故入人家已就拘执而擅杀，处徒三年，非登时而杀，则依罪人不拒捕而擅杀，处绞候。(九)本夫及亲属(有服者)捉奸，若捕获奸夫因他故殴毙，以谋故论，奸夫逞凶拒捕虽非登时，均依罪人持仗拒捕格杀勿论。(十)本夫及有服亲属登时捉奸误杀旁人者，绞候，奸夫流二千里，其系亲属误杀止科奸罪。又本夫及有服亲属杀死图奸未成罪人，无论登时事后，照擅杀绞候，至于殴伤奸夫及强奸调奸未成罪人，不论登时事后，折伤以上皆勿论。(十一)非应捉奸之人有杀伤者，以凡论，如为本夫本妇亲属纠住捉奸，杀死奸夫及图奸强奸未成罪人，俱照擅杀拟绞。若止殴伤，非折伤勿论，折伤以上仍照斗伤定拟。(十二)擅杀伤奸盗案内余人，无论谋，故，加功，及刃伤，折伤以上，或凶器伤人，悉照其殴余人，杖一百。如有挟嫌妒奸谋故别情乘机杀伤图泄私忿者，仍照谋故杀伤各本例问拟。(十三)本夫及亲属擅杀奸夫及调奸罪人应拟绞抵者，如本妇畏累自尽擅杀之犯减等满流。

【捐加级纪录】【史】清制，文武官员及候补候选人员依金银之捐纳，得呈请加级纪录(即登记加官之等级于官吏簿册上)，谓之捐加级纪录，每加一级其所捐纳之金银，均有一定之数额。

【捐免】【史】清制，官吏依法虽为特定之事项，惟得因捐纳而免除之，是曰捐免，其重要者有下列各种：(1)捐免试用(例如事务见习之免除)。(2)捐免期满(例如须经一定期间始得任本职，但得因捐纳而迳行任本职是)。(3)捐免实授试俸及历俸满年限。(4)捐免赴部引见。(5)捐免赴部投供(免除每月提供履历书)。(6)捐免赴部验看(免除察视年龄容貌)。(7)捐免远省(免除调赴远僻省分)。(清国行政法卷六)

【捐助】【民总】Contribution 日本称曰寄附，即以赞助特定之公益事业为目的，将自己财产无偿的捐出之单独行为也。例如将财产提出一万元或几分之几指定充为慈善事业之费用是也，其捐助之人，称曰捐助人，其捐助物为金额者，曰捐助金，如捐助物为财产者，则称曰捐助财产。

【捐助人】【民总】Contributor (详捐助条内)

【捐助行为】【民总】Act of endowment or promise of donation 日本称曰寄附行为，以设立财团为目的而将某项财产捐出之单独行为也。捐助行为之方式有二：(1)为订立章程。(2)为遗嘱(我国民法第六〇条第一项)。又第二项明定捐助章程应订明法人目的及所捐财产，又参酌第一项之规定，捐助行为之要件为：(1)须有一定目的。(2)其目的须与法律不相违反。(3)须为单独行为。(4)须为无偿行为。(5)须捐出一定财产。(6)须订定章程以设立财团为目的，捐助行为与赠与或遗赠不可混同。前者限于法人成立以前之行为，而遗赠与赠与则为法人成立后之捐助，至捐助行为之撤销，民法无明文，自应待将来之解释。

【捐助章程】【民总】Constitution of Endowment or of Donation 即财团法人于成立时由捐助人所订定之章程也，捐助章程得由法院加以补充(参章程条内)。至所订定之组织为维持财团之目的，或保存其财产，法院得因捐助人董事或利害关系人之声请变更之(民法第六三条)。又因情事变更致财团之目的不能达到时，主管官署得斟酌捐助人之意思变更其目的及其必要之组织。(第六五条)

【捐局】【史】清制，捐纳之事虽属于户部之管辖，惟其事务之专管，则设置特别机关于中央及地方各要地，统称之曰捐局，其设在中央者曰在京捐局，设在各地方者则为在外捐局。

【捐栽】【史】清制，文武官员监生及私人依义举栽植树木者，谓之捐栽。政府为奖励造林起见，订有议叙之方法。依康熙十五年之成例，文武官植柳一万株以上者，记功一次，二万株以上者，记功二次，三万株以上记功三次，四万株以上者则加位一级。(清国行政法第三)

【捐纳】【史】人民对于官职得依金银或米粟之报纳而取得，即所谓捐纳是也。此制由来已久，如汉武帝之纳粟拜爵，为其最显著之例。其起因不外为救济财政开辟财源，后世多沿袭之，清之中叶以后为尤甚，流弊滋多，光绪二十七年上谕对于实官之报捐，遂加以停止焉。(清国行政法卷一下)

【捐翎支】【史】清制，官吏得依捐纳而戴用花翎蓝翎，是曰捐翎支。又按通常官吏受有翎支之勋徽者，因事受褫夺，其后官职回复，更得依捐纳而再戴用前此之原翎，是曰捐复原翎。(清国行政法卷六)

【捐资举办救济事业褒奖条例】【行】本条例自民国十八年四月二十二日公布，全文仅九条，自公布日施行，凡以私有财产创办或捐助救济事业之褒奖，除另有法令规定者外，悉依本条例办理之。兹将其要点述之于下：(一)凡捐资者无论以个人名义或私人团体名义，一律按照其捐资多寡，依下列之规定分别题给奖匾：(1)捐资一百元以上者，其奖匾由市县政府题给。(2)捐资五百元以上者，其奖匾由各省民政厅题给。(3)捐资一千元以上者，其奖匾由省政府或隶属于行政院之市政府题给。(4)捐资五千元以上者，其奖匾由国民政府题给。(二)已受奖匾者，如续行捐资，得并计先后数目褒奖。(三)凡经募资在上述第一要点所列各数五倍以上者，得比照该条题给奖匾。(四)凡以动产或不动产捐助者，准折合银元计算。

【捐监】【史】明之代宗景泰年中，各府州县学生之捐资者，准其为国士监监生(黄瑜双槐岁钞)，清康熙三年噶尔丹之役，依户部之奏请，凡输送兵粮马草者赏，准予补国士监监生贡生，其后即依捐纳亦得授与监生。(郎潜纪闻卷二)

【捐积监谷】【史】清制荒凶之年，富户捐纳米谷积充赈济贫民之用者，得补国子监生，是曰捐积监谷。六部成语注解："荒年开捐，富民纳谷，准作国子监生，积其所纳以赈贫民。”

【捕】【史】其人在而直捕之者，谓之逮，其人逃亡不在而追捕之者，则称曰捕，此外通常称捕者，乃巡捕之简称也。

【捕亡】【史】（详捕亡律条内）

【捕亡律】【史】为唐律十二篇之一，乃关于追捕逃亡之犯罪者之规定，按魏文侯时李悝之法经六篇即有捕法列第四篇，秦商鞅改法为律，故曰捕律，汉因之，历魏、晋、宋、齐，皆不更改，梁时曰讨捕，后魏始曰捕亡，北齐时与断狱合名曰捕断，后周名逃捕，隋复名捕亡，唐因之，至明因改造刑律之编制，遂列入为刑律之一篇，清因明律之旧。（详捕亡篇条）

【捕亡篇】【史】捕亡篇为明清律之刑律中之一篇，与贼盗，人命，斗殴，骂詈，诉讼，受赃，诈伪，犯奸，杂犯，断狱等篇相对称，明律计分为八条如下：应捕人追捕罪人，罪人拒捕，狱囚脱监及反狱在逃，徒流人逃，稽留囚徒，主守不觉失囚，知情藏匿罪人，盗贼捕限，清律因之。（参捕亡律条）

【捕役】【通】从事于追捕强窃盗等人犯之贱役，称曰捕役。

【捕役诬良豢盗】【史】捕役责任在缉拿真犯归案究办，如诬良豢盗，是与职守相违反。清律及例对此设有明文加以惩处：（一）捕役获盗承问官先验有无伤痕，如有伤痕，即将捕役详审，照例惩治，若果无伤，于招内开明并无私拷伤痕字样。（二）捕役诬拿良民为盗为窃，私拷致死者，州县印捕官失[①]察革职，府州厅员降二级调用，道员降一级调用，臬司降一级留任，督抚罚俸一年。（三）诬良为盗未致死者，州县印捕官降三级调用，府州厅员降一级调用，道员降一级留任，臬司罚俸一年，督抚罚俸六个月。（四）诬良为窃未致死者，州县印捕官降一级调用，府州厅员降一级留任，道员罚俸一年，臬司罚俸六个月，督抚罚俸三个月。（五）捕役诬拿曾经犯窃犯盗之人，指为现在踩缉之窃犯盗犯及将窃犯诬为盗者，已致死者，州县印捕官降三级调用，如未致死则仅降一级调用。（六）已革捕役诬良为盗为窃致死者，州县官降三级调用，诬盗未致死者，州县官降一级调用，诬窃未致死者，州县官降一级留任。（七）捕役泛兵为盗者起意人处斩枭，为从者则处斩决。（八）分赃通贼与巨盗交结往来漏信脱逃，不分曾否得财均与本犯同罪，知情故纵照窝主知情存留例治罪，如不知情，止系查缉不力，以不应重论。（九）捕役窃盗分赃及自为盗，州县印捕官失察者，降三级调用，府州厅员降一级留任，道员则罚俸一年，讳饰不报者，州县印捕官革职，府州厅员降二级调用（不同城降留），道员降一级调用（不同城则罚俸二年），自行查出者，州县印捕官降三级留任，府州厅员及道员均免议，明知不拿或责革不照例治罪者，州县印捕官降四级调用，府州厅员降二级调用（不同城降留），道员降一级调用（不同城罚俸二年）。（十）捕役盗窃等事在州县官公出期内及回任未及一月发觉者，俱免议。（十一）已革捕役窝盗，州县官降一级调用，访拿究办者，免议。

---

① 原书为“夫”，系排版之误。

【捕役误杀人】【史】专司捕拿罪犯之差役，不得杀伤无干之案外人，如有误杀应负罪责。清之现行则例（即刑部现行则例）人命篇设有捕役误杀人之条：“凡捕役拿贼误杀无干之人，仍照过失杀人律追银十二两四钱二分，给付死者之家。”

【捕法】【史】为李悝所作法经六篇中之第三篇篇名，秦商鞅改称捕律。（详法经六篇条及捕亡律条）

【捕律】【史】关于罪人逮捕之法律，称曰捕律，按战国时魏李悝法经六篇中之第三篇，称曰捕法，秦时改法为律，而捕法即改称为捕律，汉魏晋律引之，后魏改名捕亡律，北齐名为捕断律，后周改曰逃捕律，隋复为捕亡律，后世因之。

【捕限】【史】应捕人追捕犯罪人之期限，称曰捕限。（详盗贼捕限条内）

【捕首法】【史】共犯中之一人捕其他一人而自首者，得准用减轻之法，谓之捕首法，至共犯中之重罪应死之犯，被轻罪之犯杀死，而来自首者亦同，是曰同捕首法。唐律（卷五）名例篇——犯罪共亡之条：“诸犯罪共亡，轻罪能捕重罪。”其注曰：“重者应死，杀而首者亦同。”疏议曰：“轻者杀而来首，亦同捕首法。”

【捕杀】【史】拘捕罪人而杀之，谓之捕杀。清律及例设有下列各项规定：(一)罪人持仗拒捕，捕者格杀之，又在禁或押解已问结之囚逃走，捕者逐而杀之，以及因窘迫而自杀者，均不论罪。(二)若已就拘执及罪人不拒而杀伤者，则各以斗杀伤论。(三)罪人本犯应死之罪而擅杀者，杖一百。(四)凶犯挟仇放火及实在凶恶棍徒无故行凶扰害，并强奸未成罪人，被害之人及本妇有服亲属登时忿激致死徒三年，其杀非登时者仍照擅杀律处断。(五)盐商巡役造册送部，如因缉私与盐匪相杀伤，依贩私拒捕及擅杀伤罪人科断，如仅报县有名则以凡斗论罪。(六)擅杀奸盗及别项罪人，案内余人无论谋杀加功及刃伤折伤以上并凶器伤人，悉照共殴余人杖一百，正犯罪止拟徒者，余人杖八十。(七)捕役受贿嘱致死罪人者，照谋杀律治罪。

【捕票】【刑诉】Warrant for the arrest of a person sentenced 谓检察官将执行死刑徒刑或拘役之判决，对于受刑人不在羁押中，经传唤不到，或已逃亡，或有逃亡之虞时，所发出逮捕之命令书也。捕票应有一定方式，除经发票检察官署名盖章外，应记载下列事项：(1)受刑人之姓名，性别，及其他足资辨别之特征。(2)谕知之刑名及刑期。捕票之效力与拘票同，且准用执行拘票之规定。（刑诉法第四八七—四九一条）

【捕盗勿以疆界】【史】元制追捕盗贼贵在迅速，不得为土地境界之异同所拘泥而互相推诿，故曰，捕盗勿以疆界，勿者莫也。元典章（卷五十一）刑部十三篇——捕盗勿以疆界之条：“诸盗贼生发，当该地分人等速报，应捕官司，随即追捕，如必当会同邻境者，承报官司，即须应期而至，并力捕遂，勿以被疆此界为限，违者究治。”

【捕盗功赏】【史】应捕人有捕盗之责，故其论赏，自应依法之所定，至于常人之捕盗，于社会公安贡献极大，非加重奖，不足以资鼓励，故大明令刑令篇——特设捕盗功赏之条：“凡常人捕获强盗一名窃盗二名，各赏银二十两，强盗五名以上窃盗十名以上各与一官名，数不及折算，赏银，应捕人不在此限，强盗窃盗止追正赃给主，无主者没官，若诸人典当收买盗贼赃物，不知情者勿论，止追原赃，其价于犯人名下追征给主。”

【捕罪人】【史】（详罪人持仗拒捕及捕罪人漏露其事并应捕人追捕罪人等三条内）

【捕罪人漏露其事】【史】犯罪人既须置之于法，自应拘缉到案，若受命拿捕之人竟将缉捕之事泄诸罪人而令其逃走，自非加以处罚不可。唐律（卷二十八）捕亡篇——捕罪人漏露其事条：“诸捕罪人，有漏露其事，令得逃亡者，减罪人罪一等（罪人有数罪，但以所收捕罪为坐）。”疏议曰：“捕罪人，谓上条将吏以下，受使追捕而有漏露应捕之事，令使罪人逃避者，漏露之人，减罪人罪一等。注云，罪人有数罪者，假有一人或行强盗，兼复杀人，又欲谋叛，若为谋叛而捕，漏露者唯从谋叛减一等，若为贼盗，或杀人而捕，漏露者即从贼盗杀人上减一等，不论谋叛，故云，但以所收捕罪为坐。”同条又曰：“未断之间，能自捕得除其罪，相容隐者为捕得亦同（余条相容隐，为捕得准此），即他人捕得，若罪人已死，及自首，又各减一等。”

【捕蝗】【史】蝗为谷禾之大害，千万成群，飞经之处，云天尽蔽，草类均啮食无遗。清时曾颁行捕挖蝗蝻章程一种，意在预防其害，其最要之一节录之于下：“州县每年秋间，应饬农长乡保地主人，查明所管内低洼聚水，曾经过水并飞蝗停落所，逐一标记，并将土名地段，告册报官，俟冬间水涸时，将泽草尽行砍除，可作柴薪肥料，如草不可用，纵火就地烧之，或将草根锄去，使鱼虾遗子尽消，以除蝻孽。”按旧传蝗为鱼虾遗子之散留干涸水草中所变化而成蝻，再由蝻而化生为蝗，故有此种捕除章程之颁行，实则蝗虫全为卵生者，与鱼虾遗子无关。

【捕获】【国公】Prize　捕获者，谓以强制方法停止能活动之物，捉拿而使其归于自己监视之下也。（参捕获物条）

【捕获法院条例】【组】Regulations Relating to Prize Courts　本条例于民国二十一年十二月十五日公布，分为三章，计三十七条，其要点如下：(1)捕获法院为审检海上捕获事件之机关，分为地方捕获法院及高等捕获法院二级，后者设置于首都，前者之设置地点以命令定之，均各设院长一人，推事八人，检察官二人，书记官二人至五人。地方捕获法院院长以所在地高等法院院长兼充，推事则由行政院就高等法院推事四人，海军军官三人及外交部部员一人呈请国府任命兼充，检察官以高等法院检察官兼充，书记官由高等捕获法院院长于高等法院书记官中委任兼充，高等捕获法院院长以最高法院院长兼充，推事以最高法院推事四人，海军军官二人，海军部参事一人，外交部参事一人兼充，由国府任命之，书记官由高等捕获法院院长于最高法院荐任书记官中荐任兼充（上述各兼任人员不另支薪俸）。(2)地方捕获法院审判事件非有主席（以院长任之为原则），及推事四人以上出席，不得开审，高等捕获法院则非有主席（院长任之为原则），及推事六人以上出席，不得开审，至于审判事件概以多数决之。(3)凡执行拿捕军舰之舰长，应将被捕船舶引送至地方捕获法院所在口岸，并将供述书送达该法院，其不能引送者，得仅提出供述书，地方捕获法院院长接到供述书后，应就该事件指派推事一人为主任推事，该推事应即为检查所得作成调查书，连同供述书及附属文件移送于地方捕获法院检察官。(4)检察官收到上项文件后，应制成意见书，连同各种关系文件提出于地方捕获法院，如系主张释放而地方捕获法院亦认为正当时，该法院应即制成释放裁定书，如其主张之捕获或释放该法院认为不当者，则应由该法院为公告之程序，于公告翌日起三十日内该事件关系人得提出申诉书于该法院。(5)若于法定期间内未提出申诉书者，该法院即行开始审检(但有检察官之声请时，得不另经审问程序迳行判决)。若于法定期间提出申诉书者，法院应指定日期开庭审问，于终结后应即制成判决书，于三日内宣告之。(6)检察官及申诉人对于上述法院之判决得于二十日内(送达之翌日起)向原审法院提出上诉书，原审法院应将本案卷宗移送于高等捕获法院。(7)高等捕获法院认为合法时，应将上诉书副本送达于对方当事人，限于十日内提出答辩书，于调查终结后应即为书面之审理，但判决书则应公开宣告之，将判决书移送于原审法院之检察官，并将副本送达于申诉人，判决确定后应将判决书要旨登载于政府公报，至于判决之执行，概由地方捕获法院检察官行之。

【捕获物】【国公】Prize 在海战时所夺获之物品，曰捕获物，此项捕获物所有权之移转，须在经捕获审检所判决日认为合法之后，否则仍须归诸原主。

【捕获审检所】【国公】Prize courts 捕获审检所者，谓由交战国所设，以从事于审检本国军舰在海上所捕获之私有船舶及其货物之是否合法为目的之国内法庭也。其组织方式约有三种：(一)司法组织制——由司法机关掌理之，如英美荷是。(二)行政组织制——由行政官理组织之，如法西两国是。(三)司法行政混合制——由司法与行政机关合组之，如德比俄日本以及中国是，其所适用之法规，大都本国法(英美主张)，但大陆学者则谓须以适用国际法为原则，审检时以被捕获物之所有人为原告，而被告则属诸捕获人，至其设立地点，以在本国领域或所占之区域内为限，但必要时得于其同盟国内设置之，惟不能在中立国领土内设立耳。

【捕断律】【史】(详捕亡律条内)

【捕摄人】【史】与追摄人相对立，由官署所派遣以从事捕逃及追摄之人，称曰捕摄人，其系普通人之从事于追捕者则称曰追摄人。

【挺重囚】【史】挺者，拔出之义也。在仲夏之时，对于轻罪囚犯由牢舍放免，对重罪囚犯则则拔出而移于清凉之所，此举乃国家恩典之一。礼记一月令篇："仲夏之月，挺重囚，益其食。"陈浩注曰："挺者拔出之义，重囚禁系严密，故特加宽假。"马晞孟注："益重囚之食，不以其罪废，不忍人之政也。"

【效力】【通】Effect 发生效果之力量，谓之效力，例如法律行为或官署之行政处分，以及法院之判决，于发生一定之结果时，则谓之有效力，否则谓之无效力。

【效力意思】【民总】(参意思表示条内)

【效果】【通】所谓效果乃指法律行为或官署之处分判决等所发生一定之结果而言。

【效果法】【国私】效果法为准据法之别称，盖准据法乃就某种涉外之私法关系而判定其法律效果之存在与否为目的，故称曰效果法。

【旁系】【亲】Collateral line　为亲系之一种，与直系相对立，在血统相连系者之彼此间，非有直上直下之系统，而仅系出于同源者，曰旁系。（参旁系血亲条）

【旁系血亲】【亲】Collateral relatives by blood　与直系血亲相对立，所谓旁系血亲，乃指非直系血亲而与己身出于同源之血亲而言，例如伯叔等及表兄弟姊妹皆是，其尊辈高者曰旁系血亲尊亲属，其尊辈低者则曰旁系血亲卑亲属，其辈分同者曰旁系血亲同辈亲属。

【旁系姻亲】【亲】Collateral relatives by Marriage　姻亲均以配偶为标准，例如伯叔父旁系血亲也，而伯叔母则为旁系姻亲，又如夫之兄弟姊妹为夫之旁系血亲，亦即妻之旁系姻亲，又如妻之兄弟之妻，妻之旁系姻亲也，亦即夫之旁系姻亲。

【旁系亲】【亲】Collateral kin　所谓旁系亲，乃指非直系亲而与己身或配偶出于同源之亲属而言。

【旁证】【民刑诉】与实证相对称，即以业已明了之事物向法院提出，依推论方法以供证明系争事实之用之谓，此种旁证，乃包含人证与物证而言。

【旁听】【通】Observation; Hearing　当议会开议时，或法庭开庭时，人民依法令得于议会或法庭之旁，观察及听觉议会开议或法庭审案之行为，谓之旁听，但旁听之人，有服装不当者，或扰乱秩序者，议会之议长或法庭之审判长得命其出议场或法庭，或为其他相当之处分，又依法得秘密会议或审理之事件，在原则上均不准旁听。

【旅】【史】为军队之编制之一种，古时五百人为旅，周礼地官小司徒："五卒为旅。"其注曰："旅五百人。"清时称曰协，民国成立原定步兵二团为一旅，次于师之下，又有混成旅，独立旅之称，国民革命军事初期，废旅制，而以三团为师，及奠都南京军事编遣之后，仍恢复旅制，每步兵旅三团，其二步兵旅为一师者，称曰乙种师，三步兵旅为一师者则名甲种师。

【旅行业】【行】Travelling service　凡代旅客谋旅行上之便利，经营国内外各种车票船票航空票，代客运送行李或兼营与旅行有关之银行业，及其他关系旅行上一切事务之商业，均为旅行业。旅行业之资本总额至少须国币十万元以上，兼营发行旅行支票国内外小额兑之银行业者，其资本总额至少须国币二十万元以上，经营旅行业者应将法定事项详细填明，附缴注册费，呈请铁道部审核注册，并备具副本呈经铁道部咨商交通部及财政部核准注册，此外并应依公司或商号性质向主管官署注册，经营旅行业者于领到铁道部所发给之注册证书后，得与各铁路局各轮船航空机关签订合同，经售客票代客运送行李。（经营旅行业注册暂行章程第一—五条、第九条）

【旅券】【行】Passport; Certificate of travel　旅券者谓官署所发给旅行者之书面证书也，其性质与护照（参该本条）相同。

【旅长】【军】军队中一旅之首长，曰旅长，即清时之协统也。

【旅客】【通】Passengers 依运送契约所订定而为该契约的客体之自然人,谓之旅客。(参旅客运送契约条内)

【旅客名册】【海】Passengers register; Musterroll of passengers; List of passengers 为船舶应备文书之一种,谓船舶搭客之名簿也,其功用有二:(1)使明知旅客契约之当事人为何人。(2)使警察行政上易于保护或取缔。

【旅客运送】【债】Carriage of passenger 为运送营业之一种,与物品运送承揽运送相对称,即以运送旅客而受运费之营业也,法律对此之规定非常简单,其重要者如下:对于旅客在原则上,凡因运送所受之伤害及运送之迟延,旅客运送人应负担责任(第六五四条)。至于行李方面,运送人对于旅客所交托之行李,纵不另收运费,其权利义务除另有规定外,适用关于物品运送之规定,又旅客到达后六个月内不取回其行李者,运送人得拍卖之,至运送人交与旅客之票收据或其他文件上有免除或限制运送人责任之记载者,除能证明旅客明示同意外,不生效力。(参第六五四—六五九条)

【旅客运送契约】【海】Contract for carriage of passengers 为运送契约之一种,对货物运送契约言,谓以船舶运送旅客至一定目的地之契约也。此项契约亦为承揽契约,且有庸船契约(即以船舶之全部或一部供运送旅客为目的之契约)与搭客契约(即以搭客分别固定舱位之运送为目的之契约)之分,前者多为团体之运送,其法律关系与货物运送之规定同,故得准用之(海商法第一〇一条),后者乃普通旅客之运送,其法律关系仅为船舶所有人与旅客之关系,法律因另设明文予以规定。按旅客运送契约乃属诺成契约,但普通习惯有所谓船票之发售者,此不过运费而已,勿须具备一定方式,我海商法对于搭客契约间之运送人义务,设有规定:(1)供给旅客食膳之义务(第一〇二条)。(2)运送旅客至目的地义务(第一〇三条、第一〇八条)。(3)船舶发航之义务(第一〇六条)。(4)如船舶航海中修缮时应负完成航海义务,或负无偿供给食宿义务(第一〇九条)。(5)如旅客死亡时,应负以最利方法处置其行李之义务(第一一〇条)。至旅客之义务如下:(1)给付票价义务(第一〇四条、第一〇七条)。(2)依时登船义务(第一〇五条)。此外如旅客有服从船长所发命令义务,与遵守规则义务,更属当然之事,勿待规定。关于旅客运送契约之解除,其原因有二:(a)旅客任意之解除——即旅客于发航前得任意解除其契约也,但须给付票价三分之一。(b)法定原因之解除——即凡旅客于发航前因死亡疾病及其他基于本身不得已之事由不能航海者,亦得解除契约之谓也,法律规定此时运送人得请求票价四分之一(第一〇四条)。若于航海中因疾病上陆或死亡时,则仅按其已运送之航程负担票价。(第一〇七条)

【旅费】【民诉】Travelling expenses 谓行旅时所需用之舟车费用也,证人及鉴定人得请求法定之日费与旅费,至于旅费并得依其声请预行酌给之(民诉法第三一〇条、第三一五条)。所谓法定旅费,依诉讼费用规则之规定,证人鉴定人之在途旅费,应按实数计算,推事及法院书记官出外调查证据之旅费,则应依官吏出差旅费规则计算。(诉讼费用规则第十五条、第十六条)

【旅贲】【史】周礼夏官司马之属有旅贲氏,中士二人,下士十六人,皆世职掌执戈盾，夹王居而趋，左八人，右八人，车止则持轮，凡祭祀会同宾客则服而趋，军旅则介而趋，是其职之重要可知也。故非材武过人，忠义素励，不得参与此选。（周礼夏官司马）

【旅馆】【行】Hotel；Inn　旅馆者，即以供给公众之寄宿为常业之处所也，一曰旅店。依我国违警罚法之规定，旅店确知投宿人有刑法上重大犯罪行为不秘密报告公安局所者，或确知投宿人将有刑法上重大犯罪之举动不秘密报告公安局所尚未达刑法第一六二条之犯罪者，均处以十五日以下之拘留或十五元以下之罚金。又旅店及其他供人住宿之处所不将投宿人姓名，年龄，籍贯，住址职业及来往地方登记者，处十日以下之拘留或十元以下之罚金。（第三十三—三十四条）

【时(時)例】【刑】Rules for the computation of time　为刑法总则篇内规定时期各种计算方法之条文也。亦有散见于分则篇中者，我刑法规定于总则篇内之第三章，仅三条耳。计算方法有二种：(1)自然的计算法。(2)历法的计算法（详各本条）。我国新刑法兼采之。（第二十一条）

【时(時)祀】【史】四时之祭典称曰时祀，吕览："时祀书敬而不祈福也。"

【时(時)计】【民总】为年龄计算方法之一种，谓以时刻为年龄计算之方法也。例如甲生于本年三月五日午后四时，则须届满明年三月五日午后四时，始算为一岁，此项方法虽甚公允，但太琐细，于事实上殊不方便，故不为法律所采用。

【时(時)限】【通】Limit of hours　所谓时限，乃指每日中自某时起至某时止之一定时间而言，与期限之系由某日至某日止之一定期间者不同。

【时(時)食】【史】谓以四时生熟之物及适合其期节之物供祭祀而为四时之祭也。增补四书人物聚考："（春秋繁露云）古者岁四祭，因四时所生熟而祭先祖父母也。周礼：掌六畜六兽六禽辨其名物，共祭祀之好羞（中略）。独断云：春荐韭卵，夏荐麦鱼，秋荐麦豚，冬荐稻雁，制无常物，取于新物相宜而已。"（卷二）

【时(時)效】【通】Prescription　所谓时效，乃指因时间之经过与届满而取得或消灭某种权利之制度而言，在刑法上之时效，即于一定期间经过后，即可使诉追或行刑之权消灭，在民法上之时效，即于一定期经过后，可以取得或消灭某项私权。按时效制度之设定，乃以尊重社会公益，与避免种种因时间延长关系所产生之不便利为目的，故各国法律无不采用之，惟关于规定之处所，各有不同耳。在刑法时效之规定，有主列入刑事诉讼法中者，有主列入刑法中者，更有主将起诉权之时效列入刑诉法中，而将行刑权之时效列入刑法中者，我国则将二者并于刑法中加以规定（参刑法时效条内）。至于民法上之时效，列国立法例多分为取得时效与消灭时效两种（详各本条）。且一并规定于总则篇中，然亦有将取得时效于民法物权篇中加以规定，而对一般消灭时效则列于总则篇内，特别消灭时效则分别于其他各处加以规定，德国民法与我国新民法皆采后例。

【国公】为国家领土继承取得方法之一，凡一国领有土地，经过相当期间并无任何证据以证明其于国际法另有他属时，则此种取得称曰时效，至于所谓相当期间，在国际法上并未有确定标准，自应按照实际情形以定之也。

【时(時)效不完成】【民总】时效不完成者谓时效期间进行终止之际,因一定之原因而不令其时效完成也。依我民法之规定。时效不完成之原因计有五种。(参消灭时效之不完成条)

【时(時)效中断】【民总】Interruption of prescription 谓业已进行之时效期间,因法定或自然之事由在法律上中断无效也,故其中断之期间,不能算入时效期间之内,必须自中断原因终了之时,其时效期间始从新进行也。(参时效条及消灭时效之中断条)

【时(時)效完成之停止】【民总】Suspension for the completed prescription 即仅限于停止事由发生于时效期间进行之终始认其有停止时效之效力之谓。此为日本民法所规定者,与我国民法关于消灭时效不完成之规定相同。(参该本条)

【时(時)效停止】【民总】Suspension of prescription 时效停止者,谓因法定之原因而时效之进行一时中止也。时效停止与时效中断不同,停止者,其中止以前经过之时间,不得作为无效,不过其进行一时停止而已,若其停止之法定原因终了,则时效仍继续进行,凡中止以前经过之时间,皆算入时效期间之内,以至于时效之完成,时效之中断则为将已进行经过之时效期间之一部归于无效而从新进行也。(参消灭时效之停止条)

【时(時)效期间】【民总】Period of prescription 为期间之一,对预定期间言,谓构成时效之一定期间,换言之,即须经过一定期间,始构成取得或消灭时效也。此种期间,均由法律规定因各种权利而长短不同,不得由当事人以法律行为任意变更之(第一四七条)。又此种期间每因中断或停止而妨碍其进行以延长之,前者曰时效之中断,后者曰时效之停止。

【时(時)朝】【史】诸侯顺乎四时以朝见天子,谓之时朝。公羊传:“诸侯时朝乎天子。”注曰:“顺四时而朝也。”

【时(時)间】【民总】Time 又简称曰时,即吾人测定事实发生前后或私权变动前后之标准也。在法律上之地位甚为重要,有为行为能力成立之标准者,有为权利取得或消灭之标准者,诚以法律效力之发生,与时间极有莫大之关系也。时间得分为二:(1)期日。(2)期间(详各本条)。时间之计算方法亦有二种:(a)自然计算法。(b)历法计算法(详各本条)。民法规定凡法令审判或法律行为另有规定者,自应从其所定,否则应依第五章之规定。(第一一九条)

【时(時)聘】【史】天子有事时,诸侯及卿大夫遣人趋问天子之安否,称曰时聘,一称曰问。周礼—宗伯篇:“时聘曰问。”其注曰:“天子有事乃聘。”疏曰:“是诸侯遣臣,聘问天子之事。”

【时(時)际法】【通】Transitive law 所谓时际法,乃指规定关于新法律施行前发生之事项,而新法律对之有如何效力之施行法而言,日本称曰经过法。

【时(時)价】【债】Current price 所谓时价乃指市上现时之价格而言,或曰市价。

【史】物价因时而高下,故称当时之价曰时价。唐六典:“岁丰则出钱加时价而籴之，不熟则出粟减时价而粜之，谓之常平仓。”

【时(時)宪书】【史】即历书之别称也，此语乃出自书经中：“惟圣时宪。”至后世历朝概称曰历，清代因避高宗弘历之讳，曾改称曰时宪书。

【晋(晉)之五刑】【史】三国之后晋代继起，五刑之制，一曰输赎，谓用金绢以赎免犯罪也。二曰髡作，谓割去毛发而使服作一定劳役也。三曰弃市，刑其人于市而陈其尸于众也。四曰斩，谓以斧钺诛戮之也。五曰枭首。断其首使与身分离也。按晋书改汉旧律不行于魏者皆除之，更依古义制为五刑，其死刑有三，髡刑有四，完刑作刑各三，赎刑十一，罚金六，杂抵罪七，凡三十七。

【晋(晉)之法典】【史】晋自篡魏而有天下，即于泰始年间令贾充制定泰始律及晋令，此外尚有六条、五条诏书，尚书十二条故事。一、泰始律—泰始律者，初文帝敕贾充等十五人撰之，至武帝泰始三年告成，翌年正月颁行天下，凡二十篇，六百二十条(一曰一千五百三十条)。二万七千六百五十七言，二十篇目如下：(一)刑名。(二)法例。(三)盗律。(四)贼律。(五)诈伪。(六)请赇。(七)告劾。(八)捕律。(九)繫讯。(十)断狱。(十一)杂律。(十二)户律。(十三)擅兴。(十四)毁亡。(十五)卫宫。(十六)水火。(十七)厩律。(十八)关市。(十九)违制。(二十)诸侯。据此，则分魏律之刑名，为刑名法例二篇，废劫警事偿赃三律，新增卫宫，水火，关市，诸侯四律，囚律则并入断狱律，故所增唯一篇也。晋律目：不孝，谋杀其国王侯伯子男官长，诬偷，受财枉法，掠人和卖，诱藏亡奴婢，以上六条见御览引晋律。诈伪将吏，越武库垣，兵守逃归家，兄弟保人，阑人宫殿，门上变事，露泄选举，谋发密事，殴兄姊，伤人，伪造官印，不忧军事，戏杀人，越戍，作阱，走马众中，挟天文图识，以上十七条见御览引晋律注。不敬，不道，恶逆，向人室庐道径射，盗伤缚守，呵人取财，斗杀伤傍人，囚辞所连，诸勿听理，持质，恐猲，强盗，受求所监，擅赋，得遗物，以上十五条见晋志引张斐律表。乏军兴，以上一条见晋书刘隗传。诈列父母死，诬罔父母，淫乱破义，反逆，以上四条见宋书王韶之传。窃执官仗拒战逻司，以上一条见宋书明帝纪。八议，自首，诈冒复除，犯陵上草木，盗发发冢，以上五条疑皆晋律目之所有，姑附于此。其刑名有死罪，耐罪，赎罪，三项，死罪即大辟之刑，有枭，斩，弃市，三种，耐罪，即髡刑，有髡钳五岁刑笞二百，四岁刑，三岁刑，二岁刑，四种赎罪，即抵杂罪，有罚金十二两，八两，四两，二两，一两，五种，赎死罪金二斤，赎五岁刑金一斤，十二两，以下各以四两为差，晋律令不传，其内容不可考，然其逸文为太平御览刑法所引者不少，其后明法椽张裴注律，表上之，细读裴表，即可以窥知律意，盖表中于故，失，谩，诈，不敬，斗戏，贼，过失，不道，恶逆，戕，造意，谋，率，强，略，群，盗，赃二十义，皆有所解释，又谓律有事状相似，而罪名相涉者，而于诸以威势得财名殊而罪相似者，一一列举之，此外又论律非至精，不能明其理，而刑官之于奸人，当留意其视听言动云云，张斐律注，晋书刑法引之，又史记平准书索隐注，北堂书钞，太平御览诸书，间亦引之，张斐之外，杜预亦作注解，然其书今已无传，惟北堂钞有所征引，晋书卷三十四杜预传曰：“与车骑将军贾充等定律令，既成，预为之注解，乃奏之曰，法者皆绳墨之例，非穷理尽性之书也，故文约而例直，听省而禁简，例直易见，禁简难犯，易见则人知所避，难犯则几于刑厝，厝刑之本，在于简直，故必审名分，审名分者，必忍小理，古之刑书，铭之钟鼎，铸之金石，所以远塞异端，使无淫污也，今所注皆网罗法意，格之以名分，使用之者，执名例以审趣舍，伸绳墨之直，去析薪之理也，诏班于天下。”二、晋令——晋令亦贾充等所撰，凡四十卷，四十篇，其篇目如下：“一户，二学，三贡士，四官品，五吏员，六俸廪，七服制，八祠，九户调，十佃，十一复除，十二关市，十三捕亡，十四狱官，十五鞭杖，十六医药疾病，十七丧葬，十八杂上，十九杂中，二十杂下，二十一门下散骑中书，二十二尚书，二十三三台秘书，二十四王公侯，二十五军吏员，二十六选吏，二十七选将，二十八选杂士，二十九宫卫，三十赎，三十一军战，三十二军水战，三十三—三十八军法，三十九—四十杂法。”晋令比于隋唐令，略有差异，晋令为门下散骑中书尚书三台秘书王公侯军吏员，特设专篇，隋唐令则总括于职员，令一篇，又军战令军水战令军法令杂法令等，悉并入军防令一篇，其他则大同小异也，晋令条数，据晋书刑注志云，凡律令各二千九百二十六条，十二万六千三百言，今于此中减去晋律六百二十条，二万七千六百七十五言，则令之数凡二千三百六条九万八千六百四十三言，其内容虽不详，而其逸文散见于六典注，初学记，北堂书钞，艺方类聚，后汉书栾巴传注，宋书礼志，北史刘芳传，太平御览及酉阳杂俎诸书，其中多为官品令，至于通典卷三十七，则依官品令列举晋官品也。三、晋六条、五条诏书，尚书十二条故事——六条者，武帝咸熙二年十一月所颁，一曰忠恪匪躬，二曰孝敬尽礼，三曰友于兄弟，四曰洁身劳谦，五曰信义可复，六曰学以为己。观晋书武帝纪，以六条举淹滞，则为示群臣以施政方针之教书已，其后穆帝永和元年四月，诏会稽王昱录尚书六条事，隋书经籍志，又有晋刺史六条制，其内容无从稽考，不可得知焉。五条诏书者，武帝泰始四年十二月所颁，一曰正身，二曰勤百姓，三曰抚孤寡，四曰敦本息末，五曰去人事。尚书十二条者，即录尚书事项也，十二条不详。故事者，亦贾充等撰，凡三十卷，所录尽当时制诏之条，各留其府，隋书经籍志作四十三卷，而六典，晋书刑法志，皆作三十卷(唐六典卷六刑部郎中员外郎注曰：“晋贾充等撰律令，兼删当时制诏之条，为故事三十卷，与律令并行。”)此外隋书经籍志，唐书艺文志，载有诸种公私撰述之法典，按古以晋书时故事名者，隋书经籍志，有晋建武故事一卷(唐志三卷)，晋咸和咸康故事四卷(晋孔瑜撰唐志有建武咸和咸康故事四卷)，晋修复山陵故事五卷(车灌撰唐志同)，晋八王故事十卷(唐志作十二卷卢琳撰)，晋四王起事四卷(晋廷尉卢綝撰唐志作四王起居四卷卢琳撰)等，唐志则有晋太始太康故事八卷，晋氏故事三卷，晋诸杂故事二十二卷，其他隋书经籍志，有晋朝杂事二卷(唐志同)，晋要事三卷，晋东宫旧事十卷(唐志同)，晋公卿礼秩故事九卷(传畅撰)，晋杂仪十卷，晋弹事十卷(唐志作九卷)，晋驳事四卷(唐志同)，晋杂制六十卷(唐志有晋杂议十卷)。

【晋(晉)令】【史】为贾充等所撰，凡四十卷四十篇。(详晋之法典条内)

【晋(晉)封】【史】(详晋授条内)

【晋(晉)故事】【史】(详晋之法典条内)

【晋(晉)授】【史】清制，官员已得封典者，其第二次以后所为之给封，谓之晋授，其对于其曾祖父母，祖父母，父母及妻等之存者之给封则曰晋封，其死者则曰晋赠。

【晋(晉)赠】【史】(详晋授条内)

【晋(晉)铸刑鼎】【史】鲁昭公二十九年晋国范宣子所作刑书，铸刻于鼎以示国民，是曰刑鼎。左氏传—昭公二十九年："晋铸刑鼎，著范宣子所为刑书焉，仲尼曰，晋其亡乎，失其度矣，夫晋国，将守唐叔之所受法度，以经纬其民，卿大夫以序守之，民是以能尊其贵，贵是以能守其业，贵贱不愆，所谓度也，今弃是度也，而为刑鼎，民在鼎矣。"

【书(書)役诈赃】【史】书吏差役谓之书役，定额以内者，曰正役，定额以外者，曰白役，凡以不正方法诈取财物者是曰诈赃。清律及例有下列各项规定：(一)各衙门书吏差役舞文作弊，生事扰民，照平民加一等治罪，受财计赃从重论。(二)县总里书犯赃入己照衙役犯赃拟罪，保人歇家串通衙门行贿，照不在官人役取受有事人财科断。(三)长随求索吓诈得财舞弊，照蠹役诈赃例治罪，初犯以赃犯二字刺臂，再犯刺面仍追原赃，如托故先期预遁，拿获之日照到官后脱逃例加二等。(四)蠹役恐吓索诈贫民者，一两以下杖一百，一两至五两杖一百，枷号一月，六两至十两徒三年，十两以上近边充军，一百二十两绞候，其索诈贫民致令卖男鬻女，十两以下，亦照例充发为从分赃徒三年，如吓诈致毙人命，不论赃数多寡绞决，拷打身死者斩决，为从者各减一等。(五)差役逼毙人命讯无诈赃情事，但经倚势凌逼致令忿迫轻生者，流三千里为从者各减一等。(六)差役因索诈不遂，将奉官传唤人犯，私行羁押拷打凌虐者，枷号两月实发四省烟瘴充军，为从者，各减一等，其仅止私押并无拷打凌虐者，徒三年，为从者亦各减一等。(七)差役子孙亲属私代办公诈赃毙命，照蠹役一体问拟，若非衅起诈赃，为首实发四省烟瘴充军。(八)正役违禁私带白役者，杖一百，革役，白役犯赃照衙役犯赃治罪。(九)白役诈赃毙命者，应照例拟抵，正役知情同行在场帮索，及虽未同行而主使诈赃者，足四千里充军，其仅止知情同行并无吓逼情事者，流三千里，至并未主使诈赃，亦未知情同行，但于事后分赃者，则徒三年，赃多者，计赃从重论，未分赃者枷号两月责革。(十)白役诈赃并未致毙人命者，正役照私带白役枷号责革。(十一)书役犯赃时：(甲)本管官通同婪索，不论银数多寡，革职提问，如系纵令得赃(亦不论银数多寡)则革职。(乙)本管官失察犯该杖徒者，罚俸六个月，犯该军流者，罚俸一年，犯该斩绞者，降一级留任(以上自行访拿究办者，免议)。(十二)书役犯赃脱逃，先照犯该军流议处，俟获犯审明，再照罪名轻重改议。

【书(書)状】【民刑诉】Written petition　谓当事人对于法院关于诉讼行为有所声明或有所陈述时所用之书面也，依民诉法之规定，书状之程式除有特别规定外，应记明下列各事项：(一)当事人姓名，年龄，职业，及住所，或居所，若为法人或其他团体，则其名称及事务所。(二)法定代理人或诉讼代理人之姓名，年龄，职业，住所，或居所。(三)诉讼之标的。(四)应为之声明或陈述。(五)供证明或释明用之证据方法。(六)附属文件及其件数。(七)法院。(八)年月日。书状内应由当事人或代理人签名，按指印，或盖章，其不能签名按指印或盖章者，得使他人代书姓名，代书人并应记明其事由，并签名。至于书状不合程式，或有其他欠缺者，审判长得发还书状，定相当期间命当事人补正，如于相当期间内实行补正者，视与最初无欠缺者同，书状得分为二种：(甲)特定书状。(乙)准备书状。(详各本条，民诉法第一一六——二三条)

【书(書)社三百】【史】社乃部落之名称，二十五家为社，社之户数均书载于户籍簿中，谓之书社，其数计有三百，故曰书社。增补四书人物聚考(卷六)："周礼二十五家为社，书社，谓以社之户口书于版图者，凡三百社，荀子仲父篇，齐桓公[①]见管仲之能足以枇国也，是天下之大智也，遂立以为仲父，是天下之大决也，立为仲父，而贵戚莫之敢石也，与高国之位，而本朝之臣，莫之敢恶也(高氏国氏齐世卿也)，与之书社三百，而富人莫之敢距也(距敌也)。"

【书(書)信秘密自由】【宪】此为宪法所赋与人民之权利之一种，即人民之函件电信等之寄递，不受任何人之干涉及拆阅之谓也，列国宪法对此均设明文，予以保障，例如秘鲁国宪法第三十二条之规定书信秘密不可侵犯，被偷窃之信件无法律上之效力，又如墨西哥宪法第二十五条规定，凡已封缄之邮政信件，不受检查，违者依法处分之，又如我国之训政时期约法第十三条规定，人民有通信通电秘密之自由，非依法律不得停止或限制之，等皆是。

【书(書)契】【史】太古文字未兴，以结绳为契约，伏羲氏时造文字始为契约之用，故称契约曰书契。事物纪原(卷三)："尚书序曰，古者伏羲氏之王天下也，始画八卦，造书契，以代结绳之政，帝王世纪曰，伏羲氏仰观象于天，俯察理于地，观鸟兽之文与地宜，近取诸身，远取诸物，于是造书契。"

【书(書)面】【通】Document 又称书类，即以文字记载所作成之纪录或陈述也。

【书(書)面委任】【债】Auftrag von der schrift(德) 委任契约之作成，系以书面为之者，谓之书面委任。

【书(書)面审理】【民刑诉】(详书面审理主义条)

【书(書)面审理主义】【民刑诉】Principle of trial by document 为民事及刑事诉讼主义之一，对言词辩论主义言，谓审判官裁判案件乃本诸当事人所提出文书之主义也。其优点在使一切事实记录准确，而有永久存在之可能，我国民刑事诉讼法仅以第三审采用此主义。

【书(書)面谈判】【国公】Documentary negotiation 又曰文书商议。(详谈判条内)

【书(書)记官】【组】Clerk in the court; Registrar in the court 在各级法院及分院及最高法院检察署中并在高等法院以下各级法院及分院为办理检察事务时，所置掌理录供，编案，文牍，统计及其他事务之官吏，曰书记官(有荐任与委任二种)，其员额若干，依事务之繁简以命令定之，并各设书记官长一人以统率之(但分

---

① 原书为"宗"，系排版之误。

院不置院长者则否)。最高法院书记官长为简任职,余则分为荐任及委任二种。委任书记官长书记官乃以考试及格者,或曾修习法律学科二年以上得有毕业证书者充任之,荐任书记官长书记官非曾任委任书记官长书记官二年以上,或具有荐任公务员之资格者,不得任用,简任书记官长非曾任荐任书记官长书记官二年以上,或具有简任公务员之资格者,不得任用。(法院组织法第四四—四九条)

【书(書)记官长】【组】Chief clerk; Chief registrar (详书记官条内)

【书(書)写过名】【史】对犯罪者将其罪名附写于其所居门首以为警戒者,谓之书写过名。(明律卷二吏律职制篇——滥设官吏之条)

【书(書)证】【民诉】Documentary evidence 凡文书之形式及内容,可供为证据之用者,曰书证,此项文书,其作成之目的,是否供证据之用,其材料为纸类,为金石土木,或为布帛,其形式为文字,或为符号,其作成方法为印刷,或为抄写,均非所问,提出书证有由当事人为之者,有由第三人为之者,若文书为举证人所执者,应由该本人提出,若为他造或第三人所执时,则应向法院声请命其提出,然亦有时无待声请而由法院依职权命当事人提出,或自行调取者,文书之证据力,除有特别规定者外,法院均应依自由心证判断之,但下列二种情形,无论如何,应认其为有证据力:(甲)文书依其程式及意旨,得认为公文书者,推定其为真正。(乙)私文书经本人或其代理人签名按指印盖章,或画押者,或有法院或公证人之认证者,亦应推定为真正。公文书之是否真伪,如有疑义,法院得请求作成名义之公务员或公署陈述其真伪,私文书之真伪不辨时,得依核对笔迹以决之,必要时,且得命行鉴定。(民诉法第三二八—三五五条)

【栗氏】【史】制量之官也,周礼—卤氏:"为量改煎(炼也)金锡,则不耗(不复减耗),不耗,然后权之,权之然后准(水平)之,准之然后量(量以黍)之,量之以为釜(容六斗四升)深尺,内方尺而圜其外,其实一釜(两仑为合,四合为升),重一钧(三十斤)云云。"丘浚曰:"先儒谓,栗之为义,有坚栗难,渝之义,使四方观之以为则,万世守之以为法,以立天下之信,无敢渝焉,所以名工谓之卤氏也。"(大学衍义补卷九十五)按栗有坚栗难渝之义,以栗制量所以示信于天下也。

【格式律令事类】【史】唐开元律令格式之外,又有格式律令事类四十卷,开元二十五年,与律令格式同时,为李林甫等所撰也,此书为便于省览而作,律令格式,各以类为编杜氏通典,旧唐书刑法志,及唐会要,俱云,又撰格式律令事类四十卷,以类相从,便于省览,唐书艺文志,崇文总目卷二,亦皆载之。

【格杀勿论】【刑】Killing those who resist, with lawful authority 旧刑律有格杀勿论之条,谓对于盗贼于盗取人物,并杀人之际可于是时格杀之,法律上视为无罪,若今时无故入人宅室庐舍,上人车船牵引人欲犯法者,即于是时杀之无罪,按此即今法之正当犯卫。又负有维持治安责任之主管机关,对于暴徒之非法扰乱,每有颁发格杀勿论之命令者。惟此项命令非依法律不得为之,且执为此命令者如非处于某种危急情势之下,亦不得任意为之。

【根本法】【宪】Fundamental law 宪法为国家之根本法,盖因其本身具有二种特性,一为形式上之特性,一为实质上之特性,所谓形式上之特性乃指宪法之效力高于普通法律而言,因国家颁布一切法律皆不能与之相抵触,换言之,宪法与普通法律有主臣之别也,且宪法之修改与普通法异。所谓实质上之特性,乃指宪法中所规定之事项与其他法律不同,宪法之内容规定事项为政府之根本组织及其职权,人民之基本权利及其义务,凡具备此项内容之法律,皆得称为根本法,故英意等国虽无明文之宪法,亦得称为宪政国家,因其有根本法之存在故也。

【根著】【史】护送货物之员吏附随于货车之后以护送之者,谓之根著,按根与跟字同。元典章(卷三十六)一兵部第三篇押运章:"……须要亲为根著押运,昼夜用心关防。"

【案比】【史】为案验比较之略语,即每年加以案验比较之谓,后汉书江革传:"每至岁时,县当案比。"注:"案验以比之,犹今貌阅也。"

【案由】【刑诉】案件之原由,谓之案由,刑事诉讼法第二七五条规定:"审判以书记官朗读案由为开始。"

【案件】【刑诉】Case; Suit　刑事诉讼之事件称曰案件,例如该法第十条规定:"高等法院于下列案件,有第一审管辖权:(1)内乱罪。(2)外患罪。(3)妨害国交罪。"是也,惟通常所称案件,多包含民诉及刑诉等事件在内。

【案卷】【史】卷与券同,说文本无券字,均用卷字,关于市场之买卖及一般契约之证明书,皆称曰案卷,当事人各持一纸,以资凭证,公文缘起:"说文无券字,释名卷字云,相约束,缱绻以为限也,是券即卷也,周礼司寇正之以传别约剂,郑司农云,若今时市贾为卷书,别之各得讼则案卷以正之,案券则案卷,始见此。"

【案牍】【史】官文书称曰案牍。"九龄建言,始造簿书,备遗忘耳,今反,求精于案牍,而忽于人才,是所谓遗剑中流,契舟以记者也。"(唐书一张九龄传)

【案验】【史】对于某种事件加以考验调查,而案治其罪,曰案验。"成帝时梁王立,相禹奏立怨望,有志案验,因发其与姑奸事。"(汉书成帝纪)"终无所案验"(汉书丙吉传)。

【栽种罂粟或高根种子之罪】【刑】为鸦片罪之一,因意图供制造鸦片吗啡或高根之用而栽种罂粟,或高根种子而成立,以有希图供制造之故意为必要,其处分为三年以下有期徒刑,得并科三千元以下罚金,未遂罪罚之。(刑法第二七四条第一、三项)

【株主】【公】Shareholder　为日本名辞,与我国所称之股东同义。

【株主总会】【公】General meeting of shareholders　为日本名辞即我国所称之股东大会也。

【株式】【公】Shares　为日本名辞,即我国所称之股份也。

【株式合资会社】【公】Joint share company　为日本名辞,即我国所称之股份两合公司也。

【株式会社】【公】Limited share company　为日本名辞,即股份有限公司之谓也。

【株券】【公】Share certificate 为日本名辞,与我国所称之股票同一意义。

【株金】【公】Capital stock 为日本名辞,与我国所称之股银同义。

【校尉】【史】官名,汉武帝置城门校尉司隶校尉等官,掌屯兵之事,其秩皆二千石,历代因之,均为武职之荣名,后遂成为散官,位次于将军,唐时武散官六品以上为将军,六品以下为校尉,元明皆同,清制八品以下为校尉,位次于骑尉。

【校斛斗秤度】【公】斛斗为量器,秤为衡器,度为测长短之器,斛斗秤度民风所系,国家降有一定之式,人民应依式制造赴官校勘,印烙而后行使,主司官吏失于校勘或知情而故不校勘者,均应处罚,唐律(卷二十六)杂律篇设有校斛斗秤度之条:"诸校斛斗秤度不平,杖七十,监校不觉减一等,知情与同罪。"疏议曰:"校斛斗秤度,依关市令,每年八月诣太府市平校,不在京者,诣所在州县官校,并印署然后听用,其校法,杂令,量以北方秬黍中者,容为一千二百为仑,十仑为合,十合为升,十升为斗,三斗为大斗一斗,十斗为斛,秤权衡,以秬黍中者百黍之重为铢,二十四铢为两,三两为大两一两,十六两为斤,度以秬黍中者之广为分十分为寸,十寸为尺,一尺二寸为大尺一尺,十尺为丈,有校勘不平者杖七十,监校官司不觉,减校者一等,合杖六十,知与同罪。"

【校阅违期】【史】校阅乃国家练兵之要举,在集中日期,不得参差不到,违者构成本条之罪,唐律(卷十六)擅兴篇有校阅违期之条:"诸大集校阅,而违期不到者,杖一百,三日加一等,主帅犯者,加二等,即差发从行而违期者,各减一等。"疏议曰:"春秋之义,春搜夏苗,秋狝冬狩,皆因农隙,以讲大事,即令校阅是也。又车驾亲行,是名大集校阅,而有违期不到者,谓于集时不到,即杖一百,每更三日,加一等,主帅犯者,加一等,谓队副以上,将军以下,集时不到者,即差发从行而违限者,各减一等,谓正身当时不到,杖九十,每三日,加一等,主帅以上,同上解,其折冲府,校阅在式,有文不到者,各准违式之罪,若所司不告者,罪在所司。"

【桎梏】【史】为刑具之一种,乃拘束罪囚手足之用,加于足者曰桎,加于手者则曰梏,学者有谓肇始于黄帝时者,以易经内已有此项文字之记载也,易经一蒙卦:"初六,发蒙,利用刑人,用说桎梏,以往吝。"而孟子之尽心篇及周礼秋官掌囚之职等亦有明文,事物纪原(卷十):"山海经曰,贰负之臣曰危,与贰负煞契窳,帝乃桎之于疏属之山,桎其右足,又曰,太荒之中有宋山,有木名枫,蚩尤所弃桎梏也,盖此械已出黄帝时,今枷锢即其遗事耳。"

【殊】【史】殊与诛同义,即绝罪人之首使其与身分离之谓,盖即斩首之刑也,汉令:"蛮夷长有罪当殊之。"史记一苏秦传集解:"蛮夷戎狄有罪,当殊之。"其注曰:"殊,死也,与诛同指,殷玉裁曰,汉诏云,殊死者(中略),身首分离也,此殊之者,绝之也。"

【殊死】【史】断首决行之义,庄子一在宥篇:"殊死者,相望也。"注云:"广雅曰殊,断也,司马云,决也,一曰诛也。"

【泰和敕条】【史】(详金之法典条内)

【泰和律令】【史】(详金之法典条内)

【泰和律义】【史】(详金之法典条内)

【泰和律义】【史】(详泰和律令敕条格式条内)

【泰和格式】【史】(详金之法典条内)

【泰始新律】【史】为晋时法典之一种,凡二十篇,六百二十条。(详晋之法典条内)

【消费合作社】【行】以减少消费者之负担并增加消费者之购买力为目的所组织而成之合作社,称曰消费合作社。(参合作社法条内)

【消费物】【民总】Consumable thing 为物之一种,对非消费物言,其区别乃以物之使用是否归于消费为标准,故凡依其物本来使用之方法,只经一次之使用即丧失其形体或变更其实质者,称为消费物,例如食物是,消费物与非消费物区别之实益,在消费物可为消费借贷及消费寄托之标的,而非消费物则可为使用借贷及通常寄托之标的。

【消费借贷】【债】Loan for consumption 为借贷之一,对使用借贷言,谓当事人一方约定移转金钱或其他代替物之所有权于他方,而他方以种类品质数量相同之物返还之契约也(民法第四七四条),约定移转者曰贷与人,约定返还者曰借用人,消费借贷之性质为要物契约及片务契约,有时为有偿契约,有时为无偿契约,其标的物乃为金钱或其他代替物,但须交付方能使契约成立(第四七五条),且其所有权更须移转于借用人方可,关于贷与人之责任,民法规定凡有偿消费借贷之标的物有瑕疵者,贷与人应负责任,至无偿消费借贷,原则上可不负责任,但贷与人故意不告知其瑕疵者,则仍应担负损害赔偿之责(第四七六条)。至借用人之义务则如下述:(一)返还义务(第四七八—四八〇条)。(二)支付利息义务,但以有偿消费借贷为限(第四七七条),民法为防止争议起见,对于返还时期及返还方法,另有详文规定:(甲)借用人应于约定期限内返还与借用物种类品质数量相同之物,其未定期限者,借用人得随时返还,贷与人亦得定一个月以上之相当期限催告之(第四七八条)。(乙)借用人不能以种类品质数量相同之物返还者,应以其物在返还时返还地所应有之价值偿还之,若未订有返还时或返还地者,则以其物在订约时或订约地之价值偿还之(第四七九条)。(丙)金钱借贷之返还除另有契约之订定外,应依下列规定:1. 以通用货币为借贷者,如于返还时已失通用效力,应以返还时有通用效力之贷币债还之。2. 如约定折合通用货币计算者,应以返还时有通用效力之货币偿还之,至借用人所受领货币价格之是否增减,均非所问。3. 如约定以特种货币为计算者,应以该特种货币或按返还时返还地之市价以通用货币偿还之(第四八〇条)。消费借贷可分为二种:(1)有偿消费借贷。(2)无偿消费借贷(详各本条)。消费借贷与使用借贷不同之点有三:(a)前者以物供他方之消费为目的,后者则以供使用为目的。(b)前者以种类品质数量相同之物返还,后者则以原物返还。(c)前者有时为有偿契约有时为无偿契约,后者则均为无偿契约。

【消费寄托】【债】Deposit for consumption 又称不规则寄托,为寄托之一种,与通常寄托相对称(参该本条)。所谓消费寄托,乃指寄托之客体为消费物或代替物,而受寄人得消费寄托物之寄托而言,我民法对此设有规定:(一)寄托物为代替物时,如约定寄托物之所有权移转于受寄人,并由受寄人以种类品质数量相同之物返还者,自受寄人受领该物时起,应适用关于消费借贷之规定(第六〇二条)。(二)如寄托物为金钱时,推定受寄人无返还原物之义务,但须返还同一数额。(第六〇三条)

【消费税】【行】Consumption tax　所谓消费税,乃指物品消费人所负担之税而言,例如卷烟税酒税等皆其适例。

【消极代理】【民总】Negative agency　为代理之一种,对积极代理言,即代理本人向相对人受意思表示之代理行为也,又名被动代理。例如甲代乙对丙为让与之承诺是,我国民法第一〇三条第二项规定之。

【消极犯罪】【刑】Negative crime　又称不作为犯。(详该本条)

【消极地役权】【物】Negative real-servitude　为地役权之一,对积极地役权言,即对于供役地之所有人禁止其为某种行为之地役权,例如不得害及观望之地役是。

【消极行为】【刑】Negative act　又名不作为,谓当引起物界上一定之影响时,而不阻止其原因进行者也。(参不作为条)

【消极命令】【行】Negative order　即禁止特定行为之命令也,例如遮断房屋交通之命令,禁止出版物发卖之命令,禁止道路通行之命令皆是。

【消极的国籍冲突】【国私】所谓消极的国籍冲突,乃指一人皆无任何国家之国籍之谓也,无国籍者之原因有由于归化者,亦有由于婚姻者。

【消极的损害】【债】凡因消极的不履行其债务时所发生之损害,谓之消极的损害,其因积极的方法如侵权行为,公用征收等所发生之损害则称曰积极的损害。

【消极财产】【债】Negative property　消极财产与积极财产相对称,前者如债务是,后者如动产不动产以及债权等皆是。

【消极条件】【民总】Negative condition　为条件之一种,对积极条件言,因某事之不发生而成就之条件也。易言之,即条件内容之事实乃与现在状态相同其成就时必不生变动之谓也,例如甲与乙约汝若不离此地则给汝以若干款是。

【消极给付】【债】Negative prestation　为债之标的之给付之一种,对积极给付言,即以不作为为给付之谓也。更可分为二:(1)单纯不作为——即债务人不为一定行为,例如不为同样营业之竞争是。(2)容忍——即容许债权人为一定行为,如承租人须容许出租人为保存租赁物所必要之行为是。我国民法明定不作为亦得为给付(第一九九条第三项),所以杜避一切争端也。

【消极诉讼条件】【刑诉】Negative conditions of an action　为诉讼条件之一,对积极诉讼条件言,谓诉讼成立所不能存在之条件也,例如案件成立后定有确定之判决是。

【消极义务】【通】Negative duty or obligation　为义务分类之一种，与积极义务相对立，谓以不行为为标的之义务，换言之，即所谓不行为之义务也，例如不得毁坏他人所有物之义务是。

【消极确认之诉】【民诉】为确认之诉之一种。（详确认之诉条内）

【消极监督】【行】下级官署之不法行为或不当行为，上级官署有行使监督之权限，此项监督，即所谓消极监督是也。

【消极请求权】【通】Right of the negative claim　为请求权之一种，与积极请求权相对立，即以请求不为一定作为为内容之请求权也。

【消极随意条件】【民总】为纯粹随意条件之一，对积极随意条件言。（详随意条件条内）

【消灭】【通】Extinction　权利义务或物体等绝对的丧失而不存在者，称曰消灭。

【消灭时效】【民总】Extinctive prescription　为时效之一，对取得时效言，即于一定期间内继续不行使权利因而丧失其权利之法律事实也。一般消灭时效仅就请求权设有规定，但亦有特别消灭时效于请求权以外另为规定者，至消灭时效之期间，一般期间定为请求权因十五年间不行使而消灭，不得加长，但法律有较短之规定者，依其规定（民法第一二五条）。至特别期间在民法总则中规定者，计有下列各种：(1)五年者——利息，红利，租金，赡养费，退职金，及其他一年或不及一年之定期给付债权，其各期给付请求权因五年间不行使而消灭（第一二六条）。(2)二年者——下列各款请求权因二年间不行使而消灭：(a)旅店饮食店及娱乐场之住宿费，饮食费，座费，消费物之代价，及其垫款。(b)运送费及运送人所垫之款。(c)以租赁动产为营业者之租价。(d)医生，药师，看护生之诊费、药费、报酬及其垫款。(e)律师，会计师，公证人之报酬，及其垫款。(f)律师，会计师，公证人所收当事人物件之交还。(g)技师承揽人之报酬及其垫款。(h)商人，制造人，手工业人所供给之商品及产物之代价（第一二七条）。此外特别规定于各其他条文中者亦甚多。又消灭时效之进行（即起算）除其他特别规定者外，复于民法第一二八条明文作一般规定，即自请求权可行使时起算，以不作为为目的之请求权则自为行为时起算。消灭时效既系强制规定，自不许当事人加以变更，即预先加以抛弃亦明文禁止（第一四七条）。但事后抛弃不在此限。至消灭时效完成后，其效力约如下述：(1)债务人得拒绝给付（第一四四条）。(2)债权人仍得就其抵押物质物或留置物取偿（第一四五条第一项）。但有例外（第二项）。(3)主权利因时效消灭者，其效力及于从权利，但有例外。（第一四六条）

【消灭时效之不完成】【民总】Incompletion of the extinctive prescripttion　即在消灭时效期间终止之时，因一定事由使其不完成之谓，故与消灭时效停止之因一定事由使进行间之时效期间休止者有异，然我国民法仅有不完成之规定，即以其休止事由发生于时效期间进行之终为准，其所以设此者，即因在有法律所规定之事由时，每有因时效完成受不利益者不能或难于行使权利以中断时效，故惟有暂使完成延期，以便其再有行使权利以中断时效之机会耳。至不完成之事由，据民法所规定者，大别之有三类：(1)因天灾或其他不可避之事变者（第一三九条）。(2)因从权利之性质而生者（第一四〇条）。(3)因从权利人之身分而生者（第一四一——三条）。不完成之效力因其以前已进行之时效期间仍完全有效，故与消灭时效中断之对已进行之时效期间全归无效，而须重行起算者不同，故不完成之事由终止时，仍可将前已进行之时效期间与此后经过期间（至不完成时之休止期间，自不能算入）一并合算，与消灭时效之停止相同。

【消灭时效之中断】【民总】Interruption of the extinctive prescription　即在消灭时效进行中因有与消灭时效要件相反之事实发生，因而丧失其过去期间之效力之谓也。至中断之原因，据我民法之规定得分为下列五类：(1)请求（第一二九条第一项第一款）。但须于六个月内起诉方可（第一三〇条）。(2)承认（第一二九条第一项第二款）。(3)起诉（第一二九条第一项第三款）。但另有条件（第一三一条）。(4)与起诉有同一效力者：(a)依督促程序送达支付命令（第一二九条第二项第一款）。亦有条件（第一三二条）。(b)因和解而传换（第一二九条第二项第二款）。亦有例外（第一三三条）。(c)报明破产债权（第一二九条第二项第三款）。亦有例外（第一三四条）。(d)告知诉讼（第一二九条第二项第四款）。亦有例外（第一三五条）。(e)开始执行行为或声请强制执行（第一二九条第二项第五款）。亦有例外（第一三六条）。消灭时效中断之效力为中断，前已过之时间概不算入，须俟中断事由终止时，重行起算（第一三七条），而其效力则以当事人继承人受让人之间为限。（第一三八条）

【消灭时效之停止】【民总】Suspension of the extinctive prescription　即时效期间进行后，因一定事由而休止进行之谓，因其已进行之时效期间仍属有效，于停止事由终止时尚可合算，故与中断之就已进行之时效期间全归无效者不同，我国民法并无消灭时效停止之规定，惟对消灭时效不完成加以规定耳，盖所以代之也，或谓消灭时效不完成者，狭义之消灭时效停止也，此语亦有相当理由。

【消灭登记】【民总】Registration of the extinction　为法人登记之一种，即法人消灭时所应为之登记也，我国民法无明文，惟于法人登记规则第五条中规定之耳。

【浮收】【史】超过实数谓之浮，税银之征收，有一定之实额，如超过实额者谓之浮收，又曰多征。（清会典事例户部）

【浮冒】【行】假冒虚无之事，借以侵吞官有款项，或冒称用款，虚浮开销，皆称曰浮冒。

【浮浪他所】【史】凡非因避事逃亡，而流浪于本地以外之他所，是对公共治安恐有妨碍，故为法律所禁止。唐律（卷二十八）捕亡篇设有浮浪他所之条："诸非亡而浮浪他所者，十日笞十，二十日加一等，罪止杖一百，即有官事，在他所事了，留住不还者，亦如之，若营求资财，及学宦者各勿论，阙赋役者，各依亡法。"疏议曰："非亡，谓非避事逃亡，而流在他所者，十日笞十，二十日加一等一百，九十日罪止杖一百，即有官事已了，留住未归者，亦同浮浪之罪，若营求资财者，谓贸迁有无，远求利润，及学宦者，或负笈从师，或弃繻求仕，各遂其业故并勿论，阙赋役者，各依亡法,谓因此不归,致阙赋役,各准逃亡之法,依状科罪,若全户者,罪止徒三年,非全户者,减二等。”

【浮浪者】【民】Vagabond 为流氓之别称,乃指无职业且无一定住所之游手好闲之人而言,法律多设有强制,使其从事工作之规定。

【浪费人】【民总】对于所有财产不自节省,而妄自作无谓之消费之人,谓之浪费人,日本民法(第十一条、第九七五条)以及我国旧民法草案均以之为准禁治产人,盖以其浪费行为与社会公益及亲属之财产均有妨害,不得不加以限制而宣告为准禁治产人,并设保佐人以监视之也,现行民法不采准禁治产之制,故无浪费人之明文。

【海上保险】【海】Marine insurance 谓航海中发生偶然(天然或人为的)之损害,因以赔偿其损害为目的之一种保险契约也,故又名海上保险契约。学者多以之为损害保险之一种,列国立法例多于海商法中规定之,我国亦然,但因其与一般保险契约相类似,是以有除本章有特别规定外,适用保险法之规定的明文(海商法第一四五条),此项保险契约应以书面为之,并须载明法定事项,方为有效(第一四六条)。至保险之标的物以得以货币估价之物为限(第一四七条)。故因标的物之不同,可分海上保险为四种:(1)船舶保险。(2)货物保险。(3)利得保险。(4)运费保险(详各本条)。关于保险期间有约定与法定期间之别,因以约定期间而为分类,又可分海上保险为三种:(1)航程保险。(2)航期保险。(3)混合保险(详各本条)。保险人之责任如何,我海商法亦有规定,即对于保险标的物因海上一切事变及灾害所生之灭失损害及费用,负其责任(第一五〇条)。至战争之危险,原则上保险人亦应负责(第一五一条)。若因要保人或被保险人或其代理人之重大过失所生之危险,保险人则可不负责任(第一五三条)。又其责任减轻之情形,亦有明文(第一五二条)。此外保险人破产时,要保人或被保险人得解除契约,但保险人已提出担保者,不在此限(第一五六条)。关于海上保险之委付(详委付条内)。法律对要保人及被保险人,且课以危险通知及损害通知之义务,而对保险人给付金额之义务与期限,以及因保险契约所生之请求权之消灭时效,亦均设有专条(第一七〇—一七二条,又第一七四条)。以资准绳。

【海上保险契约】【海】Contract of marine insurance 当事人之一方允许赔偿因航海事故所发生之损害,而相对人允许支给保险费之契约,谓之海上保险契约,此项契约之作成必须以书面为之并应记载下列事项:(1)订约之年月日。(2)当事人之姓名及住所。(3)所保危险之性质。(4)保险责任开始之时日,及保险之期间。(5)保险金额。(6)保险费。(7)无效及失权之原因。(海商法第一四六条)

【海上保险单】【海】Marine insurance policy 海上保险契约订立时之书面证书,曰海上保险单,其内容与方式均有一定。(参海上保险条内)

【海上捕获】【国公】Naval prize 战时交战国对于军舰以外之船舰及货物加以拿捕之处分者,曰海上捕获。(参拿捕条及捕获物条)

【海上捕获条例】【行】Regulations Relating to Maritime Prizes 本条例于民

国二十一年十二月十五日公布，共分六章，计五十条，兹举其要点如下：(1)中华民国军舰在与敌国开战期内，对于船舶依本条例之规定得为临检搜索拿捕。(2)临检搜索拿捕于中立国领海及条约规定中立之区域不得为之。(3)对于敌国敌船敌货住所船舶文书战时禁制品战时禁制人封锁破坏封锁及捕获品等，均设有一定之意义(第三—十一条)。(4)临检对于下列各船方得行之：(a)悬有中华民国或中立国国旗，而有为敌船之嫌疑者。(b)未得政府特许有与敌人通商嫌疑之中国船。(c)有载运战时禁制品战时禁制人嫌疑之中国船或中立国船。(d)有破坏封锁嫌疑之中国船或中立国船。(e)有助敌行为嫌疑之中国船或中立国船。(5)临检时应先令停船，由军舰派海军军官一人随带水兵二名前往，以礼貌请求检阅船舶文书，如无嫌疑时，应即承军舰舰长之命放行之，如认为尚有嫌疑者，得行搜索，搜索中或搜索后如认为不应拿捕者，应承舰长命放行之，如认为应拿捕者，须报告舰长依法拿捕之。(6)对于下列船舶应行拿捕：(a)敌船——但下列各船不参与军事时，不在此限：(甲)沿岸渔船及短路航船并其船中之器具货物。(乙)从事宗教学术慈善事业之船。(丙)西历一九〇七年海牙推行日来弗条约原则于海战条约所称之病院船。(丁)俘虏交换船。(b)未得中国政府特许与敌人通商航行之中国船。(c)下列中国船舶或中立国船舶：(甲)载运战时禁制品或战时禁制人之船。(乙)破坏封锁之船。(丙)为敌人侦报军情及其他有参战助敌行为之船。(丁)受敌国军舰护送之船。(戊)抗拒临检或搜索之船。(己)船舶文书不依法完备或有隐匿毁弃伪造涂改情形之船。(7)舰长决定拿捕后，应将拿捕理由通告船长，并派海军军官一员水兵若干人占有该船，占有后应即押收船舶文书，点明船舶所载货物及其他贵重品，造具清册并封闭船舱。(8)对于船上人员除显有参战行为之船员外，应分别作为俘虏或释放之(第二十八—三十条)。(9)舰长应命占有该船之海军军官将拿捕之船舶致送于中国地方捕获法院所在口岸，听候审检，但被拿捕船舶破坏不堪航行者，或于军事上行动有重要之妨碍者，得于不得已时将该船舶毁损之，但船舶上人员货物及一切船舶文书应妥为保全，此时应制成供述书详细载明送致地方捕获法院，并完全负其责任。(10)披拿捕之船舶须经捕获法院判决始得加以制裁，制裁方法对船货加以没收，对战时禁制人则以之作为俘虏(第三八—四八条)。(11)中立国军舰护送之中立国船舶，其护送舰舰长预将该船之船货性质及到达地点作成报告书，并证明其无嫌疑情事者，得免除临检或搜索。

【海上运送】【海】Carriage by sea　简称曰海运。(详该本条)

【海牙和平会议】【国公】International Peace Conference of Hague　海牙为荷兰国之京都，在西海岸，距海仅二十五里，为国际和平会议之所在地，其会所为美国钢铁大王所捐助而建筑者，按海牙和平会议曾先后开会二次，第一次为一八八九年六月，第二次为一九〇八年六月，对于世界和平颇有贡献，其最著者则为限制战争之各种残酷手段，陆战条约及中立国各法规以及海战中各种之规定。

【海外华侨学校立案条例】【行】本条例自民国十八年九月十二日由中央执行委员会核准公布，全文共十一条，自公布日施行，兹述其要点如下：(一)凡海外华侨学校须向中央侨务委员会呈请立案，并备呈文图表册两份，一存中央侨务委员会，一由中央侨务委员会转教育部备案。(二)欲请立案者须具有下列各项资格:(甲)经费方面——(1)有确定之资产或基金足以维持其学校常年经费者。(2)或虽无确定资产基金而另有其他确实收入，足以维持其学校之常年经费者。(乙)设备方面——有固定之校舍，体育场，教具，校具，及其他各项之设备者。(丙)教职员方面——(1)专任教员有一人以上者。(2)校长及教职员须由中国人充任之，但外国文不在此限。(三)凡海外华侨学校呈请立案时须开具一定表册，连同校图及说明书及现任教职员毕业文凭或证书(摄影)呈送中央侨务委员会，于学年开始时并须呈报各种表册及新聘之教职员，毕业文凭或证明书(摄影)。(四)准予立案者由中央侨务委员会给予立案证书，立案后如有违反党义教育或措施失当时，得令其改革或撤销其立案，其欲变更组织或停止时，并须呈报中央侨务委员会核准，方得施行。

【海地共和国宪法】【宪】Constitution of Republic of Haiti 海地共和国为美洲西印度群岛之一小国，位于海地岛之西侧，面积约一万余方里，其东部为圣多明哥国(Santo Domingo)，西南北均滨海，物产以咖啡木材及椰子为大宗，人口约二百余万，十分之九为黑人，原为法兰西之殖民地，于一八〇四年宣告独立，一八八九年十月九日制定宪法，计分为八编，共二百零二条，第一编第一章领土，第二编第一章人民及其权利，第二章公民及政治权利，第三章公众法律，第三编第一章主权及治权，第二章立法权，第三章行政权，第四章司法权，第五章初级会议及选举会，第四编财政，第五编军备，第六编通则，第七编宪法之修正，第八编暂行条例，至一九一五年国内当局失政，内讧时起，乃与美国订立条约，聘请美国总统所介绍之人员为顾问，其有效期间为自是年起至一九三六年止，实际上海地共和国已成为美国之保护国，在一九三一年美国已将卫生工务及农业等项之顾问团提早撤退，所余者仅财政与警察耳，故该国乃于一九三二年七月十五日(即独立后第一百二十九年)制定新宪法，内分为十编共一三二条，并附暂行条文六条，即现行之宪法:第一编领土。第二编国民权利，第一章私权与公权，第二章民权。第三编主权及治权，第一章立法权，第二章行政权，第三章司法权，第四章对政府人员提起之诉讼。第四编区组织。第五编初级会议。第六编财政。第七编军备。第八编通则。第九编宪法之修正。第十编暂行条例。兹将本宪法之要点举述于下:(一)海地为统一自立独立共和国，其国土与其统属之岛地不得加以侵犯，并不得以条约或协定割让之，全国分为五州，州下分县，县下分区。(二)海地之国籍另以法律定之，公民之资格分为私权与公权二部，私权之独立行使另以法律规定之，凡年满二十一岁之海地人民，如具备法定之资格，得行使公权(外国人之归化为海地人民者，须归化后五年始得行使公权)。关于公权之行使，享受，停止及褫夺，以法律另定之。(三)海地人民在法律上一律平等，有依法担任文武官职之权，个人身体住居及文书有依法受保障之权，所有权为神圣不可侵犯，思想及意见有自由发表之权，对于宗教有自由信仰之权，对于结社及和平方法之集会亦有自由之权，书信之秘密亦有不可侵犯之权，教育自由则由政府依法监督之，初等教育为强迫教育，人民之请愿权，不得以团体之名义行使之。(四)除叛国罪外对于政治犯，应废止死刑，开于刑事重罪及言论或其他政治罪应依法设立陪审制，又一切法律均不得有追溯既往之效力(凡剥夺既得权之法律,应认为追溯)。(五)国家主权属于全体国民,由立法行政司法三权独立行使之,由此三权构成政府,而政府应为民治民主代议制。(六)立法权由众议院及参议院行使之,众议员名额依人口之多寡而定暂定为三十六人,当选者之资格为年满二十五岁而享有公权及私权并系在所代表之县住居一年以上者,任期四年,连选得连任,参议院以参议员二十人组织之,由各州选举之,其资格须为年龄满三十岁而享有私权及公权并在其所代表之州内曾居住二年以上者,任期均为六年,连选得连任。(七)参众两院依照本法所定及每届常会之开幕与闭幕依期举行联席大会,以参议院议长为主席,众议院议长为副主席,大会之职权依本法下列规定不得逾越:(1)选举大总统及接受宪法规定之大总统宣誓。(2)根据政府之报告宣战。(3)批准或拒绝和约及其他条约与国际公约。(4)修正宪约,大总统出缺时不论国务院是否召集两院联合大会,应立即召集开会,又在立法会议闭会期间遇有紧急情形,得由政府召集联席大会之非常会议,惟须两院各有过半数议员之出席,始得表决。(八)国会定于每年四月第一星期一日自行于首都集会,会期定为三个月(必要时得延长之),是为常会于必要时在闭会期间得由大总统召集非常会议。国会两院之会议以公开为原则,非有过半数议员之出席不得表决,非经出席议员之绝对过半数之通过不得议决(但有例外)。两院有制定关于公共利益之一切法律之权,预算法案及与财政税收有关者,均须先经众议之议决,凡属国家或属地方之专卖权,非经两院之同意不得给与之。两院议员自被选举之日起至任期终了时止,身体及言论有受保障之权(惟系应受身体刑及耻刑之现行犯,则为例外)。(九)两院对于法律案非经逐条表决不得通过,任何法案均须依照同样方式经两院通过后方得成为法律,然后应即送达大总统,大总统表示异议时应附异议书,连同原案送还首先通过该案之议院,经修正后,即一并送达他院亦经其修正通过后,重新送达大总统公布之。大总统之异议应经两院中每院三分二之表决方得撤销,如在两院中之一院有不足三分二之票数时,则该项异议应同接受。法律案自两院通过日成立,但须依照法律公布(应在新闻纸上公布之,并刊载于法律公报)之后,方得发生效力,法律解释权亦在立法权范围之内,均以法律形式为之。(十)行政权由大总统执行之,任期六年不得连任,其资格如下:(1)其父出生为海地国民,本人向未放弃国籍者。(2)年满三十岁者。(3)享有公权及私权者,由参众两院之联席大会以秘密投票式选举之,其职权为监督履行条约,公布法律,执行宪法法律及两院之决议,依法任命官吏,依法保障国内外之治安,经两院联席大会之同意签订条约及国际公约,统率全国军队,颁发特赦及减刑命令,对政治犯亦依法有行使大赦之权。大总统之一切处置应先经国务会议之讨论,一切命令,除任免国务员外,均应由关系国务员副署之,大总统出缺或暂时不能执行职务时,应由国务会议执行之或代理之。(十一)国务员由大总统任免之,其数额以法律定之,但不得在五人以下,必要时并得任命次长襄理之,各部次长之资格须为年满三十岁而享有私权及公权者。国务会议由国务员组成之,以大总统或由其指派国务员一人为主席,国务员对于两院及联席大会有出席之权利及义务,对于由其副署之大总统命令及其所发之部令与法律之执行均应负责,不论如何情形,其责任并不因大总统书面或口头之命令免除之。(十二)私权之诉讼由法院审理之,公权之诉讼除法律另有规定外,亦应由法院处理之。司法权由最高法院及其下各级法院执行之,其数额组织及管辖权以法律定之,各级法院推事,由大总统任命之,至检察官调解推事及候补推事则由大总统任免之,除调解推事外,其任期均为十年,最高法院不审理案件,但一切案件除适用陪审外如同一案件由同一当事人提出第二次上诉时,虽为一种抗告,最高法院亦应受理之,采合议制,应就案件实体裁决,不得宣告驳回再审,最高法院对于职权之争议有判决之权,即凡由军事法院裁决认为无管辖权或逾越职权之案件,亦得由最高法院裁判之,关于商事争议亦依照商法规定由民事法院及简易法庭受理之。法院之开庭原则上均应公开,判决书之宣告及执行均以共和国名义行之。(十三)大总统因犯叛逆罪或于行使职权中犯其他之重罪或轻罪得经众议院之弹劾,由参议院审判之,又对于国务员之渎职,叛逆,滥用或逾越职权及行使职权时所犯其他之重罪或轻罪,并对最高法院之法官或其检察署之检察官犯渎职罪者,众议院均有权提出弹劾,交付参议院所组织之特别法庭审理(应以参议院三分之二大多数之表决,加以判决)。凡推事或检察官之渎职时,最高法院中之一庭得提起诉讼,若为法院之全体犯渎职行为,则由最高法院各庭合议提起之。(十四)区为自治组织,设区议会,以区长为其主席,区或邑中各区均依法设行政官以代表政府。(十五)于每四年依法由各区自行召集初级会议一次,从事选举众议员,区议员及选举团之代表,其任务终了时,即应自行解散。(十六)国税及地方税非依法律不得设定,一切租税不得设立特权,国家总预算及总决算应由财政部长向国会提出之。普通行政与国库有关之会计,依法定方式由审计院审核并清算之。审计院之组织及权限,另以法律定之。(十七)军备依法系为对内对外之安全,保障人民权利及维持秩序与治安而设,军队之组织及管辖军队之法院,由法律规定之,关于军事犯之判决,仅得由最高法院限于无权管辖或越权之理由以内,再行审判之。现役军人在原则不得被选为议员及任其他政府上之官吏。(十八)关于通则之规定——国旗,国徽,宣誓,国家纪念节日,戒严及其他之规定。(十九)宪法之修正案由议院之一或由政府提出者,均由国会于该届最后常会期宣告之,次届之新国会第一次集会即应举行两院联席大会对该修正案加以审核,非有被选议员三分二之出席不得讨论,且须经出席者三分二之通过始得议决之。(二十)暂行条文——为关于现任大总统,国会议员,区议员等之任期之规定及其他数事。

【海事公法】【海】Public maritime law　又称公海法。(详该本条)

【海事私法】【海】Private maritime law　又称私海法。(详该本条)

【海事报告】【海】海事报告为船长应尽义务之一种,船长遇船舶沉没,搁浅意外事故强制停泊或其他有关于船舶积货,船员或旅客之非常事变时应作成海事报告,载明实在状况,呈送主管官署,此项报告若未经船员或旅客证明者,不能发生裁判上之证据力,但其报告系船长于遭难后独身脱险之处所作成者,不在此限。(海商法第五十一五十一条)

【海洋自由论】【国公】Mare liberum　与海洋闭锁论相对称,谓海洋(公海)应公开自由,不得受任何国家单独支配,国际法鼻祖 Grotius 氏于十七世纪初曾有此项论文之刊行，至十八世纪始为世人所公认，故目下海洋自由乃国际法上公认之原则，惟于战时尚受种种之限制耳。

【海洋法】【海】Law of the sea　简称海法，与陆地法及空中法相对称，乃关于海事法规之总称也。更可分为二：(一)国际海法。(二)国内海法。(详各本条)

【海洋闭锁论】【国公】Mare clausum　与海洋自由论相对称，谓海洋得由国家单独支配也，此说前曾占胜一时，西葡两国之分配太平洋与大西洋，即其明例。而英人在十七世纪中亦有主张之者，但至今日则已云消烟散，而不复为世人所赞同矣。

【海洋盗案】【史】清例海洋有内洋与外洋之分。(一)内洋失事者承缉印捕官初参者停升，二参者罚俸一年，三参者罚俸二年，四参者降一级留任。兼辖统辖官初参者罚俸三个月，二参者罚俸六个月，其承缉官获贼及半兼获盗首者免议，若盗首未获初参者罚俸一年，再限一年缉拿，二参者罚俸二年。(二)外洋失事文职免参，如以内洋捏报外洋，或指使事主捏报地界者，俱照讳盗革职。其已据事主禀报不会同武职赴洋查勘者，降一级调用，若文武互相推诿地界，亦降一级调用。(三)内洋连劫，承缉印捕官初参者降二级留任，二参者，每案罚俸一年，其在初参限内全获首伙者免议，获贼及半兼获盗首者减为罚俸一年。(四)匪船出洋行劫系从沿边伦越，并未经由泛口者，失察之地方官或守口官各降一级留任。

【海洋渔业管理局】【行】Bureau of the Oceanic-Fishery　实业部为管理海洋渔业事务，特于江浙区，闽粤区，冀鲁区，与东北区各设一海洋渔业管理局，每局置局长一人(简任或荐任)及总务保安改进三课，每课设课长一人(荐任或委任)，每局并置课员六人至九人(委任)，技术员四人至六人(委任)，因执行保安事务应设置巡舰若干艘，各置舰长一人(委任)，承局长之命掌理巡舰保安各事务。(海洋渔业管理局组织条例第一—三条、第七—八条)

【海洋渔业管理局组织条例】【行】本条例由国民政府于民国二十一年六月十一日公布，全文计十三条，自公布之日施行(参海洋渔业管理局条内)，关于本管理局之办事细则及巡舰服务规则，概由实业部另行定之。

【海军刑法】【军】Naval Criminal Law　关于规定海军军人之特别刑事法规，曰海军刑法，我国现行法制，海军刑法系合并于陆海空军刑法。(详该本条之内)

【海军省】【行】Ministry of Navy　为日本名辞，即我国所称之海军部也。

【海军部组织法】【行】Law Governing the Organization of the Department of Navy　本法于民国十九年二月四日公布，海军部直隶于行政院，管理全国海军行政事务，对于各地方最高级行政长官执行本部主管事务有指示监督之责，海军部置部长一人(上将职)。政务次长常任次长各一人(中将职)。参事二人至四人(少将二上校二)。秘书四人(上中校各一少校二)。副官十人(上中校各一少校三上尉五)。于下列七司设司长各一人：(一)总务司。(二)军衡司。(三)军务司。(四)舰政司。(五)军学司。(六)军械司。(七)海政司(均少将)。又设经理处置处长一人(少将)。又设技监一人(少将)。技正若干人(上中校各二)。技士若干人(少校二余上尉)。设科长若干人(上校)。科员若干人(中上校上尉)。此外因事务之必要,得设立其他委员会。

【海军测量标条例】【行】本条例于民国十九年五月六日由国民政府公布,全文计十二条,自公布之日施行,附有各种测量标图式。按海军测量标为水道测量之基础,关于国防建设,航路公安,至为重要,故其设置与保护应依本条例行之,兹举其要点于下:(一)海军测量标分为三角点,标石,水准点标石,灯标,架标,浮标,标柱,测旗暂用标柱,水尺九种。(二)海军部海道测量局于官地民地建设测量标时须通知其土地所有人,惟应选择空旷处所,除业务上必要外,凡公共建筑物,家宅坟墓及祀宇等,均应设法绕避。(三)测量局收买或租用民地建设永远测量标杆,适用土地征收法办理之。(四)人民有一定情事时,须受一定之处断(第八条)。(五)人民必须在测量标近旁另建设致妨碍测量标之效用时,须详述事由,并绘具图说呈请海道测量局查核,如核准迁移测量标或改建过高各标时,所必要费用由呈请人担负之。

【海军监狱】【军】Naval prison 执行海军军事会审所判决之徒刑之监狱,曰海军监狱。

【海军总司令】【行】海军总司令一职为北京政府时代所创设,今已裁撤。按海军总司令为上中将官阶特任职,于驻在地方设海军总司令公署,直隶于海军部,下置下列各课:(1)军衡课。(2)军械课。(3)轮机课。(4)军需课。(5)军法课。(6)军医课。(7)电务课。各置课长一人课员技士若干人,公署内并设参谋长一人(少将上校)参谋三人至六人,副官长一人(上中校)。副官三人至六人,书记官长一人(上中校相当文官)。书记官三人。按海军总司令应承海军总长之命,管理所属各舰队及练营,鱼水雷营,医院各事宜,于各地方长官为维持地方安宁,请求兵力时,若因事急迫不及请示,得以便宜行事,但须随时呈报海军部。(海军总司令公署编制令第一—十二条)

【海军舰队司令】【行】海军舰队司令承海军部之命指挥所属舰队,其司令部应设于舰队司令所驻之旗舰,并冠以舰队编定之名称以分别之,置参谋一人,副官二人,轮机长一人,书记官长一人,书记官一人至二人,军需员一人,现我国之海军舰队计有第一舰队,第二舰队,第三舰队,练习舰队,以及广东之舰队等。

【海军舰艇】【行】海军各舰艇依舰队编制分隶于各舰队,各舰依其舰式及排水量置舰长一人(上中少校)副长一人(中少校上尉),协长一人(少校),以及航海正副,枪炮正副,鱼雷正副,轮机长,轮机正副,军需正副,军医正副等职官。至于各艇则依其艇式及排水量,置艇长一人(上尉)。副长一人(中尉)。轮机正一人(轮机中尉)。

【海员】【海】Seamen; Mariner 谓船舶所有人之使用人,而在船舶上继续从事于一定之勤务者也,凡非在船舶上服役而在营业所中之使用人,不得称为海员,即在船舶上服役例如修理船舶工人,或搬运货物之夫役,但因其非继续从事于一定勤务,亦不得称之曰海员,海员可分为二种:(1)船长。(2)船员。(详各本条)

【海员工会组织规则】【行】本规则于民国二十年四月三日由行政院公布，全文计十四条，自公布之日施行，凡本规则施行前已成立之海员工会须于本规则施行后两个月内依本规则改组之，其在本规则施行前，如于同一地点已有两个以上之海员工会时，自本规则施行之日起两个月内须行合并。

【海员公会】【行】Seamen association　凡服务于以机器运转在海上航行或在与海上相通之水上航行商船之海员，集合一百人以上，而系以增进智识技能，发展航运利益，维持改善劳动条件及生活为目的，所组成之团体曰海员工会。欲加入为会员者，须系在商船服务者，但下列各人员则不得入会：(1)船长代理船长大二三副。(2)轮机长大二三管轮。(3)无线电员医师引水人以及其他业务人员。海员工会设立于港埠或航业繁盛处所，但得以商船为单位设立海员工会分事务所，海员工会之任务除遵照工会法第十五条之规定外，须注意下列事项：(a)航海智识技能之增进。(b)航海危害之预防及救济。(c)客货运载之便捷。(d)旅客待遇之改善。(e)海员保险之促进。(f)其他关于航政航业之建议及咨询。至于其他均得准用工会法之规定。(海员工会组织规则第一—三条、第六条、第九条、第十一条)

【海员名册】【海】Seamen register; Muster-roll of seamen; List of crew　为船舶应备文书之一种，谓船长与船员全体姓名及履历书也。其内容包括姓名，籍贯，年龄，经历，与雇佣契约内容等，对于船舶国籍船员权利义务之决定与证明，极有关系。

【海员免状】【行】Certificate of seamen　为日本名辞，即我国所称之海员证书也。

【海员法】【海】Law of mariner　关于规定海员对于船舶所有之权利义务之法规，谓之海员法，我国在海商法内第三章设有规定。

【海员惩戒法】【海】Disciplinary law of seaman　规定关于惩戒海员失职或不当行为之法规，谓之海员惩戒法，我国现行法制无此法之制定。

【海员证书】【行】Certificate of crew　关于海员资格技术经验等之证明书，曰海员证书。

【海峡】【国公】Strait　海之狭处而通二大海洋者，谓之海峡，如其距离不满六海里者即为该国之领海，如宽度在六海里以外者，虽得由两岸加以控制，在原则上其中央之一部应称为公海，然有例外，而学者之主张亦各不同，又海峡如系介在两国之中者，则应将其中间流域划为两国境界，如中国大陆与香港间之，Lymoon Pass 即其一例。

【海商】【海】Maritime commerce　在海洋上之贸易，谓之海商，其情形与陆商不同，故应适用海商法(参海商法条)之规定。

【海商法】【海】Maritime Law　私海法之一种，对非海商法言，谓关于海上商事之特别法规也，此种法规属于私法，且具有国际法之性质，又因其为关于特别事项之规定，故又为特别法，在民商法分立之国乃商法之特别法，在民商法合一编制之国，则为民法之特别法矣。海商法之起源，最早者曰罗度海法，其内容偏重于共同海损，当时通用于地中海各国，其后复有第十四世纪之康苏拉多海法，亦通行于地中海各国，但第十一世纪之大西洋已有奥勒伦海法(Olerons)，英国及法国西北海岸崇之。在十五世纪时波罗的海与北海各国，又有威斯比海法(Wisbysche)之编纂，德瑞挪各国崇之。至于国内之统一法令，乃以法国一六八一年路易十四世纪所颁布之海事条例为其创始，后世各国多列入商事法典中，亦有另成单行法者。我国于前清光绪三十四年间，曾聘日人志田钾太郎氏起草商法，于民国元年六月告成，内有海船法一编，计共六章，都二百六十三条，但未经颁布，民国八年交通海军两部曾一度计划编草商船航律，亦因时局未定不果。国民政府奠都南京，乃于民国十八年十二月三〇日公布海商法(系立法院所制定)，计分八章，共一百七十四条，大都折衷英美惯例及德日成规而成，乃一单行法规，其内容可分为七种：(1)关于船舶所有权优先权及抵押权之规定。(2)海员之规定。(3)运送契约之规定。(4)船舶碰撞之规定。(5)救助及捞救之规定。(6)共同海损之规定。(7)海上保险之规定。

【海商法施行法】【海】本法于民国十九年十一月二十五日由国民政府公布，全文仅九条，自海商法施行之日(即民国二十年一月一日)施行，凡海商事件发生在海商法施行法以前者，除本施行法有特别规定者外，不适用海商法。

【海产】【海】Sea wealth 为船舶所有人的财产之一种，对陆产言，谓船舶及运输物也，我国海商法对所有人应担负之责任，仅以海产为限(参海产主义)。至海产种类，据我海商法之规定有三：(一)船舶即指发生责任事由之船舶而言，其船上之属具亦在其内。(二)运送费(详该本条)。(三)附属费(详该本条)。至于因救助或捞救他船所应得之报酬，解释上似亦应为海产之一种。

【海产主义】【海】Principle of wealth 又称执行主义。(详该本条)

【海港检疫管理处】【行】Head office of the quarantine of sea port 管理海港出入之疫症检查事宜之机关，曰海港检疫管理处，直隶于内政部卫生署，设处长一人(简任职)，总检疫医官一人(亦简任职)，检疫医官六人(三人荐任余委任)，技士秘书各一人(荐任)，处员二人至六人(委任)，至于管理处之职务约有下列六项：(1)关于各海港检疫所之调查及设置事项。(2)关于各海港检疫所之视察及改善事项。(3)关于各海港检疫所执行职务之监督及考核事项。(4)关于应施检疫之传染病及疫区之调查指导及通告事项。(5)关于各海港流行病之调查统计及报告事项。(6)关于国际检疫事项。(海港检疫管理处组织条例第一—二条)

【海港检疫管理处组织条例】【行】本条例于民国二十一年五月三十一日公布，全文仅七条，自公布之日施行。(参海港检疫管理处条内)

【海盗】【国公】Piracy 所谓海盗，乃指在公海上未经任何国家或被承认之交战团体所委任，而对经过之船只实施掠夺杀戮或其他强暴行为的私船而言，昔时沿海人民常有依此为业之国家，其后商业繁盛，乃以条约加以禁止，今则无论何国，对于海盗行为均视为一种国际犯罪，皆可自由加以处分，故与国内法上所称之海盗不同。

【海盗罪】【刑】Piracy　为抢夺强盗及海盗罪章中罪之一，本罪原属强盗罪之一种，因其实施地点在海上，情节较为危险，故与强盗之在陆上有异，而其用强制方法使人不能抵抗而掠取其物，则无轻轩之处，在国际公法中海盗视为人类之公敌，捕获处置之责任，无国界人种之区别，而处置亦均主严重，兹分为下列三种：(1)单纯海盗罪。(2)准海盗罪。(3)加重海盗罪。（详各本条）

【海塘】【史】所谓海塘，乃指海岸之堤防而言，为捍御潮患，故须举行修理之工事，有官修与民修之别，且有岁修与抢修之分，岁修即每年于一定之时期行之，抢修则限于堤防破损时经地方官之呈报行之。（工部则例卷五十三及五十五，会典事例卷六百九十九）

【海损】【海】Average　所谓海损，通常有广狭二义，广义海损，乃指航海上所生一切之损害而言，举凡非常损害如火警及沉没，及通常损害如入港税引水费船舶消耗等，皆属之，学者又有称船舶及积货之灭失或毁损为实物海损者，而称救助或捞救之报酬费用为费用海损者，然此并无所谓分担问题，以其可由船舶所有人在所得运费中支出故也。至狭义海损则不然，其损害乃由非常原因所发生者，其责任应由船舶所有人与其他利害关系人共同分担，故海商法对此为确定责任便利计算起见，特设明文，然海损又可分为二：(1)单独海损。(2)共同海损（详各本条）。后者乃海商法所详为规定者。

【海损债务】【海】Obligations in general average　对海损债权言，谓对于共同海损，应行分担之义务也。负担此项义务者，为共同海损之各利害关系人，称曰海损债务人，乃包括所存留之船舶及积货之所有人，与船上旅客及被损害之船舶或积货之所有人而言。

【海损债权】【海】Claims in general average　对海损债务言，谓对于共同海损所生之债权也，享有此项权利者，曰海损债权人，此项债权自计算确定之日起，经过一年不行使而消灭。（海商法第一四四条）

【海禁】【史】关于船舶制造之限制，港湾出入之取缔，以及货物运载之限制之规定，曰海禁，清律因袭明律之规定，于会典兵部内特设海禁之制，内容颇为复杂。

【海运】【海】Shipping or carriage by sea　通常所称运送，乃指海运而言，即海商法上亦然，盖即海上之运送也，与陆上运送不同之点有二：(1)运送之途径为海，所谓海者不特指海洋而言，即与海相通能供海船驶行之航路，亦在其内。(2)运送工具为船舶，与陆上运送之工具种类繁多者不同。

【海尔投票法】【宪】Hare System　为单记投票法中应用于大选举区中之一种移转余票之方法。（详单记投票法条内）

【海战】【国公】Maritine war　海战者，谓在海中与敌人作战也，海战之目的有六：(一)击破敌国舰队。(二)破坏敌方商船队。(三)攻破敌国沿岸要塞。(四)遮断敌国沿岸间及与他国间之交通。(五)临检或拿捕积载战时禁制品之中立船舶。(六)援助陆上作战之计划。海战之交战区域系在公海及交战国之领海，但中立国之领水内，则绝对不得以之为战区。

【海战法规】【国公】Law of War on Sea 为交战法规之一种，与陆战法规空战法规相对称。关于海上战争之国际上准则，曰海战法规，但至今仍无一部正式法典，仅系一种断片不全之法规耳，散见于下列各种条约及宣言中：(一)一八五六年之巴黎宣言。(二)一九〇七年之海牙条约(第六编关于开战时敌船地位，第七编关于商船改变为军舰之规则，第八编关于自动水雷之设置，第九编关于海军之炮击，第十一编关于海战捕获权之规定)。(三)一九〇九年之伦敦宣言。

【海关税】【行】Custom duty 简称关税。(详该本条)

【海难救助】【海】Salvage in sea peril or shipping casualty 所谓海难救助，乃指对于遭遇危难之船舶加以救助或捞救而言，在法律上之规定，乃就救助费及捞救费而定救助者，或捞救者与被救助者或被捞救者彼此间之关系也。海难救助制度之沿革，乃起自路易十四世所制定之海事条例，其后渐次发达，而以英国商船法规定尤详，一九一〇年曾于比京不鲁索尔开国际会议，成立统一海难救助之条约，各国相继奉行，我国海商法仿日旧商法之规定，分为救助及捞救(详各本条)二种，关于海难救助之规定，兹略举于下：(1)船长于不甚危害其船舶船员旅客之范围内，对于淹没或其他危难之人应尽力救助，违者受刑事制裁。(2)对船舶或船舶上财物施以救助或捞救而有效果者，得享有相当报酬请求权，即属于同一所有人之船舶间之救助或捞救，亦得请求报酬，至凡经以正当理由拒绝施救而仍强为施救者，则不得请求报酬。(3)于实行施救中救人者，对于船舶及财物之救助报酬金仅有参加分配权而无请求权，以其为道德上之义务，而不能以金钱为酬报也。(4)报酬金额及于施救人与船舶间及施救人间之分配比例，由当事人协议定之，不成时得声请法院定之。此外关于船舶碰撞后之救助，法律亦有明文。(第一二一条—一二八条)

【海湾】【国公】Bays or gulfs 又曰港湾(参该本条)半被陆地包围之海水，谓之海湾，凡湾口之宽度不超过六英里者，即为该陆地国之领海，若该陆地系属于数国者，则湾口之广狭皆非所问，仍应视为公海，此为各国所公认之原则，惟国际法学会则决议湾口宽度如不超过十二英里应认为附近陆地国之领水，湾口以外沿海岸线屈曲在六海里以内者始认为领水，惟此项决议尚未经各国之公认，故无拘束效力。

【涉外私法】【国私】为国际私法之别称，即指其规定适用涉外之法律关系之国内法也。

【涉外案件】【行】涉外案件者，谓诉讼案件之一造或两造为外国人民也，有民事涉外案件与刑事涉外案件之区分，依民事涉外案件报部办法之规定，高等以下法院及各县司法机关受理一切民事涉外案件均应依照该本办法按月制作报告书呈部备核，所谓民事涉外案件乃包含下列案件在内：(1)民事案件两造为无领事裁判权或无约国或现经废约国人民者。(2)民事案件之一造涉及无领事裁判权国或无约国人民者。(3)民事案件之一造涉及有领事裁判权国或现经废约国人民者。(第一条及第二条)

【乌(烏)拉圭宪法】【宪】Constitution of Uruguay 乌拉圭为南美洲东南部之共和国，东北与巴西为邻，东及南滨大西洋，西以乌拉圭河及拉巴拉他河(Rio de La Plata)与阿根廷国为界，全国面积共七万三千方里，地势多平原，气候温和，而天赋富源尤为外人所羡慕，故每年由海外移来者，多至十余万人，计全国人口一百六十万，纯粹之欧人约三十万，以从事于商业者居多，而本地土人及混血种则以农牧为主，其地昔为西班牙殖民地，一八二一年巴西独立时曾一度并入，一八二五年自行独立，后以阿根廷国与巴西国于一八二八年八月二十七日所结之媾和条约之承认，乌拉圭共和国之基础始固，乃于一八二九年九月十日制定公布宪法，共分十二章，一百五十九条，第一章国家之主权及宗教，第二章公民资格及权利，第三章政体及政权，第四章立法权及国会，第五章国会会期两院内部行政及常设委员会，第六章法律之提议讨论批准及公布，第七章行政部及其职权与特权，第八章国务员，第九章司法权法院及司法行政，第十章地方政府，第十一章通则，第十二章旧法律之遵守及本宪法之公布解释及修正，并有附件五种。至一九一九年又行制定新宪法，其内容与上述之宪法颇相类似，分为十三章共一七八条，第一章国家与主权，第二章国民及其权利、权利之停止及丧失，第三章政体及权力[①]之分立，第四章立法权及国会，第五章国会会期两院之内部行政及常务委员会，第六章法律之提议讨论制定及公布，第七章行政部及其职权与特权，第八章国家行政会议及其职权与特权(新增者)，第九章国务员，第十章司法权法院及司法行政，第十一章地方政府及地方行政，第十二章权利与保障，第十三章关于旧时法律之遵守与本宪法之施行解释及修正，附有暂行条文十条，兹举其要点于下：(一)乌拉圭共和国永为独立自主之国家，一切主权属于国家，宗教信仰完全自由。(二)乌拉圭国国民分为出生者与归化者二种，依法享有选举及被选举之权，并有充任公务员之权，妇女之行使公权则须由国会每院全体议员三分二以上之投票认可通过之。(三)政体为民主代议制，权力由立法行政司法三权行使之。(四)立法权由国会行使之，国会分为参议院与众议院，国会之职权如制定及公布法典通过预算案，批准对外条约等(第十八条列举十九项)。众议院由人民依法直接选举之议员组织之，得由年满二十五岁之出生国民或为五年以上之归化国民充任之(现役军人及现任行政机关有俸文官，及现任警长，法官，检察官皆不得当选)。任期为三年，本院对财政案有制定之特权，对于政府高级官吏有依法行使弹劾之权。参议院由共和国内每省间接选举议员一人组织之，任期六年(每二年改选三分之一)其资格须为年满三十三岁之出生国民，或为七年以上之归化国民始得当选，本院对由众议院所提出之弹劾案有审判权。(五)国会常会于每年三月十五日开会，至十二月十五日为止，其议长副议长均由各院自行选举，议员之言论与身体均受保障，为审查事项或搜集立法材料得组织各项委员会。在闭会期间时得设立常务委员会，以七人组织之(并有候补委员七人)。(六)法律案除财政案及弹劾案外得由各院议员或行政部阁员提出由各院审议之，经被提出之议院可决后，应即移送他院审议，经通过后，

① 原书为"利"，系排版之误。

应即咨送行政部批准公布，如拒绝时其覆议程及覆决后之效力与一般国家所规定者相似。(七)行政权由大总统及国家行政会议行使之，大总统由人民依法直接选举之，其资格须为出生之国民且须年满三十三岁者，任期为四年，不得连任，卸任八年后，方得被选为大总统之代理人或为临时大总统，大总统死亡、疾病、辞职、免职，或任满去位(新选未出)均由国家行政会议所指定之委员代理之，任期未满而去位者，应由国会选举代理人以待正式大总统之选出。大总统职权如对内对外代表国家任免各部长及其他文武官员，依法统率及指挥全国陆海军等(本法第七十九条列举二十四项)。(八)国家行政会议由人民直接选举之委员九人组织之，任期六年，每二年改选三分之一，其议长一席由每二年举行改选时得票最多数之委员充任之，其资格须为出生之国民，或为十五年以上之归化国民，或曾居住于本国二十年以上者，并须年满三十岁者。凡不属于大总统或其他机关之职权如教育，农工，公益卫生等事业均由本会议管理之，又于各地方，则设地方自治行政会议管理各该地方之农，工，教育，卫生及公益等事。(九)国务院各部长依本宪法之规定，凡受大总统管辖者，国家行政会议亦得依法管辖之，并得以过半数之投票任命或罢免之。国务员之资格应为出生国民或归化国民并经住居国内十年以上而年满三十岁者，有出席议院之权利与义务(惟无表决权)，应依法律之规定并在大总统及国家行政会议议长指挥之下执行一定职权。(十)司法权依法由最高法院，高等法院及地方法院行使之。最高法院推事由国会任命之，其资格须为曾经执行十年律师职务或任八年法官之职，而年满四十岁并具有与参议员相同之资格者。最高法院之职务如下：(1)审理违宪诉讼，侵宪人权诉讼，海事诉讼，以及关于条约或外交或外国大使公使及外交官之案件(均为初审)。(2)受理不服高等法院之判决而上诉之案件。(3)指挥及训导全国之法院并监督其经费开支。(4)任命高等法院及地方法院之推事(惟须经参议院或国会常务委员会之同意)。高等法院之设置以法律定之，其推事须具有出生国民或归化国民，并须曾任律师八年以上或地方法院推事六年以上者之资格，始得充任。地方法院审理第一审民刑诉讼事件，其推事应为出生国民或归化国民并须曾任律师两年以上者，始得充任。于上述三级法院以外并另设调解法院，从事于调解民事案件，以息诉讼。(十一)地方政府之行政权由民选议会及地方自治行政会议行使之，前者之人数由法律定之，后者则由三人以上七人以下之委员组织之，任期三年，每区设立警察长一人(由大总统依国家行政会议所提出每组之三名候选人中选任之)。率领警察协助地方自治行政会议执行法令，警长之资格须为本国国民年满三十岁，并应为出生于该警区或继续住居于该警区二年以上者。(十二)关于人民权利之保障之规定，例如人民一律平等，生命，名誉，自由，安全，及财产等，皆受保障，住宅不可侵犯，身体非依法律不受逮捕，拘禁，奴隶制度之否认，死刑之废止，书信之自由，言论著作出版之自由，向官署请愿之自由权，职业之自由，等皆是。(十三)承认前此与本宪法不相抵触之法律为继续有效，解释本宪法之专有权及修正本宪法之权属于国会，修正案须由每议院全体议员三分二投票之通过并须依法办理之，且应由国家行政会议，公布于召集选举之命令内，并由下届国会批准之(亦须经全体议员三分二之投票通过)。(十四)暂行条文，关于本宪法之施行(一九一九年三月一日起)选举法之适用,现任大总统及国家行政会议委员之任期与改选等之规定。按以上为一九一九年之宪法,惟自一九三三年三月三十一日乌拉圭共和国已将一九一九年之宪法废止另行制定新宪法,其内容大致如下:(一)总统兼内阁总理,内阁阁员九人均由大总统任命,国家行政会议制度撤销,新增副总统一人。(二)内阁须有国会多数党之拥护,而国会对于阁员亦得提出弹劾(仅得对单独阁员为之),以内阁乃以总统负责故也,总统得对弹劾案向国会请求复决,如总统不满复决案时得下令解散国会,选举新国会,如新国会仍维持前届国会之弹劾案时,则总统及内阁均须辞职。(三)国会以众议院及参议院组成之,前者议员九十九人,依法由各省按照人口比例选举之,任期四年。参议院以全国普选议员三十人组成之,任期四年,以副总统为议长,人民选举权不分性别,均以强制方法使人民行使,违者科以罚金。(四)对于劳工及贫寒人民多有维护之规定,均依国家社会制度之立法主义分别设置明文。(五)凡外国人民取得本国国籍者,得保存其祖国之公民权,而本国人民之取得外国国籍者亦得保存其本国之公民权。此项规定实因乌拉圭共和国近年来欧洲移民来此者甚众,而国籍关系日趋复杂,故有此种新规定以应时势之需要。综计全文共一百二十五条,较一九一九年之宪法为简,而内容则多进步,盖亦一社会化之立法也。

【特任官】【行】Officers specially appointed by National Government 为官阶之一种,即直接由国民政府特别任命之官吏也。仅有一级,其官俸每月八百元,暂行条例之规定亦同。

【特旨】【史】旧制,皇上对于某种事件特别之降旨,称曰特旨(皇朝政治问答)。

【特旨处决罪名】【史】罪名之不著于律令者,本不为罪,惟凡经皇上特旨临时处决者,仍当依旨执行,是曰特旨处决罪名,惟系临时办法,故大小各衙门如非已著为律令不得援引为例。大明令一刑令篇设有特旨处决罪名之条:"凡特旨临时处决罪名不著为律令者,大小衙门不得引此为例,若辄引比律致令罪有轻重者,以故入人罪论。"

【特有财产】【亲】Peculiar property; Separate estate 与原有财产相对称,凡夫妻之一方由其个人所专有专用或专力所取得之财产,曰特有财产,又名保留财产,可分为法定特有财产与约定特有财产两种,前者如下列之财产:(1)专供夫或妻个人使用之物。(2)夫或妻职业上必需之物。(3)夫或妻所受之赠物,经赠与人声明为其特有财产者。(4)妻因劳力所得之报酬,后者则系指夫妻间以契约所订定以一定之财产为特有财产而言(民法第一〇一三—一〇一五条)。

【特别人的审判籍】【民诉】(参特别审判籍条及土地管辖条内)

【特别代理】【民总】Special agency 为代理之一种,对一般代理言,即代理权之范围有特定限制之代理也,故又名有限代理。

【特别代理人】【民诉】Special agent ad litem; Special representative 由法院或审判长所选任之特种法定代理人,曰特别代理人,选任时应具下列三要件:(一)须系代无诉讼能力人为诉讼行为时所选之者。(二)须系该无诉讼能力人为诉讼行为时，因无法定代理人，或其法定代理人不能行使代理权时，恐致延久而受损害时为之者。（三）须经该无诉讼能力人之声请者，特别代理人之职权为代理当事人为一切诉讼行为，但不得为舍弃认诺或和解，若法定代理人或本人承当诉讼时，特别代理人之职权即行终止，而对选任时所需费用，及该特别代理人代行诉讼所需费用，法院自得命声请人垫付（民诉第四九条）。

【特别加重】【刑】Special increase of punishment; Special aggravation 为刑之加重之一种，与一般加重相对称，凡不适用刑法总则关于加重之规定，而于分则内对于某种犯罪所设特别加重刑罚者，曰特别加重，我刑法不设特别加重之规定，仅于应行特别加重时另于各条中对该特别犯罪科以独立刑，例如刑法第二九三条之规定为一般伤害罪，若有伤害直系尊亲属者，则另以第二九八条第一项之独立罪加以处罚，而不适用二九三条之规定是。

【特别失踪期间】【民总】Special period for the declaration of disappear -ance 为得为死亡宣告前法定失踪期间之一，即特别失踪人应受死亡宣告以前之法定失踪期间也，我国民法分为二种：(1)失踪人为七十岁以上者，其期间为满五年（第八条第二项）。(2)失踪人为遭遇特别灾难者，其期间为满三年（第八条第三项）。

【特别平行线支票】【史】与普通平行线支票相对称（详平行线支票条内）。

【特别民法】【民】Special civil law 与普通民法相对称，谓适用于特定之人与地或事物或时之民法也。例如保险法，海商法，公司法，票据法等皆是。

【特别犯】【刑】Special crime 凡违反特别刑法者，曰特别犯，对普通犯言，例如犯海陆空军刑法者是。

【特别休假】【劳】凡工人在厂继续工作满一定期间者，特给与特别之休假，依我工厂法之规定特别休假期如下：（一）在厂工作一年以上未满三年者，每年七日（二）在厂工作三年以上未满五年者，每年十日。（三）在厂工作五年以上未满十年者，每年十四日。（四）在厂工作十年以上者，其特别休假期每年加给一日，其总数不得超过三十日，以上之特别休假期内，工资照给，如工人不愿特别休假者，应加给该假期内之工资。（第十七—十八条）

【特别休战】【国公】Special truce 与全部休战相对立，即仅限于一部之特别休止战争也。

【特别共同诉讼】【民诉】Besonders Streitgenossenschaft（德） 一名必要共同诉讼（详该本条），又称不可分共同诉讼。

【特别刑事法令刑等计算标准条例】【刑】本条例公布于民国十七年八月二十五日，同年九月一日施行，共七条，其要点如下：（一）现行各种特别刑事法令规定之刑及其加减等数均依本条例规定计算。（二）定有有期徒刑者应依下列规定计算其刑期：(1)一等有期徒刑为十五年以下十年以上。(2)二等有期徒刑为十年未满，五年以上。(3)三等有期徒刑为五年未满，三年以上。(4)四等有期徒刑为三年未满，一年以上。(5)五等有期徒刑为一年未满，二月以上。（三）加减本刑一等者，为加减本刑三分之一，二等或三等者，为加减本刑二分之一，加减本刑一等至三等，或加减一等以上者，为加减本刑三分之一或二分之一。（四）罚金应加减者亦适用上项（三）之规定。

【特别刑事诉讼】【刑诉】（详普通刑事诉讼条内）

【特别刑法】【刑】Special Criminal Law 特别刑法与普通刑法不同，仅限于特定之人与地或特定之时期与事项以为规定者，其适用范围与区域甚狭，特别刑法之例如陆、海、空军刑法，禁烟法，危害民国紧急治罪法，皆是。

【特别行为能力】【民总】Special disposing capacity 指民法总则篇以外关于行为能力之规定而言，多见诸亲属继承二编，例如婚姻须适用婚姻年龄规定是，盖多为身分上之行为能力也。

【特别抗告】【民诉】对普通抗告言，又称即时抗告（详该本条）。

【特别没收】【刑】Special forfeiture 将犯人所有全部财产尽行剥夺加以没收者，曰特别没收，古时刑法之没收属之，为没收之一种，对一般没收言。

【特别决议】【民总】Special resolution 为决议之一种，对通常决议言（详决议条）。

【特别委任】【债】Special mandate 为委任之一种，对概括委任言，凡由当事人一方指定一项或数项事务委托他方处理之；而他方允为处理之契约，称曰特别委任，受特别委任之受任人，就委任事务之范围内得为委任人为一切必要之行为，所以保护委任人之利益也。（参第五三二—五三三条）

【特别委员会】【宪】Special committee 国会中之委员会，有全院委员会，常任委员会与特别委员会之别，凡因审查特种事件而组织之委员会，概称曰特别委员会，其权力仅以国会所授与或付托者为限，委员人数并无一定，或由议长指派之，或由议员选举之。

【特别官署】【行】Special governmental office 为官署之一种，与普通官署相对称，乃指管理特定政务之官署而言，例如邮政管理公署是。

【特别法】【通】Specific Law; Particular Law 与普通法相对立（详普通法条内）。

【特别法上之公司】【公】Companies under special law 为公司分类之一，对公司法上之公司言，即遵守公司法外尚须依据特别法所组成之公司也。所谓特别法，如中央银行条例，中国银行条例是，故中央银行中国银行乃特别法上之公司。

【特别法庭】【通】Special court 在普通法庭系统外所设置以管辖诉讼案件之法庭，谓之特别法庭，如行政法院，军法会审，捕获法院以及英美各国之海关法庭，衡平法庭等皆属之。

【特别法院】【通】Special court 所谓特别法院，乃与普通法院对待而称，即不依民事诉讼法刑事诉讼法行使审判权，亦不依法院组织法而构成之法院也。例如军法会审，捕获法院以及土地裁判所等皆是。

【特别法学】【通】Particular jurisprudence （详一般法学条内）

【特别法优于普通法】【刑】Lex specialis derogate legi generali（拉丁） 为法规之竞合中定罪时法律适用标准之一种，即同一所为之全部触犯数种法规时，则特别法优于普通法，例如同时犯军法及刑法，则应适用军法是（参法规之竞合条）。

【特别物的审判籍】【民诉】（参土地管辖条及特别审判籍条内）按特别物乃指债务关系事件，登记事件，继承事件及不动产事件等而言。

【特别的免除】【刑】Special remission 即由刑法分则各条中关于特种犯罪所适用刑罚免除之规定也，又分为绝对的免除与相对的免除，前者即法律上规定必须免除之谓，后者为免除与否均由法院裁量之谓，新刑法分则中规定绝对的免除有六项：(1)不报告亲属妨害秩序罪者（第一六八条）。(2)湮灭他人刑事证据或使用伪造证据而自白者（第一七六条）。(3)亲属藏匿犯人湮灭证据罪者。(4)保存自己或亲属自由名誉伪证罪者（第一八三条）。(5)伪证诬告罪自白者（第一八四条）。(6)亲属间犯赃物罪者（第三七八条）。关于相对的免除有五项：(1)放火预备罪者（第一八七条第四项、第一八八条第五项）。(2)谋为同死自杀者（第二九〇条第三项）。(3)亲属相盗罪（第三四〇条第一项）。(4)亲属相侵占罪（第三六一条第一项）。(5)亲属相诈欺罪（第三六八条第一项）。

【特别的减轻】【刑】Special reduction 为减轻在法律上种类之一，对一般的减轻言。即对特种犯罪特别的减轻其刑罚之谓也，乃于分则篇中定之，例如有因犯人执行之职务而减轻者（第一五六条）。亦有因犯人之过失而减轻者。（第二九三条及第三〇一条）

【特别背职罪】【刑】为背职罪之一，对一般背职罪言，即法律上有明文特别规定关于渎职之罪也。可分为九种：(一)故出故入罪——因有审判职务之公务员或公断人，明知法律而故为出入而成立，其要件有二：(1)主体以有审判职务之公务员或公断人为限。(2)行为为明知法律而故意出入者，本罪之处罚为六月以上五年以下有期徒刑（刑法第一三二条）。(二)不正追诉罪——因有追诉犯罪职务之公务员意图取供而施强暴胁迫，或明知为无罪之人而使其受追诉处罚，或明知为有罪之人而无故不使其受追诉处罚而成立，其要件有三：(1)主体只以有追诉犯罪之公务员为限。(2)行为有二：(甲)强暴胁迫者。(乙)要为使无罪之人受追诉之处罚，使有罪之人不受追诉之处罚。(3)故意有二：(甲)以意图取供。(乙)明知者——即特别故意之谓。本罪之处分为一年以上七年以下有期徒刑，若因而致人于死或重伤者，比较故意伤害罪从重处断（第一三三条）。(三)不正执行刑罚罪——(甲)因有执行刑罚职务之公务员违法执行，或(乙)执行吏违法不执行刑罚而成立，(甲)项要件有二：(1)主体以有执行刑罚职务之公务员为限，指检察官言。(2)行为须为违法执行刑罚者。(乙)项要件要二：(1)主体以执行吏为限，即监狱内官吏。(2)须为违法不执行刑罚者本罪之处分：(甲)项为五年以下有期徒刑，(乙)项为三年以下有期徒刑。至执行吏因过失致违法执行刑罚者，仅处一年以下有期徒刑，拘役，或三百元以下罚金（第一三四条）。(四)不应征收而征收罪——因公务员对于租税及各项人款明知不应征收而征收而成立，其主体为有征收权之公务员，处三年以下有期徒刑，拘役，得并科或易科一千元以下罚金（第一三五条第一项)。未遂罪亦加处罚。(五)应发给而不发给罪——因公务员对于职务上发给之款项物品,明知应发给而抑留不发或克扣而成立,其主体为经营款项物品如财政官吏会计官吏,其行为须为扣留不发或克扣者,本罪处分与上述不应征收而征收罪同(第一三五条第二项)。(六)图利罪——因公务员对于主管或监督之事务,直接或间接图利而成立,例如将收入款项存放银行私自取息是,其处分为三年以下有期徒刑,得并科五千元以下罚金(第一三六条)。(七)漏泄或交付内政秘密罪——因公务员泄漏或交付关于民国内政应秘密之文书图画消息或物品而成立,内政指一切政务言,与军事及国防有别,又秘密之标准当由审判官按当时情形断定之,本罪处分为三年以下有期徒刑,得并科五千元以下罚金(第一三七条)。(八)邮电人员妨害邮电罪——因在邮务局或电报局执行职务之公务员,开拆或隐匿投寄之邮件或电报而成立,至奉命令或法令而实行者,不在此限,其主体亦以在邮电两局服务之公务员为限,本罪之处罚为三年以下有期徒刑,拘役,得并科或易科五百元以下罚金(第一三八条)。(九)诱惑下级公务员犯渎职罪之罪——因公务员诱惑所属下级公务员,犯第一二八条至第一三八条之渎职罪而成立,本罪主体为上级公务员依单纯诱惑行为而成立,如下级公务员实行所诱惑之犯罪,自当以共犯论,至因过失而被诱惑,按第二十五条规定,其过失以有特别规定者方可处罚,则除第一三四条第三项外,下级公务员均不负其责也,本罪之处分为处所诱惑罪之本刑减轻二分之一。

【特别破产】【破】Special bankruptcy　与普通破产相对立,凡开始之破产程序仅系对于债务人之一部财产为限,而其优先受清偿之人且系属于特种债权人者,则此项破产称曰特别破产,例如对于继承财产宣告破产是。

【特别授权】【民总】Besondere Ermächtigung(德)　所谓特别授权乃指依特别之意思表示所为之授与他人以代理之权限而言。

【特别累犯】【刑】Special recidivism　为累犯因处罚轻重而区分之一种,对普通累犯言,即累犯罪中前后所犯之罪为同一或同款之谓(刑法第六十六条第二项)。同一者即前犯海盗罪后又犯海盗罪,同款者即刑法六十六条所规定各款,如前犯内乱罪,后又犯外患罪是,特别累犯处罚较普通累犯为重。

【特别累犯主义】【刑】谓初犯之后(1)不论犯何种之罪。(2)亦不问其间相距时期之长短,皆应以累犯处断之主义也,刑法仅相对的采其第一项,即只须为有期徒刑以上之罪者,即为累犯。(参累犯条)

【特别习惯】【通】Special custom　在特种地位之人民所通行之习惯,称曰特别习惯,例如商民间所通行之习惯是也。

【特别诉讼程序】【民诉】Special procedure　为民事诉讼程序之一种,与普通诉讼程序相对称,即在民事诉讼法中设有特殊规定之诉讼程序也,其设置之理由约有下列三种:(一)因有必须迅速终结或保全执行之事件(例如督促程序与保全程序是)。(二)因诉讼物之性质上有关公益之事件(例如人事诉讼程序是)。(三)因必须适应特别情形而设特别程序之事件(例如公示催告程序是)(民诉法第五编)。

【特别预防主义】【刑】Principle of the special prevention 为目的主义之一,对一般预防主义双面预防主义言,谓刑罚之目的在防止犯人将来之再犯罪,更分二说:(1)狭义预防说——即对犯人不使再犯,加以刑罚乃令其将来不能再作不法行为。(2)改善说——以改善为前提,不特不使再犯,且可使更新,而置于良民之列,故国家应发止刑罚观念,而代以改善之目的,此种主义颇为一般人所赞同。

【特别预算】【宪】Special budget 国家因特种原因于总预算以外所提出之独立收支之预算,称曰特别预算。

【特别监督】【行】Special supervision 公法人之设立与国家关系綦大,非加以特殊之监督不可,此项监督称曰特别监督,与单纯之警察监视不同。

【特别银行】【行】(详普通银行条内)

【特别审判籍】【民诉】Special forum 为审判籍之一种,特别审判籍者,谓以被告与诉讼标的并法院管辖区域之关系,或诉讼标的与法院管辖区域之关系为标准所定之管辖也。在我民诉法上所规定者为:(一)财产所在地之审判籍。(二)寄寓地审判籍。(三)军人军属海员之审判籍。(四)营业所或事务所之审判籍。(五)船舶所有人或利用船舶人等之审判籍。(六)公司或其他团体之审判籍。(七)关于不动产涉讼之审判籍。(八)关于债权诉讼之审判籍。(九)关于不法行为之审判籍。(十)关于契约或票据之审判籍。(十一)关于登记注册而涉讼之审判籍。(十二)关于继承之审判籍。(十三)主参加诉讼之审判籍。(十四)得为选择之审判籍(民诉法第四—二十一条)。

【特别担保】【债】Special security 所谓特别担保,乃指以债务人之特定财产提供而为债权之担保而言,例如物权中之抵押权与质权,乃以抵押物与质物为特别担保是也。

【特别遗嘱】【继】又称口授遗嘱。(详该本条)

【特别职务犯罪】【刑】(详普通职务犯罪条内)

【特别权力关系】【宪】与一般统治关系(详该本条)相对称。

【特别权利能力】【民总】Special legal capacity 即就特别权利得为其主体之资格之谓,故自然人或法人抑为本国人或外国人,均有区别。

【特使】【国公】Special envoy (详外交官条内)

【特命全权大使】【国公】Envoy Extraordinary and Ambassador Plenipotentiary (参大使条内)

【特命全权公使】【国公】Envoy extraordinary and minister plenipotentiary (详全权公使条)

【特定】【通】Particularity 所谓特定乃指具体的指示某一定之事物或行为而言,例如特定财产,特定债务以及特定书状等皆是。

【特定人】【通】Particular person 具体的指定某一定之人,谓之特定人。

【民总】Definite person （详不特定人条内）

【特定之债】【债】Specific obligation 即以特定给付为标的之债也，故又名特定债权，此项债权其标的物既为特定，则债务人负有善良管理之义务，且负有交付该特定物之义务，至因不可归责于双方当事人之事由致一方之给付不能者，他方应免为对待给付之义务，若已为对待给付者，自当按不当得利返还之(民法第二六六条)。若当事人之一方因可归责于他方之事由致不能给付者，则得请求对待给付(第二六七条)。

【特定代理】【民总】为有限代理(详该本条)之别称。

【特定物】【民总】Definite thing; Particular thing 为物之一种，对不特定物言，其区别乃以当事人之意思为标准，故以当事人之意思依物之个性具体的指定之物，为特定物，例如某片地皮是，特定物与不特定物区别之实益，与债权之关系甚大，若在物权则以特定物为原则。

【特定物买卖】【债】与不特定物买卖相对称，即以特定物为出卖标的物之买卖也。

【特定的最惠国条款】【国公】Special mostfavoured nation clause 为最惠国条款之一种，与一般的最惠国条款相对立，谓最惠国条款之适用，仅以特定事项为限者也。例如一八六〇年英法条约关于税则之部分，仅以附表所指定之货物为限是。

【特定书状】【民诉】Written petition of specific form 为书状之一种，谓除依关于一般书状之程式外，尚应记载特定事项之书状也。例如诉状上诉状，再审诉状，参加书状，声请支付命令，及假扣押假处分之各项书状，皆属之。

【特定货币之债】【债】为货币之债之一种。(详货币之债条)

【特定给付】【债】Particular or special prestation 为债之标的之给付之一种，对不特定给付言，即债之关系成立时，其给付之内容即已具体特定之谓也。例如甲许以某种书一本给付与乙是。

【特定债权】【债】又名特定之债。(详该本条)

【特定遗赠】【继】Specific legacy 为遗赠之一种，即遗赠人指定特定财产遗赠与特定人之谓，通常之遗赠皆属此类，例如甲指定将某不动产遗赠与乙是。

【特定继承】【民总】Particular succession 为继承取得之一种，对包括继承言，即各个权利根据各别原因而取得或被继承之谓，例如因买卖契约而取得特定物是。

【特定继承人】【继】Particular successor 享有特定继承权利之人，称曰特定继承人。(参特定继承条)

【特宥】【史】以特别之恩宽免犯人之罪，是曰特宥，晋书一齐王蕤传："赵王伦收蕤击廷尉，祖纳谏曰，蕤实献王之子，明德之胤，宜蒙特宥。"

【特约】【通】Special contract 所谓特约，乃指当事人间对于某种事项所订立之特别契约而言，此种契约，若未为法律所禁止，且不与公共秩序善良风俗相违反者，在原则上概属有效。

【特留分】【继】Compulsory portion 又称特留财产，日本称曰遗留分，谓法律使被继承人不得自由处分其遗产，而必须特留一部分于其继承人也。此种制度起自罗马，今日各国均采取之，其理由为不外以保持及发达其遗族之生活起见，近世学者主张对特留分加以限制者甚多，盖此种制度有时适使继承人生依赖之心，流弊所及，有失此制之原意，但我国民法仍仿列国成例，加以规定，其特留分之数额如下：(1)直系血亲卑亲属之特留分，为其应继分二分之一。(2)父母之特留分，为其应继分二分之一。(3)配偶之特留分，为其应继分二分之一。(4)兄弟姊妹之特留分，为其应继分三分之一。(5)祖父母之特留分，为其应继分三分之一，例如甲有遗产二万元，其子为唯一继承人时，则其特留分为一万元，余者甲可自由处分之是。特留分之计算方法，我民法规定为先应以继承开始时被继承人所有之财产为基础，然后加入各继承人中在继承开始前因结婚分居或营业所受被继承人赠与财产之价额（赠与时被继承人有反对之意思表示者不在此限）。即为应继财产，再就应继财产中除去其债务额而算定之，至于被继承人以遗嘱处分遗产时，若侵及特留分之范围而使特留分不足时，法律许应得特留分者有扣减之权（详扣减权条，民法第一二二三——一二二五条）。

【特授】【史】清制，官吏之任命，均须由吏部铨衡具奏，惟特定官吏则不经此项手续而以皇上之特权加以任命，是曰特授（清会典—吏部）。

【特赦】【宪】Pardon 为赦免之一种，即由国家元首以命令对于业经确定判决之特定犯人免除刑罚全部之谓也。其效力仅止于免刑，非全灭判决之效力，故与大赦有异（详大赦条）。

【特许】【行】Special Permission; patent 所谓特许，乃指国家对于私人或团体赋与公法上之特权，或设定私法上之权利关系而言，亦为行政处分之一种，例如给予考试及格者以公务员之资格，及给予著作或发明者以专利权皆是。

【特许公司】【国公】Chartered company 凡私人经营之商业公司或殖民公司，由国家授与特权，得在殖民地域占领广大地带掌握立法行政司法大权，而对外及土人亦得为交涉之行为，此种公司，曰特许公司，盛行于十七世纪至十九世纪之间，其实例如英国之东印度公司为其著者也，学者间每谓此种公司亦得为国际法主体，实则在国际关系上乃与本国政府合为一体，并非独立享有国际人格者，但其为国家领土取得方法之一种，则为不可否认之事实矣。

【特许主义】【民总】Principle of formation by license 为法人成立主义之一，即由法律规定特许条例，凡欲设立任何团体而取得法人资格者，须与该条例相符，再经特许始可成立，此项主义之适用，多为含有政治作用之大公司，例如英之东印度公司，及日本之南满铁路公司是，更可分为元首特许主义，与法律特许主义二种。

【特许法】【行】Patent law 规定关于工业上物品之首先发明人而特别赋予以专利权利之法规，称曰特许法，我国现行之奖励工业技术暂行条例其性质与特许法相类似。

【特许状】【行】国家对于某特定人经营某种事业或享有某物之专利权时所发给之证明书状，谓之特许状，例如某人之经营特种银行时政府所给予之特许证书以及某人享有制造权之专利时政府所给予之特许状皆是。

【特许渔业权】Fishing right by special permission　与一般渔业权专用渔权相对立，即依实业部认为有应特许之渔业时，以命令之赋予，而取得之渔业权也。（渔业法第十九条）

【特许银行】【行】凡银行之设立，具有特种目的而经国家之特别准许者，谓之特许银行，大都享有特种营业权，并受国家特别之保护。

【特许权】【行】Patent right　人民因经政府之特许而取得之权利，称曰特许权，例如工业上特许权是。

【特贷】【史】特贷者。谓依特别宽大之恩有宥恕犯人之罪也。宋史一刑法志："明道二年诏命官坐死特贷者，多杖黥配远州牢城，经恩量移，始免。"

【特种工会】【劳】Special kind of labor union　为工会之一，种与一般工会相对立（详工会条内）。

【特种工业奖励法】【行】本法由国民政府于民国十八年七月三十一日以命令公布，自公布之日施行，全文仅七条，兹举其要点如下：（一）凡中华民国人民所办工业合于下述各款之一而确著成效者得依本法呈请奖励之：（甲）创办基本化学工业，纺织工业，建筑材料工业，制造工业，机器工业，电料工业，及其他重要工业者。（乙）制品能大宗行销国外者。（丙）自己发明或输入外国新发明，首先在一定区域内制造者。（丁）应用机械或改良手工制造洋货之代用品者。（二）呈请奖励者应具呈请书载明一定事项（第三条），工商部（现为实业部）接受呈请书后应即交奖励工业审查委员会审查之。（三）经审查合格者经部核准奖励后给予执照呈报国民政府备案。至奖励方法则有下列四种：（甲）准在一定区域内有若干年之专制权，但至多以五年为限。（乙）准减若干年国营交通事业运输费，但至多以五年为限。（丙）准免或准减若干年材料税。（丁）准免或准减若干年出品税（第二条）（为辅助推行本法起见，另有奖励特种工业审查暂行标准之公布民国十九年二月二十七日，计共十一条）。（四）凡参有外资之工业概不受本法之奖励。

【特种司法事务委员会】【行】特种司法事务委员会为民国十年间北京政府所创设之机关，承司法总长之委托，筹议考核重要之关系外人司法事务，附设于司法部内，置委员长一人，委员八人，事务员若干人，并置总务，民事，刑事，编译，育才五处，每处设主任一人（委员长应兼充一处主任）总务处掌法院设置，律师，审查，监狱统计及不属于其他各处事宜，民事处掌关系外人民事事宜，刑事处掌关系外人刑事事宜，编译处掌翻译编辑事宜，育才处掌司法教育事宜，本会委员长对于通商口岸特别区域各法院监狱，得随时前往视察，并指示应兴应革事项（特种司法事务委员会章程第一一二条、第四一六条）。

【特种刑事临时法庭】【史】民国十六年七月，南京国民政府为审判处理关于反革命及土豪劣绅之刑事诉讼案件特设置特种刑事临时法庭(今已撤废),计分为二级,即特种刑事地方临时法庭与特种刑事中央临时法庭,前者掌审理初审案件,后者则审理上诉案件,前者置庭长一人,审判员三人至六人,由省府荐请国府选任之,后者亦置庭长一人审判员五人至十人,由国府任命之,前者之审判权依下列方法行之:(1)最高主刑为三等以下有期徒刑者,以独任审判员一人行之。(2)最高主刑为二等以上有期徒刑者,以审判员三人以上之合议庭行之。后者之审判权则均以审判员五人之合议庭行之,为便利起见,特种刑事临时法庭得于距离该庭所在地较远或交通不便之地方设立分庭,至于法庭之权限及办事程序,除与本条例抵触者外,均得适用法院编制法之规定(本法庭组织条例第一—二条、第三—七条、九—十二条)。

【特种考试】【行】为考试之一种,与高等考试普通考试相对立,凡候选及任命之人员及应领证书之专门职业或技术人员,除高等考试普通考试加以规定外,其他因特殊情形所为之考试,曰特种考试,此种考试之地点,由考试院指定之,但委托其他机关办理者,得由各该机关定之,特种考试之种类由考试院定之,现已另行制定条例者,计有下列各种:(一)监所看守之考试。(二)助产士之考试。(三)引水人之考试。(四)河海航行员之考试。至于投考之资格,均于各该条例内分别规定。

【特种考试法】【行】本法公布于民国二十年三月二十一日,全文仅九条,自公布日施行,其要点如下:(一)凡候选及任命之人员及应领证书之专门职业或技术人员,除高等考试普通考试外均依本法考试定其资格,至于考试之种类应考人之资格及考试之分科与科目,概由考试院另定之。(二)特种考试之地点由考试院指定之,但委托其他机关办理者,得由各该机关定之。考试之期间,亦由考试院定之。(三)特种考试举行时关于典试事宜由典试委员会任之,但认为特殊情形时,得派专员或委托其他机关办理之。(四)关于特种考试除本法已有规定外依考试法之规定。

【特种侵权行为】【债】Specific classes of tort 对一般侵权行为与共同侵权行为言,即因加害人之身分能力及行为所起之不法侵害他人权利之行为也。我国民法规定共有六种:(1)公务员之侵权行为因故意或过失而有区别(第一八六条)。(2)无责任能力人之侵权行为(第一八七条)。(3)受雇人之侵权行为(第一八八条)。(4)承揽人之侵权行为(第一八九条)。(5)动物所引起之侵权行为。(6)土地上建筑物及工作物所起之侵权行为。(第一九〇条)

【特种记载背书】【票】为正式背书之一种,对通常记载背书言,谓在正式背书可以记载特种文句之背书也,所记载者可分为三种:(1)记载免除担保承兑之背书(第三六条)。(2)记载预备付款人之背书(第三二条)。(3)记载禁止此后再为背书之背书——如记载者为背书人时,则其被背书人仍可转让,但为禁止之背书人只对直接之被背书人负责而已,至其后则全不负责。(第二七条)

【特种诉讼条件】【刑诉】Special conditions of an action 为诉讼条件之一,对通常诉讼条件言,谓仅存在于特种刑事案件中之条件也,例如告诉乃论之罪,其要件须为合法之告诉是。

【特种买卖】【债】Special kinds of purchase and sale 所谓特种买卖，即买卖之性质较他种买卖具有特殊之内容或状态之谓也。民法为严密计，特予明文规定，共有四种：(1)试验买卖。(2)货样买卖。(3)分期付价之买卖。(4)拍卖。(详各本条)

【特种赠与】【债】Special kinds of gift 为赠与之一种，与普通赠与相对称，即普通赠与以外之赠与也，更分为五：(1)附条件赠与。(2)附期限赠与。(3)附负担赠与。(4)定期赠与。(5)死因赠与。(详各本条)

【特赖哥主义】【国公】Drago Doctrine 又译为多拉哥主义。(详该本条)

【特简】【史】为清时任用官吏之方法之一，而不由普通形式而以皇帝之特旨任命之也。(清礼部则例)

【特权】【行】Privilege 在法律上有特别之身分或地位时所享有特种之权利，谓之特权，例如贵族之特权，司法官受特殊保障之权皆是，此外如发明家依特许法所取得之专制或专用之权利，亦称曰特权。

【狭(狹)义之妨害公务罪】【刑】为妨害公务罪之一，即对公务员在执行职务时加以侵害之罪也。因犯罪主体或犯意或方法之不同，更分为二：(1)单纯妨害公务罪——更分为二：(甲)对于公务员或其佐理人依法执行职务时施强暴胁迫之罪——须以在依法执行职务时加以强暴胁迫为必要，其处分为三年以下有期徒刑(刑法第一四二条第一项)。(乙)意图使公务员或其佐理人执行一定之职务，或妨害其依法执行一定之职务，或使公务员辞职而施强暴胁迫之罪——如妨害者有使公务员或佐理人作为或不作为或行辞职之犯意时，本罪立即构成，其处分与上述(甲)项罪相同，犯上项两罪因而致公务员或其佐理人于死或重伤者，比较故意伤害罪从重处断(第一四二条第二、三项)。(2)聚众妨害公务罪——即多数人同时公然聚集一处，作妨害公务之罪也。其处分为在场助势者，处一年以下有期徒刑，首谋及下手实施强暴胁迫者，处一年以上七年以下有期徒刑，又因而致公务员或其佐理员于死或重伤者，比较故意伤害罪从重处断。(第一四三条)

【狭(狹)义民法】【民总】与广义民法相对称。(详民法条内)

【狭(狹)义犯罪】【刑】Offence in the narrow sense 为犯罪之一，对广义犯罪言，即一切犯罪均须以现行普通刑法为基础之解释之谓，又称实质的犯罪。

【狭(狹)义刑法】【刑】Criminal law in narrow sense 刑法有普通与特别之分，普通刑法即狭义刑法，而广义刑法则包括普通刑法与特别刑法在内。

【狭(狹)义商法】【通】Commercial law in narrow sense 狭义商法，仅指商私法而言，其商事公法及国际商法均不在内，以三者之合称则为广义之商法也。

【狭(狹)义解释】【通】Interpretatio Stricta (拉丁) 凡解释法律之从狭之意义者，称曰狭义解释，其从广之意义者，则称曰广义解释，前者多应用于例外法，后者多应用于原则法。

【班】【史】班者，位也，乃指官吏出身之部位类别而言，如文班武班是，又如清时凡授官之班有六，一曰除班，二曰补班，三曰转班，四曰改班，五曰升班，六曰调班，凡特旨用者，则别为班焉(清嘉庆会典)。

【班簿】【史】朝庭中记载出觐者之姓名之簿册，谓之班簿，资治通鉴—唐昭宗纪之胡三省之注："班簿，注在朝者姓名。"又同书—后晋齐王纪之注："班簿者，簿记朝参名员。"

【畜牧行政】【行】国家对于畜牧方面之行政，称曰畜牧行政，如家畜之保护，兽疫之预防，畜种之改良，兽医之许可与取缔等皆是。

【畜产咬踢人】【史】畜产(牛马犬)无知，兽性勃发，难免伤及人类，畜主如记号(如截耳锯角)不明，拴系不固，则必危及他人，至于狂犬险象尤著，畜主如不扑杀则害人更深，如因而杀伤人者，概依律论罪。若故放令其杀伤人者，则处较重之罚。明律(卷十六)、清律(卷二十一)兵律厩牧篇——畜产咬踢人条："凡牛马及犬有触抵踢咬人，而记号拴[1]系不如法，若有狂犬不杀者，笞四十，因而杀伤人者，以过失论，若故放令杀伤人者，减斗殴杀伤一等，其受雇医疗畜产及无故触之而被杀伤者，不坐罪，若故放犬令杀伤他人畜产者，各笞四十，追赔所减价钱。"清律之总注："凡畜养马牛与犬，有性不驯良者，必须防制，有疯狂之犬者，必须杀除，恐其伤人也，若将触抵踢咬人之马牛与犬，记号不明，拴系不牢，及有狂犬而不杀者，虽未杀伤人，亦笞四十，如因记号拴系不如法，及不杀之故而至杀人伤人者，以过失论，各依斗殴杀伤罪依律收赎给付其家，若故意放令杀伤人者，照斗杀伤律各减一等，若系亲属亦依亲属相殴本律减等科断，其兽医受雇为人医疗畜产，而不能控制，及畜产素不触抵踢咬人，而人无故触之致被杀伤，则与畜主无与也，故不出罪。若畜善噬之犬，故意放令杀伤他人畜产者，或杀或伤，各笞四十，计其所减价钱照数追赔。"

【畜产抵蹋啮人】【史】畜产主人对畜产等之带有危险性者，应施标帜羁绊方法，至于狂犬尤应扑杀，如致而杀伤人者以及故放令杀伤人者，均应分别按照本条所定治罪。明清律之畜产咬踢人条与此相似。唐律(卷十五)厩库篇——畜产抵蹋啮人条规定："诸畜产及噬犬有抵蹋啮人，而标帜羁绊不如法，若狂犬不杀者，笞四十，以故杀伤人者，以过失论，若故放令杀伤人者，减斗杀伤一等。"疏议曰："依杂令，畜产抵人者，截两角，蹋人者绊足，啮人者截两耳，此为标帜羁绊之法，若不如法，并狂犬本主不杀之者，各笞四十，以不施标帜羁绊，及狂犬不杀之故，致杀伤人者，以过失论，过失者，各依其罪，从赎法，律无异文，总依凡法，不限尊卑，其赎一也，若本应轻者，听从本，其故放令杀伤人者，谓如犬及杂畜，性能抵蹋及噬齿，而故放者，减斗杀论一等，其犯贵贱尊卑长幼亲属等各依本犯，应加减为罪，其畜产杀伤人，仍作它物伤人，保辜二十日，辜内死者，减斗杀二等，辜外及它故死者，自依以它物伤人法，假令故放杂畜产，抵蹋及齿杀子孙，于徒一年半上，减一等，合徒一年，余亲卑幼，各依本服，于斗杀伤上减一等。"同条又曰："即被雇疗畜产(被倩者，同过失法)及无故触之，而被杀者畜主不坐。"

---

① 原书为"栓"，系排版之误。

【留中】【史】皇上对于臣下及各衙门所呈递之奏折，留置而不发表者，谓之留中，史记："群臣请立闳且胥为诸侯王，四月奏未央宫，留中不下。"皇朝政治学问答："折子递上，皇上留任，不发下来，谓之留中。"

【留支】【史】旧制，各省政费均以各该省内所征收之租税拨用，其余剩者均解归中央，故称前者曰留支，后者曰京饷，所谓留支，乃指留存其省而不支动之用费而言，故有是称。

【留司格】【史】为唐代之法例，乃关于官吏之常务之法，大学衍义补（卷百三）："唐自房玄龄等更律令格式，讫太宗世用之。无所变更，高宗时又诏长孙无忌等，增损格敕，其曹司常务曰留司格，颁之天下曰散分格，其后武后时有垂拱格。"

【留任】【史】留任之意义有二：（一）通常官吏任满仍留其职者，谓之留任。（二）为行政上之处分之一种，清制，凡官吏有过失者予以降级留任或革职留任之处分，即降其官级或革去其官职而仍保留其本任之谓，六部成语注解："官员有小罚则所得降级或革职，皆准留本任。"

【留守】【史】天子巡幸之时以重臣代守国都，谓之留守，后汉书—张禹传："和帝南巡，禹以太尉兼卫尉留守。"即其一例，唐以后以之为官名，太宗征伐高丽之时，置京师留守，嗣后车驾出京师之时，亦置留守及副留守，及宋以亲王大臣总留守之事，西南北三京皆置留守宫钥及京城弹压之事，即几内钱谷兵民之政亦属之，辽金元均沿其制，明亦于中都置留守，清废之，民国初年京都迁移北京亦于南京置留守，以黄兴任之，办理南方军队善后事宜后废，（备考）事物纪原（卷六）："成王命君陈，分正东郊成周，通典记以李晦为西京留守，开元十一年太原府置尹，以尹为留守，谓之三都留守，唐志云，车驾不在京，则置留守，此盖命官之始也，宋朝则曰兼某京留守司事也。"

【留州】【史】为留使（详该本条）之别名。

【留住拘役】【史】留住拘役者，谓工匠工匠乐户犯罪时，除杖决外，住支月粮于原做工处，乐户于原习业处常川拘束供役而不在上班下班之例也，为期四年，于满限后仍从本役照旧（参工乐户及妇人犯罪条）。

【留住法】【史】在犯人之现在地拘留者曰留住，此法曰留住法，明律（卷一）名例篇——徒流人又犯罪之条："凡犯罪已发，又犯罪者从重科断，已徒已流，而又犯罪者，依例再科后犯之罪，其重犯罪者，依留住法，三流并决杖一百，流犯所拘役四年云云。"

【留使】【史】唐制于四方之镇（东方泰山，西方华山，南方衡山，北方恒山）以重兵屯田其间，以其财赋自为赡给，称曰留使，乃一种税赋之称，因其系留于镇营而役使之，故名留使，又称曰留州。

【留授】【史】司官及小京官等之任命虽亦仍应依吏部之铨选为原则，但于某种场合亦得由该衙门之长官就其部下人员奏请选用，谓之留授，大清会典—吏部："司官有留授，有调授，有捡授，皆引见，得旨则授，余则以选授，小京官亦如之。"其注曰："司官有定，为题缺者，由本衙门留补。"

【留置】【物】【刑】Lien; Retention 扣留拘押，谓之留置，有对物留置与对人留置二种，前者如占有人对债务人以受债务之清偿为目的时，而留置其所占有之债务人之动产是也，后者如法院对刑事被告人所为之拘押之处分是。

【留置物】【物】Thing retained; Detained property 受留置权人所留置之物谓之留置物。(参留置权条)

【留置权】【物】Lien; Right of retention 凡占有他人之物对于其人有债权时，得留置占有物至受清偿之时为止，此种权利谓之留置权，享有此权利者曰留置权人，其相对人则曰债务人，留置权之要件有三：(1)债权已至清偿期者。(2)债权之发生与该动产有牵连之关系者。(3)其动产非因侵权行为而占有者(民法第九二八条)。须具备上列要件方得享有留置权，惟有下列之一者亦享有留置之权：(1)商人间因营业关系而占有之动产，及其因营业关系所生之债权，视为有牵连关系(第九二九条)。(2)债务人无支付能力时，债权人纵于其债权未届清偿期前，亦有留置权(第九三一条第一项)。至留置权法律亦曾有限制之规定，即不得违反公共秩序或善良风俗，其与债权人所担义务相抵触者，或与债务人所为指示相抵触时，亦不得为之(第九三〇条)。但债务人于动产交付后成为无支付能力，或其无支付能力于交付始为债权人所知者，则留置时与上述抵触情形者，债权人仍享有留置权(第九三一条第二项)。留置权人之权利我国民法亦有规定：(1)全部留置权(第九三二条)。(2)孳息收取权(第九三五条)。(3)费用求偿权(第九三四条)。而其义务则为应以善良管理人之注意，保管留置物，至债务清偿后又负有返还留置物之义务自不待言(第九三三条)。留置权之实行有二：(1)于债务已届清偿期而未受清偿者，得定六个月以上之相当期间通知债务人，债务人仍不于其期限内为清偿者，则可拍卖其留置物，或取得其所有权。(2)若不能为前项之通知者，经过二年仍未受清偿，亦可取得留置物所有权或拍卖之(第九三六条)。留置权消灭原因，除依物权一般消灭原因外，如占有之丧失(第九三八条)，担保之提供(第九三七条)，及债权消灭，亦为留置权消灭之原因。

【留置权人】Holder of the Right of detention; Lien holder 享有留置权之权利人，称曰留置权人。(详留置权条内)

【留养】【史】凡犯罪非为常赦所不原时，因其家中有特别情形或犯人因其他法定原因而须留其身以养其亲者，谓之留养，清律及例设有下列明文：(一)凡犯罪非为常赦所不原者，如有祖父母父母年逾七十或废疾笃疾及孀妇独子守节二十年家无次丁，准其留养。(二)斗杀等案拟绞人犯，亲老丁单，孀妇独子，俟秋审时查办，如奉旨准其留养将该犯枷号两个月责四十板，追埋葬银二十两，准其存留养亲，其军流徒罪随案讯取供结，徒犯枷号一个月，军流枷号四十日，免死，流犯枷号两个月，照数决杖，俱准留养，按秋审留养人犯距省八百里以内督抚督同臬司亲提尸亲，族长，保邻人等查讯，倘实有老病不能就道即委员前往查办，距省八百里以外者，由巡道就近提讯详办，此外各项留养人犯责成该管道府直隶州摘提人证确讯加结，方准查办。(三)殴妻至死人犯，父母已故别无兄弟准其承祀，擅杀等犯秋审应入可矜者，随案声请留养，此外虽系秋审，一次减等，仍俟秋审时查办，杀人之犯有秋审应入缓决应准留养者，查明被杀之人有无父母，是否独子，如被杀者亦系独子，其亲尚在无人奉侍，不论老疾与否，杀人之犯皆不准留养，至擅杀罪人之案，如有老亲，照例声请，无庸查被杀之家是否独子。（四）死罪及军流遣犯独子留养之案。如该犯有兄弟出继，可以归宗及本犯身为人后所后之家可以另继者，概不准以留养声请，又军流徒犯甫经到配告称留养，行查取结报部解籍养亲，原审官照未经审出实情议处，如到配年久，虽家有父母老疾向不准其查办。（五）留养承祠之犯如不安分守法别生事端，无论罪名轻重不准复行声请。（六）诬告人谋故杀及为强盗等罪致令久淹狱底，身受刑讯，荡产破家，迨审明反坐者，不准留养。（七）素习匪类为父母所摈逐及游荡他乡忘亲不孝之人，概不准留养。（八）各衙门差役因公致罪，或因人连累及寻常过犯准留养外，余概不准。（九）对于斩绞人犯捏报留养时，州县失察者，降一级调用，府州降一级留用，臬司罚俸一年，督抚罚俸六个月，对于军流徒犯捏报留养时，州县失察者罚俸一年，府州罚俸六个月，臬司罚俸三个月，督抚罚俸一个月，至对于斩绞人犯及军流徒犯受贿而捏报留养者，州县革职治罪，府州降三级调用，臬司降一级留用，督抚罚俸一年（关于例应留养而不为留养者亦照上述分别办理）。

【留学证书】 Certificate for persuiny abroad　凡往外国留学之公费自费生及津贴补助费生向教育部领取之书面证明，曰留学证书，领取时须缴证书费二元印花税一元，领取后须持向上海市公安局请求发给护照，并向有关系之领事馆请求签字，至于留学证书领取后有效之期间为六个月，倘至期因故不能出发须开具理由检同留学证书呈请教育部覆加签注，反之若于领到后即行出国，于行抵留学国后应将所领证书向驻在该国管理留学机关呈验报到，按出国留学者均须领取留学证书，否则应受下列之制裁：(1)不得以留学名义请领护照。(2)不得请求送学。(3)不得请补公费及庚款补助费。(4)回国时呈验文凭不予注册（发给留学证书规程第一条、第三条、第七—八条、第十—十一条）。

【留爵收赎】【史】唐律规定凡有官爵者犯罪，依官当法免去其官，留其爵位，而以赎金抵赎其余罪，是曰留爵收赎。

【留难】【史】借口某种难题而迟延其进行，谓之留难，明律（卷七）、清律（卷十一）户律仓库篇——收支留难之条：“凡收受支给官物其当该官吏，无故留难刁蹬，不即收支者，一日笞五十云云。”

【亩（畝）】【史】六尺为步，百步为亩，为司马法以来之成法，历朝概因用之，唐律释文：“周礼云六尺为步，步百为亩，亩百为夫，夫三为屋，屋十为通，通十为成，成方一里，为田百亩，一夫治之也。”所谓一夫即一家之主人也，其妇及其家族均在其内，乃依井田之法，清末改正度量衡之制，以纵横各五尺为方步，以二百四十方步为亩，故一亩之面积计有六千方尺，以为地积之单位，民国以来亦沿其制。

【疾病保险】【险】Insurance against sickness　为保险之一，谓以被保险人罹于疾病所生损失为标的之保险也，故凡因疾病所费之诊费药费，以及一切损失，保险人在约定范围内，均须支付保险金额。

【疾医】【史】古时医师有内科外科之别，所谓疾医即内科医之称也，周礼—天官之属:"疾医掌万民之疾病。"大学衍义补(卷五)—丘濬注曰:"疾医,今所谓内科也。"

【病故官家属还乡】【史】军民衙门官员如在任所以理病故(非犯刑事而卒于任所)实有可悯之情,若所遗家属不能还乡,则所在官司必须差人管领应付人夫马匹,随程验口,给与行粮,递送还乡,盖念其效劳于生前而体恤于没后者也,如有违而不送者,应加处罚,明律(卷十七)、清律(卷二十二)兵律邮驿篇均有本条之设,清律总注:"以理病故,谓非因犯罪止是病故,即名例以理去官之义,在任以理病故,是犹殁于王事者也,家属无力不能还乡,死者之旅榇可伤,生者之流离可悯,故定制令所在官司差人管领,沿途应付脚力,验口给粮,递送还乡,违者杖六十。"

【病院船】【国公】Hospital ships 凡于战时从事于救护受伤遭病及船难等人员之需用之船舶,曰病院船,在未开始使用之前,须将船名预先向交战国通知,船之外面应涂一白色,以为标识,并须悬本国国旗及日内瓦条约所规定之红十字旗,至交战国对此种船舶则享有节制及检查之权,且可拒绝其救助,令其离开,若遇重大事件发生时,亦可拘留之,但船上之宗教及医事等职员,不得充为俘虏,而享有不可侵犯之权,至于对船舶之拿捕,则为国际法所不许,病院船因所有人之不同,可分为军用病院船,私备病院船,与中立病院船,三种。

【病监】【行】Prison hospital 疾病囚人所住之房间为病监,依前司法部所颁监狱图说,病监之结构须与监房及事务所隔离,且其内应设有医务所,药室,看守室各一,独居病室十一间(宽九尺,长十五尺)。杂居病房五间(宽十八尺,深十五尺)。左首便门通精神病监,右首便门通传染病监,外附尸室二间,空气阳光均须充足,并宜多栽花木于院内,至于颠狂病,传染病,精神病皆须各别另设。

【痏痏】【史】为殴打创伤之一,即皮肤之肿起变为青黑而无疮瘢之谓也,汉书—薛宣传注:"应劭引汉律云,以杖手殴击人,剥其皮肤,肿起青黑,而无疮瘢者,律谓痏痏。"又汉书注校补:"张衡西京赋,所恶成疮痏。"

【疵】【史】凡事物之有过失或错误皆称曰疵,刑律谓错误乃犯罪之要素故亦曰疵,书经—吕刑篇:"五过之疵。"

【疵国】【史】谓病国也,即刑罚峻酷国俗颓乱之国之谓也。礼记—礼运篇:"刑肃而俗敝,则民弗归也,是谓疵国。"

【眚】【史】过失之义也,原为眼病之名,即目病生翳,因其失明不能辨别事物之善恶,故称曰眚,过失之义,即本乎此。

【眚灾】【史】眚灾一语出自尚书舜典:"眚灾肆赦。"眚谓因过失而犯罪,灾则因灾祸(不幸)而犯罪,其注曰:"眚谓过误,灾谓不幸。"程子则解灾为:"谓非人之所致而至。"自近世法而言,眚乃过失犯,灾乃因天灾而构成之犯罪,眚肆灾赦,肆者谓免去刑罚之适用(即刑之执行犹豫)。赦者谓全然视为无犯罪而回复其前此之状态也。

【眚灾肆赦】【史】(详眚灾条及象以典刑条内)

【真正不作为犯】【刑】Echtes Unterlassungs Delikt(德) 又曰纯正不作为犯(详该本条)。

【真意保留】【民总】Reservation of true intention 为故意不合之一，对虚伪表示言，又称心里保留，或称单独虚伪表示，即表意者故意从事于与其真意不符合之意思表示也，例如表意者并无负义务之真意对他人表示将赠以巨金是，其成立要件有三：(1)须有意思表示。(2)表示与真意思须不符合。(3)表示人须自知表示与真意不相符合。我国民法规定表意人无欲为其意思表示所拘束之意而为意思表示者，其意思表示不因之无效(即原则上不得单以真意保留为理由主张无效)，但其情形为相对人所明知者，不在此限。(此为例外，第八六条)

【真实条件】【民总】True conditions 对假装条件言，即法律承认其存在而有效力之条件也，例如偶成条件，随意条件，混合条件，积极与消极及停止与解除等条件，皆属之，所以别于假装条件也。

【真实期限】【民总】True limitation of time 为期限之一，对假装期限言，即法律承认其存在而能发生效力之期限也，例如始期终期是。

【破律】【史】法官图私利，徇私情，曲解法律，出入人罪，谓之破律，礼记—王制篇："析言破律。"其注曰："巧卖法令者也。"(礼记注疏)

【破产】【破】Bankruptcy 所谓破产，乃指债务人之全部财产不能清偿债务时，而使多数债权人得公平的满足之民诉事件而言，故破产时须具下列要件：(一)须系不能清偿债务者。(二)须有多数债权人之存在者。(三)须系以公平的满足为目的者。

【破产人】【破】Bankrupt 与破产债权人相对立，受破产宣告之债务人，曰破产人，一经宣告破产，该破产人在法律上受有种种之限制：(一)不得为亲属会会员。(二)不得为法人之清算人及破产管财人。(三)其他依法规之限制。(四)对于破产财团之财产，丧失其管理及处分之权。(破产法第六六—七〇条)

【破产之废止】【破】Abolishment of Bankruptcy 破产之废止者，谓破产程序因破产财团之财产寡少不敷分配，或因基于破产债权全体之同意，而将破产程序废止不予继续也。

【破产法】【破】Law of Bankruptcy 破产法者谓关于破产程序之法规也，乃为一种程序法规及诉讼法规，其制定之唯一目的乃在使债权人于破产人破产时得以平均分担损失，而得公平之满足，故其内容得区别为实体法，程序法，与罚则法三部分，破产法之立法主义，可分为两大类：(一)一般的破产主义与商人的破产主义。(二)公法的破产主义与私法的破产主义(详各本条)。我国前此虽有破产法草案之制定，但至今仍未经立法机关之通过且未颁布施行。

【破产法院】【破】Court of bankruptcy 为破产机关之一，管辖破产事件之法院，曰破产法院，我破产法设有明文：(一)破产事件以债务人营业所所在地之地方法院管辖之，无营业所时以该债务人普通审判籍所在地之地方法院管辖之。(二)无上述之营业所与普通审判籍时，则以债务人所有或用益赁借之不动产所在地之地方法院管辖之。(三)关于继承财产之破产事件，以管辖继承开始地之地方法院管辖之。(四)破产事件有数个之管辖法院者，以最先受破产声请之法院管辖

之。(第一一一—一一三条)

【破产原因】【破】Cause of bankruptcy 所谓破产原因,乃指不能清偿债务而言,列国立法例对此有采概括主义者,如法德奥等国是,有采列举主义者,如英美等国是,我破产法采前主义,故破产之原因约如下列:(1)清偿不能者。(2)停止清偿者,至于法人不能清偿债务者,继承财产不能清偿继承债权者亦同。(第一一三条)

【破产能力】【破】Konkursfähigkeit(德) 所谓破产能力,乃指得为破产人之资格而言,凡债务人而具有诉讼当事人之能力者,即有破产能力。

【破产财团】【破】Bankrupt's estate 于破产宣告时,及破产程序进行中一切应属于破产人之财产,且得为扣押之目的物,统称曰破产财团,破产财团于破产人被宣告破产时,即由法院选任破产管财人负责管理之。(破产法第三十二—三十七条)

【破产程序】【破】Procedure of bankruptcy 谓破产事件实施之程序也,可分为下列五步:第一,为开始程序,第二,为宣告程序,第三,为进行程序,第四,为完结程序,第五,为复权程序。

【破产裁定书】【破】Decision of bankruptcy 破产宣告时所为之书面裁定,谓之破产裁定书,破产宣告之年月日,均须详细记载。

【破产债务人】【破】Bankrupt 为破产当事人之一,即破产人也(参破产人条)。

【破产债权】【破】Credits of bankruptcy 凡于破产宣告前对破产人所有财产上之请求权,皆曰破产债权,故下列各种债权,均不得为破产债权:(一)破产宣告后之利息(但对于继承财产宣告破产者则为例外)。(二)参加破产程序之费用。(三)罚金刑事诉讼费及追征金。关于破产债权额之算定,均以金钱为之,且以宣告时之评价额为破产债权额,是为原则,我破产法对于额数之算定方法,与额数之多寡,更有特设之明文,以杜争议。(第三条、第五—十二条)

【破产债权人】【破】Creditor of bankrupt 享有破产债权之权利人,曰破产债权人,其所享有之权利,以同等为原则,然于下列各种债权,则有顺位之规定:(一)有优先权之破产债权人得先于他债权人而受清偿。(二)无优先权之破产债权人则依下列顺位而受清偿:(1)破产人本人之丧葬费,及其应扶养亲属及家属各人之丧葬费。(2)破产宣告前一年内所用之医师药剂师产婆,及看护人之治疗费。(3)破产宣告前或破产人之死亡前一年内所雇工人仆役之给料。(4)服亲权者或被监护人受破产宣告时,其亲权人或监护人关于管理财产应有之债权(但须于亲权或监护继续期内或终了后一年内宣告破产者为限)。(5)其他一切破产债权。(破产法第二十六—三十一条参照)

【破产当事人】【破】Parties in bankruptcy 破产程序中之双方当事人,曰破产当事人,如破产人(即破产债务人)与破产债权人皆是。

【破产管财人】【破】Bankruptcy administrator 为破产机关之一,谓管理破产财团之执行机关也,由法院选任之,通常以一人充任为原则,法院于选任时应交付选任状，非有正当理由，不得辞职，又破产管理人为有报酬之职，故于处理事务时，有注意之义务，如有损害行为，须负赔偿责任。（破产法第一二四——三四条）

【破产罚则】【破】Penal Regulation of Bankruptcy　关于破产犯罪之罚则，谓之破产罚则，在理论上应规定于刑法，然刑法为六大法典之一，不能轻易变更，若以破产罚则加入刑法，则修改破产法时刑法全部亦将受其影响，实际上殊多不便，故特规定于破产法中，而以之为特别刑法之一种，凡该法内所未规定者，自应适用普通刑法，在我国破产法草案内所定者，计可分为破产人之罚则与非破产人之罚则，前者可分为三种：(一)诈欺破产罪。(二)过怠破产罪。(三)损害债权罪(详各本条)。至于法定代理人或继承人犯以上三种罪者，其处罚完全相同，至于对非破产人之犯罪亦设有明文，例如第三者之诈欺破产罪，破产收贿罪，以及违背说明义务罪等皆是，惟处刑较轻耳。(破产法草案第三三三条、第三三五—三三七条)

【破产机关】【破】Organs of bankruptcy　关于处理破产事件之机关，曰破产机关，共有四种：(一)破产法院。(二)破产管财人。(三)监查员。(四)债权人会议。(详各本条)

【破毁】【民刑诉】Cassation　上级法院对下级法院之判决加以撤销者，曰破毁，与废弃同义。

【破毁裁判】【民刑诉】谓上级法院对上诉或抗告时之原来未确定的判决或裁定加以撤销之裁判也。

【破坏自己法益之行为】【刑】为放任行为中自己处分之一，又名自害，即行为者侵害自己之法益之谓，此项行为是否应予处罚，其学说有二：(1)相对不许破坏说。(2)绝对不许破坏说(详各本条)。我国新刑法采第一说。

【破坏封锁】【国公】又曰封锁破坏。(详该本条)

【祝(祝)文】【史】向天祈愿之文，谓之祝文，始于伊耆氏。事物纪原(卷二)：“自伊耆氏始为八蜡，则有之，其文曰，土反其宅，水归其壑，昆虫毋作，草木归其泽，是也。”文体明辩：“祝文者，飨神之辞也，刘勰所谓祝史陈信，资乎文辞者，是也。”

【祝(祝)史】【史】古时司祈祷之官，曰祝史，左传：“上思利民，忠也，祝史正辞，信也。”唐书—礼乐志：“祝史，陪其后，皆北向。”后世以官名为氏，称曰祝史氏(皇朝通志姓氏部)。

【神(神)政府】【通】Theocracy　以神法为根据而组成之政府，谓之神政府，其统治者皆自称为神之代表，假托神之威权以行使其统治权，此种荒诞无稽之说，早已为学者所否认矣。

【神(神)法】【通】Lex Divina (拉丁)　在中世纪罗马教盛行时代，法学均以神学为根据，有所谓神法者谓世界原为神法所支配而成为一个单一集团，至于人定法则为后来方始产生者，又谓神法乃一永久不变之法则，其关于适用于人之部分则称曰自然法，又各古代国家每以法律之编制乃出自神明所授者，例如希伯来法、罕穆拉比法、埃及古法等皆称曰神法。

【神(神)道】【史】谓天地造化之法则也,易经一观卦之象:“观天之神道,而四时不忒,圣人以神道设教而天下服矣。”神道一辞乃出于此,大学衍义补(卷六十七)—丘濬氏曰:“圣人观天之神道,以设教,谓如天之春而夏,而秋,而冬,当暖而暖,当寒而寒,无一时之差忒,不见其有所作为,自然而然,所谓神也。”

【神(神)学的法学】【通】Theological Jurisprudence 以神学为根据之法学称曰神学的法学,古代法学如希伯来,巴比伦,印度,埃及,回回教徒等皆属之。

【神(神)鹿律令】【史】(详后魏之法典条内)

【神(神)龙删定垂拱格式】【史】唐中宗神龙元年六月二十七日删定垂拱格及格后敕,尚书左仆射唐休璟、中书令韦安石、散骑常侍李怀远、礼部尚书祝钦明、尚书右丞苏环、兵部郎中姜师度、户部郎中狄光嗣等,同删定。至神龙二年正月二十五日已前制敕,为散颁格七卷,又删补旧式为二十卷,表上之,制令颁于天下,景龙元年十月十九日,以神龙元年所删定格式漏略,命刑部尚书张锡集诸明闲法理人重加删定,按会要云,删定神龙二年正月二十五日以前制敕,然他书皆称元年撰上,则二年当是元年之误,是时并亦编纂令,见于六典,必有据也。

【祖(祖)父母在析居】【史】祖父母父母未亡而健在时子孙不得分财异居是为原则,惟经父祖等之允许而令其分析者则为例外,仍为法律所不禁,大明令一户令设有祖父母在析居之条:“凡祖父母父母在者,子孙不许分财异居,其父祖许令分析者听。”

【祖(祖)父母为人殴击】【史】祖父母父母为他人所殴击,子孙有防御反击之责,但以不过当者为限,故须至于折伤者始行论罪,唐律(卷二十三)斗讼篇设有祖父母为人殴击之条:“诸祖父母父母,为人所殴击,子孙即殴击之,非折伤者,勿论,折伤者,减凡斗折伤三等至死者,依常律(谓子孙元非从者)。”疏议曰:“祖父母父母为人所殴击,子孙理合救之,当即殴击,虽有损伤,非折伤者无罪,折伤者,减凡斗折伤三等,谓折一齿,合杖八十之类,至死者,谓殴前人致死合绞,以刃杀者,合斩,故云依常律,注云,谓子孙元非随从者,若元随从即依凡斗首从论,律文但称祖父母父母,为人所殴击不论亲疏尊卑,其有祖父母父母之尊长,殴击祖父母父母,依律殴之,无罪者,止可解救,不得殴之,辄即殴者,自依斗殴常法,若夫之祖父母父母,共妻之祖父母父母相殴,子孙之妇,亦不合即殴夫之祖父母父母,如当殴者,即依常律。”

【祖(祖)籍】【史】清制,凡转籍他省者,以其原籍为祖籍,入籍之地为寄籍,出仕者,在祖籍地及寄籍地均须回避。

【秘(祕)书】【史】秘书之意义有二:(一)谓秘密之图文书也,计有三类:(1)为难于寻得之图书,历代均设秘密省以掌之。(2)为禁秘之图书,所谓讥讳之类是也。(3)秘要之文书,例如魏时曾置秘书令专司其事,清代参政院各部,外省各官署亦多设秘书长或秘书官掌理之,皆是。(二)谓官名也,计有二类:(1)掌图书之官,如汉以来秘书监秘书郎皆是。(2)单掌官署文书之官,例如现在各级官署中所置之秘书长秘书是,有简任,荐任,委任之别。

【秘(祕)书丞】【史】汉献帝置秘书丞两人,魏文帝分秘书,别掌书籍,自置丞一人,此为置官之始,一说则谓汉武帝所置(事物纪原)。

【秘(祕)书省】【史】为掌图书之官署,汉桓帝时置秘书监,掌禁中之图书及秘志,魏武帝时置秘书令,典尚书奏事,文帝分秘书立中书,置监令,而别以他官领秘书监,及晋始置秘书寺,与中书不相统摄,梁改为秘书省,隋唐于秘书之外,合尚书,中书,门下,内侍,殿中,而为六省,秘书省掌经籍国志,为文士校雠书籍之机关。宋之秘书省仅存其名,乃为寄禄官,初太平兴国二年时建崇文院,端拱初立秘阁,置崇文院中,而元丰官制则改崇文院为秘书省(设监一人,少监一人,丞一人),其属有五,与唐制相仿佛。事物纪原:"汉艺文志曰,武帝建藏书之府,置写书之官,天下文籍,悉在天禄石渠图,广内秘室之书,故曰秘书,后汉有兰台,东观,虽孝桓始置秘书监,而不以名其省,至梁始曰秘书省也。唐六典曰:秘书省中外三阁,掌图书,古今文字皆在禁中,宋朝神宗改官制,易崇文院曰秘书省,复唐制也。"元曰秘书监,明清无此官,图书皆藏于内府。

【秘(祕)书郎】【史】后汉时马融为秘书郎,是为此官名之始,魏分秘书专掌书籍,称为秘书郎中,及宋删去中字而为秘书郎。事物纪原:"通典曰,后汉马融为秘书郎,当是其官自汉置也。职林曰:魏官也,初置秘书郎,盖中书之任,魏分秘书掌书籍为秘书郎中,宋除中字。"

【秘(祕)书监】【史】即掌图书之官,汉以来有秘书监,秘书郎,隋置秘书省,以监为其长,而以少监为次官,唐宋因之(唐贞观中魏征,虞世南,颜师古等皆曾相继为秘书监),元以秘书监为官署之称,而以乡为其长官,大监,少监,监丞等均属之,明以后不置。

【秘(祕)密占有】【物】Secret possession 为占有之一种,对公然占有言,谓秘其占有而不使其显示于外之谓也。占有之始虽为公然,其后若隐秘之,仍为秘密占有,又称隐秘占有。

【秘(祕)密投票】【宪】Secret ballot 与公开投票相对立,又称无记名投票。(详该本条)

【秘(祕)密会议】【宪】Secret meeting 国会之议事,以公开为之为原则,惟对于某种重要事项,则禁止旁听,是即所谓秘密会议也。

【秘(祕)密审理主义】【民刑诉】Principle of trial in camera 为民事及刑事诉讼主义之一,对公开审理主义言,谓法庭审判时不使无关系人参与旁听之主义也。近代各国法律均不专采此主义,惟因特殊关系多兼采之耳,我刑事诉讼法亦然,故规定:(1)凡恐有妨害安宁时。(2)凡恐有妨害秩序时。(3)凡恐有妨害风化时。(4)侦查犯罪时,均不公开行之,民事诉讼法亦兼采之,例如禁治产程序须以秘密行之是。

【秘(祕)密选举】【宪】Secret election 秘密选举者,谓选举人于投票时不署投票人姓名而仅书被选举人于其选举票之上也。换言之,即无记名之投票也,其目的在于保持选举人之选举自由,按无记名选举之方法尚有缺点,即投票者之笔迹仍不能避免干涉者之侦寻，故近多有将候选人姓名印刷于特备之选举票，而令选举人于欲选举之候选人姓名左旁画人符号，则选举人之笔迹便无从侦寻矣，目前采用此项方法之国家颇多。

【秘（祕）密证书】【民诉】Secret document 证书之提出，因恐被利害关系人之知悉其内容，故须到达一定时期始能公开者，称曰秘密证书。

【秘（祕）鲁宪法】【宪】Constitution of Peru 秘鲁为南美洲西部之共和国，北接伊瓜多尔及哥伦比亚二国，东界巴西与玻利维亚，南与智利相连，西滨太平洋，面积约七十二万方里，人口计六百万，土人占多数，混合种（白与红）次之，在欧人未至前，原为印加（Inca）帝国，文化与国势均为南美各处之冠，一五三三年始为西班牙所征服，而沦于殖民地之列者历三百年之久，一八二一年宣言与西班牙脱离关系，一八二五年建立共和国，惟国内革命循环不已，国势不振，且曾因边界问题与哥伦比亚智利等先后发生战争，而利马（京都）且一度为智利所占，卒偿金割地以和，今虽国基已固，惟国力仍未充实，国家宪法曾于一八五八年制定，其后于一八六〇年加以修正公布，计分为十八章，共一百三十一条，第一章国家，第二章宗教，第三章国家之保障，第四章个人之保障，第五章秘鲁国民，第六章公民权，第七章政体，第八章立法权，第九章立法议院，第十章法律之制定与公布，第十一章行政权，第十二章国务员，第十三章立法部之常设委员会（本章于一八七四年废止），第十四章共和国之内政，第十五章市议会，第十六章军队，第十七章司法权，第十八章宪法之修正。一九二〇年一月十八日另行公布新宪法，计分为十九章，共一六一条，经国民大会批准并签署，而由大总统 A. B. Leguia 公布，盖即现行之宪法也。第一章国家与政府，第二章对于国家之保障，第三章个人保障，第四章社会保障，第五章秘鲁国民，第六章公民权与选举权及其保证，第七章政体，第八章立法权，第九章参议院与众议院，第十章法律之制定与公布，第十一章行政权，第十二章国务员，第十三章参政院，第十四章共和国之内政，第十五章地方议会，第十六章市政，第十七章国家军队，第十八章司法权，第十九章临时规定。兹将此现行宪法之要点举述于下：（一）秘鲁为自由独立之国家，主权属于国家，其行使权则委托于本宪法所设置之官吏，秘鲁国信奉罗马天主教，政府应保护之。（二）本共和国不承认世袭之官职或特权，亦不承认个人之特别权利，赋课征税均须依法律之所定，国家之岁入岁出亦同，预算案及决算案均应迅速公布，信用纸币除遇国家战争外不得发行之，铸造国币之权属诸政府。（三）执行公务者对于依其职权所施之行为应负责任，凡未宣誓尊守本宪法者，不得执行本宪法中所指定之公共职权，凡属秘鲁人民均得对于违犯本宪法者向国会，行政当局，或其他主管机关提起诉讼。（四）法律应同等保护并约束人民，无论何人均不得被逼为法律所不准为之事，亦不得被逼不为法律所不禁止之事，法律保护人民之名誉与生命，使不受不公平之侵犯，除由法律所规定之案件，如杀人与叛国等罪外，不得以法律判决死刑。（五）共和国内不得有奴隶之存在，个人之工作自由绝对应受保障，并不应因思想或信仰而受迫害，除现行犯外，无法定机关所发逮捕状时，人民不受逮捕，基其受逮捕者或其他任何人，得因受非法之监禁向法院请求出庭状，人民之因债务而受逮捕及以暴强取招供皆为法律所禁止，监狱不得施行刑罚，一切严酷待遇均一律禁止，违者应受惩罚，此外人民之住居迁移及住所等均享有自由不受侵犯，书信之秘密，公开或秘密之和平集会，言论刊行之自由，均受本宪法之保障。（六）国家承认结社与契约之自由，财产均为不可侵犯，除依法律所规定者外不得剥夺之，在财产上外国人与秘鲁人所处之地位平等，惟在距国境五十公里之面积内外国人不得取得或保有土地水流，矿山或燃料，违者没收之，矿山之所有权全属国家，有用之发明物在原则上为制造者之专有财产，国家又承认经营商业与工业之自由，并保障劳工之自由，凡不违反道德健康或公安之工作，劳役或职业均得自由操作，政府应规定关于劳工之组织及保障劳工生命健康与卫生之法律，对于工作之最高条件及最低工资以及一切必要之保护亦须加以规定，劳资之纠纷应以强迫仲裁之方法解决之，且应制定法律以实施之。（七）工业与商业之垄断与占买，借款时之过高利率，赌博之游戏，及其场所之设置，皆须加以禁止。（八）国家应保证义务教育（男女幼童自六岁起所受之初等教育）之自由普及，并应发展教育奖励科学，各项卫生机关慈善机关救济团体国家应创立并加奖励，对于各种合作团体之组织亦应加提倡。（九）国家应保护土人并应制定能应土人需要之特别法律，以助其发展，并促进其文化，又应承认土人社会于法律上之地位，法律并应明定属于彼等之权利。（十）下列者均为秘鲁之国民：（甲）出生者——（1）出生于共和国领土内者。（2）父或母为秘密人而本身出生于外国之儿童，其姓名于未成年时，已由其父母自愿登记于市民户籍册，或于其已达成年或脱离亲权时已由本人自愿登记者。（乙）归化者——年龄在二十一岁以上之外国人住居秘鲁两年以上并已依照法律规定手续登记其姓名于市民户籍册者。（十一）凡秘鲁人年在二十一岁以上及虽未达此项年龄而已结婚者，皆得行使公民权，惟依法律为无能力者，或刑事上业经被起诉及已依法下狱者，或在惩役期中已有剥夺公民权之宣言者，则为例外，至于归化于他国时亦丧失公民权，惟居住于共和国者，其公民权仍得因重行登记于市民户籍册而恢复之。凡享有公民权者依法定之一定资格得任各级官吏，至选举权之行使，则以能诵读书写之合格公民始得享有之，又无军籍之公民亦不得行使选举权，且亦不得被选为共和国大总统，参议员或众议员。（十二）秘鲁国之政体为统一之共和，民主代议制，公共职权分为立法权行政权与司法权，均不得逾越本宪法所规定之权限，执行立法权之改选应全体举行，并应与执行行政权者之改选同时举行之，其任期概为五年，又参众两院议员及大总统均应以直接民选选举之。（十三）立法权由国会行使之，国会分为参议院及众议院，前者议员为三十五人，后者为一一〇人，众议员应具下列资格：（1）出生于秘鲁国者。（2）合格之公民。（3）年满二十五岁者。（4）为该省所属区域之土生者或经正式证明已居住于该区域内两年者。参议员应具下列资格：（1）出生于秘鲁国者。（2）合格之公民。（3）年龄满三十五岁者。至于一定人员如大总统内阁阁员最高法院及他级法院推事检察官现役军人大主教主教教士牧师等等，均不得当选为代表区域之议员。（十四）国会每年应开常会至少有九〇日，至多一二〇日行使职务，非常会议不在此限，得临时召集之，开会时均应有百分之六十之人数之出席。议员于开会前一个月起至开会后一个月止之期间内，除现行犯外不受起诉或监禁之处分。（十五）国会之职权如制定解释及修正并废止法律，审理违犯宪法之案件，赋课税项废除税项，核准预算书，通过决算书，公布及清理国债，设置或裁撤官职，规定货币以及度量衡之标准，选举大总统(即遇大总统亡故或辞职时)。因大总统之提议或预先通知宣战并于相当时间要求媾和，批准和约及对外其他一切条约及协约，颁赐大赦与特赦，于非常紧急时制定特别法律，划定国界以及批准或拒绝各地方议会之为各该地方行政当局所否认之决议案(第八十三条所列举者共二十五项)。(十六)国会之参议院与众议院之联席会议，仅于开幕式，批准国际条约及实行宪法所赋与国会之选举职权时为之，余均各自分别开会。(十七)众议院得向参议院提起共和国大总统，两院议员，内阁阁员，与最高法院法官违反宪法罪，及其行使职权时所犯依法律应受惩罚罪案之弹劾。(十八)参议院之专有职权，为宣布众议院所提出之弹劾案是否有理由，如判定弹劾案为有根据时，被告应予停止行使职务并依照法律受审理，此外并调和最高法院与行政当局之争执，及认可或不认可公使与参政之任命。(十九)国会之两院每年各应由议长提议选定一或数委员会，以便在国会休会期中商议未决之事件。(二十)法律议案经一院通过后应送交他院作相当之讨论并付表决，如修改该项法律议案之议院有修正案时，此项修正案应依同样手续办理，一院不通过或修正他院所通过之法律议案时，如通过院维持原案须有议员三分之二人数之表决始能成立，如修正院欲维持其修正案或否决之，亦须经其议员三分之二人数之议决，修正或否决始能成立，如两院相持不下，该项建议之法律即不能成立，否则原案成为法律。(二十一)国会所通过之法律案应转送行政当局公布之，行政当局如对该案有所建议应于十日内提交国会，其经两院审议后，如两院仍坚持原案而不从行政当局之建议时，则该项法律即以通过论，并应命令公布之，若行政当局仍不公布或不按照一定期限(十日内)提出建议者，则该项法律视为核准，应由国会主席公布之，刊登于公报。(二十二)国会之会议以公开为原则，解释修正或废止法律时应遵守与制定法律时相同之手续。(二十三)共和国大总统为行政之元首，其资格如下：(1)出生于秘鲁国之国民。(2)能行使公民权者。(3)年满三十五岁并居住共和国境内满十年者。其任期为五年，除隔一任后不得再当选，其职位除亡故外，更因下列情形而出缺：(1)经国会宣布其身体上或精神上之能力业已永久丧失者。(2)辞职业已照准者。(3)经司法判决其违犯上述第十六要点所举之罪状者。大总统亡故或出缺后由内阁摄政，于三十日内应由国会选举公民一人补满大总统之任期。(二十四)共和国大总统之职权为对内对外代表国家，维持国内治安与国外安全，召集国会，公布及施行法律并国会所通过之其他决议案，颁发命令训令，编制海陆军队，指导外交谈判并缔结条约，接见外国公使承认外国领事，依法任命并罢免内阁阁员及外交代表，依法颁发特许与恩俸，依法推荐牧师教士于主教与大主教等(本法第一二一条列举共二十一项)。(二十五)内阁阁员或现役军人，除于选举前一二〇日放弃其职位外，均不得当选为大总统，又代行总统职权之公民亦不得当选为下届大总统。(二十六)未得国会准许时，大总统不得亲自统率军队，于统率军队时应遵照军法与军令仅有总司令之权力，并须依照各项军法与军令负责。(二十七)行政事务之处理权，属于依法所定之数额之国务员(其资格与众议员相同)，各国务员集合时即组成内阁，大总统之命令应经主管国务员认可并副署始生效力，国务员得秉承大总统向国会随时提出适宜之法律案并得参与两议院之辩论，但须于表决前退席。又国务员对于内阁会议之议决案，除未参与决议外，应共同负责，并应对于本人一部之事务单独负责。(二十八)共和国政府应设立参政院以为咨询之机关，经参议院之认可由参政七人组织之。(二十九)共和国分为若干省与沿海省，各省分为若干府，府分若干县，省置省长，府设知府，县设知县(必要时得设副知县)，省长与知府由行政当局任命之，知县由省长任命之，副知县则由知府任命之。官吏经司法当局宣告其不能行使职务时，除应受特定罚则外，并应褫夺其执行他项任务之公权四年。(三十)共和国应设立地方议会三处，分设于共和国之北部，中部与南部，议员之资格与选举期间与众议员相同，每年应举行会议三十日(不得延期)，议决案应送呈行政当局公布之，如该行政当局认其与一般法律或国家利益相抵触者应附具异议书以之提交国会请求处置。(三十一)法律所指定之地方应设市议会，另以法律加以规定。(三十二)国家军队以陆军与海军组织之，依法所定外不得增加或减少且不得强制招募，又除遇有缺额外，行政当局不得建议，国会不得批准将校之升迁。(三十三)司法权由各级法院行使之，在共和国首都应设最高法院，各省各府应设高等法院与初审法院，各城市则应设治安法院，最高法院之推事与检察官应由国会于政府依法提出之候补人十人中选任之，高等法院之推事与检察官，应由行政当局于最高法院依法提出之三人名单两纸中选任之。初审法院推事与检察官则应由高等法院依法提出之三人名单两纸中选任之，地方机关行使自治职权与行政当局发生争端时应由最高法院判决之，而最高法院对于共和国所有各法院司法官吏，公证人，以及财产登记人在裁判手续与纪律上应行使其职权与监督权，最高法院并得依法惩戒各法官与其他职员并停止或罢免其职务，司法官之升调依法律所规定者行之，法院之诉讼手续应公开之，法庭得秘密审理案件，惟判词则应当众高声宣读之。又军事法官不得裁判非在军队中服役之人，惟遇国家战争时，则为例外。至于推事之渎职受贿，短缩或停止裁判手续，使用违反人民权利之非法手续，与夫无故延搁刑事犯之审判等，人民得公诉之。(三十四)宪法之修改惟国会之常会得开会为之，但须经另一届国会之常会认可始生效力，且须经两届国会中经每议院议员全体三分之二人数表决之，始能成立。

【秩序维持权】【法组】法院开庭审问案件时，庭中一切之秩序均由审判长行使权力加以维持，是为秩序维持权。我法院组织法第六十七条规定："法庭开庭时审判长有维持秩序之权。"

【秩序罚】【行】又称行政罚。(详该本条)

【秩禄】【史】秩者次序也，禄者俸薪也，依官职之次序以定其俸廪，谓之秩禄。(周礼宗伯)

【租金】【债】Rent　当事人一方以物租与他方使用收益，而他方按契约付以一定之报酬金，为租金，换言之，即对租赁物为使用收益之报酬金也。关于支付租金之物体，在通常情形，多以金钱支付，然亦不妨以租赁物之孳息充之，至租金之形式，多按期限之长短比例支付之，然仅一回支付，亦不失为租金，租金之数额，在通常情形,多自始确定,然不必限于具体约定者,其依一定计算之基础,可得而定者,亦不失为租金。

【租界】【国公】Settlement 又称居留地。(详该本条)

【租借地】【国公】Leased territory 所谓租借乃一国依条约向他国取得土地,于一定期间内加以统治而言,而此项受统治之地,则曰租借地,租借虽可视为变相之割让,但实际上大有区别,盖割让地本国已失去其地之主权,租借地则否,又割让地名义上乃永久的,而租借地则有一定期限,至于国际法学者亦有主张租借乃取得领土方法之一者,此种主张自与时代不合。

【租税犯】【行】Steuerdelikt(德) 违反租税法规之犯人,谓之租税犯,其处罚均依租税法规之规定。

【租税纳期】【行】Term of collection of taxes 缴纳租税之义务人,应依法于一定期间内履行其缴纳义务,是项期间,谓之租税纳期。

【租徭】【史】为租税与徭役之合称,租,地租也,徭,力役也,旧唐书—李抱真传:"籍户丁,男三选其一,有材力者,免其租徭,给弓矢。"

【租赁】【债】Lease 日本称曰赁贷借,谓常事人约定一方以物租与他方使用收益,而他方支付租金之契约也(民法第四二一条)。以物租与他方者曰出租人,相对人则曰承租人,接租赁为有偿契约,双务契约及诸成契约,且原则上又系不要式契约,我民法为避免争议计,关于出租人之权利义务,曾详予规定,略举如下:(1)交付并保持约定使用收益状态之义务(第四二三条)。(2)修缮租赁物义务(第四二九—四三〇条)。(3)自担税捐之义务(第四二七条)。(4)偿还有益费用之义务(第四三一条)。(5)出租人之法定留置权(第四四五—四四八条)。(6)契约终止权(第四四七条第二项、第四四〇条第一项、第四四三条第二项、第四三八条第二项)。(7)异议权之行使(参第四四六—四四七条)。至承租人之权利义务则如次述:(1)支付租金义务(第四三九—四四一条)。(2)保管租赁物义务(第四三二—四三三条)。(3)租赁物失火赔偿义务(第四三四条)。(4)通知之义务(第四三七条)。(5)依约定方法或依其物性质所定方法而为使用收益之义务(第四三八条)。(6)负担动物饲养费之义务(第四二八条)。(7)返还租赁物之义务(第四四五条)。(8)房屋赁租之契约终止权(第四二四条)。(9)租金减少请求权(第四三五—四三六条)。(10)终止契约权(第四三五条第二项)。租赁之期间,其有约定者以二十年为最长,逾此者应缩短为二十年,且得更新之,其未约定者除有利于承租人之习惯应依之外,各当事人得随时终止之(第四四九—四五〇条)。租赁物原则上须经出租人之承诺,始可转租于次承租人,惟房屋如无反对约定,虽不经承诺亦得转租,至租赁权之转让,则为法所不许(第四四三条—四四四条)。又为保护承租人起见,对租赁物之所有权让与第三人时,或出租人就租赁物上设定物权时,则原租赁契约对受让人仍继续存在(第四二五条—四二六条)。至承租人死亡者,租赁契约虽定有期限,承继人仍得终止契约,但应依习惯先期通知(第四五二条)。我国民法上之租赁,包括一般租赁与耕作地租赁而言,本条所述,乃专指前者，后者另详该本条。

【租赁物】【债】Thing leased　租赁契约之标的物称曰租赁物，例如租赁房屋时则房屋为租赁物是（参租赁条）。又例如租赁契约之标的物为动物时，则该项动物即为租赁物是。

【租赁权】【债】Right over the leasehold （Thing leased）　谓承租人依约定方法，或依其物性质所定之方法，得直接对于租赁物加以使用及收益之权利也。论其性质，学者多主张既非债权亦非物权，但认为系承租人为自己之利益代行租赁物，所有人使用收益权之一种形成权，至其基本权乃为原有租赁关系中出租人之收益使用权，承租人因租赁契约而获得，乃依其一己之单面行为以享有收益使用权利，而成为一独立权利，盖即形成权之一种也。至租赁权是否可以让与，民法虽无明文，然应解为不得让与。

【租调庸】【史】唐初始行租调庸之法，均以人丁（丁年男子）为标准。（一）租——每丁授田百亩，岁输粟二斛，稻三斛，谓之租（田租）。（二）调——以乡土之所产。出绢绫絁麻布之类，绢绫絁各长二丈，麻布二丈四尺，谓之调（家产）。（三）庸——每岁令丁男就役二十日。闰年加二日，若不能就役者每一日出绢三尺。凡遇水旱灾霜蝗诸害田之收耗十分之四者免租，耗十分之六者免租调，耗十分之七者则租调庸均全部豁免，此外如仅耗桑麻者则免调，是为例外之一。又凡就役而越法定日期者，为鼓励起见，免其租调，其加役二十五日者免调，加役三十日者租调皆免，此为例外之二。按租调庸征收之方法，乃依照定期使州县长吏征收之，征收毕，则记其总数，与征官名品，而申于省，若误期限及检查不实者，均各有罚。

【站】【史】站为驿递之一，专掌军报递送之事。嘉庆会典—兵部："军报所设为站。"所谓站久立不动之义也，故称曰站。

【站户】【史】从事于驿站事务之贱役，曰站户。元典章（卷十九）户部篇——卖典章站户典卖田土条："……今后站户如必消乏，典卖田土，当该社长里正主首亲邻并原签，同甲站户从实保勘。"

【站赤】【史】为元代军用邮递之一，以马匹从事于军用之使员及文书之搬运。元典章（卷三十六）兵部第三篇有站赤之章乃关于此项之规定。

【站笼】【史】为刑具之一，又曰立枷，即以重枷加诸其身，使久立住，此刑恒致罪人于死，清时亦曾用之。野获编："近来厂卫多用重枷，而最毒则为立枷，荷此者不旬日必绝，偶有稍延者，命锉低三数寸，则顷刻陨矣。"

【笏】【史】天子及诸侯卿大夫等于朝见时所执者，有事则书于上，以为备忘之用，天子为玉，诸侯为象牙，卿大夫则为鱼（鬚）文竹，始自周代，晋宋以后谓之手板，释名："笏，忽也，君有教命，及所启白，则书其上，备忽忘也。"礼记—玉藻篇："天子以珠玉，诸侯以象，大夫以鱼须文竹，士以竹本，象可也。"事物纪原（卷三）："唐会要曰，笏，周制也，周礼诸侯象，大夫鱼须，士以竹，晋宋以来，谓之手板，西魏以后五品以上通用象牙，武德四年七月六日诏，五品以上象笏，六品以下竹木笏，（中略)淮南子曰,武王问太公曰,寡人伐纣,恐后世斗争不已,太公曰,王欲久持,则塞民于兑,于是解其剑而带之笏,此盖周人制笏之始也,乐记曰:武王克商,裨[①]冕搢笏,而虎贲之士说剑也。"

【笏帛】【史】囊笏之帛曰笏帛,始于陈希烈氏,事物纪原(卷三):"酉阳杂俎曰,陈希烈不便搢笏骑马,以帛囊之,令左右持之,笏之设帛自此始也。"

【笏袋】【史】纳笏之囊,曰笏袋,其制起自李唐,因时有张九龄老,体弱不堪持笏,乃纳之于囊,令从者持之,遂为常制。事物纪原(卷三):"唐明皇杂录曰,故事皆搢笏于带,然后乘马,张九龄体羸不胜,因设笏囊,使人持之马前,遂以为常制,梁职仪曰,八座尚书以紫纱裹手杖,垂白丝于手如笔,通志曰,今仆射、尚书手板以紫皮裹之,名曰笏袋,梁中世以来,执笏者皆白笔缀头,以紫囊之,此又似笏之设囊之始也。"

【纳(納)户】【史】缴纳租税之民户,称曰纳户。明律(卷七)、清律(卷十一)户律仓库篇——多收税粮斛面条:"凡各仓收受税粮,听令纳户自行概(量米之器)平斛交收,作数支销,依令准除折耗。"

【纳(納)吉】【史】周时婚姻有六礼,即纳采,问名,纳吉,纳征,请期及亲迎是也。所谓纳吉即于未订婚以前卜吉凶然后正式提出婚约之申请也。礼记—昏义篇:"得吉卜而纳之也。"朱子家礼之注曰:"纳吉纳征者即今之卜吉而下礼币,故不言纳吉,而言纳币也。"

【纳(納)言】【史】虞舜时,因欲申达民间之言于上,及传递朝廷之言于下,特设纳言之官。书经—舜典:"命汝作纳言,夙夜出纳朕命。"周礼春官之属有内史,掌纳言之事,秦改称尚书,汉亦因之,后周遵周礼设六官,以天官冢宰佐皇帝理邦国,其属有御伯中大夫二人,掌献纳,后改为纳言,隋因之,唐武德间改为侍中,掌帝命之出纳。(书经传说之注及历代职官表)

【纳(納)采】【史】古时婚姻有六礼,即纳采,问名,纳吉,纳征,请期及亲迎,纳采者,谓男家以礼物送致女家而求婚也。礼记—昏义篇之注:"纳雁以为采择之礼也。"朱子家礼之注曰:"纳采问名者,即今之具采择之礼,以求生庚,故不云问名而云纳采也。"

【纳(納)税地】【行】Land of tax　人民向官署缴纳租税之所在地,谓之纳税地,均须依照关于各种租税法规之规定。

【纳(納)税期限】【行】Term of tax　对于租税之缴纳,依法定有一定期限,此项期限,称曰纳税期限,凡在此期限以外缴纳者,须受一定处分,例如验契暂行条例第五条及第六条规定:"呈验期限于本条例实行之日起三个月为限,凡逾限补行呈验者,每迟一个月递增纸价十分之一。"又第七条规定:"所有旧契不呈验者,于诉讼时,不能作为凭证,如经人告发或官厅查出者,加倍征收纸价,由财政部咨请司法部通饬查照。"

---

① 原书为"祖",系排版之误。

【纳(納)税义务】【宪】【行】Obligation of paying taxes 人民对于国家应缴纳租税此为不可避免之义务,故曰纳税义务,各国宪法皆设明文,负担此项义务者,谓之纳税义务人,有间接纳税义务人与直接纳税义务人之区别,例如政府之征收奢侈税,在形式上奢侈品之制造人为纳税义务人,而事实上则购买奢侈物者为纳税义务人,故制造人称为直接纳税义务人,而购买人则称为间接纳税义务人。

【纳(納)税义务人】【行】Obligor of tax-paying (详纳税义务条内)

【纳(納)征】【史】周时婚姻有六礼,纳采,问名,纳吉,纳征,请期,亲迎是也,即于纳采、问名及纳吉三礼终后送纳聘金,以订立婚约也。礼记—昏义篇之注曰:“纳币以为婚姻之证也。”此种仪式施行后婚约即行成立,双方在原则上不得请求解除。

【纳(納)赎】【史】为赎刑之一种,即犯罪者以金纳官而赎其罪也。按赎刑在清时计有四种:一曰纳赎,二曰收赎,三曰赎罪,四曰捐赎(此种不著于律仅著于例)。纳赎为适用于军民之犯公罪者,至生员(地方学校之学生)以上犯笞刑之轻罪亦适用之(重罪则否),纳赎者无力依律决配,有力依律纳赎,而有力者更有有力纳赎与稍有力纳赎之区别,有力者每笞一十,赎银二钱五分(每一等递加二钱五分),如纳米五斗(每一等递加五斗),如纳谷一石(每一等递加一石),每杖六十,赎银三两(每一等递加五钱),如纳米六石(每一等递加一石),如纳谷,十二石(每一等递加二石),徒一年,赎银七两五钱(每一等递加二两五钱),如纳米,十五石(每一等递加五石),如纳谷,三十石(每一等递加十石),总徒四年赎银二十两,如纳米四十石,如纳谷八十石,准徒五年(即杂犯五年)赎银二十五两,如纳米五十石,纳谷一百石,至稍有力者,笞一十,赎银三钱(照作工一月例折银三钱),笞二十以上,每一等加役十五日折银一钱五分,至笞五十赎银九钱,杖六十赎银一两二钱(每一等递加一钱五分),至杖一百,赎钱一两八钱。徒一年,赎银三两六钱(每一等递加一两八钱),至徒三年赎银十两零八钱,总徒四年,赎银十四两四钱,准徒五年(即杂犯五年),赎银一十八两(清律纳赎诸例图)。又嘉庆六年修改,道光五年十五年二次复修改之条例:“凡进士,举人,贡监,生员,及一切有顶戴官有犯笞杖轻罪,照例纳赎,罪止杖一百者,分别咨参除名,所得杖罪,免其发落,徒流以上照例发配,至生监犯罪除应杖一百及徒流以上并速议速题案内,无论笞杖,均于办结后知照礼部外,其寻常律应纳赎之生监,应否褫革开复,会同礼部办理。”

【纯(純)正不作为犯】【刑】echtes Unterlassung-sdelikt (德) 即不作为犯之别名(参不作为犯条),乃法文规定以一定之不作为为犯罪之内容时,则凡不为一定之作为者即为犯罪,如刑法之渎职罪是。

【纯(純)正主义】【刑】又名报复主义(详该本条),或称报应主义,或绝对主义,或纯理主义,或正义主义。

【纯(純)益】【公】Net profit 财产额超过资本额之差数,谓之纯益,又称纯收益。

【纯(純)财产】【公】公司中之积极财产减除去消极财产时,所剩之实际财产,称曰纯财产。

【纯(純)理主义】【刑】又名报复主义(详该本条),又称绝对主义,或纯正主义,或正义主义,或报应主义。

【纯(純)理法学】【通】Abstract jurisprudence 所谓纯理法学,乃指以纯粹的抽象的理论从事于法律之研究为目的之学科而言,与政策法学相对称。

【纯(純)然商行为】【通】Pure commercial transaction 纯然商行为者,谓行为与商行为定义相符合之商行为也,与推定行为相对称,所謂推定商行为,乃指商人或非商人所为之行为,并不纯粹以营业为目的,而仅系推定其为商人在营业上之行为而言,前者例如保险公司,乃以保险业之经营为目的,其保险行为乃属纯然商行为,后者例如某甲之出让物件,虽其目的不在于营业,然仍为商行为之行为,故曰推定商行为。

【纯(純)粹寄托】【债】Regular deposit 又称通常寄托(详该本条)。

【纯(純)粹随意条件】【民总】为随意条件(详该本条)之一,对普通随意条件言。

【纸(紙)上封锁】【国公】Paper blockades 所谓纸上封锁,乃指仅以一纸通告,向敌国断绝其对海外一切交通而言,例如一八〇六年拿破仑向各国宣布封锁英伦三岛,而并未充分派遣武力加以执行是,按封锁行为须为有实效的,已成为国际法之原则,故纸上封锁,已无拘束效力,实已失去封锁之原旨矣。

【纸(紙)币】【史】周时即有与纸币相类似者之存在,惟仅限于甲乙两地间之物品买卖之用耳,与后世通行之纸币性质不同,魏晋以后,以及于隋亦有纸币之设,亦仅充为束帛之代用而已,并非以流通为目的。其以为流通之用者则始自南宋之交子及会子,金,元,明,称之曰钞,为后世钞票之名称之所自起,清代在顺治初年亦行之,旋即中止,清之中叶以后复通行之,按自宋至清初年皆为政府所发行,清之中叶以后而民间之金融机关如钱庄票号等,亦开始发行纸币,今则发行纸币者,应经政府之特许,始得为之,而中央银行则独能攫得发行大权,以纸币之关系社会经济重且大也。

【纸(紙)币说】【票】Theory of paper money 为票据学说之一,谓票据乃商人之纸币也。此说对票据乃为债权之证券加以否认,而直接为支付之证券,然就法理与事实并论,纸币之说究属不当,盖纸币乃为支付证券,而票据则为债权证券,纸币有强制通用效力,票据则否,二者之性质均有区别,此说其后实为单独行为说之基础,在票据学说中颇占重要地位。

【纸(紙)钱】【史】所谓纸钱,乃指以纸所制成如钱之形者而言,为葬仪及祭祀之用,并非通用之纸币。唐书—王玙传:“汉以来葬者皆有瘗钱,后世里俗稍以纸寓纸,为鬼事,至此玙乃用为禳祓。”封演闻见记:“古者享祀鬼神,有圭璧币帛,事毕则埋之,魏晋以来,始有纸钱。”

【纸(紙)赎银】【史】旧例商人得以产业契据向政府抵押,届期可以现银还官赎回所押之契据,此项赎银,称曰纸赎银。六部成语注解:“商人以产业券纸押纸请借官项，届期备银取赎。”

【缺效未遂犯】【刑】又曰缺效犯，别名实行未遂犯。（详该本条）

【缺席判决】【民刑诉】Judgment by default　谓法院不俟被告出庭陈述，或不能使被告在庭陈述时，对于本案所下之判决也。此种缺席判决在民诉上，并无制裁意味，故与通常民事诉讼法上缺席判决之性质有异，是乃刑诉多采取自由心证主义，与民诉兼采用法定证据主义之结果也。得为缺席之判决者有下列三种：(1)最重本刑为拘役或专科罚金之案件，被告经传唤无正当理由不到者。(2)被告拒绝陈述者。(3)法院因维持秩序起见于被告到场后复命其退庭者（刑诉法第三一〇—三一一条）。我民诉法上无缺席判决之制，而有一造辩论判决之规定，前者乃根据缺席之效果（含有制裁意味）而为之判决，列席者必胜诉，后者则系斟酌缺席当事人以前之言辞及诉状所述而为之判决。（民诉第三七七—三七九条）

【缺席程序】【民诉】Procedure of judgment by default　所谓缺席程序，乃指在规定之言辞辩论期日中，双方当事人之一造并不到场时所发生之一切效果之诉讼程序而言（参缺席判决条内）。

【缺效犯】【刑】为缺效未遂犯之简称。（详缺效未遂犯条）

【缺格】【通】Disqualification　又称失格，即因基于法定事由而丧失或被剥夺其法定资格之谓，例如受禁治产宣告之人无选举及被选举之资格，以及被徒刑宣告者被剥夺其为官吏之资格是。

【缺格人】【通】Disqualified person　又曰失格人，即欠缺法定资格之人也。

【耕地】【土】所谓耕地及指以耕种为目的之土地而言。（参耕地租用条内）

【耕地特别改良】【土】Special improvement of the farming land　耕地特别改良者，谓承租人于保持耕地原有性质及效能外，以增加劳力资本之结果改增加耕地生产力或耕作便利也。承租人得自由为之，出租人不得反对，盖欲实现土地改良之政策，不得不然，惟关于特别改良费用之数额，承租人负有立即通知出租人之义务，以便由出租人设法偿还。（第一七六条）

【耕地租用】【土】Lease of an agricultural land　凡以自为耕作（包括牧畜）为目的，约定支付地租使用他人之农地者，曰耕地租用，乃在债篇上使用租赁之范围，土地法之规定大都偏重于出租人与承租人自由契约方面之限制，承租人绝对须自为耕作，（包括牲畜）不得转租于他人，耕作时得自由加以特别改良，至于地租法律定有一定标准，即不得超过耕地正产物收获总额千分之三百七十五，盖为双方便利计也。地租之支付，不得预先为之，即押租之行为，亦为法所不许，均为保护承租人起见，即地租之先以一部支付，亦为法律所保护，但积欠达二年的总额，出租人则有终止契约之权。（参第一七一—一八七条）

【耕作】【物】Farming　耕作与畜牧同为永佃权设定之主要目的，即以劳力栽种植物于土地之谓也。

【耕作地之租赁】【债】Lease of an agricultural land　为租赁之一种，对一般租

赁言，谓以自为耕作为目的使用他人农地，约定支付租金之契约也。民法所规定者仅其概略，余则于土地法详有明文，民法所规定者如次：(甲)承租人之权利义务：(1)请求减免租金权(第四五七条)。(2)孳息及费用之请求偿还权(第四六一条)。(3)补充义务(第四六二条第二项)。(4)赔偿附属物价值之义务(第四六三条)。(乙)出租人之权利——未定期契约终止权，但须有下列原因之一，方可行使之：(1)收回自己耕作。(2)承租人之租金经催告而仍不支付。(3)承租人违反善良管理义务。(4)承租人未经出租人之承诺将耕作地转租他人。(5)承租人因可归责于己之事由将租赁清单所载之物减失而不为补充(民法第四五八条—四五九条)。至于终止契约时期，应于收益季节后次期作业开始前之时日为之(第四六〇条)。所以保护承租人之利益也。

【耗米】【史】清时运漕，为填补运输起解入仓等之损失起见，特于征收之际，另行加征若干，是曰耗米，与漕米之称为正米相对称，又曰鼠雀耗。

【耗散】【史】消费之徒增多财政紊乱，曰耗散。大学衍义补(卷百十七)："自高宗武后时天下久不用兵，府兵之法浸坏，番役更代，多不以时，卫士稍已匿，至是益耗散，宿卫不能给。"

【耗羡】【史】清制，正税以外额外征收之附加税，称曰耗羡，地税之缴纳，不以银而以谷，均向地方政府为之，再转解中央政府，于此展转解送之间，必有若干损耗，如仓库中或船舶中之损耗是，是曰鼠雀耗。又以银纳者，均为零碎银两，乃凑解布政司衙门，再入炉火溶为大银块，然后解送京师，在其溶铸之际，亦有若干损失，是曰火耗，此项损耗，官吏不负赔偿之责，惟于地税征收之际，预算其消耗之数向缴纳者加征若干，以为增补之用，是曰增耗，或称加耗，而总称则曰耗羡，按此制起源颇早，即汉之隐帝中，三司使王章为聚敛时已有此举。然历来流弊颇多，仓吏恒加侵害，或任意加征，屡禁而不能止焉。

【胁(脅)迫】【民总】Menace or buress or threat 对诈欺言，即故意以不当手段表示危害使他人生畏惧之心而为意思表示之行为也。其要件有五：(1)须有胁迫故意。(2)须有胁迫行为。(3)胁迫须为不当。(4)被迫人须生畏惧之心。(5)须有因果关系，我国民法规定因被胁迫而为意思表示者，表意人得撤销之，但须于一年内方可为之(第九二条第一项及第九三条)。此外如由于不可抗拒之暴力时，或被胁迫全失自由时，或系由胁迫所表示之意思非真意或与公序良俗相违反时，其意思表示均属无效，故与因胁迫所表示意思之得以撤销者，自有区别。

【胁(脅)迫罪】【刑】为妨害自由罪之一，我刑法称之谓单纯恐吓罪(详该本条)。

【能力】【通】Capacity 所谓能力乃指在法律上认为有享有或负担或能为某种事项之资格而言，例如权利能力，行为能力及责任能力皆是。

【能力人】【民总】Capable person 即在法律上被认为有行为能力之人也。(参有行为能力人条)

【能力刑】【刑】Punishment to capacity 又称权利刑，即刑法上之褫夺公权(详该本条)也。

【能力补充权】【民总】即法定代理人(指其行亲权人及监护人言)对限制行为能力人,得加以允许使其自为或自受意思表示,并对于未得允许之契约,得与以承认之权利之谓,故前者为允许权,后者为承认权,统称为能力补充权。

【能为权】【民总】又曰能权。(详该本条)

【能权】【民总】Kannrecht(德)　又曰可能权,或能为权,或称得有权,即凡能以单独行为发生法律上之效力而使其原存之法律关系得发生变化之权利也。例如承认权,解除权,撤销权,抵销权,离婚权以及私生子认领权皆是。

【脊杖】【史】宋制杖刑有脊杖及臀杖,普通之杖刑皆施于臀,如流刑及其他重罪之附加杖刑则加诸脊,故谓之脊杖。大学衍义补(卷百四):"宋太宗定折杖之制,凡流刑四,加役流,脊杖二十,配役三年,流三千里,脊杖二十,二千五百里,脊杖十八,二千里,脊杖十七,并配役一年。"

【臬司】【史】为元代之廉访使,即明清时代按察司之别称,为驻于地方之官吏,行使司法审判权。元史:"除建康道肃政廉访司视事,见以狱具陈列庭下,戚然曰,凡逮至臬司,皆命官及有出身之吏,廉得其情,则将服罪狱具无庸施也。"(同书奕赫抵雅尔丁传)

【臬台】【史】为按察使之古时名称,一名曰臬司,或称曰廉访。

【航行自由权】【国公】Right of free navigation　依国际公法之规定,各国船舶不论战时平时均可自由航行于公海,并可依照条约航行于他国之领海,是曰航行自由权,惟此种自由权利,亦有一定限制,即须受各种航行规则之范围,如系条约之赋与者,亦应依照该条约内之所定。

【航政行政】【行】Shipping administration　对于掌握船舶之管理,航路港埠之计划与管理航运业务之扩充,船员之养成检定考试与保障等事务,曰航政行政。

【航政局】【行】Bureau of navigation　对于航行海洋者及航二省以上者之船舶,而其总吨数系满二百吨,其容量系二千担以上者之航政事宜,由交通部特设航政局以为处理机关,其设置处所及管辖区域,由行政院定之,每局设局长一人(简任或荐任)。技术员八人至十二人(荐任或委任)。并设第一科与第二科,各置科长一人(荐任或委任)。每局所设之科员为八人至十二人(均委任)。(交通部航政局组织法第一—四条、第七—十一条)

【航空行政】【行】Administration of Aerial transportation　所谓航空行政,乃指关于掌握航空航线,航空器具,航空业务,及航空人员之养成检定与考试等事务而言,至于商办航空事业之监督,亦在其内。

【航空具】【行】Aircrafts　利用轻于空气气体之升浮,及利用机械力之鼓动,而航行飞驶于空中之机器及船只,统称曰航空具。可分为三种:(一)飞机。(二)飞艇。(三)气球,飞机有陆上飞机水上飞机水陆两用飞机,与双翼飞机单翼飞机之分。飞艇有硬式半硬式软式三种之分,气球则有自由气球与系留气球二种之区别。

【航空法】【行】Law of aviation 关于航空事项之法规，谓之航空法，列国多以单行法规定之，可分为下列各种：(一)关于航空具及其附属用品制造方面之法规。(二)关于航空具之检查及登记方面之法规。(三)关于航空飞行人员之检查，考试，登记方面之法规。(四)关于航空飞行场设定变更管理等方面之法规。(五)关于飞行地带航线之许可与限制等之法规。(六)关于航空具飞行被难时救助之法规。(七)关于国际方面航空交通联络之法规。(八)关于航空训练与奖励之法规。(九)关于空中防御之法规。(十)关于空运(货物邮件旅客)之法规。(十一)关于违反航空法规之罚则。

【航空署】【行】Aviation Department 直隶于军政部而掌管全国航空事项之机关，为航空署，设署长一人，承军政部长之命管理全署事务，监督所辖各机关学校，并置副署长一人以为辅助，且设秘书四人及下列各科：(1)文书科。(2)管理科。(3)军务科。(4)航务科。(5)教育科。(6)机械科。各设科长一人，承署长命掌理各本科一切事务，必要时得于署中设立各种委员会。(军政部航空署条例第一—二条、第九—十三条)

【航空器件输入条例】【行】本条例于民国二十一年三月二十四日由国民政府公布，全文计十一条，自公布日施行，凡航空器或其配件及航空器上附装之机件仪器等项，输入国境者，均须遵守本条例之规定。

【航空学校】【行】Aviation School 以培养航空人材为目的之教育机关，曰航空学校，在各国之航空学校，除国家设立者外，人民亦得创办，我国目前仅有军政部之航空学校一所耳，依军政部航空学校条例之规定，航空学校教育分飞行，观察，机械，三科，其重要职员为校长一员(少将)。教育长一员，飞行，观察，机械，等主任各一员(上校)。飞行教官学科教官若干员(上中少校)。均政治教官一员(中或少校)。队长一员(中或少校)。分队长若干员(少校或上尉)。入校资格，飞行观察两科，学员以在陆海军军官学校毕业之青年军官经试验合格者为限，学生则以在高级中学毕业或相当程度经试验合格者为限，机械科学生仅以在高中毕业经考试合格者为限，凡经录取入校学员生所有膳宿以及其他费用由校供给，经甄别试验后飞行观察两科学员生按月津贴十元，机械科学生四元，青年军官录取者如有原职仍得保留原职，照支原薪，毕业期限暂定为观察科一年，驾驭科二年，机械科三年或四年。如因特别事故得延长之，又航空学校为装修飞机暨学员生实习机械起见，得附设工厂。(军政部航空学校条例第一—四条、第十一条—十五条、又第二十三条)

【航海记事簿】【海】Log book used in the voyage 为船舶应备文书之一种。即关于航行经过情形之记载簿册也。其内容如发航港寄泊港之名称，海上气候潮流之记载，经过经纬度及距离途径之记录，以及船内日常发生事项，如人之出生，死亡，救助，犯罪，并惩戒，或物品之处置，并船舶碰撞之情形，均须明白载录，盖使危难或争执时，可据为有力之证明也。

【航终主义】【海】为共同海损分担额之估价标准立法例主义之一，对即时主义言，谓共同海损分担额之估价，应以航海终了之状态定之，德法等国采之，我海商法亦仿此说，规定凡船舶以到达地到达时之价格为价格，积货则以卸载地卸载时之价格为价格，但关于积货之价格，应扣除因灭失无须支付之运费及其他费用耳。（第一三六条）

【航期保险】【海】Insurance for period of voyage 为海上保险因当事人自由约定之保险时间而为分类之一种，对航程保险与混合保险而言，谓依一定期间为保险期间之保险契约也，例如约定自某年某月某日起至某年某月某日止航之行，为其保险期间是。

【航程保险】【海】Insurance for distance voyage 为海上保险因当事人约定之保险时间而为分类之一种，对航期保险与混合保险言，谓依一度航程为保险期间之保险契约也。例如约定自福州至天津之航程为其保险期间是。

【航业公会】【行】Shipping association 凡以发展航业增进同业利益为目的，而有具备法定会员资格者十人以上之发起而组成之团体，曰航业公会，所谓法定会员资格，乃指中华民国国民而有下列之一而言：(1)经营航业者。(2)在各航业公司或官商船只曾任或现任重要职务者。(3)经营船舶转运事业及曾任或现任此项事业之重要职务者。(4)经营造船事业及曾任或现任此项事业之重要职务者。航业公会设立于繁盛地方，置执行委员三人至九人，监察委员二人至五人，均由会员大会投票公举，会中经费以会员入会金充之，一切会务情形及收支数目，应于每六个月报告会员，并呈报交通部备案（航业公会章程第一—四条、第六—七条、第十二—十四条）。

【航业公会章程】【史】本章程于民国十六年十二月二十日公布，全文计二十二条。凡在本章程未颁布以前，已设立之航业公会及其他性质相同之公会，应依本章程另行改组。（参航业公会条内）

【航路信号】【行】Plying signal 船舶航行中与他船迫近时为避免接触而发生碰撞之危险起见所发之汽笛或其他声号，谓之航路信号。商港条例第十九条规定："船舶在港内除遵照航海避碰章程或警告危险或其他必要时外，不得任意鸣放汽笛。"

【茶(荼)引局】【史】对于贩茶者发给之特许凭证，谓之茶引。清时特设茶引局以为掌理发给茶引，征收茶税之官署。

【茶(荼)法】【史】为关于茶专卖之法，始自唐德宗之时，课其价十分之一，至穆宗国库空虚，屡增茶税，率百钱而课五十，且禁令森严，凡私贩至数次者，或论死，或杖脊。武宗即位，盐铁转运使崔珙，又增江淮茶税，是时茶商所过州县咸有重税，或掠夺舟车，露积十中，诸道置邸以收税，谓之榻地钱。私犯因而增多。大中初盐铁转运使裴休奏请厘革横税以通舟船，并著条约私鬻三犯，皆三百斤乃论死，长行群旅，茶虽少亦死，顾载三犯至五百斤，居舍僧保四犯至千斤皆死，园户私鬻百斤以上杖脊，三犯加重徭，是时禁令既严，而课税尤重，虽有倡议改革者，惜未果行。宋太祖乾德二年诏民茶折税外，悉官买，敢匿不送官及私贩鬻者，没入之论罪,主吏私以官茶贸易为官私擒捕者,皆死。太宗时重定法务轻减,至吏盗官茶贩鬻钱三贯以上,黥面送阙下,茶园户辄毁败其业树者,计所得茶论如法,明清亦有茶法之规定(参私茶条内)。

【茶(茶)马司】【史】官名,为掌理以茶交易番马之机关。明洪武时于洮州,秦州,河州置三茶马司大使,掌茶马之出纳,且稽私茶之出漏。

【草(草)人】【史】为周礼地官之属官,掌土化之法,所谓土化,即化贫瘠之土而为肥沃之地也。

【草(草)田】【史】谓未经开垦耕作之田地也。汉书:"属县草田,欲以偿鄠杜之民。"师古注曰:"草田谓荒田未耕垦也。"

【草(草)约】【国公】Final instrument; Protocol 谓正式条约之张本也。但有时亦仅有草约而无正约者,通常为议定书之别称。

【草(草)约主义】【公】为认股书方式之主义之一,对证书主义言,谓仅由公司将章程印行分发,认股人只将姓名住址及所认股数全额誊写特备草簿是也。

【草(草)案】【通】Draft 由私人或国家机关依主观或客观之见解所拟成之各种计划稿本或法规稿本,统谓之草案,其法规稿本,则又名曰法案。

【草(草)票】【票】又名眷本。(详该本条)

【草(草)莽之臣】【史】谓未出仕而在草野间地之人也。仪礼—士相见礼:"凡自称于君,士大夫则曰下官,宅者在邦,则曰市政之臣,在野则曰草莽之臣,庶人则曰刺草之臣,他国之人,则曰外臣。"孟子—万章下篇:"在国曰市政之臣,在野曰草莽之臣,皆谓庶人。"

【草(草)贼】【史】草贼者谓出没于原野而从事劫夺之人也。明律(卷十四)、清律(卷十八)兵律军政篇——擅调官军条:"若所管地方,遇有报到草贼生发。"

【荒(荒)地】【土】Waste land (详荒地使用条内)。

【荒(荒)芜】【史】未经开垦之土地曰荒芜地,未耕者曰荒,未锄者曰芜。唐律(卷十三)户婚篇——部内田畴荒芜条之疏议:"不耕谓之荒,不锄谓之芜。"

【荒(荒)芜田地】【史】田地之小损者曰荒,大损者曰芜,按县长里长以劝农桑为职,人民以务农桑为本,如里长部内有人户已入籍纳粮当差之田地,无故而荒芜不种及地土应合课种桑麻之类而不行栽植者,则对里长县长应加处罚,此本条之所以设定也。明律(卷五)、清律(卷九)均有荒芜田地之条,其规定完全相同。清律之条文及其下注曰:"凡里长部内,已入籍纳粮当差田地,无(水旱灾伤之)故荒芜及应课种桑麻之类而不种者(计荒芜不种之田地),俱以十分为率,一分笞二十,每一分加一等,罪止杖八十,县官各减(里长罪)二等,长官为首(一分,减尽无科,二分,方笞一十,加至杖六十罪止),佐职为从(又减长官一等,二分者,减尽无科,三分者,方笞一十,加至笞五十罪止),人户亦计荒芜田地,及不种桑麻之类(就本户田地),以五分为率,一分笞二十,每一分加一等,追征合纳税粮还官(应课种桑枣黄麻苧麻棉花蓝靛红花之类,各随乡土所宜种植)。"清律之辑注:"曰入籍纳粮当差，则抛荒田地，不在此限，曰无故则有故者不坐，曰应课种，则土地所不宜，是不应种者，不坐。”同律之辑注：“俱以十分为率，此俱字谓合县各重，俱如此科罪非以里长县官为俱也。凡一里长，有荒芜不种之罪，县官即照里长减二等，科之，注者谬谓里长以一里田地为率，县官以一县田地为率，则通计合县田地荒芜，一分犹减尽无科，至二分方笞一十，至七分罪止杖六十，岂理也哉。”

【荒(荒)地使用】【土】Use of waste land　荒地使用者，即国家对于辖境内已编为农地之荒地(无改良之土地曰荒地)，如何开垦使其变成有用之谓也。土地法上对于公有荒地规定使用方法之制度有二：(一)承垦制度。(二)代垦制度(详各本条)。对于私有荒地则责成主管地政机关限令其所有人于一定期间内开垦或耕作，违者得由需用土地人依法呈请征收。(参第一八八一二一〇条)

【衮衣】【史】黄帝时始画日月星辰于衣上以象天，故有衮龙之颂，及舜始备十二章，故曰衮龙之衣，即天子之衣也。事物纪原(卷三)：“事始曰，黄帝作画，象日月星辰于衣上，以似天，故有衮龙之颂，黄帝内传曰，帝伐蚩尤，乃服衮冕，至舜始备十二章，书称予欲观古人之象，日，月，星，辰，山，龙，华，虫作会，宗彝，藻火，粉米，黼黻，絺绣，以五采彰施于五色作服是也。周登日月于大常九章而已，余五服与周制也。”

【衮命】【史】天子任命三公谓之衮命，即天子亲任之义，北史：“亟登莅衮命，频莅方岳。”

【衮龙衣】【史】谓天子之衣服也，简称曰衮(详该本条)衣，周礼—天官司服：“享先王，则衮冕。”注：“衮，龙衣也。”

【衮职】【史】天子当然应行之职务，谓之衮职，诗经：“衮职有阙，惟仲甫补之。”疏曰：“衮职实王职也，不言王而言衮，不敢指斥而言，犹律谓天子为乘舆也。”

【讯(訊)】【史】讯者，谘问也，古时之所谓讯，与近世之陪审制之谘陪审官相同。周礼小司寇：“以三刺(深入以求其情曰刺)断庶民狱讼之中(中者罪正所定也)。一曰讯群臣(群臣乃大夫以上)，二曰讯群吏(群吏士以下)，三曰讯万民，听民之所刺宥(刺，杀也，宥宽也)。以施上服下服(上服服之重者，下服，服之轻者)之刑。”李氏曰：“……故圣人求之以五听，丽之以八议，三宥以行其怜悯，三赦以示其矜全，犹恐有听有所不闻，明有所不见，下情有所不达，议法有所不周，于是广询于众，必群臣群吏万民之意同，然后刑杀。孟子所谓国人皆曰可杀然后杀之，记所谓刑人于市与众弃之也。”问国之政治于其下属者亦称曰讯，公羊传—僖公十年：“荀息曰，君尝讯臣矣。”注曰：“上问下曰讯。”

【讯(訊)囚察辞理】【史】审讯刑狱以情审察辞理为先，不得即行拷讯，须反复参验至于无法断决者始合施用刑讯，唐律(卷二十九)断狱篇设有讯囚察辞理之条：“诸应讯囚者，必先以情审察辞理，反覆参验，犹未能决，事须讯问者，立案同判，然后拷讯，违者杖六十。”疏议曰：“依狱官令，察狱之官，先备五听又验诸证信，事状疑似犹不首实者，然后拷掠故拷囚之义，先察其情审其辞理，反复案状，参验是非，犹未解决，谓事不明辨，未能断决，事须讯问者，立案取见在长官同判，然后拷讯，若充使推勘，及无官同判者，得自别拷，若不以情审察；及反覆参验而辄拷者，合杖六十。”同条又曰：“若赃状露验，理不可疑，虽不承引，即据状断之，若事已经赦，虽须追究，并不合拷(谓会赦移乡，及除免之类)。”

【讯(訊)问】【刑诉】Examination　刑诉法上所谓之讯问，乃指使被告人供述犯罪事实或有利事实而以发见事实之真相为目的而言，故我刑诉法规定，凡用强暴胁迫，利诱诈欺，及其他不正当之方法(如催眠术)均绝对禁止采用(第六二条)。至于讯问之程序，亦有明文：(1)应先询其姓名，年龄，籍贯，职业，住址，以查验其人有无错误。(2)应告以犯罪之嫌疑，及所犯罪名，如认为应变更者，应再告知之。(3)被告有数人时应分别讯问之，必要时始命对质。(4)应与以机会，使其辩明及陈述有利事实，至讯问时应依法制成讯问笔录，记载：(甲)讯问及被告之陈述。(乙)讯问之年月日及处所，且应由书记官向被告朗读，并询有无错误，如被告请求更正，应将更正一并记载，由讯问人署名盖章，并命被告署名或捺指纹(第五九—六五条)。

【讯(訊)问期日】【民刑诉】Date of hearing　所谓讯问期日，乃指法院审讯诉讼案件中之当事人以及其他关系人之期日而言，应行到案出庭受讯之人，不得无故缺席。

【讯(訊)检】【史】谓讯问而检察其犯罪事实也。北史—源贺传：“武邑奸人石华，告沙门道可与贺谋反，有司以闻，文成曰，贺保无此，乃精加讯检，华果引诬。”

【讯(訊)鞫】【史】法官审讯人民之有无犯罪谓之讯鞫，或称为谳狱。后汉书—邓陟传：“罪无申证，狱不讯鞫。”

【讨(討)论】【通】Discussion　二人以上对于同一问题以言词或文字为切实之探讨与议论，谓之讨论，在开会时关于提案之议决，非经过讨论程序不得为之。

【讨(討)论自由】【宪】Freedom of discussion　议员在国会内对于提案之讨论，有绝对发表其意见之自由，权是曰讨论自由，例如比利时宪法第四十四条规定：“两院议员行使职权时不得因其发表意见与表决，致被控告或搜查。”又如西班牙宪法第五十五条规定：“议员在其行使职务时所发表意见及所投之票，不受干涉。”皆是。

【托儿所】【劳】Day nurseries　工人入厂工作时，无暇顾及儿女，故工会应举办托儿所，以为工人每日寄养儿女之用。(工会法第十五条第一项第三款)

【托故】【史】谓假托事故卸除责任也。明律(卷五)、清律(卷八)户律田宅篇——典卖田宅之条：“其所典田宅园林碾磨等物，年限已满，业主备价取赎，若典主托故，不肯放赎者，笞四十。”即其一例。

【托运人】【债】Consignor or Sendor　托运人者，谓在运送契约中以物品托运送人运送而负支付运费义务之人也，日本名曰荷送人，托运人之权利义务约有下列各种：(1)填给托运单。(2)提单请求权。(3)交付文件及说明之义务(第六二六条)。(4)告知运送物性质之义务。(5)中止运送返还运送物或为其他处分之请求权(六四二条)。(6)损害赔偿请求权(六三四—六三八条)。(7)支付运费之义务。

【托运单】【债】Waybill　谓由托运人填给运送人以便与运送物一并交付于受货人之运送证券也。日本称曰运送状，托运单应记载下列事项，并由托运人签名：(1)托运人之姓名及住址。(2)运送物之种类，品质，数量，及其包皮之种类，个数，及记号。(3)目的地。(4)受货人之名号及住址。(5)托运单之填给地及填给之年月日。托运单一经运送人之请求，托运人即负有填给之义务(第六二四条)。

【训(訓)令】【行】Instructional order　上级机关对于下级机关有所谕饬，或有所差委时，所发之一般或特定之指挥命令，曰训令，训令乃上级机关依其职权行之，故与指令之须待下级机关之请求时始得为之者不同，又前者所发之命令有一般的与特定的之别，后者则仅限于所请求之特定事项，此亦二者之又一区别点也。

【训(訓)政时期】【宪】为我国国民党国民政府建国大纲所定关于建国程序之第二阶段，凡一省完全底定之日即为训政开始之时，军政停止之日在训政时期，政府当派曾经训练考试合格之员到各县协助人民筹备自治，其程度以全县人口调查清楚，全县土地测量完竣，全县警卫办理妥善，四境纵横之道路修筑成功，而其人民曾受四权使用之训练而完毕其国民之义务，誓行革命之主义者，得选举县长以执行一县之政事，得选举议员，以议立一县之法律，始成为一完全自治之县，凡一省全数之县皆达完全自治者，即为训政时期完成而为宪政时期开始之日。

【训(訓)政时期约法】【宪】Provisional Constitution for Enforcement During the Political Tutelage Period　中华民国训政时期约法，于民国二十年五月十二日经国民会议通过，于同年六月一日由国民政府公布，共分八章，都八十九条，第一章总纲，规定中华民国之领土，主权，国旗与国都等，第二章规定人民之权利与义务，第三章规定训政纲领(依建国大纲之规定)，第四章规定国民生计，第五章规定国民教育，乃以三民主义为教育之根本原则，第六章规定中央与地方之权限，即采均权制度，第七章规定政府组织(中央制度采委员制，地方制度分省政府与县政府及市政府)，第八章附则，规定全国有数省分达到宪政开始时期，即全省之地方自治完全成立时期，国民政府应即开国民大会，决定宪法而颁布之。

【训(訓)诫】【行】Caution; Reprehension　为主罚之一种，即以教训酷诫方法，告以行为之错误及违法，饬其日后勿再违犯之谓。(违警罚法第十三条)

【训(訓)练总监部组织法】【行】Law Governing the Organization of the Training Department　本法于民国二十二年三月七日公布，共十六条，其要点如下：(一)本部直隶于国民政府，掌管全国军队教育及所辖学校教育，并国民军事教育事宜，对于全国各军队主管教育长官关于教育上有直接指挥监督之权。(二)本部置总监一人，副监二人，并设参事六人。(三)本部复设下列各厅监处：(1)总务厅。(2)步兵监。(3)骑兵监。(4)炮兵监。(5)工兵监。(6)辎重兵监。(7)国民军事教育处。(8)军学编译处，于必要时得增设特种兵监及海空各兵监并政治训练处，且得临时设立各委员会。

【记(記)名投票】【宪】Opened ballot　又称公开投票。与无记名投票相对称，即于选举时由选举人署自己姓名于选举票上之投票方法。议会表决时，亦有以记名投票为之者。

【记(記)名股份】【公】Personal shares 为股份之一种。对无记名股言,乃依股票之为记名式与否为区别,谓载明股东之姓名于股票上之股份也。

【记(記)名股票】【公】Personal Share-certificate 为股票之一种,对无记名股票言,谓记载股东姓名或名称之股票也。若有若干股票为同一人所有者,应记载同一之姓名及名称,如有若干股票为数人共有者,其共有人应推一人行使股东权利,即以其中之一人出名记载于股票也(第一一三条)。记名股份之转让,非将受让人之姓名住所记载于公司股东名簿,并将受让人之姓名记载于股票,不得以其转让对抗公司及第三人。(第一一七条)

【记(記)名背书】【票】Personal endorsement 又称正式背书(详该本条)。更号完全背书。

【记(記)名债权】【债】Obligation to order 即指名债权(详该本条)之别称。

【记(記)名证券】【债】Namenpapier(德) 又称曰记名证书(详该本条)。

【记(記)名证书】【通】Registered document 证书之上有当事人之姓名之记载者,称曰记名证书,反之则曰无记名证书。

【记(記)载习惯】【通】Written custom 与不文习惯相对立,即曾记载于文书上之习惯也。

【记(記)过】【行】Recording of a demerit 为惩戒处分之一种,即记录其过失于官吏名簿之谓,自记过之日起,一年内不得进级,若一年内记过三次者,则由主管长官依法予以减俸之处分。(公务员惩戒法第七条)

【记(記)录公证力】【民刑诉】法院中所作之书面记录,有公文书之证据力,是曰记录公证力,如书记官所作成之各种笔录皆能发生确定之证据作用是也。

【财(財)】【史】财者谷货也。大学衍义补(卷二十)—丘濬氏曰:"财出于地,而用于人,人之所以为人,资财而生,不可一日无焉者也,所谓财者,谷与货而已,谷所以资民食货所以资民用,有食有用,则民有以为生养之具,而聚居托处,以相安矣。"

【财(財)政】【行】Finance 即国家关于经济上之行为也。例如对经济之用途与管理,皆为财政范围内之事。

【财(財)政犯】【行】Financial delict 关于违反财政法规中,如租税专卖以及其他财政收入等法规之行为,称曰财政犯,有时且须受普通刑法之处罚。

【财(財)政行政】【行】Administration of finance 司掌国家收入与支出,并管理国有财产与国有营业之行政,曰财政行政,此系就广义而言,在狭义之财政行政,则仅限于司掌国家收入支出之行政,例如预算决算赋税规费公债等皆属于财政行政范围之内。

【财(財)政局】【行】Bureau of finance 为市政府或县政府所设机关之一,在市政府下之财政局,其所掌事项如下:(1)财政收支及预算决算编造事项。(2)公产之管理及处分事项。(3)公营业之经营管理事项。(4)土地行政事项(参市组织法条内)。如市政府同时设有土地局者,则上述第四款事项应归该局掌管。至于县财政局,其所掌事务为征税募债管理公产及其他地方财政等。(参县组织法条内)

【财(財)政部组织法】【行】Law Governing the Organization of the Department of Finance 本法于民国十七年十二月八日公布,财政部直隶于行政院,管理全国财务行政事务,对于各地方最高级行政长官执行本部主管事务有指示监督之职,财政部设部长一人(特任职),政务次长常任次长各一人(简任职),秘书八人至十二人(二人为简任余为荐任职),参事四人至六人(简任职),又设二署六司三处:(一)关务署。(二)监务署(各设署长一人简任职)。(三)总务司。(四)赋税司。(五)公债司。(六)钱币司。(七)国库司。(八)会计司(各设司长一人简任职)。(九)烟酒税处。(十)印花税处。(十一)卷烟煤油税处(各设处长一人均简任职)。又设科长(荐任职)若干人,科员(委任职)若干人,技正(荐任职)若干人,技士(委任职)若干人,又因事务上之必要时,得聘用顾问及专门人员,此外于各省得设财政特派员,处理各该管区域内国税及中央财政事务。

【财(財)政部会计则例】【行】本则例于民国十六年七月二十八日公布,全文分为六章,共计三十八条,自公布日施行,财政部为整理及统一会计起见特颁布本条例,凡本部及附属机关均须遵照办理。第一章总则,第二章收款之程序,第三章支款之程序,第四章账簿登记,第五章报告之编造,第六章附则。

【财(財)政罚】【行】对于财政上利益之不法行为的制裁,谓之财政罚,为行政罚之一种,通常以罚金为之,如脱税时课以所脱漏税额若干倍之罚金,即其一例。

【财(財)政监理委员会】【行】民国十六年国民政府建都南京为监理财政之支出,特组织财政监理委员会,其职权为:(1)审定中央及各省之政费军需各预算,报告政府核定。(2)财政部支出款项须先由本会核定。(3)财政部支出款项概算,须每星期报告本会。关本会之组织,由政府特派以下各员充之:(1)国民政府委员三人。(2)军事委员会委员三人。(3)财政部长为当然委员(财政监理委员会组织条例第一一二条),其后本会旋告撤废,所有职权均归由监察院审计部行使之。

【财(財)政紧急处分】【行】Urgent disposition concerning finance 凡一国之最高行政机关,遇有重大事故发生时,得不待国会之同意而征收特别租税,或移拨一定款项,或停止一定款项之支付,是谓之财政紧急处分,事后仍须请求国会之追认始为合法,否则国会可提出弹劾案,以对付之。

【财(財)政厅】【行】Provincial department of finance 为省政府所设机关之一,所掌事务如下:(1)关于省税及省公债事项。(2)关于省政府预算决算编制事项。(3)关于省库收支事项。(4)关于省公产管理事项。(5)其他省财政事项。(参省政府组织法条内)

【财(財)物】【通】Goods 金钱以及其他有经济上价值之物品概称曰财物,与有价物之意义颇相类似。

【财(財)物没收】【刑】Confiscation of property 即对于私人所有物件而加以没收也。(详没收条)

【财(財)物应入官私】【史】财物之所属应有一定,其应入官而入私,或应入私而入官,皆为法律所不许。唐律(卷十五)厩库篇设有财物应入官私之条:"诸财物应入官私而不入,不应入官私而入者,坐赃论。"疏议曰:"凡是公私论竞,割断财物,应入官乃入私,应入私乃入官,应入甲而入乙,应入私而入公廨,各计所不应入而入,坐赃论。"

【财(財)的公司】【公】Financial company 为公司分类之一,又称资合公司,对人的公司及折衷公司言,谓对财产(资本)以为信用之公司也。例如股分有限公司是。

【财(財)产】【通】Property 凡为人之生活资料所必要之一切财物权利,统称曰财产,有国有财产公有财产与私有财产之分。

【财(財)产分配】【破】Distribution of property in bankruptcy 财产分配者谓以破产财团之财产分配于破产债权人而为清偿也。通常之分配方法以金钱为之,以其他之财产为之者则为例外,分配之种类有三:(一)中间分配。(二)最后分配。(三)追加分配。(详各本条)

【财(財)产出资】【公】与劳务出资,信用出资相对立,所谓财产出资,乃包含以金钱出资,动产及不动产出资,并债权出资,准物权(例如渔业权)以及无体财产权等之出资在内,金钱之出资为最普通而最利便之方法,出资者应按章程所定之时期缴纳金额,其以不动产及动产为出资者,则应将该项权利移转于公司,至于以债权,准物权以及无体财产权等为出资时,亦应将权利让与或移转于公司,此外财产出资内尚有以使用权及收益权为出资之目的者(参用益出资条),其所有权则仍留于股东之手而勿庸移转于公司方面也。

【财(財)产目录】【公】Inventory or content of properties 为公司账簿表册之一种。即记载公司之动产不动产债权,及其他财产之各项明细记载也。其原价与估价均须记明,所以昭示公司财产之真实状况。我公司法规定应由董事造具,先交监察人查核,再提出股东会请求承认(第一六六条——一六九条),又公司决议合并时,为准备起见,亦须编造财产目录。(第四八条)

【财(財)产刑】【刑】Pecuniary punishment 即剥夺犯人财产之刑罚也,为刑罚之一种,更分为罚金及没收。(详各本条)

【财(財)产自由权】【宪】Right on freedom of property 为个人自由权之一种。即人民对于财产所有权有自由行使之权利也,此种权利之行使,须在不妨害公共利益之范围内,始受法律之保障,如遇公益上之必要,国家且得依法征用之或征收之,故此种权利颇受限制,并非绝对自由也。(训政约法第十七—十九条)

【财(財)产行为】【民总】为法律行为之一,对身分行为言,即以欲发生财产上效力之意思表示为要素之法律行为也,例如物权行为债权行为是,身分行为与财产行为之分类,乃以身分权与财产权为标准。

【财(財)产保险】【险】Property insurance 又称损害保险。(详该本条)

【财(財)产管理权】【亲】Right of management of property 财产管理权者,谓对于财产有保管及利用之权也,我民法规定子女之特有财产由父管理,不能管理时由母管理。父母对于子女之特有财产有使用收益之权,但非为子女之利益不得处分之。又受监护人之财产由监护人管理,其管理费用由受监护人之财产负担,监护人对于受监护人之财产非为受监护人之利益不得使用或处分,为不动产之处分时并应得亲属会议之允许。(民法第一〇八八条、第一一〇〇条、第一一〇一条)

【财(財)产继承】【继】Succession to property; Succession of patrimony 为继承之一种。对家督继承与宗祧继承言,即以财产为继承内容之继承也。被继承人之财产上一切权利与义务,有时乃包括的移转于继承人,有时乃限定的移转于继承人,故有下列两种之分:(1)包括继承。(2)限定继承。(详各本条)

【财(財)产权】【通】Property right; Right of property 为私权之一种,与非财产权相对立,即其所分配之法律货物,得与权利主体之人格或地位相分离之私权也,学者间有谓财产权系一种可以让与他人,而且乃以经济利益为标的之一种权利,实则不得以金钱计值者,(例如好友之书札与爱妻之遗发是)亦未始不可为财产权之一种也,财产权可分为:(一)债权。(二)物权。(三)准物权。(四)智能权。(详各本条)

【国公】为国家基本权利之一,即国家对于其所领有之陆水空享有所有及统治之权也,至于土地以外之产业,其所有权虽属于人民,但依法律之规定,国家仍得加以处分,若在战时所捕获者,亦得视为其财产之一部,惟须在经捕获审检所判决认为合法之后耳。

【财(財)团】【通】Consortium 所谓财团,乃指以供一定目的之用,集合多数财产而成为一独立存在之集团而言,例如民法上之财团法人与破产法上之破产财团皆是。

【财(財)团法人】【民总】Foundation 为私法人之一种,对社团法人言,又称财团,即依法律关于捐助行为之规定而成立之法人也,乃于捐助行为成立并生效时,始成为法人。财团之设立以订立捐助章程为原则,但以遗嘱捐助者不在此限,至其记载亦有必要记载与任要记载之分(参章程条内),于成立前须先得主管官署之许可,再行登记(详设立登记条内),又财团之设立人及董事,均无变更其社团目的或组织之权限,故法律规定仅许法院或主管官署为之,如由法院则须有捐助人董事或利害关系人之声请,始得变更其组织(民法第六三条),如系由主管官署为之,则须斟酌捐助人之意思,始得变更其目的与必要之组织,或解散之。(第六五条)

【财(財)团债权】【破】所谓财团债权,乃指以破产人为债务人,由破产财团先于破产债权人而受清偿之权利而言,此种债权不依破产程序先于破产债权人而受破产财团之清偿,所以奖励破产程序之进行也。下列各项债权均为财团债权:

(1)因破产债权人共同利益之裁判上费用。(2)关于破产财团之管理变价及分配所生之费用。(3)破产管财人因关于破产财团之行为所生之债权。(4)对于破产财团为无因管理所生之债权。(5)因破产财团所受不当得利所生之债权。(6)因破产管财人不解除双方契约于破产宣告后应履行契约时,对于相对人所负之债权,及破产管财人声明解约者,至解约时止所负之债权。(7)破产人及其家属之养赡费及丧葬费。(8)对于已经解散之法人宣告破产者,关于清算费用及因清算人之行为所生之债权。(9)对于继承财产宣告破产者,关于继承财产之管理并处分等费用,及因继承财产管理人与遗嘱执行人之行为所生之债权。(破产法第三八—四三条)

【貤(貤)封】【史】清制凡遇国家庆祝大典,每对官吏及其配偶,并曾祖父母祖父母等授与封典,以示优遇之意,所谓封赠是也。对于生者之封典曰封,对于死者之封典曰赠,其呈请改授远祖及伯叔或外祖父母等者谓之貤封,如妇人受封号而呈请改授移封,其远祖等者则称曰貤赠,此项制度远溯自唐,宋王楙著野客业书云:"唐制封赠,虽宰相止及其父,若以恩回赠,不但其祖,虽异姓亦及之,如权德舆以检校尚书,恩及其祖赠礼部郎中。又刘总外祖张懿赠工部尚书,即今貤封之始。"

【貤(貤)赠】【史】依妇人之奏请,将其应受封号改授其远祖及伯叔或外祖父母者,谓之貤赠(参貤封条内)。

【贡(貢)】【史】(一)为田赋之名,书经—禹贡序:"禹别九州随山濬川任作贡。"传曰:"任其土地所有,定其贡赋之差。"周礼——天官大宰:"以九贡致邦国之用。"(二)推荐之谓。广韵:"荐也。"由各地选试之士,曰贡士,或曰乡贡又曰贡生。

【贡(貢)士】【史】(一)诸侯向天子荐举贤士,谓之贡士,为科举之滥觞,起自周朝。三年一贡,礼记:"诸侯献贡士于天子",尚书大传:"古者诸侯于天子,三年一贡。"事物纪原(卷三):"周礼大司徒,邦国举贤者于王,则贡举之始也,唐武德初,诸州号明经俊秀,州县试取合格者每年丁月随方物入贡。"摭言曰:"武德辛巳岁四月一日敕也,按辛巳武德四年云。"(二)后世称被贡之人曰贡士,明清时代,举人会试及第者为贡士,有应殿试之资格。

【贡(貢)生】【史】清制,于生员中选择荐举入国子监者谓之贡生,有副贡,拔贡,优贡,岁贡,恩贡等五种,谓之五贡,皆称曰贡生。

【贡(貢)院】【史】试验贡士之场所,称曰贡院,宋史—选举志:"知贡举宋白等定贡院故事。"

【贡(貢)赋】【史】上之所取谓之赋,下之所供谓之贡,是为租赋之始,起自唐虞,至夏后氏,其制始备,书经—禹贡篇兖州:"厥赋贞(中略),厥贡漆丝。"蔡沈禹贡总注曰:"上之所取谓之赋,下之所供谓之贡,是篇有贡有赋,而独以贡名篇者,孟子曰:夏后氏五十而贡,贡者较数岁之中,以为常则贡又夏后氏田赋之总名。"

【贡(貢)举】【史】周时有乡举里选之制,且有贡士之法,至汉始合贡举之名而浑称之曰贡举,见韦彪之奏议。唐时,称被贡举之人为贡举人(唐书选举志)。

【贡(貢)举非其人】【史】拔取贤材而贡之于朝,谓之贡举,按贡乃进贡,即今科贡之类，举谓荐举，如举贤良方正之类是也，贡举之时应秉大公，此日之是否得人，即可预卜他年之栋梁，如所举非人是将有才之人摈弃，而贻国家之害也。明律（卷二）清律（卷六）吏律职制篇——贡举非其人之条："凡贡举非其人，及才堪时用，应贡举而不贡举者，一人，杖八十，每二人加一等，罪止杖一百，所举之人知情，与同罪，不知者不坐，若主司考试艺业技能而不以实者，减二等，失者，各减三等。"清律之总注："贡举乃朝廷登进人材之大典。若任贡举者，不持正道，不依格律，将不应贡举者而贡举之，则非人幸进，将应贡举者而不贡举，则才士沦落其罪均也，故按人科罪，一人杖八十，每二人加一等，至五人以上，罪止杖一百，所举之非人，知情而依附干进者，同罪，亦杖八十，不知者不坐。艺业技能，如文字诗赋，弓马技勇，篆录律历医卜等类，凡需考试者皆是，主司若明知可取者不取，不可取者滥取，故意颠倒，而不以实者亦按人科罪，比贡举减二等，一人杖六十，每二人加一等至五人以上，罪止杖八十，以上贡举考试二节，皆明知故犯者之罪也。若无心之失，各减三等，总承上二节，贡举而失者，一人笞五十，罪止杖七十，考试而失者，一人笞三十，罪止笞五十，凡应减者皆于罪止上减之也。"

【起内人伴】【史】所谓起内人伴，乃指在同一犯罪事件中之被累人伴而言，明律（卷二十八）、清律（卷二十四）刑律断狱篇——鞫狱停囚待对条："凡鞫狱官推问罪囚，有起内人伴，见在他处官司，云云。"

【起居注】【史】史官所作天子动静言行之纪录曰起居注，后世以之为官名，乃掌周时左右史之职，汉代以宫女任之，亦有由皇后自任撰记之职者。后世皆为特设之官，或称起居令史，或称起居郎，或称起居舍人，明以后属于翰林院，清曰起居注官，以翰林兼任之。事物纪原（卷一）："汉武有禁中起居，后汉明德马皇后自撰显宗起居注，盖周礼左右史之事耳，谓之起居注，则自前清始也。唐艺文志亦有献帝起居注，自兹历代咸有也。"

【起居注官】【史】（详起居注条内）

【起居舍人】【史】（详起居注条内）

【起居郎】【史】（详起居注条内）

【起差】【史】修筑工事时，差遣人丁者谓之起差，明律（卷二十九）、清律（卷三十六）工律营造篇——擅造作条："其城桓栅倒，仓库公廨损坏，一时起差丁夫军人修理者，不在此限。"

【起除刺字】【史】盗贼经刺字后平民即羞与为伍，故应收入警迹之册责令充任警役，如私自将刺字起除者，应依律处断，明律（卷十八）清律（卷二十五）刑律贼盗篇——起除刺字条："凡盗贼曾经刺字者，俱发原籍收充警迹，该徒者役满充警该流者流满充警，若有起除原字样者，杖六十补刺（清律之下注：收充警迹谓充巡警之役，以踪迹盗贼之徒，警迹之人俱有册籍，故曰收充若非应起除而私自用药或火炙去原刺面膊上字样者，虽不为盗，亦杖六十，补刺原刺字样）。"清律之辑注："按充警迹之役者，如今地方总甲、巡役、缉头、及军牢夜不收之类。夫人犯盗刺字之后，平人羞与为伍，故收入警迹册，使为贱役立功自赎，然后起除原刺字样使为良民，既收其察盗之用，复开其自新之路，此律之深意也。"同律之总注："凡为盗事犯，不论监守常人窃盗抢夺掏摸等项，但曾经官司断罪刺字者，杖罪以上决讫俱发原籍地方收充警迹，犯该徒罪者，年限满日还籍充警，犯该流罪者即于配所充警，盖警是巡警之意，迹是踪迹之谓，将刺字之人，收充警迹之役，责令巡警盗贼，即古人以盗查盗之法也。若有用药或火炙起除原刺字样者，杖六十，仍补刺原字。"又同律之辑注："定制初犯刺臂，二年无过，官司保勘起除刺字，再犯者三年无过依上保勘起除，有能捕获强盗三名，窃盗五名者，不拘年限，即与除籍起字，盖刺字有应起除之时，故注云若非应起除云云也。"

【起马御宝圣书】【史】使臣出发时，天子所赐之传马（即驿马）之御印谓之起马御宝圣书。明律（卷三）吏律公式篇——弃毁制书印信条："凡弃毁制书及起马御宝圣书，起船符验，若各卫衙门印信，及夜巡铜牌者斩。"

【起船符验】【史】使臣出发时天子所赐以为乘船之书类，为起船符验，如有弃毁之者斩（参起马御宝圣书条内）。

【起部】【史】官名，汉晋以来置起部尚书，掌宗庙及宫室之营造，事终即废，隋改为工部，唐因之，有尚书一人，侍郎一人，掌经营兴造之事。

【起复】【史】（一）官吏有父母之丧，服未终了而起用也。事物纪原（卷九）："礼曾子问云，子夏问曰，三年之丧金革之事，无避也非欤，孔子曰，吾闻老聃曰，昔者鲁公伯禽有为为之也。注云，鲁徐戎作难丧，卒哭而征之，急王事也，故春秋亦纪晋襄公墨缞之事，汉唐以来遂有起复之礼，盖自伯禽始也。"晋书一卡壶传："遭父母忧既葬，起复旧职累辞不就。"（二）后世称服已满而起用者为起复，未满而起用者则称曰夺情。清制，凡官吏服父母之丧，丧期满了之后，先由本籍地官吏证明呈请吏部复职，六部成语注解："丁忧①之员服满后，禀知本籍上司请给咨文，赴部补官。"

【起期】【民总】Commencement of the term 一称曰始期（详该本条）。

【起发】【史】所谓起发乃指于一定期限内起程出发而言，例如犯人判决处流刑时于十日内起程发遣所流配之地是。明律（卷二十八）、清律（卷三十四）刑律断狱篇——淹禁条：应断决者限三，日内断决应起，发者限一，十日内起发。

【起诉】【刑诉】Institution of prosecution; Indictment 为检察官侦查后实施处分之一，对不起诉言，谓检察官依侦查所得之证据足认被告有犯罪嫌疑时，向该管法院提起公诉请求审理也，起诉时应制作处分书，叙述理由，且应以正本于七日内分别送达于被告及告诉人（刑诉法第二五三条、第二五六条），起诉书亦应以书状为之，并记载下列事项：(1)被告姓名，性别，年龄，及其他足资辨别之特征。(2)犯罪事实，起诉理由，及所犯法条，除提出起诉书外，并应将该案卷宗及证据物件一并送交法院。提起公诉之权，属诸检察官，但法律为避免复杂情形起见，定有标准三项：(1)一罪之成立以他罪之成立与否为断者，起诉时应加声明（第二六二条）。

① 原书为"夏"，系排版之误。

(2)犯数罪时其一罪已受或应受重刑之判决,如认他罪无重大关系,得不起诉(第二六一条)。(3)犯罪是否成立,与刑罚是否免除,而须以民事法律关系为断者,民事已经起诉,则于该罪起诉时应加以应从民事为断之声明(第二六三条),法律为慎重起见,更有下列之规定:(1)法院不得就未经起诉之行为加以审判。(2)起诉之效力只及于起诉状内所列之被告,是皆不告不理之原则。(3)起诉之撤回,仅可于第一审审判开始前为之。(第二五九—二六〇条、第二六四条)

【民诉】谓当事人向法院求为利己判决而开始判决程序之声明也,起诉之方法有二,一为以言词起诉,即于推事前为之,或于法院通常开庭之日自行到场为之,或于言词辩论中起诉由书记官记明于笔录为之,二为以书状起诉(于第一审之通常诉讼程序为之),起诉后法院认为应开言词辩论者,应速定言词辩论日期,并应将诉状及传票一并送达于被告,若对于同一被告有数宗请求而属同一法院管辖,并得行同一之诉讼程序者,得合并提起之。(民诉第二三五条、二三九—二四二条,又二五一条、三九五条、三九九条)

【起诉法院】【组】Court of first instance 与上诉法院终审法院相对称,谓诉讼案件提起时所系属之法院,此种法院有时为地方法院,有时为高等法院。

【起诉权】【刑诉】Right of prosecution 即提起公诉之权也。(参公诉条及起诉权时效条)

【起诉权时效】【刑】Extinctive prescription of prosecution 为刑法时效之一,对行刑权时效言,即刑罚请求权消灭时效立之谓,又名公诉时效,或曰刑罚请求时效,或称求刑权时效,我国刑法之规定如下:(一)死刑无期徒刑或十年以上有期徒刑者为二十年。(二)一年以上十年未满有期徒刑者为十年。(三)一年未满有期徒刑拘役或罚金者为三年。上列期限自犯罪成立之日起算,但连续犯则以犯罪最终之日起算(第九十七条),又计算方法则据本刑最高度为准,有二种以上主刑者,则据最重主刑之最高度计算(第九十八条),本刑应加重或减轻时,仍据本刑计算(第九十九条),如遇有依法令不能开始或继续侦查预审起诉或审判之程序时,起诉权时效因而停止。(第一〇〇条参照)

【起解】【史】起程解送简称曰起解,明律(卷七)户律仓库篇——钞法条:"各衙门起解赃罚。"六部成语注解:"由某省起程,解送户部之款项。"至其所解送之银则称曰起解银。

【起解金银足色】【史】各衙门收受商税诸色课程及变卖入官之赃罚等项货之起解金银,须要足色,如成色不及十分之数者,则必有弊,应将匠人及提调官吏按律治罪。明律(卷七)、清律(卷十二)户律仓库篇均有起解金银足色之规定,内容相似,清律条文及其下注曰:"凡收受(纳官)诸色课程,变卖货物,起解金银,须要足色如成色不及分数,提调官吏,(及估计煎销)人匠,各笞四十,着落均赔还官(官有侵欺,问监守盗,知情通同,故不收足色,坐赃论)。"清律之总注:"诸色课程,如岁办商税,各场课银之类,变卖货物,如抄没入官诸物,照例变价之类金银成色,必足十分,不及分数,不足十分成色之数也。人匠,指估计倾销之人,成色不足,提调官吏与人匠均难辞咎,故各笞四十,著落均赔,照不及分数补足。"

【起解钱粮】【史】将钱粮于征收后，起行解交于中央政府者，曰起解钱粮，清例之规定如下：(一)解司银两无论元宝及十两小锭，均令于锭面錾凿年月州县银匠姓名，以凭稽核。(二)官员将不应起解钱粮违例起解者，罚俸一年，将应解本色钱粮误解折色者，降一级调用。(三)钱粮未解，申报已解者，州县官降二级调用，府州罚俸一年，失查银匠，搀和铅沙者，州县官降三级调用，府州罚俸一年，起解银不足色者，州县官降一级调用，府州罚俸六个月。

【追(追)及权】【物】Right of pursuit 即权利者对其权利标的物不论入于何人之手，均得追求其所在以主张其权利也，为物权效力之一种，对优先权物上诉权言，例如甲将马一匹借与乙，乙乃卖与丙，丙复售于丁，则所有人甲仍可向丁追取其物请求返还是。

【追(追)加】【通】Addition 将新发现之事实附加于原来之事实，谓之追加，例如原告提起新诉以附加于原诉者，又如破产在最后分配通知分配额以后，若有加入分配额之财产时，破产管财人经法院许可后所为追加之分配是也。

【追(追)加分配】【破】Supplementary distribution 为财产分配之一种，即于最后分配通知分配额后，如有新加入分配额之财产时，再为之分配也，通常由破产管财人为之，且须经法院之许可，始为有效。(破产法第二六三一二六五条)

【追(追)加判决】【民诉】Additional judgement 依民诉法第二百二十四条规定，主请求从请求及诉讼费用之全部或一部判决有脱漏者，法院应依当事人于判决送达后十日内声请以判决补充之，此种补充判决，谓之追加判决，但当事人若不于法定期间内声请补充判决，则法院不必以职权为追加判决。

【追(追)加理由书】【刑诉】Additional statement of reasoning 所谓追加理由书，乃指刑事上诉人于提出上诉之书状或理由书后，再向原审法院或第三审法院所提出之理由书而言，此种规定，乃尊重上诉人之权利，而使其有再行陈述理由之机会而设，但于时间设有限制，即须于提出上诉之书状或理由书后十日内为之。(刑诉法第三九九条)

【追(追)加预算】【行】Supplementary budget 总预算编制完竣以后，如有其他必要经费之支出时，得提出增加预算，是曰追加预算。

【追(追)刑】【史】刑罚及于犯罪本人以外者，谓之追刑。晋书—刑法志："父母有罪，追刑已出之女。"

【追(追)坐】【史】旧制，犯谋反大逆罪者有缘坐之律，若犯者之女许嫁已定，或出养入道，及聘妻而未成婚者均不追溯而缘坐之，以其已非犯者之所属也。(参缘坐非同居条)

【追(追)完】【民刑诉】为日本名辞，即诉讼条件欠缺而加以补正完备之谓也。

【追(追)究】【通】Searching to the bottom 对于过去之错误事实，再行追溯其已往而究治之，谓之追究。

【追(追)取命令】【民执】民事执行机关依据债权人之声请，因使其得向第三

债务人追取债务为目的所发之命令，谓之追取命令，与转付命令不同。(详转付命令条)

【追(追)封】【史】皇帝追思亡臣之功勋而赠以爵号者，谓之追封。事物纪原(卷二)："汉书张贺传，贺为掖庭令，宣帝以皇曾孙牧养掖庭，恩甚密，及帝即位追思贺，封恩德侯，此则追封之始也。"

【追(追)胥】【史】追捕盗贼之谓也。周礼地官小司徒："凡起徒役，毋过家一人以其余为羡，唯田与追胥竭作。"其注曰："田猎与逐捕寇盗，则正卒羡卒皆行。"所谓竭作乃指正卒羡卒尽行而言。

【追(追)索权】【票】Right of recourse 又称溯求权，谓汇票到期不获付款时，执票人于行使或保全汇票上权利之行为后，对于背书人发票人及汇票上其他债务人(如保证人参加人是)所得行使之请求偿还之权利也，但有下列情形之一者，虽在到期日前亦得行使之：(1)汇票不获承兑时。(2)付款人或承兑人死亡逃避或其他原因无从为承兑提示时。(3)付款人或承兑人受破产宣告时(票据法第八二条)。关于不获承兑时之追索制度，各国立法例有三：(1)一权主义。(2)两权主义。(3)选择主义(详各本条)。我票据法仅认有偿还请求权，乃采一权主义，至追索权之行使，其要件有三：(1)汇票须系不获承兑或无从为承兑提示，或不获付款者。(2)须作成拒绝证书以为证明(第八三—八五条)，但有例外得以免除(第九一—九二条)。(3)执票人于拒绝证书作成后，在一定期间内应将拒绝事由向发票人背书人及其他票据上债务人负通知之义务(第八六—九〇条)，又因不可抵抗之事实不能于期限内承兑或付款提示者亦然(第一〇二条)。执票人怠于通知时应受制裁，其立法例有二：(1)条件主义。(2)义务主义(详各本条)。我票据法采义务主义。至执票人行使追索权时，其所请求金额得为下列三种：(1)汇票金额。(2)约定利息。(3)必要费用。又票据债务人为清偿时，得向承兑人或前手请求之金额亦有三：(1)所支付之总金额。(2)利息。(3)所支出之必要费用，清偿者如为发票人，亦得向承兑人请求上述金额(第九四—九五条)，为行使追索权简捷起见，法律又许追索权利人得发行回头汇票(详该本条)，以应急需。此外关于清偿时如系全部时，得请求执票人交出汇票及附有收据之偿还计算书，如有拒绝证书者亦然，如系一部时，即清偿未获承兑部分之时，得请求执票人在票上载明事由，出具收据，交出汇票誊本及拒绝证书(第九七—九八条)，所以使清偿人得向其前手行使追索权也。至追索权之丧失，其情形有四：(a)发票人为背书人时，对前手无追索权。(b)前背书人为被背书人时，对其原有之后手亦丧失追索权。(c)执票人不依票据法所定期限内为行使或保全汇票上权利之行使者，亦丧失之。(d)又于约定期限内不为上述行为者亦然(第九六条、第一〇一条)，追索权因行使之方法而分下列二种：(a)飞跃追索权。(b)变更追索权。(详各本条)

【追(追)复】【民诉】所谓追复，乃指溯追前此旧况而回复其原来状态而言，我民事诉讼法规定："当事人或代理人因天灾或其他不应归责于己之事由，迟误不变期间者，自其事由终止时起十四日内，得追复其迟误之诉讼行为，此项追复，如自迟误时起逾一年者，不得为之。"(第一六五条第一项、第三项)

【追(追)减】【史】谓罪刑业已确定之后,因一定事件而仍减轻其刑也。(参部内容止盗者条)

【追(追)诉】【刑诉】Prosecution 又曰诉追。(详该本条)

【追(追)夺】【物】Eviction 物或权利归属于他人时,依法律之规定于日后得向其收回而为己之所有者,曰追夺,此为狭义之意义,若无正当之权利,而亦得以向他人收回者,则为广义之追夺。

【追(追)夺迫害之抗辩】【债】即买受人恐第三人主张权利致其因买卖契约所取得权利之一部或全部发生损失时,得参酌危险情形向出卖人拒绝支付价金之全部或一部之谓也。此种权利又称价金支付拒绝权,此为原则,但有例外,即出卖人已提供相当之担保时,买受人已无损失之虞,故不得行使其权利(民法第三六八条)。

【追(追)夺除名】【史】凡文武官吏犯私罪者追夺其诰敕,除去其仕籍称曰追夺除名。(参除名当差条内)

【追(追)夺担保】【债】Warranty for quiet enjoyment 为出卖人义务之一,又称权利的瑕疵担保,即买卖标的之财产权,因权利全部欠缺,或一部欠缺,或受限制,或在法律上欠缺存在之原因,致不能移转于买受人,或所移转不能完全时,出卖人所应尽防遏或应予救济之责任也(参民法第三四九条)。至其性质学者多谓系出卖人之特别义务,其要件有三:(1)权利之瑕疵须系于契约成立时已存在者。(2)权利之瑕疵买受人须于契约成立前不知之者。(3)须系当事人未有特约免除或限制者(参三五一条、三六六条),至出卖人违背追夺担保义务者,买受人得先行使契约解除权,损害赔偿权,违约金请求权,及价金减少请求权。(第三五九条、第三六一条—三六五条)

【追(追)对】【刑诉】追溯既往之事以对问犯人,谓之追对。

【追(追)认】【民总】Ratification 新民法称曰承认。(详该本条)

【追(追)认催告权】【民总】Right for asking ratification 乃要求他方确答是否承认之权利也,法律之设定此权,乃因限制能力人未得法定代理人之允许与他人订立契约,在未经其承认前既不生效力,此时乃在不确定之状态中,为保护相对人起见,许其对于契约有追认催告权,但其期限仅一个月以上耳,若于所定期限内法定代理人不为确答者,视为拒绝承认。(民法第八〇条及八一条第二项)

【追(追)征】【刑】Recovery of money 为刑法上特别处分之一种,谓法院对公务员所收受之贿赂不能没收时,就其价额加以追补交纳也。例如所受贿赂一千元已用消净尽,或所得之贿为消费物,亦已耗完,则当令其按价额缴出,故曰追征,与罚金及没收性质虽异,然系介乎二者之间。(刑法第一二九条、第一三〇条)

【刑诉】追征裁判之执行,应依检察官之命令行之,因其非刑法上之刑名,故不得折易监禁,且执行时无法定之犹预期间,但如就受刑人之遗产加以执行,则为法律所许可耳。(刑诉法第四九二条第一、二项)

【追(追)偿权】【债】又称求偿权。(详该本条)

【追(追)还完聚】【史】夫无正当理由而与其妻离婚者,由官判令恢复从前同居之原状,谓之追还完聚。

【追(追)赠】【史】追赠者,子孙赠封其已故父祖以一定之尊称也。始自周武王之时,事物纪原(卷二):"自武王克商追王太王王季,故后代有追谥追尊之典,两汉逮今,人臣亦有追赠之制。"

【追(追)摄人】【史】(详拒捕追摄人条内)

【追(追)赃给主】【史】谓将赃物追征给予失物之原主也。清之现行则例(即刑部现行则例)受赃篇——追赃给主之条:"凡官役审实赃银之内如有亏短价值之类,追给原主,其诈骗逼勒之项,被害自行首告者,追给原主,如非自行首告系督抚科道参发者,仍概追入官。"

【退(退)社】【民总】Withdraw from association　社员与社团脱离关系,谓之退社,民法第五十四条规定:"社员得随时退社,但章程限定于事务年度终,或经过预告期间后,始准退社者,不在此限。"又已退社之社员对于社团之财产在原则上无请求权,惟非公益法人,其章程另有规定者,则为例外。(第五十五条)

【退(退)股】【公】Retirement or withdrawal of share　谓股东将已加入之股份收回股金与公司脱离关系也,因退股后公司股份数目减少,故与转让时之公司股份数目并不减少者有别,退股有定时退股与随时退股之别,前者指于一定期间及条件之退股而言,其条件有四:(1)须系公司并未定有存续期限。(2)须无其他特别禁止之订定。(3)须在每营业年度终时为之。(4)须于六个月前以书面声明,后者指股东有不得已之事由时无论公司定有存续期限与否,均得自由随时退股而言,除上述外法律复规定各股东因下列事由而退股:(1)章程所定之事由发生。(2)死亡。(3)破产。(4)受禁治产宣告时。(5)除名。又退股之股东与公司之结算,应以退股时公司财产之状况为准,退股股东之出资,不问种类如何,均得以金钱抵还之,此外退股股东应向主管官署登记,对登记前公司之债务,于登记后二年内仍负连带无限之责任。(公司法第四〇条—四五条)

【退(退)保】【刑诉】第三人对被告停止羁押时所负担保之责任请求免除时,谓之退保。(参保释条内)

【退(退)庭】【民刑诉】Retirement from the court;Exclusion from the court　即法院之推事检察官因审理事件终了,而退出审理诉讼时之法庭之谓也。又旁听人或其他人有妨害法庭职务或其他不当行为者,审判长如命其退出法庭者,亦称曰退庭。

【退(退)伙】【债】Retirement of a partner　所谓退伙,乃指合伙人脱离合伙关系而丧失其合伙人之地位而言,退伙可分为二种:(一)法定退伙。(二)任意退伙(详各本条)。退伙后退伙人与他合伙人间之结算,应以退伙时合伙财产之状况为准,至退伙之股份为便于结算起见,不问其出资之种类,均得由合伙以金钱抵还之,又退伙人对于其退伙前合伙所负之债务,为保护合伙人起见,法律明定退伙人

仍应负责。(第六八五—六九〇条)

【退(退)伙人】【债】脱离合伙关系之人,曰退伙人。(详退伙条内)

【退(退)隐】【史】Retirement 旧制年满七十即退居不仕,谓之退隐(礼记曲礼篇)。

【退(退)职】【行】Retired from office 所谓退职乃指老病或精神衰弱不能任事,而呈请告退者而言。

【送(送)出复本】【票】Duplicate part presented for acceptance 为复本之一种,对流通复本言,谓以提示承兑为目的所作成之复本,此时将送出复本寄致付款人提示承兑,仍得以其他复本或原本为背书以资流通,但于送出一份时须于其他各份上载明接收人之姓名或商号及其住址,所以便于正当执票人(后手)请求交还其接收之复本(即送出复本)也。如接收人拒绝交还时,为防止追索权之滥用起见,执票人须以拒绝证书证明下列二事:(1)接收人拒绝交还之事实。(2)以他复本请求承兑或付款之提示亦为无效之事实。(票据法第一一四条)

【送(送)达】【刑诉】Service; Delivery 所谓送达,乃指以与诉讼行为有关系之文件交付于诉讼当事人及关系人之程序而言,为便利接受文件之送达起见,当事人辩护人辅助人在侦查中应将其住址或事务所向检察官声明,在审判中应向法院声明之,若于检察官或法院所在地无一定住址或事务所者,应委托居住该地之人为代收受送达人,故代受送达人之住址以本人之住址论,送达文件除检察官应收受之文件须向检察官送达外,送达于其余诉讼关系人有下列各方法:(一)邮信送达。(二)嘱托送达。(三)公示送达(详各本条)。送达文件由司法警察执行之,关于其他各项准用民诉法送达之规定。(刑诉法第一九四—二〇三条)

【民诉】在民诉法上送达有二主义,一为职权送达主义——即法院依职权以送达之也,一为当事人送达主义——又分直接送达与间接送达二种,我民诉法则规定送达由法院书记官依职权为之(第一二四条)。乃采职权送达主义。送达之机关有三,一为执达员,一为邮务局,一为法院书记官,至应受送达之人即为受送达之本人,但有下列情形得向本人以外之人为之:(一)对于无诉讼能力人为送达者,应向其法定代理人为之。(二)对于非法人之团体为送达者,应向其代表人或管理人为之。(三)对于在中华民国有事务所之外国公司为送达者,应向其在中华民国之代表人为之。(四)对于现役军人或军属为送达者。应向该管长官为之。(五)对于在监所人为送达者,应向该监所长官为之。(六)关于商业之诉讼事件送达,得向经理人为之。(七)诉讼代理人有受送达之权限者,送达应向该诉讼代理人为之。(八)当事人或代理人已向受诉法院指定送达代收人者,应向该代收人为之。送达除本法有特别规定外,应付与该文书之缮本。送达除由执达员直接送达外,尚有下列三种方法:(一)邮信送达。(二)嘱托送达。(三)公示送达(详各本条)。此外送达时应有送达证书(详该本条)之制作,以为证明之用(参民诉法第一二四—一五六条)。

【送(送)达方法】【民诉】(详送达条内)

【送(送)达代收人】【民诉】又称曰代受送达人(详该本条)。

【送(送)达通告书】【民诉】Notice of the service　送达通告书者,谓将送达之情形通告受送达人时所为之书面也。送达时如不能于法定处所向应受送达人或向送达代收人为之者,得依下列方式行之:(1)将文书寄存于送达地之第一审法院书记科。(2)将文书寄存于送达地之公安局。(3)将文书寄存于送达地之间邻长处,并作送达通告书黏贴其住居所营业所或事务所门首,命其前往领取,以免寻觅等候而至迟误也。(民诉法第一三九条)

【送(送)达证书】【民诉】Certificate of delivery; service certificate　送达证书者,送达人送达文件于诉讼关系人时所制作之书面,以为证明是否送达于该应受送达人之用者也。(甲)由送达人直接送达者,其证书应记明下列各事项并签名:(1)命行送达之法院。(2)应受送达人。(3)应送达之文书。(4)送达处所,及年月日时。(5)送达方法。送达证书作成后应交收领送达人签名按指印或盖章,如拒绝或不能签名按指印或盖章者,送达人应记明其事由。(乙)由邮信送达者,法院书记官应作记明该事由及年月日时之证书附卷。(丙)嘱托送达时,法院书记官应将受嘱托之官署或公务员通知已为送达或不能送达之文书附卷,其不能送达者,并将事由通知使为送达之当事人。(丁)公示送达时,法院书记官应作记明该事由及年月日时之证书附卷(民诉第一四二——一四五条,又第一五一条、第一五五条)。

【逃(逃)人干连】【史】逃人,谓逃亡之人,凡逃人而自卖其身以及关与逃人等卖身之争执案件,谓之逃人干连。清之现行则例(即刑部现行则例)公式篇——逃人干连之条:"逃人称民卖身并干连逃人互争买与未卖等徒罪以下细事,督捕即行审结,其指逃讹诈强盗人命等事,仍送刑部审理。"

【逃(逃)人白昼抢夺】【史】谓逃亡之人于昼间公然犯抢夺窃盗等罪也。清之现行则例(即刑部现行则例)贼盗篇——逃人白昼抢夺之条:"凡逃人逃出或白昼抢夺窃盗罪至鞭一百者,刑部枷号臂膊刺字,鞭一百送督捕,督捕免其鞭责止面上刺字,不至鞭一百者,刑部止臂膊刺字送督捕,督捕照例面上刺字鞭一百,其各处逃人或为抢夺或为窃盗,解到督捕审明果系逃人及在逃走之处为盗情真者,先送刑部议结为盗之罪,后移回督捕议逃走之罪。"

【逃(逃)犯在境潜匿】【史】各项逃亡犯人如在辖境之内逗留潜匿者,是该管官员殊不能辞其咎,非加处分不可。清例之规定如下:(一)各项逃犯逗留在境(不及半月者免议),凡属罪应斩绞人犯或例应正法之逃遣犯,地方官失察者降一级留任,知情窝隐者,革职治罪,凡属军流及寻常遣犯,地方官失察者,罚俸六个月(以上如系属员藏匿罪人,而上司不查出揭参者,降一级留任)。(二)奉旨缉捕要犯时:(甲)各州县查无藏匿,年底申报督抚具奏,日后获犯审出是年曾在境内者,州县应革职,府州应降二级调用,道员罚俸一年,督抚罚俸九个月。(乙)未申报以前经旁人首告获犯者,州县应降一级留任,府州应罚俸一年,道员罚俸九个月,督抚罚俸六个月。(丙)倘州县官知情听其隐藏者,则与该犯一体治罪。(三)案犯窜入邻境时:(甲)本境地方官以非其管辖不急往拿者,如系命盗等重犯,该地方官均降三级调用。(乙)邻境地方官任令潜匿不为协缉者,如系逃窃窝赌等项寻常人犯,该地方官均应降一级留任。(四)拿获邻境人犯时,逃徒一名,纪录一次,军流及寻常遣犯一名,纪录二次,例应正法之逃遣,一名加一级,六名以上送部引见。(五)奉旨缉捕要犯拿获一名,加一级。

【逃(逃)徒处分】【史】徒刑犯人脱逃时负责官吏应受一定处分,依清例之规定如下:(一)徒犯脱逃百日限拿获者,免议,限满不获,按未获名数议处,同日脱逃四名以下者,专管官(即收管之员)罚俸一年,兼辖官(即州县)罚俸六个月,又同日逃脱五名以上者,专管官降一级留任,兼辖官则罚俸一年。(二)隐匿不报者,专管官降二级留任,兼管官罚俸一年,受贿故纵者,专管官革职拿问兼辖官降二级调用(以上兼管官据实揭报者,免议,非兼辖均免议)。逃后妄控原案者,专管官降一级留任,兼辖官罚俸一年,越分呈递封章者,专管官降一级调用,兼辖官降一级留任(以上知情故纵者,专管官革职拿问,兼辖官查出揭参免议,失察者,降二级调用)。(三)徒犯派拨各衙门充当夫役,脱逃,本管官照例议处,兼辖官免议。(四)徒犯私回原籍,地方官自行拿获免议,失于查拿,罚俸一年。(五)递籍管束官常各犯逃后妄控原案呈递封章,专官各官处分与徒犯脱逃同。(六)地方官拿获邻境逃徒,每一名纪录一次。

【逃(逃)捕律】【史】(详捕亡律条)

【逃(逃)避差役】【史】人户既以户籍为根据,则应在其户籍所在地供服差役,若逃往他地希图逃避其差役者,非加以惩治不可,此本条之所以设也,明律(卷四)、清律(卷八)户律户役篇——逃避差役条:"凡民户逃住邻境州县,躲避差役者,杖一百,发还原籍当差,其亲管里长,提调官吏故纵,及邻境人户,隐蔽在己者,各与同罪,若里长,知而不逐遣,及原管官司,不移文起取,若移文起取,而所在官司,占吝不发者,各杖六十,若丁夫杂匠在役,及工乐杂户逃者,一日笞一十,每五日加一等罪止笞五十,提调官吏故纵者,各与同罪,受财者,计赃以枉法纵重论,不觉逃者,五人,笞二十每五人加一等,罪止笞四十,不及五名者,免罪。"(其下注:上言躲避邻境,是全不当差役者,故其罪重,此言在役而逃,是犹当差役者,故其罪轻,)清津之总注曰:"州县人户,分土定籍,各相统摄,凡民当安其土,以供本等差役,若逃于邻境而躲避之者,是清奸民。杖一百,发还当差,其原管里长官吏,知其逃而故纵不问,是纵奸也,邻境人户,如其逃而隐蔽在己户内,是庇奸也,各与逃避人同罪,亦杖一百。邻境里长,知其人户内有隐蔽逃户,而不遣逐回籍原管官司,知其逃避所在,而不起文移取,所在官司,听其逃避而占吝不发者,是养奸也,各杖六十,若丁夫杂匠,当该在役之日,及工乐杂户,常川供事之人,逃者,不过暂避一时之役事,计日论罪,一日,笞一十,加等至二十一日以上,罪止笞五十,提调官吏故纵者,同罪,亦计日科之受财故纵,则计赃以枉法罪与本律从重论,失察其逃而不觉者,计人论罪,五人笞二十,加等至十五人以上,罪止笞四十,不及五人者,免罪,凡弓兵役夫,编门皂快,防守诸役在逃,应俱照丁夫律。"

【逆(逆)背书】【票】又称回头背书(详该本条)。或名还原背书。

【逆(逆)缘婚】【亲】Deceased brothers' widows' marriage 为婚姻之一种,与

顺缘婚相对立,谓弟于兄亡后,而与其嫂结婚也。此为我国旧律所禁止,新民法应解为可以为之。(参第九八三条)

【回(迴)避】【民刑诉】Withdrawal; Evasion; Shirking　所谓回避,乃指法院职员于法定原因对特定案件绝对无执行职务之资格而言,此种制度之设,乃为维持审判之公平起见,我民刑诉法均设有明文,兹将刑诉之规定分述于下:(甲)推事——(一)自行回避之原因:(1)推事自为被害人者。(2)推事为被告或被害人之亲属者,其亲属关系消后者亦同。(3)推事为被告,或被害人之未婚配偶者。(4)推事为被告或被害人之法定代理人,监护人,或曾居此等地位之人者。(5)推事于该案件曾为被告之辩护人代理人或自诉之代理人者。(6)推事于该案件曾为证人或鉴定人者。(7)推事于该案件曾行使检察官或司法警察官职务者。(8)推事于该案件曾参与前审者(指下级审之审判而言)。(二)当事人得行声请推事回避之原因:(1)推事有法定原因应回避而不回避者。当事人得随时声请回避。(2)推事执行职务有偏颇之虞者,则须于审判开始前声请回避,但有例外二。即(1)回避原因发生在后者。(2)当事人未知有此原因者,即于审判开始后亦得为之(刑诉第二四—二七条),当事人之声请应以书状为之,被声请之法院原则上为该推事所属之法院,但如系初级法院推事,则当事人须向地方法院提出声请,推事于被声请回避时即应停止诉讼,但遇急速处分时,不在此限。法院对声请下驳回之裁定时,当事人得于五日内抗告之,至推事自身对于应否自行回避发生疑义时,可向其管辖声请回避之法院请求裁定(第二八—三十二条)。(乙)书记官及通译——其回避情形与方式,均准用上述推事之规定,但概向其所属之法院为之耳(第三十三条)。(丙)承发吏——亦有回避之规定(参承发吏职务章程第二十三条)。惟违者与法院之裁判并无影响。(丁)检察处职员——亦多准用推事回避之规定,惟须向所属之首席检察官声请耳,首席检察官之回避,则应向上级法院首席检察官为之(第三十四条)。此点与推事不同,在民事诉讼法之规定:(甲)推事自行回避之原因:(一)推事或其配偶为该事件当事人者。(二)推事为该诉讼事件当事人七亲等内之血亲,或五亲等内之姻亲,或曾有此姻亲关系者。(三)推事或其配偶就该诉讼事件与当事人有共同权利人,共同义务人,偿还义务人之关系者。(四)推事为该诉讼事件当事人之法定代理人,或曾为法定代理人者。(五)推事于该事件为诉讼代理人,或辅佐人或曾为以上各项人者。(六)推事于该诉讼事件曾为证人鉴定人者。(七)推事曾参与该事件之前审裁判或公断者。(乙)当事人得以声请推事回避之原因。则与刑诉法所规定者无异(参上述)。至法院书记官及通译之回避,亦准用关系推事回避之规定(第三二—四十条)。清例规定关于官员之回避范围广大,及于一切外省官吏如下:(一)外省督抚以下,杂职以上俱回避本省,其寄籍祖籍一体回避,地方河工员缺在原籍五百里内均回避,河工官毋庸回避祖籍,盐务官回避祖籍本府地方,教职止避本府地方,其原籍祖籍在本省者,一体回避,幕友出仕回避游幕省分,其在该省学幕及曾经代庖者,一概回避,商籍行盐及归并商籍考试者回避商籍省分。(二)督抚两司及统辖全省道员有本族及外姻至亲俱令回避,邻省其分巡道及知府以下所属有应回避者,于本省酌量补调。(三)祖孙父子胞伯叔兄弟无论官阶大小概不准同官一省,至同祖兄弟及例应回避之姻族同在一府为丞倅牧令等官,俱以别府之缺调补,试用人员亦不准同在一府当差,俱官小者回避,如系同官,后补后至者回避,祖孙父子胞伯叔兄弟同在河工盐务及河工盐务之与地方同府者,仍应回避,其余毋庸回避。(四)各省学政有祖孙父子亲伯叔兄弟升选至一省者,督抚藩臬道府俱奏明请旨,其州县以下等官俱毋庸回避,教职铨补后查系亲族同在一学者,咨部调补。(五)外姻——父之姊妹夫,母之父及兄弟,母姨之子,妻之父祖及兄弟,妻之胞侄,妻之姊妹夫,已之女婿,嫡甥,女之子,嫡姊妹之夫,孙女之夫,本身儿女姻亲,中表兄弟。以上俱分属至亲,同在外官,令官小者回避。(六)凡应回避之员于总督兼辖省分改调,如无兼辖省分,以连界邻省改掣。(七)在部投供赴选文结漏报寄籍祖籍及盐务官漏报商籍俱降一级调用。(八)距本籍五百里之缺过堂时不预行呈报,如系乡僻小径,一时难以周知,准于到任三月内详请回避,如迟至三月后具详,降一级调用。(九)应选应升人员有应行回避之缺,过堂时不预呈报,降一级调用,到任后不行呈明,降二级调用,上司随同徇隐亦降二级调用,非应回避之缺捏称回避,上司亦扶同捏报,均革职。(十)捏报宗族姻亲择缺美恶,上司自认姻族扶同捏报,均革职,失查出结之京官,降一级留任,外官则降一级调用。

【郡】【史】秦始皇二十六年始统一天下,乃废封建而设郡县之制,分天下为三十六郡,郡置守丞尉各一人守治民丞助守慰亦同,且典兵事县之万户以上者置令,不满万户者置长,皆有丞慰主簿以佐之,天下之县凡一千五百八十七。事物纪原(卷七):"秦始皇二十六年,初辨天下,罢候置守,始分三十六郡也,注:史记曰,秦灭东周始置三州郡,案说文,天子地方千里,分为百县,县四郡,左传曰:上大夫受县,下大夫[①]受郡,秦始以郡监领县。"(备考)三十六郡:(1)三州。(2)河东。(3)南阳。(4)南郡。(5)九江。(6)鄣郡。(7)会稽。(8)颖川。(9)砀郡。(10)泗水。(11)薛郡。(12)东郡。(13)琅。(14)齐郡。(15)上谷。(16)渔阳。(17)右北平。(18)辽四。(19)辽东。(20)代郡。(21)巨鹿。(22)邯郸。(23)上党。(24)太原。(25)云中。(26)九原。(27)雁门。(28)上郡。(29)陇西。(30)北地。(31)汉中郡。(32)巴郡。(33)蜀郡。(34)黔中。(35)长沙。(36)京郡。

【郡丞】【史】秦于每郡置丞一人以佐守,盖郡守之辅助官也。汉时亦同,后汉书:"每郡置太守一人,丞一人。"

【郡守】 始于秦,谓郡之主也。并设尉丞各一人以佐之。(详郡条内)

【郡守县令】【史】(详郡条内)

【郡君】【史】为妇人之封号,始于汉代。事物纪原(卷一):"汉武帝尊王太后母臧儿为平原君,平原,汉郡,此封郡君之始也。唐制四品官之妻,为郡君,五品官之妻为县君,宋元以后,得封为郡君者,惟以宗室女为限耳。"

【郡法院】【组】County court 为英国下级之民事法院,或各地方法院,于一八

---

① 原书脱五字。

四六年开始创立，分全国为五百区，每区置一法院（并非以行政上之郡为本位）。凡关于寻常民事之普通法案件标的物价额在百镑以下，又衡平法案件标的物价额不超过五百镑者，郡法院皆有审理之权（一切案件须以有二十镑以上之金钱关系者为限）。其法官皆由富有经验之首级律师 Barrister 中选择充任，凡不服本法院之判决，其上诉机关为高级法院，再上诉机关则为大理院（民事上诉法院与高级法院皆包含在内）。

【郡庠】【史】科举时代称府学曰郡庠，庠乃周代乡学之名，故有此称（清制）。

【郡尉】【史】为秦之官名，乃郡守之补助官，汉景帝改为都尉。汉书—百官表："郡尉，秦官，掌佐守，景帝更名曰都尉。"

【郡县】【史】秦始皇时，封建制度始行撤废，而置郡（详该本条）县以代之，计天下之县凡一千五百八十有七，万户以上之县，置令以为之长，万户以下者则置长，且均有丞尉主簿以佐之，县下有乡，乡下有亭，亭之下有里，汉时分天下为国与郡，国之下置县，一如秦制，晋因之，北齐分郡为上中下三等，而每等又有上中下之差，故由上之上郡以至于下之下郡，计有九等之多，县亦如之，隋与北齐之制大抵相同，唐武德元年，改郡为州，置刺史，开元中近畿之州称四辅，其他六州，称六雄，又其他十州称十雄，又其他十州称十紧，凡天下之州计三百十五，分上中下三等，各置刺史，至于县制，乃次于州，分赤县，畿县，望县，上县，中县，下县六等，宋亦有郡（或州）县之制，郡置太守，县有县令，除赤县与畿县外，四千户以上者为望县，三千户以上者为紧县，二千户以上者为上县，千户以上者为中县，未满千户者则为中下县，五百户以下者为下县，明之地方行政史区域，最下级者为县，县之上有州，有府，府之上为省，府分为三等，曰上府，中府，下府，以粮赋之多少为准，粮二十万石以上者为上府，二十万石以下者为中府，十万石以下者为下府，宣德三年，天下之府凡一百五十九，次于府者为州，凡二百三十四，有属州与直隶州之别，属州视县，直隶州视府，至于县亦以粮赋之多少定为上县、中县、下县三等，其数凡一千一百七十一，粮十万石以下为上县，六万石以下为中县，三万石以下为下县，每县置知县一人，县丞二人，主簿一人，清制除于府之上设有道外，并县之上下设有厅（直厅及直厅）外，保余与明制大同小异。

【郎】【史】秦初置郎中令，其属有三署郎。汉初亦为三署郎，后称尚书郎，有侍郎与郎中之别，初选入台者为郎中，岁满称侍郎，魏晋以后尚书郎以外有秘书郎与黄门郎，隋文帝讳中字，遂删中字而仅称侍郎，炀帝时六部（吏，户，礼，兵，刑，工）各置侍郎以为尚书之副官，其下诸曹并置郎，又员外郎亦为隋所置，至唐乃于诸司置郎中及员外郎，历代因之。

【郎中】【史】为周代近侍之通称。秦始以为官名，有侍郎，郎中，郎中令等官，汉时并选为尚书郎，犹因侍郎郎中之本号，隋唐以后，六部皆置郎中，遂为诸司曹之长，迄清亡始废焉，盖即现行制各部会中各司处之司长，及处长之职也。

【郎中令】【史】为秦时所设之官，九乡之一，掌宫殿掖门，汉武帝太初元年时改为光禄勋，其属官有大夫，郎，期门（后改虎贲郎），及羽林等。

【郎官】【史】汉代之侍郎郎中，皆称郎官，任宿卫及兼为地方之官，责重任繁，以慎选为宜。后汉书—明帝纪：“馆陶公主为子，求郎，不许而赐金千万，谓群臣曰：郎官上应列宿，出宰百里，有非其人，则民受其殃，是以难之。”唐以后专为郎中员外之称。

【郎选】【史】汉时内纳财而授郎官者，谓之郎选。汉隽（卷一）之注曰：“食货志，人财者，得补郎选矣。”

【酒人】【史】官名，为周礼天官之属，掌造酒之官也。

【酒正】【史】官名，为周礼天官之属，为酒造官之长，礼记月令篇称之曰大酋。

【酒丞】【史】掌酒之官也，晋有酒丞，齐有酒吏，梁有酒库丞，隋设良醖署，有令丞各一人，唐因之。

【酒吏】【史】（详酒丞条内）

【酒库丞】【史】（详酒丞条内）

【酒税】【史】酒之酿造三代即已行之，而对于人民之自行酿造而课以一定之税则，自汉武帝天汉三年始，盖是时国用不足乃基于桑弘羊之建议而征收者也，嗣后历代皆因袭之。

【酒曲纳税】【史】曲一作麯，音曲，谓以麦蒸成块，曝干以为酿酒之用者也，俗称曰酒母，对于酒曲，特课税收，大明令户令篇——有酒曲纳税条之设：“凡诸色人等踏造酒曲货卖者须要赴务投税，方许货卖，违者并依匿税科断，其自行造酒家用者，曲货不在投税之限，如卖酒之家自无曲货者，须要收买曾经投税曲货造酒货卖，依例办纳酒课，若系自行造曲者，其曲亦须赴务投税。”

【配】【史】为古时流罪之别称，后世对犯罪者之面，刺以墨而徒之于远地所指定之场所服供劳役，此项刺面而配之成为一定刑例，实始于五代之时，事物纪原（卷十）：“旧云刺面而配，起于周太祖世宗之代，按王溥五代会要曰，晋天福三年八月，左街从人韩延嗣徒二年半，刺面配华州发运务，盖唐虽有配流岭南诸州之文，比始有配法，而刺面，当起于是也。”

【配犯逃后滋事】【史】军流遣犯之在配所私自逃后原籍者或于逃后滋生事端者，对负责官员应加处分，清例所定者如下：（一）军流遣犯私回原籍地方官（自行拿解者免议），失于查拿别经发觉（甲）系军流遣犯之逃回者——其已奉到配所咨缉者，降一级调用。查拿在滋事以后者，降一级留任，未奉到配所咨缉者，罚俸一年，查拿在滋事以后者，罚俸六个月。（乙）系情重之遣犯者——已奉到配所咨缉者降二级调用，查拿在滋事以后者，降二级留用，未奉到配所咨缉者，降一级留任，查拿在滋事以后者，罚俸一年。（二）军流遣犯逃脱后另犯谋逆重案者，如罪应凌迟者配所专管官革职，罪应斩枭者，降三级调用，罪应斩决者降二级调用。（三）军流遣犯脱逃后并非谋逆重案而另犯各项滋事。罪应凌迟者，配所专管员降一级调用，罪应斩枭者，革职留任，罪应斩决者，降三级留任，罪应绞决者，降二级留任，兼辖官之处分则依次递减，若能于另犯后自行拿获，俱免议，其谋逆已成者仍不准免。

【配所】【史】犯罪人受徒流迁徙充军等刑时之执行所在地，谓之配所。清律（卷三十五）刑律捕亡篇——徒流人逃条："凡徒流迁徙充军囚人役限内而逃者，一日笞五十，每三日加一等，罪止杖一百，仍发配所，其徒囚照依原犯徒年从新拘役，役过月日，并不准理。"

【配林】【史】配林之意义有二说：（一）为林之名即泰山之从祀。礼记—礼器篇："齐人将有事于泰山，必先有事于配林"，其注曰："林名，泰山之从祀也。"（二）为流刑之一种，以其配流于林地，故名，韵会："流刑隶也。"

【配流】【史】配流者谓配处流刑于一定之土地也。辽史："配流之家七百余户。"

【配军】【史】谓配处军流之刑也。

【配岛】【史】宋时对于犯罪之处流者，有配于沙门岛上者，称曰配岛。宋史—马默传："沙门岛囚众，官给粮才三百人，每益数，则投诸海，默以为残忍，为奏请更定配岛法。"

【配格】【史】谓流刑依情重，稍重，情轻及稍轻四等，以定其流配之土地之远近也。（宋史刑法志）

【配偶】【亲】Consortium; Spouse 为亲属之一种，与血亲姻亲相对立，凡婚姻关系成立后之当事人相互间之权利义务的相对人，均称曰配偶，双方皆有亲属关系。

【配舂】【史】北齐时犯罪者被处流刑时，因年老衰弱或其他身体上之故障不耐远配者，男子处长期徒刑，女子则于一定土地内配置之使服舂米之劳役，谓之配舂。隋书刑法志："其有不合远配者，男子长徒，女子配舂，并六年。"

【配当】【通】Distribution 为日本名辞，即平等均一而分配之之谓也，其所分配之金额则称曰配当金。

【配赋】【通】Distribution 为日本名辞，通常与分配同一意义。

【酌定】【行】斟酌其事情，然后议定谓之酌定。

【酌派】【史】谓征收临时地方税或募集义捐时，依各户之资力以为标准也。

【酌科】【刑】Discretion of punishments 酌科者，谓法官对于犯罪人之科刑，在法定刑内参酌犯罪之情节，而予以轻刑或重刑之宣告也。（参刑之酌科条）

【酌减】【刑】Discretionary reduction; Mildernde Umstände（德） 又称裁判上减轻（详该本条）。复称酌量减轻。

【酌夺】【行】酌量情节以定其去取，是曰酌夺。

【酌拨】【行】谓酌量经费分配预算也。六部成语注解："酌量分拨项也。"

【酎金律】【史】祭祀所用之酒谓之酎，诸侯所贡之金谓之金。汉制八月尝酎会诸侯庙中出金助祭所谓酎金者，即此也。关于规定酎金之律称曰酎金律，汉书—

礼仪志之注曰:"酎金律,文帝所加,以正月旦作酒,八月成,名酎酒,因合诸侯助祭贡金。"史记—平准书之注曰:"如淳曰,汉仪注,侯岁以户口黄金,献于汉庙,皇帝临受献金,以助祭大祠,曰饮酎,饮酎,受金少不如斤两,色恶,王削县,侯免国。"又汉书—武帝纪:"元鼎五年,列侯,坐献黄金酎祭宗庙,不如法,夺爵者,百余人。"

【酎酒】【史】汉文帝某年正月旦,作酒以供祭祠,至八月成,称曰酎酒,以为藉酬而供诸侯祭祀之名而征其金为目的,不从命或有其他之违例者,科以重罚,免其国削其官,此种法名曰酎金律,后汉书—礼仪注曰:"酎金律,文帝所加,以正月旦作酒,八月成名酎酒,因合诸侯助祭贡金。"史记—平准书注:"如淳曰,汉仪注,侯岁以户口黄金献于汉,皇帝临受献金,以助祭大庙,曰饮酎,饮酎受金少,不如斤两,色恶,王削县,侯免国。"武帝纪:"元鼎五年,列侯坐献黄金祭宗庙不如法,夺爵者百余人。"

【釜】【史】为古时之量名,六斗四升曰釜。论语—雍也篇:"子华使于齐①,冉子为其母请粟,子曰与之釜。"注曰:"釜,六斗四升。"

【钉(釘)鍱】【史】死刑囚之枷上所钉之铁块之钉鍱,乃用坚固枷具之用者也。唐律(卷二十九)释文:"谓死囚枷上用铁钉鍱以备牢固也。"

【院长】【组】President of a court 院长者,谓各级法院及其分院为综理全院行政事务,并监督所属行政事务起见而设之长官也。惟地方法院分院之推事员额仅有一人时,不设院长耳。院长均兼任推事并充庭长,院长之任用资格,法令均设有一定之明文(法院组织法第三十六—三十八条),在行政法院,亦置院长一人,综理全院行政事务,兼任评事,并充庭长,为特任职(行政法院组织法第二条、八条)。又国民政府之五院长官。亦称曰院长,乃由中国国民党中央执行委员会选任之,在宪法未颁布以前,各院长各自对中央执行委员会负责。(国府组织法第十条、十五条)

【除去妨害请求权】【物】(详保全请求权条内)

【除去参夷连坐之法】【史】夷三族连坐家族乃秦始皇以前之法,汉高祖命萧何制定律令,始废除之。汉书—高帝纪:"以三章之法不足以御奸,遂令萧何捃摭秦法,定律令,除参夷连坐之法。"

【除斥期间】【民总】Time of exclusion 又名预定期间。(详该本条)

【除名】【史】官吏犯不廉耻罪时之处分乃在职员录上除去之姓名,即其官爵亦悉予剥夺,对于国家所负担之义务与庶民完全相同,但经过六载之后仍听其叙官。唐律(卷三)名例篇除名者之条:"诸除名者官爵悉除,课役从本色,六载之后听叙依出身法。"此种规定,晋时已有明文。事实纪原(卷十):"何法盛晋中兴书曰,胡崇为永康令,多受货赂,除名为民,此事不他见,疑始于晋。"

【通】Expulsion 团体对其团体参加人员加以驱逐,令其与该团体脱离关系者,曰除名,例如工会商会对于会员之除名是。

---

① 原书为"斋",系排版之误。

【除名比徒三年】【史】唐律所设除名比徒三年之条谓凡诬告官员使其受除名处分者,其诬告人应反坐比徒三年之刑。在名例篇(唐律卷三)设有此条:"诸除名者,比徒三年,免官者比徒二年,免所居官者比徒一年。流外官不用此律(谓以轻罪诬人及出入之类,故制此比,若所枉重者,自从重)。"疏议曰:"除名免官免所居官,罪有差降,故量轻重等级比徒,流外之职,品秩卑微,诬告收坐,与白丁无异,故云不用此律。"注:"谓以轻罪诬人,及出入之类,故制此比。"疏议又曰:"假有人告五品以上官监临主守内,盗绢一匹,若事实盗者,合杖八十,仍合除名,若虚诬,告人不可止得杖罪,故反坐比徒三年。免官者告五品于监临外盗绢五匹,科徒一年,仍合免官,若虚反坐,不可止科徒一年,故比徒二年,免所居官者,告监临内奸婢,合杖九十,奸者合免所居官,若虚反坐,不可止得杖罪,故比徒一年,及出入之类者,谓不盗监临内物。官人枉判作盗所监临或实盗监临,官人判作不盗,即是官司出入,除名比徒三年,若出入免官者,比徒二年,出入免所居官,比徒一年之类,其藏匿罪人,若过致资给,或为保证及故纵等,有除免者皆从比徒之例,故云之类。"注:"若所枉重者自从重。"疏议曰:"谓诬告及出入之罪,重于比徒之法者,自从反坐等重法科之,不复准比徒之法。"同条又谓:"若诬告道士女冠应还俗者,比徒一年,其应苦使者,十日比笞十,官司出入者,罪亦如之。"疏议曰:"依格,道士等辄著俗服者还俗,假有人告道士等辄著俗服,若实并须还俗,既虚反坐比徒一年,其应苦使者,十日比笞十,依格,道士等有历门教化者,百日苦使,若实不教化,枉被诬告,反坐者诬告苦使十日比笞十,百日杖一百,官司出入者,谓应断还俗及苦使官司判放,或不应还俗及苦使官司枉入,各依此反坐徒杖之法,故云亦如之,失者各从本法。"

【除名配流】【史】犯人有官爵者,开除官籍而谪居于一定地方,谓之除名配流,此种除名配流人免服劳役。唐律(卷二)名例篇——应议请减条:"……各不得减赎,除名配流如法。"其注曰:"除名者免居作,即本罪不应流配,而特配者,虽无官品,亦免居作。"疏议曰:"犯五流之人,有官爵者,除名配流,免居作。"

【除名当差】【史】文武官犯私罪时革除其仕籍之氏名,而发还于原籍地充当差役,谓之除名当差。(明律卷一,清律卷三名例篇——除名当差之条)

【除收帑诸相坐律令】【史】秦法,一人犯罪并罪其家族,至汉文帝之时始删除之。汉书—文帝纪:"今犯法者已论,已使无罪之父母妻子同产坐之,及为收帑,朕甚弗取,其议除收帑诸相坐律令。"

【除免】【史】所谓除免乃指除名与免官之合称而言,并非除官免罪之义。唐律(卷一)名例篇——应议请减条之注曰:"有官爵者,各从除免当赎法。"其疏议曰:"……男夫于监守内犯十恶及盗,妇人奸入内乱者,并合除名,若男夫犯盗,断徒以上,及妇人犯奸者,并合免官。"

【除免当赎法】【史】除名与免官谓之除免,有官爵者以其官爵为赎罪之法,谓之当赎法。唐律(卷二)名例篇——妇人官品号之条:"妇人犯奸者,亦不得减赎。"其注曰:"有官爵者,各从除免当赎法。"其疏议曰:"本犯免官,免所居官,及官当者，留爵收赎，纵有官爵合减，亦不得减，故云各从除免当赎法。”

【除班】【史】清时，朝庭任用官吏有一定之顺序，其第一位曰除班，例如文进士一甲第一名除修撰，第二名、第三名除编修等之类是。

【除授日】【史】任命官吏之日，曰除授日，在京官吏即于除授日生赴任之义务，在外官吏则于领受赴任证明书发生赴任义务。明律（卷二）吏律职制篇——官员赴任过限之条：“凡已除官员，在京者以除授日为始，在外者以领照会日为始，各依已定程限赴任，若无故过限者一日笞一十，每十日加一等。”清律（卷五）之规定与明律相同，惟将“照会”二字，改为“文凭限票”耳。

【除盗贼】【史】（详荒政条内）

【除籍】【行】Removal from the register 除籍者，谓因声请之遗漏，或其他事由致发生复本籍时，由家长向除籍地之该管户籍主任声请脱离其非正当之本籍之谓也。欲为除籍之声请，应先经除籍地监督官署（所属之县市政府）之许可，取得许可书后始得为之，惟依确定判决而为除籍之声请者，则无须经监督官署之许可。（户籍法第四十六条、第四十八—四十九条）

【除权判决】【民诉】Judgement of exclusion 除权判决者，谓在公示催告之法定期间内，因不明之权利人，或其他利害关系人（均称为受催告人），不将其权利申报于法院，而法院依公示催告声请人之声请，经过普通诉讼之程序，所下除减其权利之判决也。除权判决之声请，应在申报权利之法定期间满后三个月内为之，法院对于声请可以下列方法处理之：（一）驳回其声请。（二）中止公示催告程序。（三）对除权判决加以保留。（四）宣示除权判决。除权判决一经宣示，即生效力，不得上诉，然法律规定凡有下列情形之一者，得以声请人为被告提起撤销除权判决之诉，原则上应于知有该项判决时起三十日之不变期间内为之（若于宣示后已满五年者不得为之）：（一）法律不许行公示催告程序者。（二）未为公示催告之布告或不依法定方法布告者。（三）不遵守公示催告之布告期间者。（四）为除权判决之推事应回避者。（五）已经申报权利而不依法律于判决中审酌之者。（六）有民诉第四六一条第四款至第八款之再审理由者。（民诉法第五一二—五二一条，参第五三一—五三二条）

【阵（陣）中规约】【国公】Cartels 交战国为停止战争，交换俘虏，收拾伤病兵士以及埋葬死亡等事而缔结之规约，称曰阵中规约，乃由双方军事司令长官临时订立。与通常之条约性质不同，而且亦无需经过立法机关之批准，此项规约多以关于交换俘虏者为多，故学者亦有直称俘虏协约为 Cartels 者。

【陛下】【史】天子之代称也，按陛者阶也，所由升堂也，天子必有近臣，执兵陈于陛侧，以戒不虞，谓之陛下者，群臣与天子言，不敢指斥天子，故呼在陛下者而告之，因卑达尊之意也，即上书亦如之（独断—上卷），事物纪原（卷一）：“周以前天子无陛下之呼，史记秦李斯议事，始呼之耳。陛，阶也，所以陛堂，天子必有近臣，阶例以戒不虞，臣与天子言，不敢指斥，但呼在陛下者，与之言，因卑达尊之义，则此号秦礼也。汉霍光奏太后，亦曰陛下也。”

【陛列】【史】陛列者,谓列于天子陛下之侧也。宋书—礼志:"虎贲中郎将,羽林监,铜印墨绶,给四时朝服武冠,其在陛列,及备卤簿。"

【陛见】【史】与陛观意义相同。北史—张普惠传:"表乞朝直之日。时听奉见,自此之后月一陛见。"

【陛覲】【史】伺候于天子之阶下而拜谒之,是曰陛覲,后汉书—礼仪志:"百官各陪朝贺。蛮貊胡羌,朝贡毕,见属郡计吏皆陛覲。"

【马(馬)子】【史】市场所用之数字,称曰马子,其字体有纵体与横体二种,前者乃为宋司马温光之撰潜虚所出,实则始于汉时也。吾卢笔谈谈:"今市廛算数,多用马字,按礼记投壶篇,司财请为胜者立马,此马字,见于经传之始,按司马温公潜虚以一二三≣X𝍥𝍦𝍧𝍨,是温公所本是马字,不始于宋,自汉已有之,元李治测圆海镜记草,有纵横二体,纵作(见前)横作𝍩𝍪𝍫𝍬𝍭𝍮𝍯𝍰𝍱,皆积算法也,今市所用,至三纵横皆有之以四作X,以五作〥,至八皆用横体,而不能纵,别以文字为九,与古异,古马子,人以二画斜交为五,与十相对,说文象阴阳交午也,今移作四,义不可解,今乃西洋五字,文作九,或云系九字变体,今增笔大九字,以琼玖之玖为久,唐人文中已有之矣。"(公文缘起)

【马(馬)匹不按时喂饮】【史】皇上行幸各处时以及随驾人等所携用之马匹,均须按时饮水喂草,违者治罪。清之现行则例(即刑部现行则例)廐牧篇——设有马匹不按时喂饮之条:"凡皇上行幸各处所用马匹车辆,校尉等所骑马匹,俱交与该职事领去,章京官员本身应令严管骑驿校尉当差人役赶车步兵,若不按时饮水喂草,私自滥行骑跑至或在沿途或于到处如马匹倒失者,将骑马校尉当差人役,赶车步兵鞭一百,将马匹踬病损伤者,将骑马校尉当差人役,赶车步兵鞭八十。"

【骨皮亲】【史】甲姓乞养乙姓为子者,即以甲姓为骨乙姓为皮,其子孙有血统之关系故不得互为婚姻。

【高科】【史】科举举行时列于科之最高位者,曰高科。旧唐书—元载传:"天宝初,下诏,求明庄,老,文,列,四子之学者,载策入高科。"

【高级官吏】【行】Higher official　官吏官阶之高者,为高级官吏,与普通官吏相对称,即凡经高等考试及格而被任命之官吏,亦曰高级官吏。

【高级法院】【组】The High Court of Justice　此院于一八七五年始行创立,设于伦敦,有管辖全国司法之权,内分为三庭:(一)王室法庭(King's Bench Division)——内置法官十六人,以一大法官为之长,名曰 Lord Chief Justice,所有法官分散兼为各巡回法院之法官,其职务为受理非常之刑事案(初审)且为小审会季审会因法律错误而提起之上诉刑事案件,在民事上则为郡法院之上诉机关。(二)衡平法庭(Chancery Division)——专审衡平法之诉讼,例如关于土地信托单契之追认,及撤销等案件,又如依照遗嘱以经理遗产,以及关于合伙之账目等案件,皆属之,开庭时不设陪审员,置法官七人,以司法大臣为之长。(三)遗嘱离婚及海事法庭(Division of Probate, Divorce and Admiralty)——内设法官二人,其一为庭长,专司遗嘱之检查，以及离婚案件，海事案件等项。

【高第】【史】科举举行时以最优等及第者，曰高第。汉书—尹翁归传："以高第入为右扶风。"

【高等考试】【行】为考试之一种，与普通考试特种考试相对立，于首都或考试院所指定之区域，每年或间年举行一次，所专取之人员，得任为荐任官，高等考试共有下列各种：(一)财务行政人员。(二)统计人员。(三)外交官，领事官。(四)司法官，律师。(五)监狱官。(六)西医医师。(七)教育行政人员。(八)卫生行政人员。(九)会计人员，会计师。(十)药师。(十一)普通行政人员。(十二)警察行政人员。(十三)农林行政人员。以上各种均有考试条例之制定，故除有特别规定者外，凡中华民国国民有下列资格之一者，得应高等考试：(一)国立或经立案之公私立大学，独立学院，或专科学校毕业，得有证书者。(二)教育部承认之国外大学，独立学院，或专科学校毕业，得有证书者。(三)有大学或专科学校毕业之同等学力，经检定考试及格者。(四)确有专门学术，技能，或著作，经审查及格者。(五)经普通考试及格，四年后，或曾任委任官及与委任官相当职务三年以上者。

【高等行政法院】【组】(详土耳其法条内)

【高等法院】【组】High Courts; Courts of Appeal 为三级法院之一，与地方法院最高法院相对称，即在各省及特别区内所设立之法院也。审判时采合议制，以推事三员行之，但得以推事一人行准备及调查证据程序，下分民刑庭，庭数之多少以事之繁简为标准，院置院长一人，由简任推事兼任，并充庭长，其他各庭长则就其他推事遴任。高等法院之管辖事件可分为二：(一)原则上审理第二审民刑案件(即不服第一审地方法院之判决与裁定案件)。(二)例外审理第一审刑事案件——例如内乱外患及妨害国交等罪是。(法院组织法第十六条—二十条)

【高等军法会审】【军】High courts for military cases 为军法会审之一种，设立于总司令部，或军政部，或海军部内，亦采合议制，以审判长一员，审判官二员，军法官二员，及书记组织之，审判长审判官乃依被告人官级由最高级长官按照法定官员阶级派充之。(军审法第五、七条)

【高等捕获法院】【组】Higher Prize Court 为捕获法院之一种，与地方捕获法院相对称。(详捕获法院条例条内)

【高等教育】【行】Higher education 大学校及专科学校之教育称曰高等教育，与中等教育初等教育相对称。

【高等警察】【行】Higher police 所谓高等警察，乃指以防止及取缔对于一国内之政治秩序之侵害为目的而设之警察而言，其职务如取缔政治集会与政治阴谋，以及防止妨害或推翻政府之行动等皆是。

【鬼市】【史】夜间以火相集而为贸易之所，谓之鬼市。唐书—西域传："西海布市，贸易不相见，各置直物于旁，名鬼市。"按鬼市均系半夜而合，鸡鸣而散，其陈列品大抵系赃物及赝品。

【鬼薪】【史】对于男子犯罪时所科刑罚之一种，即使其入山采薪以供宗庙祭祀之用，为期三年始毕。汉旧仪："鬼薪者，男，当为祠祀鬼神……皆作三岁。"汉书惠帝纪之注曰："应劭曰，取薪给宗庙，为鬼薪①。"按鬼薪之刑乃起于秦时，史记秦始皇本纪："嫪毐作乱，讨诛之，其徒皆枭首，车裂，轻者为鬼薪。"

【乾没】【史】乾没之义有二：(1)投机取利之谓。史记："张汤始为小吏乾没。"徐广注曰："乾没随世浮沉也。"如淳注曰："得利曰乾，失利曰没。"(2)据他人之物以为己有之谓。五代史："李崧作与葛延遇，为崧商贾，乾没其货。"今则对于他人所寄存之物，而加以侵吞者，称曰乾没，与现行刑法上之侵占同一意义。

【乾讨虏军】【史】为元初军队名称之一种，乾者虚也，虏指宋人，故乾讨虏军乃指征讨宋人之军队而言。元典章（卷三十四）兵部第一编——乾讨虏军之章第一条载乾讨虏军人之条："钦者江南未附，有从军乾讨虏之人，即是讨虏宋人，今宋已亡，江南皆大元之民，尚有此等乾讨虏之人，公行劫夺。"

【乾造】【史】婚姻契约之订定，男家曰乾造，或曰乾宅。女家曰坤造，或称坤宅。易经之乾卦坤卦乃取星相家之说，以八卦中之乾坤喻夫妇也。

【乾隆会典】【史】为清行政法典之一。乾隆会典者，乾隆二十九年所撰，凡一百卷，总裁和硕亲王允禄，傅恒，张廷玉等凡十一人，副总裁陈群，王会汾等凡五人，此外置提调纂修诸员。而本会典，比康熙雍正二会典大有差异，即区别会典则例，各为一法典是也。至其区别二者之理由则详于御制会典序。其文曰："夫例可通，典不可变，今将缘典而传例，后或据例以淆典，其可乎，于是区会典则例，各为之部，而相辅以行，至其体例，则依官职而汇集法规，亦犹之唐六典明会典，故凡例有云，编纂之体，因官分职，因职分事，因事分门，因门分条，今试举其目录大要如下：卷一大内，卷二内阁，卷三—七吏部，卷八—十九户部，卷二十—五十七礼部，卷五十八乐部，卷五十九—六十七兵部，卷六十八—六十九刑部，卷七十—七十七工部，卷七十八盛京户礼兵刑工部，卷七十九—八十理藩院，卷八十一都察院，通政使司，大理寺，卷八十二—八十三太常寺，卷八十四翰林院，起居注，詹事府，卷八十五光禄寺，太仆寺，顺天府，奉天府，鸿胪寺，国子监，卷八十六钦天监，太医院，卷八十七—九十二内务府，卷九十三銮仪卫，卷九十四领侍卫府，卷九十五—九十七八旗都统，卷九十八前锋统领，护军统领，响道处，卷九十九步军统领，卷一百火器营，圆明园八旗护军营，健锐营，三旗虎枪营。右之六部中更分各司，各条之中，亦有细别。"

【乾隆会典则例】【史】乾隆会典则例者，乾隆二十九年，与会典同时所撰，凡一百八十卷。先是康熙雍正会典，统括明会典，以事例附载各条下。至是则例始自会典分离，惟以事例编录之（会典凡例），故历代法制之沿革，可依则例而知之也。

【乾道敕令格式】【史】为宋法典之一。乾道四年十一月，因置重修敕令所删修敕令，及六年八月，虞允文等删修绍兴敕著格敕，及重修四年至乾道四年续降指挥，上敕十二卷，令五十卷，格三十卷，式三十卷，谓之乾[illegible]八年正

① 原书为"神"，系排版之误。

十 一 画

【乾没】【史】 乾没之义有二:(1)投机取利之谓。史记:"张汤始为小吏乾没。"徐广注曰:"乾没随世浮沉也。"如淳注曰:"得利曰乾,失利曰没。"(2)据他人之物以为已有之谓。五代史:"李屿仆与葛延遇,为屿商贾,乾没其赀。"今则对于他人所寄存之物,而加以侵吞者,称曰乾没,与现行刑法上之侵占同一意义。

【乾讨虏军】【史】为元初军队名称之一种,乾者强也,虏指宋人,故乾讨虏军乃指征讨宋人之军队而言。元典章(卷三十四)兵部第一篇——乾讨虏军之章第一条禁乾讨虏军人之条:"曩者江南未附,有从军乾讨虏之人,即是讨虏宋人,今宋已亡,江南皆大元之民,尚有此等乾讨虏之人,公行劫夺。"

【乾造】【史】婚姻契约之订定,男家曰乾造,或曰乾宅。女家曰坤造,或称坤宅。易经之乾卦坤卦乃取星相家之说,以八卦中之乾坤喻夫妇也。

【乾隆会典】【史】为清行政法典之一。乾隆会典者,乾隆二十九年所撰,凡一百卷,总裁和硕亲王允裪、傅恒、张廷玉等凡十一人,副总裁钱陈群、王会汾等凡五人,此外置提调纂修诸员。而本会典,比康熙雍正二会典大有差异,即区别会典则例,各为一法典是也。至其区别二者之理由则详于御制会典序。其文曰:"夫例可通,典不可变,今将缘典而传例,后或抚例以淆典,其可乎,于是区会典则例,各为之部,而相辅以行,至其体例,则依官职而汇集法规,亦犹之唐六典明会典,故凡例有云,编纂之体,因官分职,因职分事,因事分门,因门分条,今试举其目录大要如下:卷一人府,卷二内阁,卷三—七吴部,卷八—十九户部,卷二十—五十七礼部,卷五十八乐部,卷五十九—六十七兵部,卷六十八—六十九刑部,卷七十—七十七工部,卷七十八盛京户礼兵刑工部,卷七十九—八十理藩院,卷八十一都察院,通政使司,大理寺,卷八十二—八十三太常寺,卷八十四翰林院,起居住,詹事府,卷八十五光禄寺,太仆寺,顺天府,奉天府,鸿胪寺,国子监,卷八十六钦天监,太医院,卷八十七—九十二内务府,卷九十三銮仪卫,卷九十四领侍卫府,卷九十五—九十七八旗都统,卷九十八前锋统领,护军统领,响道处,卷九十九步军统领,卷一百火器营,圆明园八旗护军营,健锐营,三旗虎枪营。右之六部中更分各司,各条之中,亦有细别。"

【乾隆会典则例】【史】乾隆会典则例者,乾隆二十九年,与会典同时所撰,凡一百八十卷。先是康熙雍正会典,犹沿明会典,以事例附载各条下。至是则例始自会典分离,惟以事例编纂之(会典凡例),故历代法制之沿革,可依则例而知之也。

【乾道勅令格式】【史】为宋法典之一。乾道四年十一月,诏置重修勅令所删,修敕令,及六年八月,虞允文等删修绍兴敕嘉祐敕,及建炎四年至乾道四年续旨,上敕十二卷,令五十卷,格三十卷,式三十卷,谓之乾道重修敕令格式,诏自八年正月朔行之。

【侧(側)室】【史】(一)正寝之次室为燕寝,寝室之次则曰侧室,妻之产室及妾均曰侧室。礼记—内则篇:"妻将生子,及月辰居侧室,夫使人日再问之,作而自问之。"郑康成之注:"侧室,谓夹之室,次燕寝也。"孔疏:"夫正寝在前,燕寝在后,侧室又次燕寝旁。"又"公庶子生,就侧室"之案:"就侧室,妾常居侧室,故就而见之,与其月辰居侧室者异也。"(礼记义疏)汉书—文帝纪:"朕高帝侧室之子也。"(二)庶子亦称曰侧室。左传—桓公二年:"赵有侧室曰穿。"疏:"文王世子云,公若有出疆之政,庶子守公室,正室守太庙。"郑玄云:"正室适子也,正室是适子,知侧室是支子,言在适子之侧也。"

【假子】【史】假子之义有二:(甲)为养子之别称。唐书—王世充传:"初杀文都,欲诡众取信,乃请事侗母刘太后为假子。"(乙)母于再嫁时随母同往之子。献帝春秋:"随母男曰假子。"

【假父】【史】后世对异姓之父称曰假父,即母之后夫也。史记秦纪及战国策:"车裂假父。"所谓假父乃指始皇之母之宠臣嫪毐而言。又秦太后本吕不韦之情人,有妊而后入宫生始皇,是始皇乃不韦之子,故"吕不韦曰吾乃皇帝假父也"。(说宛)

【假出狱】【刑】Conditional release　为日本名辞,即我国所称之假释也。

【假母】【史】所谓假母乃指继母或父之旁妻而言。汉书:"有贼伤后假母者。"其注曰:"继母也,一曰父之旁妻。"今俗称养母亦曰假母。

【假扣押】【民诉】Provisional seizure; Provisional attachment　为保全程序之一种,对假处分言。即就金钱或得易为金钱之请求,对债务人财产请求扣押,以保全其强制执行为目的而设之程序也。此种程序,乃依债权人之声请而开始。除应具备普通诉讼要件外,并应具备下列各特别要件:(一)须系为金钱请求或得易为金钱请求之债权而声请者。(二)须系有日后不能强制执行,或在外国为强制执行,或其他难于执行之虞者。(三)须系向有管辖权之法院声请者。(四)须系于可得迳为强制执行之债务名义不存在时为之者。(五)须系依法定之程式声请之者。至其程序则如下述:(1)法院就声请应即调查。如不合法或无理由,应即加以驳回。(2)若认为合法或有理由,则以裁定命为假扣押。(3)假扣押裁定遇有下列情事即为撤销:(甲)当事人提起抗告者。(乙)债权人不于一定期间内进行起诉者。(丙)债务人陈明愿供担保者。(丁)命为假扣押之原因消灭,或其他情事变更者(例如债务人信用恢复时是)。(4)如无撤销情事,则假扣押裁定发生效力,债务人对所扣押之财产不得加以处分,此后如债权人之请求权业已确定而取得债务名义时,假扣押即变为扣押。(民诉法第四八八—四九七条)

【假住所】【民总】Temporary domicile　为任意住所之一,对本住所言,或称选定居所,或称临时住所,即当事人为特定行为所选定之处所也。我国民法第二十三条规定:因特定行为选定居所者,关于其行为视为住所。至选定方法有由法律之要求者,例如当事人距其本住所太远,由法律规定令其选一假住所,以收受公文之送达是。有由契约所定者,例如订买卖契约时,当事人一方因住所太远,亦得定友人之住所内为其本人之假住所是。在假住所之行为法律上有与本住所同一之效力。

【假免状】【行】Provisional license 为日本名辞，即临时之证书也。

【假决议】【公】Hypothetical or Temperary resolution; Tentative resolution 谓股份有限公司创立会出席人数及股数不足定额时，先尽现在出席人表决权过半数之决议也。但应将此项假决议通知各认股人，其发有无记名式之股票者，并应将假决议公告，于一个月内再行召集创立会。其决议以出席人表决权之过半数行之(公司法第一〇〇条第三项)。法律之设此规定，其目的乃在使公司设立不至因流会而致发生阻碍也。又变更章程增减资本之决议，亦得举行假决议。(第一八六条)

【假定合并】【民诉】为诉的客观合并之一种，又称预备合并，原告顾虑其所提起之某诉无理由，因而同时提起他诉以合并之，俾在前之诉无理由时，在后之诉可得有理由之判决者，曰假定合并。例如原告请求履行契约之诉，顾虑难得胜诉之判决，因而合并提起返还不当得利之诉是。

【假版官】【史】略称曰假官或假版，即摄官之谓，乃假借其他相当之官名，以掌理事务之官也。唐律(卷二)名例篇以理去官条："其假版官犯，流罪以下，听以赎论。"其疏议曰："假版授官，不著令式。"其释文谓："称假版官者，即摄官也，假犹借也，谓此等之身无正官，故假他官版，以令摄事，故名之曰版官也。"

【假冒职官】【史】并非官员而诈冒称为官员者，谓之假冒职官，因其与国家威信有关，且为防止人民受愚起见，故加处罚。清律及例之规定如下：(一)伪造凭札诈为假官及假与人官，斩候。(二)知情受假官，流三千里(须有札符文凭方坐，不知者不坐)。(三)伪造凭札自为假官，或伪造凭札并将有故官员凭札卖与他人，或买受凭札冒名赴任，俱斩候，知情说合者，流三千里。(四)无官诈称有官有所求为，或诈称官司差遣捕人诈冒现任官员姓名有所求为，均徒三年，为从各减一等，得财并计赃准窃盗从重论，免刺。(五)诈称现任官子孙弟侄家人总领于部内有所求为者，杖一百，为从各减一等，得财并计赃准窃盗从重论，免刺。(六)无官而诈称有官，并冒称现任官员姓名并未造有凭札，但系图骗一人图行一事，犯该徒罪以下，近边充军，犯该军流遣罪，绞候。(七)假冒顶带，自称职官，止图乡里光荣，无所求为，亦无凭札，徒一年。(八)假冒生监顶戴，杖一百。(九)未经考职书吏，冒戴顶帽，徒一年。(十)棍徒假冒职官，招摇诈骗，地方官不行查拿，降一级调用，给与印照革职，若止冒充顶戴，并无诈骗情事，地方官罚俸一年。(公罪)

【假借不廉】【史】滥用官吏职权向人民借取财物者，构成不廉耻罪，称曰假借不廉。此项规定始于李悝之杂律，汉律唐律等之杂律篇，亦有相似之规定。

【假借官物不还】【史】官物非私人所可服用，是为原则，若借用时则须于一定期限内归还，否则为法所不许。唐律(卷十五)厩库篇假借官物不还条："诸假请官物，事讫过十日，不还者笞三十，十日加一等，罪止杖一百，私服用者，加一等。若亡失所假者，自言所司，备偿如法，不自言者，以亡失论。"疏议曰："假请官物，谓有吉凶应给，威仪卤簿，或借帐幕氈褥之类，事讫十日内，皆合还官，若过十日不还者，笞三十，十日加一等，停留总过八十日罪止杖一百，因而私服用者，谓吉凶事过以后，别私服用者，每加一等，过八十日徒一年。假请官物，有亡失者，若于请物所司，自言失者，免罪备偿如法，不自言失，被人举者，有亡失论，依杂律，亡失官物者，准盗论减三等，又条亡失官私器物，各备偿，故得亡失之罪，又备偿之。"

【假差押】【民诉】Provisional seizure 为日本名辞，与我国所称之假扣押同一意义。

【假托行为】【民总】又称信托行为。（详该本条）

【假执行】【民诉】Provisional execution 所谓假执行，乃指法院就未确定之判决许为强制之执行而言。假执行之宣示有由法院依职权为之者：（一）命履行抚养义务之判决（但有限制）。（二）就民诉法第三九三条第二项第一款到第五款诉讼为被告败诉之判决。更有由债权人之声请为之者，即债权人释明在判决确定前，不为执行，恐受难于抵偿或难于计算之损害者（民诉法第三八一——三八六条）。假执行与假扣押假处分不同之点有五：（一）假执行规定于判决程序中，假扣押假处分则规定于特别诉讼程序之保全程序中。（二）假执行以判决宣示之，假扣押假处分则以裁定行之。（三）假执行之声请不得向第三审为之，假扣押假处分于第一、二、三审均得声请之。（四）假执行可以上诉，假扣押假处分只可以抗告为之。（五）假执行一经宣示即可实施执行，假扣押假处分一经裁定，仅系查封之程序。

【假票据】【票】Provisional negotiable instruments 谓以成立票据预约为标的，而作成之书面也。按票据预约乃不要式契约之一种，当事人自可任意表示使其成立，若以书面为之，亦无不可，而此种书面，学者名之曰假票据，以与由票据行为所生之票据相对称。

【假处分】【民诉】Provisional disposition 为保全程序之一种，与假扣押相对称。即就金钱以外之请求，为预防其现状之变更，以保全其强制执行为目的而设之程序也。广义言之，乃合关于争执物之假处分，与关于争执法律关系之假处分而言（前者例如于土地所有权未经确定前暂时禁止当事人在其上建筑房屋是。后者例如夫妇关系未经判决前禁止夫权之行使是）。狭义之假处分仅指争执物一项而言。我民诉法采广义之假处分，其特别要件如下：(1)关于争执物之假处分：（甲）其声请须为金钱请求以外之请求（给付特定物以及一切财产权与作为或不作为）。（乙）请求标的之现状变更，须系有日后不能强制执行，或在外国为强制执行，或其他难于执行之虞者。（丙）须系于可得迳为强制执行之债务名义不存在时为之者。(2)关于争执法律关系之假处分：（甲）须系就有争执之法律关系而为声请者。（乙）须系有假处分为必要理由者（即有定其暂时状态之必要者）。至于须向有管辖权之法院声请，与应依法定程式而为声请，乃上述二者共通必具之要件。关于假处分之程序，除得准用关于假扣押之规定外，有如下述：为假处分之裁定时，法院得酌量下列方法加以处置：（甲）选任管理人。（乙）命债务人为某行为。（丙）禁止债务人为某行为。（丁）禁止设定移转或变更不动产上之权利者，法院应嘱托登记机关将假处分裁定登记于不动产登记簿内（民诉法第四九八—五〇四条)。假处分与假扣押最易相混,兹举其异点于下:(一)请求之原因不同——请求假扣押之原因系为金钱之请求,或得易为金钱请求之请求。请求假处分之原因并不以支付金钱为目的。(二)物体不同——假扣押之物体系有体物及财产权。假处分之物体,除有体物财产权以外,尚有作为与不作为。(三)方法不同——假扣押之方法,乃对假扣押之物体,以保全强制执行为目的而禁止债务人行为。假处分之方法,有禁止债务人行为者,有命令债务人行为者,且有同时命令及禁止其为某行为者。(四)当事人不同——假扣押乃由债权人声请。假处分则有时由债权人声请,有时债务人或第三人亦有声请之权。(五)假扣押之声请得向本案法院,或向假扣押标的(物体)所在地之第一审法院为之。假处分之声请在原则上须向本案法院为之,惟于急迫情形始得向标的(物体)所在地之第一审法院为之。(六)假扣押裁定,不论由标的所在地之第一审法院,或由本案法院为之,即行发生效力。假处分裁定,如由标的所在地之第一审法院为之者,同时应定期间命债权人向本案管辖法院请求假处分之当否,更为裁定。(七)假扣押裁定应记明债务人因停止或撤销假扣押应供担保之金额,假处分裁定则绝对不载此事。(八)假扣押裁定如仅由债务人陈明可供法院所定之担保,即可撤销。假处分裁定,则除供担保外,尚须有特别情事,始可撤销。

【假处分命令】【民诉】Order of provisional disposition 即法院对于实施假处分时所发之命令也。(参假处分条)

【假登记】【行】Provisional regulation 所谓假登记,乃指于不能即行作终局登记时所为之登记而言。

【假禁令】【通】Provisional injunction 即对于当事人之权利义务未行确定以前,暂时停止其行为之命令也。

【假捏亏空】【史】所谓亏空乃指所出多于所入,而乏款以抵付之也。假捏谓捏词伪称也。凡将库银自行藏匿而假称亏空者,应加治罪,并令如数赔偿。清之六部处分则例(卷二十七)户属盘查篇设有假捏亏空之条:"州县各官恃有上司分赔之例,故将库银藏匿假捏亏空者,经督抚参审属实,即著落本犯名下独赔,仍照例治罪。"又:"书役侵欺钱粮,州县官捏作民欠申报者,照纵役犯赃例革职,该管府州失于详查即为转报者,降一级调用,徇庇不参者,降三级调用。"又:"凡亏空之案,审出地方官挪垫民欠是实,除将本犯照例议罪外,另限四个月委员彻底清查出具并无假捏影射印结,再令接任官出具认征印结,仍向欠户催征。倘本无民欠系接任官通同捏结照所捏民欠之数,将接任官与本犯同罪,责令分赔。"

【假与人官】【史】所谓假与人官,乃指伪授或奏请或假借辞令与人以官吏之职而言。唐律(卷四)名例篇略和诱人条之疏议:"假与人官者,谓所司假授人官,或伪奏拟,或假作曹司判补。"

【假董事】【民总】Tentative directors 又称临时董事。(详董事条内)

【假装条件】【民总】False conditions 为条件之一,对真实条件言,又称非真正条件,即外形似条件而实质有异之条件也。在法律上无丝毫效力。约有五种:

(1)既定条件。(2)不能条件。(3)不法条件。(4)法定条件。(5)矛盾条件。(详各本条)

【假装期限】【民总】False limitation of time 为期限之一,对真实期限言,即徒具期限之外形而无期限实质之期限也。故已到来之事实,不能到来之事实,及到来不确定之事实,均属之,因其无法律上之效力故也。

【假请官物】【史】所谓假请官物,乃指借用官物而言。唐律(卷十五)厩库篇——设有假请官物不还之专条:"假请官物,事讫过十日不还者,笞三十,十日加一等,罪止杖一百。私服用者,加一等,若亡失所假者,自言所司备偿如法,不自言者,以亡失论。"

【假释】【刑】Conditional release or provisional release or liberation 即于囚人未届出狱之期,而权令出狱之谓。我国刑法第九十三条规定得许假释出狱之要件有三:(1)受徒刑之执行有悛悔实据者。(2)无期徒刑逾十年后有期徒刑逾二分之一后(但执行未满二年者不在此限)。(3)须由监狱官申呈司法部。假释期满而经撤销处分者,以已执行论,便可视为刑满出狱矣。假释制度设立之理由亦有三:(1)假释期中可养成犯人优良改善习惯。(2)有防止累犯之效果。(3)有匡正定刑不正之效果。假释期内有下列情形之一者得撤销其假释:(1)更犯罪受拘役以上刑之宣告者。(2)犯假释管束规则者。假释撤销后其出狱日数不算入刑期之内(参刑法第九十四条)。在假释期内因他罪受执行者,其执行期不算入假释期内,即仍应执行其未满期之全部。

【假释管束规则】【行】本规则由司法行政部于民国十八年四月二十九日公布,全文计二十条,自公布之日施行。兹举其要点于下:(一)假释者由交付假释证书之监狱监督之,但监狱得以其监督权委托假释者居住地之公安局或下列适当之人及团体:(1)假释者之亲族故旧。(2)出狱人之保护会。(3)其他慈善团体。(二)假释者于释放时,监狱须将到达于居住地之期限,记载于假释证书,假释者须按照前项所定期限,向监狱委托之监督者呈验证书请求盖印或签名。(三)监狱交付假释证书时,应将假释之事由通知下列各官署:(1)假释者居住之地方法院检察处。(2)假释者原判决之地方法院检察处。(3)假释者居住地之公安局。(四)假释者旅行或移居时,须报告其事由于监督者,其欲作国外旅行者,则须呈经委托之监狱转呈高等法院检察处转报司法行政部查核。(五)假释者关于职业及其他生计事项,须具意见报告于监督者,如有保护人时,亦须署名于该项报告,并须每月一次向监督者陈述其最近状况。(六)监督者对于假释者须使之就正业,保善行,并得发相当之命令与训告,并须于每六月一次,将假释者行状、职业、生计及勤惰,亲属之关系等,作成调查书,送由委托之监狱查考,并通知假释者居住地及原判决之地方法院检察处,如该处及监督者认假释者该当于刑法第九十四条时,须具意见,送由交付假释证书之监狱,呈经高等法院检察处转报司法行政部核办,如系撤销假释处分,则须令知假释者所在地或居住地之该管法院检察处,或交付假释证书之监狱使执行之。(七)撤销假释者,如逃避执行时,检察处应依刑诉法第四八八条之规定,迳发捕票。(八)假释者死亡时,被委托监督者,须报告于委托之监狱,该监狱除通知假释者居住地及原判决地之地方法院检察处外，须呈报于高等法院检察处转呈司法行政部，如死亡系由监狱直接发现时，并须通知假释者居住地之公安局。

【停勾】【史】停止秋审之勾决，称曰停勾。（参秋审条内）

【停止】【民总】Suspension （参消灭时效之停止条内）

【停止讨论】【宪】国会举行会议时，其议案经议员之讨论，如议长认为已达于表决之程度时，得宣告停止讨论。

【停止执行】【刑】Suspension of execution （详刑罚之执行条内）

【停止条件】【民总】Condition precedent 为条件之一种，对解除条件言，谓法律行为之效力发生，系于不确定之事实之意思表示也。易言之，即限制法律行为效力之发生之条件也。故附此条件之法律行为，必该条件成就时法律行为始发生效力。例如甲对乙约定须与丙结婚则可免除乙之债务，须结婚（条件）事实施行后，则债务可以免除是。我国民法第九九条第一项定明附停止条件之法律行为，于条件成就时始发生效力，如当事人有特约者则依其特约。（第三项）

【停止进级】【军】Suspension of promotion 为对于陆海空军官佐或与官佐相当之服务人员之惩罚之一种，乃暂时不许其擢升官级之谓，其期间至多不得过一年。（军惩法第十三、十五条）

【停止营业】【行】Business suspension；Suspension of business 为从罚之一种，即于一定期间内令其停业，不得继续而暂时休止之谓，其停止期间，最多不得过十日。（违警法第十三、十七条）

【停囚待对问】【史】关系犯人之在其他管辖区域内时，应将本区域内之犯人停止讯问，以待其他关系犯人之移解到案，对席讯问，是为停囚待对问。唐律（卷二十九）断狱篇——鞫狱官停囚待对问条："诸鞫狱官，停囚待对问者，虽职不相管，皆听直牒追摄（虽下司亦同），牒至，不即遣者，笞五十，三日以上杖一百。"（参鞫狱官停囚待对问条）

【停刑】【史】停刑者，谓于庆典礼节日或其他一定时期间停止刑罚之执行也。明清律断狱篇死囚覆奏待报条内设有规定（详死囚覆奏待报条内）。清之现行则例（即刑部现行则例）亦设有明文。例如断狱篇正月六月停刑条规定曰："每年正月六月不行正法，俟二月初一、七月初一陆续具题正法，遇正月六月奉旨立决，重犯俱监固，亦俟二月七月正法。"又如秋后正法条谓："……每年即行正法之人，于六月停刑，七月正法，嗣后即行正法之人，俱于立秋之后正法，至于部内即行正法事件，亦俟立秋之后，陆续具题。"又同篇七月正法之条亦规定："若遇六月立秋之年，仍应俟交七月初三日具题正法，其六月停刑之处既载人例内，每年停其具题，照例遵行。"

【停泊港】【海】Port of call 停锭泊止之港曰停泊港。我海商法规定船主于船舶到达目的港或入停泊港后，除休假日外，应于二十四小时内报请主管官署检定其船舶之到达日时。（第四十七条）

【停家】【史】停家者，谓前职前官也。唐律（卷二十八）捕亡篇——将吏追捕罪人条之疏议："非见任文武官，即停家职责。"唐律释文（卷二十八）一停当之解："当字当作家字，详其释意，则甚明差，若作当字，于义难通。"

【停留请受军器】【史】军队之出征或镇戍，如有请领军器，应于征戍事讫，分别缴还，若停留不输，应受处罚。唐律（卷二十七）杂律篇停留请受军器条："诸请受军器，事讫停留不输者，十日杖六十，十日加一等，百日徒一年，过百日不送者，减私有罪二等，其弃毁者准盗论。"疏议曰："请受军器，谓鍪甲稍弩弓箭之类，征戍事讫，停留不输者，十日杖六十，十日加一等，百日徒一年，过百日不送者减私有罪二等。擅兴律，私有甲一领，流上减二等徒二年半之类，其有或弃或毁者准盗论，各依盗律盗甲弩者流二千里，禁兵器徒二年，如此之类，并名盗法。"同条又曰："若亡失及误毁伤者，以十分论，亡失一分，毁伤二分，杖六十，亡失二分，毁伤本分，杖八十，亡失三分，毁伤六分，杖一百即不满十分者，一当一分论，其经战阵而有损失者不坐，仪仗各减二等。"

【停船】【国公】交战国军舰对敌国商船或中立国商船，令其停止驶行以便临检，是曰停船。

【停塌】【史】将货物秘密停积者谓之停塌。明律（卷八）、清律（卷十三）课程篇舶商匿货条："……若停塌沿港土商牙僧之家，不报者杖一百。"

【停会】【通】Temporary adjournment; Prorogation　开会时由一定上级机关之命令而暂时中止会议者，曰停会，与闭会、休会、流会（详各本条）均有区别。

【停战】【国公】Suspension of arms or of war　凡由双方司令长官同意，于一定区域内在一定期间内，以执行特定事项为目的，而暂时中止战斗行为者，曰停战，与休战不可相混，其异点有四：(1)休战由国家元首或外交机关之代表谈判之，停战则由双方军事长官或其所派代表谈判之。(2)休战乃以一般条约之订定而成立，停战则由阵中规约而成立。(3)休战之目的在搜集伤者，掩埋死者，救护战区人民，或在谈判休战之条件，故为暂时的局部的军事关系，停战则在双方言和，乃关于国家政略问题，或一般战局之全部。(4)休战之范围极广，而停战则限于一方或一部。

【停战旗】【国公】请求停战之标志也，多以白色布为之。（参军使条内）

【停职】【行】Suspension from office　公务员被弹劾时，在未付惩戒前，由主管机关令其暂时中止职务者曰停职。

【侦（偵）查】【刑诉】Investigation　侦查者，以搜集必要材料断定起诉或不起诉为目的之检察官及其补助官所为之准备程序也。日本称曰搜查。此种权利曰侦查权，其处分曰侦查处分。处分之范围如下：(1)有无犯罪之事实。(2)是否具备处罚条件与诉讼条件。(3)犯罪者为谁。(4)证据如何应加保全。(5)防止嫌疑人逃亡。侦查程序之开始有由于检察官自动为之者，例如对现行犯或准现行犯加以侦查是。有由于告诉者，有由于告发者，有由于自首者，有由于司法行政部长之令知者。侦查之权属于检察官为原则，但县长公安局长宪兵队长官，于其管辖区域内为司法警察官，亦有侦查犯罪之权。此外，(1)受检察官之指挥而为侦查者，如(甲)警察官长。(乙)宪兵官长军士。(丙)依法令所规定而有侦查犯罪之权者(第二二八条)。(2)受检察官及司法警察官之命令而为侦查者，如警察及宪兵是。检察官实施侦查处分时，应守下列程序：(1)因告诉告发自首及其他情形而有犯罪嫌疑者，应开始侦查。(2)牵连案件由二个以上检察官分别开始侦查者，得并案侦查。(3)如认为不属其管辖者，应分别通知或移送该管辖检察官侦查。(4)必要时得羁押被告，拘提被告，传唤或拘提证人，并施行搜索勘验。(5)遇急迫时得请在场或附近之人为相当辅助。(6)得请附近军事长官派遣军队辅助。(7)侦查时不许公开。(8)被告因病或其他正当理由不能传到者，得就其所在地讯问之。(9)关于侦查事项得请该管公署报告。(10)侦查时应命书记官在场记载侦查笔录，但急迫时得亲自为之。至侦查终结之处分有二：(1)不起诉。(2)起诉(详各本条)。告诉人接受不起诉之处分书后，如认检察官之处分为失当，法律定有再议之制度以救济之。(详再议条，刑诉法第二一三条—二五七条)

【侦(偵)查权】【刑诉】Right of investigation (详侦查条内)

【侦(偵)探】【国公】Spy 两国战争发生后，深入敌人地带从事于侦知敌情之人，称曰侦探，又名曰间谍。(详该本条)

【偏颇】【通】谓审判不公平也。

【偶成条件】【民总】Casual conditions 为条件之一种，对随意条件与混合条件言，即成就与否毫不关于当事人之意思之条件也。此项条件皆为有效，其系于第三人意思者，例如甲对乙约丙如与汝同居则余将免除汝之债务是。其系于自然事实者，如甲对乙约明日如遇大雪，余将不与汝签立契约是。

【偶素】【民总】Casual elements 法律行为成立时，依当事人特别意思之表示所必须具备之内容，谓之偶素。反面言之，即为该项法律行为成立时所不须具备之内容，惟因有当事人之特别意思表示，始成为成立时之应备内容，故曰偶素。

【偶然共犯】【刑】Incidental co-operation 又曰任意的共犯。(详该本条)

【偶发犯】【刑】与必然犯相对称，即因一时急迫之情形而犯罪也。例如因饥饿而盗取食物是。此种犯人之处罚，每采宽大主义。

【偷刨人参】【史】刨者，以铲掘去其土也。人参为滋补之珍品，产于满洲。凡在禁山内私自刨参者，构成本条之罪。清之现行则例(即刑部现行则例)贼盗篇设有偷刨人参之条："凡旗下民人越渡禁约山河打猎刨参，已得者，将财主并率领头目拟绞监候，秋后处决。为从之人系旗下枷号一个月鞭一百，系奉天府海澄等处之民，枷号两个月，责四十板，牲畜等物并所得之物俱入官，系内地民人，并妻入官。奴仆其主知而差去系官交与该部，平人系旗下鞭八十，系民责三十板，将所去奴仆枷号一个月鞭一百，牲畜所得之物，一并入官。其主知而差去，巧供不知者，系旗下人鞭一百，系民责四十板，其主不知者，将所去奴仆枷号两个月鞭一百，牲畜所得之物入官。若未得采参者，将财主并率领头目，系旗下人枷号两个月，鞭一百，系民不分奉天府等处内地民，各枷号一个月，责四十板，将妻一并入官。为从者各枷号一个月，系旗下人鞭一百，系民责四十板。”

【偷放进仓米石】【史】谓进仓偷取漕粮米石也。清之现行则例（即刑部现行则例）仓库篇——设有偷放进仓米石之条：“将进仓漕粮拦路戳袋挖仓墙越墙进仓偷米之盗，照例应听刑部查审照律治罪。不至死罪者，若系另户之人，发黑龙江宁古塔等处披甲当差。若系奴仆及民人发往黑龙江宁古塔等处，与新披甲人为奴。至裤袄细袋装米偷盗等小贼拿获，该监督呈报仓场侍郎，即于仓门首枷号四十日，系旗下鞭一百，系民责四十板。”

【偷盗漕粮】【史】漕粮为东南各省向京运送之税粮，乃国家税收之一种，凡私自偷盗者，均应依本条之规定予以治罪。清律及例对于本条之规定如下：（一）经纪船户偷盗漕粮，六十石以上者，首犯斩候（情实），从犯发云贵两广烟瘴充军。六十石以下，二十石以上者，首犯绞候（情实），从犯边远充军。二十石以下者，首犯发新疆为奴（新例改发驻防，遇赦不赦）。从犯近边充军。兵役往拿辄敢拒捕者，首犯审明后即行处斩，为从者发新疆为奴（新例改发驻防，遇赦不赦）。（二）用药水灌米发涨冀图偷窃，首犯发新疆为奴（新例改发驻防，遇赦不赦）。为从者发云贵两广烟瘴充军（以上各项人犯家产抄没入官）。（三）在京在外收放粮草去处，若职官子弟，积年匪徒，跟子买头小脚歇家跟官伴当人等，三五成群抢夺斛占堆行概等项，打搅仓场及欺凌官攒或诈运纳军粮财物，杖罪以下于仓场门首枷号一个月，发云贵两广烟瘴充军，徒罪以上发新疆种地当差（新例改发足四千里充军）。

【偷嫁女儿】【史】凡将家仆女儿未经伊主同意而偷嫁与人者，谓之偷嫁女儿。清之现行则例（即刑部现行则例）婚姻篇——设有偷嫁女儿之条：“凡家仆女儿不问伊主偷嫁与人，五年内控告者，将所嫁之女断回与本主，给还聘礼，嫁女之人鞭一百。若过五年，免其夫妻拆离，给银四十两，如不得银仍将夫妻拆离，其嫁女之人亦鞭一百。凡系辛者库人之女，不论年份远近，将女儿断与伊主，将偷嫁之人，亦鞭一百，其该管拨杂库应无庸议。若明知辛者库人与旗下人家仆之情说媒及聘娶者，照不应重律治罪，若不知情免罪。”

【副本】【民刑诉】Duplicate copy　为缮本之一种，即以缮本送达其他当事人者也。

【副正犯】【刑】又名同时犯（详该本条），又名副共犯。

【副共犯】【刑】又名同时犯，或副正犯。（详同时犯条）

【副共同教唆犯】【刑】即二人以上事先无意思之联络，而共同教唆他人使之实施犯罪行为之谓。如有意思之联络，则称共同教唆犯。

【副米】【史】于法定租谷之额数以外，别行征收若干以为补充正米消耗之用者，称曰副米。（六部成语注解）

【副官】【军】Adjutant　陆海空军中辅助长官办理事务之官员，称曰副官。如陆军步兵师司令部内即有副官处之设。（参陆军步兵师司令部条内）

【副官处】【军】（详副官条内）

【副保证】【债】为保证之一种，即更就保证之债务更为保证之契约也。其性质与内容与普通保证相似，惟法律关系稍为复杂耳。我国民法亦未设有明文。

【副原器】【行】谓依度量衡原器所制造之度量衡器具也。分存于国府各院部会各省及各市（隶于行政院之市）政府。副原器每届十年，须照原器检定一次。（度量衡法第八条、第十条）

【副尉】【史】为汉代西域官名，即副校尉之简称也。清时之武官亦有名曰副尉者。按提督九门步军统领所属有翼尉、协尉及副尉等官，统率守卫巡警专司道路之事。

【副票】【票】又名复本。（详该本条）

【副乡（镇）长】【行】襄助乡（镇）长办理各该乡（镇）自治事务之次长，曰副乡（镇）长，在区长民选实行以前，由县长择任，实行以后，则由乡（镇）民大会选任，亦均为无给职。（参乡镇公所条内，县组织法第四二条、四五条）

【副榜】【史】清制，科举考试及第者，于正榜之定数已满时，别将次于正榜之人列为候补者于另一榜，称曰副榜。

【副署】【宪】Counter signature　国家元首公布命令法律及其他处分时，由内阁总理及各关系阁员同时签名于其傍者，曰副署。国民政府组织法规定，国民政府所有命令处分，以及关于军事动员之命令，由国民政府主席署名行之，但须经关系院院长部长署名，始生效力。（第十四条）

【副领事】【国公】Vice-consul　为领事之第三级，有时为总领事或领事之辅助者，有时系独立之领事馆长官，亦系由本国政府任命。但有一二国家，乃由总领事或领事任命而经本国政府承认者。

【副镇长】【行】（详副乡〔镇〕长条）

【剪氏】【史】为周礼秋官之属，掌除蠹物。按蠹物穿食器物，亦为人害，故除之。

【剪径】【史】剪径者，谓对旅行者于道路中截而劫之，谓之剪径，一作截短路，又曰剪径。

【勒令歇业】【行】Closing of business　为从罚之一种，谓强令违警者之营业无期限的休歇也。此种科处，须于累犯同一违警行为时，始得为之。（违警罚法第十三、十八条）

【勒死】【史】拘束其进退而以绳加其颈致之于死之谓。元典章（卷四十二）刑部第四篇——因奸同谋勒死本夫之条："于当年（至元四年）十一月二十八日，用绳子将夫刘勒死，罪犯云云。"

【勒限追赃】【史】谓对于侵盗钱粮之犯人，令限于一定期间内将所侵盗之赃追还完清也。清之现行则例（即刑部现行则例）名例篇设有勒限追赃之条："侵盗钱粮赃重罪至死者，本犯照拟正法，所侵钱粮，将妻子勒限一年追完，如限内不完者，妻及未分家之子并本犯家口财产入官。其流罪以下所侵钱粮，亦限一年追完，如限内不完者，本犯并妻及未分家之子，流徙尚阳堡，家口财产变价入官。若此等重罪人犯遇赦免罪,止应追赃者,亦限一年追完,如限内不完者,将本犯并妻及未分家之子,仍分别入官流徙尚阳堡。以上三项人犯应追赃银,在省者,该督抚令府州县官员当竭力严追,在旗下者都督副都统令佐领骁骑校竭力严追。其官役贪赃事发,分别赃数多寡,仍照律拟罪,所贪之赃应追入官者,亦照侵欺钱粮例遵行,其旗下人亦照此例承追,官将犯人可变家产,不行折变或将产物价银值多变少或有需索勒掯等情,在外该督抚旗下该都统副都统即行指名题参,交与该部从重处分。"

【勒索】【行】滥用官权,拘束他人自由以强索财物者,谓之勒索。

【勒停】【史】对违反法规之官吏,拘束其进退,停止其俸金,称曰勒退。乃清时惩戒官吏之一法,又曰依例勒停。

【动(動)方代理】【民总】以本人之名义而代为表示意思,谓之动方代理。

【动(動)方连带】【债】与受方连带相对立,又名连带债权(详该本条)。更称自动连带。

【动(動)员令】【行】Order of mobilization 由军队司令官所颁发关于调动兵马开赴前线之命令,称曰动员令。

【动(動)产】【民总】Movable 为物之一种,对不动产言。即凡性质上不须破坏变更而全然可以移动其位置之物,皆为动产。我国民法规定凡为不动产以外之物,皆为动产(第六七条)。例如金钱衣服是。

【动(動)产之强制执行】【民执】简称曰动产执行。(详该本条)

【动(動)产拍卖】【民执】Auction of movables 所谓动产拍卖,乃指以查封之动产,用竞卖方法,售出于人也。

【动(動)产所有权】【物】Right of ownership in movables 为所有权之一,对不动产所有权言,即以动产为标的物之所有权也。其取得方法与普通物权之原始取得与继承取得同,我国民法就原始取得设有明文,其方法计有五:(1)即时取得。(2)先占。(3)遗失物之拾得(参遗失物条)。(4)埋藏物之发见(参埋藏物条)。(5)添附。(详各本条)

【动(動)产物权】【物】Real right of movable 为物权学理上分类之一,对不动产物权言,即以动产为标的之物权也。例如所有权质权以动产为标的物时是。与不动产物权之区分,乃以物权标的物为标准,故其取得方法及成立要件均有异别。

【动(動)产附合】【物】Incorporation of movables 为附合之一种,对不动产附合言,即二个以上动产附合而成为一物之谓也。此种附合物名曰合成物,其所有权之属于何人,我国民法规定:(1)动产与他人之动产附合,非毁损不能分离,或分离需费过巨者,各动产所有人,按其动产附合时之价值共有其合成物。(2)如该合成物能为主从之区别时,则主物所有人取得合成物之所有权。(第八一二条)

【动(動)产执行】【民执】Execution of movables 与不动产执行相对立,即由执行机关以国家强制力,用查封及强制拍卖等方法施于债务人之动产,而使其履

行义务之处分也。(民诉执行规则第一四一五一条)

【动(動)产质】【物】Pledge of movables 为日本名辞,乃以动产为目的之质权也。即动产质权之简称,与权利质相对立。(参动产质权条)

【动(動)产质权】【物】Pledge on movables 为质权之一,对不动产质权与权利质权言,即权利人因担保债权,占有由债务人或第三人移交之动产,得就其卖得价金受清偿之权也。动产质权所担保者为原债权(即原本),约定利息,与迟延利息,及实行质权之费用,并因质物隐有瑕疵而生之损害赔偿,此为原则。但契约另有特定者不在此限(第八八七条)。动产质权之标的物自以动产本体及从物,或附加物为限,但其孳息亦得为其标的物(第八八九条)。然须移转占有方能成立。动产质权人之权利义务为:(一)收取质物孳息之权。(二)拍卖质物之权。(三)转质之权。(四)负有保管及注意之义务(第八八九条—八九四条)。至实行动产质权之方法,亦有三种:(1)拍卖。(2)动产质物所有权之移属。(3)拍卖以外处分方法(第八九三—八九五条)。动产质权消灭之原因,除一般物权共通者外,所担保债权消灭时,质物返还时,占有丧失时,质权标的物灭失时,均为消灭原因。(第八九六条—八九九条)

【动(動)机】【刑】Motive 促犯罪人决意之观念,谓之动机。乃指决意所表彰之动作及静止之远因而言。

【动(動)议】【通】Motion 凡于开会时提起议题者,谓之动议。动议与提议(Suggestion)不可相混。前者乃对议题之提出,而必须交付表决。后者则为非正式的提出一种意见,以供公众之参考而已。

【勘平人】【史】不法拷问无罪之人,曰勘平人。清律断狱篇:"故勘平人者,虽无伤,杖八十。"

【勘合】【史】即于二幅之纸(公文)相联处上加盖骑缝印章,以凭校勘对合之谓。如明之调军勘合与军籍勘合皆是。又各官署钱粮等收支之联单亦谓之勘合。明律(卷七)、清律(卷十一)户律——仓库节挪移出纳条:"凡各衙门收支钱粮等物,已有文案勘合,若监临主守不正收正支,挪移出纳,还充官用者,并计赃准监守自盗论。"此外对于联单加以对查者亦曰勘合。唐律(卷十六)擅兴篇——不给发条之疏议曰:"执兵之司得左符,皆用右符勘合,始从发兵之事。"

【勘当】【史】所谓勘当,乃指勘查审问依律当罪而言。通鉴—唐高宗纪:"请更加勘当。"元典章(卷十)—吏部职制篇:"三年以下疾故人员,勘当体覆,别无规避,依例叙用。"

【勘办水冲地亩】【史】沿河土地每因河水暴发而被冲散,事后人民每有争执,故应由官先予勘办,是曰勘办水冲地亩。凡勘办地亩被水冲决之案,如河道处于两省地面,或系在两县地面,或在一县两村地面,每遇河水涨发致有决口,向系人民自备工料堵筑,官不为之经理者,因此互相争控,故必先将志书、鱼鳞地册以及舆图详细参考,是否旧道抑系改移(如系改移,须查明始自何年,故道在于何处)。先将该处地方甲长乡牌,细讯一遍,再将两造详予讯问。然后携带志书、鱼鳞册、图说、弓丈，传同两造并一干人证亲诣该处，详细履勘。如东西河道南北两岸，均系村落，如南岸遇有决口，自应饬令附近被水村庄人民备料，稍远被水村落出夫，协同堵筑。若河道北迁，致北岸之地为河，隔于南岸，地多者，应令南岸附近村落人民与北岸人民一体备料，南岸稍远被水村落人民出夫。地少者，南岸备料，北岸出夫，互相堵筑，以昭公允。若北岸之地在河南者向系沙石压盖，久经荒芜不能耕种，且其地无几，则不得令其堵筑，似应仍令南岸自备工料堵筑(此指地亩无多而言，若有十余亩，数十亩，数顷，段落甚大者，虽系荒芜，亦应仍令出夫帮同堵筑，不得因荒芜不能耕种推诿不管)。查明后，再行定断。

【勘验】【刑诉】Inspection; Inquest　所谓勘验，乃指检察官或法院或其受命推事以察看(直接调查之谓)证据及其他犯罪情形为目的，就五官之认识作用，对物体之外形所实施之调查处分也。因其目的在察看证据，故与扣押之在保全证据者不同。又因勘验乃认识之作用，故与搜索之以发见证物或被告者，亦有异别。勘验与判断证据亦不可相混，前者乃依五官之认识作用，以察看证据。后者则以心理上之作用，以断定证据。勘验时所施之处分有五：(1)履勘犯所或其他与案情有关系之处所。(2)检查被告或被害人之身体。(3)检验尸体。(4)解剖尸体。(5)检查与案情有关系之物体。其解剖尸体，应命医师行之，盖非有医学专门学识者不可也。又为解剖之处分时，得将尸体或其一部暂行留存，并得开棺及发掘坟墓，且得命死者之亲属到场，一则以备讯问，一则可以办识尸体之有无错误也。履勘检查及检验(详各本条)之方法，法律亦设有明文，以资遵守。此外勘验时，应作笔录，并得制作图画附于笔录。(刑诉法第一五六——六四条)

【民诉】法院或推事于诉讼程序中，因观察某事实而对某物体加以查验之行为，曰勘验。有时在法院内为之，有时在法院外行之，勘验时得命鉴定人参与。至勘验物之证据力如何，应斟酌下列情事以定之：(一)勘验物是否真正。(二)勘验物之性质与待证之事实有无关系。(民诉法第三五六—三六〇条)

【勘验物】【民刑诉】(详勘验条内)

【勘验笔录】【刑诉】Note of the inspection or of the inquest　谓于勘验时所作成之记录书也。除须由勘验之检察官或推事署名盖章外，须记明实施之年月日处所，及其他必要之事项，并得制作图画附于笔录。勘验笔录之作，乃欲表示勘验之正确，及供法院讯问时之参考。

【匭(匦)使】【史】为唐时之官名，乃通政司之别称。锦字笺(卷一)谓："唐垂拱中置匭使院，主申天下之滞宜，万人之情。"

【匭(匦)函】【史】唐武后垂拱二年置匭匣，以为收受庶民之申诉之用，务使下情得以上达。又梁天监元年置函，使人民投谤木于其中，亦为上达下情而设。事物纪原(卷一)："唐会要曰，武后垂拱二年六月，置匭以达下情，盖取白兽樽之义也。"今登闻所投，此其始也。梁天监元年于公车府立谤木肺石置函，欲有横议，投谤木于函，则唐之置匭用此也。宋朝兴国九年七月，改为检，而民间犹呼之。

【匿父母夫丧】【史】父母有养育之恩，丈夫有亲爱之情，死亡之后，为子女及妻妾若隐匿而不举哀，是谓忍心害理。至丧制未满而释服从吉及参与筵宴者，皆非居丧之礼，官吏不丁忧者，是恋职亡本也。如于丧制未终而从仕者，亦非丧制中所应为。明清律对此均有处罚明文。明律（卷十二）、清律（卷十七）礼律仪制篇有匿父母夫丧之条，内容相同。清律之原文："凡闻父母及夫之丧，匿不举哀者，杖六十，徒一年。若丧制未终释服从吉，忘哀作乐，及参预筵宴者，杖八十。若闻期亲尊长丧，匿不举哀者，亦杖八十。若丧制未终释服从吉者，杖六十。若官吏父母死，应丁忧，诈称祖父母伯叔姑兄姊之丧，不丁忧者，杖一百，罢职役不叙。无丧诈称有丧，或旧丧诈称新丧者，罪同，有规避者，从重论。若丧制未终，冒哀从仕者，杖八十。其当该官司，知而听行，各与同罪，不知者不坐。其仕宦远方丁忧者，以闻丧月日为始，夺情起复者不拘此律。"清律之辑注："首节通官民概言之，次节专言官吏，故有罢职役不叙之文，然名例官员私罪，杖一百者革职离任，吏典杖六十罢役，此匿不举哀之徒，罪应罢职役，不待言矣。其释服从吉，与后冒哀从仕者，罪虽未至杖一百，系行止有亏于例，均当罢职役也。"同律之辑注："第四节统承上三节而言。"又同律之辑注："子女于父母，妻妾于夫，闻丧之日，哀痛呼抢，固天性之不容已者，犹隐匿而不即举哀，则忍心害理，灭绝天性矣，故杖六十，徒一年。若父母与夫之丧，服制未终，即释哀经之服，以从吉事，忍忘悲哀之心，而从佚乐，及以茕疚之身，而参预会飨筵宴之座，皆越礼灭情之甚者，故杖八十。期亲尊长，则祖父母伯叔父母兄未嫁之姑姊也。虽次于父母与夫，亦恩义名分之重者，若闻丧而匿不举哀者，亦杖八十。其期丧之制未终，而释服从吉者，杖六十。若官吏父母死者，例应罢任离役，守制丁忧，乃诈将父母丧称为祖父母伯叔父母姑兄姊之丧，而不丁忧，恋荣利而匿亲丧，不孝之大者，故杖一百，罢职役不叙。若父母现在，本无丧而诈称有丧，或父母久亡，将旧丧而诈称新丧，捏丧去位，不忠于君，与不孝于亲者等，故其罪同，亦杖一百，罢职役不叙。其有规避之事而不丁忧，与诈丁忧者，所犯之罪，重于杖一百。则从所规避之本罪论，轻则仍依本律。若丧制二十七个月之服未终，则哀未忘也。即冒哀从仕者，杖八十。若当该官吏，明知官吏有匿诈冒哀等情，而听行不举者，各与犯人同罪，不知不坐。父母死，不得亲侍者，以闻丧之日，为丁忧之始，礼也。夺情起复者，谓当国家大任而丁忧，夺其哀痛之情，俾之墨衰从事，此必奉特旨所行者，故曰不在此限。"

【匿名合伙】【债】Sleeping partnership　又称曰隐名合伙。（详该本条）

【匿名组合】【债】Sleeping partnership　为日本名辞，即我国所称之隐名合伙也。

【匿税】【史】客商之税依法俱应纳税，若隐而不纳而私卖者，是曰匿税，此所谓税，乃指落地税而言，与关税之所谓漏者不同。明律（卷八）与清律（卷十三）户律课程篇匿税条之规定略有不同，惟处罚则一。按明律（卷八）户律课程篇匿税条之条文曰："凡客商匿税，及卖酒醋之家不纳课程者笞五十，货酒醋一半入官，于入官物内以十分为率，三分付告人充赏，务官攒拦自获者不赏。入门不吊同匿税法，其造酒醋自用者不在此限。若买头匹不税契者，罪亦如之，仍于买主名下追缴价钱一半入官。"同律之纂注："吊者至也，此指原照物投税之引帖。旧制府州县城门外各置引帖，凡客商货物入城，先吊引帖为照，然后投税验引收钞入门，不吊引谓货物已入城门，而引帖不至，即引不相随之意。盖商税酒榷，国课所系，若客商隐匿货物而不投税，及造卖酒醋之家而不纳应办课程，二者均于国课有亏，故并笞五十，仍将货物酒醋各罚一半入官，若系他人告获者，则于入官物内以十分为率，将三分给付告人充赏，若系务官攒拦自获者不赏。如有客商将货物已入城而不吊至原照物投税之引帖，恐其属税之货，故同匿税法。其造酒醋自用者，原无求利之心，故不在纳课之限。若买头匹而不税契，亦系欺官，故坐罪亦如匿税之律，但头匹非货物可比，故追征价钱一半入官。”

【区(區)】【行】Ward　市或县之下分为区，市之区每区以十坊为限，县之区每区则以十乡镇至五十乡镇组成之。(市组织法第五条，县组织法第六条)

【区(區)公所】【行】办理区自治事务之机关，曰区公所。

【区(區)公约】【行】谓关于区自治之根本约法也，由区民大会制定或修正之。

【区(區)民大会】【行】为自治区之人民代表与立法机关，于内政部核准区长民选后，由区长召集之。在市下之区民大会，由本区之市公民出席并行使四种直接民权，每年举行一次，如有特别事件，可召集临时大会(市组织法第三六—三八条)。在县下之区民大会，乃由经乡公所或镇公所登记为乡镇公民者出席，并行使四种直接民权，每年开会一次，并得开临时大会，每次开会，不得过六日。(区自治施行法第五条、第二一—二二条)

【区(區)民代表会】【行】谓在市下之区，于区长民选时，由区民大会选举之代表所组织而成之代表机关。每坊选举二人，每年改选二分之一，每三个月开常会一次，且得开临时会议，开会时，应通知下列人员列席：(一)区长。(二)区监察委员。(三)所属各坊坊长。(市组织法第六二—六九条)

【区(區)自治施行法】【行】本施行法乃根据县组织法第三十九条而制定，其施行期间以县自治完成之日为限，全文分为六章共六十七条，第一章总纲，第二章区民大会，第三章区公所，第四章区监察委员会，第五章区财政，第六章附则。

【区(區)助理员】【行】辅助区长办理区自治事务之人员，曰区助理员，由区长或区公所遴请市政府或县长委任之。(市组织法第五五条，县组织法第三五条)

【区(區)长】【行】掌理区自治事务之首长，曰区长，有委任与民选二种之别。

【区(區)长训练所条例】【行】本条例由内政部于民国十八年八月三十日公布，全文分为八章，共二十五条，第一章总纲，第二章组织，第三章入学，第四章课程，第五章待遇，第六章考试，第七章经费，第八章附则。兹将本条例要点述之于下：(一)在区长民选以前，各省民政厅应依本条例之规定，设立区长训练所，训练各县区长人材，训练期限定为四个月。(二)本所设所长一人，由民政厅长兼任，下设教务股、训育股、事务股，各股各设主任一人，股员一人至四人，所中又请教员若干人，分别教授课程。(三)本所学员由各县政府保送，但须经考试合格后始得入学，各县保送学员应倍于所划区数，由民政厅以命令定之。(四)凡中华民国国民年在二十五岁以上五十岁以下具有下列资格之一者，得经县政府保送应入学考试：(1)在中学以上或与有同等程度之学校毕业者。(2)在自治传习所或其相当性质之学校毕业者。(3)中国国民党员曾办党务一年以上有成绩者。(4)曾办地方自治事务二年以上有成绩者。(5)曾办地方行政事务三年以上有成绩者。(6)在本县负有声望为民众所信任者。(五)关于资格之消极限制(第十三条)。(六)关于课程之规定(第十五条)。(七)学员膳费、宿费及制服各费概由省地方款支给之，其他所中经费，则由省政府核定，在省库支给之。(八)学员毕业由本所发给毕业证书后由民政厅以区长任用之。

【区(區)段号数栏】【土】土地登记簿每一份用纸应分为登记号数栏、区段号数栏、土地标示部、所有权部及他项权利部。其区段号数栏，应记载土地所在地之区段号数。(土地法第四十九条)

【区(區)段征收】【土】区段征收者，谓于一定区内之土地须从新分段整理为全区土地之征收也。至于征收之实施，在原则上只限于需用土地人为政府机关时，惟法律别有规定者，则为例外。我土地法规定于必要时得为附带征收，及区段征收者，仅限于下列各公共事业之需要时：(1)实施国家经济政策。(2)调剂耕地。(3)国防军备。(4)交通事业。(5)公共卫生。(6)改良市乡。(7)其他以公共利益为目的之事业。至于区段征收后，其土地经从新分段整理完毕，而政府欲将该项土地出卖或租赁时，应许原土地所有权人或土地他项权利人享有优先承受之权，以示公允。(参第三四三条、三四八条、三五〇条)

【区(區)财政】【行】关于自治区之收支，统曰区财政，应于每月终公布之。下列各种为区财政之收入：(一)区公款及公产之孳息。(二)区公营业之纯利。(三)依法赋与之自治款项。(四)市补助金或省县补助金。(五)其他经区民代表会议决之收入。(以市下之区为限，市组织法第四三—四四条，区自治施行法第六三条、六六条)

【区(區)务会议】【行】在县下之区公所内所设之意思机关，曰区务会议，以下列人员组织之：(一)区长。(二)区助理员。(三)本区所属乡长及镇长。会议时以区长为主席，且由其召集，每月至少开会一次。(县组织法第三十七条)

【区(區)域】【行】District 所谓区域，乃指区划的地域而言，例如司法区域、行政区域以及管辖区域是也。

【区(區)处】【史】所谓区处乃指区分而处置之而言，汉时即有此语，如汉书黄霸传所载："鳏寡孤独，有死无葬者，乡部书信，霸具为区处。"清律一名例篇，应议者父祖有犯之条："若各衙门进问之际，占吝不发者，并听当该官司，实封奏闻区处。"

【区(區)农会】【行】以区为单位所组织之农会，曰区农会。

【区(區)监察委员】【行】为自治区之监察机关，在市下之区，由区民代表会选举之，于代表会闭会时行使监察职权，其额数为二人，其职务为监察区财政及公产，区民大会或区民代表会之议案的执行，以及区长区助理员之违法失职(市组织法第七〇—七二条)。在县下之区，乃于选举区长时同时选出，其额数为五人或七人，从事监察区财政，并向区民纠举区长违法失职等事。(县组织法第三一条)

【区(區)监察委员会】【行】由自治区内之监察委员所组织而成之委员会也。(参区监察委员条内)

【区(區)调解委员会】【行】由区公所所附设办理关于乡镇调解委员会未曾调解,或不能调解之事项之机关。其组织人员,半数由区公民中选出之,半数则由各乡镇调解委员会中选举之。(区自治施行法第二八—二九条)

【参(參)加】【票】Participation; Intervention 凡遇付款人或承兑人实际上不能承兑,或不能付款,或拒绝承兑,或拒绝付款时,票据债务已陷于危险状态中,法律为维持票据之信用保护付款人或承兑人之声誉以及阻止追索权之行使起见,乃许第三人加入票据关系,代行承诺或代行付款,此种制度曰参加。所谓危险状态,其情形有如下述:(1)付款人不为承兑时。(2)付款人死亡逃匿或其他原因无从为承兑提示时。(3)付款人或承兑人不为付款时。(4)付款人或承兑人受破产宣告不供担保时皆是(民诉,详诉讼参加条)。按参加之种类可分为二:(1)参加承兑。(2)参加付款。(详各本条)

【参(參)加人】 Intervening party (详参加条内)

【参(參)加引受】【票】Acceptance for honor 为日本名辞,与我国所称之参加承兑同义。

【参(參)加支拂】【票】Payment for honor 为日本名辞,即我国所称之参加付款也。

【参(參)加付款】【票】Payment for honor 谓于拒绝付款时由第三人加入票据关系,以防止追索权之行使为目的,而对于特定之票据债务人所为之付款也。参加付款者,曰参加人,不问何人皆得为之,执票人不得拒绝(票据法第七五条),故与参加承兑之参加人须得执票人之允许者不同。遇有数人欲参加付款时,法律认为能免除多数人之债务者有优先权,如能免除最多数之债务者有数人时,则应由受被参加人之委托者或预备付款人参加之,违此次序者丧失追索权(第七七条)。参加付款既以防止追索权之行使为目的,故有下列规定:(1)参加付款,应于执票人得行使追索权之时为之,如于拒绝付款证书作成期间经过后为之,为法律所不许,以其已与防止追索权行使之目的相违反矣(第七四条)。(2)参加付款须就票面全部金额为之(第七八条)。参加付款之方式,即须于拒绝付款证书内记载之,付款之后,执票人应将汇票及收款清单交付参加付款人,如有拒绝证书者,亦应一并交付之,违者负损害赔偿之责(第七九—八〇条)。参加付款之效果有三:(1)执票人丧失票据上权利。(2)参加付款人对于承兑人被参加付款人及其前手取得票据上权利,然不得以背书转让他人。(3)被参加人之后手亦因而免除偿还义务(第八一条)。参加付款得分为二:(1)全部参加付款。(2)一部参加付款。(详各本条)后者无效。

【参(參)加付款人】【票】(详参加付款条内)

【参(參)加承兑】【票】Acceptance supra protest for honor 谓汇票付款人不为承兑时,由第三人加入于票据关系所代为之承兑也,参加者曰参加人,参加人就票据债务人中所认定之人曰被参加人。参加承兑亦为附属票据之行为，且为单独行为，其目的乃在防止执票人行使担保请求权，而维持发票人及背书人之信用。参加承兑与承兑不可混同，前者不过负承兑担保之义务耳，后者则须负完全承兑票据之债务，然同为担负债务之行为，则无异致。我票据法规定凡执票人于到期日前得行使追索权时，而汇票上指定有预备付款人者，得请求其为参加承兑。至预备付款人与票据债务人以外不问何人，经执票人同意，亦得以票据债务人中之一人为被参加人，而为参加承兑（第五〇条）。参加承兑亦须有一定方式，即须于汇票正面记载：(1)参加承兑意旨。(2)被参加人姓名。(3)年月日。并由参加承兑人签名。其未记载被参加人者，应视发票人为被参加人，如预备付款人为参加承兑时，则以指定预备付款人之人为被参加人（第五一条）。是乃当然之事也。法律为保护被参加人起见，对于非被委托之参加人，课以通知义务（第五二条）。关于参加承兑之效果有三：(1)执票人允许参加承兑后，不得于到期日前行使追索权。(2)被参加人及其前手于参加承兑后，仍得向执票人支付金额利息及必要费用，但须将汇票及拒绝证书交出。(3)参加承兑后付款人或担当付款人不付款者，其责任由参加承兑人负之。（第五三—五四条）

【参(參)加承兑人】【票】（详参加承兑条内）

【参(參)加书状】【民诉】Petition of intervention　谓从参加人为诉讼参加时向法院所为之书面也，应表明下列各事项：(一)本诉讼及其当事人。(二)参加人于本诉讼之利害关系。(三)参加诉讼之陈述。此外法院应将参加书状之缮本送达于两造。（民诉法第五六条）

【参(參)事会】【行】Council　（详市参事会条内）

【参(參)政权】【宪】Right of suffrage　所谓参政权，乃指人民对于政治有参与之权能而言，此种权能，可分为四：(一)选举权。(二)罢免权。(三)创制权。(四)复决权。（详各本条）

【参(參)军处条例】 Regulation Governing; The Board of Military Advisers　本条例于民国十七年十月二十三日公布。参军处直隶于国民政府，承国府主席之命掌理关于国府典礼及总务事项，设参军长一人（特任），参军八人至十二人，于陆海军将官中任命之。又设下列二局：(1)典礼局。(2)总务局。各设局长一人，由参军兼任之。又各设科长各二人（荐任），典礼局置科员六人至八人（委任），总务局置科员十人至二十人（委任）。

【参(參)连之弩】【史】周代之射法有六，其二为参连，谓于前一矢射发后而连续射放三矢也，即一矢而连放三矢之法，此法乃一人而兼三人之用。六韬之“陷坚阵，败强敌，以大黄参连弩。”大学衍义补（卷百二十二）—丘濬氏之注曰：“周礼，六射之目，其二曰参连，参连云者，谓前放一矢，后放三矢，连续而去也。考吴越春秋，有云，夫射之道，从分望敌，令以参连。后汉亦云，弩射以参连为奇，夫古人自八岁入小学，已学射艺，而教以参连之法（中略）。诚能以古参连法，教士卒使当矢石之间，一射而连放三矢，则是一人而兼三人之用也。”

【参(參)与以犯罪为宗旨之结社罪】【刑】为妨害秩序罪之一,因参与以犯罪为宗旨之结社而成立。至其结社方法是否出于秘密或公然,皆所不问。如其宗旨为犯罪行为,则成立本罪,其处罚为首谋者一年以上七年以下有期徒刑,非首谋者为三年以下有期徒刑,拘役,或五百元以下罚金。(刑法第一六一条)

【商人】【债】Trader; Merchant 为商业主体而适用商事法规之人,谓之商人。其要件有三:(一)商人须为商行为之人。(二)商人须以自己之名义从事于商业。(三)商人须以商行为为业。

【商人主义】【债】为交互计算契约适用范围主义之一。谓交互计算契约之适用,仅限于商人方面,始得为之,更分为二:(1)一方商人主义——谓当事人一方苟为商人即可适用,德国新商法采之,日本商法亦同。(2)两方商人主义——谓当事人两方均须为商人,方可适用,德国旧商法采之。

【商人法】【通】Law of Merchant 谓关于规定商人(商业主体之人)及各种营业之法规也。如我国之商人通例即其适例。

【商人破产主义】【破】Principle of merchants bankruptcy 为破产法主义之一种,与一般破产主义相对称,即破产法之适用仅以商人为限之主义也,法意等国采用之。

【商公法】【通】与商私法相对称,即关于商之公法上之法规也,更可分为商行政法及商诉讼法,并商刑法等数种。商行政法即关于商之行政法上之法规,例如银行交易所等法是。商诉讼法则系关于商之诉讼程序之法规,例如旧民事诉讼条例中之证书诉讼程序之规定是也。商刑法系关于处罚商之诉讼程序之规定之法规。刑法及各种行政法规中皆有明文。

【商行为】【通】Commercial transaction 商人在商业上之法律行为,曰商行为,例如买卖或运送等皆是。

【商行为之准据法】【国私】Comformity law of commercial transaction 所谓商行为之准据法,乃指关于商行为所准据之法律而言。

【商行为法】【通】Law of commercial transaction 即关于商行为之法规,有于商法中专设一编者,如我国前此之商律草案是。有分别于各种商行为中设特别规定者,如法国是。我国现采民商合一之编制,故分别于债编内加以规定,其重要者则于单行法规中定之。

【商君二十九篇】【史】商君书本二十九篇,至宋佚其三,今有录无书者二篇,故仅余二十四篇。按商君卫之公子也,名鞅,姓①公孙氏,祖本姬姓,因受封于商,故号商君,曾事魏相公叔痤②为中庶子,不得志,乃四入秦,事孝公为相,树立法治主义,秦国以强,卒能并吞天下,孝公逝后,惠王即位,公子虔之徒,告商君欲反,商

① 原书为"性",系排版之误。
② 原书为"座",系排版之误。

君不得已去秦而之魏,弗受,旋复入秦,走商邑,与其徒属发邑兵北出击郑,秦发兵攻之,杀之于郑邑池,遭车裂之刑而死。商君一书,隋书经籍志,旧唐书经籍志,新唐书艺文志,宋史艺文志等虽皆以是书为商鞅所撰,惟自来怀疑者甚多,即四库全书总目提要亦谓孝公卒后鞅已逃走不暇,安得著书,如平日所著系在孝公之世,则其开卷第一篇所称孝公之谥,则又不相符合矣。至于徕民篇中所称长平之胜,事在西历纪元前二六〇年,时商君已去世七八十年矣。又书中每称秦王,按秦称王乃在鞅死后十余年事。凡此种种,皆谓是书必系后人掇拾法家余论,伪托商君而作。惟是书词语峻厉深刻,议论又甚得体,极堪一读,且为研究我国古代法治主义之良本。

【商君书新校正】【史】计五卷,为清严万里所撰,事见清史稿艺文志。

【商私法】【通】关于商之私法上之法规,谓之商私法,即狭义之商法也。学者谓商法仅以商私法为限,所谓商公法之分类,仅形式的概念的分类耳。而所谓商公法中之商行政法,亦仅行政法规之以商事为内容耳。即所谓商刑法,亦仅刑法规之以商事为内容,故真正之商法,惟有商私法而已。

【商事】【债】关于商之法律上之一切事项,谓之商事,例如商业注册是。

【商事公司】【公】Handelsgesellschaft 凡依商事法规所规定而设立之公司,皆称曰商事公司,例如公司法内所规定之公司等皆是。

【商事公断处】【行】Arbitration courts of commerce 所谓商事公断处,乃指我国前此对于商人间商事之争议,立于仲裁地位以息讼和解为主旨所设立之机关而言,在各商会内附设之,除从事于息讼和解外,如受商人之声请或法院之委托,亦得办理清算事宜(现行制度已无此种机关之设)。公断处设处长一人,评议员九人至二十人,调查员二人至六人(均名誉职),书记员二人至六人。(商事公断处章程第一—七条)

【商事主义】【债】为交互计算契约适用范围主义之一。谓交互计算之目的既为节省手续费用,凡商事均应适用,盖所以使商事趋于简易利便也,西班牙及意大利之商法采之。

【商事行政】【行】Commercial administration 商事行政者,谓关于商事上保护及取缔等之行政也。例如关于商标权之保护,商业之注册,及保险业之取缔皆是,又名曰商业行政。

【商事事件】【民诉】Commercial case 商事诉讼事件,曰商事事件。

【商事法规】【通】Commercial Law 谓关于商业之法律也。(参商法条内)

【商事契约法】【债】Law of Commercial Contract 关于商事契约之法规,谓之商事契约法。例如隐名合伙契约,寄托契约,居间契约,交互计算契约,运送契约等之规定皆是。

【商法】【通】Commercial Law 商法之意义,有狭义的与广义的之区别。广义之商法,乃指关于商之法规的全体,如商法法典,商事习惯法,以及国际商法等,皆属之。狭义之商法，则仅指商法法典一项而言。按商法原为民法之一种特别法，列国法律，有将商法另行独立制定者，是即采民商法分立之制度。亦有采民商合一之制度者。我国近来立法例，乃取后者，故在法律上严格言之，已无所谓商法之名辞，但因各种关系，除于民法债篇内将商法加以规定外，另以单行法详予制定，如保险法，公司法，票据法，海商法等，皆属之，所谓商事法规是也。

【商法人】【通】Commercial juridical person 凡法人之以营利收益为目的者，皆可称曰商法人，不论公法人或私法人皆在其内。

【商法学】【通】Science of commercial law 所谓商法学，乃指以研究私法上关于商事之特别规定为目的之法学而言。

【商品检验局】【行】Bureau of Inspection and Testing of Commercial Commodities 依商品检验法执行检验事务而立之机关，为商品检验局，由实业部呈准行政院于对外贸易之主要商埠内设立之，每局置局长一人（荐任或简任），下设事务处与检验处，各设主任一人（荐任），局内又设事务员十人至二十人（委任），技正二人至十人（荐任），技士四人至十四人，技佐七人至二十人（均委任）。商品检验局由实业部转请行政院核准后得设检验分处，内置主任一人（荐任），由技正兼任，承局长之命掌理分处事务，设技正一人（兼任处主任），技士一人或二人，技佐一人至三人，事务员二人至四人（均委任）。（实业部商品检验局组织条例第一一二条、第六一一三条）

【商品检验法】【行】Law Governing the Inspection and Testing of Commercial Commodities 本法于民国二十一年十二月十四日公布，共十九条，其要点如下：(1)凡输出输入商品有下列情形之一者，依本法检验之：(a)有羼伪之情弊者。(b)有毒害之危险者。(c)应鉴定其质量等级者。(2)商品检验在原则上应于输出国外或由国外输入之地点行之。(3)应施检验之商品非经检验领有证书，不得输出或输入，外国商品持有出品国政府检验证书者，得相互待遇酌免检验。(4)检验时得收检验费，但至多不得逾该商品市价千分之三。(5)实业部应就商品检验地点呈准行政院设立商品检验局，执行检验事务。(6)应施检验之商品由商人于输出或输入前向所在地之商品检验局报请检验，违者科以五百元以下之罚锾。(7)检验合格之商品由商品检验局发给证书，证书之有效期间应设有规定，取得证书后，如有变更包装者，应声叙理由经商品检验局之许可，如私自变更者，应重行检验。(8)商品检验后有擅改数量或混入劣品者，科三百元以下之罚锾。(9)应施检验之商品种类，各种商品之合格标准，及证书之有效期间，均由实业部分别定之。

【商约】【国公】Commercial treaty 国与国间以通商为主要目的所订立之条约，不问是否互惠，均称曰商约。

【商务专员】【行】Special observer of commerce 实业部为随时明了国际贸易近况起见所派出分驻本国驻外使领馆驻在地或重要商埠之专员，为商务专员（分简任与荐任两种）。其职务如下：(1)关于驻在国区域内之工商业与本国工商业有关系者之调查报告事项。(2)关于驻在国区域内之华商及华工调查报告事项。(3)关于国产宣传及驻在国区域内工商业出版物征求事项。(4)关于驻在国金融交通及税则调查事项。(5)实业部交办事项。(6)国内外工商业者请托调查事项。(7)其他关系各项实业事项。(实业部驻外商务专员章程第一一二条)

【商国际法】【通】关于商之国际法上之法规,谓之商国际法,学者更分之为商国际公法与商国际私法二种。

【商习惯】【债】Commercial custom 谓商业上事实方面之习惯也。

【商习惯法】【债】Customary commercial law 关于商业上之法律之习惯也,乃商事法规之不成文法。

【商船】【海】Merchant ship 适用或准用海商法之规定之船舶,谓之商船。

【商港】【行】Commercial ports 所谓商港,依商港条例之规定,乃指在中国境内准许外国通商船舶出入之港而言,且以经国民政府以命令指定者为限。船舶入港应悬挂船籍国国旗及信号符字(但有例外),且应遵照该港主管航政官署所指定之地点停泊,非经特许,不得移泊。出港时,应先悬挂出港旗号,并报经主管航政官署许可(定期航行及有定时出港之船舶不在此限)。(商港条例第一、三、四条,第二六条)

【商会】【行】Chamber of Commerce 凡以图谋工商业,及对外贸易之发展,增进工商业公共之福利为宗旨,而由公会会员(即工商同业公会为单位之会员)及商店会员(商业法人或商店为单位之会员)所组织而成之社团法人,称曰商会。(商会法第一一二条、第九条)

【商会法】【行】Law Governing Chambers of Commerce 本法于民国十八年八月十五日公布,共九章,计四十四条,其要点如下:(一)商会乃以图谋工商业及对外贸易之发展,增进工商业公共之福利为宗旨。(二)商会为法人。(三)商会设立时须订立章程,呈市府或呈由地方主管官署转呈省府核准。(四)商会应设立事务所或置分事务所。(五)会员分为二种:(1)公会会员——即同业公会会员。(2)商店会员——即别无同业或无同业公会组织之商店店员。(六)会员出席商会时须举派代表。(七)会员限于中国人民而年在二十五岁以上者。(八)商会之机关有四:(1)执行委员——至多不得逾十五人。(2)常务委员——由执行委员中互选而出,其人数不得逾执行委员额三分之一,并就其中选任一人为主席。(3)监察委员——至多不得逾七人。(4)会员大会——分定期会议与临时会议两种。(九)商会经费分为两种:(1)事务费。(2)事业费。(十)商会之解散须经会员代表四分三以上之出席,出席代表三分二以上之同意方得决议,且须经实业部之许可始生效力。(十一)商会得联合组织全省商会联合会及中华民国商会联合会。(十二)旅外华商商会,得准用本法各章之规定设立之。

【商会会议】【行】Meeting of the Chamber of Commerce 由商会会员代表出席之会议,曰商会会议,或称会员大会。分定期会议(每年至少开会一次)与临时会议二种,均由执行委员会召集之。(商会法第二四一二五条)

【商会联合会】【行】Union of the Chambers of Commerce 凡以共同图谋增进工商业公共之福利,而联合同一省区域内之商会,或各省市之商会所组织之社团法人,曰商会联合会。前者为全省商会联合会,后者为中华民国商会联合会。(商会法第三六一四〇条)

【商业行政】【行】Commercial administration 商业行政者,谓掌握全国商业之奖励、保护、调查、监督、推广、及商人团体之保护,与指导等事务也。

【商业使用人】【债】Commercial employees 所谓商业使用人,乃指因雇佣关系而从事辅助商业主人之人员而言。计分为经理人、伙友、及劳务者三种。(参代理商条内)

【商业账簿】【债】Business account books 商人因经营商业,对于一定事项所为之记录簿册,曰商业账簿。列国立法例对于商业账簿之记载,有采取干涉主义者,例如对于账簿种类与记载方法,法律设有规定,法国法系诸国采之。有取放任主义者,英美法系诸国采之。而德日诸国则采折衷主义。商业账簿在法律上通常可分为日记账簿、总财产簿、与贷借对照表三种。

【商业注册】【行】Commercial registration 商业注册者,谓商人依商事法规所规定之手续,呈请营业所在地之主管官署,将一定事项登载于商业注册之册簿也。

【商业注册簿】【行】商业注册时所用之簿册,称曰商业注册簿。

【商业补助人】【债】Commercial asistants 补助商人办理商业之人,称曰商业补助人。例如居间人,代办商,仓库营业人,运送人,承揽运送人,行纪等皆是。

【商业证券】【债】Commercial paper 所谓商业证券,乃指关于商事上权利义务之证明文书而言。例如公司股票、保险单、仓单、提单以及票据等皆是。

【商号】【债】Trade name 所谓商号,乃指商人于营业时所用以表示自已在商业上所用之名称而言。商人之于商号,犹如自然人之于其姓名,故商人之对其营业,均可以商号名义行之。

【商号权】【民总】Right of trade name 专用商号之权,称曰商号权。如有他人冒用时,得呈请禁止之,并可请求赔偿损害。

【商标】【行】Trade-mark 所谓商标,乃指凡因表彰自己所生产、制造、加工、拣选、批售或经纪之商品所用的文字图形记号而言。商标之目的,乃在保护营业上的信用而设,故法律对之设有限制之规定。(商标法第二条)

【商标公报】【行】Trade-marks Gazette 由商标局所刊行关于商标事项之官报,曰商标公报。凡关于商标之呈请注册、变更、续展或涂销,以及关于商标之必要事项,经商标局核准后,均应登载于商标公报。(商标法第二三条、二四条、二七条)

【商标局】【行】Trade-mark Bureau 管理全国商标注册事务之机关,曰商标局,直隶于实业部,置局长一人(简任),下设下列各课:(1)总务课。(2)审核课。(3)注册课。(4)审议课。(5)编辑课。各课置课长一人(荐任),全局课员计共二十人至三十人(委任)。此外局中又置审查员四人,办理审查事务(均荐任职)。

【商标法】【行】Law of Trade-mark; Trade-mark Law 本法于民国十九年五月六日公布，计共四十条，其要点如下：(一)凡因表彰自己所生产、制造、加工、拣选、批售或经纪之商品，欲专用商标者，应依本法呈请注册。(二)商标文字图形记号，应受一定限制(第二条)。(三)外国人民依关于商标互相保护之条约，欲专用其商标时，应依本法呈请注册。(四)凡在中国境内无住所或营业所者，非委托在中国境内有住所或营业所者为代理人，不得为商标注册之呈请及其他程序。(五)商标自注册之日起，由注册人取得商标专用权，其专用期间自注册之日起以二十年为限，但得呈请续展，惟每次以二十年为限。(六)商标专用权得与其营业一并移转于他人，并得随使用该商标之商品分析移转，转移时须经商标局核准注册，始得对抗第三人。(七)商标专用权除注册人呈请撤销外，于一定情事发生时，商标局得以其职权或据利害关系人之呈请撤销之(第十九条)。(八)商标专用期间内废止其营业时，商标专用权因之消灭。(九)商标局应备置商标簿册，发给注册证，刊行商标公报。(十)关于商标核驳有不服时之呈请再审查，并商标异议及请求评定、再评定等之规定(第二八—三七条)。(十一)凡非营利事业之商品，有欲专用标章者，须依本法呈请注册，并准用关于商标之规定。(十二)注册费及应缴之公费，由施行细则另定之。

【商标专用权】【行】Exclusive trade-markright 商标专用权者，谓依商标法呈请注册，而有禁止他人商品使用同一或类似文字图形或记号之权利也。享有此项权利之人，不以中华民国人民为限，专用之期限为二十年，且得呈请展长(不得超过二十年)。

【商标注册证】【行】Certificate of registration of a Trade-mark 商标局对于核准注册之商标所发给之公证书，谓之商标注册证。(商标法第二十二条二项)

【商标簿册】【行】Trade-mark books 在商标局内所备置关于注录商标专用权，或关于商标之权利，及法令所定之一切事项之公文簿，曰商标簿册。(商标法第二十二条一项)

【商标权】【行】又曰商标专用权。(详该本条)

【问(問)心一隅】【史】事见清史稿艺文志法家类二卷，清何秋涛撰，为光泽人，字愿船，道光进士，官刑部主事懋勤殿行走。

【问(問)牛知马】【史】谓法官讯问罪状之法也。汉书："钩距者，设欲知马价，则先问狗，已问羊，又问牛，然后及马，参伍其价，以类相准，则知马之贵贱。"徐陵文："问牛知马，钩距兼设。"

【问(問)刑条例】【史】为明之法典之一。问刑条例者，始纂于弘治十三年，重修于嘉靖二十八年，及万历十三年，又续修之。一：弘治五年七月，刑部尚书彭韶等，以鸿胪少卿李鐩请删定问刑条例，议曰，刑书所载有限，天下之情无穷，故有情轻罪重，亦有情重罪轻，往往取自上裁，斟酌损益，著为事例，盖此例行于在京法司者多，而行于在外者少。故在外问刑，多至轻重失宜，宜选属官，汇萃前后奏准事例分类编集，会官裁定成编，通行内外，与大明律并用，庶事例有定，情罪无遗，从之。十三年二月，三法司奉诏，看详历年问刑条例，定经久可行者，条具奏请，上以狱事至重，下诸司大臣同议之，议上二百七十九条，请通行天下，永为常法，从之。二：世宗嘉靖七年，保定巡抚王应鹏上言，正德间，新增问刑条例四十四款，深中情法，请编入之。刑部尚书胡世宁，亦请编断狱新例，皆不从。至二十八年，刑部尚书喻茂坚言，自弘治间定例，垂五十年，乞敕臣等会同三法司，申明问刑条例及嘉靖元年后钦定事例，刊示内外百司，永为遵守，其弘治十三年以后嘉靖元年事例，可采者，亦宜裁定施行，会茂坚去官，诏尚书顾应祥等定议，增为二百四十九条，名曰嘉靖重修问刑条例。其后三十四年，续行增定，共为三百八十五条。三：神宗万历二年，刑科给事中乌昇等，请定刑书。三年光懋亦请修明旧典，刊定章程，以清积弊。至十三年，刑部尚书舒化等，乃辑嘉靖以后诏令，及宗藩军政条例，捕盗条格，漕运议单，与刑名相关者，律为正文，例为附注，照旧存者一百九十一条，删并增改者一百九十一条，共为三百八十二条，世宗苛令，删除特多。崇祯十四年，刑部尚书刘泽深，请议定问刑条例，帝亦以为然，然未暇议行。按日本和刻明律所载问刑条例，即万历续修条例也。

【问(問)官迟延监禁】【史】问刑官员对于案件无故迟延不予结束者，或无故将无罪平人施以禁锢者，均为法所不许，是曰问官迟延监禁。清之现行则例(即刑部现行则例)断狱篇——设有问官迟延监禁之条：“凡大小衙门问刑官员将刑狱供招不速行结无故迟延者，将承审官革职。无故将平人久羁囹圄者，将承审各官革职，因而致死，故勘致死者，俱照律遵行。其改造口供故行出入者，将承审官革职，拟以死罪已决者抵以死罪。其草率定案，证据无凭，枉坐人罪者，将承审官革职。其衙门蠹役恐吓索诈，十两以上者，并妻子安插于奉天地方居住，至一百二十两，照枉法拟绞。”

【问(問)发】【史】发配充军为民者，谓之问发。(福惠全书卷十二)

【问(問)结】【史】杂徒罪(即各种犯罪中之与徒罪相等者)以下纳金赎罪者，称曰问结。(福惠全书卷十二)

【问(問)拟】【刑诉】讯问犯罪之原因及事实，及拟定法刑之适用，称曰问拟。

【哑(啞)人】【民刑总】Dumb person　(详喑哑人条内)

【启(啟)心郎】【史】清初于各部院内设置启心郎之官，以为诸王贝勒之顾问，顺治十五年始废。

【启(啟)奠】【史】皇帝御棺奉移他所，事前先祭奠典礼，谓之启奠。六部成语注解：“凡皇帝梓宫，奉移他所，启棺之先，应行奠礼，谓之启奠。”

【国(國)子学】【史】晋咸宁四年(一作二年)取周礼师氏“以三德教国子”，始设置国子学，以为学校之名，为教育贵族子弟之特别大学，置祭酒及博士各一人，助教十五人。后魏改称中书院。隋大业(炀帝年号)四年改称国子监(事物纪原杜氏通典学校等)。唐以后因之，但国子监之外，国子学存在之例亦属不少。(参国子监条)

【国(國)中】【史】距王城百里以内之地，称曰国中，六乡之地乃在国中，故秋官

乡士对其地之审判事务有管辖之权。周礼—秋官乡士:“掌国中,各掌其乡之民数而纠戒之,听其狱讼,察其辞。”(同书之注)

【国(國)内公法】【通】National Public Law 广义之国内公法,乃包含宪法、行政法、法院组织法、刑法、民刑诉讼法数种在内。狭义之国内公法,则仅指宪法与行政法二种而言。

【国(國)内法】【通】National Law 与国际法相对称,乃以其承认与维持之主体,及其效力所及之范围为区别之标准。故凡由一国人民所承认及维持之法律,而其效力仅及于一国范围之内者,皆为国内法。

【国(國)内河川】【国公】National river 在一国领域内之河川,称曰国内河川,与国际河川相对称。国内河川全然受本国主权之支配,对于他国之船舶得禁止其航行。

【国(國)内食盐运输章程】【行】本章程于民国十九年九月二十三日公布,全文仅八条,自公布之日施行。兹举其要点如下:(一)凡经许可运盐者报运盐斤,于遵章纳税后,运输各地除输出国外暨别有专订章则外,悉依本章程之规定。(二)运输种类计分下列五项:(1)车运(铁路火车牲畜汽车人力车等皆属之)。(2)输船运(大小轮船汽船等皆属之)。(3)帆船运(大小木船拖驳竹筏等属之)。(4)人运(肩挑背负皆属之)。(5)牲畜运(驼骡驴牛马皆属之)。(三)运输盐斤须领有财政部运盐照,并应受经过沿途地方指挥及所在地盐务机关之查验。(四)行盐地方未经改定以前,暂照现行引岸或原运销区域行运。(五)运输盐斤如有违反本章程或其他各则例所规定者,由该管官署各按其所犯之事项处理之。

【国(國)内捕获审检所】【国公】Prize court (详捕获审检所条内)

【国(國)内捕获审检法庭】【国公】Prize court 又简称曰捕获审检所。(详该本条)

【国(國)内海法】【海】National Maritime Law 为海洋法之一种,对国际海法言,谓关于国内海事之法规也。可分为二:(1)公海法。(2)私海法。(详各本条)

【国(國)内税】【行】所谓国内税,乃指对于本国人民及侨居于本国之外国人民所征收之税项而言。

【国(國)内汇票】【票】在一国领域之内发行及付款者,曰国内汇票。在甲国内发行而在乙国领域外付款者,则称曰国外汇票。

【国(國)夫人】【史】对于列侯之母及高官之妻而有特功时之封称也。始于南北朝时之宋代。事物纪原(卷一):“宋鄱阳侯孟怀玉母拜国夫人。洎隋高凉冼氏,以功封谯国大夫人,此夫人封国之始也。见通典。”

【国(國)史馆】【史】掌国史编纂之官署,曰国史馆,为古史官之职。汉时称著作东观,以他官兼领之。至魏文帝时始置专官,为著作郎。晋为著作省。唐为著作局。宋为史馆。金元因唐制为著作局。明废不设。清始有国史馆之名。设总纂、提调、纂修等之官。民国初名曰国史编纂处,附属于国务院,置处长一人,总编纂一人，主任编纂四人，编纂若干人。后改名曰国史馆，置馆长一人，直隶于大总统，下设秘书纂修协修等。

【国(國)外主权】【国公】External sovereignty　又称曰国家独立权，即国家有独立处理其内政与外交之自由行动，在国际法上对于他国具有独立之人格，而不受外国任何之干涉也。

【国(國)外汇票】【票】与国内汇票相对称。(详国内汇票条内)

【国(國)本】【史】国本之意义有三：(一)谓立国之大本也。礼记："重礼所以为国本也。"(二)称太子为国本。宋史宁宗纪："宁宗以国本未立，命选太祖十世孙年十五以上者，教育宫中。"(三)农为国本，即以农业为国家生存之根本之谓。帝范："夫食为人天，农为国本。"

【国(國)母】【史】谓天子之母也。后蜀之亡，宋太祖犹称孟昶之母曰国母，盖不即废其尊称以示宽大也。明清时称嫡母为圣后皇太后，生母为国母皇太后，又臣民称皇后亦为国母。北魏书—张普惠传："命之为国母。"

【国(國)民代表会】【宪】为国民政府建国大纲所规定之国民代表机关，每县地方自治政府成立之后，得选国民代表一员，以组织国民代表会，参预中央政事。凡一省全数之县皆达完全自治者，则为宪政开始时期，国民代表会得选举省长为本省自治之监督。(建国大纲第十四条、第十六条)

【国(國)民外交】【宪】外交之活动全以国民一般之利益为根据，而不出于少数外交官之私人意思者，称曰国民外交。此项外交之须以国民全体力量为后盾，自不待言。

【国(國)民兵】【国公】Militia　战争或其他紧急事变之际，后备兵不敷支配，则依法召集达于一定年岁者之国民充当兵役，是曰国民兵，在国际法上亦认其为战斗员之一种。

【国(國)民抗议】【宪】所谓国民抗议，乃指法律于公布后在一定期限内，如有法定人数表示反对时，必须将该法付诸公决之制度而言。若选民于公决之投票时获得过半数者，则该法律失其效力，否则仍为有效。与国民表决不同，盖后者于法律通过于议会后，仍须交与于选民投票复决，以为成立与否之决定。自国民表决制盛行后，国民抗议制即不复为人所采用矣。

【国(國)民政府】【宪】National Government　(参国民政府组织法条内)

【国(國)民政府组织法】【行】Law Governing the Organization of National Government　本法于民国二十年六月十五日公布，经同年十二月二十六日中国国民党第四届中央执行委员会第一次全体大会第三次会议，通过修正。复于二十一年十二月三中全会再修正。共分九章，计五十四条，其要点如下：(一)本法乃依据中华民国训政时期约法第七十七条之规定而制定。(二)国民政府总揽中华民国之治权，统率陆海空军。(三)国民政府以下列五院独立行使五种治权：(1)行政院。(2)立法院。(3)司法院。(4)考试院。(5)监察院。各院设院长副院长各一人。(四)国府设主席一人，委员二十四人至三十六人，主席为民国元首，对内对外代表国府,但不负实际政治责任。(五)行政院为国府最高行政机关,下设各部各委员会。(六)立法院为国府最高立法机关,设立法委员四十人至九十九人,由立法院长呈请国府主席任免之。(七)司法院为国府最高审判机关,设最高法院行政法院及公务员惩戒委员会,司法院长兼任最高法院院长,司法院副院长兼任公务员惩戒委员会委员长。(八)考试院为国府最高考试机关,依法行使考试铨叙之职权。(九)监察院为国府最高监察机关,依法行使弹劾审计之职权,设监察委员二十九人至四十九人,由监察院长提请国府主席任免之。

【国(國)民政府颁发印信条例】【行】本条例于民国十八年四月十三日公布,全文仅八条,自公布日施行。兹举其要点如下:(一)全国各级机关印信除另有规定外,概依本条例颁发之。(二)印信分印、关防、钤记、小章四种。其区别如下:(1)永久性及属于行政范围之机关发印。(2)临时性及不属于行政范围之机关发关防。(3)特殊机关应发印或关防,临时核定之。又印关防荐任职以上或与荐任职同等之机关用之。(4)委任职之机关发钤记。(5)特任及简任或荐任之机关长官发小章。荐任职或与荐任职同等之机关,如有发给小章必要者,得由各该主管机关声叙理由呈请核发。(三)印信质科区别如下:(1)银质——国民政府及五院之印用之。(2)牙质——国民政府及主席五院院长及特任职长官之小章用之。(3)铜质——特简荐任职及与荐任职同等机关之印关防小章用之。(4)木质——委任职钤记暨荐任职以包含临时性之机关用之。(四)荐任职以上或与荐任职同等之机关印信由国民政府颁发,委任职机关钤记由各该主管机关刊发,军事机关印信,则暂照军政部印信条例办理。

【国(國)民表决】【宪】Volksentscheidung(德) 议会所制定法律,须交有选举权之全体国民,付予投票表决,然后确定,是曰国民表决,亦曰国民复决,瑞德等国及美国之数州采之。

【国(國)民发案】【宪】Volksinitiative 届满一定数额之人民得向国民全体会议提出法律案,要求表决采用,是曰国民发案,亦曰国民创制,瑞美等国采用之。

【国(國)民裁判制度】 所谓国民裁判制度,乃指由国民审理刑事诉讼之制度而言。其由国民担任常职以审理案件者,迄未实行,惟参与审判,则有所谓陪审制,如英美等国是也。

【国(國)民解职】【宪】国民对于国家官吏议员之解职与否有决定之权,称曰国民解职,又曰国民罢免,瑞士及美国数州采用此制。

【国(國)民总意说】【通】关于主张法律乃由国民之总意志而成立者之学说,称曰国民总意说。

【国(國)民权】【宪】Right of the nation 凡系仅本国人民所得享有之权利,称曰国民权。例如参加政治之权利,向政府请愿之权利,身体、住居及财产等不受侵犯之自由权,集会结社及言论等之自由权利,以及信仰宗教之自由权等皆是。

【国(國)民体育法】 Law governing athletics 本法于民国十八年四月十六日公布,共十三条,其要点如下:(一)中华民国青年男女有受体育之义务。(二)凡风俗习惯有妨碍青年男女体格之正当发育者，应由县市镇乡村等行政机关负责严禁。(三)各自治之村乡镇市必须设备公共体育场。(四)高中或与之相当以上之学校均须以体育与军事教育训练为必修科，否则不得举行毕业。(五)民间体育会之设立须呈请立案(研究学理调查资料之团体除外)。(六)凡任各学校及民间体育会等处之体育教员，须有合格证书，其服务三年以上确有成绩者，训练总监须予以相当奖励。(七)体育团体不得以团体资格加入政治运动。

【国(國)用】【史】谓国家之财用也。每年五谷收入之后，依照一定之标准以定岁出之定额。礼记—王制篇："冢宰制国用，必于岁之杪，五谷皆入，然后制国用，量入以为出。"大学衍义补(卷二十)："每岁于年终之时，五谷皆入之后，俾其视今岁之所入，以制来年之所出，而定国家一岁多少之用焉。"

【国(國)立编译馆】【行】National Compilation Institute　教育部为掌理关于各种学术之图书编译事务起见所特设之机关，曰国立编译馆。馆中置馆长一人(简任)，专任编译二十人，编译十五人，并得斟置特约编译，均由馆长呈请教育部延聘之。此外又置干事二人至四人(委任)，分掌文书会计庶务事项。下列各种图书由本馆编译之：(1)关于阐明文化及高深学术者。(2)关于世界专门学者所公认具有学术上之权威者。(3)关于内容渊博卷帙浩繁非私人短时间内所能完成者。(4)关于教育上必要之图书。(5)关于学术上之名辞。此外本馆承教育部之命得审查关于学校所用之图书标本仪器暨其他教育学术用品。(国立编译馆组织条例第一—六条)

【国(國)有】【行】Owned by state　国家为私权之主体者，称曰国有。例如国有土地，即土地所有权乃属于国家之谓。

【国(國)有大故】【史】所谓国有大故，乃指国家之变乱而言，此时国民须各守其间，以待国家之命令，出入往来，均须携带证明书类。周礼乡大夫之职："国有大故，则令民各守其间，以待政令，以旌节，辅令则达之。"贾公彦疏："国有大事故，恐有奸寇，故使民征令，出入往来，皆须得旌节辅此征令，文书乃得通达，无节则不得通。"

【国(國)有林】【行】State-owned forest　为森林依其所有权之归属而为分类之一种，对公有林与私有林言，即由中央政府主管部所设立林区经营管理之森林也。

【国(國)有财产】【行】National-owned property　不动产所有权，属于国库，而国家对之享有处分使用及收益权时，此种财产，称曰国有财产。更可分为二种：(一)收益财产。(二)公用财产。(详各本条)

【国(國)有营业】【行】State-owned enterprise　与国有财产相对称。所谓国有营业，乃指国家为调剂社会经济，或充裕国库收入起见，以独占或非独占方法，依私法上之交换原则，所经营之事业而言，例如邮电之经营，烟酒之专卖是。

【国(國)有铁道】【行】State railway　为国家所有之铁道，称曰国有铁道。(参铁道法条内)

【国(國)有铁路管理局编制通则】【行】本通则颁布于民国十八年，全文计十三条。国有铁路除法令契约别有规定外，概依本通则之规定。兹将要点举述于下：(一)国有铁路置管理局，直隶于铁道部，其各局名称及所辖路线于各该局编制专章定之。(二)管理局依路线之长短，事务之繁简，分为一等局、二等局、三等局，其等第及职员员额依另表之所定。(三)管理局设下列各处：(1)总务处。(2)工务处。(3)车务处。(4)机务处。(5)会计处。(6)材料处。均得依情形酌量并设。(四)管理局置职员如下：局长、副局长、处长(总管)、副处长(副总管)、总副工程司、总稽核、总查账、助理员，(各处)秘书、课长、总副段长、厂长、医院院长、分段长、副分段长、课长、副课长、课员、站长、副站长、车队长、工程司、工务员，均得依情形酌量设置之。至于其他职员(即上述之外)名称，非呈经铁道部特别核准，不得设置。

【国(國)老】【史】庶人之老者曰庶老，贵族之老者曰国老。周礼一夏官司马罗氏："中春罗春鸟，献鸠以养国老。"大学衍义补(卷七十九)一丘濬按曰："天子之养老有二，有国老，有庶老。贵胄谓之国子，则贵而老者，谓之国老。贱者，谓之庶人，则贱而老者，谓之庶老。"

【国(國)忌作乐】【史】国家禁忌之日，不得作乐，违者治罪。唐律(卷二十六)杂律篇有国忌作乐条之设："诸国忌废务日作乐者，杖一百，私忌减二等。"

【国(國)防】【宪】National defence　所谓国防，乃指国家对于外来敌人所为之防御与抵抗之设备而言。国防大权，列国立法例皆以之赋予中央政府，或专设国防部以司其事，或由参谋部主持之。

【国(國)事犯】【刑】Crime against the state　凡以改良其国之政治为目的而为破坏现政府之行为者，曰国事犯，对常事犯言，即所谓狭义之政治犯也。例如我国刑法第二篇第一、第二两章规定之犯罪是。在国际上，国事犯以不引渡为原则。

【国(國)定税则】【行】Statutory tariff　进出口之税则由本国法律自由加以规定者，谓之国定税则。

【国(國)法】【通】National Law　为日本法学上之用语，又名国家法。广义之国法包含宪法、行政法与司法三种。狭义之国法乃指宪法与行政法二种，最狭义之国法则仅指宪法一种而言。

【国(國)法学】【通】为宪法学与行政法学之合称。

【国(國)信所】【史】为宋朝之官厅，办理关于契丹之交涉事务，初称机宜司，又单称排办礼信所。事物纪原(卷七)："宋朝会要曰，国信所掌契丹使介交聘之事。景德初，遣内臣排办礼信，四年改。初雄州用兵之际，每密事，择吏主之，号机宜司，及契丹请和，改曰国信司。又景德四年八月，帝谓近臣曰，契丹使副到关，见辞及馆接伴支赐例物，并朝庭遣使合行之事，并有规制行之以二年，已成定例，可特置管勾往来国信所一司，旧止云排办礼信所，至是立局置印也。"

【国(國)家】【宪】State　在一定之土地上而有原始统治权之人类政治团体，谓之国家，在法理上关于国家之性质，其学说有下列各种：(一)有机体说——即以国家乃由生长发达而成,为有机体之一种。(二)国家客体说——即以国家为统治之目的物,君主立于国家之上,恰如人之对于其所有物,盖即以国家为君主私有物也。(三)国家为统治之状态说——即以国家乃统治权作用之状态。(四)国家契约说——即以国家乃由多数人间之契约而成立者。(五)国家人格说——即以国家为具有一种人格,而得为权利义务之主体,与法人之有人格相同,故学者多以国家亦为一种法人。上列各种学说,以第五说最为近世所推崇。

【国(國)家人格权】【国公】所谓国家人格权,乃指国家在国际法上完全享有为国际公法之主体之权利而言。

【国(國)家之承认】【国公】Recognition of state 国际团体或一国家对于新兴的或新联合而成的国家承认其为国际之人格者,是曰国家之承认。承认之方式有二:(1)直接的方式——如于与被承认国缔结条约,而附以宣言承认之条文,或对新兴国发表宣言,或交换承认文书,或在国际会议中签订一议定书,或公约表示承认皆是。(2)间接的方式——如旧国与新国订立条约,或交换外交代表,或互派领事,或国际会议容纳新国代表参与开会等皆是。

【国(國)家主权说】【宪】为主义学说之一种,与君主主权说相对立,又曰国家主体说,谓国家本身为一种人格而为统治权之主体。君主主权说则与此相反,乃认国家为统治权之客体,君主为统治权之主体,故主权者实为君主而非国家。此说因系专制正体拥护者所倡说,故后世学者之主张民主政体者皆加反对。

【国(國)家平等权】【国公】Right of equality (详基本权条及平等权条内)

【国(國)家生存权】【国公】Right of self-preservation 又曰国家自卫权,一作国家自保权。(详自保权条内)

【国(國)家交通权】【国公】Right of intercourse 又曰自由交通权(详该本条)

【国(國)家自保权】【国公】Right of self-preservation 又曰国家生存权,或称为国家自卫权。(详自保权条内)

【国(國)家自卫权】【宪】Right of self-preservation 又曰国家生存权,一称国家自保权。(详自保权条内)

【国(國)家保留区】【行】State-reserved mining areas 国营矿业范围内各矿,以及钨矿、锰矿、铝矿、锑矿、铀矿、铣矿、钾矿、磷矿,如经实业部认为有保存之必要时,得划定区域,作为国家保留区,禁止探采。此种制度,乃为国家保存元气,节制浪费,以备将来危急之用而设。(矿业法第十条)

【国(國)家律师】Attorney-general 国家所设置之律师为国家律师,其权限为代表国家提起诉讼,与检察官之职权相似,英美各国采此制度,在英国则系代表英皇,在美国则为人民之代表。

【国(國)家基本权】【国公】Fundamental right of states (详基本权条内)

【国(國)家税】【行】National tax 简称曰国税,由中央政府直接征收而供国家之用之租税,谓之国家税,如关税、盐税、烟酒税是。

【国(國)家诉追主义】【刑诉】Principle of the (institution of prosecution by state) state action 为刑事诉讼主义之一,对私人诉追主义言,谓诉追犯罪之权由国家机关行使之也。此种主义为近世各国所采取,我刑事诉讼亦同,即以检察官为诉追主体,然设有例外,即某种犯罪之被害人,或其亲属,亦得自行追诉(自诉)是也。

【国(國)家审判权】【通】谓国家对于诉讼案件有行使其审判之权力也。

【国(國)家弹劾式】【刑诉】(详弹劾式条内)。

【国(國)家学】【通】Theory of state 研究关于国家之本质,现象成立之要件以及其作用等之学科,谓之国家学,如国法学及政治学皆在其内。

【国(國)家独立权】【国公】Right of independence (详独立权条内)

【国(國)家联合】【国公】Confederation of state 又称曰邦联。(详该本条)

【国(國)库】【行】Fiscal; State treasury 国家在私法上为财产权之主体时,称曰国库。

【国(國)书】【国公】Credentials 以国家元首之名义所作成,以为派遣外交代表出使外国时所携带呈递于该外国元首之公文书,谓之国书。

【国(國)务】【宪】State affair 国家之政务,简称曰国务,又称曰国政。

【国(國)务员】【宪】Cabinet members 采总统制或内阁制之国家,于元首之下设置若干国务员,各司一部,如外交部长、财政部长、商务部长、农工部长等是,即国务总理亦谓之国务员。在总统制之国家与内阁制不同,即国务员对于总统负责,而不对议会负责,议会对于国务员除认为有犯罪行为得依弹劾之手续使之去职外,对于国务员政策上之失当,则不能使之去职,惟总统则可以自由解其职耳。又国务员对于所管之部务各自对总统负责,并无所谓连带责任。采内阁制国家之国务员,则须对议会负责,元首之命令及其他行为,原则上均须经国务员之同意,故元首事事皆须容纳内阁之政策。

【国(國)务院】【行】Cabinet 国务员全体之办公机关,谓之国务院。

【国(國)务会议】【宪】Cabinet Meeting 即内阁阁员处理国家事务之会议也。采内阁制之国家,以此会议为必要,会议时以内阁总理为主席。

【国(國)教】【宪】National religion; Established religion 由国家所认定,以为全国人民应行信奉之宗教,称曰国教。

【国(國)税】【行】National tax 又曰国家税。(详该本条)

【国(國)债】【宪】National debts 所谓国债,乃包括由政府向外国订约所借入之债务,与依法令之规定向国内人民所举发之公债而言。前者曰国外公债,或称外债。后者则曰国内公债,或称内债。国债之成立与否,皆须经立法机关,或人民代表机关之通过,始为有效。

【国(國)会】【宪】National Congress 又名议会。(详该本条)

【国(國)会委员会】【宪】国会之会议有一定期限,并非常年开会,故于闭会期间必须由国会另选一常任委员会,以继续代为先使国会之一定职权,是曰国会委员会。如瓜地马拉宪法第六十二条规定,国民议会,应于闭会前组织一常务委员会,以执行会务,委员九人,候补委员三人,均由议会于议员中互选之,议会主席为当然委员长。墨西哥联邦宪法第七十八条亦有类似之规定。又巴拉圭宪法第七十八条,乌拉圭宪法第五十二条,皆有关于国会委员会(即常任委员会)之规定。

【国(國)葬】【行】State funeral 凡国民对于国家有殊勋,而身故后,由中央政府支付经费组织国葬典礼办事处,依据法定仪式举行埋葬之典礼者,称曰国葬。此为表彰有功绩于国家者之特殊方法,各国多采用之。我国亦然,并制定有国葬法七条,与国葬仪式十条,以为准据。

【国(國)葬法】【行】本法于民国十九年十月七日公布,全文仅七条,自公布日施行。(参国葬条)

【国(國)号】【史】谓国家之称号也,起自太昊氏之号曰庖羲。事物纪原(卷一):"后汉书班固典引曰,肇命人生,五德初始,厥有氏号,莫不开元于太昊。注谓太昊号庖羲,炎帝号神农,黄帝号轩辕,盖自燧皇而上,亡以自名,未为天下之号也,至太昊始以庖羲为代号云。"后世所称之唐宋元明等均为朝号而非国号。

【国(國)道】【行】State road; National road 凡连贯两省区以上,乃有关国防之要塞港湾商埠之路,称曰国道。全国国道路线由铁道部规定之,并权衡其缓急轻重,指定兴筑程序。(国道条例第一—二条)

【国(國)道委员会】【行】北京政府时代,在内务部下特设国道委员会,为筹议关于全国国道一应计划事宜,置委员长一人,以内务部土木司司长兼充之,委员若干人,以土木司司员及各机关专门技术人员分别遴派调充,并设总务工务调查三股,每股设主任一人,由委员长指定委员充任。又因计划工程之必要,并得设专任工程师。本会委员于开会时以委员长为主席,如委员长不能到会时,则由主任一人代理,但内务部部长出席时,则以部长为主席(国道委员会章程第一—六条)。按此项机关与国民政府铁道部辖下之国道设计委员会性质相同,惟一为永久机关,一为临时机关耳。

【国(國)道条例】【行】本条例于民国二十年六月六日公布,全文仅十三条,自公布之日施行,全国国道之修治依本条例办理之。兹将要点述之于下:(一)凡连贯两省区以上及有关国防之要塞港湾商埠之路皆为国道,路线由铁道部规定之。(二)各省区境内国道之建筑应由各省区建设厅或主管机关负责,受铁道部之监督指挥,限期筑成之。(三)各省区因建筑国道收用土地应依土地征收法办理之。(四)国道之公用客货运输营业得依民营公用事业监督条例之规定,特许商办公司经营之。(五)关于国道事宜,各省区间如发生争执,由铁道部处理之。

【国(國)道设计委员会】【行】国民政府铁道部为规划国道之建设,特设国道设计委员会以办理之,以铁道部委员三人,各省建设厅荐请铁道部委派每省各一人组织之，其主任委员一人，则由铁道部长指定之。本委员会为临时之机关，于成立后三个月内将全国重要国道全部路线工程标准，建筑费预算，以及分期兴筑计划，规画完竣呈报，同时并应将下列事项规画完竣：(1)建筑国道筹款计划。(2)兵工建设计划。(3)经营国道运输事业计划。(4)建筑国道机关之组织。(5)其他关于国道之重要问题。在上述各种计划办理完毕后，即行裁撤，其继续设计事宜暨归铁道部主持办理之。(国道设计委员会组织规程第一——二条、第四—五条)

【国(國)境】【国公】National boundary 一国对于他国领土范围内之界限，称曰国境。除上至天空下至地心或水底外，其横的方面则有天然国境与人为国境之区分。(详各本条)

【国(國)旗】【宪】National flag 国旗者，谓代表一国之标识也。我国国旗定为红地，左上角青天白日(约法第四条)，红地之横度与纵度为三与二之比，旗杆上方之右为青色长方形。其横度与纵度等于红地横度与纵度二分之一，其青色长方形中置国徽上之白日青圈及十二道光芒。(国徽国旗法第三—五条)

【国(國)际人格】【国公】International personality 又称国际主体，凡在国际法上得为权利义务之主体者，是为具有国际人格，而此种主体，则称曰国际人格者(International person)。例如完全主权国、一部主权国、国际联盟皆是。

【国(國)际人格权】【宪】具有国家人格之国家所享有之一切权利，称曰国际人格权。其所享权利，如独立权、自卫权、平等权、名誉权皆是。

【国(國)际公法】【国公】Public International Law 国际公法，又名万国公法。通常为国际法之一种，与国际私法相对称，实则惟国际公法属于国际法，国际私法乃国内法之一种，与国际法毫无关系，故所谓国际法，实乃专指国际公法而言。学者对国际公法之定义，颇不一致，兹列举于下：(一)Grotius 氏谓国际法者，乃由诸国家全体或大多数国家之意思所产生义务的效力之法则也。(二)Vettel 氏谓国际法者，指导诸国间所有权利义务之科学也。(三)Manning 氏(英人)谓国际法者，支配列国之独立生活之法则的科学也。(四)Woolsey 氏(美人)谓国际法者，乃耶教诸国于相互关系上认为义务的法则之集合也。(五)Westlake 氏谓国际法者，乃存在于各国间之法规也。(六)Bonfils 氏(法人)谓国际法者，规定关于国际相互间之权利义务者也。(七)Liszt 氏(德人)谓国际法者，文明诸国家间规定相互权利及义务的法规之集合也。(八)秋山雅之介氏(日人)谓国际法者，经文明各国之承认于国家相互之关系上共同遵守者也。(九)福冈秀豬氏(日人)谓国际法者，规定主权独立之文明国家相互间规则之集合也。(十)Laurance 氏谓国际法者，乃文明诸国所以定其互相交际行为之规则也。(十一)Oppenheim 氏谓国际法者，乃规律文明国家相互关系之行为的规则也。(十二)傅氏尔氏 Fauchilli 谓国际公法者，乃确定国家在彼等相互关系中之权利与义务的规则全体也。国际法是否法律，学者意见亦不一致，主非法律说者，其理由有三：(一)国际法无强制力。(二)国际法无立法者。(三)国际法无执行机关。主张为法律说者分为两派：(一)自然法说——谓法律乃先国家而存在，并非人所创制者，国家之制为法典，仅为之宣布而已。(二)制定法说——更分为三派：(甲)主张国际法亦有立法机关及审判机关，谓国际法未进步时大抵专依习惯，并无国际法典，然如国际大会之决议，固具备制定法之形式者也，例如一八五六年之巴黎宣言，一八一三——一八一四年之维也纳会议，及一八六四年之日内瓦条约是。至于审判机关亦稍具型式，如常设国际公断法庭是。（乙）主张国际法亦有制裁者，谓法律之制裁力，非必如 Austin 氏之所言，出于最高主权者之命令，凡违反规则者所受之损害，皆得谓之制裁，故国际法亦有制裁，但其制裁有与法律同一者，有以舆论为制裁者，方式不同。（丙）主张法律非必有担保者，谓法律系规定国家执行职务之程式，非以制裁为必要，故有无制裁之担保，均非所问，例如宪法上对于元首之违宪，并无制裁之担保，而宪法可称为法律，国际法虽无制裁之担保，亦可称曰法律。

【国（國）际公法学】【通】研究关于国际间互相来往之关系之法学，曰国际公法学。

【国（國）际公断】【国公】简称曰公断。（详该本条）

【国（國）际友谊】【国公】International comity　所谓国际友谊，乃指国际间外交上来往出于好意或礼貌之行为而言。例如无引渡条约缔结时，对于犯人之引渡，外交官来往时盛大之欢迎与招待，皆属之。

【国（國）际主体】【国公】International subject　又称国际人格。（详该本条）

【国（國）际犯罪】【国公】International crime　所谓国际犯罪，乃指其行为在世界各国均视为公敌，而任何一国皆得处分之之犯罪而言。例如海盗之行为是，在国际法上乃一种国际犯罪。

【国（國）际立法】【国公】International legislation　关于国际间统一法典之创立，称曰国际立法。

【国（國）际交通审查会】【行】国际交通审查会为北京政府时代所设之机关，隶属于交通部，以审查国际联盟会所提议关于国际交通各案为目的。会员由交通部、外交部、内务部、司法部、农商部、税务处选派专门人员充任。设正副会长各一人，总理会务由交通总长委派，下置总务、审核、调查三股，各设主任一人，股员若干人，分任各股事务，均由会长于会员中指派之。（国际交通审查会规则第一—四条）

【国（國）际仲裁】【国公】又称曰国际公断。（详公断条内）

【国（國）际共助】【国公】International mutual assistance　（详犯人引渡条内）

【国（國）际刑法】【刑】International Criminal Law　所谓国际刑法，乃指国际间关于刑事案件上法律之共助之法规而言。（参犯人引渡条及引渡条内）

【国（國）际地役】【国公】International servitude　凡一国依据条约在其领土内，使他国得为一种行为，或对本国之行为加以限制者，曰国际地役。国际地役可分二种：（1）积极的地役——例如容许他国军队之驻屯与通过，或容许他国在其本国境内建筑铁路设置税关皆是，即承役国在其领土内容许需役国权力之行使也。（2）消极的地役——例如承役国应许不在国境内建置要塞炮台是，即承役国受需役国之制限，应许不在本国境内为某种之设备也。

【国(國)际行政】【国公】International administration 关于国际间事务之处理与施行，谓之国际行政，目前多由国际联盟中之国际事务局主持之。

【国(國)际私法】【国私】International Private Law 规定适用涉外私法关系之法律，曰国际私法。国际私法之名称，极不适当，因其为国内法，故“国际”二字不合。又国际私法为一种公法(因其非私人与私人之关系)，故“私法”二字亦不合。但今之学者仍名之曰国际私法者，乃沿习惯耳。我国关于国际私法之法律，迳称之曰法律适用条例，质是故也。国际私法与国际法不可相混，前者为适用法，后者为实质法。前者由一国之承认或制定而成立。后者则由各国之承认或协议而成立。前者乃规定国家与国家机关之关系，又国家或国家机关与私人之关系。后者乃规定国家与国家之关系。故二者显然有异。

【国(國)际私法学】【通】研究二国以上人民相互间之关系之法学，称曰国际私法学。

【国(國)际河川】【国公】International rivers 凡河川流行通过二个以上国家，或分隔二个以上国家时，曰国际河川。此种河川在国际法上之地位，历经三时代之变迁：(1)为沿河国对于所有部分河川行使无限的支配权之时代(中世纪封建时)。(2)为同沿岸国之共有时代(十八世纪)。(3)自由通航时代(十九世纪以后)。今日之所谓国际河川，如多脑河、来因河皆是。

【国(國)际法】【通】International Law 与国内法相对称，谓由国际团体或两国以上之主权所承认及维持之法律，而其效力可及于国际团体间者也。国际法与国内法之异点有四：(1)前者为规定国际间相互之权利义务关系，后者则规定国家与人民间或人民相互间之权利义务关系。(2)前者之强制力甚弱，或等于零，后者则甚坚强。(3)前者之效力及于国际间，后者则仅限于一国领域之内。(4)前者之成立无一定形式，后者则反是。

【国(國)际法律行为】【国公】Internationale Rechtsgeschaft(德) 即以发生变更或消灭国际之法律关系为目的之意思表示也。有为一方之行为者，如抗议、承认及宣言是。有为双方之行为者，如缔结条约、协约、协定等是。

【国(國)际法律关系】【宪】Internationale Rechtsverhaltnis(德) 即国与国间相互权利义务之关系也。其发生变更与消灭有基于自然之事实者，如天灾地变使领土变更或消灭是。有由于国家法律行为与不法行为者，如缔结条约及非法之侵略皆是。

【国(國)际法庭】【国公】Permanent Court of International Justice 又称常设国际法庭。(详国际联盟条内)

【国(國)际争议】【国公】International disputes 所谓国际争议，乃指国家与国家间所发生关于法律方面和政治方面的相反的主张而言。解决此项争议的手段，可分为二类：(1)平和的手段，又可分为六种：(a)直接谈判。(b)斡旋。(c)调停。(d)国际调查委员会。(e)仲裁。(f)国际联盟(详各本条)。(2)非平和的手段，可分为七种：(a)报复。(b)报仇。(c)扣留船只。(d)武力示威。(e)平时封锁。(f)经济绝交。(g)绝交。(详各本条)

【国(國)际社会】【国公】International society 又曰国际团体。(详该本条)

【国(國)际侵权行为】【国公】International delinquency 凡国家之元首或政府长官以其资格所为之行为，或一切官吏或私人得政府命令或许可而为之行为，与国际义务相违反者，即构成国际侵权行为。换言之，即凡国家自身之行为违反国际义务者，均称为国际侵权行为，例如以不法之干涉对他国独立加以侵害是。至于此种行为之惩罚，或以物质上之损害加以赔偿，或派遣代表或修送文书正式道歉，均无不可。

【国(國)际捕获审检法庭】【国公】Internation prize court 所谓国际捕获审检法庭，乃指以解决发生于交战国与中立国间，关于捕获物之特定事件之争议为目的之上诉法庭而言。此种法庭之创设运动，为一九〇七年海牙条约第十二编所规定，惜至今尚因各种关系未能成立。

【国(國)际海法】【海】International Maritime Law 为海洋法之一，对国内法言，谓国家与国家间关于海事之法规也。例如通商航海条约，船舶捕获法，港湾封锁法等，皆属之，乃国际法之一部。

【国(國)际破产】【破】International bankruptcy 破产者之财产在于二以上之国家者，谓之国际破产。其破产之效力有二主义：(一)普及主义，即国内破产宣告之效力，亦能普及于外国，不问债务者在外国之财产与在内国之财产，均视为属于破产财团，所谓一人一破产是也。(二)属地主义，即破产宣告之效力，仅能及于内国，债务者在外国之财产，不能算入破产财团之内，所谓一人数破产是也。此种主义对于一人破产势必各国均须宣告破产，故我国破产法草案尚无规定。

【国(國)际商法】【国私】International Commercial Law 国际法上关于商事之法规，称曰国际商法。

【国(國)际票据】【票】International negotiable instruments 谓国际间用为贷借抵销之票据也。统一票据规则之规定如下：(1)票据行为之能力——以适用本国法为原则，而以适用行为地法主义为例外。(2)票据行为之方式——依行为地所属国之法律定之(行为地法主义)。(3)票据行为之效力——未设明文，但以依行为地法为当。(4)行使或保全票据上权利必要行为之方式——依行为地法律定之。

【国(國)际票据法】【国私】Law of International Bill 关于涉外之票据之法规称曰国际票据法，在一九一〇年间荷兰政府依德意两国政府之提议于海牙开票据统一会议，出席之国家计三十二国，议决草案八十八条，统一条约案二十六条。又于一九一二年开第二次会议，议决汇票及本票统一规则八十条，统一条约三十一条，同时对于支票亦议决统一法案三十四条。

【国(國)际劳工组织】【国公】International labor organization (详劳动宪章条内)

【国(國)际劳动事务局】【国公】International Labor Office （详劳动宪章条内）

【国(國)际劳动理事会】【劳】(详劳动宪章条内)

【国(國)际贸易局】【行】Bureau of Foreign Trade 所谓国际贸易局,乃指实业部为调查中外商情促进对外贸易以发展国民经济所特设之机关而言。置局长一人,副局长一人(均简任),中西文秘书各一人(荐任)。并置下列各处:(1)总务处。(2)指导处。(3)统计处。(4)编纂处。各设主任一人(荐任)。又置编纂专员统计专员各二人至四人,指导专员税则专员各二人,调查专员四人至六人(荐任或委任),分任各处事务。又得设科员八人至十六人(均委任),并得酌用雇员十人至二十人。此外得聘请名誉顾问担任特约选述或特约调查。(国际贸易局组织条例第一—二条、第七—十三条)

【国(國)际贸易局组织条例】【行】本条例于民国二十年七月二十日公布,全文计十五条,自公布之日施行(参国际贸易局)。此外尚有国际贸易局办事细则之制定,于民国二十一年三月十七日由实业部公布,全文共十四条,自公布之日施行。

【国(國)际会议】【国公】International Congress 凡由数国或多数国所派遣代表,对于特定国际问题加以讨论磋商处理时之会议,曰国际会议。开幕时各代表应首先提示代表委任状,或证书,或经代表资格审查委员会之审查,始得与议。至于表决权以国为单位,会议之结果如有任何公约之缔结,须先经各代表之签字,并须由该国政府加以批准,始为有效。按国际会议有由政府代表所组织者,亦有由人民团体代表所组织者,亦有由政府及人民代表所混合组织者。

【国(國)际运河】【国公】International Canal 谓联络两公海所开凿之运河也,各国舰船得以自由航行不受限制。最著而占重要者有三:(1)沟通地中海与红海之苏彝士运河。(2)沟通大西洋与太平洋之巴拿马运河。(3)沟通波罗的海与北海之基尔运河(Kiel Canal)。

【国(國)际电信交涉委员会章程】【行】本章程于民国十八年十二月六日公布,全文仅十条,自公布之日施行,其要点如下:(一)交通部为谋解决国际电信交涉悬案及各种合同契约起见特设国际电信交涉委员会,设委员长一人,由交通部选派部员充任,副委员长二人,由交通部咨请外交部财政部派员充任,委员若干人,则由委员长遴选熟悉国际电信交涉情形之专门人员呈请派充。(二)开会时须委员过半数之出席,议决案件应呈请交通部采择。(三)本会因处理事务之必要,得设秘书四人,办事员若干人,由委员长遴选部员呈请派充。

【国(國)际电信局】【行】International Telegraph Administration 交通部为办理无线电水线电等之国际通信事宜,特设国际电信局,置局长一人,下设下列五课:(1)总务课。(2)工务课。(3)业务课。(4)会计课。(5)稽核课。各置课长一人。各课得分股办事,每股设主任一人。局中又设事务员十四人至二十人,工程师六人至十二人,技术员报务员账务员若干人。(交通部国际电信局组织章程第一—

二条、第八条——二条)

【国(國)际团体】【国公】International Society　又曰国际社会,即国际间所共同依法组织而成之团体也,例如国际联盟是。

【国(國)际惯例】【国公】International Usage　国际相互关系上所发生之反覆继续行为,而为多数国所明示或默示之承认者,谓之国际惯例。此种惯例如经公认或被采为法则时,则成为国际公法。

【国(國)际管理】【国公】谓将国家之一部或全部领土移归于国际联盟,而由其直接管理也。此项制度始自欧洲大战之后,例如将土耳其之君士坦丁区一带移归于国际联盟管理之是也。

【国(國)际调查委员会】【国公】International Commission of Inquiry　凡遇无关名誉或根本问题而仅属于事实上之国际争议,如不能依通常外交手段解决者,应组织国际调查委员会从事公平之调查,以谋解决,故此委员会亦为解决国际争议方法之一。该委员会之报告应止于事实之叙述,无判决之性质,然后由当事国加以取舍。此制度为一八九九年及一九〇七年海牙会议之创设,其权限较国际联盟之国际调查委员团为狭。

【国(國)际战争】【国公】War between nations　国家间之战争,曰国际战争,均应遵守国际公法中之战争法。

【国(國)际联盟】【国公】League of Nations　谓以维持国际和平增进国际互助为目的,依据联盟规约所组成之永久团体也。其特点有四:(1)有常设机关。(2)盟员以国家为单位。(3)自成为一国际人格者。(4)不能对组成分子各国直接行使任何权力。至其盟员之脱离亦属自由,但须有二年之预告,及履行一切应尽义务,方为有效。其常设机关有四:(a)理事会(Council),分为永久会员与非永久会员二种,前者为四强国(英法意日)及德国,后者则由大会选出九国任之,每年改选三国。(b)大会(Assembly),各盟员国均得派代表出席,每国至多以三人为限,每年开会一次,每国只有一表决权。(c)秘书处(Secretariat),设秘书长一员,总任一切事务,由理事会经大会之同意加以任命。(d)国际法庭,置法官十一人,及预备法官四人,就各国所推荐之候选人名单中,由理事会及大会各自投票选举,任期九年,每年开庭一次(六月十五日起),以荷兰海牙为法庭所在地,其职权乃就当事者(以联盟或其他国家为限)所提出具有国际性质之争议,加以审理。至对于理事会或大会所交来之争议事件,或其他问题,亦得提出意见。审判用语原则上用法英二语任选其一,但例外得用其他国语。诉讼手续分言词与书面二部,当事人除各选代理人外,且得另选补佐人及辩护人。至其裁判不得上诉,故为终审。在上述四机关之运用,凡会员国之国际间争议事件,国际联盟负有解决使命,故国际联盟亦为国际争议事件解决方法之一。

【国(國)际证券】【国私】International bond　所谓国际证券,乃指国际间所流通之有价证券而言,如国际汇票即其适例。

【国(國)际继承法】【国私】Internationales Erbrecht(德)　所谓国际继承法,

乃指对于继承问题之涉外的法律而言。至其内容如继承人之指定,继承人之权利,继承之财产,遗嘱之成立与效力等关系之法规均属之。列国法律对于继承之规定极不一致,若遇同一继承开始,被继承者之财产散处于二国或二国以上时或被继承人系住居于外国时,则其继承将依本国法乎,或依住所地法乎,或依财产所在地法乎。又如遗嘱之成立,其方式条件效力与撤销均依各国法律之所定而有区异,依住所地法乎,依本国法乎,抑依财产所在地法乎。凡此种种于发生抵触时亟应加以解决,此国际继承法之所以制定也。各国立法例计有下列三种主义:(一)财产所在地法主义——即主张应以财产所在地法为准据法之主义,此种主义渊源于欧洲之封建制度时代,其缺点则在于继承人如在数国享有财产时,必须受各该国法律之支配,是关系必极复杂不能一致,故近来各国立法例均不采取之。(二)不动产所在地法动产住所地法主义——即主张不动产之继承均适用其所在地法,俾被继承人之财产易于迅速清理,至对动产之继承则应受被继承人死时之住所地法之支配。(三)被继承人之本国法主义——即主张以死者之本国法为继承问题之标准法,欧洲各国多采此主义,即我国亦同。如法律适用条例第二十条规定:"继承依被继承人之本国法。"又第二十一条规定曰:"遗嘱之成立要件与效力。依成立时遗嘱人之本国法。遗嘱之撤销依撤销时遗嘱人之本国法。"是对于继承问题亦采取被继承人之本国法主义也。关于无人承认之继承,应归何国国库所有,依列国立法例而言,有主张继承权说者,如德国是也。有主张占有权说者,如意法二国是也。更有主张没收权说者,如英美二国是也。依继承权说则此项财产当归诸被继承人之本国国库,依占有权说及没收权说,则应为所在地之国库所有。衡诸理论,自以继承说较为协当,盖占有权说与没收权说,难免涉及掠夺之嫌也。

【国(國)际警察】【国公】International police 所谓国际警察,乃指凡国际联盟会员国如有不服从国际联盟规约第十六条所定经济绝交之制裁者,即须由联盟积极的使用陆海空军加以讨伐而言。此种制度,至今仍系一种理想,其组织方法约有二种:(一)超国家的机关之设置——即使各联盟国提供陆海空军若干,归联盟指挥,驻屯或停泊于世界各处。(二)委任制度——即将国际警察权委任各强大海陆空军之联盟会员国,使担负警备责任。在目前各国军备未行大加限制,而强大国家尚存吞并弱小国家之时,上述两种方法,任择其一,均有流弊,故均不能实现。

【国(國)学生员】【史】国学为国立最高学府,其肄业学徒,均有一定额数。大明令—礼令篇国学生员条设有明文:"凡国学生员一品至九品,文武官子孙弟侄年十二岁以上者充补,以一百名为额,民间俊秀年一十五岁以上能通四书大义愿人国学者,中书省闻奏入学,以五十名为额。"

【国(國)宪】【宪】National constitution 国家之根本大法,曰国宪,即宪法(详该本条)之谓。

【国(國)徽】【行】中华民国之国徽定为青天白日,其式如下:(1)青地圆形。(2)白日。(3)白光芒十二道。(4)白日与十二道光芒间留青地一圈。至于位置及尺度之比例则如下述:(1)青地圆形之圆心为白日体之圆心。(2)白日体半径与青地圆形半径为一与三之比。(3)白日体圆心至白光芒顶角,其长度与白日体半径为二与一之比。(4)白日与十二道白光芒间之青圈,其宽度等于白日体直径十五分之一。(5)每道白光芒之顶角为三十度,合十二角为三百六十度。(6)上下左右白光芒顶角应向北南东西,其余均匀排。(中华民国国徽国旗法第一—二条)

【国(國)营电信】【行】National or State-operated telegraphs & telephones 为电信之一种,与私设电信相对立,谓国家经营之电信也,乃由国民政府行政院交通部管理之。(电信条例第二条)

【国(國)营铁道】【行】State-operated railway　与公营铁道民营铁道相对称,乃指由中央政府所经营之铁道而言。在原则上言,凡关系全国交通之铁道,应由国家经营之,由铁道部管辖之,国营铁道于不损主权及利益之范围内,得借用外资,但应经立法院之议决耳。至其收入或盈余,除扩充及整理铁道事业外,应尽先为偿还债务之用,一切收入非依法律所定,不得提用。(铁道法第一条、四条、七条、一六——七条)

【国(國)营矿业】【行】State-operated mining enterprise　与私营矿业相对立。凡应归国家经营,而由国家自行探采之矿业,曰国营矿业,如铁矿,石油矿,铜矿,及适合炼冶金焦之烟煤矿,皆是。国营矿业,如无自行探采之必要时,得出租探采,但承租人以中国人民为限(矿业法第九条)。国营矿业由实业部管理之,成立时须呈请行政院备案,并令交该矿区所在地主管官署登记。出租时,由实业部与承租人以契约定之,承租人不得将所租国营矿业权,转租抵押典质或让与,租期以二十年为限,期满如非国家收回自营者,该承租人有继续租赁之优先权。(同法第四八—五八条)

【国(國)籍】【国私】Nationality　关于国籍之性质,可分下列数派:(一)英美派——指国籍为人民对国家永久忠诚之关系。(二)德国派——指国籍为人民对国家之服从关系,与英美派相近。(三)法国派——指国籍为人民对国家之契约关系。列国立法例,对国籍法之位置,有于宪法内规定之者,有于民法内规定之者,有于特别法内规定之者,我国采最后立法例。关于国籍有由生来取得者,曰固有国籍。有由传来取得者,曰取得国籍(如婚姻归化及领土割让是)。至其丧失,亦有由于婚姻者,亦有由于归化者,且有由于认领者。国籍有二大原则:其一为无论何人同时只有一个国籍,其二无论何人不可无国籍。反乎此者,则为国籍之冲突。国籍之冲突可分为二:(a)无国籍。(b)二重国籍(详各本条)。国籍生来取得时其主义有三:(a)血统主义。(b)出生地主义。(c)并合主义。(详各本条)

【国(國)籍回复】【国私】Recovery of nationality　(详复籍条内)

【国(國)籍取得】 Acquisition of nationality　(详国籍条内)

【国(國)籍法】【国私】Law of Nationality　本法于民国十八年二月五日公布,共五章,计二十条,其要点如下:(一)下列各人属中华民国籍:(1)生时父为中国人者。(2)生于父死后,其父死时为中国人者。(3)父无可考或无国籍,其母为中国人者。(4)生于中国地父母均无可考或均无国籍者。(二)外国人有下列各款情事之一者，取得中华民国国籍：(1)为中国人妻者(但依其本国法保留国籍者不在此限)。(2)父为中国人经其父认知者。(3)父无可考或未认知，母为中国人经其母认知者。(4)为中国人之养子者。(5)经内政部许可归化者(无国籍人亦同)。(三)取得中国国籍者及随同归化人取得中国国籍之妻及子，不得任一定之公职(第九条)，是为原则。(四)中国人有下列各款情事之一者，丧失中国国籍：(1)为外国人妻，自请脱离国籍经内政部许可者。(2)父为外国人经其父认知者。(3)父无可考或未认知，母为外国人经其母认知者。(4)自愿取得外国籍经内政部许可者。(五)国籍之回复具备一定条件时，仍须经内政部之许可。

【国(國)籍法施行条例】【国私】本施行条例于民国十八年二月四日公布，乃依国籍法第十九条之规定而制定，全文计十二条，自公布之日施行。

【国(國)籍抵触】【国私】Conflict of nationalities 又曰国籍冲突。(详国籍及国籍法条内)

【国(國)籍丧失】【国私】Loss of nationality (详国籍法条内)

【国(國)籍冲突】【国私】Conflict of nationalities (详国籍及国籍法条内)

【国(國)籍证书】【国私】Certificate of nationality 所谓国籍证书，乃指用以证明人或物之属于何国之书面而言，例如人民国籍证书，与船舶国籍证书是。船舶国籍证书于船舶登记以后，由主管官署发给之。人民之国籍证书依各国通例，取得于出生登记时，但我国出生登记尚未施行，故须待需用时(如出国外)向主管官署请求发给。

【国(國)权】【宪】Power of state 国家之权力曰国权，个人主义派者则极力主张缩小国家权力，而社会主义派则主张扩张之。

【国(國)权组织】【宪】国家统治权之行使的规定，谓之国权组织，又称曰政治组织。

【国(國)体】【宪】Forms of state 所谓国体，乃指主权之所在或国家组织之体制而言。如主权在于君主一人，则曰君主国体。如主权在于少数人之手，则曰贵族国体。若主权在于国民全体，则曰民主国体。后二者则合称曰共和国体，以与君主国体相对立，故有国体三分说与二分说之别。

【国(國)体二分说】【宪】此说主张国体仅有二种，即君主国体与共和国体。

【国(國)体三分说】【宪】此说主张国体计分为三种，乃以主权者之人数为标准，即君主国体(主权者为一人)、贵族国体(主权者为少数人)及民治国体(主权者属于多数人)。

【堂上官】【史】又曰堂官。(详该本条)

【堂印】【史】所谓堂印，初仅专指宰相所用之印而言。及明清时代各官署堂上官所用之印，皆称曰堂印。

【堂判】【史】清制，府县官所为之诉讼判决称曰堂判。(会典刑部)

【堂官】【史】为清时堂上官之简称，各衙门之长官皆为堂官，以其在堂上督理事务故也,如各部之尚书侍郎,诸寺之乡皆是,又如知府知县亦皆为府县署之堂上官。

【执(執)行】【刑诉】Execution of decisions 谓于裁判已确定后,就其全部或一部使之实现,或于裁判后未经处分之物件,加以处分之行为也。执行之机关以检察官为主,但就裁判之性质应由法院或推事执行者,则为例外。指挥执行应以书状为之,并须以裁判书或笔录之缮本或节本添附于后,以昭慎重。执行时如受刑人不在羁押中,检察官得依法传唤,不到者应发捕票(详该本条)逮捕之。执行时除罚金可以同时执行外,其余刑罚均以先重后轻为原则,但有必要情形亦得酌予变更。死刑之执行——(1)判决确定后,检察官应速将该案卷宗送交司法行政部。(2)须于接奉司法行政部覆准于文到三日内执行之。(3)受刑人如在心神丧失时,或在怀胎期中,均应停止执行。(4)痊愈后或生产后非有再奉部令亦不得执行。(5)执行时检察官应莅视,书记官亦须在场。(6)书记官应作成笔录,由检察官及监狱长官签名。徒刑之执行——于判决确定后由检察官之指挥,送交监狱执行,并得令服劳役。若遇下列情形之一时,应停止执行:(1)心神丧失者。(2)怀胎七月以上者。(3)生产未满一月者。(4)现罹疾病恐因执行不能保其生命者。拘役之执行——其执行与停止情形与徒刑同。罚金之执行——须在判决确定后一个月内缴纳,否则检察官应以强制方法加以执行,或依裁判所定易科期间予以监禁(在另设之监禁处所)。物件之处分:(1)没收物件——或应毁坏,或应废弃,或归入国库,或发还权利人,均由检察官处分之。(2)暂为扣押物件——应以发还为原则,无法发还时,检察官应以布告招领,六个月无人声请发还者,归入国库。如在前项期限内不便保管者,可竞卖之,而存其价以备发还。此外关于罚锾①,没入,追征,亦应依检察官之命令加以执行。又关于撤销缓刑之处分,与更正刑罚之处分,先由检察官声请,经法院裁定,再由检察官执行之。至于当事人对科刑裁判之解释有疑义,受刑人对检察官之执行不当有异议时,得向该裁判法院以书状声明之(未裁判者且得撤回),法院接收声明时,应于咨询检察官后裁定之,此种制度乃于执行时保护当事人尊重其意思而设也。(刑诉法第四七六—五〇五条)

【执(執)行力】【民诉】为判决效力之一种,谓判决得供执行机关强制执行之力也。在民诉法内,此项执行力仅限于给付判决(但夫妻同居之诉则不得强制执行)。此外宣示假执行之判决,亦有执行力(民诉第三八一条),在刑诉法上之判决执行力,则更为坚强,盖国家刑罚权力实施之结果也。

【执(執)行之救助】【民执】Execution relief 所谓执行之救助,乃指执行机关于一定情形之下,对于债务人得暂时免予强制执行,或免除其一部之执行而言。所谓一定情形,有下列四种:(一)执行程序中之查封,应酌留债务人及其家属一个月间生活必要之物品。(二)职业所必要之器具物品不得查封。(三)债务人对于第三人之债权系维持生活必要费用者,不得为强制执行。(四)债务人如实无财产可供执行者,或执行后所得之数不足清偿债务者,债权人如经同意,得令债务人写

① 原书为“缓”,系排版之误。

立书据，俟有实力之日偿还。（民诉执行规则第十九条、二十条、二十七条、九十七条、七条）

【执(執)行文】【民执】Execution clause 凡足以证明执行名义之存在之证书及公文，概称曰执行文，有由法院作成者，有由书记官作成者，有由公证人作成者，如裁判书和解笔录公正证书等皆是。

【执(執)行主义】【海】Principle of execution 为船舶所有人责任之制限立法上主义之一，又称海产主义，为德国法系所采取。法律区别船舶所有人之财产为海产陆产两种，执行主义即船舶所有人仅以其海产为负责之担保而受执行之谓也。至于陆产不得加以执行，我海商法亦采此主义。（参第二十三条）

【执(執)行名义】【民诉】Title for execution 凡当事人有判决书、和解笔录、假扣押假处分之裁决、支付命令宣示等为根据时，即得向法院请求强制执行者，谓之有执行名义。

【执(執)行死刑】【刑诉】（详死刑条及刑罚之执行条内）

【执(執)行命令】【宪】Executive order Ausfuhrungsverordnung（德） 与独立命令委任命令相对立，规定执行特定法律之细目之命令，称曰执行命令，又称补充命令，其存在与效力，乃与特定法律（所欲执行之法律）相终始，而其目的乃在使该特定法律得以施行无阻，而能达于实际运用之地。故通常所谓施行细则，或施行法，皆属执行命令范围之内，此项命令不得与宪法或其他法律相抵触，且不得涉及所执行法律之范围，盖其目的乃专在执行其他之法律也。

【执(執)行官】【通】Executor 执行机关之官吏，谓之执行官。

【执(執)行官署】【行】Executive governmental office 为官署之一种，对决议官署言，即对政务握有执行权之官署也。

【执(執)行庭】【民执】Division of execution in the court 以实施强制执行为职务之机关，通常为地方法院所设之执行庭，置推事书记官承发吏，与普通开庭不同，无言词辩论，无合议制度，且无所谓庭长，主要办事者为主任推事。关于强制执行之命令，则以院长之名义行之，强制执行事务，民事执行庭依声请或以职权行之，民事案件在审判法院和解终结者，民事执行庭得依声请加以强制执行，即关于假处分假加押执行之命令，亦由执行庭执行之。

【执(執)行停止】【民执】Einstellung der Zwangs Vollstreckung（德） 业已开始之强制执行程序之全部或一部停止者，谓之执行停止。按强制执行之事件，在原则上不得停止，惟为保护当事人之利益起见，得因某种特殊情形将执行之一部或全部加以停止或限制。

【执(執)行参加之诉】【民执】Klage der Vollstreckungs-intervention（德） 第三人对于强制执行之目的物，若有对其所有权有所主张者，得以诉讼方法提起异议，此项诉讼谓之执行参加之诉，其提起时，须于执行既经开始尚未终结以前向专属于管辖执行行为之地方法院为之。

【执(執)行处】【民执】Department for execution　即附设于地方法院之民事执行机关也,又曰民事执行处。(详该本条)

【执(執)行规则】【民执】Rule of execution　关于规定执行之职权方法程序等之规则,称曰执行规则。

【执(執)行异议】【民执】Exekutions-intervention(德)　第三人对于强制执行之目的物提起异议之诉时,谓之执行异议,或曰执行参加,其所提起之诉则曰执行异议之诉,或执行参加之诉。

【执(執)行异议之诉】【民执】(详执行异议条内)

【执(執)行笔录】【民执】强制执行时所作成之笔录,谓之执行笔录,查封笔录即其一例。

【执(執)行费用】【民执】Execution expenses　在强制执行程序中所需用之费用,曰执行费,以必要部分为限,归债务人负担,并应与执行之债权同时收取(民诉执行规则第八条)。例如查封费用,承发吏费用,假扣押假处分之费用等皆是。

【执(執)行债务人】【民执】Execution debtor　在强制执行法上应受强制执行之人为执行债务人,其对方则为执行债权人,即在强制执行法上有请求执行机关而为实施执行程序之权利人也。

【执(執)行债权人】【民执】Execution creditor　(详执行债务人条内)

【执(執)行业务者】【公】即在公司内从事于业务之执行之人也,如董事是。

【执(執)行当事人】【民执】Execution parties　所谓执行当事人,乃指强制执行事件中之债权人与债务人而言。其有执行名义得向法院请求实行满足其私权之一方,称曰债权人。其有服从执行机关受强制力而负担支付义务,或得依正当理由声明执行之异议之一方,则为债务人。按执行当事人须具备执行当事人之能力,故凡有当事人能力必有诉讼能力,此时亦有执行当事人之能力。

【执(執)行罚】【行】Zwingende Strafe(德);Compulsory Punishment　为间接执行处分之一种,又称曰罚锾,谓不能适用代执行,或虽适用而不能达其目的时,而向其征收过怠金也。此项金额不得易科他刑,仅可以强制方法征收之。又义务人在未履行其义务前,得重再施行执行罚,以达到完全履行目的为止。得为执行罚(罚锾)者,须有下列情形之一:(一)依法令或本于法令之处分,负有行为义务而不为,其行为非官署或第三人所能代执行者。(二)依法令或本于法令之处分,负有不行为义务而为之者。(参行政执行法第四条—第五条)

【执(執)行请求权】【民执】Vollstreckungsanspruch(德)　债权人以执行名义所确定之权利为根据,而对于执行法院请求适用国家强制力之权利,谓之执行请求权。

【执(執)行机关】【民执】Organ of execution　实施强制执行之官署,曰执行机关,即地方法院所设之民事执行处,内置推事书记官,承院长之指挥命令,督同承发吏(即执达吏)处理强制执行事务,至于假扣押假处分假执行之命令,亦由民

事执行处执行之。(民诉执行规则第一一四条)

【执(執)役】【通】服劳役或服兵役均谓之执役。

【执(執)法者】【通】Law-executor 掌管法律者,谓之执法者,即执行法律者之谓也。广义言之,除立法者外,其余官吏均为执法者。狭义言之,则专指司法官吏及其他有审判权之官吏而言。

【执(執)金吾】【史】天子护卫之武官,秦时曰中尉,汉武帝始改称曰执金吾。所谓执金吾,其意义如何,学者间计有下列三说:(一)吾乃御之义,执金吾者,谓执金革以防御非常也。(二)金吾乃鸟名,主辟不祥,故天子之出行,称先导之官曰执金吾。(三)金吾棒也,以铜作成,天子出行时,使扈从执之,因以为官名。汉书—百官公卿表:"中尉,秦官,武帝太初元年,更名执金吾。"应劭注曰:"吾者御也,掌执金革以御非常。"师古注曰:"金吾,鸟名也,主辟不祥。天子出行,职主先导以御非常,故执此鸟之象以名官。"后汉书—百官志:"执金吾,掌宫外戒司非常水火之事,月三绕行宫外,及主兵器,吾犹御也。"文海坡沙:"官名执金吾,棒也,以铜为之,黄金涂两足,谓之金吾。扈驾则执之,以夹车,因名官,今人但称金吾而不言执,则一棒而已,语相沿而不觉其谬也。"

【执(執)笏】【史】笏者手版也,受命于君前时,以之为记录所命之事之用,始于三代,古时不论贵贱皆通用之,后世始限于八座尚书,至后周武帝以后,百官皆用之。事物纪原(卷一):"礼受命于君前以笏,三代之制也。古者贵贱通用,书君上政令,后代惟八座尚书执之。其余公卿执手版主敬,示非记事官,至周武帝保定四年始令百官执笏。"

【执(執)票人】【票】Holder of the negotiable instruments 谓实际上持有票据,而得享有该票据上权利之主体也。故受款人被背书人皆可称为执票人(应持有其票据)。执票人对于汇票不获承兑或无从承兑,或不获付款时,且有拒绝证书或相当证明者,得行使追索权请求偿还。

【执(執)照】【行】人民为一定业务之行为时,如依法须经行政官署认可或许可者则由该管官署给予一定之公文书,此项公文书即所谓执照是也。例如营业执照,汽车执照皆是。

【执(執)达员】【组】Process-servers 日本称曰执达吏,我国法院编制法称曰承发吏,法院组织法则曰执达员,于地方法院及其分院设置之。服从长官之命令执行下列职务:(一)发送文件。(二)执行依法令应由执达员执行之裁判(如财产刑之执行及没收违禁物是)。(三)其他职务上之事项,例如实行通知催传事项是。(法院组织法第五十二条)

【执(執)狱】【通】执掌讼狱,谓之执狱。

【执(執)权】【史】谓执掌行政权也。汉书—魏相传:"北方之神颛顼,乘坎执权司冬。"崔实所撰政论谓:"圣人执权,遭时定制,不强人以不能。"后世称凡操有处置及统治大权者均曰执权。

【基本书状】【民诉】Fundamental document 所谓基本书状乃指为诉讼之基础

书状而言，例如诉状，参加书状等皆是。

【基本义务】【宪】Fundamental duties 基本义务者，即人民对于国家所必负担之义务也，一般宪法皆设有明文。此种义务约有下列六种：(一)负担租税义务。(二)捍卫国家义务。(三)服务国家义务。(四)受相当教育之义务。(五)尊重他人财产之义务。(六)服从之义务。

【基本权】【国公】Fundamental rights 又称固有权，谓国家为国际主体所必须享有之权利也。换言之，即国家生存之权利也。学者有谓此种权利系与关系权相对立，所谓关系权，乃指基于国际条约所生之权利而言。至基本权之种类，学者意见不一，可分为六：(1)平等权。(2)独立权。(3)自卫权。(4)法权。(5)外交权。(6)财产权。(详各本条)

【基本权利】【宪】Fundamental rights 基本权利者，即人民所享有之权利，国家在其权力之限度内，不应加以侵犯之谓也。换言之，即人民在法律上所应享有之最低限度之权利也。通常均于宪法上加以规定。我国训政约法所规定者有下列各种：(一)参政权。(二)个人自由权。(三)请愿权。(四)诉讼权。(五)诉愿权。(六)考试权。(七)服公务权。

【基于法令之行为】【刑】Act done in accordance with law or ordinance 为权利行为之一，即根据法令所容许之行为(刑法第三十四条)，不得论罪之谓。此项行为简言之，约分四项：(1)关于执行职务者，例如官吏直接依法令执行搜查罪人住宅是。(2)关于惩戒行为者，例如师长对弟子之惩戒是——但不得逾越必要之限度。(3)关于现行犯之逮捕——例如法令定普通人均可对窃贼在犯所加以逮捕是。(4)关于监护行为——例如监护人见其亲属有犯精神病者，不经官署许可予以监禁是。

【基金】【民总】Foundation funds 财团法人或社团法人所募集或积存以为经营事业担保或发展之用之金额，谓之基金，通常仅对于基金之利息可以提用。

【套画押字】【史】谓伪造私书私印也。六部成语注解："假作文券，仿画他人押字，以为凭也。"

【姘(姘)】【史】姘之意义有二：(一)在斋戒之日与妻婢奸曰姘。汉律："与妻婢奸曰姘。"又曰："斋与女交，罚金四两，曰姘。"说文—女部引汉律曰："齐(为斋之误)予妻婢奸曰姘。"(二)男女间之私合亦曰姘。汉书—苍颉篇："男女私合，曰姘。"

【娶逃走妇女】【史】妇女犯罪逃走者，在法律上乃属犯人，理应缉捕到案究办，若知情而娶之，应即治罪，其不知情者，不坐。唐律(卷十四)户婚篇有娶逃亡妇女之条，其规定与明清律相同。明律(卷六)、清律(卷十)户律婚姻篇均有娶逃走妇女条之同一规定。清律原文及其下注："凡娶(自己)犯罪(已发在官，而)逃走(在外之)妇女，为妻妾，知(逃走之)情者，与同(其所犯之本)罪(妇人加逃罪二等，其娶者不加罪)，至死者减一等离异，不知者不坐。若无夫(又)会赦免罪者，不离(一有不合，仍离)。"清律之辑注："此条专谕娶者之罪，故入婚姻门中，在主婚者，仍用嫁娶违律诸法科断，在妇女，则主婚者虽坐罪，而妇女自依所犯本律，加逃罪科之。若应与主婚人同坐，重于本罪，则从重论。”又同律之辑注：“按此与背夫在逃不同。背夫者，妇本无罪，弃夫在逃，因而改嫁，重在背夫上，故坐绞。此犯罪者，乃畏刑而逃，非背夫而逃也。至于和同相诱在逃子女，俱是无罪者，亦与此不同。”又同律之辑注：“虽知其犯罪逃走之情，仍是娶为妻妾，要看娶字，若因其逃走而收留为妻妾，则有收留在逃律，若因其逃走而和诱为妻妾，则有和同相诱律，或知人收留和诱而娶之，应各照本律，不得混引此条。”又律之总注：“犯罪，指妇女自身犯罪，已发在官者言，凡妇女犯罪，专发之时，逃走在外有人知其犯罪逃走之情，而娶为妻妾者，与妇女同罪，妇女应加逃罪二等，知情娶者，止与妇女本罪同科，如妇女本犯杖一百之罪，今逃走应加二等，则杖七十，徒年半，知情娶者，则杖一百也。妇女本罪至死，知情娶者，减一等，杖一百，流三千里，离异，女则归宗，妇人仍查其原犯之罪，如应与前夫完聚者，给前夫，应与前夫离异者，归宗，不知情而娶者，但离异而不坐罪，若妇已无前夫，女原未许人，其原犯之罪，又已会赦原免，以私则身无所归，以公则法无所拟，故听与娶者完聚，不离，妇虽无前夫，女虽未许人，而罪未赦免，及罪虽赦而妇现有前夫，女已许人皆应离异。故注曰：一有不合，仍离也。按嫁娶违律条内，称离异改正者，虽会赦犹离异，此独不然者，彼乃因嫁娶而违律者之通例。”此无夫者，原不禁其嫁，惟犯罪逃走，他人不得娶有罪之犯人耳。彼嫁娶即是罪，故会赦犹离，不论有夫无夫，此是犯别罪而嫁人，罪既赦矣，无夫者，固于嫁娶之法无违也。其义甚微，须细体之。

【娶部民妇女为妻妾】【史】府州县乃亲民之官，若许其娶部民妇女为妻妾，则势必有利用官权相侵凌而强娶之虞。至于监临之官之娶为事人妻妾及女必将有徇私枉法之事发生，故亦禁之。明律（卷六）、清律（卷十）户律婚姻篇均有娶部民妇女为妻妾内容相同：“凡府州县亲民官，任内娶部民妇女为妻妾者，杖八十，若监临官，娶为事人妻妾及女为妻妾者，杖一百，女家并同罪，妻妾仍两离之，女给亲，财礼入官，强娶者，各加二等，女家不坐，不追财礼，若为子孙弟侄家人娶者，罪亦如之，男女不坐。”清律之辑注：“按名例称监临者，内外诸司，统摄所嘱，有文案相关涉及虽非所管百姓，但有事在手者，即为监临，又职虽非统嘱，但临时差遣管领提调者亦是。”又同律之辑注：“为事人，不必拘定犯罪，凡为一应公私事情，有名在官听候查理者皆是。”又同律之辑注：“亲民官不言娶为事人妻妾及女，犯者亦同监临官论罪，监临官不言娶部民妇女，犯者亦同亲民官论罪，律虽不言，义实互见也。”又同律之总注：“任内，谓现任时也，兼下监临官言，部民妇女者，谓部民家妇之女，兼妻妾言，乃无夫者也。为事人妻妾，则其夫现在也。故一曰妇，一曰妻妾。府州县职本亲民，监临官权相统摄，其于临民之体制一也。但部民止系管摄之人，无事相涉，为事人，则系在官之犯，有事对理，均系娶为妻妾，而事同情异，故坐罪有杖八十，杖一百之差，女家一谓妇女之主婚人，即部民也。一谓妻妾之本夫，女之父，即为事人也。并同罪者，部民以妇女与亲民官亦杖八十，为事人以妻妾及女与监临官，亦杖一百也。妻妾仍两离之，娶者固违律，前夫既将妻妾嫁人，则已义绝矣。故俱不听完聚，令其归宗，女则给亲，财礼入官，系彼此俱罪之赃也。以上皆两相和同。而嫁娶者，若亲民监临官，恃势用强而娶之者，各加二等，亲民官杖一百，监临官杖七十，徒年半，离异，给还，女家不坐，财礼不追，受制于人，非其情愿也。若亲民监临官为子孙弟侄家人娶为妻妾者，或和或强，并如自娶之罪科之，男女不坐，男即官之子孙弟侄，女即所娶之女，非主婚之男家女家也，愿为夫妇者听，不愿者离异。”

【娶乐人为妻妾】【史】乐人指教坊司妓者而言，凡官员（文武均同）娶之为妻妾者，因其良贱不同，故加禁止，至于官员子孙，如系应袭荫者，亦在被禁之列。明律（卷六）、清律（卷十）户律婚姻篇均有娶乐人为妻妾之条，内容虽略有出入，惟大体相同。清律原文及其下注：“凡（文武）官（弁）吏，娶乐人（妓者）为妻妾者，杖六十并离异（归宗，不还乐工，财礼入官）。若官员子孙（应袭荫者）娶者，罪亦如之，注册，候荫袭之日（照应袭本职上），降一级叙用。”清律之总注：“官兼文武言，官员子孙，止指应袭荫者言，乐人乃教坊司之妓者，今无教坊，但有乐籍娼家，良贱尚不得为婚，乐人则贱之甚者，官吏及应袭荫之子孙，娶为妻妾，辱亵已甚，故坐杖六十，并离异，子孙仍注册降叙，不言举人贡监生员者，宿娼尚僾行止，例应斥革，况娶之乎，不言庶民者，以为不足责也。”

【娶亲属妻妾】【史】本条之设乃专指无服亲而言，以其皆为同宗也。在五服之外谱系可资稽考者比比皆是，其尊卑长幼名分犹存，若娶其女或妻妾者，均为本条所禁止。明律（卷六）、清律（卷十）户律婚姻篇均设有娶亲属妻妾条之同一明文。清律原文及其下注：“凡娶同宗无服（姑侄姊妹）之亲，及无服亲之妻者（男女）各杖一百。若娶（同宗）缌麻亲之妻及舅甥妻，各杖六十，徒一年。小功以上（之妻）各以奸论（自徒三年至绞斩），其（亲之妻）曾被出及已改嫁，而娶为妻妾者（无服之亲不与）各杖八十。若收父祖妾，及伯叔母者（不问被出改嫁），各斩。若兄亡收嫂，弟亡收弟妇者（不问被出改嫁俱坐），各绞。妾（父祖妾不与）各减（妻）二等（被出改嫁者，递减之，若原系妻而娶为妾，当从妻论，原系妾而娶为妻，仍从妾减科）。若娶同宗缌麻以上姑侄姊妹者，亦各以奸论（除应死外）。并离异。”清律之辑注：“此条专言娶同宗无服有服亲之女，及妻妾之罪，而舅甥在外姻中，为至亲，故不入前条尊卑为婚内，而于此带言之。若其他异姓之亲，则前条备矣。”同律之总注：“同姓不得为婚，况同宗乎，无服之亲，所包者广，凡五服之外，谱系可考，尊卑长幼名分犹存者，皆是，所谓袒免亲也。亲指女言娶无服亲之女，及夫亡娶其妻者，各杖一百。缌麻之服虽轻，本宗之义则重，舅甥之姓虽异，外姻之亲最近，故娶缌麻亲之妻，及舅甥妻者，各杖六十，徒一年。小功大功期亲之妻，则名义尤重矣，渎乱无纪，故各以奸论。期亲内除伯叔母兄弟妻下文另论外，惟兄弟子妻一项，小功内惟从祖祖母，从祖伯叔母二项，各绞。其余各杖一百，徒三年。其无服有服各亲之妻，有先曾为夫所出，及夫亡改嫁，后夫又亡，而娶之为妻妾者，各杖八十，以与前夫义绝，故不复分别，而概得从轻也。若收祖父妾，伯叔母兄弟之妻，则减绝伦常，非复人类矣，故不曰娶而曰收，各斩各绞，皆立决。注曰不问被出改嫁俱坐，其情至重，不得以此原之也。妾各减二等，通承上二节言，谓娶同宗各亲属之妾，比娶其妻之罪减二等，非谓亲属之妻，今娶为妾也。娶同宗无服亲之妾，杖八十。娶缌麻亲及舅甥之妾，杖九十。娶小功以上亲之妾，各以奸论，应杖八十，徒二年。内从祖祖妾，从祖伯叔妾，兄弟子妾，杖一百，徒三年。娶各亲被出改嫁之妾，杖六十。收伯叔兄弟之妻,各杖一百,徒三年,被出改嫁,亦坐。若娶同宗缌麻小功大功期亲之姑及侄女姊妹者,渎伦甚矣,故亦各以奸论,期亲内姑姊妹兄弟之女,各斩。大功内从父姊妹,小功内从祖祖姑,从祖伯叔姑,各绞。其余各杖一百,徒三年。曰姑侄姊妹,则本宗之女尽矣。上之祖姑曾祖姑,亦姑也。下之侄孙女曾侄孙女,亦侄也。并离异,通承上言,财礼俱入官。”

【婚生子女】【亲】Legitimate children 婚生子女者,谓由婚姻关系受胎而生之子女也。故凡非因适法婚姻所生之子女,概不得称为婚生子女,是为原则,但有例外四:(1)非婚生子女其生父与生母结婚者,视为婚生子女。(2)非婚生子女经生父认领者,视为婚生子女。(3)非婚生子女与其生母之关系,亦视为婚生子女。(4)非婚生子女经生父抚育者,视为认领,亦为婚生子女。学者有称以上四者为准婚生子女者。

【婚田】【史】所谓婚田,乃指结婚时供嫁资财产之田地而言。旧唐书—职官志:“婚田之事,户曹司户掌之。”

【婚姻】【亲】Marriage 婚姻者,谓依法律规定基于一男一女之自由意思而以共同生活为目的之终生的结合关系之契约也。按婚姻之性质有谓系一种身分者,有谓系契约者,二者以后说为当。婚姻之成立先之以婚约,继之以结婚,于一定条件下结婚可视为无效或可呈请撤销。又当事人可以合意离婚,在法定情事发生后,且可呈诉离婚。至婚姻关系一经成立,在身分上发生一定效力,在财产上亦同。惟其效力之范围,因采取夫妻别体主义或采用夫妻一体主义而有区别。关于各国婚姻立法上之主义,得分为下列二种:(一)事实婚主义。(二)形式婚主义(详各本条)。按婚姻之分类则有下列各种:(一)初婚与再婚。(二)单婚与重婚。(三)入家婚姻与入夫婚姻。(四)顺缘婚与逆缘婚。(详各本条)

【婚姻之要件】【亲】(详婚姻条内)

【婚姻年龄】【亲】Matrimonial age 所谓婚姻年龄,乃指须届满一定年龄始得订立婚约或举行结婚而言。依我民法之规定:(一)订婚之年龄为男须满十七岁,女须满十五岁。(二)结婚之年龄为男须满十八岁,女须满十六岁。(第九七三条、第九八〇条)

【婚姻成年制】【民总】(详成年人条内)

【婚姻事件】【民诉】(详婚姻事件程序条内)

【婚姻事件程序】【民诉】Procedure relating to matrimonial actions 婚姻事件,乃指婚姻无效,撤销婚姻,与确定婚姻成立或不成立,及离婚,或夫妻同居为标的之事件而言。至其诉讼程序,则曰婚姻事件程序。其管辖法院,乃专属于夫之普通审判籍所在地,或其死亡时普通审判籍所在地之第一审法院。若夫于中华民国现无住所,或居所不明者,其普通审判籍依居所定之。无居所或居所不明者,依其在中华民国最后之住所定之。若无最后之住所或住所不明者,则以司法院命令定之。在本程序中有特点二:(一)自由处分主义之限制——关于认诺效力之规定,于婚姻事件不适用之,即关于审判上自认及不争执事实之效力之规定,于婚姻撤销,无效,不成立,离婚,或拒绝同居之原因事实,亦不能适用。(二)职权进行主义之兼用——谓审理婚姻事件时,法院得依职权调查双方证据,并审酌当事人所未提出之事实。(民诉第五三五—五四七条)

【婚姻财产制】【亲】Matrimonial regime 又称夫妻财产制。(详该本条)

【婚姻无效之诉】【民诉】Action to annul a void marriage 所谓无效之诉,乃指本于民法所定婚姻无效之原因,而求法院以变更权利之判决,以确定婚姻为无效所提起之诉也。至无效之原因,系依民法上所定者为根据,惟此种诉讼之程序,因其与公益有关,故应依婚姻事件程序之所定。

【婚姻篇】【史】婚姻为明清律之户律之一篇。按关于婚姻之法规前此仅在户律之内,北齐有户婚篇之名,后周始以婚姻与户禁列为二篇,其序列一居第五,一居第六,隋唐曰户婚律,明乃于户律内,立婚姻一篇,与户役篇、田宅篇、仓库篇、课程篇、钱债篇及市廛篇相对称。计十八条如下:男女婚姻,典雇妻女,妻妾失序,逐婿嫁女,居丧嫁娶,父母囚禁嫁娶,同姓为婚,尊卑为婚,娶亲属妻妾,娶部民妇女为妻妾,娶逃走妇女,强占良家妻女,娶乐人为妻妾,僧道娶妻,良贱为婚姻,蒙古色目人婚姻,出妻,及嫁娶违律主婚媒人罪等条。清律因之,惟删去蒙古色目人婚姻一条而已。

【婚姻预约】【亲】Engagement; Betrothal 为婚约之简称。(详该本条)

【婚约】【亲】Betrothal; Engagement 又称婚姻豫约,或名定婚。凡一男一女间以将缔结婚姻契约为目的所自由订定之豫约,谓之婚约。乃契约之一种,但为亲属法上之契约,与债权契约或物权契约之性质不同。婚约之成立依我民法之规定,须具备下列三要件:(一)须由男女当事人自由订定。(二)男须满十七岁,女须满十五岁。(三)婚约当事人如系未成年人,须得法定代理人之同意。按婚约之订立,须以当事人之自由意志为根据,故不得请求强迫履行。若当事人两愿解除,谓之合意解除。其当事人之一方,如有下列情形之一者,其相对方得解除之,是曰法定解除(如事实上不能向他方为解除之意思表示时,无须为意思表示):(1)婚约订定后再与他方人订定婚约或结婚者。(2)故违结婚期约者。(3)生死不明已满一年者。(4)有重大不治之病者。(5)有花柳病及其他恶疾者。(6)婚约订定后成为残废者。(7)婚约订定后与人通奸者。(8)婚约订定后受徒刑之宣告。(9)有其他重大事由者。至解除时凡无过失之一方,得向有过失之他方请求其因此所受之损害,以昭平允。(民法第九七二—九七九条)

【婚约之解除】【亲】(详婚约条内)

【婚约诉讼】【民诉】所谓婚约诉讼,乃指关于请求解除婚约或确定婚约而提起之诉讼而言。此项诉讼专属夫之普通审判籍所在地之第一审法院管辖。

【婚书】【亲】Written contract of marriage 与休书相对称,订定婚约之文书,谓之婚书。兹将婚书应填写之事项列下:(一)双方姓名。(二)住址。(三)年龄。(四)籍贯。(五)当事人略历。(六)有无疾病。(七)父母曾否同意。(八)家长姓名。(九)介绍人。(十)证婚人。(十一)同意权人。(十二)预定何时结婚。

【史】男女两造由媒妁之介绍而缔结婚约时所授受之书面契约，谓之婚书。婚书一经授受，婚约既告成立，男女两方均不得反悔。至于不经双方之媒妁，而私自协议缔成婚约者，谓之私约，亦具有与经媒人所介绍而缔结之婚约有同一之效力。唐律（卷十三）户婚篇——许嫁女报婚书条：“诸许嫁女，已报婚书及有私约，而辄悔者，杖六十。”明律（卷六）、清律（卷八）户律婚姻篇——男女婚姻之条：“若许嫁女，已报婚书，及有私约，而辄悔者，笞五十。”又清律之辑注：“有媒妁，通报写立者为婚书，无媒妁，私下议约者为私约。”

【婚嫁保险】【险】Marriage insurance 为保险之一，谓以男女成年婚嫁费用为标的之保险也，故婚嫁时应由保险人给付一定保险金额。

【婚礼】【亲】Wedding; Nuptial ceremony 所谓婚礼，乃指结婚时之公开仪式而言。我民法规定结婚须有公开仪式及二人以上为证婚人，否则结婚视为无效。通常之结婚，仅以登报公告即视为结婚者，严格而言，应解为无效。

【婚权财产制】【亲】为夫妇财产制之一种，乃指关于特有财产夫妻各自独立享有自由处分之权，而对于婚权财产一方欲加以处分或抵押时，须先得他方之同意，若为不动产，则须有证人二人以书面签名，始为有效之制度而言。为瑞典法律之新制度，我民法未予采用。

【妇（婦）人不许出官】【史】所谓妇人不许出官，乃指妇人在原则上不许其出面向官司告状而言，盖即以妇人为限制行为能力之人也。大明令刑令篇——设有妇人不许出官之条：“凡妇人除犯恶逆、奸盗、杀人、入禁、其余杂犯责付有服宗亲收领听候一应婚姻田土家财等事，不许出官，告状必须代告，若夫亡无子，方许出官理对，或身受损害无人为代告，许令告诉。”

【妇（婦）人犯罪】【史】妇人一入囹圄即玷名节，通常均以为耻，故犯罪听令其夫及亲属保管，不许一概监禁，惟死罪不得不禁，至犯奸者，因其情节不同故亦禁之。又妇人产后须历百日，始能恢复原状，故须于产后百日始可拷决，死罪亦同。明律（卷二十八）、清律（卷三十七）刑律断狱篇——妇人犯罪条：“凡妇人犯罪，除奸及死罪收禁外，其余亲犯，责付本夫收管，如无夫者，责付有服亲属邻里保管，随衙听候，不许一概监禁，违者笞四十。若妇人怀孕犯罪，应拷决者，依上保管，皆待产后一百日拷决。若未产而拷决，因而堕胎者，官吏减凡斗伤罪三等，致死者，杖一百，徒三年。产限未满而拷决者，减一等。若犯死罪，听令稳婆入禁看视，亦听产后百日乃行刑，未产而决者，杖八十。产讫限未满而决者，杖七十。其过限不决者，杖六十。失者各减三等。”清律之总注：“男女有别，妇人一入图圄，便玷名节，故非犯奸及死罪，概不监禁。犯奸之罪虽不同，而寡廉鲜耻，已非全人，死罪重情，不得不慎，故听收禁。其余一切杂犯，不论轻重，皆责付本夫亲属邻佑管保，即可无虞逃逸，所以别嫌疑而保其名节也。当该官吏违此律者，笞四十。怀孕拷决，虑伤其胎，产后未满百日，则血气未足，不能胜刑，故不拷决，拷者，鞫问时用刑拷讯，决者，发落时决罚，所问罪名也。若孕妇未产，而辄加拷决，因而堕胎者，减凡斗伤堕胎之罪三等，致死者，杖一百，徒三年。产后未满百日而拷决致死者，减一等，杖九十，徒二年半。若孕妇犯死罪，则听稳婆入视，母犯死罪，子则无辜，故当行刑者，必待其产后，并乳所生之子，已满百日子可哺食续命，然后行刑。若未产而决者，杖八十，限未满而决者，亦杖七十，仅轻一等，意在生全其子，故特严其法耳。不然，罪本应死，法当行刑，岂必待其血气充足乎。既保其胎于生前，复全其子于产后，仁之至也，其过限不决，则非法矣，故亦杖六十。决者，未经详审错误也，各减一等，通承上言，注内甚明。”同律之辑注：“名例，妇人犯罪，应收赎决罚等项，是问结断决之事。此条则事犯到官，乃收问犯罪妇人之通例也。”

【妇(婦)人怀孕犯死罪】【史】怀孕妇人犯死罪，须于产后百日，始得行刑，盖所以保护无辜之胎儿也。明清律均有妇人犯罪条之设。唐律(卷三十)断狱篇妇人怀孕犯死罪条：“诸妇人犯死罪怀孕，当决者，听产后一百日乃行刑，若未产而决者，徒二年。产讫未满百日，而决者，徒一年。失者各减二等。其过限不决者，依奏报不决法。”疏议曰：“妇人犯死罪怀孕，当应行决者，听产后一百日乃行刑，若未产而决者徒二年。产讫未满百日，而决者徒一年。失者各减二等，未产而决徒一年。产讫限未满而决者杖九十。即过限不决者，依奏报不决法，谓依下条即过限不决者，违一日杖一百，二日加一等。”

【妇(婦)女小事代审】【史】妇女所犯案件除一定重大情事外，其他小事牵连妇女者，均提其子侄兄弟到案替审，是曰妇女小事代审。清之现行则例(即刑部现行则例)断狱篇——设有妇女小事代审之条：“妇女有犯奸盗人命等重情及别案牵身系正犯，相应仍行提审，其余小事牵连妇女者，提伊子侄兄弟替审。”

【妇(婦)女参政权】【宪】Woman suffrage　妇女参与国家政权及行使治权，是曰妇女参政(参参政权条内)。此项权利，为妇女参政权，倡自英国于一七九二年开始，惟进步迟缓，至一九〇七年间，妇女始得被选为地方议会之议员。至于美国则自一八六九年至一九一七年间，已有十九邦授妇女以选举权，发展较速。德国因欧战前生活于军事主义之下，妇女权力极弱，即法国妇女于战前亦无参政权可言。欧战后各国鉴于女子在战时之劳绩，对于妇女参政权之范围，均陆续予以扩张。如英国竟于一九一八年通过新选举法，以中央议会选举权授与妇女，并通过妇女资格法，承认妇女与男子立于同等地位。美国亦于一九一九年由联邦国会通过一宪法修正案，规定：“联邦及各邦选举不得因性别而有差异。”其在欧陆除法比等国外，如德奥捷克等国无不承认女子与男子在政治上权利之均等。至于我国数千年来重男轻女，相沿至今仍未打破，妇女参政并不为国人所注意，民元之临时约法无妇女参政之条文，在众议院议员选举法，且以明文规定男子独有选举权(第四、第六、第七各条)。民十二年之宪法亦无承认妇女参政之规定。至国民政府成立后，根据国民党政纲，始认女子在政治上与男子平等，于民二十年训政约法内并以明文规定之(第六条)。但女子智识浅陋，参与政治，尚不多见，只有俟诸异日而已。

【妇(婦)女团体】【行】Organizations of women　各地妇女为普及妇女教育，提倡妇女体育，培养妇女德性，改善妇女生活与发展社会事业起见，所组织之团体曰妇女团体，即各地妇女依其共同目的或共同利益所组织之团体，亦称曰妇女团体。妇女团体不得于三民主义及法律规定之范围以外为政治运动，如从事于政治运动之妇女团体，其组织须经中国国民党中央执行委员会之核准，始为合法。妇女团体设干事会，由会员大会选出之，任期为一年，其会员大会每六个月至少举行一次，团体中经费以会员担负为原则。至于妇女团体之组织联合会，亦应经中国国民党中央执行委员会之特许，始得进行。（妇女团体组织大纲第二一三条、第五条、第七一十三条）

【妇(婦)女团体组织大纲】【行】本大纲根据妇女团体组织原则而制定，全文仅十五条，于民国十九年一月二十三日由中央执行委员会六十七次常务会议通过。（参妇女团体条内）

【妇(婦)女团体组织原则】【行】本原则于民国十九年一月三日由中央执行委员会第六十七次常务会议通过，计分五点。（参妇女团体条）

【妇(婦)殴舅姑及夫】【史】谓妻妾殴打本夫及其翁姑也。清律及例设有下列规定：（一）妻妾殴夫之祖父母父母者斩决，殴至死者凌迟。（二）妻殴夫者杖一百，折一齿一指，眇一目，抉毁耳鼻，破骨，或汤火铜铁汁伤者，徒二年。折二齿二指以上，髡髪者，徒二年半。折肋，眇两目，堕胎，或刃伤者，流二千里。折跌肢体，瞎一目，流三千里。笃疾者绞决。死者斩决。故杀者凌迟。（三）妾殴家长或正妻者徒一年。折一齿一指，眇一目，抉毁耳鼻，破骨，或汤火铜铁汁伤者，徒二年半。折二齿二指以上，或髡髪者，徒三年。折肋，眇两目，堕胎，刃伤者，流二千五百里。折跌肢体或瞎一目者，绞（殴家长绞决，殴正妻绞候）。致笃疾者，绞决。致死者斩决。故杀者凌迟。（四）子妇拒奸殴伤伊翁时，如审系猝遭强暴，情急势危，仓卒捍拒，或伊翁到官供认不讳，或亲串邻右指出素日淫恶实迹，或同室之人确有见闻，证据毫无疑义者，仍依殴夫之父母本律定拟，刑部核覆时，应恭录邢杰案内谕旨将应否免罪释放之处奏请定夺。其系有心干犯，事后装点，捏辞饰蔽，或设计诱陷伊翁因而致伤者，仍照本律定拟不得滥引此例。（五）子妇拒奸殴杀伊翁时，如果实系猝遇强暴，情急势危，仓卒捍拒，确有证据毫无疑义者，仍依殴夫之父母至死之本律定拟，刑部核覆时，应援引林谢氏成案将可否改为斩监候之处奏请定夺。其系有心干犯，事后装点捏饰，或设计诱陷伊翁因而致死者，则仍照本律定拟，不得滥引此例。（六）子妇殴毙翁姑，犯夫匿报或贿和者，绞决。仅止不能管教其妻实无别情者，将犯夫与犯妇凌迟处所，先重责四十板，看视伊妻受刑后，于犯事地方枷号一个月，满日仍重责四十板发落。（七）妻殴本夫者，本夫亲告，又复愿离，恩义已绝，按律的决，不得勒追本夫银两代妻纳赎。如本夫不愿离异者，则依律科断，准其纳赎。（八）正妻殴妾至折伤以上者，依律科断，准其纳赎。

【婕妤】【史】女官之名，一作倢伃，汉武帝始置之，位视上卿，秩比列侯。隋炀帝时以为世妇。事物纪原（卷一）："前汉有倢妤，班马皆见于传。南史后妃传叙曰，倢妤汉旧号，盖汉置官也。隋炀帝以为世妇，而品正第二。通典曰，汉武置倢妤，视上卿，比列侯。"

【婪赃复入衙门】【史】婪音作岚，贪也。凡犯侵钱粮婪赃等罪，虽遇赦免罪后，亦不得复入原衙门，或其他衙门任事。清之现行则例（即刑部现行则例）职制篇设有婪赃复入衙门之条："凡如侵钱粮婪赃等犯，遇赦免罪后，入原衙门及别衙门应役者,除死罪外,将本犯并妻流徙宁古塔,经管官知情故纵复入衙门并经傍人告发,该督抚不即纠参,俱交与该部。”

【寄居官】【史】朝廷出仕之官吏,而非在本贯土著任官者称曰寄居官,与私居官相对称。知不足斋业书—朝野类要(上卷):“又名私居官,不以客居,及本贯土著,皆谓之私居,寄居,其义盖有官者,本朝廷仕官也。”

【寄放进仓米石】【史】应入仓贮藏之米石应于当日照数收完,如有至晚收受未完者,该仓监督应亲身查点登簿,连袋送进仓门内寄放,次日收受,且不许将人仓之米石中途寄放,违者治罪。清之现行则例(即刑部现行则例)仓库篇——设有寄放进仓米石之条:“大通桥监督将运进仓内米数预期行文八仓监督等早开仓门,务要本日照数收完,如有至晚收不完米石,该监督亲身查点登簿,连袋送进仓门内寄放,次日抽掣收受,不许将入仓米石中途寄放,如有犯者,照偷盗议罪,监将进仓之米不行查看寄放,交与吏部议。”

【寄附行为】【民总】Act of endowment 为日本名辞,与我国所称之捐助行为同意义。

【寄留人】【民诉】Sojourner 又曰寄寓人。(详该本条)

【寄留地】【行】Place of temporary residence; Place of sojourn 无中国国籍者,若在中国领域内之县市内有住所或居所满六个月以上者,则该县或市即为其寄留地,故寄留地亦为户籍所在之地。(户籍法第六条)

【寄航港】【海】Port of call 船舶航海后,于未达到目的地前,因起装卸货物或上下旅客所暂停之港埠,称曰寄航港。又称曰停泊港。船长于船舶到达停泊港后,应于一定时间内,报请主管官署检定其船舶之到达日时。(海商法第四七条)

【寄托】【债】Deposit 寄托者,谓当事人一方以物交付他方,他方允为保管之契约也。交付保管之方曰寄托人,允为保管之方曰受寄人。寄托并不以有偿为本质,且重在使寄托人保管寄托物,而不重在使其使用,故与租赁、使用借贷、消费借贷不同。我民法规定寄托以无偿为原则,有偿为例外(第五八九条),故有有偿寄托与无偿寄托之别(详各条)。为要物契约,故寄托因是否移转占有或所有乃有下列之别:(一)通常寄托。(二)消费寄托(详各本条)。寄托契约一经成立,受寄人应负下列义务:(1)注意之义务(五九〇条)。(2)自己保管之义务(五九二—五九三条)。(3)不得使用之义务(五九一条)。(4)返还孳息之义务(五九九条)。(5)返还寄托物之义务(五九七—九八条,又六〇〇条、六〇二条)。至寄托人之义务则如下列:(1)偿还费用之义务(第五九五条)。(2)赔偿损害义务(五九六条)。(3)有偿时应负给付报酬之义务。(五八九条)

【寄托人】【债】Depositor 与受寄人相对称(详寄托条内),又与仓库营业人相对称。(详仓库条内)

【寄托物】【债】Deposit (详寄托条内)

【寄寓人】【民诉】Sojourner 即寄留人之别称,寄寓人因财产权涉诉者,得由寄寓地之法院管辖之。

【寄寓地】【民诉】【行】Place of sojourn 又曰寄留地。

【寄港】【海】Port of call 又称曰寄航港(详该本条),或称停泊港。

【寄豭】【史】有妇之男子与其它妇人奸通之谓也。秦始皇时,有妻之夫与其他妇人犯奸者为寄豭,杀之者法不论罪。史记—始皇本纪:“夫为寄豭,杀之无罪。”(会稽山之碑文)盖取以牡豕寄养于牝豕之家,使其生子为喻也。

【寄簃文存】【史】为清沈家本所撰,计分八卷。(参寄簃遗书条内)

【寄簃遗书】【史】共二十二种,八十六卷,分甲乙两编,为清末刑法大家沈家本所撰,武进董氏刻本。沈字子惇,别号寄簃,浙江归安人,于民国二年卒,享年七十四岁。清末曾任修订法律大臣,时为法部右侍郎,大清现行刑律一书,即氏所修订者也。寄簃遗书,为氏平生粹于法律之大著,内容丰富,为研究我国历代刑律之良书。甲编为历代刑法考,计总考四卷,分考十七卷,赦考十二卷,律令考九卷,狱考一卷,刑具考一卷,行刑之制一卷,死刑之数一卷,唐死罪总类一卷,充军考一卷,盐法、私矾、私茶、酒禁、同居、丁年考合一卷,律目考一卷,汉律摭遗二十二卷,明律目笺三卷,明大酷峻令考一卷,历代刑官考二卷。乙编则为读史考据及随笔,并附寄簃文存八卷,计二十二种,都八十六卷。此外尚有未刻书目如下:秋谳须知十卷,律例偶笺三卷,律例杂说二卷,读律校勘记五卷,奏谳汇存一卷,驳稿汇存一卷,雪堂公牍一卷,压线编一卷,刺字集二卷(按刺字集已有刻本行世,详刺字集条。文字狱一卷,刑案汇览三编一百二十四卷)。

【寄粮】【史】居于甲地之人于乙地购置田地,因便利计而托居于乙地之人代向官府缴纳钱粮,谓之寄粮。(户部则例)

【寄藏赃物罪】【刑】为赃物罪之一,因事后寄藏赃物而成立。所谓寄藏者,受人寄托而代为藏匿或存置之谓也。有无取得任何报酬,均与犯罪之成立无关。本罪之成立,亦以明知其为赃物而受人寄托者为必要,处五年以下有期徒刑,拘役,得并科或易科一千元以下罚金。(刑法第三七六条第二项)

【寄籍】【行】寄籍者,谓离本籍或无本籍,或本籍不明,而在他处或某处设有住所或居所满六个月时所取得与本籍相似之户籍所在地也。一人同时亦不得有两个寄籍。(户籍法第五条)

【寇贼奸宄】【史】书经大禹谟:“帝曰皋陶,蛮夷滑夏,寇贼奸宄。”其注曰:“却人曰寇,杀人曰贼,在外曰奸,在内曰宄。”

【密行主义】【刑】Principle of secret execution (详刑罚之执行条)

【密告谋反大逆】【史】凡知有人僭谋危害国家及知人谋毁宗庙山陵及宫阙,应密告而不告于官司者,或知而不告者,均应治罪,以其关系重大故也。唐律(卷二十三)斗讼篇密告谋反大逆条:“诸知谋反及大逆者,密告随近官司,不告者绞。知谋大逆谋叛不告者,流二千里。知指斥与及妖言不告者,各减本罪五等。官司承告,不即掩捕,经半日者,各与不告罪同。若事须经略而违时限者,不坐。”疏议曰:“谋反者,谓知人僭谋欲危社稷,大逆者,谓知人于宗庙及山陵宫阙,已有毁损,并须密告随近官司，知而不即告者绞。若知谋大逆，谓知始谋欲毁宗庙山陵等，谋叛者，谓知谋欲背国从伪，亦须密告官司，不告者，流二千里。若知指斥乘舆，谓情理切害，及妖言者，谓妄说休咎之言，不告者，各减本罪五等，本应死者，从死上减五等，妖言惑不满众者，流上减五等，是名各减五等。官司承告，谋叛以下，不即掩捕，若经半日者，谓经五十刻不即掩捕，各与不告罪同。若事须经略，谓人众既多，须得人兵器仗，如此经略，以故违时限而失罪人者，不坐。其知谋反以下，虽不密告随近官司，能自捕送者，亦与密告同。因其自捕，警失罪人，或已就拘执而失者，并同失囚之法。"

【密封遗嘱】【继】Secret testament　为遗嘱之一种，即用密封方法向公证人提出之遗嘱也。其方式如下：(1)应于遗嘱上签名后将其密封。(2)于封缝处亦须签名。(3)须指定二人以上之见证人，将其遗嘱向公证人提出。(4)须向公证人陈述其为自己之遗嘱。(5)非自己所写者，应向公证人陈述缮写人之姓名住所。(6)由公证人在封面记载该遗嘱提出之年月日，及遗嘱人所为之陈述，并与遗嘱人及见证人同行签名。至于无公证人之地，则得由法院书记官行之。侨民在中华民国领事驻在地为遗嘱时，得由领事行之。凡密封遗嘱不具备上述方式，而且备自书遗嘱方式者，有自书遗嘱方式之效力(民法第一一九二——一九三条)。至密封遗嘱系遗嘱人预先不欲他人知悉其内容而作，故非在亲属会议当场不得开视。

【密约】【国公】Secret treaty　国际间因特殊关系或以维持特种利益为目的所订立之非公开条约，曰密约。此种条约，乃破坏世界和平之障碍物，故国际联盟盟约第十八条规定，所有条约或国际间之协定由加盟国家签订者，须向国联秘书处登记，从速公布，否则不生法律效力。是项规定乃为取缔密约之缔结而设。

【宿囚】【史】唐武后之时，刑制惨酷，虐待被告人，累日减食，连夜徐徐讯问，昼夜摇撼其居所，使不得眠，号曰宿囚。大学衍义补(卷一百十三)："累日节食，连宵缓问，昼夜摇撼，使不得眠，号曰宿囚。"

【宿逋】【史】积欠租税，久匿他处不返，谓之宿逋。唐书—李珏传："珏迁河阳节度使，罢横赋宿逋百余万。"

【宿卫人兵仗】【史】宿卫之设，所以备非常也，上值时兵仗不得离身，职掌处所不许擅离，亦不许宿于别处，违者治罪。明律(卷十三)、清律(卷十八)兵律宫卫篇均有宿卫人兵仗条之同一明文。明律原文及其下注："凡宿卫人兵仗不离身，违者笞四十，辄离职掌处所，笞五十，别处宿杖六十，百户以上各加一等，亲管头目知而不举者与犯人同罪，失觉察者减三等。"明律之纂注："此俱是宿卫在直之人，言职掌处所谓宿卫者，人各分有定所也。辄离谓暂时离开者耳，若别处宿又不止辄离矣。此条言凡应宿之人各有悬带兵器，所以防不测也，须常川悬带不许离身，违者即坐笞四十。其兵仗虽不离身而辄离各人职掌所直之次者，即笞五十。其离次因而在别处宿歇者，即杖六十。百户以上各加军人罪一等，兵仗离身者笞五十，辄离职掌者杖六十，别处宿者杖七十。夫兵仗离身犹在直也，而擅离职掌斯不直矣，故加一等。辄离职掌犹知返也，而别处宿者斯不返矣，故又加一等耳。若亲管头目有知而故纵不举者，与犯人同罪。知其兵杖离身而不举者笞四十，离职掌同笞五十，别处宿者同杖六十，百户以上头目亦同。百户以上各加一等。失于觉察者，亲管头目各减军人及百户以上罪三等。如兵仗离身，失察者，笞一十，百户以上笞二十，离职掌者笞二十，百户以上笞三十，别处宿者笞三十，百户以上笞四十，盖故纵失察，情有轻重，而同罪减等，律亦有差也。”

【宿卫人被奏劾】【史】宿卫人为宫殿中负护卫之责之人，若因事被奏劾，系在待罪之中，本司应即收缴其仗，以防意外，若违而不收者，应依律处断。唐律（卷七）卫禁篇宿卫人被奏劾之条曰：“诸宿卫人被奏劾者，本司先收其仗，违者徒一年（谓在宫殿中直者）。”疏议曰：“宿卫人，谓卫士以上，诸卫大将军以下，有犯法被奏劾者。本司，谓当卫主司及主帅等，先收其仗，违而不收者，得徒一年，本司及主帅，各以所管应收仗而不收者。一人得罪，谓在宫殿中当上直者，宫外宿，不在此限。”

【宿卫守卫人私自代替】【史】宿卫与守卫不同。宿卫乃在内者，如防护宫禁，内使奸慝无所容也。守卫则系把守皇城紫禁城各门，以稽察其出入者也。应宿而不宿，应守而不守，是谓应直不应直（直者值也，值日也）也。于应直时以应宿应守之人私自代替，以及以非宿卫之人冒名代替者，均予治罪，其替之人亦同。明律（卷十三）、清律（卷十八）兵律宫卫篇——宿卫守卫人私自代替条：“凡宫禁，宿卫，及紫禁城皇城门守卫人，应直不直者，笞四十，以应宿卫守卫人，私自代替，及替之人，各杖六十，以不系宿卫守卫人，冒名私自代替，及替之人各杖一百，官员各加一等，若在直而逃者，罪亦如之，京城门减一等，各处城门又减一等。亲管头目，知而故纵者，各与犯人同罪，失觉察者减三等，有故而赴所管告知者，不坐。”清律之辑注：“宫禁，紫禁城，皇城，禁防严谨，宿守皆系亲军，不容代替，故私替之罪，反重于不直缺人者，若非系宿守人冒名，则奸人亦可妄冒而托迹矣，故其罪有差等。”同律之总注：“宫禁，宿卫及紫禁城皇城门守卫人，皆轮班上直，各有定期，应上直而不上直者，虽有旷职之愆，止是偷安之过，而故笞四十。已应上直，而以下直者私自代替，虽亦系本卫应宿守之人，而相隐为奸情反重于不直，故与替之者各杖六十。若以非系宿守人私自冒名代替，既不系本卫应宿守之人，而妄冒为奸，其情尤重，故与冒替者各杖一百，以上指军人言。若官员有犯不直私替冒替，各照军人加一等。若在直之日，军人私逃还家，亦如上应直不直之罪，官员加一等。京城九门，各处城门守门之人，有应直不直，在直而逃，应守人私替，不应守人冒替等项，京城各减皇城一等，各处又各减京城一等，通减二等。其亲管宿卫守卫守城门人头目，若明知不直在逃私替冒替，而故纵不问者，各与犯人同罪，失于觉察者，各照犯人罪减三等。宫禁、紫禁皇城京城外城，各宿守之人，若有疾病死丧等事，故赴所管头目告知者不坐。”

【宿藏物】（详得宿藏物条内）

【将（將）弁】【史】清时之武职通称曰将弁，故教练武官之学校，称曰将弁学堂。

【将（將）吏】【史】现任武官曰将，文官曰吏，将吏乃二者之合称。唐律（卷二十八）捕亡篇——将吏追捕罪人条：“诸罪人逃亡将吏已受使追捕。”疏议曰：“谓见任武官为将，文官为吏，已受使追捕罪人。”

【将(將)吏追捕罪人】【史】负有追捕使命之将吏,不遵命而行,或逗留不进或行而与逃亡者相遇,足与之敌而不斗且退者均应治罪,明清律均有应捕人追捕罪人条。唐律(卷二十八)捕亡篇则有将吏追捕罪人条:"诸罪人逃亡,将吏已受使追捕而不行及逗留(谓故方便之者),虽行与亡者相遇,人仗足敌,不斗而退者,各减罪人罪一等,斗而退者,减二等,即人仗不敌不斗而退者减三等,斗而退者不坐。"疏议曰:"依捕亡令,囚及征人防人流人移乡人逃亡,及欲入寇贼,若有贼盗,及被伤杀,并须追捕。其罪人逃亡,谓犯罪事发而亡,囚与未囚并是。将吏已受使追捕者,谓见任武官为将,文官为吏,已受使追捕罪人,而不行及逗留,谓故作回避逗留,及诈为疾患不去之类,虽行与亡者相遇,人兵器仗足得相敌,不战斗而退者,各减罪人罪一等,谓罪人合死,将吏处流三千里之类。斗而退者,谓人仗足敌,斗而退者减二等,若罪人应死,将吏合徒三年。即人仗不敌,谓贼多兵少,或器仗不敌,不斗而退者,减三等,罪人应死,将吏徒三年半。斗而退者不坐,谓人仗不敌,计尽力穷,知难而退者不坐。"同条又曰:"即非将吏,临时差遣者,各减将吏一等,三十日内,能自捕得罪人,获半以上,虽不得半,但所获者最重,皆除其罪,虽一人捕得,余人亦同,若罪人已死,及自首各尽者,亦从免法,不尽者止以不尽人为坐。"疏议曰:"即非将吏,谓非见任文武官,即停家职资(释曰,停家职资,谓前职前官)。及勋官之类,临时州县差遣,领人追捕者,各减将吏罪一等,虽非将吏奉敕差行者,亦同将吏之法,不在减一等之限。三十日之内,自捕得罪人,获半以上,谓十人逃亡获得五六者,虽不得半,但所获者最重,假有徒流死囚一时逃走,捕得死罪一人,虽不得徒流九人,仍除其罪,虽是一人捕得,众共失囚之人,并同免法。若罪人已死,谓自死及被他人杀,若能归首,十人俱尽者,亦从免法,若罪人自首不尽,止以不尽之人,准罪为坐。"同条又曰:"限外若配赎以后能自捕得者,各追减三等,即为人捕得,及罪人已死,若自首各追减二等(已经奏决者,不在追减之例,余条追减准此)。"

【将(將)作】【史】掌宫室营造之官也。秦始设置,汉曰将作大匠,晋魏因之,梁改为大匠卿,隋为将作临,唐宋皆同,元有将作院,掌金玉犀象诸服饰及织造刺绣之事,至明始发。

【将(將)作大匠】【史】(详将作条内)

【将(將)作院】【史】(详将作条内)

【将(將)作监】【史】(详将作条内)

【将(將)身就物】【史】斗殴之际,以物系触人之身体者谓之搕,即所谓将身就物之谓也。洗冤录(卷二):"将身就物,谓之搕,虽着无破处,其痕方圆,虽破亦不至深,其被他物及手足伤,皮虽伤,而血不出者,其伤痕处,有紫赤晕。"其下注曰:"搕伤无晕,殴伤有晕。"

【将(將)来给付之诉】【民诉】Klage auf Kunftige Leistung (详给付之诉条内)

【将(將)军】【史】古无专官,惟为将兵之通称,周以卿任之,汉始有左右、前后、车骑、骠骑等将军,然无常设之官,其大司马大将军乃国家执政之职。晋诸州刺史多以将军开府,都督军事,南北朝将军之名号尤多,唐以后有上将军、大将军、将军,并为环卫之官。降及清代,东三省及边疆驻防,并置将军,以满人任之,秩正一品。民国初年,置大将军、左将军、右将军三级,为武官之荣称,后改为上将、中将、少将,嗣后复设将军府直隶于大总统,为军事上之最高顾问机关。

【将(將)军府】【史】为民国初年之军事上之最高顾问机关,所置将军由大总统于陆海军上将或中将中特任之,各有称号,亦由大总统特定之。府内置参军若干人,参谋四人,副官四人,并置事务厅,掌府内一切事务(置厅长一人)。至全府事务则由大总统特任上将军一人管理之(将军府编制令)。按将军府之性质与现国民政府之军事参议院相似。

【将(將)领】【史】谓将帅也。惟唐律内则谓系率领人众。同律第七卷卫禁篇——因事入宫辄宿之条:"即将领人入宫殿有所迎输造作,门司未受门牒而听入及人数有剩者,各以阑入论,至死者加役流。"

【将(將)领主司】【史】掌率人出入宫殿迎输造作之官曰将领主司。唐时以折冲府及诸卫之判兵官任之。唐律(卷七)卫禁篇因事入宫辄宿条:"将领主司,知者各减阑入罪一等。"疏议曰:"将领主司,谓领人迎输造作。"

【专(專)用渔业权】【行】Exclusive fishing right 与一般渔业权特许渔业权相对称。所谓专用渔业权,乃指专用一水面,以经营渔业之权利而言。欲取得此权利,须由本人具呈,及经渔会之呈请,由该管行政官署转呈主管厅核准,转报实业部备案。(渔业法第十八条)

【专(專)用铁道】【行】与通用铁道相对立,即专供各种工矿业,以及其它实业运输上之用之铁道。专用铁道除由中央政府经营者外,地方政府或人民均得依专用铁道条例经营之。(铁道法第二条)

【专(專)用权】【通】Right of exclusive use 又称智能权(详该本条),或名无体财产权。

【专(專)任】【行】Full time service 与兼任相对称。凡仅从事一种职务者,曰专任,否则称曰兼任。我国法律规定,凡服务于政府机关人员,不论等级之高下,均以专任为原则,其有不得已而兼任者,应由各该员声述理由,呈请本管官署转呈上级机关审定之,其兼职时,不得兼薪。(兼职条例第一、二、四条)

【专(專)任委员会】【宪】所谓专任委员会,乃指以处理某项专门事项为目的而设立之委员会而言,如我国立法院所设之法制委员会、经济委员会、军事委员会及外交委员会是也。

【专(專)制政治】【宪】Monarchy 与立宪政治(详该本条)相对称。

【专(專)门教育】【行】Professional education 凡教育之以养成专门学术技艺之人材为目的者,谓之专门教育,是项学校则称曰专门学校。

【专(專)科】【刑】单独的科以一种刑罚谓之专科。(参专科罚金条内)

【专(專)科罚金】【刑】为罚金之一(详该本条),又称独科罚金。

【专(專)科学校组织法】Law Governing Organization of Colleges　本法于民国十八年七月公布,共十三条,兹录其要点于下:(一)专科学校因设立者之不同,分为下列四种:(1)国立专科学校。(2)省立专科学校。(3)市立专科学校。(4)私立专科学校。(二)专科学校置校长一人,并设校务会议。(三)入学资格须曾在公立或已立案之私立中学毕业或具同等学力经入学试验及格者。(四)修业年限为二年或三年,期满考试及格由学校给与毕业证书。(五)学校规程由教育部遵照本法另定之。

【专(專)牌】【史】为清光绪年间之商标条例所定商标三种中之一,一曰洋牌——即外国商人在其本国内登记之商标而在中国内使用者。二曰专牌——即外国商人专在中国内使用之商标。三曰华牌——即我国人之在国内使用之商标。

【专(專)折具奏】【史】清制死罪之裁判,原则上应由刑部及都察院并大理寺(谓之三法司)会同拟律上奏。其由刑部单独拟律上奏者,则称曰专折具奏。〔清律(卷三十七)断狱篇——有司决囚等第条之附例〕

【专(專)管】【通】Exclusive competency　谓专用管辖也。

【专(專)卖】【行】Monopoly　凡对特定经济上之企业,以独占该企业所获得之利益为目的者,谓之专卖。在法律上为一种权利,他人不得与之自由竞争。私人享有此权者,曰私专卖,但须经国家之特许耳。若享此权利者为国家或公共团体时,则谓之公专卖,且特设专卖机关掌理之。

【专(專)属审判籍】【民刑诉】Ausschlie Blicher Gerichtsstand(德)　又称专属管辖。(详该本条)

【专(專)属管辖】【民诉】Exclusive competency　为管辖之一种,谓某项诉讼系专限定于某处法院管辖也。此种制度之设,乃为公益起见,不容当事人以合意方法变更之。而法院对于专属管辖之有无错误,须以职权调查之。据我民诉法之规定,下列之诉讼均为专属管辖之案件:(一)督促程序(第四七五条)。(二)再审之诉(第四六三条)。(三)人事诉讼。(第五三五条、五四八条、五五三条、五五九条、五八一条、五八八条)

【专(專)属权】【通】Intransferable right　为私权分类之一种,对非专属权言,不得让渡之权利,曰专属权。换言之,即常附着于权利人一身之权利也。如人格权与身分权皆属之。但财产权亦有为专属权者,例如债务人不履行其义务时,债务人请求扣押其财产,于是债务人亦不得让渡其财产是。

【尉】【史】尉与慰通,即平安之义,昔时法官及捕盗之官多称曰尉,盖取其除奸宄安良民之意也。如秦汉之廷尉、上林尉与县尉是。汉诸王国称曰王尉,南北朝并称中尉,隋改曰尉,唐因之(唐六典卷二十六)。此外武官亦称曰尉,如秦汉之太尉与今海陆空军之上尉、中尉、少尉等皆是。

【尉律】【史】关于审判之法规,谓之尉律,乃汉董彦远所作。说文句读:"董彦远谢除正字，启尉律四十九类，书盖已亡。王应麟曰，尉律者，廷尉治狱之律也。汉书昭帝纪注，引尉律，太平御览引廷尉决事。”

【屏(屛)去】【史】于寒冷时将他人衣服递去，或于饥渴时将其人之饮食物取去，或断绝不给，或于他人旅行时，去其驼马舟车等之行为，称曰屏去。明清律均设有屏去人服食之条。(参屏去人服食条)

【屏(屛)去人服食】【史】屏去人服食者，谓于寒月脱去人之衣服，及对饥渴之人断绝其饮食也。此种行为乃伤害人之身体及杀害人之生命，故为法律所禁止。至于以能伤人之物置人孔窍中，及故用蛇蝎毒虫咬伤人者亦应处罚。明清律均以之设置于屏去人服食之条内。明律(卷十九)、清律(卷二十六)刑律人命篇均有本条之规定。清律之条文：“凡以他物，置人耳鼻及孔窍中，若故屏去人服用饮食之物，而伤人者，杖八十。致成残废疾者，杖一百，徒三年。令至笃疾者，杖一百，流三千里，将犯人财产一半给付笃疾之人养赡。至死者绞。若故用蛇蝎毒虫咬伤人者，以斗殴伤论，因而致死者斩。”

【崩】【史】天子之死曰崩，取其天柱折，山岳崩之义。礼记—曲礼篇：“天子死曰崩，诸侯曰薨，大夫曰卒，士曰不禄，庶人曰死。”郑玄注：“自上颠坏曰崩薨，颠坏之声。卒、终也。不禄、不终其禄。死之言澌也，精神澌尽也。”

【崇宁改修法度】【史】为宋法典之一，为崇宁年间沉锡所撰，共十卷，内容不详。

【崇仪使】【史】为宋代之官名，为武职例授之官，后改为武略大夫。

【带(帶)官侍】【史】唐时祖父母父母年老或笃疾，而无他人侍养者，不得赴任为仕，其在任者，且须退职侍养。但有特殊才业之人，或位居重要职守者，许其在官侍养，谓之带官侍。唐律(卷三)名例篇——府号官称之条：“祖父母父母，老疾无侍，委亲之官，云云。”其疏议：“老，谓八十以上，疾，谓笃疾，并依令合侍。若不侍，委亲之官者，其有才业灼然，要藉驱使者，令带官侍，不拘此律。”

【带(帶)耗】【史】盐每引二百斤为一袋带，加征五斤为耗额，谓之带耗。明律(卷八)、清律(卷十二)户律课程篇盐法条：“凡起运官盐，每引二百斤为一袋带，带耗五斤。”

【带(帶)造缎匹】【史】以官局而附带制造自己私用之缎匹，是私己而累公也，应构成本条罪名。明律(卷二十九)、清律(卷三十八)工律营造篇——带造缎匹条：“凡监临主守官吏，将自己物料，辄于官局带造缎匹者，杖六十，缎匹入官，工匠笞五十，局官知而不举者，与同罪，失觉察者减三等(清律之下注：则笞三十，若局官违禁带造，监守官吏亦坐不举失察之罪)。”清律之笺释：“此自己物料带造，故罪止杖六十。若以官之物料造自用缎匹，则有冒破物料入己之律。”

【带(帶)罪征收】【史】州县官征收钱粮不力，上官书其罪于册，仍责令带罪征收钱粮，是曰带罪征收。(六部成语注解)

【常人盗仓库钱粮】【史】常人者，谓监守官以外之人也，非但军民人等，虽在官而非监守者皆是。明律(卷十八)、清律(卷二十三)刑律贼盗篇——均有常人盗仓库钱粮之条:"凡常人盗仓库钱粮等物,不得财杖六十,但得财者不分首从,并赃论罪,并于右小臂膊上,刺盗官三字。一两以下杖七十,一两以上至五两杖八十,一十两杖九十,一十五两杖一百,二十两杖六十,徒一年,二十五两杖七十,徒一年半,三十两杖八十,徒二年,三十五两杖九十,徒二年半,四十两杖一百,徒三年,四十五两杖一百,流二千里,五十两杖一百,流二千五百里,五十五两杖一百,流三千里,八十两绞。"清律之下注曰:"杂犯,徒五年,其监守直宿之人,以下觉察科罪。"清律之总注曰:"常人者,别于监守之名也,不论军民人等,即有官有役之人,凡不系监守者皆是。钱粮等物,统谓之财,不得财者,为已行而为主守之人所觉,或被驱逐拘执,尚不及择取,或因扃锁固密,猝不得入手也,虽未得财,而已为盗,为首杖六十免刺,为从减一等,得财者,是已盗出仓库,而入已矣。但得财者,同盗之人不分首从,不论人数次数,并赃论罪,一体同坐,并刺字,三犯则绞。按监守曰自盗者,以财掌于已,如取诸家也。不言得财不得财者,以盗即得财,不得财即非盗也。常人与强窃等盗,皆云不得财者,以财制于人,得不得,不能定也。皆云但者,谓得财即坐,不能分赃为断也。"

【常人盗钱粮】【史】谓监守官吏及其它官吏以外之一般人盗取钱粮也。清之现行则例(即刑部现行则例)贼盗篇设有常人盗钱粮之条:"常人盗钱粮至三百两者,照例拟绞监候,秋后处决。"明律及清律均设有常人盗仓库钱粮(详该本条)之条。

【常平仓】【史】以调节米价为目的而设之米仓,称曰常平仓。魏文侯从李悝说立籴法,即国家平时按人民土地收获之丰凶,卖其三分之一至二分之一而蓄积之,若逢凶年,则减价卖之。至宣帝五凤四年,从耿寿昌之说,置仓边郡,粟若贱时,则昂其价而收买之,名曰籴。若值凶岁,谷价增时,国家又减其价卖出之,名曰粜。而称其仓为常平仓。后世之常平仓、社仓及义仓等,皆师其意焉。

【常平盐】【史】唐刘晏定盐法于江岭等地,去盐较远之地贮盐,如商人不至,则减价出卖于民,称曰常平盐。(唐书食货志)

【常在】【史】为女官之名号。清制,妃嫔之次为贵人,贵人之次为常在。

【常伯】【史】(一)三公之谓也。书经一立政篇:"用咸戒于王曰,左右常伯。"(二)汉时侍中之别称也。后汉书:"今乃反处常伯之位。"注曰:"常伯,侍中也。"

【常事犯】【刑】délit de droit commun(法) 凡非政治上之犯罪者,皆曰常事犯,对国事犯言。前者在国际间可因条约而引渡,后者则否。又前者之第一审审判法院为初级或地方法院,后者则以高等法院为第一审机关。

【常侍曹尚书】【史】常侍曹为后汉成帝之时所创设之官署,尚书为其长官,以公卿任之,掌铨选之职。(大学衍义补一卷十)

【常时公法】【国公】Pacific International Law 为平时法之别称。(详平时法条)

【常素】【民总】法律行为成立时,依法律规定所必须具备而不可或缺之内容,称曰常素。此种内容,既为法律所规定,当事人自不得加以变更或废弃。

【常务委员】【行】Standing committee 在若干委员中所选出专司日常事务,或轮流主持日常事务之委员,称曰常务委员。

【常习犯】【刑】Habitual offence 又曰惯行犯。(详该本条)

【常设公断法庭】【国公】Permanent Court of Arbitration 又称常设仲裁院。(详该本条)

【常设仲裁院】【国公】Permanent Court of Arbitration 又称常设公断法庭,即根据海牙和会条约所设置之永久仲裁法庭也。凡参与缔约各国遇有关于法律性质之争议案件,可向常设仲裁院诉请仲裁。其仲裁员系由各缔约国所任命之人员充任,每国至多以四人为限,且须为国际法专家与人格清高之人员,始得当选,任期为六年,得连任之。此项仲裁员,均录于一名簿中。实行仲裁争议国可就其中择任若干人,组成法庭,由该仲裁员中互推一总公断员,以为之长,其地位与通常法院之审判长相同。

【常设国际法庭】【国公】The Penmanent Court of International Justice 简称国际法庭。(详国际联盟条内)

【常设国际法庭组织法】【国公】Statute of the Permanent Court of International Justice 本组织法乃依据国际联盟规约第十四条而制定,附有国际联盟关于设立本法庭之决议案及议定书各一件。本法全文计三章,共六十四条。第一条为关于本法庭与常设仲裁院之关系之规定。第一章(自第二条—三十三条)为本法庭之组织。第二章(自第三十四条—三十八条)为本法庭之管辖。第三章(自第三十九条—六十四条)为本法庭之程序之规定。

【常赦所不免】【史】为于常赦时不赦免其罪之义,虽会赦亦不予赦。唐律(卷三十)断狱篇——赦前断罪不当条:"……其常赦所不免者,依常律。"其注曰:"常赦所不免者,谓虽会赦,犹处死及流,若除名,免所居官,及移乡者。"关于其所不免者之范围,疏议曰:"依常律,即犯恶逆,仍处死,反逆及杀从父兄弟姊,小功尊属,造畜蛊毒仍流,十恶故杀人,反逆缘坐,狱成者,犹除名,监守内奸盗,略人受财,枉法狱成,会赦免所居官,杀人应死,会赦移乡等是。"

【常赦所不原】【史】十恶乃至强窃盗及其他一定范围之故意犯,为国法所不赦,是曰常赦所不原。凡遇大赦时,为常赦所不原者,以不予赦宥为原则,惟例外则临时于赦令中特定之。明律(卷一)、清律(卷三)名例篇——常赦所不原条内初项列举所不原之罪例,其后项则列举其例外:"其过失犯罪及因人连累致罪,若官吏有犯公罪,并从赦宥,其赦书临时定罪名特免。"清律之脚注:"谓赦书,不言常赦所不原,临时定立罪名宽宥者,特从赦原。"

【常业】【通】Constant business 以继续的意思所经营之职业,谓之常业。

【常业犯】【刑】以某种犯罪行为为日常之职业者,称曰常业犯。(参常业诈欺罪及常业赌博罪条内)

【常业诈欺罪】【刑】为诈欺罪之一,又称加重诈欺罪。(详该本条)

【常业赌博罪】【刑】Offence of engaging in gambling as an occupation 为赌博罪之一,因以赌博为常业而成立,即专恃赌博以为生之谓。至惯习赌博仅有赌博之性质而已,故与常业赌博不同。常业赌博因为害甚大,故加重其刑,即处二年以下有期徒刑,得并科一千元以下罚金。(刑法第二七九条)

【常业赃物罪】【刑】为赃物罪之一,因犯收受、搬运、寄藏、故买,或牙保各赃物罪为常业者,成立本罪。因其恶性重大,对于社会尤为危险,故加重其刑,处六月以上五年以下有期徒刑,得并科三千元以下罚金。(刑法第三七七条)

【常罪】【刑】Ordinary offence 罗马法分犯罪为二种:一为常罪,一为非常罪。所谓常罪,即罪犯者所科之刑不能由于审判官自由裁量,而须依法令习惯等之规定。所谓非常罪,即犯罪者所科之刑,不依法令习惯等之规定,而由于审判官之自由裁量。

【帐(帳)下吏】【史】为三国时代之官吏,掌军中会计之事,以其居于军营中之帐幕,故曰帐下吏,即后世之军吏也,今称为军需。三国志:"乐进从太祖为帐下吏。"

【帐(帳)幄】围于四周者曰幄,王所居者曰帐,始于周时,其后即将军等之出征时亦用之。周官—幕人之制:"掌帷幕帐绶之事。"注:"四合象宫室,曰幄,王之所居帐也。"事物纪原:"周官幕人,掌帷幕帐绶之事。注云,四合象宫室曰幄,王所居帐也,则帐幄当周制也,左传有予我有幄,又卫侯为虎幄,皆周事云。又所寝之幄,谓之帐者,黄帝内传曰,王母为帝设九真十绝妙帐,此疑帐之起也。汉武帝作甲乙武帐,盖因此耳。"

【帐(帳)籍】【史】谓户籍登记之帐簿也。唐书:"户部郎中员外郎,掌户口田土赋役贡献蠲免优复姻婚继嗣之事,以男女之黄小中丁老,为之帐籍。"

【庶子】【亲】illegitimate child 旧律由妾所生之子曰庶子,与嫡子及私生子相对称。庶子本不得承宗,惟妻年逾五十并无嫡子时,夫得立庶长子为嫡子。我国新民法将庶子及私生子合并,统称曰非婚生子女。

【庶母】【亲】Concubine-mother 父之子女对父之妾称之曰庶母,新民法对妾不加承认,故无庶母之名称。

【庶吉士】【史】官名,明太祖所设六科及中书皆有之,永乐中始专属于翰林院,以进士文学优等及善书者充任。清因之,并置庶常馆,以翰林官任教习,为期三年,经试验后授以职官,谓之散馆。

【庶狱庶慎】【史】庶狱即狱讼,庶慎即国之禁戒及储备。书经—立政篇:"和我庶狱庶慎,时则勿有间之。"蔡沈注曰:"庶狱,狱讼也,庶慎,国之禁戒储备也。"

【庸医杀伤人】【史】凡于医道不精之医,谓之庸医。对病家行医,每易害人,旧律所谓庸医杀人,有误杀伤人与故杀伤人之区别。前者罪轻,后者罪重,以后者乃诈疗取财故也。明律(卷十九)、清律(卷二十六)刑律人命篇——均有庸医杀伤人条之规定,内容相同。清律之原文及其下注:"凡庸医为人用药针刺,误不依本方因而致死者，责令别医辨验药饵穴道，如无故害之情者，以过失杀人论（依律收赎，给付其家）。不许行医。若故违本方（乃以）诈（心）疗（人）疾病，而（增轻作重乘危以）取财物者，计赃准窃论，因而致死及因事（私有所谋害）故用（反症之）药杀人者斩（监候）。"同律之辑注："庸医之误，虽致杀人，而其心可原也，故但过失收赎，不许行医耳。若诈疗而故违本方，初无必杀之意，已施可杀之术，其心可诛，故取财以盗论，因而致死，犹以盗杀人矣，故斩。"

【康熙会典】【史】为清行政法典之一。康熙会典者，康熙二十三年五月四日，谕内阁，自五月十二日开馆编纂，至二十九年四月，书成颁行，凡百六十二卷，总裁伊桑阿，王熙，副总裁尹泰，别置编修十三人，翻译十六人。其凡例有云，编辑会典，以各衙门开造文册为凭，至本朝颁格诸书，如品级考、赋役全书、学政全书、中枢政考、大清律及六科录疏、六部现行例，所载政事，有相关者，亦采辑以备参考。至其体裁，悉仿明会典，以事例附诸各条之末，凡例中，于诏、敕谕、旨、题准、覆准、议定、议准，皆有所解说。日本内阁文库，现藏有此书。

【强（強）乞取】【史】所谓强乞取，乃指官吏以强制方法，取得民财而言。

【强（強）占】【史】所谓强占，在一般上言，乃指以强制方法占取他人所有物，惟凡强有力者依其凶势暴力占夺他人之妇女，亦称曰强占。明律（卷六）、清律（卷九）户役婚姻篇——强占良家妇女条，均设有明文。

【强（強）占良家妻女】【史】以强制手段奸占良家妻女以充己之妻妾，或给配于子孙弟侄家人者，曰强占良家妻女。以其不由聘娶，违反礼教，违反当事人意志，且扰乱公安秩序，妨害善良风俗，故应加以禁止，违者构成本条罪名。明律（卷六）、清律（卷十）户律婚姻篇均有强占良家妻女之条，内容完全相同。清律之条文曰："凡豪势之人，强夺良家妻女，奸占为妻妾者，绞，妇女给亲。配于子孙弟侄家人者，罪亦如之，男女不坐。"清律之辑注："曰强夺，则与聘娶不同矣，因其为妻妾及配子孙等，故入婚姻门中，即会托有谋聘其人不允而强夺之，亦是律意重在强夺，不重豪势，谓强夺者，必是豪势之人耳，不拘何等人但是强夺奸占，即依此律，弗泥豪势字也。"同律之总注："豪势，谓富强有力者，强夺二字须重看，豪势之人，逞凶肆横，将良家妻女，不由聘娶，公然用强，抢夺在家，奸占为已之妻妾者，绞，妇女给亲。即非自己奸占，而配于子孙弟侄家人为妻妾，有豪势之人，亦坐绞。虽有自占配人之异，而在豪势则同行强夺之事，在妇女则均受奸占之辱，其情一也。男女不坐，女由强夺，而子孙弟侄家人亦有专制，非其罪耳。妇女亦给亲，此与前官员为子孙弟侄家人娶者文意相同。凡言罪亦如之者，必尽本法也。曰良家妻女者，所以别于娼家，与卖奸之家耳，非良贱有分别之谓也，妻女犹妇女，妾亦在内，故下即曰妇女给亲，观前娶部民妇女，又曰监临官娶为事人妻妾，前后互言之。又违禁取利条曰，准折人妻妾子女，又曰因而奸占妇女亦前后互言之，其义可以类推。总之本律重在强夺奸占上，但除娼家卖奸者外，其余一应妇女皆同，妾犹妻也，婢亦女也，奴之妻，亦妻也，犯者即拟绞罪，强夺奸占之情与强奸相等，故其罪亦同，未闻强奸人之妾婢与奴之妻者不坐绞也。"

【强（強）市】【史】官吏于其所辖区域之内，以强制方法购买货物者，谓之强市。

唐律(卷十一)职制篇——贷所监临财物条:“强市者,笞五十,有剩利者,计利准枉法论。”其疏议曰:“强市者,笞五十,谓以威若力强买,物虽当价犹笞五十,有剩利者,计利准枉法论。”

【强(強)合和成】【史】最初出于强奸行为,后被强奸之妇女对强奸者服从而无何种反抗者,谓之强合和成。此种行为以和奸论,乃为惩戒妇女之薄弱意志者而设,另一方面则在于引起一般妇女之注意其贞操。(参以强合以和成条)

【强(強)行法】【通】Imperative Law 与任意法相对立,凡强制人民遵守之法律,皆曰强行法。以公法为多,但以纯粹属于强行法者则绝无,仅公法之大部分为强行法耳。至私法中之亲属法与继承法,亦大部为强行法。

【强(強)行规定】【民总】Obligatory provision of Law 又名强制规定(详该本条),对非强制规定言。

【强(強)行猥亵罪】【刑】为猥亵罪之一,即未经对手人之同意,而加以强制猥亵之行为也。此种行为乃对个人性欲上活动之自由加以妨害,而社会上之风化亦被其间接侵害,自宜加以科罚,兹分为三种:(1)单纯强行猥亵罪。(2)加重强行猥亵罪。(3)准强行猥亵罪。(详各本条)

【强(強)行鸡奸】【史】谓以强制方法将良人子弟抢去实施鸡奸(参该本条)也。清之现行则例(即刑部现行则例)杂犯篇设有强行鸡奸之条:“凡不肖恶徒伙众将良人子弟抢去强行鸡奸,为首者立斩。为从者俱拟绞监候,秋后处决。如和同鸡奸,事发者照律治罪。”

【强(強)制中立】【国公】Compulsory neutrality 又名协约中立。(详该本条)

【强(強)制代理主义】【刑诉】为刑事诉讼主义之一,对当事人诉讼主义言,谓诉讼行为须经法定代理人之手,始得为之之主义也。此主义成立之理由有二:(1)刑事诉讼关系复杂,若欲与学识经验俱备之检察官相对抗,非有法定代理人代为之不可。(2)如有法定代理人为之,则因程序熟悉之故,每易了结,而节省时间不少。我刑事诉讼法规定,于某项案件乃采强制代理主义。(第一七〇——一七三条)

【强(強)制均分主义】【继】又称均分继承主义。(详该本条)

【强(強)制局外中立】【国公】Compulsory neutrality 即强制中立之别称。(详强制中立条)

【强(強)制投票制】【宪】选举权乃人民公权之一种,同时亦为务之一。无论何人,如依法享有选举权利时,均须于选举期间内参加投票,国家对于无正当理由而任意放弃投票权利之选民,有施于法律上之制裁者。此项制度,瑞士、丹麦、比利时等国采用之,是曰强制投票制。

【强(強)制和解】【破】Compulsory composition (arrangement) in bankruptcy 所谓强制和解,乃指破产程序不依分配方法时而以强制方法使该程序即行完结之契约行为也。强制和解之内容,即将破产财团之财产由破产人提存于法院,经债权人会议之决议与法院之许可裁定后，始为成立。

【强（強）制拍卖】【债】Compulsory auction 为拍卖之一种，对任意拍卖及法定拍卖言，即由公署强制所为之拍卖。凡民事执行之拍卖，破产之拍卖，及担保物权实行之拍卖，以及滞纳国税之拍卖，皆属之。

【民执】为对于动产或不动产强制执行程序之第二步方法，即将债务人业已受查封之动产或不动产以强制力加以拍卖也。

【强（強）制的割让】【国公】Compulsory cession 凡因战争之结果使战败国以土地依媾和条约而让割于战胜国者，谓之强制的割让。此种例证甚多，如中日战争后，将台湾割让于日本，以及中英战争后，以香港割让于英国等皆是。关于割让之例，强制的实较平和的为多。

【强（強）制的复决】【宪】Obligatory referendum 宪法案或其他之法律案经议会通过后，非经人民之复决，不能视为成立，是为制强的复决，瑞士国诸州多采用之。

【强（強）制保留主义】【继】又名一子继承主义。（详该本条）

【强（強）制执行】【民执】Distraint; Compulsory execution 强制执行者，谓执行机关依债权人之声请，或以职权，对于应行强制执行之民事案件，用国家之强制力使债务人履行其义务也。通常乃由地方法院之民事执行处实施之。（民诉执行规则第一一四条）

【行】又称行政上之强制执行，或曰制强处分。（详该本条）

【强（強）制执行法】【民执】Law relating to Compulsory Execution 关于强制执行民事案件程序之法规，称曰强制执行法。其性质乃为一种公法，列国立法例有以之规定于民事诉讼法中者，有另以单行法规定之者，我国采后例，前此虽有强制执行律（第四一八条）之草拟，但至今仍未颁布，现行者为北京政府司法部所公布之民事诉讼执行规则。

【强（強）制处分】【刑诉】Compulsory measure 凡以特定之目的，反于权利人之意思，而以强制方法加以特定之处分者，曰强制处分。其对于一定之人所为之强制处分，曰对人强制处分，如拘提羁押逮捕是。若对于一定之物所为之强制处分，则曰对物强制处分，如搜索扣押是也。

【行】又称行政上之强制执行，或简称曰强制执行。谓行政机关对于特定人不履行行政法令或行政处分时，用强力令其履行之手段也。为行政执行之一种，与行政罚相对称，有对于人而施者，亦有对于物而施者，在我国之行政执行法，更分为下例二种：（一）间接强制处分。（二）直接强制执行。（详各本条）

【强（強）制规定】【民总】Obligatory or Compulsory provision of law 为法律规定之一，对任意规定言，又名强行规定。此项分类乃以法律规定之效力为根据，即不问当事人之意思如何而强制适用之法律规定也。例如民法第七三条之规定是。法律行为之标的（内容），如违反强制规定者无效，但其规定并不以之为无效者不在此限（民法第七一条）。公法中以强制规定为多，在民法中关于公益者如亲属继承各篇，属于强制规定者，亦居大部。

【强（強）制通用】【债】Compulsory circulation　货币在法律上有流通使用之状态，谓之强制通用。

【强（強）制劳动】【劳】Compulsory labor　强制劳动者，谓以法令或权力强令劳动者，使其从事于某种工作也。强制劳动在我国甚鲜其例，惟对囚犯之劳役，或军事法上之罚役，曾经推行。如囚犯不遵命令时，得令其分房而居，绝对不许与其他人犯交谈或接面，使其感孤独寂寥之苦，或用阶段递进法以强制其劳动。至于通常之强制劳动乃为处置失业游民及增加社会生产而设，在苏联曾经实施，成效颇著，我国虽各地方亦曾推行，惟无整个计划，故无若何成绩。

【强（強）制买卖】【债】Compulsory purchase and sale　为买卖分类之一种，与任意买卖相对称，谓不出于当事人之意思，而以法律之规定或行政处分之强制方法为之之买卖也。例如强制执行中之拍卖，破产程序与公用征收皆是。

【强（強）制罪】【刑】为妨害自由罪之一，因以强暴胁迫使人行无义务之事，或妨害人行使权利而成立。以有强暴胁迫之手段为必要，其目的须为使人行无义务之事，例如使人解除婚约辞退雇佣是。或妨害人行使权利，例如中止诉讼，断绝来往是。至于强制之举动，凡足使被害人失其意思自由之行动，而发生实害时，本罪即已构成，其原因是否出于畏惧，可以不问，其处罚为三年以下有期徒刑，拘役，或三百元以下罚金，未遂罪罚之。（刑法第三一八条）

【强（強）制解释】【通】Compulsory interpretation　又称有权解释（详该本条）。又曰权威解释。

【强（強）制管理】【民执】Compulsory administration or management　所谓强制管理，乃指对于在强制执行程序中业经查封之不动产，由法庭于认为不必拍卖时，依债权人声请或以职权所决定之管理行为也。其管理人在原则上应由法院委任，但债权人亦得推荐适当之人。强制管理之目的，乃在以该被管理之不动产的收益，充为清偿债①权之用，及至债权受其完全清偿时，法院应依职权撤销之。（民诉执行规则第八〇—八六条）

【强（強）制罚】【行】Compulsory punishment　又曰执行罚。（详该本条）

【强（強）制认领】【亲】Compulsory acknowledgement　又名法定认领。（详该本条）或称呈请认领。

【强（強）制履行】【民执】Compulsory performance　强制履行者，谓基于法院之确定判决，而命债务人为一定行为也。可分为下列二种：（一）为他人所能代为履行者——如债务人不履行时，执行机关得以债务人之费用，命第三人代为履行。（二）为他人所不能代为履行者——如债务人不履行时，执行机关得处以一千元以下之过怠金，以强制其履行债务。但此种规定，于应为婚姻之判决，应为夫妇同居

① 原书为“偿”，系排版之误。

之判决，不适用之。（民诉执行规则第八七—八八条）

【强(強)制销除】【公】Compulsory cancellation 为销除股数方法之一，对任意销除言。（详销除条内）

【强(強)制调解】【劳】Compulsory conciliation 为调解之一种，与任意调解相对立。谓主管行政官署认某劳资争议有付调解之必要时，虽无当事人之声请亦应召集调解委员会加以调解也，故又名职权调解。

【强(強)制储蓄】【劳】Compulsory savings 为工人储蓄之一种，与自由储蓄相对称。即分工资为若干等级，依其等级在不妨害最低生活之范围内，酌定储金金额强令入会工人如数储蓄之谓。此项储金由工厂于每月发给工资时，会同管理委员核扣之。或储存于工厂，或由管理委员选择殷实银行储存之。一切储金非遇下列情形之一时不得支取：(1)本人婚嫁或子女婚嫁。(2)直系亲属之丧葬费。(3)家遭重大之灾变。(4)本人或妻室生产。(5)本人伤病甚重。(6)本人失业或身故。(7)本人年老不能工作。（工人储蓄暂行办法第二十一条、二十四条、二十七条）

【强(強)制离婚】【亲】Compulsory divorce 为离婚之一种，与裁判离婚协议离婚相对称，即法院对婚姻当事人于一定情事发生时，强制使其离婚之谓。我国前昔会有强制离婚之制，今则不采用之，仅有裁判离婚与协议离婚二种制已。

【强(強)制辩护】【刑诉】System of compulsory defence 为辩护制度之一种，对任意辩护言，凡以辩护为诉讼上之必要条件者曰强制辩护。换言之，即未经辩护人辩护时，法院若进行判决，即属违法。我刑诉法规定，凡初级或地方法院管辖第一审案件，其最轻本刑为五年以上有期徒刑之罪，及凡属高等法院管辖之第一审案件，审判长应行指定辩护人，否则不能加以判决。至于其辩护人若为被告所选任者亦可，不过须有辩护人方能判决耳。故强制辩护与指定辩护有别，以强制辩护中之辩护人有时属于选任，而非专限于指定也。

【强(強)制辩护制度】【刑诉】（详强制辩议条）

【强(強)却】【史】集多数之人，持凶器强行夺取之财物，谓之强却。清律（卷二十三）刑律贼盗篇——白昼抢夺条之注：“人少而无凶器，抢夺也，人多而有凶器，强却也。”

【强(強)奸】【史】用暴力强行作性交之行为也。明律（卷二十五）、清律（卷三十一）刑律犯奸篇犯奸条：“强奸者绞，未成者杖一百，流三千里。奸幼女十二岁以下者，虽和同强论。”清律之注曰：“凡问强奸，须有强暴之状，妇人不能挣脱之情，亦须有人知闻及损伤肤体，及损裂衣服之属。”

【强(強)奸杀伤】【史】违反妇女本人之意思，而以强制手段与之为性交行为者，是曰强奸。清律及例均设处罚明文，若因强奸而竟杀伤之，亦应加重治罪。其规定如下：(一)强奸妇女，已成奸者斩候，未成奸者绞候。(二)伤非金刃凶器，已成奸者绞候，未成奸者流三千里。(三)金刃凶器致伤本妇及拒伤其夫与亲属，已成奸者绞候，未成奸者边远充军（年五十以上近边充军）。(四)杀死本妇，已成奸者斩枭，未成奸者，如系立时杀死，斩决，如系殴伤数日身死斩候。（五）拒杀夫与亲属，未成奸者如系立时杀死，斩决，如系殴伤数日身死，斩候。（六）强奸十二岁以下幼女致死及强奸未至十岁幼女者已成奸者斩决。（七）强奸十二岁以下十岁以上幼女，已成奸者斩候，未成奸者，民人发云贵两广烟瘴充军，旗人发黑龙江为奴（新例改发驻防）。（八）因窃而强奸妇女，已成奸者斩决，未成奸者斩候。（九）强奸犯奸妇女杀死本妇，已成奸者斩决，未成奸者斩候。（情实）妇女犯奸后，已改过自新，以良人妇女论。（十）喇嘛和尚强奸杀人，照光棍例首从问拟，强奸不从，主使本夫殴死本妇，主使人斩决，本夫绞候。（十一）图奸强奸妇女未成，拒伤本妇及其夫与亲属，发疾或笃疾均绞候，但系刃伤，足四千里充军，伤非金刃，则加拒捕二等。（十二）本夫杀死强奸未成之罪人，如系登时忿激致毙，勿论。若追逐殴打及虽在登时系捆殴致毙者，照擅杀绞候。亲属杀死强奸未成之罪人，如系登时忿激至毙，徒三年。事后寻殴致毙，徒三年。杀非登时者，仍照擅杀绞候。（十三）本妇之子杀死强奸图奸未成之罪人，如系登时杀死，强奸勿论，图奸则徒三年。杀非登时者，强奸徒三年，图奸流三千里。（十四）本人及亲属杀死图奸未成之罪人，无论登时事后照擅杀拟绞，其殴伤强奸图奸未成之罪人者，则折伤以上皆勿论。（十五）非应捉奸之人如为本夫本妇及有服亲属纠往杀死图奸强奸未成罪人，无论是否登时，俱照擅杀拟绞，若止殴伤，非折伤勿论，折伤以上，照斗伤定拟。

【强（強）娶奸占】【史】以强制手段夺取他人妻女以为己或为他人之妻妾者，称曰强娶。至于奸占则指与之奸通然后占为己之婢妾而言。清律及例之规定如下：（一）强夺良家妇女自为妻妾或卖与人为妻妾，或投献势豪之家，或配与子孙弟侄家人者，均绞候，为从流三千里，诱逼扛抬，徒一年半，妇女给亲完聚，其配与子孙弟侄家人者，男女不坐。（二）强夺良家妇女，中途夺回及尚未奸污，流三千里，为从徒三年，诱逼扛抬杖八十（本妇之夫或父母亲属自尽者，分别已成未成，照本妇自尽之例问拟）。未被奸污妇女自尽绞候，为从流三千里，已被奸污妇女自尽斩候，为从流三千里（本妇之夫或父母亲属自尽者，分别已成未成，照本妇自尽之例问拟）。（三）私债强夺人妻妾子女奸占或将佃户妇女强行奸占为婢妾，并皆绞候。（四）府州县亲民官任内娶部民妇女为妻妾，杖八十，监临内外上司娶为事见问人妻妾及女，杖一百（女家主婚人同罪，妻妾两离归宗，女给亲，财礼入官）。（五）强娶者各加二等，女家不坐，不追财礼。（六）为子孙弟侄家人娶者，罪亦如之，男女不坐。

【强（強）奸罪】【刑】Rape 为奸淫罪之一，即未受妇女之同意而与之作性交行为之罪也。凡人对于自己性欲之冲动，在相当限制之下均有自由不受强制之权利，若对此种权利加以强行之手段时，不特防害个人之自由，即于社会风化亦有重大危险，但法律因顺应一般传统之习惯起见，只对妇女之贞节予以保护，故本罪之客体仅限于妇女而已。虽妇女实际上亦得对男子实施强奸，然均未有规定，兹分本罪为三种：(1)单纯强奸罪。(2)加重强奸罪。(3)准强奸罪。（详各本条）

【强（強）迫】【刑】Coercion 与胁迫之意义相似，在刑法上即以欲加危害于他人之生命身体财产等之行为相预告，而使其生畏怖之心之谓。

【强(強)娶】【史】婚约成立而所期约之婚期未至,若男家以强制方法迎娶者,谓之强娶。明清律均定为笞五十,称曰强娶律。(明律卷六、清律卷九户律——男女婚姻之条)

【强(強)牵财物】【史】债权者不依法向法庭起诉而直接对债务人之财产强制携取时,称曰强牵财物。所谓牵,乃牵掣之义,因财产乃包含奴婢牛马及其他牲畜在内,故用牵字。唐律(卷二十六)杂律——负债强牵畜产之条:"诸负债,不告官司而强牵财物,过本契者,坐赃论。"

【强(強)理论法】【通】Argumentum a fortiori (拉丁) 又曰勿论论法(详该本条),或当然论法。

【强(強)盗】【史】以强制手段公然盗取他人所有财物者,曰强盗。凡已行不得财,已行而但得财,以药迷人图财,窃盗临时拒捕杀伤人,因盗而奸,弃财逃走因追逐拒捕等,明清律皆于强盗条内规定之。明律(卷十八)、清律(卷二十三)刑律贼盗篇均有强盗条之同一规定,清律原文及其下注:"凡强盗已行,而不得财者,皆杖一百,流三千里。但得(事主)财者,不分首从皆斩(虽不分赃亦坐,其造意不行,又不分赃者,杖一百流三千里,伙盗不行,又不分赃者,杖一百)。若以药迷人图财者,罪同(但得财皆斩)。若窃盗,临时有拒捕及杀伤人者,皆斩(监候,得财不得财皆斩,须看临时二字)。因盗而奸者,罪亦如之(不论成奸与否,不分首从)。共盗之人,不曾助力,不知拒捕杀伤人及奸情者(审确)。止依窃盗论(分首从得财不得财)。其窃盗,事主知觉,弃财逃走,事主追逐,因而拒捕者,自依罪人拒捕律科罪(于窃盗,不得财本罪上加二等,杖七十,殴人至折伤以上绞,杀人者斩,为从各减一等。凡强盗自首,不实不尽,只宜以名例自首律内,至死减等科之,不可以不应从重科断,窃盗伤人,自首者,但免其盗罪,仍依斗殴伤人律论)。"同律之总注:"强盗律全重在强上,凡先定有强谋,执有器械,带有火光,公然直至事主之家攻打门墙者,是谓已行。若为事主所拒,邻保所援,不能得财,虽事主之家无损,而强盗之谋已行,不分首从皆杖一百流三千里。但劫事主家财者,不论多寡,不分首从皆斩,凡上盗之人,即不分赃亦坐,不拘何物,在事主家皆谓之财,入盗手即谓之赃,劫取而去谓之得财,各分人己谓之分赃,强盗之赃虽未分,事主之财则已失,强盗之罪所重在强,故但论财之得与不得,不论赃之分与不分也。观盗贼窝主条内,共谋者行而不分赃皆斩,可见。药能迷人,必皆毒物,但欲取人之财,不顾伤人之命,其事虽秘,其心实强,故与强盗罪同,但得财者皆斩,不得财得皆杖一百流三千里。律言图财,而不言得财者,谓图谋人财,得不得未定也。图财二字,即兼斩罪与流罪在内,既经迷人,即是已行,得财与否,皆同强盗,其义甚明。若窃盗,有临时拒捕及杀伤人者,皆斩。曰拒捕,曰杀伤人,其始虽窃,临时实强矣。拒捕下有及字,则但拒捕,而不杀伤人者,亦坐。得财不得财皆斩之注,止指杀伤人而言。夫窃盗而至杀人伤人,凶强已极,自不论得财与否。若拒捕则仍指已得财者,谓行窃之时,已经得财,未离本处,即为事主知觉,尚不弃财逃走,而护赃格斗,全不畏惧,与强何异,故与杀伤人同科。注曰须看临时二字,谓非临时拒捕,则另在下文弃财逃走,事主追逐,因而拒捕之条也。若因盗而奸污人之妻女,近人之身,而不畏人之执己，其心与事皆强矣，则与拒捕杀伤人无异，故罪亦如之，不论成奸不成奸，得财不得财，皆斩。凡此皆窃盗之事，而附于强盗，以其类于盗也。其盗人内，或有在外把风，或有得财先去，临时既未曾助力，同行为窃，原未谋及拒捕等情，而不知他贼有拒捕杀伤人及奸情者，同伴事主供证明白，止依窃盗本律，分别得财不得财，及为首为从论罪。其行窃时，被事主知觉，即弃财逃走，犹有畏心，并无强意，事主追逐，因而拒捕，乃不得已而为脱身之计，故止依罪人拒捕律科之。此是窃盗罪人拒捕本律，而附著于此，以见此条因而拒捕，与前文临时拒捕者，有毫厘千里之别也。按此条因而两字，正与前条临时两字对照，已弃财已逃去而追逐不已，然后拒之，故曰因而也，不弃财不逃走，而见捕即拒，不俟再计，故曰临时也。律贵诛心，推临时拒捕之心，直欲杀伤事主，而得财以去也，故虽未杀伤人亦斩，若尚未得财，而有临时拒捕者，则拒捕之心，仅以求免耳，亦当照罪人拒捕，于本罪上加二等科断。盖强盗已行不得财者，止是流罪，强盗已行，而事主捕之，有不拒者乎，律不言拒捕者，强字统之矣。若窃盗不得财，而拒捕即坐皆斩，是反重于强盗矣，彼此对勘，其义自明。强盗，惟窝主有造意共谋，行与不行，分赃不分赃之律，以盗非窝家，不能藏身聚谋，故窝主之法独严。若共谋之盗，始虽共谋，既而不行，已有悔悟之意，后不分赃，更有畏惧之心，即不行而分赃，亦当推其共谋之情，不行之故，如谋系造意，不行非其本怀，则临时斟酌，可与窝主同科。若谋非造意，悔而不行，或与事主认识不便，托故不行，后虽分赃，情犹可原，至得财之后，他盗恐其发觉，而强与之，其情更轻，此律例所以仅予徒杖，及照盗后分赃律科断也。”

【强(強)盗不许妄扳】 扳者，攀也。妄扳者，谓妄行攀诬也。强盗行劫杀人，应自招认，不得妄行攀诬，拖累他人。清之现行则例(即刑部现行则例)贼盗篇设有强盗不许妄扳之条：“凡强盗真正行劫杀人而不行招认与伙贼多少，而隐匿不供，并不供明失主者，仍详审行查外，若初审之时，自行招认伙贼之数，明白供出失主者即行归结，不准其再行妄扳拖累。”

【强(強)盗自首】【史】所谓强盗自首，乃指强盗案内若未经下手杀人而自行向官首服者而言。清之现行则例(即刑部现行则例)贼盗篇设有强盗自首之条：“强盗案内若未经下手杀人自首者，监候，俟同伙之人一并审明果无动手，与死者并无仇隙主谋等情，照依强盗伤人不死自首条内免死发边卫充军例科断。”又清律及例规定不准首者计有下列各项：(1)强盗杀人者。(2)打劫仓库者。(3)强盗再犯者。(4)奸人妻女者。(5)干系城池衙门并积至百人以上者。(6)殴事主折伤以上者。(7)烧人房屋者。(8)捕役带同盗犯投首者(仍将捕役审究)。其准首者(均分别减免)如下：(1)现获盗犯供出首盗限内拿获者，发极边烟瘴充军。(2)情有可原之盗，又供出盗首即获者，流三千里。(3)洋盗案内被胁接赃瞭望一次投回自首者，发新疆为奴。(4)行劫数家而止出首一家者，多死，发极边足四千里充军。(5)伤人首盗，伤轻平复，无论事未发自首及闻拿投首者斩候。(6)未伤人之首盗事未发自首者发近边充军，闻拿投首者，发极边烟瘴充军。(7)未伤人之伙盗行劫仅只一次，事未发自首者免罪，闻拿投首者，徒三年。(8)伙盗曾伤人行劫二次以上者，事未发自首，发近边充军，闻拿投首，发极边烟瘴充军。(9)窝家自首，盗线闻拿自首，照未伤人之盗首分别充军。(10)放火烧人空房及田场积聚等物之强盗者自首流三千里，计所烧之物重于本罪发近边充军。(11)强盗亲属首告者照律减免。(12)盗首伤人，逃后捕获他盗解官投首，徒三年。(13)强盗捕获同伴解官者，免罪。(14)跟随为盗并未伤人自行出首者，其应得之罪悉行宽免。

【强(強)盗杀人】【史】强盗及杀人者，被害之家及同伍者均须告其主司，若家人及同伍单弱不能告，即比伍应负速告之责，违者治罪。唐律(卷二十四)斗讼篇有强盗杀人条之设："诸强盗及以杀人，贼发被害之家，及同伍即告其主司，若家人同伍单弱，比伍为告，当告而不告，一日杖六十。主司不即言上，一日杖八十，三日杖一百。官司不即检校捕逐，及有所推避者，一日徒一年，窃盗者各减二等。"疏议曰："强盗及以杀人，贼发被害之家，及同伍共相保伍者，须告报主司者，谓坊正村[1]正里正以上，若家人同伍单弱，不能告者，比伍为告，每伍家之外，即有比伍，亦须速告主司，当告而不告，谓家有男夫年十六以上，不为告者，一日杖六十。主司不即言上于所官司，一日杖八十，三日杖一百，须计去官司远近，准行程外为罪。官司不即检校，谓随近受告，官司不即检校捕逐，及与随近州县镇戍府监等相推，或假以余事辞托者，日徒一年，若是窃盗从同伍以下，各减二等，谋杀人已伤，及杀部曲奴婢，比窃盗不告科之。"

【强(強)盗伤人未死】【史】强盗行劫伤人而未致其人于丧失其性命者，且系又未获得其财物者，应依抢夺伤人律科断。清之现行则例(即刑部现行则例)贼盗篇——设有强盗伤人未死之条："凡强盗伤人至死者，仍照律科断外，但伤人未死又未得财者，照抢夺伤人律科断。"

【强(強)盗罪】【刑】Robbery 为抢夺强盗及海盗罪章中罪之一，其情节较抢夺为重，而较海盗稍轻。因其所施手段乃出于强制方法，乘被害人不能抵抗时而夺取其物，故与抢夺之乘他人不及抵抗而夺取其物者不同。又因其施行之地点在陆上，环境关系自属不同，故与海盗在海上之掠夺他人或物者有异。兹分为六种：(1)单纯强盗罪。(2)强夺利益之强盗罪。(3)临时强盗罪。(4)准强盗罪。(5)加重强盗罪。(6)同谋强盗罪。(详各本条)

【强(強)盗遇赦】【史】犯强盗之罪人，如逢国家恩赦，并不在受恩赦之列。大明令刑令篇——设有强盗遇赦之条："凡但犯强盗谋故杀人，遇赦不原。其起内有犯杖罪者，依律断决。其不系同谋上盗之人，赦合释放。"

【强(強)盗确数】【史】谓强盗案件发生后由失主所报之强盗数目，或由初获强盗所供出其同伴之数目也。清之现行则例(即刑部现行则例)贼盗篇——设有强盗确数之条："凡失主所报盗数存案不为确数，以初获强盗严讯供出盗数，乃为真盗之数，若限内不能拿获真盗者，仍照定例处分。"

【强(強)盗赔偿赃物】【史】谓将盗犯家产变价赔偿所盗劫之赃之不足之数于原失主也。清之现行则例(即刑部现行则例)贼盗篇设有强盗赔偿赃物之条：

[1] 原书为"材"，系排版之误。

"贼盗行劫现在之赃各令失主认领外,如不足原失之数或贼花费已尽,将无主之赃停其入官,变价赔补失数,余剩者入官,如仍不足,将盗犯家产变价赔偿。"

【强(強)嫁】【史】妇人于其夫死亡后,丧服届满而守志不再嫁时,若夫家之父母或其他亲属强迫其再嫁者,谓之强嫁,法律设有处罚明文,惟明律设有例外,即女之祖父母父母强其出嫁者并不论罪。明律(卷六)户律婚姻篇——居丧嫁娶之条:"其夫丧服满愿守志,非女之祖父母父母,而强嫁之者杖八十,期亲强嫁者减二等,妇人不坐,追归前夫之家,听从守志,娶者亦不坐,追还财礼。"清律(卷九)同篇同条:"其夫丧服满妻妾果愿守志,而女之祖父母及夫家之祖父母强嫁之者,杖八十,期亲加一等,大功以下又加一等。"

【强(強)抢】【史】强抢,在一般言之,与掠夺之意义相等,惟男女缔结婚约后,女家反悔而另为其他之婚约时,男家不依法起诉而私用暴力抢夺强为婚姻者,亦曰强抢,即所谓抢婚之一种,应准用强娶律减等加以处罚。清律(卷九)户律婚姻篇——男女婚姻之条附例:"凡女家悔盟另许,男家不告官司强抢者,照强娶律减二等。"

【强(強)夺利益之强盗罪】【刑】为强盗罪之一,因以强暴胁迫药剂催眠术,或他法至使不能抗拒而得财产上不法之利益,或使第三人得之者,成立本罪。其目的物为财产上不法利益,例如以强力取得债券或消灭债券是。又如强占他人房屋使第三人居之是。本罪之处罚与单纯强盗罪同(未遂罪罚之)。若因而致人于死者,处死刑或无期徒刑。因而致重伤者,处无期刑。(刑法第三四六条第二、三、四项)。

【强(強)暴】【刑】Violence 以暴力强迫者曰强暴,在刑法上与胁迫之意义相同,惟其对于他人侵害之程度较胁迫稍为高耳。

【强(強)暴占有】【物】Violent possession 为占有之一种,对和平占有言,即以强暴手段或使他人生畏惧之心因而占有其物之谓也。例如持刀向他人强取其物而占有之是。

【强(強)暴胁迫及诈术之堕胎罪】【刑】为堕胎罪之一,因未受怀胎妇女之嘱托,或未得其承诺而使之堕胎,成立本罪。换言之,即反乎妊妇本人之意思而使其堕胎之谓也。其要件为:(1)其主体为妊妇以外之人。(2)客体为妊妇及胎儿。(3)须有堕胎之行为。(4)须非出于妊妇本人之真意。(5)须有强暴胁迫或诈术之任一行为。其处分为六月以上五年以下有期徒刑(未遂罪罚之)。犯本罪因而致妇女于死或重伤者,比较故意伤害罪,从重处断。(刑法第三〇七条)

【彩票】【刑】Lottery (详发行或买卖彩票罪条内)

【得】【通】May 凡法律条文中有得字者,乃指可以斟酌情形之意而言,即任意的而非强制的。例如刑法第七十七条规定,犯罪之情状可怜恕者,得酌减本刑。即审判官对于犯罪者裁量减等职权之行使,一任彼之自由,可以斟酌情形为之。如彼认为有应行酌减之必要时,即可宣告减刑,否则不予酌减亦为法律所许可。

【得他人承诺而杀之罪】【刑】Offences of killing others with their own consent 为加功于他人自杀罪之一，即得其他人之承诺，而下手杀之之谓。例如见病人痛苦不堪之际，乃告以杀之之意，得其人承诺始杀之是。但须以真意上之承诺为限，否则以胁迫或欺诈方法而得其承诺，乃所谓形式上之承诺，自非属于本罪范围之内。本罪之处刑为一年以上，七年以下有期徒刑，未遂罪罚之。至谋为同死而犯本罪者，得免除其刑。（刑法第二九〇条）

【得他人承诺而伤害之罪】【刑】为加功于他人自伤罪之一，即得其本人之承诺始下手伤害之之犯罪。例如见他人因欲避免征兵乃告以伤害肢体一部之意，得其承诺后而实施之是，自亦应以真意上之承诺为必要。如用不正当方法（如胁迫欺诈），不在此例，但亦须以致重伤方构成本罪。其处分为五年以下有期徒刑，至因而致死者，则处一年以上七年以下有期徒刑。（刑法第二九九条）

【得有权】【民总】又曰能权。（详该本条）

【得宿藏物】【史】宿藏物即现行法所称之埋藏物。若于他人地内掘得者，应与地主均分，若隐而不送，应受处罚。唐律（卷二十七）杂律篇设有得宿藏物条："诸于他人地内得宿藏物，隐而不送者，计合还主之分，坐赃论减三等（若得古器形制异而不送官者，罪亦如之）。"疏议曰："谓凡人于他人地内，得宿藏物者，依令合与地主中分，若有隐而不送，计应合还主之分，坐赃论减三等，罪止徒一年半。注云，若得古器形制异，而不送官者，谓得古器钟鼎之类，形制异于常者，即令送官酬直，隐而不送者，即准所得之器，坐赃论减三等，故云罪亦如之。"

【得减】【史】得减者，法无可减，为之推情度理，因其不得减而又减之，故曰得减。如嫁娶违律主婚媒人罪条内，期亲以下，余亲主婚者，事由主婚，主婚为首，男女为从，得减一等，事由男女，男女为首，主婚为从，得减一等之类。查律条内，首曰凡嫁娶违律，若由祖父母父母伯叔父母姑兄姊外祖父母并妻之舅主婚者，违律之罪，独坐主婚，男女不坐。次方曰余亲主婚者，事由主婚，主婚为首，男女为从，得减一等，事由男女，男女为首，主婚为从，得减一等。此严在余亲二字，盖祖父母父母等亲，乃理应主婚之人，男女迫于势尊，不敢违抗，致犯教令，故男女不坐，若余亲，则非必应主婚之人矣，男女得以礼义直陈，从违自定，故重以首从之分也。（参读律风孋）

【得实】【史】谓听断讼狱而获得其真情也。史记："皋陶为大理，平民各服得其实。"北史—周世宗纪："虽经赦宥，事迹可知者，有司宜即推穷，得实之日，免其罪，征备如法。"

【得遗失物】【史】遗失物者，谓所有人无意中所丧失之物也。惟此物必有其主，故得之者应依一定程序送官或由官召人认领，至于埋藏物亦依同一程序为之。明律（卷九）、清律（卷十四）户律钱债篇——得遗失物条："凡得遗失之物，限五日内送官，官物（尽数）还官，私物召人识认，于内一半，给与得物人充实，一半给还失物人，如三十日内无人识认者，全给。限外不送官者，官物坐赃论。私物减二等，其物一半入官，一半给主。若于官私地内，掘得埋藏之物者，并听收用，若有古器钟鼎符印异常之物，限三十日内送官，违者杖八十，其物入官。"清律之总注曰："遗失之物必有其主，得之者，限五日内送官，官物尽数还官，私物有人识认半赏得物人，半还失物人，三十日内无人识认，物主不可踪迹，则应属之得物人，故全给也。如五日外不送官，系官物坐赃论，私物减二等，其物一半入官，一半给还失主，若无主认，自全入官矣。地内埋藏之物，如金银之数，谓无主者也，不论官私地内掘得之物，并听收用，不必报官，若掘得古器钟鼎符印异常之物则应送官，以非民间所得有也。达三十日之限不送官者，杖八十，其物入官。”清律之辑注曰：“前节得遗物无主识认，即全给，此掘得埋藏之物，自是无主者，亦应全给，故并听收用。”同律之辑注曰：“按唐律于他人地内，得宿藏物隐而不送者，计合还主之分坐赃论减三等。解者曰，有主之地合与地主中分，故隐而不送计合还主之分论罪，此官私地内，亦犹他人地内也，特改旧法者，谓官司之地，虽皆有主，而埋藏之物，则不知其主，若责其送官，恐启冒认妄争之端，故除古器钟鼎符印异常之物外，其余常物，并听收用之。”

【得阑遗物】【史】得阑遗物者，谓得宝印符节及杂物之类也。寻得之人应于一定期间内送官，违者按律治罪。唐律（卷二十七）杂律篇——设有得阑遗物之条：“诸得阑遗物，满五日不送官者，各以亡失罪论，赃重者坐赃论，私物坐赃减二等。”疏议曰：“得阑遗之物者，谓得宝印符即及杂物之类，即须送官，满五日不送者，各得亡失之罪，赃重者，谓计赃重于亡失者，坐赃论罪止徒三年，私物坐赃论减二等，罪止徒二年，其物各还官主。”

【得权时效】【民总】Acquisitive prescription 即取得时效。（详该本条）

【徙木】【史】秦孝公时，商鞅变法，欲先树威信以便推行新法，乃于国都之南门，建立三丈之木，下令于民曰，凡能徙北门者予以十金，民怪而不敢徙。复下令曰，能从者予以五十金，一人从之，卒予五十金。（史记商鞅传）

【徙贯】【史】徙贯者，谓转籍也，即更改户籍而移徙于他地也。唐书—李尚隐传：“其先出赵郡，徙贯万年。”

【徙边】【史】所谓徙边，乃指将重犯者派遣于国境边鄙之地，使其躬服劳役而言，盖即刑罚之一种也。魏书—刑法志疏：“汉武帝时，始启河右四郡，议诸疑罪，而谪徙之。”从汉书—明帝纪：“永平八年募郡国中都官死罪系囚减死一等，勿笞诣度辽将军营屯朔，方五原之边县，妻子自随，便占着边县，父母同产，欲相代者，恣听之。”又同书—安帝纪：“诏曰，建初以来，诸妖言它过坐徙边者，各归本郡。”

【御史】【史】官名，周时掌赞书而授法令，秦汉并为与天子亲近之官，其长官曰御史大夫，掌副丞相，次官曰御史中丞，掌秘书兼任纠察，其官署称曰御史府。后汉以来曰御史台，始专任弹劾诸官之任，历代因之。明改为都察院，清亦同。民国初为肃政史，国府成立始置监察院。唐书—百官志：“御史大夫一人，正二品，掌以刑法典章，纠正百官罪恶。”宋史—百官志：“御史台，掌纠察官邪，肃正纲纪，大事则廷辩，小事则奏弹。”

【御史台】【史】为御史之官署，后汉始有此名，梁及后魏、北齐，或谓之南台，后周曰司宪，隋唐皆曰御史台，其长官曰御史大夫（一人），次官曰御史中丞（二人），其属有三院：一曰台院，侍御史隶焉，纠劾百官推鞫狱讼之事。二曰殿院，殿中侍御史（六人）隶焉，掌殿庭供奉之仪杖。三曰察院，监察御史（十人）隶焉，掌分察百僚，巡按郡县，纠视刑狱，肃整朝仪之事。元宋皆因之，至明始改为都察院。

【御史台狱】【史】宋代诉讼事件之重大者，命御史台审判之，谓之御史台狱。（参诏狱条）

【御在所】【史】宫内天子所在之玉座，曰御在所。若持杖及至御在所者斩，迷误者上请，谓非故阑入者上请听敕也。唐律（卷七）卫禁篇阑入太庙门之条，设有明文。

【御批】【史】天子对诸臣所上之奏疏所为可否之笔示，称曰御批。霏雪录：“宋故事，禁中处分事，付外，谓之内批，又谓之御批，皆内夫人代书，而所谓御批宝者，或上批，或内夫人批，皆用御宝，惟亲书则上亲书押字，不必用宝也。”

【御幸舟船】【史】御幸舟船者，谓皇帝所幸舟船也。若制作不牢固而易破坏者，罪及工匠。唐律（卷九）职制篇有御幸舟船条之设：“诸御幸舟船，误不牢固者，工匠绞（工匠各以所由为首）。”同条又曰：“若不整饰，及阙少者，徒二年。”

【御赐衣物】【史】君上奖善褒功给赐衣物，乃朝廷赐予之重典，奉命之官既已受命不行亲自赍送而展转寄附他人给予，是怠君命也，应加治罪。明律（卷十七）、清律（卷十二）礼律仪制篇均有御赐衣物条：“凡御赐百官衣物使臣不行亲送，转附他人给与者，杖一百，罢职不叙。”

【御膳所】【史】宫中供御造食之所曰御膳所，阑入者流三千里。唐律（卷七）卫禁篇阑入太庙门条中，设有明文。

【御宝】【史】所谓御宝，通常仅系指皇帝所用之印玺而言，惟旧律中所称之御，乃包括太皇太后，皇太后与皇后在内。又御宝乃天子八宝之总称，故仅以天子为限，且皆系以玉质制成者：（一）神宝。（二）受命宝。（三）皇帝行宝。（四）皇帝宝。（五）皇帝信宝。（六）天子行宝。（七）天子之宝。（八）天子信宝。至于三后之宝，则系金质所制成。（唐律卷十九贼盗篇御宝之条及其疏议）

【从（從）】【史】从者，宗也，宗而主之也。盖因犯人所犯，事有两歧，情有各别，莫知所适，为之不执己见，不泥初词，不拘成例，更复不为统计而概论，惟察其情理，遍查各律，斟酌以求其恰合，故曰从。盖从对舍言也，有舍此从彼之义焉。然律条内用从字处，有三义，如名例二罪俱发以重论条内云，凡二罪以上俱发，以重者论，罪各等者，从一科断，其所谓从者，盖谓二事以上之罪，一时俱发，以律断之，其罪各各相等，难分轻重，则竟舍其余各案，止从其一者以科之，此一义也。刑律亲属相盗条内云，若有杀伤，各依杀伤尊长卑幼本律，从重论，其所谓从者，较量轻重，审定而从其重也，此一义也。若名例除名当差条后内云，军民匠灶，各从本色，发还原籍当差，其所谓从者，各从其类也，此又一义也。（参读律风髓）

【从（從）一重处断】【刑】Punished for the severer offence 为关于想像上竞合犯与牵连犯之处罚方法之标准，即就数个罪名中比较其最重之法定刑，而加以处罚也。例如行使伪造私文书欺罔他人以骗取财物，所谓牵连犯是也。此时成立二罪,行使伪造私文书罪与诈取财物罪,前者之处罚较后者为轻,则应择后者为其所犯之罪名,而加以处断是。

【从(從)子】【亲】(一)母之姊妹之子,即从姊妹也。大学衍义补:“古人姊妹于兄弟之子,且有称吟,顾兄弟于兄弟之子独无称焉,古谓同祖兄弟为从兄弟,谓母姊妹为从母,则当称从子为是。”(二)侄也,伯父叔父为从父,故称侄为从子。(朱子语录)

【从(從)父】【亲】伯父叔父之别称也。

【从(從)父兄弟】【亲】兄之子与弟之子之相互称呼曰从父兄弟。尔雅—释亲:“兄弟之子,弟之子相谓为从父昆弟。”仪礼—从父昆弟之注:“世父叔父之子也。”

【从(從)父昆弟】【亲】昆者兄也,与从父兄弟(详该本条)同。

【从(從)兄弟】【亲】同祖兄弟——从父兄弟之简称。

【从(從)母】【亲】姨母,谓母之姊妹也。

【从(從)母兄弟】【亲】谓从母之男子也,俗称曰姨表兄弟。

【从(從)母姊妹】【亲】从母之女子曰从母姊妹,俗称曰姨表姊妹。

【从(從)母昆弟姊妹】【史】从母之男子曰从母昆弟,从母之女子则曰从母姊妹。

【从(從)犯】【刑】Accessory offender 为法律上共犯种类之一,对正犯言。不论事前事中于正犯有犯罪决意时,加以帮助之行为,而使正犯易于实施犯罪之积极或消极行为,皆曰从犯。但于实施犯罪行为之际,为直接及重要之帮助者,则以准正犯论(刑法第四十四条第一项)。从犯成立之要件有四:(1)要有帮助他人之意思。(2)要有帮助他人之行为(有形或无形的,积极或消极的)。(3)要正犯之犯罪成立。(4)要在实施犯罪行为以前,或在行为之际加以帮助者,且以事中直接及重要之帮助为限。从犯之处分,据我刑法第四十四条规定,从犯之刑减正犯之刑二分之一,但于行为中为直接及重要之帮助者,则处以正犯之刑,若正犯行为重于从犯所知者,则就从犯所知者论罪,如轻于所知者,则就所犯者处断。关于因身份成立之罪(参共犯条),从犯与教唆犯之区别,为从犯之行为乃在正犯的决意以后,教唆犯之行为则在正犯之决意以前,二者不可混同。

【从(從)刑】【刑】Accessory punishment or penaties 凡附随于主刑而处罚犯人者,曰从刑,对主刑言,又称附加刑(我国刑法第四十八条)。从刑之称类有二:(1)褫夺公权。(2)没收(同法第五十条)。(详各本条)

【从(從)行为】【民总】Accessory act 为法律行为之一,对主行为言,即其法律行为成立之前提,须别有他法律行为之存在之谓,例如夫妇财产契约乃婚姻关系之从行为是。从行为与主行为之区分,乃以法律行为是否基于其他法律行为为标准。

【从(從)坐减】【史】从坐减者,谓共犯罪造意者为首,应从重论,其随从者为从,应减一等也。(唐律卷二名例篇——一人有议请减条之疏议)

【从(從)其抵】【史】买卖货物时,从其原价者称曰从其抵。周礼泉府:"(上略)以其贾买之,物揭而书之(逐物表揭,而书其价)。以待不时,而买者各从其抵。"其注曰:"抵,音帝,本也。"

【从(從)征守御官军逃】【史】官军随从大军征讨,正为国家报命之时,若私行逃遁,或还家,或往他所,初犯再犯均分别轻重处刑,窝藏及里长知而不首者亦行治罪。至于在各处城池守御军人逃者,知情窝藏者,里长知而不首者,本管头目知情故从者,亦皆分别依照本条所定拟断。明律(卷十四)、清律(卷十九)兵律军政篇均有从征守御官军逃条之设,惟原文略有增损耳。

【从(從)征从行身死】【史】从军出征者,从车驾及从东宫出行者,以及因公事出使于外者,如于所在地死亡,其依令应送还本乡者,应即送归,违者治罪。明清律均设有病故官家属还乡条。唐律(卷二十六)杂律篇则立从征从行身死条:"诸从征及从行,公使于所在身死,依令应送还本乡,违而不送者杖一百,若伤病而医食有阙者杖六十,因而致死者徒一年。即卒官,家无手力不能胜致者,仰部送还乡,违而不送者亦杖一百。"疏议曰:"从征谓从军征讨,及从行谓从车驾行及从东宫行,并公事充使,于所在身死,依令应送还本乡者,军防令征行卫士以上,身死行军具录随身资财及尸,付本府人将还,无本府人者,付随近州县递送丧葬,令使人所在身丧,皆给殡殓调度,递送至家,从行准兵部式,从行身死,折冲赙物三十段,果毅二十段,别将十段,并造灵舆递送还府,队副以上,各给绢两匹,卫士给绢一匹充殓衣,仍并给棺,令递送还家,自余无别文者,即同公使之例,应送不送者各杖一百。若伤病,谓征行人等或病或伤,须医药救疗饮食供给,而医食有阙者杖六十,因而致死,谓以医食不如法致死者,徒一年。官人在任,以理身死,家道既贫,先无手力,不能自相运致以还故乡者,卒官之所,部送还乡,称部送者,差人部领,递送还乡,依令,去官家口累弱,尚得送还,况乃身亡,明须准给手力部送,违而不送者亦杖一百。"

【从(從)征违期】【史】从征违期者,谓出兵征讨时,已有起程日期,面稽留不进,以及于军临敌境托故违期也。因其有误军事之发展,故应治罪。明律(卷十四)、清律(卷十九)兵律军政篇均设有从征违期条之同一规定。清律原文及其下注:"凡官军(已承调遣)临当征讨(行师)已有起程日期,面稽留不进者,一日杖七十,每三日加一等,若故自伤残,及诈为疾患之类,以避征役者,各加一等(计日坐之),并罪止杖一百,仍发出征(若伤残,至不堪出征,仍选本户壮丁充补,令其出征)。若军临境,托故违期,一日不至者,杖一百(不必失误军机),三日不至者斩(监候,统兵官宽行军法)。若能立功赎罪者,从统兵官区处。"清律之总注:"凡军官军人,已承调遣出征之令,临当起程日期,而在家稽留怠玩不进者,一日杖七十,每三日加一等,若本无疾而故自伤残,及本无故而诈伪疾患之类,以避从征之役者,各加一等,一日杖八十,每三日加一等,与前稽留不进者,并罪止杖一百,仍发出征。若伤残至发笃疾,不堪出征者,予以蒲杖,依名例收赎,仍选本户壮丁补役,发往出征。前节自出征者言之,若军临敌境之时,假托事故迁延违期,一日不至者，杖一百，三日不至者斩，虽是临敌违限，未至失误军机，其中或有勇武殊绝之才，能立功赎罪者，怜才使过，从统兵官便宜区处。”

【从(從)物】【民总】Accessory thing; Appurtenance 为物之一种，对主物言，即物之所有者以一物附属于自己所有他物之上，而供平常之使用之谓。我国民法规定非主物之成分常助主物之效用，而同属于一人者为从物，但交易上有特别习惯者，依其习惯(第六八条第一项)。故其要件为(1)须非主物之成分。(2)须常助主物之效用。(3)须同为一人所有。但交易上有特别习惯者，不在此限。主物与从物区别之实益，即在从物须随主物而处分。(同条第二项)

【从(從)物权】【物】Accessory real right 为物权学理上分类之一，对主物权言，即附随他种权利而存在之物权。易言之，即因他之权利而存在之物权也。例如抵押权、质权是。

【从(從)契约】【债】Accessory contract 为契约之一种，对主契约言，即必须附随于他契约始能成立存在之契约也。例如保证契约、质权契约、抵押权契约是。

【从(從)重处断】【刑】Punished with a severer penalty 从重处断者，谓触犯甲项轻微罪名而生与乙重大罪名之结果时，须从乙项重大罪名之规定加以科罚也。例如损坏或壅塞陆路水路等致生往来之危险者，处三年以下有期徒刑，拘役，或三百元以下罚金。若犯上述罪名因而致于死或重伤者，则须从故意伤害罪之规定，加以处罚，以后者之规定较前者为重也。若前者之规定较重，而后者之规定为轻，则仍科前者之刑，故刑法在条文上多规定:“比较故意伤害罪从重处断”等语。

【从(從)重论】【史】从重论者，较量轻重，从其重者以论罪也。从字，重字，要着眼，而论字亦不容忽。然从重论三字，亦有二义，如名例内云，二罪俱发从重论，系就一时所发言，如平日所犯之罪，一时俱发，罪无重科，就各事之事，从其重者而科之，此一义也。若律中各条下所载之从重论，则又有就所犯一事之律言者，如所犯止是一事，而罪名却干乎两条，其两条中各有轻重不同，或彼重而此轻，则舍此以从彼，或彼轻而此重，则又略彼以从此，要皆于两律中细较其孰重孰轻，不为执定一律，惟从其重者而已，此又一义也。(读律佩觿)

【从(從)参加】【民诉】Accessory intervention; Participation 为诉讼参加之一种，又称辅助参加，即第三人对于他人间之诉讼有法律上利害关系时，以辅助该当事人中之一造为目的而参与诉讼也。其参加人曰从参加人(民诉则简称曰参加人)。此种制度亦为节省时间费用与劳力而设。其要件如下:(一)须于他人诉讼拘束期间内为之。(二)对他人诉讼须有法律上利害关系。(三)须系以辅助原告或被告为目的者。(四)须系以自己名义对他人之诉讼加以参加者。参加时在原则上应以参加书状为之，自参加书状提出时即发生效力，但当事人对该参加如不同意，得声请法院以裁定驳回之，对于此种裁定，得为即时抗告。从参加人对当事人之一造得为一切诉讼行为，但须受参加时诉讼程度之拘束，且须与受其辅助之当事人的行为不相抵触。(参民诉法第五五—六一条)

【从(從)量税】【史】与从价税(详该本条)相对称。

【从(從)债务】【债】Accessory debt （详主债务条及保证债务条内）

【从(從)债务人】【债】Accessory debtor 负担从债务之义务人,谓之从债务人。

【从(從)债权】【债】Accessory credit 与主债权相对称,即附随于主债权之债权也。例如金钱债权中之利息债权,即所谓从债权是也。

【从(從)新法主义】【刑】谓凡犯罪者虽其行为在旧法有效时期,而审理在新法颁行后,或行为发生于旧法有效时期延至新法颁行后方告终止,或尚未终止者,均应从新法处断。我国暂行律规定,概从新法,然有时科犯人以事后之重刑,殊欠平允。且人民对于罪刑不能预知,是令其无所遵守,而法律之信用亦必因之失坠矣。(参刑法关于时之效力条)

【从(從)义务】【通】Accessory obligation or duty 为义务分类之一种,与主义务相对称,乃指以他义务为其存在要件之义务而言。例如保证人对于债务(主义务)之担保义务是。

【从(從)罚】【行】Accessory penalties 为违警罚则之一,与主罚相对立,乃指不独立科罚,而须附随于主罚之罚则而言。可分为下列三种:(1)没收。(2)停止营业。(3)勒令歇业。(详和本条)

【从(從)轻入重以所剩论】【史】为故入人罪之一。例如法官故意笞十之罪而笞之三十,则处法官以所剩之二十。又如法官故意将徒一年者,处一年半,则应处法官以所剩半年之罪。〔唐律(卷三十)断狱篇——官司出入人罪之条〕

【从(從)轻法主义】【刑】即比较旧新二法从其轻者处断之谓。此中又分(一)以从旧法为原则,但新法较轻者则从新法处断。如法国刑法第四条,比国刑法第二条,德国刑法第二条,匈牙利刑法第二条,荷兰刑法第一条第二项,日本现行刑法第三条第二项,日本改正刑法第六条,意国刑法第二条第三项,布加利亚刑法第二条第三项,那威刑法第三条。此外如埃及、墨西哥、智利、阿根廷、暹罗、丹麦、瑞典、西班牙、葡萄牙、瑞士中数州、美国中数州等,皆采之。(二)以从新法为原则,但旧法较轻时则从旧法,瑞士中数州及奥国刑法均采之,我刑法亦采用之。犯罪时之法律与裁判时之法律遇有变更者,依裁判时之法律处断,但犯罪时之刑较轻者,适用较轻之刑。(第二条)

【从(從)价税】【史】清制,有所谓从价税与从量税者,其就税关出入货物从其价额之多少所收之税银曰从价税,其从其重量之轻重所收之税银则称曰从量税。(天津条约)

【从(從)驾稽违】【史】应合扈从车驾巡幸之人,如违期不到,或从行而先回,或从行而在逃者,均构成本条之罪,应受本条所定之处罚。明律(卷十三)、清律(卷十八)兵律宫卫篇从驾稽违条,均有相同之规定。清律原文及其下注:"凡(巡幸)应(扈)从车驾之人,违(原定之)期不到,及从而先回还者,一日笞四十,每三日加一等,罪止杖一百。职官有犯,各加一等(罪止杖六十徒一年)。若从车驾行而逃者,杖一百,发边远充军,职官绞(监候)。亲管头目故纵(不到先回在逃)者,各与犯人同罪(至死减一等)。失觉察者,减三等,罪止杖一百。"清律之总注:"应从驾而违期,已从行而先回,虽均有慢君之罪,而其情轻,故计其违期先回之日论罪,一日笞四十,加等至十九日以上,罪止杖一百,此指军人言也。职官有犯,各加一等。从驾而逃,已有背去之心,则非先回之比,军人满杖发边远,职官绞。亲管头目故纵其违期先回在逃者,各与犯人同罪,至死减流,失于觉察者,照犯人罪,各减三等,罪止杖一百。"

【从(從)旧法主义】【刑】谓犯罪者于犯罪时业已享有受当时法律所定刑罚之权利,自应以犯罪时之法律处断。换言之,即新旧法之轻重,均非所问,概从旧法(行为时之法律)加以处断,以新法概不追溯既往行为也。英国及美国数州采之,但学者对此持反对之说者甚多。

【从(從)属犯】【刑】Dependent offence　为学理上共犯分类之一,对独立犯言,即从犯之谓,例如教唆犯,从犯是。

【从(從)属权】【通】Accessory right　附随于某种权利而存在之权利谓之从属权。例如抵押权乃债权之从属权,地役权乃土地所有权之从属权,盖因抵押权或地役权不能离开债权或土地所有权而单独存在,债权或土地所有权消灭时,则抵押权或地役权亦随之而消灭矣。与从权利之意义相同。

【从(從)权利】【通】Accessory rights　为私权分类之一种,与主权利相对称,又名附属权利,乃以他权利为其存在要件,因担保或扩张他权利之效力,而后成立之权利也。其特征有三:(1)无主权利即不得成立,亦不得存续。(2)随主权利而当然取得。(3)虽得随主权利而让渡,而不得单独让渡。从权利之例,如货权抵押权与保证利息之请求权皆是。

【惟明克允】【史】审判时须明察秋毫及以信实为要件,是曰惟明克允。书经舜典:"皋陶蛮夷猾夏,寇贼奸宄,汝作士,五刑有服,五服三就,五流有宅,五宅三居,惟明克允。"朱熹注:"又戒以必当致其明察,乃能使刑当罪,而人无不信服。"丘浚注:"惟明则情伪毕知,克允则轻重适当,非明不足以尽人情,不允不足以当人罪。帝舜告皋陶,而戒之以惟明克允,谓之惟者,此外别无他术,谓之克者,如此然后能信。"(大学衍义补卷一百)

【情(情)状证】【民刑诉】Circumstantial evidence　又名环境证,我国法律则称曰物证。(详该本条)

【情(情)势变迁条款】【国公】Clausula Rebus sicstantibus (拉丁); Clause at the particular condition of things　条约之履行如危及国家,或该条约系因某种情势而缔结,现在此种情势业已变迁,两缔约国间之相互关系亦已改易,是则该约已无复存在之理由矣,学者称此原则曰情势变迁条款。至于条约之解除取何种形式,单独废止乎,抑同意废止乎,学者对此问题,各有论据,然认情势变迁得为解约之原因,则大都一致,惟多数主张以双方同意之形式为合法耳。至国际上关于此种条款之实例甚多,例如一八七八年柏林条约,规定俄土交界沿黑海之 Batoum 为自由港,至一八八六年俄国乃根据本条约款为理由,而宣告改之为普通港是。又如一九〇五年法国亦以本条款为理由，废止以前与教皇所订之"和谐办法"是。虽然，与此相反之事例，亦为常见，故国际联盟盟约为解决此项争执起见，特于该约第十九条规定一折衷办法，即对于旧约之有此项争执者予以审查是也。

【舍(捨)弃】【民诉】(详舍弃判决条)

【舍(捨)弃上诉】【民刑诉】Abandonment of appeal　对于原审判决全部或一部并无不服之意思表示，谓之舍弃上诉，但必具备下列各项要件，方能于诉讼法上发生舍弃上诉之效力。(一)其舍弃须经明确之意思表示者，当事人对于原判决出于自由意思明晰表示遵断，或于判决送达后曾确具状表示全部或一部舍弃上诉权之意思，或履行判决之义务或行使其权利者是。(二)其舍弃须于第一审判决宣示后或送达后上诉期间以内为之，方可有效，至有无经他造同意，可不必问。(三)其舍弃须记明于笔录，若他造当事人不在场，应将该笔录之缮本送达。(四)其舍弃须由有诉讼能力且有舍弃权之人为之者，即须由本人或其法定代理人或受特别委任之诉讼代理人为之，至特别代理人则不得代为舍弃。凡舍弃上诉而具备上列要件时，立即丧失其上诉权，不得再行上诉，若再行上诉或翻异者，法院应以其为不合法而驳回之(民诉法第四百〇三条)。依刑诉第三百六十六条之规定，上诉人亦得舍弃其上诉权，其舍弃期间与民诉同，舍弃上诉权应向原法院为之。又第三百七十条及三百七十一条之规定被告一经舍弃上诉权，其法定代理人或配偶均不得提起上诉，在原则上舍弃上诉应以书状为之，但在审判时如用言词亦为有效。(刑诉法第三百七十二条第一项)

【舍(捨)弃判决】【民诉】Judgment of abandonment　即当事人于言词辩论舍弃其关于诉讼标的之主张时，法院本于舍弃为该当事人败诉之判决也。(民诉第三七六条)

【授物契约】【债】又名要物契约(详该本条)，或名实践契约，或践成契约。

【授权】【民总】Authorization　授与权限，谓之授权，授与之人，则曰授权人。

【授权人】【民总】(详授权条内)

【授权代理】【民总】又曰任意代理。(详该本条)

【授权行为】【民总】Act of authorization　即授与代理权之本人的意思表示也。换言之，即意定代理权之本人意思表示之谓也。其本质如何，学者间有三说：(1)委任契约说——谓代理权之发生乃本人之委任契约而来，故称代理人为委任代理人。(2)无名契约说——谓系本人与代理人间之一种无名契约。(3)单独行为说——谓系本人一方意思表示所授与，无待代理人之承诺即可发生也。我国民法第一六七条规定：代理权系以法律行为授与者，其授与应向代理人或向代理人对之为代理行为之第三人以意思表示为之，盖即采单独行为说之结果也。

【授权书】【民总】Written power of agency　代理权授与时所随付之书状，谓之授权书，代理权消灭或撤回时，代理人须将授权书交还于授权者，不得留置。(民法第一〇九条)

【排水权】【物】Right of drawing　为对土地所有权所加私法上限制之一，即相邻人之一造。(一)因地势高度自然流至邻地之水。(二)或因邻地由蓄水排水或引水所设工作物之溃塞。(三)或因邻地设置屋檐或其他工作物使雨水直注于其土地或建筑物时,均得享有排水之权之谓也。(民法第七七五条至第七七七条)

【排他性】【物】所谓排他性者,乃指富有排除他人干涉之性质而言也。例如在同一物上其内容不相容之物权(如所有权),不能同时存在,故数人在同一物上不得各自独立享有所有权是。

【采(採)生折割人】【史】采生谓采取生人之耳目脏腑之类。明时在两湖及广东广西之处,颇盛行之。折割谓采生后折解其肢体也。此为妖术者之所为,罪情重大,故处以最重刑之凌迟。明律(卷二十九)、清律(卷二十五)刑律人命篇——采生折割人之条:"凡采生折割人者,凌迟处死。"清律之下注曰:"采生折割人,是一事,谓取生人耳目脏腑之类,而折割其肢体也。"

【采(採)金局】【行】采金局为北京政府时代在黑龙江、吉林两省内所设之机关,直隶于农商部。所掌事务如下:(1)关于金矿业之提倡奖励及监督事项。(2)关于金矿开采之特许及撤销事项。(3)关于金矿测勘事项。(4)关于金矿调查事项。(5)关于金矿化验事项。(6)关于金矿收入征解事项。(7)关于金矿用地事项。(8)关于金矿警备事项。(9)关于金矿诉愿及诉讼事项。(10)关于官营金矿及其他一切事项。每局置局长一人,由农商总长呈请简任,副局长一人,则由农商总长荐任,下设各股处理各项事务,其分股之多寡,均视事务之繁简而定,但至多不得逾三股。股设股长股员,办理各股事务。局中又置技师二人,技术员三人至五人,办理技术事务。(采金局暂行章程第一—八条)

【采(採)捕业】【行】采取水中植物与捕取水中动物,称曰采捕业。(参渔业法条内)

【采(採)访使】【史】唐玄宗初设十道采访处,每处置采访使,旋命诸道采访使考课官人之成绩,三年一奏。乾元(肃宗年号)中改为观察处,置观察使。

【采(採)访处置使】【史】(详观察使条内)

【采(採)买】【史】即采选之义,对于民间应交之漕米,不予直接征收而令折价交款,由官另行采购者,为采买。六部成语注解:"采选也,应交之漕米或折价征收,由官采买解送。"

【采(採)铜】【史】谓开采铜铅矿也,任民自由采取为原则,官仅征收其税十分之二。清之现行则例(即刑部现行则例)受赃篇设有采铜之条:"凡咨行各省督抚将产铜铅之处令道官总理,府佐官分营,州县官专责,任民采取,所得铜铅税,其二分造册季报,所剩八分任民照时价发卖,有坟墓之处,不许采取。如有不得铜铅有不便采取之处,该督抚题明停其采取,道府佐贰官员所得税铜铅十万斤,准纪录一次,二十万斤,准纪录二次,三十万斤准纪录三次,四十万斤准加一级。州县官五万斤,准纪录一次,十万斤准纪录二次,十五万斤准纪录三次,二十万斤准加一级,所得多者照数议叙。若上司诛求逼勒者或被科道指参,或被傍人出首,或本身至部院衙门控告,审实者交与该部从重议处。其各州县人地主报名在本州县之山采取,倘地主无力采取,州县无匠役,许雇募邻近州县匠役,该州县自行稽查。如有别州县之人越境采取,并衙役任意搅扰令人裹足者,为首者立斩,为从者俱拟绞监候,秋后处决。其开炉之处,俟各处采铜所得若干报到之日,应听户部议覆。"

【采(採)矿呈请人】【行】Applicant for operating mines 与探矿呈请人相对立。(详矿业呈请人条内)

【采(採)矿呈请地】【行】Land for which the rights of operating mines have been petitioned for 为矿业呈请地(详该本条)之一种,对探矿呈请地言。

【采(採)矿权】【行】Right of operating mines 为矿业权之一种,与探矿权相对立。对于矿物加以采掘之行为,曰采矿,其采矿之权,则谓之采矿权。(参矿业权条及矿业法条)

【挂(掛)冠】【史】自动的辞去官职,谓挂冠,即致仕之义。此语乃出于前汉末逢萠之故事。后汉书—逢萠传:"萠谓友人曰,三纲绝矣,不去祸将及。即解冠挂东都城门,将家属浮海,客于辽东。"唐类函(卷六十三)—挂冠之注:"后汉逢萠,字庆,见王莽杀子宇曰,三纲绝矣,不去祸及。乃解冠,挂东都门而归。"

【挂(掛)绶】【史】谓将官印之绶挂于官署内也,其意义与挂冠同,即自动的将其官职辞去之谓。元稹之诗曰:"陶君三十七,挂绶出都门。"

【挂(掛)卖】【债】Credit sale 为日本名辞,即我国所称之内赊买卖也。

【探花】【史】旧时科举在殿试及第者之中以优等者三人拔为一甲,其第一等者为状元,第二等者为榜眼,第三等者则为探花,皆当时之学位。按状元始于唐武则天之时,榜眼始自宋时,而探花则始自元朝(或曰始于南宋)。惟探花之故事,唐时已有之,即唐时之进士于杏园会宴,谓之探花宴,即以及第者中选其最少俊者二人为探花使,遍游名园,折取名花,若他人先行折得者,则二人应受罚。摭言:"唐进士杏园初会,谓之探花宴,以少俊二人为探花使,遍游名园,若他人先折得花,二人皆受罚。"(秦中记亦略有相同之记载)

【探马赤军】【史】由奴隶贱民所编成之名役之名。元典章兵部第一篇——探马赤军和雇和买之条,即关于此种贱民之规定。

【探矿】【行】(详探矿权条内)

【探矿呈请人】【行】Applicant for prospecting mines 与采矿呈请人相对称。(详矿业呈请人条内)

【探矿呈请地】【行】Land for which the rights of prospecting mines have been applied for 为矿业呈请地(详该本条)之一种,与采矿呈请地相对立。

【探矿权】【行】Right of prospecting minges 为矿业权之一种,对采矿权言。所谓探矿,即以探知矿物为目的之测量查勘,及探掘行为,此种权利,曰探矿权。(参矿业权条及矿业法条)日本称曰试掘权。

【接生婆】【行】Midwife 凡中华民国女子非医学校或助产学校毕业以接生为业务者,统称曰接生婆,又名曰产婆。须年在三十岁以上六十岁以下,耳目肢体及精神状态均健全并无传染病者，且须向营业地该管官署依法请领接生婆执照，始得开始营业。地方官署应设临时助产讲习所，令核准注册之接生婆分班入所训练，教以接生上必要之知识，期满（两个月）成绩优良者核给证明书，毫无成绩者撤销其营业执照。营业时应备接生簿记载一切，且应保存五年，于每月十日前并应将前月份接生人数列表向该管地方官署报告。平时对于妊妇、产妇、褥妇，或胎儿生儿，不得施行外科产科手术，但施行消毒及剪脐带之类，不在此限。如于业务上有不正当之行为及重大过失，除依法受刑事处分外，由该管地方官署予以撤销执照或停止营业之处分，凡受撤销执照或停止营业之处分，或未领执照而仍执行接生业务者，应处以二十元以下之罚金。（管理接生婆规则第一一七条第十一十五条）

【接伴使】【史】接待外国使臣之官，曰接伴使，乃临时所遣派者。宋史一李继承传："景德二年辽人请和，欲近臣充使，乃令继承与其使姚东之偕诣辽部，俄与韩杞同至行在，及辽人聘至，又命至境首接伴。"

【接受盗赃】【史】凡收受接买强盗所盗取之赃物者，均为清律及例所禁止。其规定如下：（一）知人强盗而分所盗赃者，百两以下，处徒刑三年，百两以上准窃盗为从递加一等，一百二十两以上近边充军。（二）知情接买盗赃不论赃数多寡，一次徒三年，二次发近边充军，三次以上发新疆为奴（新例改发驻防）。（三）知而寄藏代为销赃者，一次徒二年，二次徒二年半，三次以上徒三年。（四）诸人典当收买盗贼赃物，不知情者勿论，止追原赃，其价于犯人名下追征给主。（五）当铺措匿赃物，照克留盗赃律杖八十，并追还当本。（六）凡在隔属起赃，而该管官袒护当商不即查出移解者，降三级调用。（七）盗贼供出卖赃之处，亲党胥捕藉端吓诈者，计赃加窃盗一等。

【接送高丽敕令格式】【史】为宋法典之名之一，于徽宗宣和年间（约在西历一一一九年至一一二五年之间）所编，撰者何人，无可查考，计一部（卷亡），事见宋史艺文志刑法类。

【接脚夫】【史】所谓接脚夫，乃指入赘于寡妇之人而言，又曰接脚婿，至于继妻（继娶之妻）则称曰接脚夫人。

【接缉】【史】接缉者，谓接前任官之盗案，而负续缉责任也。接续之官曰接缉官。清例有下列规定：（一）道路村庄被劫之案件，接缉官初参限内到任，限一年缉拿，限满不获罚俸一年，再限一年缉拿。初参限外到任限一年缉拿，限满不获罚俸一年。（二）城内民居或官署被劫之案件，接缉官无论初参限内限外到任，限一年缉拿，限满不获，罚俸一年，再限一年缉拿，二限不获，罚俸二年。至接缉官未满二参离任，再接任之员限一年缉拿，限满不获罚俸一年。（三）限内如能获盗虽不及半，免其议处。（四）盗案内如行劫仓库监狱干系城池衙门以及惨杀事主，奸污妇女，放火烧人房屋情罪重大者，盗首未获将接缉之员照承缉盗首例按限参处。（五）地方一夜连劫之案接缉官分别城内城外按接缉本例分案议处。

【接战地域】【行】（详戒严条例条内）

【接续犯】【刑】即犯罪人就同一犯罪构成事实无间断而反复为之者之谓，例如犯人于同时同地先窃金钱，次窃首包饰，次窃杂物，再次窃食物是。因其间各行为接续不可分离，有密接关系，故法律仅认为一罪，而加以处置，接续犯与永续犯颇相类似，但有区别。

【控告】【民刑诉】Appeal 为上控之别称(详上控条内)，或名曰控诉。

【控诉】【民刑诉】Appeal 又称曰上控(详该本条)，或名曰控告。

【控诉院】【组】Court of Appeal 为日本名辞，与我国所称之高等法院地位相当。

【掠立】【史】对于无辜之人掠笞，使其服罪而决定其罪名，是为掠立。汉隽(卷二)注曰："谷永传，多系无辜，掠立迫恐。师古曰，掠笞服之，立其罪名。"

【推己以议物】【史】谓法官审理案件时推己之心以酌议他人之犯罪也。(参探情条内)

【推丞】【史】宋代之大理寺分左寺右寺，左寺专掌法制之适用，右寺则掌推问理狱之事，推丞乃右寺之主任，在卿与小卿监督之下执掌事务。

【推收】【史】施行一定顺序而取得其所有权者谓之推收。元典章(卷十九)户部篇卖典章——买卖田宅告官推收条："今后典卖田宅，先行经官给据，然后立契，依例投税，随时推收。"

【推究所因】【史】犯罪事件必有其起因，如推论而研究其原因，以为判定罪状之根据者，谓之推究所因。学海堂丛书五—读律提纲："律必推究所因者，所因推事言，谓所犯因此事而致也，如威迫人致死条特重因奸因盗之罪是也。"

【推事】【组】Judges 推事者，谓审理民刑事及非讼事件之司法官吏也，又称审判官。其资格限定极严(检察官亦同)，非有下列资格之一者不得任用：(一)经司法官考试及格，并实习期满者。(二)曾在公立或经立案之大学、独立学院、专门学校，教授主要法律科目二年以上，经审查合格者。(三)曾任推事或检察官一年以上，经审查合格者。(四)执行律师职务三年以上，经审查合格者。(五)曾在教育部认可之国内外大学、独立学院、专门学校毕业，而有法学上之专门著作经审查合格并实习期满者。地方法院及分院推事均为荐任职，高等法院推事一人简任余荐任，分院推事均荐任，最高法院推事则为简任职。推事一经任用为实任推事，非有法定原因，并依法定程序，不得将其停职、免职、转调或减俸(检察官除转调外余亦同)。又推事(检察官亦同)在职中不得兼任其它有俸给之公职(但法律别有规定者不在此限)，即兼营商业或其他公务员不应为之业务，亦在禁止之列。如在职合十五年以因积劳不能服务而辞职者，且有获得退养金之权利。按推事之分类约有下列数种：(一)学习推事候补推事与实任推事。(二)首席推事与陪席推事。(三)受命推事与受托推事。(四)独任推事与合议推事。(详各本条，法院组织法第三十三—四十三条)

【推事回避】【民刑诉】Withdrawal of judge (详回避条内)

【推刻之吏】【史】推刻之吏者，谓惨酷之法官也。大学衍义补(卷百十三)："武后时,侍御史周矩上疏曰,推刻之吏,以深刻为功。”

【推官】【史】为法官之称,唐置之以为节度观察两使之僚属,其后诸州皆置之,一名曰军事推官,其次官为衙推,宋沿其制,元明于各府置推官一人,专理一府之刑事审判,俗谓之刑厅,清初因之,旋废。

【推官不得差占】【史】推官为理狱之官吏,职有专司,其它衙门亦各有职守,均不许互相侵犯权限。大明令刑令篇——设有推官不得差占之条:“凡各府推官,职专理狱,通署刑名文字,不预余事,凡有解到罪囚,必先推详实情然后圆审,各衙门不许差占。”

【推定】【民诉】Presumption　根据某种事实之存在与否,而断定其它项事实之存在与不存在之结论者,曰推定。可分为二:(一)法律上之推定。(二)事实上之推定。(详各本条)

【推定自认】【民刑诉】(参自认条内)

【推定家长】【亲】为家长之一种,与当然家长代理家长相对立,即由亲属团体中推定之家长。至其是否为最尊辈分,并非重要,以其专司统率与管理家务之责,故采人才主义。(民法第一一二四条)

【推定商行为】【通】Presumed commercial transaction　与纯然商行为相对称。(详纯然商行为条内)

【推故不受理】【史】谓推托其它事故而不受理其诉状也。明律(卷二十二)、清律(卷十八)刑律诉讼篇——告状不受理条:“若词讼元告被论,在两处递州县者,听元告就被论官司告理归结,推故不受理者,亦如之。”

【推恩】【史】清制,皇太后皇后之父族之受爵位之封赐谓之推恩,即推君恩于众之义也。嘉庆会典:“三曰推恩,以逮外戚。”其附例曰:“外戚推恩,皇太后皇后之父,为三等承恩公,其不系嫡后者,封为一等承恩公,已故者皆追赠,俱世袭罔替。”

【推勘院】【史】推勘者谓推问罪情而取其事实也,后世每称掌临时审判事宜之官署为推勘院。

【推排法】【史】为宋景定五年所行关于整理田赋之法,其法以县统都,以都统保,选任才略公平者负整理之任,使农民有一定之财产,而财产亦有一定税率,并将其税额记入于一定之户籍,俾有所稽,是曰推排法。

【推调】【史】双方互避责任谓之推调。

【掩摄】【史】即乘犯罪人之不意而逮捕之之谓。唐律(卷六)名例篇——同居为隐条之疏议:“假有铸钱及盗之类,事须掩摄追收。”

【掏摸】【史】乘人不注意而取其物曰掏,以手探取其物曰摸,所谓掏摸乃指穿窬之盗而言。清律(卷二十三)刑律篇——窃盗之附注:“择便曰掏,以手取物曰摸,如今白撞剪绺。”

【捶扑】【史】为杖刑之一种,与捶楚(详该本条)相同。

【捶楚】【史】以杖诘责拷打刑事被告人,称曰捶楚。汉书—路温舒传:“捶楚之下，何求而不得，故囚不胜痛，则饬辞以视之。"

【掘前代坟墓】【史】谓发掘前代帝王等之陵坟墓冢也。清之现行则例（即刑部现行则例）贼盗篇设有掘前代坟墓条："发掘前代王坟冢已开棺椁见尸，为首者拟斩立决，为从者，俱拟绞立决。发掘坟冢见棺，为首者拟绞立决，为从者俱拟绞监候，秋后处决。发掘坟冢未至棺椁，为首者拟绞监候，秋后处决，为从者佥妻俱发边卫，永远充军，到配所各责四十板。如有发掘历代帝王名臣先贤坟墓，俱照此例治罪，所掘金银，交与该抚令地方官修葺坟冢，其玉带珠宝等物仍放在坟内。"

【掘家长坟墓】【史】谓奴婢及雇工人等发掘其家长之坟冢也。清之现行则例（即刑部现行则例）贼盗篇设有奴仆掘家长坟墓之条："凡奴婢雇工人发掘家长坟墓，见棺椁，为首者拟绞立决，为从者拟绞监候，秋后处决。发掘坟冢开棺见尸，为首者拟斩立决，为从者拟斩监候，秋后处决。毁伤散撒死尸者，不分首从俱拟斩立决。"

【捷克国宪法】【宪】Constitution of Czecho-Slavakia　捷克国原称为捷克斯拉夫克亚，以其为捷克（Czecks）及斯拉夫克（Slaavaks）二主要民族所联合而成者也。位于欧洲之中部，为内地不通海洋国，东北与波兰为界，西北与德意志为邻，南面为匈牙利与奥大利，东南则为罗马利业，全国面积约五万五千方里，东西较长而南北则甚狭小，人口共一千四百万，捷克族占七百万，斯拉夫克族占三百万（均斯拉夫族之西支），日耳曼族人占二百五十万，余为波兰人、马加人及犹太人，捷克人居西及北及西南各部，以波希维亚（Bohemia）为中心。按波希维亚于十世纪以前，在历史上本为一著名之一国，其后受日耳曼人之侵略，全国土地农田均为日耳曼僧侣所吸收，十五世纪初 John Huss 之藉宗教革命而要求土地归还农民，曾震动全欧，虽经数十年之战争，而卒为旧教各国之联合进攻所败，是曰白山（White Mountain）之役，时一六二〇年也，国土遂为奥大利所并吞，而后遂为奥匈帝国之一部，虽屡次谋图独立均先后失败。欧洲大战之际，捷克及斯拉夫克人因不愿与同种之俄塞等国战，相率逃亡国外，甚且有逃入敌军倒戈相向者，为数达四五十万人，一九一八年十一月欧战告终，捷克斯拉夫克亚正式与奥匈脱离，自行建立共和国，因其西部为昔时奥国工业文化最发达之区，而东部又为旧时匈牙利农业最肥沃之区，故自建国之后，经济力量绰有余裕，而人民之建设能力尤充满活泼气象，政治制度，社会经济，皆井然有序，实为新兴国中之最有生气者。其现行宪法系一九二〇年二月二十九日所公布者，计分为六章，共一百三十四条，第一章总则，第二章立法权国会及两院之组织及权限，第三章统治权及行政权，第四章司法权，第五章国民之权利自由及义务，第六章少数民族宗教及种族之保护。此外尚有宪法施行法规十条，并另有捷克共和国内语言文字权利之原则九条，参议院之组织及其司法权之特种法律三节（第一节又分为十六条）。兹将宪法之要点举述于下：（一）捷克共和国一切国权皆出自国民，其领土为完整统一，其疆界非用宪法法规不得变更（南加巴欧俄自治区亦为共和国领土之一部分，得自设议会，且由议会中选出议长与官吏，并得由人民中选出众议及参议员若干人出席捷克国之国会，其自治区之省长经政府之推荐由捷克共和国大总统任命之）。（二）捷克共和国国民之国籍为单一的，其取得与丧失均依法律之规定。(三)全国之立法权由国会之众议院与参议院行使之。众议院议员定额为三百人，以比例代表制为原则，用普通平等直接无记名投票方法选出之。凡捷克国民年满二十一岁(不论男女)而合于选举法之规定者均有选举权，其年满三十岁而合于选举法之规定者不论男女均享有被选举权，议员任期六年。参议员定额为一百五十人，亦以比例代表制为根据用普通平等直接无记名投票方法选出之。凡捷克国民年满二十六岁(不论男女)而合于参议院之组织、权利及权限之法律之规定者，均有选举权，其年满四十五岁而合于参议院之组织、权利及权限之法律之规定者，不论男女均有被选之权，任期为八年。无论何人不得同时为两院议员，而两院议员亦不论何时均得辞职。议员应亲自执行职务，不得受任何人之委托，亦不得因行使职权而受控诉，在议院所发表之意见，只受议院惩戒法之制裁。又在原则上非经其所属议院之同意不得受民事或刑事之控诉。国会之召集由大总统行之，其常会于春秋二季集议(三月及十月)临时会议不在此限，国会之闭会亦由大总统宣告之，至解散之权亦由大总统行使之，惟大总统在其任满前六个月中不得为之。除法律另有规定外每院至少必须有议员三分之二出席者始得议决，其决议须经出席议员过半数之通过始为有效(宣战或修正本宪法之决议则须得每院议员五分之三以上之同意)。(四)各院应自行选举议长及其他职员，会议时以公开为原则，政府及两院均得提出法案(惟预算及军事法案仍须先送达众议院)。参议院对于众议院所通过之议案于六星期内议决之，预算案及军事法案则在一个月内议决之，众议院对于参议院提出之法案则应于三个月内议决之，若越逾上述期限不为决议者，应视为既已同意。众议院所通过之法案虽经参议院否决，如众议院再有全体议员之过半数投票维持原案。该法案得成为法律，但参议院以其全体议员之过半数否决众议院所通过之草案时，众议院必以其全体议员五分之三多数重行取决，该案始得成为法律。参议院之提案应提出众议院，如经众议院否决，复经参议院以其全体议员之过半数维持其决议者，得再提出于众议院，如再经众议院以其全体议员之过半数否决时，该提案即不能成为法律，凡经一院否决之提案，在一年以内不得再提送他院。政府所提出之法案为国会否决时，政府得将法案付国民复决，但必须先得政府内部全体意见之一致始得为之。(五)议决案经国会通过后应咨交共和国大总统，该大总统如同意即应公布，否则得于法案送达后一个月以内，附加意见退还国会，退还法案复经两院点名出席议员之过半数投票表决者，该法案即应公布为法律。又虽无两院过半数之决议，惟复经众议院点名出席议员之五分之三多数投票通过者，亦应公布为法律。各种法律应由国务员一人负责执行，共和国大总统国务总理及负责执行法律之国务员均应署名于法律。大总统有病或因故不能执行职务而无副总统时，由国务总理代为署名。(六)在各院解散后至重行召集或本届任满至下届开会或在休会期内，应组织一委员会，委员二十四人，众义院应选出委员十六人(候补委员十六人)，参议院应选出委员八人(候补委员八人)，任期均为一年，委员会选出后应即在众议院所选之委员中，选举委员长一人，第二副委员长一人，并在参议院所选之委员中选举第一副委员长一人。该委员会在任期内应处理会期内以法案规定之紧急政务，并应监督政府及行政权。此外除总统之选举，宪法之修正，行政官员权限之变更，国民纳税义务之增加，国民军事责任之增加或国家财产之处理，以及宣战之同意等外，该委员会对于国会有立法权及行政权之事项皆有权处理之。至由其所颁布之法规应于两院开会后二个月以内向国会提出经其追认，否则丧失效力。（七）两院得联合开国会联席会议，由国务总理召集，以众议院议长为主席，参议院议长为副主席，其任务为选举大总统副总统及接受大总统之宣誓。（八）大总统为行政元首，由国会联席大会选举之，须有全体议员半数之出席及出席议员五分之三多数投票即为有效。凡捷克国民具有众议院议员之资格而年龄达三十五岁者，均有被选之权，任期七年，不得连任至二次以上，其连任二次者自其最后任满期后，非经过七年不得再受当选（本条不适用于第一任大总统）。大总统在任期内死亡或辞职时，即须依法重新选举大总统（以七年为任期），大总统因事故或疾病不能执行职务时，由政府摄行其职务，其不能执行职务至六个月以上且经国务会议出席国务员四分之三决定，则应即依法选举副总统以代行大总统职，直至大总统能亲自执行职务时为止。大总统之权限为代表国家依法缔结及批准国际条约，接受及任命外交代表，依法宣战及媾和，召集停止解散国会及宣告两院之闭会，批准或拒绝法律案，任免国务员、一切大学教授、法官及第六级以上之文武官吏，依法行使大赦、特赦、减刑及复权等权力，并为全国军队之大元帅。（九）大总统副总统仅能以叛逆罪罪名，由众议院加以弹劾而受参议院之审判，为行使统治权及行政权而发之命令，须经政府负责人员之副署，方能发生效力。（十）国务总理及国务员由大总统任免之，并应于国务员中选定副国务总理一人。内阁应对众议院负责，众议院得以过半数之出席记名投票过半数之表决，决议不信任案，内阁亦得提出信任案于众议院，众议院对于内阁表示不信，或否决内阁所提出之信任案时，内阁即须向大总统提出辞呈。国务总理或国务员在行使职务时，如故意或因过失违背宪法或法律，应负法律上之责任，得由众议院弹劾之，由参议院审判之。国务员及国务总理等应召集国务会议，议决法定政务（第八十一条之列举事项），而大总统亦得出席并为会议主席。（十一）内阁各部之职权，以及所属下级行政机关之组织概以法律定之。至地方自治团体之组织及权限则以特别法律定之，国家官吏之执行职务应遵守宪法及其他法律，即行政机关之事务人员亦同。（十二）司法权由国家之法院行使之，法院之组织及其管辖范围与诉讼程序以法律定之。民事案件由普通民事法院、特种民事法院或仲裁法院管辖之。刑事案件除依特别法之规定应属于军事法院或依据警察或财政诉讼案例所处理者外，概由刑事法院管辖之。人民不受法定法院以外之审讯，各级法院之司法权均与行政权分离。法官独立执行职务，其任命资格及服务规则以法律定之，法官以专任及为终身职为原则。法院之审判依法采用陪审制，法庭之辩论以公开为原则，其判决以共和国名义行之。又法官有解决法律问题之权，对于政府命令，得审查其是否合法，对于法律，则仅能审查其是否依法公布。（十三）捷克人民无性别出生及职业之不平等，国内一切住民在领域内，不论出身、国籍、言语、种族及宗教在原则上概与共和国国民一律待遇，享有生命及自由之完全绝对保护。国民之身体、财产、住居、迁移，依法享有自由之权，出版及集会、结社、请愿、通信、教育、信仰及言论等自由概受保障，婚姻、家庭及母性应受法律特别保护，而健康之国民均有服务兵役及为国防而应征之义务。(十四)关于少数民族宗教及种族之保护之规定(第一二八条至一三四条)。以上为捷克共和国宪法本文之要点,此外尚有三种补充法律,亦为宪法之一部。(一)为宪法施行法规,内为关于实施宪法之规定,计十条,其最要者为设立一宪法法院以裁决一切法律之是否与宪法发生触牴。以法官七人组织之,其中二人由最高行政法院任命,二人由最高法院任命,其他二人及院长一人则由共和国大总统任命之,其任命、任期及审判程序与权限概依特别法律之所定。(二)为规定捷克共和国内语言文字权利之原则之法律共九条,即以捷克语言文字为共和国之国家正式语言文字,并规定其用途。又对于语言上之少数民族亦设有一定之规定。此外对于在斯拉夫克本境内之用语,与南加巴欧俄自治区之用语,均设有例外之规定。(三)为关于参议院之组织及其司法权之规定,分为三节(第一节共十六条),并定本法由内政部长执行之,其施行日期与宪法施行法规同。上述三法均为一九二〇年二月二十九日与宪法同时所公布。

【叙(敘)】【行】授与官职曰叙。又叙亦有作次第之义用者,即对有功者论其等级次第而加以奖励者亦称曰叙,即叙位之谓。

【叙(敘)招】【史】谓被告陈述之口供也,即审判笔录之义。(福惠全书卷十二)

【教令】【行】Mandates of president 国家元首依法颁布法律之命令,谓之教令,例如我国以前大总统颁布法律时之教令是。国民政府成立后,并无所谓教令之名称。

【教令人告事虚】【史】教唆他人向官司告事时,虚者应反坐,实者应受赏。唐律(卷二十四)斗讼篇有教令人告事虚条之设:"诸教令人,告事虚应反坐,得实应赏者,皆以告者为首,教令为从。"疏议曰:"教令人告事,虚应反坐,谓诬告人者,各反坐。得实应赏,谓告亷禁物度关,及博戏盗贼之类,令有赏文,或告反逆,临时有加赏者,皆以告者为首,教令者为从。"本条又曰:"即教令人,告缌麻以上亲及部曲奴婢告主者,各减告者罪一等,被教者论如律。若教人告子孙者,各减所告罪一等(虽诬亦同)。"

【教民榜】【史】为明法典之一,亦云教民榜文,明洪武三十一年三月,郁新等奉旨颁行,凡一卷。

【教育行政】【行】Educational administration 所谓教育行政,乃指国家以发展人民之智德体群四育为目的之一切行政措施而言。其最重要之部分,厥为义务教育,即以国家权力强迫儿童受相当教育,而予以种种之优良待遇与便利也。

【教育局】【行】Bureau of Education 为市政府或县政府所设机关之一。在市政府者,限于必要时始设立之,掌理全市教育及其他文化事项,否则由社会局兼理之(参市组织法条内)。至于县教育局乃掌理学校、图书馆、博物馆、公共体育场、公园等事项,及其他文化社会事业。(参县组织法条内)

【教育法人】【行】Juridical person of education 凡社团或财团之以教育为目的而依照民法关于法人之规定而设立者,称曰教育法人,如教育会及教育基金保管委员会,均为其适例。

【教育保险】【险】Education insurance 为保险之一。谓以儿童达入学年龄时，由保险人给付一定保险金额之保险也，此种保险金额即为学费之需用。

【教育基金】【行】Educational fund 所谓教育基金，乃指国家为普及教育所提存以为永久使用之特别金额或资产而言，无论何人均不得动用。

【教育部组织法】【行】Law Governing the Organization of the Department of Education 本法于民国十八年十一月公布。教育部直隶于行政院，其先为大学院，今改为教育部，管理全国学术及教育行政事务，对于各地方最高级行政长官执行本部主管事务有指示监督之职。置部长一人(特任职)，政务次长常任次长各一人(简任)，秘书四人至六人(二人简任余荐任)，参事二人至四人(简任)，又设下列五司一处：(一)总务司。(二)高等教育司。(三)普通教育司。(四)社会教育司。(五)蒙藏教育司。(六)编审处(各司长处长均简任官)。科长若干人(荐任)，科员若干人(委任)。又置大学委员会，其组织条例另定之，如因必要时，得另置其他各委员会。

【教育会】【行】Educational Society 凡遵照中华民国教育宗旨，及其实施方针，以研究教育事业，发展地方教育为目的，而组织之社团法人，谓之教育会。分区教育会、县市教育会、省教育会或行政院直辖市市教育会。

【教育会法】【行】Law Governing Educational Associations 民国十七年二月二十一日曾由大学院公布一教育会条例，而本法则于民国二十年一月二十七日由国民政府公布，共七章，计三十八条，其要点如下：(一)教育会为法人。(二)教育会遵照中华民国教育宗旨及其实施方计，以研究教育事业发展地方教育为目的。(三)教育会分区教育会、县市教育会、省教育会或行政院直辖市市教育会。(四)教育会会员除在校学生不得为会员外，以在本区域内之中华民国人民年满二十岁，具有下列资格者为限：(甲)现任公立或已立案之学校教职员，或社会教育机关职员(会计庶务事务员书记不在内)。(乙)现任教育行政人员。(丙)曾在公立或已立案之高中以上学校或与高中有同等资格之学校毕业者。(丁)公立或已立案之旧制中学，或与旧制中学同等之学校毕业曾在教育界服务一年以上者。(戊)对于教育确有研究并有关于教育著作者。上级教育会以其直接下级教育会为会员。(五)以会员大会为最高机关，分定期与临时两种。(六)教育会之监督机关如下：(甲)省教育会为省政府教育厅。(乙)行政院直辖市市教育会及其区教育会为市政府教育局。(丙)县教育会及其区教育会为县政府。(丁)市教育会及其区教育会为市政府。

【教育会会议】【行】Meeting of Educational Society 即由教育会会员所开之全体大会，分定期会议与临时会议二种，由干事会理事会召集之。(教育会法第二十八条)

【教育会经费】【行】Financial support of educational association; Fund of educational association 教育会之收入费，为教育会经费，以下列各种充之：(一)会员入会费，及常年费。(二)地方政府补助费。(三)特别捐。(四)资金之孳息。(教

育会法第三十一条)

【教育调查会】【行】教育调查会为北京政府所置之机关，隶属于教育总长，以调查审议教育上之重要事项为目的。置会长副会长各一人，会员最多六十人，惟遇有特别调查事项，仍得增设临时会员。会员均由教育总长就具有下列资格之一者，延聘或指派之：(1)曾任或现任高级教育行政职务，而具有教育上之经验者。(2)有专门学识，并于教育夙有研究者(临时会员则由教育总长酌派)。会员分常任兼任二种，常任者应驻会办事。至副会长亦应常川驻会办事，襄助会长督促会务之进行。(教育调查会规程第一条第四—五条、第十一十一条)

【教育厅】【行】Provincial Department of Education 为省政府机关之一，所掌事务如下：(1)关于各级学校事项。(2)关于社会教育事项。(3)关于教育及学术团体事项。(4)关于图书馆博物馆公共体育场等事项。(5)其他教育行政事项。(参省政府组织法条内)

【教皇使节】【国公】Papal legates or Nuncios 为外交官之第一级，与大使之地位相等，乃罗马教皇所派驻于各国之外交代表也。学者间有否认其为外交官者，但按诸习惯，教皇使节所享之权利与外交官无异，故称之为外交官，亦无不可。

【教唆他人自杀罪】【刑】Offences of instigating others to commit suicide 为加功于他人自杀罪之一。即他人本无自杀之意，由教唆者之教唆行为始下自杀决心之谓，以实施教唆行为为必要，故被教唆者虽未实行自杀，教唆者仍成立本罪，因本罪为独立罪之一种，与刑法总则中所谓教唆罪之观念不同也。又被教唆者不听教唆时，仍成立本罪之未遂犯，本罪之处分为一年以上七年以下有期徒刑，未遂罪罚之。至谋为同死而犯本罪者，得免除其刑。(刑法第二九〇条)

【教唆他人自伤罪】【刑】为加功于他人自伤罪之一。即他人原无自伤之意，由教唆者之教唆行为始下自伤决心之谓，但须有教唆行为为必要，且须有自伤之实施行为，而其结果又系重伤者，方成立罪名，其处罚为五年以下有期徒刑，至因而致死者，则处一年以上七年以下有期徒刑。(刑法第二九九条)

【教唆犯】【刑】Instigator 又称无形的正犯，凡教唆责任能力者使为犯罪决心因而实施犯罪者，曰教唆犯，学者又称曰造意犯，被人教唆者曰被教唆者。教唆犯之成立要件有五：(一)必须被教唆者因之生犯罪实行之决意。(二)必须有教唆他人生犯罪实行决意之意思(即故意)。(三)被教唆者必须实行并须有犯罪之结果。(四)被教唆者之犯罪必须不超出所教唆之范围以外。(五)被教唆者必须为有责任能力者，否则成为间接正犯矣。此外教唆罪之成立，必须法律上未有特别规定者，例如煽惑罪是。关于教唆犯之处分学说有二：(1)以教唆本人论罪。(2)以被教唆者论罪。我刑法第四十三条规定教唆犯处以正犯之刑，是采第二说也。依此解说，则被教唆者为未遂犯时，教唆亦应以未遂犯论。又凡因身分成立之罪，其教唆者虽无身分，仍以共犯论。若因身分致刑有重轻者，则无身分者仍科通常之刑(刑法四十五条，参共犯条)。被教唆者所犯轻于所教唆之事实时，只对被教唆者之罪负责，若所犯重于所教唆之事实时，则依所教唆者论罪。

【教唆者】【刑】Instigator 又曰造意者,即教导唆使他人犯罪之人也。

【教唆从犯】【刑】Instigator of an accessory offender 即对于帮助他人为犯罪行为之实施者,予以帮助之谓。例如甲欲杀乙,苦无枪刀,丙教唆无犯意之丁借枪与甲,致乙被击死,丁为从犯,丙为教唆从犯。我刑法第四十四条第二项规定教唆从犯者以从犯论。

【教唆教唆犯】【刑】Instigator of an instigator 教唆他人使之教唆人时为教唆教唆犯,亦为教唆犯,仍以正犯论罪。暂行新刑律称之曰教唆造意犯,以准造意犯论。至其范围如何,计有二说:(1)限制说——如甲教唆乙,乙又教唆丙,丙更教唆丁,至丁而为实行时,则教唆者之教唆者只限于乙,与甲无关。(2)无限说——如前之例,甲亦为教唆教唆犯,二者以后说为当。

【教授】【行】Professor (详大学教员条内)

【教诲】【行】Moralization 教导及训诲,谓之教诲。(参监狱教诲师条内)

【教诲师】【行】(详监狱教诲师条内)

【教学自由】【宪】Liberté de L'Enseignement(法) 谓教授自由与学习自由也,法国宪法对此设有保护之明文。

【救助】【海】Rescue 在海难程度较轻时,其船舶或货物尚在海员占有状态之中而由第三人加以救济者,曰救助。乃海难救助之一种,对捞救而言。(参海难救助条内)

【救灾准备金法】【行】Law relating to the reserved money for perils 本法于民国十九年十月十八日公布,共十一条,兹述其要点如下:(一)救灾准备金分为二种:(1)中央救灾准备金——由国府每年于经常预算收入总额内支出百分之一,但积存满千万圆后得停止之。(2)省救灾准备金——由省政府每年于经常预算收入总额内支出百分之二充之,惟以人口为比例,于每百万人口积存达二十万元后得停止之。(二)救灾准备金应设保管委员会,在中央由国府派定委员七人组织之,以内政部长财政部长为当然委员。在省由省府呈请行政院派定委员五人组织之,以民财二厅长为当然委员。(三)救灾准备金由保管委员负责保管,不得移作别用。(四)工赈或与救灾有关之移民得由救灾准备金内酌予补助。(五)救灾时先以准备金之孳息支付,不敷时得动用救灾准备金,但不得超过现存额二分之一。(六)救灾准备金应妥存国家银行或殷实之银行,按期计息,此项存款且有优先受清偿之权。

【救济院】【行】以教养无自救力之老幼残废人,并保护贫民健康救济贫民生计为目的所设立之机关,曰救济院,应依救济院条例在各省区之省会及各市县政府所在地设立,至各县乡区村镇人口较繁处所,亦得酌量情形设立之。救济院设院长一人,副院长一人,就当地公正人士选任之。院址得利用寺庙或公共适宜场所,院中基金由各地方自行筹募,无论何项情形不得移作别用,院中经费以基金利息及临时捐款充之,各主管机关每年得给以相当补助金。救济院设下列各所:(1)恤老所。(2)孤儿所。(3)残废所。(4)育婴所。(5)施医所。(6)因利所。(详各本条)各所各设主任一人,办事员若干人。各市各县及乡区村镇设立救济院时,对于上述各所得分别缓急次第筹备。(救济院条例第一——十二条)

【救济权】【通】Remedial right 为私权分类之一种,与原权相对称,又名第二权,谓因原权受侵害时,因其救济而发生之权利也。例如物权被侵害时,因而发生回复原状或损害赔偿之诉权是。

【救护行为】【刑】Act to rescue 又名紧急避难。(详该本条)

【民总】为自卫行为之一,对防御行为言,亦称急紧避难,民法上视为免责之要件,而不构成侵权行为。与防御行为之区别即后者乃系防御现时不法侵害所为之行为,而救护行为则系避免急迫危险所为之行为。我国民法规定因避免自己或他人生命身体自由或财产上急迫之危险所为之行为,不负损害赔偿之责,但以避免危险所必要,并未逾越危险所能致之损害程度者为限。至前项情形,其危险之发生,如行为人有责任者,应负损害赔偿之责。(第一五〇条)

【败(敗)诉】【民刑诉】Losing a suit 与胜诉(详该本条)相对称。

【斩(斬)】【史】斩为死刑之一,其字从车从斤,本义从车列而来也(说文)。按其刑起自黄帝之斩蚩尤于中冀。事物纪原(卷十):"尸子曰,黄帝斩蚩尤于中冀。黄帝内传曰,擒蚩尤于版泉之上,帝以金钺斩之,则知斩起于轩辕也。"历唐虞秦汉均有其刑,如腰斩、枭首、弃市,名虽不同,实则同为切断之刑,惟所用刑具有斧钺刀刃之别耳。魏晋亦有斩刑,与枭首及弃市同为死刑。梁之死刑仅有枭首、弃市二种而无斩刑之制。陈亦略同。后魏之死刑原分轘、腰斩、殊死、弃市四种,后改为枭首、斩、绞三等。北齐再加轘而为四种。后周之死刑增为五种,一曰磬(即磔),二曰绞,三曰斩,四曰枭,五曰裂。隋时尽除枭首轘裂之法。隋书—刑法志:"开皇元年乃诏高颎等更定新律,奏上之,其刑名有五,一曰死刑二,有绞有斩,而蠲除前代枭首轘裂之法,惟大逆谋反叛者,父子兄弟皆斩,定讫,诏颁之……"至炀帝大业三年更敕令流配逃亡者亦处斩刑。隋书炀帝本纪:"大业三年春正月癸亥敕并州逆党已流配而逃亡者,所获之处即宜斩决。"唐因隋制以斩与绞为死刑。五代及宋亦同,惟不著于刑书者尚有凌迟之刑耳。辽金之正式死刑有三,斩刑其一也,余为绞与凌迟。元之斩刑与绞及凌迟处死同为死刑。明之法定死刑亦为斩绞二种。清之法定死刑仍明旧制,其外之枭首凌迟亦然,惟另加戮尸之刑(实则始于明末,详该本条)耳。按斩与绞有别,斩者身首异处,血溅泉壤也,始于黄帝代蚩尤,以正其恶,即上古五刑中所列之大辟者是。若绞则止于毕其命,犹为保乎全体,非若身首异处之备具惨烈耳。其刑较斩为差,始自有周,然亦未详其所自,或谓绞即周时所称之磬。礼记:"文王世子公族其有死罪则磬于甸人。"注曰:"磬悬缢杀之也,甸人掌郊野之官,为之隐,故不于市朝。"又按清时之斩有斩决枭示及斩立决与斩监候之分。(详各本条)

【斩(斬)缞】【史】子为父服丧服,谓之斩缞,与斩衰同。唐律释文(卷十):"父服也,齐缞上音咨,母服,缞音猗(现读 cuī),哭声声两曲也。"

【斩(斬)立决】【史】一作斩决,即凡情节较重而应处斩刑者,不入于秋审而即予处以斩刑之谓也。

【斩(斬)决】【史】又曰斩立决。(详该本条)

【斩(斬)决枭示】【史】应处斩刑之重犯,不入于秋审而立即处以斩刑并悬其首于木以示于众者,是曰斩决枭示。

【斩(斬)候】【史】为斩监候(详该本条)之简称。

【斩(斬)杀贼谍】【史】为周礼秋官司寇之属,掌戮职之语,斩者以斧钺斩之也,如汉之腰斩是。杀者以刀刃斩之也,如汉代之弃市是。贼谓杀人犯,谍谓间谍,二者皆重罪,故处斩杀之刑。周礼秋官司寇之属:"掌戮掌斩杀贼谍而搏之……"其附注曰:"斩以斧钺,如今之腰斩,杀以刀刃,若今之弃市,贼阴谋不轨者,谍奸细反间者。"

【斩(斬)监候】【史】又曰斩候,凡犯罪应处斩刑而不即执行,须俟秋审再行拟定者,谓之斩监候,与斩立决相对称。

【族】【史】(一)凑或聚谓之族,即聚合一家一族之谓也。增补四书人物聚考(卷六):"周礼小宗伯,掌三族之别,以辨亲疏。三族父子孙,又汉书注以父族、母族、妻族为三族。书经尧典曰,克明峻德,以亲九族。九族自高祖至玄孙之亲,举近以该远也。"白虎通云:"族者何也,族者凑也,聚也,谓恩爱相流凑也,生相爱,死相哀痛,有会聚之道,故谓之族。"(二)刑名,谓将一家一族均处死也。(参三族刑及九族刑各条内)

【族正】【史】清制,同族集居者,因人口众多,故就族内之有品位名望者,选举一人为族正,任监督同族之职。(户部则例)

【族长】【史】旧制,一族之首长为族长,以同族中之最有品位声望者充任,负督理全族之重任。

【族师】【史】为周礼大司徒之属,其职务为掌百家(即四闾)之自治。按五家为比,比置比长,五比为闾,闾置闾胥,四闾(百家)为族,族置族师,掌内部自治之事。

【旌表】【史】对孝子贞妇及其他善行之人,建坊表赐匾额以公表之者,谓之旌表。南史—邵荣传:"八世同居,旌表门闾。"

【旌表节义】【史】旌表者,谓对孝义贞节之人,建坊立表,赐匾赏牌以表扬之也。大明令礼令篇——设有旌表节义之条:"凡孝子顺孙,义夫节妇,志行卓异者,有司正官举明,监察御史按察司体覆,转达上司正官旌表门闾。"

【旌劳】【史】对于国家及社会事业著有劳绩者加以旌表,谓之旌劳。元史—顺帝纪:"右丞相脱脱治河功成,宜有异数以旌其劳。"

【旌铭】【史】谓于旗上志死之姓以表异之也。后汉书—赵咨传:"重以墙旌之饰,表以旌铭之仪。"注曰:"礼记曰,铭,明旌也,以死者不可别故以其旗识之。"

【旌节】【史】遣使臣于他国时应携带一定之器物以为保障及证明之用,此项器物谓之旌节。按旌乃旗之类,节即符节,以竹为之。周礼—地官掌节:"掌守邦节,而辨其用以辅王命。(中略)凡通达于天下者,必有节,以传辅之,无节者,有几则不达。"注曰:"以王命往来,必有节以为信。"同书秋官行人:"掌达天下之六节,山国用虎节,土国用人节,泽国用龙节,皆以金为之。道路用旌节,门关用符节,都鄙用管节,皆用竹为之。"郑玄注曰:"旌节今使者所拥节是也。"孙诒让引后汉书之注曰:"节以符为之,柄长八尺,上加旄牛尾为其眊三重,谓周之旌节,盖即以竹为橦,又析羽缀橦,以为节,汉节放古旌节为之,故郑举以相况。"及于后世,其制不一,以其涉于繁杂,兹略之不再赘述(唐书百官志宋史舆服志及事物纪原等参照)。大学衍义补(卷九十九)—丘浚按:"旌以彰之,节以验之,有旌节,文书乃得通达,后世给符验,以传文书,始此。"

【旌闾】【史】对于善行者将其姓名旌表于所居村落之门闾,谓之旌闾。唐书—张迴秀传:"所居堂产芝草,犬乳邻猫,中宗以为孝感,旌其闾。"

【既(既)判力】【民刑诉】Rechtskraft(德) 又称确定力。(详该本条)

【既(既)决囚】【刑】Convict 与未决囚相对立,谓经法庭判决之结果,而受有罪之宣告之囚犯也。

【既(既)定条件】【民总】Resolutory conditions 为假装条件之一,又称必成条件,即成就或不成就于法律行为当时已确定之条件也。因不能使不确定之状态发生效力,故非真实条件。例如今日已下雪,甲与乙约如今日下雪,将令乙移居是。我国民法无明文,因其不能发生效力,乃属当然之理也。

【既(既)得权】【通】Acquired right; Vested right 依法律之规定或依特定之行为所取得之权利,曰既得权。就通常而言,新法律施行时对于既得权不得加以侵害,盖不溯既往原则之结果也。但立法者苟认为有变更废止其法律之必要时,当然得加以变更,或加以废止,因此某种既得权遂因法律之变更或废止而受限制,或归于消灭矣,惟此仅系一种例外耳。按既得权有国内法上之既得权与国际法上既得权之划分,但其性质并无若何区别。又既得权一辞,学者有主张系与期待权相对立者。

【既(既)遂】【刑】Vollendung(德) 谓犯罪事实业已发生,而已构成刑法上所必要之犯罪特别条件也。(参既遂犯条)

【既(既)遂犯】【刑】Consummated crime; Accomplished offence 对于犯罪行为业已发生结果者,谓之既遂犯,与未遂犯相对称。

【既(既)醮之妇从夫家之戮】【史】旧制有缘坐之条,父母犯重罪,子女均缘坐之。即妇女丧夫或离异时归其母家者,亦缘坐父母之罪,其已再醮于他家时,则应缘坐夫家之罪,是曰从夫家之戮,此种制度,肇始于魏。(参在室之女可从父母之刑条内)

【曹司】【史】谓官署之分课也。唐书—郑虔传:"明皇爱其才,更为置广文馆,以虔为博士,虔闻命,不知广文曹司何在。"

【曹务】【史】谓官吏分课所掌之职务也。隋书:"尚书省三十六侍郎,分司曹务,直宿禁省如汉制。"

【曹干】【史】谓官署之职役也。隋唐:"文官曹干,白纱单衣介帻,尚书二台,曹干亦同。”

【望】【史】对五岳[①]四渎之属,因遥而祭之,故称曰望,又曰遥祭。书经—舜典篇:“望于山川。”朱熹注曰:“山川,名山大川,五岳四渎之属,望而祭之,故曰望。”大学衍义补(卷六十一)丘浚氏对四望一语解谓:“所谓四望者,盖以五岳,四镇,四渎,乃天下山川之大者,天子兼有天下之大,不能亲临其地,故遥望而祭之也。”

【朗读】【民刑诉】朗读者谓以言辞出声宣读也。法院宣示判决时,应于开庭时朗读主文。

【朗读法】【史】为古时公布法律方法之一种,即以言辞向群众高声宣读也。

【梁之刑制】【史】梁之刑有五:一曰赎,二曰笞,三曰耏,四曰髡钳,五曰死。梁书制刑为十五等之差,弃市以上为死罪,大罪枭其首,次弃市,刑二岁以上为耐罪,言各随伎能而任使之也。有刑钳,五岁刑,笞二百,收赎绢,男子六十匹,又有四岁刑,男子四十八匹,又有三岁刑,男子三十六匹,又有二岁刑,男子二十四匹。罚金一两以上为赎罪,赎死者金二斤,男子十六匹,赎髡钳五岁刑,笞二百者金一斤十二两,男子十四匹,赎四岁刑者,金一斤八两,男子十二匹,赎三岁刑者,金一斤四两,男子十匹,赎二岁刑者,金一斤,男子八匹,罚金十二两者,男子六匹,罚金八两者,男子四匹,罚金四两者,男子二匹,罚金二两者,男子一匹,罚金一两,男子二丈,女子各半之。

【梁之法典】【史】晋后海内分裂,继成南北对峙之局,南朝诸律实逊于北朝,无足称道,梁时因崇尚佛教,律令繁芜,且史籍所载甚少,后人鲜援引之。依考据所得,梁之法律多沿袭晋制,兹分为下列三种述之:(一)梁律——梁律者,梁武帝天监元年八月,诏尚书删定郎蔡法度、尚书令王亮、侍中王莹、尚书仆射沈约等,凡十人撰定之,翌年四月而成。先是齐王植集注旧律(按南齐书孔稚圭传尚书删定郎王植撰定律章,取张注七百三十一条,杜注七百九十一条,二家两释,于义乃备者,又取一百七条,注相同者,取一百三条,凡一千五百三十二条,为二十卷梁律所用即此本也)。未施行,其文殆灭,蔡法度家传律学,能知之,乃诏使损益植之旧本,以为梁律,凡二十篇二十卷,其目如下:“一刑名,二法例,三盗劫,四贼叛,五诈伪,六受赇,七告劾,八讨捕,九系讯,十断狱,十一杂,十二户,十三擅兴,十四毁亡,十五卫宫,十六水火,十七仓库,十八厩,十九关市,二十违制。”都凡二千五百二十九条,其内容略见隋收刑法。刑名有死罪、耐罪、赎罪,死罪有枭首、弃市,耐罪有髡钳五岁刑笞二百、四岁刑、三岁刑、二岁刑四种。赎罪有赎死,赎髡钳五岁刑笞二百、赎四岁刑、赎三岁刑、赎二岁刑、罚金十二两、罚金八两、罚金四两、罚金二两、罚金一两十种,共十五等,此赎罪十等,又得以金与绢赎之,例如赎死者金二斤,男子布十六匹,赎髡钳五岁刑笞二百者,金一[②]斤十二两,男子十二匹,女子各半之。又别有九等之差,即一岁刑,半岁刑,百日刑,鞭杖二百,鞭杖一百,鞭杖五十,鞭杖三十,鞭杖二十,杖鞭一十。又有八等之差,如免官加杖督一百,免官,夺劳百日督

① 原书为“狱”,系排版之误。
② 原书为“二”,系排版之误。

杖一百,杖督一百,杖督五十,杖督三十,杖督二十,杖督一十等是。鞭有制有鞭、法鞭、常鞭之别。制鞭,生革有廉。法鞭,生革去廉。常鞭,熟靼不去廉。皆纽长一尺一寸,梢长二尺七寸,广三寸,靶长二尺五寸。杖有大杖、法杖、小杖之别,皆用生荆,长六尺。大杖,大斗围一寸三分,小头八分半。法杖,围一寸三分,小头五分。小杖围一寸一分,小头极杪。通常用常鞭小杖,其制鞭、制杖、法鞭、法杖,自非特诏皆不得用,此外尚有数条之规定,不具引,本律今已佚亡,所可详者,亦仅矣。"(二)梁令——梁令亦蔡法度等所撰,凡三十卷三十篇,篇目如下:"一户,二学,三贡士赠官,四官品,五吏员,六服制,七祠,八户调,九公田公用仪迎,十医药疾病,十一复除,十二关市,十三劫贼水火,十四捕亡,十五狱官,十六鞭杖,十七丧葬,十八杂上,十九杂中,二十杂下,二十一宫卫,二十二门下散骑中书,二十三尚书,二十四三台秘书,二十五王公侯,二十六选吏,二十七选将,二十八选杂士,二十九军吏,三十军赏。"梁令卷数,隋书刑法志,旧唐书经籍志,唐书艺文志,崇文总目卷二刑法类,皆作三十卷,隋书经籍志多录一卷,内容今不详,惟六典及通典,间有征引耳。(三)梁科——梁科者,亦天监二年四月蔡法度等撰,凡三十卷,科与汉晋之故事相当。隋书经籍志云,梁时又取故事之宜于时者,为梁科。唐六典卷六注云,梁易故事,为梁科三十卷,蔡法度等所删定。按梁科卷数,梁书卷二作四十卷,隋书刑法志经籍志及六典,皆作三十卷,而旧唐书经籍志,唐书艺文志,则作二卷,当时书已缺阙可知,其篇目内容,今俱无考。

【梁令】【史】为梁时蔡法度等所撰,凡三十卷三十篇。(详梁之法典条)

【梁律】【史】(详梁之法典条内)

【梁科】【史】(详梁之法典条内)

【梁循资格】【史】一卷,为郗殷象所撰,事见顾櫰三氏所著补五代史艺文志刑法类内。

【条(條)文】【通】Text; Provision 法律或条约之各个条数及其内容,曰条文。其条文之全篇,则曰全文。(full text)

【条(條)件】【民总】Condition 为法律行为附款之一,对期限言,谓乃法律行为附款而使其效力之发生或消灭,系于将来不确定之事实之成否者也。其要件有三:(1)须为原法律行为意思表示中而由任意所附加之一部。(2)须为决定原法律行为之发生或消灭。(3)须为将来客观上不确定之事实。条件与期限不同之点有二:(1)未来之事实若其成否已确定者为期限,未确定者方为条件。(2)条件有不成就之时,而期限则决无不到来之事。近世各国法律多承认法律行为可以附以条件,其立法理由不外使人得以支配未来而已,但亦有例外不许附条件者,例如与公益有背时(婚姻离婚是),或过害私益者(契约之解除及抵销的意思表示是),盖所以保护相对人也。条件之种类有下列各种:(1)停止条件与解除条件。(2)积极条件与消极条件。(3)偶成条件随意条件与混合条件。(4)真实条件与假装条件。(各详本条)

【条(條)件不成就】【民总】Condition unfulfilled or deficit 对条件成就言,

即条件内容之事实确定不发生之谓，在积极条件中系以其条件事实确定不发生变动时为成就。例如以某甲今年考试及第为条件事实，则未及第为条件不成就。就消极条件言，系以条件事实发生一定变动时为不成就，如以某甲一年苦学为条件事实，则其弃学离校时即为条件不成就。上述乃一般原则，我民法有例外明文，即因条件不成就而受利益之当事人，如以不正当行为促其条件之成就者，视为条件不成就。（第一〇一条第二项）

【条(條)件主义】【票】为执票人于拒绝证书作成后于一定期间内不将拒绝事由向票据债务人通知时，应受制裁之立法例之一，对义务主义言，即以通知为行使追索权之条件也。如不为通知时，其追索权立即丧失，此种制裁失之过重，故不为我票据法所采取。

【条(條)件成就】【民总】Condition fulfilled or existed　对条件不成就言，即条件内容之事实发生之谓也。在积极条件中则以事实发生变动时为条件成就。例如以某甲考试及第为条件事实，即以其考试及第时即为条件成就。在消极条件中则以确定未发生一定变动为成就。例如以某甲一年苦学为条件事实时，则其继续一年时即为条件成就。上述乃一般原则，我国民法有例外规定，因条件成就而受不利益之当事人，如以不正当行为阻其条件之成就者，视为条件已成就。（第一〇一条第一项）

【条(條)件附刑罚宣告主义】【刑】为缓刑主义之一，其主旨为对于一定之犯人宣告其刑而不执行之，若于一定期间内无再犯者，则失宣告效力是。法比两国采之，故曰法比主义，我国刑法亦仿效之。

【条(條)件附刑罚执行主义】【刑】为缓刑主义之一，又称条件附执行犹豫主义。（详该本条）

【条(條)件附特赦主义】【刑】为缓刑主义之一，其要旨为对于一定犯人以行政处分付以特赦之条件，若安然无事经过一定期间，始确定免除其执行，曾一度为德意志各邦所采用。

【条(條)件附执行犹豫主义】【刑】为缓刑主义之一，即判决犹豫执行，若安然经过一定期间，乃确定而免除之。又曰条件附刑罚执行主义，日本刑法曾一度采用之。

【条(條)件附条款】【国公】Conditional provision　又曰附条件的最惠国条款。（详该本条）

【条(條)件说】【刑】为因果关系学说之一，又称共同原因说，即主张凡发生结果之一切条件皆为原因。例如甲殴乙，乙受伤而服毒，卒致毙命，殴打及服毒皆为致死原因是。论者虽有以失之苛酷而非议之者，然此说颇堪采用。

【条(條)式】【史】为宋法典之一。条式之属，有治平在京诸司库务条式，英宗治平二年六月十四日，壬寅，学士提举诸司库务王珪等，上提举司并三司额（一作类）例一百五册，及都册二十五册，共一百三十册（志一百三十卷），诏以在京诸司库务条为名，珪等言，四海贡赋，漕挽以输京师，又建官寺府库，委积苑囿，关市工冶之局，以谨出纳，虽调用系之三司，然纲领一总于提举司，与三司所部，凡一百二处，其额例，自嘉佑七年秋许遵重修，迄今三年始成书，官吏之数，金布之籍，监临赏罚之格，工器良窳之程，舟车受纳之限，莞榷亏盈之比，转补之资叙，招收之等式，皆迹旧便今芟繁之要。

【条(條)例】【通】Statutes; Regulations 条例与法性质相同，惟含有暂行及临时制定之义耳。英美各国之所谓 Statutes 乃指未曾编入正式法典之法律而言，有时且为各种单行法之汇集的总称。我国之所谓条例，通常乃指未经立法机关正式通过之法律，而暂时施行者而言，但有时则虽经立法机关之通过，然该项法律亦有仍称为条例者，如电信条例是。学者每谓其区别之点，乃为法律在形式上与实质上均甚郑重，而且在于永久施行。条例则不若法律之郑重，而仅在试行或暂行之一点耳，故有将条例译为 Regulation 者。

【条(條)例司】【史】宋初仍五代之旧，分盐铁、度支、户部为三司，各设一使，或总设三司使。熙宁二年因王安石之主张，置三使条例司，掌经画邦计，议变旧法以通天下之利。至元丰中始合并三司而为户部。(宋史职官志)

【条(條)定法令】【史】条定法令者，谓依照顺序制定法令也。汉武帝时张汤赵禹之属，条定法令。汉书一武帝纪："孝武即位，征发频数，百姓贫耗，穷民犯法，酷吏击断，奸轨不胜，于是进张汤赵禹之属，条定法令。"

【条(條)约】【国公】Treaty 所谓条约，乃指二个以上国家间合意之行为而言，盖即国家与国家间之契约也。条约成立之要件有四：(1)条约之主体须为国家，且须有缔结能力。(2)缔结时须有代表，且须有正当权限。(3)条约内容须为合法。(4)双方同意之表示须为自由。条约方式不问言辞或文书，均可为之，但以文书为多，以其明了准确也。条约经代表等缔结签字后，仍须经过批准手续，方生拘束效力(详批准条)。条约之解释务求合理宽大，不可为文字所拘泥，且当注意全约之精神，以求贯彻缔结之目的。条约之消灭其原因如下：(1)义务履行。(2)期限终了。(3)解除条件成就。(4)停止条件之不成就。(5)目的物之消灭。(6)混同。(7)解除权之行使——例如执行不可能，一方抛弃权利，并发生战争，以及相互同意之解除，或单方宣告解除等是。

【条(條)约批准书】【国公】Acts of Ratification (详批准书条内)

【条(條)约国】【国公】Contracting powers 缔结条约之国家，谓之条约国，或曰缔约国。

【条(條)约权】【国公】Treaty powers 所谓条约权，乃指得与他国缔结条约之权能而言，又曰缔约权。(详该本条)

【条(條)理】【通】Principle of law; Legal principles 为法理之旧名。(详法理条)

【条(條)陈】【通】Written statement 凡提出应与应革之意见，以贡献于官署者，谓之条陈，须逐条详述并具相当理由，通常均以书面为之。

【条(條)款无效】【险】Void provisions 即保险契约中以含混词句为企图卸

责之条款，在法律上始终视为无效之谓。盖以此项条款乃与交易上之诚实信用的原则相违反故也。我保险法所举无效之条款有二：(1)文义广泛，如载明违背法律或章程时，要保人或被保险人即失其权利之条款。(2)载明因要保人或被保险人声明或通知之迟延或遗漏即失其权利之条款。

【条(條)鞭法】【史】清制，凡赋役之法，各核其地丁之数，折之以科则，而约于条鞭。按科则乃载于赋役全书，其于易知由单则仅刊列地丁应征之数，俾人民易于明了，是曰条鞭法，盖仿明代之一条鞭法也。(清会典卷十八户部)

【杀(殺)一家三人】【史】凡谋杀故杀如放火行盗而杀一家之中三人(皆无应死之罪者)及支解人者，因其罪大恶极，故应处其首犯以凌迟之刑。明律(卷十九)、清律(卷二十六)刑律人命篇均有杀一家三人之条，其规定相同。清律之条文曰："凡杀一家非死罪三人，及支解人者凌迟处死，财产断付死者之家，妻子流二千里，为从者斩。"清律之辑注："此条是指谋杀言，故注有造意及加功，不加功，行不行之别。若两家有争夺之事，聚众格斗，以致殴杀一家三人，自当别论，不用此律，盖谋杀是处心积虑，定计划策必欲杀害其人。至于杀及一家三人，则杀人之心杀人之事凶恶已极，故特立此重典以处之。若一时争斗本无杀人之心，亦非杀人之事，因而杀死三命，其致杀之原与此迥异也。"同律之总注："凡谋杀人，而杀一家之中三人，皆非犯该实死罪者，及将人四肢解拆以杀之者，凶暴惨毒，恶极罪大，非寻常杀人之比，为首者凌迟处死，所有财产尽断付死者之家，妻子流二十里安置，为从加功者，照谋杀本律减一等。按一家者，同居共财，不限籍之同异。注曰奴婢雇工，不同居之父子兄弟至亲皆是，先后杀死则通论。盖奴婢雇工人，虽非亲属实在一家之内，而至亲各居亦同被杀，推行凶者之心，以为此乃其一家之人，故连而及之也，人虽各居，亲实一家，律意重在三命，故下及奴雇之贱，旁及各居之亲，皆得通算，一家先后所杀，不在一时亦得通算三人，惟内有非一家之人，及有犯该死罪者，则不用此律耳。支解人者，谓将人杀害时，断其手足，或剉碎其身，使尸躯分裂而死，最为惨毒，但支解一人，即坐前罪所支解之人，虽犯该死罪者，亦不论，故注曰，虽有罪亦坐也。"同律之辑注："谋杀人，有极凶恶之事，有将人破腹开膛，及活抽出肠者，又有捉缚于树用火烧杀者，凡此皆酷于支解，而应用支解之罪也。"

【杀(殺)人罪】【刑】Homicide　即非法断绝他人生机或不法剥夺他人生命之犯罪也。本罪之主体为有责任之普通人(自杀为例外)，其客体亦为自然人，以出生后死亡前为限，婴儿及畸形婴儿，衰老者将死未死人，亦在其内。即将执行死刑之囚犯如无权者加以杀害时，亦构成本罪。至于杀人之方法有形或无形，其杀人行为为作为或不作为，杀人时间为即时，或继续，均当以杀人罪论。又杀人者如无违法之阻却时，或系有责任能力时，不论是否出于故意或过失，皆当论罪。刑法将本罪规定于分则第二十一章中，共十一条，兹分为五种：(1)一般杀人罪。(2)加重杀人罪。(3)减轻杀人罪。(4)加功于他人自杀罪。(5)过失致人死罪(详各本条)。上述各罪除过失致死罪不得褫夺公权外(第五十八条第二项)，余均由审判官自由裁量之。(第二九二条)

【杀(殺)人图赖】【史】图赖者，谓本人无干而图谋赖人私下诈骗也。清律及例关于杀人图赖设有下列各项规定:(一)故杀妾及子孙侄,侄孙与子孙之妇图赖人(不论图赖系凡人及尊卑亲属),附近充军。(二)家长故杀奴婢图赖人,徒一年半。(三)子孙及奴婢雇工人将已死祖父母父母家长身尸图赖人者,徒三年。(四)卑幼将期亲尊长身尸图赖人或妻将夫身尸图赖人者,徒二年。(五)卑幼将大功尊长身尸图赖人者,徒一年半。(六)卑幼将小功尊长身尸图赖人者,徒一年。(七)卑幼将缌麻尊长身尸图赖人者,杖一百。(八)尊长将已死卑幼及他人身尸图赖人,或夫将妻身尸图赖人者,均杖八十(按以上八项俱系指未告官言,其告官者,随所告轻重,并以诬告平人律论罪)。(九)因图赖诈取财物,准窃盗论。又因图赖抢去财物。则准白昼抢夺论。均免刺各从重科断。(十)冒认尸亲混行吵闹殴打,或将棺材拦阻打坏,抬去尸身勒诈者,均杖一百,枷号两个月。(十一)将父母尸身装点伤痕图赖他人(不论金刃手足他物成伤),斩决。(十二)有服亲属互相以尸图赖者,均依干名犯义律处断。

【杀(殺)三命及支解】【史】清律及例对于杀害一家三命及以残暴支解其体者,均处重刑。(一)杀一家非死罪三人及支解人(凡谋故杀及放火行盗皆是)为首者凌迟处死(一面具奏,一面正法,监毙者剉尸枭示,财产断付被杀之家)。从者加功斩决,不加功则流三千里,以上(首从在内)均缘坐其妻子,凶犯之子十六岁以上,发足四千里安置,十五岁以下与凶犯之妻俱发附近充军地方安置,如被杀之家绝嗣,将凶犯之子年未及岁者送内务府阉割,奏明分赏,凶犯之女不坐。(二)杀一家非死罪二人及杀三人内二人系一家者,斩枭,并酌断财产一半给被杀二命之家。(三)为父报仇将杀父之人杀死后,被死者家属经见,虑其报官,复杀一家三命以上,斩决,妻子免缘坐。(四)支解人者,如殴故杀人后避罪割弃死尸原无支解之心者,各以殴故杀论,若本欲支解其人,先杀讫随又支解以支解论。(五)杀人罪干斩决之犯如将尸身支解加枭示,谋故斗杀罪止斩绞监候者,于杀人后挟忿逞凶割落尸头四肢并剖腹取臓掷弃,请旨即行正法。(参杀一家三人条)

【杀(殺)子孙及奴婢图赖人】【史】本与人无干而图谋赖人,私下诈骗者,谓之图赖。祖父母父母故杀其子孙及家长故杀奴婢以图赖人者,以及子孙将已死祖父母父母,奴婢雇工人将家长身尸,尊长将已死卑幼及他人身尸图赖人者,多有忘哀妄逞借为诈诬蔑之端,或使无辜因而遭殃,或使身尸暴露于外,是皆应加禁止者也,此本条之所以设也。明律(卷十九)、清律(卷二十六)刑律人命篇均有杀子孙及奴婢图赖人条之相同规定。清律之原文及下注:“凡祖父母父母故杀子孙,及家长故杀奴婢图赖人者,杖七十徒一年半。若子孙将已死祖父母父母,奴婢雇工人将家长身尸(未葬)图赖人者,杖一百徒三年,(将)期亲尊长杖八十徒二年,(将)大功小功缌麻,各递减一等。若尊长将已死卑幼及他人身尸图赖人者,杖八十(以上俱指未告官言)。其告官者,随所告轻重,并以诬告平人律(反坐)论罪。若因(图赖)而诈取物者,计赃准窃盗论。抢去财物者,准白昼抢夺论,免刺,各从重科断(图赖罪重,依图赖论,诈取抢夺罪重,依诈取抢夺论)。”清律之辑注:“此条专论图赖之事,惟首节言父祖将子孙家长将奴婢故杀图赖,二节三节皆言以已死之尸图赖。”同律之辑注:“前三节是言私自图赖而未告官者,四节乃总承前三节言诬告到官者,五节亦总承前三节言因图赖而诈抢财物者。”

【杀(殺)友邦元首罪】【刑】Offences of homicide against the chief of foreign states 为加重杀人罪之一,因故意杀害友邦(即有约国)元首而成立。其特别要件如下:(1)被害者须为友邦元首。(2)须为现任之友邦元首。(3)加害者须有故意行为。(4)且须杀人行为。本罪之规定为维持邦交起见,故其处分为唯一之死刑,其未遂犯或预备犯或阴谋犯均予科刑。(刑法第一二一条)

【杀(殺)死奸夫】【史】妻妾与人通奸,本夫于奸所亲自破获登时杀死奸夫奸妇者,于律不论罪,若仅杀死奸夫时,则奸妇应依律嫁卖。明律(卷十九)、清律(卷二十六)刑律人命篇均有杀死奸夫条,其内容相似。清律之条文及其下注:“凡妻妾与人奸通而(本夫)于奸所亲获奸夫奸妇,登时杀死者,勿论。苦止杀死奸夫者,奸妇依(和奸)律断罪,当官嫁卖,身价入官(或调戏未成奸,或虽成奸已就拘执。或非奸所捕获皆不得拘此律)。其妻妾因奸同谋杀死亲夫者凌迟处死,奸夫处斩。(监候)若奸夫自杀其夫者,奸妇虽不知情,绞(监候)。”同律之辑注:“杀奸勿论,重在登时,盖奸夫奸妇既有奸通之事,必有防范之心,卒然往捉恐反为所害,故登时杀死者,特原其擅杀之罪,与夜无故入人家内,主家登时杀死弗论之意相同,故已就拘执即不得擅杀也。”同律之总注:“凡妻妾与人奸通而本夫知觉即于行奸之所,将奸夫奸妇亲身捉获登时杀死者弗论,亲获于奸所,则奸有凭据,发于义愤,事出仓卒,故特原其擅杀之罪,若在奸所登时止杀死奸夫者,亦弗论。其奸妇依和奸刁奸本律断罪决伏,当官嫁卖,身价入官,此条要看奸通奸所登时等字。或止调戏而未成奸,或虽成奸而获非奸所,或已就拘执而杀非登时,皆不在弗论之例,故注云云也。其妻妾与人奸通,因与奸夫同谋杀死亲夫者,奸妇凌迟处死,奸夫处斩。若已行而未伤,及已伤而未死,妻妾依谋杀亲夫律坐斩,奸夫依凡人谋杀律,或造意,或为从已行已伤分别科断。若奸夫不与奸妇同谋,而自杀其夫者,奸妇虽不知情亦坐绞罪,盖奸夫之杀,亲夫之死,实因奸而起,固不得免于死,而止科以奸罪也。”

【杀(殺)私生子罪】【刑】Offences of homicide against illegitimate child 为减轻杀人罪之一,因母于生产时或甫生产后,杀其私生子而成立。本罪因系出于畏羞耻之心,自与杀人之恶性有异,故轻其刑,其主体只限于母,客体则为私生子,且须于生产时或甫生产后为之,方构成本罪,盖即未为外人得知之时也。其处分为六月以上五年以下有期徒刑,未遂罪罚之。(刑法第二八七条)

【杀(殺)害军人】【史】凡杀害军人者依律处死,仍将正犯人余丁抵数充军。本条为明律(卷一)名例篇所规定,清律删去之。明律纂注谓:“依律处死,如谋故,则坐斩,支解则坐凌迟,斗殴戏误则坐绞之类。军既被杀则缺伍,故正犯依律抵偿,而以正犯亲丁抵数充军。若亲丁既死,仍勾原军户丁顶补,不得复于犯人之家抵充也。”

【杀(殺)尊亲属罪】【刑】Offences of homicide against ascendants 为加重杀人罪之一,因杀直系尊亲属或旁系尊亲属而成立。我国旧律视为逆伦罪,处凌迟极刑。今则处杀直系尊规属以唯一之死刑,杀旁系尊亲属,则处以死刑或无期徒刑,未遂罪均罚之。至预备犯上述各罪者,则处三年以下有期徒刑。(刑法第二八三

条）

【杀（殺）躯】【史】躯乃躯之俗字，元代称杀奴隶为杀躯，较杀凡人罪减二等。元典章（卷四十二）刑部第四篇——良人杀 躯条：“良人殴杀奴婢，减凡人二等。”

【杀（殺）缌麻亲马牛】【史】缌麻者，内外有服者也，如杀其所畜牛马，与主人故杀自己牛马同罪。唐律（卷十五）厩库篇杀缌麻亲马牛条：“诸杀缌麻以上亲马牛者，与主自杀同，杀余畜者，坐赃论，罪杖一百，各偿其减价。”疏议曰：“缌麻以上，谓内外有服者，相杀马牛，得罪与主自杀同，合徒一年，杀余畜者，准减价坐赃论，罪止杖一百，准此律文，细麻以上，伤畜产者，不合得罪，若因伤重，五日内致死，依上条亦同杀法，并偿所减价。”

【杀（殺）亲属奴仆三命】【史】清律及例规定：（一）本宗外姻尊长杀功缌卑幼一家非死罪主仆雇工三人者，斩决。（二）本宗外姻尊长杀期服卑幼一家主仆雇工三人者，绞决，如三人内有功缌卑幼者仍斩决，若其内有一人应同凡论者论者则处斩枭。（三）本宗外姻尊长谋占财产图袭官职杀期服卑幼一家三人者斩决。（四）本宗外姻尊长谋占财产图袭官职杀功缌卑幼一家三人者凌迟（以下犯人财产断付被杀之家）。（五）家长杀奴仆非死罪三人者，发驻防为奴（官员旗人俱发黑龙江当差，被杀人父母妻子悉放为民）。（六）杀期亲奴仆一家三人者，绞候。（七）杀内外功缌及族中奴仆一家三人者，斩候。（八）发遣当差为奴人犯杀死管主一家三人并三人以上者，凌迟。其子孙知情斩决，不知情斩候，年未及岁并凶犯妻妾俱发驻防为奴。（九）谋故杀缌麻尊长一家二命者，斩枭。殴杀缌麻尊长一家二命者，斩决。（十）杀死功缌卑幼一家非死罪二命者，绞决，奏请定夺，仍酌断财产一半给付死者之家。（十一）凡杀死同主雇工复杀雇主至三命者，如内有雇主二命，仍分别有无主仆名分，各照凡人谋故杀一家二命，及杀死家长本律例问拟。若杀死同主雇工及雇主各一命者，不得以一家二命论，仍从一科断。

【梯里已】【史】为辽代之官名，掌皇族之政教，以皇族任之，与清时之宗人府相同。（周亮工书影）

【梵谛冈教皇区基本法】【宪】畴昔之时，罗马天主教教皇，握有宗教及政治大权，欧洲大部皆归管辖，其威权之盛，与罗马帝国相辅而行，其后罗马帝国覆亡而教皇之声势依然存在。及路德马丁倡宗教革命之说起，亲教徒之势力弥漫于中北欧，加以各国之国家主义思想勃兴，均为罗马教皇威权之致命伤。今者教皇统治权仅跼蹐于罗马城中之梵谛冈（Vatican）一区中，昔日之光荣夸大，于今安在，虽仍可派遣使节于各国以与欧洲帝王同处于对立地位，然而世人早已不以另眼相待矣。该区面积仅一百零八亩，有自主权，不受意大利政府之管辖，其最高权力仍操诸教皇之手。于一九二九年六月七日曾制定一基本法，由教皇比第十一世公布，全文共二十一条。兹举其要点如下：（一）教皇为梵谛冈教区政府之元首，有立法行政司法之全权。遇教皇出缺时，其全权暂移属于圣教会议，以至于继承教皇之选出为止。教皇对于区内所属各机关均操有全权，教廷财产之管理，以及图书馆，梵谛冈之档案，暨印刷书局等之管理亦直属于教皇。（二）对外之交涉事宜由政务院行之，政务院之政务总裁有造具预算及决算之权，有颁发条例与命令以施行法律之权，有代表教皇行使立法权之权。此外其他一切行政权在原则上均由政务总裁代理执行之，但教皇认为必须亲自裁决者，则为例外。此政务总裁直接对教皇负责，由教皇任免之。即教皇之宪兵团亦属其指挥。(三)参政长为教区之谘询人员，直接对教皇负责，凡关于法律所规定者，或遇教皇及政务总裁谘询时，均须贡献意见。(四)司法权由初审法院，圣教法院，圣教最高法院以及临时特别法庭以教皇名义执行之。民事未经规定属于独任推事之案件或关于轻罪裁判之刑事，由初审法院审理之，上诉审判除得向圣教最高法院上诉者外，由圣教法院受理之(民事上独任推事之职务由初审法院院长或由该院长于推事二人中指定一人行使之，刑事上之违警罪则由政务总裁指定行政官吏一人或数人行使之，如依法得提上诉者，其上诉推事为初审法院长或由该院长所指定之推事)。初审法院置院长一人承审推事二人，协审推事一人，院中之预推推事之职务，由院长于每年开始时，就院中推事指定一人充任之。检察官及公诉人，则由圣教法院院长决定之(公诉人须为主教会之律师)圣教法院与圣教最高法院行使梵谛冈教区司法机关之职务时，限于本教区领土以内。(五)一切司法人员之任免权属于教皇，惩罚权则由圣教最高法院行使之。司法机关之出庭与辩护，原则上专属于主教会之律师。(六)无论任何情形，其本人之权利或利益被行政行为损害时，得上诉于教皇，但应由参政长转呈之。又教皇对于任何民刑事案件，得将其预审与判决付诸临时特别法庭，并得以正义审判及判令其不得上诉。(七)大赦特赦及豁免之权，永属于教皇，惟赦免之请求应由参政长转呈之。(八)关于教区之旗职之规定(第十九条)。(九)关于贵族之名称及爵位，向由教廷所遵守之规律与惯例，仍属有效。

【枭(梟)】【史】身首异处悬其首于木竿之上以示众，以其与枭相似，故云。(参枭示条)

【枭(梟)示】【史】枭示者，斩其首，暴其罪，著其名，标之以竿，即其地而悬之，用以示警乎众也。枭示之令本乎周武王伐纣，悬纣之首于白旄，示天下以罪人(一说起于黄帝之斩蚩尤，参枭首条内)。故枭而示之，以大快乎众志。按枭之命名，乃义取乎鸟，枭食母，獍食父，同为贪残自利之物，方枭之初生，母为多方哺食，尽极劬劳，及其羽翼将成，母则目盲力竭，不复能攫取以供，乳枭遂群啄其母以其饱，母不能避，惟坚啮木枝，任其肆食而毙，群枭食尽其母方能奋飞他往，其不尽者惟余一首，空悬木枝之上，此造物祸淫罚恶之阴用，故有莫之为而为者。人主即其义而立枭首之法，以警乎凶恶之甚者。

【枭(梟)鸱】【史】枭之为鸟阴凪鬼魅之属也，大者曰鸱枭，小者曰鸺鹠，虽形有巨细，然贪残则一，因其幼时受母之哺育，及长反残食其母，故称残害父母者为枭鸱。唐律(卷一)释文："枭鸱之鸟，食母高飞，破镜之兽，食父而走。今为子，乃有心谋害父母者，是枭鸱其心也。"

【净(淨)利】【公】公司除开支外所余剩之利益，曰净利，或曰盈余。

【净(淨)运送费】【海】Pure freight　简称曰净运费，谓自总运送费除去航海费后所余之额数也。在运费保险内，列国立法例有仅以总运费为保险标的物者，有仅限于以净运费始得为保险标的物者。我海商法则规定：无论总运费或净运费

均得为保险标的物。(第一五六条)

【汤(湯)镬之罪】【史】谓入釜[①]煮烹之罪也,殷纣时会用之。后人以之指喻惨刑。史记—范睢传:"贾有汤镬之罪。"同书,廉颇蔺相如传:"臣请就汤镬。"

【深刑】【史】深酷之刑罚也。汉书—元帝纪:"上失其道,而绳下以深刑,朕甚痛之。"

【深劾】【史】严行质究其罪谓之深劾。齐书—陵澄传:"诏曰,澄表据多谬,不足深劾,可白衣领职。"

【深室】【史】囚室也。左传:"晋人执卫侯,归之于京师,请置诸深室。"其注曰:"囚室也。"

【混交】【物】Mixture 为固体物之混合,又称混淆。(详混合条内)

【混合】【物】Commixture 为添附之一种,对附合与加工言,即一物与他物附合不能识别或虽能识别而需费用过巨之状态也。混合有二种情形:(一)液体之混合,例如以甲所有之酒与乙所有之酒混合是。又名融合,或称混融。(二)固体之混合,例如甲乙之米互相混合是。又名混交,或称混淆。我国民法规定动产与他人之动产混合不能识别,或能识别需费过巨者,则依其物之价格为所有人之共有物,若能分其主从,则该主物所有人取得混合物之所有权[②]。(第八一三条)

【混合之种类债权】【债】一名限定之种类债权,即当事人于某种类之特定债权,更指定一定之范围以为给付之债权也。例如于特定之羊群中给付一羊之类是。此种债权之性质,有谓系选择债权者,有谓系特定债权者,有谓系种类债权者,赞同第三说者居多,然总应以当事人之意思决定之,方为适当。

【混合犯】(刑)凡同时为政治犯及常事犯者,曰混合犯。即因政治犯而致再犯普通罪名者亦然。

【混合法院】【国公】Mixed court 我国名曰会审公堂,即由法院所在国所选任之法官与外国所选任之法官共同组织而成之法院也。此种法院之设乃依不平等条约之规定,故为畸形之法院组织。

【混合保险】【海】Mixed insurance 为海上保险因当事人自由约定之保险时间而为分类之一种,与航期保险及航程保险相对称,谓同时以一定期间及一度航程为保险期间之保险契约也。例如同时约定自广州到厦门及以半个月为其保险期间是。

【险】又称养老保险,亦为人寿保险之一种,与生存保险死亡保险相对立(Endowment life insurance),谓合生存保险与死亡保险中之定期保险为一定保险也。即于一定有效期内死亡时,或不死亡而生存,均由保险人按照约定予以赔偿,或支付一定金额也。其目的乃在予被保险人以两面之救济。此种保险,我保险法并无规

① 原书为"斧",系排版之误。

② 原书为"人",系排版之误。

定，惟据第一条之条文，法律并不禁止，而且可以适用保险法之规定。

【混合契约】【债】Mixed contract 为无名契约之一，对反典型契约言。即以混合数个有名契约内容之事项为其内容，或以混合有名契约内容之事项，与法律不有规定之事项为其内容之契约也。前者例如对一定金额之给付，约以衣食住行等供给是。后者例如向某甲供给劳务并约其教授语言是。

【混合条件】【民总】Mixed conditions 为条件之一种，对偶成条件与随意条件言，即成就与否乃由当事人一方之意思与第三者之意思相关系之条件也。例如甲对乙约若与丙妇结婚则赠以此宅是，其成立须由乙及第三人(丙妇)均同意是。

【混同】【物】Merger 即不可并存之二资格同集于一人之谓，同一物之所有权及其他物权归属于一人者，其他物权因混同而消灭(民法第七六二条)。例如甲为乙所有土地上之抵押权人，其后一方死亡其他方为继承人时，二权同属于一人，抵押权自应消灭是。又所有权以外之物权及以该物权为标的物之权利归属于一人者，其权利因混同而消灭(第七六三条第一项)。例如甲于某地上享有地上权，复以此权抵押于乙，其后乙由甲取得地上权时，其抵押权即行消灭是。上述为原则，但有例外：(一)其他物权之存续于所有人或第三人有法律上之利益者，不适用上述第一原则(第七六二条但书)。(二)所有权以外之物权，及以此为标的物之权利归并于一人时，若因混同而有碍于权利人或第三人之利益者，亦不适用上述第二原则(第七六三条第二项)。至于所有权或其他之物权与占有权混同时，亦不因混同而消灭，以法律对占有应加保护故也。

【债】Confusion or Merger 为债之消灭原因之一种，即债权与其债务同归一人之事实也。混同不须何项之意思表示，乃因概括继承或特定继承而成立。至混同应为债之关系消灭原因之理由，乃以债务两资格同归属于一人，事实上为权利行使不能之状态，且为债权之观念所不许，故原则上应使债之关系消灭。但有例外二：(1)其债权为他人权利之标的者，例如第三人于其债权上取得质权是。(2)法律另有规定者，例如限定继承是。(民法第三四四条)

【混同主义】【刑】为隔时犯与隔地犯四学说之一，或名行为结果主义说(详该本条)，更名折衷主义。又为刑罚之目的的主义之一，亦称曰折衷主义。(详该本条巳项)

【混淆】【物】Mixture 为固体物之混合，又名混交。(详混合条内)

【混认瞒赃】【史】自己之所有物并非在赃品之中，若乘其物之混乱状态而冒认其为己物者，谓之混认瞒赃，乃属不当得利。六部成语注解：“本非此人之物，冒认以图混乱欺瞒而得此赃物也。”

【混融】【物】Confusion 为液体物之混合，又称融合。(详混合条内)

【混藏寄托】【债】二人以上以同一种类同一品质之物寄托者，于返还时勿需以原物交还，是曰混藏寄托。

【涿鹿】【史】为刑罚之名，谓凿人之类之刑罚也。酉阳杂俎：“尚书刑法考曰，涿鹿者，凿人颡也，黥人者，马羁笮人面也，世谓之刀墨之民。”

【清(湷)丈】【史】与清量(详该本条)同一意义。

【清(湷)之法典】【史】明亡清起,法典之编纂,为数亦复不少,如普通法典中之清会典及清会典事例(均行政法典)及清律例(刑法典),特别法典中之则例、处分则例全书以及中枢政考、科场条例等皆是。清会典计有五种:即康熙会典、雍正会典、乾隆会典、嘉庆会典及光绪会典(详各本条)。清会典事例计有三种:即乾隆会典则例、嘉庆会典事例及光绪会典事例(详各本条)。清律例又曰大清律例,顺治年间翻译明律而成,称曰清律集解附例十卷,康熙年间增入现行则例未果,雍正年间增订之,名曰清律集解,共三十卷,乾隆年间重行辑纂,将定例纂入,计四十七卷,名曰大清律例,嘉庆年间增订条例一千五百七十余条,以律为本,例各随之,是曰大清律例则例(共一八〇卷),光绪二十八年又有大清现行刑律之订定,共三八九条,附例一千三百二十七条。至于则例亦为行政法典,其主要者为户部则例、礼部则例及工部则例(详各本条)。处分则例有吏部处分则例及兵部处分则例二种(详各本条)。法典之以全书名者,计有下列三种:(一)赋役全书。(二)学政全书。(三)漕运全书(详各本条)。此外尚有所谓中枢政书、科场条例、督捕则例、蒙古专例、五军道里表、三流道里表等。(详各本条)

【清(湷)全律歌诀附例】【史】原书仅名全律歌诀附例,为锡山秦伯龙(蛟门)所纂辑,于乾隆五年正月新镌,经粤东抚臬两宪鉴定,不分卷,书首有抚粤使者娄水王謩之全律歌诀序一篇,及广东等处提刑按察使司按察使潘恩榘之律例歌诀序一篇,全书共二十万言。其凡例云,是编因顺叙律文仅能稍为押韵,以便句读,至协律谐声,实有未逮。是编俱遵雍正七年颁行集解附例,将律例俱贯入诀内,因歌诀限于七言,未能包括详尽,故旁注小字,联络其间,以补七言句内未尽之意。兹录律目歌诀于后:吏律职制与公式,户律户役及田宅,婚姻仓库课程连,钱债之后有市廛,礼律祭祀仪制并,兵律宫卫及军政,关津厩牧与邮驿,刑先盗贼后人命,斗殴骂詈诉讼连,受赃诈伪至犯奸,杂犯捕亡并断狱,工律营造河防焉另附录名例律五形条于后:(旁注小字不录)律载常刑共有五,笞杖徒流绞斩称,凌迟枭首五刑外边近充军瘴远分,笞杖折责满四十,旗人徒流枷号行,赎罪须详律与例,例赎银重律赎轻,官员准赎照定例,不应折赎无力均,妇人有力及命妇,例难的决赎收银,老幼废疾天文妇,按律收赎其银轻,妇若犯奸盗不孝,并与无力决其身,奸则去衣饱单决,徒流免刺收赎银,官参婪赃审虚者,徒杖纳赎俱免征,罪若遇赦应减等,仍尽本法不容情。

【清(湷)吏司】【史】明清之吏、户、礼、兵、刑、工等六部之下分为若干清吏司,分掌各该部之事务,与现行官制之行政院各部下之各司相似。在明之吏部有文选清吏司,验封清吏司,稽勋清吏司,考功清吏司。在户部则分为十三清吏司,如江南清吏司,福建清吏司(因时全国仅分为十三行省)。在礼部有仪制清吏司,祭祀清吏司,主客清吏司,精膳清吏司。在兵部有武选清吏司,职方清吏司,车驾清吏司,武库清吏司。在兵部武选清吏司,职方清吏司,车驾清吏司,武库清吏司。在刑部亦分为十三清吏司,以省为名。工部之下则分为四清吏司,即营膳清吏司,虞衡清吏司,都水清吏司,以及屯田清吏司。

【清(淸)律例】【史】清初天聪七年,颁钦定法律。及顺治元年从刑部事中孙襄之请,命法司会同廷臣,详释明律,参酌时宜,著为一书。其后三年五月,吴达海等,撰清律,上之,名曰清律集解附例,凡十卷,顺治三年五月颁行,其颠末,具详大学士刚林奏摺。至康熙九年十二月,刑部尚书事对哈纳,尚书冯溥等,校正旧律,上之。先是刑部衙门奏曰,汉律内,或注解参差,字句讹误,多有遗落,满文律,由汉文律译出,若不明加校正,则定拟罪名,将有轻重不符,于是诏校正之。其后十八年九月降谕,于定律之外,增设条例,谓之现行则例。至二十八年,从台臣盛符升之请,以现行则例,入清律附例,尚书图纳、张玉书等为总裁,四十六年,缮写进呈,后雍正元年,大学士朱轼,尚书查郎阿,奉诏续成律例,五年颁行之,即清律例集解三十卷是也。凡律文四百三十六条,附例八百二十四条,而例之中又分为原例、增例、钦定例。先是律文凡四百五十八条,至是乃改从减省,名例律中,凡减吏卒犯死罪杀害军人在京犯罪军民三条,增天文生有犯一条,此外则职制,减选用军职官吏给由二条,公式则减弃毁制书印信二条中之一条,婚姻则减外番色目人婚姻一条,课程则减盐法十二条中之十一条,宫卫则减冲突仪仗三条中之二条,及悬带关防牌面一条,邮驿则减递送公文三条中之二条。乾降元年,从尚书傅[1]鼐之请,命大学士三泰、徐本等,重辑律例,纂入定例一千四十九条,至五年书成,凡四十七卷,律文四百三十六条,曰大清律例。四十七卷之中,盖律目一卷,图一卷,服制一卷,名例二卷,吏律二卷(职制,公式)。户律八卷(户役,田宅,婚姻,仓库上下,课程,钱债,市廛)。礼律二卷(祭祀,仪制)。兵律五卷(宫卫,军政,关津,厩牧,邮驿)。刑律十五卷(贼盗上中下,人命,斗殴上下,骂詈,诉讼,受赃,诈伪,犯奸,杂奸,捕亡,断狱上下)。工律二卷(营造,河防)。总例七卷,比引条例一卷,自是以五年小修,十年大修之例,而条例屡有纂修矣。例如嘉庆六年曾增定条例为一千五百七十余条,以律为本,例各随之,又以律文简古,恐因解释不同,故增小注以明之。盖律以定罪,而例以辅律,其断罪之法,有例者不引律,有单行章程者则不引例,正律而外尚附有比引律及督捕则例等特别法。道光咸丰年间,亦迭次增修,至同治九年纂竣,例文增至一千九百九十二条,光绪末叶,国势凌弱,遂决意变法革新,例如删除凌迟、枭首、戮尸、缘坐、刺字、变通枷号、革除苛刑、停止刑讯、虚拟死罪之改为流徒皆是。宣统元年修订法律馆(由沈家本、伍廷芳主其事)将大清律例略加修订,名为大清现行律,于二年四月初七日颁行。同时于光绪三十二年即有从事新律之编纂,沈家本主其事,聘日本法学博士冈田朝太郎帮同考订,后经资政院议决,于宣统二年十二月十五日,奉谕公布,名曰大清新刑律,简称曰新刑律(详该本条),惟未施行耳,不久清祚即行告终。按清律例时人注解甚多,列举之如下:"清律笺释(六册),康熙四十四年撰。清律例朱注广案全书(十册),康熙四十五年撰。清律例辑注,康熙五十四年沈之奇撰。清律例汇编,乾隆五十七年王又槐撰。清律例辑注通纂,嘉庆十年胡肇楷撰。清律例统纂集成,嘉庆十六年沈秀水撰。新修律例统纂集成,道光三年姚雨芗撰。清律例按语,道光二十七年潘

① 原书为"传",系排版之误。

德畲撰。清律例刑案新纂集成(二十四册),同治九年胡仰山撰。重修律例统纂集成(二十四册),同治十年任彭年撰。大清律例汇辑便览(四十卷三十二册),同治十一年湖北谳局刊镌。大清律例增修统纂集成(四十卷),督捕则例附纂二卷,光绪四年陶骏陶念霖增修。清律例通考(四十卷),吴坛撰。清律例讲义(六卷),光绪末吉石生撰。大清现行刑律按语,清光绪年间沈家本撰,计四十八册。"

【清(淸)律例根源】【史】共一百二十四卷,为清刑部原本,经裕禄重编。禄满人,号寿尔,光绪年间曾任直隶总督。

【清(淸)律例统纂集成】【史】即大清律例统纂集成,嘉庆十六年沈秀水(之奇)撰。又有新修大清律例统纂集成一书,为道光三年姚雨藥所撰。再次又有新增大清律例统纂集成一书,为同治十年所撰,计二十四册,四十卷。光绪四年武林聚文堂邱君,又约会稽东皋陶骏,及晓篔陶念霖再加增修,谚曰大清律例增修统纂集成,共四十卷,附督捕则例上下二卷,合共二十四本。

【清(淸)律例集解】【史】为清雍正年间所制定颁行之刑法典。(详清律例条内)

【清(淸)律例汇辑便览】【史】又称大清律例汇辑便览,为清同治十一年湖北谳局所汇辑镌行,因当时坊间之律例翻板本字多舛误,特将律例统纂集成一书,详加校正,重为刊订,附载秋审条款、五军三流道里表,并摘录处分暨各部则例、中枢政考、会典通行以及历年比引加减成案,俾便查考。又书中律文系照雍正五年编定门数,共四百三十六门,条例则以同治九年部颁纂修新例为准,仍按统纂集成成式分门别类,细心勘校,律内小注,及原有辑注笺释等项,俱足补律所未备,仍行刊入。吏户兵礼工等部则例虽另有专书,惟律例内有应议罪款兼及文武官处分声明交部照例议处或交部分别议处者,故特将吏部处分则例考证明确分别摘出,录入书之上层,至户礼兵工各部则例及中枢政考、会典等书,有与律例相关者,亦摘录分列上中两层,以资稽考。全书分为三十二本,四十卷,并另附督捕则例上下二卷,及五军道里表与三流道里表。

【清(淸)律集解附例】【史】又曰大清律集解附例,计共十卷,为清朝最初之刑法典,即顺治三年五月所颁布。据世祖章皇帝御制大清律序曰:"朕惟太祖太宗创业东方,民淳法简,大辟之外,惟有鞭笞,朕仰荷天休,抚临中夏,人民既众,情伪多端,每遇奏谳,轻重出入,颇烦拟义,律例未定,有司无所禀承,爰敕法司官广集廷义,详译明律,参以国制,增损剂量,期于平允,书成奏进,朕再三覆阅,仍命内院诸臣,校订妥确,乃允刊布名曰大清律集例附解。……"至撰著之人为刑部尚书吴达海等,其编目为名例律,吏律——职制,公式。户律——户役,田宅,婚姻,仓库,课程,钱债,市廛。礼律——祭祀,仪制。兵律——宫卫,军政,关津,厩牧,邮驿。刑律——贼盗,人命,斗殴,骂詈,诉讼,受赃,诈伪,犯奸,杂犯,捕亡,断狱。工律——营造,河防。律例内容在古今图书集成祥刑典第四十二卷起至四十九卷止可见其全文。

【清(淸)查户口暂行办法】【行】本办法于民国十八年十月三十日公布,全文计十一条，自呈奉国民政府核准公布之日施行。兹举其要点于下：(一)清查户口由县清乡局长督率区乡镇闾邻长切实举行，其未经编制乡镇闾邻者，依旧有组织比照办理。(二)清查户口得用抽查法，由清乡局长指定期间及被查之户，遴员督同该管区长或乡镇闾邻长，切实抽查。如有紧急情形接得密报时，县清乡局长于奉令之日起，即应派员督饬各区长分派各乡镇长率同闾邻长等实施清查，限日竣事，清查后至三个月即须复查一次，以清乡事务完竣为止。至于各县清乡局长亦得迳自清查或派员为之。(三)清查完竣，按邻取具连坐切结(施行连坐之办法)。而在清查时应按户填发门牌，令其悬挂。(四)清查人员如有扶同隐匿不能切实清查，或藉端滋扰者，得由人民告发，一经查实，以渎职论罪。至县清乡局长如有瞻徇玩忽情事，一经发觉，亦应按照情节轻重分别撤惩。

【清(淸)修所】【史】为清时救恤事业所设之机关，收养残废人并救济困苦之行旅人等，多为地方绅士所设立。(清国行政法卷四)

【清(淸)泰编敕】【史】(详后唐之法典条内)

【清(淸)泰编敕】【史】清泰为后唐愍帝年号。此项编敕共三十卷，凡三百九十四道，为清泰二年(西历九三五年)后唐御史中丞卢损等所撰。五代会要卷九曰：“清泰二年四月，御史中丞卢损等，进清泰元年以前十一年内制敕可久远施行者，凡三百九十四道，编为三十卷，其不中选者，各令本司对闭，不得行用，敕付御史台颁行。”

【清(淸)现行刑律】【史】又曰大清现行刑律，清光绪二十八年派沈家本伍廷芳修订法律，刑部恐新律捍格难行，拟将清律例(即大清律例)先行删改，以供过渡时期之用，先交刑部修正，后改由法律馆主持办理，计删除三百四十五条，于光绪三十四年告竣，称曰大清现行刑律，于宣统二年四月初七日颁行。其内容有三特点：(一)凌迟、戮尸、枭首等三项刑名概行废弃，而缘坐刺字之法亦行免除。(二)刑讯制度之停止，笞杖改为罚金，无力完纳，折改工作。(三)吏户礼工兵刑等六曹之总目废除而分为三十门，共三八九条，附例一三二七条，共三十六卷，卷首为律目、服制图、服制，卷一名例上，卷二名例下，卷三职制，卷四公式，卷五户役，卷六田宅，卷七婚姻，卷八仓库上，卷九仓库下，卷十课程，卷十一钱债，卷十二市廛，卷十三祭祀，卷十四礼制，卷十五宫卫，卷十六军政，卷十七关津，卷十八厩牧，卷十九邮驿，卷二十贼盗上，卷二十一贼盗中，卷二十二贼盗下，卷二十三人命，卷二十四斗殴上，卷二十五斗殴下，卷二十六骂詈，卷二十七诉讼，卷二十八受赃，卷二十九诈伪，卷三十犯奸，卷三十一杂犯，卷三十二捕亡，卷三十三断狱上，卷三十四断狱下，卷三十五营造，卷三十六河防。附禁烟条例(共十二条)，秋审条款(共一六五条)。

【清(淸)量】【史】对私人所有之土地就其种类及面积加以查定，谓之清量，又曰清丈，即土地调查之谓也。

【清(淸)新刑律】【史】又曰大清新刑律，简称曰新刑律。(详该本条)

【清(淸)会典】【史】为清行政法典之一。清代会典，前后凡五经编修，其在康熙二十九年编修者,曰康熙会典。雍正五年续修者,曰雍正续修会典。乾隆二十九年续修者,曰乾隆会典。嘉庆十八年续修者,曰嘉庆续修会典。光绪二十五年续修者,曰光绪会典。以上五种会典(详各本条)虽不无互有异同,然亦惟删修增补而已,并非改作其体裁也。至光绪会典,殆全部沿袭嘉庆会典,不过稍加增改耳。

【清(淸)算】【民总】Liquidation 即以消灭被解散法人之法律关系为标的之程序也。详言之,即以偿还法人之债务,及取得债权了结现务,并移交其剩余财产于应得者之行为也。此项行为之适用,以因破产以外原因解散之法人为限。执行清算职务者,以董事充任为原则,但由章程有特别规定或有总会之决议者,不在此限。至不能依上述方法选任时,法院得因利害关系人之声请选任之,如清院认为必要时且得解除之(民法第三、七、八、九条)。清算人之职务为了结现务,收取债权,清偿债务,及移交余剩财产(第四〇条)。清算之程序除民法总则有规定外,准用股份有限公司清算之规定(第四一条)。在清算期间中法院得加以监督及检查,清算人有违抗者,应处以五百元以下之罚锾。(第四二、第四三条)清算手续一经完结,算清人之职务亦即完了,而法人亦即完全消灭,其应履行消灭登记自不待言。

【公】所谓清算,即清理之谓,公司解散后清理残余事务也。无限公司之清算可分为二:(1)任意清算。(2)法定清算(详各本条)。清算人之种类有三:(1)选任清算人。(2)法定清算人。(3)选派清算人(详各本条)。至其职务与民法总则规定者同。在执行职务时有代表公司为一切行为之权,就任后应检查公司财产情形,并应以公告方法催告债权人报明债权,公司财产不足清偿债务时,应即声请宣告破产。至清偿时须先及债务然后分配各股东,清算完结后十五日内应造具报告书,关交各股东,并须向法院呈报。又公司账簿及关于营业与清算事务之文件,自清算完结时起应保存十年之久。此外清算人之就任与解任,均须向法院呈报(公司法第五二条—六八条)。以上所述为无限公司之清算。至两合公司之清算人于公司解散后,得由无限责任股东过半数之决议选任之(解任亦同)。若未经选任时则由全体无限责任股东任之。至其程序与解任程序均与无限公司之规定同(公司法第八五—八六条)。股份有限公司之解散,除合并及破产外,须行清算,其清算仅有法定清算一种(第二〇五条)。清算人则有三种:(1)法定清算人。(2)选任清算人。(3)选派清算人(详各本条)。清算人职务:(1)检查公司财产情形,提交股东会请求承认。(2)清偿债务。(3)分配余剩财产,先及优先股,次按各股东所缴股款之数额比例分配(第二一〇条)。(4)清算完结后造具簿册文件,提出股东会请求承认(第二一一条)。此外关于公司簿记及文册,应自清算完结呈请登记后保存十年,其保存人由法院指定之(第二一二条)。清算完结后如有可以分派之财产,法院得选派清算人重行分派(第二一三条)。其他一切均准用关于无限公司之规定。(第二一四条)

【清(淸)算人】【民总】【公】Liquidator 所谓清算人,乃指在公司解散后办理其财产之清算事宜之人而言。(参清算条内)

【清(淸)算法人】【民总】Liquidatory juristic person 即法人于解散宣告后直至清逄终结止之期间内之名称，但不过为学者之命名而已。至其性质，学者多主张该法人之本身与未解散前之法人无异，仅其权利能力不能从事于生产方面而已。

【清(淸)算费用】【公】Expense of liquidation 即清算人办理清算事宜所需用之经费也。有优先于其他债务而受支付之权。(参清算条内)

【清(淸)节堂】【史】清时，各省各地有清节堂之设置，收养守节独居之寡妇，每月给予钱米若干，以保护及奖励为目的，一切费用皆出于地方有志者之义捐。(禹域通纂卷下百一丁)

【清(淸)偿】【债】Fulfilment or Satisfaction solution 为债之消灭原因之一，即依债务本旨之给付行为为要素以消灭债之关系之行为也。清偿行为究系法律行为乎，学者间大有议论，多数均主张否定说。清偿与履行及给付之意义相似，但履行或给付乃就债之效力方面言，而清偿则从债之消灭方面言。清偿地(又名给付地或履行地)除(甲)法律另有规定者。(乙)契约另有订定者。(丙)另有习惯者。(丁)依债之性质或其他情形而能决定者外，应依下列二种标准以决定之:(a)特定物之债以订约时，其物之所在地为清偿地。(b)通常之债以债权人之住所地为清偿地(第三一四条)。清偿期(又称履行期或给付时期)有定期与不定期之别。后者除(甲)法律另有规定者。(乙)契约另有订定者。(丙)依债之性质或其他情形可以决定者外，应依下列之规定:(a)债权人得随时请求清偿。(b)债务人亦得随时为清偿。前者民法为贯彻扶植经济弱者之精神起见，对债权人之期前请求清偿加以禁止，对债务人之期前清偿，则以无反对之意思表示为限，予以许可。此外关于清偿之费用，以由债务人负担为原则，但有下列例外:(1)法律另有规定者从其规定。(2)契约另有订定者亦从之。(3)债权人变更住所或其他行为致增加清偿费用者，则此项增加费应由债权人担负之(第三一七条)。关于清偿之效力乃使债之关系消灭，故清偿人对于受领清偿，得请求给与受领证书(第三二四条—三二五条)，以资证明。

【清(淸)偿人】【债】Person making performance fulfilment 谓实行清偿债务之主体也，民法规定以债务人为原则。但(1)债务人之代理人。(2)第三人，亦得为清偿人。所谓第三人，指债权人及其继承人以外之人而言。至第三人有下列情形者，仍不得为清偿人:(1)债务之性质不许第三人清偿者。(2)当事人有反对之意思表示者。(3)无利害关系之第三人反于债权人及债务人之意思者(参第三一一条)。又有利害关系之第三人为清偿人时，得按其限度就债权人之权利以自己之名义代位行使，但以不损害债权人之利益为限。(第三一二条)

【清(淸)偿之抵充】【债】Imputation of payment 又称债务抵充，或清偿之充当，即债务人向同一债权人负担同种标的之数宗给付，因其为清偿所提出之给付不足消灭全部债额时，而决定抵充其清偿之一部债务之谓也(民法第三二一条)。例如甲先向乙借款五百元，后复借五百元，嗣甲还洋五百元，则此清偿系抵充先借者抑系抵充后借者是。按抵充之方法有三:(1)有契约订定抵充者,从其订定。(2)清偿人指定抵充者(第三二一条)。(3)法律上规定抵充者——即清偿人不指定时,应依法律上之下列规定:(甲)债务已届清偿期者,尽先抵充。(乙)债务均已届清偿期或均未届清偿期者,以债务之担保最少者尽先抵充,担保相等者,以债务人因清偿而获益最多者尽先抵充,获益相等者,以先到期之债务尽先抵充。(丙)获益及清偿期均相等者,各按比例抵充其一部(第三二二条)。又清偿人所提出之给付,应先抵充费用,次充利息,再次充源本。(第三二三条)

【清(淸)偿地】【债】Place for performance　即履行地之别称。(详履行地条内)

【清(淸)偿受领人】【债】Person accepting fulfilment performance　又名受领权人,即享受因清偿债务时所为给付之利益之人也。民法规定清偿非向有受领权人为之,不生清偿效力(参第三〇九条)。所谓受领权人,以债权人及其代理人为原则。至债权人受扣押之时,或受破产宣告之时,或受假扣押执行之时,或受禁止处分转付命令并停止支付之时,仍不得为清偿受领人。此外(甲)凡持有债权人签名之收据之人。(乙)向第三人清偿经其受领而有下列情形之一者,亦得为清偿受领人(即受领权人):(a)经债权人承认者。(b)于受领后取得其债权者。(c)受领人系债权之准占有人者。(d)债权人因而受利益者。(第三一一条)

【清(淸)偿承担】【债】Assumption of fulfilment　又名债务之承担(详该本条),更称免责之债务承担。

【清(淸)偿期】【债】Time of payment　又称曰履行期。(详该本条)

【清(淸)偿债务之费用】【债】Expense of performance　即债务人履行债务时所需用之经费也。例如物品运送费、邮费、汇费、纳税费等皆是。此项费用除法律另有规定或契约另有订定外,应由债务人负担,但因债权人变更住所或其他行为致增加清偿费用者,其增加之部分,则应由债权人负担之。(民法第三一七条)

【淳化编敕】【史】为宋法典之一。太宗端拱二年十月,诏翰林学士宋白等,详定端拱以前诏敕,及淳化二年三月,白等上淳化编敕二十五卷,诏翰林承旨苏易简等重加详定,至五年八月告成,上之,名重删定淳化编敕,凡三十卷。或曰,淳化二年八月,右谏议大夫判审刑院许骧,上新定编敕三十卷,上其以滋章烦碎,因命重加删定,付有司颁行。

【淳佑敕令格式】【史】(详开禧敕令格式条内)

【淳佑重修敕令格式】【史】宋之法典之一,为淳佑(理宗年号)二年(西历一二四二年)所制定者,计四百三十卷,此为宋法典之最后之修正,此后无所更定矣。宋史刑法志:"理宗宝庆初敕令所言,自庆元新书之行,今二十九年。……或旧法赅括未尽,文意未明,须用续降参酌者,或旧法元无,而后因事立为成法者,或已有旧法而续降不必引用者,或一时权宜而不可为常法者,条目滋繁,无所遵守,乞改定之。淳佑二年四月敕令所上,其书名淳佑敕令格式。十一年又取庆元法与淳佑新书删润,其间修改者四十条,创入者四百条,增入者五十条,删去者十七条,为四百三十卷。"

【淳佑条法事类】【史】为宋淳佑十一年四月间所制定者，计四百三十卷，事见续通典(卷百七)内。

【淳熙吏部条法总类】【史】为宋法典之一。淳熙吏部条法总类者，孝宗淳熙三年三月，参政茂良等所撰，凡四十卷，六十八类，三十门。

【淳熙敕令格式】【史】为宋法典之一。淳熙三年，以乾道新书编削未尽，诏刊修之，及四年八月三日，上淳熙重修敕令格式，凡二百四十八卷，此敕令格式，略见于嘉泰中从政郎董煟所撰救荒活民书中，先是二年十二月，参政龚茂良等，亦撰有吏部格式敕令申明凡一千五百册云。

【淳熙条法事类】【史】为宋法典之一。淳熙条法事类者，淳熙七年五月敕局官所撰，凡四百二十卷，总门三十三，别门四百二十，体例仿吏部七司，条法总类，随事分门。建炎以来朝野杂记甲集卷四曰，淳熙事类，孝宗时所修也。国初但有刑统，谓之律，后有敕令格式，然士大夫罕通法律，而数书散漫，故吏得以舞文，上虑之，淳熙中始命敕令格式及申明五书，分门采上，七年四月，乃成，为总门三十三，别门四百二十，诏颁行之，赐名淳熙事类。

【淑人】【史】为妇人封赠之号，宋政和中以命妇封某郡君或某县君为不当，于是定制执政以上之妇人封为夫人，尚书以上者，封为淑人，元无此称，明清则以三品之妻封为淑人。

【淑容】【史】为女官之名，与淑仪同。事物纪原(卷一)："南史又曰，魏明帝泰始二年置淑容，自后或置或否，逮于国初，亦省不置，大中祥符中与淑容同，真宗增置也。"

【淑问汇编】【史】六卷，为明李天麟所撰。天麟字公振，万历间进士，官至湖广巡按御史。

【淑媛】【史】为女官之名，三国时代，其秩与御史等，齐时则为九嫔之一。

【淑仪】【史】女官，为九嫔之一，位视九卿，始于晋武帝。事物纪原(卷一)："南史后妃传叙曰，晋武帝初置淑仪为九嫔，视九卿。唐百官志注云，明皇开元中置六仪，其一曰淑仪，用晋事(中略)。宋朝会要云，真宗大中祥符六年正月二十一日，又增置淑仪官也。"

【淹禁】【史】未决囚之判决及已决囚之执行，应于一定期限内为之，如法官仍使之淹滞于狱内者，谓之淹禁，法律设有制裁明文，明律(卷二十八)刑律断狱篇——淹禁条："凡狱囚情犯已完，监察御史提刑按察司审录无冤，别无追勘事理，应断决者，限三日内断决，应起发者，限二十日内起发。若限外不断决，不起发者，当该官吏三日笞二十，每三日加一等，罪止杖六十，因而淹禁致死者，若囚该死罪杖六十，流罪杖八十，徒罪杖一百，杖罪以下杖六十，徒一年。"清律(卷三十四)之规定亦同，惟将"监察御史"改为"法司督抚"耳。

【淫刑】【史】滥用刑罚谓之淫刑。左传："淫刑以逞，谁则无罪。"唐书—陈子贡传："明讼恤狱，以见淫刑。"

【添附】【物】Accession 即一物之合有他人之物，或加工作于他人之物而取得物之所有权之方法之总称也。为动产所有权取得方法之一。添附之种类有三：(1)附合。(2)混合。(3)加工(详各本条)。添附之效果关于物权者，据我国民法规定，因添附而动产旧所有人之所有权消灭时，则存于该动产上之其他权利亦消灭(第八一五条)。关于债权者则凡因添附受损失者，得依关于不当利得之规定请求偿金。(第八一六条)

【烽候不警】【史】烽候者，谓在边境所筑以连接京师而于寇敌来犯时举烽火以示警也。其先后举火次序，均有定式，若候望不举，则为不警，应受处罚。唐律(卷八)卫禁篇有烽候不警条："诸烽候不警，令寇贼犯边，及应举烽燧而不举，应放多烽而放少烽者，各徒二年。"疏议曰："烽候，谓从缘边置烽，连于京邑，烽燧相应，以备非常，放烽多少，具在别式，候望不举，是名不警，若令蕃寇犯塞，外贼入边，及应举烽燧而不举，应放多烽而放少烽者，各徒三年。"同条又曰："若放烽已讫，而前烽不举，不即往告者，罪亦如之，以故陷败户口军人城戍者，绞。即不应举烽燧而举，若应放少烽而放多烽，及绕烽二里内，辄放烟火者，各徒一年。"

【烹刑】【史】谓以沸水烹人而杀之之刑也，汉时屡用之，所谓鼎镬之刑是也。又曰镬烹。直道录(明时，释袾宏所撰)载曰："呜呼烹刑，起于何时乎，郦生说齐王下之，淮阴进兵齐王怒烹郦生。韩生讥项王沐猴而冠，项王怒烹韩生。"

【烹醢】【史】谓惨杀人之义也。史记—鲁仲连传："吾将使秦王烹醢梁王。"

【爽鸠要录】【史】二卷，清蒋超伯撰，事见清史稿艺文志法家类。

【牵(牽)连犯】【刑】以犯一罪之方法或其结果，而犯他项罪名者，曰牵连犯，从一罪处断(刑法第七十四条后半)。换言之，即事实上有数个犯罪行为存在，法律不认此项行为为独立罪，只以一罪视之是也。其情形有二：(1)以犯一个犯罪之目的而为犯罪行为，其所用方法触犯他项罪名致发生其他犯罪事实。例如行使伪造私文书，欺罔他人骗取财物，即诈欺取财罪之行为方法，触犯行使伪造文书之罪名是。(2)以犯一个犯罪之目的而为犯罪行为，犯罪后复为一定的结果行为，触犯他项罪名致发生其他犯罪事实。例如伪造货币而行使之，即行使伪币为伪造货币之结果行为。又如输入鸦片而贩卖之，即贩卖为输入之结果行为是。牵连犯之处断不论结盟果行为重于手段行为，抑手段行为重于结果行为，均从一重处断。牵连犯与结合犯之区别。(详结合犯条)

【牵(牽)连案件】【民刑诉】Sachzusammenhang (德) (详牵连管辖条内)

【牵(牽)连管辖】【刑诉】Competency per connexionem 谓法院对于二以上案件互相牵连时之管辖也。其案件则曰牵连案件。共有五种：(1)一人犯数罪者。(2)数人共同犯罪者。(3)数人同谋犯罪者。(4)数人同时在同一处所各别犯罪者。(5)犯藏匿罪人及湮灭证据伪证赃物罪者。我刑诉法特设下列合并管辖之规定：(1)属于二以上之同级法院时如未受理，则由其中一法院并合受理之。如已各别受理得经各该法院及检察官之同意，由其中一法院受理之。不同意者，得由共同之上级法院命令其中一法院受理之。(2)属于二以上不同级法院时,如未受理则由上级法院并合受理之。如已各别受理,该上级法院得命下级法院将案件移送上级法院受理之。其下级法院不在该上级法院管辖之下,得经各该法院及检察官之同意,由上级法院并合受理之。不同意者,得由共同之上级法院命将案件移送上级法院并案受理。以上所述,乃因便利起见,如有反生不便时,仍以由各法院分别受理为妥(第一五一一七条)。至其已经过之诉讼程序,为节省手续起见,法律认为有效,当事人勿须另行起诉。

【率】【史】汉制未满十岁者犯罪,课其监护人或其父兄以责任,谓之率。汉书一万石君传:"孤儿幼年,未满十岁无罪而坐率。"注曰:"服虔曰,率坐刑法也。如淳曰,率家长也。师古曰,幼年无罪,坐为父兄所率,而并徒,如说近之。"

【率更】【史】为汉时太子附属之官,掌知漏刻(时计)之事。汉书一百官公卿表:"太子率更家令云云。"颜师古注:"掌知刻漏,故曰率更。"后世因之。唐之欧阳询尝为率更令,故其书体称曰率更体。

【率敛监临财物】【史】率敛者谓以身率人或以取财物馈遗于人也,虽不入于己,亦应论罪。唐律(卷十一)职制篇有率敛监临财物条之设:"诸率敛所监临财物馈遗人者,虽不入己,以受所监临财物证。"疏议曰:"准敛者,谓率人敛物,或以身率人,以取财物馈遗人者,虽不入己,并倍以受所监临财物论。若自入者,同乞取法,既是率敛之物,与者不合有罪,其物还主。"

【现(現)任官辄自立碑】【史】现任官即有善政,分所当然,亦不得自行立碑建祠,以贻钓名沾利之讥,违者处刑。至于遣人妄为保称贤能之事,而申奏于上,亦当该官吏之所为,仍加处罚。明律(卷十二)、清律(卷十七)均有现任官辄自立碑之条,内容相同。清律原文及其下注:"凡现任官实无政迹,(于所部内)辄自立碑建祠者,杖一百,若遣人妄称己善,申请于上(而为之立碑建祠)者,杖八十,受遣之人,各减一等(碑祠拆毁)。"清律之总注:"立碑以纪功,建祠以报德,皆在任时,实有善政,去任后,民不能忘,思慕爱戴之所为,非现任官实无政迹者,可以粉饰,辄自立碑也,故杖一百。若欲立碑建祠,而遣人妄称己善,以申请于上,与辄自立建之全无顾忌者,有间,故杖八十,受遣之人,原非本意,不合顺从,故减一等。"

【现(現)在地】【民总】指人现在所停驻之地而言。自交通发达以来,人之来往无定,其现在所停驻之地常在住所以外,故与住所不同。

【现(現)在给付之诉】【民诉】(详给付之诉条内)与将来给付之诉相对称。

【现(現)存主义】【海】Rettung nach dem opfer(德) 为残存主义之别称。(详残存主义条内)

【现(現)行犯】【刑】Fragrant delict 凡在犯罪行为实施时或方终了时被发觉者,曰现行犯,对非现行犯言。故仍在犯所时不论何人均得不用拘票迳行逮捕。

【现(現)行法】【通】Law in force; law in operation 现在继续施行而有效力之法规,曰现行法。即命令规则凡经国家公布续继有效者,皆包括在内。

【现(現)行则例】【史】又曰刑部现行则例,为清之法典之一。依古今图书集成祥刑典第五十九卷所载刑部衙门之奏疏曰："……题为钦奉上谕事，康熙十八年九月四日，奉上谕谕刑部，国家设立法制，原以禁暴止奸，安全良善。……乃近来犯法者多，而奸宄未见衰止，人命关系重大，朕心深用恻然，其定律之外，所有条例如罪不至死而新例议死，或情罪原轻而新例过严者，应去应存，著九卿詹事科道会同详加酌定确议具奏，特谕钦此。臣等将刑部现行条例内罪不至死者，新例议死，或情罪本轻而新条例过严，或律虽有正条情事可恶，因时事斟酌所定之例，或应照律者，将例删去，照律遵行，逐件详核，分别应减应留，除不便改者不题外，其所更改条例谨缮册进呈御览，候命下之日刊刻通行遵行，凡未完事件，俱以奉旨之日为始照此例遵行等因，康熙十九年四月二十四日题，二十七日奉旨依议册并发。"又据律例馆总裁三泰等奏疏谓："……圣祖仁皇帝康熙九年命大学士管刑部尚书事对喀纳等复行校正（按即校正顺治间所颁行之清律集解附例）。十八年特谕刑部将定律之外所有条例，应去应存，详加酌定刊刻通行，名为现行则例。二十八年准台臣盛符升奏请将现行则例载入大清律条例内，命尚书图纳张玉书等为总裁，至四十六年缮写进呈留览未发。世宗宪皇雍正元年命大学士朱轼尚书查郎阿等为总裁，于应增应减之处再行详加分晰作速修完，至雍正五年奏准颁行。"（按此即清律例集解）。据此是现行则例之单独施行，乃自康熙十八年（西历一六七九年）起至雍正五年（西历一七二七年）之清律例集解公布时为止也，为时历四十八年云。其篇目及条数如下：（一）名例篇——十恶干连不赦条至习天文条止共四十三条。（二）职制篇——科场作弊条至婪赃复人衙门条止共三条。（三）公式篇——在京事件限期条至汉军革职等官回旗条共十六条。（四）户役篇——买人未用印信条至满洲人不许卖与汉军民人条共九条。（五）田宅篇——仅有抗粮不完一条。（六）婚姻篇——出妻条至投充人妾聘嫁条共四条。（七）仓库篇——隐匿逆本条至承派官处分条共七条。（八）课程篇——仅有兴贩私盐一条。（九）钱债篇——旗下人出境放债条至外省驻防旗人放债条三条。（十）市廛篇——仵作行分地界条至霸占要地生理条共五条。（十一）祭祀篇——禁端公道士条至喇嘛容留妇女条共四条。（十二）仪制篇——擅用线缨条至跟役冲突拥挤条共五条。（十三）宫卫篇——午门等门诉告条至紫禁城内骑马条共六条。（十四）军政篇——猎场法令条至领兵将军等扰害良民条共三条。（十五）关津篇——拿获奸细放火之人条至无票私自出口条共五条。（十六）厩牧篇——马匹不按时喂饮条及旗下各屯人等马匹令其用印条共二条。（十七）邮驿篇——断出为民递解条至私索民夫等项条共五条。（十八）贼盗篇——强盗赔偿赃物条至奴仆掘家长坟墓条共五十四条。（十九）人命篇——捕役误杀人条至打死他人奴仆条共八条。（二十）斗殴篇——殴死本宗缌麻亲属条及僧人杀师条共二条。（二十一）诉讼篇——农忙停讼条至散帖控告匿名揭帖条共十五条。（二十二）受赃篇——访拿蠹役条至延挨热审条共八条。（二十三）诈伪篇——私铸钱条至采铜条共六条。（二十四）犯奸篇——奸情条至买良为娼条共五条。（二十五）杂犯篇——畝血焚表条至查拿吃烟条共九条。（二十六）捕亡篇——仅有缉拿已满三年一条。（二十七）断狱篇——乱用夹棍条至斋戒条共五十条。（二十八）营造篇——弓箭擅改式样条及私铸红衣炮条共二条。

【现(現)役】【行】Active service 谓现在军队中服兵役也。在此服役中之人员,则称曰现役人员。

【现(現)役人员】【刑】现在继续服兵役中之人员,谓之现役人员。

【现(現)物出资】【公】公司股东之出资,如系以金钱以外之财产作抵为股银者,称曰现物出资。(参出资条内)

【现(現)物买卖】【债】Purchase and sale by delivery 为买卖分类之一种,对货样买卖言,谓买卖时即行点交其物于买受人也。与货样买卖之区别,乃以买卖标的物是否与买受人即行交接为标准。

【现(現)金买卖】【债】Purchase and sale by cash 又名现买卖。(详该本条)

【现(現)务】【民总】Pending business 谓现在继续执行中之事务也。(详了结现务条内)

【现(現)买卖】【债】Purchase and sale by cash 又称现金买卖,为买卖分类之一种,与赊买卖前付买卖相对称,即出卖人之移转权利,与支付价金同时之谓也。与赊买卖前付买卖之区别,以支付价金与移转买卖物品之时期是否相同或先后为标准。

【现(現)实主义】【刑】乃犯罪为科刑条件三学说中之一,对表征主义与折衷主义言。即凡个人行为有害及社会利益者,国家得予以科罚,犯人之心理状态如何均所不问,仅以外部行为为限,盖即仅依犯人之实现行为为科刑之基础也。我国刑法不采用之。

【现(現)实行为】【民总】为法律行为之一,对非现实行为言,谓于意思表示之外尚须有交付始能成立之法律行为也。例如寄托须以物交付对方是。现实行为与非现实行为之区别,乃以意思表示外是否尚须具备其他要素方能成立为标准。

【现(現)实法】【通】Positive law 以人工制定之法规,曰现实法,又称人定法。

【现(現)实法学】【通】Science of positive law 所谓现实法学,乃指以人为法(即制定法)为研究对象之学科而言也。

【现(現)实要约】【债】为要约之一。所谓现实要约,即与要约同时附送目的物,或有未为特别要约而仅直接送附物品以为要约者,通常被要约之人勿须担负受领其物品或保管之之义务。

【理材正辞】【史】理材正辞一语,出自易经系辞传。材与财通,节用财物以计生活之安定,曰理财,正号令之辞以制民之中,曰正辞。唐律(卷一)名例篇:“易曰,理材正辞,禁人为非曰义。”其注:“此周易下系之辞也。孔颖达疏曰,言对人治理其财,用之有节,正是号令之辞,出之以理,禁约其民为非僻之事,勿使行恶事,谓之义。义,宜也,言以此行之,得其宜也。”

【理事】【劳】Directors 为工会职员之一种,即对内处理工会一切事务,对外代表工会之机关也。因其为执行机关,故为工会所必须设置者,与监事之得以任意设置者不同,乃由会员中选任之。但有必要时经主管官署之认可,得选非工会会员任之。理事有正式与候补之别，前者为五人至九人，后者不得逾四人，任期均为一年，连选者得连任之。（工会法第十一条，施行法第十四—十九条）

【行】为渔会职员之一种，以由会员中选任之为原则，乃为处理会内一切事务及对外之代表而设。（渔会法第八条）

【理官】【史】尧舜以前之法官，谓之理官，又曰李官。至尧舜始称士，周时改曰司寇。历代职官表之按曰："孔安国传以士为理官。"

【理问】【史】为元代各行省掌理裁判之官吏之称。按元代各行省有理问所，置理问及副理问二官，明改行省为布政司，理问之官仍依其旧，清亦因之。

【理想分割说】【物】为分别共有性质学说之一。谓各分别共有人于其共有物中各享有理想的部分，而有其所有权之谓，因其每与事实上所有权不相吻合，故本说亦不足采。

【理对】【史】理者代理也，对者，谓于裁判开始时由其家属出而代本人为答辩也。明律（卷二十二）、清律（卷三十）刑律诉讼篇——官吏词讼家人诉之条："凡官吏有争论婚姻钱债田土等事，听令家人告官理对。"

【理藩院】【史】为清时掌内外蒙古、回疆、西藏之政令之机关，尚书满洲一人，左侍郎满洲一人，右侍郎满洲一人，额外侍郎蒙古一人。掌外藩之政令，制其爵禄，定其朝会，正其刑罚，尚书侍郎率其属以定议，大事上之，小事则行，以布国之威德。光绪三十二年中央官制革新，改理藩院为理藩部，其职制大抵仍袭其旧。

【理藩部】【史】（详理藩院条内）

【产（產）物】【民总】又曰天然孳息。（详该本条）

【产（產）婆】【行】Midwife　又名接生婆（详该本条），为日本之名辞。

【产（產）业民主制】【劳】Industrial democratic system　所谓产业民主制，乃指生产工人对于该项产业工厂，或其他附属机关，有参与管理，或直接握有统制之权之制度而言。近世各国虽亦有行之者，惟并非全然予工人以管理之权，故未能贯彻此制之初旨。我工厂法虽无此种明文，但关于工厂会议之规定，颇有采取此种制度之趋向。（参工厂会议条）

【产（產）业别工会】【劳】Industrial labor union　为工会之一种，与职业别工会相对立，即以一种产业为单位所组成之工会。凡在一种产业系统下有利益关系之工人，均可合组工会。例如金属业工会，举凡金业工，银业工，铁业工，铜业工，锡业工，皆可加入是也。

【产（產）业组织】【劳】以产业别为单位之组织，称曰产业组织。（参产业别工会条）

【产（產）业警察】【行】Industrial police　凡以保护产业为目的而设之警察，称曰产业警察。如农业警察、工业警察、商业警察、森林警察、畜牧警察、矿业警察、渔业警察及狩猎警察等皆属之。

【略人略卖人】【史】略人者，谓以方略诱取人也，兼有哄骗之意。略卖人者，谓以方略诱取他人而后价卖与人也。明律(卷十八)刑律贼盗篇有略人略卖人之条。至于和诱之情形,亦设有明文在内。清律(卷二十五)刑律贼盗篇亦有同一之条文,其内容均相类似。兹举清律之条文与注于下:“凡设方略而诱取良人(为奴婢)及略卖良人(与人)为奴婢者,皆(不分首从,未卖)杖一百,流三千里。为妻妾子孙者,(造意)杖二百,徒三年。因(诱卖不从)而伤(被略之)人者绞(监候),杀人者斩(监候,为从各减一等)。被略之人不坐,给亲完聚。若假以乞养过房为名,买良家子女转卖者,罪亦如之(不得引例,若买来长成而卖者,难同此律)。若和同相诱,(取在已)存(两)相(情愿),卖良人为奴婢者,杖一百徒三年。为妻妾子孙者,杖九十徒二年半,被诱之人减一等(仍改正给新)。未卖者,各减(已卖)一等。十岁以下,虽和亦同略诱法(被诱略者不坐)。若略卖和诱他人奴婢者,各减略卖和诱良人罪一等。若略卖子孙为奴婢者,杖八十。弟妹及侄,侄孙外孙,若已之妾,子孙之妇者,杖八十徒二年。(略卖)子孙之妾减二等。同堂弟妹,堂侄及侄孙者,杖九十徒二年半。和卖者减(略卖)一等。未卖者,又减(已卖)一等。被卖卑幼(虽和同,以听从家长)。不坐,给亲皖聚。其(和略)卖妻为婢,及卖大功以下(尊卑)亲,为奴婢者,各从凡人和略法。若(受寄所卖人口之)窝主,及买者,知情并与犯人同罪(至死减一等),牙保,各减(犯人)一等,并追价入官,不知者俱不坐,追价还主。”清律之辑注曰:“首三节,皆以凡人言,第四节以凡人奴婢言,第五节六节以子孙妻妾亲属言,末节,以窝主买主牙保等总承前条言之。”同律辑注曰:“惟首节诱取略卖为奴婢,次节乞养转卖奴婢,四节略卖他人奴婢为奴婢者,不分首从,其余皆分首从科之。”同律辑注又曰:“本条题目略人略赏内曰,设方略而诱取,曰略卖,曰被略,曰和同相诱,曰相卖,曰被诱,曰略诱,曰和诱,字面恭错不一,律文简严,或互文见意,或举此该彼,当随上下文义恭看。”同律辑注曰:“略必兼诱,而诱必有引导之事,诓骗之言,即所设之方略也。既曰和同,又曰相诱,则相诱之中,亦即有方略矣。略与和必从彼略被诱人推勘,为奴婢妻妾子孙,其人始而不知,后非情愿者,略诱也。先与言明,后复情愿者,和诱也。此被诱之人亦必有贪恋所欲之情,规求非分之事,故比相诱人之罪,止减一等也。十岁以下幼稚无知,虽与和同,亦是略诱。按奸十二岁幼女者,虽和同强论,与此义同,而论年各异。然十二三岁愚蒙子女,为奸人欺罔,与之和同被诱者甚多,似当斟酌科之。纵可宽相诱之人,而被诱减等之罪,虽系收赎,亦应原之。”

【略式承兑】【票】为承兑之一种,与正式承兑相对立,谓于承总时付款人仅在票面签名也。法律亦认之为承兑。(票据法第四十条第二项)

【略式背书】【票】Blank indorsement　为固有背书之一种,对正式背书言,又名空白背书,或无记名背书。谓背书人于票据上除有背书人之签名及背书年月日外,并无记载被背书人姓名或商号之背书也(票据法第二八条第二项)。此种背书之汇票,为流通便利计,得以交付转让之,即执票人以略式背书改为正式背书(填写自己姓名)。或记载被背书人姓名或商号转让之,亦无不可,所以图实际之便利也(第二十九条、第三〇条)。法律之认略正背书制度,其理由有三:(一)转让票据得以自由为之。(二)背书人可以免除责任。(三)偿还请求之范围得以减少,俾追索权易于行使。

【略和诱人】【史】以强制手段及甘言巧语诱人合称曰略和诱人。唐律(卷四)名例篇有略和诱人之条:“诸略和诱人,若和同相卖,及略和诱部曲奴婢,若嫁卖之,即知情娶买。”疏议曰:“不和为略,前已解讫,和诱者,谓彼此和同,共相诱引,或使为良,或使为贱,即外蔽匿,俱入此条,轻重之制,自从本法,若和同相卖者,谓两相和同共知违法,上文皆据良人,此论部曲客女奴婢等,略和诱义并与上同,或得而自留,或转将嫁卖,或乞人亦同,其知情娶买者,谓从略和诱以下不问良贱,共知本情,或娶或买,限外不首,亦为蔽匿。”

【略和诱奴婢】【史】以强制手段诱人曰略诱,以甘言巧语诱人曰和诱,凡略诱或和诱他人奴婢者,成立本罪。唐律(卷二十)贼盗篇有略和诱奴婢之条:“诸略奴婢者,以强盗论,和诱者,以窃盗论,各罪止流三千里(虽监临主守亦同)。即奴婢别赍财物者,自从强窃法,不得累而科之。”疏议曰:“略奴婢者,亦谓不和经略而取,计赃以强盗论,和诱者,谓两供和同,以窃盗论,各依强窃为罪,其赃并合倍备,各罪止流三千里。注云虽监临主守亦同,谓虽是监临主守应加,亦同罪,止流三千里。即奴婢别赍财物者,谓除奴婢身所著衣服外剩有财物,自从窃盗法,因略者一尺徒三年,二匹加一等,和诱者一尺杖六十,一匹加一等,各从一重科之,并不得将奴婢之身,累并财物同断,故云,自从强窃法,不得累而科之。其奴婢身别赍财,略诱者不知有物,止得略诱本罪,赃不合科,如其知者,财虽奴婢将行,各同强窃法。其略诱良人或部曲客女,衣服外有财者,亦同强窃盗法,不取入己者,良人部曲,合有资财,不在坐限。”同条又曰:“若得逃亡奴婢不送官而卖者,以和诱论,藏隐者减一等坐之,即私从奴婢买子孙,及乞取者准盗论,乞卖者与同罪(虽以为良亦同)。”

【略和诱和同相卖】【史】(详知略和诱和同相卖条)

【略和诱强窃盗】【史】(详知略诱强窃盗条内)

【略诱】【刑】Abduction (参引诱条)

【略诱成年妇女罪】【刑】为妨害自由罪之一。所谓略诱者,乃以强暴协迫或诈术反乎妇女(满二十岁者)之意思之谓也。与掠夺字异而义同。本罪因情形不同,分为二种:(1)单纯略诱成年妇女罪。(2)加重略诱成年妇女罪。(详各本条)

【略诱拐卖】【史】略诱谓以强暴协迫或诈欺手段反乎其本人意思,而使其随己出走也,拐卖则谓以诈术诱人而贩卖之也。清律及例设有下列各项规定:(一)诱拐子女不分良人奴婢,已卖未卖,但诱取者,被诱之人若不知情,首犯绞候。因略卖不从,伤人绞候,杀人斩候,为从者流三千里,被诱之人不坐,给亲完聚。(二)和情和诱,首犯发极边足四千里充军,为从者与被诱之人俱徒三年。被诱之人十岁以下虽和亦同略诱法。又奸拐自首之案或事未发而自首到官,或知人欲告自首,止科犯奸,其拐逃之罪依律分别减免。(三)窝主买者知情与犯人同罪,至死减一等(牙保则减犯人一等),不知情者不坐。又虽知拐带情由并无和同分赃,但容留数日者,不分旗民,枷号两个月发落。(四)诱拐不知情妇女,尚未奸污或未典卖即悔过自首,被诱人给亲完聚者照例减二等。若典卖与人,现无下落,按拟监禁三年。仍无下落或查获已被奸污,照拟治罪。如未奸污,给亲完聚,酌减一等。(五)受寄他人子女卖为奴婢者,首犯足四千里充军,为从者徒三年。其卖为子孙者,首犯徒三年,为从者徒二年半。所卖受寄子女年在十一岁以上,知情和卖者,首从各递减一等。知情故卖者,减本犯罪一等,不知者不坐,被卖之人俱不坐,给亲属领回。(六)奸夫诱拐奸妇时,本夫不知奸情及迫于奸夫之强悍不能禁绝者,奸夫依和诱拟军,奸妇满徒。若系本夫纵容抑勒妻妾与人通奸致被拐逃者,奸夫于军罪止减一等,奸妇及从犯再减一等。(七)一切邪术迷拐幼小子女,比照用药迷人得财,起意为首者,下手用药者,传授东方者,为从二次者,均斩决。其余为从发新疆为奴(新例改发驻防)。(八)迷拐之案以有药无药为凭,如药已丢弃,无从起获,必须供证确凿,实系迷拐有据,照此问拟。若药未起获又无确据,仍照寻常诱拐科断。

【略诱罪】【刑】(详略诱条内及略诱成年妇女罪条内)

【略卖期亲卑幼】【史】以强制方法将有期亲丧服之卑属亲及年幼者,贩卖于人为奴婢者,应构成本条之罪名。唐律(卷二十)贼盗篇略卖期亲卑幼条:"诸略卖期亲以下卑幼,为奴婢者,并同斗殴杀法(无服之卑幼亦同),即和卖者各减一等,其卖余亲者,各从凡人和略法。"疏议曰:"期亲以下卑幼者,谓弟妹子孙及,兄弟之子孙、外孙、子孙之妇,及从父第妹,并谓本条杀不至死者,假如斗杀弟侄徒三年,杀子孙徒一年半。若略卖弟妹为奴婢,同斗杀法徒三年,卖子孙为奴婢,徒一年半之类。故云,各同斗杀法。如本条合杀至死者,自入余亲例,无服之卑幼者,谓己妾无子,及子孙之妾,亦同卖期亲以下卑幼,从本杀科之,故云亦同。假如杀妾徒三年,若略卖亦徒三年之类。即私卖者各减一等,谓减上文略卖之罪一等,和卖弟妹徒二年半,和卖子孙徒一年之类。其卖余亲各从凡人和略法者,但是五服之内,本条杀罪名至死者,并名余亲,故云,从凡人和略法。"

【毕(畢)业会考】【行】Joint-examination for graduation　所谓毕业会考,乃指对于各校已届毕业年限之学生,在原则上于同一区域内集合同时举行同一之考试而言。各省市县教育行政机关为整齐小学初级中学高级中学普通科学生毕业程度,及增进教学效率起见,对于所属各中小学应届毕业经原校考查及格之学生,举行会考。会考学科暂定如下:(1)小学以国语算术社会自然体育为主。(2)初级中学以党义国文算学历史地理自然体育外国语为主。(3)高级中学普通科为党义国文算学历史地理物理化学生物学外国语体育。会考时间地点由主管教育行政机关决定公布,其区域较广学生较众之地,得分区分期举行,会考所用题材,由毕业会考委员会分别拟定。用试卷者其卷格由主管教育行政机关制备,一律弥封。会考非各科皆能及格者,不得毕业。有一科或二科不及格者,其不及格科目得复试一次,复试仍不及格,准其补习一学年,于下次会考时再行参加各该科会考,但以一次为限。三年以上不及可知者,应令留级,但留级亦以一次为限。(参中小学学生毕业会考暂行规程)

【毕(畢)业证书】【行】Diploma　各级学校(初级小学除外)对于学生修业期满成绩及格时所给予之书面证明为毕业证书,其式样应遵照学校毕业修业证书规程所规定者，于发给时均须置备存根簿编定号数，载明学生姓名及所修学科，存校备查。在中等以上学校之毕业证书，应贴毕业生最近六寸像片一张，并印花。又毕业证书于发给前应依法呈请或函请主管教育行政机关验印。（学校毕业修业证书规程第一条第三一七条）

【皋（皐）陶】【史】为尧舜时代之贤臣，为虞舜时之狱官之长（当时称曰士）。书经："帝曰皋陶汝作士。"长于法理，立刑制并造狱，舜禅位于禹欲以让于皋陶，皋陶避之。

【众（衆）议院】【宪】House of Representatives; House of Commons 一名下议院，或第二院，或曰代议院，即由人民所公选之代表所组织之议院也。依一般国之宪法，众议院对于预算案之议决，操有特权。又对于行政元首及国家高级官吏如内阁总理及各部长等，并享有提出弹劾之权力。又众议院之议员其人数亦较参议院为多。在实施政党政治之国家，众议院之多数党，即为国家行政权之操纵者，如英国，德国及前此之日本是。

【祥刑】【史】刑者刑罚也，虽为不祥，惟先王之刑，乃所以惩戒妨害礼教者，而导民于中正，且以刑期于无刑为目的者也，故谓之祥刑。书经—吕刑篇："王曰，吁来，有邦有土，告尔祥刑，在今安百姓，何择非人，何教非刑，何度非及。"蔡沈注："夫刑，凶器也，而谓之祥者，刑期无刑，民协于中，其祥莫大焉。"吴澄注："刑而曰祥刑，盖慈良恻怛，详审谨重，主之以不忍，行之以不得已，所以谓之祥也。"大学衍义补（卷百一）—丘睿按："割断箠击极天下之至惨者，莫若刑，是乃不祥之器也，而古人谓之祥刑者，盖除去不善，以安夫善，使天下之不善者，有所畏而全其命，天下之善者，有所恃而安其身。其为器也，固若不祥，而其意则至善大祥之所在也。"

【祥刑古鉴】【史】分上下二卷。清同治年间宋邦僡所辑，全书共十六条，每条俱撰小引以著命名之义，其有援引律文及事关掌故者，则以谨按字别之。每条又分经训、格言、事实三门，经训间附先儒传注，格言本之先儒文集及后人汇纂各编，事实则杂取史鉴并诸类书。蒋莘田先生所著臣鉴录，凡行已接物居官治家之理莫不详备，劝部有慎刑察狱二门，惩部有滥刑枉狱二门。杨静岩先生所著式敬编，专为刑官垂示法戒，分平法、断狱、慎刑、察狱、恤囚五门，皆治狱所宜奉为圭臬，故本书于两先生书采录尤多。兹将本书目录列举于下：(1)修例宜慎。(2)定谳必平恕。(3)耐烦听察务得确情。(4)戒滥刑。(5)受诉不可有成见。(6)决狱贵有断制。(7)至诚开导令愚民悔悟。(8)案宜早结以免拖累。(9)严名分。(10)慎疑狱。(11)戒株连。(12)平反冤狱。(13)杜舞文。(14)体法外之仁。(15)恤囚。(16)读书可以通律意。附编有吕新吾先生刑戒及洗冤录检验总论。

【祥刑典】【史】为古今图书集成中之一部，共分一百八十卷，集古今刑政、刑法、刑具、牢狱、囚系、讼讦、听断、理冤、赦宥等之大成。第一卷至第五卷祥刑总部之汇考。第六——七卷祥刑总部之总论。第八——第十卷祥刑总部之艺文。第十一——十二卷祥刑总部之纪事。第十三——十四卷祥刑总部之杂录。第十五——九十四卷律令部之汇考、总编、艺文、纪事及杂录。第九十五——第一二八卷盗贼部之汇考、杂传、艺文、纪事、杂录及外编。第一二九卷——一三〇卷牢狱部之汇考、总论、艺文、纪事、杂录及外编。第一三一卷囚系部之汇考、总论、艺文、纪事及外编。第一三二卷俘累部之汇考、总论及纪事。第一三三卷——一三四卷讼讦部之汇考、总论、纪事及杂录。第一三五卷——一四四卷听断部之汇考、总论、艺文、纪事及外编。第一四五卷刑具部之汇考、总论、纪事及杂录。第一四六卷桎梏部之汇考、总论、纪事及外编,又锲部之汇考、纪事及杂录。第一四七卷枷部之汇考、总论、艺文、纪事、杂录及外编。又鞭刑部之汇考、纪事、杂录及外编。又笞杖部之汇考、总论及艺文。第一四八卷笞杖部之纪事、杂录及外编。第一四九卷肉刑部之汇考及纪事。又黥刑部之纪事及杂录。第一五〇卷刖刑部之汇考及纪事。又宫刑部之汇考纪事及杂录。第一五一卷徒罪部之汇考、总论、纪事、杂录及外编。第一五二卷——一五四卷流徒部之汇考、总论、艺文、纪事、杂录及外编。第一五五卷——一五六卷遣戍部之汇考、艺文与纪事。第一五七——一五九卷重辟部之汇考、总论、艺文、纪事、寻录与外编。第一六〇卷籍没部之汇考与纪事,第一六一卷——一六三卷理冤部之汇考、总论、艺文、纪事、杂录及外编。第一六四卷赎刑部之汇考、总论、艺文、纪事及杂录。第一六五卷——一八〇卷赦宥部之汇考、总论、艺文、纪事、杂录及外编。

【祥刑要览】【史】二卷,明吴讷撰,事见明史艺文志刑法类及四库全书总目法家类存目。上卷为经典大训十六条,次为先哲议论十五条。下卷则为善可为法十三人,恶可为戒十人。

【祥刑集览】【史】二卷,明卢雍撰,事见明史艺文志刑法类。

【祥刑经解】【史】为清汪若川所撰,嘉庆年间刊行。

【祥麟】【史】为唐代之厩名,与凤苑相对称。

【票面金额】【公】以公司之资本总额分为若干股,每股定为若干元,以之记载于股票,是为票面之金额。例如公司资本总额十万元分为一千股,每股金额一百元,止一百元即票面之金额也。公司之发行股票,通常虽依照票面金额,然亦有因时机之利便增价发行其股票者。例如公司事业隆盛可期,而国内金融又极宽裕,则公司因投资者之众多,如以一百零五元或一百一十元发行其一百元之股票,将所得之超过金额,归入于公积金是。然此超过票面金额须载明于章程,否则于法律不生效力。至于股票发行之价格,如低于票面金额者,列国立法,多禁止之。我公司法第九十六条亦有同样之规定。例如票面金额为一百元,若图认股之踊跃,而以九十元发行之是。在法律上应视为无效。

【票据】【票】Negotiable instruments; Bills 票据者,谓于一定之时日一定之地点,无条件的以支付一定金额为目的之重形式,不重原因之有价证券也。票据之性质可得而言者有十:(一)为要式证券——须有一定方式,并须记载法定事项。(二)为有价证券——票据上权利之发生处分及行使,须以票据之存在为前提,二者不能分离。(三)为设权证券——即票据权利之发生,乃由票据之作成也。(四)为不要因证券——即票据之发生,其原因之有无,与是否适法,皆非所问。(五)为流通证券——即除禁止背书之记名式外皆为流通证券,得以自由移转。(六)为债权证券——即执票人得据以主张债权也。(七)为金钱证券——即票据乃以要求支付一定金额为目的也。(八)为文义证券——即依票据上之文字负其责任也。(九)为提示证券——谓票据须先向付款人提示始得主张之也。(十)为返还证券——即执票人于领到款项时须将票据返还于付款人也。票据在经济上言其作用有四:(1)为隔地送金之工具。(2)为代表信用之工具。(3)为节约通货之工具。(4)为国际贷借抵销之工具。票据之沿革在我国最早者当推唐之飞钱。其后如宋之便钱,与当时蜀人之交子,并南宋之会子,皆是。明末之山西汇票,始立票据之规模,然皆限于隔地送金而已。近如各钱庄之庄票联票等,益与近世票据之性质相符。在欧洲则可分为三时代:(一)送金票据时代——此时代之起源,有谓始自希腊者,有谓始自罗马者,然一般人皆谓系肇自十二世纪之意大利都市国家,但只限于异地送款而已,与今之本票相似。至十三世纪中叶,始有一种委托付款证书附加于本票之主证书,须有此二种证书同时提示,方可领款,其后委托付款证书独立有效,乃成今日汇票之制度。(二)市场票据时代——十五世纪以至十六世纪,贸易集中市场,票据因而大盛,由兑换商独占发行,多以汇票方式行之。(三)流通证券时代——十七世纪初叶以后,背书制兴,票据得流通于市场之外,兑换商之势力遂破,而票据遂成为流通证券矣。关于票据之学说,即票据上权利义务之发生,基于何种法理,历来学者约有下列六说:(1)诺成契约说。(2)要式契约说。(3)纸币说。(4)要式行为说。(5)交付契约说。(6)单独行为说(详各本条)。上列各说,以单独行为说为通说,大体论之,即主张交付契约说者亦有其人。票据之种类,据我国票据法之规定分为三种:(1)汇票。(2)本票。(3)支票(详各本条)。行使或保全票据权利之处所,票据法亦有规定,恰与民法一般原则相反,即债权人须就债务人之营业所以请求债务之履行,无营业所时,在其住所或居所为之,其有特约者,不在此限(第十七条)。至其时间则应于债务人之营业日营业时间为之(第十八条)。又为保障票据流通,及明了内容起见,法律一方特定应记入于票据之事项,一方又明定对于票据法上并无规定事项,即令记入,亦不令生票据上之效力(第八—九条)。票据授受之效果,学者多谓授受人间如先有债权债务关系者,除由当事人特别表示使其消灭外,认为仅有确保之效力。关于票据之诉讼,我民事诉讼条例有特别诉讼程序之规定,即一方得仅以所持之证书为证据,他方不得提起反证,所以使票据诉讼易于终结,俾能收流通之效,是曰证书诉讼。最近颁行之民事诉讼法,则无此项规定,仅于管辖问题设有明文,即得由义务履行地之法院管辖之(民诉第十六条)。易言之,即以票据付款地之法院为票据诉讼之管辖也。

【票据之审判籍】【民诉】票据诉讼事件之管辖区域,曰票据之审判籍。我民诉法第十四条规定,由义务履行地之法院管辖之。

【票据文句】【票】Tenor of negotiable instruments　在票据中凡能表明其为汇票本票或支票之文字,曰票据文名,为票据法定事项之一。(票据法第二一条第一项第一款,第一一七条第一项第一款,第一二一条第一项第一款)

【票据代理】【票】Agency in negotiable instruments　谓票据行为可由代理人代理为之也。例如无能力行为者之监护人,及公司之经理人,均得为代理票据行为是。但票据系文义证券，若代理人未载明为本人代理之旨而签名于票据者，或无代理权限而以代理人名义签名于票据者，概庆由签名人自负其责。至于代理人逾越权限时，则就其权限外之部分负其责任(票据法第六—七条)。此种规定，乃保护票据之流通性而设。

【票据行为】【票】Acts of negotiable instruments 票据行为者，乃以负担票据债务为目的所为之要式的法律行为也。其行为有基本的行为，与附属的行为之别，前者如发票是也，后者则为背书、承兑、参加承兑与保证。票据之行为其要件有四：(1)须以负担票据债务为目的——以负担债务，乃上述各行为之共通义务故也。(2)须为要式行为——各行为之形式均有一定，然不一致，惟署名为共通之必要形式，即以盖章画押代之亦可(票据法第三条)。(3)须为法律行为——谓民法上之无效撤销等规定，亦适用于票据行为，惟附件或期限等则为例外。(4)须具有独立性——凡票据形式完备而经签名盖章后，对善意执票人应独立负担票据上债务，不因他人之票据行为无效或撤销受其影响，故签名于伪造变造之票据时，亦须负责(第十二—十三条)。即各行为中有无行为能力人在票据上签名者，亦不影响其他签名者之权利义务(第五条)。盖由个人负独立之责任也。

【票据抗辩】【票】Defense or plea of negotiable instruments 票据债务人与执票人相对抗，曰票据抗辩。法律为保护票据之流通起见，设有限制，各国立法例有三：(1)分对物抗辩与对人抗辩二种(详各本条)。(2)用列举方法以规定抗辩事由者，为统一法案所取——有时未免疏漏，故失之于狭。(3)用概括方法以规定抗辩事由者，为统一规则及英美两国所采取——此法较为周密。我票据法亦采之。即票据债务人不得以自己与发票人或执票人之前手间所存抗辩之事由对抗执票人，但执票人取得票据出于恶意或诈欺时，不在此限(第十条)。例如张三为发票人，李四为债务人，赵五与张六为李四之前手，林六为执票人，当林六以执票人资格向李四请求履行债务给付款项时，李四不得藉口发票人张三系无能力行为人，而主张该票为无效，且亦不得藉辞已与赵五或张六抵销欠款而拒绝给付。但执票人林六如明知该票据系伪造者而故意取得之(即恶意)，或以诈欺手段取得时，则李四可以与之对抗。至于恶意之解释，学者间有二说：(1)承继瑕疵说。(2)不法行为说(详各本条)。二者以前说为当。

【票据承兑】【票】Acceptance (详承兑条内)

【票据法】【票】Negotiable Instruments Law 票据法，亦有广狭二义，前者指关于票据法规全体之总称而言。更可分为二种：(1)公票据法。(2)私票据法(详各本条)。狭义票据法者，乃票据法之特别法规也。通常所称之纯粹票据法，乃指此而言。票据法之编制有二大主义：一为商法法典主义，即以票据法为商法之一部，法日意西葡等国采之。一为单行法主义，即以之为单行法规，英德奥俄匈那威瑞典属之。至瑞士则以之为债务法之一部。但票据法之法系则可分为三派：第一为法国法系——以资金关系与票据关系为不可分离，故以票据为纯粹兑款之工具，致碍及票据之流通信用，希荷塞西墨埃等国采之。第二为德国法系——适与法国法系相反，对票据关系与基础关系划分甚清，故认票据为不要因证券，而流通及信用方面,亦为法国法系所不及,奥匈意丹日瑞士瑞典那威属之。第三为英国法系——乃由判人例编纂而成,大体与德国法系相同,亦注重流通与信用两端,且为单行法,美国及英国殖民地属之。至其容虽欠精密,然较德国法系则为适于实际,法国德国比国对支票均另行规定于单行法,独立颁行,而英美等国则与汇票本票同订于单行法,荷意西日等国则仍订于商法典中,盖以支票为后起制度也。我国票据法,清末始有草案之订定,内亦仅有汇票与本票两种。民国成立后,历经四次之修改,但大体不甚变更。民国十四年秋再行修正,乃采英日法例,加入支票一章。南京国民政府成立后,复参酌工商部所拟草案,再加修正,十八年九月通过于立法院,十月三十日以国民政府命令公布,计分五章都一百三十九条,为单行法之编制。查各国票据法之法系,当以德国法系为新,然商业无国界,票据法自亦应归统一,在十八世纪间已有此种运动,且曾先后开会制定规则,均以国际法学会为主体,而比利时政府亦曾召集会议一次,一九一〇年在海牙又开票据统一会议,一九一二年又开第二次会议,均曾制定票据法统一条约及统一规则,但皆限于汇票及本票耳。对支票之统一办法,亦曾加以讨论,英美两国独声明不愿加入。至内容乃以德国法系为主,并参酌其他法系而成故颇称完善。

【票据金额】【票】Sum of bill 在票据上所记载之金钱数额,而为票据债务人所应支付者,称曰票据金额。

【票据保证】【票】Guarantee of negotiable instrument 所谓票据保证,乃指对于票据上债务加以担保之行为而言。与民法上之保证不同。因后者须主债务人不履行时保证人始代行之,而前者则保证人与被保证人负同一责任,且其效力亦甚强大,故被保证人之债务纵为无效(因方式欠缺而为无效者不在此限),保证人仍须负担其义务(票据法第五八条)。票据保证之当事人,一方为保证人,即除票据债务人外,无论何人均得为之(第五五条)。其相对方曰被保证人,仅以票据债务人为限,盖其性质使然也。票据保证亦须有一定方式,即须于汇票或其誊本上记载下列各事项,且须由保证人签名:(1)保证意旨。(2)被保证人姓名(如未载明则视为为承兑人保证,如未经承兑则视发票人为被保证人,但得推定者则不在此限)。(3)年月日(未载明者以发票年月日为年月日)(第五六—五七条)。保证人清偿债务后,法律许其得以行使执票人对被保证人及其前手之追索权(第六一条),请求偿还,以昭公允。盖此时保证人已立于债权人之地位矣。保证之种类如下:(1)单纯保证与共同保证。(2)全部保证与一部保证。(详各本条)

【票据契约】【票】Contract of bill 即票据预约。(详该本条)

【票据原因】【票】Cause of negotiable instruments 又称原因关系(详该本条),或名票据对价,更称对价关系。

【票据时效】【票】Prescription of negotiable instruments 谓票据权利因一定期间不行使而消灭也。票据为流通证券,其债务应以速结为宜,故票据法有短期时效之规定,不适用民法上一般之规定。(一)票据上主债务人(汇票承兑人与本票发行人)之票据上权利,自到期日起算三年不行使因时效而消灭。又偿还义务人(支票发行人)则为一年。(二)汇票本票之执票人对前手之追索权,自作成拒绝证书日起算，其消灭时效为一年。支票之执票人对前手之追溯权，则为四个月。至其免除作成拒绝证书者，汇票本票自到期日起算，支票则自提示日起算。(三)汇票本之背书人，对于前手之追索权自为清偿之日或被诉之日起算，其消灭时效为六个月。而支票之背书人对前手之追索权，则为二个月(票据法第十九条)。余之时效中断等之规定，均适用民法一般之规定。

【票据能力】【票】Capacity for negotiating instruments　所谓票据能力，即得为票据上权利与义务主体之资格，与其行为得在票据上发生法律上一定效力之资格也。前者曰票据权利能力，后者曰票据行为能力。在我票据法上，均无特别明文，故应依民法之规定。关于票据权利能力，凡有人格者皆得享有，例如自然人与法人是。至票据行为能力，即在民法上凡无行为能力人及限制行为能力人，皆不得享有，一则全为无效，一则可据为撤销。我票据法因保护票据流通性起见，特设规定，即无行为能力人在票据上之签名，不影响于其他签名人之权利义务。(第五条)

【票据瑕疵】【票】Defects of negotiable instruments　所谓票据瑕疵，乃包含票据伪造、票据变造、票据涂销、票据毁损与丧失而言。然亦有仅限于前三者。(一)票据伪造——谓伪用他人之名义而为票据行为也。此项伪造之票据，原属无效，即第三人系以善意取得，亦无主张权利之余地，惟若已有真正签名或背书或承兑，则负责有人，法律乃有不影响于真实签名效力之规定。至于票上签名之伪造亦然(票据法第十二条)。又为保护善意第三人起见，凡以恶意或重大过失取得伪票者，不能享票据上权利，是亦当然之结果也(第十一条)。(二)票据变造——指违法变造票据上文义而言。法律亦使签名于变造票据者，依其变造票据上文字负其责任。例如改一千元为二千元，则应负二千元责任是。至其要件有三：(1)须为已成立之合法票据。(2)须系对于有效之记载事项加以变更。(3)其变更须系未得其人之应许。我票据法规定票据经变造时，签名在变造前者，依原有文义负责。签名在变造后者，依变造文义负责。不能辨别前后时，则推定签名在变造前(第十三条)。但此乃为善意第三者而设。如系以恶意或重大过失取得变造票据者，则不得享有票据上权利，自不待言。(三)票据涂销——谓抹灭票据上签名或记载事项也。例如以墨抹灭签名或金额是。我票据法规定涂销时，除为票据权利者之所为，当发生法律上效果外，余皆不影响于票据上之效力(第十四条)。惟对于背书之涂销，不论如何，关于背书之连续，均视为无记载耳(第三四条)。(四)票据毁损——谓票据本身物质上毁破或损坏也。法律对此虽无明文，然有谓除因流通上自然所生之磨灭污损外，均不得影响于票据上之权利。亦有谓须与票据涂销同视，而以有权与无权为准者。据余所信以后说为当。(五)票据丧失——即执票人并无抛弃意思，而票据脱离其持有之谓，知情与否，皆所不问，如纷失遗失盗失皆是。此时应对付款人为止付之通知，并得为公示催告之声请，其程序开始时，并得提供担保请求票据金额之支付。不能提供担保者，得请求将金额提存(第十五—十六条)。至于丧失之票据，如为无恶意或重大过失者所取得，票据上权利即归其享有。(参第十一条)

【票据当事人】【票】Parties on bill 所谓票据当事人者，即发票人、受票据、背书人、被背书人、取款人等皆是也。

【票据资金】【票】又名资金关系。(详该本条)

【票据预约】【票】Preliminary contract of negotiable instrument 在票据授受之前，当事人间(发票人与执票人)对于票据性质，金额数目，记名有无，到期迟早，付款地点，付款人氏等之合意约定，即所谓票据之预约是也。即如背书人与被背书人先以契约预定背书种类及其他有关事项，亦为票据预约。此种预约，乃民事上关系，为票据行为发生之原因而已。惟票据契约乃属票据法上之关系，为票据预约之结果，二者显有区别。关于票据预约既为民法上关系，故须依通常诉讼程序主张之。至其性质既非一种要式契约，故以明示默示方法，或以书面为之，均与其成立无关。

【票据伪造】【票】Falschungs Verbrechen (德) 为票据瑕疵之一种。(详票据瑕疵条内)

【票据对价】【票】又名原因关系(详该本条)，更称票据原因，或对价关系。

【票据学说】【票】Theory of bill (详票据条内)

【票据黏单】【票】Allonge of negotiable instruments 谓票据余白因经多数人背书，原票纸幅不敷记载时所增加其他之纸单也。我票据法规定得黏单延长之。但为表示二者之相互关连起见，该联单后之第一记载，应写在骑缝上，并须加盖印章，以资证明。(第二〇条)

【票据关系】【票】Bill relation 所谓票据关系，乃指基于票据行为所发生之法律上债权债务关系而言。

【票据变造】【票】Falschung des Wechselinhalts (德) 为票据瑕疵之一种。(详票据瑕疵条内)

【票拟】【史】清制，内阁对于各官厅所呈之奏文，先行拟定批答之辞，书写票签以候钦定，称曰票拟。(清会典内阁)

【票签】【史】清制，凡由内外各官署所呈递之奏文，均经由内阁上达，其由大学士督率下僚审查其形式及内容而代为拟定之批答奉呈，谓之票签，又称票拟加签。(清会典内阁)

【票签错误】【史】清时内阁对奏折所书之批答之辞，称曰票签，凡错写者应受罚俸之处分。清之六部处分则例(卷九)吏属本章篇设有票签错误之条："内阁批写票签，如将工部知道错写兵部知道者，大学士罚俸一个月，票拟之侍读中书罚俸两个月。"

【祭文】【史】祭时所诵之文，曰祭文。其用处有四：(一)为祈祷两旸之用。(二)为驱逐邪魅之用。(三)为干求福降之用。(四)为哀痛死亡之用。

【祭享】【史】凡郊祀天地庙享，四孟时享，谓之大祀。其助祭陪祭皆由太常寺行之。太常寺不预先通告，祭品不如法、牺牲喂养不如法，以及百官居丧吊丧问疾判署及受誓戒者之参与，皆应按律治罪。（明律卷十一）、清律（卷十六）礼律祭祀篇祭享条皆有明文。清律之规定及其下注如下："凡天地社稷大祀，及庙享，所司（太常寺将祭，则先致斋。将斋，则先誓戒。将戒，则先告示）。不将祭祀日期，预先告示诸衙门（知会）者，笞五十。因（不告示）而失误行事者，杖一百。其已承告示而失误者，罪坐失误之人（亦杖一百）。若（传制与百官斋戒）百官已受誓戒，而吊丧问疾，判署刑杀文书，及预筵宴者，皆罚俸一月。其（所司）知（百官）有缌麻以上丧，或曾经杖罪遣充执事，及令陪祀者，罪同，不知者不坐。若有丧有过，不自言者，罪亦如之。其已受誓戒人员，散斋（于外）不宿净室，致斋（于内）不宿本司者，并罚俸一月。若大祀牲牢玉帛黍稷之属，不如法者，笞五十，一事缺少者，杖八十，一座全缺者，杖一百。若奉大祀（在涤之）牺牲主司（牺牲所官）喂养不如法，致有瘦损者，一牲笞四十，每一牲加一等。中祀有犯者，罪同（余条准此）。"清律之辑注："首节次节，言礼义之违怠者。三节四节，言品物之缺损者。末节余条准此之注，谓别条内有犯大祀之罪者，则中祀罪同，如下条毁大祀邱坛及神御之物，罪各有差。若毁中祀坛场神物，其罪亦同也。"按牲牢，如天地用犊各一，日月用牛各一，二十八宿，五纬星辰，用牛一羊一豕一之类，玉如苍璧黄琮，帛如正配位用苍，日用红，月星辰太岁皆用白，其纤文曰礼神制币是也。黍稷言之属者，凡祭品皆在其中，不如法谓宰割失序，烹调失节，陈设失序之类。

【祭祀有事于园陵】【史】举行祭祀时，谒拜墓陵时，百官朝参集会时，如有举止失错仪式违失者，均应处罚。唐律（卷九）职制篇祭祀有事于园陵条："诸祭祀，及有事于园陵，若朝会侍卫，行事失错，及违失仪式者笞四十（谓言词喧嚣，坐立怠慢，乖众者乃坐）。"疏议曰："称祭祀者，享亦同，及有事于园陵，谓谒陵等事，若朝会，谓百官朝参集会，及侍卫祭祀之事，行事失错，及违失仪式[①]者，笞四十。注云，谓言辞喧嚣，坐立怠慢，谓声高喧闹，坐立不安，不依仪式与众乖者乃坐。"同条又曰："应集而主司不告，及告而不至者，各笞五十。"

【祭祀篇】【史】为明清律礼律中之一篇，与仪制篇相对称，乃关于祭神享祀之规定。前代无以祭祀名篇者，唐律亦散见于各条。明时始汇而为一，名之曰祭祀篇，计共六条：祭享，毁大祀邱坛，致祭祀典神祇，历代帝王陵寝，亵渎神明，禁止师巫邪术等条是。清律因之，不加损益。

【祭酒】【史】昔时会同飨宴，必尊长先，用酒以祭地，故凡同列中之齿长德高者，必推为祭酒，如史记本传谓齐宣王时荀卿曾三为祭酒，后因为官名。汉之侍中，魏之散骑常侍中，其年长功高者，均推为祭酒。其后有国子祭酒。按国子学系晋代所创设，其时始置国子祭酒，祭酒与今之校长相等，其官至清末始废。事物纪原（卷五）："孙卿在齐为三老，称祭酒。晋咸宁中，初立国子学，始置国子祭酒。"

【移】【史】与关刺同为官厅相互间质问文书之一种，如唐六典（卷一）："诸司自相质问，其义有三：曰关，刺，移。"此外移与今所称之移牒同，为官文书之名，如后汉书—光止纪："于是致僚属作移文。"其注："文书移于属县。"又事物纪原："文心雕

① 原书为"遗失"，系排版之误。

龙曰，始于刘歆移太常，孔稚圭因有北山移文，今有移牒之名，宜始此也。”

【移木之信】【史】秦商鞅制定法律，恐民不从，为昭示威信计，乃于国都南门树三丈之木，而许移徙其木于北门者以五十金，是曰移木之信。史记—商君传：“商君立三丈之木于国都市南门，募民有能徙置北门者，予十金，民怪之莫敢徙。复曰，能徙者予五十金，有一人徙之，辄予五十金，以明不欺，卒下令云云。”

【移付惩戒】【行】(祥监察院组织法条内)

【移丘换段】【史】对于方圆土地之一区(曰丘)与丘中之分界(曰段)的原册，私行加以改易者，曰移丘换段。明律(卷五)清律(卷八)户律户役篇——欺瞒田粮条内设有明文。清律附注曰：“方圆一区曰丘，丘中分界曰段。移换，谓改易原定之册。”又六部成语注解：“将田家丘陇，捏作段落改易，意存侵占也。”

【移书】【史】与移文同。汉书刘歆传：“歆因移书大常博士。”同书薛宣传：“移书显责之。”

【移送判决】【民刑诉】诉讼案件应由有管辖权之法院审理之，故无管辖权之法院所为关于移送于有管辖权之法院之判决，谓之移送判决。

【移送管辖】【民诉】法院对于诉讼之全部或一部认为无管辖者，应以裁定移送于有管辖权之法院，是曰移送管辖。移送之裁定确定者，受移送之法院即应受其羁束，不得以诉讼更移送于他法院。又该项移送之裁定得为即时抗告。如其裁定确定后，该诉讼即视为自始即系属于受移送之法院。(民事诉讼法第二十八—三十一条)

【移贯】【史】与移籍同一意义。(详移籍条)

【移审】【民刑诉】移审者，谓上诉之案件由下级法院移审于上级法院也。

【移转】【通】Transfer 谓将权利让与于人也，例如物权之移转及债权之移转是。

【移转力】【票】票据之背书对于票据上之权利有发生移转之力量，是曰移转力。

【移转主义】【物】又名付与主义，为分别共有物分割后效力主义之一，对认定主义言，即以分割之效力不能溯及既往之谓。主张分割前之所有份仅系一种想像，乃因分割事实始将其权利移转而为所有人所取得，故在分割前该所有人对第三人之法律行为乃属无效。

【继】又称创定主义，为遗产分割之效力发生时期的立法例之一。谓遗产分割之效力，不应溯及继承开始时之主义也。谓遗产分割前，各继承人对于遗产为共有关系，而有总括之支配权力，须于分割后始各享有其专属之部分，故分割时乃移转其所有权，创定新的关系，其效力自不能溯及既往，此种主义实使第三者之权利不因分割而受影响，对其他继承人之利益，殊有妨害，足使已分割之遗产恢复共有状态，实际上殊属不便，而无谓之纷争，亦不能免，此种主义自不足采。

【移转出资】【公】对用益出资言，为出资方法之一种，谓以权利之自体完全移转于公司而为股东也。

【移转占有】【物】谓将占有之物移转于他人也。

【移转登记】【物】不动产所有权移转于他人时,应依法向主管官署呈请登记,是曰移转登记。

【移转税】【行】财产权或与其相等之权利移转时所课之税,谓之移转税。如不动产之登记税及印花税皆属之。

【移转管辖】【刑诉】Transfer of jurisdiction 为裁定管辖之一,对指定管辖言。谓基于法定之原因,对于法律上当然之管辖加以变更,而易归其他同等法院管辖之也。因其性质乃系创定的,故与指定管辖之为确定的有异。又移转管辖无论何时均得为之,指定管辖则限于第一审。二者亦有区别。移转管辖之原因据我刑诉法之规定有三:(1)管辖法院因法律或事实不能行使审判权者。(2)因特别情形恐于审判时妨害公安者。(3)因特别情形恐审判有不公平者。至移转之权乃属直接上级法院,而再上级法院有时亦得为之。此外声请之人则为法院及当事人,声请方式须用书状,而法院则应用裁定方法行之,且不得抗告,均与指定管辖相同。(第二一—二三条)

【移转继承】【民总】Translative succession 为继承取得之一种,对创设继承言,即前主之权利内容不变而移转于后主之谓,仅权利主体之变更耳。有时系出于法律行为者,例如买卖让与时是。有时系出于其他事实者,例如死亡时之继承是。

【移籍】【史】又称曰移贯,即将户籍移于他处之谓。南史谢灵运传:"移籍会稽。"

【移属】【通】将权利移转归属于人,是曰移属。例如抵押物所有人不能清偿债务时,则将抵押物移属于抵押权人是也。

【章京】【史】清制,满州之官名,凡都统副都统以及其他京师各衙门办理文书者多谓之章京。属于都统者,曰固山章京。属于副都统者,曰梅勒章京。属于军机大臣者,曰军机章京。属于总理衙门者,曰总理衙门章京。

【章服之制】【史】礼服之制也。唐太宗贞观四年诏三品以上之服为紫,四品五品为绯,六品七品为绿,八品九品为青。至高宗之上元元年,又敕以文武三品以上紫服金玉带,四品五品绯服金带,六品七品绿服银带,八品九品青服鍮石带,庶人为黄铜铁带。永徽二年五品以上为随身银鱼袋,出入时必合对之以防召见之诈,三品以上则为金饰袋。咸亨三年五品以上改赐新鱼袋,并饰以银,三品以上则各赐金装刀子,砺石一具。武后时,督刺史亦准京官带鱼袋,后又改赐佩鱼与龟,寻复旧。开元以后若赏百官绯紫必兼赐以鱼袋。(大学衍义补——卷九十八)

【章程】【民总】Constitution 谓规定法人内部之组织及其他重要事项之规则也。按章程之性质乃社员间之共同行为而非契约,社团之设立,其章程应记之事项为:(1)目的。(2)名称。(3)董事之任免。(4)总会召集之条件程序,其决议证明之方法。(5)社会之出资。(6)社员资格之取得与丧失(民法第四十七条)。至其他如组织及社团与社员之关系,以不违反民法第五〇条至第五八条之规定为限,得以章程订定之(第四九条)。至财团之设立,亦以订立捐助章程为原则,但以遗嘱捐助者不在此限。捐助章程应订明法人目的及所捐财产(第六〇条),此为必要事项。至任意记载事项,则为财团之组织及其管理方法,由捐助人以捐助章程定之。如(又名捐助章程)其规定不完全或不具备者,法院得因利害关系人之声请为必要之处分。(第六二条)

【章程之变更】【公】【民总】(详章程条内)

【章程书】【史】为八分书之别称。因后世用写法令,故称曰章程书。

【章程体要】【史】二卷,为宋田晋代撰,事见宋史艺文志刑法类。

【章台】【史】(一)为宫台名,为战国时代秦所建之台名,在今陕西长安县故城西南隅。或谓章台乃战国时代诸侯宫室之通称。(二)为汉代之门名,汉时洛阳北门有章台门。(三)为市街游郭之称呼,即繁盛市街及游郭之通称。

【第一院】【宪】又曰上议院。(详该本条)

【第一渊源】【通】Primary source (详法之渊源条内)

【第一试】【行】与第二试、第三试相对立,谓举行考试时之甄别试也,故名曰甄别试。我考试法规定:普通考试及高等考试各以国文及中国国民党党义为第一试(第八条)。考试方式乃以笔试为之,除有特别规定者外,概用本国文字。(第九条)

【第一义务】【通】Primary duty or obligation 为义务分类之一,乃因不侵害他人之权利而存在,即不侵害他人之义务也。例如对于他人所有物未经其所有人之同意,有不可自由使用之义务是。

【第一审】【刑诉】Trials in the courts of first instance; First trial 凡案件以事物管辖为根据,上检察官提起公诉,或由自诉人起诉时,法院按法接受而为初次审理者,曰第一审。初级法院于下列案件有第一审管辖权:(1)除有特别规定外,凡最重本刑为三年以下有期徒刑,拘役,或专科罚金之罪。(2)公共危险罪(刑法第二〇二条)。(3)鸦片罪(第二七一条、第二七三条)。(4)伤害罪(第二九三条第一项)。(5)窃盗罪(第三三七条)。(6)侵占罪(第三五六条)。(7)诈欺罪及背信罪(第三六三条)。(8)赃物罪(第三七六条第二项)。至凡属内乱罪外患罪及妨害国交罪,不论本刑之轻重,其第一审管辖权,概属诸高等法院。此外凡不属于初级法院或高等法院管辖之案件,其第一审应于地方法院为之(刑诉法第八—一〇条)。若第一审案件其管辖权系属下级法院,而上级法院竟加以受理者,除于未开始审判前发觉,应予以管辖错误之判决,而移送该管法院审判外,仍应继续审判之(第三〇八条),所以节省麻烦手续也。第一审之程序,法律设有详细规定,如公诉自诉及公诉中之侦查起诉审判(详各本条)等皆是。(刑诉法第二一三—三五七条)

【民诉】所谓第一审,乃指依照审判籍之规定所提起之初次审判程序而言。内分通常诉讼程序与简易诉讼程序二种。(详各本条)

【第一权】【通】Primary right 与第二权相对立,又能名原权。(详该本条)

【第一读会】【宪】The first reading (详读会条内)

【第二院】【宪】又曰下议院。(详该本条)

【第二渊源】【通】Secondary source （详法之渊源条内）

【第二试】【行】与第一试及第三试相对立，乃指对于有关系之各种科目，加以考试而言，故称曰分科试。我考试法规定：除有特别规定外，概以本国文字为之为原则。（第九条）

【第二义务】【通】Secondary duty or obligation 为义务分类之一，乃因侵害他人权利之后而始发生，即侵害他人权利者所应受制裁之义务也。例如无故毁坏他人之所有物，则当负担损害赔偿之义务是。

【第二审】First appeal 为上诉审之一，对第三审言。凡不服第一审法院未确定之判决，得上诉于上级法院，在该上级法院实施审理时曰第二审。第二审所审理者，包括上诉人所声明不服之事实与法律上各点，故与第三审之仅限于法律点之争执者不同。

【刑诉】第二审原则上为：(1)凡不服初级法院第一审判决者，可向地方法院上诉。(2)凡不服地方法院第一审之判决者，可向高等法院上诉。但有例外，即对于上级法院之判决，不得以该案件应属下级法院之管辖为理由而行上诉。关于审理之程序如下：(1)由原审法院对上诉声请先行审查，并将卷宗证据物移交或将被告（在押禁中）解送后，即由第二审法院加以审理。(2)先讯问被告人有无错误后令上诉人陈述上诉意旨。(3)应就上诉之部分调查。(4)余准用第一审审判之规定。(5)判决——约分五种：(a)缺席判决。(b)驳回之判决。(c)撤销原判之判决。(d)发回之判决。(e)就第一审之判决。（刑诉法第三七五—三八五条）

【民诉】审理之程序如下：(1)向第一审提起上诉者，该院书记官除加以审查外，应将上诉状连同卷宗送交第二审法院。(2)向第二审法院提起上诉者，该院书记官应速通知第一审法院书记官送交诉讼卷宗。(3)对上诉加以审查，如不合程式，或已逾上诉期间等，予以裁定驳回。(4)若认为应开言词辩论时，即指定日期传唤当事人到案。(5)言词辩论前向当事人讯问。(6)判决——分为六种：(a)无理由时之驳回判决。(b)变更原判之判决。(c)发回之判决。(d)一造辩论之判决。(e)撤销原判之判决。(f)假执行之判决。上诉因判决而终结时，第二审法院书记官应于判决确定后速将判决正本附入卷宗，送交第一审法院。如当事人上诉于第三审法院，则应送交该审法院。（民诉第四〇一—四三〇条）

【第二权】【通】Secondary right 又称救济权（详该本条），与第一权相对立。

【第二读会】【宪】The second reading （详读会条内）

【第三人】【通】Third party; Third person 第三人者，谓法律关系中两个当事人以外之他人也。

【第三人之契约】【债】Contract for the third person 即订定应由第三人向一方为给付，或应由一方向第三人为给付之契约也。前者曰由第三人为给付之契约，后者曰向第三人为给付之契约（详各本条）。列国立法多仅就后者设有规定，我国民法则均设有明文。（第二六八条—二七〇条）

【第三者】【通】Third parties 凡当事人以外之人，均谓之第三者，又曰第三人。

第三者有善意恶意之别。称善意第三者,乃不知当事人间有法律关系之存在者,当事人不能与之对抗。称恶意第三者,乃明知当事人间有某种法律关系之存在者,当事人恒可与之对抗。

【第三债务人】【债】The third debtor 所谓第三债务人,乃指债务人之债务人而言。例如甲为乙之债务人,如丙欠甲债,则此时乙称丙为第三债务人。

【第三试】【行】与第一试第二试相对立,谓面试及成绩审查也。通常因多偏重于口舌问答,故又名曰口试。

【第三审】Final appeal 为上诉审之一,对第二审言。凡不服第二审法院未确定之判决而上诉于上级法院,经其审理者,曰第三审。

【刑诉】凡有下列情形者,不得上诉于第三审之法院:(1)初级法院管辖案件,其最重本刑为一年以下有期徒刑,拘役,或专科罚金之罪,经第二审判决之后者。(2)高等法院第一审判决之内乱外患及妨害国交罪(但于第二审仍适用第三审之程序)。(3)凡第二审判决案件,于上诉时非以违背法令为理由者。关于审理之程序,除准用第一审之规定外,乃应遵守下列各点:(1)向原审法院所提出之上诉书状,须附理由书,该法院亦应将缮本送达于他造当事人。(2)他造当事人应向原审法院提出答辩书,该法院亦应将缮本送达上诉人。(3)上诉声请须由原审法院加以审查,再移交卷宗及证物于第三审法院(第三审检察官应添具意见书一同移交)。(4)上诉人得于一定期间内追加理由书。(5)必要时得命辩论(辩论人以律师为限),但以书面审理为原则。(6)应经辩论之案件须指定受命推事先行调查上诉及答辩意旨,令其制作报告书。(7)调查时原则上以诉之部分为限,但有例外(第四〇五—第四〇六条)。关于第三审之判决约有下列三种:(1)缺席判决(第四〇四条),限于应行辩论之案件。(2)驳斥之判决。(3)撤销判之判决,又分为四:(a)第三审法院自行之判决——其利益及于共同被告。(b)发回案件于原审或第一审法院之判决。(c)发交案件于管辖第二审或第一审法院之判决。(d)遇有其他情形得发回于原审法院,或发交于与原审法院同级法院加以审判之判决。(刑诉法第三八六—四一三条)

【民诉】第三审所审理之范围,亦仅以第二审所适用之法令是否错误为限,故上诉人不得以第二审之判决系与事实不符为理由而向第三审法院上诉。关于第三审之审理程序,约如下述:(一)向第二审法院提起上诉者,该院书记官除加以审查驳回者外,应将上诉状连同卷宗送交第三审法院,并将上诉状送达被上诉人。(二)向第三审法院提起上诉者,该院应向第二审法院通知令其移交卷宗等。(三)认上诉为合法时,令被上诉人提出答辩状,并应审查上诉有无理由。(四)判决——分为二种:(1)驳回上诉之判决。(2)废弃原判之判决——有时发回原第二审法院,或发交其他同级法院,有时则由第三审法院自为判决。按第三审在原则上系采书状审理主义,但法院认为必要时,仍得以言词辩论行之。(民诉第四三一—四四八条)

【第三读会】【宪】Last reading (详读会条内)

【第宅】【民总】Lodging house 指人所居住之屋宅而言,因其为有形之宅舍,故与住所不同。

【笞】【史】笞者耻也，薄惩示辱，所以发其耻心也。其刑甚轻。汉文帝时纳御史大夫冯敬之建议以笞代古来之劓刑及斩左趾之刑，笞之始由此。汉书—刑法志："丞相张苍御史大夫冯敬奏言，肉刑所以禁奸，所由来者久矣。陛下(指文帝)下明诏怜万民之一有过被刑者，终身不息，及罪人教改行为善，而道亡繇，至于盛德，臣等所不及也。臣谨议请定律曰，诸当完者，完为城旦舂，当黥者，髡钳为城旦舂，当劓者，笞三百，当斩左趾者，笞五百，当斩右趾，及杀人先自告，及吏坐受赃枉法，守县官财物而即盗之，已论命，复有笞罪者，皆弃市。"景帝之世，更减笞法五百为三百，三百为二百，旋又再减三百为二百，二百为一百，同时并改笞法为箠令，以竹代小荆，箠长五尺，本一寸，末半寸，皆削平其节，刑时加诸臀部，行笞之人，中途不得更人。汉书(卷二十三)—刑法志："景帝元年下诏曰，加笞与重罪无异，幸而不死，不可为人，其定律，笞五百，曰三百，笞三百，曰二百，犹尚不全。至中六年，又下诏曰，加笞者，或至死而笞未毕，朕甚怜之，其减笞三百曰二百，笞二百曰一百。又曰笞者所以教之也，其定箠令，丞相刘舍，御史大夫卫绾请，笞者箠长五尺，其本大一尺，其竹也，末薄半寸，皆平其节，当笞者笞臀，毋得更人，毕一罪乃更人。"汉以后曾屡加改定。至南北朝之北齐始以死流、耐(后为徒刑)、杖，及鞭等五刑为刑律之正刑而无笞之名(按笞实与鞭刑同，惟鞭用生熟皮革所制，笞则以竹为之耳)。经隋及唐，太宗因鞭刑有致死者，乃诏改鞭为杖，而杖刑则改为笞刑焉。笞刑分为十、二十、三十、四十、五十五种。唐律疏议(卷一)名例篇笞刑五条："笞者击也，又训为耻。言人有小愆，法须惩诫，故加捶挞以耻之。汉时笞则用竹，今时则用楚。"宋律之笞刑亦仍唐朝之旧，并有附加刑。元之笞刑由七至五十七，分为六种，其制略异。明之笞刑较宋为轻，且无附加刑，仍分为五种，即十、二十、三十、四十、五十。清律因之，十者折四板，二十者除零折五板，三十者除零折一十板，四十者除零折十五板，五十者折二十板，均用小竹板，与杖刑之用大竹板者不同。又笞之刑轻，数止于五十，而不满百，倘罪有重于笞五十者，则出笞而从乎杖矣。

【笞刑】【史】为隋唐以后五刑之一。汉时亦有笞刑，惟较后世所用者为重耳(详笞条内)。汉之笞刑以竹为之，隋唐之世则用楚，明清仍用小竹板。

【笞杖】【史】笞者，笞刑也，杖者，杖刑也。古时无所谓笞杖，所称笞杖云者，乃后世所定。即古所谓鞭作官刑，朴作教刑，止为训诲之具而已。汉文帝时，太仓令淳于意有罪，其女缇萦上书，愿没入为官婢以赎父刑，帝悲其意，遂除肉刑，当劓者笞三百，此时笞杖之目，未有区分。及于隋唐，笞杖始分，前者轻，而后者重。事物纪原(卷十)："书(指虞典)曰，鞭作官刑，即杖之始也。朴作教刑，即笞之始也。唐虞之盛与肉刑并用。及汉齐太①仓令淳于意有罪当刑，少女缇萦上书，文帝怜其意，为除肉刑，始专用笞杖。"

【笞掠】【史】讯问犯罪者之际加笞强制的逼其供服罪情，谓之笞掠。史记—酷吏传："告劾不服，以笞掠定之"。

① 原书为"大"，通"太"。

【符同】【史】二者相合致，谓之符同。即不相合致而强其合致，亦称曰符同。即扶同也。明律（卷二十九）工律织造篇冒物破料条：“局官并覆实官吏，知情符同者与同罪。”清律改曰扶同。

【符宝郎】【史】官名，秦汉时代有符节令丞及符玺郎，至唐改为符宝郎，明为符宝卿。

【符验】【史】以符为验，如发兵符、传符、门符等，乃为证明所持人之身分之用。大学衍义补（卷九十九）：“汉人所谓传，即令符验文引之类。”（参毁弃制书印信条内）

【粗解刑统赋】【史】为刑统赋注解书之一种，亦被收于沈家本之枕碧楼丛书中，题为律学博士傅霖撰，邹人孟奎解，仅一卷，卷首有孟奎自序（至正壬辰年）及前乡贡进士沈维时跋。按奎字文乡，元至正中（即西历一三三三年——一三六七年间）人，其序为壬辰所作，是其书成于元顺帝至正十二年（即西历一三五二年）中也。且其注解又甚简浅明瞭云。事见铁琴铜剑楼藏书目录。（参刑统赋条内）

【紫薇令】【史】为唐代中书令之别称。（参中书令条内）

【紫薇省】【史】唐代中书省，别称曰紫薇省，一作紫微省。唐书一百官志：“开元元年改中书省曰紫薇省，中书令曰紫薇令。”紫薇省之得名，乃因中书省多植紫薇，故云。

【累犯】【刑】Recidivism or recidivist　受有期徒刑之执行完毕，或受无期徒刑或有期徒刑一部之执行而免除后，五年内再犯有期徒刑以上之罪者，为累犯（刑法第六十五条）关于累犯加重之条件，学者有二主义：（一）一般累犯主义。（二）特别累犯主义（详各本条）。我国刑法采折衷之说。累犯成立之要件有五：(1)前罪须为徒刑者——因死刑不复再生累犯问题，至拘役罚金恶性不重，若有再犯，但宣告最长期及量多额足矣，故只限于徒刑。至无期徒刑须免除后方有再犯之可能。(2)再犯须为有期徒刑以上之罪者——因再犯者恶性既不能改，自应加以重刑，决不可以再犯之种类不同而宽假其刑，故其初犯再犯之种类是否相同，可以不问，只须为有期徒刑以上之罪可耳。(3)须初犯有期徒刑之全部执行既终，或无期徒刑及有期徒刑之一部免除执行者。(4)须执行或免除未过五年者，因已过五年而不再犯自应以刑罚有效视之，若五年之内仍有再犯者，则应加等处罚，而认为累犯。(5)须前犯之罪系在国内法院受理，依刑法宣告徒刑者，依军法或于外国法院受有罪审判时，累犯之规定不适用之（六十八条）。累犯因处罚轻重，而有普通累犯与特别累犯之分（详各本条）。特别累犯之处罚较普通累犯为重（刑法第六十六条）。此外累犯发觉时以前之审判虽经确定，是否可以变更改判，亦有二说：(1)改判主义。(2)不改判主义（详各本条）。我国刑法规定得按六十六条之规定更定其刑（六十七条）。关于累犯之处分，亦有三说：(1)变更刑罚种类说。(2)增加最长期说。(3)加重等级说（详各本条）。我刑法采第三说。

【累行犯】【刑】又称连续犯。（详该本条）

【累息】【债】Compound interest　为复利之别称。（详复利条）

【累减】【史】累减者,层累而减之,指一人说。盖于犯罪之人,查律例中凡有应减之条,皆为查明,一一层累而减之,故曰累减。如赵甲钱乙,同犯窃盗,律分首从,钱乙系为从,应减一等矣,乃知人欲告而自首,又应减二等,复遇热审,又应减一等,共减四等。又如官吏公罪失于入者,吏典减罪人三等,若未决放,又减一等,若遇热审,又应减一等,共减五等之类(参读律佩觿)。明律(卷一)、清律(卷五)名例律,均有犯罪得累减之条。(参犯罪得累减条)

【累进税】【行】Graduate taxes 依课税目的物之价格或成数之增多而渐增进之税率也。例如有五百元之收入,课以五元之所得税,二千元者则课以十元,三千元者则课以十五元之所得税是也。

【累积投票法】【宪】Cumulative voting 又称积聚投票法(详该本条),或名重记投票法。

【细(細)则】【通】Detail regulations 关于以执行特定法规为目的而制定之详细施行规则,谓之细则。多由执行机关根据执行命令权颁布之。例如各院部会办事细则,以及各法律施行细则皆是。

【终(終)止契约】【债】Termination of contract 又名预告解约,即不使契约继续进行之谓也。因系使由契约所生之效力自终止时起消灭,故与解除契约有异。但民法规定准用关于解除契约之规定,即(1)终止契约应向他方当事人以意思表示为之。(2)当事人之一方有数人时,应由全体或向全体为之。(3)终止契约之意思表示不得撤销。(4)契约之终止,当事人间如有损害,仍可请求赔偿。(第二六三条)

【终(終)局判决】【民刑诉】Final judgment 为判决之一种,与中间判决相对称,即对于当事人两造或一造以终结诉讼全部或一部为目的之判决也。例如关于诉或上诉之判决是。终局之判决在未确定者,可以提起上诉,在确定者于法定原因内可请求再审(民诉第三七三条)。终局判决之例,如无罪或有罪之判决是。

【终(終)身定期金】【债】Life annuity or life interests 当事人约定一方于自己或他方或第三人生存期内定期以金钱给付他方或第三人之契约,曰终身定期金契约。Life annuity agreement 在此契约给付之标的物,曰终身定期金。为给付之方,曰终身定期金债务人,受给付之方,曰终身定期金债权人。Annuitant 终身定期金契约之订立,须以书面为之,所以防止争端也。下列各项系我民法上重要之规定:(一)存续期间以债权人生存期间内为准。(二)每年给付之数额以契约所定之金额为准。(三)终身定期金应按季预先给付,但契约有订定者不在此限。(四)在存续期届满前所预付者,债权人仍取得该期之全额。(五)终身定期金在原则上不许移转,惟契约有订定者则为例外。以上均适用于基于契约发生之终身定期金,若因遗赠而发生者除适用遗赠之规定外,上述规定亦应据为准用。(参第七二九—七三五条)

【终(終)身定期金契约】【债】Life annuity agreement; Contract of life annuity (详终身定期金条内)

【终(終)身定期金债务人】【债】负有终身定期金给付之义务之人,曰终身定期金债务人。

【终(終)身定期金债权人】【债】受终身定期金给付之人,曰终身定期金债权人。

【终(終)身保险】【险】Life insurance 为死亡保险之一,对定期保险言,即对被保险人之死亡为长期之保险也。故被保险人无论何时死亡,保险人均须担负责任,支付保险金额于应得之人。

【终(終)身婚姻制】【亲】Permanent marriage 与定期婚姻制相对立。男女婚姻关系之成立,如系以终生的结合为目的者,谓之终身婚姻制,大多数文明国立法例采之,我民法亦然。

【终(終)身褫夺公权】【刑】Deprivation of civil right for life 为褫夺公权之一种,又名无期褫夺公权。(详该本条)

【终(終)制叙仕】【史】官吏服父母之丧须终了一定之忌期始得叙仕,是曰终制叙仕。元典章(卷十一)吏部丁忧编——官吏丁忧终制叙仕条:"今后除应当怯薛人员征戍军官外,其余官吏父母亡丁忧终制,方许叙仕,夺情起复不拘此例。"

【终(終)期】【民总】Time of termination 为期限之一,对始期言,即因其到来而使法律行为之效力归于消灭之期限也。例如约定明年某月某日归还借款是。我国民法规定附终期之法律行为于期限届满时失其效力。(第一〇二条第二项)

【终(終)结侦查】【刑诉】终结侦查者,谓侦查程序之结束也。

【终(終)审】【民刑诉】诉讼事件之最终审级,谓之终审。盖即不许再提起上诉之最后审级也。(参终审法院)

【终(終)审法院】【组】Court of final trial 与起诉法院上诉法院相对称,谓对于上诉案件享有终审权之法院也。最高法院属之。

【终(終)养】【史】谓官员须返籍留家侍养其家中祖父母父母以终其余年也。清律及例设有下列规定:(一)凡有下列情事之一者,京外各官均取印结具题准其回籍终养,在籍候选人员具呈地方官转详咨部:(1)官员祖父母父母年七十以上家无次丁或兄弟俱出仕在外或兄弟在籍笃疾者。(2)祖父母父母年六十以上未及七十家无次丁或胞伯叔兄弟笃疾者。(3)父母年届八十虽有次丁愿请终养者。(4)母老虽有兄弟而同父异母者。(5)出继为人后,所继父母已故而本生父母年届七十者。(二)父年七十以上精力未衰,服官在任,其子愿赴任所侍养呈请终养,昭例准行。(三)旗员无终养之例,凡父母年至七十五岁以上呈请回旗侍养者,以京职改补汉军人员照汉员办理。(四)内外大小各员凡派委兵差军营办事及有经手未清紧要事件,无论父母年至七十八十,是否独子,均不准终养。(五)凡终养之员养亲事毕坐补原缺。(六)祖父母父母年八十以上及笃疾别无以次侍丁而弃亲之任及妄称老疾求归入侍者,杖八十。其官员六杖八十,降三级调用。(七)官员呈请终养如有浮开年岁假捏事故藉端规避者,本员照规避例革职,出结官则照徇情例降二级调用。

【组(組)合】【债】Partnership 为日本名辞,与我国所称之合伙同义,亦有称之曰公会者。

【组(組)成物】【民总】Compound thing 又称合成物。(详该本条)

【绍(紹)兴刑统】【史】为宋法典之一。绍兴中,撰刑统申明,依开宝元符间之申明所正者也。凡九十二条。

【绍(紹)兴敕令格式】【史】为宋法典之一。绍兴中,撰敕令格式之举,史不绝书。元年八月四日,参政张守等上绍兴重修敕令格式七百六十卷。先是五月二十八日,先修敕十二卷,至是续修令格式上之,令五十卷,格三十卷,式三十卷,目录十六卷,申明刑统及隋敕申明三卷,政和二年以后赦书德音十五卷,及看详六百四卷,二年正月一日颁行。三年九月二十七日,朱胜非等上重修吏部敕令格式。十年十月七日,宰臣等上绍兴重修在京敕令格式四十八卷,计敕十二卷,令二十六卷,格八卷,式二卷,目录七卷,别有申明十二卷,看详三百六十卷,十二年十二月十四日,上六曹寺监通用敕令格式四十七卷,诏自十三年四月朔日颁行之。其后十三年十月六日,宰臣等上国子监敕令格,太学敕令格式,武学敕令格式,律学敕令格式,小学令格,凡四十五卷。十七年十一月,刑部尚书周三畏等,撰重修常平免役敕令格式五十四卷。二十六年十二月,右仆射万俟窝,上重修贡举敕令格式五十卷。

【绍(紹)兴贡举法】【史】为宋之法典之一。为绍兴二十六年丞相万俟窝等所上,凡五十卷,为关于贡举之法规。

【绍(紹)兴监学法】【史】为宋法典之一。于绍兴十三年为宰相秦桧等所上,凡二十六卷,附有目录二十五卷,申明七卷,对修厘正条法四卷,统共六十二卷。

【绍(紹)兴宽恤诏令】【史】为宋法典之一。绍兴宽恤诏令者,始绍兴二十二年八月,王瞻叔知荆州军,代还,入见,请命有司,编集中兴以来宽恤诏令,而知惠州郑康佐者,亦言,守令奉行诏书不虔,请编类成以赐,从之。二十五年九月乃成,凡二百卷,号绍兴宽恤诏令。其后淳熙十二年,庆元五年,亦编之。

【习(習)天文】【史】谓从事于日月星辰等之研究也。清之现行则例(即刑部现行则例)名例篇设有习天文之条:"习天文之人不必禁止,若妄言祸福煽惑愚人,仍照律拟罪。"

【习(習)惯】【通】Custom 所谓习惯,乃指由多数人经过长时间,对于同一之事项,反复为同一之行为而言。按习惯乃一种事实上之惯例,但经国家承认时,则成为习惯法。

【习(習)惯法】【通】Customary law; Common law 又称惯习法,凡习惯而具有法律之效力时,曰习惯法,其成立要件有五:(一)须有习惯之存在。(二)须该地方或该团体于相当期间内人人确认其有法之效力。(三)须系法令所未规定之事项。(四)须系不背公共秩序与善良风俗。(五)须经国家明示或默示之承认。英美法之普通法,因系由于习惯所演进而成者,故亦称曰习惯法(Common law)。

（参普通法条内）

【习(習)惯的集合犯】【刑】Das gewohnheitmässige kollektivdelikt（德） 或仅称为惯行犯，为集合犯之一种，对营利的集合犯，并职业的集合犯言。即以犯同一犯罪行为之意思反复为之，因而成立犯罪之谓，例如以赌博为常业是(刑法第二七九条)。法律上以一罪论。

【习(習)惯宪法】【宪】Customary constitution 所谓习惯宪法，乃指宪法全部散见于习惯之中而言，与不成文宪法之一部散见于习惯中，而一部则于文书上加以规定者不同。

【习(習)艺时间】【劳】学徒每日在工厂学习技艺之钟点，谓之习艺时间。依工厂法第五十八条之规定，学徒学艺时间准用关于工厂法第三章关于工作时间之规定。

【习(習)艺期间】【劳】学徒与工厂所订定学习技艺之期限，谓之习艺期间。

【修(脩)内司】【史】为南宋官署之名，掌宫内之财用与宫中营缮之事，岁出缗钱二十万为其经费，其后减其半数。

【修(脩)闾氏】【史】为周礼秋官之属，掌门闾之禁。秋官——修闾氏："修闾氏掌比国中宿互柝者，与其国粥而比其追胥者，而赏罚之，禁径喻者与以兵革趋行者，与驰骋驰骋于国中者。"

【脱户】【史】脱户者，谓家长故意脱离家族之户籍以图减免课役也。唐律(卷十二)户婚篇设有脱户之条："诸脱户者，家长徒三年，无课役者减二等，女户又减三等(谓一户俱不附贯，若不由家长，罪其所由，即见在任者，虽脱户及计口多者，各从漏口法)。"疏议曰："率土黔庶，皆有籍书，若一户之内，尽脱漏不附籍者，所由家长，合徒三年，身及户内并无课役者，减二等，徒二年。若户内并无男夫，直以女人为户而脱者，又减三等，合杖一百。注云，谓一户俱不附贯，此文不计人数，唯据脱户，纵一身亦为一户不附，即依脱户，合徒三年。纵有百口，但一口附户，自外不附，止从漏口之法。若不由家长，谓家长不知脱户之情，罪其所由，家长不坐。即见在役任者，谓身见在官驱使，而户籍无名，虽脱户从漏口法，既见在役任，即无课调。若一身脱户，合杖六十，及计口多者，各从漏口法，漏有课口，罪止徒三年，漏无课口，罪止徒一年半。"同条又曰："脱口及增减年状(谓疾老中小之类)，以免课役者，一口徒一年，二口加一等，罪止徒三年。其增减非免课役，及漏无课役口者，四口为一口，罪止徒一年半，即不满四口杖六十。"(部曲奴婢亦同)

【脱法行为】【民总】又称避法行为。(详该本条)

【脱逃罪】【刑】Offences concerning the escape of prisoners 国家对不法之徒既享有逮捕拘禁之权，同时自亦享有解放之权，如以私力解脱者，即为不法行为，应加处罚，故有脱逃罪之设。暂行刑律为逮捕监禁人脱逃罪。刑法则改称脱逃罪，范围较广，于分则第八章中规定之，共四条。本罪可分为二：(1)囚人自己脱逃罪。(2)使囚人脱逃罪(详各本条)。脱逃罪之主刑已有明文规定于各条之后，惟褫夺公权则由审判官裁量之。

【脱漏户口】【史】脱漏户口者,脱户漏口也。一户之人全不当差,与脱逃无异,故曰脱。一户之人不尽当差,犹物之有缺漏也,故曰漏。一家曰户,人丁曰口。明律(卷四)、清律(卷八)户律户役篇有脱漏户口条之规定,其内容均相同。清律之条文及注曰:"凡一(家曰)户,全不附籍者,(若)有(田应出)赋役者,家长杖一百,(若系)无(田不应出)赋役者,杖八十,(准)附籍,(有赋照赋无赋照丁)当差。若将他(家)人隐蔽在户,不(另)报(立籍),及相冒合户附籍(他户)有赋役者(本户家长)亦杖一百,无赋役者,亦杖八十。若将(内外)另居亲属,隐蔽在户不报,及相冒合户附籍者,各减二等,所隐之人,并与同罪改正立户,别籍当差,其同宗伯叔弟侄及婿,自来不曾分居者,不在此(断罪改正之)限。其见在官役使办事者,虽脱户(然有役在身有役在官),止依漏口法。若(曾立有户)隐漏自己成丁(十六岁以上)人口不附籍,及增减年状妄作老幼废疾以免差役者,一口至三口家长杖六十,每三口加一等,罪止杖一百。不成丁,三口至五口笞四十,每五口加一等,罪止杖七十,(所隐人口)入籍(成丁者)当差。若隐蔽他人丁口,不附籍者,罪亦如之,所隐之人,与同罪发还本户,附籍当差。若里长失于取勘致有脱户者,一户至五户,笞五十,每五户加一等,罪止杖一百。漏口者,一口至十口笞三十,每十口加一等,罪止笞五十。本县提调正官首领官吏,(失于取勘,致有)脱户者,十户笞四十,每十户,加一等,罪止杖八十。漏口者十口笞二十,每三十口加一等,罪止笞四十。知情者并与犯人同罪,受财者计赃以枉法从重论。若官吏曾经三次立案取勘,已责里长文状,叮咛省谕者,事发罪坐里长(如里长官吏知其脱漏之情而故纵不问者,则里长官吏与脱漏户口之人同罪,若受有财者,并计赃以枉法从重论)。"同律之辑注:"计家而言之曰户,计人而言之曰口,将户口开报入册曰附籍,田地税粮曰赋,人丁差徭曰役,有赋役谓有田产税粮而当差,役之出于赋者也,无赋役,谓无田产税粮止当本身杂泛差徭,役之出丁者也,故曰赋役。此条专以役言,因载于户役之首,首节言脱之自己之户,次节言隐冒他人及亲属之户,三节言虽脱户而止依漏口之法,四节言漏自己丁口,五节言隐蔽他人丁口,六节言里长官吏,失勘知情受财之罪。"又同律之辑注:"脱户之罪分二等,有赋役则所避者多,无赋役则所避者少。漏口之罪亦分二等,已成丁者,有所规避,未成丁者,无所规避,故罪各有轻重。"

【脯肉有毒】【史】唐律贼盗篇——以毒药杀人条之规定曰:"诸以毒药药人,及卖者绞(谓堪以杀人者,虽毒药以可疗病,买者将毒人,卖者不知情不坐)。即买卖而未用者,流二千里。脯肉有害,曾经病从有余者,速焚之,违者仗九十,若故与人食,并出卖,令人病者,从一年,以故致死者,绞。即人自食致死者,从过失杀人法,盗而食者不坐。"

【脯醢】【史】又曰醢脯,即以酱盐之属制人为脯也。干肉曰脯,盐渍曰醢,乃刑之最残酷者,商纣曾用之。史记—殷本纪:"九侯有好女入之纣,九侯女不憙淫,纣怒杀之,而脯九侯,鄂侯争之,疆辨[①]之疾,并脯鄂侯。"

【船主】【海】Owner of ship　船舶所有人谓之船主,有雇用船长及其他船员之

① 原书为"办",同"辨"。

权。(参船舶条内)

【船长】【海】Captain or Master of ships 为海员之一种,对船员言,谓在船舶中指挥船员管理船舶一切事务之人也。因其地位之重要权力之高大,学者对之每分公法上与私法上以观察之。在公法上言,船长握有官吏职权执行公法上职务。在私法上言,我海商法特为明文规定,船长之任免,其权操诸船舶所有人之手(第三九条、四〇条),至其资格亦有一定,方可任职。船长之职权有八:(1)紧急处分之权(第四三条)。(2)指挥船舶权(第四二条)。(3)代理权(第五二条)。(4)变卖船舶权(第五三条)。(5)抵押船舶权(第五四条)。(6)变卖或出质积货权(第五四条)。(7)借入金钱权(第五四条)。(8)损害赔偿请求权(第三九条)。以上权限法律均附有条件加以限制,至于求偿权及薪金请求权自属当然结果,毋待规定。关于船长之义务可分为九种:(1)注意职务义务(第四一—四二条及五五条)。(2)指挥船舶义务(第四二条第一项)。(3)谘询意见义务(第四条)。(4)救护旅客及货物义务(第四四条)。(5)具备文件义务(第四五条)。(6)呈验文书义务(第四六条、第四九条)。(7)报请检定义务(第四七条)。(8)呈送文书义务(第四八条)。(9)呈送海事报告义务(第五〇条第一条)。

【船员】【海】Crew 为海员之一种,对船长言,谓船长以外之海员也。举凡航师机师大夫水手杂役等皆属之。船员与船舶所有人间为一种雇佣契约关系,其性质如何,学者多谓系一种诺成契约,我国海商法亦然。至船长亦得代表船舶所有人雇用之。惟船舶在船籍港或在舣装港,而船舶所有人或其代理人亦在该港时,须经其同意方得为之耳(第五二条)。船员之权利有七:(1)薪金请求权(第五九条、第六四条、第六九条)。(2)治疗费请求权(第六〇条、第六一条)。(3)埋葬费请求权(第六二条)。(4)伤病上陆必要费请求权(第六三条)。(5)送回原港请求权(第六五条、第六六条)。(6)恤金请求权(第六七条)。(7)退职时之薪金请求权(第六八条)。船员之义务有三:(1)服从上级船员及船长之义务(第五七条)。(2)在船之义务(第五七条)。(3)遵守私载禁止之义务(第五八条)。关于上述船员之权利与义务,法律所规定者为强制法规,不容当事人以契约任意变更之,盖所以保护劳工阶级也。

【船员考绩规则】【行】本条例公布于民国二十一年七月十七日,全文仅九条,自公布之日施行,凡船员服务中成绩之查考,均依本规则之规定,由各该船之船长行之。兹将本规则之要点述之于下:(一)船员不包括船长及轮机长在内,凡在中国船舶务服之外籍船长(得为考绩者)或外籍船员,均适用本规则之规定。(二)船员服务中之成绩由船长于平时考查随时记录,每届年终将全年成绩决定分数,依照考绩表确实填列迳呈交通部航政司审查之。此项考绩表均由航政司保管,并严守秘密。(三)船长不将考绩表依时负责填送或填报故为不实者,由交通部按其情节处分之。(四)航行内河总吨数不满五千吨船舶之船员不适用本规则之规定。

【船员雇用契约书】【海】Vertragsurkunde der Seemannsanstllng(德) 船长雇用船员时,与船员所订立之关于雇用条件之书面契约,称曰船员雇用契约书。

【船员检定】【行】Official sanction for seamen 凡在本国轮船(指专用或兼用轮

机运转而系满五十总吨之船舶)充当驾驶员或轮机员,均须经交通部检定合格发给证书,是曰船员检定。此项检定分原级检定与升级检定两种。前者即受船长大副二副三副,轮机长大管轮二管轮三管轮等之原级检定。后者则系船长轮机长以下各级船员领有证书曾充证书上所定职务满二年(但大副则须满三年),执有服务证明书者之升级检定。(交通部船员检定章程第一——四条)

【船员检定委员会】【行】Commission of Official Sanction for Seamen 交通部为检定全国轮船船员特设立船员检定委员会,同时并辅助航政司处理关于检定船员时审查及考验事宜。设委员五人至七人,以一人为委员长。又置事务员二人至四人。航政司遇船员呈请检定时,应将呈请书及其附件交本委员会审查,先由委员长将该呈请书分配各委员,分别审查后将所拟具之意见书提交委员长,再由委员长定期开会审查之(开会时须有委员过半数之出席)。以出席委员过半数之同意决之,再将议决之审查意见书交由航政司呈请交通部长核定,合格者发给证书。以上乃就审查方面而言。至于考验事宜,亦由本委员会举行之。考验时应由委员长呈请交通部长指派委员办理,考验结果应评定成绩制成意见书连同试题试卷送由航政司呈请交通部长核定。(交通部船员检定委员会章程第一——十四条、第十七条)

【船员检定委员会章程】【行】本章程于民国二十一年八月十六日由交通部公布,全文计十九条。(参船员检定委员会条内)

【船员检定章程】【行】本章程于民国二十一年八月十六日由交通部公布,全文计共十八条。(参船员检定条内)

【船员证书】【行】Crew certificate 船员受检定合格后,由交通部发给或换给之证明书面,曰船员证书。计分下列二种:(1)驾驶员证书——又分三种:(a)甲种证书——凡受检定合格堪充远洋轮船驾驶员者发给之。(b)乙种证书——凡受检定合格堪充近海轮船驾驶员者发给之。(c)丙种证书——凡受检定合格堪充江湖轮船驾驶员者发给之。凡系商船学校或相当学校毕业富有天文驾驶船艺等学识,及航海各种经验者发给驾驶员甲乙二种证书,如系舵工或系船上练习出身者则发给驾驶员丙种证书。(2)轮机员证书——又分为二种:(a)甲种证书——凡在学校卒业领有卒业证书,并在机械工厂及轮船轮机室实习期满领有证明书,经检定合格堪充轮机员者发给之。(b)乙种证书——凡在机械工厂或轮船轮机室实习期满领有证明书,经检定合格堪充轮机员者发给之。请船员证书者应缴证书费五元,印花税二元,证书自发给日起以五年为有效期间,但发给外国人者则为一年。(交通部船员证书章程第三——八条)

【船员证书章程】【行】本章程于民国二十一年八月十六日公布,全文共十四条。(参船员证书条内)

【船票】【海】Passage ticket 谓旅客对海上运送人以一定价格所购得之凭单,而具有证明其运送契约成立之效力者也。按旅客运送契约乃诺成契约,以不要式为原则,然商业习惯通常均有船票之发行,以为契约成立之证明,实则该票之价格乃规定之运费耳。即旅客之膳食费亦在其内(海商法第一〇二条)。日本法律称船票曰乘船切符,有记名式与无记名式之分,前者不得让与他人,后者则可自由移转。

【船舶】【海】Ships; Vessels 谓在海上航行及在与海相通能供海船行驶之水上航行之船舶也(海商法第一条)。故海商法上之所谓船舶,第一须为在海上航行之船舶,第二须为在与海相通能供海船行驶之水上航行之船舶。但有例外三:(1)凡总吨数不及二〇吨或容量不及二百担之船舶。(2)专用于公务之船舶(例如军舰海关巡船是)。(3)以橹棹为主要运转方法之船舶。上述三种除船舶碰撞外,不适用本法规定,而应受军法及其他各种行政法规之支配。船舶应备下列文书:(1)船舶国籍证书。(2)通行证书。(3)海员名册。(4)旅客名册。(5)属具目录。(6)航海记事簿(详各本条)。船舶为一种动产,得为扣押或假扣押,但为公益起见,设有限制,即知船长执有发航许可书之时起,以迄于航海完成时止,不得为之,但为使航海可能所生之债务,则不在此限。又船舶每多依不动产之规定,例如船舶必须登记,船舶之让与须作成书面经官厅为之盖印证明,方为有效,且须登记,方可对抗第三人。又船舶亦因登记而始得为抵押权之目的物。此外关于租赁,亦经登记而有追及效力,而关于强制执行之规定,亦与不动产相同,我海商法虽未设有明文,似应依此解释,学者称此曰船舶之不动产性。又船舶亦具有人格性,例如名称、国籍及船籍港(与人之住所相同),船舶亦应具备。又对船舶之成分,亦有明文,即设备必要成分、营业必要成分与属具三种皆属之,惟给养则否。法律为提倡造船事业起见,对船舶建筑中承揽人破产时,设有救济办法(第十二条)。又因船舶价格之高昂,航海事业之危险,势非个人资力所能担负,故对船舶之共有,亦设有详细规定(第十三条—第二六条)。至船舶共有关系,我海商法系采单纯共有说,故各共有人得自由处分其应有部分。关于船舶所有人之责任,海商法设有特别限制,好以关于该次航海之船舶价值、运送费,及附随于船舶附属费之权利为限。各国立法例共有四种:(1)委付主义。(2)执行主义。(3)金额主义。(4)并合主义(各详本条)。又因欲使限制责任易于证明起见,法律复设有船舶价值估计标准(第二五条),以杜争端。此外对船舶债权之担保权利,法律所规定者有二:(1)优先权。(2)抵押权。(详各本条)

【船舶丈量】【行】Measurement of vessels 所谓船舶丈量,乃指对船身、式样、容积,以及吨位等之测量与计算而言,船舶应于请领国籍证书前,由船舶所有人向船舶所在地之主管航政官署,声请丈量,丈量后,该官署应发给船舶吨位证书。(船舶法第十九—二三条)

【船舶文书】【行】Ship's documents 所谓船舶文书,乃指依照该船舶所属国法令所定之下列各文书而言:(1)船舶国籍证书。(2)船舶护照。(3)造船合同。(4)租船合同。(5)卖船证书。(6)船员名册。(7)通行证书。(8)航海记事簿。(9)船内日记。(10)出港证书。(11)雇用船员合同。(12)健康证书。(13)载货证券。(14)运货收证。(15)载货表册。军舰队对于船舶之临检方法乃检阅该船舶文书,无嫌疑者则放行之,否则应加以搜索。(海上捕获条例第七条、第十六条、第二十条)

【船舶出租人】【海】与船舶承租人相对称。(详船舶租赁条内)

【船舶共有】【海】Jointly-owned-ship 船舶之所有权为二人以上所共有者,称曰船舶共有(参船舶条内)。其共有之人,则曰船舶共有人。

【船舶共有人】【海】Part-owners of a ship (详船舶共有条内)

【船舶扣留】【国公】(详扣留条内)

【船舶承租人】【海】与船舶出租人相对称。(详船舶租赁条内)

【船舶所有人】【海】Shipowner 凡有船舶所有权之人,皆曰船舶所有人。(参船舶条内)

【船舶抵押权】【海】Mortgage of shipping (详抵押权条内)

【船舶拖带】【海】Ship towing 所谓船舶拖带,乃指甲船拖带乙船而航行于海,或与海相通能供海船航驶之水上而言。我海商法规定凡共同或连接之拖船(例如甲乙两船共同拖带丙船,或甲船拖带乙船,而乙船又拖带丙船是)。因航海所生之损害,对被害人应负连带责任,但他拖船对于加害之拖船有求偿权,因加害之拖船为主要负责者故也(第一一一条)。又拖船与被拖船不属于同一所有人,除契约另有订定外(例如订定共同负责,或因载运过重由被拖船单独负责是)。其损害赔偿责任,应由拖船之所有人担负之,以损害之原因常系因拖船之动作所致也。(第一一二条)

【船舶法】【行】Law of Shipping; Shipping Act 本法于民国十九年十二月四日公布,共分六章,计四十三条,其要点如下:(一)非中国船舶不得悬挂中国国旗,在原则上非中国船舶不得在中国港湾口岸停泊。(二)船舶在原则上非领有船舶国籍证书,或临时国籍证书,不得航行,并不得悬挂中国国旗。(三)船舶应具一定标志,与一定文书(第六—七条)。(四)船舶应于初次航行未开始时,航行期间届满时,及航行期间内遇必要时,施行检查。所有检查乃由主管航政官署委派检查员于船舶所在地施行之。如交通部认为必要时,得随时特派检查员施行之。(五)船舶应于请领国籍证书前,由船舶所有人向船舶所在地之主管航政官署声请丈量,其船身式样容积有变更时者亦同。船舶丈量后,应发给或换给船舶吨位证书。(六)船舶所有人应于领得船舶检查证书及吨位证书,得自行认定船籍港为所有权之登记,并转呈交通部发给船舶国籍证书。(七)关于违反本法之罚则的规定。(第三十三—四十一条)

【船舶保险】【海】Insurance for ships 为海上保险之一种,谓以船舶为标的之保险也。此险之一种,谓以船舶为标的之保险也。此种保险,其金额每较其他保险为高。又因关系之得要,故保险人之责任亦多设有限制。我海商法对此亦有明文,兹述于下:(1)保险时间——除契约别有订定外,自船舶起锚或解缆之时,以迄目的港投锚或系缆之时为期间(第一四八条)。(2)保险价额——即以保险人责任开始时之船舶价额为保险价额(第一五七条)。(3)契约之无效——即就危险之有无为保险者,经证明在契约订立前要保人或被保险人已知船舶之灭失,或保险人已知船舶之安全到达者,其契约无效(第一五四条)。(4)变卖后损害额之计算——受损害之船舶变卖时,以变卖价额与保险价额之差额为损害额,但所减省之费用,应扣除之(第一六二条)。余参委付条内。

【船舶租赁】【海】Hiring of ships　当事人约定一方以船舶租与他方使用收益,而他方则允予支付一定租金,是曰船舶租赁。前者之一方谓之船舶出租人,后者之一方则曰船舶承租人。

【船舶租凭契约】【债】Contract of ship-hiring　当事人约定一方以船舶租与他方使用收益,而他方则支付一定租金之契约,曰船舶租赁契约。

【船舶国籍】【海】所谓船舶国籍,乃指船舶所属之国籍而言。我国海商法规定凡船舶所有人为有中华民国国籍者,则该船舶即为有中华民国之国籍。

【船舶国籍证书】【海】Certificate of nationality of vessel　为船舶应具文书之一种,谓船舶于登记后由该管官署所发给之公文书也。我海商法规定船舶非经登记领有国籍证书,不得航行,但法令别有规定者,不在此限(第五条)。此项证书之具备,在国外航驶者,平时可蒙保护,战争时可免无故被捕,又可来往各贸易港,揭树国旗,自由泊碇。

【船舶登记法】【行】Law Relating to the Registration of Ships　本法于民十九年十二月五日公布,计分六章,共六十八条。兹举其要点如下:(1)船舶登记由船籍港生管航政官署行之,其登记乃以对抗第三人为目的,其范围乃以所有权抵押权租赁权等之保存设定移转变更限制处分或消灭为限。(2)声请登记应由登记权利人及登记义务人或其代理人共同为之。且须呈送一定文件。(3)主管航政官署登记完毕,应即发给登记证明书于声请人,其由登记权利人一方声请登记时,主管航政官署应于登记完毕时,即用登记通知书通知登记义务人。(4)如有法定情形时未能正式登记者,得为暂时登记。此外有所谓附记登记,更正登记,与回复登记。(5)关于所有权登记之程序,更正登记,与回复登记。(6)关于所有权登记之程序(第三四—四六条)。(7)关于抵押权及租赁权登记之程序(第四七—五七条)。(8)登记权利遇有法定情形时应声请注销登记(第五八—六一条)。(9)声请登记时应分别缴纳登记费(第五八—六一条)。(10)声表登记时应分别缴纳登记费(第六二条)。(11)声请人或利害关系人对于处理登记之主管航政官署认为有违法或不当之处分时,得依法提起诉愿或行政诉讼。

【船舶登记证书】【行】Certificate of registry of ship　船舶所有人于领得船舶检查证书,及船舶吨位证书后,自行认定船籍港,依船舶登记法之规定,为所有权之登记者,曰船舶登记。其经该船籍港之主管航政官署所发给之证书,曰船舶登记证书。按船舶关于所有权抵押权租赁权之保存、设定、移转、变更、限制处分,或消灭,均应呈请登记,凡因上述各项登记而取得之公文书,皆曰船舶登记证书。(船舶法第二四—二五条,船舶登记法第三条)

【船舶碰撞】【海】Collision of ships　谓二以上之船舶互相撞突而致损害也。在昔帆船盛行时代,碰撞之事甚少,而损害亦属轻微。近代汽船行驶容积既大,速度亦加，而数目亦因商运而增多焉，碰撞之事遂常发生。法律为杜绝无谓争端起见，乃设明文为之规定：(1)碰撞因不可抗力而生者，被害人不得请求赔偿，如系因于一船舶之过失所致者不在此限(海商法第一一四——一五条)。(2)如碰撞之各船舶有共同过失者，应按过失程度比例负责，不能判定者，双方平均负其责任，至于因死亡或伤害所生之损害，则有过失之各船应连带负责(第一一六条)。(3)引水人之过失所致之碰撞，其责任仍由船舶所有人负之(第一一七条)。(4)碰撞事不论发生于何地，若被害为中国船舶或中国人在中国港内河道或领水内，法院对加害之船舶皆得随时扣押之，或使之提供担保(第一一九条)。(5)关于碰撞之诉讼，得向被告之住所或营业所所在地，或碰撞发生地，或被告船舶籍港，或船舶扣押地之法院择一起诉(第一二〇条)。法律为保护航行事业起见，对因碰撞所生之请求权，定有消灭时效，即自碰撞日起算经过两年不行使时而消灭(第一一八条)。又船舶之碰撞不论发生何地，不论何种船舶，均一律依上述各项规定。(参第二条、第一一三条)

【船舶经理人】【海】Manager of the ship　船舶经理人者，谓船舶之舣装或利用时在诉讼内或诉讼外代表船舶共有人之人也，由船舶共有人选任之。

【船舶载重线】【行】Plimsoll's mark　所谓船舶载重线，乃指船舶最高吃水线而言，即船舶航行时，其载重不得超过该线也。凡属中国船舶(除总吨数未满一百吨或容量未满一千担者，或军舰渔船游艇及非用于运送客货之船舶外)。均应依照船舶载重法之规定测定，并划明载重线，即由该船舶所有人或运送人声请主管航政官署测定后，遵照画明于船身两旁，同时并发给载重线证书，其有效期间为五年，期满应重行声请测定。其载重线一经画明后，不得移改涂抹或隐蔽。(船舶载重线法第一—四条、第十条)

【船舶标志】【行】所谓船舶标志，乃指船舶之船名、船籍港名、船舶登记吨数(或担数)及号数并吃水尺度等而言。在轮船上之标志，其地位如下：(一)船名志于左右两舷之中央部及船属之中央部，如兼用西文，则西文应志于船首之两舷及船尾中文之下。(二)船籍港名志于船尾船名之下，得于中文之下兼用西文。(三)船舶登记吨数及号数用阿拉伯数字志于轮船驾驶台上显明之处。(四)吃水尺度用罗马数字志于船尾，两端数字之高度以六英寸为限，字之下端即表示其尺数。至于帆船之标志，其地位则如下述：(一)船名及船籍港名志于近船尾之两舷或船尾之中央部。(二)船舶登记担数及号数志于船首两舷或船舱两则。上述各项标志概由船舶所有人依法自行设备，其颜色以黑色白色或黄铜色为限，一切文字轮船所用之西文不得大于中文所占面积，帆船标志则均用中文。(船舶标志办法第二一四条)

【船舶吨位证书】【行】Tonnage certificate　于船舶丈量实施后，由主管航政官署所发给之公文书，曰船舶吨位证书。(船舶法第二十三条)

【船舶检查】【行】Inspection of ships　由主管航政官署所委派检查员，或交通部特派检查员，对于船舶于初次航行未开始时，航行时间届满时，及航行期间内遇必要时，或随时所施行之检视与查验，曰船舶检查。(船舶法第九条、十一条、十三

条)

【船舶检查证书】【行】Certificate for inspection of ships 检查员依照船舶检查章程实施检查后,认为合格时,呈请主管航政官署给予之公文书,曰船舶检查证书。(船舶法第十二条)

【船荷证券】【债】Bill of lading 为日本名辞,与我国所称之提单相同。

【船藉港】【海】Vessel's home port 又称船舰本籍地(详该本条),或名定系港。

【船舰本籍地】【海】Vessel's home port 或称船籍港,乃指船舰登记时呈报之船籍定着地。且归航后发航前均系于此,故又名定系港。其性质与自然人或法人之住所相类似。

【舶商匿货】【史】海中大船,曰舶船,所运者多属外货,入口到岸应将货物尽实报告,十分抽一,然后给照听其货卖,违者构成本条罪名。明律(卷八)、清律(卷十三)户律课程篇舶商匿货条均有同一之条文。清律原文及其下注曰:“凡泛海客商舶(大船)船到岸,即将货物尽实报官抽分,若停拓沿港土商牙侩之家不报者,杖一百,虽供报而不尽实,罪亦如之(不报与不尽报之)。物货并入官,停藏之人同罪,告获者官给赏银二十两。”同律之总注:“泛海客商,所贩皆外番之货,其船大,其货多,必尽数报官,照例抽分,若停于沿港土商牙侩之家,而不报者,杖一百,虽经供报到官,而隐漏不尽者,罪亦如之,其不报不尽之货物并追入官,停藏之人,同杖一百之罪,若有人首告或连人获送者,官给赏银二十两。”同律之辑注:“此亦匿税也,而罪罚皆重,以海客舶船,货多利大,且寓稽查外番之意,故独严之。”又同律之辑注:“按匿税条以入官十分之二充赏告人,与此不同以海舶多价重,故定赏二十两,即告获入官之货,不及二十两,而亦赏之,则稽察者多,而隐匿者惧也。”

【庄(莊)田】【史】庄田之名始自唐代。旧唐书:“官健有庄田户籍者,仰州县放免户籍。”至清朝之制,则于嘉庆会典(卷十一)中。皇室私有之地曰庄田,为清帝祖先在满洲时之所有,入关后奠都北京,复没收明室及其勋臣太监等之土地,以之直属于内务府,不受州县官所统辖,依地质之高下分为四等,每庄置庄长一人统率所属,从事耕作。(清国行政法卷一上)

【庄(莊)票】【史】清制,民间发行之钱票由票庄发行,故曰庄票,流通于本地之市场,或以银两计,或以银圆计,都会商埠均有之,乃以增补资本及周转市上金融为目的。

【票】即本票之俗称。(参本票条内)

【庄(莊)园】【史】为清时属于皇室私有土地之一种,与庄田大抵相同。在畿辅盛京、锦州、热河、归化城、打牲乌拉等计共千余所,依其地亩之大小,地质之肥瘠,并产物之多寡分为一等庄、二等庄、三等庄、四等庄、半分庄、豆粮庄、稻田庄及菜园等数种,均委托所在地方官吏征收地租。庄园与庄田异者,即庄田乃指水田而言,庄园则指水田以外之土地而言。(参清国行政法卷三)

【荷(荷)兰国宪法】【宪】Constitution of Holland 荷兰又称尼德兰(Netherland)即洼地之意也。东与德意志为邻,南与比利时相毗连,西及北均濒北海,面积约一万三千方哩，人口约七百万人，在海外拥有广大殖民地（即东印度群岛与西印度领土），面积约七十九万方哩，大于本国六十余倍，人口约五千万人，多于本国七倍，全国地势低平，四分之一在海面以下，于沿岸处筑巨堤以防海水之侵入，且又排水填成陆地，故其水利工程之发达，允称世界第一。按荷兰古属罗马，称曰巴达维亚（Batavia），后为法兰克族（Franks）所占据，分为数小国，一四三四年始统一焉。一五四三年属德意志（即日耳曼）。一五五六年查理五世以其地划与其子西班牙皇帝腓力二世，遂为西班牙所有。一五八一年与西班牙脱离，宣告独立，建共和政府，举维廉氏为大总统。一七九四年为法兰西所击破，次年改为巴达维亚共和国。一八〇六年为拿破仑所倾覆，改称荷兰王国，以其弟路易斯为王。一八一〇年路易退位，改属于法。一八一四年复独立，一八一五年维也纳会议以之与比利时合并，称曰尼德兰王国，推奥伦治（Orange）公为王，曰威廉一世。一八三〇年比利时旋与之分离自行独立，荷兰遂自成一国，以至于今。其现行宪法公布于一八一五年八月二十四日，历经一八四〇年、一八四八年、一八八七年（十一月三十日）、一九一七年（十一月二十九日）等之数次修正，至一九二二年十一月三十日复加修正，计共分为十一章，一九九条，并附有追加条项十二条。第一章国家及住民，第二章国王，第三章国会，第四章省政府与县政府，第五章司法，第六章信教，第七章财政，第八章国防，第九章水利及有执行权之特别机关，第十章教育及救济，第十一章宪法之修正。兹将本宪法之要点举述于下：（一）本宪法除设有特别规定外，只限于欧洲内之荷兰本国施行之。（二）凡住在荷兰国领土以内之人民，关于其身体财产之保护均享有同等之权利，荷兰公民资格之取得均以法律定之，凡属公民均得任公职。（三）人民有发表其思想或意见之自由，有集会及结社之自由，且有对主管官署以书面向其请愿之权。（四）荷兰国之王位由威廉腓烈特（William Frederick）之正统后裔世袭之，国王或女王，未经国会同意所成立之婚姻，以及当朝国王之王子或女公主未经法律同意之婚姻所生之子女均无王位继承权。如王位无宪法所规定之合法继承人时，应以法律选任继承人，该法律之草案由国王提出之。国王驾崩，如无宪法所规定之合法继承人时，应由国会召开两院联席会议直接选任继承人，国王之长子或国王男统之长子而为王位之继承人者，应为国王之第一臣民，并受 Orange 亲王之封号。（五）关于王室收入及关于未成年国王应设太傅一人或数人之规定（第二十二—三十三条）。（六）国王在未成年期间，由摄政行使王权，又国王不能亲政时，亦由摄政行使王权，摄政以法律任命之，国王职权依照国王所提出之法案，如国王有暂时放弃时，得由摄政执行之，该法案应同时规定摄政之任命，由国会开联席大会讨论及决定之。（七）内阁于一定情事之下（第四十四条之规定），亦得摄行王权，至合法之继承人即位时或合法之摄政就职时，始停止摄行王权。（八）国王秉政时，须即在阿姆斯特丹（Amsterdam）城之国会联席会议大会举行宣誓及即位典礼。（九）国王不可侵犯，行政权属于国王，有颁发一般行政法规之权，对于外交有最高监理权，经国会之同意有宣战之权，又在原则上有批准一切国际条约之权，此外国王有统率陆海军之权，对于荷属殖民地之有最高行政之权，对于国家财政有综理之权，对于国家货币有铸造之权，对于贵族之称号有颁赐之权，对于裁判宣告所科之刑罚有赦免权，至于大赦及免责仅得依法律行之，对于免除法律之适用只限于法律所认许者始得由国王行之，在一定情形之下对于省与省间，省与县间，县与县间及省或县与水利公会低地公会或低地区域间所发生之争论，国王有裁决之权。又对于国会有提出法律案之权，经国会议决后之法律案，国王且享有裁可及拒绝之权。又对国会两议院国王亦有同时或分别解散之之权。（十）内阁之组织其职权，以法律定之，各部大臣之任命与罢免之权属于国王，内阁会议时之主席以国王任之，有王位继承权之王太子或女公主年满十八岁时，有列席内阁会议之权。由国王提出国会之事项，或由国会奏呈国王之事项并对于荷兰本国及在欧洲以外所有荷兰国之殖民地及属地之一般行政法规，国王应交内阁会议审议，凡属国王之诏敕及命令，应由各部大臣一人副署。（十一）国会代表荷兰全体国民，分上议院及下议院。下议院以议员一百人组织之，由荷兰国民或依法归化为荷兰国民年满二十五岁者，依照代表比例制直接选举之，当选者须为荷兰公民年满三十岁而未受有剥夺其选举及被选举权之宣告者，任期为四年，议长由议院开列三人名单，请国王选定一人任命之，其任期以开会期间为限。上议院以议员五十人组织之，依照代表比例制由各省议会选举之，当选者须具备下议院议员所必需之条件，任期为六年，每三年改选一半，得连选连任，其议长一人则于开会期间内由国王就议员中任命之。（十二）无论何人不得同时兼任两议院之议员。各部大臣得列席于两议院，除在该议院为议员者外，仅有发言权。国会议员不得兼任内阁副总理，最高法院院长副院长或法官，总检察长或检察官，审计院院长或审计官以及省政府之国王代表。国会议员在议会之言论对外不负任何责任。国会常会每年至少集会一次，于每年九月之第三星期二开会（临时会由国王召集之），会议在原则上应公开之，两院联合会议由国王或由特派委员召集之，议院之分别开会或联席会议及议决案件非有议员半数以上之出席不得为之，联席会议时应视为一体，以上议院议长为议长。（十三）立法权由国王及国会共同行使之，国王得以诏书或由委员会将法律案或其他议案提交下议院，议院应于大会讨论之前先付审查，会议时对该议案有修正之权，如予能过后应咨送上议院（如否决时应上奏国王），上议院亦予以通过时亦应上奏国王并通知下议院。惟国王于上议院未议决以前有撤回议案之权。法律创制权专属于下议院，通过后即应咨送上议院再经其通过，即应上奏国王，并同时通知下议院（否决者则仅通知下议院）。国王对已通过之法律案，其批准与否，应从速通知，其经批准后，即取得法律效力并由国王公布之。（十四）荷兰国岁出岁入之预算，以法律定之，每年于一定期间中由国王名义提出于下议院，其每年之决算，经审计院核准后，应依法律所定方式提出于立法机关。（十五）地方政府为省与县，省议员由住居各省国民年满二十三岁以上者，直接选举之，任期四年，连选得连任，每年应依法集会（临时会议则由国王召集之）。会议以公开为原则，须有半数以上议员之出席始得开会与表决。省议员对于税收之设定、变更或废止，均须经国王批准，其出人预算亦同。省议会得应就其议员中组织常任委员会，依法处理日常事务。国王于每省应任命一委员掌理执行诏令及监察省政府所发布之命令，此委员应为省议会及委员会之主席，在会议内并有表决之权。（十六）县置县政委员会为县行政之最高机关，其委员由县民年满二十三岁而系荷兰国民者依比例代表之原则直接选举之，其委员长一人，则由国王就委员中或委员外任命之(且可罢免之)。县政府关于地方税之厘订变更及废止所为之决定应由国王批准之。(十七)司法以国王名议由法律所设之法院行使之。对于人民之财产或由财产所生之权利、债务及其他私权之一切诉讼专属于法院之管辖。法院有通常法院及行政法院之分，其组织以法律定之。行政官署与司法官署间所发生之权限争议，其裁决方法另以法律定之。法院之开庭以公开为原则。(十八)最高法院(仅一所)为最高之审判机关，其法官如有出缺者，由该法院通知下议院，由该议院拟定三人奏请国王任命，由国王选补遗缺。其院长副院长亦由国王就该院法官中遴选任命之。国会议员，各部大臣，总督及在外之殖民地与总督有同等职权之各长官参政官，及各省内由国王任命之委员因执行职务所犯之罪，虽于退职后，仍由下议院以国王名义，向最高法院弹劾之。此外最高法院对于全国司法亦有监督之权。其他司法官均由国王任命之，且为终身职，如有违背法律者，得依最高法院之判决罢免之，或免去其职务。(十九)荷兰人民有信仰其宗教之绝对自由权，国内所有各派宗教，一律受平等之保护，其信徒一律享有私权及政权，并有受任官职之权，除因维持秩序及公共安宁所采必要之处置外，一切之公开仪式，均许可之。(二十)非依法律不得为国库征收租税，租税概不得特予免征，货币铸造均由法律定之。为审核全国度支起见特设一审计院(其职权与组织由法律另定之)，审计官为终身职，如有出缺者，下议院应拟定三人名单奏呈国王，由国王于该名单内选任一人。(二十一)陆海军以志愿兵及征兵组成之，强制兵役另以法律定之。外国军队非依法律不得雇用，海军征兵得派遣至殖民地服役，法律予以特殊利益，陆军征兵，非经其同意，不得派遣出外服役。战时或有战争之危机时或其他非常时期中，国王如临时召集非现役军人之全部或一部时，应迅即提出法律案于国会，制定该项军人留在军队服务之必要规定。为维持国内或对外安全起见，荷兰国领土之各部得由国王或以其名义宣告戒严或战争状态，其宣告之情形及方式，以法律定之。(二十二)关于水利之管理规则以法律定之。凡由国库或其他方法支付一切水利事项之费用，由国王行使最高监督权。关于水利工程、海洋工程、泥炭坑及低地区域一切工程事项，由省政府监督之为原则，但法律得交与其他机关行使之。(二十三)除官署监督及关于中等或初等教育，及教员之能与道德审查外，教育概属自由，一切均以法律定之，一切公共教育均应尊重各人之宗教信仰。教育应由政府注意之，国王每年对于教育状况应提出报告于国会。(二十四)救济事业应由政府以法律规定之，而国王每年亦应将关于救济事业所采用之办法提出详细报告于国会。(二十五)宪法修正案提出后，国会应即解散，由新选之国会加以讨论，须经三分二之多数赞成始能通过，此项修正条文如经国王及国会采用时，应即庄重公布之，并加入宪法之内。(二十六)追加条项十二条从略。(为一八八七年十一月六日之法律)

【处(處)分】【通】Dispose 所谓处分，乃指对于特定人或特定物之法律关系，所为之处理与决定之一方行为而言。有刑法上之处分，如对犯人所施逮捕之处分是。有行政法上之处分，如警察处分征收处分是。更有私法上之处分，如所有人对其所有物之处分是。

【处(處)分主义】【民刑诉】又称不干涉主义。(详该本条)

【处(處)分行为】【民总】Juristic act of disposition 为法律行为之一,对非处分行为言,即以让与变更或消灭现存之财产权为目的之法律行为也。处分与非处分之行为,其区别标准乃在行为之目的是否对财产加以一定之处分,故亦有称之为财产行为之一者。

【处(處)分命令】【行】Order of disposition 国家对特定人命其为特定行为或不行为之处分之命令,称曰处分命令。

【处(處)分则例】【史】清代规定官吏惩戒法之法典,称曰处分则例。仅有吏部处分则例与兵部处分则例二种。(详各本条)

【处(處)分证券】【通】Dispositionspapier(德) 凡证券之得据为处分其目的物者,称曰处分证券。例如物品运送之提单,提单持有人得依提单以处分运送物是也。

【处(處)分证书】【通】证书之记载足以发生法律上之一定效果者,是项证书称曰处分证书。例如契约书、票据、遗嘱,以及官署之命令书等皆属之。

【处(處)分权】【物】Jus Disponendi(拉丁); Right of disposing 为所有权积极作用权利之一,对使用权与收益权言。又分为二:(1)事实上处分权——即于物之一部或全部加以变更或消灭之权利也。例如开荒地为田园及焚烧房屋是。(2)法律上处分权——即将所有权移转抛弃或设定之权利也。例如将所有土地让与他人,或抛弃不顾,或于其上设定抵押权是。

【处(處)刑】【刑】Execution of punishment 与行刑意义相同,即执行刑罚之谓。

【处(處)刑命令】【刑诉】Sentencing of accused by order 谓简易程序中法院对被告所发之科罚命令也。此项命令必须以书面为之,并应分别记载下列事项:(1)被告人姓名、性别、年龄、籍贯、职业、住址。(2)犯罪之日时处所。(3)犯罪之行为及适用之法条。(4)应科之刑罚及必要之处分。(5)命令处刑之法院及年月日。(6)接收处刑命令之日起五日内得声请正式审判。此外尚须经命令处刑之推事署名盖章,且庆以正本送达于当事人,但当场交付本人者亦无不可。凡不服处刑命令者,仅能向原法院声请正式审判,不得上诉,故与判决之得上诉者有别。但二者之均有确定力与执行力,皆无或异。(刑诉法第四六六—四六七条)

【处(處)决】【史】(一)处理决定之谓。唐书—李辅国传:"中外事听老奴处决。"(二)裁判确定刑杀罪人亦曰处决。(三)自己发觉其责任而自杀,则称曰自处决。

【处(處)决叛军】【史】在边境重地如有军人谋叛捕获后,经审问招承证据确实者,应向一定机关申报随即依律处治,具由奏闻。如在军前临阵擒杀者不在此限。明律(卷一)、清律(卷五)名例篇对此均有明文。清律之总注:"边方军叛,事系安危,若待请命而后处治,恐有外援内应,迟留变生,既有显著之迹,又有证见之人,鞫问是实,招服无词,即申报上司,或公同会审,或委官覆审,果无宽抑,依律处治，然后具由奏闻。如在用兵之时，军前有叛者，能用兵剿捕，临阵擒杀，正合机宜，何待鞫问，故曰不在此委审公审之限。”

【处(處)理】【通】处置与办理，称曰处理，例如处理事务是。

【处(處)罚】【刑】Punishment 由国家机关判决予以刑罚之处分者，曰处罚。

【处(處)罚条件】【刑】Condition of punishment 谓犯罪科刑时所应具备之一定条件也。例如预谋杀人罪，必须有杀人之事实，受害者之身死与犯人之预谋是。

【处(處)断】【通】Judgment 处分裁断，简称曰处断。

【术(術)士妄言祸福】【史】祸福以关于国家者言。阴阳术数之士，每多惑世诬民，妄言国家祸福，在在均足引起人民趋避之念，甚且犯上叛乱，故不许其于大小文武官员之家，妄作干涉国家之语，违者杖一百。其依经星卜，虽预言休咎，无关国家者，则不在此限。(明律卷十二清律卷十七——术士妄言祸福之条)

【袒】【史】卷袖袒露其臂，谓之袒。凡事之吉凶皆袒左臂，罪人之受刑则袒其右臂。仪礼—乡射礼：“司射适射堂，袒决遂。”注曰：“袒，左免衣也。”疏曰：“凡事无问吉凶，皆袒左，惟有受刑袒右。”

【袒右】【史】(详袒条内)

【袒免亲】【史】露其左臂谓之袒，去冠括发谓之免，总称曰袒免。另一说谓凡五服外无服之亲遇丧，则服素衣，以布缠头，谓之袒免(清律卷二十七刑律斗殴篇——宗室觉罗以上亲被殴条之附注)。袒免亲者，乃指五服之外(无服之亲)有谱系可考尊卑长幼名份犹存之亲属而言。例如高祖亲兄弟，曾祖堂兄弟，祖父再从兄弟，父子之三从兄弟，已身之四从兄弟及三从侄，再从侄孙皆是。此外缌麻绝服之外，亦为袒免亲。与袒免亲之妻而嫁娶者，唐明清律均加禁止(详为袒免妻嫁娶条及娶亲属妻妾条内)。唐律(卷十四)户婚篇——为袒免亲妻嫁娶条之疏议曰：“高祖亲兄弟，曾祖堂兄弟，祖再从兄弟，父三从兄弟，身四从兄弟，三从侄，及再从侄孙并缌麻绝服这外，即袒免。”

【袋地】【物】即凡为他人土地所围绕而不能与公路相通之土地之谓。法律为维持此地之效用起见，许其有通过他人土地以达公路之通行权(参邻地通行权)。袋地之发生有由于事变者，如天灾地变是。有由于人为者，如公路废止土地分割与让与是。

【被上诉人】【民刑诉】Appellee 上诉人之相对方曰被上诉人。

【被中立国】【国公】又曰永久中立国(参该本条)。以其中立之设定，非出于自动而系出于被动，故曰被中立国。

【被代理人】【民总】Principal (详代理条内)

【被囚禁拒捍走】【史】被囚禁者不论是否有罪，在禁中如有拒捍官司，强自脱走者，均构成本条罪名。唐律(卷二十八)捕亡篇——被囚禁拒捍走之条：诸被囚禁，拒捍官司而走者流二千里，伤人者加役流，杀人者斩，从者绞。若私窃逃亡，以徒亡论(事发未囚，而亡者亦同)。疏议曰：“被囚禁，不限有罪无罪，但据状应禁者，散禁亦同，拒捍官司而强走者流二千里，伤人者，谓因拒捍，伤主司及捕捉之人者加役流，杀人者斩，从者绞，不至死者，依首从法。若私窃逃亡，谓被囚禁而私逃者，从上条流徒囚，役限内而亡，一日笞四十，三日加一等，过杖一百，五日加一等，此是事发更为，合重其坐。注云，事发未囚而亡者亦同。谓罪人事发被追，拒捍官司逃走，及私窃逃亡，亦与在禁逃亡罪同。"

【被告】【刑诉】Defendants or accused 被告者，谓有犯罪嫌疑应为公诉之相对人也。亦有广狭二义：前者乃兼指侦查中之嫌疑人而言，后者则仅称起诉后之犯罪嫌疑人。我刑事诉讼法所称之被告，乃广义之被告。故凡未经检察官起诉而在侦察中之犯罪嫌疑人，均称曰被告。刑诉为保护人民权利及伸张国家权力起见，特设有辩护人辅助人诉讼代理人之规定，及另以专章规定被告之传唤拘提及羁押。（详各本条）

【民诉】谓在诉讼判决程序与原告立于相反对地位之当事人也。

【被制书施行违者】【史】被制书者，谓奉制有所施行也。违者治罪。唐律（卷九）职制篇有被制书施行违者之条："诸被制书，有所施行，而违者，徒二年。失错者，杖一百。"（失错谓失其旨）

【被治者】【宪】Subject 受国家统治权所支配之人，谓之被治者。被治者为统治权之客体，与统治者适处于相反之地位。

【被保险人】【险】Insured or assured 为保险契约当事人之一，谓被保险利益之主体也。在保险契约中原则上只有被保险利益之人得有订立保险契约之权利，但有例外，即亦得为他人之利益而订立契约（参保险法第五条、第六条），故被保险人有时即为要保人本身，有时为要保人以外之第三人，有时同为要保人与受益人，有时同为被保险人与受益人，即有时要保人与被保险人受益人均为各别之人，亦常有人。例如甲向某保险公司将乙之身体为人寿之保险标的物，而指定丙为受益人是。

【被保险利益】【险】Interest of assured 被保险物上所有之利益，谓之被保险利益。（参被保险物条）

【被保险物】【险】Subject matter of insurance 在保险契约中之保险标的物，谓之被保险物。与被保险利益不可混同。例如被保险人以其房屋付诸保险，则该项房屋为被保险物，若房屋为火所焚，则该被保险人对于该被焚房屋之利害关系，称曰被保险利益。

【被保证人】【票】Person for whom the guarantee is given 与保证人相对立，谓票据债务被他人加以担保时，其票据债务人即称为被保证人，其姓名应于汇票或其誊本上记明，其未记载者于承兑后则视承兑人为被保证人，如未经承兑者则视发票人为被保证人。（票据法第五六—五七条）

【被保护国】【国公】Protected states 为一部主权国之一种，谓依协定或条约以一部分之对外主权委托他国代为行使，而受其保护之国家也。被保护国在一定限度内，仍得为国际法之主体，而为国际人格者。其实例如以前高丽之受日本保护，埃及之受英国保护，与今日非洲 Tunis 之为法国保护国，皆是。

【被后见人】【亲】Wards 为日本名辞，与我国所称之被监护人相同。

【被指示人】【债】Drawee （详指示证券条内）

【被相续人】【继】Deceased 为日本名辞，即我国所称之被继承人。

【被背书人】【票】Indorsee 执票人以背书方法将票据上权利让与他人者，其受让人曰被背书人。在正式背书中则被背书人姓名必须记载，在空白背书(即略式背书)中则否。

【被害人】【通】Victim; Injured party 因他人之犯罪行为或侵权行为而致其权利受侵害者，曰被害人。

【被害主体】【刑】Subject of injury 又名犯罪之客体。(该详本条)

【被害者承诺之行为】【刑】为放任行为中自己处分之一。即凡侵害他人之法益除经其承诺外，均不论罪之谓。实际上其法益为物品时，被害者自有承诺权，至于生命身体则虽经其承诺，亦不得加以破坏，否则仍应担负刑事责任。

【被参加人】【票】所谓被参加人，可分为二种：一为被参加承兑人(详参加承兑条内)。一为被参加付款人，乃票据债务人也。通常在拒绝付款证书中可以知之。我票据法另以明文规定：(1)参加承兑人付款之时，应以被参加承兑人为被参加付款人。(2)预备付款人付款之时，应以指定预备付款人之人为被参加付款人。(3)如无参加承兑人或预备付款人者，则应以发票人为被参加付款人。法律为保护被参加付款人起见，对未受被参加付款人委托而自行参加付款者，课以急速通知被参加人之义务，使被参加人得就参加付款情形，以与执票人追索权相对抗。(票据法第七九条)

【被动代理】【民总】Passive agency 又名消极代理。(详该本条)

【被教唆人】【刑】Indicated person 犯罪人之犯罪行为，其发动系出于他人之诱导或指使者，此项犯罪行为人，称曰被教唆人。(参教唆犯条)

【被弹劾人】【宪】国家官吏如受法定机关之弹劾时，受弹劾者，称曰被弹劾人。例如内阁总理受国会议员之弹劾时，与我国各级官吏之受监察院之弹劾时，其被弹劾者，均谓之被弹劾人。依监察院审查规则第四条之规定，凡审查委员与被弹劾人有亲属或特别关系者，应自请回避。

【被论】【史】即被告也。(参告状不受理条内)

【被选资格】【宪】Eligibility 即候选人所必须具备之积极与消极资格也。(参被选举权条内)

【被选举权】【宪】Right of being elected 人民在法定条件之下均得被选举为公务员，此种权利，曰被选举权，与选举权相对立。

【被继承人】【继】Person of the deceased 所谓被继承人，乃指继承关系中之原有财产之所有人而言。我民法规定继承因被继承人之死亡而开始，故被继承人实系指死亡之人而言也。

【规(規)求】【史】以不正当方法以谋求利益者,谓之规求。左传—昭公二十六年:"规求无度。"唐律(卷二十五)诈伪篇——伪写官文书印条:"……即伪写前代官文书印有所规求封用者,徒二年。"

【规(規)则】【通】Rules; Regulations　凡以范围人民行为所定之准则,称曰规则,此乃就一般而言。若在法律上则规则为组成法律之成分,故集若干之规则,加以系统化组织化乃成为法律,但其单行而带有详细规定之性质者,仍称之曰规则。

【规(規)约】【国公】Covenant　又称盟约。(详该本条)

【规(規)条】【民总】此为旧民法草案对于社团法人之章程之名称,现行民法则谓之章程。

【规(規)费】【行】Fee　日本称曰手数料,即国家因特定人使用公有物,或对官署之特定行为时,而向其征收一种报酬费也。例如登记费、诉讼费、邮费、电费是。

【规(規)范法则】【通】Normative laws　人类之自律的作用,能以自力约束其行为而遂其求生存与进化之目的,此项自律谓之规范法则,法律乃规范法则之一种耳。

【规(規)避】【通】违背法规而以巧妙方法避免者,称曰规避。

【讹(訛)索】【史】车夫或马夫对旅客所为额外非分之索求,谓之讹索。清末违警律:"或虽未预定,而事后讹索者。"

【访(訪)犯】【史】上司衙门密访,行牌坐名擒拿者,谓之访犯。

【访(訪)拿蠹役】【史】所谓蠹役,乃指各衙门中吏役之贪污舞弊残民以逞者而言。访者,察查也。拿者,捕拿也。清之现行则例(即刑部现行则例)受赃篇——设有访拿蠹役之条:"凡督抚将衙蠹访拿,许司道府州县等官举报。若司道府州县等官将衙蠹不报上司,或上司访出,或科道纠参,或被害之民具告者,将司道府州县等官照徇庇例降二级调用,不行题参之督抚罚俸一年。其访拿衙蠹并赃私数目,仍应年终造册题报。"

【讼(訟)】【史】所谓讼,乃指民事上之诉讼而言,与狱相对称。周礼—大司寇:"以两造禁民讼。"其注曰:"争罪曰狱,争财曰讼。"详言之,讼字从言从公,言之于公署之意义也。易经—讼卦之注曰:"讼争也,言之于公也。"六书故:"讼,争曲直于官有司也。"

【讼(訟)师】【通】教唆他人兴诉讼之人,称曰讼师。

【讼(訟)庭】【通】Court　俗称法庭曰讼庭,即听讼之处所也。

【讼(訟)棍】【通】挑唆讼事以企从中取利之人,称曰讼棍。

【讼(訟)费】【民刑诉】Cost　即诉讼费用之别称。(详诉讼费用条内)

【讼(訟)狱】【史】民事诉讼曰讼,刑事诉讼曰狱。孟子—万章上篇:"讼狱者,不之尧之子而之舜。"

【设(設)立大会】【行】商会之发起人须为商业的法人或商店五十家以上者(惟有例外)此项发起人应召集设立大会依法订立章程,连同其他必要事项呈请市政府或程由地方主管官署转程省政府核准设立,并转报实业部备案。(商会法第六条)

【设(設)立合并】【公】Amalgamated consolidation 又称创立合并。(详合并条内)

【设(設)立登记】【民诉】Registration of the formation or of establishment 为法人登记之一种,即法人于设立时所为之登记也。我国民法规定社团设立之登记事项有九:(1)目的。(2)名称。(3)主事务所及分事务所。(4)董事之姓名及住所。(5)财产之总额。(6)应受设立许可者其许可之年月日。(7)定有出资方法者,其方法。(8)限制董事代表权者,其限制。(9)定有存续时期者,其时期。至财团设立之登记事项有八:除第一、二、三、四、六、七、八外,其第五项则为受许可之年月日。(民法第四八条、第六一条)

【设(設)定】【通】Creation; Settlement 创设及确定法律关系者,谓之设定,例如抵押权地役权之设定是。

【设(設)定人】【民总】Founder 设定行为之人,曰设定人。

【设(設)定行为】【物】对于权利之创设与确定之行为,称曰设定行为,例如抵押权之设定是。

【设(設)定取得】【民总】Constituive acquisition 为继受取得之一种。(参继受取得条内)

【设(設)定界标请求权】【土】谓土地所有人向其相邻地之所有人,请求设置界标之权利也。(参疆界权内)

【设(設)定质权背书】【票】又曰质权背书。(详该本条)

【设(設)定继承】【民总】Constituted succession 又称创设继承。(详该本条)

【设(設)治局】【行】所谓设治局,乃指各省尚未设置县治地方,依法暂时所设之机关而言。此种机关之废置及其区域之划分,应由省政府拟具图说,咨请内政部呈由行政院转请国府核准公布。每局置局长一人(荐任待遇),佐理员若干人,其行政经费由省库支给,但于必要时省府得咨经内政部财政部会核呈准由国库补助之。(设治局组织条例第一——第三条、第五——七条)

【设(設)备】【通】Equipment 对于某种事业之物质方面(机械器具)的设置及准备,曰设备。例如营造物之设备,学校或农事试验场及工厂之设备皆是。

【设(設)堰权】【物】Right of constructing dams 对用堰权言,即水流地所有人有设堰之必要时,得使其堰附著于对岸之权也。所谓必要,指须增加水势以全土地之利用时言,对岸所有人不得拒绝,但因此所生之损害,设堰人应支付偿金(民法第七八五条第一项)。上述为原则,如另有习惯者,则从其习惯。(第三项)

【设(設)籍】【行】又称就籍,即因声请之遗漏或其他事由致无本籍时,而为确定其本籍之谓也。声请设籍时,应先经设籍地监督官署(所属之县市政府)之许可,始得为之(依判决而为设籍之声请者则否),并应自许可之日起十五日内,由家长向设籍地之该管户籍主任为之。(户籍法第四六—四八条)

【设(設)权行为】【民总】Constitutive act 为法律行为之一,对变权行为废权行为及保权行为言,即以发生权利为目的之法律行为也。例如所有权之设定是。设权行为与变权废权及保权等行为之区别,乃以私权之发生变更消灭及保存或确定为标准。

【设(設)权证券】【票】Constitutive or dispositive Urkunde (德) 学者称票据为设权证券,因票据权利之发生由于票据证券之作成,票据当事人必须先有票据之作成,而后始得为票据权利之设定,故无票据则无票据上之权利。

【许(許)可】【行】Permission 行政机关对于通常为法律上所禁止之行为,而以使特定人得为该行为为目的所为之处分,曰许可。亦为行政处分之一种,例如要塞地带内私人建筑物之许可是。许可与认可最易相混:(一)受认可之行为本非法律所禁止之行为,受许可之行为则为法律所禁止者。(二)未受认可之行为并非违法,仅系无效耳。未受许可之行为,则为违法,应受行政上之制裁。

【许(許)可主义】【民总】Principle of formation by grant 为法人成立主义之一,即法人之成立须由行政官厅许可之谓。又有称之为官厅特许主义,而属于特许主义之一者,公益社团法人及财团法人多采之,我国民法亦然。(第五九条、第四十六条)

【许(許)可规定】【民总】Permitted provision of law 为法律规定之一,对禁止规定言,即法律上许可为某行为之规定也。刑事法规并无许可规定,但私法上则占大部分焉。

【许(許)可离婚主义】【亲】为离婚立法主义之一,与禁止离婚主义相对立,谓夫妻在有效婚姻存在期间中许其离婚之主义也,近世各国均采取之。

【许(許)容法】【通】Jus Dispositivum (拉丁) 又曰任意法。(详该本条)

【许(許)嫁女报婚书】【史】谓女子已许嫁而订立婚书也。婚约既定,女方不得翻悔毁约,违者处罚。男家自悔者,则仅不追聘财耳。唐律(卷十三)户婚篇有许嫁女报婚书之条:“诸许嫁女,已报婚书,及有私约(约谓先知夫身老幼疾残养庶之类)而辄悔者,杖六十(男家自悔者不坐,不追聘财)。”疏议曰:“许嫁女,已报婚书者,谓男家致书礼请女氏,答书许讫,及有私约,注云,约谓先知老幼疾残养庶之类,老幼谓违本约相校倍年者,疾残,谓状当三疾,支体不完,养谓非己所生,庶谓非嫡子及庶孽之类,以其色目非一,故云之类,皆谓宿相谙委,两情具惬,私有契约,或报婚书,如此之流,不得辄悔,悔者杖六十,婚仍如约。若男家自悔者无罪,聘财不追。”同条又曰:“虽无许婚之书,但受聘财亦是(聘财无多少之限,酒食者非,以财物为酒食者,亦同聘财)。若更许他人者,杖一百,已成者,徒一年半,后娶者知情减一等,女追归前夫,前夫不娶,还聘财,后夫婚如法。”

【贫(貧)子院】【史】为唐代救济及疗治贫民之病院，一作悲田院，或曰养病院皆附设于僧寺之中。宋代一称曰福田院。事物纪原(卷七)："事始曰开元二十四年断京城乞儿，官置病坊给廪食，亦为悲田院，或曰养病院，记之为其所始。按唐会要曰，开元五年，宋璟、苏颋奏，悲田院养病，从长安以来，置使专知。所称悲田乃关释教，此是僧尼职掌。至二十三年，乃分置于诸寺。惟长安中初置使之文，则知其前有矣。而事始所记乃给廪食。所始谓兹事之起于此者，非也。宋朝又因之。以僧院名福田，今亦曰悲田也。"

【货(貨)】【史】货币也，古时以海贝之甲制之，故从化从贝。增补四书人物聚考(卷一)："说文云，古者货，贝而宝龟，贝海甲虫也。至周而有泉，到秦废贝行泉。汉书云，王莽时，八贝，四寸八分以上，二枚为一朋，直二百一十六，牡贝三寸六分以上，一朋直五十，公贝二寸四分以上，一朋直三千，小贝寸二分已上，一朋直十。不盈寸二分，不得为朋，每枚直钱三，是为货贝。五品贝不盈六分，不得为货。些藏云，有人将来，遗我货贝，以至则彻，以求则得，有当将至。"

【货(貨)布】【史】为汉代货钱之名，货乃金、银、铜钱之总称，布乃指流通之义。汉书一食货志："天凤元年罢大小钱，改作货布，其文右曰货，左曰布，重二十五铢，直(值也)货泉二十五。"

【货(貨)物保险】【海】Insurance for goods　又称积货保险，为海上保险之一种，谓以在船舶上所运送之货物为标的之保险也。此种保险在海上保险中最为普通，而营业亦最为发达，因而对保险人之责任遂多设有限制。我海商法亦有明文，特述如次：(1)保险期间——即自货物离陆之迄于其目的港起陆之时，为其期间。但契约别有订定者，不在此限(第一四八条)。(2)保险价额——即以装载地装载时之货物价额，装载费所纳税捐应付之运费保险费，及可期待之利得，为保险价额。(3)契约之失效——即货物保险时未确定装运船舶者，要保人或被保险人于知其已装载于船舶时，应将该船舶之名称及国籍通知保险人，否则保险契约失其效力(第一五五条)。(4)损害额之决定——即依货物在到达港于完好状态应有之价值，与其受损状态之价值，比较定之(第一六一条)。(5)变卖后损害额之计算——受损害货物变卖者，则以变卖价额与保险价额之差额为损害额，但因变卖后所减省之一切费用，应扣除之(第一六二条)。余参委付条内。

【货(貨)物借贷】【债】Loan of goods or things　对金钱借贷言，谓以货物折算金钱而为借贷物之消费借贷也。民法对折算之标准，设有强制规定，即依以该货物按照交付时交付地之市价所应有之价值为其借贷金额，至此项借货金额言明为通用货币或须折合通用货币以计算，或以特种货币为计算，均须按关于金钱借贷之返还方法之规定以定偿还。(第四八〇条、第四八一条)

【货(貨)物运送】【海】Carriage of goods　(详货物运送契约条内)

【货(貨)物运送契约】【海】Contract for carriage of cargo　为运送契约之一种，对旅客运送契约言，谓以船舶在海上运送货物为目的之契约也。负有运送义务者，曰运送人。享有运送请求权并负有支付报酬义务者，曰托运人。此种契约之解除，除于按时或为数次继续航海所订立者外，应依下列规定：(1)运送人船舶有瑕疵者，托运人得解除之(海商法第七四条)。(2)至由于托运人之意思解除契约者：(甲)以全部船舶供运送者，则托运人应支付运费三分之一。(乙)以一部船舶供送者，须支付运费全部(第七五—七七条)。至运费之负担，则因以船舶之全部于一定时间内供运送者，与因仅以全部或一部供运送时，而有区别(第七九—八〇条)。关于货物之卸载，及受领人怠于受领，或拒绝受领，或受领不能时，对货物之提存与夫货物装卸及装卸期间之计算，均有详细规定(第八一条—八四条)。此外对航海之担保，禁运偷运货物运送之拒绝与发觉后之处置，并货物运回，船舶中途修缮，中途设法代运，货物到地，及解除契约另装货物等运费之担负与给付，亦有明文(第九〇—九六条)。即运送时运送人不负责任之原因与应负责任之原因，亦特设条文以杜争端(第九七——〇〇条)。货物运送契约得分为二：(1)佣船契约。(2)搭载契约。(详各本条)

货(貨)泉【史】为汉代货钱之名，乃天凤元年王莽下令所改制，其文右曰货，左曰泉，时人以泉字为白水二字所合成，故称为白水真人。旋光武帝起自南阳白水乡，汉以中兴。按货泉较货布为小，仅重五铢耳，计二十五货泉为一货布(参该本条)。汉书—食货志："天凤元年莽罢大小钱(即指贝)。改作货钱，径一寸重五铢，文右曰货，左曰泉。"

货(貨)罚【史】受罚金之宣告时，受罚人无现金而以货物代之也。周礼—秋官职金之之职："掌受士之罚货物，入于司兵。"其疏谓："既曰金罚，又曰货罚者，出罚之家，时或无金，即出货以当金。"

货(貨)币【行】Money 凡以供作一般社会交易的媒介及价值的标准之用为目的，而经国家公认之财货，谓之货币。故此项货币有强制之通用力。货币可分为二种：(一)本位货币——即一国货币制度之基本货币，多以金银二种为之。(二)辅助货币——即以补助本位货币为目的之货币，在法律上有一定之支付额，超过此法定支付额时，无强制之流通力，此种货币多以铜质为之。

【债】又称金钱，谓在交易上测定价格之标准而为货物交换之媒介，或清偿债务之方法者也。共有二种：(1)法定货币——指由国家规定其价格且有强制通用效力之货币而言。(2)自由货币——指虽未经国家之强制使用，但在交易上有通用效力之货币而言。我国民法所称之货币乃包含上述二种。至货币之价格亦分三种：(1)额面价格——又称名价，即货币表面所定价格。(2)流通价格——又名市价，即于交易上实际之价格。(3)金属价格——又称实价，即以其为金属而有之价格，故纸币即无此价格。

货(貨)币之债【债】Monetary obligation 又名金钱债权，即以给付货币为标的之债也。更可分为四种：(1)金额货币之债——即以一定数额之货币为给付标的之债也(参民法第二〇二条)。通常关于货币之债均属此种，故如以通用货币以为给付均可。(2)金种货币之债——即以特种货币以为给付标的之债也。例如以金万元是。我国民法规定如其货币至给付期失通用效力时，应给以他种运用货币(第二〇一条)。(3)特定货币之债——即以特定货币之给付为标的之债也。故与特定物之债相同。(4)外国货币之债——即以外国通用货币为给付标的之债也。我国民法规定债务人得按给付时,给付地之市价以中华民国能用货币给付之,但当事人订定应以外国货币给付者不在此限。(第二〇二条)

【货(貨)币行政】【行】Monetary administration 货币行政者,谓掌握关于货币之铸造,发行,与流通之事务也。我国现行法货币行政,系隶属于财政行政之下,特于财政部内,设币制司专理其事。

【货(貨)样】【债】(详货样买卖条内)

【货(貨)样买卖】【债】Purchase and sale by sample 为特种买卖之一,又称样本买卖,谓依货样而定买卖标的物之买卖契约。换言之,即出卖人对于买受人约明交付与货样相符合的物品之无条件买卖也。民法规定出卖人应担保买卖标的物与货样有同一品质之责任(第三八九条)。货样买卖更可分为种类之货样买卖与特定物之货样买卖,学者间亦有以货样买卖与现物买卖(详该本条)相对称者。

【贩(販)卖私盐】【史】未依法领取盐引而贩卖食盐者,曰贩卖私盐。清律及例设有下列各项明文:(一)犯无引私盐徒三年,有军器者加一等,流二千里,诬指平人加三等,流三千里,私盐事发,止理见获人盐:获盐不获人,不追,获人不获盐不坐,官司不许展转攀指,违者以故入人罪论。(二)道涂引领秤手牙人及窝藏客顿,徒三年半,受雇挑担驮载,徒二年,盐场灶丁私煎货卖,若起运官盐夹带余盐或将旧引影射者,并同私盐法。(三)有引官盐不于行盐地面发卖转于别境货卖者,杖一百,客商将官盐搀和沙土售卖者杖八十,运盐船户偷窃商盐,整包售卖,照船户行窃商民例分别首从计赃科罪,各加枷号两月,刺字。(四)客商将官盐搀和沙土售卖者,杖八十,巡盐兵捕夹带私贩及通同他人运贩,照私盐加一等治罪,押运商厮起意通同船户盗卖,照奴仆勾引外人同盗家长财物,计赃递加窃盗罪一等。(五)湖南湖北两省兴贩私盐罪应拟徒之犯,毋庸解配,在籍锁系铁杆石墩五年,拟杖者,锁系三年,如释放后复犯,照原限递加二年。(六)行盐地方贫难小民年六十岁以上十五岁以下及身有残疾并妇人年老孤独无依者,于本州县报明验实注册每日赴盐买盐四十斤挑卖,只许陆路不许船装,并越境至别处地方,及一日数次如有违犯,仍分别治罪。(七)收买肩贩官盐越境货卖,查明实非私枭,如拒捕照罪人拒捕加罪二等,殴人至折伤以上绞候,杀人斩候,为从各减一等。越境兴贩私盐至三斤以上,附近充军。贩卖私盐数至三百斤以上,究明买自何处,如不将卖盐人姓名供出,将该犯加一等定拟。若向老幼孤独零星收买数在三百斤以下实不能供出姓名者,仍以本罪科断。(八)盐商雇募巡役,造册送部,如因缉私与盐匪相杀伤,依贩私拒捕及擅杀伤罪人科断,若仅报县有名,以凡斗论。

【贩(販)卖度量衡罪】【刑】为伪造度量衡罪之一。因意图供行使之用而贩卖违背定程之度量衡而成立。所谓贩卖,即出售于人之营业行为也。以供行使之用及违背定程与贩卖行为为必要,其处分与制造或变更度量衡罪相等,即一年以下有期徒刑,拘役,得并科或易科三百元以下罚金,未遂罪亦罚之。(刑法第二一九条)

【贩(販)卖军器】【史】凡贩卖硝矿之人以及将军用器械贩卖与土司番蛮之

人，均应治罪。清之现行则例（即刑部现行则例）关津篇——设有贩卖军器之条：“贩卖硝矿之人仍照例治罪，外土司番蛮交界之处，奸商将军器贩卖与土司番蛮之人者，如官民兵丁俱杖一百，发边远充军，如该管官知情故纵者，与军民一例治罪，如不知者，州县官武职端泛官俱降四级调用，府道武职兼辖官俱降二级留任，该管总兵官降一级留任，督抚提督各罚俸一年。”

【贩（販）卖陈列或输入伪造商标商号之货物罪】【刑】为妨害农工商罪之一。因明知为伪造之商标商号之货物，而贩卖或意图贩卖而陈列，或自外国输入而成立。本罪之构成以明知之故意为必要。盖对伪造之商标商号之货物既有认识，如有上述故意之行为，自应处罚以示警戒，处六月以下有期徒刑，拘役，得并科或易科一千元以下罚金。（刑法第二六九条）

【贩（販）卖罂粟或高根种子罪】【刑】为鸦片罪之一。因意图供制造鸦片吗啡，或高根之用，而贩卖罂粟或高根种子而成立。亦以有供制造之故意为必要，其行为自以贩卖为限。本罪处分为一年以下有期徒刑，拘役。得并科或易科三千元以下罚金，未遂罪罚之。（刑法第二七四条第二、三项）

【贪（貪）官役不准折赎】【史】贪赃官吏及差役犯流徒杖罪者，均不准折银收赎，是曰贪官役不准折赎。清之现行则例（即刑部现行则例）名例篇，设有贪官役不准折赎条：“武官员有犯笞杖徒流，杂犯死罪，俱照律折赎，其律内运炭运灰运砖纳米纳料赎罪等罪名，俱照律文。有力图内折银收赎，如不能纳银者，照无力的决，其贪赃官役流徒杖罪，概不准折赎。”

【责（責）主】【史】与债主同义，即现行法所称之债权人也。后汉书：“责主日至，诡求无已。”

【责（責）令】【史】上司督责僚属，令其励行其职务，谓之责令。

【责（責）付】【刑诉】Committing the accused to the custody of his relative; Bail 所谓责付，乃指检察官或法院将被告交付其亲属，或该管区域内其他适当之人，使其出具证书，载明如经传唤，应令被告随时到案，而停止羁押之效力之处分而言。责付与保释不可相混，其异点有三：(1)保释应待声请，并经许可，始得为之，责付则依职权为之。(2)保释以提出保证金、证券或保证书为必要，责付则仅保证书为已足。(3)保释有时得没入保证金，责付除撤销外并无其他制裁（刑诉法第七九条）。此外关于责付撤销之原因，及受责付之免责，均准用关于保释之规定。（第八一条、第八三条）

【责（責）付证书】【刑诉】受责付者所出具之证书，谓之责付证书。（参责付条内）

【责（責）任】【通】Responsibility 责任在通常之意义，乃包含义务职分等而言，但在民法上则谓责任者，乃行为人所应负担之不利益也。例如侵权行为者，应担负赔偿损害之责任是。在刑法上之责任，则指犯罪行为应受刑法上之制而言，故法律上之责任一语，乃包括一切行为必当遵守法律之规定而言，故凡违背法律之规定时应受一定制裁或应受某种不利益，是即所谓应负责任也。

【责(責)任内阁制】【宪】Cabinet system （详内阁制条）

【责(責)任年龄】【刑】Age of criminal responsibility 即于幼年人犯罪以年龄分别责任之有无也。各国立法例各有不同,我刑法第三十条规定以满十三岁为责任年龄,得依其情节施以感化教育,或令监护人保佐人缴保证金,于一定期内加以监督。至十三岁以上未满十六岁人之行为,得减轻本刑二分之一,但轻减本刑者因其情节得施以感化教育,或令其监护人保佐人加以监督(缴保证金及其间与上述同)。至对满八十岁人因其精神昏聩,刑罚亦得以酌减。关于责任年龄之立法例有三:(1)四分主义。(2)三分主义。(3)二分主义。(详各本条)

【责(責)任更新说】【刑】为介入与因果关系学说之一。即凡他人行为之介人仅对于所新生之结果另生责任关系,并不使原来因果关系中断之谓。例如甲殴乙致伤,丙送之往医院,中途坠死,甲对丙之行为结果不负责任,但应由丙担负之耳。

【责(責)任保险】【险】Insurance for liability; Responsibility insurance 为损害保险之一种,对火灾保险言,谓被保险人为欲免除自己对于第三人之损害赔责任为目的,所订立之保险契约也。故保险人之赔偿责任,乃以被保险之人对于第三人负有赔责任为前提,是其以损害事实为目的,自不待言。关于损害保险之规定当然适用,除详见该条外,兹举其特别规定者于下:(1)保险人应负担被保险人因受第三人之请求而为抗辩时所支出之诉讼上或诉讼外之必要费用,如有特约者,则为例外(第五二条)。(2)凡为被保险人所营之工商业而订立之责任保险契约,其效力亦推及于被保险人之代理人,或其他在其事业内有管理或监督权之人,故该第三人(即上述之代理人管理人监督人)亦得享受保险之利益(第五三条)。(3)原则上保险人得约定参预于被保险人所为之责任承认和解或赔偿,否则保险人不受其拘束,但有例外(第五四条)。(4)第三人由被保险人应负责任事由所致之损害,在被保险人未向第三人赔偿前,保险人不得以保险金额之全部或一部给付被保险人,盖责任保险之当然规定也。(第五五条)

【责(責)任者】【通】Responsible person 负担责任之人,曰责任者。

【责(責)任能力】【民总】Capacity for responsibilities 凡人苟能预见其行为之可以发生结果者,则对此项结果应负担责任,故得为负担此项责任之资格者,称为责任能力。多数国对责任能力专限于侵权行为方面,我国旧草案采之。现行民法无明文,但自学理上研究之,乃指一般违法行为能力而言也。民法上之责任能力,与刑法上者不同,前者之责任为赔偿,后者之责任为刑罚。

【刑】责任能力者,谓基于一定行为而有负担刑事上之责任之资格也。至于应否负责,当以其精神状态及智识程度为断。(刑法第三〇条—三一条)即未满十三岁人之行为不罚(参责任年龄条)。心神丧失人之行为不罚,因其均无责任能力故也。此外尚有所谓减轻责任能力者,即心神耗弱人之行为,酗酒而非出于已意者之行为,喑哑人之行为,均得减轻本刑,至满八十岁人之行为,亦得减轻本刑二分之一,皆是。关于责任能力之根本观念,学者间有下列二种学说:(一)道义的责任论。(二)社会的责任论。(详各本条)以后者为当。

【责(責)任条件】【刑】Conditions of responsibility 即行为须合乎某种条件始负责任之谓。换言之,即凡责任能力人之行为因有某项恶情表现为条件,始构成犯罪。恶性表现有下列二种状态:(1)故意。(2)过失(详各本条)。故学者亦有称责任条件为责任意思者。

【责(責)任准备金】【险】Legal reserve 保险公司将保险金之一部提存为公债之金额,以供日后履行保险契约上之义务之用者,谓之责任准备金。

【赦】【史】全免其罪之谓也。书经一舜典:"眚灾肆赦。"此其始也,至于周时有所谓三赦之法。周礼一秋官司刺之职:"掌三赦之法,一赦曰幼弱,再赦曰老旄,三赦曰蠢愚。"即幼弱老旄蠢愚之人不论罪之义也。事物纪原(卷十):"虞书,眚灾肆赦,则是赦之起,盖始于帝舜也。"增补四书人物聚考(卷六):"尔雅云,赦,舍也。郭璞注:谓放置也。易解象曰,君子以赦过,宥罪,周礼司刺掌三赦之法,一赦曰幼弱,再赦曰老旄,三赦曰蠢愚。"

【赦免】【刑】Amnesty pardon 为刑罚销[①]灭原因之一,日本称曰恩赦,即依大权之处分将具体之刑罚权加以消灭之方法也。我国刑法也。我国刑法因赦免为国家根本法之规定,故未设有明文,通常赦免分大赦特赦减刑与复权四种(详各本条)。赦免权之运用,可补救法律之不备,纠正裁判之错误,以及鼓励犯人之迁善,与夫表示政府与人民相更始之决心。

【赦免权】【宪】Right of amnesty and pardon 所谓赦免权,乃指行政元首对于刑事犯之刑罚执行有宽宥免除之权而言。赦免可分为大赦与特赦二种,此种权力通常操于行政元首之手,但须经议会之同意为其条件耳。

【赦前赦后三次窃盗】【史】谓恩赦前后犯偷盗罪合计三次也。清之现行则例(即刑部现行则例)贼盗篇设有赦前赦后三次窃盗之条:"窃盗或赦前二次偷盗或赦后一次偷盗或赦前一次偷盗赦后二次偷盗,事犯停其具题部内完结。"

【赦前断罪】【史】大赦令发布以前,法官审断不当者,其轻罪处以重刑者,应改为轻刑,其重罪而处以轻刑者,则仍依轻法。唐律(卷三十)断狱篇——赦前断罪不当条:"诸赦前断罪不当者,若处轻为重,宜改从轻,处重为轻,即依轻法。"疏议曰:"处断刑名或有出入,不当本罪,其事又在恩前恐判官执非不移,故明从轻之法,若处轻为重,宜改从轻。"

【赦前断罪不当】【史】赦前所处断之刑名,对于所犯本罪如有轻重不当,尚未论决,至赦后始行发露,如系轻罪为重,则应改正其不当之罪以从本犯之罪。若系处重罪为轻,其重罪若系常赦所不免者,则依贴断之律仍尽本犯之罪。使其不合幸免也。明律(卷二十八)、清律(卷三十七)刑律断狱篇就此设有明文:"凡赦前处断刑名,罪有不当,若处轻为重者,当改正从轻。处重为轻,其常赦所不免者,依律贴断。若官吏故出入者,虽会赦并不原宥。"清律之辑注:"止言轻重不当,若有全出入者亦当同论。"

---

① "销"通"消"。"销灭",现为"消灭"。

【赦者权时之宜】【史】大赦之施行，应酌量时宜方可为之，否则徒使恶人窃喜而增善人之忧，故曰赦者权时之宜，非常典也（荀悦语）。大学衍义补（卷百九）—丘浚曰："当承平之世，赦不可有，有则奸宄得志而良民不安，当危疑之时不可无，无则反侧不安，而祸乱不解，荀氏谓赦为权时之宜，而后世乃以之为常典，何哉。"

【赦原】【史】免宥宽恕之谓也。唐律（卷三）名例篇——流配人在道会赦条："诸流配人，在道会赦，计行程过限者，不得以赦原。……若程内至配所者，亦从赦原。"

【赦从重】【史】谓非故意而入于重罪者，放赦之时先其重罪也。礼记—王制篇："附从轻，赦从重。"孔颖达之注曰："所犯之罪，本非意故为，而入重罪，放赦之时，从重罪之上，而赦之，眚灾肆赦是也。"

【软(軟)性宪法】【宪】Flexible constitution 又名柔性宪法。（详该本条）

【逋(逋)欠】【史】滞纳租税曰逋，不足曰欠，谓拖欠租税未纳或未全纳也。元典章（卷二）设有贷逋欠之篇。

【逋(逋)更赋】【史】逋者欠也，汉时之赋役曰更，拖欠赋役，谓之逋更赋。汉书—昭帝纪："三年以前，逋更赋未入者，皆勿收。"

【逋(逋)逃】【史】谓犯罪者逃亡也。左传—文公六年："赵宣子为政，董逋逃。"其注："督窜逃有罪人也。"

【逋(逋)逃薮】【史】谓犯罪逃亡者之窠窟也。左传："纣为天下逋逃主，萃渊薮。"

【透(透)字支票】【票】支票上之金额，受有最高度之限制之记载于其上者，称曰透字支票。例如于支票上注明不得超过百元之字样是。

【逐(逐)婿嫁女】【史】逐婿之婿乃指入赘者而言。凡将已入赘在家之婿，逼逐在外，而将女改嫁与他人或再招他人来家为婿者，皆为违法，应加治罪。明律（卷十）、清律（卷十）户律婚姻篇均有逐婿嫁女条之规定，内容相同。清律之原文与其下注："凡逐（已入赘之）婿嫁女，或再招婿者，杖一百，其女不坐（如招赘之女，通同父母逐婿改嫁者，亦坐一百，后婚男嫁）。知而娶（或后赘）者，同罪（未成婚者，各减五等，婚礼入官）。不各知者，亦不坐，其女断付前夫，出居完聚。"同律之辑注："此条指入赘之婿言。谓无故逐离赘婿，或将女另嫁他人，或招他人为婿者，并杖一百，其女不坐，谓事由父母专制，非其罪也。若女通同父母以逐婿改嫁者，则其情重，亦坐满杖，终以其父母为主也。至后为婚之男家，知有逐婿之情而娶者，同杖一百，不知者不坐，其女断付前夫，听其出居完聚，翁婿之义虽绝，夫妻之恩未离也。再此条与典雇妻女及妻妾失序二条，虽女婿及妻父母互相告言，各依常人论，不得在相容隐之限。"

【迳(逕)行判决】【民刑诉】Decision without debate 对于原审判决依法提起上诉后，被上诉人经上诉法院合法传唤而不到庭辩论者，上诉法院得不待被上诉人之到庭陈述，对于该案即行判决，是谓之迳行判决。但被上诉人若未经上诉法院合法传唤或中途畏罪逃亡者，则上诉法院对于该案均不得以被上诉人不到庭为理由即行判决。迳行判决经合法判决后，被上诉人不得声请回复原状，仅能提起第三审之上诉而已。（刑诉法第三八二条）

【迳（逕）行逮捕】【刑诉】Arrest without warrant 即不问何人得不用拘票迳行逮捕被告之谓。此为急速处分之一，只限于现行犯在实施犯罪中，或实施犯罪后即时发觉者，若被追呼为犯人者（须有逃走，须有追蹑者，逃者且须被追呼为犯人）。及犯罪发觉后最近期间内持有凶器或其他物件可疑为该罪之犯人者，亦适用现行犯之规定，可即迳行逮捕。但对于亲告罪之现行犯，是否不问何人得迳行逮捕，主张积极说者谓亲告罪虽以告诉为诉讼条件之一，然仍不失为犯罪，既系现行犯，当然可以迳行逮捕，如逮捕后无人告诉，尽可为不起诉之处分，或不受理之判决。主张消极说者，谓此现行犯除有告诉权者逮捕到案告诉外，检察官既不应有何处分，审判官又不能受理，本无强制到案之必要，当然不许无告诉权者迳行逮捕，二说之中以后者为当。

【逗（逗）留】【史】（一）为汉代法律所用之语，即畏懦稽留而不进之谓。汉书—王贺传："捕逐魏郡群盗，及吏畏懦逗留，当坐者，翁孺皆纵不诛。"（二）唐律之用语则为故意开方便之门，容纵罪人逃亡之谓。（唐律释文卷二十八）

【逗（逗）留法】【史】汉律，于战场应进而不进者，应加处罚，命其自杀，是为逗留之法。汉书—匈奴传："知虏在前，逗留不进，皆下吏自杀。"注："孟康注，律语也。"

【通（通）令】【行】上级机关对于其下级数机关所发之共通命令，谓之通令。

【通（通）本】【史】清制，外省各衙门之奏章（题本）皆送由通政司转由内阁而呈于廷。皇朝政治学问题："外省题本皆送通政司，由司送内阁，由内阁进呈。"按题本为中外大官进呈皇上之文书之一种，有部本与通本之别。部本乃由六部及其他中央官署之题本向内阁直接送呈。通本则为各省总督、巡抚、学政使、盐政大臣、将军、都统、提督等之题本，先送通政司，再由通政司送呈内阁，此与上述所记略异，乃清国行政法（卷一上）所载，此说似较确实。

【通（通）用货币】【债】Current money 又曰法定货币，或称法货。（详各本条）

【通（通）用铁道】【行】与专用铁道相对立。凡供一般公众交通上之用之铁道，曰通用铁道。

【通（通）行状】【国公】Safe-conduct 谓由交战者给与敌国人或其他人许其为一定目的，往一定地点，或将一定货物运往特定地方，经过前者军队所支配区域内，所给予之许可书状也。此项书状，在发给者之区域内的军队人员，应加以尊重，不得任意留难。

【通（通）行章程】【史】四卷，清沈家本等所撰。系将道光十八年起至十八年夏止之刑部通行章程，按年编排，分为四卷。

【通（通）行证书】【海】Certificate for passage 为船舶应备文书之一种，即船舶向该主管官署登记所领得在于一定航线内通行之公文书也。此项证书,与我人旅行他国所持有之护照相同。

【通(通)行护照】【国公】Pass-ports 又曰通行状。(详该本条)

【通(通)行权】【物】Right of passage (详邻地通行权条)

【通(通)判】【史】宋太祖时,因欲削除藩镇之患,罢以节度使督州之制,命朝臣出守列郡,号权知军州事,其下置通判以辅助之,大郡二人,中郡一人,小郡不置,后遂成例。元废此制,明复设置,清因明制,府之通判曰通判,而州之通判则名为州判。

【通(通)事】【组】Interpreter of the court 为日本名辞,即我国所称之通译也,设于法院内。

【通(通)政司】【史】为宋代创设之官署,掌受内外之奏章,后改为承进司,明复为通政司,清因之。按舜时之纳言,周时之内史,汉时之尚书,魏晋以来之中书门下等皆其前身。(大学衍义补卷五)

【通(通)政使】【史】为通政使司之长官,主接受及校阅地方官之奏文,兼受理人民之申诉,并掌辨明冤枉之事,故其附属有登闻鼓厅之设。(参登闻鼓条)

【通(通)政使司】【史】为清朝所设之官署,主接受及校阅地方官之奏文,兼掌辨明民间之冤事。长官曰通政使,满汉各一人,参议满汉各一人,经历满汉各一人,知事满汉各一人,笔帖式满汉六人,汉二人。(光绪会典事例卷二十一,清国行政法卷一上)

【通(通)状失情】【史】凡案件之不得其本情,或出入其罪者,谓之通状失情。唐律(卷三十)断狱篇——官司出入人罪条:"……即别使推事通状失情者,各又减二等。"其疏议曰:"通状失情,谓不得本情,或出或入。"

【通(通)知书】【通】Written notification 对于特定人而告以特定之事实者,谓之通知。此项通知如系以书面作成,则称曰通知书。

【通(通)奸罪】【刑】Crime of adultery 即和奸罪之别称。(详和奸罪条)

【通(通)商事务员】【国公】领事之设,乃以保护驻在地本国侨民及本国在外商业为目的。在未设领事馆之地,得酌设通商事务员,其官等为荐任四级或五级职。(驻外使领馆组织条例第十四条)

【通(通)商条约】【国公】Commercial treaty 条约之缔结如其目的在于通商贸易者,则称曰通商条约,又曰商约。

【通(通)常共同诉讼】【民诉】Ordinary joint-action 为共同诉讼之一种,与必要共同诉讼相对称,即受民诉法关于共同诉讼通则的规定所支配之诉讼也。其要件如下:(甲)诉讼法上之要件——(一)其诉讼程序之种类须为同一者。(二)受诉法院对该诉讼须系皆有管辖权者。(乙)实体法上之要件——即须有下列情形之一者始可为共同诉讼:(一)诉讼标的之权利或义务为数人共同者。(二)诉讼标的之权利或义务本于同一之事实上及法律上之原因者。(三)诉讼标的之权利或

义务系同种类，而本于事实上及法律上同种类之原因者。（民诉法第五〇条）

【通(通)常局外中立】【国公】所谓通常局外中立，乃与永久局外中立相对称，即于战事发生时依照自己意思宣告中立之谓也。与永久局外中立之须由他国予以保障者不同。

【通(通)常决议】【民总】Ordinary resolution 为决议之一种，对特别决议言。（详决议条）

【通(通)常法定财产制】【亲】为法定财产制之一种，与非常法定财产制相对称。（详法定财产制条）

【通(通)常法院】【组】Common court 一名普通法院，与特别法院相对称。（详普通法院条）

【通(通)常记载背书】【票】为正式背书之一种，对特种记载背书言，谓在正式背书上并无任何特种记载之背书也。约有三种：(1)回头背书。(2)到期前背书。(3)到期后背书。（详各本条）

【通(通)常寄托】【债】又称纯粹寄托，为寄托之一种，对消费寄托言。其区别之点，乃以寄托物之是否为代替物为标准，故凡寄托之标的物非为代替物或金钱时，统称谓通常寄托。又通常寄托只须移转物之占有，故与消费寄托之须移转所有权者亦有区别。至通常寄托之须返还原物，亦与消费寄托之受寄人仅须以种类品质数量相同之物返还者有异。（参寄托条）

【通(通)常诉讼条件】【刑诉】General conditions of an action 为诉讼条件之一，对特种诉讼条件言，谓存在于一切刑事案件中之条件也。例如法院之管辖权，在一切案件中皆为要件是。

【通(通)常诉讼程序】【民诉】Ordinary procedure 为第一审程序之一，与简易诉讼程序相对称，盖即第一审之通常诉讼所适用之程序也（民诉法第二编第一章）。其第二审与第三审程序，若无特别规定时，亦得准用本程序之规定。

【通(通)常义务】【通】Ordinary duty 所谓通常义务，乃指义务而言（详义务条），与间接义务相对称。

【通(通)常缔结】【债】为契约缔结方法之一，对竞争缔结言，即由一方提出要约而由对方予以承诺所缔结契约之谓也，通常契约以此种方法居多。

【通(通)常总会】【民总】Ordinary general meeting 为总会之一种，对临时总会言，又称定期总会。即依照章程之规定（民法第四七条第四款），由董事召集之社员总会也。（第五一条第一项）

【通(通)常警察】【行】Common police 与非常警察相对称，即于平时负担维持治安状态之责任之警察也。

【通(通)禀】【史】通禀与通详有异，凡下级法院对于杀人及强盗案件等之发生加以调查完毕，将其事件之始末向上级机关报告者，谓之通详。若不能急速查知其始末，而仅以其事件先行报告者，则称曰通禀。（吏部则例卷四十三）

【通(通)详】【史】下级法院对犯罪事件调查完毕，将经过始末情形报告上级机关者，谓之通详。(清国行政法卷五)

【通(通)过税】【史】旧制，厘金又称为通过税。

【通(通)算全科】【史】法官犯枉法赃罪者，如受数人之财，通算其赃数作一处而全科其罪，谓之通算全科。明律(卷二十三)、清律(卷三十一)刑律受赃篇——官吏受财之条："枉法赃各主者，通算全科。"清律之下注曰："谓受有事人财，而曲法处断者，受一人财固全科，如受十人财，一时事发，通算作一处，亦全科其罪，若犯二事以上，一主先发已经论决，其他后发，虽轻若等，亦并论之。"

【通(通)算折半科罪】【史】枉法赃者以全科其罪为原则，不枉法赃如系受数之贿，则通算为一处，依其半额之数科罪。明律(卷二十三)、清律(三十一)刑律受赃篇——官吏受财条："不枉法赃，各主者，通算折半科罪。"清律之下注曰："虽受有事人财，判断不为曲法者，如受十人财，一时事发，通算作一处，折半科罪，一主者，亦折半科罪。"

【通(通)缉】【刑诉】An order for the arrest　谓首席检察官于侦查中，法院于审判中，因被告逃亡或藏匿时，所发出各处协缉之行为也。通缉行为应用通缉书，除由发出之首席检察官或审判长署名盖章外，尚须记载下列事项：(1)被告之姓名性别及其他足资辨别之特征。(2)被告之犯罪行为。(3)通缉之理由。(4)犯罪之日时处所(如不明者从略)。(5)应解送之处所。此项通缉书可分别情形通告附近各处检察官，司法警察署。于必要时且得登报，或以其他方法布告之。(刑诉法第五〇—五三条)

【通(通)缉方法】【刑诉】(详通缉条内)

【通(通)缉书】【刑诉】Written order for the arrest　(详通缉条内)

【通(通)谋】【刑】Conspiracy　即二人以上犯人间之互通谋议之谓。例如甲乙两人欲杀丙，事先曾互相计议是，盖即双面之意思联络也。与预谋之别，在预谋或一人或二人以上均可称曰预谋，通谋则须二人以上方可谓之通谋。

【通(通)谋虚伪表示】【民总】False declaration of intention known to the other party (conspiracy); Simulatio(拉丁)　又称虚伪表示(详该本条)

【通(通)籍】【史】出入宫门所携用之凭证，汉时名曰通籍。汉书一魏相传："霍光夫人显及诸女，皆通籍长信宫。"三辅黄图："汉宫中谓之禁中，门各有禁，非侍卫通籍之臣，不敢妄入。"

【通(通)译】【民刑诉】Interpretation　所谓通译，指讯问者与被讯问者，或与陈述者言语不通，或因被告或证人因聋哑而不能以文字为问答者，应由所设翻译官或其他相当人员居间翻译而言。我刑诉法对于鉴定人之权利、义务、任用、制裁与拒却等，于通译准用之(第一二六条)。民诉法则规定通译之回避，准用关于推事回避之规定。(第四〇条)

【通(通)译官】【组】Interpreters in the court　在法庭司掌传译言语之官吏，曰

通译官(委任职)。法院除临时指定者外,得设置之。(法院组织法第五十条)

【造(造)】【史】(一)为祭之名(详六祷条内)。(二)到庭之义,原告被告出席到庭曰两造。书经一吕刑篇:"两造具备。"(三)为秦汉时代之爵名,如大良造与小良造是。

【造(造)作不如法】【史】不如法者谓大小长短不合于法,即王制所谓不中度量也。明律(卷二十九)、清律(卷三十八)工律营造篇均有造作不如法条,内容全然相同。清律之条文及注曰:"凡(官司)造作(官房器用之类)不如法者,笞四十。若成造军器不如法,及织造缎匹粗糙纰薄者(物尚堪用),各笞五十。若(造作织造各不如法,甚至全)不堪用,及(稍不堪用)应(再)改造(而后堪用)者,各并计所损财物,及所费雇工钱,(罪)重(于笞四十五十)者,坐赃论(罪止杖一百徒三年)。其应供奉御用之物,加(坐赃罪)二等(罪止流二千五百里),工匠各以所由(造作织造之人)为罪,局官减工匠一等,提调官吏又减局官一等(以上造作织造不如法不堪用等项),并(著工匠局官提调官吏)均偿物价工钱还官。"

【造(造)作军器】【史】军用器物关系于军队战斗力甚大,若不锋利坚固,应加究治。大明令工令篇——特设造作军器条:"凡各处官司杂造军器军装等物,须要锋利坚固,堪中支用,局官常切比较工程合用材料从实申请,置簿开写,以凭核考,提调正官严加点检,但有不堪究治追陪。"

【造(造)作过限】【史】过限者违期也。造作中之定数及期间苟有过限以致不能齐足完竣缴纳者,是与信用有关,而与国家要政亦有迟误。故明律(卷二十九)、清律(卷三十八)工律营造篇均设有造作过限之条,其条文曰:"凡各处额造常课段匹军器过限不纳齐足者,以十分为率,一分工匠笞二十,每一分加一等,罪止笞五十,局官减工匠一等,提调官吏又减局管一等。若不依期计拨物料者,局官笞四十,提调官吏减一等",清律之总注曰:"额造有定数,常课有限期,过限不纳齐足,则工程迟慢之罪也,以额造之数十分为率,一分笞二十,加等至四分以上,罪止笞五十,局官提调官吏亦有不督催之咎,局官减一等,一分笞一十,至四分笞四十罪止矣,提调官吏又减一等,通减二等,一分减盖无科,二分笞一十,至四分笞三十罪止矣。若不依期会计派拨物料与工匠以致过限,则非工匠之过限,局官笞四十。提调官吏减一等,笞三十,工匠不坐。"

【造(造)妖书妖言】【史】妄托鬼神以造怪异之书及吉凶祸福之说以惑人者,谓之造妖书妖言。唐律(卷十八)贼盗篇造妖书妖言条:"诸造妖书妖言者,绞。"疏议曰:"谓构成怪力之书,诈为鬼神之话。"明律(卷十八)、清律(卷二十三)刑律贼盗篇均有造妖书妖言之条:"凡造谶纬妖书妖言,及传用惑众者,皆斩,若私有私书,隐藏不送官者,杖一百,徒三年。"清律之总注:"谶纬,如赤伏符图录之类,凡造为一应妖诞文字,组织已往怪异之事,妄载未来兴废之征,或假托鬼神,作为妖妄不经,奸邪不顺之语,刊写妖书,撰成妖言,此皆妄谈国家祸福,世道盛衰,意在煽惑人心,图谋不轨,故创造及传用者,皆斩。使有造作而无传用,则妖焰未广,流毒不深,故传用之罪,与创造之罪同也。若非自己造作,偶有此书,即当送官,若不送官而隐藏在家虽不传用,意欲何为,故杖一百,徒三年,严其法以绝其源也。"按此条在贼盗律内者，专为奸宄不逞之徒而设，至于礼律，所载禁止师巫邪术条内，左道异端，至于煽惑人民，为首者绞，为从者杖流，与此似同而实异，盖彼托于神道佛事，意在诳骗愚民之财物，其始未必遽有盗贼之志也。故彼在礼律，此在盗律，其原不同其罪差异也。又按私藏禁书条内，言凡私家收藏天象器物图谶应禁之书，及历代帝王图像金玉符玺等物者，杖一百，盖天象器物等项，谓之禁书，但谓私家不得收藏耳，非妖书之比也，故其罪轻。至于图谶即此条谶纬，然彼是前代流传，原有此书，此则奸人造作妄言，假托之以惑众，亦不同也。

【造(造)言之刑】【史】虚构事实以惑乱人心者所科之刑，曰造言之刑。为周礼一地官司徒之职制："卿之八刑"之一种。(详八刑条内)

【造(造)林】【行】Forest establishment 于土地上种植树木，使成为森林者，曰造林。

【造(造)法机关】【宪】制造法律之机关，曰造法机关。

【造(造)畜蛊毒杀人】【史】制造及收藏堪以杀人(已杀或未杀皆在内)之蛊毒者，应加治罪，即教令他人造畜者亦同。此外造魇符及用毒药以害人杀人者亦应按律治罪。明律(卷十九)、清律(卷二十六)刑律人命篇均有造畜蛊毒杀人之条，内容相同。清律之条文及其下注："凡(置)造(藏)畜蛊毒，堪以杀人及教令(人造畜)者，(并造)斩(不必用以杀人)。造畜者(不问已未杀人)，财产入官，妻子及同居家口，虽不知情，并流二千里安置(教令者之财产妻子等，不在此限)。若以蛊毒，毒同居人，共被毒之人父母妻妾子孙，不知造蛊情者，不在流远之限(若系知情，虽被毒仍缘坐)。若里长知而不举者，各杖一百，不知者不坐，告获者，官给赏银二十两。若造魇魅符书咒诅，欲以杀人者(凡人子孙奴婢雇工人尊长卑幼)，各以谋杀(已行未伤)论，因而致死者，各依本(谋)杀法。欲(止)令人苦疾(无杀人之心)者，减(谋杀已行未伤)二等。其子孙于祖父母父母(不言妻妾于夫之祖父母父母，举子孙以见义)。奴婢雇工人于家长者，各不减(仍以谋杀已行罪论斩)。若用毒药杀人者斩(监候，或药而不死，依谋杀已伤律绞)。买而未用者，杖一百，徒三年。知情卖药者，与(犯人)同罪(至死减等)，不知者不坐。"同律之辑注："此条分三段，一曰蛊毒，一曰魇魅符书咒诅，一曰毒药。而蛊毒段内，有造者，有畜者，有教令者，有毒同居人者，凡四项。咒诅段内有欲以杀人者，有因而致死者，有欲令人疾苦者，凡三项。毒药段内有杀人者，有买而未用者，有知情买药者，凡三项。"又同律之辑注："考之记载蛊毒之类甚多，大概以毒蛊合成者，有蛇蛊、鹅蛊、小儿蛊、金蚕蛊等名。以蛊毒人，刻期必死，有数年之后者，惟金蚕最毒，中之必死，闽粤川黔诸处有之。"同律之总注："造者，造作也，畜者，收藏也，造作必出于自已，收藏或得之他人。凡有人于私家置造藏畜蛊毒，堪以杀人之物，及将堪以杀人蛊毒之方，教令他人置造者，不论已未行用，已未杀人，并坐斩罪。惟造畜者本身财产入官，妻子及同居家口虽不知情，并流二千里安置，会赦不宥。教令同是斩罪，而不断财产，不流妻子家口者，盖造畜已有杀人之物，而教令止有杀人之方，其心则一，而微有不同，是犹已行未行之分也。……按唐律云，诸有所怨恶，而造魇魅及符书咒诅，则魇魅与符书咒诅是两项事，魇魅者，谓行魇胜鬼魅之术，如图书人像，雕刻人形，钻心钉眼，缚手系足之类。书符咒诅者，谓使邪法，书符书篆，或埋帖以召鬼祟，或烧化以托妖邪，并将所欲杀人之生年月日，书写咒诅之类。凡本意欲以此杀人者，原有杀人之心，应用谋杀之法，故各以谋杀论……毒药谓砒霜银黝等项，一切有毒之药，堪以杀人者，此乃现成杀人之物，非如蛊毒之待于置造者，而攻治疮疾，有时需用，又非如蛊毒之专以杀人，不得藏蓄者也，但用以杀人，即是谋杀，故已杀者斩。”

【造(造)御膳犯食禁】【史】造御膳者，均以食经为准，经其禁忌者，不得辄造，秽恶之物亦在禁止之列。唐律(卷九)职制篇设有造御膳犯食禁之条：“诸造御膳食禁者，主食绞，若秽恶之物，在饮食中，徒二年，拣择不精，及进御不时，减二等，不品尝者，杖一百。”

【造(造)意人】【债】Instigator 谓教唆他人使其为侵权行为之人也，其责任与共同侵权行为人相同。(参共同侵权行为条内)

【造(造)意犯】【刑】Instigator 为教唆犯之别名，暂行新刑律采用之，刑法则采教唆犯之名称(详教唆犯条)。又曰无形的正犯。

【造(造)蓄蛊毒】【史】蛊毒乃魔毒之药，妖术之徒所用，饮之者不自知其毒，昏睡至死，制造者及藏蓄者，罪大恶极，故应处以流刑，即其家族亦缘坐处流，且不听其还家。唐律(卷三)名例篇——犯流应配条：“即造蓄蛊毒，家口不在听还之例。”其疏议曰：“依本条造蓄蛊毒并同居家口，虽会赦犹流，况此已至配所，故云不在听还之例。”

【造(造)币厂】【行】北京政府曾设造币厂，有总厂与分厂之别，与今之中央造币厂性质相似，隶属于财政部，掌理货币之铸造及销毁生金银之精炼分析，及徽章之制造与金属矿产之试验事项。总厂设于天津，分厂处数及地点另定之。总厂设监督一人，分厂设厂长一人，前者为简任职，后者为荐任职。此外并设技师技士厂员若干人(造币厂官制第一——三条)。民国九年间将总厂分厂之名称废除，仍冠以各厂所在地名，统归中央直接管辖，并将津厂监督一职，改为厂长，与其他厂，归于一律。

【造(造)币权】【行】Right of coinage 造币权者谓铸造货币之权也。依我国现行法令所规定乃属诸政府，由中央造币厂铸造之。如有私造者，应构成刑法上之伪造货币罪名。(参伪造货币条)

【造(造)卖赌具】【史】制造及贩卖供赌博所用之器具物件者，称曰造卖赌具。清律及例设有下列各种规定：(一)造卖纸牌骰子，首犯民人发边远充军，从犯民人流二千里，首犯旗人发极边烟瘴，从犯旗人发边远充军，旗人照例折枷，其造卖赌具，为首之旗人若系再犯，再加枷号一个月，三犯即拟实遣。(二)贩卖纸牌骰子，首犯民人流二千里，从犯民人徒三年，首犯旗人发边远充军，从犯旗人发近边充军，旗人照例折枷，其造卖赌具，为首之旗人若系再犯，再加枷号一个月，三犯即拟实遣。(三)藏匿造赌器具，照贩卖为从例徒三年。(四)本犯自首及同居父兄伯叔等出首，俱准免罪。(五)地方保甲知情不首，杖一百，受财准枉法论罪，止流三千里。(六)左右紧邻据实出首,照例给赏,徇隐不首,杖一百,得财准枉法论罪,止徒三年。(七)容留制造之房主讯不知情者,照不应重律杖八十,贪得重租,知情包庇者,一年以外与首犯一例发边远充军,一年以内照制造为从例流二千里,半年以内照贩卖为从例,流三年。(八)描书纸牌,照造卖之犯,减一等。(九)造卖牌骰未成,照造卖已成减一等。

【连(連)】【史】连为地方区划之名。礼记—王制篇:“十国为连,连有帅。”国语—齐语则谓:“四里为连,十连为乡。”又民国之军制以十四人为棚,三棚为排,三排为连,与清末之一队相等,连之首长为连长。

【连(連)合之债】【债】Conjoint obligation 又称所分之债。(详该本条)

【连(連)名投票】【宪】依连记法所为之投票,称曰连名投票。

【连(連)坐】【史】连坐者,谓犯罪者之家族或从犯,同坐首犯者之罪也。史记—商鞅传:“令民为什伍,而相收司连坐。”惟魏李悝之法经及齐桓时代之地方自治制已有连坐之制。

【刑】Joint-responsibility 二人以上连带负刑事上之责任者称曰连坐,其连带负担刑事责任之人,则曰连坐人。

【连(連)来文】【史】通行关所时所持往复之证明书,谓之连来文。此项文书于往时领取,还时仍可持用,故曰连来文。关市令义解:“其过所官司检勘听过,其欲还者,连来文。”注:“谓连来文者,假有行人更欲还京国者,皆将来时过所,而请还时过所,故云连来文也。”

【连(連)帅】【史】古时封建时代,十国为连,连之首长,谓之连帅礼记—王制篇:“十国以为连,连有帅。”

【连(連)记投票法】【宪】Continued writing method 在大选举中,选举人按照其选举区内所规定应选代表员数,而记入于一票之内者,曰连记投票法,此法之流弊有下列二种:(一)少数党多不能获选。(二)仅有政党之操纵,而超然派则抱向隅,不能当选。

【连(連)记法】【宪】(详连记投票法条)

【连(連)带之债】【债】Joint and several obligations 即多数债权人对于同一债务人,或多数债务人对于同一债权人间之债权债务关系也。更分为二:(1)连带债务。(2)连带债权。(详各本条)

【连(連)带保证】【债】Joint surityship 为保证之一种,谓保证人与债权人约定与主债务人连带以保证其债务之契约也。他国法律不设此规定者,我国民法并无明文。

【连(連)带保证责任】【债】二以上之人对于同一债务负担保证责任者,在原则上应负连带保证责任,惟该项保证契约另有规定者,则为例外耳。

【连(連)带责任】【公】Joint liability 连带责任者,即公司之债权人如遇公司之资产不足偿还其债务时,债权人得对于股东之全体,或对于股东中之一人请求其偿还，而股东中无论何人皆对之有清偿债务之责，初不问其自身股份之多寡为何如也。例如子丑寅三人设一无限公司，各出资二万元，如营业结果共亏二十万，则子丑寅三股东对于其余十四万元之债务，皆连带负担清偿之责任。若公司之债权人向丑请求偿还，则丑即不能以一人仅能分负十四万元之三分之一为词，而拒绝偿还，且应代子及寅负责清偿全部债务。

【连(連)带无限责任】【公】Unbeschränkte Solidarhaftung（德） 数人连带负担无限制之责任者，称曰连带无限责任。(参无限责任条)

【连(連)带债务】【债】Joint and several debts 又名受方连带，为连带之债之一种，与连带债权相对称，即数人负同一债务，明示对于债权人各负全部给付责任之谓也。易言之，即使各债务人各独立负有清偿全部债务之义务，而使债权人易于实行其权利也。依我国民法之规定：连带债务之发生，以有法律行为或法律规定者为限(第二七二条)。其性质如次：(1)连带债务非单一债务，乃为复数债务。(2)连带债务之各个债务均以同一给付及全部给付为标的。(3)连带债务因一次给付而致全部消灭。(4)连带债务之内部关系通常有分担部分之存在。至于连带债务之效力亦可区分为二：(1)债权人对连带债务人之效力(第二七三条—二七九条)。(2)连带债务人相互间之效力，例如负担部分及求偿权是(第二八〇条—二八二条)。前者又曰对外效力，后者又曰对内效力。

【连(連)带债务人】【债】Joint debtor 连带之债中之义务人，为连带债务人。(详连带之债条内)

【连(連)带债权】【债】Joint and several credits 又名自动连带，或动力连带，为连带之债之一，与连带债务相对称。数人依法律规定或法律行为有同一债权而各得向债务人为全部给付之请求者，为连带债权(民法第二八三条)。易言之，即使各债权人各得独立请求履行其全部债务之权利也。其发生原因有由法律规定者，有由法律行为者。依我国民法之规定，其性质如下：(1)连带债权要有多数债权人。(2)各债权人得各向债务人请求给付全部，而且亦以同一给付为标的。(3)连带债权因一次给付而全部消灭。(4)原则上连带债权应由各债权人分受该债权利益平均分割。关于连带债权之效力亦有二：(1)对外效力——即连带债权人对债务人之效力(第二八四条—二九〇条)。(2)对内效力——即连带债权人相互间之效力。(第二九一条)

【连(連)带债权人】【债】Joint creditor 连带债务关系中之权利人，曰连带债权人。(详连带之债条内)

【连(連)带义务】【债】Joint obligation 二人以上连带负担一定之义务者，称曰连带义务。

【连(連)带运送人】【债】Sammtfrachtführer（德） 二以上运送人相继为同一之运送者，曰连带运送人。此项运送人乃以连带运送单(即契约书)为根据，以从事于运送事务。

【连(連)带运送单】【债】Sammtfrachtbrief（德） (详连带运送人条内)

【连(連)署】【行】Joint signature 又称联署，二人以上并列署名于书面之上者，曰连署。关于书面上所载之权利与义务，须由连署者共同担负之。

【连(連)横】【史】又曰连衡。(详该本条)

【连(連)衡】【史】一作连横。张仪说六国(即齐、楚、韩、魏、燕、赵)使连衡而事秦，故云成其衡道。然山东地形从长，苏秦相六国，令从亲而宾秦也。关本地形衡长，张仪相六国，令破其从而连秦之衡。故苏为合纵，张为连衡。

【连(連)续犯】【刑】Continuous offence 为继续犯之一，对徐行犯言，又名累行犯。即以连续之单一犯意犯同一罪名，用数次独立可以致罪之犯罪行为反覆为之而成立一罪之谓。例如奸非罪虽数次犯奸，然连续经数年者亦只一罪论是。其构成要件有三:(1)须有数次之独立犯罪行为。(2)须有连续之单一犯意。(3)须为犯同一之罪名。此外尚有主张以侵害同一法益亦为构成要件之一者，但我国刑法则定连续数行为而犯同一之罪名者以一罪论(第七十五条)。过失犯是否亦有连续犯，以主张否认说者为多。又连续犯中其犯罪行为虽前后隔至十余年，因其有连续之单一犯意，仍得称为连续犯。惟已受有罪之确定判决时，则其关系中断而即成为他项罪名矣。连续犯适用时有当注意者二:(1)侵害与本人分离时，被害者之数为犯罪成立之数。例如甲继续杀乙丙丁戊四人时，则被害之数目有四，即其杀人罪有四，自不得以一罪论是。(2)侵害财物之监督时，以监督者之数为犯罪成立之数。例如甲对乙屋之物加以窃取，而继续窃取丙屋之金钱，因其监督人有二，故亦不得以一罪论。

【连(連)续航海主义】【国公】Doctrine of continuous voyage 又称继续航海说。(详该本条)

【部内田畴荒芜】【史】州县及里正所管田与畴(谷田谓之田，麻田谓之畴)。如有荒芜者，(不耕谓之荒，不锄谓之芜)。依部内田畴荒芜条之规定治罪。唐律(卷十三)户婚篇——部内田畴荒芜条:“诸部内田畴荒芜者，以十分论，一分笞三十，一分加一等，罪止徒一年(州县各以长官为首，佐职为从)。户主犯者，亦计所荒芜，五分论，一分笞三十，一分加一等。”疏议曰:“部内，谓州县及里正所管，田称畴者，言田之畴类，或云畴地畔也，不耕谓之荒，不锄谓之芜。若部内总计准口受田，十分之中，一分荒芜者，笞三十，假若管田百顷，十顷荒芜，笞三十，一分加一等，谓十顷加一等，九十顷荒芜者，罪徒一年，州县各以长官为首，佐职为从，县以令为首，丞尉为从，州即刺吏为首，长史司马司户为从，里正一身得罪，无四等罪名者，止依首从为坐。其检勾品官，为佐职，其主典，律无罪名。户主犯者，亦计所荒芜，五分论，计户内所受之田，假有受田五十亩，十亩荒芜，户主笞三十，故云，一分笞三十，一分加一等，即二十亩，笞四十，三十亩，杖六十，五十亩，杖七十，其受田多者，各准此法为罪。”

【部内旱涝霜雹】【史】有司对所部之地，负有重大责任，如有旱、水、霜、雹等灾及虫蝗为害之处，应向上司申言，违者治罪。唐律(卷十三)户婚篇——部内旱涝霜雹条:“诸部内，有旱涝霜雹，虫蝗为害之处，主司应言而不言及妄言者，杖七十,覆检不以实者,与同罪,若致枉有所征免,赃重者坐赃论。"疏议曰:"旱谓亢阳,涝谓霖霪,霜谓非时降陨,雹谓损物为灾,虫蝗谓蝗螽蟊贼之类。依令,十分损四以上免租,损六免租调,损七以上,课役俱免,若桑麻损尽者,各免调,其应损免者,皆主司令言,主司谓里正以上,里正须言于县,县申州,州申省,多者奏闻。其应言而不言,及妄言者,所由主司,杖七十,其有充使覆检,不以实者,与同罪,亦合杖七十,若不以实言上,妄有增减,致枉有所征免者,谓应损而征,不应损而免,计所枉征免,赃罪重于杖七十者,坐赃论,罪止徒三年,既是以赃致罪,皆合累倍而断。"

【部内容止盗者】【史】州县乡里坊村所管之地,如人民有为盗及容止外盗入境者,里正坊正村正均应依本条之规定处以应得之罪。唐律(卷二十)贼盗篇部内容止盗者条:"诸部内有一人为盗,及容止盗者,里正笞五十(坊正村正亦同),三人加一等。县内一人笞三十,四人加一等(部界内有盗发及杀人者,一处以人论,杀人者仍同强盗之法)。"疏议曰:"部内,谓州县乡里所管之内,百姓有一人为盗,及容止盗者,谓外盗入境,所部容止,所管里正笞五十。注云,坊正村正亦同,谓得罪亦同里正,三人加一等,四人行盗合杖六十。县内一人笞三十,谓县内一人行盗,县令笞三十,四人加一等,有五人行盗,即笞四十之类。注云,部界内有盗发,谓里正等以上部界之内有盗发,及杀人者。一处以一人论,谓一处盗发,同部内一人行盗,一处杀人,同一人行强盗,故云一处以一人论,杀人者仍从强盗之法,下文强盗者加一等,杀人者亦加一等,与强盗同。即是部内有一人强盗者,里正杖六十,虽非部内人,但当境内强盗发亦准此,容止杀人贼者,亦依强盗之法。"同条又谓:"州随所管县多少,通计为罪,各罪止徒二年,强盗者各加一等(皆以长官为首,佐职为从)。"疏议曰:"州随所管县多少,通计为罪,各罪止徒二年,谓州县里正坊正村正等,并罪止徒二年,强盗者各加一等,罪止徒二年半。上注云,杀人同强盗之法,故知杀人及发处,若容止,各准强盗加之。其通计之法,已于户婚律解讫。注去,以长官为首,佐职为从,但宣风导俗,肃清所部,长官之事,故长官为首,即刺史县令,阙者以次官当之,既云佐职为从,即罪不及主典。"同条又云:"即盗及盗发杀人后,三十日捕获,(他人、自捕等)主司各勿论,限外能捕获,追减三等,若军役所有犯,队正以上,折冲以下,各准部内征人冒名之法,同州县为罪。"

【部分运送】【债】Teilfrachtführ(德) 若干运送人各别独立缔结运送契约,就其军送途程之一部而为运送,是曰部分运送,或曰一部运送。其运送之人则曰部分运送人或一部运送人。

【部主见知】【史】(详监临部主见知故纵条内)

【部曲】【史】部曲之意义有二:一为私人所有之部属,如使用人及奴婢是。一为兵队中之部分之一,如汉时将军领军,皆有部曲,大将军营五部,部有校尉一人,部下有曲,曲有军候一人是。

【部曲奴婢告主】【史】部曲奴婢与主人有卑尊之分,不许论告,惟谋反逆叛之事,则为例外。唐律(卷二十四)斗讼篇有部曲奴婢告主之条:"诸部曲奴婢告主,非谋反逆叛者,皆绞(被告者,同首法)。告主之期亲,及外祖父母者,流。大功以下亲,徒一年。诬告重者,缌麻加凡人一等,小功大功,递加一等,即奴婢诉良,妄称主压者，徒三年，部曲减一等。"疏议曰："日月所照，莫非王臣，奴婢部曲，虽属于主，其主若犯谋反逆叛，即是不臣之人，故许论告，非此三事而告之者，皆绞，罪无首从。注云，被告者同首法，谓其主杂犯死罪以下，部曲奴婢告之，俱同为首之法，奴婢获罪，主得免科，奴婢为主隐，虽告准名例律相容隐，告言自合同首，今律文重言同首法者，以相隐条无相隐字故。告主之期亲，及外祖父母者，流，不言里数者，为同里数加杖二百。大功以下亲，徒一年，称大功以下，小功缌麻亦同。此等并谓告得实。诬告重者，谓所诬之罪，重于徒一年，缌麻加凡人一等，若诬告主缌麻亲，徒一年，加一等合徒一年半，小功徒二年，大功徒二年半之类，大功以下诸亲，犯有轻重，应计等级加者，但重于徒一年，皆准此加法。即奴婢诉良，妄称主压者，谓奴婢本无良状而妄诉良云主压充贱者，各徒三年，不同诬告主者，开其自理之路。部曲减一等。其主诬告部曲奴婢者，同诬告子孙之例，其主不在坐限。"

【部曲奴婢良人相殴】【史】部曲者谓私家所有者也。部曲奴婢若与良人相殴，因其地位之不同，故处罚有差。唐律（卷二十二）斗讼篇——部曲奴婢良人相殴条："诸部曲殴良人者（官户与部曲同），加凡人一等（加者加入于死），奴婢又加一等，若奴婢殴良人，折跌支体，及瞎其一目者绞，死者各斩。"疏议曰："名例律称部曲者，妻亦同，此即部曲妻，不限良人及客女，殴伤良人者。注云，官户与部曲同，加凡人一等，谓加凡斗殴伤一等。注云，加者加入于死，谓部曲殴良人，损二事以上，及因旧患，令至笃疾，断舌及毁败阴阳，凡殴流三千里者，部曲加一等，合死，此名加入于死，奴婢又加一等，谓加凡斗二等，若奴婢殴良人，折跌支体，及瞎其一目者，绞，跌体瞎目，各罪止徒三年，即明殴良人，准凡人相殴罪，合流者，各入死罪，因殴致死，各斩。"同条又曰："其良人殴伤杀他人部曲者，减凡人一等，奴婢又减一等，若故杀部曲者，绞，奴婢流三千里。即部曲奴婢相殴伤杀者，各依部曲与良人相殴伤杀法（余条良人部曲奴婢，私相犯，本条无正文者，并准此）。相侵财物者不用此律。"

【部曲奴婢杀主】【史】部曲奴婢与主，有卑尊之区分，若杀害之，是犯上作乱也，故应处以极刑。唐律（卷十七）贼盗篇——部曲奴婢杀主之条："诸部曲奴婢，谋杀主者皆斩，谋杀主之期亲及外祖父母者绞，已伤者皆斩。"疏议曰："称部曲奴婢者，客女及部曲妻并同，此谓谋而未行，但同籍良口以上，合有财分者，并皆为主，谋杀者皆斩，罪无首从，谋杀主之期亲，为别户籍者，及外祖父母者绞，依首从科，已伤者皆斩，谓无首从，其媵及妾，在令不合分财，并非奴婢之主。"

【部曲奴婢过失杀主】【史】部曲奴婢身居仆役之地，对于主人，如有过失而杀之之时，法律亦设有制裁之明文。唐律（卷二十二）斗讼篇——部曲奴婢过失杀主条："诸部曲奴婢，过失杀主者，绞，伤及詈者，流。"疏议曰："部曲奴婢，是为家仆，事主须存谨敬。又亦防其二心，故虽过失杀主者，绞。若过失伤主，及詈者，流，不言里数者，为止合加杖二百故也。"同条又曰："即殴主之期亲，及外祖父母者，绞，已伤者，皆斩，詈者，徒二年，过失杀者，减殴罪二等，伤者，又减一等。殴主之缌麻亲，徒一年，伤重者，各加凡人一等，小功大功递加一等（加者加入于死），死者皆斩。"

【部曲奴婢詈旧主】【史】部曲奴婢与旧主原有上下之分，詈殴者，如不严加治罪，必将有挟嫌而为之弊，故设本条。唐律（卷二十三）斗讼篇——部曲奴婢詈旧主条："诸部曲奴婢詈旧主者，徒二年，殴者，流二千里，伤者，绞，杀者，皆斩，过失杀伤者，依凡论。"疏议曰："部曲奴婢詈旧主者，徒二年，殴者流二千里，伤者，绞，有首从杀者，皆斩，罪无首从，过失杀伤者，并准凡人，收赎铜入杀伤之家。"同条又曰："即旧主殴旧部曲奴婢，折伤以上，部曲减凡人二等，奴婢又减二等，过失杀者，各勿论。"疏议曰："主殴旧部曲奴婢，折伤以上，部曲减凡人二等，谓折齿合杖九十，奴婢又减二等，合杖七十之类，过失者，勿论。"

【部送】【史】谓统率递送官物及囚徒畜产之类也。唐律（卷十一）职制篇——设有奉使部送雇寄人之条："诸奉使有所部送。"其疏议曰："谓差为纲典，部送官物及囚徒畜产之属。"

【部理代理人】【民总】为日本名辞，与我国所称一部代理人相同。

【部队】【军】Military organs 所谓部队，乃包含陆海空军军队官署、学校，以及一切特设之机关而言。（军刑法第十一条）

【邮（郵）政】【行】Post 邮政者谓邮局中关于书信及物品之送达事业也。至于储金及汇兑亦为邮政之附属事业。

【邮（郵）政国内汇兑法】【行】Law Governing the National Postal Remittance 本法于民国二十年六月二十九日公布，共十五条。其要点如下：（一）邮政汇兑事务由交通部设置邮政储金汇业局办理之。（二）汇款及费用均以国币或当地之通用银币为限。（三）邮政汇兑得分为普通汇兑电报汇兑及小款汇兑三种。（四）邮政汇兑应以邮政汇票为凭，其有效期间依地方之远近定之，但不得少于三个月。如逾有效期间未经取款者，应邮局送还原局，通知汇款人领还。汇款人不领还时，应自汇票开出时算起，满三年后即将汇票作废，款收作公款。（五）汇票如有遗失污毁，汇款人或受款人得请求邮局发给副汇票，此票一经发出，正汇票即作无效。（六）邮政汇兑应免一切税捐。（七）无行为能力人及限制行为能力人关于邮政汇兑事务于邮政汇兑机关所为之行为视为有行为能力人之行为。

【邮（郵）政条例】【行】Regulation Relating to Post 本条例公布于民国十年十月十二日，至今仍暂行援用，全文共四十七条，为关于邮政事务之法规。

【邮（郵）政汇兑】【行】Postal money order （详邮政国内汇兑法条内）

【邮（郵）政汇票】【行】Postal draft （详邮政国内汇兑法条内）

【邮（郵）政总局】【行】Chinese Postal Administration 邮政总局直辖于交通部，管理全国邮务，指挥监督各省区邮政管理局，设总局长副局长各一人，下置总务、会计、经书、联邮、供应五处，各置处长副处长各一人。局中又设主任秘书一人，秘书二人至四人，处员一百人至一三〇人，办理局中文书及各处事务。（邮政总局组织法第一——五条）

【邮（郵）政总局组织法】【行】本组织法由国民政府于民国二十年六月二十

九日公布，同日施行，全文计十一条。（参邮政总局条）

【邮(郵)政储金】【行】Postal savings （详邮政储金法条内）

【邮(郵)政储金法】【行】Law Governing the Postal Saving Bank 本法于民国二十年六月二十九日公布，计十九条，兹举其要点如下：(1)邮政储金事务由交通部设置邮政储金汇业总局办理之。(2)邮政储金之存入及支取均以国币或当地之通用银币为限，每一人或一团体仅得为一存户。(3)储金分存簿储金、支票储金、定期储金及划拨储金四种。其存簿储金在原则上每户存入总额以三千元为限，逾限之数不给利息。(4)存薄储金在通储区内得向任何邮政储金机关续存或支取。(5)存簿储金及支票储金原则上得随时支取。(6)存户如五年内并无存入支取或其他声请，邮政储金机关应速通知该存户取回存款，并自五年期满之日起停止给息。(7)划拨储金——无论何人得以现金请求邮政储金机关拨入划拨储金存户名下，且存户得以储金请求邮政储金机关互相划拨，亦得以储金请求该储金机关拨付现款于他人。(8)邮政储金本息以邮政财产担保之。(9)邮政储金汇业总局每三个月应将全部资产负债表公告一次。(10)存簿储金利息免纳一切捐税。(11)无行为能力人及限制行为能力人关于邮政储金事务于邮政储金机关所为之行为，视为有行为能力人之行为。

【邮(郵)政储金汇业总局】【行】Head office of Postal Savings and Remittance Bank 邮政储金汇业总局直隶于交通部，管理全国邮政储金及汇兑事务，设局长一人（简派），副局长二人，并设总务、营业、会计、储金、汇兑、划拨、保险七处，各置处长一人，副处长一人。总局中又置主任秘书一人，秘书二人至四人，处员六十人至八十人。此外又设监察委员会，由国府特派三人及交通财政审计等三部长并交部邮政司司长等七人组织之，掌理审查及检查事项。总局对于各地业务指定各邮局兼办之，但交通重要地点，经交部呈请行政院核准，得设分局。每年度邮政储金汇业净余项下，除以十分之三为公积金及特别准备金外，其余报解交通部并归邮务收入之内。（邮政储金汇业总局组织法第一—六条、第九条、第十一条）

【邮(郵)政储金汇业总局组织法】【行】本组织法由国民政府于民国二十年六月二十九日公布，全文共十三条，于公布日施行。（参邮政储金汇业总局条内）

【邮(郵)信送达】【刑诉】Service or delivery by post agency 为送达方法之一，谓由邮局投递所为之送达也。我刑诉法规定凡应受送达之住址或事务所，虽未经声明而为检察官或法院所知者，得将应送达之文件以挂号邮信送达之（第一九七条），所以保护应受送达人之利益也。

【民诉】为送达方法之一。凡当事人或代理人于受诉法院所在地无住所居所营业所及事务所者，审判长得命其于一定期间内指定代收人。倘不于该期间内指定时，法院书记官得将应送达之文书注明该当事人或代理人之住所居所营业所或事务所，交付邮务局（即以邮差为送达人），以交付文书之时视为送达之时。（民诉第一三四条）

【邮(郵)务行政】【行】Postal administration 邮务行政者，谓掌理关于邮政一切兴革措施之事务也。例如邮费之征收,储金汇兑之监督,邮务工作人员之考取与保障,邮路之计划与扩充等,皆属之。

【邮(郵)票】【行】Postage stamp 邮局为征收邮费所发行之证票,而用以粘贴书信物件之表者,曰邮票。

【邮(郵)传部】【史】清光绪末年专事管辖邮递行政之机关,曰邮传部。至于民国则改为交通部,下置邮政司及邮政总局以司其事。

【邮(郵)罚丽于事】【史】邮者呵责也。所谓邮罚丽于事,乃指刑罚之适用须与犯罪之事实相附丽符合而言。礼记王制篇:"凡制五刑,必即天伦,邮罪丽于事。"陈澔之注曰:"凡有罪责,而当诛罚者,必使罚与事相附丽,则至公无私,而刑当其罪矣。"

【邮(郵)递禁制物】【行】Postal forbidden article 依法令之规定而被禁止邮递之物,称曰邮递禁制物。例如违反社会风化之文书图书及爆发性之物品是。

【邮(郵)驿篇】【史】为明清律兵律之一篇,与宫卫、军政、关津、厩牧等篇相对称。按秦有厩置、乘传、副车、食厨。汉初承秦不改,后汉但设骑置,而除厩律,此后无所稽考。唐律皆散见于各条。明律汇为一篇,曰邮驿篇。清律因之,计分为十八条如下:递送公文(计三条),邀取实对公文,铺舍损坏,私役铺兵,驿使稽程,多乘驿马,多支廪给,文书应给驿而不给,公事应行稽程,占宿驿舍上房,乘驿马赍私物,私役民夫抬轿,病故官家属还乡,承差转雇寄人,乘官畜产车船附私物,私借驿马。

【酗酒者】【刑】Person in the state of intoxication 酗酒者,在病理上只属一时心神丧失,因系人力所自能抑制,而竟借以犯罪,法律自不恕之。若非出己意者得减轻之,而仅以非故意之行为论耳。(刑法第三十二条)

【野司寇】【史】为秋官县士之别称,以其掌野之诉讼事件也,故名。左传:"使野司寇各保其征。"(参县士条)

【野刑】【史】周礼五刑之一。为关于田野之刑法,以保护及奖励农功为目的。(参以五刑纠万民条)

【野合】【史】旧制,凡婚姻之成立,双方男女均须届满一定之年龄及具备基他一定条件,如缺者,则不得称为正式婚姻,而曰野合。又天禄识馀谓:"女子七七四十九而阴绝,男子八八六十四而阳绝,过此为婚,则为野合。"是逾越法定年龄而为婚,亦谓之野合。

【野庐氏】【史】为周礼秋官之属,掌交通之职。同书云:"掌达道路至于四畿。"王昭禹注:"掌达道路至于四畿,则遂人所谓千夫有浍,浍上有道,万夫有川,川上有路,以达于畿是也。谓之四畿,则自王城五百里,四面皆达之也。"

【钛(鈦)】【史】为汉代刑具之一,在颈曰钳,在足曰钛。

【钛(鈦)右趾】【史】为刑具之一,加于足者也。汉书—武帝纪:"敢有私铸铁器者,钛右趾,没入其器物。"

【钛(鈦)左右趾】【史】为汉时拘束左右趾之刑也，即足械之类。增韵："在颈曰钳，在足曰钛。"汉文帝废肉刑，以此刑代刖。汉书—食货志："私铸铁器鬻监者，钛左趾。"同书刑法志："臣瓒曰，文帝除肉刑，皆有以易之，故以完易髡，以笞易劓，以左右趾易刖。"史记平准书钛左趾注："钛，踏脚钳。"张斐汉晋律之序："状如跟衣(足钳)著足下重六斤，以代刖。"后汉书—光武纪注："钳，钛也。"汉书音义——钛："足钳也。"后汉书—朱穆传："臣愿黥首系趾。"注："系趾，谓钛其足也。以铁着足，曰钛。"

【闭(閉)庭】【组】Closing of the court 法院之推事检察官因审理告终退庭后，诉讼当事人、律师、庭丁以及旁听者亦相率离去法庭，是曰闭庭。

【闭(閉)会】【通】Adjournment sine die 开会时因开会期间届满而结束会议者，曰闭会，与停会、休会、流会(详该本条)等不同。

【陪祀】【史】皇帝行祭礼时，大臣以下官员等不得侍于上侧，只在坛下，遥拜而已，谓之陪祀。(六部成语注解)

【陪门】【史】为妻之特有财产，今称陪嫁。旧唐书—高宗本纪："高宗诏天下嫁女者，所受财皆充所嫁之女姿装，其夫家不得受陪门之财。"

【陪席推事】【组】Assessor; Associate judges 为推事之一种，对首席推事言，即在合议制审判开庭时分坐于首席推事之左右之推事也。陪席推事对当事人若欲讯问，必须得首席推事之同意，方可发言。

【陪堂生】【史】为元之国子学之傍听生之名称。元史纪事本末(卷八)："至大四年上谕，联今亲定国子生为三百人，仍增陪堂生二十人，通一经者，以次补伴读，著为式。"

【陪祭】【史】皇帝行祭礼时，王公大臣在侧陪行祭礼，谓之陪祭。(六部成语注解)

【陪都】【史】国都之外另设一都，称曰陪都。如周之洛阳，明之金陵，清之奉天，与目下国民政府之以西安为陪都是。

【陪嫁】【史】为妻之特有财产之一种，即随嫁之财产也。(参陪门条)

【陪审制度】【史】周礼对于重罪犯人设三刺三讯之法，即对法官以外之其他官吏及人民令其陪席发表该案意见，俾能决定该犯之是否犯罪。周礼—秋官小司寇："以三刺断庶民狱讼之中，一曰讯群臣，二曰讯群吏，三曰讯万民，听民之所刺宥，以施上服下服之刑。"所谓刺，其原义为死，惟余四刑亦当经三刺之法。贾公彦之疏曰："但所刺，不必是杀，余四刑，亦当三刺。"或曰上述之三刺，其刺字应作"深人以求其情"解，而"听民之所刺宥"一语中之刺字则应解为刺杀之刺。所谓讯，谓询其情实而定其罪也。群臣谓大夫以上，群吏谓士以下，万民则指一般人民所选之具有相当智识者而言。盖古人之于刑狱既求之以五听，复丽之以八议。不特此也，三宥以行其怜悯，三赦以示其矜全，犹恐有聪有所不闻，明有所不见，下情有所不达，议法有所不周，于是广询于众，必群臣群吏万民之意同，然后分别情之轻重，重者服上刑，轻者服下刑，如此而或刑或杀各当其罪，而彼此皆无憾矣。孟子所谓国人皆曰可杀然后杀之，凡此皆今日所谓之陪审制度也。又周时之三刺，在秋官司寇之下，并置专官以掌其事，此项专官曰司刺（下士二人）。周礼秋官："司刺，掌三刺三宥三赦之法以赞司寇，听讼狱，壹刺曰讯群臣，再刺曰讯群吏，三刺曰讯万民，壹宥曰不识，再宥曰过失，三宥曰遗忘，壹赦曰幼弱，再赦曰老旄，三赦曰惷愚，以此三法者求民情，断民中，而施上服下服之罪，然后刑杀。"

【通】Jury system　陪审制度通行于英美各国，学者有谓系创自罗马者，有谓系肇源于英国者，议者纷纷，莫衷一是，但主张为系沿定宣誓之习惯逐次演进而成者居多。采此制度之国家，乃以推事（法官）掌司法律之解释与裁判，对于事实方面真伪之判定，则由陪审员任其责。该项陪审员通常为十二人（小陪审员），系由公民推选而来者，对于事实之判定，须经其全体一致同意始得成立，如有一人表示反对，法官即须将其解散，另再召集，苟历三次其意见仍不能同一时，则被告即可宣告无罪。此项制度多系应用于刑事案件，间亦有适用于民事案件者，但有限制。关于陪审员之资格，因时因地微有不同，例如年龄上教育上财产上身分上均有限制，然于一定范围之内，则视为公民一种义务，不容藉辞规避。陪审制之种类最重要者有二：(1)大陪审员。(2)小陪审员（详各本条）。此外又有所谓特种陪审员、检验陪审与执达吏陪审之分。

【陪审保险】【险】为保险之一。谓被保险人于被任为陪审官时，由保险人给付一定金额以为来往旅费及因公损失费用之需。其在未行陪审制度之国家，不能采用，自不待言。在我国目下之司法制度，更无采用之余地，但在英国则极为盛行。

【陪审员】【刑诉】Jury　（详陪审制度条内）

【阴(陰)刑】【史】阴刑为宫刑之别称。汉书一鼂错传："除法阴刑，害民者诛。"其注曰："宫刑也。"

【阴(陰)讼】【史】关于闺门之诉讼曰阴讼。周礼地官媒氏："凡男女之阴讼，听之胜国之社。"其注曰："阴讼，争中冓之事，以触法。"胜国乃前代灭亡之国，中冓乃诗经之语，闺门之别称也。

【阴(陰)阳】【史】女之生殖器曰阴，男之生殖器曰阳，凡殴打毁败之阴阳而失其生殖能力者，法律设有处罚明文，乃始于明律，清律因之，民国刑律亦有相似之规定。唐律（卷二十）清律（卷二十六）斗殴篇——斗殴条："瞎人两目，折人两肢，损人二事以上（如瞎一目又折一股之类）及因旧患令至笃疾，若断人舌及毁败人阴阳者，并杖一百，流三千里仍将犯人财产一半，断付被伤笃疾之人养赡。"

【阴(陰)谋】【刑】Conspiracy　谓二人以上所为关于一定犯罪之协议，即二人以上交换取犯罪之决意是也。其成立要件有三：(1)必为二人以上，一人之意思表示非阴谋。(2)须指定犯罪之目的。(3)须有受通知者之承诺。阴谋为犯意表示中应加以处罚之一种。阴谋与预谋不可混同，前者乃二人以上之协义，后者则一人处心积虑，于事前蓄谋也。

【陈(陳)子要言】【史】十四卷，为吴豫章太守陈融所撰，已佚亡，事见隋书经籍志法家类，旧唐书经籍志法家类，唐书艺文志法家类等。

【陈(陳)之法典】【史】陈继梁后而主天下，篇目及其他轻重繁简，一本梁法，且亦分为律令科三种：(一)陈律——陈律者，高祖武帝永定元年十月，命尚书删定郎范泉等所撰也。凡三十卷(较梁律多十卷)三十篇，篇目与梁律同，考隋书刑法志，六典卷六注，皆作三十卷，隋书经籍志及唐书艺文志，则作九卷，而旧唐收经籍志不载。六典本隋书刑法志，唐书艺文志，本隋书经籍志。然两志所载，各有异同。至其内容大概，可于刑法志见之。其制重清议禁锢之科，若缙绅名族，有犯名教不孝及内乱者，发诏弃之，终身不齿。又存赎罪之律，复父母缘坐之刑。此外则立上测之法，有赃验者，立于垛上，定日而加鞭杖，其髡鞭五岁刑者，锁二重，以下并一重，又设官当之法，准以官当五岁刑以下及三岁刑之二年，余并居作赎罪，死罪将决，乘露车，着三械，加壶手至市，但夜未明，雨未晴，晦朔八节六斋，月在张心日，皆不得行刑，自余条纲，轻重简繁，一本梁法，惟条流繁冗，博而寡要，六典诸书讥之矣。此律令亦无传。(二)陈令——陈令者，亦范泉等所撰。凡三十卷，篇目因梁之旧，隋书经籍志，旧唐书经籍志，新唐书艺文志，皆作三十卷。唯隋书刑法志，有律三十卷，令律四十卷，玉海卷六十五，亦引隋志令科四十卷，令律，当为令科之误也，然与隋书经籍志不合，未知孰是。(三)陈科——陈科者，亦范泉等所撰。凡三十卷，隋书经籍志，旧唐书经籍志，唐书艺文志，所载皆同。又六典卷六格注云，陈依梁，则陈科与梁无异不待论矣。此外隋书经籍志尚载有陈新制六十卷，内容如何，不可考。

【陈(陳)令】【史】三十卷，范泉等所撰。(详陈之法典条内)

【陈(陳)律】【史】三十卷，为陈范泉等所撰。(详陈之法典条内)

【陈(陳)科】【史】与陈律陈令同为范泉等所撰，内三十卷，事见隋书经籍志，旧唐书经籍志，唐书艺文志等。其内容依唐六典卷六注谓："陈依梁。"是陈科亦与梁科相同矣。

【陈(陳)述】【民刑诉】State 乃就以往经过之事实连续叙明之谓也。在民诉法上之规定，陈述时有应以书状为之者，有应以言词为之者，亦有得以书状或言词为之者。

【陈(陳)时臬事】【史】臬与法之意义同。所谓陈时臬事，乃指法律应与当世之时宜相适合而言。书经—康诰篇："王曰，汝陈时臬事，罚蔽殷彝，用其义刑义杀，勿庸以次汝封。"

【陈(陳)新制】【史】六十卷，不知何人所撰，事见隋书经籍志刑法类。

【陈(陳)请】【行】凡下级机关于其职务范围内之事务，依法规之规定或依上级之训令或指令，而须经上级机关之核准始可执行时所为之请求，曰陈请。与请示相对称。

【陵台令】【史】掌陵墓之官职。事物纪原(卷六)："唐百官志，有陵台令，初曰诸陵署令，天宝十载，改献昭等王陵署，曰陵台，此盖命名之初也。"

【陵迟】【史】为死刑之极惨者，始自金代。刑书释名(为宋王键所撰)曰："隋唐宋周二等，一曰绞，二曰斩，金加陵迟共三等。”吏学指南（元徐元瑞撰）之注曰：“陵迟即咼也，谓碎脔肢体，身首异处。”按陵迟即凌迟。

【陆(陸)地测量总局组织大纲】【行】本大纲由国民政府于民国十九年二月二十七日公布，全文共十五条，自公布日施行。其要点如下：（一）陆地测量总局直隶于参谋本部，掌管全国陆地测量及制图业务之规划，并担任关于江苏省及边疆测量各事宜。（二）本局设局本部及事务处技务处。局本部设技监技正副官等职。事务处设考核、设计、图务等科。技务处设三角、地形、经界、摄影、制图五科。（三）局中置局长一人，承参谋总长之命管理本局及各省陆地测量局，中央及各区陆地测量学校并一切测政事宜，并置副局长一人辅助之。

【陆(陸)军大学组织法】【行】Law Governing the Organization of the Military College　本条例于民国十八年八月二十三日公布，二十一年第二次修正，共十六条。其要点如下：（一）陆军大学设立之目的为选拔品学优越之青年军官，修习高等用兵学术，养成军事高等人材。（二）直属于参谋本部。（三）置下列各职员：校工、副校长、教育长、教务主任、聘任兵学教官、兵学教官、教官、编译主任、编译官、副官、军需、兽医、文官等。（四）学员须具有下列资格经试验及格者：(1)步骑炮工辎等兵科之军官，曾毕业于国内外陆军军官学校或同等之学校，其修业期间在一年半以上者。(2)曾毕业于国内外航空学校之航空军官。(3)曾服军职二年以上，确有现任底差者。(4)勤勉强健品行端正确有成材之希望者。(5)年龄须在三十岁以内，但经国民政府特准者不在此限。（五）本校每年考取学员一班（每班一百名），修学期间为三年，入校后仍支原薪，不得开除其底差。（六）学员入校三月后应行甄别考试，每学年终行学年考试，第三学年终行毕业考试。（七）学员毕业后由校长呈请参谋本部送回原送机关。

【陆(陸)军兵籍暂行规则】【行】本规则于民国十八年四月三日公布，计分四章，共十五条，第一章总则，第二章军队造报手续，第三章军政部整理手续，第四章附则，自公布日施行。（参兵籍及兵册二条内）

【陆(陸)军步兵师司令部】【行】Headquarter of the Division of Infantry　我国陆军平时编制以师为单位，即步兵亦同。步兵师直隶国府，设师长一人，受中央最高军事长官之命，统率所属部队综理师司令部一切事务。并得设副师长一人，以为辅助，师长有事故时得代行其职务。师长执行职务凡关于军政及人事事项承军政部长之命令，关于动员及作战计划承参谋总长之命令，关于教育训练承训练总监之命令。师长如因故（维持治安或遇有灾祲疫疾时）认为有调动部队之必要时，于实行后即分别报告上级军事长官，并通知邻近其他军队。师司令部设参谋长一人，辅助师长参书机要，指导部内一切事务。并设置下处各处：(1)参谋处。(2)副官处。(3)军机处。(4)军需处。(5)军医处。(6)军法处。各处置处长一人，承师长之命参谋长之指导掌理各该处事务。（陆军步兵师司令部组织条例第一条第三一五条、第八一九条、第十六条）

【陆(陸)军官佐考绩条例】【行】本条例于民国十八年九月十四日由国民政府公布，全文计共二十一条，凡在职陆军官佐之考绩均应依照本条例行之。兹举其要点如下:(一)官佐考绩及考绩次序应依照一定之表行之,均以各该管长官为考绩官,并以直辖高级长官为覆考官。(二)考绩官填注考绩表时,查核被考绩官佐之履历无异后,再就所见与附记两项汇集各种考证分别填注,于填注所见及附记两项应说明事实以备上官查考,并于所见各项内课目酌定分数,制成考绩表,送所属长官覆核。至分数以二十分为足分,平均分数在十六分以上者为甲等,十二分以上者为乙等,不满十二分者为丙等。(三)考绩表依下列各款分别造册:(1)军官。(2)军需。(3)军医(附兽医)。(4)军用主官及技术人员。此项考绩表应由考绩官制作二份循次呈报,一由最后覆考官呈报或咨送军政部,一发还考绩官保存,其无覆考官者,即由考绩官分别办理。(四)各军事机关高级长官覆核考绩表后,应决定次序编制考绩名簿,随同考绩表循次呈报,或咨送军政部。(五)考绩表及名簿每年造报一次,各军事机关报部日期,以次年一月为限。(六)参谋本部训练总监部直属之机关及各师旅参谋人员与各种军事教官由各该管高级长官将考绩正表及考绩名簿呈报参谋本部训练总监部覆核,并另抄录表簿各一份呈送军政部汇订。(七)关于转调于他处官佐之考绩,及现职人员改为额外人员或死亡出缺或辞职撤差时之官佐之考绩,派遣学校肄业之官佐之考绩,新委人员之考绩,以及战时人员之考绩等之规定(第十四—十八条)。(八)凡因特别任务而另定考成条例者,各从其规定,但考绩事项仍须遵照本条例办理。

【陆(陸)军省】【行】Ministry of War 为日本名辞,即我国所称之陆军部也。

【陆(陸)军军法会审】【军】Council of military court (详军法会审条内)

【陆(陸)军部】【行】陆军部即今军政部之旧称,为北京政府所设陆军行政最高机关,直隶于大总统,为内阁之一部。置总长一人(上中将),次长二人(中少将)。设参事四人,秘书四人,副官六人,纂译官四人,掌理总务厅事务。并置下列各司:(1)军衡司。(2)军务司。(3)军械司。(4)军学司。(5)军需司。(6)军医司。(7)军法司。(8)军牧司。每司以司长一人主之,下设科长科员及司副官,军法司则置一等军法官及二三等军法官,及司副官,一切员额均有限制。关于技术事务,则置技正及技士以主持之。(陆军部官制第一—三条、第十三—二十二条)

【陆(陸)军监狱】【行】陆军监狱为军事监狱之一种,有属于中央者与属于地方者之区别。前者由陆军部管辖,后者则归该管长官管辖。每所置典狱一人,掌理所管监狱事务,并指挥监督所属职员,书记二人至四人,分掌会计文牍及其他庶务,看守长一人到四人,掌理监狱之警护事务,并指挥监督各看守,技士一人或二人,掌理技术事务,并设医士及看守若干人。陆军监狱得设分监,分监长以看守长充之,承本监典狱之命,掌理分监事务,并指挥所属职员。(陆军监狱官制第一条、第四—十二条)

【陆(陸)军署】【行】Army Department 直隶于军政部而统理陆军行政事宜之机关,曰陆军署。设署长一人,承军政部长之命管理本署事务,统辖陆军军人军属,监督所辖各机关学校,并设副署长一人以辅助之,下置秘书五人,并设总务处(分文书管理统计三科),及军衡司(分铨叙考绩恤赏三科),军务司(分军事步炮兵工兵骑辎兵军牧五科),军机司(分保管出纳检验三科),交通司(分设计电信输送三科)，军医司(分医务卫生材料兽医四科)，军法司(分执法监狱两科)。处设处长一人，司各设司长一人，各科各设科长一人，科员若干人。此外又设残废军人教养院、器材工厂、军医学校、兽医学校及其他必要之教育机关，并设卫生材料厂，于必要时得设陆军公报社及各种委员会。又为军事技术上之参考起见，得聘用外国顾问。(军政部陆军署条例第一—二条、第十一—二十一条)

【陆(陸)军署军医学校条例】【行】本条例由行政院于民国十九年二月十二日公布，全文共四十四条，自呈准公布之日施行。(参军医学校条内)

【陆(陸)海空军刑法】【军】Criminal Law Governing the Army, Navy and Air Forces 本法为特别刑法之一种，于民国十八年九月二十五日公布，分为二编，第一编共十五条。第二编分为十六章，共一〇四条。合计一百一十九条。兹录其要点于下：(一)本法于陆海空军军人之犯罪者适用之。(二)虽非陆海空军军人，于战地或戒严区域犯本法第二条所举各款之罪者，亦适用本法。(三)陆海空军现役人员召集中之在乡军人，及非依召集而在部队服军人勤务，或履行服役义务在乡军人，均为陆海空军军人，即下列之人亦视同陆海空军军人：(1)陆海空军所属之学员学生。(2)陆海空军军佐军属。(3)地方警备队之官长士兵。(四)执行死刑时，依该管军法长官所定处枪毙之。(五)宣告徒刑者在原则上于陆海空军监狱执行之。(六)因镇压多众共同之暴动或前敌部队，当事机急迫时为保持军纪而出于不得已之行为者，不罚，但其行为过当时得减轻或免除本刑。(七)刑法总则之规定与本法不相抵触者适用之。(八)犯罪之种类凡有十六：(1)叛乱罪。(2)擅权罪。(3)辱职罪。(4)抗命罪。(5)暴行胁迫罪。(6)侮辱罪。(7)盗卖军用品罪。(8)私造军火罪。(9)纵火罪。(10)掠夺罪。(11)强奸罪。(12)诈伪罪。(13)逃亡罪。(14)收容逃亡罪。(15)损坏军用物品罪。(16)违背职守罪。

【陆(陸)海空军军人】【军】Militaryman 又称军人。称陆海空军军人者，谓陆海空军现役人员召集中之在乡军人，及非依召集而在部队服军人勤务或如履行服役义务之在乡军人。即下列各款之人亦视同陆海空军人(学者称之为准陆海空军军人或准军人)：(一)陆海空军所属之学员学生。(二)陆海空军军佐军属。(三)地方警备队之官长士兵(军刑法第五—六条)。陆海空军军之犯罪者，应适用陆海空军军刑法。

【陆(陸)海空军军属】【军】Civilians in the military service 简称曰军属，谓现服勤务之陆海空军文官。(军刑法第八条)

【陆(陸)海空军留学条例】【行】本条例于民国十八年四月九日由国民政府公布，全文计十二条，自公布之日施行，兹举其要点如下：(一)派遣留学乃在研究各国之军事学术以为对本国军事建设改良进步之用，应派留学各国之军事学校种类及留学事务主管部之区分如下：(甲)各国陆军大学校、海军大学校、测量学校，参谋本部主管。(乙)各国陆军各兵科专门学校、士官学校，训练总监部主管。(丙)各国海军学校(除海军大学校)、航空学校、兵工学校、陆军军医学校、兽医学校、经理学校，军政部主管。(二)派遣学员留学，每年度由主管部事前分别种类规定人数考选合格人员呈请政府核准后，咨由外交部行知驻外大使公使请留学国政府准其入学。(三)派遣各国留学学员生须具备下列各项资格:(甲)学员——(1)曾在本国正式军事学校毕业学术优秀,合于留学学校入学之程度。(2)现充军职。(3)通留学国之文字、语言,能直接听讲。(4)年龄在二十五岁以上三十五岁以内。(乙)学生——(1)年龄在二十岁以上二十五岁以内。(2)精通留学国之语言、文字,能直接听讲。(3)在本国高中以上毕业或具有同等学力及曾在本国受军事教育。(4)品行端谨确无嗜好。(四)经政府考选派送之留学员生均为官费,均由驻在该国之大使公使暨驻在武官或管理员监督管理之。(五)留学员生须潜心学业不得有涉政治及轨外言动,如有违背规章及不堪造就者,勒令退学回国,其情节重大者,并予惩处。(六)留学员生毕业后,由大使公使遣送回国,再由主管各部加以考验,呈请政府任用分发。

【陆(陸)海空军审判法】【军】Procedure Law Governing the Army, Navy and Air Forces　本法于民国十九年三月二十四日公布,共分八章,计五十六条。其要点如下:(一)凡陆海空军军人犯陆海空军刑法或刑法所揭各罪,或违警罪法或其他法律之定有刑名者,依本法之规定审判之。(二)军人犯刑法或违警法或其他法律之罪者,有军事检察权各长官均有起诉之权,但罪应亲告者,不在此限。(三)军法会审分下列三种:(1)简易军法会审。(2)普通军法会审。(3)高等军法会审。(四)军法会审不准旁听。(五)简易军法会审审判所属上尉以下官佐士兵,及同等军人之犯罪者。普通军法会审审判所属校官及同等军人之犯罪者。高等军法会审审判将官及同等军人之犯罪者。(六)各军法会审之审判长,审判官,以由该管长官指派之为原则。(七)俘虏或投降人之犯罪者,亦由军法会审审判之。(八)军人犯刑法或违警法或其他法律之罪者,有军事检察权各官长均有搜查证据之权。(九)军事检察官以下列各员充之:(1)各级司令部副官或军法官。(2)宪兵官长。(3)卫戍司令部或警备司令部稽查官长。海军得以海军驻所警察官巡队长,及海军舰船练营副长充之。(十)总司令及其他长官受理被告事件,应发交军法官审问之。(十一)军法官为审问时,应发传票,必要时得发拘票,被告人依传票或拘票出庭者,应于二十四小时内讯问之。(十二)关于审判之规定(第三十一—四十三条)。(十三)总司令或军政部长海军部长或该管最高级长官,认军法会审有判决不当之宣告者,得令复审。(十四)有下列各情形之一者,于宣告判决后被告人得为复审之呈诉(被告死亡者得由亲属为之)。总司令或军政部长海军部长或该管最高级长官,知有下列所举事实者,亦得令复审:(1)同一案件别有人已受刑之宣告而非共犯者。(2)因他人诬告而其人已受刑之宣告者。(3)为判决基础之证据已经确定判决,证明其伪造或变更者。(4)因发现其他确实证据,足认被告人应受无罪之判决者。(十五)复审由普通高等军法会审审判之,但缺席审判不在此限。

【陆(陸)海空军褒状】【行】凡以私人或团体名义捐助军用器具物品,或发明及改良军用器具物品,有益于军备者,特颁发褒状以资激劝。此项褒状,名曰陆海空军褒状,计分为下列三种:(1)一等陆海空军褒状。(2)二等陆海空军褒状。(3)三等陆海空军褒状。凡具有下列事款之一者,得给予一等陆海空军褒状:(A)发明新式兵器或新式军用器具物品，经考验合格制成试用，认为优越于他国出品者。(B)捐助军用器具物品价值在一万元以上或筹集捐助在五万元以上者。凡具有下列事款之一者，得给予二等陆海空军褒状：(A)仿造新式兵器或新式军用器具物品，并能加以发明而有所改良者。(B)捐助军用器具物品价值在五千元以上或筹集捐助在一万元以上者。凡具有下列事款之一者，得给予三等陆海空军褒状：(A)对于农工及民间普通应用之器具物品中能秘密有所改善而间接确有利于军用者。(B)捐助军用器具物品价值在一千元以上或筹集捐助在五千元以上者。至捐助军用物品价值在十万元以上，除给予一等陆海空军褒状外，得由军政部呈请行政院转呈国民政府明令嘉奖。关于褒状之送致，则由该管长官或地方政府行之。(参颁给陆海空军褒状规则)

【陆(陸)海空军勋章条例】【行】本条例公布于民国十八年五月十五日，后经修正，全文计十二条，自公布日施行。(参勋章条)

【陆(陸)海空军惩罚法】【军】Law of Military Punishment　本法于民国十九年十月七日公布，共分七章，计四十九条，其要点如下：(一)陆海空军人犯本法所列犯行之一者，依本法惩罚之。(二)宣告惩罚应公示于所属部队中。(三)宣告惩罚时，应使受罚者之直属长官及其同等级以上者陪列。(四)在惩罚执行终了时，应集合受罚者之直属上官及其同等级以上者，使受罚者对之陈述悛改之誓词。(五)军人应受惩罚之犯行共有三十六种。(六)军官佐或与官佐相当之服务人员，犯本法所列之犯行者，应受下列惩罚：(1)停止进级。(2)重检束。(3)轻检束。(4)申诫。(七)陆海空军学生、士兵、工匠、夫役，犯本法所列犯行者，应受下列惩罚：(1)降等。(2)重禁闭。(3)轻禁闭。(4)禁足。(5)罚役。(6)立正。(八)关于享有惩罚职权之规定(第三十一——三十九条)。(九)各级官长于处罚部下后，应速报告其直属上官，并将其事由及惩罚种类日数记载于每日报告书中。(十)受罚者对于惩罚命令如认为有申诉之理由时得于受罚后申诉于该科罚官长之长官。

【陆(陸)商】【通】与海商相对称。凡在陆地上之行商，皆谓之陆商。即在湖沼江河上之行商亦同。惟陆地之行商与海上之行商而有连接之关系者，则仍称为海商。

【陆(陸)运】【债】Transportation by land　为陆上运输之简称，即在陆地上运送旅客及货物也。

【陆(陸)战】【国公】War on land　在陆地上之战斗行为，曰陆战。陆战已有一种成文法规，海战则否。且所采用之害敌手段，与海战空战均有不同，故与海战空战有异。

【陆(陸)战法规】【国公】Law of War on land　在陆上交战之一切国际准则，曰陆战法规。为交战法规之一，与海战法规空战法规相对称。此种法规现已具有法典之形式，例如一八六四年日内瓦条约，一八六八年圣彼得堡宣言，一八九九年之海牙条约，与一九〇七年之海牙条约第四编关于“陆战规例”之规定等，可合成而为一部有系统之陆战法规。

【雀鼠耗】【史】税米在运漕之途中，计算所有之损耗，附于正税另行加征之款额，谓之雀鼠耗。石林燕语："后唐明宗尝入仓，观受纳，主使惧责其多取，乃故为轻量。明宗曰，仓廪宿藏动经数岁，若取之如此，后岂免折阅也。乃诏自今石取二升，为雀鼠耗。"

【雪减】【史】谓雪冤减刑也。唐律（卷三十）断狱篇应言上而不言条之疏议曰："大理寺及京兆河南府，断徒及官人罪，并后有雪减。"

【顷（頃）】【史】田之百亩者为顷。清末之度量权衡制度暂行章程规定，一百方寸为方尺，五尺平方为方步，四方步为方丈，六方丈为分，十分为亩，百亩为顷，五百四十亩为方里。

【顶（頂）名】【通】又曰顶替。（详该本条）

【顶（頂）替】【通】变更姓名以参加考试或假冒他人之姓名为特定人之行为，谓之顶替，又曰顶名。

【史】谓取其名义而替代之也。例如以平人冒替他人军役是。明律（卷二十二）刑律诉讼篇——诬告充军及迁徙条："若官吏故将平人顶替他人军役者，以故出入罪论。"

【顶（頂）脚】【史】即顶卖时所得之价金也。

【顶（頂）卖】【史】旧制有铺底权之承租人于停止营业之后，将其所有设备家具以及货底等出卖于人，称曰顶卖，所卖得之价金谓之顶脚。

【鱼（魚）契】【史】为符信之一种。（参鱼袋与鱼符条内）

【鱼（魚）符】【史】官吏所带之符契之一种，以木或铜所制成，分左右二个，分执以为凭信。野客从书（卷十一）："唐故事，以左鱼给郡守，以右鱼留郡库，每郡守之官以左鱼合郡库之右鱼，以此为信，自周显德间废，而此制不可复。唐之鱼符，即古者铜虎符之意也。按古之符节，左以与郡守，右以留京师，非谓留郡库也。谓郡守往回以所援之左符，合京师之右符，以防其伪。"

【鱼（魚）袋】【史】以金银饰为鱼形之符契，谓之鱼符。左右各一，左者进入宫廷，右者随身刻其官名与姓名于其上，出入合之，因系盛以袋故名鱼袋，始于唐时，宋亦因之（唐史及宋史舆服志），至明乃废。大学衍义补（卷九十八）一丘浚曰："臣按，鱼袋之制，始于唐，盖用以为符契也。其始曰鱼符，左一右一，左在进内，右者随身，刻官衔姓名，出入合之，因盛以袋，故以鱼袋名焉。宋因之，其制以金银饰为鱼形，公服，则系于带，而垂于后，以明贵贱，盖无复如唐之符契者矣。我朝革去前代鱼袋。"事物纪原（卷三）："宝录曰，三代以韦为之，谓之算袋。魏易之为龟。唐高祖给随身鱼，三品以上其饰金，五品以上其饰银，故名鱼袋。天后改为龟，后复曰鱼。神龙初赐紫，则给金鱼，赐绯则给银鱼，不限品也。唐会要曰，永徽二年四月二十九日给随身鱼袋，咸亨三年五月三日始令京官四品，五品职事佩银鱼。久视元年十月十三日职事三品以上用金铈，四品银，五品铜。景云二年四月二十四日赦文鱼袋著紫者金装，绯者银装。宋朝神完元丰末，亲王又赐玉鱼，以副金带，金鱼以副玉带，以唐礼也。韩文公之诗曰，不知官高卑，玉带悬金鱼，是也。"

【鱼(魚)鳞图册】【史】土地图册之设置，始于宋代，至明太祖时始大备，于土地测量后，将其种类、面积、形状、四方之境界(即四至)，及所有人之姓名，一一载明，汇编成册，因其编订状如鱼鳞，故称鱼鳞图册。宋史：“知婺州赵付夫，行经界于其州，整有伦绪，魏豹文代为守，行之益力，于是向上析为贫下之户，实田隐为逃绝之田者，粲然可考，凡结甲册、户产簿、丁口簿、鱼鳞图类姓簿，皆创库藏之。”沈文初政记：“洪武十三年，户部核实天下土田，惟两浙富民畏避徭役，往往以田产诡托亲邻佃仆，奸弊百出，上遣各处查定细底，编为册，其法甚备，谓之鱼鳞图册。”

【卤(鹵)簿】【史】天子正式出御时之仪卫也。秦汉时代即有此名，其意义计有下列所举各说。汉官仪：“天子车驾次第，谓之卤簿。兵卫以甲兵居外为前导，皆著之簿，故曰卤簿。”六部成语注解：“卤为仪仗，簿为旌旗，平日皇帝游幸不用。”事物纪原(卷二)：“炙谷子曰，车驾行，羽仪导护，谓之卤簿。自秦汉始有其名，后汉胡广作天子出行，卤大楯也，所以扞敌，部伍之次，皆著之簿仪，其五兵独以楯为名者，行道之时，甲楯居外，余兵在内，故但言卤簿。五礼精义曰，卤、大盾也，以太盾领一部之人，故名卤簿。”三辅黄图：“天子出车，车驾次第，谓之卤簿。有大驾，有法驾，有小驾。大驾则公卿奉引，大将军骖乘，大仆御，属车八十一乘，作三行，尚书御史乘之，最后一乘，垂豹尾，豹尾以前皆为省中，备千乘万骑，祠天于甘泉备之。”叶梦得之说曰：“大驾仪仗，通号卤簿。蔡邑独断已有此名。唐人谓，卤、橹也，甲楯之列。凡兵卫以甲楯居外为前导，捍敝其先后，皆著之簿籍，故曰卤簿。”大学衍义补(卷九十一)—丘浚氏曰：“卤簿之名，始见于此。”

【鹿鸣宴】【史】鹿鸣为诗经小雅之篇名。后世地方官对于地方考试录取后，荐送于中央政府时，每开宴会以饯行之，因其于宴中歌鹿鸣之诗，故谓之鹿鸣宴。唐书—选举志：“每岁仲冬，州县馆监，举其成者送之尚书省，……长吏以乡饮酒礼会属僚，设宾主，陈俎豆，备管弦，牲用小牢，歌鹿鸣之诗，因与耆艾叙少长焉。”至明清时代亦于乡试成绩发表之翌日，地方长官，招请试验官、执事官及及第者宴饮，亦曰鹿鸣宴。

【麻醉药品】【行】Narcotic drugs　所谓麻醉药品，乃指供医药用及科学用之鸦片吗啡高根安洛因及其同类毒性物或化合物而言。其输入与分销由内政部指定总经理机关负责办理之，输入数量每年由行政院会议决定之，输入口岸限定上海一处，输入时须按次由内政部发给凭照，其分销机关则由各省省政府或直隶行政院之市政府指定之。向总经理机关购运者，亦须按次由省府或市府发给凭照，各地医院医师牙医师兽医药师及医学校需用麻醉药品时，应以书面叙明理由，签字盖章，向分销机关购用。但医院药师医学校每次购用，其重量不得逾五十克，医师牙医师兽医每次不得逾十克。关于运售情形现存品量并使用情形，内政部及禁烟委员会，并各省市县政府，得派员随时稽查。(麻醉药品管理条例第二—十一条)

下　册

十　二　画

【备(備)安库】【史】为仓库之名，即于平时储蓄米谷以备荒凶岁年之用；此种仓库，曰备安库。宋史："辛弃疾知福州，积镪至五十万缗，牓曰备安库，谓闽中土狭民稠，岁俭则籴于广，今幸连稔，米出即粜之，候秋价贱，以备安钱籴二万石，则有备无患矣。"

【备(備)忘录】【国公】Aide-mémoire（法）　与节略之性质相似，仅其内容与形式稍为简单而已。

【备(備)取】【史】清之科场考试，选取其及第中之优等者若干人谓之正取，其余若干人则录取以为候补之用是曰备取。（参清科场条例）

【备(備)恪】【史】锡赐爵位于前朝之后裔，称曰备恪。清会典："五曰备恪，以恤胜国。"其附例："雍正二年诏访明代后嗣，得镶白旗汉军知府朱之连等六人，引见奉旨，封朱之连为一等侯世袭。"

【备(備)偿】【史】备偿者，谓损毁他人物件后以与原物同一实质形体之物件赔偿之也。（参犯罪未发自首条内）

【傍章】【史】又曰傍章律，汉律之一种也。为叔孙通益律所不及者而作，共十八篇。事见晋书刑法志。

【偒】【史】即骂之本字，为汉时刑罚之一种。轻罪犯者加笞后，复骂之使其自知羞耻而能改悛旧恶。汉书—贾谊传："今自王侯三公之贵，皆天子改容而礼之也。而命与众庶同黥、劓、髡、刖、笞偒，弃市之法。"其注曰："偒即骂也。"

【割引】【债】Discount　为日本名辞，即折扣价目之谓。

【割剥】【史】对于人民之租税诛求无厌而使民力疲弊者，曰割剥。大学衍义补(卷八十八)："汉灵帝之时，巨鹿太守司马直怅然曰，为民父母，而反割剥百姓，以称时求，吾不忍也。"

【割赋】【债】为日本名辞，即分割赋与之谓也。

【割让】【国公】Cession　为国家领土继承取得方法之一种，谓由国家依条约移转一定土地于他国之行为也。割让有由于交换者，有由于买卖者，有由于赠与者。割让之后土地主权即为移转，而在该地之住民原则上即依割让而变更其国籍，但一般多以条约订定该区域住民得于一定期间内表示保留原来国籍，一经表示，即无继续住居该地之权利。此外尚有所谓强制割让者，即因战争之结果而成立者，例如中日战后台湾澎湖之割让是也。

【割让取得】【国公】为国家取得其领土之方法之一种。即以平和方法或强制方法无偿的向他国取得某处土地之谓也。

【创(創)立大会】【劳】工会组织完成时第一次所开之大会曰创立大会。

【创(創)立合并】【公】Amalgamated consolidation 又称设立合并。(详合并条内)

【创(創)立会】【公】Inaugural meeting; Preliminary meeting; Meeting for organization 谓由股份有限公司之发起人于第一次股款缴足后,所召集各认股人以从事审查设立经过事项及决议公司前途大计之会也。我公司法规定于第一次股款缴足后,发起人应于三个月内召集之(第九九条)。其召集方法,应于一个月前通知各认股人,其决议应有认股人过半数代表股份总数过半数者之出席,以出席人表决权之过半数行之。此项规定前者以人数为准以保护小股东,后者以股数为准以保护大股东(第一〇〇条)。创立会之权限:(1)选任董事及监察人。(2)审查发起人所受特别利益及设立费用之权。(3)减少抵作股银之财产价目之权。(4)如发起人对公司有所损害时,创立会有赔偿请求之权。(5)修改章程之权。(6)设立之废止权。此外创立会于完结后须由董事向主管官署声请登记,公司始能成立。(参第一〇二条——一一〇条)

【创(創)制权】【宪】Initiative 为参政权之一种。凡公民达若干人数时,得自己起草法律案或宪法案,提交立法机关颁布施行者,曰创制。此种权能曰创制权。其分类有如下列四种:(一)制宪创制——对宪法案之创制。(二)立法创制——对法律案之创制。(三)直接创制——创制后直接交公民表决。(四)间接创制——创制后交付议会行之。

【创(創)定主义】【继】又称移转主义。(详该本条)

【创(創)家】【亲】Formation of a new house 凡因当事人之行为在法律上视为独立创立一家者,曰创家。共有下列各种情形:(一)子女因父母死亡,或不知父母之存在,而另行与其他亲属同居创立一家者。(二)非婚生子女为生母所拒绝认领,而另创一家者。(三)子女因父母死亡后,与人结婚而另创一家者。(四)依国籍法之规定归化他国时另创一家者。(五)因收养关系或入赘关系而另创一家者。(六)虽无亲属关系,而以永久共同生活为目的,与他人同居时另创一家者。

【创(創)设】【通】Creation 则创立设定之简称。换言之,即依照法定方式以创立新权利之谓也。

【创(創)设力】【民诉】Creational force 为判决效力之一。所谓创设力,乃指判决有变更权利之效力而言,仅限于创设判决一种,例如离婚之判决,夫妻相互间权利义务均行变更是也。

【创(創)设之诉】【民诉】Konstitutivesklage(德); Action for creation 又称形成之诉(详该本条),或名变更权利之诉。

【创(創)设行为】【通】Act of creation 谓创立与设定之行为也。例如地役权之创设,永佃权之创设是。

【创(創)设判决】【民诉】Judgement of creation 又称形成判决(详该本条)。或名变更权利判决。

【创(創)设取得】【民总】Constitutive acquisition　又曰设定取得,即基于他人权利,依照设定之行为而取得一新之权利也。例如于他人之土地所有权而设定取得地上权或地役权是也。(参设定取得条)

【创(創)设继承】【民总】Constituted succession　为继承取得之一种,对移转继承言,又称设定继承,即基于前主之权利而取得新权利之谓。例如由所有人(前主)于其所有物上创设地上权或抵押权,而前主之权利仍存在,后主则取得地上权或抵押权之新权利是。

【胜(勝)诉】【民刑诉】Winning a suit　诉讼当事人对于请求救济事件获得满足之判决者,曰胜诉。否则曰败诉。在原则上败诉人须负担相对方诉讼费用之一部或全部。

【胜(勝)诉人】【民诉】Suit winner　获得胜诉之判决之人,曰胜诉人。(参胜诉条内)

【劳(勞)工局】【行】国民政府初成立于南京,曾于十六年间置劳工局与秘书处,参事处,副官处,法制局及印铸局等相对立,而直隶于国民政府委员会之下,管理全国劳工行政事务;对于各省农工厅,及各地方之农工行政机关就其主管事务有监察指导之责;置局长一人,秘书一人,又置总务,行政及统计三处,各设处长一人,下更分科,每科置科长一人,科员若干人(国民政府劳工局组织法第一一二条,第六一十条)。劳工局在农务机关未成立前并得因国府之特别委任处理关于农民组织及农民保护等事务。民国十七年十二月劳工局撤销,而于工商部内置劳工司以代之。民国二十年一月工商部与农矿部合并为实业部,劳工司依然存在,与林垦署,总务司,农业司,工业司,商业司,渔牧司及矿业司相对立。(实业部组织法第四条、第十三条)

【劳(勞)工法】【劳】Labor law　又称劳动法。(详该本条)

【劳(勞)工教育】【劳】Labor education　关于劳工运动所有智识及一切训练,均称曰劳工教育。但通常则包括关于劳工职业上之智识与技术的增进与训练,及劳工普通常识之灌输而言。此种教育之举办,为工会应有任务之一种。(工会法第十五条第一项第五款)

【劳(勞)工教育设计委员会】【行】Commission on Education for Laborers　实业部与教育部为促进劳工教育增进工人智识而设之设计机关为劳工教育设计委员会。所掌事务如下:(1)关于劳工教育之建议事项。(2)关于规划调查劳工教育状况及改进事项。(3)关于拟订各项劳工教育章程及标准事项。(4)关于筹议各项劳工教育之推行提倡事项。(5)关于实业教育两部交议之劳工教育事项。本会委员暂定五人至七人,以下列各员充任之:(1)实教两部各派主管人员二人。(2)由实教两部会同聘任热心赞助劳工教育事业或具有专门学识或经验者一人至三人,均为名誉职。但聘任委员出席会议时得酌支旅费。会议通常每月一次,必要时得开临时会议。主席均于开会时临时推举之。(劳工教育设计委员会章程第一一六条)

【劳(勞)工统计】【劳】Labor statistics 劳工统计者，谓对于工人家庭生计，经济状况，及其就业失业，加以调查所编制而成为有系统之表册也。劳工统计之制作，亦为工会应有任务之一种。(工会法第十五条第一项第十二款)

【劳(勞)役】【刑】Manual labor 劳役者，谓对徒刑及拘役之囚人于期内使其操作一定劳动也。此种制度对于囚人颇有裨益，例如使其易渡无聊之时间，并养成其勤劳习惯，同时使无业之囚人于出狱时亦有获得谋生之机会，故近世各国多采取之。我国刑法亦然，即徒刑及拘役之囚犯令服劳役，但得因其情节免服劳役。(第五四条二项)

【劳(勞)务】【债】Service 为受雇人对于雇用人应负之义务，即以体力或精神希望获有报酬之工作也。至有请求对方服劳务之权利，曰劳务请求权。享有此权者应负给付报酬之义务。民法对劳务请求权以不得让与为原则，但经相对方(受雇人)之同意者不在此限。

【劳(勞)务出资】【公】Service contribution 劳务出资者，股东为公司营业，供给其精神或身体之劳务以为出资也。劳务出资，不惟各国之民法上合伙有之，即商法上公司亦有之。例如电灯公司，其技师以专门之知识技能为出资，经营造船事业之公司，其技师以专门之知识技能为出资等是。但劳务出资，无固有之价值，故须定其估价之标准，而记载于章程之中。关于劳务出资评价之方法，各国法例共有三种：(一)法民法规定劳务出资之价格与财产出资之最低额相等。(二)日旧商法规定劳务出资之价格临时酌定。(三)日新商法规定劳务出资评价之标准须于章程内载明之。我国旧公司条例及新公司法，采日新商法之例，出资评价之标准，须于章程中载明之。又以劳务为出资之股东，当其资格存在之时，须继续服其约定之劳务，故劳务出资，学者又有名之为继续出资。

【劳(勞)动】【劳】Labor 广义之劳动，乃指人类有意识有一定目的之肉体或精神之劳务及工作而言。狭义之劳动，则为根据契约上义务，在从属关系之下，以获得生活资料为目的之有偿的工作。劳动法上之劳动，乃指狭义之劳动而言。故劳动之要件有四：(一)须系根据契约上之义务者。(二)须系以获得生活资料为目的者。(三)须系有偿的。(四)须系有从属之关系者。

【劳(勞)动立法】【劳】Labor legislation 欲解决劳动问题，不得不仰助于法律。法律为解决劳动问题最要之工具，故今日之劳动立法，当求达最高尚之目的。所谓最高尚之目的，虽不免受时间空间之限制，然必以该时代之社会功利为依归。所谓社会功利，惟被佣者阶级占社会之最多数者，足以代表之。故欲为被佣者阶级图谋利益，则非制定法律加以保护不可，此所以有劳动立法也。乃由国家制定对于劳动者之劳动痛苦谋与相当之救助，例如劳动协约，失业保险，工作时间，最低工资，工厂卫生，劳动教育，劳资争议处理，劳动抚恤，童女工作以及其他一切劳动利益而予以保护之立法皆是。我国自国民政府成立以来，其于劳动立法方面颇为努力，已成立者，有工会法，工厂法，劳资争议处理法，团体协约法，工厂检查法等数种。

【劳(勞)动协约】【劳】Collective agreement 又曰团体协约。(详团体协约法条内)

【劳(勞)动政策】【劳】Policy for laborers 劳动政策者,谓国家或政党对于劳动运动所持之策略也。中国国民党以保障农、工利益为政纲,故民国十三年第一次全国代表大会所定之对内政策中有关于制定劳工法,改良劳动者生活状况,保障劳工团体,并扶助其发展之明文;在第二次全国代表大会对于改良劳工生活状况之具体条件计有十一条之多:(一)制定劳动法。(二)主张八小时工作制。(三)制定最低工资。(四)保护童工女工。(五)改良工场卫生设置与劳动保险。(六)工人有集会结社言论出版罢工之自由。(七)主张普选。(八)广行工人教育,补助工人文化事业。(九)切实赞助工人生产合作。(十)取消包工制。(十一)例假休息照给工资。

【劳(勞)动法】【劳】Labor law 即规定劳动关系之法律,又称劳工法。详言之,劳动法者,谓规定劳动关系及其附属的一切关系之全体法规也。故劳动法之范围甚广,即劳动契约法,团体协约法,工会法,工厂法,劳动保险法,劳动争议处理法,职业介绍法,最低工资法等,均在其内。

【劳(勞)动法起草委员会】【行】民国十六年间国民政府建都南京,为颁布合于国民党党纲之一切劳动法规起见,特设劳动法起草委员会,由国府委派委员六人至九人,并设常务委员二人,由委员互推之。下置秘书处,由秘书主任一人、秘书二人,事务员若干人组织之,办理会议纪录、文书、保管、调查、编译及庶务。委员会每星期召开常会一次。会议时须得过半数之委员出席方得开议。议决案须得出席委员过半数以上之通过方得成立(劳动法起草委员会简章第一一八条)。十七年末五院制成立,本委员会无形撤销,所有起草工作,均归由立法院内之法制委员会所设之劳工法规起草委员会办理之。

【劳(勞)动保险】【劳】Labor insurance 以保险方法补偿劳动者因偶然事故减少或丧失其劳动能力及机会,而发生之经济上损失者,谓之劳动保险。例如伤害、疾病、老废、死亡及失业等保险皆是。劳动保险有任意制与强制制二种,列国法律采强制制者居多,且多另行颁布劳动保险法以为根据,我国对劳动保险之举办,仅以之为工会任务之一种耳。

【劳(勞)动保险法】【劳】Law of labor insurance 为劳动法之一种,即规定关于劳动者保险之法规。此种制度肇自德国,今则列国间多有法规之制定,但我国至今仍未颁行。

【劳(勞)动保护法】【劳】Law relating to the protection of labour 国家对于雇主赋课以保护被雇人之公法的义务之法规全体,谓之劳动保护法。被雇人之劳动力乃社会的法益,故关于劳动者保护之立法,亦名曰社会政策之立法。称劳动保护与劳动契约之以私法为基础者不同,且劳动契约乃雇主与被雇人相互间之权利义务,在劳动保护则纯然由国家向雇主课以片面的公法上之义务。又劳动契约上之履行义务,为当事人相互间之私事,国家无直接强制其履行之必要,即在不履行其义务时，亦须待当事人之告诉始由法庭受理之。在劳动保护则不然，其在雇主方面所负担之保护义务，系直接由国家所赋课，且由国家之行政手段强制之。劳动保护法之目的乃在防止劳动力之被榨取并维持培养之。例如对于劳动力本身之保护即劳动时间之限制，夜工制之禁止，危险设施上之禁止，工人宿舍之改良，卫生设施之改进，工人补习教育之规定等皆是。又例如对于被雇人经济利益之保护，并其人生活之保障，即代物工资制之禁止，扣押工资之限制，工资支给日期或时间之限制等之规定皆是。

【劳(勞)动契约】【劳】Labor contract　劳动契约者，受佣人供给劳力而享有向佣主请求报酬权之契约也。劳动契约可分为三种：(一)个人之劳动契约——由各个工人与雇主所订定之契约。(二)法定之劳动契约——由法律设定订定条件之劳资双方所立之契约。(三)团体协约。第一种与第二种又可称谓工作契约。(详该本条)

【劳(勞)动契约法】【劳】即团体协约法之别称。(详团体协约法条内)

【劳(勞)动时间】【劳】Working hour　又曰工作时间。(详该本条)

【劳(勞)动时间法】【劳】所谓劳动时间法，乃指关于雇主使用劳动者之工作时间之限制的法规而言。自一九一九年第一次国际劳动大会成立工业劳动一日八小时之条约案以来，八小时之劳动已成为世界各国之标准时间，列国法律虽多未制定独立之劳动时间法，惟于工厂法内多设有类似之明文。

【劳(勞)动条件】【劳】Labor conditions　所谓劳动条件，乃指劳动者与雇主间之雇佣条件而言，其中不但涉及工资与工作时间，且包含休假声请解约之时期与手续等在内。至于生产手段，亦系劳动条件之一，关系工人之利益尤大。在被佣者未组织工会之时，关于劳动条件，非由各个劳动者单独与雇主磋商不可；劳动者处于经济的弱者之地位，与雇主所磋商之条件自难望其有利。工会组织成立后，被佣者即可利用工会团体，以与资本家相对抗，故劳动条件亦可因而改善也。

【劳(勞)动组合法】【劳】Law of labor union　劳动组合法为日本名称，即工会法。在资本主义制度之下，工会为劳动者所不可不有之组织，如无法律以保障及范围之，则工会前途非流于放任，即入于淘汰之列。劳动组合法之重要使命如下：(一)保障劳动者结社权。(二)保障劳动组合之活动。(三)保障劳动者个人自由。(四)确定劳动组合之性质。(五)规定劳动组合成立之手续。(六)规定劳动组合活动之范围。(参工会法条)

【劳(勞)动宪章】【国公】Labor charter　巴黎和约第十三编，即为国际劳工组织之宪章，或简称为劳动宪章。该第十三编载有国际劳工组织，其普通原则，则有下列九项：(一)不得视劳工为货物或商品。(二)工人与雇主皆有同等之集会结社权，仅以宗旨不违法者为限。(三)按照时间及地方情形，使工人得有足能维持适当生活之工资。(四)凡未实行每日工作八小时，每周四十八小时之制度者，应努力进行，务期达到采取此制度为目的。(五)采用每周至少有二十四小时休息之制度，应于可能范围内以星期日为休息日。(六)废止童工及限制青年男女之劳动，使彼辈能以继续就学，并完成身体上充分之发育。（七）男工与女工做同等之工作者，应得同量之工资。（八）各国规定关于劳动状况之标准时，应给合法居住境内之全体工人经济上公平之待遇。（九）各国应设立检查制度，并酌用妇女参加检查，俾劳工法令得以实行。依照上列原则，遂组织国际劳工三大机关：（一）国际劳工大会。（二）理事院。（三）国际劳工局。国际劳工大会，每年集会一次，讨论世界重要劳工问题，及制定国际劳工公约，可谓为国际劳工立法之最高机关。理事院之职责，在监督劳工局局务之进行，及规定大会议事日程，与执行其他事务，例如处理会员国违背公约事件是。国际劳工局为国际劳工组织之执行机关，计分三部：（甲）外政部，准备理事院及大会议事之日程，并执行其议案等事项。（乙）研究部，专事研究劳工经济各项重大问题，包括劳工立法、失业、移民、工业卫生、工业安全、社会保险、农业工作、技艺、教育、劳工统计等。（丙）内务部，主管刊行各种关于社会及劳工问题之定期与不定期书报，藉以发表劳工一切消息，并与各种劳工问题有关之公私机关会社联络及搜集关于劳工经济之一切材料。目前参加此种国际劳工组织者已有五十五国，截至本年止，曾开会十六次，即所谓国际劳动大会是也。理事院理事二十四人，国际劳工局置正副局长各一人，前任局长为法人多马氏，近已逝世，新局长现由英人继任。

【劳（勞）动关系】【劳】Relations between employers and employees　所谓劳动关系，乃指佣主与受佣人间之劳动的授受关系而言。前昔学者均认劳动关系为一种私法上之债权关系，实则劳动关系除为债权关系外，尚有从属之身分关系，与经济上的一种特别法律关系在内。此外劳动关系并非单纯的个人关系，乃含有社会生活上之公的关系。我国团体协约法规定，下列各项亦为劳动关系：（一）学徒关系。（二）一企业内之劳动组织。（三）关于职业介绍机关之利用。（四）关于劳资纠纷调解机关或仲裁机关之设立或利用。（第一条）

【劳（勞）动权】【劳】Right of labor　所谓劳动权者，系指劳动者之自由劳动权，请求补助教育费权，请求医治津贴抚恤权，分配红利权，参加工厂会议权，请求发给养老金，及其失业时之生活费请求权等而言。

【劳（勞）资争议】【劳】Labor disputes between employers and employees　雇主与工人间发生相反之主张及冲突者，曰劳资争议。在我国法律上所谓劳资争议，乃指雇主与工人团体或工人十五人以上关于雇佣条件之维持或变更之争执而言。争议发生时有由当事人声请调解者，有由主管行政官署强制调解者。调解成立时视同当事人间之契约或团体协约；其不成立者，或经当事人双方之声请应付仲裁，或由行政官署因争议情势重大，并延长至一月以上尚未解决，而加以强制的交付仲裁者，或因其事业之性质系供公共需要与使用者，而应付仲裁者，一经仲裁其裁决送达于当事人后，该当事人不得声明不服，即视同当事人间之契约或团体协约。（劳资争议处理法第一一七条）

【劳（勞）资争议处理法】Law Governing Settlement of the Disputes Between Employers and Employees　本法于民国十九年三月十七日公布，共六章，计四十条，系采取任意仲裁制；实行以后，颇见阻碍，乃于民国二十一年九月间，由立法院加以修正，而用强制仲裁制，仍分为六章，但增为四十四条。兹录其要点如下：(一)本法之适用，以于雇主与工人团体或工人十五人以上关于雇佣条件之维持或变更发生争议时为限。(二)争议处理方法有二：(1)调解。(2)仲裁。(三)调解由调解委员会处理之(置委员五人或七人)。(四)仲裁由仲裁委员会处理之(置委员五人)。(五)主管行政官署于劳资争议发生时，经争议当事人一方或双方之声请，应召集调解委员会调解之。如主管行政官署认为有付调解之必要，虽无当事人之声请时亦同。(六)下列各事业发生劳资争议，其事件经调解而无结果者，应付仲裁委员会仲裁：(1)供公众需要之自来水，电灯，或煤气事业。(2)供公众使用之邮务，电报，电话，铁道，电车，航运，或公用汽车事业。(七)前条以外之劳资争议事件调解无结果者，经争议当事人双方之声请，应付仲裁委员会仲裁。但行政官署因争议情势重大，并延长至一月以上尚未解决，而认为有付仲裁之必要时，虽无争议当事人之声请，亦得将该项争议交付仲裁委员会仲裁。(八)在原则上劳资争议事件须先经调解程序，始得付仲裁，但因争议当事人双方声请迳付仲裁时，则为例外。(九)调解时如由争议当事人声请者，应提出调解声请书；如由主管行政官署提付者，应以书面通知于双方当事人。调解委员会应于召集后二日内开始调查(调查期间原则上不得逾七日)，于完毕后二日内为调解之决定(如有特别情形，或双方当事人同意延期者，是为例外)。调解成立时视同争议当事人间之契约，如当事人之一方为工会时，则视同团体协约。(十)争议当事人声请仲裁时，应提出仲裁声请书，其由主管行政官署提付者，应以书面通知当事人；而仲裁委员会于召集后二日内开始调查，于完毕后二日内为仲裁之决定(但有例外)，于决定后二日内作成仲裁书。争议当事人对于仲裁之裁决不得声明不服。此种裁决视同当事人间之契约，如当事人一方为工会时，则视同团体协约。(十一)争议当事人不论仲裁程序至何程度，均得成立和解，但须将和解条件呈报仲裁委员会。(十二)上举第六要点所列各事业之雇主或工人，不得因任何劳资争议停业或罢工，其他工商业之雇主或工人，其争议在调解期内或已付仲裁者，不得停业或罢工，雇主于调解或仲裁期内不得开除工人，工人或工人团体亦不得封闭商店或工厂，擅取或毁损商店工厂之货物器具，且不得强迫他人罢工。(十三)关于违背本法之罚则的规定(第三十八条—四十二条)。即争议当事人对因调解或仲裁之结果有不履行者，除处以罚金或拘役外，得由当事人另依民事法规迳向法庭请求强制执行。

【博弈罪】【刑】Offence of gambling　为日本名辞，即赌博罪之谓也。

【博戏赌财物】【史】博戏以赌财物，易长侥幸之心，自非加以限制不可。明清律均有赌博条之设。唐律(卷二十六)杂律篇博戏赌财物条："诸博戏赌财物者各杖一百(举博为例，余戏皆是)。赃重者各依已分准盗论(输者亦依已分为从坐)。"疏议曰："共为博戏而赌财物，不满五匹以下各杖一百。注云，举博为例，余戏皆是，谓举博为名，总为杂戏之例，弓射既习武艺，虽赌物亦无罪名。余戏计赃，得罪重于杖一百者，各依已分准盗论，谓赌得五匹之物合徒一年。注云，输者亦依已分为从坐，谓输五匹之物，为徒一年从坐合杖一百。赃多者各准盗法加罪。若赢众人之物，亦须累而倍论，输众人物者，依已分倍为从坐；若倍不重一人之赃，即各从一人重断。”

【厥角稽首】【史】厥者顿也，角者额角也，即顿首稽首之义。书经泰誓篇：“百姓怀怀，若崩其角。”汉书—诸侯王表：“汉诸侯王厥角稽首。”注曰：“厥，顿也。角，额角也。”

【善良风俗】【民总】Good morals　即国民之道德思想也。凡违背善良风俗之行为，乃一般人认为在道德上应行排斥之行为，因其乃本于道德思想，故与公共秩序之基于国家安宁者自不相同，惟法律行为苟有与此相违反者，法律均不认为有效耳。(民法第七二条)

【善意】【通】Bona fides Good faith　与恶意相对立。不知他人法律关系之成立者，曰善意。又曰不知情。在原则上善意当事人或第三人所取得之权利不受影响，惟正当权利人有时得以不当得利请求还返耳。

【善意占有】【物】Possession in good faith　为占有之一种，对恶意占有言，即自信其物为已所有而占有之之谓。例如甲信此屋为已所有而占有之是，与恶意占有之区别，乃以占有人之意思(不知情或知情)为标准。(民法第九四四条第一项)

【善意第三者】【通】Bona fide third party　凡第三人不知当事人间已有某种法律关系，且对于此种法律关系并无何等关系者，谓之善意第三者。原则上应受法律之保护，但有时则为例外。

【喇嘛居住】【史】清制，喇嘛均有一定寺庙，不准他迁任意居住。清之现行则例(即刑部现行则例)祭祀篇设有喇嘛居住之条：“奉旨居住喇嘛班第等外和硕亲王以下及民间有喇嘛班第者，相应俱令出京城外往查汉绰尔济喇嘛处居住。京城内外寺庙及民间私自行走喇嘛班第，并阿木道等处喇嘛班第，若寺庙留住，将容留寺庙住持僧道枷号三个月，责四十板为民。尼僧留住者，将留住住持之尼僧及所住之喇嘛俱处绞。同住之僧道尼姑知而不举缘由，责四十板为民。若被傍人拿获出首者，住持僧道与同住尼姑罚银五十两，给与拿首之人，该管僧道录司不行严查缘由，罚银一百两；专管僧道官革职，罚银一百两为民。所罚之银交与户部。其空寺庙若有喇嘛班第阿木道等处喇嘛班第存住者，被傍人拿获出首，无专住之人，将该管僧道录司及僧道官罚银一百两，于内取五十两给与拿首之人。至于民人将伊子弟家人送与喇嘛为班第及将私自行走喇嘛班第，阿木道等处喇嘛班第留住家内者，将送留家生枷号三个月，责四十板。家长及两邻知而不举缘由，责四十板。若被傍人拿获出首，向问罪之家，罚银五十两给与拿首之人；该城监察御史及顺天府府尹不行严查缘由，交与该部，罚俸一年；专管知县等官，并兵马司指挥等官革职；有僧道尼姑寺庙及空寺庙并民家居住喇嘛班第，阿木道等处喇嘛班第俱入官，交与礼部理藩院发落。”

【喇嘛容留妇女】【史】喇嘛寺庙为宗教重地，不得有容许寄留妇女之行为，违者治罪。清之现行则例(即刑部现行则例)祭祀篇设有喇嘛容留妇女之条：“京城内白塔寺居住喇嘛九名……均应照旧留住外，其崇国寺居住喇嘛应令出京城在四天王庙居住。嗣后和硕亲王以下及民间如有喇嘛班第者，俱出城外在查汉达尔汉绰尔济喇嘛处居住。凡人如有治病念经供斋者，须夫妻同坐。白日请来，即令回去。如夫不在家而妇人们请喇嘛班第到家者，应照不应重律治罪；如禀过该佐领骁骑校请来者无罪。其私造寺庙及妇女寺庙烧香往来行走者，照律治罪。此等事被傍人拿首者，从犯人名下追银十两，给与拿首之人，如奴仆出首，照首主例治罪。至于容留妇女行踪污秽并私做喇嘛及私进京城居住者，系外边喇嘛，交与理藩院，系阿木道喇嘛，交与礼部。”

【喉舌】【史】喻宰相也。诗经—大雅：“出纳王命，王之喉舌。”传曰：“口舌冢宰也。”

【喉唇】【史】与喉舌同，乃宰相之称。后世称尚书为喉唇。野客丛书（卷五）：“或者谓，文选沈约碑，献替帷扆，实掌喉唇。尚书为喉舌，而以为喉唇，无乃好异？顾此语承袭已久，不但约也。如宋赵伯符表曰，无宜复司喉唇，宋文帝目送王华等曰，此曰贤一时之秀，同掌喉唇。”

【喝道】【史】高官贵人外出通行之际，使仪卫官吏前列高声呼喝以禁止他人通行者谓之喝道。随园随笔：“官府行衔，有呵唅声，谓之喝道。”

【丧（喪）服】【史】死者之亲属对于死者表示哀悼所著之衣服，谓之丧服。古时以丧服为礼典之制度，及唐复将丧服之制编入刑法典中（唐以前之刑法典至今无传，故无从稽考）。违者均设有处罚之明文，后世皆因袭之。（参五服条）

【丧（喪）葬】【史】凡有丧之家，必须依礼安葬。若有惑于阴阳家风水之说及托故停丧经年不葬，或对尸体加以烧化及弃置水中者，均与礼法有违，应加处罚。至居丧之家男女混杂饮酒食肉者，亦与丧制之原旨不符，仍应治罪。明律（卷十二）、清律（卷十七）礼律仪制篇特设丧葬之条。清律之总注：“居丧有礼。安葬有期。无论尊卑长幼之丧，必须依礼及时安葬。若惑于阴阳家风水祸福之说，及假托他故为辞，而停柩在家，经年不葬，既违礼制，又使死者暴露不安，故杖八十。将尸烧化，及弃置水中，是即毁弃矣。死者虽有遗言，当遵礼制，不可从其乱命。若听从遗言，卑幼将尊长之尸烧化者，杖一百。尊长将卑幼之尸焚化弃置者，并减二等杖八十。若祖父母父母，亡殁于远方，子孙力不能扶柩归葬，而从权烧化，携回骨殖，出于情之不得已也，故听从其便。子孙于父祖且然，尊长之于卑幼，自不必言矣。丧家用僧道修斋设醮，固所不禁，若致男女混杂而无别，饮酒食肉而无忌者，罪坐家长，杖一百，僧道同罪，责令还俗。”

【单（單）一制】【宪】Single system　与联邦制相对称，谓单一国家之制度也。单一制国家之宪法，对中央政府之事权独加规定，而地方政府之事权，则多由中央政府另以一般法律或命令别予规定。

【单（單）一物】【民总】Single thing　为物之一种，对合成物及聚合物言。其区别方法，乃以物于分割后其个体是否保全为标准。所谓单一物即形体上独立自成一体之物也。例如牛一只，天然之单一物也。汽车一辆，人为之单一物也。袜一双，社会观念上之单一物也。

【单（單）一股票】【公】Single share-certificated　为股票之一种，对并合股票言，谓每一股份只发一张之股票也。凡股票为记名式而为同一人所有时，应记同一姓名或名称（第一十五条第二项），盖使若干单一股票用同一姓名或名称以便易于计算表决权也。

【单（單）一国】【国公】Simple state 对复合国言，谓仅有一最高政治机关对内对外代表国家全体也。至其国内行政区域之多少，与殖民地及属国之有无，皆非所问。单一国与复合国之区域，乃以国家之组织为标准。

【单（單）方证券】【票】Unilateral instrument 票据上债务人依票面文字而负一方之责任者，为单方证券。通常票据皆为单方之证券，故票据上债务人于票据上之关系，不能向票据上债权人为反对给付之请求，以票据上之债务仅属片面的债务关系故也。

【单（單）本位制】【行】Monometallism 国家之货币本位，仅以一种货币为主，而以他种货币为辅者，称曰单本位制。

【单（單）犯】【刑】所谓单犯，乃指非累犯而言。

【单（單）存义务】【通】又称孤立义务，为义务分类之一种。对对立义务言，谓不与权利相对应之义务。换言之，即所谓单独存在而无对应之权利存在的义务也。例如登记义务，公告义务，以及人民当兵纳税义务皆是。

【单（單）行法】【通】按某种特定之情形而创制之法律为单行法。例如户籍法，保险法，公司法，破产法，及各省市县政府所颁行适用于一省一市或一县之特别法皆为单行法。

【单（單）行章程】【通】所谓单行章程者，如各省市县政府所颁行之章程，仅能适用于一省一市或一县，且其内容仅包容于一定之区域，并其权限，仅此一定区域而受其范围者是也。

【单（單）利】【债】Simple interest 与复利相对立。凡利息仅由原本发生者，曰单利。故单利之制，不许将利息滚入原本以再生利息。

【单（單）车刺史】【史】魏及晋时均以刺史专掌民治之职，军政则设“都督诸州军事”一官任之。其重要之地之刺史恒以都督兼任。其他专任刺史者亦复不少，称曰单车刺史，以与兼任刺史者区域焉。（历代职官表）

【单（單）券主义】【债】为仓库发行之立法例的主义之一种，对复券主义言，即仓库营业人对于寄托物仅发行一种仓单之主义也。荷德等国采之。我国民法亦采此主义。

【单（單）法货】【债】Single legal tender 法定货币仅以一种货币充之，而不用其他补助货币者，称曰单法货。

【单（單）纯中立】【国公】Simple neutrality 为中立之一种，与协约中立相对立，又称任意中立。谓当战事发生时，第三国由自己之选择而宣告中立也。

【单（單）纯之债】【债】Single obligation 与选择之债相对立，即以一宗给付为标的之债也。与选择之债之未经选定一宗给付者不同。故于选定一宗给付为标的时,即成单纯之债。

【单(單)纯正当权】【民总】Right of lawful act 参照单纯适法权。

【单(單)纯合并】【民诉】Pure amalgamation 为诉之客观的合并之一种,即将数个诉讼标的合并,而不向其请求是否由于同一原因之谓。例如合并提起偿还借款之诉,及支付物品买价之诉是。又如本于同一贷借契约合并提起支付利息之诉,及确认原本债权存在之诉是。又如合并提起确认有承继权之诉,并请求交还继承财产之诉是。

【单(單)纯局外中立】Simple neutrality 又曰单纯中立。(详该本条)

【单(單)纯和诱略诱未成年人罪】【刑】为和诱略诱未成年人罪之一种,因和诱略诱未满二十岁之男女脱离享有亲权之人,监护人,或保佐人而成立。本罪被害人虽为被诱人,然实直接对其监督权人加以侵害,且被诱人须为未满二十岁之男女,其行为须为和诱或略诱之任一方法,并应有使被诱人脱离其监督权人之意思,方构成本罪。其处分为六月以上五年以下有期徒刑,未遂罪亦罚之。(刑法第二五七条第一项)

【单(單)纯承兑】【票】Unqualified and general acceptance 为承兑之一种,对不单纯承兑言。谓付款人于签名承兑时依票据上文句,无条件的所为之承兑也。通常承兑以此为原则。

【单(單)纯故意】【刑】为故意分类之一,对预谋故意言,又称突然故意,或名不熟虑的故意,即犯人就行为之方法手段结果等,均不加以考虑,而突然决意实行其犯罪行为之谓。例如途中遇甲忽即杀之是。

【单(單)纯恐吓罪】【刑】Offence of threat and violence 为妨害自由罪之一,又名胁迫罪,因以加害生命身体自由名誉财产之事,恐吓他人致生危害于安全而成立。其要件为:(1)须有恐吓之行为,直接或间接,皆属之。(2)恐吓之程度须使被害人生畏惧之心,足以使其安全发生危害者,至于是否真有加害之意,均非所问。(3)其恐吓口实须为以非法加害于他人生命身体自由名誉财产者,本罪之处罚为二年以下有期徒刑,拘役,或三百元以下罚金。(刑法第三一九条)

【单(單)纯海盗罪】【刑】为海盗罪之一,因未受交战国之允准,或不属于各国之海军而驾驶船舰,意图施强暴胁迫于他船,或他船之人或物者,成立本罪。其要件有三:(1)本罪之主①体须为未受交战国之允准,或不属于各国之海军而驾驶船舰者。(2)须有施强暴胁迫之故意。(3)其客体为他船或他船之人或物(至其物之所有权的范围参单纯窃盗罪条内)。本罪之处分为死刑,无期徒刑,或七年以上有期徒刑。(刑法第三五二条第一项)

【单(單)纯国】【国公】又曰单一国。(详该本条)

【单(單)纯强行猥亵罪】【刑】为强行猥亵罪之一,因对于男女以强暴胁迫

---

① 原书为"生",系排版之误。

药剂催眠术或他法至使不能抗拒而为猥亵行为而成立,以强制手段为必要,且被害者须有不能抵抗之状态,而其行为目的亦须以猥亵为限,方能构成本罪。其处分为五年以下有期徒刑。(刑法第二四一条第一项)

【单(單)纯强奸罪】【刑】为强奸罪之一,因对于妇女以强暴胁迫,药剂,催眠术,或他法至使不能抗拒而奸淫之而成立。本罪之客体为妇女(有夫或无夫均在其内),其主体为男子。但妇女利用精神病人使之强奸他妇女者,亦成立强奸罪,又如帮助男子强奸妇女者,亦成立共犯。至夫对妻得成立强奸罪否,一般主张皆否认之,惟因此所引起之伤害应由夫担负责任。按强奸罪之成立,须为男子对女子之奸淫行为,且须以强暴胁迫药剂催眠术为犯罪之手段,而妇女亦须有不能抗拒之情形。本罪之处分为七年以上有期徒刑,未遂罪亦罚之。(刑法第二四〇条第一、第七项)

【单(單)纯强盗罪】【刑】为强盗罪之一,因意图为自己或第三人不法之所有,以强暴胁迫药剂催眠术,或他法至使不能抗拒而取他人所有物,或使其交付者,成立本罪。其要件有五:(1)须为出于强暴胁迫药剂催眠术或其他手段。(2)须有为自己或第三人不法之所有的故意。(3)所强取者或使其交付者须为他人所有物(其范围参单纯窃盗罪条)。(4)须所强取者或使其交付者系他人事实上所支配之物。(5)被害者须有不能抗拒之状态。本罪之处分为三年以上十年以下有期徒刑(未遂罪罚之)。至因而致人于死者,处死刑或无期徒刑,因而致重伤者,仅处无期徒刑。(刑法第三四六条第一、第三、第四项)

【单(單)纯略诱成年妇女罪】【刑】为略诱成年妇女罪之一,因意图使妇女与自己或他人结婚而略诱之者,成立本罪。其要件为须有略诱之行为,须为对于已成年之妇女为之,而其目的尤须使妇女与自己或他人结婚,方构成本罪。其处分为一年以上七年以下有期徒刑,未遂罪罚之(刑法第三一五条第一项、第四项)。本罪须告诉乃论,至被害人之亲属亦得告诉,但不得与被害人意思相反。(第三二二条)

【单(單)纯组织公司】【公】Simple company 为公司分类之一,与复杂组织公司相对称,乃依组织之股东为区别之标准。凡以同种责任之股东所组织之公司,曰单纯组织公司。如无限公司及股份有限公司是。

【单(單)纯设立】【公】又称发起设立(详该本条)。一名共同设立。

【单(單)纯抢夺罪】【刑】为抢夺罪之一,因意图为自己或第三人不法之所有而抢夺他人所有物成立本罪。其要件有四种:(1)须为乘人不备,未经其承诺而夺取之行为。(2)须有为自己或第三人不法之所有的故意。(3)所取者须为他人之所有物(其范围详单纯窃盗罪条)。(4)须所取者系他人事实上所支配之物。本罪之处分为六月以上五年以下有期徒刑(未遂罪罚之)。至因而致人于死或重伤者,比较故意罪从重处断。(刑法第三四三条)

【单(單)纯诽谤罪】【刑】Slander 为诽谤罪之一,因意图散布于众而指摘或传述足以毁损他人名誉之事而成立。即英美法律所谓言语诽谤罪是。本罪之成立,须有散布于众之目的,且须系以言语指摘或传述之方法为之,而其结果又须以有发生损害之可能性为限,又加害人且须自信其事实为确实,而且又系与公共利益无关者,方构成本罪。其处分为六月以下有期徒刑,拘役,或五百元以下罚金(刑法第三二五条第一项)。至本罪之例外规定有二。(详诽谤罪条)

【单(單)纯适法权】【民总】Right of lawfull act 亦称单纯正当权,以某种行为适合于法律之准则,为法律所容许而认为正当之权利也。此种适法行为之权利,与相对权绝对权异。因相对权者,有使特定人为某行为或不行为之义务;而单纯正当权,不问其为何种行为,仅须法律上认之为适法而已,他人对之并不负担何种义务。绝对权者,法律容许某行为为正当,同时并使世人负不得妨害之义务;惟单纯适法权,仅法律认其行为为正当,世人对之不负何种义务。适法正当权在发生法律上之关系者,如本人之追认,对于无权代理人之行为之权利,及认知私生子之权利。在于变更法律上之关系者,如选择债务之选择权是。在于消灭法律上之关系者,如抵消撤消解除继承抛弃及离婚等权利是也。

【单(單)纯赌博罪】【刑】为赌博罪之一,因赌博财物而成立,所谓财物,通常乃指有形物而言,例如金钱或动产物是。其要件为:(1)须有赌博之行为,不论是否存于当事人行为以外,或存于当事人本身所施之行为内者,均属之,因其均为偶然之输赢也。(2)须以财物为赌博之授受目的物,至于以供人暂时娱乐之物以为赌者,不在此限,例如以饮食为赌是。本罪之处分为一千元以下罚金,又当场赌博之器具与在赌柜或兑换筹码处之财物,不问是否属于犯人,均没收之。(刑法第二七八条)

【单(單)纯遗赠】【继】Simple legacy 为遗赠之一种。凡不附带有任何义务或条件之遗赠,曰单纯遗赠。例如甲以巨款遗赠与乙,并不附有任何条件或令其担负任何义务是。

【单(單)纯证据】【民刑诉】为直接证据(详该本条)之别称。

【单(單)纯赠与】【债】Simple gift 即指普通之赠与而言(参赠与条)。即并不附有期限条件及任何负担之赠与也。

【单(單)纯释放】【国公】Simple liberation 与宣誓释放相对立,谓于战争状态继续中捕获国政府无条件的对所获俘虏加以释放也。此后该项俘虏之行止如何,是否再参加敌对捕获国之行动,均属自由,不受拘束。

【单(單)纯窃盗罪】【刑】Larceny or theft 为窃盗罪之一,因意图为自已或第三人不法之所有而取他人所有物者成立本罪。其要件有四:(1)须为乘人不觉而取之行为。(2)须有意图为自已或第三人不法之所有,换言之,即须有不法而取之故意是也。(3)所取者须为他人所有物。所谓所有物,其范围如下:(甲)须系有体物,但电气亦以所有物论(刑法第三四〇条第二项)。(乙)须系他人所持有之物,如无主物不能,专有物,均非所有物。(丙)须为可移动之物,但前北京大理院则有不动产亦足为本罪客体之解释,但与此相反之立法例颇多。(丁)须系有价值之物(以主观之认定为必要)。(戊)违禁物亦得以所有物论(第三四〇条第一项)。

(4)须所取者系他人事实上所支配之物(否则只为侵占罪)。本罪之处分为五年以下有期徒刑,拘役,或五百元以下罚金,未遂罪罚之。(刑法第三三七条)

【单(單)级审理主义】【民刑诉】为民事及刑事诉讼主义之一,对数级审理主义言。谓诉讼案件仅以一法院审判即行结束,而不得上诉于上级法院之主义也。我民刑诉讼均不采之。

【单(單)记投票法】【宪】Single volting system 一票限于选举一人,以得票最多者为当选者,谓之单记投票法。通常以小选举区中采用之为多,但大选举区中亦有用之者。且有以凡已获得一定之票数,即为当选,而使其余票数移转于次多数候选人之方法者,若该候选人亦因之而获得一定之票数,亦视为当选,如有余票,仍得移转于再次多数之候选人,是曰海尔投票法。

【单(單)记商数投票法】【宪】(详比例代表制条内。)

【单(單)务契约】【债】Unilaternal contract 又称片务契约。(详该条)

【单(單)婚】【亲】Simple marriage 为婚姻之一种,与重婚相对立,谓无配偶或有配偶而已脱离或死亡时所为之结婚也。

【单(單)眼花翎】【史】为清代勋章之一种,授与文武官之有军功者,惟清末多以捐金取得之。(清国行政法第一卷)

【单(單)数主义】【民总】为设定住所主义之一,对复数主义言,谓不许一人同时设定数住所,仅以一住所为限也。瑞士民法采之,我国民法亦同。(第二〇条第二项)

【单(單)独代理】【民总】Single agency 为代理之一种,对共同代理言,即代理权由一人单独为之之谓。普通均以此为原则。

【单(單)独正犯】【刑】即单独犯之别称(详单独犯条),对共同正犯言。

【单(單)独犯】【刑】一人独立负犯罪责任时,曰单独犯,对共犯言也。又称单独正犯,对共同正犯言。单独犯分直接正犯与间接正犯。(详各本条)

【单(單)独行为】【民总】Unilateral act 为法律行为之一,对契约及共同行为言。又称一方行为,即以一方之意思表示为其成立要件之法律行为也。例如捐助行为遗嘱均是。单独行为有须向相对人表示始得成立者,有不须向相对人表示即得成立者。遗嘱及捐助行为乃后者之例。至通常之单独行为如撤销追认及解除,为前者之例。单独行为与契约及共同行为之分类,乃以意思表示之状态为标准。

【单(單)独行为说】【票】Principle of unilateral act 为票据学说之一,与交付契约说共为近代最新学说,谓票据行为乃票据债务人之单独行为,并非由契约关系而生,恰与交付契约说相反。故关于票据行为须如何方为有效,可分下列六说:(1)人格说——谓票据之本身乃为债权人,视为有人格性,而执票人不过为其代表人耳。(2)发行说——谓虽因单独行为而成立,但除签名于票据上外,尚须有意使之脱离自己之持有为必要,此时即发生票据上之权利与义务。(3)善意说——谓以票据债务人之签名与债权人之善意占有为票据债权发生之要件也。此说颇有理由,学者多尊崇之。(4)所有权取得说——谓以债务人之签名,与债权人所有权之取得为票据债权发生之要件也。(5)单独约束说——谓持有票据者为票据债权人,其意思如何则非所问。(6)创造说——谓苟占有票据时即取得票据之债权,善意与否,均非所问。按单独行为说已为近世学者所赞同,盖此说并无如交付契约说与不确定相对人缔结契约之缺点,且与各票据行为独立之原则又不相背驰,宜乎其为学者所采取也。

【单(單)独制】【组】又称独任制。(详该本条)

【单(單)独制官署】【行】又称独任制官署。(详该本条)

【单(單)独保证】【票】Simple guarantee 为票据保证之一种,对共同保证言,即仅以一人对票据债务加以担保之谓。至一切责任之应由其人本身单独负之,与他人不相牵涉,自不待言。通常票据保证皆属之。(参票据保证条)

【单(單)独海损】【海】Particular average 谓在航海中由天灾不可抗力(非常原因)或不法行为所生之损害及费用也。此项海损与分担责任无关,自可依一般损害赔偿之原则以定之,然学者为便利研究起见,仅以之为海损之一种,俾与共同海损相对称耳。

【单(單)独国】【国公】Single state 又曰单纯国。(详该本条)

【单(單)独给付】【债】Single presentation 为债之标的之给付之一种,对合成给付言,即债之给付仅由一个行为而成之谓也。至其给付之标的物虽为复数,若给付行为只为一个均称为单独给付。

【单独虚伪表示】【民总】False declaration of intention unknown of the other party 又名真意保留(详该本条),或称心里保留。

【单(單)选】【宪】Single election 又称直接选举。(详该本条)

【单(單)选举区】【宪】Small election district 又称小选举区。(详该本条)

【单(單)辞】【史】与两辞相对称,谓一方独言之辞也。又曰片言。为书经吕刑篇中之语:"今天相民作配在下明清于单辞。"疏曰:"今天治民者,天有意治民而天不自治,使人治之。人君为配天在下,当承天意治民,治之当使称天心也。欲称天心,听狱当清审单辞。单辞谓一人独言,未有与对之人。讼者多直己以曲彼,构辞以诬人,因单辞特难听,故言之也。"

【围(圍)障权】【物】Right of fence 即土地所有人在其建筑物与相邻建筑物间之空地上,得与邻地所有人以共同费用在疆界享有安设围障之权之谓。其要件有三:(1)须系在二建筑物之间。(2)二建筑物之所有人须不同一。(3)二建筑物间须有隙地。至其安设及保存之费用,由相邻人平均担负之,我国民法对此亦无明文规定。

【报(報)仇】【国公】Reprisals 所谓报仇,在平时国际法乃指一国对于他国之行为受有损害而对之采取极端手段加以惩戒的行动而言。为国际争议解决方法之一。例如甲国对乙国之船只加以捕拿,对乙国或其人民之财产加以扣押,对其土地予以占领是。报仇与战争性质虽相类似,但究不同。前者两国间之外交关系并未断绝,后者则否。此种方法多系强国对于弱国行使,其目的乃在于威吓,务使争执问题速行解决,而不在于宣战,然亦可因之而变成战争者,故有时亦可谓系战争之初步。至于就战时国际公法而论,报仇系交战国对于他方之违反战争规则,或有其他不法行为时之一种对待手段。此种行为常因对方之真正犯人不能觅得时,而对于对方全体行使之,故流弊甚多。然此方法之行使,亦可使一切交战国之军队有所忌惮,不致任意违反战争规则,故至今在国际公法中仍未受有禁止。又曰复仇。(详该本条)

【报(報)仇雠者书于士杀之无罪】【史】欲报仇雠之人先将其事报告于裁判官而后实行,法律对此不判以罪。周礼—秋官朝士之制:“凡报仇雠者,书于士,杀之无罪。”郑玄之注:“凡报仇雠者,书于士,杀之无罪。谓同国不相辟者,将报之,必先言之于士。”丘濬注曰:“所谓士者,非谓朝士也。凡书于乡士县士方士皆是也。既书于士,而上于朝士而掌之。”(大学衍义补卷百十)

【报(報)务员】【行】凡办理交通部电政机关报务事项者,称为报务员。报务员分为三等:(甲)一等报务员——须有下列资格之一:(1)国内外大学及高等专门学校电学专科毕业经考验合格者。(2)交通部直辖电信学校高等班毕业或在从前所设之同类学校相当班等毕业者。(3)二等报务员经汇考合格者。(乙)二等报务员——须有下列资格之一:(1)国内外专门学校电学专科毕业经考验合格者。(2)交通部直辖电信学校中等班毕业,或在从前所设之同类学校相当班等毕业者。(3)三等报务员经汇考合格者。(丙)三等报务员——交通部直辖电信学校初等班毕业,或在从前所设之同类学校相当班等毕业者。报务员非经交通部电政司核准,不得兼充他职,非有下列情事之一者,不得取消其资格:(1)因案惩戒受革职处分者。(2)呈准辞职者。(3)改就交通部所辖电政机关以外职务者。报务员之考核应按其服务成绩以分数定之,特优者三分,优良者二分,平常者一分(积至六分者晋一级)。奖励分为特奖金,年奖金,及劳绩金三种,均由主管人员呈请交通部电政司核给。至于惩戒则按情节之轻重分为革职,停职,降级,停止升级,察看及罚薪六种。关于恤养方面亦分下列四种:(1)养老金。(2)慰恤金。(3)慰偿金。(4)抚恤金。(报务员章程第二—八条,第十一—十三条,又第二十九条,第三十五条,第四四—四五条,第八十五条)

【报(報)复】【国公】Retorsion or retaliation 为国际争议解决方法之一。国家对于外国非友谊行为而报施以相类似之行为者,曰报复。例如甲国对乙国之进口货课以重税,乙国亦对甲国之进口货课以重税是。报复之目的不在惩罚,而在使对方改变其不当行为。

【报(報)复主义】【刑】Vergeltung theorie (德); Principle of revenge 为刑罚之目的的主义之一,对目的主义与折衷主义言。又称报应主义,或称绝对主义,或称纯正主义,或称纯理主义,或正义主义;即以刑罚之目的专在正义之要求,以因果报应有罪必罚之纯理为根据者也。此中又有三派:(一)神意报复说——谓刑罚由神主之国家代行神权,有罪必罚,不得违背。(二)道德报复说——谓犯罪乃违反道德上原则，应予以刑罚。(三)法律报复说——谓犯罪乃违背法律之行为，予以刑罚，即所以维持法律也。按报复主义乃属旧说，道德与法律混同，政治与宗教并列，已成过去陈迹，自与今日思潮不相适合。

【报(報)酬】【债】Remuneration 为雇用人对于受雇人应负之义务，亦即为雇佣之一要件。报酬不限于金钱，其他之给付亦得称为报酬。报酬之计算方法与允许与否(参雇佣条内)，给付报酬之期限以约定为准，无约定者依习惯，无习惯者则民法有另文规定：(1)报酬分期计算者，应于每期届满时给付之。(2)非分期计算者，应于劳务完毕时为之(第四八六条)。至于其他特种报酬，如花红，津贴，特别费，酬劳费，提成，亦为雇佣之报酬，惟应依契约及习惯定之耳。关于承揽契约中定作人所为之报酬，其规定亦与雇佣大略相似。(第四九一条、五〇五条)

【报(報)销】【通】To submit accounts for approval 无论何种机关，其主事者对于事物之开支，俱须呈报而复核销者，谓之报销。盖即报告，而消除其责任之谓也。其未经报销者上级主管机关或该管官吏有下令饬查或查办之权。

【报(報)销册】【史】即收支之决算书也。

【报(報)应主义】【刑】又名报复主义(详该本条)。又称绝对主义，或纯正主义，或纯理主义，或正义主义。

【报(報)雠】【国公】Reprisal 又曰复仇，或称报仇。(详报仇条内)

【场(場)合】【通】Circumstance 所谓场合，乃指当时之情势或在某时间及于某地点所造成之环境与局面而言。

【场(場)知事】【行】在盐场管理盐政之长官，曰场知事。清时为盐大使，民国初改为场长，旋改称场知事。凡有下列资格之一者，由盐运使出具保荐文，详送盐务署专询，但以十六人为限：(1)在本国或外国大学或专通学校修法律政治经济之学三年以上，得有文凭，并确有盐务学识或经验者。(2)在本国或外国专门以上各学校或本国讲习所，修法律政治经济之学一年半以上，得有证明书，并曾办盐务行政满三年以上者。(3)曾任盐大使以上官职或州县以上官职满三年以上，办理盐务有成绩者。(4)曾有盐大使或州县以上官职相当之资格，历办盐务行政，满三年以上确有成绩者。(5)现任场长或其他办理盐务行政人员，经盐运使认为有盐务学识或经验者。上述经盐运使保荐之员经盐务署考询及格后，将履历事实审查书汇造清册，呈请大总统核准公布后，开单呈请分发，作为候补场知事，遇有缺出，则由各该盐运使详请盐务署呈请大总统任命。(场知事任用条例第二条、第四条)

【场(場)长】【行】Chief official of salt ground 为盐场公署之首长。(参盐场公署条内)

【场(場)产】【行】场产者，谓产盐之场区与产盐之数量也。政府得依全国产销状况限定之。盐场分为四等：(一)年产二十万公吨以上者为一等场。(二)年产十万公吨以上者为二等场。(三)年产五万公吨以上者为三等场。(四)年产不满五万公吨者为四等场。(盐法第九一十三条)

【场(場)价】【行】在盐场仓坨售出之盐之价目，曰场价。须由场长召集全体制

盐人代表，按盐之等次及供求状况，议定公告之。其有变更时亦同。（盐法第二十二条）

【场（塲）警】【行】在产盐场区稽查盐之出入，并保卫盐场仓坨之警察，曰场警。有水陆二种之别，归盐场公署管辖，并受稽核分所之指挥。（盐法第三十四条）

【堡加利亚国宪法】【史】Constitution of Bulgaria 堡加利亚即保加利亚，或作布加利亚。东濒黑海，南与希腊及土耳其二国为界，西与南斯拉夫相接，北以多脑河与罗马尼亚相对望。全国面积广约四万方哩。人口约五百万，多为堡加利亚人，属斯拉夫族。风俗勇悍好战。其初原居于伏尔加河流域，纪元后第五世纪始南迁至多脑河下流，后为土耳其所征服者达五百余年。俄土之役后，堡人始得建立公国，惟仍戴土人为其宗主国。一九〇八年始完全独立为君主国。欧洲大战时，初曾宣言中立，后加入德奥方面以与协约国相抗战，一九一八年始屈伏于和约之下，而疆土遂因而削少焉。现行宪法为一八七九年四月十六日所公布，一八九三年五月十五日及一九一一年七月十一日曾加以修正。全文共分二十二章，凡一百六十六条。第一章王国领土。第二章国王权力及其限制。第三章国王居住地。第四章国徽国玺及国旗。第五章王位继承。第六章国王之成年摄政及监护。第七章登位及宣誓。第八章国王及王室之供俸。第九章宗教。第十章法律。第十一章国家财产。第十二章堡加利亚王国人民。第十三章国民代表。第十四章普通国会。第十五章国会之职权。第十六章法律草案之提出及讨论方式。第十七章预算。第十八章国债。第十九章国会之召集。第二十章国民代表大会。第二十一章政府最高机关，国务会议及部长。第二十二章宪法之变更及修正。兹将其要点举述于下：(一)堡加利亚王国领土非经国民代表大会之同意不得增减，在行政区域上分为州，县，乡，而以乡为自治之基础。(二)堡加利亚国为世袭君主立宪国，以国王为最高代表及国家元首，其地位身体均为神圣不可侵犯。行政权属于国王，各行政机关以国王之名义行使之，并受国王之监督。又国王在战时与平时均为海陆空军之大元帅。对外之关系有代表国家之权，并批准条约核准及公布法律，且有行使减刑或改刑（有例外）之权，并对于刑事有特赦之权，但行使大赦权时仍须得国会之同意。至于国王之命令及决定须经主管部长之副署，负其全责始生效力。立法权属于国王及国民代表。司法权完全属于司法机关，惟以国王之名义行使之。(三)国王应永久居住国内，如离国时应自行指定国务会议摄行政权。皇太子亦应居住国内，其出国他往均须经国王之许可。(四)王位之继承由堡加利亚人之国王 Ferdinand Ier de Saxe-Cobourg-Gotha 之嫡系卑亲属之男子世袭之（以长幼为序）。(五)在位之国王及王太子均以十八岁为成年。若国王在未成年前登位，须设摄政及监护人。其摄政应由国民大会选举部长，最高法院院长及推事，或曾任上述职务而获有令誉之人充任之。其在未成年时之教育及其财产之管理，均付诸皇太后及国务会议所指定得太后同意之监护人（摄政不得同时为监护人）。(六)国教定为希腊正教会（即东方正统派基督教会）。非正统派基督教会及其他宗教之教徒凡居住于堡加利亚者皆得自由宣传，惟其教义不得与现行法令相违反。(七)堡国之统治均应依本宪法规定所编订及公布之法律行之，任何法律若事前未经国会讨论及通过不得公布，补充，修正，或废止之，即解释法律之权亦属于国会。法律经国会通过后应呈国王公布之。国王于法定之急逼情形而不能召集国会时且可经国务会议之提议并由其共同负责颁发具有法律效力之法令。(八)国家财产属于堡加利亚王国，不论国王或王室人员均不得任意处置之，其管理之权乃属于主管部长。(九)凡生于堡加利亚而无其他国籍者，及生于外国其父母为堡加利亚人民者，均为堡加利亚国人民；外国人依法归化而取得堡加利亚国籍者，亦为堡加利亚国人民。堡国人民在法律上一律平等；在国内不得有阶级之区别；贵族及其他荣号不许存在。参政权仅堡国人民享有之。其他居住于王国内之人仅得依法享受私权。堡国人民得担任国家公职及军职，外国人之参与则于每次均须经国会之同意。又人民对所有权享有不可侵犯之权，其身体住所及通信亦不可侵犯。出版亦有自由之权，结社及集会之自由亦为本法所赋与，请愿权亦同。至于教育仅初等教育为义务强迫制。又人民均须依法负担租税与损费不得有任何例外，对于国家又应履行服兵役之义务。(十)关于国民之代表机关分为普通国会与国民代表大会二种：(甲)普通国会由国民直接选出之议员组成之。每两万居民选举议员一人，任期四年。凡堡国人民年龄在二十一岁以上享有公私权者均为选举人。凡堡国人民享有公私权而年龄在三十岁并识字知书者均得为当选人。国会应自选议长副议长及办事之秘书。开会时议员之意志自由及身体在开会期间应受保障不可侵犯。其会议以公开为原则，任何人均不得携带武器侵入议场及国会所在地。国会有依法讨论法律草案之权，有议决公债草案及租税与损费之设立，增减及其分配与征收方法等草案之权，有准许免除无法征收之租税及损费之权，有讨论每年度之收支预算案之权，有审查预算案关于经费之用途之权，有审查审计院之报告之权，有提出部长责任问题之权，有接受一切请愿告诉之权，并有将其移转于主管部长之权，有质询部长关于政务之执行之权，而部长亦有出席答覆之义务，且可参与讨论。(十一)法律之起草权属于国王及国会。提交国会之草案之决议，非有全体议员三分之一以上之出席，并经出席者大多数票之表决，不得为之(票数相等视为否决)。国会之决议案之全部应提请国王于同一会期内核准之。国会之常会每年由国王召集之。其系紧急情形得召开非常会议，开会地点由国王于召集时以敕令同时指定之。其常会之展延，得经国王与国会双方之同意为之。在召集国会后，国王得展延会议时间，但以两个月为限，在同一会期内非经国会之同意不得作第二次之延会。又国会解散之权亦属于国王，并令从新选举新议员。(乙)国民代表大会由国民直接选出之代表组成之。其代表人数等于普通国会议员之两倍，即每二万居民(不分性别)选出二人。其召集之权属于国王摄政，或国务会议。其由国王召集者须为基于下列之原因：(1)决定国家某部分领土之让与或交换。(2)决定堡国国王是否同时得兼为他国国王。(3)宪法之变更或修正。摄政仅限于决定国家某部分领土之让与或交换始得召集国民大会。国务会议则于国王崩后无嗣，选举新王或因王太子未成年而选举摄政始得召集国民大会。大会应置会长副会长及秘书长均由大会自行互选之。在未选举以前，由大会代表年龄最长者行使主席职权。(十二)政府最高机关为国务会议及部长。全国行政权在国王监督之下，由全体部长所组成之国务会议及各部部长分别执行之。国务会议应由国王就部长中指派一人为总理。部长由国王任免之，对于国王及国会负连带责任。各部行政则由各该主管部长单独负责。部长反叛国家反叛国王或违背宪法或营私舞弊时，国会得将其交付审判。此项提案至少须经国会议员四分一之连署，并须经出席职员三分之二多数决定之，然后交付依特别法所组成之国家特别法庭审判之。被控诉之部长一经判决，非经国会之同意，国王不得予特赦。(十三)政府分设下列十部，各置部长一人：(1)外交部(兼管宗教事务)。(2)内政卫生部。(3)教育部。(4)财政部。(5)司法部。(6)陆军部。(7)工商劳动部。(8)农务部(兼营官产事务)。(9)公共工程部。(10)邮电铁道部。

【壹宥】【史】周礼秋官司寇之属司刺。其职制为："掌三刺三宥三赦之法，以赞司寇。听狱讼……壹宥曰不识，再宥曰过失，三宥曰遗忘。"所谓壹宥即不知为犯罪之事实而受宥恕，换言之即不识之谓。至于不识应作何解，乃一问题。依郑众氏之注："不识，谓愚民无所知则宥之。"郑玄氏则谓："识，审也，不审，若今仇雠当报甲，见乙诚以为甲而杀之者。"而贾公彦亦赞郑玄之说，其注曰："先郑(指郑众)以为不识，谓愚民无所知，则宥之。若如此解，则当入三赦蠢愚之中，何得入此三宥之内，故后郑不从也。"

【奢侈税】Tax on luxuries 国家对奢侈物品所征收之税，谓之奢侈税。例如化装品之税是。

【媒氏】【史】媒氏乃官设机关以介绍婚姻者也。为周礼地官之属，周礼注疏(卷十)一媒氏之职制："掌民之判，凡男女自成名以上，皆书月日名焉。令男三十而娶，女二十而嫁。凡娶判妻入子者，皆书之。中春之月，令会男女。于是时也，奔者不禁，若无故而不用令者，罚之。"(周礼注疏卷十四)

【媒合容止】【史】介绍指引通奸，曰媒合；为通奸之留宿曰容止。明律(卷二十五)、清律(卷三十三)刑律犯奸篇设有犯奸之条："……若媒合容止通奸者，各减犯人罪二等。"

【媒官】【史】为周礼媒氏之类也。礼记注曰："高辛氏之世，玄鸟遗卵，娀简吞之而生契，后王以为媒官，嘉祥而立其嗣焉。三国志：锡兑为交趾，任延为九真大守，为设媒官始知嫁娶。"

【婿(壻)养子】【亲】Quasi-son-in-law 为日本名辞，与我国所称之赘婿相同。

【寻(尋)查请求权】【物】Right of searching and recaption 为对所有权所加限制之一，即占有人或所有人对其物品或动物偶至其他所有人之土地范围内时，得前往请求寻查取回之权也。例如甲之家具为盗贼所窃，抛弃于乙之土地内，甲得前往请求寻查取回是。

【寻(尋)章】【史】寻者寻常也，章者规章也，寻章即常法或常典之谓。唐律疏议(首卷)之进表："皋陶创其寻章。"其解曰："创，始制也，寻章，常典也。"

【尊卑为婚】【史】婚姻之缔结，乃合两姓之好；同姓为婚既为旧律所禁止(清末只禁同姓而同宗者之为婚)，则外姻之为婚不在其内矣。本条之设乃专就此种外姓姻亲而言，凡外姻有服尊属与卑幼共为婚姻者即为违法，其娶同母异父姊妹，若妻前夫之女者亦同,均应治罪。明律(卷六)、清律(卷十一)均有此条之设,内容相似。清律条文曰:"凡外姻有服尊属,卑幼,共为婚姻及娶同母异父姊妹,若妻前夫之女者,各以亲属相奸论。其父母之姑舅,两姨姊妹,及姨,若堂姨,母之姑,堂姑,已之堂姨,及再从姨,堂外甥女,若女婿及子孙妇之姊妹,并不得为婚姻,违者各杖一百;若娶已之姑舅两姨姊妹者,杖八十,并离异。"清律之辑注:"前二节所言,皆尊于已卑于已者,其幼字带言之耳。"同律之辑注:"外姻有服尊卑之亲,尊则母舅母姨,卑则外甥姨甥,此二项,皆小功服;同母异父,犹姊妹也,妻前夫之女,犹女也,此二项,虽无服,而情重,有为婚姻者,渎乱已甚,故直以奸论也。"又同律之总注:"按服制图,外姻有服之亲,除外祖父母,外孙之外,尊属卑属,共为婚姻,惟母舅与外甥女,母姨与姨甥耳,及娶同母异父姊妹,与娶妻前夫之女,此四项,皆有关伦理,故各以亲属相奸律论罪。娶母之姊妹者,绞。娶外甥女及同母异父姊妹,妻前夫之女,并杖一百,徒三年。其外姻无服尊属,一曰父母之姑舅姊妹,一曰父母之两姨姊妹,一曰父母之姨,一曰父母之堂姨,一曰母之姑,一曰母之堂姑,一曰已之堂姨,一曰已之再从姨,以上凡八项;其外婚无服之卑亲,一曰已之堂外甥女,一曰女婿之姊妹,一曰子孙妇之姊妹,以上凡三项,虽无服制,俱有尊卑名分,并不得为婚姻,违者,各杖一百。若已之姑舅两姨姊妹,虽不系尊卑,而亲属未疏犹有服制,故亦不得为婚姻,娶之者,杖八十。通前外姻违律各亲属,并离异归宗,其罪男女同坐,财礼入官,盖亲属则无知不知之别也。"

【尊长】【史】尊长乃与卑幼相对称,即位居于长者之人也。例如祖父母,父母,伯叔,兄,姊,等皆是。唐律(卷二)名例篇以理去官条之疏议:"尊长,谓祖父母,父母,伯叔父母,姑,兄,姊,是也。"

【尊长为人杀私和】【史】尊长为人所杀而卑幼私和者,或卑幼为人所杀而尊长私和者,是谓弃亲忘旧,故为法律所禁止。所谓杀乃包含谋、故、斗、误、戏、五杀在内,若威逼杀人及过失杀人均不在此限。本条之规定,以伦之亲疏为仇之轻重,以仇之轻重定罪之大小,并不甚拘于尊长卑幼之分,故尊长私和比卑幼仅减一等。明律(卷十九)、清律(卷二十六)刑律人命篇均有尊长为人杀私和之相同条文。清律原文及其下注:"凡祖父母父母及夫若家长为人所杀,而子孙妻妾奴婢雇工人私和者,杖一百,徒三年。期亲尊长被杀,而卑幼私和者,杖八十,徒二年。大功以下,各递减一等。其卑幼被杀,而尊长私和者,各(依服制)减卑幼一等。若妻妾子孙及子孙之妇奴婢雇工人被杀,而祖父母父母夫家长私和者,杖八十,受财者计赃准窃盗论,从重科断(私和就各该抵命者言,赃追入官)。常人(为他人)私和人命者,杖六十(受财准枉法论)。"同律之总注:"统曰为人所杀,则谋、故、殴、戏、误、诸杀皆是,于法俱应抵命者也。凡人之祖父母父母及夫若家长为人所杀,其仇至重,而子孙妻妾奴婢雇工人不告官究抵,而与行凶之人私和者,杖一百,徒三年。以其逆理忘仇,不孝不义。若期亲尊长以下,其服渐远,其仇渐轻,则其罪亦渐减。期亲尊长被杀,而卑幼私和者杖八十,徒二年。大功以下各递减一等。大功杖七十,徒一年半,小功杖六十,徒一年,缌麻杖一百。其卑幼被杀,而尊长私和者,照尊长法各减一等,则期亲杖七十,徒一半年,大功杖六十,徒一年,小功杖一百,缌麻杖九十。尊长止减一等,名分虽卑,而所仇同也。若妻妾子孙及子孙之妇奴婢雇工人被杀,而祖父母父母夫家长私和者,杖八十。犹重于常人者,以其所仇重于常人也。凡此皆言私和而未得财者,若受财而私和者,则计入己之赃准窃盗论,免刺。如赃罪重于私和,则从赃罪科断,私和重于赃罪,则从私和科断。统承祖父母以下言之,此系彼此俱罪之,赃并追入官。常人虽无仇可言,而为人私和人命,致使凶人漏网,故杖六十,不言受财者,私和即是枉法,自照受枉法赃从重论不待言也。"

【尊长与卑幼定婚】【史】尊长对卑幼者有代定婚姻之权。若卑幼在外自娶妻时已成者从之,未成者仍须从尊长之命,违者应按本律处罚。唐律(卷十四)户婚篇有尊长与卑幼定婚之条:"诸卑幼在外,尊长后为定婚,而卑幼自娶已成者,婚如法,未成者从尊长,违者杖一百。"疏议曰:"卑幼,谓子孙弟侄等。在外,谓公私行诣之处。因自娶妻,其尊长后为定婚,若卑幼所娶,妻已成者,婚如法,未成者,从尊长所定,违者杖一百。尊长,谓祖父母父母,及伯叔父母姑兄姊。"

【尊长殴卑幼】【史】兄姊与己为辈行者,所谓长也。尊属与父母为辈行者(即与祖为辈行者亦是),所谓尊也。卑对尊言,幼对长言,幼即弟妹,卑即与子孙为辈行者也。故尊长兼尊属及兄姊在内,而卑幼则包括弟妹及其他小辈在内也。殴者,打也。关于尊长殴卑幼,清律及例之规定特综合举述于下:(一)殴缌麻卑幼者,折一齿一指或眇一目,或抉毁耳鼻或破骨,或汤火铜铁汁伤者,杖九十,折二齿二指以上或髡发者,杖一百。折肋或眇两目,或堕胎或刃伤者,徒一年半。折跌肢体或瞎一目者,徒二年半。笃疾者,徒三年。死者绞候(殴堂侄孙致死者流三千里)。故杀者绞候。(二)殴小功卑致折一齿一指或眇一目,或抉毁耳鼻,或破骨,或汤火铜铁汁伤者,杖八十。折二齿二指以上或髡发者,杖九十。折肋或眇两目或堕胎或刃伤者,徒一年。折跌肢体或瞎一目者,徒二年。笃疾者,徒二年半。死者绞候(殴堂侄至死流三千里)。故杀者绞候。(三)殴大功卑幼致折一齿一指或眇一目或抉毁耳鼻或破骨或汤火铜铁汁伤者,杖七十。折二齿二指以上或髡发者,杖八十。折肋或眇两目,或堕胎或刃伤者,杖一百。折跌肢体或瞎一目者,徒一年半。笃疾者徒二年。死者绞候(殴同堂弟妹致死者流三千里)。故杀者绞候。(四)殴同姓无服卑幼者,自殴以上至笃疾者,均各减凡斗一等。至于笃疾者,则减流为徒,仍断财产。致死者绞候。故杀者斩候。殴死同堂大功弟妹,小功堂侄缌麻侄孙,罪应流拟流,及大功以下尊长殴卑幼至笃疾,均断给财产一半养赡。(五)兄姊殴期亲弟妹,殴杀者流二千里。故杀者绞候。笃疾至折伤以下及过失杀者,皆勿论。非理毒殴不用此例。(六)伯叔姑殴侄及侄孙,外祖父母殴外孙,殴杀者,徒三年。故杀者,流二千里。笃疾至折伤以下及过失杀皆勿论。非礼毒殴者不用此例。(七)祖父母父母非理殴子孙,殴杀者,杖一百。故杀者,徒一年。违犯教令依法决罚。邂逅致死及过失杀皆勿论。(八)嫡,继,慈,养母殴子孙,殴杀者,徒一年。故杀者,徒一年半,致夫绝嗣,殴杀故杀并绞候。(九)祖父母,父母,嫡,继,慈,养母殴子妇孙(乞养子妇同),废疾者,杖八十。笃疾者,杖九十。殴杀者,徒三年。故杀者,流二千里。(十)尊长殴伤卑幼正限外余限内因本伤身死,各按服制减等,应拟绞者,奏请定夺。尊长殴伤卑幼因风身死,照凡斗因风身死例,分别正余限内外递减。(十一)僧道女冠杀伤本宗外姻卑幼,以凡论。本宗外姻杀伤出家亲属仍依服制尊卑科断。(十二)内外有服尊长殴伤卑幼——(甲)卑幼触犯依理训责及因事互殴邂逅致成笃疾者,期亲尊长及外祖父母勿论,大功以下照律减科(仍断财产一半养赡)。(乙)卑幼并无干犯,尊长挟嫌非理毒殴故残至笃疾者,期亲兄弟功服尊长徒三年;期亲伯叔,姑,外祖父母,徒二年半;缌麻尊长流二千里;均各断财产一半养赡。(十三)期亲以下尊长杀死有罪卑幼——(甲)卑幼罪犯该死者,为首尊长照擅杀应死罪人律杖一百;听从下手,无论尊长凡人,各杖九十。(乙)卑幼果系积匪怙恶,尊长因玷辱祖宗起见忿激致毙者,为首尊长无论谋故,悉按殴杀卑幼本例减一等;听从下手,无论尊长凡人,各杖一百。(丙)卑幼并无为匪证据,尊长假公报私或一时一事尚非怙恶不悛,惨忍致死,并本犯有至亲服属并未起意致死,被疏远亲属致死者,均照故殴杀卑幼本条定拟。(十四)期亲尊长图占财产官职及挟嫌故杀十一岁以下弟侄者,照凡人谋故杀斩候;如年在十一岁以上,仍照律绞候,断给财产一半与被杀之家。(十五)嫡母继母殴故杀庶生及前妻之子——(甲)审系抚如已出,而其子不孝经官讯验有据者,照父母殴故杀律分别定拟。(乙)本无违犯,非理毒殴致死者,其夫现有子嗣照律加亲母一等定拟,其夫现无子嗣者,则处绞候(殴杀缓决;故杀者,嫡母缓决,继母情实)。(丙)如为己子图占财产官职因而故杀者,绞候(嫡母缓决,继母情实)。其应缓决者,永远监禁,应情实者,如免勾仍永远监禁,遇赦不准减等。(十六)因奸致死子女灭口者,不论是否起意,亲母绞候,不论现在有无子嗣俱缓决;嫡母绞候;继嗣母斩候。致夫绝嗣者,入情实;未致绝嗣者,缓决。(十七)因奸致死子妇灭口者,不论是否起意,亲姑嫡姑皆绞候,继姑斩候,均缓决。(十八)期亲尊长与卑幼争奸互斗致将尊长刃伤折肢,除卑幼依律绞决外,争奸肇衅之尊长流二千里。

【尊严权】【刑】Inviolability 按国际公法之通例,对任何国家之元首公使及国旗国徽,均享有不受侮辱之权,是曰尊严权。若有侵害之者,除由其本国惩罚犯者外,并须向被害国道歉。我刑法第一百二十一条规定,对于友邦元首犯故意杀人罪者,处死刑,本条之未遂罪罚之;预备或阴谋犯本条之罪者,处一年以上七年以下有期徒刑。第一百二十二条规定,对于友邦元首犯故意伤害罪,妨害自由罪及妨害名誉罪者,加重本刑三分之一。又第一百二十六条规定,意图侮辱外国,公然损坏,除去,或污辱外国之国旗国章者,处一年以下有期徒刑,拘役,或三百元以下罚金,凡此皆为维持尊严权而设。

【尊属亲】【亲】Ascendant 为亲系分类之一种,与已身所出之父母为同辈,或同辈以上者,曰尊属亲,例如伯叔祖父母等皆是。

【就地正法】【刑】因犯罪情形重大,无须再为覆核审判,亦无须押解或递解于其他机关而即在犯罪所在地执行死刑者为就地正法。我国对于惩治盗匪之刑法历来从严。自前清咸丰年间,因剿办土匪定有就地正法章程,从此各省相沿,即寻常盗案亦常有不待审转覆勘概行就地惩办者。民国成立以来,各省惩治盗匪,尚有援用就地正法之例。

【就便搜捉】【史】就便者,即时也,搜捉,即索捕之义。明律(卷十三)、清律(卷十八)兵律宫卫篇——宫殿造作罢不出条:"……提调内使监官,门官,守卫官军点视,如名数短少,就便搜捉,随即奏闻。"

【就逮】【通】Under arrest　所谓就逮,乃指服从逮捕之命而不逃避而言,又业已逮捕而不能逃亡,亦曰就逮。

【就审期间】【民诉】Interval for deliberation　所谓就审期间,乃指被告自收到起诉状缮本及言辞辩论之传票之日起至言辞辩论之期日为止之预备赴审之期间而言。此项期间在原则上至少应有十日,务使被告有相当之预备期间。我民事诉讼法第二四二条规定,诉状应与言辞辩论期日之传票一并送达于被告,此项送达距言辞辩论之期日,至少应有十日为就审期间,但有急迫情形者,不在此限。即此项就审期间并非不变期间,法院仍得酌量被告住居地距离之远近延展或缩短之。

【就籍】【行】又称设籍。(详该本条)

【屠户宰杀好牲】【史】凡堪供使用之牲畜如牛马等不得宰杀,盖为保护农作等而设者也。清之现行则例(即刑部现行则例)贼盗篇设有屠户宰杀好牲之条:"凡屠户将瘸病不堪使者,许其上税买去宰杀;如将堪使者买去宰杀,虽系上税,仍照故杀他人驼骡驴律杖一百;若将偷的好牲畜不上税买去宰杀者,俱与窃盗一体治罪。"

【屠宰场】【行】Slaughter-house　所谓屠宰场,乃指以供食用为目的屠宰兽畜(暂以牛羊猪为限)之场所而言。屠宰场之设立须经该管官署之许可。屠宰场可分为公立者与私立者。各地方设有公立宰屠场时,该管官署认为必要之区域内,得废止私设之屠宰场。如因此受有损失者,须补偿之。屠宰场为检查屠畜须具有必要之设备。该管官署如认为必要时,得令变更其设备。此外凡已设屠宰场地方不得于屠宰场以外私屠兽畜,但供自用或有其他特别情形时则不在此限耳。(屠宰场规则第一—三条,第五—七条,又第十二条)

【复(復)代理人】【民总】Sub-agent　又曰复代理人。为代理之一种,对普通代理人言,即代理人为使行使其代理权之全部或一部,而以自己名义所选任之本人代理人也。故复代理人之权限与代理人之代理权限相并存在。其要件有四:(1)须为代理人所选任者。(2)须直接为本人之代理人。(3)其权限须为代理权范围内之行为。(4)须为非代理人之替身,且须相并存在。复代理人既非代理人之代理人,乃为本人之代理人,故其行为与代理人之行为生同一之效果,直接对于本人而有效者也。我国民法在总则篇中未设规定,且于委任(第五三七条)与雇佣(第四八四条第一项)中设有反对规定,故在任意代理时当解为不许为原则。法定代理则以许其选任,惟须负一切责任耳。

【复(復)任权】【民总】Right of substitution　即代理人选任复代理人之权也。(参复代理人条)

【复(復)作】【史】为汉时对于女子之犯罪所科之徒刑之一种。按复者解其束缚之谓也,作者劳役也,即解其束缚而就自由劳役也。汉书仪:"男为戍罚作,女为复作,皆一岁。"汉书宣帝纪注曰:"李奇曰,复作者,女徒也。谓轻罪,男子守边一岁,女子软弱，不任守，复令作于官，亦一岁，故谓之复作，徒也。”又同书宣帝纪注曰：“孟康曰，复，谓弛刑徒也。有赦令诏书，去其钳钛赭衣，更犯事不从徒加，与民为例，故当复为官作，满其本罪年月日，律名为复作。”

【复(復)委任】【债】Re-mandate 甲委任乙为代理人，而乙复以自己之名义再行委任他人，是曰复委任。

【复(復)活主义】【继】为关于遗嘱之撤销行为复经撤销时之效力的立法主义之一，对非复活主义言。即主张以撤销行为若经撤销，遗嘱人必系认撤销行为为不当，而有维持原遗嘱之意思，自应使其效力复活，以尊重遗嘱人之意思。德国民法采之。我民法未设规定。

【复(復)除】【史】谓免除徭役(即军事上其他劳役)也。唐律(卷十三)户婚篇设有应复除不给之条："诸应受服除而不给，不应受而给者，徒二年。其小徭者，笞五十。"

【复(復)陶】【史】为掌衣服之官，春秋列国官名异同考："襄公三十年传，晋使绛县老人为君复陶。杜注云，复陶，掌衣服之官。孔疏云，衣服之名。复陶，其义未闻。昭公十二年传，秦复陶。杜注云，秦所遗羽衣也。案哀公二十七年传，成子衣制杖戈。杜注云，制，雨衣也。复陶亦制之异名，其官于周礼无征，春官司服，掌吉凶之衣服，而无羽衣。"

【复(復)辟】【史】复者返也。辟者君也。人君因故离去君位，其后复迎归其位谓之复辟。唐书—中宗纪："为武后所废，后二十二年而复辟。"

【复(復)审】【军】Re-trial 所谓复审，乃对于军法会审已为宣告之判决，认为不当时，再为审问之制度而言。复审乃由普通或高等军法会审任之(惟缺席审判之复审则仍由原会审机关为之)。复审有由被告人(被告人死亡者得由亲属为之)之呈诉者，但以下列情事之一者为限：(1)同一案件别有人已受刑之宣告而非共犯者。(2)因他人诬告而其人已受刑之宣告者。(3)为判决基础之证据已经确定判决，证明其伪造或变造者。(4)因发现其他确实证据足认被告人应受无罪之判决者。后审亦有由于总司令，或军政部长，海军部长，或该管最高级长官认已宣告判决为不当时而为之者。(军审法第四四—四六条，又第十一条)

【复(復)归权】【民总】又称期待权。(详该本条)

【复(復)籍】【国私】Restoration of nationality 凡人民归化外国国籍时而再回复其原籍，谓之复籍。或称为回复国籍。关于国籍之回复，立法例计分三种：(一)仅依普通归化之程序不别设便宜之条件者。(二)对于国籍之回复与以便宜之条件者。(三)对于因服外国兵役丧失国籍者之回复，与以艰难之条件者。我国籍法采第二种主义，于国籍回复与以特别之便宜条件，计分下列二种：(一)因婚姻失籍者之回复。中国之女子因嫁与外国人丧失国籍者，如具备下列条件，即回复国籍。(甲)婚姻关系消灭，和夫死亡或离婚是。(乙)经内政部长之许可。(二)因归化失籍者之回复。自愿归化外国者之回复，其条件较为严重，即：(1)须于本国有住所。(2)品行端正。(3)须有相当之财产或艺能。(4)经内政部长许可。回复国籍之效力不溯及既往，惟对于效力发生之时期，我国籍法未有明文，然其他各国中立法例亦有规定者,共可分为三种:(一)完备法定形式及条件之次日发生效力者。(二)许可状交付之日发生效力者。(三)证明状记入之日发生效力者。

【复(復)议】【军】Re-consideration 对于军法会审未宣告之判决认为不合法时,令为原审再审者,曰复议。享有复议之命令权者,为总司令或军政部长,海军部长,或该管最高级长官。(军审法第四一条)

【复(復)权】【宪】Rehabilitation 为赦免之一种,即由国家元首以命令对于受褫夺公权宣告之人回复其一部或全部已丧失资格之谓,即所谓回复公权也。然其效力仅使其将来具有资格,对于以前丧失之效果并无溯及之力。

【复(復)仇】【史】祖父母父母为人所殴杀,为人子者与之有不共戴天之仇,若后殴或杀之以泄愤,谓之复仇。清律及例设有下列规定:(一)祖父母父母为人所杀者:(1)子孙擅杀行凶人,杖六十(即时杀死勿论)。(2)凶犯当时脱逃,被子孙撞遇杀死,照擅杀应死罪人律,杖一百。(3)凶犯拟抵遇赦减等发配后逃回,被死者子孙擅杀,流三千里。(4)凶犯遇赦释回,国法已伸,不当为仇,如有子孙复仇杀害,仍照谋故本律定拟(入于缓决,永远监禁)。(5)释回之犯复向死者子孙寻衅争闹,或用言讥诮,有心欺凌,死者子孙忿激致毙于谋故杀本律减一等,流三千里。(二)其余亲属被杀而还杀行凶人者,依罪人本犯应死而擅杀律杖一百。(三)祖父母父母为人所殴,子孙即时救护还殴,非折伤勿论,折伤以上减凡斗三等,笃疾徒二年(仍追财产一半)。致死依常律绞候。(四)夫为人殴,其妻救护还殴者,其处罚与上条同。(五)以上实系事在危急,情切救护,因而殴死人者,于疏内声明分别减等,援例两请候旨定夺。若与祖父母父母同谋共殴人者则依凡人首从法。(六)祖父母父母被有服亲属殴打,止宜解救,不得还殴,若有还殴,仍依服制科断。如被本宗缌麻尊长外姻小功缌麻尊长殴打,实系事在危急,卑幼情切救护,因而殴死尊长者,减为近边充军,照例两请候旨定夺。如非事在危急,仍照律拟罪,秋审入于缓决。(七)祖父母父母被卑幼殴打事在危急,情切救护,而殴杀卑幼,罪应绞候者,减为流三千里,候旨定夺。罪不应抵者,于殴杀卑幼本律,减一等(仍断财产一半)。若非事在危急,仍照本律问[①]拟。

【复(復)验】【史】与初验相对立。(参检验尸伤不以实条内)

【遍(徧)存】【史】周时王者慰问邦国诸侯之方法有三:一曰遍存,二曰遍俯,三曰遍省。遍者普遍也,存者问其安否也,岁一为之。俯者视其治绩如何也,三岁一为之。省者,察其风俗也,五岁而一为之。周礼—秋官大行人之职:“王之所抚邦国诸侯者,岁遍存,三岁遍俯,五岁遍省。”

【遍(徧)省】【史】与遍存及遍俯相对称。(详遍存条内)

【遍(徧)俯】【史】(详遍存条内)

【悲田院】【史】为唐时以救济老废者为目的而设立之机关,一作卑田院,宋以后名曰福地院。

---

① 原书为“间”,系排版之误。

【恶(惡)性】【刑】所谓恶性,乃指犯罪人犯罪之性格而言。刑法学者多主张刑罚之科处,乃对犯人之恶性而为之。凡无恶性者如未满法定年龄之人,及心神丧失之人均不加以刑罚。

【恶(惡)棍索诈】【史】恶棍者,谓有心为恶之无赖之徒也。索诈者,谓以不法或不正当之方法要求他人财物也。清之现行则例(即刑部现行则例)贼盗篇设有恶棍索诈之条:"凡恶棍设法索诈内升莅任外升来京官员财物或各处张帖揭帖诈财,或告理各衙门吓诈官民财物,或勒写借约取财,并因官民斗殴,纠众用绳系颈,谎言欠债不容分辩,蜂拥拿去处害,勒写文约或吓诈财物不遂其意,竟行打死,此等真正光棍事发者,不分得财与未得财,为首者,立斩;为从者俱拟绞监候,秋后处决。将光棍之家主父兄系旗下鞭五十,系民责二十板,系官交与该部议处;其光棍如有家主父兄,出首送部者,光棍仍照律治罪外,家主父兄免其治罪。"

【恶(惡)意】【通】Malice; Mala fides (拉丁); Bad faith 与善意相对称,知其在法律上非己所有之利益,而仍故意与之发生法律关系者,曰恶意,又称知情。凡因恶意而取得之法律上利益,不得与有法律关系之正当权利人相对抗。

【恶(惡)意占有】【物】Possession in bad faith 为占有之一种,对善意占有言,即明知其物非己所有而占有之之谓。例如甲明知此时计非己所有而迳行占有之是。

【恶(惡)意第三人】【民总】又曰知情第三人。(详该本条)

【拣(揀)授】【史】长官对所属人员加以拣选,并呈送吏部补授官职者,称曰拣授。会典一吏部注:"……以应升之员拣选,拟正陪引见补授。汉钦天监监正,则由本部拣定,交部具题。"

【拣(揀)发】【史】清制,各省督抚如遇本省人员之差遣不敷时,得奏请就候选人员中拣选其人地相宜者,分发若干员,由该省任用,是谓之拣发。(会典吏部)

【拣(揀)补】【史】(参拣授条内)

【拣(揀)点卫士】【史】所谓卫士,乃指兵士而言;所谓拣点,乃指选取而言。对于兵士之选取,有一定之方法。凡人民之家其财产平均者,则选其体强者;如体力平均者,则选其富有者;若财力又均,则先选取其成年男子人数之多者。唐律(卷十六)擅兴篇拣点卫士条:"诸拣点卫士(征人亦同)取舍不平者,一人杖七十,三人加一等,罪止徒三年。"疏议曰:"拣点之法,财均者取强,力均者取富,财力又均,先取多丁。"

【拣(揀)点卫士征人】【史】卫士或非卫士(即征人)之拣点,应以公允方法行之,若取舍不平应处以应得之罪。唐律(卷十六)擅兴篇拣点卫士征人条:"诸拣点卫士(征人亦同)取舍不平者,一人杖七十,三人加一等,罪止徒三年(不平,谓舍富取贫,舍强取弱,舍多丁而取少丁之类)。若军名先定,而差遣不平,减二等,即应差主帅,而差卫士者,加一等,其有欠剩者,各加一等。"疏议曰:"拣点卫士,注云,征人亦同。征人谓非卫士,临时募行者,若取舍不平者,一人杖七十,三人加一等,罪止徒三年。拣点之法,财均者取强,力均者取富,财力又均,先取多丁。故注云,不平谓舍富取贫，舍强取弱，舍多丁而取少丁之类者，谓老小能否，临时比较不平皆是。军名先定，谓卫士之徒，临时差遣不平者，减罪二等，一人笞五十，三人加一等，罪止徒二年。即应差队副以上，而差卫士者，加一等，谓一人杖六十，三人加一等，罪止徒二年半。此直为主帅卫士不同，故加一等，罪止徒二年半。其拣点卫士及征人，有欠剩，亦各加本罪一等，主帅欠剩亦同。其不平之与欠剩，既罪名不等，即准并满之法科之。"

【提出】【通】Presentation　关于书状或证据之交出，曰提出。

【提示】【票】Presentation　提示者，谓将票据向付款人提出使其阅览而决定是否许予承兑或付款也。（参承兑条及付款条内）

【提示期间】【票】Period for presentment　即执票人对于付款人须将票据为承兑之提示或为付款之提示之一定期间也。（参承兑提示条及付款条内）

【提示证券】【票】Presentationspapier（德）　以证券之提示为债权人向债务人请求履行债务之要件，称曰提示证券。票据之债权与证券有不可分离之关系，执票人于票据到期日应向付款人为请求付款之提示，盖执票人每随票据之流通而先后变更，债务人非先俟票据之提示，既不知谁为债权人，复不知应付款额之多少，非预先提示使其从事预备不可，故票据乃提示证券之一种。债权人向债务人请求履行债务时，须提示其证券，以其债权与证券有不可分离之关系故也。是曰提示证券。证券一经提示，于到期日债务人不即履行，债权人即有请求迟延利息之权利。提示证券之实例如票据提货单以及其他无记名之证券皆是。

【提存】【债】Lodgment　为债之消灭原因之一，即清偿人以消灭债权为目的，将给付物寄托于清偿地之提存所，或依该地初级法院之命令将该物寄托于指定提存所或选任保管人之行为也。提存之成立须具下列条件之一：(1)须债权人受领迟延。(2)须清偿人不能确知孰为债权人。学者对提存之性质多数均主张为私法上之契约，而包含寄托与第三人所为契约之行为。提存之主体为清偿人，称曰提存人。提存之客体为给付物，包含动产与不动产而言。至给付物为权利者则不得提存。又提存后原则上应即通知债权人，否则须负损害责任（第三二六条—三二七条）。关于提存之效力，民法之规定如次：(1)债之关系于提存时即为消灭。(2)提存后给付物之危险由债权人负担。(3)债务人勿须支付利息或负担损害责任（第三二八条）。(4)原则上债权人得随时受取提存物，其消灭时效为十年（第三二九—三三〇条）。至提存人有无取回提存物之权，多数立法例均采积极说，我国民法无明文，应解为消极说，或须俟提存之特别法规之规定。

【提存人】【债】Depositor（详提存条内）

【提存物】【债】Thing deposited（详提存条内）

【提存物保管人】【债】Keeper of the thing lodged　即保管提存物之人也。我国民法规定，提存应于清偿地之提存所为之，无提存所者，该地之初级法院因清偿人之声请，应指定提存所，或选任保管提存物之人，此项保管提存物之人，称曰提存物保管人。

【提存金】【债】Money deposited（详提存条内）

【提成金】【债】依劳务契约所订定，按照劳务所获得之价值之一定比例所给予之报酬金额，称曰提成金。例如对于货物贩卖绍介人依照所卖出之货物所给予之若干成之报酬金是。

【提牢】【史】（一）为官名，掌刑部牢狱临检及调提囚人之事，明清皆以刑部主事任之，谓之提牢主事。其官署则曰提牢厅。（二）元时之提点（临检之义）牢狱亦曰提牢，元典章（卷四十）、刑部第二篇有提牢之章。

【提牢主事[①]】【史】（详提牢条内）

【提牢备考】【史】为清赵舒翘所撰，计四卷，卷一为囚粮考，卷二为条例考，卷三章程考，卷四杂事考。舒翘字展如，长安人。是书为其任刑部提牢时所作。据其自序所云，提牢在西曹为众狱关锁要地，事例烦杂，乃向无成书，即前人所立章程亦半多散佚，初任每一切茫然，遇事罔知所措，迨稍觉熟悉，而又将去任矣，故特搜辑是书，聊以备复任。光绪乙酉年（即光绪十一年西历为一八八五年）癸巳年（即光绪十九年为西历一八九三年）曾先后刊行，在癸巳年之刊本并增入雷瀛仙序文一篇。我国旧时关于监狱之专书，甚属罕见，是书实为典狱人员治古之唯一参考良本。

【提牢厅】【史】为清刑部所设之下属机关，置主事二人，满洲及汉各一人，司狱为满洲四人，汉军二人，汉二人，掌管狱卒稽查南北监所之罪囚，支衣粮药物而散给之。（清嘉庆会典刑部）

【提供】【通】Offer　所谓提供，乃指向法院或相对方人提示特定物或特定金额，以备一定之用之谓。如提供金额以供担保是。

【提供担保】【债】Offering for security　在凡附有期间之契约，行为契约之一方，对于他之一方，恐其期间已到而不能履行其所认定之义务时，可要求对方提出相当之担保，以保证将来必履行其义务，谓之提供担保。如受赠人对于赠与人之期间附之赠与，得请求其提出相当担保是也（民诉）。在民事诉讼法规定，凡诉讼关系人，就诉讼费用，或由诉讼发生之损害供担保者，曰提供诉讼担保。此项担保为预防滥诉，并保护他造利益起见，依民诉规定以裁定命供担保者有二种：（一）原告于中华民国无住所事务所及营业所者，其在诉讼中发生担保不足额，或不确实之情事时亦同。（二）声请假扣押或假处分时，诉讼上之担保应提存现金，或经法院认为相当之有价证券。以乃担保之通则，不论何种情形一律适用，盖此种办法，较诸对人或对物担保实有缓急繁简之分也。但当事人有特别约定者，则应依其约定办理。

【提法使】【史】（详提点刑狱条内）

【提封】【史】封建时代诸侯领地全体谓之提封。提者举也。汉书一刑法志：“一

---

① 原书为“义”，系排版之误。

同百里，提封万井（提举也，举四封之内也）。除山川，沉斥、城池，邑居，园囿，术路，三千六百井（沉斥，水田舄卤也。沉谓渊，深水之下也。斥，咸卤之地。术，大道也）。定出赋六千四百井，戎马四百匹，兵马百乘，此卿大夫采地之大者也。”

【提案】【宪】Proposal 立法程序之开始，曰提案，即将议案提出于立法机关之谓也。议案之提出须以书面行之。由中央政治会议交议之事件立法院得为内容之审议。各院移送之法律案大赦案及行政院移送之条约案外交重要事件预算案须经院长发交专任委员会审查，提交院会议议决之，但遇急迫必要之场合得不经专任委员会审查之程序。至立法院委员所提出之法律案，须经五人以上之连署始得提出。以上乃就通常提案而言，至于在下列场合，立法院委员得为临时提案：(一)报告事项后未到讨论议案前。(二)一案议决后其他议案未开议前。(三)依照议事日程议毕各案后未经宣告散会前。凡临时提案除提议人外，须具备委员四人和议，方成立为议案，至于应否提前讨论，抑俟按序议毕各案后方付讨论，或列入下期会议讨论，由主席决定之。（立法院议事规则第十二条—二十一条）

【提案权】【宪】又曰发案权，谓向议会提出法律案或预算案之权能也。（参提案条）

【提起上诉】【民刑诉】（详上诉条内）

【提起公诉】【刑诉】Presenting public prosecution 法院检察官遇有侵害国家法权之时，经搜查终结后，断定其事实，认被告有犯罪之嫌疑，足以起诉，因而提起诉讼，使法院为本案审理之开始者，为提起公诉。又公诉之案件若由被害人自行向法院提起公诉，而不由检察官之侦查处分，亦可谓之公诉。（参公诉条）

【提票】【刑诉】法院于审判时提讯人犯所用之票，谓之提票。例如县公安局拘留犯罪人，未于相当期间内移交法院，法院得依被害人之声请，或依职权制发提票，向县公安局提取犯人是。

【提单】【债】Bill of lading 谓由运送人所填发与托运人关于运送物品之收据也。此种提单有流通之效力，乃一种流通证券，盖为便利托运人或受货人自由处分运送物计也。提单之填发，运送人负有义务，但以托运人请求时为限，故除由运送人签名外，应记载下列事项：(1)托运人之姓名及住址。(2)运送物之种类，品质，数量，及其包皮之种类，个数，及记号。(3)目的地。(4)受货人之名号及住址。(5)运货之数额及其支付人为托运人或为受货人。(6)提单之填发地及填发之年月日（第六二五条）。提单一经填发，运送契约之内容均以提单之记载为准，提单在原则上得用背书方法移转于他人，其移转之关系即交付提单时与交付物品享有同一之效力（第六二七—二九条）。此无他，盖欲维持提单使成为流通证券也。至于受货人或提单持有人请求交付运送物时，自应将提单交还与运送人，固不待言，一则可为有交付请求权之证明，一则借以消灭运送契约，故法律特加以规定，以防争议。（第六三〇条）

【提单持有人】【债】即执有提单之人也。（参提单条内）

【提减权】【继】Right of reduction; Abatement 又称扣减权。（详该本条）

【提塘】【史】清代各省之督抚武职内选派一人，驻扎京师专司本在京衙门之往来文书，称曰提塘京塘官，隶属于兵部。(清会典兵部)

【提审状】【宪】Writ of habeas corpus 一名出庭状(详该本条)。又称保护状。

【提调】【史】(一)为官名。元有大都路兵马都指挥司，掌鞫捕京城之盗贼奸伪等事。世祖时以刑部尚书提调，提调之名始此。所谓提调，监理之意也。清时之方略馆，会典馆等置提调官，掌奏章文移。乡会试亦有内外提调官，任试场取缔之事。各局总办以下亦有提调官，掌承上宣下事。(二)指挥监督谓之提调。明律(卷十六)、清律(卷十八)兵律厩牧篇——孳生马匹条："典牧官不为用心提调者。"

【提学使】【史】官名，宋时置提举学务司，掌一路州县之学政。明时有按察分司及提学道，清改为提督学政，专掌全省之学政，清末改为提学使属于督抚，民国废之，即今之教育厅长一职也。

【提举学务司】【史】(详提学使条内)

【提点刑狱】【史】地方上司理刑狱之官也。设置于宋时，明清称曰按察使，清末则改为提法使，管理各省司法行政之事务。

【换(換)文】【国公】Exchange of notes 换文乃双方以照会对于某种事件互相表示意见以求解决之办法。例如美日两国对于废止蓝辛石井条约之换文是。

【换(換)刑】【刑】Conversion or transmutation of penalties from one to another 换刑者，因宣告之刑不适于执行，而易以异种之刑罚也。可分为两项，即罚金换监禁，及徒刑拘役换罚金是也。罚金换监禁，依新刑法第五十五条之规定，为一元以上三元以下折算一日，惟罚金之额数，若逾一年之日数时，其所易监禁之日数固应以一年为限，然已纳罚金一部分之后，或已受监禁若干日之后，若再请换刑，则易科监禁期内纳罚金者，以所纳之数依裁判所定之标准折算扣除监禁日期。徒刑拘役换罚金，在暂行律得以一日折算一元易以罚金，惟新刑法已不设此项条文，以罚金易自由刑，有背刑罚之本旨故也。

【换(換)押】【史】为当业之一种。依清法制，开业者须缴纳银二百两领取执照，方得从事开业，以三年为限，期满仍须再向官厅续领新照，并应再行缴纳二百两，方可继续营业。

【换(換)价提存】【债】Lodgment of proceeds 即将给付物拍卖而提存其价额于提存所或保管人之谓也。(民法第三三一条，参自助售卖条内)

【揭示法】【通】为昔日欧洲各国法律颁布程式之一种，即将法文揭示于大庭广众间，或于一定地方为之，使各方人民便于阅览。如罗马十二铜牌法之揭示是。即我国之政府机关，对于布告通告，至今亦多采此方法。

【揭帖】【史】揭帖之义可分为下列二种：(1)地方长官向中央官厅所作关于人命审判案件之报告文书，称曰揭帖(会典刑部)。(2)即揭示之义。通雅："宋元丰中，诏中当写例一本，纳执政，分令诸房揭帖。"按古帖字与贴字相通。

【揭贴】【史】广为揭示也。宋史一高宗纪："朕当书之屏风，以时揭贴。"

【援例】【通】Quoting a precedent　在英美法系无成文法典之国，其判决多引用前此判决例以为根据，此种方法曰援例。我国裁判上亦有引用以前大理院判决例者。至今新法虽相继颁行，法院仍有援例以为裁判之根据者，惟以与现行法不相抵触者为限耳。

【援赦】【史】援用其他之赦例以为减罪宽免者，曰援赦。六部成语注解："援，引也。国有恩赦，援例减罪，或予宽免。"

【描(描)摸】【史】(参伪造印历书等条内)

【散布贩卖猥亵之文字图画罪】【刑】散布贩卖猥亵之文字图画罪，为妨害风化罪之一。因散布或贩卖猥亵之文字图画，及其他物品或公然陈列而成立。盖本罪之成立，因其有诲淫之性质，与社会风化大有关系，故加处罚。至文书图画及物品，即凡刺激肉欲或可以满足肉欲之文字图画，或其他物品，如淫书春宫泄欲器具之类是，且须有贩卖或散布之行为。至公然陈列之行为，亦构成本罪。如陈列于多数不特定人容易见知之处所是。至其有无贩卖之意，陈列件数种类之多少，与夫是否露出其内容一部或全部，均非所问，其处分为一千元以下罚金。若意图贩卖而制造持有上述之文字图画，及其他物品者，亦有处罚之规定，但须以意图贩卖之目的而从事制造或持有之行为为必要，其处罚亦为一千元以下罚金。诚以上述两罪之动机，全为图利，故处以财产刑，所以警戒之也。

【散帖控告匿名揭帖】【史】向地方官控告时不行呈递诉状以便两造对理而迳行散布揭帖者曰散帖控告。又隐匿真正姓名印行及分布粘贴之损毁他人名誉信用及地位之文件者，曰匿名揭帖。清之现行则例(即刑部现行则例)诉讼篇设有散帖控告匿名揭帖之条："匿名揭帖不系两造对理，布散揭帖首告部院衙门，投送者俱不准行出者。送揭之人缉拿移送刑部，照例治罪，不行拿送者，降四级调用。若接受具题，审理官革职，若不肖之官唆使劣棍粘贴揭帖，或令散布首告不系两造对理揭帖，亦照粘揭揭帖布散首告不系两造对理之人之例治罪。其匿名揭帖，不系两造对理揭帖，布散粘帖之人，地方该管官不行严加查拿，从傍发觉，将司坊官专设把总等，俱各罚俸一年，监察御史兼辖营官罚俸半年，步军校等各罚俸一年，步军副尉罚俸半年，步军统领步军总尉各罚俸三个月，该看守地方步军枷号三个月，鞭一百，营兵人司坊衙役，枷号三个月，责四十板。"

【散禁】【史】锁禁罪囚于狱内时，并不施用狱具，谓之散禁。唐律(卷二十九)断狱篇——囚应禁而不禁条之疏议曰："狱官令，禁囚死罪枷杻，妇人及流以下去杻，其杖罪散禁。"

【斫(斮)胫剖心】【史】斫胫剖心，乃殷纣王之故事，书经—泰誓篇："今商王受，斫朝涉之胫，剖贤人之心。"唐律疏议进表亦引用之。按斫胫乃指纣王于冬月见朝涉水者，谓其胫耐寒，斫而视之而言。剖心乃指比干忠谏，纣曰，吾闻贤人之心有七孔剖而观之而言。(参阅书经传说)

【普及破产主义】【破】与属地破产主义相对称，谓凡在本国内之破产宣告，其效力及于在外国之财产。依此主义之结果，凡破产人在外国之财产于宣告破产之后，亦以之归属于破产财团。列国立法例多不采取之。

【普通支票】【票】Ordinary check 为支票之一，对保付支票与平行线支票言，谓通常由发票人约定由银钱业支付一定金额之证券也。易辞言之，所谓普通支票，乃指保付支票与平行线支票以外之支票而言。通常支票属此者居多，且有无记名式，记名式，及来人付款式之分。至其优点，乃在易于授受，但于票据丧失及执票人是否正当，则不易补救，自非平行线支票所可及，但习惯上多采用此种支票耳。(参支票条)其形式如下：

正面	背面
支票 凭票请付　何任清君或持票人 大洋伍千元正 此致 上海商业储蓄银行　照付 徐天锡(印) 民国二十年五月九日	(背书与汇票同参汇票条)

【普通代理】【民总】又曰一般代理。(详该本条)

【普通代理人】【民总】Ordinary agent 为代理人之一种，对复代理人言，乃指复代理以外之代理人而言，即以本人(被代理人)名义自为意思表示或自受意思表示，而其效果则直接及于本人之代理人也。例如一般代理人，特别代理人，或意定代理人，及法定代理人皆属之。

【普通失踪期间】【民总】General period for the declaration of disappearance 为得为死亡宣告前法定失踪期间之一，即一般失踪人应受死亡宣告以前之法定失踪期间也。德国民法定为十年，日本民法为七年，我国民法第八条第一项亦定为满十年。

【普通平行线】【票】与特别平行线相对称。(详平行线支票条内)

【普通平行线支票】【票】与特别平行线支票相对称。(详平行线支票条内)

【普通民法】【民】General civil law 与特别民法相对立，即适用于一般人民之私法也。我国民法法典属之。

【普通犯】【刑】General crime (甲)凡违反普通刑法者，曰普通犯，对特别犯言。(乙)凡犯罪无须有身分为犯罪构成特别要件者，亦曰普通犯，对身分犯言。

【普通休假】【劳】与特别休假相对称，即指法定纪念日之休假而言也。我国工厂法第十五条规定，凡国民政府法令所规定应放假之纪念日均应给假休息。

【普通共同诉讼】【民诉】Ordinary co-litigation (详共同诉讼条内)

【普通共有】【物】Co-ownership in general 一名分别共有。(详该条)

【普通刑事诉讼】【刑诉】Ordinary criminal procedure 与特别刑事诉讼相对

立，谓依刑事诉讼法所进行之刑事诉讼也。其非依刑事诉讼法所进行之刑事诉讼，则曰特别刑事诉讼。例如依陆海空军审判法所为之刑事诉讼是。

【普通刑法】【刑】General (ordinary) criminal law 即狭义刑法之变名，为对于一般之人与地与时或事而为共同之规定者。其适用范围与区域甚广，例如我国刑法属之。与特别刑法区别之标准有四：(一)适用于人者——因其人之身分不同而其适用亦随之而异。至其身分并非阶级关系，乃为职务关系。陆海空军人之不能适用普通刑法，即其例证，但陆海空军刑法之规定，有时亦能适用于普通人者，如内乱罪是；而普通刑法之规定亦有时只适用于特定之一部分人者，如渎职罪。(二)施行之地——普通刑法本以施行于本国领域或国土内为原则，但有时对特殊区域内制定特别刑法以施行之者，如日本之台湾朝鲜(日据)是。(三)适用之时——普通刑法施行时期除于另定新法外，均为永久适用者，但于战事或其他临时事变时，得制定特别刑法，一俟事变终了，即行无效，如反革命条例是。(四)适用之事——普通刑法所规定者，犯者自应按所规定者处以刑罚，但有仅按特别事项所规定之刑法，须有触犯该特别事项之范围时，始可按其规定予以处罚者。例如商标法工会法所规定之刑名是，须与该特别刑罚法令直接违反时，始能适用。

【普通考试】【行】为考试之一种，与高等考试特种考试相对立，于各省区或考试院所指定之区域，每年或间年举行一次，及格者得任为委任官。依现行法之规定，普通考试共有下列各种：(一)普通行政人员。(二)教育行政人员。(三)卫生行政人员。(四)监狱官。(五)法院书记官。(六)警察行政人员。(七)农业行政人员。至于投考者之资格，除有特别规定者外，凡中华民国国民有下列资格之一者，均得应考：(1)经立案之公私中等以上学校毕业，得有证书者。(2)有中等以上学校毕业之同等学力，经检定考试及格者。

【普通抗告】【民诉】Finfache beschwerde (德); Single complaint 对特别抗告言，即由裁定送达后起，于十四日内之不变期间内所为之抗告也。例如对于拒绝诉讼救助之裁定所为之抗告是。

【普通决议】【公】Ordenticher beschluss (德) 与特别决议相对称，即公司就通常事项所为之决议也。

【普通官署】【行】General governmental office 为官署之一种，与特别官署相对立，谓管理一般政务之官署也。例如省长公署是。

【普通承兑】【票】General acceptance 又曰单纯承兑。(详该本条)

【普通法】【通】General law; Common law 与特别法相对称，乃以法之适用范围为区别标准。其标准有三：(一)以地为标准——适用于全国之法律曰普通法，适用于一地之法律曰特别法。(二)以人为标准——适用于一般人民之法律曰普通法，适用于特定之人则曰特别法。(三)以事物为标准——适用于一般事项之法律曰普通法，适用于特定事项者曰特别法。按普通法与特别法区别之实益，乃在创立特别法优于普通法之原则，故凡有特别法时须先依据特别法，必无特别法或特别法无规定时，始可适用普通法。普通法又称习惯法 Common law，与衡平法相对立，为英美法系之主要法律。普通法一名在英美法系中有下列二种意义：(一)为英国法律之总称，成文法或不成文法均包含在内。(二)为英国法内除去衡平法海事法及宗教法以外之不成文法之总称。若在苏格兰及欧洲大陆诸国中所谓普通法，乃指罗马法而言。(参衡平法条内)

【普通法定期间】【民总】在不变期间以外之法定期间，谓之普通法定期间。例如诉讼程序休止后续行诉讼之期间是。

【普通法庭】【通】Common court　审理民刑诉讼案件之法庭，谓之普通法庭，即适用普通法之法庭。例如地方简易庭，地方法院，高等法院，及最高法院等之民庭刑庭是也。与特别法庭相对立。

【普通法院】【组】Common court　一称通常法院。即对于一切民刑事案件均有审判权之法院。如地方法院，高等法院及最高法院皆是。与特别法院相对称。

【普通股份】【公】Ordinary shares　为股份之一种，与优先股份相对称，依股东权利而为之区别也。指公司通常所发行股份而言。

【普通附带上诉】【民诉】为附带上诉之一种，对独立附带上诉言，谓被上诉人于自己上诉期间届满后所提起之附带上诉也。凡上诉人之上诉因无理由而被驳回时，或上诉人之上诉经撤回时，此项附带上诉即不能成立，而与上诉一同消灭。

【普通保险单】【险】又曰普通保险契约书，盖即适用于各种保险契约之保险单也。此项保险单依我国保险法第八条之规定，其内容除应由当事人双方签名外，尚应记载下列各项事项：(1)当事人之姓名及住所。(2)保险之标的。(3)所保危险之性质。(4)保险责任开始之时日及保险期间。(5)保险金额。(6)保险费。(7)无效及失权之原因。(8)订约之年月日。

【普通军法会审】【军】General court for military cases　为军法会审之一种，于各总指挥部，各军部，各独立师部，各独立旅部，或该管高级长官之驻在处所设立之亦采合议制，以审判长一员审判官二员军法官二员及书记组织之。审判长及审判官乃由最高级长官依被告人官级临时派定之。(军审法第五一七条)

【普通参加】【民诉】又称曰从参加。(详该本条)

【普通寄记】【债】即指通常所称之寄托而言也。(详寄托条内)

【普通累犯】【刑】Ordinary recidivism　为累犯因处罚轻重而区分之一种，对特别累犯言，即累犯罪中前后所犯之罪性质不同或不同款之谓(刑法第六十六条第一项)。性质不同者，即前犯内乱罪后又犯杀人罪是。不同款者，即刑法六十六条所规定各款，如前犯内乱罪后犯海盗罪是。普通累犯较特别累犯处罚为轻。

【普通累犯主义】【刑】谓(1)所犯之罪非与初犯同一性质或为类似之犯罪者，不得称为累犯。(2)初犯与累犯之间须设一定之期间方可。我刑法采第二项，即须受有期徒刑之执行完毕，或受无期徒刑或有期徒刑一部之执行而免除后五年内再犯者，始为累犯(参累犯条)。即第一项亦相对的兼采之。(第六十六条第二项)

【普通习惯】【民总】Common usage　习惯者，为多数人关于同种事项继续反覆为同一行为所成立之准则也。其通行于全国,为普通一般人所惯行者,谓之普通习惯。其所以别于特别习惯者,以特别习惯乃限于特种身分职业或地位之人耳。

【普通期间】【民诉】又称非不变期间。(详法定期间条内)

【普通诉讼】【民刑诉】Ordinary law suit; Ordinary action 普通诉讼者,即一切民刑事件于普通法院中所提起之诉讼也。分为普通民事诉讼与普通刑事诉讼。前者乃适用私法以保护危害现存之私权之审判上之程序,后者乃国家行使刑罚权之审判上之程序。均与特别诉讼不同,盖特别诉讼,如行政诉讼适用行政法,军事诉讼适用军事法规,而普通民刑诉讼,则皆适用普通民刑法也。

【普通诉讼程序】【民诉】General procedure 为民事诉讼程序之一种,与特别诉讼程序相对立,即在民事诉讼法中设有一般规定之诉讼程序也(民诉法第二编—四编)。内含第一审之通常诉讼程序,简易诉讼程序,与上诉审之第二审程序,第三审程序及抗告程序与再审程序。

【普通银行】【行】谓依银行法所设立之银行也。其依特别银行法如储蓄银行法所设之银行则曰特别银行,如储蓄银行是。

【普通审判籍】【民诉】General forum 为审判籍之一种。所谓普通审判籍,乃指法院就除有专属管辖规定外之一切诉讼而对被告所有之审判范围而言。我民诉法规定如下:(一)被告为自然人时——其诉讼除有专属管辖规定外,由被告普通审判籍所在地之法院管辖。普通审判籍依住所定之;于中国无住所,或住所不明者,依居所定之;无居所或居所不明者,以其在中国最后之住所视为其住所。(二)被告为法人时——国库之普通审判籍,依代表国库为诉讼之公署所在地定之,其他之公法人则依其公务所所在地定之,至于私法人则依其主事务所所在地定之,惟外国私法人则依其在中国之事务所所在地定之。(民诉法第一——三条)

【普通选举制】【宪】System of universal election 凡一国之人民,除未成年者,精神病者,及犯罪者,禁治产者,未得国籍者以外之人,皆享有选举权者为普通选举制。反之,如于未成年者,精神病者,及犯罪者,禁治产者,未得国籍者等不得享有选举权外,复设定其他资格。例如须有一定财产,及须受相当之教育者,或限于男性者,始可取得选举权,皆为限制选举制。晚近以来,因民治运动之发达,与国民教育之普及,普通选举制已为文明国家所采用。

【普通随意条件】【民总】为随意条件(详该本条)之一,对纯粹随意条件言。

【普通职务犯罪】【刑】与特别职务犯罪相对称,谓一般官吏均得违犯之犯罪也。例如受贿罪是。至于有特别职务之官吏所得违犯之犯罪则称曰特别职务犯罪。例如故出入人罪仅以有审判权之法官所得违犯之耳。

【普通赠与】【债】Gift simplex et pure (拉丁); Simple and pure gift; Gift at large 为赠与之一种,对特种赠与言,即不附带任何条件期限或负担,而于赠与契约成立时,即生效力之赠与也。(参赠与条)

【普通警察】【行】Common police 所谓普通警察,乃指保护个人之安宁幸福为目的而设之警察而言。又曰私安警察,与高等警察(又曰公安警察)之以保护国家社会之秩序为目的者不同。然二者仍系同属于保安警察。

【普通护照】【行】Ordinary passport 为护照之一种,与外交护照及官员护照相对称,凡适用于外交护照及官员护照之领取者以外之本国人民,皆曰普通护照。须向外交部或外交部指定之地方政府或驻外使领馆领取。领取时并应出具保证文件,送请发照机关核准。护照自发给之日起,其有效期间为三年,期满后三年内如欲继续使用,得向当地政府或附近本国使领馆呈请延期。

【普鲁士自由邦宪法】【宪】Constitution of Prussia 普鲁士为德意志联邦共和国之自由邦之一,为德国近代经济上及政治上之领袖,其区域与人口亦为德国各联邦之冠,原为波兰之一公国,后合于德意志之不兰敦堡(Brandenburg)。一七〇一年不兰敦堡侯腓力特烈一世始称普鲁士王,略有北德意志各地,七年战役(The Seven Years War)之结果,遂威震四方,与奥大利争霸。一八〇六年与法帝拿破仑战,大败,尽丧西部各地,惟其西南巴威尔等十六州则另组来因(Rhine)同盟,受法帝拿破仑之保护。及拿翁失败,维也纳会议后来因同盟解散,另组德意志联邦,以奥大利为盟主,而普鲁士除收复所失地外,亦加入焉。一八六一年普王威廉一世立,以俾斯麦为宰相,实行铁血主义,普国势力复震四方,及一八六六年即战胜奥大利而破之,并于次年另以北部二十二邦组织北德意志联邦,自为盟主,而奥大利则被摒于外。一八七一年又战胜法国,下其都城巴黎,此后南部诸邦亦加入联邦,遂以普鲁士王威廉一世为德意志帝国皇帝,而普鲁士王国之名,仍依然存在。其王国之宪法最先制定于一八四八年,于一八五〇年一月三十一日修正公布,全文共分九章,计一一九条,第一章领土,第二章臣民之权利义务,第三章国王,第四章大臣,第五章议会之两院,第六章司法权,第七章裁判官以外之官吏,第八章财政,第九章地方制度。欧洲大战告终,德帝退位,共和政体成立,而普鲁士王国亦易为自由邦,成为德意志共和国之构成邦国之一。复于一九二〇年十一月三十日制定自由邦宪法并公布施行,共分十一章,凡八十八条,第一章国家,第二章国权,第三章邦议会,第四章邦参议会,第五章邦行政院,第六章立法,第七章财政,第八章自治,第九章宗教团体,第十章邦之官吏,第十一章临时及终结规定。兹将其要点举述于下:(一)普鲁士为共和政体并为德意志国之一肢体。(二)国权属于国民全体。二十岁以上之德籍男女在普鲁士有住所者,均有投票权,采用普通,平等,秘密及直接之方法行使之。惟禁治产者或准禁治产者或因精神残废尚在调养中者或现时无公民荣誉权者,皆无投票权(即请愿,表决与选举三项)。国民得为宪法之更改,法律之制定更改及废止并邦议会之解散等事项之请愿,惟应送达于邦行政院,并由邦行政院附具意见提出于邦议会。如邦议会对此请愿业已照行时不得举行国民表决,其系应交国民表决及在宪法上预为规定者,则应由国民表决之。此项表决须得有投票权过半数参加投票,始生效力。关于请愿及表决之程序另以法律规定之。(三)邦议会由普鲁士国民之代表构成之,均以比例选举之原则选举之。凡年龄满二十五岁而享有投票权者,均得为被选人。邦及公法团体之官吏,雇员劳动者得同时兼任议员职务,任期均为四年。选举人争执事件概由以邦议会议员之特为本届任期而选出者及由高等行政法院院长为此时期而指定之高等行政法院人员所组织而成之选举审查法庭审查之。(四)邦议会集会于邦行政院所在地,自行选举议长副议长及其他理事部人员。在两次会期中以及由旧邦议会至新选邦议会开会之期间由末次开会之议长及副议长继续执行一切职务。议长对于议会内财务及官员雇员等有处理及监督权。邦议会原则上须有法定议员过半数之出席始有议决能力。其议决方法原则上亦须以简单过半数行之。议事时以公开为原则。(五)邦议会有设立审问委员会之权,若得议员法定人数五分一之动议更有设立此会之义务。其程序及人数以议事程序规定之。邦议会于休会期间及本届议会任满或旧议会已被解散而新议会尚未集会时,得设立常任委员会以行使对于行政院之权利,同时且有审问委员会之一切权利。邦议会依据本法议决法律,并承认岁出岁入之预算,规定邦之行政原则并监督其执行。凡条约之有关于立法事项者,必须经邦议会之承认。对于宪法改正案之决议,非有法定议员人数三分二之出席,出席议员三分二之同意者,不生效力。(六)邦议会由于议会自行决议(须得法定议员过半数之同意始得为之),或由于以行政院长,邦议会议长,及邦参政会联合组成之委员会之决议,或由于国民表决,得解散之。解散后并须于六十日内重行新选举。(七)邦参政会为由各州之代表所组成之各州参与邦之立法行政之机关,在原则上各州每人口满五十万者应选派代表一人,每州至少须有代表三人;此项参政及其代理人均由各州议会选举之(但有例外)。凡年满二十五岁及其住所在该州有一年以上之时间而有投票权者,均得为被选举人,惟当选人不得同时兼任邦议会议员耳。至邦及公法团体之官吏雇员及劳动者则得兼任邦参政会之参政职务。(八)邦参政会自行选举主席及书记长与其代理人。第一次会议由邦行政院召集之,此外则随时视事务之需要,由主席召集之。若有全体参政五分一,一州代表之全体或邦行政院之要求时,邦参政会主席应召集开会。至于议决法案,须有全体过半数之出席始为有效,且以简单之过半数之赞成为准。会议及议决原则上均为公开。(九)邦参政会对于邦议会议决之法律有依法定手续提出抗议之权,对于邦行政院之日常执行国务事项之报告有收受之权。凡公布全国之法律及邦法律之施行细则,以及公布邦行政院之一般组织典令之前,邦参政会应预闻之。(十)邦行政院由邦议会所选举之邦行政院院长与由该院长所任用之各国务员组织之。院长为行政院长官并领导行政院职务决定政府政治大纲,并对邦议会负责。各国务员在政治大纲之范围内独立处理其主管事务,对于邦议会亦单独负责。邦行政院对外代表本邦,对于邦议会有决定提出法律案于邦议会之权,为执行法律起见在原则上得发布命令,又对直属官吏有任命之权,对联邦参政会参政有任命之权(但有例外)。在原则上又有行使恩赦之权,在一定情势之下有依法发布有法律效力之命令之权。(十一)邦行政院及各国务员之执行职务,国民得由邦议会于一定情形之下表示是否信任之态度。如不信任案成立时,有关系之各国务员均须去职,惟邦行政院长,仅限于不行使其解散邦议会之动议或其动议为委员会所否决时方可去职。又邦议会对于国务员违反宪法或法律之罪,得控告之于国事法院,惟此项控告之动议,最少须有议员一百人之署名,并须有与更改宪法所规定之多数之同意(即出席三分二之同意)方为有效(国事法院之组织另以法律规定之)。(十二)法律须依据宪法而成立,且于普鲁士公报上于一月之内公布之。除有特别规定者外，均于公布之十四日后发生效力。（十三）邦之一切收支均须按年编成预算以法律确定之。若次年之预算案于本会计年度终结时尚未成立，则邦行政院得为法定必要之支出或发行国库证券（有额数之限制）。又凡以公债方法筹集款项时必以应非常之需要，且以供有收益之目的之用途为原则，且应依法为之，方为有效。关于预算案之决算由高等审计院审核及确定之，并应将每岁之预算上总决算及国债表，附以高等审计院之说明提交邦议会。（十四）邦分为州，州又分为县城办理自治事务。邦议会之选举原则得适用于州县及地方团体议会之选举，惟在地方团体议会之选举，得以法律酌设有被选举权者应在本地方团体内居留至一定时期之规定。（十五）凡德意志人民，不问男女性别及既往职业，如资格适合者，均得为邦之官吏。邦之官吏非依法定之条件及手续，不得反其本意而免其职或一时或永久命其停职，或使其调任俸给较少之他种官职。（十六）关于临时及终结规定。（第八十一—八十八条从略）

【普济堂】【史】为救恤鳏寡孤独之穷民之官署也。唐有悲田院；宋有福地院，福田院，广惠仓等；元有济众院及惠民药局；明有养济院；清参酌历朝之制，于各省通都大邑设普济堂，以为养赡老疾无依者之场所。

【景山官学】【史】清康熙二十五年所创设。以教育内务府佐领下之子弟为目的之学校，名曰景山官学。乃清朝特殊学校之一。（学政全书及科举条例）

【景胄】【史】景者大也，胄者胄子即长子之谓，景胄乃对于嫡子之尊称。唐律（卷首）疏之进表：“景胄以之硕茂。”

【景祐编敕】【史】为宋法典之一。仁宗景祐二年六月，翰林学士章得象等，删定祥符八年至明道二年宣敕，上一司一务编敕，在京编敕，并目录四十四卷；五年十月，上刑名敕五卷。

【景德三司新编敕】【史】（详景德编敕条内）

【景德编敕】【史】为宋法典之一。真宗景德二年九月癸亥，三司上新编敕十五卷，请雕印颁行，从之。十月癸辰，盐铁副使林特，上三司编敕三十卷；三年正月七日，右谏议大夫三司使丁谓等，上景德农田编敕五卷，三年二月己丑赐辅轴泊王钦若新印农田编敕各一部。

【智利国宪法】【宪】Constitution of Chile 智利在南美洲之西南部，东界阿根廷及玻利维亚二国，北接秘鲁，西及南均濒太平洋，地形狭长，东西广二百哩，南北长二千八百哩，百积约二十九万方哩，北部伸入热带，南部接近寒带，人口约四百万，多为西班牙人后裔，为南美洲白人最多之国，海岸线约长三千四百余哩，海上运输甚便，而海军之强大为南美洲各国之冠，即人民智识之高，亦为南美各国所不及。农矿为国内主要之生业，农业以小麦为多，而矿产则以硝石驰名世界，其产量占世界总数十分之九，然多由外资经营，致利源外溢甚多，未免可惜耳。至其中部气候温和，物产丰富，为天府之区，故近来自与玻利维亚及秘鲁修睦邦交后，国势日增，已为南美三大强国之一。按智利原为西班牙属地，一八一〇年革命军兴，以圣马丁为首领，屡破西班牙军队，一八一八年始确立为共和国。后于一八七九年——八八三年又历胜玻利维亚及秘鲁二国。其先在一八二八年曾有政治宪法之制定，一八三一年十月一日召集会议，重加修正，至一八三三年五月二十五日完成公布。内分为十一章，共一百五十九条，并附有临时条文。第一章政府之形式。第二章宗教。第三章智利人民。第四章智利之公权。第五章国会。第六章共和国总统。第七章司法行政。第八章地方行政。第九章安全及财产之保障。第十章普通规定。第十一章宪法之遵守与修正。至一九二五年九月十八日复行制定新宪法，并公布施行，共分十章，都一百一十条。第一章国体，政府及主权。第二章国籍及公民权。第三章国民权利。第四章国会。第五章大总统。第六章选举审查法。第七章司法权。第八章地方制度。第九章地方行政。第十章宪法之修正。兹将其要点列举于下：(一)智利为统一国。其政府为共和民主代议制。主权属于国民，由本宪法所规定之机关行使之。(二)下列之人均为智利人而有智利国籍：(1)凡在智利境内出生者，均为智利人，但留住智利之外国公务人员，及外国侨民在智利所生之子女，得就其父母国籍或智利国籍中自由选定之。(2)智利人在外国所生之子女，居住智利时，即为智利人；父母为智利人，父或母在国外担任本国公职时所生之子女均为智利人。(3)外国人依照法律取得智利国籍证书，并声明放弃其原有国籍者。(4)因特殊情形，依法取得智利国籍证书者。至于归化为外国人者，或毁弃国籍证书，并于战时为敌国或敌国之联盟国服兵役者，均丧失智利之国籍。(三)凡智利国民年满二十一岁能诵读书写，并经登记于选举册者，均有选举权。惟心神丧失缺乏思想能力者，或因犯罪而身受刑罚者均取消其选举权。(四)人民在法律上一律平等。人民有身体自由权(奴隶制度不得存在)有宗教自由及信仰自由之权，有以言论刊物发表意见之自由权，有集会及依法结社之自由权，有向官署诉愿之权，有教育之自由权(初等教育为强迫性质)，有依法担任一切公职之权；一切财产，发明专利权，住所，信函电报通讯之秘密皆有不可侵犯之权。人民之住居及迁移出境亦有自由之权。劳动企业及社会事业皆受法律之保护，而人民以资产为比例或依法律所定之累进办法应平等纳税或分担公共费用。同时除依法律特许免除外凡智利国民有服兵役之能力者，均应登记于军人名册。(五)人民应经合法之审判，其拘禁与羁押及逮捕均须依照法律所定之方法为之。至被逮捕之人犯应于四十八小时内解送法院，否则被拘留或被监禁之本人，或第三者均得向法律所指定之官署诉请遵守法定程序，或予以纠正。典狱人员得检查秘密室所有被拘留之人。关于刑事被告及其尊亲属，卑亲属三亲等以内家族或二等亲以内姻亲不适用发誓之规定，不许施行拷讯，在原则上亦不得没收其财产。又凡经开释或缓刑之人，对于所受身体上或精神上损失，均得依照法定程序要求赔偿。(六)军警有服从之义务。军队军官无论武装或非武装以及群众等要挟大总统，众议院，参议院或法院所为之决定，均当然不能发生效力。(七)国会以众议院与参议院组织之。议员之名额由各政党比例分配选举之。凡国民享有选举权而未经判处肉刑者均得当选为众议员或参议员(惟参议员之年龄须满三十五岁)。惟下列诸人则为例外：(1)国务员。(2)省长及州长。(3)高等法院法官，各级法院之推事及检察官。(4)与政府缔结契约之法人，或公司之经理或董事。议员同时不能兼用其他有给公职或类似之职务，惟大学教授等为例外。对于职务范围内所发表之意见及所为之表决不负任何责任。自当选后在原则上亦不得被起诉或被逮捕。(八)众议院议员由各省之每一州,或由数州联合依照选举法所定之方式,用直接投票法,就每三万人或余数在一万五千人以上者选举一人,每四年改选一次。众议院对于(甲)大总统行为有破坏国家名誉或安全之重大情形,及违背宪法或法律之显著情形者。(乙)国务员犯叛国,侵占公款,收受贿赂,违背宪法,法律,破坏国家名誉及安全之罪者。(丙)高等法院法官犯重大渎职之罪者。(丁)海陆军将官犯重大破坏国家安全及名誉之罪者。(戊)省长及州长犯叛国,内乱,侵占公款之罪者;有依法向参议院提出弹劾之权。又众议院得监督政府之行为,以出席议员过半数之同意,得向大总统以书面质询之。(九)参议员则以法律所定之新省区按照地方特性及利益用直接投票法选举之。每省区得选出五人,任期为八年,每四年改选一部分。其职权为依法受理众议院所提出之弹劾案,并受理人民因国务员行为所受权利上损害所提起之弹劾案,并受理人民因国务员行为所受权利上损害所提起之弹劾案,受理对于省长及州长所提起之弹劾案,受理行政机关与高等法院间之管辖争议案件,此外对于因受刑罚而丧失其公民权者,亦有宣告复权之权。又在宪法所规定之情形内且有通过或否决大总统命令之权,同时且对大总统之咨询陈述意见。(十)关于国会一般之共同职权在本宪法第四十三条及第四十四条设有列举之规定,即如议决或否决政府所提出之每年经常费,及大总统于批准前所提交之条约,制定租税征收等之法律,批准借款,议决每年预算收入及政费之支出,设置或裁撤官职规定或变更其职权,增减经费授给恤金与勋位,规定或变更行政区域,规定货币名称及度量衡制,规定海陆军军额,议决或否决大总统所提交之宣战案,以及大赦及特赦之法律案(仅参议院得提出之)。(十一)法律案之提出或由大总统或由国会议员(惟紧急议案及预算案增补条款仅得由大总统提出之)。惟议案经一院通过后应即提交他议院讨论。议案经复议之议院全部否决时,应即发回提案之议院,该议院得以出席议员过半数之同意通过增补或修正案,但增补或修正案仍遭否决时,得再行发回。如该案经出席议员三分之二之同意通过时,议案亦应发回提案之议院。增补案或修正案经出席议员三分之二投票否决者,则不得成立。经议院否决之议案不得于一年以内重行提出。其经两院通过之议案应交由大总统同意后公布之,使成为法律。惟大总统依法有拒绝批准之权,如两院仍坚持原案时,大总统仍须公布之。(十二)国会常会开幕于每年之五月二十一日而闭幕于九月十八日,临时会议由大总统或由议院议长依法召集之。会议时之法定出席人数在众议院为五分之一以上,在参议院则为四分之一。两议院同时闭会,但议长得特别召集单独开会,讨论其职权内之专属事项。(十三)大总统为一国之元首掌理国政,其当选资格须为出生于智利境内年满三十岁,而具有当选为众议员之资格者,任期六年,不得连任。选举方法为由全国有选举权之公民直接选举之;并由国会全体议员之大多数出席,以参议院议长任主席公开检验之;如无过半数之票者,则由国会就比较得最多数之二人中以神秘投票方法选出之。大总统亲身统率军队或因病或有其他重要事故不能执行职务时,以法定顺序之首席部长以副总统名义代理之。如首席部长不在者则依次席之一定顺序,如仍均不可时,大总统得就参议长,众议长或最高法院院长选定之。若大总统在宪法规定之任期未满以前而亡故，失权，或绝对不能行使其职务时则应依法从新选举大总统。（十四）大总统操有国家之行政与统治权，依法并有维持国内外治安之责任。其特职权如依法批准及公布法律，召集国会非常会议，监督法官及司法人员之行为，任命各部部长，秘书，外交官吏（大使与公使之任须经参议院之同意），并各监督官吏与各省省长，高等法院之法官及法庭律师，以及依法任命其他法定之文武官职（惟高级陆海军官之任命仍须经参议院之同意）；且有罢免之权。此外对于公债偿还之监督，团体法人资格之认许，特赦之准许（有例外规定），海陆军队之指挥，战争之依法宣告，对外条约及协定等之签订，外交事务之谈判，戒严令之宣告等皆得由大总统行使之。（十五）国务员为辅助大总统而设，其额数与职权依法律之规定。凡有被选为众议员之资格者始得被任为国务员。大总统之一切命令文件均须经一主管部长之副署，否则概为无效。副署者应负担责任而各部长于国会开会时亦得出席参与讨论（但无表决权）。（十六）凡大总统及众议员与参议员及其他等选举之审查均由加利非加多法院（Tribunal Calificador）办理之。该法院以委员五人组织之，每四年改选一次，就下列诸人中以抽签定之：(1)曾任众议长或副议长一年以上者，抽定一人。(2)曾任参议长或副议长一年以上者，抽定一人。(3)曾任最高法院检察官者，抽定二人。(4)曾任国会开会所在地之高等法院检察官者，抽定一人。又此项法院之审判采陪审制，其职权及程序悉以法律规定之。（十七）裁判民刑诉讼事件之权专属于由法律所设立之法院，其组织及职权，另以特别法定之。最高法院检察官由大总统于候选之五人名单中任命之，高等法院之检察官由大总统于最高法院呈荐之候选三人名单中选定之，其他均依法律之所定。凡成绩优良之法官得永久留任，如不称职，仅得任至法律规定之限期为止。最高法院依照法定组织与职权在全国之法院系统上，制裁上，经济上居最高地位，又在特别情形中受理其他法院所裁判之最终上诉案，对于一切法律有违反宪法时，得宣告不得适用。又关于政治机关与法院管辖之争执而不属于参议院管理者，亦由最高法院受理之。（十八）行政法院由常任评事若干人组成之。凡对于行政机关所为之诉情，未经宪法或法律规定属于其他法院管辖者，均由行政法院受理之。其组织与职权概由法律定之。（十九）地方制度以省为最高区域，省分为州，州分为县，县分为区。省设省长，任期三年，为大总统之直属官吏，依照法律及大总统之命令以执行其统治权，并代表大总统监督各该省之一切行政事务。州设州长，隶属于省长，经省长之呈荐由大总统任命之，任期三年；其罢免之权则属于省长，惟须经大总统之批准。各县设县长，由州长任命之，任期一年，并得由州长呈报省长后罢免之。各区设区长，隶属于县长，由县长呈报州长后任免之。（二十）关于地方之自治行政分为省与市。市之领域应等于一县。省置省长及省议会，省议会由各市于首次市议会用连记名投票选定代表组成之。被选者须具有被选为众议员之同等资格，并须在该省内住居一年以上，任期三年。省议会主席由省长充任，副主席则由代表中选举之。大总统得参议院之同意得解散省议会。凡省议会之命令与决议，省长应施行之；如认为有违背宪法或法律或有损害于省及国家利益者，得于十日内宣告停止施行，交省议会重新讨论；如省议会以出席议员三分之二之表决维持原案时，省长仍应公布并施行之；若省长仍认为确有违反宪法或法律之事实时,省长得将该案呈请于最高法院,请求裁判。市设市政府,置市长一人,并设市参事会,其参事至少五人多至十五人,任期三年,当选者须具有与被选为众议员之同等资格,并须住居于该市在一年以上者。市政府以市参事过半数之签署处理市行政事务并管理法律所规定之收入。又市政府应依法受省议会之制裁与经济之监督。(二十一)为施行行政分权制度应由法律逐渐将现属于他机关之行政职权交由省市两机关分别执行之,惟国家之普通事务则依法分区施行之。(二十二)宪法修正案之起草与普通法律同一方式,惟应分别交由参众两院通过并须得各该院全体之过半数之表决,于通过后七十日,应再由两院召开联席合并大会,以两院议员之过半数出席公开举行之。将原文交付表决不再讨论,于表决后,即提交大总统。大总统得将该修正案再加修正,如该再修正案经两院通过后即提交大总统公布之。如该再修正案全部或一部经两院否决,并以其出席议员三分之二之表决坚持其原草案者,大总统应将该草案公布之。惟对于不同之点认为必须征求全国同意者,得于三十日内交由国民总投票表决之。其由总投票所通过之草案,视同宪法修正案,应即公布之。

【智能犯】【刑】凡犯罪行为乃基于其人之智慧才能者,谓之智能犯。例如诈欺罪,伪造罪等皆是。

【智能权】【通】Right of jalent 为财产权之一种,又称无体财产权,或专用权,即支配因智能而产生之无形物之权利也。此种权利之规定,乃为保护精神力之作用而设,例如著作权特许权商标权等是也。

【替代交付】【物】又称指示交付。(详该本条)

【最低工资】【劳】Minimum wage 所谓最低工资,乃指依工人所需要生活费用为标准之最低限度的工资而言,又称生活工资。各国对此多有另行制定最低工资法规者,我国仅于工厂法第二十条内规定,工人最低工资率之规定应以各工厂所在地之工人生活状况为标准。近虽有最低工资法之草案,至今迄未颁行。

【最低工资法】【劳】Law of Minimum Wage 本法仅为一种草案,尚未经立法院通过,凡五章,共二十七条。其要点如下:(一)任何事业全部或一部之工人,其工资特别低廉有规定工资之必要者,主管官署依法处理之。(二)主管官署应依本法设立最低工资讨论委员会。(三)规定最低工资之程序。(甲)主管官署提交最低工资讨论委员会审议后呈请规定。(乙)最低工资讨论委员会征得该事业劳资双方之同意呈请规定。(丙)某事业之劳方或资方建议于最低工资讨论委员会,经审查后呈请规定。(四)最低工资率就当地生活状况以下列标准定之:(甲)成年工以维持其本身及无工作能力之亲属二人之生活为准。(乙)童工以维持其本身生活为准。(五)劳方或资方不得以私人或团体资格缔结少于最低工资率之契约,残废体弱工人不在此限。(六)最低工资讨论委员会置委员九人至十五人。(甲)主管官署代表一人。(乙)劳资双方代表三至六人。(丙)劳资推出无直接利害关系熟悉工业情形者一至二人。(丁)实业部或省主管官署认为必要时,得派代表一至二人。(七)最低工资讨论委员会以主管官署代表为主席。(八)最低工资讨论委员会委员任期三年。(九)开会时资方或劳方如无代表出席时,会期应顺延一次,由主管官署通知该方第二次开会不得缺席，如仍无代表出席，即由出席委员三分二同意议决，但出席者须有委员半数以上。（十）最低工资率实行满十二个月得修改之。（十一）凡雇主违反本法（如第五项等）者，酌量处以罚金。（十二）最低工资讨论委员会必要时得召集工人，询问或调阅雇主置备之簿册。

【最低年龄】【劳】Minimum age　所谓最低年龄，乃指儿童从事工作时之最小限度的年龄而言。国际劳工大会议定为十四岁，列国法律多翕然从之，我国工厂法亦然（第五条），惟苏俄则以十六岁为工作最低年龄。

【最低拍卖价格】【民执】Sum of the lowest auction　拍卖标的物之价格，由鉴定人估定之。其所定之拍卖标准之最低价格，谓之最低拍卖价格。拍买人所出之拍卖价格，必须高于最低之拍卖价格。例如某不动产之拍卖，其最低拍卖价格定为一千元，则拍买[①]者所出之价额必须超过一千元是。

【最低度】【刑】谓法定刑期或罚金数额最低之限度也。

【最低额】【通】Minimum　最少之额数，谓之最低额。例如最低之工资数额是。

【最后分配】【破】Final distribution　为财产分配之一种，即对于可以变价之破产财团悉行变价后所为之分配也。通常亦由破产管财人为之，且须得监查员之同意及法院之许可。至于分配表之制作与数额之公告，与中间分配同。（破产法第二四九—二六二条）

【最后通牒】【国公】Ultimatum（拉丁）　又称哀的美敦书，即甲国对于乙国以文书促其于一定期间内为一定之行为或不为一定之行为也。此种文书必须详载最后之办法，或最少限度之让步，及不可抛弃之要求。故最后通牒之提出，如未获得对方之屈服，每为战争或断绝国交之原因，但不可与宣战书相混，以最后通牒提出之结果，尚有和平之希望，而宣战书一经向对方提出，立即发生战事故也。

【最后辩论权】【刑诉】Right of final debate　依刑事诉讼法第三百零一条规定，诉讼当辩论最终时，审判长应再询被告之意见，使其尽其辞，被告之此种权利谓之最后辩论权。若审判日期调查证据完毕后，检察官被告辩护人，依次辩论后，审判长不再询被告之意见，使其尽其辞，被告得据此以为上诉之理由。

【最高所有权】【通】Paramount ownership　君主对其领域内之土地有绝对支配之权力，无论何人不得加以侵犯，是曰最高所有权。

【最高法院】【组】Supreme court　为三级法院之一，与地方法院高等法院相对称，即在国民政府所在地所设立而享有最终审判权之法院也。置院长一员，兼任推事并充庭长，审判时以推事五人或七人组织合议庭，其管辖事件如下：（一）不服高等法院及其分院第一审判决而上诉之刑事诉讼案件。（二）不服高等法院及其分院第二审判决而上诉之民刑诉讼案[②]件。（三）不服高等法院及其分院裁定而抗

① 原书为“卖”，系排版之误。
② 原书为“事”，系排版之误。

告之案件。(四)非常上诉案件。(法院组织法第二十一条—二十五条)

【最高法院组织法】【法组】本组织法于民国十七年十一月十七日由国民政府公布,十八年八月十四日修正,全文计十四条,自公布日施行。(参最高法院条)

【最高度】【刑】谓法定刑期或罚金之最高限度也。

【最高机关】【行】The highest organ 一国中必有行使其统治权之主体,对外代表国家对内为全国元首,是为行政之最高机关。例如君主政体之君王,民主政体中之大总统皆是。至于司法之最高机关通常为最高法院或大理院。

【最终结果地】【刑】Final resulting-place 犯罪者犯罪之行为实施于二以上之地段,其最后结束犯罪行为之地,为最终结果地。如以被害者之死亡地,为结果地者是。

【最惠国】【国公】The most favoured nation (详最惠国条款条内)

【最惠国条款】【国公】Most-favoured-nation clause 所谓最惠国条款,乃指缔约国之一方得均沾以他方对第三国已经订立,或将来给予之权利利益之条款而言。此项条款设置之目的,乃在使本国商货在外国市场有与第三国商货竞争之可能,故通常以关于航海通商之条约为多。可分为下列各种:(一)附条件的最惠国条款与无条件的最惠国条款。(二)双面的最惠国条款与片面的最惠国条款。(三)一般的最惠国条款与特定的最惠国条款(详各本条)。

【朝士】【史】为周礼秋官之属,计中士六人掌建邦外朝之法。按周制有三朝:一曰外朝,在库门之外,询万民听政之朝也,小司寇朝士掌焉。一曰治朝,在路门之外,王日听治之朝也,宰夫司士掌焉。一曰燕朝,在路门之内,王图宗人嘉事之朝也,大仆小臣掌焉。

【朝考】【史】清时朝廷之特别试验(即进士之考试)谓之朝考。雍正元年之上谕:"新科进士于引见前,朕欲先行考试,再引见,一应仍照殿试预备。朕将诗文四六各体出题,视其所能,或一篇或二三篇,或各体俱作,悉听其便。"

【朝廷】【史】臣下与君面会之处称曰朝廷。盖即朝见君主之所也。

【朝见留难】【史】司仪礼官(即鸿胪寺)对当引见者无故留难,应处极刑,以其有雍蔽之情也。在朝大臣知其留难阻当之情而不究问者,恐有党恶之意,故与同罪。明律(卷十二)、清律(卷十七)均有朝见留难条之设,内容相同。清律原文及其下注:"凡司仪礼官,将应朝见官员人等,托故留难阻当,不即见引者,斩。大臣知而不问,与同罪;不知者不坐。"

【朝律】【史】朝律为关于朝廷仪式之法规,计共六篇,汉赵禹所作。晋书—刑法志:"张汤越宫律二十七篇,赵禹朝律六篇。"御鉴(六百三十八引)张斐律序:"张汤制越宫律,赵禹作朝会正见律。"

【朝参】【史】朝廷中之参谒出勤,谓之朝参。在外官之官署出勤,曰公座署事。在京官之政朝出勤,曰朝参(参无故不朝参公座条内)。

【朝贺班次】【史】文武百官朝见圣上,均须依照一定品类与次序,不得参差,是曰朝贺班次。大明令一礼会篇设有朝贺班次之条:"凡在朝班次各依品从,毋得差错,违者从纠仪官举罚。"

【朝请】【史】秦汉之时诸侯于春谒见天子曰朝,于秋谒见则称曰请,其掌朝请之事者称为奉朝请。晋宋齐梁皆因之。隋开皇以后始废,另置朝请郎与朝请大夫,惟皆散官之职。

【朝请大夫】【史】(详朝请条内)

【朝请郎】【史】(详朝请条内)

【朝觐】【史】诸侯之谒见天子,有朝与觐之别。周礼宗伯:"春见曰朝。秋见曰觐。朝者早也。觐者勤也。"在礼记曲视篇则谓诸侯北面与天子相见曰觐;诸公东面,诸侯西面则曰朝。又同书一王制篇:"天子无事,诸侯相见曰朝。"

【期日】【民诉】Dates　在民事诉讼条例内曰日期,在民事诉讼法则称期日,即诉讼关系人与法院会合为诉讼行为之时期也。凡于此时期开始以后,终竣以前,皆应继续为诉讼行为,例如言词辩论期日,证据调查期日,裁判宣示期日,和解期日,与夫讯问期日,皆属之。期日除依本法有特别规定者外(如调查证据期日之由受命推事,或受托推事指定之是),均由审判长依职权指定之。期日之开始,以该事件之点呼为准。又除本法有特别规定者外,在原则上非有重大理由,法院不得变更或延展之。期日与期间不可相混,其区别之点重要者如下:(一)期日仅有裁定一种,期间则分法定与裁定两种。(二)期日仅有始期,期间则有始期与终期。(三)期日无不变期日,期间则有之。(四)期日非有通知不得开始进行,期间[①]则无通知时亦能进行(参民诉法第一五七——六〇条)。

【民总】与期间相对称,即不可区分之时期也。易言之,即特定时期之谓。例如约定明年三月五日是。期日与期间之区分,乃以有无继续之观念为标准。按期日云起算点为即时起算,盖依自然计算法也(民法第一二〇条第一项)。

【期服】【史】服齐衰满一年之丧者,为期服。在本宗者共有下列各种:(1)祖父母。(2)伯叔父母。(3)嫡孙(妻均大功)。(4)兄弟。(5)在室之姑及诸姊妹(妻均小功)。(6)众子。(7)长子之妇、侄及在室侄女(妻均从夫之服)。(8)父母在者夫为妻、妾为家长之父母及正妻之子,在室已女。(9)已嫁之女为祖父母及父母。以上之期服其重者为杖期,轻者则为不杖期(清律卷一丧服图)。

【期前债务】【债】凡未满会计年度之审计期间,而其时尚未付去之债务,为期前债务。例如工厂应付之工资,商店应付之利息或租金,并及人民应付之税捐等皆是。

【期前偿还主义】【票】又名一权主义。(详该本条)

【期待权】【民总】Anwartschaftsrecht(德)　又名复归权。即条件成否未定中,当事人对于将来成就或不成就所能得之权利或所能免之义务有希望,或一种单纯

---

① 原书为"限",系排版之误。

希望之权也。学者间有主此种权利非物权亦非债权，乃为一种特别之权利者，亦有主张乃为一种法律上之状态或地位者。我国民法对此权利设有保护规定，即附条件之法律行为当事人于条件成否未定前，若有损害相对人因条件成就所应得利益之行为者，负赔偿损害之责任（第一百条）。至期限之到来乃为确定，故其所应得之利益，自较因条件所得者更为确定，尤更须予以保护，故民法于第一〇二条作准用之规定。

【期约】【刑】所谓期约，乃指受贿人与赠贿人双方所为关于在一定期间之内为一定之给付之契约行为而言。我国刑法第一二八条第一项规定公务员对于职务上之行为要求期约或收受贿赂或其他不正利益者，处五年以下有期徒刑，得并科五千元以下罚金。

【期要】【史】婚姻契约履行之期日，曰期要。即举行结婚仪式之佳日也。唐律（卷十四）户婚篇，违律为婚条："……即应为婚，虽已纳娉，期要未至而强娶，及期要至，女家故违者，各杖一百。"疏议曰："虽已纳娉财，元契吉日未至。"

【期限】【刑诉】Periods of limitation　谓法律或法院以使诉讼主体，于一定时间内，为诉讼行为或不为诉讼行为为目的，所预定之时间也。此种期限，关系于诉讼上之权利甚著，故法律设有明文：(一)计算——凡以月或年计算者从历，以最后之月或年与起算日数相当之前日为期限之末日。但最后之月无相当日者，则以其月之末日为期限之末日。例如以一个月为期限，自一月三十一日起应以二月二十八日或二十九日为期限之末日是。又期限之末日适遇星期日庆祝日或其他休息日，不得算入。又以日月或年计者，第一日不得算入，须于翌日算起。(二)延长——实施诉讼行为之人，其住居在管辖法院所在地以外区域者，法定期限应加以延长，即扣除在途期间是也。此项期间预由司法行政部定之。(三)效力——凡不遵守期限者，即丧失其行为权利，或其行为即属无效，但非因过失，得声请回复原状（详该本条）。期限因其性质与效力可分为二类：(1)失权期限与犹预期限。(2)法定期限与裁定期限。（详各本条，刑诉法第二〇四条—二一二条）

【民总】Term or limitation of time　为法律行为附款之一，对条件言，乃一种法律行为之任意附款，其效力之发生或消灭一系于将来确实之事实者也。例如约定某年某月某日偿还某借款是。其要件有三：(1)须为法律行为之任意附款。(2)须为决定原法律行为之发生或消灭。(3)须为将来确定可以届至之事实。期限亦以得任意附加于法律行为为原则。但亦有不许附加者，例如撤销承认是。期限之种类有三：(1)始期与终期。(2)确定期限与不确定期限。(3)真实期限与假装期限。（详各本条）

【期限后背书】【票】为到期后背书（详该本条）之别名，或简称曰后背书。

【期限债务】【债】债务之清偿定有确定期限者曰期限债务。

【期票】【票】Promisory note　我国旧法称本票曰期票。

【期间】【民总】Periods　与期日相对称，即由一定时期至他一定时期之限定时间也。例如约定自民国二十年三月四日起至民国二十三年五月五日止是。因其有继续之观念，故与期日之特定性质不同。期间得分为二：(1)预定期间。(2)时效期间(详各本条)。期间起算点之计算法以日、星期、月或年、定期间者，其始日不算入(民法第一二〇条第二项)，例如自三月三日起若干日，则应自四日起算，至年龄计算则由出生之日亦须算入。期间终止点之计算法即以日、星期、月或年、定期间者，以期间末日之终止为期间之终止(第一二一条第一项)。例如定三月五日终止时，则须于五日午后十二时为终止点是，余类推。又期间之不以星期、月或年之始日起算者，以最后之星期、月或年、与起算日相当日之前一日为期间之末日(第一二一条第二项)。例如于星期三日上午十时约定一星期之期间，则从星期四日起算至下星期三日为期间末日是。但以月或年定期间于最后之月无相当之日者，以其月之末日为期间之末日，例如自一月三十一日起一月，则以二月二十八日或二十九日(闰年)时为终止是。若期间末日之终止为星期日纪念日或其他休息日时，应延长至次日为终止期(第一二二条)。至月或年非连续计算者，每月为三十日，每年为三百六十五日。(第一二三条)

【民诉】Periods of time 在民事诉讼条例内称之曰期限，民事诉讼法则曰期间，即诉讼关系人自己单独为诉讼行为之时期也。凡于期间继续之时，不论何时均可为诉讼行为。若于终竣以后为之，法律上有一定之制裁。所谓期间，例如上诉期间，抗告期间，再审期间，皆属之。期间可分为二类：(一)诉讼上期间与职务上期间，(二)法定期间与裁定期间(详各本条)。期间之计算，均依民法之所定。(民诉法第一六一——一六七条)

【期亲祖父母】【史】服丧满一年之亲属，曰期亲。旧制设有一定范围，惟刑律关于曾孙之对曾祖父母(丧服为齐衰五月)，玄孙之对其高祖父母(丧服为齐衰三月)，为尊重人伦起见，仍视为期亲。故有违反其教令或有其他不教事实之发生者，仍依期亲之例从重处断(明律卷一，清律卷四名例，称期亲祖父母之条)。

【棉业处】【史】为北京政府时代之农商部所附设之机关，以研究棉业之改良，并图棉业之发达为目的。所掌事项如下：(1)关于国内外棉业调查事项。(2)关于棉花种类及品质之审查事项。(3)关于研究棉种之改良事项。(4)关于研究棉花病虫害之驱除及预防事项。(5)关于编辑棉业书报事项。上述一切事务由农商部农林司长兼领之，并派棉业技师及部员中熟谙棉业者为职员。(棉业处规则第一——四条)

【棉业试验场】【行】Cotton experimental station 实业部为施行下列各项事务起见特设棉业试验场：(1)关于种类改良试验事项。(2)关于栽培管理事项。(3)关于病虫害虫防治事项。(4)关于气候测验及土壤肥料事项。(5)关于推广及指导事项。(6)关于产品展览及品评事项。(7)关于调查统计事项。(8)其他与棉业试验场有关系事项。场内置场长一人(荐任或委任)，技术员一人至三人，推广员一人至三人，事务员一人至三人(均委任)。为实验及研究并推广起见，棉业试验场应设棉产品标本陈列室，每年应征集新收之棉产品，开品评会一次，以资鼓励。(棉业试验场组织条例第一——二条、第九——十条)

【森林】【行】Forest (详森林法条内)

【森林行政】【行】Afforestation administration 国家对于森林业之奖励，与森林之监督，及其他事务，曰森林行政。

【森林所有人】【行】Owner of forests 享有森林所有权之人称曰森林所有人。此项所有人有时为国家，有时为地方自治团体，有时为私人或私人团体。此外凡以所有竹木为目的而于其林地有地上权，赁借权或其他使用权，或收益权者，于适用森林之规定时亦视为森林所有人。(森林法第一一一条)

【森林法】【行】Afforestation Law 本法于民国二十一年九月十五日由国民政府公布，计分十章，共七十七节。兹述其要点于下：(一)森林依其所有权之归属，分为国有林、公有林与私有林三种，于特殊情形时应加以编成为保安林，其编入或解除乃由森林所在地之自治团体，或其他有直接利害关系者呈由地方主管署向主管部声请之。(二)经营林业者于一定情事得限定区域组织林业合作社，由主管部及地方主管官署监督之。(三)森林所有人因自森林运搬产物，或因关于运搬之设备有必要时，经地方主管官署之许可，得使用他人之土地。(四)土地之使用继续至三年以上，或变更土地之形质者，土地所有权人得请求征收其土地。(五)土地之使用或征收应给付补偿金。(六)森林所有人因自森林运搬产物，或因关于运搬之设备有必要时，经地方主管官署之许可，得使用变更或除去他人设置于水流之工作物(如有损害应给付补偿金)。(七)如因利用水流运搬竹木时，亦得进入沿岸之土地(若有损害应予赔偿)。(八)关于森林或森林事业因实地调查有必要时，经地方主管官署之许可，于通知所有人或占有人后，得进入他人土地，设置目标或除去障碍物(惟应负损害赔偿之责)。(九)经营林业者应将其森林所在地，名称，林地面积，竹木种类，林场地图及施业计划，呈由地方主管官署汇报主管部，并须受其指导。(十)主管部或地方主管官署，得依森林所在地之状况指定一定处所及期间，限制或禁止土石草皮树根草根之采取或采掘。(十一)私有土地编入森林用地者，地方主管官署得指定期限命其造林。(十二)地方主管官署认为必要时，得为下列各项命令或处分：(1)令选定用于林产物之记号或印章，呈报该管警察官署，并于林产物搬出前使用之。(2)禁止经他人呈报有案之同一或类似记号或印章之使用。(3)对于违反前二项规定者停止林产物之搬运。(4)令林产物营业人设置账簿，记载其林产物之出处，种类、数量及销路。(5)其他关于森林危害防止之事项。(十三)森林保护区内不得有引火之行为，但经该管公务员之许可者不在此限。(十四)森林发生害虫或有发生之虞时，森林所有人应驱逐或预防之。(十五)铁道通过森林保护区者，应有防火防烟之设备，设于保护区附近之工厂亦同，又电线穿过森林保护区者，亦应有防止走电之设备。(十六)森林用地得减税，其尚未造林者，自开始造林之日起得于三十年以内免税。(十七)凡经营林业，国家得依法(第五四条)分别奖励之。(十八)国有荒山荒地编为森林用地者，除保留供国有林之经营者外，中华民国人民愿承领造林者，得无偿给与之。(十九)关于罚则之规定。(第六十一—七十四条)

【森林警察】【行】Forest police 凡执掌遏止森林产物犯罪，预防森林火灾及驱除森林害虫，皆谓之森林警察。

【森林窃盗】【行】于森林窃取其主副产物者为森林窃盗。应处一年以下有期徒刑，拘役或赃额二倍以下罚金。至于森林窃盗如有下列各款情形之一者，则处六月以上，三年以下有期徒刑，并科赃额二倍以下罚金：(1)于保安林犯之者。(2)依官署之委托或其他契约有保护森林义务之人犯之者。(3)于行使林产物采取权时犯之者。(4)结伙二人以上或雇使他人犯之者。(5)以赃物原料制成木炭，松根油，或其他物品者。(6)为运搬赃物使用牲口船舶车辆或有运搬造材之设备者。(7)掘采毁坏烧毁或隐蔽根株，以图罪迹之湮灭者。(8)以赃物为燃料使用于赃物之采取精制或石灰砖瓦或其他物之制造者。(森林法第六十条、第六十一条)

【弃(棄)市】【史】于市上执行死刑者曰弃市。礼记—王制篇："刑人于市，与众弃之。"乃于公众环视之下公然处犯罪者以死刑，一方表示众人共弃之意，一方则使观者警惕于犯罪之不可尝试。在秦时原称曰磔；至汉景帝改之为弃市。汉书—景帝纪："中二年，改磔曰弃市。"注曰："应劭曰，先此诸死刑，皆磔于市，今改曰弃市，自非妖逆，不复磔也。师古曰，磔，谓张其尸也，弃市，杀之于市也。"晋书—刑法志："弃市者，死之下。"又史记—秦纪："有敢偶语诗书，弃市。"是实际上秦亦有弃市之名，而汉代亦多行磔之制度。

【弃(棄)灰者刑】【史】谓弃灰于道路者应处刑也。乃以预防火灾为目的，故有此项规定。韩非子—内储说篇："殷之法，弃灰于衢者刑。"史记—李斯传："商君之法，刑弃灰于道者。"

【弃(棄)却】【民刑诉】Rejection (英)；Verwerfung (德)　为日本名辞，与我国所称之驳斥相似。

【弃(棄)儿登记】【行】Foundling register　所谓弃儿，乃指被弃之婴儿而言。弃儿登记者，谓于发见弃儿时，向发见地户籍主任声请将出生等事实登录于人事登记簿也。声请义务人为发见人，或接发见报告之警察官署，且应于发见后或接发见执行后二十四小时内为之。(户籍法第五十八—六十条)

【弃(棄)毁制书及官文书】【史】制书与官文书皆国家重要之公事，处理文书，如加弃毁，是妨害公务也。法律特设明文加以禁止，即误毁者亦应受罚。唐律(卷二十七)杂律篇弃毁制书及官文书条："诸弃毁制书及官文书者，准盗论，亡失及误毁者各减二等(毁须失文字，若欲动事者，从诈增减法)。其误毁失符移解牒者杖六十(谓未入所司，而有本案者)。"疏议曰："弃毁制书，弃毁不相须，毁者损失文字，制书敕及奏抄亦同。官文书谓曹司所行公案及符移解牒之类。准盗论，谓各准盗法得罪。盗律，盗制书者徒二年，官文书杖一百。亡失，谓不觉遗落及被盗；误毁，谓误致毁损破失文字；各减二等。故注云毁损失文字，谓制敕奏抄徒一年，官文书杖八十。若盗毁欲动事者，自从增减法，制敕及奏抄，合死。官文书即依诈伪律。诈伪官文书及增减法，主司自有所避，即从违式造立科罪，杖罪以下杖一百，徒罪以上加一等，误毁符移解牒者杖六十。注云，谓未入所司而有本案者，谓未入曹司之间，而即误致毁者，关刺律虽无文亦与符移同罪。"

【弃(棄)毁制书印信】【史】皇帝之诏令敕旨谓之制书。各衙门所有印章由朝廷颁给以为示信于四方者谓之印信。凡对制书及印信加以掷弃及毁坏者，即构成弃毁制书印信罪。明律（卷三）、清律（卷七）吏律公式篇弃毁制书印信条："凡弃毁制书，及（明律此处尚有'起马御宝圣旨起船符验'）各衙门印信者（明律此处尚有'及夜巡铜牌者'），斩，若毁弃官文书者杖一百，有所规避者从重论，事干军机钱粮者绞，当该官吏知而不举，与犯人同罪，不知者不坐，误毁者各减三等，其因水火盗贼毁失，有显迹者，不坐。○若遗失制书圣旨印信者杖九十，徒二年半，若官文书杖九十，事干军机钱粮者杖九十，徒二年半，俱停俸，责寻，三十日得见者免罪。○若主守官物遗失簿书，以致钱粮数目错乱者，杖八十，限内得见者亦免罪。○其各衙门吏典役满替代者，明立案验，将原管文卷交付接管之人，违者杖八十，首领官吏不候交割，扶同给照者，罪亦如之。"清律之辑注："凡称制者，太皇，太后，皇太后，皇太子令旨并同。"又同律之总注："弃毁是二项，或弃掷不存，或毁坏不全，皆故犯也。制书谓诏令敕旨之类，颁自朝廷，上有御宝者方是，各衙门颁有印记以传信四方，故曰印信，此皆关系甚大，弃掷毁坏，慢上而无忌惮，其情至重，故并坐斩。至于各衙门官司行移文书，虽有轻重不同，均属公务，若无所规避，又无大干系之文书，而弃之毁之者，杖一百。如有规求避匿之事，因而毁弃文书以图掩饰者，则以所规避之罪与杖一百权之，从其重者论。若所弃毁之文书干系调拨军马机务，及供应军需粮饷者，贻误不小，故亦坐绞。当该官吏知其弃毁而不觉举者，与犯人同罪，至死减一等。制书印记与军机钱粮文书应杖一百，流三千里，不知者不坐。若非出有意而失误毁坏者，各减三等。制书印记与军机钱粮文书并杖九十，徒二年半，官文书杖七十，其被水火盗贼以致或毁或失出于不测，势不能防，验有显迹凭据者，不坐。○弃与毁皆言故犯，而误犯则减三等，此节乃言遗失者，其罪正与误毁相同，盖遗失亦由于误，俱无心之过也。以有停俸责寻之法，故另言之，三十日限内得见，免其遗失之罪，限外不获然后决遣。○若主守一应官物之人，遗失收掌簿书，以致钱粮出入数目，无所稽考错乱不明者，杖八十，亦住俸，限三十日责寻，不获，乃坐，得见，免罪。○其各衙门吏典，若役满之时，已有新吏替代，即当明白立案，将原管一应已结未结文案，交付接管之人，庶无遗失之弊，违者旧吏杖八十。该衙门首领官及承行吏，不候新旧两吏交割卷宗明白，辄扶同旧吏给与执照起送离役者，亦论如吏典之罪，杖八十，独坐首领，不及正官者，以首领乃吏典头目，给照自此而起也。"

【弃（棄）毁官私器物】【史】公私器物，均各有主，若加弃掷毁坏，是侵犯物主之权利也。至毁伐他人树木稼穑，亦为侵犯他人所有权，故均为法律所禁止。唐律（卷二十七）杂律篇弃毁官私器物条："诸弃毁官私器物及毁伐树木稼穑者准盗论，即亡失及误毁官物者，各减三等。"疏议曰："弃毁官私器物，谓是杂器财物，辄有弃掷毁坏及毁伐树木稼穑者，种之曰稼，敛之曰穑，麦禾之类，各计赃准盗论；即亡失及误毁，谓亡失及误毁官私器物横木稼穑者，各减故犯三等，谓其赃并备偿，若误毁失私物，依下条（按即毁人碑碣石兽条）例偿而不坐。"

【弃（棄）毁符节印】【史】符者，如宫殿门符发兵符传符皆是。节即使节。印即指其他之印信，皆所以示信于人者也。如加弃毁，乃为法律所不许，故加处罚。

唐律（卷二十七）杂律篇弃毁符节印条："诸弃毁符节印及门钥者，各准盗论，亡失及误毁者各减二等。"疏议曰："弃毁节印及门钥者，各准盗法论罪。盗律，盗宫毁门符发兵符传符流二千里，使节及皇城京城门符徒三年，余符徒一年，门钥各减三等；盗官文书印徒二年，余印杖一百，其亡失符节印以下，误毁者各减弃毁之罪二等。"

【弃（棄）毁器物稼穑等】【史】弃者。弃掉也。毁者，毁坏也。器物稼穑等物，各有其主，不容侵犯，如弃毁之，是侵犯他人权利也。如其所有人系官府者，则加重其罪。明律（卷五）、清律（卷九）户律田宅篇弃毁器物稼穑等之条："凡弃毁人器物，及毁伐树木稼穑者，计赃准窃盗论，免刺，官物加二等。若遗失及误毁官物者，各减三等，并验数追偿；私物者，偿而不坐罪。若毁人坟茔内碑碣石兽者，杖八十；毁人神主者，杖九十。若毁损人房屋墙垣之类者，计合用修造雇工钱坐赃论，各合修立，官屋加二等。误毁者，但合修立不坐罪。"清律之总注："弃毁是两事，谓弃掷人器物，使不可复得；毁坏人器物，使不可为用也。毁伐亦是两事，谓将人树木稼穑或毁伤，或伐去也。此皆故意侵损于人之事，故计所弃毁器物，及毁伐树木稼穑之价值，作为赃数，准窃盗论免刺。其弃毁及毁伐系官物者，于准窃盗罪上加二等科之，亦免刺，并罪止杖一百流三千里。遗失则与弃者不同，误毁则与毁者不同，俱由无心之过。若遗失及误毁官物者，各于官物加二等上减三等，并验数追偿句，统承上弃毁毁伐遗失误毁等项言，系官者还官，系民者给主。私物者偿而不坐罪句，止承遗失误毁二项言，私物即民人之物也。坟茔内之碑碣石兽，关系人之祖先，不比他物，而神主为尤重，毁之者不可计赃准盗，故坐杖八十杖九十也。若毁损人房屋墙垣之类，则工费数重，难与器物同论，故计合用修造雇钱作为赃数，坐赃论罪。凡碑碣石兽神主房屋墙垣等项，各令修补起立，毁损官屋加坐赃罪二等，修补还官。误毁者，碑碣石兽神主俱不坐杖罪，官民房屋墙垣亦不坐赃论罪，但令修立。夫弃毁器物者，准窃盗论。毁损房屋，则坐赃论罪。误毁官物者止减三等。误毁官民房屋则概不坐罪，盖修造房屋之费为数不赀，若计赃准窃其罪太重，而责令修还，则罚亦不轻矣。"同律之辑注："树木不拘在坟茔与场圃者，种之曰稼，敛之曰穑，稼在田，穑在场也。若既毁伐，因而盗去，则依盗坟茔树木，及盗田野谷麦律科之。"

【弃（棄）亲之任】【史】弃亲之任者谓父母祖父母年在八十以上及有笃疾，因家无以次人丁可以奉侍，而不归家以奉侍之也。是以亲为路人而有违亲之恶弃亲之任也，应加治罪。至于妄称亲老或有疾求归者，是以亲为诈本而有后君不义之嫌，亦应治罪。此外祖父母父母及夫犯死罪被囚，子孙妻妾乃忘其亲而竟肆筵张席以为乐，是亦弃其亲也。仍应处罚。明律（卷十二）、清律（卷十七）礼律仪制篇均有弃亲之任一条之设，内容相同。清律原文及其下注："凡祖父母父母，年八十以上，及笃疾，别无以次侍丁，而弃亲之任，及妄称祖父母父母老疾求归入侍者，并杖八十（弃亲令归养候，亲终服阕，降用，求归者，照旧供职）。若祖父母父母及夫犯死罪，是被囚禁而筵宴作乐者，罪亦如之（筵宴不必在本家并他家在内）。"同律之辑注："不忧其亲之忧，而筵宴作乐，是视其亲如路人矣。故罪与弃亲之任同，亦与丧制未终，释服从吉，冒哀从仕者同也。”

【弃（棄）权】【通】Abstention；Renunciation 凡抛弃权利者称曰弃权。私权之抛弃在原则上可以自由为之，惟权利能力行为能力与自由以及因时效所得之将来利益均不得加以抛弃，是为例外。至于公权则均不得抛弃。

【棍徒凶诈】【史】棍徒谓无赖之徒也。若行凶滋事或索诈财物均为法律所不许。清律及例之规定如下：(一)凶恶棍徒屡次生事行凶无故扰害良人，人所共知确有实据者实发极边足四千里安置。凡一时一事实系情凶势恶者，亦照例拟发。如无凶恶实迹偶然挟诈逞凶及屡次借端索借赃数无多，尚非实在凶恶，仍各照本条办理，不得滥引此例。(二)拿获绰号棍徒，如系屡次行凶滋事，即照棍徒扰害定拟。凡一时一事确有凶恶实迹亦照此拟发。若非屡次滋事扰害与实在凶恶棍徒有间者，量减科断。倘无滋事实迹，仅有绰号者，照不应重律拟杖，加枷号一个月。(三)恶棍设法索诈官民，或张揭帖或捏告各衙门或勒写借约吓诈取财，或因斗殴纠众系颈谎言欠债逼写文券因诈财不遂，竟行殴毙，此等情罪重大实在，光棍事发不分曾否得财，为首斩决，为徒绞候。(四)广东匪徒作为打单名色伙众三人以上，带有鸟枪刀械无论有无恃强掳掠，已得财照强盗办理（拒捕杀人者，加枭示），未得财者，为首发新疆为奴。新例改发驻防，为从流三千里。如三人以上未带鸟枪刀械，亦未恃强掳掠，但吓诈得财不论多寡，首犯与为从二次者，俱发新疆为奴（新例改发驻防），为从一次者流三千里。(五)造意首犯身虽不行，但经伙犯打单吓诈分别人数及有无持械掳掠，是否得财，各照为首问拟。(六)若无图记纸单亦未伙众仅凭口说借端讹诈，首犯徒三年，从犯减一等。(七)问拟遣军逃回复打单吓诈或向原拿兵役寻衅报复者，处绞候。(八)广东凶恶棍徒及打单吓诈拟徒各犯毋庸解配，在籍鉴带铁杆石墩五年，开释后复犯，罪止徒者，于原限加二年面刺打单匪犯四字。

【棨戟】【史】木制之戟，乃为王公以下一定之官吏于外出时所携以为前驱之物。汉书—匈奴传王勃文：“棨戟遥临。”后汉书：“公以下至二千石，骑吏四人，千石至三百石县长，二人，皆带剑持棨戟，为前列。”中华古今注：“戟以木为之，赤油韬之，亦谓之油戟，亦谓之棨戟。”王公以下通用以为前驱。

【棺椁】【史】收藏尸体者曰柩，其内曰棺，其外曰椁。棺者为完全收尸之谓，椁者谓如城之外廓用以蔽棺之义（明律、清律刑律篇——发冢条之注）。

【棠阴比事】【史】为宋桂万荣（浙江宁波人）所撰，分上下二卷，乃取晋和鲁公父子疑狱集参以开封郑公折狱龟鉴比事属词，联成七十二韵，凡一百四十四事。宋嘉定癸酉六年（宁宗年号）（西历一二一三年）及端平（理宗年号）甲午元年（西历一二三四年）曾先后刊行。至明景泰间（西历一四五〇——一四五六年）常熟吴讷取而删其不足为法者仅存八十条，而以己所增辑者五十事增补之。四库全书总目法家类所录棠阴比事一卷附录一卷，即吴讷之增补本也。至于桂氏原本后世之单刻者甚少。道光己酉（西历一八四九年）朱绪曾据黄荛圃所藏宋本覆刻，今已不见。近上海商务印书馆有影印本刊行，编入四部丛刊续编子部，盖由涵芬楼借江安傅氏双鉴楼藏景元钞本而影印者也。首有莆田刘隶之序及桂万荣所作自序，末有桂氏自作之后序(即于端平年重刊时所作)及嘉定辛未(西历一二一一年)年张虑所作之后序,海盐张元济并有跋语。

【椓】【史】为苗族之刑罚,与我国古时之宫刑相等。书经—吕刑篇:"苗族弗用灵,制以刑,惟作五虐之刑曰法,爰始淫为劓,刵椓黥。"按椓即宫刑。

【欺奸】【史】尊长对于卑幼之妻欺陵成奸者,谓之欺奸,应决斩或绞。卑幼诬告其尊长指其欺奸者则曰诬执欺奸处斩(秋或监候)。明律(卷二十五)、清律(卷三十一)刑律犯奸篇——诬执翁奸条:"凡男妇诬执亲翁,及弟妇诬执夫兄欺奸者斩(明律注为秋,清律注为监候)。"又清律之注曰:"欺奸谓欺其卑幼陵制以成奸,犹强奸也。翁果欺奸子妇,应决斩,兄果欺奸弟妇,应决绞。"

【欺隐田粮】【史】对于自己所有田地及其收获所应纳之租税欺罔隐蔽不为缴纳者,称曰欺隐田粮。明律(卷五)、清律(卷八)户律田宅篇——欺隐田粮条:"凡欺隐田粮,脱漏版籍者,一亩至五亩笞四十,每五亩加一等,罪止一百,其田入官,所隐税粮,依数征纳。"

【款】【通】Part; Item　款有时为编别之名称,有时则为法律条文每项下之次别之规定。前者例如民法第二章为人,第一章为自然人,第二节为法人,第一款为通则,第二款为社团,第三款为财团是。后者之例,如民事诉讼法第三八一条第一项第二款之规定是也。(参项条)

【款伏】【史】罪人自白其罪情而甘伏罪之谓也。北史辛公义传:"罪人闻之,咸自款伏。"

【款案】【史】谓案件之卷宗也。宋史:"孝宗临轩虑囚,率先数日令有司进款案按阅。"

【钦(欽)天监】【史】掌察天文定历数占候推步等事之官署为钦天监。唐时曰司天天台,宋曰司天监,明始名曰钦天监。置监正一人监副二人,其属官则置主簿厅主簿一人,春夏中秋冬官各一人,五官灵台郎八人,五官保章正二人,五官挈壶正二人,五官监候三人,五官司历二人,五官司晨八人,漏刻博士六人。清仍曰钦天监,民国则改为中央观象台。

【钦(欽)命】【史】凡奉皇上之命而办者,皆为钦命。(皇朝政治学问答)

【钦(欽)定】【史】奉皇帝之命编纂法政书籍,或其他书册而经皇帝核定,然后刊行,称曰钦定。皇朝政治学问答:"修书纂例完竣,请皇上定准而后刊行则曰钦定。"例如钦定大清会典,钦定四书等皆是。

【钦(欽)定宪法】【宪】Constitution granted by the sovereign　为宪法之一种,即由君主独自制定颁布之法律,日本宪法属之。

【钦(欽)哉钦哉】【史】此语乃有虞氏舜帝于颁布典刑制时对于国内法官诰戒之辞,谓刑罚之适用,勿害及无辜之人民,否则有背天地阴阳生生之理,而终至于丧失民心坐召国家灭亡之祸,故特反覆诰戒,命其慎重将事也。书经—舜典篇:"象以典刑,流宥五刑,扑作官刑,鞭作教刑,眚灾肆赦,怙终贼刑,钦哉钦哉,刑之恤哉。"朱子注曰："今之法家，多惑于报应祸福之说，故多出入人罪，以求福报。夫使无罪者不得直，而有罪者反得释，是乃所以为恶耳，何福报之有。书所谓钦恤云者，正以详审曲直，令有罪者不得幸免，而无罪者不得滥刑也。"

【钦(欽)颁】【史】凡由皇上颁发出来者，或书籍或印信，皆为钦颁。(皇朝政治学问答)

【钦(欽)赃】【史】谓奉上命所没收之赃物也。六部成语注解："奉旨抄没入官之赃也。"

【殖民地】【国公】Colonies 帝国主义者以推销过剩生产品，支配本国失业工人，以及宰割弱小民族扩充本国威权为目的，而以武力攫夺占据产业落后文化低下之国家或部落，并移殖本国人民于其地，是曰殖民。此种土地则曰殖民地。

【殖民战争】【国公】殖民战争者，谓因移殖人民于海外而引起国际间争夺之战争也。

【残(殘)存主义】【海】Rettung nach dem opfer(德) 为共同海损时船舶与积货是否须因海损处分而得保存之立法例之一，对因果主义言。谓仅须海损处分后船舶积货有所存留，而其存留原因有无因果关系，则可不问，故不问原因系出于船长之海损处分，或出于其他，凡船舶积货有所保存时，均生共同海损之问题。兹举一例以示与因果主义之区别：如船舶中途搁礁，先曾雇用拖船未能脱险，后复抛弃积货，始安然离礁，在残存主义则不问其出险系由于拖船，抑系由于抛弃积物，只须出险而有所存留时，则拖船雇费以及抛弃积货之损害，皆算入共同海损。然在因果主义则以出险原因乃在抛弃积货行为，拖船与出险并无因果关系，故得算入共同海损者仅抛弃积货之费用而已。我海商法则采残存主义。(参第一三五条内)

【残(殘)废】【通】Deformity 人之五官四肢阴阳之机能有一部失其作用者，为残废。例如盲者，断手者，刖足者等是也。大清现行律男女婚姻门规定，凡男女定婚之初，若有残疾老幼庶出过房乞养者，务要两家明白通知，各从所愿。

【残(殘)废所】【行】Deformity asylum 为救济院之一所。凡无力自救之残废人并无人扶养者，不问男女老幼均得收养本所。残废所之设备除准用关于恤老所(详该本条)之规定外，对于入所者应分肢体残废及盲哑三种，就其各个能力于下列课程中分别教授之，如千字课，手工，简易算术，平民常识，音乐，词典，说书，以及各种工艺。至于所中经费充足时，应增聘教员开办盲哑学校，教授特制字体，乐谱。被收养者如有自谋生活者，应为介绍职业，令其出所。(救济院条例第四章)

【汤(湯)火】【史】汤者沸汤也。火者炭火也。在斗殴罪案件中汤火均为凶器之一。关于保辜期限，唐律规定，手足殴伤人，限十日。以他物(详该本条)殴伤人者二十日。以刃及汤火伤人者三十日，盖以汤火伤人，谓灼烂皮膏故保辜之期限规定较长。(参保辜条)

【浑(渾)杜剌斯国宪法】【宪】Constitution of Honduras 又曰洪都拉斯国宪法。(详该本条)

【游民习艺所】【史】北京政府特设游民习艺所，直隶于内务部，专司幼年游民之教养，及不良少年之感化等事项，以使得有普通智识谋生技能为主旨。凡有贫苦无依者及性行不良者皆得收入之。人数暂以八百名为限，以八岁以上，十六岁以下为合格。习艺年限以三年为率；就学年限初等以四年为率，高等以三年为率；届时颁发证明书。教育课程，设有初等小学，高等小学两种。工艺以日用品为主。凡年龄较长者及不堪就学者，分别拨令习艺(设有科目十三种)。游民习艺者不兼就学，就学者不兼习艺，以期专一；但于晚间另设补习一班，择其习艺年长者授以修身习字珠算三种。所中职员置所长一人，课长一人，事务员五人，司医二人，录事二人，教员若干人(专司教育事项)，工师若干人(专司教授工作事宜)，又设巡官二人，巡长三人，巡警十五人。所中事务分为总务，教务，艺务三课。(游民习艺所章程第一—五条，第八—九条，第十一—二十条)

【游徼】【史】为秦汉时代之乡官，掌巡察盗贼。汉书冯异传："坐斗杀游徼，会赦国除。"

【减(減)刑】【宪】Commutation　为赦免之一种，即由国家元首以命令对于已受刑罚宣告确定裁判之特定犯人减变刑之种类，或免除其刑之一部执行之谓。与刑之减轻不同。前者为裁判确定后为之，后者则于裁判前为之。

【减(減)食】【行】依监狱规则(第八十二条)之规定，凡囚人之违反狱规者应予以减食之处分，即将每次食粮减去五分之一或五分之三。

【减(減)俸】【行】Reduction of salary　为惩戒处分之一种，即依其现在之月俸减少支给之谓。其减率为百分之十，或百分之二十，其期间为一月以上，一年以下。(公务员惩戒法第六条)

【减(減)料】【史】清制海塘官吏对于沿岸之工事，不依成规而私自将工料减留致使建筑物不臻坚固者，谓之减料。应依法议处。(工部则例卷五十一)

【减(減)记投票法】【宪】Limited vote　又名限制投票法。(详该本条)

【减(減)章】【史】凡有特殊身分者(即八议者)之犯罪判决后，其本人及家属得依一定之成例，即流刑以下之刑减一等，先奏请议，议定奏裁。此项成例，称曰减章。(唐律疏议卷二名例篇八议者之条)

【减(減)损通用货币罪】【刑】为伪造货币罪之一。因意图供行使之用而减损通用货币之分量而成立。所谓减损，指减少真正通用货币之分量及价值而言。若减损程度达于丧失真币之外形，则谓之破坏矣，乃属抛弃行为，不加处罚。按本罪之客体只以通用之货币为限，且其减损目的，须以意图供行使之用为必要，其处分为五年以下有期徒刑，得并科一千元以下罚金，未遂罪亦罚之。(刑法第二一三条第一第三项)

【减(減)罪等第】【史】凡犯死刑(计有绞斩二种)及流刑者(有二千里、二千五百里及三千里三种)等之减轻，其减轻方法须有一定标准以资适用，盖即所谓减罪等第是也。大明令刑令篇——设有减罪等第之条："凡减罪之法二死三流，各同一减。如犯死罪，减一等即坐流三千里，减二等，即坐徒三年。犯流三千里者，减一等亦坐徒三年之类。”

【减(減)轻】【刑】Abatement; Reduction 即逾越法定刑范围减轻刑罚之谓。就法律上言可分为法律上之减轻与裁判上之减轻,更可分为一般的减轻与特别的减轻,且可分为绝对的减轻与相对的减轻,并可分为主观的减轻与客观的减轻(详各本条)。至减轻亦以主刑为限,从刑不得减轻(刑法第八十九条)。

【减(減)轻杀人罪】【刑】为杀人罪之一,即因其杀人之情节稍为轻微,而处罚不重之犯罪也。计分三种:(1)义愤杀人罪。(2)杀私生子罪。(3)同谋杀人罪。(各详本条)

【减(減)议】【史】清制,官吏交付惩戒处分时须依特别之铨议始得减罚,故谓之减议。其处分计有九等:(1)革职。(2)降三级调用。(3)降二级调用。(4)降一级调用。(5)降一级留用。(6)罚俸一年。(7)罚俸九月。(8)罚俸六月。(9)罚俸三月。(会典吏部)

【减(減)赎】【史】犯罪者其情节有可原宥时,令其依照一定程序提供金钱以减轻其罪,即所谓减赎之法是也。唐书刑法志:“自隋以前,死刑有五,罄,绞,斩,枭,裂,而流徒之刑,鞭笞兼用,数皆逾百。至隋始定为笞刑五,自十至于五十;杖刑五,自六十至于百;徒刑五,自一年至于三年;流刑三,自一千里至于二千里;死刑二,绞,斩。除其鞭刑及枭首轘裂之酷,又有议请减赎当免之法。”

【减(減)粜】【史】清制,凡值凶灾之岁,米价暴腾,政府为救济贫民之生活起见,每令将常平仓之米,减抑时价,出粜于民,谓之减粜。(清会典事例户部)

【港务局】【行】Bureau of harbor affairs 为市政府于必要时所增设机关之一,掌理关于河道港务及船政管理等事项,如无此种机关之增设,则上述事项应由工务局兼理。(参市组织法条内)

【港湾】【国公】Bay 三面环陆一面通海之处为港湾。(参领海条内)

【湮灭证据罪】【刑】Offences of destruction of evidence 本罪可分为二种:(一)一般湮灭证据罪——因湮灭他人刑事被告案件之证据而成立。其构成要件有四:(1)主体须为非犯人之亲属。(2)其所为要有湮灭他人证据之故意。(3)须为关于他人刑事案件之证据。(4)其行为须为湮灭(即隐匿消灭变更减少之谓),例如洗除血迹,收藏凶器是。其处分为二年以下有期徒刑,如为亲属则免除其刑。(二)准湮灭证据罪——因伪造变更关系他人刑事被告案件之证据,或使用伪造变造之证据而成立,但其行为须有伪造变造或使用为必要。其处罚与上述同。如系亲属,则免除其刑(刑法第一七五条、第一七七条)。至犯湮灭证据罪者,于他人刑事被告案件裁判确定前自白者,为奖励起见,减轻或免除其刑。(第一七六条)

【无(無)人承认之继承】【继】Unacknowledged succession 所谓无人承认之继承,乃指继承人之有无在不明之状态中而言。日本曰继承之旷缺。若明知其有继承人而该继承人并未出而承认者,亦不得谓之无人承认之继承。无人承认之继承,其遗产的性质如何,在立法例有二种主义:(1)法人主义。(2)非法人主义(详各本条)。遗产在无人承认前,由亲属会议选定管理人以管理之(有受报酬之权利)。选定之后,应将继承开始及选定事由呈报法院。法院应依公示催告程序,公告继承人,命其于一定期限内(最少应在一年以上)承认继承。如有继承人承认继承时,其遗产自应归其继承,若于催告期限届满,仍无人出而承认继承时,则其遗产于清偿债权并交付遗赠物后,如有余胜,则归属于国库。(民法第一一七七一一一八五条)

【无(無)力】【史】与有力及稍有力相对称,即无资力之谓也。犯罪者处以罚金而无资力以缴纳者称曰无力。(参赎刑条内)

【无(無)大功尊长之服】【史】旧制丧礼,男子对其高祖服缌麻,对曾祖为小功之服,对祖为期年之服,对父母为斩衰三年之服,对其叔与兄弟为期年之服,然无大功之服,故谓无大功尊长之服。

【无(無)子立嗣】【史】家中无亲生之子依法许其另立同族或同姓之人以为嗣子,惟须依照一定顺序。大明令户令篇设有无子立嗣条:"凡无子者,许令同宗昭穆相当之侄承继,先尽同父周亲,次及大功小功缌麻,如俱无,方许择立远房及同姓为嗣。若立嗣之后却生亲子,家产与元立子均分,并不许乞养异姓为嗣,以乱宗族,立同姓者,亦不得尊卑失序,以乱昭穆。"

【无(無)主不动产】【物】Ownerless immovable 与无主动产相对立,即不为任何人所有之不动产也。古时无主不动产均得由任何人自由占有而取得其所有权,今则每多设置限制明文。

【无(無)主物】【民总】Things without owner 为物之一种,对有主物言,即其物之所有权在目前未为人所享有之谓也。无主物有得先占之无主物与不得先占之无主物。前者如抛弃物是,后者如遗失物已经过法定时效时,其先占之权乃属于取得之人,他人不得先占之是。

【无(無)主财产说】【民总】此说主张法人不能为权利义务之主体,故法人之财产并非法人本身所有而实系其目的所有,是以乃为无主财产。例如学校财产乃属教育所有而非学校董事会所有是。

【无(無)主区域】【国公】Ownerless region 与他国主权无关之土地,因其并非任何国家领土之一部分,故为无主区域。例如公海及无人迹之荒岛与土地等皆是。

【无(無)主动物】【物】Ownerless animal 非为所有权之客体,即无所有人之物,曰无主动物。例如山野之鸟兽,河海之鳞介,遗弃之物品皆是。所谓遗弃之物品,其以前曾否属于他人所有,在所不问。例如甲将动产抛弃,乙先占之,则乙所占有之物,即无主动物。

【无(無)主动产】【物】Ownerless movable 不属于任何人所有之动产,谓之无主动产。我民法第八〇二条规定,以所有之意思占有无主之动产者,取得其所有权。

【无(無)名契约】【债】为契约之一种,对有名契约言,即法律上无特别名称亦未设有特别规定之契约也。此种契约仍可自由缔结,如其性质与有名契约之规定相同者，自可准用之。又名非模范契约。无名契约又分为二：(1)反典型契约。(2)混合契约。

【无(無)名著作物】【行】谓不署著作人之姓名之著作物也。(详著作权条内)

【无(無)因行为】【民总】为法律行为之一，对有因行为言，即不须以捐出行为原因(给付之原因)为捐出财产为目的之法律行为也。又称不要因行为，通常之物权行为及准物权行为，皆属之。

【无(無)因契约】【债】Abstract contract　为契约之一种，对有因契约言，即当事人之缔结契约，不以一定原因为要素之谓也。

【无(無)因管理】【债】Management of affairs without mandate　为债之发生原因之一。我国旧民法草案仿日本法称曰管理事务。所谓无因管理，指未受委任并无义务而为他人管理事务而言。管理他人事务之人曰管理人，其相对人(他人)曰本人。无因管理之成立要件有三：(1)须为管理他人之事务。(2)管理人须系无法律上之义务。(3)管理人须具有为他人图谋利益之意思(民法第一七二条)。无因管理之唯一效力，乃使管理人与本人发生债权债务关系，故管理人应负下列六种义务：(1)尊重本人意思及利益之义务，如有损害虽无过失亦应负赔偿责任。但如系为本人尽公益上或为其履行法定扶养义务者，则为例外(第一七二条、第一七四条)。(2)通知本人及受本人指示之义务(第一七三条第一项)。(3)管理之义务，但为免除本人之生命身体或财产上之急迫危险而为事务之管理者，对于因其管理所生之损害，除有恶意或重大过失者外，不负赔偿责任(第一七五条)。(4)向本人报告之义务。(5)交付及移转义务。(6)支付利息及赔偿损害之义务(第一七三条第二项)。关于本人所担负之义务亦有下列各种：(甲)管理事务利于本人并不违反本人意思时，则本人：(1)应负偿还费用及利息之义务。(2)应负清偿债务之义务。(3)应负赔偿损害义务(第一七六条第一项)。(乙)管理事务违反本人意思时：(1)无因管理人为本人尽公益上或为其履行法定之扶养义务时，本人仍应负第一七六条第一项各义务(第二项)。(2)应负相对之偿还义务(第一七七条)。至管理事务若经本人承认者，即变为有权代理，自应适用关于委任之规定。(第一七八条)

【无(無)因证券】【票】Abstrakte urkunde (德)　无因证券即不要因证券之别称。票据债务人，因票据行为而负支付一定金额之义务，至其原因之有无，与原因之是否适法均非所问。故票据上之权利人，不必证明其原因，亦得请求一定金额之给付。虽本赌博所生之债权而发行票据，然使该票据入于善意第三人之手，付款人即不能以其原因之不法而拒绝支付，以票据为不要因之有价证券，而票据之权利亦为不要因之债权故也。

【无(無)因离婚主义】【亲】又称自由离婚主义(详该本条)，与有因离婚相对称。

【无(無)行为能力人】【民总】Person incapable of disposing　为自然人行为能力之一，即绝对无为法律行为或受法律行为之能力之人也。虽事实上曾为或曾受法律行为亦不发生效力。计有二种:(一)未满七岁人。(二)禁治产人(详各本条)。无行为能力人须由法定代理人代为意思表示,或代受意思表示方发生效力。

【无(無)告】【史】内外无所倚赖之穷民,谓之无告,即鳏寡孤独也。书经—大禹谟:"不虐无告,不废困穷,惟时帝克。"孟子—梁惠王篇:"老而无妻曰鳏,老而无夫曰寡,老而无子曰独,幼而无父曰孤。此四者,天下之穷民,而无告者也。"

【无(無)形人】【史】Juridical person　即法人之别称。(详法人条)

【无(無)形的正犯】【刑】即造意犯之别称,又名教唆犯。(详教唆犯条)

【无(無)形的共犯】【刑】学理上共犯之又一分类,对有形的正犯言,即启发其他犯人之意思而对犯罪之完成有影响之谓。又分为无形的正犯与无形的从犯。前者如教唆犯是,后者如以精神方面帮助正犯之从犯是。

【无(無)形的从犯】【刑】对有形的从犯言,为有形共犯之一种。凡于事前或事中诱导指示以其他无形的方法而帮助正犯者,曰无形的从犯。例如以精神方面或智识方面加以帮助者是。

【无(無)形俱发】【刑】Abstract concurrence of several offences　又曰一所为数结果。(详该本条)

【无(無)形财产权】【民总】Right over incorporeal property　又称曰无体财产权。(详该本条)

【无(無)形损害】【债】凡为非财产上之损害,皆曰无形损害。身体健康名誉等所受之痛苦是,在法律上亦有请求赔偿之权。

【无(無)官犯罪】【史】无官者谓无官职之时也。如于此际犯罪,于有官时始行发觉则应依本条治罪。明律(卷一)、清律(卷四)名例律均有无官犯罪条,惟内容规定互有出入耳。按清律之规定云:"凡无官犯罪,有官事发,公罪,笞杖以上,俱依律纳赎。早官犯罪,迁官事发;在任犯罪,去任事发;公罪笞杖以下,依律降罚;杖一百以上,依律科断,本案黜革;笞杖以上,折赎俱免。若事干理没钱粮,遗失官物,虽系公罪事须追究明白。但犯一应私罪,并论如律。其吏典有犯公私罪名,各依本律科断。"清律之总注:"犯罪在无官之时,事发;在有官之后,若有公罪笞杖徒流,概准纳赎。卑官犯罪,迁官事发;在任犯罪,去任事发;公罪笞杖以下依律降罚;杖一百以上,依律科断,本案黜革;公罪笞杖以上,折赎俱免;若事干没理钱粮,遗失官物,虽系公罪,不问迁官去任黜革,仍须于见在地方或事发处究明追还。但犯一应私罪,笞杖以上,则不论有官迁官,去任黜革,并论如现任文武官私罪律,各从本法科之。其内外军民衙门典吏,有犯公私罪名,并论如律,照常发落。"同律之辑注曰:"按公罪,专就官职上说,谓不系己私,因公事而得罪也。若无官时,安得有公罪,或谓如因人连累,不由自己,故犯亦同公罪。"

【无(無)定期工作契约】【劳】(详工作契约条内)

【无(無)所有意思之占有】【物】To possess without intention of possessing it　为占有之一,与有所有意思之占有相对称,又名不完全占有。(详该本条)

【无(無)服之丧】【史】凡无血统关系者，在原则上均无丧服，惟配偶者以同一体之关系故为例外。至对师长或其他恩人之死，则匍匐以赴之，是曰无服之丧。(礼记丧服制)

【无(無)服之殇】【史】男女未达成年而死亡者，谓之殇。凡生后三月至七岁之死亡，均无丧服，是曰无服之殇。

【无(無)服亲】【史】无丧服关系之疏远亲属，别居小功以下之亲属皆为无服亲。(参亲属相为容隐条内)

【无(無)故】【刑】Without cause; Causeless 凡构成侵入他人住所罪或妨害秘密罪，均须以无故为其成立之要件。按无故之意义，乃包含下列二种而言：(1)无正当之原因——例如非因取回自己所走失之家畜而侵入他人田地者，因无正当原因，故应构成侵入罪。(2)未得有权利人之承诺——例如律师有不得泄漏自己诉讼当事人之秘密的义务，如未经该当事人之承诺而迳自向外宣布，自应构成妨害秘密之罪名。

【无(無)故不朝参公座】【史】无故者，谓无正当理由也。若在内不朝参，在外不公座署事，显系苟安失职，应受处罚。其给假期限已满而不还职者，亦为怠惰偷安之举，均须坐罪。明律(卷二)、清律(卷六)吏律职制篇无故不朝参公座条："凡大小官员，无故在内不朝参，在外不公座署事，及官吏给假限满，无故不还职役者，一日，笞一十，每三日加一等，各罪止杖八十，并留职役。"清律之总注："朝参公座，内外大小官员日行职事也。除有差遣疾病死丧等事故外，若无故在内不朝参，在外不公座署事，及官吏给假之限已满，无故不还职役，均有怠惰旷废之咎，计日论罪：一日笞一十，加等至二十二日以上，罪止杖八十，并留职役各字，并字，总承在内，在外，假满，三者言。"

【无(無)故打人】【史】谓无正当理由殴打他人也。清之现行则例(即刑部现行则例)贼盗篇设有无故打人之条："无赖凶徒虽无勒约张帖诈取之处，聚众行凶无故将人抬去混打者，将为首系民责四十板，徒三年，系旗下人枷号四十日，鞭一百；余人系民责责四十板，系旗下人鞭一百；此内人犯有罪重于此例者，仍照律遵行。"

【无(無)相对人之行为】【民总】为法律行为之一，对有相对人之行为言，即不必向相对人作意思表示之法律行为也。故领受与否自非要件，例如捐助行为是。

【无(無)限公司】【公】Unlimited company 为公司之一种，即全体股东对其公司债务就自己全部财产皆负连带无限责任之公司也。日本名曰会名合社。在欧洲则往往以股东姓或名名其公司，或集二三人名其公司，其后组织扩大，乃以重要人名之。所谓连带无限责任，即公司有亏损之时，不论多寡，各股东均应负全责，不得主张分担。故债权者可向任何股东之有偿还能力者请求偿还。又无限公司乃独立法人，故与合伙之仅为契约关系者不同。无限公司之设立应有股东二人以上公同订立章程署名盖章，方可成立。又章程内应载明法定必要事项，不可稍缺(公司法第十三条)。于章程订立之后,须于十五日内向主管官署登记,违者处五〇〇元以下罚金(第十四条,第二三一条)。公司内部关系(即股东与股东或股东与公司间关系)略如下述:(1)股东有出资义务。(2)质问公司营业情形之权。(3)查阅财产文件之权。(4)办事股东垫款时有计利索债之权。(5)损害赔偿请求之权(以无过失为限)。(6)违反章程及议决案时有赔偿损害义务。(7)代收款项或挪用时有加算利息之义务。(8)选任及解任经理之权。(9)执行业务之权利与义务(参第十五条—二十九条)。至于公司外部关系(即股东或公司对第三人之关系)如下:(1)代表公司权。(2)连带偿还债务义务(第三〇条—三十九条)。无限公司股东之退股,亦有明文规定(详退股条)。无限公司因下列事由之一而解散:(1)章程所定解散之事由发生。(2)公司所营事业已成就或不能成就。(3)股东全体之同意。(4)股东仅余一人。(5)与他公司合并。(6)破产。(7)解散之命令。第一第三第五各款为合议解散事由(亦曰有意解散事由)。其余各款则为一定解散事由(亦曰无意解散事由)。所谓解散指公司组织解散法人人格消灭而言,即全体股东退股之谓也。关于此学者有数说,我公司法采清算期内作为尚未解散说(第二十五条)。无限公司之合并(详合并条),无限公司解散后,除因合并时权利义务乃属移转无清算可言,并因破产而解散须依破产法之规定外,均须经过清算手续(详清算条)。又自解散登记后非满五年,股东之连带无限责任仍未消灭。(公司法第四〇条—第六九条)

【无(無)限代理】【民总】Unlimited agency　又名一般代理。(详该本条)

【无(無)限责任】【债】Unlimited liability　对有限责任言,即债务人以其全部财产为履行其债务之责任之谓。例如债务人于合伙时有以其财产之全部为债权之总担保或清偿是。法律上以此为原则,但有特别规定或由契约特别订定而为有限责任时,则为例外。

【公】谓股东对于公司所负之债务,不论多寡,均应以其个人财产作为抵押,或偿还,而担负完全责任也。与有限责任相对称。

【无(無)限责任股东】【公】Partner with unlimited liability　无限公司中之股东皆负担无限制之责任,故曰无限责任股东。(参无限责任条)

【无(無)首从】【史】谓无首犯与从犯之别而科以同一之罪也。例如犯奸者无首从是。

【无(無)冤录】【史】二卷,元王与所撰,乃旧时法医学专书之一种。事见永乐大典(四库全书总目法家类存目则不著撰人名氏)。上卷为官吏章程,下卷为尸伤辨别。全书所载多至元,元贞,大德间(西历一二六四年——二九七年)之官牒条格,且多引平冤录及洗冤录二书之文而稍加驳正焉。按与不知何许人,书中曾自称昔任监官,检二孕妇事,并曾官海盐县令。永乐大典所载之撰人自序,题至大改元之岁(按即西历一三〇八年)是武宗元年所作也。是书新创之说,如论银针试毒非真银则触秽色必变,论自缢与勒死之分,亦甚精到,皆为平冤录及洗冤录所未及者,至今仍多遵用之。

【无(無)害的通过权】【国公】Right of innocent passage　谓船舶所有国对于

领海国不犯敌对行为时得有航驶通过其领海之权利也。即外国船舶对国际河川上亦得享有此种权利,惟战时有守中立国之义务者,则为例外耳。

【无(無)效】【民总】Void 即在法律上自始全然的确定的绝对的不发生效力之谓也。故无效之法律行为其要件有四:(1)法律上当然无效。(2)为绝对的无效。(3)为确定的无效。(4)为不能发生法律行为上之效力。至无效之原因乃缺欠法律行为之生效要件,有一般与特别之分。一般原因如意思能力,权利能力,及意思与表示不一致是。特别原因如履行债务,欠缺债权之存在,婚姻遗嘱欠缺法定形式是。关于无效行为之承认,民法虽无明文,但于非溯及承认应解为可以为之,盖为实际便利故也。又无效行为亦可因转换而使其他行为发生效力(详无效行为之转换条)。至无效行为法律为保护相对人起见,规定无效法律行为之当事人于行为当时知其无效或可得而知者应负回复原状或损害赔偿之责任(民法第一一三条)。无效之种类有三:(1)一部无效与全部无效。(2)绝对无效与相对无效。(3)当初无效与事后无效。(详各本条)

【无(無)效之诉】【民诉】Unavailable lawsuit 所谓无效之诉,乃指以无效为原因所提起之诉讼而言。例如婚姻无效之诉是。

【无(無)效行为之转换】【民总】Conversion of the void act 即当事人因知其行为为无效即有欲为其他行为之谓也。为实际便利计,法律许其转换时发生效力。我国民法第一一二条规定:无效之法律行为若具备他法律行为之要件,并因其情形可认当事人,若知其无效即欲为他法律行为者,其他法律行为认为有效。

【无(無)料】【行】Exemption from payment 为日本名辞,即所谓免费是也。

【无(無)记名】【通】无记名者,谓不签署姓名于一定之文书上也。例如无记名票据,无记名背书,无记名证券及无记名公债等皆是。

【无(無)记名公债】【行】Unregistered bond 公债证书上之不签署权利人之姓名者,谓之无记名公债。

【无(無)记名支票】【票】Check to bearer 受款人之姓名或商号之记载非为支票之要件。支票即不记载受款人之姓名或商号,亦不能视为无效,盖支票未载受款人者得以执票人为受款人也。凡不记受款人或商号之支票,即所谓无记名式之支票是也。各国法例,对于无记名式之支票颇不一致。我国票据法第一百二十一条规定,支票未记载受款人或商号时,以执票人为受款人。

【无(無)记名投票】【宪】Secret ballot 与记名投票相对立,又称秘密投票。即于选举时仅于选举票上书写被选举人之姓名,而不签署自己姓名于其上之投票方法也。

【无(無)记名股份】【公】Bearer-shares 为股份之一种,对记名股份言,谓不载明股东之姓名于股票上之股份也。

【无(無)记名股票】【公】Bearer-share-certificate 为股票之一种,对记名股票言,谓不记名股东之姓名或名称之股票也。此项股票为一种流通证券。法律为确保交易安全计,规定其股数不得超过股份总数三分之一(公司法第一一八条),

股东得请求发给无记名股票，但须缴足股款方可为之。此外股东欲将无记名股票改为有记名式者，亦得随时为之，并无任何限制。（第一二五条）

【无(無)记名背书】【票】Indorsement in blank 又称略式背书（详该本条），更曰空白背书。

【无(無)记名票据】【票】Blank bill; Bearer bill 即无记载受款人之姓名，或商号之票据也。通常皆以执票人为受款人。

【无(無)记名船票】【海】Passage ticket to bearer 船票，在日本名之曰乘船切符，有记名式与无记名式二种。无记名式船票即不记载旅客之姓名，而得自由转让之船票之谓。

【无(無)记名债权】【债】Obligation performable to bearer 凡基于无记名证券而成立之债权，谓之无记名债权。

【无(無)记名证券】【债】Instrument to bearer; Obligations to bearer; Bearer paper 称无记名证券者，谓持有人对于发行人得请求其依所记载之内容为给付之证券也。发行证券之人曰发行人 Promisor。持有证券之人曰持有人 Bearer。此种证券其特征有三：(1)证券即权利，权利即证券。(2)仅持有人即可要求给付。(3)给付所在地与给付时间勿庸于券上记载，所以便利移转也。我民法规定凡无记名证券发行人于持有人提示证券时，即有为给付之义务，是为原则。但有例外二：(a)发行人已知持有人就证券无处分之权利者。(b)发行人已由他人受有遗失被盗或灭失之通知者。在上述二种情形存在时，发行人如竟为给付，则仍不能免其依证券应负担之债务。又无记名证券虽因遗失被盗或其他非因自己之意思而流通者，发行人对于善意持有人仍应负责。此外为维持证券之流通性起见，对发行人得对抗持有人之情形，亦设有明文，但以下列三种为限：(1)本于证券之无效者。(2)本于证券之内容者。(3)本于发行人与持有人间之法律关系者。无记名证券既为利便流通而设，故证券即权利，权利即证券，持有人请求给付时，自应将证券交还发行人，此时一经收回，虽持有人就该证券无处分之权利，发行人仍取得其证券之所有权。（参第七一九—七二八条）

【无(無)国籍】【国私】Denationalization 所谓无国籍，乃指无任何之国籍而言。无国籍之发生，乃由于各国国籍法不同之结果，有自始即无国籍者，有丧失旧国籍未取得新国籍者。我国法律适用条例第二条第二项，设有概括规定，即当事人无国籍者，依其住所地法，住所不明时依其居所地法。

【无(無)条件】【民总】Unconditional 凡法律行为其效力之发生不受任何条件之限制者，为无条件。例如单纯赠与，即赠与未附有任何条件，或期限或负担之谓。

【无(無)条件之故意】【刑】Unconditional intent 为故意之一种，对附条件之故意言，又名确定故意。（详该本条）

【无(無)条件的最惠国条款】【国公】Unrestricted most-favoured-nation clause 为最惠国条款之一种，与附条件的最惠国条款相对称，即订明无条件的享受最惠国待遇之条款也。始于一八六三年之英意商约，学者名之曰英意条款，通行于欧洲，以当时乃贸易自由政策盛行之时代故也。

【无(無)条件条款】【国公】又曰无条件的最惠国条款。(详该本条)

【无(無)条件债务】【债】Unconditional debts 又曰单纯之债。(详该本条)

【无(無)责任行为】【刑】(民总)Act without responsibility 不负法律上之责任之行为，谓之无责任行为。例如无意思能力人之行为及基于正当防卫之行为皆是。

【无(無)责任能力】【民总】(刑) Irresponsibility 所谓无责任能力，乃指对于违法之行为无负担法律上之制裁之资格而言。在民法上例如无行为无能力人其行为并不受法律上赔偿损害责任之支配是。在刑法上凡未满十六岁之未成年人亦无责任能力是。

【无(無)期限物权】【物】Real right for an indefinite period of time 为物权学理上分类之一，对有期限物权言，即永久存在之物权。换言之，即除抛弃及让与或其他情形外，其权利均不消灭之谓。例如所有权是。

【无(無)期徒刑】【刑】Imprisonment for life or permanent imprisonment 即将犯人拘置于狱永远加以监禁是也。为徒刑之一，对有期徒刑言，亦自由刑之一种。列国如葡萄牙、墨西哥、委内瑞拉、乌拉圭、爱加脱等国已实行废止。我国仿多数国之例，仍予采用，但有悔过者得酌予减刑或令其出狱耳。

【无(無)期褫夺公权】【刑】Deprivation of civil right for life 为褫夺公权之一种，对有期褫夺公权言，即终身褫夺犯人公权之谓。一称终身褫夺公权，又分为二:(1)绝对的无期褫夺——即对宣告死刑或无期徒刑者其褫夺公权必须宣告为无期，不得宣告为有期之谓(刑法第五十七条第三项)。(2)相对的无期褫夺——即对宣告十年以上有期徒刑者，其褫夺公权得宣告为无期或有期之谓(刑法第五十七条第四项)。无期褫夺公权宣告后，其效力于裁判确定时发生。

【无(無)给职】【通】Service without payment 凡人拥有虚名之职，而多不负一定之义务，且有时纵负一定之义务，而无受任何之报酬，皆谓之无给职，或称曰名誉职。例如学校之董事，机关之名誉顾问，军营之咨议，学生会之会长等皆是。

【无(無)债给付】【债】Presentation or performance made without obligation 即无债权债务关系而竟因清偿以为给付之谓也。法律规定其情形有三:(1)履行道德上义务之给付。(2)债务人于未到期之债务而给付者。(3)清偿债务人在给付时明知无给付义务所为之给付。广义之无债给付乃包含上列三种情形，惟狭义之无债给付则仅指最后一种而言。我国民法规定无债给付虽为不当得利，但不得请求返还。(第一八〇条第一第二第三款)

【无(無)意之不合】【民总】为意思与表示不一致情形之一，对故意之不合言，又称不虞之不合。即于意思表示行为时，其不一致之情形乃为表意人所不知者。更分为二:(1)错误。(2)误传。(详各本条)

【无(無)意犯】【刑】Involuntary crime; Unintentional crime 与有意犯相对称,即无犯罪之意思之犯罪行为也。此项犯罪多因过失所致。

【无(無)意退股】【公】Involuntary retire 与有意退股相对称,即非依于股东自己之自由意思退出公司之股份而系基于法定之原因而当然脱退也。例如死亡,除名,破产以及依章程所规定之事由之发生皆是。

【无(無)意解散】【公】Involuntary dissolution 又称曰强制解散。(详该本条)

【无(無)意过失】【刑】为过失种类之一,对有意过失言。又名疏虞之过失(详该本条),或称无认识过失。

【无(無)瑕疵占有】【物】为占有之一种,对瑕疵占有言,即以平稳①及公然之方法而占有之谓。例如不以强暴或秘密方法以占有他人之物是。

【无(無)瑕疵占有人】【物】(详无瑕疵占有条内)

【无(無)瑕疵物】【债】Things with defects 凡物之完全而无缺点者,为无瑕疵物。反之则为瑕疵物。例如马之买卖以健全者为良,肉类果品之买卖以新鲜者为佳,健全与新鲜即无损于物之价值,而适合于通常之效用,故为无瑕疵物。出卖人对于买受人于具备法定要件时,始负物之瑕疵担保责任,至于赠与标的物有瑕疵时,赠与人不负担保责任,是为原则。但尚有下列例外(且其责任内容仅以损害赔偿为限):(一)赠与人故意不告其瑕疵者。(二)赠与人保证其无瑕疵者。(三)在附有负担之赠与,其赠与人负担之限度内负与出卖人同一之担保责任。(四)当事人关于担保责任定有特约者。

【无(無)禄人】【史】凡有支俸食不及一石者,为无禄人。与有禄人相对称,即不在官人亦属之。如三司,运司,府州县典吏之类皆是。(参官吏受财条内)

【无(無)罪】【刑】Innocence; Not guilty 犯罪不能成立者,称曰无罪。其判决则曰无罪之判决。

【无(無)罪之判决】【刑诉】Absolutio (拉丁); Judgment of not guilty (英) 被告人犯罪条件不成立,法院为否定刑罪权之发生时,所为之判决,曰无罪之判决。

【无(無)罪证据】【史】又曰反证。(详该本条)

【无(無)著籍入宫殿】【史】应入宫殿者,若未携带门籍而辄入,应构成本条罪名。唐律(卷七)卫禁篇有无著籍入宫殿之条:"诸应入宫殿未著门籍而入,虽有长籍,但当下直而辄入者,各减阑入五等。"疏议曰:"应入宫殿,在京诸司,入宫殿者皆著门籍,若未著门籍而辄入,或虽有长籍,谓宿卫长上人,虽一日上,两日下,皆有长籍,当下之日,未合人宫殿,但当下直而辄入,各减阑入罪五等。"同条又曰:"即宿次未到而辄宿,及籍在东门而从西门人者,又减二等。"疏议曰:"即宿次未到

---

① 原书为"隐",系排版之误。

者，谓应供奉之官，及宫官当直，各有宿次，其宿次未到而辄宿，及籍在东门而从西门入者，依令非应从正人者，各从便门著籍，假如西门有籍而从东门入，或侧门有籍而从正门入，各又减罪二等，谓减阑入罪七等。”

【无(無)资力】【通】Insolvency 凡人对于某种之事项，无经济上负担之能力者，谓之无资力。例如破产者，因债务人财产不能清偿债务，而使多数债权人得公平受清偿时是。故债务人无资力清偿债务时，即为破产之原因。

【无(無)过失占有】【物】为占有之一种，对过失占有言，即占有者虽已为相当之注意，亦不能知其权原上之瑕疵而占有其物之谓也。

【无(無)认识之过失】【刑】为过失种类之一，对有认识之过失言。又名疏虞之过失(详该本条)，或称无意过失。

【无(無)线电信条例】【行】Regulations Governing radio 本条例于民国十五年九月十八日公布，共十二条，其要点如下：(一)所谓无线电信，乃指凡不借电线之一切电力通讯之统称而言。(二)无线电信为政府专有事业(军用者由军事机关管理之)。(三)私人或团体机关之设立无线电发报或收音台，须经政府核准，给予执照，惟于必要时政府得收管其机器之一部或全部。(四)外国商轮在领海内及各口岸停泊时，非得政府之特准给予执照，不得随意用无线电通讯。(五)任何无线电台接到海轮呼救电报时，应立通报最近之救生站或轮船。(六)无线电信材料由政府设立，或许个人或团体设立专卖局经售之。(七)违背本条例规定之处罚，本法亦有规定。(第十一十一条)

【无(無)线电报】【行】Wireless or radio telegraphy (详电信条内)

【无(無)线电话】【行】Wireless or radio telephones (详电信条内)

【无(無)线电管理局】【行】Chinese Government Radio Administration 管理全国无线电报电话及其应用无线电波之交通事宜的机关，为无线电管理局。设局长一人及下列三课：(1)总务课。(2)工务课。(3)业务课。各置课长一人，课员若干人，工程师若干人，分司各项职务(无线电管理局章程第一一二条，第六一七条)。

【无(無)赋役】【史】与有赋役相对立，乃编定差役方法之一，即取于人丁，照本身当杂泛差役，即所谓无赋役者也。

【无(無)担保背书】【票】Qualified indorsement 谓背书人在背书上记载不负担保责任之文句也。按不负担保责任之背书，对于票据之信用有莫大关系，原则上似应不许其有此种记载，我票据法则认背书人得记载不负担保承兑责任之文句，但以特约为限，至于不负担保付款责任之记载者，其记载为无效。(第三十六条)

【无(無)遗嘱继承】【继】Intestate succession 被继承人死后未以遗嘱指定继承人者，为无遗嘱继承，与有遗嘱继承相对称。凡无遗嘱指定继承人时，应以法定继承人为继承人。所谓法定继承人，乃指配偶及其他法定顺序之继承人而言。(参法定继承人条内)

【无(無)偿】【债】No consideration 与有偿相反,即无反对之给付(对价)之谓。

【无(無)偿行为】【民总】Act without consideration 为法律行为之一,对有偿行为言,即以财产上之给付为目的,而无相互对价之法律行为也。例如使用贷借,赠与是。

【无(無)偿取得】【民总】Acquisition without consideration 谓无对价而取得一定财物之所有权也。例如因赠与或遗赠而取得某土地之所有权是。

【无(無)偿定期金】【债】Annuities without compensation (详终身定期金条内)

【无(無)偿契约】【债】Contract without consideration 为契约之一种,对有偿契约言,即仅当事人一造为一定价值之给付,而相对人一造不为一定价值之给付之契约也。如赠与,无偿委任,无偿寄托,无利消费贷借,皆是。

【无(無)偿消费借贷】【债】Loan for consumption without consideration 为消费借贷之一种,对有偿消费借贷言,谓无约定报偿之消费借贷也。通常之消费借贷以此为原则,乃无偿契约之一种。故借用物有瑕疵时,借用人得照有瑕疵原物之价值返还贷与人,但贷与人故意不告知其瑕疵者,借用人得请求损害赔偿。(第四七六条第二第三项)

【无(無)偿寄托】【债】Deposit without consideration 为寄托之一种,对有偿寄托言。凡寄托契约之不需由寄托人给付报酬于受寄人者,曰无偿寄托。我国民法以无偿寄托为原则,有偿为例外,不问有无报酬,均称寄托。(参寄托条)

【无(無)爵宗室】【史】清时宗室中之无爵位者,谓之无爵宗室,又称闲散宗室。如镇国公辅国公以下之婢妾所出之子,不入八公;镇国公及辅国公以下侧福晋,侧室婢妾所出之子,以及奉恩将军之余子以下皆是。(清国行政法卷一上)

【无(無)权代理】【债】【民总】Unauthorized agency 为代理之一种,对有权代理言,即具备其他代理各要件而欠缺代理权之代理行为也。法律之设此乃为便利实际起见。又分为表见代理(详另条)与狭义无权代理。后者即指无权代理而言,因表见代理系由法律视同有代理权,故与狭义无权代理原则上已无代理权者有异。但民法为保护第三人起见,仍认此无权代理有一种不确定之效力,对此无权代理人许其于一定条件下发生特种效力,故于第一七〇条第一项规定:无代理权人以代理人之名义所为之法律行为,非经本人承认对于本人不生效力。此即一经本人承认,始能确定生效也。至其承认乃以意思表示为之。学者有称此为本人之承认权者,若再加以否认者亦可,故又谓之拒绝权。又第一七〇条第二项规定无权代理行为之相对人,得定相当期限催告本人确答是否承认,如本人逾期未确答者,视为拒绝承认。此乃为使手续迅速起见,以免不确定之权利久处未决之状态中,故予相对人以催告权。此外又规定无代理权人所为之法律行为,其相对人于本人未承认前得撤回之,但为法律行为时明知其无代理权者不在此限(第一七一条)。此即令相对人有撤回其行为之权也。法律又为保护善意第三人起见,又定无权代理人以他人之代理人名义所为之法律行为,对于善意之相对人负赔偿损害之责(第一一〇条)。至损害之范围,不论消极损害或积极损害均在其内。

【无(無)权原占有】【物】Fossession without legal source of law 为占有之一,对正权原占有言,即占有人于占有其物时,缺乏法律上之原因之谓。例如盗贼窃取他人之物而占有之是。

【无(無)权解释】【通】又曰学理解释(详该本条),或称私解释。

【无(無)体物】【民总】Things incorporeal 对有体物言,即无形体之物也。例如权利无形体者也,通常皆称曰无体物。即电气亦为无体物。我国法律关于物之规定,虽以有体物为限,但得为权利之目的者,不必限于有体物,即无体物中之电气,亦得为权利之目的。

【无(無)体财产权】【通】Right over intangible property 又称智能权(详该本条),或曰专用权。

【为(爲)人作辞牒加状】【史】辞牒即诉讼状书之类。凡被请雇作辞牒而加增其他之事实于其上者,应即构成本条之罪。唐律(卷二十四)斗讼篇有为人作辞牒加状条之设:"诸为人作辞牒加增其状,不如所告者,笞五十,若加增罪重减诬告一等。即受雇诬告人罪者,与自诬告同,赃重者坐赃论,加二等,雇者从教令法。若告得实,坐赃论,雇者不坐。"疏议曰:"为人雇倩作辞牒,加增告状者,笞五十;若加增其状,得罪重于笞五十者,减诬告罪一等。假有前人合徒一年,为人作辞牒,增状至徒一年半,便是剩诬半年,减诬告一等,合杖九十之类。若因雇倩受财,得赃重者,同非监临主司,因事受财坐赃之罪,如赃重从赃科赃轻者,从减诬告一等法。上文为人作辞牒,虽复得物,不雇诬告,因有加增得减诬告一等。此文即受雇,诬告人罪者,谓彼此同谋,本共诬构,情规陷害故与自诬告罪同,赃重者坐赃论,加二等。假有得绢十匹,受雇诬告人一年半徒,坐赃论,十匹合徒一年,加二等,即徒二年之类,雇者从教令法,依下条放令为从,减受雇者一等,仍得一年徒。若告得实坐赃论,谓受绢十匹,告得实事,合徒一年之类,雇者不坐,以其得实,故得无罪。"

【为(爲)人后】【史】为人后者,谓为他人之子以继承其祭祠也。后世有称之为嗣祀养子者,实则所谓嗣子之意。其与养父母之关系与亲子同,故其丧服为斩衰三年。仪礼—丧服章:"为人后者,孰后?后大宗也。"

【为(爲)人施打吗啡罪】【刑】为鸦片罪之一,因为人施打吗啡针而成立。因其促成他人犯罪,复成立自己犯罪,故加处罪。至其行为是否得被打人之同意,或有无报酬,均非所问。其处分为二年以下有期徒刑,得并科五百元以下罚金,未遂罪罚之。(刑法第二七六条)

【为(爲)人商】【债】对为己商言,即商之行为其损益均属诸他人者。例如行纪是。

【为(爲)己商】【债】对为人商言,谓商之行为其损益乃归属于一己者。通常之商业皆为为己商。

【为(爲)他人之保险契约】【险】又曰为第三人之保险契约。(详该本条)

【为(爲)刑开二门】【史】刑罚之轻重,如由法官任意定之者,谓之为刑开二门。大学衍义补(卷百三):“奸吏得因缘为市,所欲活,则出生议,所欲陷,则予死比,是为刑开二门也。”

【为(爲)受】【史】所谓为受乃指法官对于民间之诉讼应予受理而言。唐律(卷二十四)斗讼篇——越诉条:“诸越诉及受者,各笞四十。若应合为受,推仰而不受者笞五十。”

【为(爲)法自弊】【史】所谓为法自弊,乃指制作法律而自陷其弊而言。史记商君传:“亡至关下,欲舍客舍。舍人曰,商君之法,舍人无验者坐之。商君叹曰,为法之弊,一至此哉。”晋书:“刘毅有为法自弊之叹。”

【为(爲)首者】【刑】或仅称曰为首,乃指主犯而言,与为从者相对称。

【为(爲)徒侣】【史】刑事被告人妄引他人而指其为与己同类者,谓之引人为徒侣。依唐律(卷二十九)断狱篇——引人为徒侣条之规定,应以诬告罪论。

【为(爲)婚女家妄冒】【史】妄冒者,谓缔结婚姻时以甲女代乙女或以甲男假代乙男以欺骗对方人也。明清律婚姻篇均设有男女婚姻条内有关于妄冒之规定,唐律(卷十三)户婚篇则设有为婚女家妄冒之条:“诸为婚,而女家妄冒者,徒一年;男家妄冒者,加一等;未成者,依本约;已成者离之。”疏议曰:“为婚之法,必有行媒。男女嫡庶长幼,当时理有契约。女家通约,妄冒者徒一年。男家妄冒者,加一等。未成者,依本约,谓依初许婚契约。已成者离之。违约之中,理有多种,或以尊卑,或以大小之类皆是。”

【为(爲)从者】【刑】或仅称曰为从,乃指从犯而言,与为首者相对称。

【为(爲)从减】【史】为从减者,谓从犯依首犯之罪减科一等也。

【为(爲)第三人之保险契约】【险】所谓为第三人之保险契约,乃指要保人为他人之利益而缔结之保险契约而言,又称曰为他人之保险契约。我国保险法规定,为他人利益订立之保险契约虽该他人承认在危险发生之后,仍享受其利益。又为他人利益订立之保险契约,于定约时该他人尚未确定者,由要保人或以保险单所载可得确定之受益人享受其利益。保险费应由要保人给付之,但保险人对于要保人所得为之抗辩亦得以之对抗受益人。(第五一六条)

【为(爲)第三人之契约】【债】Contract to be performed to third party 又名向第三人为给付之契约。(详该本条)

【为(爲)祖免妻嫁娶】【史】谓与祖免亲之妻复相嫁娶也。唐律设有禁止明文,在(卷十四)户婚篇之为祖免妻嫁娶条:“诸尝为祖免亲之妻而嫁娶者,各杖一百。缌麻及舅甥妻徒一年。小功以上以奸论。妾各减二等,并离之。”疏议曰:“高祖亲兄弟,曾祖堂兄弟,祖再从兄弟,父三从兄弟,身四从兄弟,三从侄,再从侄孙,并缌麻绝服之外,即是祖免。既同五代之祖,服制尚异他人,故尝为祖免亲之妻,不合复相嫁娶,辄嫁娶者,男女各杖一百。缌麻及舅甥妻,谓同姓缌麻之妻,及为舅妻若外甥妻,而更相嫁娶者,其夫尊卑有服嫁娶,各徒一年。小功以上,以奸论,小功之亲，多是本族，其外姻小功者，唯有外祖父母，若有嫁娶，一同奸法。若经作祖免亲妾者，各杖八十，缌麻亲及舅甥妾，各杖九十，小功以上，各减奸罪二等，故云妾各减二等，并离之。奸妾本条，减妻一等，此条以奸论。妾减二等，即是娶妾者，累减三等。称以奸论者，并依奸法。小功之妻，若寡在夫家，而嫁娶者，各依小功以上妻法。其被放出，或改适他人，即于前夫，服义并绝，奸者依律，止是凡奸，若其更娶，亦同凡奸之坐。又称妾者，据元是袒免以上亲之妻而娶者，得减一等。若是前人之妻，今娶为妾，止依娶妻之罪，不得以妾减之。如为前人之妾，今娶为妻，亦依娶妻之罪。”

【为(爲)替手形】【票】Bill of exchange　为日本名辞，即我国所称之汇票。

【为(爲)头】【史】集合数人共同办理某种事务，其首倡者称曰为头。元典章："监察合行事件，有丞相为头，尚书省官某大夫为头，一同奏过。"

【牌文】【史】为清之官文书之一种，即六部对道府以下所行之官文书也。

【牌示处】【民刑诉】法院以使公众周知为目的将文书揭示于一定之牌板。安放此种牌板之场所，称曰牌示处。

【牌保兵役纵盗】【史】牌保者牌头甲长保正等也。兵役，泛兵捕役等也。此等人员均负有捕盗之责，若反故纵盗贼不独有亏职守，且与地方治安国家威信均有妨碍。清律及例皆有处罚明文之规定，兹举述于下：(一)牌头知有为盗窝盗之人，而瞻徇隐匿杖八十，失察者，笞四十。(二)甲长知有为盗窝盗之人而不行转报者，杖七十；失察者，笞三十。(三)保正知有为盗窝盗之人而不行转报者，杖六十；失察者，笞二十。(四)邻佑知强盗窝主而不首者，杖一百；知强盗行劫而不协拿者，杖八十。(五)地保已报，泛兵未报，该泛兵杖一百；通同隐藏不报者各杖一百；首报迟延者杖八十。泛兵已报而地保未报，地保亦杖一百；如系通同隐匿不报，则各杖一百；首报迟延者亦杖八十。(六)兵丁捕役查缉不力，杖八十；知情故纵，照窝主知情存留例分别治罪。又兵丁捕役通贼分赃与巨盗交结往来，奉票缉拿走漏消息及非伊承缉之案漏信脱逃，不论曾否得财均照本犯之罪治罪。(七)兵丁捕役为盗，虽非造意为首，均照造意为首律斩决(造意为首斩枭，为从仍拟斩决)。(八)胥捕侵剥盗赃，计赃照不枉法律从重科断。

【牌面】【史】宫殿出入时所用之凭证也。有牙牌，木牌，铁牌及铜牌之别。(参悬带关防牌面条)

【牌头】【史】旧制之保甲以十家为牌，其长曰牌头。

【牵(牽)连取保】【史】牵连者，谓被他人案件而受连累也。凡受牵连人犯如情罪稍轻，准由其觅取保人具结保出，是曰牵连取保。清之现行则例(即刑部现行则例)断狱篇设有牵连取保之条："直隶各省监督抚审理事件，凡情罪重大要犯，务宜牢固监禁，详审确拟，如案内牵连犯人有情罪稍轻者，准取的保，俱俟核明具题发落外，至于重犯案内，或挟仇扳害或无辜牵连，承问各官申详各督抚，该督抚速行详审，果系无罪牵连者，应不候本犯罪结案，即行释放。"

【犹(猶)女】【史】兄弟之女曰犹女，即侄女之谓。摭言："张岘妻为颜荛居人犹女。"清律婚姻篇——尊卑为婚条之辑注:"妻前夫之女,犹女也。"此处所称之犹女,乃指其关系与己之女相同而言。

【犹(猶)太法】【通】又曰希伯来法。(详该本条)

【犹(猶)子】【史】犹子者,谓兄弟之子也,乃指侄而言。礼记—檀弓篇:"丧服,兄弟之子犹子也。"

【犹(猶)预期限】【刑诉】为期限之一种,对失权期限言,乃就性质而为区别,又称不行为期限。即于一定期限内不得为诉讼行为之谓也。凡于期限内迳行为之者,即为无效。例如公示送达应经过一定期限是。

【犹(猶)豫】【通】意思游移不决,谓之犹豫。

【猥亵】【刑】Indecency (详猥亵罪条内)

【猥亵罪】【刑】Crime of misdemeanour or Indecent act 为妨害风化罪之一,即除奸淫(正式性交)行为以外,而从事于性的冲动之妨害风化行为也。与奸淫罪之区别,不在程度而在性质。本罪不论对于男或女皆可发生,即在同性间或单独行为,亦能为之。奸淫罪则以异性间之交合为限。本罪之例如鸡奸,人与禽兽相交妇女同性相交,手淫等是,但法律对于猥亵行为,并未一律加以禁止,兹对律有明文者,分为二种:(1)公然猥亵罪。(2)强行猥亵罪。(详各本条)

【番子】【史】又曰番役。(详该本条)

【番役】【史】又曰番子,谓稽查盗贼之官役也。

【番役私刑贼盗】【史】奉命捕缉捉拿盗贼之差役于拿获之后,应即送官审讯,不许私刑,否则构成番役私刑贼盗罪。清之现行则例(即刑部现行则例)断狱篇设有番役私刑贼盗之条:"番役人等捉获强盗先送官审,不许私刑取供,违者于本衙门枷号一个月,责四十板,革役。如得财及诬陷无辜者,从重科罪。至于妄用脑箍毛竹连根大板及竹签烙铁等刑至毙人命者,以故杀论,不准援赦,其初招既定,不许续扳。"

【番例条款】【史】为清嘉庆十五年间所制定关系适用于蒙古地方之特别刑法,计六十八条。其刑罚之特异点为纳牛马,牛自一只至八十一只止,马则自一只至百只止,其不能纳者则以鞭责折代之。

【番头】【债】Handelsdiener (德) 为日本名辞,乃商业使用人之一种,如司账人或采办货品人是。

【亩(畮)】【史】宋时玉观国所撰之学林,对于亩之标题下关于度量衡之沿革叙述颇详。其文曰:"古者百步为亩[①],而汉时二十四步为亩;古者二十四两为溢,十六两为斤;秦以一溢为一金,而汉以一斤为一金;古人以黍定乐律,而用一秬二米者,欲其轻重大小均也。权衡度量,因黍累之,而后定,故同律度量衡者,欲其一体也。秦汉以来乃创为制度,各自遵用,于是权衡度量,皆不一矣。惟唐时权衡与今

① 原稿为"晦",系排版之误。

正合。按唐时食货志曰，武德四年铸开元通宝，钱重二铢四参，积十钱，重一两，得轻重大小之中；开元二十年诏，所在加铸开元通宝，钱以千钱重六斤四两为率，每钱重二铢四参。今以开元通宝钱积千钱，亦为今称六斤四两，以此观之，唐之权衡与今合也。”

【异(異)父同母兄弟姊妹】【史】母再嫁(不论系离异抑系夫死)后所生子女与未再嫁前所生子女间之关系，曰异父同母兄弟姊妹。双方在法律上认为有亲属关系之存在。唐律(卷十四)户婚篇——同姓为婚条：“若外姻有服属，而尊卑共为婚姻，及娶同母异父姊妹，若妻前夫之女者，亦各以奸论。”明律(卷六)、清律(卷九)户律婚姻篇——尊卑为婚条：“凡外姻有服，尊属卑幼共为婚姻，及娶同母异父姊妹，若妻前夫之女者，各以奸论。”惟清律对“以奸论”则改为“各以亲属相奸论”。至于丧服期间依朱子家礼之规定：“同母异父之兄弟姊妹，各服小功五月。”盖母之夫死，而其子女随其母再嫁时，与其母再嫁后所生子女，在情谊上固属亲兄弟姊妹，与准用异母同父兄弟姊妹之规定，故应服小功五月。

【异(異)母同父兄弟姊妹】【史】所谓异母同父之兄弟姊妹，乃指正妻所生子女与妾所生子女，或前母所生子女与后母所生子女间之关系而言。我国前此法律所称之“亲兄弟姊妹”，亦曰“胞兄弟姊妹”(如同父即为同胞，母是否相同不问)。至于同父同母者，则准入于有服亲内。(参五服图解条)

【异(異)母异父兄弟姊妹】【史】夫之前妻所生子女与妻之前夫所生子女为异母异父兄弟姊妹，因无血统上之关系即名分上亦无妨碍，故清律不设禁止明文。清律(卷九)尊卑为婚条之辑注栏：“如前夫子女与后夫子女，异母异父者，若从尊长主婚，毋概拟离。”

【异(異)地买卖】【债】Purchase and sale in different place 为买卖分类之一种，与同地买卖相对立，即出卖人与买受人之住所或营业所不在同一地方之谓也。民法规定买卖标的物由他地送到之时，买受人如主张有瑕疵不愿受领者，如出卖人于受领地无代理人者，买受人有暂为保管之责，是同地买卖之买受人无保管义务者自不待言。(第三五八条第一项)

【异(異)姓乱宗】【史】崇拜祖先为家族制度之基础观念。为子孙者之最大义务乃在于祖先之祭祠。如欲防止祭祠之断绝，非保持其家之血统使其永久勿替不可。故无子者定为七出之一，与夫妾制之承认，皆由于维持家庭之血统而来。至于血统之维持，首限于亲子及昭穆相当之侄，若乞养异姓之男子为嗣者，则成立异姓乱宗之罪名。明清律之户律篇——养子弃去条：“其乞养异姓义子，以乱宗族者杖六十。”所以禁止异姓乱宗也。

【异(異)姓义子】【史】乞养异姓之人为子者，曰异姓义子。唐律绝对禁止之，惟实际上仍甚通行，尤以五代之时为最。唐律(卷十二)户婚篇——养子舍去条：“养异姓男者徒一年，与者笞五十。其遗弃小儿年三岁以下，虽异姓听收养即从其姓。”明律(卷四)、清律(卷七)户律户役篇——立嫡子违法条：“其乞养异姓义子以乱宗族者杖六十。若以子与异姓人为嗣者同罪，其子归宗。其遗弃小儿三岁以下虽异姓仍听收养即从其姓。”

【异(異)居同财】【史】异居同财者谓兄弟间因某种原因分别居所,而其财产仍不分割也。礼记—丧服篇:“昆弟一体也……故昆弟之义无分,然而有分者,则辟子之私也。子不私其父,则不成为子,故有东宫,有西宫,有南宫,有北宫,异居而同财,有余则归之宗,不足则资之宗。”

【异(異)时施行主义】【通】为法律公布后施行主义之一种,与同时施行主义相对立。法律自公布后于全国各地分别其距离之远近以定其施行之先后是为异时施行主义。其不分别距离之远近而于一定期限内即同时施行者,称曰同时施行主义。采用前者之主义则同一法规在全国各地其施行期间必不相同。至采后者之主义则反是。

【异(異)时重复保险】【险】与同时重复保险相对称,即对于同一标的成立保险契约之后,更行缔结另一保险契约,是曰异时重复保险。

【异(異)财】【史】所谓异财乃指家产分割而言。史记—商君传:“民有二男以上,不分异者,倍其赋。”

【异(異)章服】【史】犯人与普通人异其衣服与标章,曰异章服。汉书—文帝纪:“十三年下令曰,盖闻有虞氏之时,画衣冠异章服,以为戮,而民弗犯,何治之至也。”

【异(異)议】【通】Objection 对于行政官署提起诉愿,经其决定表示不服时,或对司法机关之处分不当时所为之抗议,曰异议。

【画(畫)卯】【史】衙署差役于法定时间赴衙报到而于报到簿内捺印者谓之画卯。李存义役谣:“五更饭罢走画卯。”

【画(畫)衣冠】【史】所谓画衣冠乃指对犯罪者所服之衣冠画以某种事物以示其人乃一犯罪之人而言。或谓一条刑罚方法之一种。汉书文帝本纪:“十三年下令曰,盖闻有虞氏之时,画衣冠,异章服,以为戮,而民弗犯,何治之至也。”

【画(畫)省】【史】为汉代尚书省之别名,以其内皆画有古贤烈士之像也。汉官典职:“尚书省中,皆以胡粉涂壁,画古贤烈士,谓之画省。”

【画(畫)线权】【票】谓发票人背书人或执票人得在支票正面画平行线二道,并于其线内为记载一定文字之权也。至银钱业者受委托取款时,亦得于未画线支票正面行使此种权利,且得为自己商号之记载或涂销之,而另载其他银钱业者代为取款。(票据法第一三四条)

【画(畫)诺】【史】对于文书契约表示承诺之意思时所记入之文字,曰画诺。与今所称之签字画押相当。后汉书:“南阳宗资主画诺。”

【疏】【史】疏有种种意义,在法制上言,乃与表及笺相对称,即就政事方面上陈意见之谓。皇朝政治学问答:“凡中外封章上达,庆贺皇帝皇太后曰表,皇后曰笺,陈事曰疏。”

【疏水权】【物】Right of drainage 为对土地所有权所加私法上限制之一,即水流如因事变在低地阻塞，高地所有人得以自己费用为必要疏通工事之权也(民法第七七八条)。但其费用之负担，另有习惯者从其习惯。此项疏水权原则上属诸高地所有人，但以阻塞之原因非出于低地所有人之故意或过失者为限，否则应由低地所有人担负疏水之责。

【疏明】【民刑诉】为日本名辞，与我国所称之释明同义。(详释明条)

【疏章】【史】旧制，臣下之陈事曰疏，即臣下向皇上呈进政事上之奏文也。计分为二种：(一)曰题本又作本章——为政事具题者，纸质较粗文字较大。具题者须盖用官印，应施封缄。(二)曰奏本又作奏折——纸质及文字均细小。具奏者不用官印，亦不施用封缄。

【疏脱军徒流犯】【史】充军犯人，流刑犯人以及徒犯在配及解送中途脱逃者，均系出于主守人员及押解兵役之疏忽，故应治以应得之罪。清律及例设有下列规定：(一)军流犯在配及中途脱逃者看守保甲及押解兵役，一名杖八十，每一名加一等，罪止杖一百。徒犯在配及中途脱逃者，配所主守及押解人，一名杖六十，每一名加一等罪止杖一百。以上均给限百日追捕，限内能自捕得免罪革役，如系他人捕获，或囚已死及自首，仍依失囚律治罪。故纵者与囚同罪，受财计赃以枉法从重论。(二)遣军流犯——(甲)逃后滋事者主守乡保等杖一百，每一名加一等，罪止满徒。房主邻佑容留者，照知情藏匿罪人减罪人一等律再加一等。知而不首者杖一百。(乙)逃后并无滋事者，主守乡保等杖八十，每一名加一等，罪止杖一百。房主邻佑容留者照知情藏匿罪人一等律徒三年。知而不首者杖一百。(丙)以上如有受财者，则计赃以枉法论。亲属容留除祖父母子孙夫妻奴仆外，余俱照不应重律杖八十。(三)徒罪人犯——(甲)逃后滋事者，主守乡保等，杖八十，每一名加一等，罪止徒二年。房主邻佑容留者，照知情藏匿罪人减本犯罪一等。知而不首者杖八十。(乙)逃后并无滋事者，主守乡保等杖六十，每一名加一等，罪止杖一百。房主邻佑容留之者，照容留滋事匪徒例减一等。知而不首者杖八十。(丙)以上如有受财则计赃以枉法论。亲属容留，除祖父，子孙，夫妻，奴仆外，余俱照不应轻律笞四十。

【疏为令】【史】疏者，删改润泽也，凡后代君主所赞是者，均删改为令而施行于天下。(参著为令条内)

【疏虞之过失】【刑】为过失分类之一，对懈怠之过失言。又名无认识之过失，或称无意过失。即行为者对于事实因不加注意致无认识，而有不良结果之发生之谓。例如行为者对枪内子弹不加注意，拨弄机关子弹射出致死他人是(刑法第二十七条第一项规定)。

【发(發)】【史】(一)为唐代之制书之一，又称曰敕，用简，以竹制成。石林燕语：“唐中书制敕有四，封拜册书，用简以竹为之。画旨而施行者，曰发，曰敕。”(董氏丛书公文总起)(二)谓犯罪发觉也。例如唐律名例篇犯罪发觉条与犯罪未发自首条是。

【发(發)付】【史】为发遣与给付之简称。明律(卷四)、清律(卷八)户律户役篇——立嫡子违法之条:"所养父母无子而舍去者,杖一百,发付所养父母。"

【发(發)交】【通】To forward to 凡上级机关以一定之事件,发交下级机关办理者,谓之发交。例如高等法院以一定案件发交地方法院办理者,又如省政府以一定之事件发交县政府办理者等皆是。

【发(發)交判决】【民刑诉】依民事诉讼法第四百四十条之规定,原判决经废弃者,应将该事件发回原第二审法院,或发交其他同级法院。依刑事诉讼法第四百十二条规定,第三审法院因原审未为管辖错误之判决,系不当而撤销之者,应以判决将该案件发交管辖第二审,或管辖第一审之法院审判。发回判决与发交判决之区别为:凡须原审法院详细调查者,则以判决发回,如恐原审法院之调查并无实益者,则以判决发交与原审法院之同级之法院。

【发(發)回】【民诉】所谓发回,乃指因有法定情形之一时(民诉法第四一八条,第四四五条),由第二审法院发回原第一审法院,或由第三审法院发回原第二审法院,令其重行判决而言。若发回第二审之其他同级法院重行判决者,则不曰发回,而曰发交。(民诉法第四四五条,第四四七条)

【发(發)回判决】【民诉】发回判决者,谓上级法院遇有法定情形时发回于原下级审之法院之判决也。有下列情形之一者,应将该事件发回原第一审法院:(1)对于无关本案之判决上诉而有理由者。(2)第一审辩论期日未到场之当事人以并无迟误为理由,对于所受判决上诉而有理由者。(3)请求之原因及数额俱有争执时,对于以原因为不当之判决上诉而有理由者。此外第一审之诉讼程序有重大之瑕疵者,得废弃原判决,及诉讼程序有瑕疵之部分将该事件发回原法院,但以因维持审级制度认为必要时为限。(民事诉讼法第四一八—四一九条)

【发(發)行】【债】Publication 刊行及散布文书图画于不特定之人,谓之发行。

【发(發)行人】【行】Publisher 凡主管发售或散布出版品之人,皆曰发行人。下列各款之人,不得为新闻纸或杂志之发行人:(一)在国内无住所者。(二)禁治产者。(三)被处徒刑或一月以上之拘役在执行中者。(四)褫夺公权尚未复权者。(出版法第三条、十条)

【发(發)行或买卖彩票罪】【刑】Offences of issuing or buying and selling lottery tickets 为赌博罪之一,因未经政府允准而发行彩票,或为是项彩票买卖之媒介而成立。所谓彩票,即预先收集若干金钱或财物,以抽签或其他方法决定胜负,而给得彩者以约定之财物或金额,不得彩者丧失其财物或金额之谓。因其胜负之区别亦为偶然间之事实,故与赌博之性质同,而为害范围之广,恒较赌博尤甚。关于发行[①]彩票之举,列国立法例有采禁止主义者,有采放任主义者,有采特许主义者。我国刑法采最后主义,故本罪之成立,须以未经政府允准而发行者为限。其处分为一年以下有期徒刑,拘役,得并科三千元以下罚金。至为买卖之媒介者,因恶性较轻,故只处六月以下有期徒刑,或拘役,得并科或易科一千元以下

① 原书为"生",系排版之误。

罚金。(刑法第二八一条)

【发(發)兵符】【史】发遣兵卒所给之凭证,谓之发兵符。以铜制成,有左右两符,左符进于内府,右符则付诸州府监及提兵镇守之所。(参盗宫殿门符条内)

【发(發)见】【通】Discovery 除去障碍物而暴露他人所未见之事物,谓之发见。如埋藏物之发见,证据之发见,皆属之。

【发(發)言】【宪】Speaking 所谓发言,乃指以言语发表自己之意思及见解而言。在国会中议员均有发言权利,且其所发言论并不负担任何责任。(参发言权条内)

【发(發)言权】【宪】Right of consultation 凡以自己之意思,或代表他人之意思,在议会中以言语发表者,曰发言。此种权利曰发言权。凡系正式参加会议者皆享有之。惟不服从会议主席之指挥,及有扰乱会场秩序者,主席得停止其发言权耳。

【发(發)明】【行】Invention 所谓发明,乃指对于他人未知之方法,或自然界之现象,加以利用而获得之新结果而言。例如发明机器是。

【发(發)明专利权】【行】Inventor's patent right 关于工业上首先发明,或特别改良之物品及方法,依法所获得之专利权,曰发明专利权。享有此项权利之人,以中华民国人民为限。

【发(發)信主义】【民总】Doctrine of utterance 为非对话人意思表示生效时期立法例之一,即表意者将自己意思通知于对方时即生表示之效果之谓。例如甲欲与乙为法律行为,如于书信中表示其意思,则付邮之时效力立即发生。英美法以本主义为原则。例如,于承诺时如所用传递方法为对方所默指者,即以发信时为效力成立时期。我国民法以本主义为例外,而以受信主义为原则。如第九五条第二项规定,表意人于发出通知后死亡,或丧失行为能力,或其行为能力受限制,其意思表示不因之失其效力,即采本主义以为例外之规定也。

【发(發)案权】【宪】又曰提案权。(详该本条)

【发(發)航】【海】Commencement of voyage 船舶以航海为目的,由出发港开始出航者,曰发航。在法律上有种种关系之发生。海商法设有明文,即对发航地与发航港亦有规定。

【发(發)航地】【海】Place of the commencement of the voyage 船舶航行之出发所在地,谓之发航地。

【发(發)航许可书】【海】Certificate of clearance 发航许可书者,谓船舶间所往之目的地出发以前,向主管官署所领之许可文书也。通常于许可书之领地,必在船舶出发之准备事宜终了以后。故我国海商法规定船舶之扣押假扣押自船长执有发航许可书之时起,以迄于航海完成时止,不得为之,但为使航海可能所生之债务不在此限(第六条)。此种规定乃为顾全公益起见,同时又为保护船舶某种债权人之利益计,故有但书之规定,仍许该债权人声请扣押或假扣押。

【发(發)航港】【海】Port for the commencement of the first voyage 船舶初次航海时开始发航之港,谓之发航港。

【发(發)起人】【公】Promotors 谓组织股份有限公司之创始人也。我国公司法规定最少须为七人(第八七条),不问为自然人抑为法人均可。发起人之行为为:(1)订立章程。(2)认缴股份。(3)选任董事及监察人。(4)招募股份。(5)催收股银。(6)召集创立会以报告设立一切事项。(参第八八条—第一〇一条)

【发(發)起设立】【公】Formation by promotion 对募集设立言,为股份有限公司设立方法之一。又称共同设立,或单纯设立,即发起人设立章程认足股份总数时,公司因而成立之谓也。故其全部股份均由发起人担认,勿庸另行招募,且应即按股缴足第一次股款,并选任董事及监察人(公司法第九〇条)。董事就任后应即呈请主管官署派员检查(第九一条)。于检查完毕后呈请登记,即告成立。(第一〇九条)

【发(發)起认可】【行】Gründungserlaubnis (德) 对于创办事业之发起行为,必须经过官署之认可,始能发生法律上之效力,是项认可,称曰发起认可。请求认可时,须由发起人以文书声请,而受声请之官署,亦须以文书批驳之。

【发(發)配】【史】旧制,军、遣、流徒等之犯人均发送于一定土地,是项土地称曰配所。凡向配所发送者,称曰发配。

【发(發)掘】【刑】Uncovering or digging (详发掘坟墓罪条内)

【发(發)掘坟墓而侵害尸体等罪】【刑】为侵害坟墓尸体罪之一。本罪因单纯发掘坟墓而侵害尸体等罪而成立。因其情形不同,更分为二种:(1)因发掘坟墓而损坏,遗弃,污辱,或盗取尸体而成立之罪,其要件为:(甲)须为发掘后再有损坏遗弃污辱或盗取(参侵害尸体罪条)四行为之一者。(乙)本罪客体须为尸体。(丙)上述各行为(除污辱外)须系出于不正当之故意者。其处罚为三年以上十年以下有期徒刑(刑法第二六四条)。(2)因发掘坟墓而损坏遗弃或盗取遗骨遗发殓物或火葬之遗灰而成立之罪。其要件有三:其二与上述(甲)、(丙)两项同,惟本罪之客体并非尸体耳。所谓遗骨,乃尸体脱化后所遗留之骸骨。所谓遗发,乃尸体脱化后所遗留之毛发。所谓殓物,乃死者附体之物及其棺内所藏之物。所谓火葬之遗灰,乃举行火葬后所余剩之灰烬。本罪之处分为一年以上七年以下有期徒刑(第二六四条第二项)。若对直系尊亲属犯上述两罪者,处无期徒刑或七年以上有期徒刑;对旁系亲属犯之者,则加重本刑三分之一。(第二六五条)

【发(發)掘坟墓罪】【刑】Offences of uncovering graves 为侵害坟墓尸体罪之一,因单纯发掘坟墓而成立。按发掘原因殊为复杂;或挟仇示辱,或贪图吉壤,或利棺内财物,或指称旱魃。凡有发掘之行为,即构成本罪,但出于正当之原因不在此限。换言之,即应以是否违背法律上保护之本旨为断。苟于法律上保护之本旨并无不合,则虽实施本罪法定要件之行为,亦不应成立本罪。至本罪之处罚为六月以上五年以下有期徒刑,未遂罪罚之(刑法第二六三条)。若对直系尊亲属犯本罪者,加重本刑二分之一,对旁系尊亲属犯之者,加重本刑三分之一。(第二六五条)

【发(發)票】【票】发行票据之简称也。发行之人,曰发行人。发行之地,曰发行地。发行票据之年月日,曰发票年月日。

【发(發)票人】【票】Drawer 谓签名及发行票据负有担保承兑及担保付款责任之义务人也。发行人通常虽为一人,但二人以上(曰共同发行)亦无不可,但均须签名于票上,就全部同负连带责任以其皆为主债务人故也。(票据法施行法第五条)

【发(發)票地】【票】Place of issue 为票据法定记载事项之一,即发票人交付票据于受票人之地也。其记载是否与实际地相符可以不问。至其记载之作用,一在确定准据法,一在明了是否遵守发票地之税则。我票据法认发票地如未记载时,应以发票人之营业所住所或居所所在地为发票地。(第二十一条第五项,第一一七条第四项)

【发(發)冢】【史】按葬法,高者曰坟,封者曰冢,平者曰墓,发(开动也)掘(穿地也)之者应坐罪。明律(卷十八)、清律(卷二十五)刑律贼盗篇发冢条,均有相似之规定。依清律之条文及注曰:"凡发掘(他人)坟冢,见棺椁者,杖一百流三千里;已开棺椁,见尸者绞(监候);发而未至棺椁者,杖一百徒三年(招魂而葬亦是,为从减一等)。若(年远)冢先穿陷,及未殡埋,而盗尸柩(尸在柩未殡,或在殡未埋)者,杖九十徒二年半;开棺椁见尸者,亦绞(杂犯)。其盗取器物砖石者,计赃准凡盗论免刺。若卑幼发(五服以内)尊长坟冢者,同凡人论开棺椁见尸者斩(监候);若弃尸卖坟地者,罪亦如之。买地人牙保,知情者各杖八十,追价入官,地归同宗亲属;不知者不坐。若尊长发(五服以内)卑幼坟冢,开棺椁见尸者,缌麻杖一百徒三年,小功以上各递减一等。(祖父母父母)发子孙坟冢,开棺椁见尸者杖八十。其有故而依礼迁葬者,(尊长卑幼)俱不坐。若残毁他人死尸,及弃尸水中者,各杖一百流三千里(谓死尸在家或在野未殡葬,将尸焚烧残毁之类,若已殡葬者,自依发冢开棺椁见尸,律从重论)。若毁弃缌麻以上尊长(未葬)死尸者斩(监候);弃(他人及尊长)而不失(其尸),及(毁而但)髡发若伤者,各减一等(凡人减流一等,卑幼减斩一等)。(毁弃)缌麻以上卑幼(死尸),各依凡人(毁弃依服制)递减一等,毁弃子孙死尸者,杖八十。其子孙毁弃祖父母父母,及奴婢雇工人毁弃家长死尸者(不论残失与否),斩(监候,律不载妻妾毁弃夫尸,有犯依缌麻以上尊长律奏请)。若穿地得(无主)死尸,不即掩埋者,杖八十。若于他人坟墓(为)熏狐狸,因而烧棺椁者杖八十徒二年;烧尸者,杖一百徒三年;若缌麻以上尊长,各递加一等;(烧棺椁者,各加为杖九十徒二年半,烧尸者,递加为杖一百流二千里,不可依服属各递加致反重于祖父母父母也)卑幼,各(因其服)依凡人递减一等。若子孙于祖父母父母,及奴婢雇工人于家长,坟墓熏狐狸者,杖一百;烧棺椁者,杖一百徒三年;烧尸者绞(监候)。平治他人坟墓,为田园者(虽未见棺椁),杖一百(仍令改正)。于有主坟地内盗葬者,杖八十;勒限移葬(若将尊长坟冢,平治作地,得财卖人,止问诓骗人财,不可作弃尸卖坟地断。计赃轻者,仍杖一百。卖主知情,则坐不应重律,追价入官。不知情,追价还主)。若地界内有死人,里长地邻,不申报官司检验,而辄移他处，及埋藏者，杖八十；以致失尸者，(首)杖六十徒一年(残弃之人仍坐流罪)，弃而不失，及髡发若伤者，各减一等，杖一百。若邻里自行残毁，仍坐流罪，因而盗取衣服者，计赃准窃盗论，免刺。"清律之辑注曰："首一节凡人残冢之罪，第二节亲属发冢之罪，第三节四节毁弃他人及亲属死尸之罪，第五节六节七节皆因发冢毁弃之事，而附言之。"同律辑注又曰："见棺椁见尸两见字，音胡甸切，显也，露也。谓发掘坟冢，至于显露棺椁，已开棺椁，至于显露其屈也。开动曰发，穿地曰掘，二字亦有浅深之别，下未至棺椁者，若蒙上文发掘而言，则于掘字义不合，故复用发字。另起止曰发不曰掘，谓虽开动尚未掘穿至棺椁也。律文精密如此，笺释诸书皆解见为视，意义俱谬，且以未至为未见曰发掘坟冢未见棺已见棺，已见尸云云，殊可笑也。夫所重于见棺见尸者谓暴露其棺与尸也。故冢必发掘，棺必开，方坐本罪，假如发而未至棺椁仅于穴旁去指大一砖便可窥见棺椁，即坐见棺椁之罪乎？止言见尸，若毁弃尸骨，凡人亦绞，卑幼亦斩，无可复加也。发而未至棺椁者，亦问徒罪，须实有发开之事乃坐，若止乎治坟墓，则有本罪，不得轻拟也。"

【发(發)冢盗柩】【史】谓发掘常人之坟墓及盗取有尸之棺也。清律及例之规定如下：(一)发掘常人坟冢开棺见尸，为首者斩决；为从者不论次数均绞候；其帮同下手者俱入情实；在外瞭望，一二次者缓决；三次者亦入情实。(二)发冢见棺为首者，近边充军(年五十以上附近充军)，为从者徒三年；未至棺椁者，为首徒三年，为从徒二年半。以上发冢首从各犯均面刺发冢二字；其盗未殡未埋尸柩者，刺盗棺二字；若冢先穿陷及盗坟上砖石器物者，计赃准窃盗论罪免刺。(三)纠众发冢起棺索财取赎，已得财者，不分首从皆斩决；起意并为从下手发掘及抬棺者，照强盗法所难宥正法；仅止随行瞭望，照情有可原发遣。其未得财者，为首，斩决；为从，发新疆为奴(新例改发驻防)。(四)指称旱魃刨坟毁尸，为首者照发冢开棺见尸律绞候，如系挟仇泄忿者入情实，讯无嫌隙者入缓决；为从者如系帮同刨毁，发近边充军(年五十以上附近充军)，如仅止从行并未动手则徒三年。(五)发冢后将尸骨撇弃道路并将控告人杀害者，比依强盗，不分首从皆斩。(六)发冢见棺，锯缝凿孔抽取衣饰并非显露尸身，不论次数为首者绞决；为从者绞候；如系帮同下手，一二次者缓决；三次者入情实；如系在外瞭望，五次以下缓决；六次入情实。(七)盗未殡未埋尸柩，锯缝凿孔者，为首二次者徒三年，三次总徒四年，四五次边远充军，六次以上，极边烟瘴充军；为从二次徒二年半，三次徒三年，四五次总徒四年，六七次边远充军，八次以上极边烟瘴充军。(八)盗未殡未埋尸柩及发年久穿陷之冢，如尚未开棺椁，为首徒三年，为从徒二年半。如已开棺见尸，为首一次边远充军，二次极边烟瘴充军，三次绞候；为从一次总徒四年，二次边远充军，三次极边烟瘴充军，三次以上监候。(九)上述(六)、(七)、(八)各犯但经得财，计赃照窃盗重于本罪者，从重论。(十)上述(六)、(七)、(八)各项如一人迭犯，有首有从，视其为首次数与为从次数相比从重论。若为首并计罪轻，准其归入为从次数内并计科罪，不得以为从次数作为首次数论，亦不得以未殡未埋尸柩，及锯缝凿孔归入发冢见棺见尸次数并论。

【发(發)毁卑幼冢柩】【史】谓发掘及毁弃卑属亲之坟墓与有尸之棺也。清律及例设有下列之规定:(一)尊长发卑幼坟冢开棺见尸,缌麻徒三年,小功徒二年半,大功徒二年,期服徒一年半,子孙杖八十。(二)尊长毁弃未葬尸,缌麻徒三年,小功徒二年半,大功徒二年,期服,徒一年半(夫毁弃妻尸亦同),子孙杖八十(毁子孙妇尸比照同)。(三)尊长弃卑幼尸而未失,毁而髡发若伤,缌麻徒二年半,小功徒二年,大功徒一年半,期服徒一年。(四)于卑幼坟内薰狐狸因而烧棺椁,缌麻徒一年半,小功徒一年,大功杖一百,期服杖九十;若因而烧尸,则缌麻徒二年半,小功徒二年,大功徒一年半,期服徒一年。(五)盗卑幼未殡未埋尸柩,若开棺见尸,缌麻徒二年半,小功徒二年,大功徒一年半,期服徒一年。若未开棺椁,缌麻徒二年,小功徒一年半,大功徒一年,期服杖一百。(六)上述各罪为从之尊长各按服制减为首罪一等,如有卑幼或外人为首为徒分别服制凡人,各以首从论。

【发(發)毁尊长冢柩】【史】谓卑幼发掘尊属亲及家长之坟墓与有尸之棺也。清律及例设有下列规定:(一)子孙发掘祖父母父母坟冢,已行未见棺椁,不分首从皆绞决;已见棺椁者,亦不分首从皆斩决;如已开棺见尸并毁弃尸骸皆凌迟处死(亦不分首从,开棺见尸至三冢,除正犯凌迟外,其余发伊犁当差,改足四千里)。(二)盗祖父母父母未殡未埋尸柩,不分首从凡开棺见尸皆斩决;凡未开棺椁事属已行,确有显迹,亦不分首从皆处绞决。(三)卑幼发掘尊长坟冢:(甲)若未见棺椁者,期亲,处为首者足四千里充军,为从者边远充军;功缌,处为首者边远充军,为从者近边充军。(乙)若已见棺椁者,期亲,处为首者四省烟瘴充军,为从者足四千里充军;功缌,处为首为足四千里充军,为从者边远充军。(丙)若开棺见尸者,不论期亲功缌,皆处为首者斩候,为从者边远充军。(四)盗尊长未殡未埋尸柩——(甲)若未开棺椁者,期亲,处为首者足四千里充军,为从者边远充军;功缌,处为首者边远充军,为从者近边充军。(乙)若已开棺见尸,期亲,处为首者四省烟瘴充军,为从者足四千里充军;功缌,处为首者足四千里充军,为从者边远充军。(丙)以上两款如有尊长卑幼或外人为首为从均分别服制凡人,各以首从论。(五)奴婢雇工发掘家长坟冢——(甲)已行未见棺椁者,为首绞候,为从近边充军。(乙)已见棺椁者,为首绞决,为从绞候。(丙)开棺见尸者,为首斩枭,为从斩候。(丁)若毁弃撇撒死尸不分首从皆斩枭。(六)盗家长未殡未埋尸柩——(甲)未开棺椁,事属已行,确有显迹者,为首绞候,为从近边充军。(乙)开棺见尸者,为首绞决,为从绞候。(丙)若毁弃撇撒死尸,不分首从,皆斩枭。(七)上述(五)、(六)二项,如有应长亲属或外人为首为从,分别服制凡人,各以首从论。(八)卑幼毁弃缌麻以上尊长死尸者斩候,弃而不失尸,毁而髡发若伤,均流三千里。律不载妻妾毁弃夫尸,有犯者依此律奏请。(九)子孙毁弃祖父母父母死尸,不论残与否,斩候。奴雇毁弃家长死尸,不论残失与否亦处斩候。(十)卑幼于缌麻以上尊长坟内薰狐因而烧棺椁者,徒二年半,若因而延烧尸体者,则流二千里。(十一)子孙于祖父母父母坟内薰狐者,杖一百;若因而烧棺椁者,徒三年;若因而延烧尸体者,绞候(奴婢雇工同)。(十二)受雇看守坟墓并无主仆名分之人发冢盗柩或自行盗发,或听从外人盗发,除死罪外,军流以下,悉照凡人首从加一等。

【发(發)运使】【史】为五代及宋时掌制置茶盐之官名也。

【发（發）遣】【史】为清律之用语。流刑之特重者，配放吉林、黑龙江、伊犁及乌鲁木齐等边地服劳役，谓之发遣。

【发（發）撤】【史】谓发掘他人之冢墓，开至棺椁，谓之发撤。立即构成发冢之罪。

【发（發）觉】【刑】Discovery　发现犯罪人与犯罪事实者，谓之发觉。

【史】谓密谋或罪状暴露也。（参发条内）

【发（發）议】【行】Motion　又称曰动议。（详该本条）

【登中于天府】【史】中者，谓过无不及也。天府谓朝廷之府藏。裁判时所科之法刑以适用其中为必要，故凡狱讼裁判案件之得其中者均登入于天府以示郑重，且为异日之成例之用，故曰登中于天府。周礼—秋官小司寇之职："岁终则令群士，计狱弊讼，登中于天府……"郑玄曰："登中，上其所断狱讼之数。"贾公彦曰："群士，谓乡士遂士以下。"丘濬曰："登中于天府，说者谓，狱讼之中，言事实之书也……臣窃以为，所谓中者，意者取其所计弊狱讼之得其中者，上于天府，使藏之以为法比。"（大学衍义补卷百十一）按计者，稽也。弊者，断也。

【登仕郎】【史】为隋时所创设之散官①之一。历朝因之。清以之为正九品之文官。民国始废。

【登科记】【史】唐时之科举及第者之名簿，称曰登科记。初为俊士秀才及进士等之共同记载，后则仅为进士之记载，故称曰进士登科记。事物纪原（卷三）："唐会要曰，大中十年四月礼部侍郎郑颢进进士诸家科目记十三卷，敕，自今后放榜讫，写及第人姓名，仍付所司逐年编次。摭言曰，永徽以②前俊士秀才二科犹与进士并列，咸亨后，由文学举于有司者，竞进于进士，繇是赵傪删去俊秀，故目之曰进士登科记。其事之始，疑自唐初，而独以进士登科名记，当起于高宗时赵傪云。"

【登时杀死】【史】所谓登时，乃指于事故发生之立时而言。凡于夜间无故侵入人家而被主人立时杀死之者，杀人者并不论罪。又奸夫与奸妇被本夫于奸所立时杀死者，亦不论本夫以杀人之罪。明清律均有明文。（参夜无故入人家条及杀奸夫条内）

【登记】【通】Registration　登记者，谓将私法上之权利，依照法定程序将一定事项呈请特定公署记载于一定之簿册之行为也。例如土地登记，工厂登记，及户籍登记等皆是。关于登记之法规，谓之登记法。

【登记公示主义】【物】为不动产物权得丧变更主义之一，对地券交付主义及登记要件主义言。即于各不动产所在地之官署备置公簿，于其上记载不动产物权之得丧变更，使有利害关系第三人得就该公簿推知其权利状态之谓也。故未登记不得对抗第三人，但当事人间依意思表示则完全有效。此主义亦因有已成物权不

① 原书为"宫"，系排版之误。
② 原书为"已"，通"以"。

能对抗第三人之弊,亦不妥洽。法国法系国家采之,日本亦然。

【登记地图】【土】Registration maps and sketches 即由地政机关所备以标示登记土地面积界线及状况之图式也。计分为三种:(1)登记总图——标示该管土地登记区之全部。(2)分区图——标示区内各地段号数及登记号数。(3)分段图——标示土地之一段并于图中记明该地段号数,登记号数,所有权状号数,及其面积界线。上项地图,应备副本,分别永远保存。(第五〇—五四条)

【登记收件簿】【土】为土地登记簿册之一种,由中央地政机关制定,并于封面里面记明该簿总页数,钤盖官印。每页依次编号,各盖官印,系专为记载收受登记事件之簿册,且应永远保存之。(土地法第五十二条、第五十三条)

【登记官署】【行】Registry office 办理登记事宜之官署,称曰登记官署。例如土地局之办理土地登记,则该土地局即为登记官署。

【登记法】【通】Regulation concerning registration (详登记条内)

【登记物权】【物】Registered right over things 依物权编规定,凡不动产所有权,地上权,永佃权,地役权,抵押权,典权,须登记后始得对抗第三人,为登记物权。物权须登记,盖以为保护第三人计也,且亦为交易安全计也。惟船舶虽为动产,然因其价值高,而移转难,于法律上皆与不动产受类似之待遇,故船舶所有权之移转须为登记,且其所有权非经登记,亦不得对抗第三人,所以船舶所有权亦为登记物权之一种。

【登记要件主义】【物】为不动产物权得丧变更主义之一,对地券交付主义及登记公示主义言。即不动产物权之得丧变更必须登记,否则不特不能对抗第三人,即当事人间亦不发生效力之谓也。我国民法规定不动产物权,依法律行为而取得设定丧失及变更者,非经登记不生效力(第七五八条)。但有例外,即因继承强制执行公用征收或法院之判决,亦可取得不动产物权,但须登记方可处分其物权。(第七五九条)

【登记原因证明书】【土】对于法定机关所为之拍卖或公卖而取得之土地或对于公有之土地请求登记时,应由该法定机关或该公有土地之保管机关作成之证明登记原因之公文书,此项文书称曰登记原因证明书。我国土地法规定,因官署或法定自治机关执行拍卖或公卖处分为权利移转之登记时,权利人得请求官署或法定自治机关作成登记原因证明书嘱托地政机关登记之。又就公有土地为登记时权利人亦得请求该公有土地之保管机关作成登记原因证明书嘱托地政机关登记之。(第六二—六三条)

【登记推事】【行】登记事宜有由法院掌管之者,则在该法院内办理关于登记事宜之推事,称曰登记推事。

【登记通例】【史】为民国十一年五月二十三日由北京政府以大总统之教令第六号所公布者,全文共二十九条,规定下列事项已经依本通例登记者,除法令有特别规定者外有完全之公证力:(一)关于不动产权利者。(二)关于法人或其他民事商事团体者。(三)关于商业或商号者。(四)关于民商法律行为或其他事实者。

(五)关于船舶者。(六)关于管理财产者。(七)其他依法令应行登记者。惟本通例之施行细则尚未公布,故未施行。

【登记税】【通】Registration fee 国家对于人民以财产之特权等项之取得,设定移转变更或消灭皆应依法请求登记。例如土地权利,如所有权,地上权,永佃权,地役权,典权,抵押权之取得,设定移转变更或消灭,皆应依土地法之规定而登记。其请求登记于官册时所征课之赋税,为登记税。或称曰注册税。

【登记程序】【行】Procedure of regislation 即呈请登记时所必须之一切手续也。

【登记费】【土】Registration fees 登记费者,地政机关办理土地登记时向声请登记人征收之手续费也。登记费即为手续费之一种,自不宜过重征收。我土地法规定:(一)声请为第一次土地所有权登记,按照申报地值缴纳登记费千分之二。(二)声请为土地权利取得设定移转变更或消灭之登记,应依下列规定缴纳登记费千分之一:(1)于有卖价时,依其卖价,否则依估定价值。(2)所有权以外之权利,依该权利价值。(三)更正涂销更名及住所变更等登记,每件只缴纳登记费一角。(参第一三三—一三八条)

【登记吨数】【海】Registered tonnage (详金额主义条内)

【登记总图】【土】为地政机关之登记地图之一种,其内容为标示该管土地登记区之全部。(土地法第五十一条第一项)

【登记声请书】【行】即呈请登记人向登记公署所提出之声请文件也。

【登记储金】【土】Reserve fund in registration 登记储金者,因登记错误,遗漏,或虚伪,致受损害时,由地政机关负担赔偿所备用之金额也。地政机关负担赔偿时,须有下列情形:(1)须非应归责于受损害人时。(2)须非因登记人负重大过失所致者。登记储金之来源,乃从所收入登记费中提存百分之十存积而成。(第三九—四一条)

【登记簿册】【土】Registers; Registration book 登记簿册者,即登记官吏对于登记事项所备之簿册也。土地法上规定计分下列四种:(1)登记簿——每一份用纸分为登记号数栏,区段号数栏,土地标志部,所有权部及他项权利部。(2)索引簿——备翻检之用。(3)共有人名簿。(4)登记收件簿。上项簿册应备副本,且应永远保存,如有灭失应加补造。(第四六—五〇条,第五二—五七条)

【登高临宫中】【史】宫殿禁地,不许窥视,若登高临视,则应构成本条罪名。唐律(卷七)卫禁篇有登高临①宫中条之规定:"诸登高临宫中者,徒一年;殿中,加二等。"疏议曰:"宫殿之所,皆不得登高临视,若视宫中徒一年,视殿中徒二年。"同条又谓:"若于宫殿中,行御道者徒一年(有横道及门仗外越过者非)。宫门外者,笞五十。误者,各减二等。"疏议曰:"宫殿中当正门为御道,人臣并不得行。其在

---

① 原书为"登",系排版之误。

宫殿中及宫城中，而行御道者，各徒一年。若有横道，殿前即有横阶，殿内亦有横道；殿门宫门内外，立仗之处，仗外虽无横道，越过者亦无罪。嘉德等门为宫门，顺天等门为宫城门。准例，宫城门有犯，与宫门同。今云宫门外者，即顺天门外。行御道者得笞五十，误者各减二等，谓从殿中至宫门外，误行御道者，各得减二等。其登高临宫殿中有误者，亦减罪二等。”

【登庸】【史】登者举也，庸者用也，即登用官吏之意也。书经一尧典篇：“帝曰，畴咨若时登庸。”集传曰：“畴，谁也。咨，访问也。若，顺也。时，是也。登，举也。庸，用也。”吕祖谦之注曰：“登庸者，大用之意也。”

【登第】【史】旧时称科举之应试及格为登第。唐书：“通四经业成，上于尚书，吏部试之，登第者加一阶。”

【登极】【史】极者，天极也。登者，即位也。贞观政要：“自登极以来，大事三数件。”注：“北极为天极，居其位，而众星拱之，人君之象，故人君即位为登极。”

【登闻鼓】【史】帝尧之世，初置敢谏之鼓，凡民间之直言及申诉冤枉者之欲上达其情，均可挝之以闻于上，惟登闻鼓之名则起自南北朝之际。事物纪原（卷一）：“昔尧置敢谏之鼓，即其始也。用下达上而施于朝，故曰登闻。晋施广盗官物合弃市，子宗及云挝登闻鼓。”南史臧厥传：“辨断精明咸得其理，卒后有挝登闻鼓诉来。”唐时初设理检院以达下情，后改为登闻院，置鼓于禁门外，凡有冤枉而欲申诉者，可挝之以闻。登闻院之名始此（参燕翼贻谋录）。其后各朝均有登闻鼓之设，清时亦然。清律刑律篇越诉之条且设有下列明文：“若迎车驾及击登闻鼓申诉而不实者，杖一百。”

【登闻鼓院】【史】登闻鼓院设置于南北朝时代之宋文帝元嘉元年。魏时则悬登闻鼓于厥门之左侧以达冤人之诉。南梁武帝天监元年诏令于公府各置谤木肺石于其傍，谓之肺石亟。唐大历十四年诏天下凡冤枉无告之穷民听其挝登闻鼓以闻。宋时亦设登闻鼓于宣德门南楼之比廊，先以内臣掌之，后改由朝臣司之。景德四年改为登闻鼓院，收受各种封书而进之，并掌人民冤情之上达，隶属于司谏正言。元时亦有登闻鼓院之设（参古今事文类聚新集卷十八）。清亦依旧制设置登闻鼓院。清会典：“顺治元年定内外各衙门有真正贪赃虐害，不公不法，地方重大紧急事情，六部督抚按不行处治，又不奏闻者，设登闻鼓于都察院门首，每日轮流御史一员监值。”顺治十七年又题准令鼓厅刊刻木榜于鼓门前，其内容如下：“（一）状内事情必关军国重务，大贪大恶，奇冤异惨，方许击鼓。其户婚田土，斗殴相争等事，及在内未经该衙门告理，在外未经督抚按处告理，有已经告理尚未结案者，并不准封进。（二）登闻鼓之设，恐民间受屈于贪官污吏，及官民被陷重罪，冤枉无伸，俾得直达天听。（三）凡告鼓状必开明情节，不许黏列款单，违者不与准理。状后仍书代书人姓名，如不书，亦不与准理。（四）民间冤抑必亲身赴告，果本身羁禁令其亲属，确写籍贯年貌保结，方准报告，违者不准。”及嘉庆年间改为登闻鼓厅，置笔帖式满洲一人，汉军一人，掌达冤民，而隶属于通政司之下。（嘉庆会典）

【登录】【行】Registration　依法令之规定，以公示权利关系为目的而登载一定事实于公文书内者，曰登录。与登记之仅以公示事实于第三人不同。

【登闻检院】【史】唐武后垂拱三年置匭以受四方之书（司其事之首长曰匭使）。唐天宝九年改理匭使为献纳使，旋又改为知匭使。宋雍熙元年改匭为检。景德四年又改为登闻检院隶于谏议大夫，掌文武官及士民之章奏表疏，凡朝政之得失，公私利害，军事机密，恩赏之陈请，冤滥之理雪及奇方异术皆受而通达之。进状者先呈鼓院，若抑而不达，则诣检院。元时亦置登闻检院，并设同知一员。（古今事文类聚新集卷十八）

【盛京外省秋审】【史】秋审乃清时减刑之制。其在盛京及直隶各省之案件谓之秋审（详该本条），其系属于京内之案件则曰朝审。清之现行则例（即刑部现行则例）断狱篇设有盛京外省秋审之条："凡秋审监禁重犯，该督抚仍会审详拟情真，缓决，矜疑具题，应令每年七月十五日内到刑部。若于七月十五日内不到部者，将该督抚交与吏部议处。其直隶各省监禁重犯，原案现在刑部将该督抚所题贴黄，刑部等衙门所议看语并该督抚会审情真缓决矜疑看语，刊刷招册进呈御览后送九卿科道官员各一册。八月内在于天安门外会议，详核情真，缓决，矜疑，分拟具题请旨定夺。俟命下之日咨行直隶各省，将情真犯人于霜降以后冬至以前正法，云南贵州四川广西广东福建俱限四十日，江西浙江湖南甘肃俱限二十五日，江南陕西湖广各限十八日，河南限十二日，山东山西各限九日，直隶限四日，盛京限十五日，宁古塔限一个月，将行文封袋面上明注所到限期发行。若沿途该地方官限内迟延不到者，著该督抚将迟延地九官查明指名题参。至于直隶各省督抚会审将情真，缓决，矜疑者拟议具题之后，如有所发事件不必具题，俟来年秋审。又盛京等处监禁重犯，刑部亦造黄册入在直隶各省秋审内具题。"

【盗（盜）一钱弃市法】【史】隋文帝残暴惨酷，即盗取一钱者亦弃市，其闻见不告者，亦处死刑，是为盗一钱弃市法。嗣被激烈反对，始废。大学衍义补（卷百十三）："文帝尚惨急，而奸回不止，定盗一钱弃市法，闻见不告，坐至死。"

【盗（盜）大祀神御物】【史】郊社宗庙谓之大祀。天曰神，地曰祇。御物者，神祇所御用之物也。盗之者依律处断。明律（卷十八）、清律（卷二十三）刑律贼盗篇均有盗大祀神御物之条："凡盗大祀神祇御用祭器帷帐等物，及盗飨荐玉帛牲牢馔具之属者皆斩；其未进神御及营造未成，若已奉祭讫之物，及其余官物，皆杖一百，徒三年；若计赃重于本罪者，各加盗罪一等，并刺字。"清律之总注："此条盗罪重在御用飨荐上。大祀谓郊社二礼，神祇天地也。祭器帷帐等物，系神祇所御用者原在殿内，玉帛牲牢馔具之类，系飨荐于神祇者，已至祭所盗之为大不敬，故不论监守常人不分为首为从，同盗之人皆斩。若御用之物，未进殿内，飨荐之物，未陈祭所，及营造御用之物尚未就进奉，飨荐之物祭讫撤回，与其余官物，如已箸釜甑之属，虽大祀所用，而不系御用飨荐者，则与盗之神前者有间，故皆杖一百，徒三年。不计赃之多寡者，谓是大祀中之物，与寻常仓库官物不同也。若计所盗之赃，照监守常人分科，其罪若重于杖徒之罪，系监守则加监守盗罪一等，系常人则加常人盗罪一等，并刺盗官物三字。监守盗赃至十七两五钱，常人盗赃至四十两，皆是杖一百徒三年；若监守盗至二十两，常人盗至四十五两，应杖一百流二千里，是重于本律矣。再加一等,则杖一百流二千五百里矣。余仿此推之。”

【盗(盗)内府财物】【史】内府者,天子之库也。内府财物如金钱器物及九库二十四监局钱粮,光禄寺品物之类,盗者皆处斩。明律(卷十八)、清律(卷二十三)刑律贼盗篇盗内府财物条:“凡盗内府财物者皆斩。”明律之下注:“盗御宝及乘輿服御物皆是。”清律之下注:“杂犯,但盗即坐,不论多寡,不分首从。若财物未进库,止依盗官物论。内府字要详。”清律之总注:“天子之库曰内府,在皇城禁地之中。但盗一切财物者不分监守常人,赃之多寡,人之首从,皆问杂犯斩罪。但有死罪之名而无死罪之实,以其罪难免而情可矜,故准徒五年以代之。虽贷其死而不贷其名,所以示戒也。若财物尚未进库而盗之止依盗官物论,仍分别监守。常人计赃坐罪,虽未进库,但经管之人盗者,即依监守盗论。”

【盗(盗)牛宰牛】【史】盗牛者,谓盗取及盗杀他人之牛只也。宰牛者,谓私自宰杀自己之牛及故杀他人之牛也。牛只于农事功用甚著,且与国家税收有关,故禁止宰杀之。清律及例设有下列规定:(一)盗牛一只者,枷号一个月,杖八十;二只者,枷号三十五日,杖九十;三只者,枷号四十日,杖一百;四只者,枷号四十日,徒一年;五只者,枷号四十日,徒二年;五只以上者,枷号四十日,徒三年;十只以上者,流二千里。(二)盗牛二十只以上,不计赃数,拟绞监候,虽在二十只以下而计赃一百二十两以上亦绞。(三)盗杀牛者,枷号一个月,发附近充军。(四)窝家知情者,分赃与盗同罪,不分赃杖一百。(五)杀自己牛,枷号一个月,杖八十,筋角皮张入官。残老病死勿论。(六)故杀他人牛,徒一年半,计赃重者准窃盗论,为从减一等。(七)宰杀耕牛,私开圈店,贩卖与宰杀之人,初犯枷号两个月,杖一百,再犯发附近充军,计只重于本罪者,照盗牛例治罪免刺,罪止流三千里。(八)地方官失察私宰耕牛,一二只者罚俸三个月;三四只者,罚俸六个月;五只以上者,罚俸九个月;十只以上,罚俸一年;三十只以上,降一级留任;以上如查获究办者免议。

【盗(盗)他人坟茔树木】【史】(参盗园陵树木条内)

【盗(盗)用】【刑】(详盗用公印文罪条)。

【盗(盗)用公印文罪】【刑】Crime of fraudulent use of public seals　为伪造印文罪之一,因盗用公印或公印文足以损害于公众或他人而成立(参盗用私印文罪条)。惟本罪之客体乃公印或公印文二种耳。前者指公署依法制成而用以现出符号之器物。后者指公印器物所现出之符号。本罪以盗用行为系未得有权使用人之承诺,而其结果尤须足以生损害于公众或他人者,方能成立。其处分与伪造公印文同。(刑法第二三五条第二第三项)

【盗(盗)用私印文罪】【刑】Crime of fraudulent use of private seals　为伪造印文罪之一,因盗用印章印文或署押足以生损害于公众或他人而成立。所谓盗用印章者,指不法之使用偷盖他人之印章而言。盗用印文有两情形,一为未得其承诺而窃用之,一为以欺罔手段于指定范围内另作他用是。所谓署押,即以欺罔手段使人署押于非本意之文书之谓。构成本罪要件为:(1)客体以私印私印文及署押为限。(2)盗用行为须为与印主本人之意旨相反,而盗用人并无使用之权者。

(3)须足以生损害于公众或他人者。本罪处分与伪造私印文罪同。(刑法第二三四条第二第三项)

【盗(盗)田野谷麦】【史】在田野之谷麦菜果(塘鱼竹笋亦为田野之物),尚在田野未经收取到家者,如盗取之,应构成本条之罪。即无人看守之物亦在本条内加以规定。明律(卷十八)、清律(卷二十四)刑律贼盗篇:"凡盗田野谷麦菜果及无人看守器物者,并计赃准窃盗论,免刺。若山野柴草木石之类,他人已用工力斫伐积聚而擅取者,罪亦如之。"明律之纂注:"无人看守,谓原不设守及不待守之物方是。若偶因无人,不得谓无人看守矣。山野柴草木石,谓无主得共采者,特他人用工斫伐积聚之耳。若有主,即系无人看守之物矣,然必搬移他处方坐,非如钱粮之据入手为证也。此见凡盗人田野谷麦菜果及无人看守器物者,与在家积贮者不同,并计所值之价为赃,准窃盗免刺。若山野柴草木石之类本无物主,但他人已用工力斫伐积聚所擅取之,是亦取非其有者,故其罪亦如盗田野谷麦科断。不曰盗而曰擅取者,以其非看守严密之地,不必藏形隐面而盗之也。"

【盗(盗)印信】【史】印信乃官司公器,所以昭示官厅之信于人民也,盗取之者皆应处罚。明律(卷十八)、清律(卷二十三)刑律贼盗篇均有盗印信之条:"凡盗各衙门印信(明律此处尚有及夜巡铜牌等字)者皆斩。"清律之总注:"印信谓一品至九品文武衙门方印,所以传信于四方故曰印信。此颁自朝廷,关系机要,故盗之者皆斩。盗关防印记则皆杖一百刺字。按内之鸿胪通政,外之督抚等,凡有钦给关防者,并应与印信同论。此又分出关防印记。另言不知此关防印记如何分别,或云是无钦给关防之官,而私刻之印记,然此起于近时,不应入律;或云是内外杂职衙门条记关防,然职虽卑微亦有职掌,同为钦给,不当悬绝如此。俟再考。"同律之辑注:"此但是盗去,非盗用也。若盗用又当别论,然亦无加于斩矣。"又同律之辑注:"本律是专指盗印信者言,印信非同财物,盗者必是奸人,故严其法。若本为窃盗财物误及印信,似当别论。"

【盗(盗)劫保险】【险】Insurance against burglary 为保险之一,谓以被保险人因被盗劫所生损害为标的之保险也。保险人应给付一定之保险金额,以为填补损害之用,在我国目下盗匪如毛之景况,此种制度自难采用。

【盗(盗)决河防】【史】盗决者,谓决水入田以资灌溉,或决水他流以免淹没,不过求济于己,而无害人之意,故其罪轻。故决者贪取水利,则不顾害人,为挟仇恨,则专欲害人,故其罪重。此说颇为学者所否认,按盗者掩袭而决之,不敢使人知也。故者公然而决之,不复畏人知也。犯强窃盗之别罪之轻重,由此论定不在害人与否也。明律(卷三十)、清律(卷三十九)工律河防篇——盗决河防之条设有明文,又故决河防亦在其内:"凡盗决河防者,杖一百。盗决圩岸陂塘者,杖八十。若毁害人家及漂失财物,淹没田禾什物,价重者坐赃论。因而杀伤人者各减斗杀伤罪一等。若故决河防者,杖一百,徒三年。故决圩岸陂塘减二等。漂失赃重者准窃盗论,免刺。因而杀伤人者,以故杀伤论。"清律之总注:"河防者,河之堤岸,凡江河近处为堤,以防泛滥者皆是,不专为漕运言也。盗决者杖一百。圩岸者,低田之岸,障水以作田者也。陂塘者,湖荡之类,蓄水以溉田者也。盗决者杖八十。

若因盗决河防与圩岸陂塘而毁害人庐舍,漂失人财物,淹没人田禾,计所值物价为赃,坐赃论罪,重于杖一百杖八十者,照坐赃罪科之,轻则仍坐。盗决本罪因而杀人伤人者,虽为人所杀伤而实由盗决,故各减斗殴杀伤罪一等。若系故决则河防杖一百,徒三年;圩岸陂塘减二等,杖八十,徒二年。漂失二字兼毁人家,漂失财物,淹没田禾,三句而言,省文也。计所失物价为赃准窃盗论罪,重于徒三年与减二等者,照窃盗科之,至死减一等免刺,轻则仍坐。故决本罪因而杀人伤人者,虽为水所杀伤,而实同于有意,故以故杀伤论,杀者斩,伤者依轻重科断。"

【盗(盜)制书】【史】制书者,所以诏令天下者也,盗之者皆斩。明律(卷十八)刑律贼盗篇有盗制书之条。清律(卷二十三)亦同。惟清律仅处盗制书者以斩,而明律则规定凡盗制书及起马御宝圣旨起船符验者皆处斩。其下所规定者,明清律皆同:"盗各衙门官文书者皆杖一百刺字,若有所规避者从重论,事干军机钱粮者皆绞。"清律之总注:"制书所以诏令天下者,出自内府,所系至重,故盗之者皆斩。若盗内外军各衙门寻常事件申上行下官文书者,皆杖一百刺字。若有故而盗,于事有所规避者,各从其重者论罪,盗罪重以盗科之,规避罪重以规避科之,仍尽本法刺字。其所盗之文书若关系军机钱粮,如申报军务备办军需等重大事务者,则皆绞。钱粮兼军机言,谓军马征讨预备接济之钱粮文书也。若止是寻常征收解支之钱粮文书,仍以盗官文书论。"

【盗(盜)官文印书】【史】官文书印均为国家机密威信所关,若盗取而借以谋财者,立即构成本条之罪。唐律(卷十九)贼盗篇有盗官文印书条:"诸盗官文书印者徒二年,余印杖一百(谓贪利之而非行用者,余印,谓印物及畜产者)。"疏议曰:"印者信也,谓印文书施行,通达上下,所在信受,故曰官文书印。盗此印者徒二年,余印杖一百。余印,谓给诸州封函,及畜产之印。在令式,印应官给,但非官文书之印,盗者皆杖一百。注云,谓贪利之而非行用者,皆谓借以谋财,不拟行用,若将行用,即为伪造伪写封用规避之罪科之。"

【盗(盜)官私牛马杀】【史】牛马关系军用及民生甚巨,若盗取而杀之,应科以较重于盗杀其他畜类之罪。明清律均有盗马牛畜产之条。唐律(卷十九)贼盗篇设有盗官私牛马杀之条:"诸盗官私马牛而杀者,徒二年半。"疏议曰:"马牛军国所用,故与余畜不同,若盗而杀者徒二年半;若准赃,重于徒二年半者,以凡盗论加一等;其有盗杀旄牛之类,乡俗不用耕驾者,计赃以凡盗论。"

【盗(盜)宫殿门符】【史】宫殿门符发兵符传符等,关系宫殿安全以及军令政令之实施,非常重大,盗取之者,应予治罪。唐律(卷十九)贼盗篇盗宫殿门符条:"诸盗宫殿门符发兵符传符者,流二千里,使节及皇城京城门符徒三年,余符徒一年,门钥各减三等。盗州镇及仓厨厩库关门等钥杖一百,县戍等诸门钥杖六十。"疏议曰:"开闭殿门,皆用铜鱼合符,用符钥,法式已于擅兴律解讫。发兵符以铜为之,左者进内,右者付州府监,及提兵镇守之所,兵留守应报符官人,其符虽通余用,为发兵事重,故以发兵为目。传符,谓给将乘驿者。依公式令,下诸方传符,两京及北都留守为麟符,东方青龙,西方白虎,南方朱雀,北方玄武。两京留守二十,左十九,右一;余皆四,左三右一,左者进内,右者付州府监应执符九。其两京及北都留守符，并进内须遣使向四方，皆给所诣处左符，书于骨帖上，内著符裹用泥封，以门下省印印之，所至之处，以右符勘合，然后承用。盗者合流二千里。节皇华出使，黜陟幽明，輶轩奉制，宣威殊俗，皆执旌节，取信天下。及皇城门，谓朱雀等门。京城门谓明德等门。盗此门符及使节者各徒三年，余符徒一年。余符谓禁苑及交巡等符。案擅兴律，凡言余符者，契亦同，即契应发兵者同发兵符法，然则盗发兵契，各同鱼符之罪。门钥各减三等，谓各减所开闭之门鱼符三等。假有盗宫殿门符，合流二千里，门钥减三等，得徒二年，余钥应减门符并准此。若是禁苑门钥，不可轻于州镇关门等钥。盗州镇及官舍厨厩库及关门等钥，各杖一百，县戍等诸门钥，称诸门钥者谓内外百司，及坊市门。官有门禁，盗其钥者各杖六十。"

【盗(盜)耕】【史】侵蚀他人所有之田地而耕作之也。唐律(卷十三)户婚篇——盗耕种公田之条："诸盗耕人墓田，杖一百，云云。"

【盗(盜)军器】【史】此处所称之军器包括军用之武器在内。不论军人所关领在家者，或为民间所应禁之军器，或行军时宿卫军人之军器，皆是。至于民间不应禁之军器如弓箭刀枪之类，皆为民间私物，皆不受本条盗军器之范围。明律(卷十八)、清律(卷二十三)刑律贼盗篇均有盗军器之条："凡盗军器者，计赃以凡盗论。若盗应禁军器者，与私有罪同。若行军之所，及宿卫军人，相盗入己者准凡盗论，还充官用者各减二等。"清律之辑注："此条分三项，一盗军人关领军器，一盗民间应禁军器，一行军宿卫处军人相盗，而相盗中又分入已官用二项。"同律之总注："军器，皆官物也。然军人既已关领在家，即同军人之物，盗于军人之家，非盗于在官之所，故以凡盗论。计其军器所值之价，以为赃数，一主为重，按照科断，仍尽刺字本法。若应禁之军器，则民间不得私藏。兵律私藏应禁军器者，一件杖八十，每一件加一等，罪止杖一百流三千里。事主先犯此罪，而盗者同之。虽同科私有之罪，而盗者仍尽刺字本法。至于军人皆是应用军器之人，而行军之时，宿卫之地，军器原不收藏，若军人彼此相盗入己者，则准凡盗论，免刺，至死减等；而还充官用，则各减入己罪二等科之。各者，承行军宿卫二项而言，盖同在军伍，既与常人不同，行军宿卫，又异常时，故得稍宽其法也。"

【盗(盜)城门钥】【史】钥者开锁之匙也。盗城门之钥与城之公安有关，故设明文以惩治之。明律(卷十八)、清律(卷二十三)刑律贼盗篇："凡盗京城门钥，皆杖一百，流三千里。盗府州县镇城关门钥，皆杖一百，徒三年。盗仓库门等钥皆杖一百，并刺字。"其下注曰："盗皇城门钥律无文，当以盗内府物论。盗监狱门钥比仓库。"清律之总注："门必设锁，所以慎出入而防奸盗，非财物之比盗者。必有窃启为奸之意。京师严密之地，故重于府州县镇；而府州县镇之城关亦是国家禁防之所，人民货狱关系一方，故重于仓库；而仓库则钱粮官物在焉。三者所关有大小之别，故定罪有轻重之分。犯者随地拟罪，京城则流，府州县镇则徒，仓库等门则杖，皆不得分首从，一体俱坐，并刺盗官物三字。"

【盗(盜)案印官审理】【史】所谓印官乃指有裁判权之官吏而言。凡强盗重案均须交其审理，不许捕官私自审讯，违者应受一定处分。清之现行则例(即刑部现行则例)断狱篇，设有盗案印官审理之条："凡一应强盗重案，捕官拿获之日，交与印官审理，不许捕官私审。至于未审之时，承问官即验有无伤痕，如有伤者，即将捕役详审，照例惩治，如果无伤者，必于招内开明并无私拷伤痕字样。如有疏忽不开，扶同隐讳及纵容捕官私审盗案者，该督抚即将印官指名题参到日交与吏部，分别议处。”

【盗(盜)耕人墓田】【史】墓田之面积有一定限制，无论何人不得盗耕。违者构成盗耕人墓田之罪。唐律(卷十三)户婚篇设有盗耕人墓田之条：“诸盗耕人墓田，杖一百；伤坟者，徒一年。即盗葬他人田者，笞五十，墓田加一等，仍令移葬。若不识盗葬者，告里正移埋。不告而移，笞三十。即无处移埋者，听于地主口分内埋之。”疏议曰：“墓田广袤，令有制限，盗耕不问多少，即杖一百。伤坟者，谓窀穸之所，聚土为坟，伤者合徒一年。即将尸柩，盗葬他人地中者，笞五十，若盗葬他人墓田中者，加一等合杖六十。如盗葬伤人坟者，亦同盗耕伤坟之罪，仍各令移葬。若不识盗葬之人，告所部里正移埋。不告而移，虑失尸柩，合笞三十。即无处移埋者，谓无闲荒之地可埋，听于地主口分内埋之。”

【盗(盜)耕种官民田】【史】盗耕种者，欺业主之不知，私自取其利也。官民田者，谓官有及人民所有之田地也(园地亦在其内)。明律(卷五)、清律(卷九)户律田宅篇——盗耕种官民田：“凡律言田者，兼园地在内。……盗耕种者，欺业主之不知，私取其花利也。强者恃其势力明欺业主而夺其花利也。盗耕种与强耕种二项为纲，而中分民田官田，官民中又分熟田荒田，皆计亩论罪，俱起自一亩以下，每五亩加一等。熟重于荒。强重于盗。系官田者或盗或强或熟或荒，又各重于民。照迫所得花利，官田归官，民田归主，分别科罪。盗种民田起自笞三十，加等罪止杖八十。盗种民荒田减一等，起自笞二十，加等罪止杖七十。盗种官田照民田加二等，起自笞五十，加等罪止杖一百。盗种官荒田，照民荒田加二等，起自笞四十，加等罪止杖九十，强者各加一等，按上民田民荒官田官荒四项，分别各加一等科之。”

【盗(盜)马牛畜产】【史】盗取民间或官有之马牛畜产，被害人虽有不同，然皆为犯法，而处罚亦有轻重之别。明律(卷十八)、清律(卷二十四)刑律贼盗篇——盗马牛畜产条：“凡盗民间(明律无民间二字)马牛驴骡猪羊鸡犬鹅鸭并计(所值之)赃以窃盗论。若盗官畜产者以常人盗官物论。若盗牛马(兼官私言)而杀者(不计赃即)杖一百徒三年，驴骡杖七十徒一年半。若计赃(并从已杀计赃)重于(徒三年徒一年半)本罪者各加盗(窃盗常人盗)罪一等。”清律之总注曰：“凡盗马牛驴骡猪羊鸡犬鹅鸭者并计其所值之价以为赃数分明民间在官两项科之。若盗系私家所养，以窃盗法一主为重并赃论罪而分首从。若盗在官畜产以常人盗法节次合算并赃论罪而不分首从，各照本律刺字至死不灭。盗马牛驴骡而杀者，不论官畜民畜俱不计赃，盗杀马牛即杖一百徒三年，盗杀驴骡即杖七十，徒一年半。马牛驴骡重负致远效用于人之畜，与猪羊等物不同，宰杀原有例禁。按宰杀自已马牛即应杖一百，驼骡驴杖八十，况今偷盗而杀之，岂可与常盗等哉。若计所值之赃重于本罪者，各照窃盗常人盗罪上加一等科之，如官马牛四十五两，私马牛一百两，俱杖一百，流二千里。是重于本罪，各加一等则杖一百流二千五百里。驴骡仿此，并刺字。律意恶其盗而杀，视前盗而不杀者，立法俱严，故但盗杀，不谕赃数，则坐本罪，是赃轻者其罪重于前矣。计赃重于本罪，又加一等，是赃重者其罪亦重于前矣。”

【盗(盜)御宝】【史】御宝乃天子，太皇太后，皇太后，皇后等所用之宝章。因其为威信所关故凡盗取之者，均处绞刑。至盗乘舆服御物者，亦处以一定之刑。唐律(卷十九)贼盗篇盗御宝条："诸盗御宝者绞，乘舆服御物者，流二千五百里(谓供奉乘舆之物，服通衾茵之属，真副等，皆须监当之官部分拟进，乃为御物)。其拟供服御，及供而废阕，若食将御者徒二年(将御，谓已呈监当之官)。拟供食御，及非服而御者徒一年半。”疏议曰："称御者，太皇太后，皇太后皇后亦同，皇太子减一等。皇帝八宝，皆以玉为之，有神宝，受命宝，皇帝行宝，皇帝之宝，皇帝信宝，天子行宝，天子之宝，天子信宝，此等八宝。皇帝所用之物，并为御宝。其三后宝以金为之，并不行用，盗者俱得绞刑。其盗皇太子宝，准例，合减一等流三千里。若盗皇太子妃宝，亦流三千里。后宝既与御宝不殊，妃宝明与太子无别，乘舆服御物，谓供奉乘舆服用之物，三后服御之物亦同，盗者流二千五百里。若盗皇太子，及妃所服用物，准例减一等，合徒三年，计赃重者，即准赃同常盗之法加二等。注云，谓供奉乘舆之物，服通衾茵之属。称之属者，毡褥之类。真副等，真谓见供服用之衣，副谓副贰之服，皆须监当之官，部分拟进者，乃为御物。其拟供服御，谓营造未成；及供而废阕，谓已供用事毕，是名废阕。若食将御者，谓御食已呈监当之官，拟进而盗及食者，□□□□□□□□□从拟供服御以下，合徒二年。故注云，将御，谓已呈监当之官。拟供食御，谓未呈监当之官。及非服而御之物者，若食及盗，各徒一年半，赃重者，各计赃以常盗论，加一等。”

【盗(盜)械】【史】盗械乃以防止盗之逃亡为目的而加诸其手足上之械具。汉书—惠帝纪："爵五大夫，吏六百石以上，及宦黄帝而知名者(谓任官而皇帝知其名)，有罪当盗逃械者，皆颂系，云云。”大学衍义补："汉孝惠，即位制，爵五大夫，吏六百石以上，及宦皇帝而知名者，有罪当盗逃械者，颂系，云云。”

【盗(盜)杀马畜】【史】所谓马畜，乃包括马牛驴骡驼猪羊鸡犬鹅鸭等家畜在内。凡偷盗而宰杀之者，均构成本条之罪。清律及例设有下列规定：(一)凡盗民间马、牛、驴、骡、猪、羊、鸡、犬、鹅、鸭者，计赃，以盗窃论。盗官畜产者，以常人盗官物论。(二)偷盗官马者，二匹以下以常人盗官物计赃论；三匹以上，流三千里；十匹以上，为首者绞候，为从者发烟瘴地方充军；二十匹以上，不分首从俱绞候其系窝主及牧马人役自行盗卖者，罪亦如之。(三)将自已及他人骑操官马盗卖者，枷号一个月发落；三匹以上及再犯者，发附近充军；五匹以上者，发边远充军。养马人户盗卖官马三匹以上者，亦发附近充军。(四)盗官私牛马而杀者，徒三年。盗官私骡驴而杀者徒一年半。计赃重于本罪者，各加窃盗及常人盗官物罪一等。(五)私宰自已马者杖一百，私宰驼骡驴杖八十，筋骨皮张入官。误杀及病死者不坐。(六)故杀他人马匹者，徒一年半。故杀他人驼骡驴者，杖一百(官畜产同)。计赃重于本罪者，准盗论。误杀及因咬踢杀伤者不坐(误杀仍追赔)。(七)开设汤锅宰杀堪用马一二匹者枷四十日责四十板；三四匹者，徒一年；五匹至九匹者，徒一年半；十四至十三匹者，徒二年；十四匹至十七匹，徒二年半；十八匹至二十一匹，徒三年；二十二匹至二十五匹，流二千里；二十六匹至二十九匹，流二千五百里；三十匹，流三千里；三十匹以上，发烟瘴稍轻地方管束。旗人有犯一匹至四匹枷号四十日，五匹以上，每四匹加枷五日；至三十匹以上者，发黑龙江当差。牙行及卖马之人知情者，减宰马人罪一等，至三十匹以上均发附近充军。其徒罪以下再犯及知情卖与者，俱不计匹数发近边充军。

【盗(盜)发王公先贤冢】【史】谓私自发掘帝王公侯等及先贤名臣等之坟墓也。清律及例之规定如下：(一)发掘贝勒贝子公夫人等及历代帝王陵寝，会典内从祀之先贤名臣，并前代分藩亲王坟墓者，若未见棺椁，为首绞候，为从边远充军；若已见棺椁，为首绞决，为从皆绞候；若已开棺见尸，为首斩枭，为从皆绞决。(二)发掘前代分封郡王及追封藩王坟墓者，犯至死罪，照发掘常人坟冢定拟；若罪不至死，于发掘常人坟冢罪上加一等。(三)所掘金银令地方官修葺坟冢，其玉带珠宝等物仍置冢内。

【盗(盜)诈取人财物】【史】强盗及窃盗诈欺取人财物而向失财之主首露其事者，亦予减轻。唐律(卷五)名例篇有盗诈取人财物条之设："诸盗诈取人财物，而于财主首露者，与经官司自首同。其于余赃应坐之属，悔过还主者，听减本罪三等坐之。即财主应坐者，减罪亦准此。"疏议："盗者，谓强盗窃盗。诈，谓诈欺。取人财物，而能悔过，于财主首露，与经官司首同；若知人将告，而于财主首者，亦得减罪二等。余赃，谓盗诈之外，应得罪者并是。虽不于官司陈首，能悔过还主者，听减本罪三等。假有枉法受财十匹合流，悔过还主，得减三等，处徒二年之类，既云坐之，自依下例。财主应坐谓受枉法不枉法。受所监临，及坐赃，与财人，各亦得罪。若取人悔过还主，得减三等。财主亦减本坐三等科之。"

【盗(盜)园陵树木】【史】按园陵乃帝王墓陵中之园地，为重禁之所。其中树木，关系园陵之观瞻甚重且大，故较诸官物尤为贵重。若盗之者不问多寡不分首从皆应处罚。至盗他人坟茔之树木亦加处断，惟刑罚较轻耳。明律(卷十八)、清律(卷二十三)刑律贼盗篇——盗园陵树木条："凡盗园陵内树木者，皆杖一百徒三年。若盗他人坟茔内树木者，杖八十。若计赃重于本罪者，各加盗罪一等。"其下注谓："各加监守常人窃盗罪一等，若未驮载，仍以毁论。"同律之总注："帝管之陵有园，故曰园陵。园陵乃重禁之地，树木为护荫之物，较诸官物为重，但盗者，不计赃数，不分首从，皆杖一百徒三年。即他人坟茔树木，亦较别物为重，但盗者，亦不计赃，为首者，即杖八十，为从减一等。若计其所盗，赃数加园陵树木重于杖一百徒三年，坟茔树木重于杖八十，皆不计其本条徒杖之罪，分别临守常人窃盗，各加一等科之。如巡山官盗园陵树木，计赃值二十两，依监守盗论，该杖一百流二千里，是重于本律杖一百徒三年矣。再加一等，则杖一百流二千五百里也。常人盗仿此。如盗他人坟茔树木，计赃三十两，依窃盗论该杖九十，是重于本律杖八十矣。再加一等，则杖一百也。各加者，各照监守常人窃盗，而分别加之也。"同律之辑注："公取窃取皆为盗条内云，木石重器非人力所能胜，虽移本处未驮载间犹未成盗。此条他人坟茔树木须驮载而去方以盗论，若砍伐未驮载是未成盗也。故注曰,仍以毁论。然须分出园陵言之,若砍伐园陵树木虽未驮载,岂得止以毁论,况律无毁园陵树木条也。”

【盗(盜)毁天尊佛像】【史】天尊佛像乃佛道教之神像,无论何人均不得盗取或加毁坏,违者依本条规定分别处罚。唐律(卷十九)贼盗篇设有盗毁天尊佛像条:“诸盗毁天尊像佛像者徒三年。即道士女冠盗毁天尊像,僧尼盗毁佛像者,加役流;真人菩萨各减一等。盗而供养者杖一百(盗毁不相须)。”疏议曰:“凡人或盗或毁天尊若佛像各徒三年。道士女冠盗毁天尊像,僧尼盗毁佛者各加役流。为其盗毁所事先圣形像,故加役流,不同俗人之法。真人菩萨各减一等。凡人盗毁徒二年半。道士女冠盗毁真人,僧尼盗毁菩萨,各徒三年。盗而供养者杖一百;谓非贪利将用供养者。但盗之与毁,各得徒流之坐,故注云,盗毁不相须。其非真人菩萨之像,盗毁余像者,若化生神王之类,当不应为从重。有赃入己者,即依凡盗法;若毁损功庸少者,计庸坐赃论,各令修立。其道士等盗毁佛像及菩萨,僧尼盗毁天尊若真人,各依凡人之法。”

【盗(盜)经断后三犯】【史】盗者既经判罪后仍再犯盗前后三次者,是其恶性重大无已复加,故严峻其法,加重处刑。唐律(卷二十)贼盗篇有盗经断后三犯条之设:“诸盗经断后,仍更行盗,前后三犯徒者,流二千里,三犯流者绞(三盗止数赦后为坐)。其于亲属相盗者,不用此律。”疏议曰:“行盗之人,实为巨蠹,屡犯明显,罔有悛心,前后三入刑科,便是怙终其事,峻之以法,用惩其罪,故有强盗窃盗,经断更为,三犯徒者流二千里,三犯流者绞。亦谓断后又为者,其未断,经降虑者,不入三犯之限。注云,三盗皆据赦后为坐,谓据赦后三犯者,不论赦前犯状为数。亲属相盗者,不用此律,谓自依亲属本条,不用此三犯之律。案职制律,亲属,谓缌麻以上,及大功以上,婚姻之家,假有于堂兄弟妇家,及堂兄弟男女婚姻之家,犯盗徒流以上,并不入三犯之例。”

【盗(盜)葬】【史】盗取他人之所有土地以为埋葬死骸之用也。唐律(卷十三)户婚篇——盗耕种公私田之条:“……即盗葬他人田者,笞五十,云云。”于非自己所有之土地内埋葬,谓之盗葬。换言之,即于他人之坟地或田地内私有埋葬自己之亲属人等于其内也。清律及例对此设有各项有关联之明文,兹举之于下:(一)于有主坟地内盗葬者,杖八十,勒限移葬。(二)贪人吉壤,将人远年祖坟盗发者,照开棺见尸律绞候。(三)前人古冢但有土墩见人埋葬辄称伊远祖坟墓,勾引匪类伙告伙证,陷害无辜者,为首照诬告死罪未决律拟流,为从者则照诬告为从者科断。(四)远祖之坟被人发掘盗葬因将盗葬之棺掘弃者,照祖父母被杀子孙不告官司而擅杀行凶人律杖六十。若盗葬者并无发掘止在切近坟旁盗葬,而本家辄行发掘,照地界内有死人不告官司而辄移他处律科断。如有毁弃尸骸照地界内有死人而移尸毁弃律科断。(五)若非坟地止在田地场园盗葬者,地主发掘开棺见尸照律拟绞,其不开棺者,照律减等。(六)如两造本系亲属,其所侵损之坟骸有服制者,照服制科断。(七)因盗葬被地主发掘毁弃,无论所葬系尊长卑幼尸柩,均照强占山场律流三千里。如于有主坟地及切近坟旁盗葬,尚无侵犯被地主发掘,则照强占山场减一等徒三年。若止于田园山场盗葬者,则照强占山场减二等,徒二年半(以上均勒限一月押令迁移,如逾限不迁,则将犯属枷示候迁移释放)。(八)因争坟阻葬开棺易罐埋葬占葬,照开棺见尸及残毁死尸各本律。若以他骨暗埋,预立封堆恃强占葬,则照强占官民山埋律,审系私自偷埋,照于有主坟地盗葬律。其系侵犯他人坟冢者,照发冢律。如系地师教诱,照诈教诱人犯法律分别治罪。(九)愚民惑于风水将已葬父母及五服尊长骸骨发掘检视占验吉凶者,均照服制以毁弃坐罪。帮同洗检之人,以为从论。地保扶同隐匿,杖一百。若有故以礼迁葬照律勿论。(十)唆令盗葬之地师讼师与本犯同罪。地师诱人挖棺焚化洗骸易柩,地方官不行查究,罚俸一年。

【盗(盜)贼】【史】战国时魏李悝作法经六篇。第一篇为盗法,第二篇为贼法,以盗贼为百恶群罪之源,故以盗贼居其首。按盗贼一语,在周礼小宰之职已有之:“以纠万民,以除盗贼。”至于二字之区别,有各种之说,左氏—文公十八年之传:“周公作誓命曰,毁则为贼,窃财为盗。”说文之解曰:“贼败也,从才则声,败毁也,与则为贼之义合,乃谐声兼会意字。盗私利物也。从次,次欲皿者,会意字。二字之本义如此,物不相通也。”荀子—修身篇:“害良曰贼,窃货曰盗。”要之盗之一字,与近代法所称之窃盗相同。贼之一字则为强盗叛逆以及其他一切人命犯之总称。

【盗(盜)贼自首】【史】强盗窃贼等于犯罪事件未被发觉前向官首服或向被害人自露其罪者谓之盗贼自首。如非再犯及侵损于人者,均免除其罪。大明令—刑令篇设有盗贼自首之条:“凡强盗盗贼未发而自首及于事主处首露者免罪,若能捕获同伴者,依常人一体给赏,再犯及侵损于人者,不准首。”

【盗(盜)贼投归】【史】谓潜匿山林中之盗贼投降来归也。清之现行则例(即刑部现行则例)名例篇设有盗贼投归之条:“如有潜匿山林有名大盗投归来者,免罪。”

【盗(盜)贼捕限】【史】盗贼事发既经报官为迅速使其拿到案讯办起见,特定期限使任捕拿之责者,迅予拘案讯办,违者依律处罚。明律(卷二十一)、清律(卷三十五)刑律捕亡条:“凡捕强窃盗贼以事发日为始,当该应捕弓兵(清律此处改为捕役泛兵)一月不获强盗者,笞二十,两月笞三十,三月笞四十;捕盗官罚俸钱两月,弓兵(清律此处改为捕役泛兵)一月不获窃盗者笞一十,两月笞二十,三月笞三十,捕盗官罚俸钱一月。限内获贼,及半者免罪。若经隔二十日以上告官者不拘捕限,捕杀人贼与捕强盗限同。”明律之纂注:“事发日,谓发于官之日也。官罚俸钱,必三月不获,然后行罚,以官总大纲也。若一月二月不获,即坐官罚俸,则罪重于弓兵矣。限内谓一月二月三月之内也。此见强盗甚于窃盗,故捕强盗不获之罪,重于窃盗,总捕官与应捕弓兵不同,故弓兵计月论笞,官必三月不获,然后罚俸。限内获贼及半者,官与弓兵俱免罪,以捕获之功可不责备也。若被盗之后经隔二十日以上告官者,则盗去已远,踪迹将泯,故不拘一月二月三月之限而坐罪罚俸也。杀人之罪与强盗无异,故其捕限亦同,弓兵亦计月加笞,官亦罚俸两月。经二十日以上告者,亦不拘限,并如上拟断云。”

【盗(盜)贼窝主】【史】窝主者,谓窝藏强窃盗之主也。若不知盗情,仅为暂时停歇者,则不得称为盗贼窝主。明律(卷十八)、清律(卷二十五)刑律盗贼篇均有盗贼窝主之条，专论窝主之罪。盗贼必有窝家，而窝主有行与不行，分赃不分赃之别，而以造意共谋二项分论其罪。清律之规定(明律与此相同惟无注语耳)："凡强盗窝主造意，身虽不(同)行，但分赃者斩(若行，则不问分赃不分赃只依行而得财者，不分首从皆斩。若不知盗情，只是暂时停歇者，止问不应)。若不(同)行又不分赃者，杖一百流三千里。共谋(其窝主不曾造谋，但与贼人共知谋情)者，行而不分，赃而不行皆斩；若不行又不分赃者，杖一百。窃盗窝主造意，身虽不行但分赃者，为首论；若不行又不分赃者，为从论(减一等)。以临时主意上盗者为首，其(窝主若不造意而但)为从者，行而不分赃，及分赃而不行(减造意一等)，仍为从论。若不行又不分赃笞四十。若本不同谋，(偶然)相遇共(为强窃)盗，(其强盗固不分首从，若窃盗则)以临时主意上盗者为首，余为从论。其知人略卖和诱人，及强窃盗后，而分(所卖所盗)赃者，计所分赃，准窃盗为从论，免刺。若知强窃盗赃，而故买者，计所买物，坐赃论，知而寄藏者，减(故买)一等，各罪止杖一百，其不知情误买，及受寄者，俱不坐。"同律之辑注曰："首节言强盗窝主之造意与共谋者，次节言窃盗窝主之造意与为从者，三节言盗无预谋者，四节五节言知盗赃而分得及故买爰寄者。"同律辑注又曰："造意共谋是此律之纲领，行不行分赃不分赃是此律之条目。"同律之辑注又云："辑注意是谋之主，造意在共谋之先，众人尚未有谋，独先造出此意，故谓之造意而共谋，则相与商计者耳。共谋又与知情不同，共谋是共相图谋，知情是但闻知其事；知情者身在事外，共谋者身在事中。"

【盗(盜)窝盗线】【史】藏匿盗贼及其赃物谓之盗窝。为盗贼探听消息通线引路谓之盗线。清律及例对此设有下列规定：(一)强盗窝主：(1)造意而不同行时，其有分赃者斩决，不分赃者，则发新疆为奴；同行时则不问分赃与否，皆斩决。其系共谋，虽行而不分赃或分赃而不行，均斩决。(2)若非造意，又不同行分赃，但系知情者，存留一人者发近边充军，二人者发新疆为奴(新例改发驻防)，存留三人以上者，于配所加枷号三个月，存留五人以上者，于配所加枷号五个月。(3)若系知情且又分赃，则不论存留人数之多寡，仍照窝主律斩。(二)推鞫窝主，须有造意共谋实情，方许以窝主律论斩，若止勾引容留往来住宿，并无造意共谋情状，但当以窝藏发遣，毋得附会反致，概坐以窝主之罪。(三)职官有犯盗窝，按平民罪应斩决者，加枭示；应充军者，发黑龙江当差；诸色军民大户勾引来历不明之人，窝藏强盗二名以上，窃盗五名以上，坐家分赃者发近边充军。(四)贼线：(1)同行上盗得财者，照强盗斩决。(2)如不上盗又未得财，但为贼探听消息，通线引路者，发新疆为奴(新例改发驻防)。(3)首盗并无主意欲劫之家，其事主姓名，行劫道路，悉由引线指出，又经分赃，虽未同行，即与盗首一体拟罪。(五)眼线曾为盗伙悔罪，将同伴指获致被供出，比照伤人首盗事未发而自首斩候，若无同伙确据，审系盗犯挟恨诬攀，即予免究。若事犯之后，五日内指获同伴旋被供出，照强盗免死发遣。若无同伙确据，审系盗犯挟恨诬攀亦予免究。(六)强盗同居父兄伯叔与弟，知情分赃者，照本犯之罪减一等。得财而不知情者，照本犯之罪减二等。若系失于禁约，则仅杖一百。(七)窝主之父兄人等知情分赃者，照强盗为从例减一等。(八)无籍之徒引贼劫掠以复私仇，探听消息，致贼逃窜，照奸细律处斩枭示。

【盗(盜)缌麻小功财物】【史】缌麻小功乃为三月至五月之丧服之亲属，盗取其财物者，依本条处罪。明清律均有亲属相盗条之设，唐律(卷二十)贼盗篇有盗缌麻小功财物之条："诸盗缌麻小功亲财物者，减凡人一等，大功减二等，期亲减三等，杀伤者各依本杀伤论(此谓因盗而误杀者，若有所规求，而故杀期以下卑幼者绞。余条准此)。"疏议曰："缌麻以上相盗，皆据别居。其尊长于卑幼家窃盗，若强盗。及卑幼于尊长家行窃盗者，缌麻小功，减凡人一等，大功减二等，期亲减三等，杀伤者，各依本杀伤论。谓因盗误杀伤人，若杀伤尊长卑幼，各依本杀伤法，注云，此谓因盗而误杀者，谓本心只欲规财，因盗而误杀人者，亦同因盗过失杀人，依斗杀之罪。不言伤者，为伤罪稍轻，听从误伤之法。但杀人坐重，虽误同斗杀论，若实故杀，自依故杀伤法。若有所规求，故杀期以下卑幼者绞，即此条因盗，是为有所规求，故杀期以下卑幼者绞，误杀者自依本斗杀论。谓余条奸及略和诱，但是争竞，有所规求，而故杀期以下卑幼，本条不至死者并绞，故言余条准此。"

【盗(盜)卖田宅】【史】盗卖者，谓将他人所有之田宅以为己有之名义加以卖却于人也。明律(卷五)、清律(卷九)户律田宅篇均有盗卖田宅之条："凡盗卖，换易，及冒认，若虚钱实契典买，及侵占他人田宅者，田一亩屋一间以下，笞五十。每田五亩屋三间，加一等，罪止杖八十，徒二年。系官者，各加二等。若强占官民山场湖泊茶园芦荡，及金银铜锡铁冶者，杖一百，流三千里。若将互争，及他人田产，妄作己业，朦胧投献官豪势要之人，与者受者，各杖一百，徒三年；田产，及盗卖过田价，并递年所得花利，各还官。给主若功臣初犯免罪附过，再犯住支俸给一半，三犯全不支给，四犯与庶人同罪(清律此处为若功臣有犯者，照律拟罪，奏请定夺)。"清律之总注云："首节分五项，而具罪则同也。一盗卖，谓私将他人田宅，作为己产，而盗卖与人也。一盗换易，谓以己之瘠薄朽坏田宅，盗换人之膏腴完好者也。凡欺人不知而取之曰盗，此盗字贯卖与换易言。欺业主之不知，而卖之易之，皆盗也。一冒认，谓妄冒他人之田宅，认为己业，欺业主之不在，而冒认之也。一虚钱实契，谓实立典卖文契，未交价钱，虚填数目，或出于逼勒，或被其诓骗，非业主之得已也。一侵占，谓因彼此田宅相连，而侵越界限，占为己业也。凡此并计田之亩数，屋之间数论罪，田一亩屋一间以下，笞五十；田至四十一亩，屋至二十五间以上，罪止杖八十，徒二年。若田宅系官者，加二等科断，起于杖七十，罪止杖一百，徒三年。若行势力，用强占据官民山场湖泊茶园芦荡，及金银铜锡铁冶，不容官民管业，而专取其利者，杖一百，流三千里。此不计亩数，不分官民者，恶其强占，情重于物也。互争谓彼此争夺未定也。妄作己业句，兼承互争与他人两项田产言。若将互争田产，及他人田产妄作己业，朦胧投献于官豪势要之人，使人不敢与之争论，献与之人，与受献之人，各杖一百，徒三年。此不分田产多寡者，借势害人，亦情重于物也。凡盗卖换易冒认虚钱实契典卖侵占强占投献等项田产，及盗卖过他人田宅价值，并递年所得花利，按数照追，系官者各还官，系民者各给主。通承上三节言。功臣犯者即前盗卖五项，及强占投献之罪也。功臣在应议之列，有犯照律定拟具奏，请旨定夺，仍追田产卖价花利还官给主。"清律之辑注："盗卖诸项其迹类于窃盗计田宅之数论罪，犹计赃之意也。然终与窃盗有间，故罪止杖八十徒二年。若强占投献，则不分多寡，概坐流徒。盖强占次于强盗一等，投献直与抢夺相同，此比例定罪之衡也。"又同律辑注："强占与受投献者，同是倚势夺人之业，而流徒不同者，强占出于己意，投献则必有所因，受献则有人来投，自有分别也。"又同律辑注："朦胧投献，谓不明告其情也。然势豪即不知是互争及他人之田产，但既受其献即同攘夺，故与受之罪相同。"又同律辑注："别律皆不载功臣，独此条与隐蔽差役条严之。盖功臣家多恃势力，广置田宅，强占人口，以贻累小民，故特著其法。读法须知云侵占强占两节应互比科断，如管业有人而盗取其利者，仍依盗田野谷麦等条科。"

【着(着)一手】【刑】Act in process　又名著手。(详该本条)

【硬性宪法】【宪】Rigid constitution　又称刚性宪法。(详该本条)

【确(确)】【史】确音曰觉，与狱字同义，即被告之犯罪情节证据确实之谓。

【硝磺类专运护照规则】【行】本规则于民国十八年十二月三十一日公布，二十年四月十一日及六月五日先后修正公布。全文共十条，另附请领护照须知六则，均自公布日施行。凡运输一切硝磺品类，均应按照本规则向国民政府领用护照。此项护照由国府制定付印，交由军政部核发。每届月终由军政部造册连同照费汇解财政部，并将存根呈报国府备查。

【短解】【史】与长解(由各省直接送京)相对称。护官物至京师时于每驿站更换官役，谓之短解。六部成语注解："按站更换护送之官役，曰短解。"

【程内】【通】由甲地至乙地之行程以内，谓之程内。

【程序】【通】Procedure　凡运用实体法时，所经历之过程，谓之程序。例如民刑诉讼程序，行政诉讼程序，军法上诉讼程序，特别诉讼程序，以及其他相类似之诉讼程序等皆是。

【程序法】【通】Procedural law　与本体法相对称，又名手续法(详该本条)。或曰助法，或称形式法。

【程序裁判】【刑诉】Procedural decision　又称形式裁判。(详该本条)

【程限】【通】一定之制限，或一定之行程，皆曰程限。

【税地】【土】Land submitted to taxation　为土地之一种，与免税地相对称，即依照法令负有纳税义务之土地也。与免税地之区别乃以是否必须纳税为标准。

【税法】【行】Law of taxes　关于租税之法律，谓之税法。

【税则】【行】Rules of taxation; Tariff　所谓税则，通常乃包括关于租税征收之法则在内，在狭义方面，仅指由政府所颁布关于进口或出口货税率及税额之单表而言，例如海关税则是。有特惠税则(Preferential tariff)，协定税则(Conventional tariff)，及法定税则(Statutory tariff)等三种之区别，学者亦有称税则为税率者。

【税契银】【史】清制，买卖田地家屋应制作证书契据，于请求官厅盖印时买主应准买卖价格纳付一定税银，谓之税契银。六部成语注解："置买田房之契券，应按价纳税，请官盖印。"

【税务】【行】Taxation administration　征收租税之事务，称曰税务。

【税务司】【史】为清代创始之官名，各新关皆有之，管理关税，多以外人任之，总其事务者则名曰总税务司，民国因之。

【税课司】【史】掌租税之官署曰税课司。明代设置于北京崇文门及各府皆有之，遣派大员专司其事，清因之。

【税关】【史】清制称旧时之税关为常关。其基于中外通商以后所缔结之条约而设立者，为新关，亦曰洋关。若在海口时则谓之海关。

【稍】【史】(一)米仓也。仪礼—聘礼篇："惟稍受之。"注曰"稍，廪食也。"疏曰："以其稍稍给之，故谓米廪为稍。"(二)行政区域之名，去王城三百里为稍。周礼—地官稍人之注曰："距王城三百里曰稍。"(三)小吏之俸禄曰稍食。周礼天官之属，官正："掌王宫之戒令纠禁，稽其功绪，纠其德行，几其出入，均其稍食。"注曰："稍食，群吏之禄廪也。稍者出物有渐之谓。"

【稍人】【史】官名，为周礼地官之属，掌丘乘之政令。周礼地官之属稍人："掌令丘乘之政令。"

【稍有力】【史】谓犯罪被处罚金略有资力以缴纳也。与无力及有力相对称。

【稍食】【史】(参稍条内)

【稍带】【史】元制搬运官物之吏员不得携带私物，谓之不得稍带私物。元典章(卷三十六)兵部第三篇押运章第二条有"押运不得稍带私物"之条。

【童子科】【史】为唐代科举之一种，凡十岁以下能通一经及对孝经论语，每卷能诵读十通者，给与官位，其通七者，则给与出身，称曰童子科。

【童工】【劳】Child labor; Juvenile workers　为工人之一种，与成年工相对称。凡十四岁以上而未满十六岁之男女工人，均称曰童工。法律只许其从事轻便工作，故仅有限制工作能力。下列各种工作乃在禁止之列：(一)处理有爆发性引火性或有毒质之物品。(二)有尘埃粉末或有毒气体散布场所之工作。(三)运转中机器或动力传导装置危险部分之扫除，上油检查修理及上卸皮带绳索等事。(四)高压电线之衔接。(五)已溶矿物或矿滓之处理。(六)锅炉之烧火。(七)其他有害风纪或有危险性之工作(工厂法第六—七条)。至童工之工作时间，则不得超过八小时，在午后八时至翌晨六时止之间，且被禁止工作(第十一—十二条)。此外童工有受补习教育之请求权，且工厂又应负担其费用之全部。(第三十六条)

【童试】【史】清制，凡欲入府州县学者须经一定之试验，称曰童试。分为三段，一为州县试，二为府试及直隶州试，三为院试(即学政使之试验)。及第者谓之童生，许其入府州县学。

【童养媳】【亲】女子于未成年时，未与其夫结婚而即入居于夫家者，曰童养媳。我国旧律曾加以规定，新民法则已不予承认，但学者亦有解为得以为之者，且引民法第一一二三条第三项之明文以为准据，近则有司法院之解释予以否认矣。

【策】【史】关于目前时势之所见而为之陈述，谓之策，亦曰对策。始于汉文帝之时,晁错,贾谊之对策乃当时之对策,董仲舒之贤良对策乃汉武帝之对策。惟所谓策,通常约有三种之区域。文体明辨:"按,说文云,策,谋也。汉书音义曰,作简策难问,例置案上,在试者意,投射而答之,谓之射策。若录政治得失,显而问之,谓之对策。刘勰云,射策者探事而献说也以甲科入仕。对策者,应诏而陈政也以第一登用。皆选贤之要术也。夫策士之制始于汉文,晁错所对,蔚为举首,自此而后天子往往临轩策士,而有司亦以策举人,其制迄今用之。又学士大夫有私自议政而上进者,三者均谓之策。而体各不同,一曰制策,二曰试策,三曰进策。"事物纪原(卷三):"事始云,起自汉武帝策董仲舒始,以其文曰兴自朕躬故也。按前汉书,有晁错贤良策,盖文帝策之,曰兴自朕躬,则策始于汉文帝之策晁错也。"

【策书】【史】汉代之诏敕有四种,一曰策书,二曰制书,三曰诏书,四曰诫敕。策书乃免去三公之职时所用者,公文缘起(清董良玉编)曰:"汉皇帝下书有四,一曰策书,长二尺,短者半之,免三公用之,盖用尺一木,而两行书之也。二曰制书,三公用玺,尚书加印,露布州郡。三曰诏书,如告豫州刺史冯焕是也。四曰诫敕,其文曰,有诏敕某官,云云。金石录言之甚详。"

【策问】【史】策问为官吏考试之科目之一,乃关于现在政治之实际政形所发之问题。其条对则称曰对策,始于汉时。公文缘起(清董良玉编)曰:"说文,策者谋也。通考汉制取士,作简策试问,试者投射答之,谓之射策。若录政化得失显问,谓之对策。按对策,出乎士人,而策问,发乎上,人以善为疑难为主。"

【笔(筆)录】【通】Records 法院审理诉讼事件,关于口供及类似口供之记录为笔录。(参诉讼笔录条)

【答款】【史】系于狱舍之囚犯,奉官命时,应即遵命而来,是为答款(款即至或来之义)。否则加重其罚,以资惩戒。隋书一刑法志:"凡系狱者,不即答款,应加测罚,云云。"

【答辩】【民刑诉】Debate by answer; Argument 谓对对方所提出之攻击各点,分别或概括的加以容纳或防御之方法也。例如认诺原告之主张,或否认原告主张之事实,或称原告之请求无法律上之理由,或不生法律上效力皆是。答辩时有时以书状为之(答辩状),有时则以言词为之。

【答辩状】【民刑诉】被告或被上诉人依法所提出之答辩书状,称曰答辩状。

【等由】【行】为公文中所用之语。平行机关之甲署所作公文中摘引乙署所来之公文后之总概括语用等由二字。例如准中央政治会议咨开"……"等由,准此应即照办……是也。等由二字有时亦有以等语二字代之者,惟等语二字多为摘引个人之来函或其口述后之概括语,而其下多加据此二字。

【等因】【行】为公文中所用之语。下级机关于所作之公文中摘引叙述上级机关所来之公文后之总括语用等因二字。例如案奉国府令开"……"等因奉此……是也。

【等情】【行】为公文中所用之语,上级机关所作之公文中摘引下级机关所来公文后之总括语用等情二字。例如案据县长某某呈称"……"等情,据此除指令外合行

仰……知照此令，是也。

【等语】【行】（详等由条内）

【[illegible]船不如法】【史】船之驶行，以安全为主，否则危及行旅，关系人命财物至重且巨，故凡筎塞船缝，泻漏去水，安置标止，不合方法者，均构成本条罪名。唐律（卷二十七）杂律篇有筎船不如法条之设："诸船人行船，筎船写漏，安标宿止不如法，若船筏应回避而不回避者，笞五十，以故损失官私财物者，坐赃论减五等；杀伤人者，减斗杀伤三等。"疏议曰："船人，谓公私行船之人。筎船，谓筎塞船缝。写漏，谓写漏去水。安标宿止，谓行船宿泊之所，须在浦岛之内，仍即安标使来者候望，违者是不如法。若船筏应回避者，或沿泝相逢，或在洲屿险处，不相回避，覆溺者多，须准行船之法各相回避。若湍碛之处即泝上者避沿流之类，违者各笞五十。以不筎写回避之故，损失官私财物者，坐赃论减五等，谓十四杖六十，十四加一等罪止杖一百。杀伤人者减斗杀伤罪三等。杀人者，徒二年半，折人一支者，徒一年半之类。"同条又曰："其于湍碛尤难之处，致有损害者，又减二等，监当主司各减一等，卒遇风浪者勿论。"

【筎船写漏】【史】塞补船缝曰筎船。泻去漏水曰写漏。唐律（卷二十七）杂律篇——筎船不如法条："诸船人行船，筎船写漏，安标宿止不如法，若船筏应回避而不回避者，笞五十。"其疏议曰："船人，谓公私行船之人。筎船，谓筎塞船缝。写漏，谓写去漏水。"

【结（結）文】【民刑诉】Declaration　谓具结之文书也。（详具结条内）

【结（結）正】【史】诉讼案件审判完结，谓之结正。大学衍义补（卷百九）："……后世赦文，乃至遍赦天下，已发觉，未发觉，已结正，未结正，罪无大小，咸赦除之。"

【结（結）合犯】【刑】Zusammengesetzte Verbrechen（德）　即数个独立可以致罪之犯罪行为，依法律之规定令其结合而成立一个犯罪行为之谓也。例如将胁迫罪之胁迫行为与窃盗罪之盗取行为结合而成立一个强盗罪（刑法第三四六条），而不以胁迫罪窃盗罪并论是。凡手段行为触犯一罪名（如行使伪造文书罪），结果行为亦触犯一罪名（如诈欺取财罪），而此外不构成其他新犯罪名，只于两行为中择其重者处罚之者，曰牵连犯。凡手段行为触犯一罪名（如胁迫罪），结果行为亦触犯一罪名（如窃盗罪），结合此二行为构成其他新犯罪（强盗罪），依法律之规定按新犯罪名处断之者，则曰结合犯。此牵连犯与结合犯之区别也。又以犯一罪之方法或其结果而犯他项罪名者，即牵连犯与结合犯相同之点也。

【结（結）果主义说】【刑】为隔时犯及隔地犯四学说之一。即应以犯罪结果发生之时及场所定犯罪之时及场所之标准。盖犯罪之能否成立与成为何种罪名，均须在结果发生时方可决定故也。例如甲于五月在福州被殴打，七月到沪而死，则七月为犯罪时，上海为犯罪场所是也。

【结（結）果犯】【刑】一名实质犯（详该本条）。又称实害犯。

【结（結）果地说】【刑】对行为地说言。更可分为三：(1)初发结果地说，例如枪杀人以被害者之受枪地为结果地。(2)中间结果地说，例如以被害者之养伤地为结果地。(3)最终结果地说,例如以被害者之死地为结果地。

【结(結)果的加重犯】【刑】对于有故意之行为所生无故意之加重结果而负刑事之责任者也。凡结果较重于犯罪者所预见时,则应负加重结果之责任,故其成立以有非故意之加重结果为限。学理上结果犯为故意犯与过失犯并发,故应加重处罚,例如伤害致死强奸致死是。至加重结果发生时,即为既遂,否则只处以原罪而已,并无所谓未遂罪,即中止犯之情形,亦不存在。

【结(結)社】【宪】【行】Association 凡以达到一定共同目的,依特定多数人之合意而成立之永久团体,谓之结社。与集会之限于一时的集合,以及由于不特定人之自由参加者,性质不同。结社有营业上与非营业上者之区别,前者如公司是,后者如工会及律师公会等是。

【结(結)社自由权】【宪】Right on freedom of association 为个人自由权之一种,即人民不问是否以营利为目的时所享有自由组织永久团体之权也。我国训政约法规定,人民之结社非依法律不得加以停止或限制。

【结(結)婚】【亲】Conclusion of marriage 又名成婚或称婚姻契约,即履行婚姻预约之谓也。结婚时须具备下列实质要件与形式要件:(一)实质上要件——(1)男须已满十八岁,女须已满十六岁。(2)未成年人结婚须得法定代理人同意。(3)须系非一定之亲属关系者。(4)原则上须非有监护关系之存续者。(5)须系一夫一妻者。(6)当事人须非相奸者。(7)原则上须系已逾再婚之禁止期间者。(二)形式上要件——即须有公开之仪式及二人以上之证人。故与订婚之为非要式行为者不同。(民法第九八〇—九八七条)

【结(結)婚之无效】【亲】A void marriage 男女当事人结婚后如未具备一定要件,其结婚为无效。所谓无效,乃指结婚之无效的效力有溯及以往者而言,即视为自始不生婚姻关系也。至无效之原因有二:(1)结婚未有公开之仪式及二人以上之证人者。(2)结婚当事人系一定之亲属者(民法第九八八条)。各国立法例对于结婚之无效有二主义:(A)结婚有无效之原因时,并非当然无效,仍须以诉讼方法请求法院宣告判决者。德瑞民法采之。(B)结婚有无效原因存在时,无须以诉之方法为之,即视为当然无效者。日本及法国民法采之。我新民法采后主义,但如当事人以诉之方法主张无效者,亦为法律所许可。

【结(結)婚之撤销】【亲】Nullity or annulment of marriage 结婚撤销者,谓因结婚时之行为有瑕疵,而以诉之方法使其回复原状也。与一般法律行为之撤销有异,不可相混。前者其效力不溯既往,后者则为自始无效;又后者仅以意思向相对人表示为已足,而前者则须以诉之方法主张之。依我民法之规定,可为结婚撤销之原因,限于下列情形,而撤销权之主体亦设有明文:(一)违反结婚年龄者,撤销权主体为当事人或其法定代理人。(二)未得法定代理人之同意而结婚者,撤销权主体为法定代理人。(三)结婚在监护关系存续中者,撤销权主体为受监护人或其最近亲属。(四)违反重婚之禁止者,撤销权主体为利害关系人。(五)违反相奸者结婚之禁止者,撤销权主体为前配偶。(六)违反再婚期间之禁止者,撤销权主体为前夫或其直系血亲。(七)于结婚时不能人道而不能治者,撤销权主体为他方当事人。(八)于结婚时系在无意识或精神错乱中者,撤销权主体为其本人。(九)因被诈欺或被胁迫而结婚者,撤销权主体为其本人。(民法第九八九—九九九条)

【结(結)婚年龄】【亲】Age for marriage (详婚姻年龄条)

【结(結)婚无效之诉】【民诉】又曰婚姻无效之诉。(详该本条)

【结(結)婚登记】【行】Registration concerning marriage 婚姻双方当事人将结婚一定事由,向结婚时住所所在地之户籍主任声请登录于人事登记簿者,谓之结婚登记应自结婚之日起十五日内为之。至于结婚之无效或撤销,亦须向上述之户籍主任声请撤销登记。(户籍法第七〇—七三条)

【结(結)婚撤销之诉】【民诉】又曰撤销婚姻之诉。(详该本条)

【结(結)揽】【史】双方互相结托以垄断(包揽)某种利益者,谓之结揽(清律卷五吏律职制——滥设官吏条之注),又明律(卷三)吏律职制篇——滥设官吏之条:“其罢闲官吏,在外干预官事,结揽写发文案。”

【绝(絶)户】【行】凡一户仅有一人,而此人或死亡或受死亡之宣告者,是谓绝户。此时户籍主任应经监督官署(即所属之县市政府)许可,于该户籍记载绝户原因及年月日而注销之,并将其注销誊本送呈监督官署(户籍法第一〇四条)(亲)又称绝家。(详该本条)

【绝(絶)交】【国公】Rupture of diplomatic relations 为国际争议解决方法之一种。凡国家间发生争议,一国对于他国之态度或行为不能交涉而无法解决,且又无需以武力相待或用武之时期未到者,则可召还公使,断绝外交关系此种方式,曰绝交。绝交时不必即须宣战,例如一九二八年之中俄绝交是。但亦有绝交后立即宣战者,例如欧战时中美对德先事绝交而继之以宣战是。

【绝(絶)家】【亲】Hauptloses Haus(德) 绝家者谓家长死亡而别无亲属可以继承之状态也。我国旧律之所谓绝户,与绝家相同。

【绝(絶)对不许破坏说】【刑】为破坏自己法益行为应否处罚学说之一,对相对不许破坏说言。即主张人为社会一份子,对于自己法益绝对不许破坏,以其于社会之团体有妨害故也。

【绝(絶)对中立】【国公】Absolute neutrality 又称完全中立。(详该本条)

【绝(絶)对主义】【刑】又名报复主义(详该本条)。或称报应主义,或纯正主义,或纯理主义,或正义主义。

【绝(絶)对否决权】【宪】Absolute veto 谓行政元首对议会所议决之法律案享有绝对拒绝裁可之权能也。此种绝对否决权之行使,每使法律案不能成立。近代国家之元首享有此权者,实不多见。

【绝(絶)对抗辩】【票】Absolute plea or defense 又名对物抗辩(详该本条),或称客观抗辩。

【绝(絶)对决定主义】【刑】为宣告刑主义之一种,对相对决定主义言。(详

宣告刑条）

【绝(絕)对的不能犯】【刑】Absolute unsuitable crime　与相对的不能犯（详该本条）相对称，为不能犯之一种。

【绝(絕)对的减轻】【刑】Absolute reduction　为减轻在法律上分类之一，对相对的减轻言，即依法定事由存在时必须减轻其刑，审判官无决定可否减轻之权者之谓。例如喑哑者之必须减轻是。

【绝(絕)对的无期褫夺】【刑】（详无期褫夺公权条）

【绝(絕)对无效】【民总】Absolute voidness　为无效之一，对相对无效言，即人人皆可主张无效或皆可对抗之之谓也。法律上之无效，以此为原则。

【绝(絕)对诉讼条件】【刑诉】Absolute conditions of an action　为诉讼条件之一，对相对诉讼条件言，谓法律认为绝对必要之条件也。例如法院须以职权调查有无管辖权是。

【绝(絕)对请求权】【通】Right of the absolute claim　为请求权之一种，与相对请求权相对称，谓对于一般人请求不为一定行为之权利也。

【绝(絕)对权】【通】Absolute right　为私权分类之一种，对相对权言，又称对世权，即得对抗一般人之权利也。一般人对于权利者负有不得侵害其权利行为之义务。例如所有权人得以其所有权对抗一般人，而一般人即不得侵害其权利是也。然此仅系原则，其例外如所有权因第三者之权利而受限制。例如所有人将其所有物出赁于第三者时，即不能以所有权完全与之对抗是。

【绞(絞)首】【刑】Hanging　（参死刑条内）

【给(給)付】【债】Performance or prestation　谓实现债之本旨（内容）之债务人行为也。与履行及清偿意义相同，惟观察点异耳。债务人负给付之义务曰给付义务。给付之标的物曰给付物。给付之时期曰履行期或清偿期。给付处所曰履行地或清偿地。至给付方法之一般原则，据我民法所规定，为标的时期处所应依诚实及信用方法（第二九条），盖以诚实及信用为社会生活之基础，并为助成交易发达之方法也。所谓诚实及信用，日本民法称曰信义，即为交易上之道德，换言之，即各当事人就其个人之利益不极端主张之谓也。

【给(給)付不能】【债】Impossibility of performance　谓债之标的物因不可抗力或有选举权当事人之负责事由，以致给付不能之事实也。易言之，即实现债之内容不可能之谓也。我国民法规定：债之关系仅存在于余存之给付，但其不能事由应由无选择权人负责者，则为例外（第二一一条）。故选择之债得因给付不能而使变为单纯之债。给付不能之种类有八：(1)事实上不能与法律上不能。(2)自然不能与拟制不能。(3)原始不能与嗣后不能。(4)全部不能与一部不能。(5)主观不能与客观不能。(6)永久不能与一时不能。(7)绝对不能与相对不能。(8)可归责于债务人事由之不能与不可归责于债务人事由之不能。至关于给付不能之效力，我民法仅对全部不能与一部不能有明文规定（第二二五条—第二二六条）耳。

【给(給)付之诉】【民诉】Action of prestation 为诉之一种,又名履行之诉。给付之诉者,谓请求为给付判决之诉也。换言之,即请求判令被告履行其义务之诉也。例如原告请求判令被告履行债务是,乃以原告对于被告之请求为诉之标的,有时为现在给付之诉,通常以此为多,惟有时亦得请求将来给付耳。(民诉第二三六—二三七条)

【给(給)付令】【行】所谓给付令乃指行政官署所发下关于财产权给付之命令而言。例如命令缴纳租税是。

【给(給)付判决】【民诉】为判决之一种,即对给付之诉而命为履行之判决也。

【给(給)付物】【债】债务人应行给付之标的物,称曰给付物。例如金钱债务中之金钱即给付物是也。

【给(給)付处所】【债】Place of prestation 即履行债务之场所也。

【给(給)付义务】【债】Leistungspflicht(德) 债务人对于债权人负有给付一定之标的物之义务。此项义务称曰给付义务。

【给(給)付迟延】【债】Performance in default 又称债务人迟延。(详该本条)复名履行迟延。

【给(給)由】【史】官吏之身分证明书谓之由,应由该官吏所属之长官发给,呈交吏部铨叙。明律(卷二)职制篇——官吏给由条:"凡各衙门官吏给由到吏部,限五日付勘完备,以凭类选铨注。"清朝则将由改为照。

【给(給)没赃物】【史】给没赃物者谓赃物之没收与估计及追缴方法也。本条计分为六节言:一言入官之赃。二言给主之赃。三言籍没家产,遇赦者,以本犯已未正法,家产已未入官,应否放免之法。四言以赃入罪者,有免征不免征之法。五言估计赃物之法。六言追征赃罚金银成色之法。明律(卷一)、清律(卷五)名例律给没赃物条均有同一之规定,清律原文及其下注:"凡彼此俱罪之赃(俱犯受财枉法不枉法,计赃与受同罪者)及犯禁之物(谓如应禁兵器及禁书之类),则入官。若取与不和,用强生事,逼取求索之赃,并还主(谓恐吓诈欺,强买卖有余利,科敛及求索之类)。○其犯罪应合籍没财产,赦书到后,罪(人)虽(在赦前)决讫,(而家产)未曾抄扎入官者,并从赦免,其已抄扎入官守掌,及犯谋反叛逆者,(财产与缘坐家口,不分已未入官)并不放免。若(除谋反谋叛外)罪未处决,(籍没之)物虽(已)送官,(但)未经分配(与人掌手)者,犹为未入,其缘坐(应流)人,(及本犯)家口,虽已入官,(若)罪人(遇赦)得免罪者,亦从免放。○若以赃入罪,正赃见在还官主(谓官物还官,私物还主,又若本赃是驴,转易得马,及马生驹,羊生羔,畜产蕃息,皆为见在,其赃),已费用者,若犯人身死,勿征(别犯身死者亦同。若不因赃罪,而犯别罪,亦有应追财物,如埋葬银两之类),余皆征之。若计雇工赁钱(私役弓兵,私借官车舰之类)为赃者,(死)亦勿征。○其估赃者皆据犯处(地方)当时(犯时)中等物价估计定罪。其计雇工钱者,一人一日为银八分五厘五毫,其牛马驼骡驴车船碾磨店舍之类,依照犯时雇工赁值(算定罪追还)。赁钱虽多,各不得过其本价(谓船价值银钱一十两却不得追赁值一十一两之类)。○其赃罚金银,并照犯人原供成色,从实追征入官给主。若已费用不存者,追征足色(谓人原盗,或取受正赃金银使用不存者,并追足色)。"给者,还给也。没者,没收也。凡因强盗或窃盗或其他不法行为所取得之物,将其还给被害人或所有人,或没收入官者,谓之给没赃物。〔明律(卷一)、清律(卷四)——给没赃物之条〕

【给(給)使散使】【史】唐时宦官之分配于内侍省及东宫坊内者,谓之给使。其配置于诸王之下者,谓之散使。唐律(卷三)名例篇——工乐杂户条之疏议:"诸州有阉人,并送官配内侍省及东宫坊内,名为给使,诸王以下为散使。"

【给(給)发囚粮】【史】清制狱,囚之口粮,除有亲属家人送饭者,不予给发外,余者均由官每月给米每人三斗。清之现行则例(即现行刑部则例)断狱篇设有给发囚粮之条:"监禁犯人有亲属家人送饭者不给口粮外,如无亲属家人者,每囚每月给米三斗,俟年终听各该抚开明事案罪囚名数与给过口粮数口,造册报部销算。"

【给(給)据】【史】官署对于土地或其他一定物件之买卖时,发给与人民之认可证书,称曰给据。元典章(卷十九)户部篇之——典卖章买卖田宅告官权收条:"今后典卖田宅,先行经官给据。"

【给(給)据承袭】【史】元制,现任官吏死亡时,发给证明书许其男子承袭官职者,称曰给据承袭。元典章(卷八)吏部承荫篇之——民官(民政官之义)子孙给据承袭条,设有明文。

【统(統)一法】【通】所谓统一法,乃指国际间共同通用之法律而言。

【统(統)一财产制】【亲】Unity of property régime　为约定财产制之一种,与共同财产制分别财产制相对称。又名曰并吞财产制,即将夫妻双方之财产合并为一,而其所有权概为夫之一方所享有,而妻仅得对于夫有取得该估定价额之返还请求权之制度也。此项制度渊源最早,时至今日,采用者甚少,惟瑞士一国以之为约定财产制耳。我国民法亦仿之,其管理使用收益等均准用关于联合财产制之规定。(第一〇四二——一〇四三条)

【统(統)制】【史】为武官之名称。宋时诸将之出征,缺乏统一,乃以一人为都统制以总之,是为统制名称之始。其后高宗以王渊为御营之都统制,其为官称,乃起于此。元明两代均不设置。清末之各镇镇统称为统制,其职与民国之陆军师长相等。

【统(統)制官】【史】清末新军平时之编制,以二标(与今之团相等)为协(与今之旅相等)。二协为镇(与今之师相等)。统率一镇之将官曰统制官,又称镇统。统率一协之将官则曰统领官,或称协统。其统率一标之将官,亦称统制官,又曰标统。(清国行政法卷四)

【统(統)治关系说】【宪】此说主张国家乃统治者与被统治间之统治状态。

【统(統)治权】【宪】Right of sovereignity; Sovereign power; Governing power　一国之内有统治与被统治二阶级,其统治者所享有之权力曰统治权。此为前此之旧说。近世学者则谓国家之权力可分为政权与治权二种,治权之取得,乃握有政权之人民所赋与，故政权实为国家权力之中心。且治权之行使，每有一定限制，故今之所谓治权，实与前此之统治权形式虽同而内容则较为狭窄。至统治权与主权亦不可相混，前者乃属于政府，而后者则属于国民全体。观我国训政时期约法第二条之规定，中华民国之主权属于国民全体，及第六五条之规定，国民政府总揽中华民国之治权，是二者固有区别。究之统治权乃为对内之国权，而主权则为对外之国权。

【统(統)计局】【行】Bureau of Statistics　为主计处所设三局之一，与岁计局会计局相对称，置局长副局长各一人(简任)，由主计处主计长呈请国民政府于主计官中派充之，下设科长三人至五人(荐任)，每科置科员十人至二十人(委任)。本局所办理之事项约有下列各种:(1)关于各机关统计人员之任免迁调训练及考绩事项。(2)关于各机关统计图表格式之制定，颁行及一切编制统计办法之统一事项。(3)关于各机关编制统计范围之划定，及统计工作之分配事项。(4)关于各机关统计事务之指导监督事项。(5)关于调查编制不能属于任何机关范围之统计，及各机关未及编制之统计事项。(6)关于全国统计总报告之编纂事项。(7)其他有关统计事项(国民政府主计处组织法第四—五条，第八条)。民国初年于国务院下设统计局与秘书厅，法制局，铨叙局及印铸造局等机关相对立。置局长一人(简任)，承国务总理之命监督全局事务。参事四人，佥事十人，分掌下列事务:(1)各部院统计统一事项。(2)不专属各部院之统计事项。(3)刊行统计报告事项。(4)交换各国统计表事项。(5)各官署统计会议事项。又设主事若干人辅助佥事分理上述事务(国务院统计局官制第一—五条)。国府成立后于民国十九年间，特于主计处之下设统计局与岁计局及会计局相对立，置正副局长各一人于主计官中派充之，均为简任之职。办理下列事务:(1)关于各机关统计人员之任免迁调训练及考绩事项。(2)关于各机关统计图表格式之制定颁行及一切编制统计办法之统一事项。(3)关于各机关编制统计范围之划定及统计工作之分配事项。(4)关于各机关统计事务之指导监督事项。(5)关于调查编制不能属于任何机关范围之统计及各机关未及编制之统计事项。(6)关于全国统计总报告之编纂事项。(7)其他有关统计事项。

【统(統)计法】【行】Law Governing Statistics　本法于民国二十一年十月一日经立法院通过，同月十九日由国民政府公布，共分四章，计三十二条，兹举其要点于下:(一)中华民国各级政府统计之调查编制，全国统计总报告之编纂，统计办法之统一，工作之分配及事务之指导监督，均须依本法之规定。(二)政府应办理之统计为下列各种:(1)基本国势调查之统计。(2)各机关职务上应用之统计。(3)各机关所办公务之统计。(4)公务人员及其工作之统计。(5)各机关认为应办之其他统计。以上各种统计原则上由有直接关系之各机关办理之，但下列各项在中央则由国府主计处，在地方则由省府或直隶于行政院之市府主计机关，分别办理之:(1)属于基本国势调查者。(2)不应专属于任何机关之范围者。(3)各机关未及调查编制者。(三)国府主计处应拟定每一年，每五年，每十年，或其他一定期间之统计计划。全国户口至少每十年应普查一次。(四)统计科目，单位，表册，格式，除专供特殊目的之用者外，均应有统一之规定，但因特殊情事不能适用时，得呈请国府主计处核定变通办法。（五）各级政府主计机关为办理统计之需要，得随时调阅本政府或所属下级政府各机关有关系之档案表册，是为原则，但军事外交之机密案件各该机关得加以拒绝。（六）每一年度之统计应自一月一日至六月三十日，及七月一日至十二月三十一日各为半年度编制之，但遇必要时得按季按月或按其他一定期间为之。（七）统计之公开程度分下列三类：(1)秘密类——除借给政府机关或公务人员及其他利害关系人之合法需要外，不得泄漏之。(2)公开类——得供公众阅览及询问。(3)公告类——应按规定时期及其他条件于一定地域公告之。（八）各级政府机关之收支统计，应各于其所在地按月公告一次。（九）国府主计处每年编纂中华民国分类统计年鉴，呈经国府核定印行，各省市县亦得编印本省市县之分类统计年鉴。（十）关于地方统计之规定（第二十六—二十九条）。（十一）国立或地方设立之学术机关或教育机关，为研究学术而办理之统计不适用本法之规定。

【统(統)计机关】【行】Bureau of the statistics 就各种相同或不相同之物件，依照指定方法统为计算以便考求该事件之因果者，称曰统计。其管理此项统计之机关则曰统计机关。

【统(統)计讲习所】【史】民国九年间北京政府之内务部为教授统计科学以养成统计人才为宗旨，特设统计讲习所。置所长一员以内务部统计科长兼充，下设教职员若干人，由所长呈请内务总长行之。学员由各省区行政长官就省道及警察厅各公署办理统计现职人员，或法政专门毕业生，及委任职以上人员选送之。其名额由各该长官酌定，但一省区至少须送八员。学员之学费及讲义费免缴，毕业期限定为六个月。毕业后除呈内务总长发给证书外，仍咨回原省区，由各该省区长官酌量派充各公署统计员。（统计讲习所章程第一—八条）

【统(統)军】【史】为武官之职。唐时之近卫队每军各置统军一人，位次于大将军。其后金又置大统军司，有统军使与副统军使，掌镇军之马政，封陲之镇抚。

【统(統)带】【史】清制，巡防营官兼辖二营以上者，称曰统带，又曰督带官。其专领一营者，同称管带官。

【统(統)率】【宪】Supreme command 统率者，谓统一率领也，有最高率领权之意。如我国训政时期约法（第六十六条）规定国民政府统率陆海空军，即其明例。

【统(統)税】【行】Consolidated tax 所谓统税乃包含卷烟、棉纱、麦粉、火柴、水泥等项之税收而言，为中央税收之一种。

【统(統)税司】【行】Bureau of consolidated tax 财政部为征收统税特于各省区设立之机关，曰统税局。乃就交通地点先行设置，其规定区域如下：(1)苏浙皖区。(2)湘鄂赣区。(3)鲁豫区。(4)粤桂闽区。在所辖境内凡厂户繁密税收畅旺地域，得分等设置管理所，并得设置查验所及查验分所。在上海得设特等查验所及分区管理员。各统税局设局长一人（简任），副局长一人（荐任），得设秘书一人或二人（荐任），又设课长四人（荐任），并酌设课员调查员检查员办事员及驻厂办事员各若干人(均委任)。各管理所设正副主任各一人(荐任)。各查验所及查验分所各设所长一人(委任)。在上海之特等查验所设所长一人(荐任),及分区管理员(荐任)。(参各省区统税局暂行组织章程第一—二条,第四—十二条)

【统(統)领】【史】南宋时代即有统领,同统领,副统领之名。清时,京营有统领之官,如前锋统领,步军统领,及护军统领是。

【统(統)领官】【史】清时统率一协(参统制官条内)之将官,称曰统领官。

【统(統)属】【史】统者,统辖也。属者,隶属也。即上官与其所辖属之官司之统辖关系也。唐律(卷二十一)斗讼篇设有佐职统属殴长官条:"诸佐职及所统属官,殴伤官长者,各减吏卒殴伤官长二等。"其疏议曰:"所统属官者,若省寺监督局署,州管县,镇管戍,卫管诸府之类,是所统属。殴伤官长者,官长谓尚书省诸司尚书,寺监少卿少监,国子司业以上。"

【统(統)摄】【史】凡官署之有统属连摄之关系者称曰统摄。明律(卷二十八)、清律(卷三十四)刑律断狱篇——鞫狱停囚待对条:"凡鞫狱官推问罪囚,有起内人件,见在他处官司,停囚代对者,虽职分不相统摄,皆听直行勾取。"

【统(統)摄案验为监临】【史】所谓统摄乃指内外诸司长官而有统摄其所部之权者而言。案验则谓诸司判官而有判断案件之权之人也。凡此均为监临之官。唐律(卷六)名例篇有统摄案验为监临之条:"诸称监临者,统摄案验为监临(谓州县镇戍折冲府等判官以上,各于所部之内总为监临。自余唯据临统本司,及有所案验者,即临统其身而不管家口者,奸及取财,亦同监临之例)。"疏议曰:"统摄者,谓内外诸司,长官统摄所部者。案验,谓诸司判官,判断其事者是也。"本条之注曰:"州县镇戍折冲府等判官以上,各于所部之内总为监临。"疏议曰:"此谓州县镇戍折冲府等判官以上,虽有曹务职掌不同,但于部内总为监临之例。镇戍折冲府,唯统摄身不管家口,议于部内寄住,及权居止典贩等,有文薄名历,在州县者,即为监临。其百姓虽不附籍账,亦同监临之例。"又本条之注曰:"自余唯据临统本司,及有所案验者,即临统其身而不管家口者,奸及取财,亦同监临之例。"疏议曰:"自余,为除州县镇戍折冲府以外百司,总是。若省台寺监及诸卫等,各于临统本司之内,名挂本司者,并为监临。若是来参事者,是为案验。尚书省虽管州府,文案若无关涉,不得常为监临,内外诸司皆准此。即临统其身而不管家口者,奸及取财,亦同监临之例。假若诸卫管府史身,官司奸府史家口,及于府史家内取财,或折冲府官人,唯管卫士,若奸卫士家口,及于卫士家内取财,皆同监临之法。内外不管家口之司,奸及取财,皆准此。"

【紫禁城】【史】清时天子所居之地带曰紫禁城。明称曰宫城,清始改称紫禁城,在内城之中部擅入者均处以一定之罪。(参宫殿门擅入条)

【紫薇郎】【史】为唐代中书舍人之别称。白居易诗曰:"丝纶阁下文章静,钟鼓楼中刻漏长,独坐黄昏谁是伴,紫薇花对紫薇郎。"

【烟(菸)酒局章程】【行】本章程公布于民国十八年七月二日,全文计十八条,自公布日施行。兹述其要点于下:(一)各省设置专局管理征收各项烟酒费税事务所，直隶于财政部，名曰某省烟酒事务局。每局置简任局长一人，荐任副局长一人，均由财政部分别呈请任命之。又视事务之繁简每局得设秘书一人，课长两人至三人。(二)各省局应酌察烟酒产销情形划分区域设置分局，如查有烟酒产销较少勿庸设置分局之区域，得设稽征所。各分局置分局长一人，各稽征所置稽征主任一人，由局长令委并报部查核。(三)各分局所应将所征烟酒税等款每十日解交省局一次为原则，其在交通不便地方得予变通办理，但仍不得过半个月之限。于每月征收之款，除照部颁表式逐一填明及造具收入计算书，分别呈部察核外，应随时缴交国库存储。

【萑(萑)苻之盗】【史】萑苻为草之名，即苇蒲之类。盗贼每以之为隐匿之所故称萑苻之盗为草盗。左传—昭公二十一年："郑子大叔兴徒兵，以攻萑苻之盗尽杀。"

【萑(萑)苻之泽】【史】谓盗贼易于隐匿之场所也。即盗薮之义。左传："郑国多盗，取人于萑苻之泽。"

【萑(萑)苻聚薮】【史】萑苻为草贼之别称(参萑苻之盗条)，聚薮即屯聚之处，故称萑苻聚薮为草贼屯聚之处。六部成语注解："萑苻，草寇也。言其地为草寇屯聚之所也。"

【莱(莱)多维亚国宪法】【宪】Constitution of Latvia　莱多维亚国为北欧洲沿波罗的海之一小国。在爱沙尼亚国之南，东与苏联接壤，南与波兰及立陶宛二国为邻，其西部则沿波罗的海。人民多为莱特族(Letts)，约占十分之八强，与立陶宛虽同出于印度欧罗巴种，惟前者多奉新教，而后者则为罗马教徒，且语言文字亦有差异。按莱特民族数百年前仅为一部落，十三世纪初散住于波罗的海之南部海滨，时与日耳曼民族发生剧烈之斗争，颇有威名，惜后竟受日耳曼之征服及统治，建立联邦国家至一五六〇年以后，一部为瑞典所并，一部为立陶宛及波兰所克，更有一小部为丹麦所创。一七二一年帝俄夺得瑞典所并之部分。一七七二年至一七九五年帝俄复瓜分波兰，于是莱特民族之领土遂全归俄国所统辖。直至一九一七年俄国革命，莱特民族始倡建国运动，一九一八年一月经苏俄许可，是年十一月八日正式宣告共和国成立。其构成分子为 Livonie; Latgale; Courlande 及 Semgale 等地，计面积约二万五千方哩，人口共一百八十万左右，以农业及采木(森林占全国五分之二)为主要生业，渔航等业亦颇兴盛。现行宪法于一九二二年二月十五日通过于国会，十一月七日公布，共分为七章，都八十八条：第一章总则，第二章国会，第三章大总统，第四章内阁，第五章立法，第六章法院，第七章国家监察机关。兹将其要点举述于下：(一)莱多维亚为独立民主共和国，主权属于国民，国土包括 Livonie; Latgale; Courlande 及 Semgale，国界悉依国际条约之规定。(二)国会以人民代表一百人组织之。选举制度采普通，平等，直接不记名式及比例代表制。凡享有公权及私权之公民在选举举行之第一日年满二十一岁者不分性别均有选举及被选举之权利。议员任期定为三年。国会办事处设议长一人，副议长二人及秘书若干人，均由国会自行选举之(办事处在休会期内，仍继续办公)。国会常会或临时会议均由办事处召集之，开会时以公开为原则，且非有过半数议员之出席不得开议，除为宪法特别所规定者外，国会之决议以出席议员过半数之同意决定之。国会得自设各种委员会并得向内阁总理及各部部长提出质问。议员不得因行使职务所有投票或发表言论,受行政惩戒,或司法诉讼,但故意破坏他人名誉或诽谤关于他人家庭或个人生活者,得受法院之审判。至于其身体及住居在原则上应受特别保障。至于议员之以本人或第三人名义与国家订立承办货品契约以及享受国家特许权皆为法所不许。(三)行政元首为大总统,由国会以无记名之投票并以至少五十一票之大多数票选举之。任期为三年,不得连任两届以上,同时亦不得兼任其他任何职务。大总统对外代表国家任命驻外使节,接受外国外交代表。对于全国军队任为大元帅(战时得任命司令长官)经国会之同意后且有宣布战争之权。又大总统有行使特赦之权(但有例外),有创制法律草案之权,有提议解散国会之权(须交付人民表决经绝对大多数之通过,始得解散之,如投票人有过半数否决时,大总统即应辞职)。(四)国会经所有议员至少半数以上之声请召开秘密会议。经全体议员三分二之同意得罢免大总统并应另行依法选举大总统。大总统辞职死亡或被罢免时或出国或为其他原因不能执行职务时,均由国会议长代行之或代理之。大总统并不负担政治责任,其命令除解散议会之提案的指派内阁人员外,均须由负责之内阁总理或主管阁员副署之。(五)内阁以由大总统所指定之内阁总理及其所属之阁员组成之。其人数职权以及与国家其他机关之相互关系均由法律另定之。其行使职务应对国会负责,若国会对之通过不信任案时应即辞职。内阁会议以总理为主席,审查各部所制定之一切法案,与数部有关之问题以及由各阁员所提出之政治案件。此外内阁于一定情势之下有依法宣布戒严之权,对于国会及其所属各委员会议有列席并提议增补或修正各法案之权。(六)立法权依法属于国会及人民。法律草案得由大总统,内阁,国会所属各委员会及五人以上之国会议员提出之,并得由选民十分之一,依照法定情形提出之。凡经国会通过之法律案,大总统应于法定之期限内公布之。如大总统不同意该法案时得于七日内,附具理由咨请复议,如国会仍坚持原案时,大总统不得再行提议。(七)大总统有展期公布法律之权,如经国会议员三分一之请求,亦得为之,惟均须于国会通过该法案之七日内为之,且以两个月为限。惟如有选民十分之一之请求时,应交人民公决之,以定废止与否。如无上项请求者,两个月之期限届满,即应公布之。但法律经国会复议,并得全体四分三之大多数之表决者,不得再交人民公决。至于预算案,公债,赋税,关税,车运,兵役,宣战,开战,媾和,戒严,动员,撤兵及国际条约等法律案,无论如何均不得提交人民公决。(八)宪法之修正案至少须有十分之一之选民始得向大总统提请交付国会,如国会表决加以修正者仍应交付人民公决之。至于由议员提出之宪法修正案亦须经议员至少三分之二之出席及出席议员三分之二之大多数之表决并经三读会之通过始为有效。(九)全体人民在法律上及司法上一律平等。法官完全独立,且为终身职,其任令须经国会之批准,其撤职非经司法之判决不生效力。高等刑事法院与军事裁判等均由特别法律定之(按莱多维亚全国现有普通法院三级,一曰治安法院,数目颇多;一曰区法院,为数有四;一曰上诉法院(Court of appeals)仅一所。现行法律均为旧时波罗的海岸之本省法,惟 Latgale 则盛行俄罗斯之旧法)。(十)为监察政治起见特设国家监察机关,为完全独立之性质,采用委员制。委员之任命与该机关之组织与职权另以法律定之。委员之任期均有一定,非有司法之判决不得任意罢免之。

【虚出通关】【史】(详钱粮互相觉察条内)

【虚出通关硃钞】【史】凡钱粮收受完毕而交与经管之人,由其出给印信长单是曰通关。仓库逐日截收则暂给红批照票是曰硃钞。监守及提调官吏于收受未足而即出给通关及硃钞者谓之虚出通关硃钞,乃法律所不许,盖为杜止通同作弊计也。明律(卷七)、清律(卷十一)户律仓库篇均有虚出通关硃钞之条,内容相同。清律之条文及注曰:"凡仓库收受一应系官钱粮等物,(原数本)不足,而监临主守,通同有司提调官吏,虚出通关(给发)者,计所虚出之数,并赃(不分摊各犯)皆以监守自盗论。○若委官盘点钱粮,数本不足,扶同(监临提调官)申报足备者,罪亦如之(亦计不足数,以监守自盗论,并赃)。受财者,计(入己)赃,以枉法从重论。○其监守不收本色,(诈言奉文)折收财物,虚出硃钞者,亦以监守自盗论。纳户知情,减二等,免刺,原与之赃入官;不知者不坐,其赃还主。○(通上)同僚知而不举者,与犯人同罪(至死减等,)不知及不同署文案者不坐(以失觉察论)。"清律之辑注:"凡收受钱粮足备,全交与经管之人,出给印单为照,谓之通关,即长单也。如今州县征收漕米,交兑领运官,则出给通关运官运丁,运交通仓,经管官亦出给长单是也。逐时逐日,零星截收,则出给印票为照谓之硃钞。如今州县征收银米,纳户完过几何,给与串票,州县起解几何,经收官给与库收仓收是也。"同律之辑注:"虚出通关,非实赃也,而即以监守自盗论者,监守乃专司责守之人,通关乃照验取信之案,今通关之数足备,而仓库之数不足非盗而何?有司提调官吏,交兑不足,系侵欺,固是监守自盗,即系民欠未完,而与监守通同报完,亦犹监守自盗也。"同律之总注:"……委官虽非专管之人,而既奉委盘点钱粮,其责任即与监临相同。盘点之数,本亏欠不足,而扶同申报为足备,则与监守之虚出通关无异,故罪亦如之。即计虚报之数为赃,委官与监守提调官吏,并赃论罪,皆坐监守自盗。若因盘点不足,委官受财而为扶同申报者,计其入己之赃,以枉法从重论,枉法罪重,则从枉法,监守盗罪重,则仍从监守盗也。○若有应征本色钱粮者,其监临主守,不收本色,乃向纳户折收财物,瞒官作弊,而虚出本色硃钞者,即计折收之财物为赃,以监守自盗,并赃论罪。纳户明知监守折收情弊,而听从折收者,减监守罪二等,免刺,原与折收之赃入官。不知者不坐,其赃还主。○首节之虚出通关,次节之扶同申报,三节之折收财物以下三项,各同僚连署文案之官,有明知其事而不举首者,与犯人同罪,至死减一等,杖一百,流三千里,其不知情,及不同署文案者,不坐。注曰以失觉察论,即后钱粮互相觉察条也。然止指监临主守而言,其他不得概论。"

【虚四级制度】【民刑诉】我国法院之编制,原为四级三审,但因经济缺乏,各地初级法院未能普及设立,多以县长暂行管理民刑诉讼事件,并得受理地方法院管辖之事件。此外初级法院经下令裁废后特于地方法院内增设简易庭,在实际上似为四级制度,惟法院名称则为三种,而审判亦分为三审,故曰虚四级制度,又称曰虚四级三审制度。

【虚立文案】【史】（详钱粮互相觉察条内）

【虚立典卖】【史】对于农民强使其出具土地典卖证书，而掠取其土地者，曰虚立典卖。元典章（卷十九）一户部篇典卖章虚钱实契田土之条："……昔里吉思将民户舒德舆等田土，虚立典卖文契，影占不当杂役。"

【虚怯去处】【史】杖刑乃击臀部之法，其脊背腰肋等处不胜杖刑之所者曰虚怯去处。明律（卷二十八）、清律（卷三十五）刑律断狱篇——决罚不如法之条："若监临之官，因公事于人虚怯去处非法殴打。"清律之辑注曰："虚怯去处，谓脊背腰肋等，不胜刑杖之所也。"

【虚费工力采取不堪用】【史】官司役使人工以从事于采取木石材料及烧造砖瓦等，如其所采取者不堪应用，是徒费工力也。则其役使之官司及工匠人役等应构成本条罪名而受惩罚。明律（卷二十九）、清律（卷三十八）工律营造篇均有虚费工力采取不堪用之条："凡役使人工，采取木石材料，及烧造砖瓦之类，虚费工力，而不堪用者，计所费雇工钱坐赃论。若有造作及有毁坏备虑不谨，而误杀人者，以过失杀人论。工匠提调官，各以所由为罪。"清律之总注："役使人工而采取烧造之物不堪用，是虚费矣，计所费工钱坐赃论罪。不言追赔还官者，以所役使之人非系在官之人，采取烧造，虽不堪用，而彼已为所役，实费其力也。若创新而有造作及废旧而有所毁坏，一时备虑不谨，而误杀人，如陨坠撞压之类，以过失杀人论，依律收赎，给付死者之家营葬。以上采造不堪用，造毁误杀人，其役使之工匠提调之官司，各以所由致此之人坐罪，不滥及也。但言误杀而不言误伤者，以所为之事皆系公家之事，备虑不谨由于无心之误，而人命为重，误杀则收赎，过失误伤固可勿论也。"

【虚伪表示】【民总】Simulation or false declaration of intention　为故意不合之一，对真意保留言。又称通谋虚伪表示。即表意人为欺哄第三者而与相对人通谋故意为非真意之意思表示也。例如甲欠乙债款万元，期到恐房屋受扣押，乃与丙通谋伪为让与以欺乙是，法律为保护第三者（即乙），自不能认为有效。我国民法第八七条第一项规定：表意人与相对人通谋而为虚伪意思表示者，其意思表示无效，但不得以其无效对抗第三人。例如上述之丙又将房屋转售与丁（即善意第三人），此项行为自为有效是。虚伪表示通常由当事人双方之通谋，故与真意保留之对于相对人而行之意思表示不同。

【虚伪意思表示】【民总】Simulation　又称曰通谋虚伪表示。（详该本条）

【虚钱实契】【史】土地买卖契约之订立，买方应以现款支付，若仅依买卖证书而取得土地所有权是。强者对于弱者之不法行为，即为虚钱实契。（明律卷五、清律卷七户律田宅篇——盗卖田宅之条及其注）元典章（卷十九）户部篇典卖章——虚钱实契田工之条："……昔里吉思虚钱实契典卖部民田土，干要租钱。"

【裁可权】【宪】Power of Sanction　立宪国家之立法权乃操诸议会之手。法律案虽经议会通过，尚须经行政元首之公布，始能发生效力。至元首之是否公布，乃属其权限内之自由，非立法机关或其他第三人所能干涉。如元首积极的决定予以公布者，是曰裁可。此种权能谓之裁可权。

【裁判】【刑诉】Decisions 谓法院以法律及事实为根据，而对于诉讼当事人所为之有拘束力之意思表示也。裁判之成立，由独任推事决定之，或合议制之多数推事以评议及决议之法官程序决定之。裁判原则上应作成裁判书(另详该条)，且须附列各种理由。裁判之谕知，其方法有二：其一为依宣告之方法为之——宣告时应朗读主文，其叙述理由者，并应朗读理由，或告以要旨(第一八四—一八五条)。其一则依送达之方式为之——即裁判除有特别规定者外，应将正本送达于当事人，其送达自书记官接受裁判原本之日起，至迟不得逾七日，其经宣告者，自宣告之日起算(第一八七条)。至于裁判之效力如何，是否可以变更，裁判之确定力如何，皆因判决与裁定而有区异(详裁定及判决条内)。裁判之种类，因观察点之不同，其分类如下：(1)判决与裁定。(2)终局裁判与中间裁判(参判决条)。(3)实体裁判与形式裁判。(详各本条)

【民诉】司法机关(书记官之意思表示曰处分)对于办理诉讼时之最终意思表示，曰裁判。详言之即法院或审判官对于当事人或第三人就程序上或实体上之争点所为之宣言也。裁判依其形式分为下列二种：(一)判决。(二)裁定(详各本条，民诉第二一一条—二三一条)

【裁判上之请求】【民刑诉】Juridical demand 谓以诉讼行为之方法向对方请求一定之行为也。例如离婚案件中之赡养费之请求是也。

【裁判上分割】【物】共有物之分割由于法院之裁判而为之者，称曰裁判上分割。

【裁判上加重】【刑】Juridical aggravation 为学理上加重分类之一，对法律上加重言，即以裁判官之职权加重刑罚之谓。我国新刑法无裁判上加重之规定，而仅有法律上之加重。

【裁判上命令】【民刑诉】Juridical order 法院对于一定案件依职权所颁发而施行之命令，曰裁判上命令。例如法人解散命令，执行命令等皆是。

【裁判上减轻】【刑】Juridical extenuation 为减轻分类之一，对法律上减轻言，即审判官以职权裁判令其减轻刑罚之谓，即所谓犯罪之情状可悯恕而得酌减本刑者是也。故又曰酌减(刑法第七十七条)。例如饥寒而行窃，报仇而杀人是。此种情形自可减轻，学者称此减轻曰审判官之泪。至于所谓可悯恕之标准者，当以刑法第七十六条第一项所规定者为根据。关于裁判上减轻应具备下列两要件：(1)在法律上已无减轻之规定。(2)处以法定刑之最轻者犹嫌过重。具备此二要件方可加以酌减。

【裁判之决议】【组】Determination of judgments 裁判之决议者。谓对于裁判评议后所为之决议也应以过半数之意见定之。但有时有三种以上意见时，则须依下列之规定：(一)关于金额之决议分三种以上意见者，以最多额之意见顺序算入次多额之意见，至达过半数为止。(二)关于刑事之决议分三种以上意见者，以最不利于被告之意见顺序算入次不利于被告之意见，至过半数为止。(法院组织法

第八十二条）

【裁判之评议】【组】Discussion of judgments 所谓裁判之评议，乃指推事于合议庭内各对裁判之陈述意见而言。评议时均不公开，以审判长为主席，各推事均须出席。陈述之次序以资浅者为先，资同者以年少者为始，递至审判长为终。对于评议均应守秘密。（法院组织法第七十八条—八十三条）

【裁判行为】【民刑诉】Act of judgement 关于办理裁决上之一切事件谓之裁判行为。申言之，即司法机关适用法律与事实对诉讼关系人宣示其效果之意。裁判由法院或审判长或受命推事，受托推事，以职权为之。裁判之形式，分判决裁定二类。（参判决与裁定二条内）

【裁判例】【通】Precedents 又曰判例或称判决例。（详该本条）

【裁判所】【组】Courts 日本称法院为裁判所。其意义与法院相同。我国前称之为审判厅，今则名曰法院。

【裁判所构成法】【组】Law of the organization of the judiciary 为日本之名辞，即我国所称之法院编制法或法院组织法也。

【裁判书】【刑诉】Written decision 谓法院于裁判时所作成之书面也。原则上裁判应由推事制作裁判书，但裁定则得仅命书记官记载笔录（刑诉法第一八一条）。裁判书除有特别规定外，应记明下列事项：(1)被告之姓名，性别，籍贯，年龄，职业，住址。(2)有代理人或辩护人者，代理人或辩护人姓名。(3)经检察官出庭者，检察官之官职姓名。(4)自诉案件，自诉人之姓名，年龄，籍贯，职业，住址。(5)裁判之法院，及年月日。至裁判之原本，应由裁判之推事署名盖章（第一八三条）。又裁判书凡系属于判决及驳回声请之裁定，或可以抗告之裁定，均应叙述理由。判决书除依上述裁判书之制作方法外，并应记载主义及事实。但法律对科刑之判决书，有特别规定：(1)主义内应分别情形记载下列事项：(A)主刑。(B)从刑。(C)谕知罚金者，其易科监禁之期间。(D)羁押准予折抵者，其折抵之标准。(E)谕知缓刑者，其缓刑之期限。(2)事实项内，并应记载：(A)起诉及抗辩之要旨。(B)上诉之期限及法院。(3)其理由项内应分别情形记载：(A)认定事实所凭证据之理由。(B)加重减轻或免除刑罚之理由。(C)羁押日期未与折抵之理由。(D)适用之法律。(E)科刑时于刑法第七六条所列事项审酌之理由。（第三二四条）

【裁判区域】【民刑诉】Judicial district 裁判权所及之范围曰裁判区域。

【裁判确定】【民刑诉】Fixed condemnation 裁判确定者，谓法院所为之裁判经过法定之上诉期间而当事人无上诉之提起也。裁判一经确定，即不能变更或撤销。

【裁判离婚】【亲】Juridical divorce; Divorce by judicial decree 又名呈诉离婚。（详该本条）或称请求离婚。

【裁判籍】【民刑诉】为日本名辞，即我国所谓之审判籍也。

【裁判权】【民刑诉】又称曰审判决。(详该本条)

【裁决】【民刑诉】Verdict; Ruling 旧民刑诉讼律分裁判为判决决定及命令三种。民刑事诉讼条例则分为判决与裁决(合并决定与命令为裁决。)现行新民事诉讼法与刑事诉讼法则改裁决为裁定。

【裁定】【刑诉】Ruling 为裁判以形式为标准而区别之分类之一,对判决言,谓法院不经当事人之言辞辩论所为之裁判也。裁定有于审判时为之者,如关于证据之裁定是。其裁定应经当事人之陈述(刑诉法第一八〇条第二项),有不于审判时为之者,如关于管辖之指定移转之裁定是。裁定以许抗告为原则,但凡与当事人之利益无关之裁定,则不许抗告。裁定一经宣告及送达,是否可以变更,在可以抗告者可以将原裁定更正,在不可抗告之裁定,如于必要情形,亦得自行取消或变更之。至裁定之确定力如何(参形式确定力与实质确定力条内),裁定是否应附理由。(参裁判书条内)

【民诉】民诉法上之裁定,其性质与形诉法上所规定者,大同小异。虽原则上得不经言辞辩论为之,惟于必要时仍得命开言辞辩论。由前者所为之裁定应宣示之,由后者所为之裁定则毋庸宣示。其不宣示之裁定,应送达于当事人,其已宣示之裁定,若得为抗告者,亦应送达。又裁定大抵系关于程序上之裁判,至于是否可以抗告,乃以法律所规定者为标准,若无明文规定时,即可抗告。裁定与判决区别之点有五:(一)判决须按定式作成文书,裁定则有勿庸作成文书者,即作成文书亦无一定之方式。(二)判决须经言辞辩论,始得为之(第三审为例外),裁定则以不经言辞辩论为之为原则。(三)判决必由法院为之,裁定则有由法院为之者,亦有由审判长受命推事或受托推事为之者。(四)判决乃多关于实体事项者,裁定则就诉讼程序上而为者居多。(五)不服判决者系提起上诉,不服裁定者则提起抗告或异议。(民诉法第二二五—二三三条)

【裁定书】【民刑诉】Written verdict or ruling 法院所作成之裁定书面,谓之裁定书。(参裁定条内)

【裁定期限】【刑诉】Period of limitation established by rulings 为期限之一种,对法定期限言。乃以设立方式为区别之标准,即由法院依职权所酌定之期限也。刑诉案件极少用之,惟于附带民诉于准用民诉法时有之耳。

【裁定期间】【民诉】Period of time established by ruling 为期间之一,即法院或审判长以裁判所定之期间也。例如民诉法第一二二条、一三四条、二四〇条、三三四条等所定之期间是。此等期间与法定期间之非不变期间均得伸长或缩短,但限于下列两种情形:(一)有重大理由者(须依声请)。(二)经当事人合意者(须因声请,且须讯问他造,方得为之)。(民诉第一六四条)

【裁定管辖】【刑诉】Jurisdiction given by rulings 为管辖之一,对法定管辖言,谓法院之管辖依土地或事物而定之时,有因区域不明,权限争议,而不能适用者,有因特别情形,须变更其管辖权者,法律于此,规定应以裁定方法决定其管辖权,此种裁定曰裁定管辖。更分为二:(1)指定管辖。(2)移转管辖。(详各本条)

【裁量】【通】Estimation 由自己酌裁审量,谓之裁量。

【裁量褫夺】【刑】Discretionary deprivation of civil right 对法定褫夺言,即法官对于犯人公权之可否褫夺,得以自由裁量宣告之或不宣告之之谓。例如刑法分则所定褫夺公权明文中:"得依第五十七及第五十八条褫夺公权"之规定是。

【视(視)品官】【史】与品官待遇相同之官称曰视品官,即准品官之谓也。(参视流内品条内)

【视(視)流内品】【史】视者,比照也。凡未列入流内之官,而按照流内品官之地位相待者,称为视流内品。即准流内品官也。唐律(卷二)名例篇——以理去官条:"诸以理去官与见任同,赠官及视品官与正官同。"其疏议曰:"……视品官,依官品令,萨宝府萨宝秩正等皆视流内品。"

【视(視)能】【刑】Power of sight 所谓视能,乃指两目视物之能力而言。我刑法第二十条第一项第一款规定,凡毁败一目或二目之视能者,亦为重伤之一种。

【视(視)草】【史】翰林院所起草之制书,曰视草。或谓皇帝自作诏令并不加正,亦曰视草。公文缘起:"汉书淮南王安传,安善为文词,武帝每为报书,常召司马相如等视草,乃遣视草二字始见此言,作书已就,令相如等覆视草始遣去,非令相如等作书也。……南史魏孝文帝有大笔,马上口授,及其成也,不改一字,自太和十六年以后诏策,皆帝文也。则古帝王固尝多自作诏令。新唐书上官仪传,每属文,遣仪视稿。元宗好文词,有所为必使视稿。徐楚璧传,开元时为集贤院学士,帝属文,多令视草,此皆视草故事,非以代言为视草也。"(董氏丛书)

【视(視)为】【通】Deemed to be 按推定在法律上有完全的推定与不完全的推定二种。前者乃就某种不明了事项而下一确实之认定并不得以反证以推翻之。后者则为对于该项不明了事项虽为之下一确实之认定,然仍可举反证以推翻之。故前者又曰视为(日本称曰看做),后者则曰推定。

【抵(觝)蹋啮】【史】(详畜产抵蹋啮人条内)

【诉(訴)】【民诉】Action 当事人求为利己判决之声明,因以开始判决程序者谓之诉。易言之,所谓诉乃指当事人请求法院开始判决程序之行为而言。故诉之要素有三:(一)须系向法院声明。(二)须有一定标的(即请求法院加以判决之法律关系)。(三)须有原告与被告。至于诉之成立须具备下列条件,始为合法:(一)须合于一定程式。(二)受诉法院须有管辖权。(三)当事人须有当事人能力。(四)当事人须有诉讼能力。(五)由诉讼代理人起诉者须有诉讼代理权。(六)须无同一诉讼事件之诉讼拘束者。(七)诉讼标的须系未经确定判决或和解者。诉依原告所求判决之内容分为下列三种:(一)给付之诉。(二)确认之诉。(三)形成之诉(详各本条)。诉一经提起,即生诉讼拘束,在原则上不许变更,或追加对于对方则许其提出反诉。原告于起诉后,得将诉之一部或全部加以撤回,但须于言辞辩论前为之,否则须得被告同意。诉经撤回即视与未起诉同,仍得再行起诉,若于终局判决后将诉撤回者,则不得复提起与本案同一之诉。(民诉法第二三五—二五四条)

【诉(訴)之主观的并合】【民诉】又曰主观的诉之并合。(详该本条)

【诉(訴)之合并】【民诉】Amalgamation of actions 诉讼通常皆系就一项法律关系于原告一人或被告一人间提起,然有时多数诉讼可以合并者,为诉之合并。诉之合并有主观之合并与客观之合并。前者乃指共同诉讼而言。后者即同一原告与同一被告间数诉合并,或由同一原告对于同一被告合并提起数诉,或分别提起数诉,而由法院合并辩论并裁判,或于起诉后追加新诉,或由被告提起反诉,均属此类。故客观的诉之合并,又分下列三种:(一)单纯合并。(二)假定合并。(三)选择合并。(详各本条,民诉法第二三九条)

【诉(訴)之客观的并合】【民诉】又称客观的诉之并合。(详该本条)

【诉(訴)之追加】【民诉】Addition of actions 原告于起诉后提起新诉以附加于原有之诉者,曰诉之追加。(参诉之变更条)

【诉(訴)之提起】【民刑诉】Institution (详起诉条内)

【诉(訴)之驳回】【民刑诉】Dismissal of action 诉之驳回者,谓诉讼缺乏诉讼条件或上诉已逾法定期间,或上诉无理由时法院以裁定或判决使其诉讼不生诉之效力也。

【诉(訴)之撤回】【民刑诉】Withdrawal of action 原告于起诉后,就诉之全部或一部舍弃其请求法院裁判之意思表示,称曰诉之撤回。凡诉之经过合法撤回者,其效力溯及于起诉之时,回复起诉前之原状,视同未起诉。惟除于终局判决确定后将诉撤回者,不得复提起与本案同一之诉外,日后仍得再行起诉。至于本诉之撤回对于反诉之效力如何,乃一问题。依我民诉法之规定并无影响,故反诉之是否撤回与本诉无关。盖反诉一经利用本诉程序合法提起后,并不受本诉之拘束始能存在也。至于诉之一部撤回,尚有一部存在,对于受诉法院之管辖亦无妨碍,此外凡撤回诉讼者,亦应负担诉讼之费用。关于撤回之方式得以书状为之,但在言辞辩论时仍得以言辞为之,惟应记明于笔录。如他造不在场,应将笔录缮本送达使被告得知撤回之事(民诉法第二五二—二五四条)。刑事诉讼亦得于自诉,告诉或起诉后撤回之。(详撤回自诉条,撤回告诉条及撤回起诉条)

【诉(訴)之缩减】【民诉】Verkleinerung (德) 谓诉之范围减缩也。例如原告之诉原为请求履行全部之债务,后减为请求一部债务之履行是也。

【诉(訴)之扩张】【民诉】Erweiterung der klage (德) 与诉之缩减相对称,即诉之范围扩大伸张也。例如原告之诉本为请求被告履行一部之债务,后乃请求履行全部之债务是。

【诉(訴)之变更】【民诉】Alternation of actions 所谓诉之变更,乃指原告于起诉后提起新诉以代替原有之诉而言。诉之成立有三要素,即当事人诉讼标的及诉之声明是也。此三者有一变更或追加,即诉之变更或追加。法律为保护被告及免除诉讼迟滞起见,在诉讼拘束发生后,原则上不许原告将诉变更,或追加,但有下列情形之一者,则为例外:(一)经被告同意者。(二)不甚碍及被告之防御及诉讼之终结者。(三)合于民诉第二四六条之规定者。(四)受诉法院就新诉有管辖

权者。(五)新诉与原诉得行同种诉讼程序者,限于诉之追加。(民诉第二四五一二四八条,第二五一条)

【诉(訴)状】【民刑诉】Written petition 谓当事人向法院表示起诉意思之书状也。在民诉法上第一审之通常诉讼程序之起诉应以诉状为之,内应表明下列各事项:(一)当事人或法定代理人。(二)诉讼标的及原因。(三)应受判决事项之声明。(四)证据。(五)法院(民诉第二三六条)。刑诉法上称之谓起诉书。(详起诉条内)

【诉(訴)追】【民诉】Action for recourse 凡物权被侵害时,可用诉讼方法追索其所被侵害权利,谓之诉追。例如所有权被人侵害时,所有权人可用诉讼之方法追索其所被侵害权利,以所有权有追索力故也。

【诉(訴)追条件】【民刑诉】又曰诉讼条件。(详该本条)

【诉(訴)讼】【通】Action; Lawsuit 人民以保护其所享有之权利为目的向法院所请求其对于一定之具体事件,依照法律所定予以审判之行为也。此项诉讼可分为三种,即民事诉讼,刑事诉讼以及行政诉讼是也。

【诉(訴)讼上之和解】【民诉】Compromise of lawsuit (详和解条内)

【诉(訴)讼上期间】【民诉】为期间之一种,对职务上期间言,即普通所称诉讼关系人关于诉讼行为之期间也。有法定与裁定之别。迟误此种期间者,除依法许为追复外,不得更为诉讼行为。

【诉(訴)讼文簿】【史】诉讼文簿,即审判机关所置备以供纪录诉讼人之以言辞提起诉讼之用之簿册也。大明令刑令篇——设有诉讼文簿之条:"凡诉讼之人,有司置立口告文簿一扇,选设书状人吏一名,如应受理者,即便附簿发付书状,随即施行。如不应受理者,亦须书写不受理缘由,明白附簿,官吏署押,以凭稽考。"

【诉(訴)讼主体】【民刑诉】Subjects of the action 谓在诉讼行为中得为诉讼行为之主要人物也。诉讼行为既为三面之关系,故诉讼主体亦有三:(1)法院。(2)原告。(3)被告。在刑诉法上原告又分为检察官及自诉人。又原告及被告亦称为当事人(我刑诉法第三条)。在民诉法上,乃指法院与当事人而言。所谓当事人不仅包含原告及被告,其范围较广。(详当事人条内)

【诉(訴)讼代理人】【刑诉】Agent ad litem 代被告为诉讼行为者,曰诉讼代理人。诉讼代理人所为之诉讼行为(如自白或答辩等),在法律上与被告本人之行为有同一之效力。我刑诉法对诉讼代理制度,以不完全承认为原则,盖采用真实发见主义之结果也。但有例外:(1)拘役或专科罚金之案件,被告得委任代理人出庭,但法院认为必要时,本人仍须出庭(第二七二条)。(2)第三审法院公开辩论时,应以律师为代理人出席辩护(第四〇一条)。至诉讼代理人之权限,则以委任者为限。其资格并无一定,但须有诉讼能力耳。

【民诉】所谓诉讼代理人,乃指因当事人本人或其法定代理人之授权,而代本人进行诉讼行为之人而言。我民诉法兼采本人诉讼主义与代理诉讼主义。故凡有诉讼能力之人,均得充任诉讼代理人。通常以律师居多。非律师而为诉讼代理人者，亦为法律所许，惟法院得以裁定禁止之耳。诉讼代理人在原则上应提出诉讼委任状，若以言词为诉讼委任，经法院书记官记明笔录者，亦无不可。诉讼代理人对于诉讼事件有为一切行为之权，是为原则，但舍弃，认诺，撤回和解，提起上诉，或再审之诉，或领收所争之物者，非受特别委任，不得为之耳。（民诉法第六六一七五条）

【诉(訴)讼代理权】【民刑诉】诉讼代理人所有代当事人为诉讼行为及受诉讼行为之权限，谓之诉讼代理权。（参诉讼代理人条）

【诉(訴)讼用纸】【行】（详司法状纸条）

【诉(訴)讼共助】【组】Judicial assistance 又称法律上之协助。（详该本条）

【诉(訴)讼地法】【国私】Lex fori（拉丁）；Law of the forum 又名法庭地法。（详该本条）

【诉(訴)讼行为】【刑诉】Procedural act 所谓诉讼行为，乃指法院及原告被告互相连锁之行为而言。即参与刑诉人如辩护人，辅助人，证人及鉴定人等之行为，亦属之。诉讼行为乃法律行为之一种，故除须具备法律行为所必需之要件外，尚应有下列条件，始能成立：(1)法院须有审判权与管辖权。(2)当事人须有当事人能力及诉讼能力。(3)案件须系未经确定之判决者。(4)在告诉乃论之罪须有告诉权者之告诉。诉讼行为中之用语以中国语言为主，其文件以中国文字为准，且须按照法定方式。至诉讼行为之时期，原则上并无限制，但有例外。如关于送达及搜索设有特别规定是。

【民诉】谓法院与诉讼关系人（当事人及关系第三人）就诉讼程序上所为之一切行为也。此种行为与法律行为之系发生私法上之效果者不同，以其系在诉讼法上发生效果故也。故关于开始民事诉讼，及关于诉讼进行或其终结之行为，以及第三人因该诉讼所为之行为，皆得称为诉讼行为。例如当事人之提起诉讼，向法院声请或声明供给证据，对对方所加之攻击及防御，并对诉讼标的之认诺与舍弃自认或和解，均为当事人之诉讼行为。又如法院之搜集诉讼材料，调查证据，指挥诉讼，裁判以及送达，皆法院所为之诉讼行为也。又如第三人之参加诉讼，为证人，鉴定人，为诉讼代理人，以及辅助人，皆第三人所为之诉讼行为也。

【诉(訴)讼行为之迟误】【民诉】Defaults 所谓诉讼行为之迟误，乃指当事人不于一定日期或期间内为某种特定之诉讼行为而言。是项迟误或出于懈怠，或出于濡滞，皆与诉讼之进行有关，故须课以法律上之责任。按诉讼行为之迟误有全部迟误与一部迟误之别，亦有日期迟误与期间迟误之分。至于当事人迟误诉讼行为之结果即不得再为该诉讼行为，但有时并非由于当事人之故意或过失而系因不可抗力而致者，则另有追复之规定。我民事诉讼法第一六五条规定当事人或代理人因天灾或其他不应归责于己之事由迟误不变期间者，自其事由终止时起十四日内得追复其迟误之诉讼行为，而此项十四日之期间且为不变期间，不得伸长或缩短。又追复固须于障碍停止时起十四日内为之。若障碍长此存在，即追复权利长此永存，非徒诉讼之拘束力无由发生，即当事人相互间所系争之权利亦无从确定，是其影响亦属不少，故本法又规定自迟误日起逾一年者，不得为之。

【诉(訴)讼判决】【民诉】Procedural judgment 为判决之一种，与本案判决相对称，又名非本案判决，即对于诉讼程序所为之判决也。例如以诉或上诉为不合法而加以驳斥之判决是也。

【诉(訴)讼告知】【民诉】Streitverkündung（德） 当事人对诉讼以外之第三人，告以诉讼事件之存在者，谓之诉讼告知。（参告知参加）

【诉(訴)讼延滞】【民诉】谓诉讼延宕停滞也。（参延滞条）

【诉(訴)讼事件】【民刑诉】Case 即诉讼案情之谓也。

【诉(訴)讼协助】【民刑诉】又曰诉讼共助。（详该本条）

【诉(訴)讼卷宗】【民诉】Documents of the case 所谓诉讼卷宗，乃指由法院汇齐所保存之诉讼事件之一切文件而言。例如当事人书状，笔录，裁判书，以及其他关于诉讼事件之文书，皆属之。民诉法上有单称为卷者，乃为诉讼卷宗之简名，当事人得向法院书记官声请阅览或抄录，或预纳费用请求付与缮本或节本。至第三人原则上不得作此声请，惟其释明已得当事人同意，或法律上有利害关系而经审判长许可者，则为例外。若裁判草案及其准备，或评议文件以及裁判书在宣示前或未经推事签名者。均不许当事人或第三人阅览或抄录，或请求付与缮本与节本。（民诉法第二三二—二三四条）

【诉(訴)讼委任】【民刑诉】Mandate in litigation 诉讼委任者，谓当事人或其法定代理人授权于某人代其为诉讼上之行为也。此项委任，应有诉讼委任状，并须提出法院，若在法院以言词提出而记明于笔录者亦可。诉讼委任乃一种契约，与民法上之委任颇有相同之处，故除民诉刑诉上有规定者，自可准用民法上关于委任之规定。诉讼委任可分为二种：(一)普通委任——即授权于受任人使其得为一切诉讼行为是也。(二)特别委任——即受任人对于某种行为非特别授权不得为之是也。（民诉第六七—六九条，又第七五条）

【诉(訴)讼承受】【刑诉】谓由被害人或其直系亲属配偶或同财共居之亲属承受自诉人之诉讼也。（参自诉条内）

【诉(訴)讼拘束】【民诉】Pendency of the action 所谓诉讼拘束，乃指诉讼系属于法院之状态而言，即已起诉而未终结之谓也。以书状起诉者，自提出诉状时发生诉讼拘束(民诉第二四四条)。若以言词提出者，则以言词起诉时始(第二五一条)。当事人不得就诉讼拘束中之事件更行起诉。若遇下列情形之一时，诉讼拘束即行消灭：(一)终局判决确定。(二)终局判决于诉讼标的之一部裁判脱漏者。(三)当事人为诉讼上之和解者。(四)当事人撤回其诉者。(五)诉讼依法当然终结者(例如当事人亡故而其对造为其继承人是。)

【诉(訴)讼法】【通】Actiones（拉丁） 为罗马法上之名辞，与人法物法相对称，乃规定关于权利义务争执时于法院内所适用之手续等法规也。在近代列国之法律中，则包含民事诉讼法刑事诉讼法以及行政诉讼法等在内。

【诉(訴)讼物】【民刑诉】Object of procedure 又名曰诉讼标的。(详该本条)

【诉(訴)讼客体】【民刑诉】诉讼客体者谓民诉中所系争之标的物及刑诉中之刑罚权也。(参诉讼标的条内)

【诉(訴)讼指挥权】【组】即指挥诉讼之权限也。在合议庭者则属诸审判长,在单独推事之审理,则该审判推事操有诉讼指挥之权。

【诉(訴)讼能力】【刑诉】Procedural capacity; Capacity to action 谓可使诉讼行为有效之行为也。诉讼行为与当事人能力不必一致。有当事人能力者未必皆有诉讼能力,因有当事人能力者,如事实上无决定意思及表示意示之能力,即无诉讼能力,此二者之异点也。又诉讼能力与责任能力亦不相同。例如已满十三岁人之犯罪乃为有责任能力者,但至诉讼行为时心神丧失,此时自不得称为有诉讼能力矣。但彼之责任能力固依然存在也。

【民诉】民诉法上之诉讼能力,与刑诉法上所称之诉讼行为之意义相同。但其能力之有无,则以人之能否独立以法律行为负担义务为标准。故下列之人无诉讼能力:(一)未成年人(已结婚之未成年人为例外)。(二)禁治产人。(三)法人(应由董事代表之)。以上均须由法定代理人代其为诉讼上一切之行为(民诉第四三条以下参照)始有效力,至其资格则依民法及其他法令之规定。

【诉(訴)讼参加】【民诉】Intervention; Interpleader issue 凡诉讼业已成立而第三人参与其间者,曰诉讼参加。此种制度,乃为节省手续,便利审理而设。共分四种:(一)主参加。(二)从参加。(三)告知参加。(四)指名参加(详各本条)。我民诉法于诉讼参加仅有从参加与告知参加之明文,对主参加则在共同诉讼内加以规定。(民诉第五五一六五条)

【诉(訴)讼救助】【民诉】Aid for lawsuit; Succor in litigation procedural relief 诉讼救助者,谓因无资力不能为权利之伸张或防御之人,依法定条件在一定范围内准其暂免支出诉讼费用也。所谓法定要件,即:(一)因当事人无资力支出诉讼费用者。(二)须其诉讼非系显无胜诉之望者。(三)须系经该当事人之声请者。若当事人为外国人时,除具备上述要件外,更须依条约或该外国人之本国法,中国人在其国亦得受诉讼救助者,始得为之。至准予诉讼救助者,有下列各种之效力:(一)审判费用暂行免交。(二)执达员规费及垫款暂行免交。(三)免供诉讼之担保。(四)法院得为受救助人选任律师代理诉讼,暂行免付酬金。上述各效力不特及于第一审,即于上诉抗告假扣押及假处分亦有效力。又凡因诉讼救助暂免之审判费用,如他造当事人因裁判确定或和解时,应负担诉讼费用者,法院得向其征收。即执达员及律师之规费酬金及垫款,亦得对彼征收。(民诉法第一〇七一一一五条)

【诉(訴)讼条件】【刑诉】Conditions of an action 谓在刑事诉讼进行中一切诉讼行为所必需之条件也。但有广狭二义,广义者乃指上述之定义而言,狭义者仅指诉讼关系发生时所必要之条件而言。此外诉讼条件可再分为四:(1)绝对诉讼条件与相对诉讼条件。(2)积极诉讼条件与消极诉讼条件。(3)通常诉讼条件

与特种诉讼条件。(4)公诉诉讼条件与自诉诉讼条件。(详见各条)

【诉(訴)讼程序】【民诉】Procedure in lawsuit; Legal proceedings 诉讼程序者,谓关于诉讼之提起,法院之审讯,证据之调查,以及判决等一切程序之总称也。故凡当事人与法院在诉讼拘束期间,对于诉讼上之行为,皆属之。我民诉法于第一编第四章内规定之。

【诉(訴)讼程序之中止】【民诉】为诉讼程序之停止之一种。(详中止条)

【诉(訴)讼程序之中断】【民诉】为诉讼程序之停止之一种。(详中断条)

【诉(訴)讼程序之休止】【民诉】为诉讼程序之停止之一种。(详休止条)

【诉(訴)讼程序之停止】【民诉】诉讼程序因事实上或法律上之原因则致陷于不能进行之状态,谓之诉讼程序之停止。所谓事实上之停止,例如法院于言辞辩论终结延不宣判,或于宣判后并不将判决书送达等情形皆是。所谓法律上之停止,则系指依法文所规定之条件而停止其诉讼之程序而言,计可分为中断,中止及休止(详各本条)三种。我民事诉讼法第一六八条至一八五条设有明文。

【诉(訴)讼费用】【民刑诉】Expenses or costs of the lawsuit or of proceedings 谓在诉讼行为中所发生之费用也。在刑诉中其最著者有下列各种:(1)证人鉴定人通译等因履行义务所请求之费用,如旅费到庭费及日费(迟滞费)是,又鉴定人及通译之特别报酬费亦属之。(2)推事书记官出外调查证据之旅费。(3)邮费电费运送费新闻纸费登载公报费(公示送达及邮信送达所用者不在其内)。在民诉中所谓诉讼费用,乃指当事人关于民事诉讼所支出之法定费用而言。所谓法定即法令章程规则之规定也。例如诉讼费用规则,司法印纸章程等是。故所称诉讼费用略如下述各种:审判费,执行费,钞录费,翻译费,执达员费(包含送达食宿舟车等费)。关于调查证据费用,邮费,电费,运送费,通译,鉴定人,证人到庭费(旅费及日费)等皆属之,关于律师与辅助人之报酬费,并不在诉讼费用之内。至费用之负担有下列三大原则:(A)通常由败诉之当事人负担。(B)互有胜负则由两造各自负担,或按比例负担之。(C)共同诉讼人平均或比例负担之。诉讼费用之负担,应由法院依职权以裁判宣示之。当事人对此项裁判除对本案提起上诉或附带上诉者外,不得专就讼费负担提起上诉。(民诉法第八一—九六条)

【诉(訴)讼当事人】【民刑诉】Parties in action 简称曰当事人。(详该本条)

【诉(訴)讼资料】【民刑诉】所谓诉讼资料,乃指法院于审理案件时所使用之判决或处分之材料根据而言。例如事实、证据、法令及判决例等皆是。

【诉(訴)讼辅佐人】【民诉】Asistant ad litem 诉讼辅佐人者,于言词辩论日期,或其他日期,得法院之允许,偕同当事人本人或其法定代理人到场辅助当事人为诉讼行为之人也。因其在诉讼法上无独立地位,故与诉讼代理人不同。又其辅助当事人并非因自己有法律上之利害关系而为,故与从参加人亦有区别。辅佐人所为之陈述,与当事人或法定代理人所为者有同一效力,若经当事人或法定代理人即时撤销或更正者,则为例外。(民诉第七六条)

【刑诉】对被告所为之诉讼行为加以辅助,而以独立方法行之者,曰辅佐。其实施辅助者曰辅助人。乃以保护被告之利益为目的。但须有下列资格之一:(1)须为被害之法定代理人。(2)或须为被告之保佐人。(3)或须为被告之配偶。辅佐行为与辩护人同,均须于起诉之后方得为之,然其行为并非以被告之代理人的资格,故其意思表示与被告人之意思表示无关。(刑诉法第一七七——七八条)又辅助人亦得为被告独立选任辩护人。(第一六五条)是又系贯彻辅助行为之初旨而设也。

【诉(訴)讼标的】【民诉】Subject-matter of an action 又称诉讼目的物,或诉讼客体,即诉讼当事人所请求之客体也。在私法上大多为一种请求权。对于财产上者,其标的之价额由法院核定之,且以起诉时之交易价额为准。若原告应行负担之对待给付,则不得从诉讼标的之价额中扣除,盖其价额应依原告之主张而定也。(民诉法第七七—八〇条)

【诉(訴)讼篇】【史】诉者,谓有冤抑之事而陈告也。讼者,谓有争论之事而陈告也。诉讼之名,汉以前不见。曹魏以至于后魏,中历晋宋齐梁,皆有告劾之律,同时复有系讯之律。北齐附于斗律曰斗讼。后周曰告言律。隋唐仍曰斗讼。明以两事难合,乃分为二,曰斗殴,曰诉讼,而于诉讼特严于诬告。全篇共分为十二条如下:越诉,投匿名文书告人罪,告状不受理,听讼回避,诬告,干名犯义,子孙违犯教令,见禁囚不得告举他人,教唆词讼,军民约会词讼,官吏词讼家人诉,诬告充军及迁徙。清律与明律同,无所损益,乃为刑律中之一篇,与贼盗,人命,斗殴,骂詈,受赃,诈伪,犯奸,杂犯,捕亡,断狱等篇相对立。

【诉(訴)讼担保】【民诉】Security in litigation 法院为预防滥行诉讼及保护他造利益起见,依声请令诉讼关系人(当事人或第三人)就诉讼费用或因诉讼而生之损害供担保者,曰诉讼担保。依我民诉法之规定,凡有下列情形之一者,得以裁定命其提供担保:(一)原告(包含内外国人)于中华民国无住所,事务所,及营业所者(其在诉讼中发生担保不足额或不确实时亦同)。(二)声请假扣押或假处分时者,提供担保者曰供担保人。其享有此项利益者曰受担保利益人。关于担保之方法,在原则上应提存现金,或经法院认为相当之有价证券。若供担保人不能依上述方法提供担保者,法院得许由该管区域内有资产之人具保证书代之。担保物提存后,受担保利益人于担保物上即取得质权人所得行使之权利若应供担保之原因消灭时,或受担保利益人同意返还担保物时,法院依受担保利益人之声请,应以裁定命返还担保物或保证书。(民诉法第九七——〇六条)

【诉(訴)讼担当】【刑诉】谓由检察官担当自诉人之诉讼也。(参自诉条内)

【诉(訴)讼关系人】【民刑诉】Litigants; Parties interested in the suit 诉讼当事人与其他凡在法律上与该项诉讼有关系之人,统称曰诉讼关系人。例如辩护人诉讼参加人证人代理人等皆属之。

【诉(訴)讼关亲回避】【史】官吏与诉讼当事人如有有服亲及婚姻等之关系,均应回避不得参与审理,是曰诉讼关亲回避。大明令刑令篇——设有诉讼关亲回避之条:“凡官吏于诉讼人内关有服亲及婚姻之家,并受业师及旧有仇嫌之人,俱合回避。"

【诉(訴)牒】【史】与诉状及诉讼书同一意义。弘简录:"湖田遇水旱,即有诉牒,按图示之,以蠲可否。"

【诉(訴)愿】【行】Petition (administration)　即行政诉愿之简称。所谓诉愿,乃指人民对于中央或地方官署之违法,或不当处分,致损害其权利或利益时,向原处分机关之直接上级官署所提起请求撤销或变更原处分之救济方法而言。按诉愿为人民公权之一种,在宪法上或约法上均有规定。我国且有诉愿法之公布,俾资引用。(参诉愿法条)

【诉(訴)愿人】【行】Petitioner　依诉愿法之规定而提起诉愿之人,谓之诉愿人。(参诉愿条内)

【诉(訴)愿决定书】【行】Written decision in administrative petition　所谓诉愿决定书,乃指受理诉愿官署所制作之裁判文书而言。依我诉愿法之规定,应作成正本,送达于诉愿人及原处分官署。诉愿决定书内应载明下列事项:(一)诉愿人姓名,年龄,性别,籍贯,职业,住所;如系法人,其名称及代表人之姓名,年龄,性别。(二)主要事实及理由。(三)决定官署之长官署名盖印。(四)年月日。(第十条)

【诉(訴)愿法】【行】Law of administrative petition　凡人民因中央或地方官署之违法或不当处分致损害其权利或利益者,得提起诉愿。关于诉愿之法规,曰诉愿法。于民国十九年三月二十四日公布,共十四条,其要点如下:(一)诉愿时其管辖有一定之范围,例如不服县市政府之处分者,向省政府主管厅提起诉愿,如不服其决定向省府提起再诉愿,余类推。(二)不服不当处分者,以再诉愿之决定为最终之决定,其不服违法处分之再诉愿,经决定后得依法提起行政诉讼。(三)诉愿应具诉愿书,载明一定事项。(四)诉愿就书面决定之,但认为必要时,得令为言词辩论。(五)官吏因违法处分或不当处分应负刑事责任,或应付惩戒者,由最终决定之官署于决定后送主管机关办理。

【诉(訴)愿书】【行】Written petition　诉愿人提起诉愿时所具呈之书状,曰诉愿书。除由该诉愿人署名外,尚应载明下列事项:(一)诉愿人之姓名,年龄,性别,籍贯,职业,住所。如系法人,其名称及代表人之姓名,年龄,性别。(二)原处分或决定之官署。(三)诉愿之事实及理由。(四)证据。(五)受理诉愿之官署。(六)年月日。此外如有证据文件者,应添具缮本。如系再诉愿者,并应附录原诉愿书及原决定书。(诉愿法第六条)

【诉(訴)愿程序】【行】Procedure of petition　(详诉愿法条内)

【诉(訴)权】【通】Right of action; Litigious right　所谓诉权,乃指人民为保护自己权利而向国家请求救济之权利而言,乃属一种公权,有时可向司法权机关行使,有时可向行政机关行使,前者如民事或刑事之诉权,后者如行政诉讼与诉愿之诉权是。

【注(註)册】【行】Registration　注册又名登记,即将一登事项依法向官署呈请

登载于一定簿册内之谓也。依注册条例(十六年十一月十九日公布,现已废止)之规定,凡在国民政府统治之下经营工商业者,均应依法呈请注册,并特设注册局主管之,且分注册为公司注册,商号注册,商标注册,及矿业注册四种。近来此项制度业已废止,注册及登记之机关,分别由各该主管官署办理。

【注(註)册条例】【行】本条例由国民政府于民国十六年十一月十九日公布,计全文十三条,其要点如下:(1)凡在国民政府统治之下经营工商业者,均应依法呈向国民政府注册局请求注册。(2)注册计分为公司注册,商号注册,商标注册,及矿业注册等四种。除商号注册一项由局派员分赴该号所在地限期办理外,余均直接向局呈请注册领取执照,但商号资本不满五百元者免予注册。(3)各种应行注册事项在未经国民政府另定规则以前暂适用各该旧制。至注册费除关于商业注册之商号注册费另定外,均暂依旧制征收。其补行注册者所应缴注册费除商标依照旧制四分之一缴纳外,余均缴三分之一。(4)所在注册事项均应比照注册费之额附缴教育费三成。(5)关于补行注册领取执照及换取执照之期限之规定。(第四—五条)

【注(註)考】【史】官署之长官,考察其部员属官之勤惰而记入于勤惰簿谓之注考。清会典—吏部:"凡京察堂官察其属之职,而注考焉。"

【注(註)销股份】【公】Cancellation of shares 依公司法第九十八条之规定,认股人延欠第一次应缴之股款时,发起人应定二个月以上之期限,催告该认股人照缴,并声明逾期不缴失其权利。发起人已为前项之催告认股人不照缴者,发起人得注销其所认股份,而另行募集,是曰注销股份。

【注(註)销开复】【史】先经带罪之员,后来征收租税有功时,则将册上之罪注销而仍恢复其原来官职,称曰注销开复。(六部成语注解)

【注(註)释法学】【通】以解释法律之文义为目的之学派,称曰注释法学派。其所从事之法律注释,谓之注释法学。欧洲中古时颇盛行之。

【注(註)释法学派】【通】以注释及解说法律之文义为研究法律之方法之学派,称曰注释法学派。

【诈(詐)言死失】【史】受他人寄托货物及牲畜时因自己私行消耗而诈称死亡或亡失者,谓之诈言死失。此际应以诈欺取货物论,罪减一等。唐律(卷二十六)杂律篇——受寄物费用条:"诸受寄财物,而辄费用者,坐赃论,减一等;诈言死失者,以诈欺取财物论,罪减一等。"

【诈(詐)冒官司】【史】诈伪并罔冒官司而欲有所苟求者,应构成本条罪名,官司知其诈冒之事而听许并施行之者,亦与同罪。唐律(卷二十五)诈伪篇设有诈冒官司之条:"以有所求为,而主司承诈,知而听行与同罪,至死者减一等,不知者不坐(谓此篇于条内,无主司罪名者)。"疏议曰:"诈冒官司,谓诈伪及罔冒官司欲有所求为,官司知诈冒之情而听行者,并与诈冒人同罪,至死减一等,不知情者不坐。注云,谓此篇于条内,无主司罪名者,即此条为当篇主司生文,不为余篇立例。此篇无主司罪名者,上条诈称祖父母父母及夫死,及诈假官,或承袭,此等知情与同罪，不知者不坐。”

【诈(詐)冒脱免】【史】谓诈称他人之身分及冒用他人之名义，企图及实行脱免赋役之义务也。明律(卷四)、清律(卷七)户律户役篇——人户以籍为定条：“若诈冒脱免，避重就轻者，杖八十。”

【诈(詐)冒给路引】【史】诈冒者，谓以欺诈方法冒名告给引，显与颁给路引之初旨相背，其不应给引之人而给引者，亦为法律所不许。明律(卷十五)、清律(卷二十)兵律关津篇——诈冒给引条：“凡不应给路引之人(清律注曰谓配遣囚徒，安置家口之类)而给引，及军诈为民，民诈为军，若冒名告给引，及以所给引转与他人者，并杖八十。若于经过官司停止去处，倒给路引，及官豪势要之人，嘱托军民衙门擅给批帖，影射出入者，各杖一百。当该官吏听从，及知情给与者，并同罪。若不从及不知者不坐。若巡检司越分给引者，罪亦如之。其不立文案，空押路引私填与人者，杖一百徒三年。受财者，计赃以枉法，及有所规避者，各从重论。”清律之辑注：“不应给引，注谓配遣囚徒安置家口之类，已有批文复给路引，恐借以为照而逃遁也。然如僧道有度牒，官吏有文凭，举人有咨文之类，亦是不应给者。”同律之辑注：“军民皆载版籍，军诈为民，必冒民名，民诈为军，必冒军名，诈冒事实相连，而冒名则止冒他人之名，于籍贯无诈也，故加若字以别之。”同律之总注：“军民出境者，必于司军民衙门告给路引，开定归期，经过关津照验，别处不许倒换，以防奸宄，此定制也。凡有照身不应给路引之人，而混行给引，及军诈为民，民诈为军，若冒他人之名，以告给路引，及以自己所给之引，转与他人者，必皆有因缘为奸情弊，故并杖八十。若于经过官司停止去处，违例告给倒换路引，及官豪势要之人，嘱托军民衙门，擅给印信批帖为照，以影射人货出入者，倒给嘱托人，各杖一百。当该官吏听从不应给而给，听从经过倒给，听从势豪嘱托，及知军民诈冒等情而给与者，并同杖八十杖一百之罪。其不从及不知而误给者，不坐。巡检职在稽查，于例不得给引，若越分给引者，亦如当该官吏听从，及知情给与之罪。给引必明立文案，若不将告引人姓名籍贯住址及所带人口货物，当官填注立案，而空押路引私填与人者，杖一百徒三年。通前各项听从知情空引私填，及巡检给引，内有受财者，计赃以枉法论，及给引批等人，于事有所规避者，本罪枉法规避本罪，各从其重者论。”

【诈(詐)乘驿马】【史】邮驿之马与国家递政关系极大，若不应乘而诈乘者，自为法律所不许。唐律(卷二十五)诈伪篇——诈乘驿马条：“诸诈乘驿马，加役流，驿关等，知情与同罪，不知情减二等(关谓应检问之处)，有符券者不坐(谓盗得真符券，及伪作不可觉知者)。”疏议曰：“邮驿本备军速，其马所拟尤重，但是诈乘，无问马数及已行远近，即合加役流。给马之驿，及所由之关，知其诈乘之情者，亦加役流，不知情减二等。谓既与关司全不勘检，又不知情，合减二等，犹徒二年半。故注云，关谓应检问之处。有符券者不坐，注云，谓盗得真符券，及伪作不可觉知者，谓伪作符券及盗得真纸券等，检验不可觉知者，驿及关司并不坐。”

【诈(詐)害行为】【民总】Prejudicial act 即债务人所为有害债权人之无偿法律行为也。因债权人得声请法院撤销之，故与虚伪表示有别(民法第二四四条)。

在一般之意义，则系指虚构事实故意损害他人财产之行为而言。

【诈(詐)害行为之废罢诉权】【债】Right of action for revocation 又名撤销诉权(详该本条)，或称包尔诉权，或名债权人撤销权，更名直接诉权，以与间接诉权相对立。

【诈(詐)病死伤不实】【史】诈称疾病及死伤时而检验者妄云而不实或实病死及伤而不以实验者均罪检验者。唐律(卷二十五)诈伪篇诈病死伤不实之条："诸有诈病及死伤，受使检验不实者，各依所欺减一等。若实病死及伤，不以实验者，以故入人罪论。"疏议曰："有诈病及死若伤，受使检验不以实，各以所欺减一等，即上条诈疾病者，杖一百。检验不实，同诈妄减一等杖九十。伤残徒一年半，减一等徒一年。若诈死徒二年上减一等处徒一年半之类。若实病及伤，谓非诈病及诈伤，使者妄云无病及伤，便是故入人徒仗之罪。若实死妄云不死，即是妄入二年徒坐。使人枉入杖者，得杖罪，枉入徒者，得徒坐；各依前人入罪法，未决者减一等。"

【诈(詐)病死伤避事】【史】官吏人等临事称病以规避者，是诈伪而苟安也。犯人待对(在官未曾审问)而诈自残伤或死者，均为不正当之希冀以图苟免，故均构成本条罪名。明律(卷二十四)、清律(卷三十二)刑律诈伪篇均有诈病死伤避事之条，内容相同。清律之条文及其下注："凡官吏人等，诈称疾病，临事避难(如难解之钱粮，难捕之盗贼之类)者，笞四十。(如所避之)事重者，杖八十。〇若犯罪待对，故自伤残者，杖一百。诈死者，杖一百，徒三年(伤残以求免拷讯，诈死以求免出官)。所避事重(于杖一百及徒三年)者，各从重论(如侵盗钱粮，仍从侵盗重者论)。若无避(罪之情，但亦恐吓诈赖人)。故自伤残者，杖八十。其受雇请为人伤残者，与犯人同罪，因而致死者，减斗杀罪一等。若当该官司，知而听行(谓知其诈病而准改差，知其自残避罪，而准作残疾，知其诈死而准住提)。与同罪不知者不坐。"清律之辑注："临事避难与吏律擅离职役相似，然彼言避难在逃此则言诈病避难，比在逃之情为轻矣。又吏律面谕差遣改除托故不行，亦与此避事者相似，但彼之托故，所托者多端，此则止诈病耳。"同律之总注："官吏人等，因临难办之事，诈称疾病，以图规避者，笞四十；所避之事重者，杖八十。〇若犯事之人，应当待对，而故自伤残身体，以图免讯鞫者，杖一百。诈言身死而不出官者，杖一百徒三年。将故自伤残及诈死之罪，与所避之罪，较量科断。如所避之罪重于满杖满徒，则从本罪，轻则仍从伤残诈死科之，故曰各从重论。若本无罪犯，或与人忿争，或因事图赖，故自伤残，虽无避罪之情，亦有恐吓诈人之意，故杖八十。其受雇请为人伤残者，承上两项言之，或杖一百，或杖八十，并与犯人同罪，因而致死者减凡斗伤一等，杖一百流三千里，以雇人伤残自有致死之道也。〇若当该官司，知而听行者，总承上言，谓知其诈病避难，而听其捏词为之改差，知其自残诈死避罪情由，而准照残疾死亡拟断住提者，并与本犯同罪，不知者不坐。"

【诈(詐)疾病有所避】【史】使役为人民义务，不得规避。若诈称疾病或故自伤残以图避免，则与国家设立使役之原旨相反，自为法律所不许。明清律均有诈病死伤避事之条。唐律(卷二十五)诈伪篇则设有诈疾病有所避条："诸诈疾病有所避者，杖一百；若故自伤残者，徒一年半（有避无避等，虽不足为疾残，而临时避事者皆是）。其受雇请为人伤残者，与同罪；以故致死者，减斗杀罪一等。”疏议曰：“诈疾病以避使役，求假之类，杖一百；若故自伤残，徒一年半。但伤残者，有避无避，得罪皆同。即无所避，而故自伤不成残疾以上者，从不应为重。故注云，有避无避等，虽不足为疾病，临时避事皆是。谓有受雇或被请为人伤残者，与自伤残人同罪，各合徒一年半；以此伤残之故，因而致死者，被雇请之人不限尊卑贵贱，皆减斗杀一等；若为祖父母遣之，伤残因致死者同过失之法。”

【诈(詐)除去官户奴婢】【史】唐律（卷二十五）诈伪篇诈除去官户奴婢条规定曰：“诸诈除去死免官户奴婢及私相博易者，徒二年。即博易赃重者，从贸易官物法。其匿脱者，徒一年（谓产子不言为匿，典吏不附为脱）。主司不觉匿脱者，依里正不觉脱漏法。”按官户奴婢各有簿账，载明其事。除者谓诈言给赐。去者，谓去其名簿。死者，谓诈言身死。免者，谓加年入六十，及废疾各得免去其奴婢之本色之类。私相博易，乃指将私奴婢博易官奴婢而言。（同条疏议参照）

【诈(詐)假官】【史】非官吏而诈称假冒官吏之名者曰诈假官。唐律（卷四）名例篇——略和诱人条之疏议曰：“诈假官者身实无官，假为职任，流内流外，得罪虽别，诈假之义并同，或自造告身，或雇债人作，或得他人告身，而自行用，但于身不合为官，诈将告身行用皆是。诈假官谓本无官而诈为札付文凭出外行事，或悬带伪造牙牌而在京出入者，此项行为殊有招摇诈骗之实，与国家威信有关，与人民权利亦不无影响，故应按律治罪。此外如假与人官，知情受假官，无官诈称有官，诈称官司差捕，诈冒官员姓名，诈称现任官员子孙等皆为本条所禁止。”明律（卷二十四）、清律（卷三十二）刑律诈伪篇均有诈假官之条，内容相同。清律之条文及其下注曰：“凡（伪造凭札）诈（为）假官（及为伪札，或将有故官员文凭）而假与人者斩（监候）。其知情受假官者，杖一百，流三千里（须有札付文凭方坐，但凭札皆系经与者所造，故减等）。不知者不坐。○若无官而（不曾假造凭札但）诈称有官，有所求为，或诈称官司差遣而捕人，及诈冒（见任）官员姓名（有所求为）者杖一百，徒三年（以上三项总重有所求为）。若诈称现任官子孙弟侄家人总领，于按临部内有所求为者，杖一百，为从者各减一等，若得财者并计赃（各主者以一主为重），准窃盗（免刺）从重论（赃轻以诈科罪）。○其当该官司知而听行，与同罪，不知者不坐。”同律之辑注：“此条计七项，一诈假官，一假与人官，一知情受假官，一无官诈称有官，一诈称官司差捕，一诈冒官员姓名，一诈称现任官员子孙等。”又同律之总注：“诈假官者，本身原无官职，或诈为札付文凭赴任行事，或将他人札付文凭冒认顶替者，皆是也。假与他人官者，他人本无官职，或假为札付文凭，与之以官，或将所得别人札付文凭，与之假冒者，皆是也。凡自诈假官，假与人官者，并斩。其知人与以假官之情而受之者，杖一百，流三千里。不知者不坐。○若本无官而诈称有官，有所求为，或诈称奉官司差遣而追捕人，及诈冒现任官员姓名，因而有所求为者，杖一百徒三年。诈称云者，止是假借名色，托诸语言，以为求为之地。只称有官者，原无凭札，称差捕者，原无批牌，可知也。若诈称现任官员之子孙弟侄家人总领，于所按临部属之内，有所求为者，杖一百，为从者减一等。各字总承上文而言，为首应杖一百，徒三年者，为从则杖九十，徒二年半。为首应杖一百者，为从则杖九十。以上求为之事，各有不同，而皆为未得财者言之也。若因诈称求为而得财者并计赃准窃盗律，并赃论罪，以一主为重，与诈称求为罪较之从其重者科断。○其当该官司知情而听行者，与犯人同罪，至死减一等，通承上三节各项而言。不知者不坐。"

【诈(詐)假官假与人官】【史】以虚伪诈假方法取得官职以及虚假授与他人以官职并收受诈假之官职者皆须处罪。明清律均有诈假官条之设。唐律(卷二十五)诈伪篇有诈假官假与人官之条："诸诈假官假与人官，及受假者流二千里(谓伪奏拟及诈为省司判补，或得他人告身，施用之类)。"疏议曰："诈假官，谓虚伪诈假以得官。若虚假授与人官，及受诈假官者，并流二千里。"同条注曰："谓伪奏拟，但流内九品以上官皆注讫奏拟，及诈为省司判补视品流内等官，或得他人正授告身，或同姓字，或改易己名，妄冒官司，以居职任，称之类者，亦有己之告身应合追毁，私自盗得而假诈之者，若诈申闻，及增减重者从重法。"同条又曰："其于法不应为官(谓有罪谴未合仕之类)，而诈求得官者徒二年。若诈增减功过年限，而预选举，因之以得官者，徒一年。流外官各减一等。求而未得者，又各减二等。"

【诈(詐)假法】【史】伪作官文书妄行使用有所企图者，从诈假官之法论罪，即从诈假法之谓也。唐律(卷二十五)诈伪篇——伪写官文书印条："即伪写前代官文书，有所规求，封用者徒二年。"其下首注曰："因之得成官者，从诈假法。"

【诈(詐)婚罪】【刑】即诈术缔婚罪(详该本条)之简称。

【诈(詐)教诱人犯法】【史】以诈术诱惑或教唆他人犯法而于事后却报告官司或暗令他人报告官司，是曰诈教诱人犯法。教诱人成为希图获赏或为以快私忿，故应处以与犯人相同之罚。明律(卷二十四)、清律(卷三十二)刑律诈伪篇均有诈教诱人犯法之条，内容相同。清律条文及下注："凡诸人设计用言教诱人犯法，及和同(共事故诱)令人犯法，却(自)行捕告，或令人捕告，欲求赏给，或欲陷害人得罪者，皆与犯法之人同罪(罪止杖流，和同令人犯法，看守字，还是教诱人而又和同犯法也。若止和同犯法，则宜用自首律)。"清律之辑注："教诱人犯法者，身在事外也。和同令人犯法者，身在事中也。虽曰和同令人犯法者身在事中也。虽曰和同亦即教诱之意，但恐教诱而人疑畏，故与和同共事所谓以身诱之也。及已致人犯法，陈暗行捕告以为免罪之计，然自捕告者，兼教诱和同在内，谓即和同得以自首免罪也。令人捕告，则止教诱者或和同而令得相容隐之亲属捕告，推其心非为求赏，即为害人而已，仍无恙也。阴险奸恶于斯为甚，故特立此条以，正其罪。"同律之总注："此条专为阴险之徒，害人利己者而设。人本不犯法，设为计谋，诳以言语，教诱人为犯法之事，或和同与人共为犯法之事，后却自行捕告，或令人捕告，其意欲求给赏，或欲陷害其人，而故使之得罪，是人之罗于法网，皆其致之也，故与之同罪，至死减一等。被其教诱使令之人，虽是堕其术中，却是己身犯法，不能免罪；而教诱使令之人，自行告捕，及使人捕告；皆不用犯罪自首，及使人代而免罪之律，所以诛其心也。皆字承上数事而言，犹并字之义，非不分首从之谓。"狡猾之徒每教唆诱导他人作违反法律之行为(不论犯者是否知法犯法)，而自捕告，或令人捕告于官，以图赏金，或挟仇令人入罪，凡此均为法律所禁止。唐律（卷二十五）诈伪篇诈教诱人犯罪条："诸诈教诱人，使犯法（犯者不知而犯之），及和令人犯法（谓共知所犯有罪）即捕若告，或令人捕告，欲求购赏，及有憎嫌，欲令入罪，皆与犯法者同坐。"疏议曰："鄙俚之人，不闲法式，奸诈之辈，故相教诱，或教盗人财物，或教越度关津之类，犯禁者不知有罪，教令者故相坠陷。故注云，犯者不知而犯之，及和令人犯法，谓和教人奴婢逃走，或将禁物度关，外示和同，内为私计。故注云，谓共知所犯有罪，即捕若告，谓即自捕告，或令他人捕告，欲求购赏，及有憎恶前人，教诱令其人入罪者，皆与身自犯法者同罪。"

【诈（詐）术使人自行损害财产罪】【刑】为毁弃损坏罪之一，因意图损害他人，以诈术使本人或第三人为财产上之处分，致生财产上之损害者，成立本罪。其要件有四：(1)须有损害他人财产之故意。(2)须以诈术为手段。(3)其目的物须为财产，而使他人实施处分。(4)须有财产上之损失始构本罪。因本罪之所为并非以图利为目的，故与诈欺罪之以取得不法利益为目的者不同。其处分为三年以下有期徒刑，拘役，或五百元以下罚金（刑法第三八三条）。本罪须告诉乃论。（第三八七条）

【诈（詐）术缔婚罪】【刑】为妨害婚姻及家庭罪之一种，因以诈术缔结无效或得撤销之婚姻，因而致婚姻无效之裁判或撤销婚姻之裁判确定而成立。所谓诈术，即欺骗方法之谓。须其后有无效或撤销之裁判确定后，方能成立本罪其主体亦无男女之分。其处分为三年以下有期徒刑（刑法第二五五条）各国立法例有权令其负民事上责任者，亦有令其兼负刑事上责任者。我国采后说。又本罪须告诉乃论，（第二五九条）所谓亲告罪是也。

【诈（詐）陷人死伤】【史】以诈诡方法陷人于死伤者，例如诈向人谓河梁坚固而实则污腐不堪而使人经过其上因致死伤是。唐律（卷二十五）诈伪篇诈陷人死伤条："诸诈陷人至死及伤者，以斗杀伤论（谓知津河深泞桥船朽败，诳人令渡之类）。"疏议曰："谓津济之所，或有深泞，若桥船朽漏，不堪渡人，而诈云津河平浅，船桥牢固，令人过渡，因致死伤者，以斗杀伤论。谓人溺死者绞，折一支徒三年之类。故注云，谓知津河深泞，桥船朽败，诳人令渡之类。称之类者，谓知有坑阱机枪之属。诳人而致死伤者，亦以斗杀伤论。其有尊卑贵贱，各依斗杀伤本法。"

【诈（詐）欺】【民总】Fraud 对胁迫言，即故意使他人误信虚伪事实也。易言之，即使他人陷于错误，且因其错误而以决定表示之意思以法律行为上之意思表示虚伪之事实，而发生其结果之谓也。故其要件有四：(一)须有诈欺之故意。(二)须有诈欺行为。(三)须发生错误。(四)须有因果关系之存在。我国民法规定因被诈欺而为意思表示者，表意人得撤销其意思表示（以发见后一年内为限，但经过十年仍未发见者，不得为之）。但诈欺系由第三人所为者，以相对人明知其事实或可得而知者为限，始得撤销之。至被诈欺而为之意思表示，其撤销不得以之对抗善意第三人，盖为交易之安全计也。（第九二条—第九三条）

【诈（詐）欺及背信罪】【刑】Offence of fraud and violation of trust 为对于财产加以侵害时发生之罪。暂行律仅称之谓诈欺取财罪。刑法特将诈欺罪中之恐吓部分另成一章，而将原章内之背信罪（第三八三条）特别提出，改称本章为诈欺及背信罪，规定于分则第三十一章内，共七条。兹分为二种：(1)诈欺罪。(2)背信罪（详各本条）。至各罪关于褫夺公权之处分，仍得由审判官自由定之。（刑法第三六二条）

【诈（詐）欺取财罪】【刑】为诈欺罪之一，又称一般诈欺罪。（详该本条）

【诈（詐）欺官私取物】【史】以诈欺方法瞒蔽官私人等而取财物者，应构成本条之罪。唐律（卷二十五）诈欺篇有诈欺官私取物条之设："诸诈欺官私，以取财物者准盗论（诈欺百端皆是。若监主诈取者，自从盗法，未得者减二等。下条准此）。"疏议曰："诈谓诡诳。欺谓诬罔。诈欺官私，以取财物者，一准盗法。科罪唯不在除免倍赃加役流之例，罪止流三千里。注云，诈欺百端皆是，谓欺诈之状不止一途。若监主诈取，谓监临主守诈取所监临主守之物，从自盗法，加凡盗二等，有官者除名。未得者减二等，谓已设诈端诬罔，规财物犹未得者，皆准赃减罪二等，其非监主，诈欺未得者，自从盗不得财之法。下条准此，谓下条诈为官私文书，及增减欺妄求物未得者，监主之人亦减二等，故云，下条准此。"同条又谓："知情而取者坐赃论，知而买者减一等，知而为藏者减二等。"疏议曰："知情而取者，谓知前人诈欺得物，而乞取者，坐赃论，一尺笞二十，一匹加一等，十匹徒一年；诈欺之人，虽是监主，凡人知情，取者止得坐赃之罪。知而买者减一等，谓于坐赃上亦减一等。知而为藏，谓知诈欺而得，故为隐藏，亦于坐赃上减二等。"

【诈（詐）欺官私取财】【史】谓设计欺瞒官私人员收取财物也。依法应准窃盗罪科断，但免刺。明律（卷十八）、清律（卷二十四）刑律贼盗篇——诈欺官私取财条："凡用计诈欺官私，以取财物者，并计赃准窃盗论，免刺。"清律之附注曰："用计谓设为方略以行其诈欺取财之事也。诈欺二字是一串，说诈为事端，以欺瞒乎人也。"辑注曰："诈欺与恐吓情事不同。恐吓取者，其人怵于恐吓之势，无奈而与之也。诈欺取者，设计以罔人之不知，而其人自与之也。"

【诈（詐）欺破产罪】【破】Offence on fraudulent bankruptcy 与过怠破产罪相对立，破产人不问其在停止清偿或宣告破产之前后，以损害债权人之目的为下列行为者，曰诈欺破产罪：（一）藏匿或脱漏属于破产财团之财产者。（二）认为全部或一部之虚伪债务或法律行为之存在者。（三）不为法定之商业账簿，或为之而财产状况之记载不明，或为虚伪之记载，或加以变更藏匿或毁弃者。犯本罪者须受二月以上至五年之徒刑。（破产法第三二九条）

【诈（詐）欺罪】【刑】Offence of fraud 为诈欺及背信罪章中分类之一，所谓诈欺，乃以欺罔手段使他人误信而交付财物或利益之谓。至其手段为言语行动或文字，均所不问，但须足以使他人之误信为限，否则如显然不足令人误信时，仍不得称为诈欺行为。又本罪之完成，须其财产上之处分实际上已受加害人之侵害为限。因其须以诈术使他人交付财物于本人后，方能称为诈欺；而侵占罪之成立，只先以一定权原取得物之持有而后始得成立侵占罪；又因为处理他人财产违背其义务始成立背信罪，初非必有虚伪之事也。然本罪之特别要件，则在以虚伪之事欺骗他人而得其财物，故与背信罪有异。兹分为五种：(1)一般诈欺罪。(2)骗取利

益之诈欺罪。(3)加重诈欺罪。(4)准诈欺罪。(5)亲属相诈欺罪。(详各本条)

【诈(詐)为制书】【史】制书乃包含诏诰敕谕赦书等在内,即圣旨是也。本无此种制书而假作伪造曰诈为,诈为制书及增减者皆斩。至于诈为部院文书,察院文书及其他衙门文书等皆于本条内规定。明律(卷二十四)、清律(卷三十二)刑律诈伪篇均有诈为制书之规定,内容大抵相同,兹举清律之条文于下:"凡诈为制书,及增减者皆斩,未施行者绞,传写失错者杖一百。诈为六部都察院将军督抚提镇守御紧要隘口,衙门文书,套画押字,盗用印信,及将空纸用印者皆绞;察院布政司按察司府州县衙门者,杖一百,流三千里;其余衙门者杖一百,徒三年;未施行者各减一等。若有规避事重者,从重论。其当该官司知而听行,各与同罪。不知者不坐。"清律之辑注:"此条罪分四等,制书一等,部院等文书一等,察院等文书一等,其余衙门文书一等。"同律之总注:"制书即圣旨,如诏诰敕谕赦书皆是也。诈为者,本无制书,而假捏事端,伪造旨意也。增减者,因有制书,而增添删减,改换字句也。凡诈为及增减,事已施行者,不分首从皆斩。虽已诈为增减,尚未实行者绞。不言皆则为从者减一等。其传写制书之人,失误差错者杖一百。六部都察院及将军督抚提镇皆军国大事所寄,兵权重责所在,守御紧要隘口之官,则提防奸细之出入,其官虽卑,其责甚重,其文书皆足以动众,若有诈为,此各衙门文书,套画押字,盗用印信,及先以空纸盗用印信,后乃填写,已施行者不分首从皆绞。未施行者为首减一等,杖一百流三千里,为从又减一等,杖一百徒三年。重在盗印信,若无印信,止诈为文书,依盗各衙门官文书论。察院布按二司府州县,比之将军等衙门事权稍轻,若有诈为印信文书事已施行者,为首杖一百流三千里。其余衙门比之司府州县又轻,若有诈为文书,事已施行者,为首杖一百,徒三年,为从并未施行者之首从,俱各减一等。若有所规避,因而诈为者,计其规避之罪与诈为之罪,从重者论拟。其诈为制书文书,已施行及制书文书所至之处,当该官司有知其诈为之情而故纵听行者,各与诈为之人同罪,至死减一等。不知而误与施行者,不坐。"又同律之辑注:"制书有诈为,增减,与失错之罪,官文书止言诈为,而增减失错,自有增减官文书正律也。"又同律之辑注:"诈为之事及于制书,则上侵天子之权矣。故已施行皆斩,未施行为首亦绞,不论其事之轻重也。若传写失错,则无心之过,不敬慎之咎耳。故止杖一百,然磨对照刷职掌之人,亦应问为从之罪,故注曰,为从者减一等。"

【诈(詐)为官文书增减】【史】诈作官用文书及加增或减少之者曰诈为官文书增减。唐律(卷二十五)诈伪篇设有诈为官文书增减之条:"诸作为官文书及增减者,杖一百,准所规避徒罪以上,各加本罪二等。未施行各减一等。"疏议曰:"诈为官文书,谓诈为文案及符移解牒钞商之类,或增减以动事者杖一百,准所规避之事,当徒罪以上,事发者各加本罪二等,未发即依二罪之法,从重科之。规避者假有于法不应为官,诈求得官者徒二年。又诈为官文书,及增减而规官不解,加本罪二等,合徒三年,避者或有本法徒三年。诈为增减以避此罪者,合加二等流二千五百里。即诈为官文书,及增减讫,事未施行,各减一等,杖罪以下,杖上减徒罪以上,各从徒流死上减。"同条又曰:"即主司自有所避,违式造立及增减文案,杖罪以下，杖一百，徒罪以上，各加所避罪一等(造立即坐)。若增减以避稽者杖八十。”

【诈(詐)传诏旨】【史】诏旨谓天子以言词所为之命令也。凡虚捏言语诈称诏旨者必有私行乱政之举，故应处以极刑。即诈传皇后之懿旨以及皇太子亲王等之令旨者，亦应处绞刑。至若诈传各级衙门官吏之言语者，亦应分别治罪。明律(卷二十四)、清律(卷三十二)刑律诈伪篇均有诈传诏旨之条，内容相似。清律之条文及下注曰：“凡诈传诏旨(自内而出)者(为首)斩(监候)。为从者杖一百，流三千里。诈传皇后懿旨，皇太子令旨者(为首)绞(监候)。为从者杖一百，流三千里。○若诈传一品二品衙门官言语，于各(属)衙门分付公事(自)有所规避者，(为首)杖一百，徒三年。三品四品衙门官言语(有所规避)者，(为首)杖一百。五品以下衙门官言语者，杖八十。为从者各减一等。若得财(而诈传无碍于法)者计赃以不枉法，因(得财诈传)而(变)动事(情枉)曲法(度)者，以枉法各(以枉法不枉法赃罪，与诈传规避本罪权之)。从重论。○其(诈传诏旨品官言语所至之处)当该官司知而听行，各与同罪(至死减一等)，不知者不坐。○若(内外)各衙门追究钱粮，鞫问刑名公事，当该官吏将奏准合行(免追免问)事理，妄称奉旨追问者(是亦诈传之罪)斩(监候)。”同律之辑注：“前条(按即诈为制书条)自假造文书，故曰诈为。此条自假造言语而言，故曰诈传。传者，自内而传之也。罪坐传之之人，若在外转相传说者，皆非诈传也。为者自外而为之也。罪坐为之之人，若以后转相誊写者，非皆诈为也。盖转相传说誊写之人，有知情不知情之分，不可概论也。”同律之总注：“诏旨懿旨令旨皆谓言语也。天子曰诏旨，皇后曰懿旨，太子曰令旨，俱臣民所当遵奉者。诈传则必有私行乱政之事，欺妄罪重，故为首者坐以斩绞，为从者杖一百流三千里也。○品官之言语皆号令乎众，若诈传于所属各衙门以分付公事有所规避者，按品级大小科之。品级有高下，则言语所系有轻重，诈传一品二品者，为首杖一百，徒三年；三品四品者，为首杖一百，五品以下者为首杖八十；三项为从者，各减一等。若得人财物为人规避，虽诈传而于事无所动，于法无所曲者，计其所得之赃，以不枉法论。因诈传而变动事情，枉曲法令者，以枉法论，将得财枉法不枉法，与诈传规避之罪，权其轻重，各从其罪之重者坐之。○其诈传诏旨以下及品官言语，所至之处，当该官司知系诈传而故纵听行者，各与诈传之人同罪，至死减一等；不知而误与施行者，不坐。○若内外各衙门当该官吏将已经奏准免追之钱粮，免问之刑名公事，而妄称奉旨追问，是即诈传诏旨矣，亦坐斩。”

【诈(詐)伪律】【史】为唐律十二篇之一。在秦汉时为贼律篇之一部。曹魏时始另分诈伪事项独成一篇(其余仍名曰贼律篇)，称曰诈伪律。历晋宋齐梁魏北齐隋唐均不改称。至于明朝因刑律体裁改造，始将诈伪律编入刑律篇内，而为附属之一节。清因之。

【诈(詐)称】【通】捏造虚伪而非真实之叙述，谓之诈称。

【诈(詐)称内使等官】【史】内使以及内阁六科，六部，都察院，监察御史按察司官，(明律原文为“内使及都督府，四辅谏院等官，六部监察御史按察司官”)，皆国家重要官吏。如诈称上述各官在外体察事务，必改诳欺官府煽惑人民故处极刑。其知情而随行者以及诈称使臣乘驿者均应依律治罪。明律(卷三十四)、清律

(卷三十二)刑律诈伪篇诈称内使等官条皆有明文,内容相似。清律之条文及其下注曰:"凡(凭空)诈称内使(近臣),内阁六科,六部,都察院监察御史按察司官,在外体察事务欺诈官府煽惑人民者(虽无伪造札付)斩(监候),知情随行者减一等(杖一百流三千里),其当该官司知而听行与同罪(罪止杖一百流三千里),不知者不坐。○若(本无符验)诈称使臣乘驿者杖一百流千里,为从者减一等,驿官知而应付者与同罪,不知情失盘诘者笞五十,其有符验而应付者不坐(符验系伪造有伪造符验律系盗者依盗符验律)。"清律之辑注:"此条诈称,止是假借名色,以为声势,非诈假官也。观注内凭空,及虽无别札付等字可见。"同律之辑注:"诈称至于内使等官,求为至于欺诳煽惑情罪深重,故坐重典,若诈称使臣所求止于船马而已,故轻一等。"

【诈(詐)称官所捕人】【史】凡诈作为官吏及诈称为官司所派遣以捕人者,均为法律所不许,应构成本条罪名。唐律(卷二十五)诈伪篇有诈称官所捕人条之设:"诸诈为官及称官所遣而捕人者,流二千里。为人所犯害(犯其身及家人亲属财物等),而诈称官捕,及诈追摄人者徒一年(未执缚者,各减三等)。"疏议曰:"诈为官,谓身自诈作官人,及诈称官司遣捕人者,并流二千里。若为人侵犯其身,或犯家人亲属,或侵夺身及家人亲属财物等,及诈称官司遣捕,或称官司遣追摄者,并徒一年。虽诈有追摄及捕,而未执缚者,各减三等。称各者,捕人未缚,流上减三等,合徒二年。为人所犯害,诈称官捕,及诈追摄人,未缚徒一年,上减三等,合杖八十。"同条又曰:"其应捕摄,无官及官卑诈称高官者,杖八十。即诈称官,及冒官人姓字,权有所求为者,罪亦如之。"疏议曰:"谓殴人折伤以上,或强奸及盗,此等应须捕摄。其捕摄之人,或无官诈称有官,或官卑诈称高官者,杖八十,即诈称是官,及冒承官人姓名,权有所求为者,或经过之处,权有所求,或出入公门,心规礼待,非有捕摄者,情是诈欺之类,亦合杖八十。故云,亦如之。"

【诈(詐)疗取财】【史】诈疗取财者,如本一药可愈,故违本方,使之难愈,则病久而用药多,或病本轻而反重之,使其苦而后医,则功大而报礼重,此皆诈疗取财之情事也。(参庸医杀伤人条内)

【诏(詔)】【史】诏者照也。天子出言,如日之普照天下,故曰诏。三代以上均无此称,至秦始以天子之命令为诏,汉因之,后世亦沿用之。事物纪原(卷二):"三代无文,起于秦汉。史记秦始皇二十六年李斯议,命为制,令为诏。历代因之。"公文缘起:"六臣注,诏,照也。天子出言,如日之照天下也。蔡邕独断,诏犹告也。三代无其文,秦始有之。文心雕龙,古者王言称命,称诏,称誓,秦并天下,改命曰制,制令曰诏,于是诏兴焉。"要之,所谓诏,乃天子不经任何机关而直接向天下臣民所发布之命令也。清初修会典:"布告天下曰诏。"嘉庆会典:"大政事布告臣民垂示彝宪,则有诏有诰。"

【诏(詔)令】【史】上告下之文也。王言曰诏,皇后太子之言则称曰令。

【诏(詔)书】【史】(一)为汉代诏敕之一种,与策书制书,及诫敕相对称,训谕地方长官等之用也(参策书条内)。(二)清时以国家大政事布告臣民,谓之诏书,均用硬黄纸墨书。

【诏(詔)格】【史】为宋代法令书之一种。容斋三笔:"法令书,其别有四,敕令格式是也。神宗圣训曰,禁于未然之谓敕;禁于已然之谓令;设于此以待彼之至,谓之格;设于此使彼效之,谓之式。"宋制凡笞杖徒流死自名例以下至断狱十有二门,丽刑名轻重者,皆为敕。凡约束禁止者,皆为令。命官庶人之等倍全分厘之给有等高级下者,皆为格。表奏账籍关牒符檄之类,有体制模楷者皆为式。

【诏(詔)条】【史】汉制以诏书列举若干条之事项为根据,而用为纠明一般官吏之优劣之标准者,谓之诏条。汉书百官公卿表:"汉官典职仪云,刺史班宣周行郡国,省察治状黜陟能否,断治冤狱以六条,非条所问,即不省。"同书,百官公卿表:"武帝元封五年,初置部刺史,掌奉诏条。"又同书鲍宣传:"迁豫州牧代二千石书史听讼,所察过诏条,注出六条之法。"

【诏(詔)狱】【史】所谓诏狱乃指法官承天子之诏令而为特殊事件之裁判而言,大学衍义补:"汉高后四年,绛侯周勃有罪,逮诣廷尉诏狱。"又以诏书所系治之狱,亦称曰诏狱。汉书—成帝纪之注曰:"凡诏所系治,皆为诏狱。至其后所称之上林诏狱与若卢诏狱,皆由奸臣宦官等滥用天子之诏敕而为不法之裁判者居多,故汉代之诏狱实乃宦官之讼狱也。"大学衍义补(卷百四)—丘濬氏曰:"诏狱之名,始于此。(接见上述)然其狱犹属廷尉,则典其狱者,犹刑官也。其后乃有上林诏狱,则是置狱于苑囿中,若卢诏狱,则是置于少府之属,不复典于刑官矣。"此外宋代亦有诏狱,原为纠治大奸臣慝者而设。及高宗南渡,秦桧屡兴大狱以诛伐异己,亦称曰诏狱。大学衍义补(卷百四):"宋之诏狱,本以纠大奸慝,故其事不常见。初群臣犯法,体大者多下御史台狱,小则开封府,大理寺鞫治焉。神宗以来,凡一时承诏置推者,谓之制勘院,事出中书,则曰推勘院,狱已乃罢。自熙宁二年命都官郎中沈衡鞫知杭州祖无择于秀州,内侍乘驿追逮,自是诏狱屡兴。南渡后,秦桧屡兴大狱,以中异己者,名曰诏狱,实非诏旨也。"

【评(評)判委员会】【行】在反省院内专司评判受反省处分者之是否应继续再受反省处分之机关,曰评判委员会。由反省院院长总务主任管理主任训育主任省党部代表一人高等法院推事一人检察官一人组织之。开会时以院长为主席(反省院条例第七条)。在军人反省院内之评判委员会,除院长总务主任管理主任训育主任外,中央党部军事参议院训练总监部参谋本部海军部各派代表一人组织之。开会时亦以院长为主席。(军人反省院条例第七条)

【评(評)决】【行】Decision 由评定委员所为之决定,曰评决。其决定书,则称评定书。

【评(評)事】【史】汉时置廷尉平,平决刑狱,其后概存此名。至隋改为评事,属大理寺。历朝因之,清末始废。民国称平政院之法官为评事。

【行】Judges in administrative court 评事者,谓行政法院之审判官也。非具备下列各种资格者,不得充任:(一)对于党义有深切之研究者。(二)曾任国民政府统治下简任职公务员二年以上者。(三)年满三十岁者。评事乃简任官。于审判时,以五人之合议制行之。(行政法院组织法第五、第六、第八条)

【评(評)物价】【史】评定货物之价钱也。(参市司评物价条内)

【评(評)定】【行】Hearing 评定者,谓由商标局所组织之评定委员,所实施"对于利害关系人请求关于应认定商标专用权之范围,及依商标法第二十一条规定其注册应无效等事项时"之评议与决定程序也。请求评定时,应呈请求书。评定时原则上以书状为之,但必要时,得以口头辩论为之。(商标法第三十—三十一条、第三十三条)

【评(評)定委员】【行】Examiners 主持评定之人员,曰评定委员。由商标局长就各评定事件指定三人任之。评决方法用合议制,以其过半数决定之。(商标局第三十二条)

【评(評)价】【债】Appraisal 物体之代价或其他赔偿金发生争执时,由利害关系人以外之第三者,或由鉴定人依公平方法所为关于价额之决定,曰评价。

【评(評)议】【组】Discussion 对于所审案件互相交换意见者谓之评议。(详裁判之评议条内)

【评(評)议会】【行】Conference for the discussion 以交换意见决定方针为目的之合议机关,称曰评议会。

【词(詞)讼】【民刑诉】谓诉讼也。

【词(詞)讼不许牵连】【史】旧制,诉讼之提起,止许一告一诉,不得波及无辜,亦不得再行续行投词或牵连被告以外之人。清之现行则例(即刑部现行则例)诉讼篇设有词讼不许牵连之条:"词状止许一告一诉,告状之人止许告真犯真证,不许波及无辜,亦不许陆续再行投词牵连原状无名之人。如有牵连妇女另具投词波及无辜之人者,概不准,仍从重治罪。承审官于听断之时,如供证已确,纵有一二人不到,非系紧要犯证,即据见在人犯成招,不得借端稽延,违者议处。"

【词(詞)赋】【史】为文体之一种。词乃词曲,为古乐府之变体而称曰词赋。文用韵,盖古诗之流也。官吏考试(即科举)之用词赋始自南北朝之梁陈,至宋仁宗之时以经义为试验之主要科目,词赋遂废。事物纪原(卷三):"唐书薛登传,天授中上疏曰,汉世求士,必先其行,魏取放达,晋先门阀,陈梁荐士特尚词赋,试赋取人始于梁陈也。唐天宝十三载始试诗赋,盖用梁陈之意云,科举之以词赋此其始也。国家自神宗专以经术取士,词赋遂罢。"

【象以典刑】【史】此语乃出诸书经舜典篇:"象以典刑,流宥五刑,鞭作官刑,扑作教刑,金作赎刑,眚灾肆赦,怙终贼刑。"其意义如何自周迄今约有数说,兹举其主要者于后:(一)朱子注曰:"象,如天之垂象以示人,而典者常也。示人以常刑,所谓墨,劓,剕,宫,大辟,五刑之正也。"所以待夫元恶大憝,杀人伤人,穿窬淫放,凡罪之不可宥者也。流宥五刑者,流遣之,使远去,如下文流放窜殛之类是也。宥,宽也。所以待夫罪之稍轻,虽入于五刑,而情可矜,法可疑,与夫亲贵勋劳,而不可加以刑者,则以此而宽之也。鞭作官刑者,木末垂革,官府之刑也。扑作教刑者,夏楚二物,学校之刑也。皆以待夫罪之轻者。金作赎刑者,金,黄金,赎,赎其罪也。盖罪之极轻,虽入于鞭扑之刑,而情法犹有可议者也。此五句者,从重入轻,各有条理,法之正也。肆,纵也。眚灾肆赦者,眚谓过误,灾谓不幸,若人有如此而入于刑,则不待流宥金赎而赦之。贼,杀也。怙终贼刑者,怙谓有恃,终谓再犯,若人有如此而入于刑,则虽当宥,当赎,亦不许其宥,不听其赎,而必刑之也。依此说则象为天象之象,典为常刑,乃五刑,即圣人形天之象以示人,将五刑公示于国民使其畏惧而遵守之。是说与周礼之悬法刑于魏象以公示国民之制相对照颇有相符,故为后世多数学者之通说。(二)与上述相反者为明之袁仁,其所撰之尚书砭蔡篇曰:"注谓象如天之垂象以示人,似也。至以墨,劓,剕,宫,大辟为五刑,则误矣,吕刑谓苗民始作五虐之刑,爰始淫为劓,刵,椓,黥,则舜时无是法也。特画象于服,以辱之耳。慎子云,有虞之诛,以幪巾当墨,草缨当劓,菲履当剕,靴裤当宫,布衣无领当大辟。汉武诏曰。尧舜画衣冠,而民不犯,正谓此也。"此说乃主画刑象于罪人之衣,并引用周慎子之说及汉武帝之诏以为证明。周代慎子以外之人亦有斯说,即荀子及洪厉之说亦有引用之者,且引吕刑之语谓劓,墨,刵,椓,黥之五刑为苗民所创设,舜代并无此法,自属不当。何则,盖舜以五刑失于酷,以宥恕五刑之目的而作流刑。(三)兹再就荀子所揭之说曰:"世俗之为说,以为治古者无肉刑,有象刑,墨黥之属,菲屦赭衣不纯(注菲,草屦也。纯,缘也。衣服不加缘,以耻之也)。是不然,以为治古则人莫触罪邪,岂独无肉刑哉,亦不待象刑矣。为人或触罪戾,而直轻其刑,是杀人者不死,而伤人者不刑也。罪至重,而刑至轻,民无所畏,乱莫大焉。凡制刑之本,将以禁暴恶暴,且惩其末也。杀人者不及,伤人者不刑是惠暴而宽恶也。故象刑,非生于治古,并起于乱今也。"是荀卿之当时以"象以典刑"为画五刑之形象于罪人之衣服之刑之论者,乃属不少者可知。然荀卿固非以典刑为五刑之常法也。若再就此语加以解释,尚有各种异说,要皆大同小异也。

【象刑】【史】象刑之语,乃出自书经益稷篇:"方施象刑惟明"之句,乃象以典刑四字之简称,即画刑象于犯人之衣冠异其章服之义。宋洪迈曰:"虞书象刑惟明。象者法也。汉文帝诏始云,虞之时画衣冠,异章服,以为戮,而民弗犯。武帝诏云,唐虞画象而民不犯。白虎通云,画象者,其衣服象五刑也,犯墨者蒙巾,犯劓者赭其衣,犯膑者以墨其膑,犯宫者扉,扉草履也,大辟者布衣无领"是说也,诸荀子"象以典刑"之注,可知前昔已有反对之说。明丘濬按曰:"虞书云,象以典刑即继以流宥五刑,及鞭作官刑,扑作教刑,若如画衣冠之说,象以典刑,为之象说可也。若夫流与鞭扑,若何而为之制邪?意者,当时有犯者,其人在可议可矜之辟,偶为此制耳。不然,古无此制,而好事者,见后世之刑惨刻,矫其枉而为此言欤?"

【象刑于彼】【史】所谓象刑于彼,乃指示刑象于国民,使其知所畏惧,而能防患未来之犯罪而言。书经—吕刑:"伯夷降典,折民惟刑。"大学衍义补(卷百一)—丘濬之注:"盖礼与刑二者,出此则入彼立典于此,而示民以礼节之所当然,而又象刑于彼,而示民以法禁之所必然。"

【象胥】【史】与近世所称之通译相似。周礼—秋官象胥:"掌蛮闽夷貉,戎狄之国使,掌传王之言,而谕说焉。"

【象阙】【史】又称曰象魏。(详该本条)

【象魏】【史】宫城之门也。魏与阙同，故又称象阙。象者法象也。魏者魏然崇高之义也。周时司寇于正月垂刑象之法于象魏，使万民观刑象，经十日而敛焉。按象魏一名阙，在雉门之前，万民得至雉门，魏阙即在其前每逢法令揭出之时，万民群集于此，以观焉。

【买(買)人未用印信】【史】买人谓购买他人子女为己之子女或为奴婢也。此项买卖行为为要式行为，否则无效。清例凡在顺治十年以前之买人行为如失落文契，若被买之人自己承认，仍为有效。清之现行则例(即刑部现行则例)户役篇设有买人未用印信之条："顺治十年以前买人，虽无中证，失落文契，所买之人，伊身称系所卖是真，亦断与所买之人。"

【买(買)奴婢牛马立券】【史】购买奴婢牛马等，诚恐日后发生争执，故以此种买卖为要式行为，依令应订立书契，俾有所据，违者构成本条之罪，应受处罚。唐律(卷二十六)杂律篇有买奴婢牛马立券之条："诸买奴婢马牛驼骡驴已过价，不立市券过三日，笞三十；卖者减一等。立券之后有旧病者，三日内听悔；无病，欺者市如法；违者笞四十。"疏议曰："买奴婢马牛驼骡驴等，依令，并立市券。两和市卖已过价讫，若不立券过三日，买者笞三十，卖者减一等。若立券之后，有旧病而买时不知，立券后始知者，三日内听悔；三日外无疾病，故相欺罔而欲悔者，市如法；违者笞四十。若有病欺不受悔者亦笞四十，令无私契之文，不准私券之限。"同条又曰："即卖买已讫，而市司不时过券者一日笞三十，一日加一等，罪止杖一百。"

【买(買)休卖休】【史】买休卖休者，谓买绝卖绝也。即求远买入或卖出也。明律(卷二十五)、清律(卷三十三)刑律犯奸篇——纵容妻妾犯奸条："……若用财买休卖休和娶人妻者，本夫本妇及买休人各杖一百；妇人离异归宗；财礼入官。若买休人与妇人用计逼勒本夫休弃，其夫别无卖休之情者不坐；买休人及本妇各杖六十，徒一年；妇人余罪收赎给付本夫，从其嫁卖；妾减一等；媒合人各减犯人罪一等。"清律之辑注云："按买休卖休一节，载于纵容抑勒通奸之后，本为先奸后娶者而设，然不曰奸夫，而曰买休人，不曰奸妇而曰本妇，可见买休卖休固有未曾奸染而犯者。盖卖休者自弃其妻，既失夫妇之伦，买休者谋娶人妻，亦失婚姻之正，有类故不入婚姻律而载于此(指犯奸篇纵容妻妾犯奸条)。然详味和娶人妻之义，是买休人先与本妇和同，本妇已有悦从之意，然后其人用财买休，本夫因而受财卖休。买休卖休文虽两平，义实侧串。和娶之和，犹和奸之和，须在本妇身上重看，盖买休人与本妇和同在先与本夫和同在后也。故本妇一同坐罪。买休者贪色，卖休者贪财，本妇若非先与和同，何辜而与同罪乎？将下买休人与妇人用计逼勒之文参看，其义甚明。"又曰："和娶者本夫同罪，故妇人离异归宗，逼休者本夫不坐，故妇人从夫嫁卖。和奸律内其夫愿留者听，此条不言，盖本妇与买休人用计逼勒其夫，虽未有奸，较之背夫私奸者，其情尤重，义绝心离，岂得听其复合。然听留非律之意，而愿留亦非律之所禁也。"

【买(買)回】【债】Redemption or re-purchase　谓出卖人与买卖契约同时订立保留权利特约，因而返还买受人所支付之价金及契约费用也。简言之，即出卖人保留在一定期限内，再买回其已卖标的物之谓也。此种权利曰买回权。按买回之性质，学者间争论不一，有认为新买卖者，有认为原买卖契约之解除者，有认为权利之保留者，我国民法采最后说（第三七九条第一项）。此外更有下列之规定：(甲)买回人之义务：(1)返还所领价金之义务（第三七九条）。(2)偿还买卖费用及负担买回费用之义务（第三八一条）。(3)偿还改良标的物及增加标的物价值费用之义务（第三八二条）。(乙)原买受人之义务：(1)交付原标的物及附属物之义务（第三八三条第一项）。(2)赔偿损害之义务（同条第二项）。关于买回之期限，有法定及约定之别，法定期限最长不得超过五年，约定期限则由当事人订定之，如超过法定期限时，则应缩短为五年。（第三八〇条）

【买(買)回人】【债】Re-purchaser 因与买卖契约同时订立之保留权利特约，而负有返还买受人所支付之价金之契约费用义务时，而有再取回其已卖标的物之权利者，曰买回人。与原买受人相对立。买回人之义务。（详买回条内）

【买(買)回权】【债】Right of re-purchase 即买回之权利也。（详买回条内）

【买(買)良为娼】【史】明律（卷二十五）、清律（卷三十三）刑律犯奸篇均有买良为娼之条：“凡娼优乐人员，良人子女为娼优，及娶为妻妾，或乞养为子女者杖一百，知情嫁卖者同罪，媒合人减一等，财礼入官，子女归宗。”明律之纂注曰：“优乐，舞人也，娼优之于良人，贵贱悬殊，若买良人之子女为娼优，或娶良人子女为妻妾，或乞养为子女，及良人之家知其系是娼优乐人而将其子女嫁卖者，并杖一百，媒合之人减一等杖九十，财礼入官，子女归宗。曰知情则不知情者不坐可知矣。”所谓买良为娼，乃指收买良家妇女充为娼妓而言。清之现行则例（即刑部现行则例）犯奸篇设有买良为娼之条：“旗下人买良人为娼，或将家下妇人纵为娼者，娼妇入官。若主系官，革职，枷号一个月，不准折赎，鞭一百。平人枷号三个月，鞭一百。并家人将伊自置仆妇纵为娼亦枷号三个月，鞭一百。若主不知情，系官降一级仍留任，罚俸一年。平人鞭一百。若知情，主系官亦革职，枷号一个月，鞭一百。系平人亦枷号三个月，鞭一百。族长系官罚俸一年，平人鞭一百，小拨什库亦鞭一百，骁骑校罚俸一年，佐领罚俸半年，参领罚俸三个月，该都统副都统各罚俸一个月。城内交与步军统领，总尉，副尉，步军校查拿。若不行查拿或被傍人拿获，步军校罚俸一年，副尉罚俸半年，统领总尉各罚俸三个月。城外交与五城司坊官查拿，若不查拿被傍人拿获，司坊官并守备各罚俸一年，该城御史并参将游击罚俸三个月。”

【买(買)受人】【债】Purchaser or buyer 因买卖契约而负有支付价金义务者，曰买受人。对出卖人言。其义务如何，法律详有规定。（详买卖条内）

【买(買)戻】【债】Re-purchase; Redemption 为日本名辞，与我国所称之买回或赎回相同。

【买(買)空卖空】【债】Dealing in differences 买空卖空者谓买卖当事人间并不实为银货之交付，仅于到期时以货物市价之涨落为标准而交付其差额也。与定期买卖立于相对之地位。二者之区别当以买卖当事人在订约之初其意思是否在交付实货抑仅计算市价差额以定输赢为断。买空卖空与赌博同论，法律不加保护。故凡以买空卖空为契约标的者，乃系对于债务人要求为不法行为，当然不能发生效力。即帮助他人为买空卖空契约而代为垫付一切款项者,亦不能以契约为理由而请求偿还。

【买(買)春钱】【史】旧制,进士不第者,亲自对考试官供以酒肉费,谓之买春钱。

【买(買)马司】【史】掌购买马匹之官司,谓之买马司。为宋时所创设之官。

【买(買)卖】【债】Purchase and sale 谓当事人一方约定移转财产权于他方,而他方约定支付价金之契约也(民法第三四五条)。约定移转财产权者曰出卖人。约定支付价金者曰买受人。买卖之性质为契约,属于诺成契约不要式契约,并为有偿契约双务契约。其标的物以财产权为限,有体与无体均非所问,但须以移转为必要,而他方又须支付价金方可。且于当事人就标的物及其价金互相同意时,买卖契约即为成立至价金未经具体约定者,则依情形可得而定者,视为定有价金(第三四六条)。买卖之效力民法亦有详细规定。(甲)出卖人之义务:(1)移转财产权于买受人(第三四八条第一项)。(2)交付标的物于买受人(同条第二项)。(3)对标的物之追夺担保即权利瑕疵之担保(第三四九条、第三五一条)。(4)权利存在之担保(第三五〇条)。(5)物之瑕疵的担保(第三五四—三五五条)。(6)义务履行费之负担(第三七八条第二款)。(7)契约费用平均之负担(同条第一款)。(乙)买受人之义务:(1)对出卖人交付价金(第三六七条,第三六九条—三七二条)。(2)标的物之受领(第三六七条)。(3)标的物受领登记送交费用之负担(第三七八条第三款)。(4)标的物之检查及保管(第三五八条)。(丙)买受人之权利:(1)价金交付拒绝权(第三六八条)。(2)契约解除权及价金减少请求权(第三五九条,第三六一条—三六五条)。(3)损害赔偿请求权(第三六〇条)。此外关于标的物之利益及危险之担保,亦有明文规定(第三七三条—三七六条)。买卖之种类如次:(1)现买卖赊买卖与前付买卖。(2)任意买卖与强制买卖。(3)定期买卖与即时买卖。(4)随意买卖与竞争买卖。(5)同地买卖与异地买卖。(6)私卖与公卖(详各本条)。又其他特种买卖(详该本条)。因其具有特殊性质,故法律另有明文规定。

【买(買)卖婚姻】【亲】掠夺婚衰落,则发生卖买婚。买卖婚姻即以金钱财帛送与女家之父母,而购买其女为妻之谓也。此时妇女被人视为一种货财,社会上之交易,均可以一女子换别一女子,或以劳役换一女子,或以货物金钱换一女子。男子欲娶一妻,均用财产金钱为交换,此为古代之买卖婚姻。至于最近变相之聘金制生活费制等之婚姻,在形式上虽非买卖行为,实则与买卖婚姻无异。

【买(買)卖预约】【债】买卖当事人所缔结关于将来应再缔结买卖正式契约之初约也。(参买卖条内)

【买(買)爵】【史】以金钱购买官位,以赎罪,谓之买爵。汉书一惠帝纪:"民有罪得买爵三十级以赎死罪。"

【贴(貼)水】【票】银价低下时所加之填补,谓之贴水。

【贴(貼)役】【史】徒刑囚因病或其他事故而停止服劳役者,应于病愈或事故解

除之后补行服役是为贴役。(参徒囚不应役条内)

【贴(貼)状】【史】即裁判之笔记也。专录被告之口供,附于正本以为判决之参考之用者,俗称为贴状。(福惠全书卷十二)

【贴(貼)现】【票】银行钱庄对于未到期限之款项如取款人要求先付,则应由取款人贴补若干,是为贴现。又同业银行之代付票据之现款者,取款人例须贴补若干银水亦曰贴现。

【贴(貼)黄】【史】(一)唐制诏敕通用黄纸,如有更改者,亦须贴用黄纸,是曰贴黄。(二)明代之章奏,恒撮抄其要旨,粘贴于章奏之末,以便省览之用,因依古例以黄纸为之,故亦称为贴黄。

【贴(貼)运】【史】清时,江西及两湖向京师输运米谷,其运漕费又称曰贴运。

【贴(貼)断】【史】凡案件之裁判,罪有不当,如系应处重而处轻者,且其重罪又为常赦所不免者,若遇大赦之际,应即依律追科其不足之罪,是曰贴断。(参赦前断罪不当条内)

【贳(貰)赦】【史】谓宽恕赦免其罪也。前汉书一文三王传:"得见贳赦。"颜师古之注曰:"贳谓宽其罪。"

【贷(貸)所监临财物】【史】谓监临之官向其所部贷用所监临之财物也。唐律(卷十一)职制篇设有贷所监临财物之条:"诸贷所监临财物者,坐赃论。(授讫未上亦同,余条取受及相犯并准此。)若百日不还,以受所监临财物论,强者各加二等(余条强者准此)。"疏议曰:"监临之官,于所部贷财物者,坐赃论。注云,授讫未上者,若五品以上,据制出曰,六品以下,据画讫,并同以上之法。余条取受及相犯,谓受所监临,及殴詈之类,故言准此。若百日不还,为其淹日不偿,以受所监临财物论。若以威力而强贷者,各加二等,谓百日内坐赃论加二等,满百日外,从受所监临财物上加二等。注云,余条强者准此,谓如下条私役使,及借驼骡驴马之类(按即所监临条),强者各加二等,但一部律内,本条无强取罪名,并加二等,故于此立例。所贷之物,元非拟将入己,虽经恩免罪,物尚征还,纵不经恩,偿讫事发,亦不合罪,为贷时本许酬偿,不同悔过还主故也。若取受之赃,悔过还主,仍减三等,恩前费用,准法不征,贷者赦后仍征,偿讫故听免罪。"同条又曰:"若贾买有剩利者,计利以乞取监临财物论,强市者笞五十,有剩利者,计利准枉法论。"

【贷(貸)借对照表】【债】【公】Balance sheet　为商业账簿之一种,乃指以对照商人现有之财产与应有之财产而使其财产状况能趋于一目了然为目的之表册也。通常之商号,应于开业时及每届结账时造具之。至于公司,除于开业时结账时外,即在合并时,组织变更时,清算时以及减少资本时,增加资本时,并破产时,均须造具财产目录及贷借对照表,又曰借贷对照表。(详该本条)

【贷(貸)与人】【债】Lender　因借贷契约而有请求他方于使用后返还原物或于消费后返还种类品质数量相同之物之权利者,曰贷与人。

【费(費)失寄物】【史】受他人之寄托代为保管财物畜产等,应负与处理自己事务为同一之注意,其受有报酬者,并应以善良管理人之注意为之,此为现代法所规定者。若反使用消费之或不加注意而丧失之，自应负担赔偿之责任。旧制清律及例对此亦设有费失寄物之明文，兹综合其规定于下：(一)受寄他人财物畜产辄费用者，坐赃论减一等，罪止徒二年半；诈言死失者，准窃盗论减一等，罪止徒三年；其隐匿不认者以诓骗论；以上均并追物还主。至于被水火盗贼及畜产病死有显迹者勿论，转寄他人而为所卖失者，依诡寄盗卖本条。(二)亲属费用受寄财物者，除并追物还主外，大功以上及外祖父母得相容隐者不坐罪，小功减三等，缌麻减二等，无服之亲减一等。(三)典商收当货物——(甲)失火烧毁者，以值十当五照原典价计算，按月扣除利息照数赔偿，米豆棉花等粗重之物典当一年为满者照原典价给还十分之三，均不扣利息。(乙)邻火延烧者，照原典价值酌减十分之二，按月扣除利息照数赔偿，米豆棉花等粗重之物典当一年为满者，照原典价八折，给还十分之三，亦不扣利息。(丙)被窃者，不论衣服米豆丝绵木器书画金玉铜铁，照当本一两再赔一两，均扣除失事以前应得利息。(丁)被劫者，亦不论衣服米豆丝绵木器书画金玉铜铁，照当本一两再赔五钱，亦均扣除失事以前应得利息。以上如赔还后起获原赃，即给典主领卖，不准原主再行取赎。(四)染店货物——(甲)失火烧毁者，照地方官估报之价酌赔十分之五，均于一月内给主。(乙)邻火延烧者，亦照地方官估报之价酌赔十分之三，于一月内给主。(丙)被窃者，亦照地方官估报之价酌赔十分之五，于一月内给主。(丁)被劫者，亦照地方官估报之价酌赔十分之三，均于一月内给主。以上如赔偿后起获原赃，令原主归还所赔之资，将原物领回，仍分别已染未染给价。(五)奸商店伙人等乘失火贪利隐匿盗卖，按原物价值计赃，准窃盗论，追物给主。如以自己失火为邻火延烧，或以窃报强希图短赔偿值，计所短之价为赃，准窃盗为从论。若先有亏短因而放火者，照放火故烧自己房屋盗取财物及凶徒图财放火各本条从重论。

【费(費)用受寄财产】【史】受他人寄托财产者，应负善良管理之责任，如加以耗用或诈言死失者，均应依律治罪。明律(卷九)、清律(卷十四)户律钱债篇费用受寄财产条："凡受寄人财物畜产，而辄费用者，坐赃论，减一等；诈言死失者准窃盗论减一等，并追物还主。其被水火盗贼费失，及畜产病死有显迹者，勿论。"清律之总注："凡受人寄托之财物畜产而辄擅费用者，犹有偿还之心，非遂乾没之也，故坐赃论减一等。若诈言畜死财失者，欺骗而隐匿之，有盗之心矣，故准窃盗论减一等。盖受寄之物原在其家，与取诸外者稍有不同，故坐赃准盗皆减一等，并追物还主。承费用及诈言死失二项言，其所寄财物畜产若被水火盗贼费失及病死各有显迹可据者，勿论，不坐罪，亦不追赔，事出不测，非受寄者之过也。"同律之集注："费用犹欲补偿，若诈言死失，则欺罔更甚，故罪有轻重。"

【费(費)用计算书】【民诉】Written estimates of costs　诉讼当事人依法声请法院确定其诉讼费用数额时，应以书面向法院提出该项诉讼中费用之计算额数，此种书面，谓之费用计算书。至于释明各项费用额之证书，以及交付他造之计算书缮本亦须提出，此时法院得命书记官，对上述计算书加以调查，以为裁判之根据。(民诉法第九四条)

【费(費)用海损】【海】与实物海损相对称。(详海损条内)

【贵(貴)妃】【史】为女官之名,创始于刘宋之孝武帝与惠妃华妃共为三夫人。唐代因之,而历代亦多沿用其名。唐书一百官志:"内官贵妃,惠妃,华妃各一人,正一品,掌佐皇后,论妇礼于内。"

【贵(貴)近之臣】【史】居于贵要之位而为天子近侍之臣者,曰贵近之臣。依唐时之制三品以上之官吏为贵近之臣。唐书一太宗本纪:"太宗诏,三品以上犯公罪流,私罪徒,皆不追身。"胡寅注曰:"三品以上,贵近之臣也。"

【贵(貴)族政体】【宪】即由少数特权之贵族阶级握有统治权之政治制度也。近代此种政体已无可见。

【贵(貴)族院】【宪】House of Lords 又曰元老院,或曰上议院(参该本条)。即由贵族僧侣阶级等所组成之立法团体也。其议员多由君主任命,故与民主国家所称之参议院有异。

【贵(貴)阶】【史】唐制官吏之品秩分为九级,五品以上者为贵阶。其荫及于子孙及妻。

【贵(貴)嫔】【史】为女官之名,魏文帝设制,位次于皇后。魏志一后妃传:"文帝增贵嫔,淑媛,修容,顺成,良人,贵嫔夫人位次皇后。"历代亦多沿用其名。

【超过保险】【险】谓保险金额超过于保险标的物之价值总额(即保险价额)之契约也。我保险法仿德瑞立法例,规定凡系由当事人一方之诈欺而订立者,他方得解除契约,如有损害并得请求赔偿;如无诈欺情事者,则其超过部分为无效,其有效部分仅以保险价额之限度内为限。又一方通知超过价值之事实于他方后(限于无诈欺情事者),保险金额及保险费均应比例减少,以示公允。(第三十二条)

【超跃的追索权】【票】Sprungregressrecht(德) 又称曰飞跃追索权。(详该本条)

【超跃请求权】【票】Sprungregressrecht(德) 又曰飞跃追索权。(详该本条)

【越州镇戍等城垣】【史】城垣等之设,所以区分界限而重防守也。若不由其门而入,是有不正之行,存乎其中,非加禁止不可。明清律均有越城条之设。唐律(卷八)卫禁篇则有越州镇戍等城垣条之规定:"诸越州镇戍城,及武库垣,徒一年;县城,杖九十(皆谓有门禁者)。"疏议曰:"诸州及镇戍之所,各自有城,若越城及武库垣者,各合徒一年;越县城,杖九十。从无城垣,篱栅亦是。注云,皆谓有门禁者。其州镇戍在城内安置,若不越城直越州镇垣者,止同下文越官府廨垣之罪。"同条又谓:"越官府廨垣,及坊市垣篱者,杖七十;侵坏者,亦如之(从沟渎内出入者,与越罪同;越而未过,减一等;余条未过准此)。"疏议曰:"官府者,百官之称,所居之处,皆有廨垣。坊市者,谓京城及诸州县等坊市,其廨院或垣或篱,辄越过者,各杖七十。侵,谓侵地。坏,谓坏城及廨宇垣篱。亦各同越罪,故云亦如之。"同条又曰:"即州镇关有言在先城及武库等门,应闭忘误不下键,若应开毁管键而开者,各杖八十。错下键及不由钥而开者,杖六十,余门各减二等。若擅开闭者,各加越罪二等。即城主无故开闭者,与越罪同,未得开闭得,各减已开闭一等(余条未得开闭准此)。"

【越度缘边关塞】【史】旧制华夷区分甚严，贸易及通婚均为法律所禁止。边境均有关塞之设置，若私越度之者，皆应按律治罪。明清律均设有私出外境及违禁下海之条。唐律（卷八）卫禁篇有越度缘边开塞条之规定："诸越度缘边关塞者，徒二年。共化外人私相交易，若取与者一尺，徒二年半，三匹加一等，十五匹加役流。"疏议曰："缘边关塞，以隔华夷，其有越此关塞者，得徒二年；以马越度，准上条减人二等，合徒一年，余畜又减二等，杖九十。但以缘边关塞越罪故重。若从关门私度人畜，各与余关罪同。若共化外蕃人私相交易，谓市买博易或取蕃人之物，及将物与蕃人，计赃一尺，徒二年半，三匹加一等，十五匹加役流。"同条又谓："私与兵禁兵器者绞。共为婚姻者，流二千里。未入未成者，各减三等。即因使私有交易者，准盗论。"疏议曰："越度缘边关塞，将禁兵器，私与化外人者，绞。共为婚姻者，流二千里。其化外人，越度入境，与化内交易，得罪并与化内人越度交易同，仍奏听敕。出入国境，非公使者不合，故但云越度，不言私度。若私度交易得罪皆同。未入者，谓禁兵器未入，减死三等，得徒二年半。未成者，谓婚姻未成，减流三等，得徒二年。因使者，谓因公使入蕃，蕃人因使入国。私有交易者，谓市买博易各计赃准盗论，罪止流三千里。若私与禁兵器，及为婚姻，律无别文，得罪并同越度私与禁兵器，共为婚姻之罪。又准别格，诸蕃人所娶得汉妇女为妻妾，并不得将还蕃内。又准主客式，蕃客入朝，于在路不得与客交杂，亦不得令客与人言语，州县官人若无事，亦不得与客相见，即是国内官人百姓，不得与客交关，私作婚姻同上法。如是蕃人入朝，听住之者，得娶妻妾，若将还蕃内，以违敕科之。"

【越界建屋权】【物】Right of building house beyond the boundary 为对土地所有权所加私法上限制之一，即土地所有人建筑房屋逾越疆界者，邻地所有人如知其越界而不即提抗议时，所有人仍得享有建屋之权利也。此项规定乃为保全已建房屋经济上利益起见，法律许邻地所有人得请求土地所有人以相当价额购买越界部分之土地，如有损害，更得请求赔偿。（民法第七九六条）

【越城】【史】不由门出入者谓之越。皇城京城以及府州县镇各城均为禁城，若不由其门而出入者，皆曰越城。应构成本条罪名至于官府之公廨墙垣亦为关防之地，亦禁止逾越。明律（卷十三）、清律（卷十八）兵律宫卫篇均设有越城条之同一条文。清律原文及其下注："凡越皇城者绞（监候），京城者杖一百，流三千里。越各州县镇城者，杖一百，官府公廨墙垣者，杖八十。越而未过者，各减一等。若有所规避者，各从（其）重（者）论。"

【越宫律】【史】关于侵害禁宫之罚法，曰越宫律。计二十七篇，为汉张汤所作。晋书—刑法志："张汤越宫律二十七篇，赵禹，朝律六篇。"

【越渡】【史】不由关门之正口通过，亦不由河川之津渡渡过者，谓之越渡。法律以之为私自间道而出，定有制裁之明文。（明律清律兵律关津篇——越度条）

【越诉】【史】所谓越诉，乃指越级申诉而言。唐明清律于斗讼篇均有禁止越诉之规定。按诉讼案件原则上须自下级审提起，顺序而上。如逾越本管官司迳向上级提起，则称曰越诉，为法律所不许。惟邀车驾及挝登闻鼓以申诉冤枉者，则不在此限。明律(卷二十二)、清律(卷三十)刑律诉讼篇——越诉条:“凡军民词讼,皆须自下而上陈告,越本管官司辄赴上司称诉者,笞五十。若迎车驾及击登闻鼓申诉而不实者,杖一百。事重者从重论。得实者免罪。”清律之辑注:“听断词讼,下官之职也。词讼必自下官,军民之分也。下官未经受词乌知其听断必亏枉,而辄赴上司称诉,蔑视本管之官,挟借上司之势,越分妄逞,即非良善,律贵诛心,此越诉之所以有罪也。”同律之总注:“军统于营卫,民统于州县,乃其本管官司也。凡军民一应词讼,皆须先由本管官司自下陈告,或不受理,或有枉断,然后赴上司陈告。若越过本管官司辄赴上司称诉者,笞五十。若迎候车驾出入之处及闻登击鼓,申诉事情不实者,杖一百,所诉不实之事照诬告律科之。若重于杖一百者,从诬告重罪论,轻则仍从本律,得实者免其杖一百之罪。再查冲突仪仗而诉事不实者绞,上书诈不以实者杖一百徒三年。此条罪止杖一百者,仗外俯伏,与冲突者不同,而申诉冤抑,期脱己罪又与诈妄言事者有别也。”又同律之辑注:“迎驾击鼓申诉则与越诉不同,必先取问实与不实,然后定案。谓人至迎驾击鼓申诉,必有大不得已之情,而官司不能为之断理者,故不实乃得坐罪,而得实则免罪。彼冲突仪仗申诉得实亦免罪,盖许声诉以达下情,虽由越诉连及言之,而意各不同也。”

【越狱及在监行凶】【史】越狱,谓在监狱内穿穴逾墙而逃脱也。其在监狱内殴人或伤杀人,则曰在监行凶。清律及例对此设有下列规定:(一)犯罪囚禁在狱:(甲)纠伙三人以上穿穴逾墙乘禁卒人等疏懈,潜行越狱脱逃——原犯为斩绞立决者,即行正法。原犯为斩绞监绞者,无论首伙俱改为立决。原犯为军流律应加二等调发者,俱改为绞候。首,情实;从,缓决。原犯为徒罪律应加二等问拟者,首,改为绞候,秋审缓决;从,发伊犁为奴,改足四千里。原犯为杖笞律应加二等问拟者,首,发伊犁为奴,改足四千里;从,发烟瘴充军。(乙)仅止一二人犯乘间穿穴逾墙脱逃并无预谋纠伙情事——原犯为斩绞立决者,即行正法。原犯为斩绞监候(情实或缓决)者,不论首伙俱改为立决或情实。原犯为军流律应加二等调发者,首犯改为绞候秋审缓决;从犯发伊犁为奴,改足四千里。原犯为徒罪,律应加二等问拟者,首犯发伊犁为奴,改足四千里;从犯则实发烟瘴充军。原犯为杖笞,律应加二等问拟者,首犯实发烟瘴充军;从犯流三千里。(二)罪囚由监内结伙反狱,如有持械杀伤官弁役卒,及并未伤人首从各犯,不论原犯罪名轻重,悉照劫囚分别杀伤一例科罪。(三)杀人盗犯及未杀人首盗与伤人伙盗,原应拟斩枭斩决者,越狱脱逃则处斩枭(越狱盗犯被别省拿获,即令拿获地方官审报,在拿获地方立决)。(四)未杀伤人伙盗原系拟斩免死发遣之犯者,若越狱脱逃应处斩决,若又杀伤兵役则处斩枭(越狱盗犯被别省拿获,即令拿获地方官审报,在拿获地方立决)。(五)死罪监候人犯在监复引凶致死人命者,照前后所犯斩绞罪名,从重拟以立决。(六)在监斩绞军流等犯,强行不法及赌博等事者,杖一百,仍严加锁铐,俟秋审分别定拟。禁卒知情故纵者,照开局窝赌例,处徒三年。(七)斩绞人犯在狱伤人及自伤者,管狱官降一级调用,有狱官罚俸一年。(八)军遣流徒人犯在狱伤人及自伤者,管狱官降一级留用,有狱官罚俸九个月。(九)笞杖人犯与干连应质之人散寄外监伤人及自伤者,管狱官罚俸一年,有狱官罚俸六个月。(十)官员将叛逆强盗及斩绞重犯致死灭口者,革职提问,府州不行揭参,降一级调用。

【越狱自首】【史】在监狱中穿穴逾墙而脱逃,谓之越狱。脱逃后,于一定期限内自行向官首服者,曰自首。清律及例对越狱后之犯人之自首者,设有下列规定:(一)一人越狱半年内自首者仍照原拟罪名完结。(二)同伙越狱多人,有一人于限内投首供出同伙于半年内尽行拿获者自行投首之犯照原罪减一等发落。(三)供出同伙内尚有一二人未获者,仍照原拟罪名完结。(四)上述(一)、(二)、(三)等项如由有服亲属拿首者,照本犯自首例分别完结。(五)在监斩绞重囚遣军流徒人犯——(甲)因变逸出自行投归,谋反叛逆之犯仍照原拟治罪,不准自首。余照原犯罪名各减一等发落,其系拿获者,仍照原犯罪名定拟。(乙)自行越狱,看守通同贿纵越狱者虽自投首,仍照各本律例问拟。

【越权代理】【债】无权代理他人之法律行为,而擅以名义为之者,为越权代理。即代理人不守本人委任之范围,而擅与他人为法律行为时,亦为越权代理。越权代理之行为除经本人追认外,其责任均由越权代理人负担之。

【越权行为】【民总】Exceeded one's act 凡一切侵越权限之行为,均谓之越权行为。例如社团之董事侵越章程或总会所授权限之行为是。越权行为所应负之责任,通常须视其所逾越之情形如何以为断,自不能拘泥于一种标准也。

【逮(逮)系】【史】汉时逮捕被告人而系留之,谓之逮系。大学衍义补(卷百七):"是时丞相勃免,就狱,人有告谋反者,逮系长安狱,云云。"

【逮(逮)捕】【刑诉】Arrest without a warrant of flagrant delictor 谓不问何人对现行犯或准现行犯,得不用拘票而迳行以强制方法拘束其自由,使其到案就讯也。此种行为系私人之一种权利,而非义务,故是否加以逮捕,乃属自由。至执行逮捕时,对被告之身体及名誉,应加注意。于抗拒逮捕时或脱逃者,得用强制力,但不得逾越必要限度。又逮捕后应即解送较近之检察官讯问,其讯问至迟不逾到案之日(刑诉第四十九条,五十四条,五十五条,五十七—五十八条)。又检察官于执行裁判时(限于死刑徒刑及拘役),对受刑人不在羁押中,经传唤不到,或已逃亡,或有逃亡之虞时,亦得加以逮捕,但须发有捕票(详该本条)始可为之(第四八七—四八八条)。按逮捕有依法逮捕与私擅逮捕之区分,又逮捕乃夺去自由而尚未收容于任何处所之谓。故与监禁之已收容于处所者,不可相混。

【逮(逮)捕状】【刑诉】Warrant of arrest 为捕票之别称。(详捕票条内)

【逮(逮)繫】【史】与逮系同一意义。汉书—刑法志:"齐太仓令淳于公有罪,诏狱逮系长安。"

【周(週)年利率】【债】周年利率者谓以一年计算利率也。例如每百元每年利率一分,则每年利息为十元是也。

【周(週)知期间】【通】所谓周知期间,乃指法规于公布后施行前所经过之相当期间而言,盖即公布后直至施行日之中间期间也。此种期间之规定,乃使人民周知该项法规之内容,俾于适用上不至发生流弊。至其期间之长短,并无一定,自可由各该法规内参酌各种情形而定之。

【进(進)丁】【史】谓届达丁年应供赋役之男子也。唐律(卷三)名例篇——犯死罪非十恶条之疏议:“家有期亲进丁,及亲终更奏,如元奉进止者不奏。”

【进(進)士】【史】进士之名,起自周代。如礼记王制篇所谓大乐正论造士之秀者,以告于王,而升诸司马,曰进士。是其适例。至隋炀帝时始设进士科,以为官吏任用方法之一。唐因其制,计应试之资格有三,曰生徒,曰乡贡,曰制举(其科目则有秀才,明经,进士,明法,明字,明算等)。在国子监以下学馆出身者曰生徒。不经学馆而由州县之推择者,曰乡贡。至于临时敕选之才能卓越之士,则曰制举。惟当时所称之进士与后世所谓之进士,性质有异,盖后世之进士,乃殿试及第者之特称,此乃明代以后之事。按宋时则仍因袭旧制,置进士,明经,明法三科,进士仅为科目之名。明代亦采三层之制,惟乡试及第者称举人,会试及第者称贡士,殿试及第者始称为进士耳。

【进(進)士科】【史】为考选官吏之科名,始于隋朝。大学衍义补(卷五):“隋始置进士科。臣按,此后世进士科之始。”

【进(進)奏吏】【史】为进奏院之属官。宋史:“进奏吏隶给事中,掌受诏敕及三省,枢密院宣札,六曹寺监百司符牒颂于诸路。”

【进(進)奏院】【史】为官署之一种,掌受诏敕及诸司符牒,而颁布之,且受天下章奏案牒奏闻于上及分授诸司。事物纪原:“唐大历十二年敕诸道,旧置上都留侯院,并官改曰上都进奏院,此盖其始也。宋朝会要曰,唐藩镇皆置邸,京师谓之上都留侯院,大历十三年改上都知进奏院,五代支部听自置邸,国初缘旧制,各置奏院。”

【进(進)等】【行】Promotion of ranks　我国官吏之种类有形式上与实质上之区别。形式上分为高等官与普通官。高等官为特任官,简明官与荐任官;普通官即委任官,实质上则分文官与武官。文官有行政官,司法官,长官,补助官,技术官与一般文官,武官有陆军武官,海军武官,空军武官等。凡官吏皆有等级,即官分若干等,等分若干级也。进等者,由低等之最高级晋于较高等之最低级之谓也。惟事实上亦有不依级之次序而晋等者。

【透(透)字支票】【票】即于每张支票限制其最高额之支款数之支票也。乃以防止存户开出支票超过其所存款项之额数以上为目的,盛行于英国。在每页支票之上,用针刺孔,书明其最高额数。例如某存户存款一千元于银行,该银行以支票十页一本交付存户,其每页之最高额定为一百元是。然亦可以不相同之数额刺于每页之上而凑成十张为一千元者。例如以五页为每页一百元,余五页或为五十,或为八十,或为三十,等之类是。

【逸(逸)出投归】【史】所谓逸出投归,乃指因变而逃脱逸出后,而复依法投归而言,均应免去死罪。清之现行则例(即刑部现行则例)名例篇设有逸出投归之条:“刑部等衙门题为遵旨再审具奏事具题奉旨,据奏徐元善寇乱纵出贼去遵法投监,情有可矜,著免流徒杖一百发落。以后重囚有这等因变逸出投归者,俱免死照此例发落,永著为例。其自行越狱及看守通同贿纵者,虽投归不在此例。”

【都水】【史】都水为主灌溉之官。秦汉有都水长,都水丞。晋置都水台。隋唐曰都水监。南宋以都水属工部。明初亦置都水官掌水利转漕，桥道，舟车，织造，券契，量衡等之事，初称水部，洪武二十九年改为都水清吏司，为工部所辖属之一。清袭其制，仍属工部，置郎中满洲五人，汉一人，员外郎满洲五人，汉一人，主事满洲四人，汉二人，掌天下河渠关梁川涂之政，凡坛庙殿廷之供具皆掌焉。（文献通考，明清会典。）

【都水丞】【史】（详都水条内）

【都水使者】【史】秦有都水长及都水丞，主山泽之事。汉武帝时有水衡都尉，后又置左右使者。晋置仅设都水使者。事物纪原（卷五）："舜命益作虞，盖掌山泽之官。周礼地官司徒之属，川衡泽虞，即都水之任也。秦始有都水长丞。汉武元鼎二年，初置水衡都尉，又以都水官多复置左右使者，此盖设官之始也。晋武省水衡置都水使者，自此官名乃定。"

【都水长】【史】（详都水条内）

【都水清吏司】【史】（详都水条内）

【都市地役权】【物】Urban real-servitude　为地役权之一，对田野地役权言，即关于建筑物之地役权也。例如观望地役是。

【都司】【史】尚书省旧称尚书都省，随时置左右司郎中各一人，故称其左右司曰都司。

【都伯】【史】为昔时死刑执行人之别称。通鉴—齐纪："两都伯力耳。"注曰："都伯，行刑者也，今谓之侩子。"

【都事】【史】晋有尚书都令史与左右丞总知都台之事。隋开皇初年改为都事，分隶六部尚书，领六曹之事。元改隶中书省。明废之。清以之为布政使之补助官，河南福建等各一人。（事物纪原卷十）

【都官】【史】汉司隶校尉有都官从事，掌中都官不法之事件，别有尚书二千石曹，掌理中都官水火盗贼辞讼罪法。及魏始置尚书都官郎，以佐督军事。晋置都官尚书，领都官诸曹，主军事刑狱。隋改都官为刑部尚书，统都官郎中等。其后都官郎中均废。又事物纪原（卷五）亦有记载。其文曰："汉司隶属，有都官从事，掌中都官不法事，此名官之初也。光武改成帝二千石曹，掌中都官水火盗贼。魏青龙二年，始置尚书都官郎，佐督军事。"

【都官尚书】【史】（详都官条内）

【都知】【史】为宋时所设兼任之官名。事物纪原（卷五）："宋朝会要曰，国初有内中高品，都知押班，今置都都知，副都知，并在景德三年五月云尔，然则其官自国家始也。"

【都知押班】【史】（详都知条内）

【都保】【史】宋王安石废募兵之制而行保甲，十家为一保，五十家为一大保，十大保为一都保，选为众所服者为都保正。（宋史—王安石传）

【都保正】【史】即都保之长也。选为众人所服任之。

【都指挥司】【史】明制各省置都指挥司，设都指挥使一人，同知二人，检事四人，管辖省内之卫所。都指挥司之上，有七军都督府，统摄天下各都司。(清国行政法卷一下)

【都指挥使】【史】(详都指挥司条内)

【都省】【史】为旧时主尚书省事务之省长也。事物纪原(卷五)："汉以仆射总理六尚书，谓之都省。至唐垂拱中，改尚书省，曰都省。是则都省之号，始自汉也。"

【都堂】【史】隋唐因尚书省原称尚书都省，故称尚书令之大厅为都堂，以其当尚书省之中也。又明时亦称都御史，副都御史及金都御史为都堂，即差遣于外者亦同，故任总督者称曰三边都堂或漕运都堂，任巡抚者称曰巡抚都堂。

【都尉】【史】官名，汉时或为侍从之官，或为行政之官，或为各郡之将官。三国时都尉之名称尤多。后世或以之为勋官，或以为武官不等。

【都御史】【史】为都察院之长官。明洪武十四年，改御史台为都察院，翌年更设左右都御史及左右副都御史等官，清因之。按明之都御史职专纠劾百司，辨明冤枉，提督各道，为天子耳目风纪之司。凡大臣奸邪，小人构党作威福乱政者劾；凡百官猥茸贪冒坏官纪者劾；凡学术不正，上书陈言变乱成宪，希进用者劾；遇朝觐考察，同吏部司贤否黜陟，大狱重囚，会鞫于外朝，偕刑部大理谳平之。(续文献通考)

【都统】【史】官名。北齐主衣局有都统子统之官，属于门下省，与隋唐之尚衣局奉御相等。唐天宝以后命大臣为都统，总诸道兵马，位次于元帅。宋时设都统制，以掌征伐，并非定制。及于清朝，八旗兵之编制初以每旗兵三百人为一牛录，五牛录为一甲喇，五甲喇为一固山，以固山额真为其长，顺治十七年始改汉名，即以固山额真为都统。清末更定武官为九等，一为正都统，二为副都统，三为协都统，于是都统之制始定(会典事例兵部)。民国成立以后之上将，中将，少将，其职与正副协等都统相似。三年于热河，绥远及察哈尔三特别区域各设都统一人，统辖所部军队，管理该管区域内军政民政事务。对于军政事务承大总统之命，受陆军部之监督。关于军事之计划及命令，承大总统之命，受参谋本部之监督。于管辖所属区域内民政各官，及巡防警备等队，并受政府之特别委任，监督财政及司法行政暨其他特别官署之行政事务。至辖内各道所属各县知事，亦由都统呈请大总统任免之，并咨陈内务部。(都统府官制第一—二条，第八—十条，第十五条)

【都统府】【史】民国所设都统之公署，谓之都统府，置参谋长一人，辅助都统参赞军务参谋二人，书记官三人，副官二人。又设军务处置处长一人，以参谋长兼之；总务处置处长一人，以书记官一人兼之。(都统府官制第十七—二十二条)

【都都知】【史】(详都知条内)

【都督】【史】三国时领兵之官，称曰都督。又通常之官名，亦有称曰都督者，始于魏文帝之置都督诸州军事，或领刺史之事。晋及南北朝皆因其制，自是藩镇之任皆带都督之名。后周改都督为总管。唐复为都督，分上中下三等，其边寇之地则称节度使。其后都督之名全废，均称节度使。元置大都督府，专为武官。明改元之枢密院为大都督府，旋又改为五军都督府，置左右都督及诸官，分领全国之卫所，及清始废。民国初年各省皆置都督统辖一省军民政事，旋改为将军，惟民事则不复受其管辖矣。此外都督亦为散官之名例，如后周之大都督，帅都督及都督是。隋因之。其后且有上大都督之名，官在大都督之上。唐改为各称骑尉。清则以左右都督为武官之虚衔，旋废。

【都督诸州军事】【史】魏晋均以刺史专治民事。武事则另设都督诸州军事一官以任之。（清国行政法卷一下）

【都虞司】【史】为清之官署之名，属于内务府，置郎中二人，员外郎五人，主事一人，委署主事一人，掌府属武职官之铨选，核官兵之俸饷，赏恤，凡山泽采捕之事，皆掌焉。（清会典卷四内务府）

【都察院】【史】都察院之名，为明时所定，其制肇自周官之御史。按御史乃史官之一种，助冢宰掌法令，以颁布内外，并掌王命之纪录。至秦汉始为纠察之官。其后历经变革。明洪中罢御史台置都察院。明史百官志："洪武十六年升都察院为正三品；设左右都御史各一人，正三品；左右副都御史各一人，正四品；左右佥都御史各二人，正五品；经历一人，正七品；知事一人，正八品。十七年，升都御史正二品，副都御史正三品，佥都御史正四品，十二道监察御史正七品。建文元年，改设都御史一人，革佥都御史。……宣德十年始定为十三道。……十三道监察御史一百十人，浙江江西河南山东各十人，福建广东广西四川贵州各七人，陕西湖广山西各八人，云南十一人。其在外加都御史或佥都御史衔者，有总督，有提督，有巡抚，有总督兼巡抚，提督兼巡抚，及经略总理赞理巡视抚治诸员。"据此则左右都御史即都察院之长官，而十三道监察御史则为巡视各省之御史也。及清亦袭明制，惟变为以督抚兼都御史制耳。

【都鄙】【史】王之子弟之食邑曰都，公卿之食邑曰鄙，乃周官地方之制。

【都转运使】【史】宋之太宗太平兴国中带使号管理两路以上者，特名曰都转运使，统理所辖路内之民政并掌边防之事。至元代之都转运使则受户部之指挥而掌仓谷之事。（清国行政法卷一上）

【量】【史】量者，为量多少之器也。汉书一律历志："量者，龠、合、升、斗、斛也。所以量多少也。本起于黄钟之龠，用度数审其容，以子谷秬黍中者千有二百，实其龠，以井水准其概。十龠为合，十合为升，十升为斗，十斗为斛，而五量嘉矣。"

【量人】【史】为周礼夏官之属掌建国之测量。周礼夏官一量人："掌建国之法以分国为九州。"注曰："量犹度也，谓丈尺度地也。"

【量决】【史】谓酌量罪状予以判决也。魏书一世祖纪："疑狱皆付中书，以经义量决。"

【量移】【史】唐时官吏获罪贬窜远方，遇赦改置近地谓之量移。旧唐书一玄帝纪："开元二十年，上天赦天下，左降官量移近地。"按此为对犯罪者恩典之一种，惟后人则称迁官为量移，殊与原意相背。（日知录）

【钞（鈔）引】【史】宋代以后之纸币谓之钞引。依宋史所记，女真氏以铜少循宋交子之法造钞引。有大小二钞,大钞分为一贯,二贯,三贯,五贯,十贯五等;小钞则分为一百文,二百文,三百文,五百文,七百文五等。正字通:“楮货名宋史绍兴二十四年,女真以铜少循宋交子法造钞引。一贯,二贯,三贯,五贯,十贯五等,谓之大钞;一百,二百,三百,五百,七百五等,谓之小钞,与钱并用,以七年为限。”后世称汇票为银钞,称纸币为钱钞,皆本此。

【钞(鈔)胥】【史】掌誊录之胥吏,称曰钞胥。俗谓之书手。

【钞(鈔)票】【史】纸币之别称也。

【钞(鈔)录费】【通】Copying fee 声请钞录诉讼答辩书,声请书,审问笔录,言词辩论笔录,均须预付费用,谓之钞录费。又如土地法五七条一项及一三七条规定,声请给与登记簿之誊本或节本时,所须缴纳之规费,谓之钞录费。计每百字一角,不及百字者,亦以百字计算。

【钧(鈞)石】【史】三十斤为一钧百二十斤为石乃重量之名。书经—夏书五子之歌:“明明我祖(禹也)万邦之君,有典有则,贻(遗也)厥子孙,关(通也)石,和钧,王府则有。”此为钧石名称之所自出。蔡沈之注曰:“百二十斤为石,三十斤为钧。”大学衍义补(卷九十五)—丘濬曰:“圣人本律作器,以一天下者,非止一钧石也。而五子所歌,举大禹所贻典则,止言钧石而不及其他何哉,先儒谓,法度之制始于权,权与物钧而生衡,衡运生规,规圆生矩,矩方生绳,绳直生准,是权衡者,又法度之所出也,故以钧石言也。”

【钧(鈞)台】【史】为夏代狱舍之名。史记—夏本纪:“桀召汤而囚之夏台。”其注曰:“夏曰钧台。”一说钧台乃土地之名称。

【钤(鈐)束】【史】所谓钤束,乃指严重取缔而言,与节制之义相同。明律(卷十四)、清律(卷十八)兵律军政篇——纵军掳掠之条:“若于已附地面掳掠者,不分首从皆斩。本管头钤束不严,各杖八十,附过还职。”明律(卷八)户律课程篇:“凡军人有犯私盐,本管千百户有失钤束者,百户初犯笞五十。”

【开(開)元令】【史】唐之开元令,有开元三年令,开元七年令,及开元二十五年令三种。开元七年令及二十五年令,与开元律开元格开元式同时所上。开元三年令者,开元初,命黄门监卢怀慎等删定,至三年三月,与律式同时成书。按六典注称,开元初年姚元崇撰令,四年宋璟撰令,几疑三年七年二十五年三令之外,又有此二令矣。然此实指敕命撰令之年。其初年令之撰成,则三年也。四年令之告成,则七年也。旧唐书刑法志亦称初年敕撰,三年奏上;唯七年令则曰六年敕撰,七年奏上,与此不合。然观其同为宋璟等撰,则为同一令甚明。旧唐书之六年,盖为四年之误也。至六典之不载开元二十五年令,则以六曲书成于其前故也。按开元令,今已无传,惟七年令篇目,见六典卷六,可以略窥其形式。兹录之如下:一、官品(上下)。二、三师三公台省职员。三、寺监职员。四、卫府职员。五、东宫王府职员。六、州县镇戍岳(渎关津职员)。七、内外命妇职员。八、祠。九、户。十、选举。十一、考课。十二、宫卫。十三、军防。十四、衣服。十五、仪制。十六、卤薄(上下)。十七、公式(上下)。十八、田。十九、赋役。二十、仓库。二十一、厩牧。二十二、关市。二十三、医疾。二十四、狱官。二十五、营缮。二十六、丧葬。二十七、杂令。凡二十七篇三十卷,虽内容不详,而于唐六典中,可窥其一斑,盖六典乃据七年令,于各官职之下分载之也。其开元二十五年令,则杜氏通典所引甚多,此外通典又引仪制令公式令,丧葬令,衣服令,田令,及大唐令,日本编纂之令义解,令集解,类聚二代格,三代实录,和名抄,令抄,政事要略,小野宫年中行事等书。唐令逸文,赖以留传者不少。又最近日人仁井田升氏曾著有唐令拾遗一书(由东方文化学院东京研究所刊行)。对开元七年令二十五年令之原文考引甚多。

【开(開)元式】【史】唐开元式,有开元七年式及开元二十五年式二种,皆与律令格同时所撰,各二十卷。唐六典卷六,作三十三篇,即尚书省刑曹及秘书,太常,司农,光禄,太仆,太府,少府及监门,宿卫计账等是也。(唐六典及旧唐书刑法志)。按式亦大都源诸敕令。

【开(開)元前格】【史】为开元格之一种。(详开元格条内)

【开(開)元律】【史】唐玄宗开元中撰律之举,有开元七年(西历七一九年)及二十五年(西历七三七年)两次,皆与令格式同时上之,前者乃吏部侍郎宋璟等所撰,后者则为中书令李林甫等所编修。开元七年律,一仍旧律,无所更改。二十二年,户部尚书李林甫,受诏,改修格令,林甫迁中书令,乃与侍中牛仙客,御史中丞王敬从,与明法之官前左武卫胄曹参事崔冕,卫州司户参军直中书陈丞信,酸枣尉直刑部俞元杞等,共加删辑旧格式律令及敕,总七千二十六条,其一千三百二十四条,于事非要,并删之,二千一百八十条,随文损益,三千五百九十四条仍旧不改,总成律十二卷,律疏三十卷,令三十卷,式二十卷,开元新格十卷……二十五年九月,奏上,敕于尚书都省,写五十本,发使散于天下。按开元七年律,见旧唐书刑法志,而他书及六典皆不载,未知其故。(参旧唐书卷五十刑法志)

【开(開)元后格】【史】为开元格之一种。(详开元格条内)

【开(開)元格】【史】按格为唐时法典之一种,乃关于百官有司之所常行之事也。其渊源亦出自敕,均以尚书省诸曹为其篇目,其在唐玄宗之开元年中所制定公布者,曰开元格。有开元前格,开元后格,格后长行敕,及开元新格四种。开元前格者,开元三年正月,黄门监卢怀慎紫微令姚崇等所上,凡十卷。开元后格为开元七年三月(一作六年)吏部尚书宋璟等,与律令同时所撰,凡十卷。前后格,皆以尚书二十四曹为篇目,即二十四篇也。其目如下:吏部、司封、司勋、考功、户部、度支、金部、仓部、礼部、祠部、膳部、主客、兵部、职方、驾部、库部、刑部、都官、比部、司门、工部、屯田、虞部、水部。开元十九年,侍中裴光庭中书令萧嵩等,又删定格后制敕,撰格后长行敕六卷。其后开元二十五年,中书令李林甫等,撰新格十卷,与律令式同时而成,损益旧格数千条,是曰开元新格(参开元律条内)。又大学衍义补(卷百三):"高宗时又诏长孙无忌等增损格敕,其曹司常务曰留司格,颁之天下曰散分格,其后武后时有垂拱格,玄宗时有开元格,宪宗有开元格后敕,文宗有大和格,又有开成详定格。"

【开(開)元格令科要】【史】为唐裴光庭(为唐侍中官)所撰,仅一卷,事见新唐书艺文志刑法类及宋史艺文志刑法类。

【开(開)元格后敕】【史】为唐宪宗时所制定者，乃补充开元格而作者也。唐会要(卷三十九)："至元和二年七月，诏刑部侍郎许孟容，大理少卿柳登……等删定开元格后敕。"

【开(開)元新格】【史】为唐开元格之一种，共十卷，与格式律令事类四十卷同为中书令李林甫，侍中牛仙客，御史中丞王教从，右武卫胄参军崔冕，卫州司户参军直中书陈丞信，酸枣尉直刑部俞元杞等所删定，开元二十五年(西历七三七年)成。事见新唐书艺文志—刑法类。

【开(開)元礼律格令要诀】【史】为萧昊所撰，仅一卷。事见宋史艺文志刑法类，内容不详。

【开(開)阡陌】【史】井田之制，至秦商鞅时废，乃开阡陌，是为我国田制之大变更。所谓阡陌，乃指田亩之疆界(一作田间之道路)而言。风俗通云："南北曰阡，东西曰陌。"又："河南以东西为阡，南北为陌。"依一般之见解，阡陌之制乃代井田之制而行于世，惟朱熹独持反对之论，谓陌者百也，阡者千也，盖因古者田之疆畔，制其广狭，辨其纵横，以通人物之往来，即周礼所谓遂上之径，沟上之畛，洫上之涂，浍上之道也(周时沟洫之制，尖间有遂，遂上有径；十夫有沟，沟上有畛；百夫有洫，洫上有涂；千夫有浍，浍上有道)。然遂广二尺，沟四尺，洫八尺，浍二寻，是丈有六矣。径容牛马，畛容大车，涂乘一轨，弃地甚多，而耕者限于百亩，人力地利，俱不得尽。又当世衰德坏之时，诚恐归授之际废生流弊，故尽开阡陌，悉除禁限。所谓开，乃指破坏疆限悉为田畴而不使其有尺寸之遗而言，并非创立建置新制，故朱氏认阡陌乃三代井田之旧，而非商鞅所置。大学衍义补(卷十四)丘濬内称依一般人之解释，所谓开，乃指开建创立而言，惟朱熹氏则谓系指开除之开云。

【开(開)成详定格】【史】为唐文宗时所制定之格。(参开元格条内，又详太和格后敕条内。)

【开(開)店唆讼】【史】开店唆讼者，谓违禁在衙门左右开设栈寓，容留客人，乘机教唆使其兴讼也。清之现行则例(即刑部现行则例)诉讼篇设有开店唆讼之条："府州县等处除良民仍准开店外，其土豪积蠹绅衿父兄违禁在衙门左右开店歇客唆讼嚼民等事，照律从重治罪，该管官知而不行查出，督抚题参到日该部议处。"

【开(開)皇令】【史】(详隋之法典条内)

【开(開)皇律】【史】为隋文帝开皇年间所制定，故名开皇律。(详隋之法典条内)

【开(開)庭】【通】In session　所谓开庭，乃指法院内各庭之进行审讯案件而言。法院审讯案件除有不得已之情形外，不得于星期日或其他休息日为之。

【开(開)缺】【史】即现职官吏因有过失而罪尚小时暂去其现职者，称曰开缺。六部成语注解："凡实缺官员，或有过失，而罪尚小，不至于降级革职，即饬其开缺。"

【开(開)除】【民总】Dismisal; Expulsion 民法总则第五十条规定,开除社员以有正当理由时为限。所谓开除者,乃指社团强制其社员使其丧失社员之资格而言。盖以社员一经入社,如不问因何种情事,永不能使其出社,于社团至为不利,故如有正当之理由时,应使总会得以决议开除之。但无正当理由而为开除之决议时,即为违法之决议,被开除者及其他不同意之社员,均得于三个月内请求法院,宣告其决议为无效。

【开(開)票】【宪】Opening of the ballots 选举投票于投票匭后,由指定人员开视票匭,以便计算票数及检视其结果,是曰开票。其由开票人所作成关于开票事实之经过始末情形之文书,则称曰开票录。此项文书连同选举票须于一定时期内保存之。

【开(開)票监察人】【宪】(详开票管理人条)

【开(開)票管理人】【宪】对于开票时之管理人,曰开票管理人。其于开票时行使监察职权之人,则称曰开票监察人。

【开(開)票录】【宪】Minutes of counting (详开票条内)

【开(開)闭言辞辩论】【民诉】即诉讼当事人或其代理人于审判长点呼言词辩论日期后开始为言辞上对于有利于己或攻击对方之主张,以及于诉讼事件届达裁判程度时,或基于一定事项而由法院宣告停闭双方当事人之言辞辩论也。

【开(開)复】【史】官吏受谴责处分,于一定期间降级革职者,此后如有改悛之事实时,准其恢复原职或原衔,称曰开复。会典吏部:"定开复之法,降级留任者,三年无过则开复。革职留任者,四年无过则开复。"

【开(開)会】【通】In session 凡会场开始会议者,称为开会。例如议会开始会议,工会开始会议,商会开始会议,农会开始会议等皆是。至于会议之程式,均须依议会法之规定。

【开(開)场聚赌罪】【刑】为赌博罪之一。因意图营利供给赌博场所,或聚众赌博而成立。本罪以有营利之目的为限。至供给赌博场所或招集赌博,亦有本罪之所为。因其影响社会非常重大,故加重处刑,即三年以下有期徒刑,得并科三千元以下罚金。(刑法第二八〇条)

【开(開)写流犯地名年岁】【史】谓将发遣流徒等人犯之原犯州县地名,原犯年岁,以及其妻子之年岁等登存于一定簿册以作稽考之用也。清之现行则例(即刑部现行则例)名例篇设有开写流犯地名年岁之条:"发遣流徒人犯开写省分州县年岁及妻子年岁发遣,其直隶各省解部人犯册内开明省分州县年岁及妻子年岁,如有旗人并开明旗色佐领年岁送部。"

【开(開)征】【史】租税征收手续之开始,称曰开征。乾隆会典一户部:"二月开征,四月输半,五月停征,八月续征,十一月完征。"

【开(開)窑子卖人】【史】窑子,北方人所称之妓馆也。若开设窑子略诱和诱良家妇人子女并行贩卖于人均为法律所禁止。清之现行则例(即刑部现行则例)

贼盗篇设有开窑子卖人之条:“开窑子与众合伙,将良家妇人子女诱去勒逼不肯放出,行卖事犯不分良人奴婢已卖未卖,审理若系开窑子情真将为首之人照光棍例拟斩立决,为从之人仍照例发宁古塔给与穷披甲之人为奴。”

【开(開)垦】【土】Cultivation of land 凡以耕种为目的而于山林原野及荒芜土地等处施行工事者,称曰开垦。

【开(開)战】【国公】Out-break of war 战争开始时曰开战。须先有明白之警告,始为合法,所谓不宣而战,在国际法上不认为战争,仅为一种冲突耳。

【开(開)禧敕令格式】【史】为宋法典之一。庆元以后,开禧有重修吏部七司敕令格式申明三百二十三卷。

【开(開)矿执照】【史】采掘矿山之许可证明书,称曰开矿执照。(户部则例)

【闰(閏)耗银】【史】遇有闰月之年,行政上经费应行增加一个月,旧制特于征收租税时附加征收若干,谓之闰耗银。

【间(間)接反定法】【国私】又称间接反致法。(详该本条)

【间(間)接反定条款】【国私】又称间接反致法。(详该本条)

【间(間)接反致法】【国私】又称间接反定法,或间接反致条款,或间接反定条款。即依内国国际私法之规定,对于某种涉外私法关系,应适用当事人之本国法,依当事人之本国国际私法之规定,应适用第三国法,而依第三国国际私法之规定,却应适用内国法时,则以内国法代第三国法之适用也。我国法律适用条例,无此规定。

【间(間)接反致条款】【国私】又称间接反致法。(详该本条)

【间(間)接代理】【民总】Indirect agency 与直接代理相对称。即由代理人用自己名义为法律行为,其效力表面上系及代理人自身,惟将其效力移转于本人(被代理人)耳。至于本人间亦有请求移转之权利。学者有谓此种代理并非代理,盖间接代理乃以自己之名义而为法律行为也。

【间(間)接占有】【物】Indirect possession 为占有之一种,对直接占有言,又称代理占有。即本人不直接占有其目的物,而使他人代为占有之之谓也。我国民法所称质权人承租人受寄人或基于其他类似之法律关系,对于与其生有法律关系之他人而占有其物者,曰代理占有,或间接占有。而与其生有法律关系之他人,曰间接占有人(第九四一条)。例如甲以其所有物质于乙,乙又质于丙,甲乙皆为间接占有人,而丙则为直接占有人是。

【间(間)接占有人】【物】基于法律关系而对于他人之物有间接占有关系之人,称曰间接占有人。(参间接占有条)

【间(間)接正犯】【刑】Indirect principal crime 为单独犯之一种,对直接正犯言。如一人利用他人使实行犯罪要件之行为时,当以利用者为实行者而使之单独负责,被利用者因不与利用者共同负责,故曰间接正犯。但大多数学者主张谓系共犯之一种,以与共同正犯相对立,即自己不为其行为而利用他人为犯罪之行为时是。其情形有下列六种：(1)利用无责任能力者实行犯罪之行为者。(2)使他人陷于无责任能力之状态，而利用之使作犯罪行为者。(3)使用无犯罪事实之观念，利用他人行为以遂自己之犯意者。(4)因诈欺或强制使他人陷于危迫而用紧急状态之行为时而利用之者。(5)上官因下官服从之义务而利用其职务行为者。(6)于犯罪成立上有一定目的，其有一定目的者利用无目的者之行为时。此外无直接正犯资格者亦得为间接正犯，例如妇女可利用精神病之男子为强奸其他女子之行为是，该妇女自亦称谓间接正犯。大理院判例谓利用无责任能力及无故意之人因而实施犯罪者，曰间接正犯。(四年上字六〇号)

【间(間)接民权】【宪】所谓间接民权，乃指人民对于政府之行使，乃由代议士(即议员)代行之之制度而言。近世民主政治多采此项制度。

【间(間)接立法】【宪】Indirect legislation 与直接立法相对称，法律之制定权，操诸立法机关，或其他人民选举之团体之手者，曰间接立法。

【间(間)接故意】【刑】又曰准故意。(详该本条)

【间(間)接送达主义】【民诉】与直接送达主义相对称。谓当事人应将书状提出法院而不得迳自交付于送达机关之主义也。例如将书状提交法院经书记官收后交付承发吏然后送达于对方当事人是。我国立法例采取之。

【间(間)接强制处分】【行】Indirect compulsory execution 为强制处分之一种，即行政机关对不履行行政法令或处分时所为之间接强制处分方法也。可分为二：(一)代执行。(二)执行罚。(详各本条)

【间(間)接从犯】【刑】利用无责任能力之人使其从旁帮助他人实施犯罪行为者，谓之间接从犯。与间接正犯相对立。

【间(間)接教唆犯】【刑】Indirect instigator 又曰间接造意犯。(详该本条)

【间(間)接造意犯】【刑】Indirect instigator 又曰间接教唆犯。即利用无责任能力者使其实施教唆他人为犯罪行为。此种间接造意犯，应以教唆犯论罪。

【间(間)接诉权】【债】Indirect right of action; Action of subrogatton 为债之保全权利之一，又称债权人代位权。谓债权人于债务人怠于行使权利之际，债权人为巩固自己权利起见，得以自己名义代债务人行使其权利之谓也。其成立要件有四：(1)须因欲保全债权。(2)须债务人怠于行使其权利时。(3)须非专属于债务人本身之权利。(4)须于债务人负迟延责任时(但有例外)。(民法第二四二条、第二四三条)

【间(間)接义务】【通】Indirect duty or obligation 学说上所谓间接义务，虽亦称曰义务，然与义务之性质不同，盖不过由法律规定不利益之情形，以间接强制人为一定之行为耳。然究为此行为与否，仍属其自由，并未受法律之拘束，故与通常义务显有区别。例如债权人对于债务人虽有请求给付之权利，而不负受领之义务，法律仅使之任迟滞之不利益责任，以间接强制其受领而已。

【间(間)接监督】【行】Indirect supervision 行政之监督原则上以直接方式行

之,即循上下直接阶级关系为之。若另行特设机关以行使监督职权,则称曰间接监督。

【间(間)接审理主义】【民刑诉】Principle of indirect trial 为民事及刑事诉讼主义之一,对直接审理主义言,谓不依直接方法以观察事物,而依受命推事或受托推事(民事),或检察官(刑事)等之讯问及调查报告书以为根据,而下判断之主义也。此种主义我刑事诉讼法以之为直接审理主义之补助(第二九二条)。民事诉讼法亦然。(第二五五—二六三条)

【间(間)接机关】【行】Indirect organ 凡非依据国家之组织法而设置之机关而系由于其他机关之委任者,谓之间接机关。与直接机关相对称。

【间(間)接选举】【宪】Indirect election 与直接选举相对立,又称复选,即选举人须先行作预选之投票,于选出代表人后,复由该代表人再行作复选之投票方始选出议员之谓。此种方法称曰间接选举。

【间(間)接证据】【民刑诉】Indirect evidence 为证据之一种,又称人为证,与直接证据相对称。凡由他项证据以间接证明应证事实者,曰间接证据。例如曾闻某甲宣言将于某日以刀杀乙,而其后乙果死于刀下是。

【间(間)谍】【国公】Spies 间谍者,谓以诡秘行动或以虚实口实投入一方交战者之作战区域内,探取或谋探取消息以报告于他方交战者之人也。间谍既为诡秘之行动,故凡身穿军服而在敌方区域内者,不得谓之间谍,即从空中以飞行器从事侦查者,亦不得以间谍相待。间谍一经被捕,须经军法会审,方可处分。通常以死刑为多。至间谍一经安然归抵所属军队区域,或再被捕,对于前次之行为不负任何责任。

【雇山】【史】为汉代对妇女之一种刑罚,即妇女犯徒罪时,遣其归家,责令每月出金雇人入官山伐木,乃赎刑之一。后汉书—光武纪:“女徒,雇山归家。”其注曰:“令甲,女子犯徒,遣归家,每月出钱雇人于山伐木,名曰雇山。”一作顾山。

【雇工殴家长】【史】谓受佣之工人殴打雇佣之家长及其亲属也。清律及例之规定如下:(一)殴家长者,徒三年;成伤者,流三千里;折一齿一指或眇一目,或抉毁耳鼻,或破骨,或汤火铜铁汁伤,或以秽物灌口鼻内均绞候;死者,斩决;故杀者凌迟。(二)殴家长期亲外祖父母,徒三年;成伤者,流三千里;折一齿一指,或眇一目,或抉毁耳鼻,或破骨,或汤火铜铁汁伤,或以秽物灌口鼻内者绞候;死者,斩候;故杀者凌迟。(三)殴家长大功亲,杖一百;折一齿一指,或眇一目,或抉毁耳鼻,或破骨,或汤火铜铁汁伤,或以秽物灌口鼻内者徒一年半;折二齿二指以上,或髡发者徒二年;折肋,或眇两目,堕胎或刃伤,徒三年;折跌肢体或瞎一目,流二千五百里;笃疾流三千里;死者,斩候。(四)殴家长小功亲杖九十,殴家长缌麻亲杖八十;又殴家长小功亲或缌麻亲至折一齿一指,或眇一目,或抉毁耳鼻,或破骨,或汤火铜铁汁伤,或以秽物灌口鼻内者,徒一年;折二齿二指以上或髡发徒一年半;折肋或眇两目或堕胎,或刃伤,徒二年半,折跌肢体或瞎一目,流二千里;笃疾者流三千里;死者斩候。(五)雇工人干犯旧家长之案,如因求索不遂,辞出后复藉端讹作,或挟家长撵逐之嫌寻衅报复,并一切理曲肇衅,在辞工以前者,即照雇工人干犯家长定拟;其辞出之后,别无他故起衅者,以凡人论。

【雇工钱】【史】从事于土木工事之佣银,谓之雇工钱。明律(卷二十九)、清律(卷三十六)工律营造篇——擅造作条:"凡军民司有营造,应申上而不申上,应待报而不待报,而擅起差人工者,各计所役雇工钱,坐赃论。"又明律(卷四)、清律(卷七)户律户役篇——私役部民夫匠条:"凡有司官私役使部民……每名计一日,追给雇工钱六十文。"

【雇寄】【史】差役受命解送官物囚徒畜产等时不亲自管送而另行雇人或委托他人代送者,谓之雇寄。是项行为,乃法律所不许。明律(卷十七)、清律(卷二十一)兵律邮驿篇——承差转雇寄人条:"凡承差起解官物囚徒畜产,不亲管送而雇人寄人代领送者杖六十。"

【雇觅人失火】【史】谓被雇佣之工作人等因疏忽而失火焚烧本主及延烧他人房屋也。清之现行则例(即刑部现行则例)杂犯篇设有雇觅人失火之条:"自己疏防失火及放火因而盗取财物并故意烧官民房屋者,仍照律治罪,至雇觅之人疏忽失火致烧本主房屋延烧他人房屋因而致伤人命者,俱比照房主自己失火律治罪。"

【集合犯】【刑】Collective offence 一名聚合犯,又名惯行犯。(详惯行犯条)

【集合物】【民总】Collective thing 又名聚合物。(详该本条)

【集合保险】【险】Collective insurance 对个别保险言。所谓集合保险,乃指就聚合之物以总括而加以保险而言。我保险法规定:此种保险被保险人之家属雇用人及同居人之物品,亦皆享受保险之利益。故遇危险发生时,该第三人(即被保险人之家属雇用人及同居人)亦得享受损害赔偿权利。(第四九条)

【集合归化】【国私】Collective naturalization 与个人归化相对称,乃指一国或一部落,或一地域人民,因政治关系或军事关系,全体归化他国而言。例如根据条约或被武力征服而将土地割让于他国,而其地人民乃因归化而变更其国籍是。

【集合体】【民总】Collective body 由于多数团体或由各个分子集合而成之团体为集合体。例如二人以上之自然人所组织之法人,或数个法人集合而成为一总团体皆是。

【集成物】【民总】Zusammengesetzte Sachen(德);Compound thing(英) 为组成物之别称。(详组成物条)

【集书省】【史】为散骑省(详该本条)之别称。

【集会】【行】Meeting;Assembly 多数人暂时集合于一处的状态,曰集会。与结社不同之点有二:(一)结社为永久的团体,集会则为一时之集合。(二)集会之人数通常乃不特定的,结社则有一定多数之人员的规定。

【集会自由权】【宪】Right on freedom of meeting or of assembly 为个人自由权之一种,即人民得自由集合于一地,以演讲形式表示其思想或智识,或以辩论方式交换其思想与智识之权也。我国训政约法规定,非依法律不得停止或限制之。

（第十四条）

【集会结社之自由权】【宪】即集会自由权与结社自由权（详该本条）之合称。

【集贤院】【史】为宋时史馆之名，有大学士及直学士等官。（大学衍义补卷七）

【集贤殿】【史】为唐时之官署之一，掌理经籍之编辑与佚书之搜求等事，初称曰集仙殿。至开元十二年（即西历七二四年）始改称集贤殿。

【集权制】【宪】System of centralization 凡依宪法上之规定，国家权力集中于中央政府而由其行使者曰集权制。与分权制均权制相对称，又曰中央集权制。

【隋之法典】【史】隋之法典可分为二大部：一曰开皇律令，一曰大业律令。前者为文帝所定，后者为炀帝所定。前者源出北齐，后者则为牛弘所撰。炀帝好大当功，欲袭制礼作乐之名，故弃开皇律而重行制定大业律。二者之内容篇目虽多少不同（大业律较多）而刑典亦有轻重区别。唐初废大业律而以开皇律为根据，故其篇目全然相同。兹分为开皇律开皇令大业律及大业令述之于下：（一）开皇律——开皇律者，文帝开皇元年，命尚书左仆射高颎，上柱国郑泽，率更令裴政等撰之（隋书卷一文帝纪曰，开皇元年冬十月戊子，行新律）。先是文帝以周法繁烦而寡要，有改定律令之意，以裴政通典故，达从政，使当修撰之任，至是乃得颁行之。三年，更命苏威牛弘等重加删定，除死罪八十一条，流罪一百五十四条，徒杖刑等一千余条，唯留五百条，凡十二卷十二篇。其篇目如下：“一、名例，二、卫禁，三、职制，四、户婚，五、厩库，六、擅兴，七、贼盗，八、斗讼，九、诈伪，十、杂，十一、捕亡，十二、断狱。”观隋书刑法志，可窥其内容之一斑。其制，刑名有五：死刑（有绞，斩，二种）〇流刑（有一千里，千五百里，二千里三种，一千里居作二年，千五百里居作二年半，二千里三年；又近流则加杖一百，每一等加三十）。徒刑（有一年，一年半，二年，二年半，三年，五等）。杖刑（自五十以至百，凡五等）。笞刑（自十以至五十，凡五等）是也。除前代鞭刑枭首轘裂之法，唯大逆谋反叛者，父子兄弟皆斩。又参酌后齐制，设十恶之条，以谋反，谋大逆，谋叛，恶逆，不道，大不敬，不孝，不睦，不义，内乱等罪充之。又八议之科及官品第七以上者，皆例减一等，品第九以上听赎，笞十者铜一斤，杖百者十斤，徒一年者二十斤，以上每等加十斤，三年者六十斤，流一千里者八十斤，一千五百里者九十斤，二千里者百斤。二死皆百二十斤。犯私罪以官当徒者，五品以上一官当徒二年，九品以上当徒一年，当流者三流共徒三年。若犯公罪，得徒加一年，流加一等。此律今亦不传，难知其详。其卷数，则隋书经籍志，旧唐书艺文志皆作十二卷也。按唐六典卷六。（刑部郎中员外郎律注曰，并蠲除前代枭首轘裂及鞭刑，又依北齐置十恶，应赎者皆以铜代绢。）（二）开皇令——开皇令者，亦高颎等所撰。开皇二年七月颁行，凡三十篇三十卷。目一卷。篇目如下：“一、官品上，二、官品下，三、诸省台职员，四、诸寺职员，五、诸卫职员，六、东宫职员，七、行台诸监职员，八、诸州郡县镇戍职员，九、命妇品员，十、祠，十一、户，十二、学，十三、选举，十四、封爵俸廪，十五、考课，十六、宫卫军防，十七、衣服，十八、卤簿上，十九、卤簿下，二十、仪制，二十一、公式上，二十二、公式下，二十三、田，二十四、赋役，二十五、仓库厩牧，二十六、关市，二十七、假宁，二十八、狱官，二十九、丧葬，三十、杂。”此令今亦无传，不详其内容，唯通典卷三十九，有官品令，列举官品，其他所引亦不少。（三）大业律——大业律者，炀帝大业二年十月，诏牛弘等撰定之，至三年四月颁行，凡十八篇十八卷。篇目如下："一、名例，二、卫宫，三、违禁，四、请求，五、户，六、婚，七、擅兴，八、告劾，九、贼，十、盗，十一、斗，十二、捕亡，十三、仓库，十四、厩牧，十五、关市，十六、杂，十七、诈伪，十八、断狱。"大业律比于开皇律，有所轻减。刑名仍开皇之旧，惟赎铜加二倍，为稍异耳。其五刑之内，降从轻典者，二百余条，且仿后周之制，不加立十恶之目，以十恶分隶各条，而十恶中又删去其二。至于全文，今已亡失，不可考矣。其卷数，隋书经籍志作十一卷，旧唐书经籍志，唐书艺文志，皆作十八卷，以十八卷为确。（四）大业令——大业令者，亦大业三年四月所颁。隋书经籍志作三十卷，唐书艺文志作十八卷，其篇目内容，今举无可考，唯篇目似准据开皇令。通典卷三十九，以开皇官品令与炀帝三年定令相为比较曰，炀帝三年定令，品自第一至第九，唯置正从而除上下阶，又定朝之班序，以品之高卑为列，品同则以省府为前后，省府同，则以局署为前后。又六典注，通典，亦引隋令，唯不详其为开皇，抑为大业耳。按隋除律令以外尚有格式，惟内容如何，无可考征，有开皇格及大业式（参隋书李德林传与炀帝纪）等之名。

【隋令】【史】隋令亦有二种：一为开皇令，一为大业令。（详各本条）

【隋律】【史】隋律计有二种：一为开皇律，一为大业律。（详各本条）

【隆刑】【史】隆刑者，谓重刑罚也。晋书一刑法志："隆刑峻法，非明王之急务。"

【须（須）至】【史】为公文书末所称之语。须至与无至相对称，即一戒一劝之辞，无至之反面，即必至之义，盖即劝其必须行之也。公文缘起："季文集云，公移牒帐末多云，须至字云，须至晓示者。须至晓谕约束者，看定文案申状云，须至供申者。翟晴江曰，今公文中以此为定式，问其义则无能言之者。据欧阳公集相度铜利牒云，无至误事者。五保牒云，无至张皇卤莽者，亦用之。篇末大抵戒之曰，无至，劝之曰须至，其辞仅反正之间耳。"

【项（項）】【通】Paragraph 项者，法律条文中每条下之次别之规定也。例如民法第三条第二项第三款，是项之上为条，项之下为款（Item）。

【顺（順）位】【通】Order; Procedure 凡享权利或负义务者有数人时，其权利人或义务人之行使或负担之先后程序，曰顺位，又称顺序。（参继承顺序条内）

【顺（順）容】【史】女官之名，为九嫔之一，始于隋代。事物纪原（卷一）："隋九嫔有顺容。北史曰，炀帝置。宋朝会要，真宗祥符中，又增置顺容之官。"

【顺（順）仪】【史】女官之名，为九嫔之一，始于隋代。事物纪原（卷一）："隋内官有顺仪。北史后妃传曰，隋炀代参详典故，置顺仪，为九嫔。"

【顺（順）缘婚】【亲】Deceased wife's sister's marriage 为婚姻之一种，与逆缘婚相对称，即男于其妻死亡后，再与其妇之妹结婚之谓也。英国于一九〇七年以前悬为励禁，今则不然。我国向来并不禁止，新民法亦同。

【黄（黃）册】【史】男女出生时应记载于一定之簿册，以为他日参考之用。清制，亲王以下闲散宗室以及贵族等所生子女之年月日时及嫡庶长幼均须记入一定簿

册，是曰黄册。乃户籍簿之一种，由宗人府保管之。（皇朝政治学问答增校初编）

【黄（黃）敕】【史】唐制，诏敕初以白纸为之，但多为虫所蛀，后改用黄纸，故名曰黄敕。事物纪原（卷二）："唐高宗上元三年以制敕施行，既为永式，用白纸多为虫蛀，自今以后尚书省颁下诸州诸县，并用黄纸。敕用黄纸，自高宗始也。"

【黄（黃）河水利委员会组织法】【行】Law Governing the Organization of the Water-power of Yellow River　本法于民国二十二年六月二十八日公布，计共十五条，其要点如下：（一）本会直隶于国府，设于西京，掌理黄河及渭洛等支流一切兴利防患施工事务。（二）置委员长副委员长各一人（特派）。委员十一人至十九人（简派）。并设总务及工务二处，总务处置处长一人（简任）。科长三人或四人（荐任）。科员十八人至二十四人（委任）。工务处置技正十一人至十三人（五人简任余荐任）。技士十二人至十六人（四人荐任余委任）。技佐若干人（委任）。并置总工程师副总工程师各一人（以简任技正兼任之）。工程师九人至十一人（其中三人以简任技正兼任。余以荐任，技正兼任之）。副工程师十二人至十六人（以荐任技士兼任，余以委任技士兼任之）。助理工程师工务员制图员测量员各若干人（均以技佐兼任）。（三）本会并得聘任水利及森林专家为顾问或专门委员，必要时且得呈准设立测勘队工程队工程管理局等。（四）本会每三个月开委员会一次，必要时得临时召集会议。（五）会中议决案由委员长执行之，因事故不能执行时由副委员长代理之。

【黄（黃）门】【史】为汉代创始之官，初曰小黄门。宋时曰黄门。历代为黄门侍郎，其后为门下侍郎。事物纪原（卷五）："汉明帝永平中始置小黄门。宋朝会要曰，国初黄门初补，止曰小黄门，经恩迁，即为黄门。黄门盖汉官也。历代有黄门侍郎，今门下侍郎是也。"

【黄（黃）帝之五刑】【史】黄帝时之五刑：一曰鞭扑，官刑，即鞭刑，五刑之外专以儆官事之不治者。书谓鞭作官刑。至于后世则鞭臀之外有鞭背者。至朴则作为教刑，加于小人之用。二曰钻凿。钻乃锐器为穿孔之用，钻乃膑刑，去其膝盖之骨也。凿为黥刑，乃以墨涅涂其面。因其系刺字于额而涅之以墨，故又曰墨刑。后世（明清）之刺字于面及臂，盖由此也。三曰刀锯。刀，谓割鼻也。锯，刖刑也。即断其足。四曰斧钺，斩刑军戮也。古今注，谓金斧黄钺也。铁斧，玄钺也。三代通用之以断骭。五曰甲兵，谓以六师诛祸乱也。

【黄（黃）钱】【史】为明代制钱之名。京钱曰黄钱，每文重约一钱六分，七十文值银一钱。至外省之钱则曰皮钱，每文重约一钱，百文值银一钱。（续文献通考）

【黄（黃）档】【史】清朝宗室觉罗氏之户籍簿，称曰黄档。"凡嫡庶生卒，婚嫁，官爵，名，谥，一一备载，妇人犯罪，则销档。"（皇朝政治学问答）

十 三 画

【乱(亂)用夹棍】【史】夹棍为清时所用之刑具之一种,小事不得滥用夹讯,否则以故违题参治罪。清之现行则例(即刑部现行则例)断狱篇设有乱用夹棍之条:"部内监禁人犯不用枷号,俱照常用细炼,强盗窃盗人命等事,先在别衙门招认,后竟改供,或证据已明,不吐真情,再三详究,始行夹讯,其余小事乱用夹棍者,以故违题参治罪。所用竹板长五尺五寸,大头阔二寸,小头阔一寸五分,重不过二斤,其在外衙门止许督抚按察司正印官于强盗人命酌用夹棍,其大小衙门所用刑杖,并罪犯木枷俱照部内遵行。"

【催告】【债】Exhortation; Summon 凡要求他人于一定期限内,对于一定法律关系为意思之表示,或行为或不行为者,称曰催告。例如对债务人要求其于若干日内履行一定债务是。

【催告抗辩】【债】为保证人抗辩权之一种,与检索抗辩相对称,亦称先诉抗辩,即保证人得请求债权人先行催告主债务人履行清偿之谓也。故须于催告后主债务人仍不履行时,保证人始负责任,我民法对此并无明文规定。

【催告法院】【民诉】Court of public summon 催告法院者,谓为公示催告之法院也。

【催告权】【民总】Aufforderunsrecht(德) 谓有为催告之权利也。(参催告条内)

【催科议叙】【史】催者,促也,追也。科者,租税之科则也。催科,乃指催促租税之缴纳而言。官吏有功而交部核议加级者,谓之议叙。清例之规定如下:(一)经征本年正项有分数钱粮于奏销前全完,州县三百两以上,不及一万两,纪录一次,一万两以上纪录二次,二万两以上纪录三次,三万两以上加一级,五万两以上加二级,八九十两以上不论俸满即升府州。道员不及五万两纪录二次,五万以上纪录三次,十万两以上加一级,二十万两以上加二级。布政使不及五十万两纪录二次,五十万两以上加一级,一百万两以上加二级。如所属州县有一处于参后全完,即不准并计议叙(署任官经征全完,按其一年二年三年,分别议叙)。(二)卫所屯粮经征之经历等官,照州县例议叙。督催之同知通判等官,府州例议叙。(三)催征南秋等米一年限内完全,州县一千石以上,纪录一次,五千石以上,纪录二次,一万石以上,纪录三次。府州道员一万石以下,纪录一次,一万石以上,纪录二次,二万石以上,纪录三次。布政使照地丁钱粮例议叙。(四)带征积欠正项钱粮于二年内完全,州县不及一万两纪录一次,一万两以上纪录三次,二万两以上不论俸满即升府州。道员不及二万两纪录一次,二万两以上纪录二次,四万两以上纪录三次,六万以上不论俸满即升。布政使十万两以上纪录一次,二十万两以上纪录二次,三十万两以上加一级(如带征全完,而经征未完,仍不准议叙)。(五)一官经征分数钱粮每年奏销前全完，于常例外量加优叙。（甲）三百两至一万两以上，直省州县三年全完加一级，苏松常镇各属赋繁州县三年全完，不论俸满即升（如有参后续完及蠲缓不及十分，或年限内间有征不足数，或前案曾经优叙，均不得牵混并计）。（乙）三万两至十万两以上，直省州县六年全完，送部引见，九年全完，指定升阶保奏，免其送部引见。苏松常镇各属赋繁州县，四年全完，送部引见，六年全完，指定升阶保奏，免其送部引见（如有参后续完及蠲缓不及十分，或年限内间有征不足数，或前案曾经优叙，均不得牵混并计）。

【催租】【行】【债】Pressing for rent　对于滞纳租税者，为催促缴纳之表示，为催税。例如行政法规定，对于滞纳租税者，先发督促状，且征收督促手续费。既发督促状之后，纳税义务人尚不纳税，则得扣押其财产，财产扣押后，纳税者若履行其义务，应即撤销扣押，若终不履行，则可将扣押财产拍卖。又如债编规定，承租人租金支付有迟延者，出租人得定相当期限，催告承租人支付租金，如承租人于其期限内不为支付，出租人得终止契约（民法第四四〇条第一项）

【史】谓催告缴纳租税也。冷斋夜话："黄州潘大临工诗，答谢无逸书曰，秋来景物，件件是佳句，昨日闲卧，闻搅林风雨声，欣然起题壁曰，满城风雨近重阳，忽催租人至，遂败意。"

【催替】【史】应出服兵役，而其人适为残疾，或因其他事故不能应命时，官府催促其家速出适当人员以代替之，谓之催替。元典章（卷三十四）兵部第一篇——单丁残疾催替条："若软弱残疾，不堪当役等户，许令雇觅惯熟好人出军。"

【催漕兵役需索】【史】催漕，谓沿途各州县衙门严催漕船出境，使漕运能于一定期限内到达目的地也。催漕之官兵吏役如有借故勒索银钱，应依本条受处。清之六部处分则例（卷十八）户属漕运篇设有催漕兵役需索之条："粮船所过地方，如有催漕兵役需索旗丁银钱，并收受土宜礼物者，将该管官，照失察衙役犯赃例议处，自行查究者免议。若兵役需索旗丁行贿，押运官不即申报者，罚俸六个月，知情故纵者，革职治罪。"又："催漕官弁需索旗丁银钱者，计赃以枉法论，失察之该管官降一级调用，统辖官降一级留任，员弁收受土宜礼物者，罚俸九个月。"

【催征南米】【史】由江苏、浙江、湖广等省所征收之漕米，谓之南米，又曰南漕。催征者，催促征收也。清之六部处分则例（卷二十五）户属催征篇设有催征南米之条："各省每年额征南秋等米通作十分核算，于年内全完至次年五月，另为一本题销，如有未完，初参州县官次欠不及一分者罚俸三个月，一分以上者罚俸六个月，二分以上者住俸，三分以上者，降二级留任，四分以上者降三级留任，五分六分以上者，革职留任，俱令戴罪催征，再限一年征完，完日开复，违限不完即加倍议处，如已罚俸三个月者罚俸六个月，已罚俸六个月者住俸，已住俸者降二级留任，已降二级者降四级留任，已降三级者革职留任，俱令戴罪催征，均完日开复，已革职留任戴罪者，降二级调用，若三限不完，照二参例再加倍议处。署印官照徐淮临德等仓署印官例议处。督催之巡抚布政使粮道知府，直隶州知州等官欠不及一分者免议，一分以上者罚俸三个月，二分以上者罚俸六个月，三分以上者住俸，四分以上者降二级留任，五分以上者降三级留任，六分以上者革职留任，俱令戴罪督催，完日开复。其参后违限不完者加倍议处,三限不完,照二参例再加倍议处。凡各上司督催限期照丁例查参。"又:"州县官催征南秋等米,能于一年限内全完,一千石以上者纪录一次,五千石以上者纪录二次,一万石以上者纪录三次。督催之粮道府州一年限内全完,一万石以上者,纪录一次,一万石以上者纪录二次,二万石以上者纪录三次。布政使照地丁钱粮例议叙。"又:"湖广有应征南秋等米奏销时,如有未完,照地丁钱粮初参之例题参议处,再限三个月征完,如限满仍有未完,亦照地丁钱粮一年限满不完之例,按其未完分数,予以实降离任,即欠不及一分者,亦照地丁未完一分之例议处。"

【催办】【史】(一)催促办理缴纳租税之谓。明律(卷四)、清律(卷七)户律户役篇——禁革主保里长条:"凡各处人民每一百户内,议设里长一名,轮年应役,催办钱粮。"(二)谓督促事务之办理也。清律(卷五)吏律职制篇——信牌条:"若府州县官遇有催办事务。"

【催缴罚俸】【史】谓催促缴纳罚俸银两于一定之机关也。清例之规定如下:(一)州县以上保题升调人员应缴罚俸银两,三百两以下,限半年,三百两以上,限一年,一千两以上,限二年,五千两以上,限三年,一万两以上,限五年。(二)以奉到部文之日起,统计罚俸之案,共有若干,核明银数,按限勒追,一面造具案由清册送部。如限满不完,专咨报部停其升调,戴罪完纳,完日开复。

【催趱重运】【史】催趱,谓催促起行或使其出境也,重运乃指漕船满载而言,与回空相对称。清之六部处分则例(卷十八)户属漕运篇设有催趱重运之条:"漕船重运北上,自淮安起天津止,计程二千三百五十余里,令沿途州县衙所员弁,严催出境。如原限半日而违限一时,原限一日而违限两小时,原限一日半而违限三时,原限二日而违限半日,原限四日以上而违限一日,原限六日以上而违限一日半,原限十二日而违限三日者,专催官罚俸一年,督催之上司罚俸六个月。如原限半日而违限三时,原限一日以上而违限半日,原限两日以上而违限一日,原限四日以上而违限两日,原限六日以上而违限三日,原限十二日而违限六日者,专催官降一级调用,督催之上司罚俸一年。如违限之期与原限之期相等,专催官降二级调用,督催之上司降一级调用。如违限之期逾于原限之期,专催官革职,督催之上司降二级调用。"又:"回空漕船,如遇逆流,其间设有闸坝蓄水之处,俱照重运定期。无闸坝之处,原限十二日者改限九日,原限四日者改限三日,原限三日者改限二日,原限一日半者改限一日。又顺流有闸坝之处亦照重运定期。无闸坝之处,原限半日者改为三时,一日者改为半日,四日者改为两日,五日者改为两日半。如有不行力催以致违限,沿途文武员弁并随帮官,俱照催趱重运例议处。"又:"自天津以北至通州系逆流,重运漕船,每二十里限一日,其回空漕船系顺流,每五十五里限一日。山阳以南至浙江重运漕船,如顺流每四十里限一日,逆流每二十里限一日,回空漕船,如顺流每五十里限一日,逆流每三十里限一日,如有违限,催趱押运官员俱照前例议处。"又:"湖广江西并江南等处,自长江以至仪征,皆由大江因风挽运,难以逐程立限,该督抚饬令地方官,凡重运回空,俱速催出境,其自仪征至天津如有催限,照前例议处。"又:"前途州县不行力催致碍后船者,准后船阻滞所在地方官申报仓场衙门查明催趱不力之员,按其违限时日议处。”又:“官员催趱漕船,无故容后帮之船前行,前帮之船后行者,查明沿河地方,如系佐杂专管者,将专管官罚俸九个月,兼辖之州县官罚俸六个月。如系州县官自行催趱,即将州县官罚俸九个月。”又:“沿河官员不亲赴河干催趱者,照运官不亲身押运例,罚俸六个月,其有前船阻抵,不行申报者,照应申不申公罪律,罚俸六个月。”又:“漕船入境日期,该管官不查明转报者,罚俸六个月。”

【佣(傭)主】【劳】Employer 与受佣人相对立,即在劳动契约中授他人以劳务,而负有给付对方人以报酬义务之人也。不论自然人或法人,均得为佣主。

【佣(傭)船人】【海】Charterer 所谓佣船,乃指与船舶所有人订立佣船契约之人而言。

【佣(傭)船契约】【海】Charter party 为货物运送契约之一种,对搭载契约言,谓以船舶之全部或一部供运送为目的之契约也(海商法第七〇条)。此种契约应以书面为之,并须载明法定事项(第七一条、七二条),故为要式契约,与搭载契约之为诺成契约者不同。又佣船契约常系关于不特定航路及不定期船舶,而搭载契约之作成,则每与此相反,前者之运费标准乃以所雇部分之容积与期间之长短定之,后者则依货物之重量容积个数定之。又前者该船舶有余地时,船舶所有人不得自由另与他人再缔结新运送契约,而后者则可自由为之,故二者大有区别。佣船契约与船舶租赁契约亦不可混同,前者佣船人并不占有船舶,只为承揽契约之一种耳,后者承租人则取得船舶之占有,而有使用收益之权。关于此项契约之解除及运费之负担,并契约之效力,我海商法均有规定。(参货物运送契约条内)

【传(傳)】【史】(一)周制,出入关门之凭证曰传,汉时之过所文书亦曰传。周礼—地官司关之注:“如今过所文书。”贾疏曰:“过所文书当载人年几及物多少,至关至门,皆别写一通入,关家门家乃案勘而过,其自内出者义亦然。”汉书—文帝纪:“十二年,除关无用传。”注曰:“张晏曰,传,信也,若今过所也。如淳曰,两行书过帛,分持其一,出入关,合之乃得过,谓之传也。李奇曰,传,棨也。师古曰,张说是也。古者,或用棨或用缯帛,棨者刻木为合符也。”(二)为传车之简称也(按传车即后世之驿车)。古时用车故曰传车,后世用马故曰驿马。汉书—高帝纪:“田横乘传诣雒阳。”师古注曰:“传者,若今之驿,古者以车,谓之传车,其后又单置马,谓之驿骑。”(三)为传舍之简称,即驿舍之谓也。汉书—文帝纪之注曰:“宋祁曰,传,传舍。”

【传(傳)旨申饬】【史】申饬者,谴责也。即皇上对于应受惩戒处分之官员,在未断行处分以前,先行颁旨谴责之谓也。(皇朝政治学问答)

【传(傳)旨嘉奖】【史】皇上对于著有殊绩之官员,未发上谕加以奖赏时,先行颁旨激赏者,谓之传旨嘉奖。(皇朝政治学问答)

【传(傳)来取得】【民总】Derivative acquisition 又名继承取得。(详该本条)

【传(傳)染病】【行】Contagrous disease 所谓传染病,乃指下列急性各症而言,如伤寒或类伤寒、斑疹伤寒、赤痢、天花、鼠疫、霍乱、白喉、流行性脑脊髓膜炎、猩红热等。其他由内政部卫生署临时指定之时疫，亦得称为传染病。地方行政长官或自治机关(限于已办者)认为有传染病预防上之必要时，得于一定之区域内指示该区域之住民，施行清洁及消毒方法，在人口稠密各地方，应设立传染病院，或隔离病舍，当传染病流行或有流行之虞时，地方行政长官，得置检疫委员，使任各种检疫预防事宜。又该长官并得于认为有传染病预防上之必要时，施行一定事项之全部或一部(传染病预防条例第五条之规定)。至于患传染病及疑似传染病或因此等病症致死者之家宅，及其他处所，应即延聘医士诊断或检查，并须于二十四小时以内，报告其所在地之管辖官署凡传染病人之家宅及其他处所，其病人以外之人无论已否传染，均应施行清洁并消毒方法。对于传染病人之尸体所施之消毒方法，经医士检查及该管官吏认可后，须于二十四小时内成殓并埋葬之，埋葬须于距离城市或人口稠密之处三里以外之地行之，掘土须深至七尺以上，非经过三年不得改葬。受毒较重者，必要时得命其火葬，如怠于实行者，得代执行之。(传染病预防条例第一一一四条)

【传(傳)讯】【民刑诉】传讯者，谓传唤当事人等到案受讯问也。

【传(傳)授说】【债】Theory of transference 为向第三人为给付契约的性质学说之一，即要约人一旦因契约所取得之权利嗣后由要约人传授其权利于第三人之谓也。此说亦无相当理由，故不足论。

【传(傳)票】【刑诉】Writ of summons 谓法院或检察处对被告或证人所发出令其到场就讯或陈述之命令书也。此项传票应先期送达，方为有效，被告传票且须具备一定方式，记载下列事项：(1)被告人之姓名、性别、住址，于必要时记载其他足资辨别之特征。(2)被告之犯罪行为。(3)被告人应到之日期处所。(4)如无正当理由不到者，得命拘提。(5)发票之公署。此外且须有发传票者之署名盖章，并加公署之印章(刑诉第三五一三七条)。至于对证人鉴定人之传唤，亦可用传票为之，惟内容记载微有不同耳。传唤证人之传票，须记载下列各事项：(1)证人之姓名、性别、住址、职业。(2)应命作证之案件。(3)应到之日时处所。(4)如无正当理由不到者，除得命赔偿因不到所需之费用外，科以五十元以下之罚锾，并得命拘提。(5)发票之公署。此外且须经发票人之署名盖章，始生效力。此种传票之送达，除应急速处分者外，至迟应于到案日时二十四小时前送达。(第八七一八九条)

【民诉】对当事人令其于言辞辩论期日到场者，须用传票，内容除记明到场之日时及处所外，并应记明不到场时之法定效果。(但向律师为送达者不在此限)。传唤证人亦须用传票，内应记明下列各事：(一)证人及当事人。(二)证人应到场之日期与处所。(三)证人不到场时应受之制裁。(四)证人请求旅费日费之权利。(五)法院。(六)必要时应记明讯问事项之概要。其传唤鉴定人亦准用之。(民诉法第二四三条、二八六条、三一一条)

【传(傳)唤】【刑诉】Summons 刑诉法上之传唤，乃指法院或检察官，使被告人于一定日期亲赴一定处所就讯而言也。传唤机关为法院(审判长及受命推事)及检察处，前者目的为审判，后者则为侦查。至司法警察官于侦查中亦可传唤(刑诉法第三五条)。传唤方法须用传票(详该本条)。但如有下列情形之一者，则不需传票:(1)被告人用文件声明到场日期。(2)被告人于讯问时到场者。(3)对到场被告,曾以言词告以下次应到之日期处所及不到场得命拘提,且已记有笔录者。原则上被传唤之被告,须有到场之义务,但有例外:(1)传唤不合法。(2)有正当理由者(如疾病是),被告到场应速讯问,不得逾到案之日。至被告无上述理由而拒不到案者,则得发拘票,以强制方法拘提之(第三八一—四〇条、第五八条)。传唤与拘提之分别,即前者无强制力,而后者有之,故为尊重人民之自由起见,以先传唤而后拘提为原则。

【民诉】对于当事人令其于言辞辩论期日到场者,亦曰传唤,其令证人鉴定人到场者亦同。对证人于传唤后无正当理由不到场者,得拘提之,对鉴定人则否。

【传(傳)达人】【民总】Person employed for transmission 传达意思表示之自然人曰传达人,其传达如有错误,得依民法第八十八条之规定撤销之。(第八九条)

【传(傳)达机关】【民总】Institution employed for transmission 传达意思表示之机关,如电报等,是曰传达机关。其传递如有不实时,表意人亦得撤销之。(民法第八九条)

【传(傳)闻不许言告】【史】谓仅依耳闻传说而无证据之事,不得向官告发也。元典章(卷五十三)刑部第十五禁例篇:"至大四年(某)月,诏书内一款,近年以来,哗讦成风,上陵下替,今后诸取受己之钱物者,许以实数,其传闻取他人物者,不许言告,钦此。"

【传(傳)覆】【史】对于刑事被告人之自白之笔录,再据而加以讯问,是曰传覆。史记—张汤传注:"张晏曰,传考证验也,爰书自证,不如此言,反受其罪,讯考三日复问之,知与前辞同否也。"

【传(傳)观法】【通】为昔日欧洲各国法律颁布程式之一种。即将法文印刷多份传达于民间,广为传观,或将法文书于木牌上,使人持赴各处传观是。近今各国已不采用。

【債(債)】【債】Obligation 债之意义,在罗马法上有仅称为債权者,有仅称为債务者。至称債权与債务关系者,则居多数,故德国之民法第二篇只标其名曰債,英法二国亦称曰債,日本今民法第三篇则称曰債权,我国旧民律草案仿日本曰債权,修正案及现行民法则改称債。实则自債权人方面言之,仍为債权,自債务人方面言之,则为債务。不过为避免专为资产阶级立法之嫌疑起见,及隐寓保护双方之权利着想,自以"債"名篇较为适当。債之发生(与債权之取得变更或移转有别)据我民法之规定,其原因有五:(1)契约。(2)代理权之授与。(3)无因管理。(4)不当利得。(5)侵权行为。(详各本条)

【債(債)之保全】【債】Preservation of obligation 又简称曰保全。(详该本条)

【債(債)之效力】【債】Effects of obligation 谓基于債权債务关系所发生法律上之拘束力也。債之效力有二种分类:(1)对内效力与对外效力。前者指当事人即債权人与債务人间相互之拘束力,后者指当事人以外之人之拘束力而言。(2)普通效力与特别效力。前者指債之共通应有效力,后者则指各个債特殊独有之效力。概括而言，我国民法所规定债之效力有四项：(1)给付。(2)迟延。(3)保全。(4)契约。惟契约之效力与债之效力不同，民法之所以规定于债之效力内者，乃为便利计也。

【债(債)之消灭】【债】Extinction of obligations 谓债权债务关系客观上(事实上)失其存在也。债之消灭有种种原因，除法律行为之撤销，解除条件之成就，期限之届满，消灭时效之完成等，规定于民法总则编内外，契约之解除，给付不能，当事人之死亡等，亦为消灭原因。但民法债篇复另辟债之消灭一节，并列举五种消灭原因，详为规定：(1)清偿。(2)提存。(3)抵销。(4)免除。(5)混同(详各本条)。此外更就一般消灭设有通则：(1)债权之担保及其他从权利随债之关系而消灭(第三〇七条)。(2)债之关系消灭时，债务人得请求返还或涂销负责之字据，或记入字据，或另作公认证书。(第三〇八条)

【债(債)之得丧变更】【债】为债权之取得、债权之丧失以及债权之变更(详各本条)等之合称。

【债(債)之移转】【债】Assignment or transfer of obligations 谓债权债务关系虽存在，而其主体变更特定继承于人也。所谓主体，指债权人与债务人而言，债权人变更曰债权之让与，债务人变更曰债务之承担。(详各本条)

【债(債)之发生】【债】Sources of obligations 债之发生者，谓债权债务关系之新发生也。依我民法之规定计有下列五种原因：(1)契约。(2)代理权之授与。(3)无因管理。(4)不当得利。(5)侵权行为。

【债(債)之标的】【债】Object of obligation 谓债务人之行为或不行为也。换言之，即构成债权内容之债务人之行为，或债权人基于债之关系所得请求者之谓也。亦有单称债之标的为给付或给付物者，其意义皆同。债之标的须具备下列四要件：(1)债之标的之给付，须与债权人以一定利益。(2)债之标的须为可能的。(3)债之标的须为合法的。(4)债之标的须为确定的或可确定的。关于债之标的之给付，其分类有五：(1)积极给付与消极给付。(2)单独给付与合成给付。(3)特定给付与不特定给付。(4)可分给付与不可分给付。(5)一次给付反复给付与继续给付(详各本条)。至债权之标的是否限于有财产价格者，历来学者议论纷纷，我国民法规定：虽无财产价格者亦得为债之标的。(第一九九条第二项)

【债(債)主】【债】Creditor 又称债权者。(详该本条)

【债(債)券】【公】Bonds; Debenture 谓公司债之债权人对于公司享有金钱债权之有价证券也。此项债券，应具备一定方式：(一)编号。(二)发行年月日之载明。(三)公司名称。(四)公司债之总额及债券每张之金额。(五)债之利率。(六)债之偿还方法及期限。且须由董事签名盖章(第一八二条)。债券之每张金额，不得少于二十元(第一七八条)。债券可分为二：(1)记名债券——须将受让人姓名住所记载于公司债存根簿，并将其姓名记载于债券，则转让时方可对抗公司及第三人。(2)无记名债券——为防免遗失起见，许债权人随时请求改为记名式。(第一八四——一八五条)

【债(債)法】【债】Law on obligation 即规定债权及债务关系之法规也。债法就广义而言,因债之性质及特定人对特定人之行为或不行为,故债法乃指一切债权及债务关系之法规,如附属于亲属之债权及债务关系,及本于遗嘱所生之债权及债务关系等法规,均包括在内。若就狭义而言,仅指民法上之债篇而已。债法虽为财产法之一种,但以任意规定为主,盖以债权为相对权故也。近代各国民法对债篇编列之位置有二种,一为列于物权篇之后,如沙克逊民法及日本民法是。一为列于物权篇之前,德国民法是,我国民法仿之。诚以物权之取得多有由债权关系而来者,且债法之适用范围较物权为广,而其普遍性又超出物权多依一国固有习惯者之上,自以德国民法之编列法为当。我国债法因采民商合并之结果,内容大为扩充,但限于普通法之理论,故有其他各种含有债法性质之特别法的制定,以为补充,例如公司法、票据法、海商法、保险法是。其理由有四:(1)因商事法规变迁无常,为将来修改时便利计,故另制定特别法。(2)又如海商法内中含有行政法规之部分甚多,自不能列入民法之中,故另以特别法制定之为佳。(3)前昔已备有各特别法草案,为节省时间计,自较将全部列入民法为易。(4)各特别法如全部列入民法恐过于累赘。

【债(債)务】【债】Debt or obligation 对债权言,即因债权而存立之义务也。凡有债之发生时,一方有债权,一方有债务,二者相依为命,故要求特定人为一定行为之权曰债权,被特定要求为一定行为之义务曰债务。债务有自然债务与法定债务(详各本条)之别,债务即通常所称之义务得强制其履行,故与责任之意义不同。按罗马法债务与责任相同,凡言债务当然包含责任在内。而德国固有法则认有区别。近世学者均认债务人不履行时,债权人得依强制执行方法以求满足,乃认义务与责任有异者也。

【债(債)务人】【债】Debtor (详债权条内)

【债(債)务人迟延】【债】Default of debtor 为迟延之一种,又名给付迟延,或称履行迟延,即债务人于应为给付而不于给付之时期给付之谓也。期限确定者,自期限届满时起,任迟延之责,不确定者,自受债权人之催告时起,负迟延责任。其经债权人起诉或依督促程序送达命令者,与催告有同一效力。至催告定有期限者,则债务人不自催告时起,而自期限满时起,负迟延责任(民法第二二九条),故债务人迟延之成立要件有三:(1)须有给付可能之债务存在。(2)须已至应为给付之时期而不给付者。(3)须为归责于债务人之事由。债务人迟延所生之效果有六:(1)债权人有强制履行之诉权(第二二七条)。(2)债权人得请求因迟延所生之损害赔偿(第二三一条第一项)。(3)债务人在迟延中因不可抗力所生之损害亦应负责,但有例外(第二三一条第二项)。(4)迟延后之给付于债权人无利益时,债权人得拒绝其给付并得请求赔偿(第二三二条)。(5)迟延之债务如系货币,债权人得请求迟延利息(第二三三条)。(6)债权人得有基于不给付之契约解除权。(第二五四—二五五条)

【债(債)务之承受】【债】Assumption of particular debts 即第三人与债权人或债务人订立契约,就债务人之资产及其所负一切债务概括继受之之谓也。共有二种情形:(1)就他人之财产或营业概括承受其资产及负债者(民法第三〇五条)。(2)营业与营业合并而互相承受其资产及负债者(第三〇六条)。承受与承担不同,前者以特定债务为限,后者则否。

【债(债)务之承担】【债】Assumption of debts 为债之移转之一种。吾国旧律称债务之承任,即由第三人与债权人或债务人缔结契约承担债务人之债务代向债权人为清偿之谓也,故又名清偿承担。又因系完全使原债务人免去债务,故又曰免责之债务承担。此种契约曰承担契约。按承担之方法有二:(1)法律规定者。(2)法律行为者。更分为二:(甲)由第三人与债权人之契约。(乙)由第三人与债务人之契约。前者于契约成立时即发生债务移转之效力,至债务人之知悉承诺与否,均非所问(民法第三〇〇条)。后者其契约成立后,更须经债权人承认,始能发生移转债务之效力(第三〇一条)。此项承认,债务人或第三人(即承担人)得定相当期限催告,债权人确答是否承认(第三〇二条)。关于债务承担之效力,民法规定有三:(甲)承担人代债务人向债权人清偿债务。(乙)承担人取得债务人对债权人之抗辩权(第三〇三条)。(丙)从属于债权之权利不因债务移转而丧失(第三〇四条)。债务承担与更改有异,前者系以同一债务移转于承担人,后者则原债务消灭,新债务发生。又债务承担与保证亦有不同,其异点有二:(1)前者承担人之债务与原债务人之债务原因相同,后者则否。(2)前者承担人负担之债务并非从债务,后者则为从债务。又债务承担与履行承担(详该本条)亦不可混同。

【债(债)务之清偿】【债】Performance of debt (详清偿条内)

【债(债)务名义】【民执】Schuldentitel(德);Title of debt(英) 凡债之内容,可使法律上认定确为私权存在之根据,且依法可以执行之债务之公正证书,谓之债务名义,一名执行名义(参该本条)。例如判决书、和解书、假扣押处分书等皆是。

【债(债)务更新】【债】Renewing obligation 又名更新债务,即因清偿债务而对于债权人负担新债务之谓也。我国民法不认债之更改为旧债之消灭原因,惟认清偿债务而发生新债务,旧债务原则上须新债务履行时始行消灭,即所谓债务更新是也(民法第三二〇条)。此项新债务系因清偿而成立,并非代清偿而成立,故与代物清偿不同。例如清偿一千元之债务,约定给马五匹是。此项约定曰债务更新契约,其性质乃系一特种契约。其要件有三:(1)须旧债权存在。(2)须因清偿旧债务。(3)须为负担新债务。

【债(债)务抵充】【债】Imputation of debts 又名清偿之抵充(详该本条),或称清偿之充当。

【债(债)务约束】【债】Schuldversprechen(德) 债务人对于基于契约所发生之债务,应受其约束,是曰债务约束。

【债(债)务清偿地】【债】简称曰清偿地。(详该本条)

【债(债)务额】【债】Amount of debt 所谓债务额,乃指债务之额数而言,例如甲欠乙二百元,此二百元之额数,谓之债务额是。

【债(债)务关系】【债】与债权关系相对立。(详债条内)

【债(債)篇】【债】为我国民法典之第二篇。(参债法条内)

【债(債)权】【债】Credit; Obligatory right 关于债权之性质,学者议论不一,有谓系对于他人意思上所有之权利者,称为意思主义。依此说则债务人丧失意思时债权之标的消灭,而债权亦因之而消灭矣,此说自不足取。有谓系对于他人身体上所有之权利者,称为人身主义。依此说则债务人亡故时债权之标的消灭,债务亦因而消灭,是亦仍不足采。有谓债权者乃对于实行债权得以受取物之权利也,称为物体主义。即认债权之结果为债权自体,其立论乃属错误,更不足取。有谓债权者乃特定人对于特定之人,要求特定行为或不行为之权利也,称为行为主义。此说一出,各国学者闻风景从,而立法例亦多采用之。由此说之结果,则要求之人曰债权人,被要求之人则曰债务人。债权即系要求特定人为一定行为之权利,自属请求权,并非支配权,亦非形成权。又债权既为对人权,同时亦有对世权之性质,谓凡权利均有排外性,债权为权利之一,在债务人一方面固负给付义务,而在一般之人亦应为相当之尊重,苟有不法之侵害,自得假法律之公力以排除之。故第三人侵害债权,自亦成立侵权行为之罪名。债权与物权区别之点有五:(1)债权为请求权,物权为支配权。(2)债权无优先力,物权有优先力。(3)债权无追及权,物权有之。(4)债权为任意的,物权为强制的。(5)债权有普遍性,物权则多限于习惯。

【债(債)权人】【债】Creditor (详债权条内)

【债(債)权人代位权】【债】Right of subrogation by the creditor 又名间接诉权,(详该本条)或称代位诉权。

【债(債)权人会议】【破】Meeting of creditors 为破产机关之一,即各破产债权人依法院之招集而成立之决议机关也。会议时之一切程序,由法院指挥之。实行决议时须有破产债权人过半数之出席,而其债权又超过出席破产债权人之总债权半额者之同意为之。又破产管财人与监查人有列席之权,但不得参与决议耳。(破产法第一四〇——一四五条)

【债(債)权人撤销权】【债】The creditor's right of cancellation 又名撤销诉权,(详该本条)或名直接诉权,或称包尔诉权,更名诈害行为之废罢诉权。

【债(債)权人迟延】【债】Default of creditor 为迟延之一种,即债务人提出给付时债权人拒绝受领或不能受领之谓也,故又名受领迟延(民法第二三四条)。至债权人迟延之成立要件有四:(1)须有给付可能之债权存在。(2)债权之给付须为必需债权人之行为(受领)者。(3)须债务人已得给付而且已提出给付者(第二三五条)。(4)须债权人未受领或不能受领。债权人迟延之效果有六:(1)债务人仅就故意或重大过失负其责任(第二三七条)。(2)债务人无须支付利息(第二三八条)。(3)债务人仅须返还现已收取之孳息(第二三九条)。(4)债务人得请求其赔偿并提出及保管给付物之必要费用(第二四〇条)。(5)债务人得抛弃不动产之占有(第二四一条)。(6)债务人得以提存方法免去其交付动产义务。(第三二六条)

【债(債)权之取得】【债】所谓债权之取得,乃指特定债权归属于特定人之状态而言。有所谓原始之取得与继受之取得两种。前者如甲与乙因单纯买卖行为而对乙取得某项债权是，即所谓债之发生是也。后者则为债之移转，如甲依契约将其对乙之债权移转于丙，使丙对乙享有特定债权是，即所谓债权之移转是也。

【债(債)权之丧失】【债】债权之丧失者，谓特定之债权脱离特定之债权人之状态也。有基于一定之行为而相对的丧失其债权者，如甲将其债权移转于乙，则甲丧失其债权，是为相对的丧失。亦有基于一定行为而绝对的使其债权消灭者，如乙履行其债务而使之完全归于消灭是，此即所谓绝对的丧失也。

【债(債)权之准占有人】【债】Quasi-possessor of the right of obligation 仅持有债权证书，而未为债权之行使者，不能视为债权之准占有人。所谓债权之准占有人者，乃指非债权人，而行使债权人之权利者而言也。

【债(債)权之变更】【债】所谓债权之变更，乃指债权之主体或客体变动与更换而言。所谓主体之变更，例如债权人因移转而变更是，又如债务人由其他债务人承受其债务是(参债权之让与条与债务之承受条)。至于客体之变更则为债之标的物变更，例如将金钱之债权经双方合意以其他物品代为给付是。

【债(債)权之让与】【债】Assignment of claims 为债之移转之一种，即因让与当事人之合意致移转债权之谓。易言之，债权人移转其债权于他人，而由该他人承继其债权也。通常谓债权之移转有由于法律之规定者，有由于法院之裁判者，有因当事人之意思表示者，有由于单独行为者，惟一般均称由当事人之意思表示者(契约)为债权之让与。故当事人一方为债权人，一方为第三人，前者曰让与人，后者曰受让人，因此债权让与之要件有二：(1)须为债权人与第三人之契约。(2)须以移转债权为标的。古时罗马法不认债权得以让与，近代各国立法例概承认债权得以让与，我国民法亦规定原则上得自由让与，但有例外：(1)依债权之性质不得让与者，例如扶养请求权。(2)依当事人之特约不得让与者。(3)债权禁止扣押者(第二九四条)。又让与时须具下列二要件：(1)须将证明债权之文件交付受让人(第二九六条)。(2)须通知债务人，或将让与所立字据提示于债务人(第二九七条—二九九条)。债权一经让与，其效果有二：(1)债权移转于受让人。(2)从权利随主权利同为移转。(第二九五条)

【债(債)权行为】【民总】Act of obligation or obligatory act 为法律行为之一，对非债权行为言。即以债权债务之发生，为其目的之意思表示为要素之法律行为。关于契约者，例如买卖借贷寄托皆是，关于单独行为者，例如遗赠是。债权行为与非债权行为之区别，乃以法律行为能直接发生效果为标准。易言之，即以债权与非债权为根据也。

【债(債)权呈报】【破】债权人参加破产程序时，向法院以书面(有例外)呈报其债权之存在与数额之行为，称曰债权呈报。

【债(債)权保险】【险】债权人因恐债务人不能于到期日履行债务，特向保险公司支付一定保险金额，约定如自己债权不能如期受清偿时，保险人应赔偿一定之金额以填补其损失。此项保险称曰债权保险，我国对此制度，尚付缺如。

【债(債)权契约】【债】Obligatory contract 即以创设债权关系为标的之契约

也,例如甲乙二人所订立马匹买卖契约是。一方负交付马匹之义务,而一方则负给予代价之义务,又一方享有收取代价之权,而另一方亦享有获得马匹之所有权。是债权契约一经成立,则此后之移转所有权乃所谓物权契约矣。

【债(債)权表】【破】所谓债权表,乃指破产程序中由法院书记官,基于破产债权人之呈报,所作成关于记载破产债权人之姓名、住所、债权额数及其他事项之表册而言。

【债(債)权请求权】【通】Right of the obligatory claim　为请求权之一种,与物上请求权相对称,乃指债权人因债务人于债务到期不履行时,请求其履行之权利而言。

【债(債)权质】【物】以债权为标的物之质权,称曰债权质,为权利质权之一种。(参权利质权条内)

【债(債)权担保】【债】Forderungssicherheit(德)　所谓债权担保,乃指以确保债权之清偿为目的之保证行为而言,例如保证债务及抵押权之担保皆是。

【债(債)权额】【债】Amount of obligation　所谓债权额,乃指债权之额数而言。例如甲欠乙二百元,此二百元之额数,在甲方言之,称曰债务额,在乙方言之,则称曰债权额。

【债(債)权证券】【票】Forderungs papier(德)　债权证券者,即以表示债权为目的之证券也。通常称票据为债权证券,与物权证券、社权证券之性质不同。盖票据与金钱并非一物,占有票据并非享有物权,不过得主张债权而已。至社权证券,则如股东之有股票,虽得享有股东权,然股东权非债权,亦非物权,仅为证明团体中一分子之权利而已。故股票之性质,虽为有价证券之一种,然非为债权之证券也。

【债(債)权证书】【债】Document embodying the obligation　即债务人交存于债权人,以证明负债及载明债权人权利之字据也。民法规定:债之全部消灭者,债务人得请求返还或涂销之。如仅一部消灭者,债务人得请求将销灭事由记入该证书中。其有不能返还或不能记入之事情者,债务人得请求给付公认证书。(第三〇八条)

【债(債)权关系】【债】Obligation(详债条内)与债务关系相对立。

【伤(傷)人见血】【史】凡犯殴打之罪伤人至于流血者,为伤人见血。明清律之刑律皆有斗殴罪之规定,盖即出于周礼秋官禁斩杀戮职制:"凡伤人见血,而不以告者",而来者也。

【伤(傷)肌犯骨】【史】所谓伤肌犯骨,乃指以酷刑惩治犯罪者而言。唐律(卷一)名例篇:"朴散淳离,伤肌犯骨。"注曰:"前汉武帝制曰,殷人执五刑以督奸,伤肌肤以惩恶。"

【伤(傷)害保险】【险】Accident insurance; Insurance against personal injury　为人身保险之一种,对人寿保险言,谓以人身之伤害为标的而缔结之保险契约也。

其伤害之事故是否由于人为，或由于不可预料及不可抗力而来者，均非所问。除由于要保人或被保险人之故意或重大过失所致者外，保险人均负担赔偿责任。关于此项保险，在目今劳动工人力求解放时代，即目之为劳动保险之一种，亦无不可，故工人之适用自居大半。法律因其性质系属于人身保险，故大都适用关于人寿保险之规定，但与伤害保险性质不相容者，例如保险费不得以诉讼请求给付（第七二条），保险金额之减少（第七四条），保险金额之换取（第七五条），则不在适用之列（保险法第八〇条）。又被保险人与要保人非同为一人时，则伤害保险单之内容亦与人寿保险单不同，得仅载明被保险人之职业或职务。而伤害保险得为十二岁以下之未成年人订立保险契约，故亦不适用关于人寿保险是项之禁止规定（第八一条）此外损害保险关于保险人对于要保人或被保险人应负偿还必要费用义务之规定，在伤害保险因情形相同，故亦准用之。（第八二条）

【伤(傷)害致死罪】【刑】为加重伤害罪之一，犯伤害罪因而致人于死，成立本罪。因非故意杀人，故与杀人罪有别，因其有伤害之故意，故与过失致死罪不同。其成立要件为：（一）须为犯伤害罪而致生死亡之结果（即有因果关系）。（二）须有死亡之结果。（三）须故意加害无意致死者。其处分为无期徒刑，或七年以上有期徒刑。（刑法第二九六条）

【伤(傷)害尊亲属罪】【刑】为加重伤害罪之一。因客体身分不同，又分为二：（甲）伤害直系尊亲属罪——即对直系尊亲属犯一般伤害罪（第二九三条第一项），施用极危险方法以伤害人罪（第二九四条），致人重伤罪（第二九五条），加重本刑二分之一。犯义愤伤害人罪者，处死刑、无期徒刑或十年以下有期徒刑。（乙）伤害旁系尊亲属罪——即对旁系尊亲属犯一般伤害罪（第二九三条第一项），施用极危险方法以伤害人罪（第二九四条），致人重伤罪（第二九五条），伤害致死罪（第二九六条），加重本刑三分之一。（刑法第二九八条）

【伤(傷)害罪】【刑】Offences of inflicting bodily injuries 伤害者，即对于人之身体加以不法侵害之谓也。身体包含外部内部各种机能容貌健康等。至于须眉毛发之受侵害，如与被害人之精神有关系时，自亦包含在内。又伤害之方法不论直接间接，作为不作为，凡能使人身体精神感受痛苦，皆属之，且大都以有结果为必要（亦有例外，如对尊亲属是）。至于有合法或正当业务之行为，虽对身体加以损害（如医生施行手术），则不以伤害论罪。刑法将本罪于分则第二十二章内规定之，计十一条。兹分为下列六种：(1)一般伤害罪。(2)加重伤害罪。(3)义愤伤害罪。(4)聚众斗殴伤害人罪。(5)加功于他人自伤罪。(6)过失伤害罪（详各本条）。上述各罪，除过失伤害罪不得褫夺公权外，余均得由审判官自由裁量。

【倾(傾)销货物税】【行】Tax on dumping goods 外国货物如以极低之价在中国市场与中国相同货物竞争销售者，曰倾销货物，又称探并货物。故凡外货在中国市场之趸售价格，有下列情事之一者，均视为倾销：（一）较其相同货物在出口国主要市场之趸售价格为低者。（二）较其相同货物运销中国以外任何国家之趸售价格为低者。（三）较该项货物之制造成本为低者。（四）凡外国货物向中国输出时之出口价格有上述第一种或第三种之情事者。关于倾销货物所征收之税，曰

倾销货物税，其税率以上述倾销情事计算之货价差额为准。（倾销货物税法第一、二、五条）

【佥（僉）事】【史】一作签事。宋曰签书，掌判断官署之公事。金乃置按察司佥事，佥事之名称自是始嗣后按察使属官皆有佥事之设，至清始废。民国成立，京师各部局皆有佥事之设，与旧时各部之郎中员外郎相似。

【佥（僉）差良民应役】【史】所谓佥差良民应役，乃指检选诚实良民，充任运役及仓役而言。清之现行则例（即刑部现行则例）仓库篇设有佥差良民应役之条：“坐粮厅所属八行运役及仓役名缺，责令通州知州佥选诚实良民应役。如仍保送旗人及民一人而充两三役者，经仓场侍郎巡仓御史查出题参，将该州知州降一级留任，其霸充及保结之人，系旗下，枷号一个月，鞭一百，系民，责四十板，徒二年。”

【剽掠】【通】抢劫掠夺谓之剽掠。

【募（募）兵制】【行】募兵制者，谓国家之军队，皆由招募方法，以志愿当兵者充任之，而由国家给予一定之佣值之制度也，与征兵制相对称。

【募（募）集设立】【公】Formation by inviting subscriptions 为股份有限公司设立方法之一种，对发起设立言，又名渐次设立，或称复杂设立。谓公司之股份仅由发起人承受一部，余则另行募集，招人认股也。如额数已满，则召集创立会，呈请主管官署登记，公司始告成立。（公司法第九三条—第一一〇条）

【势（勢）力范围】【国公】Sphere of influence 所谓势力范围，乃指各关系国缔结条约，对某殖民地各划定势力范围，以保留将来得取得其土地或设立保护地之完全权利而言。至对于该土地之内政外交，则无行使直接支配之权利与义务，然通常每多由势力范围进而为殖民保护国，更再进而为殖民地。势力范围仅用于非洲等之殖民地。至于列强之在我中国，并非势力范围，乃系利益范围（详该本条），二者大有区别，不可相混。

【势（勢）力范围主义】【国公】Principle of sphere of influence 为先占区域范围学说之一，对背后地主义言。即国家于占领一地后为图将来获得之便宜起见，而以该区域划为其势力所及之范围也。此说颇为学者所赞同。

【勤职】【史】所谓勤职，乃指对于职务勤勉而言，乃清制对官吏之成绩调查之要件之一，仅次于称职耳。清会典一吏部：“凡京察堂官，察其属之职而注考焉，一等曰称职，二等曰勤职，三等曰供职。”

【汇（匯）兑】【票】Exchange 汇兑者，谓委托第三人于一定之场所支付金钱于执券之人也。是项汇兑之金额称曰汇兑金。

【汇（匯）兑金】【票】Money of exchanger （详汇兑条内）

【汇（匯）兑金额】【票】Sum of money order 即于汇票上所书之汇兑金之额数也。

【汇（匯）票】【票】Bills of exchange 为票据之一种，对本票及支票言。谓发票人在票上表示一定金额，对于付款人为无条件之委托，使之对一定之人（受款人或执票人)支付款项之有价证券也。汇票为要式证券,须依法定形式作成,方可移转于受票人。所谓法定形式,即须记载下列各事项,并经发票人签名:(1)表明其为汇票之文字。(2)一定之金额。(3)付款人之姓名或商号。(4)受款人之姓名或商号。(5)无条件支付之委托(以示与本票之区别)。(6)发票地及发票年月日。(7)付款地。(8)到期日。上列各事项原则上缺一无效。但为实际便利减少无效原因起见,法律设有例外规定(票据法第二一条第二一六项)。至于任意记载事项,我票据法亦有明文,学者称之曰票据之偶素:(1)担当付款人与预备付款人之记载(第二三条)。(2)付款地之付款处所(第二四条)。(3)约定利息及利率之记载(第二五条)。(4)免除担保承兑责任之记载(免除付款责任,不在此限,第二六条)。(5)禁止背书之记载(第二七条)。(6)承兑提示期限之记载(第四一条、第四二条)。(7)免除作成拒绝证书之记载(第九一条)。(8)特种货币之记载(第七二条)。按汇票一经发出,应照票上文句负担保承兑及付款责任(第二六条)。汇票之流通方法有二:(一)无记名之汇票,以交付汇票为转让。(二)有记名之汇票,则须依背书方法,以为转让。汇票之目的为委托取款,执票人应于到期前向付款人作承兑之提示,如蒙允许,则付款人斯时曰承兑人,须签名于票上,并书明承兑字样。如不允付款,则曰拒绝承兑,此时应作成承兑拒绝证书,执票人得向其前手行使追索权。至于承兑人于到期不为付款者,亦应作成付款拒绝证书,执票人得以之为行使追索权之根据。又为维持信用起见,发票人得指定第二人为预备付款人,为便利付款且可指定担当付款人。又付款人拒绝承兑或付款时,得由第三人参加之。又为巩固流通起见,设有票据保证制度,效力极为强大。此外汇票且得作成复本或誊本,亦皆为汇票寄送及流通之便利计也。汇票当事人有三:(1)发票人。(2)受款人或执票人。(3)付款人。兹将汇票形式列出于下:

正面

汇票
凭票汇交
福州郭本益号大洋贰仟元正
请见票后(即日或过三天)理付此致
福州大陆银行　台照
上海郭天福号印
民国二十年五月五日

背书

本票所载金额让与福州李文记此批
郭本益号印
民国二十年六月三日
本票所载金额让与徐福记此批
李文记印

民国二十六年六月十日
本票所载金额让与张兴记此批
徐福记印
民国二十年六月二十日

【汇(匯)票义务人】【票】谓负有汇票上之义务之人也。例如发票人、付款人、承兑人及背书人皆是。

【嗣子】【继】【亲】Adopted son 所谓嗣子，乃指以承继宗祧为目的所收立他人(限于同姓)之子为己之子而言，又名继子。古时我国立嗣制度，只限于大宗无后时，始得为之，小宗则否。至于近世，已无大宗小宗之别，人各亲其亲，暮年无子者，皆得立嗣，故立嗣制度已失古时真意。故我新民法对宗祧继承，已加废除，不复有嗣子之规定。惟尚有所谓指定继承人之规定(第一一四三条及第一〇七一条)，虽系专为继承财产而设，实则除其并非继承宗祧一项外，与嗣子之性质，颇相近似。

【嗣父母】【继】【亲】Adoptors 嗣子称所嗣之父母曰嗣父母。

【吗(嗎)啡治罪法】【史】为民国三年四月十一日为大总统以教令第五〇号所公布。民国九年十二月三十一日曾加修正公布，全文共十二条。对于吗啡之制造、贩卖、收藏、运送等，以及其他麻醉药剂并专供施打吗啡之器具等之制造、贩卖、并运送等，皆有科罚明文之规定。

【吗(嗎)啡高根等物】【国公】吗啡乃鸦片中之主要质料，化学形式 $C_{14}H_{19}NO_3$。高根为哀里脱洛克西隆高加树叶中之主要质料，化学形式 $C_{17}H_{21}NO_4$。安洛因为第阿赛的尔吗啡，化学形式 $C_{21}H_{23}NO_5$。(参药料鸦片条内)

【啬(嗇)夫】【史】(一)田夫之谓。说文："从来从亩，来者，亩而藏之，故田夫谓之啬夫。"(二)为司空之属官。礼记："啬夫承命告于天子。"(三)为主币之官。书经胤征篇："啬夫驰。"(四)为乡官之称。管子："吏啬夫任事，人啬夫任教。"(五)秦地方自治之制有里、亭、乡之法，百家为里，有里魁，十里有亭，亭有亭长，十亭为乡，乡有三老，有秩、啬夫、游徼。其啬夫一职乃掌讼狱及租税等事，汉晋刘宋皆因之。

【填(塡)补】【债】Indemnity 谓填足弥补也，例如填补损害是。

【涂(塗)抹邮票及印花税票罪】【刑】为伪造文书罪之一，因意图行使之用，而涂抹邮票及政府发行之各种印花税票上之注销符号而成立。所谓涂抹，洗用之谓也，须以意图供行使为必要(单纯之涂抹不为罪)，其处分以伪造论。(刑法第二二七条第三项)

【涂(塗)销】【民刑诉】【通】凡一切既存文字记载，或签名以纸片贴附，或以笔墨涂抹，或裁去纸面，或以其他方法足使上述之既存文字变为不存在者，皆谓之涂销。

【涂(塗)销登记】【土】Cancellation of registration 涂销登记者，即涂销前此已登记权利事项之登记也。涂销登记之声请，亦应由权利人与义务人共同为之，是为原则。但有二例外：(1)因一定关系人之死亡而消灭者，得仅由权利人或义务人声请为之，惟应加具死亡证明书，以资证明耳。(2)至若对方踪迹不明者，自得请求法院定一期限，公示催告之，逾期而经除权判决后，亦得由一方附具判决书誊本，声请为之。(第一二九一一三〇条)

【塌货】【史】将货物贮屯藏匿不行报告，谓之塌货。清律(卷十二)户律课程篇——舶商匿货条之辑注："方言，贩停货物曰塌货，言客商将舶船货物，私自停塌于沿港所在土商牙侩之家，藏匿不报官也。”

【奥(奧)大利亚宪法】【宪】Constitution of Austria 奥大利亚(现译名为奥地利)在欧洲大战前原为欧洲中部大国，与匈牙利合为一帝国，面积约二十六万方哩，人口五千余万，战后缩少至三万余方哩，人口亦减至六百五十二万。西北与德国为界，东北则与捷克相连，东部与匈牙利为邻，西部与瑞士相接，东南与南斯拉夫相连，西南与意大利相接。境内多山，约占四分之三，全境无一处可通海口。战前国内民族甚杂，今则仅余日耳曼人而已。在十三世纪初年，有奥大利亚公国之设，一四三八年，其君主被推为神圣罗马皇帝，而为日耳曼诸邦之盟主者，历数百年。一八六六年普鲁士与奥争联邦盟主，终至开战，普胜奥败，日耳曼联邦盟主遂为普所获，奥乃转而与匈牙利、波希维亚、波斯尼亚(Bosnia)等民族联合称为奥匈帝国。一八七九年复与德国同盟。一九一四年六月，其皇太子为塞尔维亚人所杀，卒演成欧洲空前之大战，一九一八年十月全国大乱，匈牙利与奥分立，波希维亚独立，改称捷克国，其他南部则并入于南斯拉夫国及意大利国，工商业重心地域均行丧失，财政几濒破产，各业凋弊，国体改为共和，一九一九年二月十六日始正式成立。一九二〇年十月一日公布联邦宪法，一九二九年十二月七日修正，计分为七章，凡一百五十二条。第一章总则，第二章联邦立法，第一节国民会议，第二节各邦及职业代表会，第三节联邦总会，第四节联邦之立法程序，第五节国民议会为各邦及职业代表会对于联邦执行权之参与，第六节国民议会及联邦议会议员之地位，第三章联邦之执行权，第一节行政，第一款联邦大总统，第二款联邦政府，第三款联邦军队，第二节司法，第四章联邦之立法及执行，第一节总则，第二节联邦首都维也纳，第三节自治区域，第五章联邦之审计，第六章宪法及行政之保障，第一节行政诉讼法院，第二节宪法法院，第七章附则。一九三四年间陶尔斐斯氏为国务总理时，实行独裁，乃毅然下令修改宪法，于五月一日公布，共分十三篇，计一百八十二条。第一篇根本规定，第二篇国民之一般权利，第三篇联邦及各邦，第四篇联邦立法，第一章联邦立法之机关，第二章详细之规定，第三章联邦立法程序，第四章联邦立法各机关之参与联邦执法权，第五章联邦立法各机关之会员之地位，第五篇联邦之执行权，第一章行政，第二章司法，第六篇各邦立法，第七篇邦之行政，第八篇行政区及乡村及县，第九篇联邦直辖维也纳市之行政，第十篇行政紧急权，第十一篇审计，第十二篇联邦法院，第十三篇终结规定。兹举述其要点于下：(一)奥大利亚为联邦国，且为职业团体之组织，其领土包括维也纳市及各邦之领土，联邦首都及联邦最高机关所在地为维也纳市，德意志语在原则上为联邦之国语。(二)最高执行机关为联邦大总统、联邦政府、联邦部长、审计院长、各部政府及其政府大员、维也纳市长、联邦、各邦、各乡村县以及其他一切自治团体之一切机关，在其法定职权范围内，有彼此互助之义务。(三)国籍为一般奥大利亚联邦国籍及各邦邦籍，其有联邦国籍者，在各乡村中取得住民权时，即可取得各邦之邦籍，至于联邦国籍之授与应以在乡村中确有住民权者为限。(四)所有联邦国民在法律上以一律平等为原则，人民依法有财产迁移自由权，有住居迁徙自由权，其身体之自由亦受保障，亦有不受引渡于外国政府而受诉追及处罚之权。住屋依法不受搜索，书信秘密及邮政电报电话之秘密，亦不受侵犯。在法律之限度内，有自由结社集会之权，对于官署，有请愿及诉愿之权，至发表意见之自由权亦为法律所保障。宗教之信仰与仪式之举行，成年人民有完全自由之权，天主教堂及其他为法律所承认之教堂及教会得享受公法上之地位。法律已承认之教堂及教会事务，其与国家利益有关涉者，应另特别规定之。国家对于科学及艺术，亦受保护与奖励。此外人民亦得自由选择其职业，而人民之所有权亦不可侵犯，其为公用征收者，则仅以法律所规定者为限。(五)联邦宪法，联邦大总统之选举，联邦文化委员会及联邦经济委员会之召集，外交、联邦财政、货币、信用交易所、银行及储蓄银行之制度，度量衡制度，私法，包含组合法及其他经济结社及联合会之法律，刑法、仲裁法、诉讼程序法、结社集会法、户籍事务、实业之事务，铁路、航空、航行、邮电、矿业事务、林业事务、劳动法规及社会保障制度，卫生医药事业，科学及艺术之一般事项以及文化之事项，联邦警察及宪兵之事项，军队制度以及联邦官署及官吏之设置等等之立法权与执行权，均为联邦之事，惟以依法非由自治团体在联邦监督下，以自已职务范围而处理之者为限。(六)关于凡未经宪法上规定其立法权，或执行权属于联邦时，则该事件则仍属之于各邦之独立职权范围之内。(七)联邦得以联邦法律将其立法权或原则立法权于一定之事项，移交各邦或一邦，各邦亦得将其立法权之关于一定事项者，移交联邦，惟此事必须由于邦参议会之决议，决议时最少有投票权者一半之出席，及所投之票有三分二以上之多数之赞成，始生效力。(八)联邦之立法权经国参议会、联邦文化委员会、联邦经济委员会及邦参议会(预先咨询机关)，将法律草案预先讨论后，由联邦国会(决议机关)行使之。(甲)国参议会为由联邦大总统所任命勋劳卓著资格良好之国民充任参议员组织之，任期为十年，届满后得准予重新任命之，其名额至多不得超过五十人，至少不得少于四十人。(乙)联邦文化委员会以法律所已承认之教堂及教会、学校、教育、国民教育、科学、艺术各界之代表由三十人至四十人构成之，其资格须为已满二十六岁之国民。且以依法之规定应以效忠国家之委员为限之原则，始得充任。(丙)联邦经济委员会，由职业界所派遣之代表七十人至八十人构成之，其资格须为年满二十六岁及依法之规定应以效忠国家之委员为限之原则，始得充任。所谓职业界如农业、林业、工业、矿业、实业、商业及交通、货币、信用及保险业、自由职业并公务员是。(丁)邦参议会，由各邦派遣其邦长及受邦政府委托办理财政人员及维也纳市长及其所委任之代表即办理市财政者构成之。(戊)联邦国会，以国参议会之二十个参议员，联邦文化委员会之十个委员，联邦经济委员会之二十个委员，与邦参议会之九个参议员共同组织之，有权议决联邦政府所提之法律案。(己)联邦大会为国参议会、联邦文化委员会、联邦经济委员会、邦参议会共同公开之联合大会，其目的在选举联邦大总统提出三个候选人之建议，接受已选举大总统之宣誓，为宣战之决议，为执行依照本宪法所赋予该联邦大会之其他权限，在原则上由联邦大总统召集之，并以联邦国会之议长(副议长)为其主席，其决议由主席署名，并由联邦国务总理副署之。(九)联邦文化委员会联邦经济委员会在各该会中选举主席及两副主席。邦参议会之主席每半年依各邦之字母顺序轮换之，其主席职务由被召为主席之邦长或维也纳之市长主持之。国参议会之主席一人，副主席二人，由大总统依国务总理之提议及其副署就该参议会中任命之。联邦国会之议长即由国参议会之主席充任之，联邦国会之第一副议长，由联邦经济委员会之主席任之，第二副议长为联邦文化委员会所兼任，第三副议长则为由邦参议会于其派往联邦国会之九个代表中而选任之一代表。（十）联邦法律案应由国务总理预先提交联邦立法之预先咨询机关审查之后，始提交联邦国会。如联邦政府为下列各项之决议时，应即召集国民投票：(1)一种关于实质法律之法律案为联邦国会所拒绝，应付国民投票时。(2)对于一定联邦法律之草案，应举行联邦人民公决，以觇民意是否赞成时。(3)联邦立法上之一定问题，应提交联邦人民为原则决定时。（十一）依宪法而成立之联邦法律，由联邦大总统签署以批准之，批准由联邦国务总理及该管之联邦某部副署之。（十二）联邦国会对于国家条约有认可权，否则不生效力，又对于联邦预算亦有决议之权。（十三）联邦大总统由全联邦之各乡长依照联邦大会所提出之三个候选人中用秘密投票选出之，其资格须为年满六十五岁，而为本联邦之国民者为限，任期七年，再被选者得连任之。大总统有故障时或其职久缺者，其责任应移转于联邦国务总理（须即另选新大总统）。大总统对外代表联邦接受使节，任命驻外外交官，及缔结一切国家条约；对内有任命联邦高级官吏之权，有大赦之权，特赦减刑易刑等权，授与荣典荣誉之权等。（十四）联邦之最高行政事务限于未委托联邦总统时，委托联邦国务总理副总理及联邦国务员行之，在联邦国务总理指导之下，组织联邦政府。国务总理及由其所提请之国务员均由联邦大总统任命之。为处理联邦行政事务设立国务院及各部与其所属之机关，均以大总统之命令定之。国务院由国务总理主持之，各部由各部长主持之，有特别情形时，得任命不管部之部长。各部长之下，更置次长以襄助之，并受其指挥。（十五）武装实力负有保护联邦国界之任务，其统率权属于大总统，以大元帅名义行之，至军令权及调遣权则属于该管联邦部长。（十六）司法权均属于联邦，一切判决及裁决均以联邦名义公布及缮发之。法院之组织及其权限以联邦法律定之。法官独立行使其职务，并受特别之保障。法院对于正当已经公布之法律及命令其有效与否不得加以判决，如认为与宪法抵触，或对某种命令认为与法律相反，仅得呈请联邦国事法院将该法律或命令废止之。一切民刑案件之最终审级，除另有规定外，为最高法院。（十七）各邦之立法由邦议会行使之，邦议会为法律所已承认之教堂、教会学校、教育及国民教育、科学、艺术之代表以及邦之职业界代表所构成，每一集团最少应有一代表，其议长一人，副议长二人，均就其议员中自行选出。凡在邦议会所议决之邦法律，应依邦宪法之规定为之证明及副署，并由邦长在邦法律公报公布之（于公布前，应通知联邦国务院及联邦某部，并得联邦国务总理之同意）。邦之宪法不得与联邦宪法相抵触。邦议会得因联邦政府之申请，及得国参议会及邦参议会之审查后，由联邦大总统解散之，于解散后，应即举行新选举之程序。（十八）邦之行政以邦长为一邦之代表，其行政事务属于联邦者，由邦长执行之，属于各邦者，由邦政府执行之。邦政府由邦长副邦长及五个高级大员（邦参事官）组成之。邦长由联邦大总统依据该邦议会提出之三个候选人择一任命之，任命状由联邦国务总理副署之。邦长之罢免由联邦大总统依联邦国务总理之提议及其副署行之，或联邦大总统受邦议会要求时，亦得将邦长罢免之。副邦长及邦参事官由邦长任命之，亦得由邦长免去其职务，如邦议会要求时，邦长更应罢免之。充任邦政府之大员(邦长副邦长邦参事官)须至少为二十六岁,并以得有为邦议会之资格者,始得为之,且不得以邦议会议员充任,如以邦议会议员充任之者,则须将其邦议员资格在邦政府服务之期间内停止之。又邦政府大员亦不得兼任国参议会、联邦文化委员会、联邦经济委员会之委员。为辅助邦长之一切职权及为辅助邦政府起见,应设立邦长公署,为主持此项机关之内部事务起见,邦长得任命一精通法律之行政官,为政府理事官,在间接联邦行政事务上,亦为邦长之辅助机关,其任命须得联邦国务总理之同意,其同意亦得撤回之。此外区长其他邦官署及邦官吏以及各乡及其他自治团体,依照法律在邦内执行行政事务者,限于非由固有之联邦官署处理时,均在邦长指挥之下,为邦长公署理事。各区长之任命及委托邦长公署之一官员,使主持公共保安公务之事项,须得联邦国务总理之同意,其同意亦得撤回。(十九)联邦在各邦范围内之行政限于非由固有之联邦机关(直接联邦行政),或依据法律,在联邦监督下,由自治团体而处理之者,由邦长及其所属之下级邦官署行使之(间接联邦行政)。其本应由间接联邦行政处理之事务,如委托联邦官署,尤其联邦警察署为之执行时,则该联邦公署之办理此项事件,应归邦长指挥,及受其训令之拘束。邦长于间接联邦行政之事件上,受联邦政府以及各个联邦部长训令之拘束,并负责任将此项训令切实执行之,同时对联邦应负责任。(二十)各邦彼此相互间之协约,惟对于其独立职权内之事项始得订立之,并应即呈报联邦政府。(二十一)在各邦之内,行政区及乡村为行政管辖区。乡村隶属于行政区(行政区置区长),行政区则隶属于邦。乡村为一定之目的,亦得依法联合为县,或直接隶属于邦政府。又凡城市人口超过三万者,亦得以邦法律规定有自己之城市权,是曰直属于邦之市。按乡村为独立经济团体,在法律之限度内,有独立主持其预算,征收租税,保有及取得各种财产并处分之权,同时并得经营为乡村人民之一般利益而服务之经济企业。乡会及乡长为乡之机关。乡会由各该乡内之法定宗教、教育、学术及职业团体之代表组织之。乡长由乡会选举之,以得被选为乡会会员及年满二十六岁者为限,在其职务行为及关于委托职权之职务行为,对联邦及邦负责。此外依邦法律亦得为辅助乡长而设立乡委员会,此会最多以五个委员(乡委员)构成之,由乡会在其会员中选举之,其职权由邦法律定之。乡署隶属于乡长,若该乡村人口超过一万人时,乡署之主持人须为精通法律之官吏,而其任命亦须得邦政府之同意,其同意亦得撤销之。直辖于邦之城市置市长一人,其选举须得邦长之裁可,且直接隶属于邦政府,关于执行由联邦委托之权限时,则隶属于邦长之下。(二十二)联邦直辖市维也纳,为特别权利之领域团体,依本宪法所赋与邦直辖市及邦之职权,维也纳市兼而有之。其机关如下:(1)市长副市长——市长由联邦大总统依据维也纳市民会所提出之三个候选人中,择一任命之,其任命须由联邦国务总理副署之。市长之罢免,得由联邦大总统依据国务总理之呈请及其副署行之,如经维也纳市民会之要求时,联邦大总统亦得罢免之。副市长由市长任免之,并须得联邦国务总理之同意,其同意亦得撤销之。(2)维也纳市民会——为市之代表机关。由法律所承认之教堂及教会、学校、教育、国民教育、科学及艺术界职业界之代表构成之。立法权由市民会行使之,其法律决议须得市长之同意。(3)区长及行政上特别事务之主管官吏——乡村之委托职权上及区之被委托职权上事务之行政限于固有联邦机关无权办理时，由区长执行之。又关于一定事件，即超出一区以上之事件，由一特别主持之官吏办理之。(4)特别合议之行政官署——建筑及公课之事项在最终审之裁决，得移转于特别合议之官署(其组织权限与任命另定之)。(5)区干事及区代表机关。(6)市政厅事务长。(7)市教育委员会——以市长为主席，直接联邦。(二十三)为维持公共之安宁秩序及保持人民之重要经济利益或联邦之国家财政利益，尤其确保联邦之预算，有立即发布依照宪法须有联邦国会决议之必要处置者，因事关紧急不能立得国会决议时，则联邦政府得自行负责，用暂时变更法律之命令，而采取此项之处置(惟不得有变更宪法法律规定之事)，是为联邦政府紧急权。此项紧急命令应立即通报联邦国会，如联邦国会有过半数议员之出席，及所投票有三分二以上之多数，要求废止该紧急命令时，联邦政府应立将该命令废止之。又国家或其一部分受直接危险之威胁时，本应由联邦政府立即发布一种处置，以预防此项危险之必要，但因情形急迫，不及期待联邦国会之立即决议，及联邦政府依照紧急权而采用必要之处置，则联邦大总统依据联邦政府之建议办法，自己负责发布一种暂时变更法律之命令(须经联邦政府之副署)，是为联邦大总统之紧急权。此项命令亦得将各个宪法法律之条文变更之，但其变更如影响及于宪法之全部变更者，不得为之。又此项命令不得包有变更国体之规定，及触犯关于联邦法院之存立，及其关于审查法律及命令之权限或妨害该法院为此项之审查，以及变更法院裁决为对象之处置。(二十四)联邦各邦各乡村及其他权利主体之财务行政，依法由审计院审核之。审计院由一院长及必要之官吏以及助理人员构成之，院长由联邦大总统任命之，并得由大总统依照联邦国会之建议将其免职，其职务俟其本人已年届七十岁时而自行退休。其他官吏由联邦大总统依照审计院长之建议及其副署而任命之，其他助理人员则由院长任命之。关于审计院职权之详细规定另以联邦法律定之。(二十五)为保证立法之依照宪法及行政之依照法律，特设联邦法院，其职权如下：(1)裁定关于联邦官署之裁决(判决或处分)是否违法。(2)受理对于行政机关之裁决，因其违法而提起之诉愿。(3)裁定联邦各邦各乡村及各县对于他人主张其财产权要求者之诉讼(但以未经通常法院或行政官署之判决者为限)。(4)裁决法院与行政公署间，法院与法院间，邦与邦间，以及邦与联邦间所发生之权限争议。(5)裁决关于联邦及各邦官署之命令是否合法。(6)决定联邦法律或邦法律是否依照宪法。(7)依据联邦政府或邦政府之要求，确定立法上或执行上之行为应属于联邦或各邦之权限。(8)裁决关于议会等之选任之诉愿及国民投票选举之取消事件。(9)对于联邦政府各员及其连带负责任之机关伤害法律时(基于联邦国会之决议)，或依本法或邦宪法邦政府各员及其连带负责任之机关侵害法律时(基于邦议会或维也纳市民会之议决)，而提起弹劾，并加以裁决。此外对于上述人员，在原则上，亦得因其受刑事法院诉追之行为而弹劾之。(10)依照特别法律之规定，裁决是否伤害国际公法。(二十六)联邦法院以院长副院长及其他必要人员(评议会会长及评议员)组织之，均依联邦政府之建议，由联邦大总统任命之。评议会为评议关于一切之裁决事项之机关。关于联邦法院组织及程序之详细规定，另以联邦法律定之。(二十七)终结规定(第一八一——一八二条)从略。

【媾和初约】【国公】Preliminary peace or preliminaries of peace 又称预备和约。凡在和约未正式订定以前，对于急待解决之双方军事的或政治的问题，预先订立之初约，以为日后和约之根据者，曰媾和初约。

【嫁母】【史】父死而母再嫁于他家者，曰嫁母。三父八母服制图内有嫁母之名称。

【嫁娶主婚】【史】女子适人曰嫁，男子结婚曰娶，主持婚事，谓之主婚。大明令户令篇设有嫁娶主婚之条："凡嫁娶皆由祖父母父母主婚，祖父母父母俱无者，从余亲主婚。若夫亡携女适人者，其女从母主婚。若已定婚，未及成亲，而男女或有身故者，不追财礼。其定婚夫作盗及犯徒流移乡者，女家愿弃，听还聘财，其定婚女犯奸经断，夫家愿弃者，追还聘财。伍年无故不娶，及夫逃亡过三年不还者，并听经官告给执照，别行改嫁，亦不追财礼。"

【嫁娶违律】【史】凡婚姻违背法律所规定者，称曰嫁娶违律。唐律(卷十四)户婚篇有嫁娶违律条之设。所谓违律，乃指违背户婚篇所规定之不许为婚之条文而言，对主婚者分别情节加以治罪。明清律则有嫁娶违律主婚媒人罪一条之规定。(详该本条)

【嫁娶违律主婚媒人罪】【史】嫁娶违律乃明清律户律婚姻篇之一条，乃总承其他各条之规定，为男女婚姻以下各条之通例，盖为补充各条之未备，而权其轻重之宜者也。凡问婚姻之罪必先详核此条。明律(卷六)、清律(卷十)户律婚姻篇均有相同之条文。清律之规定及其下注："凡嫁娶违律，若由(男女之)祖父母、父母、伯叔父母、姑兄姊及外祖父母主婚者(违律之罪)，独坐主婚(男女不坐)。余亲主婚者(余亲谓期亲卑幼及大功以下尊长卑幼主婚者)，事由主婚，主婚为首，男女为从(得减一等)。事由男女，男女为首，主婚为从(得减一等)。至死者(除事由男女自当依律论死其由)，主婚人并减一等(主婚人虽系为首，罪不入于死，故并减一等，男女已科从罪，至死亦是满流，不得于主婚人流罪上再减)。其男女被主婚人威逼，事不由己，若男年二十岁以下，及在室之女(虽非威逼)，亦独坐主婚，男女俱不坐(不得以首从科之)。未成婚者，各减已成婚罪五等(如绞罪减五等)，(杖七十，徒一年半，余类推减)。若媒人知情者各减(男女主婚)犯人罪一等，不知者不坐。其违律为婚条，称离异改正者，虽会赦(但不得免罪)犹离异改正，离异者妇女并归宗。财礼若娶者知情，则(不论已未成婚俱)追入官，不知者则追还主。"清律之总注："此条乃断婚姻事情之通例，自男女婚姻以下诸条，凡有嫁娶之罪者，均谓之嫁娶违律，引拟诸条，皆当以此参之，所以补其未备也。男女结婚嫁娶，必有主张其事者，谓之主婚人。由祖父母为孙，父母为子，伯叔姑为侄，兄姊为弟妹，外祖父母为外孙，此皆分尊义重，得以专制主婚，卑幼不得不从者也。若有嫁娶违犯律法者，其罪独坐主婚之人，男女不坐。余亲者，以上各项之外，尊卑亲属，皆是余亲，主婚未必能专制男女，则违律之事，必有所由，事由主婚人起者，则以主婚人为首，所嫁娶之男女为从，事由男女起者，则以男女为首，主婚人为从。其有应科至死罪者，或祖父母等主婚，或余亲主婚，为首，并得减一等，杖一百流三千里。若男女为首者，至死不减。其在二十岁以上之男，及夫亡再嫁之女，有不情愿为婚，被主婚人用强威逼，则嫁娶违律之事，不由自己。又若男年在二十岁以下，及在室之女，则无自主嫁娶之理，其为婚之事，虽非由于威逼，而违律之事，自不由于男女。此二项之罪，亦独坐主婚，男女俱不坐。凡违律之罪，已成婚者，各论如本法。其虽有聘定财礼，或有嫁娶期约，尚未成婚者，主婚及男女，俱各减已成婚罪五等，如为从者，应减一等，则通减六等矣。犯人谓犯嫁娶违律之罪人，或应独坐之主婚，或主婚男女之为首者也。婚姻各律内俱不言媒人，然未有无媒人者，其知情减犯人罪一等，不知情不坐，概照此科断。违律之罪虽得遇赦原免，仍须离异改正，名例，所谓仍尽本法也。各律有称给亲完聚者，有称追还完聚者，有称仍两离之者，有称从夫嫁卖者，此皆不在赦限。凡指称离异，则并归宗也。娶者知情，则必有罪，所谓彼此俱罪之赃也，故追入官；不知情则被欺骗，犹取与不和之财也，故追还给主，不论已未成婚皆同。"

【嫁资】【亲】Dowry （详嫁资保险条内）又曰妆奁。

【嫁资保险】【险】所谓嫁资，乃指父母对于女子出嫁时所给与一定随嫁带往男家之财产而言，其所有权乃属于该出嫁之女子所享有。在保险制度中有所谓嫁资保险者，即女子于成年出嫁时，由保险人支付一定保险金额，以给与出嫁女子充为嫁资也。我国目前尚少其例。

【嫌疑】【刑诉】Suspicion 凡行为之是否与现行刑事法令相抵触，而尚在揣度中不能加以断定时之状态，称曰嫌疑，其人则曰嫌疑犯。故凡在未经法院裁判确定前之刑事被告，皆可称曰嫌疑犯。

【孳(孶)生马匹】【史】骒马之繁殖与否关系国家之马政，牧长（明律曰群头）负牧马之责，应如何用心养护，始能克尽厥职，若于所领三群（每群马一百匹）内，每年不能孳生八十匹者，应受惩治。明律（卷十六）、清律（卷二十一）兵律厩牧篇——孳生马匹条："凡牧长（明律为群头）管领骒马一百匹马一群，每年三群，孳生驹一百匹。若一年之内止有驹八十匹者，笞五十，七十匹者，杖六十，典牧官不为用心提调者，各减三等，太仆寺官又减典牧官罪二等。"清律之总注："牧长管领骒马以百匹为一群，每年三群应生驹一百匹，不及额者分别论罪。有驹八十匹，笞五十，不言八十匹以上，则不坐矣。有驹七十匹，杖六十，不言六十匹以下，止于杖六十也。典牧官不用心提调者，各减三等，太仆官又减二等，通减五等。"

【孳(孶)息】【民总】Fruits 又称果实，由原物所产生之收益物也。更可分为二：(1)天然孳息。(2)法定孳息。（详各本条）

【微员回籍】【史】所谓微员乃指文职县丞以下佐杂等微细官员而言，回籍谓返归本籍之地也。清之六部处分则例（卷十三）吏属事故编——设有微员回籍之条："各省文职县丞以下佐杂微员并教官在家乡五百里以外，离任后，实系穷苦，不能回籍者，除因贪酷劣绩参革人员，不得给与路费外，其因公罣误，并非实犯贪劣，以及丁忧解任、休致、病故等官，该州县查明给报，由该管府州核实申详藩司于该省存公项下，按照该员家口多寡，程途远近，酌给路费。傥将有力之员捏称无力，冒领事发，除将冒领银两着落结报不实之州县赔补外，并罚俸一年。"又："病故之员有亲友仆从扶榇回里者，该督抚照例给与勘合令其回籍。如无人送柩者，该督抚仍照例给发勘合行令地方官选差妥役二名护送回籍，取具原籍地方官印给送部查核。如地方官将病故不能归葬之员隐匿不报，罚俸一年，如州县已报，而上司不为申转，将上司罚俸一年，州县免议。其有选差不的，以致中途迟延失误，或不送至原籍者，将佥差之员罚俸一年。"

【微员留任革任】【史】微员乃指笔帖式从九品未入流等官之官员而言，留任革任谓应留应革其官任也。清之六部处分则例(卷二)吏属降罚篇——设有微员留任革任之条："凡有级可降之员，俱按其品级降调，直至无级可降始议以革职。至笔帖式从九品未入流等官系无级可降之员，例应降级调用一案内，止于降三级者，如事属因公在京令该堂官，在外令该督抚，将该员平日居官如何之处，据实声明吏部，将居官好者议以革职留任，四年无过开复。居官平常者，议以无级可降革职。如该员甫经任事，尚未能定其贤否，该管官声明到部议以暂行革职留任，仍令试看一年，如能供职效力，该管官报部注册，于奉文试看之日起扣限四年，无过开复，如不能供职效力，该管官即咨部斥革。其有本案内未将该员居官如何之处声明，经部行查者，俟咨覆到日，再将该员应留应革之处附入汇题。如一案内降调已过三级，并因私获咎，例干实降者，即行革职，无庸查询居官。其有前案内已经革职留任，尚未开复，又遇别案应降调者，即行革任。"

【想像上之俱发】【刑】又曰一所为数结果(详该本条)，或称无形俱发。

【想像上之数罪】【刑】又称一所为数结果，或名想像的竞合犯，即一行为而触犯数罪名之谓。可分为二：(1)同种的想像上之数罪——即一个行为发生数个犯罪构成事实之结果，而触犯同一罪名者，例如一炸弹击毙数人，或一枪击毙二人是。(2)异种的想像上之数罪——即一个行为发生数个犯罪构成事实之结果，而触犯不同一罪名者，例如一炸弹击毙一人伤一人并毁房屋是，或一枪击毙一人伤一人是。我国刑法第七十四条所谓一行为而触犯数项罪名者，乃指后者而言。关于想像上之数罪的性质在法律上如何，约有三说：(1)意思说——犯意单一即为一罪，否则为数罪。(2)法益说——以所侵害法益之数定其所犯之罪数。(3)行为说——行为单一即为一罪，否则为数罪。第一说又称想像上之犯罪竞合说，第二说又称实体的数罪竞合说，第三说又称法规竞合说。我国刑法第七十四条前半采第三说，依其行为定之(参法规之竞合条)。想像上之数罪从一重处断。(刑法第七十四条)

【想像上的竞合犯】【刑】又名一所为数结果，又称想像上之数罪。(参该本条)

【蠢(惷)愚】【史】生来而白痴之人曰惷愚。周礼秋官之制，惷愚者为三赦之一，不论罪。周礼秋官之属司刺："掌三刺三宥三赦之法……赦曰幼弱，再赦曰老旄，三赦曰惷愚"云云。

【意大利宪法】【宪】Constitution of Italy　意大利又译作义大利，为欧洲南部三大半岛之一，形如长靴，伸突于地中海中，东濒亚得里亚海(Adriatic Sea)，与南斯拉夫、亚尔巴尼亚二国相望，南及西两面均沿地中海，而与非洲及西班牙相遥对，东北之陆地与南斯拉夫相连，北与澳大利亚及瑞士为邻，西北则与法兰西为界。全国面积共约十二万方哩，人口约四千万，属于拉丁族，浮华而长于美术，且富于情感，以农业为主要生业，小学虽行强迫制度，惟目不识丁者甚多，国内有大学二十余所，美术教育为世界各国首屈一指。其地原为古罗马帝国建国之地，罗马灭亡后，疆土崩裂，在十一世纪时于日内瓦(Geneva)湖之南有萨卫(Savoy)伯爵小国者，积极向东部及南部发展，一四一六年建立公爵国，一七一三年称王，且获西西里岛(Sicily)，一七二〇年，又获撒丁岛(Sardinia)，惟让出西西里岛而称撒丁王国，旋征服意大利半岛之全部，于一八六一年改为意大利王，一八七一年奠都罗马，统一之业因而完成。在一八四八年三月四日曾制定宪法并公布施行，现仍有效，即现行之意大利基本法也。不分章节，惟分为下列七大段：国王，国民之权利与义务，上议院，下议院，两院适用之规定，内阁大臣，司法，总则，及暂行条文，共计八十四条。兹举述其要点于下：(一)意大利之政体为君主立宪制，以罗马天主教为唯一之国教。国王之身体为神圣不可侵犯，行政权属于国王一人。国王为国家最高元首，全国陆军大元帅，有宣战缔约之权(惟重要条约仍须经两院之通过)，对于政府一切官吏有任命之权。且公布法律，颁赐特赦与减刑，召集两议院或解散之。(二)国王以十八岁为成年，未成年者，其最近亲属依序得继承王位之亲王应为摄政，该亲王亦未成年者则由较疏远之亲属执行摄政事务。若亦无男性亲属者，则由太后执行之，无太后时，则摄政应由内阁大臣于十日内所召集之上下两议院选举之。(三)国内居民在法律上一律平等，在原则上，国民皆同等享受公权与参政权，并得任文武各官职。个人之自由应受保障，人民住所有不可侵犯之权，出版亦以自由为原则，财产所有权绝对不受侵犯，而人民在原则上依法对于平和之集会，亦有自由之权。(四)凡税项如未经上下两议院之同意与国王之批准，不得开始征收，即人民之公债亦应加以担保，国家对其债权人之义务，有不可违背之义务。(五)立法权由国王与上议院及下议院会同行使之。上议院由国王所任命之议员组织之，人数不定，任期为终身，须为满四十岁者，且应从下列各种公民中选任之：(1)国家之大主教与主教。(2)下议院议长。(3)连任三届或服务已满六年之下议院议员。(4)内阁大臣。(5)协理内阁大臣。(6)大使。(7)特命公使服务满三年者。(8)大理院与审计法院之首席院长与院长。(9)上诉院之首席庭长。(10)大理院之司法长及检察长服务满五年者。(11)上诉院之各庭长服务满三年者。(12)大审院及审计法院之参事服务满五年者。(13)上诉院之司法长及财务长官服务满五年者。(14)陆海军之将官，但陆军少将与海军少将，须为以少将阶级，服军务满五年者。(15)枢密咨议官服务满五年者。(16)各省参政会之评议员业经三次当选为议长者。(17)各州州长服务满七年者。(18)王家科学会会员为会员满七年者。(19)教育总会之正式会员服务满七年者。(20)曾以道德能力或由服务而为国家争荣者。(21)缴纳直接之财产税或营业税数达三千里拉(Lira)，至少有三年者。又王室各亲王亦为上议院之当然议员，但须年满二十一岁。上议院议长副议长均由国王任命之。上议院得以国王之敕令，组织审判叛国罪，与危害国家安全罪，及审判下议院所弹劾之内阁大臣之高级法院。(六)下议院由选举团依法所选出之议员组织之，被选者须为本王国之人民，年满三十岁，而享有公权与参政权，及其他法定资格者，任期均为五年，议长与副议长均由该院每届自行选举之。下议院有弹劾大臣之权，并得将之带至高级法庭受审。（七）上议院与下议院每届开会，均须同为之，且须同时闭会。会议时以公开为原则，出席议员且须为达绝对过半数，议案须为所投之票之过半数始为合法通过。议案应先提交每院所选定之委员会作初步审查，经一院讨论通过后，再转送他院，经其同意通过后，再呈国王核准。两院开会时以意大利语为正式方言，但来自通用法国语之区域之议员得用法语。（八）内阁大臣为负责任之行政长官，由国王任免之，法律及命令须由内阁大臣一人之签署，始生效力，在两院中有出席之权，于被咨询时，并得发言。（九）司法裁判官由国王所任命之法官以国王之名义行之，人民均不得规避普通法律上之裁判，一切法院法庭及法官，均须依法律之规定。又法庭中对于民刑事案件，均须依法公开审理之。法律之解释权均属于立法机关。（十）郡省之行政制度，及各郡各省之境界，应以法律规定之。征兵制亦同。至于违反本基本法之一切法律，皆废止之。（十一）暂行条文（第八十二—八十四条）从略。

【意外障碍】【刑】Unexpected hinderance　凡障碍之到来并非犯人所能预知或确认者，均谓之意外障碍，例如杀人行为，于着手时，忽见他人来到是。

【意匠专用权】【行】Exclusive copyright in registered design　所谓意匠专用权，乃指关于工业品之形状、花样、色彩或构造，在美术上或工业上之新思想，依法呈请登记，而取得一定期间内所享有专用之权利而言。

【意旨】【通】人类依精神作用所发生之主观的态度，曰意思，意思与宗旨之总称，谓之意旨。

【意见】【通】Opinion　对于事物，以自己理解力，加以判断而得之结果，曰意见，如以书面为之者，则曰意见书。

【意见自由权】【宪】Right for freedom of opinion　为个人自由权之一种，即人民对其意见有自由表示之权也。举凡言论之发表，著作之刊行皆属之，即人民之秘密通讯通电的自由，亦包括在内，故非依法律不得停止或加限制。（训政约法第一三条、一五条）

【意见书】【通】Written opinion　各级机关对于某种事实或法律所表示之见解，称曰意见，将意见用书面叙明，提交于上级机关，或其他同级之机关者，为意见书。又如律师对于诉讼案件于某种事实或法律之见解，用书面叙明提交法院或对方者，亦谓之意见书。

【意见罪】【刑】人民有发表意见之自由，此乃为宪法所保障。惟各国法律对于意见之自由，每有一定之限制，若超出一定范围之外，应即构成某种罪名，学说上总称之曰意见罪。

【意定代理】【民总】Agency by agreement　为代理之一种，又名委任代理，对法定代理言。即其代理权乃由被代理人之法律行为中的意思表示所生者。易言之，即由授权行为所授与之代理也（我国民法第一六七条）。例如甲授乙而为其代理人是。意定代理与法定代理之区分，乃以代理权之发生是否由本人（被代理人）之意思为标准，即在我国民法上，二者之待遇亦有不同。（第一〇四条、第一〇五条）

【意思】【通】Intention （详意旨条内）

【意思一致】【民总】Meeting of Minds 意思一致为双方法律行为构成之要件，故契约之成立，除须（一）有二个以上相对之意思表示。（二）意思表示之交换。（三）通常一方有要约之意思表示，他方亦须有承诺之意思表示三项外，尚须有双方意思表示之一致。所谓意思一致，即缔结契约双方当事人一致承诺也。若其意思不一致，则非真正之意思表示，无法律上之效力。例如，契约当事人之一方，用强迫手段使他方签订契约，其契约则属无效是。

【意思欠缺】【民总】Willensmänged（德） 所谓意思欠缺，乃指缺乏意思能力，或意思与表示不一致之状态而言，例如错误，以及无意思能力等皆是。

【意思主义】【刑】为故意之观念学说之一，对预见主义言，又称希望说，或名意欲主义。（详该本条）

【意思决定】【民总】法律行为未实施以前，须先有意思决定。所谓意思决定者，即以欲发生法律上效力之意思存在为必要也。若单纯之意思表示，而无发生法律上效力之可能时，例如精神病人及未满七岁之未成人之意思，皆不得认为意思决定，以其意思表示在法律上并无发生效力之可能故也。

【意思表示】【民总】Declaration of intention 即希望生私法上效果之意思表彰于外之行为也。意思表示之要件有五：(1)必须存有欲发生私法上效力之意思，故称效力意思，例如发生购物之决心是。(2)必须有一意思作用，以使其内部之效力意思与外部之行为（表示行为）相联络。换言之，即须有欲将效力意思表示之意思也，例如将购物之决心表示于外部是，故曰表示意思。(3)必须发生相当之行为，而此行为乃本于意识之作用，故曰行为意思，例如口称欲购物是。至其实施表示于外之行为，始称表示行为。(4)意思与表示必须一致。(5)意思表示须无瑕疵。（即须自由）意思表示之方法以不要式为原则，至要式者，又有法定方式与约定方式之分。此外表示方法就程度之差异言，有明示与默示之别（详各本条）。意思表示不一致之情形有二：(1)故意之不合。(2)无意之不合（详各本条）。至有瑕疵之意思表示亦有二种：(1)诈欺。(2)胁迫（详各本条）。此外关于意思表示之解释，应采求当事人之真意，不得拘泥于所用之辞句（民法第九八条），所以确定真正之意思表示也。

【意思能力】【民总】Capacity of will 即能作成意思及决定意思之力之谓，乃刑法与民法上最重要之观念。就民法上言之，有于法律行为及侵权行为之性质如何之二问题。（一）在法律行为之性质如何，有二派学说：（甲）法国法学派——分行为能力为天然能力与法定能力，以意思能力为天然能力以与法定能力相对称，必兼有此二能力始得称为有行为能力人。（乙）德国法学派 谓意思能力非行为能力之要件，乃意思表示之要件，故于法律行为之时凡欠缺意思能力，乃欠缺为意思表示之要件，与行为能力无涉。（二）在侵权行为之性质如何，学者间议论纷纷，但多主张侵权行为须有责任能力,而意思能力与责任能力之内容相同,即有意思能力均有责任能力。至于意思能力之标准,法例及学说,亦有三主义:(1)心理主义。(2)生理主义。(3)折衷主义。(详各本条)

【意思机关】【民总】Willensorgan(德) 法人虽无自然人之肢体,然其有意思,有行为,则与自然人无异。在社团法人,社员总会之议决,即法人意思之表现。在财团法人设定人之设定行为,即其意思之所在。表现意思及意思所在之机关,皆曰意思机关。通常之董事会乃代表法人之意思,故为意思机关之一种。至于总会乃法人意思表现之最高场所,其为意思机关更属明显。

【意故为】【史】出于故意之犯罪行为,曰意故为,否则曰非意故为。

【意欲主义】【刑】Willentheorie(德) 为故意之观念学说之一,对认识主义言,又名希望说,或意思主义。谓凡对于所犯事实之希望而决意为之者,即为故意,是认故意与所犯事实之认识间有因果关系。此项主义为多数学者所主张,而各国立法例亦多倾向之,我国刑法亦采之。(第二十六条规定是)

【意图】【刑】存意图谋,谓之意图。

【意图免犯罪之处罚而杀人罪】【刑】为加重杀人罪之一。因意图避免犯罪之处罚而犯杀人罪时,始成立本罪。例如犯罪后欲湮灭证据,乃杀其人以灭口是。其处分亦为死刑,或无期徒刑,未遂罪罚之。(刑法第二八五条第二款前半)

【意图防护犯罪所得利益而杀人之罪】【刑】为加重杀人罪之一。因意图防护犯罪所得利益而犯杀人罪时,成立本罪。例如强盗为防护其赃物,而将追者杀死是。其处分为死刑,或无期徒刑,未遂罪罚之。(刑法第二八五条第二款后半)

【意图便利犯他罪之杀人罪】【刑】为加重杀人罪之一。凡意图便利犯他罪而犯杀人罪时,即成立本罪。例如欲窃财物而杀人,或欲图强奸而杀其同居是,均以意图便利犯他罪为其杀人之动机也。其处分为死刑或无期徒刑,未遂罪罚之。(刑法第二八五条第一款)

【意图营利以馆舍供人吸食鸦片罪】【刑】为鸦片罪之一。因意图营利,以馆舍供人吸食鸦片或其化合质料而成立,须以营利为目的,且须系以馆舍供人吸食上述等物。如同时复售卖者,则应以并合论罪。本罪之处分为六月以上五年以下有期徒刑,得并科五百元以下罚金,未遂罪亦罚之。(刑法第二七三条)

【意图营利堕胎罪】【刑】Offence of abortion for lucrative purposes 为堕胎罪之一。因意图营利,受怀胎妇女之嘱托,或得其承诺,而使之堕胎者,成立本罪。其要件与加功堕胎罪同,惟须以营利为目的,而实施堕胎行为耳。盖其目的既为营利,恶性自较深重,非加重其刑不可,故处六月以上五年以下有期徒刑,得并科五百元以下罚金。其所以处财产刑者,因本罪主体大都为医师、产婆、药商等居多,所以惩戒其贪利也。至犯本罪因而致妇女于重伤者,处一年以上七年以下有期徒刑,得并科五百元以下罚金。若因而致死者,处三年以上十年以下有期徒刑,得并科五百元以下罚金。(刑法第三〇六条)

【意识】【通】Consciousness　直接之感觉与内部情感及意志混合之通称，曰意识。

【爱(愛)西欧皮亚国宪法】【宪】Constitution of Ethiopia　爱西欧皮亚国一称阿比西尼亚(Abyssinia)(现译名为埃塞俄比亚)，在非洲之东部，为一山地之国。青尼罗河发源于此，面积共三十五万方哩，人口共一千万人，为闪族人。气候温和，森林繁茂，畜牧甚盛，原为非洲古国，王系遗传至今已历数千年，曾受意大利之保护，今仍为英法意三国势力角逐之场所，惟已为国际联盟之会员国之一，仍有独立国之资格。现行宪法制定于一九三一年七月十六日，分为七章，共计五十五条。第一章帝国与帝位之继承，第二章皇帝之职权，第三章国民之权利与义务，第四章国会，第五章各部大臣，第六章司法，第七章预算。兹举其要点于下：(一)爱西欧皮亚国全国领土由帝国政府直辖之，并保障其国土及法律之统一。(二)帝位经法律之规定由日罗柴伦沙罗门皇与萨巴女皇之储君(Menilek)一世之遗族 Sahle-Sellasie之后裔 Haye Hayle-Sellasie 一世之系统永远承袭之，皇帝为神圣不可侵犯，违者依律治罪。(三)皇帝总揽国家大权，有召集国会宣告开会及闭会之权，并有解散之权。经国会通过之法律，须经皇帝之公布，始为有效，于国会闭会期内，于必要紧急期内，且可颁布法令。又任免文武官员之权及制定各行政区之组织与章程之权亦属诸皇帝，宣战媾和之权，规定平时与战时军额之权均属于皇帝。此外并得谈判及签订条约，授与爵位勋位，特赦减刑及宣告复权。皇帝于年老或年幼或因疾病，得依法任命摄政一人，以皇帝名义行使职权。(四)爱西欧皮亚人民之资格以法律定之，且依法有被任为文武官员之权利。在法律上有通行之自由，有身体之自由，有通信之自由，住所及所有权依法不受侵犯，对于政府且有请愿之权。此外对于政府缴纳租税之义务，军人并应忠于皇帝服从命令。(五)国会分为参议院与众议院两院。参议院由皇帝就亲王、各部大臣、法官、军事长官中为国宣劳历有年所者任命之。众议院议员在人民未有自选能力以前，暂由中央及地方长官选定之。一切法律非由两议院议决及皇帝批准，不得成立，两院对于立法问题或其他事项得分别向皇帝奏陈意见，如皇帝不予采纳时，则在同一会期内，不得再行提出。(六)两院之开会有常会与非常会议二种。关于开会闭会及会议与休会之规定，两院相同。众议院被解散时参议院应延期开会。国会之开会以三分之二之议员之出席为法定人数，开会时以公开为原则，在开会期间议员身体应受保障。两院对于重要事项有不同意之决议时，皇帝得审核双方所持之理由，折衷办理，使趋一致。若两院之意见不能接近时，皇帝得令从缓讨论，或择一公布之。开会时两院未得皇帝同意以前，虽于必要时亦不得邀请各部大臣列席会议，各部大臣未得皇帝之同意亦不得出席两院，参加讨论。(七)各部大臣对所主管事务应分别负责。凡法律命令及皇帝所颁发之文书，应经皇帝之签署后，再由掌玺大臣以其名义通知主管大臣。(八)司法权以法律另行规定之。法院由法官以皇帝之名义行之。法官应就具有司法经验之人员中遴选之，审判时以公开为原则。(九)凡属于行政事项之诉讼，不属普通法院管辖者，由特别法院审判之。(十)国库之收入，应依预算支配之。预算乃根据财政大臣向国会所提之议案而制定，且须经皇帝之批准，始得成立。

【爱(愛)沙尼亚国宪法】【宪】Constitution of Esthonia　爱沙尼亚为欧战后新兴之波罗的海沿岸国家之一，北以芬兰湾而与芬兰国相望，西沿波罗的海，南与莱多维亚国为邻，东与苏联为界，面积约一万八千方哩，人口约一百十余万，百分之九十为爱沙尼亚族人，与芬兰人同种，文字语言均与之相似，长于音乐诗歌。其初原为凶悍好斗之民族，多以海盗为生，十二世纪末及十三世纪初均先后为丹麦人所征服，继因人民屡次变乱，乃由丹国售让于日耳曼人，日耳曼人始握有爱沙尼亚土地之权，而役使爱人者达六百年之久。十六世纪初年贵族复向瑞典人投顺，十六世纪中复为波兰所征服，一七二一年俄帝大彼得遂并有其地。一九一七年四月间俄国之临时政府认爱沙尼亚为地方自治区域，以地方会议为最高之立法机关。一九一八年二月二十四日宣布独立，继被德国军队所侵入，政府遂以瓦解，及德军撤退，地方议会始行恢复。一九一九年五月十九日成立独立国，一九二〇年二月二日与苏俄政府订立和平条约，至是年六月间复经列强之承认，至是其独立之事业始告完成。同年六月十五日颁布宪法，至今仍为有效，全文共分十章，计八十九条。第一章总则，第二章爱沙尼亚公民之宪法权利，第三章人民，第四章国会，第五章政府，第六章司法权，第七章自治行政，第八章国防，第九章预算及赋税，第十章宪法之效力及其修正。兹将其要点举述于下：(一)爱沙尼亚为独立民主共和国，主权属于人民，依照宪法或根据宪法原则所订之法律行使之。(二)凡属国民在法律上一律平等，不得因出生、信仰、性别、阶级或国籍有何特权或损害，人民之身体、住所均不受侵犯，宗教与信仰概属自由，科学艺术及其教授亦属自由(惟初等教育则实施强迫制)，言论亦属自由，凡以言语、书面刊物、绘画或雕刻发表其思想者，除为公共道德或国家治安之理由外，不得加以限制。又书信、电报、电话或其他普通便利之通讯方法之秘密，均受法律之保障。此外人民之通行自由，和平集会之自由，结社之自由，选举职业之自由，及创设农工商企业或经营其他一切经济事业之自由，均以法律保障之。人民又有向主管官署请愿之权。财产所有权亦加以保障，除为公益起见，并按照法律之规定及其程序外，非经所有人之同意不得没收财产。少数人种有设立自治机关之权，其在一地方少数人种占多数者，其自治机关得用少数人种之方言为通用语言，但每人对此种机关，均有使用国语(指爱沙尼亚语言)之权。(三)爱沙尼亚之经济组织应以公平为原则，其目的在求人类之生存与繁荣，奖励农业，安定居民及其工作，保护妊娠，并须救济年老及灾害之残废者。(四)人民以下列方法行使主权：(1)复决权。(2)创制权。(3)国会议员选举权。(五)凡法律经国会通过者，如有议员三分一之请求，应自通过之日起两个月后公布之。若于上述期限内有选民二万五千人之请求，得将该法律交付人民复决。该项法律是否公布，须待复决之后定之。凡有选民二万五千人之请求，得制定、修正或废止法律，并得将草拟之法律草案提交国会，如经国会否决时，应将该草案提交人民复决，再由人民通过或否决之。若投票者多数赞成该草案时，即视为国家法律，应施行之。若人民否决国会所通过之法律，或赞同国会所否决之法律，则国会应即解散，重新选举新国会(惟预算与公债、赋税法、宣战与媾和、宣布戒严及解严、动员以及与外国缔结条约等不得交付人民复决，亦不得由人民创制之)。至于选举权之行使，须为年满二十岁之公民，共系取得国籍者，至少亦须有一年以上方得享有之。(六)国会代表人民行使立法权,议员共一百人,以比例制为基础,并用普遍平等直接及秘密投票方法,凡享有选举权者亦享有被选举之权,每三年改选一次,于每年十月第一星期一日召集常会,非常会议不在此限。其议长一席及办事处人员由国会自行选举之。国会之开会至少应有半数议员之出席方可,开会时在原则上应公开为之,议员所发表之政见不负任何责任,其身体亦受保障,且于任期内均行免除兵役。(七)国会依照宪法原则制定法律,并确定国家收支预算,议决借款等事,其所通过之法律均由国会办事处公布之。(八)行政权由政府行使之,其政府由主席及国务员所组织而成,国务员由国会任命之。主席代表共和国综理政府之事务,并任国务会议之主席,同时并得审查各国务员之职务,出缺时,共和国政府就国务员中指定一人代理之。共和国政府应得国会之信任,若政府或国务员经国会表示不予信任时,应即辞职。在政府内另设文官处,直接受主席之监督,以政府所任之文官长掌理之,所有政府之文书概由主席及文官长签署,由负责之国务员执行之。(九)主席及国务员犯渎职罪者,仅得由国会裁定后,方得提起公诉,由最高法院审判之。(十)司法权由法院独立行使之,最高裁判权属于最高法院,其法官由国会任命之,其他不属于选任之法院之法官,则由最高法院依法任命之。法官均受法律保障,非经司法裁判,不得加以撤职。特种法庭仅得在特别法律所定之范围以内,于战时或戒严时期或军舰上组织之。(十一)凡未经法律设置中央特别机关之地,由自治行政机关行使政府职权。此项机关由以比例制为基础,用普通平等直接及秘密投票法选举而来之自治行政代表组成之。(十二)全体国民均依法之规定参加国防,其防护国家之军队亦由法律规定其组织。军队之动员,原则上由国会决定之,自宣布动员或开战时起,由政府任命总司令统率之。(十三)一切赋税均须依照法律为之,国家之收支每年均应制定预算,其有效期间在原则上以至新预算年度开始为止。(十四)人民或国会各依其法定程序,得提议修正宪法,此项修正案,均应交付人民复决之,且须于未投票公决之前三个月,昭示人民。

【爱(愛)尔兰自由邦宪法】【宪】Constitution of Irish Free State　爱尔兰岛在大不列颠岛之西,其南部之大半为爱尔兰自由邦,东北隅之小部分为北爱尔兰,仍为英本国之一部。自由邦面积共二万七千方哩,居民共二百九十余万,人民为凯耳特人(Celts),与大不列颠及北爱尔兰之为条顿民族中之盎格罗萨克森(Anglo-Saxon)者不同,语言风俗文化宗教均有区别。全邦土地十分之七为生产地及牧场,以农业及畜牧为主要生业。在英王亨利第二世时,爱尔兰北部即为英国所征服,惟爱人素性倔强,数百年来屡次变乱,十八世纪中因受法兰西大革命之影响,又发生空前之大革命,卒为英人所削平,一八〇〇年英爱正式合并。一八四一年爱尔兰自治运动勃兴,于一八七三年组织自治同盟(Home Rule League),先后提出自治法案于议会,均被否决,惟第三次经下议院二次通过,应为有效,适欧战爆兴,遂以搁置,同时复因爱尔兰人民对于独立自治运动亦有三派之主张不同,益使政治方面不易解决。北部有亲英派之结合,主张仍为英国之一部,即今所称之北爱尔兰是也,现与自由邦不合作,依然受英国之统治。一为国民党,主张自治而不独立。其他则为新芬党(Sinn Fein)反对自治而主张完全独立,另建共和国。

一九一六年南爱尔兰在新芬党领导之下宣告独立，国民党势力散失，而英国复因欧战后元气已丧失不少，遂于一九二一年与之订立和约，许其自订宪法自定政体，南爱尔兰遂于一九二二年十二月六日建立自由邦，除外交关税及国防之外，爱尔兰均有完全处理其他事务之权。现行宪法系一九二二年十二月六日所颁布，计共八十三条，不分章节，曾经屡次增删。兹举其要点于下：（一）爱尔兰自由邦为组合不列颠自治民族联合国之会员国，自治邦政府之一切权力及立法、行政与司法等权均属于爱尔兰人民。（二）在本宪法施行时，凡住居爱尔兰自由邦管辖区域内之人不拘性别，其生于爱尔兰，或其父或母生于爱尔兰或原系住在爱尔兰自由邦管辖区域内七年以上者，为爱尔兰自由邦之公民。（三）个人自由依法不得侵害，私人住宅不得侵害，人民之信仰、宣传与奉行宗教之自由，如无碍于公共秩序与道德者，应受保障。人民有发表意见之自由权，有秩序及非武装之集会与结社应受保障。邦内一切人民均有享受初等义务教育之权利。（四）凡在爱尔兰自由邦领土内之一切土地与领水、矿脉与矿产，原属本自由邦或其主管各部，或留作公用或公益者，及在同一领土内之一切天然财源，与一切专卖权与特权，除据有原来委托、给与、租赁或让与者或其中私人占有确切利益者外，自本宪法施行日起，概归爱尔兰自由邦所有，并由邦议会依据随时订定之法律与规定，管理与支配之，但不得将其全部或一部割让。（五）立法机关为邦议会，由国王及邦参议院邦众议院组成之，有制定法律之权。爱尔兰自由邦人民年满二十一岁，依法不分性别，均有投票选举邦众议院议员及参加复决之权。其年满二十一岁，且未被宪法或法律取消资格或宣布无能者，得被选为邦众议院议员。各院各应选举议长与副议长。议会每年至少召集一次，由君主代表以国王名义召集并解散之，会议时以公开为原则。（六）邦众议院由法定选举区之代表议员组织之，其名数由邦议会随时决定，但总数（大学议员除外）不得有于每三万人口中不及一人，或于每二万人口中一人以上之规定，选举时以比例代表方法为之。自由邦各大学在本宪法施行时已存在者，每校得选举邦众议院代表三人。（七）邦参议院以勋劳卓著曾为民族争荣或以有特殊才能或成绩而足以代表民族生命之重要方面之公司组织之，定额为六十人，凡有被选为邦众议院议员资格，而年满三十岁者，得被选为邦参议院议员。（八）邦众议院对于财政案，如赋税之征收、撤销、豁免、更改或规定，为偿还公债或其他财政用途，而动用公款与此项公款之更改或撤销、供给，公款之度支、收纳、监管、颁发与其账目之审核，筹集公债，偿付付债与筹划担保品以及与上列各项有关之一切附带事件，应有立法权，此项立法权与参议院无涉。除财政案外，凡邦众议院所提议及通过之法案，均须送交邦参议院，得由邦参议院修正之。财政案亦应送达邦参议院付审议，并在送达邦参议院后二十一日内，退还邦众议院。邦众议院对于邦参议院之意见得全部或一部通过，接受或拒绝之，依此通过，如在二十一日内未退还，即认为已经两院通过论。一切法案经一院通过，他院接受，应认为通过两院，于通过后，行政会议应将法案呈达君主代表，请其以国王名义表示赞许，或保留以待国王之亲加批准。（九）邦议会得创设下级议院，其权限另以法律定之。又邦议会亦得创设能代表民族各种社会与经济生活之业务或职业委员会，且依条约之规定，在本自由邦之领土内，有募集与教养军队之专权，此项军队应受邦议会之管辖。又除对实际侵略者外，本自由邦非经邦议会之同意，不得参与战争。(十)爱尔兰自由邦之行政权属于国王，应由其代表依照加拿大自治邦行使行政权之法律习惯及宪法惯例行使之。为襄助并参加爱尔兰自由邦政务起见，应设行政会议，对邦众议院负责，由部长五人以上，十二人以下，经行政会议主席之推荐，君主之代表之委派组织之，组织此会议，各部长应包括主席副主席及财政部部长。而该正副主席、财政部长及其他参议应为邦众议院议员，但其他参议中一人，得为邦参议院议员。行政会议主席应由邦众议院提出任命之，主席应提出副主席一人，遇主席死亡辞职，或永远不能行使职权时，由副主席代理，至新主席选出时为止。行政会议其他参议由主席提出，经邦众议院之同意任命之。主席暨其提出之参议应对邦众议院负责，如丧失邦众议院大多数议员之拥护，应即连带辞职。又行政会议对于其参议所掌管各部部务，亦应共同负责，其不兼行政会议参议之部长得由君主代表任命之。此项部长应为其主管各部之负责长官，对邦众议院单独负责。各部部长得出席邦议会，并有发言权，邦众议院议员被任为部长时，不必辞退议席，亦不受重选之拘束。(十一)爱尔兰自由邦总督为君主代表，由国王依照任命加拿大总督之同样手续及任用之习惯任命之。(十二)邦众议院应任命统制审计总监一人，代表本自由邦管辖及审计邦议会职权下之一切支付及账目，除因确有过失或不及胜任，经邦众议院及参议院议决外，不得免职。(十三)爱尔兰自由邦之司法权由邦议会所设立之公共法院行使之。此项法院包括预审法院与最高法院，预审法院包括高等法院、地方法院及简易法庭。高等法院有裁判法律是否有效之权，最高法院除法定之例外外，应依法对高等法院一切判决有上诉裁判权。最高法院之判决为最终判决，不受任何法院或官署之复审。最高法院高等法院以及依照本宪法所设立之其他法院之法官，均由君主代表经行政会议同意后任命之。最高法院与高等法院之法官，除因确有过失或不能胜任，并经邦参众两院议决外，不得撤免。(十四)非依法律正当手续，人民不受鞫审，除法律特许之军事法庭以为审理违犯军法之军事犯者外，不得设置特别法庭。非现役武装军队人员所犯罪案，应归普通法庭裁判者，不受任何军法审判，或其他军事法庭审理(但有例外)。(十五)除轻罪犯由简易法庭当堂依法审理，及犯军法罪案由军法审判或其他军事法庭审理者外，刑事案件，非有陪审官不得审判。(十六)本宪法得由邦议会修正之。但此项修正案经邦议会两院通过者，除在邦议会两院通过或认为通过后已交人民复决，得大多数登记选民投票，有大多数登记选民之票数，或登记票数三分之二已表示赞成者外，自本宪法施行时起，十六年期满后，不得成为法律。此项修正案得以普通立法程序在十六年内制定之。(十七)临时规定(第七十三条至第八十四条止)从略。此外尚有大不列颠与爱尔兰协定条约十八条，与法律亦有同等之效力。

【愆犯】【史】奴婢贱隶等违背家主之命而有过失者，曰愆犯。唐律(卷二十二)斗讼篇——殴部曲死决罚条："诸主殴部曲至死者徒一年，故杀者加一等，其有愆犯，决罚至死，及过失杀者，各勿论。"

【感化主义】【刑】又曰改善主义，谓刑罚之目的乃在感化犯罪人之性质，使其改除恶性而成为社会上之健全份子，此种主义称曰感化主义，与报复主义相对称。

【感化院】【刑】Reformatory 即对于情节轻微及不良习惯之犯人(以少年人为多)，施以感化教育时之执行场所也。

【感化教育】【刑】Reformatory education 为对无责任能力人施行保安处分之一种，对监禁处分言，即专对幼年犯罪人之处分也。其目的为改良幼年人之恶癖，并无刑罚之性质，乃于感化院中行之。各国之感化院组织方式有三：(1)家庭式。(2)学校式。(3)兵营式。我国因无感化院之设，故刑法上有第三十条但书之规定，由监护人保佐人纳保证金，自行监督。

【感情表示】【民总】Gefuhlsäusserung（德） 谓将某种情感表现于外部也，与意思表示不同。一乃基于感情之作用，一则基于意思之作用，二者截然有异。

【感应主义】【刑】刑罚权之行使，当视犯罪人之感应能力如何为断，感应力大则科以轻刑，感应力小则处以重刑。至于断定感应力之大小，则应以客观的观察其犯罪之事实，与主观的审视该犯人之性格以为标准。此种主义，称曰感应主义。

【损(損)失的继承财产】【继】与利益的继承财产相对称。(详利益的继承财产条内)

【损(損)失赔偿】【险】Compensation of damage 保险法上所称之损失赔偿，与民法上之损害赔偿同一意义，旧法称曰损害填补。

【损(損)害】【债】Damage or injury 即因某事实而致权利人失其法律上对其财产或其他法益应享之利益之谓也。损害有有形损害与无形损害之分，前者为财产上损害，后者为非财产上损害。更可分为积极损害与消极损害，前者指既存财产额数之减少而言，后者则指应得财产之消失而言也。我国民法所称之损害乃包含二者(参第二一六条)在内。

【损(損)害信用罪】【刑】Offence against credits 为妨害名誉及信用章中罪之一。因散布流言，或以诈术损害他人之信用而成立。所谓信用，有广狭二义，狭义者指吾人在经济方面中之名誉，广义者指吾人在社会中一切之价值而言(即所谓地位是也)，自以广义说为当。因其结果须有社会上地位之受损，故与诽谤罪不同。本罪之构成须以损害他人之信用为目的，而其手段须为散布流言(捏造虚伪事，以传布于公众之谓)。或以诈术之任一行为，尤须实际上有信用之受损，否则不属本罪之范围。其处分为二年以下有期徒刑，拘役，得并科或易科一千元以下罚金。(刑法第三三〇条)

【损(損)害保险】【险】Casualty or damage insurance 为保险之一种，与人身保险相对称，又名财产保险，谓以除卸财产上之不利益为目的之保险契约也。我保险法规定谓为赔偿损失之契约(第三一条)。关于契约当事人之义务，除一般规定详见于保险契约条外，法律更有特别规定：(甲)保险人之义务——即偿还必要费用义务(保险法第三八条、第三九条)。(乙)保险人之权利——终止契约权(第四〇条、第四四条)。(丙)要保人或被保险人之义务——对保险标的物于损害未估定时原则上不得加以变更(第四二条)。(丁)要保人终止契约权(第四〇条、第四四条)。(戊)保险人之代位行使损害赔偿请求权(第四五条)。损害保险在我保险法中更可分为二:(1)火灾保险。(2)责任保险。(详各本条)

【损(損)害保险契约】【险】Contract of insurance against loss 关于缔结损害保险之契约谓之损害保险契约。(详损害保险条内)

【损(損)害债权人之债权罪】【刑】为毁弃损坏罪之一。因债务人于将受强制执行之际,意图损害债权人之债权而毁坏处分,或隐匿其财产者成立本罪。其要件有四:(1)本罪之主体以债务人为限。(2)须有损害债权人之债权的故意。(3)须有毁坏(毁弃及损坏)处分或隐匿之任一行为。(4)须于将受强制执行之际为限,否则不能成立本罪。其处分为三年以下有期徒刑,拘役,或五百元以下罚金(刑法第三八四条)。本罪须告诉乃论。(第三八七条)

【损(損)害债权罪】【破】为破产犯罪之一种,与过怠破产罪及诈欺破产罪相对称。即破产人不问在停止清偿或宣告破产之前后,知有不能清偿之事实,而以与某破产债权人特别利益为目的,于债权人未请求之债权或未请求之方法及时期,而清偿其债权或为其他消灭债权之行为或为供与担保时之谓,应处以四等以下有期徒刑或五百元以下之罚金。(破产法草案第三三一条)

【损(損)害填补】【险】旧商行为草案之术语,与现行保险法之损失赔偿同义。

【损(損)害赔偿】【债】Compensation for damage or injury 损害赔偿者,即使被害人以外之人填补被害人所受不利益之谓也。此时被害人取得损害赔偿债权,而被害人以外之人则为损害赔偿之债务人。赔偿损害之方法有二:(1)回复原状。(2)金钱赔偿(各详本条)。我国民法有回复原状为原则(第二一三条第一项)。关于损害赔偿之范围,不论积极或消极之损害,均须赔偿,至其额数之计算,应总计所受损害与所失利益以定之。又损害非因故意或重大过失所致者,如其赔偿致赔偿义务人之生计有重大影响时,法院得减轻其赔偿金额(第二一八条),以示体恤。

【损(損)害赔偿之债】【债】Obligation arising from the compensation for damage or injury 即以赔偿他人损害为标的之债也,又称损害赔偿债权。其发生原因有由侵权行为而来者,有由保险契约或公用征收而来者,亦有由债务不履行而来者。关于损害赔偿之债之成立要件有三:(1)须有损害之实际发生。(2)须有责任原因之存在。(3)责任原因与损害须有因果关系。

【损(損)害赔偿请求权】【债】Right of compensation for damage 被害人如有损害,有向加害人请求赔偿之权利,此项权利称曰损害赔偿请求权。

【损(損)益分配】【债】Distribution of profit and loss 损益分配者,谓分别支配所有之损失或利益而负担之或享有之也。换言之,即分配损失及分配利益也。分配利益谓将由合伙事业所生之利益(即将财产总额扣去出资总额而尚有余存之额),使各合伙人按成数分受也。分配损失谓将由合伙事业所生之损失(即财产总额不足补偿出资总额之差数),使各合伙人按成数摊分也。至于分配利益之时期除契约另有订定外,应于每届事务年度终为之。(参民法第六七六一六七八条)

【损(損)益相抵】【债】Compensation lucri cum damno(拉丁) 即赔偿权利人

一面受损害，一面又受利益时，应将损害与利益折扣以定赔偿范围之谓也。通常应以与损害原因事实有相当因果关系之利益，始可扣除。

【损(損)益计算书】【公】Detailed statemement of loss and gain 为公司账簿表册之一种，即记载公司亏损与利益两方严密详细之计算书类。我公司法规定应由董事造具，先交监察人查核，再提出股东常会，请求承认，如经承认，并应公告。(第一六六条——一六九条)

【损(損)败仓库积聚物】【史】仓与库以及积聚均为贮积之所，若安置不如法，曝晾不以时，而致有损败者，其负责人员应加治罪。明清律均有损坏仓库财物条之设。唐律(卷十五)厩库篇——损败仓库积聚物条："诸仓库及积聚财物，安置不如法，若曝晾不以时，致有损败者，计所损败者坐赃论，州县以长官为首，监署等亦准此。"疏议曰："仓谓贮粟麦之属，库谓贮器仗绵绢之类，积聚谓贮柴草杂物之所，皆须高燥之处安置。其应曝晾之物，又须曝晾以时，若安置不如法，曝晾不以时，而致损败者，计所损败多少，坐赃论，州县以长官为首，以下节级为从，监署等有所损坏，亦长官为首，以次为从，故云亦准此。"

【损(損)复】【史】清制，凡受惩戒处分之官吏，得依捐纳而回复其原级原职，是曰捐复，其种类有五：(1)捐复降革留任。(2)捐复降革离任。(3)降革加五捐复(即须捐复银额十分之五乃限于特重之罪)。(4)捐复原衔。(5)捐复原资(即文武进士、举人、生员等之出身资格丧失者)。(清国行政法卷六)

【损(損)伤】【史】为伤害罪中所用之术语，毁人之身体者曰损，见血者曰伤。唐律(卷五)名例篇——犯罪未发自首条之疏议。

【损(損)坏仓库财物】【史】凡仓库及积聚财物之所，均有主守人员之设，其责任在于掌管保护，若不以善良管理人之方法予以保护，则应构成本条罪名。明律(卷七)、清律(卷十二)户律仓库篇——损坏仓库财物条："凡仓库及积聚财物，主守之人，安置不如法，晒晾不以时，致有损坏者，计所损坏之物，坐赃论，着落均赔还官。若卒遇雨水激，失火延烧，盗贼劫夺，事出不测，而有损失者，委官保勘覆实，显迹明白，免罪不赔。其监临主守若将侵欺借贷那移之数，乘其水火盗贼，虚捏文案及扣换交单籍册，申报瞒官者，并计赃以监守自盗论。同僚知而不举者与同罪，不知者不坐。"明律之纂注："主守指攒拣库斗等人，不及监临者，以看守之责非其所亲也。失火延烧谓他处失火而延及之，若仓库失火，自有本律扣算也。扣换交单籍册谓折算钱粮分数，改换单册，将侵欺等项俱作损失也。此见仓库及各处积聚财物防护之责全在主守，若安置不如法，晒晾不以时，致有损坏者，是为怠玩，故计所损坏之物价坐赃论罪，均赔还官。若卒遇水火盗劫，事出不测，则非其所能防也，委官勘实，免坐不赔。其监临主守将侵欺借贷那移之数，乘水火盗贼之机，虚捏文案，及扣换交单册籍，申报瞒官者，既已作弊，复图脱罪，故以监守自盗论。若同僚官知其虚捏扣换作弊之情而不觉举者，与同罪，不知者不坐，不觉举不及主守者，以虚捏文案等弊乃官吏所掌，非斗级等人所能与也。按以监守自盗论惟虚出通关言，并赃余条止言计赃者，盖监守通同提调官吏明言并赃以见罪非一人也。若补借那移虚捏等项，则事或出于一人，故止言计赃，设有同犯者，依监守自盗,不分首从,从律并赃科罪,用者当以意念之耳。”

【损(捐)坏矿坑工厂设备罪】【刑】为公共危险罪之一。因损坏矿坑工厂或其他相类之场所内,关于保护生命之设备致生危险于他人生命而成立,以所损坏者为关于保护生命之设备为限,且须有致生危险于他人生命之程度为必要。至故意之行为亦为要件之一。处一年以上七年以下有期徒刑(未遂罪亦罚之),普通过失犯仅处六月以下有期徒刑,拘役,或三百元以下罚金,从事业务人之过失,则处以一年以下有期徒刑,拘役,或五百元以下罚金。(刑法第二〇三条)

【搜牢】【史】淫略妇女,剽取财物,谓之搜牢。后汉书一董卓传:“卓纵放兵士,突其庐舍,淫略妇女,剽虏资物,谓之搜牢。”

【搜查】【刑诉】Search 即搜索及调查也,通常之意义与搜索(详该本条)相同。

【搜索】【刑诉】Search 搜索者,即以发见被告或证物,及可以没收之物件为目的,而具有相当理由时所施于人之身体,人所携带之物件、住宅、船舰,或其处所之强制处分也(第一三九条)。搜索虽为强制处分,但亦有下列三种限制:(1)物件之限制——如公署保管之文书,及其他物件,须于万不得已时始许搜索(第一四〇条)。(2)处所之限制——军事上神秘处所,或军舰,须经该管长许可,方得搜索(第一四一条)。(3)时间之限制——即在夜间,如非追蹑现行犯,或逮捕脱逃人,或有事实足认为有人在内犯罪,而情形急迫者,不得对住宅船舰或其他处所加以搜索。但有例外四:(甲)假释人住居或使用之处所。(乙)客栈饮食店及于夜间公众可以出入之处所仍在公开时间内者。(丙)以赌博或妨害风化行为为营业之处所。(丁)凡于日间开始搜索者,夜间得继续为之(第一四八——一五〇条)。关于搜索行为,其程序如何,我刑诉法亦设有明文:(A)原则上应用搜索票(详该本条),但有例外,且应以之示在场之被告。(B)搜索住宅船舰或其他处所,原则上应命被告及户主船主或管理人在场。(C)搜索非由推事或检察官本人为之者,除上述人外,更应命二人在场。(D)在公署或军舰内搜索者,应通知该管长官请其莅视。(E)搜索中发见文书,或其他物件与本案无关,而显系犯他罪之证据者,应暂行扣押,送交该管检察官处分。(F)搜索应作笔录。此外搜索时尚有应注意者二事:(a)搜索时所用之强制力不得逾必要程度。(b)搜索妇女身体,除不能由妇女行之者外,应由妇女行之。(第一四二——一四七条、第一五一——一五五条)

【搜索票】【刑诉】Writ of search Search Warrants 谓实施搜索行为所携带之命令书也。搜索票应记明:(一)搜索之处所或身体。(二)发票之公署。(三)发票人之署名盖章。故于索搜时应以之示在场之被告、户主、船主、管理人,或其他应到场莅视之人,此为原则。但有下列情形之一者,得不用搜索票:(一)推事或检察官自行搜索时。(二)执行拘提逮捕或羁押时,对住宅或其他处所及船舰加以搜索者。(三)对拘提或逮捕之被告之身体加以搜索时。(四)因追蹑现行犯或逮捕脱逃人,或有事实足认为有人在内犯罪,而情形急迫时,对于住宅或其他处所及船舰加以搜索者。(刑诉法第一四五——一四八条)

【搜索笔录】【刑诉】实施搜索时所作成关于搜索始末情形之记录,谓之搜索笔录。

【搜索权】【刑诉】(详搜索条内)

【搜粟都尉】【史】(一)为春秋时代之官名,御史大夫之别称。盐铁论:"越王任种蠡以搜粟都尉,为御史大夫。"(二)为农事监督官之称,汉武帝时亦置搜粟都尉,予以督促农事之任。(汉书武帝纪)

【搜检】【史】(一)科举时代,于考场内搜查检举与考者之怀藏挟带书籍者,谓之搜检。随园随笔:"搜检之法,不知何始,然读舒元舆疏云,士子入场,自携脂烛,听候唱名搜检等语,是搜检始于唐也。"(二)即对于出入仓库者检查其身体之谓也。明律(卷七)、清律(卷十二)户役仓库篇仓库不觉被盗条:"凡有人从仓库中出,守把之人不搜检者,笞二十。"

【搜检沿身】【史】谓就身体之上下全予检查也。明律(卷十三)、清律(卷十八)兵律宫卫篇关防内使出入条:"其门官与守卫官军,搜检沿身,别无挟带,方许放出。"

【搬做杂剧】【史】历代帝王、后妃、忠臣、烈士、先圣、先贤之神像,乃官臣所瞻仰,不许搬做杂剧,以示尊崇,违者依律处罚。明律(卷二十六)、清律(卷三十四)刑律杂犯篇均有搬做杂剧之条:"凡乐人搬做杂剧戏文,不许妆扮历代帝王后妃,及先圣先贤忠臣烈士神像,违者杖一百,官民之家容令妆扮者,与同罪。其神仙道扮,及义夫节妇,孝子顺孙,劝人为善者,不在此限。"清律之总注:"历代帝后圣贤忠烈之神像,皆世所瞻仰而敬礼者,以之搬做杂剧戏文,则视亵渎神明者为尤甚,故乐人妆扮官民容令者,同杖一百。其神仙道扮,原属虚诞,而节义孝顺之事,足以兴起人为善之心,固所不禁也。"

【搬运赃物罪】【刑】Offence of conveying stolen goods　为赃物罪之一,因事后从事搬运赃物而成立。所谓搬运,即移送之谓。至其距离之远近以无关系为原则,但与回复财产权有发生重大困难者,不在此限。本罪之成立,以明知其为赃物而搬运者为必要。处五年以下有期徒刑,拘役,得并科或易科一千元以下罚金。(刑法第三七八条第二项)

【搭(搭)放】【史】搭者分配也,放者散给也。六部成语注解:"搭配也,如米不足数,以银分配,放给兵丁,谓之搭放。"

【搭(搭)客契约】【海】Contract for carriage of passengers　搭客契约者,系搭客与运送营业者订立之搭客合同是也。搭客契约与搭载契约相类似,故海商法第一百零一条规定,旅客之运送除本节另有规定外,准用关于货物运送之规定。惟搭客契约之性质系诺成契约之一种,与货物运送契约之为要式契约者,微有不同,故其契约之成立无须具备若何之形式,虽就一般商习而言,多有发行船票以为证明者,然法律对于其应载事项则未设有一定之限制。按搭客契约之当事人为两方之关系,与运送契约同,故搭客之权利即运送人之义务,而搭客之义务亦即运送人之权利。运送人之义务为:(一)食膳之供给。(二)目的地之送到。(三)食宿之供给。(四)行李之运送。(五)损害之赔偿。搭客之义务,则为:(一)票价之给付。(二)命令之服从。

【搭(搭)载契约】【海】Shipping contracts 为货物运送契约之一种,对佣船契约言,谓仅以货件在船舶上之运送为目的之契约也。(海商法第七〇条)

【搏执】【史】谓捕缚犯罪人也。礼记—月令篇:"孟秋之月命有司修法制,缮囹圄,具桎梏,禁止奸,慎罪邪,务搏执。"孟子:"有故而去则君搏执之。"

【搏揜】【史】揜又作掩,搏揜计有二义,一为搏击揜袭之义,如强盗之所为。一为博戏取钱之义,即以赌博而取他人之财也。汉书—功臣表:"元鼎四年,嗣侯蔡辟方坐搏揜,完为城旦。元鼎元年,嗣侯黄遂,坐搏揜夺公主马,髡为城旦。"师古之注曰:"搏揜,搏击揜袭人财,搏或作博,一曰六博士也,揜意钱之属,皆谓戏而取人财也。"

【抢(搶)修】【史】黄河等堤防破坏发生危险时,竭力加以修理,使其免致危险,谓之抢修。六部成语注解:"河工已出危险,竭力抢修,以救之也。"

【抢(搶)夺】【史】旧律所谓抢夺,乃指人少而无凶器时,以强行夺取他人财物而言也。凡出人不意而攫之曰抢,用力互争而得之曰夺。清律及例设有明文,其规定如下:(一)白昼抢夺人财物,为首者徒三年,右臂刺抢夺二字,为从减一等,抢夺不得财及所夺之物即还事主,照不应重律杖八十。(二)赃至八十两以上,按律递加窃盗罪二等,罪止流三千里,一百二十两以上,照窃盗满贯作绞候。本与人斗殴因而夺取财物,加窃盗罪二等,强割田禾依抢夺科罪,探知窃盗人财而于中途抢去,准窃盗论,系强盗赃止问不应,若见分而夺问盗后分赃。(三)抢夺初犯五次以上,发云贵两广充军,八次以上发新疆种地当差,俱改发足四千里,三犯绞决(以刺字为坐)。(四)总甲快手应捕人等指以巡捕勾摄为由,殴打平人,抢夺财物,犯该徒罪以上,不分人数多少,发边远充军,再犯,枷号两月,照前发遣。(五)因失火乘机抢夺,但经得财,照本例加一等,为首者流三千里,为从者均面刺抢夺字样。(六)刁悍之徒借命打抢照抢夺拟罪,仍追抢毁物件给主。(七)抢夺杀人,为首者斩决,为从者帮殴刃伤及折伤以上绞候,伤非金刃,又非折伤,发云贵两广充军,以足四千里为限,未经帮殴成伤,极边足四千里充军。(八)抢夺刃伤人及折伤以上未死,为首者斩候,为从者边远充军,年三十以上近边充军。伤非金刃,为首者极边充军(年五十以上近边充军),为从者徒三年。伤轻平复,为首者烟瘴充军(年五十以上近边充军)为从者徒三年。拒捕未经成伤,为首者近边充军,为从者徒三年。(九)抢窃数人共杀一人以致命重伤,为首皆致命重伤,以金刃为首,如伤仗同。又同为致命重伤,无可区别,则以主使之人为首,无主使以先下手者为首。至伙贼不知拒捕情事者,仍照抢窃本律论。(十)抢窃两人同场拒伤事主一人,无论先后下手,以金刃伤为首。如金刃伤轻,他物伤重,而未致折伤,仍以金刃为首。一系刃伤,一系他物折伤,则以重者为首。如伤皆重,可无区别,以先下手为首。若俱系金刃或俱系他物,以致命重伤为首。俱致命重伤,亦以先下手者为首。至各自拒伤并不同场者,各科各罪,各以为首论。

【抢(搶)夺及指匿逃人】【史】谓白昼抢夺,及结合伙伙,借口指称他人隐匿逃亡之人,以达其索取财物之目的也。不论已否得财,均分别首从,予以治罪。清之现行则例(即刑部现行则例)贼盗篇设有抢夺及指匿逃人之条:"凡白昼抢夺三犯者,拟绞立决。再无论旗下民人结伙指称隐匿逃人索诈财物者,不分得财与未得财,为首者立斩,为从者俱拟绞监候,秋后处决。"

【抢(搶)夺强盗及海盗罪】【刑】Snatching robbery and piracy 抢夺强盗及海盗罪,皆为对财产加以侵害之罪,而其行为之状态,均较窃盗罪为积极。我国暂行律对本罪原与窃盗罪合为一章,对抢夺罪与强盗罪之界说,并无明了之规定,对海盗罪亦无详细明文,引用殊觉困难。刑法将窃盗罪另成一章,而再将抢夺强盗及海盗等罪加以区别,合定于分则第二十九章,计十三条。兹分为三种:(1)抢夺罪。(2)强盗罪。(3)海盗罪(详各本条)。上述各罪关于褫夺公权之处分,得由审判官依刑法第五十七条及第五十八条之规定,自由裁量之。(第三四二条)

【抢(搶)夺妇女】【史】所谓抢夺妇女,乃指聚众伙强行夺抢路行妇女,或入室图抢妇女而言。清例对此设有明文,兹列举其规定于下:(一)聚众伙谋抢夺路行妇女,或卖或自为妻妾及奸污,或入室抢夺,无论曾否媒说,但抢获出门,不分曾否得财,为首者斩候,为从者绞候,知情故买减正犯罪一等,不知者不坐。(二)入室图抢未成,为首者绞候,为从者极边充军。(三)聚众伙谋抢夺,因而拒捕杀人,下手杀人之犯斩枭,为从帮殴成伤,不论手足他物金刃绞候(并未帮殴,首从各犯分别已未抢获问拟)。(四)家奴抢夺,其主知情不首,照知情故买治罪。(五)并非伙众,但强卖与人为妻妾者,绞候,若素有戚谊之家,先经媒说未允,因而纠众强抢,仍按强夺奸占已成未成各本律例科断,如有拒捕杀伤,照抢夺杀伤办理。(六)聚众抢夺曾经犯奸妇女,无论在途在室——(甲)已成者为首,发黑龙江为奴(新例改发驻防),为从流三千里,同谋未经同抢徒三年。(乙)未成者为首流三千里,为从徒三年,同谋未经同抢徒二年半。(七)如妇女犯奸后已悔过自新,以良人论,抢夺许婚另嫁妇女,不以犯奸论。(八)伙众抢夺与贩妇女——(甲)已成者为首绞候,为从实发四省烟瘴充军,同谋未经同抢流二千里。(乙)未成者为首,实发四省烟瘴充军,为从流三千里,同谋未经同抢徒三年。(九)并非聚众但经抢夺——(甲)已成者,为首定四千里充军,为从徒三年,同谋未经同抢徒二年半。(乙)未成者,为首徒三年,为从徒二年半,同谋未经同抢徒二年。(十)拒捕杀伤兴贩之犯,以凡斗论,若系本妇及其亲属,依罪人拒捕科断。

【抢(搶)夺罪】【刑】Offence of snatching 为抢夺强盗及海盗罪章中罪之一。其性质居乎窃盗与强盗之间,因其系乘人不备而抢夺他人之物,故与窃盗之乘人不觉而窃取者有别。因其系乘他人抵抗之不及而抢夺其物,故与强盗之以强迫使人不能抵抗而掠夺其物者不同。各国立法例对于本罪之处分,有以窃盗论者,有以强盗论者,有以独立罪论者,刑法从最后说。兹分三种:(1)单纯抢夺罪。(2)准抢夺罪。(3)加重抢夺罪。(详各本条)

【抢(搶)夺路行妇女】【史】谓将过路之良家妇女强行抢夺,以为己之奴婢或出卖于人也。凡同谋者,不论已否得财,均分首从处断,知情而买者亦治罪,不知情者,止坐盗卖之人。清之现行则例(即刑部现行则例)贼盗篇设有抢夺路行妇女之条："凡聚众抢夺路行妇女或卖或自为奴婢者，审实系同伙谋者，不分得财与未得财，为首者立斩，为从者俱拟绞监候，秋后处决。凡人不知抢夺情由而买者，罪坐盗卖之人，倘或知情而买者，减正犯一等，旗下人枷号两个月，鞭一百，民人责四十板，流三千里。其抢夺人之主知情不行举首者，旗下人枷号两个月，鞭一百，民人责四十板，流三千里。小拨什库不行严察，鞭八十，总甲责三十板。其八旗佐领骁骑校并府佐领包衣大步军副尉，在外府州县各官不行严禁，其步军校五城之司坊官巡捕营官不严行察拿，于该管泛内事发，及抢夺之主，系官知而不首者，交吏兵二部议。"

【抢（搶）夺窃盗免其并拟】【史】谓犯抢夺罪一次，窃盗罪二次者，或犯抢夺罪二次，窃盗罪一次者，免其与抢夺罪三次或窃盗罪三次并拟绞（监候）刑，而仍照各所犯之罪发落也。清之现行则例（即刑部现行则例）贼盗篇设有抢夺窃盗免其并拟之条："凡除抢夺三次者照定例立绞，窃盗三次者照律拟绞监候，秋后处决外，如抢夺一次窃盗二次者，或抢夺二次窃盗一次者，免其并拟，照各所犯之罪发落。"

【抢（搶）窃处分】【史】抢者，抢夺也，窃，谓窃盗也，处分，谓惩戒处分也，即对于抢窃案件发生时地方官所受之处分也。清例之规定如下：（一）伙众十人以上抢窃，虽无拒捕伤人及赃逾满贯，骑马贼拦抢，无论人数赃数多寡，曾否持械伤人，均照盗案题参疏防。（二）伙众抢窃，拒捕伤人，抢夺以首先下手之人为盗首，行窃以首先拒捕之人为盗首，拿获拒捕之犯及半，兼获首犯，仅止起意抢窃之犯未获，抢夺行窃照窃案满贯例议处，分别已未满贯议处。拿获拒捕之犯及半，首先下手拒捕之犯未获，照盗首不获例改议。止获抢窃之犯，而拒捕伤人之犯未获，仍照盗案议处。（三）窃案赃至百两以上，承缉官限六个月缉拿，不获，罚俸六个月，再限一年缉拿，不获，罚俸一年，限内获犯及半，首犯未获，仍照例议处。赃已满贯，承缉官限六个月缉拿，不获，罚俸一年，再限一年缉拿，不获，罚俸二年，限内获犯及半，首犯未获，仍照例议处。（四）伙众抢夺并未伤人，赃至十两以上，照窃案满贯例议处，赃不及十两免议。（五）一人行劫及窃盗行强或临时拒捕，并一人白昼抢夺逾贯伤人，均毋庸题参疏防，一年限内拿获免参，无获，照道路村庄失事议处。（六）邻境地方官拿获窃案内拒捕，抢案内伤人及满贯之犯，按所获首伙名数，照获盗议叙。（七）伙众抢夺良家妇女初参（四个月）州县即捕官住俸，二参（以下一年）降一级留任，三参降一级调用。初参（四个月）督缉厅员停升，同城府州罚俸六个月，二参（以下一年）罚俸一年。初参（四个月）不同城府州兼辖道员罚俸六个月，二参（以下一年）罚俸一年。以上限内全获或拿获首犯，俱免议。（八）事主已报官为讳匿及事主失报者，照讳匿盗及事主失报各例分别办理。（九）接缉官初参限内到任，限一年缉拿，不获罚俸一年，再限一年缉拿，不获再罚俸一年，初参限外到任限一年缉拿，不获罚俸一年。（十）伙众抢夺非良家妇女，勒限六个月查参，将缉官罚俸一年，再限一年缉拿，不获罚俸二年，限内全获，或拿获首犯俱免议。

【新任督抚展限】【史】督抚，谓清时之总督与巡抚（详各本条）也。督抚等奉派任命时，应即于一定限期内到任接署，如限期不敷时，准其展长限期完结。清之现行则例（即刑部现行则例）公式篇设有新任督抚展限之条："督抚到新任接署者，俱以到任接署日期扣算，系四个月限期者，准展限两个月完结，系六个月限期者，准展限三个月完结，余仍照旧例遵行。”

【新刑律】【史】即清新刑律之简称（又曰大清新刑律）。光绪三十二年由修订法律馆延聘日本法学者冈田朝太郎担任起草刑法，易稿数四（有原案与改正案二种），前后编定总则十七章，分则三十六章，共三百八十七条，于光绪三十三年告成，先后奏请饬下宪政编查馆照章考核。旋由该馆咨交各省签注，各省疆吏张之洞等以该刑律草案并无奸通无夫妇女治罪之明文，指为蔑弃礼教，肆加攻击，尚书廷杰更会衔具呈加害皇室及内乱外患罪之加重，无夫奸之处刑，以及对于尊亲属有犯不得适用正当防卫等五条，奏请著为暂行章程，新旧两派大兴笔墨之争，宪政编查馆卒徇廷杰之议，附加暂行章程于后，是为宪政编查馆核订案。继交资政院议决，仅通过总则一编（分则一编尚未提交议决通过），是为资政院通过案。旋因为预定颁布之期限所迫，将总分则一并奏上，名曰大清新刑律，于宣统二年十二月二十五日内阁奉谕公布，定于四年施行，未及期而清祚告终，故尚未实行。（参暂行新刑律条）

【新西兰自治邦宪法】【宪】Constitution of New Zealand　新西兰一作纽丝兰，在澳大利亚州之东南，由南北二大岛及斯丑瓦特（Stewart）岛所构合而成，面积约十万三千方哩，人口共一百二十一万，皆英人后裔，土人曰摩里人，仅有五万余人。是处本为荷兰航商塔斯马氏于一六四二年所发现，一七六九年英人科克（Cook）抵此后，遂宣布为英国领土。初仅为囚犯移殖之地，至一八四〇年英人始正式予以统治，然土人仍时加叛乱。一八五三年改为自治殖民地，由英王敕派总督管辖之。一八九三年妇女即享有选举权，开世界女权之先声。现行宪法公布于一八五二年六月，经数次之修正，全文不分章节，虽有八十二条之多，惟经废止者不少（第一至第三十一条，第三十三—四十三条，第四十五条，第四十八—五十二条，第六十条，第六十二—六十三条，六十七条—六十九条，第七十三—七十九条，第八十一条等，均已废止）。实际上仅有二十条耳。兹将其要点举述于下：（一）新西兰自治邦内设邦议会，以总督及参议院众议院构成之。议会开会之时间与地点，由总督随时规定，并得延长其期间或解散之。邦议会应制定法律以保持新西兰之安宁秩序及善良政治，惟不得与英吉利之法令相反。（二）除依据总督代表国王关于各项公务所需经费颁给众议院之指令外，众议院或参议院不得通过支给新西兰国库收入以充任何公务经费之议案，总督亦不得予以核准。（三）总督得以法律草案咨送参议院或众议院，并得批准驳斥保留或修正各项议案。凡送呈总督请求国王核准之议案，已经总督以国王之名义核准者，应以校正本一份尽先送呈主管国务大臣，该大臣得于收到后两年内，以枢密院之命令代表国王驳斥之。至于凡经保留之议案以待向国王请示者，在未经国王核准之前，不得在新西兰境内发生效力。（四）邦议会对于供给本国军用之物品，一律不得征税，且不得违反外国与本国所订之条约，而对于进口出口货物征收捐税，或加以禁止或限制，或予以免税奖励金，退税或其他特权。（五）凡依据邦议会法律所征收之各项赋税之收入，于依照法定方法支付后，概应遵照邦议会以法律规定之指定用途支给之。（六）新西兰土民关于其相互间关系及其原有之法律习惯不违反人道原则者，得暂予保留，惟此项区域应特别划定之。(七)邦议会得规定本邦荒地之出卖、租赁、处分及占有。(八)总督为现时依法负责新西兰政府行政之长官。(九)本法之公布及依据本法所为之各项布告，均应在新西兰政府公报上公布之。

【新兵】【行】New soldier 初次招募之士兵，曰新兵，一般选定之标准如下：(1)年龄在十八岁以上二十五岁以下者。(2)身长一公尺六公分以上者。(3)身体魁伟强健，五官四肢全健，确无暗疾者。(4)品行端正，言语清楚，确无嗜好者。(5)确系土著，向有家族及职业，并未充过兵役者。(6)有合格之保证者。(7)未曾犯过刑事罪者。此外新兵检验体格，应同时依其性质技能而区分兵种。(陆军新兵选定暂行规则第二—三条)

【新事实】【民刑诉】New fact 新发现之事实为新事实。在民刑诉讼案件中，于上诉时得提起新事实。例如，子至丑家，诈称为丑友寅之仆役，骗取自来笔一枝，丑向法院控告，法院认为子之犯罪嫌疑不足，为谕知无罪之判决，后发现卯曾向子买自来笔，并发现该自来笔即辰曾卖与丑者，此卯辰之买自来笔，及卖自来笔，均谓之新事实。

【新拍卖】【债】New auction 谓前此举行拍卖时未获结果，复再从新拍卖也。例如前次拍卖未得相当满足之价额，仍未卖出，复从新拍卖是。

【新法】【通】New law (一)新定之法律谓之新法。韩非子："利在故法，前令则道之，利在新法，后令则道之。"唐书—鲁公止传："条上新法。"(二)宋王安石行法令之改革，而有关于农田、水利、青苗、均输、保甲、免役、市易、保马、方田等法规之制定，号曰新法(宋史—王安石传)。新颁布之法律称曰新法，在原则上其适用优于旧法。

【新注无冤录】【史】为清王穆伯所注，沈家本氏有序，法医学之专书也。按是书为朝鲜人崔致云等之注释，计二卷，由王氏转钞自日人之钞本，并参以近代法医学学理而成。

【新股份】【公】New shares 为股份之一种，对旧股份言。谓公司在存续中因增加资本所发行之股份也。

【新股票】【公】New share-certificate 为股票之一种，对旧股票言，即股份有限公司存续中，因增加资本时所发行之股票也。发行时期，须于新股收齐，召集股东会并声请登记后，方得为之(公司法第一九五条)。至其方式除应编号载明股数，并经董事五人以上签名盖章外，须并载下列事项：(1)公司名称。(2)增加资本登记年月日。(3)增加股份总数及每股金额。(4)发行优先股者优先股之总额及其优先权利。(5)增加股份之股款分期缴纳者，其每次分缴之金额。违背上述记载，其股票为无效。(第一九六条)

【新律十八篇】【史】(详魏之法典条内)

【新要约】【债】New Offer 为要约之一，其情形有二：(1)要约失效后始行达到之承诺视为新要约。(2)将要约扩张限制或变更而为承诺者，亦为新要约(民法第一六〇条）。此时原承诺人变为要约人，而原要约人则变为相对人。

【新修审官西院条贯】【史】计十卷，另有总例一卷，为沈立所撰。事见宋史艺文志刑法类。

【新康德派】【通】School of Neo-Kant 为社会法学派支派之一，以 Stammler 氏为代表，稍着重于哲学方面，注重法律之时间性与空间性。此派主张之特点有四：(一)制定法律时，须顾及将来实施时之公平。(二)法律并非求久不变者。(三)个人意志不可屈服于另一人，但屈服于社会之公意则可。(四)法律之规定绝对不可使服从法律者不能生活（例如医者欠债时，其行医仪器不可拍卖，致影响其生活）。

【新诉】【民诉】于起诉之后，从新追加之诉，称之曰新诉。

【新集同光刑律统类】【史】计十三卷，为后唐刑部尚书卢质所撰。（参后唐之法典条内）

【新集至治条例】【史】（详元之法典条内）

【新黑格派】【通】School of Neo-Hegel 又称新黑智尔派，为社会法学派支派之一，以 Kohler 氏为代表，稍有历史派之倾向，即主张法律与社会生活乃互相为因果，而发生密切关系者。且视法律为文化之结晶，立法者仅为时代之发言机耳。故研究历史之进化，与现代社会之现状，殊为必要。且须以哲学眼光批评现实法律，使将来能产生可以达到良好目的之法律制度。至于解释法律须社会化，乃社会法学派之一般主张，本派自不能例外。

【新债务】【债】所谓新债务，乃指因清偿旧债务而负担之债务而言。民法第三二〇条规定，因清偿债务，而对于债权人负担新债务者，除当事人另有意思表示外，若新债务不履行时，其旧债务仍不消灭。

【新经济法】【通】德国自欧战失败之后，共和政府成立，鉴于社会经济之困难，曾先后发布多数之经济法规，学者特纳之于另一系统中，称之曰新经济法。

【新颁律】【史】（详断罪依新颁律条内）

【新闻纸】【行】Newspaper （详出版品条及出版法条内）

【新证据】【民刑诉】New evidence 新发现之证据为新证据再审之案件，于某种情形之下，非发现新证据时，不得提起。例如，子控丑杀寅，丑既不认，又无充足证据，法院认为嫌疑不足，予以无罪之判决，后因丑犯他罪嫌疑，在丑家搜出血裤与子呈案之寅被害时血衣化验，血质相符，此血裤之发现，即为新证据之发现也。子遂得提起再审之诉。

【暗示】【通】Suggestion 以言语容貌或举动等之作用指示他人者，谓之暗示。

【会(會)子】【史】为宋钞票之名，其初原称曰交子，至高宗绍兴三十年，命户部侍郎钱端礼造会子，并储见钱于城内外，以资流转，其合发官钱亦许以会子代兑，输左藏库。按会子又称钱引，或关子，或名关会，初行于两浙，后及于诸州。大学衍义补（卷二十七）—丘濬曰："臣按宋朝交子，至是更名曰会子，不特此也，又谓之钱引，又谓之关子，又谓之关会，其实一而已矣。夫考唐之飞钱合券，特以通商贾之厚赍贸易者，盖执券以取钱，而非以券为钱也。宋自真宗以后，蜀始有交子，高宗以后，东南始有会子，而始直以纸钱矣。”

【会(會)元】【史】会试及第中最优等者，称曰会元，与经魁会魁相对称。（清科场条例）

【会(會)考】【行】Joint-Examination （参毕业会考条内）

【会(會)典图】【史】会典图者，与清嘉庆会典及事例，同时所纂，惟撰上在先，时为嘉庆十六年三月也。初乾隆会典，礼部有坛庙规则图，兵部有职方舆地图，钦天监有仪器图，凡一百十四。至是别编一书，名曰会典图，凡百三十卷。会典凡例曰：“此次会典图，别出为书，凡典之需图，乃明者，无不增绘为图，每图皆附以说，列为十有二门，凡为图一千四百三十，以昭皇朝制度之备。”兹将本图目述之如下：“卷一——二十二礼制，卷二十三——二十六祭器，卷二十七——三十一乐律，卷三十二——三十九乐器，卷四十度量权衡，卷四十一——五十冠服，卷五十一——六十舆卫，卷六十一——七十二武备，卷七十三——八十五天文，卷八十六仪品，卷八十七——百三十舆地。”凡朝会燕飨、祭祀陈设位置、坛庙规则、推算仪器、礼器、乐悬、军械、舆服、冠服、舆地，皆有详图，可与会典及事例互相参照。

【会(會)社】【公】Company; Corporation 为日本名辞，即我国所称之公司也。

【会(會)计】【公】Company accounts 谓于每营业年度终了时，综括了结一年内营业状况及财产之总计，由董事向股东会分别以书面报告也。我旧公司条例曰公司之计算。此项书面报告为下列各表册：(1)营业报告书。(2)资产负债表。(3)财产目录。(4)捐益计算书。(5)公积金及股息红利分派之议案。以上各表册须于股东常会开会前三十日交监察人查核。至经其查核后，须连同监察人报告书，于股东常会开会前十日，备置于公司本店，股东得随时查阅，其后如经股东会承认，则各项表册及议案即发生确定效力，而董事及监察人之责任视为解除。但董事及监察人有不正当行为者，不在此限。此外关于分配盈余股息及红利，均有明文。为保护股东起见，法律且赋予股东得声请法院选派检查员，检查公司业务及财产情形，但须有股份总数二十分之一以上之股东，方可为之。（公司法第一六六条——一七五条）

【行】Accounting 对于金钱物品出入之计算事项，由会计。国家之会计均有会计法律之规定，以资遵守。按会计之例，如租税之征收，公债之募集与支配，预算之处理等，皆是。

【会(會)计年度】【行】Fiscal year 政府对于预算及决算，有规定一定之期间，以资结束者，谓之会计年度。我国会计年度年以七月一日开始，至翌年六月三十日终止。凡出纳官吏于一会计年度内所属之出纳事务，于一定期限前，悉为完结，每年经预算所定经费额，不得充他年度之经费，且不得用诸预算目的外之支出，及与各项金额互相流通，故会计以一年度划定为原则，各机关不得有特别之资金，并不得以其收入迳充经费，应先纳诸国库，再由国库依支付命令颁发之。但因便利起见，得由财政部委任主管官吏及政府指定之银行，发给现金。

【会(會)计局】【行】Bureau of Accounts　为主计处所设三局之一，与岁计局统计局相对立。置局长副局长各一人(简任)，由主计处主计长呈请国民政府于主计官中派充，下置科长三人至五人(荐任)，每科科员十人至二十人(委任)。会计局所办事项如下：(1)关于各机关会计人员之任免、迁调、训练及考绩事项。(2)关于各机关会计表册书据等格式之制定颁行事项。(3)关于各机关会计事务之指导监督事项。(4)关于各机关会计报告之综核记载及总报告之汇编事项。(5)其他有关会计事项。(国民政府主计处组织法第四—五条、第七条)

【会(會)计师服务细则】【行】本细则于民国十七年五月三日由国民政府财政部公布，全文共五章，都二十九条，自公布之日施行。第一章总则，第二章权限，第三章行使职务程序，第四章制服及证章，第五章附则。

【会(會)计师条例】【行】Regulations Relating to Accountants　本条例于民国十九年一月二十五日公布，共二十五条，兹举其要点于下：(一)会计师之职务为关于会计之组织、管理、稽核、调查、整理、清算、证明及鉴定各事项，得充任检查员、清算人、破产管财人、遗嘱执行人，及其他信托人，并得代办纳税及登记事务，代撰关于会计及商事各种文件。(二)在原则上会计师系受工商部之监督。(三)会计师资格为：(1)经考试合格者。(2)经实业部审查合格者。(四)经审查合格者由实业部发给会计师证书(颁缴证书费五十元，印花税一元)。(五)会计师于登录后，不得兼任他职(但临时名誉公职及学校讲师，不在此限)。且不得兼营工商业。(六)会计师须加入所在地或最近地之会计师公会。(七)会计师公会应订立章程，向所在地实业行政机关转呈实业部核准备案，每半年应向所在地实业行政官署将会务及会员职务概况呈报一次。(八)会计师公会得决议或由关系人举发，向所在地实业行政官署声请交付惩戒。其惩戒分为下列三种：(1)训诫。(2)六个月以上三年以下之停职。(3)除名撤销证书。至于惩戒机关，则为实业部之会计师惩戒委员会。

【会(會)计师条例施行细则】【行】本细则于民国十九年九月十一日由国民政府工商部公布，全文共八条，至今仍继续有效。

【会(會)计师注册章程】【行】又曰财政部会计师注册章程，于民国十六年八月二十二日由国民政府公布，十月九日修正，全文分为七章，共二十八条，自公布日施行。自民国十九年一月二十五日公布会计师条例之后，本章程即行失效。第一章职务，第二章资格，第三章证书，第四章名簿，第五章权利义务，第六章公会，第七章惩戒。

【会(會)计师资格审查委员会简章】【行】本简章于民国十八年六月十五日由国民政府工商部公布，全文仅八条，自公布日施行。委员会由实业部(原为工商部)部长就部员中指派若干人为委员，但商业司司长注册科科长为当然委员，开会时并以商业司司长为主席。

【会(會)计师审查规则】【行】本规则于民国十九年二月十八日由南京国民

政府工商部公布，全文计十二条，自公布之日施行，至今仍继续有效。

【会(會)计师暂行章程】【史】本暂行章程于民国七年九月七日由北京政府农商部公布，全文共十一条，自公布日施行。自国民政府于民国十六年八月二十二日所公布之会计师注册章程施行后，本暂行章程即失效力。

【会(會)计师惩戒委员会】【行】Commission for the Disciplinary Punishment of Accountants　对于会计师违反会计师条例及会计师公会章程之行为时之惩戒机关，为会计师惩戒委员会。会中设委员五人或七人，由实业部长指派，并于委员中指定一人为主席。凡请求交付惩戒者，须提出证据，并加附意见书，惩戒事件到会后，即由主席委员平均轮流分配于各委员先行审查，并于接受审查报告书后五日内，召集委员会议，会议时不公开(须有三分二委员之出席，始得开会)。其议决之结果(须有出席者三分二之同意，始得决议)。应由委员作成决议书，由主席委员签名盖章(并呈报实业部长)，于五日内，分别送达于被付惩戒之会计师及其所属之公会如有不服者得于决议书送达之翌日起二十日内，向实业部长声明不服，请求再付审查，否则即行确定。至再审查时应即组织再审查会计师惩戒委员会，设委员五人至七人，除实业部长为当然委员且任委员长外，并咨请最高法院庭长或推事一人或二人，暨最高法院检察署检察官一人或二人为委员，一切关于开会决议及决议书之送达等事项，均准用关于审查之规定。再审查之决议一经送达，即行确定，不得声明不服。(会计师惩戒委员会组织章程第二—十一条、第十三—二十条)

【会(會)计师惩戒委员会组织章程】【行】本章程于民国十九年十二月三日由国民政府工商部公布，同日施行，共二十二条。(参会计师惩戒委员会条)

【会(會)计师证书覆验章程】【行】本章程于民国十八年三月二十六日由国民政府工商部公布，全文计七条，自公布日施行，以六个月内为有效期间。

【会(會)计机关】【行】Accounting organ　会计机关，有广义与狭义之分。就广义而言，会计机关乃包括会计之立法机关，会计之行政机关，会计之司法机关，(及会计之监察机关等)在内。就狭义言之，仅专指财政行政机关一种耳。

【会(會)降】【史】因国家之恩典而使所受刑罚减等者，为会降，与会赦不同。例如有官者之犯罪听其以官当，有荫者听其依赎法收赎是。(唐律卷二名例篇——犯十恶之条及疏议)

【会(會)匪处分】【史】会匪(详会匪结拜条内)等之查拿，地方官等负有重大责任，不尽职或故纵者，均应受一定之处分，如能拿获者并有一定之优奖。清处分则例之规定如下：(一)不逞之徒歃血订盟结拜弟兄，及并无歃血焚表序齿结拜之案，地方官自行访拿，或因人首告，或协同邻境及后任查拿。一二月内，全获首伙，或获犯及半，兼获首犯者，加一级。三月以内，获犯及半，兼获首犯者，免处分。三月以内获犯尚未及半，或尚有首犯未获者，罚俸一年。三月以外全获首伙者，免处分。半年以来，仅止获犯及半，兼获首犯者，降一级留任。半年以外，无论已滋事未滋事，全获首伙者，降一级留任。一年以内，未能全获者，降二级留任。一年以外，毫无觉察，未经滋事者，降一级调用。一年以外，已经滋事者，降二级调用。(二)已据乡保人等首告，不行查拿，若未经滋事，地方官降三级调用，府州降一级留任，道员罚俸一年，督抚罚俸六个月。若系已经滋事，地方官革职，府州降一级调用，道员降一级留任，督抚罚俸一年。(三)若督抚意存讳饰，地方官及该管上司迎合不办，以致酿成不法巨案，俱革职拿问。如属员已经禀报，而上司隐饰不办，禀报之员免议，该上司革职拿问。如胥役借端诈害，诬良为匪，本管官失察者，革职留任，故纵者革职。(四)地方官拿获邻境会匪，如该匪罪应斩绞立决者，每名加一级，其罪应斩绞监候者，每名纪录二次，其罪系应军流者，则每名纪录一次。(五)如能将邻境聚众二十人以上焚表结拜，或四十人以上仅止序齿结拜之案，获犯及半，兼获首犯者，该地方官等于加级纪录之外，量加优叙，不论俸满即升。(六)拿获二案者，州县官送部引见(佐杂官分别试用实缺，或以遇缺尽先补用，或以应升之缺升用保题)。拿获三案者，准督抚指定升阶保奏，免其送部引见(佐杂官亦准指定升阶保题)。(七)道府直隶州能于一年内督饬所属查拿，首伙全获，或获犯及半兼获首犯，每三案准其加一级，十案以上，该督抚专折奏请加恩。

【会(會)匪结拜】【史】会匪乃指清时一般反抗满族之各处汉人有团体之叛党而言，如天地会、哥老会、三点会等皆是。凡异姓兄弟订盟结拜为兄弟者，皆为律例所禁止，盖所以防止叛徒之结合也。清律及例之规定如下：(一)异姓歃血订盟焚表结拜弟兄者，照谋叛未行例，为首者绞候，为从流三千里。如聚众二十人以上，为首者绞决，为从者四省烟瘴充军。(二)并无歃血焚表，仅止序齿结拜者，四十人以上，为首者绞候，为从流三千里。四十人以下，二十人以上，为首者流三千里，为从徒三年。不及二十人，为首者仅杖一百，枷两个月，为从杖九十，枷四十五日。(三)年少居首，并非依齿序列者，四十人以上，为首者绞决，为从四省烟瘴充军。其不及四十人者，为首者绞候，为从流三千里。(四)兵丁胥役随同结拜，照知法犯法于为从本罪加一等。(五)抗官持械拒捕，无论人数多寡，各按本例首从定拟。良民被胁勉从结拜，并无抗官拒捕者，于从罪再减一等。其仅止畏累出钱，并未随同结拜者，则杖一百。(六)结会树党，鱼肉乡民，凌弱暴寡，不论人数多寡，为首者照凶恶棍徒例发极边足四千里充军，为从者徒三年，被诱入伙者，杖一百枷号两个月，兵丁胥役随同结拜者，照首犯一体拟军。(七)闽粤等省匪徒复兴天地会名目，抢劫拒捕者，首犯与曾经纠人及情愿入伙希图抢劫，俱斩决。并未转纠党与或听诱被胁素非良善者，俱绞决。平日并无为匪，仅止随同入会者，发新疆种地当差(新例改发足四千里充军)。

【会(會)员】【通】Members of Association　结社团体之构成份子，谓之会员，其权利义务大都依会中章程之规定，惟法律为保护其利益起见，亦有特设之明文。会员全体之会议，曰会员大会。若由所推选之代表所组成之会议，则曰会员代表大会。均为会中之意思机关，对于会务有最后之决定权。

【会(會)员大会】【行】法人或其他团体之会员全体所召开之大会，谓之会员大会，为该会之意思机关，例如工会法内所定之会员大会是。

【会(會)员代表】【行】Representatives of Members　法人或其他团体之召集

大会，如因人数过多，或依法律章程之规定，则无须全体会员之出席，得由会员选举会员代表，以开会员代表大会。

【会(會)票】【史】为替换券之一种。日知录："唐宪宗之飞钱，即如今之会票。"博物典汇："飞钱，唐德宗时，令高贾至京师，委钱诸路进奏院及诸军诸使，富家轻装趋四方，合券取之，号飞钱。"

【会(會)赦】【史】(详会赦犹流条内)

【会(會)赦改正征收】【史】遇大赦以后，所有经费簿账，应加改正或行征收。唐律(卷四)名例篇——有会赦改正征收之条："诸会赦应改正征收，经责簿账，而不改正征收者，各论如本犯律(谓以嫡为庶，以庶为嫡，违法养子，私入道，诈复除，避本业，增减年纪，侵隐园田，脱漏户口之类，须改正。监临主守之官，私自借贷，及借贷人财物畜产之类，须征收)。"疏议曰："前条以百日为限，此据赦后经责簿账，即须改正征收，仍有隐欺，不改从正者，皆如本犯得罪，其应改正征收，具如子注。"

【会(會)赦犹流】【史】凡遇大赦令之颁布，其在科处流刑以下之犯罪皆在减免之列，惟恶性之犯罪则不沐恩，其处流刑者依然仍处流刑，是为会赦犹流。所谓恶性之犯罪而被处流刑者，如造蓄蛊毒者及其同居家属，及教唆人，又杀小功尊亲属及杀从父兄姊者，以及犯谋反大逆者皆是。唐律(卷二)名例篇——应议请减之条："……及会赦犹流者，各不得减赎，除名配流如法。"其疏议曰："案贼盗律云，造蓄蛊毒，虽会赦，并同居家口，及教令人亦流三千里。断狱律云，杀小功尊属，从父兄姊，及谋反大逆者，身虽会赦，犹流二千里，此等并是会赦犹流。"

【会(會)试】【史】为科举考试之第二级，即将乡试及第之举人，会集于京师，而加以试验也，故名曰会试。惟此乃明代以后之名称，在宋时谓之解试，至明清则称会试。按乡试与会试均每三年举行一次，而会试则于乡试完毕之翌年行之。(清科场条例)

【会(會)试武举弓力不符】【史】会试谓集各省举人于京师之考试也。武举之试，弓力均有一定，如与所规定者不相符，监射王大臣，显有草率不认真之情事，应加处分。清之六部处分则例(卷二十九)礼属科场篇设有会试武举之条："嘉庆十六年十一月初二日，奉旨本年辛未科覆试中式武举姚三元、杨定泰、萧焕新、刘庆长俱弓力不符，罚停殿试，由于原监射王大臣等校阅草率，不能认真拔取，所议罚俸之处，均著实罚，不准抵销，此后著为令，钦此。"又："覆试中式，武举弓力不符，将原监试之王大臣每名罚俸六个月，不准抵销。"

【会(會)折公事一体称臣】【史】会折者，谓数官吏会同向皇上奏陈公事也。凡会同奏陈公事，其会折之人员，自称均一体用臣，盖为划一而设者也。清之六部处分则例(卷九)吏属本章篇——设有会折公事一体称臣之条："乾隆三十八年十一月初三日奉上谕，本日御史天保马人龙奏监考教习查出代倩之弊一折，已交部查办。至其折内书衔，因天保在前，遂概称奴才。向来奏折满州率称奴才。汉官率称臣，此不过相沿旧例，且亦惟请安谢恩及陈奏己事则然。若因公奏事，则满汉俱应称臣,盖奴才即仆,仆即臣,本属一体,朕从不稍存歧视,不过书臣觉字面冠冕耳,初非称奴才即为亲近而尽敬,称臣即为自疏而失礼也。且为君者,岂系臣下之称臣称奴才为荣辱乎?今天保马人龙之折如此,朕所不取,若不即为指斥,恐此后转相效尤,而无知之徒否或因为献媚,否或窃为后言,不可不防其渐。即如各部院衙门题奏折本,虽至微之笔帖式无不称臣,又何容强为区别于其间耶?嗣后凡内外满诸臣会折公事,均著一体称臣,以昭画一,著为令,将此通行传谕知之,钦此。”

【会(會)魁】【史】会试及第者按其成绩名列最优等者,称曰会元,第二至第五则称经魁,第六至第十八谓之会魁(清科场条例)。惟此名明时已见,清仍因之。

【会(會)审】【军】Mixed court 会审者,谓二以上机关各派若干人员共同审理某种案件也。如上海之会审公廨以及军事会审(详该本条)等皆是。

【会(會)核】【史】所谓会核,乃指二个以上之官署之官吏,或二人以上之官吏对于某种事件共同加以审查而言。(清会典刑部)

【业(業)主】【物】Owner 不动产(田地及房屋)之主人,谓之业主,即所有权人之别名,为我国习惯上之名称。

【业(業)务】【通】Business 所谓业务,乃指以获取利益为目的而反覆继续为同种类之行为而言。例如各项职业营业等皆是。

【业(業)务之过失】【刑】Occupational negligence 为过失分类之一,对一般之过失言,即从事于一定业务而怠于业务上必要之注意者之谓。法律上之科罚较一般之过失为重(刑法第二九一条第一项与第二项),且规定某种过失仅业务者始能犯之。例如船将沉没,船长怠于救护乘客,为业务过失致死罪,普通人则否。

【业(業)务行为】【刑】Execution of any proper occupation 凡执行一定事业之行为而为国家所许可者,为业务行为,在法律上认为商法之行为。例如医师纯以治疗疾病为业,而有学术上专门知识,并经官署许可其执行业务者,如剖人之腹,施用手术,法律不为罪。又如律师受诉讼当事人之委托,或从法院之命令,而依法行使其业务,在法院言词辩论时,有关于所辩论之事实而妨害他造诉讼当事人之名誉者,在法律上亦不能构成妨害名誉罪。因其为业务行为,而为法律所许可也。

【歃血焚表】【史】歃血者,谓盟者以血涂口旁也,焚表则将所盟之记事纸焚烧以告于天也。清之现行则例(即刑部现行则例)杂犯篇——设有歃血焚表之条:“凡异姓人歃血订盟焚表,结拜弟兄者,不分人之多寡,照谋叛未行律,为首者拟绞监候,秋后处决,为从者杖一百,流三千里。其未歃血盟誓焚表,结拜弟兄者,为首杖一百,为从杖八十。”

【岁(歲)入】【行】Annual income 国家或公共团体于每会计年度内之财政总收入,谓之岁入,其支出之总数,则曰岁出。对于前者之预算曰岁入预算,对于后者之预算,则曰岁出预算。

【岁(歲)入预算】【行】Budget of annual revenues (详岁入条内)

【岁(歲)出】【行】Annual expenditure　(详岁入条内)

【岁(歲)出预算】【行】Estimates of annual expenditure　(详岁入条内)

【岁(歲)制】【史】年届六十离死期不远,故预先制棺,以备万一,谓之岁制。礼记—王制篇:"六十岁制。"大学衍义补(卷五十一)—丘濬之注曰:"王制,六十岁制,谓制棺也。"

【岁(歲)杪】【史】杪乃末端之义,故称岁末为岁杪。礼记—王制篇:"冢宰制国用,必于岁之杪。"

【岁(歲)计】【行】每一会计年度内支出及收入之计算,称曰岁计,其计算之文书则曰岁计书。

【岁(歲)计局】【行】为主计处三局之一,与会计局统计局相对称。置局长一人副局长一人,均由主计官中派充之(简任),科长三人至五人(荐任),每科科员十人至二十人(均委任)。本局所办理事项如下:(1)关于筹划预算所需事实之调查事项。(2)关于各机关概算预算及决算表册等格式之制定颁行事项。(3)关于各机关岁入岁出概算书之核算及总概算书之编造事项。(4)关于依照核定总概算书编造拟定总预算书事项。(5)关于拟定总预算书经核定后之整理事项。(6)关于预算内款项依法流通之登记事项。(7)关于各机关各种计算书之汇编及其报告事项。(8)关于各机关岁入岁出决算书之核算及总决算书之编造事项。(9)关于各机关财务上增进效能与减少不经济支出之研究及其报告事项。(10)关于各机关间财务上应合办或统筹事务之建议事项。(11)关于各机关办理岁计事务人员之指挥监督事项。(12)其他有关岁计事项。(国民政府主计处组织法第四—第六条)

【岁(歲)计书】【行】(详岁计条内)

【岁(歲)修】【史】清制,道路桥梁之修缮有大修(每十年)中修(每五年)及小修(每三年)之别,此外每岁有临时之小修缮,谓之岁修。六部成语注解:"三修之外,每岁少有添补,曰岁修。"

【岁(歲)贡】【史】(一)在远方之邦国每岁以使者携物进贡者,曰岁贡。国语:"时享岁贡。"(二)地方长官每岁选拔地方秀才进入京师大学者,亦称曰岁贡。汉书:"诸侯岁贡少年之异者于天子,学于大学,命曰造士。"

【岁(歲)贡生】【史】清制,凡在府州县学之学生,其在学最久而未于乡试中式者,于每岁中应即选送若干人国子监就学,是曰岁贡生。(会典礼部,学政全书)

【岁(歲)币】【史】北宋时每岁应向契丹进纳钱币,谓之岁币。

【殿下】【史】殿下谓皇太子之尊称,始于秦汉,但对皇太后以及其他诸王,亦有称之为殿下者。事物纪原(卷二):"汉以来皇太子诸王称殿下,汉之前未闻,唐初百官于皇太后亦称之,百官洎东宫官对皇太子亦呼之。今虽亲王亦避也,始于汉。续事始曰,汉以前未有此呼,魏志太祖定汉中,杜袭始呼之,时操封魏王,故袭呼殿下。按此,自杜袭始也。酉阳杂俎曰,秦汉以来,于天子言陛下,皇太子言殿下,将言麾下,使者言节下,毂下,二千石长吏言阁下,父母言膝下,通类相呼言足下。"

【殿中省】【史】监督宫殿内之事务之官署，谓之殿中省。事物纪原："魏置殿中监，而北齐以属门下，隋大业三年，置门下太仆二局，取殿内之名为殿内监，唐为殿中省。"宋亦为殿中省，掌天子之玉食、医药、服御、舆辇、舍次等事务。置监一人，少监一人，丞二人。其属有六局，即尚食、尚酝、尚药、尚衣、尚舍及尚辇等是也。

【殿中监】【史】殿中省之首长，称曰殿中监。

【殿直】【史】为宋时武官之名，侍值于殿廷之官也，有左班殿直与右班殿直二种，事见宋史职官志内。

【殿最】【史】稽核官吏之成绩时，其最佳者谓之最，其最劣者谓之殿，各予赏罚。汉书—宣帝纪："岁竟，丞相御史课其殿最以闻。"

【殿试】【史】科举时代之第三层考试称曰殿试，即天子亲临殿中所行之试验也。其制肇自唐之武则天之召集贡人于洛城殿，亲临轩以行策问，称曰临轩策士。宋太祖开宝六年，召集进士于讲武殿，举行覆试。按宋之科举分为三层，即解试、省试及殿试也，其科目以进士、明经、明法三科为主，解试及第者，地方官依解状移送之于国都之贡院，以应省试。解试之成绩最优者曰解头，又曰解元。省试于尚书省礼部行之，其成绩之最优者曰省元。省试之及第者得参与殿试，由天子亲自策问，其及第中之成绩最优异者，谓之状元，状头或称榜首。上述三试中及第者之最优等者谓之三元(参文献通考选举)。明仿宋时三层之制，惟改解试为乡试，改省试为会试，而殿试之名则仍袭用。又乡试之及第者，称曰举人，会试及第者，称曰贡士，殿试及第，则称曰进士。在殿试及第者中，另拔其最优者之三名，第一名为状元，授翰林院修撰，第二名称榜眼，第三名称探花，俱赐进士及第，授翰林院编修。清朝仍因明时旧制(明会典清会典)。关于殿试之起源，事物纪原(卷三)：谓系肇自汉武帝之时，其文曰："兹礼起于汉武帝，其策贤良曰，兴自朕躬是也。通典曰，唐武后载初元年二月十四日，策问贡人于洛城殿，殿前试人，自此始也。宋朝会要曰，开宝六年三月太祖御讲武殿，覆试宋准以下。先是礼部放准等下第，徐士廉挝登闻鼓，上言，知举官取舍非当，即诏礼部，籍人策进士并终场经学，准等并覆试于殿廷，自是为常制。"

【毁人碑碣石兽】【史】五品以上官之墓准立碑，七品以上则立碣，至于石兽则为于茔墓内所建立者，如有人加以毁坏，应构成本条之罪。唐律(卷二十七)杂律篇设有毁人碑碣石兽之条："诸毁人碑碣及石兽者徒一年，即毁人庙主者加一等，其有用功修造之物，而故损毁者计庸坐赃论，各令修立，误损毁者，但令修立不坐。"疏议曰："丧葬令，五品以上听立碑，七品以上立碣，茔域之内亦有石兽，其有毁人碑碣及石兽者徒一年，即毁人庙主者加一等，徒一年半，其有用功修造之物，谓楼观垣堑之类，而故损毁者，计修造功庸坐赃论，谓拾匹徒一年，十匹加一等，仍令依旧修立，若误毁损者但令修立不坐。"

【毁大祀丘坛】【史】丘坛乃享神之所，壝门乃迎神之所，皆天子亲临致敬之处，神圣尊严莫可伦比，凡毁损者，均构成本条之罪。明律(卷十一)、清律(卷十六)礼律祭祀篇毁大祀丘坛条："凡大祀丘坛而毁损者杖一百，流二千里，壝门减二等，若弃毁大祀神御之物者，杖一百，徒三年，遗失及误毁者，各减三等。”清律之总注：“大祀天地，有圜丘方丘，即天坛地坛也。社稷，则同坛同壝，壝门，坛外之垣，有门以通出入者也。大坏曰毁，小坏曰损，祀事尊严之地，敢有毁损者杖一百，流二千里，壝门减二等，杖九十，徒二年半。神御之物如床几帷幔祭器之类，视丘坛有间，若故意弃去毁坏者，杖一百，徒三年，无心遗失及误毁者，减三等，杖七十徒一年半，社稷坛与天地坛同，中祀有犯，罪亦同。”同律之辑注：“毁与损有别，故与误不同，丘坛则同一例论罪，而神御之物，则分故误，所谓重则皆重，轻则皆轻之谓也。”

【毁损其他所有物罪】【刑】为毁弃损坏罪之一，因对他人文书及建筑物矿坑船舰以外之他人所有物，加以毁损或致令不堪用而足以生损害于公众或他人者，成立本罪。其要件有三：(1)须有毁损或致令不堪用之行为，所谓毁损即毁弃或损坏之谓，而致令不堪用者，即虽未毁损而其效力业已丧失之意。(2)其客体须为上列以外之一切物品，即他人动物或气体均包在内。(3)须有足以损害公众或他人之情形，否则本罪仍不成立。其处分为一年以下有期徒刑，拘役，或五百元以下罚金(刑法第三八二条)。本罪须告诉乃论。(第三八七条)

【毁弃尸骸】【史】谓残毁或投弃他人或无主之尸骸也。清律及例对此设有明文，其规定如下：(一)残杀他人未殡葬死尸及弃尸水中，流三千里，弃而不失其尸或毁而但髡发若伤，减一等，徒三年。(二)穿地得无主死尸，不即掩埋，及于有主坟地内盗葬，杖八十，勒限移葬。(三)于他人坟墓熏狐狸，因烧棺椁，徒二年，因而烧尸，徒三年。(四)地界内有死人，里长地邻不报官司检验，转移他处及埋藏，杖八十，以致失尸者，杖一百，以致残毁及弃尸水中者，徒一年，残弃之人仍坐流罪，邻里自行残毁亦坐流罪，弃而不失及髡发若伤者，各减一等，杖一百，因而盗取衣物者，计赃准窃盗论，免刺。(五)殴故杀人案内——(甲)凶犯起意：(1)残毁死尸及弃尸水中，听从抬弃之人无论在场有无伤人，俱照弃尸为从律徒三年。(2)埋尸灭迹，听从抬埋之人在场帮殴有伤，律应满杖者徒三年，在场并未伤人，止听从抬埋者，徒一年。(乙)余人起意毁弃及埋尸灭迹，照弃尸为首律流三千里。(丙)受雇抬埋，不知情者，仍照地界内有死人不报官司而辄移藏律杖八十，余人有犯弃毁移埋，俱照此例分别办理。(丁)以上(甲)(乙)(丙)各项不失尸，各减一等。(六)在家黄夜格捕致死奸盗之犯，将尸毁弃掩埋，移投坑井者，照地界内有死人不报官司私自掩埋律杖八十，因而遗失者，照地界内有死人移置他所以致失尸律杖一百，余人有犯弃毁移埋，俱照此例分别办理。(七)在旷野道途格杀拒捕盗贼，罪本人应拟抵，将尸毁弃掩埋，移投坑井者，照地界内有死人不报官司私自掩埋律杖八十，因而遗失者，照地界内有死人移置他所以致失尸律杖一百，余人有犯弃毁移埋，俱照此例分别办理。(八)格杀之后，怀挟仇恨，逞凶残毁，投弃水火，割剥损伤，伤照毁弃死尸本律科断，余人有犯弃毁移埋，俱照此例分别办理。

【毁弃军器】【史】凡将帅之出征与守备，其合用一应军器，皆将帅关给拨散，事讫之日，必须将帅收回还官，所以慎擅弃，防毁失也。若征守事讫，而仍将关拨军器停留不还，或弃毁之者，或遗失及误毁者，均应治罪。明律(卷十四)、清律(卷十九)兵律军政篇均有毁弃军器之条，条文相同。清律原文及其下注：“凡将领关拨一应军器,(出)征守(御)事讫,停留不(收)回纳还官者(以事讫之日为始),十日杖六十,每十日加一等,罪止杖一百。若(将领征守事讫将军器)辄弃毁者,一件杖八十,每一件加一等,二十件以上斩(监候),遗失及误毁者,各减三等,军人(弃毁遗误)各又减一等,并验(毁失之)数追赔(还官),其曾经战阵而有损失者,不坐不赔。"清律之辑注:"关拨军器责在将领,停留不还亦罪在将领,本为征守而关拨,事既讫矣,停留何为,立法原有深意,弃毁则兼领军人言。"

【毁弃损坏文书罪】【刑】为毁弃损坏罪之一。因毁弃损坏他人文书,或致令不堪用,足以生损害于公众或他人者成立本罪。其要件有三:(一)本罪之客体,以属于他人之文书为限,且为私文书(公文书不在此例)。(二)须有毁弃损坏或致令不堪用之任一行为,所谓致令不堪用者,指其物虽未销毁或损坏,但效用已失而言。(三)须为足以损害于公众或他人,否则仍不能构成本罪。其处分为三年以下有期徒刑,拘役,或五百元以下罚金(刑法第三八〇条)。本罪须告诉乃论。(第三八七条)

【毁弃损坏罪】【刑】Offence of mischief 本罪亦属于对财产权之侵害罪,即对他人之所有物(违禁物与电气亦在其内)予以毁损之行为也。所谓毁弃者对物体加以破灭而丧失其效用也,所谓损坏,加以破坏使其效用全部或一部丧失也。本罪之成立专以使他人受财产上之损失为目的,加害人自己并无取得财物或利益之意思,故与诈欺背信侵占窃盗等罪之专以自己不法取得他人之财物或利益为目的,迥乎不同。刑法特于分则第三十四章内规定之,并将性质与之相同者(例如诈术使人自行损害财产罪),亦附列入,共八条。兹分六种:(1)毁弃损坏文书罪。(2)毁坏建筑物等罪。(3)毁损其他所有物罪。(4)诈术使人自行损害财产罪。(5)损害债权人之债权罪。(6)准毁弃损坏罪。(详各本条)

【毁弃器物】【史】毁者,毁坏也,弃者,废弃也,器物乃指一切器具物件而言。清律及例之规定如下:(一)弃毁人器物或毁伐树木稼穑者,一两以下杖六十,二两以上至十两杖七十,二十两杖八十,三十两杖九十,四十两杖一百,五十两徒一年,六十两徒一年半,七十两徒二年,八十两徒二年半,九十两徒三年,一百两流二千里,一百十两流二千五百里,一百二十两罪止流三千里。(二)弃毁官物者,一两以下杖八十,一两以上至十两杖九十,二十两杖一百,三十两徒一年,四十两徒一年半,五十两徒二年,六十两徒二年半,七十两徒三年,八十两流二千里,九十两流二千五百里,一百两罪止流三千里。(三)遗失及误毁官物者,一两以下笞五十,一两以上至十两杖六十,二十两杖七十,三十两杖八十,四十两杖九十,五十两杖一百,六十两徒一年,七十两徒一年半,八十两徒二年,九十两徒二年半,一百两徒三年(验数追偿还官给主)。遗失及误毁私物,偿而不坐罪。(四)毁人坟茔碑碣石兽,杖八十(各令修立,若系误毁,俱令修立不坐罪)。(五)毁人神主者杖九十(各令修立,若系误毁,俱令修立不坐罪)。(六)毁损人房屋垣墙者,计修造雇工钱坐赃论,罪止满徒(各令修立,若系误毁,俱令修立不坐罪)。(七)毁损官屋者,加坐赃罪二等(各令修立,若系误毁,俱令修立不坐罪)。

【毁坏建筑物等罪】【刑】为毁弃损坏罪之一。因毁坏他人建筑物、矿坑、船舰,或致令不堪用者成立本罪。其要件有二:(1)其客体须为他人建筑物矿坑船舰。(2)须有毁坏或致令不堪用之任一行为。所谓毁坏,指对物质之一部或全部加以破坏而言,所谓致令不堪用,指其物虽未损害或毁灭,但其效用已失而言。其处分为六月以上五年以下有期徒刑(未遂罪罚之)。至因而致人于死或重伤者,比较故意伤害罪,从重处断。(刑法第三八一条)

【滇(滇)省定地发遣】【史】滇省即今之云南省,徒罪及流罪人犯均依法发遣该省一定地方服役及安置。清之现行则例(即刑部现行则例)名例篇设有滇省定地发遣之条:"云南徒罪人犯发本省多罗松林等十二驿摆站,罪重者,迤东各府人犯拟发诺邓等井煎盐,迤西各府人犯拟发个旧等厂熬铅,流罪人犯拟发四川广东二省安置,军罪人犯有极边字样者,拟充广西都司,无极边字样者,拟充贵州新添永宁二卫守哨,其发遣人犯年终造册报部。"

【准(準)一分子法】【史】谓老者与所存之子合算各得一分也。例如二子加老者合共三分,子二人各得一分,余一分与老者是。(参准分法留还条内)

【准(準)人】【史】周代守法之有司,即法官之谓也。(书经立政篇)

【准(準)分法留还】【史】谋反大逆等重犯者应缘坐没收其财产时,其非同居者不得没收。又虽系同居而依律并非缘坐者,又其缘坐人之子孙,依律亦非缘坐者,则于所没收之财产内,应即依各应得之持分,计算付还,是曰准分法留还。唐律(卷十七)贼盗篇——缘坐非同居之条:"诸缘坐,非同居者资财田宅,不在没限,虽同居非缘坐,及缘坐人子孙,应免流者,各准分法留还。""至于因老疾得免缘坐者,则各准户内应分人之数目,人别得准一子分法留还,是为准一子分法。"同律疏议曰:"缘坐非同居者,谓谋反大逆人亲伯叔兄弟已分异讫,田宅资财不在没限,虽见同居,准律非缘坐,谓非期以上亲及子孙,其祖母及伯叔母,姑兄弟妻,各谓无夫者,律文不载,并非缘坐。其缘坐人子孙,谓伯叔子及兄弟孙,据律亦不缘坐。各准分法留还,谓未经分异,犯罪之后并准户令分法。其孙妇,虽非缘坐,夫没即合归宗,准法不入分限。注云老疾得免者,若夫年八十及笃疾,妇人年六十及废疾,各准户内应分人多少,人别得准一子分法留还。"

【准(準)占有】【物】Quasi-possession 凡财产权不因物之占有而成立者,行使其财产权之人曰准占有人,其占有之状态曰准占有。例如占有地役权抵押权及债权皆属之。因其不必占有或物,故又称权利占有。准占有准用关于占有之规定。(民法第九六六条)

【准(準)占有人】【物】Quasi-possessor 准占有中之占有人称曰准占有人。(详准占有条内)

【准(準)失火罪】【刑】属公共危险罪,因过失使火药、蒸气、电气、煤气,或其他爆裂物炸裂而成立。其目的物为自己所有或为他人所有,均所不问,如因过失使其炸裂,则准用失火罪之规定,加以处分。(刑法第一九〇条)

【准(準)正犯】【刑】Quasi-principal offence 准正犯者,即以正犯论罪之谓也。如教唆犯、教唆教唆犯,并从犯,于实施犯罪行为之际,为直接及重要之帮助者,均以准正犯论罪。

【准(準)犯罪】【通】Quasi-offence 侵权行为通常为债权发生原因之一,其侵权行为人乃负民事上之责任者,然有故意与过失之区别。但因其所具备之条件与刑法上犯罪相仿佛,故学者每称之曰准犯罪。

【准(準)用】【通】Corresponded application; Applies mutatis mutandis 与适用相对称,又名准据。即法律关于某事之规定时,即其他事项亦得以类推之作用而准据该项法律之规定之谓。

【准(準)共同海损】【海】Quasi-general average 谓船舶所有人在海损处分行为后,因积货之灭失或损害,致运费减少或全无时,认为共同海损之规定而分担之也。按此种运费之减少或全无,本非海损处分直接发生之结果,但为免除船舶所有人单独负责起见,视为准共同海损耳。惟运送人因此减省之费用,亦应于计算时加以扣除,(海商法第一三三条)以昭公允。

【准(準)共有】【物】Quasi-co-ownership 即所有权以外之财产权由数人共有或公同共有时,法律许其准用关于分别共有及公同共有之规定之谓也。所谓所有权以外财产权,如抵押权、地役权、地上权、永佃权,以及债权等皆属之。(民法第八三一条)

【准(準)再审】【民诉】Quasi-new trial 再审之诉系前诉讼之当事人,以废弃确定判决为目的者,但于特定情形,规定第三者亦得请求废弃确定判决,是曰准再审。所为特定情形,例如第三者以原告被告之共谋故意败诉,以诈害第三者之债权时,虽该判决业已确定,亦许该第三者请求再审。此种制度,为日本民诉所规定,我民诉法无此明文。

【准(準)死】【史】Civil death 为罗马法上之用语,即剥夺私权之处罚也。以其人既丧失一切私权,直与自然死亡无异,故曰准死。

【准(準)自认】【民刑诉】Quasi-admission (参自认条内)民诉法第二六八条规定,当事人对于他造主张之事实,已命其应为陈述而不争执,并不能因他项陈述表现其争执意思者,视同自认,即所谓准自认是也。

【准(準)委任】【债】Quasi-mandate 德日民法规定,凡以法律行为以外之事务委任他人者,均准用关于委任之规定,是曰准委任。我国民法所称之委任,则包含法律行为或法律以外之事务在内,故无准委任之语。

【准(準)官吏】【行】实质上非官吏,而形式上与官吏相同者,谓之准官吏。如国立学校之职员,国有交通事业之职员皆是。

【准(準)放火罪】【刑】Quasi-arson 属公共危险罪,因故意使火药、蒸气、电气、煤气,或其他爆裂物之炸裂而成立。不论其物为自己所有或为他人所有,如有炸裂行为,其处分准用放火罪之规定。(刑法第一九〇条)

【准(準)析决放】【史】处徒罪犯人,在执行期限内,如其家男子死亡,且无二人以上之丁男者,应许其将徒刑期限折算杖数,决行后放免之,曰准析决放。唐律

(卷三)名例篇——徒应役无兼丁之条:“若徒年限内无兼丁者,总计应役及应加杖数,准析决放。”其疏议曰:“徒限未满,兼丁死亡,或入老疾,或犯罪征防见无兼丁者,若犯徒一年,三百六十日,合杖一百二十,即三十日当杖十……。”

【准(準)析妻妾】【史】债权人以借款之额数折算,换取债务人之妻妾者,曰准析妻妾。明律(卷九十一)、清律(卷十三)户律钱债篇——违禁取利条:“若准析人妻妾子女者,杖一百,强夺者,加二等。”

【准(準)物权】【通】Quasi-real right 非以有体物之使用收益或处分为目的者,在法律上并非物权,但视为物权,即所谓准物权是也。例如民法上之准占有、准共有与权利质,各单行法中之矿业权、渔业权等,皆属之。

【准(準)物权行为】【民总】Juristic act of quasi-real right 为非债权行为之一,对物权行为言。即以发生物权以外之非债权行为之法律上效力为其目的之法律行为也。例如著作权债权之让与是。

【准(準)侵占罪】【刑】Quasi-criminal misappropriation 为侵占罪之一。因对自己之所有物已受查封而归自己保管者加以侵占之行为者,成立本罪,以实际上归自己保管者为必要。其处分以侵占他人所有物论。(与一般侵占罪同罚,刑法第三五九条)

【准(準)则主义】【民总】Principle of formation by statute 为法人成立主义之一。即以法律规定成立之要件。凡法人之成立如与法定要件相合者,即视为成立,可免经特许或许可之手续,但通常规定仍须呈请登记耳。营利之社团法人多采用之,我国民法亦然。即凡以营利为目的之社团,其取得法人资格依特别法之规定。(第四五条)

【准(準)则法】【民】法人之成立,有采取准则主义者,即由国家制定一种准则法规,内中规定一定成立条件,法人如能准据是项条件即行成立,无须经过许可手续,此种准则法规,简称曰准则法,多适用于商事公司等之设立。

【准(準)故意】【刑】Quasi-intent 犯人对于构成犯罪之事实,预见其发生,而其发生并不违背犯人本意者,以故意论,即所谓准故意是也。(刑法第二十六条第二项规定)

【准(準)要约】【债】Quasi-offer 为要约之一。即货物标定卖价在陈列之中时,被视为要约之谓,但价目表之寄送不在此限。(民法第一五四条第二项)

【准(準)军人】【军】Quasi-military man 为准陆海空军军人之简称。(详陆海空军军人条内)

【准(準)家属】【亲】Quasi-members of a house 凡对于虽非亲属而以永久共同生活为目的而同居一家者,亦视为家属之一员,是曰准家属(民法第一一二三条第三项)。学者有解为系容纳妾制及童养媳制之规定者,实则按亲属法先决各点审查意见书第七点之规定,其说已不攻而自破矣。所谓准家属,例如随母改嫁之子女是也。

【准(凖)徒】【史】谓死刑之轻者减处徒五年也,即准用徒罪之简称。

【准(凖)恐吓罪】【刑】为恐吓罪之一。因对于自己所有物已受查封或担负质权者加以恐吓手段而取得时,成立本罪。其处分为与以恐吓手段取得他人所有物论。(刑法第三七四条)

【准(凖)海盗罪】【刑】Quasi-piracy 为海盗罪之一。因船员或乘客意图掠夺财物,施强暴胁迫于其他船员或乘客,而驾驶或指挥船舰而成立。本罪之要件有五:(1)主体须为船员或乘客。(2)须有掠夺财物(所有物之范围参单纯窃盗罪条内)之目的。(3)须有施强暴胁迫之故意行为。(4)须有驾驶或指挥之行为。(5)其客体为其他船员或乘客。其处分与单纯海盗罪同(刑法第三五二条第二项)。至于对自己之所有物已受查封,或担负质权者加以掠夺强取时,(在船舰中者)亦构成准海盗罪。(第三五四条)

【准(凖)消费借贷】【债】Quasi-loan for consumption 谓非因消费借贷而负给付金钱或其他之代替物之债务人与债权人约定此后作为消费借贷而负债务之契约也,盖即当事人将非消费借贷之债务变更为消费借贷之契约也,例如买卖、金钱债务,变为消费借贷债务是。

【准(凖)病囚】【监】囚人中之废疾者、病后者、孕妇、产妇,依监狱法之规定,皆须分别安置,或置于产院,或置于病监,或在监房中加以诊治,故谓之准病囚。

【准(凖)租赁】【物】永佃权之设定如为有期限者,即应适用关于租赁之规定,是曰准租赁。(民法第八四二条)

【准(凖)假处分】【民诉】Quasi-provisional disposition 即法院依当事人一造之声请,为避免重大损害与防止急迫强暴,或其他理由,而就争执法律关系之暂时状态,所为以保全其权利范围而设之程序也。一切程序与假处分同。(参假处分条内,民诉第五〇四条)

【准(凖)国家】【国公】Quasi-state 准国家之产生由于欧洲大战之结果,即自治殖民地是也。在国际上所负权利义务与一切国家大抵相同,但其内容终不完备,且其地位在国际上较诸完全主权国为低,故谓之准国家。

【准(凖)国际私法】【国私】Quasi-international private law 一国之中有多数法域并行时,法律即发生冲突,而解决此种冲突之规则,谓之准国际私法。

【准(凖)婚生子女】【亲】Quasi-legitimate children (详婚生子女条内)

【准(凖)强行猥亵罪】【刑】为强行猥亵罪之一。更分为二种:(1)对于幼年者之猥亵罪——因对于未满十六岁之男女为猥亵之行为而成立,此项规定乃为保护幼年男女起见,盖凡未届法定年龄,意志薄弱,自应加以特别爱护,故处犯罪者以强行猥亵罪论(刑法第二四一条第二项)。(2)对心神丧失或不能抗拒之男女之猥亵罪——因对于男女乘其心神丧失,或其他相类之情形,不能抗拒而为猥亵之行为而成立,亦以准强行猥亵罪论。其处分为三年以下有期徒刑,若因而致被害人(被害人之家族亦在内)于死者,处死刑,无期徒刑,或十年以上有期徒刑,若因而致重伤者,处无期徒刑,或七年以上有期徒刑(第二四二条第三项),所以加重处罚之也。

【准(準)强奸罪】【刑】Quasi-rape 为强奸罪之一。更分为三种:(1)和奸幼女罪(详该本条)——以强奸罪论。(2)对于心神丧失或不能抗拒之妇女之奸淫罪——因对于妇女乘其心神丧失,或其他相类之情形不能抗拒而奸淫之而成立。所谓其他相类之情形,即妇女夏夜裸体熟睡时被奸之谓,以准强奸罪论。其处分为三年以上十年以下有期徒刑,未遂罪亦罚之(刑法第二四二条第一、五项)。又犯本罪因而致被害人于死者,处死刑,无期徒刑,或十年以上有期徒刑,因而致重伤者处无期徒刑,或七年以上有期徒刑,至犯本罪因而致被害人羞忿自杀,或意图自杀而致重伤者,其处断亦同(第二四二条第三、四项)。所谓被害人,即妇女之本夫及家人亦在其内。(3)诈术奸淫罪——因以诈术使妇女误信有夫妻关系听从其奸淫者,以使被害人陷于错误认为夫妻关系为必要,然须由加害人之诈术欺罔手段所引起者为限,而其奸淫行为又须经妇女之同意,方能构成本罪。其处分为三年以上十年以下有期徒刑,亦即准强奸论罪之一也。(同法第二四四条)

【准(準)强盗罪】【刑】Quasi-robbery 为强盗罪之一。即对自己之所有物已受查封或担负质权者,加以强取时,成立本罪。至其物则须以在他人之管有下为必要。本罪之处分与单纯强取他人所有物同。(刑法第三五四条)

【准(準)从犯】【刑】Quasi-accessory offender 即以从犯论罪之谓,如教唆从犯者,或帮助从犯者,皆以从犯论。又如一方共犯,亦以从犯论罪是(刑法第十六条)。换言之,凡以从犯论罪者,皆称曰准从犯。

【准(準)教唆犯】【刑】Quasi-instigator 又名准造意犯。(详该本条)

【准(準)条约】【国公】Quasi-treaty 谓国家与游牧民族间所缔结之条约。游牧民族因无一定土地,故与国家有别,且不得为国际法上之国家,其与国家或他游牧民族所结之条约,自不得与普通条约同视。又各国君主相互间对私事或王室之协定,或国家与教会间之协定,皆称为准条约,即国家与本国或外国私人或公司所订立之合同,亦然。

【准(準)清算】【公】Quasi-liquidation 谓公司之设立,因事经官厅批驳或被注销时,应照解散例所为之清算也。其清算人应由官署据利害关系人或检察官之呈请选派之,此为我国旧公司条例所规定,公司法未有明文。

【准(準)袋地】【物】凡为他人土地所围绕时,虽有他道可通而费用过巨,或有非常不便者,曰准袋地。法律上亦许其有通行邻地之权,我国民法并无此项规定,惟旧民法草案有之耳。

【准(準)现行犯】【刑诉】Quasi-flagrant delictor 所谓准现行犯,共有二种:(1)被追呼为犯人者。(2)于犯罪发觉后最近期间内,持有凶器赃物或其他物件可疑为该罪之犯人,或于身体衣服等处,显露犯该罪之痕迹者。我刑诉法规定,不论何人得不用拘票迳行逮捕之,但应即解送较近之检察官讯问耳。(第四九条、第五七条)

【准(準)造意犯】【刑】Quasi-instigator 又名准教唆犯,即教唆造意犯者之谓,以准造意犯论(暂行新刑律第三十条第二项之规定)。不得与正犯同处,新刑法之规定与之相反。

【准(準)陆海空军军人】【军】Quasi-military man 简称准军人。(详陆海空军军人条内)

【准(準)备房屋】【土】所谓准备房屋,乃指市政区域内可随时供租赁之用房之房屋而言。土地法规定,市内房屋应以所有房屋总数百分之二为准备房屋,若一时人口突增,准备房屋额继续六个月不及房屋总数百分之一时,第一须规定房屋标准租金,第二须减免新建筑房屋之税款,第三须建筑市民住宅。(第一六一——一六二条)

【准(準)备金】【公】Preparatory fund; Surplus-fund 又称公积金。(详该本条)

【准(準)备书状】【民诉】Preparatory pleading 为书状之一种。凡当事人对其拟在言词辩论时提出之声明或陈述之事实与证据方法,预先以书面记明,而向法院及对造人所提出之书面,曰准备书状。例如诉状及答辩状皆属之。其内容除须依一般书状之程式(参书状条内)外,尚应记明下列各事项:(一)攻击或防御之方法。(二)对于他造之请求及攻击或防御方法之陈述。(民诉第二五七条)

【准(準)备程序】【民诉】Procedure of preparation; Preparatory proceeding 因准备本案之辩护及判决,本于当事人在受命推事前之陈述,作制笔录,以明其事件关系之程序,曰准备程序。此种制度乃为防止诉讼程序之繁杂及迟滞而设。此种程序乃属言辞辩论之一部,仅于第一审(限于合议庭)及第二审适用之,法院得随时使受命推事(由审判长由庭员中指定之)行之。准备程序应以笔录记明下列各事项:(一)当事人攻击或防御方法。(二)当事人对于攻击或防御方法有无争执。(三)当事人关于攻击或防御方法所有之声明及证据与对于证据之陈述。准备程序期日,当事人均须到场,若一造不到场,受命推事应将到场当事人之陈述记明笔录,送达于未到场之一造,命其于另定期日到场,若于新期日仍不到场者,则应终结准备程序,受命推事应速将卷宗及证物提出于审判长,由审判长速定言辞辩论期日。(民诉法第二五八—二六四条)

【准(準)诈欺罪】【刑】为诈欺罪之一。更分为三:(一)乘机取财罪——因意图为自己或第三人不法之所有,乘未满十六岁人之知虑浅薄,或乘人之心神耗弱,使之将本人或第三人所有物交付者,成立本罪。其要件为:(1)须有为自己或第三人不法之所有的故意。(2)被害人须为未满十六岁人或心神耗弱人(不以诈术为必要之手段)。(3)被害人须因此将本人或第三人所有物(限于有体物,但电气亦在内)交付,否则仍不能成立本罪。其处分为五年以下有期徒刑,拘役,得并科或易科一千元以下罚金,未遂罪罚之(刑法第三六五条第一、三项)。(二)乘机骗取利益罪——因以上项乘机取财罪之方法,得财产上不法之利益,或使第三人得之者,成立本罪,例如对心神耗弱人骗得其债权是。故本罪之客体为无形物,构成要件与科罚与上述乘机取财罪同(参该条,刑法第三六五条第二、三项)。(三)因对自己所有物已受查封,或担负质权犯诈欺罪者,以他人所有物论。换言之,即以诈欺罪论也。(第三六七条)

【准(準)买卖】【债】Quasi-bargain 所谓准买卖,乃指以非财产权而为买卖之标的时所为之买卖而言,例如将业务上之秘密及信用等为买卖之标的物是。此种准买卖,学者有主张其为真正买卖者。

【准(準)抢夺罪】【刑】Offence of quasi-snatching 为抢夺罪之一。即对自己之所有物已受查封或担负质权者加以抢夺时所成立之罪,其物须以属于他人管有下为必要,与单纯抢夺他人所有物同论。(刑法第三五四条)

【准(準)毁弃损坏罪】【刑】为毁弃损坏罪之一。因对自己所有物已受查封或担负质权,或已赁贷者,加以毁弃损坏,或致令不堪用者,与其他损害行为而成立(以刑法第三十四章之罪为限)。以他人所有物论。(刑法第三八五条)

【准(準)禁治产人】【民总】Quasi-interdicted person 我国旧民法草案分禁治产人与准禁治产人两种。前者乃指精神丧失人而经过禁治产宣告之程序者而言,后者则为精神耗弱人、聋人、哑人、盲人及浪费人而受准禁治产宣告之程序者而言。又前者为完全无行为能力人,后者则仅为限制行为能力人。新民法无准禁治产人,仅有禁治产人一种耳。

【准(準)罪人原减法】【史】凡因罪人以致罪(例如藏匿罪人),若罪人自首,及遇恩原减者,均依该罪人全原或减降之法,谓之准罪人原减法。唐律(卷五)名例篇——犯罪共亡条之疏议曰:"谓因罪人以得罪,罪人于后自首,及遇恩原减者,或得全原,或减一等二等之类,一依罪人全原减降之法。"

【准(準)过失】【刑】Quasi-negligene 犯人对于构成犯罪之事实虽预见其能发生,而确信其不发生者,以过失论,所谓准过失是也(刑法第二十七条第二项规定),盖即所谓有认识之过失也。

【准(準)伪造文书罪】【刑】为伪造文书罪之一。凡在纸上或物品上之文字符号,依习惯或特约足以表示其用意之证明者,如有伪造或行使此种虚伪文字符号者,其处分以伪造文书论罪。(刑法第二三八条)

【准(準)诬告罪】【刑】Quasi-malicious prosecution 为诬告罪之一。亦分两种情形:(1)因未指定犯人而向该管公务员诬告犯罪而成立。例如佣工遗失主人财物,恐遭谴责,伪诉途遇强盗以图免责是,以未指定特定犯人为必要,且须为诬告行为。其处分为一年以下有期徒刑,拘役,或三百元以下罚金,但于诬告案件判定前自白者,减轻或免除其刑。(2)因未指定犯人而伪造变造犯罪证据,或使用伪造变造之犯罪证据,致开始刑事诉讼程序而成立,其处分及自白后之处罚,均与上项同。(刑法第一八二条、第一八四条)

【准(準)据】【通】Corresponded application 与准用同义,即依据准用之谓。

【准(準)据法】【国私】Comfomity law 所谓准据法,乃指对于涉外私法关系发生时,所应适用之法律而言。例如甲乙两国之法律发生冲突时,依国际私法决定应适用甲国法律时，则甲国法律即为准据法。

【准(準)窃盗罪】【刑】Quasi-larceny 为窃盗罪之一。即对自己之所有物已受查封或担负质权者，加以窃取时所成立之罪也。须以已受查封或担负质权时为限，且须以其物属于他人管有为必要。其处分以窃取他人所有物罪论。(刑法第三三九条)

【溯及效力】【通】Retroactivity 凡法律对于既往之法律行为，有追溯之效力者，曰溯及效力。例如在法令施行前所发生之事项，亦适用于该法令之规定是。然在解释上，法律固以不溯既往为原则也。但国家得以法令规定承认其有溯及效力者，则为例外耳。

【溯求权】【票】Right of Recourse 又称追索权。(详该本条)

【滚催】【史】滚者滚单也。依一定方式催促缴纳租税者，称曰滚催。康熙三十九年题准："征粮设立滚单，于纳户名下注明田亩若干，该银米若干，春应完若干，秋应完若干，分作十限，每限应完若干，给发甲内首名挨次催滚。"(光绪会典事例卷百七十一)

【滋(滋)扰】【刑】Nuisance 又曰妨犯。(详该本条)

【煎贩硝磺】【史】硝磺为制造火药之用，与军事关系甚巨，故为禁制品之一。凡煎挖或贩卖之者，均为法所不许。清例对此设有明文，兹举之于下：(一)内地民人煎挖窝顿兴贩硝磺者，硫磺十斤以下，杖一百，十斤以上徒一年，二十斤以上徒一年半，三十斤以上徒二年，四十斤以上徒二年半，五十斤徒三年，五十斤以上流二千里，八十斤以上流二千五百里，一百斤流三千里，二百斤以上近边充军(焰硝每二斤作硫磺一斤科断)。囤积未曾兴贩减私贩罪一等。(二)邻保知情不首杖一百，不知情杖八十。挑夫船户知情不首减本犯罪二等，知情分赃，与犯人同罪，赃重以枉法从重论。首报者除免罪外，仍照本犯名下所获硝磺入官价值，另追给赏。(三)内地私贩硝磺合成火药卖与盐徒，不问斤数多寡，发近边充军，本省银匠药铺染坊需用硝磺，呈明地方官给票批限，买完缴销，每次不许过十斤，附近苗疆呈买，每次不得过五斤，违者治罪。(四)案同治元年奉准通行，嗣后内地奸民私煎硝磺，无论已未兴贩，数在十斛以下者，杖一百刺字，十斛以上杖六十，徒一年，每十斛加一等，多至百斛以上，及合成火药十斛以下者，发近边充军，多至三百斛以上及合成火药十斛以上者，照私铸红衣炮位例处斩，妻子缘坐，财产入官。如将硝磺接济贼匪，即以通贼论，知情故纵及隐匿不首者，并与犯人同罪，至死减一等，俟军务完竣仍照旧例办理。

【熙宁删定编敕】【史】(详熙宁编敕条内)

【熙宁修城法式条约】【史】(详修城法式条约条内)

【熙宁编敕】【史】为宋法典之一。神宗熙宁二年三月，诏蔡延庆孙永等，修嘉祐编敕。后又诏删定嘉祐四年正月以后续降宣敕，以刘赓等充检定官，曾布充详定官，王安石充提举。及六年八月，王安石等，上熙宁删定编敕赦书德音附令敕申明敕目录，共二十六卷，诏编敕所镂板，七年正月一日颁行。七年十二月审官东院，撰编敕二卷。九年吴充等，上军马司敕五卷。十年，详定敕令所，上详定刑部敕一卷。

【熙宁诸司敕令格式】【史】为宋法典之一。熙宁诸司敕令格式者，熙宁十年二月所撰，凡十二卷，是岁十一月，更上三十卷。

【烟(煙)犯在逃处分】【史】烟犯，谓兴贩及吃食鸦片之人犯，在逃，谓未被拿获。烟犯在逃，不论罪证是否确实，地方官均应分别受一定之处分。清之六部处分则例(卷四十五)刑属杂犯篇设有烟犯在逃处分之条："各项烟犯在逃，果系供证确凿，罪无可疑，即据实声明，按其应得罪名照例议处。若供证未确，罪难悬拟，亦于文内声明，先照军流人犯例议处，令其照案缉拿，俟日后获犯审时，如罪应军流无庸改议，傥罪应军流以上，即改照本例议处，将原议之案查销。"

【烟(煙)瘴俸满人员甄别】【史】谓调补烟瘴区域人员，于任满时应加甄别以定去取也。清之六部处分则例(卷四)吏属举劾篇设有烟瘴俸满人员甄别之条："调补烟瘴人员，如不称职，该上司即随时揭参，不必俟其俸满。至俸满时，果有办事勤能，著有政绩者，该道府造具事实印册，分别保题，咨部注册升用。其循分供职，而年力壮健，尚堪驱策者，仍准以原品之缺调补。若年力已衰，即行令其休致。傥该管道府平时因循不揭，俸满时又不核实查参，以及捏填事实，混行保送者，均降二级调用，不加查核之两司罚俸一年。"

【烟(煙)馆烧锅】【史】烟馆，谓专供吸食鸦片之场所也，烧锅，谓酿酒之家也。凡开设烟馆或大开烧锅者，均为法律所禁止。清例对此均有明文，兹举述于下：(一)开设烟馆，照赌博例枷号两个月，杖一百，房主知情者，房屋入官，不知者不坐。(二)随同吸食无论人数多寡，照违制律杖一百。(三)违禁私种罂粟花，照违制律杖一百，亩数过多者，酌加枷号。(四)广收麦石，肆行踩曲，大开烧锅，枷号两个月，杖一百，制曲自用不多者，不在禁例。(五)地方官失于禁止，每一案降一级留任，至三案降三级调用。(六)守口官失于查拿，每案罚俸六个月。(七)奉委查曲之员，拿获踩曲三百斤以上，每案记录一次，数多以次递加。

【照片著作权】【行】照片受著作权法之保护而有重制之权利。是曰照片著作权。依著作权法之规定(第九条)，照片得由著作人享有，有著作权十年，其系刊入文艺学术著作物品中之照片，如系特为该著作物而著作，则著作权应归该著作物之著作人享有之，此项照片著作权，在该文艺学术著作物之著作权未消灭前，继续存在。

【照例存留养亲】【史】照例，谓依以前成例也。存留养亲者，本犯之罪无可矜，而本犯之或祖、或父、或母、或祖母已老成笃疾，而家无十六以上之成丁时，则存而留之，以养其亲也。清之现行则例(即刑部现行则例)名例篇设有照例存留养亲之条："九卿詹事科道会议军流人犯存留养亲之例，其原疏内未经声明及发遣时有控告者，该督抚严行确查，并取该管官印结，或具题，或咨部，俱照例准其存留养亲。若有假捏情弊，将该督抚并地方官俱交与该部照例议处，其人犯咨解到部之后，如有控告年老残疾及无以次成丁者，仍照例不准行具题，奉旨依议。"(参存留

养亲条)

【照例减议】【史】照例减议者,谓按照成例之处分减等定议也。清之六部处分则例(卷一)吏部公式篇设有照例减议之条:"凡议处事件有与例文相似,而案情迥殊者,即照本条处分减等定议,系革职之案改为降三级调用,降五级四级调用之案改为降二级调用,降三级二级调用之案改为降一级调用,其降一级调用并革职留任之案俱改为降一级留任,降级留任之案俱改为罚俸一年,其止于罚俸二年一年九个月六个月三个月者,均依次递减。若例轻而案情较重者,即照加等之例办理。"

【照刷文卷】【史】照刷者,清理整饬之谓也。即将各衙门文卷提取而整察之,以视其有无稽延错漏,违法冤抑等情也。均依卷宗件数之多少论罪。明律(卷三)、清律(卷七)吏律公式篇——照刷文卷条:"凡照刷有司有印信衙门文卷迟一宗二宗,吏典笞一十,三宗至五宗,笞二十,每五宗加一等,罪止笞四十,府州县首领官及仓库务场局所河泊等官,各减一等。失错及漏报一宗,吏典笞二十,二宗三宗笞三十,每三宗加一等,罪止笞五十,府州县首领官及仓库务场局所河泊等官各减一等,其府州县正官巡检一宗至五宗罚俸一月,每五宗加一等,罚止三月。若钱粮埋没刑名违枉等事,有所规避者,各从重论。"清律之总注:"照者,明察之意,刷者,刮扫寻究之义,谓将各衙门文卷提取而照刷之,有无稽延失错,遗漏规避,埋没违枉也,皆按宗数论罪。首节言稽迟之罪。凡事皆有程限,照刷有司印官文卷,内有可依程完结之事,而稽迟过限不完者,吏典自一二宗笞一十起,罪止笞四十,首领及仓库等官各减吏典罪一等。次节言失错漏报之罪。失错如漏印错字,参差月日,不佥姓名之类;漏报,如卷内失粘文移,及有卷未送之类。照刷出失错漏报,吏典自一宗笞二十起,罪止笞五十,首领及仓库等官,各减吏典罪一等,其府州县正印官巡检自一宗至五宗罚俸一月,至十五宗以上,罚止三月。以上迟错漏报,皆无所规避者也。末节者言规避之罪。若照刷文卷内,钱粮埋没,任意侵那,刑名违枉,拟罪出入等罪有所规避者,各从所规避之重罪论。"同律之辑注:"照刷之制,由布政司、按察司,于巡历去处,提取军民各印官衙门文卷照刷,如刷出卷内事无违枉,俱已完结,则批照过。若事已施行,另无违枉,未可完结,则批通照。若事已行,可完而不完,则批稽迟。若事已行已完,虽有违枉,而无规避,则批失错。若事当行不行,当举不举,有所规避,如钱粮不追,人赃不照之类,则批埋没。"又同律之辑注:"失错漏报,差重于稽迟,然皆吏典之过,首领等次之,故坐罪有差等,正官仅有不催督稽查之咎,故止罚俸。"

【照得】【行】为公用文书下行时于全篇首处所用之语,但宋元时代即上行文书亦用之。

【照会】【国公】Notes　两国外交当局对于某种交涉事件互相表示意见之公文,曰照会。其答覆之照会,则称曰覆照。

【狮(獅)子合伙】【史】Societas Leonia　为罗马法上之术语,即合伙事业中,仅一合伙人,或某一部分之人得分配其利益也。

【瑕疵】【通】Defect　意思表示以及有体物中如不完全,而其效力得为限制或撤销原因,或其缺点得为赔偿请求之原因者,谓之有瑕疵。

【瑕疵占有】【物】Defective possession 为占有之一种,对无瑕疵占有言,即以强暴或隐秘方法而占有者之谓。例如强迫他人,或暗窃他人之物而占有之是。与无瑕疵占有之区别,乃以占有之状态为标准。

【瑕疵占有人】【物】即瑕疵占有之人也。(参瑕疵占有条)

【瑕疵法律行为】【民总】Defective juristic acts 瑕疵法律行为者,违反法律之准则之行为也。一名曰不完成行为,或不法行为,或违法行为,其效果通常为行为人法律上一定之不利益。现于积极方面者,为回复原状,赔偿损害,提供担保,除去妨害等义务。现于消极方面者,为权利之丧失,及相对人之解除权、介入权等。

【瑕疵担保】【债】Warranty against defects 为出卖人对买受人应负担义务之一种。谓出卖人将标的物(有体物)交付买受人时止,对于其物之价值,或其通常效用与约定效用有灭失或减少之瑕疵时,应负担责任也。又称物的瑕疵担保(所谓瑕疵,指物有缺点不健全而言),其成立要件有五:(1)买卖标的物须确有重要瑕疵。(2)其瑕疵须为于危险移转前或移转当时存在者。(3)买受人须不知情,并无重大过失者。(4)买受人须践行检查通知之条件。(5)当事人间须未有特约者(第三五四条—三五七条,又第三六六条)。买受人对出卖人违背瑕疵担保时,(1)得行使契约解除权或请求减少价金权(第三五九条、第三六一—六三条、又第三六五条)。(2)有时得请求赔偿损害(第三六〇条)。(3)如标的物为指定种类者,有瑕疵时,得请求另交无瑕疵之物。(第三六四条)

【瑞士联邦宪法】【宪】瑞士为欧洲中部之一小联邦国,东与澳大利亚国相毗连,南与意大利相接,西与法兰西为邻,北与德意志国为界,面积约一万六千方哩,均为山地。其南部之阿尔卑斯山地(Alps)为欧洲最高之地,其中且有欧洲第一山峰,终年积雪,夏间因稍溶解,故有无数冰川,因而境内多湖泊,风景之美,有世界公园之称。居民四百万,中部以东及北部为日耳曼族,占全国人口十分之七,奉新教,操德语,西南部则为法兰西民族,操法语,奉旧教,占全国人民十分之二,东南部为意大利民族,占全国人口十分之一,奉旧教,操意语及拉丁语。主要生业为牧畜及制造业,而钟表业尤驰名全国。按瑞士古亦为罗马之一部分,约四百多年,(纪元前五十八年起)罗马亡后,即为法兰克王国所征服(自纪元五三六年起),至第九世纪之初期,瑞士变为德意志帝国之一部分,直至十三世纪为止,此后因澳大利亚公国欲收瑞士为己有,遂于一二九一年八月一日由瑞士之三州起而与抗,结防御同盟,屡战屡胜,至一五一三年联邦增至十三州。在一七九八年拿破仑一世特将瑞士并合于海儿末的克共和国(Helvetic Republic)。一八〇三年拿破仑又召集巴黎会议,制定一种规约,称曰 Act of Mediation,承认瑞士之十九邦各设邦政府,并另组织一中央议会,由各邦所派遣之代表二人共同组织之,议会轮流在某若干重要邦中开会,而该邦之行政首领即被视为大总统。至一八一五年之维也纳会议之后,遂完全与法国脱离关系,而另制定一新宪法,是曰一八一五年之盟约,是时共有二十二邦,每邦各派代表一人(即有一投票权)设立一联邦会议,而于朱力克(Zurich)等三处轮流开会,且由各该处之行政首领轮流主持联邦事务,每二年开会一次,在此时期各邦中之自由主义份子与顽固份子争持不下,而旧派(即顽固份子)于一八四五年组织一武装联盟,起而与联邦会议反抗,至一八四七年十一月间始为联邦会议所削平。在一八四八年初,乃由联邦会议任命十四人组织新宪法委员会,从事新宪法之制定,于九月十二日公布,而中央政府亦即以新宪法为根据而设立。自一八四八年至一八七〇年间,若干邦亦相继修正其各该邦之旧宪法,采用复决权及创制权,一八七四年五月二十九日将联邦宪法,加以修正(其后亦曾经多次之修正),即现行之瑞士联邦宪法也。第一章总则,第二章联邦权力,第一节联邦会议,(甲)众议院。(乙)参议院。(丙)联邦会议之职权,第二节联邦行政委员,第三节联邦秘书厅,第四节联邦法院,第五节细则,第三章联邦宪法之修正。兹举其要点于下:(一)瑞士联邦以二十二邦之人民同盟组织之,以对外保障本国之独立,对内维持秩序安宁,保护各邦之自由权利及增进共同之繁荣为宗旨。(二)各邦主权未经联邦宪法限制者,均得自主,凡未委任于联邦政府之权利,概由各邦行使之。各邦得请求联邦政府保障其宪法,凡适合于下列情形者,联邦应予保障;(1)各邦宪法不违背联邦宪法之规定者。(2)各邦宪法依据民主政体确保政权之行使者。(3)各邦宪法经人民认许,并得因公民过半数之请求,得予修正者。(三)联邦政府有宣战媾和以及与外国缔结同盟及一切条约之权,惟关于公产管理与边境关系以及警察事项,则为例外,各邦得保留之。(四)联邦无设置常备军之权,任何一邦或半邦非经联邦政府之特许,常备军之数不得超过三百人,但宪兵队不在此例(凡瑞士人民均应服兵役)。联邦之军队由下列人员组成之:(1)各邦之军队。(2)凡瑞士人民未列入各邦之军队而应服兵役者。依法律之规定,军队及军器之管理权概属于联邦,惟各邦境内之军队,则由各邦自行管理之,惟军队之编制法则属于联邦政府。(五)森林及水利之利用,堤防之修筑,其监督权均属于联邦,利用水力所缴之捐税及租金,依联邦法律之规定,应归于各邦或权利所有人。关于电力之输送与分配,联邦有制定法律之权,关于航行、渔猎、建筑及铁路等之立法权,亦属于联邦,关税之处理与收入亦属于联邦,关于工业及劳动者之保护,联邦有颁布划一规定之权,全国之邮电由联邦管理之,对于有关系之道路及桥梁,联邦得行使监督之权。此外如航空之立法权,铸造货币之权,发行银行钞票及其他纸币之权,度量衡制度之制定权,全国火药之制造与售卖,某种单据及文件之印花税之征收,均属于联邦政府。(六)联邦之费用为联邦财产之收入,瑞士边境新征收之联邦关税,邮电之收入,火药专卖之收入,各邦所征免除兵役税项总额之半数,印花税之收入以及由联邦法律规定各州之分担金,该项分担金以各邦之贫富及其税源为标准。(七)各邦之公民即为瑞士公民,有参加联邦及各该居住所在地之政治之权。关于瑞士国籍之取得与丧失,均依联邦法律之规定。人民在法律上有自由居住之权,其意志及信仰均自由不受侵犯,惟对于耶稣教会及其同盟之会社不许其存在于瑞士境内,其会员在天主教堂及学校中之活动,均禁止之。此外新修道院或教会,及已废止而欲重新恢复者,亦禁止之。此外人民之结婚权、出版自由权、结社权、请愿权,均受法律之保障。(八)各邦之法律及诉讼程序,对于他邦之公民应与本邦之公民同等待遇,即一邦之确定判决在联邦境内均得执行之。(九)刑法典由联邦制定之，债务及破产之诉讼法，以及关于民法上之其他事项，联邦亦有制定之权。至于法院组织，诉讼程序，及司法行政等，仍旧属于各邦。（十）联邦之最高权力除人民与各邦之权力外（即公民表决与各邦表决），由联邦会议行使之，此项会议分为众议院与参议院。（十一）众议院由瑞士人民所选举之众议员组成之，每二万人口得选一人（每邦或每半邦，至少均须选举众议员一人）。凡瑞士人民年满二十岁，而在其居住所在之邦法律管辖内，未被褫夺公权者均有选举权，凡有选举权而不属于僧侣者，皆有被选之资格，任期均为三年，其议长及副议长各一人，均由每届开会时自行选举之。（十二）参议院以各邦所选举之参议员四十四人组成之，每邦二人，每半邦一人（众议员及联邦行政委员会委员不得兼任参议员），其议长副议长各一人，于每届开会时自行选举之。（十三）联邦会议之职权，为讨论本宪法所付予属于联邦管辖及不属于其他各邦管辖之一切事项（本法第八五条曾列举十四项，从略）。参众两院每年于常会期中，应依法召开联席会议一次。每院之开会须有全体过半数之出席始得开会，其议决案须以绝对过半数之表决为之。每院及每一议员皆有创制之权，即各邦政府亦得以书面行使此权，联邦之法律及命令，与联邦之规定，非经两院之通过，不得施行。又联邦法律得经三万公民或八邦政府之要求，由人民表决，或采用或否决之。订立国际条约，不规定期限或在十五年以上者，如经三万公民或八邦政府之要求，亦得由人民表决认可或否决之。（十四）联邦之最高行政权与指挥权，由委员七人所组成之联邦行政委员会行使之，其委员由参众两院之联席会议选举之。凡瑞士公民具有被选为众议员之资格者，即可当选，任期三年，但每邦不得有同时被选在一人以上。委员会以联邦总统为主席，并另设副主席一人，均由联邦会议就联邦行政委员中选举之，任期一年。委员会之开会，至少须有委员四人之出席，始为合法。联邦行政委员会之职权与义务为管理联邦事务，执行联邦法律命令，对外保守瑞士国之安全，以维持其独立与中立，对内保守联邦内国之安全，以维持其秩序与治安等等（本宪法第一〇二条列举，共十六项）。联邦行政委员会之事务均分配于各部（按即外务、内务、司法及警察、军事、财务及关税、农务兼工务、邮政兼铁路）。（十五）联邦秘书厅担任联邦会议及联邦行政委员会秘书之职务，设秘书长一人，任期三年，与联邦行政委员会同时由联邦会议选举之，其组织由联邦法律规定之。（十六）联邦法院为管理联邦司法事件之机关，其法官与助理由联邦会议选举之，凡瑞士公民具有被选为众议员之资格者，皆得当选。下列之民事案件，由联邦法院受理之：(1)联邦与各邦间之诉讼。(2)联邦与法人或个人间之诉讼（此种诉讼限于以法人及个人为原告，而其所争讼之案件，为有联邦法律规定上之重大情节者）。(3)各邦相互间之诉讼。(4)各邦与法人或个人之诉讼（此种诉讼限于一造之起诉，而其争诉之案件，为有联邦法律规定上之重大情节者）。此外联邦法院亦得受理下列各案：(1)联邦官署与各邦官署关于管辖权之争议。(2)各邦间关于公法问题之争议。(3)公民宪法权利被破坏之诉讼，以及人民关于条约被破坏而提起之诉讼。(4)无国籍者之诉讼，及不属于一邦之各邑间发生关于公民权之争议。(5)对于原告及被告两造同意所委托之其他案件，而其争讼案件为有关于联邦法律上所规定之重大情节者。至于下列之刑事案件，联邦法院受理时，须有陪审员之出席：(1)关于违害联邦,反叛联邦及暴动之罪。(2)关于国际法之重罪及轻罪。(3)关于政治上之重罪或轻罪,因发生骚乱,致引起联邦以兵力镇压者。(4)联邦官署对其所任命之官吏,因犯职责上之罪而诉于联邦法院者。(十七)为受理联邦法律所规定之联邦行政诉讼,特设立联邦行政法院,并得受理联邦法律所规定之联邦行政惩戒事项而不属于其他特别裁判管辖者。至各邦如有委托联邦行政法院,受理各邦之行政诉讼,仍须经联邦会议之许可,始得为之。(十八)联邦国语定为在瑞士所通行之德文、法文,及意大利文三种。(十九)联邦宪法于任何时均得为全部或一部分之修正。全部分之修正须依法定程序为之,如参众两院中之一院提出修正联邦宪法全部之议案,而其他一院不予同意者,或经有表决权之瑞士公民五万人声请修正宪法之全部者,则在此两种情形之下,其应修正与否应交付人民公决之。至于一部分之修正,亦得依人民之动议,或依联邦法律所规定之程序为之。联邦宪法全部或其一部分修正后,如经瑞士公民投票过半数之表决,及联邦大多数之同意时,即发生效力。(二十)暂行条文(第一条—六条)从略。(二十一)此外尚有关于人民对联邦法律,及命令之表决权之一八七四年六月十七日之法律共十六条。(从略)

【瑞典国宪法】【宪】Constitution of Sweden 瑞典为斯坎的纳维亚(Scandinavian)半岛之国家之一,西与挪威为邻,东北与芬兰相接,东濒波的尼亚湾(Gulf of Bothnia)与波罗的海,南部亦沿波罗的海,西南隔卡脱加得海(Kattegat)与丹麦对望,面积共十七万余方哩,人口六百余万。古时原为日耳曼族之诺曼人(Normen)所居之地,第十世纪间始创立国家,其后并于丹麦,一三九七年与挪威丹麦合为一国,一五二一年自行独立,三十年战役(Thirty Years War)瑞典亦参与之,并大破德军,遂一跃而为北欧强国,略有波罗的海沿岸各地。一六九七年查理十二世立,俄帝彼得与丹麦及波兰同盟以对瑞,查理王奋起与抗,大破丹麦军队,并陷波兰,而废其王,然不久仍为俄军所败,一八〇七年又为俄人所败,失芬兰之地,一八一四年并挪威为己有,一九〇五年,挪威与之分立,始成今国。现行宪法为一八〇九年六月六日所公布,曾经多次之修正,不分章节,合共一百一十四条,兹举其要点于下:(一)瑞典为世袭王国,由国王统治之,国王应永远奉行新教,其身体为神圣不可侵犯,其行为不可非难。(二)国家行政共分十部,以国王与国会共同制定之法律规定之,其部长则由国王指派国务员充任之。国务员以各部部长及不管部之国务员三人组织之,并就其中指定一人为国务总理。国务员应开国务会议,处理国家政务,须经至少三人之出席,始得决议。凡关于王国与外国有关之事项,或与外国及驻外之国王使臣间来往之文书,无论如何性质,均应由外交部长为之。(三)国王经出席国务会议加以说明后,得与外国签订条约,惟此项条约在原则上仍应提请国会通过之。国王如欲宣战或媾和时,应召集特别国务会议,说明理由及其应付方针,并应向各国务员征询意见,始得为之。(四)国王统率王国海陆军以大元帅资格,直接指挥军事。又国王应秉持正义与公理,防止不义及违反公道之行为,除依法处刑外,不得损害或任其损害任何人之身体名誉。个人自由及其权利,非依照瑞典法律规定之程序,在侦查或审判中,不得剥夺或任其剥夺任何人之动产及不动产,亦不得侵犯人民之住所及放逐之。人民有信教之自由,但传教时,不得妨害公共秩序及善良风俗。(五)一国之司法权,由国王任命司法官至少十二人，组织最高法院行使之。国王对于依照法律及规程经由国务院上诉于国王者，其审查及裁判之权，得由国王任命政府顾问至少七人，组织国王行政法院。凡关于判决确定或超过上诉法定期限之一切上诉，当其诉诸国王时，应由行政法院受理及审判，其他之上诉则概由最高法院受理之。凡法院或官吏向国王呈请关于法律之解释，属于法院范围以内者，应由最高法院予以解释，凡为王国军事法院之事向国王提起上诉时，应由最高法院裁决之（国王得任命高级军官二人，出席最高法院，参加是项裁判）。（六）由最高法院法官三人及行政法院法官一人会同组织王室立法会议（必要时，国王得另派才能经验廉洁素著者一人充任委员）。对国王提交关于法律及命令之编制，撤销、修正或解释各项草案，贡献意见。（七）国王得特赦刑事犯及减免死刑，并恢复及发还业经没收之财产，但应先经行政法院审查及经过国务会议之后，由国王决定之。（八）国王应任命一廉直干练及曾任司法职务之法律专家，充任司法大臣，综理司法事务，其重要职权，得以总检察官之资格，或由其所属之检察官，执行诉追关于普通治安及王室之权利，并得以国王名义，监督司法行政及控诉违法之法官及官吏。（九）总主教及主教依教会法律规定之程序，提出候补三人之名单，呈请国王选任之。（十）市之市长由市民选举候补人三人，呈请国王选择一人充任之。（十一）国务总理及外交部长为国内最高之官职，其他国务员次之，均由国王任免之，其他重要官员亦同。惟司法高级或初级官员，非经预审及审判不得罢免之，非经其本人之请求不得迁调之。（十二）国王得授与贵族及爵位。又国王所颁发之法令及文书，除属于军事者外，应经国王签署者，并须经有关系之国务员之副署，始生效力。（十三）国王旅行国外，或因病不能听政，依法由合法继承王位之王太子以国王之名义，统治王国。如王太子亦因病或出国，不能摄行政权时，则以最近之亲王代行之，若无亲王时，则由国务会议代行之。国王驾崩时，由王太子继承之，如尚未成年，则由国务会议以国王名义行使政府职权，至国会召集会议，并经国会任命监护人摄政时为止。如无继承人时亦同，应于国会选定新国王正式行使职权时为止。国王出征或在国内远离地方旅行时，得由国王委派国务员三人，并另派一亲王或国务员一人为主席，在其指定之范围内，代行政府职务。（十四）国会代表瑞典人民〔现行法律所授与三级（教士、贵族、人民）会议之一切权利义务应移转于国会〕，分为参议院及众议院，均依一定法律所规定之程序选举之，两院对于一切问题，具有同样之职权，惟遇有重要及特殊性质之问题，在未决定前，由国王及国会依其共同制定之法律，征询民意，举行人民复决，凡对众议院有选举权者均得参加复决。国会之两院各设议长一人，副议长二人，均由各该院依法自行选举之，于召开常会时，设置宪法委员会、财政委员会、税务委员会、银行委员会、法制委员会，及农业委员会（国会非常会议时，不另设委员会）。又于每届常会时，由两院互选议员十六人，组织委员会，与国王商讨外交事项，遇有重要外交事项，国王应与该委员会举行会议，始得解决之。国会或两院之任何一院及其所属之委员会，当国王出席时，不得讨论或决议。（十五）瑞典人民之课税仅得由国会设置之，关税、土货税、邮税、印花税、酿酒税及其他由国会于每届常会中所制定之税收均为国税，任何税则，无论其名目如何及性质如何，除粮食出口税外，非经国会同意，不得增加之。国王于国会每届常会开会时，应将国家全部财政状况编制报告，提交国会，国会审核财政，认为必要时，得通过附加税以资弥补，并得指定各项应征数额，另行编列预算。又为备意外之需，得另行规定两种款项，由公债管理处保管之。一为预备费，为对国防上或其他重要及紧急情形所必需时，由国王征求国务院全体意见后提取之。其他亦为预备费，则为战时之用费，国王应于国务会议席上说明，并经召集国会后，始得支配之。公债管理处由国会负责管理及监督之。国会依法审查公债状况及其需要，得指定某种特税，为发还公债本息之用，以保国家信用。（十六）瑞典国家银行由国会担保，由理事会管理之，理事为七人，其中一人及候补理事一人由国王任命之，任期三年，其余候补理事三人及理事六人均由国会依法选举之（其理事长以国王所任命之理事充之），国家银行有发行纸币之权，此项纸币视为流通货币。（十七）凡税捐及人口税或器物之征发，非经国会依法通过不得为之。遇有国际战争，为保持中立，或因外国军队侵入，出于自卫，颁发动员令时，国王应先出席国务会议，并依召集国会后所为之决定行之。国王自动员之日始，至取消动员之日止，依照国王及国会共同制定之特别法所定之程序及方法，得向各地方机关及人民征发军队所需之一切物件及服役。（十八）国王非经国会同意不得发行内外公债，或使国家增加新债。国家所有权与租地权及其所属之土地与不动产，如森林、公园、国有草地、王室所有草地、渔业权并国有之一切不动产，非经国会之同意，国王不得出卖、抵押、赠与，以及为任何之让与，王国之任何部分，亦不得以出卖抵押赠与或以其他任何方法分割之。（十九）军队之征调与编制，应依照城乡所定之律例及其分配方法组织之，非经国王及国会认为必要共同修正后，不得作任何之变更。新军队之征募及现有军役之加重，非有国王及国会共同之议决，不得成立。（二十）本宪法及王国其他之宪法如国会组织法、王位继承法、言论自由法等，非经国王及国会两次常会之共同议决，不得变更及废止之。关于宪法修正案由国王提出者，应交国会议决，再送达于国王，其由国会自行提出，应咨请国王批准。（二十一）瑞典人民均有发刊文字及言论之自由之权。（二十二）普通民法及刑法、军事刑法及变更与修正以前所通过之法律，由国王及国会共同为之。宗教法之制定修正及废止，亦由国会及国王共同行之（但同时应征求新教教士总会议之同意）。民刑法及宗教法之解释，同于制定该项之手续，由最高法院在国会开会期间，所为关于法律原意之解释，国会得于第一次常会开会时撤销之，如属于宗教法之解释，得由新教教士总会召集会议时否决之，经否决之后，法律之解释即丧失效力，法院不得加以引用。国会对于王国经济问题之法令，得提出修正解释及撤销之动议，关于该项新法令及公共行政机关组织之原则，亦得建议创制之（惟此仅为一种意见之性质而已）。（二十三）国会于每届常会开会时应选定廉洁正直之法律专家二人，充任国会检察官，受国会之命令，监视各项法令之施行，其中一人为军事检察官，专司军事法院之执行法令及政府官吏对于军费预算之发给，另一人则为司法检察官，专司普通法院及文官之执行法令。国会检察官职位与王室司法大臣等（另有候补人之选出），于必要时，得参加最高法院、行政法院、王室司法覆核处、高等法院及各级行政机关初级法院等会议及其议决，但无发言权，对于法院及其他公共机关一切纪录及文书，并得调阅之。（二十四）最高法院之全体法官或其中之一人或数人如有因个人利益判决不公，或玩忽职守致与法律明文及依法证明之事实相抵触，而有妨碍及于个人生命个人自由名誉及财产时，或行政法院之全体或其中一人或数人在其受理之上诉案中犯有同样行为，司法检察官得向一定之特别法院对犯罪人提起公诉，如系军事裁判机关者，则由军事检察官起诉，此项特别法院由Stockholm王室法院院长，资深之国务员四人，首都卫戍司令官，首都海军驻防司令，Stockholm王室法院年龄最高之推事二人，行政法院年龄最高之评事二人共同组织之，以王室法院之院长为主席。遇有对于最高法院提起控诉时，应以行政法院之庭长及资深之政府顾问四人加入之，如对于行政法院提起控诉时，应由最高法院资深之法官四人加入之。（二十五）国会常会开会时，应依法组织一委员会，每四年改组一次，对最高法院及行政法院所有法官是否称职，予以保留，或其中数人有无应受免职之处分，由该委员会决定之。（二十六）国会于常会开会时，应依法选任学问经验素著之委员六人，协同司法检察官，审查言论之自由，每四年改选一次，并以司法检察官为主席。除司法检察官外，其中委员二人应为法律专家，对于著作人或印刷人于出版前所呈请审查之文字与言论自由法是否抵触，应发表意见。（二十七）国会为人民代表最高机关，其议员之行为及言论以及身体，均受法律之特别保障，凡自动或受人指使，图谋施行暴力，反抗国会或全体议员或委员会或议员中之一人，以及目的在扰乱议会秩序者，均视为叛逆。凡公务人员借其职权，对于国会选举妄加干涉者，应受革职之处分。议员违犯重罪时，非经法官侦查后，认为必要时，不得加以拘押之，但刑事现行犯则为例外。

【当(當)】【史】当者，动产质也，为我国前此所用以担保债权方法之一种，即法律上亦予承认。唐律、明律及清律皆有规定。在一般情形，均依资本之多寡及规模之大小，而异其名称，如当、质、典、押皆是，中以当之规模为最大。

【当(當)十钱】【史】为圆廓方孔之钱，以一当十，故有此称，始于北周之建德中之五行大布钱，自唐至清，均有此制，但重要与成色皆不相同。

【当(當)比】【史】汉制比例某种犯罪而准用之，曰当比。礼记—王制注："已行故事曰比。"刑法志注："师古曰，比以例相比况也。"高帝七年诏曰："廷尉所不能决，谨具为奏，传所当比，律令以闻。"

【当(當)免】【史】当者，以官当罪也，即以官与罪相抵销也。免者，免去所居之官也。唐律释文(卷二)："当者，以官当罪，免者，免所居官。"

【当(當)初无效】【民总】Void before the fact　为无效之一，对事后无效言，即其无效之原因发生于法律行为之当时，即确定自始不生效力之谓也，故又称自始无效。例如意思能力之欠缺，乃当初无效之原因也。

【当(當)事人】【刑诉】Parties concerned; Clients　谓就自己之权利义务而受法院裁判之诉讼主体也。我刑事诉讼法规定，称当事人者，谓检察官自诉人及被告(第三条)。此项当事人须具备必要能力，即所谓当事人能力是也。当事人能力与责任能力有别，前者为诉讼法上诉讼条件之问题，后者则为刑法上处罚条件之问题，二者性质不同，故有当事人能力者，不必有责任能力。例如未满十三岁人被提起公诉时，彼虽无责任能力，但如被起诉，则可谓之有当事人能力矣。故凡自然人是否成年，心神是否健全，均有当事人能力。至法人之有当事人能力，乃为当然之事，可不待言。

【民诉】凡对国家请求确定私权之人及其相对人，为当事人。详言之，即以其名为诉讼时，不问是否实际上自己为之，或由其法定代理人为之，或由诉讼代理人为之，虽系由他人为之，仍系自己为当事人。当事人有广狭二义，前者包括原告被告代理人参加人，后者则仅限于原告及被告而已。我民诉在判决程序中，称起诉者曰原告，其对手人曰被告，提起上诉者曰上诉人，其对手人曰被上诉人。在督促程序及保全程序，称开始程序之请求人曰债权人，其对手人曰债务人。又凡当事人为声请者，概曰声请人。又当事人提起抗告者，曰抗告人，但无被抗告人之名称耳。当事人须有当事人能力，所谓当事人能力，乃指有为诉讼法上之权利义务的主体之能力而言。换言之，即得于民事诉讼为确定私权之请求人，或为其对手人之能力也。与诉讼能力有别，不可混同(参诉讼能力条内)。按当事人能力之有无，乃以私法上能力之有无为准，故凡在私法上有权利能力者，即有当事人能力，但下列二者，如具一定要件，亦视为有当事人能力：(一)胎儿——仅关于其可享之利益有当事人能力，如对继承权之请求是。(二)非法人之团体——仅于设有代表人或管理人时，始有当事人能力。(民诉第四一—四二条)

【当(當)事人不同等主义】【民刑诉】为民事及刑事诉讼主义之一，对当事人同等主义言，又称两造不对等主义。谓在诉讼程序进行中，双方当事人之权利及义务，在法律上，设有差等之主义也。依此主义显与法律公平原则相违反，故不足取，近代各国立法例，皆不采用之。

【当(當)事人之适格】【民诉】所谓当事人之适格，乃指诉讼当事人，对于诉讼事件，享有行使诉讼权之正当资格而言。

【当(當)事人同等主义】【民刑诉】为民事及刑事诉讼主义之一，对当事人不同等主义言，又称两造对等主义。谓当事人在民事及刑事诉讼进行过程中，其攻击防御方法及其他权利义务，并无差等之主义也。依此主义，双方皆立于同等地位，与公平原则颇相符合，故我民事及刑事诉讼法均采用之。

【当(當)事人能力】【民刑诉】Capacity to be a party　当事人在法律上有为诉讼行为之能力，称曰当事人能力。通常凡有权利能力之人，皆有当事人能力，但无权利能力人之胎儿，亦认其有为当事人能力。至于非法人团体，如有代表人或管理人者，亦认为有当事人能力，此系就民诉法上言。在刑诉法上，不论自然人或法人，均为有当事人(即被告)能力。

【当(當)事人送达主义】【民诉】诉讼文件之送达，一本当事人之自由意思，法院并不依职权为之。此项主义称曰当事人送达主义，与职权送达主义相反。

【当(當)事人诉讼主义】【刑诉】Parteienprozess（德）　为刑事诉讼主义之一，对强制代理主义言，谓诉讼行为须由当事人自己为之之主义也。其理由如下：(1)诉讼之事乃当事人自己之事，故由彼自行诉讼最为合宜，而且言之亦最深切。

(2)由当事人为之,不致为他人所包揽,而且亦可迅速了结。我刑事诉讼法以此为原则(第一六五条),但以强制代理主义为例外。(第一七〇——七三条)

【当(當)事人进行主义】【民诉】诉讼之进行与否均依当事人之意思自由为之,法院不加干涉,故又曰不干涉主义(详该本条),我国民事诉讼法采之。

【当(當)差】【史】当差者,谓充当差役也。明律(卷四)、清律(卷七)户律户役篇——脱漏户口条曰:"凡一户,全不附籍,有附役者,家长杖一百,无赋役者,杖八十,附籍当差。若将他人隐蔽在户不报,及相冒合户附籍,有赋役者,亦杖一百,无赋役者,亦杖八十。若将另居亲属隐蔽在户不报,及相冒合户附籍者,各减二等,所隐之人,并与同罪,改正立户,别籍当差。其同宗伯叔弟侄及婿,自来不曾分居者,不在此限。"明律之纂注曰:"一家曰户,人丁曰口,籍谓口籍,附籍谓附写人丁于册也。赋者田产税粮,役者当差,有附役,谓有田粮当差者也;无赋役,谓无田粮,止当本身杂泛差役者也。"

【当(當)时证据】【民刑诉】Concomitant evidence 为证据之一种,与事前证据事后证据相对立,即在犯罪行为发生时之证据。例如犯杀人罪者,关于杀人时,被告在场之证据是。

【当(當)报】【史】当报者谓处断科罪之义也。大学衍义补(卷百八):"汉高帝制诏御史,狱之疑者,吏或不敢决,有罪者久而不论,无罪者久系不决。自今以来,县道官狱疑者,各谳所属二千石官,二千石官以其罪名当报(谓处断也),所不能决者,移廷尉,亦当报之。廷尉所不能决,谨具为奏,传所当比律令以闻。"

【当(當)然家长】【亲】为家长之一种,与推定家长代理家长相对立。即未推定家长时,以家族中之辈分最尊者任之,其尊辈同者,以年长者任之是也。(民法第一一二四条)

【当(當)然论法】【通】Argumentum a fortiori (拉丁) 又称勿论论法。(详该本条)

【当(當)选】【宪】依法取得被选人之资格者,称曰当选,其当选之人,则曰当选人。未获选者,谓之落选,落选者对于当选之效力发生异议而提出之诉讼,称曰当选诉讼。

【当(當)选诉讼】【宪】(详当选条内)

【盟】【史】为春秋时代诸侯相互间缔结条约之形式之一。凡对于某种关系事件有互相猜疑之际,乃于一定场所会合,于一定期日协定,杀牲歃血,誓于天地,而缔结条约,称曰盟。春秋正义:"凡盟礼,杀牲歃血,告誓神明,若有背违,欲令神加殃咎,使如此牲也。"(参盟载之法条)又盟亦为蒙古部落之名称。(参盟长条)

【盟主】【史】缔结同盟时之首领,谓之盟主。左传襄公二十六年:"文子言于晋侯曰,晋为盟主,诸侯或相侵也,则讨而使归其地,今乌余之邑,皆讨类也,而贪之,是无以为盟主也。"

【盟府】【史】贮藏盟书之仓库,称曰盟府。

【盟长】【史】蒙古之部落曰盟，即由若干部所合组而成者，而部则又为若干旗所合成。盟之首长谓之盟长，乃由政府公然任命之，其习惯上之首长则为札萨克，然多由政府就其有声望者，加以任命。按蒙古在清之世，内蒙分为六盟二十四部四十九旗，外蒙分十二盟十部百十六旗，其他之蒙古人（在青海一带）分五部二十九旗。

【盟约】【国公】Covenant　为条约之一种。以其形式与内容皆特别郑重，而且具有不可轻易废止之意，故称之曰盟约。又参加盟约之国家为数甚多，亦其特质之一，例如国际联盟盟约是。学者间亦有译之为规约者。

【盟书】【史】同盟国间所缔结之条约文书，谓之盟书，一称载书。

【盟载之法】【史】盟载者，谓歃血告神，而载其辞于书也。周礼—秋官司盟之职："司盟掌盟载之法，凡邦国有疑会同，则掌其盟约之载及其礼仪，北面诏神明，既盟则贰之……。"

【督促手数料】【民诉】Fees in the hortatory proccess　为日本名辞，即我国所称督促程序内所征收之手续费也。

【督促程序】【民诉】Mahn verfahren（德）；Hortatory process　为特别诉讼程序之一种。即法院本于债权人一造之声请，对于债务人发支付命令，若债务人于一定期间内不提出异议时，仍可本于债权人声请，宣示得为强制执行之程序也。此种程序乃为节省时间劳力及费用而设。盖债权债务之关系既为债务人所承认，若因故意或因无资力而不履行，为速收实行权利之效果起见，故不使依普通程序进行，而可依督促程序以执行之，此本程序之所由设也。在此程序中之当事人，不称为原告与被告，而仅称为债权人与债务人。在本程序中之债权人声请发支付命令者，除应具诉讼之一般要件外，尚须具备下列各要件：（一）其请求须系关于给付一定数量之可代替物或有价证券者。（二）声请人须系无对待给付之义务者。（三）支付命令，须系不向外国送达，或毋庸依公示送达为之者。（四）支付命令，须系向债务人普通审判籍所在地，或依债务人营业所或事务所所在地之第一审法院声请者。（五）声请发支付命令之书状，须表明一定之事项者。我民诉法所规定之程序如下：（1）法院对债权人之声请认为缺乏要件时，应驳回之。（2）如认为无理由者，亦应驳回之（不得抗告）。（3）如认为要件无欠缺，而且有理由时，则应发支付命令（详该本条）。（4）债务人于支付命令所载期间内提出异议者，则视开始督促程序之声请与起诉同（依普通程序进行）。（5）若债务人于期间届满后仍未提出异议者，法院应依债权人之声请宣示假执行。若于期间届满后一个月内不声请假执行者，或声请后被驳回者，支付命令即失效力。（6）若债务人于宣示假执行前亦得提出异议。（7）假执行之裁定送达后十五日内，债务人仍得提出异议。（8）债务人若于上述各法定期间内提出异议者，债权人支付命令之声请与起诉同视，或不提异议而迳行清偿者，则本程序均视为完结。（民诉法第四七三条—四八七条）

【督捕则例】【史】为清之特别法典之一种，乃为严缉逃旗之用而设者也，计共五十五条。

【督捕清吏司】【史】为清刑部十八清吏司之一，掌理关于逮捕逃亡旗人之事务，置郎中满洲一人，汉一人，员外郎满洲一人，主事满洲一人，汉一人。凡旗人有逃者，则令递逃牌于部而缉焉，另其良贱年齿，与其逃之次数而科其罪，投回者按其次数与其岁月而减之，首告者亦如之。凡出境无票者，即坐以逃，逃而别有犯者，从重科之，至逃人之余属则不坐罪。（清会典刑部）

【督带官】【史】（详统带条内）

【督理街道衙门】【史】为清之工部之附属官署之一，掌京师外城道路之事，御史满洲一人，汉一人，本部司员满洲一人，步兵统领衙门司员一人。凡街道修治以时，辨房屋之界与其隙地，禁其拆毁者，仲春则导达沟渎，以通积水。（清会典工部）

【督笞】【史】督者监视罪人也。笞者笞刑也。犯罪人应处笞刑，因事而未决行，则监视其行动，谓之督笞。汉书—丙吉传："坐养皇曾孙不敬，督笞。"同书—尹翁归传："论罪，输掌畜官，使斫莝，责以员程，不得取代，不中程，辄督笞。"

【督邮】【史】为汉代所创设之官名，郡守之佐吏也。邮者尤也，愆尤也，掌督察属县愆尤（过失也）之事也，有东西南北及中央五部，谓之五部督邮，唐以后无此官。汉书—尹翁归传："田延年为河东太守，翁归徙署督邮，部汾南，所举应法，长吏莫敢怨。"杜氏通典："督邮，汉有之，掌监属县，有东西南北中部，谓之五部督邮。"

【督征官】【史】与经征官相对称。清制地丁税由州县印官直接征收之，不得滥行委任佐贷官代为之。其直接征收之官，称曰经征官，其上司如司道府州等之官之负有督促责任者，则称曰督征官。

【督抚】【史】清时各省之长官，为总督及巡抚，二者合称曰督抚。

【督抚大员会题事件】【史】各省总督巡抚等大员协同议商之事件，均须有合词会议之事，始得会同投递题本，如有错误，主稿官及会稿官均须分别处分。清之六部处分则例（卷九）吏属本章篇——设有督抚大员会题事件之条："各省督抚大员等会议事件，主稿官并未会议，遽称合词会题者，罚俸三个月。"又："督抚会议题奏事件，如会稿衙门意见不同，准照京卿会议之例，各抒己见，另折陈奏，请旨定夺。其已经会同定议之案，或于折首联衔，或于折尾会衔，傥有错误，交部议处。系联衔者，无论何官主稿，何官会稿，均查照定例，一体议处。系会衔者，如主稿官例应革职，会稿官降二级调用，主稿官例应降调，会稿官降一级留任，主稿官例应降留，会稿官罚俸一年，其主稿官应罚俸一年者，会稿官罚俸六个月，主稿官应罚俸六个月者，会稿官罚俸三个月，主稿官应罚俸三个月者，会稿官免议。"又："外省例应专案具题事件，该督抚仍行专题外，其余例有参限之案，俱照依参限咨部，由部入于汇题完结，不必自行具题。"

【督抚两司患病奏明委署】【史】谓总督巡抚及臬司藩司等患病时，应即奏明委人署理其职也。清之六部处分则例（卷十三）吏属事故编——设有督抚两司患病之条："雍正六年十月十四日奉上谕，前杨文乾从闽省回至广东，即抱疾病，只以巡抚事繁任重，无人可代，办疾办理，后竟不起。今朱纲亦于病中勉强视事，未得调摄。虽生死有一定之数，然朕轸念大臣，闻其鞠躬尽瘁，勤公事而废颐养，实愀然不忍于怀也。嗣后督抚等，倘有一时患病，难以办事者，不可勉强支持，即著一面奏闻，一面将印务酌量委人署理，俾得安静调摄，则所患自然易于痊可，足以慰朕体恤臣工之至意。若两司中有似此者，著该督抚仰体朕心，亦酌量委员代办，具折奏闻，钦此。”又：“各省臬藩两司与督抚毗近，易于查察，遇有告病事故，即酌量委员代办，如有瞻徇情弊，将该督抚降三级调用。”

【督抚定限】【史】督者总督也，抚谓巡抚。督抚定限，谓督抚承办案件之一定期限也。清例之规定如下：(一)钦部事件督抚应具题者以文到之日为始。(二)督抚驻扎省分限四个月，总督兼辖省分，陕西总督所管新疆，两广总督广东巡抚所管琼州，限六个月，闽浙总督福建巡抚所管台湾限十个月，逾限不及一月免议，一月以上罚俸三月，两月以上罚俸六月，三月以上罚俸九月，四五月以上罚俸一年，半年以上降一级留任，一年以上降二级留任，二年以上降三级调用。(三)特旨交审之案，限两个月完结，部院咨交之案，限四个月完结，俱以人犯至案之日起，该督抚亲提审讯，不得逾限。其因关传人证，或因要务公出，限内实难完结，应咨报军机处及原交衙门照例展限，逾限不及一月罚俸三月，一月以上罚俸一年，三月以上降一级调用，半年以上革职。(四)督抚两司承审永查等案，前官历限已逾，扣展全限。前官历限过半，扣半加展。因公出省监临科场，按日扣展。

【督抚限期】【史】清之总督与巡抚，合称曰督抚，为各省之军政长官。因公行走，原则上均应于一定期限内办理完竣。至于限期展长，则为例外。清之现行则例(即刑部现行则例)公式篇设有新任督抚限期之条：“督抚有公务在本省内行走者，不准展限，如监临科场，准其按日扣限，及隔省提人，准其以人到之日扣限，若隔省出境行走者，准令题请展限。”

【督抚密保不实】【史】各省总督巡抚准予密封保举道府等官，日后所保如有不实，应加治罪。清之六部处分则例(卷四)吏属举劾篇设有督抚密保不实之条：“乾隆二年三月二十四日奉上谕，道府等官皆属亲民要职，必才干素著廉洁自持者，方克胜任，是以皇考当日曾令督抚两司各行保举。今朕仿照此例，著于各省道府官内，令督抚藩臬各据所知保举一二员二三员，俱各密封具奏，不得会同商酌。如所保之人不当，日后劣迹败露，将保奏上司一并治罪，钦此。”又：“嘉庆二十五年九月二十六日奉上谕，各直省督抚所有两司道府州县，以及营伍员弁内，如实有才德兼优，认真办事者，著出具切实考语，密折保奏，历任后除公罪不论外，若作奸犯科身罹私罪，惟所保之督抚是问。如有贪婪不法以刻为明，或年老昏愦，不能办事者，亦著据实参奏，不可任其户禄，以害民生。尔督抚等均受皇考深恩，简用封疆大吏，宜各矢公忠为国为民，慎毋虚应故事，以副朕整饬官方任贤去邪之至意，特谕钦此。”又：“督抚密保人员不实，照滥举匪人例降二级调用，自行访出揭参者免议。”

【督抚离任】【史】谓总督及巡抚遇有解任之案，或因丁忧而离去其原任也。清之六部处分则例(卷八)吏属离任篇设有督抚离任之条：“督抚遇有解任之案，部文到日即令离任。巡抚印务交总督兼署，总督印务交巡抚兼署。如无总督之省，及巡抚不与总督同城者,巡抚解任,将敕书印信交与布政使护理。"又:"督抚丁忧,不得遽行送印,即任内文卷先择司道一人代行,恭候谕旨,方行离任,如不遵定例候代,以违制论,革职。"

【督标】【史】清时各省总督所管辖之军营,谓之督标。

【督缉】【史】官府督催番役人等擒拿盗贼,谓之督缉。

【督练公所】【史】为清末训练新军时,于本部各省(即十八省)所设置以处理关于训练新军之一切行政事务之机关,下置兵备处,参谋处及教练处,分掌一切。

【督学】【行】School inspector 督学者,谓视察及指导各该管区域内教育事宜之人员也。其人数在省教育厅为四人至八人(荐任),在行政院直辖市之教育局为二人至四人(荐任或委任),其资格须有下列之一者始得充任:(1)国内外大学教育学院或文学院教育学系毕业,曾任教育职务二年以上,著有成绩者。(2)国内外专门以上学校毕业,曾任教育职务三年以上,著有成绩者。(3)高中师范科或师范学校毕业,曾任教育职务七年以上,著有成绩者。至于督学应行视察及指导之事项约有下列各种:(1)关于教育法令之推行事项。(2)关于地方教育经费事项。(3)关于学校教育事项。(4)关于社会教育事项。(5)关于义务教育事项。(6)关于地方教育行政之事项。(7)关于地方教育人员服务及考成事项。(8)关于主管教育行政长官特命视察或指导事项。(省市督学章程第一——三条)

【督办】【史】官名,清末多设督办,以大臣任其事,例如督办盐政大臣,督办政务大臣等皆是。民国之各省军政首领,亦有称为督办者。

【督办政务大臣】【史】(详督办政务处条内)

【督办政务处】【史】清光绪二十六年义和团事变之后,清廷弱处遂暴露无遗,乃谕令内外大臣条陈变法。二十七年三月特设督办政务处,盖为临时所设以司变法之事者也。置督办政务大臣,并无一定额数,除由军机大臣等兼任之外,外省总督如两江湖广亦遥领参与其任,然设置未几,即行废止。

【督办盐政大臣】【史】(详督办盐政处条内)

【督办盐政处】【史】清时盐务原由户部兼掌之,至宣统二年十二月始于京师设督办盐政处,置督办盐政大臣,管理盐务一切事宜,同时并以各省督抚充任会办盐政大臣。

【督粮道】【史】督粮道或称曰粮储道,为清时之官名,江南设二人,山东、河南、江西、福建、浙江、湖北、湖南、广东、云南、贵州各设一人,承督抚之命,掌粮米运漕之事。

【督护】【史】为东晋所设之官,又曰都护,有二,一曰参军督护,一曰东曹督护,皆丞相之僚属,掌兵事。

【禄(祿)位】【史】秩禄与位阶合称曰禄位。周礼—冢宰之职:"禄位以驭其士。"

【禄(祿)爵】【史】秩禄与爵位,合称曰禄爵。礼记王制篇:"王者制禄爵,公侯伯子男,凡五等。"

【禁】【史】(1)预先规定某种行为为罪，而向国民公示者，谓之禁。乃刑律未制定以前时，为防患未然者而设。至公示之方法，古时皆用木铎之呼唱，及揭示之于门闾之上。大学衍义补(卷百二)—丘濬按："三代未有律之名，而禁者，即是豫为法制，以禁之于未然，虽无律之名，而律之意已具于此矣。违乎禁则入于刑，入于刑则犯于法，犯于法则加以罚焉。然非徇之以木铎，书之于门闾。则蚩蚩蠢蠢之民，何以知其为禁而不犯哉？故以木铎徇之于朝，使之内有所闻，以书而悬于门闾，使之外有所见，闻见于耳目之间，警醒于心思之内，知所禁忌，不犯刑法，所谓五禁之法，左右乎刑罚，岂不然哉。"(2)皇帝之居所曰禁，如禁中、禁内是。(3)监狱亦曰禁，如收禁、监禁、禁锢皆是。

【禁人贩子牙子】【史】清制各旗买人卖人于市上买卖，均须给照为凭，否则在市上贩卖人之贩子及居中说合与介绍之牙子，均须受法律之制裁。清之现行则例(即刑部现行则例)市廛篇设有禁人贩子牙子之条："凡各旗买人卖人者，俱令赴市买卖，写档之时该翼确查明白，给付执照，人贩子不得仍前在市贩卖。贩子等仍有贩卖人者，所卖之人及价银一并入官，人贩子处绞。牙子若将出卖之人带到伊家转卖或留在别处出卖，应拟流徒者，不分旗下民人，发宁古塔，给与穷披甲之人为奴。若系旗下人，止将本身发遣；系民，并妻子发遣。出卖之人不曾带到伊家及留在别处出卖，只从中说合者，免其治罪。该佐领、骁骑校、小拨什库、五城司坊等官，将该各管另户之人不行严查禁止，仍行贩人，被傍人拿获者，将该管官交与该部，小拨什库鞭八十。系家仆，将所管之人免其治罪，伊主拟鞭一百。被傍人拿首者，在贩子名下追银十两，给与拿首之人。"

【禁止】【行】Prohibition　国家机关对私人于作为时命其不作为者，曰禁止。

【禁止主义】【刑诉】Prohibitive principle　为告诉与告发，主义之一，对命令主义与听许主义言。谓告诉与告发若任私人为之，必生弊端，应加禁止。此种主义未免有因噎废食之憾，故不足取。

【禁止行为】【刑】Forbidding act　法律以制裁不法行为，保护法益为目的，故对于人之行为可分为三种，即放任行为、禁止行为、与命令行为是也。禁止行为与放任行为及命令行为不同。放任行为系对于其行为不加以干涉而任使其作为或不作为，命令行为系对于其不行为加以禁止，惟禁止行为乃对于其行为加以禁止。例如杀人、放火、强奸、窃盗等行为，法律对之特以明文加以禁止，故此项行为乃属禁止行为。

【禁止服色】【史】清制，黄色，秋香色，五爪龙缎，立龙缎，团补服等，均为禁止之服色，不许官民穿用，以资辨别，盖此为皇帝等之服色也，违者处以一定科罚。清之现行则例(即刑部现行则例)仪制篇设有禁止服色之条："黄色，秋香色，五爪龙缎，立龙缎，团补服，原经禁止，官民不许穿用，应将无金四爪之四团八团补服缎纱及无金照品级织造补服，官民不许穿用。其桃鹤等花团补服缎纱，许照常穿用。似秋香色之香色米色，亦应不许穿用。其大臣官员有御赐五爪衣服，许其穿用，若赏给五爪龙缎立龙缎俱令挑去一爪穿用。御赐缎匹，无论色样，许其穿用，官民家下奴仆皂隶等役应许穿用绌绫纺丝等项。狐皮沙狐皮貉皮羊皮等物做帽围脖，许染黄鼠皮狐皮沙狐皮，其腰刀靴不许镶绿皮，腰刀撒袋鞍辔等物不许用金，其妻亦照丈夫穿用。违定制滥用者，仍照康熙十一年定例处分。康熙十一年违定例，越分穿用者，该管官查出将越分穿用之人，若系官交与该部革职；系旗下之人，交与该部枷号一个月，不准折赎，鞭责一百；若民，枷号一个月，不准折赎，责四十板，将越分之物入官。如有越分穿用之人，该管官不行查出，被傍人捉拿到衙门审实，将越分穿用之物给与所拿之人，将佐领骁骑校每事罚俸三个月，将小拨什库不准折赎，鞭责五十。其参领如本参领内越分穿用之事，犯二次，罚俸三个月，都统副都统本旗内犯三次，罚俸三个月，其官员军民家下奴仆有越分穿用者，其奴之主，若官，交与该部罚俸三个月，如闲人，不准折赎，鞭责五十，民责二十板，越分穿用之人系旗下之人，枷号一个月，不准折赎，鞭责一百，若民，枷号一个月，责四十板。其五城属民将该司坊官每事罚俸三个月，总甲不准折赎，责二十板。越分穿用之事，犯二次，将该城满汉监察御史各罚俸三个月。巡捕营兵越分穿用，将所管把总每事罚俸三个月，犯二次，将参将游击罚俸三个月。内府佐领人越分穿用，佐领家长亦照外佐领骁骑校治罪，小拨什库亦不准折赎，鞭责五十。直隶各省军民越分穿用，该督抚提镇照都统副都统治罪，藩臬二司道副将参将照参领治罪，府州县官并游守等官照佐领骁骑校治罪。"

【禁止迎送】【史】本管上司官吏及奉朝命之使臣经过境内，而所在地各衙门官吏如出郭迎送，非惟谀佞成风，抑亦妨废政务，故加禁止，违者构成本条罪名，其容令迎送不举问者亦同罪。明律（卷十二）、清律（卷十七）均设有禁止迎送之条，内容稍有出入。清律原文及其下注："凡上司官及（奉朝命）使客经过，而所在各衙门官吏出郭迎送者，杖九十，其容令迎送不举问者，罪亦如之。"清律之总注："上司使客，路由经过，所在官吏岂得废迎送之礼，若至出郭，则失之陷，容令不举，则失之骄，故均得杖九十之罪。"

【禁止侵入权】【物】Right against tresspass to the land　即土地所有人为维持其所有权之作用，得对他人不法之侵入加以禁止之权也。此为原则，但有例外：(1)他人有通行权者。(2)依地方习惯任他人入其未设围障之田地、牧场、山林，刈取杂草，采取枯枝枯干，或采集野生物，或放牧牲畜者。(3)土地所有人遇他人之物品或动物，偶至其地内者，应许该物品或动物之占有人或所有人入其地内寻查取回（民法第七九〇条、第七九一条）。至他人土地所有煤气、蒸气、臭气、烟气、热气、灰屑、喧嚣振动及其他与此相类者侵入时，土地所有人以得禁止为原则，但其侵入轻微或按土地形状地方习惯认为相当者，不在此限，是为例外。（第七九三条）

【禁止背书】【票】Restrictive Indorsement　谓发票人或背书人所为关于禁止此后再为背书文句记载之背书也。我票据法规定，汇票原则上乃依背书而转让，但发票人有禁止转让之记载者，则为例外，是即所谓禁止背书也。此种记载为发票人之特权，所以免辗转授受之烦也。禁止后自无转让之事，至禁止之理由有三：(一)发票人不欲与他方面多生关系。(二)发票人对于受票人不欲保留抗辩权。

（三）发票人不欲于其他票据关系人不付款时，担当额外之负担。至背书人亦可记载禁止转让文句，然被背书人仍可转让，不过为禁止之背书人，对其后再由背书取得汇票之人不负责任耳。例如甲以汇票让乙，并于票上为禁止之背书，乙仍可转让于丙，甲仅直接对乙负责，对丙则否。

【禁止师巫邪术】【史】异端邪说足以惑人，愚民易于摇动，恐至蔓延生乱，故设禁止师巫邪术之条，所以防微杜渐也。明律（卷十一）、清律（卷十六）礼律祭祀篇均有禁止师巫邪术之条："凡师巫假降邪神，书符咒水，扶鸾祷圣，自号端公太保、师婆，及妄称弥勒佛、白莲社、明尊教、白云宗等会，一应左道异端之术，或隐藏图像烧香，集众夜聚晓散，佯修善事，煽惑人民，为首者绞，为从者各杖一百，流三千里。若军民装扮神像，鸣锣击鼓，迎神赛会者，杖一百，罪坐为首之人。里长知而不首者，各笞四十，其民间春秋义社，不在此限。"清律之总注："师巫以书符咒水、扶鸾祷圣等邪术，假降邪神以惑愚民。端公太保，男巫之俗号；师婆，女巫之俗号；弥勒佛、白莲社、明尊教、白云宗等，皆邪教之名；会，其总称也，其类不一，故以等会字括之。圣人之道最正，此与圣道相左，而别为一端者也。以上均属左道，或有不尽于此者，故以一应字该之。隐藏图像，则非民间共事之神佛，烧香集众，夜聚晓散，则其谋为不轨之实迹，阳以修为善事，阴以煽惑人民，往往藏奸，因而作乱，故严其法以禁之，为首者绞，为从者，各杖一百，流三千里。民间会社，虽所不禁，若装扮神像，鸣锣击鼓，是亦惑从之端也。止将为首之人，杖一百者，此等事必由倡始之人以导之，故不加于众也。里长有稽察之责，知师巫惑众，军民赛会之事而不举者，笞四十；不言不知者其事非一人一家所为，无不知之理也。若民间所建义社，而乡人春秋迎赛，以祈年报谷者，虽用锣鼓聚集人众，不在此应禁之限。"

【禁止妇女缠足条例】【行】本条例于民国十七年五月一日公布，全文计十六条，自公布日施行。各地方妇女之缠足者，概依本条例之规定解放之。本条例应由省区民政厅督饬各市县政府执行之，其隶属于行政院之市则由该市政府执行之。（参缠足条内）

【禁止规定】【民总】Imperative or prohibitive provision of law　为法律规定之一，对许可规定言。其区别之方法，乃以性质为标准，禁止规定即法律上禁止为某行为或不为某行为之规定，违反禁止规定者视为不法，刑事法规皆属之。至民法中则甚少，例如侵权行为重婚之规定是。我国民法规定法律行为违反禁止规定者无效，但有特别规定，不以之为无效者，不在此例。（第七一条）

【禁止发言】【组】诉讼当事人不服从审判长命令，审判长为维持法庭秩序，或发言次序起见，得依职权禁止当事人再行继续发言。但不待延展言词辩论日期，仍可随时发言。故禁止发言乃暂时禁止其继续发言，性质上与停止陈述之非延展辩论日期不得赓续陈述者，自有区别。

【禁止义务】【国公】中立国对于交战国在其领域内，招募军队，舣装军舰，通过军舰或军队等行动，负有禁止之义务，是曰禁止义务。

【禁止需索外任旗员】【史】各旗都统参领等官，每对外任旗官于将选之时，多方勒索，得缺后复遣人任意索求，故特著例禁止。清之六部处分则例(卷十五)吏属营私篇设有禁止需索外任旗员之条："雍正元年六月二十九日奉上谕，旗员为外吏者，每为该旗都统参领等官所制，自司道以至州县，于将选之时，必勒索重贿，方肯出结咨部，及得缺后，复遣人往其任所，或称平日受恩，勒令酬报，或称家有婚丧等事，缓急求助，或以旧日私事要挟。至五旗诸王不体恤门下人等，分外勒取，或纵门下管事人员，肆意贪求，种种勒索，不可枚举。以致该员竭蹶馈送，不能洁己自好，凡亏空公帑罹罪罢黜者，多由于此。嗣后如有仍蹈前辙，恣意需索等弊，许本官据实密详督抚转奏，督抚即据详密奏。倘督抚瞻顾容隐，即许本官封章密揭都察院，转为密奏，倘又不为奏闻，即各御史亦得据揭密奏，务期通达下情，以除积弊。外任旗员，勿得隐忍畏惧，朕不治以干犯举首之罪，钦此。"

【禁止离婚主义】【亲】为离婚立法主义之一，与许可离婚主义相对称。谓夫妻在有效婚姻期间中，无论有如何原因，绝对的不许其离婚之主义也。古代国家基于宗教及道德上之理由，多有采之者，今则几已绝迹矣。

【禁止权】【民总】享有权利之人对于其权利在一定范围之内，有排斥他人使其不得对其权利加以侵害，即所谓具有禁止权之作用是也。

【禁令】【通】Injunction 权利人对于违法或放怠义务之行为，方在预备中，或已实行，而尚继续进行之时，得请求法院颁发命令以制止其行为，此项命令为禁令。禁令有假禁令与本禁令之分:假禁令者，谓原告被告之权利义务确定以前，姑且停止被告行为之命令也。所谓本禁令，即原告被告之权利义务确定时，禁止不法者之行为，或已经假禁令之行为，改为实行禁止之禁令也。我国现行法令，对于违背法律侵害权利，或放怠义务之行为，亦许法院有颁发禁令之权。例如子凿掘丑之田畔，丑之权利是否果被侵害，须待审判后始能确定，若必待审判确定后，始停止子之行为，则恐丑之权利被侵害不易回复，法院为保护丑之利益起见，于丑起诉之时，即可颁发命令，禁止子之凿掘工作是也。

【禁兵器】【史】谓弓箭刀楯短矛等非私人所得而有也。(唐律卷十九贼盗篇——盗禁兵器条之疏议)

【禁私贮】【史】唐宪宗元和中敕令禁止人民私贮，同时现款不得过五千贯。(唐书宪宗纪及大学衍义补卷二十七)

【禁足】【军】除于演习教育外，禁止不使其出营舰者，曰禁足。为对于陆海空军学生士兵工匠夫役所施惩罚之一种。(军惩法第一四、二三条)

【禁制】【通】Prohibition 为禁止与限制之简称。

【禁制品】【国公】Contraband 又称战时禁制品。(详该本条)

【禁制权】【国公】Right of prohibition 国际间发生战事时，中立国应负担其中立之义务。故凡在其领土内为某种禁止事项之行为者，该中立国有予以禁止及制裁之权，是曰禁制权。

【禁治产人】【民总】Interdicted persons 为无行为能力人之一种，即被禁止治其财产之人之谓。易言之，即在法律上自己对所有财产无管理处分之能力之人也。故凡一切法律上有效之法律行为，均须由他人代为之方为有效。我国民法不设禁治产与准禁治产之区别，均视为无行为能力人。按禁治产制度创设之理由，一方面为保护本人之利益，一方面为维持社会之安全。其要件有三：(1)须有心神丧失，或精神耗弱致不能处理自己事务之情形。(2)须有声请权人之声请(即本人、配偶、或最近亲属二人)。(3)须有法院之宣告(民法第十四条第一项)。禁治产宣告之效力为确定的，即凡未经法院之宣告不能为禁治产人，一经宣告非经撤销，不能称为非禁治产人。且为绝对的，无论对何人皆发生效力。故被宣告为禁治产者，须有法定代理人(以监护人任之)，且无行为能力，如有任何法律上行为时，概属无效。若于精神回复时，仍须经过撤销程序始为非禁治产人。(民法第十四条第二项)

【禁治产事件程序】【民诉】Proceeding relating to matters concerning interdiction　禁治产事件程序者，谓宣示禁治产及撤销禁治产之诉之特别诉讼程序也。此种制度之目的，不外为保护心神丧失，或精神耗弱者，与第三人之利益而设，盖即谋社会上交易之安全也。本程序可分为四种：(一)宣告禁治产之诉之程序。(二)撤销禁治产宣告之诉之程序。(三)撤销禁治产之诉之程序。(四)撤销驳回撤销禁治产声请之诉之程序。本程序之管辖法院，乃专属于禁治产人普通审判籍所在地之第一审法院，有声请权者为本人，或其配偶，或其最近亲属(至少须有二人)。在第一种及第三种之诉，法院于程序开始前得命声请人提出诊断书，并应依职权调查声请人所表明之事实及证据，讯问应禁治产人时，应于鉴定人前为之，一切程序均须不公开为之。法院对声请人之声请，以裁定为之，若视为无理由或不合法，可驳回之，否则宣告之，声请人不得抗告，惟可另以第二或第四种之诉请求撤销。惟第二种之诉，须于三十日之不变期间内提起(于禁治产人自知有宣告或驳回时起算)。又在第二种之诉，经法院裁定撤销时，其效力溯及既往，在第四种之诉，则无溯及力。(民诉法第五五九—五八五条)

【禁革主保里长】【史】保者乡舍之称，主保乃主管一保之事者，里长一里之长也。各府州县人民，每一百户内议定一里分管十甲，各设里长一名，甲首十名，主持所定各事。此外如有巧立名色，妄冒主保里长等，于所部内生事扰民者，应构成本条罪名。明律(卷四)户律户役篇设有禁革主保里长条，清律因之，于卷八户律户役篇内规定之，其原文及下注："凡各处人民，每一百户内，议设里长一名，甲首一十名，轮年应役，催办钱粮，勾摄公事，若有妄称主保、小里长、保长、主首(主管甲首)等项名色，生事扰民者，杖一百，迁徙(比流减半，准徒二年，若无生事扰民实迹，难议迁徙)。其合设耆老，须于本乡年高有德，众所推服人内选充，不许罢用吏卒，及有过之人充应，违者杖六十(革退)，当该官吏笞四十(若受财枉法，从重论)。"同律之辑注："官司设立者，止有里长甲首，以催办钱粮，勾摄公事，若非官司所设，有妄称主保等名色，生事扰民者，杖一百，迁徙，比流减半，准徒二年。耆老责在化民善俗，即古乡三老之遗意，必选一乡之望，岂得以罢吏闲卒，及有过犯，曾经罚决之人充应，违者杖六十，当该官吏笞四十。"

【禁城值班】【史】禁城即紫禁城，值班为当班，即按日或按时轮流办理守卫之事之谓也。清之六部处分则例(卷三十一)礼户仪制篇设有禁城值班之条:"嘉庆十九年正月初五日奉上谕,紫禁城内值班王大臣遇朕驻跸御园及岁时巡幸,尤应严密稽查,夙夜罔懈。近日王大臣等多有怠玩相仍,不候接班,清晨先自散值者,其接班之人迟至薄暮始进内值宿,禁城重地,每致日间虚旷无人。上年九月十五日逆贼约午时突入禁门,未必非预知守卫空虚,乘间伺隙。前已降旨训饬,兹再行申谕。嗣后紫禁城内值班王并内大臣文大臣武大臣前锋护军统领,俱著恪遵定制,各于辰刻至景运门内九卿朝房面行交替接班后,仍著在景运门内外班房会集,毋许远离,至申酉之间,始准各自散归值宿处所。如有怠惰偷安不候交班先行散去者,著接班之人立时具折参奏,无论王大臣即将爵职斥革,虽有勋绩概不原宥,言出法随,各宜凛遵。如接班之人,徇隐不奏,别经查出,一律斥革。至接班之人,若任意延玩,过辰刻尚不进内,亦著住班之人参奏,其紫禁城内各处值班官兵,均著王大臣等不时查验,如有旷缺,立行革惩。再向来在内该班之总管内务府大臣,例不值宿,每于早间进内,游衍数刻即行散去。嗣后著日出进内,俟至申刻始准下值,共在内值班之王大臣等,是日有无旷误,即派令总管内务府大臣留心稽察,违者据实参奏。若内务府大臣散值过早,王大臣等即行参奏。朕仍不时另行派员密查,其各宜凛遵无怠,钦此。"又:"紫禁城内派王公文武大臣分作六班,交替轮值,昼夜守卫,如遇圣驾驻跸御园及岁时巡幸,该王公大臣等俱仍一体交代,昼夜在班。若有旷误者降三级调用,其或该衙门大臣俱有差遣,惟一人在内值班,适届圆明园御门应往奏事,即于前一日先行换班,不得黉夜开门,擅离班所,违者罚俸一年。"又:"紫禁城内有应奏事件,不即具奏,照应奏不奏公罪律降二级留任。"

【禁杀日】【史】所谓禁杀日,乃指于每月中某若干日不得为死刑之执行而言,犯者依律应杖六十。唐律(卷三十)断狱篇——立春后不决死刑条之疏议曰:"禁杀日,谓每月十直日,月一日,八日,十四日,十五日,十八日,二十三日,二十四日,二十八日,二十九日,三十日。"

【禁杀戮】【史】官名,为周礼秋官司寇之属官,掌禁制国民使其不相杀戮。周礼秋官:"掌司斩杀戮者,凡伤人见血,而不以告者,攘狱者,遏讼者,以告诛之。"郑玄注曰:"掌杀戮者,禁民不得相杀戮,司,犹察也,察此四者,告于司寇,罪之也。斩、杀、戮,谓吏民相杀相戮者。伤人见血,乃为伤人耳。"

【禁造俚歌】【史】野人之歌曰俚歌,盖言鄙俗之歌辞也。狂妄或谋为叛乱之人,每假造俚歌使民众相习传诵,法律以其不利于现存之国家,故禁止之。清之现行则例(即刑部现行则例)杂犯篇设有禁造俚歌之条:"凡有狂妄之徒因事造言,捏成歌曲,鄙俚喋亵,刊刻传诵,沿街唱和者,内外各地方官即时查拿,照不应重律治罪,若有妖言惑众等词,仍照律治罪。"

【禁造铜像】【史】禁造铜像之目的,亦与禁造铜器之为防止减少铸钱之原料相同。宋书—蛮夷传:"元嘉十二年丹阳尹萧摹之奏曰,佛化被于中国已历四代,形像塔寺所在千数,自顷以来,情敬浮末,不以精诚为至,更以奢竞为重,旧寺颓驰,曾莫之修,而各务造新以相夸,尚材竹铜彩,糜损无极,无关神祇,有累人事,不为之防,流遁未息,请自今以后,有欲铸铜像者,悉诣台自闻,兴造塔寺精舍,皆先诣在所二十石通释郡守，依事列言，本州须许报，然后就功，其有辄造寺舍者，皆依不承用诏书律，铜宅林院悉没入官，诏可。”（日知录之余卷二）

【禁造铜器】【史】禁止民间滥用铜之原料以制造器具者，为禁造铜器，乃以防止减少铸钱原料为目的。日知录之余（卷二）：“南史宋孝武帝孝述三年夏四月甲子，初禁人车及酒肆器用银。”又：“代宗纪大历七年十二月壬子禁铸银器。”又：“旧唐书德宗纪贞元九年正月甲辰禁卖剑铜器，天下有铜山任人采取其铜，官买，除铸造外不得铸造。”又：“宪宗纪元和元年二月甲辰以钱少，禁用铜器。”凡此种种，皆为禁造铜器之事例。

【禁闭室】【军】Place of confinement　谓对于陆海空军学生士兵工匠夫役，加以重禁闭或轻禁闭之惩罚时，所用之室。如无禁闭室之设备时，应寄禁附近部队之禁闭室，或警察或县署之拘留所内。（军惩法第二十六条）

【禁朝官饮酒】【史】谓禁止朝廷之官吏饮酒也，犯禁止处死刑，即三国人使群集燕饮者，亦加处罚。日知录之余（卷二）：“金熙宗天会十三年正月甲戌，诏公私禁酒，海陵正陵五年，禁朝官饮酒，犯者死，三国人使燕饮者罪。”

【禁游手恶人】【史】游手无业之人，对于社会公安每多妨碍，负有地方巡捕之职者，应将所辖境内之游手来历不明者，详加核查，并将棍徒查拿呈送，违者议处。清之现行则例（即刑部现行则例）贼盗篇设有禁游手恶人之条：“司坊官及巡捕三营官员各该管辖处所，除照常经营素有生业之人外，详核无业离却地方游手来历不明者，该城钉回原籍，其所犯何事，离原籍情由，明白查议，其棍徒在五城巡捕营官员各该管所属地方，不行查拿呈送，或被傍人告发，或经科道查出者，交该部议处，及总甲等并容留与住房主，俱各责三十板。又通行各都统并步军总尉，严饬各该旗下佐领并府佐领，责令骁骑校包衣大小拨什库，如各该佐领下人将房屋开店歇人赁房居住者，不特行查来历明确有保人者，方许居住，若有恶棍查拿送部，该地方官役徇情故纵不行缉拿呈送，发觉者，都统以下，小拨什库以上，照前定例分别议处。”

【禁发冢】【史】谓禁止开发冢墓也。唐明清律皆有明文，惟此种禁令起自何时，颇难稽考，或谓系始自魏高宗太安四年之禁诏，姑妄从之。日知录之余（卷二）：“魏高宗太安四年十月甲戌北巡，至阴山，有故冢毁废，诏曰，昔姬文葬枯骨，天下归仁，自今有穿毁葬陇者斩之。”明律（卷十八）、清律（卷二十四）——刑律贼盗篇发冢之条：“凡发掘坟冢，见棺椁者，杖一百流三千里，已开棺椁见尸者绞，发而未至棺椁者，杖一百徒三年。”

【禁酤酒】【史】禁酤酒者，谓禁止酒之贩卖也。汉景帝中元三年之夏，曾因旱灾下令禁酒。日知录之余（卷二）：“景帝中元三年夏旱，禁酤酒。”“后元年夏令民得酤酒，宣帝时复禁民酤。”“汉兴有酤酒之禁，其律三人以上无故群饮，罚金四两。”

【禁烟考绩条例】【行】本条例公布于民国十九年二月十二日，全文计十九条，自公布之日施行。按本条例乃依据禁烟法第五条之规定而制定，凡属禁烟机关人员，均应依本条例之规定考核功过，分别奖励惩戒之。兹举其要点于下：（一）禁烟机关人员应行奖励方法分为嘉奖、记功、进级及升用四种,应行惩戒之法则分为申诫、记过、停职、降级及褫职五种。(二)禁烟机关人员应行奖励之事项如下:(1)查禁认真,境内确无烟苗发现者。(2)查缉认真迭次破获重大烟案,或境内确无制造运输贩卖鸦片或其代用品及一切专供制烟吸烟之器具者。(3)查禁认真或办理戒烟得力,境内确无吸用鸦片或其代用品者。至于应行惩戒之事则有下列数种:(1)查禁不力,境内仍有烟苗发现者。(2)查缉弛懈,境内仍有制造运输贩卖鸦片或代用品及一切专供制烟吸烟之器具未能缉获者。(3)查禁不力,办理戒烟因循敷衍,境内仍有吸鸦片或其代用品者。(三)考核奖励每四个月举行一次。(四)关于奖励与惩戒之程序之规定(第九条)(按此条程序之关于惩戒者,自官吏惩戒委员会成立后,即不适用)。(五)进级降级即依其现在之俸给进支或降支一级,停职之期间为一月以上六月以下。记功之奖励得与记过之处分互相抵销,褫职非满二年后不得任用为一切官吏,如系兼职者,并免其原职。(六)各省政府及各隶于行政院之市政府须将全省或全市禁烟经过情形及已得效果,每月月终报告禁烟委员会一次,以资查考。而禁烟委员会亦应于接到上项禁烟报告后,随时摘要汇呈行政院查核。

【禁烟委员会组织法】【行】Law Governing the Organization of the Commission of Opium Suppression 本法于民国十八年二月二十七日公布。本会系直隶于行政院,承国府之命,督理全国禁烟事宜,对于各地方最高级行政长官执行禁烟事务负指示监督之责。设委员九人至十三人,由国府任命之,就中指定委员长及副委员长各一人,内政、军政、外交、交通、财政、铁道各部长及司法行政部长为当然委员。委员会下置下列各处:(1)总务处。(2)查验处,各设处长一人(简任),每处置科长各二人(荐任),科员各四人至六人(委任)。

【禁烟法】【行】Law Governing Opium Suppression 本法于民国十八年七月二十五日公布,共四章,计二十二条,其要点如下:(一)本法所称之烟,乃包含鸦片、吗啡、高根、安洛因,及其同类毒性物或化合物而言。(二)禁烟机关为全国禁烟会议,行政院禁烟委员会,省政府或其他省立之禁烟机关,市政府与县政府水陆公安机关及地方自治团体。(三)禁烟之范围为查禁栽种、制造、运输、贩卖、持有或吸用,及一切专供制烟吸烟之器具。(四)违犯者之科刑亦有明文(第六——八条),其未规定者则依刑法之规定。(五)关于医药用科学用之鸦片及其代用品,由国府指定机关办理之。

【禁烟法施行规则】【行】本规则依禁烟法第二十一条之规定而制定,禁烟法之实施概依本规则行之,在本规则施行期间,关于查禁种运售吸鸦片或其代用品及专供制烟吸烟之器具一切方法,均应依本规则之所定。在民国十九年二月十日公布,自公布日施行。全文计分为六章,凡二十有五条。第一章总纲,第二章禁种,第三章禁运,第四章禁售,第五章禁吸,第六章附则。

【禁烟条件】【史】清宣统三年间,外务部与英国公使订定关于禁止鸦片之条约,称曰禁烟条件,计共十条,而附件亦有三条,用根据光绪三十二年间外务部与英公使所商定之禁烟办法而修订者。

【禁烟条例】【史】鸦片之禁始自雍正，历嘉庆道光，法网益密，迨海禁大驰，旧例删除殆尽。光绪末叶之通行例中，仅存开设烟馆及太监吸烟两条而已，为厉行禁烟起见，乃令御前大臣民政部尚书和硕肃亲王善耆会同修订法律大臣法部右侍郎沈家本及修订法律大臣头品顶戴仓场侍郎俞廉三等，详参新旧，汇择各项章程。凡关涉禁烟事例者，如种植制造烟具烟馆吸食以及巡警税关之贿纵，地方官吏之匿饰，依次编辑。复因此项条例乃适用于当时新陈递嬗之交，故一切刑制，亦采用新定刑名，以与当时清现行刑律相贯而行，计共十四条，名曰禁烟条例。并于每条酌增按语，诠释大要（按本条例系修订法律馆主稿，而会同民政部办理者）。当奉旨饬下宪政编查馆照章考核，时在宣统元年九月间也。旋经宪政编查馆大臣奕劻、世续、鹿传霖、那桐、戴鸿慈等核覆，据谓原单第三条税关官吏第七条巡警官吏两条，意在禁绝贩运，严行警察，而于违章吸食栽种各项之该管官吏，皆未议及，似嫌疏略，乃将第七条改为第六条，删第三条入之。凡有违以上各条禁例者，官吏知而故纵，皆与犯人同罪。又原单第八条编立烟籍，系政务处奏明定章，原属人民戒烟未净以前暂行之法，以其与刑律无关，且吸食已著为厉禁，将来全国更无吸食之人，未便著于条例，使国民永远难涤旧染之污，故亦删除。又条例之文重在简要，故复将原单所附按语删除，以免枝叶。经此核改，仅余条文十二条，于宣统元年十二月二十日宣布内外施行，条例全文附于大清现行刑律一书之卷末。（计十二条）

【禁烟办法】【史】清光绪三十二年十月公布禁烟办法十条，其要点为绝对禁吸，已吸者限于一定期限内渐次禁绝。（清国行政法第二卷）

【禁经断人充宿卫】【史】在京军民犯各死罪已被极刑（绞斩凌迟）之家，其同财共居之人口，即迁别都，其不同居之亲属人等及曾经断决之人，并不得入充近侍及宿卫与把守皇城京城门禁，盖刑人不近君侧，所以远嫌也。违者构成本条之罪。明律（卷十三）、清律（卷十八）均设有禁经断人充宿卫之条，内容相同。清律原文及其下注："凡在京城犯罪，被极刑之家，同居人口（不论亲属所司），随即迁发别郡住坐，其（本犯异居）亲属人等，并一应（有犯笞杖曾）经（同决）断之人，并不得入充近侍，及（宫禁）宿卫，守把皇城京城门禁。若（隐匿前项情由）朦胧充当者斩（监候）。其当该官司，不为用心详审，或听人嘱托，及受财容令充当者罪同（斩监候并究嘱托人）。若（极刑亲属及经断人）奉有特旨选充，曾经（具由）覆奏明立文案者（所选之人及官司），不在此限。"清律之辑注："礼君不使无耻，不近刑人，不狎敌，不迩怨，近侍则亲随左右，宿卫则带兵仗而出入宫禁，皇城京城门禁亦至严谨之地，若刑人而充任，使恐有怀挟私情，而阴谋托迹，潜作奸宄者，于礼当禁，于法当严也。"

【禁狱不严】【史】在监之现审人犯未经结案以及监禁待质各犯，均不许亲属人等出入探视，其已结案人犯，则仅许一月两次与外人接见，且须设立号簿详为登记，违者均以禁狱不严论，对司狱者予以处分。清之六部处分则例（卷四十九）刑属禁狱篇设有禁狱不严之条："刑部在监现审人犯，除未结各案及监禁待质官常各犯，均不准亲属探视出入，以防串供舞弊外，其已结各案，许令犯人祖父母父母伯叔兄弟妻妾子孙一月两次入视，其随从使役人等，不得过两名，俱令设立号簿，逐日详讯登记，直省司府州县监狱，责成司狱吏目典史专管。凡未经结案并待质监犯不许亲属探视，其已经结案之犯人亲属入监探视，亦逐一登记号簿，详密稽查。若盗犯妻子家口无论已结未结，均不准放入。傥容未经结案并待质之犯人亲属及盗犯家口入监串供舞弊，将失察之司狱等官，照外人入狱笞五十，公罪律罚俸九个月，受财者计赃从重论，自行查出究办者免议。”

【禁端公道士】【史】端公者，师巫也，道士者，信奉道教而出家之人也。大抵以医术行世，依法应经礼部许可。其经呈禀过部而又以邪术行医者，亦均为法律所不许。清之现行则例(即刑部现行则例)祭祀篇设有禁端公道士之条：“凡人不向都统取用印咨文行礼部，私令端公道士医治者，系官，交与该部议，系平人，照违令律治罪，将私行医治端公道士杖一百，虽禀过部，端公道士谎称眼见，捉拿狐魅，作为异端，医治致人死者，将端公道士俱照斗殴杀人律拟绞监候，秋后处决。”

【禁暴氏】【史】官名，为周礼秋官司寇之属，掌禁制暴乱之言行。周礼秋官：“禁暴氏掌禁庶民之乱暴，力正者，矫诬犯禁者，作言语而不信者，以告而诛之。”

【禁卫军】【史】天子之卫兵通称曰禁卫军，汉时名曰郎卫兵卫。唐之禁军分南衙与北衙，南衙之兵曰卫兵，北衙之兵曰禁兵。宋曰禁兵，总于殿前侍卫二司。明曰侍卫上直军(初仅十二卫，至宣德间，则有二十六卫)。清之侍卫及八旗护军营，其性质与禁卫军相同。

【禁锢】【史】官吏犯罪时，对其仕途加以封闭，使其终身不再服官者，称曰禁锢，与近世法律所称之永不叙用相似。左传—成公二年：“禁锢勿令仕。”至汉代则凡犯罪者之被禁锢，且推及其家属焉。后汉书章帝纪：“元和元年诏曰，一人犯罪，禁至三属，莫得垂缨仕官，王朝如有贤方而没齿无用，朕甚怜之，非所谓与之更始也。诸以前妖恶禁锢者，一皆蠲除之。”同书刘恺传：“安帝初，清河相叔孙光坐臧(赃略字)抵罪，遂增锢二世衅及其子。”又左氏传—成公二年：“屈巫奔晋，子反请重币锢之。”又同书—襄公三年：“会于商任，锢栾氏也。”又补宋书刑法志(清郝懿行撰)：“永初元年夏六月丁卯大赦天下，其有犯乡论清议赃污淫盗，一皆荡涤洗除，与之更始，长徒之身，特皆原遣，亡官失爵，禁锢夺劳，一依旧准。”(武帝本纪下)

【禁猎区】【行】在一定区域之内，以保护鸟兽之蕃衍为目的，而划定为禁止狩猎者，谓之禁猎区。(参狩猎法条内)

【禁断新钱】【史】禁止滥造新币之谓。日知录之余(卷二)：“宋书明帝纪，泰始二年三月壬子，禁断新钱，专用古钱。又颜竣传景和元年，沈庆之启通私铸，由是钱货乱取一千，钱长不盈三寸，大小称之，谓之鹅眼钱，劣于此者，谓之綖环钱，入水不沉，随手破碎。”

【经(經)制钱】【史】宋代附加税之一种，为发运使陈遘所奏定。其时遘负经制(即经理与节制)东南七路财赋之责，且为其所奏定，故名曰经制钱。鹤林玉露：“宣和中，陈遘以发运使经制东南七路财赋，因建议如卖酒、鬻糟、商税、牙税，与夫头子钱，楼店钱，皆少增其数，谓之经制钱。至翁彦国为总制使，仿其法，又收赢焉，谓之总制钱。”

【经(經)放为良】【史】按旧律以婢为贱流,若得主之宠而生子,即可开放而取得平民之身分,是曰经放为良,此后听其为妾。唐律(卷十三)户婚篇——以妻为妾之条:"以婢为妾者,徒一年半,各还正之,若婢有子,及经放为良者,听为妾。"据此,是仅听其为妾而不许为妻也。同条之疏议亦曰:"婢虽经放为良,岂堪承嫡之重,律既止听为妾,即是不许为妻。"

【经(經)界】【物】经界者,谓不动产四处经过之地界也。

【经(經)界分局】【史】(详经界局条内)

【经(經)界局】【史】民国九年北京政府曾设经界局,以掌理全国土地之清查,测丈,登记事宜,并以整理地籍,清厘田赋收入为宗旨。直隶于内务财政两部,置总办一人,承内务财政二部之命,管理局中事务,监督指示所属职员并所辖各机关。会办二人由内务部职方司司长财政部赋税司司长兼充,辅助总办整理局务。下设总务、测丈处及调查处,各设处长一人,承长官之命,分掌局务。此外局长又置文牍二人,处员十八人,技正一人,技士二人。必要时并得另聘顾问若干人,且得另设评议委员会及编辑所。又于实行测丈省分及特别行政区域,得就各该省及特别行政区域地方,设经界分局。(全国经界局暂行编制第一—二条、第六—一六条)

【经(經)常用度】【史】国家之岁费有临时费与经常费二种,有一定用途而不能任意增减者为经常费。大学衍义补(卷二十):"年丰则国用随之而隆,年耗则国用亦之而啬,以三十年之通。制国用者,每岁所入,折为四分,用度其三,而储积其一,每年余一,三年余三,积三十年,则余十年矣。以三十年通融之法,常留九年储蓄之费,然后计其见在所有之数,以为经常用度之节。"

【经(經)常岁入】【行】Ordinary revenues 所谓经常岁入,乃国家每岁预算上永续的(长期的)财政之收入也。如系非长期的而系一时的每岁收入,则称曰临时岁入。

【经(經)常岁出】【行】Ordinary expenditures 国家之每岁支出如系常例而有长期性质的,是曰经常岁出。其为一时的而为非常例的每岁支出,则谓之临时岁出。

【经(經)理人】【债】Manager 经理人者,谓有为商号管理事务及为其签名之权利之人也。经理人与代办商有异:(一)前者仅为从属于商号之使用人,后者之地位则为独立之商人。(二)前者系管理事务,后者则系办理事务。(三)前者在商号内管理事务,后者则在商号外办理事务。至其相同之点,即仅在同为商号之补助人耳。(参经理权条内)

【经(經)理权】【债】Power of manager 经理人为商号管理事务及为其签名之权利,曰经理权,授与此权者曰商号所有人。授与方法系明示或默示,均无不可,其权限如何应依授权行为之所定。但民法设有明文以为标准:(一)经理权得限于管理商号事务之一部,或商号之一分号或数分号(第五五三条第三项)。(二)在管理事务上视为其有为管理上一切必要行为之权,但除有书面之授权外,对于不动产不得买卖或设定负担(第五五四条)。(三)有代表商号为民刑及一切诉讼行为之权(第五五五条)。又为保护商号所有人之利益起见,对经理人非得其商号之允许,不得为自己或第三人经营与其所办理之同类事业,亦不得为同类事业无限公司之股东,违者其商号得请求赔偿(第五六二—五六三条)。关于经理权之消灭,民法设有反面的规定,即经理权不因商号所有人之死亡、破产或丧失行为能力而消灭。(第五六四条)

【经(經)略使】【史】官名。唐初(贞观二年)于边州置经略使,后为节度使兼职。宋于各路置经略安抚使,掌兵事。明及清初均尝置之,权任颇重。

【经(經)过法】【通】Transitive law 又名曰时际法。(详该本条)

【经(經)过处取】【史】谓官吏因公出外,在经过途中收受贿赂,或为其他不法之取得也。唐律(卷十一)职制篇因使受送馈之条:“诸官人因使于使所受送馈及乞取者,与监临同,经过处取者减一等。”

【经(經)魁】【史】清制,在会试及第者中,第一名(即最优等者)称曰会元,其第二名至第五名则称曰经魁。(科场条例)

【经(經)征官】【史】负直接征收租税责任之官吏为经征官,乃州县之长官,如知州知县是。(户部则例)

【经(經)济行政】【行】Economical administration 又名产业行政,凡以保护及发展国民经济上之利益为目的之行政,谓之经济行政。内容范围甚广,如工商业、土地、森林、渔业、狩猎、矿业、农业、牧畜、货币、度量衡、邮政、电信、铁道、道路、船舶以及关于各种产业团体等之行政,皆包括之。

【经(經)济绝交】【国公】Economic boycott 为国际争议解决方法之一种。谓由国际联盟议决向不服从联盟之会员国,断绝一切商业经济及财政关系之行为也。规定于联盟规约第十六条内,系一种国际之制裁。

【经(經)营旅行业注册暂行章程】【行】本章程自民国十九年九月公布,全文计十八条,自公布日施行。(参旅行业条内)

【置买田宅】【史】(详任所置买田宅条内)

【置簿立限】【史】备置簿册,记入一定事项,以供参考之用,谓之置簿。设定一定期限以解决其事件,谓之立限。(详告状不受理条内)

【罪人拒捕】【史】犯罪之人于事发受差人勾捕之时,逃走而不听勾摄,或抗拒而不服追捕,是于一犯罪而又再犯逃走拒捕之罪矣。明律(卷二十七)、清律(卷三十五)刑律捕亡条皆设有明文,内容相同,惟清律之下加有注文耳。清律之规定:“凡犯罪(事发而)逃走(及犯罪虽不逃走,官司差人追捕)(有抗)拒(不服追)捕者,各于本罪上加二等,罪止杖一百,流三千里(本应死者,无所加),殴(所捕)人至折伤以上者绞(监候),杀(所捕)人者斩(监候),为从者各减一等。若罪人持仗拒捕,其捕者格杀之,及(在禁或押解已问结之)囚逃走,捕者逐而杀之,若囚(因追逐)窘迫而自杀者(不分囚罪应死不应死),皆勿论。若(囚虽逃走)已就拘执及(罪人虽逃走）不拒捕，而（追捕之人恶其逃走擅）杀之，或折伤者（此皆囚之不应死者），各以斗杀伤论。（若）罪人本犯应死（之罪）而擅杀者，杖一百（以捕亡一时忿激言，若有私谋另议）。”清律之辑注：“首节曰犯罪逃走拒捕者，曰殴人折伤以上者，曰杀人者，凡三项，乃罪人之正律。次节曰格杀者，曰逐杀者，曰自杀者，凡三项，则言追捕人无罪之事也。末节曰已拘执不拒捕而擅杀伤者，曰本犯应死而擅杀者，凡二项，则言追捕人有罪之事也。拒捕殴人，止言折伤以上，则凡不至折伤者，皆指科加二等罪矣。”

【罪人持仗拒捍】【史】罪人既在捕拿追缉之中，是犯罪者固应束手被擒，若竟持仗拒捕，是反抗也，故法律特赋捕者以格杀勿论之权。唐律（卷二十八）捕亡篇设有罪人持仗拒捍之条：“诸捕罪人而罪人持仗拒捍，其捕者格杀之，逃走逐而杀（走者持仗空手等），若迫窘而自杀者皆勿论。”疏议曰：“捕罪人，谓上条（即将吏追捕罪人之条）将吏以下捕罪人，而罪人乃持仗拒捍。仗，谓兵器及杵棒之属，其捕者以其拒捍，因而格杀之，及罪人逃走，捕者逐而杀之。注云，走者持仗空手等，虑其走失，故虽空手亦许杀之。若迫窘而自杀，谓罪人被捕，逼迫穷窘，或自杀或落坑阱而死之类，皆悉勿论。”同条又谓：“即空手拒捍而杀者徒二年，已就拘执及不拒捍而杀，或折伤之，各以斗杀伤论，用刃者，从故杀伤法。”疏议曰：“谓罪人空手，虽相拒捍，不能为害而格杀之者，徒二年。若罪人已被拘执，及原无拒捍之心，而杀或折伤之，各依斗讼律，以斗杀伤论，用刃者从故杀伤法。”同条续谓：“罪人本犯应死而杀者加役流，即拒殴捕者，加罪一等，伤者加斗伤二等，杀者斩。”疏议曰：“谓罪人本犯合死，已就拘执，及不拒捍，而捕杀之者加役流，即拒殴捕者，加本罪一等，假有罪人本犯徒三年，而拒殴捕人，流二千里，伤者加斗伤二等，假有拒殴捕者折一齿，加凡斗二等，合徒二年之类，杀捕人者斩，捕人不限贵贱，杀者合斩。”

【罪犯在狱伤人】【史】谓斩绞军流遣徒笞杖等及干连应质之人，在监狱内伤害其他人犯也。司狱官员应受处分。清之六部处分则例（卷四十九）刑属禁狱篇设有罪犯在狱伤人之条：“斩绞人犯在狱伤人，管狱官降一级调用，有狱官罚俸一年。军流遣徒人犯在狱伤人，管狱官降一级留任，有狱官罚俸九个月。笞杖人犯与干连应质之人散寄外监伤人，管狱官罚俸一年，有狱官罚俸六个月。其犯人在狱自伤，亦照此例议处，若因伤致死，即均照监犯自尽例议处。”

【罪犯自尽】【史】犯人在押，或在监，或在解送途中，自行断送其性命，是谓罪犯自尽。负责之官员应予处分。清例对此设有明文，兹举其规定于下：（一）人犯在监自尽者，如为凌迟斩绞立决之犯，管狱官革职，有狱官降三级调用，如为斩绞监候之犯，管狱官降三级调用，有狱官降二级调用，如为军流以下之犯，管狱官降一级调用，有狱官降一级留任。（二）押候审讯人犯自尽，如供证确凿，罪无可疑，即按其罪名轻重，照在狱自尽失防之有狱官例议处，如供证未确，罪难悬拟，照军流以下人犯中途自尽例，降一级留任。（三）各省秋审发回监候及他省递解人犯，罪应斩绞，并发新疆及由新疆改发内地之逃遣拿获应正法人犯中途自尽，该管州县官如少差解役未加肘锁时，降一级调用，如多差解役已加肘锁时，降一级留任。（四）遣军流徒人犯中途自尽，该管州县官如少差解役未加肘锁时，降一级留任，如多差解役已加肘锁时，罚俸一年。（五）人犯递至中途寄监自尽，将该州县管狱有狱各官照监犯自尽例议处。（六）人犯递至中途，在村庄坊店歇宿自尽，地方官拨有兵役看守，如为斩绞人犯，地方官降一级调用，原解官降一级留任，如为遣军流徒之犯，地方官降一级留任，原解官罚俸一年（如原解官并未知会地方官拨兵役看守，自在坊店歇宿，以致人犯自尽，只将原解官照地方官之例议处，地方官免议）。（七）人犯中途仓猝跌毙溺毙，按该犯罪名，将原解官照监毙例议处。

【罪刑法定主义】【刑】为刑法根本主义（详该本条）之别称。

【罪名】【刑】Names of offences　所谓罪名，乃指犯罪之名称而言，即法条所规定之罪名也。例如内乱罪、外患罪，妨害自由罪等皆是。人之行为是否犯罪，须依其行为之是否与法条所规定之罪名相抵触以为断。故行为时，其行为在习惯上在道德上或宗教上虽被视为犯罪，苟行为时之法律无明文科以刑罚者，其行为不为罪。

【罪名相因】【史】所谓罪名相因，乃指一议处案件中有两罪名在内者而言。例如错拟罪名一案内有失出而复有失入者是。清之六部处分则例（卷一）吏属公式篇，设有罪名相因之条："官员议处案件有实系一事，而其中有两罪名相因而致者，从其重者议处。若一案内犯罪各有数人，或先发觉者一起，后发觉者一起，查参既分二次，失察亦属各项，即应分款议处。再如列款纠参一案之内而罪名实不相同，刑名钱谷一人之事，而款件各不相涉，俱应分款核议。"

【罪同】【史】罪同者，厥罪惟均也。人虽不同，犯虽各别，而罪无轻重，故罪同，同则无弗同矣，故曰至死不减等。然所得同者，律耳，若条例内所增，则又不得而同之。（参读律风髓）

【罪别】【刑】即犯罪之种别也。

【罪法】【刑】Criminal law　即犯罪法之简称，习惯上多称之曰刑法。（详刑法条）

【罪法不等】【史】赃罪不同，或因强窃而犯赃罪，或因窃盗而犯赃罪，或因受财不枉而犯赃罪，或因受财枉法，或受所监临而犯赃罪，其适用之法均不一律，即所谓罪法不等是也。唐律（卷六）名例篇——二罪从重之条："若罪法不等者，即以重赃并满轻赃各倍论。"其疏议曰："罪法不等者，谓犯强盗、枉法、不枉法、窃盗、受所监临等，并是轻重不等，即以重赃并满轻赃。假令县令受财，枉法六匹，合徒三年，不枉法十四匹，亦合徒三年；又监临外，窃盗二十九匹，亦徒三年，强盗二匹，亦合徒三年；受所监临四十九匹，亦合徒三年。准此以上，五处赃罪各合徒三年，累于受所监临总一百匹，仍倍为五十匹，合流二千里之类。"

【罪状】【刑】犯罪之情状简称曰罪状。

【罪疑者予民】【史】汉孝文帝时，法规简略，取宽大之旨。以张释之为廷尉；张氏亦采宽大主义，罪名之疑者责付于村民而放免之。汉书—文帝纪："禁网疏阔，选释之为廷尉，罪疑者予民，是以刑罪大省。"

【罪疑惟轻】【史】凡罪情有可疑者，及过失罪之初犯者，应采宥恕主义，即应从轻处罚，所谓罪疑惟轻是也。书经—大禹谟："宥过无大，刑故无小，罪疑惟轻，功疑惟重，与其杀不辜，宁失不经。”

【罪隶】【史】(一)将犯罪人没收充为奴隶之谓，又名曰官奴。周礼—秋官司厉：“其奴男子入罪隶。”唐律释文：“谓罪名附刑书也。”(二)以罪名书于罪人之衣服，或以字体书其上，故其字体称曰隶书，盖即以其字体书于罪人身上之谓也。

【罪体】【刑】Corps du delit　凡供犯罪之用，或由犯罪行为所得之物，皆称曰罪体。例如违禁物或杀人之凶器，或犯伪造罪中之货币，或犯贿赂罪中之所收受之财物，皆属之。除违禁物可以加以没收外，余则以属于犯人者为限，始得没收之。(刑法第六〇—六二条)

【义(義)子女】【亲】Adoptive children　为我国旧律之称呼，即养子女之别名。(详养子女条)

【义(義)子殴】【史】谓义子与义父母互殴也。清律及例之规定如下：(一)义子过房在十五岁以下，恩养年久，或十六岁以上，分有财产，配有室家者：(甲)殴义父母或殴义父之祖父母或其父母者，皆斩决，至死者，皆凌迟。(乙)义父母或养父之祖父母父母殴义子，折跌肢体，瞎一目者，杖八十，笃疾者，杖九十(归宗，拨财产养赡)。至死者，徒三年，故杀者，流二千里。(二)义子过房虽在十五岁以下，恩义未久，或在十六岁以上，不曾分产配室者：(甲)殴义父母或义父母之祖父母父母者，徒三年，成伤者，流三千里，折一齿一指，或眇一目，或抉毁耳鼻或破骨，或汤火铜铁汁伤者，绞候，死者斩决，故杀者凌迟。(乙)义父母或义父之祖父母父母殴义子，折一齿一指，或眇一目或抉毁耳鼻或破骨，或汤火铜铁汁伤者，杖七十，折二齿二指以上或髡发者，杖八十，折肋或眇两目，或堕胎，或刃伤者，杖一百，折跌肢体，或瞎一目者，徒一年半，笃疾者徒二年，死者，徒三年，故杀者绞候。(三)义子有故归宗，义父母与义父之祖父母父母无义绝之状，不曾拘留家产妻室，遇有违犯杀伤，殴者徒三年，成伤者，流三千里，折一齿一指或眇一目，或抉毁耳鼻，或破骨，或汤火铜铁汁伤者，绞候，死者斩决，故杀者凌迟。(四)不论过房年岁，义子殴义父期亲尊长外祖父母者，徒三年，成伤者流三千里，折一齿一指或眇一目，或抉毁耳鼻，或破骨，或汤火铜铁汁伤者，绞候，死者斩决，故杀者凌迟。(五)不论过房年岁，义父之期亲尊长外祖父母殴义子，折一齿一指，或眇一目，或抉毁耳鼻，或破骨，或汤火铜铁汁伤者，杖七十，折二齿二指以上或髡发者，杖八十，折肋或眇两目，或堕胎，或刃伤者，杖一百，折跌肢体或瞎一目，徒一年半，笃疾者，徒二年，死者徒三年，故杀者绞候。(六)义父母或义父之祖父母父母期亲尊长，外祖父母等犯义绝，并其余亲属，俱同凡人论(义子之妇亦依前拟岁数，照本例科断)。(七)义子与伊所生子孙，为本生父母亲属孝服，俱不准降等。各项有犯，仍依本宗服制科罪。

【义(義)父母】【亲】Adoptive parents　又名养父母(详该本条)。乃我国旧律之称呼。

【义(義)刑义杀】【史】沿用旧法时，必须以该法为合乎义，或合乎事宜，始可引用，其刑罚与杀戮合乎义合乎事宜者，谓之义刑义杀。书经—康诰篇：“王曰，汝陈时臬事，罚蔽殷彝，用其义刑义杀。”丘濬注：“其有所罚者，一断以前殷之常法矣。然殷之刑杀不必皆是也，有合义者焉，有不合义者焉，惟取其合于义者用之。”此为武王戒康叔之语。（大学衍义补卷百）

【义（義）勇】【史】谓义勇兵也，此名在元时已见文献通考—兵考：“乡兵者，选自户籍，或士民应募，所在团结调练以为防守之兵也。国朝以来，河东陕西有弓箭手，河北陕西有义勇。”

【义（義）勇兵】【国公】一国之普通人民，于对外战争之际，自告奋勇，经政府一定之训练，受命以加入作战者，谓之义勇兵。如具备与战斗员同等之条件时，与战斗员同受国际公法之保护。（参战斗员条内）

【义（義）勇舰队】【国公】Volunteer fleet 凡于平时从事于普通商业，而在国家有事时，立即武装，变为参加战斗而隶属于海军指挥之下之船舶，曰义勇舰队。在国际法上之地位与军舰同，惟须具备关于通常军舰之要件耳。

【义（義）仓】【行】Charity granary 所谓义仓，乃指以救济灾歉为目的之地方公有的积谷仓廒而言。至于前昔旧有之常平仓、储备仓、社仓、以及其他名目之谷仓，现行法均一律改称义仓。各地方义仓（即属于乡村者）至少须储备足供当地贫民三个月粮食，如有不足，应设法补充之。补充方法有二：(1)摊派——就辖境内殷实住户，斟酌其财政状况，于可能范围内定之。(2)劝募——邀集辖境内殷实住户或热心公益人士，劝令量力认捐，并得选派公正人士登门劝募。义仓积谷无论何项情形，不得挪作别用，或变价储存仓内，惟应依下列方法使用之：(1)贷与——其利率与期限临时定之。(2)平粜——其价额亦临时定之。(3)散放——依地方情形行之。（参各县义仓管理规则第一—十条，又第十四条—十六条）

【义（義）仓管理委员会】【行】Commission for the Management of the Charity Granary 管理义仓之机关，曰义仓管理委员会，由县市政府会同地方法定团体，就辖境内，推选乡望素孚人士三人至五人组织之（均名誉职），并推定一人为委员长，处理仓务时应受县或市政府之监督。至其职掌约有下列数种：(1)关于仓廒之建筑修葺事项。(2)关于仓谷之保存及以陈易新事项。(3)关于仓谷之使用及填还事项。(4)关于仓谷耗失及稽核事项。(5)关于仓谷出入及一切收支册报事项。（各县义仓管理规则第十一—十三条）

【义（義）冢】【史】埋葬枯骨所设置之墓地，曰义冢。宋时即有此制，明代乃置于州县近城宽广之地，旋在京城亦特设之。清代以普济堂之费用，在各地建立义冢，在京师计共十七处，均为赤贫无资力者，或途中倒毙者，或远离家乡，归葬不便者等埋葬之用。（会典事例卷七百十六，保定府志卷二及卷二十三）

【义（義）务】【通】Duty or obligation 所谓义务，乃指受法律上之强制，而负一定行为，或不行为，或忍受之责任而言。通常有权利必有义务，但仅有义务而无权利者，亦为常见之事，例如登记义务、公告义务是。其有权利而无义务与之对立者，例如形成权是。义务之分类有下列六种：（一）公法上义务与私法上义务。（二）对立义务与单存义务。（三）积极义务与消极义务。（四）间接义务与通常义务。

(五)第一义务与第二义务。(六)主义务与从义务。(详各本条)

【义(義)务人】【通】Obligor 负担一定义务之人曰义务人。

【义(義)务主义】【票】为执票人于拒绝证书作成后于一定期间内不向票据债务人通知拒绝事由时,应受制裁之立法例之一,对条件主义言。即以通知为后手对前手应尽之义务,不履行此义务时,即须担负损害赔偿之责。我票据法采此主义,且规定其赔偿金额不得超过汇票金额。(第九〇条)

【义(義)务告发】【刑诉】Compulsory imformation 被害人与犯罪人以外之普通人,或公务员,依法律之规定,对于犯罪事实发生或嫌疑人所在,应向检察官或司法警察官告发;此种告发,为义务告发,因其有告发之义务也。例如刑诉第二百二十二条规定,公务员因执行职务而知有犯罪之嫌疑者,应向检察官或司法警察官告发是也。

【义(義)务的没收主义】【刑】为没收主义之一,对职权的没收主义言,即法律规定不许法官有不宣告没收之权。我国新刑法对违禁物采义务的没收主义。

【义(義)务能力】【民总】Copacity for duties 即在法律上负担义务之资格之谓。

【义(義)务教育】【行】Compulsory education 一名强迫教育,即人民于届满一定学龄时,国家应强迫使其送入学校受相当之教育也。

【义(義)务职】【通】Service free from payment 凡有职无薪,或仅有义务而无相当报酬之职,皆谓之义务职,又称曰无给职。

【义(義)绝】【亲】夫妻间之关系乃以爱情为根据,若双方恩爱情义已经断绝,是其共同生活已无意义可言,自应许其赋离。所谓义绝,乃包括虐待重大侮辱各情形而言。至于夫妻之一方恶意背弃其相对方而逃逸者,亦行同义绝,许其离异。

【义(義)绝离之】【史】旧制有所谓强制离婚者,即凡有义绝之情事,应即仳离,违者应依本条处断。唐律(卷十四)户婚篇有义绝者离之之条:“诸犯义绝者离之,违者徒一年。若夫不相安谐,而和离者不坐。即妻妾擅去者,徒二年,因而改嫁者,加等。”疏议曰:“夫妻义合,义绝则离,违而不离,合得一年徒罪,离者既无名字,得罪止在一人,皆坐不肯离者,若两不愿离,即以造意为首,随从者为从,皆谓官司判为义绝者,方得此坐。若未从官司处断,不合此科。若夫妻不相安谐,谓彼此情不相得,两愿离者不坐。妇人从夫,无自专之道,虽见兄弟,送迎尚不逾阈,若有心乖唱和,意在分离,背夫擅行,有怀他志,妻妾合徒二年,因擅去而即改嫁者,徒三年,故云加二等。室家之敬,亦为难久,帷薄之内,能无忿争,相嗔暂去,不同此律。”

【义(義)塾】【史】旧制,设塾教授人家子弟,而不收受学费者,谓之义塾。辍耕录:“创义塾,以激后进。”名物六帖:“阴骘文云,造漏泽之仁园,发开蒙之义塾。”

【义(義)愤杀人罪】【刑】Offences of homicide under the provocation of proper resentment at the scene 为减轻杀人罪之一种,因当场激于义愤而杀人时,始成

立本罪，须以当场及激于义愤为必要。前者指其犯意乃起于实行之当时，后者乃指被害人之言语举动有与正义或礼俗相违反，而加害人之立场，乃在迫于大义之际，例如其妻与人通奸时是。其处分为一年以上七年以下有期徒刑，未遂罪罚之。（刑法第二八六条）

【义（義）愤伤害人罪】【刑】为伤害人罪之一。凡当场激于义愤而伤害人者，成立本罪。其成立要件有三：(1)须为当场。(2)须为激于义愤（以出于维持正义或礼俗为限）。(3)须有伤害之结果。其处分为三年以下有期徒刑。（刑法第二九七条）

【义（義）学】【史】三代以下，皆以教育为国家独占之事业，故对私学之保护与奖励，其例甚少。明朝以后，始变更前此方针，对于社学及义学之设立，采用奖励主义。洪武九年，义学遍于各地，专为中流以下之子弟之教育而设。所谓义学，其初仅为出于官民有志者之义捐而创办，后则以公款设学，收教贫民子弟者，亦称曰义学。

【群（羣）婚制】【亲】一群男子与一群女子互为婚姻，此群男子对于对方一群内之女子皆可自由同居，并不限于特定之一女子，是曰群婚制。今于澳洲之野蛮民族尚行其制。

【羡（羨）余】【史】赋役之盈余，谓之羡余。随园随笔："周礼凡起徒役，毋过家一人，以其余为羡，此后世羡余二字之所由始。"清会典内以之为财政上之用语，即余剩之义也。

【圣（聖）多明各国宪法】【宪】Constitution of Santo Domingo 圣多明各共和国为西印度群岛中之海地岛东部一小国，西与海地共和国为邻，余三面滨海，面积共一万九千方哩，人民约九十万，多西班牙及黑人混合种，纯粹黑人不多。国内铁煤颇富，农作物如砂糖及烟草，产量亦颇不少。原为西班牙殖民地，一八四四年与西班牙脱离关系，今虽名为独立国，实则为美国之附庸，美国之势力在其境内根深蒂固。国家宪法于一八四四年即已制定公布，一八九六年六月二十日复另公布新宪法，共分为十六章，都一百十五条。第一章第一节国家及政府，第二节领土，第二章圣多明各人民，第三章圣多明各人民所有之保障，第四章公民资格及权利，第五章主权，第六章第一节立法权，第二节法律之制定，第七章第一节行政部，第二节总统之权力，第三节行政部之权力，第四节各部总长，第八章司法部，第一节最高法院，第二节最高法院之权力，第九章下级法院，第十章自治团体，第十一章省及县之行政，第十二章第一节初级选举会，第二节选举团，第三节初级选举会与选举团之通则，第十三章军队，第十四章通则，第十五章宪法之修正，第十六章临时条文。至一九二四年六月十三日，对上述宪法加以修正公布，仍分为十六章，共一百零八条，并附暂行规定条文十条。第一章第一节国家及政府，第二节领土，第二章第一节人民之权利，第三章第一节国籍，第二节公民权，第四章第一节统治权，第五章第一节立法权，第二节参议院，第三节众议院，第六章第一节国会，第七章第一节法律之制定，第八章第一节行政权，第二节副总统第三节各部部长，第九章第一节司法权，第二节最高法院，第三节上诉法院，第四节下级法院，第五节郡法官，第十章第一节审计局，第十一章第一节自治市，第十二章第一节各省之行政，第十三章第一节选举会议，第十四章第一节军队，第十五章通则，第十六章宪法之修正。此项宪法至今仍施行有效，兹将其要点举述于下：(一)圣多明各国政府以平民、共和、民主代议制为基础，分为立法行政及司法，三权分立，行使职务。(二)共和国领土不得变更，分为若干省，各省分为若干郡，其额数另以法律定之。(三)人民有生命不受侵害之权(无死刑之制)，有劳动、工业、商业之自由权，有信仰、教育之自由权，有言论、集会、结社之自由权，有通信及文书秘密之自由权，人民住所及迁徙亦有自由，不受限制。又对于科学、艺术、文学上之发明或创作，依法得享有专利之权。此外个人身体亦依法受有保障。(四)凡有下列之一者，为有圣多明各国国籍：(1)现在依据旧宪法与法律具有国民资格者。(2)在本共和国内出生或虽在外国出生，而其父母为圣多明各人民者。(3)在本共和国内出生，且其外国籍之父母亦在本国内出生者。(4)在本国出生，父母系外国人，但直至成年时，均仍居住本国境内者。惟成年时，声明不入圣多明各国籍，并提出从其生父国籍之证据者，不在此例。此项选择权因在成年前于本共和国内行使公民权而消灭。(5)在本国出生，而其生父无可考，或其国籍无可考者。(6)依据本宪法及法律之规定，而经归化者(按本国女子与外国人结婚，按其夫国法律，应取得该国国籍者，从其夫之国籍，否则仍保留本国国籍)。(五)享有公民权者须为年满十八岁之男子(又虽未满十八岁，而已结婚者，亦享有公民权)。(六)本共和国统治权属于人民全体。(七)立法权属于由参议院及众议院合组之国会，国会之选举采直接投票法。参议院由各省选举参议员一人组织之，任期四年，当选者须为享有全部公权及参政权之年满三十五岁之人民，且须出生于其所代表之省内，或住居满五年以上者。参议院之专属职权，为任命最高法院高等法院地方法院或初级法院与土地法院之法官，及依法律设置之其他审判机关之感化法官及审判官，并任命审计院之审计官，批准行政机关所提出之外交官候选名单。此外且受理众议院弹劾大总统，危害国家，妨碍公共官署行使职权，或违宪之案件。(八)众议院由各省选举之众议员组织之，每四年一任，以人口为标准，惟至少每省应有二人，当选者须为享有全部公民权及参政权者。众议院之专属职权，为向参议院弹劾大总统危害国家，妨害公共官署行使职权，或违宪之行为，批准各自治市不动产之让渡，及关于不动产或市有租金债票之契约之签订，并核准人民受任外国公职。(九)参议院及众议院除单独举行会议外，于必要时应举行国会全体会议。议院之开会应由全体议员三分之二出席，方得讨论议案，议员在开会时享有言论自由之特权，在任期内身体不受任何侵犯，又各院均由议员互选议长与副议长各一人，及秘书两人。在两院之联合大会以参议长任主席，众议长任副主席，秘书则由两院秘书兼任之。(十)国会之职权为规定一切赋税，制定政府收入之计算书，大赦政治犯，规划保存古物，建立或废止省郡，增减法院之数额，批准国际条约及协约，规定交通事项，修正宪法，审查行政机关之法令，批准或反对行政机关所订之契约，颁发私船捕获状以及受理不在其他国家机关管辖内或违反宪法之案件，等等(第三十三条)。(十一)参议员及众议员及行政机关并最高法院(以司法事项为限)享有法律创制权，各院提出之法律案应经两次讨论，第一次与第二次讨论时间至少应相距一日，该项提案经一院通过后，应即送咨他院讨论。凡经两院通过之法案，概应咨送行政机关，若无任何异议，应于收到后八日内公布之。若经该行政机关反对者，应于咨送后八日内，附同反对异议书，发回原议院，再行重新讨论，仍经原院全体议员三分之二通过者，应即咨送他院，其经他院同样通过者，应即认为法律，由行政院公布之。法律公布后全国人民均应遵守，一切法律命令条例及法令有与本宪法抵触者，均认为无效。(十二)行政权由每四年以直接选举法所选之大总统行使之。大总统之资格须为在本国出生之圣多明各人，并在本国居住十年以上者，且须年满三十五岁，并享有全部公权及参政权者。大总统为国家行政及军队之最高长官，其职为任免各部部长，公布法律与决议并监督其施行，任命不由其他国家机关任命之官吏，赦免政治犯，指示外交谈判，签订国际条约，宣布战争及媾和，颁发本国船舶之适航证书等等(第四十九条列举十九项)。(十三)大总统之外复置副总统一人，其选举程序任期及当选资格概与大总统相同，于大总统临时缺席或正式出缺时，由副总统代理之。如大总统及副总统临时缺席或正式出缺时，其职务应由最高法院院长代理之。(十四)各项行政事宜由依法所定之部长若干人，分别办理之，部长之资格须为年满二十五岁而享有全部公权及参政权之人民(归化者除已归化十年以上者外，不得充任)。(十五)司法权由最高法院、上诉法院、地方法院、初级法院，郡法院及其他依法设置之审判机关行使之，各法院等之法官之任期，均为四年，但得无限制连任。(十六)最高法院以七人以上之法官及检察长一人组织之，以一人为院长。法官等之资格应为在本国出生，或父母为本国人，而且享有全部公民权及参政权，年满三十五岁，得有法学士或法学博士学位，执行律师业务，或担任审判机关或法院之法官四年以上之圣多明各人民，始得充任。除法律规定之其他职权外，下列各项职权专属于最高法院：(1)受理对抗大总统、副总统、参议员、众议员、各部长、本院法官、各上诉法院法官与检察长及本国外交官之诉讼，不论其为第一审或终结审之管辖。(2)受理不服上诉法院或其他审判机关所为判决依法提起之上诉。(3)受理国家与各省间或国家与各自治市间之诉讼，不论其为第一审或终结审。(4)受理第一审为上诉法院，终结审为最高法院之诉讼。(5)判决第一审或终结审关于法律命令及规则之是否合乎宪法。审判机关遇此项争议时，在最高法院未判决前，应停止其判决。凡法律命令决议及规则有侵害宪法规定之人民权利者，其是否合乎宪法之问题，虽未构成司法上之争议，而有关于公共利益者，亦由该院审理之。(6)行使监督全部司法官之职权，并得遵照法定程序停止或撤免司法官之职务。(十七)全国至少应设上诉法院三所，法官之名额及管辖范围另以法律定之。法官之资格应为年满二十五岁，享有全部公民权及参政权，并现任本国法院律师之本国人民始得充任之。各上诉法院应置检察官一人。上诉法院之职权如下：(1)受理不服地方法院及初级法院所为判决之上诉，行使军事法院职权，受理不服军事会议判决之上诉。(2)受理第一审及终结审关于对抗地方法院及初级法院之法官与检察长及省长之诉讼。(3)执行海上捕获案之第一审管辖权。(4)执行其他法定职权。(十八)各司法区应设若干地方法院或初级法院，司法区数额，及法官之名额，并各院之额数，概以法律定之。法官之资格须为享有全部公民权与参政权之本国人，年满二十五岁，并系本国法院之律师始得充任。(十九)各郡应由行政机关任命郡法官一人或数人,每人且有候补两人,其资格须为年满二十五岁并享有全部公民权与参政权之圣多明各人。(二十)审计局以参议院就众议院所提名单中之公民五人组织之,审计员之资格与参议员同,任期为四年,其职权除依法律另行规定外,其一为审查政府普通账目或特别账目,其一则为向国会在每年第一次普通会议呈具关于上年账目之报告。(二十一)各自治市之行政与经济由市参议会掌理之,市参议员由人民公选之,其主要职务如下:(1)初等教育及义务教育。(2)卫生事项。(3)公共观瞻之点缀。(4)警务。(二十二)各省置省长一人,由人民直接选举之,其资格为享有全部公民权及参政权之本国人,而年已满二十五岁者,始得被选。(二十三)人民除依法丧失其公民权,或系现役海陆军人员服务于国家警察或地方警察机关者之外,均有选举权。选举会议应于每次宪法规定任期终止前三个月举行,得执行宪法及法律规定之职务,其职权为选举本共和国之大总统与副总统,参议员与众议员,省长市参议会之参议,理事与候补人,及法律规定之其他机关人员,选举时应采记名直接投票法。(二十四)军队之任务在于保护国家之独立与完整与维持公共秩序及保护宪法与法律,凡加入本共和国军队者,以享有全部公民权与参政权之本国人为限。(二十五)凡未经法律规定之事项不得强制执行,未经法律以明文禁止者,亦不得制止,凡篡窃政权者概无法律根据,其所为处分,亦一律无效,受武力威胁之决议案亦属无效。(二十六)政府永远不得发行纸币,又国币亦不得刊以任何人像,永久地租或任何永久性质之继承,一概不得成立。(二十七)宪法非经各议院议员三分之二之同意,不得修正,修正宪法之必要,经宣布后,国会应以法律召集修正宪法会议,将修正案提出通过(惟无须咨请行政机关核准)。宪法修正会议出席代表,由各省人民按照选举众议员之比例直接选举之,代表之资格与众议员同,修正案不得变更政体,修正程序应依本法之规定行之,不得由任何官署之权力或由民众之决议停止或废止之。(二十八)关于暂行规定之条文(计十条)从略。

【圣(聖)旨】【史】天子之命令曰圣旨。晋书:"郑冲劝进九锡曰,明公宜承圣旨,受兹介福。"唐宋以后,君主之命令亦称为圣旨。

【圣(聖)谕广训】【史】清康熙帝之时,有圣谕十六条。雍正帝之时,作广训万言,颁布于全国各学校,谓之圣谕广训。(科场条例)

【聘财】【史】婚姻契约缔结时,男方给予女方之财物,谓之聘财,或曰聘金。故授受聘财者,婚约即行成立。唐律(卷十三)户婚篇许嫁女报婚书条:"……虽无许婚之书,但受聘财亦是。"(参许嫁女报婚书条内)

【聘娶之妇】【史】聘娶者,谓由媒妁致财物以娶女子为己之妻也。清之现行则例(即刑部现行则例)婚姻篇设有聘娶之妇之条:"另户平等人用财礼聘娶之妇及用财礼所娶家仆之女,夫亡之后,愿守节者听,欲改嫁者,其母家给还原聘财礼,将妇人准其领回。其家仆用财礼娶相等家仆之女为妇者,如夫亡故,妇人原主给还原聘财礼,将妇人领回。若妇人有子,情愿守节,不许复配与人,亦不准原主领回。若丈夫之主将妇人违例复配夫者,将妇人断回原主,不追还财礼。又凡丈夫与妻不和离异者,其女衣服及陪送嫁妆之现在物件,凭中给还女家。若两家争斗者,照律治以应得之罪，其欲娶妾者听，若托故出妻者，依律治罪。”

【聘娶婚】【亲】男子娶妇须以一定礼物或金钱交与女家者，是曰聘娶婚，乃沿买卖婚之旧制，惟美其名为聘娶耳。其礼物曰聘礼，其金钱曰聘金，我国目下盛行此制。

【腹非】【史】又曰腹诽。（详该本条）

【腹诽】【史】汉武帝时凡对法令于公布后，并不公然非议，而于心中非之者，亦构成诽谤罪。汉书—食货志：“九卿见令不便，不入言而腹非。”史记—平准书：“颜异当九卿见令不便，不入言而腹诽，论死。自是之后有腹诽之法。”

【腹诽之法】【史】（详腹诽条内）

【肃（肅）政史】【史】（详肃政厅条内）

【肃（肅）政廉访使】【史】（详按察使条内）

【肃（肅）政台】【史】唐武后之时，改御史台为肃政台，置左右肃政二台，龙朔以后，改为左右御史台。

【肃（肅）政厅】【史】民国成立后，曾设平政院以为行政裁判之机关，在院内配置肃政厅，对于平政院独行其职务。其权限如下：(1)于人民未陈诉之事件，得依行政诉讼条例之规定，对于平政院提起行政诉讼。(2)依纠弹条例，纠弹行政官吏之违反宪法，行贿受贿，滥用威权，玩视民瘼事件。(3)监视平政院之裁决之执行。肃政厅置都肃政史一人，指挥监督全厅事务，至肃政史之定额则为十五人，以年满三十岁而具有下列资格之一者任之：(A)曾任荐任以上行政职三年以上，著有成绩者。(B)曾任司法职二年以上，著有成绩者（参平政院编制令第六—一五条）。按平政院乃北京政府时代所设之机关，国民政府成立后始废，近另设行政法院以代之。

【肃（肅）纪】【史】清制，刑部有肃纪司之课，置肃纪前司郎中肃纪后司郎中、肃纪左司郎中及肃纪右司郎中之官，在侍郎监督之下，分掌裁判事务。（会典刑部）

【肃（肅）纪司】【史】（详肃纪条内）

【与（與）囚金刃解脱】【史】凡狱卒如以金刃及他物可以自杀及可以解脱枷锁杻之具与所禁之囚，实有侵犯法律，应加治罪，如常人犯此罪者亦应处罚。明律（卷二十八）、清律（卷三十六）刑律断狱篇与囚金刃解脱条内均设明文，内容相同。清律之条文及注曰：“凡狱卒以金刃及他物（如毒药之类），凡可以（使人）自杀，及解脱锁杻（明律此处以枷锁二字代锁杻）之具，而与者，杖一百，因而致囚在逃，及（于狱中）自伤或伤人者，并杖六十徒一年，若（致）囚（狱中）自杀者，杖八十徒二年，致囚反狱（而逃）及（在狱）杀人者绞（监候），其囚（脱越反狱）在逃（狱卒于）未断（罪）之间，能自捕得，及他人捕得，若囚已死及自首者，各减一等。若常人（非狱卒）以可解脱之物与囚人，及子孙与（在狱之）祖父母父母，奴婢雇工人与（在狱之）家长者，各减（狱卒）一等。若司狱官典及提牢官，知而不举者，与同罪，至死者，减一等。若（狱卒常人及提牢官司狱官典）受财者，计赃以枉法从重论（赃重论赃，赃轻论本罪）。若狱囚失于检点（防范），致囚自尽（原非纵与可杀之具）者，狱卒杖六十，司狱官典各笞五十，提牢官笞四十。”

【与(與)同罪】【史】本条即现行刑法中所定之文例，所谓与同罪，乃指被累人与正犯同罪而言。明律(卷一)、清律(卷五)名例律均设有“称与同罪”之条，内容相同。清律原文及其下注：“凡(律)称与同罪者(谓被累人与正犯同罪，其情轻)，止坐其罪，(正犯)至死者，(同罪者)减一等，罪止杖一百流三千里，(正犯应刺同罪者免刺，故曰)不在刺字绞斩之律，若受财故纵，与同罪者，(其情重)全科，(至死者绞)其纵谋反叛逆者，皆依本律(斩绞)(凡称同罪者，至死减一等，称罪同者，至死不减等)。称准枉法论准盗论之类(事相类而情轻)，但准其罪，亦罪止杖一百流三千里，并免刺字。称以枉法论，及以盗论之类(事相等而情并重)，皆与正犯同，刺字绞斩，皆依本律科断(然所同者律耳，若律外引例充军为民等项，则又不得而同焉)。”同律之总注：“与同罪者，本皆无罪之人，因人连累者也。正犯之罪，轻重不一，连累之罪，准以科之，故有同罪之法。律称同罪有数项，有知而不举者，有知听行者，有知情故纵者，揆之情法，虽应同科其罪，而究其致罪之由，则有差别，故正犯至死者，同罪之人减一等，罪止杖一百流三千里，不在绞斩之律。若正犯系盗止科其罪，不在刺字之律，惟受财故纵者全科，应至死者亦绞，不在罪止杖流之限。受财故纵四字，串说，凡律言故纵，或不受财，则亦不得全科，惟因受财而故纵，乃全科之，言同罪之中，有不同者如此也。其故纵谋反大逆者，依本律坐斩，故纵谋叛者，依本律坐绞，各有正条，虽故纵而不科同罪，故曰皆依本律，言受财故纵之中，有不同者如此也。律内又有言罪同者，与同罪语意似同而实异。同罪者，此之所犯即照彼之罪名科之，而犯罪之因则异也。罪同者，谓推其过恶情与相类，权其轻重，实与相等，其罪既同，不必更论，故称罪同者，至死不减等也。称准，称以，前例分八字之义，分晰已明。盖称准，好与同罪之义。称以，即与罪同之义也。”明律之纂注：“按律有言，罪同及罪亦如之者，皆承各条上文言。谓上文已有其所犯罪名，下所犯者情与相类，故但云罪同，是此罪同彼科也。如强盗但得财者皆斩下条以药迷人图财者罪同之类。云罪亦如之，是亦得前项所称之罪，如官吏娶乐人杖六十，若为子孙娶者，罪亦如之之类。盖此条原无罪同及亦如之之类，故特明之。又律有先言故纵，而后言受财，则故纵者未曾受财者也。先言受财而后言故纵，则是因受财而后故纵之者也。管见云，三人受财故纵，将为首一人问，与囚同罪，余二人除故纵为从问枉法，若受财故纵继获囚犯，仍科受财枉法可从。”

【与(與)监临同】【史】谓与监临受财之罪同视也。唐律(卷十)职制篇——因使受馈送之条：“诸官人因使，于使所受送馈，及乞取者，与监临同。”

【万(萬)民法】【通】Jus Gentium (拉丁)；Law of Nations　古时罗马版图极广，除罗马市民适用所谓市民法外，其他各国寄居人民，则适用其他法律，名之曰万民法。按市民法为罗马固有之法律，其内容及程序非常繁重，一切法律行为均须履行一定程式。但各国移来之侨民，对于市民法之规定，因各种关系不克遵守，于是遂另设审判官，依自然之法则，及通行于一般人民之法律规则与习惯，为裁判之根据。其后逐渐演进，遂另成一系统，即所谓万民法是也。此项法律，为近代国际法之语源。

【万(萬)国公法】【国公】Law of Nations 为国际法之别称,因万国公法一名源自拉丁语之万民法,后由英儒(十八世纪间)边沁氏改称为国际法,以其系存在于各国间之法,而非由上级其他权力加于各国之法,故称曰国际法(International Law)。

【万(萬)历重修会典】【史】为明行政法典之一(详明会典条内),简称曰万历会典。

【著(著)手】【刑】Act in process 又称着手实行开始之谓。在犯罪行为阶级中较预备更进一级,但其界限颇难明晰,学者对此之区别有二种学说:(1)主观说——可以自其人之行为而识别其有无犯意,即以识别犯意者为著手,否则为预备。(2)客观说——不问其犯意与预备之有无,但自其危险之大小而定其著手与否,即注意其外部动作方面。例如放火时购买火油为预备,以火燃之为著手是。二者以后说为当。

【著(著)手中止犯】【刑】对实行中止犯言。凡犯罪于著手后因自己意思中止之,不使进于实行者,曰著手中止犯。例如以毒药杀人,方投食物中,自觉不忍,劝其勿食是。实行中止犯为中止犯之一种(参中止犯条),与著手中止犯相对立。

【著(著)手未遂犯】【刑】为未遂犯之一种,对实行未遂犯言,亦为著手犯之一种,别名中绝未遂犯。即以欲使发生结果之意思著手实行未终了前,而因意外之障碍不能达于实行之谓也。例如谋杀人者拔刃欲砍,其人已避走是(参未遂罪条)。其要件有三:(1)必先有犯罪之意思。(2)有意思而更有行为。(3)已有著手行为而忽遇意外障碍。

【著(著)手犯】【刑】著手作犯罪行为者,曰著手犯(参著手条)。又分著手未遂犯与著手中止犯两种。(详各本条)

【著(著)作人】【行】Author; Writer 著述或制作文书图画之人,曰著作人。此外下列之人亦为著作人:(一)笔记他人之演述,登载于出版品,或令人登载之者,其笔记人。(二)关于著作物之编纂,其编纂人。(三)关于著作物之翻译,其翻译人。(四)关于用学校公司会所或其他团体名义著作之出版品,其学校、公司、会所,或其他团体之代表人。(出版法第四条)

【著(著)作自由】【宪】凡个人以其意思,利用文章或图画表示并传达于他人,在传达时不受政府之检查或特许及其他干涉者,为著作自由。著作自由,非仅为国家所不禁,且为法律所保护,借以奖励文艺美术,或其他学术之发达,务使社会文化因而进步,故著作自由均为近代各国法律所保障,我国约法内亦设有类似之明文。

【著(著)作佐郎】【史】魏明帝太和中始设著作郎及佐著作郎,宋齐以来迁佐于下,而曰著作佐郎。(参事物纪原卷五)

【著(著)作局】【史】(详著作郎条内)

【著(著)作物】【行】Literary work 法律上所称之著作物,乃指著作权之客体而言,如书籍、论著、说部、乐谱、剧本、图画、字帖、照片、雕刻、模型,与其他关于文艺学术，或美术之著作品，皆属之。至于下列各种则不得为著作权之客体：(1)法令约章及文书案牍。(2)各种劝诫及宣传文字。(3)公开演说而非纯属学术性质者。(参著作权法第一条、第二十条)

【著(著)作省】【史】汉时东京(即洛阳)之图画，悉在东观(即宫中藏书之处)，使鸿儒学士入内撰述国史，是曰著作。魏太和中始置著作郎，隶属于中书。唐改属于秘书，后置省而为著作省，仍属于秘书，其专官称曰大著作，专掌国史。唐改曰著作局，宋元因之，至明始废。(参著作郎条)

【著(著)作郎】【史】按著作郎乃周官左史之任，汉时称曰著作，皆以他官领之，未设专职。魏太和始有著作郎之设，隶中书省，专掌国史，后又置佐著作郎，亦隶中书省。晋元康二年诏改中书省著作为秘书著作，后改为著作省，然仍隶属于秘书，其长曰大著作，专掌史任。宋齐以来谓之著作佐，掌各种文书之起草。梁时以他官兼任，为春官外史之属。隋属秘书省，设著作曹郎二人，佐郎一人，又有秘书正字等官。唐改称著作局，亦属秘书省，掌撰碑志、祝文、祭文等。宋初原为兼任之官，元丰始为实职，掌编纂日历、祭祀、祝辞等。元因唐制为著作局，亦隶于秘书省。(古今事文类聚新集卷三十)

【著(著)作曹郎】【史】(详著作郎条内)

【著(著)作权】【行】Copyright　所谓著作权，乃指关于文艺学术或美术上的著作物，因依法呈请注册而取得专有重制利益之权利而言。著作权之主体，曰著作权人，除著作人本身外，其继承人、让受人或出资人，亦得为著作权之主体。且不以自然人为限，即法人或团体，亦可为著作权之主体。

【著(著)作权人】【行】Person entitled to copyright; Obligee in the copyright; Copyright holder　享有著作权权利之人，曰著作权人。(参著作权条内)

【著(著)作权法】Copyright Law; Law on Copyright　本法于民国十七年五月十四日公布，共五章，计四十条，其要点如下：(一)下列著作物如依本法向内政部注册者，即有著作权：(1)书籍论著及说部。(2)乐谱及剧本。(3)图画字帖。(4)照片雕刻模型。(5)其他关于文艺学术或美术之著作物。(二)著作权在原则上终身有之，得转让于人，并得由承继人继续享有三十年(须经注册)。(三)著作权系用法人或团体名义所有者，其所有年限为三十年。(四)照片原则上得由著作人享有著作权十年。(五)以他种文字翻译成书者，得享有著作权二十年。(六)下列著作物不得享有著作权：(1)法令约章及文书案牍。(2)各种劝诫及宣传文字。(3)公开演说而非纯属学术性质者。(七)著作权经注册后，其权利人得对于他人翻印仿制或其他方法侵害利益，提起诉讼。(八)冒用他人姓名发行自己著作物者，以侵害他人著作权论。(九)节录引用他人著作以供自己著作之参证注释者，或节选众人著作成书以供普通教科书及参考之用者，若经注明原著作之出处时，不以侵害他人著作权论。(十)关于罚则，本法亦有规定。(第三十三条—三十九条)

【著(著)为令】【史】著为令者，谓因一时之必要，将诏敕标准，确立为令为例，使以后公事均照该令办理也。皇朝政治问答："问何谓著为令，答为令为例也，往往上谕结尾，有此三字，亦交派臣下，以后公事照此办也。”

【著（著）为律】【史】著者标举也，即将前代君主所为是者，标举为刑律，而使后世子孙遵奉之也。史记一杜周传：“周为廷尉，其治大仿张汤，而候伺上所欲挤者，因而陷之，上所欲释者，久系待问，而微见其冤状。客有让周曰，君为天子决平，不循三尺法，专以人主意指为狱，狱者固如是乎？周曰，三尺安出哉？前主为是，著为律，后主所是，疏为令，当时为是，何古之法乎？”

【董（董）事】【民总】Directors 为法人对内执行事务对外代表之常设机关，法律且有明文加以规定（民法第二十七条第一项）。其人数、资格、及任免方法，均由章程或捐助章程订定之，或由社员总会议决之（参民法第四七条、第六二条、及第五〇条内）。如满二人以上者，自得称为董事会。董事之权限：(1)对外代表法人（第二七条第二项）——此项代表权不论法律行为事实行为，均得为之，故与代理人之仅限于法律行为者有别。又董事对外代表有违反限制时，法人对于所加之限制不得对抗善意第三人（同条第三项）。(2)对内执行事务——除由章程订定外，法律有明文者：(a)声请法人登记（第四八条、第六一条、又法人登记规则第四、五条）。(b)声请破产（第三五条第一项）。(c)担任清算（第三七条）。(d)召集通常总会或临时总会（第五一条）。(e)备置财产目录社员名簿（民总施行法第八条）。董事除本条所称者乃为正式董事外，尚有所谓临时董事者，乃指于正式董事不能依章程即时选出时，所选任之临时董事而言，学者又称之曰假董事，其权限与正式董事相同，惟仅系暂时之性质耳。我民法对此虽无明文，然为应事实上之需要，自应解为得以章程加以规定也。

【公】为股份有限公司机关之一，谓代表公司执行一切业务之常设机关也。董事与公司间之法律上关系，学者多谓系一种委任契约之性质。董事之人数，我公司法规定最少须有五人。至其资格如何，我公司法仿法日商法，须就股东中选任之，其当选资格如何，则以章程规定之。他国立法例，德商法则不以股东为限，意比商法则选任时不以股东为限，惟被选后必须取得股东资格方可。董事之选任与解任，其权乃操诸股东会（第一三八条、第一四二条），其报酬亦由股东会定之，任期不得逾三年，但连选者得连任之，如缺额至总数三分之一时，应召集股东临时会补选之（第一四〇条、第一四一条、第一四三条）。董事之权限及义务：(1)代表公司（第一四五条）。(2)办理营业事务（第一四五条）。(3)选任及解任经理（第一四四条）。(4)召集股东会之权。(5)备置簿册文件等书类义务（第一四六条）。(6)遵守竞业禁止义务（第一四五条）。(7)亏本时报告股东会之义务（第一四七条第一项）。(8)声请宣告破产之义务（同条第二项）。(9)依照章程及股东会决议之义务（第一四八条）。此外关于公司对董事提起诉讼时，公司法亦有明文规定。（第一四九条——一五一条）

【落（落）地税银】【史】甲地货物于乙地销售时，于乙地征收税银，是项税银曰落地税银。清之六部处分则例（卷二十三）户属关市篇设有落地税银之条：“直省征收落地税银其在府州县城内者，照旧征收，不得于额外苛索重复收税。若在乡镇村落，则全行禁革，不得假借名色，巧取一文，违者革职治罪。”

【落(落)选】【宪】谓于选举中不能达到法定票数而获得被选之资格也。

【落(落)籍】【史】谓于学籍簿上或官籍簿上，删除去其学籍或官籍也。宋史—陈尧咨传："为考官，教刘几道于卷中密为职号，几道既擢第，事漏，诏落其籍。"明时之娼妓亦有一定之籍，称曰乐籍，若随人为妻妾则解除其籍，亦曰落籍。

【葡(葡)萄牙宪法】【宪】Constitution of Portugal 葡萄牙为欧洲西南部伊伯利安半岛上之一国，西与南均濒大西洋，东与北则与西班牙为界，广三万五千余方哩，人口约六百余万人。于一〇九五年间原为一伯爵国，后渐成为王国，一五八〇年为西班牙所并，六〇年后复行独立。历来因努力于海外之探险，故国势鼎盛，南美巴西及非洲数处均为其殖民之地，人民航海，足迹遍世界，与西班牙共为当时海外殖民地之两大盟主。一八〇七年国王为法帝拿破仑所逐，旋复王位，其后裔因政治不举，遂时起内乱，其殖民地虽多丧失，惟尚存有九十四万方哩，且大于本国二十五倍有余。在一九一〇年革命事起，共和政体成立，于次年八月二十一日公布宪法，共分为七章，都八十七条。第一章政体及领土，第二章人民权利，第三章主权，第一节立法权，第二节行政权，第三节司法权，第四章地方政制，第五章殖民地政制，第六章统治总纲，第七章宪法之修改。至一九三三年三月十九日曾制定新宪法，由全体人民投票通过，现已施行，共分为二编，第一编共十四章，第二编共分七章，末并有附加条款，总计全文有一四二条。第一编基本保障，第一章国家，第二章国民，第三章家庭，第四章公德与经济团体，第五章家庭团体及地方政治组织为国家政治之原素，第六章舆论，第七章关于政治行政与公民事项，第八章关于经济与社会事项，第九章教育教授与国家之文化，第十章国家与天主教及其他宗教之关系，第十一章国家之公共土地权与私人土地权，第十二章国防，第十三章关于公共利益之管理，第十四章国家财政；第二编国家之政治组织，第一章主权，第二章国家元首，第一节共和国大总统之选举与特权，第二节大总统职权，第三节国务院，第三章国会，第一节国会之组织，第二节国会议员，第三节国会职权，第四节国会之职务与法律及议决案之公布，第五节国民大会，第四章政府，第五章法院，第六章地方政制与地方疆界，第七章葡萄牙共和国之殖民地。附加条款有二：(甲)宪法之修改。(乙)暂行条款。兹将新宪法之要点举述于下：(一)葡萄牙共和国为独立自主国家，且为统一与议会制之国家，国民在法律上均为平等，有享受文明国家利益及参与本国行政与立法之权。(二)国家之职权为：(1)提倡公德，维持公共秩序，并使法律所授与个人、家庭、地方政治组织，及公德与经济团体之权利与保障，不受侵害。(2)监督划一及促进社会事业，并应以团体利益为前提，以求达到公共利益之相合。(3)改善社会状况，使贫困者亦得享受人类最低限度之福利。(三)葡萄牙国民资格之获得与丧失由民法规定之。本国国民有生命与身体安全之权利，信仰及宗教仪式有自由不可侵犯之权，有思想自由之权，住宅及书信秘密均不可侵犯，有依法自由选择职业及工作之权，有不受无期徒刑及死刑之判决之权。人民财产有不受没收之权，有集会结社之自由之权。此外人民有向官署申诉与请愿之权。又刑事判决如经证实为错误而须更正时，被告有要求赔偿损失之权。又人民有声请人身保护状之权利。上述各权利遇重大事变时，政府得依法将其一部或全部停止或限制之。(四)家庭为保存与发展民族之基础,在市区则为政治上之小团体,国家应依法保障之,国家与地方政治组织均有保护家庭之责。(五)公德与经济团体之组织应由国家奖励之,是项团体应以研究科学、文学、美术及经济学为目的,并应办理慈善及公益事业。(六)区镇(为最小之自治区)会议代表由各家庭选举之。公德与经济团体为代表人民之组织,在市政会议及省政会议有选举权,并有参与国民大会之权。(七)舆论为地方政治与行政之要素,凡违背正义真理及侵害良好政治与社会之舆论,应由国家禁止之。(八)公务员均为国家服务,应与人民共同服从国家之权威,不得分党,自愿私利,一切职员均应以公共利益为前提,国民均有为国家及地方政治组织服务之义务,并应本合作精神,竭力执行职务。(九)国家之经济组织应以达到最高度生产及造福于社会为目的,并应在公平合作原则上,整理国家与地方之经济关系。国家为使各地方之户口平均及职业企业与劳资状况有平衡之发展,并保障国家经济发展农工商业以求获得人类最大之福利,依据生产需要,改善农工商业之技术管理与信用,以求最低物价及最高工资,并奖励本国人口之增加,制定法律,以保障移民等目的起见,有管理经济与社会组织之权利与义务。(十)国家对于私有经济事业应予奖励并加监督,凡财产资本劳工均为社会要素,应互相团结合作。普通或技术工人应依照其工作性质有组织工会之权,国家所核准之经济团体得订立集团式之劳工合同,在经济关系上,无论资本家或劳工,不得因求获一方面之利益而停止工作。(十一)教育应为强迫,关于教育事项,学校应与家庭合作。国家应设立初级中等高等及文化学院。私立学校应受国家之监督,国家并得补助其不敷之经费。(十二)凡不违反人道伤害风化之宗教仪式均得自由举行,在政治上采取政教分离之原则(惟有例外)。(十三)国家有公共土地权,如矿地、河川、水流、铁路等等是。私人土地在于大陆及邻岛者,除经另由法律规定外,应由财政部管理之。至于美术、历史、天然、碑塔及美术品均应受国家之保护,不得转让与外国人。(十四)国家应组织海陆军,并依法实行征兵制,战时军事组织依法采用全国皆兵之原则,凡人民所组织之团体,以军事训练及爱国为目的者,国家应加奖励及保护之。(十五)国家应厉行建设公共事业,以谋社会之福利,发展国内与海外水运,并使其互相联络。(十六)国家应制定一总预算(各殖民地另各自行制定),以均衡收支为原则,除因经济建设、国防、及救国等项需要经费外,不得借债。(十七)主权属于国家,由国家元首、国会、政府、及法院行使之。(十八)共和国大总统为国家元首,由国民选举之,任期七年,当选者须为本国国民年满三十五岁而享有全部公权与民权者。执行职务时,应向国民直接负责,其职权为任免国务总理及国务员,召集非常国会,解散国会,代表国家监督外交,赦免或减轻刑罪,公布法律与国会之议决案等。所发命令应经有关系之国务员或全体国务员副署之,否则不生效力。(十九)国务院襄助大总统办理国务,由国务总理、国会议长、国民大会议长、最高法院院长、总检察长以及由国家元首所任命素负声誉才学兼优之国民五人组成之。(二十)国会由国民直接选出之议员九十人组织之,议员任期四年,不得同时充任国民大会代表,在执行职权时其言论与投票及身体不受任何侵犯。国会之职权如制定及解释停止与撤销法律,制定每年度预算,审计每年收支,授权政府征收赋税,筹借外债,发行公债,授权国家元首宣战与媾和,于紧急时宣布戒严令,以及划定国境界线及颁发大赦令等皆是。于每年开会三个月(一月十日起),法律案经通过后,应即咨由大总统于十五日内公布之。大总统有否决之权,惟经复议而有法定人数三分二以上之通过时,即视为法律,大总统即应公布之,不得加以拒绝。(二十一)国民大会由地方政治组织及社会各界之代表组织之,有管理行政、公德、文化及经济等事项之权,其代表名额分配与任期,均由法律规定之,对于国会,得以书面向其提出法律案,大会之常会会期应与国会同(必要时得延长之)。有关系之国务员或其代表得在大会参加讨论法律案,大会之开会不得公开为之。(二十二)政府由国务总理及各部部长组织之。国各总理由大总统任免之,得同时兼任一部部长及数部部长之职。各部部长及副部长应由国务总理提出由大总统任命之。国务总理应对大总统负责,各部长则应对国务总理负责。国家元首或国务总理得召集国务会议,各部部长对于政务、民事或刑事,应各自负责,并应由普通法院审判之。(二十三)司法权由普通法院及特别法院行使之。普通法院,为最高法院,大陆与邻岛及殖民地司法区域之高等法院,并国家行政区域之初级法院如各市依法所设之法官,及其他之治安法官。特别法院则为审判有关风化,破坏社会或国家之治安等罪状之司法机关。此外总检察长,高等法院检察官,初级法院检察官之代理人,以及依法受任为特别法院之检察官,亦应与法院共同行使司法权。法官为终身职,不得兼任有俸职,审判时以公开为原则。(二十四)大陆土地应划分为省、市、区、镇,利司本(京都)及海港之土地亦划分为区,邻岛之土地与政制等依特别法定之。地方行政机关由省、市、区、镇各项行政机关组织之,依法得自行管理其政务。又依行政法得解散之,惟于解散后九十日内应举行选举,在当选人未选出前,应由政府任命行政委员会代行被解散机关之职权。(二十五)殖民法规依本宪法之规定修正后公布之。(二十六)本宪法由国会于每十年修改之,惟有特别情形时,国会得于第五年经三分二议员之通过时,提出修改。但自该日起仍应距隔十年,始可再行提出第二次修改。此外国家元首为公共利益起见,经国务院之同意,得咨请国会修改宪法。此项咨文应由各部部长副署之。(二十七)暂行条款(第一、三五——四二条)从略。

【虞】【史】为古代之官名,掌山泽之材。书经—舜典:“汝作朕虞。”周礼—天官大宰之属,虞衡作山泽之材。

【虞官】【史】掌山泽之官。诗经—秦谱:“舜命作虞官,掌上下草木鸟兽。”

【虞衡】【史】虞衡为掌山泽之官,在舜时称曰虞,命伯益为虞。周代谓之虞衡,周及汉分虞衡为二职,魏晋以来,始概称为虞曹虞部,隋以后虞部属于工部尚书,掌天下之山泽之事(置郎中一人,员外郎一人,主事一人),宋因之,明改为虞衡司,掌山泽探捕陶冶之事,清末始废。

【号(號)军】【史】明制,科举考验时,其试场中所设之看守军役,而司防止抢替传递之事者曰号军。明史选举志:“试士之所,谓之贡院,诸生席舍,谓之号房,人一军守之,谓之号军。”

【蜀杂制敕】【史】计三卷,撰人不可考,事见宋史艺文志刑法类,为五代蜀国之法典之一种。

【衙役滋事】【史】衙门吏役每无故滋生事端，致酿成人命事件，该管地方官均应处分。清之六部处分则例（卷十五）吏属书役编设有衙役滋事之条："地方官故纵衙役滋事者，革职。地方官所差衙役，于例应拘提之犯，有因索诈使费，教串供词，私用非刑拷逼致死者，失察之该管官降二级调用，未经致死者，降一级调用；若并未用刑拷逼，而正犯及该犯家属有因凌逼吓诈情急自尽者，失察之该管官亦降二级调用。其但因斗殴口角别项滋事，致酿人命，无论奉差不奉差，将失察之该管官降一级调用，未酿命者，降一级留任。"又："凡衙役致死人命致酿人命之案，地方官虽咎止失察，俱应照例议处，该督抚随案附参，不得以访拿究办为词，冀邀宽免，若但滋事而无人命，地方官能自行查出究办者，仍准免议。"又："人犯到案，地方官务先查验，有无拷逼伤痕，如有痕据，即将该差役讯明治罪，若不行查验，别经发觉，降三级调用。"又："衙役借差滋事，以致被人殴毙者，地方官降一级留任；如奉差办公，并未滋事，以及本身私事被人殴毙者，地方官俱免议。嗣后书差勒索平民，及例应拘提之案索诈得赃，致毙人命，拷打致死，犯应绞决。如本管官知情徇隐者，革职提问；未经致死，知情徇隐者，降三级调用私罪等因，咸丰五年五月十一日准咨。"

【衙门】【史】衙门为牙门之误。古营门所立之旗，两边绘刻牙状，谓之牙旗，因名营门曰牙门，凡听命令者必至牙门之下，其后由军旅而渐移称于朝署。一说刻木为牙立于门侧，以象兽牙，故称牙门。清代称中央官厅曰在京衙门，地方官厅曰在外衙门，中央及地方各官厅总称曰中外大小衙门，有审判权之官厅则曰问刑衙门。（清会典吏部）

【衙署被窃】【史】谓政府衙门公署等失窃也。清律及例之规定如下：（一）贼匪偷窃衙署服物者：(1)罪应拟绞，依律定拟，其余不论初犯再犯，赃数多寡，改发云贵两广极边烟瘴充军（仍分别首从问拟）。(2)其已行而未得财者，则照盗仓库钱粮未得财例，徒三年（亦仍分别首从问拟）。（二）有关仓库钱粮失窃者，失事之员照例扣限四个月题参疏防。（三）行窃署中衣物者，如赃未满贯，承缉官扣限六个月查参，初参罚俸六个月，再限一年缉拿，限满不获者，罚俸一年；如赃已满贯，承缉官扣限六个月查参，初参罚俸一年，再限一年缉拿，限满不获者，罚俸二年。（四）管辖兵民之地方官衙署被窃，无论赃数已未满贯，均再罚俸一年。（五）粮船被窃，地方官处分准用上列各规定。

【里（裏）行】【史】官名，始于唐太宗之时，为监察御史之属，宋代废之。事物纪原（卷五）："唐太宗初置此官，自马周始也。初马周以布衣任事，诏令于监察御史里行，遂以名官。旧唐书志云，贞观初也。龙朔元年八月，以王本立为监察里行。唐会要，以谓里行之名始于此，非也。六典亦云，始于马周。宋朝行官制始省之。续事始曰，太宗时，疑未以名官，自高宗始命名云。"

【里（裏）书】【票】Indorsement　为日本名辞，与我国所称之背书同一意义。

【里（裏）书让渡人】【票】Assignor of indorsement; Indorser　为日本名辞，即

我国所称之背书让与人也。

【补(補)正】【民诉】Beseitigung des Mangels(德)　诉讼当事人之诉讼行为于形式上不合法(即欠缺法定要件)时,依法在原则上乃属无效,法律许其于一定期限内速行修补更正,是曰补正。

【补(補)正解释】【通】Interpretatio Critica(拉丁)　为论理解释之一种,与扩张解释缩小解释相对称,又名更正解释。谓因明知条文错误,乃依法意加以更正之解释也。

【补(補)充判决】【民诉】Supplementary judgement　依民诉第二百二十四条规定,主请求、从请求,有诉讼费用之全部或一部判决,有脱漏者,法院应依当事人声请,再为判决,此种判决为补充判决。声请补充判决,应以书状为之,但在简易程序得用言词声请。又声请补充判决,应于判决送达后十日内为之。

【补(補)充命令】【宪】Supplemental order; Order of recruit　又名执行命令。(详该本条)

【补(補)充法】【通】Law of recruit　为任意法之别称,以其为补充当事人之意思之未能周到时而设者也。

【补(補)充送达】【民诉】Supplementary delivery　凡送达之不能向本人为之,而对于与本人有关系之人所为之送达,称曰补充送达。

【补(補)充规定】【民总】Supplementary provision of law　为任意规定之一,对解释规定言。即于当事人无特别之意思表示时,法律上所为补充其意思之规定也。

【补(補)充陈述】【民诉】Supplementary statement　民诉第二百四十六条第一款有关于诉讼当事人不变更诉讼标的,而补充事实上或法律上之陈述之明文,此种陈述谓之补充陈述,即对于陈述未尽时,由当事人再加以补充之谓。

【补(補)充登记】【民总】Registration of the recruitment　为法人登记之一种。即法人于登记后有新起应行登记之事项时,所为之登记也。违者亦不得以其事项对抗第三人。(民法第二一一条)

【补(補)充权】【票】Right of filling the blanks　谓特定受票人对空白票据享有记载票据要件之全部或一部之权利也。补充权亦得移转(故为财产权)。然发票人对该补充权之善意让受人,不得与之对抗。关于空白票据补充时,其效力是否溯及发行之时,一般学者多谓除有特别明文外,仍以不能溯及为当,应以补充完成时始生效力,然亦有持反对说者。

【补(補)行出版】【债】Republication　依民法第五百二十六条规定,印刷完毕之出版物,在发行前因不可抗力致全部或一部灭失者,出版人得以自己之费用,就灭失之出版物补行出版,此与再版之性质不同。因出版物灭失,出版人并未获得利益,所以补行出版时,对于出版权授与人,不须补给报酬。但瑞士债务法则规定,出版人无须过大之费用时,对于灭失之部分负补行出版之义务。然我民法既

无是项规定，故不能采同一之解释。（瑞债第三九一条二项）

【补（補）助占有】【物】又称他主占有（详该本条），又曰指示占有（详该本条），或称扩充占有。

【补（補）助行为】【民总】Subsidiary act 为法律行为之一，对独立行为言。即无独立之实质及内容，而仅为他行为发生效力之条件之法律行为。易言之，即其行为自身仅为完成他种法律行为之条件之谓也。例如婚姻乃独立行为，而允许及同意则为补助行为。

【补（補）助货币】【债】Auxiliary coin 又曰辅币。（详该本条）

【补（補）助费】【行】Subsidies 国家对于公共团体私法人或营造物，或公共团体对于私法人或营造物，或中央政府对于地方政府，所支付为一定事业之津贴金额，曰补助费。

【补（補）助机关】【行】Auxiliary organ 对行政官署以辅助其执行职务为目的而增设之机关，曰补助机关，如副长、次官、局长等皆是。

【补（補）足金】【债】Supply money 谓于互易时，当事人之一方约定与金钱以外之财产权同为移转之金额。换言之，即于互易时，一方约定以补充差额所交付之金钱也。民法规定应准用关于买卖价金之规定。（第三九九条）

【补（補）刺】【史】刺字为刑之一种，凡妄自消除所刺者，除处以杖刑之外，且补其旧痕以明其刺字，是曰补刺。明律（卷十八）、清律（卷二十五）刑律贼盗篇均设有起除刺字之条："有起除原刺字样者，杖六十，补刺。"

【补（補）约】【国公】Supplementary treaty 又称续约。（详该本条）

【补（補）班】【史】班者，即补任者之种类属分也；补者，补任也。（参授官条内）

【补（補）缺】【行】官吏额数不足曰缺，充补其定数曰补缺。

【补（補）缺选举】【宪】By-election 议员出缺时所举行关于补充该项缺额之选举，谓之补缺选举，各国宪法或选举法中皆有明文加以规定。

【补（補）疑狱集】【史】为明张景所增撰，计六卷，共一八二条，所记皆平反冤滥，抉摘奸慝之事。（参疑狱集条）

【补（補）笺】【票】Allonge 通常文书所附之其他纸张，以为增益之用者，皆曰补笺。（详票据黏单条）

【补（補）偿地价】【土】Compensation for price of land 所谓补偿地价，乃指土地因被征收所应得之补偿金额而言。即土地定著物应受补偿之价值，亦包括在内。补偿地价系由需用土地人负担，但须缴交于主管地政机关，由其交付被征收之土地所有权人，以清手续。关于补偿地价之估计方法：（一）被征收土地，其所有权已经登记而未转卖者，照申报地价额补偿之。其已经转卖者，照已登记之最后卖价补偿之。（二）被征收土地如未经依法申报地价，其补偿地价额，应由主管地政机关估定之。（参第三七二—三八〇条）

【补（補）偿金】【行】Sum of indemnity 补偿金者，谓政府对于土地征收时所给予土地所有人以所生损失之填补金额也。

【补(補)偿关系】【票】所谓补偿,乃指汇票或支票上付款人或承兑人为发票人或其他资金义务人代行付款后,始向其请求补偿一定资金而言。此种关系,乃称补偿关系。

【补(補)阙】【史】官名,掌讽谏天子以补其过失之官也。唐垂拱年间,置左右补阙及左右拾遗等官,宋始改为司谏正官。(参大学衍义补卷八)

【装(裝)卸期间】【海】Time allowed for loading and unloading 谓装卸货物与卸载货物之一定期间也。以船舶之全部或一部供运送者,其装载期间以托运人接到船舶准备装货通知之翌日起算,卸载期间以受货人依照契约应开始卸货时之翌日起算。无约定时装卸期间及其起算,从各地之习惯(上述装卸期间休假日概不算入)。装载或卸载超过装卸期间者,运送人得按其超过之日期,请求相当损害赔偿(上述之超过装卸期间休假日亦算入之)。装卸期间仅遇装卸不可能之日,始不算入,超过装卸期间虽遇有不可抗力时亦算入之。(海商法第八三—八四条)

【装(裝)卸费用】【海】Expense for loading and unloading 谓货物运送中装载及卸载时所需之费用也。凡以船舶之全部供运送时,托运人于发航前得解除契约,但应支付运费三分之一。如托运人已装载积货之全部或一部者,并应负担装卸之费用。(海商法第七五条)

【装(裝)送】【史】谓女子出嫁时赠付妆奁也。在法律上,乃属出嫁女子之特有财产。后汉书—鲍宣传:"宣尝就少君父学,父奇其清苦,故以女妻之,装送资贿甚盛。"

【装(裝)载港】【海】Port of loading 装载港者,谓货物托运人交付运送人装载时之港口也。装载港之名应于载货证券中记载之。

【装(裝)诬】【史】谓捏造事实以诬告也。明律(卷八)、清律(卷十二)户律课程篇——盐法之条:"装诬平人者加三等。"

【解(解)元】【史】解试合格之最优等者(即第一名),曰解元,又曰解头(此为宋制,明清称之曰乡试)。解试及格者解送参与省试(此为宋制,明清称之曰会试)。

【解(解)文】【通】Document for forwarding in escort 行政机关或司法机关,缴解款项或人犯时所制作而使缴解人随带之文书,为解文。

【解(解)火狱】【史】宋仁宗时,禁中失火,滕宗谅上疏谏曰:"伏见掖庭遗烬,延炽宫闼,虽沿人事,实系天时,宜急下明旨,引咎涤瑕,而诏狱未释,鞫讯尚严,恐违上天垂戒之意,累两宫好生之德,且妇人柔弱,箠楚之下,何求不可,万一怀冤,足累和气。"仁宗闻奏,下诏罢狱,谓之解火狱。(宋史—滕宗谅传)

【解(解)犯中途自尽】【史】解犯中途自尽,谓在途中押解递送之罪犯,自杀而致毙命也。清之六部处分则例(卷四十六)刑属提解篇设有解犯中途自尽之条:"各省秋审发回监候及他省递解人犯,如罪应斩绞并问发新疆,及由新疆改发内地之逃遣已被拿获,例应正法人犯,系少差解役,未加肘锁,以致中途自尽者,该管州县官降一级调用。系多差解役,已加肘锁自尽者,降一级留任。如遣军流徒等犯系少差解役,未加肘锁,以致中途自尽者,该管州县官,降一级留任。系多差解役,已加肘锁,自尽者,罚俸一年。”

【解(觧)犯中途脱逃】【史】解犯中途脱逃,谓在押解递送中之人犯,于解送中途脱走逃亡也。清之六部处分则例(卷四十六)刑属提解篇设有解犯中途脱逃之条:“决不待时重犯,中途脱逃,系少差解役,未加肘锁者,该管官革职。系多差解役已加肘锁者,该管官革职留任,限一年缉拿,限内拿获,准其开复,不获即行革任。斩绞监候重犯中途脱逃,系少差解役,未加肘锁者,该管官降一级调用。系多差解役,已加肘锁者,该管官降一级留任,限一年缉拿,限内拿获,准其开复,不获,照所降之级调用。发遣新疆等处重犯(此指脱逃拿获例应正法者而言)中途脱途,系少解差役,未加肘锁者,该管官降一级留任,限一年缉拿,限内拿获,准其开复,不获,照所降之级调用。系多差解役,已加肘锁者,该管官罚俸一年,限一年缉拿,限满不获,降一级留任,逃犯照案缉拿。寻常遣罪(脱逃拿获例应正法)及军流以下人犯中途脱逃,系少差解役,未加肘锁者,该管官罚俸一年。系多差解役,已加肘锁者,该管官罚俸六个月,逃犯照案缉拿。其迟回原籍收管之人,中途脱逃,该管官罚俸三个月。”又:“凡解省覆审及邻境归案审办之未定罪名人犯,中途脱逃,除供证确凿,罪无可疑者,即据实声明,按其应得罪名照前例议处。若供证未确,罪难悬拟者,亦于文内声明,先照军流以下人犯脱逃例分别多差解役少差解役议处,令其照案缉拿,俟日后获犯审明,如罪应军流以下无庸改议,傥罪应军流以上,即改照本例议处,将原议之案查销。”又:“该管上司遇所属解犯脱逃之案,州县官应革职者,府州降一级调用,道员降一级留任,臬司罚俸一年,督抚罚俸六个月。州县官应革职留任者,府州降一级留任,限一年督缉,限内拿获,准其开复,不获,照所降之级调用,道员罚俸一年,臬司罚俸六个月,督抚罚俸三个月。州县官应降调者,府州降一级留任,道员罚俸一年,臬司罚俸六个月。州县官应降留者,府州罚俸一年,道员罚俸六个月,臬司罚俸三个月。州县官应罚俸一年者,府州罚俸三个月,州县官应罚俸六个月者,府州罚俸一个月。如属员限于内获犯,例得开复,其上司应得处分亦一体准其开复,若职名尚未送部,亦予宽免。”又:“凡解犯脱逃之案,州县府州例应降级调用者,如无级可抵,即令离任,若有级可抵,本身不致离任之员,系州县府州,限一年缉拿,限内拿获者免议,限满不获,罚俸一年,逃犯照案缉拿;系该管府州,仍限一年督缉,限内拿获者免议,限满不获,亦罚俸一年,逃犯照案缉拿。”又:“自发遣新疆以上重罪人犯,中途脱逃,该州县或因本案降革,或别有事故,未届限满离任者,逃犯交与接任官,限一年缉拿,限满不获,罚俸一年,逃犯照案缉拿。”又:“斩绞重犯中途脱逃,果系依法管解,偶至疏失,佥差(即原解官)护解(即添解官)各官能于限内全获,题请开复,限满不获,照例议以降革完结,毋庸治罪。若审系解役受贿故纵者,即概行革职治罪。至军流等犯脱逃,如有解役受贿纵放情事,仍照失察书役犯赃例议处。”又:“解役与犯同逃,即照逃犯应得罪名,一体限缉议处。若犯人并未疏失而解役有代替潜回等事,将佥差官罚俸六个月。”又:“凡各项起解人犯递至邻境,未交之先,途路脱逃者,将原佥差之地方官议处。若已交与邻境州县脱逃者,将邻境州县官议处,原佥差官免议。”

【解(觧)犯生事】【史】谓在递解中之犯人,无故滋生事端也。清例设有明文加以规定。至于解役不法,滋生事端,亦有明文。兹一并举述于下:(一)解犯经过处所,辱官诈财生事,不法解犯原拟斩罪免死减等人犯,照原犯斩罪正法示众,平常发遣人犯,俱照徒流人又犯罪律治罪,地方官隐匿不报,降三级调用,上司未经察出,罚俸一年,已经申报免议,司道府不行申转,降二级调用,督抚据报不行查办,降一级调用。(二)解役——(甲)教唆人犯通同抢夺,照白昼抢夺律治罪。(乙)擅加杻镣,非法乱打,搜检财物,剥脱衣服,逼致死伤,买求杀害,除实犯死罪外,徒罪以上俱枷号两个月,发烟瘴充军。(丙)奸污犯人妻女,依奸囚妇律徒三年。(三)递解人犯并随行亲属中途患病,解役报明所在官司验明,出具印结,留养医治。(四)未经取结,或不行留养,以致病故者,解役一名徒一年,二名徒一年半,三名徒二年,四名徒二年半,五名徒三年为止。地方官一名二名罚俸一年,三名四名降一级留任,五名六名以上降一级调用(取结后犯人身死,及本犯自愿前进者,官役俱免议)。

【解(觧)犯病毙】【史】各项人犯由甲处押解至乙处时,应审视其是否患病,若冒然将该带病人犯押解起行,以致中途毙命者,该管官司应依本条予以处分。清之六部处分则例(卷四十七)刑属审断篇上设有解犯病毙之条:"承审州县及审转之府州司道,将人犯带病起解,以致中途病毙,一二名者罚俸一年,三四名者降一级留任,五六名以上者降一级调用。"

【解(觧)犯迟延】【史】解送犯人起解迟延,或在解途中迟延也。清例之规定列举于下:(一)徒流军遣并迁徒各处人犯,俱以文到日为始,定限一个月起解,如人犯众多,每五名作一起,先后解送,每日限行五十里。(二)遣军流犯以初次接奉行知其详情咨牌,并后次接奉咨牌,至备文起解扣除程途,统以一月为限,逾限不解,地方官降一级调用,上司未经行催罚俸六个月。(三)徒犯于奉到行知批发定地之日,即行按限起解,逾限不解,地方官降一级调用,上司未经行催,罚俸六个月。

【解(觧)由】【史】宋制,官吏赴任时所携带之证明书,称曰解由。

【解(觧)任】【史】官吏犯罪于讯问审理中,暂将其职务解除(停止)者曰解任,与今法所谓之停止职务相同。六部成语注解:"官员犯罪,应行传讯,则暂停其职守。"

【解(觧)任人员分别开缺】【史】谓被解除职官之任之人员应革职审讯者,即行开缺。应解任质讯者,则不开缺,俟定案报部,再行办理。清之六部处分则例(卷三)吏属升选篇设有解任人员分别开缺之条:"外任各官,遇有应行查讯事件,系革职审讯者,即行开缺。系解任质讯者,无论远赴别省,及提解来京,俱不开缺。其在京各衙门现在人员,有应解任赴外省实讯者,亦不开缺,统俟定案报郡,再行核办。其有解任质讯在先,而续请革职审讯者,即以奉旨革审之日开缺。"

【解(觧)任状】【国公】凡本国派往外国之外交官,如大使、公使、代理公使、驻办公使等,如于必要时欲加以撤回者,应先由本国元首依国际间之礼仪制定公文一件,送往驻扎国之元首,叙明撤回该外交官之原因,同时表示谢意。此种公文,称曰解任状。

【解(解)任状答书】【国公】凡派往外国之外交官,其本国如须撤回时,既须依国际之礼仪送达解任状于驻扎国之元首,则驻扎国之元首,于接到解任状后,亦须依国际之礼仪,回文一件,叙述该外交官任内之劳绩,并致敬意。此项回文称曰解任状答书。

【解(解)侍】【史】父母老疾(唐律以八十以上者曰老,笃疾者曰疾),为子者不得委亲他往,即任官者亦应将其职务辞却,归家侍奉。如有不得已之事故,且须向上官呈报,谓之请解侍。唐律(卷三)名例篇——府号官称之条疏议曰:"亲后老疾,不请解侍,并科违令之罪。"

【解(解)卷违延】【史】谓将乡试中式硃墨卷解送到部,违限迟延也。在十日以上者,应予处分。清之六部处分则例(卷二十九)礼属科场篇设有解卷违延之条:"直省布政使顺天府官,将乡试中式硃墨卷解部磨勘,违限十日以上者,罚俸一年。"

【解(解)官】【史】官吏逢父母丧时,辞却现职而服丧,称曰解官。唐律(卷二十五)诈伪篇——父母死言余丧之条:"诸父母死,应解官,诈言余丧,不解者,徒二年半。"

【解(解)放】【国公】Liberation 交战国之一方对所捕获之俘虏停止其羁留,而使其消灭为俘虏之资格,谓之解放。有无条件加以解放者,亦有令其宣誓后而加以解放者,更有以交换被对方所捕获之俘虏而解放之者。

【解(解)约】【债】Disolution of contract 为解除契约之简称。

【解(解)剖尸体规则】【行】本规则公布于民国十七年三月十五日,全文计有十三条,自公布日施行。凡大学院(今曰教育部)设立或认可之专门医学校,暨经地方行政官署认为组织完备之地方医院,因研究学术之必要,得依本规则之规定执行解剖尸体。兹将本规则之要点胪举于下:(一)付解剖之尸体以下列各款为限:(甲)为研究病源,须剖视其患部之病死体。(乙)非经解剖,不能确知其致命之由之变死体。(丙)愿供学术研究,以遗嘱付解剖之死体。(丁)无人收领之刑死体,及监狱中之病死体或变死体。(甲)款及(丙)款之尸体付解剖时,须得其亲属之同意,并呈准该管地方行政官署。(乙)款之尸体由该管官署付解剖时,该官署应发给凭照,由其亲属请付解剖时,亦须呈准该管地方行政官署。(丁)款之尸体,由司法官署交付解剖,及医校或医院请领解剖者,该司法官署均应给发凭照。(二)经解剖之尸体除上述(甲)款及(丙)款所载者须得该亲属之同意始得酌留标本外,余如(丁)款所载之尸体在医术上认为必要时,得酌留该尸体之数部或一部以作标本,但须报原司法官署备案。(三)经解剖之尸体除留作标本之一部或数部外,能缝合者,须为之缝合,其不能缝合者,应凑集装置,以便埋葬,如有亲属者,还其亲属,无亲属者应由执行解剖之医校或医院埋葬之。如系传染病者,则得付火化,(遗灰仍应装置埋葬)并加以标识。(四)为慎重及备查起见,执行解剖之医校或医院,应立解剖登记簿,载明一定事项,(第十一条)于每届年终造册,向该管地方行政官署汇呈核明,转报内政部备案。其由司法官署发给凭证者,应于每月检同原凭照,呈报该管地方行政官署备案。

【解(解)员失误迟延】【史】谓批解银两漕粮等物之人员,中途遗失误事或迟延也。原委之官员应受处分。清之六部处分则例(卷二十六)户属解支篇设有解员失误之条:"直省批解银两漕粮颜料等项,该官司道府不委现任官解送,滥委废员匪人,以致中途失误者,将原委之员罚俸六个月,侵欺潜逃者,原委之员降一级留任,傥并未委员,于批内填委员者,罚俸一年。"又:"官员奉上司委解各项差使,借病推委规避者,革职。"又:"解员起程迟延,逾限一月以上者,罚俸一年,督催之上司罚俸六个月。"又:"解员沿途停搁,不关阻风守冻患病等事者,罚奉一年。"又:"解员到部稽迟,未及一月,所交款项照数全完者,免其议处。逾限一月,以罚俸一年,若中途乾没,交纳短少者,革职治罪。"

【解(觧)纳官物】【史】谓解送及缴纳所供应之物于官也。大明令户令篇——设有解纳官物之条。其原文曰:"凡各处解纳一应官物,除缎匹必须经手局官头目管解外,据军需布货等物,本处民人止令送物到县,如物数多,本县限令七日内辨验交收在官,随即省会人户回家,毋得生事刁蹬,官府应辨夫力,差有职役人员管解至本府,各府亦依前限验收转,解赴行省,其行省差有职役人员,一同各府解物人,通行数解赴都省。所据各处官司置立勘合文簿,凡遇解物,应合差夫,并拨船只,验物多寡,书填名数差遣,并不差拨原纳物里长人户送纳,违者俱以不应论罪。"

【解(觧)送】【刑诉】Escort 将囚人或刑事被告人由甲地移送乙地,或由甲法院移送乙法院,称曰解送。

【解(觧)送状】【刑诉】解送囚人或刑事被告人时,由发送官署所作成之特定书状,而递送于收受解送之官署也。

【解(觧)送马匹】【史】所谓解送马匹,乃指押解递送军营所用之马匹而言。如倒毙三匹以上均须分别受处分。清之六部处分则例(卷三十六)兵属马政篇设有解送马匹之条:"凡解送军营马匹,每百匹准其倒毙三匹,如倒毙四匹五匹者,罚俸六个月,六匹七匹者罚俸一年,八匹九匹十匹者降一级留任,十一匹十二匹者,降一级调用,十三匹十四匹者降二级调用,十五匹以上者降三级调用,二十匹以上者革职,三十匹以上者革职治罪,其总理督解之员,合计督解总数,按其分数多寡,亦照此例议处。"

【解(觧)送钱粮】【史】谓将所征收之钱粮依例解送于一定之机关也。清例设有明文,兹举述之于下:(一)解司银两无论元宝及十两小锭,均令于锭面钻凿年月州县银匠姓名,以凭稽核。(二)官员将不应起解钱粮违例起解,罚俸一年,官员将应解本色钱粮误解折色,降一级调用。(三)钱粮未解,申报已解,州县官降二级调用,府州罚俸一年。(四)失查银匠搀和铅沙,州县官降三级调用,府州罚俸一年。(五)起解银不足色,州县官降一级调用,府州罚俸六个月。

【解(觧)除】【债】Rescission 即契约解除之谓也(参契约之解除条)。解除与废除不同之点有二:(1)废除即终止契约之谓,解除有溯及力,废除则否。(2)废除无回复契约前原状之义务,解除则有此项效力。解除与撤销不同之点有四:(1)撤销系以表意人之无能力,意思表示之有瑕疵,或债务人之诈害为原因,解除则除各契约特别规定原因外,均以履行迟延及给付不能为原因。(2)撤销就一切法律行为均得为之，解除仅限于债权契约。(3)撤销仅有法定撤销权无约定撤销权，解除有法定与约定二种。(4)撤销及解除均有溯及效力，但撤销时之偿还义务不依解除之回复原状的规定，而应依不当得利之规定，解除则常发生回复原状及损害赔偿之债务。解除与撤回差异之点有五：(1)撤回仅有法定一种，解除则有法定与约定二种。(2)撤回就一般法律行为均得为之，解除则限于契约。(3)撤回无溯及力，不生回复原状义务，解除则反是。(4)撤回之原因即在于该行为之本身，非别有事实为其原因，解除与此不同。(5)撤回乃就未生效力之法律行为为之，解除则否。解除与解除条件亦有下列二项异点：(1)解除仅以债权契约为限，解除条件则不以此为限。(2)解除条件之成就以条件成就时起失其效力，即以不溯既往为原则，解除则有溯及力。

【解(解)除婚约】【亲】Dissolution of engagement (详婚约条内)

【解(解)除条件】【民总】Condition subsequent 为条件之一种，对停止条件言。谓法律行为之效力消灭，系于不确定之事实之意思表示也。易言之，即限制法律行为效力之消灭之条件也。凡附此条件之法律行为，一俟该条件成就时，法律行为之效力即行消灭。例如甲对乙曰："君之债务即日免除，但不得与丙同居，如有同居(条件)事实，债务仍行恢复"是。我国民法第九九条第二项规定：附解除条件之法律行为，于条件成就时失其效力。但当事人有特约者依其特约。(第三项)

【解(解)除权】【债】Right of rescission 即当事人一造行使契约或法律规定所赋与以除去契约效力之权利也。乃形成权之一种。其为契约所保留者，曰约定解除权，其为法律所规定而发生者，曰法定解除权。解除权行使之方法，民法定明须向地方当事人以意思表示为之，若当事人一方有数人时，基于解除权不可分之原则，解除之意思表示应由其全体或向其全体为之。为避免法律关系趋于复杂起见，解除契约之意思表示不得撤销(第二五八条)。关于解除权行使之期间，民法亦规定凡未定有期间者，他方当事人得定相当期限催告解除权人于期限内确答是否解除，如逾期未受解除之通知，解除权即消灭(第二五七条)。至于定有期间者，自仅得于期间内行使，是固当然之理也。又解除权之消灭，民法规定有解除权人因可归责于自己之事由，致其所受领之给付物有毁损灭失或其他情形不能返还者，解除权消灭，因加工或改造将受领之给付物变其种类者亦同(第二六二条)。此外如抛弃及行使亦为消灭之原因。

【解(解)除权之保留】【债】Reservation of the right of rescission 又名约定解除权。(详该本条)

【解(解)勘】【史】清制，凡拟判之重罪犯人，须解向上级审判机关，逐层或分别审勘，谓之解勘，例如斩绞人犯须解省，经由院司分别审勘是。

【解(解)脱】【史】囚人破狱脱走，谓之解脱，即今法之所称脱逃也。唐律(卷二十九)断狱篇，设有与囚金刃解脱之条。

【解(解)散】【民总】Dissolution 为法人因有解散原因发生而使丧失权利能力之确定的状态也。其解散原因：(甲)关于社团法人与财团法人共通者有四：(1)因违反许可条件，而受许可之撤销者（民法第三四条）。(2)因宣告破产者（第三五条）。(3)因其目的或行为违反法律或公序良俗者（第三六条）。(4)由于章程或捐助章程所订定之解散原因发生者。（乙）关于社团独有者有三：(1)社团之事务无从依章程所定进行者（第五八条）。(2)经总会法定人数可决者（第五七条）。(3)社员缺亡（当然的）减至所定数即应解散者（公司法定）。（丙）关于财团法人所独有者，为因情事变更致目的不能达到者（第六五条）。至法人解散后仍存续为法人，直至清算终结止，此时之法人名为清算法人。解散后，除清偿债务外，其剩余财产之归属应依其章程之规定或总会之决议，如无规定或决议时，则应归属于法人住所所在地之地方自治团体。（第四四条）

【公】（详无限公司，两合公司，股份有限公司及股份两合公司各条内）

【宪】（参不信任投票条内）

【解（解）散权】【宪】国家一定之机关对于非法之集会结社享有解散之权限，是曰解散权。所谓一定机关，因各国之立法例而有异致。有谓系指法院而言者，有谓系指行政官署而言者，更有谓系指警察官署而言者。

【解（解）试】【史】宋代科举最初之考试也，与明清之乡试同。（参解元条内）

【解（解）雇】【劳】Rescission of hire of service　所谓解雇，乃指雇主与被雇者，解除其已成立之雇佣契约而言。按解雇时须有相当理由，否则，无过失一方得请求赔偿。

【解（解）职】【行】Dismissal　解除一定之职务，称曰解职，与免职相似。

【解（解）释】【通】Interpretation　所谓解释，乃指确定法则之真正意义而言，又称法之解释。此项解释，乃专对成文法之解释而设，故法律之解释，须遵守下列各规则：(一)法之解释，先文理解释后论理解释。(二)文理解释与论理解释有抵触时，则从论理解释。(三)法律之文字当从其制定之用例而解释之。(四)法律之文字须与其法律全文关联而解释之，不可断章取义。(五)法律之文字当于通常之意义解释之。(六)法律之例外规定当以严密方法解释之。(七)刑法或使人负义务之法律，亦当严密解释之。至解释之种类可分为：(一)有权解释。(二)学理解释。

【解（解）释刑法学】【刑】为刑法学之一，对比较刑法学解释刑法学言。即以研究一国之现行刑法，分条探讨，以得其立法原则及适用为目的之刑法学，通常之刑法学乃指此而言。

【解（解）释法】【通】又曰解释规定。（详该本条）

【解（解）释规定】【民总】Interpretated provision of law　为任意规定之一，对补充规定言。即当事人之意思表示不明时，法律上所为解释其意思之规定也。

【试（試）行和解】【民诉】Attempting for compromise　依民诉第三百七十条之规定，法院不问诉讼程度如何，得于言词辩论，或使受命推事，或受托推事，试行和解。故法院于言词辩论，得随时相机劝谕两造当事人互相让步，使其停止争执，但言词辩论终结后，欲试行和解者，则应再开辩论为之。

【试（試）卷】【行】考试时之答卷，谓之试卷。

【试(試)官】【史】科举时之考官曰试官,始于唐武则天之时。事物纪原(卷四):“职林曰,唐武后天授二年,凡举人无贤不肖咸加擢拜,大置试官,则官之有试,自唐始也。谓之试,取尚书明试以功之意。唐会要曰,天授二年二月十五日,十道使举人王山辉并授试官,试官自此始也。又曰,检校、试官,皆神龙以后有之。”

【试(試)差回京逾限】【史】试差即特别往各省主持考试之主考官员也。应于考试结束后遵限回京,违者依例议处。清之六部处分则例(卷二十九)礼属科场篇设有试差回京之条:“各省主考官出闱之后,即遵限回京,不得任意迟延,如有患病事故,照例取具地方官印结报部存案,若无故不即回京者,各该衙门查参照赴任违限例议处。”

【试(試)署】【行】高级官署任用简任职荐任职及委任职之公务员,不即使其实授而先使其试行署理者,为试署。例如政府任用荐任职之县长,不即使其署理,而先使其试行署理县长职务是。按公务员任用法之规定,公务员任用之程序分为试署与实授,试署满一年者始得实授。

【试(試)录】【史】科举时代,每于乡试或会试完竣后,将及第者之籍贯姓名及其文章之雅驯者,印刷成录,进呈皇上,谓之试录。

【试(試)验买卖】【债】Purchase and sale on approval　为特种买卖之一,谓以买卖人之承认标的物为停止条件而订立之契约(民法第三八四条)。换言之,即标的物先经买受人尝试或查验之后,合于买受人所希望时,始发生效力之买卖也。民法规定试验买卖之出卖人,有容许买受人试验其标的物之义务(第三八五条)。关于买受人于试验后表示承认或拒绝之时期,因各种情形而不同:(1)标的物曾经试验而未交付于买受人者——(甲)当事人订有约定期限时,买受人未在期限内表示承认者,视为拒绝。(乙)当事人无约定期限时,则买受人不于出卖人所定期限内表示承认者,亦视为拒绝。(2)标的物因试验而已交付于买受人者,买受人不交还其物,或于约定期限或出卖人所定之相当期限内不为拒绝之表示者,视为承认。(3)买受人已交付价金之全部或一部,或就标的物为非试验所必要之行为者,因显有承受其物之意思,故亦视为承认(第三八六—三八七条)。学者间尚有以试验买卖与希望买卖(详该本条)相对称者。

【诠(詮)】【史】(一)诠与铨通,量物之轻重为铨。尔雅:“诠也。”疏曰:“谓铨量轻重。”(二)铨衡人材之义。唐有三铨之法。唐六典:“吏部有三铨法,尚书典其一,为尚书铨,侍郎分其二,为中铨东铨,以四事择其才,曰身言书判,以三类观其异,曰德才劳。凡流外兵部礼部举人郎官,得自主之,曰小选。”注曰:“尚书掌七品以上选,侍郎掌八品以下选。”

【诡(詭)名】【史】谓不以己名而诡捏伪名也。

【诡(詭)寄田粮】【史】所谓诡寄田粮,乃指将自己土地应纳之税粮,秘密附挂于他人名义之下,而脱避自己所应纳之额数而言。明律(卷五)、清律(卷八)户律田宅篇——欺隐田粮条:“诡寄田粮……”清律之附注曰:“将自己田粮,暗挂于他人名下,曰诡寄。”

【诘(詰)奸慝】【史】所谓奸慝,乃指罪恶之隐而难知者而言,与暴乱相对称。所谓诘,即推鞫穷诘以明其罪情也。书经—周官篇:“司寇掌邦禁,诘奸慝,刑暴乱。”吕祖谦注曰:“奸慝隐而难知,故谓之诘,推鞫穷诘,而求其情也。暴乱显而易见,直刑之而已。”

【诘(詰)问】【刑诉】声请传唤之当事人及他造之当事人向证人及鉴定人在法庭中加以盘诘及询问者,称曰诘问,或称曰直问。凡当事人诘问证人鉴定人时,审判长认为不当者,得禁止之。又证人鉴定人经当事人诘问后,审判长得续行讯问。(刑事诉讼法第二八六—二八八条)

【诘(詰)诱】【史】惑乱谓之诘,作言相引,谓之诱。(唐律释文卷二十)

【详(詳)刑】【史】唐龙朔二年改大理为详刑,事见杜氏通典刑法部。

【詹事府】【史】詹事之官始自秦汉,其官署谓之詹事府。事物纪原:“秦官,掌太子家,历代因之。通典曰,东宫官序,秦汉加置詹事庶子及诸府率官也。应劭曰,詹省也,给也。”清时袭明旧制亦有詹事府之设,置詹事满洲一人,汉一人,少詹事满洲一人,汉一人,掌文学侍从,光绪二十八年始行撤废。

【诔(誄)】【史】哀悼死者而叙述其生前行迹之辞曰诔,诔与异义通,谓积累世德行以赐之命也。论语—述而篇:“子疾病,子路请祷,子曰有诸,子路对曰,有之,诔曰,祷尔于上下神祇。”朱熹注:“诔者哀死而述其行之辞也。”左氏传—哀公十六年:“孔丘卒,公诔之。”周礼—春官,大祝之职:“作六辞以通上下亲疏远近,……六曰诔。”事物纪原(卷二):“周制,大夫以上有谥,士则有诔,是诔起于周也。礼檀弓,鲁庄公及宋战,县贲父死之。公诔之,士之有诔,自此始也。按周礼六辞,以通上下亲疏远近,六曰诔。注谓累生时德行以赐之命,是也。”

【诛(誅)】【史】诛者谓犯一定之罪而杀其一门之人也。释名:“罪及余人曰诛,诛株也,如株木根枝叶尽落也。”又诛亦有作责之解者。

【诛(誅)心主义】【刑】即同等主义之别名,谓犯罪虽因意外障碍而未遂,然其恶性则已暴露,自应与既遂受同等处罚。(参未遂罪条)

【诛(誅)夷】【史】诛,杀其一门也。夷,杀其九族也。(唐律释文卷四)

【诛(誅)求】【行】苛收租税,谓之诛求。

【诛(誅)放】【史】责其罪而放逐之,谓之诛放。书经—殷征篇:“桀纵恶自弃,故诛放。”

【诛(誅)害主义】【刑】即必减主义之别名,谓犯罪既未生既遂之结果,损失不大,按其事实应与既遂之处罚有异,必须减等。(参未遂罪条)

【诛(誅)逐】【史】判定其罪而放逐之于国外,谓之诛逐。汉书—董仲舒传:“尧舜诛逐乱臣,务求贤圣,是以众圣辅德,贤能佐职,教化大行,天下和洽。”

【诛(誅)罚】【史】诛者责也,犯国家禁法者责其罪而罚之,谓之诛罚。周礼:“犯禁者,执而诛罚之。”

【诛(誅)赏】【史】即今之所谓赏罚也。对于官吏于一定时期举行稽核,有劳绩者赏之,否则责罚之。周礼一大宰之职:"三岁则大计群吏之治,而诛赏之。"后汉书一陈忠传:"选举诛赏一由尚书。"

【讵(詎)赚】【史】讵与诓通,凡以甘言欺人取物者,谓之讵赚,又称讵骗。

【讵(詎)骗】【史】其意义与讵赚(详该本条)相同。

【豢窃】【史】谓兵丁捕役人等串通窝顿豢养窃犯而图分赃也,均应治罪,其长官亦应受处分。清例之规定如下:(一)捕役兵丁地保等在官人役除为匪及窝匪罪应斩绞外,遣各照本例定拟外,如自行犯窃罪应军流徒杖,无论首从各加枷号两个月,兵丁仍插箭游营。(二)兵役勾通豢贼分赃或受贿包庇窝家俱实发四省烟瘴充军,别项在官人役无缉捕稽查之责者串通窝顿窃匪,各于应得罪上加一等。(三)捕役豢窃分赃及自为窃,州县印捕官失察降一级调用,府州厅员罚俸一年,道员罚俸六个月。州县印捕官讳饰不报降三级调用,府州厅员降一级调用(不同城降留),道员降一级留任(不同城罚俸一年)。州县印捕官自行查出降一级留任,府州厅员免议,道员免议。州县印捕官明知不拿或责革不照例治罪降二级调用,府州厅员降一级调用(不同城降留),道员降一级留任(不同城罚俸一年)。上司扶同徇纵降一级调用,查出揭参俱免议。(四)捕役盗窃等事在州县官公出期内,及回任未及一月发觉,俱免议。(五)已革捕役豢窃,州县官降一级留任,访拿究办免议。

【赁(賃)金】【债】Rent　为日本名辞,即租金之谓也。

【赁(賃)借人】【债】Lessee　为日本名辞,即我国所称之承租人也。

【赁(賃)贷人】【债】Lessor　为日本名辞,在我国称曰出租人。

【赁(賃)贷借】【债】Lease　(一)为旧民律草案之术语,与现行民法所称之租赁期同(参租赁条)。(二)为日本名辞,即我国所称之租赁契约也。

【贿(賄)赂罪】【刑】Offence of bribery　为渎职罪之一,对背职罪言。贿赂罪之意义为公务员或公断人对于职务上之行为,或对于违背职务之行为,而得法律所许以外(即不法之谓)之报酬也。至贿赂之标的,有谓只限于金钱或可以金钱计算之利益,有谓只限于有形之利益,有谓只限于有形之利益而可以金钱计算者,有谓不论利益之有形或无形,亦不问其能否以金钱计算,凡能满人欲望供人需要之一切利益均属之。例如劳力或娱乐皆包括在内,我国刑法采最后说。贿赂罪又可分为受贿罪与行贿罪两种。(详各本条)

【资(資)力】【通】在财产上之支付能力,称曰资力。

【资(資)本额】【公】Registered capital　即公司股东所出资产之总额而为注册上之资本之总数也。资本额数遇有盈余,得分给股东,亏损时则可追缴垫补。

【资(資)合公司】【公】Financial company　与人合公司相对称,又名曰财的公司。(详该本条)

【资(資)政】【史】(一)宋真宗建龙图阁,以阁之东序为资政殿,时王钦若罢参政,真宗特置资政殿学士之官,以优遇之。惟其班则在翰林院之下,钦若不悦,帝复以钦若为资政殿大学士,钦若始为满足。其后凡罢宰相之职者,多授此官。宋人时称资政殿学士为资政，资政殿大学士为大资。（二）文官之闲散者之称，如金之资政大夫为正三品文散官是，元改为正二品，明清皆因之。

【资(資)政院】【史】为清末所设之类似国会之机关，其构成分子为王公宗室、各署官吏、富绅、博学通儒及咨议局议员等，多由选派而来，以集议全国之政事为目的。置总裁及副总裁以主其事，宣统二年十二月十五日所颁布之大清新刑律曾由资政院通过。

【资(資)金】【通】资金者，谓充为资本之用之金钱也。

【资(資)金关系】【票】所谓资金关系，乃指汇票付款人或承兑人与发票人，或其他资金义务人(如委托人)彼此间之关系而言。付款人或承兑人之所以愿为发票人代为付款，因有下列种种原因：(1)付款人或承兑人于付款后得向发票人请求补偿。(2)付款人或承兑人从发票人受有底款者。(3)发票人对付款人或承兑人预订有信用契约。(4)或未订有契约，付款人因信用关系，故代发票人付款。(5)付款人对发票人负有债务借以清偿者。如上所述则所谓资金，不以金钱为限，即债权及信用亦可，故又称票据资金。至今资金义务人虽多为发票人，然亦有受他人之委托而发行票据者，是曰委托票据，资金义务人则曰委托人，而资金关系乃在委托人与付款人或承兑人彼此之间矣。按资金关系，近代立法例皆以之与票据行为绝对分离，故发票人不得以已付资金为辞而主张免责，而该票据自仍为有效，即承兑人亦不是以未得资金为辞，而拒绝支付，盖所以保护票据流通之安全也。资金关系乃属民法上关系，故资金请求权之不得依证据诉讼程序为之，自不待言。

【资(資)格】【通】Qualification　人之身分与关系学识上经验上年龄上之地位，谓之资格。欲行使公权或执行业务，或享有其他权利，依法均须有相当法定资格。

【资(資)深】【史】在官或在学年限较为久远者，谓之资深，否则谓之资浅。

【资(資)深推事】【组】Senior judge　合议制之法庭，其资格较深之推事，谓之资深推事，即在服务时间上较为长久之推事也。

【资(資)浅】【史】(详资深条内)

【资(資)产】【通】凡有资力及财产之人，称曰有资产人。所谓资产，乃指一定之财产而言。

【资(資)产负债表】【公】Balance sheet　谓公司资产方面之积极财产与负债方面之消极财产分别记载而对照之也。我公司法亦规定应由董事造具，先交监察人查核后，提出股东会请求其承认，如经承认，并须由董事公告(第一六六条—一六九条)。又公司决议合并时，应编造资产负债表(第四八条)，所以表明公司财产状况以为合并之准备也。

【贾(賈)田】【史】周制在市之贾人之家所受之田，曰贾田。周礼—地官："以宅田、士田、贾田，任近郊之地。"注曰："贾田，在市贾人其家所受之田也。"按贾人乃今之商人也。

【贾(賈)师】【史】为周礼地官之属官，掌物价公定之职。其职制："各掌其次之货贿之治，辨其物而均平之，展（视也）其成（物之成者）而奠（定也）其贾（使之有常），然后令下。”令指法令，谓公定物价之法令也。

【贾（賈）买有剩利】【史】官吏于其所辖境买卖物品应依时价为之，不得高卖低买，违者苟取其利，是曰贾买有剩利。唐律（卷十一）职制篇——贷所监临财物之条：“若贾买有剩利者，计利以乞取监临财物论。”其疏议曰：“官人于所部卖物及买物，计时估有剩利者，计利以乞取监临财物论。”所谓乞取监临财物，乃指官吏于其所辖境内对人民要取财物而言。

【贼（賊）曹】【史】官名，西汉置三公曹，主断狱，东汉改以二千石曹主掌水火、盗贼、诉讼、罪法，亦谓之贼曹，其职权重于诸曹，各郡皆置之，以为郡之佐吏。

【贼（賊）盗律】【史】为唐律之篇名，位第七，居于擅兴律之后，斗讼律之前，计四卷，凡五十四条。按魏李悝之法经，有盗法贼法，以为第一及第二篇之目，自汉至齐，皆名贼律盗律，梁时曰贼律与贼犯，后魏计有律二十篇，贼犯之篇仍梁之旧，贼律则易为盗劫，北齐合为贼盗律，为十二篇中之第八篇，后周为劫盗律，后有贼叛律，隋开皇合为贼盗律，唐因之。唐律疏议（卷十七）：“李悝首制法经，有盗法贼法，以为法之篇目，自秦汉逮至后魏，皆名贼律盗律，北齐合为贼盗律，后周为劫盗律，复有贼叛律，隋开皇合为贼盗律。”至于贼与盗之意义，寄簃文存一书中所记最详。盗法依“唐律疏议云一盗法，今贼盗律是也”。贼法“今诈伪律是也。按盗贼二字，义本不同，故法经分为二篇。左氏文十八年传，周公作誓命曰毁则为贼，窃财为盗。杜注，毁则坏法也。照四年传，叔向曰，已恶而掠美为昏，贪以败官为墨，杀人不忌为贼。夏书曰，昏墨贼杀，皋陶之刑也，此皆法家言之最古者。说文，贼败也，从戈，则声，贼毁也，与毁则为贼之义合，乃谐声兼会意字。盗私利物也，从次，次欲皿者，乃会意字。二字之本义，如此初不相通也。荀子修身篇，害良曰贼，窃货曰盗。晋张斐律注，无变斩学，谓之贼，取非其物，谓之盗。周礼朝士疏，盗贼并言者，盗谓盗取人物，贼谓杀人曰贼，盗贼二字连文，唐以前人，分别甚明绝，不相蒙。其盗贼单言者，贼，谓贼害，如孟子贼仁者谓之贼，以及汉书、吕览、淮南、楚辞诸书之注释，皆同杀人，乃贼害之甚者，故叔向曰，杀人不忌，为贼，又大载记曾子立事篇，杀人而不戚，贼也，以及书舜典、传、吕览、后汉书注，并言，杀人曰贼，与贼害之义，相引伸也。盗，谓盗窃，如穀梁传定八年，非其所取而取之，谓之盗。庄子山木篇注，盗窃者，私取之谓也，足与说文义相发明，其余诸书不胜枚举。玉篇，广韵贼下始有盗也，一训，盖二书为宋所乱，已失顾野王孙缅之旧，非古义也”。

【贼（賊）盗篇】【史】贼盗篇为明律清律中刑律之一篇，与人命、斗殴、骂詈、诉讼、受赃、诈伪、犯奸、杂犯、捕亡、断狱等篇相对立，计分为二十八条如下：谋反大逆，谋叛，造妖书妖言，盗大祀神御物，盗制书，盗印信，盗内府财物，盗城门钥，盗军器，盗园陵树木，监守自盗仓库钱粮，常人盗仓库钱粮，强盗，劫囚，白昼抢夺，窃盗，盗马牛畜产，盗田野谷麦，亲属相盗，恐吓取财，诈欺官私取财，略人略卖人，发冢，夜无故入人家，盗贼窝主，共谋为盗，公取窃取皆为盗，起除刺字。清律因明律之旧不加更改。（参贼盗律条）

【贼（賊）发被害之家】【史】盗贼突发时所杀害之家之谓也。唐律（卷二十四)斗讼篇——强盗杀人之条:"诸强盗及杀人,贼发被害之家,及同伍即告其主司。"

【贼(賊)器】【史】贼害人之器物谓之贼器。周礼天官阍人制:"掌守王宫之中门之禁,丧服凶器不入宫,潜服贼器不入宫。"王安石注曰:"贼器,器之可以贼人者。"

【贼(賊)掳妇女断归本夫】【史】强盗招抚之后,前此所掳妇女,其前夫如经认识,即应依法由官断归原夫完聚。清之现行则例(即刑部现行则例)名例篇设有贼掳妇女断归本夫之条:"就抚强贼,所有日前为盗时掳掠民人妇女,若被原夫认识,坚执不与绝人伉俪,听原夫向该管官控告,将妇女仍断与原夫。"

【跟役冲突拥挤】【史】祭祀坛庙,为国家大典,圣驾出入及升殿之日,均为朝廷仪礼所关,上朝或平常朝会官员之跟随差役人等,均不得有冲突及拥挤情事。清之现行则例(即刑部现行则例)仪制篇设有跟役冲突拥挤之条:"凡坛庙祭祀及圣驾出入并升殿之日,上朝官员之跟役肆行喊叫争竞,将聚集官员冲突拥挤者,所犯之人系旗下鞭一百,系民责四十板,其主系官交与该部罚俸三个月,系常人鞭五十,系民拆责二十板。其平常朝会之日,官员跟役肆行喊叫争竞,将聚集官员冲突拥挤者,所犯之人系旗下人鞭六十,系民责二十板,其主系官交与该部罚俸一个月,系常人鞭三十,系民责十板。其内里人并大臣侍卫之跟役犯此条事者,俱各交与该管大臣衙门治罪,此等冲突拥挤之人,交与派出章京步军校等严拿。"

【跟随】【史】足后曰跟,随者随行也,附随他人之后而行也。隐随有权势之后而受其荫护者亦称曰跟随。明律(卷四)、清律(卷七)户律户役篇——隐蔽差役条:"凡豪民令子孙弟侄跟随官员,隐蔽差役者,家长杖一百。"

【路】【史】为地方区域之名。唐初分天下为十道,后为十五道,各道置采访使,监察州郡之政治。宋太宗时改道为路,以唐之十五道为十五路,各路置师、漕、宪、仓四司。仁宗时析为十八路,神宗时又析为二十三路。元时于各路置行中书省,称曰行省计十二行省。明时分十三省,清初为十八省,后加入东三省及新疆,共为二十二省。国民政府成立,至今复加入绥远、热河、察哈尔、青海、宁夏及西康六省,则已有二十八省矣。

【路引】【史】即旅行证书也。

【路门】【史】又称毕门,乃古时宫殿最后之门。按天子有五门,皋门、库门、雉门、应门、路门是也。诸侯则有三门,库门、雉门及路门是也。

【路軨】【史】为汉代之官名,太仆射之属官,掌乘舆路车之事。汉书:"太仆属官,有车府、路軨、骑车、骏马四令丞。"其注曰:"主乘舆路车。"

【路鼓】【史】周时为使冤枉之民将下情上达起见,特悬鼓于大寝之门(路门也)外,称曰路鼓。周礼—太仆之职制:"建路鼓于大寝之门外,而掌其政,以特达寐者与遽令,闻鼓声,则速逆御仆与御庶子。"郑玄之注:"大寝路寝也,其门外则内朝之中,穷谓穷冤失职,以达于王,遽,传也。"王安石之注:"路鼓四面,示欲四方无所不达,大寝之门外,自外至者莫近焉,则欲其闻之速也。"大学衍义补(卷二百九):"路鼓,以寝门之外,大仆主之,而守之者御仆也,御仆,民有击鼓声者,则以达大仆,大仆以闻诸王。”按路鼓之制，乃后世登闻鼓之始。

【躲(躲)避】【史】逃避所负担之责任，谓之躲避，与躲闪之义相同。明律(卷四)、清律(卷七)户律户役篇逃避差役条：“凡民户逃住邻境州县，躲避差役者，杖一百。”

【较(較)固】【史】垄断市场上之利益，称曰较固。较者，专占其利益也，固者，障固其市场而不许他人买卖也。唐律(卷二十六)杂律篇——买卖不和较固之条：“诸卖买不和而较固取者。”其注曰：“较，谓专略其利，固，谓障固其市。”疏议曰：“较固取者，谓强执其市，不许外人买。”

【较(較)勘斛斗秤尺】【史】斛斗为量多少之器，十龠为合，十合为升，十升为斗，十斗为斛。秤权衡物之轻重也，如两斤是也。尺为测量物之长短与深浅之器也，十分为寸，十寸为尺，十尺为丈。较者校正也，比较也，勘者勘验也。民间所用之斛斗秤尺等器均须于经过官府之较勘，方许使用。大明令户令篇——设有较勘斛斗秤尺之条：“凡斛斗秤尺司农司照依中书省原降铁斗铁升较定则样制造，发直隶府州及呈中书省将发行省依样制造，较勘相同，发下所属府州，各府正官提调，依法制造校勘，付与各州县仓库收支行用，其牙行市铺之家，须要付官印烙，乡村人民所用斛斗秤尺与官降相同许令行使。”

【辂(輅)】【史】天子所乘之车曰玉辂，所谓辂，言行于道路也。辂有大辂(一作玉辂)、缀辂(一作金辂)、先辂(一作木辂)、次辂(一作象辂或革辂)数种，大辂为王之乘车，最贵，金辂为赐于王之同姓者，其贵次之，象辂封异姓，革辂封四卫，木辂封蕃国，其贵次之，而以末者最为贱。书经—顾命篇：“大辂在宾阶(西阶也)面，(南响也)缀辂在阼阶(东阶也)面，先辂在左塾(门侧堂也)之前，次辂在右塾之前。”蔡沈之注：“大辂玉辂也，缀辂金辂也，先辂，木辂也，次辂，象辂，革辂也。王之玉辂，以祀不以封为最贵。金辂以封同姓，为次之，象辂以封异姓，为又次之，革辂以封四卫，为又次之，木辂以封蕃国为最贱。其行也，贵者宜自近，贱者宜远也。王乘玉辂，缀之者金辂也，故金辂谓之缀辂，最远者木辂也，故木辂谓之先辂，则革辂象辂为次辂矣。”吕祖谦之注：“此非特盛弥文而彰备物，天位峻极，幄座靓深，宝镇烨华，东辂峙列，人其庭，肃然起敬惧不克承，委重投艰之意，不言而已传矣。”论语：“子曰，乘殷之辂。”朱熹之注：“商辂，木辂也，辂者大车之名，古者以木为车而已。至商而有辂之名，盖始异其制也。周人饰以金玉，则过侈而易败，不若商辂之朴素浑坚，而等威已辨，为质而得其中。”

【载(載)货证券】【海】Bill of lading 谓船长因托运人之请求所发给之证券也。换言之，即运送货物之受取证书也。其性质与陆运提单相似，但因得凭以转让货物辗转流通，故有证券效力。为杜绝流弊起见，我海商法定明须于货物装载后，始由船长发给之(第八五条)。其形式除由船长签名外，应载明下列各事项：(1)船舶名称及国籍。(2)托运人之姓名及住所。(3)货物之种类品质数量及其包皮之种类及记号。(4)装载港及目的港。(5)运费。(6)载货证券之份数。(7)填发之年月日(第八六条)。又因载货证券因托运人之请求有发给数份者，故对船长与载货证券持有人间或各持有人间之关系，亦有明文规定(第八七—八八条)。此外关于民法对陆运上提单之规定，因二者性质相似，故有准用之明文。(第八九条)

【辟】（史）辟之意义有三：（一）君也，天子诸侯均称为辟。尔雅释训："皇王后辟君也，天子诸侯通称辟。"（二）法之谓也。书经—酒酷篇："越尹人祗辟。"注曰："正身敬法也。"说文曰："法也。"（三）刑法也。书经—君陈篇："辟以止辟。"

【辟以止辟】【史】此为书经君陈篇所用之语，辟以止辟，谓刑罚一人即可以止息后犯者也。与刑期无刑之主张相对立。

【农（農）工商部】【史】清光绪二十九年创立商部，三十二年，改称农工商部，组织及权限均加扩充，将前此属于户部之农桑开垦事务，工部之河防水利以及度量衡等事均归农工商部办理，凡属实业行政与商务行政均由农工商部主持之。民国初年分为农林及工商二部，三年七月改为农商部，国民政府成立于南京，改为农矿部与工商部（在汉口之国民政府则设实业部），旋改为实业部。（参农商部条及实业部组织法条）

【农（農）户】【土】从事于耕种之农民家属，总称曰农户。土地法许其享有荒地承垦人之资格，惟须家属在十口以下者为限。（土地法第一九一条）

【农（農）田敕】【史】又曰景德农田敕。（详景德编敕条内）

【农（農）地】【土】Farming land 为土地之一种，对市地言，即市地以外之土地也，又名乡地。（详该本条）

【农（農）忙停讼】【史】每年四月初一日至七月三十日为民间农事正忙之时，一切户婚田土以及斗殴等轻微案件均停止受理，至于谋反逆盗贼人命等重案则为例外。清之现行则例（即刑部现行则例）诉讼篇设有农忙停讼之条："民词每年自四月初一日至七月三十日，时正农忙，除谋反逆盗贼人命及贪赃坏法等重情照旧审理，其一应户婚田土以及斗殴等细事，一概不准受理，自八月初一日以后方许听断。其有司自四月以后受理细事通贿起灭追比钱粮违例用大枷夹棍惨毙者，不时严查指名题参。若督抚容情不行题参，或受害之民首告，或科道纠参，将督抚一并交与该部议处。"

【农（農）作改良物】【土】Agricultural improvement 为改良物之一种，与建筑改良物相对称，即附着于土地农作物其他植物及土壤之改良物也。其价值之估计的标准，乃以等于农作改良物附着之土地估定价值百分之十至百分之五十限度内为根据。（第二六三—二六四条）

【农（農）村合作社】【行】Rural Corperative Society 在我国法律称合作社（详该本条）曰农村合作社。

【农（農）具陈列所】【行】展览陈列农业所用器具之场所，曰农具陈列所，得由农会设立之。（农会法第三条）

【农（農）商部】【行】农商部为今实业部之前身，乃北京政府时代所创设之农工商矿行政最高机关，为内阁之一部，直隶于大总统，管理农林水产畜牧工商矿事务。置总长次长各一人，参事四人，秘书四人。并设总务厅及矿政司、农林司、工商司、渔牧司，每司设司长一人。此外又置佥事三十二人，主事五十人，技监二人，

技正十六人，技士三十二人。（农商部官制第一——二条、第八条、第十一——十八条）

【农(農)产物检查所】【行】Inspection Office of Agricultural Products 实业部为保持农产物信用及价格，防杜病虫害输入，及检定肥料品质起见，所设立之检查机关，为农产物检查所，置所长副所长各一人，并设四课，各置课长一人及技术员课员若干人。农产物检查所因检查上各种实施手术之设备，得向受检查者征收值百抽二之检查费，对于已经检查之巨宗农产物，得发给检查执照，每张收照费一元。（农产检查所检验条例第一——四条、第六条）

【农(農)产陈列所】【行】展览陈列农业出产物品之场所，曰农产陈列所，得由农会设立之。（农会法第三条）

【农(農)会】【行】Agricultural Association 以发展农民经济，增进农民智识，改善农民生活，而图农业之发达为目的，所设立之社团法人，曰农会。农会之组织，为纵的组织，自乡农会起区农会县农会或市农会以至于省农会为止，故有上级农会与下级农会之别。

【农(農)会法】【行】Law of Agricultural Association 为规范农人团体之法律。我国现行之农会法于民国十九年十二月三十日公布，计九章，共三十六条，其要点如下：(一)农会为法人。(二)农会分乡农会、区农会、县市农会、省农会。(三)农会以发展农民经济，增进农民智识，改善农民生活而图农业之发展为宗旨。(四)于设立前应拟具章程，呈请该管监督机关核准。(五)凡中华民国人民住居该区域内年满二十岁具有下列资格之一者，得为乡农会或市区农会之会员：(甲)有农地者。(乙)耕作农地面积在十亩以上，或园地面积在三亩以上之佃农。(丙)中等以上学校毕业习农业者。(丁)经营与农业有直接关系之事业者。至上级农会则以下级农会为会员。(六)会员大会分定期会议与临时会议两种，为农会最高机关。(七)省农会之监督机关为省政府，县市农会及其以下各级农会之监督机关为县政府或市政府。此外于民国二十年一月三十一日，复由国民政府公布农会施行法，计共十二条。

【农(農)会会议】【行】Meeting of Agricultural Association 农会依法召集会议时，曰农会会议，或农会会员大会，分下列二种：(一)定期会议。(二)临时会议。（农会法第二十五条）

【农(農)会经费】【行】Financial support of agricultural association 农会经费分下列二种：(一)事务费——由会员负担之。(二)事业费——由农会募集之，必要时由地方行政官署补助之。（农会法第二十八条）

【农(農)业用盐】【行】为盐之一种。（详盐法条内）

【农(農)业合作社】【土】土地法规定荒地之承垦人，以农户及农业合作社二种为限。所谓农业合作社，乃指为三个以上农户共同经营农业之组合而言。（土地法第一九一条）

【农(農)业行政】【行】Agricultural administration 关于一般农业之行政，曰农业行政。例如驱除害虫，管理肥料，检查农产物，组织农人团体等，皆属之。

【农(農)业保险】【险】Agricultural insurance　所谓农业保险，乃指以赔偿农作物之受风雹虫害及水旱并其他一切灾害之损害为目的之保险而言。

【农(農)业试验场】【行】Agricultural experimental station　以实地试验农事，研究农业之兴革事项为目的而设之机关，曰农业试验场，得由农会设立之。(农会法第三条)

【遂(遂)】【史】(一)为地方区域之名，乃以王城之起点为区分之标准。周礼—遂士之郑玄注曰："遂谓距王城百里以外二百里以内之地。"(惟郑众则谓系百里以上至三百里)(二)亦为地方区域之名，惟系以家为区分之单位。周礼—遂人之职："五家为邻，五邻为里，四里为酂，五酂为鄙，五鄙为县，五县为遂。"比以上各皆有长管理其区内之庶务，盖为自治之制度也。

【遂(遂)人】【史】遂人为周礼地官司徒之属，掌距王城二百里以外三百里之野之政事。周礼地官遂人："掌邦之野(按郊外曰野，凡甸梢县都皆是)。以土地之图田野选县鄙形体之法，五家为邻，五邻为里，四里为酂，五酂为鄙，五鄙为县，五县为遂，皆有地域，沟树之使各掌其政令刑禁，以岁时稽其人民，而授之田野，简其兵器，教之稼穑。"注曰："遂人之官，视小司徒，遂师视乡师，二官遂兼总六遂之政，其地大其事烦，故其设属之多，役使之众，为治野重职。遂大夫以下则皆系野民之贤者，使民自兴，犹乡官自乡夫大夫以下至比长是也。六遂之邻里酂鄙县遂，犹六乡之比闾族党州乡教，必起于近，故以六乡为四方之标准，耕必勤于远，故以六遂为王畿之劝相。"

【遂(遂)士】【史】为周礼秋官之属，掌四郊之审判事务。按四郊，乃指四方之郊而言，去王城百里，而遂即在郊外距王城百里以上至三百里(此系依郑玄说，郑众则谓距王城百里以上至三百里)。周礼郑玄注曰："言掌四郊者，此主四郊狱也，六遂之狱在四郊。"其职制："遂士掌四郊，各掌其遂之民数，而纠其戒命，听其狱讼，察其辞，辨其狱讼，异其死刑之罪而要之，二旬而职听于朝，司寇听之，断其狱弊其讼于朝。"

【遂(遂)大夫】【史】官名，为周礼地官之属，掌其遂之政令，即遂之长官也。其下之县有县正，鄙有鄙师，酂有酂长，里有里宰，邻有邻长，皆地方自治之长官也。

【遂(遂)师】【史】为周礼地官司徒之属官，即遂人之辅助官也。

【过(過)户】【史】田宅权利移转时，所有人因之而更换，此项更换，称曰过户。

【过(過)水权】【物】Right of discharging water through others land　为对土地所有权所加私法上限制之一。即土地所有人为通过境内之水，得在他人土地上开设水道之权也(民法第七九九条—第七八〇条)。其要件有五：(一)其所有地须系与河渠沟道不相邻接者。(二)其所有地须系高于他人土地。(三)其目的须为欲使浸水地干涸，或排泄家用农工业用之水。(四)须择于低地损害最少之处所及方法为之。(五)低地所受损害，高地所有人应支付偿金。至于土地所有人因使其土地之水通过，得使用高地或低地所有人所设之工作物，但应按其受益之程度，负担该工作物设置及保存之费用。

【过(過)半数表决】【议】Decision by absolute majority 议会对于一切之决议事件，须就全体中定其多数，在原则上少数须服从多数，若双方人数相等时则以主席决之，故谓之过半数表决。所谓双方人数相等时，以主席之决之者，即如表决为二十人赞成，二十人反对，主席加入赞成方面，即成立决议，倘彼反对，案即打消。此外主席又可加入少数以成同数，以打消动议，如表决为二十人赞成，十九人反对，如主席欲打消其案，则宣言曰二十人赞成，十九人反对，本主席亦加入反对，提案遂即因而打消矣。

【过(過)失】【刑】Negligence or Culpability 过失者，谓无犯意而因不注意，致成犯罪事实也。故是否过失应以有无对其行为结果之认识为断。换言之，即应注意且能注意而不注意之谓。过失与故意之区别即在犯人为某行为时得知犯罪事实与否之一点(刑法第二十七条第一项规定)。过失应处罚者，以有特别规定者为限，即刑法分则 113 II 172 II 187 II 188 II 189 II 192 II 193 II III 194 II 195 II 197 II 198 II 203 II 204 III 291 II 及 301 等规定是。过失犯本无犯罪行为之意思，故犯罪着手之观念不存在，仅负其过失之结果，无所谓未遂犯，即中止情形亦无之。过失之标准，学者有三说：(1)客观说，又名抽象说——以客观的一般注意为标准，不问行为者各人之注意如何，例如一般人均以砒霜能致人于死，若因不注意而用以杀人，即为有过失。(2)主观说，又称具体说——以行为者主观之注意为标准，例如医生有识别药品能力，因不注意致人于死，自应以过失论，而普通人因无识别药品能力，自不以过失论也。(3)折衷说——主张以客观的一般注意为普通人之标准，如行为者无其注意力时，则以行为者主观之注意为标准。例如以镪水之伤人，为一般人所明知，若因不注意而伤人，自以过失论，若系乡愚因不识别而伤人，自不以过失论也。学者采折衷说为多。过失之分类有三：(1)疏虞之过失与懈怠之过失。(2)业务之过失与一般之过失。(3)重过失与轻过失。(详各本条)

【过(過)失占有】【物】为占有之一种，对无过失占有言。即占有者无正当之权原，全由过失致陷于不知而占有其物之谓也。

【过(過)失犯】【刑】Culpable criminals 犯人虽非故意，但按其情节应注意而不注意者为过失。犯人对于构成犯罪之事实，虽预见其能发生而确信其不发生者以过失论(刑法第二七条)。凡因过失而成立罪名者，皆谓之过失犯。例如，枪能伤人为一般人所应知，若不注意而出弹伤人，或通衢之中擎枪击兽因不注意而伤人皆是。

【过(過)失决水罪】【刑】属公共危险罪。本罪分为三种：(1)因过失决水浸害现供人使用之住宅，或现有人所在之建筑物、矿坑，或火车、电车而成立者，其目的物之所有权不问属于他人或自己所有，且须以过失为必要，处一年以下有期徒刑，拘役，或三百元以下罚金(刑法第一九二条第二项)。(2)因过失决水浸害现非供人使用之他人所有住宅，或现未有人所在之他人所有建筑物，或矿坑而成立者，以非供人使用或现未有人所在为限，而其物之所有权以属于他人为必要，处六月以下有期徒刑，拘役，或三百元以下罚金。至其物之所有权若属于自己所有，因过失决水浸害致生公共危险者，其处罚亦同(第一九三条第三、四项)。(3)因过失决水

浸害上述二种以外之物，致生公共危险者，处拘役或三百元以下罚金。（第一九四条第三项）

【过(過)失流】【史】因耳目所不及思虑所不到之类而犯罪者，为过失犯。其因过失而杀祖父母父母者，依律应处流刑，谓之过失流。唐律（卷二）名例篇——应议请减之条："子孙犯过失流。"其疏议曰："谓耳目所不及，思虑所不到之类，而杀祖父母父母者。"

【过(過)失相抵】【债】Contributory negligence　又称共同过失。（详该本条）

【过(過)失致人死罪】【刑】Manslaughter　为杀人罪章中之一，普通立法例不认为杀人罪之一种，因其对于死亡之结果无相当之预见故也。所谓过失，即无犯意而因不注意致成犯罪事实之谓，因本罪主体身分不同，更分为二种：(1)一般过失致死罪——因过失致人于死而成立，即尊亲属或友邦元首亦均在内，其处分为二年以下有期徒刑，拘役，或一千元以下罚金（刑法第二九一条第一项）。(2)加重过失致死罪——因从事业务之人因业务上之过失致人于死而成立，须以从事业务之人为必要，因其负有业务上特别注意之责任故也。其处分为三年以下有期徒刑，拘役，或一千元以下罚金。（同条第二项）

【过(過)失杀伤】【史】在耳目所不及或思虑所不到时因而杀伤人者，为过失杀伤，各依其法以赎论。唐律（卷二十三）斗讼律过失杀伤人之条："诸过失杀伤人者，各依其法以赎论。"其下注曰："谓耳目所不及，思虑所不到，共举重物，力所不制，若乘高履危足跌，及因击禽兽以致杀伤之类皆是。"

【过(過)失杀伤人】【史】所谓过失杀伤人，乃指杀伤他人时系为思虑所不及耳目所不到者而言。清律及例设有下列规定：(一)过失伤凡人者，按伤人轻重应得罪照图分别收赎。杀者准斗杀律拟绞收赎银十二两四钱二分，给付被杀之家营葬。(二)过失伤同父兄弟者徒二年，杀者俱不准收赎。(三)过失伤伯叔父母、姑、外祖父母者，徒二年半，杀者俱不准收赎。(四)过失杀祖父母父母或夫之祖父母父母者，徒三年，杀者绞决（夹签声明恭候钦定改为绞候）。(五)过失杀伤大功以下尊卑亲属者，各准本条论赎之法。(六)奴婢过失伤家长者流三千里，余者绞决（夹签）。(七)奴婢过失伤家长之期亲及外祖父母或雇工人过失伤家长及家长之期亲外祖父母者，均徒二年半，杀者则徒三年，不准收赎。(八)家长及其期亲，外祖父母并内外功缌麻亲属过失杀伤奴婢或雇工者，皆勿论。(九)过失杀伤弟妹、侄、侄孙、外孙，或妻妾者，皆不论罪，即正妻之过失杀伤妾亦同。(十)妻过失杀夫或妾过失杀家长者，俱绞决（夹签）。妾过失杀妻则徒三年。

【过(過)失伤害罪】【刑】Offences of causing injury to other person through negligence　为伤害罪之一。所谓过失伤害，即无犯意而因不注意致成犯罪事实之谓。因主体身分之不同，更分为二种：(1)一般过失伤害罪——即普通人因过失伤害人，或因而致人重伤而成立，前者处六月以下有期徒刑，拘役，或五百元以下罚金，后者处一年以下有期徒刑，拘役，或五百元以下罚金（刑法第三〇一条第一项）。(2)加重过失伤害罪——从事业务之人，因业务上之过失伤害他人，或因而致人重伤者,成立本罪,其所以加重其刑者,因此等人对其业务负有特别责任,理应谨慎将事,若竟玩忽业务上必要之注意,自与一般无身分人之过失不同,故犯一般伤害罪者,处一年以下有期徒刑,拘役,或五百元以下之罚金,犯致人重伤罪者,处二年以下有期徒刑,拘役,或五百元以下罚金(同条第二项)。上述各罪均须告诉乃论。(第三〇二条)

【过(過)名】【史】过名者,谓所犯之罪过之名称也。明律(卷二)吏律职制篇——官吏给由条:"……若公私过名,隐不漏报者,以所隐之罪坐之。"

【过(過)更】【史】汉制,天下人民每年均负有戍边之义务,以三日为限,不得规避,其不能亲往者,得出钱三百以给戍者,是为过更。(汉书注)

【过(過)房】【史】无子者迎养同宗亲或同姓之侄为养子者,谓之过房,例如迎养其兄之子为嗣是,乃以继承收养者之祭祀为目的。(明律卷六清律卷九户律——婚姻男女婚姻条之下注)又元典章(卷十九)户部篇——过房子与庶子分家财之条:"周桂发本为无嗣,将嫡侄周自思,自幼过房为子。"

【过(過)所】【史】通过关津时之证明书曰过所,乃通行证之一种。唐律(卷八)卫禁篇不应度关之条:"诸不应度关,而给过所,若冒名请过所而度者,各徒一年。"释名:"至关所以示也。或曰,传过也,移所在,识以为信。"

【过(過)门守贞】【亲】所谓过门守贞,乃指女子与男子定婚之后,而男子亡故时,仍入居于夫家为其未婚夫守贞而言。我国旧律乃以之为变态婚姻之一,今之新民法并未加以承认。

【过(過)怠金】【行】对于懈怠过失者加以制裁时而令其负担之一定金额,称曰过怠金。过怠金不得易科拘役,故与罚金不同。

【过(過)怠破产罪】【破】Offence on simple bankruptcy; Offence on neglection bankruptcy 与诈欺破产罪相对立。凡破产者不问其在停止清偿或宣告破产之前后,为下列行为者,曰过怠破产罪:(一)浪费赌博,或因买空卖空致减少多额之财产,或负担多额之债务者。(二)以迟延破产宣告为目的,收买商品而以大不利益之条件处分之者。(三)不为法定之商业账簿,或为之而财产状况记载不明,或藏匿毁损之者。本罪之处罚为一年以上三年未满之徒刑,或五百元以下之罚金。(破产法第三三〇条)

【过(過)致资给】【史】所谓过致资给,乃指对犯人指授逃走道路,送其渡过危险地域,助其运输赃物,并资助及给与衣服食粮而言。依律应罚,即各减罪人罪一等。唐律(卷二十八)捕亡篇——知情藏匿罪人之条:"诸知情藏匿罪人,若过致资给,令得隐避者,各减罪人罪一等。"疏议曰:"谓指授道途,送过险处,助其运致,并资给衣粮,遂使凶人潜隐他所。"

【过(過)料】【债】Strafgeld(德) 为日本名辞,即过怠金之谓也。乃专指违反行政规则时所科罚之金钱而言,故与通常之过怠金略有不同。

【过(過)堂】【史】过堂之义有二:(1)唐进士之新及第者,随座主至部初次拜见宰相时谓之过堂。(2)清代京官赴都察院京察(即考查官吏成绩),以及犯人到衙门受审者，均称曰过堂。

【过(過)割】【史】所谓过割，乃指田地买卖时于鱼鳞册上更换所有人名义而言。即过户割粮之谓。(清律户律篇)

【过(過)割税粮】【史】所谓过割税粮，乃指人民将其钱粮让渡移转于人而言。大明令户令篇——设有过割税粮之条："凡典卖田土过割税粮，各州县置簿附写，正官提调收掌，随即推收，年终通行造册解府，毋令产去税存与民为害。"

【过(過)当】【通】In excess of necessity 所谓过当，乃指超越法定程度之行为的状态而言。(参正当防御及紧急状态条内)

【过(過)误犯罪】【史】因过失或错误而触犯刑律之规定者，称曰过误犯罪，如过失杀伤、失火罪及误杀伤等是。(明律卷一、清律卷三名例篇——常赦所不原之条)

【过(過)价已讫】【史】买卖奴婢及牛马等之价金业已授受终了，谓之过价已讫。(唐律卷二十六，杂律买奴婢牛马立券之条疏议)

【过(過)继子】【史】所谓过继子，乃指以继承宗祧为目的之男子而言，为嗣子之别称。(参嗣子条)

【游(遊)击】【史】官名，始于汉代之游击将军，历代皆设置之，为武散官。元废之，至明复置之，为军营之将官，后称为游击，清因之。其位次于参将，民国废之，与今之中校相等。现虽有所谓游击司令之设，惟其阶级则不以中校为限，且仅系临时设置之武职。

【运(運)同】【史】清制，与运副运判及运使等同为盐法道所属之官职，掌关于盐课一切之事。(嘉庆会典卷六)

【运(運)判】【史】清制，为盐法道(掌盐政之地方长官)之所属官厅，与运同运副同为掌司盐税之一切事项之官职。

【运(運)使】【行】Salt commissioner 为盐运使(详该本条)之简称。

【运(運)河】【国公】Canal 以通航为目的而用人工所开凿而成之河川，谓之运河。(参国际运河条)

【运(運)送】【海】Carriage 又称海运。(详该本条)

【运(運)送人】【债】Carrier or common carrier 所谓运送人，乃指以运送物品或旅客为营业而受运费之人而言。因其所运送标的物之不同，乃有物品运送人与旅客运送人之区别。关于运送人之义务，据民法之规定约有下列各种：(一)填给提单之义务(第六二五条)。(二)按期运送之义务(第六三二条)。(三)不得变更指示之义务(第六三三条)。(四)负担运送物损害等赔偿责任之义务(第六三四——六四〇条)。(五)为必要注意及处置之义务(第六四一条)。(六)应相对人请求中止运送返还运送物或为其他处分之义务(第六四二条)。(七)通知运送物到达之义务(第六四三条)。(八)交付运送物之义务(第六四四—五二条)。至于运送人之权利，民法亦有规定。例如托运单请求权，提单交还请求权，为处分时之损害赔偿请求权，受领迟延时运送物之拍卖权，以及运费请求权，皆是。

【运(運)送取扱人】【债】Forwarding contractors 为日本名辞，与我国之承揽运送人意义相同。

【运(運)送状】【债】Way-bill 为旧法之术语，即现行民法之托运单也。(参托运单条)

【运(運)送保险】【险】Transport or Carriage insurance 为保险之一种，谓以运送中货物之损害为保险标的之保险契约也。广义之运送保险，包含陆上运送保险与海上运送保险在内。狭义之运送保险，仅指陆上运送保险而言。通常所称运送保险，仅限于陆上运送保险，以海上运送保险另有海商法中所规定之海上保险故也。

【运(運)送保险单】【险】Transport insurance policy 运送保险契约成立时，由保险人交付要保人之保险单据，称曰运送保险单。

【运(運)送契约】【海】Contract for carriage 运送乃专指海运而言。故运送契约者，乃当事人之一方允以其船舶在海上由甲地至乙地运送货物或旅客，而另一方则允给付相当报酬之契约也。其性质为双务契约及有偿契约。又因其目的在于业务之完成，故又为承揽契约。又因契约内容之不同，故有时为诺成契约，有时则为要式契约。关于运送契约之沿革，其初海运商人多以自备船只为之，继则建造船舶以供租赁之用，及中世纪之末，始有运送契约之制度，即以船舶之全部或一部供运送之用也。其后则以件货之运送盛行于世，此皆货物运送之契约。至于旅客运送契约，其发达稍迟，故运送契约得分为二：(1)货物运送契约。(2)旅客运送契约。(详各本条)

【运(運)送料】【债】Freight 为日本名辞，即我国所称之运费也。

【运(運)送费】【海】Freight 又名运费，谓船舶航行时，因旅客契约或运送契约所应交付船舶所有人之运送报酬也。通常皆指此而言，惟有限责任之海产耳。运送费系海产之一种，乃指发生责任事由之本届航行所应得之运送报酬费而言，如为本届航行所应得者，不问已收未收，皆属之，盖即总运送费也。(参海商法第二、三条内)

【运(運)送义务】【债】Obligation of transportation 运送人在法律上及契约上所应尽之义务，曰运送义务。

【运(運)送营业】【债】Carriage 谓以运送物品或旅客而收受运费之营业也。通常可分为物品运送、旅客运送及通信运送三种。我民法则规定：(一)物品运送。(二)旅客运送。(三)承揽运送(详各本条)。运送营业中运送人与托运人所订立之契约，曰运送契约，故此契约之相对人，一曰托运人，一曰运送人。至收受运送物品之方，则曰受货人。运送契约乃诺成契约，然亦有谓系要物契约者，至原则上则为不要式契约，因运送契约系以报酬为必要，故为双务契约并有偿契约。

【运(運)副】【行】Deputy commissioner of salt 所谓运副，乃指于产盐广大区域内所设以辅助盐运使掌管该区域内盐政行政事宜之副使而言。其设置地方与管辖区域，由财政部指定之。运副由财部荐任，受财部盐务使之监督，执行法定职务，但须陈报盐运使。运副机关曰运副公署，内设总务课场产课及运销课，各设课长一人，课员及办事员若干人(均委任)。(运副公署章程第一一三条、第六一七条)。

【运(運)费】【债】Freight 运送契约成立后，托运人对于运送所给付之报酬，曰运费。此项运费乃与运送人所供给之劳力为对待给付。

【运(運)费保险】【海】Insurance for freight 为海上保险之一种，谓以运费为标的之保险也。所谓运费，乃指雇用船舶或运送货物之报酬费而言。其保险期间大抵开始于船舶起行或货物装运入船时，而终了于船舶于目的港内投锚或击缆之时，或货物于目的港起陆之时(参海商法第一四八条)。保险价额则以运送契约内所载明之运费额为准，如未载明者，则以卸载时卸载港认为相当之运费额为保险价额。至以净运费为保险标的物而其总额未经约定者，以总运百分之六十为净运费(第一五九条)。余参委付条内。

【遇(遇)恩原减】【史】所谓遇恩原减，乃指犯罪人依国家之恩典原宥或减轻其罪而言。唐律(卷五)名例篇——犯罪共亡之条："若罪人自首，及遇恩原减者，亦准罪人原减法。"

【遇(遇)赦】【史】谓遇大赦令之偶然发布也。清律(卷三)名例篇——徒流在道会赦之条附例："若干系钱粮婚姻田土项罪，虽遇赦宽免，事须究问明白。"

【遇(遇)赦监禁】【史】遇有国家恩赦之际，应免者应依法定手续即时或逐予释放，若仍予滥行监禁，应构成遇赦监禁之罪名，交部议处。清之现行则例(即刑部现行则例)断狱篇设有遇赦监禁之条："凡颁恩诏到日赦款内应免罪囚，已经部覆明白者，逐一详查，登时释放，嗣行题明，如有情罪可疑者，限赦到一月内即汇疏奏请，未经法司核覆明白者，俟法司核覆明白，文到之日，即时释放，毋得耽延时日，如赦到奏请违限及将无辜之人，应免轻犯，仍滥行监禁者，交与该部议处。"

【遇(遇)赦滥禁】【史】各省狱囚如遇朝廷恩赦，依法应即逐一详查立即释放，若有疑似者应于限内咨请部示，违者应构成遇赦滥禁罪名而受一定之处分。清之六部处分则例(卷四十九)刑属禁狱篇设有遇赦滥禁之条："各省狱囚恭遇恩赦，经刑部核覆明白应行援免者，文到之日该管官即逐一详查，登时释放，如将应免人犯仍行监禁，迟延至十日以上者革职，府州不行揭参降二级调用，道员降一级调用，臬司降一级留任，督抚罚俸一年。若虽经刑部覆免而该犯情罪有与赦款疑似之处，应咨请部示者，准该管官于文到一月内详明奏请，如违限一月以上，该管官降一级调用，上司不行揭参，府州罚俸一年，道员罚俸九个月，臬司罚俸六个月，督抚罚俸三个月。两月以上，该管官降二级调用，府州降一级留任，道员罚俸一年，臬司罚俸九个月，督抚罚俸六个月。三月以上，该管官革职，府州降一级调用，道员降一级留任，臬司罚俸一年，督抚罚俸九个月。如该管官依限出详，而上司督抚迟延者，即照该管官例议处。"又："遇赦人犯有未经刑部核覆明白者，俟核覆文到即行详查释放，如迟至十日以上，亦照前例议处。"又："在配之军流徒遣及监候待质未定罪名人犯，应由外省造册送部核覆者，该管官以奉到部文之日起限一月内造册申送，如该管官违限一月以上降一级留任，两月以上降一级调用，三月以上降二级调用，系有意耽延借端需索者革职，若由上司督抚迟延即照该管官例议处。"

【遇(遇)闕补正】【史】闕字乃阙之俗字，凡遇缺员而补任正官者为遇闕补正。元典章(卷九)吏部官制篇流官章——勾当官九品职官内选任之条："……勾当官，遇闕补正。"

【遇(遇)谴】【史】官吏因职务上之过失而遭遇谴责之谓。魏书—车路头传："太宗性明察，群臣多以职事遇谴。"

【遏(遏)讼】【史】所谓遏讼，乃指对于被害者进行告诉之际，加以压制使其告诉中止而言，与后世之告状不受之律相等。吴澄氏对于周礼秋官禁斩杀戮之职制内所载"遏讼者"注曰："遏讼，止遏民讼也。"丘濬氏按："讼将兴而遏止之，则民之情将郁而不伸。"又曰："遏讼，即今之告状不受律。"(大学衍义补卷百二)

【遏(遏)刘】【史】遏者，绝止也，刘者，杀戮也，即圣王绝止杀戮之谓。"于皇武王，无竞惟烈，允文允武，克开厥后，嗣武受之，胜殷遏刘。"(诗经—周颂武篇)

【遒(遒)人】【史】为官名之一，掌宣布法令之事。书经—胤征篇："每岁孟春，遒人以木铎徇于路。"

【道(道)】【史】唐初于陕东益州襄州等置行台尚书省，设令仆以下之官监督地方行政，其后分天下为十道，置十道巡察使，继改十道按察使。玄宗时改为采访处置使，肃宗时再改为观察处置使。初仅为访求吏治民生之利弊，嗣渐有一道长官之实权，并节制刺史而指挥之，此时仅以文事为限，余权均操诸节度使。降至开元天宝年间，于朔方、陇右等之边远各处亦置节度使，遂分天下为四十余道，复改观察使兼掌文武两政之权。明清又分一省为数道，设道员以为之长，民国因之，惟改道员为道尹耳。

【道(道)士】【史】道教之僧，曰道士，其起源如何，依黄帝内传所载，斯时已有之，颇滋疑窦，惟周穆王、平王则有之，稍为可信。事物纪原(卷七)："黄帝内传，有道士行礼之文，此疑谓有道之士也。楼观本记曰，周穆王因尹真人草楼之观，召幽逸人居之，谓之道士。平王东迁置七人。汉明帝永平七年，置三七人，晋惠度四十九人，审此即是自周而有也。司马迁班固叙秦汉甚详，洎春秋以来，殊无一人以一言仿佛道兹事者，为可疑矣。然范晔后汉书于光武纪论始有言，西门君惠李守等云，刘秀为天子，盖前汉末事，则道士之初当此矣。列仙传又能道士浮丘公接周灵王太子晋，上嵩高山者。"

【道(道)士女冠】【史】道教之传教师，男子谓之道士，女子则曰女冠。明律(卷一)、清律(卷四)称道士女冠条："凡称道士女冠者，僧尼同，若于其受业师与伯叔父母同，其于弟子与兄弟之子同。"明律之纂注："女道士曰女冠，女僧曰尼，僧同者谓僧同道士，尼同女冠也。僧道于其受业师义与伯叔父母同，言僧道而尼与女冠该之矣。师于弟子义与兄弟之子同，称子者男女同，而尼与女冠之徒该之矣。若相殴骂等项并依犯期亲尊长及卑幼律拟断，其同师僧相犯者原非血属，仍依常人论。”

【道(道)尹】【史】为北京政府统治下所设之官名。按道乃由省内所划分之区域,每道辖十数县不等,道尹即道之行政长官,隶属于巡按使(后改为省长)。依法律命令执行道内行政事务,并受巡按使(后改为省长)之委任,监督财政及司法行政及其他特别官署之行政事务,对于所辖之县知事遇有事故或出缺时,得委员代理,并就分发该省之知事内遴举数员,详请巡按使(省长)核择荐任之。道尹为执行职权起见得自委掾属,其职掌员额,详由巡按使核定之,并咨陈内务部分别叙等登记(道官制第一条、第六条、第十二条)。按道尹一官,与今之区行政督察专员颇相类似。

【道(道)台】【史】为道员之尊称,与总督之尊称为制台,巡抚之尊称为抚台,布政司之尊称为藩台,按察使之尊称为臬台,相似。

【道(道)契】【史】为地契之一种。外人在我国之租界内有永远租地权,其契据多由关道所发给,故名曰道契。

【道(道)员】【史】(详道条内)

【道(道)义的责任论】【刑】为责任能力观念学说之一,对社会的责任论言。即主张责任能力之行为所以须负刑事责任者,因其有是非善恶辨别力,即有自由意思决定犯罪能力之谓。此为旧派学说,今人多非之。

【道(道)号】【史】赐予道教宣传者之称号谓之道号,有为天师,有为先生,有为处士。事物纪原(卷七):“元魏世祖时,赐冠谦之天师之号。后汉张道陵亦有天师之称。唐玄宗赐李含光曰玄静先生,此赐号先生之始也。宋朝缘唐事亦有赐号先生处士者,真宗时陈搏赐号希夷先生,神宗时,张靐赐号冲靖处士是也。”

【道(道)路行人捕罪人】【史】受命追捕罪人者于追捕时力不能拘制,而告道路行人请其助捕,如该行人堪力制助而不助者,应构成本条罪名而受处罚。唐律(卷二十八)捕亡篇设有道路行人捕罪人之条:“诸追捕罪人,而力不能制,告道路行人,其行人力能助之而不助者杖八十,势不得助者勿论(势不得助者,谓隔险难,及驰驿之类)。”疏议曰:“追捕罪人,谓将吏以下据法追捕,及在律文听私捕系,而力不能拘制,告道路行人,其任人力能助之,谓行人者仗堪制罪人而不救助者,行人合杖八十。势不得助者,谓隔川谷垣篱堑栅之类不可逾越过者,及驰驿之类。称之类者,官有急事,及私家救疾赴哀,情事急速,亦各无罪。”

【道(道)路行政】【行】Administration of public roads 关于掌握国道、省道、县道等之维持、管理,及使用等事务,曰道路行政。

【道(道)路村庄失事】【史】谓地方官在所管辖区域内之街道市路上,及村落庄镇内遇有盗案之事发生也。清例之规定如下:(一)州县印捕官四个月疏防限内不获,住俸银,一年缉拿,限满不获,降一级留任,再限一年缉拿,三限不获再留任一年,四限不获照所降之级调用,盗犯交与接任官,照案缉拿。(二)捕盗厅员同城府州,初参停升,罚俸六个月,限一年缉拿,限满不获,罚俸一年,盗犯照案缉拿。不同城府州兼辖道员初参罚俸六个月,限一年缉拿,限满不获,罚俸一年,盗犯照案缉拿。(三)关厢失事亦照道路村庄例议处。(四)承督各官初参限内拿获及半,兼获盗首窝家,原参处分,均予查销,余犯照案缉拿。(五)因公出境各官,初参免其处分,应停升者仍行停升,二三四参,仍各照限年缉拿之例办理。(六)离任官限内卸事,罚俸一年完结,盗案疏防失事地方,吏目管辖将吏目查参,典吏管辖将典吏查参,接任官分别按限处分,详载接缉图,盗案疏防失事地方,巡检管辖止将巡检查参。

【道(道)路警察】【行】Road police 属于交通警察之一种,即关于整理道路,改良道路,以及谋求道路之安全与清洁等之警察作用也。

【违(違)反】【通】Contravention 违者违背也,反者反对也,例如违反法律之规定是。

【违(違)令】【史】违令者谓各有禁制,而律无罪名者,如故违诏旨,坐违制,故违奏准事例,坐违令(明律卷二十六,清律卷三十四,刑律杂犯篇违令之条)。明律之纂注曰:"国初未制律之前,首著为令以颁示天下,分为六科,吏自选用以至宣使等,凡十八条。户令自漏口脱户至解纳官物,凡二十四条。礼令自朝贺班次至封赠,凡二十七条。兵令自额设祗候人等至支给,分例凡一十条。刑令自五刑至里长犯赃迁徙,凡七十条。工令则造作军器织造段匹二条。其间有律条并载者,依律科断,若律无罪名而令有禁制,则当守令,故违者笞五十。"唐律(卷二十七)杂律篇违令条之疏议曰:"令有禁制,谓仪制令,行路贱避贵,未避去之类,此是令有禁制,律无罪名,违者笞五十。"

【违(違)失】【史】官吏处事失当,谓之违失,应受弹劾。后汉书一百官志:"有违失举劾之。"

【违(違)犯教令】【史】祖父母父母之教训命令,为子孙者有遵守服从之义务,如违反之者,曰违犯教令,唐明清律均设有明文。唐律(卷二十四)斗讼篇——子孙违犯教令条:"诸子孙违犯教令及供养有阙者,徒二年。"明律(卷二十二)刑事诉讼篇——违犯教令条:"凡子孙违犯祖父母父母教令,及奉养有缺者杖一百。"清律(卷二十八)之规定与明律相同。违犯教令,谓子孙违背或触犯祖父母父母之家教与诲令也。清律及例之规定如下:(一)子孙违犯祖父母父母教令有奉养有缺杖一百,子贫不能营生养赡致父母自缢流三千里。(二)呈首触犯之案——(甲)子孙实犯殴詈罪干重辟及仅止违犯教令者各依律分别办理。(乙)祖父母父母呈首子孙恳求发遣及屡次违犯触犯,民人实发烟瘴地方充军,如将子孙及妇一并呈送者,并佥发安置。旗人发黑龙江当差,如将子孙及妇一并呈送者,并佥发安置。(三)子孙犯奸盗——(甲)祖父母父母并未纵容,忧忿戕生,或被人殴死及谋故杀害者绞决。(乙)祖父母父母纵容袒护,后经发觉,畏罪自尽,改发四省烟瘴充军。(丙)祖父母父母纵容袒护被人殴死或谋故杀害绞候。(四)祖父母父母教令子孙犯奸盗发觉,畏罪自尽,徒三年。被人殴死及谋故杀害,流三千里。(五)子孙罪犯应死,事情败露,致祖父母父母自尽,即照本犯罪名拟以立决,子孙之妇有犯悉与子孙同科。

【违(違)例收粮】【史】违例收粮者,谓征收钱粮时不依照定例之规定也。清例设有规定，兹举述于下：(一)输纳钱粮不填数目不给印串，或预征次年钱粮，州县官革职拿问，司道府州明知不报革职，不知情照不揭报劣员例分别议处，督抚不行题参降五级调用，不知情照不揭报劣员例分别议处。(二)私加火耗私派加征，州县官革职拿问，司道府州隐匿不报革职拿问，不知情照不揭报劣员例分别议处，督抚不行题参革职，不知情照不揭报劣员例分别议处。

【违(違)例行夹】【史】行夹为使用夹棍也，即以棍棒夹足部之刑也。违背成例行夹之官员应依本条予以处分。清之六部处分则例(卷五十)刑属用刑篇设有违例行夹之条："直省督抚设立印簿分发所属问刑衙门，令将某案某人因何夹讯及用刑次数逐细填注簿内，于年底申缴督抚衙门查核，如有滥用夹棍及用多报少情弊，查出指参，将滥用夹棍之员分别应夹不应夹致死不致死照例议处，用多报少之员降一级调用。"又："内外衙门审问小事，不准滥用夹棍，若将不应夹之人行夹，未致死者降一级留任，已致死者降三级调用，其应夹之人不得实供，方夹一次再不实供，再夹一次，毋许任意多用，若将应夹之人夹死，其罪应死者罚俸一年，罪不应死者降一级调用，恣意叠夹致死者革职，如有别项情由即照情由治罪，至在京衙门将不应夹讯之人回堂行夹，经堂官准行者，该堂官罚俸六个月。"又："官员擅行夹责旗人者，降一级调用。"又："官员夹讯妇人者，降三级调用，将孕妇用拶指者，降一级调用，因夹拶而致死者俱革职，该管上司均照失察擅用非刑例议处，揭报题参者免议。"

【违(違)例行杖】【史】清制杖为五刑之一，自六十至一百，每十杖为一等，凡五等，用大竹板折责，凡刑杖不得过百，罪重于杖者枷示，满杖而仍责打及将无辜者杖责致死者，均为违例。清之六部处分则例(卷五十)刑属用刑篇设有违例行杖之条："官员于犯人满杖之外，违例陋责致死者革职，如将无辜之人杖责致死者革职提问，府州降二级调用，道员降一级调用，臬司降一级留任，督抚罚俸一年，揭报题参者免议，未致死者问刑官降一级留任，上司免议。"

【违(違)例保留】【史】谓违背成例，将调革职官或各项监督出差期满之人员，题请仍留原任也。清之六部处分则例(卷四)吏属举劾篇设有违例保留之条："降调革职官员，有贿嘱百姓保留者，官民俱照律治罪，如该督抚捏称舆情爱戴，将降革离任之员保留原任者，降二级调用，由司道府州转详者，将司道府州降一级调用。若果系清廉爱民，因公降革，许督抚题请留任，傥将不肖之员保留，后经劣迹败露，将该督抚降二级调用。"又："各项监督出差期满，该督抚以商民保留为词，代请留任者，降一级留任，其监督差期将满，借端呈请督抚代题展限者，将该监督降一级调用。"

【违(違)例保题】【史】各省道府等官如有出缺，理应请旨简放及应归部铨选任命者，不许督抚保荐题补，违者谓之违例保题，应受一定之处分。清之六部处分则例(卷四)吏属举劾篇设有违例保题之条："直省道府缺出或应请旨简放，及应归部铨选者，俱不准在外扣留，如该督抚违例题补，奉旨驳斥，并部议驳者，查有徇庇情事，将该督抚降三级调用，查无徇庇情事，止系违例保题，将该督抚照违令公罪律罚俸九个月。"又："直省部选缺出，该督抚并不声明选缺，辄行题补调补，或声明留缺而补非应补之员，又如应调缺出，该省现有应调之人，捏称无人，转将他员奏请升用，以及应行题补缺出，将衔缺悬殊不应题升之员，越次升补者，查有徇庇情事，将该督抚降三级调用，若由司道府州申请，将司道等官降二级调用，其止于违例保题者，将该督抚罚俸九个月，司道等官罚俸六个月。”又：“直省试署人员年限未满，该督抚即题请实授者，照违令公罪律罚俸九个月。若试用人员到省后督抚等并未委署，遽行保题实缺者，将督抚藩司降一级调用，如查有徇庇情事，照前例分别议处。”又：“违例保题，主稿之督抚应降三级调用者，会衔之督抚降一级留任。主稿之督抚应罚俸九个月者，会衔之督抚罚俸三个月。”又：“凡督抚题补官员任内有参罚事故，及已经核参未准部覆案件，俱于本内声明，听部定议，如有遗漏，吏部即于议覆本内将具题之督抚罚俸六个月。其遗漏之案如系钱粮处分，将藩司罚俸一年，臬司罚俸六个月。系刑名处分，将臬司罚俸一年，藩司罚俸六个月。”

【违(違)例科罚】【史】科罚，谓科断刑罚也。一切刑罚，均应依律及例为之，不许擅自科断，违者谓之违例科罚。清之六部处分则例(卷四十八)刑属审断篇下设有违例科罚之条：“凡内外衙门审理一切事件，俱应按律发落，不许罚取纸笔硃墨器皿银钱米谷等项，违者计赃论罪。若民间寻常词讼，所犯之罪本轻，地方官酌量示罚，以充桥道庙宇等工之用，亦须详报上司，奏明办理，不许擅自批结。如地方官并未详明上司，违例科罚完案，计其所罚银钱米谷等项数在百两以内者，降一级调用，百两以外者，降三级调用。若已详报上司，而上司不行奏明，率准批结，将准罚之上司分别百两以内亦降一级调用，百两以外亦降三级调用。”

【违(違)例送迎供应】【史】钦差大臣出京，沿途地方官如有馈送供应，以致转派而取诸人民，均属违背定例，应受一定处分，至于远迎远送，亦为例所禁止。清之六部处分则例(卷十五)吏属营私编设有违例送迎供应之条：“雍正元年七月十五日，奉上谕，钦差出京，沿途地方官向有馈送，督抚派于州县，州县派于里民。朕深知此弊，于散赈催漕勘河各钦差大臣官员出京时，皆逐一谆谆告诫，不令骚扰地方官民，但恐阳奉阴违，又恐地方官畏惧以不敢忽略钦差之故，仍蹈前辙，且差去之大臣官员，即能洁己自持，而随从人役未必尽能遵奉。至钦差事毕回京之后，督抚或借钦差公费名色开单分派州县，州县不敢问其虚实，州县转派里民，里民不敢问其多寡，甚至以科派赢余，或填亏空，或充节礼，种种弊端，深可痛恨，著各省督抚于钦差经过之地，即将所发上谕大张，告示遍贴通衢，嗣后钦差务期恪遵训谕，严束人役，毋科得骚扰地方，需索馈送。如钦差本无需索，州县官借名私派里民，及暗加火耗者，著即指名题参。至督抚身为大吏，尤宜廉洁率属，倘有扶同苛派，致扰民生者，一经查出，决不姑贷，钦此。”又：“嘉庆五年正月二十七日奉上谕，朕恭阅皇考高宗纯皇帝实录内载户部右侍郎赵殿最奏，州牧县令出境迎接上司，久经严饬申禁，今奉命查勘直隶河东等处河道，所过地方知府牧令，每于数十里外迎送，甚至教官率领生员迎接道左，请一体禁止等因。国家设立州牧县令，为守土之官，原责以牧养斯民，勤勉吏治，若任意出境迎送上司，不特有旷职守，而夤缘奔竞等弊，即从此起，岂设官分职之意耶。至生员躬列胶庠，乃遇大员经过境内，亦有教官率迎道左之习，更属无谓。即朕每于巡跸所经，亦只令地方官于二三十里之内,前来瞻观,若道路遥远,即不令前来,亦所以重职守。其前往热河时间,因经过文庙,有生员在道旁跪迎,他处从无此事。今朕闻那彦成前于奉命往陕省时,沿途地方官多有远来接候,曲为逢迎之事,实属外省恶习。此等积弊,州牧县令视为故常,恬不为怪,不独钦差大员过境,伊等极其承奉,即遇本省上司及邻省督抚司道经过,该员等皆不惮远涉,纷纷迎送,转以此为见长之地,则地方应办事务延搁贻误,不知凡几,著通谕各直省地方官,凡有守土之责者,务须各勤职守,傥遇上司钦差所过地方,其正印各员非有公事传询,不得轻离职任,至教官为训迪之司,尤不应率领生员道傍迎送,俱著一体严禁。倘经此次谕禁之后,尚复视为具文,仍蹈从前陋习,一经觉察,或被人纠参,必当严行惩究,以期官方肃而士习端,亦化民成俗之一道也。将此通谕知之,钦此。"

【违(違)例遣人赴部呈诉】【史】各省候补试用人员向部呈诉一定事件,均须先行详请督抚核办,不得迳行遣人赴部呈诉,违者均应分别予以议处。清之六部处分则例(卷十五)吏属营私编设有违例遣人赴部呈诉之条:"各省候补试用人员遇事并未详请督抚核办,迳行遣人赴部呈诉者,除将原呈批示不收外,并行文该省查取遣人赴部呈诉职名,分别议处。如案件本无舛错,该员心怀疑窦,妄行呈诉者,照不应重杖八十,私罪律降三级调用。如实有应行声请情事,该员并不详请督抚辄违例遣人呈诉,照不应重杖八十,公罪律降二级留任。"

【违(違)制论】【史】凡律无罪名而令有禁止时,犯者以违制论。

【违(違)法】【通】Illegality 与法令之规定相违反,或与法定之手续不相符,均谓之违法。

【违(違)法行为】【通】Illegal act 违反法律命令等所规定,而为法律所禁止之行为,称曰违法行为。在刑事方面乃指违反刑法规定之行为,在民事方面乃指不履行债务及侵权之行为,以及其他与民法所规定者相抵触之行为而言。在行政法方面,则泛指违反行政法规定所规定之行为而言。

【违(違)法判决】【民刑诉】Illegal judgement 法院对于民刑事件之判决,不按法定程序,或违背法律之规定者,为违法判决。依民诉第四百三十六条规定,有下列各款情形之一者,其裁判为违法:(一)判决法院之组织不合法者。(二)依法律或裁判应回避之推事,参与裁判者。(三)违背专属管辖之规定者。(四)当事人之诉讼代理不合法者。(五)违背言词辩论公开之规定者。(六)裁判不备理由,或理由矛盾者。又依刑诉第三百九十一条规定,有下列情形之一者,判决以违背法令论。(一)法院之编制不合法者。(二)应行回避之推事,参与审理者。(三)推事经当事人声请回避,已经裁定认为有理由,而仍参与审理者。(四)禁止审判公开非依法律之规定者。(五)法院所认事务管辖之有无,系不当者。(六)法院受理诉讼或不受理诉讼,系不当者。(七)除法律有特别规定外,被告未出庭而迳行审判者。(八)依法应停止或更新审判程序,而未经停止或更新者。(九)依法应用辩护人之案件,或已经指定辩护之案件,辩护人未出庭,而迳行审判者。(十)依法于审判时应行调查之证据,未予调查者。(十一)已受请求之事项,未予判决,或未受请求之事项,予以判决者。(十二)未经参与审理之推事,参与判决者。(十三)判决不载理由,或所载理由矛盾者。凡有上述情形之一,皆为违法之判决。判决既属违法,当事人便可据以为上诉之理由。

【违(違)法处分】【行】Illegal disposition 凡行政官署违反法规,而对人民之个人权利加以侵害时所为之处分,曰违法处分。依我国法律之规定,违法处分与不当处分均得为提起诉愿之原因。若不服诉愿之决定而欲提起行政诉讼者,则仅限于违法处分耳。

【违(違)法逮捕】【刑诉】(详不法逮捕条内)

【违(違)契不偿】【史】债务者不履行契约之谓。唐律(卷二十六)杂律篇——负债违契不偿条:"凡负债违契不偿者一匹(指当时绢一匹之价值而言)以上,违二十日,笞二十,二十日加一等,罪只杖六十,三十匹加二等百匹又加三等各令备偿。"明律(卷九)户律钱债篇——违禁取利条:"其负欠私债,违约不还者,五贯以上,违三月笞一十,每一月加一等,罪止笞四十,五十贯以上,违三月笞二十,每一月加一等,罪止笞五十,二百五十贯以上,违三月笞三十,每一月加一等,罪止杖六十,并追本利给主。"明律采保护经济弱者之主义,故期限较长而刑亦轻。

【违(違)律为婚】【史】所谓违律为婚,乃指违反法律上所禁止之婚姻而言。例如亲属间之婚姻是。唐律(卷十四)户婚篇——违律为婚条之疏义:"依律不许为婚,其有故为之者,是谓违律为婚。"

【违(違)律为婚离正】【史】凡违背律之所定而为婚姻者,男家妄冒或女家妄冒皆离之,奴婢嫁女与良人者则正之,即会赦时亦离之正之。唐律(卷十四)户婚篇——违律为婚离正之条曰:"诸违律为婚,当条称离之正之者,虽会赦犹离之正也,定而未成,亦是,娉财不追,女家妄冒者追还。"疏议曰:"违律为婚,谓依律不合作婚,而故违者,当条称离之,谓上条男家妄冒,或女家妄冒离之,又正之者,谓上条奴婢私嫁女与良人,仍正之,虽会大赦,称离之者,犹离之,称正之者,犹正之,定而未成亦是。假令杂户与良人为婚已定,监临之官,娶所监临女未成,会赦之后,亦合离正,故云,定而未成亦是。男家送财已讫,虽合离正,其财不追,若女家妄冒,应离正者,追财物还男家。凡称离之者,赦后皆合离正。名例律云,会赦应改正,经责簿账,而不改正,各论如本犯律,应离之辈,即是赦后须离仍不离者,律无罪条,犹当不应得为从重,合杖八十,若判离不离,自从奸法。"

【违(違)律嫁娶】【史】所谓违例嫁娶,乃指妇女出嫁及男子娶妇时之主婚人违背法律之规定而言。清律之规定如下:(一)由男女之祖父母父母伯叔父母姑兄姊及外祖父母主婚者,独坐主婚,男女不坐。(二)期亲卑幼及大功以下尊长卑幼主婚者,事由主婚,主婚为首,男女为从,至死者主婚人并减一等,未成婚者各减五等。事由男女,男女为首,主婚为从,至死者主婚人并减一等,未成婚者各减五等。(三)男女被主婚人威逼事不由己,若男年二十以下及在室之女虽非威逼之女,亦独坐主婚,男女俱不坐。(四)媒人知情,各减男女及主婚罪一等,不知者不坐。(五)娶者知情,不论已未成婚,财礼俱追入官,不知者追还主。

【违(違)约】【债】Breach of contract 凡与所订定契约之内容相违反者,谓之违约。例如对契约之不履行,履行不能,或不完全履行,或过期履行皆是。

【违(違)约人】【债】违背契约所规定事项之人称曰违约人,对于相对人应负担赔偿之责任。

【违(違)约不还】【史】又称曰违契不偿。(详该本条)

【违(違)约金】【债】Stipulated penalty 即当事人约定债务人不履行债务时应为支付之金额,或约定违约时应为金钱以外之给付也(民法第二五〇条第一项及第二五三条)。违约金之作用有二:(1)损害赔偿总额——即除当事人另有订定外,违约金均视为因不履行而生损害之赔偿总额。(2)纯粹违约之制裁——即当事人约定如债务人不于适当时期,或不依适当方法履行债务时,即须支付违约金者,债权人于债务不履行时,除违约金外并得请求其他损害赔偿(第二五〇条第二项)。上述乃债务人全部不履行时之规定,至仅一部不履行之债务,其违约金得由法院减少之(第二五一条)。又为保护债务人起见,凡约定之违约金额过高者,法院得减至相当之数额。(第二五二条)

【违(違)约处分】【债】违背契约所订定之条款时所加之处分,称曰违约处分。

【违(違)背法令】【民刑诉】所谓违背法令,乃指法院之判决不适用法规或适用不当而言,上诉于第三审法院非以判决违背法令为理由不得为之。我国民事诉讼法规定,有下列各款情形之一者,其裁判当然为违背法令:(1)判决法院之组织不合法者。(2)依法律或裁判应回避之推事参与裁判者。(3)违背专属管辖之规定者。(4)当事人之诉讼代理不合法者。(5)违背言辞辩论公开之规定者。(6)裁判不备理由或理由矛盾者。在刑事诉讼法则规定凡有下列情形之一者,其判决以违背法令论:(1)法院之编制不合法者。(2)应行回避之推事参与审理者。(3)推事经当事人声请回避,已经裁定认为有理由,而仍参与审理者。(4)禁止审判公开非依法律之规定者。(5)法院所认事务管辖之有无系不当者。(6)法院受理诉讼或不受理诉讼系不当者。(7)除法律有特别规定外,被告未出庭而迳行审判者。(8)依法应停止或更新审判程序而未经停止或更新者。(9)依法应用辩护人之案件,或已经指定辩护人之案件,辩护人未出庭而迳行审判者。(10)依法于审判时应行调查之证据未予调查者。(11)已受请求之事项未予判决,或未受请求之事项予以判决者,(12)未经参与审理之推事参与判决者。(13)判决不载理由或所载理由矛盾者。(民诉法第四三五—四三六条、刑诉法第三九〇—三九一条)

【违(違)背建筑成规罪】【刑】为公共危险罪之一。因承揽工程人或监工人于营造或拆卸建筑物时,违背建筑术成规(即特定之章程条例之谓)致生公共危险而成立,以违背建筑术成规致生公共危险为必要。处二年以下有期徒刑,拘役,或三千元以下罚金。(刑法第二〇七条)

【违(違)时行刑】【史】立春以后秋分以前禁止死刑之执行,如违反此项禁例,谓之违时行刑。唐律(卷三十)断狱篇——立春后不决死刑条,明律(卷二十八)断狱篇——死囚覆奏待报条以及清律(卷三十五)同条均有明文。

【违(違)禁下海】【史】违反法律之禁止,而将禁制品输出而为海上之贸易者,为违禁下海。明律(卷十五)兵律关津篇——私出外境及违禁下海条:“凡将马牛军需铁货铜钱段匹紬绢丝绵,私出外境货卖及下海者,杖一百。”清律(卷十九)因之。此外明律条例—兵律关津尚有造违式之大船下海私贩者,杖一百,货船入官之规定。

【违(違)禁取利】【史】明清法律规定,贷借契约每月取利不得过三分,年数虽多亦不得过一本一利,凡逾越此项限制者,曰违禁取利。明律(卷九)、清律(卷十三)户律钱债篇——违禁取利条:“凡私放钱债及典当财物,每月取利并不得过三分,年数虽多,不得过一本一利,违者笞四十,以余利计赃,重者以赃论,罪止杖一百。”

【违(違)禁物】【刑】Forbidden objects　凡为法律所禁止不得私有之物品,曰违禁物。例如炸弹危险爆炸物及吸鸦片物具等皆是。(参罪体条内)

【违(違)误兵船】【史】大兵出发或班师,需用船只以供运输之时,地方官并不解到或解船短少不敷应用者,谓之违误兵船,应依例予以一定处分。清之六部处分则例(卷三十七)兵属军政篇设有违误兵船之条:“大兵需用船只,地方官全无解到者,革职。解船短少者,降一级调用,该管官不行督催,罚俸一年。”又:“兵船需用纤夫,地方官不按站接替堵门相阻,以致纤夫越站行走者,革职提问,如全误不行解到者革职,短少者降二级调用。”又:“大兵班师,地方官将回空盐船违例封解者,罚俸一年。”又:“官员将应给移驻官兵口粮船只,迟延者罚俸一年。”

【违(違)误驿务】【史】驿者邮驿也(参邮驿条)。违误驿务,谓违反及失误邮驿之事务也。清之六部处分则例(卷三十五)兵属驿递篇设有违误驿务之条:“司驿官于奉旨差遣重大事务,及紧要军情,任令官役闭门不容进城,或抗不应付或殴辱差员者,俱革职提问,失于觉察之同城该管上司,降一级调用。若于接递上用物件应付稽迟或违误紧要奏章者,司驿官降二级调用,失察之同城该管上司,降一级留任。若违误寻常奏章,或不按驿接替,彼此互越,或违例多给,或将别驿马匹充伊驿马驱使者,司驿官降一级调用,失察之同城该管上司,罚俸六个月。”

【违(違)宪】【史】违反国家之宪典曰违宪。后汉书—第五伦传:“绳以法,则伤惠,私以亲,则违宪。”

【违(違)宪检查权】【宪】司法官对于普通法律之制定与引用,是否与宪法相抵触,有检查及宣告无效之权,是曰违宪检查权。美国法院对于通常法律违背宪法时所为之 Unconstitutional 之宣告,即其最显著之例。

【违(違)礼入律】【史】违礼入律者,谓违背礼制之行为即应受法律之制裁也。大学衍义补(卷五十一):“丘濬曰,太祖皇帝以服制图载于大明律之首,盖以违于礼则入于律,既以法戒天下,云云。”

【违(違)警行为】【行】违反违警罚法所规定之行为,称曰违警行为。

【违(違)警律】【史】清末置巡警部,因而设有违警罪之规定,其后官制鼎革,改巡警部为民政部,权限为之扩张,同时违警罪之法规,亦成为一独立之法律。光绪三十三年命民政部酌定违警律,复经宪政编查馆修正,次年四月十日经裁可公布,共十章四十五条。民国成立,依然采用。四年十一月七日始以违警罚法(共五十三条)代之。十七年七月二十一日,国民政府复颁布新违警罚法(计五十三条),至今仍为有效。

【违(違)警罪】【史】违反违警罚法所规定之罪名曰违警罪。(参违警罚法条)

【违(違)警罚法】【行】Law of Punishment of Contraventions of Police Regulation;Police Offences Law 本法于民国十七年七月二十一日公布,分九章,共五十三条。其要点如下:(一)本法及其他法令或法令所认许之警察章程无正条者,不得处罚。(二)未满十三岁人违警者不罚。(三)心神丧失人违警者不罚。(四)因救护自己或他人紧急危难,出于不得已之行为致违警者不罚(但其行为逾当者,得减本刑四分之一或二分之一处罚)。(五)凡为人力或天然力所迫,无力抗拒致违警者不处罚。(六)违警未遂者不罚。(七)违警行为同时涉及本法所列二款以上者,分别处罚(但拘留不得逾三十日,罚金不得逾三十元)。(八)帮助正犯以实施违警行为者,曰从犯,得减本罚四分之一。(九)罚则分为主罚及从罚二种,前者如拘留(十五日以下一日以上)罚金(十五元以下一角以上)及训诫是,后者如没收停止营业(其期间为十日以下)及勒令歇业是。(十)违警之起诉告诉告发期间,自违警行为完毕之日起,以六个月为限,自判定日起满六个月后尚未执行者免除之。(十一)违警罚之种类可分为八:(1)妨害安宁者。(2)妨害秩序者。(3)妨害公务者。(4)诬告伪证及湮没证据者。(5)妨害交通者。(6)妨害风俗者。(7)妨害卫生者。(8)妨害他人身体财产者。

【达(達)到】【民总】各国民法均无定义,学说上有二派:(一)须相对人取得占有,(二)仅须相对人已居可以了解之地位。至何时始得称为已居可以了解之地位,自应依社会见解定之,二者以后说为当。例如以书信送达于相对人之住宅,投入其信箱,即称为达到是。故意思表示须于达到后始发生效力,我国民法采之。至于表意人非因自己之过失不知相对人之姓名居所者,得依民诉法之公示送达之规定,以定其达到之时而使发生效力(民法第九七条)。又向无行为能力人或限制行为能力人为意思表示者,须以其通知达到其法定代理人时发生效力(第九六条)。此项规定,称为受领能力之规定。但限制行为能力人为纯获法律上利益及受允许而处分财产,或独立营业时,则关于此项意思表示之到达,自以通知到达本人即生效力,故仍有受领能力。

【达(達)到主义】【民总】又名受信主义。(详该本条)

【达(達)到地】【债】Bestimmungsort(德) 又曰目的地。(详该本条)

【达(達)到港】【海】Port of destination 又曰目的港。(详该本条)

【达(達)鲁花赤】【史】元之官名,蒙古语,即长官之义。各路府州县,各提举司,各总管府等皆置之,为其长官。元典章(卷九)吏部投下篇——投下达鲁花赤迁转之条:"……路府州县达鲁花赤人员,须要选用正蒙古人员,充各处达鲁花赤。"清时改译为达噜噶齐。

【达(達)噜噶齐】【史】(详达鲁花赤条)

【乡(鄉)】【行】乡下划分为区,区下划分为乡或镇,凡县内百户以上之村庄地方曰乡,其不满百户者,得联合各村庄编为一乡。又凡不满百户之街市地方,亦编入乡,但因地势关系或习惯,或其他特殊情形之地方,虽不满百户亦得成为乡(按乡不得超过千户)。(县组织法第七条)

【乡(鄉)士】【史】官名,为周礼秋官司寇之属,掌六乡之讼事,即六乡之法官也。(参秋官条内)

【乡(鄉)未改良地】【土】Rural unimproved-land 依土地法第八十一条规定,未依法令而使用之乡土地,为乡未改良地。所谓未依法令而使用之乡土地为乡未改良地者,即指受使用限制之土地以外之土地而言。

【乡(鄉)刑上德】【史】乡刑为周礼五刑之一,乃关于乡党之刑法,德为乡之六德,乃以保护及奖励为目的,凡妨害之者,均应处罚。(参以五刑纠万民条)

【乡(鄉)地】【土】Land in village 为土地之一种,对市地言,以行政区域为区别之标准,凡在市地以外之土地皆曰乡地。又因是否已依照法令使用,更有下列三种之分:(1)乡改良地——仍法令使用之乡地,(2)乡未改良地——未依法令而使用之乡地,(3)乡荒地——无改良物之乡地。

【乡(鄉)改良地】【土】Rural improved-land 土地法第二百八十一条首段规定,依法令使用之乡土地为乡改良地。所谓依法令使用之乡土地为乡改良地者,大概乃指土地法第一百四十八条以下,受使用限制之土地而言。

【乡(鄉)荒地】【土】Rural waste land 凡乡之旷废土地,或未经开垦之地,或未经改良之乡土地,皆谓之乡荒地。

【乡(鄉)贡】【史】唐代取士之方法计有二种,其由各州县所选拔而来者,谓之乡贡,或曰乡贡进士,当时之进士乃科目之名。其由学校选拔者,谓之学生。(至文武官之子弟应试者,则曰制士,亦取士方法之另一种)。唐书—选举志:"唐制取士之科,多因隋书,然其大要有二,由学馆者曰生徒,由州县者曰乡贡,皆升于有司,而进退之。"(文献通考选举)

【乡(鄉)贡进士】【史】一名乡贡。(详该本条)

【乡(鄉)试】【史】乡试为科举中最初之考试,乃集全省各府州县学生(士子)及有学生以上资格者于省城,举行官吏之考试,其中式者称曰举人。(参科举条)

【乡(鄉)农会】【行】为农会之一种,乃以乡为单位所组织之农会。

【乡(鄉)饮酒礼】【史】乡党叙齿及乡饮酒礼均有一定礼式,朝廷颁行,天下遵守,违者笞五十(明律卷十二,清律卷十七,礼律仪制篇有乡饮酒礼之条)。明律之纂注:"乡党叙齿,谓民间岁时相见宴会之礼,以齿相尚,长者居前,少者居后,指平日行坐而言。乡饮酒礼即今有司与学官率士大夫之老者行之,学校指官府所行而言。此见乡党老少聚会之间,以年齿为序,及府州县乡饮酒之礼,载在职掌已有定式,若乡党而不循齿序,乡饮酒而不依定式者,是谓乱理,均属有违,故并笞五十。"

【乡(鄉)(镇)公所】【行】办理各该乡(镇)自治事务之机关,曰乡(镇)公所,设

乡(镇)长及副乡(镇)长各一人。如乡(镇)在五百户以上者,得增设副乡(镇)长一人。(县组织法第四〇条)

【乡(鄉)(镇)民大会】【行】所谓乡(镇)民大会,乃指乡(镇)公民之全体会议而言,由乡(镇)长召集之,每年开会二次,并得召集临时大会。乡(镇)民大会之职权如下:(一)选举及罢免乡(镇)长及他职员。(二)制定或修正自治公约。(三)议决预算决算。(四)议决单行规程。(五)议决乡公所或镇公所交议事项。(六)议决所属各闾邻或公民提议事项。(乡镇自治施行法第二一—二七条)

【乡(鄉)(镇)长】【行】掌理各该乡(镇)自治事务之首长,谓之乡(镇)长,由乡(镇)民大会选任。但在区长民选实行以前,则由县长择任,均为无给职。(县组织法第四二条、四五条)

【乡(鄉)(镇)财政】【行】乡(镇)之一切收支,曰乡(镇)财政,应于每三个月终公布一次。乡(镇)财政之收入为下列五种:(一)各该乡(镇)公产及公款之孳息。(二)各该乡(镇)公营事业之纯利。(三)依法赋与之自治款项。(四)县区补助金。(五)特别捐。(乡镇自治施行法第六一—六五条)

【乡(鄉)(镇)务会议】【行】所谓乡(镇)务会议,乃由乡(镇)公所主要人员所组织而成之合议机关,其出席者为乡(镇)长、副乡(镇)长,及各该乡(镇)所属闾长,开会时应通知监察委员列席,必要时得通知邻长列席。(乡镇自治施行法第三一条)

【乡(鄉)(镇)监察委员会】【行】谓由乡(镇)民大会所选举之监察机关,以委员三人或五人组织之,任期一年,得再被选,每月开会一次,并得开临时会。其职务为:(一)监督各该乡(镇)财政。(二)向乡(镇)民纠举乡(镇)长副乡(镇)长违法失职事宜。(县组织法第四四条、乡镇自治施行法第四七—六〇条)

【乡(鄉)(镇)调解委员会】【行】由乡(镇)民大会于乡(镇)公民中选出委员所组织之调解机关,曰乡(镇)调解委员会,其所办理事项有二:(一)民事调解事项。(二)依法得撤回告诉之刑事调解事项。(乡镇自治施行法第三二—三〇条)

【乡(鄉)党】【史】为周代地方行政区域之名,一万二千五百家曰乡,五百家曰党。孟子—公孙丑篇:"朝廷莫如爵,乡党莫如齿。"

【酬庸】【史】酬者报酬也,庸者功劳也,清时对立大功者例赐爵位以资鼓励,所谓酬庸乃对八旗有功者之特典而言。会典—兵部八旗:"凡封爵之制,其别有五,一曰酬庸,以彰世赏。"其附例:"建立大功,则有酬庸之典,封赏皆由特旨。其叙功受封者八旗官兵,有攻城之功,有夺舟之功,皆按等给爵,至积有战功,八旗绿营,皆计算功牌给爵。凡兵部议功,至应给世爵者,则咨部具题请给。"

【钳(鉗)】【史】以铁束于颈上曰钳。汉书—高帝纪:"自髡钳为王家奴。"注曰:"钳以铁束颈也。"至于足上加锁亦称曰钳。后汉书—光武纪:"弛解钳衣。"注曰:"钳钛也,钛,足钳也。"

【钳(鉗)衣】【史】(详钳条内)

【钳(鉗)徒】【史】受钳刑之人,曰钳徒。

【钳(鉗)梏】【史】以铁束于罪人之颈曰钳,缚罪人之手曰梏。

【钩(鉤)盾】【史】官名,为汉少府之属官,即钩盾令丞也,掌苑囿之事。(后汉书昭帝纪)

【钩(鉤)校律令条法】【史】检查校察律令等法规,曰钩校律令条法。后汉书—陈宠传:"宠性仁务,及为理官,钩校律令条法,溢于甫刑者,除之。"

【钩(鉤)距】【史】摘发犯罪时以另一事物讯之,转而及于近者,再转而至于所欲讯问者,终而能达到于摘发之目的,此种方法,称曰钩距。汉书—赵广汉传:"广汉为京兆尹,威名流闻,其发奸摘伏如神,政清,吏民称之,不容口,尤善为钩距以得事情。钩距者,设欲知马贾,则先问狗,已问羊,又问牛,然后及马,参伍其贾,以类相准,则知马贵贱,不失实矣。"注曰:"苏林曰,钩得其情,使不得去也。"

【隔地犯】【刑】为隔隙犯之一种,即犯罪行为于甲地而结果发生于乙地者之谓。此项之区别,于法院之管辖权及国内外区域之管辖权有重大关系。对于隔地犯之处分在学说上有四主义:(1)行为主义说。(2)结果主义说。(3)中间现象主义说。(4)行为结果主义说(详各本条)。以上各说,以采用行为结果主义说者为当。

【隔别讯问】【刑诉】Separated examination 又称分别讯问。(详讯问条内)

【隔省提人】【史】贼盗案件发生于甲省,而犯人则住居或匿迹于乙省,甲省应依一定公式向乙省当局关提,是曰隔省提人。清之现行则例(即刑部现行则例)公式篇设有隔省提人之条:"隔省关提人犯,该地方官确注盗犯年貌住址的实名姓,一面详请本省督抚移咨住贼之省督抚提拿,一面移文差人关会住贼之地方官挂号添差协缉,不许擅给批牌,竟行拘提,如有违此例者,将该地方官照诬良为盗例治罪。"如住贼之地方官徇庇不行协缉,亦交与该部议处。至于本省内隔属关提人犯,仍令向该地方官挂号添差拘提,如违例擅自拘拿,捕役照诬良为盗例治罪,原差地方官照失察衙役诬良为盗例交与该部议。

【隔时犯】【刑】为隔隙犯之一种,即犯罪行为于甲时而结果发生于乙时者之谓。此项研究于犯人责任年龄之决定,公诉时效及新旧刑法交替时有重大关系。其处分在学说上有四主义:(1)行为主义说。(2)结果主义说。(3)中间现象主义说。(4)行为结果主义说(详各本条)。以上各说,以采用行为主义说为当。

【隔隙犯】【刑】通常凡行为与结果相合者,始构成犯罪事实。若行为与结果又不发生于同时与同场所者,则此种行为与结果不发生于同时同场所之犯罪,称曰隔隙犯,乃隔时犯与隔地犯(各详该条)之总称。

【隔属关拿人犯】【史】隔属谓邻境或邻省,关拿,谓行文请求缉拿,人犯谓各种犯罪之人。清之六部处分则例(卷四十六)刑属提解篇设有隔属关拿人犯之条:"嘉庆十八年十二月初六日奉旨同兴奏请定邻境州县缉拿要犯事例一折,直省州县各有疆界定例,拘传邻境人犯必关移本地方官票传移解,原以杜冒名妄拿扰害平民之弊。若案关重大,如现在缉拿逆犯,自应量为变通,免致稽迟时日,漏泄风声。嗣后如查拿逆案要犯，邻县蹦明住址，准其选派干役就近速往掩捕，仍密具文移另派妥役，关会本邑地方官，并免其不及协拿处分，庶冒充延搁之弊，可以悉除。其寻常命盗户婚田土案件关提人犯，仍著照旧例行，钦此。"又："直省府州县所属大小案犯，如有窜入邻境，一面差役执持印票往拿，一面移文关会添差协缉。倪该地方官明知犯匿邻境，以非其管辖，不急往拿，及邻境之该管官任令潜匿不为协缉者，系命盗等案重犯均降三级调用，系逃窃娼赌等项寻常案犯，均降一级留任。"又："旗民同处地方遇有命盗通缉重犯，在彼潜匿，该旗民官访知确实，不论旗人民人，一面行文关会，一面差役持票迳往拘拿。如该旗民官不即添差协拿，致使奸匪远遁，许往拿之员通揭该上司会参，将该管官降三级调用。若非命盗通缉紧要重犯，并无的实潜匿证据，止准旗民官互相知会访查，不得差役迳行缉捕，违者照滥准行关例罚俸一年，因而致差役扰害地方，将往拿之员照借捕扰民例分别议处。"又："隔属关拿人犯，原差得贿纵放，追缴差时，转以夺犯捏禀，该管官误行听信，致将隔属官详揭题参者，审明之日，将被参之员即行开复，误信捏禀之员，照误揭属员例分别议处。"

【隔属关提人犯】【史】关提谓官吏行文邻境地域之地方官，请其将匿迹于其地域内之被告人拘提也。隔属，乃指邻境或邻省而言。清之六部处分则例(卷四十六)刑属提解篇设有隔属关提人犯之条："凡邻省关提人犯，以文到日为始，限四个月内拿解，邻境关提人犯，以文到日为始，限二十日内拿解，如逾限不发，将该地方官照事件迟延例议。其或地保差役捏禀并无其人，或托词患病，或诈称外出，地方官失于查出，率以空文回覆者，系寻常案犯罚俸六个月，系命盗等案重犯降一级留任，若现有其人，而地方官故意不发者，系寻常案犯降一级留任，系命盗等案重犯降三级调用。"又："凡户婚田土钱债斗殴赌博等事，原告人有身住在此州县，而事犯在彼州县者，令原告人于事犯之州县告理，不得于身住之州县呈告，若本籍地方官率准行关者，罚俸一年，邻境地方官即据关拘发者，罚俸六个月。"

【电(電)政行政】【行】Administration of electrical industries 所谓电政行政，乃包括关于掌握电报电话(有线无线)，及其他电气营业之事务而言。故举凡电报电话(总称曰电信)之设施与兴革，及私设电信事业之监督，与电政工作人员之养成考取与保障，皆在其内。

【电(電)信】【行】Telegraphs and telephones 电报电话不论有线无线，及其他任何电气通讯，统称为电信。凡用电气由金属导线传递之符号字母文字形象及数目字，谓之电报，其传递之语言声音，则谓之电话。凡用电波于空间传递之符号字母文字形象及数目字，谓之无线电报，其电递之语言声音，则名曰无线电话。又电信可分为国营电信，与私设电信二种。(详各本条，电信条例第一条)

【电(電)信条例】【行】Regulations Governing Telegraphy and Telephone 本条例于民国十八年八月五日公布，共二十二条，其要点如下：(一)所谓电信，乃指电报电话不论有线无线及其他任何电气通信之统称。(二)电信因管辖之区别，可分为三种：(1)由国府行政院交通部管理者。(2)由陆海军及航空机关所设置者。(3)由地方政府公私团体或个人设置者(须经交通部或其委托机关之核准)。

(三)交通部对地方政府公私团体,或个人所设置之电信,及凡装置无线电收音机者,有征收照费并制定取缔规则之权,于必要时得派员在私设电信机关检查电信,或依法令之规定将其供为公用或军事通信之用,并得派员管理或出价收用之。(四)电信内之事故,应由通信人负其责任。(五)国营电信机关及其职员工役,对于往来电信之有无及其内容,在原则上应严守秘密,即在退职后亦同。(六)政府因维持公安,于必要时得停止或限制电信之传递。(七)国营电信机关之线路,不论经过何地,在原则上得择便建设,其职员工役于执行职务时,经过道路关津,无论何人不得阻止其通行。

【电(電)气事业】【行】Electrical enterprise 凡应一般之需用,供给电光电力电热之营业,谓之电气事业。经营此项事业者,须经主管机关之许可(电气事业条例第一条)。其由地方政府或自治团体经营者,曰公营电气事业,非经国民政府特许,不得借用外债。其由私人或私人团体经营者,则为私营电气事业。电气事业应受电气事业条例,及民营公用事业监督条例之支配。

【电(電)务技术员】【行】凡办理交通部电政机关技术工程事务者,均称为电务技术员。电务技术员分为二等:(甲)一等技术员——须具有下列资格之一者:(1)国内外大学及高等专门学校电学专科毕业,曾在外国实习电信技术事务满五年以上著有成绩者。(2)国内外大学及高等专门学校电学专科毕业曾在外国实习电信技术满二年以上得有证书者。(3)交通部直辖电信学校高等班或从前所设之同类学校相当班毕业,办理电信事务满五年以上著有成绩者。(4)充任最高级二等技术员确有高等专门电气学识经考验及格者。(乙)二等技术员——须具有下列资格之一者:(1)国内外大学及高等专门学校电学专科毕业经考验合格者。(2)交通部直辖电信学校高等班毕业或从前所设同类学校相当班毕业者。(3)交通部直辖电信学校中等班毕业或其他同类学校相当班毕业,襄办技术事务满十年以上经考验合格者。(4)中等学校毕业充任电话局总领班测量长满十年以上,确有电话专门常识经考验合格者。电务技术员非经交通部核准不得兼任他项职务,非有下列情事之一者不得取消其资格:(1)因案惩戒受革职处分者。(2)呈准辞职者。(3)改就交通部所辖电政机关以外职务者。电务技术员之考核应按其服务成绩以分数定之,特优者三分,优良者二分,平常者一分(积至六分者晋一级)。至于奖励则分为三种:特奖金、年奖金及劳积金,均由主管人员呈请交通部核给。关于惩戒方面,则按情节之轻重分为革职、停职、降级、停止升级及察看五种。(电务技术人员章程第二一七条、第十一十二条、第二十七条、第三三条、第四二一四三条)

【电(電)务技术员章程】【行】本章程修正公布于民国二十一年六月四日,全文计分十章,共九十九条,自公布日施行。第一章总则,第二章任用,第三章薪给,第四章考核,第五章奖励,第六章惩戒,第七章告假,第八章川资,第九章恤养,第十章附则。(参电务技术员条内)

【电(電)报】【行】Telegraphs (详电信条内)

【电(電)话】【行】Telephones (详电信条内)

【电(電)影检查委员会】【行】Commission for Censoring Motion Pictures

检查电影之机关，曰电影检查委员会，由教部指派四人，内政部指派三人组织之（均无给职），公推常务委员一人，办理日常事务，并召集会议，设干事书记各一人或二人，技术员二人（得支薪金），受常委之指挥办理会务。电影检查会之职权如下：(1)检查本国制及外国制电影片。(2)核发准演执照及出口执照。(3)取缔不良电影片或定章议罚各事项。（电影检查委员会组织章程第一——四条）

【电(電)影检查法】【行】Law Governing the Censorship of Motion Pictures 本法于民国十九年十一月三日公布，计十四条。兹举其要点于下：(一)电影不论国制或外国制者，非依本法经检查核准后，不得映演。(二)电影片有下列情形之一者不得核准：(1)有损中华民族之尊严者。(2)违反三民主义者。(3)妨害善良风俗或公共秩序者。(4)提倡迷信邪说者。(三)电影检查由教育部派四人内政部派三人组织电影检查委员会办理之，检查时应请中央党部宣传部派员参加指导，准许映演者应即发给准演执照，此项执照以三年为有效期间。(四)有准演执照之电影片于映演时，应由映演人将执照向当地教育主管机关免费呈验，而电影检查委员会亦得派员至映演场所检查。(五)检查委员会检查影片每五百公尺收费十元，不满五百公尺者以五百公尺计，本国电影片免收。(六)违反本法者得处声请人或映演人以三百元以下之罚锾。

【雹害保险】【险】Hailstorm insurance （详风雹保险条内）

【雍正会典】【史】为清行政法典之一。雍正会典者，世宗雍正二年，谕内阁续修，十年十月告成，凡二百五十卷，当撰修之任者，监修和硕亲王允禄、允礼、总裁尹泰、张廷玉等凡八人，提调巴延泰、保良，别置纂修翻译誊录诸员。按康熙会典所纂，类自清初，以至康熙二十五年，其后法制增修，视前加精备完善，特以卷牍散存，未汇辑成书，故特命阁臣续修，有所增补，皆起康熙二十六年至雍正五年，体裁悉依前例，无所变更，惟以官有裁并，不能毫无异同，兹略举其目如下：卷一宗人府，卷二内阁，卷三——二十二吏部，卷二十三——五十六户部，卷五十七——一百十礼部，卷百十一——百四十八兵部，卷百四十九——百九十六刑部，卷百九十七——二百十七盛京兵部，卷二百十八盛京刑部，卷二百十九——二百二十盛京工部，卷二百二十一——二百二十二理审院，卷二百二十三——二百二十四都察院，卷二百二十五通政使司、大理寺，卷二百二十六——二百三十二内务府，卷二百三十三武备院、上驷院、奉宸院，卷二百三十四翰林院，卷二百三十五詹事，附左右春坊、司经局，卷二百三十六——二百三十九太常寺，卷二百四十顺天府、奉天府，卷二百四十一光禄寺，卷二百四十二太仆寺，卷二百四十三鸿胪寺，卷二百四十四国子监，卷二百四十五六科，卷二百四十六——二百四十七钦天监，卷二百四十八太医院、五城兵马司、僧道禄司，卷二百四十九上林苑监，卷二百五十銮仪卫、京卫。

【雉】【史】周制，雉为城之堵，长三丈，高一丈。按雉乃飞禽之名，一飞不过三丈，故方丈曰堵，三堵曰雉。大夫之堵，以百雉为限。周礼—冬官考工记——匠人篇："王宫门阿之制五雉，宫隅之制七雉，城隅之制九雉。"其注曰："雉长三丈，高一丈。"左传—隐公元年："都城过百雉，国之害也。"其注："方丈曰堵，三堵曰雉，一雉之墙，长三丈，高一丈，侯伯之城，方五里，经三百雉，故其大都不过百雉。”

【颂(頌)德碑】【史】官吏有政治上之功绩而死亡者，奏闻其事经敕许后所建立以纪其功之碑，曰颂德碑。封氏闻见记：“在官有异政，考秩已终吏人立碑颂德者，皆须审详事实，州司以状闻奏，恩敕听许，然后得建之，故谓之颂德碑，亦曰遗爱碑。”

【颂(頌)系】【史】对某种犯罪人加以宽容而不施桎梏也。汉书—刑法志：“年八十以上，八岁以下，当鞫系者颂系。”其注曰：“谓宽容之不桎梏。”大学衍义补(卷百七)：“汉孝惠即位制，爵五大夫，吏六百石以上，及宦皇帝而知名者，谓(仕宦而皇帝知其名)有罪当盗戒(逃者)皆颂系。”

【预(預)用空白】【史】空白，谓文书上不记载任何文字于其上也。预用谓预先盖印于其上以供应用也。清之六部处分则例(卷十)吏属印信篇设有预用空白之条：“各部院衙门应用堂印事件，俱设立号簿逐细登记，用印颗数，其各司处应用案件印结等事，该司亦设立号簿登记。在外各衙门上行平行下行文移牌票，俱令钤印编号，傥有预印空白文结者降一级调用，失于查察之堂官及该管上司罚俸一年。至督抚两司道府，有向州县提取空白印信文结者，降一级调用。”又：“内外有印衙门俱于封印前一日酌量繁简，预用空白印纸，并文移封套，以备封印后紧要公文之用，仍各登记号簿详慎检查。其在京各衙门交与当月司员随堂印一并收贮，外省各衙门同印信在内衙存贮，遇有紧要文书，方准填用，开印后除核对号簿用去若干件外，将所存件数验明销毁。如失察书吏借端作弊，该管官照失察书吏舞文弄法例议处，通同舞弊者革职，失察之该堂官及该上司罚俸一年。”

【预(預)告解约】【债】Notice beforehand; Kundigung(德) 又名终止契约。(详该条)

【预(預)戒条例】【史】为民国三年三月三日由大总统以教令所公布之法规，全文仅十四条。凡警察机关及县知事对于无一定职业者及不知检束之人，得执行预戒令，违者得处以一角以上二十五元以下之罚金，及一日以上二十五日以下之拘役。

【预(預)见主义】【刑】为故意之观念学说之一，对意思主义言，又称认识说，或名认识主义。(详该本条)

【预(預)防主义】【刑】又名目的主义(详该本条)，或称实利主义或相对主义。

【预(預)防警察】【行】Prevention police 又称行政警察。(详该本条)

【预(預)定期间】【民总】Estimated period 为期间之一，对时效期间言，又名除斥期间，即法律上固定之存续期间也。不因中断或停止而致延长，故与时效期间不同。又以权利自初即仅能于法律所定之期间内存续(即经过一定期间权利即消灭)，故与消灭时效之系于一定期间内不行使权利而丧失其权利者亦有区别。

【预(預)定赔偿】【债】Compensation under contract 即当事人以债务不履行为条件，而以契约预定其损害赔偿数额之谓也。此种预约乃附随于主债务人，而以主债务之不履行为条件之契约。至其预定数额若干，一以所预定者为标准，法院不得增减。所谓违约金,即属此类之一种。

【预(預)约】【债】Preliminary agreement 为契约之一种,对本契约言。即当事者之一造对于相对人表示意思,谓依一定条件可负缔结一定契约义务之契约。易言之,即缔结一定之契约,使日后发生债权债务之关系为目的之契约也,例如买卖预约是。预约又分双务预约与片务预约,前者即当事人之双方相互取得承诺缔结本契约之请求权,后者仅当事人之一造对相对人取得其承诺缔结本契约之请求权。

【预(預)备】【刑】Preliminary; Preparation 为准备着手实行之行为,在犯罪行为之阶级中较犯意之表示更进一级,例如杀人而购枪刀是。然有时非属必要阶级,因无预备而临时发生忿激而杀人,或以手扑之,或拾器击之,乃事之常有者。又无预备而犯罪者,其恶性较有预备者为轻。(参预备犯条)

【预(預)备支拂人】【票】Referee in case of need 为日本名辞,与我国所称之预备付款人同一意义。

【预(預)备付款人】【票】Referee in case of need 汇票以信用为第一要义,如遇付款人因故不能承兑或不敷付款,或拒绝承兑或拒绝付款时,法律许发票人得于付款人外记载在付款地之一人为预备付款人,以参加承兑或参加付款(票据法第二三条),俾执票人得以依次请求履行。预备付款人与担当付款人不可混同,前者之目的乃在巩固票据之信用,后者之目的乃在图实际上之便利而委托他人为之。汇票背书人得指定预备付款人,本票背书人则不得为之,惟发票人有此权限耳。支票既无预备付款人之设,其背书人之不得作此记载,更不待言。

【预(預)备犯】【刑】Preparatory crime 决定而预备着手犯罪行为者,曰预备犯。因未至于着手,通常以不加处罚为原则,然重大者,则明文规定予以科罚。我刑法规定凡内乱、外患、妨害国交、杀人、杀尊亲属等罪之预备犯,均应科罚。此外又有以预备犯为独立罪而处罚者,例如意图为犯罪之用而制造或收藏危险物者是。

【预(預)备合并】【民诉】又称假定合并。(详该本条)

【预(預)备和约】【国公】Preliminary peace 又称媾和初约。(详该本条)

【预(預)备或阴谋内乱罪】【刑】为内乱罪之一种。更分为二:凡意图紊乱国宪而招募军队,购置军械,采办军粮,筹募军饷,以及其他各方法之预备行为者,曰预备内乱罪。凡二人以上互相协议而为内乱之计划者,曰阴谋内乱罪。至其处分在非法内乱罪之预备或阴谋者,处六月以上五年以下有期徒刑。在暴动内乱罪之预备或阴谋者,处一年以上七年以下有期徒刑。(刑法第一〇三、一〇四条第一项)

【预(預)备仓】【史】明时太祖洪武三年,于各州县之东西南北四境设置预备仓,出官钞籴谷收贮其中,以备凶年赈济之用。成祖永乐中悉行移置城内,历世均存其制。

【预(預)备伪造有价证券邮票及印花税票罪】【刑】为伪造文书罪之

一。本罪因意图供伪造变造有价证券邮票，及政府发行之各种印花税票之用，而制造交付或收受各项器械原料而成立，以有制造交付或收受各项器械原料之任一行为，以为仿造或变造上列各物之目的时为必要。其处分为二年以下有期徒刑，得并科五百元以下罚金（刑法第二三六条）。至其器械原料不问是否属于犯人，均没收之。（第二三七条）

【预（預）备伪造变造减损货币罪】【刑】为伪造货币罪之一。因意图供伪造变造通用之货币纸币银行券，或意图供减损通用货币分量之用而制造交付或收受各项器械原料而成立，其行为以制造交付或收受为必要，有一于此，罪即成立。处五年以下有期徒刑，得并科一千元以下罚金（刑法第二一五条）。至其器械原料，不问属于犯人与否，均没收之。（第二一六条后半）

【预（預）算法】【行】Law of budgets　本法于民国二十一年九月二十四日公布，共九章，计九十六条。兹述其要点于下：（一）中央及地方预算每一会计年度办理一次。（二）预算年度七月一日开始。（三）各机关分预算及分概算事务，由其机关之办理岁计人员，依法受其所在机关长官之指挥办理之，政府之总预算及总概算由主计处办理之。（四）岁计局对总概算及总预算各数额，各机关办理岁计人员对各机关分预算及分概算各数额，得签注意见，说明修正之数额。（五）国府及五院各概算之概数，及国府全部总概算总数，均由国府委员会核定。（六）预算由国府编定之。（七）预算案文由行政院决议，提立法院。（八）预算由立法院审议决定。（九）中央审定各省及隶行政院之市预算，省审定县及隶省之市预算。（十）订定含有专卖及特许性之契约，经营专卖，或独占事业，征收赋税捐费，或其他有强制性之收入，均须依法为之。（十一）关于预算科目、文书、形式、办事手续各点，亦均有明文。

【预（預）算案】【宪】Bill of budget　与决算案相对称。所谓预算案，乃指关于一定期限内之国家收支数额之预先拟定之计算书而言。其期限为一年，通常由政府提出，如英法等国是。但亦有由议会自行起草者，如美国是。预算案须由议会通过，方能成立。

【预（預）审】【刑诉】Preliminary examination; Preliminary hearing　谓法院对经检察官侦查完备后而移送之案件，以断定其应否起诉为目的所为之处分程序也。预审制度之设，起自法国刑事诉讼法，就其性质言，实为准备公开审判之手续。其设立之根据点有二：(1)预审以秘密行之，一方面可保持无罪嫌疑人之名誉，一方可防止嫌疑人于公开审判时隐蔽掩饰之弊。(2)预审为独任制，调查证据较公开审判时合议制（地方法院以上）之取决多数为迅速。但反对者则以预审须多经一次手续，反为迟延，而且秘密审讯，与被告更无任何利益相责难，故近世各国多不采用。我刑事诉讼条例原有预审制度之规定，但现行之刑诉法，则加以废止。按刑诉条例对预审有强制与任意之别，前者乃指高等审判厅管辖第一审之案件及地方审判厅管辖第一审案件，其最轻本刑为二等有期徒刑者，必须经过预审而言。后者则指地方审判厅管辖第一审案件，其最轻本刑为第三等有期徒刑以下者，得由检察官于侦查完备后自由移送声请预审而言。至预审之处分则为起诉或不起诉之裁决，其如为起诉之裁决，则送由检察官向管辖法院起诉。后者则除非有新事实或新证据发见者外，检察官不得对于同一案件再行起诉。（刑事诉讼条例第二六二—二八〇条）

【预（預）审推事】【刑诉】Judge in preliminary 预审制度各国颇不相同，或由检察官预审，或由推事预审。我国刑诉条例采检察官预审制，故预审在于公诉提起以前开始。现行刑诉法，不采检察官预审制，而采推事预审制，其职能在于搜集犯罪嫌疑人，如家宅之搜索，证人之讯问，务期发现犯罪之真实证据，作为公开审判之准备，并非决定犯罪确定与否。预审推事即办理预审，搜查证据，以备正式公开审理之推事也。预审时之搜集证据，不特涉及不利益于被告人之证据，即有利益于被告人之证据，亦须加以搜集，故预审推事之职务，颇属重要。

【预（預）征】【史】谓先行提前征收次年之租税也，为法所禁止。清顺治九年之覆准曰："直省钱粮，应按期征解，有预征滋扰者，督抚指参。"

【预（預）谋故意】【刑】Premeditated intent 为故意分类之一，对单纯故意言，又称熟考故意。谓曾经深思熟虑而复着手于犯罪行为是也。因恐预谋二字有涉及时间问题，致不易分别，故用熟考二字代之。

【预（預）谋杀人罪】【刑】Offences of homicide with premeditation 为加重杀人罪之一。因预谋犯杀人罪而成立。各国立法例对杀人罪均有故杀谋杀之区分，以别刑罚之轻重，我国清律亦然，惟暂行律则加以废止，今之刑法仍仿各国通例，故定本罪为加重情形之一，以其久蓄恶意，处心积虑，其恶性较为重大故也。其处分为唯一死刑，未遂罪罚之。（刑法第二八四条第一款）

【预（預）证券】【债】Warehouse receipt 为日本名辞，即我国所称之仓单也。

【颁（頒）布】【通】Promulgation 即法典成立以后正式布告于国中之谓。其施行之期，往往有数日或数十日之犹豫，尚不能有实行之效力，均须依法之规定。关于颁布程式，在昔日欧洲各国约有下列三种：（一）揭示法。（二）传观法。（三）官报公布法。（详各本条）

【颁（頒）行】【通】Promulgated and put into effected 法律颁布而且实行之谓。自颁行之日起，完全发生效力，与颁布之意义不同。

【颁（頒）降】【史】即颁布也。（详断罪依新颁律条内）

【颁（頒）降日】【史】谓发布法律之日也。如清律所定，凡律自颁降日为始，即其适例。

【颁（頒）降律令】【史】谓法律及命令之公布也，惟旧时之所谓令与今之行政法令相等耳。大明令刑令篇——设有颁降律令之条："律令自颁降日为始，若犯在以前者，并依新律议断。"此项规定与近世所称法律不溯既往之原则并不相符。

【颁（頒）发】【通】Issue；Promulgation 上级机关发交文件于下级机关，谓之颁发。例如民政厅发交行政规则于各县政府公署之文件是。

【颁（頒）发命令权】【行】Power of promulgating orders or mandates 凡一国

之元首,掌理一国之事务,有发布委任命令、补充命令、执行命令及紧急命令之权,是谓之颁发命令权。颁发命令权之范围,应在法律所授与之权限内为之,且须依照法律所规定之方式,始为合法。

【颁(頒)给荣誉权】【宪】Right for conferring honors 即行政元首所享有颁赐爵位及其他荣典(勋章勋位褒章之类)于人民之权也。此种制度与人民平等之原则不合,故共和国家多予以否认。

【颁(頒)给勋章条例】【行】本条例计共十四条,于民国二十二年十二月二日由国民政府公布。兹举其要点如下:(一)凡中华民国人民有勋劳于国家或社会者,除现役军人应依陆海空军勋章条例办理外,得由国民政府授与勋章。国府为敦睦国交关系,亦得特赠勋章于友邦元首或颁给友邦人民。(二)勋章分为采玉大勋章与采玉勋章二种,第一种除国民政府主席佩带外,得由国府特赠友邦元首,第二种(采玉章)分为九等,凡公务人员选任及特任初授三等,简任初授五等,荐任初授七等,委任初授九等,均得累功递进至一等,其颁给非公务人员勋章,初授九等,得累功递进至一等。(三)颁给友邦公务人员勋章,应参照各该国官等及上述第二要点之规定办理。(四)颁给勋章不得超越上述所定初授等级,惟由国府主席特令颁给者,不在此限。(五)颁给勋章于国庆日行之,但国府主席特令颁给者,不在此限。(六)晋授勋章时选任及特任公务员应将前授之勋章缴还国民政府外,余均缴还当地行政官署,或驻外使领馆分别呈转国府注销,但授勋证书,不必缴还。(七)凡已受勋章者得终身享受之,但因犯罪受褫夺公权之宣告者,应将勋章及授勋证书一并缴还。

【顿(頓)挫奸顽】【史】谓严法刑以究治奸宄顽迷之徒也。大学衍义补(卷百一):"圣祖作为条训……特令法外加刑,使人知所警惧,不敢轻易犯法,然此是权时处置,顿挫奸顽,非守成之君所常用。"

【髡(髠)】【史】为古时体刑之一种,又称曰完,即削剃头发而使服一定劳役之刑也。周礼—秋官掌戮:"髡者使守积。"注曰:"王之同族不宫之者,髡头而已。"

【髡(髠)钳】【史】髡钳又曰完刑,髡为剃发之刑,即剪其毛发完其身体也。钳乃束颈之铁锁,重凡三斤,均为文帝时所造,以代黥刑。汉书—刑法志:"当黥者,髡钳为城旦舂。"

【髡(髠)钳城旦舂】【史】剃去其发曰髡,以铁锁束其颈曰钳,昼夜服劳役于城垣(昼警伺,夜筑城,)者曰城旦,乃对男子之刑。至在内地服舂米之役者,乃对女子之刑,期间均为五年。汉旧仪:"男,髡钳为城旦,女,为舂,皆为五岁。"御览——六百四十九:"髡者,刑之威,秋凋落之象。"汉书高帝纪:"钳,以铁束颈也。"御览——六百四十四:"钳,在颈,以铁为文。"

【鼠牙雀角】【史】喻争讼也。诗经—召南行露篇:"谁谓雀无角,何以穿我屋,……谁谓鼠无牙,何以穿我墉。"

【鼎镬】【史】为古时之刑具,即煮人所用之釜也。苏轼所撰留侯论:"当韩之亡,秦之方盛也。以刀锯鼎镬,待天下之士。"

十　四　画

【侨(僑)务局】【行】侨务局为北京政府于民国十年间所创置之机关，直隶于国务总理，掌理本国在外侨民移殖保育一切事务，设总裁一人(特任)，副总裁一人(简任)，参事四人(简任)，佥事六人(荐任)，编译二人(荐任)，主事十人(委任)，此外并置评议十人，就外交，内务，农商三部荐任以上职员，暨侨民中资望素著者，遴选聘任。又因事务之必要，得临时派遣委员，或委托各地方相当官署办理。其遇有与各主管官署关系事件，应商同各该官署长官办理(侨务局组织条例第一一二条、第八一十一条)。按国民政府在南京成立时，亦曾设有侨务局，直隶于国民政府委员会，后改侨务委员会。

【侨(僑)务委员会组织法】【行】Law governing the organization of the overseas Chinese committee　本法于民国十八年二月五日公布，其后历经修正，现行者共十六条。其要点如下：(一)侨务委员会隶属于国府行政院，掌理本国侨民之移殖保育等事务。(二)本会设委员若干人，由国府任命之，并指定常务委员七人至九人，又设委员长副委员长各一人。(三)委员大会每年开会一次，常务会议每星期至少开会一次。(四)本会设下列各处：(1)秘书处。(2)侨务管理处。(3)侨民教育处，各设处长一人(简任)，科长各二人(荐任)，科员共十二人至二十人(均委任)。(五)因事务之必要得派侨务专员或视察员，并得于重要海口设立办事处，其主任由委员兼任之。(六)本会所掌事项以不与各部会及驻外使馆职权相抵触者为限，关于主管事项对于驻外领事得指挥之。

【僧人杀师】【史】僧人谓佛教徒之出家者，杀死师傅时，应改为处斩。永著为例。清之现行则例(即刑部现行则例)斗殴篇设有僧人杀师之条："僧人化乘杀伊师父传智一案，刑部议查律内凡僧尼若于其受业师与叔伯同等语，据此化乘合依凡谋杀期亲尊长，已杀者皆凌迟处死，律应即凌迟处死，具题奉旨，化乘著改为即处斩，永著为例，李大蔡大俱改为应斩，著监候秋后处决。"

【僧道】【史】僧者，依佛教而出家之人也，即僧侣之义，道谓皈依道教而出家之人也，即道士之简称。

【僧道犯罪】【史】谓佛道教中之僧尼与道士触犯国法也。除经依律处断外并令还俗充当劳役。大明令刑令篇——设有僧道犯罪之条："凡僧尼道士犯罪，经断并令还俗当差。"

【僧道拜父母】【史】僧尼道士女冠，自谓出家，有于父母不拜，祖先不祀，丧服皆废者，是即崇尚虚无幻渺，而弃亲蔑伦也，故设此律，而并及其衣服禁限。明律(卷十二)、清律(卷十七)礼律仪制篇均有僧道拜父母之条，内容相同。清律之条文曰："凡僧尼道士女冠，并令拜父母，祭祀祖先，丧服等第，皆与常人同，违者，杖一百，还俗。若僧道衣服，止许用细绢布匹，不得用纻丝绫罗，违者，笞五十，还俗，衣服入官,其袈裟道服,不在禁限。”

【僧道娶妻】【史】僧道乃出家修道之人,不得娶妻,公然娶者或假托而娶者,均应治罪。明律(卷六)、清律(卷十)户律婚姻篇有僧道娶妻条,其内容全然相同。清律之条文及其下注曰:“凡僧道娶妻妾者,杖八十,还俗,女家(主婚人)同罪,离异(财礼入官),寺观住持知情,与同罪(以因人连累不在还俗之限),不知者不坐。若僧道假托亲属或僮仆为名求娶,而僧道自占者以奸论(以僧道犯奸加凡人和奸罪二等论,妇女还亲,财礼入官,系强者,以强奸论)。”

【僧录】【史】僧侣之官也,创始于唐。参玄语录:“元魏以沙门僧显为京师统,隋分置十统,唐罢统立两录司于京邑,谓之僧录。”

【伪(僞)吴删定格令】【史】为五代时吴国之法典之一,撰人不可考,计五十卷,杨行密时大修。(事见崇文总目)

【伪(僞)造公文书罪】【刑】Crime of forgery of public documents 为伪造文书罪之一,因伪造变造公文书足以生损害于公众或他人而成立,其行为有二,即伪造或变造(参伪造私文书罪条)是也,其主体须为公务员,其客体为公文书(即公务员依其职务上所作成之文书),但有时由私人制作者,苟已入于公文书编订之列者,自亦以公文书论,至其伪造或变造须足以生损害于公众或他人为必要,否则仍不成立本罪,本罪之处分为一年以上七年以下有期徒刑,较伪造私文书罪为重,以其影响较私文书为大故也。(刑法第二二五条)

【伪(僞)造公印文罪】【刑】Crime of forgery of public seals 为伪造印文罪之一,因伪造公印或公印文而成立,所谓公印者,即公署依法制成而用以现出符号之器物也,公印文指公印器物所现出之符号,须有伪造之行为即成立本罪,至其客体自应以公印或公印文为必要,其处分为六月以上五年以下有期徒刑,未遂罪亦罚之(刑法第二三五条第一、三项)。伪造变造之印章印文,不问属于犯人与否,均没收之。(第二三七条)

【伪(僞)造文书印文罪】【刑】Crime of forgery of documents and seals 文书与印文在社会上之作用,乃为发表意思或维持一切效力而设,即私人与国家之信用,亦莫不直接间接赖以维持,尤以关于法律上之事实依文书与印文之证明居多。国家为保护起见,特设规定,有将文书与印文划为两章者,我国刑法以二者对于社会一般关系,颇为类似,故于分则第十四章内合并规定,计共二十二条。本罪可分为二种:(1)伪造文书罪。(2)伪造印文罪。(详各本条)

【伪(僞)造文书罪】【刑】Crime of forgery of documents 本罪因对文书有不法之摹造行为而成立,至其摹造事实之真伪,资格之有无,均非所问,只须出于摹造立即构成本罪,盖本罪之处罚乃以维持文书之信用,保障文书之效力为主旨也。文书之意义,即以文字或符号定着于有体物上,依习惯或特约而表示其思想可以供证据之用者也,故有广义狭义之分。广义者,除信札契约簿据等外,即有价证券亦在其内。狭义者,即不包含有价证券在内之谓,本罪采广义说。兹分为伪造行使收集预备四种。伪造有有形伪造与无形伪造之分,前者即虚伪之登载系由不法之变更伪制或增减之行为而来，后者即内容虚伪将不实之事项制成文书之谓。有形伪造分八种：(1)伪造私文书罪。(2)伪造公文书罪。(3)伪造有价证券罪。(4)伪造邮票及印花税票罪。(5)涂抹邮票及印花税票罪。(6)伪造往来客票罪。(7)伪造护照证书介绍书罪。(8)准伪造文书罪(详各本条)。无形伪造分三种：(1)公务员虚造公文书罪。(2)使公务员虚造公文书罪。(3)医师虚造证书罪，关于行使者只行使伪造文书罪一种。关于收集者分二种：(1)收集伪造变造有价证券罪。(2)收集伪造变造邮票及印花税票罪，关于预备者只预备伪造有价证券邮票及印花税票罪一种。(详各本条)

【伪(僞)造印文罪】【刑】Crime of forgery of seals　本罪以不法摹造行为而成立，但其行为不必摹拟真正印文印章，即虚造文字纹章凡能使人误认为真正者，即构成本罪。印有印文印章之别，前者为用以现出符号之器物也。印文指用印章所现出之符号之谓，此外署押亦在本罪范围之内，即署名签押于文书上之谓，与印文有同等效力，故凡成立本罪者，即对特定人关于文书及其他物件证明为其本人作成或所有或阅看等事实之符号，加以伪造或变造之谓也，兹分为伪造，盗用，二种。伪造又分：(一)伪造私印文罪。(二)伪造公印文罪。盗用又分(一)盗用私印文罪。(二)盗用公印文罪。(详各本条)

【伪(僞)造印信】【史】所谓伪造乃指无权利之人摹造酷似之物以混用而言，印信指印记关防等物。清律及例对此之规定如下：(一)伪造印信及钦给关防事关军机冒支钱粮假冒官职为首斩决为从绞候，知情行用流三千里。伪造以雕刻之人为首，虽尊长使命卑幼，亦以卑幼为首，尊长以知情行用论。造而未成者，又各减一等。(二)非关军机钱粮假官等弊——(甲)诓骗财物为数多者，为首斩候，为从知情行用流三千里，造而未成，又各减一等。(乙)诓骗财物为数无多，银不及十两，钱不及十千，为首流三千里，为从知情行用徒三年，造而未成，又各减一等。(三)伪造关防印记诓骗财物——(甲)为数多者，为首发四省烟瘴少轻地方，为从知情行用徒三年，造而未成，又各减一等。(乙)为数无多，为首徒三年，为从知情行用徒二年半，造而未成者，各减一等。(四)描摹印信行使诓骗财物，犯该徒罪以上边远充军，犯该徒罪以下计赃递减，四十两徒三年，三十两徒二年半，二十两徒二年，一十两徒一年半，一两以下徒一年，未得财杖一百。(五)起意自行雕刻假印，或他人同谋分赃，代为雕刻，起意之人雕刻之人并以为首论，案内为从减一等。(六)仅受些微价值代为私雕假印，并无同谋分赃，以起意之人为首，以雕刻之人为从，与案内为从并减首犯罪一等。(七)假印形质已具篆文字体已成，仅止笔画少缺——(甲)但经行用得财为数多者，分别首从，拟以斩候满流，为数无多者，分别首从照例拟以流徒。(乙)甫经雕刻尚未行用各减得财一等，篆文笔画实未齐全，又未诓骗得财，方以造而未成科断，伪造关防印记亦照此，分别首从各按本例办理。

【伪(僞)造印信历书等】【史】印信关防等乃所示信于天下者也，至起马起船符验茶引盐引等(明律尚有夜巡铜牌)以及时宪书(明律称曰历日)等皆为国家大信之所系，伪造之者罚，有能告捕者赏。明律(卷二十四)、清律(卷三十二)刑律诈伪篇均有伪造印信历书等之条，内容相同，清律之条文及其注曰：“凡伪造诸衙门及时宪书（明律为历日）（起船起马）符验（明律原文此处尚有‘夜巡铜牌’数字）茶盐引者，（为首雕刻）斩（监候，为从者减一等，杖一百，流三千里）。有能告捕者，官给赏银五十两，伪造关防印记者，（为首）杖一百，徒三年，告捕者，官给赏银三十两，为从及知情行用者，各减一等（各字，承上二项而言），若造而未成者，（首从）各又减一等，其当该官司知而听行，与同罪，不知者不坐（印所重者文，若有篆文，虽非铜铸，亦可以假诈行事，故形质相肖而篆俱全者，谓之伪造，惟有其质而文不全者，方谓之造而未成，至于全无形质，而惟描之于纸者，乃谓之描摸也）。同律之辑注：“内外各衙门，皆颁有印，所以传信四方，故曰印信。时宪书则颁行之正朔也，起马起船用符验，皆兵部所管，犹今之火牌勘合也。商人贩卖茶盐，皆须纳引，给自户部，批验之后，截角缴销，以杜重冒，关防印记，是钦给者，非私刻条记也。今督抚等衙门钦给关防，以印信同论，后有条例。”又同律之总注：“内外各衙印信，及印信时宪书，印信符验，印信茶盐引，此皆朝廷所颁天下，奉以为信者，所系至重，故伪造为首者斩，有能首告捕获者，给赏银五十两，关防印记，亦由部颁，而所系稍轻，故伪造为首者，杖一百，徒三年，有能首告捕获者，给赏银三十两，印信关防皆以雕刻之人为首，虽尊长使令卑幼，亦以卑幼为首，尊长以知情行用论，其为从，及知伪造之情而行用者，各减一等，印信等则杖一百，流三千里，关防则杖九十，徒二年半也。若造而未成者，各又减一等，印信等则为首者杖一百，流三千里，为从者杖一百，徒三年，关防则为首者，杖九十，徒二年半，为从者杖八十，徒二年。又字蒙上各减一等而言也，其当该官司，知其伪造而故纵听行者与伪造之人同罪，至死减一等，不知而误行者，不坐。”

【伪(僞)造有价证券罪】【刑】Crime of forgery of negotiable securities　为伪造文书罪之一，因意图行使之用而伪造变造公债票公司股票，或其他有价证券而成立。有价证券者，即证券之本身具有价值而且在经济上有流通效力者之谓也。本罪之客体须为公司股票（即各种公司给予股东之股银收据），公债票（即国家对国债或人民公债所给予之收据），其他有价证券（如汇票支票期票栈单船单是），本罪须有意图行使之特别远因，且其行为如系伪造或变造之一时，即成立本罪，其处罚为三年以上十年以下有期徒刑，得并科三千元以下罚金。（刑法第二二六条第一项）

【伪(僞)造私文书罪】【刑】Crime of forgery of private documents　为伪造文书罪之一，因伪造变造文书足以生损害于公众或他人而成立，其行为有二：一为伪造，一为变造，前者即不法摹制，或另制以为供真正私文书之使用是，后者即将原件加以增减改变是，如能欺罔一般普通人为已足，具须足以生损害于公众或他人为必要，关于此法国主义与此相同，德国主义则以证明权利义务之文书便成立本罪，二者自以法国主义为优，又本罪之成立其主体须以私人之名义制成之私文书为限，且以足供证据之用者为必要，否则不能构成本罪，其处罚为五年以下有期徒刑。（刑法第二二四条）

【伪(僞)造私印文罪】【刑】Crime of forgery of private seals　为伪造印文罪

之一，本罪因伪造印章印文，或署押足以生损害于公众或他人而成立（参伪造印文罪条），其要件有三：(1)其行为只以伪造为限。(2)其客体为私印文私印章，或以私人名义之署押，不问自然人或法人，如非以公务员之名义均在其内。(3)须以足生损害于公众或他人为必要，其处分为三年以下有期徒刑，未遂罪亦罚之（刑法第二三四条第一项、第三项）。至伪造变造之印章印文署押，不问是否属于犯人，均没收之。（第二三七条）

【伪(僞)造往来客票罪】【刑】Crime of forgery of passage tickets 为伪造文书罪之一，因意图供行使之用而伪造变造船票，火车票，车票，或其他往来客票而成立，须以供行使之目的为必要，且须为伪造或变造之任一行为，国家设此乃系为保护交通之发展起见，其处分为三年以下有期徒刑，拘役，或一千元以下罚金。（刑法第二二八条）

【伪(僞)造金银】【史】伪造者谓无权利人摹造原物也，伪造金银乃指以铜铁锡等物伪造金银而言。清例之规定如下：(一)以铜铁水银伪造金银徒三年，为从知情买使各减一等。(二)以铜铁锡铅药煮伪造假银骗人行使，枷号两个月，发云贵两广烟瘴少轻地方，为从知情买使，枷号两个月，流三千里。(三)凡将银挖孔倾入铜铅等物及用铜铅等物倾成锭锞，外用银皮包好，并铜铅等物每两搀实银二、三、四、五钱不等，伪造银使用者，均照以铜铁水银伪造金银律，分别首从拟徒。

【伪(僞)造度量衡罪】【刑】Offences relating to measures and weights 度量衡乃用以计算估量面积长度容量重量各标准之器具也，社会上人民之交易买卖，与夫信用之保持，莫不直接间接利赖之，故国家恒制定度量衡法规，以为准绳。国民政府亦于民国十八年颁布度量衡法，计二十一条。凡违反之者，则构成刑法上罪名，刑法亦于分则第十三章中明文规定，以为制裁之用，计六条。内分四种：(1)制造变更度量衡罪。(2)贩卖度量衡罪。(3)行使度量衡罪。(4)持有度量衡罪（详各本条）。上列各罪之褫夺公权的处分，得由审判官决定之。（第二二三条）

【伪(僞)造皇帝宝】【史】皇帝之宝有八，故曰八宝。至太皇，太后，皇太后，皇后，皇太子及皇太子妃等之宝，皆为树立威信所用，伪造之者应受严重之刑。唐律（卷二十五）诈伪篇设有伪造皇帝宝之条："诸伪造皇帝八宝者斩，太皇太后皇太后皇后皇太子宝者绞，皇太子妃宝流三千里（伪造不录所用，但造即坐）。"疏议曰："皇帝有传国神宝，有受命宝，皇帝三宝，天子三宝，是名八宝。依公式令，神宝宝而不用，受命宝封禅则用之，皇帝行宝，报王公以下书则用之，皇帝之宝，慰劳王公以下书则用之，皇帝信宝，征召王公以下书则用之，天子行宝，报蕃国书则用之，天子之宝，慰劳蕃国书则用之，天子信宝，征召蕃国兵马则用之，皆以白玉为之，宝者印也，印又信也，以其供御，故不与印同名，八宝之中，有人伪造一者即斩，其太皇太后，皇太后，皇太子宝，伪造者绞，皇太子妃宝伪造者，流三千里，太皇太后以下宝，皆以金为之，并不行用。"同条之注曰："伪造不录所用，谓宝既金玉为之，伪造者不必皆须金玉为之，亦不问用与不用，造者即坐。"

【伪(僞)造时宪书】【史】时宪书即今之所谓日历是也，以其与国家社会关系重大，故不许伪造。清律及例之规定如下：(一)伪造时宪书符验茶盐引为首斩候，造而未成各减一等，为从或知情行用者，流三千里，造而未成，各减一等。(二)翻刻宪书，照违制律杖一百，枷号两个月。(嘉庆四年四川什邡县成案)

【伪(僞)造商标商号罪】【刑】Crime of forgery of trade marks and trade names 为妨害农工商罪之一，因意图欺骗他人而伪造已注册之商标商号而成立。所谓商标，乃商品之符号；所谓商号，乃商人营业上之标识，盖均以维持信用为目的者也。本罪之构成，第一须有欺骗之故意，第二须有伪造之行为，第三须所伪造之物为商标商号，至其已否注册均无关系，其处分为二年以下有期徒刑，得并科三千元以下罚金。(刑法第二六八条)

【伪(僞)造货币罪】【刑】Offences relating to the counterfeiting of coins 国家为维持货币制度之信用及专握制造货币之权起见，对于妨害之行为自应予以科罚，惟昔时之课刑，罪至于死，未免太苛，近世立法例最重者至无期徒刑而止，亦以该罪之性质，在学说上业已变更有以致之也。我国刑法于分则第十二章内规定之，计七条。兹分十种述之：(1)伪造币券罪。(2)变造币券罪。(3)减损通用货币罪。(4)行使伪造变造币券罪。(5)行使减损分量之通用货币罪。(6)收集伪造变造币券罪。(7)收集减损分量之通用货币罪。(8)收受伪造变造币券仍再行使罪。(9)收受减损货币仍再行使罪。(10)预备伪造变造减损货币罪(详各本条)。上述各罪之是否加以褫夺公权之处分，由审判官自由裁量。又伪造变造之币券减损之通用货币，不问是否为犯人所有，均在没收之列。(第二一六条)

【伪(僞)造邮票及印花税票罪】【刑】Crime of forgery of postage stamp and revenue stamp 为伪造文书罪之一，因意图供行使之用而伪造变造邮票，及政府发行之各种印花税票而成立。所谓印花税票，包含一般印花，司法印纸，及烟酒特税印花等而言，本罪以有供行使之故意及伪造，或变造之任一行为为必要，其处分为六月以上五年以下有期徒刑，得并科一千元以下罚金。(刑法第二二七条)

【伪(僞)造币券罪】【刑】为伪造货币罪之一，即无制造权利人不法摹造币券之谓。换言之，即以真正物品为物质上或想像上之模型以仿造类似之币券之谓也。至伪造之程度，通常以必须摹拟通用货币之外形而能欺罔普通人为标准，本罪因意图供行使之用而伪造通用之货币纸币银行券而成立，以无权利之伪造，且有意图供行使之意思为必要，其客体以通用之货币纸币及银行券为限，处无期徒刑，或五年以上有期徒刑，得并科三千元以下罚金，至未遂罪亦罚之。(刑法第二一一条)

【伪(僞)造宝钞】【史】宝钞即今之钞票，明朝初年造宝钞与铜钱相兼行使，与国家之财用相关甚重，故伪造之者均应受重刑。明律(卷二十四)刑律诈伪篇设有伪造宝钞之条(清律删除)，其条文曰："凡伪造宝钞不分首从及窝主，若知情行使者，皆斩，财产并入官，告捕者官给赏银二百五十两，仍给犯人财产，里知而不首者杖一百，不知者不坐，其巡捕守把官军知情故纵者，与同罪。若搜获伪钞隐匿入已不解官者，杖一百，流三千里，失于巡捕及透漏者，杖八十，仍依强盗责限跟捕。若将宝钞挑剜补辏描改以真作伪者，杖一百，流三千里，为从及知情行使者，杖一百，徒三年。其同情伪造人有能悔过捕获同伴，首告者与免本罪，亦依常人一体赏给。"

【伪(僞)造护照证书介绍书罪】【刑】因伪造变造护照,免照,特许状,旅券,及关于品行能力服务或其他相类之证书,介绍书,足以生损害于公众或他人而成立,所谓护照,乃行旅利便之凭照,免照乃行政行为所给之照书,以不许一般人之行为而认许于特定人之谓也。与许可书同,如医师律师之免状是,特许状即专用特权之公文书也,以工商业之发明居多,旅券即政府所发舟车免费之旅券是,品行能力服务证书,即学生毕业文凭修业证书委任状是,介绍书即荐函介绍信是,本罪以系自行伪造或变造之行为为必要,且须足以生损害公众或他人者,其处分为一年以下有期徒刑,拘役,或三百元以下罚金。(刑法第二二九条)

【伪(僞)写】【史】伪作印章,曰伪写。此所谓印章,乃指皇帝及其后妃太外等之御印以外之官文书印,宫殿门符,发兵令符,传符等而言,至于对皇帝及三后,以及太子并太子妃等御宝之伪作,则称曰伪造,而不曰伪写。唐律(卷二十五)诈伪篇——伪写官文书印条:"诸伪写官文书印者,流二千里,余印徒一年。"其注曰:"写,谓仿效而作。"疏议曰:"上文称伪造皇帝八宝,以玉为之故曰造,此云伪写官文书印,即以铜为之,故称写。"

【伪(僞)写官文书印】【史】(详伪写条内)

【伪(僞)写宫殿门符】【史】宫殿门非时开启时,须有勘鱼符合,始能开启,此项符合,即所谓门符是也,伪造之者罪。唐律(卷二十五)诈伪篇——伪造宫殿门符条曰:"诸伪造宫殿门符,发兵符(发兵,谓铜鱼合符应发兵者,虽通余用亦同,余条称发兵者,皆准此)。传符者绞。"疏议曰:"宫殿门符,谓非时开宫殿门,皆须勘鱼符合,然始得开,伪写此符,及伪写发兵符,注云,发兵,谓铜鱼合符,依公式令,下左符进内,右符付州府等,应有差科征发,皆并敕符与铜鱼,同封行下,勘符合然后承用,故称铜鱼合符,应发兵者,虽通余用亦同,谓其符通杂征发人事,及有所用度,若除授替代州府长官,及差行追禁,并用此符,故称虽通余用,亦同,谓同发兵符罪,余条称发兵者,谓擅兴律,应给发兵符而不给,贼盗律,盗发兵符,故云,余条皆准此,传符者,谓给驿用之,伪写及造此等符者,并合绞。"本条又曰:"使节及皇城京城门符者,流二千里,余符徒二年,(余符,谓禁苑门及交巡鱼符之类)。"疏议曰:"使节者,周礼有掌节之司,注云,道路用旌节然太使拥节而行,是名使节,其皇城门,谓朱雀等诸门,京城门,谓明德等诸门,伪作此等符及节者,流二千里,余符徒二年。"同条又注曰:"余符,谓禁苑及史巡鱼符之类,禁苑诸门有符门闭,守卫交兵之处,皆有交符,巡更警夜之所,并执巡鱼符勘过,据擅兴律,凡言余符者,契亦用,即契应发兵者,同发兵符法,此条云之类者,即是诸契非发兵伪造者,并同余符之罪,各徒二年。"

【伪(僞)证人】【刑】伪造证据之人,谓之伪证人。

【伪(僞)证及诬告罪】【刑】Offences of giving false evidence and malicious accusation　本罪之处罚,有谓系因含有曲庇或陷害他人之目的,有谓系因直接对于公署之讯问违背陈述真实之义务者,但学者多主张后说,我国刑法亦采之,诚以私人对国家应有援助义务，违者自应科罚，故于分则第十章中明文规定，计共八条。本罪之成立，不必待结果之发生，便可加以处罚，更分为伪证罪诬告罪两种(详各本条)。凡犯伪证及诬告各罪者，除宣告本刑外，因被害人之声请得令将判辞全部或一部登报，其费用由犯人担负，至褫夺公权之科罚，则任审判官之自由裁量。

【伪(僞)证罪】【刑】Offences of giving false evidence　分为二种：(1)一般伪证罪——因于执行审判职务之公署审判时，证人于案情有重要关系之事项，供前或首后具结而为虚伪供述而成立。犯罪主体以有完全证人资格者为必要，且须为于供前供后具结而为虚伪陈述者，复应为系对执行审判职务之公署审判时为之者，至于特别故意，亦为要件之一，其处分为一年以上七年以下有期徒刑，若意图保存自己或亲属之自由名誉而犯本罪者，免除其刑。(2)准伪证罪——其情形与上同，惟犯罪主体为鉴定人及通译人二种。而其行为乃虚伪之鉴定或通译耳，处罚及免除情形与一般伪证罪同(刑法第一七九条、第一八三条)。又伪证罪于所陈述之案件裁判确定前自白者，减轻或免除其刑。(第一八四条)

【伪(僞)宝印符节假人】【史】以伪造之宝、印、符及节假借与人或出卖于人，均与国家威信有关，应予处罚。唐律(卷二十五)伪宝印符节假人条："诸以伪宝，印符节，及得亡宝印符节，假人若出卖，及所假若买者，封用各以伪造写论。"疏议曰："以伪造宝印符节，及得亡宝印符节，假与他人，若出卖与他人，及所假所买之人，虽非身自造写，若将封用，各依伪造伪写法科之。"同条又曰："即以伪印，印文书施行，若假与人，及受假者施行，亦与伪写同，未施行及伪写印符节未成者，各减三等。"疏议曰："上文谓伪造写，及得亡宝印符节，假人及卖买等罪，此文欲论以伪印文书施行，谓以伪印印文书，自将行用，若以伪印文书，假与他人，及有受得伪文书行用，并谓已入官司者，其罪各依伪造写法，未施行，谓伪文书未将行用，及伪写印符节未成者，各减已施行及已成罪三等。"

【仆(僕)区】【史】为刑事之名，仆者隐也，区者匿也，即对于隐匿逃亡者之法也。左传—昭公七年："吾先君文王作仆区之法。"服虔之注："仆，隐也。区，匿也。为隐匿亡人之法也。"

【雇(僱)用人】【债】Employer　因雇佣契约而有请求他方服劳务之权利者，曰雇用人。

【雇(僱)佣】【债】Hire of services　谓当事人一方约于一定或不定之期限内为他方服劳务，而他方约付报酬之契约也(民法第四八二条)。约定服劳务者，曰受雇人，其相对方约定给付报酬者曰雇用人，雇佣之性质为诺成契约，不要式契约，有偿契约及双务契约，其劳务不以体力为限，即精神上亦为劳务，如医师律师教员是，其报酬不仅限于金钱，即其他给付亦属之，雇佣与承揽不同，前者以劳务本体为目的，而后者则以劳务之结果为目的，而以劳务为手段，关于受雇人之义务为供给劳务，民法规定非雇用人同意，不得使用第三人代服劳务(第四八四条)。雇用人受领劳务迟延者，受雇人无补服劳务之义务，仍得请求报酬，但有限制之规定(第四八七条)。至受雇人之义务为支付报酬，其未定报酬额者，则按照价目表所定给付之，无价目表者，按照习惯给付，其计算方法以依时间者居多，然亦有按工作多少以为定者，报酬之允许与否，多以契约为断，但依情形非受报酬即不服劳务者，视为允与报酬(第四八三条)。关于给付报酬期限，亦有规定(参报酬条内)。又法律为保护受雇人起见，不许雇用人将其劳务请求权让与第三人，但经受雇人同意者不在此限(第四八四条)。对于雇佣契约之终止，乃与契约期限之届满，与劳务之完了，同为雇佣关系消灭之原因。民法规定终止原因有四：(1)受雇人将劳务让与第三人，雇佣人将劳务请求权让与第三人，均未得相对方同意者。(2)受雇人明示或默示保证其有特种技能而无此种技能时。(3)雇佣未定期限，亦不能依劳务之性质或目的定其期限者(但有习惯者为例外)。(4)雇佣关系人之一方遇有重大事由，虽其契约定有期限，亦许其期满前终止。(第四八四—四八五条、第四八八—四八九条)

【僦勾客运】【史】简称曰僦运。(详该本条)

【僦屋】【史】谓赁借家屋以供使用也。

【僦船】【史】谓赁借船只而使用之也。

【僦运】【史】僦者，赁也。运者，运送也。为就勾客运之简称，监临主守之官，不得强制部民取赁钱，使其搬运他处租税课物等。唐律(卷十五)厩库篇监临官僦运租税条。设有下列规定："诸监临主守之官，皆不得于所部，僦运租税课物，违者计所利坐赃论。"

【划(劃)条】【票】所谓划条，乃指钱庄所发之一种支票而言，盖即约定以第三人支付一定金额之票据也，在法律上如具备法定要件，仍称之为支票。

【嘉石】【史】所谓嘉石计有二义：(甲)为文石，乃古时立于外朝，大司寇听讼时使诉讼人立于石之上。(乙)为使轻微犯之坐处，于石上刻有文字，使其阅诵而起悔悛之心。周礼—大司寇之职制："以嘉石平罢民。"又："凡万民之有罪过而未丽于法，而害于州里者，桎梏而坐诸嘉石。"

【嘉定吏部条法总类】【史】为宋法典之一。宁宗嘉定六年，又撰嘉定吏部条法总类，改正旧本四百六十余条，凡五十卷，百十四册，并百司吏职补授法，而为一百三十三卷，二百六十三册，七年五月颁行。

【嘉祐禄令】【史】为宋法典之一，仁宗嘉祐二年十月甲辰，朔，三司使张方平上新修禄令十卷，名曰嘉祐禄令。先是元年九月，枢密使韩琦言，内外文武官，俸入添支，并将校请受，虽有品式(上自太子下至群校本俸添支则例)而每遇迁徙，须由有司，按勘申覆，至有待报岁时不下者，请命近臣，就三司编定，甲辰，乃命知制诰吴奎等六人，即三司，类次为禄令，至是方平上之，诏颁行，其后，三年三月丙申，诏三司编天下驿券则例，从枢密韩琦之请也。四年正月十二日壬寅(一云正月七日)三司使张方平上所编驿券则例，赐名嘉祐驿令，初内外文武，下至吏卒，所给驿券，皆未有定例，又或多少不同，遂降密院旧例，下三司掌卷司，会稡名数而纂次之，并取宣敕令文，专为驿券，立文者，附益删改，为七十四条，总上中下三卷，二月颁行天下，八年四月十六日，编定禄令所奏，以诸道至在京程数，分为三卷，颁天下，从之，二书与敕令兼行。

【嘉祐审官院编敕】【史】又简称曰审官院编敕，计十五卷，为王珪所撰。玉海(卷六十六)："王珪以审官院皇祐一司敕，至嘉祐七年以前续降敕札一千二十三道，编成条贯并总例共四百七十六条为十五卷，以嘉祐审官院编敕为目。"

【嘉祐编敕】【史】为宋法典之一。仁宗嘉祐二年八月，枢密使韩琦等奏，庆历四年以后续降四千三十余条，前后多抵牾请重行删定，乃诏宰臣富弼参政会公亮等详定之，以齐恢等六人为删定官，至七年四月，上嘉祐删定编敕总例、目录等凡三十卷，起庆历四年冬，尽嘉祐三年云，嘉祐中，晁回亦撰礼部考试进士敕，王珪亦删皇祐以后，至嘉祐七年以前，续降敕札一千二十三道，而为四百七十六条，撰嘉祐审官院编敕十五卷。

【嘉祐驿令】【史】为宋法典之一。(详嘉祐禄令条内)

【嘉靖续纂会典】【史】为明行政法典之一(详明会典条内)，简称曰嘉靖会典。

【嘉庆会典】【史】为清行政法典之一，或曰嘉庆续修会典。嘉庆会典者，嘉庆十七年七月所撰凡八十卷，正总裁官托津、曹振镛，副总裁官崇禄、王以衔，此外亦置提调纂修诸员，本会典体裁，虽仿乾隆会典，然仍大有差别，盖嘉庆会典，采分注法，即于本文务期简要，而分注中，则于其所未尽及其所略者，悉详举之，以故卷数虽不及乾隆会典之多，而内容顾较为复杂也。分注之法，盖本于六典，特六惟详职官之沿革，而嘉庆会典，则以此让之历代职官表，而专详官司所守之仪节科条会计等，此其所以不同也，至其区别会典与事例，则仍沿乾隆会典及则例之旧法(续修会典凡例)。本会典目录如下：卷一宗人府，卷二内阁，卷三办理军机处，稽查钦奉上谕事件处，中书科，卷四——九吏部，卷十——十八户部，卷十九——三十二礼部，卷三十三——三十四乐部，卷三十五——四十兵部，卷四十一——四十四刑部，卷四十五——四十八工部，卷四十九——五十三理藩院，卷五十四都察院，通政使司，大理寺，卷五十五翰林院，詹事府，卷五十六——五十七太常寺，太仆寺，卷五十八光禄寺，卷五十九顺天府，奉天府，卷六十鸿胪寺，卷六十一国子监，卷六十二——六十三钦天监，卷六十四钦天监，太医院，卷六十五侍卫处，奏事处，卷六十六銮仪卫，卷六十七——六十九八旗都统，卷七十前锋营，护军营，步军营，卷七十一火器营，圆明园护军营，健锐营，总理行营，向导处，虎枪营，尚虞备用处，养鹰狗处，善扑营，卷七十二——八十内务府。

【嘉庆会典事例】【史】嘉庆会典事例者，嘉庆十七年七月，与会典同时所撰，凡九百二十卷，会典事例，盖本于会典则例而编纂之，即以逐年事例，别为一编也。初嘉庆六年九月，上谕，增修乾隆二十三年以后事例，编辑成书，大学士九卿等，妥议开馆事宜，酌定章程具奏，某年十月，王杰等，酌议八条奏之，遂诏开馆纂修，至十七年七月书成，其编纂体裁，会典凡例载有明文："会典事例，自开国以来，百九十余年，礼乐刑政大端，以及庶司条件，岁月更定，积久愈多，皆为考核所关，宁详无略，旧以会典所分衙门为纲，每会典一卷，各以则例副之，如一部数司，则例亦按司分隶，其诸司职掌从同者，则统载于一衙门之下，不复分析，此次事例，为卷九百二十,实为繁赜,若循旧例,分别诸司,门类过多,难于寻阅,是以各就一衙门之事例,皆分别数门,每门之下,析为子目,每目之下,仍按年编次,其门目皆标明每卷之首,俾一目了然,其曰原定,曰奏准,曰议准,则悉仍旧例。"据此则事例体裁,全与会典相反,宁期于详,故卷数因以增多,虽仍以衙门分卷,而又分种种门目,按年编次事例,其目录如下:"卷一——八宗人府,卷九——十二内阁,卷十三中书科,卷十四——一百二十七吏部,卷一百二十八——二百三十二户部,卷二百三十三——四百零九礼部,卷四百一十——四百二十六乐部,卷四百二十七——五百八十三兵部,卷五百八十四——六百六十刑部,卷六百六十一——七百二十五工部,卷七百二十六——七百五十三理藩院,卷七百五十四——七百八十都察院,卷七百八十一通政使司,卷七百八十二大理寺,卷七百八十三——七百九十一翰林院,七百九十二起居注,卷七百九十三詹事府,卷七百九十四——八百十七太常寺,卷八百十八太仆寺,卷八百十九光禄寺,卷八百二十——八百二十二顺天府,卷八百二十三奉天府,卷八百二十四——八百二十五鸿胪寺,卷八百二十六——八百二十九国子监,卷八百三十钦天监,卷八百三十一太医院,卷八百三十二——八百三十三侍卫处,卷八百三十四——八百三十六銮仪卫,卷八百三十七——八百七十八旗都统,卷八百七十一前锋统领,卷八百七十二——八百七十四护军统领,卷八百七十五——八百八十步军统领,卷八百八十一火器营,卷八百八十二圆明园护军营,卷八百八十三健锐营,卷八百八十四向导处,虎枪营,卷八百八十五——九百二十内务府。"

【图(圖)奸】【史】为强奸之一种,乃指在未遂之状态而言,例如于夜中入妇女寝室而图谋行奸之类是也。清例设有下列明文:"凡调奸图奸未成者,经本妇告知亲族邻保即时禀明该地方官审讯,如果有据,即酌其情罪之重轻,分别枷号杖责,报明上司存案,如本家已经投明乡保,该乡保不即禀官,及禀官不即审理,致本妇怀忿自尽者,将乡保照甲长不行转报窃盗例杖八十,地方官照例议处。"又刑案汇览:"黑夜图奸子媳,本妇不知何人情急咬伤伊翁手指,虽系犯时不知,第伦纪攸关,未便径依凡人,予以勿论,应仍依殴夫之父母本律定拟,援案奏请。"又:"图奸养媳未成,致被氏父殴死,依有服亲属擅杀图奸未成罪人,无论登时事后,俱照擅杀律拟绞。"

【图(圖)书馆规程】【行】Regulations relating to libraries　本规程于民国十九年　月　日公布,共十四条。其要点如下:(一)因设立之不同,图书馆可分为公立者(省市县)与私立者(私法人或私人)。(二)图书馆设立或停办时,均应向主管机关(教育行政机关)呈请立案。(三)公立图书馆除搜集中外各书籍外,应负责收集保存本地已刊未刊各种有价值之著作品。(四)图书馆设馆长一人,馆员若干人,每年三月底应将办理情形报告于主管机关。(五)私立图书馆须设董事会为设立者之代表,负经营之全责。

【图(圖)财害命】【史】所谓图财害命,乃指图取他人财物并杀害其人之性命而言。清律及例之规定如下:(一)造意为首者——得财杀死人命者斩决,得财伤人未死者斩候,未得财杀人者斩候,未得财伤人者绞候。(二)为从加功——得财杀死人命者斩决，得财伤人未死者，刃伤及折伤以上绞候，非金刃又非折伤四省充军，未得财杀人者绞候，未得财伤人者流三千里，为从不加功——得财杀死人命斩候，得财伤人未死流三千里，未得财杀人者流三千里，未得财伤人者徒三年，为从不行而分赃——得财杀死人命实发四省烟瘴充军，得财伤人未死，但分赃仍徒三年。(三)船户店家图财害命，为首斩枭正法，为从斩决，有服卑幼图财谋杀尊长尊属，各按服制分别凌迟斩决，均枭示。(四)同谋不行，事后分赃，发新疆为奴(新例改发各省驻防官兵为奴)，苗人及台湾等处商船图财害命，均照强盗杀人斩枭。(五)图财谋杀十岁以下幼孩，或有因奸情事，为首斩枭，为从加功绞决，为从不加功流三千里，初无图财之心，杀人后见有随身银物，乘便取去，仍依本律斩候，若杀人后掠取财物并知有藏蓄而取去者，仍同强盗斩决。

【图(圖)画局】【史】为宋时掌图书之类之官署，事物纪原(卷七)："宋朝会要曰，雍熙元年，置翰林图画院，在内中池东门里，咸平元年，移在右掖门外，绍圣二年，改院为局。"

【图(圖)赖】【通】所谓图赖，乃指将已所为之恶事，移嫁于他人，使之受罪，或借此以诈取其人之金钱也。

【图(圖)谱局】【史】为掌官吏簿册及私人之系谱之官署，大学衍义补(卷九十四)一丘濬氏曰："魏晋以来，官有簿状，家有谱系，官之选举必繇于簿状，家之婚姻，必繇于谱系，历代并有图谱局置郎令史以掌之。"

【团(團)练使】【史】官名，唐时始置此官，大者领十州，并设团练副使，其后悉以刺史兼带团练使，及宋则以团练使为虚衔之官之一。

【团(團)体协约法】【劳】Law governing collective labor agreement 本法于民国十九年十月二十八日公布，共分五节，计三十一条。兹录其要点于下：(一)劳资团体之代表机关须有权原始可以其团体名义缔结团体协约。(二)团体协约之缔立，应呈请主管官署认可。(三)关于团体协约之限制之规定(第八—十三条)。(四)团体协约所定劳动条件当然为该团体协约所属雇主及工人间所订劳动条约之内容。(五)团体协约当事团体对其团员有使其不为一切斗争，并使其不违反团体协约之规定之义务。(六)团体协约当事团体对于违反团体协约之规定者，均得以团体名义请求损害赔偿，在原则上并得为其团员提起团体协约上一切之诉讼。(七)团体协约分为定期不定期及完成一定之工作为期者三种。(八)团体协约订立时之经济界情形于订立后有重大变更者，主管官署因团体协约当事人一方之声请，得废止是项团体协约。

【团(團)体协约权】【劳】Right of collective bargaining 团体协约者，谓工会或工人团体与对方之雇主或雇主团体，关于工人各种劳动条件以及工人团体与雇主间关于彼此相互间之关系所缔结之一种书面的标准契约也(团体协约法第一条)。法律上认工人团体或工会享有此种权利，故曰团体协约权。团体协约乃一种和平交涉之方法，系先由工人结合之团体，与资方(雇主)缔结一标准化之契约，然后由工人向雇主依照该项标准各自订定劳动契约。此种权利，在我国法律仅一般工会可以享有，至特种工会（参该本条）则为法律所不许。

【境内被扰】【史】谓所辖境域内被贼众或苗蛮等扰害也，此时管辖等官应受一定处分。清例之规定如下：（一）野贼苗蛮扰害地方及无土官管辖之生苗为盗攻陷城寨烧毁仓库，专管官革职，兼辖官革职，统辖官降二级调用，督抚降二级留任。（二）焚劫乡村抢掳男妇，杀伤兵民，专管官革职，兼辖官降二级调用，统辖官降二级留任，督抚降一级留任。（三）州县失守并无城池者，比照野贼苗蛮扰害地方之例议以革职，如于失守后未经奏参以前，自行收复或随同大军克复改为革职留任，再有劳绩开复原官。（四）贼拥大众入寇，官方猝遇交锋，损伤被掳数十人以上，不曾亏损大众，或被贼突入境内掳杀人民头畜衣粮，照被贼入境虏掠拟军（情轻者，备由奏请处置）。（五）如被贼入境将侦探军役人等一时杀伤捉去，事出不测者，俱问不应重杖留任。（六）境外被贼杀掳侦探军役非智力所能防范者，免其问罪。

【境界权】【物】Finium regundorum（拉丁）；Right of regulating boundaries 即土地所有人对其疆界有整理使其明确之权也。易言之，即所有人有确定疆界之请求权也，故无论何方一经邻人之请求，即不得拒绝。普通乃由双方公同设置界标，其经费则平均负担，至测量费用则以土地广狭为负担标准，我国民法对此无规定，惟旧州案曾有明文耳。

【垫（墊）完民欠】【史】清时，人民纳税未足额数，税官或书役代为垫出补充完纳，是曰垫完民欠。此举形式上固为一种通融办法，而实则代垫之税官书役，每对欠税者索取加倍之代补额，流弊颇多，故垫完民欠为法律所禁止。（会典户部）

【垫（墊）发】【史】应行拨发之款尚未着落，而先以其他款项垫补发给，谓之垫发。

【垫（墊）解】【史】应行解送京师之税款仍未全部收齐，先以他款垫出补充解送，谓之垫解。

【垫（墊）赔】【史】应行赔偿之款未定，而预先以其他款项垫偿，是曰垫赔。

【伙（夥）众私枭】【史】伙众者，兵民或豪强等结伙聚众也。私枭者，即俗所称贩运私盐之人也。粮船舵丁等夹带私盐聚众拒捕亦以伙众私枭论。清律及例之规定如下：（一）兵民聚众带有军器兴贩私盐——（甲）十人以上拒捕杀人及伤三人以上，为首斩决，为从下手杀人斩决，下手伤人斩候，为从未下手近边充军，拒伤二人为首斩候，下手伤人绞候，为从未下手流三千里，拒伤一人为首绞候，下手伤人实发四省烟瘴，为从未下手流三千里，拒捕未伤人为首实发四省烟瘴，为从未下手流三千里，带有军器不曾拒捕为首近边充军，为从未下手流二千里。（乙）十人以下，拒捕杀人不论有何军器，为首斩候，为从下手杀人绞候，为从未下手近边充军，拒伤二人以上为首或为从下手杀人斩候，下手伤人绞候，为从未下手徒三年，拒伤一人为首或为从下手杀人绞候，下手伤人流三千里，为从未下手徒三年，拒捕未伤人为首或为从下手杀人流三千里，为从未下手徒三年，带有军器不曾拒捕为首或为从下手杀人或下手伤人均流二千里，为从未下手徒三年，不带军器不曾拒捕不分十人上下仍照私盐本律定拟。（二）豪强盐徒聚众十人以上撑驾大船张挂旗号擅用兵仗响器拒敌官兵，拒敌官兵杀人及伤三人以上为首斩枭，为从斩决，得赃包庇之兵役斩候，拒伤二人为首斩决，为从绞候，拒伤一人为首斩候，为从实发四省烟瘴（私售之灶丁及窝顿之匪犯俱发伊犁乌鲁木齐等处为奴改足四千里），拒敌不曾伤人为首绞候，为从流三千里。（三）回空粮船夹带私盐闯闸闯关不服盘查聚众持械拒捕照兵民聚众贩私例分别治罪，虽不闯闸闯关但夹带私盐及卖私之人或灶丁将盐私卖与粮船，俱照贩私加一等流二千里。（四）头船旗丁头舵人等虽无夹带私盐，但闯闸闯关枷号两个月发近边充军，窝藏寄顿徒三年，兵役受贿纵放计赃以枉法从重论。（五）随同之旗丁头舵枷号一月，徒三年，不知情者不坐，兵役受贿纵放，计赃以枉法从重论，未受贿杖一百。

【伙（夥）众械抢】【史】谓结伙聚众执持军器刀械从事抢夺也。清例设有明文兹举述之如下：（一）同民抢夺结伙三人以上不分首从，俱发云贵两广极边烟瘴充军，如脱逃被获，发新疆为奴，新例改发足四千里充军，如数在三人以下审有纠谋持械逞强情形，亦照此例拟军，若止乘间徒手攫取，仍照抢夺本律拟。（二）聚众三人以下执持器械抢夺，无论白昼昏夜均照强盗不分首从，一概斩决。（三）实在被胁同行者发黑龙江为奴，新例改发驻防，徒手抢夺未持器械或仅止一二人乘间抢夺，仍照本例办理。（四）事主闻警逃避，贫民乘间抢夺，无人看守空屋财物，仅止一二人并未持械乘便抢夺照抢夺本律问拟，本家事主及雇工人等前往捡捕护赃护伙执械格斗有倚强肆掠情形者，即照强盗问拟，邻佑人等前往拿捕有拒捕者，照抢夺拒捕科断。（五）被灾饥民爬抢粮食——（甲）聚众十人以上至数十人，执持木棍等械，并无军器刀械，实国灾荒饥饿，见有粮食伙众爬抢，苟延旦夕，并无攫取别赃，为首斩候，为从发新疆为奴，新例改发驻防。（乙）十人以下持械爬抢，为首发新疆为奴，新例改发驻防，为从减一等。（丙）如无器械，人数无多，是抢非强，仍照抢夺本例问拟，倘有纠伙持械，按捺事主搜劫多赃者，照强盗科罪。（六）直省不法之徒，如乘地方歉收，伙众抢夺扰害善良，挟制官长，或因赈贷稍抢夺村市，喧閙公堂及怀挟私忿，纠众罢市辱官者，俱照光棍例治罪。

【伙（夥）盗】【史】盗贼之同党徒众谓之伙盗。六部成语注解："盗贼之徒伙也。"清例——刑律贼盗篇强盗条之下注，亦有详解。

【夺（奪）犯】【史】所谓夺犯，乃指对于官司差人所捕获之罪人，于中途聚众加以打夺而言也。清例之规定如下：（一）官司差人捕获罪人聚众中途打夺——（甲）殴差至死，为首不论曾否下手斩决，为从下手致命伤重至死绞决，帮殴有伤，不论他物金刃绞候，随同拒捕未经殴人成伤足四千里充军。（乙）伤差未死为首绞候，为从三千里（仅止一二人打夺，为首无论有无伤差流三千里，若殴伤至死，即照聚众打夺杀人分别治罪）。（二）官司勾摄罪人，已在该犯案拿获，如有聚至三人以持械打夺伤差，即照中途夺犯例，分别杀伤治罪。若未纠约聚众，实系一时争斗，拒殴杀伤，仍照各本律定拟，其非本案罪犯及非所勾捕之人，无论在途在家，俱以凡斗论。（三）尊长率领卑幼及家长率领奴仆雇工殴差夺犯——（甲）杀差役一命随从之卑伤人流三千里，助势未伤人徒三年。（乙）杀差役非一家二命，及二命以下幼奴仆雇工，为从下手致死绞候，帮殴伤轻流三千里，在场助势徒三年。

【夺(奪)犯殴差】【史】夺犯殴差,谓恃众强抢夺去人犯,并殴打缉拿人犯之差役人等也。清之六部处分则例(卷四十六)刑属提解篇设有夺犯殴差之条:"凡地方应行缉拿之犯,凶徒恃众哄闹夺犯殴差,未能即时擒获,将该地方官照盗案例题参,疏防未获人犯,按限参处,傥有讳匿,亦照讳盗例议处。"

【夺(奪)劳】【史】官吏犯私罪时,夺去之官而使服劳役,谓之夺劳。隋书—刑法志:"夺功百日,杖督一百。"补宋书刑法志:"永初元年夏六月丁卯,大赦天下……亡官失爵,禁锢夺劳,一依旧准。"

【夺(奪)爵】【史】秦汉之制,凡有爵位者犯罪时,褫夺其爵,令为士伍,即其官职亦免除之,是曰夺爵。艺文类聚(卷五十一):"依律有夺爵之法。"汉书—景帝纪:"夺爵为士伍免之。"注:"师古曰,谓夺其爵令为士伍,又免其官职,即今所谓除名也,谓之士伍者,言从士卒之伍也。"史记—秦本纪:"武安君有罪,为士伍。"注:"如淳曰,尝有爵,而以罪夺之,谓之士伍。"汉书仪:"秦制二十爵,男子赐爵一级以上,有罪以减,年五十六免,无爵为士伍,六十乃免,老有罪,各尽其刑,是夺爵,本秦制也。"

【奖(獎)金】【劳】Cash reward 所谓奖金,乃指工厂对于工人所给予之奖励金额而言,此种制度反对者每谓恒使工人因希企领取奖金,而使工作过度,致损及身体,赞成者则谓此为增进劳资双方关系与合作之唯一方法,我工厂法则规定工厂每营业年度终结算,如有盈余除提股息公积金外,对于全年工作并无过失之工人应给以奖金,并非全出于资方之喜怒而定给付与否之标准。(第四十条)

【奖(獎)励工业技术暂行条例】【行】本条例于民国二十一年九月三十日由国民政府公布,全文计二十九条,自公布之日施行(按前于民国十七年六月间,曾有奖励工业品暂行条例之公布,今已失效)。兹举其要点于下:(一)凡中华民国人民对于工业上之物品或方法首先发明者,得依本条例向实业部呈请奖励,其受励者享有专利权十年或五年(以全国为区域)。(二)凡有下列情形之一者不予奖励:(1)有同一之发明核准奖励在先者。(2)妨害公共秩序,善良风俗或卫生者。(三)凡利用他人物品或方法在其专利权期内再有发明时,得呈请奖励,但新发明人应给原发明人以相当之补偿金,或协议合制,原发明人如无正当理由,不得拒绝。(四)凡二人以上为同一之发明各别呈请时,应就最先呈请者奖励之,如同时呈请则依呈请者之协议定之,协议不谐时,均不给予奖励。(五)以公司名义或两人以上联名呈请时,应载明发明人之姓名,并应附证明有呈请权之文件。(六)专利权为共有时非得各共有人之同意,不得行使其专利权,但订有契约者,从其契约。(七)呈请实业部请求奖励经核驳而不服者,得于决定书送达后三十日内呈请再审查,至于经审查认为合格时,应自公告之日起六个月内,利害关系人得提起异议,于期满无人提起异议时,即为审查确定。(八)专利权有下列情事之一者撤销之:(甲)违背上述第一及第二要点之规定者。(乙)得奖励后满二年未实行制造并未呈经实业部核准者。(丙)专利权期内无故休业二年以上,并未呈经实业部核准者。(丁)以诈伪方法朦请核准者。(九)专利权期满时,得呈准实业部延展之,并加给证书,但以一次为限,并不得逾原专利权之期限。(十)专利权得为让与或继承,惟应呈由实业部换给证书。(十一)关于损害他人专利权及贩卖明知为伪造或仿造之物品时之处罚(第二十三—二十六条)。(十二)专利权证书给与费不得逾一百圆其延展期限加给证书者,不得逾二百圆,均得分年交纳。(十三)此外另有施行细则之规定。

【奁(奩)田】【史】奁即妆奁,田即田地,谓妻由母家所随嫁而来之田地也。元典章(卷十八):"随嫁奁田等物,今后应嫁妇人,不问生前离异,夫死寡居,但欲再适他人,其随家妆奁财产等物,听前夫之家为主,并不许似前搬取随身,本省参详,若准所言相应,送礼部议得,无故出妻,不拘此例,合准已拟相应,都省准呈咨请,昭验施行。"按此乃仿汉族之制。

【奁(奩)产制】【亲】Dotal régime 为夫妻财产制之一种,即妻特指定其财产之一部为奁产,由夫管理以为家用之制度,惟其所有权则仍为妻所享有(但有例外)。而夫对于奁产之移转及抵押,概为法律所不许,列国法律仅以之为约定财产制,尚无以此为法定制者,我民法均未采用。

【嫡子】【亲】Legitimate son 凡在合法婚姻继续有效期间中受胎所生之子,曰嫡子,与庶子私生子相对立,我国新民法改称之曰婚生子女,而无嫡子一名辞之规定。

【嫡出子】【亲】Legitimate child 为日本名辞,与我国所称之嫡子相同。

【嫡母】【亲】Legal mother 庶子称其父之合法婚姻之妻,曰嫡母。新民法未设嫡母之规定。

【嫡孙丁忧】【史】丁忧谓官吏服父母丧也,须退休守制,嫡系孙儿承祖荫而了仕者,遇祖父亡故,其在官者,仍须奔丧服丁忧,退休守制。大明令户令篇设有嫡孙丁忧之条:"凡嫡孙为祖后而承荫入仕者,祖亡服斩衰三年,在官者依律奔丧丁忧,违者治罪。"

【嫡嗣】【亲】即嫡长子之谓也。

【实(實)子】【亲】Child by birth 为日本名辞,即由血统关系所产生之子也,与养子相对称,计分嫡子庶子与私生子三种。

【实(實)用新案权】【行】Right of the industrial new design 对于工业物品之形状构造,或配置,设计,而得之新实用方法,依法呈请登记后,所享有之专用权利,曰实用新案权。

【实(實)任推事】【组】Full judge 为推事之一种,对学习推事与候补推事言,凡候补推事依法实授推事时,曰实任推事,非有法定原因,并依法定程序,不得将其停职,免职,或转调及减俸。(法院组织法第四十条,实任检察官亦同)

【实(實)任检察官】【组】Full procurator 为检察官之一种,与学习检察官及候补检察官相对立。(参实任推事条内)

【实(實)合国】【宪】为政合国(详该本条)之另称。

【实(實)在部分说】【物】为分别共有性质学说之一,即各分别共有人划分,其共有物为各共有人,实在所享有之谓。按诸一物不容二主之格言,是本说与所有权之性质已处相反之地位,故本说亦不足取。

【实(實)行】【刑】Commission of offence　谓已入于刑法所规定之犯罪行为也,较着手为进,如有结果,曰既遂犯。如无结果,曰未遂犯。着手为实行之开始,实行为着手之结果,但有着手而无结果者,亦有实行而无结果者,前者曰着手未遂,后者曰实行未遂(详各本条)。此外又有实行后不需结果之发生,而亦认为犯罪者,例如煽惑罪侮辱罪是。

【通】Enforcement　又称施行。(详该本条)

【实(實)行中止犯】【刑】Rucktritt vom verbrechen(德)　为中止犯之一种,对着手中止犯言,凡犯人业已终结实行,因自己意思防止其结果之发生者,曰实行中止犯。例如以毒药杀人,食后有觉不忍,再投以解毒之剂是。

【实(實)行未遂犯】【刑】为未遂犯之一种,别名缺效未遂犯,即犯罪已终结其实行,因而意外之障碍不能生犯罪应有之结果之谓也。例如谋杀人刀已触其身,然受伤未死是。应有下列三要件:(1)必先有犯罪意思。(2)有意思必欲实行而得其结果。(3)必有实行之结果而忽遇意外之障碍。

【实(實)利主义】【刑】又名目的主义(详该本条),或称预防主义,或称相对主义。

【实(實)定契约】【债】为契约之一种,对射幸契约言,即其契约当事人之损益,性质上当初即确定者也。例如买卖交换是。

【实(實)物支付】【劳】谓雇主对于工人之工资,以实际之物为支付也。

【实(實)物海损】【海】对费用海损言。(详海损条内)

【实(實)封】【史】(一)诸侯所领有之田地,称为实封。周礼疑义举要(卷二):"诸侯之地,土田,为实封。"(二)予以土地上人户之租税征收之实权亦称为实封。事物纪原(卷四):"唐封公侯无国土,其加实封者,则食其所封之户,分食诸郡,以租庸调给,沿革曰,魏黄初间,爵自关内侯不食邑,但虚封而已,故唐因之加实封。宋朝会要曰,唐制食实封者,户给缣帛,每赐爵,递加一级,唐末及五代,始有特加邑户。而罢实封之给,今位为虚名也。"

【实(實)封公文】【史】凡固封之官文书而须至天子御前开拆者,称曰实封公文。明律(卷十七)、清律(卷二十一)兵律邮驿篇——邀取实封公文条:"凡在外大小各衙门官,但有人递进呈实封公文至御前,而上司官令人于中途急递铺,邀截取回者,(中略)追究得实斩。"

【实(實)封奏闻】【史】实封谓将文书封固也,在天子御前始得开封,奏闻即上奏以闻于天子也。凡在八议以内之官吏犯罪时,法官不得迳行召唤讯问,应将所犯之罪一一开列封固奏陈于上,以待上裁,是曰实封奏闻。(参应议者犯罪之条内)

【实(實)施正犯】【刑】Principal offender　对帮助犯言,即实施犯罪行为之正犯也,乃正犯或共同正犯之别称。

【实(實)害犯】【刑】又名实质犯(详该本条)。一名结果犯。

【实(實)害法优于危险法】【刑】为法规竞合中定罪时法律适用标准之一种,即同一所为触犯数种法规,而此数法中乃为实害法与危险法竞合时,则前者优于后者,例如违警法规定车马夜行不燃灯火者,处五元以下罚金。而刑法则规定过失致人死伤,处二年以下有期徒刑,拘役,或一千元以下之罚金(刑法第二九一条至三〇一条)。前者为危险行为,后者为实害行为。设因夜行不燃灯火而致人于死伤时,则实害法优于危险法,只从刑法处断是。(参法规之竞合条)

【实(實)家】【亲】Famille Natale(法) 为日本名辞,即本身所出生之家也,与我国所称之本宗,颇相类似,凡离缘或离婚者(限于女子)均归实家。

【实(實)业部林垦署组织法】【行】本组织法依实业部组织法第六条而制定,于民国二十年四月十一日公布,全文仅九条,自公布之日施行。(参林垦署条)

【实(實)业部直辖模范林场组织条例】【行】本条例于民国 年 月 日公布,全文仅九条,自公布之日施行。其要点如下:(一)本林场职掌如下:(1)关于森林种子之检定试验及推广事项。(2)关于森林树苗之培养试验及推广事项。(3)关于森林灾害之防除事项。(4)关于模范林之经营及管理事项。(5)关于公有私有之指导事项。(6)关于林地之测候事项。(7)关于森林副产物之培养事项。(8)关于林产品之征集及展览事项。(9)其他与林场之关系事项。(二)本场置场长一人(荐任或委任)承实业部长之命,综理全场事务,监督指挥所属职员,事务主任一人,技术主任一人,事务员三人至六人,技术员六人至十人(均委任)。(三)本场得酌用雇员并得招收练习生,并得择定相当地点呈部核准设置分场。

【实(實)业部专门委员会】【行】Expert commission in the ministry of industry 实业部专门委员会掌下列各事项:(1)全国实业及国民经济状况之调查事项。(2)实业设计事项。(3)实业法规及商约草案之研究事项。(4)部长交议事项,委员人选须有下列之一者:(1)国内专家。(2)办理实业卓著成效者。(3)现任或曾任国内实业团体重要职员负有声望者。(4)本部各署司厅及部辖各机关之重要职员。委员会设总干事一人(就委员中指定之),事务主任一人,事务员二人至四人,由部长派充之,本委员会委员暂分为下列各种,由部长指定之:(1)农业专门委员。(2)林业专门委员。(3)矿业专门委员。(4)工业专门委员。(5)商业专门委员。(6)垦业专门委员。(7)渔业专门委员。(8)畜牧业专门委员。(9)劳工专门委员。(10)经济专门委员。(实业部专门委员会规则第二—七条)

【实(實)业部组织法】【行】Law governing the organization of the department of industry 本法于民国二十年一月十七日公布,实业部直隶行政院,其先本为工商及农矿二部,后合并为实业部,管理全国实业行政事务,对于各地方最高级行政长官执行本部主管事务,有指示监督之责,置部长一人(特任官),政务次长常任次长各一人(简任官),秘书六人至十人(三人简任余荐任),参事四人至六人(简任官),设下列一署七司,置署司长各一人(简任):(一)林垦署。(二)总务司。

(三)农业司。(四)工业司。(五)商业司。(六)渔牧司。(七)矿业司。(八)劳工司。又设科长二十四人至三十二人(荐任),科员一二〇人至一六〇人(委任职),技监一人或二人(简任),技正二十四人(八至十二人简任余荐任),技士三十二人(十八人荐任余委任),技佐二十人至三十人(委任),至因事务上之必要时,并得聘用顾问及专门委员,至林垦署之组织,则另以法律规定之。

【实(實)业部管理国有林公有林暂行规则】【行】本规则于民国二十年五月二十六日公布,全文仅八条,自公布之日施行,凡国有林公有林之管理监督暂依本规则之规定。兹述其要点如下:(一)自本规则公布之日起,国有林即行停止发放,公有林绝对禁止发放。(二)凡已经发放之国有林或公有林,其承领人于采伐林木时,须依下列各项办理:(1)每亩于适当距离内应保留距地面三尺五寸高,直径一尺以上之母树十株,以备天然之更新。(2)天然更新发生障碍时,应即培养苗木于原采伐地造林。(3)母树及新植幼树均应负责切实保护。(三)各省主管官厅对于已开放之国有林或公有林应随时派员切实检查,如有违反上述各项情事之一时,应即撤销承领权。

【实(實)业厅】【行】Provincial department of industry 为省政府机关之一(参建设厅条内),所掌事务如下:(1)关于农林蚕桑渔牧矿业之计划管理,及监督保护奖进事项。(2)关于整理耕地及垦荒事项。(3)关于农田水利整治事项。(4)关于农业经济改良事项。(5)关于防除动植物病虫害及保护益鸟虫事项。(6)关于工商业之保护监督及奖进事项。(7)关于工厂及商埠事项。(8)关于商品之陈列及检查事项。(9)关于度量衡之检查及推行事项。(10)关于农会工会商会渔会及其他农业工业商业渔业矿业各团体事项。(11)其他实业行政事项。(参省政府组织法条内)

【实(實)质上之一罪】【刑】所谓实质上之一罪,乃指在形式上虽有数个犯罪行为,而于实质上仅认为一罪而言。

【实(實)质主义】【民总】为设定住所主义之一,对形式主义言,注重事实,即凡地域之为其生活集中地或根据地者,即为其住所,故以久住之意思为必要,法意比荷德等国采之,我国民法亦然。(第二〇条第一项)

【实(實)质民法】【民总】Material civil law 与形式民法相对称。(详民法条内)

【实(實)质犯】【刑】Material criminal; Matelial delikt(德) 凡犯罪之成立,其行为之结果有表现的发生于外界者,如杀人罪应实质上有杀人结果之发生者,是曰实质犯,或曰实害犯,又称结果犯,对形式犯言。又实质犯以发生结果为要件,否则不能目为犯罪之成立,不过因其情节或认为未遂犯而加以处罚耳。

【实(實)质刑法】【刑】Material criminal law 对形式刑法言,为无刑法形式者,仅其实质与刑法相同而已,盖即于他种法律内附有刑罚法规者是也。从外形视之必不能知有刑罚法规之存在,例如工会法工厂法商标法等是。

【实(實)质的犯罪】【刑】又称狭义犯罪。(详该本条)

【实(實)质的刑事诉讼法】【刑诉】与形式的刑事诉讼法相对称,即以实现国家刑罚权为目的,而规定之一切之手续之法规之全体也。通常之刑事诉讼法典以外,其他如特别法院之刑事诉讼法规,亦皆属之。

【实(實)质的商人】【通】Material merchant 与形式的商人(详该本条)相对称。

【实(實)质的解释】【国公】Material interpretation 与形式的解释相对称。(详形式的解释条内)

【实(實)质的证据法】【民刑诉】与形式的证据法相对称,法院对于当事人所提供之证据之采取与否,均以自由之确信心为标准,关于此项证据之规定,谓之实质的证据法。

【实(實)质确定力】【民刑诉】Material force of the final decision 对形式确定力言,凡裁判确定后,诉讼当事人不能对该同一案件,提起同一诉追,此种状态,学者称之曰实质确定力。又名对物既判力,盖即适用一事不再理原则之结果也(参一事不再理条内)。此种确定力,仅在判决有之,在裁定则因大都系关于诉讼关系之有无,故无所谓实质确定力。

【实(實)践契约】【债】又名要物契约(详该本条),别称践成契约或授物契约。

【实(實)证】【民刑诉】Real evidence 凡由法院勘验后所得之印象,谓之实证,与旁证相对立。

【实(實)体判决】【民刑诉】Material judgement 又称本案判决。(详该本条)

【实(實)体法】【通】Substantive law 与手续法相对称,又名主法,或本体法,即规定权利义务之本体,及其发生消灭之法律,如民法刑法公司法保险法等皆是。但实体法与手续法亦有同于一法律中规定者,如破产法是。

【实(實)体的真实发见主义】【刑诉】为刑事诉讼主义之一,对形式的真实发见主义言,谓审判官裁判案件时,不以原被告所陈述事实及所提出证据为唯一基础,而得自行搜集各项材料以发见事实真相之主义。此正使真正事实不为当事人之陈述及提出之证据所蒙蔽,故我刑事诉讼法采之。(第二条)

【实(實)体证据主义】【民刑诉】又称自由心证主义。(详该本条)

【察院】【史】为都察院之简称。(详都察院及三院各条内)

【察议】【史】为对于官吏之惩戒处分之一种,乃适用于罪情之轻者,即察其情节而议其处分之义也。清会典—吏部:"有参奏,有陈请,轻曰察议,重曰议处,又重曰严加减。"

【对(對)人抗辩】【票】Plea against person or personal defenses 又称主观抗辩,或相对抗辩,为票据抗辩之一种。谓依票据法外之直接抗辩,仅可对抗特定人。换言之,即票据债务人对于票据上请求人,得以直接对抗之谓也。我票据法第十条之条文,即对人抗辩关系之规定。

【对(對)人信用】【债】Personal credits 在债务关系存在中,债权人对债务人无须任何物件担保者，谓之对人信用。与对物信用相对立，例甲向其友乙借款百元，而乙不须甲之任何担保，而仅信托甲之信用是。

【对(對)人既判力】【民刑诉】又名形式确定力。（详该本条）

【对(對)人担保】【债】Persönliche sicherheit（德）；Personal security 与对物担保相对称，谓以特定人为债务清偿之担保也。例如保证债务是。（参保证债务条）

【对(對)人联合】【国公】Personal union 又称君合国。（详该本条）

【对(對)人关系说】【物】为物权本质学说之一，对物关系说言，即以物权亦与其他之普通权利相同，不外基于人与人之关系而发生，且其主要性质乃为对于普通人（不特定人）之权利也。此说亦不健全，其主张尚不能区别物权与其他权利，故欲寻得物权真正之本质，须与对物关系说融合，始能成立。

【对(對)人权】【通】Right in personam；Right against particular persons 又称相对权。（详该本条）

【对(對)己支票】【票】谓发票人以自己为付款人所发之支票也，至付款人之必须为银钱业，更为当然之事，自不待言。例如银行之本店与支店间互相发行支票是。（票据法第一二一条第三项）

【对(對)己汇票】【票】Trassierter eigener wechsel（德） 日本称为自己宛为替手形，谓以自己为付款人而发行之汇票，即付款人与发票人同为一人之汇票也。例如一商号有数营业所，其总行与本行间互相发行汇票是。又如发票人届时至付款地自行付款者亦属之，我票据法规定发票人得以自己为付款人。（第二十二条）即以发票人付款人受款人同为一人，亦为法律所许可。

【对(對)方】【通】Opposite party 对方，日本称为对手方，所谓对方者，即立于本身之相对人。例如，契约当事人中要约者一方，称被要约者之他方为对方，买卖当事人中买受人一方，称出卖人之他方为对方，诉讼当事人中原告一方，称被告之他方为对方，反之，被要约者，出卖者，或被告，称要约者，买受人，或原告称他方亦谓之对方。

【对(對)世权】【通】Right in rem；Right against all the world 又称绝对权。（详该本条）

【对(對)立义务】【通】为义务分类之一种，与单存义务相对称。谓与权利相对应之义务也。例如不损毁他人所有物之义务是，而其相对应之权利，则系所有人之所有权。

【对(對)同】【史】谓对照校合官文书上之文字也。明律（卷三）、清律（卷六）吏律公式篇——增减官文书之条："……传写失错，而洗补改正者，吏典笞三十，首领官失于对同，减一等，云云。"又同篇——漏使印信之条："凡各衙门行移出外文书，漏使印信者，当该吏典，对同首领并承发者，杖六十。"

【对(對)行犯】【刑】为学理上分类中必要的共犯之一种，对共行犯言，即以有二个对立之行为者相合始成立犯罪之谓。例如重婚罪通奸罪是。

【对(對)抗】【通】Opposition 凡在法律上或事实上得向他人所为相反之主张，称曰对抗。欲与他人对抗者，以依法律上之规定，而不受法律之限制者为限。例如公司之设立未依法登记者，不得与第三人对抗是。

【对(對)抗力】【通】Capacity of opposition 所谓对抗，乃指对于某种权利之内容，得向特定人或不特定人作法律上之主张而言，其有此项主张之效力，则称曰对抗力。

【对(對)抗权】【通】Right for defence 又名抗辩权。(详该本条)

【对(對)制上书诈不以实】【史】承君问而对奏曰对制，向君陈奏衙门公事曰奏事，建言献策则曰上书，人臣事君，贵乎不欺，若三者一有诈妄不实，则欺君矣，应构成本条罪名。明律(卷二十四)、清律(卷三十二)刑律诈伪篇均有对制上书诈不以实条之规定:“凡对制，及奏事上书，诈不以实者，杖一百，徒三年。非密，而妄言有密者，加一等。若奉制推按问事，报上不以实者，杖八十，徒二年，事重者，以出入人罪论。”清律之总注:“承制命而回奏，曰对制，题奏应行公事，曰奏事，建言献策之类，曰上书，臣子于君，当抒诚直言，有犯无隐，若挟诈而故不以实者，杖一百，徒三年，对制奏上书内，原无应密陈之事，而妄言有密，以诳惑朝廷者，加一等，杖一百，流二千里。若奉制命推按问事，报上不以实者，杖八十，徒二年。其所报不实之事，依官司出入人罪计之，若重于不以实本罪，以出入人罪论。”

【对(對)岸所有人】【史】水流地对岸之所有人，谓之对岸所有人。

【对(對)物抗辩】【票】Defense or plea against things 又称客观抗辩，或绝对抗辩，为票据抗辩之一种，与对人抗辩相对称，谓依票据法上所规定之事由，而得以对抗一般人者也。换言之，即票据债务人无论对于何人，凡为票据法上所规定无效之事由。例如票据记载不完备，票据伪造变造是，皆得与之对抗。

【对(對)物信用】【债】Real credits 在债务关系存在中，债务人对债权人以物件为担保者，谓之对物信用，与对人信用相对称。例如甲向乙借款一百元，以一金表为担保物是。

【对(對)物既判力】【民刑诉】又名实质确定力。(详该本条)

【对(對)物诉权】【物】Action of right over things 又称物上诉权。(详该本条)更名物上请求权。

【对(對)物担保】【物】Real security 又曰物上担保，即以特定物供债务清偿之担保也。例如质权及抵押权皆为对物担保，均于民法物权篇中规定之。

【对(對)物联合】【国公】Real union 又称政合国。(详该本条)

【对(對)物关系说】【物】为物权本质学说之一，对对人关系说言，即以物权为人与物之关系而直接支配某物之权利也。且主张物权之所以能对抗普通人者，乃因其为物上支配权之结果而已。此说不甚完全，盖以权利关系之存在，皆以人与人之关系为基础。是物权固不能绝对离人而独立存在者明矣。

【对(對)待给付】【债】Counter-prestation 在双务契约中,甲方负有履行某项义务时,乙方对之亦须有为对价之给付。此项给付,称曰对待给付,又名反对给付。(参同时履行之抗辩条内)

【对(對)拜】【史】相对互拜谓之对拜,唐代于科举试场内考官与受考人员行对拜之家礼,事物纪原(卷三):"笔谈曰:礼部贡院,试进士日,设香案于阶下,主司与举人对拜,此唐礼也。设为供帐,有司具茶汤,至试学究,则悉彻帐幕毡席之类,亦无茶汤。防毡幕及供应人私传所试经义,盖尝有败者故也。"

【对(對)席判决】【民诉】Kontradiktorisches urteil(德) 为判决之一种,对一造辩论判决言,即法院本于双方当事人到场为言辞辩论后所为之判决也。

【对(對)款】【史】即相对恳谈之义,棠阴比事(卷下):"王安礼右丞,知开封府时或投书告一富家有逆谋,都城稍恐,安礼不以为然,后数日有旨,根治搜验富家事,皆无迹,因问曾与谁为仇,对以数月前鬻状马生者,有所贷而弗与,颇积怨言,于是密以他言摄马生至,对款,取匿名书较之,字无少异,讯鞫引伏,此乃用渊核奸之术。"

【对(對)等条约】【公】Equal treaties 条约为两个以上国间之协约或契约,目的为创设变更,或消灭缔约国间之相互的权利及义务。条约之种类甚伙,然属于对等条约者为多,所谓对等条约者,即条约之内容。在国际上,权利上,义务上,相互平等,并无轻重或待遇不公之分者是也。故又名曰平等条约,与不平等条约相对立。

【对(對)照表】【通】Balance-sheet 谓比较及相对之表册也,例如贷借对照表是。

【对(對)话人】【民总】Inter presents 即表意人可直接向其传达意思之相对人也。不特限于当面对话,即以电话直接传达意思表示时,或由传达人口头传达意思表示,或以暗号为意思表示时,均得解为对话人。故以其意思表示能直接由相对人了解为必要,向对话人为意思表示。他国学者之意见,有了解说与达到说二派,我国民法采了解说。第九四条明定对话人为意思表示者,其意思表示以相对人了解时发生效力,至受领人系无能力人或限制能力人,非向其法定代理人为之自属无效,但限制能力人有时亦有受领能力。(参达到条内)

【对(對)话要约】【债】Offer inter presents 为要约之一种,与非对话要约相对立,即表意人能向之直接传达意思以为要约之谓也。此项要约非经对方立时承诺,即失其拘束力。(民法第一五六条)

【对(對)价】【债】Consideration 甲以房屋供乙居住,如甲受乙相当之报酬,(租金)则甲所得之利益,称曰对价即有偿之谓也。通常之交易与商业上之来往,以有对价为原则。

【对(對)价关系】【票】又名原因关系(详该本条),更名票据对价,或票据原因。

【对(對)审】【民刑诉】Confrontation 法院审理案件时，须传原告被告于法庭，使原告之陈述，被告之辩解，以相审讯者，谓之对审。民事诉讼案件，有须对审者，有不须对审者，后者仅依当事人之证据强弱为判决之基础，但刑事案件非经原告被告对审，不得依证据而为判决。

【对(對)质】【刑诉】Confrontation 法院对当事人与证人之讯问，以隔别方法为原则，但为发见真正事实时，得令被告相互间或与证人等当面互相质询，即所谓对质是也。

【对(對)质犯人秋审】【史】谓因杀死人强盗等罪之案而被监禁以待质审之犯人。于过三年之后，其他质审犯人尚未拿获时应于秋审时一并入审以便了结也。清之现行则例(即刑部现行则例)断狱篇设有对质犯人秋审之条。"凡直隶各省牵连叛逆案内监禁质审犯人，仍照常监候，凡杀死人强盗等罪监禁质审之犯，如过三年，质审犯人未获者，即于秋审时一并入审，或情真或矜疑逐一开明档案具题完结。"

【对(對)读所】【史】旧制乡试及会试之试卷，经誊写所誊写完毕，即付对读所核对，以辨有无错误也。清之六部处分则例(卷二十九)礼属科场篇设有对读所之条："应行敬避缺笔之字誊录所不照原卷缺笔，对读所亦未对出改正者，每卷罚俸一年。"又："墨卷内，错写题字及文艺诗策内字画错误誊录所私自改正，对读官不行查出，迳送内帘者，对读官每卷罚俸三个月，考官免议。"又："誊录所书写错误漏落成行，对读官不查出改正者，每卷罚俸三个月。"又："对读官不照原卷点句勾股者每卷罚俸三个月。"又："对读改正错落不用赭黄笔者每卷罚俸三个月。"

【幕(幕)府】【史】军队之出征，无一定之常所，每张幕为府，大将居之，故称大将军曰幕府，后世又称为元帅。事物纪原：汉书李广传注，晋灼曰，卫青征匈奴大克，就拜大将军于幕中，故曰：幕府，幕府之名始于此也。颜师古曰：幕府者以军幕为义，军旅无常居止，故以帐幕遮之，廉颇李牧市租皆输入幕府，此则非因卫青始有号矣。又汉文帝问冯唐对，有上功幕府之说，则上将之称幕府其来久矣，今人以称元帅，取诸此。史记一廉颇蔺相如传："市租皆输入幕府"，同书李将军传："大将军使长史急责广，之幕府对簿。"总之幕府乃将帅之幕营，为军政所自出之处，及宋以后，行政官之居室亦称曰幕府，按幕府一作莫府。

【厩(廄)牧篇】【史】为明律之兵律之一篇，与宫卫、军政、关津及邮驿等篇相对称，乃关于牧养孳生等之法之规定。计分为十一条如下：牧养畜产不如法，孳生马匹，验畜产不以实，养疗瘦病畜产不如法，乘官畜脊破领穿，官马不调习，宰杀马牛，畜产咬踢人，隐匿孳生官畜产，私借官畜产，公使人等索借马匹，清律因之，不加损益。(参厩库律条内)

【厩(廄)置】【史】为驿递之一种，通常乃指系设驿马以为传递而言。此外驿马交替之所，亦曰厩置。史记田横传："田横与其客二人，乘传诣洛阳，未至三十里，至户乡厩置。"其注曰："厩置，置马以传驿也。"

【慈(慈)幼局】【史】宋淳祐七年以救养被遗弃小儿为目的而设置之机关，谓之

慈幼局。民间有愿收养者由官雇用贫家妇女就局内乳养之,且由官给以钱米。(大学衍义补卷十五)

【慈(慈)母】【史】为八母之一,幼时生母死亡,其授乳养育成人者称曰慈母,旧律对于慈母亦有一定之丧服。(参三父八母条)

【慈(慈)母服】【史】谓对于慈母所服之丧服也。其制始自鲁之昭公。事物纪原(卷九):"淮南子曰,鲁昭公有慈母而爱之,死而为之练冠,故有慈母之服。注云,父所命己者,礼记曰,练冠而丧慈母,自鲁公始也。故今五服敕,有慈母服。"

【慈(慈)善团体】【行】Charity societies 所谓慈善团体,乃指济贫救灾养老恤孤及其他以救助事业为目的之团体而言。慈善团体不得利用其事业为宗教上之宣传,或兼营为私人谋利之事业,除属于财团性质者外,应有五人以上之发起人,属于社团性质者每年至少应开总会二次,董事应于开会时报告一切收支及会务状况,主管官署得随时检查慈善团体办理之情形,及其财产状况,如有拒绝检查者,得撤销其许可或解散之。(监督慈善团体法第一—三条、第八—十一条)

【慈(慈)惠费】【行】所谓慈惠费,乃以下列各款充之:(1)依惩罚或其他处分没收之在监人赏金。(2)依在监人金钱保管办法之规定所没收之金钱。(3)依在监人金钱保管办法规定所生之利息。(4)其他依监狱规则没收之金钱及物品变卖之代价,至其用途则以下列各种而且以在监人无力自备时为限。(1)在监者携带子女之领养费。(2)在监者发寄私信所用之邮票及用纸。(3)出监者应交付之保管品洗濯或补缀费。(4)死亡者遗骸或遗留物之运送费。(5)重病者特种滋养品之购买费。(6)监狱规则第七十七条物品之处分费。(7)补助在监者家属之救济费。慈惠费原则上应存放于当地国立银行或邮政储金局,动支时应由监狱主任看守长开具理由,呈由监狱长官交付监狱官会议决定后始可支出。(监狱慈惠费管理办法第一、三、四、五条)

【惨(慘)杀人罪】【刑】Offences of homicide with cruel acts 为加重杀人罪之一,因犯杀人罪而有支解折割,或有其他残忍之行为而成立,所为支解折割,指残忍手段。例如将生人破腹开膛,抽肠出肚,或取其耳目脏腑,及分裂其肢体等是。至于烧杀等,亦为残忍行为。但本罪之客体须以生人为必要,否则不能构成本罪,其处分亦为唯一之死刑,未遂罪亦罚之。(刑法第二八四条第二款)

【惯(慣)行犯】【刑】Gewohnheitsmässiges verbrechen(德) 继续犯之一种,对永续犯言,一名集合犯或聚合犯即须于继续时间反覆同一行为以实施数个同种犯罪行为为目的之谓,法律合此数行为为一罪处断。又可分为三:(1)职业的集合犯。(2)营利的集合犯。(3)习惯的集合犯(详各本条),法律均以一罪处断。

【惯(慣)例】【民总】Custom; Usage 习惯者谓多数人关于同种事项继续反覆为同一行为所成立之准则也。至于反覆之程度,或继续之期间,则无一定之标准,惟仅以沿习已久之习惯为后来同样事件之准绳耳。故沿习已久之习惯便可称曰惯例,按惯例并不得优于法律。例如大理院八年上字二三四号判例谓独子出继,法律既有禁止明文,自不得援引惯例是也。

【惯(慣)习法】【通】Customary law 又称习惯法。(详该本条)

【截短路】【史】又曰剪径。(详该本条)

【折(摺)奏】【史】叠纸成帖曰折，其由臣下直达朝廷之奏文则曰折奏，俗称为折子，清初臣下上奏文书例由通政司转达谓之题本。世宗时虑本章有泄漏，凡紧要之事均用折奏，于是封奏直达御前，称曰折奏。

【折(摺)奏抄送内阁】【史】清制各部密奏事件得直达皇上外，其余均须缮抄送致内阁。清之六部处分则例(卷九)，吏属本章篇设有折奏抄送内阁之条："除各部密奏事件无庸抄送内阁外，其余折奏事件，如奉有谕旨者，应俟内阁发抄钦遵办理，仍将原折并所奉谕旨抄送内阁，与具题红本一体收贮，以备查核。其由奏事处口传旨意者，该衙门领出后，即于折面恭缮谕旨，钤盖印信，与奏稿一并存案，仍于月底将一月内所奏事件摘叙案由，并恭录所传谕旨，移交外奏事处互相核对。"

【摘参】【史】指摘官吏之过失而参劾其罪状，谓之摘参。(清会典吏部)

【摘语消息】【史】犯罪人之家属及奴婢为庇护犯人起见而将官方动作摘举而报告于犯人是曰摘语消息，此项行为，依法不坐。唐律(卷六)名例篇——同居相为隐之条设有明文。

【摘释】【史】将无辜牵连之被告人摘出而释放之，是为摘释。清律："将案内无辜牵连人等，先行摘释，止将要犯解赴同知衙门审明。"

【斡旋】【国公】Good offices 为国际争议解决方法之一，凡由第三国向争议当事国劝其互让和解，而促成双方进行谈判者，谓之斡旋，故斡旋时并不直接参与谈判。斡旋与调停同为劝告之性质，并无拘束之效力，但二者之区别有如下述：(1)斡旋之第三国并不参与谈判，调停则以中人之资格进而参与谈判。(2)斡旋者仅设法劝告争议当事国进行谈判，而调停者则有时得提出相当条件，以为争权当事国谈判之基础，按一八九九年及一九〇七年之海牙会议，曾认斡旋为解决国际争议方法之一种，故为国际法所承认。

【旗丁】【史】兵粮运漕船之水手谓之旗丁，由官给予田粮，为世袭之业，六部成语注解："运船之水手人丁，皆世袭其业，官给田粮如八旗兵丁，然后谓之旗丁。"

【旗人以窃报强】【史】谓属于八旗之下之人，以窃盗之案件，谎报强盗之案于部也。清之现行则例(即刑部现行则例)贼盗篇设有旗人以窃报强之条："旗人以窃为强，并无被劫，谎称被劫报部者，行文该抚审实将谎报之人鞭一百。"

【旗人诱人贩卖】【史】谓属于八旗之下之人诱匿人口在家，贩卖于人，以图财利也。清之现行则例(即刑部现行则例)贼盗篇设有旗人诱人贩卖之条："城内旗人，将诱来人口隐藏在家贩卖，本佐领骁骑校小拨什库明知匿而不首者，佐领骁骑校俱革职，小拨什库枷号一个月鞭一百，若不知情失于觉察者，将佐领罚俸一个月。骁骑校罚俸三个月，小拨什库鞭五十。若有旗下家人将诱来人口隐藏在家贩卖，伊主明知匿而不首者，系平人枷号一个月鞭一百，系官革职，若不知情失于觉察者，伊主系平人鞭五十，系官罚俸三个月，若此内各该管之人或拿获或出首，或犯人自行投首者，将该管官并主人免其议处，城内地方五城原有分管之责，城内之民仍交与五城该管官严行查拿。如事发将该管官交与该部议处。其城外园内屋住家人犯事，将本主亦照此例议处，在屯内住者将屯拨什库照佐领下拨什库治罪。”

【旗下人入官】【史】谓旗下人民因罪籍没入官也。依例分配，各有一定之额数。清之现行则例(即刑部现行则例)户役篇设有旗下人入官之条：“凡旗下入官之人，若仍照前分拨伊等在旗佐领下，俱各有定额，且各有该管之主，应停止入官，令入各旗辛者库其包衣佐领人送来入官者，亦照此例。入辛者库辛者库人犯入官之罪者，刑部枷号完结。”

【旗下人出境放债】【史】谓属于八旗下之人，违禁私自越出所居之地，而对境外州县人民，私以钱财出借之也。清之现行则例(即刑部现行则例)钱债篇设有旗下人出境放债之条：“旗下人既不准出境外放债，有与境外州县民人控告者，概不准行，其境内之人欠债能还而刁蹬年久不还者，准行审理，若借债之后身死而家业实无可还之物者，债主虽告亦不准行。”

【旗下人私自出境】【史】所谓旗下人私自出境，乃指属于八旗之下之人违禁私自越出旗下人所居之地而扰害凌欺人民也。清之现行则例(即刑部现行则例)钱债篇设有旗下人私自出境之条：“旗下人违禁私自越出旗下人所居之地，需索财物，借端挟诈，嘱托行私扰民等弊事，犯者另户之主亲自去者，系平人枷号三个月，鞭一百，系官革职不准折赎，鞭一百，失察之佐领罚俸三个月，骁骑校罚俸六个月，小拨什库鞭八十，若将家仆明知差去此等事犯者其差去之本主系平人鞭一百，系官革职，其去之家仆枷号一个月，鞭一百，其取债探亲事犯者另户之主亲自去者，系平人鞭一百，系官革职，失察之佐领罚俸一个月，骁骑校罚俸三个月，小拨什库鞭五十，如将家仆明知差去，差去之主系平人鞭八十，系官罚俸一年，其去之家仆亦鞭八十，其庄屯居住另户之主，并家仆，若私自越出旗下人所居之地，犯此等事者，佐领骁骑校小拨什库及本主免其治罪，将屯拨什库照小拨什库治罪。”

【旗下家人庄头倚势害民】【史】谓八旗王公大臣及人民等之家中人等，以及庄田头目等，倚借势力扰害人民也。清之现行则例(即刑部现行则例)杂犯篇设有旗下家人庄头倚势害民之条：“凡旗下家人庄头等在外倚势害民霸占子女，将良民无故拿到家去捆绑打死，把持衙门，此等事发者，若系内包衣人将该管官降一级留任。若系王贝勒贝子公家人，将该管理家务官亦降一级留任。若系民公侯伯大臣官员家人，将各主降一级留任若系平人鞭一百。”

【旗下徒流折枷号】【史】旗下者谓属于八旗之下也。徒者徒刑也。流者流刑也。枷号者加于颈项之刑具而示众也。折者易科也。凡旗下人犯一定徒流之刑者，易科枷号，清之现行则例(即刑部现行则例)名例篇设有旗下徒流折枷号之条：凡“旗下人犯罪，俱依律杖责外，其犯徒罪一年者，枷号二十日，一年半者二十五日，二年者一个月，二年半者三十五日，三年者四十日，若犯流罪二千里者，枷号一个月二十日，二千五百里者一个月二十五日，三千里者两个月，军罪枷号三个月，杂犯死罪准徒五年者，枷号三个月零十五日”。

【旗甲】【史】以旗丁百余人为一甲，其中以一人为之长，谓之旗甲。六部成语注解："甲、长也。旗丁百余人为一甲，设长以管之。"

【旗扁钱】【史】清制乡试中成绩优等者给予旗扁钱二十两，其在会试中之成绩列入优等者，则给予三十两，此项旗扁钱乃充为立匾树旗杆之用，故名，亦有称之为牌坊钱者。

【旗员丁忧回旗】【史】谓在京外任官之旗下人员因父母之丧而返回各该本旗之所在地也。清之六部处分则例（卷十二）吏属归旗篇设有旗员丁忧回旗之条："外省丁忧旗员，于领咨起程之后，如中途遇有患病及风水阻滞等情，即于呈报到旗文内声明，准其各展限三个月，其扶柩回旗人员，行走自未能迅速，并准于程限外加半扣展，总以领咨起程之日起扣至到旗之日止，除去正展程限迟延半年以上者降一级留任，一年以上者降二级留任。"又："丁忧人员既经领咨起程，如于所过地方有逗遛汇缘情事，及沿途督抚等有以军务河工及一切工程并紧要事件违例奏留者，均照前例分别议处（例载旗员丁忧起程条内）。"又："漏报到旗日期者，罚俸六个月。"

【旗员丁忧起程】【史】在京师以外服官之八旗人员遭遇父母之丧而返回各该本旗者，应一定之正展期限内起程，违者应受一定之处分。清之六部处分则例（卷十二）吏属归旗篇设有旗员丁忧起程之条："嘉庆二十三年七月二十三日奉旨，旗员补放外任，遇有事故回旗，原不准日久逗遛，是以定例较汉员加严，但迟延一月以上即议降调，半年以上即议革职，亦未免过重，嗣后外任旗员丁忧，除正展限期外，如起程迟延半年以上者，著降一级调用，一年以上者，著革职，余依议钦此。"又："外任州县以上实缺旗员遇有丁忧事故应交代离任者，无论正限再限，以及仓库钱粮数多并一官而有两任交代等事，总以丁忧之日起，限六个月起程，如实有经手未完事件，及患病等情，准其咨报部旗展限三个月。倘别有控案质讯及勒速银两未完，令该督抚专咨报部，均准其扣展，如别无前项事故，不即起程，除去正展限期迟延半年以上者，降一级调用，一年以上者革职。"又："外任汉军佐杂实缺人员，遇有丁忧事故交代离任，限六个月起程，如有患病及设措盘费等事，准其再展限六个月，如无故不即起程，除去正展限迟延半年以上者降一级调用，一年以上者革职。"又："各省分发候补旗员遇有丁忧事故，如系署缺有交代者，照实缺人员之例限六个月起程，未经署缺无交代者，限三个月起程（此系正佐各官通例）。其满洲蒙古汉军州县以上等官有因经手事件及患病等情，准其再展限三个月，若汉军佐杂等官有因患病及设措盘费，准其再展限六个月，如无故不即起程，除去正展限期，系候补州县以上人员迟延半年以上者，降一级留任，一年以上者降三级调用。系候补佐杂人员迟延半年以上者降一级留任，一年以上者降二级留任。"又："丁忧人员起程可在省请咨者，该上司限十日内给发在各府州县请咨者，该地方官限十日内转详，该上司于文到十日内给发饬交地方官转给，催令起程，该督抚于本员起程文内将何日请咨何日给咨及转详转给应扣往返程限之处，详晰声明，以凭查核，如该上司及该地方官并不按限办理，违限不及一月者罚俸六个月，一月以上者罚俸一年。两月以上者降一级留任，三月以上者降一级调用。"又："丁忧人员如有不即起程逗遛省城钻营差委干预公事者，将本员革职，该督抚不行查参降二级调用，若该督抚有以河工及一切工程并经手紧要事件违例奏留，而该员亦愿留效力者，将该督抚降三级调用，本员仍革职，其有因军营要务该督抚自行扣留不即奏明者，照应奏不奏公罪律降二级留任。”又：“丁忧官员漏报起程日期者，罚俸六个月。”又：“丁忧官员不候给咨回旗者罚俸一年。”

【旗员子弟回京回任】【史】在京师以外各省任官之八旗人员，其随任子弟因事回京以及事毕回归本任所在地，均须携带咨文印文，该管衙门不行发给，应受处分。清之六部处分则例(卷十二)吏属归旗篇设有旗员子弟回京回任之条：“各省旗员随任子弟有因正事回京，如该父兄系现任文武大员，可以自行出咨者，即由该父兄给咨令其赴本旗投递，如并非该省大员，即呈明该管衙门造具本人三代清册，知照该父兄，仍给与印文，令其赴本旗查对，倘该父兄不为请咨给咨，擅令归旗者，罚俸一年。若随任子弟不候给咨及领咨后潜往他处者，系官革职，闲散人照例治罪。若该父兄已请给咨而该管之将军副都统督抚提镇府尹城守尉等官不为给咨者，罚俸九个月。”又：“旗员子弟回京事毕呈明仍回任所者，该旗即行知该部由该部转行知照该省，并给咨本人，令向该管衙门亲投查对，倘该旗不为行知，将承办之员罚俸九个月。若该子弟不候给咨，先回任所，及领咨后潜往他处者，均照前例办理。”

【旗员子弟亲族随任】【史】旗员赴京外任官，如欲随带子弟亲族，均应咨报本旗，方准随带赴任，违者处分。清之六部处分则例吏属赴任编设有旗员子弟亲族随任之条：“凡外任大小旗员，其子弟年过十八岁以上不得私带出京，有欲带赴任所者，呈明该旗都统，具奏请旨。其将年未及岁之子弟带往者，亦呈明该旗存案，俟十八岁时该旗即知照任所督抚，令其回京当差，如子弟中有可以帮办事务及另有情节不能远离者，准该员详明督抚，查核咨报部旗，由吏部汇齐人数，于年底具题，倘有私自带往或隐瞒年岁不令回京者，一经查出，将该员降一级调用，若该旗大臣满未查催罚俸六个月。”又：“外任旗员文职自州县以上至督抚大员，如宗族亲戚内有品行端方，谙习吏治，情愿令其随任帮办公务，或因亲族子弟材堪造就，带往读书肄业者，大员咨报本旗，其余呈报本省督抚转咨本旗查取，本人父兄情愿令其随任甘结，由部给发路照前往，不愿者听。若并非本员呈请，概不准行，如有请以尊长随任者，亦须该族长出具并无勒令呈请甘结，该佐领加结呈报本旗查核，属实方准随任，如有私行潜往仍照例治罪。其汉军佐杂各官亦准照此办理，至由京补放及部选人员有愿携眷口子弟亲族偕往者，亦由本员呈报本旗准其一体随往，倘该参佐领等有勒措刁难情事，或被告发或经查从重惩办，若该子弟亲族于到署后不服管束，不安本分，轻则咨遣回旗，重则照例惩治，系本员失于觉察照失察子弟犯法滋事例降一级调用。倘有徇庇等情即照徇庇例降三级调用，自行查出究办者免议。”

【旗员呈报丁忧】【史】谓在外任官之八旗人员，因父母在旗病故时向部呈报也。清之六部处分则例(卷十二)吏属归旗篇设有旗员呈报丁忧之条：“八旗外任实缺人员，父母在旗病故，如适遇截缺之期，令该家属于遭丧之日呈明该参佐领，即行出具图片报部开缺,如有迟延,照例议处。至外任候补候选人员,父母在旗病故,无关开缺,仍于五日内呈报。”

【旗员置买房产】【史】旗员谓八旗下之人员,如有购置房屋田地,均须于指定衙门纳税过契,违者查办。至于在外省置买产业,均被禁止,违者田产入官,并加治罪。清之六部处分则例(卷十九)户属田宅篇设有旗员置买之条:“凡旗员及闲散家奴人等置买房地,概令呈明该管佐领,各按旗分在左右两翼监督衙门纳税过契。如有向大兴宛平二县投税请领契尾及该县私准置税者,均以违制论,将旗员及该县官俱革职,闲散家奴鞭责发落,仍令在监督衙门补税换照,若该县官,系未经查出者,罚俸一年。”又:“旗员在外省置产,自雍正十二年查禁以后,如仍有托人出口诡名寄户等事,田产入官,照例治罪,失察之地方官罚俸一年。”

【旗员归旗通例】【史】在京师以外各省任官之八旗人员,遇有丁忧以及其他事故,应行返归各该本旗者,谓之旗员归旗,通例,乃指一般之规例而言。清之六部处分则例(卷十二)吏属归旗篇设有旗员归旗通例之条:“外任旗员遇有丁忧及各项事故,应归旗者,该督抚计程定限,凡大路有驿站者,每日行一站,僻路无驿站者,每日行五十里。由水路行走者,即按其应历之水程计算,扣定到京日期,仍先行各咨报该部该旗查核。”又:“凡应归旗人员,督抚令其将家口名数呈报,并令该地方官逐一点查,造具清册咨送部旗,仍给咨本员,令其赴本旗投递核对。傥有将家口隐匿不报,地方州县官失察一二人者,罚俸一年。三四人者降一级留任,五人以上者降一级调用,十人以上者降二级调用,府州失察一二人者罚俸九个月,三四人者罚俸一年,五人以上者降一级留任,十人以上者降一级调用,道员失察一二人者罚俸六个月,三四人者罚俸九个月,五人以上者罚俸一年,十人以上者降一级留任(如本员虽已起程,而家口仍留任所,地方官失于觉察,一家只作一人论)。其沿途地方官于归旗家口不行点查递送,致有潜匿在境者。将该州县府州道员亦按其人数分别议处。若本员不候给咨,先自起程,及沿途不俟点查,竟行越渡,并无别项情事者,系官罚俸一年,地方官免议。”又:“凡应归旗人员适因患病及有不得已情事,未能按限起程者,令该督抚查明确实咨报部旗,准其展限三个月,如无故不即起程,有官者迟延半年以上,降一级调用,一年以上革职,无官者交该衙门治罪,其起程之后或有中途患病及风水阻滞,由沿途地方官出结报明该部该旗者,各准其展限三个月,傥有已报起程,而中途无故逗留,以致归旗逾限迟延半年以上者,降一级留任,一年以上者降二级留任,其或在省在途,别有钻营干预情事,以及本员虽已到京,而家口仍在别处居住,有官者革职,无官者治罪。”

【暴动】【刑】聚众而为非法之举动,谓之暴动。

【暴掠】【史】强夺财物谓之暴掠。汉书—刘虞传:“公孙瓒屡违节度,又侵犯百姓,虞积不能禁,乃陈其暴掠之罪。”

【枪(槍)炮取缔法】【行】本法于民国十七年十月公布,全文仅五条,自公布日施行。其要点如下:(一)(甲)意图为犯罪之用而制造或持有军用枪炮子弹及贩运买卖者。(乙)意图供给他人犯罪而制造或持有及贩运买卖者,均处六月以上五年以下有期徒刑,其未遂罪亦罚之。(二)未受允准委任而制造或持有上述(甲)项之物或贩运买卖而不能证明出于正当之理由者，处三年以下有期徒刑，拘役，或五百元以下罚金，未遂罪亦罚之。（三）巡警及查验机关知有人犯上述各罪而不即予以相当处分或与他人同谋者，依照上述各该罪从重处断。

【榷茶】【史】所谓榷茶，乃指由官方经营而禁止民间贩卖之茶而言，事物纪原（卷一）："起于唐建中正元之间，赵赞张滂建白税其什一。一曰德宗正元八年，张滂奏收茶税。唐会要曰，正元九年正月初税茶，先是张滂奏请，于出茶州县及茶山要路，定三等，每十税一，茶之有税自此始也。一云穆宗时王涯始榷茶。"大学衍义补（卷二十九）："唐德宗时始税茶，穆宗时增茶税率为百钱增五十，及王播相乃值榷盐使兼领之。"

【榷酤】【史】酒之官营专卖为榷酤，始于汉武帝之天汉三年。唐类函（卷七十一）："汉孝武天汉三年初榷酒酤。"韦昭注："以木渡水曰榷，谓禁酤人酿，独官开置，如道路木为榷者，独取利。"颜师古注曰："榷者步渡桥尔，惟谓之石杠，今之略彴也。"（禁闭其事，总入官而下无由以得，若渡水之榷，彴音酌。）事物纪原："通典曰，汉文帝时，初榷酤，沿革曰，汉武帝天汉三年榷始酒酤。"（此外学者有谓榷酤之制系肇自王莽篡位之时者，此说可供参考。）其后至唐代宗广德二年，许人民酿造贩卖仅课酒税，惟以一定之数量为限。德宗之建中三年复收归为官卖，盖以其收入供补充军费之需用也。嗣后或为官营贩卖，或归人民酿卖，均无一定。其由人民酿卖者，皆课以酒税。明清亦然，惟民间所酿造以供私用者，得免课税耳。

【榷运局】【行】凡于销盐省分不在产盐区域以内所设之关于管理该处盐务行政事宜之机关，为榷运局，其设置地方及管辖区域，由财部指定之，每局设局长一人，由财部呈请荐任之，必要时设副局长一人（荐任），均受财部盐务署之监督，下设总务课运销课及管榷课，各设课长一人，课员及办事员若干人（均委任），此外榷运局得于本区重要地方酌设分局。（榷运局章程第一——六条，又第七条）

【榷盐】【史】所谓榷盐，乃指由官专卖之盐而言，此种专卖之制，乃肇始于唐。唐书（卷一）百货志："唐第五琦为诸州榷盐铁使，尽榷天下盐，斗加时价百钱而出之，及刘晏代其任，又加榷盐钱，天下之赋，盐利居半。"事物纪原："其始原于唐第五琦，及刘晏代其任，大历末一岁征赋所入盐，当天下太平之赋。"

【榷盐铁使】【史】掌理官营专卖盐铁之官，为榷盐铁使，创始于唐朝。（参榷盐条内）

【榜掠】【史】谓加笞杖也。史记—李斯传："二世使赵高责斯与子由谋反状，榜掠千余，不胜痛，自诬服。"

【榜眼】【史】旧时科举殿试之合格者，谓之进士，拔其最优之首三名，第一名曰状元，第二名曰榜眼，第三名曰探花，状元之名起自唐之武则天时代，榜眼之称则始自北宋，探花一名元时始有之。

【榜楚】【史】榜者笞也，楚者荆也，故榜楚乃指笞杖而言。

【滞（滯）狱】【史】诉讼事件涩滞，谓之滞狱。南史—梁始兴王憺传："憺为都督荆州刺史，……曹无留事，下无滞狱。"

【滴血】【史】为裁判时，辨亲属真伪之法，此说传自六朝之时，即将至亲者之血，各取而共滴水中，必相凝合，又检尸之时，滴死者之骨上则渗入云。

【满（滿）洲人不许卖与汉军民人】【史】清室为满洲之一族，为尊崇其宗族起见，特禁止将八旗满洲蒙古等人卖与汉军民人，即给送与汉军人民亦为例所不许。清之现定则例（即刑部现行则例）户役篇设有满洲人不许卖与汉军民人之条："凡八旗下满洲蒙古家一应人等，不许卖与汉军民人，亦不许给送，若违禁卖与汉军民人及给送者，或傍人出首或被卖之人首告，将所卖之人并价钱一并入官，所买所卖之人系官罚俸一年，系护军拨什库兵丁当差及闲散人鞭一百，系民责四十板，佐领并骁骑校包衣佐领包衣大明知令卖者罚俸九个月，小拨什库鞭八十，收税之官亦罚俸九个月，其满洲蒙古家人欲要赎出伊身者，在本佐领并旗下许赎出不许赎出入，在汉军民人违禁赎出入，汉军民人亦照所买所卖之例拟罪，其满洲蒙古家用印所买之人，有欲赎身及旗下旧奴仆之内年老有病之人，各本主情愿准赎者，应回明该都统等咨文内开写情由，用印移送户部，准其赎出为民，若将可用年壮旧人借此准赎者，亦照买卖例治罪，其喀尔喀厄鲁德亦不许令汉军民人买，若违禁买者，系官降一级调用，系旗下人鞭一百，系民人责四十板，将人入官。"

【满（滿）徒】【史】即徒刑之最高度之谓也，例如清律以徒刑分为五等，一为一年，二为一年半，三为二年，四为二年半，五为三年，则三年为最重之徒刑，即所谓满徒是也。

【满（滿）杖】【史】杖至百数，谓之满杖。（参杖条）

【渔（漁）具】【行】Fishing instruments　凡为水产动植物之采捕或养殖业所用之器具，曰渔具，渔具不征税，凡有改良之者，该管行政官署，得呈请主管官厅，转请实业部核准，给予奖励金。（渔业法第三十五条、第三十八条第三项）

【渔（漁）船】【行】Fishing vessels　专供渔业之用之船舶，曰渔船，对于渔船不得征税，凡渔船专在远洋捕渔或运渔者，或对渔船加以改良者，该管行政官署得呈请主管官署，转请实业部核准，给予奖励金。（渔业法第三十五条，第三十八条第一项第三项）

【渔（漁）场】【行】Fishing ground　经营采捕业或经营养殖业之场所，曰渔场。行政官署得命渔业人建设渔场之标识。（渔业法第二十七条）

【渔（漁）港】【行】Fishing harbor　专供从事渔业之港口，曰渔港。如有新辟渔港者，该管行政官署得呈请主管官厅，转请实业部核准，给予奖励金。（渔业法第三十八条第七项）

【渔（漁）会】【行】Fishermen's Association　凡由住居同一区域内，年满十六岁以上之渔业人，或营水产之制造运输保管各业者之运署，五十人以上之发起，而以增进渔业人之智识技能，改善其生活，并发达渔业生产为目的，所组织之社团法人，曰渔会。其组织与行动，均须以渔会法为根据。

【渔（漁）会法】【行】Law governing the association of fishermen　本法于民国十八年十一月一日公布，计共二十九条。其要点如下：（一）渔会之设立乃以增进渔业人之智识技能，改善其生活并发达渔业生产为目的。(二)渔会为法人，其设立之区域以县为单位，但得设立分会。(三)渔会须呈请立案，始得设立。(四)渔会之职员共分四种：(1)理事。(2)监事。(3)调查员。(4)事务员。(五)渔会会议分为三种：(1)会员大会。(2)代表大会。(3)临时大会。(六)渔会之经费分为事务费与事业费两种。(七)渔会每年应将一定事件呈报该管官署。(八)渔会之解散分为宣告解散与强行解散二种，解散时应举行清算。(九)渔会为相互共同达到其目的，得联合组织渔会联合会，但须呈请立案，始得成立。(十)渔会或渔会联合会免课所得税营业税或登记税，但不得为营利事业。(十一)主管行政官署对渔会或渔会联合会有监督检查之权。(第二十四—二十六条)

【渔(漁)会会议】【行】Meetings in fishermen's association 渔会依法开会时，曰渔会会议。分下列三种：(一)会员大会——每年一次。(二)代表大会——每三个月一次。(三)临时大会——由会员三十人以上之提议，或理事监事认为必要时召集之。(渔会法第十二条)

【渔(漁)会经费】【行】Financial support of Fishermen's association 渔会经费者，谓渔会所用一切之活动费与维持费也。共分二种：(1)事务费——执行会务之经常支出，以会员会费充之。(2)事业费——兴办必要事业之特别支出。(渔会法第十五条)

【渔(漁)会联合会】【行】Union of fishermen's association 凡渔会为相互共同达到其目的起见，所联合组织之社团法人，曰渔业联合会。非呈经所在地官署立案后，不得设立。(渔会法第二十二条)

【渔(漁)业】【行】Fishery; Fishing industry 凡以营利之目的而为水产动植物之采捕，或养殖之业发，称曰渔业，从事渔业者，应受渔业法之支配(渔业法第一条第一项)，渔业可分为三种：(一)私营渔业——由私人或私人团体经营者。(二)公营渔业——由公共团体经营者。(三)国营渔业——由国家直接经营者，后二者除法律别有规定外，准用渔业法之规定。

【渔(漁)业人】【行】Fishermen 称渔业人者，谓为渔业之人，及享有渔业权或入渔权之人。(渔业法第一条二项)

【渔(漁)业行政】【行】Administration on fishery 所谓渔业，乃指以营利为目的，而为水产动植物之采捕，或养殖之业而言，关于此项行政，谓之渔业行政。例如渔业权之许可与撤销，渔业之检查，保护与奖励，渔会之组织，皆是。

【渔(漁)业局】【行】Bureau of fisheries 在各地方所设立之渔业行政官署，为渔业局，如未设立时，其职务由县政府执行之。(渔业法第二条)

【渔(漁)业法】【行】Law of fishery 本法于民国十八年十一月十一日公布，共六章，计四十九条。其要点如下：(一)称渔业者，谓以营利之目的，而为水产动植物之采捕或养殖之业，称渔业人者，谓为渔业之人及有渔业权或入渔权之人。(二)凡在中华民国领海或其他公用水面取得渔业之权利者，应呈请该管行政官署登记(其呈请人以中国国籍人为限)。(三)渔业权视为物权，非经该管行政官署之核准,不得分割或为其他之变更,其存续期间由该管行政官署定之,但不得逾二十年(得依声请而更新之)。(四)入渔权亦视为物权,但除继承及转让外,不得为权利之标的,其转让在原则上须经渔业权人之同意,其存续期间未经订定者,视与该渔业之存续期间同。(五)渔业权人得向入渔权人收取入渔费。(六)凡欲设定渔具以经营采捕业,或区划水面以经营养殖业者,或欲专用一水面经营渔业者,应呈请该管行政官署核准,行政官署得加以限制,或附以条件,于核准后,并得于一定情形下予以撤销或停止或限制(第二十一—二十二条)。(七)依法令之规定于监督渔业认为必要时,该管行政官署得在渔业之船舶店铺,及其他场所,检查其簿据及物件。(八)关于保护及奖励之规定(第三三—三九条)。(九)关于违反本法的规定(第四〇—四五条)。(十)国营及公营之渔业,除法律别有规定者外,准用本法之规定。

【渔(漁)业警察】【行】Police in fishery; Fishing police　渔业警察者,谓各省区以维持渔业区域之秩序及安全并保护渔业上之利益为目的所设之警察也。渔业警察视区域之广狭及事务之繁简酌设渔业警察局,或渔业警察所(均置局长或所长一人),以为统率之机关,至渔业警察之编制教练服装,得依普通警察现行法令办理,惟服装之标识应另定之,对于有紊乱渔区秩序或妨碍采捕情事者,亦得依普通违警法处理之,即对于所在地地方行政官署所发布保护水产蕃殖或取缔渔业等命令,亦应负执行之义务,故为办理上述各任务起见,应于该辖区域内置备巡船或巡舰五艘以上,俾资调用,须有一定文字标识,以为辨别之用。(渔业警察规程第一—六条、第九—十二条)

【渔(漁)业权】【行】Fishery right　凡依法在一国领海或其他公用水面,享有设定渔具以经营采捕业,或区划水面以经营养殖业之权利,曰渔业权,有一般的,专用的与特许的之分(详各本条)。凡享有渔业权利者,则称渔业权人。

【渔(漁)业权人】【行】即享有渔业权利之人也。(参渔业权条)

【渔(漁)获物】【行】渔业人由渔业中所采捕,或收取之所得物,曰渔获物。渔获物之征税,以一次为限,其税率不得过值百抽五,至于以前之各种正杂税捐,则一律免除。(渔业法第三十五条)

【渔(漁)猎樵夫正当权】【物】Jus pascendi & jus venandi et piscandi and jus falcandi (拉丁); Right of pasturing cattle of hunting and fishing and of moving or cutting　为对所有权者加限制之一,即依地方习惯他人得入其未设围障之田地,牧场,山林,刈取杂草,樵采树木之枯枝枯干,或采集野生物,或放牧畜,或捕渔虾,或狩猎野兽之权利也。例如某荒山原许贫民入内拾取枯枝枯干,及易主后忽加禁止,此时樵夫可行使其正当权是。

【渔(漁)盐】【行】为盐之一种。(详盐法条内)

【漂失粮石】【史】谓各省所采买及拨运之粮饷米石等,由江河转运时,遇险漂流散失也。清之六部处分则例(卷二十七)户属盘查篇设有漂失粮石之条:"各省采买拨运粮石系由江河险滩猝遭风浪漂失者,办运之员立即报明所在,地方官飞往勘讯明确,果无处捏别情,出具承勘不扶印结申详该督抚司道核实,一面咨部,一面移咨办运省分,照例具题请豁,若办运官不即报明者降一级调用,有乘机侵盗等弊者革职治罪,所在地方官有瞻徇草率扶同出结情弊者革职,其所在地方督抚不预将漂失情形报部者罚俸一年,委员办运之督抚,不严查确实遽行请豁,后有诈冒事发,将具题之督抚降二级调用,所豁粮石仍著落办运官及结各员名下按数分赔。”

【漂流物】【物】Flotsam or drifts 即水上之遗失物及因水流自水边之遗失物也,故为遗失物之一种。我国民法规定其取得程序,适用关于遗失物之规定。(第八一〇条)

【涤(滌)除】【物】Wegschaffung(德) 为日本名辞,即赎回抵押物之谓也。例如甲以地抵押于乙,其后丙购得该抵押之地而代甲赎回是。

【漏口者】【史】口者人丁也,漏口谓将人丁脱漏也。若里长失于取勘,致有漏口者,一口至十口笞三十,每十口加一等,罪止笞五十。(参脱漏户口条内)

【漏口脱户准首】【史】计家而言之曰户,计人而言之曰口,漏口者一户之人不皆当差而有缺漏也。脱户者,一户之人全不当差与脱逃无异也。准首谓准其自首也。大明令户令篇有漏口脱户准首条之设。其文曰:“凡各处漏口脱户之人,许赴所在官司出首,与免本罪,收籍当差。”

【漏用钞印】【史】钞者钞票也,乃流通于国内之用,若所司于印刷时不加细视,致有漏印及倒印情事,则该项钞纸必至无法使用,事关国家币政,故应处所司以惩罚。明律(卷三)吏律公式篇有漏用钞印之条(清例删除之):“凡印钞不行仔细致有漏印及倒用印者,一张笞一十,每三张加一等,罪止杖八十,若宝钞库不行用心点闸朦胧交收在内者,罪亦如之。”明律之纂注:“点闸点检查看之意,宝钞提举司造钞以通国用,若所司不行仔细致有漏印及倒印,则阻碍难用,故抄造官吏匠作计张论,笞罪止杖八十,若宝钞库监守人员不行用心点闸,致将漏印倒印之钞朦胧交收在内者,亦一张笞一十,每三张加一等,罪止杖八十,故曰罪亦如之。”

【漏印】【史】(详漏用钞印条内)

【漏使印信】【史】漏使印信者,谓各衙门行移出外文书中脱漏未行加盖印章也。按文书以印信为凭,如行漏脱,不特无以示信于人,且亦恐滋流弊,故著本律。明律(卷三)、清律(卷七)吏律公式篇漏使印信条:“凡各衙门行移出外文书,漏使印信者,当该吏典,对同首领官,并承发,各杖六十,全不用印者,各杖八十,干碍调拨军马,供给边方军需钱粮者,各杖一百,因而失误军机者,斩。”清律之总注:“各衙门行移文书,以印为凭,如钱粮数目,与圈涂旁注,接缝粘连,俱当用印钤盖者,若漏使及全不用,则无以征信,必且误公事而滋奸弊,漏使,如应用两印而止用一印,有所遗漏也,当该吏典,系用印之人,首领官,系对同之人,承发吏,系掌管发行之人,故漏使者,各杖六十,全不用印者,各杖八十,此以常行文书言也,至于干碍调拨军马,供给边方军需之文书,所系至重,不分漏使及全不用,各杖一百,若所司因其漏印无印,有所疑虑,不即调军马,给军需,因而失误军机者,斩。”按漏使之禁,即所以杜弊，凡内外大小文武衙门案卷。粘缝处，钤印，申上文书，紧关字眼，洗补处，盖印，举如此类，漏使者，有罚，恐其阳为漏使，而阴图增减，规避抽匿等弊不可枚举，一经盖印，奸弊难施，预防其始，克慎其终之道也。

【漏刻科】【史】为钦天监之一科，五官挈壶正满洲一人，蒙古一人，汉二人，五官司晨汉军一人，博士汉军一人，汉七人，天文生满洲二人，汉六人，阴阳生汉十人，掌候时诹日择地之事，凡候时皆准以昼夜而定其谯漏，内廷候时则备直，凡举事诹日，必考其宜忌，择地亦如之。（清会典钦天监）

【漏取口供】【史】口供谓犯人对于犯罪情节所谓之口述供状也。承审官司不得漏取，违者应受一定处分。清例之规定如下：（一）反叛人犯漏取紧要口供者，承审官降二级调用，审转官降一级调用，臬司降一级留任，督抚罚俸一年。（二）凌迟人犯漏取紧要口供者，承审官降一级留任，审转官罚俸一年，臬司罚俸六个月，督抚罚俸三个月。（三）斩绞人犯漏取紧要口供者，审承官罚俸一年，审转官罚俸六个月，臬司罚俸三个月，督抚一个月。（四）军流人犯漏取紧要口供者，承审官罚俸六个月，审转官罚俸三个月，臬司罚俸一个月，督抚免议。（五）徒杖人犯漏取紧要口供者，承审官罚俸三个月，审转官罚俸一个月，臬司免议。（六）按州县为承审官，知府直隶州为审转官，如由司道审转者，司道即照审转官例议处。

【漏泄大事】【史】大事者，谓潜谋讨袭及收捕谋叛之类，此项事件均应秘密，漏泄之者处绞。明清律均有漏泄军情大事条之设。唐律（卷九）职制篇漏泄大事条："诸漏泄大事，应密者绞（大事，谓潜谋讨袭，及收捕谋叛之类）。"疏议曰："依斗讼律，知谋反及大逆者，密告随近官司，其知谋反大逆谋叛皆合密告，或掩袭寇贼，此等是大事应密，不令人知，辄漏泄者绞。注云，大事谓潜谋讨袭者，讨谓命将誓师，潜谋，征讨，袭谓不声钟鼓，掩其不备既有潜谋讨袭之事，及收捕反逆之徒。故云，谋叛之类。"同条又曰："非大事应密者，徒一年半，漏泄于番国使者，加一等，仍以初传者为首，传至者为从，即转传大事者，杖八十，非大事勿论。"

【漏泄军情大事】【史】军情为机密大事，万一泄漏，于敌有利于我有害，故对来往军情大事，无论何人均不得走漏泄出，违者构成本条罪名。明律（卷三）吏律公式篇有漏泄军情大事之条。清例则于兵律军政篇内加以规定，内容相同，依清律（卷十九）之规定，其条文如下："凡闻知朝廷及统兵将军，调兵讨袭外番，及收捕反逆贼徒，机密大事，而辄漏泄于敌人者斩，若边将报到军情重事，而漏泄者，杖一百，徒三年，仍以先传说者为首，传至者为从，减一等。若私开官司文书印封看视者，杖六十，事干军情重事者，以漏泄论，若近侍官员漏泄机密重事于人者斩，常事杖一百，罢职不叙。"清律之辑注："首节是讨袭收捕时，朝廷及将军所定之谋略，故曰机密大事，次节是边将申报敌人之警急，故曰军情重事。漏泄机密于敌，则敌先有备我之军机必有失误之虞，所系至重，故坐斩，漏泄军情于敌，敌虽知备不知我如何调度，故止坐满徒，俱以先传传至，分首从，次节漏泄字下无于敌人字者，蒙上文而言也。若非漏泄于敌，何云传至先后传说，皆出无心然无先传之人，则何由漏泄于敌，推此以分首从耳。要知两项漏泄，均是无心之过，机密重，军情轻，故论罪不同。注云，二项犯人若有心泄于敌人，作奸细论最是。"同律之总注："调兵讨袭外番，收捕反逆，朝廷指授之方略，将军调遣之机宜，此等机密军情大事，有人闻知，而辄漏泄于敌人者斩。若边将申报到军情重事，而漏泄于外，传闻至敌人者，杖一百，徒三年。以上二项，以先传说者为首，传说致闻于敌人者为从，减一等。若官司行移一应文书，私开印封看视者杖六十，以不系军情也。其事干军情，则所关尤重，非寻常文书可比，一经开看，必致漏泄，故以漏泄论，近侍官员，朝廷亲信之臣，日侍左右，国家一切机密重事，得以与闻漏泄于人者斩。外人得知禁密事情，多由近侍传说，故严其法，漏泄常事杖一百，罢职不叙。"

【漏泄本章】【史】本章又称题本，与奏折相对立，乃为关于奏陈大小公事所用者(参本章条)，发封官与收受官均不得将其漏泄，违者应受处分。清之六部处分则例(卷九)吏属本章篇设有漏泄本章之条："凡陈奏本章有关涉紧要者，督抚提镇将副本揭帖用密封字样投递，通政司衙门该堂官亲自开拆，另记档册封固收贮，其投递部院衙门密封揭帖，各部院堂官亲拆，交司官谨密收贮，若咨文内有紧要事件，亦用密封投递者，各部院堂官亲拆，交司官谨慎承办，至各部院遇有紧要事件行文内外各衙门，用密封投递者，该堂官及该督抚提镇亦亲拆收贮，其直省督抚提镇以至州县往来紧要文札应密封者，亦密封投递，各本官亲拆收贮，如封发官并不密封，以致漏泄或收受官不知慎密，以致漏泄者，俱各降一级留任。"又："在京各衙门密封题奏事件，未经发抄不得互相谈论，如有漏泄将承办官降一级留任，稽查该衙门之科道不行纠参，罚俸六个月。"又："凡题奏请旨事件，于未经到部之先，即行抄传者，将该科给事中罚俸六个月。"

【漏报病故】【史】谓州县官不将在籍官员病故申报于部也。清之六部处分则例(卷十三)吏属事故篇设有漏报病故之条："在籍官员病故，州县官不行申报，经部铨选给凭或因事提审对质始行补报者，将州县官罚俸一年，如州县已具申报，而上司漏未转详，将上司罚俸一年，州县免议。"

【漏开回避】【史】乡会试时，在外提调监试之外帘官与在内主考同考之内帘官未将应行回避之与考人开出令其回避也。清之六部处分则例(卷二十九)礼属科场篇设有漏开回避之条："乡会试内外帘官，将应行回避之亲族，不行开出，任其应试者革职。"

【演唱夜戏】【史】夜戏谓于晚间演唱戏剧也。不论城市乡村均为法律所禁止，失察之地方官，应予罚俸之处分。清之六部处分则例(卷四十五)刑属杂犯篇设有演唱夜戏之条："凡城市乡村于当街搭台演戏酬神，止许白昼搬做，如有深夜悬灯，男女拥挤，致生斗殴赌博窃盗奸拐等事，将失于查察之地方官罚俸一年。"

【漕平】【史】为衡之名，乃江南浙西等省所通用之秤，一作平，于征收漕钱时用之，故曰漕平。

【漕白粮参限】【史】漕谓漕粮(参漕运条)，白粮在清时由江浙额征，分交内仓并酒醋面局光禄寺及支放王公百官廪禄之用，分运京通两仓。清例之规定如下：(一)漕粮白粮州县直隶州知府粮道初参限满分数俱照地丁钱粮例议处。(二)随漕轻赍巡抚初参未完，欠二分罚俸三个月，三分罚俸六个月，四分罚俸一年，五分降俸一级，六分降俸二级，七分降职一级，八分降职二级，二参不完照地丁钱粮，粮例议处。（三）漕粮遇改折之年，所折银两限文到六个月内全完，如有不完，督催之，巡抚布政使粮道府州及经征州县等官，俱照地丁钱粮初参议处，再限六个月完结地丁，二参议处。

【漕米】【史】元明以来，置都北京，其米麦豆等之供给，均由中部及南方各省依运河运输而来，故漕运实乃漕米，以其大部分为米也。清朝亦沿习之，不加变更，而其米谷之运送在各地中以江苏浙江等为最重，故有南漕之名，在清国法律上之漕米，乃包含米麦豆中之正兑米，改兑米，白粮，麰麦及黑豆等五种。正兑米及入储京仓，以供八旗三营之兵食。改兑米则入储通州之仓，以供王公百官俸廪之用。白粮分储于京师及通州之仓，以供内府与光禄寺，而为王公百官各国贡使廪饩之用，麰麦入储京仓，供内府之用，黑豆亦入京师，以供八旗官军及宾馆牧马之用。（皇朝政典类纂卷五十七，中国度支考）

【漕仓】【史】清时，各省州县有常平仓兵米仓等，于运送米谷之地方设置漕仓，即保藏漕米之仓也。（嘉庆会典卷四十五）

【漕耗】【史】漕米之运输，由起运处所以至储存京师仓库之中，所有鼠害，虫害，以及积卸等之损耗，皆谓之漕耗，大都向民间另行征收，即与今之所为附加税相等。漕运之粮谷于途中之损耗，谓之漕耗。有正耗加耗等之分，均于征收租石之时，向人民加征者。（清会典户部）

【漕船回空】【史】漕船即运输漕粮之船舶，回空乃指已抵京师及通州，而空船南回而言。清之六部处分则例（卷十八）户属漕运篇设有漕船回空之条："押运厅员管押尾帮抵通，其粮米起卸完日，坐粮厅即将批回印发呈送户部查检，令其押空南下，如坐粮厅勒肯回批，不即印发呈验，降二级调用，如押运之员不候掣批，辄行押空回任者，罚俸一年。若不遵定例，管押回空从陆路回省者，照差遣官员枉道扰驿例议处，如有托故逗遛不亲管押，以致头舵水手漫无约束沿途生事者，革职。"又："各省回空漕船，限十一月内齐到兑次，如押运官逾限一月以上，罚俸六个月，二月以上罚俸一年，三月以上降一级调用。"又："凡抵通迟延之船，仓场衙门勒限交粮回空，不得有误，新运其有不能依限回空者，令漕运总督查明，或另派减存船只受兑，或将粮米分搭各帮，或捐赀雇募民船，务即依限兑运开行，如不行雇募，依限兑运开行，将在南之粮道监兑州县等官题参，逾限一月以上罚俸六个月，二月以上罚俸一年，三月以上降一级调用，其不能依限回空之船，俟来年开冻时令沿河文武员弁飞催迎淮受兑北上，如原船不能过淮受兑有误北上，将在北沿河催趱回空之文武各官题参，照催趱重运例，核计违限时日，分别议处。"

【漕船风火事故】【史】谓运输漕粮之船舶在途中遭遇风浪漂没，或遇火烧毁也。清之六部处分则例（卷十八）户属漕运篇设有漕船风火事故之条："漕船在大江黄河洞庭洪泽等湖遇风漂没，勘实具题准予豁免，失防之文武各员均免其处分，傥在内河失风，捏报大江黄河者，押运官及地方官各降一级调用。"又："漕船在内河失风，押运厅员失于防范一帮之内，疏失一二只者，罚俸六个月，三只以上罚俸一年，五只以上降一级留任，无庸将所辖前后各帮并计，若盛夏汛水涨发，猝不及防，押运官果能戽救修舱，米石无亏或船已十运不能戽救，但将漕粮买补全完者，均免其议处，傥系未满十运之船，不能戽救，米有亏折，虽买补全完，仍照例议处，均由漕运总督巡漕御史，查验实在情形奏明，分别办理。”又：“内河遇有风色不顺，水势浩大，该地方官与押运员弁公司计议暂停守候，即将守候日时申报该管上司，并总漕衙门，于入境出境日时册内注明，傥地方官不顾风色水势催趱前进，致有疏虞者，罚俸一年。”又：“汛水涨发漕船失风，地方官果能协同运员竭力戽救修舱，只通粮食并无亏折者，应与押运员弁一律免其议处。”又：“捏称风水未便停泊逗遛，致漕船脱帮违限者，押运官及地方官各降一级调用。”又：“漕船已满十运，该旗丁自雇民船遇有风火事故，听其换船装运，抵通时粮米交纳无亏，失防之领运官及地方官亦俱免其议处。”又：“黄河两岸捕鱼小船，令该地方官开具姓名造册编号，责令管河县丞河标把总经管约束，遇有粮船失风，即令各驾渔船先行救米，次行救货，米听押运之员分给本帮各船，带运货物听该县丞等查明逐一交还旗丁，仍酌量赏给渔船饭食钱文，如该县丞等并不稽查约束，以致乘机抢掠食，照约束不严例降一级调用。”又：“漂没沉溺粮船，着沿途催趱各官及汛地文武官员亲临确勘是实，各出保结取具运官结状，该督抚确查具题到日照例豁免，如运粮官丁将未经漂没沉溺船粮谎报漂没，或故将船只放失漂流，及虽系漂流损失不多而乘机侵盗粮石者，照律治罪，米石照数赔补。其沿途催趱各官及汛地文武各官，不亲勘约实遽出保结者，俱革职，如不将情由申报者，降一级调用。该督抚不严查确实遽行题豁后，致诈冒事发，降一级调用。”又：“押运官巡查不谨，以致失火烧毁漕船者，降一级留任，地方官不行协救，延烧别船者，罚俸一年。”又：“漕船减存在次遇有风火事故，只将收管之地方官职名开参，运随二弁不能兼顾免其参处。”又：“回空漕船到次后一运事已毕，遇有风火事故，只将随帮武举职名报参，押运之同知通判等官免其参处。”

【漕运】【史】由东南各省运粮以供京师之兵食，谓之漕运。其制始于秦而历代皆沿袭之，唐宋以来，且设专官，以司其事。清时亦在山东、河南、江苏、安徽、江西、浙江、湖北、湖南等省，征收米豆转运京师，并置漕运总督管辖关于运送事宜之一切政令，以江苏淮南府为驻在地，并于各该省置通常粮储道分掌其事，惟山西、福建、甘肃、四川及广西不置粮储道，而以布政使分掌其事务（嘉庆会典卷五）。山东、河南、江苏、安徽、江西、浙江、湖北、湖南等八省特置储粮道，管理所谓漕运之事务，因此八省在法律上负有粮米之义务，其后因交通发达，经济情形变迁，故有减少之必要，至光绪三十年废漕运总督，改为江淮巡抚，旋又废之，而设江苏提督，嗣后湖南、湖北等之粮储道亦逐渐裁撤（参清国行政法卷六）。清例之规定如下：(一)州县卫所等官经征漕粮——(甲)限十月开仓十二月兑完开行，其或船到无米，或有米无船，过十二月罚俸六个月，过正月罚俸一年，过二月降二级留任。(乙)私自改折州县官领运官俱革职，监兑官降二级调用，粮道降二级留任，米石追赔。(丙)搀和糠粞沙土，州县官革职，监兑官降一级调用，府州不行揭报降一级调用，有心袒护降三级调用。(丁)未完捏报兑完，未行捏报开行，监兑等官俱降二级调用。(二)旗丁盗卖米石——(甲)押运官不行查出，不及五十石，罚俸一年，五十石以上降一级留任，一百石以上降一级调用，二百石以上降二级调用。(乙)地方官失察一起，州县罚俸六个月，道府罚俸三个月，二起州县罚俸一年，道府罚俸六个月，三起或一二起合计五十石以上州县降一级留任，道府罚俸一年，四起以上或三起合计百石以上州县降一级调用，道府降一级留任。(丙)州县官一年内拿获盗卖二次，道府等官于所管境内拿获四次，各纪录一次，多获照数递加。(三)漕船过淮——(甲)江北限十二月内江南江宁苏常等处，并江北庐州卫头帮限正月内，浙江、湖北限二月内，江西、湖南及江苏松江府限三月初旬，山东河南二省，限正月内开行。(乙)违限监兑官粮道一月以上，罚俸六个月，二月以上罚俸一年，三月以上降一级调用，督抚一月以上罚俸三个月，二月以上罚俸六个月，三月以上住俸督催。(四)漕船抵通——(甲)山东河南限三月初一日，江北限四月初一日，江南限五月初一日，江西、浙江、湖南湖北限六月初一日。(乙)押运官在途迟延逾限一二处罚俸六个月，三四处罚俸一年，五六处降一级调用，七八处降二级调用，十处以上革职，在途迟延而抵未逾限免议。(丙)白粮过淮抵通逾限，俱照迟误漕粮议处。

【漕运全书】【史】为清之法典之一种，漕运全书者，雍正十二年，御史夏之芳等纂辑之，尔后常遵守十年一修之例，嘉庆十七年，从御史倪琇之请，重行刊布，道光二十四年，又续纂刊布，光绪元年，户部奏请开馆续纂，道光二十四年，以后至同治十三年谕折，至二年成书，凡十六卷，分为二十三大目，百五十五细目，其中续纂四百七十五条，分类编次，于七十四目中大目如下："卷一——八，漕粮额征。卷九，征收事例。卷十——十五，兑运事例。卷十六，白粮事例。卷十七——二十，通漕运艘。卷二十一——二十三，督运职掌。卷二十四——二十六，选补官丁。卷二十七——三十二，官丁廪粮。卷三十三——三十四，贴费杂款。卷三十五——三十九，计屯起运。卷四十——四十七，漕运河道。卷四十八——五十，随漕解款。卷五十一——六十七，京通粮储。卷六十八——七十一，截拨事例。卷七十二——七十三，拨船事件。卷七十四——七十五，采买搭运。卷七十六——七十八，奏销考成。卷七十九——八十，轶运失防。卷八十一——八十八，通漕禁令。卷八十九，盘坝接运。卷九十——九十四，海运事宜。卷九十五，规复河运。卷九十六，灌塘渡运。"

【漕运总督】【史】为清代之官名，掌山东、河南、江苏、安徽、江西、浙江、湖北、湖南等八省之漕政，驻于清河县，清末始废。事物纪原(卷一)："沿革曰，秦伐匈奴，令天下飞刍挽粟，此漕运之始也。"(详漕运条内)

【漕标】【史】为漕运总督所管辖之属，即绿营之谓也。清会典—兵部："漕运总督所属绿营，为漕标。"

【漕粮】【史】清时除地丁税之外，山东、河南、江苏、安徽、江西、浙江、湖北、湖南等省皆收租谷，而转漕于京师，统称曰漕粮(会典户部)。由中部及南方各省征收运输入京之米豆，谓之漕粮。大都由运河北上，分储于京师及通州各仓，以供朝廷及军用之需。

【漕粮全完议叙】【史】漕粮即每岁由江南等各省所运至京之米粮也。凡完全完纳无欠者，均分别议奖。清之六部处分则例(卷十八)户属漕运篇设有漕粮全完议叙之条："押运同知通判押船抵通江南、江北、浙江、江西、湖南、湖北、一次无欠者，加一级，二次无欠者，加二级，三次无欠者，不论俸满即升，河南山东一次无欠者，纪录二次，二次无欠者，纪录三次，三次无欠者，加一级，四次无欠者，不论俸满即升。”又：“山东、河南二省漕粮数少，经管粮道十分全完者，加一级，江南、江北、浙江、江西、湖南、湖北漕粮数多，经管粮道十分全完者，加二级。”又：“漕运总督经管各省漕粮，十分全完者，加二级。”

【漕粮挂欠分赔】【史】挂欠，谓悬而未清还也。凡由江南等省按例运输入京之米粮（即漕粮），如有由粮道总漕等挂欠者，均应依本条之规定分别赔偿。清之六部处分则例（卷十八）户属漕运篇设有漕粮挂欠分赔之条：“漕粮挂欠作为十分分赔，总漕半分，粮道一分，监兑官半分，总押运官半分运官一分半，佥丁卫所官半分，旗丁五分半，均照例于限内赔完（刑律系以一年为限）逾限不完，将总漕粮道等官照不作分数钱粮例议处。若弁丁分赔米石不完，仍着落总漕粮道等官赔偿。”又：“凡运官拖欠漕粮发南追比，承追州县官如有未完，照徐淮临德等仓钱粮例分别初参二参议处。”

【漕粮挂欠议处】【史】挂者悬也。欠者未完也。悬而未完，谓之挂欠。漕粮谓由江南各省运京之粮米也。议处即核议而加以一定之处分之谓也。清之六部处分则例（卷十八）户属漕运篇设有漕粮挂欠议处之条：“各省押运同知通判押船抵通，一次挂欠者降一级留任，二次挂欠者降二级留任，三次挂欠者降三级调用，仍将挂欠之米分赔。”又：“各省粮道经管漕运，初次欠一分者罚俸一年，二次又欠一分者降一级调用，欠二分者不论初次二次均降二级调用，欠三分者亦不论初次二次均革职。”又：“漕运总督经管各省漕粮合计欠五厘以上者，罚俸一年，三年连欠五厘以上者，降一级，戴罪督催，完日开复。”

【汉（漢）之五刑】【史】汉之五刑，一曰笞捶，文帝以代肉刑，景帝时，自五百减至二百（说文笞捶，击也，竹板决打。后汉书朱穆传，臣愿黥首系趾，注黥首谓凿额涅墨也，则后汉尚有之，然非法定之刑）。二曰耏，谓罪不至髡完其耏，鬓止去其颊毛，二岁刑役（亦作耐，汉书耏为鬼薪，陈继儒眉公，辟碎录去额旁毛也）。三曰完，谓不加以肉刑，而髡剃谓城旦舂，四岁刑也（旦者，男子旦起行，治舂城者妇人舂作粲也）。四曰髡，孝文时律当黥者，髡钳为城旦舂，髡去发也，钳以铁束颈也，周礼髡者使守积，史记皆髡钳为王家奴，三国志彭羕髡钳为从隶）。五曰死，有三等，一曰弃市（汉律曰殊死斩刑也，亦曰骂，汉贾谊曰，弃市之法也）。谓当斩右趾及杀人者，二曰磔，谓戮而张尸于市也。三曰三族，谓诛及三族也（谓父母妻，商纣有诛九族之刑，周亦有之，诛者罪连一宗，杀之者及九族）。

【汉（漢）之法典】【史】刘汉建国于西历纪元前二〇六年，是曰西汉，或曰前汉，光武中兴后则曰东汉，或曰后汉，其法典详前汉之法典与后汉之法典各条。按汉之法典除有可考者详见于前汉之法典条及后汉之法典条外，尚有多数篇名散见于史记，史记集解，正义索隐，汉书，汉书颜师古注，说文解字，周礼注疏汉官仪，后汉书，以及晋书等者，或为法典或为汉典中之一篇，或为单行法令，其编纂年代均无可考，要皆断简残篇耳。例如契令、甲令、定令、胎养令、乙令、著令、功令、狱令、秩禄令、官衔令、金布令、祀令、品令、祠令、任子令、水令、田令、令乙、令丙等皆以令名者也。至于以律名者计有酬金律、尉律、田租税律、田律、上计律、大乐律、元和定律、左官律等皆是。以决事名者为决事,比及廷尉决事,其他更有廷尉驳事,建武律令故事,条式品式及科品等之称。

【汉(漢)官丁忧回籍】【史】汉官别于旗官而言,谓因遭父母之丧而返归其原来之本籍以奔丧守制也。清之六部处分则例(卷十三)吏属事故编设有汉官丁忧之条:"外省丁忧人员于领咨起程之后,如中途遇有患病及风水阻滞等情,即于呈报到籍文内声明,准具各展限三个月,其扶柩回籍人员行走自未能迅速,并准于程限外加半扣展,程限迟延半年以上者,降一级留任,一年以上者,降二级留任。"又:"丁忧人员既经领咨起程,如于所过地方,有逗遛汇缘情事,及沿途督抚等有以军务河工及一切工程,并紧要事件违例奏留者,均照前例分别议处(例载起程条)。"又:"漏报到籍日期者,罚俸六个月。"又:"回籍守制官员除因丧事与人往来外,如有远出里门,释服从吉,拜谒当事,送礼赴席,即指名题参,降三级调用。"

【汉(漢)官丁忧起程】【史】汉官谓别于旗官而言,丁忧谓遭父母之丧也,其因丁忧而起程离任,均有一定例限。清之六部处分则例(卷十三)吏属事故篇设有汉官丁忧之条:"外任实缺州县以上等官,遇有丁忧事故,应交代离任者,总以丁忧之日起,给予交代应得例限(州县交代限期初二参限四个月,有社仓者初二参再限两个月,共六个月,其藩臬道府河工官员,各照交代应得例限)。其钱粮仓谷较多,并有民欠驿站之州县及一人而有两任交代者,准其各照本例限期扣展,或接任之员未及交代,旋又卸事,或接任官已接交代经上司撤回降补,经委员另算交代,亦准其核实扣展,统俟交代清楚之日,由该督抚各按其加展限期,于咨部文内详细声叙,如有患病情事,准其再展限三个月,倘别有控案质讯及勒追银两未完,令该督抚专案咨部扣限,如别无前项事故,不即起程,除该员应得正展,加展限期,并督抚地方官给咨具详例限,及转详转给往返程限,悉予扣除外,其在省请咨者,以该督抚给咨之日起,在各府州县请咨者,以地方官转给之日起,扣至该员起程之日止,迟延半年以上者降一级留任,一年以上者降一级调用,二年以上者革职。"又:"外任佐杂实缺人员,遇有丁忧事故,交代离任,照实缺州县之例办理,如实患病及设措盘费等事,准其再展限六个月,如无故不即起程,除该员应得正展,加展限期,并该督抚地方官给咨具详例限,及转详转给往返程限,悉予扣除外,其在省请咨者,以该督抚给咨之日起,在各府州县请咨者,以地方官转给之日起,扣至该员起程之日止,迟延半年以上者降一级留任,一年以上者降二级调用。"又:"各省分发候补人员遇有丁忧事故,如系署缺有交代者,照现任人员之例办理,未经署缺无交代者,限三个月起程(此系正佐各官通例),其州县以上等官因患病情事,准其再展限三个月,若佐杂等官因患病及设措盘费,准其再展限六个月,如无故不即起程,除该员应得正展,加展限期,并该督抚地方官给咨具详例限,及转详转给往返程限,悉予扣除外,其在省请咨者,以该督抚给咨之日起,在各府州县请咨者,以地方官转给之日起,扣至该员起程之日止,系候补州县以上人员,迟延半年以上者,罚俸一年,一年以上者,降一级留任,二年以上者,降三级调用,系候补佐杂人员,迟延半年以上者,罚俸一年,一年以上者,降一级留任。"又:"丁忧人员业经于限满时，呈请给咨，其在省具呈者，该上司限十日内给发，在各府州县具呈者，该地方官限十日内转详该上司，于文到十日内给发，饬交地方官转给，其转详转给往返程限，均准其声明扣展，如有迟延，令该督抚于咨部文内据实声明，将其详之地方官给发之上司违限，不及一月者，罚俸六个月，一月以上者，罚俸一年，两月以上者，降一级留任，三月以上者，降一级调用，本员免议，倘该督抚并未声明，以致本员误被降革，除本员开复外，仍将具详给咨之员议处，并将漏未声明之上司照误揭属员例议处。”又：“丁忧人员，如有不即起程逗遛省城钻差委干预公事者，将本员革职，该督抚不行查参，降二级调用，若该督抚有以河工及一切工程，并经手紧要事件，违例奏留，而该员亦愿留效力者，将该督抚降三级调用，本员仍革职，其有因军营要务该督抚自行扣留，不即奏明者，照应奏公罪律降二级留任。”又：“漏报起程日期者，罚俸六个月（查丁忧起程迟延处分犹严于外任者，所以杜逗遛钻营之弊，若随任之子弟与夫游幕探亲就医贸易在外闻赴者，其本身虽有职衔，而无地方之责，势不能干预差委，则稽留日久，大半由于贫病居多，兼有本员远出，家惟妇稚未谙定例，不为具报丁忧，以致得信迟逾亦情事之所时有，皆不当绳以现任之例，自应概予宽免，以示体恤）。”又：“丁忧官员不候给咨回籍者，罚俸一年，吏部议得（臣）部面奉谕旨，丁忧起程迟延人员，不得以公罪论等，查此项人员一经丁忧，朝廷教孝之意，尚不忍公事羁留，故于交代正展各限外，即饬令起程，以维礼教，该员等宜如何星奔回籍，竭尽孝思，乃无故逗遛，不即起程，殊出情理之外，其应得处分，诚如圣明指示，臣等公同商议，州县离任缺分繁简各异，交代限期不一，而丁忧交代例内，未将缺分繁简交月日分晰载明，只统限六个月起限，倘有钱粮较多，即照规避实降实革例议以革职，似此明定章程，庶该员等不能有所趋避，而办理益昭核实矣，道光二十六年吏部奏准通行。”

【汉（漢）官推诿瞻徇】【史】汉官谓别于满官而言，推诿，谓推其责任而诿之于人，瞻徇谓唯私是视也。清之六部处分则例（卷十四）吏属旷职编设有汉官推诿之条：“康熙十八年八月十二日奉上谕大小汉官，凡事推满官事之得当，则归功于己，如事失宜，则卸过于人，不待事毕，推诿于满官早归宴会嬉游，不为国家尽力，担当料理公务，迟延衙门，事应完者，不即完结，尽题徇情，故为延挨日期，如系司员，各该堂官题参，若系堂官科道官员题参，俱革职，钦此。”

【汉（漢）律令】【史】汉自萧何编九章律以后，关于编纂法典之举，不胜枚举。高祖时，曾命张苍定章程，叔孙通益作所不及，作傍章十八篇。文帝时，晁错更定法令计三十章。武帝时，张汤编越宫律二十七篇。赵禹编朝律六篇，并作见知故纵监临部主之法。当时律令凡三百五十九章，大辟四百九条，一千八百八十二事，死罪决事比一万三千四百七十二事，律令更加复杂。宣帝本始四年拟加删定，卒未果行。元帝初，亦昭删定。初元五年虽省刑罚七十余事，除光禄以下至郎中保父母同产之令。然律令仍有增无已，如成帝时，大辟之刑千有余条，律令繁多，计百有余万言。盖因此时有所谓令（即行政法典）之日益增多故也。

【汉（漢）军革职官回旗】【史】汉人降附满洲者，依满洲兵制编为汉军八旗，是为清初之制。凡被革职之汉军官员于革职后，应带同家口回旗，违者治罪，即该管地方官不行速催者，亦应受一定之处分。清之现行则例（即刑部现行则例）公式篇设有汉军革职官回旗之条："凡在外汉军降级革职，缘事解任，裁缺之候补汉军文武官员，解任时，即将任内事务交明，带领家口速行归旗，该管地方官员亦将家口一并速催回旗，仍将起程日期报部，令取经过州县沿途交付印结，如有降级革职解任裁缺之候补官员，正事已完，妄借事故不速回旗，仍恋住做官地方，或前往竟不来京，在别处居住，或不进京在附近州县居住，或本身进来家口仍在外居住者，如已经革职者，交与刑部从重治罪，若有官者革职，交与刑部治罪，该管州县官武职专讯官将此等解任官员本身并家口不一并速催起行，借端迟延容留一人居住者，降二级调用，二人者降四级调用，三人以上者革职。道官兼辖武官在伊等所辖地方容留一人居住者，降一级调用，二人者降二级调用，三人者降三级调用，四人者降四级调用，五人以上者革职，督抚提镇所辖地方容留一二人者，罚俸六个月，三四人者罚俸一年，五名以上者降一级留任，十名以上者降二级留任，同城知府照州县例议处，不同城知府照道官例议处，至此等解任官员仍在做官地方恋住或在别省居住，或已起程中途逗留迟延，或既来而不进京，在附近州县居住，或本身已来令家口在别处居住，该管督抚提镇地方文武官员不行查催者，俱照处分原做官处，容留居住之地方官例一体处分，再此等解任官员不将家口作速带来，该管佐领骁骑校不行查出报部者，若一人者降一级留任，二人者降二级仍留任，三人以上者革职，小拨什库交与刑部从重治罪，参领将本参领下一二人不行查出呈报者，罚俸一年，三四人者降一级留任，五六人以上者降二级留任，十人以上者降三级仍留原任，都统副都统不行查出一二人者罚俸三个月，三四人者罚俸六个月，五六人者罚俸九个月，七八人以上者罚俸一年，十五人以上者降一级留任，原做官之处，该管官员将此等官起程日期不行报部者，罚俸一年。"

【汉（漢）军缺】【史】清制，一切官职之位置，除属于满州人者外，尚有其他三种专属之缺：一曰蒙古缺。二曰汉军缺，三曰汉缺，所谓汉军，乃指汉人之降附于满人而被编为汉军八旗者而言，其专属于汉军之官职，称曰汉军缺。例如钦天监从六品秋官正，内阁侍读，典籍中书，部院堂主事，大理寺寺丞，太常寺博士等是。

【汉（漢）缺】【史】清制，一切官职之位置除专属于满人者外，尚有其他三种专属之缺：一曰蒙古缺，二曰汉军缺，三曰汉缺，专属于汉人之官职，称曰汉缺。例如宗人府丞，顺天府尹，府丞，治中，通判，经历，照磨，司狱，崇文门副使，奉天府府丞，经历，司狱，顺天府之大兴宛平二县，奉天府之承德县知县及其属官，礼部。铸印局员外郎及诸大使，会同四译官大使序班，五城兵马司之官吏，太常寺，天坛，地坛，朝日坛，夕日坛，先农坛，帝王庙等之祀祭署奉祠及诸祀丞，神乐署署正等，国子监学正，学录，典籍，宗室，咸安宫，觉罗，景山，八旗官学之教习，太医院使以下之官吏銮仪卫经历等皆是。（会典吏部）

【汉（漢）满案件司员公同检查】【史】各部汉满案件俱应由汉满司员会同书押检查办理，不得自行诿卸其责。清之六部处分则例（卷十四）吏属旷职编设有满汉案件司员之条："乾隆三十三年九月二十四日奉上谕，军机大臣查奏吏部考功司，检查学政处分一事，内有声明检查案件，满司员俱不经手之语，此系向来办理错误,各部承办案牍满汉司员俱系公同书押议行,若因检查汉字成案,满员竟不预其事,由此例推则汉员亦必以满文案件自行诿卸,且畛域一分,则满汉各司其局,其中偏徇把持,尤易滋生弊端,不可不防其渐,吏部此案因传论询问始知相沿陋习之非,其各部院似此者恐复不少,嗣后各衙门无论满汉案件,俱著专派满汉司员各一人,公同检查办理,著为令,钦此。”

【渐(漸)丁军人】【史】谓未成年者渐长,达于丁年为军人也。元典章(卷三十四)兵部第一篇军粮章第一——渐丁军人口粮之条:“……新附军人既已身死,抛下儿男,亦合充军,比及渐长成丁。”

【渐(漸)次设立】【公】又名募集设立(详该本条)。一称复杂设立。以与单纯设立相对称。

【煽惑】【刑】Incitation 即煽动蛊惑之谓,与教唆区别之点有四:(一)教唆必对于特定人,煽惑不必对于特定人为之。(二)教唆必须被教唆人实施犯罪行为,方成立教唆罪,煽惑罪则不问被煽惑者之已否成立犯罪。(三)教唆行为虽有公然者,然多属秘密性质,煽惑罪则限于公然者。(四)教唆之形式如何,均所不问,煽惑则多以文字图画演说等形式居多,其他方法甚少。

【煽惑罪】【刑】Offence of incitation 为妨害秩序罪之一,即煽惑他人犯罪之罪,只须有煽惑事实,不以发生实害为必要。更分为二:(1)一般煽惑罪——其情形有三:(A)以文字图画演说或他法,公然煽惑他人犯罪者。(B)以文字图画演说或他法,公然煽惑他人违背法令或抗拒合法之命令者。(C)以文字图画演说或他法,公然颂扬他人所犯之罪致生危害于公安者,颂扬者乃于犯罪事后揄扬表彰之谓也,但应以有危害公安为限,其处分为二年以下有期徒刑,拘役,或一千元以下罚金(刑法第一六〇条)。(2)煽惑军人罪——因煽惑军人不执行职务,或不守纪律,或逃叛而成立,只须有煽惑之行为,本罚即成立,但以平时犯之者为限,如于战时犯者,则应依同法第一二条第三款处断,至其方法手段并无明文规定,是即无论何法皆所不问也。其处分为六月以上五年以下有期徒刑。(第一六三条)

【狱(獄)】【行】Prison 狱为拘禁罪人之场所,即监狱之简称,欧洲古代之监狱,未有特定设备之建物,或囚禁于宫殿厅舍寺院塔宇之一隅,或禁闭于荒仓败舰土窖兽槛之中间,甚至一木一石划地为牢,亦可称之为狱,即我国古代之监狱亦大致相似。按近代监狱之意义,即依国法以一定目的,拘束人身自由行动之公的营造物,或依国法专以囚禁受自由刑之执行者,所特设之公的营造物之谓。(参监狱规则条内)

【狱(獄)丁】【行】Warder 狱丁即狱卒之俗称也。其职务为专司监狱中之工役,法律上称之为看守。

【狱(獄)囚衣粮】【史】在狱之囚,冬夏应给衣粮,疾病应给医药,司狱官与狱卒不即申禀上司给与,及囚有患病,死罪以下应与脱去(枷)锁杻而不脱去,笞罪应保管出狱而不保管,或应听令家人入内看视而不听者,司狱官典及狱卒应即治罪,其有因此而致狱囚于死者,则分别死亡狱囚之罪刑而定该狱官狱卒之刑罚。明律

(卷二十八)、清律(卷三十六)刑律断狱篇狱囚衣粮条均有相同之明文。清律之条文与其下注曰:“凡狱囚,应请给衣粮,医药,而不请给,患病应脱去锁杻,而不脱去应保管出外而不保管,应听家人入视而不听,司狱官典狱卒笞五十,因而致死者,若囚该死罪杖六十,流罪杖八十,徒罪杖一百,杖罪以下,杖六十徒一年,提牢官知而不举者,与同罪,若已申禀上司,不即施行者,一日笞一十,每一日加一等,罪止笞四十,因而致死者,若囚该死罪杖六十,流罪杖八十,徒罪杖一百,杖罪以下六十徒一年。”清律之辑注:“按惟死罪用杻,此云应脱去锁杻,是死罪患病,亦去杻矣。而注云重者除死罪不开锁杻,夫死罪之用杻,恐其脱逃,非欲以此苦之也。今既患重病,必无脱逃之虞,岂忍听其桎梏而死,当酌行之。”同律之辑注:“此条专论主守,及上司之事,而意重贫囚,身禁囹圄,或无衣粮,或患疾病,最易致死,故定为应请各项之法,虽致死死罪之囚,亦不得免,俾主守上司,皆不敢忽视,仁之至也。”

【狱(獄)囚取服辩】【史】服者心服也,辩者辩理也,或服或辩一任狱囚之自由,故曰服辩。取服辩者欲使其心服无辞也。不取服辩,及不为详审,是违律也。问官应坐罪。明律(卷二十八)刑律断狱篇有狱囚取服辩之条。清律(卷三十七)之同律同篇同条亦有同一之规定。其条文曰:“凡狱囚,徒流死罪,各唤囚及其家属,具告所断罪名,仍取囚服辩文状,若不服者,听其自理,更为详审,违者,徒流罪笞四十,死罪杖六十,其囚家属在三百里之外,止取囚服辩文状,不在具告家属罪名之限。”清律之总注:“徒流皆重罪,死罪乃极刑,若不先使本犯及其家属知之而竟自成狱,则罔之以不知也。或心有未服,无从置辩,故必具告所断罪名,取囚输服无辩文状,或囚有未服,若不许其自行诉理,竟自论决,则威之以不敢也。或情有未尽,无由自明,故必听其自理,更为详审,违者徒流笞四十,死罪杖六十,囚之家属在三百里之外,则不得因有罪之囚,而反累无罪之人,故止取囚之服辩文状,不更唤其家属以告也。”同律之辑注:“刑罪一成不变,必究其真情,使其心折无辞,乃为信谳,又必唤囚之家属,具告所断罪名者,恐因愚昧,虽有冤情,不能自直,家属中或有为之代理者也。”

【狱(獄)囚脱监及反狱在逃】【史】从门而逃出者,曰脱监。逾垣而逃出者,曰越狱。凡犯罪之人已被囚禁在监,而乘狱卒之不觉,私自脱监而出及解脱自带锁杻暗行越狱而出,是先已犯罪而又再犯矣。又如被禁囚犯有恃强恃众,逞凶夺击,公然夺门自狱中反出而在逃者,称曰反狱在逃。凡此均应构成本条罪名。明律(卷二十七)、清律(卷三十五)刑律捕亡篇狱囚脱监及反狱在逃条均有明文规定。清律原文及注:“凡犯罪被囚禁,而脱监及解脱自带锁杻,越狱在逃者(如犯笞杖徒流),各于本罪上加二等,(如)因(自行脱狱)而窃放(同禁)他囚,罪重者与(他)囚(罪重者)同罪,并罪止杖一百,流三千里,本犯应死者依常律。若罪囚反狱在逃者(无论犯人原罪之重轻,但谋助力者),皆斩(监候),同牢囚人不知(反)情者不坐。”清律之辑注:“脱监越狱皆因狱卒之不觉乘间窃出,犹畏人知也。反狱则倚恃凶强,公然一反,故论反狱者以打开监门杀伤狱卒为据,与脱监越狱之情形迥异,犹盗之强与窃也。脱监须已出门外,越狱须已出墙外,仍坐加二等之罪,若虽脱锁杻,犹逡巡观望,欲出未出,未便即议加等。”同律之辑注:“反者自内而出之谓也，系同禁囚共谋之事，若外有接应之人，则劫囚矣。”

【狱(獄)囚诬指平人】【史】囚人在禁，既身处法律监视之下，理应痛悔自新，以期早日释放，再为良民。若敢再图诬捏攀指无罪之平人，是其恶性之深重可知，官司应即随其所诬事理之轻重，论以诬告之罪。明律(卷二十八)、清律(卷三十六)刑律断狱篇均有狱囚诬指平人之规定，条文同似。兹将清律之原文及其下注举述于下：“凡囚在禁诬指平人者，以诬告人(加三等)论，其本犯罪重(于加诬之罪)者，从(原)重(者)论。若(本囚无诬指平人之意)官吏鞫问狱囚，非法拷讯，故行教令诬指平人者，以故入人(全)罪论。若(官司)追征(逋欠)钱粮，逼令(欠户)诬指平人代纳者，计所枉征财物坐赃论，(罪杖一百徒三年以赃不入已也)其物给(代纳本)主。其被(囚)诬(指)之(平)人，无故稽留三日不放(回)者，笞二十，每三日加一等，罪止杖六十。若(官司)鞫囚，而证佐之人(有所偏徇)，不言实情，故行诬证，及化外人有罪，通事传译番语(有所偏私)，不以实对，致(断)罪有出入者，证佐人减罪人罪二等(证佐不说实情，出脱犯人全罪者，减犯人全罪二等，若增减其罪者，亦减犯人所得增减之罪二等之类)，通事与同罪(谓化外人本有罪，通事扶同传说，出脱全罪者，通事与犯人同得全罪，若将化外人罪名增减传说者，以所增减之罪坐通事，谓如化外人本招承杖六十，通事传译增作杖一百，则坐通事杖四十，又如化外人本招承杖一百，通事传译减作笞五十，即坐通事笞五十之类)。”同律之辑注：“诉讼律内既有诬告条，又有见禁囚，不得告举他事条，而复著此条者，盖诬告内并无犯罪之囚，诬指平人，而不得告举他事，止禁其告举而未著其罪也。”同律之说注：“凡在禁之囚，惟为狱官狱卒非理凌虐者听告，别事干连者听首，此外不得告举他事，若有诬指平人者随所诬之罪以诬告律加等论，此谓加诬之罪重，本犯之罪轻也。其本犯之罪重于加诬之罪，则仍从本罪论。若官吏别有私意，欲令狱囚诬指平人。干鞫问时非法拷讯，授之意指，迫之以不得不从，因执其口词。以陷平人于罪者，以故入人罪论，全科其罪，狱囚止坐本犯之罪，盖所诬由于官吏之非法拷讯，故行教令，非其本意也。若官司追征逋欠钱粮，因欠户不能完纳，逼令其诬指无干平人代纳者，计所枉征财物之数坐赃论罪，其枉征之物照追还主，诬指之人不坐，以其由于逼令也。以上三项被诬之平人，既已追问明白，则应首释，而无故稽留听候至三日不放回者，当该官吏笞二十，每三日加一等，至十五日以上，罪止杖六十。若有司推鞫罪囚之时，词内证佐不言犯罪人之实情，故行诬证，通事传译不以化外人之番语据实以对，以致断罪有所出入者，证佐人则减罪人罪二等，通事则与同罪，盖证佐虽偏徇诬证，犹有两造质对之人，故得减二等，而化外人语言不通，而通事传译犹化外人供招也，故直与同罪，凡称同罪者，致死减一等。”

【狱(獄)成】【史】法官讯问犯人后，其犯罪事实业已确定者，谓之狱成，礼记—文王世子篇：“……狱成，有司讞(议狱也)于公，其死罪，则曰某之罪在大辟。”陈澔注曰：“狱成，谓所犯之事，讯问已得情实也。”明律(卷一)、清律(卷四)——犯罪事发在逃条：“若犯罪事发，而在逃者众证明白，即同狱成，不须对问。”

【狱(獄)成者】【史】唐制，狱成者乃罪状露验以及经尚书省审断完毕，而未奏闻于上者之谓(其由州县之审讫，或刑部之覆审已讫者均同)。唐律(卷二)名例

篇——犯十恶条："狱成者，虽会赦，犹除名。"其注曰："狱成，谓赃状露验，及尚书省断讫，未奏者。"(参同书之疏议)

【狱(獄)具】【史】元制，刑事裁判时所使用之刑具，计有枷、杻、锁、镣、杖等五种：(一)枷为加于颈项上者，计三种，长五尺以上六尺以下，阔一尺四寸以上，一尺六寸以下，皆以干木为之，死刑者所用重二十五斤，徒罪所用者重二十斤，杖罪者则重十八斤。(二)杻乃手械之一，长一尺六寸以上二尺以下，阔三寸，厚一寸。(三)锁谓联锁也，即用以系连数囚之用者也，长八尺以上丈二寸以下。(四)镣乃以锁系足之刑具也，连环三斤。(五)杖，长三尺五寸，除去其节目，凡三种：(1)笞杖——大头径二分七厘，小头径一分七厘。(2)杖杖——大头径三分二厘，小头径二分二厘。(3)讯杖——大头径五分五厘，小头径二分五厘(参元典章卷四十刑部二)。清例之规定如下："笞杖之小者，大头径二分七厘，小头径一分七厘，长三尺五寸，以小荆条为之，须削去节目，用官降较板如法较勘，毋令筋胶诸物装钉，应决者用小头臀受，杖大头径三分二厘，小头径二分二厘，长三尺五寸，以大荆条为之，亦须削去节目，用官降较板如法较勘，毋令筋胶诸物装钉，应决者用小头臀受，讯杖，大头径四分五厘，小头径三分五厘，长三尺五寸，亦以荆杖为之，其犯重罪赃证明白，不服招承明立文案，依法拷讯臀腿受。枷长五尺五寸，头阔一尺五寸，以干木为之，死罪重二十五斤，徒流重二十斤，杖罪重一十五斤，长短轻重刻志其上，杻长一尺六寸，厚一寸，以干木为之，男子犯死罪者用杻，犯流罪以下及妇人犯死罪者不用，铁索长一丈，以铁为之，犯轻罪人用镣连环，重三斤，以铁为之，犯徒罪者带镣工作。"

【狱(獄)卒】【行】Warder 狱卒，即现代监狱中之看守也。又名曰狱丁。

【狱(獄)官】【行】Officers of prison 现代狱官之意义，有广狭之分，广义之狱官，以典狱长当然为狱官，尚包括第一科看守长，第二科看守长，第三科看守长等而言，狭义之狱官，专指典狱长而言。典狱长为狱政执行之主脑，有指挥及管理狱中一切事务之权。

【狱(獄)法】【史】关于刑事诉讼之法规，谓之狱法。史记—蒙恬传："秦王闻赵高疆力通于狱法。"

【狱(獄)持】【史】唐武后时，法官或狱吏对于犯罪者施以惨酷虐待之刑。例如刻害其肢体之全部是，号曰狱持。大学衍义补："武后时，侍御史周矩上疏曰，推刻之吏，以深刻为功，凿空争能，相矜以虐，泥耳笼头，折胁签爪，悬发熏耳，刻害支体，号曰狱持。"

【狱(獄)案】【史】谓诉讼案之件文书也。因话录："岳武穆狱案，今在箭阳。"

【狱(獄)讼】【史】依原来正义，刑事诉讼谓之狱，民事诉讼谓之讼。周礼—秋官大司寇之职："以两造禁民讼。"郑玄注曰："争财曰讼，争罪曰狱。"惟一般均称诉讼案件为狱讼。左传—僖公五年："晋士蒍为二公子，筑蒲与屈不坚为公子所诉。"同书僖公二十八年："卫侯与元咺讼。"又同书文公十四年："周公将与王孙苏讼于晋。"又同书成公四年："郑伯与许男讼焉，皇代摄郑伯之辞，子反不能决也。"又同书襄公十年:"王叔与伯舆讼焉,王叔之宰与伯舆之大夫瑕禽坐狱于王庭,士丐听之。"

【狱(獄)诉】【史】刑事之诉讼谓之狱诉。唐书—张镒传曰:"由是狱诉衰息。"

【狱(獄)疑】【史】与后世所称之疑狱相同,即犯罪之事实不明之谓也。凡下级所审之疑狱,必移上级法院予以判决。汉书—景帝纪:"中五年诏曰,诸狱疑,若虽文致于法,而于人心不厌者辄谳之,后二年诏曰,狱疑者,谳有司,有司所不能决,移廷尉。"

【甄别】【史】(参甄拔条内)

【甄拔】【史】察视人材而向当局推举者,谓之甄拔,与甄别有异,以后者乃指依考试及实际之成绩,而区别其优劣者而言。晋书山涛传:"山涛为冀州刺史,甄拔隐屈,搜访贤才。"

【甄拔律师委员会】【行】Investigating commission for the admission to the bar　在律师考试未举行以前,对于审核律师资格之机关为甄拔律师委员会,以下列职员组织之:(1)委员长一人,以司法行政部常任次长充之。(2)委员四人由司法行政部部长就司法行政部参事司长中遴派之。(3)事务员若干人,由司法行政部部长就部中总务司第一科职员中指派之,凡具有法定资格之一者(第一条)如志愿执行律师职务,得经由各省高等法院院长,或本校校长,驻外公使,留学生监督,或自行具呈,将足资证明书资格文件连同证书费二十元印花费二元,送由司法行政部交甄拔委员会审议,委员长收到甄拔文件时应分配各委员审核之,审核后连同意见书提交委员长定期开委员会(以过半数出席为必要),以到会委员多数同意决之,并将议决之审查意见书送经司法行政部长核定,其应免试者由会给予免试合格证书,不应免试者发还原送文件与甄拔费于呈请人,其领得免试证书者应依法向司法行政部请领律师证书。(甄拔律师委员会章程第一—八条)

【甄拔律师委员会章程】【行】本章程公布于民国十七年十月二十日,后经修正,全文计共十条,自公布之日施行。(参甄拔律师委员会条内)

【疑罪】【史】疑罪者,谓证据不确实,双方之是非相均等而难于处断之罪案也。依唐律之规定,各依所犯以赎法,收赎其罪。唐律(卷三十)断狱篇疑罪条:"诸疑罪各依所犯以赎论(疑,谓虚实之证等,是非之理均或事涉疑似,傍无证见,或傍有闻证,事非疑似之类)。即疑狱法官执见不同者,得为异议,议不得过三。"疏议曰:"疑罪,谓事有疑似,处断难明,各依所犯以赎论,谓依所疑之罪,用赎法收赎。注云,疑,谓虚实之证等,谓八品以下及庶人,一人证虚,一人证实,二人以上虚实之证,其数各等,或七品以上,各据众证定罪,亦各虚实之数等是非之理均,谓有是处,亦有非处,其理各均,或事涉疑似,谓赃状于疑似,傍无证见之人,或傍有闻见之人,其事全非疑似称之类者,或行迹是,状验非,或闻证同,情理异,疑状既广,不可备论,故云之类,即疑狱,谓狱有所疑,法官执见不同,议律论情,各申异见,得为异议,听作异同,议不得过三,谓如丞相以下,通判者五人,大理卿以下五人,如此同判者多,不可各为异议,故云议不得过三。"罪状之有无不明,谓之疑罪。唐律

(卷三十)断狱律疑罪之条:"诸疑罪各依所犯以赎论,即疑狱法官执见不同者,得为异议,不得过三。"其下注曰:"疑谓虚实之证等,是非之理均,或事涉疑似,傍无证见,或傍有闻证,事非疑似之类。"

【疑义】【通】Ambiguity 对于某种事实或某种法律有可疑之点,谓之疑义。例如学者研究某种条文有不解其意义,或似理解而不能澈知其义意者是。

【疑狱】【行】Probable case; Dubious case 刑事案件其证据不充足,致不易判决者,谓之疑狱。

【喑(瘖)哑人】【刑】Deafand dumb 喑哑人非为全无意识者,然亦与普通犯罪有异,故得酌减刑罚,有生而喑哑者,有因疾病或受伤而喑哑者,前者得减轻刑罚,后者则否,我刑法第三十三条之规定乃专指前者而言,又按无声者曰喑,不言者曰哑。

【疯(瘋)病杀人】【史】疯者,颠狂也。为神经病中之重者,凡因疯病而杀人者,清例设有下列之规定:(一)疯病之人报官锁铐交亲属看守痊愈验明开放,如无亲属又无房屋者,监禁,具详立案,如不复举发、数年后酌量详请开释。(二)疯病杀人拟绞缓决,永远监禁,病愈后遇有恩旨,例得查办,若卑幼致死尊长,妻致死夫,关双限制仍永远监禁,不准释放。(三)亲族邻佑乡约族长容隐不报又不看守——(甲)致本人自杀者杖八十,致杀他人者杖一百。(乙)因疯连杀非一家二命以上绞候(缓决),非一家二命以上绞候(情实),一家三命以上斩候(情实)。(四)地方官据报之后不严饬看守——(甲)致本人自杀者罚俸三个月,致杀他人者罚俸一年。(乙)因疯杀祖父母父母仍照律凌迟处死。(丙)因疯致毙期功尊长一命,复另毙平人一命,例得夹签,倘另毙平人二命,不准夹签。(五)陡患疯病猝不及报以致杀人,旋经痊愈覆审供吐明晰,讯取尸亲切结,拟以斗杀,如无报案,又无尸亲切结,即确究实情,仍按本律定拟,假疯妄报邻佑亲属人等,照隐匿罪人减本犯罪一等。

【监(監)主以官物借人】【史】监临主守之官,若以所监临主守之物私自借及借人,流弊必不可言。唐律特设明文予以限制,在卷十五之厩库篇监主以官物借人条内规定:"诸监主守之官,以官物私自借,若借人,及借之者,笞五十,过十日,坐赃论减二等。"疏议曰:"监临主守之官,以所监临主守之物,谓衣服毡褥帷帐器玩之类,但是官物私自借,若将借人,及借之者,各笞五十,过十日,计所借之物,准坐赃论减二等,罪止徒二年。"

【监(監)主受财枉法】【史】监临主司办理案件主典等时受财曲法处断,或受财而不为曲法之判断者均应受罚。唐律(卷十一)职制篇设有监临主司受财枉法条:"诸监临主司受财而枉法者,一尺杖一百,一匹加一等,十五匹绞。不枉法者,一尺杖九十,二匹加一等,三十匹加役流。"疏议曰:"监临主司,谓统摄案验,及行案主典之类,受有事人财,而为曲法处断者,一尺杖一百,一匹加一等,十五匹绞。虽受有事人财,判断不为曲法,一尺杖九十,二匹加一等,三十匹加役流。"同条又曰:"无禄者,各减一等,枉法者,二十匹绞,不枉法者,四十匹加役流。"

【监(監)主于监守内奸】【史】监临主守于所监守之范围内有操纵之权,对所监守内之人易于利用权力使其听命，法律为防范起见，凡监主于所监守内奸良人者，加处凡人之奸罪一等。唐律（卷二十六）杂律篇设有监主于监守内奸条："诸监临主守，于所监守内奸者（谓犯良人），加奸罪一等，即居父母及夫丧，若道士女冠奸者，各又加一等，妇女以凡奸论。"疏议曰："监临主守之人，于所监守内奸良人，加凡奸一等，故注云，谓犯良人，若奸无夫妇女徒二年，奸有夫妇女徒二年半，即居父母丧，男女同，夫丧者，妻妾同，若道士女冠，僧尼同，奸者各又加监临奸一等，即加凡奸罪一等，故云，各又加一等，假有监临主守，若道士及僧，并男子在父母丧奸者，妇女以凡奸论，即女居父母丧，妇人居夫丧，及女冠尼奸者，并加奸罪二等，男子亦以凡奸论，其有尊卑及贵贱者，各从本法，加罪。"

【监(監)主借官奴畜】【史】监临主守私自借用官奴婢及畜产者，或借与他人及借之者，均应依本条规定治罪，即借驿马及借之者，亦应处罚。唐律（卷十五）厩库篇有监主借官奴畜条之设："诸监临主守，以官奴婢及畜产，私自借人及借之者，笞五十，计庸重者，以受所监临财物论，驿驴加一等。"疏议曰："监临主守之官，以所监主官奴婢及畜产，私自借，谓身自借用，若转借他人，及借之者，或一人一畜，但借即笞五十，或借数少而日多，或借数多而日少，计庸重于借罪者，以受所监临财物论，累赃为坐，驿驴加一等，谓借即得杖六十，计庸重，以受所监临财物论，加一等，其车船碾硙邸店之类有私自借若借人及借之者，亦计庸赁，各与借奴婢畜产同，律虽无文，所犯相类，职制律，监临之官借所监临，及牛马驼骡驴车船邸店碾硙，各计庸赁，以受所监临财物论，计借车船碾硙之类，理与借畜产不殊，故附此条，准例为坐。"同条又曰："即借驿马，及借之者，杖一百，五日徒一年，计庸重者，从上法，即驿长私借人马驴者，各减一等，罪止杖一百。"

【监(監)主贷官物】【史】监主者，监临与主守也，以其职务上之关系，每易贷用官物，法律为杜绝有弊端，预防将来起见，特以明文禁止。唐律（卷十五）厩库篇监主贷官物之条曰："诸监临主守，以官物私自贷，若贷人，及贷之者，无文记，以盗论，有文记，准盗论（文记，谓取抄署之类）。立判案减二等。"疏议曰："监临主守，谓所在之处官物，有官司执当者，以此官物，私自贷，若将贷人，及贷之者，此三事无文记，以盗论，有文记，准盗论，文记，谓取抄署之类，谓虽无文案，或有名簿，或取抄及署领之类皆同，无文记，以盗论者与真盗同，若监主守自贷，亦加凡盗二等，有文记者，准盗论，并五匹徒一年，五匹加一等，立判案减二等，谓五匹杖九十之类。"同条又谓："既充公廨，及用公廨物，若出付市易而私用者，各减一等坐之（虽贷亦同，余条公廨准此，即主守私贷，无文记者，依盗法）。"

【监(監)本】【史】经国子监校定而出版之本，谓之监本。后唐明宗长兴三年初，命国子监校定九经，刻版印卖，是为监本刊行之始（大学衍义补卷九十四）。明代有南北两京之国子监均各有经史之校定与刊行，故有南监本与北监本之区别。

【监(監)犯外役规则】【行】本规则于民国二十三年六月十九日由司法行政部公布，全文共二十三条，其要点如下：(一)各省新旧监狱人犯具备下列各条件者得令服浚河，筑路建筑等项外役：(1)年龄满二十岁以上，品性较良身体强健。(2)入监前之职业适于外役。(3)无宣传反革命之虞。(二)各监狱长官知有适于外役之工程时，应速查明本监狱合于前条规定监犯人数，向该工程主管机关或经理人员承揽，前项外役人犯，至少须满百名以上，如本监人犯不敷应用时，得呈明高等法院向邻近监狱调拨。（三）管理外役得专设主任一员，以看守长或候补看守长充之。（四）外役人犯以十二人至十四人为一队，每队置正副队长各一人，择其品行善良者充之。（五）人犯工作勤奋者，如合于保释或假释之条件时，监狱长官应为呈请保释或假释，以资鼓励，其有不守纪律或怠于工作者，该外役主任应随时报请原监提回另拨人犯补充。（六）工作时间，每日七小时以上，十小时以下。（七）工作人犯一律施用联锁。

【监（監）犯造册】【史】谓承审员司，应于每月月底造具关于所审监禁人犯等等情形，呈报上司查核也。清之六部处分则例（卷四十九）刑属禁狱篇设有监犯造册之条："刑部现审事件，令承审司员于每月底各将所审案件案犯名数收监日期造具清册，其有行提应讯人证等事，不能依限完结者，亦将缘由一并造入册内，呈堂查核，若有滥行监禁者，将该司员照不应禁而禁公罪律罚俸一年，若该堂官不行题参，别经发觉，即照司员例一律议处。"又："各省知府直隶州知州设立循环号簿，饬令所属州县将每日出监入监人犯姓名，填注簿内，按月申送该管府州查阅，并呈报督抚存核，傥将收监人犯隐漏不行填注，查系不应禁之人，将该州县照滥禁律罚俸一年，再降一级调用，如系应禁之人止系遗漏未注者，罚俸三个月。"又："官员造报重犯文册，将已决人犯遗漏开除者，罚俸一年，该管官未经查出，罚俸六个月。"

【监（監）生】【史】国子监之肄业生，称曰监生。（详国子监条内）

【监（監）守不慎】【史】监守不慎，谓对于自己所看守主管之物件，不出之以谨慎以致被盗失也。清之六部处分则例（卷二十七）户属盘查篇设有监守不慎之条："官员于库贮物件，监守不慎以致盗失者，降一级调用，再罚俸一年。"

【监（監）守自盗】【史】官吏对于自己主管范围内之货物私行盗窃者，谓之监守自盗。

【监（監）守自盗仓库钱粮】【史】本条与常人盗仓库钱粮条相对称，监者监临也，所谓监临，即有统摄案验之权，守者主守也，所谓主守即有管领典守之责，凡盗有得财与不得财之分，今以监守之人，即盗监守之物，自无不得财之可言，故应处监守自盗者以较重于常人自盗之罪。明律（卷十八）、清律（卷二十三）刑律贼盗篇监守自盗仓库钱粮条及其下注，大抵相同，兹举清律之规定，与其注文如下："凡监临主守，自盗仓库钱粮等物，不分首从，并赃论罪（并赃谓如十人节次共盗官银四十两，虽各分四两入己通算作一处，其十人各得四十两罪，皆斩，若十人共盗五两，皆杖一百之类，三犯者绞，问实犯）。并于右小臂膊上，刺盗官（银、粮、物）三字（每字各分一寸五分，每画各阔一分五厘，上不过肘，下不过腕，余条准此）。一两以下杖八十，一两之上，至二两五钱，杖九十，五两，杖一百，七两五钱，杖六十，徒一年，一十两，杖七十，徒一年半，一十二两五钱，杖八十，徒二年，一十五两，杖九十，徒二年半，一十七两五钱，杖一百，徒三年，二十两，杖一百，流二千里，二十五两，杖一百，流二千五百里，三十两，杖一百，流三千里（杂犯，三流，总徒四年），四十两斩（杂犯，徒五年）。"明律之纂注："监临主守解见名例律官物二字所该者广,不言得财者专制在已无不得之理也。二人以上引并赃不分首从全文,如一人盗止引监守盗仓库钱粮等物若干贯,该某罪满贯斩,系杂犯准徒五年,徒流以上但经刺字要充警,三犯刺字者处绞问真犯。”清律辑注:“监临本以稽察主守,主守本以掌管仓库,监守而盗,犹取己家之物矣,故曰自盗。并字指监守首从共盗之人而言。”清例之规定如下:(一)以监守自盗论者如下:——(A)多收斛面以附余粮数入己者。(B)虚出通关给发者。(C)委官盘点扶同申报完备者。(D)监守不收本色折收财物虚出硃砂者。(E)附余钱粮私下销补别项亏折者。(F)监守将官钱粮等物私自借用或转借与人者。(G)监守将侵欺借贷那移之数,乘其水火盗贼虚捏文案,扣换交单籍册申报者。(H)起运官物船行猝过风浪及外人失火延烧或盗贼劫夺有侵欺者。(I)起意官物不运本色,而辄赍财货于所纳去处,收买纳官取余利者。(J)官物已出仓库,而未给付与人,私物当供官用,已送在官,而未入仓库,有侵欺借贷者。(K)人户课程已纳,而官吏隐瞒不附簿,因而侵欺借用者。(L)官吏私自增减,官降斛斗秤尺收支官物,因而得所增减之物入已者。(M)监守诈欺同监守之人,取所监守之物者。(N)仓库受雇之人,侵欺借贷移易官钱粮者。(O)收养孤老应给衣粮官吏克减者。(P)造作头目工匠多破物料入己者。(Q)监守将自己物件抵换官物者。(R)验畜不实而价有增减入己者。(二)准监守自盗论者如下:——(A)监临主守不正收正支,那移出纳还充官用者。(B)各衙不给半印勘合。(C)擅出权帖关支或给勘合。(D)不立文案放及仓库不候勘合或不附簿放支者。

【监(監)守盗仓库钱粮】【史】所谓监守盗仓库钱粮,乃指盗窃自己所主管之仓库钱粮而言。清之现行则例(即刑部现行则例)贼盗篇设有监守盗仓库钱粮之条:“监守自盗仓库钱粮四十两,并常人盗八十两者,照律斩绞,拟罪准徒五年,监守自盗二十两以上并常人盗四十五两以上者,拟流总徒四年,盗三百两以上者,仍照例拟斩。”

【监(監)兑押运】【史】监兑谓主持监视收兑或兑发漕粮也,押运则为押解运载漕粮也。清之六部处分则例(卷十八)户属漕运篇设有监兑押运之条:“各省监兑漕粮之同知通判等官,于漕粮开仓收兑时,上司衙门不得以别项公事差委,令其坐守水次,专理漕务,逐船兑足到淮,听总漕盘验,倘有粮数不足,米色不纯,即将监兑官题参。”又:“江南省苏松常镇太仓五府州浙江省杭嘉湖三府船粮,俱令监兑官兼司押运,安徽、湖广、江西、山东、河南等帮,另行委员押运其粮米有无搀杂短缺,令监兑押运各官于水次眼同面交以专责成。”又:“山东、河南、江南、浙江等省粮道督运抵通,江西、湖南、湖北三省,粮道督运抵临清后,均出具船米无亏切结,送部备查。”又:“运弁因私事,稽留不亲身领运抵通,迨起卸已完,始行赶到,押运官不行查报者,罚俸一年,巡漕御史,罚俸六个月,若系因公羁绊押运官,并巡漕御史均免议(例内凡言领运官者,俱系武弁,言押运官者,俱系文员)。”

【监(監)牢】【行】Prison 为监狱之别称。(详监狱条内)

【监(監)事】【劳】Supervisors 为工会职员之一种,即掌理审核工会簿记账目,稽查各种事业进行状况,及监察各职员职务之机关也。有正式监事与候补监事之区别,前者为三人至五人,后者则不得逾二人,概依章程之规定,或会员大会之决

议，由会员中选任之。（工会法第十四条施行法第十四—十六条）

【行】为渔会职员之一种，由会员选任之，其职务为审核渔会簿账目稽查事业进行状况，并监察各职员。（渔会法第九条）

【监(監)房】【行】Prison rooms 监狱中之房间为监房，监有昼夜分房，夜间分房，杂居房三种。昼夜分房，保健上有二十五立方密达之气积，就业上有八三平方密达之容积，以宽二二密达，长三八密达，高三密达之构造。夜间分房，则有十二立方密达至十六立方密达之气积。杂居监房，有大小两种，小者以收容三人或五人为限，大者以收容七人或十人为限，每人之容积照夜间分房定之。我国监狱规则对于在监者本以分房监禁为原则，依前司法部所颁监狱图，监房亦分为三种。昼夜分房夜间分房，及杂居房。昼夜分房，宽八尺深十二尺高十二尺，气积约九百余立尺，窗三尺半宽，四尺高，光积约十六方尺，上扇窗能撑开，窗外有铁拦铁门，宽四尺，高七尺，门上有方孔，上镶玻璃，以便查看。夜间分房，宽七尺，深十二尺，高十二尺，气积约八百余立尺，窗宽之尺半，高二尺半，光积约六方尺。三人杂居房，宽十四尺，深十二尺，高十二尺，每人气积约五百余立尺，窗二个，三尺半宽，四尺高，光积共约二十方尺。

【监(監)舍】【行】Prision buildings 监狱中之房舍为监舍，监舍形状颇多，有十字形，扇面形，八角形，星光形，算盘形，H 字形，花状形，长延形，马蹄形，圆轮形，正角形，方状形之别。诸形各有长处，亦各有短处，或便于约束而不便于卫生，或便于卫生而不便于经费，从经验上称为最宜者，小监狱容二百人以上者，宜用十字形，大监狱容五百人以上者，宜用扇面形，十字形，使各翼为交互直角之状，其三翼以供拘禁囚人之用，一翼以充事务管理之所，其配置法，使空气光线分配均匀，管理处之一翼突起，使一望周见各房，扇面形从中央集点，建扇面状之四翼，更连接之建第五翼，以为管理之处，总之无论采用何种形式，必于中央集点，建一中央看守处，备一视察台，以便看守长常在该处视察，并执行戒护事务，以防不测。

【监(監)门毙死人犯】【史】监者监狱也，门者城门等处也，在监门内人犯毙命者，负责官员应受一定处分。清之现行则例（即刑部现行则例）断狱篇设有监门毙死人犯之条："京城内凡问刑部院衙门承审官员，凡审案件，虽在限内并不取供审理迟延，逾限虽取供不行审结，其将真正人犯虽限内取录口供，不速行题结以致犯人并牵连无干之人监禁毙命，或羁门毙命者，应照一案所毙人数，将承审司官俱照外官处分之例处分。若堂官不据实题参者，照督抚处分之例处分，凡现审一案内人犯监毙三四人者，司狱罚俸三个月，五六人者罚俸六个月，七八人者罚俸九个月，九人十人者罚俸一年，十一人以上者革职。在门毙命者，其该城门尉城门校千总俱照司狱处分。其承审官员，仍当不时严加巡察，若狱卒守门人等将犯人凌虐克减有伤，即行拘拿，照律严行治罪。"

【监(監)查役】【公】Supervisor; Inspector 为日本名辞，与我国所称之监察人相等。

【监(監)查员】【破】Auditor 为破产权关之一，日本称曰监查役，即备破产管财人之咨询，而为其监督及补助之机关也。此种机关之设置为任意的，乃由债权人会议选任之，亦为有报酬职，故须负担与破产管财人相当之责任，对于破产管财人得随时要求关于破产财团之报告，即对破产财团之状况，亦得加以调查。（破产法第一三五——一三九条）

【监（監）候】【刑】与立决相对称，为清律所用之术语，乃指罪刑较轻之案件，于判决确定后呈请刑部核议，再由刑部奏请皇上裁决，而于未奉旨前监禁于狱内，候旨以待立秋时加以执行而言。

【监（監）斩官】【史】执行死刑时临场监视之官，为监斩官。

【监（監）视权】【公】Right of supervision 又称查问权，即无限公司不执行业务之股东，得向执行业务之股东质询公司营业情形，查阅财产文件之权利也。盖无限公司之股东因连带担负无限责任，公司业务与其利益极有关系，非此不足保护之，故有此权之赋予。（公司法第二三条）

【监（監）当主食有犯】【史】监当官司及主食，皆为御厨造膳从造至进时之负责者，若有误将杂药至御膳所者，应处极刑，以杜奸宄。唐律（卷九）职制篇——设有监当主食有犯之条："诸监当官司。及主食之人，误将杂药，至御膳所者绞（所谓监当之人，应到之处）。"疏议曰："御厨造膳，从造至进，皆有监当官司，依令，主食升阶进食，但是杂药，误将至御膳所者绞，杂药谓合和为药，堪服饵者，若有毒性，虽不合和，亦为杂药。"

【监（監）督寺庙条例】【行】本条例公布于民国十八年二月七日，全文计十三条，自公布日施行（参寺庙条），民国十八年一月所公布之寺庙管理条例于本条例施行日即行废止。

【监（監）督权】【行】Right of superintendence; Supervising power 行政上之监督权限，曰监督权，乃操诸上级行政官署之手。（参行政监督条内）

【监（監）禁处分】【刑】Confinement 为对无责任能力人保安处分之一种，对感化教育言，谓专对心神丧失及心神耗弱人之处分也，乃一种特别监督制度，并非带有刑罚性质，尤非带有强制性质，如其亲属能负看护责任者听。

【监（監）试】【行】举行考试时，应由监察院派定监试委员加以监督，谓之监试。此项监试委员应以监察委员或监察使任之，考试时下列各事项，应于监试委员监视中为之：（一）试卷之弥封事项。（二）弥封号册之固封保管事项。（三）试题之交出及发给事项。（四）试卷之点收及封送事项。（五）弥封之拆去及对号事项。（六）应试人之总成绩审查事项。（七）及格人之榜示及公布事项。（八）其他应行监视事项。（监试法第一条、第五条）

【监（監）试官】【史】科举时代在试场内负监试检举责任之官吏，曰监试官。与今之监考官同。

【监（監）察人】【公】Supervisors; Auditors 为股份有限公司机关之一，谓监察董事执行公司业务是否遵守法律章程，及股东会决议以及有无与公司利益相违反之常设机关也。其资格须先为股东，方可获选，故选任与解任皆由股东会决定之，任期为一年，但得连选连任，其报酬如未经章程订定者，应由股东会议定之（公司法第一五二条—一五五条)。监察人不得兼任公司董事及经理人(第一六一条)。至其权限与义务如次:(1)调查公司簿册文件及财产之权。(2)请求董事报告业务情形之权(第一五九条)。(3)覆核董事造送于股东会各表册,并报告意见之义务(第一五七条)。(4)代表公司委托会计师律师办理之权(第一五八条)。(5)召集股东会之权(第一五九条)。(6)单独行使监察之权(第一六〇条)。(7)代表公司与董事交涉之权(第一六二条)。(8)不尽职时负赔偿义务(第一六三条)。此外股东与监察人涉讼时,公司法亦有明文规定。(第一六四—一六五条)

【监(監)察使】【行】由监察院长提请国民政府特派到一定监察区巡回监察,行使弹劾职权之官员,曰监察使。监察使得于该管区内适当地点设置监察使行署。

【监(監)察委员保障法】【行】本法于民国二十一年六月二十四日修正公布,仅七条。其要点如下:(1)监察委员非有下列情事之一者,不得免职停职或罚俸:(A)经中国国民党开除党籍者。(B)受刑事处分者。(C)受禁治产之宣告者。(D)受惩戒处分者。(2)监察委员非经本人同意不得转任,除现行犯外非经监察院许可不得逮捕监禁。(3)监察委员被弹劾或监察院长认为有法定(第四条)失职之情事时,非由其他监察委员三人审查,经多数认为应付惩戒者,不得移付惩戒。(4)监察使之保障准用本法之规定。

【监(監)察院组织法】【行】Law governing the organization of the supervisory yuan　本法于民国十七年十月二十日公布,曾经修正数次(于民国二十一年十月七日为最后之修正)。其要点如下:(一)弹劾职权由监察委员行使之。(二)设审计部行使审计职权——设部长副部长各一人。(三)监察院长得提请国府特派监察使(得由监察委员兼任),分赴各监察区巡回监察行使弹劾职权。(四)监察院内置下列各处:(1)秘书处。(2)参事处,置秘书长一人(简任),参事四人至六人(简任),秘书六人至十人(四人简任余荐任),科员十人至二十人(均委任),于必要时得置调查专员四人至六人(荐任)。

【监(監)察区】【行】监察院为行使弹劾职权之便利起见,特划分全国为若干监察区,并由国府特派监察使分赴各区巡回监察。(监察院组织法第六条)

【监(監)察御史】【史】秦初以御史(天子秘书官)监理诸郡,称曰监察使。汉惠帝三年遣御史监察三辅郡(即京兆扶风冯翊)之诉讼,旋废,后复配置于州县,武帝元封元年废御史监察之制,而置刺史,晋置检校御史,隋改为监察御史,唐宋于御史台之下分为三院,其三曰察院,察院之长官,即为监察御史,掌弹劾事,即司分察百僚,巡按郡县,纠视刑狱肃整朝仪之事,明之监察御史乃属于都察院,计一百十人,分为十三道,纠察内外百司之官邪,或露章面奏,或封章奏劾。

【监(監)察机关】【行】【宪】行使监察权之机关,曰监察机关。例如各社团之监察委员会及国民政府监察院是。

【监(監)察权】【宪】Supervisory power　关于国家官吏之监视弹劾与督察之权力,曰监察权。在三权宪法中,监察权乃附属于立法权,而为议会所掌握,其弊病有三:(一)在政党政治下之政府,每因政策不同之关系,反对党恒不顾事实而肆意攻击,致失监察之原意。(二)立法机关在于制定法律,故每因行使监察权之故而放弃其立法之本职。(三)议会分子良莠不齐,若使其负监察之责,常有假公济私之虞。我国监察制度渊源于唐宋之台谏,与前清之御史,斯时之制度,形式上虽称独立,但实际上仍为君主所操纵,故孙中山氏之五权宪法,特将监察权与立法权分别独立,各不相涉,而且将监察之权交予专任人员独立行使之。

【监(監)狱】【刑】Prison; Goal; Jail; Penitentiary　执行自由刑之场所,曰监狱。即死刑之执行,亦应在监狱内为之,监狱分类有如下列:(1)徒刑监与拘役监。(2)男监与女监。(3)成年监与幼年监。

【监(監)狱折衷制】【行】所谓监狱折衷制者,即折衷于分房杂居两制之间,为狱制中最良之制度,因其区分刑期为数级,由分房而杂居,由杂居而假出狱,处置渐次从宽,以收改悛之实效,故又称为阶级制,因其奖励囚人之方法,层累而渐进,故亦称为累进制,监狱折衷制,采二阶级,第一级分房,其分房监禁之状态,虽与所谓分房制无异,而其内容,则较分房制之分房颇有不同之点,述之如下:(一)分房之时间甚短,通例为六月至一年。(二)阅书籍,见亲友,通书信等恩惠之待遇绝对禁止。(三)课以简单而易于厌倦之作业,第二级杂居,所谓杂居,不过昼间使混同就役于同一工场,夜间则仍分禁于狭隘之监房,或区划的寝室之内,其监禁方法,又可别为二种。(甲)阶段递进法,杂居监禁复分上中下三级,或分五级,依囚人的行状以为升降,渐升则待遇渐宽,终至刑期未满而假出狱,其升降之法亦有两种。(一)采分法,依囚人的行状,及作业之成绩,计算分数,满若干分则升级。(二)查勘法,先定进级期间,根据职权调查其行刑成绩,而后开监狱会议,评定其宜升宜降之标准。(乙)种类级别法,亦分三级,曰上级,中级与罚级,偶发及初犯。出分房升上级,习惯犯升中级,其不良者,升罚级,上中级,复更分上中下三级,罚级则无之,在杂居监禁中,有违反纪律者,即由上级降中级,中级降罚级,第三级假出狱,即假释制度,经过第三级之囚人,有行状善良,改过迁善之显征者,经考察确定,认为不虞其再为犯罪,始得付之于假出狱。

【监(監)狱官审查委员会】【行】Commission for the investigation of persons entering to the prison service　审查监狱官之资格与成绩之机关,为监狱官审查委员会,置委员长一人(以司法行政部政务次长或常务次长充之),委员四人(以司法行政部秘书参事及司长充之),每月至少须开会两次,开会应有委员过半数之出席,其决议则应有出席委员过半数之同意,始为合法。此外对于各县监狱管狱员及看守所所长或所官之审查,则由高等法院另行组织县监所职员审查委员会行之,不在本委员会范围之内。(监狱官审查委员会规则第二条、第五一六条、第八条)

【监(監)狱官办业】【行】系监狱劳役方法之一种,与监狱商揽业相对立,即以监狱自身为工业主体,使囚人劳作而贩卖其制作品之谓,即监狱之建筑修缮及其他一切需用之工作,亦得使囚人为之,监狱官办业之制度,其利益可分为四种:(一)易于检束。(二)使囚人有纪律。(三)一切制造品知其实价经济上之利益。

(四)适于各别待遇之旨。

【监(監)狱法】【行】监狱法者,谓关于规定监狱之一切法规之总称也。其性质为公法为强行法,且为国内法,其目的在于实现自由刑之执行,故与刑事诉讼法有互相辅助之功。例如我国之监狱规则即其一种。

【监(監)狱商揽业】【行】系监狱劳役方法之一种,与监狱官办业相对立,即将囚人之劳作贷与于企业家,依自由契约由私人承揽之谓。若细别之可再分为下列二种:(一)举囚人全部委之于企业者,付与以使役之全权,监狱官仅有监督之权,此制与自由刑之旨不符,故不足采。(二)作业之原料器具及授业手之选用,并其给与等,均由企业者主管之,其他费用及监督权,则付诸监狱官之手,此种办法于刑之执行上全无妨碍,故为最优良之制度。

【监(監)狱教诲师】【行】Prison chaplain 专教犯人以宗教伦理道德之事为监狱教诲师。其教诲之方式,分集合教诲,类别教诲,个人教诲三种。集合教诲,对于一般囚人于星期日,国庆日,纪念日及其他节期日,在教诲堂行之。类别教诲,应分别囚人之罪质,犯数,职业,教育性情等,于工场或监舍分类教诲之。个人教诲,则于入监,出监,转监,疾病,亲丧,惩罚接见书信时教诲之。

【监(監)狱规则】【行】Rules and regulations concerning prisons and prisoners 本规则于民国十七年十月四日公布,计十五章,共一百零九条。其要点如下:(一)监狱分为徒刑监与拘役监,未满十八岁者,另设幼年监以容之。(二)各种监狱须严别男监女监,监狱并附设监禁所。(三)得巡视监狱者,为司法行政部所派视察员,与检察官,其得请求参观者,则以确系研究学术及有其他正当理由者为限。(四)在监者不服监狱之处分时,得依法申诉于监督官署,或视察员。(五)入监者在原则上不得携带子女。(六)入监者医士须诊察之,其身体等须经检查。(七)入监者若有法定情形之一时(第十八条),得拒绝之。(八)在监者在原则上概须分房监禁,其系杂居者均须斟酌情形隔别之。(九)在监者有逃走,暴行,自杀之虞,及在监外者,得加以戒具,在原则上须有监狱长官之命令。(十)戒具分窄衣,脚镣,手拷,捕绳,联锁,五种。(十一)监狱官于法定情形(第二十七条)内得使用所携带之枪或刀。(十二)在监者逃走后十日内,监狱官吏得逮捕之。(十三)在监者如服劳役时,须斟酌各种情形以定之,其时间以八小时以上十小时以下之范围内为原则。(十四)因劳役所得之收入,概归国库,但得斟酌情形分别给予服劳役者以赏与金,且在原则上须于释放时交付之。(十五)在监者一律施以教诲,在原则上并一律施以教育。(十六)在监者许其阅读书籍(但有限制),在监房使用纸墨笔砚时,亦得许之。(十七)对于在监者须予以给养,但烟酒则在禁用之列。(十八)监狱须注重卫生,并须有医士之设置。(十九)在监者于原则上仅许与其家族人接见及发受书信,惟次数均有限制,其书信由监狱长官检阅之。(二十)在监者携带之财物检查保管之,由外送入之财物亦同,统于释放时交还之,其死亡者遗留之财物,经其亲属请求领回时,应交付之。(二十一)狱犯之赏罚,由监狱长官行之。(二十二)监狱长官得为受谕知刑罚之在监者为赦免之声请。(二十三)在监者虽达假释期,若非监狱长官确认其有悛悔实据,并得监狱官会议多数同意,不得声请假释。

(二十四)应释放者,由监狱长官释放之,其因期满释放者,释放前至少三日以上使之独居。(二十五)在监者死亡,监狱长官须会同检察官检验其尸体,病死者,并须由医生记明一切于死亡簿,签名盖印。(二十六)死亡时应速知照死亡者家属或亲故,并一面填具死亡证书,呈由监督官署转报司法行政部。(二十七)死亡者之家属亲故请领尸体时,应交付之。其经过二十四小时无请领者,浮葬之。(二十八)死刑于监狱内行刑场执行之。

【监(監)狱监督机关】【行】Supervisory organ of prisons 凡监督监狱之机关均谓之监狱监督机关,监督之作用有二:(1)定狱政之方针,举全国之监狱制度,如何使其统一,采何主义最为适当,从何处着手改良,以期立定种种设施之标准等。(2)监察各监狱之执行情形,因各狱官若自由执行,则仍有不能一致之虞,或阳奉而阴违,或敷衍以塞责,弊害之生在所不免,因此非加以监察不可,对于勤以职者加以奖励擢升,不勤者则黜贬惩罚之,以期收改革之效,按我国监狱以司法行政部操最高管辖权,而握中间之监督权者,厥为监狱司,监督方法,则由司法行政部(每二年一次),派员视察监狱,其视察员得以检察官充之,至于各级法院院长及首席检察官,既为司法行政部所属之机关,则监督监狱之职权,各级法院院长及首席检察官亦当分任之。

【监(監)狱学】【行】监狱学者,谓研究关于国家执行自由刑之场所之一切制度,如监狱之管理,囚人之处置方法等之学科也。

【监(監)狱独居制】【行】或称隔离法,亦称分房制,即囚人各别囚禁于监房之制度也。监狱独居制之目的为:(一)贯彻刑罚之严正主义,使囚人咸知其自由权之全被剥夺而生尊重国法之观念。(二)防止犯罪者的互通声气,使无罪恶传播之弊。(三)绝恶奖善,使囚人复归于良民之生活,至于此制之施行方法,尚有严正独居与宽和独居之不同,严正独居制,使囚犯绝对不许与他囚交谈接面,不分昼夜,不问休息,劳作,运动,沐浴,概须严行各别分离,宽和独居制,囚人分居各室,惟运动,作业,听讲时不如严正独居制之严隔。昼则有时合作,使同处严肃静默之中,夜则绝对分房而又无幽闭独居之苦。此派理由,以为独居制,足以达到使囚人远于不良社会与助长其良心复活的目的为止,而无采用超越程度以行极端隔离法之必要。若实行严正独居,则使囚人害其健康溃其精神其弊一,建筑甚巨,经费太耗其弊二,作业训练均感困难其弊三,若遇事变危险非常其弊四,所以从理论上说,以宽和独居制为较当,总之独居制之利益约有下列三种:(1)独居制在积极方面可使囚人悔悟改行,消极方面可防止罪恶之传播。(2)独居制可使犯罪者知自由之被剥夺,并知国家权力之不可抗。(3)独居制合于刑法上之人格主义,论其弊害亦有下列三种:(1)独居监禁孤独寂寥易生精神病或毁损其健康。(2)独居制于作业就役多有不便。(3)独居制需多额之建筑费。

【监(監)狱杂居制】【行】监狱杂居制者,集多数囚徒使其起卧就役于同一监房,同一工场之谓也。当监狱学尚未昌明时代,世界各国无不采用杂居制,杂居制施行之实况,因监狱之大小而异其趣。兹分述于下:(1)杂居制小监狱,此种监狱管理上一切设备均不完全,不唯不能因罪质年龄犯数等而为适当之区别,甚或有男女杂处之嫌，至于作业，多为仪式之动作，实无定役可言，狱吏人数甚多，纪律既不严明，视察复不周密，其弊害不胜枚举。(2)杂居制大监狱，此种监狱容囚人五百以上千人以下，其上乘者，虽呈表面上纪律秩序及清洁整备之观，而于集同排异之方法亦颇加慎密之注意，昼间区分三十至五十罪囚而为一小群，使就役于广阔之工场，监视以一二看守与授业人，夜间少则三五成群，多则三十五十囚禁一房，其弊害亦非浅鲜。总而言之，杂居制之弊端可分二方面。(甲)在监中之弊端：(1)杂居制之行刑方法有戾于刑法上之道德主义。(2)杂居制之囚禁法有戾于行刑剥夺自由的主义。(3)杂居制之行刑方法有戾于刑法上的严正主义。(4)杂居制的行刑方法又戾于刑法上的公平主义。(乙)出监后之弊害，因在监时囚人彼此接谈，互通姓氏居业，出狱后往来益密，遂得为种种同谋犯罪之计划，所以杂居制又大背驰于防止再犯之观念，按杂居制之弊害固多，然亦有其便利之处，即：(1)合于沿革。(2)便于管理。(3)监狱经费不多。(4)不害囚人心身。

【监(監)临】【史】官厅长官对于所辖属员及其职掌有监察临视之责，谓之监临。唐律(卷六)名例篇："诸称监临者，统摄案验为监临。"其注曰："谓州县镇戍折冲府等判官以上，各于所部之内，总为监临。"疏议分之为统摄与案验："统摄者，谓内外诸司长官，统摄所部者，案验，谓诸司判官判断其事者是也。"

【监(監)临主守】【史】总摄案验，谓之监临；躬亲典保，谓之主守。明律(卷一)、清律(卷五)名例律均有称监临主守条之设，内容相同，清律原文及其下注："凡(律)称监临者，内外诸司，统摄所属，有文案相关涉，及(别处驻扎衙门，带管兵粮水利之类，)虽非所管百姓，但有事在手者，即为监临，称主守者(内外各衙门)，该管文案，吏典专主掌其事，及守掌仓库狱囚杂物之类，官吏库子斗级攒拣禁子，并为主守。其职虽非统属，但临时差遣管领提调者亦是监临主守。"同律之辑注："首节是常时之监临主守，次节是暂时之监临主守。"同律之总注："监临，谓监察而临莅也，以上下统摄言，诸司于所属既有统摄之权，而一切文案皆相关涉，是为监临，地方百姓，虽非所管，但有代管事务，事权在手，得以专制由己者，亦为监临，主守，谓主掌而看守也，以经管责任言，文案专属典吏，仓库杂物则有官吏，库子斗级攒典巡拦狱囚则有禁子，并为主守，律内称监临者，如监临官吏，盗仓库钱粮，及娶为事人妻女，中盐放债、嘱托求索，借贷人财物之类是也。称主守者如主守盗仓库钱粮，损坏财物，及不觉失囚，故纵教囚反异之类是也。虽非统摄，而既奉差遣，有管领提调之责，则权势可行，亦是监临，专掌其事，亦是主守。"又同律之辑注："监察临莅之官，分得自专，势可相制，统摄之权重也。专主看守之人，收拿在己，出入自由，经管之责重也。"

【监(監)临主守自盗】【史】监临主守对所监临之财物，握有特殊权力，盗取之事，较诸他人均易为之，法律对其自盗，特处以加凡盗二等之罪，盗满三十匹者绞，明清律均设有监守自盗仓库钱粮条。唐律(卷十九)贼盗篇有监临主守自盗之条："诸监临主守自盗，及盗所监临财物者(若亲王财物，而监守自盗亦同)，加凡盗二等三十匹绞(本条已有加者，亦累加之)。"疏议曰："假如左藏库物则太府卿丞为监临，左藏令丞为监事，见守库者为主守，而自盗库物者，为监临主守自盗，又如州县官人盗部内人财物，是为盗所监临。注云，若亲王财物，依令皇兄弟皇子为亲王，监守自盗王家财物，亦同官物之罪，加凡盗二等，一尺杖八十，一匹加一等，一匹一尺杖九十，五匹徒二年，五匹加一等，是名加凡盗二等，三十匹绞。注云本条已有加者，亦累加之，谓监临主守自盗所监主，不计赃之物，计赃重者，以凡盗论加一等，即是本条已有加，于此又加二等，假有武库令，自盗禁兵器，计赃直绢二十匹，凡人盗者，二十匹合徒二年半，以盗不计赃而立罪名，计赃重者加凡盗一等徒三年，监主又加二等二千五百里，如此之类，是本条已有加者，亦累加之。”

【监(監)临以杖捶人】【史】监临之官，职司临统案验，并无刑讯之权，若以杖捶人，诚恐有挟私胁逼之嫌，故为法律所禁止，违者处罚。唐律(卷三十)断狱篇设有监临以杖捶人之条：“诸监临之官，因公事自以杖捶人致死，及恐迫人致死者，各从过失杀人法，若以大杖及手足殴击折伤以上，减斗杀伤罪二等。”疏议曰：“谓临统案验之官，情不挟私，因公事前人合杖笞，自以杖捶人致死，及恐迫人致死，谓因公事欲求其情，或恐吓，或迫胁，前人怕惧而自致死者，各依过失杀人法，各征铜一百二十斤入死家，若前人是卑贱，罪不至死者，各依本杀法征铜，若以大杖手足殴击折伤以上者，自击使人击等，减斗杀伤罪二等，谓其应偿死者，合徒三年之类。”同条又曰：“虽是监临主司，于法不合行罚，及前人不合捶拷，而捶拷者，以斗杀伤论，至死者加役流，即用刃者，各从斗杀伤法。”

【监(監)临受供馈】【史】供馈者，谓食物等之赠送也。监临之官如向所部收受猪羊酒食瓜果，即构成监临受供馈条之罪，坐赃论罪。唐律(卷十一)职制篇设有监临受供馈之条：“诸监临之官，受猪羊供馈(谓非生者)，坐赃论，强者依强取监临财物法。”疏议曰：“监临之官，于所部内受猪羊供馈者，即是杀讫始送。故注云，谓非生者，举猪羊为例，自余禽兽之类皆是，各计所直坐赃论，强取者依强取监临财物法，计赃准枉法论，其有酒食瓜果之类而受者，亦同供馈之例，见在物征还主，若以畜产及米面之属馈饷者，自从受所监临财物法，其赃没官。”

【监(監)临官】【史】清制，各省乡试举行时，以巡抚或学政为监临官，负监察临视之责任。

【监(監)临官司殴统属】【史】监临官司于所统属之官，虽有上下之分，惟不得殴击之，违者应受处罚。明清律斗殴篇均有上司官与统属官相殴之条。唐律(卷二十二)斗讼篇则有监临官司殴统属条之设：“诸监临官司，于所统属官，及所部之人有高官，而殴之，及官品同，自相殴者，并同凡斗法。”疏议曰：“监临官司，于所统属佐官以下，及所管部属之人，有高官，而监临官司殴之者同凡斗法，不计阶品，为其所管故也。及官品同，谓六品以下，九品以上，或五品以上，非议贵者，议贵谓三品以上，一品以下，并为官品同，并谓不相管隶，自相殴者，并同凡斗之罪，假有勋官骑都尉，而殴上柱国，其上柱国既非议贵，罪与凡斗同，其统属下司，殴上司者，长官以外皆据品科，其有府及镇戍隶州者，亦为统属之限。”

【监(監)临官僦运租税】【史】监临主守之官于其所部内握有操纵大权，如对租税课物僦勾客运，是图利也，乃法律所不许，违者依律治以应得之罪。唐律(卷十五)厩库篇设有监临官僦运租税之条：“诸监主守之官，皆不得于所部僦运租税课物,违者计所利,坐赃论,见在官非监临,减一等,主司知情,各减一等。"疏议曰:"凡是课税之物,监临主守,皆不得于所部内,僦勾客运,其有违者,计所利,坐赃论,除人畜粮外,并为利物,在官非监临,减一等,谓从坐赃减一等,主司知情者,各减一等,谓知监临僦运,坐赃上减一等,若非监临僦运,坐赃上减二等,所利之钱。一非彼此俱罪,二非乞索之赃,既用功程而得,不合没官还主。"

【监(監)临知犯法】【史】统摄之官曰监临,掌领之事之官曰主司。对所部之犯法,有举劾之责,若不举劾者,应按本条处断。唐律(卷二十四)监临知犯法条:"诸监临主司,知所部有犯法,不举劾者,减罪人罪三等,纠弹之官,减二等即同伍保内在家有犯,知而不纠者,死罪徒一年,流罪杖一百,徒罪杖七十。其家唯有妇女及男年十五以下者,皆勿论。"疏议曰:"监临谓统摄之官,主司谓掌领之事,及里正材正坊正以上。知所部之人,有违犯法令格式之事,不举劾者,减罪人罪三等,假有人犯徒一年,不举劾者,得杖八十之类,纠弹之官,唯减二等,谓职当纠弹者,其金吾常检校之处,知有犯法,不举劾者,亦同减罪人罪二等。即同伍保内,依令谓伍家相保之内,在家有犯,知死罪不纠,得徒一年,知流罪不纠,杖一百,知徒罪不纠,杖七十,犯百杖以下,保人不纠无罪,其伍保之家,唯有妇女及男年十五以下,不堪告事,虽知不纠亦皆勿论,虽是伍保之内,所犯不在家中,知而不纠,不合科罪。"

【监(監)临家人乞借】【史】监临官吏之家人对于所部,每易倚势加临其上,受财乞物,借贷役使等举动,自属难免,法律特设明文,予以禁止。唐律(卷十一)职制篇监临家人乞借条:"诸监临之官,家人于所部,有受乞借贷,役使卖买,有剩利之属,各减官人罪二等,官人知情,与同罪,不知情者,各减家人罪五等。其在官非监临,及家人有犯者,各减监临及监临家人一等。"疏议曰:"临统案验为监临。注云,谓州县镇戍折冲府等判官以上,总为监临,自余唯据临统本司,及有所案验者,此等之官,家人于其部内,有受财乞物,借贷役使买卖有剩利之属者,各减官人身犯二等,若官人知情者,并与家人同罪,其不知情者,各减家人罪五等,谓准身自犯得减等。"疏议又曰:"在官非监临者,谓非州县镇戍折冲府判官以上,其诸州参军事,及少禄事,于所部不得常为监临,此为在官非监临,若有事在午,便为有所案验,即是监临主司,无所案验者,有所受乞借贷役使卖买,及假赁有剩利之属,知情不知情各减监临之官罪一等,家人有犯,亦减监临家人罪一等。"

【监(監)临娶所监临女】【史】监临之官对所监临之人,上下有别,而二者间之关系,诚恐有强制或恐吓之事,存乎其中,故对临监娶所监临女为妾者,为法律所禁止。唐律(卷十四)户婚篇设有监临娶所监临女之条:"诸监临之官,娶所监临女为妾者,杖一百,若为亲属娶者亦如之,其在官非监临者,减一等,女家不坐。"疏议曰:"监临之官,谓职当临统案验者,娶所部人女为妾者杖一百,为亲属娶者,亦合杖一百,亲属谓本服缌麻以上亲,及大功以上婚姻之家,既是监临之官,为娶亲属不坐,若亲属与监临官,同情强娶,或恐吓娶者,即以本律首从科之,皆以监临为首,娶者为从,其在官非监临者,谓在所部任官,而职非统摄案验,而娶所部之女,及与亲属娶之,各减监临官一等,女家并不合坐,其职非统摄,临时监主而娶者亦同，仍各离之。”同条又谓：“即枉法娶人妻妾及女者，以奸论加二等（为亲属娶者亦同）行求者各减二等，各离之。”疏议曰：“有事之人，或妻若妾，而求监临官司曲法判事，娶其妻妾及女者，以奸论加二等，其娶者，有亲属应加罪者，各依本法，仍加监临奸罪二等，为亲属娶者亦同，皆同自娶之坐，行求者，各减二等，其以妻妾及女，行求嫁与监临官司，得罪减监临二等，亲属知行求枉法，而娶人妻妾及女者，自依本法为从坐，仍各离之者，谓夫自嫁妻妾及女，与枉法官人，两俱离之，妻妾及女，理不自由，故并不坐。”

【监（監）临势要中盐】【史】监临谓监临盐法之官吏也。如布政司盐运司盐课司官吏之类是也。势要者谓权贵势要之人也。此项人均有权力在手，若各中纳钱粮请买户部盐引勘合，则盐利归于此辈是侵夺民利也（中盐者中买之盐也），故加治罪。明律（卷八）、清律（卷十三）户律课程篇均有监临势要中盐之条，内容相同。清律原文及其下注：“凡监临（盐法）官吏诡（立伪）名，及（内外）权势之人，中纳钱粮（于各仓库），请买盐引勘合（支领官盐贷卖），侵夺民利者，杖一百，徒三年，盐货入官，（盐引勘合追缴）。”同律之说注：“监临，谓监临盐法者，如盐运司提举司之类，诡名，谓不以己名而诡捏伪名也。监临者，事权在手，内外权贵势要之人，其力足以把持，若中纳课银，买引行盐，必然侵夺民利，故杖一百，徒三年，盐货入官，论如私盐之罪，盖盐法定制，惟许商人纳引运卖，商济国用，民食官盐，商民两利，若监临权势得以中盐，则强夺盐窝，占据地方等弊，势所不免，必将阻坏盐法，非独侵民，且以病国，故严其禁。”

【监（監）毙】【史】在监人犯于监禁中死亡也，承审官员或管狱人犯均应受一定处分。清例规定如下：（一）官员承审案件——（甲）逾限不取供及取供后，逾限不审定，于一案内，将正犯监毙一二人罚俸六个月，三四人罚俸一年，五六人降一级留任，七八人降二级调用，九人以上革职（监毙在事结具题之后免议）。（乙）审定之后，逾限不题结，于一案，将正犯监毙，一二人免议，三四人罚俸三个月，七八人罚俸一年，九人以上降一级留任（监毙任事结具题之后免议）。（丙）逾限不取供或展限仍不能完结，于一案内，将干连之人监毙，一二人罚俸一年，三人降一级留任，四人降二级调用，五人以上革职，上司不据审题参降二级调用。（丁）取供之后，逾限不能审定，于一案内，将干连之人监毙，一人降一级调用，二人降二级调用，三人以上革职，上司不据审题参降二级调用。（戊）盗犯取有口供于未题结之先，一案内监毙四人以下免议，五六人罚俸六个月，九人以上革职，监毙在事结具题之后免议。（二）监毙人犯，所犯罪名，所患病症，有无凌虐及轻罪人犯曾否取保，提禁承审官不行详报，罚俸六个月，督抚不声明题报罚俸一个月。（三）监毙人犯管狱处分。（甲）斩绞人犯，一人罚俸一个月，二人罚俸三个月，三人罚俸六个月，四人罚俸九个月，五人以上罚俸一年。（乙）军流人犯，一人罚俸三个月，二人罚俸六个月，三人罚俸九个月，四人罚俸一年，五人以上革职。（丙）凌迟及徒以下，一人罚俸六个月，二人罚俸九个月，三人罚俸一年，四人以上革职，以上如非一案人犯，仍分案核议。（丁）盗犯，四人以下免议，五人以下罚俸一年，五名非一案者免议（人犯同时监毙而罪名各异者，各照罪名分议处）。（四）人犯带病进监病故，外解及轻罪人犯患病，无人保管，提禁散监身故俱免议。（五）秋审情实人犯病故，州县即行申详督抚先行题报，统以十日为限，派员相验，研讯禁卒人等，有无凌虐情弊，另文报部，总以一月为限。（六）新事秋审人犯病故，无论情实缓决，派员验讯详报。

【监（監）毙犯人】【史】犯人在监禁中，承问官司不行审理，迟延致在监毙命者，谓之监毙犯人。清之现行则例（即刑部现行则例）断狱篇设有监毙犯人之条："凡审案件承问各官，将真正人犯俱审取口供后，限内监毙者免交该部，虽在限内并不审理取供，迟延监毙真正人犯，或将连累之人无干之人监毙者，系某官承审，止将此官交与该部，其上司不据实题参者，交及该部，至于逾限虽取录口供不行审结，将真正人犯并连累之人无干之人监毙者，交与该部，上司不据实题参者，亦交与该部，若限内不能完结，再行展限监毙，仍照限内例交与该部，如在展限外死者，亦照逾限例交与该部，承问各官将真正人犯虽限内取有口供，不早行题结监毙者，止将承问官交与该部，其事结具题之后监毙犯人者，免交该部，再承问各官将真正人犯虽限内取有口供，不早行题结监毙，一案内，一二人者免其议处，三四人者罚俸三个月，五六人者罚俸六个月，七八人者罚俸一年，九十人以上者降一级，留原任，其事结具题之后，监毙犯人者，免其议处。凡无论人犯之多寡，一案内，或监毙，或中途死者，但至三名，其承审各官俱交吏部议处，如该督抚不据实题参者，亦交吏部议处。"

【监（監）护】【亲】Guardianship 监护者，谓保护无父母或父母均不能行使亲权时之未婚的未成年，及保护禁治产人之身体财产为目的，所设立之私法上之制度也，可分为二种：（一）未婚的未成年人之监护。（二）禁治产人之监护。兹分述之：（一）未婚的未成年人之监护——（甲）监护之开始，其原因有三：(1)未成婚的未成年人无父母者。(2)父母均不能行使负担对于其未成年子女之权利义务时。(3)父母委托他人监护者。（乙）监护之终止：(1)绝对之终止原因——(a)受监护人死亡时。(b)受监护人受死亡之宣告时。(c)受监护人达于成年时。(d)受监护人之亲权者回复其亲权时。(e)行亲权人撤销所特定之监护事项时。(2)相对之终止原因——(a)监护人死亡时。(b)监护人受死亡之宣告时。(c)监护人受禁治产之宣告时。(d)监护人因一定原因经亲属会议撤退时。(e)监护人有正当理由辞职时。（二）禁治产人之监护——（甲）监护之开始原因，即凡受禁治产之宣告者。（乙）监护之终止——(1)绝对之终止原因：(a)受监护人死亡或受死亡之宣告时。(b)受监护人被撤销禁治产之宣告时。(2)相对之终止原因与上述未成婚的未成年人之监护之相对终止的原因同。

【监（監）护人】【亲】Guardians 负担监护职务之人，曰监护人（日本称曰后见人）。其地位极为重要，须有完全行为能力者，始得充任，故凡未成年人及禁治产人，均不得任监护人，又在原则上非有正当理由不得辞职，关于监护人之职务，在未成婚的未成年人之监护。可分为三：(1)对于受监护人身体上之职务，例如保护教养与必要范围内之惩戒权是。(2)对于代表受监护人法律行为之职务，即为其法定代理人之谓（但对不动产之处分，须先得亲属会议之许可）。(3)对于受监护人财产上之管理职务，如财产之调查与管理及报告等是。在禁治产人之监护，其监护人之职务可分为三:(1)管理受监护人之财产。(2)护养及疗治受监护人之身体。(3)代理受监护人之法律行为,按监护人对于所监护之财产,乃无收益之权,故法律规定使其得享有报酬之请求权,至其数额若干,则须由亲属会议按其劳力及受监护人财产收益之状况酌定之,监护人因产生方法之不同,可分为四种。(一)委托监护人。(二)指定监护人。(三)法定监护人。(四)选定监护人。(详各本条)

【监(監)护登记】【行】Registration of guardianship　监护人开始时或更换时将监护之事由,向受监护人本籍地或寄籍地之户籍主任声请登录于人事登记簿者,谓之监护登记。其声请应于监护开始,或因更换而开始之日起十五日内为之,若监护关系终止时,亦须另为监护关系终止日登记之声请。(户籍法第七六—七九条)

【监(監)护监督人】【亲】Superviser of guardianship　此谓监督监护人为任务而设之机关也。我国旧民法草案曾设有此项明文,现行民法则未加规定,而以亲属会议以代之。

【监(監)护机关】【亲】行使监护职务之机关,曰监护机关,如监护人及亲属会议皆是。

【监(監)羁人犯】【史】在狱内被监禁之人犯,称曰监羁人犯。(清律刑律篇)

【福(福)田院】【史】谓官设之贫民救济所也。始自宋代,乃仿唐时之悲田院而设者也。事物纪原:"唐会要曰,开元五年,宋璟苏颋奏,悲田院养病从长安以来置使专知,所称悲田。乃关释教,此是僧尼职掌,宋朝又因之,以僧院名福田。"

【福(福)利警察】【行】为警察之一种,又名幸福警察。即以防止危害特定行政事项之警察也。通常由有关系之各部官署掌理之。

【福福堂】【史】监狱之别名也。真珠船:"余向系锦衣狱,睹壁上有大书福堂字甚伟,近阅吴越春秋,大夫种祝词有云,祸为福根,忧为福堂,因知出处。"

【称(稱)父命】【史】所谓称父命,乃指奉父之命令辞不就官而言。唐类函(卷六十三):"称父命",其注:"晋卞壶字望之,为尚书令时,召乐谟为郡中正,更庾怡为廷尉评,一人,告称父命不就,壶奏一切班下不得以私让,为永制,二子不得已就之。"

【称(稱)制】【史】皇君年幼或因其他事故不能亲政时,由太后等代行施政,谓之称制。史记—吕后纪:"今太后称政,王昆弟诸吕,无所不可。"又:"太后临朝称制。"注曰:"天子之言,一曰制书,谓为制度之命也,非皇后所得称,今吕太后临朝行天子事,断决万机,故称制。"

【种(種)畜场】【行】Zuchttierstation(德); Breeding station　实业部为图种畜之改良与繁殖起见所设之种畜场所,为种畜场。置场长一人(荐任或委任),技术员二人至五人,事务员二人至五人,掌理下列各种事务:(1)关于家畜繁殖改良事项。(2)关系纯种饲养保护事项。(3)关于畜种比较试验事项。(4)关于畜产制造事项。(5)关于饲料作物栽培事项。(6)关于畜产品品评事项。(7)关于牝畜配种事项。(8)关于种畜推广及指导事项。(9)关于畜产调查事项。(10)关于家畜卫生及医疗事项。(11)其他与种畜场有关事项。(种畜场组织条例第一一二条)

【种(種)类之债】【债】与特定之债相对称,故又名不特定之债,或称种类债权,即给付之内容仅以种类指示之债也。此项债权苟依法律行为之性质,或由当事人就物件之种类与品质预为指定,固无其他困难,否则应以如何品质之物,方得为债权之标的。于此立法主义有三:(1)债务人须付给中等以上品质之物,瑞士债务法采之。(2)债权人不得请求最上等之物,而债务人亦不得给付最下等之物,法国法系民法采之。(3)债务人须给付中等品质之物,德日民法采之,我国民法采第三种主义(第二〇〇条第一项)至种类之债须于何时始成为特定之债,立法例亦有三种主义:(1)分离主义。(2)独立主义。(3)履行主义(详各本条)。我国民法采第三主义。

【种(種)类买卖】【债】又称曰不特定买卖。(详该本条)

【种(種)类债权】【债】又名不特定之债,或称种类之债。(详该本条)

【窝(窩)弓杀伤人】【史】窝弓者,谓箭上敷有毒药,而用以射杀野兽者也。猎户于山野打捕猛兽穿作坑阱及安置窝弓,应设立望竿小索,使人望见而知避之,违者应予治罪。明律(卷十九)、清律(卷二十六)刑律人命篇均有窝弓杀伤人条之规定,内容全然相同。清律之条文及其下注曰:"凡打捕户,于深山旷野猛兽往来去处,穿作坑阱,及安置窝弓,不立望竿,及抹眉小索者,(虽未伤人亦)笞四十,以致伤人者,减斗殴伤二等,因而致死者,杖一百徒三年,追征埋葬银一十两(若非深山旷野,致杀伤人者,从弓箭杀伤论)。"清律之总注:"打捕者,猎户之名也。猎户之取猛兽,有坑阱窝弓二法,坑阱者,穿地为穴,上置浮草,待其过而陷入以掩取之,窝弓者,箭敷毒药以机张弓,待其触而箭发以射取之,二者当防其伤人,故必于近坑阱窝弓之处,立望竿小索,望而可见,曰望竿横设小索高与眉齐,曰抹眉小索,使行走之人,见而知避也。凡打捕猎户,既于深山旷野,猛兽往来去处,设有坑阱窝弓,而不立竿索者,虽未伤人,亦笞四十,以其但图捕兽之利,而不计伤人之害也。若因无竿索,而行走者,误踏其阱,误发其机,以致伤人者,照斗殴伤人律减二等,科之。若减罪轻于笞四十者,仍依本律,因而致死者,杖一百,徒三年,追给埋葬银一十两。"

【窝(窩)主】【史】盗贼止宿之所以及赃物藏匿之处曰窝家,其主人则曰窝主。明律(卷十八)、清律(卷二十四)刑律贼盗篇——有贼盗窝主之条。

【窝(窩)逃】【史】窝留逃亡人之谓也。换言之,即供犯罪逃亡人以食宿也。

【窝(窩)停主人】【史】寄藏盗贼之所之主人为窝停主人,寄藏处称曰窝家,其主人则窝主。

【窝(窩)顿】【史】旅店主人知情,窝藏及寄放私盐者,谓之窝顿。六部成语注解:"窝藏也。顿寄放也,客店主人,知代盐徒寄藏私盐。"

【窝(窩)藏】【史】隐匿犯罪人而供以食宿之谓也。明律(卷八)、清律(卷十二)户律——课程盐法:"引领牙人及窝藏寄顿者,杖九十,徒二年半。"

【窝(窩)阙】【史】窝者空也，阙者缺也，即官吏之实质空缺也。元典章(卷十)吏部篇——守阙章：“……其间一年二年窝缺，文书到来的照阙都委付。”

【窝(窩)窃买赃】【史】谓藏留窃盗及接买赃物也。清律及例之规定如下：(一)窝盗窝主：(甲)造意者，不行但分赃，以为首论罪，不行又不分赃，以为从论，若行而不分赃亦以为首论，又造意分赃之窝主统计各主之赃科罪，一百二十两以上绞候。(乙)不造意者，行而不分赃，或分赃而不行，均减造意一等，仍以为从论。若不行而又不分赃，则笞四十。(二)窝留积匪：(甲)造意同行，分赃代卖，发极边烟瘴充军，脱逃被获者，则发新疆种地当差(改足四千里)，回民窝窃罪应极边烟瘴者，发新疆为奴(改足四千里)，其系窝藏回民行窃犯至遣戍者，亦照窝藏积匪例分别治罪。(乙)未经造意又不同行，但经窝留分得些微财物或止代为卖赃者，减本犯罪一等，回民窝窃罪应极边烟瘴者，发新疆为奴(改足四千里)，其系窝藏回民行窃犯至遣戍者亦照窝藏积匪例分别治罪。(三)顺天府五城及直隶山东二省窝窃：(甲)一名者徒三年，窝留积匪无论贼犯在彼行窃与否，但经知情窝留，亦实发四省烟瘴充军(窝藏回民行窃犯至遣戍者，亦照窝藏积匪例分别治罪)。(乙)三名以上者，发近边充军，五名以上实发四省烟瘴充军，妇女有犯积匪并窝留盗犯多名及屡次行凶讹诈罪应外遣者，均发驻防给官兵为奴，犯该军罪以下者，准其收赎一次，若不知悛改，复犯讹诈等项罪名，即行照例实发，至徒罪以下照例收赎，不得加重实发。(四)知人窃盗而分所盗赃者，计所分赃准窃盗为从论免刺。(五)知窃盗赃物而接买受寄，若马骡至二头以上银货坐赃至满数者，不分初犯再犯，加枷号一个月，三犯以上，不拘赃数多寡，发近边充军(不知情者，不坐)(接买盗赃至八十两为满数，受寄盗赃至一百两为满数，盗后分赃至一百二十两以上为满数)。(六)职官窝藏窃盗按平民罪应绞候者，加拟立决，应徒流充军者，概发黑龙江当差。(七)窃盗同居父兄伯叔与弟，知情而又分赃，照本犯之罪减二等，虽经得财而实系不知情者，照本犯之罪减三等(按本犯之罪止杖刺)，父兄不能禁约笞四十，窝主之父兄人等知情而又分赃，则照窃盗为从之例减一等。(八)两广两湖及云贵等省匪徒明窃情，并不帮同鸣官，而反表里为奸，逼令事主出钱赎赃，但经得赃，不论所分多寡，均处流三千里，未经分肥者，则徒三年(即满徒)。

【端公】【史】为唐侍御史之俗称，以其居御史台之首也。文献通考：“侍御史之职，台内之职悉主之，号为台端，人称之曰端公。其知杂事者，谓之杂端，最为杂剧。”

【端揆官】【史】尚书之别称也。锦字笺(卷一)：“汉光武亲总吏职，天下事皆尚书与人主参决，乃号为端揆官。”

【箠令】【史】汉文帝时，以笞刑代肉刑，有三百五百等，然往往至杀人，景帝时改为二百三百，其后更减为一百二百，此项更减诏令称曰箠令。汉书—刑法志：“景帝中六年定箠令。”大学衍义补(卷百三)：“景帝中六年诏曰，加笞者，或至死而笞未毕，朕甚怜之，其减笞三百曰二百，笞二百曰一百，又箠者所以教之也，其定笞令。”

【箠策】【史】鞭马所用之杖也，法家取其义而指之为刑罚之杖笞。孔子家语：“不能御民者，弃其法。专用刑辟，譬犹御马弃其衔勒，而专用箠策。”

【箠楚】【史】为杖刑之别称。云麓漫钞：“杜诗云，脱身簿尉中，始与箠楚辞，昌黎诗云，判司卑官不堪说，未免箠楚尘埃中。”

【管束】【行】为直接强制处分之一种，谓行政官署对于一定情形存在时之义务人，以实力加以强制之手段也，所谓一定情形。乃指下列之一而言：(甲)疯狂或酗酒泥醉，非管束不能救护其生命身体之危险，及预防他人生命身体之危险者。(乙)意图自杀，非管束不能救护其生命者。(丙)暴行或斗殴之人，非管束不能预防其伤害者。(丁)其他认为必须救护或有害公安之虞，非管束不能救护或不能预除危害者。关于管束时间，仅以二十四小时为限，否则视为违法，在原则上当构成妨害自由罪。(行政执行法第七条)

【管财人】【破】又曰破产管财人。(详该本条)

【管送】【史】谓管领与押送也。

【管带官】【史】清末新军制中每营之营长，谓之管带官。(清国行政法卷四)

【管理】【债】【物】Management ·所谓管理，乃指对一定之物，除将其置于自己持有之下外，尚须以积极之行为，加以利用或施以改良而言，故与保管之仅维持其现状毋使损失之消极行为者不同。

【管理人】【债】未受委任并无义务，而为他人管理事务者，曰管理人。(参无因管理条内)

【管理三库大臣】【史】清制，户部三库，即银库，缎匹库，颜料库，其管理三库之大臣，由满汉各一人充任之。(清国行政法卷一上)

【管理行为】【史】所谓管理行为乃包含保存及改良行为在内。(参管理条内)

【管理成药规则】【行】本规则自十八年七月十二日公布，自公布日施行，全文计共二十条。(参成药条内)

【管理留日学生事务规程】【行】本规程公布于民国十七年十二月二十五日，全文共二十一条，自公布之日施行，关于留日学生事务除遵守本规程之规定，应呈由教育部部长核准，及关涉外交事宜，应商承驻日公使办理外，均由留日学生监督处主持办理。

【管理能力】【民总】Capacity of management 管理能力者，谓有管理财产之资格也。在原则上须为有行为能力之人，始有管理能力。

【管理无约国人民章程】【行】本章程为北京政府于八年六月二十二日公布，全文计十一条。其要点如下：(1)无约国人民入境，应验其护照及以其他法调查其身分职业，其浮浪者赤贫者或于内国之公安或卫生有发生危险之虞者，得拒绝其入境，其携带违禁品之情节较重者，亦同。(2)于入境后如有不事正业或为不法行为，有妨害治安之虞者，除依法令办理外，得限令出境，其查有侦探间牒之嫌疑者，亦同。(3)无约国人民得在商埠或其他向准外国人居住地方居住，并租赁房屋，惟在内地则不得租赁产业，但赴内地城镇地方传教，以教会名义租赁房屋设立礼拜堂学校病院或慈善机关者，不在此限。(4)无约国人民赴内地游历应请领护照，惟在游历地方，不得有所测勘，在国内不得充新闻纸或杂志之编辑人及发行人，并加入政治结社政谈集会。(管理无约国人民章程第二—九条)

【管理饮水井规则】【行】本规则于民国十七年六月十六日公布，计十一条，自公布之日施行。兹举其要点如下：(一)凡凿井取饮料者，应将地点方法图样呈报该管卫生局或公安局所核准后方可开凿。(二)井之构造，应依照下列各规定：(1)井壁须以坚密不透水物质建筑，以防污水渗入井内。(2)井之深度至少应达营造尺三十尺以上，深井应达二百尺以上。(3)井口须加盖以防秽物入井。(4)井栏须高出地面二尺以上，以防面地污水入井。(三)凿井地点应离开厕所沟渠在营造尺一百五十尺以外为原则。(四)不合本规则之井得由主管机关令所有者修改之，或代为执行修改，其水质不良，无法修改者，得严令改凿，或封闭之。(五)违反本规则者处以十日以下之拘留或十元以下之罚金。

【管理钱法侍郎】【史】清制，宝钱局之长官，曰管理钱法侍郎，以户部右侍郎(满汉各一人)兼任之。(清国行政法卷一上)

【管理权】【民总】Right of management 所谓管理权乃指对于他人之事务或财产所享有之管理之权限而言，例如财产管理权或事务管理权皆是。

【管狱官议叙】【史】典管监狱长官，于到任日起在一定年限内，对于重要囚犯能严守而无疏失者，准予议叙以昭激励。清之六部处分则例(卷四十九)刑属禁狱篇设有管狱官议叙之条："管狱官自到任之日起，于狱内重囚能董率提牢吏役严加防守，扣足一年并无疏失者，三名以上准其纪录一次，每三名加一等，十二名以上加一级，再有数多者以次递加。"

【管领权】【物】Right of possession and management 对于某种标的物，基于法律上之保护，而有实力管辖及领有权限者为管领权。例如某土地之所有权属于甲，而甲受法律之保护有管领之实权是。如其管领权受侵害时，甲得请求法院除去其侵害。

【管驮兵】【史】清末采用新军制，为管理每车一辆及驮马二匹之兵卒(仅一人)，乃过山炮队营之兵。(清国行政法卷四)

【管辖】【刑诉】Jurisdiction or competency 谓各级法院各处法院就某项案件，或某处发生案件，行使其审判权也。其一定范围曰管辖范围。范围以内之权限则曰管辖权限。管辖可分为二：(1)法定管辖。(2)裁定管辖。前者又分土地管辖与事物管辖，后者又分指定管辖与移转管辖(详各本条)。凡逾越土地管辖或事物管辖之范围而为审判时，则曰管辖错误。原则上应将案件移交有管辖权之法院受理，但有例外，即上级法院于审判开始后，发见其为下级法院管辖之案件时，仍应继续审判是也(刑诉第三〇八条)。至于管辖问题之有无错误，法院应以职权调查之，不得含糊，而当事人在审判中亦有随时请求法院宣告管辖错误之权，又凡因管辖错误而移转管辖时，前此已经实施之诉讼程序，完全有效。又法院对于无管辖权之案件，于情形急迫之际，当就土地管辖之范围内为必要之处分，盖本诸诉讼共助

之原则也。(第五一七条)

【民诉】凡一定之案件应归属于一定之法院审理者,曰管辖。依我民诉法之规定,民事诉讼在原则上,由被告普通审判籍所在地之法院管辖之。但更可作下列之分类:(一)法定管辖。(二)指定管辖。(三)合意管辖。(四)专属管辖。(五)选择管辖。(详各本条)

【管辖官署】【行】Competent authority 对于某事件有管辖之权限之官署,称曰管辖官署。

【管辖法院】【民刑诉】Competent court 依法律之规定,或依当事人之合意,而有行使某事件之审判权之法院,称曰管辖法院。

【管辖区域】【行】Compass of competency 依法之规定对于某区域有行使其管辖权限者,是项区域称曰管辖区域。

【管辖错误】【民刑诉】Mistake of competency 法院受理无管辖权之案件者,或法院于其土地管辖,或事务管辖范围之外,受理案件者,谓之管辖错误。当事人知此错误,或法院发见此种错误时,须由当事人声请移送,或由法院依职权移送有管辖该案件权之法院办理,但管辖错误之法院已为之诉讼程序,如各种讯问调查,或辩论之笔录,所发之押票及扣押之处分等等,仍为有效。例如刑诉第六条规定,诉讼程序不因法院无管辖权,而失其效力是也。至管辖错误之案件,若须由下级法院审理者,可不必移送,以免转移之劳。

【管辖权】【民刑诉】Right of competency (详管辖条内)

【管辖竞合】【刑诉】又称多数管辖。(详土地管辖条内)

【算博士】【史】谓教授算学之官也。始于唐时。

【算赋】【史】与口赋相对称,即汉代之人头税也。国民年自十六岁至五十六岁者,课以一算,一算为钱一百二十文,均充为兵马车库之用。汉书—高帝纪:"汉王四年,初为算赋。"其注:"如淳曰,汉仪注,民十五至五十六,出赋钱,人百二十为一算。"至女子年十五以上至三十不嫁者则课五算。汉书—惠帝纪:"六年令,女子十五以上至三十,不嫁五算。"又汉书—章帝纪,元和二年之诏:"诸怀妊者,赐胎养谷人三斗,复其夫勿算一岁。"

【札(劄)】【史】为奏文之一种。正字通曰:"笺札用以奏事,非表非状者,谓之札子。"清时为公文书之一,乃上行下之文书,谓之札子,即今所称之饬文也。

【札(劄)子】【史】(详札条内)

【札(劄)付】【史】旧时官署之长官,委派属员办事时,所给与之公文书,谓之札付,元时已有此名。六部成语注解:"上官派委员办事,皆付札文,此文即名札付。"元典章(卷十九)—户部篇:"至大元年七月临江路,奉江西行省札付。"

【精神的所有权】【民总】即以精神所制作而成之权利也,如著作权,意匠权皆是。

【精神病者】【刑】Person of mental disorder 即心神丧失人(参该条)之别称,

我国暂行新刑律采之,新刑法则用心神丧失人及心神耗弱人二名辞。

【精神耗弱】【民总】精神耗弱与心神丧失均为宣告禁治产之原因,所谓精神耗弱,即其意思能力,较平日为薄弱,但其程度则不若心神丧失者之深,然此二者均可谓之精神障碍者。

【精神境界】【国公】所谓精神境界,乃指非以五官所能觉察之标准,为国家领域之境界而言也。例如以赤道为境界,或以经度或纬度为境界是也。

【精神障碍者】【刑】包含心神丧失人与心神耗弱人而言。(详各本条)

【紧(緊)急防卫】【刑】一名正当防卫(详该本条),又称防御行为。

【紧(緊)急命令】【宪】【行】Emergency orders　国家元首于非常事变之际,所颁发与法律有同等效力之命令,曰紧急命令。法国法系诸国在原则上不认元首享有颁布紧急命令之特权。若元首遽行下紧急命令,则视为违宪,在次届国会开会时,须经国会之追认,始为合法。在德国法系诸国,则认元首有此特权,但须具备一定条件,始为合法。例如时机急迫而议会不能召集开会时是。论者每谓此制较法国法系为优。

【紧(緊)急避难】【刑】Emergent situation　为放任行为之一,即当紧急危难之际,因救护自己或他人迫于不得已之状态,而加害于他人之行为也。一名救护行为。我国刑法第三十七条规定不论罪,但救护行为过当者,不在此例。关于处罚与否之学说有四:(1)主观主义——仅认紧急状态为责任阻却原因故不罚。(2)利益量定主义——认紧急状态时有紧急权,谓避难者为保全自己利益,当然有排除他人利益之权利,乃权利行为之一,不予处罚,盖即小法益须为大法益所牺牲之原则也,故不罚。(3)公平主义——认紧急行为时,被害者有防御权,不过为刑罚阻却原因而非违法阻却原因,盖即处罚免除说也。(4)放任行为主义——认紧急状态之行为为放任行为,即非权利行为,亦非不法行为,因其有特殊性质,法律放任不罚也。以上四说以第四说为当。紧急状态与正当防卫区别点有三:(1)后者为排除他人不法之侵害,前者勿须为不法侵害,凡紧急时均可行之。(2)后者必须对于人之行为,前者则不限于人,即如天灾事变亦可行之。(3)后者必对于加侵害者本人加以反击,前者则不限对于加侵害者,往往系对于加侵害者以外之行为。紧急状态之要件有六:(1)须有紧急危难原因之存在。(2)应保全之法益只以生命身体自由财产为限。(3)须为不得已之情形。(4)须对于加害者以外之人行之。(5)所加之救护行为不可过当。(6)须为非属于公务上或业务上有特别义务者。例如军人临阵时,及船长于船沉时,均不得借口紧急状态而先为救护自己,即行逃走是。

【民总】又称救护行为。(详该条)

【紧(緊)急动议】【宪】Motion of urgent necessity　国会开会时,其议案之提出,均须依照议事日程按序为之,其系因属于紧急事件,而临时动议者,称曰紧急动议。

【紧(緊)急权】【宪】即国家元首依法享有行使颁发紧急命令之权限也。

【紧(緊)要事务展期】【史】谓对于紧要应办事件,不能即行完结者,准予展期完了结束也。清之现行则例(即刑部现行则例)公式篇设有紧要事务展期之条:"钦部紧要事务仍速行完结,如有难于完结者,应准以到任之日为始,照例展限两个月完结,督抚有新到任者,均应停其具疏题请照此例遵行。"

【紧(緊)关字样】【史】文书中最关紧要之文字,称曰紧关字样。(明律卷三吏律——公式增减官文书之条)

【纲(綱)法】【史】为囚法之别称。(参法经条)

【纲(綱)典】【史】率送官物及囚徒畜类之主任官吏曰纲,其副者则曰典,其责任之轻重,因其地位之不同,而有异致。唐律(卷十一)职制篇——奉使部送雇寄人条:"即纲典,自相放代者,笞五十,取财者,坐赃论,厥事依寄雇厥事法,仍以纲为首,典为从。"

【纶(綸)旨】【史】皇上对于所进题本降旨批示,谓之纶旨。

【纶(綸)音】【史】谓天子之诏书也。

【绹(綯)首】【史】以绳绞首而杀之,谓之绹首,乃刑罚之一,为绞刑之别名。六部成语注解:"以绳绞其首而死之,即绞罪也。"

【署正】【史】官名,清制光禄寺有署正,秩六品。(会典吏部)

【署名】【民总】Signature　签署自己之姓名,曰署名,又称签名。我民法规定依法律之规定有使用文字之必要者,得不由本人自写,但必须亲自签名,如有用印章代签名者,其盖章与签名生同等之效力,如有指印十字或其他符号代签名者,在文件上经二人签名证明,亦与签名生同等之效力。(第三条)

【署押】【通】为署名及画押之合称。

【署理】【行】Holding as an acting appointment　高级官署,对于未经荐补以前之公务员,使其先行试之以事,如展才能胜任,即以之荐补,是曰署理。例如署理推事,署理县长等皆是。署理与试署有别,前者时日较久,且无一定期限,后者则以一年为限,据我国最近颁布之公务员任用法,仅有试署及实授二种,并无署理之名,惟其他法令别有规定者,则不受公务员任用法之范围耳。

【罚(罰)】【史】依说文所载,罚字为对小罪之制裁,从刀从詈乃持刀而詈之义。其文曰:"辠之小者,从刀从詈,未以刀有所贼,但持刀骂詈,则应罚。"又罚者,罚金也,即出金代罪之义。书经—吕刑篇:"五刑不简,正于五罚。"又挞击之刑如加笞杖之刑亦曰罚。周礼地官司徒:"凡民之有邪恶者,三让而罚之。"其注曰:"罚谓挞击也。"

【罚(罰)弗及嗣】【史】即对于本人之科罚不及其子孙之谓也。乃王道仁爱之本义,为大禹谟中之语。

【罚(罰)作】【史】为汉时对于轻微罪犯之刑罚之一,即服劳役之一岁刑也。汉书仪:"男为戍罚作,女为复作,皆一岁。"史记—淮南王安传之注曰:"苏林曰,一岁为罚作。"周礼—秋官司圜之郑注:"凡害人者,不使冠饰,任之以事,若今时罚作。"

又汉书一食货志："非阻宝货，民罚作一岁。"

【罚(罸)役】【军】Punishment by labor service　为对于陆海空军学生士兵工匠夫役所施惩罚之一种，即除于勤务演习教育外，禁止其出营舰，每日由卫兵长及卫兵督率扫除禁闭室，及执营舰中各项杂役之谓。(军惩法第十四、二十二条)

【罚(罸)金】【刑】Fine　为财产刑之一，对没收言，亦主刑之一，即令犯人缴纳一定金额之刑罚也，关于罚金亦有主张废止论者，亦有主张留存论者，但列国多认为不可废除，我国刑法亦承认之，规定最少额为一元，最多额则无明文，但分则中则有五千元之条。例如第一三〇条第一项是，法官自可于无明文时参酌定之，但因犯贫得减至五分之一耳(第四十九条第五项)，罚金分为四种：(1)专科罚金，又称独科罚金——即分则各条定有只科罚金而不再科他刑是也。(2)选科罚金——即分则各条定有徒刑或罚金得由法官选择其一加以科罚是。(3)并科罚金——即分则各条定有罚金及徒刑或拘役并科是也，即二种主刑并科之谓。(4)易科罚金——即法官于宣告自由刑后，认有易科罚金必要者，即令以罚金折算一日以上三日以下易以罚金科之是也(参刑法第五十五条)。但司法院解释(第一四七号)并最高法院判例(非字第二三号)则谓"刑法上所谓易科罚金系选择刑之一种"。是不必先处自由刑而再易科罚金也，即于当时迳行科以罚金可矣。

【行】Fines　为主罚之一种，即处违警者以金钱之科罚，其数额为十五元以下一角以上，如合并数违警行为之罚金，则不得逾三十元，须于判定后五日内完纳，逾期不肯完纳，或无力完纳者，每一元易拘留一日，其不满一元者亦以一日计。(违警罚法第十三、十五、二十二条)

【罚(罸)金追征】【刑诉】即被罚金处分之犯人死亡后，得向其遗产追征执行之谓(刑诉第四九二条第二项)，至无遗产者自不得向其承继人执行。学者对此有二说：(1)积极说——谓罚金宣告后乃国家与受刑人之债权债务关系成立，故应向其承继人征收。(2)消极说——谓罚金为刑罚之一种，死亡即为消灭刑罚原因，自不得向其遗产或承继人追缴也。二者以后说为当。

【罚(罸)俸】【行】Reduction of salary　有俸给之官吏，如有违反法律或命令所禁止之行为，国家对其额定之俸给，得少给以若干之数额，是谓罚俸。一般学者皆谓与减俸有别，盖罚俸须被罚者有失职或犯法之行为，减俸则基于给俸方面之意志，而不基于领俸者本身发生之原因。例如国家因国难致财政困难，而对于一切中央官吏之俸给减给若干成是，惟我国之公务员惩戒法则以减俸(详该本条)为惩戒处分之一种，其性质似与罚俸无异。

【罚(罸)锾】【民刑诉】Pecuniary penalty for disobeying a summons　为诉讼法上处分之一，即对于证人鉴定人等违背义务时所施之金钱处分也，与罚金之为刑罚之性质者不同，刑诉法规定，证人之罚锾得易科拘留，鉴定人则否，故与罚金之皆得易科监禁者亦有区别，又罚锾乃对受罚人自身之制裁，不得就遗产上加以执行，故与罚金亦有异致，刑诉法上对罚锾之执行，应依检察官之命令为之，是乃与罚金相同之点也(刑诉法第四九二条)。民诉法上对于证人拒绝证言或具结者，亦有法院应以裁定科以五十元以下罚锾之明文(有例外，第二九九条)。此外罚锾亦散见于公司法中，其性质亦不过为违反义务时所施之一种制裁而已。

【行】Penalty 又称执行罚。（详该本条）

【闻(聞)有恩赦而故犯】【史】凡人闻将有恩赦而故意犯罪，以求幸免者，是欲使法之无可施也，官司闻将有恩赦而故意论决者，是欲使恩之无可及也，均为违法，应予惩罚。明律（卷二十八）、清律（卷三十七）刑律断狱篇均有闻有恩赦而故犯之条："凡闻知有恩赦，而故犯罪者，加常犯一等，虽会赦，并不原宥，若官司闻知有恩赦，而故论决囚罪者以故入人罪论。"其下注曰："若常赦所不原，而论决者不坐。"清律之总注："闻知将有恩赦，而故行犯罪，以为必将原免，法不能加，此奸人之尤，其心可诛，照所犯罪上加一等科之，至死罪仍依常律，虽系应赦之罪，会赦并不原宥，若官司闻知将有恩赦，而故将应原免之罪囚，先行论决者，或受财，或受嘱，或衔私，或挟仇，俱不可知，故以故入人罪论，不在原宥之列，若常赦所不原者，不禁其论决也。至官司故将见监不应赦之囚，指赦而放免，亦依故出人罪论。"同律之辑注："闻赦故论决不特深刻残忍，使罪囚不得邀恩宥免，其中恐有受财听嘱挟私衔怨而为之者，故严其法也。先虽犯罪，后已应赦，则犹无罪者矣，而故先论决，非故入而何。"

【聚合犯】【刑】Collective offence 一名集合犯，又名惯行犯。（详惯行犯条）

【聚合物】【民总】Collective thing 为物之一种，对单一物合成物言，又称集合物，即由数个独立物聚合而成一独立物，法律上认各独立物为权利客体，更可分为法律上之聚合物与事实上之聚合物，前者如财产（各部）是，后者如羊群是。

【聚众械斗】【史】聚众械斗，谓执持器械，聚众互相格斗，盛行于我国南部诸省，以闽粤为尤著，地方官如讳匿不报或知故纵者均须受一定之处分。清之六部处分则例（卷四十五）刑属杂犯篇设有聚众械斗之条："愚民因事忿争，执持器械互相格斗，致有杀伤者，谓之共殴，其或衅起一时，纠众往殴泄忿，虽亦执持器械，互有杀伤而两造并非约期会斗者，谓之谋殴，二者仍准照命案例开参，不在械斗之列，如州县官将真正械斗之案讳匿不报，或改作共殴谋殴命案分起开报者，俱革职。"又："凶徒挟有宿仇，彼此约期聚众持械肆斗，州县官知情故纵者，革职。如系失于觉察，能于百日限内将主谋之首犯并从犯拿获及半者，免其处分，能全获首从各犯者，准其加一级，傥限满一无弋获，降一级调用。"又："邻境地方官能将械斗案内主谋之凶犯拿获者，准其加一级，拿获从犯者，每名准其纪录一次。"又："械斗之案首重主谋，如承审官已将主谋之犯审出，而徇纵回护不行查拿，辄将顶凶之人草率定拟完案，别经发觉，即照故出入人罪律参革治罪，或未能究出首犯，经上司及委员等审出，即按首犯应得斩绞军流等项罪名照不能审出实情例分别议处。"

【聚众斗殴伤害人罪】【刑】为伤害罪之一，因聚众斗殴致人于死或重伤而成立，又因聚众斗殴时，于混乱中证明甚难，故处在场助势而非出于正当防卫者以独立科刑，不以共犯论罪，所谓在场助势者，即在旁呼打，至于是否随声附和，或幸灾乐祸，均所不问，若以从犯处罚，似失之过苛，故处以独立罪，即三年以下有期徒刑，至下手实施伤害者，仍依伤害各条之规定处断。（刑法第三〇〇条）

【聚讼】众议纷纷不能解决之谓。后汉书—曹褒传："谚言作舍道傍，三年不成，会礼之家，名曰聚讼。”

【聚敛】【史】官吏对人民租税苛酷诛求，称曰聚敛。论语一先进篇：“季氏富于周公，而求也为之聚敛而附益之，子曰非吾徒也，小子鸣鼓而攻之可也。”大学：“大乘之家，不畜聚敛之臣，与其有聚之臣，宁有盗臣。”

【肆】【史】肆者，谓刑人于市与众共弃之也，盖即杀而陈其尸也，为古时大辟罪执行方法之一种。（论语）

【肆大眚】【史】眚乃书经舜典：“眚灾肆赦”之眚，即因过失而犯罪之谓，肆乃纵释之义，即免去刑罚之执行而放释之之谓，但大眚一辞乃出诸春秋—庄公二十二年：“春王正月，肆大眚”之句。依胡安国之解释，大眚之义乃讥失刑之意。其言曰：“吕刑曰，五刑之疑有赦，五罚之疑有赦，周官司刺掌赦宥之法，未闻肆大眚也。大眚皆肆，则废天讨，亏国典，纵有罪虐无辜，恶人幸以免矣。从世有姑息为政，数行恩宥，惠奸宄，贼良民，而其弊益滋，盖流于此，故诸葛孔明曰，治世以大德，不以小惠，其为其政于蜀，军旅数兴，同赦不妄下，斯得春秋之旨矣，肆眚而曰大眚讥失刑也。”明丘濬于大学衍义补（卷百九）内谓：“臣按大赦天下，其原盖出于此，夫鲁所肆者，一国之中，而谓之眚，则其所赦者，过失焉耳，眚而谓之大，意者鲁国向有所肆，皆小眚也，今则并其大者而肆之，然于罪恶犹未赦也。圣人书之以垂戒万世，以此为坊，后世赦文，乃至偏赦天下，已发觉，未发觉，未结正，罪无大小，咸赦除之，甚至十恶之罪，常赦所不原者，亦或赦焉。惠奸宄贼良民，怙终得志，善良喑哑，失天讨之公，纵人欲之私，皆春秋之罪人也。”

【肆赦】【史】肆者纵也，即免刑执行而纵罚之放之也，与近代法所称之刑之执行犹豫主义相同，赦者谓全然以其无罪而放免之也。（参眚灾肆赦条内）

【腐刑】【史】又曰宫刑。（详该本条）

【台(臺)院】【史】台院即御史台之别称。（参御史条）

【台(臺)狱】【史】为属于御史台监狱之名，创始于唐之李乾祐。事物纪原（卷十）：“唐书崔隐甫传曰，隐甫拜御史大夫，初毫无狱，凡有囚，则系大理，正观时，李乾祐为大夫，始置狱，隐甫执政事罢之，后患囚往来漏泄，复系除院则台之置狱，自李乾祐始也。”

【台(臺)阁】【史】为尚书之官署之别称，又曰尚书台或中台。

【台(臺)谏】【史】唐以侍御史，殿中侍御史，监察御史为台，谏议大夫，拾遗补缺，司谏，正言为谏，掌侍从规谏，后世仅称御史为台谏。

【盖(蓋)章】【行】所谓盖章，乃指将印章加压于一定之文书。而使其印形显现于其上也。依我国民法第三条之规定，凡依法律之规定，有使用文字之必要者，得不由本人自写，但必须亲自签名，如有用印章代签名者，其盖章与签名生同等之效力。

【蒙(蒙)古刑法】【史】清时以蒙古民情风俗与内地不同，特于嘉庆十五年颁布特别刑法，称曰番例条款。（详该本条）

【蒙(蒙)古地方自治政务委员会】【行】本会直隶于行政院,并受中央主管机关及中央指导大员之指导,办理各盟旗地方自治政务,遇有关涉省之事件,应与省政府会商办理。本会会址设于贝勒庙,置委员九人至二十四人,中以一人为委员长,二人为副委员长,两星期开会一次(必要时得召临时会议),下设下列各厅处会,分别承办一切会务:(一)秘书厅——秘书长一人(简任),秘书四人(荐任)。(二)参事厅——参事长一人(简任),参事四人(荐任),参议(名誉职)由所各旗各推选一人。(三)民治处——处长一人(简任)。(四)保安处——处长一人(简任)。(五)实业处——处长一人(简任)。(六)教育处——处长一人(简任)。(七)财政委员会——主任委员一人(简任)。委员六人至十人(由委员长就秘书参事参议中指派兼充之各处长均为当然委员)。上述各厅处会(除参事厅外)均分科办事,各置科长若干人(荐任),科员若干人(委任)。本会委员以用蒙古人为原则,惟所属各厅处会职员,则由行政院,就国内遴选熟悉蒙古情形及有专门学识者任用之。

【蒙(蒙)古房】【史】为清时内阁分课之一,设侍读学士二人,侍读二人,俱以蒙古人任之,其职务为翻译外藩各部所上之奏疏表文成为汉文,且将发布于外藩之诰敕等译成蒙文,并稽俄罗斯馆之课程。(嘉庆会典卷二)

【蒙(蒙)古宣慰使】【史】北京政府为宣布中央意旨。抚绥蒙古人民起见特设蒙古宣慰使,直隶于大总统,于所在地得设临时公署。宣尉使于宣慰职务以外,对于蒙古地方应办事宜得陈述意见,呈由大总统核准施行。宣慰使公署设参议六人,由宣慰使聘充襄赞重要事务。又置秘书长一人,秘书二人或四人,由宣慰使派充掌理文牍机要事物。至办理会计庶务及其他一切事项则另设随员六人至十人,由宣慰使派充之。(蒙古宣慰使公署暂行组织条例第一条、第二条、第四—六条)

【蒙(蒙)古律例】【史】计十二卷,为官本,事见清史稿艺文志。

【蒙(蒙)古专例】【史】为清特别法典之一。即适用于内外蒙古之刑事案件之法律也。其规定较普通刑律为轻。

【蒙(蒙)养院】【史】清末所设,以教育三岁以上七岁以下之儿童之机关,称曰蒙养院,即今所称之幼稚园也。

【蒙(蒙)藏委员会组织法】【行】Law governing the organization of the committee on Mongolia and Tibet 本法于民国十八年二月七日公布,本会直隶于行政院,所掌理事务如下:(1)关于蒙藏行政事项。(2)关于蒙藏之各种兴革事项,设委员长副委员长各一人(特任),置参事二人(简任),秘书二人至四人(二人简任二人荐任),并设下列各处:(a)总务处。(b)蒙事处。(c)藏事处,各置处长一人(简任),科长科员若干人,在北平得设办事处,置处长一人(简任),副处长一人(荐任),于必要时得聘任或委派熟悉蒙藏情形,及语言文字者为专门委员,翻译员,或调查员。

【蒙(蒙)藏院】【行】蒙藏院为今蒙藏委员会之前身,于民国三年为北京政府所设置,直隶于大总统,管理蒙藏事务,设总裁一人,总理院务,监督所属职员,副总裁二人,辅助总裁整理院务,又设参事二人,秘书二人,并置第一司第二司,各设司

长一人分掌各司事务，又置佥事十二人，编纂四人，翻译官十人，主事二十四人（蒙藏院官制第一条、第四—十二条）

【蒙（蒙）疆善后委员会】【史】民国十年间，北京政府为恢复外蒙，办理蒙疆善后起见，特设蒙疆善后委员会，掌理蒙疆善后事宜之研究及审议事项。置委员长一人，由大总统特派之。委员二十人则由委员长就各部院署人员及熟谙蒙边情形人员中遴选，呈请派充或聘任之。下设秘书长一人，掌理文书及机要事务。秘书三人，分理文书及机要事务。委员会议时由委员长随时召集之，一切议决事件，应由委员长送由陆军总长提出国务会议。本会之设立乃临时性质，于蒙疆善后事宜完竣后裁撤。（蒙疆善后委员会条例第一—四条、第六—九条、第十三条）

【蒲（蒲）鞭】【史】以蒲为鞭以代杖，加于有罪者之身，既不伤害人身亦不增重其苦，仅示辱耳，后汉书—刘宽传曰："吏民有过，但以蒲鞭罚之，示辱已，终不加害。"

【蜡】【史】岁终之祭，夏曰清祀，殷曰嘉平，周曰蜡，秦曰腊。礼记—郊特牲篇："天子，大蜡八，伊耆氏始为蜡，蜡者索也，岁十二月，合聚万物而索飨之也，蜡之祭也，主先啬，而祭司啬也，祭百种（司百谷之种之神）以报啬（报其教民稼啬之功）。"礼记—礼运篇注："夏曰清祀，殷曰嘉平，周曰蜡，秦曰腊。"

【蜡氏】【史】为周礼秋官刑官之属，扫除道路之不洁及污秽物，并掌路旁死遗者之埋葬等之事。其职制："掌除骴，凡国之大祭祀，令州里除不蠲禁刑者，任人及凶服者，以及郊野大师大宾客亦如之。若有死于道路者，则令埋而置楬焉，书其日月焉，县其衣服任器于有地之官，以待其人。"是蜡氏乃警察官之一种也。

【制（製）造或变更度量衡罪】【刑】为伪造度量衡罪之一，因意图供行使之用而制造违背定程之度量衡，或变更度量衡之定程而成立。所谓制造者，指私自制造违背定程之度量衡而言也。所谓变更者，指增减违背定程之度量衡而言也。本罪成立之要件有三：（一）须为违背定程者。（二）须为意图行使者。（三）须有制造或变更之任一行为者，其处分为一年以下有期徒刑，拘役，得并科或易科三百元以下罚金，未遂罪亦罚之。（刑法第二一八条）

【制（製）造贩卖持有运输鸦片之器具罪】【刑】为鸦片罪之一，因制造专供吸食鸦片之器具，或贩卖或意图贩卖而持有，或自外国输入或输出于外国而成立。其目的物须为专供吸食鸦片之器物，其行为亦有五种：即制造、贩卖、持有、输入、输出是。后述之三行为，以有希图贩卖之故意为限，其处分为三年以下有期徒刑，未遂罪罚之。（刑法第二七二条）

【制（製）造贩卖持有运输鸦片等物罪】【刑】为鸦片罪之一，因制造鸦片吗啡高根安洛因及其化合质料，或贩卖或意图贩卖而持有，或自外国输入或输出于外国而成立，本罪之行为有五：制造、贩卖、持有、输入、输出等是。至后述之三行为，应有希图贩卖之故意，始构成本罪，其处分为五年以下有期徒刑，得并科五千元以下罚金，未遂罪罚之。（刑法第二七一条）

【裸躬就笞】【史】谓裸犯人之身体而加笞之也。汉书—哀帝纪："大臣括发关械，裸躬就笞，非所以重国褒宗庙也。"

【诰(誥)敕】【史】谓诰与敕之合称也。昭垂训行曰诰，申明职守曰敕，二者之合称，则为官吏受封之辞令。明制，京外文武满一考而以最闻者，本身皆给与诰敕七品以上，推及其祖先，五品以上授诰命，六品以下则授敕命，清仍因之。

【诰(誥)命】【史】对于一定身分官吏，覃恩封赠时之辞令，曰诰命。嘉庆会典之注曰："覃恩封赠五品以上官及世爵承袭罔替者，曰诰命。"

【诰(誥)封】【史】(详诰授条)

【诰(誥)授】【史】清制，五品以上遇覃恩予封者，对于本身之封，称曰诰授，对于曾祖父母祖父母父母及妻，存在曰诰封，殁者曰诰赠。(清会典吏部)

【诰(誥)赠】【史】(详诰授条内)

【认(認)可】【行】Official sanction 行政机关对于非法律上所禁止之行为，而以使其发生法律上之效力为目的之处分，曰认可，乃行政处分之一种。例如学校设立之经政府认可是。

【认(認)可书】【国公】Réversales (法) 凡甲国对于乙国承认某种特权，或某种习惯之存在而表示不加违反之公文，曰认可书。多用于欧洲各皇室之宫廷中。

【认(認)定主义】【物】又名宣示主义，为分别共有物分割后效力主义之一，对移转主义言，即以分割之效力能溯及既往之谓。易辞言之，即在分割前各分别共有者已将其所有权视为已有专属，故第三人对于共有中之一人在分割前所已取得之权利，并不因分割而受影响。

【继】又称宣示主义。(详该本条)

【认(認)知】【亲】Acknowledgment 即认领也，新民法亲属编已无认知一名，而改为认领矣(详认领条)。为日本名辞，即我国所称之认领也。

【认(認)股】【公】Shares subscription 即发起人以外之人承认购买股份之谓也。认股之性质如何，学者多谓系一种契约，认股书乃认股之要约，其承诺与否全操于发起人之自由，故发起人之承诺表示，契约因而成立，此时认股人负有纳缴股款义务，至认股书之方式如何，各国立法例有二：(1)草约主义。(2)证书主义(详各本条)。我公司法采证书主义，故规定发起人应备联单式之认股书，由认股人填写所认股数金额及其住址签名盖章，该认股书且应载明一定事项(参第九四条)。以为对外维持信用之标准，且不致为发起人所欺骗，所以须用联单式者，乃一供公司保存之用，一则供登记及添附之用也。

【认(認)股人】【公】Subscribers 谓认购股份之人也，认股人有照所填认股书缴纳股款之义务，如延欠第一次应缴之股款时，发起人应定二个月以上之期限加以催告，并声明逾期不缴失其权利，认股人到期仍不缴纳者，即失其权利，并可即另行募集，如有损失仍须赔偿(公司法第九五条、第九八条)，认股人对所认之股，因下列情形有撤销权(第一〇八条)：(1)股份总数募足后逾六个月而第一次股银尚未缴足者。(2)或已缴纳而发起人不于三个月内召集创立会者，但公司经设立登记后不得为之。(第一一〇条)

【认(認)股书】【公】谓承认购买股份时所填写之书面也。我国公司法第九十四条设有规定。(参认股条)

【认(認)领】【亲】Acknowledgement; Legitimation 又称曰认知,谓非婚生子女之生父,对于非婚生子女自认为己所生之子女也。按非婚生子女之亲子关系,列国立法例有二:(一)有以非婚生子女须经其父母之认领,始生亲子关系者,如日本民法是。(二)有以非婚生子女对于其母之亲子关系,无须认领,而即确定,惟对于其父之亲子关系,必须经其父之认领,始能确定者,德国瑞士民法是,我民法亦然,认领之种类有二:(一)自由认领。(二)法定认领(详各本条)。关于认领后亲子间关于亲属上及继承上之种种关系,皆因之而确定,生父对其认领不得加以撤销。且其效力系溯及于出生之时,但第三人已得之权利,并不因此而受影响。(民法第一〇六五——〇七〇条)

【认(認)领子女之诉】【民诉】非婚生子女之生母或其法定代理人依法律之规定,得向法院请求判令生父认领。此项诉讼称曰认领子女之诉,其审判管辖法院及诉讼之终结,在我国民诉法第五四八条及五五二条均有明文。(参亲子关系事件程序条)

【认(認)领无效之诉】【民诉】谓请求判决宣告非婚生子女之生父所为之关于认领之意思表示为无效之诉讼也。其审判籍与诉讼之终结在我国民诉法第五四八条及第五五二条均有明文加以规定。(参亲子关系事件程序条)

【认(認)领登记】【行】Registration of Legitimation 凡对于已出生或未出生之非婚生子女,向声请人之本籍或寄籍所在地之户籍主任为认领之登记者,曰认领登记。(一)其已出生者(任意认领),应自认领之日起一个月内为之。(二)其未出生者(任意认领),可于未出生前为之,如认领后出生子女,为死产时则应有自知其事实之日起十五日内向认领登记之原声请地为死产登记之声请。(三)依遗嘱为认领时(任意认领),遗嘱执行人应自就职之日起十五日内为认领登记之声请。(四)依认领之判决而为认领者(强制认领),则应自判决确定之日起十五日内为认领登记之声请。(户籍法第六二—六六条)

【认(認)领撤销之诉】【民诉】谓请求法院撤销非婚生子女之生父所为关于认领该非婚生子女所为之意思表示之诉讼也。此项诉讼之管辖法院与诉讼之终结,在我民诉法内均有明文之设。(参亲子关系事件程序条内)

【认(認)领请求权】【亲】所谓认领请求权,乃指非婚生子女之生母或其他法定代理人,对于生父请求认领其非婚生子女之权也。凡有下列情形之一者均得行使认领请求权:(一)受胎期间生父与生母有同居之事实者。(二)由生父所作之文书可证明其为生父者。(三)生母为生父强奸或略诱成奸者。(四)生母因生父滥用权势成奸者。关于此项请求权之行使尚须注意下列二事:(1)此项请求权自子女出生后五年间不行使而消灭。(2)生母于受胎期间内曾与他人通奸或为放荡之生活者,不得行使上述之请求权。(民法第一〇六七——〇六八条)

【认(認)诺】【民刑诉】Anerkenntnis (德); Admission 对于他造所提出之请

求(即关于法律上效果之主张),而加以许可或同意者,曰认诺。

【认(認)诺判决】【民诉】即当事人于言论辩论认诺他造之主张时,法院本于认诺而宣示该当事人败诉之判决也。(民诉第三七六条)

【认(認)证】【民刑诉】谓公务员作成公文书,加以承认及证明之行为也。例如推事作判决原本,而签名于其上者是也。此种权利,曰认证权。

【认(認)证誊本】【民诉】Certified copy 谓经官署证明其为真正而与原本正文一致之誊本也。

【认(認)识】【刑】Cognition 又曰辨识,即心象再见之谓也。将外界现象先入脑中,一遇感触,即能知其物为何物,是曰认识。例如火之用途,平时已有所悉,欲犯放火行为时,即能认识其功用,而实行之矣。故对于所犯事实之存在,如能认识即成为故意要件之一。(对决意言参该本条)

【认(認)识主义】【刑】Vorstellungstheorie(德) 为故意之观念学说之一,对意欲主义言,又称认识说,或预见主义,谓凡认识犯罪事实而为举动之决意者,即为故意,认故意与所犯事实之认识间,并无因果关系,此种主义我国暂行新刑律采之。

【认(認)识说】【刑】为故意观念学说之一,对希望说言,又称认识主义(详该本条)。或名预见主义。

【诱(誘)拐处分】【史】诱者,谓以言惑人也。拐者,谓以术诱人而贩卖之也。有司对于此项案件应负办理之责,违者应受一定处分。清例之规定如下:(一)拐诱人犯在逃地方官限六个月缉拿,不获罚俸一年。(二)匪徒将妇女和诱拐逃,潜匿在境嫁卖,失察之地方官罚俸一年。(三)用药迷拐男妇子女,初参(限四个月)州县印捕官住俸,二参(以下俱一年)降一级留任,三参降一级调用,初参(限四个月)督捕,厅员,同城,府,停升,罚俸六个月,二参(以下俱一年)罚俸一年,不同城,府州,兼辖,道员,罚俸六个月,二参(以下俱一年)罚俸一年(限内全获或拿获首犯俱免议),事主已报宜为讳匿,及事主失报照讳盗及事主失报各例分别办理,地方官能实力缉获,免处分,仍纪录一次,邻境别汛盘获,记录二次。(四)接缉官,初参限内到任,限一年缉拿不获,罚俸一年,再限一年缉拿,不获再罚俸一年,初参限外到任,限一年缉拿,不获罚俸一年。(五)凶恶匪徒有用符咒药饵迷骗子女,毁其肢体炙取脑髓等事,地方官务访拿惩办,若有失察,降二级调用,其犯事后潜住别邑,不行查拿之地方官降一级留任,明知不拿革职。(六)匪徒伙众兴贩藏顿嫁卖妇人子女,失察地方官,结伙十人以上或兴贩五人以上,降一级调用,同伙不及十人或兴贩不及五人降一级留任(自行查拿免议)。(七)地方官知情故纵革职。府州知情不参降三级调用。

【诱(誘)卖人口】【史】谓以甘言和诱妇人子女而典卖与人或为妻妾也。分别被诱者,是否知情而治以应得之罪,至于以药品及方术迷诱人者,亦应加以处罚。清之现行则例(即刑部现行则例)贼盗篇设有诱卖人口之条:"凡诱取妇人子女,典卖或为妻妾等事犯,不分良人奴婢,已卖未卖,但诱取者,被诱之人,若不知情,将为首者拟绞监候，秋后处决，如止一人者，亦照为首拟绞，被诱之人不系和同者不坐，典卖不知情免坐，追价给还，再以药饼迷幼小子女，并以扑项术拐男妇子女，为首者立绞，系诱卖人口为从药饼迷幼小子女等，为从并和同被诱知情之人，应拟流徒者，不分旗下民人一概发宁古塔给与穷披甲之人为奴，若系旗下人，止将本身发遣，系民人，并妻子发遣。”

【语(語)能】【刑】以口舌操言语之能力，谓之语能。我国刑法第二十条规定毁败语能亦为重伤之一种。

【诚(誠)实及信用方法】【债】Treu und Glauben(德) 诚实及信用，简称曰诚信，乃法律上行使权利及履行义务之一大原则。日本称曰信义。其意义即系依交易上公允妥稳之谓，与衡平之意义相似，惟其观念稍为窄狭耳。我国民法规定行使债权履行债务应依诚实及信用方法(第二一九条)乃一种补充之规定，盖谓行使债权及履行债务，其标的时期处所等，如不能依契约，或法律之所定则应依照诚实及信用之方法为之也。法国民法(第一一三四条)规定契约应依诚信履行，德国民法(第一五七条)规定契约应按交易上习惯，依诚信及信用方法解释之，又(第二四二条)规定债务人有按交易上习惯依诚实及信用方法，为给付之义务，其立法意旨与我国民法相同。

【误(誤)决人犯】【史】应处决甲刑而误处以乙刑者，谓之误决人犯。监刑官应受一定处分。清例之规定如下：(一)处决斩绞人犯错误二名者，监刑官革职。(二)处决应斩人犯误行处绞者，监刑官降一级调用。(三)处决应绞人犯误行处斩者，监刑官降二级调用。(四)斩绞监候人犯误行立决者，监刑官降四级调用。(五)停刑日违例决囚及用刑者，监刑官罚俸六个月，凶盗逆犯干涉军机应行立决及须刑鞫者，均随时办理声明咨部毋庸拘泥。

【误(誤)参官员审虚开复】【史】上司误将官员纠参受处之后，复经审讯原参全属子虚者，应开复被参人之原官，而误参之上司亦应受一定之处分。清之六部处分则例(卷四)吏属举劾篇设有误参官员审虚开复之条：“乾隆二十四年十一月二十一日奉上谕。兵部议准题请开复参革台拱营参将郑纯等，应照例引见，该员始以侵扣营私经原任总督恒文参革发审，及该抚周人骥审明定谳实系因公那移，以限内全完免罪题结。夫因公那移，其去侵冒甚远，今定案得实，则原参之诬罔可知，封疆大臣表率属员，其责綦重，傥于平日意所不惬者，或因事捏构重款登诸白简，以冀耸听，即审属全虚，而其人去官，涉讼经年沉滞，已抱不平之冤，在原参者转得以风闻未确立身无过之地可乎。且即事经昭雪，例当复职，而上官又或拘牵斥驳，无可控诉，其情尤属可悯，即如此案设非爱必达为之奏请，开复该员等，岂不终于废斥乎。嗣后各省督抚等参劾属员，务在虚公持正，悉心体访，固不得姑息市恩，亦岂容挟嫌诬奏，傥有所参重款，一加审讯，全属子虚者，将原参之人作何议处，至审案已结，该员例得开复，而督抚不为题请，应准本人赴部告理，如所控不实，即治以虚捏之罪，若承审之员或因原参已经去任，有意为之开脱，或回护原参及挦扯一二轻款以实之，亦应分别议处，以示惩创，其如何详晰定例之处，著该部妥议具奏，郑纯等仍著带领引见，钦此。”又：“督抚挟嫌参劾属员，所参重款审属全虚者,将诬奏之督抚革职,系由司道府州等官挟嫌诬报者,将诬报之员革职,督抚等降三级调用,如实无挟嫌情事,照误揭属员例办理。”又:“官员被参革审之案,审系全虚,该督抚及该衙门随案切实声明,准其开复,不得概称已经革职,无庸议完结(本案审虚止将本案开复,如有另案降革,仍归彼案另结,若别有降留革留罚俸等案,俱带于新任)。至原参重罪审虚,而该员尚有笞杖轻罪应降级罚俸者,亦随案切实声明,将原参革职之案开复,仍按其所犯轻罪分别议处,如该督抚及该衙门并未将参革之案于本内声请开复,仅胪列各项轻罪听候部议者,仍行驳回,俟切实声覆后再按例定议,傥该督抚等有意苛驳,不为声请,结案后,准本员赴部告理,经部查覆案情专折请旨,饬令该督抚及该衙门据实查明,俟覆奏到日,如实系例应开复,不为声卫者,即将该员奏请开复,并将该督抚降二级调用,系承审官不详请开复者,将承审官降二级调用,若系拘泥原参不为题请者,降一级留任(全虚者照此例,其重罪审虚仍有降罚处分者,无庸议)。如本员所控虚捏,交刑部照例治罪。”又:“承审之员,或因原参上司已经去任,有意审虚使革员幸邀开复或回护原参不行昭雪有心锻炼者,俱革职,并有重罪虽已审虚,特捋扯一二轻罪代原参掩饰者,降二级调用。”

【误(誤)杀】【刑】Manslaughter 无杀人之意思而错误伤人致死者,谓之误杀。例如猎者举枪击兽,以为其技甚精,不致误伤旁人,率因偶涉疏虞而伤人致命,又如药剂师为人配药,因怠于检点,以毒药给人,致人于死等皆是。

【误(誤)杀伤旁人】【史】殴斗之时,甲击乙而误中丙,因而杀伤丙者,谓之误杀伤。以斗杀伤论罪。唐律(卷二十三)斗讼篇——斗殴误杀傍人之条:“诸斗殴而误杀伤傍人者,以斗杀伤论,至死者减一等。”以其原有害心,故不依过失论,而依斗法论罪。

【误(誤)揭人员开复】【史】揭者揭参纠弹也凡因错误而被纠弹之官员,若后经调查明了确系错误准其开复原官,在原则上并准其仍留本来旧任。清之六部处分则例(卷二)吏属降罚篇设有误揭人员开复之条:“误被揭参官员,后经查明开复,如该员未经离任,即准其仍留本任,若员缺到部,业经拟补有人,于尚未引见之先,即已开复者,亦准其仍留本任,如原缺拟补之人,已经引见,奉旨,则令新任官前往赴任,将原官留省候补,无庸送部引见,至误被揭参之员久离本省,始行查明开复者,该员已无任可回,其在州县以上则令原籍督抚给咨送部引见,系佐杂等官,则令原籍督抚验看给咨仍赴原省补用。”

【误(誤)揭属员】【史】谓上司误将所属官员呈请纠揭,致本员受革职之处分也。清之六部处分则例(卷四)吏属举劾篇设有误揭属员之条:“该管上司将所属官员经管事件,并月日不行查明,错开揭参,以致本员革职者,将申报之上司降二级调用,转详官降一级留任,督抚罚俸一年,降级调用者,将申报之上司降一级留任,转详官罚俸一年,督抚罚俸六个月,降革留任者,将申报之上司罚俸一年,转详官罚俸六个月,督抚罚俸三个月,降俸住俸罚俸者。将申报之上司罚俸六个月,转详官罚俸三个月,督抚免议。如属员虽被误参,经部中详核案情,将该员处分改正,其原参事件系例应革职降调处分者,将申报之上司罚俸一年,转详官罚俸六个月，督抚罚俸三个月，系例应虚革虚降及降俸住俸罚俸处分者，将申报之上司罚俸六个月，转详官罚俸三个月，督抚免议。其有该上司误揭在先，续经题咨更正者，俱免议。”

【误(誤)传】【民总】Incorrect transmision　为无意不合之一，对错误言，即意思表示因传达人或传达机关传达不实之谓也。我国民法规定表意人可比照错误之规定撤销之(亦以一年内为限)，至对善意之第三人或相对人，则应负赔偿责任。(第八九—九一条)

【误(誤)想犯】【刑】Putativdelikt(德)　一名幻觉犯。(详该本条)

【诬(誣)告】【史】捏造虚无之事实而告于官，使无罪者入于罪者，谓之诬告。即诬告有罪人使其重入罪名者，亦同诬告。明律(卷二十二)、清律(卷三十)刑律诉讼篇均有诬告条之规定，内容相同。清律原文及其下注：“凡诬告人笞罪者，加所诬罪二等，流徒杖罪(不论已决配，未决配)。加所诬罪三等，各罪止杖一百，流三千里(不加入于绞)。若所诬徒罪人已役，流罪人已配，虽经改正放回，(须)验(被逮发回之)日，于犯人名下，追征用过路费给还(被诬之人)。若曾经典卖田宅者，著落犯人备价取赎，因而致死随行有服亲属一人者，绞(监候，除偿费赎产外，仍)将犯人财产一半，断付被诬之人，至死罪，所诬之人已决者，(依本绞斩)反坐(诬告人)以死(虽坐死罪，仍令备价取赎，断付养赡)；未决者，杖一百，流三千里(就于配所)，加徒役三年。其犯人如果贫乏，无可备偿路费，取赎田宅，亦无财产断付者，止科其罪。其被诬之人，诈冒不实，反诬犯人者，亦抵所诬之罪，犯人止反坐本罪(谓被诬之人，本不曾致死亲属，诈作致死，或将他人死尸，冒作亲属，诬赖犯人者，亦抵绞罪，犯人止反坐诬告本罪，不在加等，备偿路费取赎田宅，断付财产一半之限)。若告二事以上，重事告实，轻事招虚，及数事(不一凡所犯)罪(同)等，但一事告实者，皆免罪(名例律罪各等者，从一科断，非逐事坐罪也，故告者一事实即免罪)。若告二事以上，轻事告实，重事招虚，或告一事诬轻为重者(除被诬之人，应得罪名外，皆为剩罪)，皆反坐(以)所剩，(不实之罪)若已论决(不问笞杖徒流)，全抵剩罪；未论决(所诬)笞杖收赎，徒流止杖一百，余罪亦听收赎(谓诬轻为重，至徒流罪者，每徒一等，折杖二十。若从徒入流者，三流并准徒四年，皆以一年为所剩罪，折杖四十，若从近流入至远流者，每流一等，准徒半年，为所剩罪，亦各折杖二十，收赎者，谓如告人二事，一事该笞五十是虚，一事该笞三十是实，即于笞五十上，准告实笞三十外，该剩下告虚笞二十，赎银一分五厘，或告一人一事，该杖一百是虚一事，该杖六十是实，即于杖一百上，准告实杖六十外，该剩下告虚杖四十，赎银三分，及告一人，一事该杖一百，徒三年是虚，一事该杖八十是实，即于杖一百徒三年上，准告实杖八十外，该剩下告虚杖二十，徒三年之罪，徒五等，该折杖一百，通计杖一百二十，赎银一分五厘，又如告一人一事，该杖一百，流三千里，于内问得止招该杖一百，三流并准徒四年，通计折杖二百四十，准告实杖一百外，反坐原告人杖一百，余剩四十，赎银三分之类，若已论决，并以剩罪全科，不在收赎之限)，至死罪，而所诬之人已决者，反坐以死，未决者止杖一百，流三千里(不加役)。若律该罪止者，诬告虽多，不反坐，谓如告人不枉法赃二百两，一百三十两是实，七十两是虚，依律不枉法赃一百二十两之上，罪应监候绞，即免其罪。其告二人以上，但有一人不实者，罪虽轻，犹以诬告论（谓如有人告三人，二人徒罪是实，一人笞罪是虚，仍以一人笞罪上，加二等反坐原告之类）。若各衙门官进呈实封诬告人，及风宪官，挟私弹事有不实者，罪亦如（告人笞杖徒流死，全诬者坐）之，若（诬重）反坐及（全诬）加罪轻（不及杖一百，徒三年）者，从上书诈不实论（以杖一百，徒三年科之）。若狱囚已招伏罪，本无冤枉，而囚之亲属妄诉者，减囚罪三等，罪止杖一百，若囚已（招伏笞杖已）决，（徒流已）配，而自妄诉冤枉，摭拾原问官吏（过失而告之）者，加所诬罪三等，罪止杖一百，流三千里（若在役限内妄诉，当从已徒又犯徒律）。”同律之辑注：“首节是言全诬无罪人之法，二节三节则推广诬告告中之事，而补其未备也。四节五节是言诬告有罪人之法。六节则推广诬重中之事，而补其未备也。七节推及告二人以上有一不实者言之。八节推及进呈诬告弹事不实者言之。末节事已问结，而妄有辩诉者言之，其大意则全诬者反坐无剩罪，故不烦折杖，诬重者必须折杖乃得剩罪，全诬至死未决者，又加役，诬重至死未决者，不加役，已决者，皆反坐以死，但全诬则有追断，诬重则否也。”同律之总注：“捏造虚无事情，告言人罪者，曰诬告，诬告人何罪，即以其罪科诬告之人，曰反坐，凡全诬者，分轻重而加等坐之，诬告人笞罪者，所诬尚轻，故加所诬之罪二等，诬告人流徒杖罪，则所诬重矣，故加所诬之罪三等，不问已未论决，并同加等，诬至三流，亦罪止杖一百，流三千里，名例加者，不加入于死也。若所诬徒罪之人已著役，流罪之人已遣配，后经办理改正，被诬之人虽已放回，仍须计验其被逮到官，以至役配放回日数多少，用过路费几何，于犯人名下照数追征，给还被诬之人。若被诬役配之时，曾经典卖田宅以为路费者，著落犯人备价取赎，因而致死随行有服亲属一人者，坐绞，仍令备偿路费，取赎田宅，又将犯人财产一半断付被诬之人养赡死者之家，若诬告至死罪，被诬之人，或绞，或斩，已经决讫之后，辨出诬告之情，将犯人反坐以原诬绞斩之死罪，仍令偿费赎产断付养赡，若所诬之人未决者，犯人杖一百，流三千里，再于配所加拘，徒役三年，流既遣之远去，复加工作，恶其诬人死罪也。其诬告应备偿路费，取赎田宅，断付财产，而犯人如果贫无乏，无可追给，则止科其所应反坐之罪。其被诬徒流已经役配之后，复得辨明改正，本无致死随行有服亲属之事，而诈作致死，或将他人死尸冒作亲属，反诬赖犯人者，亦抵诬人死罪之律，已决者绞，未决者杖一百，流三千里，不加役，而原诬告之犯人，止反坐诬告徒流本罪，不加等，亦不偿费赎产，以反诬之罪重于所诬之罪也。此以上皆言无罪平人，而所告全诬也。若告人二事以上，轻重不同，所告重事是实，所招轻事是虚，及告人数事罪皆相等，但一事告实皆免其所诬之罪。名例云二罪俱发以重论，各等者从一科断，盖重事告实，其人已得重罪，轻事固无论矣。相等之罪，一事得实，其罪已无可加，余事亦弗论矣。于事虽有所诬，于罪实无所增，已无剩罪可以反坐，故皆得免，此言不全诬而重若等者，得实无反坐之罪也。若告人二事以上，轻重不同，所告轻事是实，所招重事是虚，或告人一事，将轻罪诬为重罪者，虽非全诬，而被告应得罪名之外，俱有剩罪矣。轻实重虚，则以二事对算，而剩罪可得，诬轻为重，则就一事扣除，而剩罪可得，将所剩之罪，皆反坐诬罪之人，若已论决，则被诬之人已多受剩罪之刑，故不问笞杖徒流全抵剩罪，不在收赎之限，若未论决，则被诬之人，尚未受剩罪之刑，其剩罪是笞杖，则收赎，是徒流，照所剩徒流折算之，杖数不及一百者收赎，过一百者止杖一百，余罪亦听收赎，盖剩罪止得笞杖，可见其得实者已多故许全赎以宽之，若剩罪至于徒流，可见其得实已少，故不许全赎以惩之也。所诬笞杖，易扣剩罪，若从杖入徒，则每徒一等折杖二十，从徒入流，则三流并准徒四年，皆以一年为所剩，三等流罪，皆应折杖四十，若从近流入远流，则每流一等，准徒半年，三等流抵年半，徒，应折杖六十，盖徒流皆杖罪也。原立法之意，杖一百之外，人不堪再受，定为五等徒以递加之，五徒不足以尽其辜，其罪又不应至死，乃复定为三等流，今将流归徒而并作杖算，所谓入徒复杖之法也。杖一百之后，始入徒罪，故五徒皆包杖一百，徒一等折杖二十，则徒一年应折杖一百二十，徒年半者，应折杖一百四十，徒二年者，应折杖一百六十，徒二年半者，应折杖一百八十，徒三年者，应折杖二百矣。徒五等之后，始入流罪，故三流皆包五徒之二百杖，三流不分远近，皆准徒四年，除徒五等三年，尚剩一年为流罪照徒等折杖，半年折杖二十，一年折杖四十，则三流皆应折杖二百四十，惟从近流入远流者，一流准徒半年，折杖二十，则流二千里者，应折杖二百二十，流二千五百里者，应折杖二百四十，流三千里者，应折杖二百六十，盖徒流不还折为杖，则无扣抵之法，而近流入远流，不以一年为剩罪，而仍分三等者，如人犯流二千里之罪，而诬为流三千里，共应折杖二百六十，除二千里得实，二百二十杖外，应反坐剩杖四十，若将三流皆以一年为剩罪，则止折杖二百四十矣。其诬流二千里为流三千里者，除告实二百二十杖外，止坐剩杖二十，三流应分三等，今止坐杖二十，是将应分二等之流二千五百里，三千里，并作一等，又将应分二等之流二千五百里，三千里，每等止得一十杖矣。均难扣算，其余注内引证已明，可以类推，若诬重死罪，而被诬之人或绞或斩已决者，反坐以绞斩死罪，未决者，止杖一百，流三千里。此止字是言止问流，不加役，非罪之止也。上文诬告人死罪已决者，抵死之外，仍令偿费赎产断付养赡未决者，流配之外，又加役三年，是将无罪平人全诬致死也。此则被诬之人，原有轻罪，为不合诬至于死耳，故已决但抵死，而无追断，未决但流配，而不加役，然不扣抵剩罪，到诬重至死之法，亦已严矣。此言不全诬，而诬重有应抵之剩罪，至死有反坐之本法也。若吾人之罪虽不尽实，而其人所犯得实之罪，合之于律，已无可加，故曰律该罪止，律既罪止，诬告虽多，已无剩罪，故不反坐，此言告虽有诬，而律已罪止。得免反坐也其告二人以上虽多得实，但有一人不尤者，所诬之罪虽轻，犹以诬告论，轻者犹论，重不待言也。笞杖徒流至死，分全诬诬重，已决未决，皆照前论罪，他人虽系有罪，此人则为无辜，不得以他人之得实而原之也。此言告虽不诬，而一人不实，亦仍反坐也。若各衙门宜，捏造事情，进呈实封于御前，诬告人，及风宪官，怀挟私仇，弹劾之事有不实者，亦各论如诬告律科之，按上书诈不以实者，杖一百徒三年，此进呈诬告，弹事不实者，照诬告律论断，以其意在害人也。若诬重反坐剩罪，及全诬加等之罪，轻于杖一百，徒三年者，则从上书诈不以实论，诬罪既轻，则当仍尽挟诈罔上之罪也。此因言诬告而推及进呈弹事诬人之罪也。若在狱之囚，已经供招伏罪，本无冤枉，而己之亲属，妄为出名辩诉者，减囚罪三等坐之，其意止欲脱其所亲之罪，非诬告害人之比，故罪止杖一百也。若囚罪招伏之后，笞杖已决，徒流已配，而妄自诉冤枉，摭拾原问官吏过失而告之，是挟仇逞怨，希图陷害原问官吏矣，故照诬告律加三等科之，罪止杖一百，流三千里，此因言诬告，而推及亲属无冤妄诉，本犯已决妄诉之罪，若徒已在役，流已发配，有犯加至徒流者，当从徒流人又犯罪科断。”“折杖数，自一十至五十，曰笞，自六十至一百，曰杖，自笞入杖之后，扣抵剩罪，虽五十以下，亦曰杖，不曰笞，盖从笞入杖，则笞皆是杖，而扣抵之剩罪，不得言笞也。然收赎剩罪，则五十以下，仍按笞罪收赎。自杖一百后，始入徒罪，故五徒皆包杖一百，徒一等折杖二十，杖六十，徒一年，折杖一百二十，杖七十，徒一年半，折杖一百四十。杖八十徒二年折杖一百六十，杖九十徒二年半，折杖一百八十。杖一百徒三年，折杖二百。自徒三年后，始入流罪，故三流皆包五徒之杖二百，三流并准徒四年，皆以一年为所剩罪，徒半年为一等，折杖二十，一年折杖四十。三流不分等，并折杖二百四十，自笞杖徒入流者，皆照此科算，自近流入远流，一等流，准徒半年，折杖二十，仍分三等，共折杖六十。杖一百流二千里，折杖二百二十。杖一百流二千五百里，折杖二百四十。杖一百流三千里，折杖二百六十。告二事以上，轻事告实，重事招虚，及告一事诬轻为重，反坐所剩，已论决者，全抵剩罪，未论决者，剩罪杖一百以内者，是笞杖，应收赎，剩罪杖一百以外者，是徒流，止杖一百，余罪收赎已论决者，全抵剩罪。”

【诬(誣)告人流罪引虚】【史】凡虚构事实陷人于流罪以下，而被陷人于未受拷掠以前，告发人即行撤回其告发者，曰诬告人流罪引虚，得减反坐之罪一等。唐律(卷三十三)斗讼篇诬告人流罪引虚条：“诸诬告人流罪以下，前人未加拷掠，而告人引虚者，减一等，若前人已拷者，不减，即拷证人亦是(诬告期亲尊长外祖父母，夫之祖父母，及奴婢部曲，诬告主之期亲外祖父母者，虽引虚，各不减)。”疏议曰：“诬告死罪，自有别制，唯诬告人流罪以下，前人未加拷掠，而告人自引虚者，得减反坐之罪一等，若前人已拷者，无问杖多少，然后引虚，即不合减，即拷证人亦是，谓是不拷被告之人，拷傍证之者，虽自引虚，亦同已拷不减，其诬告期亲尊长以下，及奴婢部曲，诬告主之外祖父母以上，虽即引虚，各不合减。”

【诬(誣)告之诉】【刑诉】Action of malicious prosecution 凡对于原告所提之诉，而认为虚伪时，即构成诬告罪，若对诬告罪加以诉追，而向法院提起者，曰诬告之诉。我刑诉法规定，凡被告对于自诉案件在辩论终结前，向受理自诉之法院提起诬告之诉者，以反诉论，且此项诬告之诉，与自诉不可分离，故自诉人撤回自诉时，诬告亦即因而不能成立。(刑诉法第三五六条)

【诬(誣)告反坐】【史】夫人处世接物，难免有互相不满之处，若竟挟嫌，虚构事实向官告发，陷对方人于刑狱，是固为法律所不容者也，故有本条诬告反坐之设。唐律(卷二十三)斗讼篇诬告反坐条：“诸诬告人者，各反坐，即纠弹之官、挟私弹事不实者亦加之(反坐致罪，准前人入罪法至死，而前人未决者，听减一等，其本应加杖及赎者，止依杖赎法，即诬官人及有荫者，依常律)。”疏议曰：“凡人有嫌，遂相诬告者，准诬罪轻重，反坐告人，即纠弹之官，谓据令应合纠弹者，若有憎恶前人或朋党亲戚，挟私饰诈，妄作纠弹者，并同诬告之律，反坐其罪，准前人入罪之法，至死而前人虽断讫未决者，反坐之人，听减一等，若诬人反逆，虽复未决，引虚不合减罪，本应加杖者，谓诬告部曲奴婢流罪。若实部曲奴婢止加杖二百。既虚诬告得不流，亦准杖法，反坐单丁，应加杖者，亦依决杖反坐，及赎者谓诬告老小废疾，若实即前人合赎，虚即反坐者，亦依赎论，即诬官人及有荫者，假有白丁诬七品官流罪，若实官人即合例减官当，如虚反坐还得流罪，诬告有荫之人，事合减赎，反坐之者，不得准前人减赎法，并真配徒流，是名依常律。"同律又谓："若告二罪以上，重事实，及数事等，但一事实除其罪，重事虚，反其所剩，即罪至所止者，所诬虽多不反坐。""其告二人以上，虽实者多，犹以虚者反坐（谓告二人以上，但一人不实，罪虽轻犹反其坐）。若上表告人，已经闻奏，事有不实反坐，罪轻者，从上书诈不实论。"诬告谓以虚伪之事为根据而诬指他人触犯法律，或诬以犯较所犯为重之罪，而告之于官也。反坐谓将所诬之罪坐诬告之人也。清律及例之规定如下：(一)诬告人笞罪加所诬罪二等，流徒杖罪，加所诬罪三等，罪止流三千里，死罪已决，反坐以死，未决杖一百，流三千里加徒役三年。(二)若所诬徒流罪已决配，虽经改正放回追征用过路费给还，若曾经典卖田宅，著落犯人取赎，因而致死随行有服亲属一人者绞候，将犯人财产一半断付被诬之人。(三)诬告人因而致死，被诬之人委系平人，及因拷禁身死绞候，将案外之人拖累拷禁致死一二人绞候，致死三人以上斩候。(四)诬告叛逆已决斩决，未决斩候，俱不及妻子家产。(五)诬轻为重，笞杖徒流已决，以所剩不实之罪全科，未决所诬笞杖收赎，徒流杖一百，余罪收赎，至死罪已决者，反坐以死，未决者流二千里，不加徒役。(六)诬轻为重折杖数笞一十至五十凡五等，杖六十至一百凡五等，每一十赎银七厘五毫，笞杖相同，徒折杖亦同，惟扣算刺杖折则徒一年赎钱五厘。杖六十徒一年，折杖一百二十。杖七十徒一年半，折杖一百四十。杖八十徒二年，折杖一百六十。杖九十徒二年半，折杖一百八十。杖一百徒三年，折杖二百。笞杖人徒照此科算，三流并准徒四年，仍包原杖一百，折杖二百四十，笞杖徒人流照此科算。杖一百流二千里，折杖二百二十。杖一百流二千五百里，折杖二百四十。杖一百流三千里，折杖二百六十，近流人远流照此科算。(七)已决除得实外，全抵剩罪杖一百以内照数折责，杖一百以外准徒折责发配，未决除得实外剩罪，杖一百以内收赎，杖一百以外决杖一百，余罪收赎。

【诬(誣)告充军及迁徙】【史】诬告者，谓捏造虚无罪情而告言人罪也。诬告人何罪，即以其罪科诬告之人，谓之反坐。凡全诬者，则分轻重而加等坐之，诬告人笞罪者，所诬尚轻，故加所诬之罪二等，诬告人流徒杖罪，则所诬重矣，故加所诬之罪三等，至于充军甚于配流，而次于死罪，乃法之至重者也。凡诬告人罪该充军者，于法难于加等，故特创设本条，以资遵循。明律（卷二十二）刑律诉讼篇诬告充军及迁徙条设有明文，内容与清律所规定者，颇相出入，依清律（卷三十）刑律诉讼篇诬告充军及迁徙条之规定。其条文云："凡诬告充军者，照所诬地理远近，抵充军役，若官吏故失出入人军罪者，以故失出入人流罪论，若诬告人罪应迁徙者，于比流减半准徒二年上加所诬罪三等，并入所得杖罪通论。"清律之总注："充军，甚于流配，次于死罪，法之至重者也。凡诬告人，罪该充军者，法难加等，即照所诬附近边卫边远极边烟瘴等项罪名，抵充军役，必全诬者乃坐。若官吏将无干平人，故失全入军罪，或将应拟军罪之人，故失全出者，以官司故失出入人流罪论，若诬告人迁徙罪名者，律该照三流准徒四年上，减半准徒二年，即于徒二年上加诬告罪三等，流二千里，将原应得杖一百之罪，并论决之，凡徒二年者应杖八十，流罪总徒四年者，俱杖一百，此系比流减半准徒二年之罪，故并入所得原杖一百也。再诬告流以下罪为军罪者，与诬轻为重至流罪者同，不在全诬抵充之限，又官司故失增减军罪者，亦如流罪折杖法。”同律之辑注：“诬告充军不分已未发遣皆坐，盖照诬告徒流反坐法也。”

【诬（誣）告府主刺史县令】【史】府主刺史县令乃亲民之官，若虚捏事实，加以控告者应加处所诬之罪。唐律（卷二十四）斗讼篇诬告府主刺史县令条曰：“诸诬告本属府主刺史县令者，加所诬罪二等。”疏议曰：“诬告本属府主等，加所诬罪二等者，谓诬告一年徒罪，合徒二年之类。若告除名免官免所居官等，事虚亦准此徒法加罪，其有缌麻以上亲任本属府主刺史县令者，自依告亲法，若告尊长各从重论。”

【诬（誣）告抵罪】【史】以虚伪之事实告官希图他人受刑事之处分，谓之诬告抵罪。谓随所告之罪之轻重而反坐其刑罚也。大明令刑令篇设有诬告抵罪之条：“凡诬告者抵罪反坐，告二人以上但诬告一人者随其轻重抵罪，告二事以上，重罪告实，轻事招虚，或众事罪等，但一事告实者皆免罪。若告二事以上，轻事告实，重事招虚，或告一事诬轻为重者笞杖徒流，皆反坐所剩”，又：“诬告合杖罪为徒罪，或诬告合杖徒罪为流罪或诬告合近流为远流者，皆反坐所剩，徒一年折杖二十，半年加一等，流三等亦各折杖二十，诬告合杖徒流为死罪者，反坐以死。”

【诬（誣）告叛逆】【史】叛逆罪谓谋大逆谋叛等罪也，依处均处极刑，凡诬告他人叛逆者，如被诬之人已处决，则诬告之人拟斩立决，未决者，拟斩监候，且遇赦不宥。清之现行则例（即刑部现行则例）诉讼篇设有诬告叛逆之条：“诬告叛逆，被诬之人已决者，诬告之人拟斩立决。若未决者，拟斩监候，虽遇赦不与原宥，不得株连妻子家产，如告言人罪不即赴审，辄行脱逃者，除将被诬及证佐俱行释放，本犯获日所告事不与审理，仍以诬告拟罪。”

【诬（誣）告罪】【刑】Offence of malicious prosecution; Malicious accusation

即对他人犯罪，作虚伪之告诉告发报告之罪也。学者多谓系直接侵害个人法益，间接则系侵害国家法益。本罪更分为三种：(1)一般诬告罪。(2)加重诬告罪。(3)准诬告罪（详各本条）。凡以诬告一人之目的分向各机关投诉者，应以诬告罪论。又诬告乙犯子丑寅卯四罪，子丑属实，寅卯虚伪，仍应以诬告论（大理院解释五年统字第四二二号、第四二七号）。至一行为诬告数人者，当以数罪论。（四年统字二六五号）

【诬（誣）告蒸检】【史】谓挟仇诬告他人谋死人命，而致尸体遭蒸骨之检验也。清例之规定如下：（一）挟仇诬告人谋死人命致尸遭蒸检为首绞候，为从流三千里，审无挟仇止以误执伤痕诬告蒸检为首近边充军，为从徒三年。（二）诬告人命不得听其白行拣息其间或有误听人言，情急妄告于未检验之先，尽吐实情，自愿认罪，递词求息者，讯无贿和等情，照不重律治罪完结。（三）期亲以上尊长，按律不应抵命者，诬告人谋死人命，致蒸检卑幼身尸，其照诬告人死罪未决律，流三千里，加徒役三年。（四）其余亲属尊长，律应有抵之条者，挟仇诬告人谋死人命，致蒸检卑幼之尸，及卑幼诬告致蒸检尊长之尸并绞候，如非挟仇止以误执伤痕告官蒸检，其照非挟诬告人死罪未决律，流三千里，加徒役三年。(五)子孙将祖父母父母死尸挟仇诬告他人谋害致尸遭蒸检斩候，如非挟仇止以误执伤痕告官蒸检，其照诬告人死罪未决律，流三千里，加徒役三年。

【诬(誣)告谋反大逆】【史】虚构事实以告发他人，有僭谋危害社稷，或有毁损宗庙及山陵宫阙于官司，而陷对手人于罪者，是曰诬告谋反大逆。应依本条治罪。唐律(卷二十三)斗讼篇诬告谋反大逆条："诸诬告谋反及大逆者，斩；从者，绞。若事容不审，原情非诬者上请，若告谋大逆谋叛不审者，亦如之。"疏议曰："诬告谋反及大逆者，谓知非反逆，故欲诬之，首合斩，从合绞，若事容不审者，谓或奉别敕阅兵，或从修葺宗庙，见阅兵，疑是欲反，见修宗庙，疑为大逆之类，本情初非诬告者，具状上请听敕，若告谋大逆谋叛，不审亦合上请，故云亦如之。"

【诬(誣)良为盗】【史】法律所以除暴安良，对于盗案及有关人命之情节，务应审得真情，若竟使无辜之良民，被诬为盗，则负其责之官长(如督抚等)均应治罪。清之现行则例(即刑部现行则例)断狱篇设有诬良为盗之条："凡有盗案其关系人命之事，该督抚亲加详审，务得真情，使无辜良民不至冤抑，如有地方不肖官员。仍有诬良为盗，并关系人命之事，该省抚亲行审出，据实题参，将诬良官员，照律例从重治罪，督抚免其议处，若督抚不自审出，或部院衙门察出，或被害之人告发，将督抚一并严行议处。"

【诬(誣)执翁奸】【史】告言不实，称曰诬，指证所诬之事曰执。明律(卷二十五)、清律(卷三十三)刑律犯奸篇——诬执翁奸条："凡男妇诬执亲翁及弟妇诬执夫兄欺奸者斩。"其下注曰："强奸子妇未成而妇自尽，照亲属强奸未成例科断，义子诬执义父欺奸，依雇工人诬家长，嫂诬执夫弟及缌麻以上亲诬执者俱依诬告。"清律之总注："欺奸谓欺其卑幼，陵制以成奸，犹强奸也。翁果欺奸子妇，应决斩，兄果欺奸弟妇，应决绞，今无此情而诬执之，欲陷夫之父兄于大辟重典，妇人之恶甚矣，故坐以斩，不用诬告反坐律也，然须告之于官乃坐。"

【诬(誣)陷】【史】伪造虚言，而陷人于罪谓之诬陷。晋书一贾充传："贾谧为常侍，侍讲东宫，太子意有不悦，谧深患之，遂与后成谋诬陷太子。"

【诬(誣)盗】【史】诬盗谓捕役或未伤人伙盗等，诬指或诬攀良民为盗犯也。是否有意自图脱责或有意驾祸于人，均非所问。清例之规定如下：(一)未伤人伙盗诬攀良民斩决，投首之贼借退赃名色，将平人指称同伙或挟仇板害或索诈财物，不分首从得财与未得财皆斩决。(二)诬指良民为盗发边远充军，诬指良民为盗，及寄卖赃物捉拿拷打吓诈财物，或以起赃为由沿房搜检抢夺财物，淫辱妇女，除实犯罪外，不分首从俱发极边烟瘴充军。(三)捕役将平民及犯窃轻罪人犯逼认为强盗，照例充军遇赦不准援免。(四)番役诬陷无辜妄用脑箍及竹签烙铁等刑致毙人命，以故杀论斩候。(五)捕役护贼审非本案正盗，若其人素行不端，或曾经犯窃有案，照诬良为盗例，减一等徒三年。(六)捕役将良民捏称踪迹可疑素行不轨妄行拿获，及虽犯窃有案，已改恶为善，确有实据仍复妄拿并所获之人，不论平人窃盗私行拷打吓诈财物，逼勒认盗，及所缉盗案已获有正贼，因伙盗未获将犯有窃案之人,教供妄攀滥拿充数,俱照诬良为盗例治罪。(七)捕役诬窃为盗,拷打致死,照故杀律斩候,吓诈逼认,因而致死及致死二命,俱照诬告致死律绞候,并无拷逼,该犯自行诬服并有别故,例应收禁,因而监毙,流三千里。(八)捕役串通盗犯教供妄认销案徒三年,贿买以枉法从重论,州县官失察罚俸一年。(九)私改盗供希图销案,州县官,俱革职,府州降三级调用,查出揭参免议。(十)拿获别案盗犯,作为本案盗犯,州县官俱革职,府州降三级调用,道员降二级调用,查出揭参免议。(十一)邻境所获别案盗犯,嘱令作为本境盗犯,本邻境州县官,俱革职,道员降二级调用,查出揭参免议。(十二)番役获盗私拷取供:(甲)死罪人犯枷号一个月,杖一百,逼索银钱计赃以枉法从重论,诬指捏诬,照诬告律治罪。(乙)军流以下等犯,各递加一等治罪,逼索银钱,计赃以枉法从重论,诬指捏诬,照诬告律治罪。

【诬(誣)窃】【史】谓捏造虚伪事实指良民为窃也。不问是否诬告到官,均曰诬窃,惟处罪有轻重之别耳。清例之规定如下:(一)诬良为窃,拷打致死者,斩候,诬告到官及捆缚吓诈逼认,致令自尽者,绞候,空言捏指并未诬告到官,亦无捆缚吓诈,逼认情事,死由自尽者,流三千里。(二)将良民诬指为窃及寄卖贼赃捉拿拷打,吓诈财物,或起赃为由,沿房搜检,抢夺财物,淫辱妇女,除实犯死罪外,不分首从,俱发边远充军。(三)疑贼致毙人命,悉照谋故斗殴威力制缚,各本律例定拟。

【说(説)事过钱】【史】胥吏暗中代他人向其上司说情并行赠贿,谓之说事过钱。六部成语注解:"胥吏人等暗中向本官代他人说合情面并通送贿赂,曰说事过钱。"

【说(説)明法规】【民总】谓释明其他条文之意义之法规也。例如民法第六十六条规定,称不动产者谓土地及其定着物是。

【赊(賒)买卖】【债】Purchase and sale by credit 为买卖分类之一种,与现买卖前付买卖相对称,又称信用买卖,即出卖人先移转权利后受价金之支付也。

【赈(賑)灾】【史】灾者水旱蝗蝻等灾也,赈者赈济救恤也。州县官负有重大责任,违者应受一定处分。清例之规定如下:(一)地方被灾州县官讳匿不报革职永不叙用,上司不转详督抚不题奏俱革职,将成灾作不成灾与会勘委员一并革职永不叙用,增减分数致有枉征枉免革职,其非有意增减止于分数不实田二十亩以上或以上降二级留任。(二)夏灾不出六月下旬,秋灾不出九月下旬,报后续被灾伤一律速奏州县,逾限半月以内,罚俸六个月,半月以外罚俸一年一月以外降一级调用,二月以外降二级调用,三月以外革职,督抚司道府州等官以州县报到之日为始,如有迟延亦照此例议处。(三)勘报被灾数州县限四十日造册具详督抚以司道详到,详到之日起,限五日题报,统以四十五日为限,如有迟逾,照报灾迟延例议处。(四)被灾蠲免钱粮数目于具题请赈之日起再限两月造册具题,如延违限不及一月,一月以上罚俸三个月,二月以上罚俸六个月,三月以上罚俸九个月,四五月以上罚俸一年,半年以上降一级留任,一年以上降二级留任,二年以上降三级调用。(五)蠲免银两增多减少造入册内,州县官降二级调用,府州司道罚俸一年,督抚罚俸六个月。(六)未经题免之先报册填入蠲免,州县官罚俸一年,上司罚俸六个月。(七)灾地应赈户口州县官借民肥己使民不沾实惠,革职拿问,督抚藩司道府州不行稽查革职，督抚不将侵冒之员奏参拿问，降三级调用。（八）地方被灾赈恤，不肖绅矜书吏人等暗中扣克，诡名冒领，州县官失于觉察降三级调用，故为纵容革职。（九）沿河州县报潦地方官会同河员确勘，如有查勘不实，隐瞒民灾，一并题参，照地方被灾例分别议处。（十）地方遇有蝗蝻，有心讳饰不报，州县官革职拿问，府州不行查揭革职，督抚司道不行查参降三级调用。（十一）虽已申报，不早扑除，致令长翅飞腾，贻害田稼，州县官革职拿问，道府州不速催扑捕降三级留任，布政使不速催扑捕降二级留任，督抚不速催扑捕降一级留任。（十二）邻封官推诿迁延或到境不实力协捕，以致蔓延过境革职。

【赈（賑）恤金】【行】Relief fund 遇天灾人祸时所给与之救济款项，曰赈恤金。

【赈（賑）务委员会组织条例】【行】Regulation governing the organization of the commission of relief work 本条例于民国十九年一月二十五日公布，本会直隶于国府，办理各灾区赈务事宜，由国府特派委员十一人组织之，指定常务委员五人，并以其中一人为主席，内政外交财政交通实业铁道各部部长为当然委员，于下列各组设总干事副干事各一人，由赈务委员会聘任或委派：(1)总务组。(2)筹赈组。(3)审核组，必要时得设立设计委员会，凡热心慈善事业卓著成绩者，得聘为顾问或会员，赈务委员会委员顾问会员等均为无俸给职。

【赈（賑）务处】【行】为北京政府时代之官署，当时（民国十年）政府为统一赈务行政起见特设赈务处，综理各灾区赈济及善后事宜，其性质与今之赈务委员会相似，置督办一人，由大总统特派，督理本处事务，置会办一人或二人，由大总统简派，襄助督办办理本处事务，又置坐办一人或二人，由大总统简派，承督办之命，掌理本处事务，此外又置委员若干人（义务职）分掌本处事务，关于经管赈款，应随时将收支款项公开宣布，并不得在该款内开支经费以防流弊，至于办理赈务之其他各官署，所有灾区状况以及关于赈济一切事宜，亦应随时报告赈务处，以收联络统一之数。（赈务处暂行条例——民国十年十月公布者第一——六条、第八条）

【辄（輒）出入宫殿门】【史】此条专为宿卫人而设，按宿卫人如已除去门籍，或已被人告劾，而已有公文禁止勿入者，如辄出入宫殿门者，皆构成本条罪名。明律（卷十三）、清律（卷十八）兵律宫卫篇均有辄出入宫殿门之条，内容相同。清律原文及其下注："凡应出宫殿（如差遣给假等项），而门籍已除，辄留不出，及（应入直之人）被告劾，已有公文禁止，籍虽未除，辄入宫殿者，各杖一百（书禁。）若宿卫人已被奏劾者，本（管官）司先收其兵仗，违者罪亦如之。若于宫殿门，虽有籍（应直，）至夜皆不得出入，若入者杖一百，出者杖八十，无籍（夜）入者加二等，若（夜）持仗入殿门者绞（监候，入宫门亦坐，此夜禁比昼加谨）。"

【辄（輒）悔】【史】对于业已约定之事而反悔改变者谓之辄悔。唐律（卷十三）户婚篇设有许嫁女报婚书之条："诸许嫁女已报婚书及有私约而辄悔者，杖六十。"

【辅（輔）助人】【民诉刑】Asistant ad litem 为诉讼辅助人（详该本条）之简称。

【辅（輔）助参加】【民诉】Accessory intervention 又称从参加。（详该本条）

【辅（輔）助参加人】【民诉】又曰从参加人，谓第三人以参加诉讼而辅助主当

事人为目的者也。(参辅助参加条)

【辅(輔)币】【债】Auxiliary coin 所谓辅币,乃指对于补助本位货币使其交易趋于利便而有强制通用之货币而言,又曰补助货币,例如铜元是也。

【轻(輕)典】【史】与重典及中典相对立,谓轻刑典也,乃适用于新附之国民之法。周礼—秋官大司寇之职:"刑新国用轻典。"

【轻(輕)重之权】【史】谓讲求临时应变之策略务使物价得以调节也。大学衍义补(卷二十五):"齐管仲相桓公,通轻重,曰岁有凶穰,故谷有贵贱,令有缓急,故物有轻重,人君不理,则畜贾游于市(谓贾人多积蓄),乘民不给,百倍其本矣(以十收百)。民有余则轻之,故人君敛之以轻,民不足则重之,故人君散之以重,凡轻重,敛散之法以时,即准平云云。"——以上乃录自管子轻重篇之一节。丘濬氏之附言曰:"管仲,伯者之相也,其辅桓公以兵事,伯天下,而其治国犹知以守谷为急务,而通轻重之权,为敛散之法,岁穰民有余,则轻谷,因其轻之之时,官为敛籴,则轻者重,岁凶而民不足,则重谷,因其重之之时,官为散粜,则重者轻,上之人,制其轻重之权,而因时以散敛,使米价常平,以便之。"

【轻(輕)重诸罚有权】【史】刑罚之执行,轻重应得其宜,权者,衡轻重之器也,即依一定标准以为科罪,而无丝毫私情作用其间,即所谓轻重诸罚有权是也,书经—吕刑篇:"轻重诸罚有权。"

【轻(輕)重敛散】【史】轻重敛散,为管子对于米价调节之政策,在其书中之轻重篇内,可窥其详,即岁丰时国民谷轻,谷价因而降落,此际政府即应敛籴(收买也),则时价因之而升,凶岁时,国民谷重,谷价因而腾贵,此际政府即应将旧敛之仓启而散粜(卖出也),则米价自亦随之而恢复原状矣。宋神宗时为调节物价起见,曾采此法,即将钱货交付发运使令其从事于米谷之敛散,一方既可调节谷价以济民生,一方更可防止富商大贾之垄断,此法行之,颇著功效。

【轻(輕)微犯】【刑】为学理上共犯分类之一,对重要犯言,因从犯之处分较轻,故称轻微犯。

【轻(輕)微伤害罪】【刑】为伤害罪之一,又称一般伤害罪。(详该本条)

【轻(輕)禁闭】【军】Minor cofinement 禁锢于轻禁闭室,每日按规定之量数给与饭菜,并给与寝具者,曰轻禁闭,其期限至多不得过一月,为对于陆海空军学生士兵工匠夫役之惩罚之一种。(军惩法第十四、二十一条)

【轻(輕)罪】【刑】Misdemeanour 谓情节轻微之犯罪也。英美法分犯罪为重罪与轻罪。

【轻(輕)过失】【刑】Slight negligence 为过失分类之一,对重过失言,计有二主义:(1)主观主义——以行为者注意力之大小为标准——注意力小者,为轻过失。(2)客观主义——以法益及因不注意所生危险之大小为标准——法益小者而危险亦小者,为轻过失,我国刑法采客观主义。

【轻(輕)检束】【军】为对于陆海空军官佐或与官佐相当之服务人员之惩罚之

一种，即暂时除于演习教育外，不许使其外出，并按检束日数罚薪五分之一之谓，其期限至多不得逾一月。（军惩法第一三、一七条）

【轻(輕)赍银】【史】清制，将赍送之漕米折变为银，俾便易于携带，是曰轻赍银。六部成语注解："轻便也，赍送漕米截送外省，往往折银，以其轻便易于赍也。"

【远(遠)流】【史】流于僻远之地，谓之远流，乃五刑中流罪之重者，北魏书一源怀传："藏窜者，悉远流。"

【远(遠)郊】【史】郊为行政区域之名，分为远郊与近郊二种，距王城百里者为远郊，距王城五十里者则曰近郊，周礼地官载书："以宅田士田买田，任近郊之地，以官田牛田赏田牧田，任远郊之地。"郑注："五十里为近郊，百里为远郊。"

【递(遞)行告知参加】【民诉】（详告知参加条内）

【递(遞)信省】【行】Ministry of communication 为日本名辞，与我国所称之交通部相等。

【递(遞)送公文】【史】递送公文者，谓投递及送达公文也。专管递送者曰铺兵，总管铺递事务者，曰铺司，府州县额设司吏一名，往来巡视诸铺，谓之铺长，凡对递送公文稽迟，对公文磨擦，破坏，沉匿，拆动，均须坐罪。明律（卷十七）、清律（卷二十二）兵律邮驿篇均有递送公文之条，内容相似，计分三项。兹将清律所规定者及其下注述之于下："（甲）凡铺兵，递送公文，昼夜须行三百里稽留三刻笞二十。每三刻加一等，罪止笞五十，其公文到铺，不问角数多少（铺司）须要随即（附籍遣兵）递送，不许等待后来文书，违者，铺司笞二十。（乙）其铺兵递送公文，若磨擦及破坏封皮，不动原封者一角笞二十，每三角加一等，罪止杖六十，若损坏公文（不动原封者），一角笞四十，每二角加一等，罪止杖八十，若沉匿公文，及拆动原封者，一角杖六十，每一角加一等，罪止杖一百，若事干军情机密文书（与漏泄不同），不拘角数，即杖一百，有所规避而沉拆者，各从重论（规避罪重从规避，沉拆罪重问沉拆）。其铺司不告举者，与犯人同罪，若已告举，而所在官司不即受理施行者，各减犯人罪二等。（丙）其各县铺长，专一于概管铺分往来巡视，提调官吏，每月一次亲临各铺刷勘，若（有奸弊）失于检举者，通计公文稽留及磨擦破坏封皮，不动原封十件以上，铺长笞四十，提调吏典笞三十，官笞二十，若损坏及沉匿公文，若拆动原封者，（铺长）与铺兵同罪，提调吏典减一等，官又减一等，府州提调官吏失于检举者，各递减一等。"

【递(遞)送本章】【史】本章即题本与奏折之合称（参各本条）递送谓投递及驰送也。清之六部处分则例（卷三十五）兵属驿递篇设有递送本章之条："各省督抚将军赍送本章拨差二人按良驰送，如有迟延降一级调用，其或中途患病，及堕马受伤等事，报明地方官，查验出结，送部查核，如有扶捏稽留者，将出结官罚俸一年。"又："凡赍递行仕之本章除实在河水涨发舟楫难施以致迟延一二日者，令其随报声明送行，在兵部查核，仍令地方官确查实在情形出结报部，准其免议，其余风雨泥淖马惊失跌等事，概不得声请援免。"又："凡驰递本章及紧要文报应有员弁押送者，如不亲身押送即将该员弁革职，该管上司罚俸一年。"

【递(遞)送逃军妻女出城】【史】递送者谓接递引送也,例如假作自己妻女之类是,逃军乃国家罪人,为法律所不容,守御官军及人民如为之递送妻女,乃法律所禁止,故明律(卷十五)、清律(卷二十)兵律关津篇均有递送逃军妻女出城条:"凡在京守御官军,递送逃军妻女出京城者绞,民犯者杖一百,若各处守御城池,及屯田官军,递送逃军妻女出城者,杖一百徒三年(明律此处为发边充军四字)民犯者杖八十,受财者,计赃以枉法从重论,其逃军买求者罪同,守门之人,知情故纵者,与犯人同罪,失于盘诘者,减三等,罪止杖一百,军人又减一等,若递送非逃军妻女出城者,杖八十,有所规避者,从重论。"清律辑注:"止曰妻女者以妻女为难自逃必须人递送也。若父母子孙等同居至亲皆是。"同律辑注:"曰民以别于军也,即有职衔者亦是民。"同律之总注:"守御有稽察之责,官军有统摄之司,与民不同,逃军妻女,虽无连坐之罪,犹是羁縻之人,武官军人反为之接递导送隐蔽出城则通同为奸矣。在京禁军,所系尤重,故坐杂犯绞,民犯者杖一百,若在外各处,及屯田官军递送者,杖一百徒三年,民犯者杖八十,以上在京在外官军典民,有受财而为之递送者,计赃以枉法罪,与递送罪,从重论,其买求之逃军罪同,曰罪同则无所不同,至死亦不减也。若在京在外当直守门之人,知其递送犯人同罪,至死减流,若非知情而失于盘诘者,武官减递送罪三等,罪止杖一百,军人又减一等,通减四等,罪止杖九十,若递送非逃军妻女出城者,不论在京在外,是军是民杖八十,若于事有所规避而为之递送者,以规避罪与递送罪,从重论,非逃军妻女,及规避之事,注内已明,可以类推。"

【递(遞)减】【史】递减者,分等而减之统众人论,盖因同犯此一事之人,其中名分,实有大小攸分,尊卑各异,以及职掌统摄,亲疏贵贱不同,各就名分所在,为之分别轻重而递减之。(参读律佩[①]觿)

【递(遞)减投票法】【宪】Graduated voting 在大选举区中举行选举时,于票中将第一候选人之票数以一票为一票计算,第二候选人之票数则以二票等于一票计算,第三候选人之票数则以三票等于一票计算,务使少数党之选举人,能将其欲选举之代表尽行列于第一候选人之中,而有获选之机会,此种方法,称曰递减投票法。

【递(遞)解】【刑】Despatch under arrest 如将犯人,由广东经福建浙江而解至上海时,广东解送之人,不至上海,只送至福建,由福建解至浙江,再由浙江解至上海者,谓递解。

【递(遞)解人犯不服拘管约束】【史】递解人犯不服拘管约束,谓在递送押解往外省受配及安插之犯罪人等,不服解送官之管教拘束以及指挥,以致发生各种不幸事故也。清之六部处分则例(卷四十六)刑属提解篇设有递解人犯不服拘管约束之条:"雍正七年,十月,初九日,奉上谕,从前由京发遣广西之旗人,太监等,沿途需索地方,强横不法,且捏造流言,鼓惑众听,今经直隶河南广西等省,一

---

① 原书为"风",系排版之误。

一查出具奏，此等八旗包衣发遣重罪钦犯一到外省众人不知其来历，认为朝廷得力之人，又见伊等妄自尊大，遂群相畏惧避其凶焰，又恐加以管束，而悍恶之徒，或致轻生拚命则不免受其拖累，于是隐忍应付，任其需索使命，容其狂悖乖张，以致凶犯益得肆行无忌，嗣后除徒罪轻犯外，其充发烟瘴军流人犯倘于经过州县及安插地方，或陵虐解役需索驿站或行凶生事造作谣言，不安本分，不守规条，著本管解役即禀明地方有司，详报督抚据实具题于本处即行正法，倘解送之时，安插之所，犯人不服拘管，或因约束过严，以致轻生毙命者，亦该犯自速其辜，将地方官吏人等概免究问，倘有徇情故纵或疏防脱逃者，亦当从重处分，著该部定议具奏，若此等发遣人犯果能在彼地方安静奉法，无一毫妄行之处，三年之后皆该地方官详报督抚奏闻，候朕看其情罪之轻重，酌与以赦宥之恩，著将此旨通行各省督抚转饬所属文武大小官弁咸使知悉，并出示晓谕各犯知之，钦此。”又：“凡重罪军流人犯，不论旗民有于解送之时安插之所不服拘管，或因约束过严，以致轻生毙命者，该督抚查明，并无陵虐逼勒致死情弊，即取具地方印甘各结送部，将地方官吏人等概行免议。”又：“递解人犯于经过处所辱官诈财生事，不法，州县官隐匿不报者，降二级调用，该管上司未经查出罚俸一年，若州县已报而司道府不行申转，将司道府降二级调用，州县免议若督抚据报不行查办，将督抚降一级调用，司道府州县俱免议。”

【递(遞)解人犯通例】【史】递者递送也，解者押解也，谓将人犯由甲处递送押解乙地也。通例谓一般之规定及成例。清之六部处分则例(卷四十六)刑属提解篇设有递解人犯通例之条：“凡徒流军遣并迁徒各处人犯，俱以文到日为始，定限两个月起解，如人犯众多，以五名作一起，先后解送，每日限行五十里，若逾两月之限，无故不行发解者，将州县官降一级调用，未经行催之上司罚俸六个月，倘人犯实在患病，该州县即将未能起解缘由，详明督抚，咨部查核，另行扣展，亦得过一百日之限，如过限仍不发解，仍照前例将州县官及该上司分别议处。至各省应行解部之入官人口财物，亦限两个月起解逾限者照此办理。”又：“各省遇有解送紧要官民重犯，务择现在之文武员弁亲自押解，其试用效力者，一概不得派委，如违例监派，虽无疏失，亦将原委官罚俸一年，若有疏失，除押解之员按律拟罪外，将原委官降一级调用。”又：“寻常解犯照例佥差押送，其情罪重大者，则于批牌之上注明，此系要犯，应令员弁管押递送字样，令千把总亲身押送出境交替，若该州县并无武弁，则令吏目典史亲身押送出境交替，俱取具前途收管存案，并注明某官某弁送交，如有疏虞，该督抚查明题参斥革。”又：“命盗重犯及遣军流徒并发回原籍收管人犯，均于批解长文内详载原犯事由，开明该犯籍贯年貌疤痣箕斗，以备沿途查核，如原解官遗漏开载，罚俸九个月，添解官不行查出，罚俸三个月，其因起解时遗漏开载以致中途贿差顶替者，原解官照失察衙役犯赃例议处，如原解地方已经开载，仍有贿差顶替情事，将不行查出之添解官罚俸六个月。”又：“人犯起解务必严加锁铐，倘解役人等受贿开放及添解之地方官不行查出，听其散行，将原解官与添解官均按人犯罪名轻重分别议处，系决不待时重犯革职，系斩绞监候重犯降一级调用，系发遣新疆等处重犯(此指脱逃拿获例应正法者而言)，降一级留任，系寻常遣罪(脱逃拿获例不正法)，及军流徒罪以下人犯，罚俸一年。”又：“人犯递至中途寄监疏脱，将该州县管狱有狱官照监犯越狱例分别罪名议处，原解之员免议。”

又:“直省所属州县有并无监狱处所遇有解犯到境,务令地方官即行接收多拨兵役于店内严加防守,毋致疏失,如不即点收,仅交原来差役看管,以致脱逃者,将该地方官照不加肘锁少差解役例议处。”又:“递解人犯到境,该地方官务将原差点验,如有人数不足及雇替应名情弊,即就近究明惩治,傥佥差官因邻封查责其差遂形怨怒,经该督抚访查有据,指名题参,将袒护差役之员降三级调用。”又:“递回原籍管束人犯,并无差役押送,令犯人自往本州县投文者,将不行佥差之员照违令私罪律罚俸一年。”又:“递回原籍笞杖人犯,原解官于批文内注明移回原籍,交地方官照数发落字样,毋许先行折责,致令长途苦累,如先责后解,照违令公罪律罚俸九个月。”又:“官员将未经题结军流等犯,先行起解者,罚俸六个月。”又:“官员将应解人犯错解别处者罚俸六个月。”又:“解役将文批遗失烧毁者,佥差官罚俸六个月。”又:“解役代替潜回者,佥差官罚俸六个月。”又:“各项递解人犯并其随行亲属遇有中途患病,地方官据报即为验明取结,一体留养医治,将患病日期报部,俟病痊再行转解,如人犯于取结后身故者免议,已准留养而本犯自愿前进身故者,亦免议,如地方官未经取结或不行留养以致病故一二名者,罚俸一年,三四名者降一级留任,五六名以上者降一级调用。”又:“各省解送人犯到部限十日内给发批回,傥投批后不即查收并限内不发批回者,该堂官即行查参,将该司员照在京事件迟延例逾限一日至十日罚俸一个月,十日以上罚俸三个月,二十日以上罚俸六个月,三十日以上罚俸一年。”

【遣(遣)犯脱逃】【史】谓发遣人犯在配中或在解配之中途逃亡脱走也。清律及例之规定如下:(一)平常发遣人犯在配脱逃——(甲)并无行凶为匪及拒捕情事五次以内被获递回遣所枷号一月投回免罪,五次以外递回遣所枷号三月投回枷号一月鞭一百。十次以外被获递回遣所枷号六月投回枷号三月鞭一百。(乙)逃后行凶为匪并拿获时拒捕,犯该斩绞缓决者入情实,情实者改立决,立决者即正法。军流遣改绞候,徒罪递回遣处枷号三月鞭一百,笞杖递回遣处枷号两个月鞭一百。(二)寻常遣犯解配中途脱逃即照已到配办理。(三)免死减等发新疆遣犯在配脱逃,逾五日拿获无论有无行凶为匪请旨正法,若于五日内拿获,讯系在附近暂避,并未远飏,或偶有事故,未向伊主及看役告知实非逃走者任配用重枷枷号三个月,杖一百,如再脱逃拿获即行正法。(四)回民行窃窝窃发遣脱逃被获——(甲)并无行凶为匪及拒捕情事,初次递回配所用重枷枷号六个月,二次递回配所用重枷枷号九个月,三次递回配所用重枷枷号一年。(乙)逃后行凶为匪并拿获时拒捕,犯该斩绞监候改立决,军流遣改绞候徒罪递回配所枷号,一年鞭一百,笞杖递回配所枷号九个月鞭一百遇赦不赦。(五)秋审缓决遇赦免死减等,发遣黑龙江等处脱逃,并非不服伊主管束乘间潜逃并无行凶为匪拒捕五次以内被获递回遣所枷号三月投回免罪,五次以外被获递回遣所枷号六月投回枷号三月鞭一百,十次以外被获递回遣所枷号九月投回枷号六月鞭一百,若不服伊主管束逃后复行凶为匪及拿获时拒捕即行正法。(六)洋盗案内被掳上盗拟遣脱逃并非甘心从盗实系掳捉逼令入伙逃后无行凶为匪递回遣处枷号一月鞭一百,逃后行凶为匪照平常遣犯逃后行凶为匪例办理(原案系被掳后甘心从盗者照免死盗犯例正法)。(七)传习邪教发额鲁特为奴在配脱逃拿获即行正法。(八)传习邪教问拟遣军流徒在配脱逃仅逃并无滋事于寻常脱逃加等调发例上各加一等治罪,逃后滋事或另犯重罪及妄行控诉呈递封章各视寻常逃犯应得罪名加一等,如已至斩绞应缓决者入情实应情实者改立决遣军应加枷号者亦按寻逃犯月数递加一等。(九)应发新疆遣犯改发各省驻防及足四千里如有逃脱仍照免死及平常遣犯脱例办理详载军犯脱逃条内。

【遣(遣)番代违限】【史】防人番代,法律设有一定期限,违此期限,谓之遣番代违限,为法律所不许。唐律(卷十六)擅兴篇遣番代违限条:"诸镇戍,应遣番代,而违限不遣者,一日杖一百,三日加一等,罪止徒二年,即代到而不放者,减一等。若镇戍官司,役使防人,不以理,致令逃走者,一人杖六十,五人加一等,罪止徒一年半。"疏议曰:"依防军令,防人番代,皆十月一日交代,如官司遣限不遣,若准程稽违,不早遣者,一日杖一百,三日加一等,罪止徒二年,即代。依军防令,防人在防,守固之外,惟得修理军器城隍,公廨居宇,各量限人多少,于当处侧近,给空间地,逐水陆所宜,斟酌营种并杂蔬菜,以充粮贮,及充防人等食,此非正役,不责全功,自须苦乐均平,量力驱使,镇戍官司,使不以理,致令逃走者,一人杖六十,五人加一等,罪止徒一年半,若使不以理,而防人虽不逃走,仍从违令科断。"

【酷刑毙命】【史】所谓酷刑,乃指惨酷之刑罚而言,凡以严苛刑罚致犯人毙命者,均应构成本案之罪名,清律及例对此设有明文。兹举其规定于下:(一)官吏承审命盗等案,将平空无事并无名字在官之人怀挟私仇,故行勘讯致死,或事属无干,因其家道殷实,勒诈不遂,贿嘱罪人诬扳刑讯致死者,各照怀挟私仇或故勘平人本律斩候。(二)干连人犯不应拷讯,误执已见刑讯致死,依决人不如法因而致死律杖一百。(三)干连人犯不应拷讯任性叠夹致毙者,照非法殴打致死律徒三年。(四)将徒流人犯拷讯致毙,二命者,照决人不如法加一等徒一年,三命以上递加一等,罪止徒三年。(五)将笞杖人犯拷讯致毙二命照非法殴打致死律加一等流二千里,三命以上递加一等,罪止流三千里。(六)公事干连人犯依法拷讯邂逅致死,或受刑后因他病身死均依邂逅致死律勿论。(七)奸徒挟仇诬告平人——(甲)官吏知情受其嘱托因而拷讯致死,本犯依诬告律拟抵,官吏照写从律满流。(乙)官吏不知情依法拷讯致死,诬告之人拟抵,官吏交部议处。(丙)被诬之人不肯招承,因而叠夹致死,照非法殴打致死律徒三年(以上均不得删改律文内怀挟私仇字样混引故勘平人概拟重辟)。(八)官员——(甲)夹死应夹之人罪应死者罚俸一年,罪不应死降一级调用,恣意叠夹致死,革职。(乙)行夹不应夹之人,未致死降一级留任,已致死者降三级调用,恣意叠夹未致死者降三级调用。

【银(銀)本位币】【行】Coins of silver standard 凡总重二六点六九七一公分,银八八,铜一二,即含纯银二三点四九三四四八公分之币,曰银本位币,又名曰元,其型式由财部拟定呈国府以命令定之,概由中央造币厂铸造,银本位币一元等于一百分,一分等于十厘,每元之重量与法定重量相比之公差不得逾千分之三,凡公私款项及一切交易,用银本位币授受,其用数每次均无限制,旧有之一元银币合原定重量成色者,在一定期限内得与银本位币同样行使。(银本位币铸造条例第一一四条、第七一八条)

【银(銀)行】【行】Bank 凡依自己之计算,以信用交易为根据,而从事经营收受存款及放款，或票据贴现，或汇兑或押汇等业务之营业机关，称曰银行，即凡从事于上述各业务之一而不称银行者，在法律上亦视同银行。

【银(銀)行兑换券发行税】【行】Bank-notes duty 所谓银行兑换券发行税，乃指对于特许发行兑换券之银行所征收之兑换券发行税而言。按银行发行兑换券时，应具十足准备金，至少以六成为现金准备，四成为保证准备，政府征收兑换券发行税时，其税率乃以保证准备额为标准，定为百分之一点二五，对于现金准备之部分免征发行税，银行兑换券发行税每年征收一次，于每会计年度开始时，按照上年度之平均数一次征收之，银行如不完纳时，财政部得撤销其特许发行权。(银行兑换券发行税法第一条、第三条、第五一六条，又第八条)

【银(銀)行法】【行】Banking law 本法于民国二十年三月二十八日由国民政府公布，惟至今尚未施行，计共五十一条，兹录其要点如下：(一)凡营下列业务之一者为银行(不称银行者亦视同银行)：(甲)收受存款及放款。(乙)票据贴现。(丙)汇兑或押兑。(二)银行应为公司组织，非经财政部核准不得设立。(三)股份有限公司两合公司股份两合公司组织之银行，其资本至少须达五十万元(在商业简单地方至少不得在二十五万元以下)。无限公司组织之银行，其资本至少须达二十万元(在商业简单地方至少不得在五万元以下)。(四)银行之资本以金钱为限。(五)银行之附属业务仅限于下列：(1)买卖生金银及有价证券。(2)代募公债及公司债。(3)仓库业。(4)借管贵重物品。(5)代理收付款项。(六)银行不得为商店或他银行他公司之股东。(七)银行不得收买本银行股票，并以本银行之股票作借票之抵押品。(八)无限责任组织之银行，应于其出资总额外照实收资本缴纳百分之二十现金为保证金，存储中央银行。(九)每营业年度终应造具营业报告书呈报财政部查核，财政部得随时命令银行报告营业情形，并于必要时得派员检查之。(十)银行非经财政部核准不得经营信托业务。(十一)原则上，银行对于任何个人或法人团体非法人团体之放款总额，不得超过其实收资本及公积金百分之十。(十二)银行停业或解散时，须呈请财政部核准，方法效力，而财政部亦有令其停止业务及解散之权。

【银(銀)行纸币】【行】Bank note 即由银行所发行之兑换券也。

【银(銀)行业】【行】Banking 经营银行之业务曰银行业。

【银(銀)行业收益税】【行】对于银行以纯收益额为标准所征收之税，曰银行业收益税。其税率如下：(1)纯收益额不满资本额百分之十五者征收其百分之五。(2)纯收益额合资本额百分之十五至不满百分之二十五者征收其百分之七点五。(3)纯收益额合资本额百分之二十五至不满百分之三十五者征收其百分之十。(4)纯收益额合资本额百分之三十五以上者征收其百分之十五。上述收益税每半年征收一次，于每半年度决算后征收之，银行业如有企图漏税隐匿不报者，应依法处罚，至于中央政府及地方政府所设立之银行，免征收益税，但官商合办之银行则仍应依法征收之。(银行业收益税法第三一五条，又第七条)

【衔(銜)】【史】官位曰衔。正字通："官吏阶位曰衔。"封氏闻见录："所以名为衔者，如人衔物，取其连络之义，凡必备书所官，包含无遗也。”衔之给予有虚衔与加衔之分，予以实职者曰虚衔，予以实缺者曰加衔。

【衔(銜)命】【史】奉上命以出使于外者，曰衔命。汉书孙宝传：“臣幸得衔命而使，职在刺举。”礼记亦有衔命而使之语。

【衔(銜)牧氏】【史】为周礼秋官之属官，掌禁止喧哗之职，即警察官之一种。

【衔(銜)缺】【史】原任之官职曰衔，现在之缺分曰缺，如二者相同则谓之衔缺相当。(六部成语注解)

【铨(銓)】【史】铨者，衡也，量也。此外选官亦曰铨，又作诠，或与轾通。

【铨(銓)注官员】【史】在铨选候补内所注记之官员，曰铨注官员。元典章(卷十)吏部篇守章铨注官员守一二年阙条：“……时节迁转官员的勾当，休教迟住，疾忙铨注的立体例者，云云。”

【铨(銓)叙】【行】Inspection 对于公务员之才识经验与成绩，依法定方法加以审查者，曰铨叙。

【铨(銓)叙局】【史】民国初年于国务院之下，设铨叙局与秘书厅法制局统计局及印铸局等机关相并立。其职掌如下：(1)关于文官任免事项。(2)关于文官升转事项。(3)关于文官资格审查事项。(4)关于存记人员注册开单事项。(5)关于文官考试事项。(6)关于勋绩考核事项。(7)关于恩给及抚恤事项。(8)关于爵位勋章并其他荣典授与事项。(9)关于外国勋章受领及佩带事项，局中置局长一人管理本局事务，监督所属职员，参事二人审议本局事务，佥事六人分掌本局事务，主事十二人分理缮校及其他事务(铨叙局官制第一一五条)。国民政府成立后以铨叙局改为铨叙部隶于考试院之下，与考选委员会相对立。(参铨叙部组织法条内)

【铨(銓)叙部组织法】【行①】本法于民国十七年十二月十七日公布，本会直隶于考试院，与考选委员会相对立，掌理全国文官法官外交官及其他公务员及考取人员之铨叙事项，设部长一人(特任)，副部长一人(简任)。下列各处司设处司长各一人(简任)：(1)秘书处。(2)登记司。(3)甄核司。(4)育才司，又设秘书六人(二人简任余荐任)，科长若干人(荐任)，科员若干人(委任)，此外又设铨叙委员会，以副部长秘书长各司长及有关系之各科长组织之。

【铨(銓)部】【史】为吏部之别称。宋史：“在朝廷则当量人才，在铨部则宜守成法。”

【铨(銓)衡】【史】谓选用官吏也，以公平为必要，犹权衡之保持平均并无丝毫之偏差也。六部成语注解：“即选用官员，言其铨选如权衡之平均，而无所偏颇也。”

【阁(閣)令】【行】Cabinet orders 凡由立宪国家所组织之内阁，所发出之命令均谓之阁令，乃由内阁总理署名，有时则由有关系之阁员副署之。

【阁(閣)钞】【史】清制，谕旨章奏之经内阁钞发者，称曰阁钞。其经六科发钞

① 原书为“史”，系排版之误。

者,则曰科钞。

【阁(閣)学】【史】清制,呼内阁士曰阁学,此制乃始于宋代,避暑录话:“龙图阁学士,旧谓之老龙,但称龙图,宣和以前直学士,直阁同为称,未之有别也。末年陈享伯为发运使,以捕方贼功进直学士,佞之者恶其下同直阁,遂称龙学,于是例以为称,而显谟阁直学士,徽猷阁直学士欲效之,而难于称谟学猷学,乃易为阁学。”

【阁(閣)议】【行】Cabinet meeting 立宪国家之内阁,所召集之全体阁员会议,曰阁议。在美国之阁议每星期一召集一次,由总统为主席,至于日本英国或法国以及我国北京政府时代之内阁会议时之主席,则由首相或内阁总理任之。

【障碍】【通】Obstruction; Obstacles 行为在进行之际,凡足以妨害使其不能达到目的之事实,称曰障碍,障碍有属于他人之行为者,亦有系出于物者。

【障碍未遂犯】【刑】为未遂犯之一,又名外由未遂犯(详该本条)。或简称曰未遂犯。

【需介权】【通】Mittelbar zustandiges recht(德) 为私权分类之一种,与不需介权相对立,凡权利人必须他种媒介始能享受或取得之权利,曰需介权。此种权利为数甚少,例如无记名债权是。

【需用土地人】【土】所谓需用土地人,乃指因公共事业有需要土地之企业者而言,此项需用土地人与土地所有权人不能直接协订,或协定不成立者,得向国家声请征收所需土地,但须证明其兴办之事业已得法令之许可,方得作征收之声请。至需要土地人不论为中央政府直辖机关,或省市县政府直辖机关,或地方自治机关,或私人团体,或私人,均包括在内。(参第三三七—三四一条)

【需次】【史】谓补用官吏须待一定之次序也。清波杂志:“选人改秩,当员多阙少时,需次动六七年。”

【需役地】【物】Dominant land (详地役权条内)

【需头】【史】汉代上奏文之程式,其奏文之首一幅为空白,以为记入诏旨批答之用,谓之需头。谭苑醍醐:“蔡邕独断,载汉代章奏之式,所谓需头者,盖空其首一幅,以俟诏旨批答。”

【领(領)土】【国公】Territory 为领土权所及区域之一,所谓领土。乃指一国主权在于一定土地内所及之范围而言,广义言之,在纵的方面,领土之范围,上至天空之顶,下达地心,在横的方面,举凡本国土地殖民地及属地皆属之,狭义言之,乃专指横的方面,而且仅限于陆地一项,故又称领陆。一国领土与他国领土之相交处,曰国境。有天然的与人为的之别,前者凭山脉河川为国境,后者凭运河碑标为界线,在国际法上山岳以分水线为界,可航行之河川以航行处最深部分之中央线为界,不能航行之河川则以河道之中央线为界,湖沼亦然,但实际上多以条约特别规定之。

【宪】为国家成立要素之一种,与人民及主权相对称,国家占有一一定之地域,谓之领土。在此领域之内,国家有统治之权,即外来民族,原则上亦必受其支配。

【领(領)土权】【国公】Territoriality 谓一国主权对其土地范围所行使之权利也。又称领地主权，按国家对其所领有范围内之土地，不特享有统治权，且亦享有所有权，至领土权所及之区域则可分为三：(1)领土。(2)领水。(3)领空。(详各本条)

【领(領)水】【国公】Territornal waters 为领土权所及之区域之一，谓一国主权所行使及于水面之范围也。领水可分为二：(1)领河。(2)领海。(详各本条)

【领(領)地主权】【国公】Territorial sovereignty 又称领土权。(详该本条)

【领(領)兵将军等扰害良民】【史】凡有统率带领兵卒之武官将军等，其职守在乎保护国家人民若竟借口将良善人民庐舍烧毁，或掳掠其子女，抢夺其财物，是害民也，应加处分。清之现行则例(即刑部现行则例)军政篇设有领兵将军等扰害良民之条："凡领兵诸王将军借通贼为名，将良民庐舍烧毁掳掠子女抢夺财物者，将领兵将军参赞大臣夸兰大等俱革职，系诸王贝勒等交与宗人府从重治罪，如有兵主纵令掳掠良民，应将参领以下官员免议。若分兵所往之处私自抢掳良民者，将统领头目领二翼官员领旗分官员亦革职，至官兵私自一二零星烧毁良民庐舍，带回子女，抢掳财物者，系官革职，系护军拨什库甲兵鞭责一百，系若独力正法，若独力之主知情者革职，不知者降二级，系闲散人鞭责一百，所管参领苏喇章京护军校骁骑校各降四级，夸兰大各降二级，及抢掠男妇人口仍追出给还本家完聚，如有此项之事，该督抚隐匿不行具题，或被受害之人控告，或系科道官题参者，将该督抚俱行革职。"

【领(領)事】【国公】Consul 领事者，谓由一国派驻外国各商埠以保护本国从事于贸易交通航海之商民的利益为任务之官吏也领事之派遣乃根据于两国之通商条约并非外交官之一种，在十六世纪以前，领事乃商人之代表，并无官吏之性质，嗣后乃兼领民刑诉讼事务，十七世纪以后，常设外交官之制度确定，领事乃专事于保护商业之职权，今者仅东方各国(如我中国)之各国所派领事，仍握有民刑诉讼审判权，与领事在国际法之地位已不符合。领事可分为二种：(一)专任领事——由国家派遣专任者。(二)名誉领事——系选任有业务人在该区域内兼任者。领事之等级可分为四：(1)总领事。(2)领事。(3)副领事。(4)代理领事(详各本条)(通常所谓领事乃领事之第二级，系管理一小区域之领事，其等级在总领事之下，至副领事以上均系由本国政府任命)。领事之任命，系以领事委任状为之，其执行职务，乃先由驻在国政府请得领事认可证，方得开始，又驻在国政府对该领事可以拒绝认可，认可证给予后，亦可撤回。领事虽非外交官，但因其为外国政府所派遣，故亦享有特权，大都以两国间所立之条约为根据，通常与外交官受同一待遇者居多，但范围较为狭小耳。

【领(領)事裁判权】【国公】Extraterritoriality or consular jurisdiction 凡甲国人民依条约在乙国领土内不受乙国司法权管辖，而由本国驻在之领事官依本国法律加以裁判者，曰领事裁判权。此种制度起自土耳其，继行于东方各国，学者对此制度之根本性质，有谓系治外法权之一种者，有谓系权利国代行法权之说者，有谓系权利国裁判权之延长者，据余所信，以最后说为当，至领事裁判权之范围，以被告人所属国之法庭审理为原则，但亦有所谓混合或会审之例外者，然均以条约之订定为准。

【领(領)事认可状】【国公】Exequatur 领事认可状者，谓国家对于外国所遣派驻在于国内之领事，承认其有执行职务之权时，所给与之证书也。英语所称之Exequatur，不特专指领事认可状，即通商事务员之认可状，亦称曰 Exequatur。

【领(領)事馆】【国公】Consulate （详使领馆条内）

【领(領)取人】【债】与指示人及被指示人相对称，即指示证券(详该本条)中受给付之第三人也。

【领(領)尚书事】【史】与录尚书事同。(详该本条)

【领(領)河】【国公】Fluvial domain 所谓领河，乃指国家主权对河川湖沼所行使之范围而言，河川凡完全位于一国境内时，曰内国河川。自应受该国主权之支配，原则上可排斥他国船舶在内行驶，但有条约之缔结时，不在此限，若河川贯流二国以上(或通过或分隔)，则为国际河川(详该本条)。在法律上之地位与内国河川不同。

【领(領)状】【民刑诉】向法院领取所发还之物件时所具之书状，谓之领状。

【领(領)空】【国公】Air domain 为领土权所及区域之一，谓一国对其领土领水上溯空中所行使主权之范围也。领空为近代新起之问题，学者间有三说：(1)空中自由说。(2)空中主权说。(3)空中限制说(详各本条)。以第二说为最有力，即国际航空公约(一九一九年)亦加以采用，各国立法例多仿效之。

【领(領)埋】【史】囚人等死亡之后，由其亲属收领其死骸而埋葬之，谓之领埋。

【领(領)海】【国公】Territorial sea or maritime domain 谓国家对于与陆地有密切关系之海洋所行使主权之范围也。通常领海之范围以三海里说为原则，乃根据当时炮弹射击力所能达到之距离，为学者 Bynkershoek 氏所倡。但今日之炮力既较前昔为进步，各国学者每有主张扩充其限度者，而国际法学会之决议且主张为六海里，遇有战争时并可扩充，然通例仍为三海里(从低潮点起算)，此为沿海(Marginal or littoral belt)之范围，至于海湾(Bays or gulf)其围绕陆地属于同一国家时，若湾口宽度在六英里之内者(今之通说为十海里以下)，则视为领海。其围绕陆地不仅属于一国者，则湾口之广狭如何，皆非所问，而均应视为公海。又海峡(Straits)之宽度不逾六英里者，而其两岸又为同一国家所有时，仍为其国之领海，如两岸分属两国，其海峡亦为领海，惟由两国平分耳，但有习惯或经公认者，则较广之海峡亦得为领海，按国家对其领海可以行使捕渔权警察权，并制定航海规则，但对外国船舶之通行，不得加以禁止，然对外国船舶之从事于沿岸航海则有禁止之权，于战争时得以防御为目的，而对任何船舶之航行予以禁止。

【领(領)海权】【国公】Right of territorial sea 国家对于其领有之海之所有权利，称曰领海权。(参领海条)

【领(領)域】【国公】Territory 又名领土。(详该本条)

【领(領)票买马】【史】各军营及邮驿来京购买马匹均须向兵部请领凭证,是项凭证,谓之号票。清之六部处分则例(卷三十六)兵属马政篇设有领票买马之条:"营驿各官不详请督抚咨明兵部给发号票,即差人来京买马者,罚俸一年。"又:"官员奉差买马于号票之外,多带马匹及假借号票为名转行贩卖者,俱革职。所过地方官不行盘验查拿,罚俸一年。若徇情纵放者,革职提问,其差役买马溢数多带者,将差委之员罚俸一年。"

【领(領)陆】【国公】Land domain 又称领土。(详该本条)

【领(領)解兵饷】【史】谓请领及押解各官兵之俸饷等银两也。如有疏失承领之武职及上司以及沿途接领之地方官均应按照本条之规定,予以处分。清之六部处分则例(卷三十七)兵属军政篇设有领解兵饷之条:"各营应领官兵俸饲米折等银,按州县请领银两之例,数在一千两以上至一万两者,拨兵一名,民壮二名,一万两以上至二万两者,拨兵二名,民壮四名,二万两以上者酌量派拨,逐程获送,并令于住宿处所添派兵役协同巡防,如有疏失除承领之武职及上司由兵部议处外,将沿途接之地方官及该管之府州厅员道员,均照疏失饷鞘之例议处,其所失银两著落承领之武职分赔十分之六,失事处地方州县分赔十分之四,如承领之武职力不能完,著落原委之上司赔补。"

【领(領)运】【史】清时运漕船之首领官,称曰领运。

【凤(鳳)占】【史】婚姻成立之谓也。左传—庄公二十二年:"初懿氏卜妻敬仲其妻曰吉,是谓凤占于飞,和鸣锵锵,有妫之后,将育于姜,五世其昌,并于正卿八世之后,莫之与京。"

【凤(鳳)池】【史】为中书省之别称。晋书—荀勖传:"勖久在中书,专管机事,反为尚书令,甚惘惘怅怅,或有贺之者,勖曰,我凤凰池,诸君贺我耶。"

【凤(鳳)诏】【史】为诏书之别称,后赵之诏书,由以木所作成之凤之口中衔出,故名。邺中记:"石季龙(后赵主)与皇后在观上,为诏书五色纸,著凤口中,凤既衔诏,侍人放数百丈绯绳,辘轳回转,凤凰飞下,谓之凤诏。凤凰以木作之,五色漆画,咮脚皆用金。"事物纪原(卷二):"后赵石季龙置戏马观,观上安诏上,用五色纸,衔于木凤口而颁之,云云。"

【凤(鳳)阁】【史】中书省别称曰凤阁。唐书—百官志:"光宅元年,改中书省曰凤阁。"

【齐(齊)之刑制】【史】齐者北齐也。其刑有五:"一曰杖,三等,自一十至三十,二曰鞭,挞,马杖也,有五等,自四十至一百,三曰彨,五等,自一岁至五岁,四曰流鞭至百投之边裔,重者鞭背,轻者鞭臀,有六年之刑,五曰死,重者轘之,轻者枭首。"

【齐(齊)永明律】【史】(详南齐之法典条内)

【齐(齊)衰】【史】为丧服之一种,次于斩衰,与斩衰异者,即斩衰之衣裳不缉边,为最粗麻布所制，而齐衰之衣裳缉边（即缝边），且为稍粗麻布制成，齐衰又分四种：一曰杖期，二曰不杖期，三曰齐衰五月，四曰齐衰三月，依清律之规定，齐衰杖期——服丧一年用杖。(1)嫡子众子为庶母，嫡子众子之妻同（庶母父妾之有子女者，父妾无子女不得以母称）。(2)子为嫁母（亲生母父亡而改嫁者）。(3)子为出母（亲生母为父所出者）。(4)夫为妻（父母在不杖）。齐衰不杖期——服丧亦一年不用杖。(1)祖为嫡孙。(2)父母为嫡长子及嫡长子之妻及众子及女在室及子为人后者。(3)继母为长子众子。(4)前夫之子纵继母改嫁于人为改嫁继母。(5)侄为伯叔父母及姑姊妹之在室者。(6)为己之亲兄弟及亲兄弟之子女在室者，(7)孙为祖父母孙女在室出嫁同。(8)为人后者为其本生父母。(9)女出嫁为父母。(10)女在室及虽适人而无夫与子者为其兄弟姊妹及侄与侄女在室者。(11)女适人为兄弟之为父后者。(12)妇为夫亲兄弟之子女在室者。(13)妾为家长之正妻。(14)妾为家长父母。(15)妾为家长之长子众子与其所生子。(16)为同居继父而无大功以上亲者。齐衰五月——以五月为期者即曾孙为曾祖父母，曾孙女同。齐衰三月——以三月为期者。(1)元孙为高祖父母，元孙女同。(2)为同居继父而两有大功以上亲者。(3)为继父先曾同居，今不同居者（自来不曾同居者无服）。

【齐（齊）疏】【史】为齐衰之别称。（参齐衰条）

十　五　画

【仪(儀)仗兵】【行】军官丧礼时所用以为护送之军队,谓之仪仗兵,于出殡时由死者所属之部队或由该地驻扎军队派遣充任,出殡时仪仗兵应先至丧家或病院或营门外整列于路道一侧,俟棺柩运出时,即对之行相当敬礼,如死者阶级应奏号音者,奏号音后,即分列柩之前后,沿途护送,如仪仗兵为一排以下时,应在柩前行进,但护送路程不得逾半日以上,仪仗兵行进之步度,应准柩行之速度,兵士一律将枪背于右肩,枪口向下,右手握住枪床,仪仗兵护送到葬场时面柩整列,对死者行相当之敬礼,如死者为士兵时,仪仗兵无须沿途护送,可先至葬场,待棺柩到时,再行敬礼。(陆军礼节条例第一二四——三〇条)

【仪(儀)同三司】【史】官名,汉殇帝时邓骘为车骑将军仪同三司(即仪制与三公同之谓)。仪同之名自此始,晋南北朝仪同之号甚多,周改仪同三司为仪同大将军,仍增置上仪同大将军,随以为散官,唐初称为上开府仪同三司,为从一品之官,其后改为上轻车都尉,后复以开府仪同三司为文散官,宋元因之,至明始废。

【仪(儀)制清吏司】【史】清制,为礼部内四司之一,置郎中三人(满洲二人汉一人),员外郎四人(内满洲三人,汉一人)。掌嘉礼,军礼,学校及科举之仪礼。(清会典吏部)

【仪(儀)制篇】【史】为明清律礼律中之一篇与祭祀篇相对称,按前代亦无本篇之专名,即唐律关于仪制之事,亦仅散见于各条之中,明律始加损益,特立此篇,计共二十条如下:合和御药,乘舆服御物,收藏禁书及私习天文,御赐衣物,失误朝贺,失仪、奏对失叙,朝见留难,上书陈言,见任官辄自立牌,禁止迎送,公差人员欺陵长官,服舍违式,僧道拜父母,失占天象,术士妄言祸福,匿父母夫丧,弃亲之任,丧葬,乡饮酒礼。清律删去私习天文之禁,并详定服舍违式之例,余均与明律同。

【仪(儀)曹】【史】为礼部之前身,在后魏时曾有仪曹尚书之设仪曹之名实始于斯,北齐则在殿中尚书之下置仪曹以司吉凶之礼制,此后则暂名曰礼部,至隋乃改礼部为仪曹。(杜氏通典礼制)

【仪(儀)队】【行】仪队者军队中迎送一定长官时所用之仪式兵队也。国民政府主席或将官来去卫戍地或驻扎地时该地之军队应派遣仪队迎送之,仪队应于车站船埠至驻所之途间,于路旁整队,但列队之次序以受礼者莅临之方向为前端,仪队于受礼者经过时,应行军队之敬礼。(陆军礼节条例第八八—九二条)

【仪(儀)节】【行】仪节谓陆军礼节中之一种也,内计有随扈,仪队,大阅,礼炮及迎送军旗等五项。除迎送军旗别有规定外由卫戍司令或驻扎地主管长官命令行之。(参陆军礼节条例第三篇)

【仪(儀)卫】【史】朝会之时或御驾外出时,护卫天子之仪仗兵,称曰仪卫,唐书一仪卫志:"朝会之杖,三卫番上,分为五杖,皆带刀捉杖,列于东西廊下,每日以四十人立内廊阁外，号曰内杖，朝罢放杖，天子出则有细杖黄麾杖。”宋史一仪卫志：“文谓之仪，武谓之卫。”

【价(價)金分配表】【民执】List of distribution 债权人有多数时，对于债务人之物产所拍卖而得之金额，于分配上难免发生争执。故执行处应将各债权人应得之额数，及所卖得之金额，制成一清偿分配表格，是曰价金分配表，此种表格之制成，应依现行法令所规定有优先权者外，均视债权额数平均分配为标准，不得有所偏倚，否则债权人得提出异议。（民诉执行规则第四六一五一条，及第七九条）

【价(價)金支付拒绝权】【债】（参追夺迫害之抗辩条内）

【价(價)格】【行】Price 物之价值的标准，曰价格，多以货币估定之。

【价(價)格分割税】【物】为分别共有性质之学说之一，即各分别共有人对共有物之价格加以计算，使其各所有人分别享有之之谓。因价格之计算无独立性质，故本说不能成立。

【价(價)额】【通】Amount of value 物之价值以金钱估计时所定之数额，曰价额。

【增加最长期说】【刑】又称不变更刑罚种类说，为累犯处分说之一种，对变更刑罚种类说与加重等级说而言。即在刑期上定一最长期限，而在此范围以内处罚累犯，例如日本现行刑法规定累犯之刑就该罪所定长期惩役二倍以下之范围内处罚之是，此说富有伸缩应用之功效，恶性重大及轻微者均得酌量处断，与累犯处分之目的颇相符合，惜采用者甚少耳。

【增乘驿马】【史】乘用驿马，均有一定匹数，若于限数之外，多行剩取，是曰增乘驿马，与法律所规定者显相违反，故应治罪，明清律邮驿篇皆有多乘驿马条之设。唐律（卷十）职制篇有增乘驿马之条：“诸增乘驿马者，一匹徒一年，一匹加一等（应乘驿驴而乘马者，减一等）。主司知情，与同罪，不情者勿论（余条驿司准此）。”疏议曰：“依公式令，给驿职事三品以上，若王四匹，四品及国公以上三匹，五品及爵三品以上二匹，散官前官，各递减职事官一匹，余官爵及无品人各一匹，皆数外别给驿子，此外须将典吏者，临时量给，此是令文本数数外剩取，是曰增乘，一匹徒一年，一匹加一等，应乘驿驴而乘驿马者，又准驾部式，六品以下，前官散官卫官省司差使，急速者给马，使回及余使并给驴，即是应乘驴之人而乘马，各减增乘马罪一等，主司知情，与同罪者，谓驿马主司，知增乘驿马，及知应乘驴而乘马等情者，皆与乘者同罪不知情者勿论，余条驿司准此者，谓枉道及越过，赍私物之类。”

【增添】【国公】Accretion 为国家领土原始取得方法之一种，又名增殖。与先占相对称，即因自然力之作用致领土增加而取得之谓也。增添有因水流之自然变动而新附着土地者，是曰土地增殖，自应归土地附着国所取得。又有因自然力之作用而水底干燥者，则其干燥涌起部分，亦由水底所有国所取得，又有因自然力之作用而突出之岛屿砂洲，亦归领水国所有，在交界之处则应平分，若在公海时则得以先占方法取得之。

【增殖】【国公】Accretion 又称增添。（详该本条）

【增减官文书】【史】官文书乃国家通常之公文书类，如任意对其情节字样加以增设或减去，是即欺公玩法，非予严惩不可，此本条之所以设也。明律（卷三）、清律（卷七）吏律公式篇增减官文书条皆设有同一之规定，清律之条文及注曰："凡增减官文书（内情节字样）者，杖六十，若有所规避（而增减者）杖罪以上（至徒流），各加（规避）本罪二等，罪止杖一百，流三千里，未施行者，（于加罪上）各减一等，规避死罪者，依常律，其当该官吏，自有所避（之罪），增减文案者，罪（与规避）同，若增减以避迟错者，笞四十，若行移文书，误将军马，钱粮刑名重事，紧关字样，传写失错，而洗补改正者，吏典笞三十，首领官失于对同，减一等，（若洗改而有）干碍调拨军马，及供给边方军需，钱粮数目者，首领官吏典，皆杖八十，若有规避，故改补者，以增减官文书论（各加本罪二等），未施行者，各（于规避加罪上）减一等（若因改补而官司涉疑，有碍应付，或至调拨军马，不敷供给，钱粮不足），因而失误军机者，无问故失，并斩（监候，以该吏为首。若首领及承发吏，杖一百，流三千里），若（非军马钱粮刑名等事文书而）无规避，及常行字样，偶然误写者，皆勿论。"清律之辑注："首节以增减言，分三项，一凡人增减也。一有所规避而增减也，次节以改补言，分五项，一改补军马钱粮刑名重事之紧关字样也，一干碍调拨军马供给边方军需也，一有规避故改补也，一因而失误军机也，一无规避误写常行字样也。"同律之辑注："增减官文书，必非无故，大概有所为而为之也，非自己规避罪犯，必是受人嘱托，其嘱托之人，应照规避本罪加二等，受嘱增减之人，亦应同罪，为人作弊，犹身规避也，受财者，以枉法从重论。"

【墨西哥宪法】【宪】Constitution of Mexico 墨西哥为北美洲之共和国之一，北与美国为界，东沿墨西哥湾与西印度群岛对望，东南与英领洪都拉斯及瓜地马拉相接，南及西均濒太平洋，东南部有于加干半岛（Yucaton）之突出，西北部又有下加利佛尼亚半岛之突出，全国面积约七十七万方哩，北部属温带，南部属热带，人口共一千五百万，西班牙人与土人之混合种占十分之五，白种人（西班牙及美国人）占十分之二，其余十分之三则为印第安土人，十六世纪以前印第安人曾于是地建独立王国，后为西班牙人所征服，夷为殖民地者历三百年之久，一八一〇年九月十五日宣告与西班牙脱离关系，一八二一年建立王国，一八二四年改为共和国，一八四八年与美国宣战，旋失北部一带地方，一八六三年为法人所征服，而拥立澳大利亚贵族 Maximillian 为王，受法国之保护，一八六七年王被杀复改为共和国，其宪法曾于一八五七年公布（二月五日），后经数次之修正，共分八章，计一二八条，第一章：第一节人权，第二节墨西哥人民，第三节外国人，第四节墨西哥公民。第二章第一节国家之主权及政体，第二节联邦及国家领土之构成。第三章权力之分配，第一节立法权，第一项国会之选举与就职，第二项法律之提案及制定，第三项国会之职权，第四项常务委员会，第二节行政权，第三节司法权。第四章公务人员之职任。第五章联邦下之各邦。第六章通则。第七章宪法之修正。第八章宪法之不可侵犯。并附有临时规定及附加条款。至一九一七年曾大加修改并增入劳工法一节于第六章之内，计全文共一三六条，另附暂行条款十六条，全文共分为九章，一九三三年四月二十九日又修正一次即现行之宪法也。兹将要点列举于下：(一)墨西哥国境内之人，均受本宪法之保障，除依本宪法之限制外，其应享权利不得加以侵害，奴隶制度应予禁止，教育以自由为原则，人民有自选合法之职业或工作之自由，各项工作如无相当酬报或未得其同意者不得强迫之，思想之发展在原则上概不受司法机关或行政机关之审查，著作及出版之自由不受任何侵害，依法之请愿及集会亦受保障，居民在原则上得保有各种武器之权利，在共和国领土内各人有往来旅行及变更其住所之权利，人民之身体非依法律之规定不受侵犯，监禁仅对于科以体刑者执行之。其监禁地点与业已定刑之人应完全分离，羁押处分亦须依法为之，关于卫生及警察事项，行政机关得入住宅检查，及检阅有关系之文件。(二)凡属民事性质之负责者不得逮捕之，又刑事被告人亦应受一定之保障(本宪法第二十条列举十项)。司法官应有正当与完全之科刑权，刑罚如断肢与侮辱，烙印，鞭打，打击，各种拷问，额外罚金，没收财产及其他特别刑罚等概行禁止，政治犯之死刑亦废止之。对于其他死刑仅限于与外国战争时之卖国贼弑亲者，欺诈谋害或预谋杀害者，放火犯，剽窃犯，拦路越货之大盗，海盗及军事重罪犯等。(三)墨西哥领域内之土地与水流之所有权原属于国家，惟国家得将此项所有权转让于私人，人民之私有财产除因公用关系并给与赔偿外，不得收用之，惟国家仍得随时对于私有财产加以公共利益所需之限制，关于取得国家土地与水流之所有权之资格，应适用一定之规定(本宪法第二十七条第七项设有七款之列举规定)，关于大地产之划分，国会及各邦议会应就其权限制定法律并依照一定条件(本法第二十七条第十项列举六款)实行之。(四)在本共和国内不得有独占事业或各种专卖货物之贮藏或免税，或禁用法定名称以保护实业，但关于货币之铸造，邮务，电报无线电报，联邦政府直辖银行钞票之发行等之专利，及著作家与戏剧者因其事业而授与一定时期之特权，与发明家或改良者对于其发明或改良事件之独享权利，则不在此限，对于一切必需消费品由少数人集中与管理以抬高价格之一切行为或方法，其目的为阻止或倾向阻止生产及工业商业或公共事务之自由竞争，生产者，实业家，商人，运输或其他事业之经理人所订定之一切契约或联合以阻止争竞，并强迫消费者缴纳过高之价格，以及其他仅利于少数人，而害于公众或社会之独享与非法利益等事项，法律应严重惩处，而政府亦应用有效方法检举之。(五)若遇侵略，扰乱公安或使社会处于极度危险或冲突时，惟共和国大总统，经阁员及联邦国会之同意(如联邦国会休会时，则经常务委员会之同意)得在全国国内或一定地方停止宪法之保障[即上述(一)、(二)、(三)各点]以迅速解决之。(六)墨西哥人民之资格得以出生或归化程序取得之。凡墨西哥国籍之父母，在其国内或国外所生之子女均为墨西哥人民，但其父母须为生于墨西哥之人民，外国人民在墨西哥国内所生之子女，在其成年后一年，曾到外交部声请愿领墨西哥国籍证书，并证明在声请前之六年，曾在墨西哥国内居住者，得认为具有在墨西哥出生资格之人民。具有下列情形之一者，得为墨西哥之归化人民：(甲)外国人在墨西哥所生子女，依照上述规定而未满居住期限者。(乙)曾在墨西哥继续居住五年，并能正常谋生及在外交部领取归化证书者。(丙)拉丁种之印第安人在墨西哥有永久住址并表明愿意归化者。(七)凡不具备上述之资格者均为外国人，仍得享受本宪法所赋予之权利，但共和国大总统如认为不宜任其久居者得不经预先审讯而迳行驱之出境。(八)墨西哥人民年在十八岁以上并已结婚者,或未结婚而年龄在二十一岁以上者得为墨西哥公民,同时仍须具有能正当谋生者之资格,墨西哥公民有下列权利及义务:(1)选举及被选举权。(2)政治结社权。(3)服务军队或国民军权。(4)请愿权。(5)履行登记之义务。(6)加入国民军兵籍义务。(7)投票选举义务。(8)充任陪审员。(九)国家之主权属于人民,人民绝对有随时修正政体之权,各邦之内政,有权自由处理之,但应根据此根本法之原则结合而为联邦,又各邦之宪法亦不得违反联邦宪法之规定。(十)关于联邦之领土之规定(第四十二—四十八条)。(十一)墨西哥共和国之立法权属于国会,国会分为众议院与参议院,众议院由墨西哥公民每三年全部改选之国民代表组织之。其选举依选举法之规定以直接选举方法行之。参议院每邦或联邦区用直接选举法各选出三人组织之,其任期为七年,届期全部改选之。国会议员于在职期间所发表之意见为不可侵犯,并不须负责,众议院非有全体三分之二,众议院非有议员二分之一以上之出席不得举行会议或行使其职务,常会均于每年九月一日起召集。其在开会期间遇有特别事项讨论时,得由常务委员会召集非常会议。(十二)关于法律及命令之提案权属于联邦大总统或国会之众议员及参议员或各邦之议会,大总统,各邦议会或其议员所提出之议案,应即送交国会之委员会审查,众议院参议院议员所提出之议案应遵照议事规则所定之程序办理。凡法律案之审议非专属于一院者,由两院继续讨论之,关于讨论及表决之方法时期及方式应遵守本法所定之议事规则(第七十二条之规定)办理,国会之议决案应有法律或命令之性质,所有法律或命令,得由每院议长及每院之秘书长署名送交大总统公布之。(十三)关于国会职权之规定(第七十三条列举二十九项),关于众议院之专有职权(第七十四条列举八项)及关于参议院之专有职权(第七十六条列举十项)等之规定。(十四)常务委员会于国会闭会期间设立,于闭会前由两院分别选举之委员二十九人组织之(内众议员十五人,参议员十四人),其职权为代理国会执行一切职权(第七十九条列举六项)。(十五)大总统行使本联邦之最高行政权,其选举依选举法之规定直接选举之,被选者应具下列资格:(1)本国人民在国内出生享有全部公权且其父母系生于墨西哥者。(2)选举时年满三十五岁者。(3)选举前居住国内满一年以上者。(4)不属任何教派,不在任何教派之神父职务者。(5)选举前一年内非现役军人者。(6)非现任国务卿或其次长,各邦总督及各特别区之总督或京市市长,或在选举日期一年前已离职者。(7)须为非前届代理大总统者。大总统之任期为六年不得连任,大总统在任期之首先两年内确定不能行使职权时,国会在开会期内者,应即组织选举团由全体议员三分之二以上出席,以秘密投票法推选代理大总统一人,大总统在任期之最后四年内不能行使职权时,国会在开会期内者应推选候补大总统一人(大总统之职权见第八十九条列举二十项)。(十六)为执行联邦政务起见大总统依法设部长若干人分配职务,其人选应以在本国出生,享有全部公权并年满三十岁之墨西哥国民充任之,大总统所颁布之法规条例法令及命令,均应由各该主管部长副署。否则不生效力。(十七)本联邦之司法权授予最高法院巡回法院及地方法院,法院之数目及职权另以法律定之,最高法院以法官十六人组织之,依据法定程序由全体集合庭或分三庭执行职务,法院之审判除有关风化或公益之案件应秘密审讯者外，概应公开审判，最高法院之法官应由大总统荐举咨请参议院于十日内决定之。(逾期未决定者以已经批准论)，巡回法院及地方法院之法官由最高法院任命，一般法官应具下列各项资格：(1)在本国出生之墨西哥国民享有全部公权者。(2)任命时已满三十五岁。(3)领有官署或法定公会颁发之律师证书者。(4)富有声望并未受一年以上徒刑之宣告者，但凡犯窃盗，诈欺，伪造，有妨信守其他事件至遭公家抨击者，不论所处刑罚之轻重，均丧失此项资格。(5)在前五年内居住国内者，但因公务而出国未超过六个月者不在此限。为向审判机关提起联邦管辖之公诉，请发羁押嫌疑犯之押票，侦查并检具证据等事项起见特设检察长公署。其人选由大总统任免之，以一人为检察长(其资格与最高法院法官同)，检察长对于本联邦之事项，或外交使领官或本联邦两邦或两邦以上相互间，或一邦各机关相互间之事件应亲自监督之，此外同时检察长亦为政府之法律顾问。(十八)下列案件应由联邦法院裁判之：(1)各机关所颁布之法令，侵害人民之保障者。(2)联邦官署所颁布之法令妨害各邦名誉或限制其统治者。(3)各邦机关所颁布之法令侵犯联邦之职权者。以上应由被害当事人根据一定范围(即本法第一〇七条所列举之十二项)遵照法定程序起诉。又下列案件亦应由联邦法院受理之：(1)根据或引用联邦法律而发生之民刑诉讼或关于与外国所订条约而发生之案件，但有例外。(2)关于海上权利所发生之案件。(3)联邦为诉讼当事人之案件。(4)两邦或两邦以上相互间或一邦与联邦间或京市法院与联邦法院或各邦法院间之案件。(5)各邦与邻邦一邦或一邦以上相互间所发生之案件。(6)关于外交方面使领人员之案件。至于两邦或两邦以上相互间之争议，各邦与各机关间关于其法令是否合宪之问题，联邦与一邦或一邦以上相互间之争执，及联邦为当事人之案件，则概由最高法院管辖之。即联邦法院相互间，联邦法院与各邦法院间，或各邦法院与他邦法院间关于管辖之冲突，亦归最高法院裁定之。(十九)国会议员，最高法院法官各部长及检察长，对其任内之普通犯罪行为及在执行职务时之违法及过失行为概应负责。各邦总督及各邦议会议员违反宪法及联邦法令者，概应负责，大总统在任期内，除犯叛逆罪及妨害治安之重罪者外，不受审判，关于渎职罪应负责任之时效，以各该官吏在任期内及卸职后一年内为限，其罪状经宣判后该被告不得赦免。(二十)各邦内部之行政采用共和代议，民主政体并以依法组织之自治市区为区域划分政治与行政组织之基础，各邦设总督及议会，均以直接方法选举之，总督之任期不得超过四年，其资格应为出生于墨西哥共和国之公民，且为该邦之居民，在选举日以前实居五年以上者。各邦议会之议员人数，应以其居民之多寡为比例，其议员不得在下届连任(但有例外)，各邦间之领域之划定，以各邦间之互相同意为之。且此项同意仍须经联邦国会之认可始生效力，各邦总督应公布联邦法律并遵守之，又各邦对于他邦之法令登记及司法程序应予以认可，而联邦国会亦应一定原则(第一百二十一条列举五项)制定法律以充实其效力，又联邦对于外寇及外来暴力有保护各邦之义务。(二十一)国会在不违背一定原则(第一二三条列举三十项)得制定劳工法，俾工人，雇工，仆人，工匠等所订立之劳资协约有所遵守。(二十二)凡本宪法所未定为联邦之权力者概应保留于各邦。(二十三)联邦行政当局对于宗教信仰及宗教上纪律之事项有行使法律规定之干涉权，其他官厅在联邦政府指挥之下亦得行使该权，国会不得以法律创立或禁止任何宗教。（二十四）国会依据本宪法所制定之法律，及过去或将来经国会核准而由大总统签定之各种条约，为本联邦之最高法律，各邦法律与之抵触者，应由各该邦法官遵照纠正之。（二十五）本宪法之修正非得联邦国会出席议员三分一投票之同意，并经各邦议会以多数表决认可者，不得成为宪法之一部分。（二十六）本宪法如因叛乱情事致遵守时发生障碍，亦不丧失其效力，因内乱而设立违反宪法之政府时宪法之效力于人民获得自由时即行恢复之。（二十七）关于暂行条款之规定（共十六条）。从略。

【墨刑】【史】一作黥刑。（参五刑条内）

【堕（墮）胎罪】【刑】Offence of procuring abortion　堕胎者，乃违法故意以人工方法使未到期之胎儿与母体分离之谓也。堕胎罪之客体，多为胎儿及妊妇，然有时仅限于胎儿，其主体有时仅限于妊妇，有时为妊妇与其他第三人，然有时则仅以第三人为限，关于堕胎之所为，学者间有二说。一为胎儿杀死说——主张谓仅令早产胎儿未死，非属堕胎罪，须致死方论，一为人工早产说——主张谓凡以人工方法将未到期之胎儿使其早产者，不论是否生存，即为堕胎罪。二者以后说为当，但须注意者，即胎儿已死于母体而令其堕胎时，不能以堕胎论罪，以其与风化之维持公益之保全无关故也。刑法于分则第二十三章内规定本罪，计共五条，兹分为五种：（1）自行堕胎罪。（2）加功堕胎罪。（3）意图营利堕胎罪。（4）强暴胁迫或诈术堕胎罪。（5）公然介绍堕胎罪。（详各本条）

【坟（墳）茔不籍没】【史】坟者葬人身之处也，乃指其封土之隆起者而言（其平者则谓之墓），茔者墓也，不籍没谓不行籍录亦不没收之也。大明令刑令篇设有坟茔不籍没之条："凡籍没犯人家产田地内有祖先茔坟者，不在抄扎之限。"

【宽（寬）平】【史】执法宽大公平者，为宽平，唐书—刑法志："治以宽平，民乐其安。"

【宽（寬）于失而严于故】【史】所谓宽于失而严于故，乃指过失犯其处罚应从宽，而故意犯则应从严而言，此项主义乃依书经大禹谟"赦过无大，刑故无小"，之语而创立，学海堂丛书第五册之读律提纲："失是无心，故是有意，如有司出入人罪，失出入为公罪，故出入为私罪，固是即凡犯罪者，皆须分辨是失是故，律中特别著一故字甚多，皆以见失与故不同，故者必从严。"其列举之例如清律工律河防篇——盗决河防之条，刑律断狱篇断罪不当之条，刑律杂犯篇分列失火放火故烧人房屋之条等皆是。

【宽（寬）于初犯而严于再犯】【史】初犯者如能从宽或能使其悔改，以其恶性或系不甚重大故也。至于再犯其恶性甚显，故应从严，学海堂丛书第五册——读律提纲："窃盗律固有初犯再犯之分，其在他律亦严于再犯，如犯罪自首免罪，再犯不准首，老者犯罪收赎，再犯不准收赎之类。"

【宽（寬）贷】【史】宽贷者，谓刑罚宽大及宥恕不究也。宋史郭忠孝传："岁起大狱，忠孝治其首，余悉宽贷。"

【审(審)出实情议叙】【史】原问官或前任官对于罪案确实情节，不能审出或误断，或所拟罪名失当，委审官或接任官如将实情究出，按律更正，应交部核议，以资激励。清之六部处分则例(卷四十八)刑属审断篇下设有审出实情议叙之条："各省审拟招解案件，经督抚两司派员覆审，除事情细小及罪名不甚相悬者无庸议外，如原问官承审不实，所拟罪名生死失当，经委审官究出实情，按律更正，该督抚即将何官廉实驳正之处，随案声明，系原问失入斩绞，能审出实情改正者，准其加一级，系原问失出斩绞，能审出实情改正者，准其纪录二次，若该委员因有议叙之条，傅会文致，故意苛求，该督抚亦即查明题参，照上司苛驳之例议处。"又："接任官能将前任官失入斩绞之案审出实情改正者。准其加一级，失出斩绞之案审出实情改正者，准其纪录二次。"又："挟仇诬告谋死人命以致尸遭蒸检之案，承审官能审出实情者，准其纪录二次。"

【审(審)判】【刑诉】Trial 所谓审判，乃指法院对原告所起诉之案件，就刑罚权之存否及其范围加以断定之程序而言，审判时应有下列之准备：(1)审判推事之指定。(2)审判日期之指定。(3)被告之传唤。(4)通知检查官。(5)证人之传唤。(6)辩护人之指定。审判之顺序：(1)书记官朗读案由。(2)对被告认别之讯问。(3)检察官陈述案件要旨。(4)就本案讯问被告。(5)调查证据。(6)辩论。(7)判决。审判时凡有下列情形之一者，即须停止：(1)推事被声请回避者。(2)被告因心神丧失或患病不能出席与审者。(3)被告人所在不明者。(4)当事人对法院所下关于程序上之裁定声明不服，在抗告期间及在上级法院裁定未确定以前者。(5)以民事法律关系为断，而该民事尚未裁判者。(6)被告犯数罪时其一罪已受或应受重刑判决，而他罪起诉在前者。审判时应由法院书记官制作笔录，所以证明审判中之诉讼程序是否合法也。故应记载下列事项及其他一切程序：(1)审判之法院及年月日。(2)推事检察官书记官之官职姓名，及被告代理人辩护人辅佐人并通译之姓名。(3)被告不出庭者不出庭之事由。(4)禁止公开者禁止之理由。(5)检察官之陈述及当事人辩论之要旨。(6)被告证人鉴定人之讯问及其陈述之要旨。(7)开庭时曾向被告宣读或告以要旨之文件。(8)开庭时曾示被告之证据物件。(9)开庭时实施之勘验及扣押。(10)辩论时曾命被告为最后之陈述。(11)判决或其他裁判之谕知。(12)审判长命令记载或当事人代理人辩护人声请记载经审判长许可之事项。书记官于每次开庭后应于三日内整理之，原则上应由审判长署名盖章，以资慎重。至判决时应制作判决书，并须具备一定方式，方为有效。(刑诉法第二六五一三三六条)

【审(審)判上和解】【民诉】又曰诉讼上和解，乃指当事人在受诉法院或试行和解之受命推事或受托推事面前所为之和解而言，与诉讼外和解之非在受命推事或受托推事面前，而在诉讼当事人中自为和解者有别。

【审(審)判公开主义】【民刑诉】与审判密行主义相对称，即法院审判时许一般人到庭旁听观审之主义也，其不许一般人到庭旁听观审而仅许与本案有关系人等旁听观审之主义则曰审判密行主义。我国民诉法采审判公开主义，刑事诉讼法则以公开主义为原则而以密行主义为例外。

【审(審)判外和解】【民诉】又曰诉讼外和解,与诉讼上和解相对立。(详审判上和解条)

【审(審)判外费用】【民刑诉】Fees other than filing and hearing fees 当事人之旅费证人鉴定人之旅费日费,及其他当事人所需之费用,皆为审判外费用。

【审(審)判官】【组】Judge 又称推事(详该本条),在行政法院之审判官,名曰评事,在县政府兼领司法时之审判官,则称承审员。

【审(審)判官之汨】【刑】(详裁判上减轻条)又称国家汨或法律之汨。

【审(審)判长】【组】Presiding judge 又称首席推事。(详该本条)

【审(審)判密行主义】【民刑诉】与审判公开主义相对称。(详审判公开主义条内)

【审(審)判程序】【民刑诉】Procedure of trial 审判由国家所设之法院行之,即刑事案件经检察官,或自诉人起诉后,法院为确定刑罚权之存否,及其范围起见,自应开始审判程序,我国现行法采三审制,其审判程序,按照审级依次进展,因有第一审程序,第二审程序,第三审程序之别,此项审判程序始于起诉,终于判决确定,但终局判决前,因搜集诉讼资料,保全证据以及准备审判之进行,必须有所裁判,其形式以裁定行之,而声明不服之方法则为抗告,是曰抗告程序,至于判决确定后,如其判决显有误谬,应有匡正之程序,其匡正法律上之误谬者,谓之非常上诉,其匡正事实上之误谬者,谓之再审,又审判程序尚有本则程序,与变则程序之别,本则程序,即依通常程序以行审判,而变则程序则为简易程序,即案件轻微而证据明确者得不经通常审判程序,而迳以命令处刑,以上所述皆为刑事案件之审判程序。至民事案件经原告提起后,法院为确定私权之存否,及其范围起见,亦须开始审判程序,至其审判程序亦按照审级依次进展,有第一审,第二审,第三审之别,此种审判程序亦始于起诉,终于判决确定,此外又有抗告程序(与上述刑诉中之抗告程序同),再审程序,和解程序,调解程序,简易程序等,然专就审判程序说明之,有普通诉讼程序,与特别诉讼程序二种,民诉规定特别诉讼之程序种类有四,即督促程序,保全程序,公示催告程序,人事诉讼程序等是也。

【审(審)判笔录】【刑诉】所谓审判笔录,乃指由法院书记官所作成关于审判经过之笔记而言,应由审判长署名盖章,审判长有事故时,由列席推事之资深者署名盖章,独任推事有事故时,仅由书记官署名盖章,书记官有事故时,仅由审判长或推事署名盖章,并分别记载其事由,此项笔录应记载下列事项及其他一切程序:(1)审判之法院及年月日。(2)推事,检察官,书记官之官职姓名及被告代理人辩护人辅助人并通译之姓名。(3)被告不出庭者不出庭之事由。(4)禁止公开者禁止之理由。(5)检察官之陈述及当事人辩论之要旨。(6)被告证人,鉴定人之讯问及其陈述之要旨。(7)开庭时曾向被告宣读或告以要旨之文件。(8)开庭时曾示被告之证据物件。(9)开庭时实施之勘验及扣押。(10)辩论时曾命被告为最后之陈述。(11)判决或其他裁判之谕知。(12)审判长命令记载或当事人代理人,辩护人声请记载经审判长许可之事项。按审判笔录一经作成,则审判中之诉讼程序专以审判笔录为证，又审判笔录内附录之文件或经记载以该文件作为附录者。其文件所记载之事项与记载笔录者有同一之效力。(刑事诉讼法第三三一—三三六条)

【审(審)判费用】【民刑诉】Juridical expense; Trial fees 审判费用仅系诉讼费用之一种，乃指依诉讼标的之金额或价额按法定等差所征收之费用而言，在诉讼费用规则内设有明文。

【审(審)判独立】【通】Independence of trial and decision 又称曰司法独立。(详该本条)

【审(審)判籍】【民刑诉】Forum 我国刑诉法名曰土地管辖(详该本条)，在民事诉讼法则仅称审判籍。即以地域为标准所划定当事人应受一定法院管辖之范围也。又可分为二：(一)普通审判籍。(二)特别审判籍。(详各本条)

【审(審)判权】【民刑诉】Judicial right 所谓审判权有国家审判权与法院审判权之别，通常所谓审判权，乃属于后者之范围，但亦有争论事件审判权与非讼事件审判权之分，前者乃法院就当事人间争讼事件所为审理与裁判之权限也。后者谓争讼事件审判权以外之审判权限也。争讼事件审判权又有民事审判权与刑事审判权二种，故普通一般人所称之审判权，乃指民事与刑事审判权而言，惟刑事审判权中更有普通与特别之区分，以前者乃普通法院所有之审判权，一般人所称之刑事审判权，皆指此而言。

【审(審)判厅】【组】Courts 民国十五年以前，审判衙门之编制有四级：(一)初级审判厅(后经裁废于地方厅附设简易庭)。(二)地方审判厅。(三)高等审判厅。(四)大理院。所谓审判厅者，即初级地方及高等审判厅之通称也。今则皆称之为法院初级审判厅，采单独推事审理制，审理轻微之案件，地方审判厅采单独推事审理制及合议推事审理制高等审判厅专采合议推事审理制，在地方审判厅之合议庭，以推事三人合组之，审理第一审诉讼案件，及由初级上诉之案件，在高等审判厅之合议庭，以推事三人合组之为原则，但得因该案情形临时增加推事为五员，高等审判厅，除内乱罪外患罪及妨害国交罪，有第一审管辖权外，有审判下列案件之权：(一)不服地方审判厅第一审判决而控诉之案件。(二)不服地方审判厅第二审判决而上告之案件。(三)不服地方审判厅之决定或其命令按照法令而抗告之案件。

【审(審)计院】【行】审计院即今之审计部，在北京政府时代所设立者系直隶于大总统，依审计法审定国家岁出岁入之决算，置院长一人，由大总统特任，副院长一人，由大总统简任，审计官十五人，协审官二十七人，由院长呈请大总统任命，下设三厅，每厅以审计官三人以上，协审官四人以上组织之。置厅长一人，由大总统于审计官中简任之。又置书记官长一人，由院长呈请大总统任命，书记官五人，由院长委任，掌理文牍会计庶务，又设核算官，由院长委任之，掌理核算事务(审计院编制法第一条，第五—九条，第十三条—十四条)。在国民政府时所设之审计院亦依审计法行使下列职权：(1)监督预算之执行。(2)审核国家岁出岁入之决算。

置院长一人由国民政府特任之，副院长一人，由国民政府简任之，秘书二人至四人，又置总务处及第一厅第二厅，总务处设处长一人（简任），掌理文书会计庶务事项。第一厅掌理关于监督预算执行事项，第二厅掌理关于审核决算事项，每厅各置审计四人至六人（简任），协审六人至八人（荐任），核算员若干人（委任），又各置厅长一人，由国民政府于审计中简任之。（见审计院组织法第一——十一条）

【史】为宋代所创设之官署，主司财政之审计事项。民国成立后亦有审计院之设置，直隶于大总统依审计法审定国家岁出岁入之决算，其组织职份见前。

【审（審）官院】【史】为宋代官署之名，掌京师文武官之选授，勋封，考课之政令，有东西二院，东院掌文选，西院掌武选，其后悉归选部（吏部之别称）以东院为尚书左选，以流内铨为侍郎（吏部次官）左选，以西院为尚书右选，以三班院（掌使臣之铨选）为侍郎右选。（大学衍义补卷十）

【审（審）查权】【宪】Right of examination　议会对于行政机关或司法机关之设施，得加以调查及审核，此种权利曰审查权，为议会对于政府监督权之一种。

【审（審）看拟式】【史】计六卷，为刚毅所撰，毅字子良为满洲正白旗人，光绪间官至军机大臣、吏部尚书协办大学士。

【审（審）计法】【行】Law of Audit　本法于民国十七年十二月十六日公布，计二十三卷，兹录其要点于下：(1)凡主管财政机关之支付命令须先经审计院核准（核准时在原则上应于收受之日起三日内为之）。否则国库不得付款，如支付命令与预算案或支出法案不符时，审计部应拒绝之。(2)下列决算及收支计算应由审计部审查：(A)国民政府岁出入之总决算。(B)国府所属各机关每月之收支计算。(C)特别会计之收支计算。(D)官有物之收支计算。(E)由国民政府发给补助费或给与保证各事业之收支计算。(F)其他经法令明定应由审计院审核之收支计算。(3)审计部应将每会计年度审计之结果呈报国府。(4)各机关应于每月经过后编造上月收入支出计算书，贷借对照表，财产目录等，送审计部审核，审计部对之如有疑义得行文查询限期答复，或派员调查，如认为正当时，应发给核准状，如认为不正当者。应通知各各该主管长官执行处分，或呈请国府处分之。但出纳官吏得提出辩明书，请求审计部再议。(5)审计部得编定关于审计上之各种规则及书式，各机关现行会计章程得送审计部备案，审计部亦得派员检查，认为不合者应通知该机关更正之。其有与审计法规抵触者，应通知各该机关停止执行，并依法定程序修正之。(6)审计部对于审查完竣事项自决定之日起，五年内发现其中有错误遗漏重复等情事者，得为再审查。若发现诈伪之证据者，虽经过五年后仍得为再审查。

【审（審）计处】【行】Provincial or municipal departments of audit　审计部于各省省政府所在地或直隶于行政院之市市政府所在地所设之审计机关，曰审计处，置审计一人（简任）。协审二人，稽察一人，秘书一人（均荐任）。佐理员若干人，审计处设处长一人，由审计兼任之，并置下列四组：第一组——掌理事前审计事务，以协审一人兼任主任。第二组——掌理事后审计事务，以协审一人兼任主任。第三组——掌理稽察事务，其主任由稽察兼任之。总务组——掌理本处文书统计会

计庶务及其他各组交办事务，其主任以秘书兼充之。（审计处组织法第一一五条）

【审（審）计部组织法】【行】本法于民国十八年十月二十九日公布，本部直隶于国民政府监察院，其职权如下：（一）审核政府所属全国各机关之决算及计算。（二）监督政府所属全国各机关预算之执行。（三）核定政府所属全国各机关收入命令及支付命令。（四）稽察政府所属全国各机关之冒滥，及其他关系财政之不法或不忠于职务之行为。设部长一人（特任），副部长一人（简任）。于下列各厅设厅长各一人（简任）。由审计兼任之，秘书处设秘书长一人（简任）。秘书二人至四人（荐任）。秘书处分科办事，各设科长一人，由秘书兼任之，科员二人至四人（委任）。此外审计部设审计九人至十二人（简任）。协审十二人至十六人（荐任）。稽察八人至十人（荐任）。又于必要时得聘用专门人员，于各省设审计处掌理各该省内中央及地方各机关之审计稽察事务。

【审（審）计办事处】【行】Special office of audit　审计处于中央及各省公务机关，公有营业机关其组织非由行政区域划分者，经国府之核准而设之审计机关，曰审计办事处。按事务之繁简分为甲种办事处与乙种办事处二种。前者之组织准用关于审计处（详该本条）之规定，后者则设协审一人兼任处主任，并设佐理员分股办事审计办事处办理事前审计，事后审计或稽察事务之人员，于事务简单之机关各得兼管数机关之同种事务。（审计处组织法第一条、第六一七条）

【审（審）案展限】【史】审案谓审判受理诉讼案件也，应于一定期限内完结，如有法定原因亦得展期为之，清之六部处分则例（卷四十七）刑属审断篇上设有审案展限之条："州县承审事件如余犯到案而正犯及要证未到，或盘获窃盗究出多案必须等候事主认赃方可审拟，或因隔省隔属行查有需时日，限内实难完结者，承审州县将此等情由于分限内申详督抚分别题咨展限。若正犯要证俱经到案，间有余犯未获即将现获之犯审究，按限完结若承审期内遇有续获之犯仍在州县分限以内者，即行一并审拟，毋庸另展限期。如到案已在州县分限以外，不能并案审拟者，先将前次有无迟延照例核办，准将续获人犯另拟统限四个月专案审拟完结。如间有余犯到案适在州县分限将满之时（如三个月分限已剩二十日，两个月分限已剩十五日），准其扣满统限审解，傥有不遵定例拟展，将已逾二参分限者，仍照逾违二参例议处，其未逾二参分限者，除迟延月日照例议处外将违例扣展之州县照违令公罪律罚俸九个月。"又："州县承审限内已将正犯要证未获事主未到，以及隔省行查限内实难完结缘由申请上司展限，该上司不为咨部请展者，将该上司照应申不申公罪律罚俸六个月，县官免议。"又："盗案果有虚实情形未分，盗赃水确限内不能完结者，许承审官据实详报咨部展限四个月。"又："承审卑幼擅杀期功尊长属下人殴伤本管官妻妾谋死本夫，奴婢殴故杀家长并杀死三命四命之案，如有情节中变或经上司驳饬不及请展以致有逾例限者，该督抚于具题时将此等情由附疏声明吏部，仍按其违限月日照例议处，并叙入该督抚声明限内实难完结缘由，将可否免议之处请旨定夺。"又："州县承审期内如遇正犯及要证患病即将患病月日具报督抚该督抚随案声明准其展限一个月，其府州司道审转时或遇犯证患病亦准扣除总不得过一月之限，如有捏报犯病希图扣展将捏报之员降一级调用。"又："承审官未及一月离任者接审官准其另起审限(应分限两个月者仍另扣六十日三个月者仍另扣九十日),一月以上离任者准其扣限一个月,无论三十日并前官所剩分限日期俱准其扣展,初参逾分限离任者准其扣半加展(分限二个月者准另扣三十日,三个月者准另扣四十五日),初参统限外离任者无论应限六个月四个月事件俱另扣统限四个月审结,其督抚司道府州如在州县未经招解以前到任者,仍各照应得分限审转题结。如到任在州县招解以后,准前官移交核办者亦准其照应得分限扣半加展。”又:“州县承审未经招解以前即经上司委员审办者委审官俱照接审官之例,如州县承审未及一月者委审官准其另起审限一月以上者,准其扣限一个月,并州县剩限初参已逾分限者,准其照承审分限扣半加展,已逾统限者,委审官以人犯到案之日起无论应限四个月六个月事件俱另扣统限四个月审结。”又:“州县审理案件如有查捕蝗蝻勘灾监赈勘河防险等事,无论曾否出境俱准将公出日期扣除,若系派办道路桥梁差务,以及上司专委查办紧要事件,如州县已出本境,道府已出所属之境者,亦准将公出日期扣除(未出境者不准)。俱令该督抚确查月日并所委何事所往何地于文内声明,以凭查核,其道府大闱监试提调州县入闱办事者,亦一体准其扣展,如原审官适有要务,例应公出而所审系斩绞立决重犯并盗劫重案,该上司即另委妥员接审,或提省审办,以免迟延,至该管上司于属员招解到案之后公出者,准其将公出日期扣除,如公出后始行招解到案,只应以回任之日起限审转,不得并扣公出日期。”又:“地方官接收词状一经批准,即令原告到案投审,傥原告情虚畏审,不即赴案辄行脱逃及并无疾病事故两月不投到者,即将被告证佐人等俱行释放,其所告之事不与审理,俟拿获原告专治以诬告之罪。”

【审(審)案挪改月日】【史】挪改,谓移动更改也,挪改月日,谓将已逾期限移改为其他之新期日,以为届满之期。官员承审案件,如有挪改月日,应依本条予以处分,清之六部处分则例(卷四十八)刑属审断篇下设有审案挪改月日之条:“官员承审命盗等案,务须立时缉捕速为审理,傥有怠于听断,延案不结,及至期限已逾,惧干参处,因而挪改月日者,照规避例革职,至自理户婚田土及一切杂案,如有捏改月日以图幸免,即按其应得处分之轻重办理,系规避罚俸并降留革留处分者,即议以实降一级调用,系规避实降实革处分者,即议以革职。”

【审(審)级】【组】Stages of trial　审级者,谓审判非一次终结而可按照一定递级审判之制度也。有采取四级三审制度者,如德日以及我国法院编制法是,有采取三三级审制度者,法国及我国法院组织法是。

【审(審)级管辖】【民诉】所谓审级管辖,乃指以某事件之审理为有诉讼上一定之阶级之管辖而言,例如某事件属于第一审法院之管辖,某事件属于第二审法院所管辖之类是也。

【审(審)问】【民刑诉】Trial　法院对诉讼关系人所为之审理与讯问,统称曰审问。

【审(審)问失实】【史】谓审理讯问案件不能获得真实情节也,清例对此设有明文,其规定如下:(一)反叛人犯不能审出实情者承审官革职,审转官降四级调用,臬司降三级调用,督抚降一级调用。(二)凌迟人犯不能审出实情者承审官降二级调用，审转官降一级调用，臬司降一级留任，督抚罚俸一年。(三)斩绞人犯不能审出实情者承审官降一级调用，审转官降一级留任，臬司罚俸一年，督抚罚俸六个月。(四)军流人犯不能审出实情者承审官罚俸一年，审转官罚俸六个月，臬司罚俸三个月，督抚罚俸一个月。(五)徒杖人犯不能审出实情者承审官罚俸六个月，审转官罚俸三个月，臬司罚俸一个月，督抚免议。(六)按州县为承审官，知府直隶州为审转官，如由司道审转者司道即照审转官例议处。

【审(審)理详报】【史】审理者谓审判与受理也，详报者谓通详向上官报告也，清律及例之规定如下：(一)命案相验后未通详，亦未获犯因卸事移交后任，迟延十日以内免议，州县未及一月者罚俸一年，三月以上者降一级留任，三月以上者降一级调用，四五月以上者降二级调用，半年以上者降三级调用，一年以上者革职，府州未及一月者罚俸三个月，一二月以上者罚俸六个月，三月以上者罚俸九个月，四五月以上者罚俸一年，半年以上者降一级留任，一年以上者降一级调用(接任官不为详报亦照此例议处)。(二)犯已就获未及通详因卸事移交后任补报。未及一月者罚俸三个月，一月以上者罚俸一年，半年以上者罚俸二年，一年以上者降一级留任。(三)刑逼妄供草率定案，证据无凭，枉坐凌迟斩绞者，承审官革职转府州降四级调用，司道降三级调用，督抚降二级调用，枉坐发遣军流者承审官降四级调用，率转府州降三级调用，司道降二级调用，督抚降一级调用。枉坐徒杖笞罪，承审官降三级调用，率转府州降二级调用，司道降一级调用，督抚降一级留任(以上俱无庸查级议抵)。(四)审理命盗等案，通报后覆审得实定拟，招解与初详不符免议，未经招解离任，经接任官审出实情，初审之员一体免议。(五)接任官将前任失入失出斩绞之案审出实情改正，加一级记录一次。

【审(審)理赃案】【史】所谓审理赃案，乃指审判办理贿赂之案件而言，原问官措置失当应依本条予以处分，清之六部处分则例(卷四十八)刑属审断篇下设有审理赃案之条："婪赃人犯，原问官未能究出得赃，后经别员审出，或原审之赃无几，经别员审出多赃，如罪各有关出入，将原问官照不能审出实情例议处，如罪无出入，将原问官照漏取紧要口供例议处。傥将审出赃数私自删减者革职。"又："官役婪赃之案，承审官因适遇恩赦竟不质讯明确者，罚俸一年，审转之上司罚俸六个月督抚罚俸三个月。"

【审(審)办参劾人员】【史】参劾人员，谓因事项题参弹劾之人员也，审办谓审理及查办也。其有审办之权之人，清例均有明文分别加以规定，以资遵守，清之六部处分则例(卷四十七)刑属审断篇上设有审办参劾人员之条："督抚同驻省分总督参劾之员，令该巡抚审理，巡抚参劾之员，令该总督审理，其非督抚同驻省分，该督抚所参之员交与藩臬两司审转备详，隔省督抚稽核，该督抚即自行就近审结，将审案移会隔省督抚合词具题，若系督抚专管省分，无庸会题者，亦即自行审结。"又："官员私征私派酷刑虐民显有实据者，一经士民告发，立即题参，若系一二人及数十人，或胪款上控或投递公呈，其虚实一时难定者，即交与藩臬两司，秉公确讯，一有实据，亦即题参。"又："属员被士民控告而上司转借以恐吓取财，若因属员不合己意而阴嘱刁民控告者，经该督抚查出指参，即将该上司革职，审拟。"

【审(審)录罪囚】【史】审者审讯也,录者记载也(或曰,录即录囚,减刑也,与后世所称秋审之制同)。罪囚谓囚禁中之人犯也。大令刑令篇——设有审录罪囚之条:“凡所在重刑须要追勘一切完备,在京中御史台,在外从监察御史提刑按察司审录无冤,有司结案待报,若犯人番异或家属称冤听牒移准。”

【审(審)拟贪官蠹吏】【史】贪污官员与恶奸吏役一经发觉督抚必须秉公审拟,如有徇私等弊,交部从重治罪,清之现行则例(即刑部现行则例)断狱篇设有审拟贪官蠹吏之条:“贪官蠹吏发觉等事,督抚必须从公审拟,若有徇庇贪污情弊,科道纠参,是真者,将督抚承问各官交与该部从重治罪。”

【审(審)检所】【史】民国初年,对于未依新制设立法院之各县地方,设置审检所,掌理所辖境内民刑诉讼之初审案件,及不服初审判决之上诉案件,至审检事务,则由县知事行之,其后旋即废止。

【审(審)检程序】【组】审检程序者,谓捕获法院内对拿捕事件之检举与审理之手续也。(参捕获法院条例条内第三点至第七点)

【审(審)听要诀】【史】赡思撰,内容及卷数不可考,事见金东山所撰之补三史艺文志法家类。

【履行】【债】实行其应尽之义务谓之履行。

【履行之诉】【民诉】Action of performance　又称给付之诉。(详该本条)

【履行主义】【债】Principle of performance　为种类之债变为特定之债时之立法例之一,对分离主义与独立主义言,谓须债务人给付其物所必要之行为完结时,始认为特定,故又称交付主义,我国民法采此主义,而债务人得债权人同意指定其应交付之物时,亦视其物为特定物。(第二〇〇条第二项)

【履行地】【债】即履行债务之地点也,又曰清偿地。(详该本条)

【履行地法】【国私】即履行债务所在地之法律也。

【履行期日】【行】谓履行债务之特定日也,例如约定于五月五日将债务还清时也。

【履行期间】【债】即由双方约定地一定期限内履行债务之时日范围也,例如约定自五月五日起至六月四日止应行清偿其债务是。

【履行承担】【债】即第三人(承担人)依其与债务人所订立之契约,只于内部对于债务人负担其债务以向债权人履行之谓也,因原债务人之地位并不变更,故与债务承担不同。

【履行义务】【债】Duty of performance　履行义务,给付义务,与清偿义务,皆为关于债之拘束力之法律上用语,从债权效力方面言,谓之履行义务,从债权目的方面言,谓之给付义务,从债权消灭方面言,则谓之清偿义务,此三者之实质皆为债务人之作为或不作为,所谓履行义务,即对于放息义务之人,经法院判决,或其他原因,由应履行义务之人,履行其所负义务之行为也。与给付义务及清偿义务,名异而实同。

【履行迟延】【债】Mora solvendi 又称债务人迟延(详该本条),复名给付迟延。

【履勘】【刑诉】Inspecting the place 为勘验处分之一,履勘者,谓检察官或法院或其受命推事亲履犯所或其他与案情有关系处所实施勘验也。履勘时,得按其情形命自诉人被告及其辩护人在场,并得传唤证人鉴定人前往履勘处所讯问,以期易于发见真实,至于应作成履勘笔录,是固当然之事也。(刑诉法第一五七条、一五八条)

【履新】【行】Assuming new post 凡一切之新任行政官员,或新任司法官员,以及其他新任之各种官员,初次到任,皆谓之履新,履新时旧任官员应将一切事务文件结束交代,由新任官员负责接收。

【履历】【通】Personal record 个人之一切过去生活经历,谓之履历,即个人之小传,或历史,例如籍贯,年龄出身,前任职务或职业,现任职务或现时职业等,合称曰履历,在将此种履历以书面缮成,则称曰履历书。

【币(幣)制局】【行】民国七年北京政府为整理全国币制起见特设币制局直隶于国务总理,其职掌如下:(1)关于泉币事宜。(2)关于钞券事宜。(3)关于其他币制事宜,置督办一员由财政总长兼任之,总裁一人(特任),副总裁一员(简任),顾问一员(聘任),名誉顾问若干人,其下得酌设员司分科办事,在未经分科办事以前得先设论查委员会,为便利办事统一事权起见,凡财政部所属造币总分厂,印刷局,造纸厂,及各银行监理官,均应受币制局之监督及指挥,币制局之创立,原为改革币制而设,故其存在期间,定为十年。(币制局官制第一一三条、第五条、第七条)

【庙(廟)享有丧】【史】举行庙享,吉事也,其有缌麻以上丧,参与充任执事者,或任陪从者,均为法所禁止。唐律(卷九)职制篇庙享有丧条:"诸庙享,知有缌麻以上丧,遣充执事者,笞五十,陪从者笞三十,主司不知勿论,有丧不自言者,罪亦如之,其祭天地社稷则不禁。"

【废(廢)止】【通】Abolishment; Rescission 绝对的使法之效力消灭者,曰废止,并有下列二种分类:(一)内因废止与外因废止。(二)明示的废止与默示的废止。(详各本条)

【废(廢)止住所】【民总】Abandonment of domicile (参住所条内)

【废(廢)家】【亲】Ablishment of a house 所谓废家,乃指家属脱离关系而入他人之家而言,例如子女无亲属而随母改嫁是。

【废(廢)疾】【史】谓瞎一目折一肢之类也。(参老小废疾收赎条)

【废(廢)除】【继】Disinheritance; Abolition 在继承法上称曰废继,乃指对继承人加以撤废而言,通常所称之废除,即对某种存在事项或制度或行为,加以撤销废弃及铲除之谓。

【废(廢)弃】【民刑诉】Abatement 所谓废弃,在诉讼法上有二义,其一乃指当事人提起诉讼不合法,或无诉讼能力时,法院不予受理,而将该项诉讼加以停止而言,其一则指对下级法院之判决,加以撤销而言,此时与破毁之意义相同。(参破

毁裁判条）

【废(廢)置】【行】Abolishment and establishment 关于官署公共团体市县区镇乡坊等之撤销并合，谓之废，其新设者，则曰置。

【废(廢)夺】【史】为废官夺职之简称。

【废(廢)罢诉权】【债】Right of action for revocation （详诈害行为之废罢诉权条。）

【废(廢)锢】【史】为刑罚之一种，即废其官而使其终身不得出仕之谓也。汉书一息夫躬传："躬同族亲属素所厚者，皆免废锢。"

【废(廢)权行为】【民总】为法律行为之一，对设权行为变权行为及保权行为言。即以消灭权利为目的之法律行为也。例如债务之免除是。

【广(廣)文博士】【史】谓广文馆(参该本条)内所置之博士也。

【广(廣)文馆】【史】唐制，于国学以外另设一特殊学校与国子学，太学，四门学，书学，律学，算学，等共称为七学，俱属于国子监，以文学为唯之学科，故曰广文馆，为天宝九年七月所创设，置有博士四人，助教二人，学生计共六十人。

【广(廣)告】【债】Advertisement 以使公众周知为目的，而对一般不特定人所为之意思表示，谓之广告。商业上广告之性质乃为劝诱之要约，须经广告人之要约，复经相对方之承诺，始可成立契约，至于悬赏广告，则与此相反，所谓悬赏契约是也。

【广(廣)告人】【债】即悬赏广告契约中允许给许应赏人以一定报酬之人也。

【广(廣)东治河委员会组织条例】【行】本条例由国民政府公布于民国十八年七月二十四日，全文计十七条。自公布日施行，兹举其要点如下：(一)本委员会直隶于国民政府，掌理广东全省河海之疏浚筑堤建港开埠，以及一切预防水患发展水利筹款施工事项。(二)会中设委员长副委员长各一人，委员若干人，由国民政府任免之，每星期开常会一次，必要时得召开临时会议，会议中决议案之执行均以委员长名义行之。(三)本会又置总务处工务处及财务处，各设处长一人(简任)，科长若干人(荐任)，科员若干人(委任)。(四)本会得聘任或委任工程师及工务员，并得聘任国内外工程专家为顾问或专门委员，又为执行主管事务，并得编练工程队或警卫队。

【广(廣)义民法】【民总】与狭义民法相对称。(详民法条内)

【广(廣)义犯罪】【刑】Offence in the broad sense 为犯罪之一，与狭义犯罪对立，即举凡幼年人精神病人以及无故意过失之犯罪，与有责任能力人有故意或有过失之犯罪，皆被视为违反社会秩序之行为，刑事政策学每以此为研究对象，一名形式的犯罪。

【广(廣)义商法】【通】与狭义商法相对称，即包含关于商事所有之法规在内也。如商私法商公法及商国际法皆在商法之内是也。

【广(廣)义解释】【通】Interpretatio lata 与狭义解释相对称，即法文中其意义包含有数种时,应从广义方面加以解释者是。

【弹(彈)劾法】【行】Law of Impeachment 监察院行使弹劾权除由国民政府组织法及监察院组织法之规定外,尚须有一定之法规以为依据,是项法规曾于民国十八年五月二十九日公布,名曰弹劾法,仅十一条,民国二十一年六月四日,经立法院修正,于六月二十四日公布,共十四条,兹录其要点如下:(一)监察委员对于公务员违法或失职之行为,应以书面提出弹劾案于监察院。(二)弹劾案提出后应即由提案委员外之监察委员三人审查之,经多数认为应付惩戒时,应即将被弹劾人移付惩戒,如认为不应交付惩戒而提案委员有异议者,应即将该弹劾案再付其他监察委员五人审查而为最后之决定。(三)弹劾案提出后不得撤回,而监察院长亦不得加以指使或干涉。(四)监察院人员对弹劾案在未经移付惩戒机关前,不得对外宣泄。(五)监察院应接受人民举发公务员违法或失职行为之书状,但不得批答。

【弹(彈)劾案】【宪】谓监察院委员向监察院所提出关于纠举官吏之过失之案件也。此项案件之提出应以书面为之,并应详叙事实附举证据,监察院人员对于任何弹劾案在未经依法移付惩戒机关以前,不得对外宣泄其内容。弹劾案如有涉及刑事事件惩戒机关应将刑事部分移交该管法院审理。(参弹劾法条)

【弹(彈)劾权】【宪】Impeachment 凡对行政或司法官吏有失职或违法行为时所提出之处分与惩戒的请求曰弹劾,其权限则曰弹劾权,在三权分立之国,此权多属于议会,而在我国现行制度,则属于监察院。

【弹(彈)问式】【刑诉】与纠问式相对立。(详刑事诉讼条内)

【影射差役】【史】以通辞欺瞒官署希图免除本人供差役之义务者,称曰影射差役,明律(卷五)、清律(卷八)户律篇——户役条:“诡寄田粮,影射差役。”清律注曰:“脱免自己之差役。”六部成语注解:“托词逃避官差。”

【影像权】【债】Right of portrait 他人非得本人允许不得摄取本人之影像,此种禁止他人摄取自己影像之权利,谓之影像权,影像权若被人侵害时,被侵害者得请求法院禁止之,盖因影像权为身体权之一部,为自己之所有物,仅自己得利用之,而他人非得本人之同意无利用其影像之权利也。

【德音】【史】为宋法典之一。德音者,常与编敕同时编纂之,例如天圣赦书德音,乃天圣十三年三月,与天圣编敕及令文,同时所编纂,庆历赦书德音,乃庆历八年四月与删定编敕,及附令敕,同时所编纂,德音,即赦令之义。

【德意志法】【通】Law of Germany 德意志一称日耳曼,日人释为独逸,位于欧洲中部,北方大部濒波罗的海及北海,一小部与丹麦相接。东部与波兰为界。西部与荷兰比利时卢森堡及法兰西等国为邻,南则与瑞士及奥地利亚二国相连。东南方复与捷克斯拉夫为界,东普鲁士一地以波兰国土之故而与本国隔绝,全国面积共十八万一千余方哩较欧战前少二万八千余方哩。政治区域分为十七个邦市。原为联邦制度,自国社党独裁后则变而为一单一国,人口目前共有六千三百万人,全为日耳曼族人,按在中世中叶,奥地利亚之北方有柏兰敦堡(Brandenburg)者,势力为各部中之最强盛者，渐成为大公国，一六一八年因系统上关系与东普鲁士合并，改称普鲁士大公，一七一三年称王号而成普鲁士王国，为神圣罗马帝国之一份子，时奥地利亚之大公为该帝国之皇帝，一八〇五年奥地利亚为拿玻仑败，次年即有莱因联盟之组织与帝国脱离而独立，帝国遂因而解体，拿玻仑败后，维也纳会议，莱因联盟亦随之而消灭，于一八一五年复有德意志联邦之组织，先为四十一邦，后合并而为三十九邦，仍以奥地利亚为盟主，首都设于法兰克福(Frankfurt)一八一九年有所谓关税同盟之组织以普鲁士为盟主，一八六六年普奥战起，普胜奥败，北德意志联邦因而成立，盟主遂属于普，一八七一年普法之役，普又战胜，遂在法京巴黎附近凡尔赛宫内举行德国皇帝威廉一世登极典礼，而德意志帝国(Deutsche Reich)遂告成立，普鲁士则为其唯一之主体，嗣后海外殖民地亦先后以武力夺获，德意志帝国遂成为列强之一焉。一九一四年欧战起后，初则德奥颇占优势，继则一败涂地。而国内革命遂于一九一八年十一月崛起，威廉二世被迫退位，由多数社会民主党独立社会民主党及劳兵苏维埃联合出而维持，以爱柏特(Ebert)为领袖，一九一九年二月六日宪法会议召集，十日爱柏特氏被选为大总统，而共和国乃正式成立。一九三三年十月间国社党希特勒秉政，独裁制度推行全国，及大总统兴登堡氏逝世，全国政权悉入希氏一人之手，对内排除异己将前此联邦制度摧毁殆尽，中央集权之制遂告成功，对外则宣言废弃凡尔赛和约对于德国所加之种种限制，最近军备束缚既除，列强无不怒目相视，是此后欧洲和平前途之转变，德国所处之地位，重而且大也。按德意志法律乃属于日耳曼法系，即世所称为大陆法学系之中坚也。起自纪元三百年中间因日耳曼族向欧洲西南移居，卒因受罗马法之同化而产生所谓大陆法系，但其能保持旧来面目至今仍存勿替者仅挪威瑞典一隅耳。考日耳曼人民原为尚武冒险民族，其法系之生长可分为三个时期，第一期虽为神权时代，但其审判方法则并非为僧侣的而系民众的，与埃及、巴比伦、犹太及印度等之神法不同，酋长为全部落之审判官，审判地点则于大森林中，于宣告判决时参与观审之民众每大声呼喝或举剑持盾表示赞否意见，故其审判方法实为民众共审之制。第二时期则为第四世纪至第八世纪，是时日耳曼人南侵，今日之西欧与南欧均为日耳曼人所移殖之处，大都与罗马化之土著混合同化，惟日耳曼之传统法律仍到处保持，属人主义之法律固为当时所盛行，故罗马住民亦适用其固有法律，同时日耳曼人因欲保全其固有传统法律习惯，而法典之制定遂应运而起，法兰克(Franks)及伦巴尔多(Lombardo)等法典即其最着之例。第三期自九世纪起当日耳曼之沙罗曼帝国建立后，人民大多已由游牧而入于农业耕种时代，为适应新环境起见，不得不放弃前此传统之法律(即属人主义之法律)而采取属地主义之法律，而在法律上各种阶级亦随土地占有关系之观念而益复杂，帝王之权力虽较前增大，而诸侯之威势亦较前为盛，故此时除一般通行之法律外尚有所谓帝国法及帝王法之公布，至十三世纪以后地方法仍盛行于时，加以都市发达之结果，诸侯权力增，而帝国遂呈分裂之现象惟是时交通频繁，法律统一遂感必要，罗马法遂应时输入，延至十五世纪之末叶罗马法与德意志固有法(分为地方法与一般固有法二种)具有同一之效力，嗣以感于外来之罗马法与固有法之同一效力而适用之说，与民族自觉之思想相抵触，于是各地遂有编纂法典之举，然仍未能脱离罗马法之成分而自行独立也。以上所述均为日耳曼法系之沿革，十八世纪以后各邦如普鲁士，萨克森，奥地利亚以及巴敦等均有法典之颁布，颇能注重事实，而德意志化之新法典几能独树一帜，为日后大陆法系之滥觞，而统一全德之民法编纂呼声几为当时法学者一致之表示，惜因 Savigny 等之反对与事实上之不许，卒不果成。一八七一年德意志帝国建立，首先承认一八四八年之票据条例与一七九四年之普鲁士一般民法为帝国法律，同年并公布刑法典，一八七七年始公布民事诉讼法，及刑事诉讼法，一八七九年公布法院编制法，一八八八年有所谓民法典草案之出现，因受多数人之不满遂再为组织编纂委员会，几经草拟删正，始于一八九六年公布蜚声近世之德国民法，此法典之为后起国家奉为典型者至今弗替，一八九七年又公布商法典，而德意志之六法于是乎成，一八九九年更有破产法之公布，此后因新事实之继起，单行法规陆续颁行者指不胜屈，而各法典条文之修正改订者为数亦属不少。至于宪法之沿革则应追溯至一八一五年之德意志联邦约法，制定于同年之六月八日，实则为各联邦首领间之一种条约而已，虽经人民代表向维也纳和会请求制定宪法，然迄未照办，依该约法之规定，设联邦议会，分为全体会议与常务会议两种，前者对于重要事件如领土之变更，约法之修正与新邦之加入等有决议之权，后者则仅处理通常之事务，在实际上联邦会议仅为一常设之外交会议耳，一八四八年三月革命事起，由各邦各地依人口之多寡用普选方法选出代表组织宪法会议，于是年五月间召集于法兰克福(Frankfurt)，于次年(一八四九年)三月二十八日制定一帝国宪法，设国皇帝国国会及帝国法院，国会为两院制，一为众议院，一为联邦院，国皇之命令须经国务员之副署，国务员对国会负责，如不为国会所信任，则应提出辞职，此外人民之权利义务亦均设有详细明文，同时并举奥国大公为帝国执政执行元首职权，然终因遭遇意外之事，劳而无功，旧日之邦联以及联邦会议照常恢复，一八六六年普奥之役，北德意志联邦成立，普为盟主，即由各邦参酌法兰克福宪法会议所制定之国会选举法，另行颁布国会选举法进行选举事宜，于是遂于一八六七年二月二十四日召集新国会于柏林，并将俾斯麦氏所起草之宪法草案交国会议决，然后再付各邦代表会议及各邦之议会通过，始正式公布，此种宪法实为后来一八七一年四月十六日之德意志帝国宪法之前身，故自南德四邦加入德意志联邦再经普法之役后，德意志帝国成立，宪法除将主席改为皇帝，联邦改为帝国外，其他并无若何变更，依此帝国宪法之规定设联邦院以为帝国之最高机关，其代表均由各邦政府委派，至于人民之代表机关则为帝国国会，议员均由人民直接选举，与联邦院共同行使立法权，行政方面则由德皇所任命之宰相为领袖，各部大臣则居辅弼地位权力甚小，宰相对国会并不负责，而系对德皇负责，司法权则由各级法院行使之，以帝国法院为最高法院，而以各邦之法院为帝国下级法院，在帝国下并不另置下级法院，至于德皇依宪法之规定其权力并不高大，惟因同时兼为普鲁士国王，而联邦院中之普鲁士代表人数极多均受普王指挥，宰相又兼为普国首相故在实际上德皇权力极大，在此专制政治推行之下，人民时有改革宪法之要求，然均不能实现，一九一八年十月二十八日因前线紧张达于极点，遂公布两种法律对宪法予以修正，即规定宰相及内阁各人员须对国会负责，而国会之宣战及媾和权亦为该修正法所赋予，不久德皇退位，爱柏特(Ebert)之临时政府成立，旋于一九一九年一月十九日进行宪法会议之选举，于二月六日召集，将内政部长普鲁斯(Preuss)所预先起草之临时宪法于同月八日提出于会议，十日通过并行公布，是为德意志共和国之临时宪法，内容分为二部，一部为宪法会议职权之限制之规定，一部则为关于国家机关之组织及职权之规定，宪法会议之职权虽为限于宪法之起草与完成惟较前此之国会，其权力诚有天渊之别，即内阁亦须对之负完全责任。宪法会议既已成立乃于魏玛(Weimar)集会从事新宪法之制定，费时七个月凡六易稿始告成立，于一九一九年七月三十一日经宪法会议全文通稿，八月十一日经总统及国务员副署于十四日公布，同日施行即世所称之魏玛宪法也。全文共分为二编，第一编为联邦之组织及其职责，第一章联邦及各邦，第二章联邦国会，第三章联邦大总统及联邦参政府，第四章联邦政会，第五章联邦立法，第六章联邦行政，第七章司法；第二编德国人民之基本权利及基本义务，第一章个人，第二章共同生活，第三章宗教及宗教团体，第四章教育及学校，第五章经济生活，全文都一百八十一条。兹将其要点列举于下：(一)德意志联邦为共和政体，其领土由德意志各邦构成之。(二)国权出自人民，凡关于联邦事务者，由联邦之机关依照联邦宪法行使之，关于各邦事务者则由各邦机关依照各邦宪法行使之，联邦之权分为三类，一为专有权，二为联邦与各邦共有之权，三为联邦得对之享有制定立法原则之权。(1)联邦专有权：(A)外交。(B)殖民。(C)国籍，住居迁徙，移民及引渡。(D)国防。(E)币制。(F)关税。(G)邮电。(2)联邦与各邦共有之权：(A)刑法。(B)民法。(C)诉讼程序及刑事行政。(D)护照及外侨之警察事项。(E)救贫制度及游民之救护。(F)出版结社及集会。(G)人口政策孕妇婴儿幼童及青年之保护。(H)公共卫生及动植物之保护。(I)劳工法，工人及佣工之保险及保护与职业介绍。(J)全国职业代表机关之设置。(K)退伍军人及其遗族之抚恤。(L)公用征收法。(M)天然富源及企业之社会化，并公共经济货物之生产供给，分配，定价与其按照集产主义之组织。(N)商业，度量衡制度，发行纸币，暨银行及交易所制度。(O)饮食品，享乐品及日用必需品之交易。(P)营业法及矿业法。(Q)保险制度。(R)航海法及海洋渔业。(S)铁路内河航业，陆上水上空中自动机交通，及关于国防及一般交通之道路的建筑。(T)戏院及电影，此外对于租税以及其他之全部或一部为充国费而取得之收入亦有立法权，又对于公共福利之维护与公共秩序及安宁之保护，联邦在有发布统一法规之必要限度内亦享有立法之权。(3)联邦得享有制定立法原则之权者计有下列各项：(A)宗教团体之权利义务。(B)学校制度，包含高等学校制度及学术图书馆制度。(C)各种公共团体之公务员法规。(D)土地法，土地分配居住地及家园制度，土地所有权之拘束，住宅制度及人口分配。(E)埋葬制度，此外为防止不正当之赋税及为保持重要之社会利益起见联邦亦得以立法手续规定各邦赋税之性质及征收方法。(三)联邦法律得废止各邦法律，如各邦法律与联邦法律发生疑义或有冲突时，联邦或各邦之中央该管官署得依照联邦法律之详细规定请联邦最高法院判决之。又联邦政府对于联邦有立法权事项有行使监督之权，至在各邦内执行直接属于联邦行政之官吏，则应以该邦人民充任。(四)各邦均应有自由邦之宪法，其人民代表亦应以有德国籍之人民不分性别依照比例选举之原则，用普通、平等、直接、秘密选举方法选出之。且该各邦之政府亦应得人民代表之信任。(五)关于各邦之区分,联邦应顾虑各该地人民之意见,以发展其最高经济及文化能力为目的,在联邦内变更各邦领土及组织新邦,应依照联邦法律修正宪法之手续行之,如直接有关系之各邦均同意时,则得依照极简单之联邦法律行之。如有关系之一邦对于各邦领土变更或组织新邦不同意时,得由民意(即以投票方法征实之)之要求或因对于联邦有极大利益,仍得依照简单之法律行之。(六)联邦国会以代表德国人民之议员组成之,议员由年满二十岁以上之男女依照比例代表选举制以普通,平等,直接,秘密之选举法选出之。四年重选一次,议长,副议长及秘书长由国会自选之,国会议场支配权及警察权,属于议长,其内部行政亦属于议长,议长同时并掌管国会内依照预算之一切收支,并在其行政上之一切法律行为及诉讼事件代表联邦,国会议事以公开为原则,惟有议员五十人以上之动议并得三分二之多数赞成时可改为秘密会议,议案之表决除宪法规定其他投票比例外,应以过半数行之。(七)联邦国会有要求联邦负责行政部长等出席国会说明行政概况之权,有设置审问委员会从事于查究官吏行动之权,法院及行政官署于此委员会所请求搜查之证据,有遵照办理之义务,又国会有设置常任外交委员会从事于审查关于外交上之立法案件之权,又为保持人民代表机关对于联邦政府之权利起见,并得在国会闭会期间及国会任满期间设置常任委员会。(八)联邦大总统由全体德意志人民依法选举之,凡年满三十五岁以上之德意志人皆有当选之资格,任期为七年得再选连任,于任期未满前得由联邦国会动议以人民之投票表决罢免之(联邦国会此项决议须有三分二之多数赞成,始为成立,决议成立后联邦大总统应即停止其执行职务,如人民表决拒绝罢免大总统时,联邦大总统等于重新选举,联邦国会应即解散)。(九)联邦大总统在国际上代表联邦,并得以联邦名义与其他国家缔结同盟,订立条约,接受使节,又于法律上无特别之规定时,得任免联邦文武官吏并得命其他官署行使任免权,此外大总统有掌握联邦一切国防军之最高命令之权,对于联邦中某一部如不尽其依照联邦宪法或联邦律所规定之义务时,有用兵力强制之权,于危急状态而有必要之处置时,有使用兵力及临时依法停止人民基本权之全部或一部之权,又大总统亦有恩赦及大赦权。(十)于联邦大总统之下设置内阁(称曰联邦政府),以内阁总理及各部部长构成之,大总统之一切命令,处分及关于国防军范围之一切命令处分,须得内阁总理或该主管部部长之副署始生效力,联邦大总统因故不能行使职权时,由内阁总理代理之,大总统于任期未满去职及新总统未选出之前,亦由内阁总理代理之,内阁总理由大总统任免之,各部部长则由内阁总理之推荐或呈请而由大总统任免之,内阁于行使职权时须得联邦国会之信任,若其中之一员为国会决议不予信任时,应即退职,内阁会议由内阁总理及各部部长组成之,各部部长得将一切法案及宪法或法律所规定应付公共讨论之事项,以及关于与多数部长有关系而各内部意见不能一致之问题提出共同讨论,其决议以多数取决之。(十一)联邦国会对于联邦大总统,联邦内阁总理,或各部部长认为违背联邦宪法或联邦法律时,得代表联邦向高等法院控告之,该项控告之动议须有联邦国会议员百人以上之连署,并须有与为改正宪法而预为规定之人数之相等之同意,始得成立,其细则另以关于高等法院之联邦法律规定之。(十二)为代表德意志各邦参加联邦之立法行政特设联邦参政会,各邦在会内至少应有一票之代表权，大邦每人口七十万一票，其超过之余数(最少须与最小邦之人口数相等)。最少有三十五万人口，作为七十万计算，不论何邦不得有总票数五分二以上之投票权，各邦之代表均以其政府之人员充任，但普鲁士票数之一半得按其邦法律由普鲁士地方行政机关任命之。会内之主席及所设各委员会之主席概由联邦政府之各部部长充任，联邦政府各部长有列席联邦参政会会议之权，如是该会之要求并有出席之义务，参政会之会议以公开为原则，议案之表决以过半数方法定之。(十三)法律案由联邦政府或联邦国会提出之，联邦政府提出法律案时，须得联邦参政会之同意，如联邦政府及联邦参政会对于法律案之意见不一致时，联邦政府得将法律案提出，但须将联邦参政会之意见附加说明，如联邦参政会议决之法律案与联邦政府不同意时，联邦政府应说明其立点，将此法律案提交联邦国会，联邦法律由大总统公布之，凡经国会议决之法律如联邦大总统于一月之内指定付人民表决者，得于其公布前交付人民表决，又法律之由联邦国会三分一之动议展期公布者，如得有投票权之人民二十分之一之提议应交付人民表决，此外有选举权之人民十分一之请愿提出法律案时，亦当交付人民公决之，又关于预算，赋税法及俸给条例，惟联邦大总统有提交人民表决之权，联邦参政会对于联邦国会所议决之法律案得否决之，惟应于联邦国会投票议决后之两星期内将否决案提交联邦政府，最迟限于下两星期内将否决理由书送交国会，否决案重提联邦国会表决时，如联邦国会及联邦参政会对于是项法律意见仍不一致则大总统得将该法律案交付人民表决，否则该项法律视为不成立，如联邦国会以三分二之多数议决反对联邦参政会之否决时，则大总统应在三个月内按照联邦国会所议决者公布或交付人民表决之。(十四)宪法之修正得用立法手续为之，但联邦国会必须有法定人数三分二之出席及出席议员三分二之赞成，其决议案始得成立，至联邦参政会对于修改宪法之议决则须有所投票数三分二之多数赞成，若由人民请愿而用人民投票以议决宪法之修正则须有多数选民之赞成。(十五)通常裁判由联邦法院及各邦之法院行使之，法官独立审判不受任何人之干涉，只服从法律，且受法律之保障，非依法律不受免职，停职，调任或退休，特别法院不得设置，无论何人不得剥夺其受法定法官裁判之权利，但法律所定之军事会议及戒严法院则为例外，又军事审判权除战时及在军舰内外，不得行使之，至于联邦中应依法设立联邦国务法院一所，依法受理一定诉讼，又为保护人民权利使不受行政官署违法或不当之命令及处分起见，在联邦及各邦中应依法分别成立行政法院。(十六)德国人民在法律上一律平等，凡有一邦之国籍者同时亦有联邦国籍，德国人民在联邦内各邦所有之权利义务与各该邦之原籍人民相同。一切德国人民在联邦内享有迁徙自由之权，有自由居住之权，有取得不动产及自由营生之权，人民之操外国语者有使其母语之自由权，人身有不受侵犯之权，人民住宅亦有不受侵犯之权，人民之行为非依法律不受科罚，书信及邮电有秘密之自由权，又依法律亦享有自由发表意见之权，(十七)婚姻应受宪法特别之保护，产妇及青年均应受国家之保护及扶助，人民对其子女，有负担教育之义务，不论私生子与嫡生子均受同等待遇。(十八)人民之集会结社及选举依法均得自由为之，向官署请愿亦为法律所许可，市民不分性别均依法按其才能劳绩有充任官吏之权，同时人民对于国家有服兵役，服役，负担公共费用等义务。(十九)关于宗教联邦居民享有完全之信仰自由,在民事上在公务上之权利义务并不以宗教自由之行使而附条件或受限制,宗教团体得自由设立,国家不设国教,即宗教团体之联合在法律上不受限制,宗教团体依法取得法律能力,其含有公法之性质者为公法团体,有依据人民税册遵照各该邦法律所规定之标准征收租税之权,至于仪式之自由亦为法律所保障,在军营病院,监狱及其他公共机关有举行祷拜及精神修养之必要准各宗教团体在内举行教礼,但不得强制执行。(二十)关于教育及学校,国家应保障学术之自由而加以培植,且须广设公立学校。人民须受八年之义务教育,次为完成学校继续至十八岁为止,在此时期内均完全免费,即教育用品亦免费供给,凡受中等及高等学校贫穷儿童并有请求国家补助之权利至毕业为止,联邦暨各邦及自治区应于预算内准备公款专为此项用途。各学校应致力于道德教化国民节操,使人民在德意志民族精神上及国际和谐上能造就高超之人格及发展其人之个性与才学,此外关于美术历史及博物之纪念品与天然风景亦受国家之保护及维持。(二十一)经济生活之组织应与公平之原则及人类生存维持之目的相适应,在此范围内各人之经济自由应予保障,例如人民应有经营工商业之自由,应有契约之自由,所有权之自由,继承权之享有,人人应获有相当之土地以建筑住宅,并有耕种及开拓其所有土地之义务,又人民应有工作之自由,其劳力应受国家之特别保护,智识上之工作,著作权,发明权,美术权,均应享受国家之保护及扶助,劳工团体并有结社之自由,此外为保持健康及工作能力保护产妇及预防因老病衰弱之足生经济生活之影响起见,联邦应制定概括之保险制度,又德国人民应有可能之机会从事于经济劳动,以维持生计,若无相当劳动机会时,国家应筹划及之。(二十二)劳动者及被佣者得以同等与企业家订定工资劳动条件,及生产力上之全部经济发展之规则,双方所组织之团体及其协定均为法律所认可,又劳动者及被佣者为保持其社会上及经济上之利益起见,得在企业工会及按照经济区域组织之区工会与联邦工会派遣代表,区工会联邦工会为履行其全部之经济任务及为执行社会化法律之协助起见,得与企业家代表及其他有关系之人民各界代表(即劳资以外之中立分子)集会合组区经济会议与联邦经济会议,此项经济会议有参与经济立法及社会立法之权力,凡上述法案于未提出国会以前,应先提交联邦经济会议讨论,即该会议亦有自行提议此项法律之权,所提之案如政府不予同意亦须附以意见而提交于国会,而该会议并可直接派员至国会出席说明一切。(二十三)关于过渡规定及终结之规定(第一六六条至第一八一条),从略。下述宪法自一九三三年三月二十三日经联邦国会及联邦参政会通过国民及国家危机克服法,简称曰授权法或称国权委任法,全文仅五条,于二十四日公布,第一条,国家法律除依宪法程序制定者外,政府有制定之权,宪法第八十五条及第八十七条(即关于预算及国家公债者)所订各项亦适用本法。第二条,政府制定之法律不得以联邦国会及联邦参政会之存废为立法之对象,可设立抵触宪法之规定,惟不得抵触总统之权力。第三条,政府制定之法律由内阁主稿政府公报公布之,除有特别规定外以公布之翌日发生效力,宪法第六十八条及七十七条(关于法律制定之手续)不适用于政府制定之法律。第四条与外交上有关系之立法事项,勿需立法参与机关之同意,政府得决定施行条约时之必要的规定。第五条,此法于公布之日发生效力，至一九三七年四月一日失效，现政府如发生其他变更时，此法亦同时撤销，根据上述规定政府既可制定法律以抵触现行之宪法，是宪法效力在目前已处于全然丧失之地，况国社党素以摧残异己为能事，是宪法上之人民基本权利与义务在事实上已等于具文矣。又政府之立法权包含甚广而手续又极简单，除有下列之限制外可以变更宪法之规定：(1)不得取消国会及参政会。(2)不得抵触宪法所赋与总统之权力。(3)授权法仅适用于现存之政府。(4)授权法自公布之日起发生效力，至一九三七年四月一日失效，故自一九三三年三月自授权法颁布之后德国宪法实已等于不存在，而国会自国社党获得绝对多数后亦已成为希特勒氏之御用机关，联邦制度全然取消，中央集权制度实施后各邦均由希氏遣派心腹前往统治或由党人暴力夺取，故各邦政权亦尽入国社党党人掌握之中，不特联邦与各邦之权力合而为一，即立法行政司法亦无分治之状态，自一九三三年十一月十二日之总统选举希氏于获得大胜利之余乃倾其全力于立法事业，兹举其概要者分述于下：(A)帝制时代各种制度之复活的立法，例如一九三三年三月十二日所颁布之国旗法，恢复旧时帝国之国旗，以及同年四月七日所颁布之关于帝政时代官吏团复活之法律，嗣后复有其他关于官吏之法律，关于恢复勋章及荣典之法律，以及关于军法会议之法律，皆对帝国旧制予以恢复。(B)统一主义之立法，例如一九三三年三月三十一日及四月七日之统一各邦行政法，由总统任命统监为各邦政府之长官，至一九三四年一月三十日特颁布德意志国家改造法，其内容为废止联邦制度，全文甚短仅五条，录之于下：第一条，废止各邦人民代表机关。第二条，(甲)各邦所有行政立法等权限，一律移归中央。(乙)各邦政府受中央政府之统辖。第三条，遣派至各邦之统监，受中央政府内政部长之监督。第四条，中央政府得制定新宪法。第五条，中央内政部长得颁发施行本法时之必要法令。第六条，本法自公布之日起发生效力。由此改造法所引起者计有下列各事：(1)同年二月五日命令废止各邦国籍，凡属德国人民仅有一个德国国籍，且此项国籍之取得须经内政部长之许可。(2)同年二月十四日下令撤销联邦参政会，凡属于参政会之立法行政权力，均一律移归中央各部管辖。(3)命令组织乡市联合会受内政部长之监督，以为地方自治团体之指导者。(4)颁布普通官吏法及官俸修正法以为统一行政法规之张本。(5)制定全国一致之纪念日法。(6)一九三四年二月又颁布关于行政简便化之法律，并对于交通行政，财务行政，卫生及森林等行政一律归中参统一治理。(三)反议会主义之立法，国社党秉政以后政府既得以命令代替法律或以法律变更宪法，是议会之存在实于赘物相等。例如授权法之以议会于四年内不发生若何作用，国民投票法之直接立法，禁止新立政党法(一九三三年七月十四日所公布者)之不许其他政党之存在与被选入议会，以及政党以国家保障法(一九三三年十二月一日所颁布者)。之认国社党为德国之统治者，并一九三四年二月十四日所颁布关于废除联邦参政会之法律，皆为对于反议会之立法。(四)纯德意志民族主义之立法，国社党之排斥异族人民，例如驱逐犹太人以及反对共产党之国际主义，即该党所高唱纯德意志民族主义之当然结果，在立法上例如官吏法之拒绝非德意志人民之任官吏，与反对共产党人之任官吏，以及一九三四年二月二十五日所颁行之专门学校仅德意志人民享有入学之优先权。

并同年四月二十二日所颁布学生法之仅限于德国人种及操母国言语者始得加入学生团体等皆是。(五)统制文化事业之立法,文化事业关系一国之前途甚巨,且文化之统制,极为国家统治者所注意,故德国国社党对于此项之立法事业,尤极力进行不遗余力,兹述之于下:(1)国民教化及宣传部之设立,其权限为对于国民精神之感化,国家文化及经济之宣传,社会教育之实施,教育行政之事务以及由外交部,内政部,经济部,农林部并交通部等所移办之事项等皆可处理之,其最通要者如出版、广播无线电,国立图书馆、美术、演剧、电影以及政治高等教育等,亦归其管理,其后并新设一教育部,办理由内政部所分出之科学教育及成人教育等行政。(2)德意志新教会基础法之制定,国家于一九三三年七月十日公布法律承认德意志新教会,该教会之基础法则于同月十四日制定,以主持全国教会事宜,并负联络国家与其他宗派之关系的使命,详言之即国家乃欲以之达到支配国民精神生活之目的故有新教会基础法之制定也。(3)德意志文化院之设立,此项机关之设,在于统制电影事业,以及音乐、图画、戏剧、著作、出版及无线电等从业人员,盖亦为统制国民之精神文化也。此为一九三三年九月二十二日之法律所创设,一九三四年一月一日复制定出版法,规定新闻杂志之编辑人须受一定之专门教育,且须人种纯洁,编辑人所组织之公会并须受宣传部长之监督。(4)剧场之统制,一九三四年五月十五日制定剧场法,规定全国剧场应归宣传部长统辖,政府之管辖权甚大,不特有干涉权,且有权命令剧场出演政府之宣传剧本,即主要演员之进退,亦须得宣传部之同意。(5)德意志法学院之创设,一九三四年七月十一日,政府复颁布关于设立德意志法学院之法律,其目的在于改革德意志法律,与立法机关保持密切合作关系以实现国社党之政策,其与立法机关所不同者即该院执行任务系采用学问研究方法,会员分普通会员与特别会员,院长由内阁总理任命,会员人数以三百名为限,院中一切须受司法部长及内政部长之监督。(6)总统名称之变更,一九三四年八月二日大总统兴登堡逝世,希特勒遂制定法律废除总统名称,且令人民投票承认自己为德意志国领袖兼内阁总理,十九日正式就任,此亦为对于德国一九一九年宪法之一大改变也。以上所述为关于德意志之宪法及行政法之最近趋势与变更,至于其他公私法亦莫不逐渐施以改革,且纯然以适合纯粹德意志民族之理论为根据,即所谓人种法则之法律理论是也。其进行步骤即于司法部内组织若干委员会,计有刑法修正委员会,民事诉讼法修正委员会,民法全部修正委员会及经济法修正委员会,并确定新德意志之立法原则三项,第一,公共利益应先于私人利益,第二,保护维持及发展德意志种族,第三,法律大众化,关于刑法之修正,主张刑法所保护者应以社会为单位,而不应以犯罪者之个人为目的,盖刑法所维持者为社会秩序与人民公共道德,且德意志民族之立法最大原则,乃使法律与道德打成一片,一方面对于违反善良风俗妨碍正义等非德国固有之律例概予废除,一方面,则对于社会不良分子之有危险性者加以预防,而求社会之安全,故新刑法特设保安矫正处分之规定,此外凡对于国家经济建设,法律权威及国家其他有犯罪行为者亦予以极严厉之处分,而对叛逆罪尤甚,即对道德犯亦毫无宽贷之余地,在另一方面,则对于为道德生活之人民特予以有秩序之保护,在修正刑法未竣之先,为处置叛逆之国事犯起见,特颁行若干之刑事特别法规以为过渡时期之适用,例如一九三三年四月四日之政治暴行防止法，一九三三年十月十三日关于法律的平和之保障法，一九三三年之关于绞首及死刑执行之法律，一九三三年五月十二日关于军法会议恢复法，一九三三年八月一日普鲁士刑法执行法与恩赦法，一九三三年九月十二日之关于改正德意志逃亡犯人引渡条例之法律，一九三三年十一月二十四日之动物保护法，以及一九三三年七月十四日关于遗传病之子孙防止法等皆是，在刑法修正法中最能引起吾人之注意者，即罪刑法定主义之有被废弃之可能之一事。盖新刑事法既对叛国或反国社党之反对分子施以严厉之刑罚，法院自应有比附援引之权，是罪刑法定主义已无被采用之余地也。关于民法原为人民生活之规范，德意志目前既标榜民族主义，故对于表现及指导民族之私法亦曾加以极大之注意，人种法则之法律理论既为新德意志法学界之中心思想，旧日之个人主义的自由主义之私法原理，自亦在排斥之列，在民法中之身分法以保持纯粹种族之血统为目的，国家对之有保护及监督之义务，至于民法中之财产法亦以保障家族之共同生存为目的，而承认私有权在国家之统制下受法律之尊重。民法之改革并非一朝一夕所能竣事，在此过渡时期亦已有若干单行法规之临时颁布，例如一九三三年七月十四日之遗传病之子孙繁殖防止法，同年六月一日之失业缓和法中第五编之婚姻资金贷借制度，又同年七月十四日关于撤销归化及剥夺国籍之法律，又同年九月二十九日之继承田产法等皆与身分法有关，又如上述继承田产法及四月二十二日之佃农保护法，二月十四日之关于农业强制执行之命令，七月二十日之农地上外债利息减轻法，六月一日之农地债务关系整理法，又十二月二十日之关于肥料及种子供给之债权担保法，又一九三四年五月十二日之小商人保护法，以及其他如国民劳动秩序法，并小工业人信用补偿法等皆是，至民法之内容将来修正时据某著名法学者之意见，将来民法是否仍分为五编尚属疑问，或有仅分为人与物二编之可能。现行法之第一编通则，内容条文尚属满意，国社党本无完全剥削个人权利之意惟仅加重个人之责任耳。第二编债权须调和个人活动及国家之管辖。第三编物权，地产簿之设本系侧重公利无须更改，关于所有权之观念决不至于承袭前此旧制，又抵押信用规定亦将成为问题。第四编亲属，将以已婚妇女为中心。第五编继承，对于遗嘱之自由必加以限制。关于民事诉讼法之修正要旨，因鉴于旧制之诉讼当事人均以诉讼为当事人之关系，故当事人时有延缓诉讼进行之举，故新民事诉讼法，则全然以法院处于主动领导之地位，务期诉讼进行迅速当事人不至于拖累之苦云。以下述德意志现行法院制度，德国普通法院乃在联邦与各邦所分设之各级法院成为一个系统，盖德国各邦既用同一法律故普通法院仅为一个系统，与美国联邦及各邦各设法院之各成系统者不同，联邦设一最高法院其他下级法院则由各邦设立之，在各邦设立之普通法院分为三级，初级者称曰地方法院，审判时多采独任制，其管辖权可为下列两项言之：（甲）关于民事者——凡财产争讼事件其标的物在一千马克以下，以及因典租借贷雇佣，迁居，养育，老年金，牲口病等而发生之诉讼，皆归其审理。（乙）关于刑事者——德国刑法分微罪轻罪及重罪三项（重罪处死刑或五年以上之徒刑，轻罪处五年以下之徒刑或罚金，微罪则处罚金或拘役）微罪及轻罪之一部归其审理，惟自一九二四年以后即某种重罪亦由地方法院管辖之，若该院系审理幼童犯（十四—十八岁）之案件时，则称为童年法院，此外非讼事件如婚约、田产、合伙、公司等之登记以及未成年人之权利的保护等事件，亦由地方法院管辖之，刑事案件之重罪及大部分之轻罪则由陪审员（Schöffen）参与审判，但其任务与英美之陪审员不同，而与通常之陪席推事则适相同，故可称之曰合议庭，至童年法院则由法官二人及陪审员三人共同审理之。第二级之法院称曰邦法院通常采合议制（每庭三人），有时则采独任制，所管辖之民事案件可分为下列三类：(1)为凡不服下级法院之民事裁判而提起上诉或抗告之案件。(2)为其他之初审民事案件。(3)为关于公务员及国家赔偿之案件，民事案件由民事庭管辖之，刑事案件则由刑事庭审理之，刑事案件可分为上诉及初审二种，刑庭分为小刑庭与大刑庭二种，前者置推事一人，陪审员二人，大刑庭则置推事三人陪审员二人，除受理不服地方法院所裁判之案件而提起上诉者外，凡不属于地方法院及联邦最高法院之刑事初审案件亦由邦法院刑庭受理之，惟受理第一审刑事案件时则称为巡回法院（Schwurgericht）——或作宣誓法院，置推事三人陪审员六人，此项法院之设，可由数个邦法院之管辖区域联合为之。邦法院经司法部认可时得增设商事庭，但不必设置于邦法院之所在地，由邦法院之推事一人为审判长，而以由当地商人团体所推选之名誉商事法官充任推事（任期三年），至于全邦法院之组织则为院长一人庭长若干人，推事若干人，院长可兼任庭长而庭长及推事在一九二四年以后复可兼充地方法院之推事，庭长除由院长自选一庭兼任之外，其它庭长应长何庭则由院长及全体庭长投票表决之，各庭间职务之分配及推事之分值统由院长与资深庭长二人所组成之主席团决定之。第三级法院称曰高等法院，全德国共计二十八所，各院除院长外分置各庭，并设庭长推事，分配方法与上述之邦法院相同，自一九二四年以来均采三人之合议制，并不设置陪审员，民事方面，无初审管辖权，均为关于上诉之案件，刑事则多为再审案件，惟关于内乱外患及泄漏军机之罪，本应由联邦最高法院行使初审之权，如该最高法院令高等法院审理时，高等法院应受理之，又如该项案件系最高法院之检察官命令高等法院之检察官检举者，则亦归高等法院受理，若各邦中之设有二个以上之高等法院者，则司法部可将上述案件令各法院中之一专理之。以上三种法院均为各邦所设立者，至联邦则有联邦最高法院（Reichsgericht）之设，地点为 Leipzig 院长庭长及推事概由联邦大总统任命之，但须得联邦参政会之同意始为有效，各庭之数目，均由联邦司法部长定之，目前计有民庭九，刑庭四，各庭中职务之分配及推事之分值概由院长与资深之庭长四人合组之主席团决定之，民庭采五推事之合议制，刑庭则采三人之合议制，但审理初审案件则须以五人之合议制行之，管辖事件除初审案件外经其再审或因上诉而受理者均为关于法律之争执问题，至于事实之问题则仍多以各邦法院或高等法院为终审之机关，关于非讼事件，联邦最高法院亦有最后之决定权，至法律之解释其统一权亦属于联邦最高法院，各级法院均应受其拘束。以上所述为德国之普通法院，至特别法院即受理关于特殊人之案件或常人之特殊案件，计有劳动法院，混合公断法院，军人法院，战时法院，领事法院以及航事法院，农事法院，市集法院等，劳动法院（Arbeitsgericht）受理一切关于劳资争议事件，程序简易讼费轻省，此项法院在管辖上成为一种独立系统，最上级为联邦劳动法院，次级者为各邦之邦劳动法院，再次级则为地方劳动法院，一个或数个地方法院之管辖区内即设有地方劳动法院，内可分为数庭，各庭之审判以法院推事为审判长而以劳资两方之代表各一人为帮审员，其权力与推事相等，至邦劳动法院与联邦劳动法院亦分为数庭，审理案件时，除各由邦法院，或联邦最高法院之法官任推事及审判长外，并须由双方劳资同数之代表出任帮审员，在此应注意者劳动法院法官不论由普通法院之推事兼任，或由劳资两方推选，均须兼具劳动立法及社会问题之智识，始能胜任，次言混合公断法院（die Gemichten Schiedsgerichtshöfe）专司公断敌国国民要求德国赔偿之事，系根据凡尔赛和约第三〇条而设立者，裁判官由德国敌国及国联委派之代表各一人充任之。再次言军人法院（Militargericht）及战时法院，前者受理作战时或在军舰上之军人诉讼案件，后者则受理战时普通法院权力所不能及之战区人民诉讼事件，此外尚有军法法院（Standgericht）管辖违犯军法所规定之案件，再次言领事法院，即德国在阿比西尼亚国，波斯，埃及等国以及西班牙属地摩洛哥等地所设立之法院也，为领事裁判权之实施之法院，管理该地之德国侨民一切案件。此外尚有管理航事所生之争执事件之航事法院，及受理地主与佃农间或地主与佣农间所发生争执之事件之农事法院，与各市专司琐屑民事简易事件之市集法院等皆由各邦或各市设立之。以下述行政法院，按行政法院在德国系与普通法院分别设立，与法国同而与英美两国异，盖即所谓大陆制也。在目前之德国各邦有各邦之行政法院，联邦亦有联联之行政法院（惟联邦尚无最高行政法院之设耳，）各邦之行政法院多采二级或三级制，而组织颇不划一，下级者且多兼有行政及行政裁判之权，且多为合议制，于各县市区内设立之，上级之行政法院则设于各邦之首府，其组织各邦不同，有由普通高等法院分设者，有由政府及邦议会所合推之代表混合而成者，亦有独立自行设置者，以最后者为普遍，（凡不服下级行政法院之裁判可向上级者提起上诉，上级法院除受理上诉案件外，亦有受理初审案件及抗告或再审之案件之权，）各邦之行政法院其管辖权实包含一切与行政或行政机关有关系之诉讼，不论为法律上之争执或事实上之争执均在其内，但关于最高行执行政机关所谓酌夺权限时所为之处分，则为例外，在联邦政府内亦有若干之联邦行政法院之设，例如联邦商标署——请求商标拒绝时，当事人如不服者可向其请求救济。高等海军署——凡不服海事官吏关于海事之处分时尚其请求裁定。联邦经济法院——凡不服关于经济行政机关所为之处分可向其请求救济。联邦财务院——凡不服财务行政机关所为之处分可向其请求救济。联邦救济法院——凡不服关于救济退伍军人之机关所为之处分可向其请求处置。联邦铁道法院——凡不服关于铁道行政官署所为之处分可向其请求救济，等等皆是。至于联邦最高行政法院之设，至今尚付缺如，联邦行政法院事权之不能统一，职是故耳。上述各行政法院均采合议制，惟审理时多不采取公开言辞辩论，法院法官一部须具有与普通法院同等之资格，其他一部分则须为各种行政专家，庶能行使行政审判职权而无缺陷之感。上述普通法院，特别法院以及行政法院之外，尚有所谓国务法院之设，此项国务院为宪法第一〇八条所创设，德文称曰 Staotsgerichtshof，其管辖权可分为三项言之，而其组织亦随所审理之案件而有差异：(1)受理重大弹劾案时——国会如认大总统，内阁总理，或国务员有违宪法或法律之行为时，依法所提出之弹劾案应移交国务法院审理之，审理此项案件时应以联邦最高法院院长为审判长，而以普鲁士高等行政法院巴雅恩(Bayern)高等法院法官及三自由市高等法院法官各一人及在联邦最高法院执行律师职务之律师一人为推事，此外国会及联邦参政会各再指派五人为帮审员，至各邦法律亦可将各邦之弹劾案移交联邦国务法院审理，而不另行设置其他与国务法院性质相同之法院。(2)审理关于各邦与联邦间因财产移转而起之争执事件时，则以联邦最高行政法院院长为审判长，联邦最高法院及联邦行政法院法官各一人为推事，并以国会及联邦参政会所推选之代表各二人为帮审官。(3)审理依宪法(第一五条三项，第十八条第七项，第十九条第一项)所规定其他之争讼事件时，以联邦最高行政法院院长为审判长，并以联邦最高法院及联邦最高行政法院之法官各三人为推事，依上所述国务法院之性质系与其他国家之上议院审判政府大员时所临时组织之法院相等，但其同时并不失其为直正之法院，故与他国亦有不同。

【彻(徹)法】【史】彻者，通也，均也，谓通八家之力共同耕种井田，而收其收获之谷类计亩平均分配并以十分之一上纳，称曰彻法，为周武王十三年间所制定，资治通鉴纲目前编(卷七)："周武王十三年立彻法。"其注曰："孟子曰，周人百亩而彻，朱子曰，一夫受田百亩，乡遂用贡法，十夫有沟，都鄙周助法，八家同井，耕则通力而作，收则计亩而分，故谓之彻，彻通也，均也。"论语—颜渊篇："有若对曰，盖彻乎。"注曰："彻通也，均也，周制一夫受田百亩，而与同沟共井之人通力合作，计亩均收。"孟子—滕文公篇："夏后氏五十而贡，殷人七十而助，周人百亩而彻，其实皆什一也。"

【征(徵)用】【行】Eminent domain 为公用征收(详该本条)之别名。

【征(徵)收地】【土】征收也，谓国家依公用征收法所征收之土地也。(参公用征收条及土地征收条)

【征(徵)收租税】【行】Collection of tax 征收租税者，即国家依法以权力强制人民无偿的收取其财物之谓也。查租税征收之方法计有三种：(一)直接由收税官吏及其他机关征收者。(二)使地方团体负征税之义务者。(三)用印花征收者。直接由收税官吏征收必须有纳税之布告公示于纳税者，凡金额及纳税之定期定所，皆记载之。若命地方团体征收时，即由该团体转发，以印花征收之法，即对于有特定行为者，命其购贴政府印行之印花，其购买之代价即所征收之税金也。

【征(徵)收犹豫】【行】征收犹豫者，谓国家基于纳税义务人之要求，许其于一定期限内展限其履行纳税之义务也。

【征(徵)收程序】【土】Procedure for expropriation 所谓征收程序，在我土地法上之规定，乃指地政机关接到国府行政院或省政府令知核准征收土地案时起所进行之征收程序而言，其内容为：(一)征收之公告。(二)征收之通知。(三)地价之补偿与发给。(参第三六〇—三七一条)

【征(徵)收准备】【土】Preparatory measures for expropriation 征收准备者，土地征收时需用土地人于未进行征收时之一切准备也，乃包括征收之声请，与征收之核定而言，我土地法规定为：需用土地人应先拟具详细计划，并附具征收土地图说，分别向国民政府行政院或省政府声请核办，始得由地政机关作征收程序之进行。（第三五四—三五九条）

【征（徵）收审查委员会】【土】为土地征收法中所规定临时创设之审查机关，置委员长一人，由地方行政官署之长官充任，委员四人或六人，为四人时由地方行政官署之代表指派一人，为六人时，指派二人，其他委员员额由地方行政官署所指定之法定团体选派代表充之。关于所议事项得就下列各项为之：(1)收用土地之范围。(2)补偿金额。(3)收买时期或租用之期限。委员会开会时非有全体委员之半数以上同意不得表决，议定后应作成议定书并附理由，由委员长签名，至于征收土地跨连二个以上之地方行政区域者，征收审查委员会应由各关系地方行政官署联合组织之。（土地征收法第二十三—二十九条）

【征（徵）兵制】【行】Conscription system　凡一国之人民负宪法上兵役之义务，除老弱病发者外无地位阶级之分，皆须从事于军队之服务，不得委托他人代充，亦不得以金钱义务要求免役，惟于特定情形有缓役之特典而已，此即所谓征兵制是也。换言之，除老弱病废者外凡为国民皆须服兵役之义务也。此制为日本各国所采用，我国所采者乃募兵制，所谓募兵制者，即凡国民之从军均须出于自愿之谓也。

【征（徵）兵保险】【险】Military insurance　为保险之一，谓以被保险人于被征服务兵服时，由保险人给付一定保险金额之保险也。

【征（徵）发令】【行】Order of levy　征发令者，国家当军队之整旅或演习行队之际，所发布征收军需用物之处分命令也。征发令有战时平时之分，战时征发令之发布，其事由为军队之整旅，于战时或有其他事变时行之，此时不问为全部或一部之出征，皆可为征发之处分，平时征发令之颁发，其事由为演习行军，于平时行之，虽无战争及防御或其他事变之情事，亦得为征发之处分。

【征（徵）发物品】【国公】Requisitions　（详军事占领条内）

【征（徵）发现金】【国公】Contribution　（详军事占领条内）

【征（徵）解包课银两】【史】包课谓统揽征收监务所确之税也，凡直省各州县俱应将所征收之包课银两如数解送上司，如有未完者，该州县应受处分，清之六部处分则例（卷二十一）户属盐法篇设有征解包课银两之条：“直省各州县应解包课银两，如有未完，核计分数照兼管盐务之州县未完分数例议处。”

【虑（慮）囚】【史】虑与降通，即宥恕囚人之罪之义，一称录囚，学林（第三，武英殿板本第五四一册）有详细之解说曰：“前汉书隽不疑传，不疑为京兆尹，每行县，录囚徒。颜师古注，省录之，知其情状有冤滞与否也。今之虑囚本录声之去者声。音力具反，而近俗不晓其意，讹其文遂为思虑之虑，失其源矣。……按，前汉后汉皆称录囚，唐史五代史皆称虑囚，二字皆是也，录者省录之也。虑者谋议之也。周礼朝士，若邦凶荒札丧寇戎之故，则令邦国都家县鄙虑刑贬，郑氏注曰，虑谓谋也，谓当图谋缓刑，贬减也，雨无正诗曰，昊天疾威弗虑弗图，舍彼有罪，既伏其辜，郑氏笺曰，虑图皆谋也，由此观之，则史言虑囚者，谋议之，欲不失其情也，颜师古乃谓，近俗不晓其意，讹为思虑之虑，失其源，盖师古未尝稽考而遽生非訾耳。”

【慰抚金】【债】Payment for compensation 又称慰藉费。（该详本条）

【慰藉费】【债】Salatium 谓于侵权行为中受害人以精神上所受无形之痛苦为准据所请求赔偿之金额也。因数额甚难估计，故应审核各种情形，例如被害人之地位，家况，及与该家属之关系，并加害人及其继承人之地位资力等以定之。（参民法第一九四条、第一九五条）

【庆(慶)元敕令格式】【史】为宋法典之一，庆元二年二月，置编修敕令所采乾道五年正月至庆元二年十二月续降旨挥，凡数百事，参酌淳熙旧法五千八百条，撰敕令格式，丞相豫章京镗仲远等庆元四年表上国朝自建隆以来，世有编敕，每更修定，号为新书，中兴至此，凡三修矣，其有续修指挥，谓之后敕，以待他时修入凡七百二册。

【庆(慶)元条法事类】【史】为宋法典之一，庆元条法事类者，宁宗嘉泰二年八月谢子肃等所撰，凡四百三十七卷，先是宁宗庆元中下诏修定，故名曰庆元，书录解题称嘉泰条法事类，此书卷数，玉海，书录解题，及宋史艺文志，皆作八十卷，现传刻本，亦为八十卷，而古四百三十七卷本，果与今本有异否，疑莫能明矣。

【庆(慶)祝期内奏折定式】【史】凡届庆祝大典期间及其他如年节内一切文武各衙门之奏事，均用黄面白折，关于庆祝及谢恩等事则用黄里红折，以照划一。清之六部处分则例(卷九)吏属本章篇设有庆祝期内奏折定式之条：“嘉庆八年十月初七日奉旨，现届万寿节内所有内外各衙门呈递奏章，或用黄折或竟用白折，殊觉参差，嗣后每届万寿及年节内，应穿采服之期，内外文武各衙门如遇奏事，则用黄面白折，其庆祝及谢恩等事，则用红里黄折，以归划一，钦此。”又：“嘉庆二十四年正月初十日奉上谕，嗣后凡遇应用黄折奏事时其刑名事件，俱无庸粘贴黄面，以归画一，钦此。”又：“官员粘贴折面错误，照违令公罪律罚俸九个月。”

【庆(慶)贺表文迟延】【史】庆祝贺禧奏折表文均须于一定期间内投递，如有迟延，应予处分，清之六部处分则例(卷九)吏属本章篇设有庆贺表文迟延之条：“嘉庆十年正月初二日奉上谕，每年十二月中各省文武大员及新疆各等处驻扎之将军大臣等，均有恭贺元旦奏折，自应以时呈递，乃上年各处所奏贺折，迟早不齐，有于十二月初旬即经呈递者，其最迟者则有松筠兴肇富色铿额景折等，于除夕由驿递到，而蕴端多尔济等直至元旦始行奏到，当经披阅，又别无陈奏事件，竟系专为庆贺请安，特行驰奏，岂不徒劳驿站乎，各省及新疆等处地方到京程期，均可按日而计，何难于发折之始预为筹及，至新疆等处本应于奏事之便附折庆贺，何得以元旦新禧一折专发驿递，实属太不晓事，松筠兴肇富选铿额景熵蕴端多尔济玉衡均著传旨由饬，嗣后外省及新疆各等处具奏庆贺元旦之折，著于十二月初十日以后二十五日，以前为率总于此半月内一律递到，毋得前后纷歧，有乖体制，将此通谕知之钦此。”又：“官员将庆贺表文舛错遗漏迟延，及不差的当人役赍送，以致遗失者，罚俸一年，其有遗漏盖印或用印歪斜，模糊颠倒，及缮写潦草破裂染污者，俱罚俸六个月。”

【庆(慶)历三司条约】【史】为宋法典之一,撰者为谁不可考,为庆历年间所上,仅一卷。

【庆(慶)历贡举条例】【史】为宋法典之一,于至和二年所撰,撰者姓名不可考,共十二卷。

【庆(慶)历编敕】【史】为宋法典之一,仁宗庆历七年正月,有司上编敕十二卷,详定景祐二年以后至庆历三年编敕四千七百六十五条,为千七百五十七条,别有总例一卷,目录三卷,至八年四月,宰相贾昌朝等,上删定编敕二十卷,诏崇文院镂板颁行,七年九月,又撰一州一县敕。

【戮】【史】戮者杀罪人而陈其死骸于众也,为战国时及秦时所行之惨刑之一,国语—晋语:“杀其生者,而戮其死者。”注曰:“陈尸为戮。”

【戮尸】【史】重罪之犯未及行刑而死,应戮其尸,戮尸之刑,秦时因成蛴军反,其军吏皆斩戮尸,事见始皇本纪,其后皆无所闻,明律亦未及之,至万历十六年间始定此例,惟以谋杀祖父母父母者为限,清因其制,其后更推于强盗案件,凡斩枭犯在监亡故者,均戮其尸,清末于修订大清现行律时即予废止。

【撮白】【史】黄纸上加贴白纸以为改正其文字之误者,谓之撮白,公文缘起:“按,江邻几杂志云,审刑奏案,贴黄上实更撮白,王院亭谓,不知撮自为何语,抑知今之贴黄,正宋撮白耳。”

【捞(撈)救】【海】Salvage 为海难救助之一种,与救助相对称。谓在海难程度较重时其船舶或货物已离海员之占有,沉没或漂流而由第三人加以寻讨救济也。

【撑(撐)驾】【史】以竿撑水之底而使船只前进也,明律(卷十五)、清律(卷十九)兵律关津篇——关津留难之条:“若撑驾渡船稍水,如遇风浪险恶,不许摆渡,违者笞四十,若不顾风浪故行开船至中流停船要勒船钱者,杖八十,因而杀伤人者,以故杀伤论”,稍水者稍工与水手也。

【撤回】【民总】Revocation 即法律行为尚未发生效力以前,而阻止其发生效力之谓也,与撤销之收法律行为已发生效力使其失效者自有差异。

【撤回上诉】【民刑诉】Revocation of appeal 提起上诉后,上诉人向法院所取消上诉之意思表示,为撤回上诉,撤回上诉为一方行为,不必经被上诉人同意,撤回上诉之期间,依民诉四百二十六条之规定,上诉人同意,撤回上诉之期间,依民诉四百二十六条之规定,上诉人于终结判决前,得将上诉撤回,依刑诉三百六十七条之规定,上诉于裁判前,得撤回之,又刑事诉讼程序上关于撤回上诉,尚有下列两种特殊情形:(一)为被告利益起见之上诉,非得被告承诺不得撤回。(二)自诉人声明上诉以后,非得检察官同意,不得撤回上诉,按上诉经撤回后无论如何均不得再行提起。

【撤回自诉】【刑诉】Revocation of private action 刑事案件,自诉人于第一审言词辩论终结前,撤回其自诉者,谓之撤回自诉,如自诉人经传唤无正当理由不到者。亦以撤回自诉论,自诉经撤回后,不得再行自诉或告诉,自诉人撤回自诉,如非告诉乃论之罪,法院须将声请撤回案件送请检察官咨询意见。若检察官认为有应行侦查或起诉者,皆不得撤回之,盖因非告诉乃论之罪,非仅被害人受其害,而亦妨害国家之法益,故非咨询检察官意见后,不得反依自诉人之声请,而许其撤回自诉也。(参刑诉第三百四十七条)

【撤回告诉】【刑诉】Revocation of complaint 刑事告诉人于第一审辩论终结前声请撤回告诉者,为撤回告诉,撤回告诉后,如复再行告诉,是使告诉人有轻妄之行动,徒增官吏无益之劳力,故刑诉规定撤回告诉者,不得再行告诉,此为我刑法第二百十九条所规定者。

【撤回起诉】【刑诉】Revocation of action in court 刑事案件依各国立法例,检察官一经提起公诉,即不准撤回,此种制度,检察官虽明知所提起公诉为无用者,仍必备经审判,于言词辩论后,再由检察官依法论告,实属徒费劳力,故我刑诉法规定,刑事案件自诉人或检察官起诉后,如在第一审审判开始前,得撤回之,是为撤回起诉(若自诉人经传唤无正当理由不到者,亦以撤回自诉论)。至起诉一经撤回即不得再行起诉,此外案件如经移转管辖,则原管辖法院之检察官,对于该案已不能行使检察职权,故亦不得撤回。

【撤回权】【民总】Right of revocation 即相对人对已生效力之要约或承诺得撤回使其无效之权利也,法律之此种规定,乃因限制行为能力人未得法定代理人之允许与他人订立契约,若相对人不愿契约之成立,亦可于未经承认前行使契约撤回权,盖亦为保护相对人计也。但订立契约时知其未得有允许者不在此限。(民法第八二条)

【撤佃】【物】Revocation or recission of the emphyteusis 即永佃权人若将土地出租于他人或积欠地租达二年之总额时,土地所有人得以撤销永佃关系之行为也,惟后者如有特别习惯,则不得为之。(民法第八四五条至第八四七条)

【撤销】【民总】Voidable; Nullity 即使法律行为已生或将生之效力消灭之意思表示也,换言之,即法律行为业已发生效力者,由特定人加以否认而使之与未发生同,至将发生之效力亦因加以否认而使之不再发生之谓也。撤销与无效不同之点有四:(1)得撤销之行为其法律效力已发生或将发生,无效之行为即法律上不存在者也,此为性质之异。(2)得撤销之行为须有撤销权者方可行使之。无效之行为则人人皆可主张之,此在行使人之异别也。(3)得撤销之行为可由时效以消灭其撤销权,而成为完全有效无瑕疵之行为,无效之行为虽经过长久时间亦不能发生效力。(4)得撤销之行为依撤销始丧失效力而回溯既往,无效之行为为确定的绝对的不生效力。至撤销之原因亦有一般与特别之别,前者为共通的,例如当事者无能力是,后者例如婚姻年龄不足是,所谓撤销原因即有瑕疵之法律行为之存在之谓也。

【撤销判决】【民刑诉】Abrogation of judgement 上诉人提起上诉,上诉法院认为有理由时所制作撤销原判决之判决,谓之撤销判决,又称曰废弃原判决之判决。

【撤销婚姻之诉】【民诉】Action to annul a voidable marriage 所谓撤销婚姻之诉,乃指以民法所定撤销婚姻之事由为原因,请求法院除去婚姻将来效力之变更权利之判决之诉也。是项诉讼程序,亦应适用关于婚姻事件程序之规定。

【撤销诉权】【债】Right of claiming cancellation 即债权人于债务人有害其权利之际,为巩固自己债权起见,得撤销债务人之诈害行为之权利也。故又称诈害行为之废罢诉权,或名债权人撤销权,或直接诉权,又因此种权利乃罗马包尔氏所创制,故又名包尔诉权,其性质通常谓系撤销债务人所为之行为而使其无效。故为形成权之一种,我国民法规定:(一)债务人之法律行为为无偿行为时,债权人得向法院行使撤销权,至债务人是否明知其损害债权人权利,均非所问。(二)若其法律行为为有偿行为者,则以债务人行为时明知有损害于债权人之权利,及受益人于受益时亦知其情事者,始许债权人行使撤销诉权,盖其对债权之危险较无偿行为为轻也。(三)上述各规定以债务人之行为须以财产为标的者方能适用,否则与债权人无直接利害关系,债权人自不得声请撤销(第二四四条)。又撤销诉权之行使,民法亦有限制之规定,即自债权人知有撤销原因时起一年间不行使,或自行为时起经过十年而消灭,所以保护交易之安全也。(第二四五条)

【撤销禁治产宣告之诉】【民诉】禁治产既由法院宣告,不得抗告,若有不服仅能向原法院提起撤销禁治产宣告之诉,按应禁治产人,一经宣告禁治产依民法之规定即为无行为能力之人,故亦无诉讼能力,然撤销禁治产宣告之诉系专为保护禁治产人之利益为目的,因此法律特许受宣告为禁治产人为有诉讼能力,仍得独立为诉讼行为向法院提起之,惟实际上亦有时该受宣告人仍不能为诉讼行为者,在此情形之下,该受诉法院之审判长得选任律师为其诉讼代理人,或命其自行选任,均无不可。于此应注意者有下列三事:(1)撤销禁治产宣告之诉,不得合并提起他诉,或为诉之追加,或提起反诉。(2)受宣告禁治产之人于判决确定前死亡者,本案诉讼视为终结,惟提起撤销禁治产宣告之诉的原告为受宣告人之配偶或最近亲属,于判决确定前死亡者,则与该诉讼之进行无关系,故本诉讼并不视为终结。(3)撤销禁治产宣告之判决一经确定,即生溯及效力。与自始未经宣告禁治产者无异,其效力不仅及于当事人且能及于以外之第三人惟监护人在撤销禁治产宣告前所为之行为仍不失其效力,此项例外规定乃为保护第三人之利益而设,以谋交易之安全也。

【撤销认领之诉】【民诉】又曰认领撤销之诉。(详该本条)

【撤销权】【民总】Right of avoidance or right to rescind 即依当事人一方之意思表示,而消灭已发生或将发生之法律行为的效力之权利也。乃为一种形成权,故撤销权之主体系特定的,非如无效行为不问何人均得主张之也。撤销权之行使其方法应以意思表示为之(民法第一一六条第一项)。但亦有须于诉讼为之者(第七四条、第二四四条),至相对人已确定者,则撤销之意思表示应向该相对人为之(第一一六条第二项)。又撤销权行使后其效力溯及已往,即视为自始无效也。又当事人知其得撤销或可得而知者,其法律行为撤销时应负回复原状或损害赔偿之责任(第一一四条),且亦有不得与第三人对抗之规定(第九二条第二项)。撤销权消灭之原因有四:(1)因行使一次而消灭。(2)除斥期间届满(第九〇条、九三条)。(3)时效(第四一六、四一七条)。(4)经撤销权本人之承认。(第一一五条、第一一六条)

【撤职】【行】Discharged from office　对于已受国家所赋予之职务者,发现其有失职,或违法之行为而以命令解除其职务者,谓之撤职,撤职与免职就一般而言显有区别,前者含有惩戒性质,后者则否,但依现行法律之规定,免职乃惩戒处分之一种(公务员惩戒法第三条)。独无撤职之名辞,意者撤职与免职二者之意义,或相同乎。

【拨(撥)什库】【史】拨什库为满洲语,汉谓之领催,即兵丁中之司会计者也。

【拨(撥)地错误】【史】谓官员不详为查对,而误拨地亩于旗人也,此项官吏责有攸归应予处分,清之六部处分则例(卷十九)户属田宅篇设有拨地错误之条:"官员不对阅部档支给口粮地亩者,章京等,罚俸两个月,笔贴式等罚俸一个月。"又:"官员拨补地亩,不详查部文,原定款项错误拨取,或原定款项有不便拨给情由,并不预先详明辄行改拨者,俱罚俸一年,若徇情改拨者,将差委部员,降三级随旗行走。"

【拨(撥)赐公田】【史】谓朝廷对于公臣所拨付赐给之田地也,免除纳税及差役之义务。(参功臣田土条)

【抚(撫)绥无术】【史】所谓抚绥,乃指与民以休养生息而言,无术,谓不得其法或缺乏人定方法也,清之六部处分则例(卷十四)吏属旷职编设有抚绥无术之条:"督抚为封疆大吏,如该省百姓有流离困苦荒失产业徭赋难输地方毫无治理者,将该督抚革职,该管司道府州官员亦革职,若各属州县等官不能兴利除弊,以致百姓不安生理者,将州县官革职。"

【播刑】【史】谓公布刑法典也。

【敌(敵)人】【国公】Enemy　所谓敌人,乃指交战国对对方处于敌对地位之人而言,至其决定之标准有二主义:(一)大陆派主义——以国籍为决定之标准,凡隶属敌国之国籍,皆谓之敌人。(二)英美派主义——以住所为决定之标准,凡人之住所系在敌国领域内者,皆视为敌人,虽中立国人民亦然,反之,凡敌国人民之住所,系在中立国领域内者,则不视为敌人,一般均从英美派主义,按敌人可分为下列二种:(一)战斗员。(二)非战斗员。(详各本条)

【敌(敵)性】【国公】Enemy character　交战国相互间之敌对状态,曰敌性,凡有敌性之人或物,均须受敌对之待遇,历来之学说与习惯,对此议论纷纷,至一九〇九年之伦敦宣言,始告确定,但仍不免争执,可分为下列三项:(一)敌人。(二)敌物。(三)敌船。(详各本条)

【敌(敵)物】【国公】Enemy goods　敌物又称敌货,乃指下列六大类而言:(一)凡为敌人所支配下之私有财产。(二)在敌国武力护送之下之中立船舶及货物。(三)敌国商船武装时所运载之货物。(四)悬挂敌国国旗之船舶内之货物。(五)携带有敌国特许证之船舶内货物。(六)中立船上之敌国的禁制品。关于货物之敌性的决定标准有两种不同制度，一为大陆制——全以货主个人之国籍为标准。一为英美制——以住所为决定敌性之标准，因此在国际法上关于敌物之决定以制度不同，至今仍未能一致。

【敌（敵）船】【国公】Enemy vessels 凡供敌国使用或揭挂敌国旗章之公私船舶，皆谓之敌船，若全部或一部属于敌国所有者，亦称为敌船，此为英美制之规定，大陆制度之规定，则单以所有者之国籍为根据，关于敌方之公船可加以攻击或拿捕，对于敌方之私船亦可拿捕，惟须先放停船之炮，如其抵抗或逃走，则可施攻击，加以击沉，如将其捕获之后，可择下列四种办法加以处分：（一）送回本国港内，交捕获审检法庭。（二）即时出卖。（三）依赎金之取得将其释放。（四）将其船施以击沉之处分，但以万不得已之时为限。

【敌（敵）货】【国公】Enemy cargo 又称敌物。（详该本条）

【敌（敵）对行为】【国公】凡中立国船舶对于交战国之一方积极的予以援助，则对其他交战国即为敌对行为。

【敷金】【债】Deposit money of lease 为日本名辞，与我国所称之押租同一意义。

【数（數）宗】【通】Several sects 与一宗相对称。（详一宗条内）

【数（數）所为一罪】【刑】即数个行为在法律上无独立性质不能成立数罪，只以一罪科论之谓，例如连续犯徐行犯永续犯集合犯等是，其情形有三：（1）先之所为被后之所为吸收时——例如内乱阴谋内乱预备及实行内乱时，先之二所为均为后之一所为吸收，即法律上只处以内乱实行罪是也。（2）后之所为被先之所为吸收时——例如先之所为为窃盗罪，后之所为为赃物罪。（3）法律上规定数所为为一罪时，乃为结合犯是（详该本条），例如胁迫罪与奸非罪合为强奸罪是。

【数（數）级审理主义】【民刑诉】为民事及刑事诉讼主义之一，与单级审理主义相对称，谓诉讼案件于一法院审判后不服时，可向上级法院上诉之主义也，我民刑诉讼均采取之。

【数（數）罪】【刑】Severeal offences 与一罪相对称，即数个罪名之谓也。（参一罪条及并合论罪条）

【数（數）罪俱发】【刑】Concurrence of offences 日本旧刑法与我国暂行律，称并合论罪为数罪俱发，我新刑法改名并合论罪，按并合论罪乃数罪之刑合并而执行，数罪俱发乃同一犯人，于未受裁判宣告以前，所犯二以上之罪并合而论，故并合论罪，与数罪俱发，显有不同，且就同一犯人观之，与共犯亦有区别，又就未受裁判宣告前所犯二以上之罪观之，与累犯亦有不同。

【暂（暫）时登记】【土】Provisional registration 为土地登记之一种，与正式登记相对称，即未具备声请登记程序上必要条件之土地登记也，我土地法对此未有明文，惟旧不动产登记条例内有之耳。

【暮（暮）夜金】【史】赠贿之谓也，汉书—杨震传："杨震所举荆州茂才王密为邑令，谒见，怀金十斤以遗震，震曰故人知君，君不知故人，何也，密曰，暮夜无知者，震曰,天知,神知,我知,子知,何谓无知。"一以神知作地知。

【暴行】【刑】Gewalt (德); Violent conduct 用不法之手腕力,加于他人之身体上,或对他人表示加害之意思,并同时施行以伤害,或轻于伤害之加害行为,或仅以作加害之姿势,致他人之精神上已感受不可言状之痛苦,均谓之暴行,倘他人因受暴行之结果,已受有轻微之伤害时,则以伤害论罪,其不成伤害者,如系对于普通人,应构成违警律上之罪名,如系对于尊亲属或公务员则构成刑法上之罪名矣。(刑法一四二条,及三一七条)

【暴利行为】【民总】即乘他人之急迫,或轻率,或无经验,而使其为财产上之给付或为给付之约定,而依当时情形显有失去公平之不法行为,故亦有谓此乃违背善良风俗之最显著者,我国民法第七四条规定:法院得因利害关系人之声请,撤销其法律行为,或减轻其给付,但为避免事后诸多不便起见,其撤销权仅得于一年内为之,方为有效。

【暴徒】【通】Rioters; Ruffians 凡从事于现状之破坏或扰乱公安秩序者,谓之暴徒,违警罚法与刑法均设有处罚明文。

【暴动内乱罪】【刑】为内乱罪之一,即凡以暴动犯内乱者之谓(刑法第一〇四条第一项),暴动者,即多数人协同一致而实施不法暴力之谓也。例如攻袭城市是,本罪构成要件有三:(1)多数协同。(2)须有腕力及胁迫行为。(3)暴动目的须为紊乱国宪,即为内乱之动机者。暴动内乱罪之首谋处死刑,或无期徒刑,非首谋处无期徒刑,或七年以上有期徒刑。(同条第一项)

【概(槪)念法学】【通】又曰论理法学,谓法学之目的乃在于凭藉理智以从事于分析法规之内容也,其结果每使法学与社会实际生活不相符合。

【概(槪)括取得】【民总】谓对于一切之权利义务完全取得也。

【概(槪)括委任】【债】General mandate 为委任之一种,对特别委任言,所谓概括委任,乃指由当事人一方指定一切事务,委托他方处理之,而他方允为处理之契约而言。受任人受概括委任者,原则上得为委任人为一切法律行为,但有例外,即下列各行为非先有特别之授权不得为之:(一)不动产之出卖或设定负担。(二)不动产之租赁其期限逾二年者。(三)赠与。(四)和解。(五)起诉。(六)提付仲裁。(参第五百三十二条、五百三十四条)

【概(槪)括的故意】【刑】General intent 又称一般的故意,为不确定故意之一,对择一的故意与未必的故意言。即对结果有概括之认识时之谓。例如将毒药放入井中,对被害者虽无确定之认识,但其结果必有被害之人是。

【概(槪)括背职罪】【刑】又称一般背职罪(详该本条),又名非纯粹渎职罪。

【概(槪)括遗赠】【继】Summary legacy 为遗赠之一种,又称包括遗赠,即遗赠人以其财产上之权利义务之一部或全部遗赠特定人之谓也,例如甲尽将其遗产遗赠与乙,乙之地位与继承人相等,所有遗产上之权利与义务均由乙受领是。

【样(樣)本买卖】【债】Purchase and sale by sample 又名货样买卖。(详该本

条）

【乐（樂）户】【史】古时罪人之妻女没收入官为乐户，其事始见于魏书刑法志，明时亦一行之，即将山西陕西二省人民于建安末凡仍不依附成祖者，编入乐籍，使其专习贱业，子子孙孙皆不得与齐民齿，至清雍正元年间，始以诏免除之。

【乐（樂）正】【史】官名，周礼有大司乐与小司乐，前者为大乐正，后者为小乐正，前者掌大学，为乐官之长，后者掌小学，为乐官之副，然皆通称为乐正，春秋战国时代，亦称乐官之长为乐正。

【乐（樂）部】【史】为官署之名，创置于后周之时，其职掌一如周之大司乐，唐代所称之乐部并非一独立之官署，仅系指乐队而言。至于清朝始复立乐部以为掌乐之官署。

【标（標）示先后栏】【土】为土地登记簿用纸上土地标示部内所设之一栏，以为记载登记标示事项之次序之用，与标示事项栏地价栏相对称。（土地法第四九条）

【标（標）示事项栏】【土】为土地登记簿用纸上土地标示部内所设之一栏，以为记载关于土地之标示及其变更事项之用，与标示先后栏及地价栏相对称。（土地法第四九条）

【标（標）的之可能】【民总】Possibility of the object　又称内容之可能，即构成私法上效力之事项，须有实现之可能也。标的之是否可能，须以行为时为标准，故行为时为不可能，至日后变为可能时，仍为无效，但民法于契约方面有特别规定，即其不能情形可以预期除去者，仍为有效。（民法第二四六条第一项）

【标（標）的之合法】【民总】Legality of the object　又称内容之合法，即构成私法上效力之事项，须不与法律相违反，而且须与之适合始能实现其效力之谓也。第一，须为无违法性者——即须不违反强制或禁止之规定者（民法第七一条）。第二，须为无反社会性者——即须不背公共秩序或善良风俗者（第七二条）。至法律行为如系乘一方之急迫，轻率，或无经验，使其为财产上之给付或为给付之约定，依当时情形显系失去公平者，亦为不合法，得撤销或减轻之。（第七四条）

【标（標）的之确定】【民总】又称内容之确定，即构成私法上效力之事项须现时已经确定，或至日后得以确定，始能实现其效力之谓也。至确定之方法，先就当事人之特别订定，如无特别订定，则依法律之补充规定，如仍无此项规定，则依习惯决定之，倘无习惯可从，则可按当时情事以酌定之。

【标（標）的物】【通】Subject-matter; Object　凡以构成私法上之事项的客体，称曰标的物，如买卖契约中之物品是。

【标（標）章】【行】Sign　在物件中以表明特种事项为目的之记号，称曰标章，例如商品上之标章是。

【标（標）准地价】【土】Standard price of land　所谓标准地价，乃指依总平均计算，或依选择平均计算所得之地价数额而言，标准地价，由地政机关公告后不生

异议时，或发生异议经主管地政机关加以决定或公断决定者，即成为估定地价。（参估定地价条，第二四三一二五四条）

【标(標)准制】【行】System of metric standard 与市用制相对称。（详度量衡法条内）

【标(標)准租金】【土】Standard rent 标准租金者，即市区房屋租金之最高额也。此种租金之规定，乃为房屋之救济而设，因人口突增，住宅不敷应用，故须将租金设一标准，以为补救，土地法所定，即以不超过地价册所载土地及其建筑物之估定价额年息百分之十二为限，例如土地估定价额为八千元，建筑物估定价额为一万元，总年息为二千一百六〇元（百分十二算），则标准租金为以不超过二一六〇元为限，法律为保护承租人起见，更定明白标准租金施行之翌日起，凡原定租金超过标准租金者，承租人得依标准租金额支付，如少于标准租金额者，依其原定，出租人不得巧立名目，任意加租。（第一六三一一六四条）

【标(標)准器】【行】即地方标准器。（详该本条）

【标(標)识】【通】Signal signs 一定之符号谓之标识，例如飞机须绘有该所属国之国徽，红十字会所用之病院船须绘有红十字旗之符号，以及航路中有危险处，所须悬插红色之木柱，或红灯等皆是。

【枢(樞)府】【史】枢密院之别称也，宋史一李谘传：“在枢府，专务革滥赏，抑侥幸，人以为称职。”

【枢(樞)相】【史】枢密使兼领宰相之印绶，称曰枢相，文献通考一职官考：“枢密使带相印，为枢相。”

【枢(樞)密院】【史】枢密院始于唐之代宗，置枢密使以宦者任之，掌承受表奏，后梁改为崇政院以文官任之，后唐时命宰相兼枢密使，宋时以中书省及枢密院分掌文武大权合称二府，皆有宰相之实权，按枢密院掌军国之机务兵防备戎马与其他出纳密命，佐理邦治之事务，其职官为枢密使，枢密副使，签书院事，都承旨，副都承旨，检详官，计议官，编修官等。辽金亦置之，元时之枢密院与宋同为掌兵之所，仍以枢密使为其长焉，明废。

【枢(樞)衡】【史】紧要之官职，谓之枢衡，魏书一韩子熙传：“窃惟故主大傅清河王职综枢衡，位车轮道。”

【樊山判牍】【史】清樊增祥撰，计四卷。

【模(模)范林场】【行】模范林场归实业部直辖，所掌事务如下：(1)关于森林种子之检定试验及推广事项。(2)关于森林树苗之培养试验及推广事项。(3)关于森林灾害之防除事项。(4)关于模范林之经营及管理事项。(5)关于公有林私有林之指导事项。(6)关于林地之测候事项。(7)关于森林副产物之培养事项。(8)关于林产品之征集及展览事项。(9)其他与林场有关系事项。场中置场长一人（荐任或委任）。事务主任技术主任各一人（委任）。事务员三人至六人（均委任）。技术员六人至十人（委任）。于必要时得择相当地点呈部核准，设置分场。（实业部直辖模范林场组织条例第一一四条，第七条）

【模(模)范法庭】【通】Moot court　又称型式法庭。(详该本条)

【模(模)范契约】【债】又名有名契约。(详该本条)

【殴(毆)人折跌支体瞎目】【史】斗殴而至折人手足或跌坏其骨体及瞎盲其一目,犯情重大,自应加以严惩,若于保辜期限内平复痊愈者,则得减处二等,唐律(卷二十一)斗讼篇设有殴人折跌支体瞎目条:“诸斗殴折跌人支体,及瞎其一目者,徒三年(折支者,折骨跌体者,骨节差跌,失其常处)。辜内平复者,各减二等(余条折跌平复准此)。”疏议曰:“因斗殴,折跌人支体,支体谓手足,或折其手足,或跌其骨体,及瞎一目,谓一目丧明,全不见物者,各徒三年,注云,折支者谓折四支之骨,跌体者,谓骨节差跌,失于常处,辜内平复者,谓折跌人支体,及瞎一目,于下文立辜限内,骨节平复,及目得见物,并于本罪上减二等,各徒二年,注云,余条折跌平复准此,谓于诸条尊卑贵贱等斗殴及故殴折跌,辜内平复并减二等,虽非支体,于余骨节平复亦同,若支先变是废疾,被折跌此殴挛止依殴折一支,流二千里,有阴合同减赎,何者,例云,故殴人至废疾,流不合减赎,今先废疾,不因殴令废疾,所以听其减赎。”

【殴(毆)大功以下尊长】【史】大功小功缌麻之尊卑亲属,为数甚多难以枚举,有互相殴斗者,先按本宗外姻各服图,查明服制,始可定罪,又虽系功缌之服,而律文另有规定,如殴期亲尊长条,殴祖父母父母条,及妻妾与夫亲属相殴条,皆应依各该本条拟断,明律(卷二十)、清律(卷二十八)刑律斗殴篇皆有殴大功以下尊长条之同一规定,清律原文及其下注曰:“凡卑幼殴本宗,及外姻缌麻兄姊(但殴即坐)杖一百,小功兄姊,杖六十,徒一年,大功兄姊,杖七十徒一年半,尊属又各加一等,折伤以上各递加,凡斗伤一等(罪止杖一百流三千里),笃疾者(不问大功以下尊属并)绞,死者斩(绞斩,在本宗小功大功兄姊及尊属则决,余俱监候,不言故杀者,亦止于斩也),若(本宗及外姻)尊长殴卑幼,非折伤勿论,至折伤以上缌麻(卑幼)减凡人一等。小功(卑幼)减二等,大功(卑幼)减三等至死者绞(监候不言故杀者亦止于绞也)其殴杀同堂(大功)弟妹,(小功)堂侄,及(缌麻)侄孙者,杖一百,流三千里(不言笃疾至死者,罪止此,仍依律给付财产一半养赡),故杀者绞(监候不言过失杀者,盖各准本条论赎之法,兄之妻及伯叔母弟之妻及卑幼之妇,在殴夫亲属律,侄与侄与侄孙在殴期亲律)。”同律之总注:“凡卑幼殴本宗,及外姻之缌麻兄姊者,杖一百,殴小功兄姊者,杖六十,徒一年,殴大功兄姊者,杖七十,徒一年半,殴尊属,又比兄姊各加一等,缌麻尊属,杖六十徒一年,小功尊属,杖七十徒一年半,大功尊属杖八十,徒二年也,以上但殴即坐,不言成伤,至内损吐血者,亦同也。至折伤以上,各递加凡人斗伤罪一等。如折一齿,凡应杖一百,缌麻兄姊加一等,杖六十徒一年,小功兄姊通加三等,杖七十徒一年半,大功兄姊通加三等,杖八十徒二年,尊属,又加兄姊一等,缌麻尊属,比凡加二等,与小功兄姊同,小功尊属,比凡人加三等,与大功兄姊同,大功尊属,比凡人加四等,则杖九十,徒二年半矣,折伤以上,准此递加,而加罪止杖一百,流三千里,不加至死,若殴至笃疾,则大功小功缌麻之兄姊尊属,并绞,死者并斩,不言故杀,亦止于斩,若本宗外姻大功小功缌麻之尊长,殴卑幼者,非折伤弗论,殴至折伤以上,缌麻减凡人一等,小功减二等，大功减三等。如折缌麻卑幼一齿杖九十，小功杖八十，大功杖七十，折一齿以至笃疾仿此减科，殴至笃疾，仍给付财产一半养赡，至死者，不论大功小功缌麻并绞，不言故杀，亦止于绞，其大功内之同堂弟妹，小功内之堂侄，缌麻内之堂侄孙，此三项，又卑幼中之最亲者，殴伤至笃疾，与诸卑幼同科，至死者，则止杖一百，流三千里，惟故杀，则坐绞，以上尊长殴卑幼至笃疾，罪虽减等，仍尽本法依律给付财产一半养赡。”

【殴（毆）子误杀】【史】谓父母殴打子女而误杀死或误伤害旁人也。清例之规定如下：（一）父母因殴子而误伤旁人致毙者，比照斗杀而误杀旁人律于绞候罪上量减为杖一百满流。（二）父母因谋杀子而误杀旁人致毙者，一命发近边充军，一家二命及二命而非一家，发遣新疆酌拟种地当差，一家二命以上及三命以上而非一家，则绞候（秋审缓决）。（三）因殴子及谋杀子而误杀有服卑幼者，各于殴故杀卑幼本律上减一等。若误杀有服尊长者，仍依殴故杀尊长及误杀尊长各本律本例问拟。

【殴（毆）夫卑属】【史】谓妻妾殴打夫之卑属也，卑属乃指卑属亲而言，有缌麻卑属小功卑属大功卑属及夫兄弟子等。清律及例之规定如下。（一）妻殴夫之缌麻卑属著者，折一齿一指或眇一目或抉毁耳鼻破骨或汤火铜铁汁伤者，杖九十，折二齿二指以上髡发者，杖一百，折肋或眇两目或堕胎或刃伤者徒一年半，折跌肢体，或瞎一目者，徒二年半，笃疾者，徒三年，死者，绞候，故杀者绞候。（二）妻殴夫之小功卑属者，折一齿一指，或眇一目，或抉毁耳鼻破骨，或汤火铜铁汁伤者，杖八十，折二齿二指以上或髡发者，杖九十，折肋或眇两目或堕胎或刃伤者，徒一年，折跌肢体或瞎一目者，徒二年，笃疾者徒二年半，死者绞候，故杀者绞候。（三）妻殴夫之大功卑属者，折一齿一指或眇一目或抉毁耳鼻破骨或汤火铜铁汁伤者，杖七十，折二齿二指以上或髡发者，杖八十，折肋或眇两目或堕胎或刃伤者，杖一百，折跌肢体或瞎一目者徒一年半，笃疾者徒二年，死者绞候，故杀者绞候。（四）妻殴夫之夫兄弟子者，死者流三千里故杀者绞候。（五）妾有犯各从凡斗法。

【殴（毆）夫属尊长】【史】即妻妾殴打夫属之尊长也，夫属谓夫家也，尊者，尊属亲也如祖父母父母等皆是，长者长辈也，如兄姊是，清律及例之规定如下：（一）妻妾殴夫伯叔父母在室姑外祖父母，不成伤徒三年，成伤流二千里，折一齿一指或眇一目或抉毁耳鼻破骨或汤火铜铁汁伤者，流三千里，死者，斩候，故杀者，斩候。（二）妻妾殴夫同父兄姊，不成伤徒二年半，成伤徒三年，折一齿一指或眇一目或抉毁耳鼻破骨或汤火铜铁汁伤者流三千里，死者，斩候，故杀者，斩候。（三）妻妾殴夫出嫁姑，徒二年，折一齿一指或眇一目或抉毁耳鼻破骨或汤火铜铁汁伤者，徒二年半，折二齿二指以上或髡发者，徒三年，折肋或眇两目或堕胎或刃伤者，照二千五百里，折跌肢体或瞎一目者，流三千里，笃疾流三千里，死者斩候故杀者斩候。（四）妻妾殴夫同祖兄姊同父出嫁姊小功尊属徒一年半，折一齿一指或眇一目或抉毁耳鼻破骨或汤火铜铁汁伤者，徒二年，折二齿二指以上，髡发者徒二年半，折肋或眇两目或堕胎或刃伤者，流二千里，折跌肢体或瞎一目者，流三千里，笃疾者流三千里，死者斩候，故杀者斩候。（五）妻妾殴夫小功尊长缌麻尊属，徒一年，折一齿一指或眇一目，或抉毁耳鼻破骨或汤火铜铁汁伤者徒一年半，折二齿二指以上或髡发者徒二年，折肋或眇两目或堕胎或刃伤者徒三年，折跌肢体或瞎一目者，流二千五百里。（六）妻妾殴夫缌麻尊长或妾殴正妻父母，杖一百，折一齿一指或眇一目或抉毁耳鼻破骨或汤火铜铁汁伤者徒一年，折二齿二指以上或髡发者，徒一年半，折肋或眇两目或堕胎或刃伤徒二年半，折跌肢体或瞎一目者，流三千里，笃疾者流二千里，死者斩候，故杀者斩候。

【殴（毆）兄妻夫弟妹】【史】妻妾殴打兄妻及夫之弟妹，是伤礼也，即于家庭中之和睦，亦与有害，非处殴者以刑罚不可，故律特设明文，以示禁止，唐律（卷二十二）斗讼篇殴兄妻夫弟妹条："诸殴兄之妻，及殴夫之弟妹，各加凡人一等，若妾犯者，又加一等。"疏议曰："嫂叔不许通问，所以远别嫌疑，殴兄之妻，及殴夫之弟妹者，礼敬顿乖，故各加凡人一等。若妾犯者，又加一等，谓妾殴夫之弟妹，加妻一等。总加凡人二等。夫之弟妹，殴妾以凡人论。"同条又："曰即殴夫之妾子，减凡人二等。殴妻之子，以凡人论，若妻之子殴伤父妾，加凡人一等，妾子殴伤父妾，又加二等（至死者，各依凡人法）。"疏议曰："即妾殴夫之妾子，减凡人二等，为匹敌之故得罪稍轻，殴妻之子，以凡人论，为女君尊重，故同凡斗，若妻之子，殴伤父妾，加凡人一等。妾子，殴伤父妾，又加二等。称又加者，总加三等，若殴折一齿，徒二年半之类，注云，至死者，各依凡人法，当条虽有加减，至死者，并与凡人同。"

【殴（毆）功缌尊长】【史】功者大功与小功（详该本条）尊者尊亲属也，例如祖父母，父母，伯叔等皆属之，长者长辈也，例如兄姊皆是，殴打之者均按本条治罪。清律及例之规定如下：（一）殴大功尊属出嫁姑徒二年，折一齿一指或眇一目或抉毁耳鼻破骨或汤火铜铁汁伤者，徒二年半，折二齿二指以上或髡发者，徒三年，折肋或眇两目或堕胎或刃伤者流二千五百里，折跌肢体或瞎一目者，流三千里，笃疾者，绞决死者斩决。（二）殴大功尊长，同祖兄姊，徒一年半，折一齿一指或眇一目或抉毁耳鼻破骨或汤火铜铁汁伤者徒二年，折二齿二指以上或髡发者，徒二年半，折肋或眇两目或堕胎或刃伤者，流二千里，折跌肢体或瞎一目者，流三千里，笃疾者绞决，死者斩决。（三）殴小功尊属，伯祖父母姑堂伯叔父母姑徒一年半，折一齿一指或眇一目或抉毁耳鼻破骨或汤火铜铁汁伤者，徒二年，折二齿二指以上或髡发者，徒二年半，折肋或眇两目或堕胎或刃伤者，流二千里，折跌肢体或瞎一目者，流三千里，笃疾者绞决，死者斩决。（四）殴小功尊属，母之同父兄弟姊妹，徒一年半，折一齿一指或眇一目或抉毁耳鼻破骨或汤火铜铁汁伤者徒二年，折二齿二指以上或髡发者，徒二年半，折肋或眇两目或堕胎或刃伤者，流二千里，折跌肢体或瞎一目者，流三千里，笃疾者绞候，死者斩候。（五）殴小功尊长，同曾祖兄姊，同祖出嫁姊，徒一年，折一齿一指或眇一目或抉毁耳鼻破骨或汤火铜铁汁伤者徒一年半，折二齿二指以上或髡发者徒二年，折肋或眇两目或堕胎或刃伤者徒三年，折跌肢体或瞎一目者，流二千五百里，笃疾者绞决，死者，斩决。（六）殴缌麻尊属，曾伯叔祖父母姑，族伯叔祖父母姑，族伯叔父母姑，妻之父母者徒一年，折一齿一指眇一目，抉毁耳鼻破骨或汤火铜铁汁伤者徒一年半，折二齿二指以上或髡发者徒二年，折肋或眇两目或堕胎或刃伤者徒三年，折跌肢体或瞎一目者，流二千五百里，笃疾者，绞候死者斩候。(七)殴缌麻尊长，同高祖兄姊，同曾祖出嫁姑，姑舅两姨兄姊者，杖一百，折一齿一指或眇一目或抉毁耳鼻或破骨或汤火铜铁汁伤者，徒一年，折二齿二指以上或髡发者，徒一年半，折肋或眇两目或堕胎或刃伤者徒二年半，折跌肢体或瞎一目者，流二千里，笃疾者绞候，死者斩候。(八)殴同族无服，卑幼犯尊长，殴至废疾各加凡斗一等，笃疾者流三千里，死者绞候，故杀者斩候。(九)子于在堂继母之父母，或子于嫁母之父母，或庶子于嫡母在堂为嫡母之父母，或庶子为在堂继母父母或庶子不为父后者为己母之父母(若己母系由奴婢收买为妾其父母系属贱族不在此例)。或为人后者为所后母之父母或为人后者为本生母之父母，谋故殴杀均斩决，谋杀已行已伤及斗殴伤亦各照本宗服制本律定拟，如尊长于非所自出之外孙，及甥等故加凌虐或至于死不以服制为限(亲母继母等各项甥舅有犯俱照外姻尊卑长幼本律治罪，与嫁母之兄弟有犯以凡论)。(十)殴死本宗期功尊长罪干斩决，若系情轻将并非有心干犯各情叙明不得两请法司夹签恭候钦定。(十一)殴死本宗缌麻及外姻功缌尊长，照例斩候，毋庸夹签，惟救父情切，及本夫杀奸殴死缌麻尊长，及殴伤缌麻尊长余限外身死随本声请量减。(十二)卑幼共殴本宗外姻缌麻以上尊长尊属，致成笃疾，首犯依律拟绞，听从帮殴不分服之亲疏，以手足或他物轻伤流三千里，刃伤折伤发极边烟瘴充军。(十三)有服亲属同谋共殴杀人，下手伤重之犯，及期亲卑幼仍各依律问拟外，原谋分别尊卑，照凡斗加减。(十四)尊长犯卑，幼缌麻减一等，小功减二等，大功减三等，期亲减四等，卑幼犯尊长缌麻加一等，小功加二等，大功加三等。(十五)听从尊长主使殴本宗大小功尊长，至死系迫于威吓勉从下手邂逅致死，照威力主使为从拟流，若尊长仅令殴打辄迭殴多伤至死下手之犯，斩候，至听从下手殴死期亲尊长，仍拟斩决，夹签，其听从下手殴死缌麻尊长，依律减流。(十六)卑幼殴伤有服尊长余限内外因本伤身死——(甲)余限内，缌麻仍拟死罪奏请定夺，减发边远充军大小功照律定拟。(乙)余限外，缌麻仍拟死罪奏请定夺减流三千里(原殴伤重至笃疾者绞候)，大小功绞候(秋审情实)(原殴至笃疾者仍照律绞决)。

【殴(毆)奴婢雇工人】【史】奴婢谓仆隶下人价卖而依主人之姓者也。其系给工值而雇用者，则谓之雇工人，殴者打也，清例之规定如下：(一)家长及期亲若外祖父母殴奴婢死者有罪杖一百无罪徒一年。(二)殴内外大功亲之奴婢，折一齿一指或眇一目或抉毁耳鼻破骨或汤火铜铁汁伤或以秽物灌口鼻内者，杖六十，折二齿二指以上髡发者，杖七十，折肋或眇两目或堕胎或刃伤者，杖九十，折跌肢体或瞎一目者徒一年，笃疾者，徒一年半，死者，徒三年。(三)殴内外缌麻小功亲之奴婢，折一齿一指或眇一目或抉毁耳鼻破骨或汤火铜铁汁伤或以秽物灌口鼻内者杖七十，折二齿二指以上或髡发者杖八十，折肋或眇两目或堕胎或刃伤者，杖一百，折跌肢体或瞎一目者，徒一年半，笃疾者徒二年，死者徒三年。(四)家长及期亲若外祖父母，殴雇工人，折一齿一指或眇一目或抉毁耳鼻破骨，或汤火铜铁汁伤或以秽物灌口鼻内者，杖七十，折二齿二指以上或髡发者杖八十，折肋或眇两目或堕胎或刃伤者，杖一百，折跌肢体或瞎一目者，徒一年半，笃疾者，徒二年，死者徒三年。(五)殴内外大功亲雇工人，折一齿一指或眇一目或抉毁耳鼻破骨或汤火铜铁汁伤或以秽物灌口鼻内者，杖八十，折二齿二指以上或髡发者，杖九十，折肋或眇两目或堕胎或刃伤者，徒一年，折跌肢体或瞎一目者，徒二年，笃疾者，徒二年半，死者绞候，故杀者绞候。（六）殴内外缌麻小功亲之雇工人，折一齿一指或眇一目或抉毁耳鼻破骨或汤火铜铁汁伤或以秽物灌口鼻内者，杖九十，折二齿二指以上或髡发者，杖一百，折肋或眇两目或堕胎或刃伤者，徒一年半，折跌肢体或瞎一目者，徒二年半，笃疾者徒三年，死者绞候，故杀者绞候。（七）良人殴奴婢，殴者以手足笞一十，以他物笞二十，成伤者，以手足笞二十，以他物笞三十，拔发方寸以上者笞四十，血从耳目中出或内损吐血或以秽物污人头面者，杖七十，折一齿一指或眇一目或抉毁耳鼻破骨或汤火铜铁汁伤或以秽物灌口鼻内者，杖九十，折二齿二指以上或髡发者，杖一百，折肋或眇两目或堕胎或刃伤者，徒一年半，折跌肢体或瞎一目者，徒二年半，笃疾者，徒三年，死者绞候，故杀者绞候。（八）殴死赎身奴婢及其子女家长并期亲及外祖父母者徒三年，大功者流二千里，小功者流二千五百里，缌麻及同族无服亲属者流三千里，故杀家长并期亲及外祖父母者绞候（大功以下并同）。大功以下殴死偿身奴婢之子女，照良贱相殴至死绞候。（九）家长及期亲以下殴故杀放出奴婢，仍依奴婢定拟，奴婢之子女，依雇工人科断，同族无服之亲与放出奴婢，如有杀伤，以良贱相殴论，奴婢之子女，以凡论。（十）家长生有子女之妾殴故杀奴婢，照期亲定拟，其未生子女之妾，殴死隶身服役婢女，照殴死无服亲属奴婢例满流，故杀者绞候，若与家长奴婢有犯，并非隶身服役之人，以凡论。（十一）家长占夺奴婢之妻或图奸不遂因将奴仆及其妻殴死，不分官员平人发黑龙江当差，若所杀奴婢系白契所买恩养未久，照故杀雇工人律绞候。（十二）家长有服亲属强奸奴仆雇工人妻女未成，致令羞忿自尽近边充军。（十三）家长期亲与人通奸，被婢女窥破，杀死灭口，系白契所买未至十五岁者绞决，如系为从，依本例科断。（十四）家长杀伤白契所买奴婢（恩养年久配有室以奴婢论，甫经契买未配室家以雇工论）。（十五）典常家人隶身陲恩养三年以上或未及三年配有妻室如有杀伤以奴婢论，甫经典买或典当隶身未及三年未配妻室及一切车夫轿夫厨役人等素有主仆名分者，如有杀伤以雇工人论，至他人雇工以凡论。（十六）农民佃户雇倩耕种工作之人并店铺小郎之类，平日同坐共食平等相称素无主仆名分者，如有伤杀各依凡人科断。

【殴（毆）本衙门长官】【史】谓六品以下或五品以上衙门之佐贰官与首领官等殴打本衙门之长官也。清律及例之规定如下：（一）殴六品以下衙门佐贰官殴本衙门长官者杖血从耳目中出或内损吐血或以秽物污头面者杖九十，折一齿一指或眇一目或抉毁耳鼻或破骨或汤火铜铁汁伤者徒一年，折二齿二指以上或髡发者徒一年半，折肋或眇两目或堕胎或刃伤者徒二年半，折跌肢体或瞎一目者流二千里。笃疾者绞候，死者斩候。（二）殴六品以下衙门首领官及所统属官，殴本衙门长官者杖二百，成伤者徒一年，折二齿二指以上者或髡发者徒一年半，折肋或眇两目或堕胎或刃伤者徒二年半，折跌肢体或瞎一目者流二千里，笃疾者绞候，死者斩候。（三）殴五品以上衙门佐贰官，殴本衙门长官者，徒一年，折二齿二指以上或髡发者，徒一年半，折肋或眇两目或堕胎或刃伤者，徒二年半，折跌肢体或瞎一目者流二千里，笃疾者绞候，死者斩候。（四）殴五品以上衙门首领官及所统属官，殴本衙门长官者，徒二年，成伤者，徒二年半，折二齿二指以上或髡发者，徒一年半，折肋或眇两目或堕胎或刃伤者，徒二年半，折跌肢体或瞎一目者流二千里，笃疾者绞候，死者斩候。（五）监临上司佐领官与统属下司部民官高者相殴并同凡斗论。（六）案律载首领属官殴长官减吏卒二等，若折伤不至笃疾止以伤论，又佐贰殴长官减首领二等，伤而不至笃疾止以殴论，又云，减罪，轻者加凡斗一等，查凡斗折跌肢体律应徒三年折肋折伤应徒二年，折二齿二指应徒一年，折一齿一指应杖一百，内损吐血应杖八十，按首领佐贰依次递减皆轻于凡斗故各加一等。

【殴(毆)受业师】【史】凡殴受业师者，加凡人二等。死者斩，明律（卷二十）、清律（卷二十七）刑律斗殴篇均有本条之设，内容相同，清律之总注："百工技艺之师，当与儒者有别，然至习业已成，守其业以终身赡家者，则亦有在三之义，其受业同也。凡殴受业师者，加凡人罪二等，笃疾亦止于杖一百，流三千里，至死者斩，儒者传经受业，其义为重，故注曰终身如一，若百工技艺，必至业成不变，方与同论，故注曰学未成或易别业，则不坐也。"按儒与艺皆有师，惟僧道女冠尼僧于其受业师与伯叔父母同，不用此律。

【殴(毆)制使及本管长官】【史】奉天子之命而出使于外而官吏殴之，地方之主而本部子民殴之，皆为法律所不许，至军士殴本管长官，吏卒殴本部五品以上长官，皆为犯法俱应构成本条之罪。明律（卷二十）、清律（卷二十七）刑律斗殴篇均有本条之设，内容相似，清律原文及下注："凡（朝臣）奉制命出使而（所在）官吏殴之，及部民殴本属知府知州知县，军士殴本管官，若吏卒殴本部五品以上长官，杖一百徒三年，伤者杖一百，流二千里，折伤者绞（监候，不言笃病者亦止于绞）。若（吏卒）殴六品以下长官，各（兼殴与伤及折伤而言）减（五品以上罪）三等。（军民吏卒）殴佐贰官首领官，又各递减一等。（佐贰官减长官一等，首领减佐贰一等。如军民吏卒减三等。各罪轻于凡斗，及与凡斗相等，皆谓之。）减罪轻者加凡斗（兼殴与伤及折伤）一等，笃疾者绞（监候），死者（不问制使长官佐贰首领并）斩（监候），若流外（杂职）官，及官民吏卒殴非本管三品以上官者，杖八十，徒二年伤者杖一百，徒三年，折伤者杖一百流二千里，殴伤（非本管）五品以上官者，减（三品以上罪）二等，若减罪轻（于凡斗伤及殴伤九品以上一至六品）官者，各加凡斗伤二等（不言折伤笃疾至死者，皆以凡斗论）。其公使人在外殴打（所在）有司官者，罪亦如之（亦照殴非本管官之品级科罪），从（被殴）所属上司拘问（如统属州县官殴知府，固依殴长官本条减吏卒二等。若上司小则依下条上司官与统属官相殴科之，首领殴衙门长官，固依殴长官本条减吏卒二等，若殴本衙门佐贰官，两人品级与下条九品以上官同。则依下条科之，若品级不与下条同，则止依凡斗，如佐贰首领自相殴，亦同凡斗论罪）。"同律之辑注："此条分二段，前段内凡六等，制使本属府州县本管武职本部五品以上长官为一等。本部六品以下长官为一等。本属府州县本管营卫本部五品以上长官各佐贰为一等，首领为一等，本部六品以下长官之佐贰为一等，首领为一等，后段内凡三等，三品以上为一等。五品以上为一等，九品以上为一等，其公使在外有司亦照非本管分三等。"

【殴(毆)制使府主县令】【史】制使及本属府主，刺史，县令与所部均有上下尊卑之关系，若竟因一时之忿而殴之，是犯上也，应依本律之规定加以处罚，唐律

(卷二十一)斗讼篇殴制使府主县令条:"诸殴制使本属府主,刺史,县令,及吏卒殴本部五品以上官长徒三年,伤者,流二千里,折伤者绞(折伤谓折齿以上)。"疏议曰:"有因忿而殴制使本属府主刺史县令,及吏卒殴本部五品以上官长,其吏卒等并于名例,解讫,殴者合徒三年,伤者流二千里,折伤者绞,注云,折伤谓折齿以上,依上条,斗殴人,折齿,毁缺耳鼻,眇一目,及折手足指,若破伤,及汤火伤人者,各徒一年,此云折伤者折齿以上,得徒一年以上皆是。"同条又曰:"若殴六品以下官长,各减三等,减罪轻者,加凡斗一等,死者斩,詈者,各减殴罪三等(须亲自闻之乃成詈)。""即殴佐职者,徒一年,伤重者,加凡斗伤一等,死者斩。"疏议曰:"殴佐职者,谓除长官之外,当司九品以上之官,皆为佐职,所部吏卒殴者,徒一年,伤重者,假如它物故殴伤佐职凡斗合杖九十,九品以上加二等。合徒一年,为佐职又加一等,徒一年半之类,是名伤重者,加凡斗一等,至死者斩。"

【殴(毆)妻妾】【史】所谓殴妻妾,乃指夫殴打其妻与妾而言,至于擅杀死之者亦于本条内设有明文,清律及例之规定如下:(一)正妻殴妾,或夫殴妻,折一齿一指或眇一目或缺毁耳鼻破,殴或汤火铜铁汁伤者,杖八十,折二齿二指以上或髡发者杖九十,折肋或瞎两目或堕胎或刃伤徒一年折跌肢体或瞎一目者徒二年,笃疾者,徒二年半,死者绞候故杀者绞候,其夫殴妻,折一齿一指或眇一目或抉毁耳鼻破骨或汤火铜铁汁伤者或折二齿二指以上或髡发者,或折肋或瞎两目或堕胎或刃伤者,或折跌肢体或瞎一目者,或笃疾者,均先行审问,如夫妇不愿离异,验罪收赎,仍听完聚。(二)夫殴妾,折一齿一指或眇一目,或抉毁耳鼻破骨或汤火铜铁汁伤者,杖六十,折二齿二指以上或髡发者,杖七十,折肋或瞎两目或堕胎或刃伤者,杖九十,折跌肢体或瞎一目者徒一年,笃疾者徒一年半,死者徒三年。(三)夫因妻妾,殴骂夫之祖父母,父母,而擅杀死者,杖一百。(四)妻与夫角口,致妻自缢验无伤痕,毋庸议,殴有重伤缢死,杖八十。(五)妻妾无罪被殴折伤以上虽有自尽实迹,仍依夫殴妻妾,致折伤本律科断。

【殴(毆)妻前夫之子】【史】按三父八母服图,一曰同居继父,两无大功亲者期年,两有大功亲者齐衰三月,一曰不同居继父,先曾同居今不同居者齐衰三月,自来不曾同居者无服,一曰从继母嫁,谓父死继母再嫁而子从去者,齐衰杖期,此继父恩义之差等也。同居继父之服制虽以大功亲之两有两无为重轻,而同居抚育之恩义则一也。故殴律不分服制,但以同居不同居分殴罪之轻重,先曾同居今不同居者从前之恩义不可忘也。现在同居则现在之恩义犹未艾也。故其恩义实相联属若二者互殴其处刑自与凡人不同。明律(卷二十)、清律(卷二十八)刑律斗殴篇均有殴妻前夫之子条之设,内容相同,清律原文及其下注:"凡殴妻前夫之子者(谓先曾同居,今不同居者,其殴伤,折伤),减凡人一等,同居者,又减一等,至死者绞(监候),若殴继父者(亦谓先曾同居,今不同居者),杖六十徒一年,折伤以上,加凡殴伤一等,同居者,又加一等。至笃疾,罪止杖一百流三千里,不加于死,仍给财产一半养赡,至死者斩(监候)。其故杀,及自来不曾同居者(不问父殴子,子殴父)各以凡人论。"

【殴(毆)宗室觉罗】【史】觉罗为满州语,初为部落名,后以为姓氏清室之本支子孙称曰宗室，其旁支子孙则曰觉罗。清律及例对殴宗室觉罗设有下列规定：(一)殴祖免亲以上者，徒一年成伤者徒二年，折肋或眇两目或堕胎或刃伤者徒三年，折跌肢体瞎一目者流二千五百里，瞎两目或折两肢或损二事以上因旧患令至笃疾者，或断舌或毁败阴阳者，绞候，死者斩候。(二)殴缌麻者徒一年半，成伤者徒二年半，折肋或眇两目或堕胎或刃伤者流二千里，折跌肢体瞎一目者，流三千里，瞎两目或折两肢或损二事以上者，或因旧患令至笃疾者，或断舌，或毁败阴阳者绞候，死者斩候。(三)殴小功徒二年。成伤者徒三年，折肋或眇两目或堕胎或刃伤者流二千五百里，折跌肢体或瞎一目者流三千里，瞎两目或折两肢或损二事以上或因旧患令至笃疾者，或断舌者或毁败阴阳者，绞候，死者斩候。(四)殴大功徒二年半，成伤者流二千里，折肋或眇两目或堕胎或刃伤者流三千里，折跌肢体或瞎一目者流三千里，瞎两目或折两肢或损二事以上或因旧患令笃疾者，或断舌者，或毁败阴阳者，绞候。死者斩候。(五)殴期亲徒三年，成伤者流二千五百里，折肋或眇两目或堕胎或刃伤者，流三千里，折跌肢体瞎一目者，流三千里，瞎两目或折两肢或损二事以上，或因旧患令至笃疾者或断舌者或毁阴阳者绞候，死者斩候。(六)宗室觉罗轻入茶坊酒肆滋事召侮或与人斗殴先行动手殴人，即照寻常斗殴一体定拟。

【殴(毆)府主县令父母】【史】府主刺史县令之祖父母父母及妻子乃府主刺史县令等之至亲，若竟加以殴打，自应处以更重之刑，其伤重者则加凡斗罪一等，唐律(卷二十一)斗讼篇殴府主县令父母条：“诸殴本属府主，刺史县令之祖父母，父母，及妻子者，徒一年，伤重者，加凡斗伤一等。”疏议曰：“殴本属府主，刺史县令之祖父母，父母，及妻子者，徒一年，伤重者，加凡斗伤一等，谓折一指，或折一齿，凡殴亦徒一年，比凡斗为轻，加凡斗伤一等，合徒一年半之类，府主等祖父母，父母，若是议贵凡殴得徒二年，为是本属府主之祖父母，父母，加二等，得徒二年半，伤重以上，并准例加一等。”

【殴(毆)非本管官】【史】非本管官，谓与己非有统属关系之官长也，殴打之者，应构成本条罪名，清律及例均有明文规定兹举述于下：(一)流外官及军民吏卒殴非本管三品以上官或公使人殴三品以上官，徒二年，成伤者徒三年，折一齿一指或眇一目或抉毁耳鼻，或破骨或汤火铜铁汁伤，或以秽物灌口鼻内者，流二千里。(二)流外官及军民吏卒殴非本管五品以上官，或公使人殴五品以上官，徒一年，成伤者徒二年，折一齿一指或眇一目，抉毁耳鼻或破骨，或汤火铜铁汁伤或以秽物灌口鼻内者，徒二年半。(三)流外官及军民吏卒殴非本管九品至六品官，公使人首九品以上官，成伤者，以手足笞四十，以他物笞五十，拔发方寸以上者，以手足笞五十，以他物杖六十，血从耳目中出，内损吐血或以秽物污头面者，杖七十，折一齿一指或眇一目，或抉损耳鼻，或破骨，或汤火铜铁汁伤，或以秽物灌口鼻内者杖一百，折跌肢体或瞎一目者，流二千五百里。笃疾者流三千里，至死者绞候。(四)流内九品以上官殴非本管三品以上官徒一年，折一齿一指或眇一目毁耳鼻破骨或汤火铜或铁汁伤或以秽物灌口鼻内者徒一年半，折二齿二指以上者徒二年，折肋或眇两目或堕胎或刃伤者，徒三年，折跌肢体或瞎一目者，流二千五百里，笃疾者流三千里，至死者绞候。（五）流内九品以上官，殴非本管五品以上官，或流内五品以上官，殴非本管三品以上官，以手足笞四十，以他物笞五十，成伤者以手足笞五十，以他物杖六十，血从耳目中出，内损吐血，或以秽物污头面者，杖一百，拔发方寸以上者杖七十，折二齿二指以上者，徒二年，折一齿一指或眇一目或抉毁耳鼻或破骨或汤火铜或铁汁伤或以秽物灌口鼻内者徒一年半，折肋或眇两目或堕胎或刃伤者，徒三年，折跌肢体或瞎一目者流二千五百里，笃疾者流三千里，至死者绞候。（六）非相统属官而品级相同自相殴者，同凡斗论。

【殴（毆）祖父母父母】【史】子孙殴祖父母父母及妻妾殴夫之祖父母父母，皆人伦之大变，皆处极刑（斩），杀者且凌迟处死，即过失杀及伤者亦应分别处罚，此外祖父母因子孙违犯教令而非理殴杀之者，或故杀之者，嫡继慈养母杀之者，并祖父母父母，嫡继慈养母非理殴子孙之妇及乞养异姓子孙者，皆应处刑一依本条之所定，明律（卷二十）、清律（卷二十八）均有殴祖父母父母条之同一条文，清律原文及其下注："凡子殴祖父母，父母，及妻妾殴夫之祖父母父母者皆斩，杀者皆凌迟处死（其为从有服属不同者，自依各条服制科断）。过失杀者杖一百，流三千里，伤者杖一百，徒三年（俱不在收赎之例）。其子孙违犯教令而祖父母父母（不依法决罚而横加殴打）非理殴杀者，杖一百，故杀者（无违犯教令之罪为故杀），杖六十徒一年，麻继慈养母杀者（终与亲母有间殴杀故杀）各加一等致令绝嗣者（殴杀，故杀）绞（监候），若（祖父母父母嫡继慈养母）非理殴子孙之妇（此妇字乞养者同），及乞养异姓子孙（折伤以下无论），致令废疾者杖八十，笃疾者加一等（子孙之妇及乞养子孙），并令归宗子孙之妇（笃疾者）追还（初归）嫁妆仍给养赡银一十两，乞养子孙（笃疾者）拨付合得（所分）财产养赡（不在给财产一半之限如无财产亦量照子孙之妇给银），至死者各杖一百徒三年，故杀者各杖一百，流二千里（其非理殴子孙之），妾各减（殴妇罪）二等（不在归宗追给嫁妆之限）。其子孙殴骂祖父母父母及妻妾殴骂夫之祖父母父母，而（祖父母父母夫之祖父母父母，因其有罪）殴杀之，若违犯教令而依法决罚邂逅至死及过失杀者各勿论。"同律之辑注："凡称祖者曾高同称孙者曾元同，称子者，男女同，子孙出继为人后，犯本生祖父母父母，仍依子孙论，女出嫁亦同在室。"又同律之辑注："嫡继慈养母与亲母同论，若亲母被父出，及父死改嫁者，虽义绝于父，而所出之恩，不得而绝也，仍同母论，若嫡继母被出改嫁，则义绝于父，无复母道矣，而慈养母被出改嫁，则又不同，以其有抚育之恩也。律无正文，俱宜临时酌请。"又同律之辑注："殴杀出于无心，故杀则临时有意，即在斗殴共殴之中，此注曰：无违犯教令之罪为故杀盖祖父于子孙，天性至重，子孙既无罪过而非理杀之，即系有意故杀矣，若故杀子孙之妇乞养异姓子孙，自当以临时有意欲杀为准，不得以无违犯教令而殴杀者即为故杀也。"

【殴（毆）杀奴仆】【史】奴仆谓仆隶下人因价卖或入官而依主人之姓者也，官员不依法决罚，殴打及杀其奴仆者，应受一定处分，清之六部处分则例（卷四十三）刑属人命篇设有殴杀奴仆之条："官员因奴仆违犯教令依法决罚邂逅致死及过失杀者，照律勿论，若不依法责打身死者罚俸二年，故杀者降二级调用，刃杀者革职治罪，将伊族中家仆殴死者降二级调用，故杀者降三级调用，各追人一口给付死者之主,刃杀者革职治罪,若将赎身及放出奴婢之子女殴死者,降一级调用,故杀者降三级调用。”又:“官员打死奴仆隐瞒不报者革职。”又:“笔帖式系应升章京之人,如有打死家人妄行不端者革职。”又:“官员将奴仆之妻妾行占夺或图奸不遂,因将奴仆毒殴或将其妻致死者有确据照律治罪,如并无奸占情事而奴仆诬陷其主,即照干名犯义律从重定拟。”又:“官员之母之妻殴死奴婢及犯有过失,俱依夫与子现任品级罚俸其或夫与子已经身故或去官无俸者仍照原官品级追取银两。”

【殴(毆)期亲尊长】【史】弟妹之于兄姊,侄之于伯叔父母姑皆正期服也(是期亲尊长),至外孙之于外祖父母仅为小功之服,然为母之所自出,即己之所自出也,服虽轻而义实重,故与伯叔父母姑同论,如有互相殴斗均加治罪。明律(卷二十)、清律(卷二十八)刑律殴斗篇皆有殴期亲尊长之同一明文,清律原文及其下注:“凡弟妹殴(同胞)兄姊者,杖九十,徒二年半,伤者杖一百徒三年,折伤者杖一百流三千里,刃伤(不论轻重)及折肢,若瞎其一目者绞(以上各依首从法),死者(不分首从)皆斩,若侄殴伯叔父母姑,(是期亲尊属)及外孙殴外祖父母(服虽小功其恩义与期并重)各加(殴兄姊罪)一等(加者,不至于绞,如刃伤折肢,瞎目者,亦绞,至死者,亦皆斩)。其过失杀伤者,各减本杀伤(兄姊及伯叔父母姑外祖父母)罪二等(不在收赎之限)。故杀者皆(不分首从)凌迟处死(若卑幼与外人谋,故杀亲属者,外人造意下手,从而加功不加功,各依凡人本律科罪,不在皆凌迟之限),其(期亲)兄姊殴杀弟妹,及伯叔姑殴杀侄并侄孙,若外祖父母殴杀外孙者,杖一百,徒三年,故杀者,杖一百,流三千里(笃疾至折伤以下,俱勿论)。过失杀者,各勿论。”同律之辑注:“……按礼亲母被出,不为其党服,而为继母之党服,若亲母死于室,则为其党服,而不为继母之党服,又子众嫡母存则为其党服,亡则不服,以此义推之,则嫡继慈养母之父母,皆不得同外祖父母论也。”又同律之辑注:“若外祖母被出及改嫁者,亦同论,盖虽被出改嫁,而我母所自出之恩不可泯也。”

【殴(毆)詈夫期亲尊长】【史】妻妾殴詈夫期亲以下缌麻以上之尊亲属及齿长者,是犯上也。均须处罚,即殴伤卑属,亦为法律所不许,仍应治罪,唐律(卷二十三)斗讼篇设有殴詈夫期亲尊长条:“诸妻殴詈夫之期亲以下,缌麻以上尊长,各减夫犯一等(减罪轻者,加凡斗伤一等)。妾犯者不减,死者各斩。”疏议曰:“依丧服,夫之所为兄弟服,妻降一等。令妻殴夫缌麻以上尊长,减夫一等,以从夫为服,罪亦降夫,注云减罪轻者,加凡斗伤一等。谓故殴缌麻兄姊折一支,合流二千五百里,妻若减夫一等,徒三年,故殴凡人,折一支,既合流二千里,即是减罪轻,加凡人一等,流二千五百里,是减罪轻者,加凡斗伤一等,妾犯者不减,妾犯尊长,即与夫同,死者各斩,谓殴尊长致死,妻妾并合斩刑,虽云减夫一等,若本制服重,即从重论,假如殴夫之伯叔父母,折肋,当大功尊。加凡人四等,合流二千五百里,若准夫减一等,即徒三年,名例律云,当条虽有罪名,所为重者,自从重须准服加四等,流二千五百里之类。”同条又曰:“殴伤卑属与夫殴同,死者绞,即殴杀夫之兄弟子,流三千里,故杀者,绞,妾犯者,各从凡斗法,若尊长殴伤卑幼之妇,减凡人一等,妾又减一等,死者,绞。”

【殴(毆)詈祖父母父母】【史】祖父母父母均为直系尊亲属,应如何孝教尊崇始克尽子孙之道，如殴或詈之，应处极刑，以为不孝者戒，明清律均有殴祖父母父母条及詈祖父母父母条之设，唐律(卷二十二)斗讼篇，则有殴詈祖父母父母之条："诸詈祖父母父母者，绞，殴者，斩，过失杀者，流三千里，伤者，徒三年，若子孙违反教令，而祖父母父母殴杀者徒一年半，以刃杀者，徒二年，故杀者，各加一等。即嫡继慈养杀者又加一等，过失杀者，各勿论。"疏议曰："子孙于祖父母父母，情有不顺辄詈者，合绞，殴者，斩，律无皆字，案文可知，子孙虽共殴击，原情俱是自殴，虽无皆字各合斩刑，下条妻妾，殴夫之祖父母父母(按即妻妾殴詈祖父母父母条)，伤者，皆斩，举轻明重，皎然不惑，过失杀者，流三千里，伤者，徒三年，见血为伤，伤无大小之限，若子孙违犯教令，谓有所教令，不限事之大小，可从而故违者，而祖父母父母即殴杀之者，徒一年半，以刃杀者，徒二年，故杀者，各加一等，谓非违犯教令，而故杀者手足他物杀，徒二年，用刃杀，徒二年半，即嫡继慈养杀者，为情疏易违，故又加一等，律文既云又加，即以刃，故杀者，徒二年半上加一等，徒三年，违犯教令，以刃杀者，二年上加一等徒二年半，殴杀者，一年半上加一等，徒二年，过失杀者，各勿论，即有违犯教令，依法决罚，邂逅致死者，亦无罪。"

【殴(毆)伤妻妾】【史】明清律有妻妾殴夫之条，唐律(卷二十二)斗讼篇则有妻殴詈夫条及殴伤妻妾条之规定后者之原文曰："诸殴伤妻者减凡人二等，死者以凡人论，殴妾折伤以上，减妻二等。"若妻殴伤杀妾，与夫殴伤杀妻同(皆须妻妾告乃坐，即至死者听余人告，杀妻仍为不睦)。过失杀者，各勿论。"

【殴(毆)缌麻兄姊】【史】缌麻服之兄姊，因其谊属至亲，理应急难相济，若竟加以殴打，是相残也。律特明文加以禁止，又尊长殴卑幼，本条内亦加规定，唐律(卷二十二)斗讼篇殴缌麻兄姊条："诸殴缌麻兄姊，杖一百，小功大功，各递加一等，尊属者，又各加一等，伤重者，各递加凡斗伤一等，死者斩，即殴从父兄姊，准凡斗应流三千里者，绞"，疏议曰："殴缌麻兄姊，谓本宗及外姻，有缌麻服者并同，殴此兄姊，杖一百，小功徒一年，大功徒一年半，尊属者，又各加一等，谓殴缌麻尊属，徒一年，小功尊属，徒一年半，大功尊属，依礼唯夫之祖父母，及夫之伯叔父母，此并各有本条自从殴夫之祖父母绞，夫之伯叔父母，减夫犯一等，徒二年半，即此大功，无尊属加法，伤重者，各递加凡斗伤一等，谓它物殴缌麻兄姊。内损吐血，准凡人杖一百，上加一等，合徒一年，小功徒一年半，大功徒二年，尊属又加一等，即缌麻徒一年半，小功徒二年之类，因殴致死者，各斩，假有殴小功尊属折二支，加凡人三等，不云加入于死，罪止远流，即殴从父母兄姊，准凡斗，应流三千里者，谓损二事以上，或因旧患，致令笃疾，断舌及毁败阴阳，此是凡斗应流三千里，于从父兄姊，犯此流者，各合绞。"同条又曰："若尊长殴卑幼，折伤者，缌麻减，凡人一等，小功大功递减一等，死者绞，即殴杀从父弟妹，及从父兄弟之子孙者，流三千里，若以刃，及故杀者，绞。""诸殴兄姊者，徒二年半，伤者，徒三年，折伤者，流三千里，刃伤及折支，若瞎其一目者，绞，死者，皆斩，詈者，杖一百，伯叔父母，姑外祖父母，各加一等，即过失杀伤者，各减本杀伤罪二等。""若殴杀弟妹及兄弟之子孙(曾玄孙者，各依本服论)外孙者，徒三年，以刃及故杀者，流二千里，过失杀者，各无论。"

【殴(毆)缌麻亲部曲奴婢】【史】殴缌麻亲部曲奴婢者谓殴缌麻小功亲之部

曲与奴婢也,依律减殴凡人部曲罪二等。唐律(卷二十二)斗讼篇设有殴缌麻亲部曲奴婢之条:“诸殴缌麻小功亲,部曲奴婢,邦伤以上,各减杀伤凡人部曲奴婢二等,大功又减一等,过失杀者各勿论。”疏议曰:“殴缌麻小功亲部曲,谓殴身之缌麻小功亲部曲,减凡人部曲二等。谓总减三等,假如殴折肋骨者,凡人合徒二年,减三等,合杖一百,若殴奴婢折齿,凡人合徒一年,奴婢减三等,缌麻小功亲奴婢又减二等,总减四等,合杖七十,故云,折伤以上,各减凡人部曲奴婢二等,大功又减一等,谓殴大功部曲,折齿统减四等,合杖七十,若殴大功奴婢,合杖六十,自外殴折伤以上,各准此例,为减法,其有过失杀,缌麻以上部曲奴婢者,各无罪。”

【熟田升科正米】【史】荒田开垦成熟谓之熟田,照一定成例按正项糟米之数征收其租税,是曰熟田升科正米。六部成语注解:“田已成熟照例按正项糟米之数征收。”

【熟考故意】【刑】为故意分类之一,对不熟虑故意言,又称预谋故意。(详该本条)

【熟状】【史】谓官府之决定书也,梦溪笔谈:“本朝要事,对禀常事拟进画可,然后施行,谓之熟状。”

【熟练劳动】【劳】Skilled labor 与不熟练劳动相对称,谓须经过相当学习或训练始能从事工作之劳动也。此项工人在现代劳动者中居主要地位,惟人数则较不熟练者为少耳。

【熟鸦片】【国公】熟鸦片谓由生鸦片原料特别制造而成,如溶解,如滚沸,如煎熬,如发酵,经次第加工炼成净质,可供吸食之用,至于膏渣及烟灰亦包括在内。依鸦片公约之规定缔约各国应禁止熟鸦片之输入及输出,惟各国中有尚未准备将熟鸦片之输出立时禁止者,务当从速禁止,且应设立办法,以逐渐切实禁止熟鸦片之制造,及国内之贩卖并吸食,惟仍以与各该国情形相宜者为准,其已有办法以规定与此相类似之事项者不在此限,至各缔约国如有尚未准备将熟鸦片之输出立时禁止者(甲)应限定市区口岸及各地方,准由该处将熟鸦片输出。(乙)应禁止将熟鸦片运往现在已禁或将来当禁其输入之国。(丙)应先行严禁凡熟鸦片一概不得运往愿限制进口之国,惟按照该输入国所定章程而运往者,不在此限。(丁)应订定办法令装运熟鸦片出口之包件,均载有特别标记,以注明内容之物。(戊)应只准由特别许可之人,将熟鸦片输出。(海牙禁烟公会之鸦片公约第六一八条)

【热(熱)审】【史】热审为明永乐二年间所创设之裁判上之制度,即与酷暑之际刑狱迟滞,为矜恤人犯起见,特开裁判而为减刑之处分,是曰热审,按明时,其初仅限于轻罪,而范围亦甚窄狭,成化以后范围渐广,凡重罪囚犯之中,情节可疑或可矜者亦得列入宥恕酌减之内,赃罪中之轻者亦免其罪,清时并于一定期间内举行热审即于每年小满后十日开始,至立秋前一日为止,又犯罪之范围亦有一定,军流徒犯及窃盗斗殴等罪应杖笞者除外,其他轻微之罪概减一等。笞罪宽免,枷号者暂行保释俟立秋后再行补枷(明会典刑部及清会典刑部,参薄刑条)。直隶各省除真正死罪外,应减等各犯遇热审俱行减等,即在热审之例未行之前,已经具题奏旨未经发落，应减等之罪，过热审仍应照例减等发落，又直隶各省于热审之先，应审拟具题到部之案，遇热审仍行减等发落，总督巡抚热审时，审拟减等具题之案虽过热审之期，到者既系本处热审之事，热审期内具题者，亦仍行减等发落，其原具题时遇热审有情罪不符，驳回后具题逾热审者，亦减等完给。（清之现行则例断狱篇，各省热审条，未经发落，遇热审条，以及各省具题事件遇热审条。参挨延热审条）

【盘（盤）查州库县库】【史】州库谓各州所属之仓库也，县库谓各县所属之仓库也，盘查谓穷问究诘也。其负盘查之责者为各知府，如直隶州知州于每年报销时为之，清之六部处分则例（卷二十七）户属盘查篇设有盘查州库县库之条："直省州库县库钱粮，责成知府直隶州知州于每年奏销时亲往盘查，据实出结，造册申详，不得转委互查取结了事，亦不得预示日期，纵令掩饰，如府州不行亲往，或亲往而预示日期，经督抚访闻司道揭报，该上司即密委干员驰往查核，如州县钱粮并无亏短，将府州照不应重公罪律降二级留任，如查有亏短开明确数，即将该府州一并题参革职分赔，不得以同时揭报免其并参，亦不得从轻议以降级留任。"又："府州盘查州县仓库钱粮，如有需索，许州县官通报司道督抚提参革职，如司道不为转揭督抚不行题参，均降三级调用。"又："州县亏空钱粮已据府州揭报而司道不为转揭，或司道已为转揭而督抚不行题参，许该府州径报部院，将不转不参之上司降三级调用，责令分赔。"

【盘（盤）查仓谷】【史】仓谷谓各省存贮于仓中之米谷也，盘查谓穷问究诘也，清之六部处分则例（卷十二七）户属盘查篇设有盘查仓谷之条："州县常平等仓谷石于每年春间借出，秋后征还，务于十月内尽数完纳，造具册收送部，令知府直隶州知州亲往盘查，出结申报，如州县以粜借为名，掩饰亏空，即行揭参，严究是侵是挪，将州县拟罪勒追，并将府州及道员查照侵欺挪移钱粮例分别办理，傥府州道员已经揭报，而督抚不行题参，将督抚降三级调用，着落分抚。"又："府州官仓谷石责令该管道员盘查，悉照府州盘查州县仓谷之例。"又："各省督抚藩司到任，委员盘查仓谷，定限三个月盘清结报（藩司与督抚同时到任，应由督抚委盘若新旧交代相距在三月以内，即核实咨部，无庸再查）。如委员办理迟延，照事件迟延例议处。傥有意迟延，听其挪盖降二级调用。"又："各省存仓米谷虽有府州盘查司道管理，仍令该督抚核实加结，于年底造册具题，如督抚适值离任，即将册籍交新任督抚盘查，一有亏缺，立即题参，傥徇隐不参，将新任旧任督抚一例降三级调用，着令分赔。"

【盘（盤）查道库府库】【史】道库通常谓督粮道库，兵备道库及盐法道库，督粮道库专存漕项银，兵备道库专存兵饷，盐法道库专存盐课，府库即各府所属之库也。盘查谓稽核究诘也，清之六部处分则例（卷二十七）户属盘查篇设有盘查道库府库之条："直省粮盐道库钱粮，责成同城督抚及盐政盘查出结具题，悉照盘查藩库之例（此系专指粮道兼管盐务者而言）。"又："直省粮道库钱粮，每值奏销交代，由藩司核明，出结详送督抚亲往盘查，如有亏挪等弊，该督抚即行题奏，将藩司革职分赔。"又："直省府库钱粮，责成该管道员，如无道员管辖之府，委令邻近道员，于奏销时亲行盘查具结，呈送督抚，傥出结之后，查出侵挪亏空者，将该道革职分赔(直隶州州库由该管巡道盘查，亦照此例)。”

【盘(盤)查杂项钱粮】【史】盘查，谓穷问究诘也，杂项钱粮，即地丁正项钱粮以外之其他各项钱粮也。清之六部处分则例(卷二十七)户属盘查篇设有盘查杂项钱粮之条：“直省州县府州道库，除所贮地丁正项钱粮及常平仓谷，该管上司照例亲往盘查外，其余一切杂项钱粮并库贮兵饷，令该上司于盘查仓库时一体盘查出结，如有亏缺，亦即据实揭报，题参，傥该上司不实力盘查，照府州盘查州县钱粮不实例，分别有亏无亏议处。”

【盘(盤)查藩库】【史】清时布政司所属之库，谓之藩库，为各州县岁征田额等赋所储藏之处(按布政司旧称藩司)。盘查，谓穷查究诘也。清之六部处分则例(卷二十七)户属盘查篇有盘查藩库条之设：“嘉庆十一年十一月初十日奉上谕，御史严烺奏请添设年终盘查藩库以杜虚冒一折，所奏亦是，督抚到任及每年钱粮奏销后，例须盘查藩库一次，自当将各项款目及收支实数，详悉钩稽，方为有益，近来督抚等视为具文，不过到库略为抽验，虚应故事，日久酿成弊端，即如本年直隶湖北，俱有藩库侵亏重案，不可不详定章程，以资厘剔，嗣后督抚于到任及奏销时盘查司库，均当实力清查，并著于每年封印后亲赴藩库将本年收支正粮款项逐一详查取结送部，如将来款目不清将加结之督抚，一并惩治，其有运库河库地方，亦著照此办理，钦此。”又：“直省藩库钱粮每值奏销交代，均责成巡抚及同城之总督亲赴盘查，具结保题，督抚新任受事及年终封印以后，亦亲往盘查一次，查有侵欺挪移等弊，立即题参，傥该督抚扶同徇隐，事发一并革职，照例分赔。”又：“督抚抑勒藩司挪垫，滥动，许该司据实奏闻，将该督抚革职提问。”

【盘(盤)诘奸细】【史】盘，谓穷问也，诘谓究询也，奸细谓奸宄不法小人也，不能查拿者应受处分。清之六部处分则例(卷三十七)兵属军政篇设有盘诘奸细之条：“奸细出入境内不能查拿，州县官降四级调用，府州降二级调用，其京城内外，专责步军五营五城司坊大宛二县严拿，如被别项官员拿获，即照州县例议处。”本国境内之奸细，能走透消息于外，敌人境外之奸细能探听事情于内，必有接引入内，起谋于外之人，故盘获奸细，须要鞫问追拿，得实皆斩。明律(卷十五)、清律(卷二十)兵律关津篇盘诘奸细条：“凡缘边关塞及腹里地面，但有境内奸细走透消息于外人，及境外奸细入境内探听事情者，盘获到官，须要鞫问，接引起谋之人，得实皆斩，经过去处守把之人，知而故纵及隐匿不首者，并与犯人同罪，失于盘诘者，杖一百，军兵杖九十。”明律之纂注：“奸细即周官所谓邦谍，今俗云奸人细作是也。境内者，指中国之人言，境外者，指外寇之人言，消息事情所包者广，谓凡军情机密，重大之事皆是，此言凡缘边关塞及腹里地面，乃边务城池，所系匪轻，则盘诘奸细，不可不严，故于此处但有境内奸细私出而走透消息于外人，及境外奸细私入境内而探听军情者，若盘获到官，须要推鞫究问其接引出入及原行起谋之人，如果事得其实，不分首从皆斩，其奸细出入经过去处若把守官吏军兵人等知情而故行纵放，及有隐匿在家而不首官者，并与奸细犯人同罪减一等，杖一百，流三千里，若非故纵而失于盘诘者，守把之官杖一百，军人弓兵杖九十，俱罪坐直日之人。”清律之集注:“按此条与漏泄军情大事条参看,盖彼自闻之而漏泄者言,故有先传传至之分,此自专作奸细之人言,故接引起谋者无宥也。”

【磔】【史】所谓磔即戮而裂张其尸于市也,古代裂牲以祭神谓之磔,其义即本乎此,汉景帝以前死刑多用磔,景帝二年改磔为弃市,磔仅限于逆叛之罪,其他则概用弃市,汉书—刑法志:“诸死刑皆磔于市,景帝中二年,改磔曰弃市,勿复磔。”颜注曰:“谓张其尸也。”又磔又作磬。

【磔攘】【史】裂牲曰磔,除祸曰攘,磔攘谓裂牲供祭神明以除祸也,礼记月令篇:“季春之月,命国难(音那)九门磔(裂牲谓之磔)攘(除祸谓之攘),以毕春气。”

【确(確)定力】【民刑诉】为判决效力之一种,又名既判力,即任何判决经宣示或送达后当事人依法律之规定不得加以攻击,或对该诉讼事件再行起诉之谓也(参民诉第三八八—三八九条)。确定力有二:(一)形式确定力。(二)实质确定力。(详各本条)

【确(確)定判决】【民刑诉】Final judgement　凡第一审之法院,及第二审之法院所为之判决,有限诉讼当事人于一定期间,准其上诉,而逾期未上诉,则其判决,有拘束诉讼当事人之效力(即当事人丧失其上诉权)。除许其追复外,不得更行上诉,是第一审或第二审之判决,即因此而确定,又当事人若于宣示判决时,即认言词舍弃上诉权者,上诉权一经舍弃,即丧失上诉权,不得更行上诉,该第一或第二审之判决,亦即因舍弃而确定,又上诉人于终局判决前,得将上诉之全部或一部撤回,撤回上诉者,丧失其上诉权,不得更行上诉,该第一审或第二审之判决亦即因上诉撤回而确定。虽然上诉权之舍弃,上诉期间之迟误,或上诉之撤回,于他造上诉时,法律仍许其提起附带上诉,此项规定乃为尊重双方当事人之平等而设,不得不然,至第三审所为之自为判决,则为当然之确定判决,以第三审乃法律审,且为最后最高之审判故也。

【确(確)定故意】【刑】Definite intent　为故意之一种,对不确定故意言,又名无条件之故意,即犯人对于其行为之结果有确定之观念时之谓,例如以刀向人而杀之是。

【确(確)定期限】【民总】Certain (definite) limitation of time　为期限之一,对不确定期限言。谓其内容之事实之发生并其时期均属确定之期限也。例如某年某月某日或数月后是。

【确(確)定裁判】【民刑诉】谓法院裁判,经过上诉期间而不能再行提起上诉之谓也。

【确(確)查获犯缘由】【史】拿获犯人之经过情形,与两处会缉时就获者究为何人之功,且为何人所获,均须确实查明,不得各存争竞,以图邀取功绩,朦混上司朝廷,清之六部处分则例(卷四十六)刑属提解篇设有确查获犯缘由之条:“乾隆三十四年六月十八日奉上谕,近据湖北巡抚揆义奏到拿获沿江行劫盗犯龚在山等十二名,折内称据广济县知县刘长灵禀报差役追至安徽怀宁县地方盘获,据安徽巡抚富尼汉折奏,则称据安庆营守备赵强禀报,巡江外委千总王光国在桐城县老洲头地方饭店见龚在山等踪迹可疑，督同兵丁地保拿获等语，是此案首先擒获盗犯之官役，究不知实系湖北抑系安徽，所奏实属含糊，外吏模棱恶习，不知悛改如此，并已传旨申饬，此等江湖积盗犯案牵连数省，实为地方大害，为督抚者平时即应饬属于水面毗连处所蹯辑搜拿，不得稍分畛域，其在隔省差捕远出跟辑，或以呼应不灵势不得不告知本省派人协助，即本属官役因有别省差捕追寻，并力会同拿获，皆情理所必有，彼此并无妨碍，乃各省兵役人等希图以先获见功，而官弁等又恐以不及与闻获咎，非彼此相持争竞，即互为照应周旋，此在有司营弁及隶役微末之人所见已极为鄙琐，乃封疆大吏亦为伊等各占地步，竟至形诸章奏，甘于朦混，是诚何心，前因积习相沿最为陋劣，已屡经降旨训谕，至再至三，何以日久因循，牢不可破耶，嗣后有似此缉捕案犯，实系何处发觉，何处官弁先行盘获，有两处会缉就获者，亦必确查何人得信知会，何人助力协拿，督抚等于折内明晰声叙，以定功罪，毋得仍存争竞周旋之私见，自干咎戾，着将此谕令各督抚知之，钦此。”

【确(確)认】【通】Confirmation　对某种法律关系之是否存在确定的予以承认者曰确认。

【确(確)认之诉】【民诉】Feststellungsklage（德）　为诉之一种，又称确定之诉，即求为确认判决法律关系成立或不成立之诉也。例如请求确定婚姻关系存在或不存在之称是也。其对于请求确认婚姻关系存在之诉，曰积极确认之诉，如请求确认婚姻关系不存在之诉，则曰消极确认之诉，若因请求确认判决为目的而独立提起者，曰独立确认之诉，其于诉讼进行中对于某法律关系请求确认判决时所提起之诉，则称先决确认之诉。又称附带确认之诉，或中间确认之诉。(民诉二三八条)

【确(確)认判决】【民诉】为判决之一种，即对确认之诉而确定其权利存在与不存在之判决也。

【确(確)认婚姻成立或不成立之诉】【民诉】即要求确认婚姻之法律关系，在二人之间是否存在之诉也。为一种确认之诉，与婚姻无效之诉之为一种形成之诉者不同，亦应依关于婚姻事件程序之规定。

【稽古定制】【史】为明法典之一，稽古定制一卷(板十五面全)。明洪武二十九年十一月，明太祖以大臣多不遵定制，特令翰林，斟酌唐宋制度定制坟茔碑碣丈尺房屋间架及食录之家与贩禁例，编类成书。

【稽查服色】【史】各级文武官吏均有一定服制及式样，盖所以辨等威而昭品秩也。如有逾分滥用，或违制错用者，均须受处，稽查，谓稽察查视，清之六部处分则例(卷三十四)礼属服饰篇设有稽查服色之条：“雍正七年十二月初二日奉上谕，百官章服皆有一定之制，所以辨等威，昭品秩也，向来屡申禁约，不许逾分滥用，以开僭越之端，定例昭然，各宜遵奉，闻近来服色，顶带及坐褥顶马繁缨之属，又有不按定例任意僭越者，御史有稽查部院之责，而各御史中即有参差不齐之处，是已身先有逾分违礼之咎，又何以弹劾他人，嗣后紫禁着派三旗侍卫稽查，大城内著步军统领稽查，外城著五城御史稽查，傥有违例僭越之人，而侍卫提督御史不行参奏，别经发觉者，将稽查之员一并处分，特谕，钦此。”又：“雍正八年四月十四日奉上谕，大小官顶帽补服坐褥等项。各宜遵照现任品级，不得僭越，从前已降谕旨，后因御史等查奏文武官员内有补服与顶帽不相符者，朕又降旨顶带等项各按本分品级，不得计算加级，所颁谕旨甚明，近闻文武官员仍有越制擅用者，及该管官查问时则引从前准算加级之例掩饰支吾，甚属不合，嗣后内外文武大小官员帽顶补服坐褥等项，悉照本身现任品级，不得指称加级，以开僭越之端，在京著有稽查之责者，严行稽查，在外著该管上司稽查，如仍复不遵，除将本人议处外，其失察之员亦一并处分，特谕，钦此。”又：“乾隆二十七年九月初七日奉上谕诸徐孙条奏，七品以下官生帽顶，不遵定制，概用素金，请嗣后编检知县等官，改用蜜蜡顶一折，所奏原为慎重等威起见，但从前议定顶式，分别衔品，著在仪章差等。本为详备，今因官生等妄意希荣假借，乃不先惩其违制之咎，而转欲纷更品目，增出蜜蜡一项，则事涉烦琐，可不必行，但内外督抚部臣俱应留心查察，即需次京城未登仕版各员，亦有步军统领及五城御史等各衙门，可以随时稽察，嗣后倘有故违成式戴用混淆不分金银花素，如该御史所奏者，即行参革治罪，以重名器，钦此。”又：“嘉庆八年九月十六日奉上谕，御史花良阿奏外省知县身膺民社，时有祭祀典仪，请仿照赞礼郎之例，准带六品衔顶，挂用朝珠等语，所奏殊属不通，向来恭遇坛庙大祀，朕亲诣行礼，赞礼郎等官因在朕前执事，是以准换六品衔顶挂用朝珠，并赏穿貂挂以崇体制，至外省知县，虽有承祭礼仪，只系寻常祀典，获与执事，何得援引比例辄请一体换用衔顶朝珠。变更旧例乎，原折着掷还，钦此。”又：“凡违礼越分僭用服色者，查出系官革职，将违禁之物入官，其族长系官罚俸三个月，若奴仆违禁者，奴仆之主系官罚俸三个月，其五城司坊官失察者，每次罚俸三个月，该城满汉御史失察者，二次罚俸三个月，其各省军民违禁，督抚失察三次罚俸三个月，司道失察二次罚俸三个月，府州县官每次罚俸三个月。”又：“京官礼部主事司务太常寺博士典簿读祝官赞礼郎鸿胪寺鸣赞光禄寺署正署丞，国子监监丞博士助教学录等官，恭遇坛庙执事殿陛侍仪，及国学观礼之时，准其悬带数珠，其平常在郎，仍不得越分僭用，如于无事之日悬带数珠者，照违制公罪律革职留任。”又：“官员错用帽顶补服坐褥顶马等项，查无僭越情事者，罚俸六个月。”又：“官员应用朝服之日不服朝服，不应服用之日错用朝服者，俱罚俸一个月。”又：“属员谒见上司只准穿用补服，不许擅用朝衣，如属员违例服用，该上司即准其谒见者，均罚俸六个月。”又：“文职县丞以下，武职千总以下遇应穿蟒袍之日，有无力制备者，不必定行服用。”

【稽查民壮】【史】民壮为保护地方及杂项差使籍补兵力之不足而设，须具备一定条件并予力加训练，其有不知技勇及老迈柔弱者充数时，长官应受处分。清之六部处分则例(卷十六)吏属书役编设有稽查民壮之条：“各州县民壮有不知技勇及以老迈孱弱充数者，该府厅即会同揭参，将州县官降一级留任，如不行揭报，罚俸一年。”又：“道光十五年九月十五日，奉上谕给事中常大淳奏州县额设民壮请简募充补，勤加训练等语，民壮一项以守护仓库监狱护送过境饷鞘人犯为事，若徒令坐糜工食，为蠹闾阎，名实不符，殊乖立制之意，著各省督抚严饬各该地方于额设民壮简募壮丁充补勤加训练，如有不知技勇，及老弱充数者，责成该管知府，照例揭参示惩，以戢奸顽，而资杆卫等因，钦此。”又：“道光二十六年，五月，二十二日奉上谕鄂顺安奏校阅通省营伍情形一折，河北镇标右营都司明安泰马箭生疏。该员曾经出师著有劳绩，著以守备降补，以观后效，余著照所议办理，该部知道，至所称各州县额设民壮，随营调考放枪准头尚属合式等语，民壮一项原为保护地方，及杂项差使，籍补兵力所不足，与各营兵丁尤属不同，刀矛杂技果能认真训练，已足备用，无庸兼鸟枪弓箭，着通谕各督抚知之，钦此。”

【稽查印结】【史】印结者，谓为凭证之用之文书也，凡具印结之人应负担保责任，关于具印结之官吏之处分之规定，谓之稽查印结。清之六部处分则例(卷十)吏属印信篇设有稽查印结之条：“凡例应取具同乡京官印结事件，如该省并无五六品有印京官，准令取具同乡七品以下京官图结，加具邻省五六品京官印结，投递，若有违碍，将出具图结之员各照本例议处，加具印结之员减等议处。”又：“乡会试及一切考试应试之人，如有顶替情弊，出结官降一级留任。至入场以后另有联号换卷代倩等事弊，在内场出结官免议。”又：“凡身家不清之人捐纳职衔贡监，只系顶带荣身，无关铨选者，出结之同乡京官，罚俸一年，州县官不行查明揭报，降一级调用，如州县官于该衙门现充隶卒之子孙及本任内吏役曾犯案治罪者，纵容冒捐，即实降一级调用，不准抵销，转详之府州罚俸一年，督抚藩司免议。”又：“各项违碍之人请领覃恩封典及捐请封典，同乡官不行查明给与印结者，罚俸一年。”又：“各部院司员，于本司应办事件概不准自行出结(如文选司不准为月选官出具投供印结之类)。其有率行出结者，照违令私罪律罚俸一年。”又：“凡冒滥出结应行议处之案，由吏部径咨各该衙门(如捐纳则否，户部考试则咨礼部之类)，查取原出结官职名，照例议处，不必行查原籍。”

【稽查私茶】【史】旧制对外之茶业出境贸易，不得私自为之，否则即为私茶，稽查谓稽察查核也。清之六部处分则例(卷二十三)户属关市篇设有稽查私茶之条：“茶商与贩私茶地方官故纵失察均照兴贩私盐出境例分别议处。”又：“凡兴贩私茶潜往边境与外国交易，或在内地贩与自京回国之外夷及在甘肃西宁甘州河州洮州四州雅州贩卖者，俱按律治罪，若专司查缉之文员纵容子弟家人兴贩者降一级调用，失察者，降一级留任，其非专司查缉之员，并无知情故纵情事者免议。”又：“私茶经过境内，如有实系因公出境之员即于参案内据实声明，准其免议，如州县等官，混行捏报者降一级调用，该上司并未确查即为情免者罚俸一年。”

【稽查河闸】【史】闸者河中设板潴水启闭以通船只也，运漕之河道多设之，稽查谓稽察调查也。清之六部处分则例(卷十八)户属漕运篇设有稽查河闸之条：“各省运河，令河道总督漕运总督督率各官，挑浚疏通，并力催空重漕艘，如各官不预行挑浚及不力催漕船，以致迟误，该督等不照例题参者，各降二级留任。”又：“闸官纵令商民船只越漕前进启板泄水，以致误运者革职，该管厅员不行稽查，降一级留任，曲为回护徇隐不报者，降三级调用。”又：“北运河流沙额设刮板浅夫责成巡河千总及各汛官专司其事，并令坐粮厅通永道实力稽查，务于漕船未到之先，一律刨挖深通，如不早为疏浚，有误空重漕艘者，将各汛官降一级调用，厅道罚俸一年，仓场侍郎及巡漕御史，不查出题参，罚俸六个月。”又：“豫省辉县，安阳河内三县农务，在每年三四月，而南漕行抵临清，在五月，应于五月初一日为始，封板塞渠归河济运，如不封板塞渠，以致漕船阻滞者，照沿河堤岸预先不行修筑例议处。”

【稽查冒籍】【史】冒籍，谓假冒其他之地为己之本籍也，稽查谓，稽核查询也。清之六部处分则例（卷十三）吏属事故编设有稽查冒籍之条：“凡遇稽查冒籍之年，除吏员供事向多寄籍，仍不准改归原籍外，其余各项人员，有由寄籍应试报捐议叙，现任职官及候补候选者，如原籍尚有田庐坟墓亲族可依，准其呈明改归原籍，毋许再跨寄籍，如在寄籍地方，置有业产已在二十年以上，亦准其将税册呈明，入于所寄之籍，作为土著，毋许再跨原籍统以一年为限（顺天以部议奏准之日起，限各省以接奉部文之日起限），于限内呈明改正者，免其议处，如逾限始行呈改，照违令私罪，罚俸一年，倘有始终讳匿仍以冒籍出仕，别经发觉者，即行革职。”又：“凡由奉天籍贯中式出仕人员，即令于奉天所属州县居住，如有仍归祖籍及寄居别省者，该府尹即咨部斥革其已缘事斥革者，即题参送部治罪，若各省地方官，不行查逐，照容留旗员例议处（例载归旗门）。”

【稽查家人长随】【史】官员赴任，所随带之家人及随从等，均有一定之限制，如有变换增减均须造具印册呈报存案，违者应加处分。清之六部处分则例吏属赴任编设有稽查家人长随之条：“汉督抚准带家人五十名，藩臬准带四十名，道府准带三十名，同知通判州县准带二十名，州同县丞以下等官，准带十名，所带妇女亦不得过此数，汉督抚有管兵之责，如有多带自行题明，至旗员有边疆差遣之事，满督抚准带至一百五十名，司道以下等官照汉员准加一倍，如违例多带，降一级调用。至州县多带家人该管上司容隐不参，降一级留任，失于查察者，罚俸一年。”又：“外任旗员到任后限三个月内将所带家人姓名来历册报督抚，如管事家人有更换者，亦册报存案，若册报不实，任其赎身饱飏，及影射为民者，照隐匿逃人例革职治罪，该上司不行详查。照失察逃人例按名议处。”又：“汉人州县收用长随，照旗员例于到任后三个月内将所带长随姓名籍贯来历，并派管何项执事一一开明造具印册，分报上司存案，其到任后续经新用者，亦照此随时开报，或有辞退回籍及驱逐者，亦即开具事由申报查核，倘本官以劣绩赃款被参，即将长随一并看守审明发落，如州县册报不实或遗漏不报，经上司查出指参，将州县官降一级留任，该管上司不行稽查，罚俸一年。”又：“现任大小官员，如将犯案刺字之长随滥行收用，系刺面之犯显然可验者，将本官降一级调用，系刺臂之犯误行收用者，罚俸一年，若明知而容留在署者，亦降一级调用。”

【稽查盗贼】【史】稽查盗贼，谓稽察调查为盗贼之人也，其责任皆在地方官之上，奉行不力者，处分之。清之六部处分则例（卷四十一）刑属盗贼篇上，设有稽查盗贼之条：“编排保甲，稽查盗贼，不许容留来历不明之人，如州县官奉行不力，降二级调用，兼辖之府州，同城者，降一级调用，不同城者，降一级留任，统辖之道员，同城者，降一级留任，不同城者，罚俸一年，揭报题参者免议。”又：“地方如有窝隐盗贼之家，许令保正甲长牌头，据实禀首，立即往拿，究问得实，按律治罪，将拿获之员，每案准其纪录二次，倘失于查拿，经别处获犯供出，曾在某处容留，将该地方管辖各官，均照前例议处。”

【稽查盗卖铜铅】【史】清时每岁例由云南及贵州解运大批铜铅，以为铸造钱币及其他器物之用,该项运解船只入境时,为防止运员沿途盗卖起见,该管地方官负有稽察查视之责,违者分别处分。清之六部处分则例(卷二十二)户属钱法篇设有稽查盗卖之条:"铜铅船只入境,该管上司派委丞倅亲往协同州县督押防获,不得仅差兵役伴送,倘运员有沿途盗卖谎报沉溺等事,别经发觉将丞倅及州县官并派委之上司,均按其起数分别议处,如失察一二起合计斤数已在一千斤以上者,丞倅及州县官俱降一级留任,派委之上司罚俸一年,失察一起至三起合计斤数已在五千斤以上者,丞倅及州县官俱降一级调用,派委之上司降一级留任,如所委丞倅等官并不亲往稽查混差书吏捏结搪塞者,降三级调用。"又:"委员及州县官一年内能拿获盗卖铜铅二次者,准其纪录一次,再有多获,照此递加。"

【稽查幕友】【史】幕友谓司理文牍纪录等之人员也,此项人员均须受一定之限制是为稽查幕友,违者依例处分。清之六部处分则例(卷十五)吏属营私编——设有稽查幕友之条:"督抚所用幕友务宜关防扃钥,倘有任其出署,来往交结,致被劾参,或因事败露者,将纵容之督抚治罪。"又:"督抚藩臬于前官幕友随意接用,令其始终占踞一衙门者革职,至幕友之外复增设办理杂务名目,亦照此例议处。"又:"道府州县官幕友,责成藩臬两司严加察访,一有互相勾结徇私舞弊情事,即行揭报题参,将该道府州县分别纵容失察,照例议处。倘两司不实力访查。经该督抚题参,系徇庇,降三级调用,系失察,降一级留任,如督抚不据实查参,亦降一级留任。"又:"官员纵容幕友出署结交招摇诈骗者,革职,失于觉察,降一级调用。"又:"上司勒荐幕友长随许属员据实揭报,将该上司革职,如属员隐忍收用不行揭报,亦革职,若上司令属员代为转荐者,亦照此例处分,至上司之幕友,家人将人荐与州县,系本官授意者,仍革职,止系失于觉察者。将本官降一级调用,若州县亦隐忍收用,不行揭报。仍照例革职,道光十年七月二十三日奉上谕,嗣后属员到省不准荐举幕友,如有属员被参革职降调者,并查究该幕友实有情弊、按律加等治罪,以杜朋比而肃吏治等因,钦此。"

【稽查旗地】【史】旗地谓属于八旗人民所专有以供耕种之用之土地也。稽查谓稽察查询是否有无私行典卖之情事。清之六部处分则例(卷十九)户属田宅篇设有稽查旗地之条:"八旗地亩自清查以后(家奴及开户人,私典旗地,系乾隆十八年九月清查,民人私典旗地,系乾隆十九年十二月清查),如有违例,私行典卖与民者,事发,将失察之地方官罚俸一年,若将旗地长租与民至三年以外者,事发,将失察之地方官罚俸九个月。"又:"民人私垦旗地,地方官不行查出罚俸一年,民人隐匿旗地,地方官不行查出,亦罚俸一年。"

【稽查渔船】【史】渔船谓采捕渔类及水产物之船舶也,各处渔船会聚之处,应加稽察盘查,以防抢劫私运之事。清之六部处分则例(卷三十九)兵属海防篇设有稽查渔船之条:"各省滨海地方城乡市镇渔船会聚之所,地方官均仿照保甲编列字号,出入稽查,如有渔船匪徒纠伙制械出口行劫,将专管州县官降二级调用,兼辖之府州厅员同城者降一级调用,不同城者降一级留任,统辖之道员无论同城与否亦降一级留任。"又:"渔船于出洋时装载牲酒,进口时装载货物,守口官失于盘查,罚俸一年,自行查获者免议,知情者降三级调用。"

【稽查积案】【史】各省等衙门之处理诉讼案件,应迅速为之,不得迟延致有积存情事,违者该衙门官员,应依本条之规定,受一定之处分。清之六部处分则例(卷四十七)刑属审断篇上设有稽查积案之条:"各省督抚司道衙门自理词讼及批发案件,如有迟延,除积存仅止一二案及在任不及一月者免其处分,其自三案以上罚俸一年,十案以上降一级留任,五十案以上降一级调用,一百案以上降二级调用。"

【稽查关税】【史】稽查关税者,谓稽核查察各处税关关于税务行政上之一切措施也。清之六部处分则例(卷二十三)户属关市篇设有稽查关税之条:"各关征税科则令该管官刊刻木榜竖立通衢使人共见,不得藏匿屋内或用他纸掩盖,以致高下其手并令附近关口之地方官,将税则刊成小本,发给各行户散卖,该督抚仍委员不时访查,如有吏役将木榜藏匿掩盖,额外苛索,该管官失于觉察,照失察衙役犯赃例议处。若明知故纵者革职,委查之员扶同徇隐降二级调用,至地方官刊发税则不行详晰校对,致有遗漏舛错者,罚俸三个月。"又:"各关征收循环税簿俱令按限赴户部请领,如有迟延照事件迟延例议处。若不用部颁印簿填税另用本关印册令商人填写者罚颁六个月。"又:"各关应征税课令本商亲填印簿纳税后写立红单,以一纸给商一纸送部,如税簿不令亲填及纳税不给红单者,俱罚俸一年,若税簿红单不按季送部者,罚俸六个月。"又:"嘉庆十七年十二月二十七日,奉上谕据百龄奏请令关税监督派委所属笔帖式司库等官,分司查报等语,各关口征收税课例有分设口岸,该监督等向来只派家人长随前往分驻率同书役征收其中实难免患通隐漏以多报少等弊近年税课短少,未必不由于此,该省管理关务之江宁苏州两织造及淮关监省衙门各有额设司库库使及笔帖式等官,该员等品秩虽微究系职官以之分办公务较为得力嗣后该监督各于所属内拣员分派所司税口督同书役家丁验货纳税逐日登记报查,如书役家丁弊混该员即详明监督惩办,傥该员等通同舞弊,经该监督查出据实参奏重惩设遇钱粮短绌除监督照例罚赔外,并将该委员一并议处,以严稽核而照责成。钦此。"又:"各处关差,如有将不应纳税之物,额外横征差役四出盘踞关津扰害商旅者该督抚即行题参若不行题参,别经发觉照不揭参劣员例议处。"

【稽查驿马】【史】驿者邮驿也,驿马为传递运输之用,不特不许缺额,且应行用心喂养,违者应受处分。清之六部处分则例(卷三十五)兵属驿递篇设有稽查驿马之条:"驿站马匹,不照定额补足,及不用心喂养,以致缺额者,将管驿官革职追赔,管理驿传之按察使道员及该管府州不行揭报,俱降二级调用。"又:"驿站果系地当孔道,山路崎岖,站头又远,差使繁剧,以致马匹疲瘦者,该督抚将管驿官题参离任,其员缺暂行委员署理,仍以题参之日起勒限一个月赔补,限内赔完准其回任,逾限不完,即行革职审追。"

【稽首】【史】稽首为最敬之礼,共有二说,一说为头垂至地,周礼太祝之注曰:"稽(本文作䭫)首拜,头至地也。"另一说则谓头衡(指至腰之间)下,荀子:"平衡曰拜,下衡曰稽首。"

【稽留】【史】稽留亦有二义:(1)为周代监狱之名,取其留置囚人之义也。博物志曰:"夏曰念室,商曰动止,周曰稽留。"(2)军行有一定之行程如故意迟延其行程亦称曰稽留。唐律(卷十六)擅兴篇征人稽留之条:“诸征人稽留者,一日杖一百。”

【稽留囚徒】【史】徒、流、迁徙、充军囚徒既经断决,提调官吏自当依期如法发遣,已经解到,邻境官亦应即时递送,若限外无故稽留不送及不即递送者即构成稽留囚徒之罪。明律(卷二十七)、清律(卷三十五)刑律捕亡篇稽留囚徒条:“凡应徒流迁徙充军囚徒断决后当该官司限一十日内如法锁扭,差人管押,牢固关防,发遣所拟地方交割,若限外无故稽留不送者,三日笞二十,每三日加一等,罪止杖六十,因而在逃者,就将提调官吏抵犯人本罪发遣候捕获犯人到官替役,至日疏放,若邻境官司囚到稽留不即递送者,罪亦如之,若发遣之时提调官吏不行如法锁扭,以致囚徒中途解脱,自带锁扭在逃者,与押解人同罪,并罪坐所由,受财者计赃以枉法从论。”清律之总注:“徒流迁徒充军囚徒,既已断决,便当依期如法发遣,若限外无故稽留,则有淹禁之咎,故按日科罪,罪止杖六十,则十六日以上也。因而在逃虽无故纵之情,实由稽留所致,故将官住俸勒限严缉,吏则抵坐犯人本罪,或徒或流,或迁徙或充军,候补获犯人到官发配替役,始疏放,无故字最重,如有故而稽留,则应弗论,不在此限,邻境解囚到日应即递送,若无故稽留,亦科按日之罪,因而在逃,亦抵本犯之罪,囚徒得以解脱锁扭而逃者,由于官吏不行如法锁扭故也。须重看以致二字,官吏不如法之罪,与押解人不防范之罪相等,故与同罪,押解人罪即前条一名杖六十,每名加一等,罪止杖一百,既曰同罪,则给限听捕,得囚免罪皆同矣。末节并字通承上言,稽留不发遣不递送及不如法锁扭,因而在逃者,并罪坐所由疏失之人也。若受财而不发遣,不递送,不如法,在逃者则计入己之赃,以枉法从重论,赃罪重从赃,轻则仍从本律。”

【稽察】【史】稽察一辞之使用可分为二:(1)以振肃官纪为目的时对于各官厅事务之检查考察并纠正之者。为稽察。嘉庆会典:“有稽察以慎其法。”(2)稽察与警察相同,即以保护治安为目的而使官兵分派各地巡察之谓。

【稽察内帘诸弊】【史】内帘谓乡试会试时之由主考与同考官主持之处所也。其内如有将硃卷埋葬或偷换或其他弊端发生监试官应依本条受一定之处分。清之六部处分则例(卷二十九)礼属科场篇设有稽察内帘之条:“考官私访聚谈荐卷,私通小帖所开硃卷,私带入房主考,同考官暗带看卷,亲友跟入内帘将硃卷埋藏偷换等弊,内监试官,不行查出,别经发觉,除考官,照交通关节之例办理外,在内将内帘监试之满汉御史,在外将内帘监试之道府等官,俱降二级调用。”

【稽察外帘诸弊】【史】乡试会试时之在外提调与监试谓之外帘,如发生弊端失察者应受处分。清之六部处分则例(卷三十九)礼属科场篇设有稽察外帘诸弊之条:“科场埋藏夹带,责在搜检,传递换卷责在巡绰,其联号割卷搀改洗补等弊,责在四所,如搜检巡绰及各所官有失察夫匠军役书吏家人舞弊者,降一级留任,明知故纵者革职,受贿者,交刑部计赃治罪,其监临提调监试等官,失于查察,如搜检巡绰及各所官应革职者降二级调用,应降留者罚俸一年。”

【稽查佐杂】【史】佐者佐辅之官也,如清时之州同州判县丞等皆是,杂谓杂役人员也。是项人员均无审理案件之权,违者处分,失察之官吏亦应同时受一定之处分。清之六部处分则例(卷四十七)刑属审断篇上设稽察佐杂之条:“佐杂人员不许准理地方词讼，遇有控诉到案，即呈送印官查办者无庸议，如擅受而审理者，降一级调用，失察之印官罚俸一年，其因擅受而致酿人命者，佐杂官革职，失察之印官降一级留任，若印官规避处分匿不揭报，即照讳命例革职（如揭报于已经酿命之后仍议以降一级留任）。”又：“佐杂官职分应管之事，准印官批令查勘，如印官将地方词讼批发佐杂办理者，降三级调用，佐杂即为审理者，降二级留任，府州不行揭报降一级留任，道员罚俸一年，其因批发办理以致酿成人命者，印官革职，佐杂降三级调用，府州不行揭报二级调用，道员降一级留任，两司罚俸一年，督抚罚俸九个月，揭报题参者免议。”又：“佐杂分驻地方遇有窃盗娼赌等犯，许其先行拘拿，随即解送印官审理，若延不解送罚俸一年，如有滥差需索情事已致死者，佐杂官革职，失察之印官降一级调用，未致死者佐杂官降三级调用，失察之印官降一级留任，其或佐杂人员巧藉缉捕逆犯盗匪名色滥差衙役苦累小民，即照佐杂官借捕扰民例将失察之各上司一并议处。”又：“佐杂官致毙人命，如实系例应缉拿之犯畏罪自戕事出仓猝者，降一级调用。”又：“佐杂官访有窃盗娼赌等事实据，亦准移送印官查缉，若无指实凭空以某处窝留贼犯匪类为词捏作访闻移送者，革职，审有诈害情事者治罪，如印官已审出佐杂诬捏而代为掩饰私自了结者，降三级调用。”又：“凡印官带印公出详委佐杂代折代行，遇有地方一切应行拘提事件据报到日即行出差拘，提分别保，押统候印官回署审办，如有滥差需索及延不解送情事，均照分驻佐杂之例议处。”

【稽察棚民】【史】棚者以木草等物架成房屋以为覆蔽之用者也，故称工作劳动人民为棚民。稽察谓稽核查察也。清之六部处分则例（卷十九）户属田宅篇设有稽察棚民之条：“土棍私租山场，招集外来棚民入山开垦，州县官不即查拿驱逐者降一级调用，府州降一级留任，道员罚俸一年，其限满棚民（租契有年限者，以契约为断，无年限者至迟不得过十年，系由户部议定）应饬令退，及半者免其议处，如不及十分之五将州县官罚俸一年，府州罚俸六个月，道员罚俸三个月，不及十分之三，将州县官罚俸二年，府州罚俸九个月，道员罚俸六个月，不及十分之一，将州县官降一级留任，府州罚俸一年，道员罚俸九个月，仍令该州县每年将各棚户分别已满限未满限，已回籍未回籍，于年终详晰造册，由该上司核明报部查议，如有玩延不办，徇隐姑容，并捏报虚数冀免处分，经该上司查参，将州县官降一级调用。”

【稽察煤窑】【史】窑即窑字，煤窑谓煤炭之所也。稽察谓稽查开采煤窑之一切情形也。清之六部处分则例（卷二十三）户属关市篇设有稽察煤窑之条：“西山一带开采煤窑令宛平县县丞移驻门头村弹压，凡赴窑工作之人，先由窑户等报明姓名籍贯，造册稽查，并严禁连夏锅伙水工锅伙恶习，如查禁不严将该县丞，照地方官失察牙行巧立名目霸开总行例加等议，以罚俸二年，其锅伙内遇有殴毙人命，即申报宛平县验勘，如失于查察，将该县丞，照地方官于杀死人命不知情不行申报例加等议，以降二级留任，其或窑户等，将病毙之人，私行埋弃，该县丞失于查出者，罚俸一年，傥有受贿纵容任令违禁开设私埋匿报，及以殴毙之案捏称病毙之人者，即将该县丞革职，至该县丞于抵任之后，果能约束众窑安静守法三年，期满由顺天府府尹，会同直隶总督保举题升，若有不能称职及始勤终惰者，该府尹即随时分别劾参以昭惩劝。”

【稽废】【史】稽者稽留也，废者迟延也，行军时有一定之行程，如故意将其行程加以迟延，是为稽废，唐律（卷十六）——擅兴篇乏军兴条之疏议：“兴军征讨，国之大事，调发征行，有所稽废者。”

【稽缓制书】【史】制书者诏敕更誊符移关刺牒等皆是，原则上即日行下，无有期限，若于程外仍停者。则曰稽缓，应受处罚。唐律（卷九）职制篇稽缓制书条内：“诸稽缓制书者，一日笞五十（誊制敕符移之类皆是），一日加一等，十日徒一年，其官文书稽程者，一日笞十，三日加一等，罪止杖八十。”

【稽核】【史】对决算报告加以详细之检阅之谓也。（户部则例）

【稿件通行阅画】【史】各部所行文牍及公案，均须经办理人员通行阅过画押不得疏漏，违者严惩不贷，清之六部处分则例（卷十四）吏属旷职编设有稿件通行阅画之条：“道光七年十月初三日奉旨依议，此案，刑部原稿，满洲司员列名甚多，除那清阿画押外，余皆未画，讯因兼司兼档房各员，向系只画题咨，不画现审案件，殊属非是，各衙门稿件凡列衔各员，俱应画押，不独防掌印专擅，或不肖司员有徇情听嘱情弊，列名者均可据理回堂驳正，即如部院大臣兼各衙门事务者甚多，其题奏行存稿件，除出差告假外，从无不画之稿，该司员即兼司兼档房较兼部院之大臣繁简判然，何得藉口于不能常川会审，置身局外，试思已办稿件尚不肯尽心阅画，该司员等每日进署所司何事，殊出情理之外，此次调查该部现审稿件未画押者甚多，讯系相沿积习，并非起自近年，姑从宽免其置议，嗣后各衙门稿件列名各员，务各和衷商榷，通行阅画，无行仍前疏漏，以昭慎重，经此次训谕之后，如有蹈前辄一经查出或经朕别有访闻，非特不尽押司员严加究处，并将该堂官等从重严惩，决不宽贷，将此通谕各衙门知之，钦此。”

【稿面填注事故】【史】各部院衙门司员，对所办公牍，如因出差患病或其他事故均须注明其上，若无故不加填注者，应受一定之处分。清之六部处分则例（卷十四）吏属旷职编设有稿面填注之条：“各部院衙门司员有出差患病，及各项事故，均令于稿面衔名下注明，傥有稿不署押，又无事故填注，后经查出将无故署押之员罚俸三个月，其实有事故而漏注者，准该员自行呈明查核确实免其议处。”

【节（節）】【史】（一）符节也，古时授符节于使臣以为证明其身分及保障其地位之用。周礼地官之属有掌节之官，其职制为：“掌守邦节，而办其用以辅王命。”其后所谓节乃变为使臣之代名辞，谓之使节。（二）汉时用卤簿为仪杖计有节十六在其左右，事物纪原（卷三）：“周礼地官之属，掌节有玉角，虎人，龙符，玺旌等节汉文有旌节之制，西京杂记曰，汉大驾卤簿，有节十六，在左右，则汉始用为仪杖也，笔谈曰，古节如今虎符，其用则有圭璋龙虎之别，皆椟而将之，英荡是也。汉人有持节，乃古旌也。然则节自周始，而旌节则起于汉也。”

【节（節）下】【史】为对使臣之尊称，一作毂下，酉阳杂俎（卷二）：“秦汉以来，于天子言陛下，于皇太子言殿下，将言麾下，使者言节下毂下，一千石长史言阁下，父母言膝下，通类相言于足下。”

【节(節)本】【民刑诉】Abridged copy　为缮本之一种,即摘录原本内容之一部,或重要部分而成之缮本也。

【节(節)度使】【史】官名,始于三国之吴,初为掌管军粮之官,及唐始领兵权,掌一地方之节制,称曰节度使,初仅于边疆之地设置焉。后遍及于全国,此项官职之专设,实自睿宗之景云二年贺拔延嗣之任河西节度使,开元天宝间于朔方陇右等边远之地置入节度使。继于中原各地增设之,分天下为四百余道,均置多数节度使以统之,小者辖二三州,大者领十余州,而节度使一职,多由各该道之观察使并其驻在州之刺史兼任之,故事实上实兼掌文武两事。而兵甲,财赋,刑狱皆在掌握之内,其权威之盛,在外任官中实为罕见(清国行政法卷一)。晓读书斋杂录:"节度之名,始于三国吴时,江表传云,权为吴王,初置节度官,使典拿军粮,是节度之设,本为军中粮运耳,至唐景云二年,始以贺拔延嗣为凉州都督,充河西节度使,自后节度遂为领兵之官,节制一方,迄五代宋不解,唐志及通典并云边方寇我之警,则加以旌节,谓之节度使,不知命名之由,本樽节用度起见,非旌节之节也。"

【节(節)妇免差】【史】节妇谓夫亡守志而不改其节之妇人也,免差谓免除其差役也。大明令户令篇——有节妇免差之条:"凡民间寡妇三十以前夫亡守志者,五十以后不改节者。旌表门闾,除免本家差役。"

【节(節)略】【国公】Memorandum(拉丁)　日本称之曰觉书,乃国际间交涉或谈判时所用之公文,其性质与照会相同,惟内容及形式均不若照会之庄重耳。

【缄(緘)默】【民总】Silence　又称沉默,即对他人之请求并未明白加以答覆之谓也。是否亦为意思表示之方法,因情形而不同,如遇有法律之规定时,或由交易上之习惯时,或基于当事人之特约时,则缄默视为承诺,而即成为意思表示之方法矣。

【线(線)贼】【通】所谓线贼乃指盗贼中之先导者而言。

【线(線)路】【行】凡输送电气之导体,及其附属之设备,谓之线路,电气事业人于必要时,得经土地所有人及占有人之许可,在其房屋上之空间,或无建筑物之土地上设施线路,对于妨碍线路之树木,或其他植物。如经所是人及占有人之许可,得砍伐之,关于上述行为,若致有损害时,应由电气事业人补偿之。(电气事业条例第三条,九条—十一条)

【线(線)管安设权】【物】Right of laying wires and pipes　为对土地所有权所加私法上限制之一,即土地所有人因全其利用得安设电线水管煤气管或其他筒管以通过他人土地上下之权也。但须具下列要件:(1)非通过其地不能安设者。(2)虽能安设而需费过巨者。(3)安设之处所及方法须择其最少者为之。(4)对通过地所有人须支付偿金。至安设后情事有变更时,通过地所有人得请求变更其安设,其经费由安设权人负担之。但另有习惯者从其习惯。(民法第七八六条)

【缉(緝)凶】【史】缉者,捕拿也,凶者凶恶之徒也。清律及例对缉凶设有下列各项之规定:(一)寻常命案,凶犯脱逃——(甲)承缉官初参(限六个月)住俸,二参(以下俱限一年)罚俸一年,三参罚俸二年,四参降级留任。(乙)接缉官初参限内到任,限一年缉拿,限满不获罚俸一年,再限一年缉拿,限满不获罚俸二年,初参限外到任限一年缉拿,限满不获罚俸一年。(二)卑幼擅杀其功尊长,属下人杀死本管官,妻妾谋杀本夫,奴仆殴故杀家长并杀死三四命,凶犯脱逃。——(甲)承缉官初参(限六个月)住俸,二参(以下俱限一年)降一级留任,三参降一级调用。(乙)接缉官承缉官未满三参离任,接缉之员限一年缉拿,限满不获罚俸一年,再限一年缉拿,限满不获罚俸二年,接缉官未满二参离任,再接缉之员限一年缉拿,限满不获罚俸一年(如伤而未死凶犯脱逃仍照寻常命案参处)。(三)仇杀谋杀致毙多命之案,扣限四个月查参,州县革职留任,府州降二级留任,道员降一级留任(再限一年缉拿,留缉州县全获开复,接缉官照情重命案议叙议处,督缉上司一年限内全获开复,不获照所降之级调用)。(四)接缉官一年限内拿获命案凌迟人犯,每一名加一级,斩绞立决人犯每一名纪录二次,寻常首从人犯免其处分,毋庸议叙,邻境地方官如拿获凌迟人犯,送部引见,拿获斩绞立决人犯,每一名加一级,拿获寻常首从人犯。每一名纪录一次,至四名加一级(凶犯潜匿在境,容隐不拿革职。不知情免议)。(五)受伤身死无名之人,无失物情形者,承缉官扣限六个月,照命案开参,如日后查系盗杀补参疏防,至于有失物情形者,承缉官扣限四个月,照盗案开参,如日后查系仇杀,改照命案议处。(六)通缉命盗凶犯姓名年貌有无须痣开造遗漏者,罚俸九个月。

【缉(緝)私】【史】搜索逮捕私盐贩卖者谓之缉私,清时特置内河巡船于港湾中复置军船以资巡缉,即关口之要隘亦设局从事稽查,遇私贩者则加逮捕而置之于法焉。民国成立后仍仿旧制。

【缉(緝)私承讯员】【行】Trial officers of salt revenue 盐运使公署运公署榷运局内所设关于承讯私盐案件之人员,为缉私承讯员,以曾在国内外大学,或专门学校学习法律毕业,并曾在行政或司法机关服务二年以上者为合格,由运使运副榷运局长遴选呈请财部盐务署核委,凡犯私盐治罪法之人犯,于缉获后经辑私承讯员搜集证据讯明确实,由运使运副榷运局长声叙案情解送司法机关或兼理司法之权县长审判之。

【缉(緝)私议叙】【史】缉捕拿获私盐之案件,其专管官及兼辖官均应优予议叙,清例对此设有规定兹举述如下:(一)一年之内拿获大伙私盐专管官一起纪录一次,二起纪录二次,三起加一级,四起加二级,五起不论俸满即升兼辖官(一年内统计所属获案)三起纪录一次,六起纪录二次,九起加一级,十二起加二级,每按三起照此递加。(二)一年之内拿获小伙私盐二起纪录一次,四起纪录二次,六起加一级,每按二起照此递加,兼辖官(一年内统计所属获案)五起纪录一次,十起加一级每按五起照此递加。(三)地方官整饬有方官引疏销私贩敛迹一年内无应参之案纪录一次,二年内无应参之案纪录二次,三年年内无应参之案加一级。

【缉(緝)拿已满三年】【史】谓缉拿叛逆贼犯等案件,已满三年而尚未拿获归案讯办也。清之现行则例(即刑部现行则例)捕亡篇设有缉拿已满三年之条:"叛逆贼犯缉拿已满三年未获者,将官交与该部,叛逆犯案均应令其案缉。"

【缉(緝)拿逆犯】【史】缉拿谓通缉捕拿也,逆犯谓叛逆人犯,州县官负有缉拿责任,违者处分,清之六部处分则例(卷三十七)兵属军政篇设有缉拿逆犯之条:

"州县官将叛逆人犯，及其父母兄弟妻子，纵放脱逃者或逃逆未获，作为已获，有顶替情弊者，俱革职提问，转报之上司，俱降四级调用，督抚降一级调用，知情者革职。"又："应行解部之逆犯家属，州县官或听其买赎，或谎称亡故者，革职，府州降一级调用，道员降一级留任，如止系起解迟延，将州县官降一级调用，府州罚俸一年。"又："各省通缉之叛逆人犯，潜匿在境，地方官知情藏匿者，革职提问，如奉文后未能查出，以并无隐匿申覆，后经发觉者，系叛逆首犯将州县官革职，府州降四级调用，道员降二级调用，两司降一级调用，督抚降一级留任，系案内重要人犯，州县官降二级调用，府州降一级留任，道员罚俸一年，系案内牵连军流徒罪人犯，州县官罚俸一年。"又："官员拿获叛逆首犯准该督抚奏该送部引见。若交部议叙准其加二级，系案内重要人犯，每一名准其加一级，系案内军流人犯，每一名纪录二次，系案内徒罪人犯每一名，纪录一次。"

【缉(緝)拿逃兵】【史】逃兵谓自军营脱逃之额兵与余丁也，缉拿通缉及捕拿到案归办也。清之六部处分则例(卷三十七)兵属军政篇设缉拿逃兵之条："军营额兵脱逃，系讯有实据者，原籍地方，以接到军营咨文之日起，勒限一年缉拿，限满不获，该督抚按其咨到先后名数多寡，分案咨参，一二名以上，不获，州县官罚俸九个月，府州罚俸六个月，道员罚俸三个月，五六名以上不获，州县官罚俸一年，府州罚俸九个月，道员罚俸六个月，十名以上不获，州县官罚俸二年，府州罚俸一年，道员罚俸九个月，均再限一年，缉拿限满不获，一二名以上者，州县官降一级留任，府州罚俸一年，道员罚俸九个月，五六名以上者，州县官降一级调用，府州罚俸二年，道员罚俸一年，十名以上者，州县官降二级调用，府州降一级留任，道员罚俸二年，如承缉官未满初限离任，接缉官限一年，缉拿限满不获罚俸一年。"又："军营额兵脱逃，讯明实有确据该原籍承缉督缉各官俱照前例定议，若是否有心脱逃，尚无实据系属情节未明之案，应将承督各官先行减等议处，如限满一二名以上不获，州县官罚俸六个月，府州罚俸三个月，道员罚俸一个月，五六名以上不获，州县官罚俸九个月，府州罚俸六个月，道员罚俸三个月，十月以上不获，州县官罚俸一年，府州罚俸九个月，道员罚俸六个月，均再限一年，缉拿限满不获，一二名以上者，州县官罚俸一年，府州罚俸九个月，道员罚俸六个月，五六名以上者，州县官降一级留任，府州罚俸一年，道员罚俸九个月，十名以上者，州县官降二级留任，府州罚俸二年，道员罚俸一年，如承缉官未满初限离任，接缉官限一年缉拿，限满不获亦照减等例，罚俸九个月，仍候缉获逃兵，或闻拿投首之后审系有心脱逃，再照前例补议，若实系受伤患病落后有因，及或有中途被害情事，将减等议处，并限缉之案概行查销。"又："承缉额兵督抚藩臬，亦以接到军营咨文之日起统计所属初参限满获不及半者，藩臬罚俸一年，督抚罚俸六个月，均再限一年催缉，如再届满又获不及半者藩臬罚俸二年，督抚罚俸一年，统俟所属限满之后另行汇册咨部。"又："随征余丁脱逃原籍地方官以接到军营咨文之日起限一年，缉拿限满不获，一二名以上州县官罚俸三个月，府州罚俸一个月，道员免议，五六名以上，州县官罚俸六个月，府州罚俸三个月，道员罚俸一个月，十名以上，州县官罚俸九个月，府州罚俸六个月，道员罚俸三个月，均再限一年缉拿，再限不获，一二名以上，州县官罚俸一年，府州罚俸六个月，道员罚俸三个月，五六名以上，州县官罚俸二年，府州罚俸九个月，道员罚俸六个月，十名以上，州县官降一级留任，府州罚俸一年，道员罚俸九个月，如承缉官未届限满离任，接缉官限一年，缉拿限满不获，罚俸六个月。"又："军营余丁脱逃，讯明实有确据，该原籍承缉各官，俱照前例定议，若是否有心脱逃尚无实据系属情节未明之案，应将承督各官先行减等议处，如限满一二名以上不获，州县官罚俸一个月，府州道员免议，五六名以上不获，州县官罚俸三个月，府州罚俸一个月，道员免议，十名以上不获，州县官罚俸六个月，府州罚俸三个月，道员罚俸一个月，均再限一年缉拿，限满不获，一二名以上者，州县官罚俸九个月，府州罚俸三个月，道员罚俸一个月，五六名以上者，州县官罚俸一年，府州罚俸六个月，道员罚俸六个月，十名以上者，州县官罚俸二年，府州罚俸九个月，道员罚俸六个月，如承缉官未满初限离任，接缉官限一年，缉拿限满不获，亦照减等例罚俸三个月，仍俟缉获逃丁或闻拿投首之后审系有心脱逃，再照前例补议，若实系受伤患病落后有因及或有中途被害情事，将减等议处，并限缉之案概行查销。"又："地方官拿获军营脱逃额兵每一名，准其纪录二次，如经过地方，不行查出，将地方官罚俸一年，如失察潜匿在境，不能查拿，将州县官降一级留任，府州罚俸一年，傥额兵曾经逃回原籍，州县官失于查拿，后经别处盘获，讯明逃回属实，州县官降二级调用，府州降一级留任，道员罚俸二年，督抚罚俸一年。"又："地方官拿获军营脱逃余丁，每一名，准其纪录一次，如经过地方，不行查出，将地行官，罚俸六个月，若失察潜匿在境，不能查拿，将州县官罚俸九个月，府州罚俸六个月，傥余丁曾经逃回原籍，州县官失于查拿，后经别处盘获，讯明逃回属实，将州县官降一级留任，府州罚俸一年，道员罚俸九个月。"又："军营额兵余丁盗取粮饷马匹脱逃，经军营移知原籍令拿该兵丁亲属追赔，州县官失于查拿，罚俸一年，故纵者，降二级调用。"

【缉(緝)捕】【史】对犯罪者之搜索逮捕谓之缉捕，旧制且以此名官役焉。与今之巡查及督察员相等，清时之军队有缉捕营者，掌搜捕盗贼枭匪之职。

【缉(緝)捕奸匪】【史】奸匪谓寇内之盗匪也，缉捕谓通缉及捕拿到案究办也。清之六部处分则例(卷四十五)刑属杂犯篇设有缉捕奸匪之条："乾隆三十六年五月十七日奉上谕，据钟音奏，拿获安溪县奸民王添送等分别定拟一折，已批交该部议奏矣，此案署华封县丞魏嗣业一经闻报，即集兵役乡众擒获首伙各犯，而署安溪县事县丞甘运灉，复拿获伙犯多人，该员等以佐武微员奋勉出力，颇属能事，魏嗣业甘运灉俱著该督等出具考语，送部引见，至所请将失察之地方文武大小官员交部察议之处，竟可不必，王添送等同谋纠党，未及一月即经败露全获，书法究治办理，颇为妥速，不得谓之失察，均无庸交部，匪徒滋事不法，原当责成地方官如平时漫无稽查，迨发党后又复迁延怠玩不即勇往惩治酿成事端，其咎自所应得，若当端倪初露即能上紧查拿迅速获犯结案尚属有功无过，傥仍加以议处即不足以昭劝惩，且恐庸劣员弁遇有地方奸匪重案惧于吏议，致启弥缝讳匿之渐，于除奸转为无益，嗣后凡匪犯纠众等案，如事在三月以内即能查拿擒捕者，无庸予以失察处分著为令钦此。"又："凡不逞之徒软血订盟焚表结拜弟兄彼倡此应为害良民，及并无歃血盟誓焚表情事止序齿结拜弟兄，地方官失于觉察犯该斩绞者，降一级调用，犯该流罪者。降一级留任，犯该杖罪者，罚俸一年，如能于发觉之后获犯及半，兼获首犯者,免议,若已据乡保邻佑首告,不为准理,又不会同营员缉捕,以致滋生事端者,将地方官革职提问。"又:"凡刁恶顽梗之民约会抗粮敛钱构讼抗官塞署罢市罢考殴官等事,聚众至数十人者地方官与同城文武协同擒获者免议,如不实力协拿,致令脱逃,将地方官降二级戴罪,限一年缉拿,限满不获,照所降之级调用。"又:"各省匪徒潜入川省滋事文武各官能于半年内拿获一起者,准其加二级,半年以外始行拿获者,准其功过相抵,不准议叙,如匪徒罪该军流以上,地方官失察,在境已过半年者免职,半年以内者降二级调用,若访知匪徒已入本境不即查拿,仅予驱逐者,降一级留任,连界州县接到关会不即查拿,以致远飏者,罚俸一年,如邻境地方官能将匪徒拿获审明罪该斩绞者,每一名准其纪录二次,罪该军遣者每一名准其纪录一次。"

【缉(緝)盗护航章程】【行】本章程计十六条,于民国二十三年一月六日由行政院公布,兹录其要点如下:(一)凡中国港口开驶近海或远洋之客货轮船,其护航事宜,适用本章程之规定。(二)缉盗护航水路由海军部海岸巡防处舰队负责,陆路及其附近海面岛屿则由内政部督饬沿海各省警察机关所辖水陆警察人员负责办理。(三)凡海盗出没之海面及曾有轮船被劫之地方,由海岸巡防处派舰常驻及梭巡,至海关盐务缉私舰艇亦应随时协助,或向其报告盗警,海军军舰及陆军军队亦有协助之义务。(四)凡航海轮船触礁或搁浅由水上警察机关负保护之责。(五)航海轮船应依法置备相当自卫枪炮,船员应随时练习使用。(六)航海轮船于开行前对旅客得请军警施行检查,船中应依法装置无线电台,于航程中每四小时应向交通部指定之电台报告所至之经纬度。(七)轮船驾驶台四壁之建筑须能抵御枪弹,以及其他相当(本章程第十四条)之设备。(八)船中重要门户与客舱相通者于航行时须一律销闭非经主管船员之许可不得开放。

【缘(緣)坐】【史】因他人之犯罪而获罪谓之缘坐,北史—齐后主纪:"诸家缘坐,配流者,所在令还。"

【缘(緣)坐非同居】【史】亲伯叔兄弟家财业已分讫而虽系同居,其犯谋反大逆罪者并不缘坐,其资财田宅不在收没之限,唐律(卷十七)贼盗篇缘坐非同居条:"诸缘坐,非同居者,资财田宅不在没限,虽同居非缘坐,及缘坐人子孙,应免流者,各准分法留还(老疾得免者,各准一子分法)。"疏议曰:"缘坐非同居者,谓谋反大逆人亲伯叔兄弟已分异讫,田宅资财不在没限,虽见同居,准律非缘坐,谓非期以上亲及子孙,其祖母及伯叔母;姑兄弟妻,各谓无夫者,律文不载,并非缘坐,其缘坐人子孙,谓伯叔子及兄弟孙,据律亦不缘坐,各准分法留还,谓未经分异,犯罪之后,并准户令分法,其孙妇,虽非缘坐,夫没即合归宗,准法不入分限,注云,老疾得免者,若夫年八十及笃疾,妇人年六十及废疾,各准户内应分人多少,人别得准一子分法留还。"

【缘(緣)法】【史】所谓缘法乃指沿用前此之成法而言,史记—商君传:"因民而教者,不劳而成功,缘法而治者,吏习而民安之。"

【缘(緣)边城戍】【史】国境缘边为防遏外寇以备不测之用。均有城戍之设置,守望之人对外奸内入或内奸外出不觉者,是于职守有亏,自应科以应得之罪。

唐律(卷八)卫禁篇有缘边城戍之条:"诸缘边城戍,有外奸内入(谓非众成师旅者)。内奸外出,而候望者不觉,徒一年半,主司徒一年(谓内外奸人出入之路,关于候望者)。"疏议曰:"国境缘边皆有城戍,式遏寇虐,预备不虞,其有外奸内入,谓蕃人为奸,或行间谍之类,注云,谓非众成师旅者,依周礼,五人为旅,二千五百人为师,此谓小小奸寇抄掠者,若成师旅自依擅兴律,连接寇贼被遣斥候不觉贼来,徒三年,有内奸外出者,谓国内人为奸,出向国外,或荒海之畔,幽险之中,候望之人,不觉有奸人出,合徒一年半,虽非候望者,但是城戍主司不觉,得徒一年,谓内外奸人出入之路,关于候望者,目所堪见为关,谓在望之内也。

【缔(締)约国】【国公】Contracting powers 一名条约国。(详该本条)

【缔(締)约权】【宪】Power of concluding treaties 即国家对外缔结条约之权也,有以缔结一般条约时须经议会同意者,如美国是。有仅缔结特殊条约时须经议会同意者,如法国是。有缔结条约均不须经议会同意者,如日本是。

【缔(締)结】【国公】Conclusion 缔结者,谓缔盟与结好之谓。订立国际间之条约,每用缔结二字,所以示郑重也。至于通常契约,则多代以订定二字,以资区别。

【缌(緦)麻】【史】为丧制五服之一以熟布制成。(见五服条)

【编(編)查保甲】【史】清之保甲制度,乃地方自卫方法,每户均给以门牌,上书其户之丁男,并以十家为一牌,牌有牌头,十牌为甲,甲有甲长,十甲为保,保有保正。清之六部处分则例(卷二十)户属户口篇设有编查保甲之条:"编查保甲,凡绅衿之家与齐民一体编列,听保长甲长稽查,如有不入编次者,本身照所户律治罪(有田赋者杖一百,无田赋者杖八十),州县官瞻徇不报,降三级调用,至点充保长甲长并轮值支更看栅等事,绅衿免派,孤寡老幼免役。"又:"汉军兵丁闲散人等有情愿改入民籍者(曾任职官者不准),在内呈明该旗,在外呈明所在省分督抚,该旗该督抚查明核实报部,统由该旗造具家口清册,由部转行入籍省分州县收入民籍,若汉军愿入顺天府属籍贯者,该旗仍造册派员带领入籍家口交送顺天府,转送入籍州县查收编管,其由京赴各省入籍者,该旗给与执照,沿途查验,至入籍地方换给印票,造册报部,遇有迁徙贸易等事,亦令报明州县存案,若地方官于查收后不即编入里甲,日后查无其人者照脱漏户口律分别议处(律载本县官吏脱户者十户笞四十,每十户加一等。罪止杖八十,漏口者十口笞二十,每三十口加一等,罪止笞四十)",又:"凡理事同知通判衙门所辖旗庄地方,如有屯庄户口不清及入官人口借名身潜匿境内,未经查出者,照脱漏户口律分别议处。"

【编(編)辑人】【行】Editor 掌管编辑新闻纸或杂志之人,曰编辑人,下列各款之人,不得为编辑人:(一)在国内无住所者。(二)禁治产者。(三)被处徒刑或一月以上之拘役在执行中者。(四)褫夺公权尚未复权者。(出版法第五条、第十条)

【编(編)籍】【行】又称定籍,即以本籍为根据而制定户籍之谓也。通常编籍之方法以家为单位。户籍主任应首先从事调查,然后加以编制,我户籍法规定应依下列之规定定其户籍:(一)在一县或一市区域内有住所三年以上,而在他县市内无本籍者,以该县市为本籍。(二)子女除另有本籍者外,以其父母之本籍为本籍。

(三)弃儿父母无可考者,以发现人报告地为本籍。(四)妻以夫之本籍为本籍,赘夫以妻之本籍为本籍。(第四条)

【缓(緩)刑】【刑】Suspension of Sentence 即法院基于法定要件对轻微犯人宣告刑罚时,且定一相当期限作犹豫刑之执行。而在此期限内无撤销事由者,即失却刑之宣告效力之谓也。缓刑制度之创立,原为促人自新预防再犯起见,且为救济短期自由刑之良法,从来有四主义:(1)刑罚宣告犹豫主义。(2)条件附刑罚宣告主义。(3)条件附执行犹豫主义。(4)条件附特赦主义(详各本条)。我国刑法采第二主义,于第九十条规定缓刑应具备二要件:(一)受二年以下有期徒刑拘役或罚金之宣告,而未曾受拘役以上刑之宣告者。(二)受二年以下有期徒刑拘役或罚金之宣告而前受拘役以上刑之宣告执行完毕,或免除后三年以内未曾受拘役以上刑之宣告者。如具备上述要件之一,法官得自由裁量决定可否缓刑,其时间为二年以上五年以下,于宣告刑罚时同时为之。如有下列二情形之一者,在缓刑期间内除过失罪外,撤销其缓刑之宣告:(1)缓刑期内更犯罪受有期徒刑以上刑之宣告者。(2)除第九十条第二款外因缓刑前犯他罪曾受有期徒刑以上刑之宣告在缓刑期内始发觉者。至于缓刑安然期满之犯人,对于刑之宣告完全作为无效,换言之,即自始与无刑之宣告相同也。

【缓(緩)决】【史】与即决相对立,即犯人之处决暂缓,候至立秋后于复审时再定其为减免或减轻之谓。(参秋审条)

【缓(緩)冲国】【国公】Buffer state 又曰冲缓国。(详该本条)

【罢(罷)工】【劳】Strike 又称同盟罢工。(详该本条)

【罢(罷)工保险】【险】Strike insurance 为保险之一,谓以被保险人因同盟罢工所生损害为标的,而由保险人给付一定保险金额之保险也。其范围较失业保险为广。

【罢(罷)民】【史】无一定住居及生业之浮浪人民称曰罢民,凡民罢于作业则必放僻邪侈而有害于人,周礼—秋官大司寇:“以圜土聚教罢民,凡害人者置之圜土,而施职事焉……”贾公彦疏:“罢者,谓困极罢弊,此圜土被囚而役。”(参嘉石案)

【罢(罷)免权】【宪】Right of recall 为参政权之一种,凡公民达到若干人数时,对于彼等认为失职或不信任之立法议员,行政官吏,或司法法官,要求召集公民全体投票表决,加以罢免之权能,曰罢免权。此种权能实为制裁失职官吏,及达到直接民权之唯一有效方法,但其流弊亦不能免,若慎予运用,则真正民意,始能由此表现。

【罢(罷)闭官吏】【史】罢闭官吏乃却职在家之官吏。(参滥设官吏条内)

【罢(罷)遣】【史】对于服劳役者停止其劳役而各遣归其乡土,称曰罢遣,后汉书—陆康传:“发民缮修城郭,康至,皆罢遣,百姓大悦。”

【罢(罷)职】【史】官吏犯罪除去其官职终身不予任用谓之罢职。(参除去当差条)

【骂(駡)人】【史】此骂彼谓之骂人,彼此相骂曰互相骂。明律(卷二十一)、清律(卷二十九)刑律骂詈篇均有骂人条之同一规定:"凡骂人者,笞一十,互相骂者,各笞一十。"清律之总注:"此骂而彼受之曰骂人,笞一十,彼此交骂曰互相骂,各笞一十,按斗殴律有理直及先后下手之分,此骂人则不言曲直,相骂亦不论先后也。"

【骂(駡)制使及本管长官】【史】奉朝廷制命出使者谓之制使,乃中央政府所遣之特使,有朝廷之体,部民于本属之官有父母之尊,军士之于本管官,有统驭之分,吏卒之于本部官,有相临之义,若加以骂詈,应依律论罪。明律(卷二十一)、清律(卷二十九),刑律骂詈篇均有骂制使及本管长官之同一条文,清律之规定及其下注:"凡奉制命出使,而官吏骂之者,及部民骂本属知府知州知县,军士骂本管官,若吏卒骂本部五品以上长官,杖一百,若吏卒骂六品以下长官,各(指六品至杂职,各于杖一百上)减三等。(军民吏卒)骂(本属本管本部之)佐贰官首领官,又各递减一等,并亲闻乃坐。"同律之总注:"奉命出使而官吏骂詈,则辱朝命矣,部民于本属府州县,军士于本管武职官,均有管辖之责,吏卒于本部五品以上长官,有相临之义,骂之者,犯上甚矣,故并杖一百,若吏卒骂六品以下长官,其义虽同,其位已卑,故各减骂五品以上长官之罪三等,杖七十,至骂佐贰首领官,又各递减一等。如部民骂本属府州县,军士骂本管官,吏卒骂本部五品以上衙门各佐贰官,俱减骂长官罪一等,应杖九十,各首领官,又递减骂佐贰官罪一等,应杖八十,吏卒骂本部六品以下衙门佐贰官,通减四等,应杖六十,首领官通减五等,应笞五十,以上并官长亲闻乃坐,骂詈无凭,所以塞谗之源也。"同律之辑注:"此条与下条(皆云亲闻乃坐,则非亲闻,而他人虽告言亦不坐也。"

【骂(駡)祖父母父母】【史】子孙于祖父母父母,妻妾之于夫之祖父母父母,情有不顺而辄骂者,均加治罪。唐律(卷二十二)斗讼篇有殴詈祖父母父母条及妻妾殴詈夫父母条之设,前者绞后者徒三年。明律(卷二十一)、清律(卷二十九)骂祖父母父母条则均处绞:"凡骂祖父母父母,及妻妾骂夫之祖父母父母者,并绞,须亲告乃坐。"同律之辑注:"此条骂祖父母父母,与前后骂尊长亲属家长各条皆曰亲告乃坐,盖骂无凭证必须亲告,或为恩义所掩而容隐不告,则亦听之,谓非他人所得告耳,至于亲告亦必得实,观干名犯义条内云,祖父母父母外祖父母诬告子孙外孙子孙之妇妾及奴婢雇工人者,各弗论,夫既曰诬告者勿论,则被诬者无罪可知矣。曰亲告乃坐,非曰亲告即坐也。"清律之条例:"凡毁骂祖父母父母,及夫之祖父母父母,告息词者,奏请定夺,再犯者,虽有息词,不与准理,若祖父母父母听信后妻爱子蛊惑,谋袭官职,争夺财产等项,捏告打骂者,究问明白,不拘所犯次数,亦与办理。"又同律之辑注:"祖父母父母于子孙妇妾或有爱憎之偏,而后母尤多,故设此例许告息以全其恩,与办理以申其枉,盖置无证据,罪至重,必详慎之也。"

【骂(駡)尊长】【史】卑幼之于尊长,理应优礼相加,若加骂詈,应构成本条之罪,明律(卷二十一)、清律(卷二十九)均有骂尊长条之设,内容大同小异,清律原文及其下注:"凡骂(内外)缌麻兄姊,笞五十,小功兄姊(明律无兄姊二字)杖六十,大功兄姊(明律无兄姊二字)杖七十,尊属(兼缌麻小功大功,)各加一等。若骂(期亲同胞)兄姊者,杖一百,伯叔父母姑,外祖父母各加(骂兄姊)一等,并须亲告乃坐，弟骂兄妻(此照殴律加凡人一等)。"同律之汇纂："侄骂出嫁姑自依大功尊属论，至弟骂出嫁姊即律内大功兄姊，应杖七十，集注云依大功尊属，殊谬。"又同律之汇纂："弟骂兄妻律注明言加凡人一等，止应笞二十，集注仍引据会典之说，依不应杖非是。"同律之总注："缌麻小功大功兄姊尊属，皆兼本宗外姻而言，骂兄姊者，缌麻笞五十，小功杖六十，大功杖七十，骂尊属者各加一等，则缌麻杖六十，小功杖七十，大功杖八十也。至骂期亲者，兄姊杖一百，伯叔父母姑外祖父母各加一等。则杖六十徒一年也。并须亲告乃坐。"

【翦径】【史】一作剪径。(详该本条)

【荫(廕)子】【史】文武官之子孙，依其父祖之余荫而受一定之官职，是项受职之子孙，曰荫子。(清国行政法第四卷第三编官吏法)

【荫(廕)官】【史】文武官之子孙，因其父祖之余荫而得官时，其官职谓之荫官。(清会典吏部)

【荫(廕)补】【史】子孙因父祖之余荫而补其官职者曰荫补。唐书一李德裕传："德裕，吉甫子也。卓荦有大节，不当与诸生试，有司以荫补校书郎。"资治通鉴后汉桓帝纪注："今人谓凭籍世资得官者，为荫官，盖取木为喻，能荫庇其根也。"

【荫(廕)监生】【史】清制文武官之子孙依其父祖之余泽，得入国子监为学生，是曰荫监生，荫监生计分二种：(1)在京四品以上在外三品以上之文官及二品以上之武官，因恩诏得令其嫡子孙一人入国子监肄业，谓之恩监生。(2)于外海，长江，黄河，大湖等处从事公务而殉殁之大小各官，及内海内河飘殁者，又在军营中服勤务中而病死者之七品以上之文武官，得以嫡子孙一人送入国子监中肄业，谓之难监生，此二者合称曰荫监生。(会典礼部，国子监，清国行政法卷四)

【荫(廕)亲之例】【史】凡有官阶之官吏，其荣典及于亲属即其妻享有夫之官品，其子孙叙任及入学等特典之享有，以及于犯罪时受刑之减轻，或听其以金赎刑，或体刑之免除等之例曰荫亲之例，但亦有一定限制。即正官及赠官虽在六品以下有此特典，惟视品官一六品以下则否。唐律(卷二)名例篇——以理去官条之注："视六品以下，不在荫亲之例。"

【冲(衝)突规则】【国私】Conflict of rules　又曰抵触规则，乃指解决法律之冲突之规则而言，如我国之法律适用条例，即冲突规则之一种，学者亦有迳行指之为国际私法者。

【冲(衝)突仪仗】【史】凡车驾行幸之处，其前列者为仪仗，仪仗之内，视同禁地，除近侍及宿卫护驾官军外，其余军民并须回避，其冲入者(无知闯入也)绞。在郊野时文武百官非奉宣唤无故辄入(偶然误入)者处杖一百，至于申诉冤枉者之冲入，军民放纵牲畜冲入时守卫不备者均应处刑。明律(卷十三)、清律(卷十八)兵律宫卫篇均有冲突仪仗条之设，惟明律无关于申诉冤枉者，及军民放纵牲畜之冲入等之明文，清律原文及其下注："凡军驾行处，除近侍及宿卫护驾官军外，其余军民并须回避，冲入仪仗内者绞(系杂犯准徒五年)，若在郊野之外，一时不能回避者，听俯伏(道)以待(驾过)，其(随行)文武百官，非奉宣唤，无故辄入仪仗内者，杖一百，典杖护卫官军故纵者，与犯人同罪，不觉减三等。若有申诉冤抑者，止许于仗外俯伏以听，若冲入仪仗而所诉事不实者绞（系杂犯准徒五年，得实者免罪）。军民之家纵放牲畜，若守卫不备因而冲突仪仗者（守卫人）杖八十，冲入紫禁城门内者（守卫人）杖一百（其纵畜之家并以不应重律论罪）。"同律之说注："行必设仪仗。所以严禁卫也，非系近侍人员及宿卫护驾官军，概不得入仪仗之内，军民人等，于车驾行幸之处。并须回避，敢有冲入仪仗内者绞，冲入谓突然趋进绝无忌惮也，故坐绞，必系无知愚人，故矜其死，而准徒五年，若在郊野之外，一时相值，不及远去，又无隐蔽之所，可以回避者，听于道旁俯伏以待驾过，其扈从文武百官，非奉旨宣唤，无故辄入仪仗内者，杖一百，若典仗护卫官军故纵而不禁者，与犯人同罪，故纵冲入应绞，照名例减一等，杖一百，流三千里，故纵辄入者杖一百，不觉其入者减犯人罪三等，不觉冲入，杖九十徒二年半，不觉辄入杖七十。军民人等有冤抑事情，于车驾行幸处伸诉者，止许在仪仗之外，俯伏以听，候旨发落，若冲入仪仗内而所诉之事不实者，照前冲入仪仗律，坐杂犯绞，罪其冲突，非罪其不实也。所诉得实，即免其冲入之罪，所以达民隐也。军民之家，牲畜纵放在外，车驾行幸之处，与紫禁城门内，若守卫之人，不为防备，因而牲畜冲突仪仗者杖八十，冲入紫禁城门内者杖一百，驾行冲突，事犹出于仓卒，若内禁深严之地，何至牲畜冲入，故其罪有轻重，至于纵放牲畜，而不收禁，亦属不应，律虽无文，不能无罪，故注补之。"

【冲(衝)缓国】【国公】Buffer state 国际间为维持权力之均衡，或缓和彼此相互间之利益冲突而设置之永久中立国，或其他新置国，谓之冲缓国。

【冲(衝)繁疲难】【史】清雍正年间依广西布政使之建议分天下州县为冲，繁，疲，难四种，冲为险要之地，繁为繁忙之地，疲为疲弊之地，难为多难之地。

【复(複)反定法】【国私】又称转致法。（详该本条）

【复(複)反致法】【国私】又称转致法。（详该本条）

【复(複)代理人】【民总】Sub-agent 又称复代理。（详该本条）

【复(複)本】【票】Duplicate copies or parts 一个汇票而有数份相同者发行时，其相同者曰复本，又名副票。复本与原本有同等之活动力，然为单一性质。换言之，即因一份已为付款，他份即失效力是也。惟有例外二种：(1)承兑人对于其已经承兑之复本未曾收回者，则应负责任。(2)背书人将复本各份分别转让于二人以上时，该背书人及其后手对于已所署名之各份，仍须负责（票据法第一一三条）。复本之作用，乃在汇票递寄远方时为预防遗失错误而设，其发行也。第一可由受款人自己负担费用以请求之。第二可由受款人以外之执票人请求之，惟须依次经由其前手请求之，并由其前手在各复本上一一背书之，至其发行人则以原本之发票人为限，发行时期并无何等限制，复本份数不得超出三份（票据法施行法第十二条）。且须记载同一文句，标明复本字样，并编列号数。以资辨别。而免混淆，否则视为独立汇票（第一二一条）。复本因其作用之不同，可分为二种：(A)流通复本。(B)送出复本。（详各本条）

【复(複)本背书】【票】Duplicate indorsement 谓执票人在汇票之复本所为之

背书也。我票据法虽认背书应在汇票背面或其黏单上为之。然亦可在汇票之复本为之,盖亦保障票据流通之结果也。(参第一一三条)

【复(複)本籍】【行】Double native-places 所谓复本籍,乃指一人同时有两个以上之本籍存在于户籍登记簿中而言。又称二重本籍,其原因有时系因初属于甲家后入乙家,因与甲家脱离之声请遗漏,致属于甲家之本籍依然存在,而成为复本籍者,有时因错误或其他事由而编入其他之本籍而成为复本籍者,我户籍法规定一人不得于同时有两本籍,故凡有复本籍者,应即声请除籍。

【复(複)本籍地】【行】谓复本籍之所在地也。

【复(複)合国】【国公】Composite states 与单一国相对立,谓由二个以上之国家共同结合而仅有一最高政治机关也。在国际法上仅承认其有一个国际人格,至其内部如何,则非所问,复合国可分为四:(1)君合国。(2)政合国。(3)联邦。(4)邦联。(详各本条)

【复(複)利】【债】Compound interest 又称重利与单利相对立。谓利息之利息也。即于清偿期间到来时,将未支付之利息滚入原本再生利息之谓也。历来法例多以利息滚入原本,容易使原本债务之额加大,于债务人极为不利,故多禁止或加限制。我国民法规定利息不得滚入原本再生利息,此为原则,但当事人以书面约定利息迟付逾一年后。经催告而不偿还时,债权人得将迟付之利息滚入原本者。依其规定。是为例外,又商业上另有习惯者,自当依习惯办理。(第二〇七条)

【复(複)决权】【宪】Referendum 为参政权之一种,议会所通过之法律案,或宪法案,重付公民为赞成或反对之投票表决者。曰复决,此种权能,曰复决权。各国所采之制度有四:(一)制宪复决——对宪法案之复决。(二)立法复决——对普通法律案之复决。(三)强制复决——即对宪法案或法律案必须经过复决程序也。(四)任意复决——宪法案或法律案之复决可由公民任意为之。

【复(複)券主义】【债】为仓单发行之立法例的主义之一种。对单券主义言,谓仓库营业人对于寄托物发行二种仓单之主义也。法意奥诸国采之,一种为提取或移转寄托物所有权之用,一种则留存为担保寄托物之用。此主义之实益,乃在一面既可担保寄托物。另一面更可移转寄托物之所有权于第三人,盖为利便交易之计也。

【复(複)级审判主义】【民刑诉】诉讼案件可经过数个审级之法院而受其审判,此种主义,是曰复级审判主义,例如不服地方法院之判决可以向高等法院提起上诉是。

【复(複)数主义】【民总】为设定住所主义之一,对单数主义言。即许一人同时设定数住所之谓也(德国民法采之)。

【复(複)数选权】【宪】Plural vote 复数选权,谓具有特殊资格之选民每人享有数投票权也。

【复(複)数辩护】【刑诉】所谓复数辩护,乃指一被告得选任数个辩护人而言。

【复(複)选】【宪】Re-election　又称间接选举。(详该本条)

【复(複)选举人】【宪】Wahlmänner(德)　即参加复选之选举人也。(参复选条内)

【复(複)杂组织公司】【公】Complex company　为公司分类之一,对单纯组织公司言,凡以不同种责任之股东所组织而成之公司,曰复杂组织公司,如两合公司股份两合公司是。

【复(複)杂设立】【公】又称募集设立(详该本条),一名渐次设立。

【诽(誹)谤死者罪】【刑】Offence of defamation against the dead person　为诽谤罪之一,因对于已死之人明知为虚伪之事,而指摘或传述犯诽谤罪而成立,法律因死者虽与世久别,然每因他人之诽谤致死者之一生英名,因之丧失无余,而与真实之原则有相违反,至对于死者后人之保护,为其余事,故有本罪之规定,但以明知为虚伪之事为限,又本罪之客体亦限于已死之人,其处分为一年以下有期徒刑,拘役,或一千元以下罚金。(刑法第三二九条第二项)

【诽(誹)谤罪】【刑】Offence of defamation　为妨害名誉及信用章中罪之一种,即以言语或文字指摘或传述他人之丑行于公众,以损害其名誉为目的之犯罪行为也。所谓名誉,即在社会上之人格。至被害人有无羞耻心,可以不问,因其成立与否,与事实之真伪有关,故与侮辱罪不同,因其结果非直接侵害信用,故与侵害信用罪有异,英美系法律,分诽谤罪为文字诽谤罪与言语诽谤罪,区别甚清,我国刑法亦有此项分别,然仅轻重其刑耳,兹分为三:(1)单纯诽谤罪。(2)加重诽谤罪。(3)诽谤死者罪(详各本条)。至诽谤罪之处分尚有二例外规定:(A)犯人对于诽谤之事能证明其为真实者不罚,盖为维持正确舆论计也。但涉于私德而与公共利益无关者不在此限(刑法第三二六条)。(B)以善意发表言论而有下列情形之一者不罚:(甲)因自卫自辩或保护合法之利益者。(乙)公务员因职务而报告者。(丙)对于可受公评之事而为适当之评论者。(丁)对于中央及地方之议会或法院,或公众集会之记事,而为适当之载述者。(第三二七条)

【调(調)人】【史】为周礼地官之属,乃主和仇雠之官,周礼—地官调人职:"掌司万民之难,谓相与为仇雠而谐(谐犹调也)和之,凡过而杀伤人者,以民成(平也)之,凡和难父之仇,辟诸海外,兄弟之仇,辟诸千里之外,从父弟之仇,不同国,君之仇眂父,师长之仇眂兄弟,主友之仇,眂从父兄弟,弗辟,则与之瑞节而以執之,凡杀人,有反杀者,使邦国交仇之,凡杀人而义者,不同国,令勿仇,仇之则死,景有斗怒者成之。不可成者则书之,先动者诛之。"

【调(調)包】【史】又曰调白。(参该本条)

【调(調)白】【史】以假物易真物而为不正之取得,谓之调白,又曰调包。元典章:"一等无籍之徒,游手好闲,纠合恶党,欺遏良善,遍骗财物,恃此为生,其局之名,七十有二,略举如太学龟,美人局,调白之类是也。"

【调(調)奸】【史】调,调弄也,谐戏也,调奸谓籍托谐戏而奸淫妇女也。清律(卷三十二)刑律犯奸篇犯奸条之附则:"凡调奸图奸未成者经本妇告知亲族邻保,即时禀明该地方官审讯，如果有据，即酌其情罪之轻重，分别枷号杖责，报明上司存案，如本家已经投明乡保，该乡保不即禀官，及禀官不即审理致本妇怀忿自尽者，将乡保照甲长不行转报窃盗例杖八十，地方官照例议处。”

【调(調)奸图奸】【史】托辞谐戏以奸淫妇女谓之调奸，图谋行奸谓之图奸，清例之规定分述如下：(一)图奸未成，拒伤本妇及有服亲属，残废笃疾罪在满徒以上者，绞候，刃伤者极边充军，伤非金刃者依罪人拒捕加本罪二等。(二)图奸调奸未成酌量情节重轻枷号杖责报明存案，如本家投知乡保，不即禀官，及禀官不即审理，致本妇怀忿自尽，乡保杖八十，地方官降二级调用。(三)以戏言觌面相狎，本妇羞忿自尽者，照但经调戏例绞候。(四)调奸妇女业经和息之后，如有因人耻笑，其夫与父母亲属及本妇追悔抱忿自尽，将调奸之犯，一命满流，二命边远充军。(五)本夫及有服亲属杀死图奸未成罪人，不论登时事后，俱照擅杀律绞候，其听从纠往共殴之犯无论是否折伤以上及至残废笃疾，悉照余人律杖一百，致死者亦照擅杀律绞候，如有挟嫌乘机杀害者。仍照谋故律问拟，伤者勿论。(六)妇女被人调戏，其本夫及有服亲属擅杀调奸罪人应拟绞抵者，如本妇畏累自尽，将擅杀之犯杖一百，流三千里。(七)村野愚民本无图奸之心，又无手足勾引，不过出语亵狎，本妇一闻秽语即便轻生，或因他事与妇女口角彼此詈骂，妇女一闻秽语气忿轻生，及止与其夫及亲属戏谑，妇女听闻秽语，羞忿自尽者，均拟满流。(八)妇女拒奸审有确据，登时杀死强调奸罪人，均勿论，杀非登时调奸罪人杖一百流三千里，强奸罪人杖一百，徒三年，均照律收赎。(九)图奸未成罪人被本妇之子登时杀死者，满徒，杀非登时者满流。(十)本夫及有服亲属杀死图奸未成罪人，无论登时事后，俱照擅杀律绞候。

【调(調)查证据】【刑诉】Investigation of evidence 为审判程序中之一部，谓法院于讯问被告完毕后，对于人证或物证以探求其证明力为目的所为之行为也。我刑诉法采用证据主义，犯罪事实须依证据为标准，加以认定，且须由法院自由判断之，对于物证应以之示被告，令其辨认，并询有无辩解，文件证据原则上可向其宣读，对于人证，即对证人鉴定人加以询问者，原则上由审判长行之，例外则可由列席推事亲自询问，或指令受命推事行之，讯问证人之次序如下：(1)先为辨认其人之讯问，并告以有无拒绝证言之权利，并令具结。(2)开始为调查之必要讯问。(3)由声请传唤之当事人加以诘问。(4)次由他造之当事人加以反问。(5)再由声请传唤之当事人加以覆问。(6)审判长对当事人之诘问反问覆问不当者。得禁止之，并得续行讯问。(7)遇有须行比较之时，得令宣读在侦查时之讯问笔录。(8)得令被告，与证人，鉴定人，共同被告，隔别加以讯问，但须将所得要旨告知被告。(9)凡侦查时之证人，鉴定人，或共同被告，因事故不能再行讯问者，得当庭宣读前此之讯问笔录。(10)在非公开场所之讯问笔录，应当庭宣读。(刑诉法第二八一—二九九条)

【民诉】法院以发见证据为目的，对于当事人之证据方法。加以调查或依职权加以调查之行为，曰调查证据，在原则上乃由受诉法院于言辞辩论期日为之，但亦得使受命推事或受托推事指定调查期日及处所为之，有时亦得嘱托外国管辖官署。

或驻在外国之中国大使公使或领事为之，调查时并应有笔录之制作，以备参证之用。（民诉法第二七二—二八四条）

【调(調)停】【国公】Mediation　为国际争议解决方法之一，谓由第三国向争议当事国提出调和意见，劝告停止或防免冲突或战争之友谊行为也。有时为单独调停，有时为共同调停，有时由第三国自动提出，有时则应争议当事国之请求，有时仅劝告争议国进行谈判，有时则提出条件以为争议国谈判之基础，至争议国之是否接受，并非一种义务，自可听其自由，此种方法，于一八九九年及一九〇七年之海牙会议，曾有明文加以规定。

【调(調)授】【史】由此所之实任官，调迁授以彼所之同等官，谓之调授，与留授相对称。

【调(調)发供给军事】【史】大军出发从事讨伐，战具杂物，皆待供给，并应先言于上，待报而后行，否则依本条治以应得之罪。唐律（卷十六）擅兴篇设有调发供给军事之条："诸应调发杂物，供给军事者，皆先言上待报（谓给军用，当从私出，皆是），违者徒一年，给与者，减一等。"疏议曰："谓随军所须，战具所用，供给军事，虽非人兵，皆先言上待报，始得调发，注云，谓给军用，当从私出，皆是，若应用官物，自有常式，此为出私家，故须先言上待报，违者徒一年，若知不先言上，虽言上不待报，即给与者，减一等，合杖一百。"同条又曰："若事有紧急，得便调发给与，并即言上，若不调发，及不给与者，亦徒一年，不即言上者，和减一等。"

【调(調)补】【史】调补谓将甲衙门之在任官，改补乙衙门之同等官也。

【调(調)解】【劳】Conciliation; Mediation　劳资发生争议时，由调解委员会加以调停和解者，曰调解，可分为二：（一）任意调解。（二）强制调解（详各本条）。调解一经成立，即视为争议当事人间之契约或团体协约，不成立者经当事人双方之声请应付仲裁（参劳资争议条内）。至于民事案件亦有调解之制。（参民事调解法条内）

【调(調)解委员会】【劳】Board of mediation　与仲裁委员会同为处理劳资争议机关之一，置委员五人或七人，以下列代表组织之（一）主管行政官署（有时由实业部指派）所派代表一人或三人。（二）争议当事人双方各派代表二人。如逾期不将代表姓名住址具报者由主管行政官署指定之。（参劳资争议处理法第六—十一条）

【调(調)解程序】【劳】Procedure for conciliation　调解之程序如下：（甲）调解之开始——任意调解者应向主管行政官署提出调解声请书。强制调解者，则该主管行政官署须将应付调解事项以书面通知双方当事人。（乙）调解事项之调查（原则上以七日为限）——调解委员会召集后二日内，应调查下列各事项：（一）争议事件之内容。（二）争议当事人提出之书状及其他有关系事件。（三）争议当事人双方之现在状况及其他应调查事项。（丙）调解之决定——调查完毕后，应于二日内为调解之决定，是为原则，但同意延期时或有特别情形者则为例外。（丁）调解之成立——经争议当事人双方代表同意时，在调解笔录签名者，即为成立，调解委员会应即将结果报告主管行政官署(劳资争议处理法第二十一—二十九条)。至在调解程序进行期间内雇主不得停业或开除工人,工人或工人团体亦不得罢工,及强迫他人罢工。或封闭商店或工厂,或擅取或毁损商店工厂之货物器具。(第三十六—三十七条)

【调(調)解机关】【劳】Organs for conciliation; Conciliation authority 处理劳动争议机关之一,与仲裁机关相对称,即调解委员会是也。

【调(調)遣】【史】谓调发派遣也,明律(卷十四)、清律(卷十九)兵律军政篇——纵军掳掠条:“凡守边将帅,非奉调遣私自使令军人于外境,掳掠人口财物者,杖一百。”

【调(調)繁人员复请调简】【史】调繁人员,谓备繁缺之官员也。调简,即事务简单之员缺也。后任督抚如确以繁缺者不能胜任,而复请调简者,其原保督抚应受一定处分。清之六部处分则例(卷四)吏属举劾篇设有调繁人员复请调简之条:“调繁人员经后任督抚以才不胜任复请调简者。将原保之督抚降一级留任,若因与前任不合,有意苛求肆行更调,及引见时奉旨以该员并非不胜繁缺,将奏请调简之督抚照抑勒例降三级调用,如因循姑息并不参奏别经发觉,照徇情例降二级调用。”

【谈(談)判】【国公】Negotiation 所谓谈判,乃指国家间对于某项事件以达到妥洽为目的所为之交涉而言。通常均由双方之代表为之。或以言辞或以文书均无不可。谈判有直接与间接之分,前者乃指双方当事国直接交涉而言,后者则指间接交涉而言。

【请(請)】【史】汉律谓诸侯春季朝见天子曰朝,秋季则曰请。史记—窦婴传注,引律曰:“春朝天子,曰朝,秋曰请”,所谓请,谒问之义也。

【请(請)示】【行】下级机关就其职务上事件,向上级机关请求指示关于处理之方针以及关于法令之解释者,称曰请示,与陈请相对立。

【请(請)旨】【史】请旨与取旨有异(参取旨条),请者谓先酌定如何奏请而后行耳,故应多官会议,则曰请议,在职官有犯条内则曰请旨,即开明合行提问等语,请求圣旨以行之之谓也(清律之辑注)旧制凡官吏因行政上发生疑问而须具折皇上奏请叩询者,谓之请旨。

【请(請)求乃论之罪】【刑】Offences where prosecution may be institutcd only onrequest 所谓请求乃论之罪,乃指(一)对友邦元首故意伤害罪或妨害自由及名誉罪。(二)意图侮辱外国公然损坏除去或污辱外国国旗及国章罪。而均须经该外国政府之请求乃论而言。(刑法第一二二条、第一二六条)

【刑诉】请求乃论之罪,应经外交部长咨请司法行政部长令知该管检察官,实施侦查,其请求在第一审辩论终结前得撤回之,一经撤回不得再行请求,至其请求或撤回,对于共犯之一人为之者,效力及于全体,是亦不可分之原则也。(刑诉第二二五条)

【请(請)求分家】【亲】Separation of a house by demand 为分家之一种,与命

令分家相对立，即由家属自动的请求分家之谓，凡家属已届成年，或虽未成年而已结婚者，得请求由家分离。（民法第一一二七条）

【请(請)求防止权】【物】Right of demanding prevention 为所有权之效果所生权利之一，对请求返还权与请求除去权言。即他人虽未使用无权占有或侵夺以外方法以防害其所有权时，对于将来所加妨害之虞，亦得请求防止之权利也，例如甲对乙之建屋虽未即予侵人其所有地，但对此未然之妨害，亦得请求防止是也。又占有人亦得享之。

【请(請)求返还权】【物】Right of recovery 为所有权之效果所生权利之一，对请求除去权及请求防止权言，即所有人对于无权占有其所有物以及侵害其所有物之人，得以向其请求返还之权利也。例如甲将乙之所有物侵占时，乙有请求返还之权是，又占有人亦得享有此权。

【请(請)求除去权】【物】Right of demanding removal 为所有权之效果所生权利之一，对请求返还权与请求防止权言。即他人使用无权占有侵夺以外方法防害其所有权时，所有权人得请求除去之权利也。例如甲未得乙之同意侵入其住居时，乙得请求除去是，又占有人亦得享有此权。

【请(請)求离婚】【亲】一名呈诉离婚(详该本条)。又称裁判离婚。

【请(請)求权】【通】Right of claim 为私权分类之一种，与支配权抗辩权及形成权相对立，凡请求他人为一定行为或不为一定行为之权利，曰请求权，与诉权不可相混，前者为实质法上之私权，后者则为手续法上之权利，其内容乃在请求国权之发动，纯属一种公权，二者显有区别。请求权与抗辩权亦有不同，前者乃为私权，而且为要求他人为一定行为或不为一定行为，后者则系对于请求权之反抗权，属于公权之性质，而其内容且系在于拒绝请求权人请求之给付，请求权之发生须认基础权之存在为前提，例如亲权乃为扶养权之基础权是，请求权之分类约如下述：(一)绝对请求权与相对请求权。(二)积极请求权与消极请求权。(三)债权请求权与物上请求权。(详各本条)

【请(請)室】【史】狱舍也，汉书一爰聋传："微击请室。"其注曰："请室，狱也。"

【请(請)负】【债】Contract for work 为日本名辞，与我国所称之承揽相同。

【请(請)负人】【债】Contractor 为日本名辞，即我国所称之承揽人也。

【请(請)射】【史】地方人民以开垦为目的而向官署请求指定荒芜土地，谓之请射。元典章(卷十八)户部篇荒田部："至元二十八年，至元新格内一款，诸应系官荒地，贫民欲愿开种者，许赴所在官司，人状请射。"

【请(請)训】【史】清制钦差大臣或三品以上官吏赴任时，进谒皇上辞行及请求训示一切，是曰请训。

【请(請)期】【史】为婚姻六礼之一，男家对女家请求协议举行结婚仪式之日期谓之请期。(参六礼条内)

【请(請)赇】【史】赇者，法官枉法收受贿赂之谓请。赇即被告或其关系人向法官赠贿而为不正之请求是也。

【请(請)愿】【行】Petition (legislative) 请愿者,谓人民对于立法事项有损害及于人民利益,或权利时,向立法机关请求救济之方法也。与诉愿之性质不同:(一)请愿系对立法机关为之,诉愿则向行政官署为之。(二)请愿不论何人皆可为之,诉愿则限于权利上或利益上之受害人。(三)请愿多对于将来之希望加以匡正,诉愿则对过去行政上之加害请求救济。

【请(請)愿书】【行】Petition 人民对于国家机关或自治团体请求其为某种行为或提出某项意见时所作成之文书,称曰请愿书。

【请(請)愿权】【宪】Right of petition 所谓请愿权乃指人民依宪法之规定对国家机关或自治团体所请求其为某种行为或提出某种意见之权利而言,列国宪法对此均有明文规定。

【论(論)】【史】(一)在刑律上依照某种定罪,谓之论。例如以盗论及以凡论之类皆是。正韵:"决罪曰论。"(二)讲明之义也。书经—周官:"论道经邦",其传"论者,讲明之谓。"礼记—王制篇:"凡官民材必先论之。"其注:"谓考评其行艺之详也。"(三)吐蕃(今之西藏)称宰相曰论,后世遂以官为姓,故唐书有论弓仁之名。

【论(論)告】【刑诉】就他人之情事而申述自己意见者曰论告。例如检察官在法庭之论告是。

【论(論)决】【史】裁判业经确定,曰论决。唐律(卷六)—名例篇二罪从重之条:"若一罪先发,已经论决,余罪后发,其轻若等勿论。"

【论(論)理法学】【通】又曰概念法学。(详该本条)

【论(論)理解释】【通】Logical interpretation 为学理解释之一种,与文理解释相对称,谓不拘限于法文之文字,而就法律内部或外部之各种关系为材料,依推理之方法以探究法则之真正意义也。其所根据之材料,计有下列各种:(1)法律之渊源。(2)法律之沿革。(3)法律之比较。(4)法律之理由。(5)法律之一般原则。(6)法律之目的,按论理解释在法学上最有价值,而其方法亦甚多,故可分为下列三种:(A)扩张解释。(B)缩小解释。(C)补正解释。(详各本条)

【课(課)】【史】所谓课乃指租税之一种而言,旧唐书—职官志:"凡赋人之制有四—曰租,二曰调,三曰役,四曰课。"又租税之摊派亦称曰课。(动辞)

【课(課)程】【史】税物之钱,依物之贵贱以定征收之额者,曰课程,换言之即税收有一定之限度与标准也。清津(卷十一)户律篇课税之下注曰:"课者,税物之钱,程者,谓物有贵贱,课有多寡,如地利之有程限也。"辑注曰:"课物之税曰课,额征之数曰程。"

【课(課)殿最以闻】【史】调查地方官吏之成绩时稽核其成绩之最劣者及最优者奏闻于上者曰课殿最以闻,课者稽核也,殿指劣等而言,而最即最优之义,汉书—宣帝纪:"地节四年,诏曰,令申,死者不可生,刑者不可息,此先帝之所重,而吏未清,今击系或以掠辜,若饥寒瘐死狱中,何用心逆人道也,朕其痛之,其令郡国岁上击囚,以掠笞若瘐死者,所坐名县爵里丞相御史,课殿最以闻。”

【课(課)试】【史】对于一定之科目分别试验谓之课试,唐律(卷九)职制篇贡举非其人条之疏议:“谓贡举之人艺业技能,依令课试有数。”

【课(課)引全完】【史】课者盐课也,即盐务所征之税,均由一定官吏负经征之责,引者,运盐执照也。亦由一定官吏督销之以于奏销前征销全完为原则。清之六部处分则例(卷二十一)户属盐法篇设有课引全完之条:“各省经征盐课督销盐引各官,能于奏销前征销全完,或前官任内并示征销接任官于奏销前征销全完者,总以一官全完一年课引为断,无论正署俱照地丁钱粮例议叙。”又:“盐课正项虽完,耗羡未完,及引票系通融销售并现年之课虽完而带征之课未完者,均不准议叙,该督抚盐政于题销疏内分晰声明,以凭查核。”又:“官员征销课引未完,捏报全完者,照地丁钱粮捏报例议处。”

【课(課)程篇】【史】课者,税物之钱,程者谓物有贵贱,课有多寡,如地利之程限也。故称曰课程,按赋粮之外,尚有课税,用指山海地泽自然之利而言,汉时皆征入少府,以供私用,历代均未设此名目,唐律之赋税课,杂见于各条,无专名也。明律始于户律中立此篇名以户役,田宅,婚姻,仓库,钱债,市廛等篇相对立,共十九条,内盐法十二条,余为盐临势要中盐,沮坏盐法。私茶,私樊,匿税,舶商匿货,人户亏兑课程等七条。清律除删云盐法内之一条(共余十一条)外,余与明律相同。

【赐(賜)告】【史】汉制,官吏卧病满三月不愈者应即免职,此时天子如施恩赐予休假返家治疗者谓之赐告。汉书—高帝纪注:“孟康曰,(上略)赐告者,病满三月当免,天子优赐其告,使得带印绶将官属归家治病。”史记—汲黯传注:“赐告,去官归家,豫告,居官不视事。”

【赐(賜)宴】【史】进士之合格者例由天子赐宴以资祝贺,其制始于宋太宗太平兴国二年。事物纪原(卷三):“宋朝会要曰,开宝八年,赐新及第进士王嗣宗等钱百千,令安乐太平兴国二年正月七日,太宗亲试吕蒙正等以下,立赐及第,仍赐宴开宝寺,兼降御制诗二首赐之,此赐宴及诗之始也。”

【赐(賜)假】【史】依一定成例赐予臣下以休假者谓之赐假,南史—谢灵运传:“灵运表陈病,赐假东归”,与赐告之意义相同。

【赔(賠)修】【史】清时黄河及运河之堤防,由监造之官吏等于一定期限内保障工事之安全,是曰保固,在该项保固期限内,如有破损,应令赔偿修筑,是曰赔修。(清会典工部)

【赔(賠)补短少米石】【史】谓责令运载米石之正身船户等于一定期限内赔偿补还所短少之米石于官也。清之现行则例(即刑部现行则例)仓库篇设有赔补短少米石之条:“剥运米石短少将雇觅人等交与刑部治罪,所少米石定限责令正身船户赔补,若有违限赔补不完者,仓场侍郎题参之日,将正身船户交与刑部从重治罪,其短少米石责令州县官勒限仍著落正身船户将家产赔完,如限内再不完,仓场侍郎将该州县官题参交与该部议处,若有搀口灰药水者,运官旗丁即行呈报仓场侍郎巡仓御史,会同确查果实,将雇觅之人发于宁古塔等处,与新披甲之人为奴,米石亦定限著落正身船户家产赔完，如果剥运米好运官旗丁勒措不收，或被红剥船户首告，或被仓场侍郎巡仓御史查出，将运官旗丁亦即交与刑部从重治罪。”

【赔(賠)偿】【债】Compensation 凡因由于自己不履行所负担之债务或因自己之侵权行为所负担一定之责任时而应填补对方之损害，谓之赔偿，其所赔偿之金钱谓之赔偿金。

【赔(賠)偿金】【债】(详赔偿条内)

【赔(賠)偿保证】【债】为保证之一种，所谓赔偿保证者，乃指当事人约定单就债权人不能由主债务人受履行之部分而为保证之契约而言也。我民法并未设有明文。

【赔(賠)偿责任】【债】Responsibility of compensation 凡因自己之行为或不行为而加损害于他人时，应负担损害赔偿之法律上责任，称曰赔偿责任。

【赔(賠)赃】【史】赃者因犯罪所得之财物也，赔谓赔偿，清例之规定如下：(一)盗犯到案追获原赃外，即将盗犯家产封记开报立案，题结之日。(二)未获赃物先将盗犯家产变赔。(三)该犯知情分赃之父兄伯叔审明治罪外，亦着落伊名下追赔。(四)并无家产及外来之盗无从封记者，将案内各盗之家产，除照赔本身赃物外或有余剩，概行变价代赔。(五)有窝家之案，仍照例将窝家之财产一并赔补。(六)取具事主领状报部，倘将无干亲属及并未分赃之亲属株连赔累者，题参议处。

【质(質)人】 官名，掌平定物价之职，周礼—质人注：“质，平也，主平定物价者。”疏曰：“会聚买卖，质人主为平定之，则有常估。”

【质(質)入】【物】Pledge 为日本名辞即设立质权之谓也。质主所付之凭票称曰质入证券。

【质(質)问权】【宪】Right of interpellation 议会议员对于行政事件得用书面或言词向政府提出质问而要求其答覆，此种权利曰质问权，乃议会对政府监督权之一种。

【质(質)债】【史】为提供奴仆等以为债务之担保也。唐律杂律篇设有负债强牵制畜产之条：“……妄以良人为奴婢，用质债者，各减自相卖买罪三等。”

【质(質)剂】【史】为旧时证书之一种，周礼—地官质人：“凡卖价者质剂焉”，又同书司市：“……以质剂结信而止讼。”其旁注曰：“长券曰质，短券曰剂。”又曰：“质剂所以立信也，证以文书则争者止矣。”

【质(質)权】【物】Right of pledge 为物权之一种，即债权者为其债权之担保而占有债务人或第三人受取之物，且就其物有优先于他之债权而偿还自身债权之权利也。享此权利者曰质权人，其相对人则曰出质人，质权与抵押权同为担保物权，然前者占有物须移转，而后者则否，故有区别，质权之种类有三：(1)动产质权。(2)权利质权。(3)不动产质权(详各本条)。我国民法只认前二种，而不动产质权不与焉。

【质(質)权人】【物】Pledgee 质权契约中享有质权权利之人，称曰质权人，与

出质人相对立。(参质权条内)

【质(質)权契约】【物】所谓质权契约,乃指由双方当事人所约定以设定质权为目的之契约而言。(参质权条内)

【质(質)权背书】【票】Indorsement of pledge 为变则背书之一种,谓以设定或移转票据上之质权为目的所为之背书也,其性质与普通背书不同,应记载其目的,以免相混,其被背书人即质权人,得行使票据上之权利,但于为背书时亦仅有委任取款背书之效力,对票据之所有权不能移转,票据债务人不得以自己可以对抗背书人之事由对抗质权人,但质权人有恶意或重大过失者,不在此限,我票据法仿多数立法例未设明文,应解为得适用民法物权之权利质的规定。

【质(質)权设定人】【物】Pledger 在质权契约中设定质权之人曰质权设定人又曰出质人。(参质权条)

【赋(賦)役不均】【史】一切赋役(赋取于田产,役出于人丁)之科派与征收如有等第,以及将当者之差,飞洒于贫者之身,或以下户为上户,上户为下户等皆曰不均,此时许被害者告官受理,按律治罪。明律(卷四)、清律(卷八)户律户役篇赋役不均条:"凡有司科征税粮,及杂泛差役,各验籍内户口田粮,定立等第科差,若放富差贫,挪移作弊者,许被害贫民赴控该上司,自下而上陈告,当该官吏各杖一百。若上司不为受理者杖八十,受财者,计赃以枉法从重论。"清律之辑注:"此律虽赋役同言而实重在役上故下皆言差徭之事。"同律之总注:"科征谓科派征收,税粮,谓夏税秋粮,差役承税粮杂泛二项言,税量差役,乃照税粮当差者,即……所谓有赋役者也。杂泛差役,乃照丁常差者,即……所谓无赋役者也,户口田粮,乃差役所自出,验户口役之出于力,验田粮,役之出于赋,然役出于赋者多,故总谓之赋役,侧重役字,差有轻重,户有贫富,为官司者,须验籍内户口田粮,以定立等则,分别科差,贫富相称乃谓之均,若放富差贫,挪移作弊者,是谓不均,民受不均之害,故许赴告又恐越诉以长刁风,故必自下而上,审实当该官吏,杖一百,上司不为受理,则被害之民无从申诉,害将无已,故杖八十,内有受财者,计所得赃以枉法罪与本律从重论。"同律之笺释:"注云杂泛,不但取之人丁,间有取之田粮者如兵饷民壮驿马等项,非正额外,皆谓杂泛,户口田粮,则是差役之所自出,验田粮之出于赋也,然役出赋者多,故总谓之赋役,因其等第为科差之轻重,是谓均。"

【赋(賦)役全书】【史】为清代法典之一种,赋役全书者,顺治十四年纂修,其后升续增纂,乾隆五年,及二十年,皆有刊布,自是屡经纂修,然未见其书,不可得而详焉,此外各省亦编赋役全书,例如福建省,于乾隆二十一年修纂之,其后道光二年,续见刊布,其书至今尚在。

【赋(賦)税】【行】Taxation 赋税者,谓国家以收入为目的,依法令无偿的向人民所征收之财产也。赋税之种类甚多,不胜枚举,但可分为中央税(国家税)与地方税(地方收入)二种。前者如盐税关税印花税捲烟税煤油税皆是,后者如田赋房捐契税屠宰税皆属之。

【赋(賦)与】【通】Endowment 国家对于个人或团体而给与以私法上之权利,

或公法上之特权，或设定特种之权利关系，均称曰赋与，例如法律赋与自然人，或法人以权利能力，行为能力，或赋与人民以选举权以及其他自由权等皆属之。

【贱(賤)民】【史】我国旧制士农工商等四民，在法律上之权利，以平等为原则，并无何种差别，至于奴婢及从事于其他贱业者，则称曰贱民，其自身固无论矣，即其子孙亦须经过一定之年限，始得应官吏登用之试验。嘉庆会典—吏部："四民为良，奴仆及娼优隶卒为贱。"清律亦有下列之明文："……应俟放出三代后所生子女方准报捐考试。"(吏部篇)

【卖(賣)口分田】【史】丁中之男，满十八以上，每人授田八十亩，届老及死亡，则国家没收之，是曰口分田，如有私自鬻卖，应即构成本条之罪。唐律(卷十二)户婚篇卖口分田条："诸卖口分田者，一亩笞十，二十亩加一等，罪止杖一百，地还本主，财没不追，即应合卖者，不用此律。"疏议曰："口分田，谓计口受之，非永业及居住园宅，辄卖者，礼云，田里不鬻，受之于公，不得私自鬻卖，违者一亩笞十，二十亩加一等，罪止杖一百，卖一顷八十一亩，即为罪止，地还本主，财没不追，即应合卖者，谓永业田家贫卖供葬，及口分田，卖充宅，及碾硙邸店之类，狭乡乐迁就宽者，准令，并许卖之，其赐田欲卖者，亦不在禁限，其五品以上，若勋官永业地，亦并听卖，故云，不用此律。"

【卖(賣)主】【债】即现行民法所称之出卖人也。

【卖(賣)却行为】【债】Act of sale　对于动产或不动产之权利移转于他人，而取得其价值者，称曰卖却行为，除依法得保留买回之权利外，概为卖绝。

【卖(賣)身旗下有房田】【史】谓卖己身于旗下之人而自己原有房屋者也。若倚旗人威势害人，应拿送治罪。清之现行则例(即刑部现行则例)户役篇设有卖身旗下有房田之条："九卿詹事科道会覆卖身旗下原有房田守分度日于地方人民无扰者，仍令居住原处，其原无房田者，俱令伊主收回，倘卖身旗下凶恶之徒，虽有田房仗旗恣意横行吓诈百姓把持衙门，财博奸淫，捏盗勾逃，讦讼作证害民等事，有犯者，地方官申报直隶巡抚，即拿送部照依律例议罪，不许仍在原处居住，伊主收回，若违禁犯罪之后，又不收回，仍留原处者，将容留之主系官降一级留任，系平人鞭一百，家仆枷号一个月，鞭一百，两邻地方知情不首者，各责三十板，州县卫官不行查逐者，罚俸一年，道官并兼辖武官容留该营地方罚俸六个月，巡抚提镇罚俸三个月，同城知府照州县官例处分，不同城知府照道官例处分，具题奉旨依议，凡卖身之人或曾经犯罪处分，或现有犯法事情卖身旗下希图幸免者，从重治罪，卖主知情一并从重治罪。"

【卖(賣)放烟犯】【史】烟犯谓兴贩及吸食各犯，吏役人等，或官员得财卖放之者均应分别轻重加以一定之处分。清之六部处分则例(卷四十五)刑属杂犯篇设有卖放烟犯之条："拿获兴贩吸食各犯，如有吏役人等得财买放，罪应斩枭者，失察之该管官降三级调用，府州降二级留任，道员降一级留任，两司罚俸一年，督抚罚俸九个月，罪应斩绞立决者，该管官降二级调用。府州降一级留任，道员罚俸一年，两司罚俸九个月，督抚罚俸六个月，罪应斩绞监候者，该管官降一级调用，府州罚俸一年，道员罚俸九个月，两司罚俸六个月督抚罚俸三个月，罪应军流者，该管官降二级留任，府州罚俸九个月，道员罚俸六个月，两司罚俸三个月，督抚罚俸两个月，自行查拿究办者免议，如官员犯有前项情弊，照失察吏役处分上加等办理，罪应斩枭者，该营官降四级调用，兼辖官降三级留任，统辖官降二级留任，两司降一级留任，督抚罚俸一年，罪应斩绞立决者，该管官降三级调用，兼辖官降二级留任，统辖官降一级留任，两司罚俸一年，督抚罚俸九个月，罪应斩绞监候者，该管官降一级调用，兼辖官降一级留任，统辖官罚俸一年，两司罚俸九个月，督抚罚俸六个月，罪应军流者，该管官降二级调用，兼辖官罚俸一年，统辖官罚俸九个月，两司罚俸六个月，督抚罚俸三个月，上司查出揭参者免议。”

【卖(賣)得金】【民执】由强制拍卖所得之代价金，谓之卖得金。

【卖(賣)挂代金】【债】为日本名辞，即依买卖行为所发生之债权金额也，与我国赊买卖时之欠款相等。

【卖(賣)绝】【物】所有人对于其物之所有权全部移转于他人，而取得其全部代价者，谓之卖绝，例如甲将一亩土地，所有权移转于乙，而取得二千元之代价，该土地自出卖后，即为卖绝，又如不动产出典时，于法定期间内，不为赎回者，即视为绝卖，如于约定期间后二年内不为赎回者，亦视为绝卖，典权人立即取得典物之所有权。(民法第九二三一九二四条)

【卖(賣)买不和较固】【史】市上贸易以安定价格说诚实不欺为必要，如以不良方法专略利益操纵市面者，影响社会之交易至巨，故设本条以示禁止，唐律(卷二十六)杂律篇有买卖不和较固条：“诸买卖不和而较固取者(较谓专略其利，固谓鄣固其市)及更出开闭，共限一价(谓卖物以贱为贵，买物以贵为贱)。”疏议曰：“卖物及买物人两不和同，而较固取者，无强执其市，不许外人买，故注云，较谓专略其利，固，谓鄣固其市，及更出开闭，谓贩鬻之徒，共为奸计，自卖物者以贱为贵，买人物者以贵为贱，更出开闭之言，其物共限一价，望使前人迷谬，以将入已。”同条又曰：“若参市(谓人有所买卖，在旁高下其价以相惑乱)。而规自入者仗八十，已得赃重者，计利准盗论。”疏议曰：“参市谓负贩之徒，共相表里，参合贵贱，惑乱外人，故注云，谓人有所买卖，在傍高下其价，以相惑乱，而规买卖之利入已者，并仗八十，已得利物，计赃重于仗八十者，计利准盗论，谓得三匹一尺以上合仗九十，是名赃重，其赃既准盗科，即合征还本主。”

【卖(賣)价】【债】卖价谓出卖物或权利时所定之价目也。

【卖(賣)爵令】【史】国家为补助国库起见特卖授官爵于国民是曰卖爵，汉武帝时为补充军费起见，曾发布卖爵令。(汉书武帝纪及食货志)

【卖(賣)赎为奴人犯】【史】清制叛逆人犯并其妻子家属有拨给关外或各省驻防为奴之例，此项为奴人犯，无论何人均不得对之私卖或私赎，违者概依本条予以处分。清之六部处分则例(卷二十)户属户口篇设有卖赎为奴人犯之条：“发遣口外及拨给山海关以外为奴之叛逆人犯，并其妻子家属，如有得财私卖出财私赎卖赎之人，系官俱革职，专管各官降二级调用，其发给各省驻防为奴人犯有私卖私赎者，其主及专管官亦照此例议处。”

【贤(賢)良】【史】有德者谓之贤，善良之士谓之良，汉文帝时令官民中选举此二者，其制乃始于此，当时即与方正，茂才，异等三科亦合称曰贤良，以其为最重要之科也。事物纪原(卷三)：“汉唐逮今取士之制，有贤良，方正，茂才，异等六科，谓之制举，亦曰六科，通谓之贤良，其制盖自汉文帝始，史记文帝纪一年十二月日食，令举贤良方正，能直言极谏以辅不逮，至十五年九月，策平阳候窋等所选晁错曰，兴自朕躬是也。又见班固前汉晁错本传云，事始，则谓自孝武策仲舒始，非也。”

【贤(賢)良方正】【史】(参贤良条内)

【践(踐)成契约】【债】Contractus re（拉丁） 又名要物契约(详该本条)。别称实践契约，或授物契约。

【踣】【史】(详周之五刑条内)

【踣诸市】【史】踣者僵也，即毙之义也。于死刑之执行乃施诸市上肆陈之以示于众谓之踣诸市，周礼—秋官掌戮之职：“掌斩杀贼谍而搏之，凡杀人者踣诸市，肆之三日……”

【踢打致死】【史】谓以足蹴人而致身死也。元典章(卷四十二)刑部第四篇斗杀章设有踢打致死之条。

【踢斛淋尖】【史】征收税谷时，仓官斗级以足踢斛使其多入，谓之踢斛，于升斗之上使米满升，多盛高尖，谓之淋尖，明律(卷七)、清律(卷十一)户律仓库篇设有多收税粮斛面之条：“……不令纳户行概，踢斛淋尖多收斛面者，仗一百。”

【轮(輪)奸】【史】数人轮流共奸一女，谓之轮奸，为奸罪中之最重者，清律及例对此设有明文，兹举述于下：“(一)轮奸良人妇女已成者，为首斩决，为从同奸绞候，同谋未经同奸发黑龙江为奴，未成者为首发黑龙江为奴，为从流三千里。(二)轮奸良人妇女已成而又杀死本妇者，为首斩枭，为从同奸又同下手斩决，同奸未下手，下手未同奸绞候，同谋未下手又未同奸，发黑龙江为奴，未成而又杀本妇者，为首斩决，为从帮同下手绞决，未经下手，发黑龙江为奴。(三)轮奸良人妇女已成而致本妇自尽者为首斩决，为从同奸均绞决，同谋未经同奸，发黑龙江为奴，未成而致本妇自尽者，为首斩候，为从发黑龙江为奴。(四)川省啯匪有犯轮奸，不分首从皆斩，同行未成奸者，依轮奸本例绞候，因而杀人者，无论成奸与否俱斩枭，光棍结伙轮奸，地方官题参疏防，如讳匿不报，照讳盗革职。(五)轮奸曾经犯奸妇女已成者，为首发黑龙江为奴，为从同奸流三千里，同谋未经同奸徒三年，未成者为首流三千里，为从徒三年。(六)轮奸曾经犯奸妇女已成而又杀死本妇者，为首斩决，为从下手同奸绞决，下手未同奸绞候，同奸未下手，发黑龙江为奴，未同奸又未下手，流三千里，未成而又杀死本妇者，为首斩候，为从谋杀加功绞候，不加功流三千里，殴杀下手发黑龙江为奴，未下手徒三年。(七)轮奸曾经犯奸妇女已成而本妇自尽者为首绞候，为首发黑龙江为奴，为从徒三年。(八)妇女犯奸后经悔过自新，审有确证，以良人妇女论。(九)上述拟发黑龙江人犯，咸丰六年仍发新疆，同治六年改发各省驻防。”

【适(適)用】【通】Application 凡使法律之规定，与特定事实相适应者，谓之适用，又为避免重复之规定而援用已规定之条文者，亦称曰适用，与准用之依事实性质而应用于类似之事实者有异。

【适(適)用规则】【国私】Rules for application 内外国之私法不同时，而以决定其孰应适用为目的所制定之规则，曰适用规则，与冲突规则之性质相同，仅异其名称耳，如我国之法律适用条例是。

【适(適)法】【通】Legality 与法定事项不相违反，或相适合者，均谓之适法，例如行使正当防卫权利时而杀人者，及继承人依法定之一定顺序而为继承皆是。

【适(適)法行为】【民总】Legal act （详适法条内）

【适(適)龄】【通】Statutory age 为日本名辞，即与法定年龄相符合之谓也。例如婚姻年龄男子以满十七岁女子以满十五岁为适龄是，又如征兵以满二十岁为适龄是。

【迟(遲)延】【债】Default 即应为给付或受领之时期已至，而未为给付或未为受领之谓也，迟延可分为三种：(1)事变之迟延。(2)债务人之迟延。(3)债权人之迟延。(详各本条)

【迟(遲)延利息】【债】Intervest for default 为法定利息之一种，即迟延之债务以支付金钱为标的者，债权人得请求依法定利率计算之利息也。我国民法规定如约定利率较法定利率为高者，仍从其约定利率，至对于利率则无须支付迟延利息。(第二三三条)

【迟(遲)延责任】【债】所谓迟延责任，乃指债权人或债务因迟延所生之法律上之责任而言。

【迟(遲)误】【民刑诉】Nachlässigkeit; Versäumung（德）; Default 日本称之曰懈怠，即于法定时期内不为诉讼行为之谓也。有法院之迟误者，有当事人之迟误者，前者在诉讼法上不生效果，后者则法律设有制裁，例如不于法定期间内上诉者，则丧失其上诉权是也。

【迟(遲)误公文】【史】谓公文中途递送延误或被沉没匿藏或错递或被漏泄事情也，清例之规定如下：(一)递送日行三百里及寻常公文迟误，管驿官每一案罚俸一年，五案以上降一级留任，十案以上降一级调用。(二)递送日行四五百里公文逾限三刻以上，管驿官降一级留任。(三)递送扣关公文，及紧要事件定限日行六百里逾限三刻以上，管驿官降一级调用。(四)沉匿平常公文，该管官一角罚俸六个月，二角罚俸九个月，三角罚俸一年，四角降一级留任，五角以上降二级留任。(五)沉匿军情机密公文，该管官不拘角数革职(有所规避从重论)。(六)错递寻常公文扣关公文，上站官罚俸一年，转递之下站官罚俸六个月，上站官降一级调用，转递之下站官降一级留任，凡递送公文，或因中途猝遇大雨或阴雨连绵，河水瀑涨，路途泥淖阻滞，及马夫跌毙溺毙，取有地方官印结报部，并逾限止一二刻者，俱免议，其无故迟延及因别项情由，迟至三刻以上，按例分别核议。(七)各督抚将军赍送本章拨差二人，按限驰递，如有迟延，降一级调用，其中途患病及堕马受伤等事,报明地方官查验出结,如有扶捏稽留,将出结官罚俸一年。(八)军台来往折报将报匣夹板及兵部加封事件擅行拆动漏泄事情,专管台站员弁革职拿问,管辖大员降四级调用,上下站各处分,虽系公罪,不准抵销,自行查出,究办免议。(九)军台来往折报,如被雨渍水等情,仅止拆动奏折包封,并未漏泄事情,专管台站员弁革职留任,管辖大员降二级留任,上下站各处分,虽系公罪,不准抵销,自行查出,究办免议。(十)军台来往折报,下站接递,见有拆动形迹不即行查呈报系有漏泄者,专管台站员弁革职,管辖大员降三级调用,上下站各处分,虽系公罪,不准抵销,自行查出究办免议。(十一)军台来往折报,仅止折动折报包封,并未漏泄事情,不即行查呈报,专管台站员弁降四级留任,管辖大员罚俸一年。(十二)军营文报。(甲)有关军需粮饷调遣兵马及升调参革等事用钉封盖印,台站书吏人等私自折阅,专管台站员弁知情降三级调用,管辖大员降二级留任,失察降三级留任,管辖大员罚俸一年,台站各官自行查出究办免议。(乙)下站接递见有拆动形迹失于呈报,专管台站员弁降一级留任,台站各官自行查出究办免议。(十三)折动平常公文,照沉匿平常公文例议处。

【迟(遲)駃】【史】迟者延滞也,駃者迅速也。(唐律释文卷二十六)

【郑(鄭)人铸刑书】【史】谓鲁昭公六年郑子产于鼎上铸刻刑书,而以之为国之常法也。左氏传—昭公六年:"郑人铸刑书,督向使贻子产书曰,昔先王议事以制,不为刑辟,惧民之有争心也。民知有辟,则不忌于上,并有争心,以征于书,而徼幸以成之,弗可为矣。夏有乱政而作禹刑,商有乱世而作汤刑,周有乱政而作九刑,三辟之兴皆叔世也,今吾子相郑国,制参辟,铸刑书,将以靖民,不亦难乎。民知争端矣。将弃礼而征于书,锥刀之末,将盖争之,乱狱滋丰,贿赂并行。终子之世,郑其败乎,肸闻之国将亡必多制,其此之谓乎。"

【郑(鄭)之刑鼎】【史】刑鼎即铸刑书于鼎之上也。(参刑鼎条)

【邻(鄰)】【行】市之下分为区,区之下分为坊,坊分为间,间分为邻,邻以五户(但有特殊情形者不在此限)。县之下分为区,区分为乡或镇,其下又各分为间,间又分为邻,邻亦为五户所组成。但因特殊情形,而户数不足时,仍得成为邻。(市组织法第五条县组织法第十条)

【邻(鄰)地用水权】【物】Right of demanding water from adjacent land 为对土地所有权所加私法上限制之一,即土地所有人得利用其邻地有余之水也。但须具备下列要件:(1)须系因家用或利用土地所必要者。(2)须为在自己土地内非以过巨之费用及劳力不能得水者。(3)得支付偿金。(4)须为邻地所有人有余之水方可。(民法第七八三条)

【邻(鄰)地防险权】【物】Right against dangers caused by adjacent land 为对土地所有权所加私法上限制之一,即相邻人之一造,对其邻地人因使用土地或兴修工事,有请求防免危险之权也。我国民法规定有三:(1)土地所有人经营工业或行使其他权利时,邻地人有请求防免权(第七七四条)。(2)开掘土地或为建筑时,邻地人有请求防免地基动摇,或其他危险及其工作物所受损害之权(第七九四

条)。(3)邻地人请求预防建筑物或工作物倾倒之权。(第七九五条)

【邻(鄰)地使用权】【物】Right of using adjacent land 为对土地所有权所加私法上限制之一,即土地所有人因邻地所有人在其疆界或近旁营造或修缮建筑物有使用其土地之必要,应许邻地所有人使用其土地之权,换言之,即所有人因上述情形有使用邻地之权也。其要件有三:(1)须为必要时。(2)须请求相邻人之许可(如受拒绝自可起诉法院)。(3)如有损害须支付偿金。(民法第七九二条)

【邻(鄰)地通行权】【物】Right of passage over the surrounding land 为对土地所有权所加私法上限制之一。即土地因与公路无适宜之联络致不能为通常使用者。土地所有人得通行周围地以至公路之权也。但须具备下列要件:(1)通行权人之土地为袋地时。(2)于通行地所受之损害应支付偿金。(3)须择周围地损害最少之处所及方法为之(民法第七八七条)。上述仅为原则。至不通公路之土地,其原因系出于周围土地所有人将土地让与或分割者。则通行权人无须支付偿金(第七八九条)。又使通行权人完全行使其权利起见,于必要时法律且许其开设道路。但因此所生之损害自应支付偿金。(第七八八条)

【邻(鄰)里被强盗】【史】邻里居民有患难相助之义,一方如被强盗或被杀,他方应予救助,否则须速告官司,违者均治罪。唐律(卷二十八)捕亡篇邻里被强盗条:“诸邻里被强盗,及杀人告而不救助者杖一百,闻而不救助者减一等,力势不能赴救者,速告随近官司,若不告者亦以不救助论,其官司不即救助者徒一年,窃盗者各减二等。”疏议曰:“依礼,五家为邻,五邻为里,既同邑落,邻居接续,而被强盗,及杀人者,皆须递告,即救助之,若告而不救助者杖一百,虽不承告,声响相闻而不救助者,减一等,杖九十,力势不能赴救者,谓贼强人少,或老小羸弱,不能赴救者,速告随近官司,若不告者亦以不救助罪科之,其官司不即救助者,依捕亡令,有盗贼及伤杀者,即告随近官司,村坊屯驿闻告之处,率随近军人及夫,从发处追捕,若其所官司,知而不即救助者,徒一年,窃盗各减二等,谓邻里被窃盗,承告而不救助者,从杖一百上减,闻而不救助者,从杖九十上减,官司承告不即救助者,从徒一年上减。”

【邻(鄰)里乡党】【史】周制,五家为邻,二十五家为里,一万二千五百家为乡,五百家为党。论语—雍也篇:“原思为之宰,与之粟九百辞,子曰毋,以与邻里乡党乎。”集解:“五家为邻,二十五家为里,万二千五百家为乡,五百家为党。”关于此种解说尚有数种。(参各该条)

【邻(鄰)居民会议】【行】邻居民全体大会,曰邻居民会,在原则上由邻长召集之。但不能召集时则由闾长召集之,以召集人为会议主席。其职务为:(一)选举及罢免邻长。(二)监督邻之经费收支。(三)议决邻自治事务。

【邻(鄰)长】【行】承闾长之命掌理一邻自治事务之首长,曰邻长。由邻居民会议选举之。其职务与任期与闾长同。(参闾长条内)

【邻(鄰)境获犯减议】【史】负缉拿人犯责任之官员于被参后于参限内该项人犯被邻境别汛拿获后,该承缉官员得将原处分减等议处。是曰邻境获犯减议。

清之六部处分则例(卷一)吏属公式篇设有邻境获犯减议之条:"各项限缉人犯参限内被邻境别汛拿获如承缉之员限满应停升住俸降俸降职者,以罚俸六个月完结,罚俸三个月者,以一个月完结,六个月者,以三个月完结,九个月者,以六个月完结,一年者,以九个月完结,二年者,以一年完结,应降留任及限满再留任一年缉拿者,以罚俸二年完结,其限满应革职留任者,以降三级留任完结,其限满无获应行降调者,改为照所降之级留任,应革职者,改为革职留任,照例分别扣满年限开复,系承缉官协同拿获者免议。至该管上司系所属州县拿获者免议,系别属州县拿获。亦照承缉官例减议完结,令该督抚将是否所属州县之处,随案声明,其有应缉人犯自行投首者,承督各官亦照此例减等议结。"

【邻(鄰)境获盗】【史】谓地方官在其所辖地之邻境内拿获海陆等盗犯也。清例之规定如下:(一)地方官拿获邻境盗犯杀死事主,或奸污妇女,或迭劫盗首,罪应斩枭斩决一名或纠伙抢窃,临时行强一案内,罪应斩决,首伙三名,或海洋迭劫伤人,罪应凌迟一二名,斩枭斩决三名以上,俱送部引见(此外劫掠余盗止准给予议叙)。(二)获盗人员如系举发巨案,查获著名大盗,破格奖励指定应升官阶,专折保奏,免其送部引见。(三)拿获海洋盗匪罪应斩枭,斩决未及三名,每一名加一级,绞罪以下每一名纪录一次。(四)盗犯中途脱逃经过地方拿获,一名纪录一次,二名纪录二次,三名加一级,四名加一级纪录一次,如有多获照此递加。(五)获盗人员本任内,另有承缉逃盗未获已经议结者,仍准引见,官员承缉逃盗未获,准将拿获邻境盗犯抵销。

【销(銷)引初参】【史】引者,盐引(参该本条)也。销者销售也。初参谓督销盐引未完而初次被弹劾也。清例之规定如下:(一)各省官员堕销盐引欠一分者停升,二分者降俸一级(戴罪督销),三分者降俸二级(戴罪督销)。四分者降职一级(戴罪督销),五分者降二级调用,六分者降三级调用。七分者降四级调用。八分以上革职。(二)两淮湖广江西堕销盐引欠一分者停升,二分降俸一级(戴罪督销)。三分者降俸二级(戴罪督销)。四分者降二级调用,五分者降三级调用,六分者降四级调用。七分者革职。(三)盐道统所属作为销十分,如盐引缺销,照地方官未完分数处分,以上降级处分只准以军功钱粮加级纪录抵销,不准以融销开复及别项纪级议抵。(四)行盐地方私派户口勒买销引,州县官革职,上司失察府州降三级调用,司道降二级调用,盐政降一级调用,兼理盐法督抚降一级留任。(五)盐引不行题明擅自挪拨,该管官降一级调用,盐政降一级留任,兼管之督抚罚俸一年。(六)此县之引卖与别县,未经查报之府厅罚俸一年,道员罚俸九个月,布政使罚俸六个月。(七)前官已完盐引不送部查销保题盐引迟延申报盐行前后矛盾,该管官罚俸一年,督催转报之盐政运使盐道督抚,俱罚俸六个月。

【销(銷)引复参】【史】谓于初参时戴罪督销,于一定限内未能将盐引销完,而再被参弹也。清例之规定如下:(一)戴罪督销之员,限一年销完,逾限照徐淮等仓,钱粮未完处分,州县,限一年,欠不及一分者罚俸一年,一二分者降三级调用,三四分者降四级调用,五六分者降五级调用,七八分者革职。(二)督销盐引未完被参,嗣经奏准停运统销,原参官已无承销之责,照钱粮续奉蠲缓例,将原参处分改议完结。(三)经征盐课督销盐引,奏销前全完照地丁钱粮例议叙。(四)前官并未征销,接任官于奏销前全完,一体议叙,总以一官全完,一年课引为断,盐课正项虽完,耗羡及带征之课未完,并引票系通融销售者。均不准议叙。(五)地方文武员弁,整饬有方,能使官引疏销,私贩敛迹,一年无应参之案纪录一次,二年无应参之案纪录二次,三年无应参之案加一级。

【销(銷)案开复】【史】官吏因过失受一定期间内革职等之处分者,若无其他事故而经过其期限者,得复原职,称曰销案开复,嘉庆会典一吏部:"有参限者销案则开复。"

【销(銷)除】【公】Cancellation 为股份有限公司减少股数方法之一,与合并相对称,即使特定之一部股份归于消灭之谓。换言之,即消灭其股东之权利而将其股份作废也。或由公司出价收买,或以抽签方法对被废股东予以报偿,均无不可。前者曰强制销除,后者曰任意销除,我公司法规定公司非依减少资本之规定。不得销除其股份。(第一二〇条)

【销(銷)毁制钱】【史】钱币为官局所铸,圜廓方孔,重量成色,均有一定方制,称曰制钱,销毁之者,均应治罪。清律及例规定如下:(一)销毁制钱,及剪边图利为首者斩决,家产入官,为从者绞决,房主邻佑总甲十家长知情受贿代为隐匿照为从治罪,知情不首并未分赃照为从减一等,并不知情止于失察杖一百。(二)私铸之犯容有即系私销私剪之人,审有确据即以私销私剪治罪。(三)私销停用之当百当五十当五铜钱当十铁钱及铁锡制钱,于销制钱本例上减一等,为首发边远充军,为从流三千里。(四)私销当十铜钱仍照销毁制钱本例定拟。(五)地方官知情故纵革职,府州降二级调用。(六)失察十千以上州县印捕官每起降一级调用,府州降一级留任,失察不及十千州县印捕官每起降一级留任,府州罚俸一年,失察一千以上州县印捕官,每起罚俸一年,府州免议(如能访查破案全获首从者加一级)。(七)贩卖小钱,收买货卖均在十千以上发驻防为奴,收买十千以上货卖不及十千徒三年,收买十千以上尚未货卖徒二年半,收买货卖均不及十千枷号一月杖一百,收买不及十千尚未货卖杖八十。(八)官运船户夹带私钱徒三年同船人知情不首杖八十。(九)军民人等贩卖私钱或搀和行使州县印捕官不行查拿照私铸例分别议处,自行查出究办免议。(十)官运船户夹带私钱押运官知情革职不知情照失察私铸例议处,自行查出究办免议。(十一)失察剪边钱搀和行使地方官每起罚俸一年。

【销(銷)毁清字钱】【史】清字钱乃指满字顺治重一钱四分之钱而言,销灭焚毁之者,依毁化制钱例治罪。清之现行则例(即刑部现行则例)诈伪篇设有销毁清字钱之条:"将有满字顺治重一钱四分钱销毁者,照毁化制钱例治罪。"

【铺(鋪)舍损坏】【史】所谓铺舍损坏,狭义方面仅指房屋地场之不修理而言,在广义方面,即什物不完,铺兵数少不补,且以老弱充当,均在其内,盖铺舍全为急递公文而设,如设备方面损陋不堪,诚恐迟误公事,故设本律。明律(卷十七)、清律(卷二十二)兵律邮驿篇铺舍损坏条:"凡急递铺舍损坏不为修理,什物不完,铺兵数少不为补置。又令老弱之人当者。铺长笞五十。有司提调官吏各笞四十。"明律之纂注:"按每铺设铺兵四名铺司一名须要少壮正身,每铺什物十二时辰转子一个，及灯烛夹板油绢回历之类，详见大明令，盖铺舍损坏。则司兵无所居，什物不完，则应用无其具，铺兵数少，则走递无其人，而老弱之人则力不能以供其事，此皆铺长之罪，而有司与有责焉。故铺长笞五十，提调官吏各笞四十。”

【闾(閭)】【行】市之下分为区，区之下分为坊，坊之下分为闾，闾除有特殊情形者外，为五邻所组成，县之下分为区，区之下分为乡或镇，其下各又分为闾，乃由二十五户(五邻)所组成，但因特殊情形而户数不足时，仍得划定为闾。(市组织法第五条县组织法第十条)

【闾(閭)居民会议】【行】闾居民全体大会，曰闾居民会议，由闾长召集为原则，由坊长或乡(镇)长召集之为例外，由召集人为主席，议决关于闾自治事务，与选举或罢免闾长及接受闾财政之报告等。

【闾(閭)长】【行】闾长承坊长之命，或承乡长镇长之命，办理闾自治事务，由闾居民会议选举之，其职务如下：(一)办理法令范围内一切自治事务。(二)办理市政府或县政府区分所坊公所或乡(镇)公所所交办事务，其任期为一年，得再被选。(市组织法第一二六—一二七条、一三二条、乡镇自治施行法第七二—七四条、八三条)

【震宫】【史】谓皇太子之宫也，按震乃易八卦之一，以其为长男故也。卢僎，上幸太子宫应制诗：“佳气晚葱葱，乾行入震宫。”

【养(養)子女】【亲】Adopted children 又称义男或义女，谓以慰娱晚景为目的。于生前所收养他人(不问同姓与否)之子女为己之子女也。与旧律之嗣子不可相混，前者是否同姓均非所问，后者须为同姓，或近亲始可，前者不限于男子，女子亦可，后者则以男子为限，前者之目的乃在慰娱晚景，后者则在继承宗祧，后者须所嗣者无子时方可，前者虽有婚生子女，亦可收养，又养子女乃指抚养在家已与其本生父母脱离关系者而言，与习惯上所称干儿女之性质亦有区别。(民法第一〇七二条)

【养(養)子舍去】【史】养子一经收养，即不得舍弃，是为原则，惟收养后所养父母忽自生子，或本身父母无子欲还者则为例外。唐律(卷十二)户婚篇设有养子舍去条：“诸养子所养父母无子而舍去者徒二年，若自生子，及本生无子欲还者听之。”疏议曰：“依户令，无子者听养同宗于昭穆相当者，既蒙收养而辄舍去徒二年，若所养父母自生子，及本生父母无子，欲还本生者并听，即两家并皆无子，去住亦任其情，若养处自生子，及虽无子不愿留养，欲遣还本生者，任其所养父母。”同条又曰：“即养异姓男者徒一年，与者笞五十，其遗弃小儿，年三岁以下，虽异姓听收养即从其姓。”

【养(養)父母】【亲】Foster parents 收养他人之子女为子女时，其收养者曰养父或养母(参收养关系条)，又称义父或义母。

【养(養)老保险】【险】Endowment life insurance 又称混合保险。(详该本条)

【养(養)家】【亲】Family of adoptor 为日本名辞即因收养关系而新入之家也。

【养(養)殖业】【行】所谓养殖业，乃指经营畜养及繁殖水产动植物之事业而言，为渔业之一种，与采捕业相对立。

【养(養)媳】【亲】Adopted daughter-in-law 又名童养媳。(详该本条)

【养(養)疗瘦病畜产不如法】【史】不如法者，谓水草不以时，方药不合病也。马夫兽医承命养疗瘦病之官畜产，如不如法者，则构成本条罪名。明律(卷十六)、清律(卷二十一)兵律厩牧篇养疗瘦病畜产不如法条："凡养疗瘦病马牛驼骡驴不如法笞三十，因而致死者，一头笞四十。每三头加一等，罪止杖一百，羊减三等。"明律之纂注："此条专为医兽人役疗养系官瘦病之畜而言。凡瘦病马牛驼骡驴并须养饲医疗，不如法者。笞三十，不计头数之多寡也。惟因而致死者则计头科罪矣。养疗羊不如法者减三等。自致死之罪减之也。若未致死者，则减无科矣。"

【养(養)杂户为子孙】【史】杂户乃贱民之一，若收养为子孙，与良贱不相等之原则相反，故著本条以禁之。唐律(卷十二)户婚篇设有养杂户为子孙条："诸养杂户男为子孙者，徒一年半，养女杖一百，官户各加一等，与者亦如之"，疏议曰："杂户者，前代犯罪没官，散配诸司驱使，亦附州县户贯，赋役不同白丁，若有百姓，养杂户男为子孙者，徒一年半，养女者杖一百，养官户者各加一等。官户亦是配隶没官，唯属诸州县无贯，与者各与养者同罪，故云亦如之，虽会赦皆合改正，若当色自相养者，同百姓养子之法，杂户养官户，或官户养杂户，依户令，杂户官户皆当色为婚，据此即是别色，准法，不得相养，律既不制罪名，宜依不应为之法，养男从重，养女从轻，若私家部曲奴婢，养杂户官户男女者，依名例律。"同条又曰："若养部曲及奴为子孙者，杖一百，各还正之(无主及主自养者听从良)。"

【饷(餉)鞘失事】【史】鞘者，刳木贮银以供转运之用也。饷者饷款也。失事谓失窃遗失等是。清例规定如下：(一)委解官革职经由大路执票赴州县营汛挂号拨兵护送并所失银两限内赔完地方官获贼之日该解官俟四年无过，再行开复，不由大路不执票挂号拨护，以致疏失，并分赔银两，逾限未交地方官，虽已获贼，该解毋庸查销，系奏留协辑者，一年限满准其回籍。(二)上站官未经知会下站以致疏失，降一级留任，限一年缉拿，限满不获，照所降之级调用，已知会下站免议。(三)失事地方官——(甲)未接上站知会，照盗案疏防例议处，如于疏防限内获犯及半兼获盗首，该州县及巡道府州厅员俱免议，不获按限参处。(乙)已接上站知会革职留任限一年缉拿，全获查销处分，如限内获犯及半，兼获盗首，自获盗日起，四年无过开复，倘逾限获不及半，或过半而盗首未获，即行革任。(四)捕盗厅员同城知府住俸限一年缉拿，全获查销，逾限获不及半，或过半而盗首未获，降一级调用，不同城府州道员罚俸六个月限一年缉拿，全获查销，逾限获不及半，或过半而盗首未获，降一级留任。(五)地方夫役失鞘，总督及无总督省分之巡抚，俱罚俸六个月。(六)原差夫役失鞘脱逃，佥差官革职留任一年，限内获犯及半，兼获犯首于获盗之日起，接扣四年，无过复限满获不及半革任。(七)夫役代替潜回及潜行僻路，虽饷鞘不失，委解官罚俸一年，佥差官罚俸六个月。(八)管押饷鞘失事兵役知情同盗，仍照旧例分别首从定拟，违例雇替，托故潜回，无故先后散行，减首犯罪一等，依法官解，偶致疏失，审有确据。减首犯罪二等。(九)窃盗饷鞘银两，照窃盗仓库钱粮分别，已未得财，各按首从一例科罪。(十)解饷失鞘失事地方文员分赔一半，差委不慎大员分赔三分，解员分赔三分，如解员不能赔补，亦著差委大员赔补。

【驾(駕)部】【史】官名，魏晋尚书有驾部郎，历朝因之，唐代置驾部(郎中一人员外郎一人主事二人)，为兵部之属司掌舆辇，车乘，传驿，厩牧，官私马牛杂畜之簿籍，宋因之，明改为车驾司，掌卤簿，仪杖，禁卫，驿传，厩牧之事，清末废之。

【驻(駐)外使领馆组织条例】【行】本条例公布于民国十九年二月三日。全文计二十二条，自公布日施行。(参使领馆、随习领事通商事务员等条内)

【驻(駐)防外省旗人放债】【史】谓驻防各外省之八旗人员出借钱财于人以取重利，及作为欺人也。清之现行则例(即刑部现行则例)钱债篇设有驻防外省旗人放债之条："外省驻防旗人土棍串党朋奸放债，盘勒重利，开赌讹骗愚民，准折子女强买市肆，擅砍树木，哄然罢市，辱官种种行恶者。将所行之人酌所犯情罪轻重照律例定罪，有此等不肖行走之事，犯至枷号三个月，鞭一百之罪者。该管官员不行查出将该管之骁骑校防御佐领，各降二级调用，驻防协领管旗参领各降一级留任，将军副都统各罚俸一年，驻防协领管旗参领以下骁骑校以上官员，伊等本身不肖行走者，俱革职，该管之将军副都统各降一级留任，若旗下人民等，将此等不肖之处行走者，令该督抚不行题参者，将该督抚等各降一级留任。"

【驻(駐)防营雇用汉人】【史】清之军队均分发各省驻防，为防止汉人潜入防军煽惑军心起见，凡有雇用汉人者，均须造册呈报，违者均加以一定处分。清之六部处分则例(卷二十)户属户口篇设有驻防营雇用汉人之条："各省驻防官兵雇用汉人，令理事同知查明造册交地方官立案稽查，傥造报不实，并地方官不实力稽查，均罚俸一年，如有奸匪改易姓名窜入潜匿，其主知而不首者。系官降三级调用，查出送究者免议。"

【驻(駐)办公使】【国公】Ministers residents 又称办理公使，为外交官之第三级，与大使及全权公使同为由该国元首所派遣而对驻在国元首呈递国书者，所享受之荣典，较全权公使为少，同时亦不得享受 Excellency 之称呼。

【驻(駐)跸】【史】天子御驾外出之驻停，谓之驻跸。旧唐书一太宗纪："贞观十九年六月，高丽别将高延寿等，以其众降，因名所幸山为驻跸山，刻石纪功焉。"左思赋："弭节顿辔，齐镳驻跸。"

【鸦(鴉)片罪】【刑】Offences relating to opium 鸦片之为害，人皆知之，我国人民受害尤烈，虽个人沉溺无以自拔，其事固小，然影响于社会国家，则甚巨大，法律自不应不加干涉，故有专章之设，刑法于分别第十九章中，载有明文，共计七条，此外我国政府为铲除鸦片起见，尚有禁烟法之特别制定，内容颇为严密，暂行律仅对鸦片一项加以禁止。刑法，为顺应海牙禁止鸦片公约之规定起见，故增入吗啡高根安洛因及其化合质料(指红白丸等)等项，兹将刑法所定各罪分为八种：(1)制造贩卖持有运输鸦片等物罪。(2)制造贩卖持有运输鸦片之器具罪。(3)意图营利以馆舍供人吸食鸦片罪。(4)栽种罂粟或高根种子罪。(5)贩卖罂粟或高根种子罪。(6)吸食鸦片或施打吗啡等罪。(7)为人施打吗啡罪。(8)持有鸦片吗啡等物或专供吸食鸦片之器具罪。(详各本条)

十 六 画

【儒人户】【史】元初不重儒学,凡从儒家之户籍者,概与杂户相同,是曰儒人户,与普通人士异其户籍,但其子弟通文学者依例仍得免差。元典章(卷十七)籍册篇户口条画之条下一儒户题:"中统四年不经分拣附籍漏籍,儒人或本是儒人,壬子年别作名色附籍,并户头身故,子弟读书,又高智收拾到驱儒抑,从实分拣,能通文学者,依例免差,不通文学者,收系一例通差。"

【儒林祭酒】【史】为国子监祭酒之前身,晋武帝置之。(锦字笺卷一)

【尽(儘)犯人财产】【史】儘与尽同,即极也。谓于放火延烧时尽焚犯人之财产也,应赔偿被害者之损害。(参折挫赔偿条)

【尽(儘)收】【史】尽之义与极同,尽收即极力从事于租税之征收之谓也。(六部成语注解)

【尽(儘)解】【史】谓尽将所征收之数全部送达解交也。(六部成语中注解)

【凝脂】【史】法令严密者称之为密于凝脂。文选:"秦法繁于秋荼,网密于凝脂",唐律疏议(卷首)一进表:"捐彼凝脂"之句,亦采取其意。

【劓】【史】即割鼻之刑罚也。(参五刑条内)

【勋(勳)刀】【行】凡陆海空军官佐建有特殊勋绩,或勋章进至最高等而建有勋绩仍须奖叙时,得颁给勋刀,勋刀分为九等。自一星至九星,由国民政府颁给,一星勋刀至三星勋刀给与中级官佐(初级官佐亦得特别授与之),四星勋刀至六星勋刀给与上级官佐,七星勋刀至九星勋刀则给与屡建特殊勋劳之上级官佐,一星勋刀至三星勋刀发交军政部或海军部转授,四星勋刀至九星勋刀由国民政府主席亲授之,在外省则派遣专员代授之。(颁发陆海空军勋刀规则第一——十条)

【勋(勳)位】【史】为民国北京政府之制,凡民国人民有勋劳于国家或社会者授与勋位,计分为六位:(一)大勋位。(二)勋一位。(三)勋二位。(四)勋三位。(五)勋四位。(六)勋五位。勋位之授与,由大总统以亲授式为之,其受有勋位者得依法律受一定之年金外不得附带其他之特权,至其勋位除依刑法受褫夺之宣告者外终身保有之。凡依优待条件保有亲王以下之世爵者,各以受有勋位论,其亲王郡王贝子贝勒视同受有大勋位,公爵视勋一位,侯爵视勋二位,伯爵视勋三位,子爵视勋四位,男爵则视同勋五位。授与勋位时由铨叙局制办徽章与证书,受勋者于承受徽章证书后,应开具履历送铨叙局注册,如有依刑法受褫夺或停止公权之宣告者,应将勋位徽章缴还铨叙局,但停止公权者,期满后仍得呈请颁给佩戴,又受勋位者身故后,其勋位徽章,当由其子孙或亲族缴还铨叙局。(勋位令及勋位授与条例)

【勋(勳)位徽章】【史】勋位之授与,应由铨叙局制办徽章与证书,此项徽章,称曰勋位徽章,其式样如下:(一)银质饰金,圆形,铸牡丹花叶纹,中央圆版,饰红色嵌珠辅以四轮,饰黄蓝白色各嵌珠,以辨等差。(二)大勋位十二珠,勋一位十珠，勋二位八珠，勋三位六珠，勋四位四珠，勋五位二珠，至于勋位徽章之佩戴，亦有一定地位，面须即佩于胸左，当列于其他勋章之右。（勋位授与条例第一——二条）

【勋(勳)位证书】【史】授与勋位时所给予之证书谓之勋位证书。由铨叙局撰文，呈请大总统署名盖印。（勋位授与条例第一条第三条）

【勋(勳)官】【史】因勋功而授与之名誉官，称曰勋官，如唐之柱国及上柱国等官是。（唐律卷二—名例篇以理去官之条疏议）

【勋(勳)章】【行】Decorations　国家对于官吏军人有特殊功绩时所授与而令其佩戴之用之标章，称曰勋章，我国现行法律，只有陆海空军勋章之规定，即对于陆海空军官士兵著有战功者，始得分别给与，但非军人而对于战役有直接勋绩者，亦得给与，此项勋章分下列二种：(一)青天白日章——不分等级，凡陆海空军官佐士兵于攘御外侮，保护国家时，立有特殊战功者，得给予之。(二)宝鼎章——分为九等。凡于镇摄内乱，安定国家时，立有特殊战功者，按下列规定分别给予之：(1)将官一等至四等。(2)校官三等至六等。(3)尉官四等至七等。(4)士兵六等至九等。（陆海空军勋章条例一—五条）

【勋(勳)荫】【史】清制，凡子弟籍父兄之勋功而受有官爵者，称曰勋荫。

【勋(勳)爵】【史】因勋功而授与之封爵，曰勋爵。唐书—高祖纪："赐为父后者，袭勋爵赤牒。"

【器用绢布行滥】【史】供公私用之物，如有不牢固，绢布绫绮之属，如有不真，是欺诈也。为维持公益起见，特设本条。唐律(卷二十六)杂律篇有器用绢布行滥条之设："诸造器用之物，及绢布之属有行滥短狭而卖者，各杖六十(不牢谓之行，不真谓之滥，即造横刀及箭镞用柔铁者亦为滥)。"疏议曰："凡造器用之物，谓供公私用，及绢布绫绮之属，行滥，谓器用之物不牢不真，短狭，谓绢匹不充四十尺，布端不满五十尺，幅阔不充一尺八寸之属而卖各杖六十。故礼云，物勒工名，以考其诚，功有不当，必行其罪，其行滥之物没官，短狭之物还主。"

【器械主义】【刑】为隔时犯与隔地犯四学说之一，又名中间效力主义。又称中间现象主义。（详该本条）

【吨(噸)数主义】【海】Principle of tonnage　为船舶所有人责任之制限立法上主义之一种。又称金额主义。（详该本条）

【圜土】【史】划定一定之地界以为监置罪人之场所，谓之圜土，与近世之监狱虽相类似，然与通常监狱不同。因圜土之设，乃以使过失犯者及染有恶习之犯者受感化使其痛改为目的。周礼—大司寇职："以圜土聚教罢民，凡害人者，置之圜土，而施职事焉。"又同书地官比长之注："圜土狱诚也，必圜者规，主仁心求其情，古之治狱，闵于出之。"

【垦(墾)荒】【土】Cultivation of lands　垦荒乃开垦荒地之简称。开垦荒地先由政府测勘公有荒地，择其宜于开垦者，分段招人领垦，其办法有代垦与承垦二种，所谓承垦者，其领地人为家属十口以下之农户，或三农户以下共同组织之合作社,由承垦人自为耕作,一俟荒地垦竣,即可无偿取得土地之耕作权,并向国家缴纳其耕作地正产物收获总额百分十五之地租,至于代垦乃领地人,将所领地转为分配于农民先为之代付垦价,使农民有所资籍,其代垦者只得与农民约以其代付之垦价作为息借款项,分期清还,不能享有耕作权,一俟荒地垦竣,即由约定之农民继续耕作,并无偿取得其耕作权,其对于国家应为缴纳之租额与承垦人同,以上所述之承垦与代垦,乃指开垦公有之荒地而言,至于私有荒地,亦定有限期开垦之取缔,逾期得由需用土地人呈请征收,并依照法定期限进行开垦。

【垦(墾)荒区】【土】Area for cultivation 凡适合耕作使用之公有荒地,除经政府保留或指定为他种使用外,面由地政机关于一定期间内勘测完竣分划地段所编成之区域,曰垦荒区,此项垦荒区,应由地方政府定期招人开垦,俾荒地得成为可耕作之土地。(第一八八——八九条)

【垦(墾)价】【土】Payment for cultivation 垦价者,谓农人依契约于荒地垦竣后取得耕作权时所支付与代垦人之代垦价金也。垦价支付方法与年限,应依当事人之约定,但分期支付者,其年限不得少于十年,并应于收获后为之,所以保护农人之利益也。(第一九九条、二〇五条)

【学(學)分】【行】Credits 所谓学分,乃指学生修习课程时以钟点及课目之听讲或实验为计算标准之单位而言,大学各学院或独立学院各科课程得采学分制,但学生每年所修学分须有限制,不得提早毕业,惟聪颖勤奋之学生,除应修学分外,得于最后一学年选习特种课目以资深造耳。(大学规程第九条)

【学(學)册舛错】【史】学册,谓受考各生之登记簿册也。舛错,谓记载遗漏或错误也。清之六部处分则例(卷三十)礼属学校篇设有学册舛错之条:“教官造送学册内,将各生年貌及廪增附字样并丁忧病故等项事故遗漏舛错,或册卷互异者俱罚俸六个月,未经查出之学政,罚俸三个月,如系学政汇造总册舛错者将该学政罚俸六个月。”

【学(學)正】【史】清制,州学之主任教官称曰学正,在学政使之监督之下主掌州学之教务。

【学(學)生自治会】 Student self-governing council 学生自治会者,谓中等以上之各种学校学生(不分性别)在学校以内所组织之团体也。乃以本三民主义之精神作成学生在学校以内之自治生活,并促进其智德体群四育之发展为目的,会中之权力机关为会员大会,在会员大会闭会期间为代表会,在代表会闭会期间为干事会,代表会之代表由各年级或各院科系按照人数比例选出(每学年改选一次),于第一次集会时互选干事若干人组织干事会,至会员大会每学期开会一次,必要时得依法召开临时大会,代表会每三月至少开会一次,必要时亦得依法召开临时大会,干事会每二星期至少开会一次,必要时得开临时会,由常务干事召集之,学生自治会章程须呈请当地高级党部核准后呈报主管官署备案,自治会乃处理学生本身事务,故在会务范围内其会员具有选举罢免创制复决之权,对学校行政则不得加以干涉。(学生自治会组织大纲第二—八条、第十五、十九条、第二十

一条）

【学（學）政十弊】【史】学政（清之提督学政）职司全省学务，应如何奉公守法，为国选贤，拔才，如有下述十弊之一，应依本条予以处分。清之六部处分则例（卷三十）礼属学校篇设有学政十弊之条："（一）童生未经府考册内无名，钻求学政，径取入学，巧图便捷。（二）考试各府州县衙所童生，额外溢取，拨发别学，明收冒籍，以占本学正额。（三）弥封编号印簿及场内坐号经簿，不发该府州县封贮，乃收存学使署内，私查某卷某号，系某人对号贿卖。（四）考完一府，不将红案速行发学，任意迟延，徇私通贿，更改等第，拔下作上。（五）每考一处，令书承差快手人等，出入过付。暗访生员，稍有家资者，先开六等草单吓诈保等银两，送入准放三等。（六）文童额少，武童额多，将文童充为武童，入学之后汇缘改文，娼优隶卒滥行收取，善骑射者摈而不录。（七）各府地方设有考棚，惮于亲临，将生童远调考试，其各州县告病生员扛抬验病困苦难堪。（八）纵容教官包揽生童，私通线索效劳分润，名为作兴，大坏风教。（九）曲徇同僚属员情面，并京官乡宦私书，及亲族朋友随往地方讨情抽分，将孤寒之文弃如粪土。（十）报部学册，将额外滥取入学之童生未经科岁考试，预附三等，其姓名不入新案，造入事故衣顶项下以赵甲顶补钱乙，混作实在之数朦报礼部。凡此十弊各省学政俱须剔除，若有犯此十弊者，该督抚指参，将该学政分别革职，解任质讯，如审无贪赃之处，照不应重杖八十私罪律降三级调用。"

【学（學）政令督抚稽察】【史】学政即清之提督学政，俗称学台，各省均设立之，后因属于督抚，故由督抚司稽核察视之责，以杜贪污之弊。清之六部处分则例（卷三十）礼属学校篇设有学政令督抚稽察之条："雍正十二年三月二十日奉旨，学政科场，乃国家兴贤育才之要政，关系甚为重大，十余年来，各省试官不闻有婪赃败检之劣员，朕心颇喜，以为试事渐次肃清，今观俞鸿图纳贿营私受赃累万，则各省学政之果否澄清，朕皆不敢深信矣。盖学政与督抚同在一省，学政之优劣督抚未有不深知者，只因督抚有所请托分肥，必致瞻顾情面，而代为隐瞒，朕复何从而知之。俞鸿图之贪婪藐法，非遇秉公持正之王士俊，未必即行参奏，又如昔年张延璐在河南学政时，柔善沽名，非遇田文镜亦岂肯据实奏闻，彼时朕将张延璐调回，切加训饬，今复用往江苏，则非昔日之可比也。向使天下督抚皆如高其倬之存心，为人则不公不法之学臣，无人检束，何所忌惮之有，嗣后朕只得留心体察矣。各省若有考试不公，徇情贪贿者，经朕察访，除将学臣从重治罪外，该督抚必以溺职罪严加处分，不以寻常失于觉察论，可谕直省督抚知之钦此。"又："乾隆五十三年四月初八日奉上谕，据大学士九卿等议覆，御史施朝干条奏，申严学政考取拔贡事宜一折，已依议行矣，至折内称令各该督抚随时稽察，如阳奉阴违，即将该学政参处等语，学政按考各属地方，俱系督抚所辖，如果该学政有考试不公，贿卖生童等事，各督抚耳目甚近，自无难访查得实，前经降旨通谕各督抚，令将学政中之贪污者据实指参，但外省习气往往存官官相护之见，督抚等即明知学政声名狼藉，仍不肯据实参奏，若非瞻顾情面，扶同徇隐，必系各督抚等在任别有贪劣款迹，恐被学政讦发其私，遂尔意存顾忌，不敢列入弹章，二者必居一于此，方今纲纪肃清，督抚等俱受朕厚恩，简畀封圻重任，自宜洁已奉公，为通省官员表率，何至尚有败检营私之处，虑人指摘，惟是督抚等公正自持者，固不乏人，或竟有操守平常，转被学政挟持其短，遂不得不联为一气互相弥缝，或惟知瞻徇私情，罔顾公义，于各省吏治学校甚有关系，嗣后各督抚惟当益砺廉隅，正已率属，设遇学政有贪污实迹，即行指名纠参，若仍事徇隐缄默不言，或别经发觉，除将该学政按例治罪外，必将该督抚一并从重问拟，决不姑贷，并令督抚于年终将学政等有无劣迹陈奏一次，若至别处发觉，则此不举之督抚，当得何罪，著自审非朕不教也，将此再行通谕知之，钦此。"

【学(學)政全书】【史】为清之法典之一种，学政全书者，乾隆三十九年，理藩院尚书署礼部尚书素尔讷等纂修，凡八十卷，尔来常遵十年一辑之例，五十七年，亦奏明修刊(按康熙中，似已有学政全书之编辑见康熙会典凡例)。其后无所增改，至嘉庆十五年，礼部请重行纂辑从之，十七年七月成书，凡八十六卷，目录如下："卷一临雍事宜，卷二召试事宜，卷三学宫事宜，卷四学校条规，卷五崇尚实学，卷六厘正文体，卷七整饬士习，卷八乡饮酒礼，卷九讲约事例，卷十名宦乡贤，卷十一承袭奉祀，卷十二颁发书籍，卷十三采访遗书，卷十四书坊禁例，卷十五学政政事宜，卷十六学政关防，卷十七学政按临，卷十八考试事例，卷十九考试场规，卷二十生童试卷，卷二十一考试题目，卷二十二关卷关防，卷二十三临文恭避，卷二十四取录经解，卷二十五默写经书，卷二十六发案发落，卷二十七解卷解册，卷二十八磨勘事例，卷二十九提调事例，卷三十考核教官，卷三十一约束生监，卷三十二优恤士子，卷三十三举报优劣，卷三十四季考月课，卷三十五帮补廪增，卷三十六录送科举，卷三十七罚赎对读，卷三十八学习序班，卷三十九充补赞礼，卷四十挑选佾舞，卷四十一寄籍入学，卷四十二清厘籍贯，卷四十三区别流品，卷四十四丁忧告假，卷四十五复姓改名，卷四十六告给衣顶，卷四十七开复事例，卷四十八原名应试，卷四十九捐复事件，卷五十一五十一贡监事例，卷五十二贡监应试，卷五十七驻防事例，卷五十八顺天事例，卷五十九各省事例，卷六十商学事例，卷六十一卫学事例，卷六十二土苗事列，卷六十三书院事例，卷六十四义学事例，卷六十五学额总例，卷六十六八旗学额，卷六十七奉天学额，卷六十八一八十四各省学额，卷八十五商籍学额，卷八十六增广学额。"

【学(學)政使】【史】清制，总管一省之学事，为学政使，由中央政府派遣，任期为三年，其职权为监督指挥所辖省内府州县各学之教官以及举行主持科举之预备试验等，其职制与今之教育厅长相等。

【学(學)政荐举人材】【史】学政为清时提督学政之简称，专司全省学校行政事宜，本与督抚平行，其后改为提学使，属于督抚，荐举谓保举推荐也。清之六部处分则例(卷三十)礼属学校篇设有学政荐举人材之条："雍正四年十月初六日奉上谕，国家设学校以储养人材，乡会廷试拔其尤者而用之，即古选士造士之遗意也。但士子作文有一日之长短，纵使主司公明搜罗，岂无遗佚，况去取惟凭文艺，其人品之高下，才能之优绌，无由得知，每有出群拔萃之才，屡试不售，即或晚得一第，而年力衰迈，不堪为国家任，使朕思各省学政奉命课士，黜劣举优，系其专责，嗣后学政三年任满，将生员中实在人品端方，有猷有为有守之士，大省举四五人，小省二人，送部引见，朕亲加考试，酌量擢用，现在报满各学政，即遵照荐举，其到任未久者，如有所知，亦即举出，夫一省而举数士，不可谓无人，学政巡历各府三年之久，日与士子相亲，考文察行，不得谓不知，但能虚公衡鉴，所举必得其人，且风声所树，凡读书士子必皆鼓舞振兴，力学敦行，求为有用之儒，于士习人材大有裨益，该学政其各实心奉行，毋得苟且塞责，如有徇私冒滥等弊，必严加治罪，钦此。”

【学(學)政关防】【史】学政(即提督学政)为一省学务首长对于选贤育才，有独立行使之权，不许其他人等干请或挟制，而该学政亦当严予防范。清之六部处分则例(卷三十)礼属学校篇设有学政关防之条：“学政考试，务须严密关防，如遇督抚勒索棚规，司道开送生童，州县贿荐案首，教佐各官效劳分肥之类，凡有挟制干请者，准该学政径行实封参奏，按律惩办，傥该学政徇情市恩，扶同作弊，事发一并革职提问，至司道以下等官有犯此等情弊，该督抚学政即会同查参，不行查参者俱革职。”又：“官员为子孙弟侄营谋入学优等者，革职。”又：“学政同僚属员京官乡宦及该省州县官投递私书及亲族朋友随往地方讨情抽分，乡绅投刺请席，有官者革职，无官者照律治罪。”

【学(學)徒】【劳】Apprentice 学徒又称徒弟。即以学习工业上技艺为目的，依契约之订定而享有权利及负有义务之已满十三岁之男女也。法律为保护学徒起见，设有各种明文，例如工作时间之规定，危险工作之禁止，工厂招收学徒人数上之限制，以及学徒契约之履行与终止等，皆是。(工厂法第五六—六七条)

【学(學)理解释】【通】Doctrinal or dogmatic interpretation 为解释之一种，与有权解释相对称，谓由学者或实际家以自己之思想及研究所得而为之解释，此种解释，虽无强制之效力，但恒为立法者或审判官等为有权解释时之资料，又分为二种：(一)文理解释。(二)论理解释。(详各本条)

【学(學)习推事】【组】Probationary judges 为推事之一种，与候补推事及实任推事相对称，即应法官考试初试及格，或依法得免初试而在学习期间之推事也。(学习检察官亦同)

【学(學)习检察官】【组】Probationary procurators 为检察官之一种，与候补检察官及实任检察官相对称。(参学习推事条内)

【学(學)术审定会】【行】学术审定会为北京政府于民国七年所设置之机关，从事于学术上著述及发明之审定事务，设会员若干人分掌审定事宜，由教育总长延聘或派充之，置会长一人，亦由教育总长于会员中指定之，本会所审定者以下列之范围为标准：(1)关于哲学及文学上之著述。(2)关于科学上之著述及发明。(3)关于艺术上之著述及发明。(学术审定会条例第一—四条)

【学(學)部】【史】清末科举废而学校制度兴，于是主管教育之机关亦因而更改，光绪三十一年九月，将旧时之礼部裁撤，而新设学部以代之，为全国最高之教育行政机关，主持全国新式教育之一切事务，其职制与今之教育部相等。

【学(學)说】【通】Theory 学说者，乃法学家关于法理之发见，或法律之适用所发表之见解也。学说中之理论虽极正当，而且与社会情形极为适合，在立法者固可据以为参考之用，然究系私人之见解，仅可称之为间接之法源耳。

【学(學)龄】【行】谓法律所规定儿童应就学受教育之年龄也,凡实施强迫教育之国家对此多有明文加以规定,其他国家亦有明文之设定。

【导(導)淮委员会组织法】【行】Law Governing the Organization of Huai River Conservancy 本组织法于民国二十年一月三十一日公布,后经数次修正,(最后为民国二十二年五月八日),共十六条。其要点如下:(一)本会直隶国府,掌理导治淮河一切事务。(二)本会由国府特派委员长副委员长各一人,委员若干人。(三)本会决议案之执行及会内事务之处理以委员长名义行之。(四)本会设工程及总务二处,工程处设技正十一人至十三人(五人简任余荐任),技士十二人至十六人(四人荐任余委任),技佐若干人(委任),又设总工程师副工程师各一人(以简任技正兼任),工程师九人至十一人(三人以简任技正兼任,余以荐任技正兼任),副工程师十二人至十六人(四人以荐任技士兼任,余以委任技士兼任),助理工程师,工务员,制图员,测量员各若干人(以技佐兼任),总务处置处长一人(简任),科长三人或四人(荐任),科员二十人至二十四人(委任)。

【廪出贡】【史】府州县学学生中成绩最好最优而出贡于国子监之廪膳生称曰廪出贡。(清会典国子贡)

【廪生】【史】为廪膳生之简称。(详廪膳生条内)

【廪给】【史】官吏每月之俸给,旧称曰廪给。

【廪膳生】【史】府州县学之学生,谓之生员,分为廪膳生增广生及附生三种,所谓廪膳生乃指生员之给有廪禄者而言,明时每廪膳生月给米五斗,员数均有一定,其后额员推广亦给予若干之廪米,是曰增广生,嗣更于定员外再收若干生徒,以为前述二者之候补生,名之曰附生。(明会典礼部)

【宪(憲)】【史】为宋时法官之简称,即提刑之谓,又法亦称曰宪,又属吏称上官亦曰宪,如大宪及宪台皆是。

【宪(憲)兵】【行】Gendarmerie 主掌军事警察兼掌行政警察司法警察并其他各院部省市政府所指定事项之特种员兵,曰宪兵,执行职务时应受有关系各机关之指挥,服务时除适用陆军各法规外,应依照其他有关法令之规定,于执行职务时非有下列情形之一者,不得使用武器:(1)受暴行而认有迫害之虞时。(2)群众暴动非用武器不能镇压者。(3)因防卫驻守之土地屋宇,或人之生命财产迫不得已非用武器不能抵抗时。(4)对于要犯逃走非用武器不能制止时。(宪兵令第一——七条)

【宪(憲)兵司令部】【行】Gendarmerie headquarter 统辖全国宪兵部队之机关,曰宪兵司令部,设置于首都,设司令一人,副司令一人,参谋长秘书各一人,下置总务、警务、军械、军需、军医五处,各设处长一人,处员军需军医技士书记司书各若干人。(宪兵令第八条、第十一十二条)

【宪(憲)兵区司令部】【行】Local gendarmerie headquarters 宪兵区司令部设置于各省(市)内,须酌量情形呈准后始得设立,统辖各该省(市)区内之宪兵部队,其组织及人员于呈准设置时另行规定。(宪兵令第八条、第十八条)

【宪(憲)邦之刑禁】【史】宪者发表也,刑禁乃指国家之五禁,宪邦之刑禁即发表国家之五禁。(参五禁条及布宪条)

【宪(憲)典】【史】与法典之意义相同,南史一孔琳之传:"为御史中丞,明宪盐法,无所屈挠奏劾尚书令徐羡之亏违宪典。"

【宪(憲)政时期】【宪】建国之程序分为三期,一曰军政时期,一曰训政时期,一曰宪政时期,凡一省全数之县皆达完全自治者,则为宪政开始时期,在此时期中央与省之权限采均权制度,凡事务有全国一致之性质者划归中央,有因地制宜之性质者,划归地方,不偏于中央集权,或地方分权。又在宪政开始时期,中央政府当完成设立五院,以试行五权之治,全国有过半数省达至宪政开始时期即全国之地方自治完全成立时期,则开国民大会决定宪法(事先制定草案宣传于民众)而颁布之,宪法颁布之日,即为宪政告成之时,而全国国民则依宪法行全国大选举,国民政府应于选举完毕之后三个月解职而授政于民选之政府,是为建国之大功告成。(建国大纲第十七—二十五条)

【宪(憲)政编查馆】【史】为清末关于审议覆核法律之特设机关,置大臣五人,为奕劻,世续鹿传霖,那桐及吴郁生。

【宪(憲)法】【宪】Constitutional law 关于国家根本组织之法规,曰宪法,其内容一方面在明主权之所在,与国体之规定,及政府各重要部分之组织职权与其相互关系,一方面则在保护人民之权利,与规定人民应尽之义务,其性质与普通法律不同,第一,宪法效力高于普通法律。第二,宪法之修改异于普通法律,宪法之分类有四:(一)三权宪法与五权宪法。(二)成文宪法与不成文宪法。(三)刚性宪法与柔性宪法。(四)民造宪法协定宪法与钦定宪法(详各本条)。欧洲宪法之起源为时甚早,至于近代之宪法,则肇自英国,所谓大宪章,即其著者也。我国唐时之六典,明清之会典,其内容与宪法近似,惟其效力与普通法律相等耳。至于近代式之宪法,在光绪三十四年有宪法大纲,经上谕公布,但未施行,宣统三年,武汉革命发生,清廷为收拾人心计,曾公布十九信条,越一月(即十月十三日),革命政府在武昌亦有中华民国临时政府组织大纲之公布,是乃中华民国第一部之宪法,至民国元年三月十一日,南京临时政府又公布中华民国临时约法,其内容因有"人民"一章之增入,故较充实,迨京都迁移北京时,乃制定国会组织法,众议院议员选举法与参议院议员组织法,以补临时约法之不及,于同年八月十日公布,其后国会成立,于民国二年十月四日,又公布大总统选举法,于是宪法之形式暂时完成,同月国会所产生之宪法起草委员会又完成一中华民国宪法草案(即所谓天坛宪法草案是也),卒因袁世凯之百般阻挠,国会解散,因而中止,民国三年,袁氏御用之政治会议,议决一中华民国约法,于五月一日由总统公布(即所谓新约法是也),十二月末,又对大总统选举法加以修正,袁氏倒毙之后,国会恢复,对前此之天坛宪法草案,复再重提,初续程序已毕,二续程序未竣时,国会突遭解散,宣统复辟,事定,西南护法又起,民国七年广州之国会非常会议,又议决一中华民国联合政府组织大纲,采合议制,而前此制宪运动因而终结,十年又制定中华民国政府组织大纲,其后省宪运动亦起,湖南浙江曾有省宪之公布,广东四川等省则有草案之制定,民国十一年直奉战后，国会恢复，继续制宪事业，民国十二年十月十日，中华民国宪法遂行公布，迨段祺瑞入京执政，对前之宪法（民国十二年）予以否认。又由国宪起草委员会成一中华民国宪法案，然未经立法机关通过，依然仍为一草案而已。

【宪（憲）法之修改】【宪】Amendment of constitution 所谓宪法之修改，乃指对宪法之一部加以修正或变更而言，各国对修改方法可分三派：（一）以宪法之修改与修改普通法律同一程序者。（二）宪法之修改须以极繁重之手续，经严密之程序始可为之者。（三）折衷上列二派以修改程序较普通法律之修改稍为繁重者，各国多采之，按宪法之修改须经三种程序，即提案程序，议决程序，与公布程序是也。

【宪（憲）法之解释】【宪】Interpretation of constitution 宪法之解释者，谓宪法条文有疑义时，或普通法律与宪法有相抵触时，加以解说与解明也，解释之权有属于议会者，有属于法院者，有属于特别组织之机关者。有属于君王者。

【宪（憲）法会议】【宪】Constitutional convention 制定国家根本大法之特别会议，曰宪法会议，列国法例有由议会议员组织之者，亦有由各省及地方所选派之代表组织之者。

【宪（憲）法学】【通】Science of constitutional law 以国家根本法为研究对象之法律科学，曰宪法学，其内容乃为从事关于国家构成及组织，统治权之行使，以及人民权利义务等之应如何制定及运用之研究与探讨。

【宪（憲）问】【史】计十卷，内容及撰人不详，事见宋史艺文志刑法类。

【宪（憲）章】【史】为法度与典章之简称，晋书："稽古宪章，大厘制度。"

【宪（憲）纲事类】【史】为元张宪浩所撰，事见北平图书馆善本书目，计一卷。

【宪（憲）台】【史】汉时称御史台为宪台。（参御史台条）

【宪（憲）权保障法院】【宪】（详西班牙法条内）。

【懈（懈）怠之过失】【刑】为过失种类之一，对疏虞之过失言，又名有认识过失，或称有意过失，即行为者对于事实认识之欠缺，乃因出于懈怠而不加以注意，致发生不良结果之谓，例如驾车者见路中有孩童以为鸣铃可使其走避，并不止车，仍维持其速度，致孩童被轧死是。（刑法第二十七条第二项规定）

【战（戰）利品】【国公】Booty 在陆地战争时所夺获之动产，谓之战利品。一般通例，多将其物品出售，以一部或全部所得之利分派于夺获之人。

【战（戰）事保险】【险】Insurance against war 为保险之一种，谓以被保险人因战事所生损害为标的，而由保险人给付一定保险金额之保险也。

【战（戰）争】【国公】War 关于战争之定义，学者间颇不一致，共有二大说：（一）行为说——（甲）Laurence 氏谓战争者国家间或国家与似国家而有战争权利之团体间，公然以武力相争，该当事国间互有杜绝和平关系之意思发生适法之敌对关系者也。（乙）Bluntachli 氏谓战争者，一国或一国人民对于他国或他国人民使用兵器尊重其权利之行为也。（丙）Martens 氏（俄人）谓战争者，独立国因防卫权利或利益之武装争斗也。（丁）Bulmering 氏（德人）谓战争者，国家间因防卫其权利而行使强制权利之手段也。(戊)Liszt 氏(德人)谓战争者,两国或多数之国以武力相争之谓也。(二)状态说——(甲)Grotius 氏谓战争者,以兵力相争之状态也。(乙)Vattel 氏(瑞士人)谓战争者,以兵力实行权利之状态也。(丙)Manning 氏谓战争者,数国间杜绝一切之平和关系,而在其国主权者命令之下以武力拒争之状态也。(丁)Davis 氏(美人)谓战争者,国家以兵力主张权利,而在平和关系消灭以后之国际状态也。上列各说以状态说为当,战争之目的乃在压倒敌人,强制其承认对己之主张,战争之开始须先有明白之警告,此项警告或出以宣战之形式,或依一最后通牒。而附条件之宣战均可,战争之终止,约有三种形式:(一)依媾和条约之缔结。(二)依双方敌对行为之停止。(三)依一方完全屈服于他方,战争之种类可分为下列各种:(一)正式战与非正式战。(二)国际战与国内战。(三)完全战争与不完全战争。(四)全部战争与一部战争。(五)正义战争与非正义战争。(六)攻击战与防御战。(七)陆战海战与空战。

【战(戰)争手段】【国公】Means of war　所谓战争手段,乃指交战国之战争行为及方法等而言,例如封锁,临检,搜索,拿捕以及作战上之一切动作皆是,战争之手段如系施暴力于敌国人民以及其他非人道之行为与方法,皆为国际公法所禁止。

【战(戰)争法】【国公】Law of war　为国际公法分类之一种,与平时法相对称,即关于战争时之国际法的规则,就广义言之,可分为交战法规与中立法规,就狭义而言,则仅指交战法规一种。

【战(戰)争时国际法】【国公】Hostile international law　又曰战时国际公法,或曰战时公法,又称战争法。(详该本条)

【战(戰)争权】【国公】Right of war　凡有完全主权之国家,成为交战国时,所得享有关于战争上一切之权利,为战争权,按半主权之国家,或非文明之国家,在近代国际公法原则上,不得与完全主权之国家成为交战国,故遇战事发生之后,即不得享有国际公法上所赋与之权利。

【战(戰)时中立】【国公】Neutrality in wartime　又名一时中立,为中立之一种,与永久中立相对称,凡权于战时由自己选择遵守中立义务而不偏袒任何一方面者,曰战时中立,例如中日及日俄战争时美国及欧洲各国皆守中立义务是。

【战(戰)时公法】【国公】Hostile international law　又曰战争法。(详该本条)

【战(戰)时犯罪者】【国公】War criminals　所谓战时犯罪者,乃指战时被捕获依法不得以俘虏待遇之人而言,共有下列各种:(一)非正式军队而不具备海牙会议规约第一条各条件者。(二)凡携带军器作敌对行为之单独的个人。(三)被敌军占领下之人民以武器作反抗者。(四)商船船员以攻势而被捕获者。(五)脱逃军队投入敌军后,被本国军队所捕获者。(六)间谍被捕时,按战时犯罪者,通常皆处以死刑。

【战(戰)时交涉】【国公】Commercia belli(拉丁)　或称战时协约,乃指战争时两交战国相互间所订关于非敌性之协约而言,广义方面,乃包括一切战时之交涉在内,如订定俘虏交换条约,与停战或休战之协定,以及派遣军使等,皆属之。

【战(戰)时协约】【国公】Wartime agreement　又称战时交涉。(详该本条)

【战(戰)时的外患罪】【刑】Offences against the external sovereignty of the state during the wartime　为外患罪之一,对平时的外患罪言,即引起对外战争或于战争时对本国加以危害之罪也,可分为四:(1)谋叛罪。(2)抗敌罪。(3)助敌罪。(4)妨害军需罪。(详各本条)

【战(戰)时叛逆】【国公】Traitor　所谓战时叛逆,乃指于交战时将本国秘密向敌方泄漏,或公然予敌方以军事便利,及对本国军事实施破坏行为之人而言,在我国之刑法及陆海空军刑法,均设有处刑之专条。

【战(戰)时封锁】【国公】Blockade in Wartime　为封锁之一种,与平时封锁相对称。所谓战时封锁,乃指于战事发生后,交战国以军舰对敌国一部分或全部分海岸之海外交通,加以断绝之行动而言。封锁之设定,必须向各国通告,始为有效,此为大陆派学者所主张,惟英美日之学者,则否认之。封锁须系有实效的,即须以武力加以执行,对于中立各国之船舶,皆须一律适用,至封锁之终止,则以下列三种情形为标准:(一)封锁国自己解除之通告。(二)封锁国舰队被击败。(三)封锁行为未成效。(例如纸上封锁之情形是)

【战(戰)时国际公法】【国公】又曰战时公法,或称战争法。(详该本条)

【战(戰)时禁制人】【国公】当两方之对敌国交战时,凡直接或间接具有帮助交战国作战行为之人,为战时禁制人,依国际公法之规定,可以扣留之。

【战(戰)时禁制品】【国公】Contraband of war　凡交战国为避免中立国助敌行为之发生,规定某种物品不得运输接济于敌国,此种物品称曰战时禁制品,苟中立国违反此规定时,交战国得捕获而没收之,一九〇九年伦敦宣言,分战时物品为二种:(一)绝对战时禁制品,如军器马匹是。(二)相对战时禁制品,如粮食燃料是,其他物品均不得为战时禁制品(自由物品),如肥皂橡皮装饰品等是。

【战(戰)时禁制书】【国公】所谓战时禁制书,乃指敌国公务人员关于职务上来往之一切文书而言,依国际惯例应予没收,惟须经捕获审检所之判决耳。

【战(戰)时征发】【国公】Levy in war　与平时征发相对称。(详征发及征发物品各条内)

【战(戰)斗员】【国公】Combatants　对非战斗员而言,谓直接从事战斗之人员也。其组成份子有三:(一)正式军队。(二)非正式军队——但须具备下列条件:(1)有负责任之首领加以指挥。(2)须佩戴可从远方辨见之标章。(3)须公然携带武器。(4)其行动须依战争法规及习惯。(三)未被占领之地方的人民在危急之时,执干戈以抗侵入敌人,若系公然携带武器,与依战争法规及习惯而行动者,亦视为战斗员,战斗员与非战斗员区别之实益,乃在维持人道主义,使凡不直接参加战争者,不至无辜牺牲。

【择(擇)一的故意】【刑】Alternative intent　为不确定故意之一种,对概括的故意与未必的故意言，即对于一定之结果并无认识，不过对于数个结果中认为应有一种结果之发生耳，例如向甲乙发枪，必有一人被中是。

【掳(擄)人勒赎】【史】所谓掳人勒赎，乃指绑掳他人借以勒索赎款而言。清例对此设有明文，兹举其规定如下：(一)苗人伏草捉人枷肘勒赎，初犯时，为首者，斩候，为从者枷号三个月，刺臂，再犯时不分首从皆斩。(二)(甲)民人捉人勒赎，将被捉之人拒伤身死，或于掳掠后谋故殴杀，为首者斩决，为从者：(A)谋杀时加功，绞候，谋杀时不加功实发四省烟瘴充军。(B)拒杀殴杀时帮殴刃伤折伤者，绞候，伤非金刃又非折伤者，发新疆为奴，未经帮殴，成伤者，实发四省烟瘴充军。(乙)任意凌虐或虽无凌虐而致情急自尽，为首者斩候，为从者帮同凌虐及助势逼勒致自尽者，发新疆为奴，仅止帮捉关禁，尚无势逼勒者实发四省烟瘴。(丙)被捉之人病死，为首者依威力制缚律绞候，为从者，减一等。(丁)审无凌虐止图获利关禁勒逼，为首者发新疆为奴，为从者足四千里充军。(戊)其因细故逞忿并非图利勒赎止于关禁数日，追服礼后即行放回者，为首满徒，为从减一等。(三)土哨奸民勾通取利造意者，不分初犯再犯，斩决，附和者枷号两个月，发边远充军。(四)土官虽不知情亦按起数议处，知情故纵革职，杖一百，教令指使或和同取利，革职，枷号三月，俱不折赎。(五)广东捉人勒赎被掳三人以上或掳捉已至三次，同时并发及掳捉十五岁以下幼童，罪应斩绞监候者，立决，罪应遣军者，绞候，罪应徒者，发足四千里充军(掳捉妇女以抢夺妇女及掳捉各例相比从重论)。(六)广东奸徒窝藏关禁造意者斩决，但经同谋照首犯斩决，事后窝留，首犯罪应斩绞拟遣者，窝留之犯发新疆为奴，足四千里充军。(七)掳捉匪徒聚众拒杀兵役，为首者斩决，伤人未死斩候，勒赎本罪已至斩决者，加枭示，已至斩绞监候者立决，为从者帮殴刃伤折伤绞候，伤非金刃又非折伤，发新疆为奴，刃伤折伤发新疆为奴，勒赎本罪已至斩决者，加枭示，已至斩绞监候者立决。(八)如未聚众及伤非金刃折伤仍照罪人拒捕加本罪二等，罪至遣军无可复加者，到配加枷号三个月。

【掳(擄)人勒赎罪】【刑】Kidnapping; Offence of capturing person for ranaom 为恐吓罪章中规定之一，即以掳绑人身加以威吓手段使其交付财物之谓也，因其威吓乃以将来危险相加，故与恐吓罪之性质相近，刑法乃附入于恐吓罪章中，兹分为下列三种：(1)一般掳人勒赎罪。(2)加重掳人勒赎罪。(3)同谋掳人勒赎罪。(详各本条)

【掳(擄)捉】【史】掳者掠也，捉者，捕也。清例之规定如下：(一)苗人伏草捉人，横加枷肘，勒银取赎，初犯者为首斩候，为从枷号三月，再犯者，不分首从皆斩决。(二)土哨奸民勾通苗人取利，造意者，不分初犯再犯，均斩决，附和者各枷号两个月，发边远充军。(三)广东民人捉人勒赎者——(甲)掳人图利关禁勒赎，首犯照凶恶棍徒例拟军，从犯减一等(地方官失察者降一级留任)，其因细故逞忿止于关禁数日，追服礼后即行释放者，各递减一等(失察之地方官罚俸一年)。(乙)非理凌虐及被捉者自尽，首犯照苗人伏草捉人例斩候，为从者满流。(丙)用强掳人胁逼上盗，依强盗律斩决，掳禁凌虐照盗案参处。(丁)掳人勒索致因病身死，依威力制缚及主使各本律例问拟。(戊)将被掳之人，谋杀，为首者斩决，为从加功者绞候，不加功者发云贵两广充军。(己)将被掳之人殴故拒杀,为首者斩决,为从者——(A)帮殴刃伤及折伤以上绞候。(B)帮殴伤非金刃,又非折伤,发云贵两广充军。(C)未经帮殴成伤,发极边足四千里充军。

【掳(擄)掠】【史】掳捕人民及掠夺财物谓之掳掠。(参纵军掳掠条内)

【据(據)】【史】据者,证据也,我国旧习对于民间之借贷契约所制成之证明书皆名之曰据,或称借据,至于其他契约订立时所作之证书,亦曰某某字据。

【据(據)见发】【史】赌博犯于当场被发觉时即得据以为罚者,谓之据见发,与现行法中所称之现行犯同一意义。明律(卷二十六)、清律(卷三十二)刑律杂犯篇——赌博条:"凡赌博财物者皆杖八十,摊场钱物入官,其开张场坊之人同,罪只据见发为坐。"

【擒拿强盗】【史】谓擒获为强盗之人也,拿获之人给赏,邻佑协同拿获者亦同。清之现行则例(即刑部现行则例)贼盗篇设有擒拿强盗之条:"凡人擒拿强盗受伤者照律赏银二十两外验明伤痕等第给与赏赐,如凡强盗公行打劫人家,邻佑协同拿获者,照依拿获强盗给赏,如知强盗公行打劫,邻佑不行拿获者,杖八十,凡强盗在逃走之处劫抢财物,所娶之妻,并置立物件,俱赔偿失主,行劫赃多赔偿不足者,除有主之强盗外,另户强盗赔偿所劫之财,将伊劫抢财物所娶之妻及家产奴婢等物,尽行变价赔偿,如不足将案内无主人官之物,变价赔补。"

【担(擔)保及偿还并行主义】【票】又名两权主义(详该本条),简称担保主义。

【担(擔)保主义】【票】又名两权主义(详该本条),或称担保及偿还并行主义。

【担(擔)保物权】【物】Real right for security 为物权学理上分类之一,对用益物权言,即以为他之债务担保而设定之物权也。例如抵押权动产质权留置权是,故债务不履行时,标的物即为权利人所有。

【担(擔)保额】【民诉】法律为防止当事人滥兴诉讼以及为保护他造当事人之利益起见,特创设诉讼担保之制(参诉讼担保条)。所谓担保额乃指诉讼当事人(被告)声请担保时,由法院以裁定命原告提供担保之金钱数额而言,此项担保额不得超过在第一审所应支出之费用总额,盖亦隐为保护原告而设者也。(民事诉讼法第一〇〇条)

【担(擔)当付款人】【票】Payment undertaker 日本称曰支拂担当者,谓代付款人为付款之担当人也。如因实际上之便利,可委托他人代为付款,例如付款地与付款人之住所各在一处时,自以委托他人代为付款较为便利,我票据法则不以异地付款为限,即在同地亦得为之,发票人在汇票上得于付款人外再为担当付款人之记载,而执票人亦应向该担当付款人提示请求付款(票据法第二三条、第六六条第二项),本票亦准用之。

【擅】【通】擅者,专也,大臣未向君上奏请或属僚不向上司申请,或卑幼未请命于尊长,人民未经官署之认许而经自专行皆谓之擅。

【擅入衙门】【史】谓闲杂人等私自或多带闲人跟进刑部衙门之内也。清之现行则例(即刑部现行则例)断狱篇设有擅入衙门之条:"刑部乃总理刑名之地,如有闲杂人等出入,将应审犯人带进时多带闲人跟进,被获者,系官交与该部议处,平人在刑部衙门首枷责,其看门拨什库披甲皂隶,亦照此例枷责。"

【擅勾属官】【史】上司处理公务,并不遣牌不差人,而擅自勾取属官拘唤典吏,前往听办事务,对于属官之一定职务,殊有妨害,故为法律所禁止。明律(卷二)、清律(卷六)吏律职制篇均有擅勾属官之条:"凡上司催会公事,立案,定限,或遣牌,或差人行务所属衙门,督并如有迟错,依律论罪,若擅勾属官,拘唤吏典听事,及差拨吏典,赴上司听事者,罪亦如之,其有必合追对刑名,查勘钱粮,监督造作重事,方许勾问,事毕随即发落,无故稽留三日者,笞二十,每三日加二等,罪止笞五十(其下注曰:勾问,谓勾问其事,非勾拘问罪也,若问罪,则名例明开上司不许迳自勾问矣)。"清律之总注曰:"凡合该统摄者,皆为上司,如州县称府,府称司道之类,凡一应公事,上司催行会计,当明立文案,量事情缓急,注定期限,以遣牌差人,督责催并,所属衙门依限完报,如有稽迟日期错误施行者,官吏依律论罪,谓照稽程失错本律也。上下赞成如此,则官吏不扰,而职业修举,法令不废,则事功易集,若上司不遣牌,不差人,而擅自勾取属官,拘唤吏典前往听办事务,及差委户留司狱州县首领,而各官因勾唤差占,妨废所司职业者,上司笞四十,若属官畏惧上司,曲意承顺,谄媚上司,先意逢迎,听其勾唤差占,及差拨吏典赴上司听事者。亦如笞四十之罪,上骄下谄,其过一也,其应行公事中,有关涉刑名必令追对,典守钱粮,必令查勘,造作工程,必令监督,此等重事,必须所属官吏面质亲理,非文移所能尽者,方许勾问,事毕随即拨归供职,若无故稽留,按日论罪,一二日勿论,三日,笞二十,加等至十二日以上,罪止笞五十。"

【擅用官私物】【史】擅用官私物,谓私自使用官有物件,或私自借用他人所有之器物也。清律及例设有明文,兹举述之于下:(一)擅食他人田园瓜果之类并弃毁者一两以下笞一十,二两笞二十,三两笞三十,四两笞四十,五两笞五十,六两杖六十,七两杖七十,八两杖八十,九两杖九十,十两杖一百,十两以上罪止徒一年。(二)擅将去及食官田园瓜果酒食主守给与及知而不举,一两以下笞三十,二两笞四十,三两笞五十,四两杖六十,五两杖七十,六两杖八十,七两杖九十,八两杖一百,九两徒一年,十两徒一年半,十两以上罪止徒二年(主守之人私自将去以监守自盗论至四十两问杂犯准徒五年)。(三)监临主守将官车船店舍碾磨马牛驼骡驴之类私自借用或转借与人及借之者,各笞五十,验日追雇赁钱入官不得过其本价计雇赁钱重于笞五十者,各坐赃论加一等。(四)私借用所部内马牛驼骡驴及车船碾磨店舍之类,各验日计雇赁钱坐赃论追钱给主不得过其本价。(五)驿官将驿马私自借用或转借与人及借之者,各杖八十,驿驴杖七十,验日追雇赁钱入官计雇赁钱重者,各坐赃论加二等。(六)监临主守将官什物衣服毡褥器玩之类,私自借用或转借与人及借之者,各笞五十,过十日,各计借物坐赃论减二等,追所借物还官。(七)监临主守将官钱粮等物,私自借用或转借与人者,虽有文字计所借赃以监守自盗论,其非监守之人借者,以常人盗仓库钱粮论,追出原物还官。(八)主守之人将乘舆服御物，私自借用或转借与人及借之者，各徒三年。

【擅用非刑】【史】刑制不在刑律所载者谓之非刑，凡官吏私自创设及使用者，均应依本条之规定，予以处分。清之六部处分则例（卷五十）刑属用刑篇设有擅用非刑之条："凡问刑衙门于刑律所载应用刑具之外创造名目，私设非刑者，系州县官革职，府州降二级调用（系府州私造即照州县例革职）。道降一级调用，司降一级留任，督抚罚俸一年，揭报题参者免议。"又："官员承审命案抢窃及一切要案，如实系有罪之人证据明确，而犯供狡展，或用拧耳、跪炼、压膝等刑者，免其置议，若系案内干连人犯或被判无罪之人，以及审理寻常事件犯情无难得实，辄用拧耳、跪炼、压膝等刑者，均降一级调用，因而致死者，仍照擅用非刑例革职。"

【擅用调兵印信】【史】调兵印信者谓统兵官只许以为调兵之用之印信也。此种印信，所关最重凡擅自作为他用者应依律处断。明律（卷三）、清津（卷七）吏律公式篇擅用调兵印信条："凡总兵将军及各处都指挥使司（清律改为提督总兵官）印除调度军马办集军务，行移公文用使外，若擅出批帖，假公营私，照送货物者，首领官吏各杖一百，罢职役不叙，正官奏闻区处。"明律之纂注："正官即将军都司掌印官，首领即总兵之参谋，赞画都司之经历都事之类是也。假公营私，泛言所包者广，照送物货则指其一事言之，此见将军总握兵权都司信守一方，其印信乃用之以调度军马办集军务，行移公文，故谓之调兵印信，所系最重，若用之以擅出批帖，假托公务，营办私事，及为凭照以防送物货以调兵之器，而为营私之计，即为擅用，首领官吏各杖一百，罢职役不叙，罪其赞佐之无补也，正官奏闻区处，以其应议之人也，然曰区处，则罪与不罪，皆上裁之矣。"

【擅自勾军】【史】勾军谓勾募人民充任军队也，各军官头目须经上级一定机关之官吏许可始得勾民为军。大明令兵令篇设有擅自勾军之条："凡军民以籍为定，军官头目无得巧立名色，径行勾捉百姓充军，民户亦不得诈称各官军人贴户躲避差役，果有在逃军人，在内申奏大都督府，在外申奉行中书省明文方许勾取。"

【擅自科派】【史】科派者摊派负担也，各大小衙门须奉有一定之上司之命令始得为之，否则谓之擅自科派。大明令户令篇设有擅自科派之条："凡内外大小衙门，非奉中书省明文，不得自擅科派，中书省非奉奏准，亦不许科派。"

【擅招军队罪】【刑】为防害秩序罪之一，因未受允准，招集军队，发给军需，或率带军队而成立，以未经允准为必要，其处分为三年以下有期徒刑。（刑法第一六四条）

【擅食田园瓜果】【史】擅与盗不同，盗者乘人之不见而窃取之也，擅则不掩人知而公然取之，时即无人，其心固不畏人之见之也，故擅将去者，亦不得谓之盗，若系窃取则依盗田野谷麦条论处，是盗字与私字相同也。明律（卷五）、清律（卷九）户律田宅篇擅食田园瓜果条："凡于他人田园擅食瓜果之类，坐赃论（清律注曰，计所食之物价，一两以下，笞一十，二两笞二十，计两加等，罪止杖六十，徒一年）。弃毁者，罪亦如之，其擅将去，及食系官田园瓜果，若官造酒食者，加二等，主守之人给与，及知而不举者，与同罪，若主守私自将去者，并以监守自盗论。"清律之总注曰："物各有主，他人田园瓜果之类，不告于主而擅食之，于己非分，于人有损，故计其食过所值之价，坐赃论罪，弃毁者与擅食同也，故罪亦如之，其于他人瓜果擅自将去，则已有利己之心，甚于擅食者矣，及所食系官田园瓜果，若官造酒食，则益无忌惮之心，甚于擅食他人者矣。坐赃之罪二等，凡官田园官造酒食处，必有主守之人，非主守者纵之，固不得而擅食也。故给之与食，及知其食而不举者，各与犯人同罪，若主守之人，私自将去瓜果，与酒食者，并计将去之数为赃，以监守自盗论，按坐赃本律，一两以下，笞二十，至十两，笞三十，每十两加一等，罪止杖一百徒三年，今注云一两以下笞一十，二两笞二十，计两加等，罪止杖六十，徒一年，用坐赃罪而稍变其法，盖擅食之过甚小，所食之数有限，必不出一两以外，故改笞一十以从轻，而弃毁将去为数为多，故改计两加等以从重，然罪止杖六十，徒一年，虽重而不苛，诚为至当也，加二等及同罪者，亦依此计科断。"

【擅杀伤】【史】擅杀伤者谓以自己之意，而杀死或伤害他人也。清例之规定如下：(一)罪人持仗拒捕，捕者格杀，不论罪，已就拘执及罪人不拒捕而擅杀或折伤，各以斗杀伤论。(二)囚逃走，捕者逐而杀之，亦不论罪，已就拘执，及罪人不拒捕而擅杀或折伤，各以斗杀伤论，罪人如本犯应死之罪，则擅杀者杖一百。(三)囚窘迫自杀，不论罪，惟罪人本犯应死之罪者，擅杀之，仍应仗一百。(四)罪犯业经捕获，捕役借称设法制缚误伤其命仍照已就拘执而杀之律以斗杀论，捕役受人贿嘱致死罪人，照谋杀首从律治罪。(五)凶徒挟仇放火及实在凶恶棍徒无故生事行凶扰害并强奸未成各罪人时，被告之人及本妇有服亲属登时愤激致死，杖一百徒三年，余人杖八十。杀非登时，则照擅杀罪人律绞候，余人杖一百。(六)本夫及本夫本妇有服亲属捉奸殴伤奸夫者，或本妇及本夫本妇有服亲属殴伤，图奸强奸未成罪人，或男子拒奸殴伤奸匪，折伤以上不论登时事后，均不论罪，其余擅伤，别项罪人，折伤以上，均按其擅杀罪应拟绞，以斗伤定拟。(七)事主殴伤贼犯或被害之人殴伤挟雠放火，凶徒及实在凶恶棍徒，或期服以下尊长卑幼因捉奸，拒奸，强奸，图奸殴伤尊长卑幼者，折伤以上不论登时事后，均不论罪，其余擅伤别项罪人，折伤以上俱按其擅杀罪止满徒减二等科断。(八)强奸未成罪人被本妇之子登时杀死者勿论，其系杀非登时者，则杖一百徒三年。(九)图奸未成罪人被本妇之子登时杀死者，杖一百徒三年，其系杀非登时者杖一百，流三千里。(十)擅杀奸盗以及别项罪人案内余人，无论谋故加功及刃伤折伤以上并凶器伤人，悉照共殴余人律杖一百，正犯罪止拟徒，余人杖八十，如有挟嫌妒奸谋故别情乘机杀伤图泄私忿者，仍照谋故杀及刃伤折伤凶器伤人各本律本例问拟。

【擅责生员】【史】生员者即旧制各府州，县学入学者之总称也。廪膳生，增广生，附生皆在其内，生员如有过愆，教官不得擅自责处，违者应受处分，清之六部处分则例(卷三十)礼属学校篇设有擅责生员之条："生员遇有过愆，应行戒饬者，地方官会同教官照例在明伦堂朴责，如有擅自责处者，降二级留任，因而致死者降二级调用，若故勘致死照律治罪。"

【擅造作】【史】凡依法当建造时而不向上司申请，或申请应待报而不待报而公然起差人工者，谓之擅造作。又依法所不当建造，或非于农隙之时及有兵荒之时，而起差人工，以事营造者，亦称曰擅造作。明律（卷二十九）、清律（卷三十八）工律营造篇均有擅造作条之规定："凡军民官司有所营造应申上而不申上应待报而不待报而擅起差人工者，各计所役人雇工钱坐赃论，若非法营造及非时起差人工营造者，罪亦如之，其城垣坍倒仓库公廨损坏，一时起差丁夫军人修理者，不在此限，若营造计料申请财物及人工多少不实者，笞五十，若已损财物或已费人工各并计所损物价及所费雇工钱重者，坐赃论。"清律之总注：有所营造如创建仓库学校桥梁堤岸之类，皆公事也。事虽当为时可营造，亦必先将应合兴作工役缘由申请上司区处，待报而行，若不先行申请即申请而不待报，辄擅起人工营造者，各计所役过之雇工钱为赃，坐赃论，以其专擅也，非法谓不当为之事也，非时谓非农隙及水旱之岁也，非法之役恶其伤财，非时之役，恶其害民，故亦计役过之，雇工钱为赃坐赃论也，其城垣仓库公廨有坍倒损坏，势须及时修理不可以等待者也，故一时起差民间丁夫所部军人修理者，其事与营造之创始者不同，不在申上待报，非时起差之限，若有所营造，其估计合用材料工役务须得实，如申请财物及人工合用少而称多，其数不实者，笞五十，此但申请不实，尚未至损费者言也，若财物已损，人工已费，则除合用之实数外，各并计所损物价所费工钱为赃坐赃论罪，重于笞五十者，从坐赃罪科之，轻则仍笞五十。"

【擅发兵】【史】发调兵队之权操于上，不先言上，或虽言上而不待报，即行发兵者，谓之擅发兵，应受律之制裁。明清律有擅调官军之条，唐律（卷十六）擅兴篇擅发兵条："诸擅发兵，十人以上，徒一年，百人徒一年半，百人加一等，千人绞（谓无警急，又不先上，而辄发兵者，虽即言上，而不待报，犹为擅，文书施行即坐）。"疏议曰："依令，差兵十人以上，并须铜鱼敕书勘同，始合差发，若急须兵处，准程不得奏闻者，听便，差发即须言上，若无警急，又不先言上，辄擅发，十人以上，九十九人以下，徒一年，满百人，徒一年半，百加一等，七百人以上，流三千里，千人绞，故注云：谓无警急，又不先言上，而辄发兵者，虽即言上，而不待报，谓准程应得言上者，并须待报，若不得报犹为擅发，但文书施行即坐，不必要在得兵，其擅发九人以下，律令无文，当不应为从重。"同条又曰："给与者，随所给人数，减擅发一等，亦谓不先言上，不待报者，告令退遣即坐，其寇贼卒来，欲有攻袭，即城屯反叛，若贼有内应，急须兵者，得便调发，虽非所属，比部官司，亦须调发给与，并即言上（各谓急须兵，不容得先言上者），若不即调发，及不即给与者，准所须人数，并与擅发罪同，其不即言上者，亦准所发人数减罪一等，若有逃亡盗贼，权差人夫，足以追捕者，不用此律。"

【擅发驿递专处首站】【史】驿递之设，原为便利国家而设，若私人揭报，则不许擅动驿马，如首发驿站，不察而予递送者，应受处分，其他沿途各站，则不在处分之列。清之六部处分则例（卷三十五）兵属驿递篇，设有擅发驿递专处首站之条："乾隆四十年闰十月二十九日奉上谕，前因苏境知上司访款刻参，计图反噬，捏款诬揭督抚司道等一案，擅用六百里驿马交镇远县转发，该县李常吉违例遽为驰递，实属错谬，因令袁守侗等查明参奏，并谕兵部再行查例通饬，盖以此等揭报，部科止准其专人赍投，何得擅动驿马，李常吉以镇远首站近在同城，苏境平日之贫黩狼藉，该县岂无闻见，且既将苏浉通揭情形禀知督抚，则苏浉先发制人之举，该县皆所深知，乃复违例滥应代为驰递，其咎实无可贷，至沿途各驿站接准上站六百里公文，原不能知其中系何紧要事件，自不便擅意驳回，若亦治以滥应处分，于事理未为平允，且恐有驿各州县因此心存畏避，设遇实系有关重大之件，亦不肯为之接递，于公务转滋贻误，所有各驿站驰递，苏浉通揭文书各员，除首站镇远县知县照例议处外，其余均无庸查议，凡有似此者，俱照此例办理，钦此。"

【擅开官封】【史】（详守支钱粮及擅开官封条）

【擅禁犯罪官员】【史】官员犯罪，如未经奉旨革职拿问，无论何人均不得擅自锁禁，违者革职，清之六部处分则例（卷四十九）刑属禁狱篇设有擅禁犯罪官员之条："凡奏参犯罪官员未经奉旨革职拿问者，不许擅自锁禁，如妄行拿禁者，革职。"

【擅调官军】【史】草贼生发，并无紧急之势，将帅并不先报上司，虽申报而不待回报而公然调遣所属军马者，构成擅调官军罪，在紧急之时，将帅若拘限常法，不即调遣会合，或已调遣会合，而不即申报上司，或邻近官军亦拘常法不即发兵策应，亦以擅调罪论。明律（卷十四）、清律（卷十九）兵律军政篇擅调官军条均有相似之规定。清律之本条谓："凡将帅部领军马，守御城池，及屯驻边镇，若所管地方，遇有报到草贼生发，即时差人体探缓急声息，须先申报本管上司，转达朝廷奏闻，给降圣旨调遣官军征讨，若无警急，不先申上司，虽已申上司不待回报，辄于所属擅调军马，及所属擅发与者，各杖一百，罢职发边远充军，其暴兵卒至，欲来攻袭及城屯聚军马之处或有反叛，或贼有内应，事有警急，及路程遥远者，并听从便火速调拨军马，乘机剿捕，若贼寇滋蔓，应合会捕者，邻近官军，虽非所属，亦得拨策应，并即申报本管上司，转达朝廷知会，若不即调遣会合，或不即申报上司，及邻近官军不即发兵策应者，并与擅调发罪同，其上司及大臣，将文书调遣将士提拨军马者，非奉圣旨，不得擅离信地，若军官，有改除别职，或犯罪取发，如无奏奉圣旨，亦不许擅动，违者，罪亦如之。"清律之辑注曰："首节前半，乃职发征讨之宰制，而体探缓急声息又此条肯綮，下文若无警急，则不应擅调，次节事有警急，则又当速调，皆从此看出。"同律辑注曰："曰暴兵卒至曰内有反叛曰贼有内应，皆军机之至急者，事在呼吸间不容发，至上司路程遥远，若必先申等待上司转奏回报然后调遣其误不小，故四者有一，并听从更调拨剿捕，非备是四者而后可调拨也。"同律辑注又曰："将帅遇有贼发一段言事非警急上司及所属不得擅发也暴兵卒至一段，言事当警急上司及所属许从权调发也，贼寇滋蔓一段，言贼势蔓延兴兵大臣及非所属俱许从权调拨策应也，上司大臣将文书调拨一段，言贼势未至蔓延，典兵大臣及非所属，均不得擅调擅应也，故除取发一段，因事必奉旨而运类及之，亦以重军事也，大臣即行文调拨之人，上司即本管上司，盖典兵大臣调拨文书、亦必移会上司转行所属，并及之。"

【擅兴】【史】擅者专也，兴者兴兵起工也，凡擅自兴兵起工，历代均为法律所禁止。（参兴律）

【擅兴律】（详兴律条内）

【擅断主义】【刑】对罪名法定主义言，又名自由裁定主义，即犯罪与罪名均无明文以为规定，统由国家官长或审判官自由行之，采取此种主义之结果，如得其人则收效良好，否则其弊所至，不特审判专横已也，训至曲庇罪人，陷害无辜，公理淹没正义荡尽，故近世各国多采罪刑法定主义。

【擅离职役】【史】官吏各有所司，不得擅自离去职役，所谓官吏乃包含文武在内。明律（卷三）、清律（卷六）吏律职制篇擅离职役条："凡官吏无故擅离职役者，各笞四十，若避难因而在逃者，杖一百，罢职役不叙，所避事重者，各从重论，其在官应直不直，应宿不宿，各笞二十，若主守仓库务场狱囚杂物之类，应直不直，应宿不宿者，各笞四十。"明律之纂注："官兼文武言，无故二重看，避难谓在职役避难处之事而逃，非避罪也，在官与主守人如巡风官吏攒拦旗军火夫库斗之类，此直宿人是暂时之职役，若首领官吏则常时之职役，故罪有轻重，如此言凡各衙门见任见役官吏其有不因公务差遣事故辄自离去职役，原其无避难之情，故止笞四十，以为旷废者之戒，若遇事之难如解钱粮捕盗贼之类，恐有干系，避难不为因而在逃者，是弃职守之常，不但旷废而已，故杖一百，官吏罢职役不叙，军官降充总旗所避事重者，从重论，以为退避者之戒，所避事重，谓如文官应合随军供给粮饷避难在逃，以致临敌缺乏，军官已承调遣避难在逃，以致不依期策应失误军机之类，所避事重于杖一百者，当从临敌缺乏不依期策应重罪论也，此官吏皆各有一定职役者，其在官主守直宿人止暂时相轮者，难与官吏同故在官人等日应上直而不上直，夜应守宿而不守宿，各笞二十，若主守仓库务场狱囚杂物之类应直不直，应宿不宿者，笞四十，盖在官直宿所系事小，而主守仓库等项所系事大，故加二等科断。"

【整饬盐务】【史】整饬盐务，谓处理盐务行政等而无弊端发生也（整饬之官吏均分别予以铨叙），清之六部处分则例（卷二十一）户属盐法篇设有整饬盐务之条："地方文武员弁整饬有方能使官引疏销私贩敛迹，一年无应参之案准其纪录一次，二年无应参之案，准其纪录二次，三年无应参之案，准其加一级。"

【历（曆）正】【史】为历官之名，即春秋时代之官名也。春秋："小皞挚之立也，凤鸟适至，故纪于鸟，为鸟师，而官名，凤鸟氏历正也"，注："凤鸟知天时，故以名历正之名。"

【历（曆）法的计算法】【刑】Method of calculation according to calendar 为刑法时例所定时间计算法之一种，对自然的计算法言，即从历法上之年月日以作时间计算之谓也。例如一月为二十八日或二十九日，或三十日，或三十一日，皆以月计之，一年为三百六十五日或闰年之三百六十六日，亦皆以年计之，概从历之所定是。

【民总】其性质与刑法之规定同，民法定明以此法为原则，（第一二三条第一项）虽甚简便但欠精密，以计算长时间为宜。（参期间条）

【晓（曉）谕】【通】Instruction 官吏对人民以言辞指示告谕使其知晓，谓之晓谕。

【暹（暹）罗法】【通】暹罗为亚洲南部之小国，地当印度支那之中部，及马来半岛之北部，东以湄公河与安南为界，南与暹罗湾相连，并以马来半岛与英国属地相接，西北则与英属缅甸为邻，全境面积约二十万方哩。人口约九百余万，中国侨民占五分之一，余六百万均为暹罗族，因地当热带，民性怠惰，缺乏进取精神，惟近崇尚欧化，实业教育均能多所改进，按暹罗原奉中国为宗主国，在一八二五年之三世王，仍受中国之册封，鸦片战后始生脱离之念，四世王即位，采取亲欧政策，首与英国订立条约，误种不平等条约之恶因，其后日本维新，五世王即位，鉴于不平等条约之羁束，虽极力倡议废除，卒因时机未熟，而湮志以没；至六世皇（即最近禅位者），登位后，励精图治，不遗余力，因曾加入欧战于一九二〇年与美国订立新约，将不平等之待遇全予废止，及一九二六年欧洲各国亦相继将旧约废除，而历年来暹罗国内之外人领事裁判权亦随之而撤销焉，目下暹罗之法院计分为下列七种：(1)初级法院——审理简易民刑诉讼案件（即监禁在六月以下或罚金在二千铢以下之案件），同时并为重大刑事案件之预审机关，计分为三庭，各有一定管辖之范围。(2)刑事法院——受理刑事案件。(3)民事案件——受理民事案件。(4)府法院——受理各该府所辖区域内之民刑诉讼案件。(5)省法院——受理各该省所辖区域内之府法院所判决而提起上诉之案件。(6)国际法庭——此为临时性质之特别法庭，审理外国侨民之诉讼案件（俟对各国所订条约届满后即行撤销）。(7)高等法院——设立于京师内受理全国不服省法院之判决而提起之上诉案件。(8)大理院——为全国之最高审叛机关，至于代表国家之公诉机关则有检察厅之设置，在各省府内所设置者，均归在京师内所设之总检察厅统辖，关于各种法典，除土地法一种尚未制定公布外，其他民商刑以及各种法典，均先后颁布施行，国家之根本法曾于前此（佛历二四七五年）颁布临时宪法，一九三二年由君主专制改为君主立宪，并颁布宪法分为七章共六十八条，第一章之前有总则二条，第一章国王，第二章暹罗国民之权利与义务，第三章国会，第四章国务院，第五章法院，第六章附则，第七章宪法之施行及暂行条文，兹将本宪法之要点列举如下：(A)暹罗为统一王国，统治权出自人民而以国王依照本法之规定行使之。(B)国王身体神圣不可侵犯，为全国海陆空军大元帅，依国会之奏请且经其同意行使立法权，又以国务院行使行政权，同时并以依法设立之法院行使司法权。(C)关于王位之继承应依照佛历二四六七年之继位法，惟须经国会之认可。(D)人民依本宪法之规定一律平等，其因世袭受封或以他法取得之爵位均不附带任何特别权利，对于宗教之信仰在原则上有完全之自由，又依法人民并享有身体、居住、财产、言论、著作、出版、教育、公开集会、结社或职业之完全自由权，同时依法有遵守法律，保卫国家，并以纳税及其他方法襄助政府之义务。(E)国会为立法机关，以由人民所选举之议员组织之，任期均为四年，为暹罗国全体人民之代表，非仅代表其选举人民，国会议长与副议长应由国会从议员中选举，由国王任命之，国会开会以全体三分之一之出席为法定人数，在原则上关于议案之议决，均应以过半数之投票定之，议会之言论及身体均应受有保障，国会之召集与解散，均由国王宣告之。(F)一切法律应经国会奏请并得其同意方能公布，法案一经国会通过，国务院总理大臣即应奏呈国王签署，如国王不予批准，国会应于该法案由国务院总理大臣奏呈国王之日起过一月后，不顾该项法案是否已于该一月之期内发还国会，以点名方法秘密投票，重行审议该项法案，如该法案再经国会通过，应再以之奏呈国王，如国王于十五日内仍未加以签署，国会得即以之公布为法律。（七）国会有监察国家一切政务之权力，如对于大臣之质问及对其通过不信任案之权等皆是。（八）国务院为综理国家政务之机关，由国王任命国务总理大臣一人（应由国会议长副署之），及国务大臣十四人至二十四人组织之，国务总理大臣及国务大臣十四名应由国会议员中选任之，其余国务大臣得以具有专门学识或经验者充任（国会议员被任为国务大臣时，须辞去议员之职）。国务大臣已被任为任何部长者，其行使职权时之行为，在宪法上应对国会负责，但各国务大臣，不论已被任为部长与否，对于政府之政策，应与其他国务大臣共同负责。（九）国王于一定情形之下有颁布紧急法令之权，又有宣战媾和及与外国缔结条约之特权此外并有特赦及依法颁发敕令之权。（十）国家司法权应由依法所设之法院依照法律以国王之名义行使之，审判案件依法绝对自由，不受任何干涉。（十一）凡违反或抵触本宪法之法律规定，皆为无效。（十二）本宪法之解释权完全属于国会，至于修正手续亦应根据下列条件办理：（1）修正案应由国务院提出，或由国会全体议员四分之一以上人数联名提出。（2）如该项修正案一经通过，应搁置一个月，一月之期届满时该案应再提交国会。（3）表决应以点名法为之，赞成修正案者之票数，须达全体议员四分之三。（4）于表决后修正案应依照通当法案办法呈奏国王批准公布。（十三）宪法之施行及暂行之条文之规定。（第六十四—六十八条）从略。

【机（機）密文书】【行】所谓机密文书，仍指机要秘密之文件与书信而言，如关于外交之秘密文件与军事上之机要书信等皆是。

【机（機）械保险】【险】Machinary Insurance 为保险之一，谓以机械之破坏所生损害为标的，而由保险人给付一定保险金额之保险也，如汽锅保险，汽车保险，亦属此项保险制度范围之内。

【机（機）会均等主义】【国公】Principle of equal opportunity 我国自一八四〇年中英鸦片战争以后，国家衰弱表现于外，列强在我国无不分别挑衅，攘夺租借地，及其他工商业方面之一切权利，于是创设所谓机会均等主义，即我国对于各外国，若有最惠之条款，须有一致之待遇，例如与英国以特殊权利时，则日、俄、法、德、美、意、荷、比、瑞等国，亦应受均等之待遇是。

【机（機）关争议】【行】Dispute of competency 机关争议，有广狭二义，广义之机关争议，乃包含主管争议与权限争议，狭义之机关争议，则仅指权限争议而言。

【横（橫）的共犯】【刑】为学理上共犯之又一分类，对纵的共犯言，即数人共同犯罪的时因果关系因而扩张其面积之谓，例如共同正犯是。

【横（橫）线支票】【票】又称平行线支票（详该本条），或称引线支票。

【历（歷）代刑官考】【史】为清沈家本所撰，计二卷，为沈寄簃先生遗书内之一种（董刻本），宣统元年北京修订法律馆亦曾印刊单行本问世，卷首有宣统元年七月江宁吴廷燮氏之叙文，及沈氏之自序。

【历（歷）代帝王陵寝】【史】山陵寝庙谓之陵寝，帝王之葬处也，土高曰坟，封植曰墓，忠臣烈士先圣先贤皆为后世师表，陵寝坟墓，乃其体魄所藏之处，故不许在其上采樵耕牧，违者治罪。明律（卷十一）、清律（卷十六）礼律祭祀篇均有历代帝王陵寝之条："凡历代帝王陵寝，及先圣先贤，忠臣烈士坟墓，不许于上樵采耕种，及牧放牛羊等畜，违者，杖八十。"

【历（歷）史法学派】【通】Historical school　为法律学派之一，又名沿革法学派，其主张谓法律系由历史上渐渐生长而来者，并非任意所制造，且指群众之生活与习惯为法律之背景，故历史进化之程序即为法律进化之程序，此派虽与分析法学派同为主张法律系出立法者之手所制定，但欲以为乃系由立法者将以前之习惯加以系统化之整理而已。本派为 Leibniz 氏所倡导，而以 Savigny 氏为其代表。

【泽（澤）虞】【史】为周礼地官之属，掌山泽之禁令之官。

【澳（澳）洲自治联邦宪法】【宪】澳洲地处南半球，介于印度洋与太平洋之间，为世界最小之大陆，面积约二百九十五万方哩，依其地形可分为三区，即东部山地，西部高原与中部低地，海岸线延长九千六百里，惟沿岸多绝壁，甚少良港；气候大部分为大陆性，人民约五百三十万，白种人占百分之九十八，以英人居多，均集中于东南部，居民以农牧二业为最发达，金矿之富，仅次于南非洲称世界第二，其他物产为数亦甚繁多实为大英帝国之宝库，按澳洲在十四世纪中叶即为麦哲伦氏（Magellan）踪迹所至之地，十七世纪荷兰人曾至澳洲之北岸，一七七〇年英人科克氏（Cook）至新丝兰并发见澳洲东南岸，一七八八年英人始占据电梨（Sydney）初则为遣谪罪犯之所，继则因其土地肥沃，气候宜人，遂于一七九五年许人民自由移居，一八五一年发见金矿，自是移殖之民，纷至沓来，不久即成为六殖民地：一曰维多利亚，二曰新南威尔斯，三曰昆司兰，四曰南澳司大利亚，五曰西澳司大利亚，六曰塔司马利亚。一九〇一年组织澳洲自治联邦，内政完全与英国分立，受由英王所任命之总督之统治，一九〇六年巴布业（Papua）地方亦归其统辖，现行宪法于一九〇〇年七月九日公布，分为八章计一二八条，第一章议会，第一节总纲，第二节参议院，第三节众议院，第四节议会之两院，第五节议会之权力，第二章行政权，第三章司法权，第四章财政及商业，第五章州，第六章新州，第七章杂件，第八章宪法之修改，末殿以附则，兹将本宪法之要点举述于下：（一）自治联邦之立法权属于联邦议会联邦议会由国王，参议院，及众议院组织之。（二）参议院由每州人民直接选举之参议员组织之，议员任期为六年，选举人与被选举人之资格均与众议员者相同，参议院自行选举一人为议长，议长缺席时，得选举议员一人代行其职务，议院除有特别规定外，至少应有议员全数三分之一以上出席始得开会行使职权，决议时以过半数定之，票数相等时作为否决。（三）众议院由自治联人民直接选举之，议员组织之，人数较参议员多一倍，依照人口为比例，任期定为三年，如议会无其他规定时众议员之资格应为如下：(1)年满二十一岁，且为众议员之选举人，或有选举人之资格，并于选举时曾在自治联邦境内居住三年以上者。(2)国王之人民，无论其出生即为英国人，或由联合王国或已设州之殖民地，或自治联邦，或州之归化法，曾经归化五年者，众议院应自选议员一人为议长，该议长缺席时，得选举一人代行其缺席期内之职务，议院之开会以众议员全体三分之一以上为法定人数，议案之决议以过半数行之，议长无投票权，但于票数相同时，始得投表决票。(四)一院之议员不得同时被选或兼任他院议席，且一定人员(本法第十四条所列举者)，亦不得当选。(五)议会之立法权包含贸易、邮电、国防、防疫、渔业、人口统计、银行业、度量衡、破产、版权、归化、婚姻、移民、外交……等项(第五十一条列举三十九项)，财政案不得由参议院提出之或修改之，其他一切法案，参议院与众议院均有同等权限，通过两院之提案为求国王批准而咨送总督时，总督应依照本宪法以国王名议批准或批驳之，或保留之以待国王亲裁，总督对于提案得退还于原提案之议院，并建立各项修正，两院得就其建议讨论之。又总督业已批准之法律，国王得于批准后一年内批驳之，总督应于奉到批驳日以口头或书面通知两院或以正式布告将批驳法律废止之，至于留待国王亲裁之法律，除于两年内，总督以口头或书面通知两院，或以正式布告公布批准谕旨后，不发生效力。(六)自治联邦之行政权属于国王，由国王所任命之总督一人，以国王代表之名义行使之，自治联邦政府设联邦行政委员会，委员由总督任免，总督得行政会同意后，得设置自治联邦各行政部，任命各行政部，任命各部长官，此项官吏应为行政委员会委员及自治联邦之国务大臣。国务大臣原则上定为不得超过七人，又如议会无其他规定时，总督得行政会同意后，得任免自治联邦一切行政官吏，此外总督复以国王代表名义统率自治联邦陆海军。(七)自治联邦之司法权属于联邦最高法院(定名曰澳洲高等法院)，及议会所设置之各联邦法院并其他受理联邦案件之法院，除议会另有规定之各种规则外，高等法院对于下列事项之判决，宣告，命令及定罪各项上诉案，有审判及决定权：(1)初审权属于高等法院者。(2)裁判权属于联邦法院或受理联邦事项之法院者，或在自治联邦成之前，其裁判经州之最高法院或其他州法院决定而在枢密院司法委员会有上诉权者。(3)裁判权属于州际事务委员会者，但以法律问题为限，又高等法院对于下列各案件有初审权：(1)由条约发生之案件。(2)关于外国领事官或其他代表之案件。(3)自治联邦为诉讼一方之当事人各案件。(4)州际案件或不同州居民，或州与他州人民间之案件。(5)申请禁止或命令自治联邦官吏之案件，惟议会仍得将下列事项之初审权授与高等法院：(1)由本宪法发生或关于解释本宪法之事项。(2)由议会所制定法律发生之事项。(3)关于海军或航海裁判权之事项。(4)同一事项而各州之法律处置不同者，关于以上所述之初审权事项，议会得制定下列各种法律：(1)确定高等法院以外各联邦法院之审判权。(2)在属于各州法院审判之各事项内确定联邦法院独有审判权之范围。(3)将属于联邦之审判权授与州法院，此外议会亦得制定法律，将控告自治联邦或州政府之权利，授与司法机关。(八)触犯联邦法律之罪犯，应以陪审制审判之。其审判应在犯罪之州行之，如犯罪之地不在任何一州时，其审判地点，应由议会规定之。(九)自治联邦政府之收入应为一总收入款项而用之于自治联邦各事业，其国库之款项，不得在法律所定预算外支出之，自治联邦政府应统一关税，自治联邦不得据商业或税收之法律给与一州或州之一部以优先权，亦不得据商业法律限制州或其居民因灌溉而使用相当河水之权。(十)议会认为必要时得设州际事务委员会，其权限为裁判及管理本宪法内商业法律之执行及维护，该委员会之委员：(1)应由总督得行政会同意后指派之。(2)任期应为七年，但在其任期内如两院因委员渎职或无能请求罢免时，总督得于得行政会同意后罢免之。(3)应受议会所定之薪俸，且此项薪俸在职期内不能减削之。(十一)州之宪法与法律与自治联邦法律不抵触者仍为有效，州设州长或以其他名义而执行州长职权之州行政长官，并设州议会以为立法机关，凡未得自治联邦议会之同意时，各州不得设置海陆军队或向联邦所有财产征收赋税，而自治联邦亦不得向州有财产征收赋税，各州不得铸造货币或使用金银币以外之物，以作偿还债务之法定货币，此外各州之法律、功令、纪录、及判决应在联邦全部内完全承认之，又自治联邦亦应保护各州使不受外侮，并遇州行政机关之请求时应平定内乱。(十二)议会得许各州加入于自治联邦或设立新州并得规定加入或设立之各项条件，又议会亦得对于由州让与自治联邦之区域或由国王授与联邦管辖之区域或以其他方法取得之领土，制定法律。(十三)国王得授权于总督，在自治联邦内指派总督代表，此项代表依照国王规定之限制及命令行使总督之职权，其任期由总督定之，该项代表之指派，并不影响于总督职权之行使。(十四)宪法修正之提案应有两院过半数之通过，并应于通过后两个月至六个月内，付各州有选举众议员资格之选举人取决之，如提案经议会中之一院以过半数通过，其他一院否决，或附以修正案通过，惟修正案未得原提案议院之同意时，或经过三个月后，在第一次或第二次会期内，提案议院再以过半数通过原案，或附以修正案，再经其他一院否决，或附以修正案通过，其修正案未得原提案议院之同意时，总督得将提案议院最后之提案及两院同意之修正案，付各州有选举众议员资格之选举人取决之，如在过半数州内，得每州之过半数选举人投票赞成提案及得选举人总数过半数投票赞成时，应将提案送致总督请求国王之同意。

【激变良民】【史】凡牧养小民之官，失于抚绥而又行非法之事，虐害无罪之民，使其不堪而演成变乱，复临时又不能收复平定至于失陷城池者处斩刑。明律(卷十四)、清律(卷十九)兵律军政篇均有激变良民条之同一规定。清律原文及其下注："凡(有司)牧民之官，(平日)失于抚字，(又)非法行事(使之不堪)激变良民，因而聚众反叛，失陷城池者斩(监候，止反叛而城池未陷者，依守御官抚绥远无方，致军人反叛，按充军律奏请)。"

【烧(燒)官府私家舍宅】【史】房舍宅第不论属于官府，或私家所有，凡有故意放火焚烧之者皆成立本条罪名。明清律杂犯篇均有放火故烧人房屋之条。唐律(卷二十七)杂律篇设有烧官府私家舍宅条："诸故烧官府廨舍及私家舍宅若财物者徒三年，赃满五匹流二千里，十匹绞，杀伤人者以故杀伤论。"疏议曰："凡官府廨宇，及私家舍宅无问舍宇大小，并及财物多少，但故烧者徒三年，计赃满五匹流二千里，赃满十匹者绞，杀伤人以故杀伤论，谓因放火而杀人者斩，伤人折一支者流二千里之类，若对主故烧，非延烧积聚之物，只同弃毁人财物论。"

【烧(燒)埋银】【史】又名曰埋葬银，谓于人命案件中对犯人所征收以供被害者埋葬时之费用也，由被害人之遗族收用。清律—刑律人命篇之附例："凡以毒药，毒鼠，毒兽，误毙人命之案……若在人常经过处所置放因而杀人者，依无故向有人居止宅舍放弹箭律，杖一百，流三千里，仍追给埋葬银一十两。"

【烧(燒)埋银两】【史】杀人者于抵偿人命外，尚须赔偿一定之金额给予死者家属，以为埋葬死者之用，称曰烧埋银两。大明令刑令篇——设有烧埋银两之条："凡杀人偿命者，征烧埋银一十两，不偿者征银二十两，应偿命而遇赦原者，亦追二十两，同谋下手人验数均征，给付死者家属。"

【烧(燒)抢】【史】谓凶恶棍徒纠众放火焚烧他人房屋，仓库及街市等，而乘机抢夺财物也。清律及例之规定如下：(一)凶恶棍徒纠众商谋放火故烧官民房屋及公廨仓库或官积聚之物，并街市镇店已经烧毁抢夺财物照强盗律不分首从斩决杀伤人枭示，有因焚压致死人者为首枭示。(二)本非同伙借名救火乘机抢夺财物照夺加一等分别首从治罪。(三)恶徒谋财放火已经烧毁尚未抢掠财物又未伤人为首斩候，为从商谋下手燃火枷号两个月，发近边充军，诱胁同行徒三年。(四)谋财放火随即救熄尚未烧毁为首绞候，为从商谋下手燃火流三千里，诱胁同行枷两个月，责四十板。(五)挟仇放火已经烧毁房屋因而杀人为首斩决，为从商谋下手燃火绞候，诱胁同行徒三年，未伤人及伤而不死为首斩候，为从商谋下手燃火发近边充军，诱胁同行徒三年。(六)挟仇放火当被救熄尚未烧毁为首发近边充军，为从徒三年俱枷号两个月。(七)图财挟仇故烧空地间房及场园堆积柴草等物首犯枷号两个月，流三千里，为从减一等，当被救熄尚未延烧又减一等。(八)孤村旷野内并不毗连民闲间房及田场积聚之物首犯徒三年，为从减一等，当被救熄尚未延烧又减一等。(九)挟仇放火有心烧死一家二三命，按律拟以斩决，凌迟，止欲烧毁房屋柴草泄忿，并非有心杀人，致死一家一二命首斩决从商谋下手燃火绞候，致死一家三命以上首斩枭从绞决。(十)以上恶徒放火地方保甲人等不即赴援扑灭协力擒拿文武官弁照例议处，地方保甲人等照不应重律治罪。

【烧(燒)锅税】【史】清时北方诸省酿造烧酎之家谓之烧锅，对此所课之税，则曰烧锅税。(清会典事例户部)

【独(獨)立上诉】【民诉】Independent appeal 与附带上诉相对称，即普通所谓之上诉也(详上诉条)。独立上诉与附带上诉不同之点有四：(一)前者之提起人为上诉人，后者则为被上诉人。(二)前者应在上诉人之上诉期间内提起，后者虽在被上诉人之上诉期间届满后亦得提起。(三)前者之提起在先，后者之提起则在独立上诉提起之后。(四)前者如上诉人已舍弃其上诉权，或撤回上诉，均不得再行提起，后者虽被上诉人已舍弃其上诉之权，或已撤回其上诉后，均得提起。

【独(獨)立之意思表示】【民总】为意思表示之一种，与非独立之意思表示相对称，即意思之表示勿须待他方之意思表示而能独立发生法律上之效力之谓也。例如遗嘱人之为遗嘱与债权人所为债务之免除等，皆为独立之意思表示。

【独(獨)立主义】【债】为种类之债变为特定之债时之立法例之一，对分离主义与履行主义言，谓债务人将给付物交付于债权人，债权人领受其物而致给付物已独立时，始为特定，故又称受领主义，此主义乃以债权人之受领与否为标准，于债务人不利，故亦不足采。

【独(獨)立犯】【刑】Independent offence 为学理上共犯分类之一，对从属犯言，即主犯之谓，例如正犯是。

【独(獨)立自诉】【刑诉】所谓独立自诉,乃指被害人之法定代理人保佐人或配偶,不必经被害人之同意而迳自提起自诉而言。(刑事诉讼法第三三八条)

【独(獨)立行为】【民总】Independent act 为法律行为之一,对补助行为言,即法律行为自身有独立性之行为,换言之,即有独立之产质及内容之法律行为也。例如买卖婚姻是,独立行为与补助行为之区别,以法律行为之自身是否含有独立性为标准。

【独(獨)立告诉】【刑诉】独立告诉者,谓被害人之法定代理人,保佐人或其亲属为被告者,被害人之亲属得自行独立提起告诉也。(刑事诉讼法第二一六条)

【独(獨)立协】【史】为清时陆军之编制之一,即以步骑炮工辎各称兵混合而成,因其不受镇之统辖而独立自成一位,故曰独立协,又曰混成协,民国成立改为混成旅。

【独(獨)立命令】【宪】Independent order 与委任命令执行命令相对立,又称真正命令,谓全然与法律分离而独立须发之命令,与法律有同等之效力,但不能变更法律耳,此乃专制君王所特有之命令权,但目前除日本外,皆已不复有颁发独立命令之权矣。按独立命令权乃以宪法之规定为根据,与执行命令相同,但前者与法律有同等效力,而后者则须有特定法律之预先存在,然后始有执行命令之可言。

【独(獨)立法规优于不独立法规】【刑】为法规竞合中定罪时法律适用标准之一种,即同一所为触犯数种法规,而此数法中乃为独立法规与不独立法规竞合时,则前法优于后法,例如从犯帮助他人犯罪,且更进而加功于实行之际,则只能从正犯法规处断是。(参法规之竞合条)

【独(獨)立附带上诉】【民诉】为附带上诉之一种,与普通附带上诉相对称,即被上诉人于自己上诉期间届满前所提出之附带上诉也。此项附带上诉有独立之性质,并不随上诉因不合法被驳回,或经撤回而与其同时消灭,此时该第二审法院仍应加以审理。(民诉第三二八条)

【独(獨)立国】【国公】Independent state 国家之主权完全独立内政外交不受他国权力之支配,谓之独立国,又曰完全主权国。(详该本条)

【独(獨)立罪】【刑】Independent offence 凡行为虽无实害之发生,仅要犯罪者有犯罪之表示,即成独立罪,应加以处罚,又如因意图犯罪而制造危险物等,亦成立独立罪,但均以明文规定者为限,独立罪为犯意表示或预备犯中应处罚之一种。

【独(獨)立确认之诉】【民诉】为确认之诉之一种。(详确认之诉条内)

【独(獨)立学院】【行】Independent college 凡大学未具备三学院以上者,称曰独立学院,得分两科及若干学系,设院长一人,各科各设科主任一人,各系设系主任一人。(参大学组织法条内)

【独(獨)立辩护权】【刑诉】辩护人为当事人辩护时,并不以被告之意思为意思,而系以其自己之意思进行辩护,此为辩护人之权利,故称曰独立辩护权。

【独(獨)立权】【国公】Right of independence 为国家基本权利之一,即国家之内政外交不受任何外国支配干涉,而能自由行动之谓也。通常言之,独立权惟主权国有之,一部主权国则否,且独立权亦有一定限制:(1)因两国间条约规定加以限制者。(2)因有损害他国之权利感情及利益之危险而限制之者。(3)因他国(强国)之监督而受限制者。

【独(獨)立权利】【通】Independent right 又称主权利。(详该本条)

【独(獨)任制】【组】为法院审判制度之一种,又名单独制,与合议制折衷制相对立,谓以推事一人审理及裁判诉讼案件之制度也。我国法院组织法规定地方法院原则上采独任制,高等法院例外采独任制,按独任制之利益有三:(一)审判迅速敏捷。(二)经费节省。(三)审判责任专一。

【行】又称首领制,即行政机关之职权由一人行使之制度也。其优点有三:(一)行动敏捷。(二)责任专一。(三)一切机密易于保守,各国通例以独任制为原则,合议制为例外,我国行政上之制度,在中央政府则二者并用,省政府以合议制行之,县政府则采独任制。

【独(獨)任制官署】【行】又称单独制官署,对合议制官署言,凡官署职权之决定权,属于一人者,此种官署曰独任制官署。

【独(獨)任推事】【组】Judge empowered to hear cases alone 为推事之一种,与合议推事相对称,采独任制以从事审判之推事,曰独任推事。

【独(獨)居制】【行】又曰监狱独居制。(详该本条)

【独(獨)科罚金】【刑】为罚金之一,又称专科罚金。(详罚金条)

【独(獨)赔分赔】【史】官府征收钱粮如有侵欺或挪移而致亏空,均应依法勒令独自赔补或分别赔补,前者曰独赔,后者曰分赔。清例之规定如下:(一)州县亏空审明确系府州徇隐,应着落独赔之项将府州革职,本犯拟罪监追,勒限三年。(二)全完侵欺之项——本犯拟死罪者减二等发落,拟军流徒杖者俱免罪,如三年限满,本犯家产不能完补,即将本犯仍照原拟治罪,其未完之银米等项,著落徇隐府州独赔,勒限一年全完。若徇隐府州一年限内全完者准其开复,一年限内不全完者,再限一年完补,若能于二限内赔补完全者,照伊原职降一级调用,如二限内完不及数,再限一年完补,若能于三限内全完,照伊原职降二级调用,如三限届满之后虽照数赔完亦不准其开复。(三)全完挪移之项——二万两以上者释免,未至三万两者,准其开复,如三年限满,本犯家产不能完补,即将本犯仍照原拟治罪,其未完银米等项,着落徇隐府州独赔,勒限一年全完,若徇隐府州一年限内全完者准其开复,一年限内不全完者,再限一年完补,若能于二限内赔补全完者,照伊原职降一级调用,如二限内完不及数,再限一年完补,若能于三限内全完者,照伊原职降二级调用,如三限届满之后,虽照数赔完,亦不准其开复。以上为关于独赔之规定,至于分赔清例之规定如下:(一)州县挪移亏空审明系知府不行揭报,应着落分赔之项将知府革职,先在本犯名下勒限三年追补。(二)州县亏空府州揭报,布政司不转揭,照徇庇例议处,仍分赔,督抚司道明知州县亏空不即报参反为设法弥补,限满分赔。(三)本犯一年限内全完,准其开复,如本犯限内全无完补,及完不足数者,将本犯照原拟治罪,其未完银米令府州分赔一半(勒限一年完补,其余一半,人于无著项下)。至于失察府州一年内全完者准其开复。(四)本犯二年三年限内补完者,照例分别发落(减等发落),如于限内全无完补及完不足数者,仍将本犯照原拟治罪,未完银米令知府分赔一半(勒限一年完补),其余一半入于无著项下。至于失察之府州如二年限内不完,再限一年完补,若能于三限内全完者,照依原职降一级调用,如三次限满不完及本犯名下应追银两未完者,俱不准开复,而未完银两仍着落追赔。(五)州县侵欺钱粮或挪移钱粮,道员失察,同城者降三级留任,不同城者降一级留任,扶同徇隐者,一体参革分赔,不行揭参者降一级留任。

【獬(獬)豸冠】【史】獬豸为东北僻荒中兽类之一种,仅有一角,性忠而能别曲直,楚文王获之,以其革为法官之冠,称曰獬豸冠。后汉书—舆服志:"法冠或谓之獬豸冠,獬豸,神羊,能别曲直,故以为冠。"按豸与廌通,古之灋字,由此而来。

【卢(盧)森堡宪法】【宪】Constitution of Luxemburg 卢森堡为界于德法比三国间之大公国,面积仅一千方哩,人口共二十六万,原为比利时之一部,一八三九年时,因其为德国人所居之地故另建一大公国,物产以葡萄为盛,林木亦多,而铁煤等矿亦颇不少,一八六七年由英、法、德、俄、奥五国缔立伦敦条约公认为永久中立国,欧战前与德国关系甚深,战后始尽脱其羁束,近与法国缔结经济同盟,故在经济上实为法国之附庸,现行宪法公布于一八六八年十月十七日,一九一九年五月十五日修正,计分为十章共一百十四条,第一章领土与大公,第二章卢森堡人民及其权利,第三章主权,第一节大公之特权第二节立法权,第三节司法权,第四章国会,第五章大公国政府,第六章司法,第七章军制,第八章财政,第九章市与县,第十章通则,兹将其要点举述于下:(一)卢森堡为大公国,且为永久中立之独立国家,其大公国之爵位应由 Nassau 家族世袭之。(二)大公身体不可侵犯,以十八岁为成年,薨逝之时,如其继承人尚未成年,得由其家族会议摄行政权,又大公不能执政时,其政权亦应授与摄政,至于爵位无人承受时,则应由议会暂行摄政。(三)卢森堡国民资格之取得,保留与丧失,均依照民法之规定,国内人民在法律上一律平等,(有例外)。个人之自由应受保障,居所不受侵犯,私有财产不受征收或没收,死刑(政治犯)准死刑等亦受废止,人民有信教之自由,表示意见之自由,言论之自由,出版之自由亦受保障,和平集会之自由权,亦依法受有保障,结社之自由请愿之自由,书信秘密之自由,均为人民所享有,不得加以限制,又人民对于法国与德国之语言文字亦有任意使用之权,不受任何限制。(四)国家主权属于全体国民,由大公依照本宪法及国家法律行使之。(五)行政权属于大公,其权力如批准及公布法律,依法任命文武官吏,颁布法律施行细则及命令,统率海陆空军,依法订立条约,赦免或减轻罪犯,依法铸造货币,授给贵族尊号及文武官吏之品级。(六)国会为立法之机关其组织与选举方法另以法律定之,选举人须为卢森堡人民(不分性别),享有私权及公权者且为年满二十一在国内有住所者,被选人之资格除须满二十五岁外,余与选举人之资格同,被选之议员任期六年,每三年更换半数,议员在任期内,不得兼任政府委员,或检察官,或审计官或地方警察官吏,或政府征收官或会计官，或将校阶级以下之军职；国会于每一会期应推举议长及副议长各一人，开会时以公开为原则，到会以大多数出席为合法，议案以过半数取决之，会议有常会与非常会议二种，后者由大公召集之至于国会之解散，其权亦操于大公之手，同时大公亦得延长会议时期，但不得超过一个月之期限，并于同一会期中非得国会之同意，不得再行延长，议员在开会期间其身体及言论均受保障。（七）大公国政府之组织由大公规定之，惟至少应有委员三人组成之，其委员概由大公任免之，又政府委员相互间俱应负担连带责任，大公之命令亦至少须有政府委员一人之负责。除政府委员之外，复另设一参政院，讨论关于法律草案或法律修正之建议与裁定以及行政诉讼问题与关于大公之咨询及法律规定以内之事项。（八）司法权由法院与裁判所以大公名义行使之，即审判与判决亦均以大公名义执行之。法院及诉讼裁判权，非依法律不得设立，且不得以任何名义创设临时法庭，及特别法院，通常法院有最高法院高等法院与地方法院，均以法律定之，法院以公开审判为原则，即判决书亦应申述理由，在法庭公开宣告之。军事法院之组织与其职务及该院人员之权利义务与任期，均以特别法定之，此外依法亦得于一定地方设立商事法院，其组织与职员任务及其任命方式与任期均依法律之所定。（九）军队事项，宪兵及地方保卫团等之组织均以法律规定之。（十）国家赋税，政府公债并国家不动产之让与，国家公路运河铁路，巨大桥梁及广大建筑物之创办等，均须依照法律之规定。又设审计院负责审查与清算普通行政之账目以及与国库有关之一切会计，其组织与职权及其人员之任命方式，均以法律定之。（十一）地方之市县各设市议会与县议会，其议员概以有选举权之公民直接选举之，其组织与职务另以法律规定之。并由大公任命市长及县长，组织市县公署，至其官吏及市警、林警、农警、与人员之任免，均以法律规定之，市县公署，如有逾越职权，或违反法律及公共利益之决议，得由大公停止或撤销之，该项停止或撤销之效力，亦以法律定之，又大公对于市议会及县议员且有解散之权。（十二）宪法之修正由立法机关宣告之，经此宣告之后，国会当然解散，国会于解散后至多于三个月内即须举行新选举，然后由新国会与大公共同讨论关于应行修正之点，修正宪法时非得全体议员四分之三之出席，不得讨论，且非得三分二议员之表决，不得变更原案。

【磨勘中卷】【史】清时乡试会试等考卷，对于中式者派人覆核是曰磨勘中卷。清之六部处分则例（卷二十九）礼属科场篇设有磨勘中卷之条："中卷面应列主考同考官职名，如有遗漏开列，或署名颠倒者，责在主考，每卷将主考官罚俸一年。"又："中卷面主考官漏批取中字同考官漏批荐字者，每卷，俱罚俸六个月，如主考同考官遗漏加批者，每卷俱罚俸一年。"又："同考官遗漏加批至填榜时，误用墨笔补写者，每卷罚俸三个月。"又："朱卷面应先填中式名次，后填举子姓名，墨卷面已有举子姓名应填中式名次，如有违式，将主考官查明笔迹，每卷罚俸三个月。"又："朱卷面应印第几房字样，如有重用漏用倒用者，将内收掌官，每卷罚俸三个月。"又："朱卷面漏用荐条者，同考官与内监试官每卷俱罚俸六个月，重用荐条者同考官与内监试官每卷俱罚俸三个月。"又："朱卷内有墨笔浮签未去者，主考官每卷罚俸三个月，有监笔浮签未去者，同考官每卷罚俸三个月。"又："中卷内题目字画小差或字句间有小疵或无心笔误，不关弊窦或诗策，内单抬双抬偶致讹误或默写头场文字互异在十字以内者，本生与考官俱免议。”又：“中卷内庙讳御名偏旁字样墨卷已敬谨缺笔誊不依原卷书写者，主考官未经签出，每卷罚俸一年，同考官未经签出，每卷降一级调用，其有不谙禁例，直书本字者，主考同考官，虽经签出，仍照此例议处。”又：“中卷内誊录错落字句，主考官未经抹出，每卷罚俸三个月，同考官未经抹出，每卷罚俸六个月。”又：“中卷内点句勾股错误者，同考官每卷罚俸一年，主考官未经改正每卷罚俸六个月。”又：“中卷内有蓝笔未经点到者，同考官，每卷降一级调用，失于觉察之主考官罚俸一年，若墨笔未经点到主考官，每卷降一级留任。”又：“中卷内有墨笔添改者，查明笔迹将主考官，每卷降三级调用，有蓝笔添改者，查明笔迹，将同考官每卷降三级调用，主考官未将监笔添改处查出，罚俸一年。”又：“中卷内文艺诗策有全篇雷同者，本生罚停二科，同考官每卷降一级留任主考官每卷罚俸九个月，如系剿录旧文幸邀中式者，本生斥革，同考主官俱免议。”又：“中卷内字句疵类，无关通体文义及诗句内平仄失黏者主考官未经抹出，每卷罚俸六个月，同考官未经抹出，每卷罚俸一年。”又：“举子因文理荒谬，字句可疑，黜革一名者，同考官革职二名以上者，同考官革职提问，主考官于举子黜革一名者，降二级调用，二名者，降三级调用，三名以上者革职，其非因文字黜革者，同考主考官，俱免议。”又：“举子罚停三科者，同考官降一级调用，主考官罚俸一年，罚停二科者，同考官降一级留任，主考官罚俸九个月，罚停一科者，同考官罚俸一年，主考官罚俸六个月，其有罚停殿试者亦照此例议处。”又：“拨房中卷有应议处，同考官者止将受拨之同考官议处原荐之同考官免议。”

【磨勘卷宗】【史】磨勘者谓磨研较勘也，即调查之谓。一季大约以三月为限，不拘于春夏秋冬之季，经磨勘之卷宗后，一季之后，钱粮如不追征足备，刑名造作等事，可完而不完，应改正而不改正，均应按律治罪。明律（卷三）、清律（卷七）吏律公式篇磨勘卷宗条皆有相同之规定。清律之条文及注云：“凡（照磨所官），磨勘出各衙门未完文卷，曾经布政司按察司照刷，驳问迟错，经隔一季之后，钱粮不行追征足备者，提调（掌印）官吏，以未足之数，十分为率，一分，笞五十，每一分加一等，罪止杖一百，刑名造作等事，可完而不完，应改正而不改正者，（过一季）笞四十，（一季后）每一月加一等，罪止杖八十，受财者，计赃以枉法从重论，若有隐漏（已照刷过卷宗）不报磨勘者，一宗，笞四十，每一宗加一等，罪止杖八十，事干钱粮者，一宗，杖八十，每一宗加一等，罪止杖一百有所规避者，从重论，若官吏（文书内，或有稽迟未行，或有差错未改），闻知事发（将吊查），旋补文案（未完捏作已完，未改正捏作已改正），以避迟错者，钱粮计所增数，以虚出通关论，刑名等事，以增减官文书论，同僚若本管上司，知而不举，及扶同（补旋）作弊者，同罪，不知情及不同署案者，不坐。”清律之辑注：“首节按卷宗之事磨勘，次节按卷宗之数磨勘，末节则发其隐漏中之弊也。”同律之辑注：“照刷则查察行过事件之卷宗，而发其迟错之处，故其法重在当案吏典，磨勘则考核刷后驳问之卷宗，而稽其改正与否，故其罪重在提调官吏，且罪无差等，以改正之责，提调官吏应共之也。”

【磨勘官议处议叙】【史】清制乡会试之中式试卷派人覆核是曰磨勘，磨勘人员，曰磨勘官，磨勘之后，复须经覆勘大臣重行覆勘，议处议叙，即交部处分或核议叙功也。清之六部处分则例(卷二十九)礼属科场篇设有磨勘官议处议叙之条:“每科派出磨勘乡会试中卷,各官于所分卷内字句疵谬之处,全未勘出经覆勘大臣指出者,原勘官每卷降一级调用,若已将疵谬字句签出,一二覆勘时,另有增易者无庸议。”又:“磨勘官托故推诿罚俸一年,仍责令磨勘。”又:“磨勘官于所分各卷全无签摘,礼部即将该员存记,若下科再派磨勘,仍未签摘一卷者,罚俸一年。”又:“磨勘官指出应议各签,经覆勘大臣核明逐一尤当并无遗漏者,准其议叙其签摘不当塞责了事或覆勘时,尚有增易或遇有事故于所分之卷,未经勘毕者,无庸议叙,亦无庸议处。”又:“磨勘官应行议叙者,准其纪录一次,有奉特旨议叙者,准其加一级。”

【磨勘院】【史】宋之中叶,设磨勘院,检核内外官吏之成绩,以甄别其清浊,后改为审官院,然渐流为形式,并不以实际之成绩与功劳,成为惯例,官吏怠惰以生,磨勘院形等虚设。范文正公文集政府奏议:“我祖宗朝,文武百官皆无磨勘之例,惟政能可旌者,擢以不次,无所称者,至老不迁,武职五年一迁,谓之磨勘,不限内外,不问劳逸,贤不肖立进,此岂尧舜黜陟幽明之意耶。”

【磬】【史】磬者缢杀之也。(详磬于甸人条内)

【磬于甸人】【史】按甸人乃掌郊野之官,古时死刑皆于市中执行之,惟对于皇室及王公族中人为尊重其地位计,乃托甸人于隐所中秘密执行之,所谓磬,乃指缢杀而言。礼记—文王世子篇:“公族其有死罪,则磬于甸人。”按磬乃乐器之一种,其形似矩,缢杀之方法与悬乐器之磬相似故,称缢曰磬。前揭之注曰:“缢之,如悬乐器之磬。”

【积(積)分法】【史】谓考校学生成绩之法也。元时国子监学生每月举行试验一次,其答案中辞理俱优者为上等,准一分,理优调平者为中等,准半分,每岁通计其年之积分至八分以上者,生充高等生员,其不事课业违背学规者,初犯罚一分,再犯罚二分,三犯除名,称曰积分法。宋时王安石废科举之制,学校多沿用此法。

【积(積)存保险】【险】谓以积存金作为一次付足之保险费另行订立之定期保险契约也。事实上此种另订契约办法,乃保险人将保险积存金返还于应得人方法之一,(参保险法第七四条)不过以之抵充为保险费而已。

【积(積)货保险】【海】Insurance for cargo 为海上保险之一种,又称货物保险。(详该本条)

【积(積)极】【通】Positive 与消极相对称,即作为而力向前进之状态也。例如积极给付,积极代理,积极监督,积极义务等皆是。

【积(積)极代理】【民总】Positive agency 为代理之一种,对消极代理言,即代理本人对相对人为意思表示之代理行为也,又称自动代理,例如甲代乙对丙为让与之要约是,我国民法第一〇三条第一项规定之。

【积(積)极犯罪】【刑】Positive crime 又称作为犯。(详该本条)

【积(積)极地役权】【物】Positive real-servitude 为地役权之一,对消极地役权言,即地役权之行使须为地役权人之积极行使,始能成立之权利也,例如通行地役引水地役是。

【积(積)极行为】【刑】Positive act　又名作为，谓有原因力可以引起外界一定之结果之行为也。(参作为条)

【积(積)极命令】【行】Positive order　与消极命令相对称，即使人作为某种事项之命令也。例如财政厅，推各县于一定期间内缴解款项之命令，以及其他使人作为某种事项之命令皆是。

【积(積)极的国籍冲突】【国私】与消极的国籍冲突相对称，即所谓重国籍是也。即一人同时取得二以上之国籍之义，有由于出生者，有由于婚姻者，有由于收养关系者，更有由于认领者，亦有由于归化者。

【积(積)极财产】【民总】Positive property　所谓积极财产乃指其人之动产，不动产无形财产权以及债权等而言，至于消极财产则专指债务一项。

【积(積)极条件】【民总】Positive condition　为条件之一种，对消极条件言，因事实之发生而成就之条件也。易言之，即条件内容之事实乃与现在状态不同，其条件成就时必生一定变动之谓也。例如甲与乙约："汝若离此地则给汝以若干款"是。积极条件与消极条件之区分，乃以条件事实内容之不同为标准。

【积(積)极国际地役】【国公】为国际地役之一种，对消极国际地役言，凡需役国在供役国之领土上有积极行为之役使权利，谓之积极国际地役，例如以军队占领他国领土或通过其领域等皆是。至需役国禁止供役国在其自己领土内负担特定不作为之义务时则称曰消极国际地役，例如使供役国于其领土内不得驻置军队是。

【积(積)极给付】【债】Positive presentation　为债之标的之给付之一种，对消极给付言，即以作为为给付之谓也。更分为二：(1)单纯作为——即仅依债务人之意思即得实行，例如服劳务是。(2)单纯以外之作为——须依双方之意思方可实行，例如权利之设定，移转，或变更是。

【积(積)极诉讼条件】【刑诉】Positive conditions of an action　为诉讼条件之一，对消极诉讼条件言，谓诉讼成立时必需具备之条件也。例如法院须有管辖权，否则无效是。

【积(積)极义务】【通】Positive duty or obligation　为义务分类之一，与消极义务相对立，谓以一定行为为标的之义务，换言之，即行为之义务也，如出卖人对于买受人有交付其出卖物之义务，买受人有支付卖价之义务皆是。

【积(積)极确认之诉】【民诉】为确认之诉之一种，与消极确认之诉相对称。(详确认之诉条内)

【积(積)极请求权】【通】Right of the Positive claim　为请求权之一种，与消极请求权相对立，谓以请求为一定行为为内容之请求权也。

【积(積)极随意条件】【民总】为纯粹随意条件之一，对消极随意条件言。(详随意条件条内)

【积(積)聚投票法】【宪】Cumulative voting 又称累称投票法,或重记投票法,即在大选举区中,选举人按照该区应举员数投票时,其票中所选举者,可合投应举员数中数人,或合投其中之一人之方法,其目的亦在使少数党之选举人可将其票数集中于一二人,而使其取得法定票数,而有获选之希望,此法如能善为运用,必能予少数党以机会,但一切选举人均变成为政党之傀儡,是乃其缺点也。

【篡囚】【史】篡囚者,劫囚也,即在狱中之囚人由其关系人以武力劫出之谓。汉书—济川王传:"奏谋篡死罪囚,有司请诛,上不忍,削立五县,注,师古曰,逆取曰篡。"又同书—王子候表:"攸舆侯则,太初元年,坐篡死罪囚弃市。"

【篡位】【史】以武力夺取天子之位,称曰篡位,与禅位相对称。孟子—万章篇:"是篡也,非天与也。"

【县(縣)】【史】(一)周制去王城三百里以上四百里以下之地为县,其行政权乃属于地官小司徒及遂人等其裁判权(司法权)则属于秋官之县士。(二)(秦孝公十二年诸小乡聚合为县是为郡县制度中县名之始,但学者有谓楚庄王灭陈为县;县名之始疑自此也。事物纪原(卷七):"周礼四甸为县,史记秦本纪曰,孝公十二年并诸小乡聚为县,商君传曰,鞅令邑聚为县,则名县之始自秦孝公也。陆法言切韵曰,楚庄王灭陈以为县,县之名自此始,秦并天下,以郡领县,隋文帝开皇二年罢郡以县隶州也。注、说文曰,天子百县,县四郡,周礼小司徒之职方二十里之地也。"

【行】District (hsien) (详县组织法条内)

【县(縣)士】【史】秋官司寇之属,为掌理野及县之诉讼之官,按野乃距王城二百里以外三百里以内之地,县则为距王城三百里以外四百里以内之地,至于四百里以外之地,若非为王之子弟以及公卿大夫之采地,则仍属于县。(周官义疏卷三十六)

【县(縣)公民】【行】Citizen of hsien 凡依法享有参与县政之权利者,曰县公民,依县参议会组织法之规定,县公民享有下列各权:(一)直接选举县参议员及被选举之权。(二)对于县参议员依法行使罢免权。(三)对于县参议会依法行使创制权。(四)对于县参议会之决议依法行使复决权。(县参议会组织法第四条、第二十一—二十三条)

【县(縣)主】【史】后汉时皇帝之女皆封为县公主,故称曰县主。隋唐以来,诸王之女,亦封郡县,惟称某某郡县主耳。事物纪原(卷一):"后汉帝女皆封县公主,或别为美名,此疑县主之始也,其诸王女,自为公主,其父得自主婚故也。隋唐以来,虽诸王之女,亦封郡县,但曰某郡县主也。"

【县(縣)令】【史】为县之长官,与今县长之职相等,下置县丞及县尉以佐之。

【县(縣)丞】【史】为县令之补助官,介于县令及县尉之中。

【县(縣)刑象之法于象魏】【史】将所科罚之象绘书以示人民,并刑象之法,其目的在使人民有所警惕。象魏(参该本条)乃宫门之名,即所谓雉门是也,县者与悬同,谓揭示也。周礼大司寇:"正月之吉,始和布刑于邦国都鄙,乃县刑象之法于象魏,使民观刑象,挟日而敛之。"大学衍义补(卷百七)—丘濬曰:"象魏,即雉门两观也,以秋官刑法,画之为象,而县于象魏,即后世于国门张挂榜门之制也。"

【县(縣)佐】【史】在北京政府统治时代,有所谓县佐一官,承县知事之命掌巡儆弹压暨其他勘灾捕蝗催科堤防水利并县知事委托各项事务,由巡按使(或省长)委任之,其设立处所以该县辖境内之要津地方为限,不得与县知事同城,县佐驻在地方之警察,由该县佐承县知事之命,就近指挥监督之,关于所驻在地方之违警案件得由该县佐就近处断,惟仍须详报于该管县知事,但不得受理民刑诉讼案件。(县佐官制第一—三条)

【县(縣)君】【史】为妇人之封号,始于汉代,唐制,四品官之妻为郡君,五品官之妻则为县君。事物纪原(卷一):"武帝又封太后微时金王孙家所生姊,号修成君,修成,汉县,此封县君之始也。"同书:"唐制,四品妻为郡君,五品妻为县君。"

【县(縣)官】【史】县官之意义有二:(一)为天子之称呼,史记—绛候世家注:"县官谓天子也,王者官天下,故曰县官也。"汉书—京房传:"事县官十余年。"(二)为州县之官吏之总称。汉书—食货志:"其在所在县官。"

【县(縣)政府】【行】District government 受省政府指挥监督,而处理全县行政,监督地方自治之官署,谓之县政府。(参县组织法条内)

【县(縣)政会议】【行】由县长秘书及科长各局局长所组织之合议机关,曰县政会议,所审议之事项有下列各种:(一)县预算决算事项。(二)县公债事项。(三)县公产处分事项。(四)县公共事业之经营管理事项。(五)县长认为必要时所交议之其他事项。(县组织法第二十一—二十四条)

【县(縣)法院】【组】Hsien court 在各县所设立之法院,为县法院,大都无检察官之配置,乃由县长兼行检察职务,故与正式法院之组织不同,此种法院乃于国民革命军北伐时所创设,曾由战地政务委员会颁行一种县法院组织暂行条例,在山东省内各县设立者颇多,即浙江江苏湖北等省亦有之,在山东省内者,有若干县法院曾呈准中央将县长之检察职务撤销,而另派专员代之,至是始与正式法院之内容相符,但至今亦有仍由县长兼行检察职务之县法院,此项法院如审判地方管辖之刑事案件在未经声明上诉,或撤回上诉,或上诉不合法未经第二审为实质上之审判者,必须送由高等法院或分院复加覆判,按县法院之组织为推事一人或二人,以资深者为主任推事,近来各县法院中亦有若干所业已有正式检察官之设置,故在形式上实质上与正式法院无异。

【县(縣)知事】【史】县知事为今县长之旧名,乃北京政府统治下之各县行政长官,隶属于道尹,依法律命令执行县内行政事务,遇有特别重要事件于详道尹外,得迳详巡按使(省长),对于驻扎本县之警备队得调用之,于非常事变之际需用兵力,或为防卫起见需用兵备时得详由巡按使或道尹请驻扎邻近之陆军或军舰长官派兵处理,但因特别情形不及详请时,得迳向各该军队军舰长官请求之。又为执行职权办理事务起见,得自委掾属,其职掌员额,详由道尹转详巡按使核定,分别叙等登记,并咨陈内务部。(县官制第一条,第四条—第七条)

【县(縣)长】【行】Magistrate 县政府之首长,而负有综理县政,监督所属机关及职员者,曰县长,由民政厅提出合格人员二人至三人,经省政府议决任用之,三年为任期,成绩优良者得连任,筹备自治之县已达法定之程度而经中央查明合格后,则其县长应由民选(县组织法第十一—十二条)。但依最近颁布之县长任用法,规定县长非年在三十岁以上,并具有下列各款资格之一者不得任用:(一)依法受县长考试及格者。(二)在教育部认可之国内外大学独立学院或专门学校,研究政治法律经济社会各学科三年以上,得有毕业证书,经高等考试及格,并曾任荐任职一年以上者。(三)得有前款毕业证书,并曾任荐任职三年以上者。(四)在依法举行县长考试以前各省考取之县长及现任之县长,由中央举行县长覆核考试及格者。至于县长之任用程序,分为试署(期间为一年)署理(期间亦为一年)及实授(任期为三年),凡实授县长者,在任期中非有违法或失职情事经付惩戒,或付刑事审判依法应停职或免职者,不得停职或免职,所以保障之也。县长之任用,由省政府咨内政部转咨铨叙部,经审查合格后,由内政部呈行政院转呈国府任命之。

【县(縣)长履勘烟苗条例】【行】本条例经禁烟委员会十六次会议通过,呈请行政院公布,全文仅十二条,自核准公布曰施行,按本条例之制定,乃以全国禁烟会议之决议案为根据。

【县(縣)保卫团】【行】The self-defence corps of hsien 各县地方以增进人民自卫能力,辅助军警维持治安为宗旨所组成之武装团体,称曰县保卫团,其编制以每间为一牌,间长任牌长,每镇或乡为一甲,乡长或镇长任甲长,每区为一区团,以区长为区团长,县为总团,以县长任总团长,总团区团及甲牌于必要时均得增设副长,襄办事务,牌长甲长区团长由总团长分别委任(副长亦同),惟总团之副长则由总团长聘任,凡二十岁以上四十岁以下之男子均有入保卫团受训练之义务,但有下列情形之一者,得免除之:(1)家无次丁者。(2)残废者。(3)心神丧失或精神耗弱者。(4)在外有职业或现任本地方公职者。(5)在学校肄业者,保卫团应受军事及政治训练——军事智识及技术党义及政治常识,除平时训练外,各乡镇三个月会操一次,各区半年会操一次,保卫团之任务:(1)随时侦查指获解送窝藏盗匪寄顿赃物之居户,或有反革命份子混入煽乱,秘密聚众,或携带违禁物品者。(2)围捕盗匪。(3)消防事宜。(4)应付其他非常事变。保卫团经费由总团长召集会议,就地筹集,其办法须由县府呈报省府核准施行,办理团务人员除训练及文牍外,一律为名誉职。(保卫团法第一、二、三、四、六章)

【县(縣)保卫团法】【行】本法由国民政府于民国十八年七月十三日公布,于二十年四月十一日修正公布,全文计分七章共三十一条,第一章总则,第二章编制,第三章训练,第四章任务,第五章奖惩,第六章经费,第七章附则。(参县保卫团条)

【县(縣)参议员】【行】Hsien councilor 所谓县参议员,乃指县参议会之组合份子而言,由县公民直接选举而来,任期为二年(得再被选)。其名额在人口未满十五万之县为十五名,超过十五万者每人口三万应增参议员一名,不得兼任本县县政府及其所属机关公务员,即对于县政府亦不得保荐人员,或有其他请托情事,此项规定完全为杜绝流弊而设。(县参议会组织法第四—十一条)

【县(縣)参议员选举法】【行】本法于民国二十年七月十八日公布。全文计分八章,共五十八条,第一章总则,第二章选举人名册及登记,第三章选举人投票,第四章开票及检票,第五章当选及应选,第六章选举及当选无效,第七章选举诉讼,第八章附则。(参县参议员条)

【县(縣)参议会】【行】Hsien council 县参议会者,全县人民之代表机关也。设议长副议长各一人,由县参议员用无记名投票法互选之。每三个月开常会一次,得开临时会议。会议时以公开为原则。决议案咨送县长分别执行,如县长延不执行或执行不当时,县参议会得呈请该管上级机关核定之。如县长认参议会之决议案不当时,应即详具理由送交覆议,如全体参议员三分二以上仍执前议而县长仍认为不当时,应即提付县公民依法复决之。至于县参议会之职权,即议决下列各事:(一)关于筹备区长民选及完成县自治事项。(二)关于县单行规则事项。(三)关于县预算决算事项。(四)关于整理县财政收入募集县公债,及其他增加县民负担事项。(五)关于经营县公有财产及公有营业事项。(六)关于县民生计及救济事项。(七)关于促进县教育及其他文化事项。(八)县公民行使创制权提交审议事项。(九)县长交议事项。(十)其他应兴应革事项。(县参议会组织法第二—三条,又第十二—二十条)

【县(縣)参议会组织法】【行】本法于民国二十一年八月十日公布,全文计二十五条,关于县参议会之组织,除县组织法已有规定外,均依本法之规定。(参县参议会条内)

【县(縣)尉】【史】为汉时县之补助官,位次于县丞。汉书百官志:"县有丞尉,长安有四尉,分左右。"

【县(縣)组织法】【行】Law Governing the Organizaiton of Districts 本法于民国十八年六月五日分布,后经修正,共分七章,计五十三条,其要点如下:(一)县为自治单位,隶于省政府之下,按区域大小,事务繁简,户口及财赋多寡,分为三等。(二)县设县政府,置县长一人,又设秘书一人,并置一科或二科(各科置科长一人科员二人或四人),并设下列各局:(1)公安局。(2)财政局。(3)建设局。(4)教育局,于必要时得增设卫生局,土地局,社会局,粮食管理局(以上各局均各置局长一人)。(三)县府设县政会议,由县长秘书及科长并各局局长组织之。(四)县设县参议会,以县民选出之参议员组织之(但须于区长民选时设立之)。(五)县划分为区、乡、镇、闾、邻。区置区公所,设区长一人,并设区务会议,以区长区助理员及该本区所属乡长及镇长组织之,且由区民选出监察委员五人或七人以为监察机关。乡及镇均各置公所,设乡或镇长各一人,副长各一人或数人(乡为百户以上之村庄地方,镇则为百户以上之街市地方,是为原则)。又各设乡民大会或镇民大会为立法机关,并产生监察委员三人或五人为监察机关。闾及邻均各置闾长邻长一人,又各设居民会议以为立法及监察机关(在原则上五户为邻,二十五户为闾)。

【县(縣)等】【行】Classes of hsien 县等者,谓县之等级也,按区域之大小事务之繁简户口及财赋之多寡分为三等。其厘定办法即就本省情形按各县面积人口财赋三项假定分数,其面积以若干方哩为一分,人口以若干口为一分,财赋以本县之财源及赋税收入若干元为一分，将各分数平均计算定其等次。至于冲繁之地夙号难治，或边要之区，关系防务者，得认为特别情形于平均分数外酌予提等。各省将县等编定后由民政厅报经省府咨内政部呈行政院转请国府核准颁布。（参县组织法第四条及各省厘定县等办法第二—第四条）

【县（縣）农会】【行】District agricultural association 以县为单位所组织之农会，谓之县农会。

【县（縣）监所协进委员会】【行】Commission for the promotion of prisons and detention houses in hsien 县政府为协助改良监所人犯待遇，及整理监所事务起见，特设立县监所协进委员会。会中委员分当然委员与聘任委员两种。前者如县长地方法院或县法院院长及检察官（未设法院者承审员），农商工会各会长，教育局公安局局长，本区区长及管狱员；后者则以住居本监所在地之耆英硕士，及县党部委员熟悉当地情形者充之。本会委员每两星期视察监所一次，并将视察所得情形以口头或书面报告于本会。至于开会每两星期一次或二次，由县长（委员长）召集之。县长如因公他出时则由代理或代行者召集之。一切提议事件概以多数取决。（县监所协进委员会暂行章程第一—五条，第七—八条，第十一—十二条）

【县（縣）监所职员审查委员会】【行】Commission for the investigation of officers for prisons and detention houses in hsien 审查县监所职员资格及成绩之机关，为县监所职员审查委员会，设委员长一人，委员四人。委员长以高等法院院长充之。委员以首席检察官庭长书记官长，及当地甲种新监之典狱长充之。每月至少须开会四次，其日期由委员长定之。应有委员过半数之出席，出席委员过半数之同意，始得开会决议。（县监所职员审查委员会规则第二条，第五—六条）

【县（縣）警察所】【行】县警察所即今之县公安局，为北京政府时所设之县警察机关，管理县区域内之警察事务；惟县无设所之必要时，则得以保卫团代之。所置所长一人以县知事兼任之，下设警佐一人至三人承所长之命管理警察事务。在区域内之繁盛地方并得设警察分所，其分所长一人，则以警佐充之，承所长之命管理警察事务。（县警察所官制第一—三条，第五条）

【县（縣）警察队】【史】县警察队之编制章程，为北京政府内务部所规定者，凡各县因维持治安之必要，均得编置警察队。此项警察队得以各县原有警备队改编之，受县警察所所长之节制调遣，以消除盗匪，备豫非常为主要任务，均以队长率领之。队长以下列资格者为合格而由省警务处处长遴选委充，但须呈请该管最高行政长官咨由内务部查核复准：(1)警察学校毕业者。(2)陆军学校毕业者。(3)曾充警察巡官或陆军排长以上职务著有成绩者。（县警察队章程第一—二条，第五—七条）

【缢（縊）死赴水身死】【史】凡以绳索自缢身死或跳水自杀身死者，若无其他事故者，其尸体依律准予免检，批令殓葬。该地方官不得迁延时日，违者应受一定之处分。清之现行则例（即刑部现行则例）断狱篇设有缢死赴水身死之条：“凡另户家主或系家仆缢死赴水身死者，许总甲等当日据带同尸亲呈报该地方官。如缢死赴水身死是真，别无他故者，照律免检，即批令殓葬。若并无他故，该地方官不即行完结迁延时日，及总甲与尸亲当日不即行据实呈报，妄行措勒，并衙役验尸之人，有恐吓行诈等项情弊，受勒被诈之人控告，或科道纠参者，将地方官交与该部议，总甲人等俱枷号四十日，责四十板，若受财，计所受之财从重治罪。如有他故听死者之祖父母父母亲属，于是日具告，该地方官即于是日检验，将尸收殓，若自缢赴水是实，妄捏虚词控告者，亦枷号四十日，责四十板。再旗下人自缢死赴水身死者，皆系各该佐领拨什库具报，差部内拨什库相验，别无他故，即行完结，并无迁延时日。或有将家仆虽教令责打有伤而缢死赴水身死是真，家主亦不拟罪。往验拨什库等称有伤，系打死恐吓行诈，及尸亲有措勒等弊，或受勒被诈之人控告，或科道题参，将往验拨什库及尸亲等俱枷号四十日，鞭一百，该佐领拨什库，不即行具报照不应重律鞭八十，受财者，计所受之财从重治罪。”

【翰林】【史】谓文学之林也，即词坛文苑之义。唐宋时为内庭供俸之官，并不以文学之士为限，即其他方技杂流亦在其内。至于明时始以之为专处文学之士之用。清因之，凡进士经朝考合格得庶吉士时，始得称为翰林。

【翰林待诏】【史】（详翰林院条内）

【翰林院】【史】官署之名，为唐初所创设，本为以艺能技术见召者所处，至玄宗乃置翰林待诏，掌表疏之批答，与其他文书之立案，旋将诏改为翰林供奉。开元二十六年，又改为翰林学士，专掌诏诰之制定，其职始重，而地位亦因之而渐进。宋时，称曰翰林学士院，掌制诰诏令撰述之事。有明之世，仍为翰林院，掌制诰史册文翰之事，以考议制度，详正文书，备天子顾问，凡经筵日讲，纂修实录，玉牒史志诸书，编纂六曹章奏，皆奉敕而统承之，置学士一人以为之首。清仍为翰林院，集硕学名儒于一处，凡殿试第一甲及第者，皆收罗之，以掌院学士为首，下置侍读学士，侍读，侍讲，修选，编修，检讨，庶吉士等官。其地位在庭中俨然隐成一派，盖皇帝之咨询机关也。

【翰林学士】【史】（详翰林院条内）

【翰林学士院】【史】（详翰林院条内）

【兴(興)律】【史】汉萧何就旧律六篇再增兴律厩律户律三篇，以为九章律。兴者起也，乃关于起军起工等之法规。至魏以擅事附之，名为擅兴律，即凡擅断起军起工者应受处罚。晋复去擅为兴，至北齐改为兴擅律，隋开皇改为擅兴律，唐因之，列于厩库篇之下凡二十四条。（唐律卷十六擅兴篇疏议）

【兴(興)贩人口】【史】兴者，发也。贩者，买贱卖贵也。兴贩人口，即贩买贩卖人口也。境内之地方官，失察未经查拿，或知情故纵者，均应受一定之处分。清之六部处分则例（卷四十五）刑属杂犯篇设有兴贩人口之条：“境内有伙众兴贩藏顿嫁卖妇人子女，匪徒其结伙在十人以上被诱在五人以上者，失察未经查拿之地方官，降一级调用。如同伙不及十人，并被诱不及五人，失察潜住不行查拿之地方官降一级留任，自行查拿者免议，知情故纵者革职，该管府州不将故纵之员查参，降三级调用。”又：“匪徒将妇女和诱拐逃（不论有奸无奸）。潜匿在境因而嫁卖，并无兴贩情事者,失察之地方官罚俸一年,自行查拿者免议,倘或知情故纵,照前例议处。”

【兴(興)贩私盐】【史】兴者,发也。贩者,买贱卖贵也。盐为官家所经营,若不领取盐引而迳行发卖或贩卖,均应依律治以应得之罪。清之现行则例(即刑部现行则例)课程篇设有兴贩私盐之条:“凡兴贩私盐民兵俱照律治罪。地方官失于觉察被人首告一次者,该御史指名题参,降职一级,二次者降职二级,俱载罪限一年缉获私盐,一次者还职一级,二次者还职二级,被人首告三次者,革职为民。至营兵贩卖私盐,由管营官失于钤束,如被地方拿获,一次者指名题参降职一级,二次者降职二级,俱载罪限一年将私贩兵丁拿获,一次者还职一级,二次者还职二级,如被地方拿获三次者革职为民。凡旗下人并放马人等私盐事犯,本主系官罚俸两个月,不系官鞭七十,佐领骁骑校包衣大各罚俸一个月,小拨什库催庄拨什库各鞭五十。放马人等兴贩私盐者,总管去的旗下章京,每甲喇去的章京等,俱罚俸两个月,拨什库等各鞭八十不及十人一二人私贩,或十人以上不带军器,仍照律治罪,官员照前定例议处。兴贩私盐旗下人之主佐领骁骑校小拨什库等及放马人等所管章京拨什库等,仍照前定例议处外,凡旗人兵民聚众十人以上,带有军器兴贩私盐者,无论拒捕伤人俱照强盗已行得财律立斩,至于兴贩私盐一体交与文武各官严行缉拿。其不及十人及十人以上不带军器者,汛地武官失于觉察亦应照前定文官处分之例处分。若十人以上带有军器兴贩私盐失于觉察者,将失事地方专管文武官员革职,兼辖官降二级俱留任,限一年缉拿,缉获一半以上者,还其官级,若不获者,题参之日照此定例革职降级,仍应请敕下各该督抚巡盐御史提督总兵官严加督缉。如有失察官员即行题参,徜徇庇不参或被傍人出首,或科道官纠参,照徇庇例议处;专管官一年内拿获十人以上带有军器大伙私贩一次者,纪录一次,二次者纪录二次,三次者加一级,四次者加二级.五次者不论俸满即升,兼辖官一年内拿获三次者,纪录一次,六次者纪录二次,九次者加一级,如拿获次数多者,俱照此次数纪录加级。”

【兴(興)贩捆掳】【史】兴者,发也。贩者,买贱卖贵也。捆掳,谓捆缚掳绑也。凡兴贩捆掳妇人子女等均为法律所不许。清例设有下列规定:(一)兴贩妇人子女卖与他人为奴婢,流三千里,子孙徒三年,为从各减一等。(二)伙众开窑诱取妇人子女藏匿勒卖,不分良人奴婢,已卖未卖,为首者照光棍例斩决,为从者发黑龙江为奴,新例改发驻防。(三)将腹里人口用强略卖与境外土官土人峒寨图利,未曾杀伤者,比依将人口出境律绞候。(四)内地奸民设计诱卖人口出洋,无论曾否威逼,是否拐骗,为首者斩决,为从者绞候(关禁他处以待汇上洋船,亦照此办理,不得以未经上船稍从末减)。(五)贵州云南四川民人诱拐本地子女,在省售卖,审无勾通外省流棍,仍照诱拐本例定拟;如捆绑本地子女,在本地售卖者,为首斩候,为从近边充军。(六)贵州地方有外来流棍勾通本地棍徒,将荒村居住民苗人户杀害人命掳其妇人子女,计图贩卖,不论已卖未卖,曾否出境者,照强盗不分首从皆斩枭。(七)被胁同行及在场未经下手,情有可原者,于疏内声明减为斩候,请旨定夺;至杀一家三人以上者,概从重定拟。(八)用威力强行绑去及设方略诱往四川贩卖,不论已卖未卖,曾否出境,为首者斩决,为从者绞候,如将被掳之人伤害身死,为首者斩决,为从者斩候。(九)审无威力捆缚及设计强卖,实系和同诱拐往川者,不论已卖未卖,但起行在途者,为首绞候,为从流三千里,被诱之人徒三年。云南四川地方如有拐贩捆掳,亦照贵州之例行。(十)窝隐川贩在家果有指引杀人捆掳,及勾通略诱和诱子女藏匿递卖,川贩窝家皆斩决;并无指引勾串,但窝隐护送分赃不论多寡不分首从,发近边充军;知情窝留,未分赃无论人数多寡,为首流三千里,为从徒三年;邻佑知而不首杖一百。

【兴(興)贩济贼】【史】兴贩济贼谓于军兴之际商民私将硝磺军械马匹盐斤布匹等物发卖于贼匪而接济之也。该管官吏不论知情与否均应受处分。清之六部处分则例(卷三十七)兵属军政篇设有兴贩济贼之条:"用兵之时,奸恶商民于贼匪接壤处所,私将硝磺器械马匹等物贩卖济贼,该管官知情故纵者以同谋论交刑部治罪;不知情者,州县官革职提问,府州降五级调用,道员降四级调用,督抚降三级留任。其有将盐斤布匹等物,贩卖济贼,知情故纵之,该管官亦以同谋论治罪;不知情者州县官革职,府州降三级调用,道员降二级调用,督抚降一级留任。"又:"官员能将本地兴贩之人,盘获一名究出伙党者,地方文武各官,俱免罪;其拿获本地贩卖之人十名以上者,纪录一次,二十名以上者,纪录二次,三十名以上者,纪录三次,四十名以上者,加一级,五十名以上者,加二级,一百名以上者,加三级;若盘获邻境别汛贩卖之人,十名以内者纪录二次,十名以上者,加一级,二十名以上者加二级,三十名以上者,加三级,四十名以上者,加四级,五十名以上者,不论俸满先行升用,一百名以上者,越升一级即用。倘地方官诬拿良民指为兴贩济贼者,照律反坐。"又:"兴贩济贼之人,经邻境别汛文武官拿获,除讯出本地该管官实系知情故纵者,仍照同谋律治罪外,若讯系实不知情,即照邻境别汛获犯之例,减等议结。"

【兴(興)造言上】【史】兴起人工以营造城郭堤防,依法应言于上而不言上者或应待报,而不待报者,均应依本条治以应得之罪。明清律均有擅造作之条。唐律(卷十六)擅兴篇则立兴造言上之条:"诸有所兴造,应言上而不言,上应待报而不待,报各计庸坐赃,论减一等。"疏议曰:"修城郭筑堤防,兴起人功,有所营造,依营缮令,计人功多少,申尚书省,听报始合役功,或不言上,及不待报,各计所役人庸,坐赃论减一等,其庸倍论,罪止徒二年半。"同条又曰:"即料请财物及人功,多少违实者,笞五十,若事已损费,各并计所违赃庸,重者坐赃论减一等(本科不实,科者坐,请者不实,请者坐)。"

【兴(興)擅律】【史】(详兴律条内)

【兴(興)办水利奖励条例】【行】本条例于民国二十二年十月十四日由国民政府公布,全文计十条,其要点如下:(一)凡兴办水利确有成绩或于水利上有重大贡献者,得依本条例奖励之。奖励分为褒扬及奖章二种。(二)办理水利有下列事实之一者,特予褒扬:(1)捐助款项一万元以上者。(2)经募款项三万元以上者。(3)河塘堤埝变出非常,竭力抢堵消灭重大危险者。(4)办理堵口,大工,特著奇能,减轻灾害者。(5)对于水利学术有特殊发明者。(三)办理水利有下列事实之一者,酌给奖章:(1)捐助款项者。(2)经募款项者。(3)种植森林有裨水利者。(4)抢险出力者。(5)革除河工积弊者。(6)办理河湖修防三泛安澜者。(7)办理大工,计划适当,工料坚实者。(8)水利著述经部审核认为有特殊贡献者。(四)凡依本条例请奖者,由主管机关叙列事实,开具履历,呈由各该省市政府咨报内政部核办,如认为应予褒扬者,则由内政部审核专案,呈请行政院转报国府行之。

【融合】【物】Confusion 为液体物之混合,又名混融。(详混合条内)

【融通物】【民总】Res innostro patrimonio(拉丁) 为物之一种,对不融通物言,又称可有物,即凡得为买卖交易及处分之目的物,皆属之。

【卫(衛)生行政】【行】Sanitary administration 卫生行政者,以保持与恢复国民身体之健康为目的之行政也。可分为二:(一)保健行政。(二)医业行政。(详各本条)

【卫(衛)生局】【行】Bureau of public health 为市政府于必要时所设机关之一,掌理公共卫生,医院、菜市、屠宰场及公共娱乐场所之设置及取缔等事项。如不设卫生局者,则上述事项应由公安局兼掌之(参市组织法条内)。至于县政府于必要时,亦得呈请省政府增设卫生局,办理卫生事务。

【卫(衛)生事务】【行】卫生行政所处理之一切事务谓之卫生事务。

【卫(衛)生设备】【劳】所谓卫生设备,乃指关于保全身体康健并预防疾病等之设备而言。依我国工厂法第四十二条之规定,工厂应为下列之卫生设备:(1)空气流通之设备。(2)饮料清洁之设备。(3)盥洗所及厕所之设备。(4)光线之设备。(5)防卫毒质之设备。

【卫(衛)生陈列所】【行】为北京政府所设之机关,隶于内务部,掌理关于卫生物品之陈列检查及保管事项,置所长一人承内务总长之指挥监督,综理所内一切事项,由内务部警政司职员兼任,下置事务员及技术员若干人,由所长呈请内务总长选派。(民国三年之卫生陈列所章程第一一五条)

【卫(衛)生试验所】【行】卫生试验所为北京政府所设之机关,隶属于内务部,掌管卫生上各种试验事务。置主任一人,由内务总长遴选药学专门人员派充;技术员六人,分掌各种试验事务,由本所主任遴选药学专门人员呈请内务总长派充;事务员三人,掌理会计文牍及其他事务,由主任遴员呈请内务总长派充。所中置检定及药品二科,分掌事务。各置科长一人由主任就技术员中遴选,呈请内务总长派充(民国八年之卫生试验所规程第一一五条、第七条)。按今之中央卫生试验所,其性质即与此相似。

【卫(衛)生署】【行】Public Health Department 掌理全国卫生事务之机关,曰卫生署。乃由民国二十年以前之卫生部所改组,今则隶属于内政部。置署长一人(简任),秘书一人或二人(荐任),并置总务医政保健三科,各设科长一人(荐任),署中之科员自二十人至三十人(委任),技正四人至八人(二人简任余荐任),技士八人至十六人(四人荐任余委任),技佐十人至二十人(均委任)。本署为统一卫生行政起见对于中央防疫处,东北防疫处,中央卫生试验所及海港检疫管理处,有指

挥监督之责。(内政部卫生署组织法第一一三条,第七一十条)

【卫(衛)生警察】【行】Sanitary police　卫生警察者,谓以保全一般公共健康及预防或排除其疾病为目的之警察也,例如取缔污物扑灭鼠蝇等是也。

【卫(衛)戍地】【行】军队永久驻守之地域曰卫戍地。

【卫(衛)尉】【史】秦代创设之官名,为九卿之一,掌门卫屯兵之事。汉初改为中大夫令,后复名卫尉,如长乐卫尉,建章卫尉,甘泉卫尉等,各随所掌之宫以为官名。北齐有卫尉寺,置卿小卿各一人。隋时其职掌改为军机仪仗帐幕之事,其门卫屯兵则改由监门卫掌之。唐因之。宋改为寄录官,元为卫尉院,明废之。

【卫(衛)阙】【史】卫阙者宫阙也,兵士护卫宫门,故曰卫阙。唐律(卷二十四)斗讼篇——邀车驾条之疏议:"于卫阙之下,村鼓以求上闻。"

【衡】【史】衡为度量衡之衡,乃秤物之轻重所用之器,此外对于一般的公平标准亦称曰衡。管子:"先王以守财物以御人事,而平天下也,是以命之曰衡。"大学衍义补(卷二十六):"刀布、则是泉布之制,后世公私通行以钱而亦兼用金银珠玉,其原盖起于此,是三币也,人君守之以府库通之以财贿而平天下之食货,调适其轻重高下,使之咸得其平,此所以有衡之名欤,后世所谓平准,其义盖出乎此。"

【衡平法】【通】Law of Equity　与普通法(习惯法)相对立。英国法律乃以历来习惯经法院审判官采用制成判例所积聚而成。按古代习惯,偏重形式,由该习惯所产生之法律,自亦受其影响。且自社会进步以后,事物日趋繁杂,旧法每感不敷应用,又以时代变迁,人民之"正谊"观念,亦随之而异,旧法不能予以救济时,人民之权利自不能获得相当保障,与法律之以维持正谊,保护权利之目的,难免不相容洽。例如甲以款令乙代其购地,乙以该款购之以为己有,此时甲在普通法上,仅可请求法院向乙诉追被侵占之款,如欲诉请令乙交付所托购之土地,则为普通法所不许矣,以甲非该土地之所有人故也。又如丙丁订定书面契约,于成立后发觉该契约之内容与二人订定时之意思不同,且对丙方面更为有利,若丁不予履行,丙可诉请法院请求令丁覆行,在普通法此时对丁并无何项救济方法,又如普通法只能对于已受损害之当事人予以救济,对于未来之损害,或将发生之损害,不能加以预防。凡此种种,实无以实现法律之目的,亦且不能满足当事人之合理的请求,于是遂有所谓衡平法之崛起。按人民当时所采取补救方法,乃直接向英王声诉,或由英王审理,或交付其掌玺官(Lord of chancellor)审理。掌玺官乃组织一法庭曰Court of chancery,所发出之传票曰 writ of subpoena,嗣后得独立处理案件,并得另定诉讼程序与方式,与普通法之法庭所用者,显有区别。判断案件时所援引之法律,乃以该掌玺官个人所视为公平而合于正谊之原则为根据。此种原则既被引用于具体之案件,乃逐渐成为有系统之法则,至今遂与普通法相对立,而为英美法系之一种法律,即所谓衡平法是也。所谓衡平,乃指公平而合于正谊而言,故英语谓之 Equity,但学者至今亦有称之曰 chancery,及 court of chancery,并称衡平法庭之法官谓 chancellor 者,盖溯该法庭之起源,以示不忘之意也。综合言之,普通法与衡平法有下列三点之区别:(一)二者之审判法官不同一,而其诉讼程序亦有区别。(二)衡平法对于某种案件有救济方法,而普通法则否。(三)衡平法对未至之损害可以加以预防(例如发布禁令或令当事人为特别之行为),普通法则须待损害发生后,始能令加害者赔偿其损失。

【衡平法庭】【组】Chancery division; Court of chancery (详高级法院条内)

【衡鉴】【史】称物之轻重之器曰衡。照物之美丑之器曰鉴,故对事理之是非与分辨谓之衡鉴。范仲淹文:"赏罚,天下之衡鉴也。衡鉴一私,则天下之轻重妍丑从乱焉。"

【褫夺公权】【刑】Deprivation of civil right 又名权利刑,为从刑之一,对没收言,即将犯人所应享之公权加以剥夺之刑罚之谓,更分为两种:(1)有期褫夺公权。(2)无期褫夺公权(详各本条)。按公权之种类有五:(1)为公务员资格。(2)依法律所定之中央及地方选举为选举人及被选举人之资格。(3)入军籍之资格。(4)为官立公立学校职员教员之资格。(5)为律师之资格(刑法第五十六条)。褫夺公权以宣告应科主刑六月以上之有期徒刑为准,至对未满六月有期徒刑及拘役或罚金均不得为之。又过失犯罪者亦不得褫夺公权(刑法第五十八条)。褫夺公权为从刑之一,不能单独存在(刑法第五十九条第一项),故主刑免除时不得专科褫夺公权,惟依第八条免除主刑者,则为例外耳。(刑法第五十二条第一项)

【褫职】【行】Dismissal of office 丧失现职者,曰褫职。

【亲(親)】【史】(一)父母之谓。孝经:"爱亲敬视者,不敢慢于人,爱敬尽于事亲然后德教加于百姓,刑于四海,盖天子之孝也。"孙子曰:"身也者亲之枝也,敢不敬与?"孟子曰:"事孰为大?事亲为大。"(二)亲者,亲属也。礼记大传:"亲,属也。"疏曰:"谓有亲者,各以属而为之服。"左传—昭公十四年:"录勋合亲。"杜注:"亲,九亲也。"

【亲(親)子】【亲】Parent and child (详亲子关系条)

【亲(親)子关系】【亲】Relation between parents and children 亲子关系者,谓父母与子女间之权利义务关系也。我国历届草案,均有此项名称,而且偏重于权利方面。新民法则直称之曰父母子女,而承认父母应履行保护子女之义务。

【亲(親)子关系事件程序】【民诉】Proceeding relating to cases between parents and children 凡属子女之认领,或否认,或认领无效,或撤销,或就母再婚后所生子女确认其父之诉讼事件,统称曰亲子关系事件。其诉讼程序则曰亲子关系事件程序。此种制度与公益极有关系,故为特别诉讼之一。其事件共分下列五种:(一)否认子女之诉。(二)认领子女之诉。(三)认领无效之诉。(四)撤销认领之诉。(五)确定其父之诉。上述各诉之管辖法院,均专属子女之普通审判籍所在地,或其死亡时普通审判籍所在地之第一审法院。至于诉讼程序除有特别规定者外,准用关于婚姻事件程序之规定。(民诉第五四八—五五八条)

【亲(親)王】【史】(一)南北朝周及隋时皇帝之伯叔兄弟及皇子皆谓之亲王。隋书—百官志:"皇伯叔昆弟皇子是为亲王。"(二)唐书则谓皇兄弟及皇之封国者始称亲王。其百官志曰:"皇兄弟皇子皆封国为亲王,亲王之承嫡者为嗣王,此从周隋制也。本朝称皇子为亲王本之。”(三)清代以亲王为封爵之号,其位在于郡王之上。

【亲(親)母】【史】旧时嫡出子称其生母为亲母,妾所生之子,则称其生母曰亲母,称父之正妻为嫡母。

【亲(親)任官】【行】Offcials appointed directly by Emperor 为日本名辞,即由日本天皇亲署于任命状,而由阁员副署之官吏也,与我国特任官相类似。

【亲(親)老丁单】【史】父母年在七十岁以上者为老。家无十六岁以上之次丁为丁单。

【亲(親)自搜索】【刑诉】谓检察官或推事得不用搜索票,而亲身自行搜索也。(刑诉法第一四五条)

【亲(親)告罪】【刑】Antragsdelikt(德) 凡刑事上犯罪须被害者本身或其亲属提起告诉时,检察官方得提起公诉者,曰亲告罪,对非亲告罪言,所以维持其家庭和平及终身名誉也。例如奸淫罪亲属相盗罪妨害名誉罪是,至于被害人身故其承继人亦得告诉,盖彼亦为被害人故也。亲告罪刑法分则,有特别规定,即所谓告诉乃论是也。

【亲(親)系】【亲】Line 连系亲属间之系统,曰亲系。亲系之设,乃为计算亲等之基础,可分为二:(一)直系。(二)旁系(详各本条),更可分为三:(一)尊属亲。(二)卑属亲。(三)同辈亲。(详各本条)

【亲(親)身关牌】【史】(详内府工作人匠替役条内)

【亲(親)迎】【史】亲迎为古时婚姻六礼之一,即六礼最后之仪式也。谓男子亲往女家迎接其新妻来家成婚也。

【亲(親)族】【亲】Family 为日本名辞即我国所称之亲属也。

【亲(親)族会】【亲】Family council 为日本名辞,与我国亲属会议同义。

【亲(親)等】【亲】Degree of kinship 表示亲属关系之远近亲疏,而为亲属间法律权义关系及世代之标志者,谓之亲等。亲等分别之标准,乃以亲系为根据。故亲系乃为亲等之基础,而亲等则为亲属法之基础。我国古时并无亲等之名称,其用以表示亲属之远近者,仅以服制图为根据,近则易以亲等。至其计算方法共有二种:(一)罗马法计算法。(二)寺院法计算法(详各本条)。以上乃就血亲而言,至姻亲亲等之计算方法,民法另有规定。(详姻亲条内)

【亲(親)等计算法】【亲】Counting method of the degrees of relationship (详亲等条内)

【亲(親)管头目】【史】即指挥使官以下小旗(旗之长)之总称。(明律、清律兵律宫卫篇——从驾稽违之条)

【亲(親)闻乃坐】【史】所谓亲闻乃坐,乃指须亲身闻见对方之骂语始于控诉时法官可加对方以刑罚,换言之,即被骂人须亲自听见对方之骂语,始可向官司告诉也。清律(卷二十九)骂詈篇设有骂制使及本管长官条并佐职统属骂长官条。

（详各本条）

【亲（親）衡】【史】掌宿卫之事之官也，与汉之三署郎同。隋始置之。后世皆沿袭之。明始废。

【亲（親）属】【亲】Kinship；Relatives　凡因亲爱而相从属者，谓之亲属；在日本则称曰亲族。其关系之成立，有基于自然事实者，有由于法律之拟制者。前者如血统是，后者如婚姻及收养是。我国旧律分亲属为宗亲外亲与妻亲三种。其范围在宗亲以四亲等为限，在外亲以三亲等为止，在妻亲则以二亲等为限。此种规定，与男女平等之原则，大相违反，故于新民法，加以改革，分亲属为血亲姻亲及配偶三种。至亲属之范围，则未加以概括之规定。其理由为法律所以定亲属之范围者，乃因亲属相互间有时发生一种法律关系，在事实有限制之必要，故规定之以资适用耳，但各种法律关系各有不同，自不能强为概括之规定，例如民事上之亲属禁止结婚，扶养义务，与继承权利，刑事上之亲族加重罪，与免刑等，仍以分别规定其范围为合于实用，故新民法对亲属之范，并不为概括之规定。

【亲（親）属代首】【史】谓犯罪之人由其亲属代向官司首服也。大明令刑令篇设有亲属代首之条："凡犯罪自首之人，若法许容隐，亲属代首者，与自首同。其罪人不自首而首子，弟首兄尊长者有服卑幼皆如罪人身自首法，卑幼告讦尊长者，与犯人自首同，仍依干名犯义例科卑幼罪。"

【亲（親）属因奸相杀】【史】凡有亲属关系之男女，因犯奸淫等行为而相互杀害也。清律及例之规定如下：（一）本夫捉奸杀死犯奸尊长，除犯时不知及止殴伤勿论外，照殴故杀尊长拟罪分别夹签量减，期亲无论是否登时及已就拘执斩候，功服流三千里，缌麻外姻功缌流二千里。（二）亲属捉奸杀死犯奸尊长，除犯时不知及止殴伤勿论外，照殴故杀尊长拟罪，分别夹签量减，期亲功服无论是否登时斩候，缌麻外姻功缌登时杀死流三千里，杀非登时仍照殴故杀律。（三）尊长强奸卑幼之妇未成，（甲）本夫忿激致毙期亲功服，无论登时事后斩候，缌麻外姻功缌登时杀死流三千里，杀非登时仍照殴故杀律，（乙）亲属忿激致毙期亲功服，无论是否登时斩候，缌麻外姻功缌登时杀死近边充军，杀非登时照殴故杀律。（四）本夫捉奸杀死犯奸卑幼，除卑幼罪犯应死或罪不至死而杀系奸所登时均予勿论外，奸所获奸杀非登时于常人满徒上减二等徒二年；已离奸所杀非登时，于常人绞候上减二等徒三年；若按其殴杀卑幼罪止拟流再减一等。（五）亲属捉奸杀死犯奸卑幼非登时而役，无论谋故各按服制于殴杀卑幼本律减一等；杀系登时按其殴杀本罪在满徒以上者，于捉奸杀凡人满徒减一等，仅止满徒递减二等。（六）卑幼图奸故杀本宗外姻有服尊长罪止斩候者，均拟立决，强奸本宗缌麻以上亲未成杀死本妇分别处决加枭。（七）卑幼因奸图脱拒杀缌麻尊长斩候，请旨即行正法；亲属相奸罪止杖徒及律应监候者，如奸夫将本夫杀死斩决。（八）卑幼图奸尊长被杀照擅杀按服制减一等，帮殴之犯照余人定拟，如系死者卑幼仍按服制夹签；强奸子妇未成立时杀死名义已绝以凡论斩决，子妇拒奸杀死亲翁如系情急势危仓猝拒援林谢氏案改斩候，奏请定夺。

【亲（親）属法】【亲】Law of Domestic Relation　亲属法之意义有三种。最广义之亲属法，乃指各种法令中关于亲属关系之规定而言。广义之亲属法，则系包含民法亲属篇中关于亲属身分上关系，与因身分所发生之权利义务关系，以及其他附属之监护制度之规定而言。在狭义之亲属法，则系专指确定亲属身分关系，及其相互间之各种权利义务之规定而言，而监护制度与财产关系则不在其内，我国现行制度下之所谓亲属法，乃属于广义之亲属法，按亲属法之性质乃属私法，以其皆关于私人之规定也。又以其系适用于一般之国民，而且为关于实体上之权利义务之规定，且其内容之规定又不许当事人任意取舍，故为普通法，实体法，及强行法。关于我国亲属法之编制方面，乃采取德国式者，列于财产法之后，为民法之第四编，故称民法亲属编。按我国亲属专法之创始，为宣统三年所告成之民律第一次草案第四编亲属。其分任起草者，为修订法律馆馆员章宗元朱献文陈箓高种四君，大多根据旧律(大清现行律)，伏处于宗法思想之下。其后虽经二次之修正，仍不能与宗法之传统习惯离脱关系。民国十七年四民政府法制局所拟之亲属法草案，毅然与宗法社会之旧习实行宣战，颇为国内外人士所注意。民国十九年立法院曾据为蓝本，正式起草，于十二月三日三读会通过，同月二十六日由国府公布，次年五月五日施行，全部计七章，都一百七十一条(自民法第九六七条起至一一三七条止)。其内容之特点有七：(一)亲属分类及亲等计算之改进——旧律亲属分类除配偶外，为宗亲外亲及妻亲，系渊源于宗法制。本法则以血统及婚姻为主，分为配偶血亲及姻亲。又亲等计算法前采寺院法，今改为血亲与姻亲两类从罗马法。(二)男女平等原则之确立——(1)旧草案认妻为限制禁治产人，本法则否。(2)旧法离婚条件宽于男严于女，本法则否。(3)旧法亲权以父为先，本法则以共同行使为原则。(4)旧法于一定限度内仍承认夫权之存在，本法无夫权之明文。(三)种族健康之增进——(1)规定结婚最低年龄。(2)明定一定亲属不得结婚。(3)不治之恶疾及精神病得呈诉离婚。(四)夫妻财产之厘定——特辟专节分法定与约定财产制两大类，以联合制为法定财产制，以共同制统一制与分别制为约定财产制。夫妻得协议择用约定制之一，如无约定，则适用法定制。(五)废除嫡子庶子嗣子及私生子等名义——因否认妾制，故无嫡庶之分。私生子之名辞亦屏而不用，而以婚姻所生为骨干。规定婚姻关系中受胎者为婚生子女，反是者为非婚生子女。非婚生子女以因生父母结婚后，或经生父认领，即视为婚生子女，以增进其地位。至嗣子系宗祧继承之遗制，继承编中不规定之，故本法只有养子而无嗣子。(六)亲属互助及独立之奖励——(1)明定特有财产之范围，以助长子女经济之独立。(2)明定亲属相互间扶养之范围及程序，于奖励亲属互助之中，仍寓助长个人经济之独立。(3)旧法关于亲属间之纷争，均赖法院判断，本法对排难解纷之权，异诸亲属会议。其职权与范围较各国法律所规定者为广，以助长亲属互助之精神。(七)家制之规定——亲属法原有家庭主义与个人主义二者，本法仍保留家庭制度。前此我国习惯恒注重家长之权利，而忽视义务，惟男子有为家长之资格，本法则于维持家制之中，并注重家长义务，而其资格亦不以性别为限。

【亲(親)属契约】【继】Contract concerning domestic relation　为契约之一，对继承契约言，即以发生亲属法上之法律关系为目的之契约也。例如婚姻契约是。

【亲(親)属相和奸罪】【刑】为和奸罪之一,因四亲等内之宗亲相和奸而成立,本罪之所以处罚,乃在维持伦常道德,与整饬社会风化,而于致重血统之关系,亦为一大原因。本罪成立之要件为:(1)须为四亲等内之宗亲相和奸者,并无有夫无夫之区别。(2)须系无夫妻关系者。(3)须系双方同意之奸淫行为。本罪乃亲告罪之一,其处分为一年以上七年以下有期徒刑,较诸和奸有夫之妇为重,故又称加重和奸罪。(刑法第二四五条)

【亲(親)属相侵占罪】【刑】为侵占罪之一,因于直系亲属配偶或同财共居之间犯侵占罪而成立。法律本亲属相容忍之原则,须告诉乃论,又因我国一般习惯共居之家庭中财产,界限区分不易,故得按其情节及关系之亲疏,免除其刑。(刑法第三六一条)

【亲(親)属相奸】【史】有亲属关系者犯奸淫之事,为亲属相奸。明律(卷二十五)、清律(卷三十三)刑律犯奸篇亲属相奸条:"凡奸同宗无服之亲,及无服亲之妻者,各杖一百。奸缌麻以上亲及缌麻以上亲之妻,若妻前夫之女同母异父姊妹者,各杖一百,徒三年,强者斩;若奸从祖母姑,从祖伯叔母姑,从父姊妹母之姊妹及兄弟妻兄弟子妻者各绞,强者斩;若奸父祖妾,伯叔母姑姊妹子孙之妇兄弟之女者,各斩,妾各减一等,强者绞。"清律之总注曰:"凡同宗疏远之族,虽无服制而尊卑长幼名分犹存,自与凡人不同,故奸无服之亲及亲之妻者,男女各杖一百。止言同宗,则外姻无服之亲概以凡论矣。若奸缌麻以上亲及亲之妻,若妻前夫之女及同母异父之姊妹者,男女各杖一百,徒三年,妇女杖一百,余罪收赎,强者奸夫斩。监候。言缌麻以上,则小功大功之亲皆在其内矣。缌功之服于义为重,妻前夫之女同母异父姊妹,虽皆无父,而义亦重,故特于无服中指出此二项与缌麻以上同论也。若从祖母即祖亲兄弟之妻,小功服也;从祖祖姑即祖亲姊妹,在室小功,出嫁缌麻服也;从祖伯叔母即父同祖堂兄弟之妻,小功服也;从祖姑即父同祖堂姊妹,在室小功,出嫁缌麻服也;从父姊妹即己之同祖堂姊妹,在室大功,出嫁小功服也;母之姊妹即己之母姨,小功服也;兄弟之妻,兄弟之期年妻,则小功服也;以上有犯奸者,男女各决绞,内惟出嫁祖姑从祖伯叔姑监候,强者奸夫决斩。此皆小功大功亲属,而不同于缌麻以上者,以其分为至亲,义亦至重,奸淫内乱罪在十恶之条,故于缌麻以上中抽出此各项,另置重典也。若父祖之妾伯叔母姑姊妹子孙之妇,兄弟之女,则其亲为至近,而其伦为尤重,犯奸至此,与禽兽奚择,淫乱逆伦,大恶不赦,男女皆决斩。不言强者,内乱之戮至决斩为已烈矣,无可复加,亦止于斩。妾各减一等,强者监候绞,统承上文各项而言。如奸同宗无服亲之妾,各杖九十;内外缌麻以上亲之妾,各杖九十,徒二年半;从祖及从祖伯叔之妾,伯叔兄弟若兄弟子及子孙之妾,各杖一百,流三千里,强者并绞。以上奸妇罪不至死者,仍尽犯奸本法从夫嫁卖,其愿留者听。"

【亲(親)属相背信罪】【刑】为背信罪之一,因于直系亲属配偶,或同财共居亲属之间犯背信罪时而成立,为维持家庭安宁起见,故须告诉乃论,又因其财产每多无从区分,故得按其情节免除其刑。(刑法第二六八条)

【亲(親)属相盗】【史】不同门户不共财产之本宗及外姻等之亲属互相犯盗罪

者，谓之亲属相盗。此乃就各居（别居）者言，若系同居之亲属犯盗除卑幼将引他人来盗，及奴婢雇工人外，则不在本条之内。明律（卷十八）、清律（卷二十五）刑律贼盗篇——均有亲属相盗之条，其规定相同。清律之明文及下注曰："凡各居（本宗，外姻）亲属相盗（兼后尊长卑幼二款），财物者，期亲减凡人五等，大功减四等，小功减三等，缌麻减二等，无服之亲减一等，并免刺（若盗有首从，而服属不同，各依本服降减科断为从，各又减一等）。若行强盗者，尊长犯卑幼，亦（依强盗已行，而得财不得财），各依上减罪，卑幼犯尊长，以凡人论（不在减等之限）。若有杀伤者（总承上窃强二项），各以杀伤尊长卑幼本律，从（其）重者论。若同居卑幼将引（若将引各居亲属同盗，其人亦依本服降减，又减为从一等科之，如卑幼自盗，止依擅用，不必加），他人盗已家财物者，卑幼依私擅用财物论，加二等，罪止杖一百；他人（兼首从言）减凡盗罪一等，免刺。若有杀伤者，自依杀伤尊长卑幼本律科罪，他人从不知情，亦依强盗（得财不得财）论；若他人杀伤人者，卑幼纵不知情，亦依杀伤尊长卑幼本律（仍以私擅用加罪，及杀伤罪权之），从（其）重（者）论。其同居奴婢雇工人，盗家长财物，及自相盗者，（首）减凡盗罪一等免刺，为从又减一等。被盗之家，亲属告发，并论如律，不在名例得容隐之例。"同律之辑注："此条分六项；各居亲属相盗，亲属行强盗，因盗而杀伤，同居卑幼将引他人同盗，亲属他人杀伤，同居奴雇盗家长，及自相盗。"同律之辑注："首节言各居亲属，兼尊长卑幼强窃盗，次节同居亲属，止有卑幼将引他人为盗，而无自盗，及行强盗之文，盖既曰同居卑幼，则家其家财其财也，何盗之可言？同居卑幼私自盗财，即是私擅用财，故无其文。按私擅用财律罪止杖一百，今将引他人盗财，虽加二等，亦止于杖一百，则自盗，止作私擅用财论，可知矣。卑幼同有之财物，为尊长专制，而不自便，窃取而用，容或有之，何强之忍言乎，故亦无其文，非缺也。然人心不古，变态日滋，故后有条例。"同律之总注："各居亲属，谓不同门户，不共财产，不分同姓异姓，自期亲大功小功缌麻，以至无服之亲皆是也。相盗者，或尊长盗卑幼，或卑幼盗尊长也。此盗字，专指窃盗言。凡之亲属有相盗者，不分尊长卑幼，一体同论。但以服制之亲疏，为减科之差等，期亲，比凡人减五等，大功减四等，小功减三等，缌麻减二等，无服之亲减一等，已未得财，各依凡人律，按此减之。如窃盗得财，并赃一百二十两以上。凡人是绞罪，期亲应杖七十，徒一年半，大功应杖八十徒二年，小功应杖九十徒二年半，缌麻应杖一百徒三年，无服之亲，应杖一百流三千里，余仿此论减，为从者，又各减一等，所谓得累减也。其首从之人，有服属不同者，各依本服降减，掏摸与窃盗罪同，并免刺字。若行强盗，则尊长与卑幼不得同矣。尊长犯卑幼，照凡人得财皆斩不得财皆流本律，各依上等数减科期亲减五等，大功减四等，小功减三等，缌麻减二等，无服减一等，然罪虽得减，仍不分首从。其卑幼犯尊长，并以凡人论，得财该斩，不得财该流。尊长以名分轻之，卑幼以犯上重之也。如尊长行强，内有卑幼，则卑幼自以凡论；卑幼行强，内有尊长，则尊长仍得减等，各分别科断。以上强窃等盗，若有杀伤各依斗殴条内，尊长卑幼本律，与盗罪相较，从其重者论之。如大功尊长，窃卑幼财物一百两减四等，应杖七十徒一年半，又殴折卑幼两肢，应杖八十徒二年，则从伤论。又如卑幼行强犯尊长，得财应斩，又折跌尊属一肢，律止应流，则从盗论。余准此类推，杀死亦然。凡此各罪名，被亲属告发，并依律科断，不在得相容隐之人相告言，听如罪人自首法，免科减等之限，即卑幼告发尊长，亦科前罪，不在干名犯义之限，同居谓一家共产者也。同居共产之卑幼，原系应有财物之人，但同居之财物，统制于尊长，而卑幼不得自专，私擅用且有罪，况将引他人而盗之乎，然是已家财物，故卑幼照私擅用财本律，加二等科之。本律十两笞二十，每十两加一等，如将引盗财十两，则应笞四十，按数递加罪止杖一百，他人亦减凡人盗本罪一等，如并赃四十两，应杖一百，减一等应杖九十，若系为从，又减一等杖八十。余仿此，免刺，以盗由卑幼将引，而所得乃将引人之财，终与凡人不同也。若卑幼因盗而有杀伤亲属者，或尊长，或卑幼，自依杀伤尊长卑幼本律科罪；他人同盗者，纵不知杀伤之情，亦依强盗论，不得财皆流，但得财皆斩，恶其助恶也。若他人杀伤人者，自依窃盗临时杀伤律论斩，卑幼纵不知情，即同自己杀伤，亦依杀伤尊长卑幼本律，与私擅用财加等本罪相较，从其重者论之。在亲属有尊长卑幼之称，在他人则概谓之人，上曰，若有杀伤者，此有字，兼尊长卑幼在内，下曰，若他人杀伤人者，此人字，即将引者之尊长卑幼也，此段本言卑幼行盗，而云依杀伤尊长卑幼本律者，以上盗时，所杀伤之人，或有及于卑幼之卑幼也。奴婢雇工人，于家长及其比肩之人，虽无共财之义，然既已同居，即非泛然外人之比矣，故同居奴雇盗家长财物，及奴雇中自相盗者，俱得减凡人盗罪一等，为从又减一等，并免刺字。其不言奴雇将引他人，及他人同盗之罪者，以奴雇虽系同居，而非卑幼之比，卑幼乃应有财物之人，故盗曰盗已家，用曰私擅用，奴雇安得同之。设有犯者，奴雇自依本律减等免刺字，他人仍依凡人首从科之，不得照卑幼将引之律，所谓首从本罪各别者也。"

【亲(親)属相盗罪】【刑】Offence of theft against relatives 为窃盗罪之一，因于直系亲属配偶，或同财共居亲属之间，犯窃盗罪者，成立本罪。因其窃盗行为与社会秩序并无重大影响，且为维持家庭安宁及感情起见予以容忍，故须告诉乃论。又以一般习惯，其财产之界限无由区分，故得分别情节之轻重，关系之亲疏免除其刑。（刑法第三四一条）

【亲(親)属相诈欺罪】【刑】为诈欺罪之一，于直系亲属配偶或同财共居亲属之间，犯诈欺罪者，成立本罪。因本于亲属相容忍之原则，故须告诉乃论。又以习惯关系，其财产不易区分，故得免除其刑。（刑法第三六八条）

【亲(親)属相窃】【史】谓有亲属关系之人相互犯窃盗之罪也。所谓亲属，例如期亲，大功，小功，缌麻以及无服亲等皆是。清律之例之规定如下：（一）各居本宗外姻亲属，不分尊长卑幼照凡人窃盗计赃，各按服制分别减等科罪。为从又减一等，并免刺字。（二）（甲）期亲一两以下笞一十，一两至一十两笞二十，二十两笞三十，三十两笞四十，四十两笞五十，五十两杖六十，六十两杖七十，七十两杖八十，八十两杖九十，九十两杖一百，一百两徒一年，一百一十两徒一年，一百二十两徒一年，一百二十两以上徒一年半。（乙）大功，一两以下笞二十，一两至一十两笞三十，二十两笞四十，三十两笞五十，四十两杖六十，五十两杖七十，六十两杖八十，七十两杖九十，八十两杖一百，九十两徒一年，一百两徒一年半，一百一十两徒一年半，一百二十两徒一年半，一百二十两以上徒二年。（丙）小功一两以下笞三十,一两至一十两笞四十,二十两笞五十,三十两杖六十,四十两杖七十,五十两杖八十,六十两杖九十,七十两杖一百,八十两徒一年,九十两徒一年半,一百两徒二年,一百一十两徒二年,一百二十两徒二年,一百二十两以上徒二年半。(丁)缌麻一两以下笞四十,一两至一十两笞五十,二十两杖六十,三十两杖七十,四十两杖八十,五十两杖九十,六十两杖一百,七十两徒一年,八十两徒一年半,九十两徒二年,一百两徒二年半,一百一十两徒二年半,一百二十两徒二年半,一百二十两以上徒三年。(戊)无服亲一两以下笞五十,一两至一十两杖六十,二十两杖七十,三十两杖八十,四十两杖九十,五十两杖一百,六十两徒一年,七十两徒一年半,八十两徒二年,九十两徒二年半,一百两徒三年,一百一十两徒三年,一百二十两徒三年,一百二十两以上,流三千里。(三)同居卑幼将引他人窃己家财物卑幼依私擅用财加二等,罪止杖一百。他人减凡人窃罪一等,免刺。(四)奴仆雇工人偷窃家长财物照窃盗律计赃治罪。(五)奴仆起意勾引外人同窃家长财物,奴仆计赃递加窃盗一等治罪,一百二十两以上,仍拟绞候,外人仍照窃盗分别定拟。(六)各居无服亲属——(甲)平日漠视并无周恤以致相窃财物,照律减等办理。(乙)素有周恤或托管田产财物不安本分,肆窃肥己,贻累受害,以凡人窃盗计赃科罪,仍免刺,满贯者尊长流三千里,卑幼绞候缓决一次后减发。(七)期服以下至无服——(甲)尊长窃盗卑幼财物,杀伤卑幼,各就服制杀伤,及同姓亲属相殴,并亲属相盗各本律相比从重论。(乙)卑幼窃盗尊长财物,杀伤尊长,以凡盗杀伤与服制杀伤,及同姓亲属相殴各本律相比从重论。(丙)因被尊长卑幼窃盗财物致有杀伤者,各依服制杀伤及同姓亲属相殴各本律问拟。(八)本宗五服外照无服亲定拟。其外姻尊长亲属律内所载明者,方准照律减等,此外不得滥引。

【亲(親)属容隐】【刑】按吾国数千年来之礼教,对于亲属间遇有犯罪者均互为容隐,故孔子有“子为父隐,父为子隐”之论。孟子有“瞽瞍杀人,舜窃负而逃之”之说。汉书宣帝诏曰,父子之亲,夫妇之道,天性也。虽有祸患犹蒙死而存之,诚爱结于心仁厚之至也,岂能违之哉。自今子首匿父母,妻匿夫,孙匿大父母,皆勿坐。唐律规定,诸同居大功以上亲,外祖父母,外孙,若孙之妇,夫之兄弟,及兄弟之妻有罪相为隐,部曲奴婢为主隐,皆勿论。明律规定,凡同居若大功以上亲,及外祖父母,外孙妻之父母,女婿,若孙之妇,夫之兄弟,及兄弟妻,有罪相为容隐,奴婢雇工人为家长隐者皆勿论。若漏泄其事及通报消息致令罪人隐匿逃避者,与唐律同无罪。清律规定,亲族容隐皆得免罪,所以重人伦,厚风俗也。凡得相容隐之法,先论其情之亲疏,再论其服之轻重。同财共居之亲属皆情之最亲者也;大功以上之亲属,服之重者也;外祖父母等又服轻而情亲者也;彼此犯罪皆得相为容隐。其奴婢雇工人于家长,以恩义相联属,故无论同居另居皆得为之容隐。例如新刑法第一百六十八条规定,亲属将犯第一百六十二条所列举(内乱罪,外患罪,强奸罪,杀人罪,强盗及海盗罪,以及若干种之公共危险罪)之罪,而不报告者,免除其刑。按第一百六十二条所揭各款犯罪皆重大事项,为保障公共之秩序,故令人民负报告之责任,若将犯者为亲属,而亦责令一例报告,从法律一方观之,严厉奉行固无遗憾,从道德一方观之,于废止亲属为首之法,后图弛罪责,置亲属于罪戾,毋乃太忍,且揆诸本法藏匿伪证,暨刑诉拒绝证言各立法例之精神,殊未能贯彻,故

亲属间有犯罪，而不举发者，不为罪。（参董康先生著比较刑法讲义而作）

【亲（親）属回避】【史】谓内外衙门各官吏有亲属等之关系者，均不得同官一处，官小者须另调他处也。大明令吏令篇设有亲属回避之条："凡内外管属衙门官吏有系父子兄弟叔侄者，皆须从卑回避。"

【亲（親）属强卖】【史】旧律称亲属谓本宗外姻等之有服制者之人。凡对亲属以强制方法抢卖者，应受处罚。清例之规定如下：（一）谋占资财贪图聘礼——（甲）卑幼用强抢卖伯叔母姑尊属，斩候，用强抢卖兄妻胞姊或缌麻尊属尊长或疏远无服尊长卑幼，绞候，未成婚各减已成婚一等，若中途夺回及娶主自行送回，未被奸污均以未成婚论。（乙）尊属尊长强卖期功卑流三千里，用强抢卖缌麻卑幼附近充军，未成婚各减已成婚一等，若中途夺回及娶主自行送回，未被奸污均以未成婚论。（二）妇女不甘失节因而自尽，期功以下卑幼或疏远亲族仍照本例分别斩绞，监候，对缌麻尊属尊长则绞候，对期功或尊属尊长近边充军。（三）娶主知情同抢用财谋买各减正犯罪一等，不知不坐。（四）如非为图财图产，仍照强嫁例定拟，不得滥引此例。

【亲（親）属略诱】【史】亲属者，旧律谓凡本宗外姻等之有服制者也。略诱谓以强暴胁逼等方法使人听从其言也。清例对亲属略诱之规定如下：（一）略卖弟、妹、侄孙、外孙、己之妾，子孙之妇，为奴婢，已卖者徒二年，未卖者徒一年半。略卖同堂弟妹，堂侄，侄孙为奴婢，已卖者徒二年半，未卖者徒二年，略卖子孙为奴婢，已卖者杖八十，未卖者杖七十。略卖子孙之妾为奴婢，已卖者徒一年，未卖者杖一百。略卖妻为婢及卖大功以下尊卑亲为奴婢，各从凡人略法。（二）和卖弟，妹，侄孙，外孙，己之妾，子孙之妇，为奴婢，已卖者徒一年半，未卖者徒一年。同卖同堂弟妹，堂侄，侄孙，为奴婢，已卖者徒二年，未卖者徒一年半，和卖子孙为奴婢，已卖者杖七十，未卖者杖六十。和卖子孙之妾为奴婢，已卖者杖一百，未卖者杖九十。和卖妻为婢，及卖大功以下尊卑亲为奴婢，各从凡人和法。（三）窝主买者知情与犯人同罪，牙保减一等，并追价入官；不知者俱不坐，追价还主。（四）和诱略卖期亲卑幼依律分别拟徒。（五）略卖期亲尊长斩候，和诱期亲尊长流三千里，因和诱而奸，依律各斩决。（六）诱拐内外功缌亲——（甲）审无奸情，仍依和略卖大功以下尊卑亲本律分别和略拟以徒流。（乙）因奸而拐及因拐而和奸，从祖祖母，祖姑，从祖伯叔母，从祖伯叔姑，从父姊妹母之姊妹，兄弟妻，兄弟子妻，依律绞决。余俱照凡人诱拐例拟军。（七）诱拐期功缌麻服亲之妾，无论曾否通奸，概依凡人诱拐例略诱绞候，和诱极边足四千里充军。（八）诱拐父祖妾，依凡人诱拐例略诱绞候，和诱极边足四千里充军，奸者依律斩决。（九）奴雇略卖家长妻女及子照卑幼强抢期亲尊属嫁卖例斩候，因略卖而杀伤奸淫，仍各照本律分别斩决凌迟，从重科罪。（十）奴雇略卖家长期功以下亲属，仍照例绞候，和诱家长期功以下亲属，改发云贵两广极边烟瘴充军。

【亲（親）属结婚】【亲】凡男女间有一定亲属关系者之结为配偶，谓之亲属结婚。依我国民法第九三八条之规定与下列亲属不得结婚：(1)直系血亲及直系姻亲。(2)旁系血亲及旁系姻亲之辈分不相同者，但旁系血亲在八亲等之外旁，姻亲在五亲等之外者，不在此限。(3)旁系血亲之辈分相同而在八亲等以内者，但表兄弟姊妹不在此限(上述姻亲结婚之限制于姻亲关系消灭后，亦适用之)，凡违背上项之规定而结婚者，其婚姻为无效。(第九八八条第二项)

【亲(親)属间之赃物罪】【刑】为赃物罪之一，因于直系亲属配偶，或同财共居亲属之间犯各项赃物罪者，成立本罪。但非亲告罪，于宣告后免除其刑。(刑法第三七八条)

【亲(親)属会议】【亲】Family council　亲属会议者，谓依民法所规定应行付会决议之事件，因当事人法定代理人或其他利害关系人所召集而成立之决议机关也。依民法之规定应行付议之事件如下：(一)纠正父母之滥用亲权(一〇九〇条)。(二)选任未成年人之监护人。(三)监督监护人关于管理财产之职务(一〇九九条、一一〇一条、一一〇三条、一一〇七条)。(四)酌定监护人之报酬(一一〇四条)。(五)撤退监护人(一一〇六条)。(六)选任禁治产人之监护人(一一一一条)。(七)对于受监护人被保护疗治之同意权(一一一二条)。(八)议定扶养之方法(一一二〇条)。(九)选定遗产管理人及呈报法院(一一七七——一一七八条)。(十)对于遗产变卖之同意权(一一七九条)。(十一)对遗产管理人说明及报告遗产状况之请求权(一一八〇条)。(十二)酌定遗产管理人之报酬(一一八三条)。(十三)认定口授遗嘱真伪之权(一一九七条)。(十四)选定遗产执行人(一二一一条)。(十五)关于遗嘱之提示(一二一二条)。(十六)关于遗嘱之开视(一二一三条)。(十七)改选遗嘱执行人(一二一八条)。至于亲属会议会员之人数，我民法规定为五人。其产生方法有为法定者，有为指定者(须不能依法定者选出时始可以指定方法为之)。至其资格亦有一定限制，(一)凡为未成年人，禁治产人，或监护人，均不得为亲属会议会员。(二)被褫夺公权人，失踪人，被死亡宣告之人，及远适异方之人，以及品行不端之人，或显然不堪胜任之人，均不得为亲属会议会员。会员一经选定或指定，在原则上不许任意辞职，但有正当理由时，不在此限。亲属会议之开会，须有三人以上之出席，始为有效，非有出席会员过半数之同意，不得决议。有召集权者对决议有不服者，自决议之日起算，于三个月内得向法院申请救济。(民法第一一二九——一一三七条)

【亲(親)属编】【亲】Law of Family　(详亲属法条内)

【亲(親)属关系】【亲】Family relation; Domestic relation　亲属关系有因血统而发生者，有因婚姻而发生者，有因法律之拟制而发生者，其发生之原因不同，而消灭之情形亦当然有别，兹分述之如下：(一)因血统所生之亲属关系始于出生终于死亡，此系造物自然之作用，不能用人为方法以消灭其关系也。纵世有订立脱离契据，声明断绝关系者，实非法律所承认，故除死亡外，凡血亲间均以有亲属关系之存在为通则。(二)因婚姻所生之亲属，以婚姻成立而发生，即以婚姻解消而消灭。但解消原因，只限婚姻撤销，与离婚，改嫁，而配偶者一方之死亡则不以之为解消之原因。(三)因法律拟制所生之亲属关系，以继嗣成立而发生者。其消灭原因即归宗与废继二者，以收养关系而发生者，其消灭原因，即养子与养亲终止其收养关系。

【亲(親)属权】【亲】Right of family 亲属权为身分权之一种。凡父母与子女相互间之权利,以及夫妻相互间之权利,皆谓之亲属权。父母对于子女之亲权,可分为二种:(一)对于子女身体上之权利,如教养监护及惩戒等类是。(二)对于子女财产上之亲权,如管理子女之财产及代表其为法律行为等类是。子女对于父母之权利如继承权是。夫妻相互间之权利如夫对他人之侵犯其妻时,得行使夫权者是,妻对于夫有要求赡养之权是。

【亲(親)权】【亲】Parental power 所谓亲权,有最广义广义与狭义三种之意义。最广义之亲权,乃指以父母之身分,基于法律之规定的范围内,对于其子女所有之一切权利与义务而言。广义之亲权,则系以父母之身分,依法律之规定的范围内,对于其未成年子女所有之权利及义务。狭义之亲权,则仅指以父母之身分,依法律之规定的范围内,对于其未成年子女之身体上及财产上有管理之权利而言。我民法之规定,乃采广义之亲权,与旧律之仅偏于权利而忽视义务者不同。亲权与家长权不同,前者为保护未成年子女身体上及财产上之利益而设,后者则为保护家属全体之利益而设。亲权与尊长权颇相近似,然亲权乃由祖父母对孙行使时,即所谓尊长权是也;而亲权之行使,则以父母为限。故二者略有分别。关于父母行使亲权之方法,依民法之规定,原则上由双方共同行使之或负担之。用于权利之行使意思不一致时,由父行之。如双方不能共同负担义务时,则由有能力者负担之。至于亲权之范围,依我民法之规定,约有下列各种:(一)保护及教养之权利义务。(二)惩戒权。(三)特有财产之管理权,使用收益与处分权。(四)为法定代理人之权利义务。据上所述,亲权范围颇广,若行使者加以滥用时,自不可不有救济之方法,故民法特许其最近尊亲属或亲属会议加以纠正,如纠正无效时,并得请求法院宣告停止其权利之全部或一部。(民法第一〇八四——一〇九〇条)

【谋(謀)反】【史】为我国旧法中十恶之一,即图谋颠覆国家之罪也。唐律名例篇十恶——谋反之注:"谓谋危社稷",明律,清律名例篇十恶"谋反"之注:"谓谋危社稷,社稷者天下之辞,云云。"唐律疏议:"案、公羊传云,君亲无将,将而必诛,谓将有逆心而害于君父者,则必诛之。左传云,天反时为灾,人反德为乱,然王者居宸极之至尊,奉上天之宝命,同二仪之覆载,作兆庶之父母,为子为臣,惟忠惟孝,乃敢包藏凶慝,将起逆心,规反天常悖人理,故曰谋反。"

【谋(謀)反大逆】【史】谋反大逆乃包含谋反与谋大逆而言。谋反谓谋危害社稷。谋大逆谓谋毁宗庙山陵及宫阙。此种行为乃以实行篡夺为目的,罪大恶极,均处极刑,且缘坐其家属。唐律(卷十七)贼盗篇有谋反大逆条之设。明律(卷十八)、清律(卷二十三)刑律贼篇亦均有谋反大逆条,其规定相同。清律原文及其下注:"凡谋反(不利于国,谓谋危社稷),及大逆(不利于君,谓谋毁宗庙山陵及宫阙),但共谋者,不分首从(已未行),皆凌迟处死。(正犯之)祖父父子孙兄弟,及同居之人(如本族无服亲属,及外祖父妻父女婿之类),不分异姓,及(正犯之期亲)伯叔父兄弟之子,不限(已未析居)籍之同异,(男)年十六以上,不论笃疾废疾皆斩。其(男)十五以下,及(正犯之)母女妻妾姊妹,若子之妻妾,给付功臣之家为奴。(正犯)财产入官,若女(兼姊妹)许嫁已定,归其夫。(正犯)子孙过房与人,及

(正犯之)聘妻未成者,俱不追坐(上止坐正犯兄弟之子,不及其孙,余律文不载,并不得株连)。知情故纵隐藏者斩。有能捕获(正犯)者,民授以民官,军授以军职(量功授职),仍将犯人财产全结充赏。知而首告,官为捕获者,止给财产。(虽无故纵但)不首者杖一百流三千里,未行,而亲属告捕到官,正犯与缘坐人俱同自首免,已行惟正犯不免,余免,非亲属首捕,虽未行,仍依律坐。"同律之辑注:"共谋者为正犯皆凌迟,而祖父子孙等俱缘坐之亲,非共谋之人也。同居之人下注曰,无服亲属,则本族之有服者,可知矣,曰外祖父妻父女婿,则异姓之他亲亦然矣。但是同居之亲,即不论服之有无姓之同异,若不同居,则期亲之外,概不缘坐矣。奴仆雇工人如不知情,亦不在其内,盖不分异姓,止言亲属也。辑注但言伯叔父,不言伯叔祖,但言兄弟之子,不及其孙亦皆不坐。"同律之总注:"社稷,国之所立,宗庙山陵宫阙,君之所有,臣下将图谋不轨,反及于国,逆及于君,不敢指斥,故注曰,谋危社稷,谋毁宗庙山陵宫阙也,其恶已极,其罪至大,故列为贼盗第一条。反与大逆事虽有间,而不臣之心则一,故但为此谋者,不分造意为首,随恶为从之人,俱系正犯,皆凌迟处死。逆天罪大,法不容宽,正犯凌迟,无可复加,乃缘及其所亲所密。正犯至亲之人,则祖父父子孙兄弟也。正犯同居之人,则不分异姓同姓也。正犯期服之亲,则伯叔父兄弟之子,不分同籍异籍也。凡此等男子,年十六以上,已有知识矣,不论笃疾废疾皆斩。虽不共谋,而实为反逆之党,皆正典刑,所谓族也。若此等男子年十五以下,及正犯之母女妻妾姊妹子之妻妾,幼小妇女,均无知识,故待以不死,皆给付功臣之家为奴。正犯之家财产业,籍没入官。若女已许嫁,得丈夫家聘礼,未曾过门,或子或孙,自幼过房与他人为后,及聘定他人之女,犹未过门成妻者,俱不追坐,不在皆斩为奴之限。若有人知其反逆之谋,不即举报擒拿,而故纵逃走,或藏匿在家,是即党恶矣,并坐斩。有能出力追捕擒获送官者,民则授以民官,军则授以军职,随其势之强弱,功之大小,以为官之崇卑,非可一定,故不言何官也,仍将犯人家财产业,全给充赏。若不能捕获,但知而首告,官为捕获者,则止给财产,不受官职。若知情不首,虽无故纵藏匿之事,亦杖一百流三千里。按此条立法至严密,而实至宽仁,原其本意,正欲使人望而知慎,交相戒畏,所以遏恶于初萌,悔悟于未发耳。盖反逆之人,必然依凭众力,结党聚徒,其事虽秘,其迹难掩,同居亲属,岂有不知,本律有缘坐之条,当遵名例有自首之法,当趋能于未行之前,为之出首,均得免罪,乃隐忍不举,便同党恶,斩之何恤。故九十以上,及笃疾之人,死罪所不加者,而亦斩之,谓老病之人,犹可婉转发露也,惟十五以下,则幼稚无知,得以不死耳。同居亲属,虽异姓而必诛,许嫁过房,虽亲子而不坐,严密之至,实宽仁之至也。"

【谋(謀)叛】【史】谋叛为十恶之一,即谋背本国潜从他国之谓。唐律疏议曰:"有人谋背本朝,将投蕃国,或欲翻城从伪,或欲以地外奔,即如莒牟夷以牟娄来奔,公山弗扰以费叛之类。"明律(卷十八)、清律(卷二十三)刑律贼盗篇均有谋叛条之设,其内容相同。清律原文及其下注:"凡谋叛(谓谋背本国,潜从他国),但共谋者,不分首从皆斩。妻妾子女,给付功臣之家为奴。财产并入官(姊妹不坐)。女许嫁已定,子孙过房与人,聘妻未成者,俱不坐。父母祖孙兄弟,不限籍之同异,皆流二千里安置(余俱不坐)。知情故纵隐藏者绞。有能告捕者,将犯人财产全给充赏。知(已行)而不首者,杖一百流三千里。若谋而未行,为首者绞,为从者(不分多少),皆杖一百流三千里。知(未行)而不首者,杖一百徒三年(未行,则事尚隐秘故不言故纵隐藏)。"〇若逃避山泽,不服追唤者(或避差,或犯罪负固不服,非暂逃比),以谋叛未行论,依前,分首从)。其拒敌官兵者,以谋叛已行论(依前,不分首从律,以上二条,未行时,事属隐秘,须审实乃坐)。同律之总注:君臣之义,无所逃于天地之间,而乃谋叛本国,潜从他国,弃义忘君,厥罪重矣。然犹次于反逆,故正犯与缘坐之亲属,及知情故纵隐藏不举者,俱次一等。但共谋之正犯,已行者,不分为首为从,皆斩。财产入官,妻妾子女缘坐为奴。若女已许嫁,子孙过房与人,妻虽聘而未娶,俱不坐罪。不及母与姊妹,子之妻妾,亦不坐也。其父母祖孙兄弟,不论籍之同异,皆流二千里安置。至伯叔父兄弟之子,及同居各亲属,皆不坐也。若知情而故纵隐藏者,罪止于绞,而不至斩,首告捕获者,皆止给赏而不授官。盖反逆事关宗社,而谋叛罪在一身,故正犯之罪轻,则缘坐之罪亦轻,连累之法异,则授赏之法亦异也。惟知而不首者,亦杖一百流三千里,与前条同,然皆指已行者言之也。若谋而未行,比之已行,又为有间。若果证状明白,谋迹显著,为首者绞,凡同谋为从者,不问多寡,皆杖一百流三千里,家口不缘坐,财产不入官。叛虽未行,而谋有凭据,则知而不首者,杖一百徒三年。不言故纵隐藏者,谋尚未行则事犹隐秘,何故纵隐藏之有,故略而不言也。〇若军民人等,因避差犯罪等事,而逃避山泽之中,负据险固,不服官司拘唤,虽无潜从他国之情,亦非暂时逃匿之比,但不肯来,亦未敢往,故以谋叛未行论,为首绞,为从皆流。其有官兵追捕,而敢行拒敌,则与谋叛已行者何异,不分首从皆斩,家口缘坐,财产入官。

【谋(謀)叛罪】【刑】为战时的外患罪之一,即通谋(双方协议)外国政府或其派遣之人,意图使该国或他国对于民国开战端者之谓(刑法第一〇七条)。至通谋方法为文书或言语或其他手段,均所不问。如有通谋事实,本罪即已成立,处死刑或无期徒刑。至未遂或预备或阴谋均有科罚之明文。

【谋(謀)故斗戏误】【史】旧律对于杀人罪有谋故斗戏误等之分,即所谓谋杀、故杀、斗杀、戏杀、及误杀是也。五者均有区别。按故杀情形每近于谋,尤不可不分别明晰。如凶犯与死者生前素有仇恨意存报复,或因事已被死者窥破,恐其告发起意致死灭口,或半路截杀或黄夜图害等类,必欲致之于死方休,此系蓄意在先,故谓之谋。如凶犯与死者生前虽有仇恨,初原无存报复之念,而邂逅相遇,回忆前仇,杀机顿萌,以致死者殒命,是以谓之故,以有仇恨而论,情近于谋,然其情形实非预谋也。若凶犯有心报复泄忿,则何时何处而不可为,况死者无心防范,凶者有意图谋乘其无备,随时皆可为之,何必迟至多时;盖故者原其心初无存致死之念,惟一朝相遇,仇恨之心起于登时,非蓄意谋害,是谋与故显有不同。又故与斗亦应善加区分。例如凶犯与死者以前因事相争,且被死者所辱,嗣经旁人劝散,惟死者一时仍属气愤当面扬言过日再与理论,旋已寝息多日,不料二人后又相逢,凶犯忆及前仇,顿起致死之心,致将死者伤毙,两人虽各有抓划伤痕,仍应以故杀论罪。盖死者当与凶犯揪扭之时,断无束手待毙而不自卫之理,是固不免有抓划之伤,若因其有抓划伤痕而科以斗杀,未免重于情而轻于法,故应以故杀论处;良以律贵诛心，不可不穷其源，而究其实也。按斗杀乃两人因事忿争各不相下(素好无仇或不相识)，以致互相揪殴，因而酿命之谓，系彼此口角忿争或戏谑忿争起衅，登时因伤致命，故谓之斗杀，与故之临时有意者亦有区别。至于如两人素好无嫌如偶因角力为戏，被跌致死，或两人相戏以物掷打，不意致命等类，事出于无心，情因于戏谑，是戏之有因也，此谓之戏杀与斗杀之双方出于忿争者亦有差别。此外如两人相斗，或谋或故因而误伤傍人，虽出于不意，然其心则固欲杀伤人也，虽未杀及欲杀之人，而竟施及于旁人，究由于谋，故斗而误，是误之有由也。上述五种之外尚有所谓过失杀者，以其本无害人之心，出于意料之外，实耳目所不及，思虑所不到者，故与戏误绝不相同，旧律对此准其收赎以其情有可原故也。(明刑管见录)

【谋(謀)杀】【刑】Premediated murder (详豫谋杀人罪条)

【谋(謀)杀人】【史】谋在计也。先设杀人之计，后行杀人之事，谓之谋杀。换言之，凡有仇嫌设计定谋而杀害之，皆谓之谋；与故字不同；商量谓之谋，有意谓之故。明律(卷十九)、清律(卷二十六)刑律人命篇均有谋杀人条之规定，内容相同。清律之条文及其下注云：“凡谋(或谋诸心，或谋诸人)杀人，造意者斩(监候)，从而加功者绞(监候)，不加功者，杖一百，流三千里，杀讫乃坐(若未曾杀讫而邂逅身死，止依同谋共殴人科断)。若伤而不死，造意者绞(监候)，从而加功者，杖一百流三千里，不加功，杖一百徒三年。若谋而已行，未曾伤人者(造意为首者)，杖一百徒三年，为从者(同谋同行)各杖一百，但谋者(虽不同行)皆坐，其造意者(通承已杀已伤已行三项)，身虽不行，仍为首论，从者不行，减行(而不加功)者一等。若因而得财者，同强盗，不分首从论皆斩(行而不分赃，及不行又不分赃，皆依谋杀论)。”清律之辑注：“杀人以谋，情尤深毒，故为六杀之首。六杀者，谋杀，故杀，斗殴杀，戏杀，误杀，过失杀。”同律之辑注：“谋杀人分已行，已伤，已杀，而杀伤之中，又分造意，加功，不加功。已行未伤人则无加功不加功可辨，但曰为从而已。造意则不分亲行与否。因而得财，则有行而不分赃及不行又不分赃之别。”

【谋(謀)杀制使及本管长官】【史】制使为奉朝廷命令而出使之官，官吏如谋杀之，是与朝廷相抗也，其他如部民谋杀地方长官，军士谋杀本管官吏卒、谋杀本部五品以上长官，皆为以下谋上，均属不义，故应治罪。明律(卷十九)、清律(卷二十六)刑律人命篇均有谋杀制使及本管长官之条。清律之条文及其下注曰：“凡奉制命出使，而(所在)官吏谋杀，及部民谋杀本属知府知州知县，军士谋杀本管官，若吏卒谋杀本部五品以上长官，已行(未伤)者(首)杖一百流二千里；已伤者(首)绞(流绞俱不言皆，则为从各减等，官吏谋杀监候，余皆决不待时，下斩同)；已杀者皆斩(其从而不加功，与不行者，及谋杀六品以下长官，并府州县佐贰首领官，其非本属本管本部者，各依凡人谋杀论)。”清律之辑注：“奉使之官，不论品级大小者，所以尊朝廷重制命也。”又同律之辑注：“部民言本属者，谓属其统治也。军士言本管者，谓受其管辖也。府州县印官，本营将弁，品级虽崇卑不同，而父母之义，统属之分，则一也。吏卒兼军民言，本部者谓在其部下，虽有管属，而非本管本属之比，则当有崇卑之别，至五品以上，方同论也。”

【谋(謀)杀卑幼】【史】卑谓卑属亲,如子女孙等是,幼谓幼辈之属,如弟妹是,谋杀谓杀害出于事前预谋。清律及例规定如下:(一)谋杀缌麻小功大功卑幼已行未伤各依故杀罪减二等徒三年;已伤各依故杀罪减一等,流三千里;已杀依故杀法绞候。(二)谋杀弟妹侄侄孙外侄子孙妇异姓,乞养子孙已行未伤,各依故杀罪减二等徒二年半;已伤各依故杀罪减一等,徒三年;已杀依故杀法,流三千里,弟妹绞候。(三)故杀子孙,已杀依故杀法徒一年。(四)嫡继慈养母谋杀子孙,已杀依故杀法徒一年半,致令绝嗣绞候。(五)为从加功尊长,各按服制分别,已行已伤,已杀各依为首之罪,减一等同行;不加功同谋,不同行又各减一等;为从凡人,仍照凡人谋杀为从科断。(六)尊长与人通奸,抑媳同陷邪淫,不从商谋致死灭口,照平人谋杀律分别首从,拟以斩绞监候。(七)姑因子妇出言顶撞,蓄意谋杀情节,凶残显著,发各省驻防官兵为奴。(八)本宗尊长起意,与死者之子,商同谋杀致其子罪,干凌迟绞决。(九)夫谋杀妻系他人起意,本夫听从,加功流三千里。

【谋(謀)杀官使】【史】谓预谋杀死长官,通常官吏,及奉制出使之官吏也。清律及例,均分别设有规定如下:(一)奉制命出使,所在官吏谋杀,已伤者为首绞候,为从加功者流三千里,不加功者徒三年,不行者徒二年半;已杀者为首斩候,为从加功斩候,不加功流三千里,不行徒三年。(二)部民谋杀府州县正印官,或军士谋杀本管官,或吏卒谋杀本部五品以上长官,已行未伤者,造意为首流三千里,为从同行徒三年;已伤者为首绞决,为从加功流三千里,不加功徒三年,不行者徒二年半;已杀者为首斩决为从加功斩决,不加功流三千里,不行徒三年。(三)吏卒部民谋杀六品以下长官府州县佐贰首领官非本属本管本部者,各依凡人谋杀论。(四)军民人等谋死在京见任官员,斩决。

【谋(謀)杀府主等官】【史】吏卒部属与府主刺史或本部长官等,均有统属之关系,谋杀之者,应加重处罚,以为犯上者戒。明清律均设有谋杀制使及本管长官之条。唐律(卷十七)贼盗篇则有谋杀府主等官之条:"诸谋杀制使若本属府主刺史县令,及吏卒谋杀本部五品以上长官者,流二千里(工乐及公廨户奴婢,与吏卒同,余条准此),已伤者绞,已杀者皆斩。"疏议曰:"制使本属府主,国官邑官,已从名例解讫,刺史都督县令,并据本部者,吏卒谋杀都水使者,或折冲府卫士,谋杀本府折冲果毅,如此之类,并流二千里。工乐谓不属县贯,唯隶本司,并公廨户奴婢,谋杀本司五品以上官长,罪与吏卒同。若司农官户奴婢,谋杀司农卿者,理与工乐谋杀太常卿少府监无别。余条谓工乐官户奴婢殴詈本部五品以上官长。当条无罪名者,并与吏卒同,已伤者绞,仍依首从法,已杀者皆斩。"

【谋(謀)杀故夫父母】【史】谋杀故夫父母者,谓改嫁之妻妾谋杀已亡故之夫之祖父母或父母也。唐律(卷十七)贼盗篇内设有下列明文:"诸妻妾,谋杀故夫之祖父母父母者,流二千里,已伤者绞,已杀者斩。部曲奴婢谋杀旧主者亦同。"明律(卷十九)、清律(卷二十六)刑律人命篇亦设有谋杀故夫父母之条,内容相同。清律之条文及其下注云:"凡(改嫁)妻妾,谋杀故夫之祖父母父母者,并与谋杀(见奉)舅姑罪同(若妻妾被出,不用此律。若舅姑谋杀已故子孙改嫁妻妾,依故杀律,已行减二等,已伤减一等)。若奴婢(不言雇工人,举重以见义)谋杀旧家长者，以凡人论（谓将自己奴婢，转卖他人者，皆同凡人论。余条准此。赎身奴婢，主仆恩义犹存，如有谋杀旧家长者，仍依谋杀家长律科断）。”清律之总注：“凡妻妾，夫亡改嫁之后，谋杀故夫之祖父母父母者，并与谋杀现奉之舅姑罪同，谋而已行者皆斩，已杀者皆凌迟处死；盖妻妾因夫亡改嫁，与夫家原未义绝，名分犹存也。若犯夫被出，其义已绝，自不用此律矣。至于谋杀已故子孙改嫁之妻妾，亦依尊长谋杀卑幼，照故杀论，已行减二等，已伤减一等，已杀者依故杀法，亦以其义未绝也。〇奴婢已转卖与人，而谋杀旧家长者，以凡人论。奴婢原系凡人，止以名分所系而重之，非子孙比也，既转卖他人，得其身价名分已无，恩义并绝，非凡人而何。若雇工人，一日不受雇钱，即凡人矣。”

【谋（謀）杀祖父母父母】【史】为明律刑律人命篇之条名，其规定如下：“凡谋杀祖父母父母及期亲尊长外祖父母，夫，夫之祖父母父母，已行，不问已伤未伤者（豫谋子孙不分首从），皆斩，已杀者皆凌迟处死（下注省略）。谋杀缌麻以上尊长已行，首杖一百，流二千里（为从杖一百徒三年），已伤者首绞，已杀者皆斩（不问首从）。其尊长谋杀（本宗及外姻），卑幼已行者，各从故杀罪减二等，已伤者减一等，已杀者依故杀法（下注省略）。若奴婢及雇工人，谋杀家长及家长之期亲，外祖父母，若缌麻以上亲者（兼尊卑言，统主人服属尊卑之类），罪与子孙同。”

【谋（謀）杀尊长】【史】尊者尊亲属也，如祖父母父母等是。长者长辈也，如兄姊是。凡预谋杀害尊长者，清律及例均设有明文，兹举述如下：（一）谋杀高曾祖父母，父母，期亲尊长，外祖父母，夫，夫之祖父母父母，改嫁同，奴婢雇工人谋杀家长及家长期亲尊卑，外祖父母（旧主同）已行未伤者，不问已伤未伤，子孙奴雇皆斩决，为从服属不同者，依缌麻以上论，有凡人依凡论；已杀者子孙奴雇皆凌迟。妻妾夫亡改嫁，殴故夫之祖父母父母，与舅姑罪同，被出者不用此律；奴婢已转卖，依良贱相殴论。（二）谋杀缌麻以上尊长，奴婢雇工人谋杀家长，缌麻以上尊卑亲，已行未伤，为首流二千里，为从徒三年；已伤为首绞决，为从同凡论；已杀为首为从皆斩决。妻妾夫亡改嫁殴故夫之祖父母父母，与舅姑罪同，被出者不用此律；奴婢已转卖依良贱相殴论。（三）子孙谋杀祖父母父母，旁人同谋，助逆加功，绞决。（四）谋杀期亲尊长正犯罪应凌迟，为从加功绞候，请旨即行正法，为从不加功仍按律科断；如系有服亲属各按尊卑服制本律定拟。

【谋（謀）杀期亲尊长】【史】期亲尊长者，谓满一年之丧服关系之尊亲属也，凡预谋杀之者，应处极刑。唐律（卷十七）贼盗篇谋杀期亲尊长条：“诸谋杀期亲尊长，外祖父母，夫，夫之祖父母父母者，皆斩（犯奸而奸人杀其夫，所奸妻妾，虽不知情，与同罪）。诸谋杀缌麻以上尊长者流二千里，已伤者绞，已杀者皆斩。即尊长谋杀卑幼者，各依故杀罪减二等，已伤者减一等，已杀者依故杀法。”疏议曰：“期亲尊长，外祖父母，夫，夫之祖父母父母，并于名例解讫，若妻妾同谋，亦无首从。注云，犯奸而奸人杀其夫，谓妻妾与人奸通，而奸人杀其夫，谋而已杀，故斗杀者，所奸妻妾，虽不知情，与杀同罪，谓所奸妻妾亦合绞。”疏议曰：“谓谋杀缌麻以上尊长，则大功以下皆是，外姻有服尊长亦同，俱流二千里；已伤者首处绞，从者流；谋而杀讫者皆斩，罪无首从。”疏议曰：“谓上文尊长，谋杀卑幼，当条无罪名者，各依故杀罪减二等,已伤者减一等,假如有所规求,谋杀期亲卑幼,合徒三年,已伤者流三千里。已杀者,依故杀法合绞之类,言故杀法者,谓罪依故杀法,其首各依本谋论。造意者,虽不行仍为首,从首不行,减行者一等。假有伯叔数人,谋杀犹子讫,即首合流二千里,从而加功,合徒三年,从者不加功,徒二年半,从者不行减行者一等,徒二年之类。略举杀期亲卑幼,余者不复备文,其应减者,各依本罪上减。"

【谋(謀)杀亲夫】【史】谓预谋杀毙其本夫也。清律及例对此设有明文,兹举述其规定如下:(一)妻妾因奸同谋杀死亲夫,奸妇凌迟处死,奸夫斩候;如系奸夫起意斩决,虽未起意而事后将奸妇及子女拐逃亦决;为从加功绞候,如亦系奸夫并斩候。(二)已行未伤,已伤未死,奸妇斩决,奸夫依凡人谋杀;分别造意,为从,已行,为从加功,已伤科断。(三)本夫纵容抑勒妻妾与人通奸致被因奸谋杀,奸妇斩决奸夫斩决。本夫虽知奸情,而迫于奸夫之强悍,并非有心纵容者,不用此例。奸夫起意商同谋杀本夫,复杀奸妇之期亲以上尊长斩枭。(四)伤而未死,奸妇斩候,奸夫加功流三千里,不加功徒三年。奸夫起意商同谋杀本夫复杀奸妇之期亲以上尊长斩枭。(五)妾因奸商同奸夫谋杀正妻,奸妇凌迟处死,奸夫分别曾否起意同谋,各照本例办理。若非因奸起衅,殴故杀正妻仍照律科断。奸夫起意商同谋杀本夫复杀奸妇之期亲以上尊长斩枭。(六)若伤而未死或已行未伤,奸妇斩决,奸夫分别曾否起意同谋各照本例办理。若非因奸起衅殴故杀正妻仍照律科断。奸夫起意,商同谋杀本夫复杀奸妇之期亲以上尊长斩枭。(七)奸夫商同奸妇,并纠其子谋杀本夫陷人母子均罹寸磔,起意斩枭,为从斩决。妇女与人父子通奸,致其子因奸谋杀其父实发驻防为奴。(八)奸夫自杀其夫,奸妇不知情,奸夫斩决;奸妇不知情当时喊救,与事后即行首告,将奸夫指拿到官,尚有不忍致死其夫之心者,按律定拟夹签声明。(九)奸夫自杀其夫,奸妇不知情,奸妇绞候;奸夫并无谋杀本夫之心,因捉奸情急拒捕,奸妇已经逃避,或已离奸所拒捕,奸妇并不在场,而当时喊救与事后首告,及因别事起衅与奸无涉者,奸妇止科奸罪;倘在场不喊救,阻救护,事后又不首告,仍照律拟绞。(十)奸妇自杀其夫,奸夫不知情,奸妇凌迟处死;奸夫并无谋杀本夫之心,因捉奸情急拒捕,奸妇已经逃避,或已离奸所拒捕,奸妇并不在场,而当时喊救与事后首告,及因别事起衅与奸无涉者,奸妇止科奸罪;倘在场不喊,阻救护事,后又不首告,仍照律拟绞。(十一)奸妇自杀其夫,奸夫不知情,奸夫止科奸罪。本夫纵容抑勒妻妾与人通奸,奸夫自杀其夫,奸妇果不知情,仍依纵容抑勒本条科断。(十二)奸夫逞凶拒捕,虽非登时,俱依罪人拒捕科断——(甲)拒捕应捉奸之人刃伤折伤以上绞候,如被扭获图脱用刀自割发辫襟带误伤事主酌减一等绞候,减发四省,斩候,减发新疆为奴(新例改发驻防)。(乙)拒伤非应捉奸之人,刃伤火器伤刃伤以上各加本罪二等,至残废笃疾罪在满徒以上绞候。

【诸(諸)王】【史】诸王者,谓诸侯王也。事物纪原(卷四):"古者天子称王。周失其道。春秋之时,吴楚之君始僭称之。楚世家曰,周夷王时,楚熊渠曰,我蛮夷也,乃立长子康为句亶王,红为鄂王,执疵为越章王。厉王暴虐复去之,至于熊通始僭号,是为楚武王。此诸侯号王之始也。七雄争强,亦各称之。秦至惠王始称之。四年齐魏为王，十三年韩亦为王。秦并天下号皇帝，除王之名。汉灭楚始谓之诸侯王。盖诸侯称王，自楚汉始也。”

【诸(諸)色课程】【史】诸色与诸种之意义相同，课程乃指依物之贵贱所定之税款而言，故称诸种税款为诸色课程。明律(卷七)户律仓库篇——钱法条：“凡诸人将宝钞赴仓场库务，折纳诸色课程。”

【谕(諭)示】【通】Instruction 官吏对所属以文书训谕批示之，谓之谕示，如以言辞训谕告戒之则称曰谕告。

【谕(諭)告】【通】晓谕及告命也，如天子敕谕之词是。始自春秋时代，至于列国间彼此往来相告之辞亦曰谕告。文体明辩：“按，字书云，谕晓也，告命也，以上敕下之词。商周之书，未有此体。至春秋内外传，始载周天子谕告，诸侯，及列国往来相告之词云云。”

【谕(諭)知】【通】Instruction 上级机关官吏，欲使下级机关官吏知悉某种事项时所为之意思表示，或法院欲使诉讼当事人知悉其所为之意思表示，而为之法律行为，皆谓之谕知，盖即谕示告知之谓也。

【谕(諭)德】【史】唐代创设之官，乃东宫之附官，掌侍从赞谕。事物纪原：“唐龙朔三年初置太子左右谕德，盖取文王世子教之以事，而谕诸德之义。”历代因之，至清始废。

【讳(諱)命】【史】所谓讳命，乃指隐匿不将人命案件据实申报或呈报而言。清律及例之规定如下：(一)地方杀死人命——(甲)州县官知情隐匿不行申报，革职。上司知有讳命不行揭参，各降三级调用。(乙)失察者在同城时府州降一级留任，道员罚俸一年，臬司罚俸九月，督抚罚俸六月；在不同城百里以内时，府州罚俸一年，道员罚俸九月，臬司罚俸六月，督抚罚俸三月；在不同城百里以外时，府州罚俸九月，道员罚俸六月，臬司罚俸三月，督抚罚俸一月。(二)前官讳命后官到任逾三月，不能查出别经发觉，接任州县降一级留任；接任府州在同城时罚俸一年，在不同城百里以内时罚俸九个月，在不同城百里以外时，罚俸六个月；接任道员在同城时，罚俸九个月，在不同城百里以内时，罚俸六个月，在不同城百里以外时罚俸三个月(以上到任未及三月，三月内查出揭报均免议)。(三)地方人命，州县府不知情不行申报，降一级留任，接任官未能查出罚俸一年，自行查出通报，不论在本任接任年月远近，俱免议。(四)沿河被伤尸身漂流过境，地保未经呈报，以致未经捞验，别经发觉，地方官罚俸一年，地保已经呈报地方官讳匿不报，降三级调用。

【讳(諱)盗】【史】地方官对于盗案，应即据实向上司报告，如有讳匿不报，应交部议处。清之现行则例(即刑部现行则例)公式篇设有讳盗之条：“凡拿获贼审问时供出伊先行劫之处，审明仍行咨查该督抚，若失主已经报官，将地方官照讳盗不报交与该部；失主未报失事未有实据者，该督抚取具该地方并无讳盗印结缴报；若报后被傍人告发或被科道题参，确查讳盗属真，将该地方官交与该部。失主不行呈报，该管官照不应重律杖八十。”

【讳(諱)盗捏饰】【史】谓讳匿盗案不报上官或捏辞盗案饰为窃案以呈报于上

司也。清例之规定如下:(一)讳盗不报及讳强为窃——(甲)州县官革职,承行书办杖一百,同城府州厅员降二级调用,道员降一级调用,督抚罚俸一年。(乙)捕盗厅员、府州、道员、督抚、扶同徇隐,俱降三级调用。不同城(A)百里内府州厅员降一级调用,道员降一级留任,督抚罚俸六个月。(B)百里外府州厅员降一级留任,道员罚俸一年,督抚罚俸三个月。(二)抑勒事主减报盗数,或将未获盗犯谎报已死,州县官革职;府州失于查出,即为转报,罚俸一年,道员罚俸九个月;臬司罚俸六个月;督抚不详核具题,罚俸三个月;上司删减盗数,照州县例革职。(三)地方被盗,州县官推诿邻封不行详报,革职;彼此推诿不应推诿之员降一级调用;转详官罚俸一年。(四)州县官不确查盗数,不开送地方官职名,俱罚俸一年;盗案止报巡抚不报总督,罚俸六个月。(五)卫署被盗讳匿不报及以强报窃,本官革职,仍留该地方勒令出赀悬赏,雇觅民壮与接任官协同缉捕,获盗及半准其回籍;不获,勒令协缉,三年方准其回籍。(六)到任三月,未能查出前官讳盗之案揭报,接任州县官革职留任,该管上司官同城降一级留任,不同城罚俸一年。(未及三月离任均免议。)

【讳(諱)窃】【史】谓地方官将失窃之案件讳匿不行报告于上司也。清例设有处分明文,举述于下:(一)地方报窃,州县官讳匿不报,每案罚俸六个月,府州不行查揭,罚俸三个月。(二)窃案赃未满贯,地方官勒令事主少报,照讳窃例议处;赃逾满贯,地方官勒令事主少报,照失出例议处。(三)管辖兵民之地方官衙署被窃不报,降一级留任,限一年缉拿获犯开复,不获照所降之级调用;府州知而不参,亦降一级留任。(四)非管辖兵民之衙署被窃不报,照讳窃例罚俸六个月。

【诺(諾)成契约】【债】Consentual contract 为契约之一种,对要物契约言,即仅当事人之意思表示即行成立之契约也。例如委任,租赁,雇佣,皆是。通常契约以此为多数。

【诺(諾)成契约说】【票】Theory of consentual contract 为票据学说之一,在欧洲盛行于十七、十八世纪,即认票据为一种独立之诺成契约。票据证券之交付,并非票据契约成立之要素,仅为债权债务之证明书而已。其契约之成立,仅以两方合意为要件,故虽无票据证券之交付,票据债务依然存在。此说为德法两国学者所倡,今则均为一般人所否认矣。

【谏(諫)正】【史】司谏正言简称曰谏正。宋雍熙五年诏改"补阙"为左右司谏,"拾遗"为左右正言。事物纪原(卷五):"唐武后垂拱中,置拾遗补阙掌讽谏。中宗以来有左右。开元时,左属门下,右中书。会要云,垂拱元年二月二十九日也。宋朝会要曰,雍熙五年二月,诏改补阙为左右司谏,拾遗为左右正言,盖太宗欲令谏官修其职业,故改其官号也。然周礼地官之属有司谏,则周已名官矣。唐书朱滔传,建中三年滔僭称王,后二年聘张遂王道为司谏,则滔又以此名立官也。"

【谏(諫)院】【史】谏议大夫之官署,称曰谏院,为宋时之制度。

【谏(諫)议大夫】【史】官名,秦置之,为郎中令(掌宫殿掖门之官)之属官,无常员,多至数十人。汉武帝元狩五年改郎中令为光录勋置谏大夫于其下,上秦论议秩八百石。后汉改为谏议大夫秩六百石。后魏亦置谏议大夫。后齐以之属于集书省，额数定为七人。后周属于地官府为保氏下大夫，以规谏天子。武成三年置太子谏议大夫四人。隋于门下省置谏议大夫七人，至炀帝废之。唐武德置中谏议大夫，龙朔二年改为正谏议大夫，后又置谏议大夫。开元以来废正谏议大夫而复谏议大夫之原名。贞元四年分为左右谏议大夫。其左者属于门下省，额数为四人，掌侍从赞相规谏讽谏；右者则属于中书省辅助中书令，额数亦为四人。元和五年，废左谏议大夫之左字，并将右谏议大夫停职。宋亦置左右谏议大夫各一人，前者隶于门下省，后者则属于中书省掌规谏讽谕之事，其官署称曰谏院，元因其制，(古今事文类聚新集卷二十一)至明始废。

【谥(諡)】【史】谥者，谓人死后易其生前之名而另行立号也，至称本名为讳。书经—周数篇注："遂叙谥法。谥者，行之迹，号者功之表"，周代以前有号无谥，至周公旦，太公望始制谥叙法。古时之谥均由天子裁可之。战国以后其权操诸有司。至明始复古制。礼记—表记篇："先王谥，以尊名。节以壹费，耻名之浮于行也。"郑玄注："谥者，行之迹也。名，谓声誉也。先王论行以为谥。"礼记—郊特牲篇："死而谥，今也。古者生而无爵，死无谥。"郑樵注："古无谥，谥起于周。周人卒哭而讳，将葬而谥。"周谓注："古者生而有爵，则死乃请谥于天子，而天子命之谥。后世但死，则皆有谥，盖未尝请谥于天子，特其自谥耳。故曰，死而谥，今也。"礼记—曲礼篇："已孤暴贵，不为父作谥。"礼记—檀弓篇："公叔文卒，其子戌请谥于君。"大学衍义补(卷八十四)—丘濬曰："自古谥皆请于君，春秋之世犹然。后世以属有司。我朝(明)始复古制。凡大臣有功德于世者，其谥皆自上赐。"汲冢周书："周公旦，太公望开嗣王业，攻于牧野之中，终葬，乃制谥叙法，大行受大名，细行受细名，行出于己，名生于人。"事物纪原(卷九)："礼擅弓曰，幼名冠字，五十以伯仲，死谥，周道也。大戴谥法曰，周公旦，太公望相嗣王，作谥法。抱朴子曰，谥始于周。史记，秦始皇初并天下，制曰，太古有号无谥，中古有号，死而行为谥。"

【谥(諡)法】【史】关于谥之法制，称曰谥法，为周时周公旦及太公望所制。史记内对谥法解曰："周公旦，太公望，开嗣王业，建功于牧野，终将葬，乃制谥，遂叙谥法。谥者，行之迹，号者，功之表，车服者，位之章也。"大学衍义补(卷八十四)—丘濬氏曰："谥法不见于五经，其书见于世者，有周公谥法，有春秋谥法，有广谥，有今文古书，有大戴记，有世本，有独断，有刘熙之书，有来奥之书，有沈约之书，有贺深之书，有王彦威之书，有苏冕之书，有扈蒙之书，有苏洵之书，皆汉魏以来儒者取古谥法，而释以己之说，而各为之法也。其说不一，有一谥而取义数端，臣愚以为古今异宜，请自今节惠定谥者，本于古法，而差酌以今世之所宜，庶不悖于古，而于今人之听闻不惑云。"

【谥(諡)议】【史】谥号议定之法有一定之顺序，谓之谥议。至宋代时，其法始密。后世废而不用，谥号之存仅为一种美名而已，文体明辩："天子崩，则臣下制谥于南郊，明受之于天也。诸侯薨，则太子赴告于天子，明受之于君也。盖子不得议父，臣不得议君，故受之于天于君。若卿大夫，则有司议而谥之。故周制大史掌小丧赐谥，小史掌卿大夫之丧赐谥。秦废谥法，汉乃复之，然仅施于君侯，而公卿大夫皆不得与，盖亦略矣。唐制太常博士掌王公以下谥议。宋制拟谥定于太常，覆于考功，集议于尚书省，其法渐密，故历代以来有帝后谥议，臣僚美恶谥议，传于今，而其体有四，一曰谥议，二曰改议，三曰驳议，四曰答驳议。观其往复议辩，岂得已哉，不过欲归于是非之公而已。今则虽设太常博士，然不掌谥议。大臣没其家，请谥，则礼部覆奏，或与或否，惟上所命。与则内阁拟四字，以请而钦定之，皆得美名，其余则不然，初无恶谥以示惩戒，而谥议遂废不作矣。今取古文类，列于篇，以备一体，亦以示存羊之意云耳。"

【豫告期间】【民总】社团法人之社员有随时退社之自由权，但章程如有关于须于一定期间豫先向社团告以退社之意旨之规定者，则仍须从其规定，于一定期间内豫先告知，此项期间谓之豫告期间。我国民法第五十四条设有明文："社员得随时退社，但章程限定于事务年度终了或经过豫告期间后始准退社者，不在此限。前项豫告期间不得超过六个月。"

【豫备金】【行】Reserve funds　豫算金额外所准备以为补充之必要用费，称曰豫备金。

【豫算】【行】Budget　（参预算法条及预算案条）

【豫算委员】【宪】Budget committee　豫算案必须经国会通过始能成立，在通过前受命从事于豫算案之审查之委员，谓之豫算委员，由国会派定议员充任之。

【豫算书】【行】关于豫算之文书，谓之豫算书。

【豫谋】【刑】旧律所称之谋杀，即豫谋杀人。（参谋杀条及预谋杀人条）

【赌(賭)坊】【史】从事赌博之场所也。明律（卷二十六）、清律（卷三十四）刑律杂犯篇赌博之条："开张赌坊之人，同罪。"

【赌(賭)具】【史】谓供赌博之用之器具也。清律之全注曰："赌博不论何项赌具，凡属赌博财物赢输，均当一律治罪。至赌具必须舍赌更无他用者，方是，他若寻常游戏消遣人家恒有之物，似不应概以赌具论致其罪。"

【赌(賭)博】【史】博即古六博之博，谓以游戏之具角胜负而赌财物也。即今掷骰斗牌之类是也。明律（卷二十六）、清律（卷三十四）刑律杂犯篇赌博之条："凡赌博财物者皆杖八十，摊场钱物入官，其开张赌坊之人同罪，止据见发为坐；职官加一等；若赌饮食者勿论。"明律纂注曰："赌博谓呼卢局戏，如樗蒲双陆骰子之类，用财物赌赛以决胜负者也。赌坊即摊钱物之场也。盖赌博游荡之事而耗乱之阶，盗贼之源也，故有犯者不分首从皆杖八十，摊场财物并入官。若有将自己房屋开张赌坊容人在内赌博者，亦杖八十，其房亦当入官，然止据见在场发觉者，坐罪不许指扳，防滥及也。职官为之，何以正人，故加一等，杖九十。若朋友相会为乐，赌饮食非赌财物之比，故勿论。"清律及例对此设有规定，兹举述于下：(一)赌博不分兵民，枷号两个月杖一百。(二)偶然聚会开场窝赌存留之人，抽头无多，各枷号三个月杖一百。(三)监生生员赌博问发为民治罪。奴仆犯赌，家主系官交部议处，系平人责十板，总甲笞五十，旁人出或赌博中人出首者，自首免罪，仍将在场财物一半充实，一半入官。(四)赌博几斗牌，掷骰，打马吊，斗混江，开鹌鹑圈，斗鸡，坑蟋蟀盆，压宝之类皆是。赌饮食者坐，不应重杖。俱拿获牌骰见发有据者方坐。

(五)拿获赌博人犯不将造卖赌具之人供出,即将出赌具之人照贩卖赌具为从例,徒三年,余犯仍照赌博治罪。(六)官员犯赌革职枷责不准折赎。上司与属员斗牌掷骰,均革职满杖枷号三个月,永不叙用。现任职官屡次聚赌及经旬累月开场者,发乌鲁木齐等处效力赎罪。(七)民人将自己银钱开场诱赌,经旬累月聚集无赖放头抽头,初犯徒三年再犯存留门场。赌场赌博之人初犯徒二年再犯徒三年。(八)输钱者据实出首,免罪,仍追所输之钱给还。左右紧邻出首,照例给赏。通同徇隐杖一百。得财准枉法论罪止满徒。(九)旗人将自己银钱开场诱赌,经旬累月聚集无赖放头抽头,初犯发极边烟瘴充军,再犯绞候;容留初犯发边远充军,房主再犯发极边烟瘴充军;俱照名例折枷(赌博之人枷号两个月,杖一百,该管官失察交部议处,领催鞭五十,族长鞭二十五)。(十)在京轿夫借名依附潜匿别处经旬累月开场诱赌,为首及放赌抽头之犯发边远充军,同赌之人俱枷号三个月,杖一百。(十一)匪徒串党驾船设局揽载客商,勾诱赌博,折没货物,掯留行李,初犯三次徒三年,首犯先于沿河马头枷号一月,三次以上及再犯发四省烟瘴充军;船户知情分赃,初犯照为从论,再犯与犯人同罪,船价入官。(十二)闽省花会,起意为首发边远充军,伙同开设展转纠人流二千里,在场帮收钱文之犯徒三年,仍各尽赌博本法于开设花会处先行枷号两个月,被诱入会之人枷号三个月,杖一百;地保泛兵贿庇照首犯一体问拟,知情容隐徒三年,失察杖一百革役。匪徒另立名色诱赌聚众三十人以上与花会名异实同者均照此办理。(十三)失察赌博州县官每事罚俸一个月,自行拿获免议。(十四)书役犯赌失察罚俸三个月,明知不究别经发觉罚俸一年,别衙门书役同赌,不移会送究罚俸一年,自行查办免议。(十五)家人犯赌,其主系官,罚俸两个月,因公他出及自行拿获送究免议。(十六)官员犯赌,上司明知不行揭参,降三级调用;失察同城降一级留任,不同城罚俸一年,查出揭参免议。稽察赌博州县所属,责之州县,府州所属责之府州,府州以上责之司道,司道以上责之督抚。(十七)花会聚众诱赌,地方官自行拿究免议,别经发觉照失察制造赌具例,革职留任,讳匿纵容革职,受贿照例。(十八)失察制造赌具贩卖行用,行邻境拿获,本管州县及吏目典史均革职留任。旧制赌具经邻境拿获本管州县及吏目典史均降一级留任。(十九)失察邻境赌具在本境贩卖,地方官罚俸三个月。失察民间存留赌具,地方官罚俸一个月。(二十)制造赌具未经贩卖行用即被拿获无论已成未成,首先拿获之员加一级,协拿之员纪录一次。前官任内制造,后任官拿获,但未贩卖行亦照此议叙。如后官任内已经贩卖行或因审案究出赌具始将造卖之人拿获,免其失察处分,毋庸议叙。(二十一)制造赌具之人,经邻境访拿,本境差役协同拿,获该管官免议,邻境拿获之员一起纪录一次,二起纪录二次,三起纪录三次,四起加一级。(二十二)本境制造之人携往邻境贩卖,经本境坊拿,邻境差役能协同拿获,协拿之员免议。(二十三)拿获赌具,并未协拿之员,捏称协拿,规避处分,革职;上司扶同同转报,降二级调用;失于查核并非扶同府州罚俸一年,道员罚俸六个月,查出揭参免议。(二十四)拿获旧存赌具,捏称新制,冒请议叙,降一级调用;转报之府州,罚俸一年,道员罚俸六个月,查出揭参免议。(二十五)后官拿获赌具,捏称前官并未失察,除不准议叙外仍降一级调用;转报之府州罚俸一年,道员罚俸六月,查出揭参免议。

【赌(賭)博罪】【刑】Offences of gambling 凡基于偶然之事实以决定利益之得丧者,曰赌博。人类因贪利为胜之心所致,犯之最易。法律之所以禁止者,以其对社会有重大之影响故也。例如废时失业,倾家荡产,甚而至于发生盗窃侵占诈欺之罪,皆由此而起。刑法于分则第二十章内,设有规定,计四条。兹分本罪为四种:(1)单纯赌博罪。(2)常业赌博罪。(3)开场聚赌罪。(4)发行或买卖彩票罪。(详各本条)

【赌(賭)窝】【史】谓赌博者之根据地点及场所也。

【赖比利亚国宪法】【宪】Constitution of Liberia 赖比利亚一作拉比利亚或作利比里亚,原名谓自由,在非洲西部上几内亚,西南濒几内亚海湾(Gulf of Guinea)西北与英领塞纳勒窝内(Sierra Leone)及法领几内亚(French Guinea)相接,东与象牙海岸(Ivory Coast)为界。计面积四万余方哩,人口约二百四十万,尽属黑人,原为一八二二年美国所释放之黑奴,后移殖于此。自一八四七年经英法之承认,与西印度群岛中之海地国共称为世界仅有之二黑人共和国。现行宪法为一八四七年六月二十八日所颁布(一八四九年,一八六一年,及一九〇七年曾加修正),共分为五条,第一条权利编,分为二十节,第二条立法权,分为十一节,第三条行政权分为八节,第四条司法权,分为二节,第五条其他规定,分为十七节,兹将其要点举述于下:(一)本宪法承认人类生而自由独立,一律平等并有天赋及不可让与之权利。一切权力皆来自人民。人民有宗教与信仰之自由权。人民身体有不可侵犯权(奴隶制度之禁止,非有传票不受检查及拘捕),人民生命及一切非依法律不得加以剥夺。对于集会及请愿亦有自由之权。私人财产应受保障。出版自由为在国内自由巩固之要素,在本共和国内不受限制。人民为公共防卫起见,有收藏及携带武器之权;又为防止执政当局变成专制起见,人民有依法行使罢免官吏之权。选举权之享有,则以男性公民年满二十一岁及有产业者为限。除重罪犯证据确凿或嫌疑重大者外,囚犯得以充分保证金保释之。人身保护状之利益在本共和国内,应由人民以最大便利最迅速最宽大,取值最廉之方法尽量享受之。(二)立法权属于以众议院及参议院所共同组织之国会。众议院议员由各郡居民选举之。凡于当选前在郡居住未满四年及在当选时非该郡居民,在其居住郡中未占有满一百五十元之产业与未满二十三岁年龄者,不得当选。议员之任期为四年,每四年选举一次。众议院议长及其他职员应由议员自行选举之。参议院议员由每郡所选二人组织之。凡于当选前在本共和国内居住未满三年,在当选时非为其代表之郡内居民及在其代表之郡内未占有足二百元价值之产业与未满二十五岁年龄者,均无当选之资格。议员任期凡得有最多票数者为四年,次多票数者二年,嗣后获选以填补空缺者亦为四年。(三)众议院议员有单独弹劾权。至于审查弹劾案件之权则属于参议院。两院之开会应于同一城市为之。开会时须有过半数议员之出席始得议事。法案或决议经国会两院之通过以后应提呈总统核准,始得成为法律。如总统核准时应加签署,否则应将法案连同反对理由退还国会,如再经各院以三分之二投票通过,是项法案或决议应即成为法律。总统接到法案或决议后五日内,如国会仍在开会期中,未将其附带反对理由退还国会时,应以总统业已签署论。(四)最高行政权属于由于人民所选举之大总统,任期四年,为海陆军大元帅,经参议院之同意有对外缔结条约之权,有提出任命或委派大使公使领事国务部长各部长以及其他文武官吏之权,并有大赦特赦等权。此外依照选举大总统之同一方法选出副总统一人,同时该副总统应兼任参议院议长。被选为大总统及副总统者须为本共和国之国民满五年,而年龄满三十五岁且已占有价值六百元而有产业上之负担者等资格。(五)为辅助行政之执行并置国务部长(保管国家档案及立法机关暨一切不属于各部之公共纪录与文件),财政部长,海军部长,陆军部长,及邮务总长等官。(六)本共和国之司法权属于最高法院及由国会随时所设立之下级法院。最高法院之法官设大审官一人及助审法官二人,对于大使公使与领事及凡与一郡有关系之案件有首先受理权,对于其他一切案件,不拘法律与事实均有上诉之受理权。最高法院法官及其他一切法院法官依法均受有保障。(七)在本共和国之现行法律若未与宪法发生抵触者应一律有效,至经废止时为止。(八)除本国国民外,任何人等均不得在本共和国境内占有不动产,惟对于殖民地,教会,教育或其他慈善机关所占有之产业确为正当用途者则为例外。此外对于妇女认其有占有私产之权利,在破产中对于孀妇认其应享有不动产三分之一,及动产三分之一之保留权。(九)凡加入本共和国为国民者仅以尼格罗(Negro)种人或其后裔为限。(十)本宪法经国会两院三分之二认为必要时得予修正,其修正案应先付国会讨论,以各院议员三分之二之同意表决之,然后由其提交人民于下届选举参议员及众议员中会中以选举人三分之二之同意采取之。

【输(輸)入港】【行】与输出港相对称。外国货物输运进入于本国时之港口,谓之输入港。至于本国货物输出于外国时之港口则谓之输出港。

【输(輸)入税】【行】所谓输入税,乃指对于外国货物运入本国时所予征收之一定税额而言。其目的在于抵制外货以保护本国之工商业。

【输(輸)出港】【行】与输入港相对称。(详输入港条)

【输(輸)平】【史】春秋—隐公五年:"郑人来输平。"所谓输平,其意义有下列二说:(1)输一作渝。左传:"郑人来渝平,更成也。"其疏曰:"渝,变也。变平者,变更前恶,而复为和好。"依此解乃改变而恢复为旧时之平和状态之谓也。(2)公羊传:"输平,犹堕成也。何言乎堕成,败其成也。曰,吾成败矣,吾与郑人未果成也。"又穀梁传:"输,堕也。来输平者,不果成也。"此与前说不同。所谓堕,乃指报告平和打破之义,其性质与近世国际公法上所称最后通牒类似。

【输(輸)给受给留难】【史】输给官物者,应将官物照给,受给官之人亦应受领官物,均不得无故拒绝,其不受不给,均与法律所规定相反,应受处罚。唐律(卷十五)厩库篇输给受给留难条:"诸有所输及出给,而受给之官,无故留难,不受不给者,一日笞五十,三日加一等,罪止徒一年;门司留难者亦准此。若请输后至,主司不依次第,先给先受者,笞四十。"疏义曰:"有应输官之物,及官物应出给与人,而受物出给之官,无故留难,不受不给者,一日笞五十,三日加一等,罪止徒一年,而受给门司留难者,亦准受给官司之法,故云,亦准此。若请输后至,官司不依次第,先受给,及请输前至后给受者,笞四十。"

【输(輸)课物赍财市籴】【史】应输课物均须将原物运送于输纳之处,不得赍财物于送纳之所,市籴充当,违者应构成本条之罪而受处罚。唐律(卷十五)厩库篇设有输课物赍财市籴之条:"诸应输课物,而辄赍财货,诣所输处,市籴充者,杖一百。将领主司知情,与同罪。"疏议曰:"应输送课物者,皆须从出课物之所,运送输纳之处,若辄赍财货,诣所输处,市籴充者,杖一百。将领主司,若知籴物于送纳之所,市籴情者,与输人同罪,纵一人籴输,亦得此罪。"

【输(輸)课税物违期】【史】课税之物,均有数额及输纳期限,州县等官,均应依限,不得有违,否则构成本条之罪。唐律(卷十三)户婚篇输课税物违期条:"诸部内,输课税之物,违期不充者,以十分论,一分笞四十,一分加一等(州县皆以长官为首,佐职以下,节级连坐)。"疏议曰:"输课税之物,谓租调及庸地租杂税之类。物有头数,输有期限,而违不充者,以十分论,一分笞四十。假有当里之内,征百石物,十斛不充,笞四十,每十斛加一等。全违期不入者,徒二年。州县各以部内分数不充,科罪准此。"注曰:"州县皆于长官为首,佐职以下,节级连坐。"疏议曰:"刺史县令,宣导之首,课税违限,责在长官,佐职以下,节级连坐。既以长官为首,通判官为第二从,判官为第三从,主典及检勾之官,为第四从,以劝导之首,属在长官,故不同判事差等。其里正,处百户之内,事在一人,既无节级连坐,唯得部内不充之罪。"

【辨偿】【债】Compensation (英); Evsatz (德) 为日本名辞,与我国所称之偿还相同。

【辨济】【债】Payment 为日本名辞,与我国所称之给付意义相等。

【办(辦)招】【史】办者,办理也。招者,犯人所招之供辞也。凡案已讯定,全案人证口供始末根由,一切须要明白详细,所有情节,不可遗漏草率,不可前后颠倒,务必简而易明。看定后将全案人证提集,当堂先令口音清楚之书吏高声将各供念给一干人证,咸使听闻。如案内有识字之人,令其自看一遍,饬令画供。过硃后与领状甘结等件按照次序粘卷送与幕友核办……须将一切向其细细讲论,悉归平允。推情用法宜有权衡。若尚有不实不尽之处须再覆讯,不可脱漏。如幕友有所商解之处,不可固执己见,须平心商酌。所说果是,不可不听;如其中有见不到之处,亦断不可曲为迁就改易,须将其见不到之处透彻讲明,令其明白方好核办;若无所可否,一味顺从,恐致将来供招不符矣;幕友办案仅凭口供,未能知其底细故耳。人犯罪名在可轻可重之间,务要从轻科断。如有一线可原者,有例则引例,无例则援案。详文务须声叙简易,使上司一目了然,以免饬驳;或罪名轻而上司意欲重,则不妨将案内情节讲得透彻,为上司者何乐而不为;或罪名本重,原可从轻,已招解到省而上司犹以为重,将业已从轻原委直陈,上司自然明白,即不为已甚;盖上司原不知其中底细,实非有意从重从轻也。至情真罪当凶恶已极之犯,设谋图害,致被害之家遗有老亲,而无次子,养赡无依,或杀一家二命或三命,致人绝嗣(如二命三命致人绝嗣须问该犯有无子嗣),此种行同枭獍之犯,例有明条,查办不可不慎重。如该犯前犯死罪援例减等后,又犯死罪,秋审恐不能再宽,不可因其必死心惨从轻,更不可因其两犯死罪,心恨而从重,法贵准情,于我心无愧矣。(明刑

管见录）

【办(辦)案要略】【史】清王又槐所撰，一卷，事见清史稿艺文志法家类。

【办(辦)理开复】【史】开复谓恢复原来之官职也。凡因本身或其祖父亏空情事而被革职解任或革职解任追赔，经旨豁免者，是否同时亦恢复其原职，本条特设明文分别规定。清之六部处分则例(卷二十八)户属承追篇设有办理开复之条："本身亏空革职解任人员，其欠项蒙恩豁免者，只准免其治罪，不准开复原官。至因祖父欠项未完，将该员解任追赔，革职追赔，未能依限全完，适遇恩旨豁免者，查明伊祖父亏欠原案如系因公挪移因公核减及分赔代赔实欠在民之款，既经邀恩豁免，应一体准其开复；若系侵盗贪婪赃私等款，虽已蒙豁免，只应免其追赔，仍不准援例开复。"又："凡应追赔项之降革解任人员，例准完日开复者，该督抚于完缴清楚后，核实咨报到部之日，即将该员先予开复，不得以同案人多驳令俟各员统行交齐，方准开复。"

【办(辦)理赈务人员奖恤章程】【行】本章程于民国十九年五月十五日由行政院公布，仅十二条。凡办理赈务人员有特殊劳绩及办赈受伤致病身故者依本章程之规定分别奖恤之。

【办(辦)理赈务公务员奖励条例】【行】本条例于民国二十年十月二十七日公布，同日施行，计七条。凡办理赈务之公务员其著有成绩者依本条例之规定奖励之。

【办(辦)理豁免】【史】所谓豁免，乃指开放免除而言。办理豁免，谓关于办理官员应追纳银两时有无家产可抵或有无隐寄情事等而予以豁除免缴应追之银两也。清之六部处分则例(卷二十八)户属承追篇设有办理豁免之条："凡官员应追银两，该督抚一面饬属严追，一百即分咨该员历任所到省分严查有无隐寄，其任所地方官以文到之日，起限三个月查明申覆，如有逾违，照钦部事件迟延例议处。"又："凡官员应追银两分毫无完，该管督抚不查明家产有无，辄代属员题请豁免者，降三级调用。"又："凡官员应追银两于题请豁免之后，别有隐寄事发，除本人照例治罪财物入官外，将捏报家产已尽之出结地方官降四级调用，不行确查之府州降二级调用，道员降一级调用，两司降一级留任，督抚罚俸一年。如系由该管上司逼勒具结，而属员听从捏报不行举首者，将上司革职，属员仍降四级调用。"又："凡例应豁免之案已据各旗籍咨报到部，而承办司员任听书吏沉搁不为汇题豁免者，将该司官罚俸一年，堂官罚俸六个月；若只系办理迟延，照事件迟延例议处。"又："凡官员应追银两有实系无力完缴者，查明该员本任及历过任所俱无隐寄，取具各该地方官切结移咨原籍确查，果系家产全无，原籍地方官亦即加结详请豁免。若不据实请豁，致该员父子夫妇流离者，将地方官罚俸一年，督抚罚俸六个月，其或将分居析产之兄弟族属并事前并未分肥事后并无寄顿之亲戚僚友以及奴仆旁人辗转株连勒追赔补者，革职。"又："凡官员应追银两，系同案分赔者，各按本身应赔银数追缴，如实在无力赔补，即将该员名下应赔之数豁除，不得于同案各员名下重摊，并不得于通省各官养廉内分扣，更不得于承追省分著落赔还，违者以违制论"，又："官员承追一切应完银两，限内有奉旨豁免者，承追官原参现参处分，概予查销。"

【办(辦)解颜料】【史】著色或染色之材料谓之颜料。清时每年例向各省采购以充内廷之用,并拨指定钱粮若干,交各省购买,解运进京。本条为关于采办押运之官吏不依法办理时之处分之规定。清之六部处分则例(卷二十六)户属解支篇设有办解颜料之条:"额买颜料库物件等项,该督抚限本年二月内令布政使估价题报。如布政使不照时价确估,多开价值者,罚俸一年,督抚罚俸六个月,该督抚将估价题报迟延者,亦罚俸六个月。"又:"采办颜料等项钱粮,各州县于本年三月内解银到府,知府即行采办于十月内差官押运进京,如州县解银迟延或解不足数者,俱降职一级,完日开复,或知府采办稽迟,将该府降职一级,完日开复,督催不力之布政使罚俸六个月。若年内不能全完,以致起运违限,将督催之督抚布政使俱降俸一级,戴罪督摧,完日开复。如经该督抚以不能按限完解题请展限,部议准行,迨限满仍不完解者,将该府罚俸一年,题请之督抚罚俸六个月。"又:"采买颜料等项有不堪用者,罚俸一年。"又:"颜料等项不送上司验看,迳行解部者,罚俸六个月。"又:"知府因采办稽迟,先给空批,诿罪于解官者,降一级调用。"

【办(辦)赈人员】【行】所谓办赈人员,乃指负有办理赈务之公务员及其他人员或法团而言。如有办赈人员惩罚条例第三条所规定之犯行之一者,应依法受一定之惩罚。

【办(辦)赈人员惩罚条例】【行】本条例于民国二十年十月二十七日公布,同日施行。全文分为四章,共九条,第一章总则,第二章罚则,第三章监察,第四章附则。办赈人员之惩罚除法令别有规定外,应依本条例行之。

【办(辦)赈团体及在事人员奖励条例】【行】本条例于民国二十年十月二十七日公布,同日施行,(后曾修正)计分九条。凡以赈济国内灾祲为目的,依法组织之团体,及在事人员办理赈务著有成绩者,依本条例之规定奖励之。

【办(辦)课人员取受】【史】课者、税也。办者、办理也。取受,谓收取私受不正之余额也。元典章(卷四十六)刑部第八篇办课人员取受之例:"大德八年八月江浙行省准中出省咨阿老瓦丁状告元任武昌县在城税课副使于大德六年五月内有提领董谦男董询,告论本务官孙大使与武昌路官吏追节破使增余钞定湖北道廉访司议得阿老瓦丁以私己人情追节破使增余劣数均该至元钞一十四两三钱四厘,其赃俱于受劣名下追征到官,以不枉法二十贯以下决三十七下,解见任,别行求仕。今刑部照拟却作己身,侵使枉法定论,降先职一等,呈准标附,又兼院务,比之有司别无俸给,委是冤枉,乞详状送刑部,照勘议拟。通例加程议得随处院务湖泊办课人员多系流品迁转之职,俱无俸 给养廉,年终考校,但有亏兑,勒令赔偿,如有侵欺便以枉法论罪,不惟刑罚偏重,实是情法不伦。以此参详,除欺隐合办正课依枉法论罪外,侵使增余数,如依不枉法例定拟,似为平允所有武昌路务官阿老瓦丁所犯依准廉访司原断令各人别行求仕,相应都省议得院务湖泊办课人员侵使增余额外劣数,既是难同枉法,临时量情轻重论罪,余准部拟咨请依上施行。"

【迁(遷)徙自由权】【宪】Right for freedom of migration 为个人自由权之一

种,即人民所享有选择居住自由之权利也,学者有谓此种自由系属人身自由之一部者。(训政约法第十二条)

【迁(遷)移费】【土】Expenses for removing 迁移费者,谓因土地一部或全部之征收,致其定著物或坟墓须迁移时由需用土地人所给予与该定著物所有权人之迁移费用也。受领迁移费人于迁移费受领完竣后,应于指定期限内迁移完竣,否则得由地政机关代为迁移,或一并加以征收。即受领迁移费人拒绝收受,或不能收受者,或其人不明所在者亦同。如对于迁移费额有异议时,得要求公断,但须预先依限迁移。(参三八一—八七条)

【遗(遺)人】【史】官名,为周礼地官司徒之属。其权限较委人为大。所掌皆施予之事。其职掌依周礼之规定为:"掌邦之委积(少曰委,多曰积,即贮蓄之意),以待施惠;乡里(距王城百里)之委积,以恤民之囏(难之古字)阨;门关(国门及关所)之委积,以养老孤:郊里(距王城百里乃至二百里)之委积,以待宾客;野鄙(距王城二百里乃至三百里)之委积,以待羁旅;县都(距王城三百里至四百里之地曰县,四百里至五百里之地曰都)之委积,以待凶荒。凡宾客会同师役,掌其道路之委积。凡国野之道,十里有庐,庐有饮食,三十里有宿,宿有路室,路室有委;五十里有市,市有候馆,候馆有积。凡委积之事,巡而比之,以时颁之。"

【遗(遺)失印信】【史】印信,谓以木或石刻文字其上以为信也。凡将官署印信遗失者,应受一定处分。清之六部处分则例(卷十)吏属印信篇设有遗失印信之条:"在外各官印信,在署存贮或系行寓存贮,被贼径行窃去,有印官革职;五日内自行拿获究办,开复原参处分,未经行用减为降一级调用,已经行用减为降二级调用;一月内自行拿获未经行用减为降三级调用,已经行用减为降四级调用;如非自行拿获仍不准减议。至适遇公出派,有员弁随行赍送或乘船偶遇风浪沉弱,或被火延烧有显迹者,一时仓猝失检,不能寻获,将转派员弁革职留任;本员未能先事预防,应议以降三级留任。若在署封贮,遇有水火猝不及防,以致毁失者,将本员革职留任;五日内自行寻获开复,原参处分系革职留任者,减为降一级留任,系降三级留任者,减为罚俸二年;一月内自行寻获,系革职留任者,减为降二级留任,系降三级留任者减为降一级留任",又:"在京各衙门印信系封贮在署,当月值宿官员专司监守,如有窃失,专司监守之员革职,有印官革职留任。"

【遗(遺)失儿】【史】因父母之不注意而走散迷失其子女时,此项子女称曰遗失儿,与遗弃儿之系由于其父母之故意弃掉者不同。唐律(卷十二)户婚篇——养子舍去条之疏义:"其小儿三岁以下本生父母遗弃,若不听收养,即性命将绝,故虽异姓,仍听收养即从其姓。如是父母遗失,于后来认识,合还本生失儿之家,量酬乳哺之直。"明律(卷四)、清律(卷七)——立嫡子违法条之次——收留迷失子女条:"凡收留人家迷失子女,不送官司,而卖为奴婢者杖一百徒三年。"

【遗(遺)失物】【物】Lost thing 即不本占有人或所有人之意思偶然失却其占有之动产也,其要件有二:(1)其丧失须系非本于占有人或所有人之意思。(2)须为偶然之丧失。遗失物之拾得乃动产所有权取得方法之一,且为天然方法而非法律行为,故关于能力之规定意思表示之规定均不适用。遗失物本为有主之物,只因所有人不明，故与无主物不同。我国民法规定，拾得遗失物者，应通知其所有人，不知所有人或所有人所在不明者，应为招领之揭示，或报告警署或自治机关，并将其物同时一并交存。（第八〇三条）。经揭示后所有人不于相当期间认领者，拾得人应报告警署或自治机关，并将其物交存（第八〇四条）。遗失物拾得后六个月内，所有人认领者，拾得人警署或自治机关于揭示及保管费受偿后，应将其物返还之，拾得人对于所有人得请求其物价十分三之报酬（第八〇五条）。如于六个月内所有人未认领者，警署或自治机关应将其物或其拍卖所得之价金交与拾得人归其所有（第八〇七条）。拾得物如有易于腐坏之性质，或其保管需费过巨者，警署或自治机关得拍卖之而存其价金（第八〇六条）。至漂流物或沉没品之拾得，亦适用上项各规定。（第八一〇条）

【遗（遺）忘】【史】为周礼所定之刑事裁判上之宥怒减轻之一要件，即不注意而犯罪之谓。因其系不注意故可宥恕或减轻其罪。周礼—秋官司剌之制："壹宥曰不识，再宥曰过失，三宥曰遗忘。"周礼注疏卷三十六郑玄注："遗忘，若间帷薄（幕簾也）忘有在焉，而以兵火射之。"与近代法所称之重过失相似。

【遗（遺）言】【继】Will；Testament　为日本名辞，与我国所称之遗嘱相等。

【遗（遺）命】【史】与遗言之意义相同，清律户律户役篇——别籍异财条注："须期亲以上尊长亲告乃坐，或奉遗命，不在此律。"

【遗（遺）书】【史】遗书之意义有二：（1）佚即民法上所称之书面遗言，棠阴比事："遂呼族人为遗书，悉以财属女。"（2）即散佚亡失之书。汉书艺文志："使谒者陈农求遗书于天下。"

【遗（遺）留分】【继】Compulsory portion　为日本名辞，即我国所称之特留分也。

【遗（遺）留财产】【民总】学者又称之曰遗产，惟二者实有区别，盖遗留财产乃指死亡后所遗留之积极财产而言。而遗产则系包括权利及义务在内。

【遗（遺）产】【继】Inheritance　凡财产所有人于死亡后所遗留之财产，而尚未归属于继承人或受遗赠人者，曰遗产。遗产除依法由继承人继承之，或归属于受遗赠人外，对于无继承权之人，亦得酌量给与。但酌给之权，乃操诸亲属会议耳。其应受酌给之人，乃以被继承人生前继续扶养之人为限，酌给之标准，则以依受扶养人平日所受抚养之程度，及其他关系而定。（民法第一一四九条）

【遗（遺）产分析之诉】【民诉】所谓遗产分析之诉，乃指关于以分割遗产为目的所引起之诉讼而言。依我民诉法之规定，此项诉讼得由继承开始前，被继承人普通审判籍之法院管辖。（第十六条）

【遗（遺）产分割】【继】Partition of inheritance　遗产分割者，谓继承人有数人时，将遗产分配于各继承人，使其分别专有其应得之部分也。分割方法，如被继承人有遗嘱时，其遗嘱自定分割方法，或委托他人代定者，自应依其所嘱；如无遗嘱者，自可由继承人以协议方法定之；不能协议时，则可诉诸法院听其裁判。遗产之分割，原则上继承人得随时请求之，但有下列情形之一者，不得为之：（1）当事人另有契约订定时。(2)被继承人以遗嘱禁止分割时。(3)胎儿应继分未保留时。遗产一经分割,其效力应自何时发生,在立法例上有二种主义:(1)宣示主义。(2)移转主义(详各本条),我民法采前者,即溯及继承开始时发生效力。至于继承人相互间之担保责任,以及分割时继承人相互间之担保责任,以及分割时继承人中有对被继承人负有债务,或曾受被继承人之赠与时等之计算方法,在我民法均设有明文,以杜争端。(参第一一六四——一一七三条)

【遗(遺)产承受人】【继】死后而无配偶或直系血亲卑亲属以继承其遗产时,其承受死者之遗产,而无嗣续之性质者,为遗产承受人。我继承法无遗产承受人之规定,惟关于无人承认之继承,设有明文耳。

【遗(遺)产税】【行】遗产之制,学者对之各有见解;惟主张加以限制者,则皆异口同声。此遗产税之所以创设也,所谓遗产税,乃指对于遗产所课之税收而言。我国对此尚未设有明文,加以征收。

【遗(遺)产管理人】【继】Manager of the deceased property 遗产管理人者,对于遗产负有管理权利之人也。遗产之须设置管理人,其情形有二:(1)各继承人对于遗产为公同共有者,得由继承人中互推一人为管理人(第一一五二条)。(2)在无人承认之继承者,由亲属会议选定遗产管理人,其职务如下:(一)编制遗产清册。(二)为保存遗产必要之处置。(三)公告或通知债权人及受遗赠人。(四)清偿债权或交付遗赠物。(五)移交遗产。(第一一七七——一八〇条)

【遗(遺)产继承人】【继】Inheritor 又称继承人。(详该本条)

【遗(遺)弃儿】【史】父母故意掉弃遗失其子女时,此项子女称曰遗弃儿。唐律(卷十二)户婚篇——养子舍去条第二项:"即养异姓男者,徒一年,与者笞五十。其遗弃小儿年三岁以下,虽异姓听收养,即从其姓。"明律(卷四)户律户役篇——立嫡子违法条:"其遗弃小儿年三岁以下,虽异姓仍听收养,即从其姓。"清律(卷七)之规定与明律相同。

【遗(遺)弃尊亲属罪】【刑】Offence of abandonment against ascendant 为遗弃罪之一,即对尊亲属遗弃时应加重处刑之罪。其情形有二:(1)对于直系尊亲属犯有义务者之遗弃罪(即刑法第三一〇条第一项之罪)者,加重本刑二分之一。(2)对于旁系尊亲属犯有义务者之遗弃罪(即第三一〇条第一项之罪)者,加重本刑三分之一;若因而致尊亲属于死或重伤者,则比较故意伤害罪从重处断。(刑法第三一一条)

【遗(遺)弃罪】【刑】Offence of abandonment 遗弃者,对于他人之生命因本人之积极行为或消极行为而予以危险之谓也。本罪之主体有主张仅限于有义务之人者,有主张不分义务之有无,均得为主体者,有主张应分为积极行为(故意遗弃之谓)与消极行为(不予以保护之谓)者,前者之主体为无义务者,后者之主体为有义务者,更有谓仅消极行为者,方可为本罪之主体者。刑法采第三说,对于本罪在分则第二十四章加以规定,共四条,兹分为三种:(1)一般遗弃罪。(2)有义务者之遗弃罪。(3)遗弃尊亲属罪(详各本条),上述各罪关于褫夺公权之处分,由审判官

自由定之。(刑法第三一二条)

【遗(遺)腹子】【史】父死后所生之子曰遗腹子。淮南子一说林训:“遗腹子不思其父,无貌于心也,不梦见像,无形于目也。”史记李将军传:“李富户有遗腹子,名陵。”

【遗(遺)漏减等】【史】减等,谓减轻刑罚之等数也。遗漏即遗忘疏漏之谓。官员未将各种人犯依法减等者,应受一定处分。清之六部处分则例(卷四十八)刑属审断篇下,设有遗漏减等之条:“官员将斩绞人犯遗漏未经减等者,州县官降一级留任,转详之司道,罚俸一年,督抚罚俸六个月。军流人犯遗漏未经减等者,州县官罚俸一年,转详之司道罚俸六个月,督抚罚俸三个月。徒杖以下人犯遗漏未经减等者,州县官罚俸六个月,转详之司道罚俸三个月,督抚罚俸一个月。”

【遗(遺)赠】【继】Legacy 遗赠者,谓遗嘱人依遗嘱方式,将其财产一部或全部(特留分除外,赠与特定人,而于遗嘱人死亡后发生效力之单独的无偿的行为也。为遗赠者曰遗赠人,其对方曰受遗赠人。遗赠与赠与不可混同,其异点如下:(1)前者为处分死后财产之行为,后者则为处分生前财产之行为。(2)前者于遗嘱人死后发生效力,后者则于赠与人生存中受赠人允为收受而生效力。(3)前者为单独行为,后者则为双方行为。(4)前者须依一定方式,后者则否。按遗赠既系于遗赠人死后而发生效力,但有下列情形之一时,遗赠仍失其效:(1)受遗赠权丧失时(民法一一八八条)。(2)受遗赠人死亡者。(3)遗赠物不属于遗产之内者。至遗嘱人死亡后遗赠既发生效力,但受遗赠人若不愿受领该遗赠时;法律并不加以强制,故受遗赠人得于斯时表示承认或抛弃;若不表示,则继承人及其他利害关系人得定一相当期限,请求受遗赠人表示;若于期限届满仍不表示者,则视为承认。此项承认或所表示之抛弃,其效力溯及于遗嘱人死亡之时。至所抛弃之遗赠物,仍属于遗产,以昭公允,遗赠之种类可分下列:(一)概括遗赠。(二)特定遗赠。(三)单纯遗赠。(四)附期限遗赠。(五)附义务遗赠。(六)附条件遗赠。(详各本条)

【遗(遺)赠人】【继】为遗赠行为之人,称曰遗赠人。

【遗(遺)赠物】【继】遗赠之目的物,曰遗赠物。

【遗(遺)嘱】【继】Will; Testament 遗嘱者,谓人于生存中预期死亡时处置遗产或其他事务,以发生效力于死后为目的之要式单独的意思表示也。为遗嘱者曰遗嘱人(Testator),须具有行为能力(详遗嘱能力条),方得为之。遗嘱人得自由处分遗产,但须不违反关于特留分之规定。遗嘱为一种要式行为,故须依法定方式。因方式之不同,遗嘱可分下列五种:(一)自书遗嘱。(二)公证遗嘱。(三)密封遗嘱。(四)代笔遗嘱。(五)口授遗嘱(详各本条),在原则上遗嘱之效力,乃自遗嘱人死亡时发生,但遗嘱中定有遗赠,其遗赠附有停止条件者,则自条件成就时始发生效力,是为例外(民法第一一八六——二〇〇条)。遗嘱在未执行前,(1)若有保管人者,知有继承开始之事实时起。(2)若无保管人则由继承人发见遗嘱时起,均须速将遗嘱提示于亲属会议,以定其真伪,至其如何执行,详遗嘱执行人条内。

【遗(遺)嘱人】【继】Testator 为遗嘱行为之人,称曰遗嘱人。

【遗(遺)嘱之执行】【继】遗嘱人死亡后,其遗嘱立即发生效力。而死者关于遗嘱之实现,当然乃欲使其达到于预期之目的,因此乃有执行制度之设,是曰遗嘱之执行。例如执行人之产生方法,其职务,其地位及执行方法与执行人之监督等皆是。(民法第一二〇九——二一八条)

【遗(遺)嘱之撤销】【继】Revocation or cancellation of a testament　所谓遗漏之撤销,乃指对所为之遗嘱加以撤销,使其不生效力之行为而言。撤销方法有二:(1)由于遗嘱人明示者——即由遗嘱人明白表示加以撤销之谓。我民法规定得随时依遗嘱方式撤销遗嘱之全部或一部。(2)由于法律上推定者——即法律于某种情形之下,视为撤销之谓。我民法之规定如下:(甲)前后遗嘱相抵触者,其抵触部分前遗嘱视为撤销。(乙)遗嘱人之行为与遗嘱相抵触者,所抵触部分之遗嘱视为撤销。(丙)遗嘱人破毁涂销或记明废弃意思于其上者,其遗嘱亦视为撤销。关于遗嘱撤销后复将撤销行为加以撤销时,其复撤销之效力如何,各国立法例有二主义:(A)复活主义。(B)非复活主义。(详各本条,民法第一二一九——二二二条)

【遗(遺)嘱年龄】【继】法律常有关于已满一定年龄始有为遗嘱之能力的规定,此种限制年龄,曰遗嘱年龄。日本定为满十五岁,普奥则定为满十四岁,德法定为满十六岁,瑞士及加拿大定为满十八岁,我国民法亦定为满十六岁。(第一一八六条二项)

【遗(遺)嘱自由主义】【继】为继承的立法主义之一种,即财产之如何处置,应使被继承人有完全遗嘱之自由之谓。英国除采一子继承主义外,兼采此项主义,其他各国如德瑞士日本多于特留财产以外,许被继承人有遗嘱自由处分之权,我国民法亦采之。

【遗(遺)嘱见证人】【继】Witness for testament　所谓遗嘱见证人,乃指在遗嘱人为遗嘱时,当场亲身参与为遗嘱之人而言。此种人对于遗嘱具有莫大之关系,法律为慎重计,对其资格设有消极之限制的规定,即凡有下列之一者,不得为见证人:(一)未成年人。(二)禁治产人。(三)继承人及其配偶或其直系血亲。(四)受遗赠人及其配偶或其直系血亲。(五)为公证人或代行公证职务人之同居人,助理人,或受雇人。(民法第一一九七条)

【遗(遺)嘱法院】【组】Court of probate　在英美各国所设关于受理遗嘱之检查等案件之法庭。(参高级法院条内)称曰遗嘱法院。

【遗(遺)嘱保管人】【继】Custodian of testament　负责保存遗嘱者,曰遗嘱保管人,遗嘱保管人自知有继承开始之事实时,应即将所保管之遗嘱提示于亲属会议。(民法第一二一二条)

【遗(遺)嘱能力】【继】Capacity of testator to device　凡在法律上有为遗嘱之资格者,曰遗嘱能力。据我民法之规定,凡已成年,即已满二十岁而未曾被宣告为禁治产之人,均得为遗嘱。易言之,即凡有行为能力者,皆得自由为遗嘱也。至于限制行为能力人之已满十六岁者,亦得为遗嘱,且无须经法定代理人之允许,所以尊重本人之意思也。(第一一八六条)

【遗(遺)嘱执行人】【继】Executor of testament 遗嘱执行人者,谓对于遗嘱负担使其发生效力的责任之人也。其性质如何,约有下列三学说:(1)为遗嘱人之代理人。(2)为继承人之代理人。(3)为被继承人债权者之代理人,以第二说为当。我国民法采之(第一二一五条)。遗嘱执行人产生方法,为得由遗嘱人以遗嘱指定之,或委托他人代为指定。至均未依上述方法指定时,得由亲属会议选定之。若仍不能选定者,则得由利害关系人声请法院指定之。凡系未成年人或禁治产人,均不得为遗产执行人,以其均无行为能力也。至其职务,则如下述:(A)编制遗产清册。(B)管理遗产。(C)其他执行上必要的行为,执行人若有数人者,原则上在执行职务时以过半数取决之。若怠于执行职务,或有其他重大事由时,利害关系人得请求亲属会议改选他人充任,其由法院指定者,则得声请另行指定。(民法第一二〇九——一二一八条)

【遗(遺)嘱监护人】【亲】又称指定监护人。(详该本条)

【遴(遴)委署事官员】【史】州县等亲民之官,关系重大,如一旦有缺虚悬,应就近委署邻境官员署理,不得遴委距离辽远之州县官兼代其职,违者应受处分。清之六部处分则例(卷四)吏属举劾篇设有遴委署事官员之条:"雍正六年八月初七日奉上谕,州县为亲民之官,地方事务全资料理;凡有委署印务者,必邻近地方始能兼顾。向来督抚藩司等委员署印,每凭一己之私心,而不计道里之远近,此习相沿已久,近日秉公之上司,已将此等陋习涤除,而其余尚有未能尽改者,如常赍官达之在广东,则以韶州府乳源县令署广州府之花县,又以广州府花县令署惠州府之海丰县,此皆隔府差委相去数百里之远者。夫州县一官钱粮必及时征收,盗贼必立时缉捕,人命必当时相验,承审案件必如限完结,若于数百里之外兼摄印篆,不但顾此失彼,诸务废弛,而吏役奔忙,人犯拖累,种种迟误之处,难以悉数。嗣后州县缺出,该上司等必须遴委邻近官员署理。倘正印官一时不得其人,即遴选邻近之贤能佐贰官署理,如系地方要缺,邻近难得其人,则将隔府正印官委署;而另委官员,以署该员本县之事务;期人地相宜,而各县公务又不致于迟误,斯有裨益。倘该上司有市惠徇情。任意委署者,经朕察出,定严处分,钦此。"又:"道府遇本属州府缺出,同知通判遇本属州县缺出,均不准该督抚委署。其州县事简者,令邻近州县及试用候补等官署理。事繁者,于别府同知通判等官内选择廉能之吏署理。或现任之首领佐贰内,有曾经卓异保荐俸满保题者,得准委署。如该督抚不量缺分繁简遴委,照违例保题例罚俸九个月。若将并未卓异俸满之首领佐贰等官委署州县印务者,将督抚降一级调用。由司道府州申详者,将申详官降一级留任。至州县缺出,司道府不详明督抚,擅行委署者,将擅委之员降一级调用。其因州县丁忧病故,暂行委员护理;并不接收交代者,不在此例。"

【遴(遴)选】【行】谓选用人材也。正字通:"遴,音邻,谨撰也,谓相比而选之也;故抡才谓之遴选。"金史一陈规传:"遴选学术该博,通晓世务,骨鲠敢言,以为台谏。"

【选(選)民】【宪】Elector 选举权之享有,为人民参政之一种方法;据一般之规定,除未成年人,无国籍者,精神病者,受刑事处分者外,凡一国之人民,皆有选举权。享有选举权之人民,谓之选民。例如参加选举总统议员及其他官吏之人民是。

【选(選)用军职】【史】遴选任用军职,曰选用军职。明律(卷二)吏律职制有选用军职之条。清律删去之。明律之规定曰:"凡守御去处、千户、百户、镇抚有阙一具阙本实封御前,开拆一行都指挥使司转达五军都督府奏闻,取自上裁选用,若先行委人权管,希望实授者,当该官吏各杖一百,罢职役充军。若选用总旗,须于戳过铁枪人内委用,其小旗,从便选充,不拘此律。"明律之纂注:"守御者,护守地方,防御寇盗也;戳过铁枪人指总旗,不拘此律者,谓小旗从便选充,不拘戳过铁枪之律,守御有阙,委人权管,亦职守之常,但不当希望实授耳。官吏罢职役充军充附近军也,盖重在选用,一边故特著当该官吏之罪,此言守御军官所系重大,如遇员缺,本衙门必须具本奏闻,抄出兵部推补,取自上裁选用,不得专擅也。"

【选(選)任清算人】【公】Chosen liquidator 即由股东决议所选定之清算人也。在无限公司由股东决议选定之,法院或股东过半数之决议得解任之(第五三—五六条)。在两合公司由无限责任股东过半数之决议选任之,并解任之(第八五条第一项,第八六条)。在股份有限公司由章程之订定或由股东会选任之;股东会得决议解任之;又法院因监察人或有股份总数十分一以上股东之声请,亦得解任之(第二〇五—二〇六条)。在股份两合公司则由无限责任股东所选任者,与股东会所选任者行之(章程另有订定者为例外),而人数且须均等,以共同清算。(第二二八条)

【选(選)任辩护】【刑诉】System of employed defence 为辩护制度之一种,对指定辩护言,又称私选辩护,谓由于被告或其法定代理人保佐人及其配偶之意思所发生之辩护关系也。换言之,即选任与否,依被告人等之自由也。例如某律师之聘任,乃基于被告之意思是。我刑诉法以选任辩护为原则,故须未经选任辩护人时,始得为或应为指定辩护。至于已经指定后,如被告或其法定代理人等另行选任辩护时,或前未出庭之选任辩护人今已出庭时,审判长对其指定应撤销之。(刑诉法第一七二条)

【选(選)任鉴定人】【民刑诉】Chosen-expert 为鉴定人之一种,对委任鉴定人言,谓由官署所选任有特别技能学识经验者之鉴定人也。其人数亦无限制,为完备鉴定起见,即命他人继续鉴定,或另行选任,亦为法律所许可。(刑诉法第一一八条第一项及第一二四条,民诉法第三一三—三一四条)

【选(選)侍】【史】明末宫中选用女官,称曰选侍。明刘若愚所撰之酌中志曰:"万历三十一年,神庙命光庙多选淑媛以侍,三十三年先帝诞生,时光帝生母孝和皇后,未有名封,先监曰,可称钦命选侍某氏出,选侍二字,盖出于此。"

【选(選)定居所】【民总】Chosen domicile 又名假住所(详该本条),又称临时住所。

【选(選)定监护人】【亲】Appointed guardian 为监护人之一种,谓由亲属会议所选任之监护人也。得为选定者,须有下列情形时,始可为之:(一)无指定监护人者。(二)无法定监护人者。至被选定之人是否必须限于亲属,法律未设明文,应解为在亲属以外之人,亦得被选。

【选(選)拔贡生】【史】生员之学行均优,而举以入仕者称曰贡生、有副贡、拔贡、优贡、岁贡、恩贡等之别,选拔谓考选推拔咨送于礼部也。清之六部处分则例(卷三十)礼属学校篇设有选拔贡生之条:"直省选拔贡生,咨送到部,经钦点大臣考试,分别等第,倘该学政督抚不能秉公核实,辄将文理荒谬,品行不端,才具平庸者,徇情拔取,降二级调用。如文有疵累,不称拔贡之选者,降一级调用。"

【选(選)注】【史】谓于官职遇有缺员时以具有相当资格者补选之也。元典章(卷九)吏部官制篇勾当官九品,职官内选任之条:"今后各部勾当官有缺,合于九品职官内选注相应人员补充。"

【选(選)派】【行】Appointment 国家官吏不由人民选举,而由上级机关遴选派充者,谓之选派。我国现行制度,一切官吏均由上级机关选派,其由人民选举者,至今尚无所闻。

【选(選)派清算人】【公】Appointed liquidator 谓由法院所派定之清算人也,在无限公司清算人之顺序,第一为选任清算人,第二为法定清算人,如以上均不能产出时,法院得因利害关系人(如公司股东或债权人是)之声请,选派清算人,并得解任之(第五五条、第五六条)。在两合公司与无限公司亦同(第七一条)。在股份有限公司亦因选任清算人与法定清算人不能产生时,法院得因利害关系人之声请选派之,且得解任之(第二〇五—二〇六条)。股份两合公司之规定,亦与上述略同。(第二一六条)

【选(選)曹】【史】为掌官吏之选用之官署,即明清所称之吏部也。梁书:"王伸通能接人士,人士愿其居选曹。"

【选(選)部】【史】为吏部之前称,以其掌选任官吏之事,故曰选部。

【选(選)择之债】【债】Alternative or selected obligation 又曰选择债权,即以于数宗给付中选定一宗给付为标的之债也。与单纯之债相对称,选择之债的性质,学者中议论不一,有谓选择之债乃为有相互条件之数个债权债务关系者;依此说则债权人有数个诉权之存在矣。自不能认为正当。有谓选择之债乃为一个之债权债务关系,而其给付乃有附条件之关系者;依此说则以选择之意思表示认为有条件性质,是亦不能成立。有谓选择之债为有依选择而定之内容之债权关系者;自以此说为当;盖选择之债,于其成立时尚未确定,乃于数宗给付中因选择权之行使或给付之不能,而使其给付特定者也。是以与种类之债(不特定之债)发生下列各种异点:(1)选择之债系由数宗给付中选择其一。种类之债则由同一种类之物件中特定其应为给付者。(2)选择之债须行使选择权,种类之债则否。(3)选择之债有效力溯及债权发生之时,种类之债则否。(4)选择之债因给付不能而特定,种类之债则否。又选择之债与附条件之债,亦有区别,后者其债权发生与否,尚不能定,前者则债权业已发生,惟给付尚未特定耳。据我民法之规定,选择之债之特定,除契约订定外,其他地方法尚有二种:(1)选择权之行使。(2)给付之不能。

【选(選)择主义】【票】为不获承兑时之追索权制度立法例之一,对两权主义与选择主义言,即主张(一)于不获承兑时,或请求担保,或请求偿还,一任执票人之自由。西班牙阿根廷采之。(二)即予前手以选择权,或供担保。或为偿还,悉听其便。法比等国采之。此种主义徒使法律关系趋于复杂,故不为我票据法所采取。

【海】又称并合主义。(详该本条)

【选(選)择刑】【刑】即法院得就刑罚法规中所规定之数个刑名中,选择其一,以为科罚之谓也。

【选(選)择合并】【民诉】Alternative amalgamation 为诉的客观合并之一种,谓原告合并起诉,主张数宗请求,只须被告履行其一也。例如原告请法院判令被告偿还米百石或现款二百元是。

【选(選)择求偿权】【票】Right of optional recourse 又称飞跃追索权。(详该本条)

【选(選)择债权】【债】又名选择之债。(详该本条)

【选(選)择审判籍】【民诉】审判籍之规定,法律设有明文;惟同时有数处法院对之均有管辖之权者,则原告得就其中选择其一,而受其管辖。此项审判籍称曰选择审判籍。

【选(選)择管辖】【民诉】Alternative jurisdiction 为管辖之一种,谓得由当事人选择任何法院,以管辖其诉讼也。我民诉法规定得以选择之情形有三:(一)共同诉讼之被告数人,其普通审判籍不在一法院管辖区域内者,得由其中一人普通审判籍所在地之法院管辖。(二)定审判籍之住所,不动产所在地,不法行为地,或其他关系审判籍之地,跨连或散在数处法院之管辖区域内者,得由任何一处之法院管辖。(三)同一诉讼数处法院有管辖权者,原告得向其中之一法院起诉。(第十九—二一条)

【选(選)择权】【债】Right of choice or of selection 谓确定选择债务人应履行之债务之权利也。因系变更选择之债成为单纯之债,故为形成权之一种。选择权之主体,我国民法规定以凡无法律另有规定,或契约另有订定者,应属诸债务人(第二〇八条)。又选择权人不行使其权利时,选择权可以移转,故选择权乃非专属权之一(第二一〇条)。行使选择权之方法须以意思表示为之(第二〇九条)。故一经行使,其效力自当溯及于债之发生时,而使选择之债成为单纯之债。(第二一二条)

【选(選)举】【宪】Election 所谓选举,乃指公民以书面或其他方法对国家机关人员以本人意见加以推举而言。选举制度甚多,有以直接选举者,有以间接选举者,有采职业代表制者,有采地域代表制者,有采大选举区制者,有采小选举区制者,有采多数选举制者,有采比例选举制者。

【选(選)举人】【宪】Elector 享有选举权利及行使选举权利之人,谓之选举人。

【选(選)举名簿】【宪】Elector's list 关于记载选举区内有选举资格者之姓名履历等之簿册,称曰选举名簿。

【选(選)举法】【宪】Law of election 所谓选举法,乃指关于规定选举人及被选举人之资格,并选方法等等之法规而言。列国立法例有于宪法上加以规定者;亦有另以单行法规加以规定者。

【选(選)举区】【选】Electoral district 举行选举时,为便利起见而分全国为若干区域者,曰选举区。在种制度,在幅员广大之国家,尤为必要;按选举区域乃因一种便利而设;与议员之代表,并无重大关系,议员为全国之代表,并非仅代表其选举区域之利益,故选举终了时,苟选举区有变更或与他区合并,而议员之资格并不因之而受影响。按选举区可分为下列二种:(一)大选举区。(二)小选举区。(详该本条)

【选(選)举诉讼】【宪】Suit of Election 所谓选举诉讼,乃指关于当选人资格发生争执之诉讼事件而言。有以此种诉讼应归所隶属之议院审理者,如法国是。有以应交法院审理者,如英国是。有以之付与特别组织机关审理者,如德国是。我国采英国制。

【选(選)举会】【宪】Election meeting 谓举行选举议员或大总统时所召集之会议,以及选举管理人会同选举监察人,为处理选举事宜所召开之集会也。

【选(選)举义务】【宪】所谓选举义务,乃指必须强制使选举人其履行选举参与投票之义务而言。换言之,即强制选举人投票也。

【选(選)举团体】【宪】Electorate 公民行使选举时,须组成团体,此种团体曰选举团体。团体内之组成分子,其资格如何,各国法律规定不同,但其制度可分为二:(一)限制选举制。(二)选权普及制。(详各本条)

【选(選)举权】【宪】Franchise; Right to vote 为公民参政权之一种,即公民对国家立法机关,或其他机关人员得以书面或其他方法加以推选之权也。此种权能,为公民之权利乎?抑为公民之义务乎?论者纷纷,以选举权一方为公民之权利,而一方又为公民之义务之说为当。

【选(選)权普及制】【宪】System of universal suffrage 又称普选制,与限制选举制相对称;凡于年龄国籍无精神病与未受刑事处分等条件外,并不设有其他资格;以为选举权取得之条件者,曰选举普及制。近来各国多有采此制度之倾向。故财产教育及性别之限制,均为各国法律所放弃。

【辽(遼)之刑制】【史】辽之刑有四,曰死,曰流,曰徒,曰杖,死刑有绞斩凌迟之属,又有籍没之法。流刑量罪轻重,置之边城部族之地,远则投诸境外,又远则罚使绝域。徒刑一曰终身,二曰五年,三曰一年半;终身者,决五百,其次递减百。又有黥刺之法;杖刑自五十至三百,凡杖五十以上者,以沙袋决之。又有木剑大棒铁骨朵之法,木剑大棒之数三,自十五至三十,铁骨朵之数,或五或七,有重罪者将决以沙袋,先于脽骨之上,及四周击之。拷讯之具,有粗细杖及鞭烙法,粗杖之数二十,细杖之数三,自三十至于六十,鞭烙之数,烙三十者鞭三百,烙五十者鞭五百，被告诸事应伏而不服者，以此讯之。品官公事误犯，民年七十以上十五以下犯罪者，听以赎论。赎铜之数。杖一百者输钱千。

【辽(遼)之法典】【史】辽之法典计有下列二种：(一)重熙新定条例——重熙新定条例者，兴宗重熙五年四月，枢密直学士耶律庶成枢密副使耶律德等所上，盖纂修太祖以来法令，参以古制，凡五百四十七条。(二)咸雍重修条例——道宗成雍六年，以契丹汉人风俗不同，国法不可异施，于是命惕隐苏枢密使乙辛等，更定条例；凡合于律令者，具载之，其不合者，别存之。时校定官，即重熙旧制，更窃盗赃二十五贯处死一条，增至五十贯处死；又删其重复者二条，为五百四十五条，取律一百七十三条，又创增七十一条，凡七百八十九条，增重编者，至千余条，皆分类，列以太康间所定，复以律及条例参校，续增三十六条，后因事续校，至大安三年止，又增六十七条，条约既繁，典者不能偏习，愚民莫知所避，犯法者众，吏得因缘为奸。故五年诏曰，法者所以示民信，而致国治，简易如天地，不忒如四时，使民可避而不可犯，比命有司，纂修刑法，然不能明体朕意，多作条目，以罔民于罪，朕甚不取，自今复用旧法，余悉除之，自是遂复用旧法。(辽史卷六十二刑法志)

【录(録)公】【史】东汉光武之时，不置三公，而亲自掌政务，故兼掌尚书事者，权力稍量。此后迄于齐梁，称兼任尚书之事者为录尚书事，简称曰录公。清顾炎武所撰之菰中随笔："通鉴注，光武不任三公，事归台阁，惟录尚书事，权任稍重。自是迄于齐梁，谓之录公。贤曰，武帝初以张子孺领尚书事，录尚书事自此始。晋百官志曰，汉武时左右曹诸吏，分平尚书奏事，知枢要者，始领尚书事。张安世以车骑将军，霍光以大将军，王凤以大司马，师丹以左将军，并领尚书事。后汉章帝以太傅赵熹，太尉牟融，并录尚书事。尚书有录名自此始。亦西京领尚书之任。唐虞大麓之职也。沈约曰，汉东京每帝即位，辄置太傅，录尚书事，薨辄省。"

【录(録)囚】【史】录与虑通详审之义也。录囚，谓对囚徒罪状之可疑者，予以再审；情节之可悯者，予以释放也。汉书—隽不疑传："不疑，每行录囚徒还，其母辄问，有所平反，活岁何人"，其注："省录之，知情状有冤滞与否，今云虑囚。"汉隽(卷二)——注："隽不疑传，行县录囚徒，师古曰省录之，知其情状有冤滞与不也。今云虑囚，录声之去耳，而近俗不晓其意，讹其文，遂为思虑，之虑失其源矣。"学林："前汉后汉称录囚，唐史五代史皆称虑囚。"资治通鉴—唐记："太宗贞观六年二月辛未，亲录系囚，见应死者，悯之，纵使归家，期以来秋来就死。"

【钱(錢)文】【史】于钱刻有文字，谓之钱文。周太公望立九府圜法，为钱法之嚆矢，惟无钱文。周景王铸大钱曰宝货，是为钱文之始，且为用宝字之始。其以年为钱文之始者，为后魏之孝文太和。以通者始于唐高祖武德。以重者始于肃宗之乾元。以元者始于晋高祖之天福年。事物纪原叙其沿革，甚为详尽，其言曰："钱货之典尚矣，周至太公立九府圜法，其文无见，景王铸大钱。班固云，文曰宝货，秦汉则半两五铢，王奔，则货泉，货布，后魏孝文太和十九年，公铸粗备，文曰太和五铢，又孝庄用杨福计，永安二年福更铸，文曰永安五铢，曰是始以年号铸于钱文。唐会要曰，武德四年七月十日废五铢钱行开通宝钱，自此又以通宝为文。高宗乾封中，则曰乾封泉宝。肃宗乾元时，则曰乾元重宝。五代会要曰，晋天福三年十一月，诏铸钱,以天福元宝为文。及伪蜀之制,有光天咸康通正天汉,乾德之号,皆曰元宝。至于宋朝每改元,又铸其号更于钱文矣。盖钱文之以年,自后魏孝太和始也。以宝者自周景王大钱始也。以通者自唐高祖武德始也。以重者自肃宗乾元始也。以元者自晋高祖天福始也。

【钱(錢)法】【史】钱法即古铜币鼓煽铸造也。鼓铸时务应遵照一定数目,一体通行,其民间金银米麦布帛诸物价钱,并依时值,听从民便,不得阻滞。至于铜器乃国宝所需,军民不得私蓄,应听官收买,违者均须依律治罪。(明律卷七、清律卷十一,户律户役篇户律仓库篇)

【史】铸钱局之法例及关于钱局事务之法规,称曰钱法。六部成语注解:"铸钱局律例也,又钱局事务也。"

【钱(錢)律】【史】关于汉时铸钱之法律,称曰钱律。伪铸者处弃市之刑。汉书—景帝纪:"定铸钱伪黄金弃市律。"

【钱(錢)陌】【史】钱之计算,古时以千文为百文。梁武帝时破岭以东,始以八十文为百文,名曰东钱。江郢以上。则以七十文为百文,名曰西钱。京师则以九十文为百文,名曰长钱。此后均略有变更。事物纪原(卷十):"自古用钱贯,皆以千百皆以足。梁武帝时有破岭以东,八十为陌,名东钱。江郢以上七十名西钱。京师七十名长钱。大同元年诏通用足,而人不从,钱陌益少。末年遂以三十五为陌,钱以八十为陌,盖自梁始也。其事见通典,唐昭宗时,京师用钱八陌五十为贯,河南府以八百为贯。笔谈曰汉隐帝时三司使王帝每出官钱,以七十七为陌,为之省陌,盖自五代汉始也。"

【钱(錢)钞】【史】旧时钱庄所发行之兑换券,谓之钱钞。

【钱(錢)债】【史】金钱借贷称曰钱债,债在说文内谓:"负也,今俗负财曰债。"前汉书—晁错传:"卖田宅鬻子孙以偿债。"其贷主称曰放债人,借主则曰借债人,钱债之利息法律上设有一定限制,每月取利不得过三分。年月虽多,不过一本一利。违者法律设有制裁明文。(明律卷九,清律卷十三户部钱债)

【钱(錢)债篇】【史】钱债篇各条以前均无专篇之设,即在唐律亦在杂律篇之内,计凡六条,明律始并为三条,且于户律内另立专篇,以与户役,田宅,婚姻,仓库,课程,市廛等篇相对立,于篇内并增官吏豪强之因私债而准折强夺者,其法加详;计有违禁取利,贯用受寄财产及得遗失物等三条清律因之,不加损益。

【钱(錢)粮互相觉察】【史】仓库务场之官吏,各有监临之责,攒拦库子斗级,各有主守之责,应彼此互相警觉及纠察,若知其侵欺盗用借贷,业经出离仓库,而仍隐匿不觉,举者,或知情而故纵者,虽非入己,实同奸也。故应处罚。明律(卷七)、清律(卷十二)户律仓库篇钱粮互相觉察条:"凡仓库务场官吏,攒拦库子斗级,皆得互相觉察。若知侵欺盗用借贷,系官钱粮,已出仓库,匿而不举,及故纵者,并与犯人同罪。失觉察者,减三等,罪止杖一百,○若官吏虚立文案,那移出纳,及虚出通关,其斗级库子拦头,不知者不坐。"清律之辑注:"此通承上诸条之事,而申明监守之责,皆得互相觉察,则彼此相纠,俱知顾忌,而不敢轻犯,所以杜奸弊也。"同律之总注:"监守侵欺盗用借贷,系官钱粮者,自有本罪,而仓库场务官吏攒典,有监临之责,巡拦库子斗级诸役,有主守之责,彼此责任攸同,皆得互相觉察,若知有侵欺盗用借贷,已出仓库之外,而隐匿不即举首,及故纵而不拦阻者,虽无同盗分赃之事,实有徇庇奸盗之情,故并与犯人同罪,至死减一等。其不知而失于觉察者,虽有疏虞之咎,实无纵容之心,故得减犯人罪三等,罪止杖一百。上节侵欺盗用借贷,皆实在将仓库钱粮出外;故失觉察者,有罪。若官吏不正收正支,而虚立文案,那移出纳,及收受不足,虚出全完通关,则由于官吏为主,俱系文书上虚事,无有形迹可凭,非攒拦库斗之所得觉察者,故不知不坐。"同律之辑注:"侵欺与盗用,情同而迹异,盗用者,钱粮贮于仓库,监守之人乘隙而偷盗入已也,侵欺者,钱粮在己守掌,而侵蚀欺瞒也。故盗用直科监守自盗,而侵欺则以监守自盗论,不直谓之盗也。"

【钱(錢)粮加派预征】【史】钱粮乃包括地丁漕项盐课等在内,加派谓额外加征。预征谓将次年或以后者预先征收,均为法所不许,违者应分别予以处分。清之六部处分则例(卷二十五)户属催征篇有钱粮加派预征条之设:"州县官征收钱粮,私加火耗,及私派加征者,革职拿问,司道府州隐匿不报者亦革职拿问,已经揭报,而督抚不行题参者,革职。该上司不知情者,照不揭参劣员例议处。如被旁人首告,经司道府州等官据实审出者,免其处分。"又:"州县官预征次年钱粮者,革职拿问,司道府州明知不揭者革职,已经揭报而督抚不行题参者降五级调用,其预征钱粮即准该花户作为次年正项流抵,该上司不知情者,照不揭参劣员例议处。"

【钱(錢)粮交盘册】【史】清制,各省布政使等官交卸任务之际,原任官将其任期中之财政收支,向上司报告时所作成之簿册,谓之钱粮交盘册。

【钱(錢)粮到省给批】【史】谓钱粮银两押解到省,由布政使依法于收讫后给予凭证也。清之六部处分则例(卷二十六)户属解支篇设有钱粮到省给批之条:"各州县起解钱粮到省,先将银批赍投巡抚衙门,挂号验明,批上银数,发司照兑,布政使于五日内出具库收黏连原批送巡抚衙门销号,发回州县存据。或巡抚因公他出委按察使代验详报。傥州县以空批挂号报解者,降三级调用,布政使不依限销号者,罚俸一年。"又:"各州县批解钱粮,布政使或以新填旧,或以此易彼,有挪改批回情弊,许州县官据实申报,该督抚指名题参,将布政使照挪移正项钱粮例处分,该督抚徇情不参,降二级调用。"又:"凡解省银两等款,一应批回。未领称为已领,将州县官罚俸一年,批回未发称为已发,将布政使罚俸一年。"

【钱(錢)粮到部给批】【史】谓钱粮银两解到户部后,于收讫后由户部给予收讫之凭证也。清之六部处分则例(卷二十六)户属解支篇设有钱粮到部给批之条:"道光十四年五月十四日奉旨,前据给事中续龄等奏户部贵州司府交左翼税银叠催不到,当经降旨交户部查明具奏;兹据查明由该左翼迟延;虽事属有因,究属不合、左翼监督松筠著交部议处。嗣后遇有应交款项,著于投文后遵限五日付库交纳。倘仍迟延,著查库御史即行严参惩办。钦此。"

【钱(錢)粮奏销册】【史】清时各省对于每年所支出之钱粮,向朝廷应提出一定之决算报告,此项报告书谓之钱粮奏销册。(清国行政法卷六)

【钱(錢)粮捏报全完】【史】谓征收钱粮官吏将未行征完者,伪辞呈报,谓业已全数征完。或将二三官吏所征完之项,捏辞作为一官所征完者。清之六部处分则例(卷二十五)户属催征篇设有钱粮捏报全完之条:"州县官经征钱粮未完,捏以全完申报,或将二三官征完之项,捏作一官全完者,革职。该上司失于查核,府州降二级调用,司道降一级调用,巡抚降一级留任。若州县申报未完而司道府州捏作全完者,将司道府州革职,州县免议。司道府州申报未完,而巡抚捏作全完者,将巡抚革职,司道府州免议。"

【钱(錢)粮造册】【史】征收钱粮等官于完结时应编造各项钱粮文册呈报于上司,谓之钱粮造册。清例之规定如下:(一)府州县于应行完结之钱粮造册,不分晰明白,降一级调用,转详之司道,罚俸一年,不行详查之督抚,罚俸六个月。(二)司道应造钱粮文册,不分晰明白,降一级留任。(三)造报各项钱粮文册,迟延违限,不及一月,一月以上罚俸三个月,二月以上罚俸六个月,三月以上罚俸九个月,四五月以上罚俸一年,半年以上降一级留任,一年以上降二级留任,二年以上降三级调用。(四)漏造重开数目舛错或遗漏职名俱罚俸三个月,该管上司未经查出据册转报,罚俸一个月。(五)钱粮文册,遗漏舛错,经上司驳饬更正,扣去初次往返程期,逾限三月以内,照舛错例议处。三月以外,照迟延例议处,若屡经驳饬始行更正所有再次驳查以后往返程途月日,统作迟延计算。概不准扣除。(六)上司故意驳饬,致令逾限,照应结驳查例,罚俸六个月。

【钱(錢)粮谎称民欠】【史】州县官对所征收钱粮等款,应一一呈部报销;若藉辞或捏辞谓系人民拖欠,而私行挪移作为他用者,应受处分。即该管上司不揭者亦同。清之六部处分则例(卷二十五)户属催征篇设有钱粮谎称民欠之条:"州县官如将已征钱粮作为民欠,或私行挪用,谎称民欠者,革职拿问。司道府州明知不揭者革职。如已经揭报,而督抚不行题参者,降五级调用。若该上司止系失于觉察,府州降一级调用,司道降一级留任,督抚罚俸一年。"

【钱(錢)粮续报全完】【史】所谓钱粮,乃指地丁漕项盐课等项而言。续报全完,谓上述钱粮,在奏销案内,未曾完清,而于被参之后,始行继续呈报全行完纳也。清之六部处分则例(卷二十五)户属催征篇设有钱粮续报全完之条:"凡地丁漕项盐课等项钱粮奏销案内未完各官于参后续报全完者,该督抚即专咨报部咨到之日若在尚未议覆具题之先,户部即于本案内扣除免议,若在议覆具题奉旨之后,该省已接准部文者,应由该督抚具题开复,未接部文而全完之咨已到者,户部即据咨径请开复,并知照吏部销案,无庸俟该省再行具题。至续报全完之员,或已另案降革,以及佐杂微员例不专案具题者,户部即据咨核明转行吏部开复,若有现任官及大员在内,必须专题者,即将全完之降革官佐杂官,一体列入题本,声请开复。"又:"凡钱粮未完例应降革人员,于未奉部议之先,续报全完者,无论调缺选缺,俱准开复留任,无庸送部引见。如续完在降革行文之后,经该督抚请将该员留任系外省拣调之缺,文到在照限减半以内者,准其留任。在限外者,留省另补。系归部铨选之缺,文到在二十日截缺以前者,准其留任。在截缺以后者留省另补,员缺归选"又:"钱粮未完各官赴部引见奉旨照部议降革者,嗣据接任官续报全完,仍准开复。"又:"续报全完题请开复之案,经管衙门不列续完各官职名者,罚俸六个月。"又:"直省经征督催未完各官参后续报全完,例应扣减扣除开复者。该督抚于题咨文内将收银月日及造入何年季册之处,详细声明,户部即照数登记,先予扣减扣除开复;仍令该督抚于送部拨册内注明收银贮库月日,两相核对。如有舛错遗漏将承办衙门查取职名,议处。"

【错(錯)刀】【史】为王莽所铸造之钱之一种,与契刀相对称,值钱五千,以黄金涂其文,(错者涂也)故名曰错刀。(汉书王莽传)汉书—食货志:"错刀以黄金错其文,曰一刀直五千。"张晏注:"错刀则刻之作字,以黄金填其文。"

【错(錯)行收赎】【史】收赎为赎刑之一种,清律凡老幼废疾天文生及妇人犯非的决者用收赎。错行谓将应断收赎者,而不断之,不应收赎者而误断收赎也。清之六部处分则例(卷四十八)刑属审断篇下设有错行收赎之条:"官员拟罪将不应收赎之人,误断收赎,或将例应收赎之人,不断收赎者,均罚俸六个月。"又:"州县自理赎锾,于岁底造册,申报臬司,两司自理赎锾,于岁底造册申报督抚,由督抚汇造清册题报刑部查核。如州县等官有以多报少,及隐匿不报者,经督抚参奏,即依贪赃律治罪。若并无侵蚀情弊,仅止造册遗漏者,照经手遗漏例罚俸一年。"

【错(錯)漏刺字】【史】漏者,将应行刺字之人犯而未行刺字也。错者谓将不应刺字之人犯,而竟刺字于其面或臂也。又刺面刺臂错误,亦谓之错,均应将该官员予以处分。清之六部处分则例(卷五十)刑属用刑篇设有错漏刺字之条:"官员将应行刺字之人,遗漏刺字者,罚俸三个月,刺面刺臂错误者,罚俸一个月,不应刺字之人误行刺字者,罚俸六个月。"又:"蠹役得赃,应刺蠹役字样,承审官姑息不刺者革职。如系遗漏徒罪以下应刺臂者,降一级留任,流罪以上应刺面者,降二级留任。"

【错(錯)认】【史】因不注意而误认者曰错认。唐律(卷二十六)杂律篇——错认良人为奴婢条:"诸错认良人为奴婢者,徒二年。为部曲者,减一等。错认部曲为奴者,杖一百。"又曰:"错认奴婢及财物者,计赃一匹笞十,五匹加一等,罪止杖一百,未得者各减二等。"其疏议曰:"错认他人奴婢及财物者,计赃一匹笞十,五匹加一等,罪止杖一百,未得者各减二等,谓从错认良人以下,未得者,并减二等,其错认良人以下为子孙,律既无明文,量情依不应为轻,若错认他人妻妾及女为己妻妾者,情理俱重,依不应为重科,若已认得妻妾将去者,多涉奸情,即同奸法。"

【错(錯)认良人为奴婢】【史】良人与奴婢身分悬殊有差,若错认良人为奴婢,是妨害其身分上应享之权利也。为保障其人格权起见,特设本条之规定。唐律(卷二十六)杂律篇设有错认良人为奴婢条:"诸错认良人为奴婢者,徒二年,为部曲者减一等,错认部曲为奴者杖一百。"疏议曰:"良人之与奴婢,种类自殊,若错认者徒二年,为部曲者减一等,徒一年半。若错认部曲为奴者,杖一百,若部曲妻,虽取良人为女,亦依部曲之坐。"

【错(錯)误】【民总】Error 为无意不合之一,对误传言,乃认识与对象不一致之谓也。换言之,即表意人非故意而作与真意不一致之意思表示也。错误之意思表示其种类如下:(1)动机之错误——即表示意思之动机有错误也。例如误信房屋破坏,乃为修理之意思表示是,并不生意思与表示不一致之问题。(2)表示之错误——即表示行为有错误之谓也。例如言词之错误是。(3)内容之错误——又分为四:(甲)法律上之错误——即误解法律所为之意思表示也。(乙)事实上之错误——即误解事实所为之意思表示也。(丙)重要之错误——即关于阻却行为之决意事项之错误。例如甲以物卖乙,而乙收受之,误信为赠与是。(丁)不重要之错误——即不关于阻却行为之决意事项之错误。例如甲乙之买卖其意思表示并无错误,惟不重要之货物品质有错误耳。关于内容之错误,我国民法规定:意思表示之内容有错误,表意人得撤销之(撤销权以一年为限),但以其错误非由表意人自己之过失为限。至内容之范围如何,亦有明文(第八八条)。此外对善意之相对人或第三人,亦有保护之规定。(第九一条)

【刑】Error; Mistake　为观念与现象差异之谓。换言之,即认识与对象不符,或心身相左之谓也。可分为二:(1)法律上之错误。(2)事实上之错误。(详各本条)

【错(錯)拟罪名遇赦】【史】谓官员失出或失入罪犯之罪名时适遇恩赦之年也。本条特规定该项官员是否亦得免受处分。清之六部处分则例(卷四十八)刑属审断篇下设有错拟罪名遇赦之条:"官员审理事件,错拟罪名,适遇恩赦之年,其正犯罪应援免者,承问官应得处分,亦免议。若正犯不准免罪,而承问官应得处分,系在恩诏宽免之列者,亦免议。若承问系属失入正犯,虽例准减免,承问官仍照失入例议处。若承问系属失出,而正犯应减之罪与错拟之罪相等者,亦免议(如斩绞人犯应减军流,承问官原定罪名即系军流之类)。如错拟之罪轻于应减之罪者,照检举例减一等议处(如斩绞人犯承问官错拟杖徒,而赦款内止准减为军流之类)。如应得出入处分,亦在恩诏宽免之列仍准其免议。"又:"直省审定案件遇钦差恤刑之时,经恤刑衙门豁免者,原问官错拟罪名,不拘出入轻重,俱不追究。"

【锢(錮)】【史】谓禁锢也,将仕官之途,加以停塞之谓也。(参禁锢条)

【锢(錮)身】【史】所谓锢身,其意义与日本法律所称之禁锢相似,与我国法律上所称之禁锢不同,盖即拘禁其身于狱内之谓也。事物纪原(卷十):"春秋左传曰,会于商任锢栾氏也,则禁锢之事,已见于春秋之时,故汉末有党锢,今以盘枷锢其身,谓之锢身,盖出于此。"

【阍(閽)】【史】(一)男子处宫刑后使其守门掌启闭之职,称曰阍,即阍人之简称也。(二)以天门喻君门,故吏民诣宫阙诉冤者为叩阍,正字通:"凡吏民冤抑,诣阙自愬者曰叩阍。"

【阍(閽)人】【史】周制,阍人掌王宫宫门朝夕启闭之职,为天官之属官。周礼一天官阍人之制:"阍人(主晨昏之启闭者)掌守王宫之中门(雉门)之禁,丧服凶器不入宫,潜服贼器不入宫,奇服怪人不入宫。"

【阉(閹)割之刑】【史】为宫刑之别称,即割去男子之睾丸之刑罚也。对于女子子宫加以封闭者亦同。大学衍义补:"圣祖作为条训……以后子孙做皇帝时,止守律与大诰，并不许用黥刺剕劓阉割之刑。”

【阉(閹)割火者】【史】阉割男子之睾丸之谓，火者乃指去势而言。官吏及富豪之家均不得乞养他人之子，去其势而驱使之，违者处罚。明律(卷二十六)、清律(卷三十二)刑律杂犯篇：“凡官民之家，不得乞养人之子，阉割火者，违者杖一百流三千里，其子给亲”，清律附注曰：“阉割即古之宫刑，惟王家得役使阉割之人。”同辑注：“旧时闽粤等处豪富之家，多有乞觅他人之子阉割驱使，名曰火者。”

【随(隨)坐】【史】与缘坐或连坐同一意义，即附随犯罪之本人而坐也。史记一赵括传：“赵王因以括为将代廉颇，其母上书，愿主勿遣。王曰，吾已决矣，母因曰，王终遣之，有如不称，妾得无随坐乎。”

【随(隨)时退股】【公】为退股之一种，对定时退股言。(详退股条内)

【随(隨)送流犯】【史】谓流犯于解送发配时，许其妻子亲戚等随送同往也。清之现行则例(即刑部现行则例)名例篇设有随送流犯之条：“刑部一应查拟审拟流犯之妻，将犯人先发顺天府羁候。行文该地方官，查取妻室，起解之时，务佥选的当衙役解送，勿致沿途苦累；有亲戚情愿随送者，听其随送；俟解到之日发顺天府，夫妻一同发遣。解役中途有将犯人妻室掯勒者，照定例治罪。”

【随(隨)扈】【行】所谓随扈，乃指对于国民政府主席或将官临离卫戍地或驻扎地时所派遣之保护兵队而言。计分为下列二种：(1)随扈队——即任途中之保护之军队。(2)随扈卫兵——即任驻所之保护之军队。下列各款应派遣随扈队：(1)国民政府主席临离卫戍地或驻扎地时。(2)军政部长参谋总长训练总监军事参议院院长陆军上将及奉派校阅之将军因公临离卫戍地或驻扎地时。(3)师长旅长或他项团队长之将官初到其所属军队之卫戍队或驻扎地，或因升调离去其卫戍地或驻扎地时，至于随护卫兵之派遣，则仅限于下列二款：(1)国民政府主席临离卫戍地或驻扎地时。(2)军政部长参谋总长训练总监军事参议院院长陆军上将及奉派校阅之将官因公临离卫戍地或驻扎地时，关于派遣随扈队及卫兵尚应注意下列三事：(1)随护队派至车站或船埠由该站埠至驻所之途间前后护卫，但受礼者乘马或乘车时随扈队之徒步兵不用随行。(2)随扈队之敬礼，依照军队之敬礼行之；随扈卫兵之敬礼，依照卫兵之敬礼行之；但对于国民政府主席及受随扈者，虽夜间亦应行礼。(3)凡应派遣随扈卫兵者，昼夜均应派遣。(陆军礼节条例第三篇第二章)

【随(隨)习领事】【国公】Consul (in probation)　为领事之一种，于总领事馆领事馆副领事馆内各设一人或二人，其性质与学习领事相类似，承长官之指挥，分掌文书及调查事项。(驻外使领馆组织条例第四条、第十二条)

【随(隨)逮】【史】谓应其召换也。淮南子：“百姓之随逮，肆刑，挽辂首死路者，一旦不知千万数。”

【随(隨)意共犯】【刑】又曰任意的共犯。(详该本条)

【随(隨)意契约】【债】Contract at discretion　所谓随意契约，乃指不论依照任何方法均得任意缔结成立之契约而言。

【随(隨)意条件】【民总】Potestative conditon　为条件之一，对混合条件与偶成条件言，即全因当事人之意思，以决其成就与否之条件也。又分为二：(1)由当事人双方之意思，以决其成否之条件。(2)由当事人一方之意思，以决其成否之条件。又分为二：(1)普通随意条件——即于当事者意思之外，尚有他事项随附之。例如甲与乙约汝若于下月往南京是，所谓下月即他事亦须顾虑，非单由当事者之一方意思可以决定者，盖于下月或交通不畅，或当事人罹病，均不可知。(2)纯粹随意条件——即其成就与否全基于当事者一面之意思。例如“余若顾”或“汝若愿”是，若完全由权利人意思决定之者，曰积极随意条件；若完全由于义务人之意思决定之者，曰消极随意条件。

【随(隨)意买卖】【债】Purchase and sale by will　为买卖分类之一种，对竞争买卖言，以是否向特定人与是否由当事人随意定价，为分别标准，故凡向特定人而由当事人随意定价之买卖，曰随意买卖，通常买卖以此居多。

【头(頭)取】【债】Manager　为日本名辞，与我国所称之经理人同义。

【频(頻)犯】【史】谓同日犯二个以上之同一之罪或数人同时犯同一之罪也。例如一日中于三处犯收贿之罪，或三人同时收贿之类是，均累计其罪，加以科处。唐律(卷六)名例篇设有二罪从重之条：“即认赃致罪，频犯者并累科。”其疏议曰：“假有受所监临，一日之中，三处受绢一十八匹，或三人共出一十八匹，同时送者，各倍为九匹而断，此名以赃确罪，频犯者累科。”

【余(餘)印】【史】给与诸州封函所用之印以及烙用畜产所用之印(并非官文书之印)，谓之余印。唐律(卷十九)贼盗篇盗官文书印之条：“……余印杖一百。”其疏议：“余印，谓给诸州封函，及畜产之印，在令式，应印官给，但非官文书之印。”

【余(餘)罪】【刑】并合罪中一罪先行发觉时称未发觉之罪为余罪。

【余(餘)亲】【史】缌麻亲以上之亲族曰余亲。唐律(卷二十五)诈伪篇——父母死言余丧之条：“……若诈称祖父母父母及夫死，以求假，及有所避者，徒三年。伯叔父，姑，兄，姊，徒一年，余亲减一等云云。”疏议：“余亲减一等，谓缌麻以上”，所谓缌麻以上即伯叔父母(兄弟之母)，姑(父之姊妹)兄姊以下之亲也。

【余(餘)赃】【史】正赃(即强盗及诈欺所受之财)以外所应得之罪，谓之余赃。唐律(卷五)名例篇——盗诈取人财之条：“……其于余赃应坐之属”，其疏议：“余赃，谓盗诈之外应得罪者。”

【驳(駁)斥】【民刑诉】Overruled; Rejection　一方对于他方之陈述，予以斥驳斥责者，谓之驳斥。例如法院对于民刑诉讼上诉案件，认为无理由或不合法而驳斥上诉人之上诉是。

【驳(駁)正】【史】驳回令其更正，谓之驳正。

【驳(駁)回】【史】清时各官署向吏部之呈文，如经部议不合事，皆向原官署驳之，退回原处，令其更正，是曰驳回。

【民刑诉】Rejection　第二审或第三审之法院对于上诉人，或抗告人所为之上诉，或抗告，认为不合法，或无理由，或已逾上诉期间，或已逾抗告期间，或其他法律上不应准许时，所为之不准上诉或抗告之表示，谓之驳回。例如上诉驳回抗告驳回是也。驳回可分为两种,一为实质之驳回,一为形式之驳回,实质之驳回者,上诉审抗告审认为原审判决并无不合,以上诉抗告为无理由,应维持原判而驳回之谓也。例如民诉第四百四十三条规定,第二审裁判之理由,虽属违背法令,而其裁判依其他理由认为正当者,应为驳回上诉之判决是。形式之驳回者,上诉审或抗告审,对为上诉人之上诉,抗告人之抗告,认为违背法律之程式,或其上诉期限抗告期限业经丧失,未经原审驳回者,而予以驳回之谓也。

【驳(駁)审】【史】清时上级审判机关对于下级机关之拟律不当时,特列举理发回原审判机关再行审理,谓之驳审。

【哄(閧)都拉斯国宪法】【宪】Constitution of Hondurus 洪都拉斯又作浑杜剌斯或作宏都剌斯,为中美洲六小共和国之一,西与瓜地玛拉相连,南与萨尔瓦多及尼加拉瓜二国相接,东与北均濒加勒比安海(Caribbean Sea)。面积约四万五千方哩,人口六十七万,以西班牙人后裔及印第安土人占多数,西班牙与土人混合种次之。产牛之多为中美洲各国之冠,故畜牧业颇盛,银矿亦不少。自十六世纪初叶起即为西班牙所统治,历三百年之久,一八二一年宣告独立,一八二四年至一八二九年止即成中美洲联邦,后复独自建立共和国,一八九四年十月十四日制定宪法。理行之宪法则为一九二四年九月十日所制定公布者(同年十月三日施行),计分为二十二章,都一八二条,第一章国家,第二章洪都拉斯人,第三章外国人,第四章公民,第五章权利与保障,第六章政体,第七章立法权,第八章立法部之特权,第九章常务委员会,第十章法律之制定批准与公布,第十一章行政部,第十二章行政元首之职务及特权,第十三章国务员,第十四章司法权,第十五章预算,第十六章国库,第十七章军备,第十八章省市政府,第十九章公务员之责任,第二十章社会合作与劳工,第二十一章组织法,第二十二章宪法与组织法之修正,兹将其要点举述于下:(一)洪都拉斯为一自由自主及独立之共和国,主权属于国民全体,一切公权均出自国民。(二)本国人或归化人均为洪都拉斯人民,下列均为本国人:(1)凡出生于洪都拉斯国且其父母为洪都拉斯人者。(2)儿童之出生于洪都拉斯,其父母为外国侨民及出生于外国而其父母为洪都拉斯人者,均得选择洪都拉斯国籍(其选择之宣告,须与法定年龄到达后一年内为之)。(3)凡出生于洪都拉斯,其父母为生于本国之外国人者,出生于本国境内之洪都拉斯人在其居住于本国时除有洪都拉斯国籍外,不得有其他国籍。又下列者为归化人:(1)凡住居本国一年,且在主管官署声明愿意归化之西班牙人与拉丁美洲人。(2)凡居住本国二年,且在主管官署声明愿意归化之其他外国人。(3)凡在法律所指定之官署取得所发给之归化证书者。(三)本共和国为一切避难人之神圣避难所(但有例外),外国人自到达本共和国之领土后应服从政府并遵守法律,并得在本共和国享受一切公权,并得依法取得各种财产,负担与洪都拉斯人所负担之一切普通与特殊责任,惟不得在普通或各省管辖区域内担任公职,与本国内各种宗教教派之职位。法律对于外国人之有害者,得规定方式与情形,禁止入境,或驱逐出境。(四)凡年满二十一岁及年满十八岁而能诵读书写之洪都拉斯人均为公民,行使选举权,保有与携带军器及营谋公职等权(被选举权仅以年满二十一岁者为限)。(五)洪都拉斯居民(本国或外国人)均有生命不可侵犯权,个人安全权,如死刑之废止,出庭状之采用,拘留时间之限制,自卫权之行使,鞭挞,棍击,以及各种拷问之绝对禁止,住宅之为人民神圣庇护所,函电通讯,私人文书及商业簿册之不可侵犯及押收等皆属之。此外洪都拉斯居民亦享有在法律上之自由权。如奴隶制度之禁止,宗教仪式之受保护(政教须分离),发表意思之自由,教育之自由,集会结社之自由(僧侣及尼庵之结社则受禁止),实业之自由(惟蒸溜火酒,火药及硝酸盐则由国家专卖之),请愿之自由,以及出入于本国领土皆是。又在法律上洪都拉斯人一律平等,特殊优待或个人特别权利均不为法律所承认。人民之财产权非依法律或根据法律之司法判决,不得剥夺之。为公共需要,或公用专业没收不动产时,须依法律或根据法律之判决,且须先行赔偿之。关于个人服役亦须依据法律或根据法律之司法判决,凡未经上述列举之权利本共和国皆根据天赋人权之原则承认之。(六)遇有外患内乱或秩序不宁致危害公安,或传染病,或其他灾祸时,因保护国家安全,得将本宪法所赋与之权利一部予以停止,由国会宣布之(如国会散会时,则由行政元首宣布之)。(七)洪都拉斯国政府为共和,民主,代议制,政权由立法,行政,司法三部独立行使之。(八)立法权由国会行使之,其议员由每一万五千居民中选举一人及候补者一人为原则选举之;其资格须为年满二十五岁,且为住在选举省之公民方可当选;但有例外,任期四年,得继续连任。每二年改选半数,开会分为常会(每年元月一日)与临时会议二种,均须有议员三分之二之出席始为合法,此外遇有行政元首阻碍国会之集会或会议或解散国会时,议员五人得于本共和国内任何处所召集非常会议,议员自其当选日起,得享下列特权:(1)除国会或常务委员会预先宣布其检举之理由者外,即在战时,亦不受扣留,控告或审讯。(2)除反诉案件者外,在国会普通或临时会议前后十五日内,不受民事控诉。(3)自其选举日起,至其任期终结时止,无须服军役。(4)在其当选期间,不得受放逐或拘禁。(5)无论何时,议员对于国会之意见或建议,不能使其负责。关于国会之特权如制定解释修正及废止一切法律,大赦政治犯,批准或撤销行政元首之行为,批准或撤销与外国所签订之条约,征税,借债,制定国币及度量衡之标准,宣战与媾和,宣布戒严,选举最高法院法官,最高计政裁判所官员以及各项会计官吏,通过国务员之不信任票等等(在本宪法第九十二条列举三十八项)。(九)国会于其闭会期间应由议员中选举代表五人,候补人五人,组织常务委员会,并由该委员会自行选举会长秘书各一人,于国会休会期间内执行本宪法所赋与与国会相同之一定特权(第九十六条列举十三项)。(十)国会议员,共和国大总统及最高法院均有完全立法创制权(但大总统须由国务员行使之,最高法院则于该管事项内行使之)。法律提案除由三分二投票证明为紧急事件外,应于不同之日期内,经三次会议之考虑,然后投票表决之。凡国会所制订之法律提案,应在其通过后三日内送交行政元首批准;并依法律公布之。如不批准时,应于十日内附拒绝理由退还国会(如逾期不加否决,即为批准,并须公布之)。国会应再加讨论,如经三分之二之投票表决,应即再交行政元首,而行政元首应立即公布,不得延搁。行政元首之行使否决权,对于下列法律案与议决案不得为之:(1)国会所举行或宣布之一切选举,及其所接受或拒绝之一切辞呈。(2)宣布检举官员理由之是否成立。(3)预算法。(4)关于行政元首行为之命令。(5)关于其内部之设施与常务委员会之规程。(6)临时迁移会址及停止或延长会期之协定。(7)国会所撤销之条约或契约,此外法律提案非最高法院所建议而有修改或废止共和国法典之任何规定之目的者,非经法院发表意见后,不得讨论。(十一)行政权由大总统行使之,无大总统时由副总统行使之,无副总统时由最高法院长行使之,无最高法院院长时,由国会议长或末次议院议长行使之,大总统副总统均由人民直接选举之,任期四年,不得被选连任;即其亲属在四等血亲之关系者,亦不得被选继任,凡年在三十岁以上,六十五岁以下,而系出生为洪都拉斯之国民均有被选之资格,其职权为掌理全国行政,例如指挥全国海陆军,执行法律及使法律之执行,依法推荐各部部次长。宣战与媾和(但以国会因故不能集会时为限),签订对外条约,依法组织军队,批准及否决法律案。并行使警察最高指挥权等等(本法第一一三条列举二十九项)。(十二)为处理公务起见特设国务员四人至七人,照下列机关如外交部,财政与公共信用部,海陆军部,管理与公法部,公共教育部,开拓部,劳工与卫生部,农业部及其他认为必要之部分配之。国务员之资格须为出生即为洪都拉斯人及年满二十五岁者为限;凡为共和国大总统副总统之第四等血族或亲族关系者或掌管或征收公共税收而尚未清结账目者,用国帑办理之公共事业之承包人,或因其承包之契约尚有未解决之债务者,以及国库之债务人,均不得被任为国务员。国务员如经国会通过不信任投票时,应即出缺,应由大总统立即补充人选。(十三)共和国司法权由最高法院及下级法院与法官行使之(最高法院法官五人,下级法院法官别定之)。法官须律师出身,而年在三十岁以上者,始得充任,最高法院法官由国会选举之,其他法院法官则由最高法院任免及调动之,最高法院院长由该院法官轮流充任之,最高法院除有法律所授与之特权外,行使下列特权:(1)制定法院内部规则。(2)承认裁判官员及高级官员之普通罪案,如国会或常务委员会已宣布其有检举之理由者。(3)依法限制共和国国内外律师与公证人之执行业务,或停止其职权。(4)宣布对最高计政裁判所官员,财政部会计长,及国家与各省主要官员检举之理由。(5)依据国际公法裁判战利品,引渡及其他案件。法院及其他审判厅,有裁判与执行判决之权,各审判厅并得要求武装军队之援助,以实施其判决。国内之司法行政,完全免费。(十四)预算由国会根据行政元首所提出之概算投票表决之,预算以外之各项费用,均为非法。(十五)构成本共和国之国库为一切财产,动产及土地,一切产业信用,关税征课及赋税之收入。为审核国库事项起见应设最高计政裁判所,依法审查,批准,或撤销公款经管人之账目,并将非法命令,退还与行政元首。凡任该裁判所之官员其年龄须在二十五岁以上,有法律或商业学位而非国库之债权人或债务人,或在国库方面有未决之账务者;其人数组织及职权以法律定之,此外本共和国更设会计长一人,为国库事业之代表,其职权另依法律之所定。(十六)军队以保障国家之权利,法律之履行及公共秩序之维持为目的。人民有服兵役之义务;凡洪都拉斯人民年在二十至三十岁者为现役兵,三十至四十岁者为后备军。此外有民团与国防军之设,由年在四十至五十岁者充任之。为审判军事犯,特设军事法庭。为教导并训练各种军队,特设军事学校。为国防设备,特设参谋部。均另以法律定之。(十七)为便于施政起见,国家领域应分为若干省,至于市则采自治制，由人民直接选出之，市政府代表之，市议员人数须以人口为比例，市政府之特权纯粹为经济与行政性质，市政府行使其特权时，完全与其他政府独立，但不得违反本国之法律。又市政府应依照宪法以及其他行政，警务，健康，卫生及公共教育之普通法律与此等主管机关合作，制定法规，惟不得与之抵触。（十八）共和国大总统副总统国会议员最高法院法官，国务员及驻外公使应对国会负其服官时所犯罪案之责任。国会或常务委员会，在此情形应依据其规则所定之程序，宣布检举理由之是否存在，使犯罪者得由该管法庭处分之。各职员或公务员应负行为上之责任。又公务员违犯本宪法所载之权利与保障者，应负民事及刑事上之责任。（十九）国家应特别设立一专门机关，名曰社会改良会，主持下列职务：(1)调和劳资两方之关系。(2)促进并鼓励生产，储蓄，消费合作社与信用合作社之基础，廉价与卫生房屋之建筑，灾害与人寿保险之设置，及贫人养育院之创立。(3)其他如关于卫生等事，此外对工人之八小时工作制及一星期六日工作制以及女工及童工（十四岁以下）均予以保护。（二十）本宪法之条文，得由国会于例会中以三分之二投票修正或废止之，但其修正或废止之命令，须经下届议会于例会中以三分之二之投票批准，方得发生效力，其他印刷法，战时法，保释法，选举法及田地租借法等之组织法之修正亦同。

【默示】【民总】Implied declaration　为意思表示方法之一，与明示相对称，乃间接推测之表示意思也。换言之，即消极之表示方法也。

【默示之撤销】【继】（详遗嘱之撤销条内）

【默示的废止】【通】Tacit A bolishment; A bolished by Tacit consent　为废止之一种，与明示的废止相对称；谓新法与旧法之规定相冲突，因而发生废止旧法之效力也。

【默认】【通】Tacit acceptance　默认与默示不同，由于直接表示甲意思之一定行为所推论而得乙意思之表示，谓之默示。对于默示之承认，或对于应有表示之对方事实，不为反对，与承认之文字或言语表示者，谓之默认。

【默诺】【债】Tacit consent　即默示承诺之简称也。（参默示条及承诺条）

【龙(龍)官】【史】太昊伏羲氏霆龙时瑞，因以龙纪官。又通鉴前编外纪则曰：太昊时，有龙马负图出于河之瑞，因而名官，始以龙纪官。计有五：春官曰青龙氏，夏官曰赤龙氏，秋官曰白龙氏，冬官曰黑龙氏，中官曰黄龙氏。

【龙(龍)虎榜】【史】科举时关于成绩及录取姓名之公示榜文，谓之龙虎榜。

十 七 画

【偿(償)金】【债】Payment of compensation　所谓偿金，乃指法院之判决使加害者赔偿被害者之损失所出之金钱而言。偿金可分为五种：(一)定额偿金。(二)不定额偿金。(三)名义偿金。(四)惩罚偿金。(五)实额偿金等。所谓定额偿金者，即加害者赔偿被害者定额金，审判官且不能变更原告之请求额。所谓不定额偿金者，即加害者赔偿被害者不一定之金额。所谓名义偿金，即被侵害者之权利实际上并无金钱之损失，而使加害者对其侵害权利行为予以偿金。所谓惩罚偿金者，即被害者所蒙金钱上损失之金额外，更酌加偿金。所谓实额偿金者，即实际上被害者有金钱之损失，对其损失予以偿金。

【偿(償)还】【债】Repayment　为清偿之别称。(详清偿条)

【偿(償)还内外短债委员会】【行】民国十一年间北京政府为偿还内外短债起见，特设立偿还内外短债委员会从事于清算，欠债数目及监视偿还手续，置会长副会长各一人由财政部呈请大总统派充。其委员则以下列各员组织之：(1)审计院审计官。(2)法官。(3)内国公债局代表。(4)京师商务总会代表。(5)银行公会代表。每星期开常会三次，临时会议得因重要及紧急事宜另行召集之。(偿还内外短债委员会章程第一——四条)

【偿(償)还计算书】【票】Recourse account　即在行使追索权关系中对于偿还金额多寡之书面记载也，为各偿还人分别所作成，我票据法规定汇票债务人为清偿时，执票人(即追索人)应交出汇票及附有收据之偿还计算书，如有拒绝证书，亦须交出(第九七条)，俾债务人(即清偿人)得更向其前手行使再追索之权。

【偿还请求权】【票】right of recourse　又曰追索权。(详该本条)

【优(優)先股份】【公】Preferential shares　为股份之一种，对普通股份言，即较诸一般股份有特别优等财产上权利之股份也，换言之，即财产上有特权之股份，此种股份之设，乃使入股者踊跃起见，所以称为优先，即分派利益时较普通股为优，分派余存财产时较普通股为先之谓也。

【优(優)先股东】【公】享有优先股之股东，称曰优先股东。

【优(優)先株】【公】Preferential shares　为日本名辞，即我国所称之优先股也。

【优(優)先债权】【债】所谓优先债权，乃指享有先于其他债权而受清偿之债权而言。

【优(優)先权】【物】Preferential right; Right of priority　谓在同一物上依设定次序之先后，以定其权利之优劣，得先于他之权利者而主张自己之权利也，为物权效力之一种，与追及权及物上诉权相对立。(参物权之效力条内)

【海】为船舶债权担保权利之一，谓债权人对于债务人之财产有优先于其他债权人而受自己债权清偿之权利也，我海商法以此权利为一种特定债权，其发生须本于法律所规定之原因，与抵押权之得由当事人随意订定者不同，故法律所定之债权有优先受偿之权者共有六种（海商法第二十七条）。至得为优先受偿之标的物，法律所定者亦有五种（第二十八条），又优先债权之顺序有属于同次航海与不属于同次航海所发生者之区分（第三〇—三一条），又为保护优先权起见，更规定优先债权不因船舶所有权之移转而受影响（第三二条），优先债权如长久存在，对对方人亦有不便，因此更规定消灭原因五种，此外如法律别有规定者，自亦有效。（第三二条）

【优（優）恤军属】【史】官军临阵受伤而亡，出征患病而故皆因王事，故当优恤，其遗存家属回乡，经过有司应给付予行粮脚力，违者治罪。明律（卷十四）、清律（卷十九）兵律军政篇均有优恤军属条之设，内容相同。清律原文及其下注："凡阵亡病故官军回乡家属，（应给）行粮脚力，（经过）有司不即应付者，（以家属到日为始）迟一日笞二十，每三日加一等，罪止笞五十。"同律之辑注："病故官司家属回乡违而不送者，杖六十，与此不同，彼自原任官司言之，此自经过有司言之也。"

【优（優）贡生】【史】与优监生（详该本条），相对称。

【优（優）叙】【史】清制官吏有特别功绩时，而予以加倍议叙，赐以例外之奖励者，谓之优叙，通常皆以擢升官等为多。

【优（優）等悬赏广告】【债】Preisausschreibung（德）　即以广告声明对完成一定行为之人中，择其较优者给以报酬之意思表示也。我国民法虽未明文规定，但此种广告自属有效，关于悬赏广告之规定，应解可以准用。

【优（優）监生】【史】清制，即国子监监生之名称，府州县学之附生，武生，经朝考合格入学者，曰优监生，如系府州县学之廪生，增生，出身经朝考合格入学者，则称曰优贡生。（参嘉庆会典国子监附例）

【优（優）赡】【史】国家对文武官之遗族以俸给优恤补助之，曰优赡。明律（卷二）吏律职制篇——官员袭荫条："其军官子孙年幼，未能承袭者，申闻朝廷，纪录姓名，关请俸给，优赡其家。"

【励（勵）行主义】【刑诉】为刑事诉讼主义之一，对便宜主义言，谓犯罪事实业经侦查证明，而与诉追条件亦相符合，此时诉追机关必须提起公诉之主义也。此种主义与有罪必罚之理论颇相融合，然绝对采用之，亦有绝人迁善之弊，与刑事政策之目的相违反，故应加以限制，我刑事诉讼法以此主义为原则，而以便宜主义为例外。

【压（壓）制】【宪】Suppression　又称镇压，统治阶级对被统治阶级反叛时，实施武力使其服从己之命令者，曰压制，通常须以法律上之权力始可为之。

【压（壓）征】【史】压征者，预先征收之谓也，例如对于次月所应征收之税捐而于本月加以征收是。"压，预也，此月预征下月应交之款，曰压征。"（六部成语注解）

【帮（幫）助】【刑】Aid; Assistance　对于他人之行为而予以助力者，谓之帮助。依我国刑法之规定凡帮助正犯者为从犯，从犯之刑减正犯之刑二分之一。但于实施犯罪行为之际为直接及重要之帮助者，仍处以正犯之刑。至知正犯之情而帮助正犯者，虽正犯不知共同之情，仍以从犯论。（第四十四条、第四十六条）

【帮（幫）助人】【债】Accomplices　对于他人所为之不法行为予以助力之人，谓之帮助人，我民法第一八五条规定数人共同不法侵害他人之权利者，连带负损害赔偿责任，不能知其中孰为加害人者亦同。又造意人及帮助人，均视为共同行为人。据此则帮助人与被帮助人，均须连带负担损害赔偿之责任矣。

【帮（幫）助内乱罪】【刑】为内乱罪之一种，即凡对非行内乱罪，暴动内乱罪，或预备内乱罪，阴谋内乱罪明知其行为而供给军械弹药饷粮，或以其他行为加以帮助之谓也。构成要件有三：(1)要为知情者。(2)要有帮助行为。(3)其帮助行为须有为他人作内乱之助力者。本罪之处分为一年以上七年以下有期徒刑。（刑法第一〇五条）

【帮（幫）助他人自杀罪】【刑】Offences of abetting others to commit suicide　为加功于他人自杀罪之一，即参与他人自杀行为以外之一切预备行为，使其易达于自杀目的之谓。例如贷与自杀器具，或指示自杀方法，或对自杀者当面许以善后计划之帮助，以及其他予以自杀之各种便利，皆属之。其处分为一年以上七年以下有期徒刑，未遂罪罚之，至谋为同死而犯本罪者，得免除其刑。（刑法第二九〇条）

【帮（幫）助他人自伤罪】【刑】为加功于他人自伤罪之一，即参与他人自伤行为以外之一切预备行为，使其易达于自伤目的之犯罪，例如贷与自伤器具，指示自伤方法等是。但须因而致重伤者方能成立本罪，处五年以下有期徒刑，若因而致死者，则处一年以上七年以下有期徒刑，至致轻伤者不罚。（刑法第二九九条）

【帮（幫）助犯】【刑】Accessory offence　对实施正犯言，凡帮助正犯以实施犯罪行为者，学者称之曰帮助犯，实则从犯之别称也。又帮助犯以一个行为帮助多数正犯时应仅论一罪。（大理院解释十一年统字第一六七五号）

【帮（幫）助和诱略诱未成年人罪】【刑】为和诱略诱未成年人罪之一种，因情节不同更分为二：(1)因意图帮助犯单纯或加重和诱略诱未成年人罪（第二五七条），而收受藏匿被诱人或使之隐匿而成立本罪，以有帮助犯人之意思为必要，且须有收受藏匿被诱人，或使之隐匿之任一行为即构成本罪，其处罚为六月以上五年以下有期徒刑，未遂罪罚之（刑法第二五八条第一、三项）。(2)因意图营利，或意图使被诱人为猥亵之行为，或奸淫，而收受藏匿被诱人或使之隐匿而成立，以有上述各行为为必要，且须有意图营利或意图使被诱人为猥亵行为或奸淫之任一目的时，即构成本罪，故加重处罚为一年以上七年以下有期徒刑，得并科五百元以下罚金，未遂罪罚之（刑法第二五八条第二、三项）。

【帮（幫）审员】【史】为民国初年在各未设正式裁判所之县为审理简易民刑第一审案件之裁判官，关于此另有各县帮审员办事章程之制定。

【弥（彌）封所】【史】弥封，谓于乡试或会试时将试卷糊名编号也。弥封所即办理弥封事宜之机关，清之六部处分则例（卷二十九）礼属科场篇设有弥封所之条：

"道光十七年十月十三日,奉上谕前因乡会试试卷繁多,弥封官四员果否足副办理,并如何责成知贡举监临等稽察酌定处分之处,降旨令军机大臣,会同该部议奏。兹据奏称科场之例本极周详,弥封关系甚重,只在经理之得宜,不在人数之增设,至知贡举监临总理场务例有稽察之责,向无处分,即该所官处分亦轻,请从重定议等语。嗣乡会试仍照例用弥封官四员,即责成知贡举监临,择其年力富强,精明干练者,先行派定弥封,毋须与各所官掣签,以昭慎重,并著知贡举监临时稽察处按分照定例亲自印号,不准假手书吏,其有漏印条记用印模糊,核与弊窦无关者,仍著照旧办理。至错印红号有关士子中式者,每卷该所官,照遗漏舛错例,罚俸一年,知贡举监临,失于查察照疏忽例罚俸三个月,三卷以上,该所官降一级留任,知贡举监临罚俸九个月,如查有情弊,立即严参,倘知贡举监临,不行参处别经发觉,除该所官照例究治外,知贡举监临照徇情例,降二级调用。以上各处分,俱不准其抵销,其外帘受卷誊录对头收掌各所官著一并责成知贡举监临,认真稽察,以归画一,并著礼部纂八科场条例,永远遵行钦此。"又:"弥封官于卷面姓名籍贯,不行详看错印应编字号者,每卷罚俸三个月。"又:"弥封所戳印红号墨卷号必与硃卷相对头扬号必与二三场号相封卷号必与簿号相对,如有错印,漏印,重印者,每卷罚俸三个月。"又:"弥封所于墨卷上漏用条记,即移送誊录所者,每卷罚俸三个月。"

【徽章】【行】各公务机关所颁发以为证明身分之用之标章,称曰徽章。

【应(應)出宫殿辄留】【史】依法不应滞留宫殿(例如改任他职是)或已被劾而已有公文禁止其滞留者,均不许留宿宫殿,违者构成本条之罪。唐律(卷七)卫禁篇应出宫殿辄留条:"诸应出宫殿而门籍已除,辄留不出,及被告劾,已有公文禁止,籍虽未除,不得辄入宫殿,犯者各以阑入论。"疏议曰:"应出宫殿,谓改任行使假患番下事故等,依令,门籍当日即除,门籍已除,其人辄留不出,虽无假患等事,及被告劾,已有文牒令禁止,籍虽未除,皆不得辄入宫殿,如有犯者,各以阑入论。"

【应(應)有部分】【物】共有人对于共有物之全部,所应有之一部,为应有部分,例如甲乙二人共买一屋,价值万元,甲出六千元,乙出四千元,则甲应有之部分为十之六,乙应有之部分为十之四,又例如甲以一物遗赠与乙丙二人,使各得其半,则乙丙应有之部分,即属相等,部分同者,其权利相同,部分异者,其权利亦异,然应有部分之多少,亦只存于想像之上,并非显然之界限也。

【应(應)考人专门资格审查规则】【行】本规则为考试院于民国二十年一月二十六日所公布,自公布日施行,全文计二十条。按本规则乃依照考试法施行细则第三条之规定而制定。

【应(應)考人体格检验规则】【行】本规则共九条,由考试院于民国二十年二月公布,自公布日施行。凡应考人体格检验均应依本规则所规定办理。

【应(應)行议罪官员咨送议处】【史】谓依法应受议处之官员于查取职名到日后,由刑部咨送该管部予以议处(轻曰察验,重曰议处)也。清之现行则例(即刑部现行则例)名例篇设有应行议罪官员咨送议处之条:"应行议罪官员,该督抚题参，或系刑部具题查取职名，到日者，刑部停其具题，咨送该部议处，至遇赦者，亦停其具题，刑部即行议结。”

【应(應)受送达人】【民刑诉】凡应受法院或检察处送达之文件者，谓之应受送达人，即送达应对于受送达之本人为之。但下列情形，得向本人以外之人为送达，亦与送达于本人无异：(一)对于无诉讼能力人为送达者，应向其法定代理人为之，对于非法人之团体送达者，应向其代表人或管理人为之。(二)对于在中华民国有事务所之外国公司为送达者，应向其在中华民国之代表人为之。(三)对于现役军人，或军属为送达者，应向该管长官为之。(四)对于在监所人为送达者，应向该监所长官为之。(五)关于商业之诉讼事件送达得向经理人为之。(六)诉讼代理人有受送达之权限者，送达应向该诉讼代理人为之。(七)当事人或代理人已向受诉法院指定送达代收人者，应向该代收人为之，此项代收人不论是否律师均可。

【应(應)捕人追捕罪人】【史】专充巡缉之役，如皂隶弓兵巡捕等，皆为应捕人，即凡有罪人皆应负追捕之责也，若承当该官司之差遣以追捕犯罪之人而假托事故不行，及明知罪人所在而不即往追捕，是有怠缓偷安之习，且有故纵之心，故应加处断。明律(卷二十七)、清律(卷三十五)刑律捕亡篇均有应捕人追捕罪人之条，内容相同。清律之规定及其下注：“凡(在官)应捕人，承(官)差追捕罪人，而推故不行，若知罪人所在，而不(即)捕者，减罪人(所犯)罪一等(以最重之罪人为主，减科之，仍戴罪)，限三十日内，能自捕得一半以上，虽不及一半，但所获者最重(功足赎罪)，皆免其罪，虽一人捕得，余人亦同。若(于限内虽未及捕获，而)罪人已死，及自首各尽者，亦免罪，(其罪人或死或首，犹有)不尽者，止以不尽之人(犯罪减等)为坐，其非(专充)应捕人临时差遣者(或推故不行，或知而不捕)，各减应捕人罪一等(仍责限获免，其应捕人及非应捕人有)受财故纵者，不给捕限，各与囚(之最重者)同罪(亦须犯有定案，可与同科所受之)赃重(于囚罪)者，计赃(全科)以(无录人)枉法从重论。”

【应(應)得分】【继】Compulsory portions; Reserved portions 应得分与应继分不同，继承人对被继人之遗产应分得若干之数额，为应继分，其应得特留财产之数额，则为应得分，故又称曰特留分。(详该本条)

【应(應)买人】【债】Highest bidder or buyer at a sale by auction 因拍卖契约而有购买拍卖物之权利者，曰应买人，其相对人则曰拍卖人。

【民执】执行拍卖之推事书记官及承发吏不得自为应买人。(民诉执行规则第二八条)

【应(應)给传送剩取】【史】厩牧令对于马匹之给予，依官爵之等差，设有一定限制，若数外剩取，即构成本条罪名。唐律(卷二十六)杂律篇设有应给传送剩取条：“诸应给传送而限外剩取者，笞四十，计庸重者坐赃论，罪止徒二年。”疏议曰：“应给传送，依厩牧令，官爵一品，给马八匹，嗣王郡王及二品以上给马六匹，三品以下，各有等差，若过令限，数外剩取者笞四十，计庸重者坐赃论，马庸一日为绢三尺，坐赃一日笞二十，一匹加一等，三匹一尺笞五十，即是得罪重于笞四十，须从坐赃论计庸，罪止徒二年。”

【应(應)诉期间】【民诉】被告应参与诉讼行为之一定期间,称曰应诉期间。

【应(應)募资本】【公】募集设立之公司,于募集资本时,已售出之股券额,谓之应募资本,应募资本一经达到一定数额时,于第一次股银缴足后,发起人应于三个月内召集创立会,然后由该会正式选举职员。

【应(應)禁不禁】【史】依法应收禁,而反不予监禁者,谓之应禁不禁,清例设有明文,其规定如下:(一)侵欺钱粮一千两以上,挪移钱粮五千两以上,严行锁禁监追其侵欺,在一千两以下,挪移不及五千两,散禁官房严加看守,限一年催比,逾限不完锁禁监追。(二)侵挪案内应行监追官犯不行监禁,听其在外居住,州县官降三级调用,以致脱逃革职,逃犯交与接任官,照接缉越狱之例限年缉拿。(三)侵挪案内应散禁官房之官犯及失鞘之解员看守脱逃,州县官降一级留任,限一年缉拿,限满不获,照所降之级调用。(四)参革提问之员不监候题结脱逃,州县官革职,逃犯交与接任官照接缉越狱之例限年缉拿。(五)不自收监反推发别衙门以致脱逃,州县官降三级调用,府州不行揭报,降二级调用。

【应(應)输课税】【史】课税之类及应入官之物均须输入于官,不得回避诈匿或巧伪称为湿恶以图欺妄,违者依本条治罪。唐律(卷十五)厩库篇应输课税条:"诸应输课税及入官之物,而回避诈匿不输,或巧伪湿恶者,计所关准盗论,主司知情,与同罪,不知情,减四等。"疏议曰:"应输课税,谓租调地税之类,及应入官之物,而回避诈匿,假作逗留,留遂致废阙,及巧伪湿恶,欺妄官司,皆总计所阙入官物数,准盗科罪,依法陪填,主司知其回避诈匿巧伪湿恶之情,而许行者,各与同罪,不知情者,减罪四等,县官应连坐者,亦节级科之,州官不觉,各递减县官罪一等,州县纲典不觉,各同本司下从科罪,若州县发遣依法,而纲典在路,或至输纳之所,事有欺妄者,州县无罪。"

【应(應)继分】【继】Successional portions 应继分者,谓共同继承人对于所继承财产各应得其部分之成数也,例如就第一顺序言,直系血亲卑亲属中,有子女数人时,各应分得若干分之遗产是。我民法之规定如下:"(一)同一顺序之继承人有数人时,按人数平均继承,但法律另有规定,不在此限。(二)养子女之应继分,为婚生子女二分之一,但养父母无直系血亲卑亲属为继承人时,其应继分与婚生子女同。(三)配偶与其(被继承人)直系血亲卑亲属同为继承时,其继成分与他继承人平均。(四)配偶与其父母或其兄弟姊妹同为继承时,其应继分为遗产二分之一。(五)配偶与其祖父母同为继承时,其应继分为遗产三分之二。(六)如配偶为仅有之继承人时,其应继分则为遗产全部(第一一四一——一四二条,又第一一四四条)。上述均为法定继承人之应继分,至指定继承人之应继分,则以遗嘱所定者为标准,故应继分又有法定应继分,与指定应继分之区别。"

【应(應)继遗产】【继】Property of succession 所谓应继遗产,乃指继承人所继承之财产而言。我国民法第一一七三条第一项规定,继承人中有在继承开始前因结婚分居或营业已从被继承人受有财产之赠与者,应将该赠与价额加入,继承开始时被继承人所有之财产中为应继遗产。但被继承人于赠与时有反对之意思表示者，不在此限。

【应(應)议者之父祖有犯】【史】八议者之父母祖父母妻及子孙等有违犯法律者，亦应实封奏闻于上候旨裁夺，不许擅自拘问，明律(卷一)、清律(卷四)名例律均有应议者之父祖有犯条："凡应八议者之祖父母父母妻及子孙犯罪，实封奏闻，取旨，不许擅自勾问，若奉旨推问者，开具所犯及应议之状，先奏请议议定奏闻，取自上裁，若皇亲国戚及功臣之外祖父母伯叔父母，姑兄弟姊妹女婿兄弟之子，若四品五品官之父母，妻、及应合袭荫子孙犯罪，从有司依律追问议拟奏闻，取自上裁，其犯十恶，反逆缘坐，及奸盗杀人受财枉德者，不用此律，其余亲属奴仆管庄佃甲倚势虐害良民，凌犯官府者，加常人罪一等，止坐犯人不在上请之律，若各衙门追问之际，占吝不发者，并听当该官司实封奏闻区处。"明律之纂注："律凡称祖父母者，高曾同，称孙者，曾玄同，后仿此。皇亲国戚即皇后家皇妃家之类，详见皇明祖训首章也，四品五品兼文武言，其父母妻有司得以依律推问者，指未受封者言，末二节俱自皇亲国戚及功臣而言，袭谓武职之应袭，荫谓文职之恩荫，占则不肯发，吝则不忍发，此言八议者之祖父母父母妻子孙犯罪得与应议本人同，然八议中亲与功为尤重，故推及其外祖父母伯叔父母姑兄弟姊妹女婿兄弟之子，若文武四品五品官又议贵中之次贵者，故推及其父母妻应袭荫子孙，以上等人有犯，俱不得擅自断决，依律问拟，奏请上裁，前职官有犯条之议拟闻奏，此云议拟闻奏，是因其初不曾上请，故兼寓不敢专决之意，其优待之典周矣。十恶反叛缘坐及奸盗杀人受财枉法等项，情犯深重，应议者祖父母之类许迳自参提，不必奏议定夺，外祖父母之类经自断决，不须上请，故曰不用此律，其余亲属诸人恃势而欺害官民，则加等治罪，勋戚诸人玩法而占吝不发，则奏闻区处，又所以杜其骄恣之渐也。曰倚势，曰虐害，曰凌犯，明系豪强，故加常人一等，若别情轻者，仍依常律。"

【应(應)议者犯罪】【史】应议者，谓八议之人也，此项应议者苟有违犯法律应先开具所犯事情奏闻于上，听候裁夺不得擅自拘问，若奉旨推问及议定均同。明律(卷一)、清律(卷四)名例律均有应议者犯罪条："凡八议者犯罪，实封奏闻，取旨，不许擅自勾问，若奉旨推问者，开具所犯及应议之状，先奏请议，议定，奏闻，取自上裁，其犯十恶者，不用此律。"清律之总注："此条专为提问人议之人言，内凡三奏，八议之人，朝廷素所优待，除十恶之外，有犯一应罪名者，皆当取决于上以定予夺，但奏闻所犯之事，候取应否勾问之旨，不许擅自勾问，如奉旨免究，即已，若奉旨推问，然后推问，亦不得遽拟其罪，但取明白供状，将所犯罪名，及应议之状，先奏请多官会议，议者议其致罪原由，所犯轻重，并应议事状，如亲，则叙其祖免以上何服之亲，如功，则叙其立功来历是也。议定奏闻，其罪有致死者，惟云依律合死，不敢正言绞斩，取自上裁，前后三奏，慎重如此，所以笃亲亲，敦故旧，尚功尊贤，劝能恤勤，敬大臣而崇宾礼也。若有犯十恶者，则奏请提问，依律拟断，不用此取旨请议奏裁之律。"

【戏(戲)奸】【史】因谐戏而成奸者，曰戏奸，为强奸之一种，加重处刑，其未成者经本妇亲告时，亦处枷号杖责。

【戏(戲)杀伤人】【史】因角力或其他游戏偶然不慎而将对方杀伤者，谓之戏杀伤人。唐律(卷二十三)斗讼篇——戏杀伤人条:“诸戏杀伤人者,减斗杀伤二等,虽和以刃,若乘高履危,入水中,以故相杀伤者,惟减一等,即无官应赎,而犯者,依过失法收赎。”献杀之注:“谓以力共戏至死和同者。”明清律因之,与现行刑律所谓误杀者相等。

【戏(戲)杀误杀过失杀伤人】【史】戏杀者谓将堪以杀人之事为戏,彼此和同为之因而杀伤人也,误杀谓在斗殴之际或谋杀故杀人之时因错误而杀伤其他之旁人,过失杀则谓在于耳目所不及,思虑所不到时,偶然杀伤人也。唐律(卷二十三)斗讼篇有斗殴而误杀傍人条及戏杀伤人条以及过失杀伤人条之规定。明律(卷十九)、清律(卷二十六)刑律人命篇均合三者为一戏杀误杀过失杀伤人一条,其内容相同。清律原文及其下注:“凡因戏(以堪杀人之事为戏,如比较拳棒之类)而杀伤人,及因斗殴,而误杀伤旁人者,各以斗杀伤论(死者并绞,伤者验轻重坐罪)。某谋杀故杀人,而误杀旁人者,以故杀论(死者处斩,不言伤,仍以斗殴论)。○若知津河水深泥泞,而诈称平浅,及桥梁渡船朽漏,不堪渡人,而诈称牢固,诳令人过渡,以致陷溺死伤者(与戏杀相等),亦以斗杀伤论。○若过失杀伤人者(较戏杀愈轻),各准斗杀伤罪,依律收赎给付其(被杀伤之)家(过失谓耳目所不及,思虑所不到,如弹射禽兽,因事投掷砖瓦,不期而杀人者,或因升高险,足有蹉跌累及同伴,或驾船使风,乘马惊走,驰车下坡,势不能止,或共举重物,力不能制,损及同举物者,凡初无害人之意,而偶致杀伤人者,皆准斗殴杀伤人罪,依律收赎,给付被杀伤之家,以为营葬,及医药之资)。”同律之辑注:“按戏杀,晋人谓两和相害,言知其足以相害,而两人情愿,和同以为之,故注曰,以堪杀人之事相戏,如比较拳棒之类,是明许彼此博击,以角胜负,则有所杀伤,非出于不意,如过失之事,原出于有心,如斗殴之情也,故照斗杀伤论,此戏字与戏谑之戏不同,若本非堪以杀人之事,偶然相戏,致陷人于不测者,皆不得比于戏杀之法也。近有两人同在园食杏,一人戏以杏核掷之,一人躲避,闪跌,头撞于石,因而致死,谳者误拟戏杀,盖两人原无相害之心,杏核之掷,非堪以杀人之事,正所谓过失杀也。”同律之总注:“凡将堪以杀人伤人之事,彼此言明和同相戏,因致杀伤人,及因与人斗殴,而误杀伤在旁之人,此等戏误杀伤,各以斗殴杀伤论,死者绞,伤而不死,自成伤以上,至折伤废疾笃疾,照依轻重科之。若其本意是谋杀人,故杀人,而误杀旁人者,以故杀论斩,失戏本和同,非有争斗,然其事,则堪以杀伤人之事也,既知堪以杀伤,而甘心为之,虽曰相戏而人之成伤致命,则实被其殴矣。故以斗杀伤论,误中旁人,出于不意,然其心则欲杀伤人之心也。虽未及于欲殴欲杀之人,而旁人已被杀伤,则其殴与杀之事,已施于人矣,故由斗殴而误者,以斗杀伤论由谋杀故杀而误者以故杀论。○若明知津河水深不可涉,泥泞不可行,而诈称平浅可过,及明知桥梁朽坏,渡船破漏,不堪渡人而诈称牢固可渡哄令过渡,以致陷溺,或死或伤者,其人之死伤,实因诈诳所致,犹推而陷溺之也,与殴之以致死伤者何异,故亦斗杀伤论。○过失杀伤之事,注内开载甚详,事出偶然,发于意外,既非杀伤人之事,亦非杀伤人之心,惟其人之不幸而致之耳,与戏误杀伤之事,悬绝不同,然过失之情可原,杀伤之人何辜,罪坐所因,不能概免,故免准斗殴杀伤人之罪,伤者,照斗殴条内笞杖徒流等法定罪,死者,照斗杀绞罪,各依律收赎,给付被杀伤之家,以为营葬医药之资,此准字，与准盗准枉法等律之准字不同，盖但依斗杀伤罪名，而按照收赎，非如名例称准者，止杖一百流三千里也。”

【戏(戲)误杀】【史】凡以堪杀人之事为戏而杀伤人者，称曰戏杀，误杀则为一时之差错而致杀伤人，例如两人相斗因而误杀傍人是。清律及例设有下列之规定：(一)因戏而杀伤人，已杀者并绞候，伤者各照斗殴坐罪，欺诳致陷人于死者与戏杀同。(二)谋故斗殴误杀其人之祖父母父母妻子子孙，一命依谋故斗殴各本律。(三)因斗而误杀旁人，已杀者并绞候，伤者各照斗殴坐罪，欺诳致陷人于死者，与戏杀同。(四)因谋杀人而误杀一命。案内从犯流三千里。(五)因戏误杀旁人以戏杀论。(六)因殴子或谋杀子而误杀旁人，流三千里，近边充军。(七)因谋故杀人，而误杀伤旁人，已杀者斩候，伤者仍以斗殴论。(八)因殴子或谋杀子误杀卑幼尊长依殴故杀本律减一等，依殴故杀误杀各本律。(九)卑幼误伤尊长，审非逞凶干犯例得夹签，若谋故杀平人及斗杀一命应绞，复致毙期功尊长，虽系误杀，不准夹签。(十)谋杀人而下手之犯误杀旁人，造意斩候，下手伤重致死，知情买药，均流三千里，余人杖一百。(十一)若执持凶器伤罪重于满流者，从重论，下手之犯另挟他嫌，乘机杀害，并非失误者，将下手之犯照谋杀本律拟斩，造意之犯照谋杀人未伤律拟徒。(十二)捕役拿贼与贼格斗误杀无干之人，依过失杀律。(十三)罪人事发在逃被获时，有拒捕刃伤者，如系情急图脱用刀自割发辫襟带，误伤捕人者，于死罪减一等，应绞候者实发四省烟瘴充军，应斩候者减发新疆为奴。

【抬(擡)家】【史】为御史台官员之简称。元典章(卷六)台纲编，体察体覆章有抬家声迹体覆之条。

【抬(擡)轿】【史】(详私役民人抬轿之条)

【拟(擬)制】【通】Fiction　又称法律之拟制，在事实上性质有异，而依法律则视其性质相同者，曰拟制。例如法人与自然人异，事实上本无所谓人格之存在，但在法律上则视其为有人格，而得为权利义务之主体是，即由于法律之拟制也。

【拟(擬)制人】【民总】法人之有人格乃由法律所拟定者，故又称曰拟制人。

【拟(擬)制利息】【债】Fictitious interest　为法定利息之一种，即将他人财产充为自己消费使用时，法律视为已收取利息，自使用日起应行支付之利息也，例如民法第五四二条之规定是。

【拟(擬)制违约金】【债】Fictitious stipulated-penalty　即无法律上拘束力之作为或不作为所约定于违反时应支付之金钱，或金钱以外之给付也。例如相约不嫖赌者，于违反时应为一定之给付是。

【拟(擬)制亲属】【亲】Fictitious relatives　非基于血统所生之亲属关系，而出于法律之拟制者，曰拟制亲属，有由于婚姻而生者，有由于收养关系而生者，惟继嗣制度虽已废止，但民法第一一四三条设有指定继承人之规定，第一零七一条并设有指定继承人与被继承人之关系，除法律另有规定外与婚生子女同之明文，是继嗣亦系法律所拟制亲属之一种，考之旧律拟制之亲属甚多。(一)继母与夫前妻之子，嫡母与庶子，依旧律均发生宗亲关系与亲生母子无异，今则只为配偶之血亲，就对面观之，则为血亲之配偶，其相互间在名分上虽为母子，但只发生姻亲之关系。（二）继父与妻前夫之子，依旧律限于同居或曾与同居者始生继父子之关系，又其关系只限于其人之一身而止，今则为配偶之血亲。（三）庶母与嫡子众子为准母之关系，惟只限于一身，今则妾之制度亦已废止，若在新亲属法施行后所纳之妾，对于嫡子众子均不生亲属关系，至其所生之子女则为家长之非婚生子女，只正妻对之为配偶之血亲，发生姻亲关系也。

【拟（擬）罪稍有未协】【史】有司审讯案件，拟定罪名稍轻，或引用律例稍有不妥，如非徇私准其改正，不予究参。清之现行则例（即刑部现行则例）断狱篇设有拟罪稍有未协之条："凡承问各官，如徇私枉法，颠倒是非，故出故入，委实情弊显然者，仍行指名参处，至于拟罪稍轻，引律稍有未协，遗错过失等项，将案内查明，非系果实徇私，免其究参，即行改正。"

【拟（擬）断】【史】拟律断罪之简称曰拟断，即依据法律以断定其罪之谓也。此外拟定所犯之法律奏请皇上准予依据所拟者以科断犯人者，亦谓之拟断。

【拟（擬）断赃罚不当】【史】各衙门问刑官拟断一应赃罚财物应入官而给主，是谓亏官，应给主而入官是谓亏民，均为拟断赃罚不当，应加治罪。明律（卷七）、清律（卷十二）户律仓库篇拟断赃罚不当条："凡拟断赃罚财物，应入官而给主，及应给主而入官者，坐赃论，罪止杖一百。"清律之总注："凡赃物应入官，应给主者，详具名例给没赃律，若拟断赃罚财物，误将应入官而给主，应给主而入官，虽皆非法，然止一时之错，而无入己之私，故计其错给错入财物，坐赃论罪，罪止杖一百。"

【击（擊）讼律】【史】（详斗讼律条内）

【敛（斂）散】【史】敛者敛籴也，散者散粜也，即于米价低落时由官加以收买，于米价高昂时，官以廉价散卖于民。

【检（檢）勾】【史】检者，检阅也，用检视官文书是否合乎方式之谓，勾者署名勾讫也，乃表示业已检阅之意，其掌司检阅官文书之官称曰检勾之官。唐律（卷五）名例篇——同职犯公坐之条："检勾之官同下从之罪。"其疏议曰："检者谓发辰检稽失，诸司录事之类，勾者，署名勾讫，录事参军之类，皆同下从，若有四等官，同四等从，有三等官，同三等从，有二等官同二等从，其无检勾之官者，虽判官发辰勾稽，若有乖失，自于判处得罪，不入勾检之坐。"

【检（檢）勾之官】【史】（详检勾条内）

【检（檢）事】【组】Procurator 为日本名辞，即检察官之谓也。检事正乃地方裁判所之首席检察官，检事长乃控诉院内所置之首席检察官，检事总长则系大审院内之检察长。

【检（檢）定】【行】Official sanction 技术人员资格，图书，以及度量衡等事项，须经国家之检查确定，以为证明之方法者，谓之检定，通常凡经过检定之后，多有检定书之颁发，以资凭证。

【检（檢）定各级学校党义教师条例】【行】本条例于民国十七年十二月公布，由中国国民党中央执行委员会议决施行，全文共十二条，惟自审查党义教师资格暂行条例于民国二十年一月二十二日通过及施行后，本条例即行失效。

【检(檢)定考试】【行】所谓检定考试，乃指对于有中等以上学校毕业之同等学力者，或有大学或专科学校毕业之同等学力者之考试，使其于及格后得分别参加各种普通或高等考试者而言，故可分为普通检定考试与高等检定考试二种。检定考试为笔试，仅举行一试，考试时由特设之检定考试委员会行之。考试及格者由各该检定考试委员会分别发给检定考试及格证书，领有此项证书者于每届各该考试时均有应试资格。不及格而其所受检定之科目中有得六十分以上者，检定考试委员会应就各该科目发给及格证书。领有此项证书者于每届各该检定考试时免除其业经及格科目之检定。(检定考试规程第二—第三条、第七—九条)

【检(檢)定考试规程】【行】本规程公布于民国十九年十二月二十七日，全文共十一条自公布日施行。各种考试之检定考试，除特种检定考试另行规定外均依本规程行之。

【检(檢)押】【史】谓取缔之意也。后汉书—仲长统传："昌言曰，是妇女之检押。"

【检(檢)法】【史】为宋刑官之一。按宋御史台置检法一人，掌详检法律，主簿一人，掌受事发辰，勾稽簿书。

【检(檢)尸告免】【史】检尸谓检验尸体也，告免谓准其呈告而免予检验也。例如凡自缢溺水身死之尸体若别无其他事故，准其亲属等呈告免验，而径予安葬也。大明令刑令篇设有检尸告免之条："凡诸人自缢溺水身死，别无他故，亲属情愿安葬，官司详审明白，准告免检，若事主被强盗杀死，苦主告免检者官为相视伤损，将尸给亲理葬，其狱囚患病责保看治而死者，情无可疑，亦许亲属告免检复外，据杀伤而死者，亲属虽告，不听免检。"

【检(檢)尸图式】【史】检尸谓检验尸身也，图式即关于检验之方法图样，及所应填注之表格体式也。大明令刑令篇设有检尸图式之条："凡检尸图式各府刊印每副三幅，编立字号，半印勘合，发下州县，如遇初复检验尸伤划时，委官将引首领官吏仵作行人亲诣地所，呼集应合听检人等眼同仔细检验，定执生前端的致命根因，依式标注署押，一幅付告主，一幅粘连附卷，一幅缴申上司，其初复检官司行移体式，并依已行旧制。"

【检(檢)括】【史】尽取其物而不稍予遗留者，谓之检括，战时之抄掠，亦谓之检括。(辍耕录)

【检(檢)查】【刑诉】Examining a person or thing　为勘验处分之一，谓对于被告或被害人之身体，或对于案情有关系之物件加以勘验也。我刑诉法规定如被告或被害人为妇女时，则对其身体施行检查时，应命医师或妇女行之。(第一五九条)盖为便利计也。

【检(檢)查人】【公】Inspectors elected by shareholders　谓由公司之股东临时所选派之调查人也。(公司法第一〇三条、第一三六条第二项、第一九四条第二项、第二一一条第二项)

【检(檢)查印花税规则】【行】印花税为废除苛杂,减轻附加重要抵补之一。政府为整顿起见特制定检查规则以防漏贴少贴等弊。关于执行检查印花税事宜,统由各省市县政府负责办理。惟执行检查印花时,应备具如何手续,罚金应如何支配,亟应妥为规定以杜流弊。兹已由财政部公布检查印花税规则十五条(民国二十三年十二月公布),兹摘述其要点如下:(一)凡检查各省市县印花除上海特区地方另有规定者外均依本规则之规定办理之。各省县检查印花应由各该管市县政府负责办理。另由各省印花烟酒税局派员抽查,并由财政部随时派员督查。(二)检查人员应遴选操行廉洁熟习税法者充任。(三)违反印花税条例案件无论何人均得告发,而检查机关或检查人员接得告发时应即前往检查,又于执行检查时须在日出后日入前,并限于商店内行之,不得拦路亦不得侵入住宅,检查时须出以和平之态度,检查贮在箱匣内之凭证,应令当事人自行开启取出,眼同检查,如有违抗,应剀切劝导,倘仍不服,得强制执行之。如有检获凭证,无论多寡检查人员均应填具凭证名称件数之收据交当事人收执。同时并须将检获地点,被检商号凭证名称件数及违反事实,列明报告单连同证件呈由原派主管机关核明后,转送司法机关依法审理之。(四)司法机关(包括当地法院或兼理司法之县政府)对于违反印花税条例案件所科罚金,应依照修正司法机关依印花税暂行条例科罚及执行规则第六条之规定办理。除有告发人者,应以四成罚金充赏外,如无告发人应以二成补助检获机关办公费,以二成奖给在事出力检查之人员。(五)检查人员如有受贿包庇私擅处罚及其他渎职情事,一经发觉或被人指控,经查明属实者,应即送交司法机关依法究办。至各市县政府执行检查,如果异常出力,确有成绩者,由财政部咨明主管长官优予奖励,其有检查不力者,则严予惩处。

【检(檢)查食盐章程】【行】本章程于民国十九年六月七日由财政部公布,凡食盐无论在产地销地及商售时,均应依照本章程检查其品质。全文共分六章、计二十七条;第一章总则,第二章产地;第三章销地;第四章商售;第五章惩罚;第六章附则;自公布日施行。并于公布后满四个月为开始执行检查时期,俾便各产运商人得预先充分准备。

【检(檢)查员】【公】Inspectors appointed by the competent authority; Scrutineer 即公司于发起设立时,由发起人认足股份按股缴足第一次股银,并选出董事后,该董事于就任后呈请主管官署,由该署所选派之调查员也。其调查事项如下:(1)第一次股银已否缴足。(2)以金钱外之财产抵作股款者,其姓名及其财产之种类价格,与公司核给之股数是否确当。(3)应归公司负担之设立费用,及发起人得受报酬之数额是否确当。(公司法第九一条)

【检(檢)查农产物处罚规则】【行】本规则全文计十二条,于民国十八年六月十八日由前农矿部公布,同日施行,凡应受检查之农产物及农用品,倘有违漏或其他舞弊情事均依本规则办理。但未经通告实行检查之区域或物品不在此限。

【检(檢)查精盐章程】【行】本章程于民国十九年十二月由财政部以部令公布,全文共十七条,凡精盐无论在制造,行运,或销售时均应依本章程之规定加以检查。

【检(檢)查权】【债】Right of inspection　谓无执行合伙事务权利之合伙人,得随时检查合伙之事务,及其财产状况及查阅账簿之权利也。我民法更规定纵合伙契约有反对订定时,此项权利仍得自由行使之(第六七五条)。至于在隐名合伙契约中检查之权,乃属于隐名合伙人,纵契约上有反对之规定,隐名合伙人仍得于每届事务年度终实施之。若欲随时行使检查权利,亦为法律所许可,惟须具备下列二要件:(一)须有重大事由。(二)须向法院声请经其许可。(第七〇六条)

【公】谓有股份总数二十分之一以上之股东,得以声请法院选派检查员检查公司业务及财产情形之权利也(公司法第一七五条)。在两合公司之有限责任股东,亦得对公司之业务及财产之情形行使年度检查权,或随时检查权。(第七五条)

【检(檢)案书】【刑诉】为日本名辞,即我国所称之验断书也。

【检(檢)校】【史】官名,计有二种:一为加官,一为属官。(1)东晋时有检校御史,专掌行马外事,至唐称曰检校官,宋因之,其官高于正官与清代之加衔相似。(2)元之中书省有检校官掌查核公事文牍,明时内而六部都察院,外而布按二司以及各府皆置之,清时仅府属有之耳。学者有谓检校官之设置,系始于唐者,如事物纪原(卷四)曰:"唐书高祖纪武德六年四月癸酉,杨恭仁检校梁州诸军事,疑检校之官,自此始也。至太宗纪贞观中又有杜淹检校吏部尚书,杜如晦检校侍中,唐会要曰,检校官神龙后有之非也。谭宾录曰,唐陈少游检校职方员外郎,充回纥使云,郎中之有检校,自此始也。"

【检(檢)校御史】【史】(详检校条内)

【检(檢)索抗辩】【债】Beneficium excussionis　为保证人抗辩权之一种,与催告抗辩权相对称,即保证人于债权人未就主债务人之财产强制执行而无效果前,对于债权人得享有拒绝清偿之抗辩权也。此种权利如有下列情形之一者,保证人即不得主张之:(1)保证人抛弃此项权利者。(2)保证契约成立后,主债务人之住所,营业所,或居所,有变更致向其请求清偿发生困难者。(3)主债务人受破产宣告者。(4)主债务人之财产不足清偿其债务者。(第七四五—七四六条)

【检(檢)院】【史】为官署之名,宋改唐之理匭使而立为登闻检院(即改匭为检),为谏议大夫之管辖,其职务为掌受文武官吏及士民章奏表疏,举凡朝政之得失,公私之利害,军事之机密,以及关于其他冤屈事件,皆由检院受理而通达之。

【检(檢)察制度】【组】Public prosecution system; System of public procuration　国家对于犯罪人提起公诉之制度,曰检察制度,乃起自法国大革命,因斯时革命成功,新政府成立,对于王族特设检察官向法庭提起公诉,而后由法院加以判决,予以处罚,遂植检察制度之基,其后检察官之权力伸张,范围益广,举凡人民之犯罪与公益有关者,须经检察官提起公诉,法庭始得受理,盖即所谓国家诉追之主义也,我国清季以至于今亦采取之,但前此系特设独立机关与审判法院相对立,今则以之配置于审判法院中矣,但独立行使职权耳。检察制度学者亦有持反对之论调者,但拥护之者亦颇不少,以其制度具有种种优点故也。

【检(檢)察官】【组】Public prosecutor; Procurator　代表国家为原告者之官吏

曰检察官,其职权可分如下:(甲)关于刑事者:(一)实施侦查处分。(二)提起公诉。(三)实行公诉。(四)协助自诉。(五)担当自诉。(六)指挥裁判之进行。(乙)关于民事及其他事件者:(一)对婚姻事件莅庭陈述意见。(二)对禁治产事件之声请及莅庭陈述意见。(三)公司违背公司法令之规定时请求解散。关于检察官之任用,待遇及限制与推事同(参推事条)。地方法院及其分院之检察官为荐任职,高等法院及其分院之检察官亦同,在最高法院内者则为简任职(法院组织法第三十四条)。检察官有学习,候补与实任,三种之别。(详各本条)

【检(檢)察官同一体主义】【组】检察官之执行职务并非独立,所有各级检察官乃合为一体。下级检察官对上级检察官有绝对服从其命令之义务。至于执行职务时原有一定管辖区域。但遇紧急事件,检察官得在区域以外行使其职务,以其乃属于一体也,故称之曰检察官同一体主义。(法院组织法第二十九—三十二条)

【检(檢)察长】【组】Chief (public) procurator; Procurator-general 谓在最高法院所配置检察署中之首席检察官也。至于其他法院及分院之检察官,则以其中一人为领袖,而称之曰首席检察官,故检察长乃最高法院检察署中之首长之特称,检察长及首席检察官得亲自处理所属检察官之事务,并得将所属检察官之事务移转于所属其他检察官处理之。(法院组织法第二十六条、第三十二条)

【检(檢)察处】【组】Procuratorate 检察制度以检举及执行两项为其要素,其职掌仅系法院中司法行政部分之一种,吾国司法各级审判检察机关无不两相对峙,不便之处约有下列三点:(1)靡费过多。(2)手续过繁。(3)同级两长易生意见,识者每思改革。且各国对于检察一项,并不另设与审判对峙机关,故自民国十六年后特体察现在国情,参酌外国法制,将各级检察机关一律裁撤,所有原日之检察官配置于各该级法院之内,行使检察职权,改名曰检察处(惟最高法院之检察机关则称曰检察署)。其原设之检察长及检察分厅之监督检察官,概改称首席检察官,(最高法院内之检察署则称检察长),余则仍称检察官,依事务之繁简而定其人数。

【检(檢)察署】【组】Public prosecutor's office; Procuratorate 在最高法院所设置之检察机关,曰检察署,置检察官若干人,以一员为检察长。(法院组织法第二十六条)

【检(檢)察总长】【组】Prosecutor-general; Attorney-general 英美各国所设置之最高检察机关首长,称曰检察总长,负有指挥及监督全国各级检察官之权利与义务。

【检(檢)察权】【刑诉】Power of procurators 检察官对于实行搜查处分,提起公诉,及监督判决之执行等之权利,谓之检察权。

【检(檢)察厅】【组】Procuratorate 所谓检察厅者,即民国十六年以前之检察机关也。检察厅与审判厅为绝对分立之机关,有高等以下各审判厅,即有高等以下各检察厅,有大理院,即有总检察厅,有地方及高等审判各分厅即有地方及高等检察各分厅，有大理院分院，即有总检察分厅，分别配置，不能或缺，地方检察厅，高等检察厅，及总检察厅，各置检察长一员，检察官二员以上，地方及高等检察长总检察厅检察长，分别监督各该检察厅事务，地方以上各检察分厅，如置检察官二员以上，得以资深者一员为监督检察官，监督该分厅事务，检察厅之设立废止，以法律定之，检察官员额，由司法部呈准定之，检察厅所管理之事项，遵照刑事诉讼律及其他法令之所定。

【检(檢)阅】【通】Inspection　检查与阅览之合称也。

【检(檢)审】【史】检验死体及创伤并审讯犯人合称曰检审。六部成语注解："检审尸伤，审讯罪犯。"

【检(檢)踏灾伤】【史】对于水旱等之灾害，作实地之检查考察者，谓之检踏灾伤。明律(卷四)、清律(卷八)户律田宅篇——检踏灾伤田粮之条："凡部内有水旱霜雹及蝗蝻为害，一应灾伤田粮，有司官吏应准告，不即受理申报检踏，及本管上司不与委官覆踏者，各杖八十。"

【检(檢)踏灾伤田粮】【史】灾伤者谓水旱等灾以及大风，非时雨雪之类是也。乃民害之至大者，被灾田粮，例应减免，所部之民陈告有司官吏，即当一面准受申报，一面亲诣检踏，如上司不与委官覆踏者或有司对灾伤不即受理，均应治罪。明律(卷五)、清律(卷九)户律田宅篇检踏灾伤田粮条皆有明文。清律之规定及其下注曰："凡部内有水旱霜雹，及蝗蝻为害，一应灾伤，(应减免之)田粮，有司官吏应准告，而不即受理，申报(上司，亲行)检踏，及本管上司不与委官覆踏者各杖八十。初覆检踏(有司承委)，官吏不行亲诣田所，及虽诣田所，不为用心从实检踏，止凭里长甲首，朦胧供报，中间以熟作荒，以荒作熟，增减分数，通同作弊，瞒官害民者，各杖一百，罢职役不叙，若致枉有所增免(有灾伤当免而征，曰枉征，无灾伤当征而免曰枉免)，粮类计赃重者，坐赃论(枉有所征免粮数，自奏准后发觉，谓之赃，故罪重于杖一百并坐赃论)。里长甲首各与同罪，受财(官吏里甲受财，检踏开报不实以致枉有征免)者，并计赃以枉法从重论。○其检踏官吏及里长甲首，原未受财止)失于关防，致(使荒熟分数)有不实者，计(不实之)田十亩以下免罪，十亩以上至二十亩，笞二十，每二十亩加一等，罪止杖八十(官吏系公罪，俱留职役)。○若人户将成熟田地移丘换段，冒告灾伤者，(计所冒之田)一亩至五亩，笞四十，每五亩加一等，罪止杖一百，(其冒免之田)合纳税粮依(额)数追征入官"，同律之辑注："有司不准报检踏，上司不委踏，是迟慢之罪，初覆检踏不实是期瞒之罪，皆无恤民之心，而欺瞒情重，故加罪二等，并罢职役。"

【检(檢)举】【行】对于官吏之违法行为，或失职之行为，向法定机关举发者，谓之检举。

【检(檢)举减议】【史】谓官员办事，初系失察，后始自行检查举出，得按本例酌予减轻议处也。清之六部处分则例(卷一)吏部公式篇设有检举减议之条："官员办理事件始初失于觉察后经自行查出检举，在内自京堂以上，在外自藩臬以上，该部将照例应得处分，及检举后可否宽免之处，声明请旨。其余在京各员，并在外道府以下等官，凡自行检举案件，各按本例应得处分，酌加宽减例，应革职者即减为革职留任，应革职留任者，即减为降三级留任，应降级调用者，即减为降一级留任，应降级留任及罚俸二年者，即减为罚俸一年，应罚俸一年及九个月者，即减为罚俸六个月，应罚俸六个月者即减为罚俸三个月，其应罚俸三个月及两个月一个月者，俱免议。若所犯之事实系有意营私，或虽经检举而其事已不可改正者，仍不准宽减。”又：“属员过误上司例有失察处分者，其属员既因检举减议，该上司在内系京堂以上，在外藩臬以上失察处分，可否宽免之处声明请旨，其余失察之各上司，仍按失察所属本例减等议处。”又：“嘉庆十一年十二月十七日奉旨吏部本日具题议处户部堂司官等失察直隶监生刘姓捐名未协一本系司官自行检举，罚俸减等辄将该堂官照例免议，所办非是，此事户部堂司等官于捐生命名未协，不即饬令更名虽系自行检举，其疏忽之咎，究有难辞。是以户部前次奏请议处时，即并未将堂官处分宽免，今吏部即因检举旧例堂官有免议之条，亦只当于本内声明请旨，何得遽尔免议，此与昨日都察院议处吏部之本正同。所有户部出结不慎之司官，著罚俸一年，失察检举之司官，著罚俸六个月，其堂官等均著罚俸一个月，吏部堂官率行定议，亦著罚俸一个月均准其抵销钦此。”

【检(檢)证】【民刑诉】Verification　法院职员对于某种案件，依五官之作用，在法院内为审查某种事实，而检阅某证物之行为，谓之检证。此与临检不同，盖临检乃法院职员在法院外所为之检证行为也。

【检(檢)验】【刑诉】Inspecting a corpse　为勘验处分之一，谓检察官或法院或其受命推事对于尸体所实施之勘验也。但须先查明尸体有无错误，且应带同医师或检验吏前往行之，又检验时得将尸体或其一部暂行留存，并得开棺及发掘坟墓，且得命死者之亲属到场，以备讯问。(刑诉法第一六〇——六二条)至检验时应作笔录，并得制作图画，所以表示正确供备参考也。

【史】检者，检查也，验者，察验也，凡暴毙或被杀尸身等等均应检验，始许掩埋，兹举清律及例之规定如下：(一)相验夫马，饭食自备，如取之地方，照因公科敛议处，赃重者坐赃论，入己者以枉法论。(二)命案呈报到官不即检验，致令尸变，降一级调用，交界地方推诿致令尸变，降一级调用。(三)检验病毙尸身，立案掩埋，系轻生自尽，殴非重伤，即于尸场审明定案，将原被人等省释，若故意迟延拖累，州县革职，府州不揭报，降一级调用，道员罚俸一年，臬司罚俸六月，督抚罚俸三月。(四)自缢溺水身死准告免检，若被盗杀死，苦主自告免检，官与相视伤损将尸给亲埋葬，其狱囚患病责保看治而死，情无可疑，亦准尸亲告免覆验，如未审视明白，准其拦验后经审有则情照失出例议处，其余据报杀死，不准免检，如听其拦验致正凶漏网，照讳命例革职。(五)自缢自残及病死妄称身死不明，意在图赖诈财者，究问明白，不得一概发检。(六)听凭仵作有伤报称无伤，或打伤报称跌磕，降二级调用，转详之府州罚俸一年，如将致命报出，不致命遗漏，或拳伤报踢伤之类，无关罪名出入者，罚俸一年。(七)一切致毙人命私埋灭迹，业经究明致死根由，而尸伤非检不明者，即详请开检毋庸取尸亲甘结。(八)正印公出，佐杂移请邻邑代验，如地处窎远，或又经他往，禀请上司派委同知通判州同州判县丞等官相验，如上司率派佐杂往验者，降一级留任。（九）州县同城并无佐贰，邻封窎远，准令该管吏目典史巡检代验。（十）例应详请委验，不遵例具详，照违令罚俸六个月，倘有规避蒙混，照各本例议处。（十一）本州县吏役有犯命案，禀请上司立委别州县带领本管吏仵前往验办。（十二）差役押毙人命私埋，经尸亲控告，即详请开检，如任听私埋及庇护差役不即开检，照知情故纵例革职。（十三）邻邑移请代验，托故不行，降三级调用，如实有本任要务及患病者，取同城官印结通报，倘有扶捏，将出结官降二级调用。（十四）开检迟延，十日以内免议，不及一月罚俸一年，一二月以上降一级留用，三月以上降一级调用，四五月以上降二级调用，半年以上降三级调用，一年以上革职。（十五）详请开棺检验以接奉上司批准之日起限，如奉文后适值阴雨或尸亲患病不到，俱准扣除。

【检(檢)验吏】【刑诉】Coroners 法院内所设有关于法律之医学学识之人员，而从事于验断伤痕，及尸骨者，名曰检验吏，即法医（详该本条）是也。我国法律规定在县司法公署内及兼理司法之县政府置检验吏，在地方法院及其分院所设者则曰检验员。

【检(檢)验合参】【史】书名，一卷，清郎锦祺撰，事见清史稿艺文志法家类。

【检(檢)验尸伤不以实】【史】凡问人命案件，全凭尸伤，故检验须要亲行，且应及时，报到即检，其尸未变，其尸易见，初检之时应详细的确，可免日后复检蒸骨之惨，又于检验时不得移易，轻重增减，否则为不以实矣。明律（卷二十八）、清律（卷三十七）刑律断狱篇均有检验尸伤不以实之条内容相同。清律之条文及注："凡（官司初）检验尸伤，若（承委）牒到，托故（迁延），不即检验，致令尸变，及（虽即检验）不亲临（尸所）监视转委吏卒（凭臆增减伤痕），初若（检与复检），官吏相见扶同尸状，及（虽亲临监视）不为用心检验，移易（如移脑作头之类），轻重（如本轻报重，本重报轻之类），增减（如少增作多，如有减作无之类），尸伤不实，定执（受害）致死根由不明者，正官杖六十，（同检）首领官杖七十，吏典杖八十，仵作行人检验不实，扶同尸状者，罪亦如（吏典以杖八十坐）之，（其官吏仵作）因（检验不实）而罪有增减者，以失出入人罪论（失出减五等，失入减三等），若（官吏仵作）受财，故检验不以实（致罪有增减）者，以故出入人罪论，赃重（于故出入之罪）者，计赃以枉法各从重论（止坐受财检验不实之人，其余不知情者，仍以失出入人罪论）。"清律之总注："此条首节分五项看，而其罪则同也。一则托故不即检验，凡命案必以尸伤为凭，而检验尸伤，须在身死未久，尚未发变溃烂之时，则伤痕之颜色分寸，确然可指，若委牒已到，当该官司犹不即行检验，致令尸变，则有迟缓之过矣。一曰不亲临，而转委，人命至重，例须正官检验，若承牒之后，不亲临监视，转委吏卒，伤痕既未亲见，难免增减之弊也。一曰官吏扶同尸状，谓初检后复检官吏不细心详察，仍复扶同尸状，相见，犹相与也。一曰，不为用心检验，官司虽即亲临监视，而不用心细看伤痕，致有移易轻重增减之事，移者，如脑伤移作头，腿伤移作肋，而受伤之处不同也。轻重者，如赤色本重，报作微红，淡色本轻，报作紫黑，则受伤之处虽同，而伤之轻重不同也。增减者，少伤而增为多伤，有伤而减为无伤之类，再如长阔大小围圆深浅，分寸之间，有所增减者亦是，是皆尸伤不实也。一曰致死根由不明，谓致死必有根由未曾推勘明白，执定何伤致命，是否死于受伤，或是勒非缢，先伤后病，及其殴而下手致命之人不的之类，是也。凡此五项，承牒正官杖六十，同检首领官杖七十，当该吏典杖八十，仵作行人，奉行检验，有所不实，如移易轻重增减等类，扶同官吏捏报死尸状者，亦论如吏典之罪，因官吏仵作之检验不实，而致议罪有所增减，以失出入人罪论，谓虽不实，原非有意也。若出入人罪轻，仍依本律，若官吏仵作检验时，受凶手之财，而移易减轻，受尸亲之财，而移易增重，故不以实，致罪有增减者，以故出入人罪论，仍计其入己之赃，以枉法各从重论，赃罪重依枉法论，出入罪重依故出入也。凡受赃之罪皆坐所由，故注云云。”

【检(檢)验员】【组】Coroners　在法院内专理检验尸伤等之人员，曰检验员。我法院组织法规定地方法院及其分院除于临时指定专门人员外，得置检验员。(第五十一条)

【检(檢)验归问】【史】军人犯杀人罪时，管军衙门约会普通法院法官临检尸体后，始押归审判，是曰检验归问。明律(卷二十二)、清律(卷二十八)刑律诉讼篇——军民约会词讼之条：“凡军官军人有犯人命，管军衙门约会有司，检验归问。”

【档(檔)房】【史】为清时吏部之一科，有清字堂主事二人，掌档案(即旗人之户籍)之责。(会典吏部)

【档(檔)案】【史】档案者，存贮年久之例案及书类也。至清时之旗人户籍，亦曰档案。柳边纪略：“存贮年久者，曰档案，曰档子，以积累多，贯皮条挂壁，若档也，今文字之书于纸者亦沿为档子牌子以此。”

【檄】【史】檄为旧时之官文书之一，如征召，晓谕，及诘责等皆用之，始于周穆王之祭公谋父，其字与激字通，即慷慨发动之意也。事物纪原(卷二)：“文心雕龙曰，始于周穆王令祭公谋父为威让之辞，以责狄人也，战国策谓始于张仪檄楚误矣。苏氏演义曰，颜师古注急就章云，檄，激也，以辞旨慷慨发动之意，又曰，檄，邀也。”至于一般之意义檄乃指急遽征召而言。说文：“下尺书也，颜师古曰，檄者，以木简为书，长尺二寸，用征召也”

【殓(殮)物】【刑】所谓殓物乃指附于死者身体之物及附葬于死者棺内之物而言，凡发掘坟墓而损坏遗弃或盗取遗骨遗发殓物或火葬之遗灰者，处一年以上七年以下之有期徒刑(刑法第二六四条第二项)。又仅损坏遗弃或盗取遗骨遗发殓物或火葬之遗灰者，处五年以下有期徒刑。(刑法第二六二条第二项)

【湿(濕)布衫】【史】乃对罪囚刑罚之一种，即于夜间倾水于地，强制令其睡卧于上也。福惠全书：“夜间倾水湿地，逼令睡卧，名曰湿布衫。”

【滥(濫)用】【民总】Abuse　(详权利滥用条内)

【滥(濫)用职权】【行】逾越权限而任意行使其职务与权力，谓之滥用职权。

【滥(濫)保吸烟官员】【史】失实，或不出之以慎重，谓之滥，保者保举也，吸烟，谓吸食鸦片，凡滥行保举吸烟之官员，原保官应负重大责任而受一定处分。清之六部处分则例(卷四十五)刑属杂犯篇，设有滥保吸烟官员之条：“吸食鸦片之员保举京察卓异者，原保官照滥举匪人例降二级调用，自行查出揭参者免议，如吸食在保举以后，原保官亦免议，若有将紧要差使派委吸食鸦片之员，因而误公者，统视所误公务之大小，将原派官分别严议，不得仅以失察论。”

【滥（濫）准折赎】【史】所谓滥准折赎，乃指大小各官对于不准易科赎金之案件滥行准许其以赎刑代替之也，违者该管督抚应察出指名纠参，交部议处。清之现行则例（即刑部现行则例）名例篇设有滥准折赎之条：“凡律例本条开明某罪有准折赎，某罪不准折赎者，仍照旧遵行外，其律例内未经开载者，问刑官临时详审情罪，应准折赎而自愿折赎者，准其折赎，情罪有不可准其折赎者，仍照律的决，以惩奸民，如承问大小各官有滥准折赎，并额外追取肥已者，该督抚察出指名纠参，交该部议处。”

【滥（濫）准越诉】【史】旧制诉讼案件之受理，均有一定审级，不得逾越，违者不予受理（参越诉案）如该上级官司仍予受理者，是曰滥准越诉，应受一定之处分。清之六部处分则例（卷四十七）刑属审断篇上设有滥准越诉之条：“民间词讼未经在该管州县衙门控告辄赴院司道府越诉者，不得滥准，如违例准理，罚俸九个月。”

【滥（濫）送官生】【史】官生，谓乡试诸生之属于官员之子孙弟侄也，旧制凡诸生之系官员之子孙弟侄者，每受优遇，凡假称或滥行保送者，均应依法治罪或受处分。清之六部处分则例（卷三十）礼属学校篇设有滥送官生之条：“乡试诸生，本身并无应得官卷，捏称出继归宗恩抚，及本官已经降革而子孙弟侄犹指称官卷入场，所指之官知情者革职，本生斥革治罪，教职及州县官均降二级调用，知府直隶州知州降一级调用，道员降一级留任，督抚学政，罚俸一年。”又：“官生录科，学政务秉公考试，不许瞻徇情面，如将文理荒谬之官卷滥行录送，以致幸邀科第，发觉之日，将该学政降一级调用。”

【滥（濫）设官吏】【史】国家官吏均有一定数额，不容任意虚设，以耗国库，且多添官员容或有受财之事，故禁止之。明律（卷二）、清律（卷六）吏律职制篇滥设官吏条：“凡内外各衙门官，有额定员数，而多添设者，当该官吏，一人杖一百，每三人加一等，罪止杖一百，徒三年，若吏典知印，及承差只候禁子弓兵人等，额外滥充者，杖一百，迁徙，容留一人，正官笞二十，首领笞三十，吏笞四十，每三人各加一等，并罪止杖一百，罪坐所由，其罢闲官吏，在外干预官事，结揽写发文案，把持官府，蠹政害民者，并杖八十，于犯人名下，追银二十两，付告人充赏，有所规避者，从重论，若官府税粮由帖，户口籍册，雇攒募写者，勿论。”清律之总注：“各衙门官，既有额定员数，而额外添设，是违制矣。故多添一人，即杖一百，每三人加一等，至十六人以上，罪止杖一百，徒三年，内外各衙门吏典等，亦有经制额定之数，若额外擅自滥充，所充之人，杖一百，迁徙，照定制准徒二年，恶其夤缘为奸也，若当该官吏容留滥充者，正官首领吏典，分别坐笞，自一人起，每三人各加一等，正官至二十五人以上，首领至二十二人以上，吏典至十九人以上，俱罪止杖一百，罪坐所由者，谓查滥充之人，系何人容留而坐以罪也，罢闲官吏谓已罢职役，冠带闲住者也，罢闲之役，在外出入衙门，干预在官之事，结者，交结以容其身，揽者，包揽以专其事，因为写发行移文案，把持也，把捉执持之意，事在掌握，使官府不得自由，结揽把持，即所谓干预官事也。上则蠹政下则害民，故并杖八十，然此结揽把持之人，必有人于上司衙门首告，乃得发觉其事，故有追银充赏之法，若有所规避，则推原其所规避之事，如重于杖一百，则坐以所规避之罪，轻则仍坐本律，故曰从重论，若夏税秋粮由帖，及人户丁口籍册，罢闲官吏，暂时承人雇募，为之攒写，则无结揽之情，非同写发文案，自勿论也。”

【滥(濫)给开垦执照】【史】开垦谓开辟荒土而耕种之也。须领有一定凭证，始许为之，其滥发者，应受处分。清之六部处分则例(卷十九)户属田宅篇设有滥给开垦执照之条：“恶矜土棍，借开垦名色，将原有业户田产串通里甲地邻朦官给照，地方官不查明滥给者，降一级调用。”

【滥(濫)费】【民总】于一定正当用途之外任意消费其财产，谓之滥费。

【滥(濫)禁烟犯】【史】烟犯指兴贩及吃食鸦片之人犯，滥禁，谓将无辜者滥行收禁也。清之六部处分则例(卷四十五)刑属杂犯篇设有滥禁烟犯之条：“拿获烟案人犯承审官务严行审讯，毋许漏网，如有徇情开脱，即照故出入罪律治罪，若讯系无辜，即行省释，傥滥行收禁将该州县照滥禁律罚俸一年，再降一级调用，挟私故禁者，照挟私故禁平人杖八十私罪律降三级调用，因而致死者，革职治罪。”

【滥(濫)禁递籍笞杖人犯】【史】递送回籍之处笞杖等刑之人犯，递解途中，于住宿之夜，其前途接递州县不得滥行将该人犯收禁监狱，违者应予处分。清之六部处分则例(卷四十九)刑属禁狱篇设有滥禁递籍笞杖人犯之条：“递回原籍笞杖人犯，承审衙门于递解文移票内，即注明该犯罪名，并不应收监字样，其前途接递州县，如遇该犯住宿之夜，遴派妥役将该犯押交坊店栖息，不得滥行监禁，仍照例取具前途收管存案，如接递州县将递籍笞杖人犯收监者，照不应禁而禁杖六十公罪律罚俸一年。”

【营(營)伍废弛】【史】谓各省军营队伍废败及弛坏也，负责将备应受一定之处分。清之六部处分则例(卷三十七)兵属军政篇设有营伍废弛之条：“各省营伍废弛，系提标镇标所管之将备，将该提镇交兵部议处，系督标抚标所辖之将备，将该督抚降一级留用。”

【营(營)利法人】【民总】与公益法人相对称，即以营利为目的而设立之法人，例如商事公司是。

【营(營)利的集合犯】【刑】Das gewerbsmässige kollektivdelikt (德) 又名营利犯，为集合犯之一，对习惯的集合犯与职业的集合犯言，即以继续的获取收入并犯罪之意思，反覆为同种类之行为，因而成立犯罪之谓。例如引诱良家妇女以卖淫为营利常业者是(刑法第二四六条、第二四八条)。法律以一罪处断。

【营(營)利社团】【民总】Association for making profits 为社团法人之一，对公益社团言，即以营利为目的之社团法人也。其法人资格之取得，应依特别法之规定。(第四十五条)所谓特别法，例如公司法是，故公司乃营利社团之一。

【营(營)造】【史】对于家屋、仓库、学校、桥梁、堤岸等之建筑，谓之营造，明律(卷二十九)、清律(卷三十六)工律营造篇——设有关于此类事项之规定。

【营(營)造尺库平制】【史】为民国前此权度法之名称，长度以营造尺一尺为单位，重量以库平一两为单位，故名曰营造尺库平制。

【营(營)造物】【行】Public institution　营造物为自治团体之一种，即公法上之财团法人，换言之，即依行政权之主体直接供公众之使用之设备也。例如公园、学校、图书馆、医院、公证人等皆是。营造物与公共事业不可混同：(一)前者不以经济上之收入为目的，后者则反是。(二)前者原则上不得以私人经营之，后者则私人或公家均得经营之。

【营(營)造物法人】【行】营造物者，国家或公共团体经营或管理而以供给公益行政为目的之物的设备也。因其具有法律之人格故称曰营造物法人。例如公立学校，国立医院，市立救济院图书馆，以及公立博物院等皆属之。

【营(營)造篇】【史】营造篇为明清律工律之一篇，与河防篇相对立，乃关于工作之事之规定，按汉时有兴律，曹魏时以擅事附之，曰擅兴律，晋仍曰兴律，齐梁以后或曰擅兴或曰兴擅，独后周曰兴缮，隋唐曰擅兴，明律曰营造篇列于工律之下，共九条，即：擅造作。虚费工力采取不堪用。造作不如法。冒破物料。带告缎匹。织造违禁龙凤文缎匹。造作过限。修理仓库。有司官吏不住公廨。清律不加损益，仍因明律之旧。

【营(營)业】【民总】Business　所谓营业指以营利为目的之一切事业而言，并不限于商业，其他如农、渔、矿均属之。但须以有获得收入之目的并有继续之行为方可。且须自为营业之主体，即所谓独立营业是也。(民法第八五条)

【营(營)业公司】【公】Business company　以营利为目的而设立之公司，谓之营业公司。为团体之一种。(公司法第一条)

【营(營)业犯】【刑】Business crime　又名营利的集合犯，为集合犯之一。(详营利的集合犯条)

【营(營)业年度】【公】Business year　于每年一定期间内，须将所经营之营业业务结束，制作财产目录，贷借对照表等，而向股东会报告者，谓之营业年度。

【营(營)业自由】【宪】Freedom of business　营业自由为人民个人自由之一种，即对于任何营业依法有自由经营而不受限制之谓也。各国宪法多设明文予以保障，例如阿根廷宪法第十四条第一、二项，墨西哥宪法第四条、第五条，德国宪法第一五一条，智利宪法第一〇条第十四项等皆是。

【营(營)业使用人】【公】Business assistants　所谓营业使用人，乃指以服劳务于营业全部或一部为目的所雇用之人而言，完全为雇佣之契约关系。

【营(營)业所】【民总】Business office; Seat of business　指人之营业的根据地而言，如其地域与住所同在一处，则营业所同时亦为住所，否则与住所有别。

【公】营业行为之根据地，曰营业所。有本店与支店之别，前者为统辖支店之营业所，后者则为从属于本店之营业所。

【营(營)业法规】【行】关于以保护营业及取缔营业为目的而制定之法规，谓之营业法规。

【营(營)业特许】【行】Business patent 营业特许者,官署对于一般人所禁止之营业,特别给与某特定人或公司而许其经营之谓也。例如开采某矿山或烟酒之专卖是。

【营(營)业财产】【行】Business property 供营业所需用之特定财产,称曰营业财产,例如店屋资本,土地,以及器具等皆是。

【营(營)业停止】【行】Business suspension 又曰停止营业。(详该本条)

【营(營)业报告书】【公】Business reports 谓报告公司营业情形之书类也,一方面揭示营业之成绩,一方面可资说明公司他种之计算书类,我公司法规定应由董事造具,先交监察人查核,再付股东会议承认。(第一六六——六九条)

【营(營)业税】【行】Business tax 凡以营业为目的之一切事业(农业除外)所缴纳之税,曰营业税。营业税为地方收入,凡在各省及直隶行政院之市内营业者,除向中央缴纳出厂税(统税)之工厂,或缴纳收益税之股份有限公司组织之银行外,均应完纳营业税,其税率有以营业总收入额为标准者,有以营业资本额为标准者,亦有以营业纯收益额为标准者。对于营业税不得征收任何附加税。(营业税法第一、四、八条)

【营(營)业税法】【行】本法于民国二十年六月十三日由国民政府公布,同日施行,全文共十三条,按营业税为地方收入,凡在各省及直隶行政院之市内营业者,除向中央缴纳出厂税之工厂或缴纳收益税之股份有限公司组织之银行外,均应依照本法完纳营业税。

【营(營)业费】【行】Business expense 所谓营业费,乃指经营事业时所必需之费用而言。例如人员之报酬,原料之购买,广告之费用皆是。

【营(營)业禁止】【行】Business prohibition 行政官署对于某项营业,基于一定原因,而禁止其经营,谓之营业禁止。

【营(營)业警察】【行】Business police 营业自由原为宪法所保障,惟国家为预防及排除公共危险为目的,有时依法对某种营业予以限制,即所谓营业警察是也。例如令其缩短营业期间,或令其于一定区域内从事其营业,或禁止其为某项货物之贩卖皆是。

【毁(燬)化制钱】【史】制钱,谓钱之有一定之制者,若毁化之以制铸他物者,构成毁化制钱之罪。清之现行则例(即刑部现行则例)诈伪篇设有毁化制钱之条:"凡有毁化制钱者其犯人与失察官员俱照定例治罪,如有旗下人毁化制钱者,将不行严察之骁骑校照知县例佐领照知府例参领照司道例都统副都统照巡抚例治罪,小拨什库每事鞭责一百,其铜器如不禁造卖者,铜价腾贵于鼓铸无资除红铜锅并见用已成铜器外,其军器乐器镜子脸盆钮子锁钥箱柜鞦辔事件戥子天平法马刀束刀箍刀镮烟袋等物,此俱系民间必用之物,五斤以下者许其造卖,除此指出名色物件外,一应铜器不许制造,此外铜佛钟火盆一应铜器皿等物一概禁止铸造如有拿获铸造者,系旗下人枷号一个月鞭责一百,系民责四十板,流三千里,系文武官俱革职所获之铜入官。"

【猎(獵)场法令】【史】猎场,谓打猎之场所也,打猎之际应守场内所定之规则,违者处罚,清之现行则例(即刑部现行则例)军政篇设有猎场法令之条:"凡打猎场内隔岭射箭者,罚银十两,隐匿兽场者,罚银九两,射伤人马者,收禁三日,罚银十两,仍羁候猎完日发落。"

【获(獲)得权】【国公】国家对于某种权利基于国际条约或国际礼仪所取得之权利,谓之获得权,与固有权相对称,例如领事裁判权,治外法权等皆为获得权。

【获(獲)盗引见】【史】凡捕获重大盗犯之官吏,准予送部引见,藉资激励,是曰获盗引见。清之六部处分则例(卷四十二)刑属盗贼篇下,设有获盗引见之条:"乾隆二十九年,十一月,十四日,奉上谕阿思哈奏封邱县知县徐硕士,盘获大名县盗犯田小和尚一折,于寻常检点转递之事能悉心体察,究出邻省悬缉未获巨盗,甚属能事,徐硕士著该部行文调取来京引见,候朕降旨,从来除暴安民为牧民者,切要重务,第有司第奉行故事,往往不能实力缉治,使积匪贻害闾阎,莫可究诘,甚非委任亲民之义,朕屡经降旨加意激动,牧令等近颇知所振刷,深堪嘉尚,使凡职任长民者,果能似此交相诫勉地方何患不靖,民生何患不宁,自当明定奖叙之例,俾吏治民生,均有裨益,嗣后有能盘获劫掠等大案者,准督抚专折具奏,送部引见请旨,其查出,寻常逃人盗匪,自一案至数案者,令各省于年终,详其事实等差,汇折奏明,交部分别议叙,以示鼓励,钦此。"又:"官员拿获邻境盗犯,杀死事主,或奸污妇女,或系叠次起意为首行劫,俱罪应斩枭斩决者,或系纠伙抢窃,临时行强一案内罪应斩决,首伙盗犯三名者,以及海洋叠劫伤人盗犯,拿获罪应凌迟一二名罪应斩枭斩决,数在三名以上者,俱准送部引见,如所获之犯,只系劫掠余盗,或罪名未至斩枭斩决,及拒捕案内仅获斩决伙盗三名未获首犯,并海洋盗匪只系绞罪以下,或斩枭斩决之犯未及三名者,止准照例声请议叙,无庸送部。"又:"拿获邻境盗犯例应送部引见之员,如该督抚但只声请议叙者,由部查核与引见之例相符,即题请送部引见。"又:"获盗人员,经该督抚奏请引见,查明该员本任内尚有承缉逃盗未获者,应照例给予议叙,不准引见,若该员能于年限内将承缉之盗犯拿获,仍准该督抚奏请引见,其前次议叙之加级纪录,即行注销。如该员系督缉逃盗未获,或系接缉再接缉之员,或本身虽有承缉未获之案,已照离任官之例议结者,俱准其一体奏请引见,至例应引见之员,其本任内,实有承缉逃盗,未获之案,该臬司于叙案时。漏未声明。该督抚于具奏时,漏未驳正,系无心遗漏者,经部查出,将该臬司督抚,均降一级留任,傥竟有意删除为属员邀恩地步,将删除之员照徇庇例,降三级调用,官员任内有承缉逃盗未获之案,准其逐案查抵,如抵销完结后,再有获盗之案,即准奏请送部引见。"又:"官员拿获邻境及海洋盗犯,经部核明与引见之例相符,除未经获盗以前,本任内先有疏防承缉开参未结之案者,应照例办理外,(或抵销或议叙)若获盗之案在先,疏防之案在后,仍准其送部引见。"又:"各省丞倅州县以下等官,拿获盗犯核与引见之例相符者,无论试用实授,均照例题请引见,如试用人员于领咨到部之时,已经捕授实缺,吏部即于签折内将该员先系试用,现已实授之处声明其应如何加恩录用,恭候钦定,若与例不符,即分别给予议叙。"又:

"拿获盗犯题准送部人员，与遵现行事例捐升官职者，无论其捐升在获盗以前，获盗以后，吏部于带领之先查明品级，考如该员捐升之官，系获盗应升之官，即于签折内一并叙入(如云获盗知县捐升同知同州某人之类)。若捐升之官，并非应升之阶，则但叙获盗时，原官(如知县虽捐升道府但云获盗知县某人不复叙，其现捐何职)并于签折内将该员所捐官职，并非应升之处声明，恭候钦定。"又："官员拿获各项紧要人犯，钦奉特旨送部引见，到部时或另有革职留任，奉旨限年开复，并特旨不准升用，及该督抚奏请降补勤休等项事故者，吏部统于带领折内声明恭候钦定。"

【获(獲)盗议叙】【史】承缉盗案之州县官能于一定期限内拿获盗犯者准予送部照功核议是曰获盗议叙，清之六部处分则例(卷四十二)刑属盗贼篇下设有获盗议叙之条："承缉州县官能将一案，盗犯于四个月疏防限内，全获者，每案准其纪录二次，逾限者不准议叙。"又："事主被盗未报地方官能于失事后四个月疏防限内自行查出，或因别案审出旋即拿获及半者，准其纪录一次，拿获一半兼获盗首者准其纪录二次，全获者准其纪录三次，逾限者不准议叙。"又："接缉官能将前官未获一案盗犯，于到任一年限内全获者，准其加一级，获犯一半兼获盗首者，准其纪录三次，获犯及半未获盗首者准其纪录二次，如已在到任一年以外，即毋庸议叙。"又："前官任内，事主被盗未报，接任官于到任一年之内自行查出，或因别案审出，旋即拿获一半者，准其纪录三次，拿获一半兼获盗首者，准其加一级，全获者，准其加一级，再纪录一次，如已在到任一年以外，即无庸议叙，若仅止查出补报，未经获犯，无论本任接任只应免其从前失察，处分，亦无庸议叙。"又："地方官接准邻境关会缉拿盗犯，能于文到一月内拿获首盗者准，其加一级再，纪录一次一月，外拿获首盗者，准其加一级，拿获伙盗者，不论一月内外，每名准其纪录一次。"又："地方官拿获邻境盗案窝家者，准其纪录二次。"又："地方官拿获海洋盗匪，罪应斩枭斩决未及三名者每名准其加一级，系绞罪以下，每名准其纪录一次。"又："督捕同知通判等官，于州县盗案遍檄所辖地方，协同缉捕，能于四月内全获一案者，将该厅员准其纪录二次，如能将前任未获之盗全获一案者，准其纪录三次。获盗一半之外，兼获盗首者，准其纪录二次，获盗及半者，准其纪录一次。顺天府四路同知亦照此例。"又："州县地方失事，该管不同城之知府直隶州知能于四个月内，将一案，盗犯督缉全获者，准其纪录二次。"又："盗犯中途脱逃经过之处，地方官能拿获一名者，准其纪录一次，二名者，准其纪录二次，三名者，准其加一级，四名者准其加一级，再纪录一次，如有多获，照方官拿获者分别正法，与不正法，照拿获逃遣例议叙。"

【获(獲)贼给赏】【史】贼者盗贼也，捕获盗贼者应予给赏以资鼓励。元典章(卷五十一)刑部第十三篇有获贼给赏等第之例："……公议得今后诸人告指并亲获贼人者，钦依支赏所据捕盗人员，本境内如有失过盗贼却获别境作过贼徒，拟令比折除过谓捉获别境作过强盗或伪造交钞二起，各准本境内强盗一起，无强盗者，准窃盗二起，如获窃盗二起，亦准强盗一起，既是准折除过其赏不须给付，如本境内别无失过起数，但获强窃盗贼，依上理赏，若应捕人员，承准事主及诸人告指捉获，不在除准理赏之限。"

【环(環)人】【史】为周时秋官司寇之属官,掌护卫邦国往来之宾客,其职制为:"掌送邦国之通宾客,以路节达诸四方,舍则授馆,令聚柝,有任器,则令环之,凡物关无几,逆送及疆。"王昭注曰:"国野之道五十里,有候馆,则环人授之于宾客者也,令聚柝,令野庐氏也,宾客有任用之器,则亦令环卫之也,门关无几者,谓宾客出入,环人以路节达之,故门关无几也,疆、谓王畿四方之界也,宾客来而逆之,去而送之,皆及疆。"丘濬曰:"环之为言,围也,主宾客往来,为之守卫,宾客有随行之任器,则周围保护,若环之无隙焉。"(大学衍义补卷九十九)又周礼夏官之属,亦有环人,掌以强力却敌之事,宋时有环卫者,其义即本于此。

【环(環)境证】【民刑诉】Circumstantial evidence 一名情状证,我国法律称之曰物证。(详该本条)

【瞬间时效】【物】Immediate prescription 又名即时取得。(详该本条)

【矫(矯)制】【史】假托朝廷之命以行自己之所见谓之矫制。史记—汲黯传:"臣谨以便宜持节,发河南仓粟,以赈贫民,臣请归节伏矫制之罪。"按矫制又称矫诏。汉律分为下列三种:(1)矫制大害——处腰斩。(2)矫制害——死刑。(3)矫制不害——免去爵位。为汉律贼律中所规定之语,即私自伪作诏命制令之谓也。汉书—陈汤传:"石显,匡衡以为延寿汤擅兴师矫制,幸免不诛,如复加爵士则后奉使者,争欲乘危徼幸,生事于蛮夷。"

【矫(矯)诏】【史】又名矫制。(详该本条)

【矫(矯)诬犯禁】【史】矫者矫曲为直也,诬者诬善为恶也。周礼—秋官禁暴氏:"矫诬犯禁。"吴澄氏之注曰:"矫诬,谓矫曲为直,诬善为恶也。"

【繁缺】【通】谓职务繁剧之官职也。

【缩(縮)小解释】【通】Restrictive interpretation 为论理解释之一种,与扩张解释补正解释相对称,又称制限解释,谓因法文失于广泛,乃缩限条文之意义而解释之也。例如民法之土地所有权,虽上至天空下至地心,但不可作无限之解释是。

【总(總)公断员】【国公】Umpire 在常设仲裁法庭中,由各公断员内协同择任之主持公断事项之首席人员,曰总公断员,又称总判员,凡全体公断员对于某项公断事件有意见争执,而不能解决者,总公断员有单独裁断之权,其所为之公断书,称曰总公断书(Umpirage),与公断员之公断书(Award)相对立。

【总(總)同盟罢工】【劳】General strike 即一切劳动团体联合宣告同盟罢工之谓也。此种罢工,对于社会秩序影响甚巨,故法律多不承认,我国亦然。

【总(總)决算】【行】Settlement of accounts in full 对于收入与支出之全部的实际上计算,曰总决算。

【总(總)明观】【史】为宋时国子监之别称。锦字笺(卷一):"宋明帝置总明观祭酒一人。"

【总(總)金库】【史】为金库之一种。与分金库支金库相对称。(详金库条)

【总(總)则】【通】General principle 总则者,总纲也,总则所定各条为共同之原则,例如民法总则所定各条,除另有特别规定,及因性质相抵触者外,凡关于债权物权亲属继承各编之共通关系,均适用之。

【总(總)徒】【史】清律之所谓徒,谓人犯罪稍重发本省驿递,充一切用力辛苦之役也。一年起至三年为止,分为五等,其因再犯加重者为总徒,以四年为最高限度,换言之,即不得逾四年也。

【总(總)理代理人】【民总】为日本名辞,与部理代理相对称,即我国所谓之全部代理也。

【总(總)理陵园管理委员会组织章程】【行】本章程于民国十八年七月三日由国民政府公布,曾经修正,全文共十条,其要点如下:(一)本委员会直隶于国民政府,为总理陵园之管理总机关,其职权为护卫陵墓,管理陵园,办理陵园陵墓工程,办理陵园农林事业,以及指导陵园区内新村之建设。(二)本委员会由国民政府简派委员若干人就中指定常务委员五人执行会务,于常务委员会内设园林设计委员会,及总务处。总务处之下分设警卫处,工程组及园林组。总务处设处长一人,各组各设主任一人,工程组及园林组,各设技师若干人,园林组内又分设森林股及园艺股。

【总(總)统】【史】清时总兵者之最上级者为总统,其统带数营或数十营者,称曰总领,节制之者则曰总统。又卫官亦称曰总统。如圆明园总统,火器总统是。民国时之国家元首亦曰总统。有大总统与副总统之设。

【总(總)统制】【宪】Presidential system 国家一切行政责任由总统直接负责之制度曰总统制,如美国是。且国务员不对议会负责,而对总统负责。

【总(總)统选举人】【宪】Electors of president 总统不经人民直接选举,先由人民先行选举若干人以为代表,再由彼等选举总统时,此项代表谓之总统选举人。

【总(總)裁】【行】为机关中之首长之特定称呼,例如中央银行总裁是。

【总(總)债务】【债】即全部债务之谓也。

【总(總)债权人】【债】所谓总债权人,乃指债权人之全体而言。

【总(總)会】【民总】General meeting 又名社员总会,为社团法人依据法律而设置之组织团体也。乃社团最高机关(民法第五五条第一项),自应以全体社员组织之。故总会之决议视为社团全体之意思,其权限依民法所举者有五:(1)变更章程。(2)任免董事。(3)监督董事职务之执行。(4)开除社员(以有正当理由时为限,第五五条第二项)。(5)解散社团(第五七条)。至其召集之权:(1)以董事为之为原则(第五一条第一项)。(2)会员之请求或自行召集为例外(同条第二、三项)。关于召集之程序及条件均依章程之规定(第四七条第四款),即出席之法定人数,亦在其内,总会可分为二种:(1)通常总会。(2)临时总会。(详各本条)

【总(總)预算】【行】General budget 以政府全部岁入岁出所编成之预算,曰总预算。

【总(總)领事】【国公】Consul-general 为领事之第一级，大都于重要城市内设置，有时且兼有监督指挥若干领事馆之权，有时仅因系在重要城市，乃有总领事之设，均由本国政府任命。

【总(總)吨数】【海】即船舶全部之吨数也。

【总(總)历】【史】为通行券之一种，即给予军防丁夫等以为出入于关津之证明之书类也。唐律(卷八)卫禁篇——私度关津条之疏议："军防夫丁有总历。"

【总(總)选举】【宪】谓国会或议会议员全部之选举也。

【纵(縱)出】【史】对犯罪人不予检举而仍放免之，是曰纵出。

【纵(縱)死罪囚逃亡】【史】谓纵令合死罪而在禁之罪囚逃走亡命也。唐律(卷三十)断狱篇设有纵死罪囚逃亡之条："诸纵死罪囚令其逃亡，后还捕得，及囚已身死，若自首应减死罪者，其获囚及死首之处，即须遣使速报，应减之所有驿处发驿报之。若稽留使不得减者，以入人罪故失论减一等。"疏议曰："谓囚合死在禁，所司纵令逃亡，依故纵之条，还合死罪，捕得及囚已死，若自首应减死罪者谓，依捕亡律及上条(即领徒囚应役不役条)，放而还获，得减一等者，其获囚之处及死首之所，即须遣使速报，应减死之处，若有驿之处，发驿报之，若使人及官司稽留令不得减罪，致使囚已决讫者，以入人罪故失论减一等，谓故稽迟从故入上，减死一等流三千里，若失稽迟从失入罪上减一等，总减罪人四等，徒二年，官司及使人，各以所由为坐。"

【纵(縱)兵焚掠】【史】谓容纵官兵人等焚烧及掳掠良民庐舍及子女与财物也。清之六部处分则例(卷三十七)兵属军政篇设有纵兵焚掠之条："领兵大员，纵令官兵，将良民庐舍焚烧，掳掠子女财物，该督抚隐匿不参者，俱行革职。"

【纵(縱)放军人歇役】【史】管领军队军吏容隐纵放军人出百里之外，买卖或私种田土者，或隐占在已私自使唤者，或受财卖放者，均谓之空歇军役，至于私使出境因而致死或被贼拘执者，而本管官吏知情又复容隐者，亦为法律所不许，在明律(卷十四)、清律(卷十九)兵律军政篇均设有纵放军人歇役之专条，内容相似。

【纵(縱)的共犯】【刑】凡因果关系因数人共同犯罪而延长时，称为纵的共犯，例如教唆犯及纵犯是。对横的共犯言，乃在学理上关于共犯之又一分类也。

【纵(縱)奸卖休】【史】谓纵容妻妾亲女及子孙之妇妾与人通奸或用财买休卖休也。清例之规定如下：(一)纵容妻妾亲女子孙之妇妾与人通奸本夫杖九十，父母舅姑义父杖九十，奸夫杖九十，奸妇杖九十并离异。(二)抑勒妻妾及乞养女并亲女及子孙之妇妾与人通奸，本夫杖一百，父母舅姑义父杖一百，奸夫杖八十，奸妇不坐并离异。(三)用财买休卖休和娶人妻，本夫杖一百，本妇杖一百离异归宗，财礼入官，买休人杖一百，媒合人杖九十，将妾买休卖休本夫与妾及买休人各减妻罪一等。(四)买休人用计与妇人抑勒本夫休弃，本夫不坐，父母舅姑义父徒一年杖决徒赎从夫嫁卖奸夫徒一年，奸妇杖一百，将妾买休卖休本夫与妾及买休人各减妻罪一等。(五)因奸不陈告而嫁卖与奸夫，本夫杖一百，奸夫奸妇各尽本法，军民人等纵令妇女于寺观神庙与人通奸杖九十，枷号一个月发落。

【纵(縱)军掳掠】【史】军人为卫国保民者,如何爱护人民,始能无愧于职,如反纵军掳掠,是与创置之原旨有违矣。故应处罚,以申纲纪。明律(卷十四)、清律(卷十九)兵律军政篇皆有纵军掳掠条之设,内容相同。清律原文及其下注:“凡守边将领,私自并令军人于(未附)外境掳掠人口财物者,(将领)杖一百罢职发附近充军,所部听使,武官及营队递减一等,并罪坐所由,(使合之人)军人不坐。〇若军人不曾经由本营头目,(使令)私出外境掳掠者,为首杖一百,为从杖九十,(因掳掠而)伤(外境)人,为首者斩(监候),为从杖一百(其掳掠伤人为从,并不伤人首从),俱发边远充军,若本管头目钤束不严杖六十留任。〇其边境城邑,有贼出没,乘机领兵攻取者,不在此限。〇若于已附地面掳掠者,不分首从皆斩(监候),本管头目钤束不严,杖八十留任。〇其(将领)知(军人私出外境,及已附地面掳掠之)情故纵者,各与犯人同罪(至死减一等)。”清律之总注:“边境无事之时,将帅惟当谨哨探而设守备,不得生事启衅,若私令军人于外境未附之地方,掳掠人口财物者,将帅杖一百罢职充军,所部下武官,及管队,听从使令军人出境掳掠者,递减一等,并罪坐所由,不与听使者不坐,以武官当守职谏阻,不当依阿听使也,军人,则不能责以谏阻,故不坐。〇若非由本管头目使令,而军人私自出境掳掠人口财物,造意为首者杖一百,同行为从者杖九十,因而伤人,为首者斩,为从者杖一百,除坐斩者外,其掳掠不伤人之首从,及伤人之从犯,俱发边远充军,本管头目,虽无知情故纵之情,亦有钤束不严之罪杖六十,留任。〇以上皆言边境无警,将士贪残私出者也,其或边境城邑,有贼出没窥伺,将帅乘机领兵攻取者,机不可失,职分当然,阵前俘获,非私出掳掠之比,虽未奉调遣,不在此限。〇已附地面即我民人,若有掳掠者,不分首从,但同行者皆斩,本管头目,钤束不严,各杖八十留任。〇统承上言,若将帅及各军本管头目,明知军人私出外境,或于已附地面掳掠之情,故纵不问者,各与犯人同罪,至死者减流。”

【纵(縱)容妻妾犯奸】【史】纵容者谓宽假放使也,即虽见而不见,虽知而不知之谓也。换言之即间接承认也。明律(卷二十五)、清律(卷三十三)刑律犯奸篇纵容妻妾犯奸之条:“凡纵容妻妾与人通奸,本夫奸夫奸妇各杖九十,抑勒妻妾及乞养女与人通奸者,本夫义父各杖一百,奸夫杖八十,妇女不坐,并离异归宗,若纵容抑勒亲及子孙之妇妾与人通奸者,罪亦如之,若用财买休卖休和娶人妻者,本夫本妇及买休人各杖一百,妇人离异归宗,财礼入官,若买休人与妇人用计逼勒本夫休弃,其夫别无卖休之情者,不坐,买休人及妇人各杖六十,徒一年,妇人余罪收赎,给付本夫,从其嫁卖,妾减一等,媒合人各减犯人罪一等。”明律之纂注曰:“休,离也,和娶承买休卖休说奸夫用财买其夫以离其妻曰买休,本夫受奸夫之财而离其妻曰卖休,因而娶之为妻曰和娶,此言凡妻妾与人通奸,在奸夫奸妇固为淫合,若本夫明知而纵容其通奸,则本夫不能制束,故各杖九十,若抑勒妻妾或乞养义女与人通奸,则妇女非得已之情,而本夫义父必有图财之意,故本夫义父各杖一百,奸夫杖八十,妇女不坐。其纵容抑勒者并该离异归宗,若纵容亲女及子孙之妇妾与人通奸,则纵容之人与奸夫奸妇各杖九十,抑勒者抑勒之人杖二百,奸夫杖八十,妇女不坐,故曰罪亦如之。若用财买人休其妻,本夫受财卖休其妻,因而知同娶之为妻者，本夫本妇及买休人各杖一百，妇人离异归宗，财礼入官。若买休人与妇人用计逼勒本夫休弃，在本夫别无卖休之情者，则不坐。买休人与妇人各杖六十，徒一年，妇人依律决杖一百，余罪收赎，仍将本妇人给付本夫从其嫁卖。如买休卖休和娶人妾者，本夫本妾及卖休人各杖九十，用计逼勒者，卖休人及本妾各杖一百，以妾贱于妻，故减罪一等，媒合人各减犯人罪一等，则视买休卖休及逼勒或妻或妾各犯之罪而减之也。按乞养女不言纵容抑勒，子孙之妇妾不言离异者何也，盖义父义女尊卑相临，又非亲女可比，令之通奸必出抑勒，若子孙之妇妾被勒通奸，与本夫原无义绝之情，故不言离异也。又详买休卖休一节，律系奸条，必为先奸后娶者而设，然其不专言奸夫而曰买休人，不专言奸妇而曰本妇，亦可见买休卖休固有不因奸而犯者，亦宜照此律科断。不然典雇妻女者有罪，若谓卖妻者律无文而不禁，是果律遗之哉，正以卖妻与人，既坏夫妇之伦，又非嫁娶之正，有类于奸，故即系犯奸条下，而诸条不及言耳，附此以俟奏请定夺。”(参买休卖休条内)

【纵(縱)配囚行劫】【史】配囚谓在流刑期中之囚犯也。凡牢子如私自纵容配囚行劫者，该管官吏及牢子均须分别治罪。元典章(卷五十五)刑部第十七篇有牢子私纵配囚行劫之例：“……白沙提举司管下东张冶牢子宋僧住，将配役贼徒陈福兴等所带镣镰脚镯取去，故纵在外持杖强劫良民身物钱物，却行还禁，知情分赃等……议得东张冶牢子宋僧住将配役贼人陈福兴等八名取去各带镣镰脚镯，纵令在外强盗张泽银头面等物一同分赃合咨行省令有司并勘完备，依例结案，设法关防一节……提举司并张冶所官吏有失关防以致牢子宋僧住纵令配囚行劫民财罪犯……就便究治。”

【纵(縱)赃】【史】谓仓库官吏明知他人窃取仓库内之物品而仍放纵不问也。如容纵其窃至五十匹者，其罪较窃盗者为重，加役流，如满一百匹者处绞。唐律(卷十五)厩库律有库藏主司搜检之条：“……即故纵赃满五十匹，加役流，一百匹绞。”

【罄】【史】罄与磬同，即于隐处缢杀之谓，礼记文王世子篇：“公侯有罪罄之于甸人。”谓公族(贵族也)犯重罪者免斩于市，而以之付于甸人缢杀之也。此乃本于国家之特殊恩典，至于后世死刑之重者每处斩(弃市)，而轻者处绞，亦即渊源于此。

【罄竹难书】【史】所谓罄竹难书，乃喻罪恶之多至不可胜书而言，即罄南山之竹，亦难悉纳其罪名于其上(竹者竹简也，古时以竹简为书，故云)。通鉴—隋纪：“李密移檄郡县，数炀帝十罪，且曰，罄南山之竹，书罪无穷，决东海之波，流恶难尽。”

【联(聯)合人寿保险】【险】Joint-life insurance 即二人以上共同向保险公司为人寿保险也。其内容为联合要保人之一如有死亡，则其保险人应由生存者取得之。

【联(聯)合财产制】【亲】Union property 凡于结婚时属于夫妻之财产(法定特有财产除外)，及婚姻关系存续中夫妻所取得之财产，谓之联合财产，又名非共同财产制，乃以妻之财产(法定特有财产除外)集中于夫之一方，而无夫妻共有之财产，其所有权仍由双方各别保有之，夫对于妻所带入之原有财产有使用收益之权，且由夫管理之。在特定范围内并得享有处分之权，一方死亡时或分割时，双方对其原有财产各取回之，或归属于各已之继承人，如有短少，在原则上应互相补偿。（民法第一〇一六——〇三〇条）

【联(聯)合商标】【行】Associated trademark　联合商标者，谓同一商人，于同一商品所使用类似之商标也。此项商标权，不得分析移转。（商标法第五条、十七条）

【联(聯)合国家】【宪】Federal state　又称曰联邦国。（详该本条）

【联(聯)邦】【国公】Federal unions　为复合国之一，对邦联言，凡若干邦国永久结合，根据宪法组织中央政府以对外，而对内则多少各自为政者，曰联邦。联邦乃被视为一国际人格者，一七八九年以来之北美合众国，为其实例。

【联(聯)邦制】【宪】Federal system　与单一制相对立，即采取联邦之制度也。采此制之国家，其各邦政府与中央政府之事权各自划分，不相侵犯，且在宪法上设有明文规定。

【联(聯)邦议会】【宪】Federal congress　即联邦政府所设之立法机关也。其上议院曰联邦参议院，下议院曰联邦众议院。

【声(聲)明】【民刑诉】Notice　当事人等对于法院请求一定行为之意思表示，谓之声明，或谓之声请，二者意义相同，惟依文义之所宜耳。声明或声请时，有时应以书状为之者，有时得以言词为之者，有时得以书状或言词为之者，均依法文之所定。

【声(聲)明退伙】【债】Notice of retirement from partnership　又称任意退伙。（详该本条）

【声(聲)明异议】【刑诉】Petition of rejection　对于相对人之主张有反对之表示者，曰声明异议，又刑事执行中，受刑人对于检察官之执行指挥，认为不当，向谕知该裁判之法院所为之声明，亦曰声明异议，应用书状为之，又当事人对于审判长或受命推事之处分，认为不当者亦得声明异议。（刑诉法第二九九条又第五〇三—五〇四条）

【声(聲)迹不好】【史】所谓声迹不好乃指声名及行迹不良好之义而言。元典章(卷六)台纲，体察体覆篇——禁治察司等例之条："(上略)该按察司官，有声迹不好者，仰御史台体察。"

【声(聲)请】【通】Petition　人民对于官署有所请求时之意思表示，或诉讼当事人以及其他诉讼关系人，对于法院请求一定行为之意思表示，谓之声请。但刑事诉讼声请之程序，非通常所称之声请也。凡诉讼当事人，对于受命推事，或受托推事所为之羁押，具保、扣押、及扣押物件发还之处分，及证人鉴定人通译所受罚锾，及赔偿费用之处分，并对于检察官所为之羁押具保扣押及扣押物件发还之处分等，若有不服时，可向该管辖之法院声请撤消，或变更之。所谓该管辖之法院，指原法院而言，惟声请人对于声请撤消或变更之裁定，则不得再行声请之也。

【声(聲)请人】【通】Applicant　为声请行为之人谓之声请人。

【声(聲)请再议】【刑诉】Petition for re-consideration　检察官之不起诉处分，告诉人如认为检察官处分不当，得于收到处分书后七日内，向原检察官声请再议。原检察官认为声请有理由者，应撤销其处分，继续侦查，或起诉。若认为声请无理由者，应将该案卷宗及证据物件送交上级法院首席检察官，又地方或高等法院管辖案件，其声请再议，除依上述办理外，原法院首席检察官，得于送交上级法院首席检察官以前，指定其他检察官，再行侦查，若认为声请有理由者，则提起公诉，无理由者则将该案卷宗及证物送交上级法院首席检察官办理。(刑诉法第二四四—二五一条)

【声(聲)请书】【通】Application; Written statement　人民对于法院或行政官署有所请求时所作成之公文书，称曰声请书。

【声(聲)请回避】【民刑诉】Withdrawal by petition　为回避(详该本条)之一种，与自行回避相对称。

【声(聲)请停止羁押】【刑诉】(详羁押条内)

【声(聲)请登记】【通】Application for registration　谓权利人或义务人向主管机关声请为某种权利或某种事项之登记也。其声请登记之人称曰声请登记人。

【声(聲)请登记人】【通】Applicant for registration　(详声请登记条内)

【声(聲)请费】【通】Petition fee　人民对于官署所为之处分事项。或诉讼当事人，对于法院之推事或检察官所为之处分，如不甘服而声请撤消或变更之时，应缴纳法院或官署一定之费用，谓之声请费。通常法院关于声请回复原状，及假扣押，或假处分，与除权判决等，仅征收审判费一元，此外其他民事声请或声明则只征收审判费洋五角。(修正诉讼费规则第七条)

【声(聲)请调解】【劳】又称任意调解。(详该本条)

【临(臨)民宝镜】【史】书名，十六卷，明苏茂相撰，事见明史艺文志刑法类。

【临(臨)时代办使事官】【国公】Charge's d'affaires ad interim　即在使馆长官不在期间中，由馆员代理使事之外交官，大都由该使馆长官委任之。

【临(臨)时住所】【民总】Provisional domicile　又名假住所(详该本条)，或称选定居所。

【临(臨)时协定】【国公】Modus vevendi (拉丁); Provisional agreement　乃对于特殊事项之暂时同意办法，其期间甚为短促，且多为关于维持现状之规定，以待正式条约之成立，例如一八九四年希腊与塞尔维亚两国间之临时商约是。

【临(臨)时保险书】【险】Binding slip　谓于保险契约缔结时所作成之临时书面，以便于日后另行换补正式保险单也，除须经双方当事人签名外，且须记载一定事项，(第八条)至书内凡载有广泛文义之条款，法律亦设有无效之条文。(第二六条)(参保险单条内)

【临(臨)时强盗罪】【刑】为强盗罪之一，窃盗或抢夺因防护赃物脱免逮捕，或湮灭罪证,而当场强暴胁迫者,成立本罪,其要件为:(1)其强暴胁迫行为,须在窃盗或抢夺之后。(2)须为当场之强迫行为,而以未将赃物搬运他处藏匿,或已经处分以前为限。(3)须为防护赃物,脱免逮捕,或湮灭罪证之任一为目的,本罪之处罚以单纯强盗论罪。(刑法第三四七条)

【临(臨)时处分】【史】对犯罪事件不以法令预为处罚之规定,而以君主权力衡量情节而予处分,是曰临时处分。唐律(卷三十)断狱篇——制敕断罪之条:“诸制敕断罪,临时处分,不为永格者,不得引为后比。”疏议:“事有时宜,故人主权断,制敕量情处分云云。”

【临(臨)时提案】【行】所谓临时提案,乃指开会时当场临时所提出之议案而言,依我国立法院议事规则所规定,立法院委员仅得于下列场合为临时提案:(1)报告事项后未到讨论议案前。(2)一案议决后,其他议案未开议前。(3)依照议事日程议毕各案后未经宣告散会前。在上述场合仍须声请主席认可,方得发言。又临时提案除提议人外须具备委员四人和议,方得成为议案。至该议案应否提前讨论,抑俟按序议毕各案后方付讨论或列入下期会议讨论,概由主席决定之。凡依式之临时提案须由书记记录提案理由,即送提议人及和议人署名。该项临时提案如经主席决定列入下期会议时,提议人仍须补具提案理由书,并由和议人连署之。

【临(臨)时岁入】【行】Extraordinary revenues　与经常岁入相对称。(详经常岁入条)

【临(臨)时岁出】【行】Extraordinary expenditure　与经常岁出相对称。(详该本条)

【临(臨)时董事】【民总】Provisional directors　又称假董事。(详董事条内)

【临(臨)时总会】【民总】Special general meeting　为总会之一种,对通常总会言,即因临时事件而召集之社员总会也。民法第五一条第二、三项之规定:(1)如有全体社员十分一以上之请求,表明会议目的及召集理由请求召集时,董事须召集之。(2)董事受前项之请求后一个月内不为召集者,得由请求之社员经法院之许可召集之。

【临(臨)轩问策】【史】天子亲临轩行进士考试而以时务策为题,称曰临轩问策,开端于宋神宗之时,明丘琼山故事必读成语考集注(卷下):“临轩问策,宋神宗之开端。”注曰:“宋熙宁三年,吕公著知贡举,密奏曰,天子临轩策士,用诗赋,非举贤求治之意,今廷试乞以诏策谘访治道,自是上御集英殿,试乃以策问。”

【临(臨)场条奏】【史】谓乡会试举行时临场之际向廷条陈奏议也,为杜止纷扰起见不得为之,违者议处。清之六部处分则例(卷二十九)礼属科场篇设有临场条奏之条:“乾隆四十年八月十六日,奉上谕科场条例,毋许临场条奏,如臣工果有见于考试规条未尽妥协之处,即当早行入告,文会试不得过上年冬月,武会试不得过本年春月,何必于考试临期纷纷陈请,此次姑免置议,嗣后如再有违例临期陈请者,该部将其事于议覆折内,一并将该员察议具奏,将此再行传谕知之钦此。又:“乡会试前科道除特参大员伸冤理枉迫不及待之事,准其入奏外,其余寻常事件一概不准临期条奏，以免纷扰以杜揣摹。”又：“凡有言责官员，条奏科场利弊，文会试不得过上年冬月，武会试不得过本年春月，如有临期条奏者照违令公罪律罚俸九个月。”

【临(臨)战地境】【行】Area under the martial law　为日本名辞，即临时戒严区域之谓也。

【临(臨)检】【民刑诉】【国公】Search; Inspection　以搜集证据之资料为目的而莅临作实地之检阅，谓之临检。在诉讼法上称曰勘验(详该本条)在国际公法中则曰临检搜索(详临检搜索权)，临检之权谓之临检权。

【临(臨)检搜索权】【国公】Right of visit and search　交战国为查明海上中立商船与其货物是否属于中立国所有，或查明该中立商船是否从事于输送战时禁制品，破坏封锁或从事于非中立行为等，得于战争状态继续中时，于交战国任何一方领海内，及公海中，由其军舰对上述中立船只行使查询察视之权，是曰临检搜索权，至在平时各国军舰对有海盗嫌疑之船舶，亦得享有此权。关于临检搜索权之行使，其手续为先放空炮，令其停止，于必要时得发射实弹之炮一响，如仍不即停止即可使用武力，若已停船，即由军舰派遣军官上船检查文件，或令该船长携带文件至军舰审查，如审查时发现各种嫌疑，便可开始探索货物，如无所得，当即释放，反之即可将其押送至捕获审检所所在地之港湾，依法审理，经其判决后始可予以没收之处分。至于反抗搜索之中立船舶，有临检搜索权之军舰，自可立予拿捕。

【临(臨)检权】【民刑诉】【国公】Right of inspection　(详临检条内)

【举(舉)】【史】举之意义有四：(1)荐举之义(参荐举条)。(2)没收犯人财产之谓，周礼：“凡财物犯禁者举之。”(3)清代于官吏之成绩调查之结果，对于最优等者加以选拔升进者，谓之举。会典吏部：“凡京察一等，大计卓异，皆曰举。”(4)灵举也，即丧车之称。(唐律释文卷二十六)

【举(舉)用有过官吏】【史】官吏如犯罪曾经官司断决罢其职役，因其名籍已除，如有隐其罢职役之缘由而朦昧举用者，及受罢官吏不自陈述前过朦胧承受保举者，均为法律所禁止。明律(卷二)吏律职制篇与清律(卷六)之同律同篇均有举用有过官吏之专条，其规定全然相同。清律之条文及下注曰：“凡官吏曾经断罪，罢职役不叙者，诸衙门不许朦胧保举，违者，举官及匿过之人，各杖一百，罢职役不叙(受赃，俱以枉法从重论，若将帅异才，不系贪污规避而罢闲者，有司保勘明白，亦得举用)。”同律之辑注：“此举官与所举之人，必有交通情面，然非受赃者也，若受赃，应不枉法从重论，故注补之。官吏犯罪，罢职役不叙，如果其才可用，亦当视其犯原案，分别公私，据实开具明白，如朦胧保举，不特阿其所好，而隐匿过犯，百弊丛生，杖而罢之，所谓绝其源而清其流也。然不过徇私起见，如若受赃，则为卖法，律以枉法，明所罚也。”同律之总注：“凡官吏犯过，一应杖徒以上私罪，曾经官府断决，官罢职，吏罢役，于法不得叙用者，诸衙门不许隐其犯罪事由，朦胧保举起用，若违此禁而保举者，及所举之人，不自陈前过，隐匿承受职役者，各杖一百，罢职役，永不叙用。”

【举(舉)行月课】【史】各省府州县学均置教官,主司教务,应按期举行月考季考,违者依本条予以处分。清之六部处分则例(卷三十)礼属学教篇设有举行月课之条:"教官不举行月课季考,一次罚俸三个月,二次罚俸六个月,三次罚俸九个月,四次罚俸一年,竟不举行者革职。"

【举(舉)劾】【史】举其人之姓名而弹劾之,称曰举劾。

【举(舉)放钱债】【史】官吏于其所辖境内散放钱债以收取利息者,谓之举放钱债(旧律对于人民之放贷钱债以收取利息,则称曰私放钱债)。明律(卷九)、清律(卷十三)户律钱债篇——违禁取利之条第一项:"凡私放钱债",第二项:"若监临官吏于所部内,举放钱债,典当财物者,杖八十。"

【举(舉)奏非是】【史】汉律所称之举奏非是即唐律之奏事不实条,即向廷上举奏某项事件与真正事实相反之谓也。汉书—盖宽饶传:"饶坐举奏大臣非是,左迁为卫司马,师古注,非是,不以实也。"又同书—陈汤传:"汤坐言事非是,幽囚久系历时不决,执宪之吏欲致之大辟。"

【举(舉)首诗文书札】【史】明亡清继,汉满民族不同,每有文字狱之兴,此项刑狱与实犯大逆不同,为审慎计故有本条之设,举首谓检举首告也(诗文书札指一切文字作品而言)。清之六部处分则例(卷三十三)礼属文词篇设有举首诗文书札之条:"嘉庆四年二月二十四日奉上谕,向来大逆缘坐人犯,按律办理,原以其实犯叛逆,自应申明宪典,用示惩创,至比照大逆缘坐人犯,则与实犯者不同,即与从前徐述夔王锡侯皆因其著作狂悖,将家属子孙遂比照大逆缘坐定拟,殊不知文字诗句,原可意为轩轾,沉此等人犯,生长本朝,自其祖父高曾仰沐深仁厚泽,已百数十年,岂复系怀胜国,而挟仇抵隙者,遂不免藉词挟制,指摘疵瑕,是偶以笔墨之不检,至与叛逆同科,开告讦之端,复失情法之当,著交刑除实犯大逆应行缘坐人犯无庸查办外,凡比照大逆人犯,其家属子孙或已经发遣或尚禁囹圄,即详晰查明注写案由,开单具奏,候朕核夺降旨,钦此。"又:"凡有举首诗文书札悖逆讥刺者,务令承审各官,细心推详,若止字句中一时失检,偶涉疑似,并无实在悖逆形迹者,将举首之人依律治罪。若承审各官不行详察,辄波累株连,致成大狱,将承审各官照故入人罪律治罪。"

【举(舉)动犯】【刑】一名形式犯,又称危险犯。(详各本条)

【举(舉)证】【民诉】Proof; Testification 诉讼当事人为欲达到诉讼上对于有利自己之审判为目的,特依法提出证据方法,即所谓举证是也。

【举(舉)证责任】【民刑诉】Burden of proof 当事人为获得有利于己之裁判起见,于法律上有提出证据使法院就某事实得生心证之必要,是曰举证责任,又称证责,举证责任在于当事人,且分配于双方,凡一造主张有利于己之事实时,则应就其事实负举证之责任。但下列各情形,当事人可免负担举证责任:(一)事实于法院已显著,或为其职务上所已知者。(二)当事人主张之事实,经他造自认者。(三)法律上推定之事实。(四)事实上推定之事实。(五)法律之存否与其解释,应为法院职务上所已知,如有未知时法院亦应依职权调查之,当事人亦勿庸举证。

(民诉法第二六五—二七一条)

【荐(薦)任官】【行】Officers appointed by National Government upon recommendation　为官阶之一种,乃次于简任官之官吏,即由该管长官呈请国民政府任命之官吏也。其官俸分为五级,第一级每月为四百元,第五级为二百元(每级五十元),但暂行条例则规定分为六级,每级相差三十元。

【荐(薦)举卓异】【史】清制,每三年调查地方官吏之成绩,谓之大计,其才能优越者曰卓异(卓,谓才能极高;异,谓与众不同也)。荐举,谓推荐保举也。清之六部处分则例(卷六)吏属考绩(下)篇设有荐举卓异之条:"康熙四十四年五月二十九日奉上谕官员荐举卓异,关系激劝大典,所列事迹,期有实济于地方百姓,开载虚文无益,嗣后荐举卓异,务期无加派无滥刑,无盗案,无钱粮拖欠,无亏空仓库银米,境内民生得所,地方日有起色,方可应卓异之选,其他所开虚文,俱不必入,钦此。"又:"雍正元年二月二十日,恩诏内开直隶各省官员内有降级罚俸者,俱不准卓异,似此贤员,因公罣误,不能得升,以致壅塞,此后如果有居官清廉能干,因公罣漏罚俸降级者,著该督抚亦行卓异,钦此。"又:"道府以下,州县以上各官核计本省历俸已满三年(题署人员以引见后到任之日起俸,升署人员以奉文实授之日起俸)。任内并无正项钱粮未完,其平日循声政绩,该上司实系灼见真知,准其列入荐举,俟到京引见吏部,将奉旨准其卓异者,即以加一级注册,令回原任候升。至教职首领佐杂内,果有才能杰出操守廉洁者,该督抚亦开具事实保荐,吏部查明与例相符,准其列于卓异俟具题奉旨后,即以卓异加一级注册,照例候升,无庸送部引见。"又:"荐举卓异人员,任内如有正项钱粮未完,果系居官清廉能干,或现莅兼三兼四繁缺,在本省历俸已满三年,或并非兼三兼四繁缺,在本省历俸已满五年,均准该督抚一体保荐,吏部具题时,将可否准其送部引见之处声明请旨。如并非兼三兼四繁缺及历俸未满五年任内又有钱粮未完处分者,即行议驳。"又:"荐举卓异官员,无论繁缺简缺,凡在别省历俸年月,俱不准其接算。至本省历俸年月或系前后阅历数任及辗转升署,或中间缘事开复,一时扣算未清,经吏部核明未满三年者,止须照例议驳,无庸将该督抚查议,如自该员论俸之日起,扣至该省具题之日止,其俸次显然未满三年,而该督抚误行列入荐举,除照例议驳外,即随本查参,将该督抚降一级留任。"又:"荐举卓异官员如前任及署任内有正项钱粮未完,已经卸事者,无论曾否照离任官例议结,俱一体准其卓异。至本任内正项钱粮,该督抚给咨引见之时,务令交代清楚于咨部文内声明,并无钱粮未完,傥升调离任后查出本任内仍有钱粮亏缺,该督抚上司能查出补参者免议,别经发觉,将原保之督抚降三级调用,申详之司道府州降二级调用。"又:"荐举卓异令该督抚将荐举各官任内所有一应参罚事故,造册随本送部,如有遗漏声叙者,将督抚罚俸六个月,申报之司道府州县等官,罚俸一年。"

【荐(薦)举辨别公私】【史】推荐保举人材,应分别公私以国家为重,初见其人之善而举之,其后其人改变为恶,即应检举,或初因友故而举之,后见其人之为非,亦应检举或密奏以闻。清之六部处分则例(卷四)吏属举劾篇设有荐举辨别公私之条:"雍正四年六月二十八日谕诸王大臣,从古帝王之治天下,皆言理财用人,朕思用人之关系，更在理财之上，果任用得人，又何患财之不理，事之不办乎，朕即位以来，推心置腹，以待尔等大臣，时时咨访，务得人材，共襄庶政，尔大臣等亦各有所保荐，以备任用，朕深嘉之，但知人自古为难，而保人更非易事，知人者不过知其才具，岂能知其存心，保人者亦只能保其目前，岂能保其异日，是以朕曲为体谅，从不苛求，但公私二字所关甚重，不可以不辨，而公中有私，私中有公，尤不可不时时警醒也。即如始初见其人好而举之，及既举之后，其人改操易辙，即当据实奏闻，傥以为从前既举，而自护其短，为之掩饰弥缝，此则公中之私也。或始初因朋友故旧之情而举之，及既举之后，时时警戒提撕相责以善，一闻其声名不好，或即行检举，或密奏以闻，此则私中之公也。尔等大臣每一人所举多者不过二三十人，尔等一人精神足以贯注之平时访察其行为，劝勉其廉谨，傥居官不善，即行参奏，不稍回护，如此则人人有所忌惮，争自濯磨，国家可收得人之益，尔等亦不愧以人事君之义矣，钦此。”

【薪(薪)俸】【行】Salary 又称俸给。(参该本条)

【薄(薄)刑】【史】为古时五刑中之最轻者，乃指墨刑而言。礼记月令篇：“断薄刑，决小罪，出轻击。”按古时亦于酷夏之际薄刑小罪者判为无罪而放免之。轻微罪犯身系牢狱者许其假出狱以免其热暑之痛苦，后世所谓之热审殆即出此。(参热审条)

【萨(薩)尔瓦多国宪法】【宪】Constitution of Salvador 萨尔瓦多为中亚美利加洲之小共和国之一，东与北皆与洪都拉斯国为界，西与瓜地马拉国为邻，南濒太平洋，面积仅一万三千方哩，为中美各共和国中之最小者，人口约一百七十二万，以西班牙后裔及印第安人占多数，西与土人混合种亦颇不少，国内人口密度为各共和国之冠，十九世纪以前原为西班牙殖民地，后宣告独立，附于墨西哥，继与其他中美各共和国合组中美联邦，一八四九年分裂为独立共和国，现行宪法于一八八六年八月十三日公布，计分为十五章都一五二条，第一章国家与政府，第二章权利与保障，第三章萨尔瓦多人民，第四章外国人，第五章公民资格，第六章立法权，第七章行政权，第八章司法权，第九章地方行政机关，第十章选举，第十一章国家财产，第十二章军备，第十三章公务员之责任，第十四章宪法及其他基本法之修正，第十五章附则。兹举其要点如下：(一)萨尔瓦多为自主独立共和之国家，主权属于人民全体，不可让与亦不可消灭，政权出自人民，由政府官吏代表人民行使之，政府为民主代议制以立法行政司法三权分立构成之。(二)本共和国内不得有职位与特权之世袭，人民均有保障其生命财产之自由权，人身概属自由，否认奴隶制度之存在，人民又有宣传宗教自由权，自由居留旅行迁移往返之权，和平集会结社之权，向法定机关请愿权，住所自由不受侵害权，有自由以文字或印刷品发表其思想之权，有通讯之自由权，教育工业在原则上亦有自由之权，惟初等教育为强迫制，火酒硝磺火药则由国家专卖，此外人民在法律上一律平等。(三)死刑仅得适用于依法所定之重大罪犯，无期徒刑、笞刑、及各种酷刑亦概行禁止。凡未经依照法律审理判决后，不得损害任何人之生命自由，及其财产，又非依犯罪前之法律规定，及由法律设定之法院，任何人不受审判。(四)个人自由及本宪法所保障之私人权利受政府或私人之侵害时，得向最高法院或复审法庭请求暂缓执行，又立法及行政机关以及任何法院任何官署或个人不得制限变更或侵犯宪法之保障，惟依戒严法之规定得停止之。(五)凡被认为萨尔瓦多人民者须为出生于本国领土内者或遵照法律所规定之方式归化入籍者，此外凡向管辖之州长表示愿为萨尔瓦多人民之中美洲人，均视为萨尔瓦多人民。(六)凡侨居本国之外国人自入境之时始，即有尊重本共和国法律与官署之义务，同时并享有受保护之权利，又在本共和国亦可购置各种财产，惟须依法与本共和国人民缴纳同等之租税。(七)凡萨尔瓦多人民年满十八岁，而成年者或未满此项年龄，而曾经结婚或获得学位者，均得为萨尔瓦多之公民，若具有下列情形之一时，其公民资格应即停止：(1)因犯罪判处徒刑而未准予保释者。(2)有显著之恶劣行为者。(3)精神错乱者。(4)受判决禁治产者。(5)无正当理由而拒绝人民选举之任务者(惟停止至该任务期满时为止。(6)经法院正式判决宣告停止者。至遇有下列情形之一者则应丧失其公民资格：(1)受刑罚处分丧失公民资格者。(2)犯重大罪名曾经审判得有实据者。(3)归化外国者。(4)未经立法机关之准许在本共和国接受外国之官职者。(5)贿买选举票者。(6)曾在倡议改选共和国大总统之文件或宣言中签名，或用其他直接方法提议或赞成此种行为者。(7)文武官吏之行为利用其职权妨害选举自由者。(八)本共和国之立法权属于国会，议员被选资格年满二十五岁，具有良好之声誉，受有相当之教育，且在最近五年未曾丧失其公民资格，并为选举区所在地之土著或住民者，任期均为一年，除国务员外交使节以及其他无俸职以外，不得兼任其他职务，国会会议分为常会及非常会议两种，均须有过半数之出席，始得讨论，如出席议员人数不到三分之二时，所有决议必须出席人数三分之二之表决，议员以言辞及文字表示意见时应受保障，即其身体于被选至其期满离开国会十五日之限期内亦为不可侵犯。(九)国会之职权为审定议员选举准议员辞职审查大总统副总统选举大会之户口，及宣告选举之结果，公开投票选举最高法院及法官，及审计院之审计官。选定三人以备代理行使行政权之用，宣战，通过预算，准许大赦与特赦(特赦须经最高法院之同意)，核准修正或否决政府与外国订立之条约，核准或否决政府之行为，允许或驳斥侨民本共和国之外人之归化，审判高级官吏之被弹劾者，制定钱币成色重量形式及度量衡之制度。制定或解释及修正并废止各种法律。(十)凡经国会通过之法律议案须咨呈大总统，如无异议应即核准并行颁布，如不能表示同意即应详述其拒绝之理由，于八日内发还国会(否则认为核准应行公布之)，国会于法律案发回时应即重付审查，如以三分之二表决通过者，应咨送政府立即核准公布之。又任何法律非经正式颁布，不得强制遵守，至凡具有永久性质之法律则应于颁布十二日后始得强制遵守。(十一)本共和国之行政权属于被国民所选出之大总统，当大总统死亡辞职或有其他阻碍时，由副总统代行之。大总统之任期为四年，不得连任，其当选资格须为出生而为萨尔瓦多人，并非僧侣而年满三十岁，在选举前五年内未曾受有褫夺公权，并具有良好之声誉及受有高深之教育者。大总统之职权为任免国务员州长及一定之行政官吏，外交官吏，办理国际交涉，召集国会非常会议，宣布戒严(经议会及国务会议同意)，此外大总统并有统帅全国海陆军之权，并有指挥战事经国会之同意订立和约之权。(十二)于大总统之下并设国务员，以四人为限，由大总统任免之，并分配其职务，其资格须为本共和国之土著及住民年龄在二十五岁以上有良好之声望，而确有显著之才干者，且须为享有公民权利，在任命之前五年中并未丧失其权利者（凡中美洲之共和国国民具有上述资格，而住居于萨尔瓦多五年者亦有被任之资格）。凡大总统之命令文件应经主管部部长之同意及转达，否则不得发生效力。国务员得参加国会会议，并被邀出席答覆议员之质问。关于令行事件与大总统连带负责，如曾经拒绝时则免除其责任。（十三）本共和国之司法权属于最高法院以及其他依法所设立之法院，各法院之法官或候补法官（初级法院法官除外）均须具备下列资格：(1)出生于本共和国之国民，或中美州人而归化取得本共和国国籍者。(2)完全享有公民权利且在选举期前五年中并未失去此项权利者。(3)年龄在三十岁以上者。(4)曾充任本共和国之律师者，并在本共和国中执行律师职务四年或曾充初级法院法官之职二年者。至于在各州中之重要市镇须设初级法庭，其法官之任期为二年，并得连任，资格如下：(1)为完全享有公民权利者，且于被委任前二年中，并未丧失此项权利者。(2)须为住居于本共和国内二年者。(3)须为本共和国内之律师者。(4)年龄须为在二十一岁以上者。(5)须为言行优良学识卓著者，凡在初级法院之地方，并须推行陪审制度，在各处城市应另设调解法官，其数额及资格与权力，并选举方法另以法律定之。（十四）本共和国分为若干州，每州设州长一人，副州长一人均由大总统委任之，其资格如下：(1)须为享有公民权利者，在委任期前二年中须为未丧失此项权利者。(2)年龄须在二十五岁以上者。(3)须具有适当之学问而且操守廉洁者。（十五）州之下为各城邑市镇，均有地方自治权，该自治团体之职员均由住居且直接选举，各设市长一人，副市长一人，参事二人以上（依户口为比例），其权力仅在处理本地方之行政以及维持社会之经济，所有应享权利与选举方法均另由法律定之。（十六）本共和国大总统副总统及国会议员之选举，均由人民直接投票行之，人民之投票不得放弃，得强迫行使之。选举时概以人口之比例为根据。各州居民每一万五千人得选举议员一人，候补者一人，每州不得超过议员三人，候补者二人，任何宗教之教士不得受人民选举充任任何官职。关于选举方法另以法律规定之。（十七）下列各种为国家财产：(1)所有动产不动产之属于本共和国之国有者。(2)所有债权之属于本共和国之国有者。(3)所有一切已否缴纳之捐税系取诸本共和国国民及侨居于本共和国之外国人民者。为管理将支公共款项起见，应设一管理国库总机关，为稽核国库总机关一切账簿起见，特设一审计院，每月均应编造报告书。不论何种费用非经法律预先许可，不得支付或擅行允许其将来支付。（十八）本共和国为保存国家独立及土地主权，并维持国家治安保护宪法所保障之权利为目的，应设置一定之军队，平时之额数由国会每年议决一次定之，战时则所有本国国民年在十八以上五十以下身无疾病者均有服兵役之义务，于军队中并设有军事法庭，专管各种军事案件。（十九）文武官吏就职时均应宣誓忠于国家，违反誓言者，其身体及财产须负完全责任。大总统或其代理人审计官国务员或代行部务之次长，公使，及各州州长，于行使职权时违背宪法或犯其他之罪者应对国会负责。国会可由议员中选派检察官一人代表本共和国控告该犯罪之官吏，而该官吏或自行到案或请人辩护均无不可，国会对于审讯双方供辞以后，即须决定应否将案件移送法定法院审判，此时该官吏即应暂停职务，听候审判。关于上述弹劾案件如国会闭会时并未表决者，国会应选派议员七人组织一特别委员会，于闭会期间内依法处理之。（二十）本宪法须经国会议员三分之二之表决，始得修正，叙明修改条文于公报上公布之。并由次届国会审议之，如经其核准修正，应即召集宪法会议（由每州代表三人组成之）。由该会议办理修正事宜。惟关于大总统任期及大总统副总统及其代理人等之不得连续被选被选之规定，无论如何均不得修正。出版法，戒严法暂缓行状法及选举法等特别法规，应视为本共和国之基本法。均得由宪法会议或国会议员三分之二之表决修正之。但由国会修正时仍须待次届国会开会时经该会议员三分之二之表决始生效力。（二十一）萨尔瓦多国原为中美洲共和国之一部，此后如为情势所迫或为利害关系所驱，得与中美洲全部或一部分之国家组织合众国，或参加美洲拉丁大同盟。

【萨（薩）宝】【史】为唐代之官，视正五品，即以五品待遇之官，以火教徒任之，掌祆祀祭祀之事，所属有祆正及祝祆等官。

【萨（薩）宝府】【史】谓萨宝之官府，萨宝秩正等之官也，皆视为流内官。唐律（卷三）名例篇以理去官条之疏议："萨宝府萨宝秩正等皆视流内品。"

【亏（虧）兑】【史】亏欠与兑收称曰亏兑，即未纳租税之谓，其未纳租税之人，称曰亏兑者。明律（卷八）、清律（卷十二）户律课程篇——人户亏兑课程条："凡民间周岁额办茶盐商税诸色，年终不纳齐足者，计不足之数以十分为率，一分笞四十，……亏兑者亦以十分论。"

【亏（虧）兑课程】【史】盐税等于兑收时，其额数亏欠不足者，曰亏兑课程，六部成语注解："盐务税课纳官兑收，其数亏欠不足也。"

【亏（虧）空】【史】谓所出浮于所入而付出之款缺乏也，凡亏空钱粮仓谷等应受一定之处分。清例之规定如下：（一）州县亏空钱粮仓谷督抚题参时，一面于任所严追，一面行文原籍将家产查封存案，如任所无完即变价抵补，原籍地方官不行查明致有漏报，降一级调用，徇情隐匿，降二级调用。（二）亏空仓谷以谷一石照银伍钱定罪麦豆高粱青稞等杂粮并同。（三）州县卫所亏空钱粮，民欠未完捏报全完，私自借给百姓仓粮，照虚出通关律计，虚出之数并赃以监守盗论，如实在民欠民借仍著落原借欠之人完纳，其挪移钱粮有项可抵者，令接任官征补，若捏报私借挪移之项，该员愿一年内代民全完准其复还旧职。（四）亏空之案审出挪垫民欠是实，另限四个月委员清查，令接任官向欠户催征，倘无实欠，接任官通同捏结与本犯同罪，仍令分赔。（五）州县亏空向所属盐当富民威逼勒借，本员照勒诈财物倒革职治罪，该管上司不行揭参同城府州降二级调用，司道降一级留任，不同城府州降一级留任，司道罚俸一年。（六）书役侵欺钱粮，州县官捏作民欠申报，照纵役犯赃例革职，该管府州失于详查即为转报降一级调用，徇庇不参，降三级调用。（七）亏空之案，承审官藉端审作挪移，降二级调用，督抚不秉公确讯扶同开脱，亦降二级调用。（八）审拟挪移之案，于定案日查明参后完过若干，准予开除，以现在未完全之数定拟，州县离任身故，府州道员始将侵挪揭报，分别议处著赔。（九）追赔拖欠各项，二百两以下限半年完缴，三百两以上限一年完缴，一千两至五千两限四年完缴，五千两以上限五年完缴，以上均按所定年限陆续完缴，毋庸拘定每年若干，如统限已满无力完缴，银数在一千两以上者，核计已未完数目，照工程核减银两未完例治罪。如数不及一千两照例请豁免其治罪，若本身已故，子孙无力完缴，亦照例请豁毋庸治罪。

【亏(虧)损】【公】与盈余相对称，公司之纯粹财产较少于资本总额者，谓之亏损。

【亵(褻)渎祀典及侵害坟墓尸体罪】【刑】Offiences relating to religion and the dead 本罪之规定以保护信仰自由为目的，即侵害坟墓尸体亦与一般人之信仰习惯大有关系，暂行律原有亵渎祀典及发掘坟墓一章，因其不能包括侵犯尸体，故刑法特改称本罪，规定于分则第十七章中，共六条，兹分为二：(1)亵渎祀典罪。(2)侵害坟墓尸体罪(详各本条)。上述各罪关于褫夺公权之处分，得由审判官自由裁定之(刑法第二六六条)

【亵(褻)渎祀典罪】【刑】Offence relating to religion 本罪之设，在保护信仰之自由，各国除于宪法上有明文规定信教自由一项外，于刑法则有特别保护之规定，按祀典即凡邱坛寺观俱赅在内，故对之作侮蔑或羞辱之表示者，不论为言语文字或动作，皆属亵渎范围之内，兹分本罪为二种：(1)公然侮辱坛庙等及礼拜所罪。(2)妨害丧葬礼及说教礼拜罪。(详各本条)

【亵(褻)渎神明】【史】告天拜斗焚香点灯，皆敬礼天神之事，祀典各有其分，私家所得与祭者除祖先之外，仅限于里社五祀，若上及天神则僭越矣，僭越则亵渎矣，对于神明如有亵渎，虽为宗教之事，究与风化有关，法律为维持风化起见，亦以明文加以禁止。明律(卷十一)、清律(卷十六)礼律祭祀篇亵渎神明之条："凡私家告天拜斗，焚烧夜香，燃点天灯七灯亵渎神明者，杖八十，妇女有犯，罪坐家长。若僧道修斋设醮而拜奏青词表文，及祈禳火灾者，同罪，还俗。○若有官及军民之家，纵令妻女于寺观神庙烧香者，笞四十，罪坐夫男，无夫男者，罪坐本妇，其寺观神庙住持及守门之人不为禁止者，与同罪。"明律之纂注："告天者，告祭天地，拜斗者，拜礼北斗，天灯，天象之灯，七灯布列日月五星之象，非谓北斗七星之灯，盖天灯七灯即告天拜斗之灯也。僧曰修斋，道曰设醮，青词用青纸，表文用黄纸，僧道修斋及祈禳俱重用青词表文，上此见天帝北斗皆神明之至尊者，故私家告天拜斗焚香燃灯者，皆为亵渎，坐杖八十，妇人有犯罪坐夫男，其青词表文乃用以达于天帝者，若僧道修设斋醮而拜奏青词表文，及用之以祈禳火灾者，同为亵渎，亦并杖八十，各还俗，寺观神庙乃僧道所居，若官兴军民之家纵令妻女烧香，则溷渎甚矣，故笞四十，罪坐夫男，无夫男者，罪坐本妇，住持守门之人听其出入不为禁止，亦笞四十，故曰同罪。"

【襄试】【行】举行普通考试或高等考试时关于襄理考试一切事宜，谓之襄试。襄试设襄试处，置主任一人(高等考试时得再设副主任一人)，由国府简派或特派，并于考试时负责指挥试场之外场人员，襄试处所办理事项如下：(一)关于应考人之报名登记事项。(二)关于试场之设备及警卫卫生事项。(三)关于考试人员膳宿及其他供应物之供给事项。(四)关于试卷及弥封号册，并其他考试文件之印制保管事项。(五)关于其他之襄理考试事项。(襄试法第二条、第三条、第八条)

【褒(襃)扬条例】【行】本条例于民国二十年七月十一日由国府公布,计十五条,其要点如下:(一)凡德行优异者——即忠孝仁爱信义和平足以保存固有之道德者(所谓固有道德,以能正人心,厚风系,矜式人群者,为标准,其违悖人道如割股疗亲,望门守节,及青年寡居等,均不得援用)。或热心公益者——即创办教育慈善及其他公益之事业,或因办理此等事业而捐助款项者(所称创办教育慈善及其他公益事业,以能福利社会照垂久远,或救灾恤邻,嘉惠民生者为标准)。(二)如有上述之一者,得由其本籍之乡邻亲属,或事迹表著所在地之公正人民,详列事实呈请县市政府转呈省政府咨请内政部,请予褒扬,或直由县市政府查访,详征事实呈由省府转咨内政部请予褒扬,内政部据咨审核后,即拟具褒扬方法,呈行政院转呈国府行之。(三)褒扬方法分匾额与褒章二种,如受褒扬人于呈请时亡故,或亡故后呈请者,仅得颁给匾额。(四)给予匾额或褒章时,并附给褒扬证书(以上均不得征收费用)。(五)受褒扬后查明事实系属虚伪者,除撤销原案外,并追缴褒扬品。

【褒(襃)赠】【史】谓对于有功文武官吏因公殁世后所为之褒扬与追赠也。大明令礼令篇——设有褒赠之条:"凡文武官员输忠效力殁于王事者,于见授品级上升二等褒赠,其子降父实授品级一等承袭,殁于锋镝者于见授品级上升三等褒赠,其子对实授品级承袭,无子者于应袭人内降等录用,所在官司立庙岁时致祀。"

【讲(講)和】【国公】Reconciliation 讲和又曰媾和,乃绝对以终止战争为目的之行为也。双方依此行为所缔结之协约,谓之讲和条约(媾和条约)讲和条约有讲和初约与讲和本约之别。(详各本条)

【讲(講)和本约】【国公】Treaty of peace 讲和本约,乃指关于确定讲和之内容因而终止战争之双方最后条约而言。

【讲(講)和初约】【国公】Preliminaries of peace 又曰媾和初约。(详该本条)

【讲(講)和条约】【国公】又曰媾和条约。(详讲和条内)

【讲(講)读律令】【史】讲读律令为明律清律之吏律篇中之一条,为鼓励及命令百司官吏及百工技艺诸色人等之熟读讲解律令而设,盖为促进法治计也。若官吏人等挟诈欺公,妄生异议,擅为更改,变乱成法者,斩。(明律卷三,清律卷七——吏律公式篇)

【誊(謄)本】【票】Copy 又号草票,所谓誊本,乃指执票人为计票据之流通便宜,根据原本所任意作成之证券而言,凡原本上之一切事项,均须誊写,并须注明迄于何处为誊写部分,且应标明誊本字样,以资辨识。执票人为票据流通便利起见,如无复本者,于请求承兑送致原本时,可以作成誊本,依背书方法转让之。此时应于誊本上载明原本接收人之姓名或商号及其住址,使执票人得请求接收人交还原本,誊本与复本不可相混,其区别点有四:(一)复本为一票据所发行之数份证券,而誊本则为票据原本之誊写。(二)复本各份有均等独立活动力,而誊本除与原本共同行使外,仅依背书或保证始与原本有同一效力。(三)复本由受款人或执票人之请求,由发票人作成之,誊本则由执票人任意依据原本为之。(四)复本执票人之行使追索权，须以拒绝证书证明拒绝交还之事实，并曾为承兑或付款之提示亦为无效之事实，然在誊本执票人之行使追索权，则仅于拒绝证书证明拒绝交还之事实为已足。(票据法第一一五——一六条)

【民刑诉】又称缮本。(详该本条)

【誊(謄)录所】【史】旧制乡会试之试卷经弥封所糊名编号之后，应即移交誊录所誊写，然后再移对读所核对，誊写时如有失误错写，誊写官应受处分。清之六部处分则例(卷二十九)礼属科场篇设有誊录所之条："弥封所移送墨卷，漏用条记，誊录所不行呈明令其补印者，每卷罚俸三个月。"又："应行敬避缺笔之字誊录不照原卷缺笔者，誊录官每卷罚俸一年。"又："墨卷内错写题字及文艺诗策，内字划错误誊录，照原卷书写自行改正者，誊录官每卷罚俸三个月，考官免议。"又："誊录硃卷错落成行，誊录官不留心查出者，每卷罚俸三个月。"又："誊录书手姓名应列卷尾误写卷面者，誊录官每卷罚俸三个月。"又："州县官保送誊录，务选正身书吏之朴实善书者，毋许雇替，如有不善书写，及雇替之人，经收验官驳回，或于磨勘时查出，全卷潦草，不成字体者，将起送之州县官，每名罚俸一年。"

【谎(謊)报邀功】【史】所谓谎报邀功，乃指官员将虚伪不确之事实，呈请或报告以图获功议叙而言。清之六部处分则例(卷三十七)兵属军政篇设有谎报邀功之条："官员谎称亲身招抚伪兵，呈请议叙或虽有招抚而以少报多者，俱革职，代为题请之员降二级留任。"又："叛逆未灭谎报已灭者，地方官俱革职提问，转报上司各降四级调用，督抚降一级调用。"

【豁免】【史】对于法律上之责任加以免除者，谓之豁免，此外政府对人民免除其缴纳某种租税者，亦称曰豁免。

【赚(賺)推攧死奸妇】【史】谓奸夫将奸妇骗引到危险处所推攧下坠致死也。元典章(卷四十二)刑部第四篇设有赚推攧死奸妇之例："……解到孔四儿为招至元四年四月十三日拐带王君义男妇刘当哥逃于潮阳洞通奸住坐，至十八日为恐事发将本妇赚到石崖下攧死，罪犯法司拟除通奸系轻罪外，攧死本妇罪犯合行处死，征烧埋银五十两，部准拟省准断讫。"

【剩(賸)余财产】【公】【民总】Surplus of assets (参清算条)

【舆(輿)司马】【史】为周代之官名，夏官司马之属，位次军司马，上士八人，掌兵马之事。

【踏勘】【史】踏者履也，勘者磨勘也，踏勘即实地调查看视之谓也。明律(卷一)、清律(卷九)户律田宅篇功身田土之条："若里长及有司官吏踏勘不实，及知而不举者，与同罪。"

【避(避)法行为】【民总】Act which is in fraud of the law 谓规避法律禁止规定之行为也，即法律上对某种行为曾加禁止，行为人乃用其他法律行为以达到同一目的而非直接与法律相反，例如巧避重利之禁止规定，而以其他方法取得是，至于避法行为是否一概无效，当视法规所禁止者而定，如其禁止乃在目的，自应无效，如其禁止乃在手段，则避法行为不能视为无效矣。

【避(避)难行为】【民总】所谓避难行为,乃指以避免自己或他人生命身体自由或财产上急迫之危险为目的所为之行为而言,此项行为在原则上并不负担任何损害赔偿之责任,但以非避免危险所必要时以及逾越危险所能致之损害程度者则为例外,仍须负责。(民法第一五〇条)

【避(避)雠移徙】【史】谓避免父子祖孙互相残杀而于遇赦后将凶犯迁徙移居于他处也,此为晋律所定之制。宋书一傅隆传:"时会稽剡县民黄初妻赵打息载王死亡,遇赦,王有父母及息男称息女叶,依法徙赵二千里外,隆议之曰,父子至亲分形同气,称之于载,即载之于赵虽云三世,为体犹一未有能分之者也,称虽创巨痛深,固无仇祖之义,若称可以杀赵,赵当何以处载,将父子祖孙互相残戮,惧非先王明罚咎繇立法之本旨也。旧令云杀人父母徙之二千里外,不施父子孙祖明矣。赵当避王期功千里外耳。令亦云,凡徙流者同籍亲近,欲相随者听之,此又大通情体因亲以教爱者也。赵既流移,载为人子,何得不从,载从而称不行,岂明教所许,如此称赵竟不可分,赵虽内愧终身,称当沉痛没齿,孙祖之义自不得永绝,事理固然也,从之。"按息男谓己所生之男也,息女谓己所生之女也。

【邀(邀)车驾】【史】昔时天子行幸,车驾过时,路人均须隐避,惟人民冤事此时得向天子申诉,是为邀车驾。唐律斗讼篇——邀车驾挝鼓诉事条:"诸邀车驾及挝登闻鼓,若上表以身事自理诉,而不实者,杖八十。"

【邀(邀)车驾挝鼓诉事】【史】(详邀车驾条内)

【邀(邀)取实封公文】【史】旧制内外大小官员如有本衙门不便事件许令明白条陈,合题奏之本管官,实封进呈,即下司被上司非理凌虐者亦许据实封奏送,上司官令人于中途邀截,取回者,是与法令相违反,应受惩处。明律(卷十七)、清律(卷二十二)兵律邮驿篇邀取实封公文条:"凡在外大小各衙门官,但有入递进呈实封公文至御前,而上司官令人于中途急递铺邀截取回者,不拘远近,从本铺铺司铺兵赴所在官司告举,随即申呈上司,转达该部奏闻追究,得实,斩。其铺司铺兵容隐不告举者,各杖一百,若已告举而所在官司不即受理施行者,罪亦如之。若邀取实封至六部察院公文者,各减二等。"清律之总注:"凡在外大小各衙门官有应合陈奏之事,皆得实封递进,所以达下情也,若有递实封公文直至御前者,上司令人于中途急递铺邀截取回,不拘远近,从邀取铺司铺兵赴所在官司告举,官司随即申呈上司转达该部追究,不问公文之是非,但究邀取之虚实,得实坐斩,所以重壅蔽也。其铺司兵不告举,官司不受理者,各杖一百,若上司邀取实封递至六部都察院公文,则与进呈御前者有闲,各减二等,上司杖一百,徒三年,铺司兵不告举官吏不受理,杖八十。"

【还(還)正】【史】还正者谓回复原来正式之地位也。唐律(卷三十)户婚以妻为妾之条:"诸以妻为妾,以婢为妻者,徒二年,以妾及客女为妻,以婢为妾者,徒一年半,各还正之。"

【还(還)原背书】【票】Re-indorsement 又名回头背书(详该本条)。更称逆背书。

【还(還)原汇票】【票】Redraft 又名回头汇票(详该本条),或称反汇票。

【还(還)获】【史】法官因过失放免罪人后,再将所放罪人捕获者,谓之还获。唐律(卷三十)断狱篇官司出入人罪条:“即断罪失于入者,各减三等,失于出者,各减五等,若未决放,及放而还获若囚自死,各听减一等。”

【还(還)职官员通查事故】【史】凡革职官员事后还职仍应将前时在任内应降应革及应罚事故,通查明白,分别查核,以定去留。清之六部处分则例(卷二)吏部降罚篇设有还职官员通查事故之条:“已经革职官员遇有前任内事故到部议处,必分晰应降应革及应罚之罪,题明注册傥事后还职,仍将前任内处分逐一查核如尚有应革之罪不得即与还职有应降之罪即照原职降级,有应罚之罪仍于补官日罚俸,其有加级纪录应行抵销者即查明议抵。”

【邂(邂)逅致死】【史】无杀人之意思,因争斗或其他结果偶然致对手方于死者之谓,明律清律——刑律断狱篇:“邂逅致死,及自尽者各勿论。”

【钟(鐘)官】【史】官名,乃掌铸钱之官,属水衡都尉。汉书—百官公卿表:“水衡都尉属官,有钟官令丞。”

【钟(鐘)师】【史】为掌音乐之官,周礼——春官之属:“钟师掌金奏。”

【钟(鐘)釜】【史】为古时之量名,钟为六斛四斗,釜乃其十分之一,即六斗四升。左传——昭公二年:“豆区釜钟,四升为豆,各自其四以登于釜,釜十则钟。”注曰:“釜六斗四升,钟六斛四斗。”

【闱(闈)】【史】科举时代之试验场(考场)曰闱,会试曰春闱,乡试曰秋闱。

【阑(闌)入太庙门】【史】阑者,谓不应入而入也,太庙乃供皇祖神位之庙,庄严神圣,不容不应入之人进入其中。明清律均有太庙门擅入条之设。唐律(卷七)卫禁篇为阑入太庙门条:“诸阑入太庙门及山陵兆域门者徒二年(阑,谓不应入而入者),越垣者徒三年,太社各减一等。守卫不觉,减二等(守卫,谓持时专当者)。”疏议曰:“太者大也,庙者,貌也,言皇祖神主在于中,故名太庙,山陵者,三秦记云,秦谓天子坟云山汉云陵,亦通言山陵,言高大如山如陵,兆域门者,孝经云,卜其宅兆,既得吉兆,周兆以为茔域,皆置宿卫防守,应入出者悉有名籍,不应入而入为阑入,各得二年徒坐,其入太庙室,即条无罪名,依下文庙减宫一等之例减御在所一等,流三千里,若无登山陵,亦同太庙室之坐。不从门为越,垣者墙也,越太庙山陵垣者,各徒三年,越太社垣,及阑入门,皆减太庙一等,守卫,谓军人于太庙山陵太社,防守宿卫者,若不觉越垣及阑入,各减罪人罪二等,守卫,谓防卫士,昼夜分时专当者,非持时者不坐。”同条又谓:“主帅又减一等(主帅谓亲监当者),故纵者,各与同罪(余条守卫及监门各准此)。”

【阑(闌)入非御在所】【史】宫殿禁地,阑入者论罪,惟宫殿之所,御驾不在者,各得减处。唐律(卷七)卫禁篇阑入非御在所条:“诸犯阑入宫殿,非御在所者,各减一等(入上阁内有宫人者不减)。即虽非阑入,辄私共宫人言语,若亲为通传书信及衣物者,绞。”疏议曰:“诸条称阑入宫殿得罪者,其宫殿之所,御若不在,各得减阑入罪一等,虽是宫殿,见无宫人,又得减罪一等,假若在外诸宫,有宿卫人,防守而阑入，合徒一年之类，若入上阁内有宫人，虽御在所，亦合绞，无宫人处，亦减二等。文云虽非阑入，即是得应入宫之人，不得私与宫人言语，其亲为通传书信衣物者，谓亲于宫人处领得书信衣物将出，及将外人书信衣物，付与宫人讫者，并得绞坐。”

【阑(闌)入宫门】【史】宫门乃宫城之门，均须有籍禁始能进出，其不应入而入者依本条所规定者处断。阑入殿门者亦于本条内规定之。明清律均有宫殿门擅入条之设。唐律为阑入宫门条：“诸阑入宫门徒二年(阑入宫城门亦同，余条应坐者亦准此)。殿门徒二年半，持仗者各加二等(仗谓兵器杵棒之属，余条称仗准此)。入上阁内者绞(若有杖卫，同阑入殿门法，其宫内诸门，不立籍禁而得通内者亦准此)。”疏议曰：“宫门皆有籍禁，不应入而入者，得徒二年，嘉德等门为宫门，顺天等门为宫城门，阑入得罪并同，余条应坐者，亦准此宫门得罪，谓越垣及防禁违式冒代之类。太极等门为殿门，阑入者徒二年半，持仗各加二等，谓将兵器杵棒等阑入宫门，得徒三年，阑入殿门，得流二千里，兵器，谓弓箭刀矟之类，杵棒或铁或木为之，皆是，故云之属，余条，谓下文持仗，及至御在所者，并持仗强盗者并准此。上阁之内，谓太极殿东为左上阁，殿西为右上阁，其门无籍，应入者准敕引入阑入者绞，若有仗卫者，上阁之中不立仗卫，内坐唤仗，始有仗人，其有不应入而入者，同阑入殿门，徒二年半，持仗者流二千里，其宫内诸门，不立籍禁，谓肃章虔化等门而得通内，而辄阑入者并得绞罪，若有仗卫，亦同殿门法。”

【阑(闌)入宫掖】【史】所谓阑入，乃指不应入而入而言，宫掖谓宫中也。掖，谓宫中之旁屋嫔妃等之居所也。贾谊新书：“天子宫门曰司马，阑入者为城旦，殿门阑入者，弃市。”汉书—成帝纪：“阑入尚万掖门。注，应劭曰，无符籍妄入宫，曰阑。”功臣表：“嗣候曹宗征和二年，坐与中人奸阑入宫掖门，入财赎，完为城旦，嗣候王当元封元年，坐阑入甘泉上林，免。”

【阑(闌)入禁苑】【史】天子之园囿，谓之禁苑，阑入，谓不应入而入，或无符传而妄自进内，元典章(卷四十一)刑部第三篇设有阑入禁苑之例：“……望潭内有船采打莲蓬，跳过墙去被捉到官罪犯，法司拟阑入禁苑，徒一年，杖六十，部拟五十七下，省准拟。”

【阑(闌)入逾阈为限】【史】阑入宫门或殿门时并未逾门限者，与已入宫门或殿门者情节较轻故其处罚较轻。唐律(卷七)卫禁篇有阑入逾阈为限条之设：“诸阑入者，以逾阈为限，至阈未逾者，宫门杖八十，殿门以内递加一等，其越殿垣者绞，宫垣流三千里，皇城减宫垣一等，京城又减一等。”疏议曰：“阈者谓门限，阑入之人，行至门限，未逾过，若至宫门得杖八十，宫内人不应入殿门，至殿门阈未逾者杖九十，殿内宿卫人，至上阁阈未逾者杖一百。越过殿垣者，无问出入，俱至绞刑，宫垣流三千里，皇城谓朱雀等门之垣，合徒三年，京城谓明德等门之垣，又减一等，合徒二年半。”

【阑(闌)出入关】【史】无符传而妄自出入关隘之处，谓之阑出入关。汉书—汲黯传：“而文吏绳以为阑出财物如边关乎。注，应劭曰，阑，妄也。臣瓒曰，无符传出入为阑。”功臣表：“元封三年，嗣候杜相夫坐为大常与大乐令中，可当郑舞人擅

繇阑出入关,免。注,师古曰,泽可以为郑舞而擅从役使之人阑出入关。”此为汉律之规定,唐律则为私度关。(详该本条)

【阑(闌)遗物】【史】(详得阑遗物条内)

【隐(隱)田】【史】农民隐蔽其土地而不履行纳税之义务者,曰隐田。宋史一食货志:“丁谓计录云总得一百八十六万余顷,以是岁七百二十二万余户计之,是四户耕田一顷,由是而知天下隐田多矣。”

【隐(隱)名合伙】【债】Sleeping partnership; Dormant partnership　隐名合伙者,乃当事人约定一方对于他方所经营之事业出资,而分受其营业所生利益及分担其所生损失之契约也。出资之方曰隐名合伙人,营业之方曰出名合伙人,隐名合伙与合伙不同,其区别之点有五:(一)前者其隐名合伙人之出资乃移属于出名营业人,后者其合伙财产乃为合伙人所共有。(二)前者之营业其执行权乃为出名营业人所掌握,隐名合伙人并不协同营业,后者其事业乃属全体合伙员之共同营业。(三)前者对外之权利义务主体仅属于出名营业人,后者则以全体合伙人为对外之权利义务主体。(四)前者其当事人乃单纯契约之关系,后者除契约关系外尚有团体的性质。(五)前者劳务及信用不得为出资之用,后者则劳务与信用均可。除此五点外,其余与合伙颇相近似,故准用关于合伙之规定。隐名合伙之性质为诺成契约,不要式契约,且为有偿契约,要因契约,同时亦系双务契约与债权契约,至隐名合伙契约之终止,其原因如下:(一)声明退伙。(二)存续期限届满者。(三)目的事业已完成或不能完成者。(四)出名营业人死亡或受禁治产之宣告者。(五)当事人同意者。(六)任何一方之当事人受破产之宣告者。(七)营业之废止或转让者。契约终止时如营业有利益,出名营业人应返还隐名合伙人之出资,及给与其应得利益,如营业有损失,仅返还其余存额于隐名合伙人。(参第七〇〇—七〇九条)

【隐(隱)名合伙人】【债】Dormant partner　为隐名合伙契约当事人之一,与出名营业人相对称。(详隐名合伙条内)

【隐(隱)名股东】【公】Sleeping shareholders; Dormant shareholders　当事人相互间,约定一方对于他方所认定之股份内,暗中认出资本,而并不出名为股东,因而分受股东之权利义务者,谓之隐名股东,在法律上并不视为该公司之股东。

【隐(隱)取款委任背书】【票】Indorsement of credits　又名信托背书,为委任背书之一种,谓执票人以委任被背书人取款为目的,而在票据上并不记载时所为之背书也。其取款之委任,乃以信托行为为根据,我票据法并无明文,应解为认为无效。

【隐(隱)宫】【史】为宫刑之别称,按宫刑乃于隐室内行之,百日间置于隐室之内,故名隐宫,史记一始皇纪:“隐宫徒刑者,七十余万人。”

【隐(隱)秘】【民总】所谓隐秘,乃指不为人知或未为人知之状态而言,与公然相对反。

【隐(隱)秘占有】【物】Clandestine possession 又称秘密占有。(详该本条)

【隐(隱)匿】【通】Concealment 即使人不能发见或使其难于发见之谓。

【隐(隱)匿地亩】【史】谓将已垦熟地或新垦土地隐匿不报钱粮也,隐匿官员应加处分,地方官不行查出或不能查出者亦同。清之六部处分则例(卷十九)户属田宅篇设有隐匿地亩之条:"现任官及在籍官员,隐匿熟地或隐匿新垦地,一亩以上者降四级调用,十亩以上者革职,一顷以上者革职治罪,准其折赎永不叙用,进士举人贡监生员,隐匿一亩以上者斥革,十亩以上者斥革治罪,准其折赎,一顷以上者斥革治罪,准其折赎永不叙用,所隐田地俱入官,所隐钱粮按年行追。"又:"隐匿田地州县官不行查出,不及二顷者降四级调用,二顷以上者革职,知府直隶州知州不行查出,不及五顷者降二级调用,五顷以上者降四级调用,道员不行查出,不及五顷者降一级调用,五顷以上者降三级调用,布政使不行查出,不及十顷者降一级留任,十顷以上者,降二级留任,督抚不行查出,不及十顷者罚俸一年,十顷以上者,降一级留任。"又:"州县官能实心劝谕,首出隐田二百顷以上者纪录一次,六百顷以上加一级,八百顷以上者加一级纪录一次,一千顷以上者加二级,如有借劝首隐地名色滋事扰民及谎报查出隐地累民多征钱粮者革职。"又"官员因不能查出隐地,处分,准以查出隐地并垦地议叙之,加级纪录抵销,其余级纪不准抵销,地主已将本身隐地呈报州县,而州县不呈报,司道府州或州县已报,而司道府州不申详督抚者,俱照隐地官员例处分,其原首之地主及呈报官,俱免议。"又:"督抚以下,州县以上,各官离任后,如有隐地被接任官查出,其升迁降调告病休致者,俱照现任官例处分,其已革职者,俱按其地亩多寡,照律分别治罪。"

【隐(隱)匿逃避】【史】犯人隐藏匿蔽以及逃亡避散,曰隐匿逃避,凡对其亲属犯罪时令其隐匿逃避者,法不罪之。明律清律名例篇——亲属相为容隐条:"致令罪人隐匿逃避者,亦不坐。"(参容隐条)

【隐(隱)匿票据保证】【票】对真正票据保证言,所谓真正票据保证,即通常之票据保证也。至隐匿票据保证,乃指在票据上不明记保证之意旨而依其他方法(如背书或承兑等)以达到保证目的而言,盖真正保证恒公然表白票据之无信用,常为票据债务人所不愿,故实际上用此方法者甚多。我票据法对此并无明文,然对票据保证之方式,则设有规定,是隐匿票据保证之不受法律保障固为不可掩之事实矣。

【隐(隱)匿船税】【史】船税谓对于海洋采捕海产物所应征收之税款也。州县官如将所收者隐匿不报,应受处分。清之六部处分则例(卷二十三)户属关市篇设有隐匿船税之条:"海洋采捕船支应征税银者,州县官隐匿一只罚俸六个月,六只以上,罚俸一年,十一只以上,降一级留任,十六只以上,降一级调用,二十一只以上,降二级调用,二十六只以上,降三级调用。三十一只以上者革职,仍将所隐船税著落照数赔补。"

【隐(隱)匿盗贼】【史】凡不将犯人(盗贼)向官府举报者,构成隐匿盗贼罪,番例条例:"若将贼盗通同隐匿不行举报者,千户等罚三九,百户等罚二九,管束部落之百长等罚一九。"按番例条例施行于清嘉庆十五年,为对于蒙古之特别法,民国亦曾袭用之,所谓三九,二九及一九,均指马匹而言,所谓千户百户,乃指蒙人之部落而言。

【隐(隱)匿费用税粮课物】【史】凡缴纳税粮课物等之本户自行送运所应纳入官之物,其物虽曾经官检点,惟未入仓库,实即官物而在私家收掌之中,若本户有隐匿在己及私自费用,不行交纳,或诈言水火盗贼有所损失以欺罔官司者,应构成本条之罪。明律(卷七)、清律(卷十一)户律仓库篇隐匿费用税粮课物条,内容相同。清律之条文及注曰:"凡(本户自运)送本户应纳税粮课物(如蚕丝铜铁之类)及应(追)入官之物,(已给文送运)而隐匿(肥己私自)费用不纳,诈作(水火盗贼)损失,欺罔(经收)官司者,并计所亏欠数(为赃)准窃盗论(罪止杖一百流三千里),免刺,其部运官吏知(隐匿诈妄之)情与同罪不知者不坐(此系公罪,各留职役若受财故纵,以枉法从重论,小户附搭侵匿者,仍依此律准窃盗)。"同律之辑注:"此条须看重本户应纳字,若公差人领解侵欺,即监守盗矣,他人盗去,即常人盗矣。"同律之总注:"凡应纳税粮,经官盘验,应办课物,及应追征入官之物,经官估称,俱给文批,令本户自行送纳,差官监押部运,盖钱粮不许包揽代纳也,本户于官司验明,令其自运赴仓赴库之时,而于途次隐匿费用,竟不交纳,或诈作水火盗贼有所损失,以欺罔官司者,计其所亏欠之数为赃,准窃盗论,一两以下杖六十,一百二十两以上罪止杖一百,流三千里,免刺,其部运官吏明知有隐匿费用诈妄之情而徇纵不举者,与犯人同罪,不知者不坐。"

【隐(隱)匿孳生官畜产】【史】官畜产系官马骡驴驼牛羊等畜,其孳生驹犊羔之类,皆国家之利,若于孳生后十日内不报官者,是其自利之私,显然可知,若有盗卖抵换,则其罪更重,均依本律处断。明律(卷十六)、清律(卷二十一)兵律厩牧篇隐匿孳生官畜产条:"凡牧养系官马骡驴等畜,所得孳生限十日内报官,若限外隐匿不报,计赃准窃盗论,因而盗卖或抵换者,并以监守自盗论罪,其典牧太仆寺官,知情不举,与犯人同罪,不知者俱不坐。"清律之总注:"牧养官畜,则孳生之驹皆官物也,故限十日内,报官,过此限外不报者,计孳生所值为赃,准窃盗论,因隐匿而盗卖与人,或不隐匿而抵换入己,则真盗矣,并计赃以监守自盗论罪,其典牧太仆寺各官知其隐匿盗卖抵换之情而不举问者,与犯人同罪,不知者不坐。"同律之辑注:"孳生官物而准窃盗论者,亦谓隐匿非盗限外不报,未必终不报也,至盗卖抵换,乃科盗罪。"又同律之辑注:"孳生之畜,并追还官,若买者不知情,追价给主,知情者,追价入官,律不言知情故买,而补注之。"

【隐(隱)匿粮袋】【史】隐匿粮袋谓将装储粮石之口袋而捏报已完全发出也,隐匿之石坝袋厂应加治罪,其石坝州判亦应受处分。清之六部处分则例(卷十七)户属仓场篇设有隐匿粮袋之条:"石坝袋厂经纪承管口袋,如当赶运粮石之时,隐匿新袋捏报发出全完,除该经纪交部治罪外,失于查察之石坝州判,罚俸一年,知情者降一级调用。"

【隐(隱)漏】【史】对于官吏考绩时,其公私过名均须详为载明,若隐蔽事实漏泄人数而不明记者,谓之隐漏。明律(卷二)吏律职制篇官吏给由条:"若公私过名隐漏不报者,以所隐之罪坐之。"此外掌理财物出入之官,对于财物隐匿漏泄不为记入者,亦称曰隐漏。唐六典(卷二十七):"凡寺署之出入财物,役使工徒,则刺詹事,上于尚书,有隐漏,言于司直。"

【隐(隱)语】【史】所谓隐语乃不言其本事,而假以其他之辞以表示之者之谓,在法律上则称之曰摘语。唐律释文:"摘语者,隐语也。谓隐语与罪人言,令其逃避以免追摄也。"

【隐(隱)蔽】【史】隐蔽者谓将人口或事实秘藏以欺罔人之视听也。明律清律——户役篇脱漏户口条:"若将他人隐蔽,在户不报。"又:"将另居亲属隐蔽,在户不报。"

【民总】Concealment　与隐藏之意义相同。(详该本条)

【隐(隱)蔽物】【物】Things concealed　凡物隐蔽于一定之处所,而为所有人所知悉者,谓之隐蔽物,此与埋藏物之埋藏处所而为所有人所不知者有别。

【隐(隱)蔽差役】【史】负有供差役之义务人,以某种事实欺罔人之视听而规避其供役之义务者,谓之隐蔽差役。明律清律户律户役篇之条名其内规定:"凡豪民令子孙弟侄跟随官员,隐蔽差役者,家长杖一百,官员容隐者,与同罪,受财者,计赃以枉法从重论。"

【隐(隱)瞒】【史】隐瞒为隐漏欺瞒之简称,例如隐漏入官土地,又如隐漏欺瞒人口及田粮不报之类是。明律(卷七)户律钞法篇——隐漏入官家产条:"……若抄扎入官家产而隐瞒人口不报者,计口以隐漏人口论,若隐漏田土者,计田以欺隐田粮论。"

【隐(隱)瞒入官家产】【史】家者丁口也,产者田宅财物等皆是。抄没人口财产应依律文所定,不得擅自为之,抄扎入官时其隐瞒人口不报者,隐瞒田宅财产孳畜不报者,以及同情隐瞒之里长知情之官吏,均应治罪。明律(卷七)、清律(卷十二)户律仓库篇隐瞒入官家产条:"凡抄没人口财产,除谋反谋叛及奸党,系在十恶,依律抄没,其有犯律不该载者,妻子财产,不在抄没入官之限,违者,依故入人流罪论,若抄扎入官家产,而隐瞒人口不报者,计口以隐瞒丁口论,若隐瞒田土者,计田以欺隐田粮论,若隐瞒财物房屋孳畜者,坐赃论,各罪止杖一百,所隐人口财产,并入官,罪坐供报之人,若里长同情隐瞒,及当该官吏知情者,并与同罪,计所隐赃重者,坐赃论全科。○受财者计赃以枉法各从重论,失觉举者,减三等,罪止笞五十。"清律之总注:"凡抄没人口财产,乃惩恶极典,身虽正法,未尽厥辜,故复有缘坐抄没之法,惟反叛奸党,系在十恶,则依本律抄没,其余有犯,律不该载者,本犯之罪虽重,妻子财产,不得擅拟抄没,违者以故入人流罪论,杖一百,流三千里。○若律该抄扎入官家产,而供报之人,隐瞒人口不报者,计口以隐漏丁口律论,一口至三口杖六十,每三口加一等,隐瞒田土不报者,计亩以欺隐田粮律论,一亩至五亩,笞四十,每五亩,加一等,隐瞒财物房屋孳畜不报者,估计所值,坐赃论,此三项,并罪止杖一百,则人丁十五口以上,田土三十五亩以上,坐赃八十两以上也,所隐人口财产,并追入官,独坐原供报不实之人。○若里长与供报之人,同情隐瞒，及当该官吏，知有隐瞒之情而不究追，并与犯人同漏口欺隐坐赃之罪，仍计所隐财物房屋孳畜之赃，至八十两以上，罪重于杖一百者，全科，至杖一百，徒三年，不似漏口隐田，罪止杖八十也。○若里长官吏，受财而为之隐瞒者，各计其入己之赃，分有禄无禄之人，以枉法各从重论，赃罪重于杖一百，及坐赃全科者，则从枉法，轻则仍从本律，若无同情知情受财等事，止是一时失于觉举者，各减供报人罪三等，罪止笞五十。”

【隐(隱)瞒秀女】【史】清时每隔三年，挑选八旗驻防及外任旗员女子入后宫，以为选择充任妃嫔或偶配近支宗室之用，是曰秀女。不许其族长家长等隐瞒不报。清之六部处分则例(卷二十)户属户口篇设有隐瞒秀女之条：“挑选秀女先取具族长确实保结，参佐领等再行详查咨送户部，如有隐瞒不报，将该家长革职，族长知情者降二级调用，不知情者罚俸一年，若当挑选之时系佐领骁骑校领催等遗漏传知者，族长家长均免议，系族长遗漏传知者，家长免议，将该族长罚俸一年，其屯居之秀女派领催前往稽查，如有隐瞒，在京之族长知情者降二级调用，不知情者罚俸九个月，如族长家长将隐瞒遗漏情由于事后自行举首，即照检举减等例议处，至身有残疾之女，令家长族长报明送都统查验，如失于报验，将家长罚俸一年，族长罚俸六个月，事后自首者，家长罚俸六个月，族长免议。”

【隐(隱)藏】【史】庇护重大犯罪之犯人而隐匿之，使不为人所发现者，谓之隐藏。明律(卷十六)刑律贼盗篇——谋反条：“知情故纵，隐藏者绞。”

【民总】Concealment　隐藏者，谓以某种方法使人不能明瞭或不能发现某种事物之真实性也。

【隐(隱)藏子女奴婢】【史】谓隐匿藏留他人迷失或在逃之子女奴婢也。清律及例设有明文。兹举述如下：(一)收留迷失子女卖为奴婢徒三年，卖为妻妾子孙徒二年半，被卖之人不坐给亲完聚。(二)收留迷失奴婢卖为奴婢徒二年半，卖为妻妾子孙徒二年，被卖之人不坐给亲完聚。(三)收留在逃子女卖为奴婢徒二年半，卖为妻妾子孙徒二年，被卖在逃之人各减一等，逃罪重者自从重论。(四)收留在逃奴婢卖为奴婢徒二年，卖为妻妾子孙徒一年半，被卖在逃之人各减一等，逃罪重者自从重论。(五)自收留为奴婢妻妾子孙亦如卖与人之罪，买者牙保知情减犯人罪一等追价入官，不知者不坐，追价还主。(六)暂时隐藏在家并杖八十，子女奴婢逃者仍科逃罪。(七)冒认迷失在逃良人为奴婢徒三年，良人为妻妾子孙徒二年半，他人奴婢杖一百。

【隐(隱)藏行为】【民总】Act of concealment　即在虚伪表示中隐藏有他项法律行为之谓也。通常不能因有隐藏而归无效，例如甲以房屋赠乙，因欲掩饰不使丙知，乃互相通谋诡称为售卖，则售卖乃为隐藏赠与之虚伪表示，此时赠与仍为有效，以其乃真实之意思表示行为故也，我国民法亦于第八七条第二项明文规定之。

【隶(隸)人】【史】为古时罪人之别称也。

【隶(隸)属国】【国公】Vassal states　即服从他国主权之国家也。自国际公法视之，系属于宗主国领域之一部，除自治权外，其他重要事件，非受宗主国之容许，或承诺不得执行之。故不能为国际法之主体。且因其系隶属于他国，故名之曰隶属国，安南国之于法兰西，即其明例。

【馆(館)阁】【史】馆指史馆，昭文馆，集贤院三馆，阁指秘阁，文渊阁等为宋代所设立之官厅，为收藏经籍图书之所，居其职者均为文学侍从之臣，大学衍义补(卷九十四)："神宗元丰三年，改官制，以崇文院为秘书省，刊写分贮集贤院、史馆、昭文馆、秘阁经籍图书，以秘书郎主之。"丘濬曰："宋有馆阁之职，以司经籍图书，秘书郎职，掌收贮葺理，校书郎正字职，在编辑校正。"明不设馆阁，其职并入翰林院。

【馆(館)职】【史】为宋代朝廷馆阁之职，其名始于唐时。春明退朝录："唐制宰相四人，首为大清宫使，次三皆带馆职。"宋史一职官志："以史馆昭文馆集贤院为三馆，(中略)直阁直院，则谓之馆职。"容斋随笔："国朝馆阁之选，皆天下英俊，然必试而后命，一经此职，遂为名流，其高者曰集贤殿修撰，史馆修撰，直龙图阁，直昭文阁，史馆集贤院秘阁，次曰集贤秘阁校理，官卑者曰馆阁校勘史馆检讨，均谓之馆职。"

【馆(館)驿使】【史】掌临时驿站事务之小吏，谓之馆驿使。唐书："元和初讨刘辟，邮传事繁，诏以中人为馆驿使。"

【黏单】【票】Allonge　(参票据粘单条)

【点(點)名册造舛错】【史】谓经营官员将乡会试之与考人员点名簿册开造，错乱无序或错误也。清之六部处分则例(卷二十九)礼属科场篇设有点名册造舛错之条："乡会应试之举人贡监生员等姓名，经管官于点名册内开造舛错者，罚俸三个月。"

【点(點)差狱卒】【史】狱卒即今之禁子，有生守罪囚之责，必于有熟惯经验者之内择其忠诚可靠者点差应役，始能尽防范之事也。如令人代替，则其失事也必矣，故为法律所不许。明律(卷四)、清律(卷八)户律户役篇点差狱卒条："凡各处狱卒于相应惯熟人内点差应役，令人代替者笞四十。"明律之纂注："官府设立狱卒所以防范狱囚，必于相应惯熟人内点差应役者以所系者大故也，若其人已承点差应役而令他人代替者笞四十，夫日相应则虽惯熟，而不相应者，不在点差可知矣，曰笞四十止罪其不亲，若有疏虞误事，自依不觉失囚条拟断。"

【黜免】【行】Recall; Dismissal　与罢免意义相同，即对于已受国家或其他团体所赋予之职务者，发见其有失职或违法事件时所为之撤职，停职，或免职之行为也。

【黜革】【通】谓黜免革除官职也。

【黜革监生】【史】监生谓国子监肄业之学生也，黜革方法有须题参者，有不必题参而咨报该监，即径行为之者。清之现行则例(即刑部现行则例)仪制篇，设有黜革监生之条："恩诏所荫及恩拔岁副监生，有题参处分之处，应听各部院衙门题参外，其捐纳监生有事故应黜革者，照学臣黜革生员例，不必题参咨报该监，该监查明应黜革者，径行黜革，仍咨礼部知照。"

【斋(齋)居决事】【史】汉宣帝每自谳狱，幸宣室，齐居以清心身，然后决事。

大学衍义补(卷百八):“宣帝置廷平,季秋后请谳,常幸宣室,斋居而决事。”丘濬曰:“臣按,宣帝于季秋后幸宣室,斋居而决事,盖知狱事,乃死生之所系,不敢轻也,斋居则心清而虑专,烛理明而情伪易见。”

【斋(齋)郎】【史】掌祭祀之官,谓之斋郎,魏始有太常斋郎,经唐迄宋,而宋时一称曰黄衣选人。事物纪原(卷五):“魏始有太常斋郎,唐有太庙郊社之别,唐泪国家,(即宋朝)其久次者,太庙又补室长,郊社即补社掌次,谓之黄衣选人,祖宗以来又以为朝臣子弟起家之官。”

十 八 画

【储(儲)金名册】【劳】Savings' list 储金名册者,谓工人储蓄会所备关于会员之姓名工资等级储金等级及强制储金或自由储金额数分别登记之簿册也。主管官署得随时检查工人储蓄会之簿册遇有不合法或不确实时,应纠正之。(工人储蓄暂行办法第七条、第二十六条)

【储(儲)蓄保管会章程】【行】本章程于民国二十四年二月　日公布,全文共十三条。兹举述其要点于下:(一)财政部为施行储蓄银行法第九条规定事项,增进银行信誉起见,特设储蓄存款保证准备保管委员会,对于储蓄存款保证准备之保管负监督及检查之责。(二)储蓄银行交存债券或其他资产时,其种类数目价值,须经本委员会审查通过方得交库,即调换时亦同,并于每月由本委员会开库检查一次,必要时且得随时检查之。(三)本委员会设委员七人,由财政部选派一人,中央银行选派二人,沪银行业同业公会会员银行排派二人,会员银行以外各行储蓄会由财部指定二人,并由财政部于委员中指定一人为半月开常会一次(必要时得依法召集临时会议),开会时以过半数之出席为合法,通过议案必须出席委员过半数之同意始为有效。(四)本委员会每届月终,应将该月份储蓄银行交存债券及其他资产之种类、数目、价值陈报财政部备案,又对于储蓄存款保证准备之保管事项亦得建议于财政部,请其采择施行。

【储(儲)蓄银行法】【行①】本法于民国二十三年六月二十二日由立法院通过,同年　月　日由国民政府公布,全文共十七条,规定储蓄银行非经核准,不得设立,有奖储蓄严行禁止,在本法施行以前之有奖储蓄银行之存款,应办结束,其办法由财政部拟订呈请行政院核定之。兹将本法之要点列举于下:(一)凡以复利方法收受零星存款者,为储蓄银行,合于上述规定而不称储蓄银行者,视同储蓄银行,储蓄银行应为股份有限公司之组织非经财政部核准不得设立,普通银行以收足资本至少达国币一百万元者为限,依上述之规定亦得兼营储蓄银行业务。(二)储蓄银行之资本额原则上至少须达国币五十万元。惟在商业简单地方,得呈请财政部核减至十万元。(三)储蓄银行所营业务以下列为限:(1)随时收付之活期存款。(2)整存整付之定期存款。(3)零存整付或整存零付及分期付息之定期存款。(4)保管业务。(5)代收款项及汇兑。(6)代理买卖有价证券。(7)公益团体及合作社之款项收付。(8)公益团体及合作社之通知存款。上述第一种存款数额,每户不得超过国币五千元,各户合计,不得超过上述各种存款总额十分之四,并不得使用支票,至第二或第三种存款数额,每户不得超过国币二万元,又定期存款之最长期限及最高利率应有一定限制。(四)储蓄银行经营业务非依下列各方法,不得运用其资金:(1)购入政府公债库券及其他担保确实经财政部认可之有价证券。

① 原书为"史",疑为排版之误。

(2)以政府公债库券及其他担保确实经财政部认可之有价证券为质之放款。(3)以继续有确实收益之不动产为抵押之放款。(4)以他银行定期存单或存折为质之放款。(5)购入他银行承兑之票据。(6)存放他银行。(7)对于农村合作社之质押放款。(8)以农产物为质之放款。(五)储蓄银行至少应有储蓄存款总额四分之一相当之政府公债库券及其他担保确实之资产交存中央银行为偿还储蓄存款之担保。(六)储蓄银行之借贷对照表,及其财产目录,至少须于每三个月公告一次,并呈报财政部或呈由所在地主管官署转呈财政部备案,而财政部对于储蓄银行得随时派员或委托所在地主管官署检查其业务内容及全部财产之实况,其有存款总额二十分之一以上之储户对于上述之公告及业务有疑义时,亦得联名呈请财政部或所在地主管官署,派员会同储户所举代表检查之。(七)普通银行兼营储蓄银行业务时,应将储蓄部与银行部之资产负债划分独立,储蓄部之资产,不得因银行部之破产而受影响。(八)有奖储蓄禁止之,本法施行前,已办之有奖储蓄存款,其结束办法由财政部拟订呈请行政院核定之。(九)储蓄银行之财产不足偿还各储户债务时,董事监察人应负连带无限责任。(十)关于违反本法之处罚之规定。(第十六条)

【丛(叢)棘】【史】监禁罪人之所,即牢狱之一种。易经一坎卦上六:"系以微纆,置于丛棘,三岁不得凶。"左传一哀公八年:"邾子无道,吴子囚诸楼台,栫之以棘。"

【戳印坐号】【史】旧制科举时代与考者所用之试卷坐号均应一一分别盖印,经管人如有错印等情或模糊不明者,均依法应受处分。清之六部处分则例(卷二十九)礼属科场篇设有戳印坐号之条:"试卷坐号令四所官分手戳印,如有错印,倒印,重印,及印字模糊者,经手之员,罚俸三个月,如系经管木号官将号印重送及刻字模糊者,经管之员罚俸三个月。"

【戳记】【通】戳记即图记之别名,一切证明书均须盖用戳记,始为有效。

【戳碎两眼双睛】【史】谓以铁器等物戳破两眼,而使双眼俱碎不能视物也。眼者目也,睛者目之内部晶状之球体也,在眼球之内,如经戳碎则视能完全丧失。元典章(卷四十四)刑部第六篇有戳碎两眼双睛之例之设:"……僧人刘师一告僧彭妙静带领俗兄彭曾二彭曾六等捉倒张德云和尚行打挖出眼睛等事,……议得袁妙静系是僧人,因师孙张德云节次理词于都纲司妄告破坏钞定,致令欠人债负为仇,又被占管住持上讨合俗兄彭曾二彭曾六前去与张德云寻闹,将本僧揪捽用木柴打伤左头角等一十一处……各用手拿住本僧手足头脑不令动摇,又用铁火箸将张德云两眼双睛戳碎不能视物,已成废疾,拟将彭妙静杖断一百七下,断令还俗,追到度牒毁抹,彭曾二比依彭妙静本犯减等杖断九十七,下彭曾六系是彭妙静彭曾亲弟,终是听受兄长使令之人,比彭曾二本犯减一等杖断八十七下外,据彭妙静流远发付迤北辽阳地面住坐一节,申覆省府照详明降合征赡中统钞一十定,依例于彭妙静亲属彭曾二彭曾六名下均征给付,至大元年闰十一月十一日回奉省札移准中书咨送刑部议得僧人彭妙静所招,用争管常住田产等物,同兄彭曾二等将僧人张德云殴打及用铁火箸于张德云眼内戳讫,不记下数,双睛俱碎,不能视物,及将左手肘打伤骨断,已成废疾,参详彭妙静所犯,残害尤重,罪既断讫,比例拟合均征中统钞二十定，给付苦主，充养赡之资，及将正犯人彭妙静迁移辽阳迤北屯种，二相应具呈照详都省准拟施行。”

【戳过铁枪人】【史】（参选用军职条内）

【扩（擴）充占有】【物】又名他主占有。（详该本条）

【扩（擴）充消防大纲】【行】本大纲全文仅九条，于民国十八年四月二十七日由内政部公布，同日施行。

【扩（擴）充解释】【通】Extensive interpretation 又名扩张解释。（详该本条）

【扩（擴）张解释】【通】Extensive interpretation 为论理解释之一种，与缩小解释补正解释相对称。又名扩充解释，谓因法文失于狭隘，无以副立法者之本意，乃依论理学上之法则扩张之，而推究其法意之所在也。例如刑法中之杀人不仅指积极之作为而言，即消极之不作为亦在杀人范围之内是。

【摆（擺）站】【史】徒犯罪人，令其在驿站充当苦差，称曰摆站。

【断（斷）付前失】【史】女家父母如有驱逐子婿，而将其女改嫁或别行招婿者，则应处罚其女之父母，并将该女断令离其父母之拘束，而给付其前夫另行同居完聚，谓之断付前夫。明律（卷六）清律（卷十）户律婚姻篇设有逐婿嫁女之条：“凡逐婿嫁女或再招婿者杖一百，其女不坐……其女断付前夫，出居完聚。”

【断（斷）出为民递解】【史】买卖人口均应经官用印，否则断出为民，递送解归原籍，是曰断出为民递解。清之现行则例（即刑部现行则例）邮驿篇设有断出为民递解之条：“将不曾用印所买之人断出为民，即行递解原籍纳粮，仍令本地方官具文报部一面申报督抚。”

【断（斷）决】【史】谓裁判之确决也。明律（卷二十八）、清律（卷三十六）刑律断狱篇一淹禁条：“……应断决者，限三日内断决。”

【断（斷）没】【史】违禁物品与所有者断绝关系而没收之，谓之断没。一说断者判断也，断没乃指对违禁物品判决断令没收归入国库而言。

【断（斷）事官】【史】（一）为元时掌刑政之官，元志一断事官秩三品，掌刑政之属，国初尝以相卧任之其名甚重，其员数增损不常，其人则皆御位下及中宫东宫诸王各投下怯薛丹等人为之，至元二十七年分立两省，而断事官随省并置枢密院断事官秩正三品，尝处决军府之狱讼，至元元年始置二员，后定置八员，大宗正府国初置断事官，曰札鲁忽赤，会决庶务，凡诸王驸马投下蒙古色目人等应犯一切公事及汉人奸盗诈伪蛊毒厌魅诱拐逃驱轻重罪囚。至元九年止理蒙古公事。皇庆元年以汉人刑名归刑部泰定二年复命兼理，置札鲁忽赤四十一员。致和元年，以上都大都所属蒙古人并怯薛军站色目与汉人相犯者，归宗正府处断，其余路府州县汉人蒙古色目词讼，悉归有司刑部掌管，正官官札鲁忽赤四十二员，郎中二员，员外郎二员，都事二员，掌发架阁库管勾一员，掾史十八员，蒙古必阇赤十三人，通事知印各三人，宣使十人，蒙古书写一人，典史三人，库子一人，医人一人，司狱二员宣政院断事官四员，从三品。内史府断事官理王府词讼之事，一十六员正三品。

都护府至元十一年初置畏吾儿断事官秩三品，行枢枢密院断事官一员。(二)为明时之军事法官之一。太祖时置大都督府，设司马参军经历等官并设断事官，吴元年罢大都督不设，以左右都督为长官其属设经历断事官(从五品)。都事(正七品)，洪武十三年始改都督府为五军都督府，以中军都督府断事官为五军断事官，十七年五军各设左右断事二人，提控案牍一人(并从九品)，二十三年升五军断事官为正五品总治五军刑狱分为五司，司设稽仁、稽义、稽礼、稽智、稽信五人(俱正七品)，各理其军之刑狱，建文中革断事及五司官永乐元年，设经历都事各一人。(参历代刑官考)

【断(斷)例】【史】为宋法典之一。宋代法典，以断、例、名者，有熙宁法寺断例，元丰断例，元祐法事断例，绍兴断例等，撰者名氏及撰成年月，俱不详，宋名卧言行录后集卷一(韩志献公行状)曰：中书习旧弊，每事必用例，五房吏操例在手，顾金钱，唯意所去取，所欲与，自举用之，所不欲行，或匿例不见，公令删取五房例及刑房断例，除其冗缪不可用者，为纲目，类次之，封滕谨掌，每用例，必自阅，自是人知赏罚可否出宰相，五房吏不得高下于其间。

【断(斷)理失误】【史】断者，审断案件也。理者，处理案件也。失误谓不实及错误也。清例之规定如下：(一)审断事件处理错误与罪名无关出入，承审官罚俸一年，转详官罚俸六个月。(二)应追应赔之赃失断追赔，承审官罚俸一年，转详官罚俸六个月。(三)应给还原主银物失断给主，承审官罚俸一年，转详官罚俸六个月。

【断(斷)屠】【史】旧制，朝庭齐典，断绝及禁止屠杀牛羊等畜，并于此日禁止行刑，其制始自唐高祖之时。事物纪原(卷十)："唐刑法志曰，武德二年诏，断屠日，不行刑。会要曰，武德二年正月二十四日诏，自今后，每年正月，五月，九月及每月十齐日并断屠，按此则是断屠之制，起于唐高祖也。"

【断(斷)罪不当】【史】官司问拟罪名已经决定，而断罪之间则与所拟者不同，是曰断罪不当。例如应决配而收赎，应收赎而决配，应绞而斩，应斩而绞等之类是。不论出于故意与否皆须依律分别治罪。明律(卷二十八)、清律(卷三十七)刑律断狱篇断罪不当条："凡断罪应决配而收赎，应收赎而决配，各依出人人流罪，故失一等，若应绞而斩，应斩而绞者，杖六十，失者减三等，其已处决讫，别加残毁死尸者，笞五十，若反逆缘坐人口，应入官而放免，及非应入官而入官者，各依出入人流罪故失论。"清律之总注："问拟罪名已定决配收赎，各依名例之法，若应决配而收赎以出之，应收赎而决配以入之，各依出入人罪，减故失一等，系有心故犯，则照出入减也，绞斩虽皆死刑，亦有轻重之别，若应绞而斩，应斩而绞者，杖六十，此指故犯者言也，若一时失错者，减三等，笞三十，其或绞或斩已决讫，而别加残毁者，笞五十，若反逆缘坐人口，应入官而放免，及非应入官而入官者，各以出入人流罪故失论，或故或失，分别科之，此反逆缘坐，更重于罪囚，故不减等。"同律辑注："曰应入官而放免，不曰应放免而入官，则云非应入官者，盖缘坐人虽不应入官恐尚有应问别罪者，不得概云放免也，律文之密如此。"

【断(斷)罪引律令】【史】法官科断罪办拟议罪名，均须备细援引律令全文，不得止摘用其文致失法律本意，如律文有数事，共在一条者，而所断之事止合一事，则听其指引一事以拟断之。明律（卷二十八）、清律（卷三十七）刑律断狱篇断罪引律令条："凡断罪皆须具引律例违者，笞三十。若数事共一条，止引所犯罪者听其特旨断罪，临时处治，不为定律者，不得引为此律，若辄引致罪有出入者，以故失论。"清律之总注："具引者，备战也，官司依律例以断罪，招内皆须具引律例，违者笞四十。恐割裂摘引，不合律例之意，而为奸弊之地也。若数事共载一条，所犯止合一事，则听止引所犯罪名，以断之，律例乃通行永遵之法，其奉特旨断罪，或轻或重，系临时权宜处治，不定为律者，则非通行永遵之比，不得引此特旨比拟为律以断罪。若辄引此，以致不合律例罪有出入者，以故失论，有意徇私引比，则坐故出入，不谙错误引比，则坐失出入也。"同律辑注："具引者，如强盗得财，则具引强盗已行而但得财者，皆斩，不得但谓强盗应斩也。数事共条者，如冒认诓赚局骗拐带，四事一条犯系冒认则止引冒认也，余可类推。"

【断(斷)罪引律令格式】【史】犯罪之科刑，皆须备载律令格式之条文，以为根据，否则即为违法，是为断罪引律令格式。唐律（卷三十）断狱篇有断罪引律令格式条："诸断罪皆须引律令格式正文违者笞三十。若数事共条，止引所犯者听。"疏议曰："犯罪之人，皆有条制，断狱之法，须凭正文，若不具引，或致乖谬，违而不具引者笞三十。若数事共条，谓依名例律，二罪以上俱发，以重者论，即以赃致罪。频犯者并累科，假有人虽犯二罪，并不因赃，而断事官人，止引二罪俱发，以重者论，不引以赃致罪之类者听。"律令格式（详该本条）为法典之种类，凡裁判断狱均须凭引正文所定，否则违法。宋刑统（卷三十）断狱篇设有断罪引律令格式之条："诸断罪皆须具引律令格式正文，违者笞三十。若数事共条，止引所犯罪者听。"疏议曰："犯罪之人皆有条制断狱之法，须凭正文，若不具引，或致乖谬，违而不具引者，笞三十。若数事共条，谓依名例律二罪以上俱发，以重者论，即以赃致罪频犯者并累科，假有人虽犯二罪，并不因赃，而断事官人止引二罪俱发，以重者论，不引以赃致罪之类者听。"

【断(斷)罪依新颁律】【史】犯罪在先，颁律在后，而事发之日，适在颁律之后，则应依新律断罪。明律（卷一）、清律（卷二）名例断罪依新颁律条，其规定相似。清律之条文及注曰："凡律自颁降日为始，若犯在已前者，并依新律拟断（如事犯在未经定例之先，仍依律，及已行之例定拟，其定例内有限以年月者，俱以限定年月为断。若例应轻者，照新律遵行）。"清律之总注曰："此见律为一代之章程，当恪守而遵行也。盖大经大法，历代不易，而斟酌损益，必因时制宜，故凡事犯在未经结案者，自新律颁到之日，即当遵照科断，不得仍泥旧文，致有错误。"清律之释云："新例严者，若犯在例前，议在例后，自不得引新例从严，新例宽者，虽犯在新例未颁之先，自依新例从宽，参犯罪时未老疾律可见。"

【断(斷)罪无正条】【史】断罪时，在原则上应依律之条文，不得比附。若律无正条者，则可参酌其他条文以比附方法引用之，惟须将所定拟罪名，转达刑部，议定奏闻始为合法。明律（卷一）、清律（卷五）名例律断罪无正条之条："凡律令该载不尽事理，若断罪无正条者，引律比附，应加应减，定拟罪名，议定奏闻。若辄断决，致罪有出入以故失论。”清律之总注曰：“法制有限，情变无穷，所犯之罪，无正律可引者，参酌比附以定之，此以有限待无穷之道也，但其中又有情事不同处或比附此罪，而情犹未尽，再议加等，或比附此罪，而情稍太过，再议减等，应加应减，全在用法者推其情理，合之律意，权衡允当，定拟奏闻，若不详议比附，而辄断决，致罪有出入，以故失出入人罪论。”

【断(斷)罪应决配而收赎】【史】罪刑之判断，法律设有明文，若应决配，如犯笞杖应决，徒流应配，而竟代以收赎方法，是与法律不符也。明清律均有断罪不当之条，唐律(卷三十)则有断罪应决配而收赎条：“诸断罪应决配之而听收赎，应收赎而决配之，若应官当而不以官当，及不应官当而以官当者，各依本罪减故失一等(死罪不减)。”疏议曰：“断罪应决配之，谓无官荫及非老小废疾之色，犯笞杖应决，犯徒流应配，官司乃收赎，应收赎，谓有官阴及废疾，若年七十以上十五以下，本罪合赎而决配之，若应官当，谓流内九品以上，犯徒以上罪，合以官当，官司乃不以官当，或不应官当，谓罪轻不尽其官，及过失犯罪不合用官当徒，而官司乃以官当者，各依本犯当赎，及决配之罪，减故失一等，谓故出入失出入者，各从本罪上减一等，是名减故失一等。注云，死罪不减，若应死而听当赎应收赎而真决死刑，不在减例，各从出入死罪故失科之。”同条又曰：“即品官任流外及杂任，于本司及监临，犯杖罪以下，依决罚例。”疏议曰：“品官，任流外及杂任，谓身带动官散官而任流外及杂任者，于本司及监临，谓于本司及临时临统者。”

【断(斷)罪应绞而斩】【史】刑名之制，各有一定，不许更改，若应处绞而于执行时改为斩，是以轻为重也，反之，是以重为轻也。唐律(卷三十)断罪应绞而斩之条：“诸断罪，应绞而斩，应斩而绞徒一年，自尽亦如之，失者减二等，即绞讫别加害者杖一百。”疏议曰：“犯罪应绞而斩，应斩而绞，徒一年，以其刑名改易，故科其罪，自尽亦如之，依狱官令，五品以上犯非恶逆以上，听自尽于家，若应自尽而绞斩，应绞斩而令自尽，亦合徒一年，故云亦如之，失者减二等，谓原情非故者，合杖九十，即绞讫别加害者，谓绞已致毙，别加拉干折腰之类者杖一百。”

【断(斷)狱立成】【史】书名，三卷，撰人不详，事见宋史艺文志刑法类。

【断(斷)狱篇】【史】断狱之名，起自曹魏之律，以其分秦汉之囚律而成此篇，历晋宋齐梁及后魏，皆不变更，北齐时与捕亡合而为捕断后，周复为断狱律，隋唐因之。明律以之为刑律之一篇与贼盗、人命、斗殴、骂詈、诉讼、受赃诈伪犯奸、杂犯、捕亡等篇相对立。下分为二十九条如后：囚应禁而不禁。故禁故勘平人淹禁。凌虐罪囚。与囚金刃解脱。主守教囚反异。狱囚衣粮。功臣应禁亲人人视。死囚令人自杀。老幼不拷讯。鞫狱停囚待对。依告状鞫狱。原告人事毕不放回。狱囚诬指平人。官司出入人罪。辩明冤枉。有司决囚等第。检验尸伤不以实。决罚不如法。长官使人有犯。断罪引律令。狱囚取服辩。赦前断罪不当。闻有恩赦而故犯。徒囚不应役。妇人犯罪。死囚覆奏待报。断罪不当。吏典代写招章。清律因明之旧，不加损益。

【断(斷)离】【史】不合法之婚姻，应判断令其脱离夫妇关系，谓之断离。元典章(卷十八)户部篇设有通奸成亲断离之条：“至元二十三年八月本道按察司据袁州路归问到宜春县军户赵阿叶先因夫赵十云南出征在外，本妇不候夫赵十回还，凭媒赵十嫂说合，招到易千三为婿，已经官司断讫离异，本妇又听易阿彭说合，接受钞二十五两，克丝一匹，再行成亲，宪司看详赵阿叶易千三即是通奸成亲已断离，又行再犯，兼本妇系有夫妇人，量情各决三十七下离异，财钱拟没入官，媒人易阿彭年老免断，牒可，遍行禁止。”

【檻(檻)车】【史】于车上敷施阑檻之工事，以为囚禁罪人之用时，其车称曰檻车。

【檻(檻)征】【史】为梁时禁锢之刑之名称。隋书一刑法志：“坐非死除名，二千石已上，非檻征者，并颂系之。”

【柜(櫃)书】【史】清制，人民投纳租税钱粮于特制之篋，称曰柜。其记载税额及纳税人之姓名之文书称曰书，二者之总称则谓之柜书，其主持人员亦谓之柜书，清末每于官厅之大堂中设置一柜，使纳税人直接将税款投入，因无收款证书之制度，故一般奸吏遂乘机舞弊，光绪十年，御史屠仁守上奏曰：“……其为害民间最甚者有二，一曰催役，二曰柜书，……柜书经收钱粮，乡民数十里或百余里，赴城投纳，悉听柜书核算，溢额取盈，米则零升，直以斗计，银则数钱，竟作两论，有所谓盘脚之费，有所谓票号之费，任意浮收，无敢致诘，复不当时给票。”(皇朝政典卷二十七)

【归(歸)化】【国私】Naturalization 所谓归化，有广狭二义，广议言之，凡外国人取得国籍，如亲属上之原因，及领土割让之结果，皆包括在内，狭义言之，仅指由于个人自由之意思，与国家之许可而取得国籍一项而已，我国国籍法上所谓归化，乃狭义之归化，故欲归化者须具备下列条件：(一)继续五年以上在中国有住所者。(二)依中国法及其本国法为有能力者，年满二十岁以上者。(三)品行端正者。(四)有相当财产或艺能足以自立者，此外虽不具备上述各条件，遇有特别情形时亦许归化(国籍法第三一六条)。至于许可归化之机关，则属于内政部长。

【归(歸)化人】【国私】Naturized person 即依归化方法，而取得他国之国籍证书之人也。

【归(歸)宗】【亲】养子女脱离养父母关系后回复其本姓者，为归宗。归宗之原因，有因养父母与养子女之合意而生者，有因法院之宣告而生者，前者谓之协议上归宗，基于当事人之意思一致，并以书面为之，倘未作成书面，虽经双方同意其关系之解除，而允许其归宗，在法律上不能认为成立，后者谓之判决上归宗，即基于养父母或养子女之一方本于法定原因，请求法院宣告其关系之解除，而准其归宗也，所谓法定原因，依民法第一零八一条之规定，计有下列六种：(一)养父母或养子女之一方对于他方为虐待或重大侮辱时。(二)恶意遗弃他方时。(三)养子女被处二年以上之徒刑时。(四)养子女有浪费财产之情事时。(五)养子女生死不明已逾期三年时。(六)有其他重大事由时。

【归(歸)班】【史】清制，进士以知县任用为本班，故凡以知县即时任用者，谓之归班，即归本班之谓也。

【归(歸)勘】【史】地方各官对于私贩官盐者,加以捕获发送有司(法院)追究者,谓之发勘。明律(卷八)、清律(卷十二)户律课程篇——盐法条:"凡守御官司及盐运司,巡检司巡获私盐,即发有司归勘。"

【归(歸)宁】【史】女子出嫁后,返母家探问父母者,曰归宁。官吏因丧事请假返乡者,亦称为归宁。

【殡(殯)殓】【史】殡者假葬也,殓有大殓小殓之分。大殓,谓入柩。小殓,谓著服。唐律释义(卷六):"权葬谓之殡,著服谓之小殓,入柩谓之大殓。"

【渎(瀆)职罪】【刑】Malfeasance in office; Misconduct in office 国家为肃清仕途,整饬官箴,维持国家威信与尊严,故有渎职罪之设,规定于刑法分则第四章,共计十四条,其渎职行为仅限于公务员之身分者,渎职罪可分为二:(1)贿赂罪。(2)背职罪(详各本条)。本罪之处罚,其主刑除明文规定外,至从刑之褫夺公权,则均委诸审判官之自由裁量。

【爵】【史】(一)酒器之谓也,爵音雀即象雀。说文:"礼器也,象爵之形,中有畅酒,又持之也,所以饮器象爵者,取其鸣节节足足也。"字汇:"取其能飞而不溺于酒,以示儆焉。"(二)封爵之谓也。书经—武成篇:"列爵于五。"盖即指公侯伯子男而言也。唐韵:"殷爵三等,周爵五等。"按爵始自殷代,分为公侯伯三等,至周则为五等,三等取法于三光,五等取法于五行,周礼内五等之外,加卿,大夫,及士,而为八等(同书天官太宰之职),殷周并无王爵及于战国,诸侯自称为王者,比比皆是,自与受封者不同,至秦始皇统一天下,自称皇帝,诸侯始有王爵之册封焉。(唐律释文卷二)

【爵服】【史】有爵位者所著之一定章服,称曰爵服。管子:"爵服加于不义,则民贼其爵服。"

【爵秩】【史】爵者位也,秩者仕者之俸也,爵有内外之别。内官(即王之直臣)有公、卿、大夫、及士四等。外官则有公、侯、伯、子、男五等。

【爵章】【史】民国初年,凡蒙回藏之王公等,有爵位者,由政府给予徽章,称曰爵章。

【爵减】【史】犯罪者如有爵禄时,得褫夺其爵禄以减轻其罪,谓之爵减。汉书—薛宣传 :"爵减,完为城旦。"师古注曰:"以其身有爵禄,故得减罪而为城旦。"

【瞻徇延缓】【史】所谓瞻循延缓,乃指瞻前顾后因循迟延而言。清律(卷十二)户律仓库篇设有拟断脏罚不当之条。其附例:"凡查估退变之员勘报不实,瞻徇延缓,以致帑项悬缺者,著令代赔,若查勘本无不实,催追本无徇纵,只因变抵不敷,以致公帑悬缺,仍在本人名下归结,不得向查估追变之人勒令代赔,违者以违制论。"

【礼(禮)律】【史】为明清律之篇名,与名例律,吏律,户律,刑律,工律相对立,内分二篇,祭祀篇及仪制篇,乃关于违反礼制处罚之规定。

【礼(禮)炮】【国公】Firing a certain number of guns 陆军或海军每发大炮若

干响,表示敬意,是曰礼炮。

【礼(禮)部则例】【史】为清之行政法典之一,礼部则例者,自乾隆二十九年纂修,至四十九年,礼部尚书德保等又纂修具奏凡一百九十四卷,而来常守十年一修之例,至所增改,嘉庆二十五年,重纂修之,其后道光二十四年十二月,礼部奏请增改,嘉庆二十五年八月以后,至道光二十四年十一月案件,翌年纂上之,凡二百二卷,内有仪制清吏司百二卷,祠祭清吏司六十八卷,主客清吏司二十卷,精膳清吏司十二卷,凡关于典礼科举事项,则详仪制清吏司,关于祭礼丧服等事项,详祠祭清吏司,关于朝项赏赐等事项,详主客清吏司,关于筵宴事项,详精膳清吏司。

【礼(禮)宾院】【史】唐时,接待属国宾客之官署,曰礼宾院。唐会要:"天宝十三年三月二十七日敕,鸿胪属司有礼宾院。"资治通鉴唐纪胡三省注:"唐有礼宾院,凡胡客入朝,设宴于此。"

【礼(禮)仪定式】【史】为明法典之一,明洪武二十年十月,命礼部尚书李原名等,取旧礼仪增损之,定为十四款三十一条,凡一卷,学士刘三吾,董伦,皆有序。

【简(簡)任人员来京接受任命规则】【行】本规则于民国十七年六月十二日公布,全文计十二条,附有程限表一及受任式规则九条。

【简(簡)任官】【行】Officers appointed by national government 为官阶之一种,乃次于特任官之高等官吏,由国民政府任命之,其官俸分为四级,第一级为每月六百七十五元,第四级为四百五十元(每级七十五元)但暂行条例则规定分为六级,每级相差四十元。

【简(簡)易交付】【物】Traditio Brevis Manus(拉丁); Delivery of a thing by the mere consent of the parties 为交付要件主义例外之一,对占有改定及指示交付言,即受让人已占有动产时,于让与合意时即生效力之谓也。(民法第七六一条第一项但书)又称短手交付。

【简(簡)易人寿保险法】【行】又称邮政简易人寿保险法,于民国二十四年四月二十六日经立法院正式通过同年五月十日公布,全文共三十八条。兹举其要点于下:(一)简易人寿保险为国营事业,属交通部主管,其他保险业者不得经营之。(二)简易人寿保险由邮政储金汇业局管理并指挥各邮政储金汇业分局或邮局经理之。(三)简易人寿以邮政储金汇业局为保险人,依本法负给付保险金额之责任。(四)简易人寿保险分终身保险定期保险二种,终身保险于被保险人死亡时,给付保险金额。定期保险于契满期时,或未满期而被保险人死亡时给付之。(五)简易人寿保险金额以国币五十元至五百元为限,如同一被保险人订立数个保险契约时,其保险金额之总数不得超过五百元。(六)简易人寿保险对被保险人免验身体。(七)保险费率及积存金额以章程定之。(八)凡中华民国人民年龄自满十二岁至满六十岁者皆得为被保险人。(九)保险契约发生效力后被保险人死亡时,受益人依下列各项规定。分别享受利益:(1)未满六个月死亡时,领受已纳之全部保险费。(2)逾六个月未满一年死亡时领受保险金额五分之一。(3)逾一年未满二年死亡时,领受保险金额之半数。(4)逾二年死亡时,领受全部保险金额。

【简(簡)易军法会审】【军】Summary courts for military cases 为军法会审之一种,于各总指挥部,各军部,各独立师部,各独立旅部,或该管高级长官之驻在处所内设立之,采合权制,以各该部高级军法官一员为审判长,以军法官二员为审判官并置书记。(军审法第五一六条)

【简(簡)易程序】【刑诉】Summary proceeding or trials 对于最重本刑为六月以下有期徒刑,拘役,或专科罚金之案件,检察官以速图了结避免被告之拖累为目的时,得声请法院不经通常审判程序,迳以命令处刑之,此项程序,曰简易程序。欲实施此种程序。须具备下列要件之一:(1)犯罪事实据现存证据已属明确者。(2)被告于侦查中自由者,兹述其程序于下:(甲)检察官声请时应以书状记载法定事项(刑诉法第四六二条)。(乙)法院收到声请时如认为不宜,得仍以通常程序审判之。(丙)如认为必要,得传讯被告或调查证据。(丁)如认为正当而加以处分时,原则上应于二日内处分之。(戊)所发之处刑命令,须有一定方式。(己)被告对于处刑命令不服时,得声请依通常程序正式审判不得上诉。但须遵守下列要件:(1)须在接受处刑命令之后五日以内。(2)须向原命令处刑之法院为之。(庚)被告这正式审判声请权得自由舍弃,又在第一审判决前得撤回其声请权(舍弃与撤回以书状为之为原则)。(辛)命令处刑之法院,如认声请为合法者,应依通常程序审判,如认声请违背法律上程式,或其声请权已丧失者,应以裁定驳回之。(壬)被告经传唤无正当理由不到者,可迳以判决驳回之(即使其声请权丧失)(刑诉法第四六一—四七五条)。总之简易程序之实施。应注意之事有二:(1)简易程序之适用系任意法规。(2)简易程序并非完全废止审判。

【简(簡)易诉讼程序】【民诉】Summary proceeding 为第一审程序之一,与通常诉讼程序相对称,所谓简易诉讼程序。乃指在第一审法院就轻微之诉讼事件,所适用之程序而言,我民诉法规定适用本程序者。有下列二种:(一)凡关于财产权之诉讼,其标的之金额或价额在八百元以下者。(二)凡下列之诉讼,其标的之金额或价额在八百元以下者:(甲)出租人或承租人因接收房屋,或迁让使用修缮,或因扣留承租人之家具物品涉讼者。(乙)雇用人与受雇人因雇佣契约涉讼,其雇佣期间在一年以下者。(丙)旅客与旅馆主人,饮食店主人,或运送人,因关于食宿运送费或因寄存行李财物涉讼者。(丁)因请求保护占有涉讼者。(戊)因定不动产界线或设置界标涉讼者。(己)其他诉讼经当事人合意声请适用简易程序者,在简易程序中,关于诉之提起,及其他声明或陈述,得以言词为之,法院对于被告应加以传唤始行就审。至当事人两造于法院通常开庭之日,自行到场起诉者,则得不待传唤开始为言词辩论,但以得法院许可者为限。本程序既以简易迅速为主,故判决书内之事实及理由,亦得只记明要领,不必详叙全文。(民诉第三九三—四〇〇条)

【简(簡)缺】【史】与繁缺相对称,职务纷繁之职官,曰繁缺,其较简者,则曰简缺。

【简(簡)接代理】【民总】Indirect agency 为代理之一种,对直接代理言,即以自己(代理人)之名义,代他人为法律行为,而其效果有使归属于本人(被代理人)

之义务，及其权利之谓也。

【簪剃】【史】为道士曰簪，为僧曰剃。（明律卷四、清律卷七，私创庵院及私度僧道之条）

【粮（糧）米贮袋霉烂】【史】贮装粮米之口袋因潮湿而致霉烂也。负责人员应受一定处分。清之六部处分则例（卷十七）户属会场篇设有粮米贮袋霉烂之条："粮米起卸装袋堆贮空隙处，所责令经纪车户谨护潮湿，如奉行不力，以致口袋霉烂粮米成饼，将该经纪等责革赔补，仓场侍郎及巡漕御史不行查出，罚俸一年。"

【粮（糧）串】【史】人民纳粮官府给与收纳之票条，以为凭据之用，是曰粮串。

【粮（糧）船】【史】清时，供运载粮漕之用之船舶，谓之粮船。

【粮（糧）船多带钱文】【史】谓北上抵通州卸运后空船南下之粮船人员，不得多带钱文也，违者押空官员均应依本条规定处分。清之六部处分则例（卷十八）户属漕运篇设有粮船多带钱文之条："回空粮船由通至津，每船限定带钱三串，倘该船家口较多，准其沿途零星易换使用，责成押空千总逐船查察，并令张湾通判务关同知杨村通判节饬防范，天津镇总兵于过关查缉私盐之时，一并稽查，步军统领仓场侍郎各衙门巡漕御史等，不时访察，党该船于定数之外多带钱文，将管押回空之同知通判罚俸一年。"

【粮（糧）船夹带私货】【史】来往之运输漕粮船舶，俱不许私自夹带客货或私货，知情故纵者或失察之该管官均应受处分。清之六部处分则例（卷十八）户属漕运篇设有粮船夹带私货之条："重运粮船除准带额定土宜之外，不准夹带私货，令淮安济宁地方严加盘查，如运丁有额外私揽客货私载己货，查系开兑时夹带者，将未经查出之监兑官降一级调用，押运官降一级留任，系沿途包买及通同商贩搭运者，未经查出之押运官降一级调用，其不行严禁之该管粮道失察停泊揽载之地方官未经查出之盘查官，俱罚俸一年。若押运官有私揽客货私载己货者，革职。该管粮道及监兑盘查等官，照前例分别查议，其领运官有夹带私货者，亦革职。未经出之押运官与粮道等官一并照前例分别议处。"又："回空漕船夹带私盐货卖，管船同知通判等官知情故纵者革职，止于失察者照约束不严例降一级调用。"又："恶棍倚侍粮船贩载私盐不服盘查，闯关闯闸，持械伤人，押运等官知情故纵者革职，止于失察者降一级调用，如管关管闸各官借端勒索故意留难，亦许押运等官呈明题参究治。"又："押运官弁于该管帮船一年之内，并无夹带私盐事故者，准其纪录一次。"又："长芦两淮产盐处所，遇回空粮船经过地方文武员弁书夜严查催趱前进，不许逗遛，如不实力查催，致有夹带私盐者，将地方各官罚俸一年，该管盐务运司等官，照失察私盐例议处。"又："每年粮船回空，于瓜洲江口派委瓜州营协同听员实力搜查，如有夹带，照押运官之例，分别徇纵失察议处，有能查获粮船夹带私盐，及运司等官能拿获灶丁船户夹带余盐者，均照地方官拿获私盐例议叙。"又："粮船经过之沿途州县并非产盐地方，既不许兵役赴船搜查，即有夹带无从而知，所有地方文武各官应免其查参。"又："回空粮船于各省硝磺入境之处，令地方官弁分路巡查，若本境出产硝磺者，亦实力查禁，并令查盐之官一体带查，如有夹带硝磺者，将地方官押运官均照夹带私盐例分别议处。"

【粮(糧)船私带鸟枪】【史】运输漕粮船舶所带鸟枪设有一定限制,违而多带者以私带论,失察之该官应受处分。清之六部处分则例(卷十八)户属漕运篇设有粮船私带鸟枪之条:"押运粮船止准空重千总各带鸟枪一杆,以备巡防,并令该漕督编刻字号,责成空重千总自行收贮,其余军器不许携带,仍饬粮道卫备运弁严紧搜查,如有私带铳炮并多带鸟枪,将失察之该管官,照失察铳炮鸟枪各本例分别议处。"

【粮(糧)船起剥货物】【史】谓运漕粮之船舶,因容量过重而逢河水减少时,或已运抵目的地将所载货物等卸除剥起也。此时主管官员应严密稽查防止一切私弊。清之六部处分则例(卷十八)户属漕运篇设有粮船起剥之条:"重运粮船抵杨村后,如遇河水浅阻,先将应带土宜货物尽数起剥,责令直隶总督遴派明干同知一员,会同漕运总督所派守备千总及运员帮员等,严密稽查,毋许丝毫存匿,如尚有阻滞,再行酌量起剥粮石,至漕粮抵通交仓后,并交仓场侍郎留心稽察,傥仍有货物在船即行究明情由,将旗丁分别治罪,并将粮道押运官及委员等,均照夹带私货例分别议处。"

【粮(糧)船被窃被盗】【史】粮船指运载漕粮之船舶,被窃谓被盗偶取,被盗谓盗强劫也。清之六部处分则例(卷十八)户属漕运篇设有粮船被窃被盗之条:"粮船被窃由本帮员弁移知该地方官缉贼追赃,被窃之船即随帮前进,不必守候,至被盗强劫,必须等候勘验,应俟领运官具报会勘后,该州县立给印票催趱前进,并将被盗守候缘由报明漕运总督及巡漕御史查檄,傥有兵役勒掯需索,将失察之该管文武员弁照失察衙役犯赃例议处。"又:"粮船经由汛地,如有强劫之案,将地方官照城内民居被劫例查议,被窃之案将地方官照衙署被窃例查议。"又:"粮船入境,除该地方原设有捕盗厅员者,无庸添派外,如该地方向未设有捕盗厅员,应令该督抚于临时酌派能事捕盗同知通判一二员,协同催趱官亲驻河干,实力查缉,如有疏防盗案,将派委之厅员降一级留任。"又:"直隶专司河务之河间天津务关各同知,沧州泊河各通判,以粮船入境之日起至回空之日止,令其各按本管河岸督率各汛文武员并一体查拿盗贼,如能获破大案,分别议叙,遇有疏防盗案,降一级留任,至本管厅员及该州县地方各官不得因有河员协缉辄行诿卸,如有粮船失事,仍照各本例议处。"

【粮(糧)道】【史】官名,明时各省设督粮道,以布政司参政参议任之。清时废参政参议,于有漕粮之省分置督粮道,专司漕运事务,简称曰粮道。

【粮(糧)储道】【史】清制,在各省均设掌税粮之漕运之官吏,受漕乡总督之命令,受押运官之指挥,各于其省内办理漕运事务。(清会典工部)

【织(織)室】【史】为汉代主织造之所,汉少府之属官有东织西织令丞,后废东织以西织为织室,妇女有过罪者令于织室为一定之作业,及唐称之曰织染署。

【织(織)染署】(详织室条内)

【织(織)造缎匹】【史】织造,谓以丝缕交贯缔结造成一幅也,缎匹乃指供各项衣料之布帛而言。大明令工令篇设有织造缎匹之条："凡局院成造缎匹，务要紧密，颜色鲜明，丈尺斤两不失原样，局官常切比较工程，合用丝料从实申请，提调正官严加提督，但有不堪，究治追赔。"

【缮(繕)本】【民刑诉】Copy 凡缮录原本之内容，而与之完全相同者，曰缮本。又称誊本，更分为正本，节本，副本三种。(详各本条)

【翻印】【行】Reprint; Republication 所谓翻印者，即将他人之著作物私自重印，或私自翻版是也。法律规定著作权经注册后，其权利人得对于他人之翻印仿制或以其他方法侵害利益，提起诉讼，此时翻印者应受五百元以下五十元以上之罚金，即其知情代为出售者亦同。(著作法第二三条、第三三条)

【翻供】【刑诉】Retracting one's testimony 犯罪者，将已承认或招认之口供，于法院已许载于笔录内后，加以推翻者谓之翻供。翻供在法律上是否有效，当视情形而定，法官得自由裁夺之。

【翻案】【刑诉】Reversing a judgement 推翻已定之罪案，而重为审理者，谓之翻案。乃我国习惯上之用语，即上诉时将原审判决推翻者，亦曰翻案。法律条文上并无此名辞之规定。

【职(職)内】【史】为周礼天官之属，司会之副官，掌租税收入之职。

【职(職)分管辖】【民刑诉】又称职务管辖(详该本条)。或曰审级管辖。

【职(職)方】【史】官名，分掌天下四方之事务，故称曰职方。周礼夏官之属有职方氏，掌天下之地图及四方之职贡。隋置职方侍郎，唐于兵部置职方郎中，掌地图及城隍镇戍烽候之事，并设员外郎一人，立事一人，以为之辅，明亦同。以之掌天下图籍以周知方域之广袤，及郡邑镇砦道里之远近。明改为职方清吏司使，清因之。民国初年在内务部置职方司，掌地方疆界及土地统计之事，此外职方尚另有一种意义，即管辖四方之一方之义，其职务称曰职方，以伯爵任之。礼记—曲礼篇："五官之长曰伯，是职方。"其注曰："职主也，是伯分主东西者，春秋传曰，自陕以东，周公主之，自陕以西，召公主之。"后世之职方清吏司使之之官本此。

【职(職)田】【史】依官吏之身分，所分给予之田，曰职田。始于唐代，与古时之采邑采地相似。事物纪原(卷一)："孟子曰，经乡以一必有圭田，礼王制曰，圭田无征，周官亦有大夫之采地，此职田之起也。晋有刍藁之田，后魏给公田，北齐自一品以下各有差，武德元年十二月制，外官各给职分田，则职田之名，唐始有之也。宋朝会要曰，咸平二年七月，真宗欲复兴职田，诏杜镐等，检讨故事缘革复给之也。"

【职(職)事官】【史】与散官，卫官，勋官相对称，即执掌实在官职之官吏之通称。(唐律卷二名例篇，以理去官之条)

【职(職)制律】【史】为唐律十二篇之一，乃关于官吏职务之规定，此篇之制定，实始于晋历宋齐梁魏齐周皆称曰违制律。至隋之开皇律始更名曰职制。唐因之，明之刑律体裁更改，乃收职制篇加入吏律，而为其中之一节，清因之。

【职（職）官】【史】有一定实职之官吏谓之现任官，与闲散官相对称，所谓职官即现任官之义（明律卷一，清律卷三，以理去官之条）。历代史书均辟专部，称曰职官志，或曰百官志。

【职（職）官打死家仆】【史】文武职官，将其家仆责打致死及杀死者，应问拟罪名。分别移咨吏部兵部照例处分。清之现行则例（即刑部现行则例）人命篇设有职官打死家仆之条："职官有将伊家仆责打致死，及杀死者，问取口供，拟定故杀及责打致死情由，如系文官移咨吏部，武官移咨兵部，具题，照例处分。"

【职（職）官犯奸在逃】【史】职官，乃指百官而言，犯奸谓犯与妇女通奸之罪，在逃，谓未拿获到案讯辨也。元典章（卷四十五）刑部第七篇有职官犯奸在逃之例："……徐参议讳绍祖字唐臣，改授上中大夫淮西道同知宣慰使，不曾之任前来上都，因阎二嫂媒合与木匠周德进妻徐小春就阎二嫂家内二次通奸，被唐胜宝等就奸所捉获，与讫钞两在逃，取问得奸妇徐小春媒合人阎二嫂捉事人唐胜宝各人明白招服伏依例断决了当外，在逃奸夫徐参议移关刑部捉拿未获……议得徐绍祖职受三品，犯奸合行加等治罪，既是在逃，窃恐前去江淮等处行省，并各衙门冒名求仕，或诸路避罪，淫滥不改，欺坏风俗，若不根获，痛行断遣，使奸淫之人不知畏惧，何以劝善黜恶。"

【职（職）官犯罪】【史】职官者，文武百官也，犯罪者，犯公罪或私罪也。大明令刑令篇设有职官犯罪之条："凡职官犯罪，四十以下，标附过名还职，五十解任离职，杖六十，降一等，七十降二等，八十降三等，九十降四等，具解见任流官于杂职内叙用，杂职于边远叙用，其官吏犯公罪至九十者，不在解见任限止标附过名杖一百者，无问公私罪犯并不叙。"

【职（職）官有犯】【史】职官二字在明律乃指京官，及在外五品以上之官而言。在清律则指在京在外大小官员，有犯者谓犯公私罪名也。明律（卷一）、清律（卷四）名例律——均有职官有犯条之规定，惟略有出入耳。清律之规定云："凡在京在外大小官员，有犯公私罪名，所司开具事由，实封奏闻请旨，不许擅自勾问，若许准推问，依律议拟奏闻区处，仍候覆准，方许判决，若所属官被本管上司非礼陵虐，亦听开具实迹，实封径自奏陈。"清律之总注："在京在外大小官员，有犯一应公私罪名者，所司虽应究问，不许擅专，必先开具事由，奏闻请旨，若奉旨许准推问，而后究审，依律拟议罪名，奏请区处，仍侯部议覆准，照议判决，若所属官被本管上司，以非理之事，故行陵辱虐害，亦听开具陵虐实迹，不必经由本管上司，迳自奏陈于朝，但不许扳引别项事款。"同律之辑注："分别事情曰区，决断其罪曰处，判断其事曰判，论决其罪曰决。"

【职（職）官受财放贼】【史】百官通称曰职官，如收受财物纵放贼盗应依枉法例予以除名不叙之处分。元典章（卷五十五）刑部第十七篇有职官受财放贼之例："大德元年十一月二十一日御史台咨据河北河南道廉防司申，许州临隶县达鲁花赤，平州八撒儿状招至元三十年十二月二十日内盘获强打柏乡县馆驿内官钱人赵七十等四名，要讫各贼中统钞二百五十六定一十两，汴梁路于各人名下追征数足，申乞照详事，得此本台议得平州八撒儿所招，放贼分使赃钞一百定，折至元钞一千贯，依枉法例已是枉满拟合除名不叙，呈奉中书省札付送刑部议拟回呈系大德元年二月二十七日钦遇诏赦，已前事理本部参详平州八撒儿所犯，合准御史台议拟，除名不叙，请依上施行。"

【职(職)官妻属接赃】【史】职官为百官之通称，如其妻属接受赃物，依元典章所载之例，应即除名不叙。元典章(卷四十六)刑部第八篇职官妻属接赃之例："至元二十八年二月岭北湖南道提刑按察司先为宁乡县官吏，因收捕贼人取受付马户等钱物数内县尉李瑞取钞四定，系伊妻阿王收接取讫，本人招伏征赃到官拟定罪名，申奉行御史台札付李瑞罪犯钦遇诏赦，议得此钱物主欲与之时，家人已收之后，李瑞皆曾知会，终是赃污，再难临民，拟罢见役，虑恐未应，为此移准御史台呈奉尚书省札付送刑部，议得县尉李瑞所招，李德元因事令邓令史过到钞四定，明知伊妻阿王收讫，不行理问罪犯，虽遇赦，原难议止罢见职，拟合除名不叙，相应都省依准部拟。"

【职(職)官赌博】【史】职官为百官之通称，赌博则为以财物为胜负之游戏也。元典章(卷五十七)刑部第十九篇有职官赌博断罢见任之例："……据雷州民户龚亮首告袁签事等赌博钱物，责得李都事名德贤招伏不合将土销银一块入场赌博，赢讫龚亮金一条，重三两二钱，马舍人中统钱六定，为无钱要讫文字一纸，袁答事名珍招伏不合将中统钞四定赌博，赢讫马舍人元系龚亮马一匹准钞一十定，雷州路司狱谷禧招伏不合将梯已金一块重四两四钱与各人赌博，雷州遂溪县尹赵桧不合将银壶一个赌博是实，追到摊场，钱物没官，将各人依著旧定条例杖决七十七下，省会罢见只……呈奉中书省札付送刑部，议得赵桧谷禧所招赌博钱物罪，已断讫难任亲民，量拟解见任，期年之后，於杂职内定夺，仍依旧例标附……。"

【职(職)员】【行】Officials 所谓职员，乃指在公私机关中掌管事务之人员而言。

【职(職)员犯事】【史】谓在籍官员干犯法纪贻害人民也，地方官负有制裁之责，违者应受一定之处分。清例之规定如下：(一)在籍官员倚恃势力，干预公事，行凶不法，作害地方，或将奸赃暧昧之事，污人名节，报复私仇，地方官明知故纵，革职，不知情州县降一级调用，州府州降一级留任，具公罪。(二)绅衿人等本无劣迹，地方官挟嫌捏报，照屈廉为贪例革职。

【职(職)秩】【史】官职与秩录之合称，曰职秩。左传："王子朝因旧官百工之丧职秩，以为乱。"

【职(職)务】【通】Attribution 国家或其他机关所分配给与各职员范围内所应处理之事务，谓之职务。

【职(職)务上期间】【民诉】又称类似期间，为期间之一，对诉讼上期间言，即法院对于诉讼行为之期间也，例如宣示判决或裁定，自言词辩论终结起，不得逾五日之期间是。

【职(職)务行为】【刑】Official act 为权利行为之一，即依长官命令之职务行为也,(刑法第三十五条)在刑法上不为罪,以其全出于服从关系也。然须具备三要件:(1)须属长官职权范围内所发之命令。(2)须为属员职务范围内之事务。(3)命令形式须适合现行法令,如缺其一则属员仍须担负相当责任。

【职(職)务命令】【行】Official order 上级官吏对于所属官吏,就其职务范围内所颁发关于令其为特定行为或不行为之命令,称曰职务命令。

【职(職)务管辖】【民刑诉】又称曰审级管辖,即依照法院之审级或诉讼程序之种类,而为决定之标准之管辖也,又称曰职分管辖。

【职(職)业介绍所】【劳】Employment office 对会员失业时,居间介绍相当职业之机关,曰职业介绍所。此种介绍所之设置,亦为工会任务之一种。(工会法第十五条第一项二款)

【职(職)业介绍所暂行办法】【劳】Provisional regulation relating to the office of unemployment 本办法于民国二十年十二月三日由实业部颁布,在职业介绍法规未公布以前暂行援用,共十九条,其要点如下:(1)职业介绍所介绍职业之范围为:(A)农工商矿渔牧各业之雇工或雇员。(B)各公私机关团体或家庭之雇工或雇员。(2)职业介绍所除国营外尚有公营及私营二种,前者如工会同业公会或其他公益团体所设不以营业为目的者,后者如商人所设以商营为目的者。(3)职业介绍所之设立与歇业,均应向所在地主管官署呈请登记。(4)凡中华民国人民年在十四岁以上具有下列资格之一者,得向职业介绍所请求介绍:(A)有某种职业之智识或技能者。(B)有相当之体力及经验堪为劳工者。(5)职业介绍所应就请求者,与请求事项登记簿册依次介绍,并将簿册陈列处以备众览。(6)雇佣条件原则上由当事人自定之。(7)职业介绍所应与救济失业之机关或团体切实合作,并应将劳工需要供给及其介绍之实况随时报告主管官署。(8)公营职业介绍所不得收介绍费,商营者之介绍费则由主管官署,按照当地情形核定之,惟须遵守下列规定:(A)介绍费须订立工作契约后由雇劳两方平均负担。(B)介绍费须于介绍所明白揭示之。(9)商营职业介绍所须置备一定簿册,自最后之日起至少须保存三年,于每月并须将介绍事业状况报告主管官署。(10)商营职业介绍所不得兼营旅馆饮食娱乐及其他类似之营业,如有下列情形之一者,主管官署不予登记,已设立者得撤销之:(A)有欺诈诱惑胁迫之行为予请求职业者以重大损失者。(B)有紊乱风纪或妨害安宁秩序之目的或行动者。

【职(職)业介绍法】【劳】Law relating to employment 规定工人平时关于较优职业之获得,与失业时相当职业之取得,及职业介绍所之组织等之法规,曰职业介绍法,惜我国至今仍未颁行,仅有职业介绍所暂行办法(详该本条)。一种之颁布耳。

【职(職)业代表制】【宪】Professional representation 即以职业团体为单位,而参与议会之选举之制度也。

【职(職)业别工会】【劳】Craft labor union 为工会之一种,与产业别工会相对称,即由一种职业下之工人所组成之工会,例如人力车工会是,其范围较产业别工会为小。

【职(職)业的集合犯】【刑】Das geschäftsmässige kollektivdelikt(德)　为集合犯之一,对营利的集合犯与习惯的集合犯言,即以收入为目的反覆为同种类之行为,因而成立犯罪之谓。例如未经公署允可以医为职业者是。(如暂行新刑律第三〇八条)法律仅以一罪论。

【职(職)业学校法】【行】Law governing vocational schools　本法于民国二十一年十一月二十六日经立法院通过,于十二月十七日由国民政府公布,兹录其要点如下:(一)职业学校分为初级及高级两种,其设立以单科为原则,有特别情形时,得设数科,并得酌量情形附设各种职业补习班。(二)初级职业学校招收小学毕业生,或从事职业而具有相当程度者,其修业年限为一年至三年,高级职业学校招收初中毕业生,或具有相当程度者,其修业期限为三年如招收小学毕业生或具有相当程度者则年限为五年或六年,以上均须经入学试验及格。(三)因设立者之不同,分为下列各种:(1)省立职业学校。(2)市立职业学校(直隶于行政院之市)。(3)县或市立职业学校。(4)县联立职业学校。(5)私立职业学校。(四)职业学校之教学科目,课程标准等,由教育部定之。(五)职业学校设校长一人,综理校务,不得兼职,教员由校长聘任,以专任为原则,职员由校长任用之。(六)职业学校以不征收学费为原则,学生修业期满,实习完竣,成绩及格,由学校给予毕业证书。

【职(職)岁】【史】为周礼天官之属,即司会之副官,掌一岁间会计之职,故有此名。

【职(職)衔】【史】职乃实在之官职,衔为名誉之官职。(六部成语注解)

【职(職)币】【史】为周礼天官之属,司会之辅,即主余财之官也。

【职(職)权】【通】Competence　所谓职权,乃指职务上之权限而言。

【职(職)权主义】【民刑诉】又称干涉主义。(详该本条)

【职(職)权的没收主义】【刑】为没收主义之一,对义务的没收主义言,即法律规定法官对于没收与否有自由宣告之权,我国新刑法对供犯罪所用及犯罪豫备之物及因犯罪所得之物,采职权的没收主义。(第六十二条第一项后半)

【职(職)权处分】【行】Disposal by official right　在职务范围内所为之自由裁量之处分,曰职权处分。

【职(職)权诉追主义】【刑诉】又称国家诉追主义。(详该本条)

【职(職)权进行主义】【刑诉】又称干涉主义。(详该本条)

【职(職)权调查】【民刑诉】法院对于当事人所未主张之事实,应依其职务及权力,从事调查,是曰职权调查。例如我民事诉讼法第二十六条规定,法院有无管辖权,应依职权调查之。在刑事诉讼法第五条及有法院之管辖,应依职权调查之之明文。

【职(職)权调解】【劳】又称强制调解。(详该本条)

【朦(朦)匿入官人口】【史】谓将逆犯应行入官一应匠役人口,隐敝藏匿不送到部,或私自放出为民也。清之现行则例(即刑部现行则例)仓库篇设有朦匿人官人口之条:"议政王等会议将逆犯应行入官,一应匠役人口隐匿不首送到部,或私自放出为民者,若查出或被傍人首出,或入官之人自行首告者,隐匿之人系官交与该部从重议处,系平人照例拟罪,不行详加查出之该都统副都统参领佐领骁骑校等,交与该部议处,小拨什库存鞭一百,外省驻防将军副都统以下披甲人以上,将应行入官一应匠役人口交与该地方官送部交与总督内务府,其总督巡抚提督总兵官文武各官以下录旗兵丁以上,将此等应行入官一应匠役人口,如有收者,该管总督巡抚提督总兵官等,详查所得人口,俱交与地方官送部,亦交与总管内务府,若文到晓论之后,一月内不即首送,或私自放出为民者,若查出,或被傍人首出或入官之人自身首告者,其隐匿之人系官交与该部从重议处,系平人照例拟罪,不行详加查出,该管将军副都统总督巡抚提督总兵官等,具交与该部议处,具题奉旨依议,若系将军等分拟及军功被伤赏给者,仍留与原主,又刑部将八旗首送出兵处带来之应入官人口交送总管内务府等,因具题奉旨官员所带之人,具交内府,兵丁出征云南劳苦,骁骑校以下兵丁等所带之人,俱给回各原主。"

【朦(朦)胧】【史】所谓朦胧,乃指事理不确实之状态而言,与暧昧之义相同。明律(卷二)吏律职制篇——设有不许对公侯之条:"……所司朦胧奏请辄封公爵者,当该官吏及受封者皆斩。"

【朦(朦)胧投献】【史】谓不明告其情事,算计将田产献致于他人也。(参盗卖田宅条内)

【藉(藉)端勒索科派】【史】谓官员藉托事端,向人民勒索财物,科派款额,或货物以饮自己之私囊也,应受处分。清之六部处分则例(卷十五)吏属营私编设有藉端勒索科派之条:"州县官审辨大小案件勒索财物者,革职提问,督抚等知而不行揭参,俱降三级调用,不知情者照失察属员贪劣例议处。"又:"官员有以军务河工急需为名藉端科派,并因事科取行户货物侵欺入已者,革职提问,如审非入已限内全完,止准免其治罪,其革职之案刑部不得用开复字样,该上司不行揭参,分别知情不知情,照前例议处。"又:"州县造送各上司衙门册籍,有收取费用陋规科敛病民,及藉称钱粮拖欠,准折部民子女者,俱革职提问,该上司不行揭参,分别知情不知情,照前例议处。"又:"州县官贪婪苛虐,平日漫无抚恤,或于民事审辨不公,或凌辱斯文生童,身受其害,以致激变,衿民罢市罢考纠众殴官者,革职提问司道府州知而不行揭报者亦革职,若已经揭报而督抚不行题参,降五级调用,司道府州免议,不知情者,仍照失察属员贪劣例议处。"

【旧(舊)欠银】【史】对于应缴纳之地赋、丁赋、关税等不为依期缴纳,则其应来所积欠之款额,谓之旧欠银。(六部成语注解)

【旧(舊)股份】【公】Old shares 为股份之一种,对新股份言,依公司发生时期而为之区别也,谓公司设立时所发行之股份也。

【旧(舊)股票】【公】Old share-certificate 为股票之一种,对新股票言,谓股份

有限公司设立时所发行之股票也，其发行时期与股票方式，我公司法均有规定。（参股票条内）

【藏（藏）户弃市】【史】谓挟藏户口而处以弃市之刑也。晋书—山遐传："时江左初基，法禁宽弛，豪族多挟藏户口以为私附，遐绳以峻法，到县八旬出口万余，县人虞喜以藏户当弃市。"

【藏（藏）金刃入午门等门】【史】凡欲入午门长安等门叩阍者，不得怀藏金刃等物，违者构成本条之罪。清之现行则例（即刑部现行则例）宫卫篇设有藏金刃入午门等门之条："午门长安等门如有奸徒身藏金刃欲行叩阍擅入者，不问事之虚实，将所告情由不准，系民责四十板，发边卫充军。系旗下人，枷号三个月鞭一百。"

【藏（藏）匿】【通】Concealment　即对于他人或物，或他人所诱拐之人，加以隐蔽，而使其不易于发见之谓。

【藏（藏）匿犯人及湮灭证据罪】【刑】Offence of concealment of offenders and destruction of evidence　法律审判，以发见真正事实为必要，若藏匿犯人湮灭证据，则对搜查权加以妨害，故国家有禁止之规定，刑法载于分则第九章中，共五条。学者对本罪有视为事后共犯者，有视为独立罪者，本法采后说，本罪之处分，主刑则于各条明文规定，至褫夺公权则任审判官之自由断定，法律不设明文。本罪可分二种：(1)藏匿犯人罪。(2)湮灭证据罪。（该各本条）

【藏（藏）匿犯人罪】【刑】Offences of concealment of offenders　因藏匿犯人或依法逮捕拘禁之脱逃人，或使之隐避而成立。本罪之客体有二：一为犯人——即有犯罪嫌疑为该管公署或官员诉追搜查或拘捕中之人。一为依法逮捕拘禁脱逃人——即依法逮捕拘禁人已经脱离该管公署或官员实力之支配者，至该犯罪嫌疑人是否有罪，藏匿犯人罪仍依然成立。本罪行为有二：一为藏匿，例如供给场所使其匿避是一为使之隐避，例如供给衣服使其易装逃匿是。本罪主体以非亲属为限，其处分为二年以下有期徒刑，至意图顶替者，其处罚亦同（刑法第一七四条）。惟亲属犯本罪者，免除其刑。（第一七七条）

【藏（藏）匿罪人】【史】（详知情藏匿罪人条）

【藏（藏）造妖书】【史】图书内容足以煽惑人心者，谓之妖书。收藏或创造者，均为清律及例所禁止。清律及例之规定如下：（一）造谶纬妖书妖言及传用惑众者，皆斩候（被惑之人不坐），所惑不及众者，改发回城给大小伯克及力能管束之回子为奴。（二）私有妖书引藏不送官者，杖一百徒三年。（三）收藏禁书不首（如天象器物图谶及帝王图像符玺之类）。杖一百，追银十两赏首人，至于私刻地亩经及占验推测妄诞不经之书售卖，并将旧有书板不毁者，其罪亦同。（四）妄布邪言书写张帖煽惑人心者，为首斩决，为从均斩候。（五）狂妄之徒因事捏成歌曲沿街唱和者，杖八十。（六）各省抄房探听事件，捏造言语录报各处，系官革职提问，军民则杖一百流三千里。

【蓝（藍）翎】【史】为清时之勋章之一种，凡文武官之有军功者授与之，著于帽上以为标章。

【覆判】【刑】Review; revision 兼理司法事务县政府县司法公署,或由县长兼行检察职权之县法院审判地方管辖之刑事案件,未经声明上诉或撤回上诉,或上诉不合法未经第二审为实体上之审判者,应送由高等法院或分院复加核判者,谓之覆判,高等法院或分院除发见初判有疑义事项,得令原审查复外。应为下列之裁判:(1)法律事实相符,或仅引律错误罪刑并无出入者,为核准之判决。(2)引律错误致罪有失入或仅从刑失出者,为更正之判决,其引律虽无错误而量刑失当者亦同,但原处无期徒刑以下之刑而认为应处死刑者不在此限。(3)有前二款以外之情形者,为覆审之裁定(裁定后其初判判决视为业已撤销)。至于一案中有应核准更正覆审之部分互见时,则应依下列办法理:(1)应核准与应覆审之部分互见时,在原则上应为覆审之裁定,但应核准部份系无罪或免诉或不受理之判决者,得将该部分为核准之判决。(2)应核准与应更正之部分互见时,应为更正之判决。(3)应覆审与应更正之部分互见时,应为覆审之裁定,关于核准与更正之判决,均依通常程序为之,至覆判之裁定,则应择用下列办法之一,于裁定主文中表示之:(1)发回原审县政府县司法公署或县法院覆审。(2)提审。(3)指定推事莅审。(覆判暂行条例第一条、第四一七条)

【覆判暂行条例】【行】本条例于民国十七年九月十九日公布,全文计十七条,自公布日施行。(参覆判条)

【覆准】【行】中央政府之官署,对于地方官署所呈请之事件,加以覆议,而予以裁可准许者,称曰覆准。

【通】下级机关,因事呈请上级机关,而上级机关回覆准许所请,称曰覆准。

【覆讫】【史】所谓覆讫,乃指再调查业已终了而言。(参私度关条内)

【覆问】【民刑诉】Re-examination 谓于证人鉴定人受反问完毕后,更由声请传唤当事人再问该证人鉴定人加以诘问也,覆问时,以就反问时所发见之事项,加以诘问为限,如于原问时未曾诘问者,此时不得再行诘问,所以避免无谓之稽延也。

【覆照】【国公】Returning notes 对于对方所咨送之照会,而加以答覆之公文,曰覆照。(参照会条内)

【覆审】【史】下级审判机关所拟之判案,上伸于上级审判机关时,由该上级机关予以再审,旧称曰覆审。唐律(卷三十)断狱篇设有应言上而不言之条:"诸断罪,应言上而不言上,应待报而不待报,辄自决断者,各减故失三等。"其疏义:"依狱官令,杖罪以下,县决之,徒以上,县断定,送州覆审讫,……省司覆审无失,速即下知,如有不当者,随事驳正。"

【覆审查律师惩戒委员会】【行】对于律师惩戒委员会之决议经被惩戒人向司法行政部长声明不服,而经该部长认为合法时应即咨交另一机关为覆审查,此项机关曰覆审查律师惩戒委员会,以最高法院院长为委员长,并以最高法院庭长及推事四人为委员,覆审查程序与律师惩戒委员会之规定相似,惟其决议一经表决即为决定,且其决议书应即时咨报司法行政部部长耳。(律师惩戒委员会规则第二十二一二十七条)

【覆审说】【民刑诉】Principle of referring book for review 为第二审性质上学说之一，对续审说言，即主张第二审法院之审理，乃接续第一审之审问，故应顾及该审之经过辨经过办法，我民刑诉原则上采此说。

【覆踏】【史】上司官吏对所属官吏所为之调查，予以实地之调查者，谓之覆踏。（参检踏灾伤条）

【觐(覲)见】【国公】Audience 谒见国家元首，曰觐见，示尊重也，按外交官到达目的地之时，均须先通知驻答国之外我部长，请求谒见元首。例如外国驻华公使觐见国民政府主席是，此外我国往昔臣民朝见天子，亦曰觐见。

【谪(謫)戍】【史】谪戍者，谓将在官者因犯罪革职，发遣边地，从事卫戍之役事也。

【谪(謫)降】【史】谓官吏因犯罪而降官改迁于边瘴之地也。

【谪(謫)徙】【史】凡在官者，因犯罪发遣迁徙于边疆之地，谓之谪徙。

【赘(贅)夫】【亲】男子因婚姻而入居于妻之家者，曰赘夫。（参入夫婚姻条）

【赘(贅)婚】【亲】又称入夫婚姻。（详该本条）

【转(轉)付】【债】Assignment 为日本名辞，即我国所称之移转（债之移转）或让与也。

【转(轉)付命令】【民执】民事执行机关，依据债权人之声请，因使其对于第三人之债权，或其他之财产权得转付于该债权人为目的所发之命令，谓之转付命令。与追取命令不可混同，盖前者乃债权本体之移转，而后者则将债务人对于第三人之债权的请求权移转于债权人也。

【转(轉)典】【物】Sub-dien 即典权人得以自己责任将其典物转典于人之权也，即转典主对其转典物再行转典，法律亦不禁止，惟当由第一典权人负其责任耳。但有限制之规定者三：(1)不得逾越原典权之期限。(2)不得逾越原典价之额数。(3)由转典而生之损失，应由原典权人负赔偿责任。（第九一五条—九一六条）

【转(轉)官】【行】又曰调任，即自甲官职调任乙官职也。

【转(轉)定法】【国私】又称转致法（详该本条）。或名转定条款，或转致条款，更有称曰复反致法，或复反定法者。

【转(轉)定条款】【国私】又称转致法。（详该本条）

【转(轉)致法】【国私】Weiterver weisnng renvoia（德） 又称转定法，或转致条款，或转定条款，更有称为复反致法或复反定法者，即依内国国际私法之规定，应适用当事人之本国法，而依当事人之本国国际私法之规定，却应适用第三国法时，则以第三国法代当事人本国法之适用也，我国法律适用条例，未设此种规定。

【转(轉)致条款】【国私】又称转致法。（详该本条）

【转(轉)租】【债】Sub-letting 谓承租人于自己所有租凭权之范围内，约使次承租人使用收益其租凭物之契约也。例如甲由乙租得田园后,再转租于丙是,此时乙为出租人,甲为承租人,丙为次承租人,民法规定原则上应得出租人之承诺,方得转租,但有例外,即租凭物为房屋时,如无反对约定者,承租人得将其一部分转移于他人,违反上列规定时,出租人得行使终止契约权,又承租人将租凭物转租于他人时,其与出租人之关系仍为继续,故次承租人所加于租凭物之损害,应由承租人担负赔偿责任。(民法第四四三条—四四四条)

【转(轉)租人】【债】Sub-tenant 又曰次承租人。(详该本条)

【转(轉)贷】【债】Sub-let 在使用借贷契约存在期间内,借用人将借用物贷与第三人使用者,是曰转贷。依我民法之规定,此项转贷,须经贷与人之同意,始得为之,否则贷与人得终止该项使用借贷之契约。(第四七二条)

【转(轉)买折卖】【史】铺户向官许之盐商购买盐斤,而再行零卖者,谓之转买折卖。明律(卷八)、清律(卷十三)户律课程篇设有阻坏盐法之条:“凡客商(赴官)中买盐引勘合不亲赴场支盐,中途增价转卖(以致转卖日多,中买日少,且诡冒易滋因)而阻坏盐法者,买主卖主各杖八十,牙保减一等,(买主转支之)盐货(卖主转卖之)价钱并入官其(各行盐地方)铺户转买(本主之盐而)折卖者,不用此律。”

【转(轉)补】【史】甲官署有缺,而以乙官署之官员转任以补其缺,是曰转补。

【转(轉)解官】【史】转送押解官物之官吏,称曰转解官。

【转(轉)解官物】【史】钱帛之征收,军需之买办,军器等物之成造,均交由一定机关经收,若各该机关不即交割收受,差人转解,而勒令原经收人或办理人就解于收人,是委其劳于办理人或原经收人而重累之也,故应受处罚。明律(卷七)清律(卷十二)户律仓库篇转解官物条:“凡各处征收钱帛,买办军需,成造军器等物,所在州县交收,着有职役人员,陆续类解本府,若本府不即交收,差人转解,勒令人户,就解布政司者,当刻提调正官,首领官吏典各杖八十。若布政司不即交收,勒令各府就解部者,提调正官首领官吏典,罪亦如之,其起运官物,长押官及解物人,安罪不如法,致有损失者,计所损失之物,坐赃论,著落均赔还官若船行卒遇风浪,及失火延烧,或盗上劫夺,收出不测而不损失者,申告所在官司,委官保勘覆实,显迹明白,免罪不赔,若有侵欺者,计减以监守自盗论若赶运官物,不运本色,而辄斋财货于所纳去处,收买纳官者,亦计赃,以监守自盗论。”清律之总注:“首节言钱帛军需军器等物,征收办造完日,州县差员役类解本府,府解司,司解部,所以便人情,均劳逸也,即有一定之例。若本府即勒令州县原差解司,是委其劳于州县,而重累之矣。本府当该提调正官首领官吏典各杖八十,若布政司即敕令各府原差解部,是委其劳于府而重累之矣。本司之首领官,承行典吏,亦各论如杖八十之罪。次节言起运官物之长押官,解物人,安置损失,及遭水火盗贼,若有侵欺者,其法悉与前条损坏仓库财物律相同,盖押官解人,既已承领起运,即系主守之人矣。末节言各项应用物料,必辨本色,起运者,皆取土产人工之良,以济国用也。若起运官物人,领运本色,变易财货,至所纳去处,或用银收买,或卖货另买纳官者,亦计其所得之余利为赃,以监守自盗论,余利入官,才即银两,货系别物,银两,则图轻斋以省脚价，别物，则图贩卖以取盈余，借官物为规利之计也。”同律之辑注：“次节侵欺，谓押官解人，在途中私自盗用，非承水火盗贼而言也。上条云乘其水火盗贼，此云者有侵欺，其义可见，然或先侵欺而乘此捏报，或乘此而有所侵欺，亦俱引此侵欺之律，不必牵引上文字样。”

【转(轉)运使】【史】为唐时所创置之官，转运各道财赋以入京师，五代时，天下大乱，财赋大权均入藩臣之手，宋太祖遂置诸道转运使，始则仅总军需粮饷，继则边防、盗贼、刑讼、金谷、按察等事，亦归其掌握焉。

【转(轉)质】【物】Re-pledge 质权人于权存在期间中，以自己之责任，将其所占有之质物，移转于第三人，以担保其自已时，该第三人所负之债务，是曰转质。转质契约一经成立。其因转质所受不可抗力之损失，该质权人应付责任。(民法第八九一条)

【转(轉)职】【行】Transfer of office 官吏在任期内，依国家之命令，而转补于他项同一之官职者，谓之转职。

【转(轉)籍】【行】Transfer of census register 转籍者，谓某户将其本籍由一县市(户籍之单位)移转于其他一县市，转籍时由家长，向本籍地户籍主任请求发给转籍证明书，并具声请书二份，载明一定事项声请之，并得向新籍地之户籍主任为之(户籍法四十四—四十五条)。一经转籍，则一户全体立即丧失旧本籍，而取得新本籍。

【转(轉)籍证明书】【行】Certificate for the transfer of census register 证明某户原属于某本籍地，而许其移转于某新籍地之公文书，曰转籍证明书。由本籍地之户籍主任发给之，交与声请转籍之家长收执。(户籍法第四十四条)

【医(醫)合药不如方】【史】医者为人配合汤药，以及题疏药并针刺等，均应依照今古药方及本草，若致人于死，当依律治罪。明清律均有庸医杀伤人条之设。唐律(卷二十六)杂律篇有医合药不如方之条：“诸医为人合药，及题疏针刺误不如本方，杀人者徒二年半。”疏议曰：“医师为人合和汤药，其药有君臣分两，题疏药名，或注冷热迟驶(疏吏反)。并针刺等错误不如本方者，谓不如今古药方及本草，以故杀人者，医合徒二年半。若杀伤亲属尊长，得罪轻于过失者，各依过失杀伤论，其有杀不至徒二年半者，亦从杀罪减三等，假如误不如本方，杀旧奴婢，徒二年，减三等，杖一百之类，伤者各同过失法。”同条又曰：“其故不如本方，杀伤人者，以故杀伤论，虽不伤人杖六十。即卖药不如本方，杀伤人者亦如之。”

【医(醫)官】【史】为周礼天官大宰之属，秦为大医令。西汉先为大医令，后为太医监。东汉改为太医令及尚乐监，三国至北齐皆因之。至后周则专称太医令，隋唐仍之，五代有翰林医官使之称，宋则称曰翰林医官院，置正副各一人，辽称太医局，金改局为院，元改冠提头二字曰提头太医院，明复太医院旧称，并仿儒学之制置医官，谓之医学院，中置院使一人，院判二人，主掌医疗之法，清因明之旧。

【医(醫)师】【史】官名，为周礼天官之属，为众医之长，其职制为：“掌医之政令，聚毒药以共医事，凡邦之有疾病者，有疕疡者造焉，则使医分而治之。”

【医(醫)师虚造证书罪】【刑】为伪造文书罪中无形伪造之一种,因医师明知为不实之事项,而登载于其应提出公署或保险公司关于人之健康或死亡原因之证书,足以生损害于公众或他人而成立其要件为:(1)本罪主体以医师为限。(2)所载事实须为虚伪不实者。(3)须为提出公署或保险公司——一以维持审判之公正,一以维持营业之安全。(4)医师须有明知为虚伪之事实者。(5)须足以生损害于公众或他人者,至证书之种类,例如脉案体格书,诊断书,鉴定书是。本罪之处分为三年以下有期徒刑,拘役,或五百元以下罚金。(刑法第二三二条)

【医(醫)师暂行条例】【行】本暂行条例,于民国十七年十二月二十四日公布,全文共分六章,计二十五条,第一章总纲,第二章资格,第三章领证程序,第四章义务,第五章惩戒,第六章附则,自西医条例颁行之后,本条例即行失效。

【医(醫)院】【行】Hospital　凡以治疗为目的,设置病床收容病人者,为医院。经营医院者,须将一定事项呈经该管官署核准后,方得开业各医院最少须置合格之医师二人,药师或药剂生一人,医院不得以其疗法及经历为虚伪夸张之广告,其从事治疗之医员除学位称号专门科名外,亦不得有其他广告,院内非设有隔离之传染病室,不得收容急性传染病人,平时施行大手术时,原则上须取得病人及其关系人之同意签名立据,始得为之,违背上述各项规定者,均有处罚之明文。(管理医院规则第一一五条,又第九一十条、第十八条、第十三一二十五条)

【医(醫)业行政】【行】Medical administrati on　与保健行政相对称,即以恢复国民健康为目的之行政也。例如医师助产士之取缔,药品药商之管理是。

【医(醫)违方诈疗病】【史】医者之从事业务,应以善良之方法诊疗疾病。若出之以诈诡,且用与本方相违反之药物,不特视人命如草芥,即与社会公益亦有妨害。唐律(卷二十五)诈伪篇医违方诈疗病条:"诸医违方诈疗疾病,取财物者以盗论。"疏议曰:"医违背本方,诈疗疾病,率情增损以取财物,计赃以盗论,监临之与凡人,各依本法。"

【医(醫)违法方】【史】所谓医违法方,乃指医师医疗疾病时,违反一定医法之本方而言。在唐律(卷二十五)诈伪篇——医违法诈疗病条内,设有处罚之明文。

【医(醫)药行政】【行】关于保障及取缔医师,药剂师,产婆,助产妇,护士及药商药品等之行政事务,谓之医药行政。

【镇(鎮)】【行】县之下划分为区,区之下划分为乡或镇。凡县内百户以上(不得超过千户)之街市地方为镇(不满百户者编入乡,但因习惯或地势关系或其他特殊情形,虽不满百户亦得成为镇)。(县组织法第七条)

【史】旧制,人民聚居不成县而有税课者,称曰镇。又清末之新军制,有所谓镇者,与今之师相等,下为协(二协为镇)再下为标(二标为协)再下为营(三营为标)为队、为排、为棚。

【镇(鎮)公所】【行】(详乡(镇)公所条)

【镇(鎮)民大会】【行】(详乡(镇)民大会条)

【镇(鎮)守使】【行】镇守使亦为北京政府时代,在各省区划定某种区域,以安置拥有相当兵力之军人而设之军事长官,以将官充之,由大总统简任,因地方情形之不同,有兼管民政外交及其他事件者,亦有仅管军政者,镇守使之下设参谋官一员至三员,副官一员至三员,各以最高级者为之长,又设军需官军医官及法官各一员,书记二员。(镇守使署条例第一—二条、第十一条)

【史】为民国初年所设之官,位次于各省之将军或都督或督军,分驻于各省之重要区域内,管理该区域内之军政,亦有兼掌区域内民政或外交之事者。

【镇(鎮)所放征人还】【史】军士出征,既愿为国牺牲,义无反顾,若将在镇戍之处及在行军之所内之军士私自放还,轻则破坏军纪,重则影响士气,故予禁止。唐律(卷十六)擅兴篇镇所放征人还条:"诸在军所,及在镇戍,私放征防人还者,各以征镇人逃亡罪论,即私放,辄离军镇者,各减二等。"疏议曰:"在军所者,谓在行军之所,在镇戍者,谓在镇戍之处,私放征防人还者,谓征防之人,未合还家,辄私放者,各以征镇人逃亡罪论,依捕亡律,从军征讨而亡者,一日徒一年,一日加一等,十五日绞,临对寇贼而亡者斩,主司故纵与同罪,若放征人令还,各得此罪,又条,防人向防,及在防未满而亡者,镇人亦得一日杖八十,三日加一等,放防人还者,各得此罪,是名各以征镇人逃亡罪论,即私放,辄离军镇者,谓放军人去军人去军,防人离镇,既非即放还家,征防二色,各减本罪二等。"同条又谓:"若放人多者,一人准一日,放日多者,一日准一人(谓放三人各五日,放五人各三日,累成十五日之类,并经宿乃坐)。临军征讨而放者斩,被放者,各减一等。"

【镇(鎮)长】【行】〔详乡(镇)长条〕

【镇(鎮)财政】【行】〔详乡(镇)财政条〕

【镇(鎮)务会议】【行】〔详乡(镇)务会议条〕

【镇(鎮)统】【史】为清末新军中之镇之指挥官,又称曰统制。其职与今制之师长相等。

【镇(鎮)监察委员会】【行】〔详乡(镇)监察委员会条〕

【镇(鎮)抚司】【史】元时,万户府及诸卫都指挥使司,皆有镇抚司镇抚之官。明因其制,凡诸卫皆设置之,署理卫中刑名,所谓南镇抚司是也。

【镇(鎮)标】【史】清时,各省总兵所属之绿营,谓之镇标。清会典—兵部:"各省总兵所属为镇标。"

【镇(鎮)调解委员会】【行】〔详乡(镇)调解委员会条〕

【镇(鎮)压】【宪】Suppression　又称压制。(详该本条)

【镇(鎮)压警察】【行】Prohibition police　又称司法警察。(详该本条)

【锁(鎖)收】【史】谓加锁具于犯人之身而拘禁之也。(清律刑律)

【锁(鎖)锢疯犯】【史】疯为神经病之重大者,即颠狂之病也,如不加以禁锢,必致演成惨祸,地方县应令其亲属或乡约地保人等严行锁锢,否则如有因而发生杀伤情事,该地方官应受处分。清之六部处分则例(卷四十九)刑属禁狱篇设有锁锢疯犯之条："直省州县凡有疯病之人，据报到官，即令其亲属严行锁锢看守，如无亲属即责令乡约地保人等严行锁锢看守，傥地方州县官据报，不即严饬亲属及乡地人等锁锢看守，以致疯病之人自杀者，罚俸三个月，若致伤他人者，罚俸一年，其八脱疯犯，由该佐领责令该亲属及族长人等严加看管，如有失守，系官亦照此例处分。"又："凡永远锁锢之疯犯，在监坠炼身死，管狱有狱各官照军流以下人犯在监自害之例议处。"

【枪（鎗）炮取缔法】【行】本法于民国十七年十月公布，全文仅五条，自公布日起施行。

【双（雙）方代理】【民总】为代理之一种，即为本人（被代理人）与自己之法律行为，或既为第三人之代理人而为本人与第三人之法律行为也。例如甲为乙之代理人，乃代理乙以与自己订立契约是，此种情形称曰自己代理。又如甲既为乙之代理人，复为丙之代理人，同时甲代乙及丙双方订立契约是，此项情形则称为重复代理。我国民法第一〇六条曾有明文，在原则上加以禁止，即非经本人之许诺不得为之，法律之此种规定，乃因契约当事人利害关系各异，实际上恐有流弊。但亦有例外，即其法律行为系专履行债务者，不在此限。例如一方之债务已届清偿期间，代理一方给付，并代理他方受领之谓是。

【双（雙）方行为】【民总】Bilateral act　又名契约。（详该本条）

【双（雙）方商行为】【债】Bilateral commercial transaction　与一方商行为相对称，即当事人双方之法律行为均为商行为，如商人与商人之买卖或借贷，均为商行为是。

【双（雙）方审理主义】【民刑诉】为民事及刑事诉讼主义之一，对一方审理主义言，又称两造审理主义，凡根据双方当事人之主张，及提出之证据，以为审理裁判之基础者，曰双方审理主义。此种主义，使犯罪事实之真相易于发见，自与公平原则相合，故我民事及刑事诉讼法采之。

【双（雙）面的最惠国条款】【国公】Mutual most-favoured-nation clause　又称相互的最惠国条款，为最惠国条款之一种，与片面的最惠国条约相对称，谓缔约国相互间均得享受给予第三国同一利益之条款也。近今各国间之最惠国条款，均以此为多。

【双（雙）面预防主义】【刑】为目的主义之一，对一般预防主义及特别预防主义言，即折衷上述二主义之学说也，谓刑罚之目的乃一方须顾犯人使不再犯，且可改善之成为良民，一方须使公众有所龟鉴不再至于以身试法，如此则刑罚之目的始能达到。

【双（雙）务契约】【债】Bilateral contract　为契约之一种，对单务契约言，即其契约之效果，致当事人两造互相负担给付义务者也。例如买卖，租赁，雇佣，合伙，承揽等是。与双务契约之区别，乃以双方当事人是否负担须为对待给付之债务为标准。

【双（雙）务条款】【国公】为双面的最惠国条款（详该本条）之简称。

【双(雙)务预约】【债】Bilateral preliminary agreement 预约一种。(详预约条内)

【杂(雜)户】【史】唐制,凡因反逆罪相坐者,没其家人充为官奴官婢,其男在十五岁以上者,则配岭南为城奴,一免为番户,再免为杂户,三免为良人,皆赦宥及因所免之法。(梁溪漫志)

【杂(雜)户不得娶良人】【史】杂户乃配隶于诸司之下,与良人有别,不许互相嫁娶,违者依本条之规定治罪。唐律(卷十四)户婚篇设有杂户不得娶良人之条:"诸杂户不得与良人为婚,违者杖一百,官户娶良人女者亦如之,良人娶官户女者加二等。"疏议曰:"杂户配隶诸司,不与良人同类,止可当色相娶,不合与良人为婚,违律为婚,杖一百,官户娶良人女者亦如之,谓官户亦隶诸司,不属州县,亦当色婚嫁,不得辄娶良人,违者亦杖一百,良人娶官户女者,加二等合徒一年半。官户私嫁女与良人,律无正文,并须依首从例。"同条又曰:"即奴婢私嫁女,与良人为妻妾者,准盗论,知情娶者,与同罪,各还正之。"疏议曰:"奴婢既同资财,即合由主处分,辄将其女,私嫁与人,须计婢赃,准盗论罪,五匹徒一年,五匹加一等,知情娶者,与奴婢罪同,不知情者不坐,自杂户与良人为婚,以下得罪,仍各离而改正,其工乐杂户官户,依令,当色为婚,若异色相娶者,律无罪名,并当违令,既乘本色,亦合正之,太常音声人,依令,婚同百姓,其有杂户作婚姻者,并准良人,其部曲奴婢有犯,本条无正文者,依律,各准良人,如与杂户官户为婚,并同良人共官户等,为婚之法仍各正之。"

【杂(雜)犯律】【史】(详杂律条内)

【杂(雜)犯真犯之别】【史】法律无正条之犯罪,曰杂犯。其有正条之犯罪,主犯人称为真犯。学海堂从刻第五册——读律提要:"杂犯止有此名,真犯则其罪是实,拟如杂犯斩绞,皆准徒五年,有斩绞之罪名,非真斩绞也,真犯绞则实照绞罪论决也。如监守盗四十两斩,常人盗八十两绞,皆准徒五年。此杂犯之例,窃盗赃一百二十两以上绞监候,此真犯之例。"

【杂(雜)犯篇】【史】杂犯起自李悝之法经第五篇,原称杂法。九章律始曰杂律。历曹魏及晋、宋、齐梁、后魏并北齐,皆曰杂律。后周时始有杂犯之称,隋唐又复杂律之旧,拾遗补阙、错综成文,班杂不同,而条数尤多。明律按款分隶别篇,名之曰杂犯。列于刑律之下,与贼盗,人命,斗殴,骂詈,诉讼,受赃,诈伪,犯奸,捕亡,断狱等篇相对立。仅十一条如下:拆毁申明亭,夫匠军士病给医药,赌博,阉割火者,嘱托公事,私和公事,失火放火故烧人房屋,搬做杂剧,违令,不应为,清律与明相同,仍袭其旧。

【杂(雜)居制】【行】(详监狱杂居制条)

【杂(雜)泛】【史】(详赋役不均条内)

【杂(雜)律】【史】杂律为唐律十二篇之一,在第二十六卷(凡三十四条)及第二十七卷(凡二十八条)中,乃他篇之拾遗补阙,因其错综成文,班杂不同,故曰杂律。按杂律乃源于魏李悝首创之法经中,为六篇之一,而位列于第五,内容即为后世所称之杂犯即轻狡，不廉，淫侈，逾制，赵城，博戏，借役等是也。商鞅改法为律，杂法即成为杂律。历曹魏、晋、宋、齐、梁、后魏以及北齐均递相祖习，仍称杂律。然至后周、北周，更名曰杂犯律。隋又去犯，还为杂律。唐以后因之，不加改变，惟明之刑律，体裁改造，将杂律编入刑律篇之内成其一节，清律亦袭用之。

【杂(雜)律】【史】书名，计七卷，杜预所撰，今已佚亡，事见隋书经籍志刑法类内。

【杂(雜)律解】【史】书名，张斐撰，共二十一卷，事见隋书经籍志刑法类。

【杂(雜)税】【史】与正税相对称，即地丁税以及海陆各关税以外之杂种税之总称也。六部成语注解："地丁及海陆各关所征，皆曰正税，其余具为杂税。"

【杂(雜)压】【史】谓官职品级之高低混杂也。朝野类要："杂压，以官职混序，进迁之列，以定品秩高下，序其列位。"

【鸡(雞)人】【史】为周礼春官之属，掌宫中之护卫，并兼任大祭祀夜间报晓之职。周礼春官鸡人之职："掌共鸡牲，辨其物，大祭祀，夜呼旦，以叫百官。"

【鸡(雞)奸】【史】一作要奸，即以男为女而奸之也。随园随笔："杨氏正韵笺律有要奸之条，要音鸡，将男作女也。今男淫为鸡奸误矣。"清律(卷三十二)刑律篇犯奸之条附例："恶徒伙众将良家人子弟抢[①]去，强行鸡奸者……为首，拟斩立决，为从，若同奸者拟绞。"清律及例之规定如下：(一)恶徒伙众将良家人子弟抢去，强行鸡奸，无论曾否杀人，为首斩决，虽未伙众因奸将良人子弟杀死，或将良人未至十岁幼童诱去强行鸡奸，照光棍为首例斩决，为从同奸绞候，余犯登黑龙江为奴。(二)强奸十二岁以下十岁以上幼童斩候，和奸照奸幼女虽和同强论律绞候。(三)强奸十二岁以下幼童未成，审有确据，发黑龙江为奴。(四)一人强行鸡奸并未伤人绞候，伤人未死斩候，强奸未成，刃伤未死绞候，并未伤人流三千里。(五)和同鸡奸，照军民相奸例，枷号一个月杖一百。(六)指称鸡奸诬害，依所诬之罪反坐，至死减一等，罪至斩决，照恶徒生事行凶例，发足四千里充军。(七)男子拒奸杀人——(甲)死者年长凶犯十岁以外，当场供证确凿及死者生供足据，或尸亲供认，可凭三项兼备，无论谋故斗杀凶犯年在十五岁以下杀系登时忽论，杀非登时杖一百，照律收赎。凶犯年在十六岁以上杀系登时徒三年，杀非登时流三千里，凶犯年在十五岁以下杀系登时徒三年，杀非登时流三千里，具依律收赎。凶犯年在十六岁以上，无论登时与否，均照擅杀罪人律绞候。(乙)死者虽无生供而年长凶犯十岁以外，确系拒奸起衅别无他故，或年长凶犯虽不及十岁而拒奸，供证确凿，及死者生供足据或尸亲供认可凭，三项中有一于此，无论谋故斗杀凶犯年在十五岁以下，杀系登时勿论，杀非登时杖一百，照律收赎，凶犯年在十六岁以上，杀系登时徒三年，杀非登时流三千里，凶犯年在十五岁以下，杀系登时徒三年，杀非登时流三千里，具依律收赎，凶犯年在十六岁以上，无论登时与否，均照擅杀罪人律绞候。(丙)死者与凶犯年岁相当，或大仅三五岁——(A)因他故致毙，捏供拒奸狡饰，分

---

① 原书为“枪”，系排版之误。

别谋故斗杀定拟，秋审照常办理，先被鸡奸，后经悔过拒绝，确有证据，复被逼奸，致将奸匪杀死者，无论谋故斗杀不问凶犯与死者年岁若干，照擅杀律绞候。(B)供系拒奸，无证佐及死者生供，审无起衅别情，分别谋故斗杀定拟，秋审入缓，先被鸡奸，后经悔过拒绝，确有证据，复被逼奸，致将奸匪杀死者，无论谋故斗杀不问凶犯与死者年岁若干，照擅杀律绞候。(八)强奸杀死良家子弟，如系先经私奸，后因别故拒绝，致将被奸之人杀死，照谋故斗杀定拟。

【鞭】【史】鞭之为刑，如自帝尧，盖帝尧命舜居摄作鞭刑也，惟书经虞书舜典则以鞭作官刑。蔡注云："鞭作官刑者，本末垂革官府之刑也。"孔传云："以鞭为治官事之刑。"据此则鞭乃以科处官吏为主之刑也。魏时曾诏减鞭杖之制。魏志明帝本纪："青龙二年春二月癸酉诏曰，鞭作官刑，所以纠慢怠也，而顷多以无辜死，其减鞭杖之制，著为令。"梁武帝天监元年亦定鞭刑之制，即鞭杖二百，鞭杖一百，鞭杖五十，鞭杖三十，鞭杖二十，鞭杖一十。北周保定三年，颁鞭刑律，鞭刑五自六十至于百，为附加刑，例如徒一年者鞭六十，徒二年者鞭七十，徒三年者鞭八十，徒四年者鞭九十，徒五年者鞭一百。隋高祖开皇元年除鞭刑。按隋书刑法志："开皇元年更定新律蠲除前代鞭刑，诏曰，鞭之为用，残剥肤体，彻骨侵肌，酷均脔切，虽云远古之式，事乖仁者之刑，枭轘及鞭并令去也。"唐太宗贞观四年十一月戊寅除鞭背刑。按唐书刑法志："太宗尝览明堂针灸图，见人之五岁皆近背，针灸失所，则其害致死，叹曰，夫棰者五刑之轻，死者人之所重，安得犯至轻之刑而或致死，遂诏罪人无得鞭背。"元时对于鞭背亦加申禁。元史刑法表："诸鞫狱辄以私怨暴怒云衣鞭背者，禁之。"清时亦有鞭刑之制，即旗人有犯具用鞭责。按鞭刑初为官刑继为普通刑之附加刑，再后则为特种刑，如清之施于旗下人是也。

【鞭杖】【史】鞭杖皆为刑具之名，按尚书鞭作官刑，其源甚古，汉有鞭杖，始于世祖，然亦仅施于郎官，与后世之以鞭杖列为五刑者不同。御览(六百四十九)引汉晋春秋："明帝勤于吏事，苛察愈甚，或于殿前鞭杀尚书郎。"书钞(四十五)引三辅决录："丁邯字叔春，选邯为郎，托疾不就，诏问实病否耶，对曰实不病，耻以孝廉为令史职耳，世祖怒曰，虎贲减头杖之数十。"汉书—循吏传注："明帝性褊察，好以耳目隐发为明，又引杖撞郎，朝廷竦惧。"魏志(卷二)："明帝青龙二年春诏曰：鞭作官刑，所以纠慢怠也，而顷多以无辜死，其减鞭杖之制，著为令。"又杨阜传："阜上疏欲省宫人诸不见幸者，乃召御府吏问后，宫人数吏守旧令对曰，禁密不得宣露，阜怒，杖吏一百。"

【鞭背】【史】唐以前之笞杖概鞭诸背上，唐太宗偶览明堂针灸图以五脏近背，若灸针失其所，必有致死之危，遂诏令禁止鞭背。谓："夫棰者，五刑之轻，死者，人之所重，安得犯至轻之刑，而或致死。"

【鞫】【史】鞫与鞠通即讯问被告人之谓。史记—酷吏传："讯鞫论报。"

【鞫囚以理推寻】【史】讯问罪情曰鞫，在狱罪人曰囚，以理推寻谓审问罪情须以理性及证佐为根据。元典章(卷四十)刑部第二篇鞫囚以理推寻之例："……诸鞫问罪囚必先参照元发事实，详审本人词理研穷，合用证佐，追究可信显迹，若或事情疑似脏伏，已明而隐讳不招，须与连职官员立案同署，依法拷问，共告指不明，无证验可据者，先须以理推寻不得辄加拷掠。"

【鞫囚职官同问】【史】鞫者问罪也，囚谓在狱之罪人，职官谓有审讯罪人之权限之连职官吏。元典章（卷四十）刑部第二篇设有鞫囚职官同问之例："至元五年七月钦奉圣旨立御史台条画内一款节，该诸囚禁非理死损者，委监察随事推科鞫勘罪囚，皆连职官同问，不得转委本所及典吏推问，如违委监察纠察，钦此。"

【鞫决】【史】又称鞫定。（详该本条）

【鞫定】【史】又称鞫决，即法官审问被告人时，对于罪状之有无所为之决定也。魏书—肃宗纪："圄犴淹枉，随速鞫定。"

【鞫问罪囚】【史】鞫问谓穷究讯问犯罪之情形也，罪囚即犯罪之被囚人犯也。大明令刑令篇设有鞫问罪囚之条："凡鞫问罪囚必须依法详情推理，毋得非法苦楚，锻炼成狱，违者究治。"

【鞫狱】【史】对于刑事诉讼案件之审判，谓之鞫狱。

【鞫狱不实】【史】讯问罪人，谓之鞫，鞫狱不实，乃指讯问刑狱时失实而言。功臣表："新畤侯赵弟太始三年，坐为太常鞫狱不实，入钱百万，赎死完为城旦。"汉书—赵广汉传："下广汉廷尉狱，又坐贼杀不辜，鞫狱故不以实，擅斥除，骑士乏军兴数罪。"

【鞫狱官】【史】所谓鞫狱官，乃指刑事被告之主任审判官而言。唐律（卷二十九）断狱篇——鞫狱官停囚对待门之条："诸鞫狱官，停囚待问者。"疏议曰："鞫狱官，谓推鞫主司。"

【鞫狱停囚待对】【史】对于刑事案件之审判，谓之鞫狱。刑事审判时，如被告人同时有数人者，则须分别听取各被告人之口供，若共同被告人中之一人已在他处拘狱，则应向该拘狱之机关，引渡前来，以待审问或对质，即所谓停囚待对也。明律（卷二十八）、清律（卷三十四）刑律断狱篇——鞫狱停囚待对之条："凡鞫狱官推问罪囚，有起内人伴见在他处官司（清律在此处增一"专"字）。停囚待对者，虽职分不相统摄，皆听直行勾取。"

【题(題)本】【史】题本与奏本相对称，外省各官所上之题本，称曰通本。京内六部所上之题本，则曰部本。（参题奏条）

【题(題)本夹签定例】【史】题本乃奏陈大小公事所用之公文书，夹签谓缮写关于该议革议降降吏历任升转降革及优叙或宽免处分等之附带文书也，以上均有一定通例，清之六部处分则例（卷九）吏属本章篇设有题本夹签定例之条："凡议革议降人员，除在京各官不必夹签及外官先经别案革职休致者，亦无庸夹签外，其外官自现任知县以上，遇有议革议降处分，及外官升补京职之后，因原任内案件应议革议降者，具查明该员应任升转降革及奉有特旨优叙并宽免处分各案，于本内缮写夹签，进呈。若所议系督抚司道，并将任内降留革留各处分一并查明叙入。"

【题(題)奏】【史】明制臣下呈上之章疏，有题本与奏本之别，所谓题奏，即题本与奏本之合称。凡兵部刑部，钱粮，地方民务所关大小公事，皆用题本，由官吏用印具题，至于本身私事，概用奏本，不准用印。清初，科道及在京满汉各官之奏折，具径诣宫门陈奏，及立军机处，内外官员，凡紧要事务，概用奏折，送军机处。至于送通政司内阁之题本，仅例行公事而已，光绪庚子以后，废题本而专用奏折。

【题(題)奏违式】【史】题谓题本，奏谓奏折，前者为关于奏陈公事所用者，后者则为奏陈私事时所用，以上均有一定方式，违反之者，均须受一定处分。清之六部处分则例(卷九)吏属本章篇设有题奏违式之条："内外大小公事皆用题本，本身私事皆用奏折，如有应题而奏，应奏而题者，具罚俸三个月。"又："题奏事件应密封而不密，不应密封而密者，具罚俸六个月。"又："本内错写衔名，或字画舛误，或从旁添注，将不加详对之司员罚俸一个月，堂官免议，若错误至三四处以上，或虽止一二处错误，而所办系特旨交议之件，府司员罚俸三个月，堂官罚俸一个月。"又："题奏事件如有只图省便将官名地名节称一字(如乌鲁木齐提督称为乌提，热河但称为热，多伦诺尔但称为诺之类)。以及列衔列名不符体制者(如知州知县但书为某牧某令止称其姓不列其名之类)。但罚俸三个月。"又："各省题奏，命盗案件，当于州县之下犯名之上，添写旗人民人字样，以清眉目，如有于州县下直接犯名，以及捏写字面致乖文义者(如贼犯系属回民即捏写为回贼之类)。具罚俸三个月。"又："本内紧要字于贴黄内遗漏，或贴黄内紧要字于本内遗漏者，具罚俸三个月。"又："抬头错误者，司官罚俸三个月，堂官罚俸一个月若非寻常错误，仍从重论。"又："善为潦草者，同官罚俸一个月。"又："翻译错误者，笔贴式罚俸两个月。"又："本章漏用印信者罚俸一年，例用者罚俸三个月。"又："本章被墨污，或破损者罚俸一个月。"又："本内挖补年月者，罚俸六个月(若有关弊窦者，从重论)。"又："嘉庆十年六月址四日奉上论，嗣后吏兵二部于寻常交议案件，固不得怠缓迟逾，若遇有特旨交议案件，或专折具奏，或另为一本及早议覆不得归入汇题本内并案办理，以致因循延搁，若再有将持旨交议归入汇题者，该堂司各官一并严议，著为令，钦此。"又："部院衙门将特旨议处，议叙事件归入汇题者，司官罚俸六个月，堂官罚俸三个月。"又："官员呈送题奏本章，并带领引见之绿头牌，以及各衙门该班奏事名单，如有污损者，罚俸一个月，失误者罚俸一年。"又："各省题本违式错误，通政司未经看出者，承办官罚俸三个月，堂官罚俸一个月，若内阁漏票饬行亦照此例议处。"

【题(題)准】【史】对于题本所奏事件予以裁可者，称曰题准。(清会典吏部)

【题(題)留】【史】应行解京之款，奏请存留本省需用，谓之题留。

【题(題)参亏空】【史】亏空谓官吏对于所经手之公款，所出多于所入，致无款以抵付之也。均系营私舞弊所致，题参，谓以奏文揭纠弹劾于朝廷也。清之六部处分则例(卷二十七)户属盘查篇设有题参亏空之条："督抚题参州县亏空，即于疏内将该管上司应否分赔之处一并查明具题，若不声明者降三级调用。"

【题(題)署】【史】官文书封皮上所书之收件人地址姓名，称曰题署。(参驿使不依题署条)

【题(題)缄】【史】唐元和时，李赵公握大权，凡有书题，均加签官号以送之，使不误投，是曰封缄。事物纪原(卷二)："事始曰，唐元和中李赵公权倾天下，四方缄翰日至，薄路帅却士美有珍献赵公，报书叙殷勤误入振武封中，振武阿跌光进知其误还之，公因命书吏，凡有书题，各签官号以送之，于今为式，曰题缄。"

【题(題)销】【史】以题本将经济之收支计算奏闻于上，谓之题销。(清会典吏部)

【题(題)销钱粮迟延】【史】各省钱粮于征收后，应分别解交一定机关，于一切手续完毕之后，即应题请销案(备案也)。如有迟延三年以内者免议，此外则应分别处分，清之六部处分则例(卷十一)吏属限期篇设有题销钱粮迟延之条："嘉庆二十五年五月十八日奉上论，户部题销恩赏直隶兵丁钱粮一本，嘉庆十二年恭奉皇考高宗纯皇帝实录圣训前赴盛京尊藏礼成，朕普锡恩施，内有赏给沿途护送兵丁半月钱粮一款，乃迟至本年始行题销，计已越十三年之久，外省于应行报销事件，任意耽延，因循疲玩，相习成风，而直隶为尤甚，屡经降旨训饬，恬不知改，非明定处分，不足示儆，著吏兵二部酌议，嗣后各省题销事件，迟处在三年以内者免议，其有越三年以上者，分别议以罚俸，六年以上者，分别议以降调，九年以上者，即行革职，酌定条款奏准后，通饬各省一体遵行，钦此。"又："五月二十七日奉旨吏兵二部议，题销迟延处分条款内迟延三年以上者，著改为罚俸一年，四年以上者，改为罚俸二年，五年以上者，改为罚俸三年，六年以上者，均照所议分别降调革职，吏兵二部一律办理，至题销册籍舛错，经部驳查，准其分别扣除程限，吏兵二部亦一律办理，以归画一，钦此。"又："各省题销钱粮事件，由户工二部檄明月日，迟延在三年以内者免议，如迟延在三年以上者，将该督抚罚俸一年，四年以上者，罚俸二年，五年以上者，罚俸三年，六年以上者，降一级调用，七年以上者，降二级调用，八年以上者，降三级调用，九年以上者，革职。系藩司承办迟延，即将该藩司照此议处。如题销时尚在三年以内，因部驳以致迟延者，除扣去往返程限外，统计先后迟延月日，按其所逾年限，各照本例减等议处。若题销时已在三年以上，虽经部驳只准其扣除往返程限，乃按其所逾年限，各照本例议处。"

【额(額)外】【史】官制上官吏有一定之员数者为额定，额定以外则曰额外。明律(卷二)、清律(卷五)吏律职制篇——滥设官吏之条："……额外滥充者杖一百。"

【额(額)定】【史】官制上官吏之员数有一定之额者，曰额定。明律(卷二)、清律(卷五)吏律职制篇——滥设官吏条："凡内外各衙门官，有额定员数。"

【额(額)面】【票】【债】所谓额面，乃指股票票据以及其他有价证券等之票面而言。

【额(額)造常课】【史】各制造所关于常年所织造之一定预定额数，以及每年向政府缴纳之一定课税，合称曰额造常课。明律(卷二十九)、清律(卷三十六)工律织造篇——造作过限条："凡各处额造常课缎匹军器，过限不纳齐足者，以十分为率，一分工匠笞二十，每二分加一等。"

【骑(騎)射杀伤】【史】谓因驰骤车马或放弹射箭等而杀伤人也。清律及例设有明文。其规定如下：(一)无故于街市镇店驰骤车马，伤人者笞三十，使人血从耳目中出，或内损吐血者杖七十，折一齿一指，或眇一目，或抉毁耳鼻，或破骨者杖九十，折二齿二指以上，或髡发者杖一百，折肋或眇两目，或堕胎徒一年半，废疾者徒二年半，笃疾者徒三年，死者流三千里。（二）无故于乡村旷野驰骤车马，伤人不致死不论，死者杖一百。（三）因公务急速驰骤，以过失杀伤论。（四）凡骑马拼伤人将所骑之马给与被拼之人，若被拼之人身死，其马入官。（五）无故向城市及有人宅舍放弹射箭投掷砖石，未伤人者笞四十。血从耳目中出，或内损吐血者杖七十。折一齿一指，或眇一目，或氛毁耳鼻，或破骨者杖九十。折二齿二指以上，或髡发者杖一百。折肋或眇两目，或堕胎者徒一年半，废疾者徒二年半，笃疾者徒三年，死者流三千里。（六）捕户于深山旷野穿弈及安置窝弓，不立望竿及抹眉小索，未伤人者笞四十血从耳目中出，或内损吐血者杖六十。折一齿一指或眇一目，或抉耳鼻，或破骨者杖八十。折二齿二指以上，或髡发者杖九十。折肋或眇两目，或堕胎者徒一年，废疾者徒二年，笃疾者徒二年半，死者徒三年（非深山旷野杀伤人从弓箭杀伤论）。以上伤人致死罪止徒流者，并追埋葬银一十两，笃疾不断财产。（七）鸟枪竹统向城市宅舍施放，误伤人者杖九十，在深山旷野施放，误伤人者杖八十，因而致死，前者流三千里，后者徒三年，皆追埋葬银十两。

【骑（騎）尉】【史】汉时，置骑都尉骁骑校尉等官，至隋始置云骑尉，飞骑尉，武骑尉，骁骑尉等，以为武散官唐宋以迄于明，皆以为勋官，清时又以云骑尉，恩骑尉等官为赏功之世职。

【骑（騎）置】【史】汉时，邮务计有二种，以马匹从事飞报政务上机密事项之用者，曰骑置。其仅递送官文书者，则曰邮亭。

【骑（騎）缝印】【通】Joint seal　凡文件系用二页以上之纸张缮写者，其两方接缝处，须加盖犯章，以昭慎重，谓之骑缝印。例如我国司法状纸规则第十条规定，状内用纸如不敷用，得由具状人按照原状尺寸自行备纸增加数页，但接缝处应由具状人盖章或捺指纹是。

【魏大统式】【史】又曰周大统式。（详该本条）

【魏之刑制】【史】魏之刑有七，一曰赎，有十一等，二曰罚金，有六等，三曰杂抵辜，有七等，四曰居作役也，有四等，五曰完，有三等，六曰髡，有四等，七曰死，有三等。

【魏之法典】【史】汉末，三国继起，曹魏雄踞中原，与刘蜀孙吴三分天下，关于法典之编纂，可分为新律与令二项述之：（一）新律计共十八篇，为明帝时司空陈群，散骑常侍刘劭等所撰，其主任编纂者为刘劭，删约旧律，沿袭汉律而成者也（三国志魏志卷二十一曰，刘劭字孔才，广平邯郸人也，黄初中为尚书郎散骑侍郎，受诏集五经群书，以类相从，作皇览，明帝即位，出为陈留太守，敦崇教化，百姓称之，征拜骑都尉，与议郎嶷荀铣等，定科令，作新律十八篇，著略律论，迁散骑当侍，云云。凡所撰述，法论人物志之类，百余篇，卒追赠光禄勋）。十八篇者，即于萧何九章，增劫掠、诈伪、毁亡、告劾、系讯、断狱、请赇、警事、偿赃九篇，唯具律改称刑名，冠于篇首，自是遂为通例，常以名例冠律之篇首矣（按汉世律令最繁，九章之外有旁章，有科令，魏则删繁就简，悉纳入正律之中，改具律为刑名，移置律首，各篇中有相类者，则随类分出，别立篇目，其全删者，止厩律一篇，各条中修正之处，均能一一指出，其余与汉律实无大出入）。盖汉九章所总括者失之太广，往往内容与篇名不相符，且社会日趋复杂，法令应乎时势，遂感别设专篇之必要，此魏所以立十八篇之目也，如诈伪之刑，从前规定于贼律囚律中者，改立诈伪律一篇，官物破毁亡失，旧入于贼律者，新立毁之一篇以补之晋书（卷三十）刑法所引序略，言之甚详："其后天子又下诏，改定刑制，命司空陈群，散骑常侍刘劭，给事黄门侍郎韩逊，议郎庾嶷，中郎黄体，荀铣等删约旧科，傍采汉律，定为魏法，制新律十八篇，州郡令四十五篇，尚书官令，军中令，合百八十余篇，其序略曰，旧律所难知者，出于六篇，篇少故也，篇少则文荒，文荒则事寡，事寡则罪漏是以后人稍增，更与本体相离，今制新律，宜都总事类，多其篇条，旧律因秦法经就增三篇，而具律不移，因在第六罪条例，既不在始，又不在终，非篇章之义，故集罪例以为刑名，冠于律首，盗律有劫掠恐猲和买卖人科，有持质者，皆非盗事，故分以为劫掠律，贼律有欺谩诈伪逾封矫制，囚律有诈伪生死令景，有许自役免事类众多，故分为诈伪律，贼律有贼伐树木，杀伤人畜产，及诸亡印，金布律有毁伤失亡县官财物，故分为毁亡律，囚律有劾傅，既有告反逮脸种，有登闻道辞，故分为告劾律，有击囚鞫狱断狱之法，兴律有上狱之事科，有考事报谳，宜别为篇，故分为系讯断狱律，盗律有所受监受财枉法，杂律有假借不廉，令乙有呵人受钱科，有使者验路，其事相类，故分为请赇律，盗律有勃辱强贼，兴律有擅兴徭役，具律有出卖成科，有擅作修舍事，故分为兴擅律，兴律有乏徭稽留，贼律有储峙不办，厩律有乏军之兴，及旧典有奉诏不谨，不承用诏书，汉氏施行有小愆之反，不如令，辄劾以不承用诏书，乏军要斩，又减以丁酉书，丁书丁酉诏书，汉文帝所下，不宜复以为法，故别为之留律，秦世旧有厩置，乘传副车食厨，汉初承秦不改，后以费广稍省，故后汉但设骑置，而无车马，律犹著其文，则为虚设，故除厩律，取其可用合科者，以为邮铎令，其告反逮验，别人告劾律，上言变事，以为变事令，以惊事告急，与兴律烽燧及科令者，以为惊事律，盗律有还赃畀主，金布律罚赎人责，以呈黄金为价科，有平庸坐赃事，以为偿赃律，律之初制，无免坐之文，张汤赵禹始作监临部主见知故纵之例，其见知而故不举劾，各与同罪，失不举劾，各以赎论，其不见不知不坐也，是以文约而例通，科为之制，每条有违科不觉不知从坐之免，不复分别而免坐繁多，宜总为免例，以省科文，故更制定其由例，以为免坐律，诸律令中，有其教制，本条无从坐之文者，皆从此取法也，凡所定，增十三篇，故就五篇，合十八篇，于正律九篇为增，于旁章科令为省矣，改汉旧律，不得于魏晋者，皆除之。"至其内容，在同书（卷三十）："更依古义，制为五刑，其死刑有三，髡刑有四，完刑作刑各三，赎刑十一，罚金六，杂抵罪七，凡三十七名以为律首，又改贼律，但以言语及犯宗庙园陵，谓之大逆无道，要斩，家属从坐，不及祖父母孙，至于谋反大逆，临时捕之，或汙潴，或枭，夷其三族，不在律令，所以严绝恶迹也。战斗杀人，以劾而亡，许依古义，听子弟得追杀之，会赦及过误相杀，不得报仇，所以止杀害也，正杀继母，与亲母同，防继假之隙也，除异子之科，使父子无异财也，殴兄姊加至五岁刑，以明教化，囚徒诬告人，反罪及亲属，异于善人，所以累之使省刑息诬也，改投充弃市之科，所以轻刑也，正篡囚弃世之罪，断凶强为义之纵也。二岁刑以上，除以家人乞鞫之制，省所烦狱也，改诸郡不得自择伏日，以齐风俗也。”(二)魏令计有州郡令四十五篇，尚书官令，军中令，合百八十余篇，亦明帝时陈群刘劭等撰。其内容篇名，今皆不传，依通典初学记，北堂书钞，艺文类聚太平御览等书，多引魏武帝令，观其内容，多属训戒之辞，似不可不以法令目之，此等令有：魏武令，魏武帝令，武帝令，魏武帝内诫令，魏武帝明罚令，魏武选举令，魏武集选举令，魏武选令，魏武集选令，魏武军令，魏武策君令，魏武军策令，魏武帝策，魏武船战令，魏武步战令，魏武褒赏令，魏武设官令，魏武故事载令，魏武内严器诫令，魏武遗令，郡令，尚书官令，军中令，邮铎令，变事令，甲辰令。

【魏令】【史】魏令计有州郡令四十五篇，尚书官令军中令合百八十余篇。(详魏之法典条内)

【魏新律】【史】即所谓新律十八篇也。(详魏之法典条内)

十 九 画

【惩(懲)戒】【行】Discipline　官吏违反义务而受行政上之处分或制裁,谓之受惩戒,此项处分或制裁称曰惩戒,又父母对于子女所为之制裁亦称曰惩戒。至行使惩戒之权力,则曰惩戒权。

【惩(懲)戒官吏法】【行】本法公布于民国十五年二月十七日,全文计分三章,共十九条。第一章总则,第二章惩戒事件,第一节惩戒行为,第二节惩戒处分,第三节惩戒程序,第三章附则,本法自公布日施行,惟自公务员惩戒法(民国二十年六月八日公布,同日施行)。公布后本法即失效力。

【惩(懲)戒处分】【行】Disciplinary measure　凡官吏违反应尽义务,或有违法行为时,国家为维持官规起见,特予以一种制裁,即所谓惩戒处分是也。简称曰惩戒,或称之曰惩黴罚,与刑罚之性质不同,其区别之点有五:(一)前者乃以官吏之特别权力关系为根据,后者则以国家统治权之作用为根据。(二)前者乃以维持吏治与官纪为目的,后者则以维持社会公共秩序为目的。(三)前者乃以官吏违反义务或违法为处分原因,后者则以侵犯各种法益为刑罚原因。(四)前者之实施有自由酌量之余地,后者则本有罪必罚之原则。(五)前者共处分为申诫,记过,减俸,降级,免职等项,后者则包含财产刑,自由刑,与生命刑。惩戒机关在原则上为各该主管长官,并设有中央公务员惩戒委员会,及各省地方公务员惩戒委员会,依法分主其事。

【惩(懲)戒罚】【行】Disciplinary punishment　简称曰惩戒,通常则谓之惩戒处分。(详该本条)

【惩(懲)戒权】【行】Right of discipline　(详惩戒条内)

【惩(懲)戒机关】【行】Organs for disciplinary punishment; Disciplinary organs　(详公务员惩戒法条内)

【惩(懲)治盗匪暂行条例】【行】Provisional Regulations relating to Suppression of Robbery; Insurgency and Brigandage　本条例于民国十六年十一月十八日公布,共十二条,其要点如下:(1)凡有下列行为者处死刑:a. 掳人勒赎者。b. 意图诈财而留爆裂物或恐吓信致人受损害者。c. 意图扰害公安而制造收藏或携带爆裂物者。d. 聚众掠夺公署之兵器弹药船舰钱粮及其他军需品,或公然占据军用地者。e. 啸聚山泽抗拒官兵者。f. 煽惑人心扰害公安而起暴动者。g. 溃兵游勇结伙抢劫或扰害公安者。h. 私枭聚众持械拒捕者。i. 结合大帮肆行抢劫者。j. 持械劫囚者。k. 囚人聚众以强暴胁迫脱逃之首魁及教唆者。l. 行劫而故意杀人或伤人致死者,或致笃疾或伤害二人以上者。m. 聚众抢劫而执持枪械者。n. 在海洋行劫者。o. 盗所强奸妇女者。p. 放火烧毁他人所有物而系下列之一者:(a)在城镇及其他人烟稠密处所之建筑物。(b)储藏硝矿弹药或军需品之仓库及其他建筑物。(c)多众执业或止宿之矿坑，兵营，学堂，病院救济所，工场，寄宿舍，狱舍及其他建筑物。(d)现有多众集会之寺院，戏场，旅店及其他建筑物。(e)现有多众乘坐之船舰。(2)虽犯上述各罪但有法定情形(第二条)之一者。减本刑一等或二等(旧刑制)。(3)处刑者应由该司法机关附具全案呈报高级法定机关核准后执行，其由高级军官于其官队驻在地查狱现役军人犯本条例之罪者，应以军法会审，呈报直辖最高级长官覆准执行。(4)前项高级法定机关或最高级长官认为有疑误者，得饬令再审或派员会审，或提交高等法院覆审。(5)死刑之执行得用枪毙。(6)本条例施用期间为六个月(经国民政府一再延展，故至今仍为有效)。

【旷(曠)官之罪】【史】谓官吏不尽其职务之罪也。大学衍义补(卷九十四)一丘睿曰："馆阁职清务简，不预他务，宜委之校雠刊正。俾于每卷之末，署其名衔，有不究心者，坐以旷官之罪。"

【旷(曠)职】【史】官职虚缺也。北史一薛端传："设官分职，本康时务，苟非其人，不如旷职。"此外怠于职务，亦称曰旷职。

【兽(獸)医】【行】Veterinary surgeon 诊治家畜之疾病为职业之人，称曰兽医。

【兽(獸)医学校】【行】Veterinary school 掌管兽医学员生之教育，编译兽医书籍。研究畜牧，蹄铁及军马卫生等事项之机关，曰兽医学校。在我国目前之兽医学校，系由陆军署设立之。依陆军署兽医学校条例之规定。兽医学校分为四科：(1)正科。(2)蹄铁科。(3)补习科。(4)研究科，校中重要职员为校长一人(少将)，教务主任一人(上校)，教官若干人(上中校)，助教若干人(少校)，病马厂长一人(中校)，厂员若干人(少校)，学员生入校资格，正科学生由公立或已立案之私立高级中学或同等学校毕业者考取之，蹄铁科学生由各师及军事机关考选文理通顺之军士，或招考公立或已立案之私立高级小学毕业及同等学力者补充之。补习科学生由各师及军事机关之在职未经正式兽医学校毕业者考取之。研究科学生由正科毕业生中遴选之。各科学生之毕业年限正科四学年，加队附见习三个月，蹄铁科一学年，补习科二学年，研究科半学年至一学年，各科学生之被服膳费均由校供给。但蹄铁科、补习科、研究科学生有原缺者均由自备，学校考试分临时考试学年考试及毕业考试三种。正科学生毕业后呈请军政部分派各军事关机见习三个月。期满始由部发给正式毕业证书。补习科毕业后即呈请军政部发给毕业证书。仍归原队或分发各军事机关以中少尉兽医任用。研究科学生研究期满须提出论文交付审查合格者，始给予证书。(第一一三条，又第十七一二十一条，又第二十四一二十六条，又第三十二一三十三条)

【玺(璽)印】【史】天子之御印曰玺，起自舜时三代均行之，斯时尊卑共之。至秦始皇时始称天子之印为玺，又以玉，群臣不敢用也。及于李唐乃改称曰宝。事物纪原(卷三)："春秋运斗枢曰，舜为天子，黄龙负国对两端，有玺文曰，天皇符玺后汉祭祀志曰：三王彤文诈伪渐兴，始有玺符，以检奸萌。是印玺之起，启于三代也。应劭曰，玺信也。古者尊卑共之，月令云，固封玺。左传襄公在楚，武子之使季治问玺书而与之是也。卫宏曰，秦以前民亦以金玉为印，龙虎钮，秦始天子称玺，又以玉,群臣莫敢用也。唐武后改曰宝,章衡编年通载曰,开元六年十一月乙巳,改传国玺曰宝也。”

【玺(璽)书】【史】春秋时诸侯及大夫之文书盖用印章以为信,谓之玺书。左传—襄公廿九年:“季武子使公冶问,玺书追而与之。”秦以后惟天子所用印章称曰玺,故秦以后,玺书别称曰诏敕。文体明辩:“按蔡邕曰,玺者,印也,信也。古者尊卑共之,汉始有三玺,天子之书,用玺以封,故曰玺书。”

【玺(璽)节】【史】印章之别称也。周礼:“门关用符节,货贿玺节。”注曰:“玺节,印章。”

【疆界】【物】Boundary 两地毗连之境界,谓之疆界。

【疆界权】【物】Right to boundary 谓土地所有人在相邻时所享有关于疆界所发生之权利也。计有四种:(1)境界权。(2)围障权。(3)互有权。(4)观察权。(详各本条)

【疆域】【宪】国家之领域范围,称曰疆域。

【稳(穩)婆】【行】Midwife 为日本名辞,即我国所称之产婆也。

【签(簽)日票据】【票】Negotiable instrument on a certain terin after date 谓发票后经一定期间始为到期日之票据。须用计算方法方可确定。如自发行日起过二十日为到期日是。(参票据法第五六条)

【签(簽)名】【票】Signature 为票据各种行为中之共通必要行为,即以自己之姓名签写于票据上之行为也。是否必须亲笔签署,我票据法规定:票据上之签名,得以盖章画押代之,且与亲笔签署姓名有同一效力。其效果即依票据上所载文义负责(第二—三条)。此外如无行为能力人之签名,代理人所为之签名,亦有明文(第五—七条)。又签名与记名有别,前者谓署自己之姓名,后者则谓记载他人之姓名。签名不以真正姓名为限,如可以表示法律上之人格,即别号亦可。商人可用商号,法人除书法人名义外,可再用代表机关或代理人之姓名。

【民总】又称署名。(详该本条)

【通】签名者谓签署自己姓名也,乃法律行为之一,签名人于某种文件或票据上一经签名,即应负担某种法律上之责任。

【签(簽)事】【史】旧时有称法官为签事者,或曰判事。

【签(簽)首级】【史】为枭首之别称。

【簿书】【史】记载钱谷出纳之账簿,谓之簿书。周礼之注曰:“主计会之簿书。”汉书—贾谊传:“大臣特以簿书不报期会间,以为大故。”至今之官文书亦称曰簿书。

【缴(繳)呈文凭】【史】文凭,谓官员赴任时所应携带之赴任证书也。由吏部发给,于到任以后,应即缴呈该省之布政使,是曰缴呈文凭。清之六部处分则例,(卷七)吏属赴任篇有缴呈文凭条之设:“官员到任以后呈缴文凭,该布政使查明部科印信期限月日相符者,即行咨缴。或有油痕水渍破损等事,不得任意驳回。傥有书吏借端需索,许本官据实详报,将该书吏即行究处。”

【缴(繳)照违限】【史】谓官员分发携有吏部所给之照,应于到达目的地时依限缴销所携之照也。否则谓之缴照违限,应受一定之处分,清之六部处分则例吏属赴任编设有缴照违限之条:“发往各省人员,由吏部给照前往,俟到省后缴销,如中途有患病阻风等情,具准其照例扣展,其有缴照逾限者,即照赴任违限例议处,仍将违限不及四月各员应否一体宽免之处,声明请旨,其令照后并未赴省,在京在送缴照者,如有迟延亦照此例议处。至陵寝官员距京最近,不难依限赴任,如有缴照违限,无论四月内外悉照赴任违限例议处,无庸再议请旨。”

【系(繫)世】【史】谓世系之记也,父子相代曰世,世之所出曰系,即今之谱牒也。详言之,即家系之连结之义,又称曰系谱。周礼小史:“掌邦国之志,奠系世,辨昭穆。”王昭禹之注曰:“父谓之昭,子谓之穆,父子相代,谓之世,世之所出,谓之系,奠世系以知其本所出,辨昭穆以和其世序,凡此皆有书,小史则定而辨之。”丘睿之注曰:“父子相代,谓之世,世之所出,谓之系。”(大学衍义补卷五十三)

【系(繫)属】【民刑诉】所谓系属,乃指拘束或管辖之意义而言,例如某种诉讼系属之某法院。即谓拘束或管辖某种诉讼之某某法院也。

【系(繫)羁】【史】谓拘束其自由也。史记—贾谊传:“麒麟可系而羁,岂曰异犬羊。”

【罗(羅)马尼亚国宪法】【宪】Constitution of Rumania 罗马尼亚国据巴尔干半岛之东北部,东濒黑海,南界堡加利亚国,西与南斯拉夫国及匈牙利国相接,北与捷克斯拉夫及波兰二国相连,东北更以特尼斯特耳(Dniesster)河与苏维埃社会主义共和国联邦为界,面积共十二万三千方里,人口共一千八百万,为巴尔干半岛诸国中土地最广,人口最多之国,西部为山地,东部为平原,河流以多脑河(Danube)为主,气候为大陆性,寒暑具烈,居民大部分为罗马尼亚人,为斯拉夫与拉丁之混血种,国内农产物甚多,且为欧洲著名产麦之区,矿产以煤油与金为著名,而煤油产额且居世界第四位,金矿之富为欧洲第一,惜工业幼稚耳。按罗马尼亚国在古代罗马时代原为罗马人之移植殖地,故名其地为罗马尼亚,后属于东罗马,继归土耳其统辖十九世纪土势衰颓,罗人乃崛起从事于独立运动。一八六一年十二月二十三日建立罗马尼亚,拥护科沙氏(Cuza)为主,是为亚历山大乔治一世,一八六六年革命,另立迦鲁尔一世(Carol I)为首领,及一八七七年五月二十一日正式宣告独立,以迦鲁尔氏为国王。次年七月之柏林会议始以条约承认其独立,一九一八年欧战后罗马尼亚因加入协约,遂由奥获得 Transylvania 及 Bukovina 并 Banat 之东部一带,又自俄国取得 Bessarabia 地方,因之因境较战前增至二倍有奇,关于宪法系制定于一八六六年六月三日,曾于一八七九年及一八八四年两加修正,计一三二条,瑞行宪法,则系公布于一九二三年三日二十九日,其内容与一八六六的之宪法大同小异。计分为八章共一三七条,第一章领土,第二章国民权利,第三章政权,第一节国会,第一目,众议院,第二目,参议院,第三目,法制局,第二节国王,第三节国务员,第四节司法权,第五节州县制度,第四章财政,第五章军队,第六章通则,第七章宪法之修正,第八章暂行及补充条文,兹将要点举述于下:(一)罗马尼亚王国为统一完整之国家,其领土不得让与,在行政上分为州,州分为县,州与县之数额,幅员与管辖,另以行政法规定之。(二)罗马尼亚国民无种族语言宗教之区别,皆得享受信仰自由,教育自由,出版自由,集会自由,结社自由,以及法律所规定之一切权利与自由。(三)政权出自国民,惟国民仅得由其代表依照本宪法所定之原则及规程行使之。(四)立法权由国王与国会共同行使之。国会包括众议院与参议院,一切法律须经国会与国王等机关之通过始得成立。国会议员代表国家,开会时以公开为原则,决议案应以过半数之同意表决为之(但有例外规定)。至于出席议员仍须超过总数之半数以上,始得举行会议,国会两院议员有对各部部长提出质问之权,对于人民有接受其请愿之义务。两院议员在执行职务时,其言论表决与身体均受特别保障。两院开会应在同一时期内为之,否则无效。两院议员任期均各四年,其当选资格,当选权之丧失与无当选之能力及选举程序均以选举法定之。(五)众议院由罗马尼亚成年人以普通,平等,直接,强迫,秘密比例投票所选举之人众议员组织之。凡具备下列之资格者,得当选为众议院议员:(1)罗马尼亚国公民。(2)得行使公权及私权者。(3)年龄满足二十五岁者。(4)在罗马尼亚有住所者。(六)参议院以选举之参议员及当然参议员组织之。参议员(选举的)由罗马尼亚公民年龄满四十岁者选举之选举方法以强迫,平等,直接,秘密投票法行之,按照户口数之比例定之。又州议员与县议员合组为州选举团后,亦以强迫,平等,直接,秘密投票各选举参议员一人,商会,工会,农会会员各分别组成一选举团,每一选举团,得就其会员中选举参议员一人(选举团数额不得超过六个)。此外每一大学教授团亦得就其教授中选举参议员一人。关于当然的参议员凡系下列人员因在国家或教会居优越地位者均得任之:(1)王太子年满十八岁即为当然参议员(个须满足二十五岁时始有表决权)。(2)总主教。(3)依法选出之罗马纪亚及希腊天主教正统派之教主。(4)依法选出或依法任命之国内回教领袖及经国家承认之教会领袖有教徒在二十万人以上者(但每教会以一人为限)。(5)中央研究院院长。此外下列人员亦为当然参议员:(1)曾任国务总理四年以上及历任部长六年以上者。(2)曾任两院议长八次常会以上者。(3)曾任参议员众议员十届以上者,其时期不论。(4)曾任最高法院院长,执行院长或庭长职务五年以上者。(5)具有下列资格之预备军将领或已告退之将领:(甲)在前敌以将军名义指挥军队在三个月以上者。(乙)曾任参谋总长或总检阅使在四年以上者(惟以四人为限)。(6)曾任前此(本宪法曾加列举)各地宣布统一之国会议长者。关于上述当然参议员之资格,由最高法院院长庭长所组织之委员会审查之。至于当选为参议员(即被选举的)者应具备下列之资格:(1)罗马尼亚公民。(2)得行使公权及私权者。(3)年满四十岁者。(4)在罗马尼亚有住所者(除上述第三项外当然参议员亦须具备以上各项资格)。(七)为协助起草及整理政府或国会议员所提议之法律草案,并制定法律补充条例特设法制局,对于一切所有法律草案法制局均得参加意见,惟预算案则为例外,关于法制局之组织及办事规则以特别法定之。(八)行政权由国王依照宪法行使之,国王在宪法上规定由国王 Charles ler de HohenzollemSigmaringen 嫡系卑亲属之男子世袭之,以长幼为序,女子及女子之卑亲属永远不得承袭王位。又其嫡系无男子后嗣时,应由国王之兄弟或年长兄弟之卑亲属承袭王位。如国王之兄弟或其兄弟之卑亲属具已亡故,或经其预先声明不接受王位时得经国会依法予以同意后，国王得就欧洲各国王族内指定继承人。如上述各情形均不能实现时，则王位就为出缺。而两院应即召开联席会议就欧洲王族内选举国王。(九)国王以届满十八岁为成年，国王不能听政时得由国务员证明后召集两院会议，两院开会后，即选举摄政一人(在摄政期内不得变更宪法)。国王不得加以侵犯。国王命令概须经一负责之国务员副署，始生效力。国王有任免国务员及其他官吏之权，又有核准公布法律或拒绝核准之权，有大赦政治犯之权，有特赦或减刑之权(对国务员所宣判之刑罚不在此例)。有依法添设官职之权，有统率全国军队之权，有依法颁发武官职衔及颁发罗马尼亚勋章之权，有依法铸造货币之权，有依法对外缔结商业航业及其他条约之权(惟须经两院通过后始生效力)。此外对于国会有召开非常会议或解散两院之权。国王除宪法所授予之权利外并无其他权利。(十)国务员由国王任免之，依照宪法之规定以国王之名义行使行政权。国务员之会议曰国务会议，由分任各部部长之国务员组织之，以部长中曾受国王之命组政府而任国务总一者为主席，任国务员者须为出生或归化为罗马尼亚国民者，至于王族亦不得任国务员，国王及两院得控诉国务员，并将其移解于独有该项审判权之最高法院。对于国务员之控诉，应就最高法院各庭中抽定五人组织委员会，进行侦查，并决定应否予以起诉，关于刑事部分则由检察处向最高法院起诉。国务员署名或副署之命令或决定违背宪法或法律之明文者。被害人得依照普通法向国家请求赔偿其所受之损害。又国务员对国家所加之损害不论在审判中或已判决，经政府要求，并经两院中一院之通过，得由普通法院提审。(十一)司法权由司法机关行使之，其判决以法律名义宣告而以国王名义执行之，司法权非依据法律不得成立，不论对任何人或属民事诉讼，或属刑事诉讼，或为审判，均不得以任何名义设立委员会或特别机关。全国仅设最高法院一所。其管辖权如下:(1)裁判关于法律之是否合乎宪法。及宣告违背宪法之法律不得适用(惟须经该院各庭之会审)。(2)裁判关于职权之争执。(3)审理人民不服各下级法院之判决而提起上诉之案件。军事法庭之组织另以特别法定之，关于行政诉讼事件亦由普通法院管辖之，不得另设主管机关。惟司法权对于中央政府命令及军事命令则无管辖裁判之权。至于司法官概为终身职，其待遇另以法律规定之。(十二)罗马尼亚国之地方制度分为州与县，另以依据地方分权之原则所制定之法律定之，州议会及县议会议员由罗马尼亚公民依照法定程序以普通，平等，直接，秘密，强迫，比例投票选举之，其议员亦分为选举者与当然议员二种。(十三)非依法律不得厘订及征收任何性质之赋税且法律亦仅得为政府或州县及执行政府职务之公共机关设定赋税，又各州县之税损须在法定范围内设定，且须经州议会或县议会之同意始为有效，又非依据法律，对于赋税，亦不得加以免除会或予以减轻，关于由国库所负担之恤金或奖金，非依法律不得支付。政府之一切收入或支出应列人预算决算书内，每年由众议院核定及表决之。对于收支统由审计院检查审核之。每年向众议院提交总报告，说明上年度预算施行情形。(十四)凡罗马尼亚国民无种族，语言，宗教之分别，依照特别法之规定，应为军事组织之一页，军队以现役军常备军及民团组织之其军额每年由国会定之。关于国防之组织上之必要准备统由国防委员会掌管之。(十五)宪法之全部或一部之修正得由国王或参众两议院中之一院提议之，两院对于上述之提议应分别讨论，以绝对过半数之同意议决是否应予修正，修正案可决时，两院应就其议员中遴选若干人组织混合委员会，由该委员会提出应予修正之条文，该委员会之意见书在参议院及众议院各经两读后，十五日内应开两院联席会议，由年长之议长主席，经出席三分之二及出席者三分二之表决，议决该项修正之条文，于决议之后两院即行解散依法召集选举团另行新选举，召集新国会会同国王将决议修正之条文予以厘定，经三分二之出席，及出席者三分二之同意予以通过始行成立。（十六）关于暂行及补充条文之规定（第一三一条起至一三七条止）从略。

【罗(羅)马式法系】【通】Romanesque Legal System 罗马法系在近代之势力为其他各法系所不及，渊源于罗马法律，在十四五世纪间与日耳曼之法律相混合，至十八世纪拿破仑法典告成，遂告害怕罗马式法系，又称大陆法学系，属于本系之法律皆为成文法典，纯粹属于本系者，为奥比法希匈意荷葡西瑞士墨西哥日本以及南美中美诸国，其与他法系混合或集合之通行区域，尤不胜枚举。

【罗(羅)马法】【通】Roman Law 所谓罗马法乃指自罗马建国（纪元前七百五十三年）时起至优司悌尼央（Justinianus）帝告崩时止，所有关于罗马国一切之法律制度而言，即罗马人当时所通用而施行于本国及其领土内之法律，其历史上之沿革，荀克氏（Cuq）分之为三期，乃以罗马法律制度之变更为分野，学者对之多加采用，此三时期如下：（一）古代法律时期——自罗马建国时起，至罗马第七世纪为止，此时法律之性质以条文论，严酷守旧崇尚形式，以应用论专用于市民，外国人不得援用，以渊源论大都属于习惯，以十二铜标法为唯一之法典。（二）法律进步时期——依广义之计算方法，此时始自罗马第七世纪中之第一法学大家赛摩觉氏（Quintus Mucus）而终于康斯旦丁（Constantinus）帝即位之年，即纪元后三百二十五年也，此时期之罗马法为最昌明，亦最臻完善，其性质以条文论，减前严酷守旧崇尚形式之程度，以应用论范围较广，外国人与罗马市民均适用之，因此期于专用于罗马市民之市民法外，尚有一种万民法之崛起，且以渊源论，此时期除习惯法外，有民议决之法律，平民会通过之法律，元老院议决之法律，皇帝之敕令，裁判官之告示，及法学家之解答。（三）法律退化时期——自康斯旦丁帝始（纪元后三百二十五年），至优帝终（纪元后五百六十五年），以条文论绝对尊重法律精神，古时尚形式之习惯，此时已为衡平思想所溶化，以应用论市民法与万民法已无分界，凡属国民均受同等法律之保护，且以皇帝之敕令为罗马法唯一之渊源。至于罗马法之渊源，则有下列四种：（一）成文法与不成文法，前者乃曾经立法机关所制定之法律，如（1）民会议决之法律。（2）平民会通过之法律。（3）元老院之议决。（4）皇帝之敕令。后者乃习惯法为一般人民所公认之惯例（在罗马之习惯法有原始习惯与后朔习惯之分：原始习惯乃在制定十二铜标法以前之法律，后期习惯乃根据成文法而产生之常规，如法学家之解答，及高级官吏之告示是。（二）市民法与大官法，市民法之渊源，最要者为十二铜标法：（1）第一标提传。（2）第二标审问。（3）第三标责偿。（4）第四标家长权。（5）第五标承继及监护。（6）第六标所有权及占有。（7）第七标家屋及土地。（8）第八标犯罪法。（9）第九标公法。（10）第十标宗教法。

(11)第十一标为前五标之追补。(12)第十二标则为后五标之追补，至于大官法之渊源即为高级官吏之告示所集成，其中以优帝国法大全(Corpus Juris Civilis)最居重要，为下列四种所编纂而成：(1)优帝法典(Codex Justinianus)。(2)优帝学说汇纂(Digesta Justiniani)。(3)优帝法学阶梯(Institutiones Justinian)。(4)优帝新律(Novellae Constitutiones Justiniani)。关于罗马法之分类，可大别为下述五种：(一)公法与私法，罗马以规定政府之事者为公法，规定私人之事者为私法。(二)成文法与不成文法，前者其发生之时即成文者也。后者其发生之时为不成文者也。故谓之习惯法(习惯所以有法律之效力者，以有一般人民之同意与经立法者之手或为法院所采用而成为法律者)。(三)市民法万民法与自然法，乌而比央氏(Ulpianus)分罗马法律为市民法，万民法自然法三者，嘎尤士(Gaius)视自然法与万民法同为一体，而分法律为市民法与万民法二种，后者为二分说，前者为三分说，按市民法乃罗马固有之法律。古时罗马市民独受此法律之支配，故名曰市民法，外国人不能受其保护，厥后罗马版图拓大，外国人移居罗马者，实繁有徒，一切买卖及其他法律行为均不能依市民法，颇觉不便，于是不得已始为外国人置外事裁判官司罗马人与外国人间之诉讼，及外国人与外国人间之诉讼，依自然之正义及公众之利益，与夫通行于一般人民之法律逐渐成为另一系统之法律，是曰万民法。(四)市民法与大官法(或裁判官法)，市民法即民会所议决之法律，已如上述，大官法乃司国家政务且握裁判权之官吏所制作之法律。(五)人法物法与诉讼法，嘎尤士之法学阶梯，与优帝法学阶梯，与优帝法学阶梯均分为三段，(1)人物。(2)物法。(3)诉讼法，人法乃关于人格人事之法律，物法即关于财产契约之法律，而诉讼法则为后世法律上所称之助法(罗马法典编纂之顺序，以主法为先，而助法后之)。关于罗马法之编制，依最适当之编法分为六编。(一)人法。(二)物权法。(三)债权法。(四)亲属法。(五)承继法。(六)诉讼法。兹依次分述其内容要点于下：(一)人法——各国法律上所谓人，或指权利主体而言，相对而言，权利主体者即享受权利之人也。然罗马所谓人者，有“霍谟(Homo)”与“泼尔宋那(persona)”二语，“霍谟”者以物理而观人之语，即世俗所谓人者是也，包括自由人与奴隶，然奴隶不特不为权利之主体，且为自由人之所有物，“泼尔宋那”者，以法理而观人之语，有身分之意，要之罗马法所谓人之一语，有人类与身分之两种意义，乃指有权利之主体者及包含有身分之人而言，此为与现在各国法律之意义不同之处也。至中古时代奴隶制度次第废止，所谓人者通常指权利主体而言，遂至人与权利主体有同一之意义。(二)物权法——罗马时代物之观念与近世异，近世法律所谓物者，指有体物而言，在罗马法则不然，凡有用便有益于人者，皆谓之“物 res”不仅以有体者为限，是较近世法律之所谓物者意义较广，其物分为：(1)有体物与无体物。(2)要式移转物与略式移转物。(3)可有物与不可有物。(4)动产与不动产。(5)消费物与不消费物。(6)主物与从物。(7)可分物与不可分物。(8)天然孳息与法定孳息。(9)事实上之集合物及法律上之集合物等是，罗马法称物权者即权利人于其物上得直接支配之绝对权，不独对于特定义务人可以主张，即对于一般人亦可以为消极之禁止，此物权之所有对世权之称也，其种类大别有五：(1)所有权。(2)役权。(3)地上权。(4)永借权。(5)质权等是。(三)债权法——(1)法律行为——所谓法律行为乃指关于权利发生变更及消灭以惹起法律上之效果为目的之行为而言。无概括之意义，惟就各种法律行为中之各种行为各用其名称而已。例如买卖使用贷借消费贷借口约书等皆是。(2)债权——债权二字罗马法上无相当文字，惟有 Obligatio 一语，但此语有时指债权有时指债务，学者译为法锁(优帝所载债权定义曰：债权云者依国法使他人负担给付义务之法锁也)。至债权之标的依罗马法之规定限于以下各项：(a)事实上及法律上可能之事项。(b)合法行为及正当行为。(c)有财产上价值之物。(d)债务人自身之行为，债权发生之原因均有下列四种：(a)契约。(b)准契约。(c)私犯。(d)准私犯等，债务不履行之原因，亦有四种：(a)故意。(b)过失。(c)迟延。(d)偶然事故。(四)亲属法——罗马法上关于亲属关系之亲亲约如下述：(1)直系亲及旁系亲，与世界各国法律所谓直系亲旁系亲之规定相同。(2)两面亲及一面亲，罗马法分旁系亲为两面亲与一面亲二种，同父母者谓之两面亲，父母之一方不同者，谓之一面亲。(3)亲等计算法始于出生，即一出生一亲等是也。而旁系亲之亲等，以自一人溯至共同始祖，复自共同始祖降至其他一人之出生数定之。故亲子为一等亲，兄弟姊妹为二等亲，叔侄为三等亲，其余类推。(4)姻族及亲属会议，姻族与我国民律草案所称之妻亲相似，又罗马古代有亲属会议之制度，若家父滥用其家父权，亲属会议得干涉之。(五)承继法——罗马法之承继为“概括承继”，即承继所继人财产上之一切权利义务也。承继人有数人时，则按其应继分享有所继人之权利义务，因此承继人须负无限责任，即遇所继人遗产不足清偿债务，承继人亦须以自己之财产清偿之，此种遗产谓之有损遗产，至优帝时，则有遗产目录特典之规定，以限制承继人之责任，而对于专属所继人之权利义务不许孙继，例如所继人有为自己使役他人之权利，有自他人受扶养或定期赠与之权利，或被使役于人之义务，或给付定期赠与之义务等皆是，至于遗产确定无人承继时，则为“承继人之旷缺”。其财产归国库，然国库对承继债权人，仍为债务人，此与日本民法规定者不同。(六)诉讼法——罗马之诉讼法可分三时期，一曰“法律诉讼时代”，二曰“程式诉讼”时代，三曰“非常程序”时期，第一第二两时代之诉讼事件，必经过两重程序，经过裁判官之法律上审查，并经民选推事之事实上调查及裁判，而后诉讼始归于终结，至非常程序时代以事实并法律之调查，统归裁判官办理，因此以前之两重程序乃合并而归于同一法庭，近世诉讼程序即导源于此，至诉讼之种类则分：(1)善意诉讼，即裁判官以发交民选推事之书状记载“应以善意付与某物或履行某事”等字样之诉讼。(2)严正诉讼，即民事推事应严守法律之规定，从事裁判之诉讼。(3)仲裁诉讼，即依民选推事之意见，以调处之诉讼，关于被告对原告请求之争执有三方法：(1)全然否认原告所主张之事实。(2)承认原告所主张之事实，而否认由此事实所生之权利。(3)被告提出抗辩，至所得提出之抗辩有下列数种：(a)关于诈欺强害及错误之抗辩。(b)金钱未受领之抗辩。(c)无形约束之抗辩。(d)宣誓之抗辩。(e)既判之抗辩。罗马古代不采用代理规则，故诉讼之代理方法亦未发达，惟监护及刑事诉讼上之告诉人得以自己名义代他人起诉耳。降至商业隆盛时代，代理规则稍渐发达，当事人欲使他人代行起诉者，得任意选定代理人，至于上诉，罗马古代夫此制度，即以初审为终审，其后虽有此制之发生，但不完全，凡受刑事上之刑罚，致人格减等者，得上诉于民会,及至帝政时代,凡不服判决者,不论刑事民事均得向皇帝上诉,观上所述,罗马法上法律之理论虽甚发达,然诉讼程序及机关极不完备,惟仍为世界法律系统之一,中世纪德国及法国南部直接受其影响,十八世纪以来普鲁士民法,德国民法之制定,均以罗马法为基础,至于大陆法及海外各国所模仿之拿破仑法典,其内容亦多出于罗马,惟各国对于亲属继承两编,多不采用之,独我国与日本之家族制度与罗马略同,故多仿效之处。我国现行民法,虽多采自德瑞,但间接方面实来自罗马,故国人之治法律,非对罗马法予以深切研究不可。(本条参应时陈允合著之罗马法而作)

【罗(羅)马法计算法】【亲】Calculation method in Roman Law 为亲等计算方法之一种,与寺院法计算法相对立,其计算方法如下:(一)对于直系亲属系从己身上下数,以一世为一亲等,故世代之数与亲等之数互相吻合,例如亲子间为一世,即为一亲等,祖父母与孙为二世,即为二亲等。其余以上以下准此推之。(二)对于旁系亲属则系先由旁系亲属之一方,溯至同源之始祖。再由同源始祖更下数至他方,合算其世数以定亲等,例如兄、弟、姊、妹间之亲等先从一方溯至同源父母,作为一等,再从父母下数至他方,又加一等,合算为二等,兄弟姊妹为二等社系亲,又如计算伯叔与侄间之亲等,则先由倒溯至父母作为一等,吏上溯至同源之祖父又加一等,再由祖父母下降算至伯叔,再加一等,其总数为三等,故伯叔与侄为三亲等之旁系亲,余准此类推。我国新民法采用之(九六八条),各国亦同。

【舣(艤)装港】【海】Port for handling or loading cargo; Port of equipment 谓为船舶上一切装置之地点也。

【药(藥)死本夫】【史】谓妻以毒药谋死本夫也。元典章(卷四十二)刑部第四篇设有药死本夫之例:"至元三年八月初三日东平路捉获王簿儿与甯丑姑同谋买生砒将夫张三四药死,罪犯法司拟处死。"

【药(藥)局】【行】Pharmacy 为日本名辞即我国所称之药房也。

【药(藥)师暂行条例】【行】Provisional regulation Governing Pharmacists 本条例于民国十七年十二月二十四日公布,计分五章,共二十五条,兹举其要点于下:(一)凡年在二十岁以上具有下列资格之一者,得向内政部卫生署呈请给予药师证书:(1)在国立或政府立案之公立私立专门以上学校药科毕业,领有毕业证书者。(2)在外国官立或政府立案之私立专门以上学校药科毕业,领有毕业证书者。(3)在外国得有药师证书者。(4)经药师考试及格者。(二)呈请发给证书者须依领证程序(第五条)为之,领到后如欲在某处开业,须向该管官署呈验部颁证书,请求注册。(三)药师一人不得执行两处药房之业务,如开设支店须另聘一人任之。(四)药师无论何时不得藉故拒绝药方之调剂,对于调剂应注意不得有错误情事,且不得省略或代以他药,对于有毒剧药原则上只许配卖一次。(五)药房应备调剂簿记载一定事项,且应保存三年。(六)药师于业务上有不正当行为时,得由该管官署令其停业(但不得逾一年)。触犯刑法者依法办理外,并撤销其药师证书。(七)凡未领部颁证书或受撤销证书及停业处分而执行药师业务者,得由该管行政官署处以三百元以下之罚金。(八)凡曾在医院或药房执行调剂业务三年以上经该管官署考查合格。得由该管官署转请内政部卫生署发给药剂生执照,其在本条例施行前业经行政官署注册执行业务者,得由该管官署转请卫生署补给药剂生执照。(九)药剂生除配合医师之药方外,不得自行制造毒药剧品,及零卖配方以外之毒剧药品。(十)医师得自行调配药品以为诊疗之用,无须请段药师证书,但关于调剂义务及惩戒,仍适用本条例之规定。

【药(藥)师证书】【行】即具备药师资格而由卫生署所发给之证书也。凡未领得药师证书者,不准执行药师业务,药师如因业务而触犯刑法时除依刑事法规之规定送由法院办理外并撤销其药师证书,药师受撤销证之处分时应于三日内将证书向该管官署檄销,其受停业之处分者,应将证书送由该管官署,将停业理由及期限记载于证书里面,仍交由本人收执。

【药(藥)料鸦片】【国公】药料鸦片,谓将生鸦片煮至热度六十生的格栏夺,其内含吗啡不减于百分之十,或成粉屑,或成丸粒,或以中和性之材料掺合而成。依鸦片公约之规定,缔约各国应颁布法律或章程,以施诸制药业,限制吗啡高根及其他合质料之制造售卖使用,但可供医药正当之需,其已有法律或章程以规定上述所指之事项者,不在此限,各国并应彼此协力以阻止此等药物之供他用。同时并应竭力检查或令检所有制造输入售卖散布输出吗啡高根及其他合质料之一切人等,并检查此等人经营此等工商业之处所,为此缔约各国应竭力采用或令采用下开各办法(其已有办法以规定与此相等事项者,不在此限):(甲)凡经准许之特别厂肆及地方,其制造吗啡高根及化合质料,应加限制,或查明制造此等药物之厂肆及地方,造册登记。(乙)凡制造输入售卖散布输出吗啡高根及其化合质料之一切人等,须有特权,或有准据,方得为此等事业,或向该管官署禀明立案。(丙)以上一切人等,务须将吗啡高根及其化合质料之制造数目,输入品售卖,及共他授受品输出品,各立簿册,以备稽查,但此项规则,并不强施于医生药方及官准药商之售卖品。(海牙禁烟公会所订之鸦片公约第九—十条)

【药(藥)商】【行】Pharmacy 凡以药品营业者为药商,乃包括中西各药之批发门售及制药或调剂者而言,至于沿途或设摊零售者,则不在此限,药商除遵守普通营业各规则外,应依管理药商规则之规定办理,故为药商者须开具法定事项呈请该管卫生官署注册,给予执照始准营业药商所用店伙须熟谙药性,其营西药业者,并须以颁有部证之药师管理药品,但不零售麻醉及其他毒剧药品之西药商得以领有部证之药剂生代之,药商专营批发或制造者,不得为人调剂处方,医师中医士兼营药商业者,仍应请领药商营业执照。(管理药商规则第一—五条,又第十三条,又第二十一条)

【药(藥)剂生】【行】凡不具备药师资格而曾在医院或药房执行调剂业务三年以上,经该管官署查考合格,而由该管官署转请卫生署核准,发给药剂生执照者,称曰药剂生。药剂生除配合医师之药方外,不得自行制造毒剧药品,及零卖配方以外之毒药剧药。(药师暂行条例第二十二—二十三条)

【药(藥)剂师】【行】与药剂生相对称,简称曰药师。(详药师暂行条例条内)

【藩(藩)司】【史】与藩台同,即布政使之旧称也。又曰藩台,或称藩府,或称藩宣。

【藩(藩)府】【史】又称藩司。(详该本条)

【藩(藩)服】【史】(详九服条内)

【藩(藩)宣】【史】又曰藩司。(详该本条)

【藩(藩)臬】【史】按察使古称臬司又曰臬台,布政司则称曰藩。品字笺:"今布检二司,世称藩臬者,藩言能藩屏王家。臬言所报如臬之坚执不移也。"

【藩(藩)台】【史】又曰藩司。(详该本条)

【核(覈)奸】【史】覈音核,验也,谓考事得实也。验实犯奸之事,称曰覈奸,棠阴比事:"……放是密以他事摄马生至付款,取匿名书较之,字无少异,讯鞫引伏,引乃用渊覈奸之术。"(按渊为国渊,魏人,字子尼)

【证(證)人】【民刑诉】Witness 谓居于参与诉讼地位,而陈述其经验事实之第三人也。证人与鉴定人不可相混,后者须有特别技能,前者则否,后者乃发表其判断意见,前者则供述其所经验事实,后者可由他人代之,前者非本身陈述不可,故二者有异,我刑诉法规定证人之传唤须有传唤须有传票(详该本条)。但证人自愿到场时,未用传票,亦得以其为证人而讯问之,又彼已在场者,或到案之证人当场告以下次应到之日时处所者,亦勿庸送达传票(刑诉法第八七条、九〇条、九三条)。一般原则无论何人皆负有为证人之义务,然为下列之人得拒绝证言:(1)公务员或曾为公务员之人为证人就其职务上应守秘密之事项受讯问,而未经该管监督公务员之允许者。(2)证人系被告人之亲属,或曾为被告之亲属者。(3)证人为被告之未婚配偶者。(4)证人系被造这之法定代理人,监督监护人,或保佐人者。(5)证人系医师药师药商产婆宗教师律师辩护人公证人,及其业务上佐理人或曾居此等地位之人,因业务上知悉之事实有关他人秘密受讯问而未经本人承诺者。(6)证人恐因陈述致已身或其亲属未婚配偶法定代理人监督监护人或保佐人受刑事诉追者(第九七—一〇〇条),关于证人之义务约有三种:(1)到案之义务(第九一—九二条、九五条、九六条)。(2)具结之义务(第一〇七—一〇九条)。但未满十六岁及精神障碍者可免具结,以其不具结之意义及效果也。至与本案有共犯,或有藏匿犯人及湮灭证据罪赃物罪之关系或嫌疑者,又凡系被告人之亲属或未婚配偶法定代理人监督监护人保佐人者,又凡系自诉人之亲属或未婚配偶法定代理人监督监护人保佐人者,亦不得命其具结(第一〇六条)。(3)供述之义务。关于证人之权利亦有二种:(1)费用请求权(第一一四条)。(2)有特殊身分或事实时有拒绝证言权。证人讯问之程序,与讯问被告大致相同,但为慎重起见,我刑诉法特设明文(第一〇三—一〇四条、一〇八条、一一〇至一一二条、二五一一六条)。我民诉法规定证人之传唤,亦应用传票,在原则上不论何人于他人之诉讼有为证人之传唤,亦应用传票,在原则上不论何人于他人之诉讼有为证人之义务,但下列之人得拒绝证言:(一)证人为当事人之配偶,七亲等内之血亲,或五亲等内之姻亲,或曾有此姻亲关系者(但有例外)。(二)证人所为证言于证人或与证人有前款关系或有监护关系之人足生财产上直接损害,或致受刑事上诉追,或蒙耻羞者,其在亲属关系或监护关系消灭后亦同(但有例外)。(三)证人就其职务上或业务上有秘密义务之事项受讯问者。(四)证人非泄漏其技术上或职业上之秘密不能为证言者。证人之义务亦有三种:(一)至场义务(但有例外)。(二)供述证言义务(亦有例外)。(三)具结义务。证人之权利与上述刑诉法所规定者略同。(参民诉法第二八五—三一〇条)

【证(證)不言情】【史】凡应议请减者,老幼废疾者之犯罪,如应依据众证以定罪,则证人不吐真情,致使所判之罪有出入时,谓之证不言情,应予治罪,即译人传译不宜而致所判之罪,亦有出入者,仍须依律处断。唐律(卷二十五)诈伪篇证不言情条:“诸证不言情,及译人诈伪,致罪有出入者,证人减二等,译人与同罪(谓夷人有罪,译传其对者)。”疏议曰:“证不言,谓应议请减,七十以上,十五以下,及废疾并据众证,定罪,证人不吐情实,遂令罪有增减,及传译翻人之语,令其罪有出入者,证人减二等,谓减所出入罪二等,译人与同罪,若夷人承徒一年,译人云承徒二年即译人得所加一年徒坐,或夷人承流,译者云,徒二年,即译者得所减二年徒之类,故注云,谓夷人有罪译传其对者,律称致罪有出入,即明据证及译,以定刑名,若刑名未定,而知证译不实者止当不应为法,证译徒罪以上从重,杖罪以下从轻。”

【证(證)左】【史】事件发生时在场之左右亲见甚事之人者谓之证左,即今之证人之证,汉书—王莽传:“召会吏民,逮捕证左。”

【证(證)言】【民刑诉】Testimony (参言辞证条内)

【证(證)券】【债】Coupons 在社会交易方面以证明某种权利关系为目的所作成之文书,或以设定某种权利为目的而制成之文书,皆曰证券,有有价证券,无价证券,证书证券,与指名证券等之区分。

【证(證)券债务】【票】Documental obligation 与证券债权(详该本条)相对立。

【证(證)券债权】【票】Documental credit 债权之发生与存在,以作成证券为必要条件,此项权利称曰证券债权,例如票据债权是也,在另一方面言之则为证券债务,例如票据发行人所负担之债务,即所谓证券债务也。

【证(證)明】【民刑诉】Certification 当事人提出证据方法使法院得生强固心证之行为,谓之证明,换言之,即凡使法院得极强之心证,信为确系如此者,曰证明。

【证(證)明之结果】【民刑诉】Proof 谓经过证明行为所得之结果也。

【证(證)明原因】【民刑诉】证明原因者,证明证题之资料也,故又称证料。

【证(證)明书】【行】Certificate 证明书者,谓可供证明某项事实之用之文书也。

【证(證)明责任】【民刑诉】Burden of proof 又曰举证责任。(详该本条)

【证(證)徒】【史】在共犯案件中为事实之立证者,谓之徒党,其无徒党者曰无证徒。唐律(卷五)名例篇——共犯罪有逃亡条:“诸共犯罪而有逃亡,见获者,称亡者为首更无证徒，则决其从罪。”

【证（證）料】【民刑诉】Factum probans（拉丁） 所谓证料，乃指用以证明证题之材料而言，即供证明之事物，通常皆系忆知之事实，一名证明原因。

【证（證）书】【通】Certificates 凡一切文件可以作为证据之用者，均谓之证书，即授与他人以权力特权或资格等之文书，亦谓之证书，例如学校给与毕业生以毕业证书，实业部给与技师以技师证书，交通部给与船长以船长证书等皆是。

【证（證）书主义】【公】为认股书方式之主义之一，对草约主义言，谓认股书须具备一定方式也，我公司法采之，即须备有联单式之认股书，此单既可为自愿加入之凭证，日后复可据以收缴股银，自较草约主义为佳。

【证（證）书诉讼】【民刑诉】Action on document 证书诉讼法，谓以请求可代替物或有价证券之一定数量之给付为目的，而以证书为请求原因之根据之民事特别诉讼程序也，此种诉讼较通常诉讼程序为简捷，可免调查之麻烦，而费用亦可节省，法院即可加以判决（民事诉讼条例第五八三—五九五条）。惟新民诉法则以证书诉讼可依督促程序之规定办理，忽要另予规定，故无明文。

【证（證）书债权】【票】【债】Documental credit 与指名债权相对立，所谓证书债权，乃指债权之成立，须以作成证书为要件，而其内容及范围亦须依该证书所记载者而言，此种债权乃为经济上便利与流通上之安全而设。故其内容与范围仅应依证书上所记载之文句为唯一标准，且该项证书与债权乃为不可分离者，债权让与时，既须以该项证书之交付为必要，即凡持有证书者，亦得主张该证书上之债权，而无须其他证明，法律上即认其有该项债权之存在，而迳许其行使债权上一切之权利。

【证（證）婚人】【亲】Witness in wedding 对于结婚当事人举行公开结婚仪式时，在场加以证明行为之人，曰证婚人，我民法规定证婚人须有二人以上，否则结婚视为无效。（第九八二条）

【证（證）责】【民刑诉】Burden of proof 即举证责任之别称。（详该本条）

【证（證）逮】【史】谓逮捕证人也。棠阴比事（卷下）：“刘敞侍读，知永兴军时，大姓范伟冒武功令祚为祖。伟乃穿祚墓，以己祖母附之规避徭役者五十年，数犯法，至徒流，辄以赎免，长安人共患苦之。然吏莫敢谁何，敞按其事，狱未具而召，由是辞屡变，证逮数百人。”

【证（證）据】Evidence 证据之定义甚多，有仅指证明原因（证据资料）而言者，有指证明及证明结果而言者，有包含证明，证明结果，证明原因而言者，更有指证明结果，证明原因与证据方法而言者，论者纷纷，莫衷一是，要之证据乃一种根据事实，以证明他种不明事害之用者也。故以第一说较为近是，证据之分类约如下述：（一）主证与反证。（二）直接证据与间接证据。（三）事前证据事后证据与当时证据。（四）物证与人证。（详该本条）

【证（證）据力】【民刑诉】Probative; Probative force 为判决效力之一种，某项诉讼之判决可供其他诉讼事件证明之用者，曰证据力，换言之，凡证据方法得为证据之力者皆曰证据力，通常皆谓无论何种判决均有证据力，但提出反证者，不在此限耳。

【证(證)据文书】【民诉】Documentary evidence 又称曰证书。（详该本条）

【证(證)据方法】【民刑诉】Means of proof 所谓证据方法，其义有二，其一乃指发见证据之手段而言，例如讯问证人或鉴定人察阅证书，及勘验之类是，其一乃指证明证据之材料而言，例如证人，鉴定人，证书及勘验之标的物是。

【证(證)据抗辩】【民刑诉】Beweiseinrede(德)；Plea to the means of proof 所谓证据抗辩，乃就指出对造所提出之证据不合法，或属于虚伪而加以辩论而言，与反证之另提其他证据以反对对造之证据者，自有区别。

【证(證)据物件】【刑诉】凡物件之可供某项事实作为证据之用者，称曰证据物件。

【证(證)据金】【行】所谓证据金，乃指交易所令买卖双方各缴一定之担保金额而言。依我国交易所法第三十一条及三十二条之规定，股份有限公司组织之交易所得照章程所定令买卖双方各缴证据金，且对于不履行买卖契约者并得将该项证据金及保证金充损害赔偿之用。又交易所法施行细则第二十三条规定经纪人或会员之保证金及证据金有无以有价证券代用及其证券之种类代用之价格，应由交易所于每届结账时呈报实业部。

【证(證)据保全】【民诉】Perpetuation of evidence 当事人所欲使用之证据，在诉讼尚未系属于法院，或虽已系属而未达调查证据程度以前，因恐有灭失或碍难使用之虞时，向法院声请预行调查以保全其证据之行为也为证据保全之声请时，须具备下列要件之一，方得为之：(一)证据有灭失或碍难使用之虞者。(二)经他造当事人同意者。声请对以书状或言辞为之均无不可，在起诉后应向受诉法院为之，在起诉前向受讯问人住居地或证物，所在地之第一审法院为之(虽在起诉后而有急迫情形者亦同)。对于调查证据之结果，双方当事人均得于诉讼时利用之，其费用则作为诉讼费用之一部。（民诉法第三六一—三六九条）

【证(證)据裁定】【刑诉】Ruling on the evidence 谓法院对当事人声请传唤证人时所下准许与否之裁定也。如认为与案情无关者，得以裁定驳回之，如认为必要者，则当开列名单分别传唤(刑诉第二六九条)。至对于特定事项，如认为已臻明了，而毋庸讯问证人者，得以裁定省略其讯问。（第二九五条）

【证(證)据调】【民刑诉】Investigation 为日本名辞即证据之调查也。

【证(證)题】【民刑诉】Factum probandum（拉丁） 凡在争议中谋事实。须待证明者，曰证题，盖即证据标题，或欲证事物之谓也。

【证(證)权证券】【行】所谓证券，乃指股票公债，公司债等等而言，凡可为证明权利关系之证券，均称曰证权证券。

【赠(贈)与】【债】Gifts；Donation 谓当事人一方以自己之财产为无偿给与于他方之意思表示，并经他方允受而成立之契约也(民法第四〇六条)。依此定义，赠与乃无偿契约及片务契约。须经双方之合意方能成立，但有时尚须登记方能成立（第四〇七条）。赠与系恩惠行为，故与买卖互易有别，赠与者曰赠与人，相对方则曰受赠人，赠与人之义务：（甲）依赠与契约之本旨履行债务。如赠与标的物有瑕疵时，原则上赠与人不负担责任，但有例外：（1）赠与人故意不告知其瑕疵者。（2）赠与人曾保证其无瑕疵者。（3）赠与人仅就故意或重大过失负担责任。（4）在附有负担之赠与，赠与人仅于受赠人负担之限度内负与出卖人同一之担保责任（第四一〇条、四一一条、第四一四条）。赠与人遇有下列情形之一，得拒绝履行：（1）因赠与致其生计有重大之影响时。（2）因赠与致妨碍其扶养义务之履行者（第四一八条）。所以保护赠与人之利益也。此外赠与人于下列情形之一亦得撤销其赠与：（1）受赠人对于赠与人或其最近亲属有故意损害之行为，而应负刑事责任者。（2）受赠人对于赠与人有扶养义务而不履行者。（3）受赠人因故意不法行为致赠与人死亡或妨碍其为赠与之撤销者，则赠与人之继承人有撤销权。（4）未立字据之赠与，在赠与物未交付前，赠与人得撤销之。（5）在附有负担之赠与受赠人不履行负担时，赠与人得撤销之。至于撤销方法以意思表示为之。撤销后并得依不当得利规定请求返还赠与物（第四六条、四一七条、四〇八条、四一二条、四一九条）。赠与之种类有二：（1）普通赠与。（2）特种赠与。（详各本条）

【赠（贈）与人】【债】Donor 因赠与契约而以自己财产无偿给与他方者，曰赠与人，与受赠人相对立。

【赠（贈）与物】【债】Object of the gift 即赠与之标的物也。

【赠（贈）与税】【行】赠与税者，谓对于基于赠与而取得之财产予以征收之赋税也。赠与税与继承之遗产税极有关系前者乃后者之补充。

【赠（贈）贿罪】【刑】或称行贿罪。（详该本条）

【赝（贋）似条件】【民总】又曰假装条件。（详该本条）

【辞（辭）工】【行】所谓辞工，乃指从事于矿业之工人自动的向矿业权者请求辞卸工作之职务也。按矿工雇佣之期间除临时事业及订有特别契约者外，皆为无期限的，但矿工仍得于十五日前预行通知辞工，至于有下列情事之一时，矿工仍得随时辞工：（1）身体虚弱不堪工作者。（2）被矿业权者或其使用人虐待者。（3）不于规定时间给予工资者。（4）坑内外状况险恶，不堪工作者。（矿工待遇规则第二条、第四条）

【辞（辭）讼】【史】谓诉讼也，又曰词讼。

【辞（辭）讼比】【史】为汉时之法律书，计七卷，乃汉陈宠所著。后汉书（卷七十六）—陈宠传："昱高其能，转为辞曹，掌天下诉讼，其所平决，无不厌服众心，时司徒辞讼，久者数十年，事类溷错，易为轻重，不良吏得生因缘，宠为昱撰辞讼比七卷，决事科条，皆以事类相从，昱奏上之，其后公府奉以为法。"又东观记曰："建初中，司徒辞讼，久者至数十年，比例倒轻重，非其事类，错杂难知，鲍昱为司徒，奏定辞讼比七卷，决事都目八卷，以齐同法令息遏人讼也。"惟晋书刑法志谓："司徒鲍公撰嫁娶词论闪，为法比都止，凡九百六卷。"此与上述二书不合，案辞讼比一书自隋已佚,所余传者仅宠所上表奏三篇,载本传。汉时辞讼甚繁杂,司徒鲍昱特行编纂各案之刑罪比例案,计七卷,称曰辞讼比,与今所称这判决例相类似,与法律具有同等之效力。东观汉记:"建安中,司徒辞讼久者,至数十年,比例倒轻重,非其事类,错杂难知,鲍昱为司徒,奏定辞讼比七卷,决事都目八卷,以齐同法令,息遏人讼也。"

【辞(辭)职】【行】Resignation 基于自己之意思,依法向特定机关请求清灭其现任一定之职务者。曰辞职。

【边(邊)卡失察逃犯】【史】边卡谓边境之关隘也。镇守之之员如对逃走经过其地之罪犯失于觉察者,应依本条之规定予以处分,清之六部处分则例(卷四十)兵属边防篇设有边卡失察逃犯之条:"伊犁塔尔巴喻台叶尔羌喀什噶尔等处盘获逃犯,审明该犯所过边卡地方,将失察经由之员并该地方官具降一级留任,该管大卧罚俸一年,如该犯在边卡地方,藏匿已过半月以上,将失察各官具降一级调用,该管大臣降一级留任。"

【边(邊)防】【史】谓国境边地之戍备军也。唐书—兵志:"兵之戍边者,大曰军,小曰小捉,曰城,曰镇,而总之者曰道,此自武德至大宝以前边防之制。"

【边(邊)塞】【史】在国境所设置之兵营,以为警戒外寇之用者,曰边塞。史记—三王世家:"大司马臣去病上疏曰,陛下过听使臣去病待罪行间,宜专边塞之思。"

【边(邊)隘盘查出入】【史】边者,边关也。隘者,要隘也。盘查谓盘诘查察也。清之六部处分则例(卷四十)兵属边防篇有边隘盘查出入之条:"凡边关隘口严行盘查,如民人出入并无用印文票及虽有文票而人数浮多,该管官失察偷度一二名者,降一级留任,三四名者,降一级调用,五名以上降二级调用,十名以上降三级调用若失察贩卖人口案者革职,受贿故从者,革职治罪,如失察盗犯偷度边口一名降一级留任,二名降一级调用,三名以上降二级调用,五名以上降三级调用,十名以上革职,若夹带违禁货物守口官徇纵放出,按其所带之物分别治罪,失察者亦分别议处,至威远堡凤凰城法库等处边门系文职看守,以武职为兼管官边栅系武职巡查,以文职为兼管官,如有失察贿纵情事,其专管官应降级留任者,兼管官罚俸一年,专管官应降级调用者,兼管官降一级留任,专管官应革职者,兼管官降三级留任,其各处水沟守口官亦分别专管兼管愁照前例核议,至偷度之人并未经由门栅,系越度堵塞边关者,将失察之专管官罚俸一年,系由边墙坍塌处所爬越者免议。"又:"出关之人执有印票人数相符,该管官弁不即验票放行,稽迟勒掯者,降二级调用,其有吏役需索等弊,将该管官分别失察故纵,照衙役犯赃例议处。"又:"车辆装运人货出口回空时,亦每车给与印票,该管官查验人数相符,方准放其进口,傥不行稽查,以致夹带私逃兵役入口,将专管官罚俸一年,如验无夹带私逃情弊,而借端勒索者,该管官革职,兼辖官降二级调用,该管官借端留难者,降二级调用,兼辖官降一级调用。"又:"旗人私自出关前往他省,将误行给与印照之员降一级调用。"

【边(邊)境申索军需】【史】凡屯守边镇将领如遇军器钱粮车马匹头缺少,应合取索者，应差人向上司如布政司督抚将军等申请，如稽缓不奏及申报违式者，依本条处断，所谓稽缓不奏，非专就府部而言，即守边将帅稽缓不即具奏者亦在其内（学者对此有相反说，参下述清律辑注），明律（卷十四）、清律（卷十九）兵律军政篇之边境申索军需条有相类似之规定，清律条文曰："凡守边将领，但有取索军器钱粮等物，须要差人，一行布政司，一申督抚将军提镇，再差人转行合于部分，及具奏本实封御前，其公文若到该部，须要随即奏闻区处，发遣差人回还，若稽缓不即奏闻，及各处不行依式申报者，并杖一百罢职不叙，因而失误军机者斩。"清律之总注："边将军需缺乏应合取索，须要差人，一行布政司，一申督抚将军提镇，督抚等转行合于部分，又必实封具奏，恐有隐蔽迟误也。公文到日，谕部须要随即酌议奏闻区处，发遣差人回还，若该部稽迟怠缓，不即奏闻，及各处边将不依式申报者，并杖一百罢职不叙，此言未至失误者也，因而先误军机者斩，罪坐所由。"同律辑注："合于部分，如钱粮行户部军器行军部也。"又同律辑注："不即奏闻，专指该部言，上曰随即，此曰稽缓，语派呼应甚明，而义亦如此，或谓兼边将言非也，军需乃边将死生祸福所关，岂肯自行稽缓，故但罪其不依式申报耳。"

【镍（鎳）杻】【史】（详枷杻条内）

【镍（鎳）禁】【史】镍与锁同字，凡以铁作成而加于颈上之狱具，对于重犯以镍加于其颈而监禁之，谓之镍禁。（清律卷二十九断狱篇——应禁而不禁之条）

【关（關）】【史】唐时官文书之名，一曰关，二曰刺，三曰移，皆系诸官司间于相质询时所用之文书，关者谓关通其事项之谓也。事物纪原（卷二）："唐会典曰，唐制诸司相质问，三曰关，关通其事也。盖始于唐，宋朝神宗行官制，用唐事。"唐六典："尚书省中职，诸司相质问，其义有三，曰关刺移。"宋书之礼志亦有关文之目，明清关提关饷之语，皆出此也。

【关（關）口外所住之人买人】【史】关口乃指长城各关口而言，在关口外所住之人来京购买人口者，应到一定官署内登记给证，并须领得兵部用印文票，违者治罪。清之现行则例（即刑部现行则例）户役篇设有关口外所住之人买人之条："关口外所住之人来京买人者，将所买之人带到宛大二县，五城正印官处说明情由，将卖身之人，取有情愿卖身口供之契，令其用印，仍令禀明各该都统将所带出口之人数目咨明，兵部给发用印文票，其看守关口人等，将带出之人，亦严行盘查，若无兵部用印文票，令其出口者，将章京马法各罚俸一年，披甲之人，具各鞭八十，领出之人，具各鞭一百。"

【关（關）尹】【史】为周时掌司关门之官，一曰关令尹，或简称曰关令。史记："老子见周衰，乃遂去，至关见关令尹喜。"

【关（關）令】【史】为关尹之别称。（详关尹条）

【关（關）用传出入】【史】关者境域出入必经之要隘也。传为过所文书，即出入随带之凭证也。周礼—地官司关之注曰："传如今过所文书，贾疏过所文书当载人年几及物多少，至关至门，皆别写一通，入关家门家，乃按勘而过，其自内出者，义亦然。"汉书—文帝纪："十二年除关无用传注，张晏曰，传，信也。若今过所也，如淳曰，两行书缯帛，分持其一，出入关，合之乃得过，谓之传也。李奇曰，传，棨也。师古曰，张说是也。古者或用棨，或用缯帛，棨者刻木为合符也。”又景帝纪：“元年诏曰，孝文皇帝临天下通关梁不异远方，注，张晏曰。孝文十二年，除关不用传令，远近若一，四年复置，诸关用传出入，注，应劭曰。文帝十二年除关无用传，至此复用传，以七国新反，备非常。”崔豹古今注：“凡传皆以木为之，长五寸，书符信于上，又以一板封之，皆封以御史印章，所以为信也，如今之过所也。”

【关(關)防】【史】对于不正行为之防遏，谓之关防，例如科举条例中有关于防止试场中不正行为之关防之规定是。又关防亦得作为关守，防备，提调，督率等解(六部成语注解)，此外以防遏不正行为为目的，而给与地方长官之官印，亦称曰关防，一说官印之称为关防，乃在于防止虚伪之印章，故曰关防，此说待证。

【关(關)防内使出入】【史】此条专为内官而设，内使内监，均系近君之人，即太监少监监丞并长随之奉御内使，各有关防牌面，于出入紫禁城(明律曰皇城)须将关防牌面送阅于各守门之官员分别记明，出入时并应受搜检，不服者应加治罪，如非奉旨亦不得携带武器及杂药等物。明律(卷十三)、清律(卷十八)兵律宫卫篇均有关防内使出入之条，内容相同，清律条文及其下注：“凡内监并奉御内使，但遇出外，各(守)门官须要收留本人在身关防牌面，于(门)簿上印记姓名(及牌面)，字号，明白附写前去某处，干办是何事务，其门官与守卫官军，搜检沿身别无夹带(官私器物)，方许放出，回还一体搜检，给牌入内，以凭逐月稽考出外次数，但(有)搜出应干杂药，就令(带药之人)自吃，若(有出入)不服搜检者，杖一百，(发附近)充军，若非奉旨私将兵器(带)进入紫禁城门内者，杖一百，发边远充军，入宫殿门内者绞(监候，其直日守)门官及守卫官失于搜检者与犯人同罪(至死减一等，内使例不充军，惟此须依本律)。”

【关(關)防印记】【史】关防与印记同，均为方形之印，始于明初，野获编：“本朝印记，凡为祖宗所设者，具方印，后因事添设，则赐关防，按刘辰国初事略，太祖因部臣及布政使用预印空纸作奸事发，议用半印勘合行移关防。”据此，则二者均系给予官吏用以证明其身分而设，同时且为防止其非行为目的之用。明律清律刑律贼盗篇——盗印信之条：“盗各衙门之印信者(不分首从)，皆斩，盗关防印记者皆杖一百刺字。”(参印信条)

【关(關)防记】【史】谓以防止文书之奸伪与欺蔽为目的所用之印也，始于明太宗之时，明太宗实录：“朕初于文籍设关防记者，本以绝欺蔽，防奸伪，特一时权宜尔”，至清代则略称曰关防。

【关(關)津留难】【史】关津之所，必须盘验而后放行，若无故阻当，应构成本条罪名，即官豪势要不服盘验及撑驾渡船之艄公水手于风浪险恶时，开船出发，或于出发时，利用风浪险恶，而吓诈者，匀为违法。明律(卷十五)、清律(卷二十)兵律关津篇均有关津留难条之同一条文。清律原文及其下注：“凡关津往来船只守把之人，不即盘(诘)验(文引)放行，无故阻当者，一日笞二十，每一日加一等，罪止笞五十(坐直日，若取财者，照在官人役取受有事人财例，以枉法计赃科罪)。若官豪势要之人、乘船经过关津，不服盘验者杖一百。若撑驾渡船稍水，如遇风浪险恶，不许摆渡，违者笞四十，若不顾风浪，故行开船至中流，停船勒要钱者，杖八十，因而杀伤人者，以故杀(死)伤(未死)论(或不曾勒要船钱，止是不顾风浪，因而沉溺杀伤人者，以过失科断)。"清律之总注："关市津渡之处，凡有往来船只，皆应盘诘其来历，辨验其文引，所以稽察奸宄也。若把守之人，借端留难，必致羁滞行旅，故不即盘验放行，无故阻当者，计日科罪，一日笞二十，至四日以上，罪止笞五十。罪坐直日者。凡过关津，必须盘验，官豪势要之人恃强不服，是抗违法令矣，故杖一百，若撑驾渡船之稍工水手，如遇风浪险恶之时，不许载人过渡，违者笞四十，虽冒风浪，而非有意作难，故其罪轻也，若不顾风浪，故行开船停于中流险恶之处，使人惊惧，勒要船钱者杖八十，此是有心吓诈，故其罪重也，因风浪停船勒要船钱之故，致有杀伤律论罪，如中流要钱，而争角蹉跌落水，或中流停船时，被风浪卫击等项，皆杀伤之事也。杀依故杀律斩，伤依斗殴律照伤坐罪。"

【关(闗)津篇】【史】为明清律兵律中之一篇，与宫卫、军政、厩牧、邮驿等篇相对立，乃关于稽察事条之规定，隋唐律合于宫禁故曰卫禁，所谓禁即关禁也。至明分之为宫卫与关津二篇，以宫卫者内禁也，关津者外禁也，轻重不同故也。计分七条如下：私越冒渡关津，诈冒给路路引，关津留难，递送逃军妻女出城，盘诘奸细，私出外境及违禁下海，私役弓兵，清律不加损益因其旧制。

【关(闗)差】【史】掌管常关(旧设之关)事条之长官，称曰关差，由中央政府遣派之，任期为一年。(清会典户部)

【关(闗)差任满期限】【史】谓各各关差使任期届满，于一定期限内应将征收应交之盈余银两及文件等，全数一一交清也，清之六部处分则例(卷二十三)户属关市篇设有关差任满期限之条："各关一年期满(各关以十二个月为期，崇文门遇闰以十三个月为期)，题报考核其所收税银按限批解(粤海关按一年满后限六个月内起解，杀虎口按四季于季满后三个月内起解，浒墅九江扬州淮安芜湖西亲等关，按两季于季满后二个月内起解，坐粮厅山海关张家口赣关闽海太平江海浙海临清天津凤阳北新等关归化城多伦诺尔，按一年满后限三个月内起解，崇文门左翼右翼，按四季于季满后一个月内起解)。如有逾限不解者，将管关之将军巡抚监督，照各省正项钱粮解部迟延例议处，其商人亲填册档均于题报任满时起解，以科抄到部日起限二十日解到，如有逾限，将管关之员，罚俸六个月，至崇文门左翼右翼张家口山海关收税册档限任满后三个月内送部考核。"又："关差新书交代造册，如有遗漏舛错，将该监督罚俸一年。"又："关差任满回京将所领敕书札付亲送部科呈缴，计其回京日期除去程途及患病阻风等事，逾限一月以上，罚俸三个月，兩月以上，罚俸六个月，三月以上，降一级留任，四月以上，降一级调用，五月以上，降二级调用，半年以上，降三级调用，一年以上，革职。"又："山海关、张家口、杀虎口、左翼等五处，各监督差满征收应交盈余银两，系广储司造办处圆明园兑收应用，自奉旨之日起，予限一月，全数交清，倘逾限不缴，由内务府据实参奏请旨惩办，再勒限二十日，如再不完，奏请革职送部监追。"

【关(闗)提】【史】谓关会拘提也，即甲地罪犯逃亡于乙地时，甲地之官司照会乙地官司请其将该罪犯拘提引渡之谓，清会典(嘉庆会典卷四十三)："一面差人关会该地方方添差协缉,不得擅给批牌,竟行拘提。"

【关(關)税】【行】Custom duty 凡货物之输入国内与输出国外经过港口时,所缴纳一定之税率,曰关税,又称海关税。

【关(關)税考成】【史】关税谓各处所设税关所收之税款也。考成乃指考核其税收之成绩而言,清之六部处分则例(卷二十三)户属关市篇设有关税考成之条:"关税正额银两一年限满,该监督欠不及半分者,降一级留任,欠半分至一分以上者降一级调用,欠二分以上者降二级调用,欠三分以上者降三级调用,欠四分以上者降四级调用,欠五分以上者革职,缺额银两著落追赔。"又:"关税盈余银两一年限满,该监督欠不及一分者免议,一分以上,罚俸一年,二分以上,罚俸二年,三分以上,降一级留任,四分以上,降一级调用,五分以上,降二级调用,缺额银两著落追赔。"又:"各关监督短缺正余额税处分,如有军功及钱粮全完,议叙加经纪录者,准其抵销,别项加级纪录,不准抵销。"又:"各关监督于未满年限之先,遇有升调降革丁优病故等事,具以离任之日为止,按其在任月日多少,作为分数考成。"又:"各关监督于著落追赔之后,能于年限内,将缺额银两全完者,准其呈报该管衙门咨部核实,将从前所得处分即予开复。"又:"道光十年四月二十九日奉旨,前因各省关税每多征不足额,降旨令户部会同内务府分别功过,妥议章程具奏,兹据查明各关税课有历来有盈无绌,及从前间有短绌,近年尚能足额,及历届均属亏短者,请将应征盈余银数,以六成作为额内,以四成作为额外,核其溢额绌额分别功过,著照所请,除历系有盈无绌,各关毋庸置疑外,其历年缺额,及间有缺额各关,各按应征盈余银数,以六成作为额内盈余,遇有短少,著落赔缴,仍按额内盈余短收分数,照旧例议处,以四成作为额外盈余,遇有短少著落赔缴,免其处分,如应征盈余足额之外,复有溢收,亦按其分数,照新定章程,给予议叙,以昭平允,至各关亏短之,由固云今昔情形不同,然奸商之偷漏绕越,丁役之卖放侵吞,在所不免,该监督等务当严加约束,认真督察,无任仍前弊混,并著各该省督抚随时密为查访,如有前项情弊,据实严参惩办,毋稍徇隐,再历年缺额及间有缺各关,著该督抚等,就近详细查明具奏,核实办理余依议钦此。"

【关(關)税警察】【行】Customs police 所谓关税警察,乃指关于预防关税之脱漏与船舶货物之取缔等等之行政警察而言。

【关(關)给】【史】官署直接发给兵器及其他必要物品于军人者,谓之关给,明律(卷十四)、清律(卷十八)兵律军政篇——私卖军器之条:"凡军人关给衣甲刀枪旗帜,一应军器,私下货卖者,杖一百。"

【关(關)禁】【史】与海禁相对称,即陆上交通之取缔也。于关口设置守望之官对通行人口及货物一一加以检查,即对所携带之护照,亦须加以验明,始许放行。(清会典兵部关禁之规定)

【关(關)拨】【史】将帅发给战时必要物品于军人者谓之关拨(拨与发同义)明律(卷十四)、清律(卷十八)兵律军政篇——毁弃军器之条:"凡将帅(清律此处改为领帅)关拨一应军器征守事讫,停留不回纳官者,十日杖六十,每十日加一等。"

【关(關)节】【史】关者说也,节者通也,凡对权要人物赠贿请托者,谓之关节,通鉴唐宪宗纪—胡三省注曰:"唐人谓相属请托为关节,此语至今犹然。"

【难(難)荫生】【史】为荫监生之一,与恩监生相对称,凡大小各官因公务而在外海、长江、黄河、大湖等遭难而没,或军营中服务病死之七品以上文武官员均得以其嫡子孙一人,送入国子监,称曰难荫生。

【难(難)荫官】【史】清制,父祖如为国殉难时,例与其子孙以一定之官职,是曰难荫官其职位依父祖之官职而赐与有差。

【难(難)议坐罪】【史】谓法无明文而难议定处以应得之罪也,元典章(卷四十五)刑部——主奸奴妻之条:"……奸所不曾见,别无显迹,靳全在逃,不见主奸奴妻罪名,……原告人已在逃,又兼主奸奴妻,难议坐罪。"

【离(離)任官久占衙署】【史】旧任官吏于卸职离任之后,于一定限内应即离开衙署,另行迁居,不得久占,违者依本条之规定予以处分。清之六部处分则例(卷八)吏属离任篇设有离任官久占衙署之条:"外省官员卸任于交代限内,即出署另居,不得久占衙舍,如不依限出署将旧任官降一级调用,接任官不得详揭罚俸一年。"

【离(離)任官不候接署】【史】旧任官吏应候新任者到任接署,始准交代离任,违者应受自处分,清之六部处分则例吏属离任篇有离任官不候接署条之设:"应行离任官员,俟上司委员接署,方准交代离任,如上司尚未委署,即行离任者,降二级调用。"

【离(離)任官交代未清起程】【史】官吏既经调职,应预先将所经手钱粮等项,交代完竣,否则不得起程他往,违者应受处分。清之六部处分则例(卷八)吏属离任篇设有离任官交代未清起程条:"离任官员不将钱粮等项交代明白,即行起程者,降二级调用,失察之该管官降一级调用,督抚罚俸一年。"

【离(離)任官承督未完处分】【史】官员于离任时对于任内承督未完案件仍未完结者,应受一定之处分。清之六部处分则例(卷二)吏属降罚篇设有离任官承督未完处分之条:"各官任内有承督未完案件,或因升迁降革,以及丁优终养等项事故,于限内离任者具以罚俸一年完结,如于起限之后不及一月卸事者免议",又:"承督未完各官,于展参限内离任者,前次参限满时,所有已得降罚处分,统俟完解降罚银两知照到日准其查销",又:"钱粮未完各官本案内已声明卸事日期者,查系限内离任,即照离任官例议结,将原议停升督催之案查销,其有已经离任而案内未据声明者,令该督抚于复参案内扣明参限,并该员卸事月日声请议结,或随时专咨报部,以凭分别查销改议。若限内卸事之员未据该督抚将离任日期声报,而该员已调任他省者,准其申请现隶之督抚专咨报部,由部查核原案相符,亦即分别查销改议完结。"又:"特旨升调各官原任内有未完案件,具照离任官例改为罚俸一年完结,其应议以罚俸三个月、六个月、九个月者,即各照原处分议结。"

【离(離)任官赴部迟延】【史】升任官员之离任降调人员之离任,又离任官因公事或患病或因私事,不能依照一定期限赴部得展限若干月,如再逾期应受处分。清之六部处分则例(卷八)吏属离任篇,设有离任官赴部迟延之条:"题升推升捐升,例应离任人员该督抚接到部咨,责令交代清楚后限三个月给咨赴部,如有迟延,逾限一月以上者罚俸三个月,两月以上者罚俸六个月,三月以上者降一级留任,四月以上者降一级调用,五月以上者降二级调用,半年以上者,降三级调用,一年以上者,革职。"又:"降调人员亦限交代清楚后三个月给咨赴部,或给咨回籍,如有迟逾照前例议处(无交代者以接奉部文之日起扣限三个月)。"又:"离任官本任内实有承办要件不能依限赴部者,若半年内事可完竣,该督抚于交代限内咨部扣展,若半年以上方可完竣,即奏明扣展,总不得过一年之限,如不依限奏咨,照事件迟延例议处(例载限期门)",又:"离任官适遇患病不能起程赴部者,该督抚委验取结,准其展限三个月,如逾限不痊,即给咨回籍调理,病痊之日再由原籍督抚给咨赴部,傥有捏报患病者革职,验看官徇情具结,降二级调用。"又:"离任赴部官有省亲修墓等项事故,必须回籍者,许其呈明任所督抚,酌给假期,仍咨明本籍督抚,于假限满日饬令赴部,如本员不呈请给假辄自回籍者,照违令私罪律罚俸一年,其例应回籍候补者,领咨后无庸请假。"又:"离任赴部回籍人员,地方官不催令起程者罚俸六个月。"

【离(離)任官员预行注考】【史】各省离任官员例须由原隶之督抚出具考语遂部引见,惟因时有为日过久者,故应令该督抚于离任官员回籍时,即预先将考语注便,咨明本籍督抚存案以便于引见时径将考语送呈叙入文内。清之六部处分则例(卷二)吏部降罚篇设有离任官员预行注考之条:"乾隆二十九年十月十六日奉上谕前经降旨各省离任候补之员,有因前任案件室误降调者,令原隶之督抚出具考语,送部引见,但此等人员离任事故不同,多有迟至二三年及数年后始行请咨赴部,其原隶上司早经更易,代任者又未悉其贤否,何从悬拟考核,盖由传谕之后,部臣未经分晰,条例殊多隔碍,嗣后著于该员等甫经请咨回籍时,该督抚将该员居官如何出具切实考语,即行咨明本籍督抚存案,俟例应引见时,径由本籍督抚查照原咨考语,叙入文内。无庸再赴原隶上司衙门请咨注考,以照划一钦此。"又:"外任升授京职人员,该督抚于该员离任时即出具切实考语,送部注册,遇有前任内因公降调革职处分,吏部于议处本内夹笺具题,若奉旨著该部带领引见者,查明该员任京职后已满一年,即行知该堂官填注考语咨送,如未满一年即查照该督抚原咨考语叙入折内,仍将该员降任京职,会否已满一年及由何衙门出考之处,一并于折内声明。"又:"凡给咨赴部引见人员该督抚已经出具考语,如未引见以前遇有降革事故,奉旨仍送部引见者,准该员赴部呈明查照原咨考语,带领引见。其各省差委来京例不引见之员,亦令该督抚于咨文内添注考语,倘到京后遇有降革处分,奉旨送部引见者、准该员照例呈明查核原咨一体带领,无庸再回原省出考,以示体恤。"

【离(離)婚】【亲】Divorce 又称离异,即人为的解消婚姻关系之谓。详言之,即夫妇于婚姻有效中由双方当事人之协议,或基于法定原因而请求解除其婚姻之谓,与别居不可相混。前者姻亲关系因而消灭,后者则仍存在,前者当事人之扶养义务即行免除,后者仍行存在,又前者继承权亦行消灭,后者则否,前者当事人可自由再婚，后者则否。离婚与结婚之撤消亦有区别。（一）前者之原因乃在结婚之后，后者其原因则在结婚之前，或结婚之当时。（二）后者之目的乃在消灭有缺陷之婚姻，前者之目的乃在消灭完全无疵之婚姻。（三）前者仅当事人可以请求之，后者则不以当事人为限。（四）前者于当事人一方死亡时不得为之，后者则反是。关于离婚之立法主义有下列各种：（一）自由离婚主义与限制离婚主义。（二）许可离婚主义与禁止离婚主义（详各本条）。离婚可分为三种：（一）裁判离婚。（二）协议离婚。（三）强制离婚。（详各本条）

【离（離）婚之诉】【民诉】Action for a divorce　离婚之诉者，谓以民法所定离婚之事由为原因，所提起请求婚姻消灭之诉也，亦为一种形成之诉，应适用关于婚姻事件程序之规定。

【离（離）婚法庭】【组】Court of divorce　在英国为高级法院之一庭。（详高级法院条内）

【离（離）婚登记】【行】Registration of divorce　有婚姻关系之双方当事人将离婚一定事由，向离婚时当事人住所所在地之户籍主任声请登录于人事登记簿者，曰离婚登记，其声请应自离婚之日起十五日内为之。（户籍法第七四一七五条）

【离（離）异】【亲】Divorce　又称离婚（详该本条），但在我国通常所谓离异，多系专指非正式婚姻之脱离关系而言。例如夫与妾之离异，或童养媳与未婚夫家之离异是。

【离（離）异归宗】【史】妻犯奸罪，任夫嫁卖，惟不得嫁卖于奸夫，违者本夫奸夫各杖八十。准该妇离婚归返母家，是曰离异归宗。明律（卷二十五）刑律犯奸篇——犯奸之条："……其和奸刁奸者，男女同罪，奸生男女，责付奸夫收养奸妇从夫嫁卖，其夫愿留者听，若嫁卖与奸夫者，奸夫本夫各杖八十，妇人离异归宗，财物入官。"其纂注曰："……若遂卖于奸夫则违断从淫，本夫恶得无罪，故与奸夫各杖八十。妇人离异归宗，财物入官。"

【离（離）缘】【继】Dissolution of adoption　为日本名辞，即我国所称之归宗也。

【离（離）职】【史】官吏离去任地而他往，曰离职。元典章（卷十一）吏部第五篇——吏不得擅离职之条："……非奉圣旨，不得擅自离职云云。"

【类（類）似抗告】【刑诉】Application　所谓类似抗告者，乃指（1）对于受命推事或受托推事所为之羁押具保扣押及扣押物件发还之处分，证人鉴定人通译所受罚锾及赔偿费用之处分。（2）对于检察官所为之羁押具保扣押及扣押物件发还之处分有不服时，得声请撤销或变更而言。类似抗告又称声请，与抗告不同，其异点有如下述：（1）抗告系向直接上级法院为之，而类似抗告，则除处分该事件之受托推事系初级法院推事应向管辖地方法院声请外，均向该推事所属法院为之。（2）抗告时如有不服于法定情形内得再行抗告，类似抗告则否。（3）抗告系对于法院之裁定声明不服，类似抗告且得对检察官之处分不服时，向该管法院声请变更或撤销之。类似抗告与抗告虽不同，但被声请之法院所为之裁定，如驳回之裁定，撤

销或变更之裁定,则与抗告无异。(形诉法第四二七—四三一条)

【类(類)似股东】【公】Similar shareholder 谓非股东而有可以令人信其为股东之行为者也。例如与股东同行列名声请登记时是,法律规定对于善意第三人应负与股东同一之责任。(公司法第三七条、第七八条)

【类(類)似物权】【物】Quasi-real right 即准物权(详该本条)之谓。

【类(類)似期间】【民诉】又名职务上期间。(详该本条)

【类(類)别预算】【行】即国家收入与支出之分类之预算也。

【类(類)决】【史】官吏犯公罪该处笞刑时,依其身分之区异,官准收赎,吏则否:于每季集同种类者,执行其刑,谓之类决。明律(卷一)名例篇——设有文武官犯公罪之条:"官吏犯公罪,该笞者官收赎,吏每季类决,不必附过。"

【类(類)推】【通】Analogy 对于某种相异事物取其彷佛相似之点加以推究者,谓之类推,例如对于某一事项,法律上无明文规定,以推论方法断定其他相类似之条文而加以适用是。

【类(類)推解释】【通】Analogy (参类推适用条内)

【类(類)推论法】【通】Analogy 为类推适用准则之一,与反对论法及勿论论法相对立。谓以规定一定法律关系之法则,应用于与此关系相类似之法律关系也,例如最高法院最近解释谓妇女诱奸未满十四岁之男子,而该男子无奸意者,以猥亵罪论,即所谓类推论法也。但通常应用于民事上为多,刑法则极少。

【类(類)推适用】【通】Application by analogy 法则因立法者注意之未周,或社会之进步,与夫新事物之发生而觉不足敷用,于是须推究现存之法则,以发见新法则,藉资适用,是曰类推适用,与法之解释不可混同,因前者乃在法则原未规定而后产生,而后者则已有规定,故有区别,学者每称类推适用为类推解释,误也,类推适用之准则有三:(一)类推论法。(二)反对论法。(三)勿论论法。(详各本条)

【类(類)选铨注】【史】类选谓集同类者而选任之也,铨注谓铨衡注记之以供参考也。

【骗(騙)取】【刑】骗取者,谓以欺罔之方法,使人陷于错误,而取得其人之财物,或财产上之不法利益也。

【骗(騙)取利益之诈欺罪】【刑】为诈欺罪之一,凡用一般诈欺罪之方法,以得财产上不法之利益,或使第三人得之者,成立本罪。例如用欺罔手段使于有价证券上为不利之签署,或使其将债权移转于第三者,皆属之。故本罪之客体,乃无形物。其他构成要件,及法律上之处分,均与一般诈欺罪同。(参该本条,现行刑法第三六三条第二、三项)

【丽(麗)法】【史】丽者附也。著也,即审查犯罪者之事实而以其罪与所附之法相一致,换言之,即适用法刑之义也。周礼—秋官乡士:"司寇听之,断其狱弊其讼于朝,群士司刑皆在,各丽其法,以议狱讼。"其疏曰:"各丽其法者,罪状不同。附法有异，当如其非状各依其罪，不得滥出滥入，如此以议狱讼也。”

【**麒麟阁**】【史】汉武帝获麒麟，乃筑一馆，孝宣帝时，画功臣肖像于阁上，以示奖励之意，汉书—苏武传：“上思股肱之美，乃图画其人于麒麟阁。凡十一人，霍光、张世安、韩增、赵充国、魏相、丙吉、杜延年、刘德、梁丘贺、萧望之、苏武”其后辟为图书馆。

二 十 画

【劝(勸)业道】【史】清末所设之官名，掌各省农工商各业之事。

【劝(勸)农】【史】汉置大农丞十三人以奖励农业，是为直接劝农之官创设之始，惟劝农之事例，已见于唐虞三代之时事物纪原(卷六)：“汉承秦置大农丞十三人。人部一州，以劝农桑力田者，此劝农官之始也。唐中睿之世，州郡牧守皆以劝农名其官：宋朝会要曰，至道二年七月，直史馆陈靖言，天下多旷土流民，请置使招集，八月以靖为劝农使，按行陈许等八州，劝民垦田。”

【劝(勸)诱之要约】【债】Invitation of offer　谓引起他人要约之意思表示也，或称要约之劝诱，因其无缔结契约之意思，必俟相对人之意思表示，而自己从之再为意思表示，然后得使契约成立，故与要约之遇有相对人承诺即可使契约成立者不同。

【严(嚴)加议处】【史】官吏犯罪时，如其情节重大者，须受严厉处罚，所谓严加议处是也，乃指严重议定其处罚而言，六部成语注解：“寻常小过，交部议处以罚，若为大过，则议处加严也。”

【严(嚴)正中立】【国公】又称曰完全中立。(详该本条)

【严(嚴)定监规】【史】监者，国子监也。旧制，国子监为全国最高学府，监臣对于月课季考以及一切教务学规，均须严加整理，违者应受一定处分，清之六部处分则例(卷三十)，礼属学校篇设有严定监规之条：“国子监月课季考，该监臣亲身董率督课，择其文理明通者，分别奖励，每月朔望令满汉监臣齐集讲书，如该监臣视为具文并不实力奉行者，照溺职例革职。”又：“贡监生到监肄业或有不肖官员借端勒捐，该监臣务须严行革除，如有徇庇，降三级调用，如系失察，降二级调用。”

【严(嚴)于不以实】【史】实者真也，确也，凡事项情节无虚假，亦无游移者，曰实，上书，告诉，及供述等，如有虚构者则为不以实，其处罚特重，是为严于不以实。学海堂丛刻第五册之读律提纲：“实，真也，确也，凡事中情节，一无虚假，一无游移，方为以实，若有司治事，苟且掩饰，蒙混申报，民人构讼，牵扯虚捏，狡词供诉，是皆谓不以实”，例如刑律断狱篇检验尸伤不以实之条，刑律诈伪篇对制上书诈不以实之条，又如名例篇犯罪自首之条，又户律田宅篇检踏灾伤田粮之条等。

【严(嚴)于不如法】【史】国家设立法制，一事一物，皆有一定方式，若反其式而行之者，是其行为与国法相违背，谓之不如法，其罚从严，故曰严于不如法。海学堂丛刻第五册之读律提纲：“朝廷设立法度，一事一物皆有一定之式，凡属臣民皆宜遵守，若率意以行，无论作事制器不依定式是之谓不如法。”例如刑律断狱篇决罚不如法之条，户律户役篇立嫡子违法之条，又同律仓库篇转解官物之条等。

【严(嚴)于私】【史】罪可分为公罪与私罪二种(古时之分类)，凡因公务上之过失，称曰公罪，其因私情私欲上所犯之罪，则曰私罪，对于私罪之处罚较公罪为重，是曰严于私。海学堂丛刻第五册之读律提纲:“私有二,一是私心,一是私做,有私者,非出于公也。事有私则非奉乎公也。”其列举之例为户律户役篇私劫庵院及私度僧道之条,又刑律诈伪篇私铸铜钱之条,及同律军政篇私藏应禁军器之条,又兵律宫卫篇宿卫守卫人私自代替之条等。

【严(嚴)于强】【史】恃己之势,或恃己之力,或恃己之众,以欺凌他人者或不法强济己之私者。谓之强,法律对强者之处罚特严,是曰严于强,学海堂丛刻第五册之读律提纲:“强者或恃势,或恃力,或恃众,逞强凌人之谓也。其强盗强奸罪名固重,此外凡系不依理,不守法,以强济其私者,皆比他罪为重。”其列举之例为户律田宅篇盗耕种官民田之条,又同律婚姻篇男女婚姻之条,娶部民妇女为妻妾之条,及强占良家妻女之条等。

【严(嚴)于诬】【史】捏造虚伪之事实以陷人于罪者,谓之诬,法律对之亦从严惩处,是曰严于诬,学海堂丛刻第五册之读律提纲:“诬者无端捏造事情,以陷人于罪也。律中诬告之罪固重,即如例中诬良为窃,诬窃为强,及以奸赃事情污蔑人各节,其诬罪亦重甚,至诬执翁奸条,则尤诬之大者。”

【严(嚴)于擅】【史】擅者自专也,大臣不向君上奏请,属僚不向上官呈请,卑幼不先向尊长请命,以及庶民未经官厅之许可而自专行事者均谓之擅,法律对擅专者亦以处罚从严为原则,海学堂丛刻第五册之读律提纲:“擅专也为臣工不先奏请于君上,为属僚不先申请于上司,为卑幼不先请命于尊长,为庶民不听命于官长,辄自专行,是之谓。”其所举之例为兵律宫卫篇太庙门擅入之条,又吏律职制篇大臣专擅选官之条,又户律户役篇卑幼私擅用财之条,又工律营造篇擅造作之条等。

【严(嚴)枷】【史】枷为刑具之一,即加于项颈所用者,对于重罪犯护送时或监禁时,严予上枷以防逃走者,谓之严枷。

【严(嚴)格法】【通】Jus strictus(拉丁) 法官适用法律时,应参酌各项事情以为判决之根据,此为我国刑法所明定(参刑之酌科条),与此相反者,则谓刑罚之科处不得以其他情形为决定轻重之标准,不论在何种情势之下,均须以同一标准引用一定法规,即所谓严格法是也。

【严(嚴)棘】【史】为监狱之称,因古时之狱舍周围植棘,以防囚人之逃亡故名。

【严(嚴)禁白役】【史】白役谓官署之定额以外之差役也,依例不许任意增添,违者予以处分,清之六部处分则例(卷十六)吏属书役编设有严禁白役之条:“嘉庆十一年十一月十七日,奉上谕御史陆言奏请严汰州县逾额官役,以清弊源一折,所奏是外省州县额设官役原有定数,岂容任意增添,近来各州县具有无名白役什百为群,遇有词讼事件,官出票差伊等即随同滋扰勒索讹诈,威逼良民,大为闾阎之害,实可痛恨,本年直隶正定县生员王之选等呈控吏役包揽车辆一案,审出该县吏役多至九百余名,已属可骇,然正定系九省通衢犹得以差务繁冗需人帮办为词,若该御吏折内所称浙省仁和钱塘两县,正身白役不下一千五六百名,该二邑更非直隶州县可比,何得纷纷募雇,倚势病民,不可不严申例禁,著各省该管上司官员严加查核，将各衙门所有白役立即裁汰务尽，一面将现官役按名报部，将来如有蠹役滋事之案，部中检查原册，如系正身官役将该管官照例议处外，若系原册无名即应治州县官以违制之罪，并将失察该上司从严议处不贷，钦此。"又："督抚衙门除经制衙役外，如有添设储将随征戎旗传宣辕门材官听用，长随在标效用不行裁汰者，将该督抚降二级调用。""各州县衙门，如有白役分项合伙诡捏姓名倒提著役年月等弊，该管官知情者，降三级调用，失于觉察照不行裁革冗役例降二级调用，白役人等治罪。"又："各州县衙门经制衙役于额增帮役之外，尚有多留者，该管官降一级留任，如正身衙役私带白役，将未经查出之该管官罚俸六个月。"

【严(嚴)禁私钱】【史】私钱谓私自鼓铸之铜钱，而非由官府铸造者也，应予严行禁止，其夹带或行使者亦同，清之六部处分则例(卷二十二)户属钱法篇设有严禁私钱之条："凡军民人等贩卖私钱或搀和行使，五城司坊及州县印捕各管不行查拿，照私铸例分别议处，自行查究者免议。"又："凡官运船只船户有夹带私钱事发押运官知情者革职，不知情者照失察私铸例议处，自行查出究办者免议。"又："地方官失察翦边钱文搀和行使者，每起罚俸一年。"

【严(嚴)惩亏空】【史】亏空谓所出多于所入而乏款以抵付之也，官吏亏空乃指营私舞弊以致公帑无着而言，是项行为，应从严惩办，是曰严惩亏空，清之六部处分则例(卷二十七)，户属盘查篇设有严惩亏空之条："雍正五年正月十九日奉上谕，向来内外文武官员亏空甚多，我圣祖仁皇帝深知其弊，屡降谕旨，谆谆戒饬，祇以圣心仁慈宽大不忍加诛，冀其悛改，乃伊等不知感激天恩，反至肆行无忌。日积月累，亏空之数愈多，朕即位以来，念此亏空之项，关系国帑，朕为天下主，岂能以国家一定之经费，任贪官污吏之浸渔，令小人藐视国法可乎，且闻贪污之员，平日侵蚀国帑，而于被参之后，则将所有赀财，或藏匿于衙署，或送归于乡里，或分寄于宗族亲党之家，及接任官查出亏空，则故作贫窭之状，希冀迁延数年援家产尽绝之例，以图豁免，此种伎俩，朕从众所奏，将被参亏空之员，搜查其宦囊家产，并及其寄放之处，盖不欲使贪污之辈盗国帑，剥民膏，以饱囊橐也，此辈本有应死之罪，但朕念弊端已久，相习成风，若遽然按律治罪，则诛戮者众，于不教而杀此心有所不忍，若仍任其温饱，朕心又有所不甘，故令其完补亏项，而复全其性命，此朕仁育义正用中之大道，而无知小人妄以为严刻，乃坐井窥天之辈，亦无足论也。朕意原欲暂行二三年，俟天下咸闻朕谕，共知朕心之日，若再有犯者，则按律治罪，今已晓谕四年，不得谓之不教而杀矣，上年已令九卿酌定条例，向后傥有侵欺亏空之员，则按所定之例治罪，有应正法者，即照律正法，其搜查宦囊家产并追及于寄放宗族亲党之处，应不必行矣，自此谕下之日，具著停止，伊等若知朕化导保全之恩，尽洗从前侵克之弊，实伊等之福，亦朕之所深望，若仍执迷不悟，顾赀财而不惜身命，亦其自取，不足悯恻，钦此。"又："乾隆十二年四月二十七日奉上谕向来州县亏空仓库，定例綦严，雍正年间复有分赔著赔之例，所以征戒通同掩饰朦混徇庇之该管各上司令其实力稽察，使属员不致侵蚀，此正所以为保全之善术也，朕观近年来亏空渐炽，如奉天府尹霍备任内则有荣大成等五案，山西则有刘廷诏之案，朕是以照例令该管上司分赔，而揆所由来，实缘该管上司见朕办理诸事往往从宽，遂一以纵弛为得体，独不思定有养廉用度，尽已宽裕，何至侵挪亏空，今民间丝粟固不容妄取，乃于帑项正供恣其婪蚀，有是理乎，且仓库所入，出自穷檐小民，力作以奉公，贪员安享以自利，以赤子之脂膏饱佥壬之囊橐，其情理深为可恶，而为之长者一切置之不问，迨至弥补无术，则以揭参了事，异日无可著追，又为之照例请豁，是使贪员得计于目前，国帑虚县于事后，而于其间上下相蒙弥缝巧饰，实乃苟且因循，废法欺公之恶习，益致参案累累，成何政体，在朕力崇宽大黈纩凝旒罔兼庶慎，而诸臣秉节奉公，整肃纲纪，当查者查，当参者参，不事姑容，不为朦蔽，乃所谓主职要臣，职详合于宽而有制之正道，若一味纵弛，其将何所底止，岂诸臣公尔忘私之意也。可传谕各督抚共体此意，痛除积习，时时加意稽查，据实办理，如仍前宽纵致贪风日炽，帑项侵亏无著，惟该管上司是问，钦此。”又：“乾隆十四年十二月二十九日奉上谕，朕于侵贪各案，谆谆垂戒，前后所降谕旨不啻三令五申，此次勾到办理侵贪各案，有督抚轻拟九卿改入情实者，有九卿混入缓决经朕指示情节改入情实者，所有二年限满之犯，完数如例者，业经分别原减，其逾限未完营私入已，确然有凭者，予勾正法，诚以律不容弛，法当共守，与其失之宽而犯之者众，不如显然示以无所假借，俾知所戒而不致更蹈覆辙，所全者实多也，朕前降旨令刑部于秋朝审时将各省官犯汇为一册，得以详悉推勘，以昭慎重之意，此虽不仅止侵贪而官犯内惟侵贪者常多，以理论之，洁已奉公，人臣之职分应尔仓库钱粮，莫非小民脂膏，上以供军国经费，人君且不得私，而乃漫无顾忌如取如携，婪正供而入私橐，是闾里之输将徒为若辈填溪壑也，夫取非其有者，谓之盗，况取国家之所有乎，贪人之财，犹谓之盗，而况贪国家之财乎，此其情尚犹可恕乎，乃向来锢疾以为宁盗毋贪，此在为上者爱民之深权，其轻重谓与其厉民毋宁损上，以是重言人臣之不可贪耳，而岂忍以盗待臣子哉，为臣子者，又岂甘以盗自处哉，人徒知渔利于民者贪也，橐蚀于官者侵也，援律科罪，轻重判然，不知贪者固有害于下，而侵者实无所畏于上，以无畏之心，而济之以无穷之欲，则派累以肥橐者有之，因事而勒索者有之，甚至枉法而受赃者有之。朝廷之府库且所不顾，更何民瘼之可矜，何民膏之足惜，此侵则必贪势使然也，此等贪员多留一日，则民受一日之残，国受一日之蠹，既已劣迹败露，尚可因循姑息系之囹圄，获全首领，下愚不肖之辈其何所警惕，而绝其行险侥幸之心，又安知其不转以身被刑辟之虚名而子孙享富厚之实惠，且自谓得计耶，是斧钻一日未加，则侵贪一日不止，惟一犯侵贪，即入情实，且即与勾决，人人共知，法在必行，无可幸免，身家既破，子孙莫保，则饕餮之私，必能自禁，何至甘心扞纲冒法，此狂澜之必不可不回，而膏肓之必不可不救，旋转之机端在于此，用是再颁谕旨，详悉开导，俾共知洁己奉公之大义凛服官典守之大防，杜绝侵渔，终远刑辟，为良有司，国家实嘉赖焉，如其不知畏惧，不知悛改，则三尺具在，断在必行，前鉴昭然，慎勿视为具文也。此谕，著刊刻颁发令内外文职衙门入于交盘册内，永远传示，各宜凛遵，钦此。”

【严(嚴)议】【史】严议者谓严重议处也。例如罚俸，降革留任，及降级调用皆是，清例之规定如下：(一)罚俸自一个月两个月三个月六个月九个月一年至二年凡七等。(二)降革留任自一级二级三级至革职留任凡四等。(三)降调自一级二级三级四级至五级凡五等。(四)由罚俸加等者，自一个月至二年酌量递加，止于降一级留任，不得加至革留。（五）由降留加等者，自一级至三级酌量递加，止于革职留任，不加至降调。（六）由降调加等者，自一级至五级酌量递加，不得加至革职（本例原系不准抵销者，仍不准抵销，其余均不得议以不准抵销）。

【孀妇守志】【史】妇人夫亡，谓之孀妇，守寡不再嫁夫，谓之守志，夫家母家均不得强使再嫁，清律及例之规定如下：（一）孀妇自愿守志，母家夫家抢夺强嫁，以至被污，祖父母父母夫之祖父母父母杖八十，期亲尊长徒一年半，期亲卑幼徒三年，大功以下尊长徒二年，卑幼徒二年半，娶主不知情不坐，知情同抢，照强娶笞五十律加三等杖八十，未致被污，各减一等，妇女听回守志自愿完聚者，听其完聚，财礼入官，亲属仍照律拟杖。（二）孀妇不甘失节，因而自尽，不论已未被污，祖父母父母夫之祖父母父母徒三年，期亲尊长流二千里，功服尊长流二千五百里，缌麻尊长流三千里，缌麻卑幼发边远充军，功服卑幼发省边充军，期服卑幼绞候，娶主知情同抢，致令自尽，以为从论，各减亲属罪一等（妇女自愿完聚因他故自尽，仍按服制照律科以强嫁之罪，不在此例）。（三）妇人情愿守志，别无主婚之人，如有用强求聚，逼受聘财，致令自尽，发近边充军，仍追埋葬银两，因抢夺而取去财物及杀伤，人各照本律从重论。

【宝（寶）钞】【史】为明代纸币之名称曰大明通行宝钞。稗史类编："钞之名，始见宋史，钞之制外为阑，作花纹，且横书贯例，外书禁条，阑下备书经由行换之法，及印章花押，明钞之制，以桑楮皮为之竖长一官尺，横八寸，额上横书大明通行宝钞，上下钤户部印。"然宝钞之名，元已行之，如中统宝钞至元宝钞是也。（参交钞条）

【宝（寶）鼎章】【行】为陆海空军勋章之一种，与青表白日章相对称，计分为九等，凡于镇摄内乱安定国家时而立有特殊战功者，均按下列规定，分别给予之：(1)将军一等至四等。(2)校官三等至六等。(3)尉官四等至七等。(4)士兵六等至九等。其初受宝鼎章者，均由低等给予，受勋章后复立功绩者，得晋授高级之章。

【悬（懸）刑象之法】【史】将刑期及五刑（墨劓刖宫大辟等五刑）之象（画也），揭示于象魏（阙也，在雉门之前入宫城皋门，有库门，其次为雉门，其次应门，再次为寝门，寝门之内为王宫，万民得至雉门，魏关在其前，每于法令出时垂悬之于此万民集此观之），挟日而敛之，以示万民，是曰悬刑象之法，周礼大司寇："正月之吉，始和布刑于邦国都鄙，乃悬刑象之法于象魏，使万民观刑象，挟日（凡十日）而敛之。"郑玄之注曰："象魏阙也，鲁灾，季桓子御公立于象魏之外，命藏象魏曰，旧章不可忘。"丘睿（于大学衍义补卷日二内）按曰："……夫设法令以待天下，固将使民易避而难犯。"

【悬（懸）赏契约】【债】Contract of promise of reward　即基于悬赏广告向他人声明对完成一定行为之人给予报酬之契约也。此项契约要约者曰广告人，相对方曰应赏人，应赏人于完成指定行为时，即为对该契约之承诺，而契约因以设立，此时广告人负有给付报酬之义务，而应赏人则享有报酬之请求权。

【悬（懸）赏广告】【债】Promise of reward made by public notice　即以广告声明对完成一定行为之人，预许给以报酬之意思表示也。至其性质如何，学者有谓广告乃为声请订约(要约),而以完结其指定行为为承诺者,有谓广告乃为广告人之单面约束者,我国民法规定以广告声明对完成一定行为之人给予报酬者,对于完成该行为之人负给付报酬之义务,是采前说也。但有例外,即对不知有广告而完成该行为之人亦同,惟数人同时或先后完成行为时,以先通知者取得报酬请求权(第一六四条第一项)。至广告人对其广告亦有撤销之权。其情形有三:(1)如在行为未完成前自得自由撤销。(2)如广告人能证明行为人不能完成时,亦可撤销之。(3)撤回时对于行为人因该广告善意所受之损害,应负赔偿之责,此项赔偿,以不超过预定报酬额为限。(参第一六五条)

【搀(攙)和小钱】【史】以物相杂,谓之搀和,凡以小钱搀和而行使者,构成搀和小钱之罪,清之现行则例(即刑部现行则例)诈伪篇设有搀和小钱之条:"私自铸钱并搀和小钱行使者,京城及直隶各省官员严加查拿,拿获私自铸钱之人,仍照先所定之例治罪,凡经纪铺户民等将所禁小钱搀和行使者,傍人拿首,具不准算,该管官员巡查拿获者不论钱数多寡,枷号一个月,责四十板,流徒尚阳堡,如仍怠玩不行查拿,或被科道纠参,或被户部查出,将该管官员亦照例治罪,其钱局内炉头匠役人等,私自盗铸小钱,令钱法侍郎等并稽查钱局科道官员该监督等严加查拿,如不严加查拿,或被傍人出首,或被科道纠参,将钱法侍郎并稽查钱局科道官员该监督等具交吏部议处。"

【搀(攙)越】【史】凡不依继承法之顺序而以私情越出其顺序以为继承者,称曰搀越,搀与僭同义,清朝法律设有处罚条文。清律(卷五)吏律职制篇——官员袭荫条:"不依次序搀越袭荫者,杖一百徒三年。"

【攘狱者】【史】所谓攘狱者,乃指罪人之劫夺狱牢者而言,周礼—秋官禁斩杀戮之职制:"攘狱者,遏讼者。"吴澄注:"攘狱,谓罪人之劫狱者",大学衍义补(卷百二)—丘睿氏按:"夫狱已具,而攘夺之。"又曰:"攘狱即今之劫囚律。"

【拦(攔)告】【史】原告人将告发撤回,谓之拦告,元典章(卷四十四)刑部第六杂例篇——殴詈不准拦告之条:"……在都左右巡院,自春至秋,陈告殴骂者,不肯奉公归结,却行准讫,拦告计四十四起,偶见一等不畏公法小人,无故行凶,殴詈良民。虽有告发到官,当该官吏故意迁延,纵令行凶人,或恃权要,或行贿赂,或有转托他人关节,或驰骋凶暴恐吓告者而端需要,原告人自愿拦告休和,又状到官,擅便准拦了,当不惟如此,使贪得为弊,小人敢肆其恶,善人无地可容,深为未便,……今后凡有殴詈人者,告发到官不许拦告,取责明白招词,因依理归断,施行。"

【炉(爐)房】【史】一曰银炉,为清时掌铸造各省银两之机关,受布政司及税关之监督,私立者居多,北京、天津、上海、汉口等埠均有之,专事铸造马蹄银,且兼营银业,所发行纸币,其效力与庄票相同。(清国行政法卷三)

【炉(爐)耗】【史】入炉溶铸之铜所生之物体上的消耗,谓之炉耗。(清国行政法卷三)

【炉(爐)头】【史】在京师之钱局从事于铸钱之实务者,称曰炉头。(清国行政法卷三)

【牺(犧)牲不如令】【史】所谓牺牲，乃指供大祀所用之祭犊而言，不如令，谓养饲不良或捶扑祭犊致使瘦损也。功臣表："元狩六年嗣侯栾贲坐为太常牺牲不如令，免。"百官公卿表："元封四年，鄚侯萧寿成为太常，坐牺牲不如令论。"按唐律亦有大祀牺牲不如法(详该本条)之设。

【竞(競)合】【通】Conflict　凡二个以上之权利并存于同一之物上而互为冲突，是曰竞合。

【竞(競)争契约】【行】Contract by competition　竞争契约者，谓预先以契约之旨公告于众，而就请求缔结者诸人中择其最与国家有利者而与之缔结之契约也。

【竞(競)争买卖】【债】Purchase and sale by competition　为买卖分类之一种，对随意买卖言，谓由出卖人与一般不特定人相约以声请最高价之相对人间之买卖，所谓拍卖是也。

【竞(競)争缔结】【债】为契约缔结方法之一，对通常缔结言，即一造召集多数竞争缔约人，视其中提出最有利条款之人而与之缔结契约之谓也。其方式又有二种：(1)拍卖。(2)投标。(详各本条)

【竞(競)业】【债】Competition　营业上之竞争，谓之竞业。(参竞业禁止条)

【竞(競)业禁止】【公】Prohibition of competition of business　无限公司之股东，及两合公司之无限责任股东，关系于公司之利害太巨，其有执务或代表权者，全权既在掌握，舞弊自属可能，其无执务或代表权者，亦得稽查业务，检阅账目，既能稔知公司营业之秘密情形，倘股东各利用其所知，而与公司互相竞争，或为一已以营私，或为他人以谋利，则公司之事业必至大受挫折，而各股东之利益，亦将遭损失也。故各国立法对于无限公司之股东，及两合公司之无限责任股东，皆不得为同业之竞争，我国公司法亦设有规定：(一)股东不得为自己或他人而为本公司营业范围之行为。(二)不得附入他公司而为无限责任股东，是谓之竞业禁止，股东如有违背此项义务，其他股东得以过半数之决议，将其为自己或他人所为之行为认为为公司所为，至于竞业禁止违背之事已成，而后察觉，则应自事成之日起一年内，行使其权利，逾此期间，则制裁权利归于消灭。(公司法第二八条)

【竞(競)落】【债】Highest bidding　为日本名辞，即拍买人以最高价格拍定而买得拍卖标的物之谓也。即我国法律所称之拍定是也。

【竞(競)卖】【债】Auction　为日本名辞，即我国所称之拍卖也。

【籍】【史】(一)为户籍之简称。(二)籍者蹈也，天子亲耕之田，称曰籍田。(参籍田条内)

【籍田】【史】(一)籍者蹈也，天子亲蹈其土以耕之，故曰籍田，原称东耕亲耕王耕原于周制，以尚农教民为目的。天子亲耕，所以为天下先者也，古时王者必私置籍田而以其出产供祭天及先农之礼，一则以奉宗庙示孝享以为天下法也。一则以训人民使其勤勉不匮也。又一则以示后世躬知稼穑之难也。五经要义："天子籍田以供上帝之粢盛,所以先百姓而致孝享也,籍踏也,言亲自蹈履于田而耕之也。"汉书一文帝纪:"其开籍田,朕亲率耕以给宗庙粢盛。"(二)籍者借也,籍田初为天子亲执耒耜所耕后借民力以治之,故谓之籍田,盖天子惟一耕三推,余则大部借庶民之力以为之也。诗疏:"籍之言,借也。借民力治之,故谓之籍田。"按籍田为儒家之主张,周厉王时斯制已废,及汉文帝时始复兴之,后世曾时有兴废,然均历代之巨典也。

【籍没】【史】谓对于犯罪者之所有一切财产加以籍录而没收之也。与一般所称之没收不同,盖没收乃对于违禁物品或供犯罪所用之物品予以没收,而籍没则为对一切之财产加以没收,故二者不可相混。

【籍没田产】【史】所谓籍没,乃指籍录其所有而没收之而言。大明令刑令篇设有籍没田产之条:"凡犯籍没者,除反叛外,其余罪犯,止没田产孳畜。"

【籍没遇革】【史】籍录其家产而没收之,曰籍没,遇革则谓遇判决改除也。大明令刑令篇设有籍没遇革之条:"凡犯罪应合籍没家产,除谋反叛逆外,其余遇革者,革前未曾抄扎到官,革后原免,革前已抄扎者没官"。

【籍贯】【民总】Native place 又称本籍,或称原籍,即其所生之家或其先祖之乡土也。故为户籍所在之处,如采形式主义则籍贯地为其住所,若采实质主义则与住所常有不同,以其人之未必皆以其籍贯地为生活根据地也。

【籍录】【史】所谓籍录,乃对不正之财产施行没收程序以前,将关于所拟没收之一切财产登录于官署所备之簿本也。

【筹(籌)账局】【史】为清时所设关于办理荒政事务,并主持救济政策之机关。(清国行政法卷四)

【筹(籌)边使】【史】官名,掌理关于边疆屯田之事务,为民国初年所设置,旋废。

【继(繼)人后】【史】以自己之子孙为他人之养子(嗣子)者,谓之继人后。唐律(卷十二)户律篇——子孙不得别籍之条:"若祖父母,父母,令别籍,及以子孙妄继人后者,徒二年,子孙不坐。"

【继(繼)子】【继】【亲】Adoptive Son 又称嗣子。(说该本条)

【继(繼)父】【亲】Step-father 为拟制亲属之一种,儿女称出母或父死母再嫁之夫曰继父,依服制图之规定,继父有三种,即同居继父,不同居继父,与继母所嫁之继父是也。

【继(繼)父殴】【史】父殁后称亲母所改嫁之夫,为继父,继父殴,乃指继父与其子互殴而言。清律及例之规定如下:(一)殴妻前夫之子——(甲)先曾同居今不同居,以手足殴者,笞一十,以他物笞二十,成伤者,以手足笞二十,以他物笞三十,拔发方寸以上笞四十,血从耳目中出,或内损吐血,或以秽物污头面者,杖七十,折一齿一指或眇一目或抉毁耳鼻或破骨或汤火铜铁汁伤或以秽物灌口鼻内者,杖九十,折二齿二指以上,或髡发者,杖一百,折肋或眇两目或堕胎或刃伤者,徒一年半，折跌肢体或瞎一目者，徒二年半，笃疾者徒三年，死者绞候，故杀者斩候。（乙）同居者以他物殴者，笞一十，成伤者以手足笞一十，以他物笞二十，拔发方寸以上者笞三十，血从耳目中出，或内损吐血，或以秽物污头面者杖六十，折一齿一指或眇一目，或抉毁耳鼻，或破骨，或汤火铜铁汁伤，或以秽物灌口鼻内者，杖八十，折二齿二指以上，或髡发者，杖九十，折肋或眇两目或堕胎或刃伤者，徒一年，折跌肢体或一目者，徒二年，笃疾者徒二年半，死者纹候，故杀者斩候。（二）殴继父——（甲）先曾同居今不同居，徒一年，折二齿二指以上，或髡发者徒一年半，折肋或眇两目或堕胎或刃伤者，徒二年半，折跌肢体或瞎一目者流二千里，笃疾者流三千里，仍给养赡，死者斩候，故杀者斩候。（乙）同居徒一年半，折二齿二指以上或髡发者徒二年，折肋或眇两目或堕胎或刃伤者徒三年，折跌肢体或瞎一目者流二千五百里，笃疾者流三千里，仍给养赡，死者斩候，故杀者斩候。（三）自来不曾同居不问父殴子子殴父，均各以凡人论。

【继(繼)母】【亲】Step-mother 子之生母死亡对其父日后合法婚姻之妻，称之曰继母，换言之，即父之后妻也。

【继(繼)任者】【行】Successor 继任者又称曰继任人，公务员于所任期间届满后或因事去职之后，其后任之人谓之继任者，或称继任人。

【继(繼)受取得】【民总】Derivative acquisition 为日本名辞，即我国所称之传来取得也。又称继承取得。（详该本条）

【继(繼)受法】【通】Adopted law 与固有法相对立，乃指由外国输入而为本国所采用之法律，或因受外国之法律所影响而制定之法律而言。例如拿玻仑法典是，乃采取罗马法而来者。

【继(繼)承】【继】Succession 所谓继承，有时系指宗祧及财产之继承而言，有时系指家督与财产之继承而言，前者之例为我国以前之继承制度，后者则为日本之继承制度。按各国一般立法例（我国现行民法亦然），继承者，谓被继承人死亡后，其遗产原则上包括的移转于合法继承人也，即所谓遗产继承之制度也。其要件有三：（一）须在被继承人死亡以后。（二）须有合法的继承人。（三）原则上须为被继承人遗产之包括的移转（一一四八条）在昔部族共产时代，并无所谓继承之可言，其后家族制度成立，始有家长继承之观念，近世个人主义发达，遂趋重于财产的继承，至于我国上古之时，仅有宗祧继承，中古以后，宗法废弛，身分继承以起自乎近世，始偏重财产继承，所谓宗祧继承，身分继承，均为封建之遗物，名虽存而实已亡，故今只有财产继承而已。就财产继承言，各国历来立法例有三种主义：（一）一子继承主义。（二）均分继承主义。（三）遗嘱自由主义（详各本条）。按一般继承之种类，可分下列：（1）家督继承。（2）宗祧继承。（3）财产继承（详各本条）。我国民法采财产继承，而以包括继承为原则。限定继承为例外。（一一四八条，及一一五四条以下）

【继(繼)承人】【继】Heir 又称遗产继承人（因我国民法仅承认财产继承），即指依法享有被继承人之财产上一切权利，及担负一切义务之人而言。在我国旧民法草案，本有遗产继承人与遗产承受人之区别，现行民法因已废除宗祧继承，故仅称继承人，但又可分为下列二种：(1)法定继承人。(2)指定继承人。(详各本条)

【继(繼)承人之旷缺】【继】又曰无人承认之继承。(详该本条)

【继(繼)承之承认】【继】Acceptance of succession 所谓继承之承认，乃指继承人于继承开始时对于被继承人财产上之权利与义务确认继承之表示也。(参继承之抛弃条与限定继承条内)

【继(繼)承取得】【民总】Derivative acquisition 为私权取得方法之一，对原始取得言，又称传来取得，即基于他人既存权利而取得之权利也。继承取得之分类有二：(甲)自其权利而言，可分为：(1)创设继承。(2)移转继承。(乙)自其原因而言，可分为：(1)特定继承。(2)包括继承。(详各本条)

【继(繼)承抛弃】【继】Waiver of succession; Renunciation of succession 凡依法享有继承权之人，表示不愿继承者，曰继承抛弃，为继承抛弃者，须以书面于知悉其得继承之时起二月内向法院，亲属会议，或其他继承人为之，抛弃之效力溯及于继承开始时，至抛弃之应继分，应为如何之归属，我民法规定如下：(一)同一顺序之继承人中一人抛弃继承权时，其应继分归属于其他同一顺序之继承人。(二)同一顺序之继承人均抛弃其继承权时，则须先就遗产清偿被继承人之债务，并交付遗赠物后，如有剩余，以之归属国库。(三)指定继承人抛弃其继承权时，其应继分归属于法定继承人(民法第一一七四——一一七六条)。继承抛弃与继承权丧失，不可相混，后者其应继分应由该继承人之直系血亲卑亲属代位继承之，前者则否。

【继(繼)承法】【继】Law of Succession 继承法之意义有四种，最广义之继承法，乃包含各种法令中关于继承之规定而言。广义之继承法，则系指规定宗祧或家督继承与财产继承及遗嘱方法之法规而言，其狭义之继承法，乃仅指关于规定财产及遗嘱方法之法规，最狭义之继承法，乃专指财产继承之法规。通常所称之继承法，即上述之狭义的继承法，为普通私法之一种，其内容大多属于强制的规定，故又为强行法。至其适用则以不及于外国人为原则，盖各国习惯不同，而且为便利计也。各国对继承法之编制，因其对继承观念之不同而有异致，奥国规定于物权篇中，法国规定于财产取得编中，瑞士则列于物权编之前，德日以及我国则列于亲属编之后，我国以前本无继承之专法，光绪三十三年——宣统三年之民律第一次草案第五编继承，实为嚆矢，但多为习惯所拘囿，仍沿宗祧继承之虚名，民十五年之第二次草案，亦未能多所改进，国民政府法制局于民十七年所拟之继承法草稿，废除宗祧继承，确认男女继承之平等，大为社会人士所赞同，民十九年由立法院起草，于十二月三日经该院通过，二十六日由国府正式公布，其施行日期则定于次年五月五日，全部计三章，都八十八条(自民法第一一三八条——一二二五条止)。其特点如下：(一)遗产继承不以宗祧继承为前提——除直系血亲卑亲属外，配偶、父母、兄弟、姊妹、及祖父母，均有继承权。(二)法定及指定继承人之划分——前者除配偶外，为直系血亲卑亲属、父母、兄弟、姊妹、及祖父母，后者须于无直系血亲卑亲属时，始得指定，并不分性别。(三)男女继承平等——女子无论已未出嫁，皆有继承权，故直系血亲卑亲属均包含女子在内。（四）确立配偶继承权——配偶因利害关系甚深，故均有相互继承遗产之权。（五）限定继承之承认——继承人得限定以因继承所得之遗产偿还被继承人之债务，如非限定继承，又非抛弃继承，则对被继承人须负责任。（六）遗产方式之规定——为自书，公证，密封，代笔，及口授五种。（七）特留分之规定——个人财产虽得自由处分，然法律规定之特留分，绝对不受其影响。（直系血亲卑亲属，父母，配偶，均为应继分二之一。兄弟，姊妹，祖父母，则均为应继分三之一）。

【继(繼)承契约】【继】Contract concerning succession 为契约之一，对亲属契约言，即以发生继承法上之法律关系为目的之契约也，例如分析遗产契约是。

【继(繼)承财产】【继】Inheritance 谓继承人承继被继承人所遗之财产也。（参继承条）

【继(繼)承财产管理人】【继】Manager for the deceased's property 无人承认之继承，其遗产自不能不设管理人以管理之，此种管理人谓之继承财产管理人，由亲属会议选任之，其管理之职务如下：（一）编制遗产清册。（二）为保存遗产必要之处置。（三）公告或通知债权人及受遗赠人。（四）清偿债权或交付遗赠物。（五）移交遗产等。按管理人之职务，颇为繁重，自应许其得为报酬之请求，至其数额，则由亲属会议按其劳力，及其与被继承人之关系酌定之。（民法第一一七九条及第一一八三条）

【继(繼)承登记】【行】Registration of succession 继承人将其继承之一定事项，向被继承人之本籍地或寄籍地之户籍主任声请登录于人事登记簿者，曰继承登记，其声请应自知悉其得继承之时起二个月内为之，又继承人如为胎儿时，则其继承登记之声请，应由其母或监护人为之。（户籍法第八九一九二条）

【继(繼)承税】【行】所谓继承，乃指财产之继承而言，国家对之，恒有课赋一定之租税，即所谓继承税是也。

【继(繼)承费用】【继】Expenses of succession 凡因继承所支出之一切费用，称曰继承费用，例如给与继承财产管理人之报酬，催告继承人承认之费用，及缴纳继承税诉讼费，等皆是。继承费用，依继承法之规定，应由被继承人之遗产中支付之。

【继(繼)承开始】【继】Opening of the succession （详继承条内）

【继(繼)承顺序】【继】Order of succession 凡依法律所定关于取得继承权之先后者，曰继承顺序。此种规定，乃为杜绝争端而设（详法定继承人条内），不容当事人任意加以变更。

【继(繼)承债权人】【继】继承债权人者，谓对于被继承人享有债权权利之人也。

【继(繼)承编】【继】Law of succession （详继承法条内）

【继(繼)承权】【继】Right of succession 存在于为继承人之地位上的权利，曰继承权。此种权利为私权之一种，其成立之根据，有下列六种学说：(一)先占说——谓财产权的主体死亡时，乃成为无主物，以先占者取得其权利，因死者之最近亲实乃先占者，故许其有继承权。(二)共有说——谓一家财产权系家人之共有，其一人死亡时，乃归属于其他共有者，故应许其有继承权。(三)遗传说——谓死者乃以生命传之子孙，财产为使生命存在之要素，故许其子孙获得继承权。(四)人性说——谓自私自利为人类之天性，而人每欲以其所获得之事业传之于子孙，故应许其有继承权。(五)遗志说——谓财产所有人无论生前与死后，均须有自由处分其所有物之权，故于死后有以遗嘱为之者，当从其遗嘱，否则以法律定其继承人的亲疏顺位，使其享有继承权。(六)公益说——谓财产所有人死亡后，其财产即成为无主物，若任先占者取得之，是使弱肉强食也，为维持公共利益与社会秩序起见，自应由法律加以规定，使一定之人获得继承之权。以上各说以第五及第六两说为当，继承权之取得，有缘于婚姻关系者，有缘于血统关系者，有由于收养关系者，有由于被继承人之意思者，至其权利之丧失与被侵害时之请求回复，我民法亦设有详细规定。(第一一四五——一一四六条)

【继(繼)承权之丧失】【继】继承人于一定情形之下而受法律剥夺其继承遗产之权利之谓也。(参继承权条内)

【继(繼)续出资】【公】又称劳务出资，以劳务出资乃继续服劳务于公司故也。

【继(繼)续占有】【物】Continuous possession　为占有之一种，对不继续占有言，即始终无有间断占有其物之谓也。(民法第九四四条第二项)

【继(繼)续犯】【刑】Continuing offence　为犯罪种类之一，对即成犯言，即以一个行为使犯罪达于实行之程度后更继续其行为及状态之谓，换言之，即须费多长时间以完结犯罪之行为也。例如私擅监禁罪，应俟解放之时其犯罪行为方为终了，此种犯罪之时效，应从继续行为及状态终了时起算。继续犯有性质上及事实上之区别，性质上又分为二：(1)惯行犯。(2)永续犯。事实上亦分为二：(1)徐行犯。(2)连续犯(详各本条)，按诸法律均以一罪处断。

【继(繼)续地役】【物】谓在供役地继续行使而不间断之地役也。(参继续地役权条内)

【继(繼)续地役权】【物】Continuing real servitude　为地役权之一，对不继续地役权言，即行使地役权之继续状态之谓，故虽不依行使人所为，而其权利仍在继续并不间断也。例如观望地役水道地役既设定后，不必更须人之行为，仍为继续是也。

【继(繼)续的供给契约】【债】契约当事人之一方约定于一定或不一定期限内，供给他方以一定种类品质之物品，而他方亦约付价金者，谓之继续的供给契约，其供给之物品如在移转其财产权，则为一种买卖契约，例如牛乳日报之供给契约是。

【继(繼)续航海说】【国公】Doctring of continuous voyage　凡将战时禁制品以船舶向中立国港口运送为第一目的地，而在该地一度卸货后，再由同一船舶将所余货物向敌国港湾输送，在事实上虽将航海拆为两段，在法律上则仅视为一段，此种主张，曰继续航海说，起于十八世纪中英国捕获审检法庭之判决，故凡将货物从该中立的目的地再行运往敌国时，在第一段或第二段之航程中，均可将是项货物为拿捕之处分，即第二段输运系另由他船或由陆路转运，亦可加以拿捕，一九〇九年伦敦宣言，曾采此原则，并折衷之分为绝对禁制品与相对禁制品，前者完全采用继续航海说，即凡能证明系运往敌国领土或其占领地，或敌国军队之绝对禁制品，均可加以拿捕，后者则在原则上不采用继续航海说，惟在运往无海岸之敌国，如证明确系运往敌国之相对禁制品者，亦可加以拿捕。

【继(繼)续给付】【债】为债之标的之给付之一种，对一次给付与反复给付言，即债之给付须继续为一定之行为，方能使债消灭之谓也。例如一定期间之雇佣契约是，因其须为一定行为之继续，故与反复为若干次之反复给付不同。

【缠(纏)足】【行】Foot-binding　缠足为我国妇女不良之习惯，流弊百出，非严予禁止，并勒令解放不可，依禁止妇女缠足条例之规定。凡未满十五岁之幼女已缠足者，应立即解放，未缠足者禁止再缠，十五岁以上三十岁未满之妇女缠足者，分期解放之，三十岁以上者则劝令解放不加强制，解放妇女缠足应分期办理以三个月为解放期，先加以劝导，继之以检查，未解放者科以罚金，仍限于一定期间内劝令解放，期限届满仍不解放者，应加倍课以罚金，并由女检查员强制解放之。(第三一十一条)

【罂(罌)粟】【刑】所谓罂粟，乃指鸦片之种子而言。我国刑法第二七四条规定：意图供制造鸦片，吗啡，或高根之用而栽种罂粟或高根种子者，处三年以下有期徒刑，得并科三千元以下罚金。又意图供制造鸦片，吗啡，或高根之用而贩卖罂粟或高根种子者，处一年以下有期徒刑，拘役，得并科或易科三千元以下罚金。至于禁烟法第八条亦设有明文，其科刑较重，即意图供制造鸦片或其代用品之用，而栽种罂粟或鸦片代用品之种子者，处五年以下有期徒刑，得并科三千元以下罚金。又第九条规定意图供制造鸦片或其代用品之用而贩卖或运输罂粟或鸦片代用品之种子者，处三年以下有期徒刑，得并科一千元以下罚金。

【胪(臚)唱】【史】清时殿试及格者谓之进士，召见时按序唱名，谓之胪唱。

【胪(臚)传】【史】清制，发表殿试之成绩，于集英殿上唱第，谓之胪传。梦溪笔谈："进士在集英殿唱第，皇帝临轩，宰相进一甲三名卷子，读毕，折视姓名，则曰某人，阁门(鸿胪寺卿)承之，以传于阶下，卫士凡六七人，皆齐声传其名而呼之，谓之胪传。"

【舰(艦)长】【国公】Captain of warship　在战舰中负管辖全舰官佐士兵责任，而为一舰首长之官员，称曰舰长。

【舰(艦)队】【国公】Fleet　由若干军舰编制成队者，称曰舰队。

【苏(蘇)维埃社会主义共和国联邦法】【宪】Law of the Union of Socialist Soviet Republics　简称曰苏联，(U. S. S. R.)分为欧洲及亚洲两部，在亚洲境内者为西比利亚及中亚细亚，地当亚洲北部，北濒北冰洋，东临太平洋，以比令海峡与北美洲相对望，南与我国及波斯，阿富汗相接，西与欧洲本国相连。面积约六百五十余万方里，人口约三千四百四十万，俄人之略有其地，始于一六三二年，其中直接或间接，割自我国者约占五分之二。在欧洲境内者据欧洲之东部，其地东接西比利亚与中亚细亚，南与波斯，土耳其为邻，一部并沿黑海及里海，北濒北冰洋，西与芬兰，爱沙尼亚，莱多维亚，波兰，及罗马尼亚等国相接。面积约一百五十七万方里，人口共一亿零五十四万。建国于九世纪，曾于十三世纪为蒙古人成吉斯汗所征服，十七世纪中彼得大帝崛起，东征西比利亚，西克波罗的海诸地，一八五三年在地中海一带为英土所败。一九〇五年在远东为日本所败。欧洲大战后于一九一七年由列宁氏主持之社会大革命告成，政制变更，一九二三年建立联邦制之国家，由七个共和国联合组织而成(即今所称之苏维埃社会主义共和国联邦也)。俄罗斯虽为斯拉夫之民族，惟其法律成分并非纯粹之斯拉夫式，而系由日耳曼罗马及希腊三系混合而成。按日耳曼族乃于纪元前九世纪，由瑞典挪威等处侵入俄境。大都以买卖奴隶为业，其后即有与希腊皇帝所订立之通商条约，学者即以之为俄国最初之法律文书。十一世纪间罗马教盛行俄境，继即以希腊文字作成一种教会法廷所适用之法典，名曰“亚鲁斯拉夫法典”，析其内容实为日耳曼，罗马，希腊，以及斯拉夫之混合构成体，此为俄国最古之法典，十五世纪中，国内诸部落渐归统一，遂于莫斯科树立中央集权之封建制度，其领袖因与希腊女结婚而以俄罗斯为希腊继承人，特建筑有名之“克伦林宫殿”，以为行政司法之中心场所。自是以后专制统治盛行，法律制度成为行政之附属品，并无特点可言，惟于一六四九年之亚理克斯皇帝曾有一简素之法典之制定，且为此后二百年内法制之根据，即所谓“亚理克斯法规”是也。内容多仿自罗马法与寺院法。至十八世纪中之彼得大帝武功，虽彪炳于世而对法典之编纂，则竟无何成绩可言。尼古拉一世即位，遂于一八二六年下令组织立法委员会，以司柏兰斯基为领袖，费九年之岁月，将亚理克斯法规以来，三万余种之法规编纂成为一法令全书，计十六卷，名之曰苏得札柯诺夫(Sovd Zakonov)旅行于一八三五年一月一日，嗣后每十年搜集新颁法规增版一次，至于法律内容之近代化，则为亚力山大一世之功，例如一八六一年之农奴解放，一八六四年之审判制度之改革，皆是，见后一九〇三年之制度新刑法，及一九〇七年之新民法草案之提出，均为西欧化之法典。迪一九一七年间之无产阶级大革命，前此一切制度尽被废弃，即当时通行全国之法律，亦全部失效。秉政之共产党以国家即法律故以政府之一切命令效力与法律相等，然为便于援用起见，始有下列：“嗣后法院审理案件，须适用苏俄法令，若法令无规定时，则应根据社会主义之精神。……”之通令，故自革命告成之后至一九二二年为止，社会组织，均在新陈代谢之过程中，所谓革命意识，实支配全国人民之行动，在法律上或非法律上无产阶级中人均受卓越之优遇，盖共产主义者之法律理论均以马克斯氏之哲学为根据。马氏以：“法律系保护统治阶级之利益的工具，因此一切法律皆为阶级之法律。”其理由谓在无阶级的理想世界未实现以前，社会之进化全为阶级斗争之过程，在某种时期内尚须经过一次无产阶级的专政，在此专政时代，为维持其独霸地位及掌握其统治权起见，不得不制定有利于已之法律，以为镇压其他阶级之工具之用。此外马氏对于个人的权利，亦曾予以极满意之解释，然与非共产主义者之解释则处于相反之地，依氏之见解，个人仅为阶级之构成份子，在法律上并无所谓个人的权利之存在。易辞言之，社会的组织体乃以阶级为单位，各个人尽被阶级所吸收，并不单独存在，个人所享利益与权利，均应并入阶级。所谓个人的权利，实即阶级的权利，个人对于所享有之利益，不外系由阶级所赋与，仅能在于尊重阶级的利益之限度内，始可享有某种利益，依此推论，则非共产主义者心目中所称之个人权利，在马氏之主张仅可称之为“准权利”耳。关于法院制度，自革命之后亦加废止，法官一概解职，并仿法国大革命之先例，设置革命法院，惟审判长及其他法官概以劳动者充任之。即诉讼程序亦与前昔不同，先由法官宣读被告罪状，次询旁听者有无愿任辩护，或对被告控告（论告）之人，然后选定之，于辩论终结即宣告闭庭，而另行指定期日宣判，此种革命法院，乃根据苏俄政府一九一七年十一月十七日之命令而设立者，以一人为院长并有陪审推事（Co-judge）六人，其管辖案件均为关于反革命之特种犯罪。补充上述之命令，则有同年十二月之条例，规定刑罚仅以罚款，驱逐，谴责，宣告为人民之公敌，褫夺全部或一部之政权，没收财产充公，以及强迫服劳役等为限。对于放逐西比利亚以服劳役及处死刑之宣告，均无权为之，而同时法官人选亦行变更，每个革命法院均置审判长一人，常任推事二人，陪审推事四十人（开审时陪审推事依照名单次序出席参与，并非全体出席）。均由各地之苏维埃选举及罢免之，惟此项现象为时不久，在同年五月更有新条例之颁布，将各地方所设之革命法院撤销，而仅许于重要城市内存在。同年六月复颁行新条例，创立一特别革命法院，附属于全俄中央执行委员会，内设院长一人，常任推事六人，另附设一侦查委员会执行检察官职务，此项法院亦为初审机关，惟所受理者仅以由全俄中央执行委员会主席团或由人民委员会所提交之重大案件为限，而刑罚权亦较前扩大，且不受任何限制，于是革命法院之行动，遂无一定范围，至一九一九年四月更颁行一新条例，计有下列三种之变动：(1)革命法院之设立仅限于各省之首邑以及超过二十万人口之都市。(2)每一革命法院均须附设一调查委员会，专司侦查及提起公诉之事，与检察机关之职权相同。(3)将前此附属于全俄中央执行委员会下之特别革命法院改为独立之最高革命法院（Supreme Revolutionary Tribunal），一九二〇年因革命之根基已固，遂重新颁布一种条例，以为此后一切革命法院之基础。将前此一切关于革命法院之条例及训令，加以撤销，且将革命法院系统予以统一，惟对于法院之刑罚权仍未予以限制。依此新颁条例之规定，革命法院系由一首席推事（即审判长）及二常任推事所组成，一切审问方式及程序与普通法院大致相同，惟所适用之法律则无任何根据，而仅以案件情节及无产阶级革命之利益为标准。最后于一九二一年尚有所谓统一条例（Unification Act）之颁布，规定革命法院仅分为省革命法院与最高革命法院二种。对于后者之性质及组织全然予以变更（前者仍其旧制），于院中设置下列各机关：(1)高级会议（Plenum）——由本院各庭之庭长，全俄非常委会员之代表一人以及特别检察调查员一人组成之。此项会议，权力至大，对全国各省革命法院有最高之管辖权及纠正权，仅受全俄中央执行委员会常务委员会及人民司法委员会之监督。(2)上诉庭（Department of Cassation）——由高级会议议长检察调查员及最高革命法院推事二人（输流值日）所组成，其职权在乎受理关于不服各省革命法院军事法庭以及军输法庭之判决而上诉之案件。(3)司法庭(Judicial Department)——由庭长副庭长各一人及推事四人,合组而,所审理者均系由全俄中央执行委员会,全俄非常委员会(All-Russian Fxtraordinary Commission)或人民司委法员会所提交之重大案件。(4)军事及军输庭(Military and the Military Transport Departments)——组织与司法庭相同。对于下级之军事法院及军输法院各有管辖及监督之权,且对某种与军事有关之案件,亦有直接审理之权。此外最高革命法院为便于执行职务起见在各地得创立分院。又各自治共和国经其最高机关之提议并受全俄中央执行委员会之核准,亦可设立最高革命法院之分院。然关于司法的监督仍能集中,成为一个统一化之组织。关于革命法院之组织在一九一七年至一九二二年为止,因系非常时期故为最活动之时代,及一九二二年,国事已入安定状态,自一九二二年之法院组织条例(Judiciary Act of 1922)颁布后革命法院之寿命遂告终止。苏俄司法权便由非常时期而进于通常时期。”以下述现行法院,按苏联联邦中各共和国中以俄罗斯社会主义联邦苏维埃共和国(简称曰苏俄)之地位,最为重要,各项制度允称为苏联全联邦中之典型,故事实上实各加盟共和国之代表。以下所述第一为苏联之联邦法院,第二为苏俄(R. S. F. S. R.)共和国之法院(因其他六个加盟共和国之法院与苏俄相同)。第一,苏联之联邦法院——可分为下列二种或三种:(1)联邦最高法院(Supreme Court of U. S. S. R.)——除于宪法第四三—四七条内加以规定外,复以一九二九年之最高法院法予以详细之规定。其组织虽有一院长一副院长及三十个推事,惟院中之职务仍由下列分别执行:(A)院长——主持全院行政事务,并任高级会议(或曰全院会议)之主席,在刑事庭及民事庭审理案件时,并得自行兼任审判长。(B)高级会议(Plenum)——其会员系由十六个推事(包括院长,副院长,刑事庭,民事庭,及军事庭三庭长以及七个加盟共和国之最高法院院长,并其他推事四人)。又各加盟共和国最高法院检察官或其助理员亦得参与会议,此项会议权力至大,在事实上实为联邦最高法院内之最重要机关。(C)刑事庭或民事庭(Criminal Judicial Departmant; Civil Judicial Department)——各设庭长一人,常任推事一人,并由高级会议每年就全院中推事指定三人充任推事,审理案件时采三人之合议制。刑事庭所管辖之案件:(甲)关于联邦中央执行委员及联邦其他高级官吏在执行职务期间内犯罪或政治犯与经济犯之刑事案件。(乙)对于联邦或二以上之各个共和国特别重大之刑事案件。(D)军事部(Military Department)——以庭长一人及推事六人组成之,其管辖权亦仅限于由联邦中央执行委员会主席团或联邦最高法院高级会议所指定之特别重之案件,此外对于某种高级军官受刑事上之控告时亦有受理之权。此系指初审案件而言,至于凡不服各地方之军事法院之判决而上诉之案件,军事庭握有最高之审判权,并有撤销各地军事法院所为之一切决定与裁判之权力。关于受理上诉之案件采三人之合议制,且须有检察官之特别助理人之参与。(2)苏联之军事法院(Military Courts of U. S. S. R.)——分别设立于各军区各军团及各师团内,每院置院长一人,副院长一人,推事若干人,通常仅对属于红军军籍之人员享有审判管辖权,其后范围稍为扩张其后范围稍为扩张,即凡对于侵犯红军之安全及妨害军事上之纪律之案件,亦有权加以审理,此外通常法院如遇危急情事不能行使职权时,军事法院对于任何性质之案件亦有受理之权限。是其管辖权之广大，直驾通常法院而上之也。(3)国家政治警察局(State Political Police)——此即轰动世界令人满生谈虎色变之捷卡(Cheka)是也。此项机关在联邦中现已改称为统一国家政治局(United State Political Department)，通常简称为G. P. U.(Gay Pay U.)。前此苏俄法律曾赋予在某种戒严区域内自由处理一切政治犯之绝对权力，在名义上虽非司法机关之一种，惟其职权之执行，每涉及司法权之范围(组织内容，参上述，苏联宪法第十二要点)故亦附述于此。关于联邦最高法院之检察事务之范围，不仅系代表国家提起公诉一项，且同时具有重大之监督权力，检察官及其助理员均由联邦中央执行委员会主席团(即常务委员会)任命联邦最高法院开审案件，或举行关于处理院内行政之集会，检察权均应出席参与。此外对联邦之统一国家政治局之一切举动是否合法，检察官亦负有监督之职权，且特别指定一资深之检察官助理员专任其事。第二，苏俄共和国之法院——可分为三级，或可分为四级，以其兼采三级及四级制故也。(1)人民法院(People's court)分别设置于由各省执行委员会所规定而经司法人民委员部许可之地点内，审判时或采合议制或采单独制，其管辖权为凡民刑事之第一审案件除由法律特别规定应归其他法院受理外，人民法院享有完全之管辖权，在人民法院之上或为省法院(Provincial court)或因地方制度之不同而将旧的若干省合并成为特别区域(Oblasts:Regions)在每区内设立一特区法院(Regional court)在特区法院之下另置地方法院(Circuit court)介乎特区法院与人民法院之间。(2)省法院(Provincial court)——内部组织有全院会议(一称高级会议)有会议之主席团(Presidium)，有院长，有刑事庭，有民事庭，并有惩戒庭(Disciplinary department)，凡不系属于人民法院之民刑事案件，省法院有初审管辖权，同时对于不服人民法院所为之判决而提起上诉之案件，亦有审判权。又对于下级法院之一切裁判亦有行使监督式的审核之权力(Review by way of supervision)。即全省内司法机关之一般行政事务，省法院亦负有监督指挥之任务，此外院中之全院会议(Plenum)对于诉讼案件之法律观点，不问是否出于推事审判时之谘询，均有议决及答覆之义务，故省法院之任务颇为繁重。至于设有特区法院之区域，人民法院为第一级，地方法院为第二级，而特区法院则为第三级。地方法院之组织与省法院相似，惟无全院会议主席团(Presidium)之设耳。至其管辖权亦适用关于省法院之管辖权之规定，但初审案件较诸人民法院稍为扩大(惟受有限制)，同时对人民法院之初审案件亦享有第二审之管辖权(关于此点与特区法院有异)。特区法院(Regional court)为全特区司法最高机关，其组织与职权虽与省法院相类似，然其区别之处，亦有下列二项:(A)特区法院之民刑庭无审理上诉案件而加以废弃之权，省法院则与此相反。(B)特区法院之全院会议(Plenum)分为通常会议与扩大会议二种，前者为全院中之推事所组成，后者除全院推事应充任议员外，即该院所直辖之各地方法院(Circuit courts)院长亦为该会议之议员，省法院则无扩大会议之制。(3)最高法院(Supreme Court of R. S. F. S. R.)——在省法院或特区法院之上为苏俄共和国最高法院，由省法院方面言之，最高法院为第三级法院(人民法院第一级，省法院为第二级，最高法院为第三级)。若由特区法院方面而论最高法院则为第四级法院(人民法院为第一级，地方法院为第二级，特区法院为第三级，最高法院即为第四级）。至其职权可分下列三项：（甲）解释法律——由全院推事组织全院会议，对一切法律之争点及疑问，在共和国内操有最后之解释权。（乙）审理上诉案件——凡不服省法院或特区法院之裁判而上诉之案件最高法院有受理之权限。其所为之裁判以不能再行上诉为原则，但经院长或检察官依据法律点而向全院会议提出者则为例外。（丙）审理初审之案件——院中设有司法庭（Judicial Department）为共和国内对于管辖初审案件之最高机关，设庭长一人，推事四人，受理某种初审案件。此项案件包括特种人员，如最高法院推事，检察官，省法院院长，检察官及全俄中央执行委员会委员，或人民委员等之犯罪以及某种非常重要案件，经全俄中央执行委员会主席团或最高法院全院会议或检察官或国家政治局局长所移送提交付审者。又苏俄共和国统辖下之自治共和国内亦各设一高级法院（Superior court）及若干人民法院（People's court）前者之组织及职权与苏俄共和国之省法院或特区法院大概相似，惟权力稍为广大，其地位仅稍低于苏俄之最高法院而已。至人民法院之组织及权限，则与苏俄共和国内所设之人民法院并无区别，所异者仅所辖区域及院中机关之名称耳。以下再述法院之推事，按苏俄各级法院推事之任用，与英国之由律师中遴选而来者不同。审案时不特甚少采用独任制且无陪审员（Jury）之参与，人民法院每次开庭均由一常任推事（Permenant judge）及两个陪审推事（Co-judges or jurior judges）共同出席。至上级法院内则多为三个常任推事之合议制，所谓常任推事，乃指专门担任法官事务之人员而言。任期以一年为限，惟多连选连任，其薪俸较诸一般享有最高薪俸之工人稍为优厚。陪审推事则由每年所推举之陪审推事候选人名单中依次指定，每人每年应与常任推事共同审案六日，其报酬金额并无一定，仅以该本人平日在六日服务期间内所获得之报酬额数为准。此项陪审推事虽无法律专门学识，然政府每有特设之训练班，或讲演大会从事于彼辈之训练，故在实际上彼辈之审案成绩颇为优美，而常任推事之主张亦恒为彼辈所左右，因审判上之法律问题及事实问题均由三推事（一常任推事，二陪审推事），共同决定，且裁判之评议及决定亦以多数之意见为转移，是陪审推事之主张每能将法律专家之常任推事之见解加以推翻也。关于法官之任免方法苏俄制度亦与列国之规定不同，分述于下：（甲）人民法院——（A）常任推事或由省执行委员会选举之，或为各市之苏维埃所选举，其选举方法，预由省法院或司法人民委员部提出名单，然后根据是项名单加以选举，任期定为一年。但在任期内如有失职情事，而在依法开始诉讼程序中，得经司法人民委员部之许可，加以罢免。（B）陪审推事先由各工厂各乡村或其他相似团体之全体大会选举候选人制成名单，交付一由州执行委员一人，省法院检察官助理员一人，以及人民法院内常推事一人共同组成之委员会，依照名单遴选之。（乙）省法院——（A）常任推事为省执行委员会所选举，惟须经过司法人民委员部之核准，任期亦为一年。在任期内亦可加以罢免，其罢免之要件，与人民法院之罢免常任推事相同。（B）陪审推事与常任推事不同，凡被选者须具有在国家或社会上或职业团体内二年以上的职务经验之资格方可。其程序为先由一个由省执行委员会委员一人，省法院推事二人，省法院检察官一人及由省工会苏维埃代表二人所共同组成之委员会，就具有被选资格之候选人遴选之，然后将遴选之结果制成名单呈交省执行委员会请求核准。此时该省执行委员会且可自由在单内对于不同意之人员加以削除,并不受任何限制。(丙)特区法院及地方法院——常任推事或陪审推事之遴选与省法院大致相似。(丁)最高法院——院长副院长及各庭庭长均由全俄中央执行委员会主席团(即常务委员会)直接任命。其他常任推事则经最高法院院长之同意由司法人民委员长呈请全俄中央执行委员会主席团任命之。被任者最少须具有在人民法院内为常任推事三年以上之资格。至陪审推事则由特别预备之四十八个候选人之名单内遴选之。并须经全俄中央执行委员会主席团之许可,始为有效。在苏联之联邦最高法院或军事法院之常任推事,则均由联邦中央执行委员会主席团直接任命,其陪审推事由一依法特备之名单中遴选之。审判案件时如为三人合议制,则其中之一人须为陪审推事。关于苏俄之检察制度,其检察官地位颇为重要,其任命权乃操诸全俄中央执行委员会主席团之手,同时检察官虽兼任司法人民委员部副部长且与司法人民委员部相牵连。惟其地位仍属独立性质,其职权在广义方面乃在于监督政府各种机关之从事于公共利益之一切动作,又如对于立法机关之行为如认为有妨害及于真正公共利益以侵害执行人员(Executives)之权限时检察官得提出撤销或修正之请求。即对于推事、侦查员、辩护人及其他各种官吏之活动,亦得从旁加以监视,必要时且可向一定机关提出刑事惩戒,或行政上之诉讼。在司法方面,各级法院检察官及其助理员亦得向所属法院提起公诉,监督侦查程序之进行,并决定何种案件之是否应行提交审理,于必要时并可在审理案件时出庭参与(惟须受审判长之指挥耳)。在民事案件为保障国家及劳苦大众之利益起见,亦得于必要时出庭参与审判。此外检察官复有下列各项职务,即对于监狱行政事务之参与,关于判决是否已经受合法的适当的执行,被非法羁押之人民是否已经释放,在监者是否受适当的管理,每星期且应定期视察监狱一次,又对在监者私人之声请或请求,并负有接受及调查之义务。以下更述侦查审判等程序,以及被告人在法律上之地位:(1)侦查——关于侦查程序因轻微之犯罪案件及重大之犯罪案件而有区别,在英国之法律,轻微案件多由警察法庭直接处理,重大之刑事案件则先由警察法庭施行侦查,如认为犯罪确实始移送正式法院受理,在苏联之诉讼程序则不论案件之大小,均省略侦查程序,惟在某种受有数个罪名之控告时,如经法院或检察官或侦查员(Investigator)认为确为重大情节,便可施行侦查程序。侦查程序由司法官员称曰侦查员者以秘密方式进行之,并无推事或检察官在旁参与,即被告人亦不得聘用律师,侦查时禁用强迫方法及不正当之手段,侦查员在侦查程序完毕之后应将始末情形作成一报告书,如认为应受审判,即应预备移送该管法院审讯。又在某项案件于被告人未被起诉以前,即可传唤到院实施侦查,由侦查员将全案始末作成一控告结论书(Accusatory conclusion)向法院检察官提出,检察官如认为有审理之必要,即决定提交法院审讯。此外关于某种犯罪之侦查,国家政治局亦享有侦查员之权。(2)审判——苏联法院之审判程序与列国略同,惟仅微有区别耳。法院中诉讼程序之进行,在刑事方面除被告外或由检察官或其所属之职员出席参加,或由提起公诉者(即检举人)出席参与。在民事方面,则由两造当事人或其辩护人出席受审。至于诉讼程序之指挥则属诸审判长,又在刑事案件则全然以侦查员所作成之控告结论书为根据,先行诵读控告结论书,审判长对双方证人在辩护人未作言词辩论以前有讯问之权。而辩护人于一定期间亦可直接对证人自由加以讯问或反诘,此与若干国家只限于法官始得向证人讯问者不同。审判中所采用关于证据上之法则与他国不同,除可为解决案件之助之证据如犯罪之动机及犯人之历史等外,其他如英美法所采用之一切关于证据之法则,均屏除不用。是以苏联法院之诉令程序较他国实为简单,相差之巨,直不可以道里计也。关于上诉审判之程序,开庭时先由出庭推事之一,朗读受理案件之全部情节,辩护人虽亦有权代当事人出庭辩护(最高法院除外),然大抵均未出庭参与。(3)被告人在法律上之地位——(甲)被告之拘提,被告被传而不到庭候审者法院得迳行拘提,一切方法与一般国家之法庭大略相同。(乙)被告之羁押,候审之被告须所犯罪名其刑期在一年以上之有期徒刑,并恐其有妨碍真实情节之发现者,始得加以羁押,惟在事实上多数被告因受交保之便利,故遭遇羁押之处分并不多见。(丙)被告之选任辩护人,通常法院之公诉案件,不问是否有国家代理人(或检举人)代理起诉,被告人均得自己选任辩护人,以从事于审判之准备及实际参加审判之攻击与防御(法院对于有国家代理人之公诉,如被告不自聘任辩护人,应即指定辩护人以保护被告之利益)。此项选任权利不受任何限制,但在省法院及在特区法院之案件则须由法院以意思决定之,是为例外。惟此项许可权法院极少行使之,又纵使被告人无辩护人参与诉讼,在法院亦都受同等之待遇,而审判长在一般情形尚能大公无私,处处均能顾及被告者之利益,而使被告获得合法之保障以下言律师制度,苏联称律师为辩护人(Advocate)且在法庭上并不占据重要地位(大革命时,曾将律师制度全予废止),其原因有如下述:(1)苏联法庭之诉讼程序非常简单,当事人每易进行诉讼手续。(2)刑事案件在未开审以前,法院职员对开审案件曾先加精密之预备与侦查。(3)他国所有关于证据之法则,以及其他相类似之诉讼专门技术,苏联法院并未采用。(4)因无前此复杂冗繁之判决例可供援用,是以法律之解释与适用非常确定,凡此种种均使诉讼当事人无选任辩护人之必要,然在实际上聘用辩护人者亦属不少。在大革命时律师制度废止之后,无论何人均得充任辩护人,其后复下令指定须具备一定资格者始得充任。现行制度凡有下列资格之一者,始得任辩护人:(1)在苏维埃之司法机关内曾任侦查员以上之职务二年以上者。(2)曾经受苏维埃法律学社(Institutes of Soviet Law)之训练而考试及格者。(3)曾于昼间在工厂或他处工作而晚间加入夜校经辩护士公会(College of Advocates)考试及格者,所谓辩护士公会其组织与其他苏维埃相似,以十五人为主席团(即常务委员会)主席一,副主席二,此项公会之职权为收受会员,监督会员之行动,惩戒会员之违法或失职行为,以及其他对于与执行辩护人职务有关之事务。凡经考试及格而由辩护士公会录收为会员者,以及经辩护士公会所决定之惩戒事件,均须呈报中央执行委员会,经其核准,而不服所决定之惩戒时,更得向中执委会上诉,每一辩护人除须向辩护士公会登记而为会员之一外,同时并须加入律师团(Collectives),以该团之名义受该团之支配而执行职务,其单独以自身之名义而执行律务者为法律所不许。惟社会其他团体如公司及其他社团等得由谘询局(Consultation Bureau)指派某辩护人专任顾问或专任特殊诉讼事务。又各辩护人均无私人所设之事务所,惟每个律师团除设总事务所外，仍得于其他相当地点设置分事务所，以为团中辩护人办公之用。每团均由辩护士公会指定一人任经理（Manager）主持团中事务，各辩护人之职务亦均依法分配或轮流担任，凡经派定某种辩护事务不问民刑诉讼均不得无故推诿，每人每日须从事六小时工作（每年得休假一月，薪俸照给）。每人月俸之多少，则依其年龄经验，及能力而定，最低为二五〇卢布，最高为七五〇卢布，而平均则为四五〇卢布团中之收入全属于公，收入之标准，则依当事人之经济情形而定。对于贫苦者毫不索取报酬而代义务辩护，计占百分之三十五之多，然在一般情形，各律师团之进益与支出均能相抵，苏联此种制度之试行，成效颇佳。与其他各国之律师为自由职业而假保障人权之名，行包揽诉讼致富个人之实者完全相反。至于辩护人出身之统计依最近之调查，由大学受法律教育者占百分之六十七，由苏维埃法律学社出身者占百分之十四，其他则多由工厂工人出身者。关于监狱制度在大革命之前夕帝俄之监狱为欧洲最退化者，今则成为全世界最前进之一，依马克思及列宁等之解释犯罪为资本主义时代之经济制度所产生之当然结果，如能将该项经济制度加以铲除则犯罪亦必随之而消灭。彼等并谓由资本主义社会达到共产主义社会并非立时可就，在此过渡时期，非以矫正感化，及扶助之方法使加危害于社会之份子变而为建设新社会之人材不可，通常所称之徒刑，在苏联则予以改进之利用，其最长期间为十年（并不采用无期徒刑之制），通常执行处所统称曰监狱。至于拘留则有拘留所，惟在苏联所称之监所则分为下列五种：(1)拘禁所（Houses of confinement）——为在施行侦查程序中之被告人及被判决六个月以下之剥夺自由之人之用。(2)劳动感公院（Labor reformatory）——凡被剥夺自六个月以上者如认为必须教以相当职业者发往此处。(3)劳动村（Labor colonies）包含农业村及工业村，凡属于工农等劳动阶级人民受剥夺自由之刑五年以下者，而经法院认为系基于经济方面之需要，并为无知而犯法且无逃亡之虞者，均发往此处，学者称之曰户外监狱（Prison with open doors）。(4)隔离监狱（Vocational Isolators）凡非工农等劳动阶级人民之受剥夺自由之刑者，或虽为工农等阶级而被认为对国家有重大危险或被认为须予以相当期间之惩罚者，均发往此处监禁。(5)过渡劳动感化院（Transitional labor reformatories）凡曾在其他（上述各监院所）各监所执行一部期间而被认为有悔过而适合于劳动生活者发往此处，凡经此感化院在相当期间之后，即行释放。苏联之监狱制度一方为强制其学习劳动以取得相当职业，一方面则为施以合宜之教育及公民之训练，务使出狱之后得有正当职业而为建设新社会之一份子，故为真正实行劳动感化政策起见，一切残酷待遇悉行废除，即拘束手足及屏除饮食个人之隔离监禁（但有例外）亦为法律所不许，而劳动工作则采强迫制。凡被认为勇于从善者二日之工作可抵三日之监禁，又在监所中之劳动条件亦与通常劳动工人同受劳动法典之保障，且受同等薪俸之支给。平时对于监舍内一切事务如起居饮食娱乐以及违反狱规之处罚等，均由在监者以自治方法所组织之团体办理之。例如教育、健身、阅报、戏剧、音乐、演讲、编著等皆归其自行进行。此外对于同监犯人与看守者之接谈，吸烟之自由（工作时间则否）。对监外人之接见及通讯等之绝对不受限制，均为在监者所享有权利。在某种情形之下，在监者每隔若干时日并得离狱返家一次办理私事，遇有疾病立即延医或送医诊治。至于惩戒方法例如减薪，丧失在监所享一部或全部权利，短期之隔别监禁(以十四日为限)皆是，在监者于刑期届满即行出狱，因其均获得相当技业，且于出狱后由狱中人员颁发工作证明书及人品证明书。因此恒受相当工厂之雇用，多无失业之危险，即再犯累犯亦不多见。在劳动村(一曰户外监狱)中有农业村及工业村(Agricultural Colony and Industrial colony)之别前者即集犯人于一村以从事于农业之工作，后者即系从事于工业之工作，该项乡村并无特殊防止逃亡之设备，即防守之狱吏员役为数亦不甚多。若犯人逃脱后则不许其重再入村工作，而即改幽于禁闭式之监所内，村中规则规定每晚十一时以前，即须各返住宅安眠，酒类等物绝对禁止沽饮，犯人之结婚亦须经村民大会及当局之许可。凡有家眷者亦许携带同居，惟犯人之公民权及加入工会之会员权则暂时不得享有，其余一切均不受有任何限制，与其他自由人民毫无区别。关于管辖监所事务之机关在中央政府为内政人民委员部(People's Commissariat of Home Affairs)，其下设有监所总管理局，而各省且有省监所管理局，其下复设一分配委员会(Distributing committee)，而每一监所之下复有一监督委员会(Supervising commission)分别主持一切法定事务，此外为救济出狱者起见，复有在各省设立被释出监者救济委员会之举。其主要任务在予出监者以物质之援助，职业之寻觅等。总之苏联监狱制度虽在试验之中，然其对于犯人之改造确已收效不少。在目前吾国贫愚交迫之社会，犯法者有增无减，而监所几有人满之患，若能试行感化改善及强迫工作以事生产之制，其成绩必将大有可观也。以下述苏联之法律教育，自大革命后前此司法制度全然破毁，在过渡时期中司法人员均为未曾受有法律教育之工人充任，其后因感于事实之必要始从事鼓励司法人员之学习法律，且同时各种法典先后颁布，一切审判并非如前此之专以革命之意识为根据。故凡曾经受法律教育之人员恒正式加以任用，截至一九三二年为止在法院内之常任推事，业经受法律之专门教育者已占百分之五十。按此种教育之实施可分为下列二种：(1)大学校之法律学系——苏联大学全为政府所设，法律学科为其中之附设科系，肄业期间虽定为四年，然可越级升学，凡资质聪敏及勤奋学生自可于二三年读毕所定课程，依照定章首二年之功课全为政治经济以及共产党之革命历史，末二年则为法律课目，且仅以本国现行宪法、民法、刑法、诉讼法及土地法劳动法等为限。其他非共产主义国之法律均屏除不习，而且所研究者均为实际之运用方面，与他国之偏重于书本及理论上之寻讨者不同。况共产党人均持法律为统治者用以为镇压被统治者之工具之论调，对于法律之研究自不若其他科目之引人注意。又苏联大学只限于工人子弟及劳动阶级人民始可入学故多半工半读之制，同时能使其实地与革命群众构成联络，而不至与社会发生隔膜，此苏联法律教育之所以异于其他各国者也。(2)苏维埃法律学社——此为直接隶属于司法人民委员部所特设之苏联法律研究机关，英语译曰(Institute of Soviet Law)年限不定，凡有志研究法律而经相当考试者均可入学，社内课程除各种关于法律学科外，其他如社会学、政治学、经济学及外国语言，亦须修习，至于实地之研究与大学法律科系相同。最后述现行法律之概况与内容要点——按苏联立法事业可分为二时期：(甲)——自一九一七年至一九二一年止，此系革命后之过渡混乱时期，一切法律多发源于中央执行委员会或其常务委员会，依据无产阶级之革命的意识所发布之命令及训令，学者称之为命令式之法律。(乙)自实施新经济政策时起至目前为止，在此时期内，各项法典均依实际上之需要相继制定施行，截至目前为止，立法事业不特业已粲然大备，且已成为社会主义新体系之法律。兹将现行重要法律之概况及内容要点分述于下：宪法，一九一七年二月革命之后，各党联合所组成之临时政府(以克伦斯基氏为领袖)，因不能满足人民需要遂有列宁氏所主持之十月大革命，苏维埃政府因而告成，先行宣布下列三项主张：(1)前线军队应即停战。(2)农村土地委员会应取得地主财产之暂时所有权。(3)工人对于工厂应享有管理权。关于民族方面并发表俄国各民族之权利宣言，其原则计有下列四点：(1)各民族一律平等并一律享有主权。(2)各民族有自决权并得独立组织国家。(3)各民族之界限与特权均一律废止。(4)在俄国境内之少数民族及有特殊习俗之种族皆有自由发展之权利。于是各民族遂有自决之根据，自一九一七年十月起至一九一九年十二月止，多数民族纷纷独立，苏维埃政权颇受动摇。一九二〇年一月起至一九二二年十二月苏维埃政府强化，而统一运动亦因而告成。乃于是时第十次全俄苏维埃大会中通过史丹林所提议之联邦计划，而苏维埃社会主义共和国联邦(U. S. S. R.)乃由俄罗斯社会主义联邦苏维埃共和国(R. S. F. S. R.)乌克兰社会主义苏维埃共和国(UK. S. S. R.)白俄罗斯社会主义苏维矣共和国(W. R. S. S. R.)及后高加索社会主义联邦苏维埃共和国(Trans S. F. S. R.)等四共和国所组成，以俄罗斯社会主义联邦苏维埃共和国为盟主。联邦中各共和国之外交，陆海军，交通邮电，国外贸易，工农监督，最高经济会议以及财政劳动等事均由联邦政府统一之。同时并规定联邦中之任何共和国有自由退出联邦之权，于是此项组织联邦之宣言及条约遂先后于一九二三年七月六日及一九二四年一月三十一日经苏联中央执行委员会及苏联苏维埃第二次大会之批准，是即现行之苏联宪法也。一九二五年五月二十日有土耳克曼社会主义苏维埃共和国(Turk S. S. R.)及乌兹拜克社会主义苏维埃共和国(US. S. S. R.)加入联邦，此后更有塔德济克社会主义苏维埃共和国(Tad S. S. R.)加入联邦，以上七个共和国中，俄罗斯社会主义联邦苏维埃共和国及后高加索社会主义联邦苏维埃共和国之自身亦为联邦制度之国家。前者共有十一个自治共和国(Autonomic republics)十二个自治区(Autonomic territory)属于后者有自治共和国三及自治区二。(按后高加索乃为三个共和国所组成者)，计全联邦面积范围甚广，东迄太平洋西至波罗的海，分为欧洲及亚洲两大部。民族非常复杂，而习俗文字语言及宗教又极差异，故苏联国家之采取联邦制度，其动机实由于此，盖依马克斯等之主张，无产阶级国家应采统一不可分之共和国制度，而实行具有广大地方自治之民主主义中央集权制度。惟列宁氏则以苏联目下民族问题尚未解决，非采联邦制度以为过渡不可。然彼等固为主张中央集权制者，故于苏联宪法中仍寓有统合各共和国家于单一权力之下而成为一个单一国家之意。例如其最高权力机关有令各联邦共和国服从其命令之权，又联邦政府有其特定之专有行政立法及司法之权力等皆是，此在宪法中皆可寻见。又苏联宪法乃由各苏维埃共和国之宣言及条约所构成，其内部仅含下列二项：(1)国家机关之组织与权限。(2)苏联与各苏维埃共和国间之相互关系。至于人民之权利及义务，均不设定明文，实则此项人民权利与义务业于苏俄或其他各苏维埃共和国之宪法内予以规定。故苏联宪法与苏俄或其他各苏维埃共和国宪法,实处于互相补充之地,吾人应一并加以研究,庶能窥见全豹。兹先述苏联宪法,按苏联宪法分为二大编,第一编为关于组织苏维埃社会主义共和国联邦宣言,第二编为关于联邦成立之条约,计十一章,凡七十二条。兹将联邦宪法之要点举述于下:(一)苏维埃社会主义共和国联邦乃平等民族之自动联合,每一共和国有自由退出联邦之权,所有社会主义苏维埃共和国,无论其为现在已经成立及将来新成立,均一体公开准其加入联邦。(二)联邦各最高权力机关之职掌如下:(1)国际交涉之联邦代表权,外交事务之处理,并与各外国商订之政治及其他条约。(2)联邦国界之变更及关于各共和国间国境变更问题之整理。(3)关于接受新共和国加入联邦组织条约之商订。(4)宣战及讲和。(5)苏联所有内外债之发行及所有各共和国内外债之核准。(6)国际条约之批准。(7)国外贸易之指导供应及国内贸易制度之规定。(8)联邦全体人民经济原则及总计划之决定,所有工业分工及所有有关联邦之独立工业企业之核定,与联邦及各共和国租赁契约之商订。(9)运输及邮电事业之管理。(10)苏联军备之组织及指挥。(11)苏联联邦之统一财政计划及各联邦共和国预算之核准,凡全联邦预算与各联邦共和国预算其赋税及收入应归何方者划拨者之规定,所有新增赋税编入各联邦共和国预算之核准。(12)统一货币及信托制度之规定。(13)苏联全境内土地制度,土地使用地下使用,森林使用及水道使用各原则之制定。(14)关于各共和国间移民及设立移民团体之联邦立法。(15)联邦审判制度,诉讼法,民事立法及刑事立法各原则之制定。(16)所有劳工根本法律之制定。(17)人民教育范围内各原则之规定。(18)人民保健范围内总标准之规定。(19)度量衡制度之制定。(20)联邦统计组织。(21)联邦公民籍范围内关于外国人权利之根本立法。(22)联邦内之大赦权。(23)各共和国苏维埃大会及中央执行委员会决议案,有与本宪法抵触者得撤销之。(24)各共和国间争议问题之裁决。(三)各共和国最高权,除本宪法明白规定外,不加限制,各共和国均得独立行使其国家权力,各共和国之领土非得各该共和国之同意不得加以变更,又各共和国均得制定通行联邦公民籍。(四)苏维埃大会为苏维埃社会主义共和国联邦最高权力机关,当大会闭会期间则以联邦苏维埃及民族苏维埃合组之苏联中央执行委员会行使之。其苏维埃大会系以各市苏维埃代表,各市之乡镇苏维埃代表,及各镇苏维埃代表组织之。定期之苏维埃代表大会由苏联中央执行委员会每二年一次召集之,非常大会则由苏联中央执行委员会依其本身之决定,或依联邦苏维埃之请求,或依民族苏维埃之请求,或依两个联邦共和国之请求召集之。(五)苏维埃社会主义共和国联邦中央执行委员会以联邦苏维埃及民族苏维埃联合组织之。联邦苏维埃由各联邦共和国代表中以每一共和国人口为比例,依苏联苏维埃大会决定之人数选出之。民族苏维埃以各联邦共和国及各自治共和国每一共和国各举代表五人既各自治特别区,每一自治特别区各举代表一人组织之。苏联中央执行委员会颁布一切法律,法令,决议及命令,统一苏联立法及行政工作,并决定苏联中央执行委员会常务委员会(一称主席团 Presidium)及人民委员会之工作范围,举凡一切关于苏联政治及经济生活之通则及根本变更苏联国家机关现行组织之一切法令及决议,均须经过苏联中央执行委员会之审查及核准。又苏联中央执行委员会对其常务委员会(一称主席团)各共和国苏维埃大会及其中央执行委员会既苏联境内所有其他权力机关发布之一切法令决议及命令,有停止或撤销之权。在苏联定期苏维埃大会开会期间,苏联中央执行委员会各定期常会由中央执行委员会每年最少召集三次,非常会议依苏联中央执行委员会主席团(一称常务委员会)之决议,或依联邦苏维埃常务委员会或民族苏维埃常务委员会(The Presidium of the Council of Nationalities)之请求既依联邦共和国中一个共和国中央执行委员会之请求召集之。(六)凡现归苏联中央执行委员会审查之一切法律案必须得联邦苏维埃及民族苏维埃之接受方有法律之效力,并须以苏联中央执行委员会之名义公布之。(七)联邦苏维埃及民族苏维埃为准备其常会及指导常会工作起见,各选委员九人组织常务委员会(一作主席团)处理之。至于苏联中央执行委员会于常会之闭会期间以委员二十七人组织常务委员会,称曰苏联中央执行委员会常务委员会以为最高权力机关,惟其人数应包括联邦苏维埃常务委员会及民族苏维埃常务委员会全体在内。此外中央执行委员会应依各联邦共和国国数自苏联中央执行委员会常务委员会委员中,选出苏联中央执行委员会各主席。(八)苏联中央执行委员会常务委员会(一称主席团)当苏联中央执行委员会闭会期间,为苏联立法执行及命令之最高权力机关。对苏联中央执行委员会负责,其权力颇大,对于苏联人民委员会及各人民委员部,暨各共和国中央执行委员会及人民委员会之一切决议案,有停止及撤销之权。又对于各联邦共和国苏维埃大会一切决议案有停止之权,此外并颁布一切法令,决议及命令,审查人民委员会及苏联各分立公署暨各联邦共和国中央执行委员会及其常务委员会,并所有其他权力机关所送核之一切法令草案及决议草案并核准之。(九)苏维埃社会主义共和国联邦人民委员会(Council of People's Commissars of the Union of Socialist Soviet Republics)为苏联中央执行委员会执行及命令机关,并由苏联中央执行委员会以下列各员组织之:(1)苏联人民委员会暨劳动及国防委员会主席。(2)各代理主席。(3)国家设计委员会主席。(4)外交人民委员。(5)陆海军人民委员。(6)国外贸易人民委员。(7)交通人民委员。(8)水运人民委员。(9)邮电人民委员。(10)工农监督人民委员。(11)最高人民经济委员会主席。(12)农政人民委员。(13)劳动人民委员。(14)供应人民委员。(15)财政人民委员。按上述之人民委员会应对苏联中央执行委员会及其常务委员会直接负责,于苏联中央执行委员会所赋与之权限范围内,并依据苏联人民委员会组织法,颁布所有通行苏联全境之法令及决议,对于苏联各人民委员部暨各联邦共和国中央执行委员会及其常务委员会所送达之一切法令及决议亦有审查之权。(十)为巩固苏联境内革命法律性之目的起见,在苏联中央执行委员会之下,特设最高法院,其管辖权如下:(1)依据联邦立法上所有问题与各联邦共和国最高法院以指导之解释。(2)各联邦共和国最高法院之决议裁定及判决,如抵触苏联立法或侵犯其他各共和国利益,经最高法院检察官提起异议时,最高法院得审理之,并得抗告于苏联中央执行委员会。(3)依苏联中央执行委员会之请求,关于各联邦共和国某种决议之法律性,从宪法观点上与以正确之断论。(4)裁决各联邦共和国间一切司法上之争议。(5)审理联邦一切高级人员犯渎职罪罪状之案件。此最高法院计有下列各组织:(1)苏联最高法院全体会议。(2)苏联最高法院民事审判庭及刑事审判庭。(3)军事庭。(4)运输案件庭。全体会议依下列编制:即最高法院院长,代理院长,各联邦共和国最高法院全体会议主席。苏联最高法院各庭庭长,及苏联中央执行委员会常务委员会任命之员四人,内苏联统一国家政治局代表一人列入此四员人数之中,最高法院院长及代理院长均由苏联中央执行委员会常务委员会任命之。又最高法院并设检察官及代理检察官由苏联中央执行委员会常务委员会任命之,其职务在对属于苏联最高法院解决之问题与以正确之断论,在法院开庭时间维持公诉及对苏联最高法院之裁判不同意时,向苏联中央执行委员会常务委员会提出抗告。(十一)为便利直接指导国家行政各分部起见,特依法组织十个人民委员部,此项人民委员部分为下列二种:(1)统辖全苏联之全联邦人民委员部。(2)苏联联合人民委员部。第一种计有下列各部:(A)邦人民委员部。(B)外交人民委员部。(C)陆海军人民委员部。(D)国外贸易人民委员部。(E)交通人民委员部。(F)水运人民委员部。(G)邮电人民委员部。第二种计有下列各部:(A)最高人民经济委员部。(B)农政人民委员部。(C)劳动人民委员部。(D)供应人民委员部。(E)财政人民委员部。(F)工农监督人民委员部。又第一种之人民委员部均有驻在各联邦共和国之自己直辖代表,第二种之人民委员部在各联邦共和国内有同名之人民委员部均为其执行机关。苏联人民委员会各员均为各人民委员部首领,所有人民委员概对苏联人民委员会,中央执行委员会及其常务委员会负责,故人民委员部之一切命令均得由苏联中央执行委员会常务委员会及人民委员会撤销之。(十二)为统一各联邦共和国努力抵抗政治上及经济上反革命暨与间谍及盗匪战斗之目的起见,于联邦人民委员会之下,设立统一国家政治局(United State Political Department (O. G. P. U.))。该局主席并加入苏联人民委员会享有发言及被谘询之权。同时该局并派遣代表,分驻各联邦共和国人民委员会行使其职权,指导各地方国家政治局机关之工作。(十三)在各联邦共和国境内以该共和国苏维埃大会为其最高权力机关。在大会闭会期间,则由中央执行委员会行使之,中央执行委员会应自行选举常务委员会,在中央执行委员会常会闭会期间以该常务委员会为最高权力机关。至于执行机关则由中央执行委员会组织人民委员会,其编制如下:(1)人民委员会主席。(2)各代理主席。(3)国家计划委员会主席。(4)最高人民经济委员会主席。(5)农政人民委员。(6)财政人民委员。(7)供应人民委员。(8)劳动人民委员。(9)司法人民委员。(10)工农监督人民委员。(11)教育人民委员。(12)保健人民委员。此外尚有公共赡养人民委员暨苏联外交,陆海军,国外贸易,交通,水运,邮电各人民委员部之代表。至各联邦共和国最高人民经济委员会,农政供应、财政、劳动、工农监督各人民委员部,均直隶各联邦共和国中央执行委员会及人民委员会之下,但执行职务时仍受苏联该管人民委员部之训令。以上为联邦宪法之内容,按自苏联之第一次五年计划完成以后,内外国势及一切均呈蓬勃之态,即无产阶级之力量亦因农业集团化之结果而成为工农势力对比平均,至其他前此之敌人亦均放弃对立之主张而加入合作,为使现行宪法适用国内阶级力量对比之变化起见,遂有宪法修正之举。于本年一月间所召集之第七次苏维埃全国代表大会,由联邦人民委员会主席莫洛托夫氏提出一改革宪法意见书，内容着重于苏维埃政治之民主化，即将选举制度变为民主化，对于前此旧法所规定之选举限制予以撤销，其要点计有下列三种：(1)修改间接的选举制为直接选举制。(2)修改不平等之选举制为平等选举制。(3)修改记名投票制为无记名投票制，旋经大会一致通过。按上述苏联宪法之外，其他加盟共和国亦各有宪法，其内容皆渊源于历次之宣言，以及一九一七年十一月二日之俄国各民族的权利宣言，以及一九一八年一月二十七日之劳动者与被剥削人民权利宣言等皆是，盖前者为确认各民族之自主权利之根据，而后者则为决定国家之组织之根据也。是其性质上与临时宪法相等。一九一八年七月全俄苏维埃开第五次大会，苏俄(R. S. F. S. R.)之宪法遂以产生，其他各苏维埃共和国宪法皆奉为蓝本，及苏联宪法批准以后苏俄始根据该项宪法而成立新宪法，于一九二五年五月经全俄第十二次苏维埃大会之通过(后亦曾经若干次之修正)，即现行之苏俄宪法也。此外其他共和国等之宪法亦均依据苏联宪法第五条之规定而增加或变更或补充，然与苏俄宪法实无若何重大之差异。计苏俄宪法共分为六篇，全文计八十九条，第一篇通则，仅一章第一条至十五条。第二篇仅一章第十六条至十九条。第三篇苏维埃权力制度，分为三章，自第十九条至六十七条。第四篇仅一章自第六十八条至七十五条。第五篇亦仅为一章自第七十六条至八十六条。第六篇亦仅一章自第八十七条至八十九条止。兹将苏俄(R. S. F. S. R.)宪法及其他各法之要点列举述之于下：第一，宪法——(一)苏俄共和国为建立于各民族苏维埃共和国联邦基础上之工人及农人社会主义国家，以境内一切权力属于工人农人歌萨克及红军代表苏维埃。(二)全俄罗斯苏维埃大会(All-Russian Congress of Soviets)为俄罗斯社会主义联邦苏维埃共和国(以下简称苏俄)。最高权力主体，当全俄罗斯苏维埃大会闭会期间，全俄罗斯苏维埃中央执行委员会为其最高权力主体。(三)依第十次全俄苏维埃大会之决议苏俄加入苏维埃社会主义共和国联邦组织而为联邦共和国之一。(四)教堂与国家应行分离，学校与教堂亦应分离，公民之信教自由与反教自由皆为法律所承认。出版资本之束缚从此撤销，并承认公民有自由开会游行及类此之权利。对于工人及农人应予以联合及组织上之援助。完全普及及无偿教育亦为法律所保证。(五)承认劳动为本共和国所有公民之义务，保卫国家亦为本共和国所有公民之义务，但手持武器保护革命之荣誉权则以劳动者为限，凡非劳动份子仅得担任其他军事义务。(六)公民一切权利即凡现在住居于苏俄境内之其他联邦苏维埃共和国公民亦享有之，至于政治上权利即凡现在住居于苏俄领土内之外国人，且系从事劳动职业及属于工人阶级或属于非享有他人劳动之农民社会者，亦给与之。凡现因革命解放运动受追捕之外国人，苏俄亦给与避匿权。此外复承认民族自决之原则，于本共和国组织之内，采用组织各民族自治苏维埃社会主义共和国及自治特别区，与各民族相联合而为苏俄共和国，并承认公民在法律上享有平等权利。且保证大会，法院，学校，行政及共同生活内，完全自由使用各本邦之语言与文字。(七)为注重劳动者之利益起见苏俄剥夺各个人及各单独团体享有足以妨害社会主义革命利益之权利。又凡土地，森林，矿山，及水道，暨大小工厂，铁路运输，水路运输及空中运输暨联络器械，根据苏维埃社会主义共和国联邦(简称苏联)特别法律及苏俄高级机关之决定原则，均为社会主义国家所有。（八）全俄罗斯苏维埃大会有处理下列事项之权：(1)苏俄宪法根本原则之制定，增补，及变更。(2)各自治苏维埃社会主义共和国宪法之批准，暨此等宪法之增补及变更。（九）下列各款事项，全俄罗斯苏维埃大会及全俄罗斯苏维埃中央执行委员会均得处理之：(1)苏俄一切政治及人民经济之总指导。(2)各单独民族苏维埃大会关于分出各该民族为自治苏维埃社会主义共和国及自治特别区决定之核准，各加入苏俄组织之自治苏维埃社会主义共和国国界之划定。此等共和国宪法之核准，与其宪法之增补及变更之核准，并各自治苏维埃社会主义共和国间并各共和国及联邦其他一部间争议之裁决。(3)苏俄国界之变更，及其领土之总行政区分暨各边地及特别区联合之核准。(4)根据苏联立法，苏俄领土内一切人民经计划及其单独部分之规定。(5)苏俄预算（即苏联统一国家预算之一部）之核准。(6)根据苏联宪法及立法，凡国家及地方赋税与非赋税收之规定，暨苏俄内外债之商订。(7)苏俄国家收入及支出之最高监督。(8)根据苏联宪法，凡苏俄法典之核准。(9)苏俄领土内之大赦及特赦权。(10)凡苏俄高级机关决议核准之自治苏维埃社会主义共和国苏维埃大会决议案，及自治特别区苏维埃大会决议案，暨其他地方苏维埃大会决议案，凡违反本宪法者撤销及变更之（除上述各列举之问题外，凡根据苏联宪法之其他问题，亦归全俄罗斯苏维埃大会及全俄罗斯苏维埃中央执行委员会处理之）。（十）中央权力可分为全俄罗斯苏维埃大会，全俄罗斯苏维埃中央执行委员会，苏俄人民委员会，及苏俄各人民委员部。（十一）全俄罗斯苏维埃大会（All-Russian Congress of Soviets）以各市苏维埃代表（每二万五千选民选举代表一人）各不分州之自治苏维埃社会主义共和国苏维埃大会代表，各自治特别区苏维埃大会代表及各州苏维埃大会代表（均各每十二万五千人口选举代表一人）组织之，由其所选出之全俄罗斯苏维埃中央执行委员会召集常会每二年一次，非常会议之次数并不限制。（十二）全俄罗斯苏维埃中央执行委员会（All-Russian Central Executive Committee of Soviets）于本宪法所规定之范围内为苏俄最高立法命令及监察机关，基于其本身之动议程序内颁布法律法令及决议，暨审查及核准全俄苏维埃中央执行委员会常务委员会及苏俄人民委员会所提出之法律草案。自选主席及秘书并依委员会所决定委员人数选举常务委员会，此项常务委员会在全俄中央执行委员会闭会期间内为全苏俄最高立法命令及监察之权力机关，惟须对全俄中央执行委员会负责，且须负召集该中央执行委员会常会之职责。至全俄中央执行委员会则应对全俄苏维埃大会负责，决定苏俄工农政府及所有苏维埃权力机关工作之总方针，统一立法及行政工作，并决定全俄中央执行委员会常务委员会及苏俄人民委员会工作范围，暨监督苏俄宪法之实施及监督全俄苏维埃大会苏联高级机关一切决议案之执行。又为总揽及执行苏俄行政事务，特设苏俄人民委员会及各人民委员部。（十三）苏俄人民委员会（Council of People's Commissars of the R. S. F. S. R.）总揽苏俄行政事务，对全俄苏维埃大会，全俄苏维埃中央执行委员会及其常务委员会负责。于全俄苏维埃中央执行委员会赋与职权范围内及依据组织法有颁布施行于苏俄全领土之法令，及决议之权，惟其一切决议得由全俄苏维埃中央执行委员会或其常务委员会撤销变更或停止之耳。按苏俄人民委员会之组织如下：(1)人民委员会主席。(2)代理主席。(3)最高人民经济委员。(4)贸易人民委员。(5)劳动人民委员。(6)财政人民委员。(7)工农监督人民委员。(8)中央统计局。(9)内政人民委员。(10)司法人民委员。(11)教育人民委员。(12)保健人民委员。(13)联合人民委员。(14)公共赡养人民委员。(15)依苏联立法程序及依全俄中央执行委员会或其常务委员会所决议而享有发言权或表决权之苏联联邦(U. S. S. R.)人民委员部代表。(16)苏联统一国家政治局代表。(17)根据全俄中央执行委员会决议案之其他各员。(十四)苏俄各人民委员部(People's Commissariat of R. S. F. S. R.)为直接指挥归于苏俄人民委员会处理范围内之国家行政各单独部分起见,特组织十二人民委员部(即上述第十三要点中第三部至第十四部)。各人民委员部部长以各人民委员分充之,每一人民委员于其担任人民委员部部长职务之下,组织评议会,评议会各委员由苏俄人民委员会核准之,且各人民委员应对苏俄人民委员会暨全俄中央执行委员会及其常务委员会负责。故各该人民委员部之命令得由全俄中央执行委员会或其常务委员会,苏俄人民委员会撤销变更或停止之。又该各联邦人民委员部之命令如无全俄中央执行委员会或其常务委员会或苏俄人民委员会之确实训令根据者,亦得由苏联各同名人民委员部撤销及停止之。(十五)各自治苏维埃社会主义共和国及各自治特别区(Autonomous Socialist Soviet Republics and Oblasts)之国家权力机关根据本宪法之规定以各地方苏维埃大会,各执行委员会,各特别区执行委员会,及中央执行委员会组织之,各自治苏维埃社会主义共和国苏维埃大会为该共和国领土内最高国家权力机关,于大会闭会期间时则以大会所选举之中央执行委员会为最高权力机关。各自治苏维埃社会主义共和国中央执行委员会及各自治特别区执行委员会,均自行选举常务委员会,当各该执行委员会常会闭会期间,常务委员会为该共和国或特别区领土内最高权力机关。(十六)各自治苏维埃社会主义共和国中央执行委员会组织人民委员会以为执行机关,由人民委员会主席,内政,司法,教育,保健,农政(今改为联合人民委员),及公共各人民委员暨苏俄财政,劳动,贸易,工农监督,最高人民经济委员会及中央统计局,各联合人民委员部人民委员等组织之。(十七)各苏维埃大会,各执行委员会,及各代表苏维埃。(十八)地方权力分为各苏维埃大会(Congress of Soviets)(如边地,特别区,州及区域等)于自己处理范围内为该区域内之最高权力机关。其组织方式如下:(1)各边地(Kroi)及特别区(Oblast)苏维埃大会以各市苏维埃代表,各市乡镇外大小工厂代表暨各州苏维埃大会代表组织之。(2)各州苏维埃大会以各市苏维埃代表,各市乡镇外大小工厂代表,暨各区域苏维埃大会代表组织之。(3)各区域苏维埃大会以各市苏维埃代表,各市乡镇外大工厂及小工厂代表暨各镇苏维埃代表组织之。各苏维埃大会分为定期常会及临时会议二种,前者每年召集一次,后者临时依法召集之。各苏维埃大会并自选下述之执行委员会以为执行机关。(十九)各执行委员会(Executive committees)由各苏维埃大会选举之。于苏维埃大会闭会期间为该疆域最高苏维埃权力机关,对该苏维埃大会负责并服从上级执行委员会,其常务委员会,全俄中央执行委员会,其常务委员会及苏俄人民委员会,又为指导该区域一切日常行政工作及实行中央权之决议及法令起见,各执行委员会应互选常务委员会。于执行委员会闭会期间内享有执行委员会之权力,并对执行委员会直接负责。(二十)为实行一切属于地方权力处理之工作,暨执行上级执行委员会决议案或常务委员会决议案及中央权力之决议案起见,应依法于各边地及特别区执行委员会下组织各处或各局,各州执行委员会下组织各处,各区域执行委员会下组织各科。各处局科均须服从各该管执行委员会或其常务委员会,并须执行各上级执行委员会该管处局及苏俄各该管人民委员部之训令及工作纲要。(二十一)各代表苏维埃(Soviets of Deputies)即各市(Towns)及各镇(Village)代表苏维埃。于苏俄领土内之各市镇内组织之,其代表权限规则与代表人数,概由全俄中央执行委员会规定之。各市代表苏维埃为日常工作起见,应依据全俄中央执行委员会或其常务委员会所规定之规则互选一执行委员会,而各镇苏维埃之下则仅得依法组织一常务委员会。(二十二)各边地,各特别区,各州及各区域执行委员会或其常务委员会暨各代表苏维埃等之任务如下:(1)筹划提高该区域之文化及经济。(2)执行主管高级苏维埃权力机关决议案。(3)裁决该区域地方事项。(4)统一该域内苏维埃工作。(5)保证该区域界内国家秩序及社会安全之法律性及防护。(6)依本机关之动议或依上级执行委员会之交议讨论全国有关之事项。(二十三)各地方苏维埃及其执行机关之工作应受各上级苏维埃大会及其执行委员会常务委员会之监督与指导各地方苏维埃大会决议案于一定相当时机,并得由各上级苏维埃大会各上级执行委员会常务委员会暨全俄中央执行委员会或其常务委员会撤销及变更之,即各执行委员会或其常务委员会之决议案亦得由选举该委员会之苏维埃大会暨各上级苏维埃大会,各上级执行委员会或常务委员会,全俄中央执行委员会,其常务委员会,及苏俄人民委员会撤销及变更之(二十四)下列各款之苏俄公民于选举日年龄已满十八岁者无男女,宗教,信仰,人种,民族,土著,及其类此之差别,一律享有各苏维埃选举及被选举之权:(1)凡以生产及公益劳动获取生活费者,及保证彼等能为生产劳动之从事于家政者。(2)工农红陆军及红海军之红陆军军人及红海军军人。(3)凡属于上述二款所列举之公民现已失去劳动能力达于某种程度者。至于下列各人虽属于上述三款中之一者亦不得享有选举暨被选举之权:(1)凡属于现在赖雇工以达攫得利润为目的者。(2)凡现靠非劳动收入为生活者,如资本利息,企业收入,财产收入,及其类此者。(3)凡私商人贸易及通商经纪人。(4)所有宗教及各支派之宗教仪式教务执事人,如以此为职业者,及教士。(5)凡从前警察队,特务宪兵团,警备处之职员及密探,俄罗斯旧皇室之皇族,暨警察队,宪兵队,以及惩罚机关之指导工作者。(6)凡于法定程序内,被认为精神病或心神丧失者。(7)凡因罪被判褫夺政权,在法院判决规定之期间者。(二十五)办理选举之程序及各职业团体及其他工人组织之参加选举,由全俄中央执行委员会或其常务委员会决定之。各苏维埃选举合法之审核由各选举委员会行之。凡曾选代表于苏维埃之选举人,有于任何时间撤回该代表及办理新选举之权。(二十六)苏俄所有国家收入及支出(此处包括加入该共和国之各自治共和国之收入及支出)联合为全国预算,同时且为苏联预算之一部,依据苏联宪法及全联邦立法程序所颁布之规则合并加入苏联统一国家预算(Single State Budget),苏俄国家预算应由苏俄人民委员会审查之,再经全俄中央执行委员会核准之,然后移送苏联立法机关以便依照苏联宪法程序合并列入苏联之统一国家预算。关于国库款项中之任何支出，其用途如于国家收入及支出预算书内未经规定或未经颁布，仍须经苏俄立法机关特别决议后，始得办理之。（二十七）各地方预算由各执行委员会及各代表苏维埃编造之，并由各该苏维埃大会或于相当时机时由各该执行委员会，及各市代表苏维埃，在苏俄主管中央机关总监督之下核准之，又为应付地方经费之支出起见，在苏联及苏俄之立法程序内，各地方权力机关有征收赋税及其他财源之权。（二十八）关于苏俄国徽国旗及首都之规定（第八十七—八十九条）。第二，民法——各加盟共和国均各有其民法典，内容大都相同。苏俄共和国（R. S. F. S. R.）之民法系公布于一九二一年十一月十一日，而施行于一九二三年一月一日，共分四部，第一部为总则，计五章，自第一条至五十一条，第二部为物权，计三章，自第五十二条至一〇五条止，第三部为债权，计十三章，自第一〇六条至四一五条止（公司法规与保险法规亦包括在内）。第四部为继承权，亦包含于债权部分之内，系第十四章之规定，自四一六条至四三五条止在革命以前之民法系一八三五年所收编而施行之法令全书中之一（在书中第十卷），革命后即行失效，故自一九一七年至一九二三年止苏俄并无民法，可资适用，有之惟依照无产阶级之革命意识而已，洎乎一九二二年列宁氏所倡新经济政策实施以后，始感觉非有一过渡时代所需要之民法典不可，遂由人民司法委员会于同年五月间进行起草事宜，十月三十一日呈送全俄中央执行委员会，经其批准终于十一月二十五日于法律公报中公布，计自起草以迄公布为时仅及半载，其急迫草率之状，于此可见，至其实行期日则为一九二三年一月一日。兹将其特点与内容略述于下：(1)编制——（甲）技术方面——苏俄民法自起草以至于公布为时甚短，自难望有优秀技术之成功，惟苏俄立法家曾顾及工农大众智识水平线之低下。为达到打破专门家之法律，而造成使为民众化之法典起见，乃极力避免高深之语句与艰涩之术语，故在立法技术方面自难与他国法律相比。（乙）体裁方面——(A)物权篇位于债权篇之前与德国及我国民法相反而与日本民法相同。(B)亲属法脱离民法而自为特别法，并不加入其中，盖自一九一七年十二月间苏俄已先有关于身份登记，亲子关系及监护婚姻等法令之陆续公布，而于一九一八年九月十六日复汇集成为一单行法规，故不列入民法法典中。(C)公司法及保险法规定于债权篇之内，与我国之均为特别法规者不同。其原因有二：（子）商人在苏俄之地位并非受法律特别之保护。（丑）采取民商法合一制之结果。(D)条文简短全部仅四三五条，约德民法六分之一，日本民法三分之一，约我国民法三分之一。其原因有三：（子）苏俄立法家否认私法之存在，惟民法典之制定仅系应过渡时期之需要，故只表示其提要而已。（丑）亲属法之分离。（寅）特别法如土地法森林法及劳动契约法之增加。(E)民法之公法化，民法系以新经济政策为基础，而新经济政策则以国家资本主义为目的，且从来之民法与资本主义（私人的）相交错，而苏俄民法则从资本主义除去个人主义之要素而从国家资本主义，故其条文属于强行规定者颇多，是此民法已趋于公法化之域也。(2)立法主义特点——苏俄民法虽仍保护所有权，及私人营业权，然其面目究与前此资本主义不同，且与革命后所施行之军事共产主义，亦有区别，一面虽以新经济政策为其背影，实则于此缓和立法主义中仍有多量新奇前进之条文。兹特将其与普通资本主义之民法不同者略举其特点于下：

(甲)总则篇特点:——(A)私权虽为法律所保护,但须于社会拘束之下始许个人享有之。换言之,即承认私权之存在与行使仍以社会经济之目的为前提(第一条)。此实为民法全部之根据,故意著为第一条。(B)土地为国家所有,私人只可占有而仅有使用收益之权,因此财产并无所谓动产与不动产之区分(第二十一条)。(C)私权既可享有,但其充为交易目的物者亦较通常为减少(第二十二—二十四条)。(D)订立契约手续方式之严格化(采公证人制,二十七条)。(E)时效(消灭的)制度之延长有法定与裁定二种,裁定由法院为之。(乙)物权篇特点:——(A)物权仅分为所有权,地上权(建筑权)及质权三种。(B)所有权分为国家所有,团体所有及私人所有(第五三条、五四条、五七条)。而私人所有之范围较前二者为狭,所有权人对其所有物被侵夺时有要求归还权,惟对革命以前所为之没收与征发则无追溯效力,然此后所为之征发与没收仍须依照特别法之规定始得为之。(C)地上权(即建筑权)。地上权之设定仅以建筑为限(其他均定于土地法内)。而设定者亦仅限于地方官吏,其设定契约应以公证之手续为之,否则无效。又建筑权亦可让与及抵押,且须另订契约。(D)质权,质权之成立须以债权之存在有效为前提凡。不禁止私人让与之一切财产均得为质权之标的物(第八五—八八条)。质权人对于质物在原则上无使用之权,惟法律上或契约上有特别规定者则为例外(第九六条)。(丙)债权篇特点——(A)契约自由原则之限制,因另有土地法劳动契约法之特别法规,故私法之契约所施行之领域,甚为狭小。又凡契约之目的若与法律相违反,或意图避免法律之规定及显然有损害于国家者均属无效(第一四七条)。(B)赠与之限制,凡超过一万卢布之赠与无效(第一三八条)。(C)买卖之限制,得为买卖契约之标的物者以经法律所许可者为限(第一八一—一八二条)。(D)无过失赔偿责任制度之确立(第四〇三—四〇四条)。(丁)继承制度特点——(A)条文仅二十条,简单非常。(B)继承财产之限制,凡继承财产超过一万卢布者,不许继承之。其超过遗产价值之部分,归属于有关系之国家各机关。如组织遗产各部分之性质因分割而生经济上之不利益及不便利时,国家与私人间得定为公共占有,或收归国家之部分收买之,或将与国家利益无碍者收买其相当部分(第四一六—四一七条)。(C)依法有继承权者以下列二种为限:(子)被继承人之直系亲属(如子、女、孙、曾孙、及被继承人之配偶)。(丑)被继承人未死亡前一年以上之扶养人而无劳动能力及财产者。第三,婚姻亲子及监护法——苏俄亲属法并不列入民法而且亦不采用亲属法之名称,特名曰婚姻亲子及监护法。按自革命后自一九一七—一九一八年曾陆续先后颁布关于身分登记,亲子关系及监护等法令,至一九一八年四月间即将该项法令汇集成编,称曰身分登记(户籍)婚姻亲属及监护法。一九二三年曾发生修正运动,惟未告成。一九二五年复作一修正案,惜仍受阻碍,未能实现,此后复经另加修正,始于一九二六年十一月九日经全俄中央执行委员会之议决通过,更名曰婚姻亲子及监护法。一九二七年一月一日施行,内分为四章,第一章婚姻,第一条至第二四条止。第二章亲子间及其他亲属间之相互关系,自第二五条至第六七条止。第三章监护与保佐,自第六八条至第一一〇条止。第四章人民身分登记,自第一一一条至第一四三条止。兹举述其要点于下:(一)婚姻仅系一种普通契约,性质与财产契约相似,并无所谓婚姻预约之制度。(二)除采用法律婚(即须呈请登记)外复兼采事实婚主义(第二条)。(三)离婚采无因离婚主义,同时并承认当事人得以单方意思提议离婚。(四)离婚亦有登记的与非登记的区别,惟后者如有发生争执时,仍须由法院以判决方式决定之。(五)最特色者即妻在婚姻关系存续期间并无追随其夫之住所之义务,故夫妻之人格绝对处于对立之地位,因此男女绝对平等之原则因而贯彻。(六)否认婚姻有变更国籍之效力(第八条),其欲自请变更者亦为法律所许可。(七)父母有婚姻关系者与无婚姻关系者所生之子女享同等之权利(即无姻生子女与非姻生子女之区别。(八)为母者于其受胎期内或分娩之后,准其将其子之父呈报登记局以保护其子之利益,该呈报所称为父之人接到通知后应于一定期间声明异议,呈请法院请求审判,否则即认其为该子女之生父,令其负担扶养责任。(九)父母使用共同之姓时,则此姓亦定为其子之姓,否则其子之姓以父母之协议定之,不协议时则由监护保佐局核定之。(十)父母无对于其子女之信仰何种宗教作任何协议之权。(十一)父母对其子女不履行义务或行使亲权不适当时及有虐待之情形时,法院得以判决令将其子女交出,而转交于监护保佐局,同时并得以判决命其父母负担扶养费用。(十二)对于子女之扶养义务,由父母双方任之,其扶养之程度依各人之经济状况为准。又子女对于其穷乏而无劳动能力之父母亦须负扶养之义务。(十三)又家人中因穷乏而无劳动能力(或为未成年),亦有请求扶养之权(第五十四—五十五条)。(十四)子女之收养收幼者及未成年人(满十岁者必须经其本人之承诺)为限。且必须系专以子女之利益为目的,收养时以监护保佐局之决定行之,并须依法呈请登记。(十五)为保护无行为能力人之身体及其法律上之权利与利益起见,特设监护与保佐:(1)年在十四岁以下之未成年人,及依法定程序受心神丧失或心神耗弱之宣告者应设监护人,受失踪之宣告者或宣告死亡人之财产以法律有规定时为限亦须设置之。(2)对于十四岁以上十八岁以下之未成年人,及成年人而因体质上之关系不能保护自己之权利者设置保佐人。(十六)监护保佐均由政府设置监护保佐局于各处依法指派监护人及保佐人办理之,且被任为监护人或保佐人者必须具备一定资格(第七十七条)。又除非有下列情形之一者外,无论何人一经委派均不得拒绝担任监护人或保佐人:(1)年逾六十岁者。(2)因疾病生理上之缺陷,财产上之状况以及所营之职业或所任之职务之性质无力履行此项义务者。(3)自己养有二以上之子女者。(4)妇女之已育有哺乳之小儿或有八岁以下之幼儿者。(5)已别任有监护人或保佐人之职务者。(十七)监护或保佐义务之履行以无报酬为原则,若有收益之财产且系属于监护保佐局之支配者,则该局得为监护人或保佐人酌定酬金(惟不得逾该财产收益百分之十)。至被监护人之扶养费用经监护保佐局认为必要并有益时,由被监护人之财产之收益支付之,不足或全无时则由监护保佐局核准,让渡之财产所得之款额中支付之。若监护人无财产时监护保佐局呈请社会供应局(Board of Social Maintenance)拨款充之。(十八)人民身分之登记由一定机关办理之,其登记计分为出生之登记,死亡之登记,结婚之登记,离婚之登记以及其他之登记如养子、易姓、认父、认母、并改姓之登记等数种,各种登记在法律上有公证之绝对效力(关于婚姻法请参阅拙著苏联婚姻法一书,上海生活书店出版)。第四,土地法——土地法又称农业法,系由民法物权篇所分离而成之特别法典，自从十月大革命之后陆续制定颁布者，有土地设收令，土地法纲要（一九一七年十月二十六日）。前者共四条，后者共八条，至一九一八年二月十九日更有一关于土地社会化之原则之颁布，内容之规定颇为详密。至一九一九年二月十四日更颁布一社会主义之土地规则及土地归社会主义者管理之经过法，共一三八条，苏俄之农业政策之采取团体形式之原则于以确立。一九二二年五月二十二日更有农民土地使用原则法之公布，于某种条件之下土地租凭及劳动雇佣亦为法律所容许。更于同年十月三十日正式颁布土地法，集前此各项法令之大成，十二月一日起施行，共分三篇，而冠以总则八条。第一篇为劳动者对于土地之使用，分为十章（自第九条起至第一四三条止）第二篇为国有土地与市有土地分为二章（自第一四四条起至第一六四条止）。第三篇为土地整理与处置分为四章（自第一六五条起至第二二六年止）。其要点如下：(一)苏俄所有土地无论属于何人管理，概归劳农国家所有，私人之土地所有权永久废止。(二)土地使用权不认为私法上之权利，而为属于公法上之权利。(三)以农业经营为目的之土地使用权，由希望以自己之劳力耕作土地之苏俄人民（无男女、宗教、与种族之分别）享有之。且其权利之取得全系无条件无代价的，而此项土地使用权不特为权利且系一种对国家之重大义务。(四)享有勤劳土地使用权之人禁止其自由让渡，并禁止其用雇佣劳力之土地经营，以杜绝其不劳而取得财源（雇佣劳力在一定条件下为法律所容许，第三十九—四十条）。(五)土地租凭虽为法律所许可，但设有严格之限制，而转租则禁止之（第二十八—三十四条）。(六)土地使用人分为土地团体（即农村合作社）与农户，前者为共同使用耕地之农户集团，具有法律上之人格，得于自己之名义下取得财产缔结契约，及为其他之法律上行为。后者则为共同经营农业之家庭的劳力人之团体（即无家庭之独身者亦得由一人成立之，换言之，即勤劳的共同从事于农业之人之集团也）。(七)农户之对外代表人，对内管理一切业务之人，称曰户主，不论男女均可充任。至于农户之财产则分为共同使用财产与个人使用财产。(八)农户户员于一定条件之下得分立为二个，乃至二个以上之独立农户（第七十四—七十五条）。(九)土地使用方法计可分为下列三种（此系就土地团体——即农村合作社而言）：(1)土地团体之使用制（即平均分配土地于各农户间）。(2)土地区分之使用制（即各农户对于有一定不变之面积之土地有权利不行部分交换之再分配）。(3)土地共同使用制（凡组织农业团体劳动团体……等之团员，并不分割土地而系共同使用之）。至于收获物之如何分配，并不设有规定。(十)农村中农户之住宅地，各农户有由部落的宅地专用区域内无代价受分配之权利。至于市街宅地（即市有土地内之宅地）则由特别法（指一九二五年四月十三日与一九二六年十二月一日所公布之法令）规定之。(十一)国有土地（即由国家机关之管理及支配之下之土地）分类下列三种：(1)苏维埃农地——乃指由政府以非营利为目的（即改善农事为目的）所经营之农业土地而言（第一六〇条）。(2)财源地——乃指由国家以营利为目的所经营而为经济设施以收益之地而言。(3)国有预备地——乃指目前不受任何人管理或使用而为自然抛任之土地，换言之即不属于任何人所直接使用而保留以待日后必要时给予请求人之土地也。(十二)关于土地整理及处置之规定设计分为四章：(1)土地管理。(2)土地登记。(3)土地争议之处理。(4)移居。(均从略)第五,劳动法——苏俄之第一次劳动立法系起自一九一七年十一月八日(或曰十月二十九日)确立八小时之工作制,嗣后仍有若干法令之继续颁布,一九一八年十月正式公布第一次之劳动法典,内容最重要之点有三:(1)强迫每人必须参与劳动。(2)一切劳动由中央特设机关集中管理权。(3)法典内并列举劳动者所享有之特权。至一九二二年之新经济政策实行以后,各种法典均相继制定颁行,劳动法典之重新制作,自亦不能例外,而该法典所着重之原则,与旧法迥异。在法典内并不列举劳动大众所有之特权,而仅设立为保护劳动者之权利的各种担保,全文共分为十七章计一九二条。第一章总则(第一条至第四条)。第二章雇佣及取得劳力之办法(第五条至第十条,按本章已于一九二五年废止矣)。第三章苏俄共和人民之义务劳动(即强迫工作)召集办法(第十一条至十四条)。第四章团体契约(第十五条至第二十六条)。第五章劳动契约(第二十七条至第四十九条)。第六章内部管理规则(第五十条至五十五条)。第七章工作成绩之标准(第五十六至第五十七条)。第八章劳动之报酬(第五十八条至第七十六条)。第九章保障与抚恤(第七十七条至九十三条)。第十章工作时间(第九十四条至第一〇八条)。第十一章休息时间(第一〇九条至第一二〇条)。第十二章学徒(第一二一条至第一二八条)。第十三章妇女及未成年人之劳动(第一二九条至第一三七条)。第十四章劳动保护(第一三八条至第一五〇条)。第十五章工会及附于各机关各企业及各家庭之分会(第一五一条至第一六七条)。第十六章劳动争之处理及关于违反劳动法规事件之审理(第一六八条至第一七四条)。第十七章社会保险(第一七五条至第一九二条)。惟截至目前为止第一八一条至第一九二条已废止,故本法典仅有一百八十条。此外关于劳动法典之补充法令为数尤伙,从略。第六,破产法——苏俄破产法系制定于一九二七年十二月三十日,仅适用于个人或私营公司之企业,规定管辖法院为通常法院。至一九二九年二月六日复由苏联联邦政府制定一新破产法及和议法适用于全联邦中关于国营企业及官商合办之公司及公共组合,其管辖法院为属于管辖国营企业间之争议之调停委员会特别法院。第七,刑法——革命后最惹人注意之法典而与共产主义者之阶级理论最适合者厥为刑法,盖刑法即实现"法律为统治者压迫被统治者之工具"之理论也。在一九一八年九月三十日之禁止适用革命以前法律之命令颁布以后,革命以后刑法之适用始为法律所禁止。惟当时国乱正殷,武装工农任意杀戮,虽有所谓革命法院之设,惟所用之刑罚根据,悉以群众之革命意识与阶级之立场为准,而其手段亦无任何限制。至一九一九年十二月由苏俄司法人民委员会公布一刑法之指导原则,全部共八节,何罪应罚均无明文规定惟以刑法之制定,其目的在于过渡时期供抵制反对苏维埃新制之敌人之用,并以刑罚非以减少罪犯为目的而系纯以为达到某种目的之手段,在此指导原则内关于刑罚之种类计有下列各种:(1)申诫。(2)公开谴责。(3)强行不拘束身体自由之行为(如强令尽某项义务)。(4)同盟绝交(Boycott)。(5)禁止其暂时或永久加入一定之结社。(6)回复加害或赔偿。(7)褫职。(8)禁止其从事于某种活动或营业。(9)没收一部或全部财产。(10)褫夺政权。(11)宣告其为人民革命之公敌。(12)不剥夺身体自由之强制劳动。(13)剥夺定期或不定期之自由。(14)宣布犯人在法律保护之外。(15)枪毙。

(16)以上若干种刑罚之合科。在此刑法指导原则实施之下,由于革命之为无产阶级者推翻有产阶级者,故在受革命意识支配下之法院,对于刑罚之宣告前者每较后者为轻,所谓"法律持平之原则"在此时期之实施,不仅遭遇百般困难,而且亦为情势所不许。此后尚有若干命令由中央执行委员会颁布者均与刑法方面有关。其最引人注意者则为一九二〇年十一月十八日之关于保护妇女健康之命令,否认堕胎为犯罪行为,但非医士而行手术者则为法律所禁止。一九二二年始有刑法典之产生,全文共二百二十七条,第一编(共五十六条)为总则。第二编为分则,共一七一条,内容虽多根据一九一九年之刑法之指导原则、然其不同者亦甚多。例如:(1)容纳比附援引之原则在第十条内规定:"凡本刑法内未经分别规定之各项犯罪行为应比附本刑法已规定而与该犯罪行为之重要部分及种类较为近似之条款,并参照本刑法总则各原则科刑。"即其明显之例。(2)法院对于附加条件之处刑有极大之自由,对于处刑之减轻亦有无限之权力,故极富伸缩性。(3)在分则篇内并有列举之犯罪及应处何刑之规定。其后发动于一九二四年之岁终,时有联邦及加盟共和国之刑法立法之基本原则之公布,根本推翻刑事镇压之政策,并进而采用社会防卫之观念,故前此所称之刑罚,一变而为社会防卫之处分。关于此种防卫处分可分为下列三种:(1)纠正的处分。(2)疗治的处分。(3)疗治兼教育的处分。于是在一九二六年遂集一九一九年之刑法指导原则,一九二二年之刑法典以及一九二四年之刑法立法之基本原则之大成,为一新刑法法典,于一九二七年一月一日施行,全文共分为二篇。第一篇为总则,第二篇为分则,计一九三条,后并经数次修正。兹将其特点举述于下:(一)本刑法之目的在于对社会之危险行为者适用本法所规定之社会防卫处分,同时并以保持劳农社会主义之国家及国家所创设之法律上的秩序为目的,至所谓社会的危险乃指反对苏维埃政体之行为或不行为,或在共产主义制度过渡期间内破坏劳农政府所创设之法律上的秩序而言。(二)行为时虽合于本法所称之犯行,而检举或侦查间已丧失其社会危险性或法院已不认为有危险于社会时,则该行为人即不受社会防卫之处分。(三)社会防卫处分可分为三种:(1)纠正的处分。(2)疗治的处分。(3)疗治兼教育的处分。(四)纠正的处分适用于故意之行为与不注意之行为。但须注意下列二点:(甲)十四岁以下之少年不适用之。(乙)十四岁以上未满十六岁之未成年人之适用纠正的处分,须先经未成年人委员会之认可又以纠正为目的之社会防卫处分计有下列各种:(1)剥夺苏俄及苏联之国籍,驱逐国外并宣布其为勤劳人民之公敌。(2)拘束其自由而严重隔离之。(3)拘束其自由而不严重隔离之。(4)不剥夺其身体自由之强制劳动。(5)褫夺其公权或私权。(6)有期驱逐于苏联国境之内。(7)驱逐于苏俄领域外或指定其居住地,逐居于指定地内或不指定居住地,或划出一禁止居住之处所,逐居于禁居地外或不划定禁居地。(8)有期或无期之褫职。(9)禁止其从事于某种事业或就某种职业。(10)公开谴责。(11)没收一部或全部财产。(12)罚金。(13)申诫。(14)赔偿损害。(五)枪毙之死刑亦暂用之,惟须注意下列二事:(1)须为对于防遏危害苏维埃政权,苏维埃政体之基础之重大犯罪始得用之。(2)犯罪时未满十八岁者及妊娠中之妇女不得用之。(六)疗治的处分与疗治兼教育的处分,法官对于认为不适用纠正性质之处分及其附加刑之犯罪始得适用之。但此项处分亦以该犯罪人在听候裁判期间，当局无意适用纠正处分时为限。(七)疗治的处分计有强制治疗及命人隔离病院二种。疗治兼教育的处分亦分为下列二种：(1)未成年人应引渡于其父母、养父母、保佐人、监护人或其他亲属而有养育之能力者，或引渡于其他相当机关。(2)命人特殊之疗养院。(八)法官对于所为之处分握有极大之自由酌量权力。并规定凡下列各项犯行于实施处分时应酌量情状，盖亦为犯行者之利益着想也：(1)虽有超过正当防卫之嫌，但为对破坏苏维埃政权，及革命的秩序起见而防卫自己或他人之权利者。(2)初犯者。(3)非图利卑劣诱因之犯行。(4)被威胁强迫或历物质上、职务上、处于属下地位之故所犯之罪。(5)一时为强烈精神亢奋之故而犯之罪。(6)为饥寒穷迫之故或为家属陷于窘境之故所犯之罪。(7)智识缺乏之故或因偶然事情所犯之罪。(8)未成年人及妊娠中之妇女。(九)采取比附援引之原则，即律无正条不为罪为本法所否认(第十七条)。(十)共犯中不分主犯与从犯均课以同一之罪(第十六条)。(十一)未遂犯有时亦以已遂犯论罪但有例外规定(第十九条)。(十二)分则中所规定之罪可分为二大类，一为反抗劳农政府所制定之苏维埃制度之最危险罪，一为其他一切之罪。换言之，即前者为反革命之罪，后者为反社会性之罪，对于前者采报复主义，科刑重，对后者采感化主义，处刑轻。(十三)分则所规定者计有下列：(1)关于国家之罪——复分二类。(2)其他之反行政秩序罪。(3)职务上之罪。(4)侵害政教分离规定之罪。(5)经济上之罪。(6)杀人、伤害、监禁、毁坏名誉之罪。(7)关于财产之罪。(8)违犯国民保健及保持安宁秩序规定之罪。(9)军事上之罪(均从略)。(十四)在分则内最引人注意之规定有四：(1)违反一切劳动法令者应受处罚。(2)军事刑罚法令亦规定于刑法内。(3)无权参加选举之人如参与苏维埃各种选举者应受处罚。(4)在教育机关宣传宗教者，及在国家机关公共机关及企业机关举行宗教仪式或悬挂关于宗教之肖像法物等者，亦均应受处罚。第八，刑事诉讼法——苏俄刑事诉讼法公布于一九二三年二月十五日公布，一九二七年及一九三三年曾先后加以修正。全部计分为六篇，第一篇分为六章。第二篇分为十四章(七—二一章)。第三篇为人民法院之程序，分为七章(二二章—二十七章)。第四篇特区法院及省法院之程序，分为二章(二十八—二十九章)。第五篇最高法院之程序，分为二章(三十—三十一章)。第六篇仅一章，全部共计四百六十五条。第九，民事诉讼法——苏俄共和国民事诉讼法公布于一九二三年七月十日，同年九月一日施行。共分为五篇都三百一十六条，第一篇分为七章(自第一条至七十四条)。第二篇诉讼程序分为十二章(自第八章起至第十九章止即自第七十五条起至第一九〇条止)。第三篇特别程序，分为九章(自第二〇章至第二八章即自第一九一条至第二三四条)。第四篇分二章即第二八章至二十九章(自第二三五条至第二五四条止)。第五篇判决与决定之执行，分为七章(自第三十章起至第三十六章止即第二五五条至第三一六条止)。按民事诉讼法在各国法典中其条文恒较刑事诉讼法为多，即我国现行之民事诉讼法共六百条，而刑事诉讼法则共五一三条。又新民事诉讼法共六三六条，新刑事诉讼法共五一六条，而苏俄民事诉讼法则较刑事诉讼法之条文为简，此因苏俄重公权之诉而轻私权之诉之当然结果也。第十，法院组织法——苏俄之法院组织法于一九二六年施行，联邦最高法院组织法则于一九二九年间始行制定。第十一,国籍法——苏联联邦国籍法于一九三〇年六月十三日通过,同月二十八日公布,全文共十八条(旧苏俄国籍法于一九二四年十月二十九日颁布)。其要点如下:(一)每个人民具有两个公民资格,即一方为苏联联邦之公民,同时仍为所住居之加盟共和国之公民(第一条)。(二)国籍之固有的取得采血统主义(第七条)。至于传来的取得,则有:(1)基于亲属关系如婚姻,及收养关系是,惟否认婚姻有绝对变更国籍之效力(第八条)。又苏联人民之子女,虽经外国人收为养子,其苏联国籍亦不变更。(2)基于住居之关系,如凡居住苏联境内人民在未经证明其属于外国国籍时均认为苏联人民(第三条)。(3)基于归化之方法,仅规定归化时如经法定机关之决议或许可便即成立。归化条件未设明文。此外复有所谓与大归化及集合归化相类似之规定(第十六条二项及第二条)。(三)国籍亦不因婚姻而丧失。至于国籍之剥夺或回复其权亦操于中央执行委员会之手。(四)国籍之变更其效力之及于子女因已满十四岁或未满而有不同(第九—十条)。第十二,航空法——苏联航空法公布于一九三二年四月二十七日,分为七章,共六十八条。第一章总则(自第一条至第五条)。第二章民用航空具(自第六条至第十六条)。第三章民用航空具服务人员(自第十七条至第二十四条)。第四章飞行事业之地上设备(自第二十五条至第三十二条)。第五章民用航空人员工作时之待遇(自第三十三条至三十四条)。第六章飞行(自第三十五条至第三十八条)。第七章国际间之航行(自第三十九条至第六十八条)。

【觉(覺)书】【国公】Memorandum　又称节略。(详该本条)

【觉(覺)举】【史】官吏从事公务有过失时,于未被他人发觉以前自己先行觉知时,即将其失错之事实自首者,谓之觉举,唐律(卷五)名例篇——公事失错之条:"公事失错自觉举者,原其罪。"按觉举亦为自首之一种。惟其区别之点,则为自首乃在犯罪发觉以后向官署忏悔自新,而觉举则系于犯罪事实未被发觉以前向官署表示其过失。明清律有称觉举为检举者,亦有称之为自举者。(明律卷一清律卷四名例篇——公事失错之条)

【触(觸)漏漕船】【史】运河关系漕运甚大,河道两旁,主管官吏应行察勘,一切障碍木石,均须刨挖。否则如有因而触漏漕船,应受一定之处分。清之六部处分则例(卷十八)户属漕运篇设有触漏漕船之条:"凡重运经临令管河厅汛各员于河道两旁详加察勘,如有倒卸岸石存留旧桩并树根未经刨挖者,即时起除河道,总督不时委员查察,据实申报,其有因河底石块木桩及树根等项,抵触漕船漏水沉溺,押运等官免其失防处分,将专管河务文武各员照官堤土石各工预先不行修筑例降一级调用,兼管河务之地方官罚俸一年,查报不实之委员罚俸六个月。"

【议(議)功】【史】为八议之一。(详八议条内)

【议(議)决】【通】Resolution　议决者谓由数人之会议而加以决定也。议决之法定人数,有以过半数为之者,有以三分之二为之者,有以全体出席为之者,均依议决事件之轻重及性质而有差异。

【议(議)决案】【国公】Resolution or act　凡国际会议中对于某种事件公同决

定或通过之办法，而以文字正式向外宣布者，曰议决案，例如一八八五年二月二十六日之伯林议决案是。

【议(議)决机关】【通】Organ of resolution 所谓议决机关乃指决定意思之机关而言。例如股东大会为公司之议决机关，社员大会为社团之议决机关，国会为国家之议决机关是也。

【议(議)事】【通】于会议时对于某项事件，予以审议及讨论谓之议事。

【议(議)事日程】【宪】Orders of the day 议事日程者，谓定应议事项之顺序也。制定议事日程之权，通常皆属于议长，有于将闭会时将次回之议事日程由议长向众当场宣布者，如法比等国是，有由议长于确定后将议事日程分别印送于议员者，如德日等国是，议事日程之内容应如何规定各国不同，有须以政府所提出之议案陈列于首者，有须以议会各委员会所报告者陈列于首者，然以按议案之性质分别其顺序者居多。

【议(議)事记录】【国公】Minutes 甲国与乙国间交涉谈判时之记录，曰议事记录，可为将来发生疑问时解释之用。

【议(議)定书】【国公】Protocol 所谓议定书，乃指对于一带有单个性质之问题之解决办法而言。例如一九二一年之国际法庭规约议定书是，此外有时乃专指议事记录或其撮要大纲而言。

【议(議)长】【宪】President in the congress; Speaker 议长为议会中之最高首领，即我国现在所谓议会之主席是也。其职权为整理议事及统辖议员，代表议会等及任议会开会之主席是也。在欧美各国议会，其议长多以多数党之领袖任之，乃由议会中互选而来。

【议(議)故】【史】为八议之一。(详八议条内)

【议(議)员】【宪】Members of congress 议会之组成分子曰议员，乃人民之代表，在法律上受有下列特殊之保障：(一)言论的保障——即在议会内得自由发表意见，不受任何拘束。(二)人身的保障——即不使其受非法逮捕与搜索。

【议(議)案】【通】Bills 开会时所审议之案件，曰议案，其已通过者则曰议决案。

【议(議)案提出权】【宪】议案提出权者谓议员依法定手续有向议会提出议案之权也，依我国现行立法院议事规则之规定，议案之提出须以书面行之。凡法律案之提出须将法案之原则及各条规定之理由具备立法旨趣书提出之。

【议(議)能】【史】为八议之一。(详八议条内)

【议(議)院】【宪】Parliament 立宪国家代表人民参于国家政治之机关，谓之议院。有两院制与一院制之不同。两院制乃包含上议院(又曰参议院)与下议院(众议院)而言。(参国会条)

【议(議)院法】【宪】议院法者，谓关于规定议院开会，议事，闭会等程序之法规也。在日本如明治二十二年法律第二号所公布之议院法是也，在我国如民国二年九月二十七日所公布之法律第七号之议院法是也。全文分为十九章共九十四条，第一章集会开会休会及延长会期。第二章议员。第三章议长，副议长。第四章委员会。第五章议事及提案。第六章预算案。第七章弹劾。第八章建议。第九章质问。第十章查办之咨请。第十一章请愿之受理。第十二章两院议事之关系。第十三章国务员政府委出席及发言。第十四章两院与人民及官署之关系。第十五章惩戒。第十六章秘书厅。第十七章警卫及纪律。第十八章经费。第十九章附则。

【议(議)叙】【史】清制议叙为对于吏员有功者之奖励方法之一，即将其功劳交由吏部酌议上奏加以赏赐之谓，六部成语注解："由吏部酌议功之大小，以奖励。"

【议(議)叙议处事件办理未协】【史】官吏有功交部核议谓之议叙，官吏有过交部核议其处分，谓之议处，凡办理是项事件过重或过轻者，是曰办理未协，办理者应受罚俸之处分，清之六部处分则例(卷一)吏部公式篇设有议叙议处事件办理未协之条："凡部院衙门办理议叙议处事件未能允协，如议叙过轻议处过重者，将承办官罚俸九个月，堂官罚俸三个月，如议叙过重议处过轻者将承办官罚俸六个月，堂官罚俸一个月，系由堂官定议者减承办官一等承办官免议。"又："各衙门处理事件错误者，承办官罚俸一年。"

【议(議)处】【史】官吏犯公私罪时，参奏后奉旨将其所犯罪状交吏部议定予以处分者谓之议处，六部成语注解："官员被参，奉旨将其所犯之罪状下部议罚。"

【议(議)贵】【史】为八议之一。(详八议条内)

【议(議)勤】【史】为八议之一。(详八议条内)

【议(議)会】【宪】Congress or parliament 又称国会，即由人民所选出以为发表民意之机关也。通常为行使立法权之枢纽。其与选民间在法律上之关系如何，论者纷纷，有谓议会议员系各选举区选民之受托人者，有谓议会与选民团体均为国家之一种机关者，有谓议会与选民间乃一种代表关系者。三者之中，以后说较为近是，议会组成之制度有二：(1)两院制。(2)一院制(详各本条)。议会之职权可分为三种：(A)立法权——议决法律案之权。(B)监督权——即监督行政或司法机关之谓，通常有下列各种：(1)质问权。(2)审查权。(3)建议权。(4)弹劾权。(5)受理请愿权。(6)不信任投票权。(7)任用国务员同意权。(8)缔结条约同意权。(C)财政权——即对国帑收入与支出案之议决权，如预算案与决算案之议决是，至于议会之解散有由自身任期届满者，亦有出于行政首长之命令者。

【议(議)会委员会】【宪】Commission of congress 遇有议会闭会期内及议会解散期内，由议会选定若干议员组织一种议会委员会，代表议会监督行政机关者，谓之议会委员会。苏俄新制，在全国代表大会闭会期间内，特选出一中央执行委员会代行代表大会职权，此种委员会与议会委员会之性质相似。

【议(議)会政治】【宪】国家政治均以议会为中心，大权每操诸于议会，是曰议会政治，例如英国之政治即议会政治之最显著者也。

【议(議)会法】【议(議)】Parliamentary law 议会法在我国称之曰会议法，凡研究事理而为之解决。一人谓之独思，二人谓之对话，三人以上而循有一定规则者则谓之议会，故无论其为国立法，乡党修睦，学社讲文，工商筹业，与夫一切临时集会等，皆会议之类也。会议必有一定规则，其组织必有举定之职员以专其职。议事必按一定程序使其有条不紊，关于组织及程序等之法规称曰议会法，按会议之种类可分为三种：(一)临时集会，即为应付特别事件而产生为暂时之会议也，乃独立之团体，设有主席书记，各专其责。(二)委员会，乃受高级团体命令而成立之会，其目的为审查所指定之事而为之解决，或为之筹备，系暂时性质且为附属之团体，组织简单，主席可兼书记。(三)永久社会，其成立有一定之目的，其组织略同于上述二者之外，须有正式举定之职员及一切之章程规则，并须定期开会，标揭议事意旨，规定人数，其普通召集会议之方法，有用口传，请帖，或登广告之类。至议事之秩序及公式，通常应依下列程序为之：(1)请就秩序。(2)宣读记录及认可之。(3)宣布要旨。(4)报告事项。(5)选举。(6)讨论或表决前会指定之事或未完之事。(7)新生事件。(8)讨论本日计划之事。(9)散会。以上之秩序非一成不变，各会议可随其便利及方法而变通之，此外关于会中职员及会员之权利义务，议会法亦设有规定，述之如下：(1)会长之权利义务——会长为社中或议场中人员之一，有发言及投票之权，但此种权利除关于必要之事外，恒多放弃之，会长有处决争点之权，有随意打消不合秩序之动议之权，及到时宣布散会之权等，而其唯一义务则系纠率会众使一切皆循平等而进行，故会长之义务当严正而无偏，同时且须尊重少数人之权利，俾事件得获迅速平当之处分，讨论得获自由不偏之待遇。(二)会员之权利义务——助会长维持秩序，戒出声，戒傍语，戒走动，并戒一切扰乱会场阻止他人言听之举动，又会员当依正式而动议，讨论时态度须谦恭诚恳，此外会员有表决讨论及投票之权利。(三)副会长之权利义务——副会长之职务为辅助会长料理一切事务，遇会长缺席时代理其职务。(四)书记之义务——为专司会场中记录。至于议会场所每行一事，其手续有三：其一为动议，其二为讨论，其三为表决。此三手续乃一线而来，无论如何复杂之程序，皆以此贯彻之，所谓动议乃指对于事体处分之提案而言，欲在议场发生合法之提案，必当有正式之动议，故动议者实为事体之始基也。以动议及表决而处事，其重要步调有六，其秩序如左：(1)会员起立而称呼主座。(2)主座起立而承会员。(3)会员发动议而坐。(4)主座接述其动议。(5)主座俾机会以讨论，随而问曰，诸君准备此问题否。(6)呈动议以表决并宣布表决之结果。所谓讨论乃包括对于问题一切之评论，无论其为反对与赞同皆在其内，会员对于当前之动议有所发表意见者，当就题论事，不说及个人(如讽刺或下诛心之调)，至讨论时间之简单规则，约有下列三种：(1)非待所有会员轮流讲毕之后，一人不能讲述二回。(2)一人所讲不能过五分钟之久。(3)讨论领袖于开端时发论十分钟，结尾时结论用五分钟。关于表决，乃行于讨论告终之后，先由主座起立重述动议，呈众表决，表决方法普通约有下列数种：(1)点名表决，遇特种法案欲得记名以便知谁为赞成谁为反对者则用点名表决。(2)用声表决。(3)举手表决。(4)起立表决。(5)投票表决等是。以上所论，皆属单纯动议始终一成不变，而以原议案为表决者，然议案之动议，有时可随意更改或增加或全变为一异式者，此项改变，名曰修正，但修正案须有一限制，而所改易者必与本题有关，如另立题目，则主座可行使维持秩序之权而制止之。至于修正案之方法有三：(1)加入字句。(2)删除字句。(3)删除一部分而加入他部分以代之，其讨论与表决方法，皆与上述之单纯动议相同，兹不再赘。(本条参民权初步而作)

【议(議)宾】【史】为八议之一。(详八议条内)

【议(議)请减赎】【史】凡有特殊身份者(如官吏)犯罪时，如其犯罪情节，有可原宥者，得依一定成例八议具备法定手续，奏请减轻或以赎代之，是曰议请减赎。

【议(議)请减赎当免之律】【史】凡妇人有官品及邑号者犯罪时，其夫依议请减赎或当免(当者以官当罪也，免者免居官也)之例，得奏请减轻或收赎，或以官当罪或免所居之官。唐律(卷二)名例篇——妇人官品邑号条："诸妇人有官品及邑号犯罪者，各依议请减赎当免之律。"

【议(議)贤】【史】为八议之一。(详八议条内)

【议(議)亲】【史】为八议之一。(详八议条内)

【议(議)题】【宪】议题者谓议案之题目也。

【警士教练所】【行】Policemen institution 教练警士之机关，曰警士教练所，在首都警察厅内及各省区民政厅所在地各设一处，如有必要情形得合数县或数十县择适中地点分设警士教练分所，凡具有下列资格者，得应入所考试：(1)高级小学毕业或有相当程度者。(2)年在二十岁以上三十岁以下者。(3)体力及听视力均健全者。(4)身长在五尺以上者。(5)未受一年以上徒刑宣告者。此外凡现在服务之警士从前未经教练所教练者，均应抽调入所补行教练，不愿入所者得撤革之。教练以三个月为一学期，两学期毕业，必要时得延长之，但统共不得逾一年，考试分为学期及毕业二种，均以六十分为及格分数，毕业后得补充正警，其总平均分数在九十分以上者得以巡长存记录用，不及格者留所，再满一学期考试仍不及格者除名，至于入所教练之警士，其衣食书籍等费统由本校供给，校中组织为所长一员，教务主任一员，教员八人至十六人，事务员六人至十二人，于必要时得设事务主任一员，此外又置总队长一员，队长每班一人，分队长每班二人至四人。(警士教练所章程第一—三条、第六—十三条)

【警士教练所章程】【行】本章程公布于民国二十一年五月，曾经修正全文计共十八条，自公布之日施行，首都及各省区警士均依本章程之规定教练之。行政院直辖各市教练警士亦准用本章程之规定。(参警士教练所条)

【警告】【通】Warning 所谓警告乃指对于被警告者，对于业已成立之行为，促其注意或反省、使于将来不再重蹈覆辙之谓也。

【警巡】【史】官名，辽、金、元、皆于京师设警院，置警巡使，副警使判官等之官，掌裁判及警察事务。元顺帝时又于大都城之四隅各设警巡分院，明清之五城兵马指挥司，其地位及职掌与警巡院相等。

【警巡使】【史】警巡之职乃汉中尉之所掌，循徼京师也。前世无此官之设，辽志始有此名，惟不详其所掌之事，金元仍辽之制，金史百官志："诸京警巡院使一员，正六品，掌平理狱讼，警察别部总判院专副一员，从七品，掌警巡之事，判官二员，正九品，掌检稽失签判院事。”元史百官志：“上都留守司警巡院秩正六品，达鲁花赤一员，警巡使一员，副使二员，判官二员，司吏八人……至元五年置领民事……。”按此正今日警察之所司，警察二字始见金志，疑日本警察之名即取诸此也。(历代刑官考)

【警巡院】【史】(详警巡条内)

【警官】【行】Police officials 所谓警官，乃指警察官吏而言，任用警官以具有下列资格人员为限：(1)警察学校三年以上毕业者。(2)法政学校三年以上毕业者。(3)曾办警政或行政事务三年以上著有成绩者。警官分简任荐任及委任三种，荐任及委任之警官除调任外依下列之顺序任用之：(a)试署——初次受任为试署，由本管官署委派之。(b)署理——试署三个月后确有成绩者改为署理，但学识经验极优人员得不经过试署期间迳行派充署理。(c)实任——署理六个月后成绩卓著者，改为实任。(警察官吏任用暂行条例第二—四条)

【警官高等学校】【行】Senior School of Police Officials 警官学校为全国警察最高教育机关，以教授高深警察学术，养成高等警政人材为宗旨，直辖于内政部，修业年限为三年，每年考取学员一次，入学者须年在二十岁以上三十岁以下而具有下列资格之一者：(1)警官学校毕业或与警官学校同等之学校一年半以上毕业者。(2)公立或已立案之私立法政学校毕业者。(3)公立或已立案之私立高级中学校或大学校预科毕业者。(4)陆军军官学校毕业者。校中不收学费，但制服书籍膳宿杂费等概归学员自行担负，校内考试分为入学，甄别，学期，及毕业四种，均以满足六十分以上为及格。至于校中之组织，即置校长一人，教务长总务长各一人，并置主任教授四人至六人，教授六人至十四人，讲师十二人至二十人，又设总队长一人，每班设队长一人，分队长二人至四人(担任术科教练事宜)。此外又置训育主任管理主任各一人，又课程科文书科会计科庶务科斋务科等主任，图书室管理员医务室医官各一人，并得酌设事务员书记各若干人。(警官高等学校规程第一—十一条、第十四—十八条)

【警官高等学校规程】【行】本规程公布于民国二十一年五月，计分为八章，共三十条，自公布之日施行，第一章总纲。第二章学制及学科。第三章组织。第四章会议。第五章学费。第六章试验。第七章经费。第八章附则。(参警官高等学校条内)

【警官学校】【行】School for police officials 设立于各省政府所在地而归民政厅直辖之学校，而以教授警察应用学校造就初级警察官吏为宗旨者，曰警官学校，修业年限为二年，学生入学资格须年在十八岁以上二十六岁以下，曾毕业于公立或已立案之私立中学或同等之学校，经考验及格(满六十分)者，学校在原则上不收学费，惟制服书籍膳宿杂费等概由学生自备，校内设校长一人，教务主任一人，教员八人至二十人，总队长一人，每班又置队长一人分队长二人至四人。此外校中并得酌设事务员六人至十人。(警官学校章程第二—十一条、第十四条、第十七条)

【警官学校章程】【行】本章程由内政部于民国二十一年五月公布，曾经修正，全文计二十六条，自公布之日施行，各省警官学校之组织概依本章程之规定行之。（参警官学校条内）

【警章】【史】清时内务部所制定之治安章程，而由巡警部执行之者，曰警章。（参巡警部条内）

【行】所谓警章，乃指警察官署所颁行之关于维持公安之章程而言。

【警备】【行】所谓警备，乃警戒与守备之简称，即于变乱发生时，对群众加以预防及控制，以避去万一之危险之谓。

【警备区域】【行】为戒严地域之一种，与接战地域相对称，即留守部队分防地区内为预防非常事变之发生所应行警戒之地域也。在警备地域内该地方行政及司法事务限于与军事有关系者，以其管辖权属于各该地之最高军事长官。但有权限争执时，呈由总司令决定之，且于上述情形，地方行政官及司法官仍须受该地最高军事长官之指挥。（戒严条例第二条、第五条）

【警视】【行】Police inspectors　为日本名辞，即我国之警察巡官也，惟官阶较高耳。

【警视总监】【行】为日本之名辞，即东京警察厅之警察最高长官也。与我国所称之警察总监职责相等。

【警迹】【史】（详警迹年限条内）

【警迹人】【史】元制，凡强窃盗犯除断本罪外，窃盗初犯者，于右臂上刺字，强盗再犯处死，窃盗再犯者断罪外，项上刺字，皆司县籍记充警迹人，遇出处经宿或移他处者，应行报知，若经五年不犯者，听主首与邻人保申除籍，如能告及捕获强盗一名，减二年，二名除籍，窃盗一名减一年，至于附籍之后，如有再犯，则予以终身拘籍之处分，又元典章（卷四十九）刑部第十一篇另设有警迹人获贼功赏之例："……凡所在官司籍记警迹人除捕获盗已有定例，今后如能自首告及捕获窃盗者，每一名减一半，五名除籍，余有名数作常人获贼例内理赏，若所获贼数不及减除者，令当该官司给据以凭通理若除籍后再犯者，终身拘籍。"

【警迹年限】【史】警者警查探侦也，迹者踪迹也，警迹即所谓侦探或引线人也。明时凡窃盗已经断决释放或于徒刑役满，应由原籍官司收派充任警迹，此项派充均有一定年限，大明令刑令篇有警迹年限条之设："凡窃盗已经断放或徒年役满，并仰原籍官司收充警迹，其初犯刺臂者二年无过，所在官司保勘除籍起去原刺字样。若系再犯刺臂者，须候三年无过，依上保勘，有能拿获强盗三名，窃盗五名者，不限年月即与除籍起刺数多者，依常人一体给赏。"

【警察】【行】Police　所谓警察，乃指以维持公共安宁秩序，防止人为的与自然的危害，与以强制力限制人民自由为目的之行政作用而言。

【警察上之强制执行】【行】受警察处分之人民如不履行义务，则得予以强制使其履行，是曰警察上之强制执行。

【警察犯】【行】Polizeidelikt 警察犯则非必有犯意仅认为怠于保护监督或忽于注意者,便可发生罪责,盖只须客观的有法令违反之事实,犯罪当然成立,故有称警察犯为形式之犯罪者,又警察义务,则法人亦负之,关于营业之警察犯,法律上罚法人者,不乏其例,并警察之责任,如营业主为未成年人,或禁治产者时,法律上每有处罚其法定代理人者,关于警察罚之规定,除附随于各种法规而规定者外,别有违警罚法之制定,课警察罚之手续,以依据刑事诉讼法为原则,唯拘留及罚金之罪则不用上述之手续,而得由警察官吏迳行处分之。

【警察行政】【行】Police administration 关于警察权之一切作用,与警察机关之行政事务,称曰警察行政。

【警察免除】【行】Polizeierlass(德) 于某种特殊情形之下,行政官署许特定人免除其在警察命令下之作为义务或不作为义务,称曰警察免除。

【警察事务】【行】Police business 所谓警察事务其内容甚广,举凡足以预防与维持社会生活全部之事务皆属之。

【警察制服条例】【行】本条例于民国十六年二月一日公布,全文仅十条,并有附表多种,内容要点如下:(一)警官制服分礼装与常装二种,简任官,荐任官,委任官,各级之礼装均有区别,至于常装则仅有简任官荐任官及委任官三种而无各级之区别。(二)警士之制服一律相同。(三)水上警察,消防队,铁路警察及其他特种警察之制服,准用本条例之规定。但于领章及臂章应标明其所属机关之字号,以示识别。(四)制服换季时间,由各该管区域最高级长官定之并须通告所属局所一律办理。

【警察命令】【行】Police order 为警察处分之一种。(详该本条内)

【警察官吏】【行】Police officer 执行警察职务之官吏称曰警察官吏。

【警察官吏任用暂行条例】【行】本条例公布于民国十七年七月十日,全文计七条,自公布日施行,凡警官之任用均依本条例之规定行之。兹举其要点如下:(一)任用警官以具有下列资格人员为限:(1)警察学校三年以上毕业者。(2)法政学校三年以上毕业者。(3)曾办警政或行政事务三年以上著有成绩者。(二)简任警官由国民政府任命之。荐任警官由本管官署遴选,经内政部荐请国民政府任命之,委任警官由本管官署委用,按月汇报内政部审核备案。(三)任用荐任委任警官除调任外依下列之次序:(1)试署——初次受任为试署,由本管官署委派之。(2)署理——试署三个月后确有成绩者改署理但学识经验极优人员得不经过试署期间迳行派充署理。(3)实任——署理六个月后成绩卓著者改实任。

【警察官署】【行】Police office 行使警察职务之国家机关,称曰警察官署。

【警察法规】【行】所谓警察法规乃指规定关于警察官署之组织,及警察人员等之权限等之法规而言。

【警察急状权】【行】行政官署遇有某种紧急状态,如依平常手段不能防止或除去其危害时,得实施超出警察权之权限,而予以处置,此项权限谓之警察急状权,与国家紧急权，名异而实同。

【警察处分】【行】Police disposition 所谓警察处分，乃指国家对于具体事件，根据警察权之作用，而决定国家与人民间法律关系为目的之一方行为而言，更可分为下列二种：(1)警察命令——即对于人民命令其为一定之作为，或不作为之警察处分。(2)警察许可——即基于警察法规，于一般禁止之行为中，在一定条件之下，对于特定人特为解除其禁止，而许其为特定行为之谓也。

【警察许可】【行】Police permission 为警察处分之一种。(详该本条内)

【警察强制】【行】Polizeizwang（德） 警察强制者，对于不遵行警察法令之人，基于警察之目的，以实力侵害其自由或财产而强迫其遵行之谓也。警察强制可分为五种：(一)警察上之强制执行。(二)警察上之即时强制。(三)警察强制之手段，又可分为六种，(1)警察管束。(2)家宅或场所之侵入。(3)土地物件之使用处分，及使用之限制。(4)物件之扣留。(5)没收。(6)警械之使用。(四)警察之急状权。(五)警察强制之适用。按适法之警察强制，不论其手段若何，被强制者有容忍之义务，倘施以抵抗即当构成刑法上之妨害公务罪。

【警察奖章条例】【行】本条例由内政部于民国二十一年六月十六日公布，全文共十五条，自公布日施行，其内容要点如下：(一)凡服务于警察行政之人员著有下列劳绩之一者，得给予警察奖章：(1)值地方有骚扰暴动或其他非常事变时，能竭力制止或防护使该地方得获安全者。(2)发觉或缉获关于阴谋内乱犯罪者。(3)发觉或缉获关于外患国交犯罪者。(4)当场或事后缉获掳拐案正犯或营救被掳人出险者。(5)缉获逸犯或刑事被告人受法庭判决处五年以上刑期者。(6)查缉携带或埋藏军器凶器以及其他危险物致免他人于危难者。(7)查禁鸦片及其他代用毒品著有成绩者。(8)于仓卒急迫时应其他警察机关之请求能竭力援助，著有劳绩者。(9)水火灾变或当人民有危难时能竭力防御救护，使人民生命财产得获安全者。(10)尽瘁职务其功绩足资矜式者。(二)服务警察行政人员积有下列年资未受惩罚及旷职并成绩优良者亦得给予警察奖章：(1)警察官在职继续满五年以上曾经积累功积未经升用者。(2)长警在职继续满十年以上曾经积累功绩未经升用者。(三)警察奖章分四等十二级如下：(1)一等一级警察奖章。(2)一等二级警察奖章。(3)一等三级警察奖章。(4)二等一级警察奖章。(5)二等二级警察奖章。(6)二等三级警察奖章。(7)三等一级警察奖章。(8)三等二级警察奖章。(9)三等三级警察奖章。(10)四等一级警察奖章。(11)四等二级警察奖章。(12)四等三级警察奖章。(四)颁给警察奖章对于一人一年内不得颁给两次颁给时且须依照一定次序(第四条之规定)。而晋给警察奖章亦应依次递进不得躐等越级，且晋受警察奖章时应将前受之奖章缴部。(五)给予警察奖章除注册外并给证书，又警察奖章得终身佩戴，但有因刑事处分受褫夺公权之宣告时应于裁判确定后将奖章及证书一并缴交内政部，此项褫夺公权之宣告，除终身者外俟期满后仍得呈请发还佩戴，此外警察奖章如有遗失亦得依法呈请补给，但须附缴一定铸造费。

【警察管束】【行】凡以防止危害之发生为目的，而依据警察权暂时的以束缚人民之身体之自由而加以监视者，称曰警察管束，凡施行警察管束须有下列情形之一，始得为之：(1)酗酒泥醉或疯狂非管束不能救护其生命身体之危险及预防他人生命身体之危险者。(2)暴行争斗非加管束而不能预防其伤害者。(3)意图自杀非加管束而不能救护其生命者。

【警察罚】【行】Police punishment 根据警察罚则所行使之制裁，曰警察罚。换言之，即人民对于违反警察义务时所受之制裁也。乃行政罚之一种，其性质与刑事罚不同。

【警察署】【行】Police office 警察办公之处所，称曰警察署。

【警察总监】【史】为民国时代北京政府在京师警察厅内所置之警察最高长官之名称。按京师警察厅置总监一人，承内务总长之指挥监督总理厅务并监督所属职员。总监为执行法律教令，或依法律教令之委任，得发布单行警察章程(惟不得与现行法令相抵触)。又总监对于所属职员之处分或命令，认为违背法令妨害公益或侵越权限时亦得停止或撤销之。(京师警察厅官制第二—四条)

【警察权】【行】Police power 警察权者谓以警察为目的而限制人民自由之国家权力也。

【警察厅】【行】警察厅之名即今称之公安局，惟现行制度，首都仍有警察厅之设，即所谓首都警察厅是也。直隶于内政部受内政部之指挥监督，掌理首都公安事务，设厅长一人由内政部呈请简任，并设秘书二人至四人，承厅长之命掌理厅务会议，及机要事务，并设下列各科处：(1)总务科。(2)保安科。(3)司法科。(4)督察处。(5)训练处。总务，保安，及司法各科各设科长一人，主任及科员各若干人。督察处设处长一人，督察长二人至四人，督察员及稽查巡查各若干人。训练处设处长一人，训练官二人至四人，训练员若干人。又因技术之必要得设技正一人至三人，技士若干人。又首都警察厅应就该管区域内分设警察局，警察分驻所。警察派出所，守望及巡逻区，以局长局员巡官长警分负该管职务，此外因维持治安之必要，得编练警察队。

【警跸】【史】依通常之解释，警乃警戒之义，跸则系指天子御驾外出时禁止人民通行而言。周礼—夏官隶仆："常跸宫中之事。"其注曰："谓止行者。"秦制，出军者皆警戒，入国者皆跸止，汉代则称天子出御为警，入为跸，故有出警入跸之语，事物纪原卷三："……自汉以来，天子出称警，入称跸，古今注曰，所以戒行徒也，周礼跸而不警，秦制，出军者皆警戒，入国者皆跸止，故云出警入跸。一曰跸路也，谓行者皆警于涂路也，盖始于周制。"但汉时所谓之警跸，则须警跸二字兼用如出警入跸是。师古—警跸之注曰："警者戒肃也。跸，止行人也。言，出入者互文耳，出亦有跸，汉仪注，皇帝辇动，左右侍帷幄者，称警出殿，则传跸，止人清道也。"(汉书文三王传)

【赡(贍)养费】【亲】Alimony 夫妻于离婚或别居时，无过失之一方若因而陷于生活困难时向他方所请求之维持费用，曰赡养费。我民法第一〇五七条规定，夫妻无过失之一方，因判决离婚而陷于生活困难者，他方纵无过失，亦应给与相当之赡养费，此系仅对判决离婚而言，至于协议离婚，其赡养费之给与与否，得由当事人以协定为之，法律不加干涉。

【释(釋)回递回人犯出境】【史】释回递回人犯出境，谓将刑满之徒流军遣等犯人释放回籍，及递送回籍于取具收管时脱逃出境也。清之六部处分则例(卷四十六)刑属提解篇设有释回递回之条："凡徒流军遣年满释回及递回原籍，取具收管之犯地方官每月朔望按期点卯，如有脱逃出境者，一名罚俸一个月，三四名者罚俸三个月，四名至六名罚俸六个月，七名至九名，罚俸九个月，十名以上罚俸一年，其失察在境潜住之地方官，亦照此例议处，仍着落原籍地方官勒限一年缉拿，如逾限不获，一名罚俸三个月，四名以上，罚俸一年，十名以上降一级留任，若脱逃后不行申报照，应申不申公罪律罚俸六个月。"

【释(釋)放】【刑】Emancipation 刑事被告及犯人免予拘禁，而许其恢复自由者，曰释放，我刑法规定：放免囚犯，于期满之次日午前行之。(第二十二条)

【释(釋)放裁定书】【组】Rulings of acquittal 地方捕获法院对于检察官意见书中所述关于被拿捕之船舶或货物，应加以释放的主张而认为正当者，应即制定一种文书，移付于检察官，此项文书曰释放裁定书。(捕获法院条例第十八条)

【释(釋)明】【民刑诉】Explanation 当事人提出证据方法，使法院得生薄弱心证之行为，谓之释明，易言之，即凡使法院得较弱之心证，信为大概如此者，曰释明。

【释(釋)服从吉】【史】在祖父母父母或夫之丧中者，自释丧服而著通常衣服，遗忘其哀戚之意，谓之释服从吉。为人之子孙于此即构成十恶中之不孝罪，为人妻者，于此则构成十恶中之不义罪。(唐律卷一名例篇十恶条之注)

【释(釋)褐】【史】释褐者，谓新进者著朝庭恩赐之衣服，一变其前此之生活而进于有身分之地位也。事物纪原卷三："宋朝会要曰，太平兴国二年正月十二日，赐新及第进士诸科吕蒙正以下绿袍靴笏，非常例也，御前释褐，盖自此始。"

【镣(鐐)】【史】为刑具之一种，即为以锁系足所用者也。

【阐(闡)律】【史】书名，明欧阳东凤撰，一卷。事见明史艺文志刑法类。

【骚(騷)扰罪】【刑】Offence of riot 我刑法将此罪并入妨害秩序罪内，即该罪内所谓公然聚众不受解散罪，及公然聚众实施强暴胁迫罪是也。(详各本条)

【黥】【史】为肉刑之一种，即墨刑，始于苗族之五刑，书经一吕刑篇："爰始淫为劓、刵椓、黥。"又同书舜典："象以典刑，流宥五刑。"所谓五刑即墨、劓、剕、宫、大辟，其墨与黥相等，但亦有谓墨与黥别者。周礼一秋官(司刑)，贾公彦疏，案尚书吕刑，有劓刵椓黥，是苗之虐刑，至夏改为黥，则黥与墨别，而云墨黥者，举本名也。按黥刑乃先刻其面，以墨窒之，言刻额为疮，以墨塞疮孔令变色也(郑玄周礼注)。此项刑罚乃使见者知为犯人而辨识之也，秦汉皆有此刑，后汉书朱穆传："臣愿黥首系趾。"注曰："黥首，谓凿额涅墨。"前汉文帝时废之而代以髡钳城，旦城，清代有所谓刺字，乃五刑之附加刑，性质与黥相似。(参刺字条内)

二十一画

【壜欠】【史】清时，运河水浅，舟不能行，则筑壜蓄水以通舟，此项费用，取之于漕米之中，漕米因而缺欠，称曰壜欠。

【属(屬)人主义】【刑】Personal theory 为刑法关于地与人之效力之一主义，即于犯罪之地，不问国内国外，凡有本国国籍者均受本国刑法之适用，对属地主义而言，古代法律采之，即外国人亦不受所在地之法律所支配，是于所在国之主权，未免有损，且于所在国之安宁秩序亦将难于维持，即在外国境内行使司法权亦甚困难。

【属(屬)人地役】【物】Personal servitude 又曰人的役权。(详该本条)

【属(屬)人法】【国私】所谓属人法，乃指一国法律之某项规定，追随其人所到之处而有效力者而言，即由于居留国之法律承认，可以适用当事人之本国法或其住所法时，始称之为属人法。

【属(屬)地主义】【刑】Principle of territory 为刑法关于地与人之效力之一主义，不问犯人国籍如何，但系在本国领域以内犯罪，即用本国刑法，中世纪法律多采之，又凡在国外犯罪者，即为本国人亦不受本国刑法之支配，其缺点有四：(1)本国刑法不能适用于本国人，于国家司法权有损。(2)犯人逃往他国时本国刑法不能加以处罚。(3)各国风俗习惯不同，法律亦异流弊滋多。(4)在外国谋叛之本国人，既不受本国法之制裁，危险殊甚。

【属(屬)地地役】【物】Territorial servitude 又曰地的地役，与属人地役相对称，为罗马法之分类，即今之地役权之别称也。

【属(屬)地法】【国私】Lex loci (拉丁) 又称领土法，或领地法。对于一定领土内之物或行为，均须适用该领土之法律时，此项法律曰属地法，故所谓物之所在地法，事实发生地法，与行为地法，均为属地法。

【属(屬)地破产主义】【破】破产人之财产如在国外时，除依条约设有特别规定外，不属于在国内之破产财团，此项主义，称曰属地破产主义。

【属(屬)具】【海】(详属具目录条内)

【属(屬)具目录】【海】Index or list of accessary 为船舶应备文书之一种，即关于船舶不可分离物具之记载文书也。所谓属具，虽非构成船舶之必要部分，但因系不可缺少不可分离之物件，例如船灯，测量器，罗盘针，锚碇等是，此项目录之效用，乃使于船舶所有权移转，及共同海损时不至发生争端而设。

【属(屬)国】【国公】Vassal states 为一部主权国之一种，谓全然服从他国主权而受其支配之国家也。除自治权外其他施政行为均须经宗主国之容许或承诺，方得为之，属国是否得为国际人格者，当视其是否得宗主国之承认为断。属国之实例，如前昔埃及及保加利亚之为土耳其属国是。

【属(屬)籍】【行】Native place　又称本籍(详该本条)或原籍。

【摄(攝)位】【史】非国君而于一时借国君之名义以执行其职权者谓之摄君。左氏传—隐公元年："不书即位摄也。"史记："令于百姓摄位行政。"

【摄(攝)政】【史】以大臣代理执行国家大政谓之摄政。史记—五帝纪："舜得举，用事二十年而尧遂使摄政。皇帝年幼不能亲政，或因一时皇位虚悬，使有德之大臣代行大政，均曰摄政，如周公之于成王是。"诗经——豳风之谱："豳诗七，篇七月鸱，号是周公出居时，作其余多在入摄政之后。"

【宪】Regent　君主专制，或君主立宪之国，君主未届成年之际恒依法设置一定大臣摄行政事，代君主执行国家统治大权，称曰摄政。在君主立宪国家多于宪法设有明文予以规定，例如波斯宪法第三十八条，保加利亚国宪法第二十六条至三十条，荷兰宪法第三十九条至四十三条，意大利宪法第十二条至第十七条。比利时宪法第八十条至第八十五条，挪威宪法第四十条第四十一条以及罗马尼亚宪法第八十三条至第八十五条等皆是。

【摄(攝)篆】【史】兼官或代理谓之摄篆，官署之印章俗称为篆，故摄篆一辞乃取其兼管印章之义。

【携(攜)带军器】【史】军器即军用之武器也，如弓箭腰刀皆是凡携带者，应依法向官取领印票以为凭证，清之六部处分则例(卷三十八)兵属军器篇设有携带军器之条："官员出差赴任回籍及商民人等出外贸易，除鸟枪不准携带外，如有携带弓箭腰刀途中防护者，在京由兵部给票在外取具，该管上司及地方官印票将所带件数于票内注明，以备沿途查验，俟到后一月之内，将原票呈缴转送原发衙门查销，如有无票私带或票外多带及不缴还原票者，系官罚俸九个月。"

【炮(礮)击】【国公】Bombardment　一作炮击。(详该本条)

【续(續)行侦查】【刑诉】所谓续行侦查，乃指法院检察官对于所侦查之事项未获结果而继续进行侦查程序而言。

【续(續)刑法叙略】【史】书名，为清谭瑄所撰，一卷。事见四库全书总目法家类存目。

【续(續)版】【债】Supplementary edition　已经出版之书籍，已售完而再版或三版四版者均谓之续版，出版人依约得出数版或永远出版者，如于前版之出版物卖完后怠于新版之印刷时，出版权授与人得声请法院令出版人于一定期限内再出新版，逾不遵行者丧失其出版权。(民法第一五八条)

【续(續)附敕令】【史】书名，仅一卷，与附敕令同为宋庆历中所编，撰者何人不可考，事见宋史艺文志刑法类。

【续(續)约】【国公】Supplementary treaty or supplementary convention　又称补约，乃补充或修正旧约之正式条约也。故其法律上性质与普通条约毫无异致，例如光绪十一年之中英烟台续约，乃补充光绪二年之中英烟台会议条约是。

【续(續)降制书】【史】又曰正隆续降制书。(详金之法典条内)

【续(續)修大清会典】【史】(详清会典条内)

【续(續)备军】【史】为清末之新军之一种,常备军期满后回籍,惟仍减给饷银,每年练习一次,是曰续备军。

【续(續)疑狱集】【史】书名四卷王皞撰。见宋史艺文志刑法类。

【续(續)审说】【民刑诉】为第二审性质上学说之一,对覆审说言,此主张第二审法院之审理,乃新事实之审理,故对第一审之判决是否得当,均可不问,第二审之法院,可自行加以审理。

【续(續)征】【史】清时每年征收租税之时期有四:(一)二月开征。(二)四月征收半额。(三)八月续征。(四)十一月完征。(会典户部)

【兰(蘭)台令史】【史】为后汉时代之职官。掌书奏及其他文书之事。后汉书一百官志:“兰台令史六百石。”其注曰:“掌奏及印工文书。”班固尝拜此官,后汉书一班固传:“固除兰台令史。”固为兰台令史时,受诏而撰光武本纪。

【护(護)军】【史】为军队之名称,始于秦代,其主管曰都尉,汉高祖时以陈平为护军都尉。汉时曾更名曰司寇,汉书一百官公卿表:“护军都尉,秦官,元寿元年,更名司寇,元始元年,更名护军。”

【护(護)军使】【行】为北京政府时代所设之特殊区域中之军事长官,以将官充之,由大总统简任。凡无都督省分之护军事则直隶于中央,有节制全省军队之权。其在有都督之省分之护军使,则有节制该管区域内军队之全权,但仍应随时商承都督并呈报中央核办,至其管区之范围均应随时由中央规定,或由该护军使商承都督拟定报部核准。

【护(護)军都尉】【史】(详护军条内)

【护(護)送】【刑诉】Escort 又称押送。(详该本条)

【护(護)送贡使】【史】所谓贡使,乃指外国所派遣携带土物及金银,于一定期间来朝贡献之使者而言,沿送官员,应派遣兵员,妥予保护接送。清之六部处分则例(卷三十五)兵属驿递篇设有护送贡使之条:“朝鲜贡使来京,派出照料之旗员将何日可至何处地界,由各驿丞预为报知,地方旗民各官计算日期接至搭界处所,护送过界,若该驿丞不先报知,及地方官不按期接护者,均降一级调用,若不将接护交替日期呈报该管衙门者,罚俸九个月,至该贡使交商载运货物,银两有被盗窃情事,将该地方官照道路村庄失事例议处。其随身携带银物有被盗窃情事,将该地方官及护送官照疏失饷鞘例议处,著落分赔。”又:“朝鲜人众有不安本分沿送滋事,许旗民地方官呈报,将不如约束之照料官通事官均降一级调用。地方官豫备店舍不周,及约束不严者,均罚俸九个月。”又:“凡外国贡使抵境,该督抚即由驿具奏,一面派委文武大员约束照料,伴送进京。一面知会沿途督抚派委大员接护并饬知所过州县,豫备军船馆驿按期迎至搭界处所,亲送过界,逐程交替。如各督抚不派大员伴送接护者,降二级留任。该州县不为豫备或不亲往迎送以致行走迟滞者，降一级调用。"又："在京在外之军民人等有与外国贡使私通往来，透漏事情者，伴送人约束不严，系官革职。"又："外国进货船只该督抚并不具题请旨，私自放回者，革职。"又："外夷船只遭风漂至内洋，所在督抚一面将难夷等给与口粮安置，一面奏闻，其或应护送京或应送至边界，均派委专员管束。如不遵例派员者，将该督抚照违令公罪律罚俸九个月，若沿途地方官不亲往接护交替，罚俸一年。"

【护(護)送饷鞘】【史】饷者军用银米之通称也。鞘者，刳木以为贮银而便转运之用者也。护送谓拨派官弁兵役备齐夫马车船，保护运送也。清之六部处分则例(卷三十五)兵属驿递篇设有护送饷鞘之条："凡起解饷鞘钱粮该管官先期知会前途文武衙门预派官弁兵役备齐夫马车船按站运送，毋得潜行僻路，无大道可通者，亦知会前途，照例拨给一鞘两夫。如地方官不按例拨给及防护之兵役，任期躲匿或遇雨雪难行，纷纷逃散，准该解员于到京日据实呈首，虽饷销并无疏虞，将该地方官照违例笞五十，私罪律罚俸一年，如该解员扶同徇隐，亦罚俸一年，因发给迟延以致误公者，照稽迟应付例，降一级调用。"又："解饷官员有将人夫工价折银侵蚀等弊，革职审究通同折给银两之员，降一级调用。"

【护(護)送权】【国公】Right of convey 所谓护送权，乃指中立国军舰对于本国商船予以护送，而得免受交战国军舰检查之权利而言。关于中立国军舰之行使护送权，受护送商船之免受临检搜索，是否构成反抗临检搜索之行为，大陆派学者否认之，而主张应有护送之权利，英美学者则与大陆派学者相反，而拒绝承认护送权，国际法至今对此，仍无一致之规定。

【护(護)理】【史】清制，总督巡抚因事故不在任时，由布政使或按察使暂时代理其职权者，称曰护理。(清会典吏部)

【护(護)牌】【史】护送犯人时所给与护送人之证明书，称曰护牌。(清会典刑部)

【护(護)照】【行】Passport 旅行者与货物运送者向一定官署所领得之保护执照，以为证明其身分与免除捐税之用者，曰护照。依护照条例之规定，护照由外交部制定颁发之。护照分为下列三种：(1)外交护照。(2)官员护照。(3)普通护照(详各本条)。请领护照者每照应缴照费国币二元，学生工人一元。并应缴纳印花税，官吏商人等其游历护照三元，游历护照三元，游学护照一元，侨工护照三角，但外交护照得免缴各费，领照人到达目的地时；应向当地或附近本国使领官呈验护照，免费登记，驻外使馆对外人请求签证护照，应令其填写请求签证护照事项表两份，并缴纳签证费。(护照条例第一一二条、第八一十条又第十五条)

【护(護)照条例】【行】本条例于民国二十年一月三十一日公布。全文计十八条，自公布之日施行。(参护照条内)

【护(護)卫】【国公】Safe-guards 国际战争开始时，交战国特遣派军队或以命令书保护守卫敌国之人民及其财产，务使其免受战争之危害与损失，是曰护卫。

【赃(贓)仗】【史】谓盗物以及盗贼所用之凶器也。棠阴比事(卷上)："……遂自诬云，与妇人奸，诱以俱亡，恐败露因杀之，投尸井中，不觉失脚，亦坠于井，赃与刀在井傍，不知何人持去，狱成皆以为然，敏中独以赃仗不获，疑之。"

【赃(贓)依犯时估价】【史】贼盗所得者谓之赃，计算赃物之价钱，应以犯罪时之市价为标准，元典章(卷四十九)刑部第十一篇设有赃依犯时估价之例："至大元年月日，江浙行省准中书省咨东道宣慰司都元帅府呈温州路申盗贼赃罪已有断例，见役贼人所招物内有金银器皿首饰之物，若依民间时估，即与元定官价争悬，恐涉太重，合无照依官价定例，录为例事理请定夺事，准此，送据刑部回呈，与户部郎中郧朝阮一同议得，强窃盗贼盗讫，事主金银必须估赃定，既是金银开禁官无平准定价，听从民便买卖所估价值，拟合照依贼人犯处当时市价定罪，相应具呈照详都省准拟，咨请照验钦依施行。"

【赃(贓)物给没】【史】因犯罪而取得之财物，谓之脏物，给者给还物主也，没者没收入官也。大明令刑令篇设有赃物给没之条："凡以赃致罪者，彼此俱罪之赃没官，用强生事逼取之赃给主。"

【赃(贓)物罪】【刑】Offence relating to stolen goods 凡侵害他人财产而取得持有之财物，曰赃物，至因赃物变得之财物，亦以赃物论(刑法第三七六条第三项，暂行律无此规定，惟大理院之解释恰与此相反)。但由赌博所得者不能称为赃物，以其并非由于侵害财产权直接而来者也。昔时法律每视赃物为附属罪，故有所谓事后共犯之观念，今则多视为独立罪之一种，盖所以惩戒贪利之辈，并为铲除犯罪之计也。刑法采之，特规定于分则第三十三章中，仅四条，兹分为七种：(1)收受赃物罪。(2)搬运赃物罪。(3)寄藏赃物罪。(4)故买赃物罪。(5)牙保赃物罪。(6)常业赃物罪。(7)亲属间之赃物罪(详各本条)。上述各罪关于褫夺公权之处分，均得由审判官自由裁量之。(刑法第三七九条)

【赃(贓)婢生子】【史】赃婢者。谓因掠夺或其他不法行为所获得之婢女也。其所生之子应随其母还其故主。唐律(卷四)名例篇以赃入罪条之疏议曰："问有人知是赃婢，故买自幸，因而生子，合入何人，答曰，知是赃婢，本来不合交关，违法故买，意在奸伪。赃婢所产，不合从良，止是生产蕃息，依律随母还主。"

【赃(贓)罚库】【史】没收之赃物(盗品及其他不正物件)，与罚赎银钱收入于仓库者，其仓库称曰赃罚库，六部成语注解："凡赃私抄没之款及罚赎银两均入此库。"

【赃(贓)变银两】【史】谓将赃物公卖变价时，所得之银两也，六部成语注解："赃款变价所得之银也。"

【辩(辯)白】【通】当事人一方对于他方提出之错误事实，所为之答辩，曰辩白，不论以言辞或文字为之均可，总以达到改正错误事实为止。

【辩(辯)明冤枉】【史】问刑衙门，职专司理冤抑，或对民间一切冤枉不明事件，应负辩明之责，应将本囚所枉事迹，开具详情，实封奏闻，候旨委官追问。明律(卷二十八)、清律(卷三十七)刑律断狱篇均设有辩明冤枉之条："凡内外问刑衙门(明律此处原文为监察御史按察司)辩明冤枉，须要开具所枉事迹实封奏闻，委官追问，得实被诬之人，依律改正，罪坐原告，原问官吏若事无冤枉，朦胧辩明者杖一百，徒三年，若所诬罪重者，以故出入人罪论，所辩之人知情与同罪，不知者不坐。”清律之总注：“内外问刑衙门辩明冤枉，乃其责任所应为者，然须开具本犯冤枉事迹，实封奏闻，委官追问，如果冤枉所辩得实，被诬之人依律改正，所枉之罪，反坐原告，如诬告律原问官吏以出入人罪论，系失者坐失罪，系故者坐故罪，若事情本无冤枉，问刑官为其朦胧辩明者，杖一百，徒三年，既与朦胧辩明，则原告原问官俱应坐罪，如前是为其所诬矣。若计所诬之罪重于杖一百徒三年者，以故出入人罪论，其所辩之罪人知情者同罪，不知者不坐。”同律之辑注：“前节是辩其冤枉者，故曰被诬之人，次节是辩其不冤枉者，故曰所辩之人。”又同律之辑注：“曰朦胧辩明，必有徇私之情，是犹奏事诈不以实也，故其罪同。”

【辩（辯）论】【民刑诉】Debate　有二人以上，对于一定之事实为是非曲直之解剖者，谓之辩论，法院之辩论，有广狭二义，广义辩论，指审判时之审理而言，凡法院当事人及其他诉讼关系人，于审判日期所为之一切诉讼行为，除宣告裁判外，皆包括在内，狭义辩论，则仅指调查证据后之辩论而言，辩论有论告与答辩二种，原告人攻击理由之说明为论告，被告人防御方法之反驳为答辩。

【辩（辯）论一贯主义】【民刑诉】又称曰自由顺序主义。（详该本条）

【辩（辯）论之停止】【民诉】谓当事人欠缺陈述能力而由法院令其停止辩论而延展辩论期日也。此时法院得命其于下次辩论期日时委任诉讼代理人到庭，至于诉讼代理人，或辅助人亦欠缺陈述能力者法院亦得停止其辩论而延展辩论期日，但有例外，即到场之本人（即当事人）若有陈述能力者，则不得停止而仍应继续辩论。（民诉法第二〇〇条）

【辩（辯）论主义】【民刑诉】为言辞审理主义（详该本条）之别称。

【辩（辯）护】【刑诉】Pleading　所谓辩护，乃指被告人受对方之攻击时，为图谋自己之利益起见所为之防御行为而言。（参辩护制度条内）

【辩（辯）护人】【刑诉】Advocate　当原告对被告加以攻击时，以拥护被告利益为目的而施以防御行为之人，曰辩护人。更可分为二：（1）指定辩护人。（2）选任辩护人，指定辩护人应以公设辩护人为限（形诉法第一七〇——七一条），选任辩护人以律师充任为原则，但非律师而经法院许可者亦得为之（第一六六条）。指定辩护人之执行职务，不受牵制，选任辩护人则须顾及选任人之意思，有时且得为选任人之代理人。但限于拘役罚金之案件情节较轻者耳（第一六八条—第二七二条）。辩护人之权利如下：（1）许用代理人之案件，得受委任为代理人之权（第一六八条）。（2）收受送达文件之权（第一七四条）。（3）检阅卷宗及证据物件并钞录卷宗之权（第一七五条）。（4）原则上享有接见羁押被告并互通书信之权（第一七六条）。学者称上述三者为固有权利，至下列五者则为传来权利：（1）声请移转管辖之权。（2）声请迦避之权。（3）请求传唤证人之权。（4）请求法院谕知管辖错误不受理或免诉之权。（5）声明上诉之权。至其唯一之义务即为届时到庭实施辩护是也。此外应注意者，即辩护人虽亦以发见真实维持正义为目的，但为拥护被告之利益计，凡对被告不利之事实仍当保守秘密，但不得故意违反法律之规定，否则须负刑事责任。

【辩(辯)护士】【行】Lawyer; Advocate 为日本名辞即我国所称之律师也。

【辩(辯)护制度】【刑诉】System of defence 所谓辩护,乃指原告对被告人加以攻击时,辩护人以拥护被告利益为目的所实施之防御行为而言,此种制度全为保护被告而设:(一)原告检察官学识经验乃为被告所不及。(二)被告被起诉时,因恐惧之结果,思虑不周,常有失败之虞。(三)检察官地位与法院相对立,法院常偏信之,致被告利益时受侵夺,故法律有辩护制度之创设。此项制度在罗马时已经采用,近代各国多沿行之。我国前此刑事诉讼,乃用纠问式,辩护制度自无存在余地,民国成立,江浙二省始先采用。但强制辩护之试行,乃在民国四年之事,其区域仅在奉天,其后始渐行于他省,然在豫审中,辩护人之出席概被禁止。民十一年七月,刑诉条例施行,此种制限始被铲除,今则通都大邑,多已推行,而我刑诉法且明定在法定最轻本刑若系五年以上有期徒刑,或系高等法院所辖第一审案件,虽未经被告之请求或同意,法院仍须指定公设辩护人为其辩护,辩护之种类有四。(1)公设辩护与私人辩护。(2)指定辩护与选任辩护。(3)强制辩护与任意辩护。(4)多数辩护与共同辩护。(详各本条)

【铁(鐵)官】【史】谓掌铸造铁钱之官也。(参铁钱条内)

【铁(鐵)路用地征免赋税章程】【行】本章程于民国二十年十月三日由内政,财政及铁道三部会同公布,凡铁路用地赋税之征免均须依照本章程办理,全文共八条自公布日施行,其要点如下:(一)凡国营铁路征收土地自收用之日起,由铁路局造具原业主户名土地坐落面积清册,送由主管县政府查勘明确,报请省政府转咨财、铁、内三部会转核免一切赋税。(二)凡商办铁路收用土地,自收用之日起应纳赋税,由铁路公司按照规则负担缴纳。但为发展交通,奖进实业起见得由公司造册呈报铁路所在地县政府查勘明确,报请省政府转咨财、铁、内三部会转分别减免该地原缴之一切赋税。(三)本章程施行以前各路办法有与本章程不符者,均一律改照本章程办理。

【铁(鐵)道】【行】Railway 凡以供旅客或货物之运输为目的,而在土地上敷设铁轨,以行使蒸汽力或其他原动力之车辆者,谓之铁道,铁道与国家各种事业均有重要关系,故无论何人,非经国民政府特许不得于中国领土内建筑,延长,购买,或经营任何铁道,又为便利联络运输或交互通车起见,铁道轨距,亦归统一,即应宽一公尺四公寸三公分五公厘,但有特别情事,经铁道部核准者,则为例外(铁道法第八一九条),铁道有通用铁道与专用铁道之分,又有国营铁道公营铁道与民营铁道之别。(详各本条)

【铁(鐵)道行政】【行】Railway administration 铁道行政者,谓掌握关于国营铁路之建筑,保护,与维持,以及公营民营铁路之监督等事务也。

【铁(鐵)道法】【行】Law of Railway; Railroad Law 本法于民国二十一年八月二十日公布,计二十二条,其要点如下:(一)凡关系全国交通之铁道,以中央政府经营为原则,其以一地方交通为目的者,地方政府得经营之,如未能兴工时,人民亦得依民营铁路条例经营之。(二)专用铁道除由中央政府经营者外,地方政府或人民均得依专用铁道条例经营之。(三)国营铁道于不损主权及利权之范围内,得借用外资,但应经立法院之议决。(四)无论何人非经国民政府特许,不得于中国领土内建筑延长购买或经营任何铁道。(五)国营铁道由铁道部管辖,公营铁道或民营铁道由铁道部监督。(六)铁道轨距应以宽一公尺四公寸三公分五公厘为原则。(七)为建筑铁道之公债,不得移作别用,国营铁道之收入或盈余,除扩充及整理铁道事业外,应尽先为偿还债务之用。(八)国营铁道与公营铁道之收入,非依法律所定不得提用。(九)国民政府对于民营铁道自开始营业之日起,满三十年后,得依法定程序揭示日期收买之,对公营铁道亦同。

【铁(鐵)道军运条例】【行】本条例由国民政府于民国十九年六月三日公布,于民国二十一年七月十一日经修正公布。全文分为六章,第一章军运及用车之规定,第二章军照印发及填用之规定,第三章军运使用各种车照运照之规定,第四章军运收费之规定,第五章罚则,第六章附则。合共三十有六条。

【铁(鐵)道部长】【行】Minister of Railways (详铁道部组织法条内)

【铁(鐵)道部组织法】【行】Law Governing the Organization of the Department of Railways 本法于十八年十一月十八日修正公布,本部直隶于国民政府行政院,规划建设管理全国国有铁道国道,及监督省有民有铁道,对于各地方最高行政长官执行本部主管事务有指示监督之责。置部长一人(特任),政务次长常任次长各一人(简任),秘书四人至八人(二人简任余荐任),参事二人至四人(简任),于下列各司设司长四人(均简任):(1)总务司。(2)业务司。(3)财务司。(4)工务司,科长十二人至十六人(荐任),科员一二〇人至一六〇人(委任),技监一人(简任),技正十六人至二〇人(四人简任余荐任),技士二十人至三十人(荐任),佐技二十人至二十四人(委任),经行政院会议议决,得聘用专门技术人员,又为规划全国铁道国道系统,统一铁道会计,编纂铁道法规,采购铁道材料,审定技术标准,得置各委员会。

【铁(鐵)钱】【史】以铁所铸造而成之钱,称曰铁钱,以二当铜钱之一,始于汉末,事物纪原(卷十):"通典曰王莽改革汉钱,百性不便之,公孙述废铜钱置铁官,铸铁钱,则以铁为钱,始于公孙述之据蜀也皇甫士安高士传,曰史弼迎遂郭泰也,辄再屈,其泰一揖而去,门人问之,弼曰铁钱也。曰故以二当一尔,此汉末事也。今铁钱止行于川峡,其二当铜钱之一,自尔时已然也。"

【露布】【史】露布一语之意义,在公文缘起一书中述之最详,计有三种意义:(一)为用兵得胜宣告凯旋之文也。(二)为于阵敌中所草之檄文也。(三)为不加封缄之书简如赦令赎令等之宣示也。总之,露布与封缄相对称,凡不加封缄而欲使公众闻知者均谓之露布。公文缘起:"……露布之名,汉已有之,但非专用于军旅耳,汉书何武为刺史,劾奏属吏必先露章,汉官仪凡制书皆弥封,惟赦赎,令司徒印,露布州郡,后汉书礼仪志,大丧,则诸侯王遣大夫奏吊,驿马露布……自作此讨曹操后遂专用于军事,如世说桓温北征令袁宏倚马作露布,手不停笔,俄成七纸,是也。然既为征讨时所用,则犹是檄文之类,非专用以奏捷者,故文心雕龙又云,露布者,天子亲戎则称恭行天罚，诸侯御师，则肃将王诛，是本以声罪，攻讨也。至元魏，北魏则以之奏捷，而更有书帛于竿之例，云云。”随园随笔：“……是露布，非专为武功设也，后世为武功成为夸耀，遂专以露布为奏凯之文。”事物纪原：“隋书志曰，后魏每征战克捷，欲天下闻知，乃书帛，建于漆竿之上，名为露布，露布自此始也，其相因施行，通典亦云尔，按后汉桓帝时地数震，李云乃露布上书，移副三府注，谓不封之晋代桓温北伐，须露布文唤袁宏，宏倚马，濡染不辍笔，俄得七纸，则露布已有矣。”（卷二）

【露田】【史】露田为后魏之田制之一，与桑田相对称，前者为不栽树之田，仅为种谷之用，后者则为栽植桑榆之地。起自后魏孝文帝之太和九年，孝文用李安世之言：“下诏均给，天下人田，诸男夫十五以上受露田四十亩，妇人二十亩，奴婢依良，丁牛一头受田三十亩，限止四牛，所授之田率倍之，一易之田再倍之。以供耕休，及还，受之盈缩人年及课则受田老免，及身没，则还田，奴婢牛随有无以还免诸桑田不在还受之限，但通人倍，分田于分虽盈不得以充，露田之数，不足者以露田充倍，诸初受田者，男夫一人给桑田二十亩，课莳余种桑五十树，枣五株，榆三根，非桑之士夫给一亩，依法课莳余果及多种，桑榆者不禁，诸桑田皆为代业，终身不还恒从见口有盈者，得卖其盈，不足者得买所不足，不得卖其分亦不得买过所足，诸麻布之土，男夫及课别给麻田十亩，妇人五亩奴婢依良，皆从还受之法，诸有举户老少残疾无受田者，年十一以上及疾者，各授以半夫田，年逾七十者不还所受，寡妇守制者虽免课亦授妇田，诸凡授人田恒以正月。”

【露索】【史】检查搜索身体谓之露索。汉书：“吏民当见者，露索，去刀兵两吏挟持。”其注曰：“索捕也，露形体而搜也。”

【霸占】【史】显官权要或强豪之人，滥用权威占领他人之所有物谓之霸占，又曰霸占，政典类纂：“今闻诸大臣，将采木地方，私行霸占，以致商不聊生。”

【霸占要地生理】【史】谓王公大臣员家人等倚势强霸占据要津，夺取商民贸易之行为也，清之现行则例（即刑部现行则例）市尘篇设有霸占要地生理之条：“凡内包衣下内外王贝勒贝子公大臣官员家人领本霸占要地关津，任意生理不令商民贸易，倚势欺陵者，或傍人首告或受累之人首告，或科道官查出纠参，将倚势欺占之人在原犯事处即行立斩示众，其人若系内包依下人将该管官革职，若系宗室王以下公以上家人，将亲王罚银一万两，郡王罚银五千两，贝勒罚银二千五百两，贝子罚银一千三百两，公罚银七百两，将伊等仍交与宗人府从重议处，其管理家务官俱革职，若系在外亲王家人罚银一万两，将王降为郡王等王，若系郡王等王罚银五千两，降为公，其管理家务官具革职，若系民公侯伯大臣官员家人具行革职，其霸占欺民之人汛地文武各官不行查拿者俱行革职，至于王以下大臣，各官将银借贷民人指名贸易霸占要地关津，倚强贻累地方民人者亦照此例治罪，内包衣下人及诸王贝勒大臣家人所在指称名色以网市利干预词讼等事肆行非法，有司不敢犯其锋反行财贿，此等事犯将行财贿之官革职使去之人，若伊主知而使去系官革职内包衣王贝勒等家下该管官若知而使去亦革职王以下宗室以上若知而使去交与该衙门从重议处，其去人若伊主知而使去枷号三个月鞭一百，伊主不知私自去者，照光棍处决。"

【顾(顧)山】【史】汉制,妇女犯罪,由官判令归家,每月出钱三百文另雇他人代为入山伐林,称曰顾山,又名雇山,乃赎刑之一种。汉书—平帝纪:"元始元年,天下女徒,已论归家顾山钱月三百。"注,师古曰:"谓女徒论,罪已定,并放归家,不亲役之,但令一月出钱三百以傭人也。为此恩者,以行太皇太后之德,施惠政于妇人。"但相伤者,则应加罚二等不得顾山赎罪。同书—桓谭传:"其相伤者,常加二等,不得顾山赎罪。"

【顾(顧)山钱】【史】(详顾山条内)

【顾(顧)问】【通】Adviser　某种专门家,或富有经验者,以知识供人咨询而有职无权者,谓之顾问,例如财政部组织法第二十八条,实业部组织法第二十二条,均规定因事务上之必要,得聘用顾问是,又如一般人聘用律师为其法律顾问是。

【馈(饋)人】【史】掌君王食膳之吏员,曰馈人,左传—成公十年:"晋侯欲麦,使甸人献麦馈人为之。"

【馈(饋)送】【史】旧律上所称之馈送,乃指赠送贿赂而言,受之者构成受赃罪名,明律(卷十三)清律(卷二十九)刑律受赃篇——风宪官吏犯赃条:"若卖买多取价利,及受馈送之类,各加其余官吏罪二等。"

【驱(驅)逐游民】【史】游民,谓不务正业者或无一定职业之浪人,地方官等不加严拿或驱逐之者,均应分别受处,清之六部处分则例(卷四十五)刑属杂犯篇,设有驱逐游民之条:"凡游手之徒,轮义舞棍,演弄拳棒,偏游街市,射利惑民,地方官务严拿惩治递籍发落,如奉行不力,罚俸一年。"又:"民间有卦子等类,不务正业,聚众习为不善之艺,带领妻子马骡,游走于外滋事,不法扰害民人,凡所经过地方州县官不行查拿,降一级留任,府州罚俸一年,如有于所过地方经年累月潜住以致滋事者,将州县官降二级调用,同城之府州降一级调用,不同城之府州降一级留任。道员罚俸一年,未经滋事者,将州县官降一级调用,府州降一级留任,道员罚俸六个月,其原籍地方之州县府州道员失于查拿,亦照失察潜住例议处。"又:"民间土妓流娼以及秧歌女戏之类,无论在京在外,务令地方官驱逐回籍,倘不行查禁驱逐,罚俸一年,若地方有职人员容留在家,革职治罪。"

【鹤(鶴)俸】【史】唐幕府之官俸称曰鹤料,又名鹤俸。(黑庄漫录)

【鹤(鶴)禁】【史】(详鹤驾条内)

【鹤(鶴)驾】【史】所谓鹤驾,乃指太子之驾而言,至其所居之官则曰鹤禁,锦字笺(卷一):"周灵王太子晋,乘白鹤仙去,故太子驾曰鹤驾,所居宫曰鹤禁。"

【赍(齎)禁物私度关】【史】凡以依法受禁之物私自度过关津者,应即构成本条之罪。唐律(卷八)卫禁篇赍禁物私度条:"诸赍关禁物私度关者,坐赃论,赃轻者从私造私有法。"疏议曰:"禁物者谓禁兵器及诸禁物并私家不应有者,私将度关各计赃数,从坐赃科罪,十匹徒一年,十匹加一等,罪止徒三年,准赃轻者,从私造私有法,擅兴律,私有甲一领弩三张,流二千里,稍一张,徒一年半,私造者各加一等,假令私将稍度关,平赃直绢三十匹,即从坐脏,科徒二年,不计稍为罪,将甲一领度关，从私有法，三千里即不赃而断。”同条又谓：“若私家之物，禁约不合度关而私度者，减三等。”疏议曰：“依关市令，锦绫罗縠䌷绵绢丝布，牦牛尾真珠金银铁，并不得度西边北边诸关，及至缘边诸州兴易，从锦绫以下，并是私家应有。若将度西边北边诸关，计赃减坐赃罪三等，其私家不应有，虽未度关亦没官私家应有之物，禁约不合度关以下，过所关司捉获者，其物没官若已度关及越度被人纠获，三分其物，二分赏捉人，一分入官。”

二 十 二 画

【懿旨】【史】为诏之一种,即太后之上谕,皇朝政治学问答:“太后垂帘听政,太后之谕,谓之懿旨。”

【懿戚】【史】太后及皇后之亲戚曰懿戚。晋书—符登载记:“王猛以宏才纬军国,符融以懿戚赞经纶。”魏书—南安王桢传:“以懿戚之贵作镇关右不能洁己奉公。”隋书—郑译传:“若定江东,自非懿戚重臣,无以镇抚。”

【摊(攤)派】【史】均分也,谓均分其数于众而派令交出也。(六部成语注解)

【攒(攢)宫】【史】宋代天子之殡,即假葬之所,称曰攒宫。宋史—高宗纪:“帝易缌麻,奉迎徽宗及显肃懿节两后梓宫,以孟忠厚充攒宫总护使。”因宋于南渡后其帝后之塚陵寝皆在河南,乃以另一处所为暂时之殡,即所谓攒宫是也。

【权(權)】【史】暂摄其他官职曰权(即权摄)。始于唐时,即今之所谓署,此外称物轻重之具,亦曰权(即权衡)。汉书—律历志:“孔子陈后王之法曰,谨权量,量多少者,不失圭撮。权轻重者,不失黍系。”汉书律历志:“权者,铢、两、斤、钧、石也。所以称物平施,以知轻重也。本起于黄钟之重,一仑容千二百黍,重十二铢,两之为两,二十四铢为两,十六两为斤,三十斤为钧,四钧为石。”

【权(權)力】【通】Authority　使人民对于政府有服从义务之法律上之强制力,谓之权力。按政府之权力,乃治权之当然结果,政府之享有治权,乃人民所授与,故其权力亦系人民所授与者。

【权(權)力人】【通】Authorities　即有权力之人也。

【权(權)力关系】【通】权力人对其相手方间所发生之法律关系,谓之权力关系例如国家对人民有统治之权,而人民对国家有服从之义务是也。

【权(權)利】【通】Right　所谓权利,乃指特定人因享受法律利益之故。对于特定行为或法律货物所有的支配力之范围,而为法律所承认且保护者而言。按权利之本质,共可分为四说:(一)意思说——以权利为意思之支配力。(二)利益说——以权利为利益之本质。(三)折衷说——乃折衷上述二说,以权利一方为意思之支配力,一方又以权利为利益。(四)状态说——以权利为法律上之状态。上列诸说,以最后说为当。权利之分类为公权与私权,二者乃以公法与私法之区别为根据。

【权(權)利人】【民总】Subject of right　为私权主体之别称。(详该本条)

【权(權)利之行使】【民总】Exercise of rights　即权利人依其权利得使其内容实现所为之行为也。权利行使之观念因时代环境而不同,十八世纪时权利视为绝对不可侵犯者,此为个人主义之结果,其甚者更有以法律二字即权利之别者。致权利之行使毫无限制,加以自由主义之浸润,资本主义遂以形成。洎乎二十世纪，社会本位之思想以起，而权利之自由行使，因而稍受限制。于是各国法学者乃各高唱学说以相号召，有主张权利实含有社会性质之利益者，法国狄骥氏是也。有主权利之行使应与社会条件相适合者，德国伊耶陵氏是也。有主权利行使应就各阶级平等规定者，奥国之梅恩格（Anton Menzer）氏是也。更有主张权利内容应受拘束说者，德国格尔克（Gierke）氏是也。是以目下各国对权利之行使，均有滥用之禁止的规定，我国民法亦然。特于民法总则第七章内设有明文，内分三种：(1)权利滥用。(2)自卫行为。(3)自助行为。（详各本条）

【权(權)利主体】【通】Subject of the right　权利主体有广狭二义，广义之权利主体，乃指享有一般权利与义务能力，而具有人格者之本体而言。狭义之权利主体，则指对于特定权利之现在享有者而言。在法律上得为权利主体者，为自然人与法人。

【权(權)利占有】【物】Possession of right　又名准占有。（详该本条）

【权(權)利先后栏】【土】与权利事项栏相对称。（详权利事项栏条内）

【权(權)利刑】【刑】Punishment to right　为刑罚之一种，刑法上称为褫夺公权(详该本条)。盖即剥夺犯人公权之刑罚也。又名能力刑。

【权(權)利名义】【民总】所谓权利名义，乃指权利关系所生之名义也。例如所有权关系即生所有权之名义，故所有权即权利名义也。

【权(權)利回复】【民总】Recovery of right　谓权利被人侵犯剥夺，而依法院之判决恢复其原来之权利也。

【权(權)利行使人】【民总】谓行使权利之人也。（参权利之行使条内）

【权(權)利行为】【民总】Rightful act　享有权利之人行使其自己所有权利之行为，曰权利行为。例如土地所有权人行使其使用收益处分等权利是。（参权利滥用与权利之行使条内。）

【刑】为阻却违法事由之一，对放任行为言，即在法律上本有此种权利。依其权利之本能所为之行为，乃属权利所赋与之行为之谓，权利行为可分下列四种：(一)正当防卫。(二)正当业务行为。(三)职务行为。(四)基于法令之行为。（详各本条。）

【权(權)利事项栏】【土】土地登记簿每一份用纸分为所有权及他项权利以及其他各部而于所有权及他项权利二部各设权利事项栏及权利先后栏，所有权部之权利事项栏记载关于所有权事项，他项权利部之权利事项栏则记载关于所有权以外权力之事项。至于权利先后栏则均记载登记各权利事项之次序(土地法第四十九条)，又依土地施行法第十八条之规定，土地法第四十九条所定所有权部权利事项栏及他项权利部权利事务项，应就土地及其定着物之权利各为一分栏分别记载之。

【权(權)利拘束】【民刑诉】Lis pendens (拉丁); Pendency of right　一名诉讼拘束，诉讼事件一经向法院提出请求审理，法院与当事人间即成立一定诉讼关系，双方在法律上皆负有一定作为或不作为之权利与义务。此种状态，称曰权利拘束,乃诉讼法上之一种效力。有形式上之权利拘束与实质上之权利拘束二种。前者乃指起诉后诉讼条件欠缺或不合法时之双方关系之状态而言,后者则指起诉后诉讼条件完备与合法时,双方诉讼关系成立后之状态而言。

【权(權)利的瑕疵担保】【债】Warranty against defects of right 或称追夺担保。(详该本条)

【权(權)利客体】【民总】Object of right (详私权之客体条)

【权(權)利消灭】【民总】权利人丧失其权利,谓之权利消灭。换言之,即权利与权利人脱离关系也。

【权(權)利能力】【民总】Legal capacity or capacity for rights 谓适于为权利主体之资格也。易言之,即法律上为人之资格也。德国学者称之曰人格。日本民法称之曰私权之享有,学者亦有称为享有私权之能力,权利能力有广狭二义,狭义之权利能力,指在私法上享受权利之资格而言。适与义务能力相对立,广义之权利能力,则包含在私法上享受权利并负担义务二资格而言。我国民法采之,权利能力有分为原有公权能力与私权能力。亦有分为:(1)一般权利能力。(2)特别权利能力(详各本条)。权利能力在民法上之规定不得抛弃(第十六条)。即让与限制创设或变更亦不能任意为之。

【权(權)利条例】【宪】Bill of rights 又称曰民权书或民权法,一六八九年英国人民第二次革命驱逐詹姆士第二(James II),迎威廉一世及其妇玛利为英王及后,新王即位之初,乃顺民意裁可权利条例法案,其内容成为后世英国宪法之重要法源,即宣布人民之权利与自由。其要点如下:(一)国可之施行或废止法律须得议院之许可。(二)赋课租税须经议院之同意始为有效。(三)人民有向国王请愿之自由权,凡对于此项请之判罪或公诉应认为非法。(四)平时在国内招募或给养军队应得议会之同意。(五)议院议员应由人民自由选举之,而议员在议院内有言论之自由,不受任何法院或其他机关之弹劾或质问。(六)过额之保释金,过重之罚金,或残酷之非常刑罚均被禁止。(七)陪审制度之创设与推行。(八)权会必须时常依法召集开会。

【权(權)利请愿】【宪】Petition of rights 权利请愿与权利条例及大宪章,为英国宪法史上三大文献。英国现行宪法之法源,亦以此三种为最重要。一六二九年英国议会之贵族及僧侣联合平民共同强迫英王差尔斯一世(King Charles I)批准所提出之请愿书,承认人民之自由,并要求国王履行一二一五年六月十五日之大宪章,此请愿书称曰权利请愿。

【权(權)利圈】【通】Sphere of right 权利圈者谓权利自身之范围也。与权限之为权利行使之范围者不同。

【权(權)利移转】【民总】Transfer of right 权利由甲所有人移让于乙而归其所有,谓之权利移转。权利之移转有须要一定方式者有不须要一定方式者。

【权(權)利创设之诉】【民诉】又称曰形成之诉。(详该本条)

【权(權)利范围说】【物】为分别共有性质学说之一,即人于同一物上共一所有权。而划出一定范围使各共有人得享有其权利之谓,此说最占势力。我国民法亦采之,所谓各共有人得就其共有物之全部按其应有部分而使用之,即本此说之结果也。

【权(權)利质】【物】(详权利质权条)

【权(權)利质权】【物】Pledge on rights 为质权之一种,对动产质权与不动产质权言。即以可让与之债权及其他之权利均得为质权标的之权利也(民法第九〇〇条)。所谓可让与之权,自以财产权为限。权利质权不能交付,有时自不能适用动产质权移转占有之规定,故其让与则应依关于权利让与之规定(第九〇二条)。且非经质权人之同意,出质人不得以法律行为使其消灭或变更(第九〇三条)。权利质权可分为以债权为标的之权利质权(第九〇四条—九〇七条)。及以证券为标的之权利质权,后者又分为二:(1)以无记名证券为标的之权利质权。(2)以有价之证券为标的之权利质权。(第九〇八条—第九一〇条)

【权(權)利滥用】【民总】Missbrauch des Rechts(德);Abus du droit(法) 即行使权利时超出必要范围之谓也。法律之认许权利不特谋个人之利益,且亦谋社会之利益,违反此旨,自应加以禁止。各国民法均有类似之规定。我国民法第一四八条明定权利之行使不得以损害他人为主要目的,关于此项权利滥用禁止之规定,其根据何在。学说有二:(1)道德之观念——认权利滥用之禁止系道德及于法律之影响的道德命令,而非法律之命令。例如"行使权利履行义务必须诚实"之规定是。(2)社会之机能——认社会应以大多数人相互之利益为前提,与此原则合者法律应加保护,若只图一己之私利及损及他人者,自应加以禁止。以上二说自以后者为当,最近苏俄新民法规定:私权反于社会经济之意义而行使时,不得为之,即采后说之结果也。

【权(權)利关系】【民总】即权利人与义务人相互间所生之法律上关系也。例如债权契约中债权人与债务人间所有之法律上关系是也。

【权(權)利变更之判决】【民诉】又曰形成判决。(详该本条)

【权(權)利变更之诉】【民诉】又曰变更权利之诉。(详该本条)

【权(權)典】【史】暂时施行之法律,称曰权典。隋书:"梁武帝承齐昏虐之余,刑政多僻,既即位。乃制权典,依周汉故事。"

【权(權)官】【史】权官者,暂摄事务之官吏也。对于权官期间失过盗贼违限不获,捕盗正官停俸抑系权官停俸,元律设有明文。元典章(卷五十一)刑部第十三篇权官止依捕盗官停俸例规定曰:"至元九年四月中书省札付该先为刑部呈据益都路申,捕盗正官遇有被差暂委余官兼管其间失过盗贼违限不获,未审停罚何官俸给事,送吏礼部与兵刑部讲拟回呈移准兵刑部,关该当部公议得县尉遇有差故,合令请俸正官权官捕盗其间失过强窃盗贼违限不获,依县尉合停俸禄钞数停罚,若县尉并权官失盗月日相搀违限,止依县尉俸钞一十二两止验各各该捕月日均罚,都省准呈仰照验施行。"

【权(權)帖】【史】写票之帖谓之权帖,明律(卷七)、清律(卷十一)户律仓库篇——那移出纳之条:"若不给半印勘合擅出权帖。"

【权(權)威解释】【通】Authentic interpretation 又称有权解释(详该本条)。或名强制解释。

【权(權)度委员会】【行】为北京政府农商部所设立之机关,以研究关于权度一切重要事项为目的。其应行研究之事项如下:(1)关于推行事项。(甲)推行区域。(乙)推行方法。(2)关于编订附属法规事项。(3)关于编制各种比较图表事项。(4)关于各部署协同推行划一事项。(5)关于筹设检定所事项。(6)关于处置原器及较准副原器事项。(7)关于准备加入万国权度公会事项。本委员会委员会为三种:(1)专任委员——六人由农商总长于部员或附属机关职员中选派充任。(2)兼任委员——由农商部咨请有关系各部署每处派员一人兼充之。(3)名誉委员——以曾经办理权度事宜富有经验及推行权度时必须聘请助理者充之,由农商部聘任。会中置委员长一人,由农商总长于专任委员中指充之。(权度委员会章程第一——四条)

【权(權)限】【通】Competency 权利或权力之范围曰权限,通常多指职务上之范围而言。例如官署对于行使其职务之一定范围是,大都基于法律之规定。故凡对于其权限以外之行使,皆视为非法行为。

【权(權)限委任】【行】Prescribed mandate 上级官署依法规之所定,举其权限之一部分,移转于下级官署处理之者,是谓权限委任。惟官署权限非官署一己之任意所可委任于下级官署,故必以法规所定者为前提,否则不得任意为之。

【权(權)限争议】【行】Dispute of competency 为机关争义之一种,谓系统不同之两个官署间(行政与行政,行政与司法)对于同一事件互相主张属于自己权限内,或互相推诿为非属于自己权限内之争执也。对于此项争议之解决方法,各国制度不同,有以裁决权付诸立法机关者,有以之付诸国家元首者,有以之付诸司法机关者,有以之付诸特别混合组织之裁判机关者。以上四者以最后一制较为完妥,我国对此,尚未设有明文。

【权(權)限争议裁判所】【行】Court for the dispute of competency 简称曰权限裁判所。(详该本条)

【权(權)限裁判所】【行】Court for disputes of competency 关于裁判权限争议之机关曰权限裁判所,各国立法例有下列各种:(一)以议会为裁判权限争议之机关者,例如瑞士之数州是。(二)以元首为裁判权限争议之机关者,如一七〇九年之法国是。(三)以司法法院为裁判权限争议之机关者,如比意荷等国是。(四)以枢密院为裁判权限争议之机关者,如法国第一共和政府时是。(五)以行政法院为裁判权限争议之机关者,如德意志之沙逊是。(六)以特别组织之权限裁判所为权限争议之机关者(乃以司法官与行政官混合组织而成者),如法国现行制度是。

【权(權)原】【通】Rechtsgrund(德);Legal source of law 权利取得之原因,谓之权原。例如某种物品所有权之取得,乃由经过一定时效而来,则该项时效,即所谓权原是也。

【权(權)留养亲】【史】唐律规定犯死罪非十恶，曾祖父母父母老疾应侍，家无期亲成丁者。皆应申刑部具状上请，始得暂留，俾侍养其亲，一俟所侍养之亲死后，再行受刑。此外，凡犯流罪者虽系五流及十恶，亦得留家养亲，其权留者，只经省司判断，不须上请。(参唐律第三卷名例篇——犯死罪非十恶之条)

【权(權)能】【通】Befugnis (德)；Competence 权能在法律上之意义，学者主张纷纷，约有下列各种：(一)享有权利之能力可谓之权能。(二)人民之权力与政府之能力合称曰权能。(三)权能者权利之别名也。(四)权能者权利中之各部分之称呼也。例如所有权乃一种私法上权利，其内容之各部分为使用权收益权处分权，此三者亦可称为权能，上于各说以第四种为最当。

【权(權)义】【通】Right and duty 为权利与义务之简称。

【权(權)衡】【史】(详权条内)

【权(權)断】【史】以人君之权力从事于临机判断者，谓之权断。大学衍义补(卷百三)一丘濬曰："事有时宜请人主权断，非此类，不得出意忘议，皆以法令从事。"

【权(權)摄】【史】(详权条内)

【叠(疊)次降革官员】【史】所谓叠次降革官员，乃指屡次犯应降应革处分之官员而言。清之六部处分则例(卷二)吏属降罚篇设有叠次降革官员之条："外官缘事降革，奉旨令该督抚出具考语送部引见者，如续有应降应革之案，亦即照例议处，仍将前案奉旨引见之处，于本内声明，如奉旨著仍照前旨送部引见者，俟该员到部之日，查明降革处分，共有几案，统于引见折内声明请旨。若前案尚未引见而后案已照部议降革者，即无庸将前案带领。"又："官员两次降调具奉旨送部引见者，吏部于并案引见时提奏。"

【窃(竊)盗】【史】唐律谓窃盗乃潜形隐面而取他人之财物。唐律(卷十九)贼盗有窃盗之条："诸窃盗不得财笞五十，一尺杖六十，一匹加一等，五匹徒一年，五匹加一等，五十匹加役流。"其疏议曰："窃盗人财，谓潜形隐面而取。"明清律亦谓窃潜取也，即欺人不觉而取之也。明律(卷十八)、清律(卷二十四)刑律贼盗篇均有窃盗之条内容规定相同。清律原文及其下注："凡窃盗已行，而不得财，笞五十，免刺。但得财(不论分赃不分赃)以一主为重，并赃论罪，为从者，各(指上得财不得财言)减一等(以一主为重，谓如盗得二家财物，从一家赃多者，科罪，并赃论。谓如十人共盗得一家财物，计赃四十两，虽各分得四两，通算作一处，其十人各得四十两之罪，造意者为首，该杖一百，余人为从，各减一等，止杖九十之类，余条准此)。初犯并于右小臂膊上刺窃盗二字，再犯刺左小臂膊，三犯者绞(监候)。以曾经刺字为坐。掏摸者罪同。"(明律此处尚有："若军人为盗，虽免刺，三犯一体处绞。")一两(明律为贯字，以下仿此。)以下杖六十，一两以上至一十两杖七十，二十两杖八十，三十两杖九十，四十两杖一百，五十两杖六十徒一年，六十两杖七十徒一年半，七十两杖八十徒二年，八十两杖九十徒二年半，九十两杖一百徒三年，一百两杖一百流二千里，一百一十两杖一百流二千五百里，一百二十两杖一百流三千里，一百二十两以上绞(监候)。三犯不论赃数绞(监候)。"同律之辑注："此条分四项已行而不得财，已行而但得财，初犯再犯三犯，掏摸。”又同律之辑注：“在事主家谓之财，故取去曰得财，入盗贼手谓之赃，故论罪曰并赃，不得财是事主不曾失财也，若贼人弃财途中而去，被他人拾得，亦以得财论，盖盗虽未得财，而事主之财已失矣。惟事主拾回，方是不得财，窃盗以一主为重，而三犯者绞。故主多者虽有不计之赃，而惯盗遂有莫逃之罪，似宽而实严也。”同律之总注：“乘人所不知，而暗取之，曰窃。凡谋为窃盗，已至盗所，或已穿壁入墙，即为事主觉逐，而不得财者，财虽未得，盗则已行笞五十免刺，但窃得事主家财物者，不论其窃过几家，惟以一主为重，不论其共盗几人，具同并赃论罪。盖将各主者通算全科，则失之太重，故以一主赃重者科之，若一主而又各计入己之赃，则失之太轻，故必并赃同科，凡同行者，不问曾否分赃，不论所分多寡，而事主之财，已失去若干，此皆共盗之人所取，故追赃则照入己，论罪则必并赃也。其他所盗赃轻若等之家，则但与追赃，不重科罪是亦二罪具发以重者论，各等者从一科断之例，为从者各减一等，统承得财不得财言，初犯刺右臂，再犯刺左臂，并者首从具刺也。夫刺以充警，冀其改也。再刺之后，而仍不改至于三犯，是怙恶不悛之乱民矣。故即坐绞，以曾经刺字为坐，若犯过之盗于律有免刺者，具不在次数之限择便取物曰掏，以手取物曰摸，如今曰撞剪绺之类，乘间潜取，与窃盗无异。故照窃盗法科罪刺字三犯坐绞，罪同者无不同也。”

【窃(竊)盗父母年老免配】【史】犯窃盗者之父母如系年老而又家无次丁则该罪犯得准免去徒配在外。元典章(卷四十九)刑部第十一篇有窃盗父母年老免配之例：“延祐三年十一月初五日江西行省准中书省咨该来咨袁州路备宜春县申贼人贺六盗讫谢庆二钞定，即系窃盗初犯依例杖断七十七下刺左臂外，徒一年，若将本人发付居役，缘祖母贺阿刘年九十五岁，母阿甘年六十五岁，父六十四岁具各年老患病别无以次侍丁，如蒙从权免配，相应咨请照详准此送刑部议得罪犯之徒，虽法所不容，然家无兼丁，亦许权留养亲。今江西行省咨窃贼贺必贵例应徒配却缘本贼祖母及父母各年老残疾别无兼丁以次侍养因准所拟免配，相应具呈照详都省准拟，咨请依上施行。”

【窃(竊)盗拒捕】【史】谓窃盗犯人于盗所或逃走时抗拒不受拿捕也。清律及例之规定如下：(一)窃盗临时盗所拒捕虽未得财盗所拒捕或虽离盗所获赃格斗杀人者为首斩决，为从刃伤折伤绞候，伤非金刃又非折伤烟瘴充军，未经帮殴成伤足四千里充军。(二)拒捕伤人未死刃伤折伤为首斩候，为从近边充军，伤非金刃为首边远充军，年五十以上近边充军为从徒三年(如被事主事后搜捕起意拒捕者，仍依罪人拒捕科断)。拒捕未经成伤，为首近边充军，为从徒三年，如被事主后搜捕，起意拒捕者，仍依罪人拒捕科断。(三)弃财与未得财逃走，事主追逐拒捕伙贼携赃先遁后逃之贼，被追拒捕，已经追走因见伙犯被获帮护拒捕杀人者，为首斩候，为从刃伤折伤绞候，伤非金刃又非折伤，附近充军，未径帮殴成伤，流三千里。(四)拒捕伤人未死刃伤折伤，为首绞候，为从流三千里。(五)拒捕未经成伤事后追捕拒伤，各依罪人拒捕科断。(六)以上四五各项如系被事主扭获情急图脱，用刀自割发辫襟带误伤事主者，酌减一等。(七)窃盗刃伤事主，罪应拟绞，如闻拿畏惧，将赃还主，照闻拿投首减流，窃盗逃走事主追捕，失足身死及失财窘迫自尽，徒三年。贼犯遗落火煤，不期烧毙事主，一二命及三命而非一家者，斩候。烧毙一家三命斩决三命以上枭示。

【窃(竊)盗并赃】【史】并赃谓如十人共盗官银五十两虽各分取五两惟仍通算作一处，十人各得盗五十两罪皆处斩也。换言之，即据所失之赃以定所犯之罪，不分次数，亦不分首从，均并而论之一体坐罪也。大明令刑令篇设有窃盗并赃之条："凡窃盗众人盗一家财物者，并赃论，若盗二家以上者，从其家，赃多者论。"

【窃(竊)盗被杀】【史】谓犯窃盗之罪人已离盗所，受被盗人之追逐因拒捕而被杀身死也。大明令刑令篇设有窃盗被杀之条："凡窃盗已离盗所，事主追逐因而拒捕，被事主杀死者，须验事主在身有伤依律勿论。若无所伤有司体勘其贼是否警迹，为盗之人与事主有无仇嫌，明白归断。"

【窃(竊)盗罪】【刑】Theft or larceny　凡乘他人不觉之时，以窃取手段将他人所有物移归于自己或第三人所有者，成立本罪。畴昔之时，视盗窃为王者首急之政，科以重典，但盗风仍炽炎如故，今者立法家均谓非专恃峻刑手段所能奏效，故对窃盗之规定，与严密主义相反，我国暂刑律本合窃盗及强盗罪为一章，刑法则以窃盗之直接侵害财产罪，与强盗之直接同时侵害财产与自由罪应有区分之必要，故另辟窃盗于分则第二十八章中，共计六条。兹分为下列四种：(一)单纯强盗罪。(二)加重强盗罪。(三)准强盗罪。(四)亲属强盗罪(详各本条)。上述各罪关于褫夺公权之处分，均由审判官自由裁量之。(弄法第三四二条)

【窃(竊)盗赃】【史】潜形隐面而取他人之财物，谓之窃盗。赃者，谓因窃盗而取得之物也。窃盗赃为明清律之六赃之一，清例对此设有明文，此举其规定如下：(一)窃盗不得财笞五十免刺，得财以一主为重计赃论罪刺字。(二)一两以下杖六十，一两以上至一十两杖七十，二十两杖八十，三十两杖九十，四十两杖一百五十两徒一年，六十两徒一年半，七十两徒二年八十两徒二年半，九十两徒三年，一百两流二千里，一百一十两流二千五百里、一百二十两流三千里(例改附近充军)。一百二十两以上绞候(以上为从各减一等)。(三)三犯银不及十两钱不及十千流三千里。十两以上至三十两发边充军，三十两以上至五十两改发四省烟瘴充军，五十两以上照律绞候。上述以曾经刺字为坐按其第三犯赃数多寡定罪。(四)盗人关领在家军器者，以凡盗论。(五)准窃盗论者如下：(A)恐吓取人财者计赃加一等。(B)用计诈欺官私以取财物者。(C)冒认及诓骗拐带人财物者。(D)行军之所及宿卫军人相盗军器入己者。(E)隐匿费用税粮课物或诈作损失欺罔官司者。(F)管军官吏冒支军粮入己者。(G)牙行估价不平入己者。(H)反持行市取利计赃重于杖八十者。(I)见人买卖混以己物比价乱取利计赃重于笞四十者。(J)故杀他人驻骡驴计赃重于杖一百者。(K)故杀他人猪羊等畜者。(L)隐匿孳生官畜十日限外不报官者。(M)故决河防漂失之物计赃重于徒三年者。

【窃(竊)盗赃少停赏】【史】窃盗一两以下者，其赃物价值不多，故对拿获之步兵，停止赏给银两。清之现行则例(即刑部现行则例)，贼盗篇设有窃盗赃少停赏之条："凡窃盗一两以上，拿获之步兵赏银，步军校纪录外，偷盗一两以下些须赃物者，赃物些少应停步兵赏银，步军校记档并刑审其步军，步军统领下番子等巡捕营番子等拿获强盗一名者五两，拿获光棍一名者三两，拿获窃盗一名者一两，其银具向贼身追取赏给拿获之人，若贼身不得，向贼主追给。”

【窃（竊）鈇】【史】谓窃盗之嫌疑也，鈇即斧。列子——说符篇：“人有失鈇者，疑其邻之子，视其行步，窃鈇也，颜色窃鈇也，言语窃鈇也，动作态度，无为而不窃鈇也。俄而掘其谷，而得其鈇，他日复见其邻人子，动作态度，无似窃鈇者。”

【窃（竊）电】【行】Electric larceny 凡有下列行为之一者，为窃电：(1)未经电气事业人之许可在电气事业人所设线路上擅自接电者。(2)包灯用户在原定电灯盏数及烛光（或瓦特）以外，私行增加盏数或烛光（瓦特）数者。(3)绕越或毁坏电度表限制表，紊乱表线或破坏表外电线者。(4)阻滞或扰乱电度表限制表之准确程度，以图减少应缴电费者。(5)故意损坏改动或伪造电气事业人所置之表件设备，或表外保护物之封志或封印者。(6)在电价较低之线路上私接电价较高之电器者。(7)可向电气事业人直接购电而向他人购用窃来电气者。(8)其他以窃电为目的之行为，电气事业人为防止窃电起见，得派员携带凭证至营业区域内线路所经之地及用电处所施行检查，用电人不得藉口拒绝，电气事业人查获窃电实据时，应有在职警务人员一人，或地方主管机关人员一人，或第三者二人以上之证明，如另有文件或照片者，亦得证明之。窃电者经查获实据后，电气事业人除得依法起诉外，并得依电气事业人处理窃电规则之规定，向其追偿电费。（电气事业人处理窃电规则第二一五条）

【窃（竊）窝亲属】【史】谓窃盗者之同居亲属有窝藏等之情形也。清律及例之规定如下：(一)窃贼同居父兄伯叔与弟——(甲)本犯拟绞及流徒者，如系知情而又分赃，照本犯之罪减二等。若虽经得财而实系不知情，则照本犯之罪减三等。(乙)本犯罪止杖刺者，如系知情而又分赃或不知情而分赃，均各照本犯罪递减发落。(丙)父兄不能禁约者笞四十。(二)窃盗窝家同居父兄伯叔与弟——(甲)知情而又分赃，照窃盗为从律减一等。(乙)父兄不能禁约者，笞四十。

【籴（糴）】【史】买入米谷也，战国时魏李悝以调节米价为目的有平籴法之创设，唐有和籴之法，至宋则有结籴、寄籴、表籴、均籴、博籴、地籴、括籴等名。文献通考一马端临谓：“古之国用，食租衣租而已，毋俟于籴也。平籴法始于魏李悝，然丰则取之于民，歉则捐以济民，凡以为民而已，军国之用，未尝仰此，历代因之。自唐始以和籴充他用，至于宋，而籴遂为军用边储一大事。熙丰而后始有结籴、寄籴、表籴、均籴、博籴、兑籴、括籴等名。”（参平籴法条）

【聋（聾）人】【民总】Deaf 所谓聋人，乃指缺乏听闻声音之能力之人而言，我国旧民法草案对于聋人定为得宣告之为准禁治产，现行民法则无此项明文。

【听（聽）信地师占葬】【史】地师乃指卜视土地风水之人而言，凡听信地师之言而恃强或偷自侵占他人坟塚以为埋葬之所者，谓之听信地师占葬。清律及例均有明文予以处罚，兹举述于下：(一)争坟阻葬开棺易罐埋葬占葬，亦照开棺见尸残毁死尸各本律治罪。(二)若以他骨暗埋，预立封堆，伪设荫基——(甲)审系恃强占葬者，照强占山场律杖一百，流三千里。(乙)审系私自偷埋者，照于有主坟地内偷葬律杖八十，并勒限移葬。(丙)侵犯他人坟塚者，照发掘他人坟塚已未见棺律分别治罪。(三)地师教诱，均照教诱人犯法律分别治罪，地方官隐讳不查究者，罚俸一年。

【听(聽)能】【刑】Power of hearing 吾人两耳听闻声音之能力，谓之听能。我国刑法规定毁败一耳或二耳之听能，亦谓之重伤。(第二十条第二款)

【听(聽)除】【史】听者听候补官也，除者，除任也，元典章(卷十)吏部篇设有听除之目，其第一条规定："至元十一年二月，中书吏礼部，承奉中书省札付，五月二十四日，为待阙官员，比及有阙，合原在家听候。"

【听(聽)许主义】【刑诉】为告诉与告发主义之一，对命令主义与禁止主义言，谓人民对于告诉与告发之权利是否行使，应听许其自由为之之主义也。我刑诉法以此主义为原则。

【听(聽)许法】【通】Dispositive law 容许人民而使其得以自己自由意思左右之法规，曰听许法，一名曰任意法，或容许法规，如法律中之商事法规，民法中大部分之条文皆属之。

【听(聽)讼回避】【史】听讼回避者，谓有司于审理诉讼案件如与当事人为有服亲及婚姻等及受业师之关系或系素来有仇嫌者，应即听移文回避也。明律(卷二十二)、清律(卷三十)刑律诉讼篇听讼回避条："凡官吏于诉讼人内关有服亲及婚姻之家，若受业师(清律之注曰，或旧为上司与本籍官长有司)及素有仇隙之人并听移文回避，违者笞四十。若罪有增减者，以故出入人罪论。"清律总注："官吏于诉讼人内关有服亲姻家，受业师则当避狭怨之嫌，并听移文回避，违而不回避受理者笞，四十虽。受理得实亦不免也。若于罪有所增减，以故出入人罪论，因仇隙而增为亲故而减，是故出入也。"

【听(聽)减】【史】听减者孽非本犯所由作，而减又非本罪所应减，然犯罪之人，虽无应减之法，实有可减之时，故不得以正减加之，特曰听减，听者，待时而动。审听而减之也。又听者，听候之听，不可必得之谓，而听又视听之听，必为详审密察，参合众论，务得罪人自死之情，自死之实，庶乎因之连累者，始可从而减之，故不正命其文曰，减本罪二等，而特别之曰听减本罪二等，观于所隶在犯罪共逃条内，则犯罪人在逃，其因之连累者，又未可先为发落，似乎仍当或监候，或保俟以听之。(参读律风觿)

【听(聽)断】【民刑诉】听取诉讼而断其曲直谓之听断。

【袭(襲)荫】【史】谓文武官员之子孙承袭其父祖之官爵也。

【读(讀)例存疑】【史】书名，五十四卷，清薛允升撰，其书大旨以条例不外随时酌中因事制宜之义，凡例之彼此抵牾，前后歧异或应增应减或畸重畸轻或分晰之未明，或罪名之杂出者，具一一疏证而会博行前人之说，以持平之论，考厥源流，期归划一，为清末关于条例之唯一巨著，曾由刑部同僚奏呈御览奉旨著交律例馆。光绪乙巳(三十一年)刊行问世项城袁世凯及归安沈家本均有序文。

【读(讀)法图存】【史】书名,共四卷清邵绳清撰。

【读(讀)律一得歌】【史】书名,共四卷,清宗继增撰,继增字恒斋,鲁阳人,官湖北县令,有声于时,是书乃就前人律歌旧式更拟新辞,加以重编而成,清律十得其九,例则择其常用者加入焉,综计成律例三百九十三条,字义律眼二十一条,六赃六杀二条。其体例:"歌之作叶用古韵,每律例一条或统归一韵或一段一韵,或律例共合一韵或律例各分一韵,所押之韵无论平仄,先于律例字中择韵,不律例中不合,再择旁韵,必使律文韵字两相关会。然后按部就班,逐层编叙,不务修辞而避浅俗,不以限韵致乖律义,只期便于记诵,明白易晓而已。歌之作格用七字,只就本律例所有字截凑成句,如本律例之字难以强合。始加用一二虚字,以融会之。……歌内语意或为格式所限,其凑合之句,未能尽使律例之义显而易见,因将原律例及辑注旁注,抄于格上并于句旁添注小字以解未达之语而释未尽之意。"

【读(讀)律心得】【史】书名,三卷,清刘衡撰,事见清史稿艺文志法家类。衡字帘舫南丰人,历官县令继而刺史,而郡守而观察中例皆出特简,在粤东服官县令时,不设门丁,不暱书役,悬锣于堂,以待讼者,闻锣声即出,立为剖断,日坐堂皇,决狱数十,视命狱,舆马仆从数人,一无取于民,民以为便,所著除读律心得外,尚有庸吏庸言(二卷),蜀僚问题(一卷)二种合称吏治三书,均为与治狱及执法有关之作。此外丹徒戴杰所撰之学治杂录一书内,亦有谳律心得一部。

【读(讀)律私笺】【史】书名,共二十四卷,明王樵撰,事见明史艺文志刑法类,樵字明远嘉靖进士,官至刑部,其书未见传本。

【读(讀)律佩觿】【史】书名,计八卷,清王明德撰,事见四库全书总目法家类存目,江苏周厚堉家藏本,成于康熙甲寅年间取现行律例分类编辑,各为笺释,附以洗冤录及洗冤补录,每门先载大清律本,注次明律旧注,而以己意辩证之。

【读(讀)律提纲】【史】书名,仅一卷,杨荣绪撰,事见清史稿艺志法家类。

【读(讀)律琯朗】【史】书名,仅一卷,梁他山撰,事见清史稿艺文志法家类。

【读(讀)律琐言】【史】书名,共三十卷,明雷梦麟撰,事见明史艺文志刑法类。按梦麟字伯仁,嘉靖进士,官刑部主事,今日本石川县博物馆藏有此书。

【读(讀)律管窥】【史】书名,明应廷育所撰,共十二卷,事见明史艺文志刑法类。廷育字仁卿,嘉靖进士,官刑部主事,有声于时,今日本石川县博物馆藏有此书。

【读(讀)会】【宪】Reading 读会者,谓宣读议案也。在第一读会——即令提议者向全体议员郎读议案全文,并说明其旨趣。第二读会——其目的在将法案逐条朗读议决。第三读会——其目的在议决法律案全体之可否,仅限于文字之修正而已。列国有仅采二读会制者,如法、比、荷是,有采三读会制者,如英、美、德、日是。

【读(讀)鞫】【史】谓宣读鞫狱之书于囚及其家属也。尚书—吕刑正义:"汉世问罪谓之鞫。"注曰:"谓上其鞫劾之辞也。"周礼—秋官小司寇注曰:"读鞫已,乃论之,疏,谓劾囚之要辞,行刑之时读已,乃论其罪。"汉书—袁敞传:"当伏重刑,已出股门，复听读鞫，诏书驰赦。”

【赎（贖）】【史】赎者赎刑也。事物纪原（卷十）：“世本曰夏作赎刑。吕刑曰，穆王训夏赎刑，则赎刑疑书名也。按舜典曰，金作赎刑，注谓误而入刑出金以赎，则赎罪，盖始于虞氏也。”

【赎（贖）刑】【史】赎刑者，谓以金钱或物代替其他之刑罚以赎罪也，考其由来不外下列二端：(1)凡情节之可矜事实之可疑者，以赎刑代之。(2)兵食不继国库不足特准罪犯纳款或入股以取赎，其制始自虞书舜典："金作赎刑"一语，惟赎刑并非五刑之一，仅系赎鞭扑耳。蔡沈曰："……舜之赎刑，官府学校鞭扑之刑耳。夫刑莫轻于鞭扑，入于鞭扑之刑而又情法犹有可议者，则是无法以治之，故使之赎特不欲遽释之也……"周穆王作吕刑以定赎法虽大辟亦与其赎免，是其与舜典之制不同也。汉惠帝元年冬十二月令民买爵赎罪，即凡有罪得买爵三十级以免死罪。文帝十二年诏民入粟于边得拜爵免罪。而武帝元朔六年亦诏民得买爵赎罪并置武功爵。后汉世祖建武二十九年诏令天下系囚自殊死以下及徒各减本罪一等，其余赎罪输作各有差。明帝章帝和帝安帝顺帝桓帝灵帝均有赎刑之制，魏明帝太和改定赎刑十一罚金六。晋武帝泰始四年正月颁新律，五刑不简正于五罚。五罚不服正于五过，意善功恶以金赎之，金等不过四两，月赎不计日月。梁武帝天监元年诏立赎刑条格，依周汉旧事有罪者赎其科，凡在官身犯罚金鞭杖杖督之罪，悉入赎停罚，其台省令史士卒欲赎者听之，时议定律令，其制刑为十五等之差。三年十一月除赎罪之科，大同十一年诏令复开赎罪之典。陈时亦存赎罪之律，北魏昭成帝建国二年诏令当死者听其家献金马以赎。北齐武成帝河清三年尚书令赵郡王睿等奏上齐律十二篇，赎罪旧以金皆代以中绢，死一百匹，流九十二匹，刑五岁七十八匹，四岁六十四匹，三岁五十匹，二岁三十六匹，各通鞭笞论，一岁无笞，则通鞭二十四匹，鞭杖每十赎绢一匹。至鞭百则绢十匹，无绢之乡皆准绢收钱自赎。笞十以上至死又为十五等之差。北周武帝保定三年颁赎刑律，其赎杖刑五，金一两至五两，赎鞭刑五，金六两至十两，赎徒刑五，一年金十二两，二年十五两，三年一斤二两，四年一斤五两，五年一斤八两，赎流刑一斤十二两，具役六年，不以远近为差等，赎死罪金二斤，鞭者以一百为限，加笞者合二百止，应加鞭笞者皆先笞后鞭，妇人当笞者听以赎论，应赎金者鞭杖十收中绢一匹，流徒者依限岁收绢十二匹，死罪者一百匹，其赎刑，死罪五旬，流刑四旬，徒刑三旬，鞭刑二旬杖刑一旬，限外不输者归于法贫者请而免之。隋高祖开皇元年更定赎刑律，其在八议之科及官品第九以上犯者听赎，应赎者皆以铜代绢赎铜一斤为负，负十为殿，笞十者铜一斤加至杖百则十斤，徒一年赎铜二十斤，每等则加铜十斤，三年则六十斤矣，流一千里赎铜八十斤，每等则加铜十斤，二千里则百斤矣。二死皆赎铜百二十斤。炀帝大业年间敕赎铜加二倍为差。唐时若应议请减及九品以上官若官品得减者之祖父母父母妻子孙犯流罪以下听赎，其赎法笞十赎铜一斤递加一斤，至杖一百则赎铜十斤，自此以上递加十斤，至徒三年则赎铜六十斤，流二千里者赎铜八十斤，流二千五百里者，赎铜九十斤，流三千里者，赎铜一百二十斤。又许以官当罪以官当徒者，五品以上犯罪者，一官当徒二年，九品以上一官当徒一年，若犯公罪者各加一年，以官当流者，三流同比徒四年，仍各解见任，除名者比徒三年，免官者比徒二年，免所居原官者比徒一年。又年七十以上十五以下及废疾犯流罪以下亦听赎，八十以上十岁以下及笃疾犯反逆杀人应死者，上请，盗及伤人亦收赎，余皆勿论。后晋太祖天福六年尚书奏请制赎法，凡是散官不计高低若犯罪不得当赎……辽亦有赎罪之制，凡品官公事误犯，民年七十以上五十以下犯罪者，听以赎论，赎铜之数，杖一百者输钱一千。宋太祖乾德四年大理正上言官荫减赎之制从之。太宗端拱二年诏诸州民犯薄罪或入金以赎，长吏得以任情而轻重，自今后并决杖遣之不得以赎论，淳化四年诏令仅妇人犯杖以下赎之。真宗景德二年定折杖赎金之条。金国旧俗轻罪笞以抑葼，其亲属欲以牛马杂物赎者，从之，或重罪亦听自赎，然恐无辨于齐民，则劓刵以为别。元制赎刑诸牧民官公罪之轻者，许罚赎，诸职官犯夜者赎，诸年老七十以上年幼十五以下不任杖责者赎，诸罪人癃笃残疾有妨科决者赎，明之赎法依会典所载计有二，有律得收赎者，有例得收赎者，律赎无敢损益，而纳赎之例则因时权宜，先后互异。嘉靖中重修条例奏定，在京则做工纳米、运炭、运砖、运灰、运石六等，在外则有力稍有力二等轻重适中。明令刑令篇——赎刑条："笞一十赎铜半斤，杖一十赎铜一斤，徒一年赎铜一百二十斤，徒一年半赎铜一百四十斤，徒二年赎铜一百六十斤，徒二年半赎铜一百八十斤，徒三年赎铜二百斤，流二千里赎铜二百二十斤，流二千五百里赎铜二百四十斤，流三千里赎铜二百六十斤。又凡年七十以上十五以下及笃废残疾犯笞杖徒流者听赎，若有教令之人，罪坐教令者，其犯奸盗死罪并十恶者，不用此令。"明律(卷一)名例之规定如下："徒刑五，一年杖六十，赎铜钱十二贯，一年半，杖七十，赎铜钱一十五贯，二年杖八十，赎铜钱一十八贯，二年半杖九十，赎铜钱二十一贯，三年杖一百赎铜钱二十四贯，笞刑五，一十，赎铜钱六百文，二十，赎铜钱一贯二百文，三十，赎铜钱一贯八百文，四十，赎铜钱二贯四百文。五十，赎铜钱三贯。杖刑五，六十，赎铜钱三贯六百文。七十，赎铜钱四贯二百文，八十，赎铜钱四贯八百文。九十，赎铜钱五贯四百文。一百，赎铜钱六贯。流刑三，二千里，杖一百，赎铜钱三十贯，二千五百里，杖一百，赎铜钱三十三贯。三千里，杖一百，赎铜钱三十六贯死刑二绞斩、赎铜钱四十四贯。"大清会典(卷五十六)刑部规定："……凡赎刑之制有三，一曰纳赎，无力决配，有力纳赎，仍分有力稍有力二等，有力者每笞一十，赎银二钱五分，照数递加。至笞五十，赎银一两二钱五分，……稍有力者每笞一十，照力役一月折银之数，赎银三钱，笞二十以上。每一等加役十五日折银一钱五分，以次递加，至笞五十，赎银九钱……凡纳股者每一石折米五斗，纳米者第一石折银五钱，……军心犯公罪者准焉。二曰收赎，笞一十，赎银七厘五毫，每等照数递加，至杖一百，赎银七分五厘，徒一年则倍加七分五厘，共一钱五分，徒五等，每等以七分五厘。折半为三分七厘五毫递加，至徒三年赎银三钱，流二千里，复加七分五厘，流三等，每等亦折米，以三分七厘五毫递加，至流三千里，赎银四钱五分，绞斩死罪复加七分五厘，赎银五钱二分五厘，……老幼废疾天文生及妇人犯罪的决者准焉。三曰赎罪，笞一十，赎银一钱，每一等加一钱。至杖一百，赎银一两，流以上徒各按抑杖法，并以杖一百为正罪，赎银一两外，余数为余罪，其赎银各有差……命妇例应的决者准焉，各别以其等。过失杀伤人亦如之，徒限内老疾者亦如之，诬轻为重未决者亦如之，皆著于赎例,不著于例者曰捐赎,必叙其情罪以疏请得旨乃准焉。"大清现行律(卷一)名例篇则规定:"罚金刑十,一等罚,银五钱(收赎折半,下同)。二等罚,银一两,三等罚,银一两五钱,四等罚,银二两,五等罚,银二两五钱,六等罚,银五两,七等罚,银七两五钱,八等罚,银十两,九等罚,银十二两五钱,十等罚,银十五两,徒刑五,一年依限工作收赎银十两一年半依限工作收赎银十二两五钱,二年依限工作收赎银十五两,二年半依限工作,收赎银十七两五钱,三年依限工作,收赎银二十两,流刑三二千里,工作六年,收赎银二十五两,二千五百里,工作八年。收赎银三十两,三千里,工作十年,收赎银三十五两,遣刑二,极边足四千里及烟瘴地方安置,具工作十二年,收赎银三十五两。新疆当差工作十二年,收赎银数亦为三十五两。死刑二,绞、斩、具收赎银四十两。"依上所述历代刑典对于赎罪物之规定各有不同,有时为金银铜钱等货币,有时为米粟谷类等,有时为绢匹,有时为牛马杂物等等。又其适用之范围有为适用于一般罪者,有时则仅限于重辟以外之罪者,对于所适用之人,有为职事官之犯公罪者,有为老幼废疾或应存留以养亲者,此外又有仅限于品官始得为赎刑之适用者。

【刑】以物赎罪谓之赎刑历代赎刑有适用于一切者,如周吕律是,有加以限制者,如后晋刑法是,至于赎罪物亦有差异,如货币、米粟、牛马、豆草等是,赎刑制度之设,一方为矜恤犯人,使其以物赎罪,而不必尽置之于法,一方则为开利源以充国库,使国家财政多一收入,此其利也。但社会贫富阶级显然可见,赎刑之制一经采用,富者即可逍遥自在,而贫困者偶罗法网,则须幽于圜土之内,不平之事,孰有逾于此者乎,是故严格言之,赎刑制度乃资本主义横行时为一般统治阶级用以压迫被统治阶级之一种工具,在今日社会主义势力之崛起,前途方兴未艾,赎刑之不为吾人所赞同者,乃属当然之事也。

【赎(贖)命物】【史】犯人将受刑戮时,经他人之营救而释放后,营救人所请求之报酬,称曰赎命物。北史:"和士开见人将加刑戮,多所营救既得免辜,即令人讽谕,责其珍宝谓之赎命物。"

【赎(贖)金】【国公】Ransom 国际公法上之所谓赎金,乃指交战国对其所拿捕之敌船在未交付扑获审检所判决之前。对敌船之船长以同意方法,将船舶释谚而向其所索取之若干金额而言,至对船中之货物,亦可以赎金方法为之。

【赎(贖)罪】【刑】谓以金钱代替刑罚也。(参赎刑条)

【赎(贖)罪钞数】【史】赎者谓犯罪处刑得以金折代之也,钞数谓赎罪所折代之钱钞之多寡也。元典章(卷三十九)刑部第一篇设有老疾赎钞数之例:"元贞元年六月,福建行省准中书省咨御史台呈陕西汉中道廉访司申犯罪官吏,并诸人有罪年老或笃疾废疾病妨碍科决,不任杖责之人赎罪钱多寡不一,终无通例,呈乞照详送刑部议得诸犯罪人若年七十以上,十五以下,及笃疾残疾不任杖责理宜哀矜,每杖笞一下,拟罚赎罪中统钞一贯,……民官公罪许罚赎至大三年十月 日钦奉诏书内一款,诸牧民官犯公罪之轻者,许罚赎。"

【赎(贖)铜】【史】凡处赎刑者,例以银缴纳,惟亦得以铜代之,但须奉旨于各布政使等衙门铸钱者,始得为之。清例之规定如下:"赎铜非奉旨于各布政使等衙门铸钱者，不许擅赎取罪每笞一十，赎铜半斤，每铜一斤，折银五分，每杖一十，赎铜一斤，每铜一斤，折银五分，徒一年，赎铜一百二十斤。杂犯再犯又赎银七分五厘，徒一年半，赎铜一百四十斤，杂犯再犯又赎银一钱一分二厘五毫，徒二年，赎铜一百六十斤，杂犯再犯又赎银一钱五分，徒二年半，赎铜一百八十斤，杂犯再犯又赎银一钱八分七厘五毫，徒三年，赎铜二百斤，杂犯再犯又赎银二钱二分五厘，流二千里，赎铜二百二十斤，流二千五百里，赎铜二百四十斤，流三千里，赎铜二百六十斤，总徒四年，已徒犯徒遇例减一等，杂犯五年再犯，赎银四钱五分。”

【铸(鑄)刑书】 铸刻刑书于鼎以为国之常法，称曰铸刑书。左传一昭公六年："郑人铸刑书，叔向使诒(遗也)子产书曰昔先王议事以制，不为刑辟，惧民之有争心也，民知有辟，则不忌于上，立有争心，以征于书，而徼幸以成之，弗可为矣。夏有乱政，而作禹刑，商有乱世而作汤刑，周有乱政而作九刑，三辟之兴皆叔世也。今吾子相郑国，制参辟，铸刑书，将以靖民，不亦难乎，民知争端矣。将弃礼而征于书，锥铸之末，将尽争之，乱狱滋丰，贿赂立行，终子之世，郑其败乎。肸闻之，国将亡，必多制，其此之谓乎。”杜预注："权移于法，故民不畏上，因危文以生争，缘徼幸以成其巧伪。”孔颖达之注："刑不可知，威不可测，民畏上也。今制法以定之，勒鼎以示之，民知在上者，不敢越法以罪己，又不能曲法以施恩，则权柄移于法矣。"

【铸(鑄)刑鼎】【史】鼎为烹煮肉食之器，晋赵鞅将范宣子所为之刑书铸于鼎上是曰刑鼎，盖示犯重罪者，亦将受烹于鼎务使犯罪者，睹鼎而生警惕之念，不至于蹈罹法网也。春秋左氏传一昭公二十九年："晋铸刑鼎，著范宣子所为刑书焉。仲尼曰，晋其亡乎，失其度矣。夫晋国将守唐叔之所受法度，以经纬其民，卿大夫以序守之，民是以能尊其贵，贵是以能守其业，贵贱不愆，所谓度也，今弃其度也，而为刑鼎，民在鼎矣。”又郑简公三十年亦将子产所作刑书铸于鼎以为国之常法，亦曰刑鼎。

【铸(鑄)造】【行】Coinage　所谓铸造，乃指熔解金属以制造物品而言。(参铸造货币权条)

【铸(鑄)造货币权】【宪】Right of coinage　所谓货币，乃指供流通于社会之一种有价之财物而言，关系社会之交易，重而且大。故其铸造之权各国宪法多设有明文规定，无不以之属于国家，私人铸造概在禁止之列，违者构成刑法上伪造货币罪名。

【铸(鑄)解样钱】【史】样者模型也，范本也。样钱即为铸造铜钱之模型之钱也，各省所铸之钱，均须依照部颁样钱方式，并须将所铸出者，解部查验并造册呈报。清之六部处分则例(卷二十二)户属钱法篇设有铸解样钱之条："各省钱局由部颁发样钱，照式鼓铸，将铸出钱文解部查验，其鼓铸数目动存工本等项，按季造册，送部查檄，如所铸钱文与部颁式样不符，或样钱已颁到省不即照式铸造者，经管官具罚俸一年，若季报迟延，照造报各项文册迟延例分别议处。”

【铸(鑄)钱】【史】铸者，销熔金属成器物也。凡私铸铜铁等者，乃侵犯国家铸币之权，应加治罪。清律及例之规定如下：(一)私铸铜钱十千以上，或虽不及十千而私铸不止一次为首匠人斩候，为从知情买使新例改发驻防具发新疆为奴停工散局之后，贪其价钱偶为买使满徒，受雇挑水打炭徒三年，房主、总甲、邻佑、十家长，知而不首徒三年，失于查察杖一百。（二）不及十千，为首匠人发新疆为奴新例改发驻防为从知情买使徒三年，受雇挑水打炭徒二年半。（三）私铸未成为首匠人，边远充军，受雇挑水打炭徒二年，房主、总甲、邻佑、十家长，知而不首徒二年，不知者不坐。（四）方造器具尚示铸成为首匠人起意及同伙商谋流三千里，为从知情买使凑钱入伙徒三年。（五）私铸铅钱十千以上，为首匠人绞候，为从知情买使流三千里，房主、总甲、邻佑、十家长，知而不首徒二年，失于查察杖八十。（六）不及十千，为首匠人发新疆为奴新例改发驻防，为从知情买使徒三年，房主、总甲、邻佑、十家长，知而不首徒一年半，失于查察杖八十。（七）私铸未成为首匠人起意为首流三千里，为从知情买使徒二年半，房主、总甲、邻佑、十家长，知而不首徒一年，不知者不坐。（八）知情分利之父兄伯叔与弟减本犯罪一等，虽经分利实不知情减二等，不能禁约杖一百，据实出首免罪，本犯听如自首法或有空房别舍误借匪人一有见闻，立即驱逐，但未首捕者，以不知情科断。（九）私铸钱文无论多寡，州县印捕官知情，故纵革职治罪，失察每起降一级调用，府州降二级调用，每起降一级留任，自行查获究办免议。（十）甫经置炉做堆制造钱模尚未铸成，州县印捕官自行查拿究办免议。别经发觉，降一级留任。（十一）私铸在公出期内案由别处发觉，立将首犯及匠人拿获或协同拿获，地方官具免议，犯被邻境拿获照邻境获犯例减等议结。（十二）失察私铸但能访查破案全获，不论年月远近次数多寡，案由本处发觉仅获为从之犯，而首犯及匠人脱逃，地方官具免其失察处分，武职拿获文员亦免议，照命案缉凶例议处，限内自行拿获免议，被邻境拿获，亦照邻境获犯例减等议结。（十三）私铸钱文，地方官访查破案，能立将首犯及匠人全获，无论本境邻境第一起准其加一级。（十四）家奴私铸，其主系官知情革职治罪，不知情降一级留任，官员以房屋租赁与人致有私铸，亦照此议处，自行查出送究免议。

【鉴(鑑)札】【行】Public license　为日本名辞即由政府所给予私人之免状或特许证书也。

【鉴(鑑)定】【民刑诉】Expert testimony　所谓鉴定，乃指由具有特别智识或技能之第三人，对某事件所为之判断辨别而言。（参鉴定人条）

【鉴(鑑)定人】【民刑诉】Experts　谓居于参与诉讼地位依其特别技能，固有学识经验，对于一种事实之真伪情状加以鉴定，并发表陈述其判断意见之第三人也。鉴定人之任用，有由于选任者，有由于委任者，故有选任鉴定人与委任鉴定人（详各本条）之别，我刑诉法上规定鉴定人不得拘提，如被传唤不到案时之罚锾，亦不得易科拘留，盖为保持其名誉，及妨免鉴定人之虚伪鉴定起见也（刑诉法第一一八条第二项），鉴定人之义务有四：(1)到案之义务（第一一七条、一一八条第二项）。(2)具结之义务（第一二三条）。(3)报告之义务（第一二三条）。(4)声请之义务（第一二五条）。但鉴定人亦得享下列三种权利：(1)请求费用之权利（第一一七条）。(2)检阅卷宗之权利（第一二二条第一项）。(3)讯问被告自诉人或证人之权利（第一二二条第二项）。鉴定人之职务极为重要，而对当事人之利益关系尤大，故法律许当事人得以依声请推事回避之原因，对鉴定人作拒却(详该本条)之声请(第一一九——二〇条)。我民诉法上亦规定当事人声请鉴定，应表明鉴定事项，且鉴定人不得拘捕，至其义务亦有三种：(A)至场义务。(B)鉴定义务。(C)具结义务，与证人相似，其权利有二：(A)拒绝鉴定之权。(B)日费旅费滞留费垫款报酬费之请求权。又当事人对鉴定人认其有偏颇之虞时，得声请拒却。(详该本条，民诉法第三一一——三二七条)

【鉴(鑑)定书】【民刑诉】Written expert testimony　鉴定人基于鉴定之结果所作成而提出之文，书曰鉴定书。

【鉴(鑑)定义务】【民诉】即鉴定人所负担之义务也，依我国民事诉讼法之规定。凡从事于鉴定所需之学术技艺或职业或经公署委任为鉴定人者，应负鉴定义务。此项鉴定义务在原则上不得免除，鉴定人不得拒绝，惟有例外，即具有正当理由者，法院得免除之耳。(第三一五条、第三一七条)

【鉴(鑑)定证人】【民刑诉】Expert-Witness　即鉴定人有时亦为证人，而证人亦有时供述其鉴定事实之谓也。学者称之曰鉴定证人。换言之，即以鉴定人之资格，同时兼有证人之资格，或以证人之资格，而陈述鉴定之事实也。

【鳏(鰥)寡孤独】【史】无妻曰鳏，无夫曰寡，无父曰孤。老而无子曰独，均为无所倚靠之人，均应予以矜恤，大明令户令篇设有鳏寡孤独之条："凡鳏寡孤独每月官给粮三斗，每岁给绵布一匹，务在存恤，监察御史按察司官常加体察。"

【鹩(鷞)鸠】【史】鹰之名，一作爽鸠，乃少皞氏时代之法官之称。唐律(卷一)名例篇："鹩鸠，筮宾少皞。"其注曰："左传昭公十七年。郯子曰，我高祖少皞挚之立也，凤鸟适至，故纪于鸟为鸟师，而鸟名，下文爽鸠氏司冠也。注云，鹰也。鸷故为司寇，主盗贼，言筮宾，所以出师以筮宾旅。"

二 十 三 画

【蠲缓钱粮】【史】所谓蠲缓钱粮，乃指蠲除免收及从缓征收人民之钱粮而言。清例之规定如下：(一)二参限内奉旨蠲免钱粮分数经征官限满止照现在未完分数处分。(二)如先已征完四分又奉蠲免五分，即照原欠一分议处，若征完五分，又蠲免五分，即照全完例将原议停升降俸之案查销。(三)二参限内奉旨缓征钱粮或分年带征，经征官原参处分减等议结仍俟应征之年另行起限，催征限满不完，照例议处。(四)缓征钱粮统归本年额征分数合计如额征一万两，奉文缓征二千两，应征八千两，能完四千两，即作为完半，能完八千两，即作为全完，至缓征另行起限之年仍合从前已征分数计算，如已完过八千又完一千，即以未完一分参处。(五)参限内奉旨豁免钱粮经征官原参现参处分，概予查销。

【蠲赋】【史】谓于荒作之岁蠲免灾民之租赋也。清时对此均有一定之成例，即按灾分之数为标准，灾十分蠲免其七。九分者蠲免其六，八分者蠲免其四，七分者蠲免其二，五六分者蠲免其一。(会典户部)

【仇(讎)盗未明案件】【史】谓地方所发现受伤身死无名之尸，死因未明时之案件也，地方官应受处分。清之六部处分则例(卷四十三)，刑属人命篇设有仇盗未明之条："地方遇有受伤身死无名之人，并无失物情形者，扣限六个月查参，将承缉官照命案例议处。如日后查系盗杀，将原参处分查销，改照盗例补参疏防。"又："地方遇有受伤身死无名之人，内有失物情形者，扣限四个月查参，将承缉官照盗案例题参疏防，如日后查系仇杀将原参处分查销，改照命案例议处。"又："五城所属地方仇盗未明案件悉照此例行。"

【变(變)更】【通】Alternation　谓以新法变更旧法之一部或全部而使其效力消灭也，故又称法之变更。

【变(變)更日期】【民刑诉】所谓变更日期，即将原定之日期废弃而另行更定新日期也。我国民事诉讼法规定，期日除别有规定外非有重大理由法院不得变更或延展之。当事人以合意声请变更或延展期日者，法院得允许之，但以最初之言词辩论期日为限(第一六〇条)。刑事诉讼法规定审判长依职权或依被告之声请变更审判日期者，应通知检察官及被告辩护人辅助人。(第二六八条)

【变(變)更主义】【民刑诉】一称处分主义。(详该本条)

【变(變)更刑罚类说】【刑】为累犯处分说之一种，对增加最长期说与加重等级说而言，即累犯所受之刑与初犯所受之刑全异其种类之谓，例如法国刑法处累犯以流刑是，此说已属过去，自不足取。

【变(變)更原判】【民刑诉】Alteration of original judgement　上诉法院对于上诉案件认其上诉有理由时，所为关于变更原审判决之判决，曰变更原判，一称废弃原判决之判决或撤销原审之判决。

【变(變)更原判决】【民刑诉】变更原判决者,谓第二审法院以上诉为有理由时,废弃第一审判决而加以变更之判决也。惟不得越出上诉声明之范围使更有利益于上诉人耳,依我国民事诉讼法第四一六条之规定。第二审法院认上诉为有理由者,以当事人请求变更之部分为限,应为变更原判决之判决。

【变(變)更追索权】【票】又称求偿变更权,为追索权行使方法上分类之一,与飞跃追索权相对立,谓执票人虽对于票据债务人之一人或数人已为追索者,即对于其他票据债务人亦得请求偿还之权利也(票据法第九三条第二项)。但应注意者,即执票人变更其追索权,得须于前者未行清偿时方可为之,如已受清偿则不得重行向其他债务人行使追索之权。

【变(變)更登记】【民总】Registration of alteration 为法人登记之一种,即法人登记后于已登记之事项有变更时之登记也,如不为变更之登记,不得以其事件对抗第三人。(民法第三一条)

【变(變)更解释】【通】为补正解释(详该本条)之别称。

【变(變)更权利之诉】【民诉】又称开成之诉(详该本条)或曰创设之诉。

【变(變)更权利判决】【民诉】Rechtsanderungsklage(德) 又称形成判决,(详该本条)或名创设判决。

【变(變)法令】【史】商鞅事秦孝公请孝公变更旧来之法令,谓之变法令。史记一商鞅传:“以商鞅为左庶长,卒定变法令。”

【变(變)则背书】【票】为背书之一种,与固有背书相对称,谓非以让与票据权利为目的以其他目的所为之背书也,可分为二:(1)委任背书。(2)质权背书。(详各本条)

【变(變)产赔补】【史】罪犯亏欠官项变卖其私产以充赔补之用,谓之变产赔补。

【变(變)造】【刑】Modfication 以不正方法将原有物件予以变更。而造成与之类似之物件之行为,称曰变造。(参变造币券罪条)

【变(變)造币券罪】【刑】为伪造货币罪之一,即于真实之物上加以实体上变更之谓。换言之,即于真正之币券而改换面目之谓,至变造之程度,亦须以能欺罔一般人为标准,本罪因意图供行使之用而变造通用之货币纸币银行券而成立,以无权利之变造且有意图供行使之意思为必要,其客体亦限于通用之货币纸币及银行券三种,其处分与伪造货币相同,即未遂犯亦罚之。(刑法第二一一条)

【变(變)态性欲】【刑】Abnormal sexuality 凡为满足性欲之行为,如其方法与正规的相反(所谓正规的乃指男女基于两性之机能而发泄性欲而言)。概称曰变态性欲,我国刑法均以之属于猥亵罪,例如鸡奸,人兽相交以及妇女同性相交皆属之。

【变(變)价入官】【史】将违禁或不法之物品,予以没收后再将其物所变卖之款没收入官是曰变价入官。

【变(變)价银】【史】官署所不用之物件公卖后,所得之款称曰变价银。

【变(變)权行为】【民总】为法律行为之一,对设权行为废权行为及保权行为言,而以变更为目的之法律行为也。例如所有权或债权之让与是。

【矿(鑛)】【行】Minerals 金类或石类之未经熔炼者,谓之矿,矿之种类甚多,依矿业法之规定,共有下列各种:金矿、银矿、铜矿、铁矿、锡矿、铅矿、锑矿、镍矿、钴矿、锌矿、铝矿、汞矿、铋矿、钼矿、铂矿、铱矿、铬矿、铀矿、铣矿、钨矿、镁矿、钒矿、钾矿、硫磺矿、磷矿、砒矿、水晶、石棉、云母、石膏、岩盐、金刚石、天然硷、重晶石、硝酸盐、硼砂、笔铅、绿松石、弗石、火粘土、滑石、磁石、磁石、大理石、苦土石、煤炭类、石油类、煤气类、琢磨沙类、颜类石类、其他经国民政府指定者。(矿业法第二条)

【矿(鑛)工待遇规则】【行】本规则原为北京政府于民国十二年五月十一日所公布,自公布日施行,后经南京国民政府命令暂准援用,全文共二十二条。兹举其要点于下:(一)矿业权者应订定矿工服务规则呈请矿务监督核准规则内应记载下列各项:(1)业务之种类。(2)解雇之事由及程序。(3)工资支给之方法及时期。(4)工作时间及换班方法。(5)赏罚事项。(6)抚恤事项。(二)矿工雇佣之时间除临时事业及订有特别契约者外皆为无期限,但职业权者及矿工各得于十五日前预行通知退工或辞工。凡有下列各项情事之一时矿业权者,得随时退工:(1)犯刑事罪者。(2)不遵守预防危险命令者。(3)对于矿业权者及其使用人员有粗暴之行为者。(4)怠工酗酒或有其他不规则行为者。(5)矿业权被取消或得自行废业者。至于有下列各项情事之一时,矿工亦得随时辞工:(1)身体虚弱不堪工作者。(2)被矿业权者或其使用人员虐待者。(3)不于规定时间给予工资者。(4)矿坑内外状况险恶不堪工作者。(三)十二岁以上之男子不得用为矿工,又妇女及十二以上十七岁以下之幼年工、仅能从事坑外之轻便工作,凡有下列情事之一者,矿业权者,亦不得使用:(1)患精神病者。(2)患传染病者。(3)妇女在生产前后五星期以内者。(四)矿工工作时间除休息时间外,每日不得过十小时,十七岁以下之男工及十八岁以下之女工,每日不得过八小时,坑内空气温度在摄氏三十度以上时,矿工工作时间不得过八小时。(五)矿业权者对于矿工卫生应遵守下列各项规定:(1)坑口附近应设矿工休息处及沐浴更衣室。(2)对于远来矿工应酌设公共或分居住宅,并须设有相当卫生之设备。(3)坑内外应供给清洁之饮水。(4)工作场所附近不得留置腐败或发恶臭之排泄物。(5)工作场所如发生恶臭或其他有害卫生之物质时,须有充分预防之设备。(6)应备置灾变所需之绷带材料,抬架药品及其他救急器具。(7)一百人以上之矿场须设收容矿工之病室,一千人以上之矿场,须设相当之医院及隔离所。(8)发生钩虫病时须遵守矿场钩虫病预防规则。(六)矿业权者对于公共事业应遵守下列之规定:(1)使用矿工一千人以上时应设国民学校。(2)使用矿工五千人以上时,应增设高等小学校及邮政代办所。(3)使用矿工万人以上时,应增设中学校并办理汇兑所及公共娱乐场所。(七)矿业权者,如经矿工同意得以矿工日用物品廉价供给矿工,同时并得设置矿工储金处,以矿工所得每月工资百分之三以下为矿工储金,但其利息须较普通储金为优。(八)矿工因工作受伤时，矿业权者应代为医治负担费用，并不得扣除伤病期内应得之工资，又因工受伤致成废疾者，应依下列之规定给予抚恤费：(1)终身失去其全体工作能力者，须给以二年以上之工资。(2)终身失去其部分之工作能力者，须给予一年以上之工资。至于因工作死亡者，须给予五十元以上之葬费，并给予其遗族二年以上之工资。

【矿(鑛)工储金处】【行】谓矿业权者所设置以供从事于矿业工作者储蓄工资之机关也。依我国矿工待遇规则之规定，矿业权者如经矿工同意，得设置矿工储金处，以矿工所得每月工资百分之三以下为矿工储金，但其息利须较普通储金为优。(第十七条)

【矿(鑛)坑】【行】谓开采矿物时所掘之窟穴也。

【矿(鑛)局督办】【行】矿局督办为由实业部对各矿局所派设常川驻在各矿局以处理下列各项职务之官员也：(1)关于清查账目财产事项。(2)关于厘定逆股商股事项。(3)关于登记股本事项。(4)关于处理官股事项。(5)关于审核外资事项。(6)关于工程设计及改良事项。(7)关于考核营业事项。(8)关于管理运输事项。(9)关于征收矿税事项。(10)关于扩充业务事项。(11)关于发展用途事项。(12)其他由实业部长交办事项。(矿局监督之职务与上述完全相同)

【矿(鑛)局督办处】【行】为矿局督办之办事机关之名称，其组织与办事规则由督办拟定呈请实业部长核准，其经费除原有规定外由各矿局担认筹拨，并由督办编制预算呈明实业部长核准。

【矿(鑛)局监督】【行】(详矿局督办条内)

【矿(鑛)局监督处】【行】矿局监督之办事机关，称曰矿局监督处，其内部职员得就各矿局原有职员分别调用，但遇必要时得酌设秘书主任等分任职务，至其组织与办事规则，则由监督拟定呈请实业部长核准，一切经费除原有规定外，由各矿局担认筹拨，并由监督编制预算，呈明实业部部长核准。

【矿(鑛)床】【行】Ore deposit 在地面或地中积聚分布之矿质，谓之矿床。呈请设定采矿权者，除具呈请书附矿区图外，并应添具矿床说明书，详述其位置与形状及面积，同一矿床通常为同种矿质所构成，但亦有异种之矿质发现者，此时应即呈报省主管官署，转实业部核办。(矿业法第十九条、第三十九条)

【矿(鑛)床说明书】【行】矿床说明书者，呈请采矿者向主管官署呈请时，所附具关于矿床之详细说明书面也。应照下列各款说明之：(1)矿床之构造及形状。(2)矿质之种类及其成分。(3)如有副矿质者，其种类及成分(关于各矿质成分，一时不能确定者，得以该矿床史之矿石标本代之)。(矿业法施行细则第二十九条)

【矿(鑛)物】【行】Mineral 简称曰矿。(详该本条)

【矿(鑛)区】【行】Mining area; Mining lots 土地区域依矿业法取得矿业权之登记者，为矿区。(甲)境界——乃以直线定之，由地面境界线之直下为限，凡有二以上之矿区相邻接时，其邻接之界限，至少须有二十公尺之距离，所以避免境界之争端。(乙)地面水平面积——其最大限制,因矿之种类而异:(一)煤矿之面积,最小为十五公顷,最大为五百公顷。(二)其他各矿之面积,最小为二公顷,最大为二百五十公顷。(三)砂矿在河底不便计算面积者,则沿河身计其长度以一公里至五公里为限。对于上述规定,如因特别情形经实业部派员或令省主管官署派员查勘,认为必要时,得增加之。(矿业法第六一七条)

【矿(鑛)区税】【行】Mining area royalties 为矿税之一种,与矿区税相对立,即矿区地面租税以外之税,其税率如下:(一)探矿区每公亩按年纳国币一分,砂矿在河底者,每河道长十公尺按年纳国币一分。(二)采矿区每公亩或河道每长十公尺,自开办起五年内按年纳国币二分,自第六年起按年纳国币五分,其税费每年均分二期,于一月七月缴纳之。(矿业法第九二条、九四条)

【矿(鑛)区图】【行】矿区图者,谓呈请设定矿业权人所附具之关于矿区面积图本也。此项图本应依据实地测量记载分照矿业法施行细则所附式样制定之,不得用有光纸或晒印,并应注明下列各款:(1)矿业及矿质之种类。(2)呈请地之省县市乡村及其主要地名,并对于县市或乡村之方位距离。(3)呈请地之面积。(4)呈请地境界内及其附近之大小地名或山名水名。(5)基点及其标志之名称。(6)基点及测点之号数。(7)各境界线及基点与测点间连接线之方位,角度及长度。(8)南北线之表示。(9)缩尺之大小。(10)矿床有露头者,其露头之走向及倾斜。(11)如有邻接矿区其邻接界之最短距离。(12)如因呈请地或矿区之变更,其新旧之关系及面积。(13)呈请地如在矿业法第二十二条所列各地界内或附近其地界时,其距离及一切关系。(14)呈请人及测绘人之姓名住址。(矿业法施行细则第二十八条)

【矿(鑛)产税】【行】Mining production royalties 为矿税之一种,与矿区税相对称,即矿区所产物品之税,应按照矿产物价格纳百分之二,其价格乃以出产地附近市场之平均市价为标准,如系依照实际产额约计市价,则按月缴纳之,若于核定平均市价后逐年清结,则年终缴纳之。(矿业法第九二—九四条)

【矿(鑛)场钩虫病预防规则】【行】本规则为北京政府于民国十二年五月十五日所公布,于公布后三个月施行,国民政府成立后曾下令暂准援用,全文仅九条。

【矿(鑛)税】【行】Mining royalties 所谓矿税,乃指经营矿业时对政府依法应纳之税款而言,通常由矿业权者缴纳之,如为国营矿业出租时,则应由承租人缴纳之,矿税分下列二种:(一)矿区税。(二)矿产税。(详各本条,矿业法第九一条)

【矿(鑛)税罚金规则】【行】本规则于民国二十一年六月 日公布,全文计八条,自公布之日施行,其要点如下:(一)凡矿商对于矿产物应纳之矿税有漏税情事,依矿业法第一百十六条之规定,处以应纳税额二倍以上五倍以下之罚金。(二)凡漏税五百元以下者,处以应纳税额二倍之罚金,漏税五百元以上一千元以下者,处以应纳税额三倍之罚金,漏税一千元以上五千元以下者,处应纳税额四倍之罚金,漏税五千元以上者,处应纳税额五倍之罚金。(三)凡征税机关所收罚金除提三成奖给在事出力人员及举发人外,应尽数解交财政部核收,凡征税机关人员如有贿纵舞弊情事经查出后依法治罪。

【矿(鑛)业】【行】Mining; Mining industry (参矿业权条内)

【矿(鑛)业公司】【行】Mining company 矿业公司者,谓由中华民国人民依法取得矿业权所设立之营利法人也,不论为股份有限公司或无限公司或依公司法所组成之其他公司均为法律所许可。惟为股份有限公司之组织时始得许外国人入股,但须受下列各项之限制:(1)公司股份总额过半数应为中华民国人民所有。(2)公司董事过半数以上应为中华民国人民。(3)公司董事长及总经理等职应以中华民国人民充任(矿业法第五条)。又依矿业法施行细则第二条规定,中华民国人民二人以上共同呈请采矿权,未经组织公司者,应先拟定公司名称及章程,并推定代表人由全体连署具呈俟取得矿业权后,依公司法呈请登记,但二人以上共同呈请采矿权或小矿业权,未经组织公司者,得拟定合办契约,并推定代表人由全体连署具呈嗣后关于设定变更移转及其他重要事项之呈请,仍须由三分之二以上之合办人连署或附具全体议决书,第三条更规定凡依矿业法第五条第二项(见上述)之规定组织公司,准许外国人民入股时,其发行之股票应为记名式,并应依照同项所列各款之规定于公司章程内分别载明。

【矿(鑛)业用地】【行】Land used for mining enterprise 矿业实在使用之地面,曰矿业用地。例如于他人地面为测量或查勘等事,或因测量查勘等事而除去障碍物,或为防御矿业上紧急之危险而入他人之地面,或使用其地面皆是,但须呈报所在地地方官署,经其许可,或通知土地所有人或占有人,得其承诺。又矿业权人因下列各款之一,有必要时,经省主管官署之许可,公告并通告后,得使用他人土地:(一)开凿井隧。(二)堆积矿产物、土石、爆发药、薪炭、矿渣、灰烬或一切矿用材料。(三)建筑矿业厂库,或其需要房屋。(四)设置大小铁路、运路、运河、水管、汽管、沟渠、地井、索道或电线等。(五)设施其他矿业上必要之各种工事或工作物。但应给予土地所有人及关系人以相当之偿金。(矿业法第六七一九〇条)

【矿(鑛)业行政】【行】Administration of mining enterprise 国家对于矿业之保护与监督,曰矿业行政。

【矿(鑛)业呈请】【行】矿业呈请者,谓人民向主管官署请求设定矿业权也。此外矿业权移转抵押或展限之呈请,矿业权或呈请人或呈请地变更之呈请,以及查勘他人矿区或长期使用他人土地之呈请,亦称曰矿业呈请,呈请设定矿业权者,应具呈请书,附矿区图,呈由省主管官署转实业部核准,如系呈请采矿时,并应添具矿床说明书。惟对下列各地不得呈请设定矿业权:(1)于炮台要塞军港及一切军用局厂有关系曾经圈禁之地点以内,未经该管署准许者。(2)距商埠市场地界一公里以内未经该管官署准许者。(3)距国有公有建筑物国葬地铁路公用道路,紧要水利及不能移动之著名古迹等地界,十五公丈以内未经该管官署或所有人及占有人准许者。又矿业之呈请如有下列情事之一时,省主管官署应不受理:(1)所指矿业呈请地或矿区不在管辖之内者。(2)呈请书未注明呈请人姓名住址或呈请人不合于矿业法第五条之规定者。(3)呈请事项应以矿区图为根据,未经附送矿区图或所附之图无地名基点及无矿区境界线者。(4)呈请之矿未经列入矿业法第二条并无指定之价值者。(5)呈请之矿依矿业法第九条应归国营并不合于设定小矿业权之规定或依同法第十条应禁止探采者,此外矿业呈请如有下列情事之一者,应即公告撤销,并同时通知原呈请人:(1)依矿业法或矿业法施行细则不应核准者。(2)不遵照主管官署饬令更正或补呈之期限经两次限期催告仍未依限遵办而且不声明故障者。(3)矿业呈请人于履勘不能指明其呈请地或所指之地域与矿区图所载完全不符者。(4)矿业呈请人不依指定日期随同查勘经两次限期催告仍不依限到场,并不声明故障者。(5)其他依矿业法或矿业法施行细则应行撤销者。

【矿(鑛)业呈请人】【行】Applicant for mining enterprise 呈请设定探矿权之人曰探矿呈请人,呈请设定采矿权之人,曰采矿呈请人,二者之总称,则谓之矿业呈请人,与矿业权人不可相混,前者乃系请求设定矿业权之人,后者则系指经呈请已获核准而取得矿业权利之人而言。

【矿(鑛)业呈请地】【行】Land for which mining rights have been applied for 矿业呈请地者,谓呈请设定矿业权之地域也,下列各地域,不得为矿业呈请地:(一)于炮台、要塞、军港及一切军用局厂有关系曾经圈禁之地点以内,未经该管官署准许者。(二)距商埠市场地界一公里以内,未经该管官署准许者。(三)距国有公有建筑物,国葬地,铁路,公用道路,系要水利,及不能移动之著名古迹等地界十五公丈以内,未经该管官署,或所有人及占有人准许者(矿业法第二十二条)。专为呈请设定探矿权之地域,曰探矿呈请地,专为呈请设定采矿权之地域,则曰采矿呈请地。

【矿(鑛)业呈请书】【行】即呈请设定矿业权人向主管官署所提出之请求书也,此项呈请书应载明下列各款:(1)呈请之原因。(2)呈请之目的。(3)矿业呈请地或矿区所在详细地名及矿名。(4)经呈请有案者,其呈请之经过。(5)有利害关系第三者时,其相关之事实。(6)具呈人姓名,籍贯,住址,如有连署人时,其连署人之姓名,籍贯,住址。(7)具呈人为法人时,其名称及所在地并原登记机关。(8)具呈之年月日。(矿业法施行细则第二十七条)

【矿(鑛)业明细表】【行】矿业明细表者,谓由矿业权者,于每年一月将全年之矿业情形所造具之详细表册而分呈于实业部及省主管官署者也。是项明细表应就矿业情形分照一定式样制就,并将一年内各项数目分照各栏填入之。(矿业法施行细则第八十四条)

【矿(鑛)业法】【行】Mining law; Law of mining enterprise 本法于民国十九年五月二十六日公布,共分九章,计一百二十一条,兹略举其要点如下:(一)中华民国领域内之矿均为国有,非依本法取得矿业权,不得探采。(二)本法所称之矿,为金、银、铜、铁、锡、铅等五十余种(第二条)。(三)矿物权分为探矿权与采矿权。(四)矿业分为国营者及国家保留区(禁止探采),并依法由人民取得者三种。(五)矿业权视为物权,不得分割,除继承让与抵押(限于采矿权)滞纳处分及强制执行外,不得为权利之目的。(六)探矿权以二年为限。(七)采矿权不得过二十年,限满得呈请展限,但不得过二十年。(八)呈请设定矿业权者,应具呈请书,但在某种区域内(第二十二条)不得呈请设定矿业权。(九)矿业权者对于核准之矿区,呈请增减订正并合分割时,亦应具呈请书及应用文件,经省主管官署转实业部核准。(十)矿业权因一定情事(第四十一条)而消灭。(十一)采矿权者以采矿权为抵押时,应具呈请书并附抵押契约,呈经省主管官署转实业部核准。(十二)国营矿业由实业部管理之,或由自行采探或将其权利出租均可。(十三)小矿业权之设定须合于一定情事(第五九条),始得为之。(十四)小矿业权以采矿为限,且不得加入外国资本,其权利之存在,原则上以十年为限。(十五)小矿业权之设立,应具呈请书经核准登记,并发给小矿业执照。(十六)关于用地(矿业实在使用地面日用地)之规定(第六七—九〇条)。(十七)矿税分为两种:(1)矿区税——即为地面租税以外之税,每年分二期缴纳。(2)矿产税——即按矿产物价格所缴纳之税,依照实际产额约计市价按月缴纳。(十八)关于矿业监督之规定(第九五——〇七条)。(十九)关于违反本法之罚则的规定(第一〇八———八条)。(二十)在本法施行前已取得矿业权者,视为已依本法取得矿业权,但其原定期限较本法所定期限为短者,依其期限。

【矿(鑛)业法施行细则】【行】本施行细则依矿业法第一二〇条而制定,于民国十九年十月二十五日由农矿部公布,同年十二月一日施行,全文共九十一条。

【矿(鑛)业指导所】【行】Mining directory office　办理公营私营矿业上一切指导事项之特设机关,为矿业指导所,应受实业部之指挥与监督,置所长一人(简任),及设计工务二处,各置处长一人,又技师三人(均荐任),技术员六人,助理员十人,庶务会计文赎各一人(均委任),本所所掌之职务如下:(1)关于地质矿床矿质矿量之查勘事项。(2)关于各地探矿工程之设计或实施事项。(3)关于采矿工程全部一部设计事项。(4)关于各种选矿工程设计事项。(5)关于各种冶炼工程设计事项。(6)关于各种运矿工程设计事项。(7)关于矿场使用机械器具及炸药之选配事项。(8)关于矿场灾变预防或救济之指导事项。(9)关于矿山测量事项。(10)其他矿业上附属事业设计事项。矿业人请求代办上述各事时,应具声请书并缴纳手续费,向矿业指导所声请核办。(矿业指导所章程第一—三条、第六条、第九条)

【矿(鑛)业指导所章程】【行】本章程于民国二十年七月三日由实业部公布,同日施行,全文共十四条。

【矿(鑛)业许可】【行】呈请设定矿业权时,官署予以为探矿或采矿之准许行为,谓之矿业许可。

【矿(鑛)业登记】【行】(详矿业登记规则条)

【矿(鑛)业登记规则】【行】本规则于民国二十年四月四日由实业部公布,同日施行,计分为三章,共二十八条,第一章总则,第二章程序,第三章附则,兹举述其要点于下:(一)矿业登记由省主管官署行之,所登记之事项如下:(甲)矿业权事项。——(1)国营矿业权之设定及变更。(2)矿业权或小矿业权之设定变更移转,消灭展限及回复。(3)矿业权或小矿业权处分之限制及限制之消灭或拍卖。(乙)

矿业权附属事项。——(1)国营矿业组织公司及解散。(2)国营矿业权出租及解租。(3)合办人及合办人之退出,加入或继承。(4)矿业权者或小矿业权者,名称住址之变更或更正,及矿业合办代表人之改定。(丙)矿业权抵押事项。——(1)抵押权之设定变更移转及消灭。(2)抵押权处分限制及限制之消灭。(3)抵押权者名称住址之变更或更正。(二)关于矿业之登记非经呈请及官署之命令或通知在原则上不得为之,至国营矿业权之设定变更出租等事项之登记,则由实业部令交为之。(三)下列各项之登记应于实业部核准后为之:(1)矿业权之设定变更移转展限及限内废业。(2)矿业权之撤销及回复。(3)以矿业权作抵押时,其抵押权之设定变更及转移,至于下列各项之登记,则于各主管官署通知后为之:(1)因滞纳税款或积欠公款,其矿业权或抵押权处分之限制及限制之消灭。(2)因拍定矿业权呈请移转者。(四)登记呈请书应载明下列各款:(1)请求登记之目的。(2)请求登记之原因。(3)矿区所在地矿质种类及核准日期等。(4)关于抵押权者,其债权之价格及抵押权之目的物等。(5)曾经登记者,其原登记册号数。(6)具呈人名称住址。(7)具呈年月日。(五)呈请矿业登记者,应向省主管官署缴纳登记费五元,凡登记事项依矿业法及矿业法施行细则,应先由部填发或批注矿业执照者,呈请人应照法定各款(本法第十六条所规定者),缴纳执照费。(六)呈请登记之事项,如有下列情事之一者,应分照下列各款附具证明文件:(1)应先核准而后登记者,其核准文件。(2)出名登记人名称,住址之变更或更正,其证明事实之文件。(3)抵押权因人之死亡而消灭,其证明事实之文件。(4)矿业合办人因死亡而退出或继承其证明事实之文件。(5)于登记上有利害关之第三者时,应附承诺字据或足以对抗之判决书。(6)呈请人为代理人,其委托书件。(七)登记事项关系二省以上者应向原受理之省主管官署呈请之,登记事项关系二以上之矿业权时应举行各别之登记。(八)矿业权抵押权同归一人时,应呈请为抵押权消灭之登记。(九)省主管官署对于登记事项应于呈请书收到后十日内处理之,登记后并应抄录登记事项分别报部并通知出名登记人及其利害关系人,又登记后发现错误或遗漏时,应即补正,并通知出名登记人及其利害关系人,如出名登记人或利害关系人自行发现时,亦得呈请补正。

【矿(鑛)业监督】【行】所谓矿业监督,乃指行政主管官署以预防矿业工程之危险,推广矿业之前途,以及培植矿业之专门人才,并杜绝矿区无谓之纠纷为目的所施之监视与督查行政而言。我国矿业法第七章设有矿业监督之明文。(第九五——一〇七条)

【矿(鑛)业监察员】【行】Mining inspector　掌管各矿矿业之监督及视察等事务之人员,曰矿业监察员,实业部得于矿业繁盛区域,或重要矿场设置之。(矿业法第一〇二条)

【矿(鑛)业监察员规程】【行】本规程于民国二十年五月十六日由实业部公布,同日施行,全文共十三条,实业部依矿业法第一〇二条之规定所设之矿业监察员,应依本规程所规定者执行本规程所规定之职务。

【矿(鑛)业簿】【行】所谓矿业簿,乃指采矿权者,于矿业事务所内所置之簿册之一种而言也。应由采矿权者缮具副本送呈省主管官署，计分为日记簿月记簿二种，日记簿应照下列各款逐日记明，月记簿亦应照下列各款分记一月之总数，并记明本月之工作日数及工资总数：(1)矿产采得数。(2)矿产卖出数。(3)卖出所得价额。(4)工人数。（矿业法施行细则第八三条）

【矿（鑛）业权】【行】Mining enterprise right　矿业权者，谓在政府所特许之一定地域以内，得从事于探矿采矿及其附属事业（选矿炼制等）之权利也可分为探矿权，与采矿权二种，前者以二年为限，后者限为二十年，得展长之，但不得超过二十年，至于矿业权之主体，则以中华民国人民为限，呈请设定矿业权者，应具呈请书，附矿区图，呈由省主管官署，转实业部核准，如系呈请采矿时，并应添具矿床说明书，矿业权因下列情事之一而消灭：（一）登记后无不可抗力之故障，二年内不开工，或中途停工一年以上者。（二）将矿业权移转或抵押于外国人者。（三）矿业有害公益无法补救者。（四）无正当理由不纳矿税两期以上者。（五）无正当理由不依法（第三十五及三十七条）之规定订正矿区者。（六）采矿权人自行废弃其权利者。

【矿（鑛）业权抵押】【行】矿业权抵押者，谓以矿业权为抵押权之标的也。凡以采矿权为抵押时，应具呈请书并附抵押契约，呈请省主管官署，转实业部核准，抵押权一经设定之后，采矿权者如欲将矿区分割合并减少或增加时，须经抵押权者之承诺始得为之。（参矿业法第四十四条—四十七条）

【矿（鑛）业权者】【行】即享有矿业权之人。（参矿业权条内）

【显（顯）考】【史】古人称其高祖曰显考，元代以后始称其亡父曰显考。读礼通考：“今人以显父为父，盖起于有元之世，时以皇考为君上尊称，遂易为显考。”

【显（顯）妣】【史】亡母之尊称为显妣。王粲所撰之思亲赋有穆穆显妣之句。

【显（顯）祖】【史】为先祖之称呼，元之大德以前，均称先祖为皇祖，其后因皇祖为君上之尊称，庶人不得再以皇祖称其先人，故易称为显祖。

【显（顯）迹】【史】谓犯人显著之踪迹也。明律（卷一）清律（卷四）名例篇——处决判军之条：“显迹证佐明白。”

【显（顯）德刑统】【史】又曰周刑统或大周刑统（详后周之法典条内）。为宋刑统之所本也。故其内容与宋刑统必能相同，惟学者亦有谓显德刑统与周刑统或大周刑统有异者，因前者为张昭所撰，共二十卷（事见宋史艺文志刑法类）。而后者则为张湜所撰，共二十一卷。（事见旧五代史刑法志）

【显（顯）戮】【史】对于犯重罪者之处死刑，每于公众前行之，而其尸首亦即暴露于市，使人知所警惕，谓之显戮。

【驿（驛）使不依题署】【史】题署者，文书封面上所记载收件人之处所与姓氏也若驿使不依题署而误投者，应构成本条之罪。唐律（卷十）职制篇驿使不依题署条：“诸驿使受书不依题署，误诣他所者，随所稽留，以行书稽程论减二等，若由题署者误坐其题署者。”疏议曰：“文书行下，各有所诣，应封题署者，具注所诣州府，使人乃不依题署，误诣他所，因此稽程者，随所稽留，准上条行书稽留之程减二等，谓违一日杖六十，二日加一等，罪止徒一年，若有军务要速者加三等，有所废阙者，从加役流上减二等徒二年半，以故有所陷败，亦从绞上减二等徒三年，若由题署者误，谓元题署若错误，即罪其题署之人，驿使不坐。”

【驿(驛)使以书寄人】【史】驿使法有专职不得以所递文书寄人，亦不得受他人之寄，违者构成本条之罪。唐律(卷十)职制篇驿使以书寄人条：“诸驿使无故以书寄人行之，及受寄者徒一年，若致稽程，以行者为首，驿使为从，即为军事警急而稽留者，以驿使为首，行者为从(有所废阙者从前条——按即驿使稽程条)。其非专使之书，而便寄者勿论。”疏议曰：“有军务要速，或追征报告，如此之类，遣专使乘驿赍送文书，无故，谓非身患及父母丧者，以所赍文书，别寄他人送之，及受寄文书者，各徒一年，若至稽程，谓行不充驿数，计程重于徒一年者，即以受书行者为首，驿使为从，此谓常许驿使而立罪名，即为军事警急，报告征讨掩袭救援，及境外消息之类而稽留，罪在驿使，故以驿使为首，行者为从，注云，有所废阙者从前条，谓违一日加役流，以故陷败户口军人城戍者绞，其非专使之书，谓非故遣专使所赍之书，因而附之，其使人及受寄人并勿论。”

【驿(驛)使稽程】【史】驿使者谓奉差出使而应驰驿之人也，必按驰驿路程定其往来期限，若于途中迟延，致违定限，则系驿使怠缓之过，应按出使情事之轻重，予以惩治，如其迟延原因，过在驿官者，则坐驿官于罪，明律(卷十七)清律(卷二十二)兵律邮驿篇驿使稽程条：“凡出使驰驿违限常事一日笞二十每三日加一等罪止杖六十，军情重事加三等，因而失误军机者斩，若各驿官故将好马藏匿推故不即应付以致迟限者，对问明白罪坐驿官其遇水涨路道阻碍经行者不坐若驿使承受官吏文书误不依题写去处错去他所而违限者减二等事干军务者不减若由公文题写错者罪坐题写之人驿使不坐。”明律之纂注：“出使驰驿谓奉使之人应驰驿者也常事重事即出使之事事干军务不减兼失误斩罪而言盖事有定限驿有常程若出使驰驿而惰慢延缓过违期限即为稽程但事有轻重在常事则计日决笞罪止杖六十军情重事则加常事三等罪止杖九十因稽程而失误军机致陷城损军者斩若各驿官故将好马藏匿推托他故不即应付以致违限者则非驿使之罪也对问明白前项应得笞杖斩罪并坐驿官其所经之处或遇水涨路阻碍难行因而违限者亦非其罪也照勘明白不坐若驿使承管官司文书误不依文书上题写去处错去他所展转路程以致违限者则事出于误与怠缓故违者不同故减二等常事一日笞二十罪止笞四十其事干军务者不减仍前三等科之罪止杖九十失误亦斩若由原行文书题写差错以致误往他处而违限者前项罪名抵罪原行衙门题写之人驿使不坐。”(参公事应行稽程条内)

【驿(驛)券则例】【史】又曰嘉祐驿令(详嘉祐禄令条内)。

【驿(驛)站】【史】驿者，邮驿也。为旧时投递公文及转运官物等而设之官有机关也，站谓邮驿所设之处所。清律及例之规定如下：(一)驿马缺额管驿官革职照数追赔臬司道员府州不行揭报降二级调用督抚不行查参罚俸一年道府每的查验扶同出结降三级调用。(二)例给勘合火牌该管官多填马一匹罚俸六个月，二匹罚俸一年，三匹降一级调用六匹以降二级调用，十匹以上降三级调用，不应给勘合之员违例给与降一级调用。(三)奉差员役应乘驿马随身衣仗背包不得过六十斤若有赍带私物十斤以上降一级调用，二十斤以上降二级调用，三十斤以上降三级调用，四十斤以上革职不及十斤者勿论前站徇隐后站查出详报徇隐之员降二级调用。（四）奉差员役于勘牌供应外多索马一匹船一只车一辆降三级调用，马二匹船二只车二辆降马三匹船三只车三辆革职。（五）马一匹折夫三名多索一名降一级调用二名降二级调用三名以上降三级调用六名以上降四级调用九名以上革职（六）督抚两司等官私发牌票支取夫马降二级调用督抚失察所属降一级留任臬司。道员失察驿官降二级留任滥应之驿官均降二级调用。（七）家人衙役倚势索取夫马本员纵容革职失察降一级调用能自查拿免议滥应之驿官均降二级调用。（八）出差官员枉道骚扰驿站降二级调用滥应之驿官均降二级调用。（九）司驿官于奉旨差遣重大事务及紧要军情任令官役闭门不容进城或抗不应付或殴辱差员司驿官革职提问失察同城上司降一级调用。（十）接递上用物件应付稽迟或违误紧要奏章司驿官降二级调用失察同城上司降一级留任。（十一）违误寻常奏章或不按驿替彼此互越或违例多给或将别驿马匹驱使司驿官降一级调用失察同城上司罚俸六个月。（十二）官员廪给一品二钱，二品一钱分，三品一钱六分，四五品一钱四分，六七品一钱二分，八九品一钱从役各给口粮银五分火牌勘合文职三品武职二品以上引马二匹包马四匹文职四五六品武职三四五品引马一匹包马二匹文职七八九品武职六七八九品引马一匹包马一匹无职人包马一匹。

【驿（驛）站钱粮】【史】驿站谓邮驿站头也。钱粮乃指驿站之经常各费而言，不得扣留不给或另外多支。清之处分则例（卷三十五）兵属驿递篇设有驿站钱粮之条：“上司将给驿递钱粮不照额数给发，照侵欺钱粮律办理。”又：“官员违例多支驿站，钱粮十两以上者，降一级调用，不及十两者，降一级留任，多支后未及一年奏销之期，随即扣解者罚俸六个月。”

【驿（驛）递造册】【史】驿者邮驿也，递者递送运输也，司驿长官对于驿递一切事务须依法造具簿册呈报上司，遗漏或逾限者，应受处分，清之六部处分则例（卷三十五）兵属驿递篇设有驿递造册之条：“司驿官造报应付过马匹人夫数目遗漏者，照失报事故例罚俸一年。”又：“有驿州县造报应付过勘牌差使黏贴印花缴销传牌等册，定限下一月申送到司（如正月分应付之册，应于二月三十日送司，由司详院，统限六个月出咨送部，余仿此）。除去程途日期，如有迟延，逾限不及一月者，罚俸三个月，一月以上者，罚俸一年，半年以上者，罚俸二年，一年以上者，降一级留任。”

【惊（驚）死生幼】【史】谓幼年儿童因受惊吓而丧失其生命也。元典章（卷四十二）刑部第四设有惊死生幼之例：“……尚书刑部来申，南乐县弓手张全因捉贼人赵三搜寻贼驴皮惊死韩成男五儿事，责得张全招伏，不合于韩成屋东贼驴皮，将坠石上有盛粥瓦盆一个拖下，就地搠碎，韩成男五儿于西间啼哭以致吓得因惊搐身死，又不合将赵三头发捽著在地；出门来铁爪子及棒子沿身殴打，又不合要讫韩成熟牛皮半张并靴材事发回付，又不合于南乐县招责不实罪犯省部议得张全所犯因搜贼人赵三惊死韩五儿，即系被差应捕之人外据取要韩成熟牛皮靴材既已回付难议治罪，止据将赵三用铁扑殴打，并南乐县招责不实，量拟四十七下，合下仰照验施行。"

【惊(驚)死生老】【史】谓已成年人或年龄较高人受惊吓致死也。元典章(卷四十二)刑部第四篇惊死生老之例:"……郑祥叟告小刘因来宋季可酒店内搜酒被小刘将表叔彭信之喝骂,因此惊吓跌倒在地身死。委官检复勘当无异议得犯人小刘所招已死人彭信之并不曾与小刘争闹,自惊跌死,止据小刘骂詈,罪犯时拟断三十七下,省准断讫。"

【惊(驚)事】【史】所谓惊事乃指意外之事变而言,汉律之既律有惊语告急之条项,至魏则由既律分出别作惊语律。(晋书刑法志)

【惊(驚)事律】【史】(详惊事条内)

【验(驗)印】【通】凡某种之证明书,须由主管官署,或主管机关查验其一切之内容,并由其盖犯者,谓之验印。例如学校欲给毕业文凭,须将该届毕业生之成绩及履历,并所给之证书等件呈请主管教育机关查验,及盖印是也。

【验(驗)到】【史】清制,各省来京行见之员,到京后,即赴吏部报知,而部官验其年貌,是曰验到。(六部成语注解)

【验(驗)契暂行条例】【行】本条例公布于民国十年十一月十八日,同日施行,国民政府为证验人民不动产所有权之契据特颁行本条例,呈验契限于本条例实行之日起,三个月为限,全文仅十二条,现已失效。

【验(驗)查枷犯】【史】枷者项械也。为狱具之一,为干木所制成,重二十五斤,长三尺,径二尺九寸,凡枷示之犯,谓之枷犯,均发各城门示众,验查,谓察验及稽查其是否依法为之也。清之六部处分则例(卷五十)刑属用刑篇设有验查枷犯之条:"刑部枷发各城门号示旗人,令城门尉等详验加封收管,或有枷具过松及封皮折皱可以脱出者将看封之司员罚俸六个月,仍将该犯送部换枷封固,至发门以后如有将人犯散放或疏开枷具折皱封皮可以脱出者,将不行查出之巡查官罚俸九个月。"

【验(驗)看】【史】清制,候选候补人员之授官,须先往吏部依法引见,此时临场之王公大臣或九卿科道等,对于求见人员年龄、容貌、状态等之验视与察看,称曰验看。(会典吏部)

【验(驗)看不到】【史】应行受查验察看,是否有患病事故之人员,临期无故不到也。清之六部处分则例(卷三)吏属升选篇设有验看不到之条:"月选及分发人员应行验看者,如有患病事故,准其赴部呈明,归入下月验看,傥临期无故不到者,罚俸一年。"

【验(驗)看老病】【史】验看老病,谓对于推升等官吏察验查看其是否衰老与疾病也。清之六部处分则例(卷三)吏属升选篇设有验看老病之条:"教职杂职并在外推升等官领凭时有老病者,该布政使即用详督抚确加验看,分别题咨,令其休致。"又:"由进士举人出身之现任教职于本班截取时,令该督抚详加验看,如果衰庸难膺民社,即行据实奏明,或仍留原任,或送部引见,傥验看不实,给咨赴选,至选授知县后,经该管督抚以才力衰庸劾参者,将本籍验看给咨之督抚司道府等官降一级留任，并将验看月官之九卿大臣，罚俸一年。”

【验(驗)畜产不以实】【史】畜产乃就官有者而言，验者，谓验其是否美恶，以定其高下之等级也。不以实者，谓以恶为美，以下等为高等也。此种行为应受惩罚，若因而再使价有增减者，均应治罪。明律(卷十六)、清律(卷二十一)兵律厩牧篇均有验畜产不以实之条：“凡相验分拣官马牛驼骡驴，不以实者，一头笞四十，每三头加一等，罪止杖一百，验羊不以实，减三等，若因而价有增减者，计所增减价坐赃论，入己者，以监守自盗论，各从重科断。”清律之总注：“官畜不足则采买，有余则变价，须凭兽医等相验分别定价，若验马牛驼骡驴不以实，一头笞四十，三头加一等，至十九头以上，罪止杖一百，验羊不以实减三等，一头笞一十。至十九头以上罪止杖七十。若因而价有增减者，计所增所减之数，坐赃论，虽有增减，亏官损民，然无入已之实，赃止是不实之虚数也，若作弊营私，将所增所减之价入已者，以监守自盗论，不实坐赃自盗三项，各从重科断。”同律之辑注：“价从验拣之人估定，所增所减，皆其主之犹监守也。故入已者以监守自盗论。”同律之辑注：“此自官畜言之，若民间牙人估价不平，自有市司评物价律。”

【验(驗)勘】【史】验勘又作勘验(详该本条)。清例之规定如下：(一)事主呈报到官该管印官立即会同管汛武弁赴事主家查验前后出入情形，有无撞门毁户，遗下器械油捻之类及事主有无拷燎捆札伤痕，并讯地邻更夫救护人等，有无见闻影响讯取确供通报。(二)印官不亲诣查验捏报，照溺职例革职，印官公出，佐贰捕官不勘捏报者亦同，在交界处所失事地方官关会接界州县公同踏勘该管之地方官照例开参，限满不获，连界协缉之州县罚俸一年。(三)该管道府州不揭报，照徇底例降三级调用，道员降二级调用。内详失事地方官不会同武职速行会勘降一级留任。(四)如印官公出佐贰捕官一面会同汛弁查验，先行缉捕，一面申请邻邑印官覆加查验，据实申报。(五)邻邑印官如有推诿不即赴验者降一级调用。其系附会佐捕捏作亲勘者，则降三级调用。

【验(驗)单】【史】税关对于输出货物，于验查后，核与现行法规相符时，所发给之证明书类，谓之验单，凡执有验单之货物，均可输出口外，不得藉故留难。

【验(驗)断书】【刑诉】法院之检验员检验伤尸之身体发肤等，须详细记载于一定之书式内，此种书式，曰验断书，且须检验员署名签押方为合法。

【验(驗)榉】【史】以榉柳之叶，涂于肌肤，变为青赤，如被殴打之创伤，其法为先剥其叶之皮，置于股肤之上，以火熨之，则如创伤之痕迹，人每以此伪为被殴之伤痕，对于此项伪伤之验查，称曰验榉。棠阴比事(卷中)—李公验榉题：“尚书李南公，知长沙县时有斗者，甲强而乙弱，各有青赤痕，南公召使前，以自指捏之曰，乙真而甲伪也。讯之果然，盖南方有榉柳，以叶涂肥肤，则青赤如殴伤者，剥其皮，横置肤上，以火熨之。则如揞伤者，水洗不落，但殴伤者，血聚，则硬，而伪者不然，南公乃以此辨之也。”

【验(驗)赃轻重科罪】【史】赃者，贿物也。验赃轻重科罪，谓依照所收受贿物之多少以为科处罪刑之轻重之标准也。元典章(卷四十六)刑部第八篇设有验赃轻重科罪之例:“至元三十年七月御史台咨,近据山东东西道肃政廉访司济宁路单父县达鲁花赤,忽哥赤先因和买马匹攒敛钱物断讫五十七下,吝过不悛,今又取受各敛人户乡司等钱中统钞八十余定,合无计赃论罪,呈奉中书省札付该送刑部照拟得凡监临官吏盗用系官钱粮拟合计赃定罪,其余取受钱物合从一体科断,所拟忽哥亦已招除轻罪外。取受乡司郭英中统钞一定为重,此依见行断例决三十七下,解见任别行求仕……据忽哥赤罪犯既系亲民之官,先次因赃断罪,于部民取受钱物,拟合除名不叙,合决杖数,犯在分拣已前取讫招服待罪人数拟合释免令本投下,别行选官替换,相应仰依上施行行事,承此本台札付本道廉访司依上施行去讫会验行台并各道廉访司,体察追问到内外官吏人等不公计赃数多科断至轻,谓如取受钱物三十二项或军民处科率钞五七十项,累赃有至百定或三五十定内止论一项科断,有不及数十两决不至杖职不降等,却有正犯一项一二定者,应得杖数黜降反重于所犯取受率敛百定之人,不惟处断偏重,实启奸门,遆渐生弊,亏公害私,深为不便,若令合干部分从长讲究议拟,相应呈奉中书省,札付该都省,议得拟合验赃轻重详情科断,合下仰照验施行。”

【体(體)刑】【刑】又曰身体刑(详该本条)即施于人之身体上之刑罚也。

【体(體)究】【史】体者察也,究者追究也对犯罪人根本的加以追议,谓之体究。元典章(卷六)台纲,体察体覆篇——察司体察等例之条:“……其管军官亦不得取收受钱物,私放军人,及冒名代替,如违仰体究得实,申台呈省。”

【体(體)例】【史】体者实质也,例者形式也。晋书—刑法志:“革法创制,当先尽开塞利害理举而错之,使体例大通而无否滞。”今各官办事之规则,文词之格式皆谓之体例。

【体(體)育委员会】【行】Athletic commission 教育部为统一全国体育行政及促进全国体育发展起见特设立体育委员会,置委员十五人至二十一人(均名誉职),由教育部聘任之,设常务委员五人至七人,由教育部长就委员中指聘之,设秘书一人干事一人办理纪录文牍及一切事务,由教育部长就部员中指派兼任之,委员会每年开大会一次,于五六月间行之,国立省立及已立案之专科以上学校体育主任得请列席,并得召集各省市教育厅局主管体育之督学或体育指导委员会参加会议,至常务委员每月开会一次(大会临时得召集开会,常务委员会亦然)。关于本委员会之职掌计有下列各种:(1)计划全国体育设施事项。(2)指导全国体育研究及行政事项。(3)督促各级行政机关实行体育计划。(4)审查各级学校体育课程及成绩,并各种体育机关之组织及计划或报告,以及体育界工作人员之资格。(5)编造及审查全国体育预算。(6)议复教育部长交议之事项。(体育委员会规程第一—五条、第八—十二条)

【体(體)育委员会规程】【行】本规程于民国二十一年七月十二日公布,全文共十六条,自公布之日施行,系根据教育部组织法第五条之规定而制定,目的在于统一全国体育行政及促进全国体育之发展。(参体育委员会条内)

【体(體)素】【物】Corpus(拉丁) 占有必具之要件有所谓心素与体素之二种,

前者(拉丁文曰 Animus)即占有之意思,后者即物之持有,前者为内部要素,后者为外部要素。日本民法(第一八〇条)之所谓占有权,乃以为自己之意思与物之持有为要素之物权也。我国民法则不承认占有为物权之一,仅认为事实。故其要素则亦仅以体素为限,如第九四〇条所规定,对于物有事实上管领之力者为占有人,即其明证。

【体(體)解】【史】为秦代之酷刑,即分解肢体之刑也。史记一秦纪:"体解轲以徇。"轲指荆轲也。

【体(體)察】 根本的究明犯罪人,谓之体察。元典章(卷六)台纲篇,有体察体覆之目。

【体(體)覆】【史】再调查之义也。元典章(卷九)—吏部教官篇体覆山长之条:"……仍就呈按察司体覆施行。"

【麟趾格】【史】(详东魏之法典条内)

二十四画

【嘱(囑)托公事】【史】现任官吏及诸色人等徇私情以屈挠法令于各衙门嘱托公事者,或为他人及亲属之事者,或监临官吏豪强势要之人为人曲法嘱托公事者,均构成本条罪名,按律所定分别治罪。明律(卷二十六)、清律(卷三十四)刑律杂犯篇均有嘱托公事之条,内容相同。清律原文及其下注:"凡官吏诸色人等(或为人或为己)曲法嘱托公事者笞五十,但嘱即坐(不分从不从),当该官吏听从(而曲法)者,与同罪,不从者不坐,若(曲法)事已施行(者),杖一百,(其出入)所枉(之)罪重(于杖一百)者,官吏以故出入人罪论,若为他人及亲属嘱托(以致所枉之罪于笞五十)者,减官吏罪三等,自嘱托己事者,加(所应坐)本罪一等。若监临势要(曲法)为人嘱托者,杖一百,所枉重(于杖一百)者与官吏同(故出入人)罪,至死者减一等。(曲法)受赃者并计赃(通算全科)以枉法论(通上官吏人等嘱托者及当该官吏并监临势要言之若不曲法而受赃者,只以不枉法赃论不曲法又不受赃则俱不坐)。若官吏不避监临势要将嘱托公事实迹赴上司首告者升一等(吏候受官之日亦升一等)。"清律之辑注:"此律分六段看,首节但嘱即坐以上言官吏诸人曲法嘱托之罪,以故出入论,以上言当该官吏听从施行之罪,加本罪一等,以上又言嘱托者,为人为己之罪,次节言监临势要为人嘱托之罪,三节统言嘱托之官吏,诸人与监临势要及各当该官吏受赃之罪,末节则言官吏首告之事。""……按各律论官吏之罪内有受赃者,必将本罪与赃罪从重论。盖律之例也。此条虽无各从重字,亦当各从重论,盖受赃之罪或有轻于施行及所枉之罪者此。然此中尚有错出情节,不特受赃之罪当与本罪较论,如为人嘱托而又为人过财,则有过付之罪,如为己事以贿嘱托,则有行求之罪,如有诬告人罪而又嘱托,则有诬告之罪,凡此俱当从重科断者也。"

【嘱(囑)托送达】【刑诉】Service or delivery by request　为送达方法之一,谓依嘱托方法所为之送达也,我刑诉法规定,凡送达于在监狱或看守所之人,应嘱托监狱或看守所长官以送达之。换言之,即嘱托各该长官交付于应受送达人也。(第一九八条)

【民诉】为送达方法之一,其情形有五:(一)法院书记官得向管辖送达地第一审法院书记官为送达之嘱托。(二)于有治外法权人之住所居所或事务所为送达者,得嘱托外交部为之。(三)于外国为送达者,应嘱托该国管辖官署,或驻在该国之中国大使公使或领事为之。(四)对于驻在外国之中国大使公使或领事为送达者,应嘱托外交部为之。(五)对于出战或驻在外国之军队或军舰之军人军属为送达者,得嘱托该管军事机关或长官为之。(民诉第一二六条、第一四六——一五〇条)

【坝(壩)闸桥仓需索】【史】坝,谓石坝土坝也。闸,谓五闸也。桥乃指五通桥。仓,指京师及通州各仓,凡在以上各处勒索银两者,监督等及仓场侍郎均应处分。清之六部处分则例(卷十七)户属仓场编,设有坝闸桥仓需索之条:"凡粮船运抵石坝土坝，限十日内将米起完，如起米违限，以致回空船只守冻者，将坐粮厅监督革职，仓场侍郎降二级留任。”又：“漕粮盘坝过闸运至京通各仓，令仓监督抽验一二袋，即行入廒，照例于三个月内全完，若石坝土坝五闸大通桥京通各仓米到时，不令过坝过闸及抽验后，勒措不令入廒许该运丁首造将监督等降二级调用，仓场侍郎不行查参罚俸一年。”又：“坐粮厅及各仓书役人等，向运官运丁指称掣批等项费用名色勒索银钱坐粮厅监督等，不行查出，照失察书役犯赃例议处。如监督等通同需索，革职治罪，仓场侍郎徇庇不参者，降三级调用，未经查出者，罚俸一年。”

【揽(攬)冒抗粮】【史】揽者包揽也，冒者滥冒也。抗粮，谓抗拒不将钱粮完纳官府也。清律及例设有明文，兹举其规定如下：(一)绅衿优免本身丁银滥以子孙族户冒入生监申革职官题参各杖一百受财者从重论。(二)私立宦儒图户名色包揽诡寄照脱漏版籍律治罪诡寄与受寄者同论。(三)包揽钱粮者，揽纳杖六十，监临主守揽纳杖八十，均着落纳足照数追罚一半入官，侵费正数多科费用以诓骗论，包与者照不应重律杖八十。(四)抗粮——(甲)举人及文武进士并在籍有顶带人员四分以下问革为民杖六十，七分以下问革为民杖八十，十分以下问革为民杖一百，具以次年四月奏销以前为限，不足分数者，照例治罪，仍年催未完钱粮。(乙)贡监生员。上分以下黜革杖六十，七分以下黜革杖一百，枷号一个月，十分以下黜革枷号两个月，具以次年四月奏销以前为限，不足分数者，照例治罪，仍严催未完钱粮。

【揽(攬)纳】【史】包揽代纳，简称曰揽纳。凡总括数户之租税而代纳之，谓之揽纳。流弊滋多，故为法律所禁止。明律(卷七)、清律(卷十)户律仓库篇均有揽纳税粮之条：“凡揽纳税粮者，杖六十。”清律之附例曰：“揽纳者，谓包揽他人税粮，代其交纳，非为多收取利，即暂时挪用。甚且有谁骗侵蚀之弊，在民则受其剥削，在官则被其迟缺，故不论揽纳几家，不分其數多寡，但犯即坐。”

【揽(攬)纳税粮】【史】揽纳者，谓包揽他人税粮代其交纳，非为多收取利，即图暂时挪用，甚且有诓骗侵蚀之弊，在民则受其剥削，在官则受其迟欠，故应处罚，至如监临主守者，揽纳税粮，则应加重其罪。明律(卷七)、清律(卷十一)户律仓库篇均设有揽纳税粮之条，规定相同。清律之条文曰：“凡揽纳税粮者，杖六十，著落赴仓，纳足，再于犯名下追罚一半入官，若监临主守揽纳者，加罪二等。其小户畸零米麦，因便凑数，纳粮人户处附纳者，勿论。”清律之辑注：“注曰侵费正数者，谓揽纳人将所揽应纳之额粮，侵蚀费用，不为完纳，或纳不足数也多科费用者，谓揽纳多取正粮之外，指称费用名色，多加科索也，此二项皆有诓骗之意，侵欺者，专指监临主守而言，揽纳而侵克入己，即是监守自盗矣。然本律云著落赴仓纳足，则是不问其侵费侵克之事，但责令纳足而已。又云追罚一半入官则揽纳多取者，已包于追罚之中矣。”同律之辑注：“注云包与者，不应杖罪，盖指和同包与者言之，揽纳之事，情有不同，如无知愚民或被奸徒诓骗或为势豪逼勒，因而包与似难概坐以罪，又监临主守揽纳者，注云官吏挟势，则岂小民所能抗拒耶。”

【羁(羈)束】【民刑诉】谓裁判一经确定，即受拘束，而不得加以变更或撤销也。

(参羁束力条)

【羁(羈)束力】【民诉】Legal restraint; Binding force 为判决效力之一种,谓法院之判决有强制束缚之力量也。我民诉法规定,判决经宣示后,为该判决之法院受人羁束,不宣示者,则经送达后受其羁束(第二二二条)。此为对于为判决之法院之羁束力也。至对于其他法院(例如刑事判决认定之事实,民事判决亦应受其羁束是),其他行政机关(户籍吏须根据民事法院离婚之判决而涂改是),其他诉讼关系人(从参加人不得以判决而对他造当事人加以反对是),当事人以及第三人(例如人事诉讼判决之效力及于第三人是)等,皆有羁束之力。

【羁(羈)押】【刑诉】Detention; Commitment to custody 谓检察官在侦查中,或法院在审判中,以保全诉讼之进行为目的,在相当期间内对被告之自由加以拘束也。羁押之实施,亦有一定原因:(1)被告无一定住址者。(2)犯罪嫌疑重大而有逃亡之虞者。(3)犯罪嫌疑重大而有湮灭伪造变造证据,或有勾串共犯或证人之虞者。(4)犯最轻本刑为五年有期徒刑以上之嫌疑重大者(刑诉法第六六条),羁押之权操自检察官及审判长或受命推事,故所发之押票应由其署名盖章,方为有效,至于执行羁押之程序。(A)司法警察遇有急迫情形,得于管辖区外执行羁押。(B)应以押票示被告。(C)应解送于押票内所指定之处所。(D)羁押时应注意被告之身体名誉(第六七—六九条),羁押之被告,及其法定代理人,保佐人,或亲属,得请实施羁押之公务员,钞给押票,公务员不得拒绝,并应即时钞给(第七〇条)。又被羁押被告之饮食起居,在不妨害羁押目的及押所秩序之限度内,应许以相当之自由,至接见他人授受书信及物件,亦得为之,若被告有暴行或逃亡自杀之虞者,得加以束缚之处分(第七一条)。被羁押者如有下列情形,即当释放:(1)经人保释者。(2)可以责付者。(3)限制被告之住居时。(4)羁押原因消灭时。(5)经过一定期间而不为一定之处分时(侦查中逾二月,审判中逾三月,至延长则不得过二月,且侦查时之延长只以一次为限)。(6)声请停止羁押而经许可时。(第七二—七四条、第七九—八〇条)

【羁(羈)押回复】【刑诉】(详羁押条内)

【羁(羈)押期间】【刑诉】谓羁押被告之期间也。我刑诉法内设有一定限制。(参羁押条内)

【羁(羈)管】【史】谓羁押管束不使逃逸也。元典章(卷四十八)刑部第十篇有有俸人员不须羁管之例:"延祐二年七月廉访司牒承奉奉使宣抚札付据袁州路民户孙萃四身死取受钞定事,仰就便依例追断奉此检照得近准总司牒承奉江西行台札付准御史台咨奏准整治事内一款各道廉访司遇有诸人陈告官吏取受等事,今后凡告官吏取受验事轻重,事重者随即依例追问,事轻者止当羁管原告过付紧关之人俟分司巡历到期追问或事平人众宜从本司依例选委有司廉干官就问分辨其事,其官吏既系请俸见役人员,如或避罪在逃,自有定例,不须行移羁管拟合遍行禁止,前件议得令后原告过付紧关之人,验事轻重临时从宜区处,余准所拟开坐请钦依施行。"

【蚕(蠶)官】【史】(一)宋代置蚕官令丞之官,掌郊庙之祭服。(二)司蚕之神,名曰蚕官。陆游诗曰："一春箫鼓祭蚕官。"

【蚕(蠶)室】【史】养蚕之室，谓之蚕室，室之四方均加封锁，以防风之透入，古者处宫刑之处均于蚕室中行之，盖恐受刑者之中风而致命也。宫刑名称之起，即因此。(参宫刑条内)一作蚕室刑。

【蚕(蠶)室刑】【史】即宫刑之别称。(参宫刑条及蚕室条)

【让(讓)受】【债】Inheritance 依法律行为以移转方法取得他人之权利或物者，称曰让受，其取得权利或物之人，则称曰让受人 Inheritor，与让渡人相对立。

【让(讓)受人】【债】Transferee 又曰受让人。(详该本条)

【让(讓)渡】【债】Assignment 一名让与。(详该本条)

【让(讓)与】【债】Transfe 依法律行为将自己之权利或物移转于他人者，谓之让与，其移转之人则称曰 Transferer。

【让(讓)与人】【债】Transferer 与让受人相对称，即出让债权或所有权之人也。

【让(讓)与字据】【债】债权让与时，由让与人所作成之字据，曰让与字据，按债权让与时，在原则上须经让与人或受让人通知债务人，始为有效，若受让人将让与人所立之字据向债务人提示时，则此项提示与通知有同一效力。(民法第二九七条)

【让(讓)与背书】【票】又名固有背书。(详该本条)

【谗(讒)言】【史】谗言，谓好进他人之恶之言也。大明令刑令篇设有谗言之条："凡诸奸邪进谗言左使杀人者，虽遇大赦不在原免。"

【谗(讒)鼎】【史】为鼎之名，计有二说一为疾谗言之鼎。一为夏禹铸九鼎于甘谗之地故名曰谗鼎。左传："谗鼎之铭曰，昧旦丕显，后世犹怠。"疏曰："谗鼎，疾谗之鼎，明常位云，崇鼎是也。一云，谗、地名，禹铸九鼎于甘谗之地，故曰谗鼎。"

【斗(鬭)故杀用兵刃】【史】因斗殴而杀人者，及非因斗争而杀人者，并于斗殴之际以兵刃杀人者，均须处以极刑。盖杀人者死乃为古时法家之同一主张也。唐律(卷二十一)斗讼篇有斗故杀用兵刃条："诸斗殴杀人者绞，以刃及故杀人者斩，虽因斗而用兵刃杀者，与故杀同(为人以兵刃逼已因用兵刃拒而伤杀者，依斗法，余条用兵刃准此)。"疏议曰："斗殴者，元无杀心，因相斗殴，而杀人者绞，以刃及故杀者，谓斗而用刃，即有害心，及非因斗争无事而杀，是名故杀，各合斩罪，虽因斗而用兵刃杀者，本虽是斗，乃用兵刃杀人者，与故杀同，亦得斩罪，并同故杀之法，法云，为人以兵刃逼已，因用兵刃拒而伤杀逼已之人，虽用兵刃，亦肮脏斗杀之法，余条用兵刃准此，谓余亲戚良贱，以兵刃逼人，人以兵刃拒杀者，并准此斗法。又律云，以兵刃杀者，与故杀同，既无伤文，即是依斗伤法。注云，因用兵刃，拒而伤杀者，为以兵刃伤人，因而致死，故连言之。"同条又曰："不因斗，故殴伤人者，加斗殴伤罪一等，虽因斗，但绝时而杀伤者，从故杀伤法。"

【斗(鬭)杀】【史】两人因事忿争各不相下(不论素好无仇或不相识)，以致互相揪殴因而酿命者，系出于彼此之口角忿争或戏谑忿争衅起登时因伤致命均由斗有以致之也，谓之斗杀。急就篇："变斗杀伤捕伍邻注，变斗者为变难而相斗也。杀伤相伤及相杀也，捕收掩也，有犯变斗伤杀者，则同伍及邻居之人皆被收掩也。"

【斗(鬭)讼】【史】为唐律之篇名，按斗讼一篇唐律中首论斗殴之科，次言告讼之事，从秦汉至晋未有此篇 ，至后魏太和年分击讯律为斗律，至北齐以讼事附之，名为斗讼律，后周为斗竞律，隋开皇依齐之旧仍名曰斗讼，惟隋之大业律则分斗讼为二。一曰告劾。一曰斗。唐用开皇律仍为斗讼，元分为诉讼与斗殴二篇，明清律均因之。

【斗(鬭)殴】【史】相争为斗，相击为殴。唐律(卷二十一)斗讼篇第一条斗殴手足他物伤条："诸斗殴伤人者笞四十(谓以手足击人者)，伤及以他物殴人者，杖六十……"明律(卷二十)、清律(卷二十七)刑律斗殴篇均有斗殴条之设，其内容相同。清律原文及其下注："凡斗殴(与人相争)以手足殴人不成伤者，笞二十(但殴即坐)，成伤，及以他物殴人不成伤者，笞三十(他物殴人)，成伤者笞四十，(所殴之皮肤)青赤(而)肿者为伤，非手足者其余(所执)皆为他物，即(持)兵不用刃(持其背柄以殴人)，亦是(他物)，拔发方寸以上笞五十，若(殴人)血从耳目中出，及内损(其脏腑而)吐血者，杖八十(若止皮破血流，及鼻孔出血者，仍以成伤论)。以秽物污人头面者，(情固有重于伤，所以)罪亦如之(杖八十)。折人一齿，及手足一指，眇人一目(尚能小视犹未至瞎)。抉毁人耳鼻，若破(伤)人骨，及用汤火铜铁汁伤人者，杖一百以秽物灌入人口鼻内者，罪亦如之(杖一百)。折二齿二指以上，及(尽)髡(去)发者，杖六十徒一年(髡发不尽)，仍堪为髻者，止依拔发方寸以上论。)折人肋，眇人两目，堕人胎，及刃伤人者，杖八十徒二年(堕胎者，谓辜内子死，及胎九十日之外，成形者即坐，若子死辜外，及堕胎九十日之内者，仍徒本殴伤法论，不坐堕胎之罪)。折跌人肢(手足)体，(腰项)及瞎人一目者(皆成废疾)，杖一百徒三年。瞎人两目折人两肢，损人二事以上(二事如瞎一目，又折一肢之类)，及因旧患，令至笃疾，若断人舌(令人全不能说话)，及毁败人阴阳者(以至不能生育)，并杖一百流三千里，仍将犯人财产一半，断付被伤笃疾之人养胆(若将妇人，非理毁坏者，止科其罪，以不妨生育，不在断付财产一半之限)。同谋共殴伤人者，各以下手伤重者为重罪，原谋(或不曾下手，或虽殴而伤轻)减(伤重得)一等(凡斗殴，不下手伤人者勿论，惟殴杀人，以不劝阻为罪，若同谋至死，虽不下手，及同行知谋，不行救阻者，各依本律并杖一百，如共殴人伤皆致命以最后下手重者，当其重罪，如乱殴不知先后轻重者，或二人共打一人，其伤同处，或二人同时各瞎一目，并须以原谋为首，余人为从，若无原谋，以先斗人为首)。若因斗互相殴伤者，各验其伤之轻重定罪，后下手理直者，减(本等罪)一等，至死，及殴兄姊伯叔(依本律定拟，虽后下手理直)者，不减(如甲乙互相斗殴，甲被瞎一目，乙被折一齿，则甲伤为重，当坐乙以杖一百徒三年，乙被伤轻，当坐甲杖一百，若甲系后下手而又理直，则于杖一百上减二等，止杖八十。乙后下手理直则于杖一百徒三年上减二等，止杖八十，徒二年，或至笃疾，仍断财养赡，若殴人至死，自当抵命)。同律之辑注："斗者，口语争讼，彼此扭结，半至捶击也，殴则以手足相打矣。此以斗殴名篇，实则所著者皆是殴律，人之斗醧，大概因一时之气，事起仓卒，非有成心，即有同谋共殴者，亦意止于殴耳。故篇中专论伤之轻重以定罪，然必有因伤致死者，故后伤有保辜之法，与人命律内斗殴杀条参看。”又同律之辑注：“两人争斗而敌殴，谓之斗殴，若殴人而人不敌，则但谓之殴。”又同律之辑注：“首节言手足他物，殴人成伤不成伤之罪，次节三节言折伤轻重之别，四节言伤至废疾者，五节言伤至笃疾者，六节七节则斗殴各项之通例也。”同律之总注：“斗者争也，殴者打也，因事忿争，奋力相打谓之斗殴，凡殴人有手足他物之分，而手足伤人又有成伤不成伤之别，手足殴人不成伤者，笞二十。虽未有伤，人已被殴也，手足殴人成伤及以他物殴人不成伤者，笞三十。他物不成伤即同手足成伤之罪，以他物重与手足也。他物殴人成伤者，又加一等，笞四十。验所殴之皮肤，或青、或赤、或肿起、皆为成伤，言成伤者，以此为凭，非手足者，其余所执皆为他物，如砖石棒槌之类，即持刀枪等兵器，止以背柄殴人，未曾用刃，亦是他物，言他物者以此为准。其拔去人头发，周围至方一寸以上者笞五十。若殴伤人有血从耳目中出，及内损脏腑，血从口吐出者杖八十。如止皮破血流，则非内损之比，仍分手足，他物以成伤论，如以不洁秽物污人头面者，亦如杖八十之罪，情重于伤也。若殴折人一齿，及折手足一指，眇人一目，亏损其明，抉毁人耳鼻残破其形，若殴至破伤人骨，及用沸汤炎火，与熔化铜铁之汁，炮烙伤人者，并杖一百，如以不洁秽物，灌入人口鼻内者，亦如杖一百之罪，情重于污人头面也，若殴折人二齿二指以上，及髡人发者，并杖六十徒一年，髡剔发也，谓尽拔其发如髡也，如髡发不尽，仍堪为髻者，止依拔发方寸以上科断。若殴折人肋骨，瞎人两目，堕人三月外已成形之胎，或殴堕之子，在辜限内身死，及以刀刃伤人者，并杖八十徒二年，刃不言大小，伤不分轻重者，刃乃杀人之器，用以伤人，即有行凶之意，故特严其法。折者折断其骨，跌者，差失关节，而不联属如常也，手足谓之肢，腰项谓之体，殴人至于折跌肢体，或一手不能运，或一足不能履，或腰项不能举动，及瞎人一目，全不能视者，皆成废疾，并杖一百徒三年。若殴瞎人两目，全不能视，打折人两肢，全不能举动，或折一手又折一足，或瞎人一目，又折人一肢，是谓损人二事。凡此皆成笃疾，及因旧患而殴至笃疾，如人旧患瞎一目，今又瞎其一目，旧患折一肢，今又折其一肢，所殴虽止一肢一事，其人已成笃疾矣。若割断人舌，令人全不能言，及毁败人阴阳，如古宫刑割势幽闭，以至不能生育者，并杖一百流三千里。仍将犯人财产一半断付被伤笃疾之人养胆，若将妇人之阴非理毁坏，不妨生育者，止科其罪，不在断付财产之限。若二人以上，同谋共殴人成伤者，不论原谋为从，但以下手伤重者为重罪。如瞎人一目，则下手伤重者杖一百徒三年，其起意首事之原谋，不会下手，或下手而伤轻，则减一等，杖九十徒一年半，余仿此。若初本无谋，但因事适然争斗，而互相殴伤者，彼此验其伤之轻重定罪，系后下手而又理直者，减一等，若至笃疾者，罪虽减等，仍断财产一半，所谓仍尽本法也。殴人至死，及弟殴兄姊，侄殴伯叔者，虽后下手理直，皆不减，盖凡人至死，即应抵命，而兄姊伯叔皆期亲尊长，伦理所关，各有本律，不在此限也。”

【斗(鬬)殴及故杀人】【史】以一人而敌一人曰斗，若两人斗一人则为共殴，非斗殴也。有意而杀之，曰故意，非人所知，若人得与知，则为同谋而非故杀也。此故杀所以与殴同条，而以同谋共殴殿其后也。明律（卷十九）、清律（卷二十六）

均有斗殴及故杀人条之规定，内容相同。清律原文及其下注：“凡斗殴杀人者，不问手足他物金刃并绞(监候)。故杀者斩(监候)，若同谋共殴人，因而致死者，以致命伤为重，下手(致命伤重)者绞(监候。)原谋者(不问共殴与否)，杖一百，流三千里，余人(不曾下手致命又非原谋)各杖一百(各兼人数多寡，及伤之轻重言)。”清律之辑注：“此条犯者最多全要推究其事前有无预谋临时有无杀意所谋本欲何如致命出于谁手。”同律之总注：“两人相对而殴，曰斗殴，凡斗殴杀人者，不问手足他物金刃之伤，但是因殴伤而死者，或在当时，或在限内，并绞，并者，谓或手足，或他物，或金刃，并是绞罪，所伤不同，致死则一也。彼此忿争，意止欲殴，不谓殴伤之重以致其死，故止绞。如一时逞凶，欲致其死，而逞情杀之，则谓之故杀，虽无预谋，而临时有意，故坐斩。若二人以上，同谋殴人，因而殴伤致死，在同谋者，原止欲殴，而下手者，乃致其死，则以致命之伤为重，究其下手，殴此致命重伤之人，坐以绞罪，原先造谋为首者，谓之原谋，不分曾否共殴，杖一百流三千里，以其为首祸之人也。其余同谋在场者，谓之余人，不论人数多寡，不计所伤轻重，各杖一百，以其为协助之人也。”按斗殴杀，与故杀，具不言为从之罪者，原为无从之人也，以一人敌一人，谓之斗，因事忿争相对而殴，殴者一人何从之有若有为从者，令之随从而殴，则是同谋共殴，而非斗殴矣。注曰，临时有意欲杀，非人所知，曰故。夫曰临时，则无预谋可知矣，曰非人所知，则无同谋可知矣。其起意在于临时，故下手人不及知何从之有，若有为从者，告之随杀而杀，则是谋杀，而非故杀矣。故杀之法，列于斗殴之下，同谋共殴之上者，盖故杀之事，即在此两项中看出也，或斗殴之人当相殴之时，忽然有意杀之，或共殴人内，有一人于共殴之时，忽然有意杀之，斗殴者，固无人知，即共殴者，原止谋殴亦不知一人临时有意欲杀，故同谋共殴中，虽有故杀坐斩之人，而原谋仍流，余人仍杖，所谓各尽本法也。故杀之罪，与谋杀之造意相等者，临时有意欲杀，即是临时独谋于心，况逞凶下手，并出一人乎，然必当场杀讫，果出有意杀之者，方可拟以故杀，若非杀于当场，则从前既无预谋，其人又未即死，何以知其为有意欲杀耶，人之斗殴，大概起于一时之愤，原无夙谋，即是有心往殴，亦非有意杀人，彼既伤生，此应绞抵而已，至于同谋共殴，亦谋以殴人，非谋以杀人，不意因而致死，是不特原谋与余人本无欲杀之心，即下手之人，亦无欲杀之心也，然既已致死，则所谋为轻，所殴为重，故下手者绞，原谋者流，既有一绞一流，则余人得从宽典，一杖足以蔽辜矣。此谋殴与谋杀，同有谋情，其意回别，盖谋以杀人，其心本杀人之心，其事亦杀人之事，至于杀讫，原在谋者之意中，故造意之罪，重于加功，同谋共殴，其心本非杀人之心，其事亦非杀人之事，因而致死：殊出谋者之意外，故下手之罪重于原谋，原谋之名与造意不同，余人之称，亦与加功各异也。按致命伤为重者，以伤之重者言之，谓此等重伤，足以致死其命非尸格内所开致命处也。如有以拳殴伤其背者，有以棍殴折其腿者，背虽致命之所，而拳殴之伤，未至于死，腿非致命之所，棍殴折伤，实足以杀人，不得以彼为重，此以为轻，总是因此伤而死，即谓致命重伤，前部议有案办此甚明，云臀膊腿胯等厚处，被殴死者，仍拟抵偿，并未有不系致命之处，不拟抵偿之例，可谓破的之论矣。今又有新例，仍以尸格内致死命处为重，当参看。

【斗(鬭)殴手足他物伤】【史】斗殴时或以手足或以他物(如器具竹木等物)

以手足者，须有伤人之事实始问罪，以他物者，有否击伤人皆问罪。唐律（卷二十一）斗讼篇设有斗殴手足他物伤条："诸斗殴人者，笞四十（谓以手足击人者），伤及以它物殴人者，杖六十（见血为伤，非手足者，其余皆为它物，即兵不用刃亦是）。"疏议曰："相争为斗，相击为殴，若以手足殴人者，笞四十，谓以手足击人者，举手足为例，用头击之类亦是伤，谓手足殴伤，及以它物殴而不伤者，各杖六十。注云，见血为伤，谓因殴而见血者，非手足者，即兵不用刃亦是，谓手足之外，虽是兵器，但不用刃者，皆同它物之例。"同条又曰："伤及拔发，方寸以上，杖八十，若血从耳目出，及内损吐血者，各加二等。"

【斗（鬭）殴折齿毁耳鼻】【史】斗殴时折断或击落牙齿或毁破及缺宂其耳鼻或毁缺人之口眼或折断人之手足指者。皆构成本条之罪，即破骨髡发亦同。唐律（卷二十一）斗讼篇斗殴折齿毁耳鼻条："诸斗殴人抑齿毁缺耳鼻，眇一目，及折手足指（眇谓亏损其明，而犹见物）。若破骨，及汤火伤人者，徒一年。折二齿二指以上，及髡发者，徒一年半。"疏议曰："因斗伤人，而折其齿，或毁破及缺宂人耳鼻，即毁缺人口眼，亦同眇一目，谓殴眇其目，亏损其明，而犹见物者，及折手足指，若因打破骨，而非折者，及以汤若火，烧烫伤人者，各徒一年。若汤火不伤，从他物殴法，若折二齿二指以上，称以上者，虽折更多亦不加罪，及髡截人发者，各徒一年半。其髡发不尽仍堪为髻者，止当拔发方寸以上，杖八十。若因斗髡发，遂将入己者，依贼盗律，本以它故，殴击人，因而夺其财物，计赃以强盗论，以铜铁汁伤人，比汤火伤人，如其以蛇蝎蜀螫人，同它物殴人法，若殴人十指并折，不堪执物，即二支废，从笃疾科流三千里。"

【斗（鬭）殴误杀傍①人】【史】双方斗殴之际，误杀或误伤其他之傍人，不以过失论罪，以其原有害心故也，以斗杀伤论，明清律均设有斗殴条。唐律（卷二十三）斗讼篇则有斗殴误杀傍人条："诸斗殴而误杀伤傍人者，以斗杀伤论、至死者减一等。"疏议曰："斗殴而误杀伤傍人者，假如甲共乙斗，甲用刃杖欲击乙，误中于丙，或死或伤者，以斗杀伤论，不从过失者，以其元有害心，故各依斗法，至死者，减一等，流三千里。"同条又曰："若以故僵仆而致死伤者，以戏杀伤论，即误杀伤助己者，各减二等。"疏议曰："仰谓之僵，伏谓之仆，谓共人斗殴，失手足跌而致僵仆，误杀伤傍人者，以戏杀伤论，别条戏杀伤人者，减斗杀伤人二等，谓杀者徒三年，折一支者，徒二年之类，即误杀伤助己者，各减二等，假如甲与乙共殴丙。其甲误殴乙至死，减二等，伤减二等，或僵仆压乙杀伤，减戏杀伤二等，杀乙从戏杀减二等，总减四等，合徒二年，若压折一支，亦减四等，徒一年，是名各减二等。"

【斗（鬭）殴篇】【史】为明清律刑律之一篇与贼盗、人命、斗殴、骂詈、诉讼、受赃、诈伪、犯奸、杂犯、捕亡、断狱等篇相对称。按秦汉至晋未有斗殴之名，曹魏有系讯律，历宋齐梁皆因袭之，后魏始有斗律，北齐以讼事附之，而为斗讼律，后周为斗竞律而系讯仍存，隋唐复为斗讼律，明分为斗殴与诉讼二篇清律因之，计斗殴篇共二十二条如下：斗殴，保辜期限，宫内忿争，殴制使及本管长官，佐职统属殴长

---

① "傍"与"旁"通假。

官,上司官与统属官相殴,九品以上官殴长官,拒殴追摄人,殴受业师,威力制缚人良贱相殴奴婢殴家长。妻妾殴夫,同姓亲属相殴。殴大功以下尊长,殴期亲尊长,殴祖父母父母,妻妾与夫亲属相殴,殴妻前夫之子,妻妾殴故夫父母,父祖被殴(上述斗殴及保辜期限二条乃各条之通例)。清律亦因明律之旧,不加变改。

【斗(鬬)竞律】【史】为后周刑律之一篇名。唐为斗讼律明律为斗殴篇清律因之。

【魇(魘)魅符咒】【史】魇魅,谓以左道祈致人于死也。魇者,如刻作人身系手缚足是。魅者,如假托鬼神是。符者,符书也。即术士驱役鬼神所作之文书也。咒者,驱鬼治病之口诀也。清例对此均有明文,其规定如下:(一)造魇魅符书咒诅欲以杀人,已行未伤,因而致死,凡人或子孙或奴婢或雇工或尊长或卑幼各依本谋杀法,如已致人耳目肢体令人惊狂惑乱,应照谋杀已伤人论。(二)造魇符书咒诅欲令人疾苦无杀之心,减谋杀已行未伤二等,惟子孙于祖父母父母,妻妾于夫之祖父母父母,奴婢雇工人于家长各不减,仍以谋杀论斩,其余卑幼于尊长具与凡同减。

【盐(鹽)】【行】Salt 所谓,盐在法律上乃指,盐及盐,卤盐矿,并其他盐化合物含有百分之三十以上之氯化钠者而言,分为三种:(1)食盐。(2)渔盐。(3)工业用盐及农业用盐。(盐法第二一三条)

【盐(鹽)人】【史】官名,为周礼天官之属,其职制为:"掌盐之政令,以共百事之盐,祭祠共其苦盐散盐,宾客共其形盐散盐,王之膳羞共饴盐,后及世子亦如之。"按郑玄注谓苦盐即自然盐(炼冶而成者),散盐即通常之盐(由海水煮成者),形盐即筑成为虎形之盐(祭祀用者),饴盐即盐之饴(甜也)者,乃土中所产之盐。

【盐(鹽)斤搀和沙土】【史】官盐之煎制,务以纯净为主,若煎户竟将沙土与之搀杂混和,自应依例治罪,督煎官吏,不论纵容失察或受贿,均应分别予以处分。清之六部处分则例(卷二十一)户属盐法篇设有盐斤搀和沙土之条:"灶户将官盐搀和沙土,照例治罪勒令改煎,督煎之提举大使等官,系纵容者革职,失察者降一级调用,若知情受贿者革职治罪,著落煎赔,其府州县官有兼管督煎者,亦照此分别议处。"又:"运销各属官盐有搀和沙土者,许承销之州县呈报参究,如州县官明知徇隐革职,一体著赔。"

【盐(鹽)法】【行】Salt law 本法于民国二十年五月三十日由国民政府公布,至今尚未施行,共七章,计三十九条,其要点如下:(一)盐应就场征税,听人民自由买卖。(二)食盐一律每百斤征收国币五元,在产地缴足,先税后运,不得重征及附加。(三)工业及农业用盐均免税,渔盐每百斤征税三角。(四)盐副产物,一律免税。(五)盐就其使用之目的应分左列三种。(甲)食盐。(乙)工业及农业用盐。(丙)渔盐。(六)食盐,系含有氯化钠百分之九〇以上者为一等盐,百分之八十五以上者为二等盐,未满百分之八十五者,不得用作食盐,前项一等食盐所含水分不得过百分之五。二等食盐所含水分不得过百分之八。(七)工业用盐以供给下列本国工厂所需用者为限:A.制造纯碱及其他碱类与盐酸漂白粉及芒硝工厂。B.

制造钠绿及有关钠绿之化学药品工厂。C. 制造皮革及钾镁工厂。D. 制造颜料工厂。E. 制造肥皂及提炼油类工厂。F. 冶金工厂。G. 制冰工厂。H. 窑业及造玻璃工厂。I. 其他需用工业用盐之工厂,经国民政府许可者。(乙)农业用盐限于下列三种:A. 饲畜用盐。B. 选种用盐。C. 肥料用盐。(八)渔盐(以沿海本国渔业所需用者为限)。(九)盐非经政府之许可不得制造。(十)各场生盐,或充民食或作他用,均应由政府分别检定,食盐不合法定标准者,不许售卖,凡不宜民食而可作他用之盐,应各按用途及需要照章分别施行变性或变色。(十一)盐非经政府或受有政府之命令者,不得由外国输入,及由未施行法之地移入。(十二)凡产少质劣,成本太贵或过于零星散漫之盐场,经政府视为不适当者,得以相当方法归并或消灭之。(十三)政府得依产盐状况限制产额,以免产盐过剩之弊。(十四)裁并盐场时,关于原制盐人之善后办法,命令定之。(十五)政府应于产盐地建筑仓坨以为储盐之用,凡制盐者所制成之盐均应存储政府指定之仓坨。(十六)盐场应设盐质检查员及盐秤员。(十七)中央及产盐区埠设盐务机关,盐法施行时原有盐务机关应分别改组或裁撤。(十八)自盐法公布之日起,所有关于引商,包商,官运官销,及其他类似制度之一切法令,一律无效。(十九)本法公布后应设盐政改革委员会(七人至九人),直隶于行政院,掌理基于本法之一切盐政兴革计划。(二十)本法施行日本以命令定之。本法共分七章:(1)总则。(2)场产。(3)仓坨。(4)场价。(5)征税。(6)盐务机关。(7)附则。

【盐(鹽)政改革委员会】【行】Commission for the reformation of salt affairs 盐法公布后施行前掌理基于盐法之一切盐政兴革计划之机关,为盐政改革委员会,直隶于行政院,置委员七人至九人,行政院长财政部长为当然委中,且兼任委员长与副委员长,其余委员由国府派充之,经营盐业或与盐商有直接利害关系者,以及现任盐务长官均不得派充或兼任本会委员,会内置总务处与设计处。每处置处长一人,由委员兼任,科长二人至四人(荐任),每科科员四人至六人(委任),总务处置秘书一人或二人(荐任),设计处置视察及技术专员十二人至二十人(均荐任),此外本会必要时得选聘富有盐务或工程学识经验者,为雇问或专门委员。(盐政改革委员会组织办法第二一三条、第五一八条、第十一一十二条)

【盐(鹽)差】【史】清初各省皆置巡盐御史,谓之盐差,因其系掌理关于中央政府所差遣之事务,故称曰差,康熙以后,渐归各省督抚管理。(会典事例户部)

【盐(鹽)秤员】【行】在盐场专司仓坨储盐出纳之人员,曰盐秤员,存入仓坨时,须有盐质检查员之检定证,秤放时,须有完税凭单或免税凭照。(盐法第二十条)

【盐(鹽)务监理局】【行】民国十六年间南京国民政府成立后,特于产盐行盐区域(于盐务总汇或适中之地)设置盐务盐理局,直隶财政部管理所在区域内各坨垣或仓廒之盐斤,秤收秤放事宜,并随时监督该管区域内盐税之征收,及审核一切盐款盐斤账目,其在产盐区域内之商人运盐准单,亦由该局发给之。局中置局长一人,下置总务科与会计科,每科设科长一人,全局计设科员四人至六人,又在所辖区域应设置盐秤员或秤放员若干人。本局于执行各项职务时,凡遇有应行查询事件,得函请各该管区域内盐务行政官署将所需文件照送查核,或商明盐务行政官署派员到署调查,如盐务行政官署对于盐理局遇有应行查询事件时亦同。(盐务监理局暂行章程第一一二条、第五一八条、第九一十二条)现本局业经撤销。

【盐(鹽)务署】【行】民三年北京政府为盐督全国盐务起见,特设盐务署,置督办一人以财政总长任之,为管理全国盐务最高长官,署长一人(简任),除稽檄总分所章程所规定外,应掌理全国一切盐务事宜。参事二人(荐任),秘书二人(荐任),签事八人(荐任),主事二十人(委任),又置总务处与场产厅及运销厅,每厅各置厅长一人。盐务署长承督办之命,有考檄及盐督本事参事以下各官及盐运使榷运局长及其所属各官之权(盐务署官制第一一九条,第十四条)。国民政府成立后特将盐务署,并归财政部直辖与关务署以及赋税公债钱币国库会计等司相对立。掌办下列各事项:(1)关于监察各省盐务处盐运使榷运局办理之成绩及其以下各属官资格升降调迁事项。(2)关于建筑盐场仓栈,制造盐类及编练场警缉私等事项。(3)关于各省运盐销盐事项。(4)关于改善场产调剂运销事项。(5)关于编制盐务收支预算决算及造报收支数目表册军据事项。(6)关于保管全国盐款,及稽核各省盐税收入事项。(7)关于审定各省盐务定率事项。(8)关于其他一切盐务行政事项。置署长一人,承财政部长之命综理全署事务,监督各省盐务处长,盐运使,副使,榷运局长暨所属各员,秘书二人,并设总务、场产、运销、审核以及缉私等五科,各科置科长一人,科员若干人,雇员若干人。盐务署对于下列事项,应行呈由财政部长核定,以财政部名义行之:(1)呈报国民政府及会商事项。(2)处分税款。(3)关于变更盐税税率事项。(4)任命盐运使,盐运副使,缉私统领,榷运局长,及本署职员。(5)本署及各盐运使署,副使署,缉私统领,榷运局预算计算事项。至于变更盐税制度事项,及对外问题之无成案可援者,仍应呈由财部长核定,惟得以本署名义行之耳。盐务署专管盐务遇有与财政部各署司处关系事项,由本署会同办理,仍应录案转送各署司处备案。(财政部组织法第八条,财政部盐务署总则第二一三条,第九条,第十五一十八条)

【盐(鹽)务稽核所】【行】Inspectorate of salt revenue 财政部为稽核盐税收支所特设之机关,曰盐务稽核所,其任务为专管征收盐税,发给放盐准单,汇编盐税报告表册,及清偿盐务外债等事项。稽核所有总所(仅一所)与分所(若干所)二种。总所设下列各职员:总办一人,会办一人,秘书二人,并设总务科与会计科,各置科长一人,总务科下分为文赎考绩编译三股,会计科下分税务统计审核三股,每股设股长一人,此外并置科员若干人,总办为华人,会办为洋人,会办之职权与总办平等,故总所一切文件须经总会办同意,方能发生效力,按总所乃完全隶属于财政部,归财政部长直辖,故总所文件盐务团长得随时调阅,而盐务署文件总所总会办亦可调阅,总所以外在征收盐税各区域内另设分所,归总所直辖,每所设经理协理各一人,其等级职权均属相等,其下所设之人员定额,应按事务繁简随时核拟,经总所总会办详细妥酌,呈由财政部长核定,按分所与盐运使署系平行机关,故分所对于盐务款项及盐税遇有应行查询时,得函盐使署检送查核,或商派人员到署查阅,盐使署对于分所,亦得同样办理。

【盐(鹽)务稽核所章程】【行】本章程于民国十八年二月一日公布,自公布日施行,全文共二十三条。(参盐务稽核所条)

【盐(鹽)务缉私局】【行】财政部为查缉私盐起见,于设有运使运副榷运局各区域内,设置盐务缉私局,受各该地运使运副或榷运局长之节制与调遣,办理各该地盐务缉私事项,置局长一人(委任),下设文牍缉务经理三股,各设股主任一人,股员若干人,并得酌用委员及雇员若干,缉私局应按缉务之繁简编练缉私队若干队,分配于所辖区域,各地方各队员兵有随时协助当地场知事运销局等缉私之责。(盐务缉私局章程第一—八条)

【盐(鹽)务缉私局章程】【行】本章程于民国十六年十一月八日公布,全文共十二条,自公布之日施行。(参盐务缉私局条内)

【盐(鹽)务调查委员会】【行】民国九年北京政府之盐务署特设立盐务调查委员会调查全国盐务应行兴革事宜。置委员长副委员长各一人,委员若干人,均由盐务署督办及署长以合于下列资格人员遴选派充:(1)曾经办理盐务确有经验者。(2)研究学理,富于盐务智识者,委员会之召集有常会与特别会两种。本会委员应以研究之结果,拟具意见书,陈述于盐务署督办署长,遇必要时由督办署长指派委员实地调查之。为办理会中庶务文牍会计等,特设办事员二人,书记四人。(盐务调查委员会章程第一—五条,第八—九条)

【盐(鹽)务机关】【行】盐务机关为盐政署,及稽核总所(设于中央,直隶于财政部),盐场公署,及稽核分所(设于各产盐场区,分别隶属于盐政署及稽核总所),盐政署及所属机关掌理盐务行政,场警编制,仓坨管理,及盐之检验收放事宜。稽核总所及所属机关掌理盐税征收,稽查,盐斤收放,及编造报告事宜。(盐法第三十三条)

【盐(鹽)务杂款银两】【史】所谓盐务杂款银两,乃指各省盐课以外所应征收之其他额余杂费款项而言,经征官员一一征收奏销,违者依本条予以处分。清之六部处分则例(卷二十一)户属盐法篇设有盐务杂款银两之条:"各省应征盐务杂款银两,如四川之羡余,长芦之领费告费,山东之杂项公费,两浙之引规耗羡,两淮之耗羡规费,广东潮桥各埠之公费扬脚杂项,广西之秤头盐羡,土司余盐价羡,具系年额应征之项,如奏销时有不年清年款者,将经征官照杂项钱粮未完例议处。"又:"两浙各场征收契税银两,每年五月由运使截数造报,如经征官逾限未完,照杂项钱粮未完例议处。"

【盐(鹽)票】【史】又称盐引即贩卖盐之证书也。(详盐引条)

【盐(鹽)船失风失火】【史】盐船谓装运盐斤之船舶也,失风谓遇风失事也,失火则谓因火失事也。清之六部处分则例(卷二十一)户属盐法篇设有盐船失风失火之条:"盐船失风失火,责成州县官会同营员查勘确实,限一月内出揭通详,盐道于详到之日起限半个月内檄转,以凭饬商补运,限三个月过所运岸,仍令沿途督抚及该管盐道府州随时查察,如官弁等有勒索掯搁及受贿扶同捏报情弊,即指名题参革职治罪,如不详悉勘讯辄行结报,后经查有者不实,罚俸一年。"

【盐(鹽)场】【行】(详场产条内)

【盐(鹽)场公署】【行】Office of salt ground 产盐地方各设盐场公署,掌理该管区域内盐之制造贮藏捆运,及管理场警征收灶荡场课事宜,各公署置场长一员,其下设佐理员事务员若干人,场长由盐运使遴选呈请盐务署核转财政部荐任,其运副所辖场长则由运副会同盐运使呈由盐务署核转财政部荐任,佐理员由场长遴选呈请盐运使运副委任,事务员由场长委任之,惟须呈报盐运使运副查核,此外场长于必要时得秉承盐运使运副调遣该管区域内缉私舰队。(盐场公署组织章程第一—四条、第七—九条、第十二条)

【盐(鹽)场公署组织章程】【行】本章程于民国十八年十月十二日公布,同日起施行,全文共十四条。(参盐场公署条内)

【盐(鹽)场管理通则】【行】本通则于民国二十一年六月二十一日由财政部公布,同日施行,全文分为六章:第一章总则,第二章监制,第三章督收,第四章监配,第五章征课,第六章附则。

【盐(鹽)钞】【史】为宋代贩卖盐商之证书,而明清时代之盐引,事物纪原(卷一):"兵部员外郎范祥始为钞法,令商人就边郡入钱至解池,请任私卖,得钱以实塞下,行之既久,盐价时有低昂,又于京师置都盐院也。"

【盐(鹽)运使】【行】Salt commissioner 于产盐区域管理盐务行政事宜所设之机关,为盐运使公署,主持该公署者为盐运使,简称运使,其设置地方及管辖区域由财政部指定之,盐运使由财政部呈请简任,受财部盐务署监督执行法定职务,盐运使公署内设置总务课场产课运销课,各设课长一人,课员秘书若干人。(盐运使公署章程第一—六条)

【盐(鹽)运使公署章程】【行】本章程于民国十八年九月公布,自公布日施行,全文共九条。(参盐运使公署条内)

【盐(鹽)课初参】【史】初参,谓初次被纠弹也(初参之后,并限于一定期限内催征,如又不完,则再纠弹,是曰复参)。盐课乃指盐务所榷之税而言,本条为关于初参之规定。清之六部处分则例(卷二十一)户属盐法篇设有盐课初参之条:"盐运使提举司分司场大使等,官系专管盐务之员,欠不及一分者停其升转,罚俸六个月,欠一分者罚俸一年,欠二分者降职一级,欠三分者降职二级,欠四分者降职三级,欠五分者降职四级,具令载罪督催,完日开复,欠六分以上者革职。"又:"盐政合计所属初参欠不及一分者,停其升转,罚俸三个月,欠一分者罚俸一年,欠二分者降俸二级,欠三分者降职一级,欠四分者降职二级,欠五分者降职三级,欠六分者降职四级,具令载罪督催,完日开复,欠七分以上者革职。"又:"兼管盐务之知县知州知府直隶州知州道员布政使,欠不及一分者,停其升转,欠一分以上者降俸一级,欠二分三分者降职一级,欠四分五分者降职三级,欠六分七分者降职四级,具令载罪催停其升转,完日开复,欠八分以上者革职。"又:"督抚兼管通省粮饷,其盐课考成,欠一分者罚俸三个月,欠二分者罚俸六个月,欠三分者罚俸九个月,欠四分者罚俸一年,欠五分者降俸一级,欠六分者降俸二级,欠七分者降职一级，欠八分者降职二级，欠九分者降职三级，欠十分者降职四级，具停其升转，载罪督催，完日开复。”

【盐(鹽)课接征接催】【史】盐课，谓盐务所榷之税也。接征，谓新任官继旧任官而征收盐课，接催谓新任者，继旧任者，催征盐课也。本条为关于接征接催间期间之规定。清之六部处分则例(卷二十一)户属盐法篇设有盐课接征接催之条：“接征接催官员，以到任之日为始，州县大使等官限一年接征，市政使道员知府直隶州知州运使等官限一年半接催，督抚限二年接催，如限满不完，题参之日，照现在未完分数依初参例处分。”又：“署事官经征督催处分，具照现任官例议处，署印不及一月者免议。”

【盐(鹽)课复参】【史】盐课，谓盐务所榷之税也。专管或兼管盐课征收之官员被初次纠弹之后，仍于一定期限内未能催征完楚者，应再受纠弹，是曰复参。清之六部处分则例(卷二十一)户属盐法篇设有盐课复参之条：“盐场大使被参后，限一年全完，如限满不完，不复作分数，仍照原参分数题参，照州县官地丁钱粮例：原欠不及一分年限内不全完者，降一级留任，再限一年催征，如又不能完，照所降之级调用，原欠一分年限内不全完者，降三级调用，若年限内果能上系催征，现止一二厘未完者，议以降三级留任，再限一年催征，如又不能完，照所降之级调用。原欠二分年限内不能全完者，降四级调用，原欠三分年限内不能全完者，降五级调用，原欠四分以上年限内不全完者革职。”又：“分司被参后，限年半全完，如限满不完，照场大使例议处。”又：“盐运使提举司被参后，限年半全完，原欠不及一分，年限内不全完者，降一级载罪督催，再限内不全完者降二级，载罪督催，三限内仍不全完，降三级调用，原欠一分至四分以上年限内不全完者，具照大使例处分。”又：“盐政被参后限二年全完，如限满不完，原欠不及一分者罚俸一年，一分以上者降俸二级，二分以上者降职一级留任，三分以上者降职二级留任，完日开复，原欠四分以上者降三级调用，五分以上者降四级调用，六分以上者降五级调用，七分以上者革职。”又：“兼管盐务之州县官被参后，限一年全完，如年限内不完，不复作分数照原参分数处分，原欠不及一分，一年内不全完者，降一级留任，再限一年载罪催完，如再不完，照所降之级调用，欠一分二分年限内不全完者，降三级调用，三分四分年限内不全完者，降四级调用，五分六分年限内不全完者，降五级调用，七分以上限不全完者革职。”又：“兼管盐法之知府直隶州知州并布政使各道被参后，限一年半全完，原欠不及一分，年限内不全完者降职一级，停其升转，完日开复；一分二分年限内不全完者，降三级调用，三分四分年限内不全完者，降四级调用，五分六分年限内不全完者，降五级调用，七分以上年限内不全完者革职。”又：“兼管盐法之督抚被参后。限二年全完，原欠不及一分，二年内不全完者，停其升转，一分二分二年内不全完者，降职一级，三分四分二年内不全完者，降职二级，五分六分二年内不全完者，降职三级，七分八分二年内不全完者，降职四级，九分十分二年内不全完者，降职五级，具令载罪督催，完日开复。”

【盐(鹽)质检查员】【行】在盐场所设置关于检查盐质之人员，曰盐质检查员，凡盐存入仓坨前，均应经其检定。(盐法第十七条)

【盐(鹽)铁使】【史】汉武帝时,以孔仅掌盐铁事。唐中叶始置盐铁使,以掌运盐铁之税,宋因之,属三司使。

二十五画

【粜(糶)借仓谷】【史】粜，谓出卖米谷也，借谓假贷于人也。仓谷谓存贮仓中之米谷也。凡出卖或出借仓中所贮之米谷，均须依法为之，违者，其地方官应受处分。清之六部处分则例(卷二十七)户属盘查篇设有粜借仓谷之条:“出粜仓谷出借仓谷地方官不实力稽查致生监书役包买渔利勒措出入者，降一级调用，故为容隐者革职。”又:“仓谷出粜出借之时，地方官不严禁囤户者，革职。”又:“地方官将仓谷私借与民者，以监守自盗论，如私借之项一年内代民全完，准其复还原职。”又:“仓谷出陈易新之例，各省不同，如地方官有抑勒派领者，照勒派采买例降三级调用，有搀和糠秕灰土者，照搀和漕粮例革职，其歉岁出借仓粮，有借非实借者，照侵盗律治罪，还非实还者，照捏报全完例革职，该上司徇庇不参，降三级调用，失察者降一级留任。”又:“百姓领谷还谷之时，如有吏役需索等事，将该管官分别失察故纵照例议处。”又:“州县官出借常平仓谷及子种口粮，具令该上司察檄，完欠数目，如有未完在一百石以上，将州县官照承追杂项钱粮例咨参议处。若该年因灾停缓，即归人应征年分统檄完欠实数，分别开参。”

【粜(糶)籴敛散】【史】卖米曰粜，买米曰籴，旧制丰年米价低落时，收买存积称曰籴敛，凶岁米价高昂则开仓廉价发卖称曰粜散。按籴敛粜散之法始自管子，至李悝之平籴法，其制始备。后世之常平仓义仓等皆仿效之。文献通考—马端临谓:“今言粜籴敛散法，始于齐管仲魏李悝，管仲之意主于富国，李悝之意主于济民。”

【蛮(蠻)苗扰害】【史】蛮，为南夷之别称，苗为我国西南未开化之民族，湖南贵州广西最多，云南四川亦有之，如有叛乱侵犯或攻陷城池等事发生，专管兼管各官，以及其他文武员弁应负相当责任而受一定处分。清之六部处分则例(卷四十)兵属边院篇有蛮苗扰害条之设:“野贼苗蛮扰害地方及无土官管辖之生苗为盗，如有攻陷城寨烧毁仓库者，专管兼辖各官具革职，统辖官降二级调用，督抚降二级留任，若焚劫乡村抢掳男妇，杀伤兵民者，专管官革职，兼辖官降二级调用，统辖官降二级留任，督抚降一级留任。”又:“蛮苗杀劫或倚山负险或恃众窝藏专讯文武员弁，各率兵役协力擒拿，如有缉捕迟延藉端推诿，令该员弁互相揭报题参，将迟延推诿之员，降一级调用。”又:“熟苗(有土司管辖者为熟，苗)侵犯城池及聚众六七十人以上为盗未经获贼之先，将该文武各官停升，俟获犯后讯明来去踪迹，如盗自外来，将专管之武职降二级调用，兼辖之文职同城者降一级调用，不同城者降一级留任，武职统辖官降一级留任，文职统辖官罚俸一年，如盗自内起将专管之文职降二级调用，兼辖之武职同城者降一级调用，不同城者降一级留任，文职统辖官降一级留任，武职统辖官罚俸一年。若系人数无多寻常盗案扣限四个月查参，将该地方官初参停升，限一年缉拿，限满不获，罚俸一年，贼犯照案缉拿。”

【观(觀)望权】【物】Right of prospect　所谓观望权者，自表面视之，似为许其观望之权，然其内容实为关于观望权之制限。易言之，即自他方制限其观望之权也。我国民法未设明文，惟日本民法有此规定，其要件有四：(1)须双方皆为宅地。(2)须系在窗户或椽廊之观望。(3)须系从疆界线未满三尺之距离内方为适用。(4)须附以遮栏。

【观(觀)察使】【史】唐分天下为十道置巡按使(或曰巡察使)以管辖之，寻改为按察使(景云二年)，开元二年改为采访处置使，乾元元年改为观察使(或曰观察处置史)，其有兵事之地则另置节度使。事物纪原："唐明皇开元二年置十道按察采访处置使，肃宗改为观察处置，新唐书方镇表曰，至德元年，置观察使。"又一说则谓唐初置观察使位亚于节度使后为节度使兼职，即无节度使设置之州，亦特设之，领一道或数州，且兼领刺史，宋之州有观察使，政和时，改为承宣使。至清时俗称道员为观察即民国所谓之道尹也。寻废，今之行政督察专员，与之近似。

【观(觀)察处置使】【史】(详观察史条内)

二十七画

【谳(讞)】【史】对于罪狱之评议,谓之谳。如加以决定者,则谓之定谳。

【谳(讞)于公】【史】对于公族之刑事,被告案件于讯问完毕后,罪状判明时,法官应即将其案件情节白之于三公之前、是曰谳于公,使其议刑。礼记一文王世子篇:“公族无宫刑,狱成,有司谳(议狱也)于公,其死罪则曰某之罪在大辟。”

【谳(讞)狱集】【史】书名,十三卷,元绛撰,事见宋史艺文志刑法类。

【谳(讞)牍】【史】审理诉讼事件时,所为之记录,谓之谳牍。

【銮(鑾)仪卫】【史】清改明之锦衣卫为銮仪卫,于皇上行幸及皇后等巡行之际,掌卤簿仪仗等之事。

三十三画

【粗(麤)糙纰薄】【史】织物之制造不精者曰粗糙,粗一作麄,素质恶劣者称曰纰薄。明律(卷二十九)、清律(卷三十六)工律营造篇——造作不如法之条:"织造缎匹粗糙纰薄者各笞五十,若不堪用及应改造者,各并计所损财物及所费。"

补 遗

【一夜连劫】【史】(详连劫条内)

【人命限期】【史】谓各省审理人命案件应于一定期限内完结也。清之现行则例(即刑部现行则例)公式篇有人命限期条之设:"直隶各省人命事件,限六个月完结,如有逾限不结者,议处。"

【上司驳审】【史】上司,谓直辖之上级机关或上级官吏也。驳审乃包含改正或驳回或委员审定而言,对于上司驳审如有错误或失当,均须依照本条之规定分别处分。清之六部处分则例(卷四十八)刑属审断下篇,设有上司驳审之条:"州县承审事件,定拟招解,经上司按律改正或驳回另拟或委员审定,该抚均于题咨内据实声明俟刑部核覆后,系州县官原拟错误者。即照部驳改正例按其罪名出入,分别议处。其并无出入,只系供情疏漏者,照不取紧要口供例议处,系援引拘泥者。罚俸一年,若原拟本无错误,系由上司改拟失当,将该上司亦照部驳改例议处,州县官免议,若州县原拟实系错误,于上司驳饬之后,仍自固执原详复经上司及委员审正,即照各本例议处",又:"州县原谳情罪果与律例吻合,经上司故意混驳,许承审官抄录原审供册,并批驳案卷,直揭三法司刑科查核是实,将混驳之上司照失入失出例议处,如上司批驳允当,系州县官固执原拟混行揭告者,革职治罪。"

【子孙承继】【史】谓子孙承袭父祖官荫与继承父祖之家财田产地。大明令户令篇——设有子孙承继之条:"凡嫡庶子男除有官荫袭先尽嫡长子孙,其分析家财田产,不问妻妾婢生,上依子数均分,奸生之子依子数量与半分,如别无子立应继之人为嗣,与奸生子均分,无应继之人,方许承绍全分。"

【干分婚娶】【史】干分婚娶谓干犯辈分之婚姻嫁娶也,此与我国古礼关系甚大故为法律所严禁。清律及例之规定如下:(一)同姓为婚,各杖六十离异,妇女归宗,财礼入官。(二)外姻有服尊属卑幼其为婚姻,及娶同母异父姊妹,若妻前夫之女。各以亲属相奸论,并离异财礼入官。(三)父母之姑舅两姨姊妹及姨若堂姨母之姑堂姑,已之堂姨及再从姨,已之堂外甥女若女婿之姊妹及子孙妇之姊妹,并不得为婚姻,违者各杖一百,并离异财礼入官。(四)已之姑舅两姨姊妹为婚,听从民便。(五)娶同宗无服亲及无服亲之妻,各杖一百,缌麻以上亲之妻并舅甥妻被出及已改嫁而娶为妻妾杖八十,娶同宗缌麻亲之妻及舅甥妻各徒一年,缌麻以上亲之妻并舅甥妻被出及已改婚而娶为妻妾,杖八十,娶小功以上之妻.各以奸论,缌麻以上亲之妻并舅甥妻被出及已改嫁而娶为妻妾杖八十,妾各减妻二等,并离异,财礼入官。(六)前夫子女与后夫子女苟合成婚,以娶同母异父姊妹律科断。(七)收父祖妾或收伯叔母不问被出改嫁,各斩决。(八)兄亡收嫂或弟亡收弟妇,不问被出改嫁，各绞决，如系乡愚不知例禁，曾向亲族地保告知成婚者，改拟绞候入情实，由父母主令婚配者，秋审时核其情罪另行定拟，知情不阻之亲族地保，各杖八十。(九)收伯叔兄弟妾，照奸伯叔兄弟妾律减妻一等，流三千里。(十)娶同宗缌麻以上姑姪姊妹各以奸论。

【元告合就被告】【史】元告即原告，凡诉讼事件牵连二处法院管辖区域者，原告所受管辖之法院应移文被告所在地之法院归其审讯，即所谓以原就被之原则也。大明令刑令篇对此设有元告合就被告之专条："凡词讼事干两处州县者，元告官司申牒被告府分归问。"

【公事自觉改正】【史】处理公家事务或办理公文书时如自己发觉错误而即举发改正，是曰公事自觉改正。大明令吏令篇——设有公事自觉改正条："凡公事失错自觉举者，免罪，同僚应连坐者，一人觉举，余人皆免罪，其断罪差错已论决者，不用此令。"

【公事程限】【史】所谓公事计有二义，一为公家之事即政务之谓，一为公文书，程限谓来往路程中或应办完之期限也，大明令吏令篇——设有公事程限之条："凡内外衙门公事，小事五日程，中事七日程，大事十日程，并要限内结绝，若事干外郡官司追会或踏勘田土者，不拘长限。"

【分财析产】【史】分财析产，即分析家财及田产，换言之即财产之分割也。清律及例之规定如下：(一)同居卑幼不由尊长私擅用本家财物，十两笞二十，二十两笞三十，三十两笞四十，四十两笞五十，五十两杖六十，六十两杖七十，七十两杖八十，八十两杖九十，九十两，罪止杖一百。(二)同居尊长应分与卑幼家财不均平者，十两，笞二十，二十两笞三十，三十两笞四十，四十两笞五十，五十两杖六十，六十两杖七十，七十两杖八十，八十两杖九十，九十两罪止杖一百。(三)祖父母父母在，子孙分财异居，杖一百，须祖父母父母亲告乃坐，父母许令分析者听。(四)居父母丧兄弟别立户籍分异财产，杖八十，须期亲以上尊长亲告乃坐，或奉遗命不在此律。(五)分析家财田产不问妻妾婢生，止以子数均分，奸生之子依子量与半分，如别无子，立应继之人为嗣，与奸生子均分，至户绝财产果无同宗应继之人亲女承受。(六)告争家财田产，但系五年之上，或虽未及五年，验有亲族写立分书。已定出卖文约是实者，断令照旧管业，不许重分再赎告词立案不行。(七)一子不许出赘，其招婿养老者，仍立同宗应继者一人承奉祭祀，家产均分。如未立继身死，从族长依例议立。

【反叛干连】【史】谓因反叛罪案而牵连受罪也。清之现行则例(即刑部现行则例)名例篇设有反叛干连之条："反叛干连流罪人犯，俱流徙宁古塔，其叛案牵连流犯身故，妻子免其流徙，反案牵连流犯，身故有子者，仍流徙，无子者免其流徙。"

【户绝财产】【史】家无男子无应继之人，是曰户绝，所遗财产，谓之户绝财产。大明令户令篇——设有户绝财产之条："凡户绝财产果无同宗应继者，所生亲女承分，无女者入官。"

【文武移会协拿】【史】文武谓文员与武弁，移会协拿谓先行访知应缉捕之盗案之一方应移文于他方以便共同从事捕拿也。其不即进行协拿者应受处分。清之六部处分则例(卷四十六)刑属提解篇——文武移会协拿条:“凡本境缉捕事务,如文员先行访知,即移会武弁,合力协拿,或武弁先行访知,即移会文员合力协拿,如已准移会,不即添差兵役协拿者,系寻常案犯罚俸一年,系命盗等案重犯降一级调用。”又:“隔属通缉要犯,文到之日如文武衙门不互相移会协拿者,均降一级调用。”

【火器杀伤】【史】所谓火器乃指鸟枪竹铳铁铳等而言,杀伤谓杀死人或伤害人。清律及例之规定如下:(一)因争斗擅将鸟枪竹铳施放因而伤人者照故杀斩候,如仅伤人时系旗人发宁古塔,系民人则发四省烟瘴少轻充军。(二)卑幼放鸟枪竹铳致伤期亲尊长外祖父母者绞决,若非有心干犯或系误伤及情有可悯者,绞候。(三)奸盗抢窃并罪人在逃犯该满流,如拒捕施放鸟枪竹铳伤人,按刃伤折伤应拟死罪者分别问拟斩绞监候。(四)各省深山邃谷及滨海居民应需鸟枪守御者报明地方官,照营兵尺寸制造,上列姓名编号立册,按季查点,如有不报私造者,杖一百枷号两个月,私藏者杖八十,枷号一个月,仍各按律每一件加一等,罪止满流。(五)失察私造私藏鸟枪之州县官,一年内一次者降一级留任,一年内二次者降一级调用,府州一年内一次者罚俸一年,一年内二次者降一级留任,自行起获究办及给价收缴者均免议。又失察私造私藏竹铳之州县官罚俸六个月失察私造私藏铁铳者罚俸九个月,如自行起获究办及给价收缴者均予免议。

【代赔】【史】代赔谓责令代行赔偿所侵欺之钱粮也,例如州县侵挪亏空令该管府州代赔是。清例之规定如下:(一)州县侵挪亏空,该管府州扶同出结,有心徇隐者革职离任,先于本犯名下勒限严追挪移之项,三年全完,府州一体开复,侵欺之项,一年全完该府州准其开复,不能于一年限内全完,即行革任,亦失于觉察不行揭报,革职留任,先于本犯名下勒限严追挪移之项,三年全完,府州一体开复,侵欺之项一年全完,该府州准其开复,不能于一年限内全完,即行革任。(二)州县侵挪亏空,本犯三限不能全完,查明实系家产全无将未完之项著落该府州赔补。(甲)扶同徇隐尽数独赔,一年限内全完开复,二年限内全完降一级调用,三年限内全完降二级调用,三限既满,虽照数赔补,亦不准开复降补。(乙)不行揭报分赔一半,一年限内全完开复,二年限内全完开复罚俸一年,三年限内全完降一级调用,三限不完不准开复仍行追赔。(三)亏空之项无论是侵是挪,著落不行揭报之府州分赔五成,藩司道员各二成,巡抚一成均照代赔例限分年完缴。(四)州县侵欺钱粮,府州徇隐,著落代赔之项,若三限已满尚未赔完,按未完分数治罪,五分以内杖一百,六分徒一年,七分徒一年半,八分徒二年,九分徒二年半,十分徒三年,以上均不准纳赎。(五)州县侵欺,该管道员扶同徇隐,与府州一体参革分赔,失于觉察,同城降三级留任,不同城降一级留任,州县挪移,该管道员不预行揭参,降一级留任。(六)知府直隶州侵挪钱粮,该管道员照府州例办理。(七)督抚题参亏空,于疏内将该管上司应否分赔一并查明具题,若不声明降三级调用。(八)州县各官恃有上司分赔之例,故将库银藏匿假捏亏空,即著落本犯独赔。

【出使分例】【史】奉特殊使命出外之大员曰出使,分例,谓正官及随从人等所支分之米石之成例。大明令礼令篇——有出使分例条之设:"凡经过使客正官一名,支分例米三升,从人一名支米二升。宿顿使客正官支米五升,从人支米三升,水路俱支经过分例,陆路遇晚关宿顿分例。"

【出使受状】【史】奉令出外差使人员,曰[①]出使,受状谓接受告状及审理罪囚也。出使受状为法所不许。大明令刑令篇——设有出使受状之条:"凡差使人员不许接受词状,审理罪囚,违者以不应论。"

【出使从人】【史】出使谓出外奉令从事于特种使命之大员,从人指随带之人员,大明律礼令篇——设有出使从人之条:"凡出使人员关支分例应合将带从人名数一品十,从二品八,从三品四品六,从五品四,从六品七品三,从八品九品二,从掾史,令史,书史,知印宣使奏差二,从军官不在此限,其水站乘船正官一名,许带行李二百斤,从人一名许带行李五十斤,马站驰驿每马一匹,稍带行李,不过十斤,驰驮马一匹,不过六十斤,多余夹带者,俱以不应论罪。"

【出妻背夫】【史】出妻谓夫方宣告与妻脱离婚姻关系也。背夫谓妻弃夫而自行脱离也。清律及例之规定如下:(一)妻无应出之条及义绝之状而擅出,或义绝应离而不离,杖八十,追还完聚,两愿离者不坐(七出谓无子,淫佚,不事舅姑,多言,盗窃,妒忌,恶疾,三不去与更三年丧,前贫贱后富贵,有娶无所归)。(二)虽犯七出有三不去而出之者,杖六十,追还完聚,犯奸者不在此限。(三)(甲)背夫在逃,杖一百,辄自改嫁绞候,妾各减二等,若由妇女期亲以上尊长主婚改嫁,罪坐主婚,妻妾止得在逃之罪。(乙)因夫逃亡三年内不告官逃去,杖八十,辄自改嫁杖一百,妾各减二等,若由妇女期亲以上尊长主婚改嫁,罪坐主婚,妻妾止得在逃之罪。(丙)婢背家长在逃,杖八十,辄自改嫁,杖一百,富主或知情娶者各与妻妾奴婢同罪,至死减一等,不知者不坐,财礼给还。(四)期约已至五年无过不娶,及夫逃亡三年不还,并听经官告给执照别行改嫁,亦不追财礼。

【加拿大自治邦宪法】【宪】加拿大据北美洲之北部,南与美利坚相接,东滨大西洋濒太平洋,西北与英属阿拉斯加相连。北沿北冰洋面积三百七十三万方哩,人民约八百九十万大部为英人后裔,散居于东部南部及西南部,至于中部则为印第安土人所居惟人数仅有十余万人耳,北部有爱斯基麻人,为数不多,按加拿大初为法兰西所据。筑城于魁百克,英人亦于赫德森流域经营殖民事业,两国竞争颇烈,一七六三年英法战争之役后法国遂退让离加,全境遂为英人所占有,一八四八年太平洋沿岸亦为英人所得,一八五八年设立殖民地。经英人之移殖与经营遂成为今日广大之加拿大自治邦(Dominion of Canada)政治区分为九省二地方,其根本大法——宪法亦为若干集合而成其最重要者为一八六七年三月二十九日由维多利亚女王所颁布之不列颠北美法,分为十一段,共一百四十七条:一、序言。二、结合。三、行政权。四、立法权。邦参议院,邦众议院,财政案。五、省组织,行政权立法权。六、立法权之分配,邦议会权力,各省议会之专有权,教育,法律之划

---

① 原书为"日",系排版之误。

一，农民及移民人[①]口。七、司法权。八、岁入债务资产税课。九、其他规定。十、殖民地间铁道。十一、其他殖民地之加入，兹将其要点列举如下：(一)行政权应继续属于国王(原文为女王)，而以总督代表国王行使之，为辅助及参赞加拿大政府起见应设行政会议，定名曰加拿大枢密院。其人选由总督任免之。国王为加拿大陆海民军大元帅并有统率全权，如国王认为适当时得依法授权总督使得随时任命加拿大境内各部分之副省长以代表总督执行其任内之权力，责任与职务，但应依照国王表示或颁发之限制谕旨行之，该副省长之任命并不影响于总督本职所应行使之权力，责任与职务。(二)立法权由国王(原文为女王)及邦参议院邦众议院所组织之邦议会行使之，每年最少举行开会一次。(三)邦参议院以议员七十二人组成之(一九一五年法定为九十六人惟不得超过一〇四人)议员之资格如下：(1)年龄满三十岁者。(2)应为土生籍民或为依照法令经不列颠国会或不列颠与爱尔兰联合王国国会或加拿大在结合前各省之议会或在结合后加拿大之联邦议会核准入籍成为英国籍民者。(3)应在其指定之省分内占有依普通法或衡平法得有为其本身利用之地或租地之终身继承产，其为自由及普通之固定免役租地者。或占有或享有为其本身利用之地或租地，其为完全自由嗣产或免去封建赋税之租地者，其价值应在除去一切租捐债款抵押等以外仍为四千元者。(4)其动产与不动产在除去其一切债务及负欠以外应共值有四千元者。(5)应为其指定之省分内之居民者。(6)属于魁百克省者应在其指定之选举区内具有不动产之资格或为该区之居民者。邦参议员依照本法之规定应为终身职，其有因辞职死亡或其他缘由出缺时应由总督依令召集合格者补充之。参议院议长由总督随时任免参议员一人充任。(四)邦众议院依本法之规定应以议员一八一人组织之，关于选举人之资格被选人之资格以及选举之手续等除加拿大邦议会另有规定外，在结合时均依各省现行法律之规定办理(但有例外规定)。议院之议长一人，由议员互选之，议院之开会应有议员最少二十人出席始为合法，议员任期以五年为限议员之分配应依本法所定之比例(第五十一条)为之，至其名额则得由邦议会随时增加之。(五)公款之开支及税赋之征收，均须由邦众议院创议之，邦议会两院通过之法案提请总督转呈国王批准时总督得便宜公布之，准须受本法之规定及国王谕旨之限制总督以国王名义核准法案时，应从速将该法案抄正一份资送主管部长，于到达两年内如经御前会议不与核准时，其批驳理由经总督以口头或书面转达邦议会各院或经布告时自通告之日起该项法案即为无效。至于保留御批之法案除于提呈总督转呈御批日起两年内经总督以口头或书面转达邦议会各院或经布告声明该法案业已奉御前会议之批准外，应不发生效力。(六)每省应有长官一人称为副省长由总督依枢密院之同意任命之，其任期以由总督便宜定夺为原则，各省并设行政会议以副省长随时认可之人选组织之(某种官吏有被选优先权)。总督经枢密院之同意得于副省长告假疾病或失去能力期中任命行政官一员代其执行职权。(七)省之立法权由副省长及一院或两院所组织成之省议会组织之(自第六十九—九十条设有详细

① 原书为“人”，系排版之误。

规定)。(八)邦议会之立法权及于下列各事项:(1)公债及公产。(2)商务及贸易之规则。(3)筹募经费方法或税务制度。(4)以公共信用借款。(5)邮政。(6)人口调查及统计。(7)民团海陆军服役及防御。(8)为加拿大政府之文官及其他官吏薪俸及公费之规定与筹措。(9)航路标识,浮标,灯塔。(10)航海及海道运输。(11)防疫及海上医院之设施。(12)海岸及内地渔业。(13)一省与大不列颠或外国或省与省间之轮渡。(14)币制及印铸。(15)银行业务银行之立案及纸币之发行。(16)储蓄银行。(17)度量衡。(18)汇票及期票。(19)利息。(20)法定票。(21)破产及不足清偿债务产业。(22)发明及发现之注册。(23)版权。(24)印第安人及为印第安保留地。(25)归化及侨民。(26)结婚及离婚。(27)刑法,除刑事辖理法庭之组织外包括刑事诉讼。(28)反省院之设立维持与管理。(29)依本法指归各省议会专辖之各类事宜,以外之事项。(九)各省议会之专有权(第九十二条列举十五项)。此外省议会对于教育亦得制定法律对于本省农业及移民进省亦得制定法律(但不得与邦议会所制定者抵触)。(十)司法权属于法院。除 Nova Scotia 及 New Brunswick 二省境内之遗嘱检查法庭之法官外,每省最高法院,地方法院及郡法院之法官概由总督任命之,若干法院之法官并应从律师公会中分别选任之。邦议会得随时为加拿大公众上诉法庭规定其组织维持与系统,并得随时增设额外法庭而不受本法之限制。(十一)关于岁入,债务。资产及课税之规定(第一〇二条——一二六条)。(十二)其他规定(第一二七条——一四四条)关于殖民地间铁道及关于其他殖民地之加入之规定(第一四五条——一四七条)。

【北洋大臣】【史】为清之官名。(详南洋大臣条内)

【古今法制表】【史】书名,十六卷,富顺孙荣编。

【司狱】【史】司狱为专事管理囚禁之官,每府均设置之,州县则否,大明令刑令篇——设有司狱之条:“凡各府司狱专管囚禁。如有冤滥,许令检举申明,如有本府不准,直申宪司,各衙门不许差占,府州县牢狱仍委佐贰官一员提调,其男女罪囚须要各另监禁,司狱官常切点视,州县无司狱去处提牢官点视,若狱囚患病,即申提牢官验实给药治疗,除死罪枷杻外,其余徒流杖罪囚人,病重者开疏枷杻,令亲人入视,笞罪以下保管在外医治,病痊依律断决,如事未完者,复收入禁,即与归结。”

【外官食俸】【史】京师以外各省各地方之官吏称曰外官,与京官相对称,食俸即官吏从事于职务所获得之薪金也。清例之规定如下:(一)正或从一品者每年一百八十两,每月十五两,每日五钱。(二)正或从一品者每年一百五十五两。(三)正或从三品者,每年一百三十两,每月十二两九钱一分六厘六丝六忽,每日四钱三分五毫五丝五忽。(四)正或从四品,每年一百零五两,每月八两七钱五分,每日二钱九分一厘六毫六丝六忽。(五)正或从五品,每年八十两,每月六两六钱六分六厘六毫六丝,每日二钱二分二厘二毫二丝二忽。(六)正或从六品,每年六十两,每月五两,每日一钱六分六厘六毫六丝六忽。(七)正或从七品,每年四十五两,每月三两七钱五分,每日一钱二分五厘。(八)正或从八品,每年四十两,每月三两三钱三分三厘三毫三丝三忽，每日一钱一分一厘一毫[①]，一丝一忽。(九)正或从九品，每年三十二两，一钱一分五厘，每月二两七钱五分九厘五毫八丝，每日九分一厘九毫八丝三忽。(十)未入流者，每年三十一两五钱二分，每月二两六钱二分六厘六毫六丝，每日八分七厘五毫五丝五忽。(十一)试用官，委署升迁事故员缺准支俸银，如系暂署差缺，则不准支给俸银。

【外省盗案】【史】外省指京师以外之各省分而言，关于盗劫案件之各官处分，依本条规定办理。清之六部处分则例(卷四十一)刑属盗贼上篇外省盗案条："凡道路村庄被劫，以失事之日起，扣限四个月，盗犯未获，题参疏防，将承缉州县印，补官住俸，限一年缉拿，限满不获，降一级留任再限一年缉拿，三限不获，再留任一年缉拿，四限不获，照所降之级调用，盗犯交与接任官，照案缉拿；捕盗厅员，初参停升，罚六个月，限一年缉拿，限满不获，罚俸一年，盗犯照案缉拿，同城府州，初参停升，罚俸六个月，限一年督缉，限满不获，罚俸一年，盗犯照案缉拿，不同城府州，初参罚俸六个月，限一年督缉，限满不获，罚俸一年，盗犯照案缉拿，其沿江地方设有巡江官员者，如有疏防，将巡江不力之员，罚俸一年。"又："城内民居被劫，照限题参疏防，将承缉州县印捕官住俸，限一年缉拿，限满不获，降一级调用，盗犯交与接任官，限年缉拿，同城捕盗厅员，初参住俸，限一年缉拿，限满不获，降一级调用，盗犯交与接任官照案缉拿，同城府州，初参住俸，限一年督缉，限满不获，降二级留任，盗犯照案缉拿，同城道员，初参，罚俸一年，限一年催缉，限满不获，降一级留任，盗犯照案缉拿，不同城之府州捕盗厅员道员，均照道路村庄被劫例议处。"又："官署被劫，仓库监狱有失者，照限题参疏防，将承缉州县印捕官革职留任，勒限一年缉拿，全获开复，限满不获，革职，盗犯交与接任官限年缉拿，同城之捕盗厅员，初参革职留任，限一年缉拿，全获开复，限满不获，革职，盗犯交与接任官照案缉拿，同城府州，初参，降三级留任，同城道员初参，降一级留任，均限一年催缉，全获开复，限满不获，均照所降之级调用，盗犯交与接任官照案缉拿，限满不获。照所降之级调用。盗犯交与接任官照案缉拿，不同城道员，初参罚俸一年，限一年催缉，限满不获，降一级留任，盗犯照案缉拿，其被案缉拿不同城道员，初参，罚俸一年，限一年催缉，限满不获，降一级留任，盗犯照案缉拿，其被劫之本署官库狱有失，即照印捕官例议处，若仓库监狱无失，将承缉督缉各官，俱照城内民居被劫例按限参处，本署官亦照城内被劫印补官例议处。"又："省城内被劫，总督及无总督省分之巡抚，俱罚俸六个月。"又："驻扎城外大小文武衙门官署被劫照例题参疏防，将承缉州县印捕官住俸，限一年缉拿，限满不获，降一级留任，再限一年缉拿，限满不获，照所降之级调用，盗犯交与接任官，限年缉拿，其补盗厅员府州道员，仍照道路村庄被劫例议处，本署官有管辖兵民之责者，即照承缉印捕官例议处。"又："盗案疏防失事地方，系吏目典史管辖者，将吏目典史查参，系巡检管辖者，将巡检管辖者将巡检查参其补盗同知通判州同州判等官有分防地面者，亦照此例"，又："盗案疏防日期，在各官带印公出期内者，初参免其处分，应停升者，仍停升，其二三四参，仍各

---

① 原书为"忽"，系排版之误。

照限年缉拿之例办理。"又:"行劫仓库监狱盗犯,承督各官,于疏限内拿获及半,兼获盗首,及窝家窝线者,免议,如在二参限内获犯,即将降留革留各处分,以获盗之日起,扣满三年四年无过,分别开复其年限内能全获者,仍将原处分查销。"又:"城内城外寻常盗案,承督各官于参限内能拿获及半兼获盗首窝家者,将原参处分,均予查销,余犯照案缉拿。"又:"盗案获犯过半,未获盗首,止将承缉印捕官议处,如在初参限内,议以罚俸一年,限一年缉拿,限满不获,罚俸二年,再限一年缉拿,限满不获降一级留任,盗首照案缉拿如在二参限内,议以罚俸二年,限一年缉拿限满不获,降一级留任,盗首照案缉拿,如在三参限内,议以降一级留任,盗首照案组拿,如在四参限内,获犯过半,未获盗首,即将原议降一级留任之案,以获犯过半之日起扣限三年无过开复,若盗首已死,实有确据,无论可参限内,俱准其免议,倘有捏报已死,或借别境已获盗犯,指为本案盗首,别州县亦扶同搪塞,或盗首在该地方隐匿捏报在逃出境。将扶同假借隐匿捏报之地方官,俱革职。"又:"盗案不能究出窝家窝线者,承审官罚俸一年,已供有窝家窝线,承审官将招册删去者革职,其已审有窝家窝线,印捕官获犯及半兼获盗首,而窝家窝线未获者,照承缉盗首例议处。"

【外省会审事件】【史】外省,谓京师以外之各省,会审事件谓由二个以上之衙门派员共同审理之事件。清之六部处分则例(卷四十七)刑属审断上篇——外省会审事件条:"外省会审事件,约期不到者,罚俸一年,偏袒不公者,降二级调用。"又:"距省遥远之州县解审命盗案件,经该督抚臬司指驳,除案情重大者,或令该管知府赴省再审或派员会审。无庸调取原审州县会同讯办,其寻常案件或准令原审州县赴省会审,均听该督抚随时酌量办理外,总不能发回该州县另审,致稽时日,其州县赴省会审之案,如果案情与原招并无出入,即由附省知府审转,仍许原审知府一体列衔申详,倘审有案情错谬,即将承审之州县及率转之知府开参议处。"

【外省监毙人犯】【史】外省指京师以外之各省而言,在外省各监内因病身故者应分别该人犯之处刑种类依照本条规定情形对狱官予以免议或议处。清之六部处分则例(卷四十九)刑属禁狱篇——外省监毙人犯条:"犯人带病进监身故者,管狱官免议。"又:"外解及轻罪人犯患病无人保管提禁散监身故者,管狱官免议。"又:"人犯同时监毙而罪名各异者,照罪名分案议处。"又:"人犯在监病故讯明并无凌虐情事,如系斩绞人犯一案内监毙,一人者管狱官罚俸一个月,二人罚俸三个月,三人者罚俸六个月,四人者罚俸九个月,五人以上者罚俸一年,系军流人犯一案内监毙一人者,管狱官罚俸三个月,二人者罚俸六个月,三人者罚俸九个月,四人者罚俸一年,五人以上者革职,系凌迟重犯及徒罪以下人犯一案内监毙一人者,管狱官罚俸六个月,二人者罚俸九个月,三人者罚俸一年,四人以上者革职,其非一案内人犯仍分案核议。"又:"管狱官将一案内盗犯监毙五人以上者,罚俸一年,其监毙五名非一案及一案内监毙四名以下者免议。"又:"督抚题报监毙人犯,务将本犯所得罪名所患病症,有无凌虐,并轻罪人犯曾否取保提禁各缘由,逐细声明,如有遗漏,将该督抚罚俸一个月,系承审官不行详报罚俸六个月。"又:"秋审情实人犯病故,州县官即行申详,该督抚先行题报,统以十日为限,其派员相验及研究禁卒人等有无凌虐情弊等事，除去程限日期，总以一月为限，另行具文报部如有迟延照事件迟延例议处。”

【外省窃案】【史】外省谓京师以外各省地方，窃案谓窃盗案件，外省官员办理窃案时限满不获者应依本条规定分别予以处分。清之六部处分则例（卷四十一）刑属盗贼上篇——外省窃案条：“外省地方报窃案件赃至百两以上，承缉官限六个月缉拿，限满不获，罚俸六个月，再限一年缉拿，限满不获，罚俸一年，贼犯照案缉拿，若赃已满贯，亦限六个月缉拿，限满不获，罚俸一年，再限一年缉拿，限满不获罚俸二年，贼犯照案缉拿，如限内全获，或拿获首犯，俱免其参处，如全获伙犯而起意为首之犯未获，仍照例查参。”

【失火处分】【史】失火谓因疏失而致焚火延烧房屋，或漕船也。该管地方官应受处分，清例设有下列规定：（一）城内地方失火延烧民房，照五城失火例十间以下，该管州县免议同城府州道员亦免议，十一间以上，该管州县罚俸九个月，同城府州道员罚俸三个月，三十一间以上该管州县罚俸一年，同城府州道员罚俸六个月，三百间以上该管州县降一级调用，同城府州道员罚俸一年，四百间以上该管州县降二级调用，同城府州道员降一级留任，六百间以上该管州县降三级调用，同城府州道员降一级调用。（二）城外村庄失火延烧民房——（甲）无驻扎佐杂地方者，十间以上州县官罚俸九个月，道员府州免议，一百间以上州县官罚俸一年道员府州免议，五百间以上，州县官降一级调用，道员府州免议。（乙）有驻扎佐杂地方，十间以上佐杂官罚俸九个月，州县官罚俸六个月，一百间以上，佐杂官罚俸一年，州县官罚俸九个月，五百间以上佐杂官降一级调用，州县官降一级留任，以上道员府州俱免议。（三）失火延烧官署文卷册籍，该管官罚俸一年，失察书吏携归私室以致被焚，降一级调用，失火延烧仓库该管官罚俸一年，因而损失财物者照监守不慎例议处，失火延烧监狱（并无疏失）该管官罚俸一年，致有疏失照多差解役中途脱逃例，按其罪名分别议处。（四）地方民居失火，又延烧文册仓狱事属相因，各从其重者议结。（五）漕船失火押运官巡查不谨以致烧毁，降一级留任，地方官不行协救延烧别船者罚俸一年。

【失察私拷】【史】私拷谓以非刑私行拷打也，衙役人等如有私拷人犯情事该管官吏应负失察责任而受一定之处分。清例之规定如下：（一）衙役奉差拘提人犯，私用非刑拷逼，未致死者该管官降一级调用，已致死者该管官降二级调用。（二）衙役奉差拘提人犯并未用刑拷逼而正犯及该犯家属有因凌逼吓诈情急自尽者，该管官降二级调用。又故纵衙役滋事者革职。（三）衙役但因斗殴口角别项滋事，无论奉差不奉差，如已酿成人命，该管官降一级调用。如未酿成人命。则降一级留任。（四）人犯到案不行查验有无拷逼伤痕别经发觉，地方官降三级调用。（五）地方总甲保正乡约墟长社长及一切在官人役并已革衙役滋事者如已酿成人命，该管官降一级留任，如尚未酿人命则仅罚俸一年，故纵者革职。（六）衙役藉差滋事被人殴死，地方官降一级留任，若奉差办公并未滋事以及本身私事被人殴死，地方官免予议处。

【平治坟墓】【史】坟墓均为人死葬身之地，封土隆起者谓之坟，平者则谓之墓，平治,谓将他人之坟墓铲掘使平,使不见坟墓之痕迹也。清律及例对此设有下列明文:(一)平治他人坟墓为田园,未见棺椁止一冢,照律杖一百,平治多冢每三冢加一等,罪止徒三年。(二)卑幼平治尊重坟墓,功缌各加凡人一等,如系期亲又加一等。(三)子孙平治祖坟或奴仆雇工人平治家长坟,一冢徒三年,每一冢加一等,加至实发云贵两广极边烟瘴充军为止。(四)因平治而盗卖坟地得财者,计赃准窃盗加一等,赃轻各加平治罪一等,知情谋买悉与犯人同罪(不知者不坐)。(五)因平治而强占或盗卖计亩数多者;按例应拟徒流充军,仍照各本例从重论。(六)因平治而见棺见尸并弃毁尸骸者,按例应拟军遣斩绞凌迟,仍照各本例从重论。

【未定罪名人犯越狱】【史】凡越狱脱逃人犯,其罪名未经拟定者,应依明确之供证拟以应得之罪名,或因供证未确而暂照军流徒杖等犯越狱之例,将负责狱官分别议处。清之六部处分则例(卷四十九)刑属禁狱篇——未定罪名人犯越狱条:"凡未经拟定罪名人犯越狱脱逃,定限四个月题参疏防,该督抚先于限内将该犯原犯事由与定案时应拟何罪之处,逐细严查,如果供证明确,罪无可疑,即于题参疏防交内声明该犯应得罪名,以凭照例议处,如系监候待质供证未确罪难悬定者,亦于疏防文内据实声明,先照军流徒杖等犯越狱之例将管狱有狱官分别议处。"又:"凡越狱之犯罪无可疑而该管有狱官仍捏称罪难悬定者,即照规避例革职,该管府州照失于查察例罚俸一年,道员罚俸六个月,臬司罚俸罚三个月,如该上司听受属员请托代为转报者,查系何员,即照徇情例降二级调用。"

【本身阉割】【史】所谓阉割,乃指男子割去其势而言,如系本身情愿阉割,依法免予治罪,清之现行则例(即刑部现行则例)名例篇——设有本身阉割之条:"有将人诓骗阉割强勒阉割者,仍照律治罪外,父母情愿将伊子阉割及本身情愿阉割者,免其治罪。"

【犯妻捏报病废】【史】犯妻,指判处军流遣等罪之人犯而依例应缘坐之妻而言,其有老疾病笃成废者准免随往,若竟捏辞假报,失察或通同捏报之地方官应受处分。清之六部处分则例(卷四十六)刑属提解篇——犯妻捏报病废条:"军流遣犯之妻,例应缘坐者,如有年过六十以上,或本属老病不能随行;或患病成笃不能补解,地方官即取具邻族甘结勘明申详,由该上司报部查核,并行知本犯戍所,如邻族捏报,地方官失于查察查,降一级留任,倘竟有通同捏报情弊,将地方官降二级调用,转详之府州罚俸一年。"

【犯赃加罪】【史】官吏收受不应得之财物,谓之犯赃,或种官吏犯赃者或官吏之犯赃系对于或种人民者,均应依法加倍处刑。清例设有下列规定:(一)风宪官吏犯赃,各加其余官吏受财以下罪二等,吏无禄就无禄枉法不枉法本律断,家人求索借贷,减本官罪二等,因事受财不减。(二)文武职官索取土官外国猺獞财物,计赃犯该徒三年以上,俱发近边充军,苗蛮黎獞等并改土归流地方,如管官员骚扰逼勒科派供应激动番蛮,照引惹边衅例发边远充军。(三)指称买官买缺或称规避处分,及买求中式等项诓骗财物。(甲)诓骗已成,赃已入手,无论多寡,不分首从,枷号二个月,发烟瘴充军,但经口许并未议有成数,杖一百,加枷号一个月。(乙)央浼营求,致被诓骗,免其枷号,发烟瘴充军,被骗杖八十,免其枷号。(丙)诓骗未成议，有定数财未接受徒三年，加枷号两个月，被骗者杖一百，免其枷号，甫经诓骗即行首送，照恐吓未得财律，准窃盗加一等治罪，被骗者免议。（四）指称内外大小官员名头，并各衙门打点使用名色诓骗财物，计赃该犯徒罪以上，不分首从，俱发近边充军，情重仍枷号两个月发遣，亲属指官诓骗，止依期亲以下诈欺律科断。

【用药迷拐】【史】以术诱人而贩卖之，谓之拐，用药迷拐，则谓以麻醉或其他药饵使人失去知觉而诱之他往，并贩卖于人也，地方官应加缉拿不获或失察者均应受处分。清之六部处分则例（卷四十五）刑属杂犯篇——用药迷拐条："京外地方有用药迷拐男妇子女之案，令都察院及各督抚扣限四个月题参疏防，将司坊州县印捕官住俸勒限一年缉拿，限满不获降一级留任，再限一年缉拿，限满不获照所降之级调用，拐犯照案缉拿督捕厅员同城府州初参停升罚俸六个月，限一年缉拿，限满不获罚俸一年，拐犯照案缉拿，不同城府州兼辖道员初参罚俸六个月限一年缉拿，限满不获，罚俸一年，拐犯照案缉拿，限内全获，或拿获首犯者，俱免议，如承缉官于初参限内离任，接缉官限一年缉拿，限满不获，罚俸一年，再限缉拿，限满不获再罚俸一年，拐犯照案缉拿，如承缉官于初参限外离任，接缉官限一年缉拿限满不获，罚俸一年，拐犯照案缉拿，倘有事主已报而官为讳匿及事主失报者，悉照盗案例办理。"又："凶恶匪徒有符咒药饵迷骗子女，毁其肢体，炙取脑髓等事，地方官务访拿惩办，若有失察者，降二级调用，其或犯事后潜住别邑，将听其容留窝顿不行查拿之地方官，降一级留任。"又："用药术迷拐人犯，地方官能实力缉获，免其失察处分，仍予纪录一次，其邻境别汛员弁有能盘获者，准予纪录二次。"

【田宅契本】【史】谓土地房屋买卖时所制之买卖契约书也。大明令反令篇，设有田宅契本之条："凡买卖田宅头匹务赴投税，除正课外，每契本一纸，纳工本铜钱四十文，余外不许多取。"

【立继】【史】无子而立嗣以为继承者，谓之立继，清律及例对此设有规定如下：（一）凡立嫡子违法，杖八十（嫡妻年五十以上无子得立庶长子）。（二）养同宗之人为子，若所养父母无子，所生父母有子而舍去者，杖一百，发付所养父母收管，若所养父母有亲生子，本生父母无子欲还者听。（三）乞养异姓子以乱宗族，或以子与异姓人为嗣，或立继虽系同宗而尊卑失序，杖六十，其子归宗，乞养异姓子情愿归宗，不许将分得财产携回本宗。（四）收养三岁以下遗弃小儿，即从其姓，但不得以无子遂立为嗣，仍酌分财产，不必勒令归宗。（五）庶民之家存养良家男女为奴婢，杖一百（即放从良）。（六）无子者许令同宗昭穆相当之侄立继，先尽同父周亲，次及大小功缌麻，如俱无方许择立远房及同姓为嗣，立嗣之后生子，其家产与原立子均分。（七）妇人夫亡无子守志者，凭族长择昭穆相当之人继嗣，其改嫁者夫家财产及原有妆奁，并听前夫之家为主。（八）子婚而故妇能孀守或已聘未娶能以女身守志，或已婚而故，业已成立，妇虽未孀守，子虽未娶而因出兵阵亡，俱应为立后，若无昭穆相当之人，而其父又无别子，应为其父立继，待生孙以嗣应为立后之子。（九）寻常夭亡未婚之人，不得概为立后，若独子夭亡，族中无昭穆相当可为其父立继者，准为未婚之子立继，如可继之人亦系独子，而情属同父周亲，两相情愿者，准其承继两房宗祧。（十）继子不得于所后之亲，听其告官别立，其或择贤择爱，若于伦序不失，不许宗族告争，官司受理。（十一）义男女婿为所后之亲喜悦，听其相依，不许继子及本生父母用计逼逐，仍酌分财产。（十二）应继之人平日先有嫌隙，则于昭穆相当亲族内择爱，听从其便，如族中希图财产勒令承继或怂恿择继以致涉讼，地方官立即惩治，仍将所择贤爱之人断令立继。（十三）因事继酿成人命，凡争产谋继，及扶同争继之房分，均不准其继嗣，听户族另行公议承立。

【仵作】【史】在刑场内检验死刑执行后之尸首之役吏，称曰仵作，宋代已见，后世因之，清末改为检验吏。

【任满官员】【史】谓官员任事期间届满也。大明令吏令篇——有任满官员之条："凡各处任满官员须要随即将带家小，起离任所，亲赍解由到省，次日引见，如到来当该房分不行引见，问罪。"

【刑名师爷】【史】清时，各省地方官吏所聘请之幕友，其专备法律上之咨询者，称曰刑名师爷。

【刑名断例】【史】书名，为宋时曾旻等所撰，时元符二年也。共三卷，事见宋史艺文志刑法类及玉海（六十六）二书内。

【刑具违式】【史】刑具即刑罚所用之器具，如杖笞枷镣等物是。其斤两尺寸均有一定式样，违例造用者应受处分。清之六部处分则例（卷五十）刑属用刑篇——刑具违式条："凡问刑衙门所用刑具，务皆按照定例，式样制造，在外直省州县令该管府州道员于盘查时将州县所用刑具详加查验，倘有不遵斤两尺寸违例造用者，即行揭参，将州县官照擅用非刑例革职，府州道员不行揭参，降二级调用，如已经揭报而督抚不参，即将该督抚降二级调用，至在京衙门有不遵定式制造者，用刑官照州县例议处，该堂官照督抚例议处。"

【刑法要例】【史】书名，为宋黄懋所撰，八卷，事见宋史艺文志，内容不可考。

【刑法要录】【史】为唐卢纾所撰，共十卷，事见新唐书艺文志刑法类，及宋史艺文志刑法类（宋志误纾为纡）内容不详，已佚。

【刑法叙略】【史】书名，仅一卷，宋刘筠所撰，事见四库全书总目法家类，是书可于曹溶之学海类编中见之，按筠字子仪，大名人，咸平年间人，历官司谏知制诰翰林学士，承旨进龙图阁学士，加礼部侍郎。

【刑律图】【史】一卷，为清陈海云所撰，事见八千卷楼书目。

【刑律总要】【史】为五代梁李保殷所撰，共十二卷，事见旧五代史之刑法志，按保殷为梁太祖开平时人，曾任大理卿。

【刑案汇要】【史】为清胡凤丹所撰，共十一卷，按凤丹字月樵，浙省永康人，官至湖北道员。

【刑案汇览】【史】计有二种，一为清祝庆祺所撰，有前编与续编二编，前编共六十卷，又卷首一卷，卷末一卷拾遗备考一卷，后编共十卷，事见清史稿艺文志政书类，二为清沈家本所撰，计三编共一百卷，按祝撰者乃迄于道光年间，而沈撰则系接祝书以迄于光绪年间为止者。

【刑书会据】【史】书名,三十卷一说为明舒化所撰,事见明史艺文志刑法类,惟今日本内阁文库及东京图书馆皆藏有大明律刑书据会十二卷,为明彭应弼所撰。

【刑书释名】【史】为宋王键所撰,一卷,事见八千卷楼书目,内容无可考。

【刑部比照加减成案】【史】三十二卷,清许梿熊仪撰,事见清史稿艺文志政书类,按梿海宁人字叔夏,号珊琳,道光年间进士。

【刑部奏定新章】【史】计四卷,官本,事见清史稿艺文志,政书类。

【刑部监毙人犯】【史】刑部监狱如有罪犯病重应即查验,如有在监病故,应即相验,如系非法拷打致死,或滥刑致死,均应由查监御史据实严参,否则勿论。清之六部处分则例(卷四十九)刑属禁狱篇——刑部监毙人犯条:"刑部监犯患病沉重,提牢官回堂即移会满汉查监御史,前往查验,如有监毙,亦即移会查监御史率领指挥一员,限一日内赴部会同刑部司员相验,若实系因病身死,或应行刑讯之承审各员依法拷问邂逅致死,及受刑后因他病身死者,均照律勿论,倘有非法拷打及将不应刑讯之滥刑致毙,并禁卒有凌虐罪,囚各情事,该御史即据实严参,其各衙门送部之案务将该犯是否患病及曾否刑讯受伤之处,于文内详晰声明。若送到人犯受有刑伤及病势沉重者,刑部亦即会同查监御史于一日内赴部查验立案,俾免推诿。"又:"徒罪以下人犯患病,狱官即报明承审官亲验属实,取具甘结,系旗人交与该佐领骁骑校取保,系民人交与该地方官取保领出调治,俟病痊愈即行送监审结,如本犯有病而狱官不即呈报,照淹禁者杖六十公罪律罚俸一年,因而致死者治罪,如本犯无病而串通狱官捏称有病者,将狱官降一级留任,或病已痊愈而该佐领骁①骑校及地方官不即送监者,罚俸九个月,如有疏脱故纵等弊,将取保不的之佐领骁骑校及地方官照取保脱逃例议处。"又:"刑部司狱官典于斩绞人犯一案内监毙三四人者,罚俸一个月,五六人者罚俸三个月,七八人者罚俸六个月,九人十人者罚俸九个月,十一人以上者罚俸一年,军流遣犯一案内监毙三四人者,罚俸三个月,五六人者罚俸六个月,七八人者罚俸九个月,九人十人者罚俸一年,十一人以上者革职,凌迟重犯及徒罪以下人犯一案内,监毙三四人者,罚俸六个月,五六人者罚俸九个月,七八人者罚俸一年,九人以上者革职,其非一案内人犯及同时监毙而罪名各异者,俱仍分案议处。"

【刑部说帖】【史】书名,八卷附通行条例一卷,为光绪癸未(九年)桂省布政使司按察使司按察使吉林国英等所督修,内容与刑案汇览相似。

【刑统一览】【史】五册,撰人不可考,事见钱大昕补元史艺文志内。

【刑统目】【史】书名,一卷,作者不详,事见顾櫰三所补五代史艺文志内。

【刑统删要】【史】为刑统赋注解书之一,金章宗泰和中(按即西历一二〇一——一二〇八年间)李祐之所撰,卷数未详,曾收入永乐大典中,今已佚亡。事见四库全书总目。(参刑统赋条)

---

① 原书为"骄",系排版之误。

【刑统赋】【史】刑统赋为我国之韵文法律书，按刑统为宋太祖建隆四年（即西历九六三年）二月所纂（工部尚书判大理寺窦仪等所撰）共三十卷，称曰建隆刑统，乃修正后周之显德刑律统类（简称显德刑统）而成，宋史艺文志刑法类称之曰重详定刑统，此书于元明时久经散佚，今本系民国七年北京政府国务院法制局重校范氏天一阁所藏乌丝栏钞本而刊行者也。刑统赋即以理解及熟忆刑统为目的而以诗赋形式加以作成之法律书，全书共分二卷（一说一卷，一说四卷）。宋史艺文志刑法类谓四卷或一卷并不知作者。昆公武郡齐读书志谓傅霖刑统赋二卷或人为之注。钦定四库全书总目法家类存目，谓刑统赋二卷宋傅霖撰，而沈家本沈碧楼丛书所收之刑统赋解亦谓系宋左宣德郎律学博士傅霖撰。且该书亦为上下二卷，由上所纪则刑律赋之为二卷之说为可靠而其作者则为宋（北宋）律学博士傅霖也。盖当时傅霖以刑统不便记诵，故韵而赋之，且并自为注，至其内容与形式，由其他现存之刑统赋解等书，尚可窥知，自一韵至八赋分为八部前四韵为上卷，后四赋为下卷。关于注解之书，在宋时有刑统赋解，在金元时代则有下列各种：（一）刑统删要。（二）刑统赋直解。（三）刑统赋或问。（四）刑统赋四言纂注。（五）刑统赋精要。（六）刑统赋略注（详各本条）。均收于永乐大典中，惟皆已亡佚不可见，今所传者则在沈家本沈碧楼丛书中之下列四种：（一）刑统赋解。（二）粗解刑统赋。（三）别本刑统赋解。（四）刑统赋疏。（详各本条）

【刑统赋四言纂注】【史】为刑统赋注解书之一，元世祖至元中（按即西历一二六四——二九四年间）练进撰，卷数未详，曾收入明永乐大典中，惜已亡佚。事见四库全书总目。（参刑统赋条内）

【刑统赋或问】【史】为元至治中（英宗年号按即西历一三二一年——三二三年间）。程仁寿所撰，在永乐大典中，事见四库全书总目，今已亡佚，卷数未详。（参刑统赋条内）

【刑统赋直解】【史】为元至治中（英宗年号按即西历一三二一年——三二三年间）程仁寿所撰，今已亡佚，原在永乐大典，事见四库全书总目。（参刑统赋条内）

【刑统赋略注】【史】为刑统赋注解书之一，作于元顺帝至正中（按即西历一三四一年——三六七年间）。撰人为张汝楫，卷数不详，曾收入明永乐大典中，今已亡佚，事见四库全书总目。（参刑统赋条内）

【刑统赋疏】【史】为刑统赋注解书之一种，今被收于沈家本之枕碧楼丛书中，元沈仲纬所撰，成于后至元五年（按即西历一三三九年）至至正元年（即西历一三四一年）之间，卷首有洛阳令俞淖及赐进士杨维桢二序。俞序曰："吾友沈仲纬，以儒饬吏，以诗书用律欲自信于谨毋害也。乃释传书，作为明解，前疏文义，后引律条，证据精详，情义昭著……后至元五年岁在己卯十二月二十日，洛阳令俞淖。"杨氏序亦谓是书乃仲纬所作，末署赐进士会稽杨维桢序。按本书之体裁系就原赋逐句为之疏议，疏之后为直解，直解之后有通例（按即元时之通例）。取当时罪案断例以为左证云事。见铁琴铜剑楼藏书目录。

【刑统赋解】【史】刑统赋解计有二种。一为宋人所注者，仅一卷内容及撰人姓名俱不可考，事见宋史艺文志。一为沈家本枕碧楼丛书所收入者，分上下二卷，宋左宣德郎律学博士傅霖撰，元东原郄韵释，元益都王亮增注，且有元集贤学士资德大夫赵孟頫序，及朱彝尊以下清人之跋。又据四库全书总目所载刑统赋二卷（两淮盐政采进本）宋傅霖撰。此本则元延祐中东原郄氏为韵释（按赵孟頫原序但称郄君不著其名），其乡人王亮为增注，然于霖所自注，竟削去之，已非完本。据此则此刑统赋与刑统赋解颇为相似，惟沈家本则称元时之刑统赋解有二种传本，一为有原注，一为无原注。是有原注者即今枕碧楼丛书所收之刑统赋解，而无原注者，即两淮盐政采进本之刑统赋也（惟所称原注并非傅霖所自注之原注，出于何人之手，不明，大抵系元人所为者）。

【刑统赋精要】【史】为刑统赋注解书之一，元世祖至元中（按即西历一二六四年——二九四年间）尹忠撰，卷数未详，曾收入明之永乐大典中，惜已亡佚，事见四库全书总目。（参刑统赋条内）

【刑鼎】【史】（详郑刑鼎条）

【匈牙利宪法】【宪】匈牙利国在奥国之东，北与捷克为邻，东与罗马尼亚为界，南与南斯拉夫相连，在中世纪时为来自亚洲蒙古人之 Magyars 所居，未几即独立成为王国，其后嗣统中绝受日耳曼人之支配，旋拥奥王为帝号曰奥匈帝国，此时疆土颇大，约十二万方哩，欧战之后，始与奥离，北部为波兰所占，东则为罗马尼亚所割，南为南斯拉夫所据，境土缩少仅余三万五千余方哩。而人口亦由二千余万骤降而为八百万人，一九一八年十月三十日革命事起同年十一月十六日宣言为独立国，行共和制，至一九一九年止，继而为共产党所占据，设立苏维埃政府，后获罗马尼亚军队之援助，遂将苏维埃政府根本推翻，一九二〇年八月七日改为君主国，但君位则为虚设，由摄政代理，故至今仍无国王，关于国家之根本大法——宪法，系综合若干单行法而成，其重要者为一七九一年之国家组织法又同年之立法权及行政权之行使法。又一八四八年之国务院组织法并国会常会法（此二法内容至今业已失效者甚多）。以上均系旧行之根本法，至于一九二〇年由苏维埃政府恢复君主旧制之后，即有下列最重要之四种单行法之颁行，一为一九二〇年恢复立宪制度及规定最高权力之行使，二为关于国王查利四世统治权及 Habsburg 王室继承权之消灭（一九二一年十一月公布者）。三为一九二五年之众议员选举法，四为一九二六年之参议院法，兹将上述四单行法之内容重要点列举于下：（一）恢复立宪制度及规定最高权力之行使——计分为三节共十九条。（1）国会开会应由政府召集之，政府之命令应由国会通过之，国会宣布代表国家之义并应依照宪法规定治权行使之方式。（2）立法权由国会行使之。（3）当摄政未经选任以前行政权由内阁对国会负责行之，其内阁则由外交部，劳工部，农务部粮食管理部，民族部各部部长以及依一九一七年所颁布之法律所任命之不管部部长组织之。（4）司法权在法律未设规定以前，以匈牙利国名义由依照法律所编制之法院行使之。（5）否认前此由人民机关所制定之法律与命令，但国会得授权内阁由内阁负责视国内秩序及安全之需要，在宪法之限制内暂行维持人民机关所制定之法令或更易之，在内阁未有决定以前，人民机关所制定之法令，暂准适用但以其内容与宪法现行法及习惯并不违背或未经立法程序议决废止者为限。(6)自奥地利亚与各邦间之共同利益关系消灭后,一八六七年第十二号法律及其他有关之法令概为无效,凡属此种关系之问题,匈牙利以独立国资格恢复其自由自主之权。(7)最高行政权之行使方式经国会确定及国家元首尚未依法就职以前,国会应就匈牙利公民中用秘密投票法选举摄政一人,暂行处理国务,摄政依照宪法行使王权惟须受本法所定之限制,例如宣战媾和须预先取得国会之同意,行使行政权对国会负责,不得授与贵族名义,等皆是(第十三条之列举规定)。(8)摄政之身体不可侵犯并得享受法律所赋予国王之刑法上之保障,对外代表匈牙利并得享用"摄政殿下"之专号,在未行使职权时须依本法先对国会为一定之宣誓,其岁俸及办公处经费均由国会议决之。(二)关于国王查利四世统治权及 Habsburg 王室继承权之消灭——计三条其要点为:(1)国王查利四世(Charles IV)之统治权应予消灭,即 Habsburg 王室继承权亦应无效,人民应有自由选举国王之权。(2)本国国体仍为王国,王位人选,日后由内阁于相当期间提出之。(三)众议员选举法——计分十二节凡一八九条,其要点如下:(1)有选举国会议员之权者:(甲)男子——(A)凡年满二十四岁(凡在大学或高等学校毕业得有文凭者无须具备年满二十四岁之条件),而取得匈牙利国籍在十年以上(凡出生于匈牙利者应定其取得十年以上之国籍)在同一地方居住二年以上并在普通民众学校四年级毕业或具有相等之教育程度者。(B)以前曾经登记于一九一八年选举人名册而居住于原选举区内者,纵不具备上述所规定之条件亦有选举权。(乙)女子——(A)凡年满三十岁之女子,取得匈牙利国籍在十年以上,在同一地方居住二年以上并在普通民众学校第六年级毕业或具有相等之教育程度者。(B)下列各项女子确系卒业于民众学校第四年级或有同等之教育程度而具备其他条件者:(a)曾生育子女三人以上而至少有三人存在者(凡效死于疆场之子女应视同生存)。(b)本人所有之资产或职业上收入,足以维持生活而有独立家庭者。(c)因具备前款之条件而取得选举权者其所有子女之人数不论。(d)因毕业大学或高等学校而取得选举权者,其年龄不论。(2)凡男子有下列情形之一者虽具备法定资格亦不得享有选举权:(1)凡属于现役军队或宪兵队者(但当休假时期不在此限)。(2)凡属于国家或地方之警备队及水上暨税关警吏者(但准携带兵器之文职人员不在此限)。至于不论男子或女子,凡有下列情形之一者均无选举权并不得登记于选举名册:(1)现时受辅佐人之监督或其未成年时期被延长者。(2)患精神病者(其无辅佐人时亦同)。(3)破产者。(4)凡由慈善机关或救济院维持生活或脱离于此种生活尚未满一年者,其膳宿之场所系免费或仅纳低微之代价者亦同(但因灾害疾病残废或战事兵役及教育补助而受救济者,不在此限)。(5)经裁判确定丧失税权,其子女受他人之监护者,至少在二年内,不得有选举权。(6)本人或其同居配偶所执职业应受风化警察之监督者。(7)曾受刑事处罚,被褫夺公权或选举权者。(3)有被选举权者为:(甲)凡年满三十岁而有选举权之人民并无本法所除权之原因者。(乙)凡具备本法所定之有选举权之资格时纵未经登记亦有被选举权。(4)有下列情形如受刑事处分者曾受苏维埃政府委员及代表或官吏者,于举行选举时任一定之官吏者等均无被选权(第十条一十一条)。(5)众议员之选举一部分在各选举区,一部分则根据全国选举名册举行之，各选举区及选举地点另以特别法定之，众议员人数如因选举区之归并而减少时，其所余之名额应根据全国选举名册另选补充之，其根据此项名册所补充之名额应按照各政党所得之总票数比例分配之。(6)首都(Budapest)各选举区及各自治市得选举众议员一人以上者，应依连记名比例投票法举行选举，其余选举区，则以多数投票法各选举众议员一人，又各选举区采用连记名投票法者，应以秘密投票行之，其他各区之投票公开之，凡采用秘密投票之地方应行强迫投票。(7)众议员任期定为五年，自国会召集起算，在任期内不得由政府任以有给职务(但有例外第一八二条第七项)。(四)参议院法——计分为三章共五十一条，其要点如下：(1)参议员之议员计分为下列三种：(A)因勋位或职务之关系而取得参议员之资格者。(B)选举而来者。(C)任命而来者。关于资格方面，仅匈牙利国民年满三十五岁者得为参议院议员，依现行规定凡无众议员当选资格及并不通晓法律文字者均不得为参议员。(2)凡有下列勋位或职务者，于在职时为当然参议员：(甲)——(A)有子爵勋位者。(B)王室侍卫官二人。(C)最高法院院长及副院长。(D)行政法院院长及副院长。(E)首都法院院长。(F)王室检察官。(G)匈牙利总司令。(H)匈牙利国家银行总裁。(乙)——(A)凡享有罗马天主教勋位者。(B)改组教会主教三人及资深之会长三人。(C)Augsburg会资深之主教二人，教务总视察及资深之教务视察一人。(D)资深之宗教统一会长。(E)Bude之希腊主教。(F)终身职之犹太教会主教二人。(3)凡由下列各机关或人员依法选举而出者亦得为参议员：(A)公爵伯爵子爵之家族有选举权者。(B)各自治市区。(C)本法所规定之各农会，工会，商会，教育会，科学或艺术机关，及其他职业团体，由选举而出之参议员任期定为十年，自被选之翌日起计算(惟第一届议员于五年后，即应以抽签方法改选其半数)。参议员之选举以秘密投票行之，各届选举应选出与参议员相同人数之候补议员(任期五年)。(4)Habsbourg-Lorraine家族之男系年满二十四岁居住于匈牙利境内者均为参议院议员。又公爵伯爵子爵之家族如系男系且系匈牙利公民年满二十四岁其本人或连同其同居之妻及未成年子女在匈牙利境内所有之不动产及孳息完纳宅地税或土地税在二千Peng-c以上者皆有选举权(惟须登记于选举人名册)。至于被选举人则须为公爵伯爵及子爵之家族而依法定手续业经登记者。(5)由各自治市所选举之参议员由各该自治市于其特别会议中分别选举之(非为市参议员者亦得被选，当然参议员不得被选)。如该自治市人民所选众议员在四人以上者，则该自治市得选参议员一人，如所选众议员[①]数倍于四人时，该自治市应按照四与一之比例，选举参议员，如众议员之名额超过四人而不及四之倍数者，则自治市除按照四与一之比例选举参议员外，另行加选参议员一人。(6)参议院议员之由各机关团体所选举者，其机关团体如下：(1)全国农会选六人。(2)各工会及商会共选六人。(3)各律师公会共选二人。(4)各公证员公会共选一人。(5)各技师公会共选二人。(6)军事机关选举一人。(7)匈牙利科学研究院选举三人。(8)匈牙利大学各系选举一人。(9)匈牙利大学经济政治系

① 原书为“院”，系排版之误。

选举一人。(10)其他匈牙利大学各选一人。(11)匈牙利约瑟夫专门大学选举二人。(12)中央图书联合会选举一人。(13)匈牙利林矿专门学校选举一人。(14)匈牙利高等兽医学校选举一人。(15)各政治经济研究院共选一人。(16)匈牙利高等美术学校选举一人。(17)匈牙利高等音乐学校选举一人。(18)首都物品证券交易所选举一人,此外一切依法设立之其他职业团体或机关由特别法赋予选举权者,其议员名额以法律定之,以上各机关及团体所选举之参议员或按照比例或采轮流法,均以代表各方之利益为宗旨。(7)被任命之参议员须由国王就匈牙利人民中之有特殊功绩者任命之,其为终身职者不得超过四十人,此外凡重要职业因无法定组织,或其他原因尚无代表者应由任命方法各得一人以上之名额。(8)法律之创制权属于参议院惟预算案及决算案则由众议院制定参议院不得变更之,并应于收到后一个月内议决之,参议院不于一个月期限内议决时,众议院得不经参议院之同意迳将所通过者咨呈国王,至于其他一切法律草案一院对于他院所送到者应于接到后六个月内议决之。如一院驳回他院所通过之法律案或加以修正而他院不接受时,两院起草委员会应用联席会议审查不同意见之处并提出解决方案,分别交两院讨论之。(9)参众院就其议员中以秘密投票法选举议长一人副议长二人,主计一人及秘书若干人,议长副议长以国会之期限为任期,主计与秘书以每次会期为任期,正副议长未选出以前或已选后而因故不能行使职务时,参议院之会议以年长之议员为临时主席,如议长中有一人暂时不能回复职权时应由参议院选举代理议长一人。(10)关于丧失出席参议院之宣告以及关于出席权之争议概由参议院组织法庭裁判之,至于选举诉讼则由行政法院受理之。(11)关于附则之条文从略。(自第四十一条至五十一条止)

【因公出境】【史】谓官员奉派,或因其他公事自行离去此辖境域也。清例设有下列规定:(一)官员奉上司派委或赴省面禀事宜,实因要事公出,州县已出本境,道府已出所属之境,遇有疏防失察等案。查明并无虚捏情弊,准其免议。(二)如有谎报公出,挪移月日。(甲)系规避罚俸并降留革留处分者,降一级调用。失察之上司罚俸一年。(乙)系例应实降实革者,照规避例革职,失察之上司降二级调用。(三)接任之员于前官公出月日失于查核,误将职名开送者,罚俸一年,因而致前官降革离任者,降二级调用,至于前官处分则应开复。

【因公责毙人役】【史】地方官责办所属人役,如该人役有应得之罪,自为法所许可,若系挟嫌逞忿致毙人命仍依例重办外,不得对该地方官遽行予以革职处分。清之六部处分则例(卷五十)刑属用刑篇——因公责毙人役条:"乾隆四十九年二月初五日奉上谕,据福嵩参奏,石门县知县朱麟征因地保张弈高承催钱粮多未完纳,令役责处,张奕高推诿不服,出言唐突,将张奕高重责三十板,旋因伤重毙命,请将朱麟征革职等语,所办未免过当,知县身膺民社,如于所管人役有因私挟忿责处致毙情事,自应参奏革职治罪,今朱麟征于地保征催,钱粮多未交纳,且又挺撞,本官责处本属,分内应办之事,而该地保既已承催不力,又复出言顶触、已有应得之罪,况该令将该地保责处三十板,亦系如法决责,不得谓之滥刑,若因此而概请革职,则将来州县所管吏役保约皆得有所倚恃,挟制本官,于实力办公之道殊多未便，嗣后如挟嫌逞忿致毙人命者，仍照例办理外，如事属因公按法责毙所属人员，该督抚止须奏请交部议处，部议时亦不过议以降级留任，已足示惩，不得遽行革职，致启书役刁恶之渐，所有此案朱麟征应得处分，即照此办理，钦此。”又：“官员因公杖毙所属人役，经该上司查参者降二级留任。”

【因奸自尽】【史】谓因犯奸之事，被逼或羞愧，或气忿或羞忿或情急或被毒殴而自尽也。清律及例之规定如下：(一)因奸威逼人致死，斩候(奸不论已成未成，审有挟制窘辱情状，方照此问拟，其死者不论本妇及本夫父母亲属)。因奸威逼，致死一家三命，斩决。(二)平人和奸本妇，因奸情败露，羞愧自尽，奸夫徒三年，亲属和奸本妇因奸情败露羞愧自尽，奸夫按奸罪加一等。(三)妇女因奸有孕，与奸夫商谋用药打胎，以致堕胎身死，奸夫流三千里，奸夫奸妇商谋同死者若已将奸妇致死奸夫并无自戕伤痕同死确据者，各按谋故斗杀问拟。(四)因事与妇人口角秽语村辱以致气忿轻生，又致其夫痛妻自尽，绞候，如奸夫业已自戕，因人救阻医治伤痊，流三千里。(五)与妇女觌面相狎亵语戏谑，致令羞忿自尽，照但经调戏自尽例绞候。(六)因他事与妇女口角詈骂，妇女一闻秽语，气忿轻生，或未觌面相谑，止与其夫及亲属互相戏谑，妇女听闻秽语羞忿自尽，流三千里。(七)村野愚夫本无图奸之心，不过出语亵狎，本妇一闻秽语即便轻生，流三千里，调奸未成，业经和息，后因人耻笑，本妇与夫亲属追悔抱忿自尽，调奸之犯流三千里，二命，边远充军。(八)强奸已成本妇与夫亲属羞忿自尽，斩候，内外缌麻以上亲妻前夫之女，同母异父姊妹，斩决，强奸未成或但经调戏，本妇与夫亲属羞忿自尽，绞候，内外缌麻以上亲，妻前夫之女，同母异父姊妹，斩候。(九)强奸犯奸妇女，本妇羞忿自尽，已成，发黑龙江为奴(新例改发驻防)，未成，流三千里，妇女犯奸后已悔过自新，以良人论。(十)妇女令媳卖奸不从，折磨殴逼，以致情急自尽，绞候，奸妇抑媳同陷邪淫，致令情急自尽，发驻防为奴。(十一)奸淫之徒先与人通奸，因被其媳窥破碍眼，听从奸夫图奸其媳，不从，致被姑毒殴自尽，奸夫绞候，奸妇发驻防为奴，母犯奸淫，其子激于义忿，非奸所登时将奸夫杀死，其母因奸败露羞愧自尽，照擅杀本例绞候，不得概拟立决。(十二)妇女与人通奸，父母羞忿自尽绞决，本夫羞忿自尽绞候。(十三)奸夫满徒父母纵容者，奸妇发驻防为奴，奸夫止科奸罪，本夫纵容者，奸夫奸妇均科奸罪。

【在京会议会审事件】【史】在京会议会审事件谓在京师内之衙门由二个以上共同议事或审理某种事件也。清之六部处分则例(卷四十七)刑属审断上篇——外省会议会审事件条：“雍正八年二月二十九日奉上谕，嗣后两三处，衙门会议会审之事或由一处已经行催而他处尚未办理者，著已经行催之衙门即缮折奏闻，若虽经行催不行具奏，日后或因迟延治罪，仍将此不行具奏之衙门一并议处，如奏闻之后以为已经具奏，日后虽有迟延，与己无涉，仍将事件迟延者亦将此衙门之大臣等一并议处，著通行晓谕八旗各部院知之，钦此。”又：“会议秋审朝审令都察院派出满汉御史各一员，在班稽察，如九卿詹事科道各官有侍直内廷及赴园奏事，并该班出差告假，或在本衙门办理要务者，即将不能到班会议缘由，预行知会主稿衙门，不必开列，该满汉御史亦即登记档案，以备查考，如无故不到，即行参奏罚俸一年(凡九卿会议会审事件,无故不到,均照此例,议处,其会议会审之后,办理迟延者照在京衙门事件迟延例议处)。"

【地师诱人】【史】为他人讲求风水以为埋葬之用之堪舆家,称曰地师,如有耸辞惑人,误人葬期者,或诱令迁葬者,地方官应予查究,否则应受处分。清之六部处分则例(卷四十五)刑属杂犯篇——地师诱人条:"雍正十三年十月二十四日奉上谕朕闻汉人多惑于堪舆之说购求风水,以致累年停柩,渐至子孙贫乏,数世不得举葬,愚悖之风,至此为极,嗣后守土之官,必多方劝导俾得按期葬埋,以妥幽灵,以尽子职,此厚人伦美风俗之要务也,务各凛遵毋忽,钦此。"又:"民间将已埋棺柩,依礼改葬,听其自便,如有地师诱令挖棺焚化,洗骸,易柩,地方官不行查究者,罚俸一年。"

【妄拟株连】【史】反叛罪案之连坐籍没应依律为之,如有妄自拟议株连其他人等者是曰妄拟株连,应予禁止。清之现行则例(即刑部现行则例)名例篇有妄拟株连条之设:"凡谋反谋叛之罪,照律连坐籍没,其余情罪详载律内,俱照拟议,至存心陷害,借言情罪重大,诬以朋党妄议株连父母兄弟妻子,籍没家产者,永行禁止,若承审之人于本罪外,捏造此等言语,株连父母兄弟妻子籍没家产者,即照故入人罪律治罪。"

【妄献山场】【史】田土山场之为人民所有者,均须依法缴纳税赋,若妄自献送大臣权贵,则国家税收必受影响,故为法律所不许。大明令户令篇——设有妄献山场之条:"凡民间赋税,自有常额,诸人不得于诸王,驸马,功勋大臣及各衙门妄献田土山场窑冶,遗害于民,违者治罪。"

【守令考绩】【史】守令指各处府州县官员而言,考绩谓考核其任内之治绩。大明令吏令篇——设有守令考绩条:"凡各处府州县官员任内,以户口增,田野辟为尚,所行事迹,从监察御史按察司考核明白,开坐实迹申闻以凭黜陟。"

【守令到任】【史】守令谓各府州县官,到任谓,就职任事。大明令吏令篇——有守令到任条之设:"凡府州县长官到任,须要将交割前官应有户口田粮总数先申上司转达都省,以凭考验。"

【守令罚赎】【史】守令谓各处知府知州知县等之有守地方之责之官员,彼等如有犯公罪而系处笞四十以下者许令赎铜以代之。大明令刑令篇——设有守令罚赎之条:"凡各处知府,知州知县,有犯公罪笞四十以下者,许令赎铜。"

【州县官报盗】【史】地方发生盗案州县官应即详报,且须确查盗数,开送地方官职名呈报该省最高长官,违者应依本条规定予以一定之处分。清之六部处分则例(卷四十一)刑属盗贼上篇——州县官报盗条:"地方被盗,州县官推诿邻封,不行详报者,革职,已经申详,复彼此推诿者,查明地界将不应推诿之员,降一级调用,转详官罚俸一年。"又:"州县报盗不确查盗数,或不开送地方官职名者,俱罚俸一年。"又:"盗案止报巡抚,不报总督者,罚俸六个月。"又:"地方盗案,州县官于会营诣勘之后,即用印文通详,如先未通详,仅止通禀,直至获犯招解,切行补详,或犯已就获,未及通详,因卸事而移交后任补报,均照事件迟延例,逾限不及一月者,罚俸三个月，一月以上罚俸一年，半年以上，罚俸二年，一年以上降一级留任，若在任既未通详，亦未获犯，因卸事，而移交后任，计其诣勘之日起，至卸事之日止，迟延十日以内免议，逾限未及一月者，州县官罚俸一年，该管府州罚俸三个月，一二月以上，州县官降一级留任，府州罚俸六个月，三月以上，州县官降一级调用，府州罚俸九个月，四五月以上，州县官降二级调用，府州罚俸一年，半年以上，州县官降三级调用，府州降一级留任，一年以上，州县官革职，府州降一级调用，其接任官已准前官移交，至卸事之日，不为详报者，亦照此例议处，若自行获犯之后，始为前官补报，仍照事件迟延例议处。”又：“事主被盗未报，经本管州县查出补报，或拿获别案盗犯，审出补报者，无论前任后任，均免议处，如由邻境别省获犯供出移查，始据自行补报者，经该督抚查明，并无讳盗情事，将本管州县官，照所属地方有杀死人命不知情不行申报例，降一级留任，同城道员府州同知通判等官，俱罚俸一年，不同城在百里以内者，罚俸六个月，在百里以外者，罚俸三个月，若该道府等，系自行访出，或由所属州县查出者，只将本管州县官议处，道府等均免议，其专兼统辖各官疏防限缉处分，仍照补参核办。”

【年幼免流】【史】谓因反叛案件而牵连之子孙如因年幼可免流徙之刑。清之现行则例（即刑部现行则例）名例篇有年幼免流之条：“叛犯之孙，如有年幼不便与伊父母拆离流徙者，交与总管内务府。”

【收粮违例】【史】又曰违例收粮。（详该本条）

【未婚奸情】【史】谓已有婚姻预约之男或女与人通奸或与有婚姻预约之男或女通奸也。清律及例之规定如下：（一）聘定未婚之妻与人通奸本夫前往捉奸，登时杀死或逐至门外杀之，徒三年，虽在奸所杀非登时流二千里（如已离奸所登时杀死不拒捕奸夫者，照擅杀绞候，奸夫逞凶拒捕格杀勿论）。（二）与人聘定未婚妻通奸起意杀死其夫，斩决，为从同谋斩候，如谋杀之后将奸妇娶为妻妾或拐逃嫁卖者斩决。（三）聘定未婚妻起意杀死其夫凌迟处死，知情同谋，斩决。（四）奸妇自杀其夫，未婚妻果不知情，流三千里，倘实有不忍致死其夫之心事，由奸妇破案者，再减满徒。（五）童养未婚妻有犯与已婚同。

【死囚令人自杀】【史】已招服罪之应处死刑囚犯嘱令亲属故旧杀之或雇倩其他人等杀之，谓之死囚令人自杀。清律及例之规定列举于下：（一）死囚已招服罪而令亲故自杀或令雇倩人杀，各依亲属凡人斗殴本杀罪减三等，若囚虽招服不曾令亲故自杀或虽令亲故自杀而未招服罪者若有杀伤，各均以亲属凡人斗伤论不减等。（二）死囚虽招服罪，子孙奴雇听令自下手或令雇倩他人杀之，皆斩候，雇倩之人，仍依本杀罪减二等。（三）上述情事，须追究主守，纵容他人入狱之罪，若系许令人视之亲人下手，则坐主守以失于检点防范之罪。

【老幼犯罪】【史】谓未老疾时犯罪，而事发时已老疾，及幼小时犯疾，至长大始事发也。大明令刑令篇——设有老幼犯罪之条：“凡犯罪时未老疾而事发时老疾者，依老疾论，犯罪幼小，事发时长大，依幼小论。”

【老病待诉】【史】谓年老及笃废残疾之人于重要罪案须由其亲往控诉外余可由

他人代为控诉也。大明令刑令篇——设有老病待诉之条:"凡年老及笃废残疾之人,除告谋反叛逆及子孙不孝听从赴官陈告外,其余公事,许令同居亲属通知所告事理的实之人代告,诬告者罪坐代诉之人。"按待诉之待字或为代字之误欤。

【行止文簿】【史】所谓行止文簿,乃指官吏之履历登记簿而言(行止二字谓品性与行为),大明令吏令篇,有行止文簿条之设:"凡中书省吏房行止科置立文簿一扇,编排字号,当该掾典掌管首领官一员,提调将在选官员,各三代年甲籍贯历事根脚,到任,考满,得代改除月日,资品等逐一备细,附写,以凭照勘,如有漏附者,依律治罪。"

【行贿顶凶】【史】行贿顶凶,谓罪犯正凶以金钱贿买他人,使其到官自认为正凶,而代正凶受罪也。兹举清律及例之规定于下:(一)奸徒得受正凶贿赂,挺身到官顶认,在外已解臬司,在京经法司会审已成招定罪,几致正凶漏网,照本犯之罪全科。(二)若正凶放而还获及逃囚自死,顶凶之犯照本罪减一等,行贿本犯原犯流绞应情实者拟立决,原犯斩绞应缓决者拟情实,原犯军流等罪照脱逃例加等调发,原犯徒杖以下各加一等。(三)尚未成招,罪未议定,旋即破案,行贿凶犯仍照原犯罪名问拟,受贿顶凶减正犯罪二等。(四)同案之犯代认重伤,致脱本犯罪名,已招解者减正犯罪一等,原犯罪重于所减或相等者,各加本罪一等,未招解者,仍照本罪科断,行贿凶犯各照原犯罪名。(五)教诱顶凶与犯人同罪,计赃重者行贿顶凶教诱各犯,无论案内案外已未成招,均以枉法从重论,照例与受同科,说合过钱者,减顶凶之罪一等,受财重者,准枉法从重论。(六)子犯罪而父代认,其子犯应斩绞监候者,俱拟立决,军流徒罪以次递加。

【佐杂用刑】【史】佐贰杂职等官,本无施刑之权,若竟擅用非刑者,应受处分即其失察之印官亦应受处。清之六部处分则例(卷五十)刑属用刑篇佐杂用刑条:"佐贰杂职等官擅用夹棍拶指跪链压膝等刑,已致死者革职,未致死者降三级调用,失察之印官已致死者降二级调用,未致死者降一级留任,自行揭参未致死者免议,揭参于致死之后者仍照例议处。若系上司印官批令审讯及批准刑讯,已致死者原委官降三级调用,未致死者原委官级一级调用,佐杂等官仍照前例议处。"

【佐杂受词】【史】佐者辅贰之官也,如州同,州判,县丞巡检等皆是,杂者杂职之官,即不及九品而未入流之官也。如驿丞典史等皆是。受词谓受理诉讼之事。清律及例之规定如下:(一)佐杂人员,擅受审理,降一级调用,印官失察,罚俸一年。(二)佐杂人员擅受酿命,革职,印官,失察降一级留任,匿不揭报,照讳命例革职,揭报于酿命后,仍降一级留任。(三)地方词讼批发佐杂办理,印官降三级调用,佐杂官即为审理,降二级留任,府州降一级留任,道员罚俸一年,揭报题参均免议。(四)批发办理致酿人命,印官革职,佐杂官降三级调用,府州降二级调用,道员降一级留任,两司罚俸一年,督抚罚俸九个月揭报题参均免议。(五)佐杂分驻地方,拿有窃盗娼赌,延不解送,罚俸一年,滥差需索已致死,革职,印官失察,降一级调用。(六)印官带印公出佐杂代行拘提,延不解送,罚俸一年,滥差需索未致死降三级调用,印官失察,降一级留任。(七)致毙人命实系例应缉拿之犯,畏罪自戕,事出仓猝,佐杂官降一级调用。

【免死军前效力】【史】谓奉旨免除其死刑而发往军中效死力以赎罪也。清之现行则例(即刑部现行则例)名例篇有免死军前效力之条:"凡奉旨免死军前效力人犯,应鞭一百,照律追埋葬银二十两付死者之家,将枷号存案军前赎已犯之罪,该管官之前效力,表见受重伤者,免其枷号两个月,若伊该管官之军前不行赎罪效力者,出兵回日,仍枷号两个月,将妻子家产人口一并拨与辛者库口外蒙古等,亦应鞭一百追银二十两之处,折牲口一九给付死者之家,军前赎已犯之罪效力表现及受重伤者,免其折枷号之牲口三九,若军前不行效力者,仍追牲口三九给付死者之家,妻子家产人口一并给与该管之主为奴,此等人犯赎罪效力而不效力之处,俱交与该将军并管官存贮明白案卷,俟出兵回日,送与该部。"

【删改供招】【史】谓将当事人两造所招之供辞予以增减或删改也。如有此项情弊应依本条予以处分。清之六部处分则例(卷四十八)刑属审断下篇删改供招条:"承审官谳狱令招房书吏依犯供录写,仍当堂读与两造共听,果与所供无异,方令画供,该问官即亲自定稿,不得假手吏胥,倘将所录供词辄交,经承存贮致有增减删改情弊,许被害人首告该督抚察实题参,照失入失出例分别议处书吏照律治罪,若罪名并无出入只系遗漏犯人画供者,罚俸一年。"又:"一应供招不许擅自删改,其初取之供亦宜详载揭帖,若承问官增减原供,致罪有出入者革职,臬司督抚不查出改正者,照失入失出例分别议处,其罪无出入者,承问官照漏取紧要口供例分别议处。"又:"州县招详臬司毋得删改增减,如有借简招妥招之名故为删改,复令该州县将改本缴销者,革职,若承审各官一任臬司删改扶同核覆者察出亦革职。"又:"凡供招内遇有字样不合,承问官须照依文义改正,若漏未改正,承问官罚俸一年,臬司罚俸六个月督抚罚三个月。"

【别本刑统赋解】【史】为刑统赋注解书之一种,今收于沈家本之枕碧楼丛书中,撰人姓名不可考,大抵为元人所作,原本系合并孟奎之粗解刑统赋之后,沈氏特析之为二,是书之初韵与二韵皆缺,据沈家本之跋言曰:"粗解刑统赋一卷,元孟奎撰,又别本刑统赋解,不知撰人姓名,合并孟解之后,实则二书也。此本为璜川吴氏钞本,董绶金得之写一通,移持以相赠,后又见江阴缪氏钞本(按即缪荃孙)。系从常熟瞿氏本出,瞿氏本系旧钞,不言何家所藏也,二书原并为一卷,前半卷为孟奎粗解,仅少末二条,后半卷自第三韵起,至末皆完,惟少前二韵,其解视孟解为详,当自为一书,但不知出于何人,缪本析而二之,颇为允当。"

【劫(刦)狱】【史】以武力劫夺狱中之囚犯谓之劫狱。清律及例之规定如下:(一)劫囚,不分首从皆斩候(但劫即坐,不得得囚)。(二)私自窃放囚犯逃走者,与囚同罪(至死减一等,亲属与常人同)。(三)窃而未得囚者,减囚罪二等。(四)劫囚因而伤人绞候(虽杀伤所窃之囚亦坐,不问得囚与否)。因而杀人者,斩候。(五)以上为从各犯均减一等。(六)纠众行劫在狱罪囚时——(甲)持械拒杀官弁,为首及杀官从犯皆凌迟处死,亲属缘坐,下手帮殴有伤之人斩枭,随同余犯斩决。(乙)拒伤官弁及杀死狱卒,为首及预谋助殴伙犯俱斩枭。(丙)止伤狱卒者,为首及帮殴有伤伙犯斩决,随同助势虽未伤人斩候(秋审入实)。(丁)并未伤人者,首犯斩决。从犯斩候(秋审入实)。

【告人子孙为证】【史】告人为控告他人于官也。此时不得以被告之子孙为证人,违者治罪。大明令刑令篇——设有告人子孙为证之条:"凡告事者告人祖父,不得指其子孙为证,告人兄不得指其弟为证,告人夫不得指其妻为证,告人本使,不得指其驱奴婢为证,违者治罪。"

【告赦前事】【史】罪经恩赦,即为消灭,无论何人在原则上不得再行提起告诉,违者坐以所告之罪,此为大明令刑令篇所规定,其所设之告赦前事条谓:"凡以赦前事告言人罪者。以其罪罪之,若系干钱粮婚姻,田土事须追究,虽已经赦必合改正征收者,不合此例。"

【夹(夾)棍】【史】以棍棒夹足部之刑具也,又称曰三尺木之刑。

【完赃减罪】【史】官吏收受不法财物,谓之犯赃,如于一定期限内全完者,得减去其罪之处罚,清律及例设有规定如下:(一)官吏婪赃。(甲)枉法入己,虽于限内全完不准减等。(乙)枉法审无入己或赃致罪限内全完者,照挪移亏空钱空钱粮准其减免。(二)官吏因事受财入己,系不枉法及律载准枉法不枉法论等赃,一年内全完,死罪减二等,流徒以下免罪,限内不完再限一年勒追,全完者死罪及流徒以下各减一等,不完者流徒以下即行发配,死罪监禁者[①]追。

【巡(廵)城条约】【史】为清魏裔介所撰,一卷,共四十条,事见四库法家类存目,及清史稿艺文志法家类,按裔介柏乡人,字石生,号贞庵,一号昆林,顺治丁酉曾任右都御史。

【抑妻逐婿】【史】抑妻谓抑勒其妻而轻视之也,逐婿谓驱逐入赘之女婿也。清律之规定如下:(一)以妻为妾杖一百。(二)妻在以妾为妻杖九十。(三)有妻更娶妻,杖九十,后娶之妻离异归宗。(四)逐入赘之婿,嫁女或再招婿。或男家知有逐婿之情而赘娶,俱杖一百,又招赘之女通同父母逐婿改嫁(非通同不坐),亦杖一百以上。如系未成婚,均各减五等,财礼入官,其女断付前夫出居完聚。

【更名重役】【史】谓因病或自愿脱退而复变更姓名而重入其他衙门服役也,清之现行则例(即刑部现行则例)职制篇有更名重役条之设:"凡部院衙门书办,因病退役或因不谙文移情愿退役而更名复入别衙门重役者,杖一百徒三年。"

【求索】【史】所谓求索,乃指额外要求及无谓之索取而言,例如买物多取价利及借物不还皆是。清律及例对此设有下列规定:(一)监临官吏挟势及豪强之人,求索借贷所部内财物,计赃准不枉法论,强者准枉法论(无禄人减一等财物给主)。(二)监临官吏家人求索借贷,依不枉法减本官罪二等,本官知情与同罪,不知者不坐。(三)监临官吏挟势及豪强之人,将自己物货散与部民,及低价买物物多取价利,计余利准不枉法论,强者准枉法论,物货价钱分别入官给主。(四)监临官吏挟势及豪强之人,于所部内买物,不即支价,及借衣服器玩之属,各经一月不还,并坐赃论,追物给主。(五)监临官吏挟势及豪强之人,私借用所部内马牛,驼骡驴及车船碾磨店舍之类;验日计雇赁钱,坐赃论,追钱给主。(六)去官而受旧所部内财物

---

① 原书为"着",系排版之误。

及求索借贷之属，各减在官时三等。(七)出使人于所差去处求索借，贷买卖多取价利，并与监临官吏罪同。

【决(決)囚违误】【史】决囚谓执行死刑也，凡对执行死刑之方法误用者(如应处绞而误用斩应处斩而误用绞之类)，或于停刑之日而违例执行死刑者，称曰决囚违误。清之六部处分则例(卷五十)刑属用刑篇——决囚违误条："官员将应斩人犯误行处绞者，降一级调用，将应绞人犯误行处斩者降二级调用，将应斩绞监候人犯误行立决者，降四级调用，如斩绞人犯，错决至二名者革职"，又："官员于停刑之日违例决囚，及违例用刑者，俱罚俸六个月，其有凶盗逆犯干涉，军机应行立决及须刑鞫者，均即随时办理，声明咨部，无庸拘泥，若系寻常案件，仍照定例月日停刑"，又："官员将监候重犯秋审时不行解省，或已经解送而到省迟延，以致秋决愆期者，将府州州县官降一级调用，道员罚俸一年，臬司罚俸九个月，督抚罚俸六个月"，又："逆伦重案，离省在三百里以外者，即将该犯在省城正法，在三百里以内者，仍押回于原籍正法，如有违误，将该督抚罚俸六个月。"

【私和人命】【史】人命谓杀死人或伤害致死之案件，私自和谓私和解，人命案件与社会公安有关不得私自和解，法律及例之规定如下：(一)祖父母父母及夫若家长为人所杀而子孙妻妾奴婢雇工人私和者徒三年。(二)期亲尊长被杀而卑幼私和者，徒二年。(三)大功尊长被杀而卑幼私和者，徒一年半。(四)小功尊长被杀而卑幼私和者，徒一年。(五)缌麻尊长被杀而卑幼私和者，杖一百。(六)妻妾子孙及子孙之妇奴婢雇工人被杀而祖父母父母夫家长私和者，杖八十。(七)缌麻卑幼被杀而尊长私和者，杖九十。(八)小功卑幼被杀而尊长私和者，杖一百。(九)大功卑幼被杀而尊长私和者徒一年。(十)期服卑幼被杀而尊长私和者，徒一年半。(十一)常人为他人私和人命者，杖六十，受财准枉法论。(十二)尸亲人等私和人命，未经得财赃罪较轻，仍照律议拟，期亲以下亲属受财，私和俱计赃，准枉法从重论。(十三)祖父母父母及夫若家长被杀，子孙及妻妾奴婢雇工人受贿私和无论赃数多寡，流三千里。(十四)子孙及妻妾奴婢雇工人被杀，祖父母父母及夫若家长受贿私和无论赃数多寡，杖一百。(十五)凶犯之缌麻以上亲属及家长奴婢雇工人以财行求均不计赃数杖一百，凶犯罪止军流，以财行求亲属者，杖九十，凶犯罪止拟徒，以财行求亲属者，杖八十。(十六)说事过钱各减受财人罪一等。

【邪术左道】【史】邪术谓不正法术，左道谓不经教道也。清律及例之规定如下：(一)师巫假降邪神书符咒水扶鸾祷圣烧香集徒，一切左道异端煽惑民人者，为首绞候，为从发回城为奴。(二)其称为善友求讨布施至十人以上或称烧丹炼药出入内外官家，夤缘作弊并军民人等寺观住持窝藏接引至十人以上者，俱发边远充军，不及十人容留潜住及邻甲知情不举者，照违制律杖一百，守业良民讽经茹素并无学习邪教不得滥用此例。(三)传习白阳白莲八卦等邪教习念荒诞不经咒语拜师传徒惑众者，绞决，为从年未逾六十及虽逾六十而有传徒情事者，发回城为奴，被诱学习尚未传徒，而又年逾六十者，改发四省烟瘴充军。(四)红阳教及各项教会名目并无传习咒语，但供有飘高老祖及拜师授徒者发乌鲁木齐分别旗民当差为奴。(五)虽未传徒或曾供俸飘高老祖及收藏经卷者，发边远充军，坐功运气者杖八十。

(六)各项邪教应发回城,人犯如有情节较重者,到配永远枷号,又以上邪教人犯,俱遇赦不邪。(七)传习邪教如有具结改悔赴官投首免罪,倘再有传习加一等治罪。(八)装扮神像鸣锣击鼓迎神赛会,为首杖一百,里长笞四十。(九)邪术避刑者,为首教授之人绞候,为从学习之人流三千里,以邪术架刑或雇人作法架刑俱照规避本罪递加二等罪止满流,其代为架刑之人,与犯人同罪,得赃以枉法从重论,保甲邻里容隐不首者笞四十,地方官不行查拿者降一级调用。

【邪术避刑】【史】地方奸徒,如有将各种避刑邪术,私相授习是与国家威权有关,负地方责任之官员,应加查拿到案讯办,违者应依本条予以处分。清之六部处分则例(卷五十)刑属用刑篇邪术避刑条:"凡奸匪之徒将各种避刑术私相传习及授人邪术作法架刑者,地方官不行查拿降一级调用。"

【事主报盗】【史】盗劫案件之出事主人称曰事主,于出事后,应据实呈报不得凭空捏报。清律及例设有下列规定:(一)事主呈报盗案失单须逐细开明,如赃物繁多一时失记,准于五日内续报该地方官将原报续报缘由,于招内声明。(二)事主冒开赃物杖八十,如谎称被劫以奸为盗,以窃为强,均杖一百,若以人或斗殴报盗,本身无罪者杖一百,本罪重者,从重问拟,本罪轻者加一等治罪,如系凭空捏报盗劫陷害讹诈,则照诬告人死罪未决律流三千里加徒役三年。(三)甲长邻佑扶同捏报者各照事主减一等治罪。

【亚(亞)尔巴尼亚国宪法】【宪】Constitution of Albania 亚尔巴尼亚国创始于一九一三年之巴尔干战争结束之后,地处巴尔干半岛西面,东北两方与南斯拉夫国为界,西濒亚得里亚海(Adriatic sea)南则与希腊相接,全国面积约一万七千余方哩,人口约八十三万以亚尔巴尼亚人居多数,三分之二为回教徒,三分之一为基督教徒,从事游牧者较农耕为多,故地多荒芜,建国之初原以德国威廉亲王为君,欧战发生之后,国内纷乱,英法意三国曾私缔密约拟予瓜分,一九一七年,意大利军队侵入其地,宣布为共和国,一九二五年始为列强所承认,一九二六年又为意大利强迫为保护国,一九二八年改共和国为王国,现行宪法即为是年十二月一日所公布,全文共分为十篇,计二百三十四条,第一篇总则,第二篇政权,第一章立法权,第二章行政权,第一节国王,第二节国务员,第三章司法权,第一节法院,第二节最高法院,第三篇国家财政,第一章财政,第二章审计院,第四篇参政院,第五篇国防军备,第一章国军,第二章宪兵,第六篇国民权利,第七篇附则,第八篇宪法之修正,第九篇暂行规定,第十篇终结规定,兹将要点列举于下:(一)亚尔巴尼亚为世袭君主立宪国,以亚尔巴尼亚语为国语,不设国教,一切宗教应加尊重,信仰自由及传教自由皆受保障。(二)一切政权皆出自国民。(甲)立法权由国王与议会共同行使之,法律均须经议会通过及国王之批准后始生效力,法律之废止,变更或停止效力,非依新法律不得为之。(乙)行政权属于国王,依本宪法之规定行使之。(丙)司法权由法院行使之,惟法院所为之判决仍应以国王名义宣告及执行之。(三)议会采一院制以人民依法所选举之议员组织之,议员任期定为四年,当选者应具备下列资格:(1)亚尔巴尼亚国民。(2)年龄满足三十岁者。(3)享受私权及公权者。(4)能诵读及书写亚尔巴尼亚文字者。(5)无选举法所规定之障碍情形者,议会开会在原则上定为每年集会五个月(自十月十五日至次年三月十五日止),每届[①]议会开始时及常会开会时应就议员中选举议长一人,副议长一人,及办事处职员若干人,议会之集会与讨论应公开之,经国务员之请求或由议员五人提议而经半数之同意时得举行秘密会议,关于开会非有议员半数以上之出席不得讨论及决议,除本宪法别有规定外,一切决议以出席议员过半数之同意行之,可否同数时则由议长决定之,议员在会议中其言论身体均受法律之特别保障,不得兼任其他公务员职务,一切自治与宗教,职务具有管辖权者亦不得兼任,但国务员职务不在此限,议会所通过之法律应提请政府公布之,其所否决之案不得在同一会议期内重行提出,关于议会监督政府发问,质问及调查,为议会当然职权,其行使之方式由议会规则另行订定之。(四)亚尔巴尼亚国王为本国望族 Zogu 氏 Zog 一世陛下,其王位由长子世袭之(以直系男子为限),议会得政府之同意确认国王不能行使职务或王崩而太子尚未成年时国王职权由摄政以国王名义行使之,国王或摄政均须宣誓始得行使职权,在未宣誓以前,国王职权应以人民名义由国务会议负责行使之,摄政权原由成年太子行使之,如太子尚未成年,则由下列诸人代理之:(1)王后(当国王不能行使职权时)或王太后(当国王尚未成年时)。(2)议会议长。(3)国务总理。(4)参政院院长,摄政会议以上述四人组织之,如其中一人暂时因事故不能行使职务时,由其他三人处理国务,三人中有一人缺席时则由其他一人处理之。(五)国王有统率海陆空军并依本法之规定直接指挥之权,有批准公布议会所通过法律之权,有任免国务总理及其所选任之国务员之权。有特赦及减刑之权,有任免政府公务员之权,有依法授予军官级位之权,对内对外有代表国家接待外交官并派遣驻外使节之权,有对外宣战及媾和之权(除防御外侮外仍应得国会之同意)有对外订立和约盟约及其他条约之权(惟应随时报告议会如系对于国家或人民加以负担者,应经议会通过后始生效力),有依法授给勋章及铸造货币之权,有任免王室职员之权,有召集国会之常会及非常会议,并宣告其闭会之权,同时并有展缓开会日期停止或解散会议及延长会期之权(惟有限制之规定),遇有战事或相同事项及变叛发生或酝酿时与遇全国动员或公共危急时得由国务院负责宣告全国或某地方戒严,戒严时得暂行限制或停止个人自由及住所之不可侵犯权与结社集会之权,以及出版言论之自由暨书信之秘密,此项权利之限制及停止方式以特别法定之。(六)由国务总理与国务员所组织而成之国务会议为隶属国王之最高行政机关,以国务总理为主席,国务员分掌各部事务,任国务员者须具备下列资格:(1)须为亚尔巴尼亚种族及通晓亚尔巴尼亚文字者。(2)须非为外国种族而归化者。(3)须具备法律所规定之议员当选资格者。此外凡王室家族亦不得为国务员,又三等亲以内之亲属亦不得为同一内阁之国务员,关于国家之施政大纲,国务院应对国王及议会负连带责任,惟对于各部所管辖之事项则各负其责任,国务院应取得议会之信任,如不为议会所信任时则应向国王辞职,又国务总理辞职或被免职时,全体国务员亦应同时辞职,国王一切命令除指挥军队外均应由国务总理及主

① 原书为"屈",系排版之误。

管部长副署始生效力，国务员并有列席议会之权，并有发言权利，但不兼议席之国务员则不得参加表决，国务员如犯内乱罪或特别法所规定之罪者，议会应提起弹劾并向最高法院控诉，惟国务员于去职满四年后则不得因有特别法所规定之罪而被弹劾。（七）法院之组织，职权，及管辖以法律定之，非常法院不得设置但于必要时得由法律特许在一定时期内设立特种法院以审理政治罪犯案件，全国设高等法院一所定名曰 Di Ktim. 设于首都，其分庭之设置应依特别法之规定。（八）法院之审判独立，任何人不得干涉及授意，审判以公开为原则，推事之评议秘密为之，但判辞则应依法宣告之，且应根据法律，并须引载法律明文，凡刑事被告其所犯罪之最高刑在自由刑三年以上者，非经被告委托辩护律师后不得审判，如被告不委托辩护人时应由法院依法指定之，推事及检察官等应受特别保障不得调动，其惩戒则依特别法所规定，又高等法院之院长推事学习推事检察长等因职务上行为及因行使职务而犯罪时，则应由最高法院审判之。（九）除上述外凡国务员，审计官参政官因职务上之行为及行使职务而犯罪者亦应由最高法院审判之，此项最高法院乃于必要时临时由国王以敕令设置之，以高等法院刑庭庭长为主席，并就高等法院推事及参政院参政中各以抽签方法选定四人为推事，所为之判决以三分二之同意宣告之，且不得撤销。（十）任何租税非依法律不得征收且法律仅得为政府，各州县，市及公共机关之利益而设立租税，又租税之免除，变更或废止非依法律亦不得为之，即恤金或奖励金亦须依法律始得由国家负担之，此外非有法律之允许，亦不得为国家利益而缔订借款，又非经议会之议决国有不动产不得变卖或出租二十年以上。（十一）于每年一月间政府应将预算案提交议会，于每年八月会计年度终了时，财政部长应将上年度决算报告于审计院，该院经审查后于九月间应签具意见以报告书提交议会，预算案所规定之某项经费不敷支出或有必需之支出而未经预算案规定者，政府应以法案方式咨请议会增加或拨给经费。（十二）政府财政由审计院监督之，该院以院长一人审计二人组织之，其组织与审计之资格及行使职权之方式以特别法定之，审计院独立行使职权，惟于每三个月应将政府财政状况缮具报告呈由国务总理转呈国王，审计院长，审计由国王就由国务总理，议会议长，与财政部长所组织之特别委员会所呈荐之加倍候选人员中指定之，就职时应对国王宣誓，审计任期七年，在其任期内不得调任（但有例外）。（十三）为执行本宪法或特别法所规定之职务，得设参政院，以参政十人及候补参政十人组织之，均由国王就由国务总理议会议长与司法部长所组织之特别委员会所呈荐之加倍候补人员中指定之，院长一人由国王就参政中指定之，参政候补参政之任期均为七年，就职时应对国王宣誓，在任期内不得调动（但有例外），参政及候补参政除必须具备法定资格外，应执有大学毕业文凭，并须具有相当之学识经验与能力，至于参政院之职务计有下列各种：(1)拟定法典。(2)拟订审查一切法案及章程。(3)对于条约及特许事项，予以审查及陈述意见。(4)执行特别法或其他法律所规定之职务，以上职权之行使方式则另以特别法定之。（十四）国家军队分为国军及宪兵两种：国军包括一切海陆空军在内，除法律所规定之免除情形外，亚尔巴尼亚人民皆有服兵役之义务，军队之组织以法律定之，但指挥之方式及单位之设置以国王命令定之，国军构成一体由国王指挥统率之，战时国王得以指挥作战之权授与高级军官,各国王亲自指挥时则关于一切军事一切行动应直接对国民负责,国王,以大元帅名义直接节制国防总指挥,对法律负责,一切军队应服从国王命令,军队与司令官均由国王任命之,军人平时犯罪者均由军法处审判之,战时犯罪者则由军事法院审判之。(十五)宪兵之组织与数额以特别法定之,关于军事方面由大元帅统率,关于职务方面则属于内政部管辖。(十六)国民之个人自由均受法律之保障,非依法律之规定任何人不得被传讯[①]逮捕或监禁,人民在法律上,一律平等,除法律别有规定外,人民皆得享受公权与私权及担任文武职务,人民住所不可侵犯,言论出版自由应受保障,且在本国内惟亚尔巴尼亚人民得发行新闻纸,人民产业所有权不得侵犯,结社及无武器之和平集会应受法律保障,同时并享有邮信电报电话之自由权(但有例外),思想与信仰之自由亦受保障,初级教育采义务制,人民得依法创设私立学校并受政府之监督,此外强制征收及没收并放逐国外,均为法律所禁止,即人民之引渡亦绝对禁止之。(十七)亚尔巴尼亚人民不得同时为他国人民,亚尔巴尼亚国籍之取得,保持及丧失概由民法规定之。(十八)除依法律所特别规定者外,凡外国人在本国居住者,应享受身体及财产之保障,惟外国人不得以任何名义在本国内取得农业土地所有权,即在国王敕令所规定之边疆附近或沿海岸地方亦不得享有土地所有权(但不适用于既得权)。(十九)政府机关非依法律不得设立或变更,职位非依法律亦不得设置之,至于公务员之地位,权利,义务,薪俸,恤金,奖励金及其任免,升降惩戒之方式,概以法律规定之。(二十)本宪法不得全部或一部,停止之,法律或章程亦不得与本宪法之文字或精神相抵触。(二十一)宪法之解释,增补或修改,仅得由国王或议会提议之,但对于某种条文(如第一、二、六、五十、等等)则不得提议或接受修改,提议经议会法定人数通过同意后议会当然为解散,并依法选举修改宪法会议,其人数视被解散之议会加倍之,于任务完毕后自动解散,另行选举议会,修改宪法会议之决议不得撤销并须于递呈后十五日内由国王公布之。

【例封】【史】与例授(详该本条)例赠相对称。

【例案全集】【史】书名,三十五卷,分订十二本,清张光月编,康熙壬寅刊本。

【例贡生】【史】为贡生之一种,与恩贡生,拔贡生,副贡生,岁贡生及优贡生等相对称,凡廪生,增生,附生(府,州,县学之学生)及监生(指恩监生,荫监生,优贡生及例监生)援例入贡者,皆称曰例贡生。(会典卷七十六—国子监之注)

【例授】【史】清制,对于本人所给之封爵为授,对其存在之曾祖父母、祖父母、父母、及妻所给者,则为封,对其已殁之曾祖父母等则谓之赠,五品以上之官授诰命,故称曰诰授封诰,诰赠,六品以下之官授敕命,故称曰敕授,敕封,及敕赠,又因以上均各有一定之例,故有例授,例封,例赠之称。

【例监生】【史】由廪生增生附生(府州县学之学生)及俊秀(非府州县学之学生而学力相当者),援例入国子贡者称曰例监生,所谓援例乃指因公捐纳银米而言,

---

① 原书为"迅",系排版之误。

(清会典卷七十六一国子监)按例监生为监生之一种与恩监生,荫监生及优监生相对称。

【例赠】【史】与例授(详该本条)例封相对称。

【侍丁】【史】侍丁者,谓侍养父母之丁男也,免除其徭役义务,大明令户令篇设有侍丁之条:"凡民年八十之上止有一子,若系有田产应当差者,许令雇人代替出官,无田产者许存侍丁与免杂役。"

【侍亲】【史】祖父母父母年及七十,而无其他以次人丁时,为子者如不愿服官而离职返家侍奉者,为法所许,大明令礼令篇设有侍亲之条:"凡官员祖父母年及七十果无以次人丁自愿离职侍养者,听亲终服满,方许求叙。"

【两(兩)刑】【史】两刑一辞出自书经吕刑篇:"其刑上备,有并两刑",有刑上备谓凡断刑文书之上王府,皆当具备,若后世之曹司之写案申上尚书省也,有并两刑谓人犯两事,刑有上下,虽罪从重断,有两刑者亦应一并俱上之,使王知其事也,王或时以下刑为重,改下为上,故并上之。(书经吕刑篇注疏)

【两(兩)浙福建路敕令格式】【史】为宋法典之名,于徽宗宣和年间(在西历一一一九年至一一二五年之间)改编,一部,撰人不可考,卷亡,事见宋史艺文志刑法类。

【两(兩)曹】【史】谓原告及被告之合称也。

【两(兩)剂】【史】两剂者,谓两造之书面证据也,周礼大司寇:"……以两剂禁民狱,入钧金",盖两造之书证必有一实,使之入钧金(铜也)所以自明其实,如听问之后,证明其不实,则没入其金,是亦禁止狱讼之一法也,故曰禁民讼。

【两(兩)辞】【史】与单辞相对称,乃书经吕刑篇之"民之乱罔不中听狱之两辞"所出,狱之两辞,谓两人竞理,一虚一实,实者枉屈,虚者得理则此民之所以不得治也,民之所以得治者,由典狱之官其无不以有中正之心听狱之两辞,弃虚从实,实者得理,虚者受刑,虚者不被更讼则刑狱清而民治矣。(同书注疏)

【两(兩)议具奏】【史】刑事案件之裁判或重或轻,不能决定,则将两例一并奏请候旨决之,是谓两议具奏,六部成语注解:"或重或轻,援引两例,奏问待旨决之。"

【典林】【史】计二十三篇,为韦谀所撰,事见吴士鉴所补之晋书经籍志刑法类中,按谀字宪道京兆人,著作甚富,约数十万言,初仕刘曜,后仕石虎,累官至太子太傅,因性直被杀。

【刺字】【史】刺字,即古时之墨刑(又曰黥),按墨刑至汉文帝时始废,而以城旦舂代之,魏晋以后间或用之(如梁天监年是),唐时亦无是刑,后晋天福间(按即西历九三六年至九四二年间)始创为刺配之法,宋元及明皆因袭之清仍之,民国废,关于刺字之书,清时除钞本以外尚有刺字例辑(甘泉董氏撰),刺字便览(沈湘葵撰)及刺字集(沈家本撰)等三书(详各本条)沈家本在刺字集自序曰:"刺字,古墨遗意也,墨一名黥,鲁语中刑用刀锯其次用钻笮,韦昭曰,笮黥刑也,班固白虎通五刑篇,墨者墨其额也,高诱战国策注曰,刻其颡以墨实其中曰黥,韦昭国语注曰,刀墨谓以刀刻其颡而黑窒之颡额也，此三说相同，许叔重说文，黥墨刑在面也，郑康成周礼注曰，墨黥刑也，先刻其面以墨窒之，此二说相同，酉阳杂俎引尚书刑德放曰，涿鹿者凿人颡也，黥者马羁笮人面也，然则古者墨辟有刻颡刻面之分矣，唐虞三代，墨居五刑之一，汉文室除肉刑，当黥者髡钳为城旦舂，而墨刑遂废，自后则有晋令奴婢亡，加铜青若墨黥，黥两眼，后再亡，黥两颊上，三亡，横黥目下，皆长一寸五分，广五分，此今刺逃人之意也，宋太始中有劫窃遇赦颊黥劫字之制，梁天监初定律，劫身皆斩，遇赦降死者黵面为劫字，盖即昉于太始，此今刺强盗之意也，然第施之一事一时者耳，唐律十二篇不言刺字，殆尚无此制欤，石晋天福中殆有刺配之法，宋参用其制，凡配役者，傅军籍，用重典者黥其面，犯盗者刺环于耳后徒流方杖圆，三犯杖移于面，迨其后科禁，日密，刺配特繁孝宗时增至五百七十条，臣僚多议其重，历请裁定，元承宋制，然颇疏略亦越前明其法加详，请因之。”按刺字有刺臂与刺面之分，前者在腕之上肘之下，右或左均依通例所定，后者则在鬓之下颊之上，右或左亦依例之所定，在原则上凡刺字皆先右而后左，惟旗下家人逃走则先左而后右，刺字之内容，有刺事由与刺地名之分，事由即所犯之罪名，地名即遣犯应刺所遣之地方，刺文有清汉二种，有同时用之，有各别用之，关于起除（参起除刺字条）。

【刺字例辑】【史】为清时甘泉董氏所撰，计二卷，内容乃就旧时传钞本所辑而成，且引例文，沈家本之刺字集亦以此书为资料。

【刺字便览】【史】为清沈湘葵所撰，仅一卷，内容为董氏之刺字例辑为略，书成于乾隆五十八年（按即西历一七九三年），沈家本所撰之刺字集亦以此书为资料之一。

【刺字处分】【史】刺字成式方法均有一定，司其事者均应遵守不得有违，否则须依下列加以处分：（一）不应刺人犯误引刺字者，罚俸六个月。（二）例应刺字人犯遗漏刺字者罚俸三个月。（三）刺面刺臂及左右臂错误者，罚俸一个月。（四）蠹役得赃应刺蠹役字样，承审官姑息不刺者，革职，如系遗漏徒罪以下应刺臂者，降一级留任，流罪以上应刺面者，降二级留任。（五）将应赦逃人误引刺字者，罚俸一个月。（六）官员收用刺字长随蠹役者，交部议处。（七）接递军流人犯查验并未刺字，即行补刺，转解咨明查参。（八）重犯刺字务深入显明，倘短浅模糊，察出参处（按刺字每字各方一寸五分，每画各阔一分五厘）。（九）刺字错误，将不谙之经承依不应重律杖八十（刺字集刺字处分）。

【刺字集】【史】清沈家本所撰，分为四卷，末附刺字处分，刊行于光绪十二年（即西历一八八六年），卷一为刺字通例，卷二为刺字条例，卷三为免刺条例，卷四为刺字备考，据本书长安薛允升序云：“……今沈子惇郎中与郭存甫主政于读律之暇以奏定条款，详核例文，并参以成案，条分缕析[①]，集为成书，虑有舛错，复折中于予。”又沈家本自序曰：“……家本云司承乏，沉埋簿书，傅古亭疑，每深只懔，因与同司郭存甫主事（安仁）参商，取旧本重编而类，区之……”又书末郭安仁跋曰：“……吾

① 原书为“晰”，系排版之误。

友沈子惇郎中，浙西绩学士也，其于刑名家言，罔不博稽参订，以求其当，因刺字条款半多疏谬，详加考正，集成一书，命安仁司校雠之役，安仁受而读之，见其分门别类，穷源溯流……”是此书由沈家本撰编薛允升校正，而郭存甫（安仁）亦曾参与其役也，又按本书之作乃据旧时传钞本，沈氏之刺字便览本，与董氏之刺字例辑本而参酌律例根源，刑案汇览，诸书而成者，此就本书凡例所载：“刺字刊本世不多见，今所据者传钞本，沈氏便览本，董氏例辑本，三本中沈为简要，惟书成于乾隆季年，条例历经修改，未尽符合董本较详，而重沓踳驳特甚，今汇录三本而参考律例，根源刑案汇览诸书，去其複，补其遗，正其误，每条注明定例，年分，或标明所本之书，间有别无明文而与通例相符者，亦皆录入。”并可窥见其内容之一斑也。

【刺配之法】【史】（详刺字条内）

【取受计赃】【史】所谓取受计赃乃指官吏人等以一事而非法收受数人财物时之科处方法而言，大明令刑令篇——取受计赃条规定：“凡官吏人等取受，以一事而受数家财物者，止以一家赃重者坐罪。”

【取受还主】【史】受收不正当之财物于未被发觉前返还原物主人者，曰取受还主，视同自首，大明令刑令篇——取受还主条规定：“凡取受未发觉悔过还主者，即同自首。”

【周大统式】【史】三卷，为后周苏绰所撰，事见隋书经籍志刑法类及新唐书艺文志，周大统式，一作魏大统式，盖为后周文帝为魏相时即开始撰拟故也，按苏绰曾任度支尚书，对后周之变法，功勋不小，魏大统元年，周文帝为魏安定郡公，以戎役屡兴，民吏劳弊，乃命所司，斟酌古今 ，参考变通，可以益国利民，便时适治者，为二十四条新制，奏魏帝行之，七年，奏行十二条制，恐百官不免于职事，又下合申明之，十年，魏帝以文帝前后所上三十六条新制，方为中兴永式，乃命尚书苏绰更损益为五卷，班于天下，隋书经籍志所称之周大统式三卷，实即指此而言也。

【和顾和买】【史】官府不依时值给价或不即给价于民即所谓和顾和买是也，大明令户令篇设有和顾和买之条：“凡内外军民官司并不得指以和顾和买扰害于民，如果官司缺用之物照依时值财物两平收买或客商到来中卖物货，并仰随即给价，如或减驳价值及不即给价者，从监察御史按察司体察或赴上司陈告犯人以不应治罪。”

【固执原题】【史】固执原题，谓督抚对刑部所驳事件，不予变更改正，而仍坚执原来题议也，清之六部处分则例（卷四十八）刑属审断下篇固执原题条：“雍正元年十月初六日奉上谕，部驳事件，督抚每固执原题具奏，一经驳回，往返迟误，干连人等多致受累，嗣后部内应驳事件督抚若固执原题具奏部内，即将督抚一并议处奏闻，如不应驳事件，而部内固，求疵隙题驳，该督抚将不应驳之情由奏闻钦此。”又：“各省咨题案件，经刑部驳至三次，该督抚不酌量情罪改正仍执原议题覆，刑部即自行改拟，将承审各官并该督抚俱照失入失出各本例议处。”

【奉使高丽敕令格式】【史】书名，为宋徽宗宣和年间（约在西历一一一九——一二五年之间）所作，计一部，卷亡，撰人不可考，事见宋史艺文志刑法类。

【官民准用】【史】书名,七卷,编于元时,撰人不可考,内多案牍,钞集,分为三十二门,事见四库全书总目政书类存目,今可于永乐大典内见之,凡七卷,已合并。

【官吏月日】【史】所谓官吏月日,乃指各级官吏于一定之月日等期限内加以铨考叙注而言。大明令吏令篇设有官吏月日之条:"凡文职在京官以三十月为一考,每一考升一等,外任官三周岁为一任,每一任升一等,先尽考满给由在选者全注,次及举到人材,其正从四品不分内外,陆拾月升三品,正从三品非有司定夺其奉上命升除者,除二品以上散官对品,其余职事虽高散官仍从本等,凡中书省大都督府御史台及在京诸衙门,在外诸行中书省,提刑按司,掾令史书吏,知印宣使,奏差典吏贴书及以下诸衙门吏员历俸三拾月为满,凡中书省大都督府御史台,在外行中书省公使人今后曾充首领,九十月无过者,于站官内铨注。"

【官员犯赃迁徙】【史】官吏非法收受他人财物而被处流刑者,不问江南江北,并发两广福建府分及龙南安远汀洲漳洲烟瘴地面,安置其上项烟瘴地面附近州府之人犯赃,并发迤北边塞处所(大明令刑令篇——官员犯赃迁徙条之规定)。

【官员呈报丁忧】【史】丁忧,谓遭父母丧也,官员如有捏报或呈报迟延,均须受一定处分。清之六部处分则例(卷十三)吏属事故篇——官员呈报丁忧条:"官员匿丧短丧者,俱革职,不准援赦该管旗籍官失于查察降一级留任,扶同出结者,降二级调用",又:"现任官员捏报丁忧离任者革职,闻丧不报,擅自离任者,降二级调用",又:"在部新选新补得缺官员捏报丁忧者革职,出结之同乡官罚俸一年,若地方官奉部行查不据实申覆者,降二级调用",又:"在籍候补候选官员于得缺时捏报丁忧者革职,地方官失于查察降一级留任,扶同出结者降二级调用",又:"在部投供之候补候选官员,闻丧不报竟自回籍者,罚俸一年,仅止呈报迟延者,免议",又:"官员呈报丁忧迟延者罚俸一年,若地方官不为转报系州县府州司道迟延罚俸一年,系督抚迟延罚俸六个月,查系何官迟延,即将迟延之员议处,余官免议",又:"官员呈报丁忧漏叙紧要字样者,俱罚俸六个月若题咨供给内有一处叙明准予免议",又:"官员漏报接丁者罚俸一年",又:"官员具报治本生父母丧者,其迟延遗漏隐匿假捏各处分悉照丁忧之例。"

【官员更名复姓改籍】【史】更名,谓变更原来之名而易新名,复姓,谓出继者归宗恢复原来之姓,改籍谓退出本籍而改入他籍,官员如有上述情形,均不得蒙混呈报,违者处分,清之六部处分则例①(卷十三),吏属事故篇——官员更名复姓改籍条:"嘉庆二十二年四月二十八日奉上谕,国家用人行政首防蒙蔽,在廷大臣皆当侃谔直说,不避嫌怨,以助朕明目达聪之治,即如此次军政正蓝旗汉军卓荐之参领顺祥,即系从前不准保举副都统之李履顺,该员改名冀图朦混,而本旗之都统副都统逐从而登之荐牍考验之王大臣复不加查察,即有知者,亦或佯为不知,惟恐人怨,设非成格据实入奏,则该员竟以作伪复邀升用,成何政体手,朕因思李履顺,现任旗员,近在京师,尚有此改名朦混之事,其直省文武各员,似此奉旨不准保升及

① 原书为"处",系排版之误。

曾经获咎不准捐复，并奉有特旨永不叙用者，恐改名朦指冒考之弊，俱所不免，其如何酌定条例，将此等人员禁止改名，如有私改弊混发觉作何治罪之处，各该部会议具奏，钦此。”又：“官员更名先由本员自具呈结声明任内并无奉旨不准保佐领图结，或由该旗都统咨报，汉员在京者取具同乡京官印结，外任及在籍候补候选者由任所及原籍各督抚出咨经部核明，并无前项违碍事故，准其更改，如有朦混将呈请更名之员，降三级调用，在内出结之同乡官降一级留任，在外详报之州县官降一级调用，转详之府州降一级留任，藩司罚俸一年，督抚罚俸六个月，其有径由督抚咨部改名者将督抚照州县例议处，若无关铨选人员有朦混更名者，将出结之京官罚俸一年，详报之州县降一级留任，府州罚俸一年”，又：“内外官员呈请复姓归宗入籍改籍等事，如有捏造假冒通同朦混情弊，将本员与出结官悉照前例议处。”

【官员家人犯罪】【史】所谓官员仅止亲戚勋旧文武大臣而言，其家人犯罪时，应如何处理，大明令仅规定止坐犯人，依其刑令篇官员家人犯罪条之条文，其规定如下：“凡亲戚勋旧文武大臣之家，但号家人伴当犯罪，止坐犯人，诸衙问依律取问，占吝不发者，犯人于所犯罪上加一等断罪，若系干重事不发者，闻奏。”

【官员朝觐】【史】朝觐，谓入京朝见天子也，大明令吏令篇——官员朝觐条：“凡各处府州县有司官员在任三年，不许注代，许令亲赍三载任内行过事迹赴京朝觐，如无规避，依旧复任，其佐贰官首领官一体三载来朝，如一时勾当者，轮换前来。”

【定例成案合镌】【史】为清孙纶所撰，共三十卷，内容未详。

【店历】【史】店历，即旅馆(客店)之旅客名簿，大明令户令篇设有店历条：“凡客店每月置店历一扇，在内付兵马司，在外付有司署押讫，逐日附写到店客商姓名人数，起程月日，月终各赴所司查照，如有客商病死，所遗财物别无家人亲属者，告官，为见数行移招召父兄子弟或已故之人嫡妻识认给还，一年后无识认者入官。”

【承问失入】【史】失入，谓对应处较轻罪之人犯断处较重之刑也，承审官员应依本条规定，情形分别受处。清之六部处分则例(卷四十八)刑属审断下篇——承问失入条：“官员承问引律不当，将应拟斩绞人犯，错拟凌迟，及应拟监候处决人犯错拟立决者，承审官降一级调用，审转官降一级留任，臬司罚俸一年，督抚罚俸六个月，如将拟军流以下及无罪之人错拟斩绞者，承审官降三级调用，审转官降二级调用，臬司降一级调用，督抚降一级留任，若错拟已决者，承审官革职，审转官降四级调用，臬司降三级调用，督抚降二级调用，如将应拟徒杖以下及无罪之人错拟军流者，承审官降一级留任，审转官罚俸一年，臬司罚俸六个月，督抚罚俸三个月，如将无罪之人错拟徒杖者，承审官罚俸一年，审转官罚俸六个月，臬司罚俸三个月，督抚罚俸一个月，其由臬司道员审转之案，臬司道员即照审转官例议处以上承问失入各官无论已决未决，具应得降调降，留罚俸处分，任内虽有加级纪录，俱不准其抵销。”

【承问失出】【史】所谓失出，乃指对应处较重罪之人犯而处以较轻之刑而言，承问该项案件之官员，如有失出之情形，应即依照本条之规定予以处分。清之六部处分则例(卷四十八)刑属审断下篇承问失出条：“官员承问引律不当，将应拟凌迟人犯错拟斩绞者，承审官降一级调用，审转官降一级留任，臬司罚俸一年，督抚罚俸六个月，如将应拟立决人犯错拟监候者，承审官罚俸一年，审转官罚俸六个月，臬司罚俸三个月，督抚罚俸一个月，如将应拟凌迟人犯错拟军流以下及免罪者，承审官降二级调用，审转官降一级调用，臬司降一级留任，督抚罚俸一年，如将应拟斩绞人犯错拟军流以下及免罪者，承审官降二级调用，审转官降一级调用，臬司降一级留任，督抚罚俸一年，如将应拟斩绞人犯错拟军流以下及免罪者，承审官降一级调用，审转官降一级留任，臬司罚俸一年，督抚罚俸六个月，如将军流等犯错拟徒杖笞及免罪者，承审官罚俸一年，审转官罚俸六个月，臬司罚俸三个月，督抚罚俸一年，审转官罚俸六个月，县司罚俸三个月，督抚罚俸一个月，如将徒杖笞人犯错拟无罪者，承审官罚俸六个月，审转官罚俸三个月，臬司罚俸一个月，督抚免议，其由臬司道员审转之案，臬司道员即照审转官例议处，以上承问失出各官，应得降调降留罚俸处分，凡有加级纪录俱准其抵销。”

【承审官率准离任】【史】承审官谓审理罪案之官员，此项官员对于所办重犯案件，在受理期间内不得轻率藉故离任，致稽迟其所审之本案，违者应受处分。清之六部处分则例(卷四十七)刑属审断上篇——承审官率准离任条：“乾隆四十二年五月廿九日奉上谕，刑部题覆直隶省毛成因图奸杀死张兴问拟斩决一本，已依议行矣，阅本内毛成于乾隆卅九年七月犯案旋即脱逃，至四十年十月始行缉获，业已稽诛一载有余，而承审之知州又以邻境会审检验办差等事公出，以致更易三任，辗转稽迟，直至本年三月始行结案题达，殊属非是，此等淫恶之徒一经就获，自应速行审办，早正刑诛俾凶顽知所惩儆，死者得以伸冤，方合辟以止辟之义，乃迟至两年始行审结，设该犯有监毙自戕等事，转得幸逃显戳，即此可见外省吏治废弛，积习相沿，于地方紧要案件全不依限速办，为上司者又不实力督催，至扣限时辄以会审办差纷纷藉口，尚复成何政体，况州县既有本任应审要件，即不应复差委会审别县之案，以致反迟其应审之本案也，督抚等何漫不经心若此，周元理著严行申饬，达尔吉善著交部议处，嗣后各省审办重犯案件，尤须上紧审转依限题结，不得托故稽迟，倘有似此迟滞者，定将该管上司交部从重议处，将此通谕知之，钦此。”又：“承审命盗之员二参限内除升迁降革丁忧事故，并派委军务紧要事件许令离任外，若承审官于二参限内，缘别项差使卸事者，革职，派委之上司知情者降三级调用。”

【承审拖毙良民】【史】承审，谓担负审理盗贼案件之官员，拖毙良民，谓案中盗贼攀诬无辜人民时，承审官不能审出真情因而拖累致死被诬之人也。该承审官，应受处分。清之六部处分则例(卷四十七)刑属审断上篇——承审拖毙良民条：“凡盗贼诬良，承审官初次不能确审实情，经上司驳查始行更正，或上司，审出实情改正，被诬之人已拖累致死者将承审官照逾限不能审定致将干连之人监毙之例，一人降一级调用，二人降二级调用，三人以上革职，若初次驳查之后，承审官仍执原拟具详经上司驳查至再，始行改正，或再驳之后经上司审出实情已拖累致死者，承审官再加一等议处，一人降二级调用，二人降三级调用，三人以上仍革职，若在审限之内未经成招，因病身死者，免议，如审转官经臬司驳审改正已致死者，减承审官一等，一人降一级留任，二人降一级调用，三人以上降二级调用，经臬司再次驳审改正已致死者，一人降一级调用，三人以上降三级调用，如臬司不行驳审，经督抚驳审改正，已致死者，减审转官一等，一人罚俸一年，二人降一级留任，三人以上降一级调用，经督抚再次驳审改正已致死者，一人降一级留任，二人降一级调用，三人以上降二级调用，如督抚不行查出具题，后经刑部驳审改正，已致死者，减臬司一等，一人罚俸六个月，二人罚俸一年，三人以上降一级留任，经刑部再次驳审改正，已致死者，一人罚俸一年，二人降一级留任，三人以上降一级调用，其未经致死者，仍照部驳改正例，将承审官议处，审转各官均免议。”

【承审株连】【史】承审株连，谓承问罪案官员，借言情节重大，而诬指并牵连及罪犯之家人等也。清之六部处分则例(卷四十八)刑属审断下篇——承审株连条："问刑官员于命盗案件，无故将平人久禁囹圄者革职，因而致死及故勘致死者革职治罪"，又："除谋反谋叛之案照律连坐家属籍没家产外，其余情罪俱不得存心陷害，借端妄议，若承问官借言情罪重大，诬指朋党，株连其父母兄弟妻子，籍没其家产者，照故入死罪律革职治罪"，又："妇女身犯奸盗人命重情及别案牵连，身系正犯，仍照例提问外，其余小事止许提其子侄兄弟代审，即追赃抄产等事，概不得提问妇女，倘有刻薄官员阳奉阴违借端侮辱，即照违制律参革治罪，倘该上司不行揭参，照不揭参劣员例议处。"

【承审监毙人犯】【史】京内外官员承审罪犯案件时如逾越一定期限不行结案，致有该在监之人犯因而毙命者，应依本条规定，分别监毙人数之多寡予以处分。清之六部处分则例(卷四十七)刑属审断上篇——承审监毙人犯条："内外官员承审案件，逾限不行取供，及取供之后逾限不行审定，以致一案之内监毙正犯一二人者，罚俸六个月，三四人者罚俸一年，五六人者降一级留任，七八人者降二级调用，九人以上者革职，若审定之后逾限不行题结，以致监毙正犯一二人者，免议，三四人者罚俸三个月，五六人者罚俸六个月，七八人者罚俸一年，九人十人以上者降一级留任，其在事结具题，之后监毙者免议"，又："内外官员承审案件，逾限不行取供，或展限仍不能完结，以致一案之内将干连之人监毙一二人者，罚俸一年，三人者降一级留任，四人者降二级调用，五人以上者革职，若取供之后逾限不能审定，致将干连之人监毙一人者，降一级调用，二人者降二级调用，三人以上者革职，该堂官及该上司不据实题参者，降二级调用"，又："官员承审盗犯，取有口供，於未经题结之先，一案内监毙四人以下者免议，五六人者罚俸三个月，七八人者罚俸六个月，九人十人以上者罚俸一年，若在事结具题之后监毙者免议。"

【押解中途失囚】【史】各项囚犯在管押解送之途中脱逃，押解人员须受处分，清例之规定如下：(一)解审斩绞重犯中途脱逃，原犯如系斩绞立决，即行正法，如系斩绞监候，应情实者改为立决，应缓决者改入情实。(二)解审斩绞重犯(甲)在途开放锁镣，以致脱逃，解役与同罪，贿纵全科，疏纵至死减一等。(乙)并未开放锁镣，雇替潜回，先后散行，以致脱逃，解役与囚同罪，至死减一等。(丙)依法管解，偶致疏脱，审有确据，短解兵役减囚罪二等，长解二名，暂行监禁，另选干役押同原解之亲属限一年踩缉，限满无获，减囚罪一等。(三)解审军流徒犯。(甲)依法管解，偶致疏脱，百日限内，捕得免罪，百日限满无获长解，减囚罪二等，短解减三等。(乙)违例雇替以致疏脱，百日限内捕得起意雇倩兵役减囚罪二等，余皆免罪，百日限满无获起意雇倩兵役减囚罪一等，余减二等(受贿故纵以囚罪全科，赃多者以枉法纵重论)，押解未定罪名人犯脱逃，解役照矢囚律杖六十，加枷号一个月。(四)押解遣军流徒人犯，发遣新疆人犯，中途脱逃系免死减等例应正法之盗犯，及由新疆改发烟瘴并黑龙江等处，人犯中途脱逃，将押解兵役暂行监禁，另选干役，押同该兵役亲属勒限踩缉除有心贿纵仍照律与囚同罪外。(甲)违例雇替托故潜回或在途开放锁镣以致脱逃，百日限内捕得，起意雇替兵役减逃犯罪一等，其余兵役及代替之人各减二等，百日限满无获，起意者流二千里，余人各减一等。(乙)依法管押偶致疏脱，一年限内捕得，各减二等，一年限满无获各减一等。(五)押解遣军流徒人犯，寻常遣犯受贿故纵与囚同罪，如系依法管解偶致疏脱，百日限满无获照配所保甲例杖八十，加枷号一个月，军流人犯受贿故纵，与囚同罪，如系依法管解，偶致疏脱，百日限满无获，照配所保甲例杖八十，拟徒人犯受贿故纵，与囚同罪，如系依法管解，偶致疏脱百日限满无获，照主守失囚律杖六十。(六)军流徒犯在配及中途脱逃，主守押解人等限内捕得免罪，如系他人，捕获或囚已死及自首均依失囚律治罪，不准宽免。

【押审人犯自尽】【史】在押听候审讯之人犯，如有自尽情事发生，该管官员应分别逃犯之供证确凿罪无可疑者与供证未确，罪难悬拟者，予以处分。清之六部处分则例(卷四十七)刑属审断上篇——押审人犯自尽条："押候审讯人犯自尽，如供证确凿，罪无可疑者，即按其罪名轻重，将该管官照监犯在狱自尽失防之有狱官例议处，如供证未确，罪难悬拟者，将该管官照军流以下人犯中途自尽之例降一级留任。"

【拒奸杀人】【史】谓妇女拒绝调奸或强奸而杀人或奸妇拒绝复奸而杀人也。清律及例之规定如下：(一)妇女拒奸杀人，登时杀死者，无论强奸调奸罪人均勿论，若捆缚复殴，或按倒迭殴，杀非登时者，所杀系调奸罪人流三千里，系强奸罪人则徒三年，均收赎。(二)拒奸杀死奸夫，和奸之后，本妇悔过拒绝，复被逼奸，将奸夫杀死，流三千里，贪利通奸后以无力资助拒殴致死，或先经和奸，后与他人通奸情密，因而拒绝殴毙，均各依谋故斗殴定拟。(三)杀死奸妇，先经和奸，后因别故拒绝，奸夫将奸妇杀死，仍照谋故斗殴定拟。(四)子妇拒奸杀死亲翁，如系情急势急，仓猝捍拒，确有证据者，按律定拟，援引林谢氏成案夹签奏请定夺。

【招婿】【史】招婿者，谓招赘他家男子入户为婚也，大明令户令篇设有招婿之条："凡招婿须凭媒妁，明立婚书，开写养老或出舍年限，止有一子者，不许出赘，如招养老女婿者，仍立同宗应继者一人，承奉祭祀，家产均分，如未立继身死，从族长依例议立。"

【政刑类要】【史】为元时彭天锡所撰，一卷，事见四库全书总目法家类存目，按天锡字仁仲湖州人。

【政和重修敕令格式】【史】书名，共五百四十八册(卷亡)，为宋时何执中等奉敕所撰，按政和系徽宗年号(即西历一一一一年至一一一五年止)，事见宋史艺文志刑法类。

【政和重修国子监律学敕令格式】【史】书名,为宋徽宗政和年间孟昌龄所撰,共一百卷,事见宋史艺文志刑法类。

【政和敕令式】【史】书名,为宋徽宗政和年间王韶所撰,共九百三卷,事见宋史艺文志刑法类。

【政和新修贡士敕令格式】【史】书名,共五十一卷,为宋白时中氏于徽宗政和年间所撰,事见宋史艺文志刑法类。

【政和新修御试贡士敕令格式】【史】书名,共一百五十九卷,宋徽宗政和年间白时中所撰,事见宋史艺文志刑法类。

【政和禄令格】【史】书名,为宋徽宗政和年间所撰成者编者何人不可考,全书共三百二十一册(卷亡),事见宋史艺文志刑法类。

【政和续编诸路州县学敕令格式】【史】书名,为宋徽宗政和年间蔡京所撰,计十八卷,事见宋史艺文志刑法类。

【政书】【史】计二十卷,明陈龙正所撰,计二十卷,事见明史艺文志刑法类,按龙正字惕龙,嘉善人,崇祯中进士,授中书舍人御史,继左迁南京国子监丞。

【政策法学】【史】所谓政策法学,乃就社会各项之政策为立足点,以从事于法律上之研究之学科也。

【政论】【史】计五卷,魏刘廙所撰,今已亡佚,事见隋书经籍志,旧唐书经籍及新唐书艺文志,按廙字恭嗣,安众人,事曹操,文帝即位,官待中封关内侯。

【明刑弼教录】【史】为清王祖源所撰,计六卷,事见清史稿艺文志法家类。

【明刑管见录】【史】清穆翰撰,不分卷,事见清史稿艺文志法家类,按翰为满人字虎臣,历任直隶州县治狱详慎,是书为其生平阅历之言,曾经刊行,光绪壬午八年由满人裕禄在皖省任内嘱刘文枬观察复加校订,以铅字聚珍版印行,计全书共廿九篇如下:审案总论第一,慎刑第二,讲求律例第三,相验第四,勘验受伤路尸第五,无干命案第六,共殴命案第七,自戕命案第八,邻邻相验第九,开检第十,谋故斗戏误辨第十一,办招第十二,慎重订封第十三,告奸第十四,本夫杀奸第十五,奸杀本夫第十六,子妇拒奸第十七,审办窃案第十八,查讯盗案第十九,勘讯半路强劫第二十,两界抢劫第廿一,缉凶捕盗第廿二,自理词讼第廿三,查办讼棍第二十四,勘办水冲地亩第廿五,奉委覆查第廿六,邻封委审第二七,会审案件第二十八,面禀案件第二十九。

【明刑管见录】【史】为清穆翰所撰,事见清史稿艺文志法家类。

【明律分类条目】【史】为明陈廷琏所撰,四卷,事见明史艺文志刑法类,存佚不可考。

【明律比例】【史】即大明律比例,仅一卷,天一阁有藏本,撰人不可考。

【明律例】【史】又曰大明律例,为明范永銮所撰,三十卷,事见明史艺文志刑法类，按永鎣字汝和，正德进士，历官福建学政，陕西兵备副使，及四川布政使，今日本石川县博物馆藏有此书。

【明律例注】【史】书名，为明林兆珂所撰，共二十卷，事见明史艺文志刑法类，存佚不可考，按兆珂莆田人，字孟鸣，万历进士，官刑部侍郎。

【明律例附解】【史】为明顾应祥所撰，共十二卷，按应祥为长兴人字惟贤，号箬溪弘治进士，累官至刑部尚书，重修问刑条例（七卷）亦其所撰，今日本内阁文库亦藏有此明律例附解十二卷。

【明律例添释旁注】【史】简称曰明律旁注，明徐昌祚撰，共三十卷，内容为汇集当代律书二十余种而加以注释者，今日本内阁文库藏有此书。

【明律例祥刑冰鉴】【史】三十卷，为明周某所撰，其名不可考，万历二十七年刊行，今日本内阁文库藏有此书。

【明律例据会细注】【史】共十一卷，撰人不可考，今日本内阁文库藏有此本。

【明律例临民宝镜】【史】共十六卷。为明苏茂相所撰，今日本内阁文库藏有此书，按茂相曾任崇祯年间刑部尚书。

【明律法全书】【史】共十一卷，今日本内阁文库有藏本，撰人不可考。

【明刑法志】【史】二卷，清姜宸英撰，事见八千卷楼书目，按宸英慈溪人字西溟年七十始成进士，授编修曾为顺天考官，被累狱死。

【明律直引】【史】计五卷，撰人不可考。天一阁有藏本，又称大明律直引。

【明律附例注解】【史】为明姚思仁所撰，共三十卷，今日本内阁文库藏有此书。

【明律国字解】【史】为日本学者荻生茂卿于德川时代所撰，共十六卷，有刊本行世。

【明律集解】【史】不分卷，明郑继芳所撰，今日本东京图书馆藏有此书。

【明律集解附例】【史】即大明律集解附例，共三十卷，为明高举等奉敕撰事见明史艺文志刑法类，按举字东溟，淄川人，万历间进士，历官知县及御史，并曾巡抚浙江，本书所附之例，即万历十三年重修之问刑条例（舒化所撰修），今日本石川县博物馆藏有此书，为万历三十八年本，清光绪三十四年修订法律馆亦曾刊行之，至今仍传世，书首有沈家本重刻明律序，中有："……明律所见有嘉靖本，隆庆本，万历本，……此本为桐乡沈氏所藏，刻于万历三十八年（按即西历一六一〇年），乃所见明历最后之本"等语。

【明律解】【史】又曰大明律解，十二卷，为明张楷所撰，事见明史艺文志，按楷字式之，慈溪人永乐进士官御史，今日本内阁文库及石川县博物馆，藏有张式之所撰之律条疏议一书共三十卷，天一阁书目亦有记录，惟作十卷耳，与明律解未知有何关联。

【明律解附例】【史】为明郑汝壁所撰，三十卷，万历二十二年刊行，今日本内阁文库藏有此书，按汝壁字邦章隆庆进士，官刑部进士。

【明律笺释】【史】共三十卷，为王樵私笺，王肯堂集释，今日本内阁文库藏有此书（参读律私笺条）。

【明律类钞】【史】为明时胡文焕所撰，事见汇刻书目外集，按文焕，字德甫钱塘人，全书共二十二卷，内为大明律图一卷，律例类钞六卷，琐言摘附一卷，问刑条例，七卷，名例律一卷，刑统赋一卷，法家二裒集一卷，招拟假如行移条式四卷。

【明律释义】【史】又曰大明律释义，为应櫃所撰，亦三十卷，事见明史艺文志刑法类，按櫃字子材，遂昌人，嘉靖进士，历官刑部主事，山东布政使，兵部右侍郎并总督两江军务，今日本石川县博物馆藏有此书。

【明律读法书】【史】为明孙存所撰共三十卷，又曰大明律读法书，事见明史艺文志刑法类，按存字性甫，正德进士，授礼部主事，累官至河南布政使，其书名读法者，语本周礼地官，谓读其所掌之校法以劝以戒之义，其内容为取明代典制与疏例互相发明者而附于律令，今日本石川县博物馆有此书，吴兴沈氏亦有嘉靖间范永銮重刊本。

【明堂敕令格式】【史】书名，宋徽宗宣和年间（约在西历一一一九——一二五年之间）所作，撰人不可考，共一千二百六册（卷亡）事见宋史艺文志刑法类。

【明条法事类纂】【史】为明孝宗命儒臣戴金所撰，其内容为辑累朝之法令及定一代章程而成者也，今日本东京帝国大学图书馆藏有写本，嘉靖年间（世宗年号）曾加重修，内容一以职掌为主，类以颁降群书，附以历年事例，在日本东京帝国大学图书馆亦有写本，共五十卷，分为八类，即五刑，名例吏部，户部，礼部，兵部，刑部、工部等是也。

【武成王庙】【史】即周之武王成王之庙宇也，明时均有一定之祭礼，大明令礼令篇武成王庙条规定曰："凡武成王庙祀，在京春祭二月上戊日，秋祭八月上戊日，用牛羊等物致祭。"

【武员入籍】【史】所谓武员，乃指提督总兵副将参将等之武官而言，入籍谓甲地人改为乙地人也。清之六部处分则例（卷十三）吏属事故篇——武员入籍条："提督总兵副将等官不许在现任地方置立产业，或罢职后有因在任年久原籍并无田庐亲族可依，不得已而请入籍任所，或已经身故其子孙欲于任所入籍者，由该督抚奏明请旨，至参将以下等官或任所置有产业，或本身休致解退，或已经身故而子孙流寓任所，由该督抚查明报部，经兵部咨查原籍果系无可依归，令地方官出具印结送部，准其在任所入籍，如有假捏，将本人治罪押回，地方官降二级留任。"

【治山经律札记】【史】为清朱廷劢所撰，一卷，事见清史稿艺文志法家类。

【治术纲目】【史】为明万历间进士曹璜所撰，计十卷，事见明史艺文志刑法类，按璜字于渭，益都人，由司农出守西安，其后官至通政司左参议。

【治道集】【史】十卷，为隋李文博所撰，事见旧唐书经籍志法家类，新唐书艺文志法家类及宋史艺文志法家类内，按文博为博陵人，隋开皇中曾任羽骑尉。

【治狱须知】【史】一卷,撰者何人不可考,事见宋史艺文志杂家类。

【沿革制置敕】【史】书名,三卷,为宋盛度所撰,事见宋史艺文志刑法类,按度字公量,真宗时人,著述颇多。

【法例】【史】为唐时书名,计有二种:(一)为崔知悌等所撰,二卷,事见旧唐书经籍志刑法类与新唐书艺文志刑法类,按知悌鄢陵人,曾先后任中书侍郎,尚书左丞及户部尚书等官。(二)为赵仁本所撰者,三卷(或谓二卷),事见旧唐书经籍志刑法类及新唐书艺文志刑法类,按仁本曾任详刑少卿之官。

【法要】【史】书名,一卷,为赵绰所撰(参律鉴条内),事见宋史艺文志刑法类及崇文书目。

【法家体要】【史】为明韩君恩所撰,事见北平图书馆善本书目,按君恩沁水人,曾先后任庐州府推官,御史,及浙江副使等官。

【法曹事宜】【史】书名,四卷,撰人不可考,事见清史稿艺文志政书类。

【法论】【史】计十卷,为梁刘劭所撰,现已亡佚,事见隋书经籍志,及新唐书艺文志,按刘劭字孔才邯郸人,曾任散骑侍郎及陈留太守。

【法鉴】【史】计有二种:(一)为唐李崇所撰者,计八卷,事见新唐书艺文志刑法类内容不详。(二)为宋张员所撰亦为八卷,事见宋史艺文志刑法类,内容亦不详,学者有疑上述二书为一者。

【牧令书辑要】【史】为清徐致初所撰,原编为目十八,为卷二十三(时在道光十八年间),乃将清朝历年来循质嘉言摭集而成,依类相从分为卷册,其后于同治八年由丁日昌(字中丞)就原书,择要删繁,并为十卷(惟徐书原编尚有刘簾舫之庸吏庸言,因另订故不采入),卷一为目二,曰治原,曰政略,卷二为目六,曰持家,曰用人,曰事上,曰接下,曰取善,曰屏恶,卷三为目二,曰农桑,曰赋役,卷四为目一,曰筹荒上,卷五为目一,曰筹荒下,卷六为目二,曰保息,曰教化,卷七为目一,曰刑名上,卷八为目一,曰刑名下,卷九为目二,曰戢暴,曰备武,卷十为目二,曰事汇,曰宪纲。

【直省事件限期】【史】所谓直省,乃指直隶各省,所谓事件,乃指关于强盗情等首告事件,限期,谓于一定期间内应行具题结案,清之现行则例(即刑部现行则例)公式篇——设有直省事件限期之条:“直隶各省民间首告事件凡关强盗情者,以首告到官之日为始,定限一年务要具题结案,若罪犯已获,证佐已齐,情事已真,至一年已满,承问官再为迟延不行详结,应听该督抚查明题参交该部议处,如该督抚徇情不参,被科道查出,题参之日应将该督抚一并交与该部议处,如案内或因正犯及要证未获,情事未得真确者,该督抚题明展限等因具题奉旨,凡应速结之事仍著速结,若并无可候之处复因有一年之限迁延日期以致迟延者,从重治罪,余依议,又各省府州县自理应结首告事件,俱限二十日内审明结案,若案内隔地提人行查,俟人文到日为始,再限二十日内审明结案,至于该督抚批审事件限一个月审明详报,若案内提人行查,以人文到日为始,再限一个月审明详报该督抚审明速结,俟年终该督抚将该府州县审结事件查明,若有迟延隐瞒情弊借端逾限者,即将该官职名开明题参，交与该部议处，督抚不行查参，别有发觉者，将该督抚亦行议处，其按察司亲理事件，限一月内完结，如有迟延，限内不行审结以致拖累人犯者，该督抚即行查参交与该部议处，如该督抚徇情不行题参或被科道纠参或被犯人首告，将督抚亦交与该部议处。”

【社稷】【史】社为祭五土（山林，川泽，丘陵，坟衍，原隰），之祇之所，稷为祭五谷之神之所，增补四书人物聚考（卷六）：“社稷者，盖先王立五土之神祀以为社，立五谷之神祀以为稷，以古推之，自颛帝以来，用勾龙为社，柱为稷，及汤之旱以弃易柱，是知社稷，之变置”，大明令礼令篇设有社稷之条：“凡社稷等祀，春祭二月上戊日，秋祭八月上戊日祭社稷于西南郊，立春后丑日祭风师于东北郊，立夏后申日祭雷师雨师于西南郊，其坛壝石主并依旧仪，在京官给祭物，名府州县祭社稷官给米三石，风雷雨师官给[①]米各二石”，据此则明时所称之社稷，其范围与古时显有不同也。

【金玉新书】【史】书名，共廿七卷，为元时所编，撰人不可考，其书凡大纲三十一门，事见四库全书总目政书类存目。

【金科玉律】【史】书名，计一卷，事见宋史艺文志刑法类，内容与作者俱不可考。

【金科易览】【史】书名，一卷，为赵绪所撰，事见宋史艺文志刑法类，内容不详。

【金科类要】【史】书名，一卷，内容及撰者俱不可考，事见宋史艺文志刑法类。

【长(長)定格】【史】书名，计三卷，为五代时卢多逊所撰，事见宋史艺文志刑法类，按多逊为周显德之初举进士，官集贤校理，太宗时拜中书侍郎平章事，旋加兵部尚书，学识文章均卓越有数。

【阿富汗国宪法】【宪】Constitution of Afghanistan 亚洲西南部之伊兰高原包含三政治区一为波斯（现改称伊兰）一为俾路支（现为英属印度之一部），其一则为阿富汗，北与苏联之土耳其斯坦为界，西与波斯相接，南与俾路支相连，东与印度为邻，东北且与我国之新疆为界，全国面积约二十五万余方哩，人口共一千二百余万，多从事于游牧生活，历年以来为英俄二国角逐之区，一八三九年与一八四二年曾先后与英发生战事，然皆不利，一九〇六年英俄协定告成阿富汗遂成为英国势力范围之地带，欧战后阿人逐渐觉悟，一九一九年至一九二一年间与英抗战之结果，乃形成一独立国，一九二三年与英缔约，正式成为独立国，一九二八年，保守派起而与政府反抗，国王被迫退位，另推那第耳(Nadir)为王，并于一九三一年十月三十一日公布宪法，定为世袭之君主政治，全文不分章节，凡一百一十条，兹举其要点于下：（一）阿富汗以回教之汉那飞(Hanafi)为国教，凡属王国领土之各部，无彼此之分，而所有居民亦一律平等。（二）阿富汗以那第耳(Nadir)为国王，并应传之于国王之嫡长子孙与兄弟，国王有下列各项权利：品级与职位之授与，荣典之颁赐总理大臣之任命，任命之裁可，各部大臣之迁调与罢免，对于国会所通过之法案之批核。法令之公布与施行，回教法律与民法之保护及实行，阿富汗全国军队之

① 原书为“结”，系排版之误。

统率，宣战与媾和条约之缔结，依照回教法律之免刑与减刑。（三）阿富汗人民虽须遵守政府所颁发关于宗教与政治事项之戒条与禁令，皆得自由享受回教法律所授与之一切权利，人民有个人之自由权，有从事农工商各业之自由权，其动产与不动产有受保护之权，人民住所有不受侵害之权，征发金钱及强迫劳役只以战时为限，拷刑及其他各种残酷刑罚绝对废除之，初等教育为强迫制，回教知识之传授在本国内不受限制，凡阿富汗人民均得传授回教之宗教教育；但外国人除从事教授艺术，工业智识及外国语者外，不得开设并办理学校于阿富汗国内，又阿富汗之出版物与报章不违反宗教者不受限制（但有例外），关于人民间之私人争执与其他事件之解决属于法院及与之有关之官署之权限，凡不服法院之判决与命令者，得上诉于高级机关直至于有关系之行政部，如仍不服得上诉于总理大臣公署及国王，关于税项之征收除依政府法律所规定者外不得为之。（四）国会由本国人民之代表组织之，此项代表即由各省与各县所选举之议员，任期为三年，国会之开会至少应有全体议员之半数出席，决议案应以议场之一致表决或投票之过半数通过之，议员在议场中有表示本人意见之完全自由，国会之一切辩论因其结果将成为法律故应公开为之（但有例外）。（五）国会应自选议长，副议长书记及其他人员，举凡一切规章与程序其制定与存在为巩固政府之基础及管理国务所必需者，均应由国会通过之，财政之整理税则与国课之否决或采取及政府所提出之新建议案，应经国会之认可，此外国会有审查并通过国家预算之权，有批准特许权之给与或各种公司与公共组合之设立之权，有批准政府所募之各种国内或国外公债之权，对于公路之扩充及铁路之建筑由政府或由阿富汗或外国之公司或组合之出资者亦均须由国会加以批准，此外于必要时，国会亦有奏呈请愿书于国王之权。（六）各部大臣得出席于国会会议旁听辩论，遇有制定新法律之必要时应由一部草拟建议案由一部大臣或总理大臣提交国会，各部大臣有权撤回任何法案不论其若干部份业经国会讨论，但各法案系因国会之请求而由一部大臣提出，则该项法案之撤回应依国会之同意而生效，凡由一部大臣提出而遭国会否决之案件应附国会之意见书退还之，该部大臣接受或驳复国会之意见时，该项法案应再宣读于国会。（七）凡国会议员所提出之议案得辩论之，惟须至少有全体议员四分之一之认可，该项提案应以书面送交议长，议长并得先付委员会（至少以十人组织之）审查，该委员会应预先慎重审查所提出之议案，然后将应加讨论之事件，附以该委员会之意见书经由议长提交大会，该项议案应经议长许可后由大会讨论之，至于与提出国会讨论之法案有利害关系之大臣，应由国会通知该项法案在委员会或在国会讨论之时间，俾得亲自出席或派遣副大臣，任何一部之大臣如不赞同提出于国会之法案应说明本人之异议，并使国会确信其异议正当国会请求大臣供给消息时该大臣应答复之，如无正当理由并不得延迟答复，惟秘密事项在一定时期内不应宣布者则为例外。（八）国会所通过之法案不得违反回教之教规或国家之政策，于通过之后概应于国王签署后施行之。（九）贵族院由有经验及远大眼光之人由国王直接遴选并任命者组织之，通过法案之权在于国会与贵族院时，各部大臣所提出于贵族院之建议案应于商讨并辩论后由投票之过半数议决之，并应送达国会，以待认可，反之国会所认可之法案亦应由贵族院加以审查并承认之。（十）在各省省会中应设之顾问委员会,其选举方法及会员名额以及委员会之职权均依特别法之所定。(十一)阿富汗国务由各部大臣管理之,各部大臣由总理大臣经国王之认可任命之,称曰内阁以总理大臣为主席,凡关系政府之一切政策及主管一部之事务,各部大臣应对国会负责,国王不负政治实际责任,各部大臣应处理在其权力范围内之事务并将非本人权力所及之事件呈送总理大臣,总理大臣应就其权力范围处理各该项事件,并将非本人权力所及者奏呈于国王,各部大臣如有犯与公务有关之罪之嫌疑时,应受最高法院之审判,惟对于以私人资格而犯罪之事件则仍应由普通法院审理之。(十二)为调查各部大臣及政府官吏之一般品行起见,应经国王之许可依照特别法规从国会议员中遴选并由国会委派若干人组织一调查委员会主持其事。(十三)法院之审案不受任何干涉,审讯时以公开为原则,凡根据回教法律之普通控案应呈诉于法院,而呈诉于回教法院之控案则应依照 Hanafi 之教义处断之,法院之分类依法律之所定,不论何人均不得于法院外设立特别裁判所以解决特别案件。(十四)为审理政府各大臣之渎职案件起见应依特别法之规定于必要时临时召开之并于处理所提交该院之案件后解散之。(十五)一切政府税项之征收以及税收之减少与免除均应依照特别法规办理之。(十六)各省之行政以下列三项基本原则为根据:(1)权能之委任。(2)职务之分配。(3)责任之确定。至于市政府之组织及其职务概由特别法规定之。(十七)军队之募集及其职务与权利亦另以特别法规定之,外国人民除医生及军事教官外,不得任职于军队。

【附令敕】【史】书名,共十八卷,不知何人所撰,乃于宋庆历年间所编,事见宋史艺文志刑法类。

【雨雪沾衣】【史】臣下朝贺入班之际,如值雨雪,得便服行礼,是为雨雪沾衣,大明令礼令篇设有雨雪沾衣之条:“凡朝贺听诏进表入班之际,偶值雨雪,许便服行礼。”

【青(靑)囊本旨论】【史】为宋刘次庄所撰,一卷,事见宋史艺文志刑法类,按次庄字中叟,长沙人,曾官至殿中侍御史。

【非偶嫁娶】【史】非偶嫁娶,谓依礼非应匹配之婚姻也,清律及例对此设有下列规定:(一)文武官吏娶乐人妓者为妻妾杖六十,离异归宗,财礼入官。(二)僧道娶妻妾杖八十,还俗,女家主婚人同罪,其女离异归宗,财礼入官。(三)僧道假托亲属或僮仆为名求娶,而僧道自占,加凡人和奸罪二等,强者以强奸论,妇女还亲,财礼入官。(四)娶犯罪已发,在官逃走之妇女为妻妾,与女本罪同科,至死减一等,不知逃走之情者不坐,妇女加逃罪二等。(五)与奴娶良人为妻妾,家长杖八十,女家主婚人杖七十(不知者不坐),其奴自娶亦杖八十,家长知情,杖六十,因而入籍为婢,家长杖一百。(六)妄以奴婢为良人与良人为夫妻,杖九十,妄冒由家长坐家长,妄冒由奴婢坐奴婢,各离异改正,婢女不行婚配,杖八十(令其择配)。

【保押人犯脱逃】【史】凡将令人取保或在押之拟斩绞人犯,军流遣罪人犯,徒罪人犯笞杖人犯或在押候讯人犯等脱走逃亡者,该管官员应依本条分别受处,清之六部处分则例(卷四十七)刑属审断上篇保押人犯脱逃条:“官员将应拟斩绞人犯令人取保或在押脱逃者,革职留任,限一年缉拿,限内拿获准其开复,不获即行革任，军流遣罪人犯保押逃脱者，降一级留任，限一年缉拿，限内拿获，准其开复，不获照所降之级调用，徒罪人犯保押脱逃者，罚俸一年，笞杖人犯保押脱逃者，罚俸六个月，人犯照案缉拿"，又："押候审讯人犯乘间脱逃，果系供证确凿，罪无可疑，即据实声明，按其应得罪名轻重照前例分别议处如供证未确，罪难悬拟者，亦于文内声明先将该员议以罚俸一年，俟日法获犯审明，各按罪名改议，将原议之案查销。"

【保险业法】【通】本法于民国二十四年六月七日经立法院通过　月　日公布施行，全文共分七章八十条，第一章总则，第二章保证金，第三章保险公司，第四章互相保险社，第五章会计，第六章罚则，第七章附则，兹举述其要点如下：(一)本法所称之保险法谓以财产保险或人身保险为业而设立之团体，经营此项保险业者以股份有限公司与相互保险社为限，且非呈请实业部核准，并依法登记，缴存保证金，领取营业执照后，不得开始营业。(二)保险业不得兼营其他事业而同一保险业亦不得兼营财产保险与人身保险，又非保险业亦不得兼营保险或类似保险之营业。(三)人身保险业其全体股东须全为中国人，财产保险业则准外人加入如其资本三分二以上为中国人民所有，并其董事三分二以上及总经理为中国人者亦为中国保险业而中国法律之保护，又相互保险社之社员亦不准外国人民参加，外国保险公司如在中国境内设立支店或事务所或委托代理人或经纪人时，均应呈请实业部核准登记。(四)保险业资金及责任准备金之运用以下列各项为限：(1)银钱业存款。(2)信托存款。(3)以担保确实之有价证券为抵押之放款。(4)以人寿保险单为抵押之放款。(5)以不动产为第一担保之放款。(6)对于公债库券及公司债之投资。(7)对于不动产之投资(惟此项投资不得超过资金及责任准备总额三分之一，但营业用之房屋不在此限)。(五)保险业之业务及清算均由主管官署监督之。(六)保险业之经纪人及公证人应向实业部登记，领有执业证始得执行业务，如外国保险公司之经纪人亦依法领有执业证者，其营业范围以通商口岸为限，并不得委托他人在内地代为经营或介绍保险业务。(七)经营保险业者，在中国领域以内于设立时应缴存保证金于国库，外国保险公司在中国领域内设立支店或事务所或委托代理人或经纪人代为经营或介绍保险业务者亦同，是项保证金额为实收资本或基金总额百分之十五，若实收总额超过国币五十万元以上时其超过部分之保证金仍得照百分之五缴存，惟至多以国币二十万元为限。(八)保险公司除本法别有规定外适用公司法关于股份有限公司之规定。(九)保险公司之资本总额不得少于国币二十万元且须以现金缴纳，所用股票须为记名式，该公司设立之费用及契约第一年度之营业费，应以章程明定于十年以下之年限分年偿还，且非俟设立费用全部清偿后，不得分派赢余。(十)保险公司之保险契约其算出责任准备金之基础与他公司相同时得以契约将其全部保险转让与他公司承保(为此项转让契约时得并为公司财产之转让)，且此项契约之转让并须经主管官署核准始生效力，至于保险公司亦得合并，惟应经该主管官署之核准，即经决议减少资本时亦同，又公司依法或因公司核准原案撤销而解散时，在解散三个月内发生给付保险金之事由者，其保险金仍应照付，上述期间经过后，在财产保险应将已付而未到期之保险费退还，在人身保险应将被保险人之责任准备金退还。(十一)相互保险社，除本法别有规定外，准用合作社法之规定。(十二)相互保险社之设立，应有十五人以上为发起人，且应订立章程载明一定事项(本法第四十八条之规定)其基金总额一次收足者，不得少于国币十万元，分期缴纳者，不得少于国币二十万元，但分期以二次为限，社中之预定社员人数，在财产保险不得少于五十人，在人身保险不得少于一百人，社员已满预定人数时，发起人即应向社员催缴第一次应缴之基金，缴纳后，应于一个月内召集创立会，并选出理事，此后之社员会则由理事召集之，理事之人数至少五人，不以社员为限，且非经社员会之许可不得兼任其他保险社之无限责任社员，理事或监事，至于监事则就社员中选任之。(十三)相互保险社非俟设立费用及契约第一年度之营业费全数清偿并提存公积金后，不得分派盈余，且非有盈余并提存公积金后亦不得对醵金人给付利息，但依社章将设立费用及契约第一年度之营业费以分年偿还方法偿还后尚有盈余并经提存公积金者不在此限。(十四)相互保险社之社员因下列情事之一而出社：(1)丧失中华民国国籍。(2)章程所定之事由发生。(3)死亡。(4)破产。(5)自行退社。(6)保险关系消灭。此时出社社员依保险社章程及保险契约所定，得于出社后六个月内请求保险社返还其应得之金额，若该出社社员之现存财产不足抵偿债务时，出社之社员仍须负担其出社前应负之责任，此外相互保险社又因下列情事之一而解散：(1)保险社存立年限届满或章程所定事由发生。(2)社员人数在财产保险不及五十人者，在人身保险不及一百人者。(3)社员会之决议。(4)与他保险社合并。(5)破产。(6)保险契约全部转让。(7)核准案之撤销，若系因上述第(4)及(5)以外之事由而解散时，其财产应依下列顺序处分之：(甲)清偿保险社各项债务。(乙)偿还社员应得之保险金额及退还社员依法应得之金额。(丙)偿还基金。(丁)分派剩余财产。(十五)相互保险社如将全部保险契约转让或与他保险社合并时，准用关于保险公司之转让或合并之规定。(十六)保险业应于定期股东会或社员会完结后三十日内，将财产目录，资产负债表营业报告书，损益计算书，并关于偿还基金支付利息及分派盈余之决议录呈报主管官署查核，而保险业之要保人，被保险人受益人，亦均得于定期股东会或社员会完结后向公司或保险社，查阅上述各项文件，并得要求公司或保险社交付誊本。(十七)关于罚则之规定(自第七四条—七九条止)从略。

【冒销[①]囚粮】【史】囚犯所需食粮衣药等物，均由官府如数支给，如有克扣冒行报销者，应受处分，失察之上司亦应受处，不得宽贷，清之六部处分则例(卷四十九)刑属禁狱篇冒销囚粮条："各省监狱应结囚粮衣裤医药等项，州县官按数支给，核实报销，如有克扣冒销者革职提问，系失察刑书克扣者，降一级调用，因而冻馁致毙者，革职，若系管狱官克扣冒销及失察者，照此分别议处。"

【南亚非利加联邦宪法】【宪】Constitution of the Union of South Africa 南亚非利加联邦简称曰南非联邦(现译名为南非)为英国海外五大自治殖民地之一，地处非洲南端，气候温和，在非欧人半数以上留居于此，东西南均濒大洋，交通利便物产丰盛为非洲最富之区，由好望角(Cape of Good Hope)纳特耳(Natal)州

① 原书为"锁"，系排版之误。

脱兰士瓦(Transvaal)州及橘河自由州(Free State of Orange River)联合而成,按好望角州为荷兰人于一六五二年所设之殖民地,一七九五年成为英国殖民地,一八五四年设立议会,一九一〇年合并于南非联邦,纳特耳州始自一八四四年,其成为殖民地则为一八五六年之事,一九一〇年加入南非联邦,脱兰士瓦于一八三六年为波尔(Boers)所设立之独立国,一八七七年被英国所并,一八八〇年革命事起自设独立政府惟仍受英国所保护,一八八四年成为南非共和国,旋因发现金矿与英人发生战事,一九〇二年卒为英人所克服,而改为脱兰士瓦州,一九一〇年合并于南非联邦,橘河自由州于一八一〇至一八二〇年间,成立殖民地,一八四八年建橘河独立国惟受英人之保护,一九〇〇年英人战败脱兰士瓦之后,橘河亦沦为英国殖民地,一九一〇年被并于南非联邦,按联邦居民十之八为土人,十之二为白种人,白人中以英人及荷兰人与土人混合种之波尔人为多,英语荷语并用,全联邦人口约六百九十余万人,面积约四十八万方哩,农产甚多矿产中之金及金刚石尤驰名于世,欧战后旧德属之西南非洲殖民地亦归其代管,故其疆土与势力颇为世人所注目,联邦之成立为一九一〇年之五月三十一日联邦议会设于好望角州之首都角市(Cape-Town)联邦政府所在地则在脱兰士瓦之首府比勒多利亚(Pretoria),现行宪法(一作根本法 Fundemental Law)于一九〇九年九月二十日由英王爱德华七世公布,计分十一章凡一百五十三条,第一章序文,第二章联合邦,第三章行政,第四章议会,第五章州,第六章南非之最高法院,第七章财政及铁路,第八章通则,第九章新州及区域,第十章本法之修正,第十一章附则,兹将其要点举述于下:(一)联邦各州之境界应以联邦设立时各殖民地境界为洲界。(二)联邦政府之行政权属于国王,由国王或代表国王之总督一人行使之总督由国王任命之,在总督暂时离职期中国王得任命代理人以其职位代表总督。(三)为辅助总督行使职权,特组织一行政会议,由总督所选定召集之人员组织之,此外总督于行政会议会员中得任命不超过十一人充任各部部长,其任期依总督之任意定之其他官吏之任命权(有例外规定)则由总督经行政会议之同意行使之。(四)立法权属于由国王参议院与众议院所组织而成之联邦议会,于每年至少开会一次。(五)参议院之组织(于联邦设立后十年内与此不同另有规定)一为由总督得行政会议之同意推举八人,余三十二人由各州州政会议会员连合各该州当选之众议院议员选举之(每州选八人),参议员之资格如下:(1)年龄应满三十五岁。(2)在省内具有资格登记为众议院议员之选举人。(3)在当选或被选时于现有之联合邦疆界内曾居住五年者。(4)凡属欧洲人血统之不列颠(British)籍民。(5)关于当选之参议员在联邦内占有不动产,其价值除去附带抵押外为五百镑以上者,议长一人,由议员以投票互选之,开会之法定人数至少为十二人,关于议案之表决应以出席参议员过半数之投票方为有效。(六)众议院依法由联邦之选举人直接所选出之议员组成之(其人数除议会另有规定外其总额以不满一百五十人为原则),选举人之资格应依法律之所定选举时以选举区为根据,每隔五年指派一委员会(由南非联邦最高法院之法官三人组织之),重新划分之,议员之资格如下:(1)在一州内合格登记为众议员之选举人者。(2)在其当选时于联邦现存之疆界内曾居住五年者。(3)凡属欧洲人血统之不列颠(British)籍民,议员任期定为五年,置议长一人由议员互选之,开会时以三十人之出席为法定人数,议决案件以出席议员过半数之投票为之,议长无投票权,惟于可否均等时方得投票表决之。(七)议会任何一院之议员不得被选为其他一院议员或在他院以他院之议员资格出席,但凡为一院议员之行政部长应有权在两院出席及发言,惟其投票权只应限在其本院内行使,凡具有下列情事之一者,应不得被选为参议员或众议员或以议员资格出席:(1)除已获大赦或特赦或于当选日期五年前监禁已满者外,凡因犯罪而被判处十二个月以上之监禁,且其监禁不得以罚金代刑者。(2)破产人之未复权者。(3)有神经病及经该管法院宣判为有神经病者。(4)在联合邦内之现任有俸官吏①。惟下列人员应不被视为现任有俸官吏:(甲)联邦行政各部长。(乙)领受国家养老金者。(丙)国家海陆军退伍或领半薪之官长,或联邦之海陆军官长,其服役非尽为联邦所应征者,此外两院议员如有下列情形之一者,其议席应为出缺:(1)凡受上述规定之无能力之限制者。(2)凡依法律规定而停止资格者。(3)凡未得参议院或众议院特别准许休假而于全届例会期中不出席与会者。(八)凡依本法之规定如有需要召集两院联席会议时应由总督咨请两院召集之,会议时由众议院议长为主席,并于实际范围内适用众议院之规则。(九)议会应有全权为联邦之和平秩序与善良政府而制定法律,财政法案其创制权属于众议院,惟为各项目的度支公共收入或课税任何部分之表决,决议,陈述或法案非经总督于提议是项表决,决议,陈述或法案之会期中咨请有是项度支之建议者,众议院不得创议或通过之。(十)凡经议会通过之议案而送交总督转呈国王核准时,总督得自行核夺以国王名义批准或批驳之或保留之以待国王之批准,惟应依照本法各规定以及国王为此随时所颁布之谕旨为之,法律经总督批准后一年内国王得批准之,总督应于奉批驳后以言辞或咨文通知议会两院或布告知照并自是日起废止之,至于保留以待御批之法案,则应自送交总督转呈国王准可之日起一年内经总督奉国王批准,以言辞或文书通知议会或布告知照后始行发生效力。(十一)各州置州行政官长一人,由总督得行政会议之同意任命之主持州内一切行政,任期五年,在期满前除经总督得行政会议之同意有指定理由外不受罢免,又总督得行政会议之同意并得任命副行政长官一人,于行政官长离职,疾病或无能力期中行使其职务。(十二)各州并设州政会议,其组织人数与该州当选为众议院议员之人数同(惟在众议院代表不满二十五人之州,其州政会议应以二十五人组织之),州政会议会员应由州内具有资格投票选举众议员之人在众议院议员选举时所划分之同一选举区投票选举之(关于会员资格之丧失与议席之出缺与邦议会两院议员相同),会员之任期为三年,会期每年最少须开会一次,惟州行政官长得酌量情形随时召集之,开会时应自会员中互选一人为主席,并得自行制定议事规则,又会员在会议中之言论与表决绝对自由,不受法庭之起诉或控告,关于省政会议之权力除依照本法其他规定及此后由总督得行政会议之同意所规定者外得对于一定之事项(本法第八十五条所列举者),制定规章,至于关于本身无权制定规章之事项则得以之建议于议会,又一切规章提案经省政会议通过后应呈由行政

① 原书为"吏",系排版之误。

官长转呈总督得行政会议之同意核准之，其核准与否，或保留以待从长计议，应于此项规章提案呈到之日起一个月内批示之，凡经保留之规章提案，除于呈达总督得行政会议同意之日起一年内经命令公布核准者外，应不得发生效力，至凡经通过及核准之规章，则应于其不抵触议会法令范围内得在本州及在其境内发生效力。(十三)州政会议应于被选后第一次开会时，自其会员中选举四人连同州行政官长组织州行政委员会，以行政官长为主席，行政委员会应代表州政会议处理州行政事务，在会内所处理之问题应以出席委员过半数投票决定之，可否均等时则由行政官长投票定之。(十四)关于各州之财政赈目应由总督经行政会议之同意任命稽查员一人主持稽查事宜，凡经行政官长签署准可之支付命令非经稽查员之副署，不得发生效力。(十五)南非最高法院以最高法官一人，上诉法官及南非最高法院在州内各区之其他法官等组织之，最高法院之上诉区(设于橘河自由州之首邑)以南非洲最高法官一人及上诉法官四人组织之，各州并有州区法院及地方各区法院之设，于联邦成立后任命为南非洲最高法官，上诉法官，及南非洲最高法院所属其他法官者应由总督得行政会议之同意任命之，非因不称职或违法行为经议会两院同时请总督得行政会议之同意罢免外，不得免职。(十六)南非洲最高法官及上诉法官，得照总督经行政会议之同意制定上诉区处理诉讼及规向本区上诉时间与程序之法规，又南非洲最高法院之最高法官与所属其他法官亦得依照总督经行政会议之同意编制各州区与地方区处理诉讼之法规。(十七)上诉区之开庭地点以在橘河自由州之首都 Bloemfontein 为原则但为诉讼人之便利起见得随时于联邦其他境内随时开庭，凡仅有法官一人之法院，上诉区之开庭应以上诉法官三人开审，如仅有法官二人之法院则上诉区之开庭应有上诉法官四人开庭审理之，上诉区之审判程序应施行及于全联邦，其判决或谕告并应在完全施行各州内发生效力，且应视作各州内南非洲最高法院州区之初审判决或原论执行之。(十八)关于辩护人及律师：(1)凡规定准许辩护人及律师在各殖民地上级法院执行职务之法律，应易地适用以准许辩护人及律师，在南非洲最高法院相对各区执行其职务。(2)凡在联邦成立时各殖民地之上级法院享有执行职务之辩护人及律师应享有在南非洲最高法院相对各区执行职务之权。(3)凡在南非洲最高法院之州区享有执行职务之辩护人及律师应享有在上诉区执行职务之权。(十九)岁入统一款项以及铁路港口之工款等除依法制定之支出外不得动支之，但于议会第一次开会后二个月期满后总督得行政会议之同意得动支者则为例外，凡联邦成立时属于各殖民地之存款，现金，银行余额及财务担保品，又属于各殖民地内之王室土地，公共工务及全邦动产或不动产与各式各种权利，又各殖民地政府之矿与矿产权利及关于矿产之探求采取或处置之权利，又各殖民地之商港，港口及铁路概应立即授予总督得行政会议之同意接管之，铁路商港及港口应按营业原则管理之，至其监督与管理则应遵照总督得行政会议同意之权限由一部行使之，或由总督经行政会议之同意任命行政部长一人连同专门委员三人组织委员会管理之。(二十)全联邦之境内贸易概属自由，但凡联邦成立时现存各殖民地依法征收之关税及内地税，除待议会另有规定前应照常施行。(二十一)英国及荷兰语言均为联邦之正式语言，并以平等地位待遇之，且享有平等自由及权利，议会之记录，议事日程及议案应以两种言语记载之，政府颁布之法案，法令及一切公众之通告亦应以两种语言为之。(二十二)联邦成立之后总督经行政会议之同意应指派一常设公务委员会依议会决定行使其对公务人员任用惩戒退职及养恤之权力与职责。(二十三)各处土司事务及与全联邦亚洲居民有关之特殊事项，其监察及管理之权应由总督经行政会议之同意行使之，凡以前属于各殖民地州长管理之土司或由其行使酋长之特殊权力，应由总督得行政会议之同意行使之，凡为土人所在之保留地，其土地原属于各殖民地州长或州长与行政会议者，应由总督与行政会议同意接管之。(二十四)联邦议会得依据变更境界有关之州之州行政会议请求，变更联邦内一州境界，划分一州为数州，或合并数州为一州，又国王得枢密院同意得据联邦议会两院呈请准许不列颠南非洲公司经管区域依法加入联邦，或准收不列颠南非洲公司所经管区域以外之国王保护区域，其全部或一部分为土人所居住者移转属于联邦政府。(二十五)议会得以法律删除或变更本法各规定但有其他例外之规定(第一五二条)从略。

【律例歌诀】【史】书名，三卷，清合肥程梦元编与洗冤录歌诀(一卷)，合计二本。光绪五年湖北局刊行。

【律表】【史】书名，三十卷，清曾恒德所撰，计订六本。

【持械凶殴】【史】持械凶殴谓凶恶之徒执持刀枪箭剑鞭钺斧杖等械逞凶殴打他人成伤或致毙也。清律及例设有下列规定，兹列举之：(一)凶徒因事忿争执持腰刀铁枪，弓箭并铜铁简剑鞭钺斧，扒头流星骨朵麦穗等项凶器及库刀，梭标，骗鸡尾黄蟮尾鲫鱼骨海蚌等刀朴刀顺刀，凡非民间常用之刀，伤人者发近边充军，未伤人者，杖一百(自伤亦杖一百)，殴人至笃疾者，发边远充军。(二)若聚众执持凶器伤人及围绕房屋，抢检家财，弃毁器物，奸淫妇女，除实犯死罪外徒罪以上，不分首从，发边远充军。(三)凶徒因事忿争剜割人眼睛，毁折人肢体，全抉人耳鼻口唇及断人舌毁败人阴阳者，发近边充军。(四)凶徒好斗生事，见人斗殴与己无涉辄敢约伙寻衅迁怒于其父母毒殴致毙者，照光棍例斩决，本身与人斗殴之后，寻衅报复，迁怒于其父母，毒殴致毙者斩候。(五)各省械斗及共殴之案，自称枪手受雇帮殴者，流三千里，并未受雇帮殴而学习枪手已成者，徒三年。(六)回民结伙三人以上但有一人执持器械伤人不分首从均发四省烟瘴充军，结伙十人以上虽无执持器械但殴伤人或结伙三人以上徒手争斗者均发四省烟瘴充军。(七)豫省汝宁，南阳，归德，陈州，光州五府州及安徽颍州凤阳二府所属凶徒结伙三人以上，但有一人执持器械伤人，不分首从，均发四省烟瘴充军，结伙十人以上执持器械无论曾否伤人，不分首从，均发新疆为奴(新例改发驻防)。(八)以上所殴系尊长就服制及凶徒结伙共殴之例相比从重论，若系卑幼各按服制于凶徒结伙共殴本例递减一等。(九)文武乡绅，土豪势恶，无赖棍徒，武断乡曲凭空诈赖，逞凶横行，欺压平民，其人不敢与争旁人不敢劝阻，将人殴打至死者，斩候(若受害人有杀伤，以擅杀伤人罪科断)。(十)恶棍设法索诈官民，或张揭帖，或捏告各衙门，或勒写借约吓诈取财，或因斗殴纠众系颈谎言欠债，逼写文券，因诈财不遂竟行殴毙，此等情罪重大，实在光棍事发不分曾否得财，为首者斩决，为从者绞候。

【查取口供】【史】口供，谓罪犯到案审讯时，所供之语辞，查取口供谓甲地方官向乙地方官调取犯人在乙地方官受审讯时所供之语辞也，此时乙地方应行关覆。清之六部处分则例(卷四十七)刑属审断上篇查取口供条："隔属查取口供，如系命盗案内紧要犯证，该地方官不行关覆以致重案不能速结者革职，若系寻常事件不行关覆逾限不及一月者，罚俸三个月，一月以上者罚俸一年半年以上者罚俸二年，一年以上者降一级留任。"

【查核赎锾】【史】谓对于治罪罚赎之款额予以稽查核算也。清之现行则例(即刑部现行则例)，公式篇有查核赎锾之条："凡州县自理赎锾岁终造册申报臬司查核，藩臬司自理赎锾，岁终造册申报督抚查核督抚岁终汇造清册题报到日查核如有折多报少并隐漏等弊，该督抚查参具题治罪，罚赎之人姓名及罚数，著承问各官，明晰书写告示于该地方晓谕，如有隐漏，即以贪赃治罪。"

【查勘监狱】【史】监狱为拘禁罪犯场所，与国家刑政关系甚大，州县官到任时应即查视勘察是否完固，而司狱官吏亦应不时巡察看视，违者应受处分。清之六部处分则例(卷四十九)刑属禁狱篇查勘监狱条："各处监狱俱分建内外两处，强盗并斩绞重犯俱禁内监，军流以下俱禁外监，再另置一室以禁女犯，凡州县官到任之初，即将监狱查勘，如系坚固完好，造具交册申送上司存案，倘有废坏立即修理，该管府州道员于盘查时顺便往验，若废坏不修，至新旧交代之时，扶同捏饰具报，将旧任官降一级调用，新任官降一级留任，府州不行揭参罚俸一年，道员罚俸六个月"，又："监狱重地管狱有狱官宜不时巡察看视，如不行亲查以致墙壁倾圮，吏卒疏怠，虽无越狱情事，亦将管狱官降一级调用，有狱官罚一年"，又："凡应禁人犯一切铺监使费，永行革除，如禁卒人等有藉端需索凌虐情事，将失察之管狱有狱官照失察书役犯赃例议处，知情故纵者，照纵役犯赃例革职。"

【洗冤录歌诀】【史】书名，一卷，清合肥程梦元编与律例歌诀(三卷)合订二本，为光绪五年湖北局刊。

【秋审定限】【史】清制各省死罪人犯，每岁审拟分为若干种类，呈报刑部，八月由刑部会同九卿詹事科道详核审议，然后请旨裁定，盖即减刑之制也(详秋审条内)，所谓定限，乃指具题呈报到部或将重犯解送或刑部资送之一定期限而言。清例之规定如下：(一)监候重犯秋审不行解送或已经解送，道路迟延以致秋决愆期者，府州县降一级调用，道员罚俸一年，臬司罚俸九个月，督抚罚俸六个月。(二)秋审具题定限四月内到部。(三)秋审部咨限期，直隶四日，山东山西九日，河南十二日，盛京十五日，江南陕西湖北十八日，江西，浙江，湖南，甘肃二十五日，宁古塔一月，云南，贵州，四川，广东，广西，福建四十日。(四)限内迟延不到，该督抚将迟延地方官察明指参。

【科敛】【史】科谓科派，敛谓敛聚，凡官吏对于人民藉端派取或勒索财物，皆曰科敛。清例之规定如下：(一)有司官吏人等，非奉上司明文，因公擅自科敛，所属财物，及管军官吏科敛军人钱粮赏赐，虽不入己，杖六十，赃重坐赃论，入己计赃以枉法论，无禄人减有禄人罪一等，至一百二十两者斩候。(二)非因公务科敛人财物，入已或馈送人，均计赃以不枉法论，无人禄减一等，罪止流三千里。(三)民间寻常词讼，地方官擅罚银两米谷等项，百两以内，降一级调用，百两以外，降三级调用。(四)审办大小案件勒索财物，造送各上司，衙门册籍，有收取费用陋规，科敛病民及藉称钱粮拖欠，准折部民子女，州县官俱革职提问，上司不行揭参，知情俱降三级调用，不知情照失察属员贪劣例议处。(五)官员有以军务河工急需为名，藉端科派，并因事科取行户货物。(甲)侵欺入已者，俱革职提问，上司不行揭参，知情俱降三级调用，不知情照失察属员贪劣例议处。(乙)审非入已者，全完免罪，其免职之案不得用开复字样，上司不行揭参，知情具降三级调用，不知情照失察属员贪劣例议处。

【苦(苦)累事主】【史】事主谓盗案中出事之主人，即被盗之人也。苦累谓官府办理盗案藉端向事主需索或令事主奔波往返听审也，清例之规定如下：(一)事主报盗，止许到官听审一次，认赃一次，所认赃物，即给主归家，不许往返拖累，如有必须取问事主之处，准其传讯。(二)外洋失事，以事主初呈所指被劫地方为准，毋庸传事主会勘。(三)并无应问情事藉端吹求，辄将事主提审需索苦累，以致死者州县官革职治罪，府州降三级调用，道员降二级调用，臬司降一级留任，未致死者，州县官降三级调用，府州降一级留任，道员罚俸一年，臬司罚俸六个月。

【要犯捏报病故】【史】凡未经到案受讯之重要人犯，恒有饰辞捏称业已犯病身死以图免脱并请求取具印甘各结，地方官应严行彻查，否则一经发觉即应予以处分。清之六部处分则例(卷四十六)刑属提解篇要犯捏报病故条："雍正五年十二月十七日奉旨，此案将揽捐摹印各犯或称在家病故，或称未经到案身故，均应无庸议等语，此案要犯病故，其中虽称取过印甘各结，诚恐虚应故事，以致重犯狡饰免脱，亦未可定，况重犯监禁在狱，尚有越狱脱逃之事，其未经到案之犯，报称病故，何足凭信，此本内报称病故之金有章等，著行文该抚严饬地方官悉心确查，取具印甘各结报部，倘有捏报等情，日后一经发觉，定将该地方官与该抚一并严加议处，永为定例，钦此。"又："凡未经到案之要犯，捏报病故，州县官不行确查率为取给申详者，降三级调用，转详之府州降一级留任，督抚罚俸一年。"

【赴任违限】【史】官吏领得凭照后应即准时前往就任，违限者应受处分。清例之规定如下：(一)赴任违限，不及一月免议，一月以上，罚俸三月，两月以上罚俸六月，三月以上，降一级留任，四月以上，降一级调用，五月以上，降二级调用，半年以上降三级调用，一年以上革职，违限不及四月各员应否免议，吏科声明请旨。(二)领凭后并未赴任，在京在途缴凭，如有迟延，照此例议处。(三)分发各省人员缴照达限及领照后并未赴省，在京在途缴照，亦照此议处，官员赴部引见逾限，并照此议处。(四)赴任各官中途患病，止准扣除两月，阻风止准扣除三月，虽经取有地方官文结，仍按所余违限月日查议，其患病一月阻风一二月不及报明地方官者，许于缴凭时呈明咨报，亦免议。(五)赴任官并未在部告假，私行绕道归里，照违令私罪律罚俸一年，仍按其迟延月日照例议处。(六)赴官沿途逗留，捏称阻风患病，照不应重私罪律降三级调用。(七)地方官据报患病阻风，未经亲任查验，照违令公罪律罚俸九个月。(八)瞻顾亲友扶同出结，降二级调用，转详官罚俸一年。(九)官员遗失凭照实系风水飘溺，失火延烧，遇盗抢劫者，免议，被窃者照防范不严例降一级留任，私行典押赴省迟延，捏报窃失，照违制私罪律革职。

【军(軍)犯脱逃】【史】军犯指充军之罪犯，脱逃谓脱走逃亡。清律及例之规定如下：(一)充军常犯中途在配脱逃者：(甲)如为附近充军人犯，初次枷号一月调发近边，二次枷号两月调发边远，三次枷号三月，调发足四千里，四次枷号四月，调发极边烟瘴(本犯近边边远极边足四千里，各以次递加调发，俱从该犯原籍计程发配)。(乙)如为烟瘴少轻人犯，枷号一月发极边烟瘴充军(以足四千里为限)。(丙)如为极边烟瘴军犯，则发新疆种地当差(改足四千里)。(二)发遣云贵两广刨参人犯脱逃被获发往伊犁给兵丁为奴(改足四千里)。(三)免死减军人犯在配脱逃时——(甲)并无行凶为匪者，初次枷号两个月，无论近边边远俱调发极边，二次枷号三个月调发极边烟瘴(以足四千里为限)，三次改发新疆种地当差(改足四千里)。(乙)逃后行凶为匪者，罪止枷杖者，仍照脱逃本例加等调发到配后枷杖，罪应流徒以上者于逃罪加等调发例上再加一等调发，重于改发罪名者从重论，仍分别次数加枷，罪应斩绞缓决者，入情实，应情实者改立斩。(四)军流脱逃被获遇赦核其情节准援赦者不分初犯再犯三犯俱免枷仍发原配不准援赦者，按逃走次数枷号调发。(五)军流人犯逃后行凶杀人为匪犯该斩绞仍按律定拟(应监候者监候，应立决者立决)。(六)由黑龙江吉林减回内地充军拟流之盗犯，未伤人之首盗闻拿投首，或窝家盗线闻拿投首，或曾经伤人及行劫二次以上之伙盗闻拿投首或盗伙能将盗首逃匿地方供出一年限内拿获等四项改发云贵两广人犯如逾五日拿获无论有无行凶为匪请旨正法，若于五日内拿获，讯系在附近暂避并未远飏，或偶有事故未向伊主及看役告知，实非逃走者，俱发新疆为奴，如再脱逃拿获即行正法。(七)传习邪教问拟遣军流徒在配脱逃分别有无滋事办理(参遣犯脱逃条)。(八)同治五年奉部咨行各省发新疆遣犯例应为奴者，改发各省驻防，给官兵为奴，核计犯籍及犯事地方四千里以外均匀酌发，面刺外遣二字，例应发往当差安置者，改发极边足四千里充军，到配加枷号三个月，面刺改发二字，如有脱逃，仍照免死及平常各遣犯在配脱逃本例分别办理，又曾为职官及进士举贡生员监生或职官子弟并八旗另户正身犯该发遣黑龙江吉林等处当差者，酌发各省驻防安插，至例内应发黑龙江等处管束者，亦改发各省驻防严加管束。

【军(軍)流徒犯复窃】【史】通常窃盗罪犯业已问拟充军流刑或徒刑而在配所中或在逃亡中复犯窃盗之案，称曰军流徒犯复窃。清律及例之规定如下：(一)寻常窃盗问拟军流徒罪在配在逃复窃者——(甲)一二次赃未满贯者，徒罪复犯，处满流，军罪复犯改发四省烟瘴充军。(乙)犯至三次者徒罪复犯，改发四省烟瘴充军，军流复犯，则发新疆种地当差(改足四千里)。(二)改发极边烟瘴之窃盗在配复窃，计赃罪止杖责者，枷号三月，计赃复犯徒罪者枷号一年，计赃复犯流罪者，枷号二年。计赃复犯军罪者，枷号三年(枷号俱在遣所地方官按月点卯验封发市示众)，至于在逃复窃赃未满贯者，仍依烟瘴人犯脱逃例改发新疆种地(新例改发足四千里)。(三)窃盗得免并计之后或未经得免并计之犯因窃问拟军流徒罪在配释回者——(甲)复窃一二次，同时并发，按得免并计后，犯窃到官次数分别初犯再犯三犯科罪，若连窃三次以上同时并发者，照积匪例定拟。(乙)为首纠窃四次或被纠迭窃及独窃六次，并初犯再犯之贼纠窃六次被纠迭窃及独窃八次，俱照积匪拟军。(丙)为首纠窃三次或被纠迭窃及独窃四次，并初犯再犯之，贼纠窃四次或被纠迭窃及独窃六次，俱减等拟徒。(四)窃盗问拟军流徒罪，大赦释回复窃以初犯论，若因窃拟徒当赦释回复窃，照在配释回复窃定拟。(五)得免并计后三犯拟流复遇赦，屡减释放，如再犯仍以三犯论。

【军(軍)流徒杖等犯越狱】【史】被处充军刑，流刑，徒刑及杖刑等罪犯，如有越狱脱逃情事，负责之狱官，应予以处分并令于限内缉拿，如仍未获则应予以严处。清之六部处分则例(卷四十九)刑属禁狱篇军徒杖等犯越狱条："军流徒杖等犯越狱，不论名数多寡，定限四个月题参疏防，将管狱官革职留任，戴罪限一年缉拿，全获开复，逾限不获即行革职，逃犯交与接任官限年缉拿，看狱官住俸戴罪，限一年督缉，全获开复，逾限一二名不获罚俸一年，三四名不获降一级调用，五六名不获降二级调用，七八名不获降三级调用，九名十名以上不获降四级调用，逃犯交与接任官限年缉拿"，又："军流徒杖等犯越狱有狱官承缉限满例应降级调用者，如系有级可抵，不致离任之员仍留任，再限一年缉拿，限满不获，照接任官之例按其名数分别议处，全获者本系伊任内疏脱之犯，亦无庸给予议叙"，又："军流徒杖等犯越狱，接任官以到任之日起限一年缉拿，逾限一名至四名不获，罚俸三个月，五六名不获罚俸六个月，七八名不获罚俸九个月，九名十名以上不获罚俸一年，未获逃犯，照案缉拿"，又："署事官任内疏脱照现任官处分，正印言暂摄管狱官事务期内疏脱，即照管狱官例议处"，又："军流徒杖等犯越狱该管府州罚俸六个月，道员罚俸三个月，俱随案查参"，又："凡问发新疆及由新疆改发内地之遣犯脱逃拿获，例不正法者，遇有越狱悉照军流徒杖等犯越狱之例办理。"

【重犯失禁】【史】重要罪犯如应处斩绞或应拟军流遣等刑者，或侵欺挪移案内之官犯等若不加以锁禁著人取保致其脱走逃亡时，负责官员应依本条受处。清之六部处分则例(卷四十九)刑属禁狱篇重犯失禁条："官员将斩绞人犯不行锁禁著人取保以致脱逃者，革职，不自收监反推发别衙门以致逃脱者，降三级调用，府州不行揭报降二级调用"，又："官员将应行锁禁之应拟军流遣罪人犯取保脱逃者，降一级调用，徒罪人犯取保脱逃者，罚俸一年，笞杖人犯取保脱逃者，罚俸六个月"，又："侵欺挪移案内应行监追之官犯，州县官不行监禁，听其在外居住者，降三级调用，以致脱逃者革职，逃犯交与接任官照接缉越狱之例限年缉拿"，又："侵欺挪移案内应行散禁官房之官犯，及疏失饷鞘未经赔缴之解员，交与州县官看守以致脱逃者，降一级留任，限一年缉拿，限满不获照所降之级调用"，又："凡奏参革职提问之员不监候具题结案，以致脱逃者州县官革职，逃犯交与接任官照缉越狱之例限年缉拿。"

【重修开封府熙宁编】【史】书名，共十卷，为宋王安礼所撰，内容不详，事见宋史艺文志刑法类。

【借捕扰民】【史】借捕扰民，谓官员假藉通缉逆匪盗犯之名，滥派差役向民间搜索以致扰害无辜人民也，该官员及失察之上司均应受处。清之六部处分则例(卷四十二)刑属盗贼下篇借捕扰民条:"督抚同知通判以下佐杂等官,巧藉通缉逆匪盗犯名色,滥差衙役沿门搜访,苦累小民,已致死者革职,失于查报之印官降二级调用,道员两司降一级留任督抚罚俸一年,未致死者降三级调用,印官降一级留任道员两司罚俸一年,督抚罚俸六个月,若系该衙役借名私往,并不由本官差遣者,照失察衙役滋事例分别议处。"

【借盗销案】【史】官吏人等如有贿买盗供,或串通盗犯,或私改盗供,或将拿获别案盗犯作为本案盗犯,或将邻境所获别案盗犯,嘱令作为本案盗犯希图销案者,谓之借盗销案。清之六部处分则例(卷四十一)刑属盗贼上篇借盗销案条:"盗犯初获到案,即讯明曾经行劫某处,首伙几人,共劫几次,定拟以后,不许听其任意狡展,倘有续获之盗,复供出另劫案仍应行查者,亦以初获之盗供为主,如有不肖州县,贿买盗供辗转行查,希图销案者革职",又:"捕役串通盗犯教供妄认,希图销案,州县官未能审出者,罚俸一年,若州县官私改盗供,希图销案,即照删改供招例革职,府州道员查出揭参者免议,失于查参,府州降三级调用,道员降二级调用,其督抚臬司已究出改供情由,不为改拟者,照故入①故出律治罪;若系失于查核,臬司罚俸一年,督抚罚俸六个月",又:"盗案参限将满,州县官将拿获别案盗犯,作为本案盗犯者,革职,府州失于查参,降三级调用,道员,降二级调用,已参者免议",又:"州县官将邻境所获别案盗犯,嘱令作为本案盗犯者革职,受嘱之邻境州县官亦革职,府州道员失于查参,照前例议处,已参者免议。"

【冤(寃)狱赔偿制】【通】刑事被告人之无辜被判处刑为无罪而处刑或罪轻而刑重及被诉,在审理期间受羁押之处分,均谓之冤狱,此项冤狱之造成有属于法之本身者,有属于法之运用者,前者属于立法问题,后者则为司法者所造成例如由于法官之无能或由于法官之无守或由于法权之滥施等皆是,近世民权昌盛,法制修明,欧美各国对人民所遭遇之冤狱,莫不极力予以减少,如力求诉讼之迅速了结,并从事于司法人员不良分子之铲除,以及多方限制法官之滥施权力等皆是,至于事后之补救,则特设冤狱赔偿制度,施行之后,冤狱事件日益减少,其在刑事诉讼法中设置专文规定者,有一八八七年之挪威刑诉法,一八九五年之法兰西刑法修正条文,一八九六年之匈牙利刑诉法与一九一三年之意大利刑事诉讼法,其以特别法加以设定者,则有德奥及日本等国,至英美则著判例,以上各国虽形式各异,而其对于无辜人民因系出于司法机关之权力发动而受不正当之损害时课国家以赔偿之责任则毫无二致也,我国旧时对于官吏出入人罪多有明文规定,然皆本于报应主义,于无辜受刑之当事人在事实上并无若何裨助,即宋高宗给无罪者还家所需之钱米,是虽与今日冤狱赔偿制度相似,然并未著为常法,明律亦虽有加害人对被害财产赔偿之规定,惟对有司之枉法行为所引起之冤狱,则未尝由国家负责赔偿,民国以来,司法权虽独立行使,惟横遭军阀及其他不良势力之干涉摧残者,至今未已,无辜人民,含冤受害者比比皆是,民国十七年南京国民政府法制局与最高法院人员会商刑事诉讼法制定之原则时,曾讨论及冤狱赔偿问题,虽曾详经交

① 原书为"人",系排版之误。

换意见，惟是年所公布之刑事诉讼法卒未采用，民国二十年在杭州举行之全国律师第三届代表大会，复曾通过向政府建议设冤狱赔偿制度案迄无结果，二十二年全国律师第五届代表①大会亦曾一度通过同一议案，仍无结果，二十三年十一月间全国律师协会常务委员会特组织一冤狱赔偿运动委员会从事宣传及促进事宜，近虽大加宣传，并由全国律师协会冤狱赔偿运动委员会拟定一冤狱赔偿法草案(共十六条)，惟仍未正式为政府所采纳。

【哥斯泰里加国宪法】【宪】Constitution of Costa Rica 哥斯泰里加又译作科斯达里加，为中美洲小共和国之一，北与尼加拉瓜国相接，东西及南三面濒海，东南与巴拿马共和国相连，面积约二万三千方哩，人口共四十八万，以西班牙人遗裔及美洲印第安土人占多数，西班牙与土人之混合种次之，境内所产之石油甚多颇为美人所注目，一八二一年向西班牙宣布独立，一八二四年至一八二九年止为中美洲联邦之一部，旋于一八四九年独立为自主共和国现行宪法公布于一八七一年十二月七日，全文共分十二篇，凡一三五条，第一篇国体，第二篇第一节国民，第二节公民，第三节外国人民，第三篇第一节国家权利，第二节人民权利，第四篇宗教，第五篇教育，第六篇第一节选举，第二节选举大会，第七篇政府，第八篇立法权，第一节国会之组织，第二节国会之职权，第三节国会通则，第四节法律之制定，第九篇行政权，第一节大总统，第二节大总统之义务及职权，第三节大总统之责任，第四节国务员，第五节国务会务，第十篇第一节司法权，第二节最高法院之组织，第十二篇第一节宪法之施行，第二节宪法之修正，兹将其要点摘述于下：(一)哥斯泰里加国为一自由独立之共和国，主权属于国民全体。(二)取得哥斯泰里加国国籍之方法有二，一为出生一为归化，凡有下列资格之一者视为归化：(1)凡依据以前法律入籍者。(2)外国妇女与本国人民结婚者。(3)外国人之子女在本国居住一年以上，业已取得证明书者，此外凡属瓜地玛拉，洪都拉斯，萨尔瓦多及尼加拉瓜各共和国之人民而具备下列条件者，亦应认为哥斯泰里加国民：(1)以接受公职表示默认或以书面向住居所在地之官署明白表示愿为本国人民者。(2)为所属之国对于本国人民之请求归化，予以同样便利者。(三)凡原属本国国籍或系归化人民年满二十岁或十八岁业已结婚，或任科学教授而执有产业或正当职业其收入足以维持相当生活皆可为哥斯泰里加共和国之公民而行使其权利。(四)本共和国政府为责任代议制，其治权由立法行政司法三权分别行使之，任何官署不得擅自行使非由法律所授与之职权，立法权或行政权之决定与宪法抵触者概属无效，即凡不依照宪法或法律之规定而僭窃权位者，其所作行为亦属无效，公务员违背宪法时应负责任。(五)军队由民政长官统率之，且应以服从为主，不得妄施任何干涉。(六)本共和国对于世袭名义及鬻卖官爵，均废弃之，即贵族之世袭财产亦禁止设定，至于专利优先权及一切行为虽系根据法律，然若妨害或限制农工商之自由者，概受禁止，但为应付需要避免社会祸害鼓励创造及扶助国营企业之发展或工程之进行而由政府所业经设定，或将来经议会议员三分二之同意予以设定

---

① 原书为“张”，系排版之误。

者，不在此限（又由市议会业经设定或将来予以设定者，亦同）。（七）人民在法律上一律平等，人民之个人自由亦受法律保护，又人民享有通行之自由权，所有权不得侵害之自由权（设有例外），住所有不受侵犯之自由权，有私人文件不受扣押或检查之自由权，有书信电报之秘密自由权，有和平集会自由权，有向政府请愿权，有发表言论文字之权，有非依法律之规定不受逮捕及审判之权，人民生命不受侵犯，个人行为，若无碍于公共秩序或公共道德，及未加损害于他人者，不受法律之制裁。（八）人民未经审判并由管辖法院判令执行者，不得科以刑罚，但有强制执行违抗命令或民事上其他相同情形，以及违警之罚金或拘捕，则为例外，又所犯之罪或过失须现行法设有明文规定者始得科罚，至于因债务而被监禁者仅以经过证明确有诈欺情形者为限，否则不得为之。（九）本共和国以罗马天主教为国教，在国内得自由信奉之，至于其他宗教仪式之举行，如不违反公共道德，及善良风俗时亦得自由举行之。（十）全国之儿童初级教育应为强迫义务制。由地方政府直接管理而受中央政府之监督。（十一）凡具有公民资格者皆有选举权，由普选大会以直接投票之方法行之，普选大会为关于大总统及国会议员之选举，此外各县市政府及法律所规定之其他选举亦由普选大会行之。（十二）立法权由人民所选举之议员组织国会行使之，国会议员名额为四十三人（又候补议员十八人），由各省选举，凡居民一万五千人或在七千五百人以上者均得选举一人，任期四年，每二年改选半数，被连选者得连任之，其被选之资格如下：(1)须出生为哥斯泰里加人民或自归化后住居国内已有五年者。(2)须为享[①]有公民权年满二十一岁能识字书写具有五百高龙（合金佛郎二四〇）以上之资产，或其常年收入在二百高龙以上者，国会之常会于每年五月一日召集一次，非常会议则临时召集之，开会时须有议员三分二之出席始得举行，议员在国会所发之言论及表决不负任何责任，又其身体在会期内亦受一定之保障，此外不得兼任行政及司法机关之职位，非在会议期间则另有例外之规定（第七十五条）。（十三）国会之职权最重要者为以下各种：(1)审查选举大总统之投票总数，并宣布当选人姓名。(2)任命最高法院推事及候补推事。(3)大总统不能行使职务时，决定应否另行选举。(4)准许外国军队入境。(5)准许政府宣战。(6)通过协定和约及条约案。(7)遇国家遭受外侮，或内乱时以出席议员三分二之同意得将一定之人民权利全部或一部予以停止（但有例外）。(8)于举行初次常会时举定候补总统三人，以便于大总统有事故时代行其职务。(9)以议员三分二之同意向最高法院弹劾大总统，政府委员，部长，及公使。(10)通过预算案及特别经费。(11)确定每年海陆军平时军额。(12)制定及废止并解释法律。(13)通过赋税之征收。(14)准许政府以国有收入为担保，缔订借款或其他契约。(15)授予上校以上之军官阶衔。（十四）国会议员及政府各部长皆有建议创制法律之权，法律案经国会通过后，须经大总统批准，始为有效，如大总统不予同意时，可于十日之期限内提出异议，如国会以议员三分二之同意驳回大总统之异议时该法律案应视为批准，而公布施行之，至于国会所为关于选举辞职解释迁移议场，停止或展延

---

① 原书为“亨”，系排版之误。

常会，弹劾政府及订立议事章程等之决议则无须经过大总统之批准。（十五）行政权由人民投票选举而产生之大总统以国家元首资格行使之，被选人之资格如下：(1)出生为本国人民者。(2)并非僧侣者。(3)年满三十岁者。(4)享有公民权者。(5)有诵读及书写之能力者。(6)具有五百高龙之资产或其常年收入有二百高龙者，大总统之任期定为四年，不得连任，如因亡故辞职或其他原因而出缺时由候补总统依选任之次序执行职务（任至前任大总统之期满为止）。（十六）大总统有任免国务员及其直属官吏之权，遇有事故时有指定为相当之候补总统行使其职务之权，于国会闭会时，大总统得颁发命令停止一定之宪法上权利，有指挥军队防护国家及维持秩序之权，有指示外交方针缔结条约之权（惟须经国会之批准），有任命全权公使，特派专使及指派领事之权（须经国务院之同意），有依法保护宗教，命令执行教皇一切敕令文诰之权，如经国会之同意有宣战及媾和之权，又有特赦及政治犯之大赦之权，至于各省省长之任命亦由大总统为之，法律施行规程之制定其权亦为大总统所有。（十七）国务院各部之设置另依法律之所定，被任为国务员者须具备下列之资格：(1)须出生为哥斯泰里加人民或系归化在本国住居十年以上而其现存或已故之妻为本国国籍者。(2)并非僧侣者。(3)须为年满二十五岁者。(4)须为富有学识者。(5)须为具有五百高龙之资产或其常年收入有二百高龙以上者，国务员于国会开会时，得列席会议（惟无表决权），对于大总统一切文件各该主管国务员有副署之权，由国务员所组织之国务会议，由大总统召集之以讨论总统所提交之事项，如遇有重大事件，大总统并得邀请其他人员列席参与。（十八）司法权由最高法院及其他依法所设置之法院与法官行使之，除法律所规定之特殊情形外任何官署不得以未经了结案件移送于其他官署，亦不得将已结诉讼再付审理，至于最高法院书记官，地方法院推事，及其他法律所规定之司法人员，皆由最高法院任命之。（十九）最高法院设评议庭及上诉庭，前者置推事五人，后者置推事三人，庭长由国会就出生或归化为本国人而在国内住居四年，享有公民权年满三十岁并非僧侣及执行律师职务满五年而具有三千高龙之资产或能提供相等价额之担保者任命之，推事之任期定为四年，连选得连任。（二十）宪法之修正如为一部分者则由国会依法定程序（第一三四条）行之，如为全部之修正则须由特别召集之宪法会议始得为之。

【家奴盗窃】【史】家奴谓旗人家中所蓄之奴仆，如有犯窃罪者，其失察之主人应依本条之规定予以处分。清之六部处分则例（卷四十一）刑属盗贼上篇家奴盗窃条："旗下家奴为盗窝及犯窃罪至发遣以上者，其主失察，一二人罚俸两个月，三四人罚俸三个月，五六人罚俸一年，七人以上，降一级留任，再罚俸一年，十人以上革职，自行查出送部者免议。"

【挟(挾)书律】【史】秦始皇焚书坑儒，因有挟书律之制定，挟者藏也，即禁止藏书之法也，汉惠帝四年废之，汉书—惠帝纪："除挟书律"之注："曰挟藏也，张晏曰，秦律敢有挟书者，族。"

【捐复降留革留】【史】谓被处降级留任或革职留任之一定人员，准予纳资以恢复其原来官职也，清之六部处分则例（卷二）吏属降罚篇捐复降留革留条："内外

财产，亦归属破产财团。（八）在破产宣告前对债务人财产有质权抵押权或留置权者，对破产人特定财产得不依破产程序而受清偿，故本法特设别除权之规定。（九）破产债权人依调协或破产程序已受清偿者，其债权之未能受偿部分，视为消灭。（十）对不能清偿善意债务人及破产人所有各种规定，皆取宽大之旨，但对恶意债务人，则设从严处置之明文，凡债务人犯诈欺和解罪者，破产人犯诈欺破产罪，或在破产宣告前一年内曾有特定犯罪行为，或于破产程序进行中不履行本法所订特定义务，或为诈欺行为者，均应处刑。

【级（級）纪抵销次第】【史】级纪，谓加级与纪录，凡官员曾有数加级及纪录者，如遇降级处分时何者应被抵销，其次第均有一定，本条即为此而设者。清之六部处分则例（卷二）吏属降罚篇——级纪抵销次第之条："官员任内有加数级，如遇降级处分，先将捐纳加级按上库年月先后抵完，再将恩诏加级议叙加级随带加级及钱粮军功加级挨次查抵，或军功纪录二次及寻常纪录四次，亦各准抵降一级若降调之员级不敷抵方以不论俸满即升一次，或俸满即升一次，或卓异保题一次，或俸满保荐一次议抵"，又："官员有议处降级之案，其捐纳加级纪录上库日期，系京员在各部院参奏奉旨之前者，准其抵销，在参奏之后者，不准抵销，系外官在该督抚题参咨参之前者，准其抵销，在题参咨参之后者不准抵销，至部中查取职名之案，总以该督抚初次具题初次出咨之月日为断，在前者准其抵销，在后者不准抵销"，又："经征粮未完，例应降调之员如有军功加级纪录，钱粮加级纪录，方准抵销，其别项级纪，俱不准抵销"，又："凡降级之案系戴罪完纳，戴罪承追督运赔补赔修及限年承督等案，必俟本案限满之日方可照例议结，现在虽有级纪，不准抵销"，又："地方官承缉命案，于未起四参之前捐纳加级者，准其抵销，在四参起限之后者不准抵销"，又："地方官承缉盗案于未经失事之前捐纳加级者，准其抵销，在疏防之后者不准抵销"，又："地方官承缉情重命案，于未经报官以前捐纳加级者，准其抵销，既经报官以后者，不准抵销"，又："地方官承缉抢夺良家妇女之案，于未经报官以前捐纳加级者，准其抵销，既经报官以后者，不准抵销。"

【财（財）政收支系统法】【行】本法于民国二十三年六月十四日由立法院通过，于　月　日由国民政府公布，全文分为十五章共五十一条。第一章总纲，第二章税课，第三章独占及专卖，第四章特赋，第五章规费，第六章罚款，第七章售价，第八章租金使用费用及特许费，第九章信托管理所入，第十章利息利润盈余赠与或遗赠及其他合法之收入，第十一章政府间之征免，第十二章补助及协助，第十三章借赊，兹将其要点列举于下：（一）中华民国各级政府财政收支之划分，配置，调剂，及分类概依本法之规定。（二）下列各税为中央税：(1)关税。(2)货物出产税。(3)货物出厂税。(4)货物取缔税。(5)印花税。(6)特种营业行为税。(7)特种营业收益税。至所得税亦为中央税，但中央应以其纯所入按照一定标准分给省市县；又遗产税亦为中央税，中央亦应以其纯所入按照一定标准分给省市县。（三）营业税，为省税，及直隶于行政院之市税，其纯所入总额在省应以百分之三十归所属市县，在直隶于行政院之市则应为百分之三十归中央。（四）土地税为市县税除中央因地政机关整理土地需用经费时，得先于纯所入总额内提取百分之十外，在市县以其余纯所入总额百分之十五至百分之四十五归省，在直隶于行政院之市以百分之十五至百分之四十五归中央。(五)下列各税为市县税：(1)营业牌照税。(2)使用牌照税。(3)行为取缔税。(六)地方政府对于中央税，不得重征，亦不得以任何名义征收附加捐费，即一切货物亦为中央税，地方政府不得征收且不得阻止国内货物之自由流通，又各级政府亦不得在货物通过点征收任何税捐，但因改良水陆道路而对于通过舟车之使用费则为例外。(七)各级政府经法律许可均得经营独占公用事业，中央政府为增加国库收入或统制生产消费得依法专卖货物，并得制造之，此项中央独有之权地方政府不得为之。(八)各级政府于该管区域内对于因道路堤防沟渠或其他土地改良之水陆工程，而直接享受利益之不动产得征收特赋且此项特赋之征收不得超过各该工程直接与间接实际所费之数额。(九)司法机关考试机关及各级政府之行政机关征收规费应依法律之所定始得为之，又各级政府所属下列各种事业机关或组织对于直接享受其利益者，得征收规费：(1)教育文化事业。(2)经济建设事业。(3)卫生治疗事业。(4)保育救济事业。(5)保安防灾事业。(6)保健娱乐事业，惟对小学教育，传染病之预防，残废之赡给及水火灾患之救济，则不得收费。(十)罚金或没收财物须依法律之规定始得为之，又各级政府依法律之规定亦得制定关于罚锾之单行规程，各公务机关及公立事业机关经各该主管最高行政官之核准，亦得为之，罚金及没收财产之收入应归入国库，罚锾之收入则应分别归入各级政府之公库，其定有奖赏金者，其数额并须受有限制。(十一)各级政府对于所有财产孳生之物品或出产品，均得以时价售卖之，又公务机关亦得售卖其印刷品，至于独占价格及专卖价格之规定则应经立法机关之议决。(十二)各级政府对于其所有财产得依法收取租金或使用费，其经营独占公用事业者对于承揽经营者亦得收取特许费。(十三)各级政府所有金钱之利息，公务上或事业上获得之利润公有营业之盈余，所受之赠与或遗赠及其他合法之收入，均各为其当然收入。(十四)各级政府及其所属机关依法办理事业所用之机械物品得免征关税，其自用之簿籍凭证及所发之凭证得依法免贴印花税票，其所设之银行均免征银行收益税，又其所办之下列事业或营业均免营业税，其所用土地及土地改良物并免土地税：(1)交通及其他公用事业。(2)银行保险及其他金融事业。(3)林垦矿业及无竞争性之畜牧及制造业。(4)专为供应政府及所属机关之事业。(5)其他不以营利为目的之事业(惟上述各项如有兼营竞争性副业者，应按其兼营部分征收营业税及土地税)。(十五)各级政府及其所属之公务机关事业机关所用之土地改良物均免征土地税，又各级政府下列各款收入，应免一切征课：(1)公有事业之收入，与公有营业之收入及盈余(但政府与人民合办者则为例外)。(2)公有权利或财物之售价或公有金钱之孳息。(3)所受之赠与或遗赠。(4)公债收入。(5)其他直接专属于政府之收入，此外如县区乡镇之各类收入亦应依类分别，列入各该县市之岁入预算，并免一切征课。(十六)各上级政府为求所管辖各区域间教育，文化，经济，建设，卫生，治疗，保育，救济等事业之平均发展得对下级政府给与补助金，并得由其他下级政府取得协助金。(十七)各级政府发行公债或为一年以上之长期赊欠，须依法律之规定并经立法机关之议决，始得为之，即省市县政府对于外资之借赊亦应先经中央政府之许可。(十八)各级政府区域内人民行使政权之费用，由各该政府负担之，且各级政府之一切支出均须经过预算程序。（十九）中央政府在地方行使司法权考试权及监察权所需之费用由中央政府负担之，国防费用及外交费用亦归中央政府负担，至人民之移殖及侨务费用在原则上亦由中央政府负担。（二十）教育，文化，经济，建设，卫生治疗，保育，救济经费之总额其最低限度在中央不得少于其总预算总额百分之三十，在省区或市县，不得少于其总预算总额百分之六十。（二十一）附表共有三种附表一为收入分类表，计分（甲）中央收入。（乙）省收入。（丙）市收入。（丁）县收入，附表二为支出分类表，计分（甲）中央支出。（乙）省支出。（丙）市支出。（丁）县支出，附表三为税课分类表，计分（甲）中央税。（乙）省税。（丙）直隶于行政院之市税。（丁）县税或隶属于省之市税。

【逃（逃）犯私回原籍】【史】逃犯私回原籍，谓在配之徒犯军流遣等犯潜逃而私自返回原籍地方也，该原籍地方官如失于查拿，或查拿在滋事后者，均应受处。清之六部处分则例（卷四十六）刑属提解篇逃犯私回原籍条："徒犯私回原籍，地方官自行拿解者，免议，失于查拿，罚俸一年，查拿在滋事以后，无论事主有无呈报，减为罚俸六个月"，又："军流遣犯私回原籍，地方官自行拿解者，免议，如失于查拿别经发觉，系军流及寡常遣犯已奉到配所咨报缉者，降一级调用，查拿在滋事之后无论事主有无呈报，均减为降一级留任，未奉到咨缉者，罚俸一年，查拿在滋事以后者，减为罚俸六个月，系情重遣犯已奉到配所咨缉者降二级调用，查拿在滋事以后，无论事主有无呈报，均减为降二级留任，未奉到咨缉者降一级留任，查拿在滋事以后者减为罚俸一年"，又："军流遣犯在配脱逃，原籍地方官于配所咨缉文到之日，票传该犯亲属保邻人等逐一讯问根由下落，如果未回籍即取具确实供给，详情咨送刑部及配所省分存案，仍令亲属保邻不时侦缉，一经逃回立即首报，其或该犯于未奉咨缉之先，曾回原籍，旋又逃往他处者，将失察之地方官罚俸一年，又或取结之地方官已经离任而该犯在离任后逃回者，将失察之接任官罚俸一年，若地方官奉到咨缉只系取结详覆迟延，并无容隐情弊者，照外省事半迟延例议处。"

【逃（逃）犯逗遛在境】【史】逃犯逗留在境，谓罪犯脱逃后停留隐匿在某处疆域之内也。清之六部处分则例（卷四十六）刑属提解篇——逃犯逗遛在境条："各项逃犯逗遛在境，不及半月者地方官免议"，又："罪应斩绞人犯及新疆改遣脱逃拿获时，例应正法之犯，负罪潜逃逗留在境若系本地职官知情窝隐者，革职治罪，不知情者免议，地方官失于觉察者降一级留任，如属员藏匿罪人，该上司不查出揭参，亦降一级留任"，又："军流及寻常遣犯负罪潜逃逗遛在境，失察之地方官罚俸六个月。"

【匿（匿）名讦告】【史】隐匿姓名文书而告言人罪，谓之匿名讦告，地方官不行严拿而反予受理，或迳行具奏（关系国家大事者的例外），均应受处分，清之六部处分则例（卷四十五）刑属杂犯篇——匿名讦告条："嘉庆二十三年四月十二日奉上谕，匿名讦告，最为人心风俗之害，其意本因挟有私嫌，藉图倾害，一经查办，不特所告之人枉受污蔑，并波及案外之人，酷遭拖累以无名之蜚语，令官司荼毒平民，而阴谋者乃袖手旁观，以快其私忿，其险恶之情，甚于鬼蜮，律载投隐匿姓名文书告言人罪者绞，见者即为烧毁，若将送入官者，杖八十，官司受而为理者，杖一百，被告人虽实不坐,立法至为明切,嗣后凡有拾获匿名揭帖者,著即将原帖销毁,不准具奏,惟关系国家重大事务者,密行奏闻,候旨密办,钦此",又:"奸棍隐匿姓名,捏造揭帖,阴行诬陷,布散内外及向各衙门投送,地方官不行严拿,降四级调用,接受具题而为审理者革职,如系有关军国重务,仍准密行陈奏,候旨密办,若不肖之官唆使恶棍黏帖布散,除将本官按律治罪外,其布散黏帖之人,地方官不严行查拿,罚俸一年,该管上司罚俸六个月。"

【专(專)司狱务】【史】刑部监狱直省监狱,直隶州厅及各州县监狱均各设有专司狱务人员,以负全责,且不准滥行差调或差遣,违者予以处分。清之六部处分则例(卷四十九)刑属禁狱篇专司狱务条:"刑部监狱每令满汉提牢司员轮流一人在外厅值宿,司狱二员在南北两监内厅值宿,如有应行议处之案,以司狱为管狱官,提牢司员为有狱官堂官照督抚例处分",又:"直省监狱惟按察司知府衙门设有专员,应以司狱为管狱官,按察使知府为有狱官,其直隶州厅及各州县监狱,系交吏目典史等官管理,即照管狱官例议叙议处,印官照狱官之例",又:"专司狱务之员上司不准滥行差调,吏目典史除捕务外,亦不准滥行差遣,倘上司滥行差调,罚俸一年,其吏目典史如遇缉限届期,例应降革谋差展限者革职。"

【庸吏庸言】【史】书名,二卷,清刘廉舫撰,为吏治三书之一种。(参读律心得条内)

【教刑】【史】(详五刑条内)

【条(條)例】【史】清时所称之条例与现行法中之判决例相同,故清之条例与律相辅并用,按古无所谓律例,自商鞅改李悝之法为律,于是有律之名,自萧相国摭拾秦法增为九章,而律于是乎大备,汉后律之外有令,有驳议,有故事,有科,有式,盖皆为辅律之所不能载者也,及隋,律令格式并行,唐因之,宋则于律之外,敕令格式四者皆备,而律所不备皆以敕断之,并无所谓例也,或曰汉时有所谓决事比者,比注曰比例,比或即为后世例之权舆,明初有律有令,而律之未能尽赅者,始有条例之名,故部臣多言条例而罕言令,弘治三年定问刑条例嘉靖时重定为三百八十条,万历时刑部尚书舒化奏定例为八百三十二条,清因之,嗣后例款日益增多,同治九年已达一千八百九十二条,其制定也,不外随时酌中,因事制宜,故彼此牴牾而前后歧异者,比比皆是,虽历来朝令,凡条例之应增应减者五年小修一次,十年及数十年大修一次,然皆将业经奏准者依类编入,且将旧例存而弗谕,于是孳乳无穷,训致篇幅繁复,不特援用困难即偏倚轻重,亦难区分,而疑义转生矣,清时治律学者,于条例之增删修改甄核精详者,计有乾隆年间海丰吴紫峰中丞坛通考以及光绪年间长安薛允升读例存疑等二书。

【凌(淩)虐罪囚】【史】罪囚除予以相当之限制及防范不使脱逃外,禁卒不得施以非刑或以其他欺凌虐待方法加诸其身,违者或知情故纵或知而不举之,狱官均应受处。清之六部处分则例(卷四十九)刑属禁狱篇凌虐罪囚条:"狱卒凌虐罪囚因而致死,管狱官知而不举革职治罪,不知者,管狱官降三级调用,有狱官降二级调用,如凌虐未致死,系知情故纵者均革职,失于觉察者管狱官降一级调用,有狱官降一级留任,自行查出究办,未致死者免议,已知死者仍照例议处",又:"狱卒听受贿嘱谋死本犯，失察之管狱官革职，有狱官降三级调用”，又：“官员于狱内用匣床者革职治罪，或将犯人拘禁地窝或以长木将各犯同系，令其不能转动者，均革职”，又：“除重犯监禁候审，其余干连并一应轻罪之人，俱令保候审理，如有不肖官员擅设仓铺所店名目，将轻罪干连人犯私禁，致毙者照律治罪”，又：“差役私设班馆，押禁轻罪干连人犯，在官署内者，将该管官照故禁平人杖八十私罪律降三级调用，因而致死者革职治罪，失察之府州降一级留任，道员罚俸一年，臬司罚俸九个月，在官署外者将该管官照不应禁而禁杖六十公罪律罚俸一年，因而致死者照误禁致死杖八十公罪律降二级留任，失察之府州罚俸九个月，道员罚俸六个月，臬司罚俸三个月”，又：“官员失察监犯号充牢头有凌虐罪囚情事者，将管狱有狱各官照狱卒凌虐罪囚例分别议处，如仅止私充牢头并无凌虐情事者，将管狱官照约束不严例降一级调用，有狱官降一级留任。”

【凌(淩)迟斩绞重犯越狱】【史】凡被处凌迟刑，斩刑及绞刑之重要罪犯如有越狱脱逃情事，应令于一定限内缉获，并应受处，限满未获者亦应予以处分。清之六部处分则例(卷四十九)刑属禁狱篇凌迟斩绞条：“嘉庆十六年十一月廿七日奉上谕，先福奏县监绞犯，越狱即经拿获审明定拟一折，此案信丰县绞犯曾癞痢越狱脱逃，该县公出典史亲督丁役，于三日内即将该犯拿获，尚属知惧知勉，著仍予革职，未免无所区别，黄思锦著革去顶带，改为革职留任，四年无过题请开复，嗣后管狱官遇有脱逃监犯，于五日内缉获者即照此例办理钦此”，又：“凡叛逆重案山海巨盗，罪应凌迟斩绞等犯，并免死问发新疆人犯越狱，不论名数多寡，该督抚立即指名题参，将管狱官革职拿问，有狱官革职留任，如管狱有狱各官能于五日限内亲督丁役拿获者，将管狱官革去顶带改为革职留任，四年无过题请开复，有狱官改为降一级留任，一年无过题请开复，如系五日限外四个月限内拿获者，管狱官免其拿问仍革职，有狱官自拿获之日起扣限一年无过将革留之案开复，如四个月限内不能全获，有狱官仍留任一年，戴罪督缉，年限内全获者亦自拿获之日起扣限一年无过开复，倘逾一年之限尚有一名未获者，降一级调用，尚有二名未获者降三级调用，尚有三名未获者革职留于该地方协同接任官将逃犯限年缉拿”，又：“凌迟斩绞重犯越狱，有狱官承缉限满尚有一二名未获，例应降级调用者，如系有级可抵，不致离任之员，仍留任，限五年缉拿，限满时尚有一名未获者，降三级调用，二名未获者革职，逃犯交与接任官照案缉拿”，又：“凌迟斩绞重犯越狱，有狱官限满不获，应实降实革者，俱饬令离任，留于该地方协同接任官缉拿，如能于五年限内全获，该督抚给咨送部引见，请旨开复，倘限满系原议降调者，一名未获再降三级调用，二名未获革职，系原议革职者即将协缉各官照例交部治罪，如犯被他人捕获，仍照例科罪”，又：“凌迟斩绞重犯越狱，管狱有狱官于五年留缉限内有告请病假终养等事，概不准其回籍，如遇丁忧治丧，系管狱官准其给假百日回籍经理，假满之日原籍督抚催令起程，咨明任所督抚仍留于地方协缉，接扣前限，满日按例核办，系有狱官如于未经降革离任之先，遇有丁忧治丧事故，准照现任官例回籍守制，俟服阕后再赴原任地方协缉，若于重犯越狱之初，该督抚即将有狱官一并参革奉旨准行，或钦奉特旨将有狱官革职留缉，以及离任之后，始遇丁忧，治丧事故者，即照给假百日之例办理”，又：“署事官在署事期内有越狱之事照现任官例处分，如系州县正印官暂行兼摄管狱官事务期内，遇有越狱，即照管狱官之例参革拿问，倘能实心选差于百日限内缉获将可否令该督抚给咨送部引见之处，恭候钦定"，又："前任官未获越狱重犯，接任官以到任之日起限一年缉拿，限满不获罚俸一年，再限一年缉拿，二限不获罚俸二年，仍再限一年缉拿，三限不获降一级留任，逃犯照案缉拿"，又："凌迟斩绞重犯越狱，讯系禁役故纵贿纵脱逃者，将该管之府州革职道员降一级调用，臬司降一级留任，督抚罚俸一年，若督抚不行严参，降二级留任，其系依法看守偶致疏脱，将府州罚俸一年，道员罚俸九个月，臬司罚俸六个月，再限一年督缉，限满不获府州降一级留任，道员罚俸一年，臬司罚俸九个月，逃犯照案催缉。府州于所属重犯越狱之案尚在督缉限内未经议结，之先又遇所属重犯越狱，即将该府州降一级调用，如前案已结无庸并计"，又"重犯越狱未获，州县官率将别案正法及缢死溺死贼犯混称此案正犯，希免承缉处分者革职，该管府州不行确查遽为转详，照失于查察例罚俸一年，道员罚俸九个月，臬司罚俸六个月，督抚不详查具题罚俸三个月"，又："司监重犯越狱讯系故纵贿纵者，该督抚降一级调用，系偶致疏脱者，该督抚降一级留任，府监重犯越狱，讯系故纵贿纵者，同城之司道降一级调用，督抚罚俸一年，系偶致疏脱者，同城之司道降一级，督抚罚俸六个月，其按察使知府及司狱官悉照有狱管狱官例议处。"

【笞辱属员】【史】上司对于所属佐贰等官员，如有过失及其他不良行为，应依法题参，不得任意笞辱，违者应依本条之规定予以处分。清之六部处分则例(卷五十)刑属用刑篇笞辱属员条："上司于所属佐贰官员遇有叠失，不行题参，任意笞辱者，降二级调用，若笞辱知县以上官员者，降三级调用。"

【规(規)避移驻分防】【史】规避移驻分防，谓分防某处之官员奉命迁移驻守他处，而该官员竟仍恋居旧地，不即奉命迁移也，该本员及上司均须各受处分。清之六部处分则例(卷十四)吏属旷职篇——规避移驻分防条："凡分防佐贰及委员驻扎地方，经该督抚题准而该员仍恋居城邑不即移驻者，革职，该管印官不行详报，降二级调用，司道府降一级调用，督抚降一级留任，如该管官已经揭报，而上司不行转参，即照该管之例议处，该管官免议，如经该督抚查出纠参，将该管及司道府等官照例议处，督抚免议。"

【连(連)劫】【史】所谓连劫乃指一家连夜被匪盗抢劫或数家于同一夜间被盗抢劫而言，地方官应受处分。清之六部处分则例设有下列之规定：(一)城内及道路村庄一家连夜被劫或数家同夜被劫，无论盗犯是否一党，地方官降二级调用，上司仍照盗案例议处。(二)地方官于限内全获各案首伙免其议处，不准议叙，若于限内获盗过半，兼获盗首减为降二级留任。(三)州县官因连劫被参降调有级可抵本身不致离任之员再照初参限内接缉官之例按其报劫起数分案参处，限一年缉拿者，限满不获，罚俸一年，再限一年缉拿，限满仍不获，罚俸一年。(四)内洋连劫承缉印捕官降二级留任，限一年缉拿不获者照初参限外接缉官之例每案罚俸一年，在初参限内全获首伙者免其处分，如获盗及半兼获盗首减为罚俸一年。

【部驳改正】【史】部指刑部，驳谓将所判案件驳回令再行审拟，改正谓覆审后遵驳改正。清之六部处分则例(卷四十八)刑属审断下篇部驳改正条："各省审拟事件内有案情不确，律例不符之处，经刑部驳令再行审拟该督抚饬员覆审，遵驳改正，除核转之督抚司道免其议处外，其承审之州县与审转之府州，系引律不当者，照失入失出例减等议处，系不能审出实情而罪有出入者，仍照失入失出例减等议处，罪无出入者，照不能审出实情例减等议处，如例应革职者，减为革职留任，例应降级调用者减为照所降之级留任，例应降级留任者，减为罚俸一年，例应罚俸一年者，减为罚俸六个月，例应罚俸六个月者，减为罚俸三个月，例应罚俸三个月者，减为罚俸一个月，如系刑部指出律例正条径行改正具题，即照失入失出各本例议处，无庸减等"，又："盛京刑部审拟事件内有案情不确，律例不符之处，部驳改正者，将主稿司员照外省承审官例减等议处，其随同画稿司员再减一等，如主稿官应减为革职留任者，画稿官降一级留任，主稿官应减为降级留任者，画稿官罚俸一年，主稿官应减为罚俸一年者，画稿官罚俸六个月，主稿官应减为罚俸六个月者，画稿官罚俸三个月，主稿官应减为罚俸三个月者，画稿官罚俸一个月，其盛京刑部侍郎照督抚之例免议"，又："承审官拟罪系引律例正条，经刑部酌核案情比照别条改拟者，无论失入失出，承审官俱免议"，又："三法司两议具题之案，承审官俱免其失入失出处分"，又："刑部司员办理案件，有能细心查核将各省关系斩绞罪名生死出入之案驳令覆审改正者，该堂官于每年十二月内缮写该司员等驳案清单汇奏请旨，交与吏部议叙，将主稿官每案纪录一次，随同画稿官每二案纪录一次，若外省咨题案件所引律例并无出入，而司员妄行苛驳转致罪名出入者，该堂官随时查明参奏，将主稿官照失入失出例议处，随同画稿官减等议处"，又："刑部司员核办案犯罪名，未经详查驳正，致有照覆错误者。司官罚俸一年，堂官罚俸六个月。"

【提审法】【刑诉】提审法又称保护状其目的在使人民非法被逮捕拘禁时得依法声请法院提审，俾人民权利能受法律之保障，本法于民国二十四年六月七日由立法院通过全文共十一条，其要旨多系采用前法制局所拟草案①条文及英国人民保护律之立法精神，惟有下列数点稍为不同：(1)关于适用问题——凡人民被法院以外任何机关非法逮捕拘禁时，均适用本法，向法院声请提审，以继司法尊严。(2)关于管辖问题——旧法制局草案对提审案件之管辖，仅限于高等法院，我国地域辽广，高等法院之分院，设立者为数不多，为便利人民之声请起见故将地方法院亦行加入。(3)关于处罚问题——公务员非法拘捕人民，固当负担刑事责任，惟本案系对公务人员非法拘捕人民以后，复不在法定期间内，将拘捕原因依法示知，或延宕及拒绝拒审者再定以罚则，兹将本法之要点举述于下：(A)人民被法院以外之任何机关非法逮捕拘禁时，本人或其亲属(得委任代理人为之)得向逮捕拘禁地之地方法院或其所隶属之高等法院以书状记载法定事项声请提审，法院接受声请后认为必要时得摘录声请要旨通知逮捕拘禁机关限期具覆。(B)法院接受声请书后或接受逮捕拘禁机关之覆文后对提审之声请如认为无理由者应于二十四小时内以裁定驳回之(不服裁定得抗告于上级法院，惟对高等法院所为之裁定不得抗告)，若该法院对于提审之声请认为有理由者则应于二十四小时内向逮捕拘禁机关发

---

① 原书为"素"，系排版之误。

提审票，执行逮捕拘禁之机关接到提审票后，应于二十四小时内将逮捕拘禁人解送，如在接到提审票前，已将被逮捕拘禁人移送他机关者，应即将该提审票转送受移送之机关，由该机关于二十四小时内迳行解送，如法院自行移提应立即交出，执行逮捕拘禁之机关，在接到提审票前，已将被逮捕拘禁人释放者，应将释放事由及时日，速即声复。(C)法院讯问被逮捕拘禁人后如认为不应逮捕拘禁者，应即释放。如认为有犯罪嫌疑者，应即移付检查官侦查。(D)关于执行逮捕拘禁机关公务人员之违反本法时之罚则之规定。

【提审票】【刑诉】所谓提审票，乃指法院依法向执行逮捕拘禁人民之机关所提交之文书而言，其内容应有下列各项之记载：(1)执行逮捕拘禁之机关及其所在地。(2)被逮捕拘禁人之姓名，性别，籍贯。(3)发提审票之法院。(4)应解交之法院。(5)发提审票之年月日，此项提审票应以副本一份送达声请人，又提审票于必要时并得以电报代之(提审法第七条)。

【提审声请书】【刑诉】提审声请书，即人民被法院以外之任何机关非法逮捕拘禁时，由本人或其亲属(或委任代理人为之亦可)，向逮捕拘禁地之地方法院或其所隶属之高等法院请求提审时所提出之声请书也，此项声请书应记载下列事项：(1)声请人之姓名，性别，年龄，籍贯，及住所或居所(亲属为声请人时，并应记载被逮捕拘禁人之性别，籍贯，及其亲属关系)。(2)非法逮捕拘禁之事实。(3)执行逮捕拘禁之机关，及其所在地或公务人员之姓名。(4)受声请之法院。(5)声请之年月日(提审法第三条)。

【援免错误】【史】援免错误，谓将应行赦免之犯不予议免，或将不应赦免之犯而予议免也。清之六部处分则例(卷四十八)刑属审断下篇援免错误条："直省审拟题结之犯，适遇恩赦之年，该督抚将应赦之犯不为援免者，系斩绞人犯降一级调用，系军流以下人犯罚俸一年，若将不应援免之犯而议免者，系斩绞人犯罚俸一年，系军流以下人犯罚俸六个月。"

【减(減)赎错误】【史】罪犯之应否予以减等及是否可予收赎，均须依法为之，此为罪犯应享之利益，有司如有错误，应受一定处分。清例之规定如下：(一)斩绞人犯遗漏未经减等者，州县官降一级留任，司道罚俸一年，督抚罚俸六个月。(二)军流人犯遗漏未经减等者，州县官罚俸一年，司道罚俸六个月督抚罚俸三个月。(三)徒杖以下遗漏未经减等者，州县官罚俸六个月，司道罚俸三个月，督抚罚俸一个月。(四)官员拟罪将不应收赎之人误断收赎或将应收赎之人不断收赎者，均罚俸六个月。

【开(開)送职名迟延】【史】官员开送本身应议职名迟延，或属员已将应议职名开送到达吏部而上司之转报迟延或接任官开送前任官之职名迟延者，均须分别予以处分。清之六部处分则例(卷二)吏属降罚篇开送职名迟延之条："官员开揭本身应议职名迟延一月以上者罚俸一年，半年以上者，罚俸二年，一年以上者，降一级留任，二年以上者，降一级调用，三年以上者，降二级调用，倘系有意延挨，希图幸免，经该督抚参奏，查系例应实降者，即照规避例革职，如例止降留者，议以降一级调用，例止罚俸者，议以降一级留任，其属员已将职名开送，而上司转报迟延者，一月以上罚俸六个月，半年以上罚俸一年，一年以上罚俸二年，二年以上降一级留任，三年以上降一级调用，若本员已无庸议，其上司转报迟延，处分亦予宽免，”又：“接任官开揭前任职名，以到任之日起听给三月之限，如限外迟延一月以上者，罚俸六个月，半年以上者，罚俸二年，二年以上者降一级留任，三年以上者降一级调用，其上司转报迟延一月以上者免议，半年以上者罚俸六个月，一年以上者罚俸一年，二年以上者罚俸二年，三年以上者降一级留任，如前任之员已无庸议，其开揭转报迟延各处分，均予宽免，若例应补取职名之案核计已在三十年以前，则事阅多年，官非一任，但须将案由明白造报，无庸扣算迟延。”

【开(開)复降留革留】【史】开复降留革留，谓官员因事受降级留任或革职留任之处分后仍恢复其原来之官也。清之六部处分则例(卷二)吏属降罚篇开复降留革留条：“内外官员有因事故降级留任者，三年无过题请开复，革职留任者，四年无过，题请[①]开复，年限内遇有罚俸之案，如将罚俸银两全数完交及按季扣完者，其罚俸之案已销，即按年限开复者，罚俸银两未完，俟全完日始准开复，至叠遇降革留任人员，如后案在前案年限之外，即先将前案开复，如后案在前案年限之内，则俟后案限满之日将前案一并开复，仍查明罚俸银两，有无未完，分别办理”，又：“凡例应实降实革奉旨改为留任官员，再遇实降处分，复奉旨仍留原任者，其留任出自特恩开复时，应逐案扣算，先将前案年限扣满，再将后案起限接扣，限满日方准一并开复，有数案俱奉特旨留任者，照此递扣，其奉特旨留任之案，尚未开复以前，又遇部议降留革留处分，非由特旨所改者，俱须各扣各限，如部议之案在改留年限之内者，改留之案开复，即部议之案亦准开复，若改留之限已满，而部议之案尚未满限，应俟部议限满之日一并开复”，又：“官员限年开复之案，该督抚务将年限内该员有无降罚之案，逐一查明，咨部详核，倘不扣查清楚，即为咨请开复，将督抚罚俸六个月，转详之司道府等官罚俸一年，其在京官员由该堂官出咨者，堂官照督抚例议处，若本员呈请开复而上司有勒掯不行者，将勒掯之员罚俸一年，如本员自未扣清遽行呈请开复，亦罚俸一年。”

【开(開)复降调革职】【史】开复，降调革职，谓官员因事被降级调任或革职之处分后仍恢复其原官也。清之六部处分则例(卷二)吏属降罚篇开复降调革职之条：“外官缘事降革，后经本案开复，令该督抚出具考语，送部引见恭候钦定”，又：“降调解职官员不应开复，该督抚滥行保题奉旨交议者，将该督抚降一级留任，如将应行开复官员遏抑不为题请者亦降一级留任。”

【蜀僚问答】【史】书名，一卷，清刘衡撰，为吏治三书之一(参读律心得条)。

【农(農)仓业法】【行】本法由国民政府于民国二十四年五月九日以命令公布，全文共分二十六条，其要点如下：(一)凡为调节人民粮食，流通农村金融而经营农产品之堆藏及保管者，依本法设立农仓，凡经营农仓事业者，应具下列资格之一：(1)合作社或合作社联合社。(2)县，乡，镇，区，农会。(3)乡、镇区公所。(4)以发展农业经济为目的之法人。(5)经营农业生产事业，或与农业生产有直接关系之事

① 原书为“清”，系排版之误。

业者十二人以上,又合作社联合社或五个以上之农会并得于适当地点设立联合农村。(二)农仓不以营利为目的(但得按照业务规则收取保管费,保险费或其他约定之费用),惟得兼营下列事务:(1)受寄物之调制改装及包装。(2)受寄物之运送,并为介绍售卖或代为售卖。(3)以本农仓其他农仓或联合农仓所发给之仓单为担保而放款,或介绍借款,其利率不得超过按月一分。(三)农仓之受寄物以当地农民生产主要粮食为限(但得按照业务规则,堆藏及保管其他农产品),又经主管官署之委托并得保管地方仓储积谷,农仓对于受寄物应个别保管之,其经证明种类,品质,确系相同者,事前得寄托人之同意者,得为混合保管。(四)受寄物保管期间,自寄托之日起算,至多以六个月为限,必要时得延长之,其延长期间不得逾六个月,但保管地方仓储积谷不在此限,又保管期间虽经约定,寄托人仍得随时请求收回,并返还剩余期间保管费三分之二。(五)农仓之设立须经主管官署核准登记,主管官署对于农仓之受寄物账簿业务情形及财产状况每年至少应检查二次,必要时并得随时检查之,农仓或联合农仓每半年应编造仓单表册,详报主管官署备案,并应于业务年度终了后编造资产负债表损益计算书及财产目录,呈请主管官署审核转呈实业部及内务部备案,又主管官署对于农仓之业务进行或财产状况,认为不能维持时,得令其停业或取销其登记。(六)农仓得免纳营业税,建筑仓库或购置仓库用地应课之地方税,及其他地方捐税,至于为顾及安全起见,农仓所保管之受寄物于可能范围内,应一律投保火险。(七)关于违反本法之规定之处罚及关于准用民法之规定(第二十二条、第二十四条)。

【幕(暮)学举要】【史】书名,一卷,吴郡万维翰撰,事见清史稿艺文志法家类,现本刊于乾隆年间。

【疑狱集】【史】书名,三卷,五代和凝所撰,事见宋史艺文志刑法类,四库全书总目法家类则谓计四卷为和凝与其子㠓同撰(考疑狱笺条内),此外复有由赵同所撰之款狱集一书亦三卷,事见宋史艺文志刑法类。

【疑狱笺】【史】书名,四卷,清陈芳生撰,事见清史稿艺文志法家类:“是书自序谓晋和鲁公凝著疑狱二卷其子宋太子中允㠓增之为四卷,明巡按御史张景广之为六卷,兹复增汰之,统为三卷,而附和㠓及元杜震,明李嵩原序于卷后,末又辑昔贤论说谳狱成法,别为一卷,统名疑狱笺大旨主于全活,亦古人恤钦之意,然如张差挺击一案,以主疯颠者为是,主奸宄者为非,则又矫枉过直矣,其论妊娠过期至引佛经胁尊者之处胎六十年,神仙传之老聃之处胎七十二年,是亦未可为典要也。”

【硕(碩)士学位考试细则】【行】本细则由教育部于民国二十四年六月十四日公布,全文共十二条其要点如下:(1)硕士学位候选人须具有下列各资格:(甲)受有学士学位或相当于学士学位者。(乙)曾在研究院续继研究两年以上者。(丙)修毕课程完成论文经所属院所证明成绩合格者。(2)硕士学位考试分学科及论文两种,均于每学年第二期末举行。(3)考试成绩论文占百分之六十,学科占百分之四十。(4)硕士学位考试委员会由校延聘经教部核准之校内外委员各若干人组织之,并由教部指定一人为主席。(5)经教部核准设立之研究所其二十三年度以后招收之研究生期满考试及格经教部核准无异者,授予硕士学位。

【学(學)位分级细则】【行】本细则系依学位授予法第二条之规定而制定全文共十二条,于民国二十四年五月二十三日由教育部公布,自公布之日施行,兹述其要点如下:(一)文科学位分文学士,文学硕士,及文学博士,三级,理科学位分理学士,理学硕士,及理学博士三级,法科学位分法学士,法学硕士,及法学博士三级,教育科学位分教育学士教育硕士及教育博士三级,农科学位分农学士农学硕士,及农学博士三级,工科学位分工学士,工学硕士及工学博士三级,商科学位分商学士,及商学硕士二级,医科学位分医学士,医学硕士,及医学博士三级。(二)大学文学院或独立学院文科设有政治学系经济学系及文科研究所有政治学部经济学部者,其学位之级所及名称应与法科同。(三)大学法学院或独立学院法科设有商学系及法科研究所设有商学部者,其学位之级数及名称应与商科同。(四)大学商学院或独立学院商科设有经济学系及商学研究所设有经济学部者,其学位之级数及名称应与法科同。(五)大学或独立学院及其研究院或研究所设有特殊系部者,如对于该系部所授学位须用何项名称发生疑义时,应呈请教部核定之。

【学(學)位授予法】【行】本法于民国二十四年四月二十二日由国民政府公布,于七月一日施行,全文共十二条,其要点如下:(一)学位分学士,硕士,博士三级,但特种学科得仅设二级或一级(参学位分级细则条)。(二)凡曾在公立或立案私立之大学或独立学院修业期满考试合格并经教育部覆核无异者,由大学或独立学院授予学士学位,其依本法受有学士学位曾在公立或立案私立大学或独立学院之研究院或研究所继续研究两年以上经该院所考核成绩合格并考试合格而经教育部覆核无异者由大学或独立学院授予硕士学位。(三)下列为博士学位候选人:(甲)依本法受有硕士学位,在上述研究院或研究所继续研究两年以上经该院所考核成绩合格提出于教育部审查许可者。(乙)在学术上有特殊之著作或发明者或曾在公立或立案私立之大学或独立学院教授三年以上者(惟均须经教育部审查合格)博士学位候选人经博士学位评定会考试合格者,由国家授予博士学位,名誉博士学位之授予另以法律定之。(四)硕士学位及博士学位之候选人均须提出研究论文。(五)本法施行前在公立或立案私立之大学或独立学院之本科毕业生与本法所定之学士有同一之资格,至于在经教育部认可之国外学校或其他学术机关得有学位者,得称为某国或某国某学校某学位。

【学(學)治一得编】【史】书名,二卷,清何耿绳撰,事见清史稿艺文志法家类,现本为崇文书局所刊。

【学(學)治偶存】【史】书名,八卷,清陆维祺撰,事见清史稿艺文志法家类。

【学(學)治臆说】【史】书名,清汪辉祖撰,学治臆说二卷,续说一卷,说赘一卷,佐治药言一卷,续一卷,事见清史稿艺文志法家家类,现本一函三本。

【学(學)治杂录】【史】书名,江都张联桂撰,学治杂录二卷,续录四卷,又丹徒戴杰亦有学治杂录一书,四卷,内分求治管见读律心得二部。